Thode/Wirth/Kuffer
Praxishandbuch Architektenrecht

Praxishandbuch Architektenrecht

Herausgegeben von

Prof. Dr. Reinhold Thode
Richter am Bundesgerichtshof a. D.

Prof. Dr. Axel Wirth
Universitätsprofessor an der Technischen Universität Darmstadt

Dr. Johann Kuffer
Richter am Bundesgerichtshof a. D.

Bearbeitet von

Rechtsanwalt Dr. Steffen Barth, Karlsruhe; Rechtsanwalt Erik Budiner, München; Rechtsanwalt Prof. Dr. Peter Fischer, Oldenburg; Rechsanwalt Dr. Johann Peter Hebel, Berlin; Rechtsanwalt Bernd Knipp, Frankfurt; Assessor Christian Kuhn, Kiel; Rechtsanwalt Michael Stern, Braunschweig; Rechtsanwalt Prof. Dr. Burkhard Messerschmidt, Bonn; RiOLG Dr. Tobias Rodemann, Düsseldorf; Rechtsanwalt Christoph Schmidt, Bonn; Sachverständiger Clemens Schramm, Oldenburg/Hamburg; Rechtsanwalt Hans Christian Schwenker, Hannover; Rechtsanwalt Dr. Günter Schwinn, Stuttgart; Rechtsanwalt Prof. Dr. Andreas Staudacher, Laupheim; Rechtsanwalt Michael Stern, Braunschweig; Rechtsanwalt Prof. Thomas Thierau, Bonn, Rechtsanwalt RiBGH a.D. Prof. Dr. Reinhold Thode, Landau; Architekt und Stadtplaner, Dipl.-Ing. Oliver Voitl, München; Rechtsanwalt beim BGH, Prof. Dr. Volkert Vorwerk, Karlsruhe und Vors.RiLG Dr. Markus Wessel, Hannover

2. Auflage 2016

C.H.BECK

Zitiervorschlag
Thode/Wirth/Kuffer/*Bearbeiter* ... § ... Rdn. ...

www.beck.de

ISBN 978 3 406 59169 3

Wilhelmstraße 9, 80801 München

Druck und Bindung: Beltz Bad Langensalza GmbH,
Neustädter Straße 1–4, 99947 Bad Langensalza
Satz: ottomedien, Heimstättenweg 52, 64295 Darmstadt
Umschlaggestaltung: Bruno Schachtner Grafik-Werkstatt

Gedruckt auf säurefreiem, alterungsbeständigem Papier
(hergestellt aus chlorfrei gebleichtem Zellstoff)

Vorwort zur zweiten Auflage

In der zweiten Auflage des Praxishandbuchs Architektenrecht wird die bewährte Konzeption der Vorauflage beibehalten. Der Schwerpunkt liegt auch diesmal wieder auf den honorarrechtlichen Fragen sowie den vertraglichen Grundlagen des Architektenrechts und den sich daraus ergebenden zentralen Fragen des Architektenberufs.

Die Neuauflage wurde um das Kapitel zur Kalkulation von Architekten- und Ingenieursleistungen erweitert, dass der Ermittlung verlässlicher Kennzahlen für den Erfolg wirtschaftlichen Handels dient.

Der Beitrag über die Rechtsgrundlagen und der Rechtsdurchsetzung bei internationalen Architektenverträgen wurde neu gefasst und wesentlich erweitert und trägt somit den stetig wachsenden grenzüberschreitenden Wirtschaftsbeziehungen Rechnung.

Die übrigen Beiträge sind völlig neugefasst bzw. grundlegend überarbeitet.

In der zweiten Auflage sindalle Neuerungen des Architektenrechts enthalten, insbesondere die zwei Novellierungen der HOAI seit der Vorauflage, die Auswirkungen des Forderungssicherungsgesetzes sowie die Änderungen der VOB/B. Die umfangreiche Rechtsprechung des Bundesgerichtshofs und der Oberlandesgerichtesowie aktuelle Literaturhinweise sind eingearbeitet.

Es ist in erster Linie das Verdienst des federführenden Herausgebers Professor Dr. Reinhold Thode, dass das Praxishandbuch Architektenrecht erfolgreich in eine zweite Auflage geführt werden konnte. Die Autoren haben reichhaltiges Wissen und Erfahrung eingebracht, Ihnen allen gilt der Dank des Verlages.

München, im November 2015 — Verlag C. H. BECK

Bearbeiterverzeichnis

Dr. Steffen Barth
Rechtsanwalt; Karlsruhe
§ 1 Unternehmensformen

Erik Budiner
Rechtsanwalt, München
§ 2 Der Architektenwettbewerb

Prof. Dr. Peter Fischer
Rechtsanwalt, Oldenburg
§ 18 Mehrere am Bau Beteiligte

Dr. Johann Peter Hebel
Rechtsanwalt, Berlin
§ 15 Verletzung von Sachwalterpflichten, § 16 Haftung aus unerlaubter Handlung, § 17 Haftung von Architekten und Ingenieuren aufgrund der Baustellenverordnung

Bernd Knipp
Rechtsanwalt, Frankfurt
§ 7 Gestaltung von Architektenverträgen, § 26 Urheberrecht für Architekten und Ingenieure

Christian Kuhn
Assessor, Kiel
§ 13 Haftung im Kostenbereich, § 21 Ansprüche bei Bauzeitverlängerung

Prof. Dr. Burkhard Messerschmidt
Rechtsanwalt, Bonn
§ 10 Abnahme, § 14 Haftung bei Vergabe und Ausschreibung, Rechtsberatung

Dr. Tobias Rodemann
Richter am OLG, Düsseldorf
§ 4 Abschluss, Inhalt und Beendigung, § 5 Besondere Vertragsgestaltungen, § 6 Die Vertretungsmacht des Architekten

Christoph Schmidt
Rechtsanwalt, Bonn
§ 9 Vertragliche Haftung des Architekten

Clemens Schramm
Sachverständiger, Oldenburg/Hamburg
§ 3 Kalkulation von Planungsleistungen

Hans Christian Schwenker
Rechtsanwalt, Hannover
§ 20 Die Vergütung des Architekten nach der Honorarordnung für Architekten und Ingenieure (HOAI)

Dr. Günter Schwinn
Rechtsanwalt/Schlichter und Schiedsrichter nach SoBau, Stuttgart
§ 27 Die Berufshaftpflicht von Architekten und Ingenieuren

Prof. Dr. Andreas Staudacher
Rechtsanwalt, Laupheim
§ 11 Die Haftung im Schnittpunkt des öffentlichen Rechts, § 12 Haftung im Nachbarrecht (§§ 906/1004 BGB) gegenüber Dritten

Michael Stern
Rechtsanwalt, Braunschweig
§ 22 Verjährung der Ansprüche des Architekten, § 23 Verjährung der Ansprüche gegen den Architekten, § 24 Neubeginn/Hemmung, § 25 Verjährungsbeschränkende Vereinbarungen

Prof. Thomas Thierau
Rechtsanwalt, Bonn
§ 9 Vertragliche Haftung des Architekten

Prof. Dr. Reinhold Thode
Richter am BGH a. D., Rechtsanwalt, Landau
§ 8 Grenzüberschreitende Architektenverträge – anwendbares Recht – Rechtsdurchsetzung

Dipl.-Ing. Oliver Voitl
Architekt/Stadtplaner, München
§ 2 Der Architektenwettbewerb

Prof. Dr. Volkert Vorwerk
Rechtsanwalt beim BGH, Karlsruhe
§ 19 Gesamtschuldnerische Haftung

Dr. Markus Wessel
Vors. Richter am LG, Hannover
§ 20 Die Vergütung des Architekten nach der Honorarordnung für Architekten und Ingenieure (HOAI)

Inhaltsübersicht

1. Teil. Der Architektenberuf

2. Teil. Der Architekten- und Ingenieurvertrag

3. Teil. Die Haftung des Architekten und Ingenieurs

4. Teil. Mehrere am Baubeteiligte

5. Teil. Die Vergütung des Architekten

6. Teil. Verjährung

7. Teil. Urheberrechte und sonstige Schutzrechte-Versicherung

1. Teil. Der Architektenberuf

§ 1 Unternehmensformen

Übersicht

I. Unternehmensrecht und Berufsrecht

1. Einleitung

Zum Gesellschaftsrecht und Unternehmensrecht existiert bereits umfangreiche Literatur. **1**

Warum dann das Kapitel „Unternehmensformen" in einem Praxishandbuch des Architektenrechts? Weil es im Architektenrecht um ein Beziehungsgeflecht Gesellschaftsrecht/Zivilrecht und Berufsrecht geht, das zudem nicht nur vom Bundesgesetzgeber, sondern auch von 16 Landesgesetzgebern geregelt wird.

Über Jahrzehnte hinweg bestand die tradierte Form der Berufsausübung der Architekten in dem Büro mit alleinigem Inhaber und in der Form der Gesellschaft bürgerlichen Rechts (GbR). Durch das im Jahr 1995 in Kraft getretene Partnerschaftsgesellschaftsgesetz (PartGG) ist den Architekten ebenso wie anderen Angehörigen freier Berufe eine spezielle Rechtsform der Personengesellschaft zur Verfügung gestellt worden. Diese Partnerschaftsgesellschaft sollte die Haftungsrisiken der GbR reduzieren. Berufspolitisch war damit auch die Hoffnung verbunden, dass Angehörige freier Berufe ihre Berufsausübung nicht in Form einer GmbH organisieren.

Der Zug zur Freiberufler-GmbH hat sich aber dennoch verstärkt. In Kreisen der Rechtsanwälte wurde die LLP als vermeintlich optimale Verbindung zwischen steuerlich privilegierter Personengesellschaft und Beschränkung der Haftung auf das Gesellschaftsvermögen diskutiert und realisiert.

2 Durch Gesetz vom 15.7.2013 wurde als § 8 Abs. 4 des Partnerschaftsgesellschaftsgesetzes die Partnerschaftsgesellschaft mit beschränkter Berufshaftung geschaffen, bei der für Verbindlichkeiten der Partnerschaft aus Schäden wegen fehlerhafter Berufsausübung den Gläubigern nur das Gesellschaftsvermögen haften soll, wenn die Partnerschaft eine zu diesem Zweck durch Gesetz vorgegebene Berufshaftpflichtversicherung unterhält.

Bei dieser neuen PartGmbB soll die Haftungsbeschränkung kraft Gesetzes gelten, während in dem weiterhin bestehen bleibenden § 8 Abs. 3 PartGG lediglich die Möglichkeit geschaffen werde, durch Gesetz für einzelne Berufe eine Beschränkung der Haftung für Ansprüche aus Schäden wegen fehlerhafter Berufsausübung auf einen bestimmten Betrag zuzulassen, wenn zugleich eine Pflicht zum Abschluss einer Berufshaftpflichtversicherung der Partner oder der Partnerschaft begründet werde.

3 Der vorliegende Beitrag „Unternehmensformen" beschränkt sich deshalb im wesentlichen auf das Verhältnis Gesellschaftsrecht-Zivilrecht zum Berufsrecht. Daneben werden tabellarisch die im Sommer 2014 bestehenden Unternehmensformen für Architekten, Innenarchitekten und Landschaftsplaner sowie die bestehenden Bestimmungen in den Architektengesetzen der Länder zu Mindestversicherungssummen und Möglichkeiten der Haftungsbeschränkung dargestellt. Eine Zusammenstellung der einschlägigen Gesetzesbestimmungen aus den Architektengesetzen der Länder zu den Unternehmensformen „Gesellschaft" (GbR, Partnerschaftsgesellschaft, Partnerschaftsgesellschaft mit beschränkter Berufshaftung, GmbH, Aktiengesellschaft) ergänzt den Überblick. Zur Vertiefung der speziell gesellschaftsrechtlichen Themen wird auf einschlägige Spezialliteratur verwiesen.[1]

2. Freier Beruf, Gewerbe, Unternehmen, Unternehmer

Die deutsche Rechtsordnung unterscheidet zwischen freien Berufen und Gewerbe.

4 **a) Freie Berufe.** Nach einer Formulierung von Theodor Heuss aus dem Jahr 1916 regelt der Staat in dreifacher Weise die Grenzen der freien Berufe: Er kontrolliert die Eignung der Berufsangehörigen, tarifiert einen Teil der Einnahmen und verordnet ihnen Körperschaften (Kammern), die mit disziplinären Rechten ausgestattet sind.[2]

Das Bundesverfassungsgericht hat sich in einer frühen Entscheidung zu dieser Thematik geäußert: „Freier Beruf ist ein soziologischer Begriff; er kennzeichnet einen Sachverhalt, der aus einer bestimmten gesellschaftlichen Situation erwachsen ist, der des frühen Liberalismus. Die damals herrschende staats- und wirtschaftspolitische Anschauung, es sei „dem Staate und seinen Gliedern immer am zuträglichsten, die Gewerbe jedes Mal ihrem natürlichen Gang zu überlassen . . ., insofern das Rechtsprinzip dabei nicht verletzt wird oder sie nicht gegen die Religion, guten Sitten oder Staatsverfassung anstoßen", musste sich naturgemäß besonders bei den Berufen auswirken, deren Angehörige vorwiegend unter Einsatz ihrer Arbeitskraft und ihrer persönlichen Fähigkeiten Leistungen höherer Art erbringen, durch die sie zugleich der Verwirklichung ideeller Werte im gesellschaftlichen Leben dienen. Hier traf sich das Selbstbewusstsein der unabhängigen, ihres Wertes bewussten, freischaffenden Persönlichkeiten mit der allgemeinen Haltung des liberalen Bürgertums in der grundsätzlichen Abwehr staatlicher Eingriffe in die eigenverantwortliche Lebensführung und -gestaltung. Die wirtschaftliche Grundlage für diese Einstellung war damals gegeben: Die Intensivierung des Wirtschaftslebens bot bedeutende Verdienstchancen, die relativ große Stabilität des Geldwerts ließ rasch Vermögen entstehen; die Zahl der Berufsangehörigen

---

[1] Henssler-Streck, Handbuch Sozietätsrecht, 2. Aufl. 2011 (Kopp); Henssler/Strohn, Gesellschaftsrecht, 2. Aufl. 2014 (Hirtz); Henssler Partnerschaftsgesellschaftsgesetz, 2. Aufl. 2008; Offermann-Burckart, Anwaltliches Gesellschaftsrecht-Die Partnerschaftsgesellschaft mbB (Anwaltsblatt 2014, 474 ff); Münchner Handbuch des Gesellschaftsrechts, Band 1 2014 (Salger); Münchener Kommentar zum Bürgerlichen Gesetzbuch, Band 5, 6. Aufl. 2013 (Schäfer); Michalski/Römermann, PartGG, Kommentar 4. Aufl. 2014 (Römermann); Ulmer-Schäfer, Gesellschaft bürgerlichen Rechts und Partnerschaftsgesellschaft, Systematischer Kommentar, 6. Aufl. 2013.

[2] *Theodor Heuss* in: Festschrift für Luyo Brentano, München und Leipzig 1916, S. 237 f.

war noch nicht so groß, dass ein ernsthafter Konkurrenzkampf das Streben nach sozialem Schutz durch die Gesetzgebung wachgerufen hätte.[3]

Freier Beruf ist demnach **kein** eindeutiger **Rechtsbegriff**, sondern ein **soziologischer Begriff**.

Der Konflikt zwischen Freiheit und Bindung ist dem freien Beruf somit immanent. Die Angehörigen freier Berufe sollen Initiative, Selbständigkeit und Beweglichkeit des Unternehmers mit der Integrität des Beamten, also Sachlichkeitsstreben und Verantwortlichkeit für das Gemeinwohl, verbinden.[4]

Der Begriff des freien Berufes wird auch heute nicht einheitlich verwendet. Er deckt sich 5
im Grundsatz mit den „höheren Berufsarten", auf die die Gewerbeordnung nicht anzuwenden ist. Gemeint sind damit diejenigen Dienstleistungsberufe, die eine höhere Ausbildung erfordern und durch persönliche Mitarbeit des Betriebsinhabers geprägt sind (Ärzte, Architekten, Rechtsanwälte, Steuerberater, Wirtschaftsprüfer, Ingenieure, künstlerische und schriftstellerische Tätigkeiten etc.). Das Einkommensteuergesetz regelt in den §§ 2 und 18 die Besteuerung der Einkünfte aus selbständiger Arbeit sowie in den §§ 2 und 15 die Besteuerung der Einkünfte aus Gewerbebetrieb. § 18 EStG definiert die selbständige Arbeit jedoch nicht, sondern zählt die für das Einkommensteuerrecht dazugehörigen Tätigkeiten auf. Nach § 18 Abs. 1 EstG ist ein Angehöriger eines solchen freien Berufes auch dann freiberuflich tätig, wenn er sich der Mithilfe sachlich vorgebildeter Arbeitskräfte bedient. Voraussetzung ist, dass er aufgrund eigener Fachkenntnisse **leitend** und **eigenverantwortlich** tätig wird. Eine Vertretung im Fall vorübergehender Verhinderung steht der Annahme einer leitenden und eigenverantwortlichen Tätigkeit nicht entgegen. Entscheidendes **Abgrenzungsmerkmal** der freiberuflichen Tätigkeit gegenüber einer gewerblichen Tätigkeit ist die **unmittelbare, persönliche und individuelle Arbeitsleistung des Freiberuflers**. Die Abgrenzung zwischen Angehörigen freier Berufe und Gewerbetreibenden bereitet aufgrund neuer Berufsbilder (Unternehmensberater, Wirtschaftsberater, EDV-Berufe u. a.) zunehmend Schwierigkeiten.[5] Darüber hinaus hat die in § 1 Abs. 2 PartGG enthaltene und auf das Partnerschaftsgesellschaftsgesetz bezogene Definition des freien Berufes den Begriff des freien Berufes über den akademisch geprägten Bereich hinaus erweitert. Schließlich sind im Rahmen der Globalisierung und Europäisierung der Rechts- und Wirtschaftsordnung auch in den bislang „klassischen" freien Berufen teilweise Unternehmensgrößen entstanden, die mit dem Leitbild einer unmittelbaren, persönlichen und individuellen Arbeitsleistung eines Freiberuflers nichts mehr zu tun haben.

b) Gewerbe. Ebenso wenig existiert außerhalb des HGB ein einheitlicher Gewerbebegriff. 6
Im öffentlichen Recht und im Steuerrecht bestimmen der Zweck der verschiedenen Gesetze und Rechtsnormen, was dort jeweils als Gewerbe anzusehen ist (vgl. § 1 GewO, § 15 EStG, § 2 GewStG; auch PartGG, UWG, ZPO, StGB).[6]

Auch das HGB enthält keine gesetzliche Definition des Gewerbebegriffes, obwohl es ohne Vorliegen eines Handelsgewerbes nicht anwendbar ist. Rechtsprechung und Lehre stellen bei dem **handelsrechtlichen Gewerbebegriff** auf eine erkennbar planmäßige, auf Dauer angelegte, selbständige, auf Gewinnerzielung ausgerichtete oder jedenfalls wirtschaftliche Tätigkeit am Markt, ausgenommen freiberufliche, wissenschaftliche und künstlerische Tätigkeiten, ab. *Baumbach/Hopt* weisen zu Recht darauf hin, dass die auf dem historisch gewachsenen Berufsbild der freien Berufe beruhende Verkehrsanschauung rechtspolitisch fragwürdig geworden ist, dass Angehörige freier Berufe aber heute (noch) nicht Kaufleute seien (wohl aber u. U. Unternehmer).[7]

---

3 BVerfGE 10, 354, 364 f., Beschl. v. 25. 2. 1960 – 1 BvR 239/52.

4 *Jaeger* AnwBl 2000, 476 f.

5 *Barth* Der Architekt als Unternehmer S. 17.

6 *Hopt* in Baumbach/Hopt Handelsgesetzbuch, 36. Aufl. 2014, § 1 Rn. 11 ff.

7 *Hopt* in Baumbach/Hopt Handelsgesetzbuch, 36. Aufl. 2014, § 1 Rn. 19; MüKomm BGB (*Micklitz*), 4. Aufl. 2001 § 14 Rn. 14.

7 **c) Unternehmen.** Ein allgemeiner Rechtsbegriff „Unternehmen" existiert nicht.

Der Unternehmensbegriff ist **teleologisch determiniert**. Der Gesetzeszweck ist im Konzern- und Kartellrecht sowie im Recht der Arbeitnehmermitbestimmung ein anderer als im Unternehmensprivatrecht.[8] Das Umsatzsteuergesetz (§ 2 Abs. 1 UStG) versteht unter einem Unternehmen die gesamte gewerbliche oder freiberufliche Tätigkeit des Unternehmers. Danach kann ein Unternehmer – sei es eine natürliche oder eine juristische Person – zwar einkommensteuerlich mehrere Betriebe, umsatzsteuerlich jedoch nur ein einziges Unternehmen besitzen.

K. Schmidt betont, dass der handelsrechtliche Unternehmensbegriff Gebilde umfasst, denen – was das äußere Auftreten betrifft – wesentliche Aspekte gemeinsam sind, die aber doch krasse Unterschiede untereinander aufweisen können. Der handelsrechtliche Unternehmensbegriff umfasst nach K. Schmidt die Praxen der **Freiberufler** ebenso wie den **Warenhandel**, auch wenn der Freiberufler kein Kaufmann ist.[9]

8 **d) Unternehmer.** Ebenso wie kein allgemeiner Rechtsbegriff „Unternehmen" existiert, existiert auch kein allgemeiner Rechtsbegriff „Unternehmer". Auch der Begriff des Unternehmers ist teleologisch determiniert. So ist Unternehmer im Sinne des Umsatzsteuerrechtes (§ 2 Abs. 1 UStG), wer eine gewerbliche oder berufliche Tätigkeit selbständig ausübt. Weitere Voraussetzungen sind die Nachhaltigkeit, Beteiligung am allgemeinen wirtschaftlichen Verkehr und die Einnahmeerzielungsabsicht. Unternehmer im Sinne des Umsatzsteuerrechts sind somit auch die freien Berufe.

Das BGB hat den Begriff des Unternehmers ursprünglich nur innerhalb des Werkvertragsrechtes gekannt; dort verwendet es in § 631 Abs. 1 BGB als speziell werkvertragliche Terminologie das Begriffspaar „Besteller" und „Unternehmer" für die Bezeichnung der Vertragsparteien, die umgangssprachlich und in der VOB/B „Auftraggeber" und „Auftragnehmer" genannt werden.

Durch Umsetzung der **Vorgaben** des **EU-Rechtes** in Nationales Recht hat ein inhaltlich völlig anderer Unternehmerbegriff Eingang in die Zivilrechtsordnung und in das BGB gefunden.

So beruht der im Jahr 1996 eingefügte § 24 a AGBG (Verbraucherverträge) auf der **EG-Richtlinie 93/13/EG** über missbräuchliche Klauseln in Verbraucherverträgen. § 24 a AGBG enthält nicht den Kaufmannsbegriff des HGB, sondern spricht von dem „Unternehmer".

Die durch § 24 a AGBG in das deutsche Recht umgesetzte EG-Richtlinie zum Verbraucherschutz hat auch zu einer Änderung des BGB geführt. Das Gesetz über Fernabsatzverträge und andere Fragen des Verbraucherrechts sowie zur Umstellung von Vorschriften auf Euro v. 27. 6. 2000 (Umsetzung der Richtlinie 97/7/EG v. 20. 5. 1997) hat die §§ 13 und 14 in das BGB eingefügt. § 13 BGB definiert den Begriff **„Verbraucher"**, § 14 BGB definiert den Begriff **„Unternehmer"**: Unternehmer ist eine natürliche oder juristische Person oder eine rechtsfähige Personengesellschaft, die bei Abschluss eines Rechtsgeschäfts in Ausübung ihrer gewerblichen oder selbständigen oder beruflichen Tätigkeit handelt. Der von den Vorgaben des EU-Rechts geprägte Unternehmerbegriff des § 14 BGB unterscheidet zwar noch sprachlich zwischen einer gewerblichen und einer selbständigen beruflichen Tätigkeit, er ordnet jedoch beide Berufsausübungsarten dem Begriff des Unternehmers zu mit der Folge, dass neben Handwerkern und Landwirten auch Freiberufler und Kleingewerbetreibende Unternehmer im Sinne von § 14 BGB sind.[10]

Als Ergebnis kann deshalb zusammengefasst werden, dass das **Wesen** des **freien Berufes nichts** mit der **gesellschaftsrechtlichen Form** des Zusammenschlusses von Freiberuflern zu tun hat.[11]

---

[8] *K. Schmidt* Handelsrecht, 6. Aufl. 2014, § 4 I 1 S. 64.

[9] *K. Schmidt,* Handelsrecht, 6. Aufl. 2014, § 4 I 3 S. 68.

[10] *Paland, 73. Aufl. 2014,* § 14 Rn. 2.

[11] *Zimmermann* in Michalski/Römermann, PartGG Kommentar, 4. Aufl. 2014 § 1 Rn. 47 mit Hinweis auf *Michalski* Das Gesellschafts- und Kartellrecht 1989, 120.

3. Tabellarische Übersicht

9 Die nachstehende Tabelle – Stand Sommer 2014 – gibt einen Überblick über die Zahl der Architekten, Innenarchitekten und Landschaftsarchitekten (jeweils freischaffend und baugewerblich) in den 16 Bundesländern. Die Anfrage bei den Architektenkammern erfolgte im April 2014. Da die Beantwortung sich teilweise bis zu 3 Monaten hinzog und da die Beantwortung auch in unterschiedlicher Systematik erfolgte, können die genannten Ergebnisse nur als Circa-Werte gesehen werden. Dennoch zeigt sich, dass einer Gesamtzahl von ca. 58500 freischaffender Architekten, Innenarchitekten und Landschaftsarchitekten sowie ca. 3700 baugewerblich tätiger Architekten, Innenarchitekten und Landschaftsarchitekten eine Zahl von lediglich ca. 600 Partnerschaftsgesellschaften und ca. 1300 Kapitalgesellschaften gegenübersteht. Es ist zu erwarten, dass die neu geschaffene Partnerschaftsgesellschaft mit beschränkter Berufshaftung nach § 8 Abs. 4 PartGG künftig die Zahl der reinen Partnerschaftsgesellschaften erreichen oder gar übertreffen dürfte, sobald entsprechende Regelungen in den Architektengesetzen der Länder geschaffen sein werden. Zu deren Problematik siehe jedoch Rn. 43 ff.

	Architekten insgesamt	Architekten freischaffend	Architekten baugewerblich	Innenarchitekten insgesamt	Innenarchitekten baugewerblich
Baden-Württemberg	21726	8664	803	756	40
Bayern	20086	9474	531	1103	26
Berlin	7193	4289	37	178	–
Brandenburg	1252	784	12	27	–
Bremen	1249	429	53	41	–
Hamburg	3942	1784	103	248	15
Hessen	10922	3237	503	634	k. A.
Mecklenburg-Vorpommern	652	388		36	2
Niedersachsen	8930	3119	598	450	47
Nordrhein-Westfalen	26133	8493	Nicht erfaßt	2039	Nicht erfaßt
Rheinland-Pfalz	4874	2499	41	304	1
Saarland	823	k. A.	11	13	k. A.
Sachsen	2439	1471	k. A.	71	k. A.
Sachsen-Anhalt	1103	462	12	31	k. A.
Schleswig-Holstein	2704	k. A.	198	57	13
Thüringen	1591	845	25	41	1
Gesamt	**115619**	**45938**	**2927**	**6029**	**145**

Landschafts-architekten insgesamt	Landschafts-architekten baugewerb-lich	PartG	PartG mbB	GmbH/ UG AG	Ausländische Rechts-form	
1040	25	79	–	155	–	Baden-Württemberg
856	25	105	–	361	–	Bayern
484	1	26	–	210	–	Berlin
141	–	10	–	–	–	Brandenburg
91	–	13	–	5	–	Bremen
240	13	44	–	55	–	Hamburg
497	k. A.	58		83	–	Hessen
112	1	5	1	13	–	Mecklenburg-Vorpommern
518	31	2	4	82	–	Niedersachsen
1680	Nicht erfaßt	159	–	160	–	Nordrhein-Westfalen
228	1	15	Nicht erfaßt	46	–	Rheinland-Pfalz
12	k. A.	–	–	10	–	Saarland
277	k. A.	29	2	43	–	Sachsen
84	k. A.	2	–	6	–	Sachsen-Anhalt
162	10	39	–	46	–	Schleswig-Holstein
133	1	16	–	35	–	Thüringen
6555	**108**	**602**	**7**	**1310**	**–**	**Gesamt**

II. Einzelunternehmen

10 Das Einzelunternehmen („Einzelbüro“) war über Jahrzehnte hinweg die typische Unternehmensform der Freiberufler. Die für den Begriff des freien Berufes genannten Abgrenzungskriterien der unmittelbaren, persönlichen und individuellen Arbeitsleistung waren bei dem Einzelunternehmer am deutlichsten erkennbar und überprüfbar.

Die von manchen Architekten für die Einzelunternehmen/Einzelbüros verwendeten Bezeichnungen „Studio“, „Atelier“, „Büro für Gestaltung“ u. ä. sind mangels Kaufmannseigenschaft des Freiberuflers keine Firma im Rechtssinn des § 17 HGB, sondern Sach- und Phantasie-Unternehmensbezeichnungen. Infolge der durch das Handelsrechtsreformgesetz v. 22.6.1998 erfolgten Liberalisierung des Firmenrechtes besteht für derartige Geschäftsbezeichnungen heute ein deutlich größerer Spielraum als zuvor. Ein Verbot **firmenähnlicher Geschäftsbezeichnungen** existiert nicht mehr.[12]

[12] *Hopt* in Baumbach/Hopt Handelsgesetzbuch, 36. Aufl. 2014, § 17 Rn. 15.

III. Personengesellschaften

1. Überblick

Eine Personengesellschaft ist ein Zusammenschluss mehrerer Personen zu einer über den Rahmen des Schuldrechts hinausgehenden rechtlichen Verbindung, die von den jeweils beteiligten Personen und dem gemeinsam verfolgten Zweck geprägt ist. Je nach Gestaltung des Gesellschaftsvertrages, dem verfolgten gemeinschaftlichen Zweck und der Intensität der Verbindung können Personengesellschaften nichtrechtsfähig oder rechtsfähig sein. Gesellschafter einer Personengesellschaft – ausgenommen die Partnerschaftsgesellschaft – können auch juristische Personen sein. Im Gegensatz zu den Kapitalgesellschaften ist bei den Personengesellschaften eine Einpersonengesellschaft nicht möglich. 11

Wesentliche Merkmale der Personengesellschaft sind:
- Persönliche, gesamtschuldnerische Haftung der Gesellschafter für die Verbindlichkeiten der Gesellschaft
- Persönliche Mitarbeit
- Selbstorganschaft
- Übertragbarkeit und Vererblichkeit der Mitgliedschaft grundsätzlich nur mit Zustimmung der anderen Gesellschafter

Ist der Zweck der Personengesellschaft auf den Betrieb eines **Handelsgewerbes** gem. § 1 Abs. 2 HGB unter gemeinschaftlicher Firma gerichtet, liegt die Sonderform einer **Handelsgesellschaft** vor, die als Offene Handelsgesellschaft im Sinne von § 105 BGB oder als Kommanditgesellschaft im Sinne von § 161 HGB gestaltet werden kann.

Die **Außengesellschaft** nimmt am Rechtsverkehr teil; bei der **Innengesellschaft** haben sich die Gesellschafter zwar ebenfalls im Innenverhältnis zu der Erreichung eines gemeinen Zweckes verpflichtet; nach dem Inhalt ihrer vertraglichen Vereinbarung wollen sie jedoch nicht nach außen als Gesellschaft am Rechtsverkehr teilnehmen.[13]

2. Gesellschaft bürgerlichen Rechts (GbR)

a) Allgemeines. Die in den §§ 705 ff. BGB geregelte GbR stellt die **Grundform der Personengesellschaft** dar. Sie liegt vor, wenn mindestens zwei Gesellschafter sich durch den Gesellschaftsvertrag gegenseitig verpflichten, die **Erreichung eines gemeinsamen Zweckes** in der durch den Vertrag bestimmten Weise zu fördern, insbesondere die vereinbarten **Beiträge** zu **leisten**. Die §§ 705–740 BGB gelten hilfsweise auch für andere Formen der Personengesellschaften, bei denen zusätzliche Voraussetzungen vorliegen (z. B. OHG und KG als Handelsgesellschaften). Das Recht der GbR bildet auch die Grundlage der Partnerschaftsgesellschaft, die als spezielle Gesellschaftsform für freie Berufe geschaffen worden ist unter Anlehnung an das Recht der OHG. 12

Der **Abschluss des Gesellschaftsvertrages** der GbR bedarf keiner Form; es ist jedoch dringend zu empfehlen, einen schriftlichen Gesellschaftsvertrag zu formulieren. Dies dient nicht nur der späteren Beweisbarkeit der getroffenen Abreden und somit der Vermeidung von Auseinandersetzungen; die schriftliche Fixierung des Gesellschaftsvertrages dient auch dazu, dass die Gesellschafter ihre eigenen Ziele klarer definieren und sich des Inhaltes und der Tragweite der gesellschaftsrechtlichen Verpflichtungen bewusst werden.

Die GbR führt keine eigene Firma. Sie tritt unter dem **Namen der Gesellschafter** auf. Ergänzende Geschäftsbezeichnungen sind gesellschaftsrechtlich zulässig. Da der durch das Handelsreformgesetz im Jahr 1998 eingefügte § 19 HGB ausdrücklich vorschreibt, dass die Firma bei Einzelkaufleuten den zwingenden Kaufmannszusatz (eingetragener Kaufmann, eingetragene Kauffrau oder eine allgemein verständliche Abkürzung dieser Bezeichnung wie e. K., e. Kfm. oder e. Kfr.), bei Personenhandelsgesellschaften den ent-

[13] BGH WM 66, 31, Urt. v. 11.10.1965 – II ZR 205/63.

sprechenden Rechtsformzusatz (Offene Handelsgesellschaft, Kommanditgesellschaft oder eine allgemein verständliche Abkürzung dieser Bezeichnungen) zu enthalten hat, reduziert sich die Gefahr einer Verwechslung von Kaufleuten und Nichtkaufleuten mit der Konsequenz, dass das frühere Verbot firmenähnlicher Geschäftsbezeichnungen entschärft ist. Auch Nichtkaufleute dürfen deshalb **geschäftsbeschreibende Zusätze, Inhaber- und Nachfolgevermerke** benutzen.[14] Bei Freiberufler-GbR sind neben den zivilrechtlichen und gesellschaftsrechtlichen Bestimmungen jedoch ergänzend die jeweiligen landesgesetzlichen Bestimmungen des Berufsrechtes (Architektengesetze der Länder) zu berücksichtigen.

Das **Gesellschaftsvermögen** ist **Gesamthandsvermögen** der Gesellschafter; die Beteiligung der Gesellschafter am Gesellschaftsvermögen besteht deshalb in der Beteiligung am Gesamthandsvermögen und nicht in einer unmittelbaren dinglichen Beteiligung an einzelnen Vermögensgegenständen.

Die von einem Gesellschafter zu leistende **Einlage** kann in **Geld, Sachwerten** oder **Dienstleistungen** bestehen. Neben den Gesellschaftern existieren keine besonderen Organe. Resultierend aus der Verfassung der GbR als Haftungsgemeinschaft gilt der **Grundsatz der Selbstorganschaft**, d. h. dass die Geschäftsführung und Vertretung der Gesellschaft den Gesellschaftern zusteht und dass Gesellschafter hierbei nicht von Nichtgesellschaftern verdrängt werden dürfen.[15] Zulässig ist es jedoch, Nichtgesellschaftern im Rahmen von Anstellungs- oder Auftragsverhältnissen Geschäftsführungsaufgaben zu übertragen. Da derartige Geschäftsführungsbefugnisse Dritter nicht auf einer gesellschaftsrechtlichen Stellung beruhen, sondern lediglich durch Rechtsgeschäft eingeräumt und somit abgeleiteter Natur sind, können die einem Nichtgesellschafter übertragenen Geschäftsführungsbefugnisse jederzeit auch ohne dessen Mitwirkung entzogen werden.[16] Bei Sozietäten zur gemeinschaftlichen Berufsausübung ist die Übertragbarkeit der Geschäftsführung auf Dritte noch weiter eingeschränkt (siehe dort).[17]

Laut §§ 709–715 BGB steht die **Geschäftsführung** dem Grundsatz nach den Gesellschaftern **gemeinschaftlich** zu. Gem. § 709 BGB ist für jedes Geschäft die Zustimmung aller Gesellschafter erforderlich **(Einstimmigkeitsgrundsatz)**. Ist in dem Gesellschaftsvertrag die Führung der Geschäfte einem Gesellschafter oder mehreren Gesellschaftern übertragen, so sind die übrigen Gesellschafter von der Geschäftsführung ausgeschlossen (§ 710 BGB). Ist/sind laut Gesellschaftsvertrag der/die Geschäftsführer berechtigt, jeweils allein zu handeln, muss das Geschäft unterbleiben, wenn einer der anderen zur Geschäftsführung berufenen Gesellschafter der Vornahme dieses Geschäftes widerspricht (§ 711 BGB). § 712 BGB gibt den Gesellschaftern das Recht, die einem Gesellschafter durch den Gesellschaftsvertrag übertragene Befugnis zur Geschäftsführung durch einstimmigen Beschluss oder, falls nach dem Gesellschaftsvertrag die Mehrheit der Stimmen entscheidet, durch Mehrheitsbeschluss die Befugnis zur Geschäftsführung zu entziehen, wenn ein wichtiger Grund vorliegt; der durch den Gesellschaftsvertrag zur Geschäftsführung berufene Gesellschafter kann seinerseits die Geschäftsführung kündigen, wenn ein wichtiger Grund vorliegt. Für die Rechte und Pflichten der geschäftsführenden Gesellschafter bestimmten sich nach den für den Auftrag geltenden Vorschriften der §§ 664–670, BGB soweit sich nicht aus dem Gesellschaftsverhältnis ein anderes ergibt.

§ 714 BGB regelt die **Vertretungsmacht**. Soweit einem Gesellschafter nach dem Gesellschaftsvertrag die Befugnis zur Geschäftsführung zusteht, ist er im Zweifel auch ermächtigt, die anderen Gesellschafter Dritten gegenüber zu vertreten. In der Formulierung des § 714 BGB drückt sich die ursprüngliche gesetzgeberische Konzeption aus, wonach die GbR als Gesamthand lediglich eine schuldrechtlich verbundene Personenmehrheit mit

---

14 *Hopt* in Baumbach/Hopt Handelsgesetzbuch, 36. Aufl. 2014, § 17 Rn. 15.

15 *Michalski/Römermann* in Henssler-Streck, Handbuch Sozietätsrecht, 2. Aufl. 2011, B Rn. 115.

16 *Ulmer* in MüKomm zum BGB, 6. Aufl. 2013, § 709 Rn. 5, 20 m. w. N.

17 *Michalski/Römermann* in Henssler-Streck, Handbuch Sozietätsrecht, 2. Aufl. 2011, B Rn. 259.

gebundenem Sondervermögen war. Nach neuerer Auffassung vermutet § 714 BGB nur noch die organschaftliche Vertretungsmacht der geschäftsführenden Gesellschafter für die Gesellschaft, d. h. nicht mehr für die Gesellschafter außerhalb der Gesellschaft.[18] Die rechtsdogmatische Begründung des Wesens der Vertretung der Gesellschafter und der Gesellschaft steht in engem Zusammenhang mit der dogmatischen Begründung der Haftung der Gesellschafter für Verbindlichkeiten der Gesellschaft; die Lösung beider Fragen hängt davon ab, ob man der GbR eine eigene Rechtspersönlichkeit – falls ja, in welchem Umfang – zubilligt oder verwehrt.

b) Exkurs: Rechtsfähigkeit der GbR. Nach der früheren individualistischen Auffassung der Gesamthand bedeutete die GbR lediglich eine gesamthänderische Verbindung der Gesellschafter, ohne dass der Verbindung als solcher eine eigene Rechtspersönlichkeit oder Rechtsfähigkeit zukomme.[19] Die von Flume begründete und nunmehr **herrschende Lehre** besagt hingegen, dass die **GbR** als solche, d. h. als **Personenverband** oder -gruppe, am **Rechtsverkehr teilnimmt**; die GbR ist deshalb mehr als ein mehreren Personen in gesamthänderischer Verbundenheit zugewiesenes Sondervermögen, wie es der Gesetzgeber gesehen hat und wie es auch in § 714 BGB zum Ausdruck kommt.[20] Nach herrschender Rechtsprechung und Lehre kann die Außen-GbR unter ihrem Namen Rechte erwerben und Pflichten begründen,[21] sie kann als solche Mitglied von Personen- und Kapitalgesellschaften werden,[22] sie ist wechsel- und scheckfähig und genießt Namens- und Markenschutz.[23] Prozessual galt sie dennoch als weder aktiv noch passiv parteifähig; zur Vollstreckung in das Gesellschaftsvermögen der GbR bedurfte es eines Titels gegen sämtliche Gesellschafter.[24] Die dogmatische Begründung der rechtspolitisch erwünschten Haftung der Gesellschafter über deren Anteil an dem Gesellschaftsvermögen hinaus wurde unterschiedlich begründet: 13

Die Befürworter der **Doppelverpflichtungslehre**[25] begründeten die Mithaftung der Gesellschafter rein rechtsgeschäftlich; bei Abschluss von Rechtsgeschäften würden neben der GbR auch deren Gesellschafter in der Regel mitverpflichtet; die hierfür erforderliche Vertretungsmacht folge zwar nicht aus § 714 BGB, der nur die organschaftliche Vertretung der Gesellschaft betreffe, sondern aus dem Gesellschaftsvertrag selbst; die wechselseitige Bevollmächtigung der Gesellschafter zur rechtsgeschäftlichen Mitverpflichtung in Gesellschaftsangelegenheiten sei nämlich regelmäßige Beitragspflicht im Sinne von § 706 BGB. Entgegenstehenden internen Abreden zwischen den Gesellschaftern stehe der Rechtsschein der Vertretungsmacht analog §§ 170 ff. BGB entgegen. Die Vertreter der **Akzessorietätstheorie** begründeten die Haftung der Gesellschafter analog zu § 128 HGB, der die persönliche und gesamtschuldnerische Haftung der Gesellschafter für die Verbindlichkeiten der OHG ausdrücklich bestimmt und eine entgegenstehende Vereinbarung als Dritten gegenüber für unwirksam erklärt. Die Diskussion zu beiden Theorien setzte sich unverändert fort mit teilweisen Korrekturen bisheriger Standpunkte.[26] Im Rahmen der Entscheidung, ob die Gesellschafter einer GbR durch den einfachen Zusatz „mbH" zum Namen einer GbR die Haftung auf das Gesellschaftsvermögen beschränken und ihre darüber hinausgehende oder daneben existierende persönliche Haftung beschränken könnten, hat der **Bundesgerichtshof** mit **Urteil** v. **27.9.1999**[27] entschieden, dass ein solcher 14

[18] *Ulmer* in MüKomm zum BGB, 6. Aufl. 2013, § 714 Rn. 6.
[19] BGH Z 80, 222, Urt. v. 26.3.1981 – VII ZR 160/80.
[20] *Peres* Sozietätsrecht, § 6 Rn. 80, BGHZ 116, 86 ff.
[21] *Ulmer* in MüKomm zum BGB,6. Aufl. 2013 § 705 BGB Rn. 130.
[22] BGH NJW 1998, 376, Urt. v. 2.10.1997 – II ZR 249/96.
[23] *Ulmer* in MüKomm zum BGB, 6. Aufl. 2013, § 705 BGB Rn. 134, 228.
[24] BGH JZ 1999, 44 ff., Urt. v. 18.5.1998 – II ZR 380/96.
[25] Nachweise bei *Brandes* WM 1998, 2661 ff.; BGH NJW 1997, 2754.
[26] *Ulmer* ZIP 1999, 509 ff. und 554 ff.
[27] BGH NJW 1999, 3483, Urt. v. 27.9.1999 – II ZR 371/98.

Versuch der Haftungsbeschränkung – sei es durch ausgeschriebenen, sei es durch abgekürzten Hinweis zum Namen der GbR – unwirksam ist.[28] Nach diesem Urteil besitzt die **GbR** gegenüber ihren Gesellschaftern eine **eigenständige rechtliche Identität**; da das Gesetz die Gesellschafter der GbR von einer persönlichen Haftung nicht freistelle, bestehe die persönliche Haftung der Gesellschafter nach allgemeinen Rechtsprinzipien, die Haftung der Gesellschafter für die Verbindlichkeiten der GbR sei somit eine gesetzliche Haftung.

Damit hat sich der Theorienstreit erledigt. Auch bei der **GbR** stellt § 128 HGB die **Grundnorm** der **Haftung** dar mit der Folge der persönlichen, gesamtschuldnerischen Haftung der Gesellschafter für die Verbindlichkeiten der GbR.[29]

15 In konsequenter Weiterführung des Urteils v. 27.9.1999 – eigenständige rechtliche Identität der GbR – hat der **Bundesgerichtshof** durch **Urteil** v. **29.1.2001**[30] entschieden, dass die (Außen-)**Gesellschaft bürgerlichen Rechts Rechtsfähigkeit besitzt**, soweit sie durch Teilnahme am Rechtsverkehr eigene Rechte und Pflichten begründet, dass sie in diesem Rahmen zugleich **im Zivilprozess aktiv und passiv parteifähig** ist und dass die **persönliche Haftung der Gesellschafter** für die Verbindlichkeiten der GbR dem Verhältnis zwischen den Verbindlichkeiten der Gesellschaft und der Haftung des Gesellschafters bei der **OHG entspreche**.

Der erste Leitsatz des Urteils – **Rechtsfähigkeit der GbR** – führt zu erheblichen rechtlichen **Konsequenzen**:[31]

- Bei der in § 714 BGB geregelten „Vertretung der anderen Gesellschafter" handelt es sich um eine Vertretung der Außengesellschaft.
- Die (Außen-)GbR ist „juristische Person" im Sinne von Art. 19 Abs. 3 GG.
- Die Markenfähigkeit nach § 7 MarkenG muss bejaht werden.[32]
- Die (Außen-)GbR kann Schuldnerin von Ansprüchen aus § 812 BGB und § 823 BGB sein.
- Der Gesellschaftsanteil des einzelnen Gesellschafters beinhaltet keine dingliche Berechtigung am Gesellschaftsvermögen, sondern ist lediglich „Wertanteil".[33]
- Analog § 129 HGB kann der Gesellschafter einer (Außen-)GbR gegenüber einem Gesellschaftsgläubiger alle Einwendungen und Einreden der Gesellschaft geltend machen und sich auf etwaige Anfechtungs- oder Aufrechnungsbefugnisse berufen, sofern die Gesellschaft ihrerseits damit nicht präkludiert ist.
- Wer in eine GbR **eintritt, haftet** – entgegen der bisherigen Rechtsprechung[34] – persönlich und gesamtschuldnerisch **für** die **zuvor begründeten Verbindlichkeiten** der Gesellschaft analog § 130 HGB auch mit seinem Privatvermögen.[35] Der Ausschluss einer solchen Haftung bedarf einer besonderen Vereinbarung mit dem Gläubiger, entgegenstehende interne Abreden können dem Gläubiger nicht entgegengehalten werden, sondern führen allenfalls zu einer Freistellungsverpflichtung seitens der übrigen Gesellschafter.

---

28 Ausführlicher hierzu siehe unten, Rn. 25.

29 *Blenske/Juris* NJW 2000, 3174.

30 BGH NJW 2001, 1056, Urt. v. 29.1.2001 – II ZR 331/00.

31 *K. Schmidt* NJW 2001, 993 ff.

32 Entgegen des zuvor ergangenen Urteils BGH NJW-RR 2001, 114, Urt v. 24.2.2000 – I ZR 168/97.

33 *Huber* Vermögensanteil, Kapitalanteil und Gesellschaftsanteil an Personengesellschaften des Handelsrechts S. 145.

34 BGH NJW 1979, 1821, Urt. v. 5.4.1979 – VII ZR 308/77.

35 *K. Schmidt* NJW 2001, 939 ff.; OLG Hamm BB 2002, 370 ff.; a. A. OLG Düsseldorf BRAK-Mitt. 2002, 97 ff. und *Grams* BRAK-Mitt. 2002, 60 ff.

– Im Falle des **Austritts** von Gesellschaftern gilt § 160 HGB sinngemäß. Angesichts des **Fehlens** eines **GbR-Registers** ist ausschließlich die **Kenntnis** des **Gläubigers** vom Ausscheiden des Gesellschafters aus der Gesellschaft **maßgeblich** (anders bei der Partnerschaftsgesellschaft, siehe unten).
– Die (Außen-)GbR ist insolvenzfähig.

Die **Gesellschafter haften für alle Verbindlichkeiten** – nicht nur für Verbindlichkeiten wegen fehlerhafter Berufsausübung – als **Gesamtschuldner** mit ihrem **gesamten Vermögen.** Die Haftung richtet sich nach § 276 BGB: Der Schuldner hat, sofern nicht ein anderes bestimmt ist, Vorsatz und Fahrlässigkeit zu vertreten. Fahrlässig handelt, wer die im Verkehr erforderliche Sorgfalt außer Acht lässt. Vertragliche Haftungsbeschränkungen sind grundsätzlich zulässig, auch bezüglich Ansprüchen aus unerlaubter Handlung. Die Grenzen werden durch § 138 BGB gezogen. Für AGB-rechtliche Haftungsbeschränkungen gelten die speziellen und strengen **AGB-rechtlichen Schranken** der §§ 305 ff. BGB. Soweit es um die **Verletzung wesentlicher Vertragspflichten** geht – was generell bei freiberuflichen Leistungen und speziell bei der Sachwalterstellung des Architekten in der Regel der Fall ist –, sind sogar **Freizeichnungsklauseln**, die sich auf **einfache Fahrlässigkeit** beziehen, **unwirksam.**[36] Eine AGB-rechtliche **Begrenzung** der **Haftung** für **grobes Verschulden scheiterte schon früher** an § 11 Nr. 7 AGBG, den die herrschende Meinung auch im kaufmännischen Verkehr anwendet.[37] 16

§ 309 Nr. 7 BGB n. f. lässt einen AGB-mäßigen **Ausschluss** oder eine **Begrenzung** der Haftung für Schäden aus der Verletzung des Lebens, des Körpers oder der Gesundheit, die auf einer fahrlässigen Pflichtverletzung des Verwenders oder einer vorsätzlichen oder fahrlässigen Pflichtverletzung eines gesetzlichen Vertreters oder Erfüllungsgehilfen des Verwenders beruhen, **nicht zu; ebenso wenig** lässt er einen **Ausschluss** oder eine **Begrenzung** der Haftung für sonstige Schäden zu, die auf einer **grob fahrlässigen** Pflichtverletzung des Verwenders oder auf einer vorsätzlichen oder grob fahrlässigen Pflichtverletzung eines gesetzlichen Vertreters oder Erfüllungsgehilfen des Verwenders beruhen.

Die summenmäßige **Begrenzung** der **Haftung** für die Verletzung **wesentlicher Vertragspflichten (Kardinalpflichten)** auf einen **Höchstbetrag** ist in AGB auch gegenüber Kaufleuten dann nicht wirksam, wenn der Höchstbetrag die **vertragstypischen, vorhersehbaren Schäden nicht abdeckt.**[38] Von wachsender Bedeutung ist die mögliche oder gar vorgeschriebene Möglichkeit, das eigene Haftungsrisiko durch den Abschluss einer Berufshaftpflichtversicherung absichern zu können (oder gar zu müssen). Soweit der durch **zumutbaren Aufwand** erzielbare **Versicherungsschutz** reicht, wird ein berechtigtes Verwenderinteresse an der **Haftungsbeschränkung**/Freizeichnung **nicht anerkannt.**[39] AGB-rechtliche Beschränkungen der Haftung des Architekten für Schäden aus fehlerhafter Berufsausübung sind deshalb mit **großen Risiken** behaftet. Die Berufshaftpflichtversicherer empfehlen aufgrund der Praxiserfahrungen der Schadenregulierung eine Mindestdeckung für Sachschäden/sonstige Schäden in der Größenordnung von 20–30 % der Baukosten. Die Auffassung, dieses Risiko reduziere sich oder entfalle gar bei Existenz berufsrechtlicher Regelungen,[40] erscheint sehr zweifelhaft (s. unten Rn. 46 ff., 60 ff.).

An **Gewinn** und **Verlust** sind die Gesellschafter gem. § 722 BGB zu gleichen Teilen beteiligt; die Gewinnverteilung hat am Ende des Geschäftsjahres oder bei Auflösung der Gesellschaft zu erfolgen. Es ist zulässig und empfehlenswert, diese Punkte durch den Gesellschaftsvertrag individuell zu regeln. Eine **Übertragung des Gesellschaftsanteils** ist nur mit Zustimmung aller Gesellschafter oder entsprechend individueller Regelungen 17

[36] BGH NJW-RR 1988, 559, Urt. v. 21.12.1987 – II ZR 177/87.
[37] OLG Hamm NJW-RR 1996, 969 (§ 309 Nr. 7 BGB n. f.); *Graf von Westphalen* § 8 PartGG Rn. 113, 114 (Personenschäden bei einfacher Fahrlässigkeit).
[38] BGH ZIP 1993, 46, Urt. v. 11.11.1992 – VIII ZR 238/91.
[39] *Brandner* § 9 AGBG Rn. 153.
[40] *Ulmer* § 8 PartGG Rn. 35.

des Gesellschaftsvertrages zulässig. Der Gesellschaftsanteil ist grundsätzlich nicht vererblich, der **Tod** eines Gesellschafters führt gem. § 727 BGB zur **Auflösung der Gesellschaft**; abweichende Bestimmungen im Gesellschaftsvertrag sind zulässig.

18 **Keine GbR** ist die **Kooperation**, bei der die Kooperationspartner sich verpflichten, sich bei Aufträgen gegenseitig zu empfehlen (Architekt, Tragwerksplaner, Fachingenieure) und nach Möglichkeit gemeinsam tätig zu werden. Hierbei handelt es sich um einen Vertrag sui generis mit Geschäftsbesorgungs- und Werkvertragselementen.[41] Bei einer Verfestigung der Kooperation kann allerdings eine Gesellschaft bürgerlichen Rechts entstehen.

Die Intensität der gesellschaftsrechtlichen Verbindung und deren Auftritt im Rechtsverkehr wird durch den Gesellschaftszweck der GbR bestimmt:

19 **c) Bürogemeinschaft.** Schließen sich zwei oder mehrere natürliche oder juristische Personen zusammen, um z. B. Büroräume anzumieten, technische Infrastruktur zu erwerben oder Mitarbeiter zu beschäftigen, ohne bei der Ausübung des Berufes gemeinsam aufzutreten, liegt eine Bürogemeinschaft vor.

Eine solche Bürogemeinschaft **(Organisationsgesellschaft)** ist eine Außen-GbR. Die Gesellschafter einer solchen Bürogemeinschaft-GbR haften gesamtschuldnerisch lediglich für die als Bürogemeinschaft eingegangenen Verbindlichkeiten z. B. gegenüber dem Vermieter, einer Leasinggesellschaft oder Mitarbeitern; alle sonstigen Rechte und Pflichten aus der jeweils eigenen Berufsausübung treffen den jeweiligen an der GbR beteiligten Gesellschafter selbst, ohne dass insoweit eine gesamtschuldnerische Haftung für die Verbindlichkeiten aus der eigenen Berufsausübung des/der anderen Gesellschafter(s) entstünde. Bei der Verwendung eines einheitlichen Büroschildes oder einheitlichen Geschäftspapiers oder einheitlicher E-Mail-Adresse oder Internet-Auftritts besteht die **Gefahr der Schein-Sozietät** mit den entsprechenden negativen haftungsrechtlichen Folgen (s. Rn. 24).

20 **d) ARGE.** Arbeitsgemeinschaften **(ARGE)** sind in der Bauwirtschaft bei bauausführenden Unternehmen gang und gäbe. ARGE werden typischerweise für Projekte/Aufträge gebildet, die die fachliche und/oder wirtschaftliche Leistungsfähigkeit eines einzelnen ARGE-Mitgliedes überschreiten würden. Üblicherweise wird eine ARGE projektbezogen gegründet, d. h. zur Bearbeitung eines einzelnen Auftrages. Bei dem Grundtyp der ARGE handelt es sich um eine Außen-GbR sui generis,[42] deren Gesellschafter sich **zeitlich und gegenständlich beschränkt** zu einer **teilweisen gemeinsamen Berufsausübung** zusammenschließen, ohne im Rechtsverkehr generell gemeinsam aufzutreten. ARGE können auch zwischen Architekten und von Architekten mit Ingenieuren gebildet werden. Hierbei sollte jeweils vor Abschluss der beiden Verträge (Vertrag zur Bildung der ARGE und Vertrag zur Übernahme der Architekten-/Ingenieurleistungen) eine Abstimmung mit den Berufshaftpflichtversicherern erfolgen.

In den früheren Fassungen der Besonderen Bedingungen und Risikobeschreibungen für die Berufshaftpflichtversicherung von Architekten, Bauingenieuren und Beratenden Ingenieuren **(BBR/Arch)** ist der **Versicherungsschutz** für Haftpflichtansprüche aus der Teilnahme an Arbeitsgemeinschaften **unterschiedlich geregelt**:

Sind die **Aufgaben** im **Innenverhältnis** nach Fachgebieten, Teilleistungen oder Bauabschnitten **aufgeteilt**, besteht **Versicherungsschutz** für Verstöße, die bei einer vom Versicherungsnehmer übernommenen Aufgabe begangen wurden, **in vollem Umfang bis** zu der mit dem Versicherungsnehmer vereinbarten **Deckungssumme**.

Sind die Aufgaben jedoch **nicht** in der vorgenannten Weise **aufgeteilt, ermäßigen** sich die **Ersatzpflicht** des Versicherers und die vereinbarten Versicherungssummen auf die

---

41 *Henssler* in Henssler-Streck, Handbuch des Sozietätsrechts, 2. Aufl. 2011 A Rn. 40.

42 *Bärwaldt* Beck'sches Handbuch der Personengesellschaften § 17 Rn. 5.

Quote, welche der **prozentualen Beteiligung** des Versicherungsnehmers **an** der **Arbeitsgemeinschaft** entspricht; ist eine quotenmäßige Aufteilung nicht vereinbart, so gilt der verhältnismäßige Anteil entsprechend der Anzahl der Mitglieder der Arbeitsgemeinschaft. Aufgrund des Rechtes der EU (Gruppenfreistellungsverordnung) ist mit Wirkung zum 1. 7. 1994 die früher vorgeschriebene Aufsicht über die BBR/Arch durch das Bundesaufsichtsamt entfallen; seither sind die BBR/Arch bei den verschiedenen Versicherern nicht mehr identisch. Die Reduzierung des Versicherungsschutzes für den Fall nicht erfolgter Aufteilung der Aufgaben nach Fachgebieten, Teilleistungen oder Bauabschnitten ist in den aktuellen BBR/Arch einiger Versicherungsgesellschaften nicht mehr enthalten.

e) Sozietät. Eine allgemeine Definition des Begriffs „Sozietät" existiert nicht. Der So- 21
zietätsbegriff in der Rechtsprechung[43] und Literatur[44] versteht die **Sozietät** als **organisierten Zusammenschluss** von Angehörigen **freier Berufe** (dort Rechtsanwälten) zu **gemeinsamer Berufsausübung** durch **gemeinsame Entgegennahme** von **Aufträgen** und **Entgelten** bei **gesamtschuldnerischer Haftung.**[45] § 39 des 1994 aufgehobenen Rechtsanwaltsgesetzes der DDR v. 13. 9. 1990 definierte die Sozietät dergestalt, dass eine Sozietät dann vorliegt, wenn sich Rechtsanwälte auf vertraglicher Basis zur gemeinsamen Berufsausübung und gemeinsamen Kostentragung und Haftung zusammengeschlossen haben, wobei die Auftragsübernahme in diesen Fällen gemeinsam erfolgt.[46] Der im Jahr 1994 in die BRAO eingefügte § 59 a versteht unter der Sozietät eine Verbindung der dort aufgeführten Berufe zur gemeinschaftlichen Berufsausübung im Rahmen der eigenen beruflichen Befugnisse; eine solche Sozietät erfordert eine gemeinschaftliche Kanzlei oder mehrere Kanzleien, in denen verantwortlich zumindest ein Mitglied der Sozietät tätig ist, für das die Kanzlei den Mittelpunkt seiner beruflichen Tätigkeit bildet. Im Gegensatz zur Bürogemeinschaft, die zwar ebenfalls eine GbR, jedoch nur Organisationsgesellschaft ist, ist eine **Sozietät** somit **Berufsausübungsgesellschaft**, bei der die auf gemeinsamen Konten der Gesellschafter eingegangenen Entgelte aus gemeinsamer beruflicher Tätigkeit zur Deckung sämtlicher Kosten verwendet und dann als verbleibender Gewinn zwischen den Gesellschaftern verteilt werden entsprechend den Vereinbarungen des Sozietätsvertrages. Mischformen und Abgrenzungsprobleme zur Bürogemeinschaft können sich ergeben, wenn die Sozietät nach klaren Kostenstellen und Profitcenter strukturiert ist, deren wirtschaftliches Ergebnis den Maßstab der Gewinnausschüttung an die Gesellschafter bildet.

Bei **Eintritt neuer Sozien** in die Sozietät erstrecken sich die in der Sozietät existenten 22
Mandate auf die neuen Sozien, ohne dass es einer gesonderten Vereinbarung mit den Mandanten bedarf.[47] **Scheidet** ein Sozius **aus** der Sozietät aus, sieht die gesetzliche Regelung der §§ 723, 736 Abs. 1 BGB die Auflösung der Gesellschaft vor. Empfehlenswert und in der Praxis in der Regel auch üblich ist deshalb eine im **Gesellschaftsvertrag** zu vereinbarende **Fortsetzungsklausel**, wonach die Sozietät auch bei Ausscheiden eines Gesellschafters fortgesetzt wird unter den übrigen Gesellschaftern. Im Verhältnis zu den Mandanten (Auftraggebern) bleibt der ausgeschiedene Sozius zuerst einmal zur Erbringung der seitens des Auftraggebers mit der Sozietät vereinbarten und von der Sozietät geschuldeten Leistung verpflichtet. Dies gilt auch, wenn der ausgeschiedene Sozius weder Sachbearbeiter des betreffenden Mandates war oder in sonstiger Weise Einfluss auf das Mandat genommen hat, möglicherweise das Mandat überhaupt nicht gekannt hat.

---

[43] BGH NJW 1971, 1801, Urt. v. 6.7.1971 – VI ZR 94/69; BGH NJW 1982, 1866, Urt. v. 21.4. 1982 – IV a ZR 291/80; BGH NJW 1990, 827, Urt. v. 17.10.1989 – XI ZR 158/88.

[44] *Michalski* Das Gesellschafts- und Kartellrecht der berufsrechtlich gebundenen freien Berufe 1989 S. 95 ff.

[45] *Michalski/Römermann* in Henssler-Streck, Handbuch des Sozietätsrechts 2. Aufl. 2011, B Rn. 7.

[46] GBl. I Nr. 61 S. 1504.

[47] *Michalski/Römermann* in Henssler-Streck, Handbuch des Sozietätsrechts 2. Aufl. 2011 B Rn. 56.

Die Sozietät/die Sozien können einen Auftraggeber/Mandanten jedoch nicht zwingen, einen oder mehrere der bisherigen Gesellschafter aus dem Vertrag zu entlassen. Der Auftraggeber/Mandant ist jedoch berechtigt, einer Reduzierung oder auch einem Wechsel seiner Vertragspartner zuzustimmen und so den ausgeschiedenen Sozius oder die verbleibenden Sozien aus der vertraglichen Bindung und Haftung für Berufsversehen aus der weiteren Bearbeitung des Auftrages/Mandates zu entlassen. Entscheidet sich der Auftraggeber/Mandant für den/die ausgeschiedenen Sozien oder für die verbleibenden Sozien, stimmt er damit konkludent der Vertragsbeendigung mit den bisherigen weiteren Gesellschaftern zu, sofern er ausreichend über die Rechtsfolgen seiner Entscheidung aufgeklärt wurde.

Wird ein Auftraggeber nicht durch Rundschreiben oder in sonstiger Weise von dem Ausscheiden eines bisherigen Sozius informiert, sondern erfährt er dies im Büro des Architekten/Ingenieurs und entscheidet sich der Auftraggeber für die Fortsetzung der Zusammenarbeit mit der verbleibenden Sozietät oder dem dort verbleibenden Sozius, wird man dies als konkludente Erklärung zur Beendigung der Zusammenarbeit mit dem ausgeschiedenen Sozius werten dürfen, auch wenn diese Erklärung nicht unmittelbar gegenüber dem ausgeschiedenen Sozius erfolgt.[48]

23 Eine **Fortführung** des Namens des ausgeschiedenen Sozius im **Namen** der **Sozietät** ist aufgrund des zivilrechtlichen Namensschutzes des § 12 BGB nur mit Zustimmung des ausgeschiedenen Sozius (oder dessen Erben) zulässig.

Wird eine derartige Regelung nicht erst anlässlich des Ausscheidens oder nach dem Ausscheiden des Sozius, sondern im Gesellschaftsvertrag vereinbart, ist eine solche Klausel für den Fall sittenwidrig und nach § 138 BGB nichtig, wenn der ausgeschiedene Sozius seine berufliche Tätigkeit nicht beenden, sondern fortsetzen will. In diesem Fall würde die Klausel zur Namensfortführung des ausgeschiedenen Sozius zu einer versteckten Wettbewerbsklausel werden, die dem ausgeschiedenen Sozius eine angemessene Berufstätigkeit nach dem Ausscheiden aus der Gesellschaft erheblich erschweren oder völlig ausschließen würde.[49] Im Gegensatz zur Partnerschaftsgesellschaft (siehe dort) ist bei einer Sozietät die Fortführung des Namens ausgeschiedener Sozien ohnehin haftungsrechtlich problematisch, da hierdurch eine **Rechtsscheinshaftung** ausgelöst wird, sofern nicht Tatsache und Zeitpunkt des Ausscheidens des Sozius bekannt oder zumindest unmissverständlich und deutlich erkennbar sind; trotz derartiger Hinweise (z. B. für das Berufsrecht der Rechtsanwälte §§ 9, 10 BerufsO) lässt sich in Anbetracht der bisherigen strengen Rechtsprechung zur Rechtsscheinshaftung ein Restrisiko des ausgeschiedenen Sozius (und ggf. dessen Erben) nicht verneinen.

Für die gemeinschaftliche Berufsausübung von Architekten bildet die Sozietät die klassische Unternehmensform.

Da die Sozietät eine Außengesellschaft bürgerlichen Rechts ist, gelten für sie sämtliche oben (Exkurs: Rechtsfähigkeit der GbR) dargestellten, sich aus der BGH-Rechtsprechung ergebenden Konsequenzen.

24 **f) Schein-Sozietät.** Eine Schein-Sozietät liegt vor, wenn Architekten/Ingenieure oder sonstige Personen, insbesondere Freiberufler, im Rechtsverkehr nach außen hin gemeinsam in Erscheinung treten wie eine GbR/Sozietät, ohne dass im Innenverhältnis entsprechende Vereinbarungen ausdrücklich, stillschweigend oder durch konkludentes Verhalten zustande gekommen wären. Hauptanwendungsfall ist die Benennung von Personen auf dem Geschäftspapier der Sozietät, die nicht Gesellschafter der Sozietät, sondern deren Angestellte oder gar freie Mitarbeiter sind.

---

[48] *Michalski/Römermann* in Henssler-Streck Handbuch des Sozietätsrechts B Rn. 58.

[49] *Michalski/Römermann* in Henssler-Streck Handbuch des Sozietätsrecht B Rn. 95 mit Hinweis auf BGH WiB 1997, 1028.

Trotz des aus § 1, 3 UWG resultierenden Verbotes der Irreführung ist die namentliche Benennung von Angestellten oder (angeblich) freien Mitarbeitern auf dem Geschäftspapier von Freiberuflern aller Berufsgruppen üblich. Scheinsozietäten können sich unterschiedlich zusammensetzen:

- Zum einen können mehrere Architekten oder sonstige Freiberufler nach außen hin gemeinsam auftreten, obwohl sie sich untereinander nicht zur gemeinsamen Berufsausübung unter gemeinsamen Namen zusammengeschlossen haben; eine solche Konstellation ist insbesondere schnell bei Bürogemeinschaften gegeben.
- Zum anderen liegt ein Fall der Scheinsozietät dann vor, wenn ein Einzelunternehmer eine(n) oder mehrere Angestellte(n) auf seinem Geschäftspapier namentlich benennt, ohne dass eine gesellschaftsrechtliche Verbindung besteht.
- Ein weiterer Fall der Scheinsozietät liegt dann vor, wenn eine – echte – Sozietät die Namen von Nicht-Sozien auf dem Geschäftspapier führt, ohne deren fehlende Sozieneigenschaft unmissverständlich und deutlich erkennbar werden zu lassen.

Während in den beiden erstgenannten Fällen eine echte Sozietät überhaupt nicht besteht, besteht in dem letzteren Fall durchaus eine – echte – Sozietät, deren Sozienzahl unter dem haftungsrechtlichen Aspekt der Scheinsozietät erweitert ist um die Anzahl der auf dem Geschäftspapier (oder auch Büroschild) aufgeführten Nicht-Sozien. Die Schein-Sozien, d. h. also diejenigen selbständigen oder angestellten Personen, die auf dem gemeinsamen Briefpapier oder Büroschild genannt sind, ohne dass die fehlende Sozienstellung kenntlich gemacht wird, haften nach den Grundsätzen der Rechtsscheinshaftung persönlich und gesamtschuldnerisch für alle Verbindlichkeiten der Schein-Sozietät. Das wirtschaftliche Risiko der Schein-Sozien liegt darin, dass sie von Gläubigern der Schein-Sozietät voll in Haftung genommen werden können, auch wenn sie das Entstehen der Verbindlichkeit weder persönlich verursacht noch an deren Entstehen mitgewirkt haben. Dem von einem Gläubiger in Anspruch genommenen Schein-Sozius kann ein Ausgleichsanspruch gem. § 426 BGB zustehen. Der wirtschaftliche Wert eines solchen Ausgleichsanspruchs wird dadurch geschmälert, dass es keineswegs sicher ist, ob ein Schein-Sozius überhaupt einen Ausgleichsanspruch gegen einen anderen Schein-Sozius besitzt, dessen fehlende Sozienstellung dem von dem Gläubiger der Sozietät in Anspruch genommenen Schein-Sozius bekannt ist. Besteht die Schein-Sozietät aus einem Einzelunternehmer und einem oder mehreren Schein-Sozien oder aus zwei oder mehreren echten Sozien und weiteren Schein-Sozien, treten arbeitsrechtliche Erwägungen hinzu.

g) GbR-Sozietät mbH. Versuche, bei der **Sozietät** und allgemein bei der **GbR** eine **Haftungsbeschränkung** dadurch herbeizuführen, dass die GbR den **Namen** den **Zusatz „mit beschränkter Haftung“** oder in abgekürzter Form **„mbH“** enthält **oder** dass auf dem **Geschäftspapier** ein **Hinweis** enthalten ist, wonach die GbR nur mit dem Gesellschaftsvermögen hafte oder die Haftung der Gesellschafter auf das Gesellschaftsvermögen beschränkt oder die persönliche Haftung der Gesellschafter ausgeschlossen sei, sind **gescheitert**. Der Bundesgerichtshof hat im Jahr 1999 entschieden,[50] dass für die im Namen einer GbR begründeten Verpflichtungen deren **Gesellschafter kraft Gesetzes** auch **persönlich haften** und dass diese **Haftung nicht** durch einen Namenszusatz oder einen anderen, den Willen, nur beschränkt für diese Verpflichtungen einzustehen, verdeutlichenden Hinweis **beschränkt** werden kann, sondern **nur** durch eine **individualvertragliche** Vereinbarung. Mit diesem Urteil gibt der Bundesgerichtshof seine früher vertretene Auffassung auf, wonach eine durch Gesellschaftsvertrag vereinbarte Beschränkung der Vertretungsmacht der Geschäftsführer einer GbR, nur die Gesellschaft mit ihrem gesamthänderisch gebundenen Gesellschaftsvermögen, nicht jedoch die Gesellschafter persönlich mit ihrem Privatvermögen zu verpflichten, wirksam war. Der Bundesgerichtshof führt nunmehr aus, dass für den Gesetzgeber des BGB die persönliche und gesamtschuld- 25

[50] BGH NJZ 1999, 3483, Urt. v. 27.9.1999 – II ZR 371/98.

nerische Haftung der Mitglieder einer GbR für rechtsgeschäftliche Verbindlichkeiten eine selbstverständliche Folge der gemeinsamen Verpflichtung der Gesellschafter gewesen sei; an eine Verselbständigung der GbR zu einer verpflichtungsfähigen Rechtsperson habe der Gesetzgeber nicht gedacht, wie beispielsweise § 714 BGB zeige. Auch § 736 ZPO (Notwendigkeit eines Titels gegen sämtliche Gesellschafter für die Vollstreckung in das Gesellschaftsvermögen) basiere ersichtlich auf diesem Verständnis. Der Bundesgerichtshof begründet seine jetzige Rechtsauffassung auch damit, dass eine Haftungsbeschränkung durch einseitigen Akt der Gesellschaft im Ergebnis und entgegen dem System des geltenden Rechts **wie** die **Schaffung** einer **neuen Gesellschaftsform** wirken würde, bei der den Gläubigern nur das – ungesicherte – Gesellschaftsvermögen hafte. Hierfür bestehe für die GbR kein Bedürfnis. Das Gesetz ermögliche nämlich denjenigen, die unabhängig von einer Zustimmung ihrer jeweiligen Vertragspartner einen Ausschluss der persönlichen Haftung erreichen möchten, dies durch die Wahl der Rechtsform der GmbH zu erreichen. Für das Privileg der fehlenden persönlichen Gesellschafterhaftung sei bei der Wahl der Rechtsform der GmbH aber der im Gesetz vorgesehene „Preis" in Form der Pflichten zur Aufbringung und Erhaltung eines Mindestkapitals und der Registerpublizität zu zahlen. Freiberufliche Sozietäten könnten – wenn sie nicht die für sie mögliche GmbH wählten – mit Hilfe der Partnerschaftsgesellschaft eine Haftungsbeschränkung für die Folgen von beruflichen Fehlern der anderen Gesellschafter herbeiführen (§ 8 Abs. 2 und 3 PartGG). All diese speziellen Haftungsbeschränkungs-möglichkeiten, die das Gesetz jeweils nur unter spezifischen Voraussetzungen und Auflagen gestatte, würden unterlaufen, wenn man es den Gesellschaftern einer GbR ermöglichen würde, einseitig die Haftung auf das Gesellschaftsvermögen zu beschränken. Die Gesellschafter einer solchen GbR könnten außerdem jederzeit Entnahmen aus dem Gesellschaftsvermögen beschließen, ohne zur Erstattung verpflichtet zu sein. Auch der Umstand, dass die Regeln über die Abwicklung einer aufgelösten GbR, insbesondere der Vorrang der Gläubigerbefriedigung (§ 733 Abs. 1 BGB) und die Nachschusspflicht bei Verlust (§ 735 BGB), dispositiv seien, sei letztlich nur mit der **persönlichen Einstandspflicht** der **Gesellschafter** einer GbR zu rechtfertigen.[51]

26 **h) Stille Gesellschaft.** Die Stille Gesellschaft ist in §§ 230–237 HGB normiert. Die herrschende Meinung hält eine stille Beteiligung im Sinne der §§ 230 ff. HGB nur an einem Handelsgewerbe bzw. an einem selbständig abgrenzbaren Geschäftszweig eines solchen Handelsgewerbes für möglich.[52] Wer sich gem. § 230 HGB als stiller Gesellschafter an dem Handelsgewerbe, das ein anderer betreibt, mit einer Vermögenseinlage beteiligt, hat die Einlage so zu leisten, dass sie in das Vermögen des Inhabers des Handelsgeschäfts übergeht. Der Begriff der Stillen Gesellschaft ist aber nicht auf das Handelsgewerbe/Handelsgeschäft beschränkt. Die §§ 230 ff. HGB können – unmittelbar oder entsprechend – auch anzuwenden sein bei einer stillen Beteiligung bei einem freien Beruf.[53] Die Stille Gesellschaft nimmt nicht als Gesellschaft am Rechtsverkehr teil; die Gesellschafter treten nach außen nicht gemeinsam hervor; nach außen tritt lediglich der Inhaber des Handelsgeschäftes bzw. des (Architektur-)Büros hervor, an dem der Stille sich beteiligt. Die Stille Gesellschaft ist deshalb **Innengesellschaft**. Geht ein Architekt eine Stille Gesellschaft ein, besteht die Gefahr eines Verstoßes gegen das in den Länder-Architektengesetzen verankerte Gebot der beruflichen Unabhängigkeit. Entscheidend sind Art und Umfang der von dem Stillen zu leistenden Einlage sowie deren wirtschaftliche Bedeutung für das Unternehmen (Einzelunternehmen, Personengesellschaft, Kapitalgesellschaft), an dem der Stille sich beteiligt. Die Stille Gesellschaft kann als Instrument zur Kapitalausstattung des Unternehmens, als Instrument der Unternehmensnachfolge und

---

[51] BGH NJW 1999, 3485.

[52] *Neu* in Beck'sches Handbuch der Personengesellschaften § 13 Rn. 2.

[53] *Roth* in Baumbach/Hopt Handelsgesetzbuch, 36. Aufl. 2014, § 230 Rn. 1.

als Instrument der Mitarbeiterbeteiligung dienen. Auf die Besonderheiten und Unterschiede der typisch Stillen und atypisch Stillen Gesellschaft kann an dieser Stelle nicht eingegangen werden.

3. Offene Handelsgesellschaft (OHG) und Kommanditgesellschaft (KG)

27 Die OHG ist nach ihrer Bezeichnung und der in § 105 HGB enthaltenen Legaldefinition eine Gesellschaft, deren **Zweck** auf den Betrieb eines **Handelsgewerbes** unter **gemeinschaftlicher Firma** gerichtet ist, wenn bei keinem der Gesellschafter die Haftung gegenüber den Gesellschaftsgläubigern beschränkt ist. Die OHG baut zwar auf der GbR auf; der Unternehmensgegenstand ist jedoch unterschiedlich. Die OHG ist **Handelsgesellschaft**. Da freie/freischaffende Architekten im Gegensatz zu baugewerblich tätigen Architekten nach herkömmlichem Verständnis kein Handelsgewerbe betreiben, sondern einen freien Beruf ausüben,[54] steht nach diesem Verständnis die OHG als Unternehmensform für freie/freischaffende Architekten nicht zur Verfügung.

Entsprechendes gilt für die **Kommanditgesellschaft**, bei der bei einem oder einigen der Gesellschafter die Haftung gegenüber den Gesellschaftsgläubigern auf den Betrag einer bestimmten Vermögenseinlage beschränkt ist (Kommanditisten), während bei dem anderen Teile der Gesellschafter eine Beschränkung der Haftung nicht stattfindet (persönlich haftende Gesellschafter). Auch die KG, auf die gem. § 161 Abs. 2 HGB die für die OHG geltenden Vorschriften Anwendung finden – soweit in den §§ 161–177 a HGB nicht ein anderes vorgeschrieben ist – ist Handelsgesellschaft.

Lediglich das Berufsrecht der Wirtschaftsprüfer (§ 27 WPO) und der Steuerberater (§ 49 StBerG) ermöglicht unter bestimmten Voraussetzungen (Treuhandtätigkeit) die Anerkennung einer Wirtschaftsprüfungsgesellschaft bzw. Steuerberatungsgesellschaft in der Rechtsform der OHG und KG.

4. Partnerschaftsgesellschaft (PartG)

28 a) **Entstehungsgeschichte.** Das Partnerschaftsgesellschaftsgesetz **(PartGG)** ist am **1. Juli 1995** in Kraft getreten. Nach mehrfachen geringfügigen Änderungen wurden durch das Handelsreformgesetz[55] die §§ 2, 7 und 9 PartGG mit Wirkung zum **1.8.1998 geändert**. § 1 Abs. 2 und § 8 Abs. 2 PartGG wurden ebenfalls mit Wirkung zum 1.8.1998 **geändert** (Gesetz zur Änderung des Umwandlungsgesetzes, des Partnerschaftsgesellschaftsgesetzes und anderer Gesetze).[56]

Die Partnerschaftsgesellschaft ist eine **Personengesellschaft,** die auf dem Recht der GbR beruht und sich stark an das **Recht der OHG** anlehnt. Sie wurde geschaffen, um speziell den freien Berufen eine zeitgemäße Unternehmensform zu geben. Zum besseren Verständnis der jetzigen gesetzlichen Regelungen und der Positionen der Berufsverbände/Kammern sei kurz auf die Entstehungsgeschichte des Partnerschaftsgesellschaftsgesetzes hingewiesen.

29 Bereits im Jahr 1956 hat das Institut der Wirtschaftsprüfer dem Bundesjustizministerium vorgeschlagen, für die Angehörigen der freien Berufe eine passende Gesellschaftsform zu schaffen. Die betroffenen Berufsgruppen reagierten jedoch reserviert. So vertrat der Bundesverband der freien Berufe im Jahr 1957 die Auffassung, die Zeit für ein solches Partnerschaftsgesetz sei noch nicht gekommen. Diese negative Reaktion war maßgeblich dafür verantwortlich, dass das Bundesjustizministerium das Vorhaben zunächst nicht weiter verfolgte.

Die in Frankreich im Jahr 1966 eingeführte Société Civile Professionelle als spezielle Gesellschaftsform für Angehörige freier Berufe ließ die Diskussion in Deutschland wie-

---

[54] *Hopt* in Baumbach/Hopt Handelsgesetzbuch, 36. Aufl. 2013, § 105 Rn. 3.

[55] HRefG v. 22.6.1998, BGBl. I, 1474.

[56] Gesetz zur Änderung des UmwG, des PartGG und anderer Gesetze v. 22.7.1998, BGBl. I, 1878.

der aufleben; aus dem Fehlen einer entsprechenden Gesellschaftsform für deutsche Freiberufler fürchtete man Wettbewerbsnachteile gegenüber Berufsangehörigen aus anderen Mitgliedsstaaten der EU. Der im Jahr 1971 im Bundestag eingebrachte Entwurf eines Partnerschaftsgesetzes sah die Partnerschaft gesellschaftsrechtlich als juristische Person, steuerlich jedoch als Personengesellschaft. In konsequenter Fortführung des gesellschaftsrechtlichen Ansatzes beschränkte der Entwurf die Haftung der Partnerschaftsgesellschaft auf DM 500.000,– für jeden Schadenfall; als Preis dieser Haftungsbeschränkung war eine Berufshaftpflichtversicherung in Höhe dieses Betrages vorgesehen.

Der Entwurf wurde mit den Verbänden der freien Berufe diskutiert. Die hieraus resultierenden Entwürfe 1975/1976 gaben die ursprüngliche Konzeption der Partnerschaft als juristische Person und die summenmäßige Haftungsbeschränkung auf.[57] Nachdem die Kammern und Verbände der freien Berufe immer mehr von dem Gesetzentwurf abrückten, stieß der vom Bundestag bereits verabschiedete Entwurf im Bundesrat auf Ablehnung.[58]

Der Berichterstatter des Rechtsausschusses des Deutschen Bundestages für das Partnerschaftsgesetz (Metzger) formulierte in der Bundestagsdebatte am 1.7.1976, das Gesetz habe

> „... in den letzten 14 Tagen einen kleinen Sturm im Wasserglas verursacht, ausgelöst von einigen Funktionären und einigen Berufsverbänden und Standesorganisationen ..., die aus unterschiedlichen Gründen an althergebrachten, vielfach aber überholten und mit unserer modernen Leistungsgesellschaft und mit dem freiheitlichen und demokratischen Grundprinzip unserer Staats- und Gesellschaftsordnung nicht mehr übereinstimmenden Vorstellungen festhalten wollen ...“.[59]

30 Erst Anfang der 90er Jahre erwachte die Diskussion um ein Partnerschaftsgesetz wieder. Wirtschaftsnahe freiberufliche Organisationen ergriffen die Initiative.[60] Der Referentenentwurf 1993 beinhaltete sowohl gesellschaftsrechtliche als auch berufsrechtliche Regelungen und verwies weitgehend auf das Recht der OHG. Nach weiterer Diskussion trat das Partnerschaftsgesellschaftsgesetz zum 1. Juli 1995 in Kraft.

31 Die Urteile des Bundesgerichtshofes v. November 1993 zur Zulässigkeit der Zahnarzt-GmbH[61] und des Bayerischen Obersten Landesgerichtes vom November 1994[62] fachten die gesellschaftsrechtliche und berufsrechtliche Diskussion neu an. Die unzureichende Haftungsbeschränkung des Partnerschaftsgesellschaftsgesetzes wurde bemängelt. Der Gesetzgeber reagierte hierauf, indem er im Jahr 1998 § 8 Abs. 2 PartGG neu fasste. Gewährte § 8 Abs. 2 PartGG a.F. lediglich die Möglichkeit, die Haftung für Ansprüche aus Schäden wegen fehlerhafter Berufsausübung auch unter Verwendung vorformulierter Vertragsbedingungen auf denjenigen der Partner zu beschränken, der innerhalb der Partnerschaft die berufliche Leistung zu erbringen oder verantwortlich zu leiten oder zu überwachen hat, beinhaltet § 8 Abs. 2 PartGG nunmehr eine gesetzliche Haftungsbeschränkung in Form einer Haftungskonzentration: Waren nur einzelne Partner mit der Bearbeitung eines Auftrages befasst, so trifft die in § 8 Abs. 1 PartGG geregelte gesamtschuldnerische Haftung der Partner für Verbindlichkeiten der Partnerschaft nur denjenigen/diejenigen, die mit der Bearbeitung des Auftrages befasst waren; ausgenommen sind Bearbeitungsbeiträge von untergeordneter Bedeutung.

Unverändert geblieben ist § 8 Abs. 3 PartGG, der eine Haftungsbeschränkung der Haftung für Ansprüche aus Schäden wegen fehlerhafter Berufsausübung auf einen bestimmten Höchstbetrag anspricht, diese jedoch nicht selbst regelt, sondern auf die Möglichkeit berufsspezifischer und berufsgesetzlicher Regelungen verweist. Sowohl § 8 Abs. 3

---

57 *Römermann* in Michalski/Römermann, PartGG Kommentar, 4. Aufl. 2014, Einführung Rn. 1ff.
58 BR-Ausschüsse zum E 1976, BR-Drucks. 444/1/76 S. 2.
59 Sten. Ber. Plenarprotokoll 7/256, S. 18428 (A) und (B).
60 *Römermann* in Michalski/Römermann, PartGG Kommentar, 4. Aufl. 2014, Einführung Rn. 14.
61 BGHZ 124, 224 = ZIP 1994, 381, Urt. v. 25.11.1993 – I ZR 281/91.
62 ZIP 1994, 1868, BayObLG ZIP 1994, 1868, Beschl. v. 24.11.1994 – 3 Z BR 115/94.

PartGG als auch die hierzu existenten berufsrechtlichen Bestimmungen der Architektengesetze der Länder sind in hohem Maße missverständlich, rechtlich problematisch und von einer erheblichen Verwirrung der Begriffe gekennzeichnet (s. Rn. 43 ff.).

Durch Gesetz vom 15.7.2013 (in Kraft getreten am 19.7.2013) wurde § 8 Abs. 4 PartGG in das Gesetz eingefügt. § 8 PartGG soll nun also neben der in Abs. 2 enthaltenen Haftungskonzentration auf den bearbeitenden Partner und der in Abs. 3 geregelten Möglichkeit einer Haftungsbeschränkung für Ansprüche aus Schäden wegen fehlerhafter Berufsausübung zusätzlich in Abs. 4 eine gesetzliche Haftungsbeschränkung bringen; für Verbindlichkeiten der Partnerschaft aus Schäden wegen fehlerhafter Berufsausübung soll den Gläubigern nur das Gesellschaftsvermögen haften, wenn die Partnerschaft eine zu diesem Zweck durch Gesetz vorgegebene Berufshaftpflichtversicherung unterhält.

b) Inhalt; Unterschiede zur GbR-Sozietät. Gegenüber der GbR-Sozietät weist die Partnerschaftsgesellschaft folgende Besonderheiten auf: **32**

aa) Voraussetzungen der Partnerschaft (§ 1 PartGG). Die Partnerschaftsgesellschaft steht **ausschließlich** Angehörigen **freier Berufe** zur Verfügung. Sie übt kein Handelsgewerbe aus. Angehörige einer Partnerschaft können **nur natürliche Personen** sein. Der Begriff des freien Berufes im Sinne des Partnerschaftsgesetzes ist in Abs. 2 definiert. Als derartige Freie Berufe gelten die enumerativ aufgezählten (akademischen und nichtakademischen Berufe). Architekten, Ingenieure und hauptberufliche Sachverständige gehören dazu. **33**

Das PartGG verweist auf das jeweilige Berufsrecht, durch das die Berufsausübung in der Partnerschaft ausgeschlossen oder von weiteren Voraussetzungen abhängig gemacht werden kann.

bb) Name der Partnerschaft (§ 2 PartGG). Der Name der Partnerschaft muss den Namen mindestens eines Partners, den Zusatz „und Partner“ oder „Partnerschaft“ sowie die Berufsbezeichnungen aller in der Partnerschaft vertretenen Berufe enthalten. Die Namen anderer Personen als der Partner dürfen nicht in den Namen der Partnerschaft aufgenommen werden. Abs. 2 verweist auf einzelne Bestimmungen des HGB zur Handelsfirma (§§ 18 Abs. 2, 21, 22 Abs. 1, 23, 24, 30, 31 Abs. 2, 32 und 37 HGB). Es gilt analog der aus § 18 Abs. 2 HGB abgeleitete Grundsatz der Firmenwahrheit. Scheidet ein Partner aus, darf der Name des ausgeschiedenen Partners dennoch im Namen der Partnerschaft weitergeführt werden; war der ausgeschiedene Partner jedoch der einzige Vertreter einer Berufsgruppe (so z. B. Ingenieur in einer Partnerschaftsgesellschaft aus Architekten und Ingenieuren), muss die Berufsbezeichnung aus dem Namen der Partnerschaft gestrichen werden (sofern nicht ein anderer Vertreter dieser Berufsgruppe Partner der Partnerschaftsgesellschaft wird). Im Innenverhältnis der Partner bedarf die Fortführung des Namens des ausgeschiedenen Partners einer entsprechenden Vereinbarung im Gesellschaftsvertrag oder einer Zustimmung des ausgeschiedenen Partners oder dessen Erben. **34**

Das in § 30 HGB enthaltende Gebot der Unterscheidbarkeit der Firma (Grundsatz der Firmenausschließlichkeit) führt dazu, dass etwaige mehrere Partnerschaften des gleichen Namens an demselben Ort oder in derselben Gemeinde einen Zusatz im Namen der Partnerschaft führen müssen, der die Unterscheidbarkeit der Partnerschaften sicherstellt. Der Name der Partnerschaft kann nicht isoliert veräußert werden. Ändert ein Partner seinen Namen (Heirat, Adoption, Wiederannahme des früheren Namens, Annahme eines neuen Namens), ist im Interesse der Namenskontinuität der Partnerschaft die Fortführung des bisherigen Namens des Partners gestattet, da die Person des Partners identisch bleibt.[63] Die Fortführung des Namens der Partnerschaft ist auch im Falle des vollständigen Wechsels der Partner zulässig. Der in § 10 Abs. 2 PartGG enthaltene Verweis auf § 160 HGB führt dazu, dass der aus der Partnerschaft ausgeschiedene Gesellschafter für die bis zum Ausscheiden begründeten Verbindlichkeiten der Partnerschaft (nur) haftet, wenn sie vor Ablauf von fünf Jahren nach dem Ausscheiden fällig und daraus Ansprüche gegen ihn ge-

[63] Begründung zum Regierungsentwurf PartGG BT-Drucks. 12/6152 S. 12.

richtlich geltend gemacht sind. Die Frist beginnt mit dem Ende des Tages, an dem das Ausscheiden in das Partnerschaftsregister des für den Sitz der Partnerschaft zuständigen Gerichts eingetragen wird. Aufgrund der Existenz des Partnerschaftsregisters führt die Fortführung des Namens des ausgeschiedenen Partners also nicht zu einer etwaigen Rechtsscheinshaftung, wie sie bei der GbR-Sozietät gegeben ist aufgrund des dortigen Fehlens eines vergleichbaren Registers.

35 *cc) Partnerschaftsvertrag (§ 3 PartGG).* Es ist Schriftform erforderlich. In dem schriftlichen Partnerschaftsvertrag müssen der Name und der Sitz der Partnerschaft, Namen und Vornamen sowie ausgeübter Beruf und Wohnort jedes Partners und der Gegenstand der Partnerschaft enthalten sein.

36 *dd) Anmeldung der Partnerschaft (§ 4 PartGG).* Die Partnerschaftsgesellschaft ist zur Eintragung in das Partnerschaftsregister anzumelden. Änderungen der in § 3 Abs. 2 PartGG genannten Mindestbestandteile des Partnerschaftsvertrages sind ebenfalls zur Eintragung in das Partnerschaftsregister anzumelden. Zuständiges Registergericht ist das Amtsgericht, in dessen Bezirk die Gesellschaft ihren Sitz hat. Das Registerverfahren wird durch die Partnerschaftsregisterverordnung (PRV) idF vom 10.11.2006 geregelt. In Nordrhein-Westfalen wird das Partnerschaftsregister für alle Amtsgerichtsbezirke bei dem Amtsgericht Essen geführt, in Berlin bei dem Amtsgericht Charlottenburg, in Hamburg bei dem Amtsgericht Hamburg, im Saarland bei dem Amtsgericht Saarbrücken. Baden-Württemberg, Bayern, Brandenburg, Bremen, Mecklenburg-Vorpommern, Rheinland-Pfalz, Sachsen, Sachsen-Anhalt und Thüringen haben spezielle Zuständigkeitsregelungen geschaffen. Lediglich Hessen und Niedersachsen haben hiervon abgesehen, so dass dort die in § 1 PRV vorgesehene grundsätzliche Zuständigkeitsregelung gilt.

Die Anmeldung hat durch sämtliche Partner gemeinsam zu erfolgen; Vertretung von Partnern durch andere Partner ist zulässig.

37 *ee) Inhalt der Eintragung; anzuwendende Vorschriften (§ 5 PartGG).* Die Anmeldung hat die in § 3 Abs. 2 PartGG genannten Mindestbestandteile des Partnerschaftsvertrages zu enthalten. § 5 Abs. 2 PartGG verweist auf registerrechtliche Bestimmungen der §§ 8 ff. HGB. Die Anmeldung der Partnerschaftsgesellschaft in das Partnerschaftsregister muss deshalb in öffentlich beglaubigter Form erfolgen. Die Errichtung von Zweigniederlassungen der Partnerschaftsgesellschaft ist nach dem PartGG zulässig; zu beachten sind jedoch der in § 1 Abs. 3 PartGG enthaltene Berufsrechtsvorbehalt und die jeweiligen berufsrechtlichen landesgesetzlichen Bestimmungen. Die Zweigniederlassung entsteht bereits mit ihrer tatsächlichen Errichtung oder Aufnahme des Geschäftsbetriebes. Der Eintragung der Zweigniederlassung kommt lediglich eine deklaratorische Bedeutung zu.[64]

38 *ff) Rechtsverhältnis der Partner untereinander (§ 6 PartGG).* Das Rechtsverhältnis der Partner richtet sich primär nach dem Partnerschaftsvertrag; ergänzend wird auf die §§ 110–116 Abs. 2, 117–119 HGB verwiesen; das geltende Berufsrecht ist zu beachten. Einzelne Partner können im Partnerschaftsvertrag nur von der Führung der sonstigen Geschäfte ausgeschlossen werden; der Begriff der „sonstigen Geschäfte" wird nicht definiert. Er ergibt sich aus der Abgrenzung zu der freiberuflichen Berufstätigkeit (Kernbereich).[65]

§ 6 Abs. 3 PartGG verweist auf § 114 HGB; es gilt somit der Grundsatz, dass alle Partner jeweils allein zur Geschäftsführung berechtigt und verpflichtet sind.[66] § 6 Abs. 3 PartGG in Verbindung mit § 115 HGB erlaubt es, mehreren oder allen Partnern gemeinsam die Geschäftsführung zu übertragen. § 6 Abs. 2 PartGG schränkt den Grundsatz der Vertragsfreiheit dahingehend ein, dass eine solche gesellschaftsvertragliche Übertragung der Geschäftsführungsbefugnis sich nur auf die sonstigen Geschäfte beziehen darf. Innerhalb des

[64] *Zimmermann* in Michalski/Römermann PartGG Kommentar, 4. Aufl. 2014 § 5 Rn. 7.
[65] *Ulmer* in MüKomm, 6. Aufl. 2013, § 6 PartGG Rn. 8.
[66] *Kopp* in Handbuch des Sozietätsrechts C Rn. 78.

zur Berufsausübung zählenden Bereichs (Kerngeschäfte) muss jeder Partner allein zur Geschäftsführung befugt sein.[67] Die für Angehörige freier Berufe spezifische Berechtigung und Verpflichtung zur persönlichen und weisungsunabhängigen Tätigkeit führt auch dazu, dass das in § 115 Abs. 1 HGB enthaltene Widerspruchsrecht der Gesellschafter bei Einzelgeschäftsführungsbefugnis nicht anzuwenden ist auf den die Berufsausübung erfassenden Teil der Geschäftsführung der Partnerschaftsgesellschaft.[68] Eine Entziehung der Geschäftsführungsbefugnis kann nur im Ausnahmefall und nur durch gerichtliche Entscheidung erfolgen; sie darf nicht auf Dauer erfolgen.[69] Das bei der GbR-Sozietät aus der gesellschaftsrechtlichen Treuepflicht abgeleitete Wettbewerbsverbot[70] ist in § 6 Abs. 3 PartGG durch Verweis auf § 112 HGB ausdrücklich normiert. Soweit durch den Partnerschaftsvertrag nachvertragliche Wettbewerbsverbote vereinbart werden, unterliegen diese der Kontrolle des § 138 BGB unter Berücksichtigung der jeweiligen berufsrechtlichen Vorschriften. Das Stimmrecht des Partners richtet sich nach § 119 HGB (Einstimmigkeitsprinzip), kann jedoch im Partnerschaftsgesellschaftsvertrag abweichend geregelt werden. Ein Ausschluss des Stimmrechtes für Beschlüsse, die unmittelbar in die Rechtsstellung des Partners eingreifen (Kernbereich), ist jedoch unzulässig. Das für Angehörige freier Berufe typische Kriterium der selbständigen und eigenverantwortlichen Berufsausübung führt dazu, dass der Kernbereich bei der Partnerschaft (Freiberuflern) größer sein muss als bei den Gesellschaftern der Handelsgesellschaften OHG und KG.

gg) Wirksamkeit im Verhältnis zu Dritten, rechtliche Selbständigkeit; Vertretung (§ 7 PartGG). 39
Im Außenverhältnis wird die Partnerschaft mit ihrer Eintragung in das Partnerschaftsregister wirksam. Die Partnerschaftsgesellschaft kann ebenso wie die OHG unter ihrem Namen (dort Firma) Rechte erwerben und Verbindlichkeiten eingehen, Eigentum und andere dingliche Rechte an Grundstücken erwerben, vor Gericht klagen und verklagt werden (§ 124 HGB). Das für das Innenverhältnis der GbR-Sozietät und auch der Partnerschaftsgesellschaft gültige Prinzip der Selbstorganschaft führt auch im Bereich des Außenverhältnisses zum Prinzip der Alleinvertretungsmacht sämtlicher Partner. Entsprechend der Geschäftsführungsbefugnis kann im Gesellschaftsvertrag die Vertretungsbefugnis abweichend geregelt werden (Gesamtvertretung oder Ausschluss von der Vertretungsmacht); bezüglich des Kernbereiches der Ausübung des freien Berufes verbleibt jedem Partner die Alleinvertretungsmacht. Die bei Handelsgesellschaften mögliche Prokura kann bei der Partnerschaftsgesellschaft nicht erteilt werden. Eine Entziehung der Vertretungsmacht bedarf – ebenso wie die Entziehung der Geschäftsführungsbefugnis – der gerichtlichen Entscheidung. Auf allen Geschäftsbriefen der Partnerschaftsgesellschaft müssen entsprechend § 125 a HGB die Rechtsform und der Sitz der Gesellschaft, das Registergericht und die Nummer, unter der die Partnerschaftsgesellschaft in das Partnerschaftsregister eingetragen ist, angegeben werden.

hh) Haftung für Verbindlichkeiten der Partnerschaft (§ 8 PartGG). Für Verbindlichkeiten der 40
Partnerschaft haften den Gläubigern neben dem Vermögen der Partnerschaft die Partner als Gesamtschuldner; die §§ 129 und 130 HGB sind entsprechend anzuwenden. Trotz des Fehlens eines Verweises auf § 128 BGB ist eine der persönlichen gesamtschuldnerischen Haftung der Gesellschafter entgegenstehende gesellschaftsrechtliche Vereinbarung Dritten gegenüber unwirksam.[71] Dies folgte bislang bereits aus den allgemeinen Grundsätzen des Haftungssystems der OHG.[72] Das Urteil des Bundesgerichtshofes zur Unzulässigkeit

---

[67] *Ludwig* in Beck'sches Rechtsanwaltshandbuch, H 5 Rn. 55; *Praß* in Michalski/Römermann PartGG Kommentar, § 6 Rn. 16.

[68] *Michalski/Römermann* § 6 Rn. 16 PartGG.

[69] *Sommer* GmbHR 1995, 249.

[70] *Ulmer* in MüKomm, 6. Aufl. 2013, § 705 Rn. 181 ff.

[71] *Stuber* Sozietätsrecht § 11 Rn. 17; *Römermann* in Michalski/Römermann § 8 Rn. 14.

[72] *Roth* in Baumbach/Hopt Handelsgesetzbuch, 36. Aufl. 2014, § 128, Rn. 37.

einer allgemeinen Haftungsbegrenzung bei der GbR durch den Zusatz „mbH"[73] bestätigt darüber hinaus ausdrücklich, dass eine Haftungsbeschränkung auf das Gesellschaftsvermögen ohne Zustimmung des Vertragspartners nicht wirksam wird. Durch § 8 Abs. 2 und 3 PartGG wird die Zulässigkeit einer durch Individualvereinbarung und im Rahmen der allgemeinen gesetzlichen Bestimmungen liegenden Haftungsbeschränkung nicht ausgeschlossen. Es wäre nicht nachzuvollziehen, weshalb eine solche Möglichkeit der Haftungsbeschränkung bei der GbR-Sozietät zulässig sein soll, nicht aber bei der Partnerschaftsgesellschaft.

Die ursprüngliche Fassung des PartGG sah in § 8 Abs. 2 lediglich die Möglichkeit der Partner vor, ihre Haftung für Ansprüche aus Schäden wegen fehlerhafter Berufsausübung auch unter Verwendung vorformulierter Vertragsbedingungen auf denjenigen von ihnen zu beschränken, der innerhalb der Partnerschaft die berufliche Leistung zu erbringen oder verantwortlich zu leiten oder zu überwachen hat.

41 Durch Gesetz v. 22.7.1998[74] besteht nunmehr eine gesetzliche Haftungskonzentration: Waren nur einzelne Partner mit der Bearbeitung eines Auftrages befasst, so haften nach § 8 Abs. 2 PartGG nur diese Partner – und nicht auch die anderen Partner – für Verbindlichkeiten der Partnerschaft aus beruflichen Fehlern; ausgenommen sind Bearbeitungsbeiträge von untergeordneter Bedeutung. Diese **Haftungskonzentration** konzentriert lediglich die persönliche, gesamtschuldnerische Haftung der Partner auf den/die ver antwortliche(n) Partner. Eine Haftungskonzentration auf einen freien Mitarbeiter oder Angestellten ist nicht möglich, ebenso nicht auf einen Scheinpartner, der nach außen als Partner auftritt, ohne Partner zu sein. Der Grundgedanke der Rechtsscheinshaftung würde in einem solchen Fall gerade umgekehrt. Der für die GbR-Sozietät entwickelte Grundsatz der Rechtsscheinshaftung erweitert die Haftung der GbR-Gesellschafter auf einen Nichtgesellschafter; eine Haftungskonzentration auf einen Scheinsozius mit hierdurch verbundener Enthaftung der tatsächlichen Partner würde zu einer Verschlechterung der rechtlichen und wirtschaftlichen Position des Gläubigers führen. Es verbleibt in einem derartigen Fall somit bei der akzessorischen Haftung aller Partner.

Eine ganz andere Frage ist es, ob neben einem Partner oder mehreren Partnern ein Scheinpartner zusätzlich haften kann. Dies wird man nach den Grundsätzen der Rechtsscheinshaftung bejahen müssen.

Die (primäre) **Haftung** der **Partnerschaftsgesellschaft** mit deren gesamtem Vermögen (§ 8 Abs. 1 Satz 1 PartGG) wird durch die in Abs. 2 geregelte Haftungskonzentration auf den/die Verantwortliche(n) Partner nicht tangiert; sie **bleibt** unverändert **bestehen**.

Bemerkenswerterweise wird die Haftungskonzentration auf den bearbeitenden Partner nicht – wie in § 8 Abs. 3 PartGG und nunmehr auch in § 8 Abs. 4 PartGG – von „berufsrechtlichen" oder sonstigen Bestimmungen abhängig gemacht zu Existenz und Inhalt einer Berufshaftpflichtversicherung, die über die allgemeinen Regelungen der Berufshaftpflicht-versicherung einer Partnerschaftsgesellschaft und/oder der Partner hinausgeht. **Der Reduzierung der Zahl der haftenden Partner steht also kein wirtschaftliches Äquivalent gegenüber.** Den Gläubigern haftet nur das Vermögen der PartG und das Vermögen des bearbeitenden Partners, nicht jedoch das Vermögen der übrigen Partner.

Ob die Haftungskonzentration gem. § 8 Abs. 2 des im Jahr 1995 in Kraft getretenen Partnerschaftsgesellschaftsgesetzes mit dem EU-Recht, insbesondere mit der Richtlinie 93/13/EWG des Rates v. 5. April 1993 über missbräuchliche Klauseln in Verbraucherverträgen, in Übereinstimmung zu bringen ist, wird unter Ziff. III 4 b (Rn. 73) behandelt.

42 Das PartGG enthält **keine Regelungen zu dem Haftungsausgleich der Partner im Innenverhältnis**. Der Gesellschaftsvertrag der Partnerschaftsgesellschaft sollte deshalb ausführliche Bestimmungen zum Ausgleich der Haftung zwischen der Partnerschaftsge-

---

[73] BGH NJW 1999, 3483; siehe oben III. 2. e, Urt. v. 27.9.1999 – II ZR 371/98.

[74] BGBl. I, 1878, 1881.

sellschaft und den Partnern zum Ausgleich der Haftung der/des von dem Auftraggeber in Anspruch genommenen, mit der Bearbeitung des Auftrags befassten Partner(s) und dem/den für den Schadensfall intern verantwortlichen Partner(n) enthalten. Für den Fall der **Inanspruchnahme** eines mit der Bearbeitung eines Auftrags befassten, für den beruflichen Fehler jedoch **nicht verantwortlichen Partners** existiert der **Aufwendungsersatzanspruch** des in Anspruch genommenen Partners gegen den verantwortlichen Partner gemäß § 110 HGB. Wird der **schuldhaft** handelnde **Partner** von dem Auftraggeber **in Anspruch genommen**, besitzt dieser **keinen Ausgleichsanspruch** gegen die Partnerschaft und/oder gegen Partner, die im Außenverhältnis in Anspruch genommen worden, im Innenverhältnis jedoch nicht für den beruflichen Fehler verantwortlich sind.[75] Wird die **Partnerschaft** im Außenverhältnis in **Anspruch** genommen, kann sie bei Verschulden eines Partners **Rückgriff** gegen diesen nehmen gemäß § 1 Abs. 4 PartGG in Verbindung mit § 708 BGB.

Bei der Gestaltung des Vertrages über eine Partnerschaftsgesellschaft sollte daran gedacht werden, dass eine im Innenverhältnis alleinige persönliche Haftung des für einen beruflichen Fehler verantwortlichen Partners nicht mit dem Grundgedanken einer Sozietät oder auch Partnerschaftsgesellschaft in Übereinstimmung steht, bei der die Gesellschafter die Chancen und Risiken der gemeinsamen Berufsausübung gemeinsam tragen. Das oben dargestellte haftungsrechtliche Ergebnis lässt eher an eine rein organisatorisch ausgerichtete Bürogemeinschaft denn an eine Berufsausübungsgesellschaft denken. Extrem unbefriedigend erscheint das Ergebnis, wenn es sich z. B. um einen Haftungsfall handelt in einer von dem für den Fehler verantwortlichen Partner akquirierten, langjährig bestehenden und für die Partnerschaft umsatz- und ertragsstarken Geschäftsverbindung. Sollen der Partnerschaft dann alle Honorare aus dieser Geschäftsverbindung – auch aus dem schadensersatzbehafteten Auftrag – zufließen, während der entstandene Schaden ausschließlich von diesem Partner allein getragen werden soll? Die Fragen der Haftung der Partner untereinander und gegenüber der Partnerschaft sind auch unter dem Aspekt des Fortbestandes bzw. der Beendigung der Partnerschaft zu sehen. Werden die Chancen und Risiken der gemeinsamen Berufsausübung nicht fair geregelt, beschleunigt dies die innere Erosion und schließlich das Auseinanderfallen der Partnerschaft. 43

Die praktische Bedeutung der Haftungskonzentration scheint im Architektenberuf relativ gering zu sein, da dort häufig arbeitsteilig gearbeitet wird. Da § 8 Abs. 2 PartG von der Befassung „mit der Bearbeitung eines Auftrages" spricht, erscheint es **unzulässig**, eine **Haftungskonzentration** auf **Leistungsphasen** (Planung, Ausschreibung-Vergabe-Abrechnung, Objektüberwachung) oder auf **Leistungsbilder** einer **Generalplaner**-Architektenpartnerschaftsgesellschaft zu erstrecken und damit innerhalb eines Auftrages Leistungsabschnitte haftungsrechtlicher Konzentration zu schaffen.

§ 8 Abs. 3 PartGG (Haftungsbeschränkung) ist eine Gesetzesbestimmung, deren **Bedeutung unklar** und nach wie vor **umstritten** ist und die speziell bei der Haftungsbeschränkung einer Architekten-Partnerschaftsgesellschaft zu **erheblichen Problemen** und **Risiken** führt. *Karsten Schmidt*[76] argumentiert dezidiert, dass § 8 Abs. 3 PartGG Ausdruck einer Entwicklung sei, die im **Berufsrecht** für Freiberufler zu einem ähnlichen **Haftungswirrwarr** führen könne, wie man ihn vom Transportrecht kenne. Was die Bestimmung in einem speziell gesellschaftsrechtlichen Gesetz zu suchen habe, bleibe rätselhaft. *Ulmer*[77] zitiert aus der Regierungsbegründung, wonach der Regelung in erster Linie klarstellender Charakter zukomme; es falle schwer, eine eigenständige Funktion des § 8 Abs. 3 PartGG festzustellen. Insbesondere sei die Bestimmung **nicht** als **Ermächtigung** an den (formellen) Gesetzgeber zum Erlass entsprechender **berufsrechtlicher Regelungen** aufzufassen, da dieser einer solchen Ermächtigung nicht bedürfe und – als Landesge- 44

[75] *Ulmer* in MüKomm, 6. Aufl. 2013, § 8 PartGG Rn. 15.
[76] *K. Schmidt* NJW 1995, 6 ff.
[77] *Ulmer* in MüKomm, 6. Aufl. 2013, § 8 PartGG Rn. 30.

setzgeber – vom Bundesgesetzgeber auch gar nicht ermächtigt werden könne. Der Gehalt des § 8 Abs. 3 PartGG reduziere sich somit auf die Aufstellung eines **Regelungsmodells** für künftig zu erlassende Haftungsbeschränkungsvorschriften, verbunden mit der Einschränkung, dass derartige berufsrechtliche Beschränkungsnormen im Rang unterhalb des formellen Gesetzes und ohne Abschluss einer Berufshaftpflichtversicherung nicht als Rechtsgrund für die Wirksamkeit vertraglicher Beschränkung der höhenmäßigen Haftung einer Partnerschaft anerkannt werden könne. Die Bestimmung stehe individualvertraglichen Abreden nicht ohne weiteres entgegen; **Bedeutung** komme ihr zu im Rahmen der **Inhaltskontrolle** nach §§ 9–11 AGBG / §§ 305 ff BGB, sofern Haftungsbeschränkungen durch vorformulierte Vertragsbedingungen vereinbart würden.[78] *Michalski/Römermann* halten § 8 Abs. 3 PartGG ebenfalls für einen Fremdkörper im Gesellschaftsrecht. Ihrem Charakter nach könne die Norm allenfalls eine **Ermächtigungsgrundlage** für den **Bundesgesetzgeber** und die **Landesgesetzgeber** darstellen, eine Regelung der in Abs. 3 bezeichneten Art zu treffen. Dafür **fehle** es jedoch an einer **Gesetzgebungskompetenz**, soweit sich die Bestimmung an die Landesgesetzgeber wende, und an einer Notwendigkeit, soweit sie sich an den Bundesgesetzgeber selbst richte. Durch Abs. 3 werde den Gesetzgebern weder etwas ermöglicht noch etwas untersagt. Entgegen der Begründung des Regierungsentwurfs sei auch nicht ersichtlich, wie Abs. 3 bewirken könne, dass nur noch der formelle Gesetzgeber eine Haftungsbeschränkung zulasse, so dass die Rechtszersplitterung durch divergierendes Satzungs- und Kammerrecht vermieden würde. Soweit bislang Möglichkeiten einer solchen Rechtsetzung unterhalb des formellen Gesetzes bestünden, blieben diese durch das Partnerschaftsgesellschaftsgesetz unberührt. Auch für eine wirkungslose Klarstellung sei entgegen der Auffassung der Gesetzesverfasser kein Bedarf erkennbar. Die Bestimmung könne daher **allenfalls** ein **Anstoß** für die **Berufsrechte** geben, unter Einführung einer Versicherungspflicht die gleichzeitige Haftungsbegrenzung auf eine Höchstsumme ausdrücklich zuzulassen. Eine solche Möglichkeit entspreche in der Tat einem **dringenden Bedürfnis** vieler **freier Berufe**, da dort sehr hohen Schadensrisiken häufig eine Beschränkung der Honorare durch das jeweilige Gebührenrecht gegenüberstehe. Mit dem Ausschluss der persönlichen Haftung ab einem bestimmten Schadensbetrag korrespondiere – zum Schutz des Klienten – die Pflicht zum Abschluss einer Haftpflichtversicherung. Da sich die in § 1 Abs. 2 PartGG aufgeführten freien Berufe häufig völlig verschiedenen Haftungsrisiken ausgesetzt sehen, habe der Gesetzgeber sich dazu entschlossen, die Höhe der Mindestversicherungssumme der Regelung durch die Berufsrechte zu überlassen.[79] *Seibert*[80] – damals zuständiger Referent im Bundesministerium der Justiz – weist darauf hin, dass § 8 Abs. 3 PartGG eng verzahnt sei mit der in Abs. 2 (alter Fassung) vorgesehenen Möglichkeit der Haftungskonzentration; § 8 Abs. 3 PartGG könne aber für die landesrechtlich normierten Berufsrechte als **verfassungsrechtliche Öffnungsklausel** verstanden werden, durch die die Regelungskompetenz des Landesgesetzgebers klargestellt werde. Abs. 3 lege sich nicht fest, ob es sich um die Zulassung einer **Haftungsbeschränkungsvereinbarung** oder um eine **gesetzliche Haftungshöchstgrenze** handeln solle; beides bleibe den **Berufsrechten** offen.

45 **c) Berufsrecht – Zivilrecht.** Seit der Facharztentscheidung des Bundesverfassungsgerichtes v. 9.5.1972[81] wachsen die Zweifel an dem Inhalt und der Rechtfertigung autonomen Standesrechtes. Immer häufiger korrigiert das Bundesverfassungsgericht standesrechtliche Bestimmungen.[82] Zum Berufsrecht gehören Bestimmungen, die
– die Berufsbezeichnung (Titelschutz),

---

78 *Ulmer* § 8 PartGG Rn. 30, 34, 35.
79 *Römermann* in Michalski/Römermann PartGG Kommentar, § 8 Rn. 45 ff.
80 Münchener Handbuch des Gesellschaftsrechts Band 1 (*Seibert*) § 37 Rn. 23 f.
81 BVerfGE 33, 125 ff., Beschl v. 9.5.1972 – 1 BvR 518/62 und 308/64.
82 *Taupitz* Die Standesordnungen der freien Berufe 1991 S. 200 ff.

- die Berufszulassung (insbesondere Eignungsvoraussetzungen einschließlich der Berufsausbildung, Tätigkeitsvorbehalte zugunsten bestimmter Berufe),
- die Berufsausübung (insbesondere die Rechte und Pflichten der Berufsangehörigen, die Fort- und Weiterbildung),
- das Organisationswesen (Mitgliedschaft, Organisation und Befugnisse der Berufsvereinigungen) und
- die Berufsgerichtsbarkeit

betreffen.[83]

Das Recht der zivilrechtlichen und/oder gesellschaftsrechtlichen Beschränkung der Haftung – sei es allgemein oder auch nur bezüglich Verbindlichkeiten für fehlerhafte Berufsausübung – gehört somit nicht zum Berufsrecht, sondern zum allgemeinen Zivilrecht, Handelsrecht, Gesellschaftsrecht und Recht der Wirtschaft.

d) Verfassungsrechtliche Überlegungen. *aa)* In der Literatur wird die Frage der Haf- 46
tungsbeschränkung gerne mit Blick auf Rechtsanwälte/Patentanwälte, Steuerberater und Wirtschaftsprüfer/vereidigte Buchprüfer behandelt.[84] Die EU-rechtliche Problematik ist hierbei identisch zu der Frage der Haftungsbeschränkungen von Architekten-Partnerschaftsgesellschaften (s. Rn. 60ff.). Die verfassungsrechtliche Zuständigkeitsproblematik stellt sich bei § 51 a BRAO, § 67 a StBerG, §§ 54 a, 130 WPO und § 45 a PAO jedoch nicht, da es sich bei den genannten Gesetzen um **Bundesgesetze** handelt, der **Zivilrechtsgesetzgeber** somit **identisch** ist mit dem **Berufsrechtsgesetzgeber**. Das Berufsrecht der **Architekten** ist hingegen in **Landesgesetzen** geregelt.

bb) Das Recht der Gesetzgebung des Bundes und der Länder ist in den Art. 70ff. GG 47
geregelt. Gemäß Art. 74 Abs. 1 erstreckt sich die **konkurrierende Gesetzgebung** auf das Bürgerliche Recht (Nr. 1) und auf das Recht der Wirtschaft (Nr. 11). Im Bereich der konkurrierenden Gesetzgebung haben gemäß Art. 72 Abs. 1 GG die Länder die Befugnis zur Gesetzgebung, solange und soweit der Bund von seiner Gesetzgebungszuständigkeit nicht durch Gesetz Gebrauch gemacht hat. Gemäß Art. 72 Abs. 2 GG hat der Bund in diesem Bereich das Gesetzgebungsrecht, wenn und soweit die Herstellung gleichwertiger Lebensverhältnisse im Bundesgebiet oder die **Wahrung** der **Rechts-** oder **Wirtschaftseinheit** im **gesamtstaatlichen Interesse** eine **bundesgesetzliche Regelung** erforderlich macht.

Art. 55 EGBGB (Dritter Teil, Verhältnis des Bürgerlichen Gesetzbuchs zu den Landesgesetzen) setzt die privatrechtlichen Vorschriften der Landesgesetze außer Kraft, soweit nicht in dem Bürgerlichen Gesetzbuch oder in dem EGBGB ein anderes bestimmt ist. Bürgerliches Recht im Sinne von Art. 74 Abs. 1 Nr. 1 GG ist zu verstehen als die Zusammenfassung aller Normen, die herkömmlicherweise dem Zivilrecht zugerechnet werden; der Begriff ist nicht aus einem Gegensatz zum öffentlichen Recht zu definieren.[85]

Das Bürgerliche Recht im Sinne von Art. 74 GG ist durch den Bund derart umfassend geregelt worden, dass – abgesehen von den Vorbehalten, insbesondere im Einführungsgesetz zum BGB – für landesrechtliche Regelungen kaum mehr etwas von Bedeutung übrig bleibt.

Die in Art. 55 EGBGB genannten Vorbehalte betreffen Sachgebiete, für die infolge geschichtlicher oder wirtschaftlicher Entwicklungen regionaler Art eine Einheitlichkeit des Rechts im Bundesgebiet nicht erforderlich erschien.[86]

---

[83] *Taupitz* S. 158.

[84] *Römermann* in Michalski/Römermann PartGG Kommentar, § 8 Rn. 56ff.; *Stuber* Sozietätsrecht § 11 Rn. 27; *Bärwaldt* in Beck'sches Handbuch der Personengesellschaften, § 18 Rn. 78; *Seibert* in Münchener Handbuch des Gesellschaftsrechts, § 37 Rn. 24f.

[85] BVerfGE 11, 192, 199, Beschl. v. 8.6.1960 – 1 BvR 580/53.

[86] *Maunz/Dürig* Art. 74 GG Rn. 54.

48 *cc)* Aufschlussreich in diesem Zusammenhang ist die Geschichte des im **Jahr 1969** vom Bundestag mit breiter Mehrheit verabschiedeten **Bundesarchitektengesetzes.** Der Bundesrat hatte gegen dieses Gesetz argumentiert mit der Begründung, für eine bundesgesetzliche Regelung bestehe kein Bedürfnis, da bereits 7 Länder gesetzliche Regelungen für den Architektenberuf getroffen und weitere Länder entsprechende gesetzliche Regelungen vorgeschlagen hätten; die EWG erfordere keine bundeseinheitlichen Rechtsvorschriften. Aus verfassungsrechtlicher Sicht wurde argumentiert, das Bundesarchitektengesetz normiere den **standesrechtlichen Schutz der Berufsbezeichnung**, regle aber **nicht** die **wirtschaftliche Tätigkeit** des **Architekten**; für ein solches Gesetz **fehle** es **deshalb** an der **Gesetzgebungskompetenz** des **Bundes.** Die **Gesetzgebungskompetenz** könne – **anders** als beim **Ingenieurgesetz** – auch nicht aus der konkurrierenden Gesetzgebungskompetenz des Art. 74 Nr. 11 GG (Recht der Wirtschaft) hergeleitet werden, weil beim **Beruf** des **Architekten** das **künstlerische Element** gegenüber dem wirtschaftlichen Element **überwiege.** Der Beruf des Architekten sei herkömmlicherweise **nicht** als **Gewerbe**, sondern als eine Tätigkeit überwiegend **künstlerischer** und **gestalterischer Art** anzusehen.[87]

Der damalige Bundespräsident Heinemann lehnte deshalb die Unterzeichnung des Gesetzes ab. Unter Berufung auf den kurz zuvor ergangenen Beschluss des Bundesverfassungsgerichtes v. 25.6.1999 zum Ingenieurgesetz[88] erklärte der Bundespräsident, dass der **Bund keine Gesetzgebungskompetenz** für die bloße Regelung der Befugnis zum Führen einer **Berufsbezeichnung** habe; eine auf Art. 74 Nr. 11 GG beruhende Kompetenz sei nur dann gegeben, wenn der jeweilige Beruf in einer umfassenden Weise geordnet werde. Zwar sei das **Architektengesetz** im Wesentlichen den Vorschriften des Ingenieurgesetzes nicht nachgebildet, sein wesentliches Ziel sei jedoch der **Schutz** der **Berufsbezeichnung.** Die Ansätze einer Beschreibung in der Berufstätigkeit des Architekten und die Aufzählung bestimmter Tätigkeiten stellten keine ausreichend umfassende Feststellung des Inhalts der Berufstätigkeit des Architekten dar.[89]

Die vorstehende Argumentation, wonach das **Berufsrecht** der Architekten den Schutz der Berufsbezeichnung, nicht jedoch die wirtschaftliche Tätigkeit zum Inhalt habe, führt im **Umkehrschluss** zu dem Ergebnis, dass sämtliche **Fragen** der **Haftung** und **Haftungsbeschränkung** von Architekten und Architekten-Gesellschaften unterschiedlicher Rechtsformen **nicht** zu dem **Berufsrecht, sondern** zu dem allgemeinen **Zivilrecht** im Sinne von **Art. 74 GG** gehören.

Wie wollte man auch zivilrechtlich-gesellschaftsrechtlich und verfassungsrechtlich begründen können, dass die Möglichkeit und Wirksamkeit/Unwirksamkeit von Vereinbarungen zur Beschränkung der Haftung für berufliche Fehler – sei es durch Individualvereinbarung, sei es durch vorformulierte Vertragsbedingungen – bei Einzelunternehmen und GbR/Sozietäten nach dem Bürgerlichen Gesetzbuch, dort insbesondere §§ 307 BGB ff. richten soll, bei Partnerschaftsgesellschaften jedoch nach den unterschiedlichen Bestimmungen in den Architektengesetzen der Länder? Adressaten derartiger Vereinbarungen zu Haftungsbeschränkungen sind ja typischerweise nicht Architekten (Ausnahme: Subplanerverträge), sondern Auftraggeber, die mit angeblichem Berufsrecht der Architekten rein gar nichts zu tun haben, geschweige denn einer Architektenkammer angehören.

49 *dd)* Art. 72 Abs. 2 GG. Kann ernsthaft bestritten werden, dass das Recht der Haftungsbeschränkung für berufliche Fehler von Architekten-Partnerschaftsgesellschaften eine Thematik ist, die zur Herstellung gleichwertiger Lebensverhältnisse im Bundesgebiet und der Wahrung der Rechts- und Wirtschaftseinheit im gesamtstaatlichen Interesse im

---

87 *Meihorst/Awik* Rechtshandbuch für Ingenieure und Architekten 1999 D II Rn. 26.
88 BVerfGE 26, 246, Beschl. v. 25.6.1969 – 2 BvR 128/66.
89 *Meihorst/Awik* a.a.O.

Sinne von Art. 72 Abs. 2 dient und eine bundeseinheitliche Regelung erforderlich macht, wie sie für Rechtsanwälte, Steuerberater und Wirtschaftsprüfer bereits existiert?

Kann ernsthaft bestritten werden, dass die derzeitige Situation der Haftung und Haftungsbeschränkung für Architektenpartnerschaften – aber auch für Einzelbüros und GbR-Sozietäten – völlig uneinheitlich und unübersichtlich ist?

Kann ernsthaft bestritten werden, dass der seit Jahren in Bearbeitung befindliche Entwurf eines Musterarchitektengesetzes zwar unter Mitwirkung der Länder (und Architektenkammern) erarbeitet wird, dass aber die Länder in ihren bestehenden bzw. geplanten Landesgesetzen sich nicht daran halten, sondern hiervon abweichende Gesetzesbestimmungen verabschieden, als ob sie die – vermeintliche – Gesetzgebungskompetenz deutlich und lustvoll ausleben wollen?

ee) **§ 8 Abs. 3 PartGG als Ermächtigungsgrundlage?** Beinhaltet § 8 Abs. 3 PartGG tatsächlich eine Ermächtigung, die die Sperrwirkung der seitens des Bundesgesetzgebers erfolgten umfassenden Regelung des Bürgerlichen Rechts im Sinne von Art. 74 GG öffnen würde zugunsten der Landesgesetzgeber? Verfassungsrechtlich wäre dies nicht von vornherein unzulässig.[90] 50

Die Gesetzgebungsmaterialien[91] sprechen durchaus davon, dass „dieser Berufsrechtsvorbehalt" in erster Linie klarstellenden Charakter besitze und im Übrigen im Hinblick auf die Rechte der einzelnen Berufe, die in Landesgesetzen enthalten seien, die diesbezügliche Regelungskompetenz des Landesgesetzgebers sicherstellen solle.

Andererseits besagen dieselben Gesetzesmaterialien aber auch, dass die Möglichkeit zur Haftungsbeschränkung nur dem formellen Gesetzgeber zustehen solle, um vor allem einer Rechtszersplitterung durch divergierendes Satzungs- und Kammerrecht entgegenzuwirken. Die Gesetzgebungsmaterialien zu § 8 Abs. 3 PartGG besagen ferner, dass es sich bei der Frage der Begrenzung der Haftung von Angehörigen freier Berufe auf einen bestimmten Höchstbetrag nicht um ein spezielles Problem der Partnerschaft handle. Es sollten deshalb die berufsrechtlichen Vorschriften eine solche Haftungsbegrenzung regeln, wenn sie für erforderlich erachtet werde.

Ausdrücklich verwiesen wird auf den Regierungsentwurf eines Gesetzes zur Neuordnung des Berufsrechts der Rechtsanwälte und Patentanwälte sowie auf den Regierungsentwurf eines dritten Gesetzes zur Änderung der Wirtschaftsprüferordnung; für das Steuerberatungsgesetz seien entsprechende Regelungen geplant. Über die dort vorgesehenen Möglichkeiten zur vertraglichen Haftungsbeschränkung hinaus könnten die Rechte der einzelnen Berufe auch eine Haftungshöchstsumme von Gesetzes wegen festlegen, § 8 Abs. 3 PartGG enthalte insoweit keine Einschränkung.

Eine Beschränkung der Haftung auf einen bestimmten Höchstbetrag solle aber nur zugelassen werden, wenn gleichzeitig eine Pflicht zum Abschluss einer Berufshaftpflichtversicherung eingeführt werde; damit solle den Interessen des Gläubigerschutzes Rechnung getragen werden.

Da auch diese Pflicht nur durch den formellen Gesetzgeber begründet werden könne, sei sichergestellt, dass es sich um eine Pflichtversicherung im Sinne der §§ 158 b ff. VVG handle. Bereits gegenwärtig (1993) fänden sich z. B. in § 67 StBerG, § 54 Abs. 1 WPO, § 51 a BRAO-E Regeln zur Haftsummenbeschränkung im formellen Recht. Dies gewährleiste, dass der Haftpflichtversicherer grundsätzlich unabhängig vom Vertragsverhältnis zum Versicherten dem Geschädigten gegenüber zur Leistung verpflichtet bleibe. Die Pflicht zum Abschluss einer Berufshaftpflichtversicherung sei entweder den Partnern oder der Partnerschaft aufzuerlegen; eine Versicherungspflicht sowohl der Partnerschaft als auch der Partner scheine zur hinreichenden Absicherung der Gläubiger nicht erforderlich.

---

90 *Maunz/Dürig* Art. 72 GG Rn. 7.

91 ZIP 1993, 1201 ff.

51 Trotz oder gerade wegen des umfassenden Anspruchs der Gesetzgebungsmaterialien an die Partnerschaftsgesellschaft – im Automobilbau sprach ein Entwickler einmal von dem Wunschbild einer eierlegenden Wollmilchsau – verbleiben erhebliche Zweifel. Die Gesetzgebungsmaterialien zu § 8 Abs. 3 PartGG sind teilweise vage formuliert und in sich widersprüchlich. In dem Gesetz selbst ist keine Rede davon, dass der Bundesgesetzgeber eine Ausnahme von seiner Regelungskompetenz und der existierenden umfassenden Regelung des Bürgerlichen Rechts im Sinne von Art. 74 Abs. 1 Nr. 1 machen und den Ländern insoweit zur Gesetzgebung entsprechend der konkurrierenden Gesetzgebung nach Art. 72 GG Raum geben wolle. Eine derartige Öffnungsklausel würde in krasser Weise gegen Art. 72 Abs. 2 GG verstoßen, da sie der erforderlichen Herstellung gleichwertiger Lebensverhältnisse im Bundesgebiet und der Wahrung der Rechts- und Wirtschaftseinheit im gesamtstaatlichen Interesse entgegenstünde. Die oben aufgeführten Bestimmungen der jeweiligen Ländergesetze und des Entwurfs des Musterarchitektengesetzes zeigen, dass § 8 Abs. 3 PartGG auch nicht als Rahmengesetz gelten kann, das lediglich in gewissem Umfang Ausfüllungen durch die Länder zulässt.[92] Es wäre auch nicht nachvollziehbar, warum das Recht der Haftungsbeschränkung aus der beruflichen Tätigkeit von Architekten-Partnerschaftsgesellschaften durch § 8 Abs. 3 PartGG i.V.m. unterschiedlichen Bestimmungen verschiedener Länderarchitektengesetze geregelt sein soll, während das Recht der Haftungsbeschränkung eines Einzelarchitekten oder einer Architekten – GbR-Sozietät überhaupt nicht oder – mangels verfassungsrechtlicher „Öffnungsklausel" – für Einzelarchitekten und Architekten-GbR-Sozietäten bundesgesetzlich zu regeln sei, wie dies bei Rechtsanwälten, Steuerberatern und Wirtschaftsprüfern bereits geschehen ist in Form von Bundesgesetzen, die Regelungen zur Haftungsbeschränkung bei allen Unternehmensformen der Freiberufler enthalten.

Es drängt sich vielmehr der Eindruck auf, dass man hier die Grenzen des reinen Berufsrechts/Berufsbezeichnungsrechts gegenüber dem allgemeinen Zivilrecht und Gesellschaftsrecht verkannt hat mit gefährlichen Konsequenzen für die Betroffenen.

52 *ff)* Soweit Architektengesetze der Länder Bestimmungen zur Haftungsbeschränkung von Partnerschaftsgesellschaften enthalten, erweisen diese Bestimmungen sich als Haftungsfallen für Architekten. Bestätigen die Gerichte die dargelegten verfassungsrechtlichen Bedenken gegen eine Regelung des Zivilrechtes im reinen „Berufsrecht", gelten die weitaus schärferen Bestimmungen der §§ 307 Abs. 2, 309 Nr. 7 BGB n. F. sowie die hierzu ergangene Rechtsprechung (s. Rn. 18). Es würde die gesetzliche Spezialnorm fehlen, die das gesetzliche Leitbild der unbeschränkten Haftung korrigieren und als Maßstab der AGB-rechtlichen Angemessenheitsprüfung gelten könnte.

Angesichts der exzessiven Anforderungen der Rechtsprechung an die Sorgfaltspflichten der Architekten (Sachwalterstellung!) und anderer Freiberufler[93] muss davon ausgegangen werden, dass nur in äußerst seltenen Fällen von einer einfachen Fahrlässigkeit ausgegangen werden kann.

Eine **Architekten-Partnerschaftsgesellschaft,** die eine **Vereinbarung** zur **Haftungsbeschränkung geschlossen** hat im **Vertrauen** auf und unter Einhaltung der **landesgesetzlich geregelten Vorgaben** (Haftungsbeschränkung auch bei grober Fahrlässigkeit, Höhe der beschränkten Haftung, Höhe des Versicherungsschutzes), würde wegen des AGB-rechtlichen Verbotes der geltungserhaltenden Reduktion **am Ende ohne** die erstrebte **Haftungsbeschränkung** dastehen.

53 *gg)* **Gesetzliche Haftungsbeschränkung durch Landesgesetz i.V.m. Vereinbarung im Gesellschaftsvertrag?** Die gleichen verfassungsrechtlichen Bedenken bestehen gegen eine

---

92 *Maunz/Dürig* Art. 72 GG Rn. 23.

93 S. BGH NJW 1994, 1211, Urt. v. 20.1.1994 – IX ZR 46/93; 1994, 1472, Urt. v. 10.2.1994 – XI ZR 103/93; 1993, 1779, Urt. v. 18.3.1993 – IX ZR 120/92; 1993, 2676, Urt. v. 8.7.1993 – IX ZR 242/92; 1993, 3259, Urt. v. 30.9.1993 – IX ZR 73/93.

etwaige Beschränkung der Haftung der Partnerschaftsgesellschaft kraft Gesetzes, die lediglich der Vereinbarung im Partnerschaftsvertrag und der Eintragung der Haftungsbeschränkung in ein von der (Landes-)Architektenkammer geführtes Verzeichnis bedarf, wie es in § 2 Abs. 3 des Brandenburgischen Architektengesetzes v. 10.4.1997 geregelt ist. § 2 Abs. 3 des Brandenburgischen Architektengesetzes würde zu einer landesrechtlichen „Architekten-Partnerschaftsgesellschaft mit beschränkter Haftung für Haftpflichtgefahren aus der Berufstätigkeit der Partner und der Beschäftigten" führen, deren Gründung lediglich eine Vereinbarung der Haftungsbeschränkung im Partnerschaftsvertrag (also nicht im Außenverhältnis zu dem Vertragspartner!) und die Eintragung in das Verzeichnis der Architektenkammer (also nicht in ein staatliches Register mit positiver oder negativer Registerpublizität!) verlangen würde! Dass als Preis dieser „public-private partnership-Haftungsbeschränkung ausschließlich für berufliche Fehler" weder – wie bei der GmbH – Mindeststandards für die Aufbringung und den Erhalt des Stammkapitals existieren noch eine Erhöhung des Versicherungsschutzes verlangt werden, zeigt das Maß der Fehlentwicklung. Ersteres widerspricht den Grundsätzen, die der BGH in seinem 1999 ergangenen Urteil[94] zur Unwirksamkeit der einseitigen Haftungsbeschränkung einer GbR mbH aufgestellt hat. Letzteres widerspricht zwar nicht dem Wortlaut, aber doch dem Sinn des § 8 Abs. 3 PartGG, der zwar nicht ausdrücklich vorschreibt, dass die Höhe der Berufshaftpflichtversicherung der Höhe der Haftungsbeschränkung entsprechen muss, dessen Ziel des Gläubigerschutzes es aber doch nahe legt, dass eine **Beschränkung der Haftung** für Ansprüche aus Schäden wegen fehlerhafter Berufsausübung auf einen bestimmten Höchstbetrag nur zulässig sein soll, **wenn und insoweit** zugleich eine **Berufshaftpflichtversicherung** existiert.

e) EU-rechtliche Überlegungen. Weitere erhebliche **Bedenken** gegen die Wirksam- 54
keit derartiger Versuche der Haftungsbeschränkung gegenüber Verbrauchern bestehen unter dem Aspekt des EU-Rechtes (**Richtlinie 93/13/EWG** v. **5. April 1993** über **missbräuchliche Klauseln** in **Verbraucherverträgen**[95] und **Art. 5** Abs. 2 sowie **Art. 189** Abs. 3 **EGV**). Diese Bedenken haben allerdings nichts zu tun mit der im Architektenrecht bestehenden Diskrepanz Zivilrechtsgeber (Bund) – Berufsrechtsgeber (Land). Sie erstrecken sich deshalb **auch** auf die – **bundesgesetzlichen** – **Bestimmungen** zur **Haftungsbeschränkung** der Rechtsanwälte, Patentanwälte, Steuerberater, Wirtschaftsprüfer und vereidigten Buchprüfer.

Gemäß Art. 3 EGV umfasst die Tätigkeit der Gemeinschaft i. S. des Art. 2 auch „einen Beitrag zur Verbesserung des Verbraucherschutzes". Erreicht werden soll dies durch die Angleichung der Rechtsvorschriften der Mitgliedsstaaten. Nach **Art. 100 a EGV** erlässt der Rat „die Maßnahmen zur Angleichung der Rechts- und Verwaltungsvorschriften der Mitgliedsstaaten, welche die Errichtung und das Funktionieren des Binnenmarktes zum Gegenstand" haben. Abs. 3 schreibt der Kommission vor, bei ihren Vorschlägen in den Bereichen Gesundheit, Sicherheit, Umweltschutz und **Verbraucherschutz** von einem **hohen Schutzniveau** auszugehen. Diese Rechtsangleichungskompetenz erschien in Anbetracht der höchst unterschiedlichen Rechtslage des Verbraucherschutzes in den Mitgliedstaaten notwendig.[96] Nach ca. 13-jähriger Vorarbeit wurde am 5.4.1993 die Richtlinie über missbräuchliche Klauseln in Verbraucherverträgen formell verabschiedet. Die Mitgliedsstaaten waren gemäß Art. 10 der Richtlinie verpflichtet, die erforderlichen Rechts- und Verwaltungsvorschriften zu erlassen, um dieser Richtlinie spätestens am 31.12.1994 nachzukommen. Art. 3 der Richtlinie (Kontrollmaßstab) bestimmt, dass eine Vertragsklausel, die nicht im Einzelnen ausgehandelt wurde, als missbräuchlich anzusehen ist, wenn sie entgegen dem Gebot von Treu und Glauben zum **Nachteil** des **Verbrauchers** ein

---

[94] BGH NJW 1999, 3483.
[95] EG-ABl. v. 21.4.1993 Nr. L 95 S. 29.
[96] *Lecheler* Handbuch des EU-Wirtschaftsrechtes Band 2 H. V. Rn. 19.

erhebliches und **ungerechtfertigtes Missverhältnis** der vertraglichen **Rechte** und **Pflichten** der Vertragspartner verursacht. Eine Vertragsklausel ist immer dann als nicht im Einzelnen ausgehandelt zu betrachten, wenn sie im Voraus abgefasst wurde und der Verbraucher deshalb, insbesondere im Rahmen eines vorformulierten Standardvertrages, keinen Einfluss auf ihren Inhalt nehmen konnte.

Die Tatsache, dass bestimmte Elemente einer Vertragsklausel oder einzelne Klauseln im Einzelnen ausgehandelt worden sind, schließt die Anwendung dieses Artikels auf den übrigen Vertrag nicht aus, sofern es sich nach der Gesamtwertung dennoch um einen vorformulierten Standardvertrag handelt.

Laut **Art. 4 RiLi** (Berücksichtigungsfähige Umstände) wird die **Missbräuchlichkeit** einer **Vertragsklausel** unter **Berücksichtigung** der Art der Güter oder Dienstleistungen, die Gegenstand des Vertrages sind, **aller** den Vertragsabschluss begleitenden **Umstände** sowie aller anderen Klauseln desselben Vertrages oder eines anderen Vertrages, von dem die Klausel abhängt, zum Zeitpunkt des Vertragsschlusses beurteilt.

55 Während das **AGB-Gesetz** noch von einem **generellen-überindividuellen Prüfungsmaßstab** ausgeht und eine typisierende Betrachtung zugrunde legt,[97] sind nach **Art. 4 Abs. 1** der RiLi **alle** den Vertragsabschluss begleitenden Umstände zu berücksichtigen; es ist ein **subjektiv-individueller Prüfungsmaßstab** anzulegen. Zu dem Recht der Anwaltshaftung vertritt *Graf von Westphalen*[98] die Auffassung, der **Verstoß** des § 51 a BRAO gegen **Art. 8** der **RiLi** sei so offensichtlich, dass man keinem Anwalt raten könne, gegenüber einem „Verbraucher"/Mandanten eine an § 51 a BRAO ausgerichtete Haftungsbegrenzungsklausel zu vereinbaren – gleichgültig, ob dies im Rahmen eines Formularvertrages oder eines nicht ausgehandelten Individualvertrages geschehe. Lediglich wenn der Mandant „Gewerbetreibender" sei, bleibe es bei der Wirksamkeit von § 51 a BRAO. *Stobbe*[99] bezeichnet § 51 a BRAO als janusköpfige Bestimmung mit einer berufsrechtlichen und einer privatrechtlichen Seite, die eine abschließende Sonderregelung für die Beschränkung der anwaltlichen Haftung beinhalte. Diese Sonderregelung trete nicht neben das bisher geltende Recht der Beschränkung anwaltlicher Haftung, sondern an die Stelle dieses Rechts. Dieses Ziel würde verfehlt, wenn einzelvertragliche Freizeichnungen in den Grenzen der § 138, 242 BGB über § 51 a BRAO hinaus zulässig wären oder nach § 51 a BRAO zulässige Freizeichnungen der Inhaltskontrolle nach Art. 9 AGBG unterworfen wären. Dies verkenne die gegenteilige Auffassung Graf von Westphalens. Die **Richtlinie** solle die **Verwendung missbräuchlicher Klauseln** in **Verträgen** unterbinden. **Rechtsvorschriften** oder **Vertragsklauseln**, die **bindenden Rechtsvorschriften** entsprechen, seien der Richtlinie nicht unterworfen; die Erwägungsgründe 9 und 13 verdeutlichten dies. Art. 1 Abs. 2 RiLi entspreche § 8 AGBG. Hier wie dort werde spezialgesetzlichen Regelungen der Vorrang eingeräumt. Nach dem **Erwägungsgrund 14** sollten die Mitgliedsstaaten zwar dafür sorgen, dass in vorrangigen Rechtsvorschriften keine missbräuchlichen Regelungen enthalten seien; dies sei jedoch nur ein Appell an die Mitgliedsstaaten, der die Motive und Zielvorstellungen der Kommission erkennen lasse, maßgebend sei allein die Regelung des Art. 1 Abs. 2 RiLi.[100]

56 Die Erwägungsgründe scheinen Stobbes Rechtsauffassung zunächst zu stützen. Erwägungsgrund 12 besagt: „Beim derzeitigen Stand der einzelstaatlichen Rechtsvorschriften kommt allerdings nur eine teilweise Harmonisierung in Betracht. So gilt diese Richtlinie insbesondere nur für Vertragsklauseln, die nicht einzeln ausgehandelt wurden." Der nachfolgende Satz des Erwägungsgrundes 12 sagt dann aber: „Den Mitgliedsstaaten muss es freigestellt sein, dem Verbraucher unter Beachtung des Vertrags einen besseren Schutz

---

97 *Wolf* in Wolf/Horn/Lindacher, § 9 AGBG Rn. 51 ff.

98 *Westphalen* ZIP 1995, 546 ff.

99 *Stobbe* in Henssler/Prütting 1997 § 51a BRAO Rn. 19 ff.

100 *Stobbe* in Henssler/Prütting 1997 § 51a BRAO Rn. 68 ff. m.H.a. *Heinrichs* NJW 1995, 153 und *Schmidt-Salzer* VersR 1995, 1261 ff.

durch strengere einzelstaatliche Vorschriften als den in dieser Richtlinie enthaltenen Vorschriften zu gewähren." Ein **schlechterer Schutz** durch „laxere" **einzelstaatliche Vorschriften** soll nach der Richtlinie also gerade **ausgeschlossen** sein. Auch ist der **Grundgedanke** der **Vermeidung** von **Wettbewerbsverzerrungen** und der **Förderung** des **Wettbewerbes** zu berücksichtigen, der in den Erwägungsgründen 2 und 7 zum Ausdruck kommt. Den Bürgern der Gemeinschaft in ihrer Eigenschaft als Verbraucher soll eine größere Auswahl zur Verfügung gestellt werden, ohne dass die Gefahr missbräuchlicher Vertragsklauseln zu Lasten der Verbraucher besteht. Wollte man den **Erwägungsgrund 14** nur als wohlmeinenden, unverbindlichen Appell an die Mitgliedsstaaten verstehen, der die Motive und Zielvorstellungen der Kommission erkennen lasse, würde dies den mit der Richtlinie 93/13/EWG verfolgten und in den Erwägungsgründen 2 und 7 formulierten Zielen der Beseitigung von Wettbewerbsverzerrungen und der Schaffung einer größeren Auswahlmöglichkeit für Verbraucher diametral widersprechen. **Erwägungsgrund 4** formuliert ausdrücklich, dass die **Mitgliedstaaten** dafür **Sorge** tragen müssen, dass die mit den Verbrauchern abgeschlossenen Verträge **keine missbräuchlichen Klauseln** enthalten.

Zugespitzt gefragt: Soll die Verbraucherrichtlinie 93/13 EWG eine Gefährdung des Verbraucherschutzes durch missbräuchliche vorformulierte Vertragsbedingungen ausschließen, eine Gefährdung der Verbraucherinteressen – d. h. nichts anderes als die Ausübung von **Missbrauch** im Sinne der Richtlinie – durch Erlass formeller, den Zielen der Verbraucherrichtlinie **entgegenstehenden Gesetzen** erlauben? 57

Inzwischen hat der EuGH entschieden, dass Richtlinien schon vor Ablauf der Umsetzungsfrist eine Vorwirkung besitzen. Gemäß **Urteil** des **EuGH** v. 18.12.1997[101] darf nach den Art. 5 Abs. 2 und 189 Abs. 3 EGV ein **Mitgliedstaat**, an den eine Richtlinie gerichtet ist, **während** der in dieser Richtlinie festgesetzten **Umsetzungsfrist keine Vorschriften** erlassen, die geeignet sind, die Erreichung des in dieser **Richtlinie vorgeschriebenen Zieles** ernstlich in **Frage** zu **stellen**. Der EuGH hebt darauf ab, dass es die **zwingende Pflicht** eines **Mitgliedstaates** sei, **alle** zur **Erreichung** des durch eine **Richtlinie** vorgeschriebenen **Zieles erforderlichen Maßnahmen** zu treffen. 58

Diese Pflicht, alle allgemeinen oder besonderen Maßnahmen zu treffen, obliege allen Trägern öffentlicher Gewalt in den Mitgliedstaaten einschließlich der Gerichte im Rahmen ihrer Zuständigkeiten;[102] der Mitgliedstaat dürfe deshalb während der festgesetzten Umsetzungsfrist keine Vorschriften erlassen, die geeignet seien, die Erreichung des in dieser Richtlinie vorgeschriebenen Zieles ernstlich in Frage zu stellen. Der **Mitgliedstaat** muss deshalb sein **gesamtes Recht** und nicht nur das Transformationsgesetz an den **Maßstäben** der **Richtlinie** ausrichten.[103] Die EU-rechtlichen Bedenken lassen sich deshalb nicht mit der Argumentation verneinen, eine Vor-Wirkung der Richtlinie 93/13/EWG sei denkgesetzlich nur möglich, soweit dieser Richtlinie überhaupt eine Wirkung auf bindende Rechtsvorschriften zukomme, was laut Art. 1 Abs. 2 RiLi gerade nicht der Fall sei. **Erwägungsgrund 13 RiLi** besagt, dass bei Rechtsvorschriften der Mitgliedstaaten, in denen direkt oder indirekt die Klauseln für Verbraucherverträge festgelegt werden, davon ausgegangen werde, dass sie keine missbräuchlichen Klauseln enthalten. Klauseln, die auf bindenden Rechtsvorschriften beruhen, sind deshalb der Richtlinie nicht zu unterwerfen. Erwägungsgrund 13 definiert aber den Begriff der „bindenden Rechtsvorschriften". Dies sind auch Regeln, die nach dem Gesetz zwischen den Vertragsparteien gelten, wenn nichts anderes vereinbart wurde. Erwägungsgrund 14 schreibt den Mitgliedstaaten vor, dass darin keine missbräuchlichen Klauseln enthalten sein dürfen. Für das **Haftungssystem** des **Zivilrechts** bildet § 276 BGB die **bindende Vorschrift** im Sinne des **Erwägungsgrundes 13.** Danach hat der Schuldner Vorsatz und Fahrlässigkeit zu ver-

---

[101] EuGH Rs. C-129/96, Slg. 1997, I-7411 Inter-Environnement Wallonie; EuZW 1998, 167 ff.

[102] Vergl. EuGH Slg I 1990, 4135 Tz 8.

[103] *Wolf* AGB-Gesetz Art. 1 RiLi Rn. 33; *Kapnopoulou* Das Recht der mißbräuchlichen Klauseln in der Europäischen Union S. 99 f.

treten, wenn eine strengere oder mildere Haftung weder bestimmt noch aus dem sonstigen Inhalt des Schuldverhältnisses, insbesondere aus der Übernahme einer Garantie oder eines Beschaffungsrisikos, zu entnehmen ist. Bindende Vorschrift ist ebenfalls § 11 Nr. 7 AGBG/§ 309 Nr. 7 BGB n. f., wonach in Allgemeinen Geschäftsbedingungen unwirksam sind ein Ausschluss oder eine Begrenzung der Haftung für Schäden aus der Verletzung des Lebens, des Körpers oder der Gesundheit, die auf einer fahrlässigen Pflichtverletzung des Verwenders oder einer vorsätzlichen oder fahrlässigen Pflichtverletzung eines gesetzlichen Vertreters oder Erfüllungsgehilfen des Verwenders beruhen (Nr. 7 a), sowie ein Ausschluss oder eine Begrenzung der Haftung für sonstige Schäden, die auf einer grob fahrlässigen Pflichtverletzung des Verwenders oder auf einer vorsätzlichen oder grob fahrlässigen Pflichtverletzung eines gesetzlichen Vertreters oder Erfüllungsgehilfen des Verwenders beruhen (Nr. 7 b). Bindende Rechtsvorschrift ist auch § 8 Abs. 2 PartGG mit der darin gesetzlich geregelten Haftungskonzentration, die – entgegen der ursprünglichen Fassung bei Inkrafttreten des Partnerschaftsgesellschaftsgesetzes – nicht mehr der individuellen oder AGB-rechtlichen Vereinbarung bedarf.

Bindende Rechtsvorschrift im Sinne der Verbraucherrichtlinie ist aber nicht § 8 Abs. 3 PartGG, da § 8 Abs. 3 PartGG keine direkte Rechtswirkung zukommt, die zwischen den Vertragsparteien gilt, wenn nichts anderes vereinbart worden ist.

59 Die **Richtlinie 93/13/EWG** v. 5. April 1993 über missbräuchliche Klauseln in Verbraucherverträgen enthält **mittelbar** das **Verbot, missbräuchliche Klauseln** durch **innerstaatliches Recht** zu **ermöglichen.** Die Mitgliedstaaten sind daran gehindert, unmittelbar oder mittelbar missbräuchliche Klauseln in Verbraucherverträgen vorzusehen oder zu ermöglichen.[104]

Das EU-Recht verbietet es deshalb auch, nach Erlass der Richtlinie (schon gar nicht nach Ablauf der Umsetzungsfrist 31.12.1994) nationales Recht zu schaffen, das dem Schutzzweck der Richtlinie entgegensteht. Die Ländergesetze, die Bestimmungen zur Haftungsbeschränkung der Architekten-Partnerschaftsgesellschaft regeln, sind alle erst nach Erlass der Richtlinie 93/13/EWG erlassen worden. Auch die durch den Bundesgesetzgeber erlassenen Gesetze zu der Möglichkeit der Beschränkung der Haftung für berufliche Fehler sind erst nach Erlass der Richtlinie 93/13/EWG beschlossen worden (§ 51 a BRAO eingefügt durch Gesetz v. 2.9.1994 BGBl. I S. 2278; § 45 a PAO eingefügt durch Gesetz v. 9.3.2000 BGBl. I S. 182, 191, § 67 a StBerG eingefügt durch Gesetz v. 24.6.1994 BGBl. I S. 1387, § 54 a WPO eingefügt durch Gesetz v. 15.7.1994 BGBl. I S. 1569). **Art. 10 EG** verpflichtet zur **Gemeinschaftstreue.** Der **Bundesgerichtshof** misst Richtlinien schon vor Ablauf der Umsetzungsfrist eine **Vorwirkung** bei, die sogar über das vom Gemeinschaftsrecht Gebotene hinausgeht.[105] Die **Lex-posterior-Regel** des nationalen Rechts ist auf **Konflikte** zwischen sekundärem **Gemeinschaftsrecht** und späterem **nationalem Recht nicht anwendbar.**

60 Der **nationale Gesetzgeber** ist im Hinblick auf den **Geltungsvorrang** des **sekundären Gemeinschaftsrechts** daran gehindert, nationales Recht, mit dem er sekundäres Gemeinschaftsrecht umgesetzt hat, **nachträglich** in der Weise zu **ändern**, dass ein **Konflikt** zwischen den **Vorgaben** der **Richtlinie** und dem **nationalen Recht** entsteht. Nach der Rechtsprechung des EuGH zu der unmittelbaren Geltung nicht fristgerecht umgesetzter Richtlinien muss das bereits vorhandene nationale Recht, unabhängig davon, ob es jünger oder älter ist als die Richtlinie, richtlinienkonform so ausgelegt werden, dass ein den Vorgaben der Richtlinie widersprechendes Ergebnis vermieden wird.[106]

---

[104] *Thode* „Bauträgervertrag-Gestaltungsfreiheit im Rahmen der neuen Gesetzgebung und Rechtsprechung" im RWS-Forum 19: Immobilienrecht 2000 S. 307.

[105] BGH Z 138, 55, 60 ff., Urt. v. 5.2.98 – ZR 211/95 – EuZW 1998, 474 zu Richtlinie 97/55/EG (vergleichende Werbung).

[106] *Thode* „Bauträgervertrag-Gestaltungsfreiheit im Rahmen der neuen Gesetzgebung und Rechtsprechung" im RWS-Forum 19: Immobilienrecht 2000 S. 307 mit Hinweis auf weitere Literatur und

Grundmann[107] weist darauf hin, dass dispositives Recht bereits heute (teils) zwingend werden könne, wenn der Vertrag – wie üblich – durch AGB ausgestaltet ist; dann sei nach § 307 Abs. 2 BGB n. f. nur noch ein geringes Abweichen zulässig, soll nicht die Klausel im Zweifel nichtig sein.

Die **EU-rechtlichen Gebote** der **effektiven Umsetzung** und **richtlinienkonformen Auslegung** in Verbindung mit der Entscheidung des EuGH v. 18. 12. 1997 führen deshalb zu der Erkenntnis, dass die in den **berufsrechtlichen Gesetzen** – gleichgültig ob Bundesgesetze oder Ländergesetze – enthaltenen Bestimmungen zur Möglichkeit der formularmäßigen Haftungsbeschränkung für Architekten-Partnerschaftsgesellschaften, Rechtsanwälte, Patentanwälte, Steuerberater und Wirtschaftsprüfer **gegen** das **höherrangige EU-Recht verstoßen**, soweit es **Verbraucher** i. S. v. § 13 BGB betrifft.[108] 61

Nicht eindeutig zu beantworten ist die Frage, ob die in § 8 Abs. 2 PartGG enthaltene Haftungskonzentration ebenfalls gegen die Richtlinie verstößt. § 8 Abs. 2 PartGG unterscheidet sich von § 8 Abs. 3 PartGG wesentlich dadurch, dass darin eine unmittelbare haftungsrechtliche Regelung getroffen wird, die als Spezialgesetz der Bestimmung des § 421 BGB und der dort bestimmten gesamtschuldnerischen Haftung aller Schuldner vorgeht. § 8 Abs. 2 PartGG ist deshalb als bindende Rechtsvorschrift im Sinne des Erwägungsgrundes 13 und Art. 1 Abs. 2 RiLi anzusehen. Dennoch ist nicht zu verkennen, dass § 8 Abs. 2 PartGG als eine **ungebührliche Einschränkung** der Ansprüche des Verbrauchers gegenüber dem Gewerbetreibenden im Sinne des **Klauselkataloges 1 b** angesehen werden kann. Laut Art. 3 Abs. 3 RiLi enthält der Anhang und damit der Klauselkatalog eine als Hinweis dienende und nicht erschöpfende Liste der Klauseln, die für missbräuchlich erklärt werden können. Geht man davon aus, dass die Richtlinie mittelbar das Verbot enthält, den durch die Richtlinie vorgegebenen Mindeststandard für Verbraucherverträge zu unterschreiten, bestehen erhebliche Bedenken gegen die Vereinbarkeit von § 8 Abs. 2 PartGG mit dem EU-Recht. Es bliebe dann bei der gesamtschuldnerischen Haftung sämtlicher Schuldner gem. § 421 BGB als bindender Rechtsvorschrift im Sinne der Richtlinie. 62

f) Versicherungsrechtlicher Aspekt. Bei der Prüfung der Frage, ob das Bestehen einer **Berufshaftpflichtversicherung** mit einer bestimmten Deckungssumme für Personenschäden und sonstige Schäden einen **angemessenen Ausgleich** im Sinne von § 307 BGB gegenüber dem **Nachteil** einer **Haftungsbeschränkung** bildet, ist auf einen versicherungsrechtlichen Aspekt zu achten, der erhebliche wirtschaftliche und damit auch rechtliche und weitere wirtschaftliche Konsequenzen nach sich zieht. 63

aa) Im Recht der **Berufshaftpflichtversicherung** gilt die **Verstoßtheorie**.[109] Es kommt darauf an, **wann** die **Handlung** oder **Unterlassung** begangen worden ist, wegen deren der Versicherungsnehmer von dem Dritten in Anspruch genommen wird. Maßgeblich ist also der Zeitpunkt eines etwaigen Planungsfehlers oder Fehlers in der Objektüberwachung. Zum Zeitpunkt dieser Handlung oder Unterlassung muss der Versicherungsschutz bestanden haben. Die Folgen derartiger Pflichtverletzungen zeigen sich jedoch häufig nicht sofort, sondern erst nach einem längeren Zeitraum. Der Architekt und – noch weniger – der Bauherr wissen bei Abschluss eines Architektenvertrages deshalb in der Regel nicht, ob der Architekt in dem betreffenden Kalenderjahr bereits Pflichtverletzungen begangen hat und/oder bis zum Ende des Kalenderjahres noch begehen wird, die ihn zum 64

Rechtsprechung; insbesondere zu EuGH-Urt. v. 3.4.1989 – RsC-106/89, SlG. 1990 I-4135, Erwägungsgrund 8.

[107] *Grundmann* NJW 2002, 393 ff.: „Harmonisierung, europäischer Kodex, europäisches System der Vertragsrechte".

[108] Die Begriffe des Verbrauchers (§ 13 BGB) und des Unternehmers (§ 14 BGB) beruhen auf der EU-Richtlinie 93/13/EWG und sind durch Gesetz v. 27.6.2000 in das BGB eingefügt worden.

[109] BGH NJW 1981, 870, Urt. v. 4.12.1980 – IV a ZR 32/80.

Schadensersatz gegenüber dem jeweiligen Auftraggeber verpflichten und wegen deren er seine Berufshaftpflichtversicherung in Anspruch nehmen muss.

65 *bb)* In den praxisüblichen Verträgen zur Berufshaftpflichtversicherung der Architekten (und auch anderer Freiberufler) ist jedoch meist eine **2fache Maximierung** enthalten. Die Deckungspflicht des Versicherers ist somit auf den 2fachen Betrag der Deckungssumme begrenzt. Existieren in derartigen Fällen dann z.B. drei oder mehr Gläubiger aus drei oder mehr zum Schadensersatz verpflichtenden Pflichtverletzungen des Architekten und übersteigen deren Forderungen die Versicherungssumme – bei 250.000 € Deckungssumme für Sach- und Vermögensschäden und 2facher Maximierung jährlich = 500.00 € – so hat der Versicherer gem. § 118 VVG die Forderungen nach dem Verhältnis ihrer Beträge an die Berechtigten auszuzahlen, d.h. zu quoteln. Auch derjenige Gläubiger, dessen Schadensersatzanspruch gegen den Architekten in Höhe oder unterhalb der Höhe der Deckungssumme von hier z.B. 250.000 € liegen würde, erhielte aus dem vertraglich vereinbarten Berufshaftpflichtversicherungsschutz keinen vollen Ausgleich des ihm entstandenen Schadens, sofern die Summe aller drei (oder mehr) Schäden den Betrag der 2fachen Maximierung – im Beispiel 500.000 € – übersteigt. Da in Architektenverträgen in der Regel allenfalls die Deckungssummen aus der Berufshaftpflichtversicherung genannt werden, nicht jedoch die Maximierung und deren Bedeutung, erhält der Gläubiger in einem solchen Schadenfall nicht das, was er aufgrund des Architektenvertrages (ausgegangen wird hier von dem Architekten als Verwender eines Formularvertrages) erwarten durfte. Die AGB-rechtlichen und EU-rechtlichen Bedenken sind offensichtlich: Ein in der Realität derart reduzierter oder auch nur gefährdeter **Versicherungsschutz** bildet **keinen angemessenen Ausgleich** für die AGB-rechtliche **Beschränkung** der **Haftung**; es fehlt auch an der erforderlichen Transparenz.

66 *cc)* Das mit Wirkung zum 1.1.2008 geänderte Versicherungsvertragsgesetz definiert in § 113 (früher § 158 b) die Haftpflichtversicherung als eine Versicherung, zu deren Abschluss eine Verpflichtung durch Rechtsvorschrift besteht. Soweit Architektengesetze der Länder oder darauf aufbauend Berufsordnungen/Satzungen der Länder/Architektenkammern dem jeweiligen Architekten den Abschluss einer Berufshaftpflichtversicherung auferlegen, teilweise sogar als Voraussetzung zur Eintragung in die Architektenliste, ist dies erst einmal klassisches Berufsrecht im Sinne des Standesrechtes. Derartige Verpflichtungen stellen jedoch keine „gesetzliche Verpflichtung" im Sinne des früheren § 158 b VVG dar.[110] *Garbes*[111] hält auch nach Inkrafttreten des geänderten VVG die Berufshaftplichtversicherung grundsätzlich nicht für eine Pflichtversicherung gem. § 113 VVG; allerdings gebe es aufgrund landesrechtlicher Regelungen zwischenzeitlich eine Vielzahl von Ausnahmen; soweit aufgrund landesrechtlicher Vorschriften eine Pflichtversicherung bestehe, würden grundsätzlich die Vorschriften der §§ 113 ff VVG Anwendung finden, wobei im Einzelnen bereits für die alten Paragraphen 158 b ff VVG strittig gewesen sei, in welchem Umfang.

Bei *Kniffka/Koeble*[112] heißt es, die Berufshaftpflichtversicherung für Architekten und Ingenieure sei nicht im gesamten Bundesgebiet gesetzlich als Pflichtversicherung ausgestaltet, es sei auch umstritten, ob es für eine gesetzliche Regelung der Berufshaftpflicht im Sinne einer Pflichtversicherung ausreiche, wenn sich die Versicherungspflicht aus einer Satzung der Kammern ergebe, ihre Grundlage aber in einem Architekten- oder Ingenieurgesetz habe; sofern in den betreffenden Ländern die Berufshaftpflichtversicherung aber als Pflichtversicherung ausgestaltet sei, könne der Geschädigte bei Insolvenz des Schädigers oder wenn dieser unbekannten Aufenthalts sei, seine Ansprüche direkt gegen

---

110 *Schmalzl/Krause-Allenstein* Berufshaftpflichtversicherung des Architekten und Bauunternehmers, 2. Aufl. 2006 Rn. 432.

111 *Garbes* Die Haftpflichtversicherung der Architekten/Ingenieure, 4. Aufl. 2011, Rn. 7.

112 *Koeble* in Kniffka/Koeble Kompendium des Baurechts, 4. Aufl. 2014, 12. Teil Rn. 847, 901.

den Versicherer geltend machen; darüber hinaus könne der Versicherer gegenüber dem Geschädigten sich nicht auf Leistungsfreiheit aus dem Verhältnis zum Versicherungsnehmer (z. B. wegen Obliegenheitsverletzung) berufen. Bei „normaler Berufshaftpflichtversicherung" gelte dies jedoch nicht.

Unstreitig kann eine Pflicht, einen Versicherungsvertrag abzuschließen (und aufrechtzuerhalten) nicht nur auf Bundesgesetzen, sondern auch auf Landesgesetzen beruhen.[113]

Genauso unbestritten dürfte aber sein, dass es sich um ein Gesetz handeln muss, das der Gesetzgebungskompetenz des jeweiligen Gesetzgebers unterliegt.

Folgt man der Auffassung, dass die in den standesrechtlichen Vorschriften der Länder enthaltenen Verpflichtungen keine gesetzliche Verpflichtung im Sinne des § 113 VVG darstellen, kann der Berufshaftpflichtversicherer des Architekten Einwendungen aus dem Deckungsverhältnis auch gegenüber dem Geschädigten erheben.

§ 8 Abs. 3 PartGG selbst ist ebenfalls keine Pflichtversicherung im Sinne von § 113 VVG, da er lediglich auf andere gesetzliche Regelungen verweist oder zusätzliche gesetzliche Regelungen als erforderlich bezeichnet. Es mag an dieser Stelle dahinstehen, ob das „Berufsrecht" für Rechtsanwälte, Patentanwälte, Steuerberater und Wirtschaftsprüfer bei dem der Berufsgesetzgeber identisch ist mit dem Bundesgesetzgeber, als Pflichtversicherung im Sinne von § 113 VVG anzusehen ist. Architektengesetze der Länder sowie etwaige darauf aufbauende Berufsordnungen sind jedenfalls keine Pflichtversicherung nach § 113 VVG, da die Gesetzgebungskompetenz zur Beschränkung der Haftung von Architekten und Berufsgesellschaften für Ansprüche wegen fehlerhafter Berufsausübung in die Kompetenz des Bundes und nicht in die Kompetenz der Länder fällt.

dd) Man fragt sich ohnehin, warum die gesamte Diskussion und Gesetzgebung zu dem Thema Haftungsbeschränkung für Ansprüche aus Schäden wegen fehlerhafter Berufsausübung nur bei der Partnerschaftsgesellschaft und nicht auch bei Architekten-Einzelunternehmen und Architekten-GbR geführt wird. Soll eine Beschränkung der Haftung des Architekten bei diesen Unternehmensformen gar nicht zulässig sein? Und das wegen nicht existierender gesetzlicher Erlaubnisse durch einen/die Landesgesetzgeber? Nein! Auch für Architekten-Einzelkämpfer und Architekten-GbR existiert die Möglichkeit der Haftungsbeschränkung bei Schäden wegen fehlerhafter Berufsausübung. Diese Thematik wird aber durch die Bestimmungen des BGB geregelt. Auch unter diesem Aspekt ist es nicht nachvollziehbar, dass das Haftungsrecht von Architekten-Partnerschaftsgesellschaften den nur für das reine Standesrecht (Berufsbezeichnung etc.) zuständigen Ländergesetzgebern zustehen soll. **67**

ee) Ob eine AGB-rechtliche Beschränkung der Haftung für berufliche Fehler in **Verträgen** mit **Verbrauchern** generell nicht zulässig ist wegen Verstoßes gegen die Richtlinie, ist eine weitere Frage, der an dieser Stelle jedoch nicht nachgegangen werden kann. Angesichts des von der EU gesetzten hohen Standards des Verbraucherschutzes spricht sehr viel dafür, dass eine solche Haftungsbeschränkung allenfalls dann den von der Richtlinie verbotenen Missbrauch vermeidet, wenn und insoweit ein Versicherungsschutz besteht, der nach Höhe der Deckungssumme und Maximierung bzw. fehlender Maximierung durch Objektversicherung vertragstypische Schäden, Folgeschäden und Risiken abdeckt. Bei den bislang üblichen Deckungssummen und Maximierungen ist dies in der Regel nicht der Fall mit der **Konsequenz** der dann mangels wirksamer Haftungsbeschränkung **unbeschränkten Haftung** des Verwenders. **68**

ff) Im Ergebnis wird man deshalb davon auszugehen haben, dass Vereinbarungen zur Beschränkung der Haftung von Architekten – gleich in welcher Rechtsform sie ihren Beruf ausüben – nur dann von der Rechtsprechung akzeptiert werden, wenn der Betrag der summenmäßig beschränkten Haftung für fahrlässig begangene berufliche Fehler an- **69**

---

113 *Prölss/Martin* Versicherungsvertragsgesetz 28. Aufl. 2010, Vorbem. V 1 ff.

gemessen ist und wenn dem summenmäßig beschränkten Schadensersatzanspruch des Gläubigers eine Versicherungsleistung in korrespondierender Höhe gegenübersteht, die nicht nur auf dem Papier steht, sondern real durchsetzbar ist. Dies hat zur Konsequenz, dass zumindest AGB-rechtliche **Haftungsbeschränkungen** mit Verbrauchern und sonstigen Vertragspartnern als auch individualrechtliche Vereinbarungen zur Haftungsbeschränkung von vornherein **zum Scheitern verurteilt** sind, soweit sie sich auf Bereiche beziehen, bei denen **Versicherungsschutz** aus der Berufshaftpflichtversicherung **nicht besteht**. Die Besonderen Bedingungen und Risikobeschreibungen für die Berufshaftpflichtversicherung von Architekten, Bauingenieuren und Beratenden Ingenieuren enthalten in Ziff. A IV derartige Ausschlüsse (z. B. Überschreitung der Bauzeit sowie von Fristen und Terminen, Überschreitung ermittelter Massen oder Kosten, fehlerhafte Massen- oder Kostenermittlungen, Schäden im Ausland, Schäden durch bewusst gesetz-, vorschrifts- oder sonst pflichtwidriges Verhalten, Schäden aus Zahlungsvorgängen aller Art).

70 **Resümee.** § 8 Abs. 3 PartGG und die hierzu ergangenen Bestimmungen in Architektengesetzen der Länder bergen Risiken in sich, die für Architekten existenzbedrohend sein können. Es bedarf der verstärkten Einbeziehung **verfassungsrechtlicher** und **EU-rechtlicher Kompetenz** in die **berufsrechtliche** und **zivilrechtliche Diskussion** und **Gesetzgebung**. Die derzeitige Situation bestätigt die von *Karsten Schmidt* geäußerte harsche Kritik[114] an der Partnerschaftsgesellschaft – speziell an § 8 Abs. 3 PartGG – und gibt Anlass zu weiterer Kritik. Die **Erwartung**, mit der **Partnerschaftsgesellschaft** für **Freiberufler** beseitige man die **Defizite** der **GbR-Sozietät** (fehlende Rechts- und Namensfähigkeit, zu wenig verfestigte Binnenstruktur, fehlende Haftungsbeschränkung, fehlende Publizität) und schaffe damit eine der GmbH (zumindest) gleichwertige, auf die **Bedürfnisse** der **freien Berufe** zugeschnittene **Unternehmensform**, hat sich **nicht erfüllt**. Die Partnerschaftsgesellschaft hat sich in der Vergangenheit generell nur in geringem Maße durchgesetzt. Mitverantwortlich hierfür war, dass fast zeitgleich mit der Verabschiedung des Partnerschaftsgesellschaftsgesetzes am 25. Juli 1994 die Rechtsprechung im Jahr 1994 sowohl die Zahnärzte-GmbH[115] als auch die Rechtsanwalts-GmbH[116] für zulässig erklärt hat. Die Partnerschaftsgesellschaft steht somit als Unternehmensform in direkter Konkurrenz zu der Freiberufler-GmbH, bei der die Risiken der Haftungskonzentration im Sinne von § 8 Abs. 2 PartGG kraft Rechtsform nicht existieren und bei der ein Zugriff aller Gläubiger – nicht nur wegen Ansprüchen aus fehlerhafter Berufsausübung – nur auf das Vermögen der Gesellschaft und nicht auch auf das Vermögen der Gesellschafter (ausgenommen seltene Fällen der Durchgriffshaftung) möglich ist. Bei der Gesamtzahl von ca. 46.000 freischaffenden Architekten in Deutschland (Sommer 2014) wurden ca. 600 Partnerschaftsgesellschaften gegenüber ca. 1.300 Kapitalgesellschaften (GmbH, UG, AG) registriert.

71 **g) § 8 Abs. 4 PartGG (Partnerschaftsgesellschaft mit beschränkter Berufshaftung).** Unabhängig von den vorstehend genannten Gründen konnte das Partnergesellschaftsgesetz nicht das seitens des Gesetzgebers, mehr aber noch seitens der Praxis angestrebte Ziel, d. h. die Möglichkeit der Haftungsbeschränkung kraft Rechtsform, erreichen. Die „freien Berufe" suchten den Weg in die GmbH und in die angloamerikanische Limited Liability

---

114 *Karsten Schmidt* Gesellschaftsrecht § 64 IV, V: „... spätestens mit § 8 III PartGG erweist sich das Partnerschaftsgesellschaftengesetz als eine standespolitische List, die schlecht in das Bild der gesellschaftsrechtlichen Gesetzgebung des letzten Jahrzehnts passt ... Nicht die rechtspolitische Kritik dieser oder jener Einzelregelung, sondern die aus dem Gesamtbild sprechende Methode der Gesetzgebung ... lässt das Partnerschaftsgesellschaftengesetz als ein Produkt kurzsichtiger rechtspolitischer Begehrlichkeiten erscheinen. Hier hat die Furcht der Freiberuflerverbände, mit gewerbesteuerpflichtigen Unternehmen in einen Topf geworfen zu werden, Einfluss auf das System des Gesellschaftsrechts genommen."

115 BGH ZIP 1994, 381, Urt. v. 25.11.1993 – I ZR 281/91.

116 BayObLG ZIP 1994, 1868, Beschl. v. 24.11.1994 – 3 Z BR 115/94.

Partnerships (LLP). Bemühungen der jeweiligen Berufskammern, dies zu verhindern, scheiterten spätestens mit der Entscheidung des BayObLG vom 20.11.1994 (NJW 1995, 199), das die Anwalts-GmbH für zulässig erklärte. Auch die im Jahre 1998 erfolgte Änderung des § 8 Abs. 2 PartGG von der Möglichkeit der Vereinbarung der Haftungskonzentration auf den bearbeitenden Partner hin zu einer gesetzlichen Haftungskonzentration ohne Notwendigkeit der Vereinbarung konnte das Bedürfnis der Praxis nach einer kraft Gesetzes erfolgenden Beschränkung der Haftung von Freiberuflern nicht erfüllen. Nach sehr kontroversen Diskussionen ist am 19.7.2013 das Gesetz zur Einführung einer Partnergesellschaft mit beschränkter Berufshaftung und zur Änderung des Berufsrechts der Rechtsanwälte, Patentanwälte, Steuerberater und Wirtschaftsprüfer in Kraft getreten (BGBl I, 2386).

Nach § 8 Abs. 4 PartGG haftet für Verbindlichkeiten der Partnerschaft aus Schäden wegen fehlerhafter Berufsausübung den Gläubigern nur das Gesellschaftsvermögen, wenn die Partnerschaft eine zu diesem Zweck **durch Gesetz vorgegebene Berufshaftpflichtversicherung** unterhält. Die gesetzliche Beschränkung der Haftung der Partnerschaft bezieht sich somit ausschließlich auf Schäden wegen fehlerhafter Berufsausübung, während die Haftungsbeschränkung bei der GmbH und bei der AG umfassend gilt.

§ 8 Abs. 4 PartGG regelt nicht, in welchem Gesetz die Berufshaftpflichtversicherung des Freiberuflers/der Partnergesellschaft geregelt sein kann oder muss. Existiert für die jeweiligen „freien Berufe" ein solches Gesetz nicht, hat dies zur Folge, dass die Haftungsbeschränkung nach § 8 Abs. 4 PartGG nicht gilt. Die jeweiligen Freiberufler bleiben in derartigen Fällen auf die gesetzliche Haftungskonzentration nach § 8 Abs. 2 PartGG beschränkt, da auch für die Möglichkeit einer Haftungsbeschränkung nach § 8 Abs. 3 PartGG ein von dem **zuständigen Gesetzgeber** erlassenes Gesetz existieren muss, woran es bei den Architekten aber ebenso fehlt wie bei den Ingenieuren und Ärzten.

Einige Architektenkammern der Länder haben auf § 8 Abs. 4 PartGG bereits reagiert und spezielle Regelungen für die Berufshaftpflichtversicherung einer PartGmbB erlassen; weitere Landesgesetzgeber befinden sich im Gesetzgebungsverfahren. Man wird damit rechnen können, dass möglicherweise noch bis Ende 2015 jedes der Länderarchitektengesetze eine spezielle Regelung für die Berufshaftpflichtversicherung von Partnerschaftsgesellschaften mit beschränkter Berufshaftung enthalten wird. Es muss sich um eine „zu diesem Zweck", d. h. zur Beschränkung der Haftung auf das Gesellschaftsvermögen bezogene gesetzliche Bestimmung handeln. Entsprechende Aktivitäten des Bundesgesetzgebers sind nicht ersichtlich; man hält „das Berufsrecht der Architekten" ja für eine Angelegenheit der Länder.

Die oben zu § 8 Abs. 3 PartGG dargelegten **Bedenken gegen die Gesetzgebungszuständigkeit der Länder** zur Regelung der Beschränkung der Haftung für Ansprüche aus Schäden wegen fehlerhafter Berufsausübung auf einen bestimmten Höchstbetrag in Verbindung mit einer Pflicht zum Abschluss einer Berufshaftpflichtversicherung der Partner oder der Partnerschaft, **gelten aber in gleicher Weise für** § 8 Abs. 4 PartGG. Wenn § 8 Abs. 4 PartGG für eine wirksame Beschränkung der Haftung auf das Gesellschaftsvermögen der Partnerschaft „eine zu diesem Zweck durch Gesetz vorgegebene Berufshaftpflichtversicherung" verlangt, so ist unausgesprochene Voraussetzung, dass dieses Gesetz durch den **zuständigen Gesetzgeber** erlassen werden muss. Kein Mensch würde z. B. auf die Idee kommen, dass für eine PartGmbB von Rechtsanwälten, Patentanwälten, Steuerberatern oder Wirtschaftsprüfern ein Landesgesetz mit Vorgaben zur Berufshaftpflichtversicherung dieser Berufe ausreichend sei. Dementsprechend wurde mit dem Gesetz vom 19.7.2013 zur Einführung der Partnerschaftsgesellschaft mit beschränkter Berufshaftung auch das Berufsrecht der Rechtsanwälte, Patentanwälte, Steuerberater und Wirtschaftsprüfer geändert. Der Bundesgesetzgeber sah sich in zutreffender Weise zugleich als Berufsrechtsgesetzgeber. 72

Konsequenz: Die Landesgesetzgeber besitzen zwar die Kompetenz, eine Versicherungspflicht „standesrechtlich" zu verlangen. Zur Beschränkung der Haftung von Partnerschaftsgesellschaften der Architekten, Ingenieure u.a. i.S.v. § 8 Abs. 4 PartGG bedarf es jedoch einer gesetzlichen Bestimmung seitens des **Bundesgesetzgebers.**

Hieran ändert auch die Eintragung in ein wie auch immer geartetes Register/Verzeichnis nichts.

Die seit Jahrzehnten zu beobachtende mangelnde Präzision in der Definition des Berufsrechtes und in der Abgrenzung des Berufsrechtes zum Zivilrecht/Handelsrecht führt zwangsläufig dazu, dass die PartGmbB für Architekten (und andere angeblich landesgesetzlich zu regelnde Berufe) zwar „standesrechtlich" möglich ist – wozu es eines Ländergesetzes aber überhaupt nicht bedarf –, dass eine zivilrechtlich wirksame Haftungsbeschränkung in Form der PartGmbB aber nicht möglich ist, solange nicht der Bundesgesetzgeber ein entsprechendes Gesetz erlässt, wie er es für Rechtsanwälte, Patentanwälte, Steuerberater und Wirtschaftsprüfer bereits getan hat.

Sieht man sich die unrühmliche Tradition des Verordnungsgebers der HOAI an, der seit Jahrzehnten[117] und auch in der HOAI 2013 sich nicht auf die Ermächtigungsgrundlage zur Schaffung eines zwingenden öffentlich-rechtlichen Preisrechtes beschränkt, sondern in Überschreitung der Ermächtigungsgrundlage sich anmaßt, allgemeines Zivilrecht regeln zu können, besteht wenig Hoffnung, dass der Bundesgesetzgeber in einem überschaubaren Zeitraum die Thematik der Haftungsbeschränkung und Versicherungspflicht der Partnerschaftsgesellschaft für berufliche Fehler in einem Bundesgesetz freiwillig regelt.

6. Europäische Wirtschaftliche Interessenvereinigung (EWIV)

73 Die EWIV ist eine **supranationale europäische Gesellschaftsform**, die auf EU-Recht[118] beruht. Insbesondere kleineren und mittleren Unternehmen sollen grenzüberschreitende Tätigkeiten erleichtert werden. Art. 3 Abs. 1 Satz 1 EWIV-VO besagt, dass die EWIV nicht den Zweck hat, Gewinne für sich selbst zu erzielen; sie soll die wirtschaftliche Tätigkeit ihrer Mitglieder erleichtern oder entwickeln sowie die Ergebnisse dieser Tätigkeit verbessern. Zu der wirtschaftlichen Tätigkeit im Sinne des Art. 3 EWIV-VO gehört auch die Tätigkeit der freien Berufe.[119] Mindestens zwei Gründungsmitglieder müssen aus zwei unterschiedlichen Mitgliedstaaten der EU kommen oder den Schwerpunkt ihrer Tätigkeit auf dem Gebiet verschiedener Mitgliedstaaten haben. Die EWIV-VO enthält zwingendes Recht. Sie regelt nur die Gründung, Rechtsnatur und innere Struktur der EWIV.

Supranationale Zusammenschlüsse in Form der EWIV finden sich am – relativ – stärksten bei Anwälten und Steuerberatern. In der Architektenschaft hat die EWIV sich nicht durchsetzen können.

IV. Kapitalgesellschaften

1. Überblick

74 Im Gegensatz zu den Personengesellschaften GbR-Sozietät und Partnerschaftsgesellschaft, die (Teil-)Rechtsfähigkeit besitzen, ohne juristische Person zu sein, sind die Kapitalgesellschaften **GmbH** und **AG juristische Personen** mit eigener **Rechtspersönlichkeit.** Den Gläubigern der GmbH und AG haftet nur das Vermögen der Gesellschaft, nicht das Vermögen der Gesellschafter/Aktionäre (seltene Ausnahme: Durchgriffshaftung). Hierin liegt der entscheidende Unterschied zu den Personengesellschaften, bei denen eine gesetzliche Beschränkung der Haftung auf das Betriebsvermögen der Gesellschaft nicht existiert. Der **Preis** für diese **Haftungsbeschränkung** durch **Rechtsform** liegt in **zwingenden Bestimmungen** des GmbH-Gesetzes und des Aktiengesetzes zur Aufbringung

[117] *Barth* Die HOAI auf dem Prüfstand, ZfIR 1997, 712 ff.

[118] Verordnung 2137/85 v. 25.7.1985, ABl. Nr. L 199/1 v. 31.7.1985.

[119] *Kilian* in Kilian/Henssler/Streck Handbuch des Sozietätsrecht, K Rn. 13 ff.

und Erhaltung des **Stammkapitals/Grundkapitals** und zur **steuerlichen Gewinnermittlung**.

Die umfassende Beschränkung der Haftung für alle Verbindlichkeiten der Gesellschaft – und nicht nur die Möglichkeit einer vertraglich zu vereinbarenden Beschränkung der Haftung für berufliche Fehler (siehe oben zu § 8 Abs. 3 PartGG) – lässt die Rechtsform der Kapitalgesellschaft in immer stärkerem Maße attraktiv werden für Architekten und sonstige freie Berufe.

Während im Kreis der Architekten, Ärzte und Rechtsanwälte es bis vor wenigen Jahren geradezu unschicklich erschien, den freien Beruf in der Rechtsform einer GmbH ausüben zu wollen – so wurde z. B. argumentiert, der Freiberufler verschwinde hinter dem Schleier der juristischen Person, was im Kontrast zu dem persönlichen Vertrauensverhältnis des Freiberuflers zu seinen Mandanten, Patienten etc. stehe[120] –, besaßen Steuerberater und Wirtschaftsprüfer weit weniger Berührungsängste.

Sowohl die **GmbH** als auch die **AG** können zu **jedem gesetzlich zulässigen Zweck** gegründet werden. Sowohl die GmbH (§ 1 GmbHG) als auch die AG (§ 2 AktG) können als **Einpersonen-Gesellschaft** gegründet und geführt werden.

2. Gesellschaft mit beschränkter Haftung (GmbH)

Bei den klassischen freien Berufen (Ärzte, Apotheker, Architekten, Rechtsanwälte, Steuerberater, Wirtschaftsprüfer) ergibt sich ein **Spannungsverhältnis** zwischen den **gesellschaftsrechtlichen Bestimmungen** des GmbH-Gesetztes bzw. Aktiengesetzes und dem jeweiligen **Berufsrecht** dieser freien Berufe. Lange Zeit wurde z. B. die Auffassung vertreten, die Ausübung des Architektenberufes oder des Rechtsanwaltsberufes in der Rechtsform einer GmbH sei deshalb nicht zulässig, weil das Berufsrecht dies nicht erlaube. Ein grundlegender **Meinungsumschwung** in Rechtsprechung und Schrifttum begann erst mit dem Urteil des BGH v. 25.11.1993 zur Zulässigkeit der **Zahnärzte-GmbH**.[121] Das BayObLG übertrug in seinem Beschluss v. 24.11.1994[122] diese Grundsätze auf die **Rechtsanwalts-GmbH** als Berufsausübungsgesellschaft.[123] Die Bundesrechtsanwaltskammer wandte sich lange gegen die Zulässigkeit der Rechtsanwalts-GmbH als Berufsausübungsgesellschaft. Auch das Bundesjustizministerium verschloss sich noch im Jahr 1994 im Rahmen der damals anstehenden Novellierung der BRAO einer gesetzlichen Regelung der Rechtsanwalts-GmbH. Im Jahr 1997 legte es dann aber einen Referentenentwurf vor, der auf heftige Kritik traf.[124] Die verfassungsrechtliche Lage war jedoch eindeutig: **Weder** im **GmbH-Gesetz** noch in der **BRAO** existierte ein **Verbot** der Rechtsanwalts-GmbH. Ein etwaiges Verbot hätte durch vernünftige Erwägungen des Gemeinwohls gerechtfertigt werden müssen, um die durch Art. 12 GG geschützte Berufsausübungsfreiheit einschränken zu können. Berufsrechtliche Schranken – sofern sie verfassungsgemäß sind – lassen sich durch Gestaltung der GmbH-Satzung bzw. der AG-Satzung erfüllen (z. B. durch genaue Beschreibung des Unternehmensgegenstandes, der Qualifikation der Gesellschafter und Geschäftsführer, Ausschluss der Übertragung und Vererblichkeit des Geschäftsanteils an nicht Berufsangehörige). 75

Das am 1. 3. 1999 in Kraft getretene Gesetz zur Änderung der BRAO regelt nunmehr in den §§ 59 c ff. die Rechtsanwalts-GmbH (Zulassung, Gesellschafter, Geschäftsführer, Berufshaftpflichtversicherung, Firma u. a.).

Eine bundesgesetzliche Regelung zur **Architekten-GmbH** (und/oder Architekten-AG) existiert nicht. Das durch **Ländergesetze** geregelte **Architektenrecht** ist primär **Berufsbezeichnungsrecht**.[125] Durch die Architektengesetze der Länder werden die **Be-** 76

[120] *Seibert* Die Partnerschaft – Eine neue Gesellschaftsform für die freien Berufe 1994 S. 42.

[121] BGHZ 124, 224 = ZIP 1994, 381, Urt. v. 25.11.1993 – I ZR 281/91.

[122] ZIP 1994, 1868, Beschl. v. 24.11.1994 – 3 Z BR 115/94.

[123] *Henssler* in Henssler/Streck Handbuch des Sozietätsrechts, 2. Aufl. 2011, D Rn. 2.

[124] *Henssler* in Henssler/Streck Handbuch des Sozietätsrechts, 2. Aufl. 2011, D Rn. 4.

[125] *Prinz* Rechtshandbuch für Ingenieure und Architekten D I Rn. 6.

griffe „Architekt" etc. geschützt, nicht das Recht zur Erbringung von Leistungen bei der Planung, Ausschreibung, Vergabe, Abrechnung und Objektüberwachung von Bauleistungen. Da frühere – und teilweise noch heute bestehende – Ländergesetze und die darin geschaffenen Architektenkammern die Berechtigung zur Führung der Berufsbezeichnung „Architekt" nur demjenigen verliehen, der unter dieser Bezeichnung in die bei der Architektenkammer geführte Architektenliste eingetragen ist und da laut diesen Ländergesetzen in die Architektenliste nur natürliche Personen eingetragen werden können/konnten, bildete die fehlende Befugnis zur Verwendung der Berufsbezeichnung „Architekt" im Namen/Firma der GmbH ein erhebliches Hindernis für die Berufsausübung von Architekten in der Rechtsform der GmbH. Gesellschaftsrechtlich war und ist die Architekten-GmbH zulässig, berufsrechtlich darf sie die Berufsbezeichnung „Architekt" jedoch nur führen, soweit dies landesgesetzlich durch die jeweiligen Architektengesetze erlaubt ist. Auch hier ergibt sich aus dem Spannungsverhältnis Berufsrecht/Gesellschaftsrecht/Verfassungsrecht die verfassungsrechtliche Problematik, ob die Versagung der Berufsbezeichnung „Architekt" im Fall der Ausübung des (Architekten-)Berufs in Form der Kapitalgesellschaft in unzulässiger Weise gegen das durch Art. 12 GG geregelte Recht der Berufsausübung verstößt. Dieser Frage soll an dieser Stelle jedoch nicht weiter nachgegangen werden. Die grundsätzlichen Argumente des BGH für die Zulässigkeit der Zahnärzte-GmbH[126] und des BayObLG zur Zulässigkeit der Rechtsanwalts-GmbH lassen sich auf die Architekten-GmbH übertragen.

77 **Streng** zu **trennen** hiervon ist die **baugewerbliche Tätigkeit** von Architekten. Üben Architekten eine baugewerbliche Tätigkeit aus, indem sie auch Bauleistungen (Rohbau, Innenausbau etc.) erbringen oder Bauvorhaben selbst realisieren und dann vermarkten, erfüllen sie nicht (mehr) die Voraussetzungen, sich als freie/freischaffende Architekten bezeichnen zu dürfen. Gegenstand eines solchen Unternehmens – sei es als Einzelfirma, sei es als GmbH oder AG – ist die Erbringung von Bauleistungen (mit oder ohne Architekten-/Ingenieurleistungen). Bei der Frage der Zulässigkeit einer Architekten-GmbH geht es aber primär darum, dass reine Architekten-Ingenieurleistungen ohne jegliche baugewerbliche Tätigkeit in der Rechtsform der Kapitalgesellschaft, GmbH oder AG erbracht werden. Ob eine „Architekten-GmbH" nur Leistungen erbringt, wie sie in der HOAI preisrechtlich geregelt und laut jeweiligem Berufsrecht der Architektengesetze der Länder für freie/freischaffende Architekten zulässig sind, oder ob eine solche GmbH ganz oder teilweise baugewerbliche Leistungen erbringt, hängt nicht von der Rechtsform GmbH/AG ab, sondern von dem **Unternehmensgegenstand**, den die Gesellschafter/Aktionäre in dem **Gesellschaftsvertrag/Satzung** festlegen und an den die GmbH/AG sich dann auch zu halten hat.

Aufgrund des Spannungsverhältnisses zwischen dem allgemeinen Gesellschaftsrecht/GmbH-Gesetz einerseits und dem landesgesetzlich geregelten Berufsrecht (allerdings ohne dort verstecktes allgemeines Zivilrecht/Gesellschaftsrecht) ergeben sich bei der Gestaltung des Gesellschaftsvertrages einige zu beachtende **Besonderheiten**, die sich nicht auf den zwingenden materiellen Satzungsinhalt gem. § 3 GmbHG beschränken:

– Gesellschaftsrechtlich zulässig sind die reine **Sachfirma**, die reine **Personenfirma** und die **gemischte Firma**. Ausdrückliche Bestimmungen zur Unzulässigkeit einer Sachfirma oder gemischten Firma für Architekten-GmbH existieren in den Ländergesetzen nicht. Sofern sie geschaffen werden sollten, bestehen verfassungsrechtliche Bedenken wegen des Auseinanderfallens von Zivilrechtsgesetzgeber und Berufsrechtsgesetzgeber; darüber hinaus bestehen allgemeine verfassungsrechtliche Bedenken.[127]
– Notwendigkeit, dass alle oder ein Teil der Gesellschafter und/oder Geschäftsführer in die Architektenliste eingetragen sind.

---

126 Siehe Fn 121.

127 Anwaltsgerichtshof Baden-Württemberg MDR 2000, 178 zu § 9 Abs. 3 BO der Rechtsanwälte.

- Sitz der Gesellschaft.
- Gegenstand des Unternehmens (Leistungen eines freien/freischaffenden Architekten ohne baugewerbliche Leistungen).
- Übertragung von Gesellschaftsanteilen nur an den laut Architektengesetzen zugelassenen Kreis von Personen und nur mit Zustimmung der Gesellschaft oder Gesellschafter
- Die Zulässigkeit/Unzulässigkeit der Bestellung von Prokuristen einer Architekten-GmbH ist weder bundesgesetzlich noch landesgesetzlich geregelt. Herangezogen werden kann § 59f. BRAO, der die Anforderungen an die Geschäftsführung einer Rechtsanwalts-GmbH regelt. Laut dessen Abs. 1 muss die Rechtsanwaltsgesellschaft von Rechtsanwälten verantwortlich geführt werden. Die Geschäftsführer müssen mehrheitlich Rechtsanwälte sein. Laut Abs. 3 gilt dies auch für Prokuristen und Handlungsbevollmächtigte.
- Vererbung von Gesellschaftsanteilen nur entsprechend den Grundsätzen der Übertragung.

Bezüglich der rein gesellschaftsrechtlichen Fragen, die von der berufsrechtlichen Thematik nicht berührt werden, muss auf die gesellschaftsrechtliche Literatur verwiesen werden.

3. Aktiengesellschaft (AG)

Auch die Architekten-AG ist bundesgesetzlich nicht geregelt. Soweit in Ländergeset- 78
zen überhaupt das Recht einer Architekten-Kapitalgesellschaft geregelt ist, beziehen die Bestimmungen sich in der Regel auf die Architekten-GmbH. § 7 des Architektengesetzes Sachsen-Anhalt („Gesellschaften") erwähnt in Abs. 1 Nr. 4 Aktiengesellschaften und Kommanditgesellschaften auf Aktien, bei denen die Aktien auf Namen lauten müssen. § 11 Architekten- und Ingenieurkammergesetz Schleswig-Holstein spricht in Abs. 2 allgemein von der Kapitalgesellschaft und in Abs. 2 Nr. 3 d auch von Aktiengesellschaften und Kommanditgesellschaften auf Aktien, bei denen die Aktien auf Namen lauten müssen. Das Muster-Architektengesetz (Entwurf) regelt unter § 7 (Gesellschaften) die Berufsbezeichnung von Partnerschaftsgesellschaften und Kapitalgesellschaften; in Abs. 2 Nr. 5 werden Aktiengesellschaften und Kommanditgesellschaften auf Aktien genannt, bei denen die Mehrheit der Aktien auf Namen lauten muss.

Das BayObLG hat mit seinem Beschluss v. 27. März 2000[128] die **grundsätzliche Zulässigkeit** einer Rechtsanwalts-AG bestätigt. **Berufsrechtliche Anforderungen** müssen jedoch berücksichtigt werden. Für die Rechtsanwalts-AG können die §§ 59 c–59 m BRAO entsprechend herangezogen werden. Die §§ 59 c–59 m BRAO befinden sich im Dritten Teil, Zweiter Abschnitt der BRAO, der die Überschrift „Rechtsanwaltsgesellschaften" trägt, dann aber nur das Recht der Rechtsanwalts-GmbH regelt.

Während die GmbH eine Kapitalgesellschaft ist, die eher personalistisch gestaltet ist, zielt die Rechtform der AG mehr auf die Möglichkeiten der Kapitalaufbringung, Vielzahl von Gesellschaftern/Aktionären und Trennung zwischen Eigentum und Management. Bei der AG als Unternehmensform für freie/freischaffende Architekten (ohne baugewerbliche Tätigkeit) bedarf die Gestaltung des Gesellschaftsvertrages deshalb weiterer einschränkender Bestimmungen, um Grundsätze des Berufsrechtes einzuhalten. Auch bei der Architekten-AG dürfen deshalb **keine Inhaberaktien** existieren; sämtliche Aktien müssen **Namensaktien** sein, um die Übertragung von Aktien an nichtsozietätsfähige Berufsfremde mit hinreichender Sicherheit auszuschließen. Für Buchführungs-, Steuerberatungs- und Wirtschaftsprüfungsgesellschaften hat der Gesetzgeber dies bereits gesetzlich vorgeschrieben. Die Verfügung über Aktien sollte der schriftlichen Zustimmung der Ge-

---

[128] BayObLG NJW 2000, 1647, Beschl. v. 27.3.2000; *Kempter/Kopp* NJW 2000, 3449; NJW 2001, 777.

sellschaft bedürfen (vinkulierte Aktie), auch wenn es sich um Verfügungen an Mitaktionäre der gleichen Berufsgruppe handelt.

War die Rechtsform der Aktiengesellschaft früher am Leitbild der großen Publikumsgesellschaft orientiert,[129] so erging im Jahr 1994 das Gesetz für **kleine Aktiengesellschaften** und zur Deregulierung des Aktienrechts.[130] Im Vordergrund stand die Absicht, die AG für noch nicht börsennotierte, mittelständische Unternehmen attraktiv zu machen. Das Gesetz schafft jedoch keinen neuen Typus der Aktiengesellschaft; es schafft (lediglich) einige **Erleichterungen** und **Lockerungen** für **personalistische Aktiengesellschaften**. „Klein" ist die kleine AG lediglich hinsichtlich der Zahl ihrer Anteileigner. Die kleine AG ist kein festumrissener Gesetzesbegriff – die Bezeichnung wird im Gesetzestext auch nicht verwendet –, sondern ein schlagwortartiges Kürzel für ein ganzes Bündel gesetzgeberischer Ziele.[131]

Im Gegensatz zur GmbH existiert bei der AG ein **obligatorischer Aufsichtsrat**. Es bedarf deshalb auch satzungsrechtlicher Bestimmungen hierzu. Aus berufsrechtlichen Gründen sollten die Mitglieder des Aufsichtsrates der Architekten-AG die gleichen Voraussetzungen erfüllen, die landesgesetzlich jeweils für Gesellschafter und Geschäftsführer einer Architekten-GmbH gelten (und – soweit in den Landesgesetzen keine speziellen Vorschriften zur Architekten-AG enthalten sind – entsprechend für den Vorstand der Architekten-AG gelten). Soweit Architektengesetze der Länder die Architekten-AG bereits vorsehen, ohne die Zusammensetzung des Aufsichtsrates nach Berufszugehörigkeit, Qualifikation zu regeln, könnte man die Schlussfolgerung ziehen, dass spezielle Berufszugehörigkeiten für Mitglieder des Aufsichtsrates nicht erforderlich sind, da der Aufsichtsrat gem. §§ 111, 112 AktG die Gesellschaft lediglich gegenüber den Vorstandsmitgliedern vertritt, ansonsten jedoch die Geschäftsführung (Vorstand) zu überwachen hat, der gem. § 76 AktG die Gesellschaft unter eigener Verantwortung zu leiten hat.

Bezüglich der rein gesellschaftsrechtlichen Fragen, die von der berufsrechtlichen Thematik nicht berührt werden, muss auch hier auf die gesellschaftsrechtliche Literatur verwiesen werden.

4. Kommanditgesellschaft auf Aktien (KGaA)

79 Ebenso wie die GmbH & Co. ist auch die Kommanditgesellschaft auf Aktien eine **Mischform** von Personen- und Kapitalgesellschaft. § 49 Abs. 1 StBerG und § 27 Abs. 1 WPO regeln für Steuerberater und Wirtschaftsprüfer die KGaA als Unternehmensform. Die KGaA besitzt eine **eigene Rechtspersönlichkeit**. Da sie (ebenso wie die AG und GmbH) Handelsgesellschaft kraft Rechtsform und nicht kraft Unternehmensgegenstandes/Handelsgewerbes ist, setzt sie nicht den Betrieb eines Handelsgewerbes im Sinne von § 1 HGB voraus. Anders als bei der reinen KG bestehen deshalb keine grundsätzlichen Hindernisse für die Zulässigkeit der Unternehmensform KGaA für Architekten und sonstige freie Berufe. Das Recht der KGaA ist in den §§ 278–290 AktG und in einigen Sonderbestimmungen geregelt. Bei der KGaA haftet – ebenso wie bei der „normalen" Kommanditgesellschaft – mindestens ein Gesellschafter den Gesellschaftsgläubigern gegenüber unbeschränkt (persönlich haftender Gesellschafter), während die übrigen Gesellschafter an dem in Aktien zerlegten Grundkapital beteiligt sind, ohne persönlich für die Verbindlichkeiten der Gesellschaft zu haften (Kommanditaktionäre). Von der Rechtsprechung inzwischen anerkannt ist auch die GmbH & Co. KGaA, bei der keine natürliche Person als persönlich haftender Gesellschafter in Erscheinung tritt.[132] Schreibt das jeweilige Berufsrecht vor, dass Gesellschafter einer Rechtsanwaltsgesellschaft nur natürliche

---

129 *Hommelhoff* ZGR – Sonderband 12, S. 65.

130 Gesetz für kleine Aktiengesellschaften und zur Deregulierung des Aktienrechts v. 2.8.1994, BGBl. I, 1961.

131 *Seibert* Handbuch der kleinen AG, 4. Aufl. Einführung Rn. 3 ff.

132 *Henssler* in Henssler/Streck Handbuch des Sozietätsrechts, E Rn. 36.

Personen entsprechender Berufszugehörigkeit, nicht jedoch juristische Personen sein können (so z. B. § 59 e BRAO für Rechtsanwälte), steht die GmbH & Co. KGaA als Unternehmensform für diese berufsrechtlich geregelten Berufe nicht zur Verfügung. Die Zukunft wird zeigen, ob bei den freien Berufen künftig ein Bedarf für eine Freiberufler-GmbH & Co. KGaA besteht und ob die Betroffenen sich darauf berufen, dass das Verbot juristischer Personen als Gesellschafter von Berufsgesellschaften zumindest bei der GmbH & Co. KGaA verfassungswidrig sei. Wenn sowohl die Unternehmensform der GmbH als auch die Unternehmensform der AG – beide sind juristische Personen – bei Einhaltung bestimmter berufsrechtlicher Schranken zulässig sind, spricht nichts gegen die Zulässigkeit einer solchen, unter Berücksichtigung des Berufsrechts gegründeten juristischen Person auch als Vollhafterin einer KGaA, sofern die allgemeinen berufsrechtlichen Schranken sowohl von der Komplementär-Berufsgesellschaft GmbH als auch von den Kommanditaktionären, das heißt in der Satzung der Komplementärgesellschaft und in der Satzung der KGaA, eingehalten werden.

Überblick zu Regelungen in den Architektengesetzen der Länder zur Berufshaftpflichtversicherung selbstständiger Mitglieder, Partnerschaftsgesellschaften und Kapitalgesellschaften und zu Möglichkeiten der Haftungsbeschränkung nach § 8 Abs. 3 und Abs. 4 PartGG 80

Die in den Architektengesetzen der Länder (und teilweise darauf aufbauenden Satzungen/Berufsordnungen) genannten Mindestversicherungen für selbständige Mitglieder bewegen sich im Bereich zwischen € 200.000,00 und € 300.000,00 für Sach- und Vermögensschäden („sonstige Schäden"); lediglich im Saarland beträgt die Mindestdeckungssumme € 100.000,00.

Die verlangten Mindestversicherungssummen für Personenschäden liegen überwiegend bei € 1,5 Mio., im Saarland bei € 500.000,00.

Verlangt werden in der Regel eine zweifache Maximierung, im Saarland keine Maximierung.

Die Vorschriften zu Mindestversicherungssummen der Partnerschaftsgesellschaft, der Haftungsbeschränkung nach § 8 III PartGG und der Kapitalgesellschaft sind ebenfalls unterschiedlich. Entsprechendes gilt für die Mindestsummen zur Haftungsbeschränkung nach § 8 Abs. 4 PartGG.

Die Mindestversicherungssummen (MVS) belaufen sich überwiegend auf € 250.000,00 – € 300.000,00 für Sach- und Vermögensschäden, einheitlich auf € 1,5 Mio. für Personenschäden (bei unterschiedlicher Maximierung).

- Einfache Fahrlässigkeit (Bayern, Rheinland-Pfalz)
- Fahrlässigkeit (Baden-Württemberg, Hamburg, Niedersachsen, Sachsen-Anhalt, Thüringen)
- „fehlerhafte Berufsausübung" (Berlin, Brandenburg, Bremen, Hessen, Nordrhein-Westfalen, Saarland, Sachsen)
- „aus ihrer Tätigkeit" (Schleswig-Holstein)

Baden-Württemberg
Architektengesetz 28.3.2011/19.12.2013, Berufsordnung

Mindestversicherungs-summe	**Personenschäden**	**Sach- und Vermögens-schäden**
Selbstständige Mitglieder	1.500.000,00 EUR 2-fache Maximierung	250.000,00 EUR 2-fache Maximierung
Partnerschaftsgesellschaft	1.500.000,00 EUR 2-fache Maximierung	300.000,00 EUR 2-fache Maximierung
Regelung zu § 8 III PartGG	1-facher Betrag der MVS	4-facher Betrag der MVS
	Fahrlässigkeit	
Regelung zu § 8 IV PartGG	–	–
Kapitalgesellschaft	–	–

Bayern
Baukammergesetz 9.5.2007/11.12.2012, Berufsordnung

Mindestversicherungs-summe	**Personenschäden**	**Sach- und Vermögens-schäden**
Selbstständige Mitglieder	1.500.000,00 EUR	200.000,00 EUR
Partnerschaftsgesellschaft	1.500.000,00 EUR 2-fache Maximierung	300.000,00 EUR 2-fache Maximierung
Regelung zu § 8 III PartGG	Im Einzelfall bis zur Höhe der MVS, durch AGB Beschränkung der Haftung möglich für Fälle einfacher Fahrlässigkeit auf das 3-fache der MVS für Sach- und Vermögensschäden	
Regelung zu § 8 IV PartGG	–	–
Kapitalgesellschaft	1.500.000,00 EUR 3-fache Maximierung	300.000,00 EUR 3-fache Maximierung

Berlin

Berliner Architekten- und Baukammerngesetz 6.7.2006–7.2.2014

Mindestversicherungs-summe	Personenschäden	Sach- und Vermögens-schäden
Selbstständige Mitglieder	1.500.000,00 EUR 2-fache Maximierung	250.000,00 EUR 2-fache Maximierung
Partnerschaftsgesellschaft	1.500.000,00 EUR Maximierung: MVS, vervielfacht mit der Zahl der Gesellschafter, mindestens das 4-fache der MVS für Sach- und Vermögensschäden	250.000,00 EUR
Regelung zu § 8 III PartGG	Gesetzliche Haftungsbeschränkung auf das 2-fache der MVS, sofern Versicherung in dieser Deckungshöhe besteht „wegen fehlerhafter Berufungsausübung“	
Regelung zu § 8 IV PartGG	Gesetzliche Haftungsbeschränkung auf das 2-fache der MVS, sofern Versicherung in dieser Deckungshöhe besteht	
Kapitalgesellschaft	1.500.000,00 EUR Maximierung auf MVS, vervielfacht mit der Zahl der Gesellschafter, mindestens das 4-fache der MVS für Sach- und Vermögensschäden	250.000,00 EUR

Brandenburg

Brandenburgisches Architektengesetz 8.3.2006/10.7.2014, Satzung zur Berufshaftpflicht

Mindestversicherungs-summe	Personenschäden	Sach- und Vermögens-schäden
Selbstständige Mitglieder	1.500.000,00 EUR 2-fache Maximierung	250.000,00 EUR 2-fache Maximierung
Partnerschaftsgesellschaft	1.500.000,00 EUR	250.000,00 EUR
Regelung zu § 8 III PartGG	Haftungsbeschränkung für Schäden aus fehlerhafter Berufsausübung durch Partnerschaftsvertrag auf den 2-fachen Betrag der MVS, Eintragung in das Verzeichnis der Kammer	
Regelung zu § 8 IV PartGG	–	–
Kapitalgesellschaft	„ausreichende Haftpflichtversicherung“	„ausreichende Haftpflichtversicherung“

Bremen

Bremisches Architektengesetz 25.2.2003/8.5.2012, VVG

Mindestversicherungs-summe	**Personenschäden**	**Sach- und Vermögens-schäden**
Selbstständige Mitglieder	Nach Angaben der AK Bremen existiert keine eigene Regelung in Bremen, Verweis auf § 114 VVG, dort MVS 250.000,00 EUR für Personenschäden sowie Sach- und Vermögensschäden, max. 1 Mio. EUR	
Partnerschaftsgesellschaft	1.000.000,00 EUR 2-fache Maximierung	1.000.000,00 EUR 2-fache Maximierung
Regelung zu § 8 III PartGG	Haftungsbeschränkung für Ansprüche aus Schäden wegen fehlerhafter Berufsausübung durch schriftliche Vereinbarung im Einzelfall oder durch AGB auf 2-fachen Betrag der MVS, Haftungsbeschränkung im Gesellschaftsvertrag zu vereinbaren, der Kammer anzuzeigen und dort einzutragen.	
Regelung zu § 8 IV PartGG	–	–
Kapitalgesellschaft	1.000.000,00 EUR 2-fache Maximierung	1.000.000,00 EUR 2-fache Maximierung

Hamburg

Hamburgisches Architektengesetz vom 11.4.2006/08.7.2014, Satzung

Mindestversicherungs-summe	**Personenschäden**	**Sach- und Vermögens-schäden**
Selbstständige Mitglieder	1.500.000,00 EUR 2-fache Maximierung, es sei denn, die Vorgaben § 114 I VVG werden erfüllt	250.000,00 EUR
Partnerschaftsgesellschaft	1.500.000,00 EUR 3-fache Maximierung	300.000,00 EUR 3-fache Maximierung
Regelung zu § 8 III PartGG	Beschränkung der Haftung gegenüber Auftraggebern für Ansprüche aus Sach- und Vermögensschäden wegen fahrlässig fehlerhafter Berufsausübung auch durch AGB auf 3-fachen Betrag der MVS	
Regelung zu § 8 IV PartGG	1.500.000,00 EUR jeweils vervielfacht mit Zahl der Gesellschafter und Geschäftsführer, die nicht Gesellschafter sind, 3-fache Maximierung	300.000,00 EUR
Kapitalgesellschaft	1.500.000,00 EUR 3-fache Maximierung	300.000,00 EUR 3-fache Maximierung

Hessen

Hessisches Architekten- und Stadtplanergesetz 23.5.2012/12.12.2012, Richtlinien zur BO

Mindestversicherungs-summe	**Personenschäden**	**Sach- und Vermögens-schäden**
Selbstständige Mitglieder	1.500.000,00 EUR 2-fache Maximierung	250.000,00 EUR 2-fache Maximierung
Partnerschaftsgesellschaft	1.000.000,00 EUR Maximierung: MVS, vervielfacht mit der Zahl der tätigen Gesellschafter und Geschäftsführer, die nicht Gesellschafter sind, mindestens jedoch das 3-fache der MVS	500.000,00 EUR
Regelung zu § 8 III PartGG	Beschränkung der Haftung für Ansprüche aus Schäden wegen fehlerhafter Berufsausübung durch AGB auf 3-fachen Betrag der MVS für Sach- und Vermögensschäden und den 1-fachen Betrag MVS für Personenschäden, soweit Berufshaftpflichtversicherung nach § 6 IV nachgewiesen wird.	
Regelung zu § 8 IV PartGG	–	–
Kapitalgesellschaft	1.000.000,00 EUR Maximierung: MVS, vervielfacht mit der Zahl der tätigen Gesellschafter und der Geschäftsführer, die nicht Gesellschafter sind, mindestens 3-facher Betrag der MVS	500.000,00 EUR

Mecklenburg-Vorpommern

Architekten- und Ingenieurgesetz 18.11.2009/10.12.2012, Berufssatzung

Mindestversicherungs-summe	**Personenschäden**	**Sach- und Vermögens-schäden**
Selbstständige Mitglieder	1.500.000,00 EUR 2-fache Maximierung	250.000,00 EUR 2-fache Maximierung
Partnerschaftsgesellschaft	1.500.000,00 EUR 4-fache Maximierung	250.000,00 EUR 4-fache Maximierung
Regelung zu § 8 III PartGG	Keine Regelung	Keine Regelung
Regelung zu § 8 IV PartGG	1.500.000,00 EUR 4-fache Maximierung	250.000,00 EUR 4-fache Maximierung
Kapitalgesellschaft	1.500.000,00 EUR 4-fache Maximierung	250.000,00 EUR 4-fache Maximierung

Niedersachsen

Niedersächsisches Architektengesetz 26.3.2003/12.12.2012

Mindestversicherungs-summe	Personenschäden	Sach- und Vermögens-schäden
Selbstständige Mitglieder	1.500.000,00 EUR 2-fache Maximierung	200.000,00 EUR 2-fache Maximierung
Partnerschaftsgesellschaft	1.500.000,00 EUR 200.000,00 EUR Maximierung: MVS, vervielfacht mit der Zahl der Gesellschafter und Geschäftsführer, die nicht Gesellschafter sind, mindestens das 3-fache der MVS	
Regelung zu § 8 III PartGG	Beschränkung der Haftung wegen fahrlässig fehlerhafter Berufsausübung durch schriftliche Vereinbarung im Einzelfall oder durch AGB für Sach- und Vermögensschäden auf 1 Mio. EUR je Schadensfall, sofern der Partnerschaftsvertrag dies zulässt und eine Berufshaftpflichtversicherung besteht in Höhe MVS, vervielfacht mit der Zahl der Gesellschafter und der Geschäftsführer, die nicht Gesellschafter sind, mindestens das 3-fache der MVS	
Regelung zu § 8 IV PartGG	1.500.000,00 EUR 4-fache Maximierung	250.000,00 EUR 4-fache Maximierung
Kapitalgesellschaft	1.500.000,00 EUR 200.000,00 EUR Maximierung: MVS, vervielfacht mit der Zahl der Gesellschafter und Geschäftsführer, die nicht Gesellschafter sind, mindestens 4,5 Mio. EUR/600.000,00 EUR	

Nordrhein-Westfalen

Baukammerngesetz 16.12.2003/10.12.2014, Durchführungsverordnung

Mindestversicherungs-summe	Personenschäden	Sach- und Vermögens-schäden
Selbstständige Mitglieder	1.500.000,00 EUR 2-fache Maximierung	250.000,00 EUR 2-fache Maximierung
Partnerschaftsgesellschaft	1.500.000,00 EUR 3-fache Maximierung	250.000,00 EUR 3-fache Maximierung
Regelung zu § 8 III PartGG	Beschränkung der Haftung für Ansprüche aus Schäden wegen fehlerhafter Berufsausübung auch durch AGB auf 4-fachen Betrag der MVS für Sach- und Vermögensschäden und den einfachen Betrag der MVS für Personenschäden	
Regelung zu § 8 IV PartGG	–	–
Kapitalgesellschaft	1.500.000,00 EUR 3-fache Maximierung	250.000,00 EUR 3-fache Maximierung

Rheinland-Pfalz
Architektengesetz 16.12.2005/8.7.2014, Berufsordnung

Mindestversicherungssumme	**Personenschäden**	**Sach- und Vermögensschäden**
Selbstständige Mitglieder	1.500.000,00 EUR, 2-fache Maximierung	250.000,00 EUR, 2-fache Maximierung
Partnerschaftsgesellschaft	1.500.000,00 EUR 2-fache Maximierung	300.000,00 EUR 2-fache Maximierung
Regelung zu § 8 III PartGG	Beschränkung der Haftung auf Ersatz eines fahrlässig verursachten Schadens wegen fehlerhafter Berufsausübung durch schriftliche Vereinbarung im Einzelfall bis zur Höhe MVS, durch AGB für Sach- und Vermögensschäden, die nicht grob fahrlässig verursacht worden sind auf den 2-fachen Betrag der MVS, sofern insoweit Versicherungsschutz besteht	
Regelung zu § 8 IV PartGG	–	–
Kapitalgesellschaft	1.500.000,00 EUR Maximierung: MVS, vervielfacht mit der Zahl der Gesellschafter und Geschäftsführer, die nicht Gesellschafter sind, mindestens der 4-fache Betrag der MVS	300.000,00 EUR

Saarland
Saarländisches Architektengesetz 18.2.2004/15.2.2006

Mindestversicherungssumme	**Personenschäden**	**Sach- und Vermögensschäden**
Selbstständige Mitglieder	500.000,00 EUR	100.000,00 EUR
Partnerschaftsgesellschaft	1.500.000,00 EUR Maximierung: MVS, vervielfacht mit Zahl der Gesellschafter sowie Geschäftsführer, die nicht Gesellschafter sind, mindestens 4-facher Betrag der MVS	300.000,00 EUR
Regelung zu § 8 III PartGG	Beschränkung der Haftung für Ansprüche aus Schäden wegen fehlerhafter Berufsausübung auch durch AGB auf den 4-fachen Betrag der MVS für Sach- und Vermögensschäden und den 1-fachen Betrag der MVS für Personenschäden	
Regelung zu § 8 IV PartGG	–	–
Kapitalgesellschaft	1.500.000,00 EUR Maximierung: MVS, vervielfacht mit der Zahl der Gesellschafter und Geschäftsführer, die nicht Gesellschafter sind, mindestens 4-facher Betrag der MVS	300.000,00 EUR

Sachsen
Sächsisches Architektengesetz 2.4.2014

Mindestversicherungs-summe	**Personenschäden**	**Sach- und Vermögens-schäden**
Selbstständige Mitglieder	1.500.000,00 EUR 2-fache Maximierung	250.000,00 EUR 2-fache Maximierung
Partnerschaftsgesellschaft	1.500.000,00 EUR Maximierung: MVS, vervielfacht mit der Zahl der Gesellschafter und Geschäftsführer, die nicht Gesellschafter sind, mindestens 4-facher Betrag der MVS	250.000,00 EUR
Regelung zu § 8 III PartGG	Beschränkung der Haftung für Ansprüche aus Schäden wegen fehlerhafter Berufsausübung durch AGB auf den 4-fachen Betrag der MVS für Sach- und Vermögensschäden und den 1-fachen Betrag der MVS Personenschäden, sofern entsprechender Versicherungsschutz besteht. Die Haftungsbeschränkung ist im Partnerschaftsvertrag zu vereinbaren	
Regelung zu § 8 IV PartGG	1.500.000,00 EUR Maximierung: MVS, vervielfacht mit der Zahl der Partner, mindestens 4-facher Betrag der MVS	250.000,00 EUR
Kapitalgesellschaft	1.500.000,00 EUR Maximierung der MVS, vervielfacht mit der Zahl der Gesellschafter sowie der Zahl der Geschäftsführer, die nicht Gesellschafter sind, mindestens der 4-fache Betrag der MVS	250.000,00 EUR

Sachsen-Anhalt
Architektengesetz Sachsen-Anhalt 28.4.1998/22.1.2009, Satzung AK

Mindestversicherungs-summe	**Personenschäden**	**Sach- und Vermögens-schäden**
Selbstständige Mitglieder	1.500.000,00 EUR 2-fache Maximierung	250.000,00 EUR 2-fache Maximierung
Partnerschaftsgesellschaft	Keine spezielle Regelung	
Regelung zu § 8 III PartGG	Durch vorformulierte Vertragsbedingungen bis zum 2-fachen Betrag der Mindestversicherungssumme bei fahrlässig verursachten Schäden, sofern Berufshaftpflichtversicherung mindestens in dieser Höhe existiert, Haftungsbeschränkung im Partnerschaftsvertrag schriftlich zu vereinbaren und der Kammer zur Eintragung mitzuteilen	
Regelung zu § 8 IV PartGG	–	–
Kapitalgesellschaft	–	–

Schleswig-Holstein

Architekten- und Ingenieurkammergesetz 9.8.2007/10.3.2010

Mindestversicherungs-summe	**Personenschäden**	**Sach- und Vermögens-schäden**
Selbstständige Mitglieder	1.500.000,00 EUR 2-fache Maximierung	250.000,00 EUR 2-fache Maximierung
Partnerschaftsgesellschaft	1.500.000,00 EUR 3-fache Maximierung	250.000,00 EUR 3-fache Maximierung
Regelung zu § 8 III PartGG	Beschränkung der Haftung durch AGB auf Höchstbetrag möglich, mindestens MVS. Eine Haftungsbeschränkung ist im Partnerschaftsvertrag zu vereinbaren.	
Regelung zu § 8 IV PartGG	–	–
Kapitalgesellschaft	1.500.000,00 EUR 3-fache Maximierung	250.000,00 EUR 3-fache Maximierung

Thüringen

Thüringer Architekten- und Ingenieurkammergesetz 5.2.2008

Mindestversicherungs-summe	**Personenschäden**	**Sach- und Vermögens-schäden**
Selbstständige Mitglieder	1.500.000,00 EUR 2-fache Maximierung	300.000,00 EUR 2-fache Maximierung
Partnerschaftsgesellschaft	1.500.000,00 EUR Maximierung: MVS, vervielfacht mit der Zahl der Gesellschafter sowie der Geschäftsführer, die nicht Gesellschafter sind, mindestens der 4-fache Betrag	300.000,00 EUR
Regelung zu § 8 III PartGG	Beschränkung der Haftung für fahrlässig verursachten Schaden wegen fehlerhafter Berufsausübung im Einzelfall bis zur Höhe MVS, durch AGB für Fälle einfacher Fahrlässigkeit auf den 4-fachen Betrag der MVS für Sach- und Vermögensschäden, wenn insoweit Versicherungsschutz besteht	
Regelung zu § 8 IV PartGG	–	–
Kapitalgesellschaft	1.500.000,00 EUR Maximierung der MVS, vervielfacht mit der Zahl der Gesellschafter sowie Geschäftsführer, die nicht Gesellschafter sind, mindestens 4-facher Betrag der MVS	

81 **V. Auszug aus den Architektengesetzen der Länder (zu Berufsgesellschaften, Partnerschaftsgesellschaften und Kapitalgesellschaften)**

Baden-Württemberg
Architektengesetz idF 28.3.2011/19.12.2013

§ 2a Partnerschaften

(1) Eine Partnerschaft im Sinne von § 1 Abs. 1 des Gesetzes über Partnerschaftsgesellschaften Angehöriger Freier Berufe (PartnerschaftsgesellschaftsgesetzPartGG) vom 25. Juli 1994 (BGBl. I S. 1744) mit Sitz oder Zweigniederlassung im Land Baden-Württemberg darf unter Führung einer Berufsbezeichnung des § 2 Abs. 1 und Abs. 3 in ihrem Namen nur dann tätig sein, wenn sie mindestens ein Mitglied der Architektenkammer als Partner hat und in das Verzeichnis der Partnerschaften bei der Architektenkammer eingetragen ist. Die Pflicht zur Anmeldung hat der zur Führung einer Berufsbezeichnung des § 2 berechtigte Partner. Mit dem Antrag auf Eintragung ist eine öffentlich beglaubigte Abschrift des Partnerschaftsvertrages vorzulegen und die Anmeldung zum Partnerschaftsregister nachzuweisen. Änderungen des Partnerschaftsvertrages sind der Architektenkammer unverzüglich anzuzeigen. Der Eintragungsausschuss hat dem Registergericht mitzuteilen, ob die im Partnerschaftsregister einzutragende Partnerschaft die Voraussetzungen zur Führung der Berufsbezeichnung erfüllt. Über die Eintragung und eine Löschung entscheidet der Eintragungsausschuss. § 3 Satz 2 gilt entsprechend. Durch die Aufnahme in das Verzeichnis der Partnerschaften wird die Partnerschaft nicht Mitglied der Architektenkammer.

(2) Die Eintragung der Partnerschaft setzt voraus, dass die für die Mitglieder der Architektenkammer geltenden Berufspflichten von der Partnerschaft beachtet werden. Dies ist im Partnerschaftsvertrag zu regeln.

(3) Die Partnerschaft ist verpflichtet, für sich oder die Partner eine Berufshaftpflichtversicherung zur Deckung der sich aus der Berufstätigkeit der Partner und der Angestellten ergebenden Haftpflichtgefahren abzuschließen und für die Dauer ihrer Eintragung in das Verzeichnis der Partnerschaften aufrechtzuerhalten. Die Berufshaftpflichtversicherung muss eine fünfjährige Nachhaftung vorsehen. Die Mindesthaftpflichtversicherungssumme für jeden einzelnen Versicherungsfall beträgt 1.500.000,00 Euro für Personenschäden und 300.000,00 Euro für sonstige Schäden. Die Leistungen des Versicherers für alle innerhalb eines Jahres verursachten Schäden dürfen auf den zweifachen Betrag der Mindestversicherungssumme begrenzt werden. Die Partnerschaft kann für sich oder die Partner die Haftung für Ansprüche aus fahrlässig verursachten Schäden wegen fehlerhafter Berufsausübung auch durch vorformulierte Vertragsbedingungen beschränken, jedoch nur auf den vierfachen Betrag der Mindestversicherungssumme für Sach- und Vermögensschäden und den einfachen Betrag der Mindestversicherungssumme für Personenschäden.

(4) Die Eintragung der Partnerschaften bei der Architektenkammer ist zu löschen, wenn die Eintragung eines der Partner in der Architektenliste gemäß § 7 gelöscht wurde und kein weiterer Partner in der Partnerschaft zur Führung einer Berufsbezeichnung des § 2 berechtigt ist, wenn die Partnerschaft gemäß § 9 PartGG aufgelöst wurde, oder wenn die Voraussetzungen zur Eintragung in anderer Weise nicht mehr erfüllt sind. Liegen wegen des Ausscheidens eines Partners die Voraussetzungen nach Absatz 1 nicht mehr vor, setzt der Eintragungsausschuss eine angemessene Frist fest, die ein halbes Jahr nicht überschreiten soll, innerhalb derer die Eintragungsvoraussetzungen wieder erfüllt werden können. Die Löschung der Partnerschaft aus dem Verzeichnis ist der für die Führung des Partnerschaftsregisters zuständigen Stelle durch die Architektenkammer mitzuteilen.

§ 2b Berufsgesellschaft als Kapitalgesellschaft

(1) Eine Kapitalgesellschaft darf entsprechend der Fachrichtung, mit der Gesellschafter in der Architektenliste eingetragen sind, in der Firma eine Berufsbezeichnung des § 2 Abs. 1 oder eine entsprechende Wortverbindung führen, wenn die Gesellschafter aus der jeweiligen Fachrichtung mindestens ein Viertel des Kapitals und der Stimmenanteile innehaben, die Gesellschaft nur Berufsaufgaben nach § 1 zum Gegenstand des Unternehmens hat und in das bei der Architektenkammer geführte Verzeichnis der Kapitalgesellschaften eingetragen ist. Eine Kapitalgesellschaft darf die Berufsbezeichnung des § 2 Abs. 3 in der erweiterten Fassung in der Firma nur führen, wenn außerdem ihre Gesellschafter mehrheitlich neben der Berufsbezeichnung nach § 2 Abs. 1 auch die Berufsbezeichnung in der erweiterten Fassung nach § 2 Abs. 3 führen dürfen. § 2 a Abs. 1 Sätze 2 bis 8 gelten entsprechend.

(2) Eine Gesellschaft wird in das Verzeichnis der Kapitalgesellschaften eingetragen, wenn
1. sie im Land Baden-Württemberg ihren Sitz oder eine Niederlassung hat,
2. die an ihr Beteiligten natürliche Personen sind, die freiberufliche Leistungen auf dem Gebiet der Planung, Beratung, Projektsteuerung oder Objektüberwachung im Bauwesen erbringen,
3. die Mehrheit des Kapitals und die Stimmenmehrheit unter den Gesellschaftern beiden in die Architektenliste eingetragenen Mitgliedern liegt,
4. die Geschäftsführer oder Vorstände in die Architektenliste eingetragen sind, und
5. der Gesellschaftsvertrag eine Vereinbarung enthält, wonach eine treuhänderische Übertragung und Ausübung von Gesellschaftsrechten und von Geschäftsführerbefugnissen unzulässig ist und die für die in der Architektenliste eingetragenen Beteiligten geltenden Berufspflichten von der Gesellschaft beachtet werden. Bei Aktiengesellschaften und Kommanditgesellschaften auf Aktien müssen die Aktien auf den Namen der Mitglieder lauten.

(3) In das Verzeichnis der Kapitalgesellschaften sind aufzunehmen
1. der Name und Sitz der Firma sowie der Gesellschaftszweck,
2. die Familiennamen und Vornamen sowie die Berufe der Geschäftsführer oder Vorstände und Gesellschafter.

(4) Soweit Änderungen des Gesellschaftsvertrages, der Zusammensetzung der Gesellschafter und in der Geschäftsführung oder im Vorstand dem Registerrecht anzuzeigen sind, sind sie auch unverzüglich durch Vorlage beglaubigter Urkunden der Architektenkammer anzuzeigen.

(5) Die Eintragung in das Verzeichnis der Kapitalgesellschaften ist zu versagen, wenn in der Person eines der Gesellschafter oder einer der geschäftsführenden Personen ein Versagungsgrund nach § 6 Abs. 1 vorliegt. Die Eintragung kann versagt werden, wenn in der Person eines der Gesellschafter oder einer der geschäftsführenden Personen ein Versagungsgrund nach § 6 Abs. 2 vorliegt.

(6) Die Eintragung in das Verzeichnis der Kapitalgesellschaften ist zu löschen, wenn
1. die Gesellschaft aufgelöst ist,
2. die Gesellschaft auf die Eintragung schriftlich verzichtet,
3. die Voraussetzungen für die Eintragung gemäß Absatz 2 oder 5 nicht mehr vorliegen oder sich nachträglich erweist, dass die Eintragung nach Absatz 2 hätte versagt werden müssen und dieser Versagungsgrund noch besteht,
4. gegen einen Gesellschafter oder eine geschäftsführende Person in einem berufsgerichtlichen Verfahren rechtskräftig auf Löschung aus der Architektenliste erkannt wurde und die Mehrheit nach Absatz 2 Nr. 3 danach nicht mehr gegeben ist. Die Eintragung kann gelöscht werden, wenn nach der Eintragung Tatsachen nach Absatz 5 Satz 2 bekannt werden oder eintreten und seit ihrem Eintreten nicht mehr als fünf Jahre vergangen sind. § 2 a Abs. 4 Satz 2 ist entsprechend anzuwenden.

Bayern

Gesetz über die bayerische Architektenkammer und die bayerische Ingenieurekammer-Bau idF 11.12.2012

Art. 8 Gesellschaften, Gesellschaftsverzeichnisse

(1) Die Berufsbezeichnungen nach Art. 1 Abs. 1 dürfen im Namen einer Partnerschaftsgesellschaft oder einer Kapitalgesellschaft nur geführt werden, wenn die Gesellschaft in das von der Architektenkammer geführte Gesellschaftsverzeichnis eingetragen oder als auswärtige Gesellschaft hierzu berechtigt ist.

Die Berufsbezeichnungen nach Art. 1 Abs. 2 dürfen im Namen einer Partnerschaftsgesellschaft oder einer Kapitalgesellschaft nur geführt werden, wenn die Gesellschaft in das von der Ingenieurekammer-Bau geführte Gesellschaftsverzeichnis eingetragen oder als auswärtige Gesellschaft hierzu berechtigt ist.

Art. 1 Abs. 4 gilt jeweils entsprechend.

Der Eintragung in das Gesellschaftsverzeichnis der Architektenkammer oder der Ingenieurekammer- Bau steht die Eintragung in ein entsprechendes Gesellschaftsverzeichnis einer anderen deutschen Architekten- oder Ingenieurekammer gleich, wenn die Gesellschaft in Bayern weder Sitz noch Niederlassung hat.

(2) Aus den Gesellschaftsverzeichnissen müssen neben der Firma der Sitz der Gesellschaft, der Geschäftsgegenstand, der Geschäftsführer und die Gesellschafter mit den für die Eintragung in die Architektenliste oder die Liste Beratender Ingenieure maßgeblichen Angaben ersichtlich sein.

(3) Eine Gesellschaft ist auf Antrag in das Gesellschaftsverzeichnis bei der Architektenkammer einzutragen, wenn sie
1. ihren Sitz oder ihre Niederlassung in Bayern hat,

2. das Bestehen einer ausreichenden Berufshaftpflichtversicherung nachweist und
3. der Gesellschaftsvertrag oder die Satzung regelt, dass
   a) Gegenstand des Unternehmens die Wahrnehmung von Berufsaufgaben nach Art. 3 Abs. 1 bis 3 und 6 ist,
   b) Mitglieder der Architektenkammer die Mehrheit des Kapitals und der Stimmanteile innehaben; die Berufszugehörigkeit der Gesellschafter, die mindestens ein Viertel des Kapitals oder der Stimmanteile innehaben, ist in geeigneter Weise kenntlich zu machen,
   c) die Gesellschaft verantwortlich von Mitgliedern der Architektenkammer geführt wird,
   d) Kapitalanteile nicht für Rechnung Dritter gehalten und Stimmrechte nur auf Mitglieder der Ingenieurekammer-Bau nach Art. 12 Abs. 4 oder Gesellschaften, die gemäß Satz 2 Anteile an der Gesellschaft halten dürfen, übertragen werden dürfen,
   e) bei einer Aktiengesellschaft und einer Kommanditgesellschaft auf Aktien die Aktien auf den Namen lauten,
   f) die Übertragung von Gesellschafts- und Kapitalanteilen an die Zustimmung der Gesellschaft gebunden ist und
   g) die für die Berufsangehörigen nach diesem Gesetz bestehenden Pflichten von der Gesellschaft beachtet werden.

   Abweichend von Satz 1 Nr. 3 Buchst. b dürfen Anteile auch von Gesellschaften gehalten werden, die die Voraussetzungen des Satzes 1 Nrn. 2 und 3 sinngemäß erfüllen.

(4) Eine Gesellschaft ist auf Antrag in das Gesellschaftsverzeichnis bei der Ingenieurekammer-Bau einzutragen, wenn sie
1. ihren Sitz oder ihre Niederlassung in Bayern hat,
2. das Bestehen einer ausreichenden Berufshaftpflichtversicherung nachweist und
3. der Gesellschaftsvertrag oder die Satzung regelt, dass
   a) Gegenstand des Unternehmens die Wahrnehmung von Berufsaufgaben nach Art. 3 Abs. 5 und 6 ist,
   b) Mitglieder der Ingenieurekammer-Bau nach Art. 12 Abs. 4 die Mehrheit des Kapitals und der Stimmanteile innehaben; die Berufszugehörigkeit der Gesellschafter, die mindestens ein Viertel des Kapitals oder der Stimmanteile innehaben, ist in geeigneter Weise kenntlich zu machen,
   c) die Gesellschaft verantwortlich von Mitgliedern der Ingenieurekammer-Bau nach Art. 12 Abs. 4 geführt wird,
   d) Kapitalanteile nicht für Rechnung Dritter gehalten und Stimmrechte nur persönlich ausgeübt werden dürfen,
   e) bei einer Aktiengesellschaft und einer Kommanditgesellschaft auf Aktien die Aktien auf den Namen lauten,
   f) die Übertragung von Gesellschafts- und Kapitalanteilen an die Zustimmung der Gesellschaft gebunden ist und
   g) die für die Berufsangehörigen nach diesem Gesetz bestehenden Pflichten von der Gesellschaft beachtet werden.

   Abs. 3 Satz 2 gilt entsprechend.

(5) Abweichend von Abs. 3 und 4 darf eine Gesellschaft Berufsbezeichnungen nach Art. 1 Abs. 1 in Verbindung mit Berufsbezeichnungen nach Art. 1 Abs. 2 führen, wenn beide Berufsgruppen zusammen mindestens zwei Drittel des Kapitals und der Stimmanteile innehaben und jede der im Namen der Gesellschaft genannten Berufsgruppen mindestens ein Viertel des Kapitals und der Stimmanteile hält.

Die Gesellschaft ist in diesem Fall in dem Gesellschaftsverzeichnis der Kammer einzutragen, deren Kammerangehörige innerhalb der Gesellschaft über das größere Gewicht des Kapitals und der Stimmanteile verfügen.

Bei gleichem Gewicht ist in das Gesellschaftsverzeichnis der Kammer einzutragen, die über den Schutz der Berufsbezeichnung wacht, die im Namen der Gesellschaft an vorderster Stelle steht. Die übrigen Voraussetzungen der Abs. 3 und 4 gelten sinngemäß.

(6)Die Gesellschaften nach Abs. 3 bis 5 haben zur Deckung der sich aus ihrer Tätigkeit ergebenden Haftpflichtgefahren eine Berufshaftpflichtversicherung für die Dauer der Eintragung in das jeweilige Gesellschaftsverzeichnis abzuschließen sowie für eine Nachhaftungszeit von mindestens fünf Jahren aufrecht zu erhalten.

Die Mindestversicherungssumme für jeden Versicherungsfall muss dabei 1 500 000 € für Personenschäden sowie 300 000 € für sonstige Schäden betragen.

Die Leistungen des Versicherers für alle innerhalb eines Versicherungs-jahres verursachten Schäden können auf den dreifachen Betrag der Mindestversicherungssumme begrenzt werden.

(7) Abs. 1 bis 3 und 5 sowie Abs. 6 im Hinblick auf sonstige Schäden gelten entsprechend für die Führung der Berufsbezeichnung nach Art. 1 Abs. 3 im Namen einer Gesellschaft mit der Maßgabe, dass die in Abs. 3 Satz 1 Nr. 3 Buchst. b und c genannten Personen in die Stadtplanerliste eingetragen sein müssen und Gegenstand des Unternehmens Berufsaufgaben nach Art. 3 Abs. 4 und 6 sind.

Art. 10 Partnerschaftsgesellschaften

(1) Auf Partnerschaftsgesellschaften finden Art. 8 – mit Ausnahme von Abs. 3 Satz 1 Nr. 3 Buchst. b bis f und Abs. 4 Satz 1 Nr. 3 Buchst. b bis f – und Art. 9 entsprechende Anwendung.

(2) Der Anspruch des Auftraggebers wegen fehlerhafter Berufsausübung auf Ersatz eines fahrlässig verursachten Schadens kann beschränkt werden

1. durch schriftliche Vereinbarung im Einzelfall bis zur Höhe der Mindestversicherungssumme und
2. durch vorformulierte Vertragsbedingungen für Fälle einfacher Fahrlässigkeit auf den dreifachen Betrag der Mindestversicherungssumme für Sach- und Vermögensschäden, wenn insoweit Versicherungsschutz besteht.

Berlin

Berliner Architekten- und Baukammergesetz vom 6.7.2006 idF 7.2.2014

§ 7 Berufsgesellschaft als Kapitalgesellschaft

(1) Das Führen einer nach diesem Gesetz für natürliche Personen geschützten Berufsbezeichnung in der Firma einer in dem Handelsregister des Landes Berlin eingetragenen Kapitalgesellschaft ist nur gestattet, wenn die Gesellschaft in dem Gesellschaftsverzeichnis für Berufsgesellschaften der Architektenkammer eingetragen oder als auswärtige Gesellschaft nach Absatz 13 hierzu berechtigt ist. Mit der Eintragung wird die Gesellschaft nicht Mitglied der Kammer. Zuständig ist der Eintragungsausschuss bei der Architektenkammer.

(2) Die Eintragung in das Gesellschaftsverzeichnis für Berufsgesellschaften erfolgt auf Antrag. Dem Antrag sind eine öffentlich beglaubigte Ausfertigung des Gesellschaftsvertrages, der Gesellschafterliste sowie des Beschlusses über die Berufung der Geschäftsführer, im Falle der Aktiengesellschaft des Vorstandes und des Aufsichtsrates, beizufügen.

(3) Dem Antrag ist ferner der Nachweis über das Bestehen einer ausreichenden Berufshaftpflichtversicherung der Gesellschaft unter Einschluss aller mitarbeitenden Gesellschafter und Geschäftsführer, Vorstände und Aufsichtsräte gemäß § 19 durch eine Bescheinigung des Berufshaftpflichtversicherers beizufügen.

(4) Die Eintragung in das Register setzt voraus, dass der Gesellschaftsvertrag bestimmt, dass

1. die Gesellschaft ihren Sitz oder ihre Niederlassung in Berlin hat,
2. Gegenstand des Unternehmens die Wahrnehmung freischaffender Berufsaufgaben gemäß §§ 1 und 2 ist und der in der Firma genannten Berufsbezeichnung im Wesentlichen entspricht,
3. die in § 2 genannten Berufsangehörigen, deren Berufsbezeichnung in der Firma geführt wird, mehr als die Hälfte des Kapitals und der Stimmanteile innehaben und eine der geschäftsführenden Personen in die Liste gemäß § 4 eingetragen ist,
4. die übrigen Kapitalanteile des Unternehmens von natürlichen Personen gehalten werden, die Angehörige Freier Berufe sind und auf Grund ihrer Berufsausbildung dem Gegenstand der Gesellschaft dienen können,
5. die Kapitalanteile nicht für Rechnung Dritter gehalten und Stimmrechte nicht für Dritte oder von Dritten ausgeübt werden dürfen,
6. die Übertragung von Kapital- und Geschäftsanteilen oder Aktien an die Zustimmung aller Gesellschafter gebunden ist,
7. bei Aktiengesellschaften und Kommanditgesellschaften auf Aktien die Aktien mehrheitlich auf die Namen natürlicher Personen gemäß § 2 lauten, die übrigen Aktien auf die Namen freiberuflich tätiger natürlicher Personen, die auf Grund ihrer Berufsausbildung zum Erreichen des Unternehmenszwecks beitragen können, lauten und die Vorstände und Aufsichtsräte mehrheitlich natürliche Personen gemäß § 2 sind,
8. die für die Berufsausübung nach § 4 geltenden Berufspflichten von der Gesellschaft beachtet werden.

(5) Der Eintragung in das Gesellschaftsverzeichnis der Architektenkammer steht die Eintragung in ein vergleichbares Gesellschaftsverzeichnis einer anderen deutschen Architektenkammer gleich, wenn die Gesellschaft in Berlin weder Sitz noch Niederlassung hat.

(6) Die Eintragung wird gelöscht, wenn
1. die Gesellschaft aufgelöst ist,
2. durch Änderung des Gesellschaftsvertrages, der Gesellschafter oder der Geschäftsführer die Voraussetzungen des Absatzes 4 nicht mehr erfüllt sind und eine angemessene, von dem Eintragungsausschuss zu setzende Frist abgelaufen ist,
3. der Nachweis einer bestehenden Berufshaftpflichtversicherung nicht mehr erbracht wird,
4. die Gesellschaft in Vermögensverfall geraten ist.

(7) Der Eintragungsausschuss nimmt die Eintragung zurück, wenn sich nachträglich ergibt, dass sie hätte versagt werden müssen.

(8) Natürliche Personen gemäß § 4 , die Gesellschafter, Geschäftsführer, Vorstände oder Aufsichtsräte einer eingetragenen Gesellschaft sind, haben die für sie geltenden Berufspflichten zu beachten.

(9) Der Eintragungsausschuss ist verpflichtet, dem zuständigen Registergericht, soweit es das Gesetz betreffend die Gesellschaften mit beschränkter Haftung oder das Aktiengesetz in der jeweils geltenden Fassung vorsehen, Auskunft zu erteilen.

(10) Geht im Falle des Todes eines Gesellschafters dessen Anteil auf eine natürliche Person oder mehrere natürliche Personen über, die nicht zu den in § 2 genannten Personen gehören, kann der Eintragungsausschuss eine angemessene Frist setzen, innerhalb der die Voraussetzungen des Absatzes 4 wiederhergestellt sein müssen. Die Frist darf ein Jahr nicht überschreiten.

(11) Für Innenarchitektinnen und -architekten, Landschaftsarchitektinnen und -architekten, Stadtplanerinnen und Stadtplaner sowie den von diesen gebildeten Kapitalgesellschaften gelten die vorstehenden Bestimmungen mit der Maßgabe, dass die in die Firma aufzunehmende Berufsbezeichnung die Fachrichtung entsprechend ausweist. Sollen in der Firma mehrere Berufsbezeichnungen gemäß § 2 verschiedener Fachrichtungen geführt werden, gilt für die Mehrheit des Kapitals und der Stimmrechte Absatz 4 Nummer 3 entsprechend.

(12) Im Falle der Löschung gemäß Absatz 6, der Rücknahme gemäß Absatz 7 oder des Fristablaufs gemäß Absatz 10 ist die Firma unverzüglich zu ändern und ohne die Berufsbezeichnung gemäß § 2 zu bilden.

(13) Gesellschaften, die in der Bundesrepublik Deutschland nicht in dem Gesellschaftsverzeichnis einer Architektenkammer eingetragen sind und nur vorübergehend und gelegentlich den Beruf im Land Berlin ausüben, dürfen in ihrer Firma oder in ihrem Namen die in § 2 genannten Berufsbezeichnungen und Wortverbindungen nur führen, wenn sie nach dem Recht ihres Herkunftsstaates befugt sind, diese oder eine vergleichbare Berufsbezeichnung zu führen. Auswärtige Berufsgesellschaften haben das erstmalige Erbringen von Leistungen der Architektenkammer vorher anzuzeigen. Die Architektenkammer hat einer auswärtigen Gesellschaft das Führen der Berufsbezeichnung zu untersagen, wenn die Gesellschaft auf Verlangen nicht nachweist, dass sie oder ihre Gesellschafter und gesetzlichen Vertreter ihre Tätigkeit unter der geschützten Berufsbezeichnung nach dem Recht des Herkunftsstaates der Gesellschaft rechtmäßig ausüben und der Gesellschaftsvertrag oder die Satzung die Voraussetzungen gemäß Absatz 4 erfüllt und eine Berufshaftpflichtversicherung gemäß Absatz 3 besteht. Auswärtige Gesellschaften haben die Berufspflichten zu beachten. Die Absätze 3 und 4 sind entsprechend anzuwenden.

§ 7a Berufsgesellschaft als Partnerschaftsgesellschaft

(1) Auf Partnerschaftsgesellschaften im Sinne des § 1 Absatz 1 des Partnerschaftsgesellschaftsgesetzes vom 25. Juli 1994 (BGBl. I S. 1744), das zuletzt durch Artikel 22 des Gesetzes vom 23. Oktober 2008 (BGBl. I S. 2026) geändert worden ist, mit Sitz im Land Berlin findet § 7 entsprechend Anwendung.

(2) Die Partnerschaft ist verpflichtet, eine Berufshaftpflichtversicherung abzuschließen, die die Voraussetzungen des § 19 erfüllt.

(3) Die Haftung der Partnerschaftsgesellschaft für Ansprüche aus Schäden wegen fehlerhafter Berufsausübung, die ein Mitglied als Partnerin oder Partner verursacht hat, ist auf das Zweifache der Mindestdeckungssumme der Berufshaftpflichtversicherung nach § 19 beschränkt, wenn eine Versicherung in dieser Deckungshöhe abgeschlossen ist.

(4) Die Eintragung der Partnerschaft in dem Register der Berufsgesellschaften bei der Architektenkammer Berlin ist zu löschen, wenn die Eintragung einer Partnerin oder eines Partners in der Architektenliste gelöscht und keine weitere Person in der Partnerschaft zur Führung der Berufsbezeich-

nung (§ 2) berechtigt ist oder wenn die Partnerschaft gemäß § 9 des Partnerschaftsgesellschaftsgesetzes aufgelöst wurde oder die Löschungsvoraussetzungen des § 5 Abs. 3 oder 4 in entsprechender Anwendung vorliegen.

Brandenburg

Brandenburgisches Architektengesetz vom 8.3.2006 idF 10.7.2014

§ 8 Partnerschaften

(1) Eine Partnerschaft im Sinne des § 1 Abs. 1 des Partnerschaftsgesellschaftsgesetzes vom 25. Juli 1994 (BGBl. I S. 1744) mit Sitz oder Zweigniederlassung im Land Brandenburg, die mindestens eine Architektin oder einen Architekten als Partner hat, ist in das Verzeichnis der Partnerschaften bei der Architektenkammer einzutragen. Die Pflicht zur Anmeldung haben die zur Führung der Berufsbezeichnung nach § 1 Abs. 1 berechtigten Partner. Durch die Aufnahme in das Verzeichnis der Partnerschaften wird die Partnerschaft nicht Mitglied der Architektenkammer. § 2 Abs. 2 des Partnerschaftsgesellschaftsgesetzes bleibt unberührt.

(2) Die Berufsausübung als Architektin oder Architekt in der Partnerschaft ist davon abhängig, dass die für diese geltenden Berufspflichten von der Partnerschaft beachtet werden. Dies ist im Partnerschaftsvertrag zu regeln.

(3) Die Partnerschaft ist verpflichtet, für sich oder die Partner eine Berufshaftpflichtversicherung zur Deckung der sich aus der Berufstätigkeit der Partner und der Beschäftigten ergebenden Haftpflichtgefahren abzuschließen und für die Dauer ihrer Eintragung in das Verzeichnis der Partnerschaften und darüber hinaus fünf Jahre nach der Löschung aus diesem Verzeichnis aufrechtzuerhalten. Die Haftung für Schäden aus fehlerhafter Berufsausübung kann durch den Partnerschaftsvertrag auf den zweifachen Betrag der Mindestversicherungssumme begrenzt werden. Ist eine Haftungsbeschränkung vereinbart worden, so ist sie in das Verzeichnis der Partnerschaften nach Absatz 1 einzutragen. Zuständige Stelle im Sinne des § 158c des Gesetzes über den Versicherungsvertrag ist die Brandenburgische Architektenkammer.

(4) Die Höhe der Mindestversicherungssumme der Berufshaftpflichtversicherung beträgt 1 500 000 Euro für Personenschäden und 250 000 Euro für Sach- und Vermögensschäden.

(5) Die Eintragung ist zu versagen, wenn in der Person eines Partners oder eines Geschäftsführenden ein Versagungsgrund nach § 6 Abs. 1 oder 2 vorliegt.

(6) Die Eintragung ist zu löschen, wenn die Partnerschaft aufgelöst ist oder die Voraussetzungen für die Eintragung nicht mehr vorliegen. Im Übrigen ist § 6 Abs. 3 und 4 entsprechend anzuwenden.

§ 9 Gesellschaften

(1) Eine Gesellschaft, die Berufsaufgaben nach § 2 zum Gegenstand des Unternehmens hat, darf in der Firma die Berufsbezeichnungen, Zusätze oder Wortverbindungen nach § 1, mit der die Gesellschafter in die Architektenliste eingetragen sind, nur führen, wenn die Gesellschaft in das bei der Architektenkammer geführte Verzeichnis der Gesellschaften eingetragen ist.

(2) Eine Gesellschaft wird in das Verzeichnis der Gesellschaften eingetragen, wenn

1. die Gesellschafter und geschäftsführenden Personen mehrheitlich zur Führung der Berufsbezeichnung nach § 1 Abs. 1 berechtigt sind sowie mehrheitlich die Stimmanteile innehaben und die übrigen Gesellschafter natürliche Personen sind, die aufgrund ihrer Berufsausbildung zum Erreichen des Unternehmenszwecks beitragen können,
2. alle Gesellschafter ihren Beruf in der Gesellschaft aktiv ausüben,
3. die Gesellschaft ihren Sitz im Land Brandenburg hat,
4. der Gesellschaftsvertrag die Gesellschaft, die Gesellschafter und die geschäftsführenden Personen zur Beachtung der Berufspflichten verpflichtet,
5. der Gesellschaftsvertrag Vereinbarungen enthält, wonach die Eintragungsvoraussetzungen nach Nummer 1 auf Dauer sichergestellt sind,
6. bei Aktiengesellschaften und Kommanditgesellschaften auf Aktien die Aktien auf Namen lauten,
7. namens der Gesellschaft eine ausreichende Haftpflichtversicherung abgeschlossen wurde und
8. die Berufszugehörigkeit der Gesellschafter, die mindestens ein Viertel des Kapitals und der Stimmanteile an der Gesellschaft innehaben, in geeigneter Weise kenntlich gemacht wird.

(3) Durch die Eintragung in das Verzeichnis der Gesellschaften wird die Gesellschaft nicht Mitglied der Architektenkammer. Eine namens der Gesellschaft abgeschlossene Haftpflichtversicherung

ersetzt nicht die Verpflichtung zum Abschluss einer Berufshaftpflichtversicherung im Fall des § 3 Abs. 2 Nr. 4.

(4) Die Pflicht zur Anmeldung haben die zur Führung der Berufsbezeichnung nach § 1 Abs. 1 berechtigten Gesellschafter und die geschäftsführenden Personen. Soweit Änderungen des Gesellschaftsvertrages, der Zusammensetzung der Gesellschafter und in der Geschäftsführung dem Registergericht anzuzeigen sind, sind sie auch unverzüglich durch Vorlage von entsprechenden Kopien der Architektenkammer mitzuteilen. Die Gesellschaft hat der Architektenkammer jeweils zu Beginn eines Kalenderjahres eine Kopie der beim Registergericht einzureichenden Liste der Gesellschafter zuzuleiten.

(5) Die Eintragung ist zu versagen, wenn in der Person eines Gesellschafters oder eines Geschäftsführenden ein Versagungsgrund nach § 6 Abs. 1 oder 2 vorliegt.

(6) Die Eintragung ist zu löschen, wenn die Gesellschaft aufgelöst ist oder die Voraussetzungen für die Eintragung nicht mehr vorliegen. Im Übrigen ist § 6 Abs. 3 und 4 entsprechend anzuwenden.

Bremen
Bremisches Architektengesetz idF 8.5.2012

§ 4 [1] Eintragungsvoraussetzungen für Gesellschaften

(1) Eine Gesellschaft im Sinne des § 2 Abs. 4 ist auf Antrag in die Architekten- oder Stadtplanerliste des Landes Bremen einzutragen, wenn

1. sie im Lande Bremen ihren Sitz oder ihre Niederlassung hat,
2. ihr Gegenstand (Gesellschaftszweck) nur die eigenverantwortliche, unabhängige und weisungsfreie Wahrnehmung freiberuflicher Berufsaufgaben nach § 1 ist,
3. sie eine Berufshaftpflichtversicherung nach Absatz 4 nachweist,
4. ihre Gesellschafter und die zur Geschäftsführung befugten Personen oder die berufenen Vorstandsmitglieder jeweils mindestens mehrheitlich diejenige Berufsbezeichnung nach § 2 Abs. 1 oder für Freischaffende nach § 2 Abs. 2 führen dürfen, unter der die Gesellschaft nach § 2 Abs. 4 in die Architekten- oder Stadtplanerliste eingetragen werden soll. Die zur Führung der Berufsbezeichnung Berechtigten müssen zugleich die Mehrheit des Kapitals und der Stimmanteile innehaben,
5. im Falle einer Aktiengesellschaft oder einer Kommanditgesellschaft auf Aktien die Aktien auf den Namen lauten und
6. die für die Berufsangehörigen nach § 2 geltenden Berufspflichten von der Gesellschaft beachtet werden.

(2) [1]Die Eintragungsvoraussetzung nach Absatz 1 Nr. 4 gilt nicht für eine Gesellschaft im Sinne des § 2 Abs. 4, die eine Bezeichnung führt, die auf mehr als eine der an der Gesellschaft beteiligten Berufsgruppen hinweist und nicht zugleich eine Wortverbindung ausschließlich mit einer der in § 2 Abs. 1 oder für Freischaffende nach § 2 Abs. 2 genannten Berufsbezeichnungen enthält. [2]Bei einer solchen Gesellschaft muss stattdessen für die Eintragung

1. die Mehrheit der Gesellschafter und der zur Geschäftsführung befugten Personen oder berufenen Vorstandsmitglieder eine der Berufsbezeichnungen führen, auf die die Bezeichnung der Gesellschaft hinweist. Den betreffenden Personen muss zudem die Mehrheit des Kapitals und der Stimmrechte gehören und
2. mindestens einer der Gesellschafter diejenige Berufsbezeichnung nach § 2 Abs. 1 führen dürfen, unter der die Gesellschaft eingetragen werden soll. Außerdem müssen der betreffenden Person Kapitalanteile und Stimmrechte gehören.

(3) Kapitalanteile dürfen dabei nicht für Rechnung Dritter gehalten und Stimmrechte nicht für Dritte ausgeübt werden.

(4) Die Gesellschaft hat eine ausreichende Berufshaftpflichtversicherung gegen Haftpflichtgefahren, die sich aus der Wahrnehmung von Berufsaufgaben nach § 1 ergeben, entsprechend dem Umfang und der Art dieser Aufgaben und nach Maßgabe der Eintragungsverfahrensverordnung (§ 6 Abs. 8) abzuschließen und den entsprechenden Versicherungsschutz auch noch für mindestens fünf Jahre nach Löschung der Gesellschaft in der Architekten- und Stadtplanerliste zu gewährleisten; die Mindestversicherungssumme beträgt dabei für jeden Versicherungsfall 1 000 000 Euro für Personenschäden und 1 000 000 Euro für Sach- und Vermögensschäden; die Leistungen des Versicherers für alle innerhalb eines Versicherungsjahres verursachten Schäden können auf den zweifachen Betrag der Mindestversicherungssumme oder einer höheren, jeweils vereinbarten Versicherungssumme begrenzt werden.

(5) [1]Auf Partnerschaftsgesellschaften im Sinne des Partnerschaftsgesellschaftsgesetzes finden Absatz 1 Nr. 4 und 5 sowie Abs. 2 und 3 keine Anwendung. [2]Partnerschaftsgesellschaften, die in die Architekten- oder in die Stadtplanerliste eingetragen sind, können ihre Haftung für Ansprüche aus Schäden wegen fehlerhafter Berufsausübung gegenüber dem Auftraggeber durch schriftliche Vereinbarung im Einzelfall oder durch vorformulierte Vertragsbedingungen auf einen bestimmten Höchstbetrag beschränken, jedoch nicht weiter als auf den zweifachen Betrag der in Absatz 4 genannten Mindestversicherungssumme. [3]Die Haftungsbeschränkung ist im Partnerschaftsgesellschaftsvertrag zu vereinbaren, der Architektenkammer anzuzeigen und in die besondere Abteilung der Architekten- oder der Stadtplanerliste einzutragen. [4]§ 6 Abs. 6 gilt entsprechend.

(6) [1]Die Eintragung einer Gesellschaft im Sinne des § 2 Abs. 4 erfolgt in einer besonderen Abteilung der Architekten- oder Stadtplanerliste. [2]Mit der Eintragung wird die Gesellschaft nicht Mitglied der Architektenkammer.

[1] Inhaltsübersicht geändert, § 2 Überschrift, Abs. 2, Abs. 4, §§ 3, 4, § 5 Abs. 3, § 6 Abs. 2, Abs. 3 neu gefasst, Abs. 4 Nr. 2 Satz 2 geändert, Abs. 5 Satz 3 neu gefasst, Satz 4 angefügt, Abs. 6 geändert, Abs. 7 aufgehoben, bisheriger Abs. 8 wird Abs. 7, § 7 Abs. 1 Nr. 8 neu gefasst, Nr. 11, Abs. 3 Satz 4 geändert, Abs. 5 Satz 3 neu gefasst, Abs. 6 Nr. 6, Abs. 10, § 8 Abs. 1 Nr. 2 geändert, Sätze 2, 3 und 4 angefügt, Abs. 2 neu gefasst, Abs. 3 Satz 2, Abs. 4, Abs. 5 Satz 1, Abs. 6 Nr. 2, Abs. 7, § 9 Abs. 1 Satz 1 geändert, Abs. 1 Satz 2, § 10 Abs. 1 Satz 4 angefügt, § 10 Abs. 2 neu gefasst, § 12 Abs. 1 Nr. 1 aufgehoben, bisherige Nrn. 2 bis 8 werden Nrn. 1 bis 7, Nr. 7 (neu) geändert, Nr. 7 Satz 2, § 13 neu gefasst, § 16 Abs. 1 Nr. 2 aufgehoben, bisherige Nrn. 3 bis 19 werden Nrn. 2 bis 18, § 20 Abs. 1 neu gefasst, § 23 Satz 2, § 25 Abs. 1 Satz 1, § 26 Abs. 4 Satz 1 und 2, § 36 Abs. 2 Satz 1, § 51 Abs. 1 geändert, § 52 Abs. 2 neu gefasst, Abs. 3 gestrichen durch G v. 23. 10. 2007 S. 467.

Hamburg

Hamburgisches Architektengesetz Gesetz vom 11.4.2006 idF 8.7.2014

§ 10 Gesellschaften

(1) Die Berufsbezeichnungen nach § 2 dürfen im Namen einer Partnerschaftsgesellschaft und einer Partnerschaftsgesellschaft mit beschränkter Berufshaftung oder in der Firma einer Kapitalgesellschaft geführt werden, wenn die Gesellschaft in ein besonderes Verzeichnis bei der Hamburgischen Architektenkammer (Gesellschaftsverzeichnis) eingetragen oder als auswärtige Gesellschaft nach § 11 hierzu berechtigt ist. 2Mit der Eintragung wird die Gesellschaft nicht Mitglied der Hamburgischen Architektenkammer.

(2) Die Gesellschaft ist auf Antrag in das Gesellschaftsverzeichnis einzutragen, wenn sie einen Sitz in der Freien und Hansestadt Hamburg hat, das Bestehen einer angemessenen Haftpflichtversicherung nachweist und der Gesellschaftsvertrag oder die Satzung regelt, dass

1. Gegenstand der Gesellschaft ausschließlich die Wahrnehmung der Berufsaufgaben nach § 1 ist, die der in der Firma geführten Berufsbezeichnung nach § 2 entsprechen,
2. mindestens eine zur Führung der jeweiligen Berufsbezeichnung nach § 2 berechtigte Person zugleich als Gesellschafterin oder Gesellschafter Kapital und Stimme innehat und in der Gesellschaft als Geschäftsführerin oder Geschäftsführer beruflich verantwortlich tätig ist,
3. die Berufsangehörigen nach § 2 mindestens die Hälfte des Kapitals und der Stimmanteile innehaben und die weiteren Anteile von natürlichen Personen gehalten werden, die aufgrund ihrer Berufsausbildung zum Erreichen des Unternehmenszwecks beitragen können und einen freien Beruf ausüben; die Berufsangehörigkeit aller Gesellschafterinnen oder Gesellschafter ist in geeigneter Weise kenntlich zu machen,
4. die zur Geschäftsführung befugten Personen mindestens zur Hälfte Berufsangehörige nach § 2 sind und die Gesellschaft von den Berufsangehörigen nach § 2 verantwortlich geführt wird,
5. Kapitalanteile nicht für Rechnung Dritter gehalten und Stimmrechte nicht für Dritte oder von Dritten ausgeübt werden dürfen,
6. bei Aktiengesellschaften und Kommandit-gesellschaften auf Aktien die Aktien auf Namen lauten und
7. die für Berufsangehörige nach § 2 geltenden Berufspflichten von der Gesellschaft beachtet werden.

(3) [1]Die Gesellschaft hat zur Deckung der sich aus ihrer Tätigkeit ergebenden Haftpflichtgefahren eine Berufshaftpflichtversicherung in angemessener Höhe abzuschließen, für die Dauer ihrer Eintragung in das Gesellschaftsverzeichnis aufrechtzuerhalten und eine Nachhaftung des Versicherers für mindestens fünf Jahre nach Beendigung des Versicherungsvertrages zu vereinbaren. [2]Die Mindest-

versicherungssumme beträgt für jeden Versicherungsfall 1,5 Million Euro für Personenschäden und 300 000 Euro für Sach- und Vermögensschäden. [3]Die Jahreshöchstleistung für alle in einem Versicherungsjahr verursachten Schäden muss sich mindestens auf den dreifachen Betrag der Mindestversicherungssumme belaufen. [4]Partnerschaftsgesellschaften mit beschränkter Berufshaftung erfüllen die Voraussetzungen nach § 8 Absatz 4 Satz 1 des Partnerschaftsgesellschaftsgesetzes vom 25. Juli 1994 (BGBl. I S. 1744), zuletzt geändert am 15. Juli 2013 (BGBl. I S. 2386), wenn sie eine Berufshaftpflichtversicherung nach den Vorgaben der Sätze 2 und 3 unterhalten und die Mindestversicherungssumme mit der Zahl der Gesellschafterinnen oder Gesellschafter und der Geschäftsführerinnen oder Geschäftsführer, die nicht Gesellschafterinnen oder Gesellschafter sind, vervielfacht ist. [5]Die Hamburgische Architektenkammer überwacht das Bestehen eines angemessenen Versicherungsschutzes. [6]Sie ist zuständige Stelle im Sinne des § 117 Absatz 2 des Versicherungsvertragsgesetzes vom 23. November 2007 (BGBl. I S. 2631), zuletzt geändert am 20. September 2013 (BGBl. I S. 3642, 3661).

(4) [1]Mit dem Antrag auf Eintragung in das Gesellschaftsverzeichnis sind eine öffentlich beglaubigte Ausfertigung des Gesellschaftsvertrages oder der Satzung und eine Liste der Gesellschafterinnen und Gesellschafter vorzulegen sowie die Anmeldung zum Handelsregister oder Partnerschaftsregister nachzuweisen. [2]Der Eintragungsausschuss hat gegenüber dem Registergericht zu bescheinigen, dass die im Handelsregister oder Partnerschaftsregister einzutragende Gesellschaft die Voraussetzungen zur Eintragung in das Verzeichnis nach Absatz 1 erfüllt. [3]Änderungen der Eintragung im Handelsregister oder Partnerschaftsregister sind der Hamburgischen Architektenkammer von der Gesellschaft unverzüglich anzuzeigen.

(5) Die Eintragung einer Gesellschaft wird gelöscht, wenn
1. die Gesellschaft nicht mehr besteht,
2. die geschützte Berufsbezeichnung im Namen einer Partnerschaftsgesellschaft und einer Partnerschaftsgesellschaft mit beschränkter Berufshaftung oder in der Firma einer Kapitalgesellschaft nicht mehr geführt wird,
3. die Eintragungsvoraussetzungen nicht mehr vorliegen,
4. die Gesellschaft in Vermögensverfall geraten ist oder
5. in einem Ehrenverfahren rechtskräftig auf Löschung der Eintragung aus dem Gesellschaftsverzeichnis erkannt wurde.

(6) In den Fällen des Absatzes 5 Nummer 3 setzt der Eintragungsausschuss der Gesellschaft eine Frist von höchstens einem Jahr, innerhalb derer die Eintragungsvoraussetzungen wieder erfüllt werden können. 2Im Falle des Todes einer Geschäftsführerin oder eines Geschäftsführers oder einer Gesellschafterin oder eines Gesellschafters soll die Frist mindestens ein Jahr und höchstens zwei Jahre betragen.

§ 12 Partnerschaftsgesellschaften

Auf Partnerschaftsgesellschaften und Partnerschaftsgesellschaften mit beschränkter Berufshaftung findet § 10 Absatz 2 Nummern 1 bis 5 keine Anwendung. Partnerschaftsgesellschaften und Partnerschaftsgesellschaften mit beschränkter Berufshaftung können ihre Haftung gegenüber Auftraggeberinnen oder Auftraggebern für Ansprüche aus Sach- und Vermögensschäden wegen fahrlässig fehlerhafter Berufsausübung auch durch vorformulierte Vertragsbedingungen auf den dreifachen Betrag der Mindestversicherungssumme beschränken.

Hessen

Hessisches Architekten- und Stadtplanergesetz idF 12.12.2012

§ 6 HASG – Berufsgesellschaften

(1) Die Führung einer geschützten Berufsbezeichnung im Sinne des § 1 Abs. 1 oder 4 in einer in einem Handelsregister im Lande Hessen einzutragenden Firma ist bei Berufsgesellschaften von einer Erklärung der Unbedenklichkeit abhängig. Berufsgesellschaften im Sinne dieses Gesetzes sind Gesellschaften, die eine nach diesem Gesetz geschützte Berufsbezeichnung in der Firma führen. Das Recht zur Führung der Berufsbezeichnung in einer Gesellschaft nach dem Bürgerlichen Gesetzbuch (Gesellschaft bürgerlichen Rechts) und einer Partnerschaft bleibt unberührt.

(2) Die Unbedenklichkeit ist auf Antrag der Vorgesellschaft oder der Gesellschaft, auf Ersuchen des Registergerichts oder einer anderen für die Registerführung zuständigen Stelle zu erklären, wenn der Gesellschaftsvertrag oder die Satzung bestimmt, dass
1. Gegenstand des Unternehmens die Wahrnehmung von Berufsaufgaben ist, die der in der Firma genannten Berufsbezeichnung entsprechen,

2. eine zur Führung dieser Berufsbezeichnung berechtigte Person zugleich als Gesellschafterin oder Gesellschafter Kapital und Stimme innehat und in der Gesellschaft als Geschäftsführerin oder Geschäftsführer beruflich verantwortlich tätig ist,
3. Berufsangehörige nach § 1 Abs. 1 mindestens die Hälfte des Kapitals und der Stimmen innehaben,
4. die Gesellschafts- oder Kapitalanteile und Stimmen nur von Personen gehalten werden, die dem Berufsbild freiberuflicher Tätigkeit entsprechen, insbesondere nicht von gewerblich tätigen Personen oder von Gesellschaften,
5. kenntlich wird, welchen Berufen alle Gesellschafterinnen und Gesellschafter angehören,
6. bei Führung eines Zusatzes nach § 1 Abs. 2 die anderen freiberuflichen Gesellschafterinnen und Gesellschafter einen vergleichbaren Zusatz führen, soweit ein solcher bei diesen üblicherweise zu führen möglich ist,
7. die Gesellschafts- oder Kapitalanteile nicht für Rechnung Dritter gehalten und Stimmrechte nicht für Dritte ausgeübt werden können,
8. die Übertragung von Kapital- oder Gesellschaftsanteilen an die Zustimmung der Gesellschaft gebunden ist,
9. bei Aktiengesellschaften und Kommanditgesellschaften auf Aktien alle Aktien auf den Namen freiberuflich tätiger natürlicher Personen lauten,
10. die Gesellschaft verantwortlich von Berufsangehörigen geführt wird, die dem Berufsbild freiberuflicher Tätigkeit entsprechen,
11. die nach diesem Gesetz für die in der Firma benannten Berufsangehörigen geltenden Berufspflichten von der Gesellschaft beachtet werden

und das Bestehen einer ausreichenden Berufshaftpflichtversicherung für die Gesellschaft nachgewiesen wird. Wird über die beantragte Erklärung der Unbedenklichkeit nach Satz 1 nicht innerhalb einer Frist von drei Monaten entschieden, gilt sie als erteilt. Im Übrigen gilt § 42a des Hessischen Verwaltungsverfahrensgesetzes.

(3) Bei Führung des Zusatzes "gewerblich" in der Firma gilt Abs. 2 mit Ausnahme der Nr. 3 und 4 entsprechend. Die Beteiligung und Stimme der Berufsangehörigen nach § 1 Abs. 1 muss wesentlich sein. Eine kapitalmäßige Beteiligung zur Gesellschaftsfinanzierung ist zulässig, soweit kein Einfluss auf die Berufsausübung ausgeübt wird, der mit den Berufsaufgaben und Berufspflichten nicht vereinbar ist; einer entsprechenden Kennzeichnung der Beteiligung nach Abs. 2 Nr. 5 bedarf es insoweit nicht. Eine Beteiligung baugewerblicher Personen und Unternehmen ist ausgeschlossen.

(4) Die Berufsgesellschaft hat nach Maßgabe üblicher Versicherungsbedingungen zur Deckung der sich aus ihrer Tätigkeit ergebenden Haftpflichtgefahren eine Berufshaftpflichtversicherung abzuschließen und für die Dauer der Führung der Berufsbezeichnung aufrechtzuerhalten. Die Versicherungssumme hat für jeden Versicherungsfall mindestens eine Million Euro für Personen- und 500.000 Euro für Sach- und Vermögensschäden zu betragen. Die Leistungen des Versicherers für alle innerhalb eines Versicherungsjahres verursachten Schäden können auf den Betrag der Mindestversicherungssumme, vervielfacht mit der Zahl der tätigen Gesellschafterinnen und Gesellschafter sowie der Geschäftsführerinnen und Geschäftsführer, die nicht Gesellschafterinnen und Gesellschafter sind, begrenzt werden. Die Jahreshöchstleistung für alle in einem Versicherungsjahr verursachten Schäden muss sich mindestens auf den dreifachen Betrag der Mindestversicherungssumme belaufen. Andere gesetzliche oder im Einzelfall vertragsbezogen vereinbarte Haftpflichtversicherungsbedingungen bleiben unberührt. Der von einem Versicherungsunternehmen mit zulässigem Geschäftsbetrieb in einem Mitgliedstaat der Europäischen Union oder einem nach dem Recht der Bundesrepublik Deutschland oder der Europäischen Union gleichgestellten anderen Staat ausgestellte Nachweis ist anzuerkennen, wenn daraus folgt, dass die Deckungsbedingungen und der Deckungsumfang der Berufshaftpflichtversicherung den Bedingungen nach diesem Gesetz entsprechen, und dieser Nachweis nicht älter als drei Monate ist.

(5) Mit dem Antrag oder Ersuchen auf Erklärung der Unbedenklichkeit ist eine öffentlich beglaubigte Ausfertigung des Gesellschaftsvertrages oder der Satzung und ein Nachweis über die Anmeldung zu dem Handelsregister vorzulegen. Eine unbeschränkte Auskunft über die Vorgesellschaft oder Gesellschaft aus dem Gewerbezentralregister sowie bei Gesellschafterinnen und Gesellschaftern aus dem Bundeszentralregister und bei Zweifeln an deren Zuverlässigkeit entsprechend § 5 Abs. 1 eine unbeschränkte Auskunft aus dem Gewerbezentralregister kann verlangt werden.

(6) Das Recht zur Führung der Berufsbezeichnung erlischt, wenn
1. die Berufsgesellschaft nicht mehr besteht,
2. die Berufsbezeichnung in der Firma nicht mehr geführt wird,

3. rechtskräftig auf Verlust der Berechtigung erkannt wurde,
4. die Voraussetzungen zur Führung der Berufsbezeichnung nicht mehr bestehen.

In Fällen des Satz 1 Nr. 4 ist das Erlöschen bis zur Entscheidung über das Wiedervorliegen der Voraussetzungen zur rechtmäßigen Führung der Berufsbezeichnung gehemmt (vorläufige Weiterführung). Der Berufsgesellschaft kann eine Frist von höchstens einem Jahr gesetzt werden, innerhalb der die Voraussetzungen wieder erfüllt sein müssen. Im Falle des Todes der für die berechtigte Führung der Berufsbezeichnung maßgeblichen Person kann die Frist angemessen über ein Jahr hinaus verlängert werden. Die Weiterführung einer Berufsbezeichnung nach § 1 Abs. 1 und eines Zusatzes nach § 1 Abs. 2 kann in den Fällen des Satz 1 Nr. 1 und 3 untersagt werden, wenn das aus Gründen, die in dem Verhalten oder Zustand der Berufsgesellschaft liegen, zum Schutz des Ansehens des Berufsstandes, der Auftraggeberschaft oder der Allgemeinheit erforderlich ist.

(7) Zuständig für die Erklärung der Unbedenklichkeit und Bestimmung der Frist, in der die gesetzlichen Voraussetzungen zur Führung der Berufsbezeichnung wieder hergestellt sein müssen, ist die Architekten- und Stadtplanerkammer, soweit die Berufsgesellschaft Pflichtmitglied nach § 8 Abs. 1 ist oder sein wird. Die Zuständigkeit anderer berufsständischer Kammern bleibt unberührt. Die Architekten- und Stadtplanerkammer teilt dem zuständigen Handelsregister und Partnerschaftsregister jede Veränderung mit, die sich dort auf die Eintragung und das Recht zur Führung der Berufsbezeichnung auswirken kann.

(8) Die Partnerschaft kann ihre Haftpflicht gegenüber der Auftraggeberschaft für Ansprüche aus Schäden wegen fehlerhafter Berufsausübung durch vorformulierte Vertragsbedingungen auf den dreifachen Betrag der Mindestversicherungssumme für Sach- und Vermögensschäden und auf den einfachen Betrag der Mindestversicherungssumme für Personenschäden beschränken, soweit eine Berufshaftpflichtversicherung nach Abs. 4 nachgewiesen wird

Mecklenburg-Vorpommern

Architekten- und Ingenieurgesetz Mecklenburg-Vorpommern vom 18.11.2009 idF 10.12.2012

§ 13 Gesellschaften

(1) Die Berufsbezeichnungen nach § 2 Absatz 1 und der Zusatz nach § 2 Absatz 2 dürfen im Namen oder in der Firma einer Gesellschaft geführt werden, wenn die Gesellschaft in ein besonderes Verzeichnis bei der Architektenkammer (Gesellschaftsverzeichnis) eingetragen ist. Die Berufsbezeichnung nach § 6 Absatz 2 darf im Namen oder in der Firma einer Gesellschaft geführt werden, wenn die Gesellschaft in ein besonderes Verzeichnis bei der Ingenieurkammer (Gesellschaftsverzeichnis) eingetragen ist. Die Berufsbezeichnungen dürfen auch geführt werden, wenn die Gesellschaft als auswärtige Gesellschaft nach § 14 hierzu berechtigt ist. Mit der Eintragung wird die Gesellschaft nicht Mitglied der Kammer.

(2) Die Gesellschaft ist in das Gesellschaftsverzeichnis einzutragen, wenn sie ihren Sitz im Land Mecklenburg-Vorpommern hat, das Bestehen einer ausreichenden Haftpflichtversicherung gemäß § 30 durch eine Versicherungsbestätigung des Versicherers nachweist und der Gesellschaftsvertrag oder die Satzung regelt, dass

1. Gegenstand des Unternehmens die Wahrnehmung der Berufsaufgaben nach den §§ 1 oder 5 Absatz 2 ist,
2. in den Fällen des Absatzes 1
   a) Satz 1 die Berufsangehörigen nach § 2 oder
   b) Satz 2 die Beratenden Ingenieure mehr als die Hälfte des Kapitals und der Stimmanteile innehaben und die weiteren Anteile von natürlichen Personen gehalten werden, die aufgrund ihrer Berufsausbildung zum Erreichen des Unternehmenszwecks beitragen können; die Berufszugehörigkeit der Gesellschafter, die mindestens ein Viertel des Kapitals und der Stimmanteile an der Gesellschaft innehaben, ist in geeigneter Weise kenntlich zu machen,
3. die zur Geschäftsführung befugten Personen mehrheitlich Berufsangehörige nach § 2 (in den Fällen des Absatzes 1 Satz 1) oder Beratende Ingenieure (in den Fällen des Absatzes 1 Satz 2) sind und gewährleistet ist, dass die Gesellschaft verantwortlich von diesen Berufsangehörigen geführt wird,
4. Kapitalanteile an der Gesellschaft nicht für Rechnung Dritter gehalten und Stimmrechte nicht für Dritte oder von Dritten ausgeübt werden dürfen,
5. bei Aktiengesellschaften und Kommanditgesellschaften auf Aktien die Aktien auf Namen lauten,

6. die Übertragung von Kapital- und Geschäftsanteilen an die Zustimmung aller Gesellschafter gebunden ist und
7. die für die Berufsangehörigen geltenden Berufspflichten nach § 29 von der Gesellschaft beachtet werden.

Auf Partnerschaftsgesellschaften finden die Nummern 1 bis 6 keine Anwendung.

(3) Eine Gesellschaft mit beschränkter Haftung, die Berufsaufgaben nach den §§ 1 oder 5 Absatz 2 zum Gegenstand der Gesellschaft hat, darf in der Firma die Berufsbezeichnung nach § 2 Absatz 1 und 2 und die Berufsbezeichnung „Beratender Ingenieur" auch führen, wenn sämtliche Gesellschafter freischaffende Architekten oder Beratende Ingenieure sind und von Angehörigen der verwendeten Berufsbezeichnung mindestens ein Drittel des Kapitals und der Stimmanteile gehalten werden und sie mindestens über ein Drittel der Stimmanteile in der Geschäftsführung verfügen. Werden beide Berufsbezeichnungen verwandt, ist eine Eintragung sowohl in das bei der Architektenkammer als auch in das bei der Ingenieurkammer geführte Gesellschaftsverzeichnis erforderlich.

(4) Die Eintragung in das Verzeichnis nach Absatz 1 geschieht auf Antrag. Mit dem Antrag auf Eintragung ist eine öffentlich beglaubigte Ausfertigung des Gesellschaftsvertrages oder der Satzung und die Liste der Gesellschafter vorzulegen sowie die Anmeldung zum Handelsregister oder Partnerschaftsregister nachzuweisen. Der Eintragungsausschuss hat dem Registergericht zu bescheinigen, dass die im Handelsregister oder Partnerschaftsregister einzutragende Gesellschaft die Voraussetzungen zur Eintragung in das Verzeichnis nach Absatz 1 erfüllt. Änderungen des Gesellschaftsvertrages, der Satzung, der Liste der Gesellschafter, der Eintragung im Handelsregister oder Partnerschaftsregister sind der Kammer von der Gesellschaft unverzüglich anzuzeigen.

(5) Die Eintragung einer Gesellschaft ist zu löschen, wenn
1. die Gesellschaft dies schriftlich beantragt hat,
2. die Gesellschaft nicht mehr besteht,
3. die geschützte Berufsbezeichnung im Namen oder in der Firma nicht mehr geführt wird,
4. die Eintragungsvoraussetzungen nicht mehr vorliegen,
5. die Gesellschaft in Vermögensverfall geraten ist oder
6. in einem Ehrenverfahren rechtskräftig auf Löschung der Eintragung aus dem Verzeichnis nach Absatz 1 erkannt wurde.

In den Fällen des Satzes 1 Nummer 4 setzt der Eintragungsausschuss der Gesellschaft eine Frist von höchstens einem Jahr, innerhalb derer die Eintragungsvoraussetzungen wieder erfüllt werden können; im Falle des Todes eines Geschäftsführenden oder eines Gesellschafters soll die Frist mindestens ein Jahr und höchstens zwei Jahre betragen.

Niedersachsen

Niedersächsisches Architektengesetz idF 12.12.2012

§ 4 b Voraussetzungen für die Eintragung in die Gesellschaftsliste, Sonderregelungen für Gesellschaften

(1) Eine Gesellschaft nach § 1a wird auf Antrag in die Gesellschaftsliste eingetragen, wenn sie nachweist, dass
1. sie ihren Sitz in Niedersachsen hat,
2. eine Berufshaftpflichtversicherung nach Absatz 2 Sätze 1 bis 3 besteht,
3. Zweck der Gesellschaft die ausschließliche Wahrnehmung von Berufsaufgaben nach § 3 ist,
4. Kapitalanteile nicht für Rechnung Dritter gehalten werden,
5. Architektinnen oder Architekten nach § 1 Abs. 1 mindestens die Hälfte des Kapitals und der Stimmanteile auf ihren Namen lautend innehaben und weitere Anteile nur von natürlichen Personen gehalten werden, die Angehörige eines Freien Berufes sind,
6. die Firma erkennen lässt, welcher Fachrichtung nach § 3 Abs. 1 die Architektinnen oder Architekten angehören,
7. mindestens die Hälfte der zur Geschäftsführung befugten Personen Architektinnen oder Architekten sind,
8. Stimmrechte nicht für Dritte oder von Dritten ausgeübt werden dürfen,
9. die Übertragung von Kapital- und Gesellschaftsanteilen an die Zustimmung der Gesellschaft gebunden ist.

(2) [1]Die Gesellschaft muss zur Deckung der sich aus ihrer Tätigkeit ergebenden Haftpflichtgefahren eine Berufshaftpflichtversicherung abgeschlossen haben, die mindestens fünf Jahre über den Zeitpunkt der Streichung der Eintragung in der Gesellschaftsliste hinausreicht. [2]Personenschäden müssen mindestens zu 1.500.000 Euro, Sach- und Vermögensschäden mindestens zu 200.000 Euro je

Versicherungsfall versichert sein. [3]Die Leistungen des Versicherers für alle innerhalb eines Versicherungsjahres verursachten Schäden können auf die Beträge nach Satz 2, vervielfacht mit der Zahl der Gesellschafterinnen oder Gesellschafter und der Geschäftsführerinnen oder Geschäftsführer, die nicht Gesellschafterinnen oder Gesellschafter sind, begrenzt werden; es muss jedoch zumindest eine Deckung in Höhe des Dreifachen der Beträge nach Satz 2 bestehen. [4]§ 4a Abs. 2 Sätze 4 bis 6 gilt entsprechend.

(3) [1]Mit dem Antrag auf Eintragung in die Gesellschaftsliste sind eine Kopie des Gesellschaftsvertrages oder der Satzung und eine Liste der Gesellschafterinnen und Gesellschafter vorzulegen sowie die Anmeldung zum Handelsregister oder Partnerschaftsregister nachzuweisen. [2]Von Eintragungen in die Gesellschaftsliste benachrichtigt die Architektenkammer das Registergericht. [3]Die Gesellschaft hat Änderungen der Eintragung im Handelsregister oder Partnerschaftsregister, Änderungen im Gesellschafterbestand sowie Änderungen des Umfangs der Beteiligung einer Gesellschafterin oder eines Gesellschafters an der Gesellschaft der Architektenkammer unverzüglich anzuzeigen.

(4) [1]Auf Partnerschaftsgesellschaften findet Absatz 1 Nrn. 3 bis 9 keine Anwendung. [2]Die Haftung der Gesellschaft und der Partner wegen fahrlässig fehlerhafter Berufsausübung kann, sofern der Partnerschaftsvertrag dies zulässt und eine Berufshaftpflichtversicherung gemäß Absatz 2 besteht, durch schriftliche Vereinbarung im Einzelfall oder durch vorformulierte Vertragsbedingungen für Sach- und Vermögensschäden auf 1.000.000 Euro je Schadensfall beschränkt werden.

Nordrhein-Westfalen

Gesetz über den Schutz der Berufsbezeichnungen sowie über die Architektenkammer . . Stand 10.2.2014 (BauKaG NRW)

§ 8 Gesellschaften

(1) Die Berufsbezeichnungen nach § 2 dürfen im Namen einer Partnerschaftsgesellschaft oder in der Firma einer Kapitalgesellschaft geführt werden, wenn die Gesellschaft in ein besonderes Verzeichnis bei der Architektenkammer (Gesellschaftsverzeichnis) eingetragen oder als auswärtige Gesellschaft nach § 9 hierzu berechtigt ist. Mit der Eintragung wird die Gesellschaft nicht Mitglied der Architektenkammer.

(2) Die Gesellschaft ist auf Antrag in das Gesellschaftsverzeichnis einzutragen, wenn sie ihren Sitz im Land Nordrhein-Westfalen hat, das Bestehen einer ausreichenden Haftpflichtversicherung nachweist und der Gesellschaftsvertrag oder die Satzung regelt, dass

1. Gegenstand des Unternehmens die Wahrnehmung der Berufsaufgaben nach § 1 ist,
2. die Berufsangehörigen nach § 2 mindestens die Hälfte des Kapitals und der Stimmanteile innehaben und die weiteren Anteile von natürlichen Personen gehalten werden, die einen freien Beruf ausüben und aufgrund ihrer Berufsausbildung zum Erreichen des Unternehmenszwecks beitragen können; in der Firma ist in geeigneter Weise kenntlich zu machen, welchem Beruf oder welcher Fachrichtung nach § 1 die Gesellschafter angehören,
3. die zur Geschäftsführung befugten Personen mindestens zur Hälfte Berufsangehörige nach § 2 sind,
4. Kapitalanteile nicht für Rechnung Dritter gehalten und Stimmrechte nicht für Dritte oder von Dritten ausgeübt werden dürfen,
5. bei Aktiengesellschaften und Kommanditgesellschaften auf Aktien die Mehrheit der Aktien entsprechend Nummer 2 auf Namen lauten,
6. die Übertragung von Kapital- und Geschäftsanteilen an die Zustimmung aller Gesellschafter gebunden ist und
7. die für die Berufsangehörigen nach § 2 geltenden Berufspflichten von der Gesellschaft beachtet werden.

(3) Die Gesellschaft hat zur Deckung der sich aus ihrer Tätigkeit ergebenden Haftpflichtgefahren eine ausreichende Berufshaftpflichtversicherung abzuschließen und für die Dauer ihrer Eintragung in das Verzeichnis und darüber hinaus mindestens eine 5-jährige Nachhaftung aufrecht zu erhalten.

(4) Über die Eintragung in das Verzeichnis nach Absatz 1 entscheidet der Eintragungsausschuss. Mit dem Antrag auf Eintragung ist eine öffentlich beglaubigte Ausfertigung des Gesellschaftsvertrages oder der Satzung vorzulegen und die Anmeldung zum Handelsregister oder Partnerschaftsregister nachzuweisen. Der Eintragungsausschuss hat gegenüber dem Registergericht zu bescheinigen, dass die im Handelsregister oder Partnerschaftsregister einzutragende Gesellschaft die Voraussetzungen zur Eintragung in das Verzeichnis nach Absatz 1 erfüllt. Änderungen der Eintragung im Handelsregister oder Partnerschaftsregister sind der Architektenkammer von der Gesellschaft unverzüglich anzuzeigen.

(5) Die Eintragung einer Gesellschaft wird gelöscht, wenn
a) die Gesellschaft nicht mehr besteht,
b) die geschützte Berufsbezeichnung in der Firma nicht mehr geführt wird,
c) die Eintragungsvoraussetzungen nicht mehr vorliegen,
d) die Gesellschaft in Vermögensverfall geraten ist,
e) in einem berufsgerichtlichen Verfahren rechtskräftig auf Löschung der Eintragung aus dem Verzeichnis nach Absatz 1 erkannt wurde.

In den Fällen des Satzes 1 Buchstabe c setzt der Eintragungsausschuss der Gesellschaft eine Frist von höchstens einem Jahr, innerhalb derer die Eintragungsvoraussetzungen wieder erfüllt werden können. Im Falle des Todes eines Geschäftsführers oder eines Gesellschafters soll die Frist mindestens ein Jahr und höchstens zwei Jahre betragen.

§ 10 Partnerschaftsgesellschaft

Auf Partnerschaften wird § 8 Abs. 2 Nr. 1 bis 6 nicht angewendet. Die Partnerschaft kann ihre Haftung gegenüber Auftraggebern für Ansprüche aus Schäden wegen fehlerhafter Berufsausübung auch durch vorformulierte Vertragsbedingungen auf den vierfachen Betrag der Mindestversicherungssumme für Sach- und Vermögensschäden und den einfachen Betrag der Mindestversicherungssumme für Personenschäden beschränken.

Rheinland-Pfalz

Architektengesetz idF 8.7.2014

§ 8 Kapitalgesellschaften

(1) Eine Kapitalgesellschaft mit Sitz oder Niederlassung in Rheinland-Pfalz ist auf Antrag in das Gesellschaftsverzeichnis bei der Architektenkammer einzutragen, wenn sie das Bestehen einer ausreichenden Berufshaftpflichtversicherung nachweist und der Gesellschaftsvertrag oder die Satzung bestimmt, dass

1. Gegenstand des Unternehmens die Wahrnehmung von Berufsaufgaben nach § 1 Abs. 1 bis 4 ist, die der in der Firma geführten Berufsbezeichnung entsprechen; ausgeschlossen sind die gewerbliche Ausführung von Bauten, die Übernahme von Bauträger- oder Baubetreuungsaufgaben, die Vermittlung von Grundstücken und die Finanzierung von Bauvorhaben,
2. Berufsangehörige mindestens die Hälfte des Kapitals und der Stimmanteile innehaben und weitere Anteile nur von natürlichen Personen gehalten werden, die die Berufsbezeichnung „Beratende Ingenieurin“ oder „Beratender Ingenieur“ zu führen befugt sind,
3. die zur Geschäftsführung befugten Personen mindestens zur Hälfte Berufsangehörige sind und gewährleistet ist, dass die Gesellschaft verantwortlich von Berufsangehörigen geführt wird; daneben darf die Geschäftsführung nur auf Personen übertragen werden, die die Berufsbezeichnung „Beratende Ingenieurin“ oder „Beratender Ingenieur“ zu führen befugt sind,
4. Kapitalanteile nicht für Rechnung Dritter gehalten und Stimmrechte nicht für Dritte oder von Dritten ausgeübt werden dürfen,
5. bei einer Aktiengesellschaft oder einer Kommanditgesellschaft auf Aktien die Aktien auf Namen lauten,
6. die Übertragung von Kapital- und Geschäftsanteilen an die Zustimmung aller Gesellschafterinnen und Gesellschafter gebunden ist und
7. die Berufspflichten nach § 2 auch von der Gesellschaft beachtet werden.

Mit der Eintragung in das Gesellschaftsverzeichnis wird die Gesellschaft nicht Mitglied der Architektenkammer.

(2) Die Kapitalgesellschaft hat zur Deckung der sich aus dem Gegenstand des Unternehmens ergebenden Haftpflichtgefahren eine Berufshaftpflichtversicherung abzuschließen und diese für die Dauer ihrer Eintragung in das Gesellschaftsverzeichnis aufrechtzuerhalten; die Berufshaftpflichtversicherung muss eine fünfjährige Nachhaftung vorsehen. Die Mindestversicherungssumme beträgt für jeden Versicherungsfall 1,5 Mio. EUR für Personenschäden und 300000 EUR für Sach- und Vermögensschäden. Die Leistungen des Versicherers für alle innerhalb eines Versicherungsjahres verursachten Schäden können auf den Betrag der Mindestversicherungssumme, vervielfacht mit der Zahl der Gesellschafterinnen und Gesellschafter sowie der zur Geschäftsführung befugten Personen, die nicht Gesellschafterinnen oder Gesellschafter sind, mindestens jedoch auf den vierfachen Betrag der Mindestversicherungssumme begrenzt werden. Zuständige Stelle im Sinne des § 158 c Abs. 2 des Gesetzes über den Versicherungsvertrag ist die Architektenkammer.

(3) Dem Antrag auf Eintragung in das Gesellschaftsverzeichnis ist eine Ausfertigung oder eine öffentlich beglaubigte Abschrift des Gesellschaftsvertrages oder der Satzung beizufügen. Jede Änderung des Gesellschaftsvertrages oder der Satzung oder in einer am Gesellschaftskapital beteiligten oder zur Geschäftsführung befugten Person ist dem Eintragungsausschuss unverzüglich anzuzeigen. Den Änderungsanzeigen ist eine beglaubigte Abschrift der jeweiligen Urkunde beizufügen. Wird die Änderung im Handelsregister eingetragen, ist eine beglaubigte Abschrift dieser Eintragung der Änderungsanzeige beizufügen oder nachzureichen.

(4) Die Eintragung einer Kapitalgesellschaft in das Gesellschaftsverzeichnis ist zu löschen, wenn
1. die Gesellschaft aufgelöst ist,
2. die geschützte Berufsbezeichnung in der Firma der Gesellschaft nicht mehr geführt wird,
3. die Eintragungsvoraussetzungen nicht mehr vorliegen,
4. die Gesellschaft in Vermögensverfall geraten ist oder
5. in einem berufsgerichtlichen Verfahren rechtskräftig auf Löschung der Eintragung entschieden wurde.

Liegt die Eintragungsvoraussetzung des Absatzes 1 Satz 1 nicht mehr vor, setzt der Eintragungsausschuss der Kapitalgesellschaft eine Frist von höchstens einem Jahr, im Falle des Todes einer am Gesellschaftskapital beteiligten oder zur Geschäftsführung befugten Person von höchstens fünf Jahren, binnen der die Eintragungsvoraussetzung wieder erfüllt werden muss anderenfalls erfolgt die Löschung nach Satz 1 Nr. 3.

(5) Über die Eintragung in das Gesellschaftsverzeichnis, deren Änderung oder Löschung entscheidet der Eintragungsausschuss.

§ 9 Partnerschaften

(1) Berufsangehörige dürfen, soweit sie selbständig tätig sind, ihre Berufsaufgaben nach § 1 auch in einer Partnerschaft im Sinne des § 1 Abs. 1 des Partnerschaftsgesellschaftsgesetzes (PartGG) vom 25. Juli 1994 (BGBl. I S. 1744), zuletzt geändert durch Artikel 4 des Gesetzes vom 10. Dezember 2001 (BGBl. I S. 3422), ausüben. Im Partnerschaftsvertrag ist zu regeln, dass die Berufspflichten nach § 2 auch von der Partnerschaft beachtet werden.

(2) Eine Partnerschaft mit Sitz oder Niederlassung in Rheinland- Pfalz an der mindestens eine Berufsangehörige oder ein Berufsangehöriger beteiligt ist, ist in das Gesellschaftsverzeichnis bei der Architektenkammer einzutragen. Scheidet eine Berufsangehörige oder ein Berufsangehöriger aus der Partnerschaft aus oder wird eine Niederlassung in Rheinland-Pfalz aufgehoben, ist dies im Gesellschaftsverzeichnis durch Löschung kenntlich zu machen. Die Pflicht zur Anmeldung der Partnerschaft obliegt den an ihr beteiligten Berufsangehörigen. Durch Aufnahme in das Gesellschaftsverzeichnis wird die Partnerschaft nicht Mitglied der Architektenkammer.

(3) Die an einer Partnerschaft beteiligten Berufsangehörigen sind jeweils verpflichtet, eine Berufshaftpflichtversicherung zur Deckung der sich infolge fehlerhafter Berufsausübung ergebenden Schäden abzuschließen und diese für die Dauer ihrer Beteiligung an der Partnerschaft aufrechtzuerhalten; die Berufshaftpflichtversicherung muss eine fünfjährige Nachhaftung vorsehen. Die Mindestversicherungssumme beträgt für jeden Versicherungsfall 1,5 Mio. EUR für Personenschäden und 300000 EUR für Sach- und Vermögensschäden. Die Leistungen des Versicherers für alle innerhalb eines Versicherungsjahres verursachten Schäden können auf den zweifachen Betrag der Mindestversicherungssumme begrenzt werden. Zuständige Stelle im Sinne des § 158 c Abs. 2 des Gesetzes über den Versicherungsvertrag ist die Architektenkammer.

(4) Die Partnerschaft kann für sich und für die an ihr beteiligten Berufsangehörigen den Anspruch der Auftraggeberin oder des Auftraggebers auf Ersatz eines fahrlässig verursachten Schadens wegen fehlerhafter Berufsausübung beschränken:
1. durch schriftliche Vereinbarung im Einzelfall bis zur Höhe der Mindestversicherungssumme;
2. durch vorformulierte Vertragsbedingungen für Sach- und Vermögensschäden, die nicht grob fahrlässig verursacht wurden (§ 309 Nr. 7 BGB), auf den zweifachen Betrag der Mindestversicherungssumme, sofern insoweit Versicherungsschutz besteht.

(5) Die Eintragung in das Gesellschaftsverzeichnis ist zu löschen, wenn
1. nicht mindestens eine Berufsangehörige oder ein Berufsangehöriger an der Partnerschaft beteiligt ist,
2. die Partnerschaft gemäß § 9 PartGG aufgelöst wurde oder
3. die Partnerschaft weder Sitz noch Niederlassung in Rheinland- Pfalz hat.

(6) Über die Eintragung in das Gesellschaftsverzeichnis, deren Änderung oder Löschung entscheidet der Eintragungsausschuss.

Saarland

Saarländisches Architekten- und Ingenieurkammergesetz idF 15.2.2006

§ 7 Gesellschaften

(1) Die Berufsbezeichnungen nach § 2 Abs. 1 und der Zusatz nach § 2 Abs. 2 dürfen im Namen einer Partnerschaftsgesellschaft oder in der Firma einer Kapitalgesellschaft geführt werden, wenn die Gesellschaft in ein besonderes Verzeichnis bei der Architektenkammer (Gesellschaftsverzeichnis) oder in ein entsprechendes Verzeichnis bei einer Architektenkammer eines anderen Landes eingetragen oder nach § 8 hierzu berechtigt ist. Mit der Eintragung wird die Gesellschaft nicht Mitglied der Architektenkammer.

(2) Die Gesellschaft ist auf Antrag in das Gesellschaftsverzeichnis einzutragen, wenn sie ihren Sitz im Saarland hat, das Bestehen einer ausreichenden Haftpflichtversicherung nachweist und der Gesellschaftsvertrag oder die Satzung regelt, dass

1. Gegenstand des Unternehmens die ausschließliche Wahrnehmung der Berufsaufgaben nach § 1 ist,
2. die Berufsangehörigen nach § 2 mehr als die Hälfte des Kapitals und der Stimmanteile innehaben und die weiteren Anteile von natürlichen Personen gehalten werden, die aufgrund ihrer Berufsausbildung zum Erreichen des Unternehmenszwecks beitragen können. Die Berufszugehörigkeit der Gesellschafterinnen und Gesellschafter, die mindestens ein Viertel des Kapitals und der Stimmanteile an der Gesellschaft innehaben, ist in geeigneter Weise kenntlich zu machen,
3. die zur Geschäftsführung befugten Personen mehrheitlich Berufsangehörige nach § 2 sind und gewährleistet ist, dass die Gesellschaft verantwortlich von Berufsangehörigen geführt wird,
4. Kapitalanteile nicht für Rechnung Dritter gehalten und Stimmrechte nicht für Dritte oder von Dritten ausgeübt werden dürfen,
5. bei Aktiengesellschaften und Kommanditgesellschaften auf Aktien die Aktien auf Namen lauten,
6. die Übertragung von Kapital- und Geschäftsanteilen an die Zustimmung aller Gesellschafterinnen und Gesellschafter gebunden ist und
7. die für die Berufsangehörigen nach § 2 geltenden Berufspflichten von der Gesellschaft beachtet werden.

(3) Die Gesellschaft hat zur Deckung der sich aus ihrer Tätigkeit ergebenden Haftpflichtgefahren eine Berufshaftpflichtversicherung abzuschließen, für die Dauer ihrer Eintragung in das Verzeichnis aufrecht zu erhalten und eine Nachhaftung des Versicherers für mindestens fünf Jahre nach Beendigung des Versicherungsvertrags zu vereinbaren. Die Mindestversicherungssumme beträgt für jeden Versicherungsfall 1,5 Mio. Euro für Personenschäden und 300.000 Euro für Sach- und Vermögensschäden. Die Leistungen des Versicherers für alle innerhalb eines Versicherungsjahres verursachten Schäden können auf den Betrag der Mindestversicherungssumme, vervielfacht mit der Zahl der Gesellschafterinnen und Gesellschafter sowie der Geschäftsführerinnen und Geschäftsführer, die nicht Gesellschafterinnen oder Gesellschafter sind, begrenzt werden. Die Jahreshöchstleistung für alle in einem Versicherungsjahr verursachten Schäden muss sich jedoch mindestens auf den vierfachen Betrag der Mindestversicherungssumme belaufen.

(4) Über die Eintragung in das Gesellschaftsverzeichnis entscheidet der Eintragungsausschuss. Mit dem Antrag auf Eintragung ist eine öffentlich beglaubigte Ausfertigung des Gesellschaftsvertrags oder der Satzung vorzulegen und die Anmeldung zum Handelsregister oder Partnerschaftsregister nachzuweisen. Der Eintragungsausschuss hat gegenüber dem Registergericht zu bescheinigen, dass die im Handelsregister oder Partnerschaftsregister einzutragende Gesellschaft die Voraussetzungen zur Eintragung in das Gesellschaftsverzeichnis erfüllt.

(5) Die Eintragung einer Gesellschaft wird gelöscht, wenn

1. die Gesellschaft nicht mehr besteht,
2. die Gesellschaft auf die Eintragung verzichtet,
3. die Eintragungsvoraussetzungen nicht mehr vorliegen,
4. die Gesellschaft in Vermögensverfall geraten ist oder
5. in einem Berufsgerichtsverfahren rechtskräftig auf Löschung der Eintragung aus dem Gesellschaftsverzeichnis erkannt wurde.

In den Fällen des Satzes 1 Nummer 3 setzt der Eintragungsausschuss der Gesellschaft eine Frist von höchstens einem Jahr, innerhalb derer die Eintragungsvoraussetzungen wieder erfüllt werden können. Im Fall des Todes einer Geschäftsführerin, eines Geschäftsführers, einer Gesellschafterin oder eines Gesellschafters soll die Frist mindestens ein Jahr und höchstens zwei Jahre betragen.

(6) Auf Partnerschaften findet Absatz 2 Nr. 1 bis 6 keine Anwendung. Die Partnerschaft kann ihre Haftung gegenüber Auftraggebern für Ansprüche aus Schäden wegen fehlerhafter Berufsausübung auch durch vorformulierte Vertragsbedingungen auf den vierfachen Betrag der Mindestversicherungssumme für Sach- und Vermögensschäden und den einfachen Betrag der Mindestversicherungssumme für Personenschäden beschränken.

Sachsen

Gesetz zum Neuerlass des Sächsischen Architektengesetzes und zur Änderung des Sächsischen Ingenieurkammergesetzes idF 28.6.2002

§ 9 Gesellschaften

(1) Die Berufsbezeichnungen nach § 1 Abs. 1 und der Zusatz nach § 1 Abs. 2 sowie Wortverbindungen und ähnliche Bezeichnungen nach § 1 Abs. 3 dürfen im Namen oder in der Firma einer Gesellschaft geführt werden, wenn die Gesellschaft 1. in ein besonderes Verzeichnis ein der Architektenkammer Sachsen (Gesellschaftsverzeichnis) oder 2. in ein entsprechendes Verzeichnis bei einer Architektenkammer eines anderen Landes eingetragen ist.

(2) Das Gesellschaftsverzeichnis wird von der Architektenkammer Sachsen geführt. In das Gesellschaftsverzeichnis können neben dem Namen der Gesellschaft, Sitz und Rechtsform, Ort und Datum der amtlichen Registrierung und der Registriernummer auch Daten gemäß § 24 Abs. 1 Satz 4 über die Vorstände, Gesellschafter, Geschäftsführer und Liquidatoren oder Abwickler von Gesellschaften aufgenommen werden, insbesondere ladungsfähige Anschrift und weitere Kontaktdaten. Der Gesellschaft wird eine Bescheinigung über die Eintragung in das Gesellschaftsverzeichnis ausgestellt. § 6 Abs. 1 Satz 3 und Abs. 2 Satz 2 ist entsprechend anzuwenden. Im Hinblick auf die amtliche Registrierung kann die Architektenkammer Sachsen eine Unbedenklichkeitserklärung über die Vorgesellschaft abgeben, wenn die Eintragungsvoraussetzungen nach Absatz 3 vorliegen.

(3) Die Gesellschaft ist auf schriftlichen Antrag in das Gesellschaftsverzeichnis einzutragen, wenn 1. Sie ihren Sitz im Freistaat Sachsen hat, 2. Sie das Bestehen einer ausreichenden Haftpflichtversicherung gemäß Absatz 4 nachweist, 3. Der Gesellschaftsvertrag oder die Satzung regelt, dass a) entweder die Berufsangehörigen nach § 1 Abs. 1 die Mehrheit des Kapitals und der Stimmenanteile innehaben und die weiteren Anteile von natürlichen Personen gehalten werden, die aufgrund ihrer Berufsausbildung zum Erreichen des Gesellschaftszwecks beitragen können, wobei die Berufszugehörigkeit der Gesellschafter, die mindestens ein Viertel des Kapitals und der Stimmenanteile innehaben, in geeigneter Weise kenntlich zu machen ist (Alternative 1), oder die Berufsangehörigen nach § 1 Abs. 1 und Personen, die die Berufsbezeichnung Beratender Ingenieur im Freistaat Sachsen führen dürfen, jeweils die Hälfte des Kapitals und der Stimmenanteile innehaben (Alternative 2), b) im Falle von Buchstabe a Alternative 1 die Gesellschaft ausschließlich durch Berufsangehörige nach § 1 vertreten wird oder im Falle von Buchstabe a Alternative 2 die Gesellschaft gemeinschaftlich durch Berufsangehörige nach § 1 Abs. 1 und Personen, die die Berufsbezeichnung „Beratender Ingenieur" im Freistaat Sachsen führen dürfen, vertreten wird, c) im Falle von Buchstabe a Alternative 1 Gegenstand der Gesellschaft die Wahrnehmung einer Tätigkeit auf dem Gebiet der Architektur, der Innenarchitektur, der Landschaftsarchitektur oder Stadtplanung ist oder im Falle von Buchstabe a Alternative 2 hauptsächlicher Gegenstand der Gesellschaft die Wahrnehmung von Berufsaufgaben nach § 2 ist, d) Kapitalanteile an der Gesellschaft nicht für Rechnung Dritter gehalten und Stimmrechte nicht für Dritte oder von Dritten ausgeübt werden dürfen, e) bei Aktiengesellschaften die Aktien auf Namen lauten und f) die Übertragung von Kapital- und Geschäftsanteilen an die Zustimmung der Gesellschaft gebunden ist.

(4) Die Gesellschaft hat die Berufspflichten nach § 3 Abs. 1 Satz 1 und 2 Nr. 3 und 4 zu beachten. Sie hat darüber hinaus zur Deckung der sich aus ihrer Berufstätigkeit ergebenden Haftpflichtgefahren eine Berufshaftpflichtversicherung abzuschließen, für die Dauer ihrer Eintragung in das Verzeichnis aufrechtzuerhalten und eine Nachhaftung des Versicherers für mindestens fünf Jahre nach Beendigung des Versicherungsvertrages zu vereinbaren. Die Mindestversicherungssumme beträgt für jeden Versicherungsfall 1 500 000 EUR für Personenschäden und 250 000 EUR für Sach- und Vermögensschäden. Die Leistungen des Versicherers für alle innerhalb eines Versicherungsjahres verursachten Schäden können auf den Betrag der Mindestversicherungssummen, vervielfacht mit der Zahl der Gesellschafter sowie der Geschäftsführer, die nicht Gesellschafter sind, begrenzt werden. Die Jahreshöchstleistung für alle in einem Versicherungsjahr verursachten Schäden muss sich jedoch mindestens auf den vierfachen Betrag der Mindestversicherungssummen belaufen.

(5) Mit dem Antrag auf Eintragung ist eine Kopie des Gesellschaftsvertrages oder der Satzung und die Liste der Gesellschafter vorzulegen sowie die Anmeldung zum jeweiligen Register nachzuwei-

sen. § 5 Abs. 4 gilt entsprechend. Die Eintragung wird unverzüglich nach Kenntnis der Eintragung beim Registergericht vorgenommen. Änderungen des Gesellschaftsvertrages, der Satzung, der Liste der Gesellschafter und der Eintragung in ein Register sind der Architektenkammer Sachsen von der Gesellschaft unverzüglich anzuzeigen.

(6) Die Eintragung einer Gesellschaft ist zu löschen, wenn 1. Die Gesellschaft aufgelöst ist, 2. Die Gesellschaft dies schriftlich beantragt hat, 3. Die Eintragung nach Absatz 1 durch vorsätzlich gemachte falsche Angaben erwirkt wurde, 4. Die geschützte Berufsbezeichnung im Namen oder in der Firma nicht mehr geführt wird, 5. Die Eintragungsvoraussetzungen nicht mehr vorliegen, 6. Die Gesellschaft droht zahlungsunfähig zu werden, zahlungsunfähig oder überschuldet ist oder 7. In einem Ehrenverfahren rechtskräftig auf Löschung der Eintragung aus dem Verzeichnis nach Absatz 1 erkannt wurde. In den Fällen des Satzes 1 Nr. 5 setzt der Eintragungsausschuss der Gesellschaft eine Frist von höchstens einem Jahr, innerhalb derer die Eintragungsvoraussetzungen wieder herzustellen sind; im Falle des Todes eines Gesellschafters beträgt die Frist mindestens ein Jahr und höchstens zwei Jahre.

§ 11 Partnerschaftsgesellschaften

(1) Eine Gesellschaft, die ihren Sitz nicht in der Bundesrepublik Deutschland hat (auswärtige Gesellschaft), kann auch ohne Eintragung in das Gesellschaftsverzeichnis in ihrem Namen oder ihrer Firma die Berufsbezeichnungen nach § 1 Abs. 1, den Zusatz nach § 1 Abs. 2 sowie entsprechende Wortverbindungen und ähnliche Bezeichnungen nach § 1 Abs. 3 führen, wenn sie nach dem Recht ihres Herkunftsstaates befugt ist, diese oder vergleichbare Berufsbezeichnungen in ihrem Namen oder ihrer Firma zu führen.§ 9 Abs. 4 gilt entsprechend.

(2) Die Architektenkammer Sachsen untersagt der auswärtigen Gesellschaft das Führen der Berufsbezeichnung, wenn sie auf Verlangen nicht nachweist, dass 1. Sie oder ihre Gesellschafter und gesetzlichen Vertreter die betreffende Tätigkeit nach dem Recht des Herkunftsstaates der Gesellschaft rechtmäßig ausüben, 2. Sie die Voraussetzungen des § 9 Abs. 3 Nr. 2 erfüllt und 3. Der Gesellschaftsvertrag oder die Satzung die Voraussetzungen des § 9 Abs. 3 Nr. 3 erfüllt.

(3) Auswärtigen Gesellschaften, die ihren Sitz, ihre Hauptverwaltung oder ihre Niederlassung nicht in einem Mitgliedstaat der Europäischen Union haben, kann das Führen der Berufsbezeichnung untersagt werden, wenn die Gegenseitigkeit der Anerkennung nicht gewährleistet ist.

(4) Die Gesellschaft hat die erstmalige Erbringung von Dienstleistungen im Freistaat Sachsen zuvor der Architektenkammer Sachsen schriftlich anzuzeigen. Die Anzeige kann für Gesellschaften mit Sitz in der Europäischen Union auch gegenüber der einheitlichen Stelle nach § 1 des Gesetzes zur Regelung des Verwaltungsverfahrens- und des Verwaltungszustellungsrechts für den Freistaat Sachsen (SächsVwVfZG) vom 19. Mai 2010 (SächsGVBl. S. 142), in der jeweils geltenden Fassung, in Verbindung mit den §§ 71a bis 71e des Verwaltungsverfahrensgesetzes (VwVfG) in der Fassung der Bekanntmachung vom 23. Januar 2003 (BGBl. I S. 102), das zuletzt durch Artikel 1 des Gesetzes vom 31. Mai 2013 (BGBl. I S. 1388) geändert worden ist, in der jeweils geltenden Fassung, vorgenommen werden. Die Anzeige ist entbehrlich, wenn die Gesellschaft ihre Dienstleistungserbringung bei der Architektenkammer eines anderen Landes der Bundesrepublik Deutschland angezeigt hat oder in eine von dieser geführten Liste oder ein Verzeichnis eingetragen wurde.

(5) Aufgrund der Anzeige ist die Gesellschaft von der Architektenkammer Sachsen in einem Verzeichnis zu führen. § 9 Abs. 2 Satz 3 und 4 gilt entsprechend. Die Eintragung in das Verzeichnis darf die Erbringung der Dienstleistung nicht verzögern oder erschweren und für den Dienstleister keine zusätzlichen Kosten verursachen.

(6) Die Gesellschaft ist verpflichtet, Änderungen, die für das Führen der Berufsbezeichnung von Bedeutung sind, der Architektenkammer Sachsen unverzüglich mitzuteilen. § 9 Abs. 6 gilt entsprechend. Sie hat ebenfalls mitzuteilen, wenn sie nicht mehr beabsichtigt, Dienstleistungen im Freistaat Sachsen zu erbringen; sie ist dann aus dem Verzeichnis zu löschen.

Sachsen-Anhalt

§ 7 Gesellschaften

(1) Gesellschaften, die in ihrem Namen eine geschützte Berufsbezeichnung führen, haben dies der Kammer unverzüglich anzuzeigen. Bei Partnerschaftsgesellschaften gilt diese Verpflichtung als erfüllt, sobald die Architektenkammer auf der Grundlage von § 6 der Partnerschaftsregisterverordnung eine entsprechende Mitteilung erhält. Partnerschaftsgesellschaften mit Sitz, Niederlassung oder überwiegender Tätigkeit in Sachsen-Anhalt sind in das Verzeichnis der Gesellschaften einzutragen. Gesellschaften im Sinne des § 3 Abs. 3 Satz 2 sind ebenfalls in das Verzeichnis der Gesellschaften der

Kammer einzutragen, wenn das Vorliegen folgender Voraussetzungen der Kammer nachgewiesen wird:

1. Alleiniger Gegenstand des Unternehmens müssen die Leistungsbilder der Honorarordnung für Architekten und Ingenieure sein.
2. An der Gesellschaft dürfen nur natürliche Personen beteiligt sein. Anteile an einer Gesellschaft dürfen nicht für Rechnung von Dritten gehalten werden. Die treuhänderische Übertragung und Ausübung von Gesellschafter-, Aufsichtsrats- und Geschäftsführerrechten sowie ähnlichen Befugnissen ist unzulässig. Im Gesellschaftsvertrag ist eine Regelung zu treffen, nach der nur Gesellschafter im Sinne von Nummer 3 Satz 1 zur Ausübung von Gesellschafterrechten bevollmächtigt werden können.
3. Stimmrechte, Kapitalanteile und Geschäftsführungsbefugnis müssen zu mindestens 75 v. H. natürlichen Personen zustehen, die nach diesem Gesetz berechtigt sind, die in § 3 Abs. 1 Satz 1 genannten Berufsbezeichnungen zu führen. Geschäftsführer oder Geschäftsführerinnen, die nicht Berufsangehörige sind, dürfen die Geschäftsführung nur im Zusammenwirken mit solchen ausüben.
4. Bei Aktiengesellschaften oder Kommanditgesellschaften auf Aktien müssen die Aktien auf Namen lauten. Die Übertragung muß an die Zustimmung der Gesellschaft gebunden sein. Dasselbe gilt für die Übertragung von Geschäftsanteilen an einer Gesellschaft mit beschränkter Haftung. Ist die Gesellschaft bereits in die Architekten- und Stadtplanerliste oder ein entsprechendes Verzeichnis einer Architektenkammer eingetragen, so genügt als Nachweis für das Vorliegen der Eintragungsvoraussetzungen eine Bestätigung der anderen Architektenkammer.

(2) Wenn im Falle des Todes einer der in Absatz 1 Nr. 3 Satz 1 genannten Personen die dort genannten Voraussetzungen nicht mehr vorliegen, setzt der Eintragungsausschuss (§ 22) eine angemessene Frist innerhalb der ein diesem Gesetz entsprechender Zustand herbeizuführen ist.

Diese Frist darf höchstens vier Jahre betragen.

(3) Gesellschaften, die in das Verzeichnis der Gesellschaften aufgenommen werden, werden nicht Mitglieder der Architektenkammer.

§ 10 Haftungsbeschränkung bei Partnerschaftsgesellschaften

(1) Die vertragliche und deliktische Haftung der Partnerschaftsgesellschaft für Schäden aus fehlerhafter Berufsausübung eines Berufsangehörigen kann bei jedem Auftrag, bei dem vorformulierte Vertragsbedingungen verwandt werden, jeder Auftraggeberin oder jedem Auftraggeber gegenüber bis zum 2-fachen Betrag der Mindestversicherungssumme bei fahrlässig verursachten Schäden beschränkt werden. Voraussetzung für diese Haftungsbeschränkung ist, daß die Partnerschaftsgesellschaft zum Zeitpunkt des Vertragsabschlusses mit dem Auftraggeber eine Berufshaftpflichtversicherung in dieser Höhe abgeschlossen hat, die mindestens den Anforderungen der in Absatz 2 genannten Rechtsverordnung genügt. Die Haftungsbeschränkung ist im Partnerschaftsvertrag schriftlich zu vereinbaren und durch die Partnerschaftsgesellschaft der Architektenkammer zur Eintragung in das Verzeichnis der Gesellschaften mitzuteilen.

(2) Das für die Rechtsaufsicht zuständige Ministerium wird ermächtigt, nach Anhörung der Architektenkammer durch Verordnung die näheren Vorschriften über den Abschluss, die Aufrechterhaltung, den Inhalt und den Umfang der Haftpflichtversicherung sowie über die Haftungsausschlüsse durch Versicherungsvertrag zu treffen.

Schleswig-Holstein

Architekten- und Ingenieurkammergesetz Schleswig-Holstein idF 10.3.2010

§ 10 Zusammenschluss zu Gesellschaften, Haftpflichtversicherung

(1) Freischaffende Architektinnen und Architekten, Innenarchitektinnen und Innenarchitekten, Landschaftsarchitektinnen und Landschaftsarchitekten, Stadtplanerinnen und Stadtplaner, Beratende Ingenieurinnen und Ingenieure können sich zu Partnerschaftsgesellschaften nach dem Partnerschaftsgesellschaftsgesetz vom 25. Juli 1994 (BGBl. I S. 1744), zuletzt geändert durch Artikel 12 Abs. 12 des Gesetzes vom 10. November 2006 (BGBl. I S. 2553), oder zu Kapitalgesellschaften zusammenschließen. Weitere Mitglieder der Gesellschaft können auch Personen sein, die aufgrund ihrer Ausbildung in der Lage sind, zur Erfüllung der in den §§ 1 und 2 genannten Berufsaufgaben beizutragen und in die Liste nach § 15 Abs. 1 Nr. 7 eingetragen sind.

(2) Gesellschaften haben zur Deckung von Haftpflichtansprüchen aus ihrer Tätigkeit eine Berufshaftpflicht-Versicherung abzuschließen und mindestens bis zum Ablauf von fünf Jahren nach der

Löschung aufrechtzuerhalten. Die Mindestversicherungssumme beträgt für jeden Versicherungsfall 1,5 Mio. Euro für Personenschäden und 250.000 Euro für Sach- und Vermögensschäden. Die Leistungen des Versicherers für alle innerhalb eines Versicherungsjahres verursachten Schäden müssen sich mindestens auf den dreifachen Betrag der Mindestversicherungssumme belaufen. Die Vereinbarung eines angemessenen Selbstbehaltes ist zulässig.

(3) Partnerschaftsgesellschaften ist eine Beschränkung der Haftung nach § 8 Abs. 3 des Partnerschaftsgesellschaftsgesetzes auf einen bestimmten Höchstbetrag durch vorformulierte Vertragsbedingungen unterhalb der Regelung nach Absatz 2 Satz 2 nicht möglich. Die Vereinbarung eines angemessenen Selbstbehaltes ist zulässig. Eine Haftungsbeschränkung ist im Partnerschaftsvertrag zu vereinbaren.

(4) Die Architekten- und Ingenieurkammer (Kammer) überwacht das Bestehen eines ausreichenden Versicherungsschutzes. Sie ist zuständige Stelle im Sinne des § 117 Abs. 2 des Gesetzes über den Versicherungsvertrag vom 30. Mai 1908 (RGBl. S. 263), zuletzt geändert durch Artikel 3 des Gesetzes vom 10. Dezember 2007 (BGBl. I S. 2833).

§ 11 Eintragung als Partnerschaftsgesellschaft oder Kapitalgesellschaft

(1) Eine Partnerschaftsgesellschaft ist in die Liste nach § 15 Abs. 1 einzutragen, wenn

1. Gegenstand der Partnerschaftsgesellschaft die Wahrnehmung von Berufsaufgaben nach den §§ 1 oder 2 oder nach den §§ 1 und 2 ist,
2. sämtliche Partner zu dem in § 15 Abs. 1 Nr. 1 bis 5 und 7 genannten Personenkreis gehören,
3. die Partnerschaftsgesellschaft ihren Sitz in Schleswig-Holstein hat und eine ausreichende Berufshaftpflicht-Versicherung nachgewiesen ist.

(2) Eine Kapitalgesellschaft ist in die Liste nach § 15 Abs. 1 einzutragen, wenn

1. die Voraussetzungen des Absatzes 1 in entsprechender Weise erfüllt sind,
2. mindestens 75% der Anteile von Berufsangehörigen nach den §§ 1 oder 2 gehalten werden und
3. der Gesellschaftsvertrag oder die Satzung bestimmt, dass
   a) Kapitalanteile nicht für Rechnung Dritter gehalten werden und Stimmrechte nicht für Dritte oder von Dritten ausgeübt werden können,
   b) Kapitalanteile, die durch Erbfall oder als Vermächtnis erworben sind oder Gesellschafterinnen oder Gesellschaftern gehören, die ihre Berufsbezeichnung verloren haben, innerhalb von zwei Jahren an freischaffend tätige Berufsangehörige nach § 10 Abs. 1 übertragen werden,
   c) die Übertragung von Gesellschaftsanteilen an die Zustimmung der Gesellschafterinnen oder Gesellschafter gebunden ist und
   d) bei Aktiengesellschaften und Kommanditgesellschaften auf Aktien die Aktien auf Namen lauten.

   Die Kammer kann die Frist im Falle der Nummer 3 Buchst. b verlängern.

(3) Berufsbezeichnungen, die nach§ 4 Abs. 1 und § 5 geschützt sind, dürfen vorbehaltlich des § 14 Abs. 2 im Namen oder in der Firma geführt werden, sobald die Gesellschaft in die Liste der Kammer eingetragen ist.

(4) Der Eintragung in die Liste nach § 15 Abs. 1 Satz 1 Nr. 6 steht die Eintragung in ein entsprechendes Gesellschaftsverzeichnis einer anderen deutschen Architekten- oder Ingenieurkammer gleich, wenn die Gesellschaft in Schleswig-Holstein weder Sitz noch Niederlassung hat.

Thüringen

Thüringer Architekten- und Ingenieurkammergesetz idF 20.11.2006

§ 5 Gesellschaften

(1) Die Berufsbezeichnungen nach § 1 Abs. 1, 2, 4 oder 5 und der Zusatz nach § 1 Abs. 3 dürfen im Namen einer Partnerschaftsgesellschaft oder in der Firma einer Kapitalgesellschaft geführt werden, wenn die Gesellschaft in ein besonderes Verzeichnis bei der jeweiligen Kammer (Gesellschaftsverzeichnis) eingetragen oder als auswärtige Gesellschaft nach § 6 hierzu berechtigt ist. Mit der Eintragung wird die Gesellschaft nicht Mitglied der Kammer.

(2) Die Gesellschaft ist auf Antrag in das Gesellschaftsverzeichnis einzutragen, wenn sie ihren Sitz in Thüringen hat und der Gesellschaftsvertrag oder die Satzung regelt, dass

1. der Gegenstand des Unternehmens die Wahrnehmung von Berufsaufgaben nach § 3 ist,
2. die Berufsangehörigen nach § 1 mindestens die Hälfte des Kapitals und der Stimmanteile innehaben und die weiteren Anteile von natürlichen Personen gehalten werden, die Angehörige freier Berufe sind und aufgrund ihrer Berufsausbildung zum Erreichen des Unternehmenszwecks bei-

tragen können; die Berufszugehörigkeit der Gesellschafter, die mindestens ein Viertel des Kapitals und der Stimmanteile an der Gesellschaft innehaben, ist in geeigneter Weise kenntlich zu machen,
3. die zur Geschäftsführung befugten Personen mehrheitlich Berufsangehörige nach § 1 sind und gewährleistet ist, dass die Gesellschaft verantwortlich von Berufsangehörigen geführt wird,
4. Kapitalanteile nicht für Rechnung Dritter gehalten und Stimmrechte nicht für Dritte oder von Dritten ausgeübt werden dürfen,
5. bei Aktiengesellschaften und Kommanditgesellschaften auf Aktien die Aktien auf Namen lauten,
6. die Übertragung von Kapital- und Geschäftsanteilen an die Zustimmung aller Gesellschafter gebunden ist und
7. die für die Berufsangehörigen nach § 1 geltenden Berufspflichten von der Gesellschaft beachtet werden.

Die Berufsbezeichnungen können zusammen geführt werden, wenn abweichend von Satz 1 Nr. 3 die zur Geschäftsführung befugten Personen zusammen mehrheitlich Berufsangehörige nach § 1 sind und gewährleistet ist, dass die Gesellschaft verantwortlich von Berufsangehörigen geführt wird und die Anforderungen des Satzes 1 im Übrigen erfüllt werden; die Eintragung der Gesellschaft kann nur bei einer Kammer beantragt werden.

(3) Mit dem Antrag auf Eintragung ist eine öffentlich beglaubigte Ausfertigung des Gesellschaftsvertrages oder der Satzung vorzulegen und die Anmeldung zum Handelsregister oder Partnerschaftsregister nachzuweisen. Der Eintragungsausschuss hat gegenüber dem Registergericht zu bescheinigen, dass die im Handelsregister oder Partnerschaftsregister einzutragende Gesellschaft die Voraussetzungen zur Eintragung in das Verzeichnis nach Absatz 1 erfüllt.

Änderungen der Eintragung im Handelsregister oder Partnerschaftsregister sind der Kammer von der Gesellschaft unverzüglich anzuzeigen.

(4) Die Eintragung einer Gesellschaft wird gelöscht, wenn
1. die Gesellschaft nicht mehr besteht,
2. die geschützte Berufsbezeichnung im Namen oder in der Firma nicht mehr geführt wird,
3. die Eintragungsvoraussetzungen nicht mehr vorliegen,
4. die Gesellschaft in Vermögensverfall geraten ist oder 9
5. in einem Ehrenverfahren rechtskräftig auf Löschung der Eintragung aus dem Verzeichnis nach Absatz 1 erkannt wurde.

In den Fällen des Satzes 1 Nr. 3 kann der Eintragungsausschuss der Gesellschaft eine Frist von in der Regel höchstens einem Jahr setzen, innerhalb derer die Eintragungsvoraussetzungen wieder erfüllt werden können. Im Fall des Todes eines Geschäftsführers oder eines Gesellschafters soll die Frist mindestens ein Jahr und höchstens zwei Jahre betragen.

§ 7 Partnerschaftsgesellschaften

Auf Partnerschaften findet § 5 Abs. 2 Satz 1 Nr. 1 bis 6 keine Anwendung. Der Anspruch des Auftraggebers auf Ersatz eines fahrlässig verursachten Schadens wegen fehlerhafter Berufsausübung kann beschränkt werden
1. durch schriftliche Vereinbarung im Einzelfall bis zur Höhe der Mindestversicherungssumme nach § 29 und
2. durch vorformulierte Vertragsbedingungen für Fälle einfacher Fahrlässigkeit auf den vierfachen Betrag der Mindestversicherungssumme für Sach- und Vermögensschäden, wenn insoweit Versicherungsschutz besteht.

§ 2 Der Architektenwettbewerb

Schrifttum: *Bayerische Architektenkammer,* Architektenwettbewerb 2014. Bekanntmachung der Richtlinie für Planungswettbewerbe (RPW 2013) B10 – 8111.7/2. *Bund Deutscher Architekten,* hrsg, RPW 2013 – Kommentierung und Handlungsempfehlungen des BDA, 2014. *Daub/Eberstein,* Kommentar zur VOL/A, 5. Aufl. 2001; *Hartmann,* VOF Verdingungsordnung für freiberufliche Leistungen, Loseblattsammlung, Stand: Juli 2011; *Kratzenberg/Ettinger-Brinckmann/Knapschinsky,* Die neuen Regeln für Architekten- und Ingenieurwettbewerbe 2009. *Löffelmann/Fleischmann,* Architektenrecht, 6 Aufl. 2012; *Müller-Wrede,* Verdingungsordnung für freiberufliche Leistungen (VOF), 4. Aufl. 2011; *Müller-Wrede,* Der Architektenwettbewerb, 1. Auflage 2012. *Münchener Kommentar zum Bürgerlichen Gesetzbuch,* hrsg. von Rebmann, Rixecker, Säcker, 3. Aufl. 1997; *Rauch,* Architektenrecht und privates Baurecht für Architekten, 2. Aufl. 1996; *Schwinge/Brunnert/Böttger/Johner-Helppi,* GRW 1995 Erläuterungen, Empfehlungen und Hinweise zur Handhabung der Grundsätze und Richtlinien für Wettbewerbe auf den Gebieten der Raumplanung, des Städtebaus und des Bauwesens, 1. Aufl. 1997; *Weinbrenner/Jochem/Neusüß,* Der Architektenwettbewerb, 2. Aufl. 1998, *Werner/Pastor,* Der Bauprozess, 14. Aufl. 2013

Übersicht

Präambel

„Der Architektenwettbewerb ist ein fachlicher Leistungsvergleich.
Der Bauherr erhält mehrere Entwürfe, er kann vergleichen und die optimale Lösung für sein Bauvorhaben auswählen.
Dabei eignet sich ein Wettbewerb für jede Art von Planungsaufgabe – für Gebäudeplanungen, städtebauliche Projekte, Landschaftsplanungen oder Innenraumgestaltungen. ....
Der Architektenwettbewerb hat sich als Verfahren zur Förderung der Qualität des Planens und Bauens hervorragend bewährt."[1]

I. Zielsetzung von Architektenwettbewerben

1 Durch einen Architektenwettbewerbs wird es dem Auslober ermöglicht, mit Hilfe von Fachleuten aus mehreren Lösungsvorschlägen den geeignetsten Auftragnehmer auswählen zu können. Die Auswahl durch ein unabhängiges Preisgericht stellt zum einen sicher, dass der Entscheidungsprozess weitgehend transparent ist, und zum anderen, dass derjenige Lösungsvorschlag ausgewählt wird, welcher der gestellten Aufgabe am ehesten gerecht wird und eine optimale Ausführung erwarten lässt. Architektenwettbewerbe geben neue wichtige Impulse für die Entwicklung in der Architektur, so dass ihnen über den eigentlichen Gegenstand des Wettbewerbes hinaus eine allgemeine kultur- und gesellschaftspolitische Bedeutung zukommt.[2]

2 Die Vorteile eines Architektenwettbewerbs liegen vor allem darin, dass für eine gestellte Aufgabe eine Vielzahl von Varianten und Lösungsmöglichkeiten angeboten wird. Aufgrund der Wettbewerbssituation unter den teilnehmenden Architekten kann davon ausgegangen werden, dass das vorhandene Kreativitätspotential voll ausgeschöpft wird. Die Wettbewerbsarbeiten zeichnen sich daher regelmäßig durch eine hohe Qualität aus. Darüber hinaus soll insbesondere auch jungen Architekten die Möglichkeit gegeben werden, auf diesem Wege auch anspruchsvolle Aufträge zu erhalten. Bei exponierten Projekten, die im Blickpunkt des öffentlichen Interesses stehen, sind Architektenwettbewerbe zudem ein wichtiger Beitrag für die Meinungsbildung in der Öffentlichkeit. Dies gilt insbesondere bei Vorhaben der öffentlichen Hand, wenn exponierte Flächen und Objekte im Innenstadtbereich neu gestaltet werden sollen. Fast schon traditionell betätigen sich auch die großen Kirchen als Bauherren; viele ihrer exponierten Objekte, aber auch kleinere Gemeindezentren sind Ergebnisse von Wettbewerben. Auch bei privaten Vorhaben, die mit einem besonderen Prestigewert verbunden sind, sind Architektenwettbewerbe ein wichtiges Mittel, um die beste Lösungsmöglichkeit zu finden. So hat etwa der Hauptverband der Deutschen Bauindustrie einen Architektenwettbewerb für seine neue Geschäftsstelle in Berlin durchgeführt. Auch die BMW – Welt in München, mittlerweile ein Markenzeichen nicht nur für die Firma, sondern auch für die Architektur, ist das Ergebnis eines Wettbewerbs.[3]

3 Bei öffentlichen Auftraggebern ist aber bisweilen auch eine gewisse Abneigung gegen die Durchführung von Architektenwettbewerben festzustellen, da sie – vorgeblich – zu aufwändig und kompliziert seien. Tatsächlich fürchtet man aber, Entscheidungsfreiheit als Auftraggeber durch die Entscheidungen des Preisgerichts zu verlieren. Daher wird zunehmend bei europaweiten Vergabeverfahren vor der Beauftragung von Architekten- und Ingenieurleistungen auf das reine Verhandlungsverfahren ohne Planungen nach der Vergabeordnung für freiberufliche Leistungen (VOF) Rückgriff genommen. Auch bei

---

[1] Architektenwettbewerb; Broschüre der Bayerischen Architektenkammer 2014.
[2] *Schwinge/Brunnert/Böttger/Johner-Helppi* GRW 1995 S. 13.
[3] *Müller – Wrede* Der Architektenwettbewerb 2012 Rn. 4.

diesen Verfahren entsteht eine Konkurrenzsituation, da grundsätzlich allen geeigneten Architekten die Möglichkeit eröffnet wird, sich für den Auftrag zu bewerben. Besonderheit hierbei ist, dass die eigentlichen Auftragsverhandlungen nach erfolgreicher Bewerbung lediglich mit einem beschränkten Teilnehmerkreis durchgeführt werden und auf die objektbezogenen Lösungsvorschläge grundsätzlich verzichtet wird.

II. Rechtliche Grundlagen für die Vergabe von Architektenleistungen

1. Der öffentliche und private Auftraggeber/Auslober

Es besteht ein grundsätzlicher Unterschied zwischen privaten und öffentlichen Bau- 4
herren hinsichtlich der Vergabe von Architektenleistungen. Privaten Institutionen steht es grundsätzlich frei, einen Architektenwettbewerb durchzuführen. Lediglich in Ausnahmefällen, etwa wenn eine Förderung der Baumaßnahme mit öffentlichen Mitteln vorgesehen ist, kann eine Verpflichtung zur Anwendung des öffentlichen Vergaberechts bestehen.

Nach den gesetzlichen Vorgaben im vierten Teil des GWB, §§ 97 ff. sind Institutionen, die als klassische öffentliche Auftraggeber einzustufen sind oder die öffentliche Aufgaben wahrnehmen, zur Beachtung die vergaberechtlichen Vorschriften verpflichtet[4]. Hierzu zählt auch die Durchführung von Architektenwettbewerben. Architektenwettbewerbe der öffentlichen Hand richten sich in aller Regel nach Verfahrensregeln des Bundes. Dies sind derzeit die Richtlinien für Planungswettbewerbe (RPW) in der Fassung von 2013. Die RPW stellen einen direkten Bezug zu den Regelungen der Verdingungsordnung für freiberufliche Leistungen (VOF) her.

Der Begriff des öffentlichen Auftraggebers ist näher in § 98 GWB geregelt. Danach 5
gelten zunächst nach § 98 Nr. 1 GWB die Gebietskörperschaften (Bund, Länder, Kommunen) sowie deren Sondervermögen als öffentliche Auftraggeber. Die Verbände, deren Mitglieder unter § 98 Nr. 1 GWB fallen, wie etwa Gemeindeverbände oder auch projektbezogene Zusammenschlüsse von Gebietskörperschaften, werden gleichfalls gemäß § 98 Nr. 3 GWB als öffentliche Auftraggeber angesehen.

Schwierigkeiten bereitet die Einordnung unter den öffentlichen Auftraggeberbegriff 6
nach § 98 Nr. 2 GWB[5]. Danach werden auch „andere juristische Personen des öffentlichen und des privaten Rechts, die zu dem besonderen Zweck gegründet wurden, im allgemeinen Interesse liegende Aufgaben nicht gewerblicher Art zu erfüllen" und die durch die öffentliche Hand durch Beteiligung und Aufsichtsfunktion etc. beherrscht werden, als öffentliche Auftraggeber angesehen. Da die Zielsetzung der gesetzlichen Vorgaben darin besteht, jede genuin staatliche Tätigkeit zu erfassen, ist es unmaßgeblich, ob sie durch einen Privaten erbracht wird oder von der öffentlichen Hand selbst. Hierbei gilt es zu beachten, dass mittlerweile viele staatliche Leistungen von privaten Unternehmen erbracht werden. Diese Unternehmen in privater Rechtsform unterliegen aber in einem ganz erheblichen Umfang staatlicher Kontrolle und können sich dadurch nicht den Vorgaben zur Anwendung des öffentlichen Vergaberechts entziehen.

Juristische Personen des öffentlichen Rechts sind die Körperschaften, Anstalten und 7
Stiftungen des öffentlichen Rechts sowie jede Form von verfassten Studentenschaften, Sozialversicherungen. Berufsständische Vereinigungen wie Rechtsanwalts-, Architekten- und Ärztekammern oder vergleichbare Einrichtungen unterliegen jedoch nicht unmittelbar dem Vergaberecht.

Für viele überraschend hat der EuGH in der Rechtssache C526/11 am 12.9.2013 entschieden, dass Ärztekammern keine Einrichtungen des öffentlichen Rechts im Sinne von Art. 1 Abs. 9 Unterabs. 2 und 3 der Richtlinie 2004/18 bzw. § 98 Nr. 2 GWB sind und da-

---

[4] *Müller – Wrede* Der Architektenwettbewerb 2012 Rn. 50.
[5] *Müller – Wrede* Der Architektenwettbewerb 2012 Rn. 50.

mit nicht dem europäischen Vergaberecht unterliegen. Entscheidend war aus der Sicht des EuGH, dass trotz der Tätigkeit im Allgemeininteresse aufgrund der Autonomie und dem damit verbundenen Selbstverwaltungsrecht der berufsständischen Kammer die Staatsnähe bzw. die staatliche Einflussnahme, die einen öffentlichen Auftraggeber kennzeichnet, nicht angenommen werden kann.

8 Der Begriff des Allgemeininteresses[6] ist dahingehend zu verstehen, dass nur solche Einrichtungen zur Anwendung vergaberechtlicher Vorschriften verpflichtet sein sollen, die von ihrer rechtlichen Zweckbestimmung her Aufgaben erfüllen, die im gesamtgesellschaftlichen Interesse liegen. Die Gründung zu dem besonderen Zweck, im Allgemeininteresse liegende Aufgaben nichtgewerblicher Art zu erfüllen, lässt sich entweder aus gesetzlichen Regelungen, oder aber auch aus Satzungen oder Gesellschaftsverträgen ableiten. Dabei kommt es nicht darauf an, ob die fragliche Einrichtung zusätzlich andere Aufgaben wahrnimmt. Nachrangig ist in diesem Zusammenhang das Merkmal der Nichtgewerblichkeit, da mit dem Begriff des Allgemeininteresses regelmäßig Tätigkeiten erfasst werden, die eher nichtgewerblicher Natur sind. Von einer Nichtgewerblichkeit wird man in der Regel dann ausgehen können, wenn eine Gewinnerzielungsabsicht fehlt sowie ein öffentlicher Zweck für das betriebliche Handeln maßgeblich ist. Von einer überwiegenden Finanzierung ist auszugehen, wenn der Finanzbedarf der fraglichen Einrichtung zu mehr als der Hälfte von Institutionen im Sinne von § 98 Nr. 1 oder 3 GWB aufgebracht wird[7]. Dabei muss es sich nicht notwendigerweise um die Bereitstellung von Geldern handeln, vielmehr kommt auch die Ausstattung mit Immobilien oder sonstigen Sachmitteln in Betracht. Hinsichtlich des Merkmals „Aufsicht über die Leitung“ kann auf den Begriff der Beherrschung in § 17 AktG abgestellt werden. Danach liegt eine Beherrschung vor, wenn das beherrschende Unternehmen eine so weitgehende Einflussmöglichkeit hat, dass es seinen Willen hinsichtlich der Unternehmens- und Geschäftspolitik des beherrschten Unternehmens durchsetzen kann. Zum gleichen Ergebnis kommt man mit den von der Rechtsprechung entwickelten Grundsätzen zur vergabefreien Inhouse-Vergabe. Auf Grundlage des EuGH-Urteils in der Rechtssache „Teckal“[8] kommt der BGH zu dem Schluss, dass kein öffentlicher Auftrag i. S. d. § 99 Abs. 1 GWB vorliege, wenn der öffentliche Auftraggeber über den Auftragnehmer eine Kontrolle „wie über ihre eigene Dienststelle“ ausübt und der Beauftragte seine Tätigkeit im Wesentlichen für diesen öffentlichen Auftraggeber verrichtet.[9]

9 Als öffentlicher Auftraggeber werden auch die so genannten Sektorenunternehmen nach § 98 Nr. 12 GWB angesehen. Hierbei handelt es sich um Einrichtungen, die im Bereich der Trinkwasser- und Energieversorgung oder aber auf dem Verkehrssektor tätig sind.

10 Wie eingangs erwähnt, sind private Auftraggeber grundsätzlich nicht zur Anwendung des öffentlichen Vergaberechts verpflichtet und somit auch nicht zur Durchführung von Architektenwettbewerben. Etwas anderes gilt gemäß § 98 Nr. 5 GWB, sofern sie für das konkrete Projekt Mittel erhalten, mit denen dieses Vorhaben zu mehr als fünfzig von Hundert finanziert werden[10]. Das Gleiche gilt für die Vergabe von Baukonzessionen nach § 98 Nr. 6 GWB. Bei einer Baukonzession wird als Gegenleistung für die Erbringung von Bauleistungen kein Entgelt gezahlt, sondern vielmehr das Recht eingeräumt, die bauliche Anlage über einen bestimmten Zeitraum zu nutzen.

---

6 *Müller – Wrede* Der Architektenwettbewerb 2012 Rn. 52.
7 OLG München Beschl. v. 2.3.2009-VerG1/09, VergabeR 2009, 816 f.
8 EuGH Urt. v. 18.11.1999 – Rs. C 107/98 – NZBau 2000, 90.
9 BGH Beschl. v. 12.6.2001, Az. X ZB 10/01. Bayerisches OLG Beschl. v. 22.1.2002, Verg 18/01.
10 *Müller – Wrede* Der Architektenwettbewerb 2012 Rn. 55.

2. Vorgaben des europäischen Vergaberechts

Die rechtlichen Rahmenbedingungen für die Vergaben durch öffentliche Auftraggeber werden ganz maßgeblich durch das europäische Vergaberecht geprägt. Im Bereich der Architektenwettbewerbe sind vor allem die Vorschriften der Dienstleistungsrichtlinie 92/50/EWG maßgeblich. Diese enthält u. a. in Art. 13 DLR Vorgaben für die Durchführung von Wettbewerben. Die Vorschrift findet grundsätzlich Anwendung auf Wettbewerbe, deren Summe der Preisgelder den Betrag von derzeit 207.000 Euro ohne Umsatzsteuer (Schwellenwert, § 2 VgV) erreicht oder überschreitet. Bei Ideenwettbewerben ergibt sich der Auftragswert aus der Wettbewerbssumme (vgl. § 7 Abs. 2 RPW 2013), bei Realisierungswettbewerben bemisst sich dieser nach dem anrechenbaren Honorar und der Wettbewerbssumme (§ 3 Abs. 8 VgV) für die zu beauftragenden Leistungsphasen. 11

Eine Modifikation der Schwellenwerte hat sich nach dem Beitritt der Europäischen Union zum Government Procurement Agreement (GPA) der Welthandelsorganisation (WTO) ergeben. Durch die Richtlinie 97/52/EG hat die für Architektenwettbewerbe von öffentlichen Auftraggebern maßgebliche Dienstleistungsrichtlinie Änderungen erfahren. So wurde für so genannte Regierungsbeschaffungen ein niedrigerer Schwellenwert eingeführt. Der niedrigere Schwellenwert von derzeit 134.000 Euro gilt im Anwendungsbereich nationaler Vergaben vor allem für die Beauftragung von Dienstleistungen durch Bundesministerien. Mit Ausnahme der Sektorenauftraggeber gilt für alle anderen öffentlichen Auftraggeber, die nicht als Regierungsstelle einzustufen sind, weiterhin der Schwellenwert von derzeit 207.000 Euro. Die Umsetzung dieser Schwellenwerte in deutsches Recht ist durch § 2 Nr. 2 und 3 VgV erfolgt. Für Architektenwettbewerbe, die durch Sektorenauftraggeber durchgeführt werden, gilt dagegen gem. § 2 Nr. 1 VgV der höhere Schwellenwert von derzeit 414.000 Euro[11]. 12

3. Vergabeordnung für freiberufliche Leistungen (VOF)

Nach § 5 VgV haben die klassischen öffentlichen Auftraggeber gemäß § 98 Nr. 1 bis 3 und 5 GWB bei der Vergabe von Dienstleistungen, die im Rahmen einer freiberuflichen Tätigkeit erbracht oder im Wettbewerb mit freiberuflich Tätigen angeboten werden, sowie für Wettbewerbe, die zu solchen Dienstleistungen führen sollen, die Vergabeordnung für freiberufliche Leistungen anzuwenden, sofern der maßgebliche Schwellenwert erreicht wird. 13

Die VOF gilt gemäß § 5 VgV i. V. m. § 2 VOF für die Vergabe von Dienstleistungsaufträgen von freiberuflich Tätigen wie Architekten und Ingenieuren, soweit deren Gegenstand eine Aufgabe ist, deren Lösung nicht vorab eindeutig und erschöpfend beschrieben werden kann. Im Rahmen des Anwendungsbereichs der VOF übernimmt § 15 VOF die Regeln für Wettbewerbe, wie sie in Art. 13 DLR vorgegeben sind. Dabei ist insbesondere § 15 Abs. 4 VOF zu beachten. Danach darf die Zulassung zur Teilnahme an einem Wettbewerb nicht auf das Gebiet eines Mitgliedstaates oder eines Teils davon beschränkt werden. Dies stellt eine wichtige Änderung gegenüber den vor In-Kraft-Treten der EG-Vergaberichtlinien durchgeführten Architektenwettbewerben dar, die ganz überwiegend auf Teilnehmer aus bestimmten Regionen beschränkt waren. Eine derartige Verfahrensweise würde nunmehr bei Erreichen des einschlägigen Schwellenwertes einen schweren Vergabefehler darstellen. Entschließt sich ein Auftraggeber, einen Wettbewerb mit beschränkter Teilnehmerzahl durchzuführen, gilt es zudem sicherzustellen, dass eindeutige und nichtdiskriminierende Auswahlkriterien festgelegt werden. Gleichfalls ist zu beachten, dass Vorgaben, die eine Teilnahme ausschließlich natürlicher Personen vorsehen, unzulässig sind. Hinsichtlich des vergaberechtlichen Transparenzgebotes hat der Auftraggeber zudem seine Absicht, einen Wettbewerb durchzuführen, durch Mitteilung gegenüber dem Amt für amtliche Veröffentlichungen gem. § 9 Abs. 2 VOF bekannt zu geben. Nach § 15 14

[11] Verordnung (EU) Nr. 1336/2013 vom 13. Dezember 2013.

Abs. 3 VOF sind darüber hinaus den an der Teilnahme am Wettbewerb Interessierten die auf die Durchführung von Wettbewerben anwendbaren Regeln mitzuteilen.

15 Wettbewerbe zur Vergabe gewerblicher oder freiberuflicher Leistungen, die eindeutig und erschöpfend beschreibbar sind, werden nicht auf der Grundlage der VOF, sondern der Verdingungsordnung für Leistungen (VOL/A) durchgeführt. Hier ist § 31 a VOL/A die einschlägige Vorschrift. Der Inhalt des § 31 a VOL/A entspricht im Wesentlichen dem des § 15 VOF. Der Hauptunterschied liegt somit vornehmlich im Anwendungsbereich, wonach § 15 VOF für solche freiberuflichen Leistungen anzuwenden ist, die keiner genauen Leistungsbeschreibung zugänglich sind.[12] Da für die ganz überwiegende Anzahl von Wettbewerben, insbesondere auf dem Gebiet der Raumplanung, der Stadtplanung, der Architektur und des Bauwesens § 15 VOF die einschlägige Vorschrift sein dürfte, kommt § 31 a VOL/A praktisch nur eine sehr geringe Bedeutung zu.[13]

16 Entsprechend des Aufbaus der VOF in mehrere Kapitel enthalten §§ 15 ff. VOF in Kapitel 2 Spezialbestimmungen, die bei Planungswettbewerben auf dem Gebiet der Raumplanung, des Städtebaus und des Bauwesens zur Anwendung kommen.[14] Nach der Vorgabe des § 15 Abs. 2 Satz 1 VOF sind Planungswettbewerbe auf der Grundlage einheitlicher veröffentlichter Richtlinien durchzuführen. Als eine Richtlinie im vorgenannten Sinne sind die RPW 2013 anzusehen. Obgleich § 15 VOF nicht ausdrücklich auf die RPW verweist, entsprechen die Bestimmungen dieser Vorschrift den Prinzipien, die den RPW zugrunde liegen. Die Regelung des § 15 Abs. 2 VOF sieht vor, dass Planungswettbewerbe vor, während oder ohne Verhandlungsverfahren ausgelobt werden können. Gemäß § 9 Abs. 2 VOF ist die Absicht, einen Wettbewerb durchzuführen, öffentlich bekannt zu machen. Ohne vorangegangene Bekanntmachung kann daher ein Wettbewerb im Rahmen des Bewerbungsverfahrens (1. Stufe) nicht nachträglich durchgeführt werden, insbesondere wenn nur ein beliebig ausgewählter Kreis aus den Bewerbern daran teilnehmen könnte[15]. Noch nicht entschieden ist der Fall, ob eine vorangegangene Bekanntmachung auch dann verpflichtend ist, wenn im Rahmen der zweiten Stufe des Verhandlungsverfahrens mit den anhand der bekanntgemachten Bewerbungskriterien ausgewählten Bietern ein Wettbewerb durchgeführt wird. Diese Möglichkeit ist ausdrücklich in § 20 Abs. 2 VOF vorgesehen. Die insoweit erbrachten Leistungen stellen keine weiteren Eignungskriterien dar, sondern sind als Zuschlagskriterien zu bewerten. Hier sollten die gleichen Grundsätze gelten, die für den Fall des Abforderns von Planungsleistungen gemäß § 20 Abs. 3 VOF einschlägig sind. In jedem Fall ausreichend ist der (bloße) Hinweis in der Bekanntmachung, dass beabsichtigt ist, dass im Rahmen der Vertragsverhandlungen Lösungsvorschläge abverlangt werden. Fraglich bleibt, ob es ausreichend sein kann, wenn allen Bietern erst mit der Einladung zu den Vertragsverhandlungen die Durchführung des Wettbewerbs als ein Teil der Zuschlagskriterien bekanntgegeben wird. In diesem Fall wären für alle Bieter die wesentlichen vergaberechtlichen Grundsätze wie Chancengleichheit, Transparenz des Verfahrens, Vergleichbarkeit der Angebote eindeutig gewahrt, eine Benachteiligung von Bietern nicht ersichtlich. Die Sonderregelungen des Kapitel 3 für Architektenleistungen, insbesondere des § 20 VOF, müssten den allgemeinen Bestimmungen der VOF vorangehen. Ebendies wurde aber mit der Einführung dieser Regelungen bezweckt, nämlich den Besonderheiten bei der Vergabe von Architektenleistungen Rechnung zu tragen. Soweit also keine gravierende vergaberechtliche Benachteiligung entsteht, werden im Einzelfall die Sondervorschriften des § 20 vorrangig anzuwenden sein[16].

---

[12] *Müller-Wrede* VOF § 15 Rn. 3.

[13] *Daub/Eberstein* VOL/A § 31 a Rn. 6; *Müller-Wrede* VOF § 15 Rn. 3.

[14] *Müller-Wrede* VOF § 15 Rn. 2.

[15] VK Sachsen IBR 2002, 512.

[16] *Müller-Wrede* VOF § 18 Rdn. 1 ff. und *Hartmann* VOF § 20 Rdn. 1.

Ein Planungswettbewerb im Rahmen eines Verhandlungsverfahrens ist immer dann sinnvoll, wenn der Kreis von Bewerbern objektbezogen eingegrenzt werden soll. Sinnvoll ist eine derartige Vorgehensweise auch dann, wenn eine Entscheidung zwischen mehreren gleichwertigen Bewerbungen oder Angeboten getroffen werden muss. Mit der Auslobung sind Preise und gegebenenfalls Anerkennungen auszusetzen, die der Bedeutung und der Schwierigkeit der Bauaufgabe sowie dem Leistungsumfang nach dem Maßstab der HOAI angemessen sind. § 16 Abs. 4 VOF gibt ferner vor, dass hinsichtlich der Qualifikationen der Preisrichter bestimmte Anforderungen zu berücksichtigen sind. Auch gilt es, die Wertungsmaßstäbe für die Entscheidungen des Preisgerichts zu beachten. Das Preisgericht hat seinen Entscheidungen die in der Auslobung als bindend bezeichneten Vorgaben des Auslobers und die dort genannten Entscheidungskriterien zwingend zugrunde zu legen. Bei der Durchführung des Planungswettbewerbs selbst ist vor allem der Grundsatz der Chancengleichheit[17] zu beachten. Damit einher geht der Regelungsgehalt des § 16 Abs. 2 VOF, wonach Personen von Planungswettbewerben ausgeschlossen sind, die infolge ihrer Beteiligung an der Auslobung oder Durchführung des Wettbewerbs bevorzugt sein oder Einfluss auf die Entscheidung nehmen können. Das Gleiche gilt für Personen, die sich durch Angehörige oder ihnen wirtschaftlich verbundene Personen einen entsprechenden Vorteil oder Einfluss verschaffen können. Diese Regelung entspricht weitgehend der des § 16 VgV, die parallel zu beachten ist. Dort wird festgelegt, welche Personen aus einem Vergabeverfahren auszuschließen sind (i. E. hierzu 2 c).

4. Die Richtlinien für Planungswettbewerbe

Das insoweit erste bekannte Regelwerk wurde vom Architektenverein Berlin geschaffen und 1863 veröffentlicht[18]. Es folgten weitere Regelwerke von Architektenverbänden. Der damals schon maßgebliche Bund Deutscher Architekten (BDA) veröffentlichte 1904 ein eigenes Regelwerk, das 1927 nochmals überarbeitet worden ist. Jedoch fanden diese Regularien keine besondere Anerkennung bei öffentlichen Auslobern. Verbindliche Regelungen entstanden erst in der NS-Zeit. Im Gegensatz zu den Regularien der Verbände handelte es sich dabei um Rechtsnormen im formellen Sinn. Nach dem zweiten Weltkrieg ersetzten die Grundsätze und Richtlinien für Architektenwettbewerb des BDA und des Deutschen Städtetages in Form der GRW1952 diese Normen. Das ohne rechtlichen Unterbau geschaffene Regelwerk bildete bis 1977 eine gemeinsame Richtschnur für Auslober und teilnehmende Architekten. Bemerkenswert ist, dass dieses schlank gehaltene Regularium 25 Jahre novellierungsfrei Bestand hatte. Es folgten die GRW 1977, in denen dem damaligen Trend folgend insbesondere vermehrt Einzelfallregelungen aufgenommen worden sind. 17

Die Überarbeitung der GRW 1977 wurde aufgrund des europäischen Vergaberechts notwendig. Den Vorgaben der EG-Dienstleistungsrichtlinie Rechnung tragend, wurden die GRW 1995 von Seiten des Bundesbauministeriums in enger Abstimmung mit der Bundesarchitektenkammer und der Bundesingenieurkammer erarbeitet. Nach der Einarbeitung der Grundsätze der DLR und der Berücksichtigung der VOF trugen damit die GRW1995 den nun europarechtlich geprägten vergaberechtlichen Grundsätzen in dem erforderlichen Umfang Rechnung.[19] Dennoch schufen sie kein unmittelbar geltendes Recht und hatten insbesondere keinen Rechtsnormcharakter.

Die Mitwirkung der Spitzenorganisationen der verkammerten Architekten und Ingenieure beruht auf dem Umstand, dass die Bereitschaft zur Teilnahme an einem Wettbewerb und damit der Verzicht des Teilnehmers auf eine leistungsgerechte Honorierung nach der HOAI nur dann zu erwarten und zulässig ist, wenn die Auslobung nach einem anerkannten und auf Interessensausgleich ausgerichtetem Wettbewerbsverfahren erfolgt, 18

---

[17] *Müller-Wrede* Der Architektenwettbewerb Rn. 86.

[18] *Jochem/Weinbrenner/Neusüß* Der Architektenwettbewerb S. 59).

[19] *Müller-Wrede* VOF § 15 Rn. 3; *Hartmann (Plankemann)* VOF Teil 4 § 15 Rn. 2.

das die Chancen eines Architekten oder Ingenieurs sichert, bei der späteren Durchführung der Bauaufgabe angemessen beteiligt zu werden. Die Einbindung der Bundesarchitektenkammer wie auch der Bundesingenieurkammer hat dabei sichergestellt, dass die GRW auch mit den jeweiligen einschlägigen berufsrechtlichen Vorschriften im Einklang stand.

Durch Erlass vom 9.1.1996 hat der Bundesminister für Raumordnung, Bauwesen und Städtebau die ihm unterstellte Bauverwaltung angewiesen, allen Wettbewerben des Bundes, die nach dem 1.1.1996 bekannt gegeben wurden, die neu gefassten GRW 1995 zugrunde zu legen. Den Ländern und den kommunalen Spitzenverbänden wurde empfohlen, bei Wettbewerben in ihren Aufgabenbereichen künftig ebenfalls die GRW 1995 anzuwenden. Damit war eine gewisse Verbindlichkeit erreicht. Dieser Empfehlung sind die kommunalen Spitzenverbände gefolgt. Dagegen ist das Verhalten der Bundesländer hinsichtlich der Umsetzung der GRW 1995 in Landesrecht uneinheitlich[20]. In den jeweiligen Einführungserlassen wurden von den einzelnen Ländern Ergänzungen vorgenommen[21]. Eine verbindliche Einführung auch auf kommunaler Ebene scheiterte am verfassungsrechtlich garantierten Selbstverwaltungsrecht der Kommunen. Insoweit konnten die Bauminister der Länder also nur Empfehlungen zur Anwendung der Wettbewerbsregeln aussprechen. Allerdings zeigt die hohe Zahl der im kommunalen Bereich durchgeführten Architektenwettbewerbe, ausgelobt nach GRW oder seit 2009 nach RPW, dass die Wettbewerbsregeln auch ohne Verbindlichkeit hohe Akzeptanz und Anerkennung angesichts ihrer Praktikabilität gefunden haben.

Die GRW 1995 wurden nochmals 2003 überarbeitet, jedoch 2008 von den Richtlinien für Planungswettbewerbe (RPW 2008) abgelöst[22]. Die Neufassung der Wettbewerbsrichtlinien wurde unter Beteiligung der Kammern der Architekten und Ingenieure vom Bundesbauministerium (BMVBS) initiiert. Ziel der Neufassung war eine Vereinfachung der Verfahren und das Schaffen von Anreizen für private Auslober. Möglich wurde dies durch erhebliche Zugeständnisse der Architektenschaft bei der Festlegung der Wettbewerbssummen, die nun deutlich unter den bisherigen Werten lag. Neu geregelt wurde auch die Zusammensetzung der Preisgerichte. In formeller Hinsicht wurden die grundlegenden Verfahrensvorschriften in nur mehr 9 Paragraphen zusammengefasst und in 4 Anhängen die notwendigen Verfahrensabläufe checklistenartig dargestellt. Wie verabredet, haben Ministerium und Kammern nach den ersten Anwendungserfahrungen eine Evaluierung durchgeführt, deren Ergebnis die derzeit gültigen RPW 2013 sind. Herausragend ist die eingeführte Möglichkeit einer Bürgerbeteiligung.

III. Durchführung von Architektenwettbewerben nach den RPW

19 Die Einleitung eines Architektenwettbewerbs nach den RPW 2013 erfolgt durch öffentliche Auslobung oder persönliche Einladung an Architekten, sich an diesem Wettbewerb zu beteiligen. Ein unabhängiges Preisgericht beurteilt die eingereichten Arbeiten und erkennt den besten Lösungen der gestellten Aufgaben Preise und Anerkennungen zu. Zur Gewährleistung der Rechtssicherheit des Verfahrens sowie der Herbeiführung des notwendigen Vertrauens der Teilnehmer geben die RPW detailliert bestimmte Grundsätze vor, die zwingend zu beachten sind und deshalb in der jeweiligen Auslobung verbindlich für alle Teilnehmer festgeschrieben werden. Die zivilrechtlichen Grundlagen für die Durchführung eines Architektenwettbewerbs bilden die Vorschriften um die Auslobung §§ 657 ff BGB. Mit einer Auslobung wird öffentlich das Versprechen abgegeben, für die Herbeiführung eines bestimmten Erfolgs eine Belohnung zu leisten. Grundsätzlich wird also bei Architektenwettbewerben nach den Regeln verfahren die auch für Preisausschrei-

[20] Siehe hierzu im Einzelnen *Rodegra* NZBau 2000 S. 125.
[21] z. B. Landtagsdrucksache 12/641 v. 8.11.1996 Baden Württemberg.
[22] Fassung RPW von 12.9.2008; Inkraftgetreten am 1.1.2009.

ben gültig sind, da Gegenstand eines jeden Wettbewerbs eine Preisbewertung ist[23]. Es wird entschieden, ob eine Bewerbung rechtzeitig abgegeben worden ist und ob diese den Bedingungen der jeweiligen Auslobung entspricht. Getroffen werden diese Entscheidungen durch die in der Auslobung genannten Personen, bei Wettbewerben, dem Preisgericht. Diese sehr allgemein gestalteten Regeln aus dem BGB zu Auslobung und Preisausschreiben reichen regelmäßig nicht aus, um einen Architektenwettbewerb transparent und rechtssicher durchführen zu können.

Auslober und Teilnehmer am Wettbewerb gehen wechselseitig eine Vereinbarung ein. 20
Danach verpflichtet sich der Auslober verbindlich zur Einhaltung der Verfahrensregeln wie auch zu einer angemessenen Entschädigung in Form einer Wettbewerbssumme, die in Form von Preisen in der Regel nach anonymer Beurteilung und Herstellung einer Rangfolge durch ein unabhängiges Preisgericht festgestellt und ausgeschüttet wird. Bei Realisierungswettbewerben besteht die Verpflichtung zu einer weiteren Beauftragung. Hierdurch wie auch ggf. durch Bearbeitungshonorare soll der den Teilnehmern entstehende Aufwand wie auch das Risiko, keinen Preis bzw. Auftrag zu erhalten, kompensiert werden.

Im Gegenzug verpflichten sich die Teilnehmer, die Wettbewerbsbedingungen zu akzeptieren und einen beurteilungsfähigen Wettbewerbsbeitrag einzureichen. Sie versichern ehrenwörtlich, willens und in der Lage zu sein, einen aus dem Wettbewerb resultierenden Auftrag annehmen und erfüllen zu können.

In jeder individuellen Auslobung sind daher diese Regelungen festzuschreiben. Die RPW liefern dafür das Grundraster.

Dabei ist nicht nur sicherzustellen, dass allen Architekten der Zugang zum Wettbewerb gleichermaßen möglich ist, sondern auch für alle Teilnehmer die gleichen Chancen bestehen. Die Entscheidung im Rahmen der Durchführung des Wettbewerbs erfolgt ausschließlich nach objektiven Bedingungen, die nachvollziehbar sein müssen. Weitere tragende Säule eines Architektenwettbewerbs nach den RPW 2013 ist die Anonymisierung der Teilnehmerbeiträge. Hierdurch soll sichergestellt werden, dass keine Bevorzugung aufgrund des Bekanntheitsgrades eines teilnehmenden Architekten erfolgt. Das unabhängige Preisgericht entscheidet allein aufgrund der Qualität der eingereichten Arbeiten und ist dabei an Weisungen nicht gebunden, auch wenn es sich an den Erwartungen des Auslobers hinsichtlich der Gestaltung des Projektes, die dieser in der Aufgabenbeschreibung in der Auslobung beschrieben hat, orientieren soll.

IV. Die Regeln der RPW 2013

1. Präambel

Diese wesentlichen Grundsätze zur Durchführung von Planungswettbewerben sind 21
nun auch in der Präambel der RPW aufgeführt (vgl. Präambel Abs. 2 RPW 2013):

„Alle Regeln für derartige Wettbewerbe in Deutschland beruhen auf bereits 1867 definierten elementaren Grundsätzen und Prinzipien. Diese Grundsätze haben bis heute ihre Gültigkeit:

- Die Gleichbehandlung aller Teilnehmer im Wettbewerb, auch im Bewerbungsverfahren
- Die klare und eindeutige Aufgabenstellung
- Das angemessene Preis-Leistungs-Verhältnis
- Das kompetente Preisgericht
- Die Anonymität der Wettbewerbsbeiträge
- Das Auftragsversprechen“

[23] *Müller – Wrede* Der Architektenwettbewerb Rdn. 15 und *Werner/Pastor* Der Bauprozess Rdn. 661.

22 Erstmals wurde in den Wettbewerbsregularien der gewachsenen Bedeutung der Bürgerbeteiligung Rechnung getragen. In Abs. 3 der Präambel ist dazu ausgeführt:

„.... Bei der Bestimmung der Ziele des Wettbewerbs können die Bürgerinnen und Bürger beteiligt werden. Wettbewerbe sind ein hervorragendes Instrument der öffentlichen Vermittlung von Architektur und Baukultur."

Die Frage einer angemessenen Beteiligung von Bürgerinnen und Bürgern (Partizipation) bei der Auslobung von Wettbewerben, rückt nicht erst seit „Stuttgart 21" immer mehr in den Vordergrund.

Dieses Instrument der Mitbestimmung kann bereits bei Wettbewerben sinnvoll eingesetzt werden, wobei einer guten bis perfekten Vorbereitung erhebliche Bedeutung zukommt.

Unabhängig von einem Wettbewerb, ist eine frühzeitige und allumfassende Partizipation regelmäßig vor Projektbeginn notwendig, um deren Erkenntnisse in eine Aufgabenstellung einfließen zu lassen, die dann Gegenstand einer konkreten Auslobung wird. Aufgrund der Anonymität (und der damit gesicherten Chancengleichheit) während eines Wettbewerbsverfahrens, können weitere Bürgerbeteiligungen nur stattfinden, wenn sie bereits in der Auslobung vorgesehen sind, z. B. in Form einer Diskussion der Aufgabenbeschreibung (üblicherweise Teil B oder 2 einer Auslobung) mit dem Preisgericht, den Teilnehmern und den Bürgern im Kolloquium.

Eine weitere Beteiligung ist bei einem zweistufigen Verfahren möglich, also zwischen zwei voneinander unabhängigen Verfahrensteilen, nicht aber bei einem zweiphasigen, also durchlaufenden Verfahren.

Bürgerbeteiligung nach einem abgeschlossenen Wettbewerbsverfahren kann nur noch dazu dienen, die Öffentlichkeit über Ergebnisse und Realisierungsabsichten zu informieren, da der Zeitpunkt für die Berücksichtung von Grundsatzfragen hier zu spät angesetzt wäre.

2. § 1 Grundsätze

23 **a) Definition.** Wettbewerbe werden als Auslobungsverfahren festgelegt, die auf folgenden Aufgabenfeldern auch interdisziplinär durchgeführt werden können:

- Städtebau, Stadtplanung, Stadtentwicklung
- Landschafts- und Freiraumplanung
- Planung von Gebäuden und Innenräumen
- Planung von Ingenieurbauwerken und Verkehrsanlagen
- technische Fachplanungen

Die hier dargestellte Aufzählung möglicher Fachdisziplinen stellt sich in der Praxis als etwas irreführend dar, z. B. bei einer geforderten Arbeitsgemeinschaft von Architekten, Landschaftsarchitekten und Stadtplanern. Diese betreffen zwar verschiedene Fachrichtungen, die aber alle in den Architektenlisten erfasst sind. Verfasser dieser Fachrichtungen sind alle bei einer Architektenkammer als Mitglieder eingetragen. Tatsächliche interdisziplinäre Wettbewerbe sind jedoch solche, bei welchen aufgrund der verlangten Teilnahmeberechtigung auch die Ingenieurdisziplinen, und somit die Ingenieurkammern, bei der Auslobungsvorbereitung zu beteiligen sind. Interdisziplinär ist der Planungswettbewerb also nur dann, wenn Architekt und z. B. Tragwerksingenieur gemeinsam als Teilnehmer und damit als Verfasser einer Wettbewerbsarbeit auftreten.

Die Interdisziplinarität findet keine Anwendung, wenn lediglich empfohlen wird, Tragwerks- oder Verkehrsplaner als Fachberater hinzuziehen. Hier ist zu beachten, dass als Fachberater bezeichnete Personen nicht teilnahmeberechtigt sein müssen, also auch keine Mitverfasser werden und somit auch keinen Beauftragungsanspruch haben. Vom Auslober kann daher keine „zwingende" Beteiligung von Fachberatern bei Wettbewerben gefordert werden.

Es stellt sich auch immer wieder die Frage, ob Fachberater für mehrere teilnehmende Büros tätig sein dürfen. Wettbewerbsrechtlich spricht nichts dagegen. Das Risiko, dass durch die Fachberater ein nicht gewünschter Informationsaustausch stattfindet oder ein einzelner Teilnehmer besser bedient wird als andere, muss von den Büros, welche die Fachberater auswählen, abgeschätzt bzw. getragen werden.

b) Ziele des Wettbewerbs. Die RPW formuliert diese wie folgt: 23

„Wettbewerbe zielen darauf, alternative Ideen und optimierte Konzepte für die Lösung von Planungsaufgaben und den geeigneten Auftragnehmer für die weitere Planung zu finden. Sie können auch auf die Lösung konzeptioneller Aufgaben ausgerichtet sein."

Mit Einführung der RPW 2008 wurden u.a. bewährte Bezeichnungen wie Ideen- oder Realisierungswettbewerb getilgt, mit der Folge, dass ein Anstieg von unterhonorierten Mehrfachbeauftragungen festzustellen war. So wurde der Begriff „Ideenwettbewerb" durch die Formulierung „Lösung konzeptioneller Aufgaben" ersetzt. Nur den im Wettbewerbswesen Versierten war es offensichtlich möglich, herauszulesen, dass hier weiterhin die bewährte Verfahrensform des Ideenwettbewerbs gemeint war.

Mit den RPW 2013 wurden die bewährten Begrifflichkeiten wieder eingeführt, vgl. § 3 Abs. 1 RPW 2013.

Nur als unverbindlich kann der Hinweis auf die Durchführung von offenen Wettbewerben in § 1 Abs. 1 Satz 2 RPW 2013 verstanden werden: 25

„Der offene Wettbewerb bietet die größtmögliche Lösungsvielfalt für eine Planungsaufgabe."

Der berufspolitische Wunsch, so viele Wettbewerbe wie möglich, als offene Verfahren zu gestalten, rührt aus den Zeiten vor 1997 her (Einführung der VOF), wo tatsächlich sog. „offene" Wettbewerbe die Regel waren. Allerdings darf hier nicht vergessen werden, dass diese nicht -wie seit dem Verbot regionaler Beschränkungen notwendig- weltweit offen, sondern regional begrenzt offen waren, also nur Personen innerhalb eines Landkreises oder eines Bundeslandes die „offene" Teilnahme möglich war.

Die jüngeren Erfahrungen bei – tatsächlich – offenen Wettbewerben zeigen eindeutig deren Grenzen auf; so sind offene Wettbewerbe sehr wohl und mit überschaubaren Teilnehmerzahlen empfehlenswert für städtebauliche und/oder freiraumplanerische Aufgaben, bei welchen sich die verlangten Leistungen für die Teilnehmer im Rahmen halten und oft sogar ohne Modell auskommen. Bei Verfahren zu den letzten bayerischen Landesgartenschauen beteiligten sich ca. 30–40 Teilnehmer.

360 Teilnehmer mit einem Leistungsumfang von 10 A0-Plänen und Modellen hingegen waren unlängst die Anforderung an das Preisgericht und den Auslober anlässlich eines offenen und einphasigen Realisierungswettbewerbs für einen Museumsneubau in Bayern. Diese Zahlen dokumentieren nicht nur das logistische Problem der Aufstellfläche, sondern auch die Überforderung des Preisgerichts, den Essentials des Wettbewerbswesens wie z. B. Gleichbehandlung in kompetenter Arbeitsweise nachzukommen.

Bei Hochbauvorhaben ist daher projektbezogen zu prüfen, ob der offene Wettbewerb aufgrund der Projektgröße (z. B. bei einem Bauvolumen von 2.0 Mio Euro) möglich und überhaupt sinnvoll ist.

Praktikabel ist bei geeigneten Aufgaben die Durchführung eines offenen und zweiphasigen Wettbewerbs, mit reduzierter Leistung in der 1. Phase (max. 1 DIN A2 Blatt), und einer ergebnisabhängigen reduzierten Teilnehmerzahl der 2. Phase (mind. 10), um bei den bisher üblichen Teilnehmerzahlen bei zweiphasigen Verfahren (20–30 Büros) nicht unnötig hohen Bearbeitungsaufwand zu generieren. Den zielführenden Arbeiten sollte stattdessen in der zweiten Phase ein Bearbeitungshonorar gewährt werden.

Natürlich ist Voraussetzung, dass die Auswahl der teilnehmenden Büros der 2. Stufe in qualifizierter Form stattfindet. Dazu zählt auch, dass Berufsanfängern und kleineren Büroorganisationen der Zugang zu Wettbewerben nicht generell verwehrt wird.

Klar wird hierbei aber auch, dass der Erfolg eines Wettbewerbs unmittelbar von der richtigen Wahl der möglichen Verfahrensform abhängig ist.

26 **c) Gleichbehandlung.** Dieser unumstößliche Grundsatz bei Planungswettbewerben ist selbsterklärend und für ein auf Vertrauen basierendes Verfahren in anonymer Form unverzichtbar. Die Gleichbehandlung aller Teilnehmer erfordert auch, dass diesen während des Verfahrens Informationen zur Aufgabe und der Beurteilung der eingereichten Lösung gleichermaßen zugänglich gemacht werden. Verletzungen des Gebots der Chancengleichheit nach § 97 Abs. 2 GWB im Rahmen einer öffentlichen Auftragsvergabe sind gleich bedeutend mit einer Verletzung subjektiver Bieterrechte, die den Teilnehmern an einem Architektenwettbewerb nach RPW durch einen öffentlichen Auftraggeber die Möglichkeit eröffnen, ein Vergabenachprüfungsverfahren einzuleiten.[24]

27 **d) Anonymität.** Festgelegt ist, dass bis zur Entscheidung des Preisgerichts das Verfahren anonym durchzuführen ist, bei mehrphasigen Wettbewerben bis zum Abschluss des gesamten Verfahrens. Die anonyme Behandlung der Wettbewerbsarbeiten während des ganzen Verfahrens dient dem Schutz der Teilnehmer und der Sicherstellung einer sachgerechten, bestmöglichen und objektiven Entscheidung.

Die Einhaltung der Anonymität wird durch die Anonymisierung der eingehenden Arbeiten durch die Vorprüfung sichergestellt. Sie ist ein Essential des Wettbewerbs, auch beim kooperativen Verfahren. Hier wird zwar die Aufhebung der Anonymität zwischen Preisgericht und den einzelnen Teilnehmer unter zuvor festgelegten Bedingungen ermöglicht, ansonsten bleibt die Anonymität in vollem Umfang erhalten.

Da für öffentliche Auftraggeber die unbedingte Anonymität höheren Stellenwert als mögliche Vorteile des kooperativen Verfahrens hat, verzichtet der öffentliche Auftraggeber auf die Durchführung kooperativer Verfahren (vgl. § 3 Abs. 5 RPW 2013).

Eine Arbeit, die einen absichtlichen Verstoß gegen den Anonymitätsgrundsatz erkennen lässt, etwa indem ein Teilnehmer versucht, seine Identität mit ihn besonders kennzeichnenden Merkmalen in seiner Arbeit aufzudecken, ist grundsätzlich vom Preisgericht von der Bewertung auszuschließen. Im Bereich öffentlicher Auftragsvergaben sind die Ausschlussgründe in dem Vergabevermerk festzuhalten. Die Ausschlussentscheidung ist dem betroffenen Teilnehmer mitzuteilen und zu begründen.

28 **e) Kleinere Büroorganisationen und Berufsanfänger.** „Kleinere Büroorganisationen und Berufsanfänger sollen durch geeignete Zugangsbedingungen angemessen beteiligt werden."

Die Formulierung wurde in den RPW 2008 unkommentiert aus § 2 Abs. 4 VOF kopiert, wiederholt also den gleichen – nichtssagenden, weil folgelosen – Wortlaut. Dieser wurde in den RPW 2013 lediglich mit dem Zusatz „durch geeignete Zugangsbedingungen" ergänzt. Es handelt sich weiterhin lediglich um eine Aufforderung ohne rechtliche Bindungswirkung. Zudem stellt sich die Frage, was geeignete Zugangsbedingungen sein können. Auch hier wären die Verfasser der RPW gefordert gewesen, zumindest beispielhaft diese Bedingungen näher zu beschreiben. Die Spannweite reicht also von der Auswahl durch Los bis hin zur Einladung aufgrund einer besonderen persönlichen Qualifikation oder Referenz.

Die teilweise bei Wettbewerbsbekanntmachungen hartnäckig festzustellende Kategorisierung der beiden genannten Berufsgruppen rührt aus den GRW § 2.4.2 Abs. 1 her. Dort war festgelegt, bei Auswahlverfahren zu „begrenzt-offenen" Wettbewerben und darauffolgenden Losverfahren, eine separate Losziehung für diese beiden Kategorien vorzunehmen. Dies ist mit dem geltenden Vergaberecht nicht mehr kompatibel.

[24] Vgl. die Ausführungen zu den Rechtsschutzmöglichkeiten.

Nachdem die in vielen Punkten vergaberechtlich nicht konforme GRW durch die RPW ersetzt wurde, würde eine weiterhin vorgenommene Kategorisierung ein verfahrensrechtliches Risiko darstellen. Die erwünschte angemessene Beteiligung kann demnach nur durch ein Herabsetzen der Anforderungen erreicht werden. Empfehlenswert ist die Nennung der für das Projekt später tatsächlich erforderlichen Grundeignung (z. B. ein Büro mit mind. 2-3 technischen Mitarbeitern mit entsprechender Erfahrung) schon in der Bekanntmachung, um nach Feststellen der Erfüllung dieser Anforderung das Losverfahren gem. § 3 Abs. 3 RPW 2013 durchführen zu können.

Wie berechtigt die Forderung nach ausreichender Beteiligung von noch nicht im Markt etablierten Büros ist, wird nachhaltig durch den Architektenwettbewerb für die Herz Jesu Kirche in München belegt, bekanntermaßen ein Bauwerk von herausragender Bedeutung. Sieger des Wettbewerbs und mit der Realisierung beauftragt waren die Architekten (ASW) Allmann, Sattler Wappner aus München. Zum Zeitpunkt der Wettbewerbsentscheidung waren die Architekten alle Mitte Dreißig.

3. § 2 Wettbewerbsbeteiligte

§ 2 RPW benennt und definiert zunächst die wesentlichen Akteure eines Wettbewerbsverfahrens: 29

Auslober, Teilnehmer, Preisgericht, Architekten, Ingenieure und Kammern sowie weitere Beteiligte. Hervorgehoben wird in Abs. 4 die besondere Bedeutung der Architekten- und Ingenieurkammern bei Auslobung und Durchführung von Wettbewerben. Festgeschrieben ist, dass die Kammern einen Registriervermerk zu erteilen haben, der bestätigt, dass der Wettbewerb den Regeln der gültigen RPW entspricht. Um dieser Aufgabe gerecht werden zu können, ist den Kammern ein Beteiligungsrecht bei der Vorbereitung von Wettbewerben zugesprochen worden. Zudem sind sie zu hören, wenn in begründeten Ausnahmefällen von den Vorschriften der PRW abgewichen werden soll. Sie sollen darauf hinwirken, dass unter allen Beteiligten Einvernehmen erzielt wird. Abweichungen vom Text der RPW können nur „vereinbart" werden, wenn sie zum einen nicht den Essentials der Präambel, zum anderen bei Wettbewerben innerhalb von VOF-Verfahren nicht dem Kapitel 2 der VOF widersprechen.

a) Auslober. Als Auslober wird der Veranstalter eines Wettbewerbs bezeichnet. Nach 30
§ 2 Abs. 1 RPW ist der Auslober für die Wettbewerbsbeteiligten der allein zuständige Partner. Daraus folgt, dass Rechtsbeziehungen allein zum Auslober bestehen.[25] Entstehen aus dem Wettbewerbsverhältnis Streitigkeiten, sind diese allein zwischen dem Auslober und dem jeweiligen Teilnehmer auszutragen, unabhängig von der Frage, wer tatsächlich Nutznießer des Wettbewerbs ist. Sofern eine öffentliche Bekanntmachung erforderlich ist, sind Name und Anschrift des Auslobers sowie der vertretungsberechtigten Personen darin zu benennen, die dann als Ansprechpartner für alle Wettbewerbsteilnehmer fungieren.

b) Teilnehmer. Teilnehmer eines Wettbewerbs können nach § 2 Abs. 2 RPW natürliche 31
Personen oder solche juristischen Personen sein, zu deren satzungsmäßigen Geschäftszweck der Wettbewerbsaufgabe entsprechende Planungsleistungen gehören, sowie Arbeitsgemeinschaften solcher Personen[26].

c) Preisgericht. Aufgabe des Preisgerichtes ist es nach § 2 Abs. 3 RPW, über die Zulas- 32
sung der Wettbewerbsarbeiten zu entscheiden, die zugelassenen Wettbewerbsarbeiten zu

---

[25] *Kratzenberg/Ettinger-Brinckmann/Knapschinsky* Die neuen Regeln für Architekten- und Ingenieurwettbewerbe S. 7.

[26] *Kratzenberg/Ettinger-Brinckmann/Knapschinsky* Die neuen Regeln für Architekten- und Ingenieurwettbewerbe S. 166 ff.

beurteilen, diejenigen Teilnehmer durch die Zuerkennung von Preisen und Ankäufen auszuwählen, die die Anforderungen der Auslobung am besten erfüllen, und dem Auslober Empfehlungen zur weiteren Bearbeitung der Aufgabe zu geben. Obwohl das Preisgericht im Auftrag des Auslobers handelt, ist es in seinen Entscheidungen unabhängig und nur an die Regelungen der RPW sowie die Festlegungen der Auslobung gebunden[27].

33 **d) Architekten- und Ingenieurkammern.** Die bei den Kammern vorhandene Erfahrung mit Auslobungen (in der Bayerischen Architektenkammer werden ca. 100 Wettbewerbe pro Jahr beraten) hilft den Auslobern, Fehler frühzeitig zu vermeiden. Von vielen Auslobern wird oft die Konsequenz einer fehlerhaften und unvollständigen Bekanntmachung verkannt. Die in der Bekanntmachung enthaltenen Punkte stellen gewissermaßen die „Spielregeln" des Verfahrens dar und können nach Veröffentlichung mit der später folgenden Auslobung nicht nach Belieben verändert werden. Liegen Vergabefehler vor, muss die Bekanntmachung korrigiert werden.

34 **e) Weitere Beteiligte.** Unter den Begriff „Weitere Beteiligte" finden erstmals sogenannte Wettbewerbsbetreuer[28] Erwähnung. Tatsächlich handelt es sich hierbei um ein neues Berufsfeld, das sich Architekten, Ingenieure, Rechtsanwälte und Projektsteuerer teilen. Verantwortlich dafür sind die seit der Existenz des europäischen Vergaberechts, dem Inkrafttreten der VOF und den damit einhergehenden Rechtsmittelverfahren stets komplexer gewordenen Verfahrensbedingungen, nicht immer vorhersehbare Entscheidungen der Vergabekammern und schlicht die Angst der Vergabestellen vor Verfahrensfehler. Ein Vergabeverfahren mit europaweiter Bekanntmachung und darin eingebettetem Wettbewerb nach RPW erfordert mittlerweile ein spezifisches Detailwissen, um ein Verfahren tatsächlich anfechtungsfrei zu gestalten. Da häufig gerade im kommunalen Bereich hausintern dieses Knowhow nicht vorhanden ist, werden professionelle Wettbewerbsbetreuer mit der Vorbereitung dieser Verfahren und deren organisatorischer Durchführung beauftragt. Auch wenn diese Personen nun in der RPW genannt werden, so haben sie jedoch keine weitere tatsächliche Funktion innerhalb des Wettbewerbsverfahrens im engeren Sinn.

Die Forderung innerhalb der RPW, dass die Betreuer dieselbe fachliche Qualifikation wie die Teilnehmer „haben", stellt angesichts der oft unterschätzt oder nicht gesehenen Verantwortung der Betreuer einen sehr berechtigten berufspolitischen Wunsch dar[29]. Die Erfahrung zeigt jedoch, dass sich dieses Postulat in der Praxis nicht durchsetzen lässt, da Wettbewerbe für Architekten regelmäßig auch von Projektsteuerern und Ingenieuren, sogar von Rechtsanwälten vorbereitet und betreut werden: Hier ist also in der Praxis in hohem Maße die Fähigkeit des Auslobers gefragt, den geeigneten Betreuer mit den benötigten Spezialkenntnissen und Erfahrungen zu beauftragen.

Es wäre kontraproduktiv und rechtlich nur schwer vorstellbar, einen Wettbewerb aufgrund der fehlenden Qualifikation des Betreuers als Architekt bei einem nur für Architekten offenen Verfahren zum Scheitern zu bringen.

35 **f) Sachverständige.** Sachverständige können entgegen dem Wortlaut der HOAI nicht nur vom Auslober, sondern insbesondere auch vom Preisgericht beratend hinzugezogen werden. Sie sind nicht stimmberechtigt. Es stellt auch keinen Verfahrensfehler dar, wenn ein Sachverständiger während der Preisgerichtssitzung zugezogen wird, der nicht schon in der Auslobung benannt ist[30].

---

[27] *Kratzenberg/Ettinger-Brinckmann/Knapschinsky* Die neuen Regeln für Architekten- und Ingenieurwettbewerbe S. 109.

[28] *Müller-Wrede* Der Architektenwettbewerb Rdn. 123.

[29] RPW 2013 Kommentierung und Handlungsempfehlungen des BDA, 2014, S. 21.

[30] *Müller-Wrede* Der Architektenwettbewerb Rdn. 126.

4. § 3 Wettbewerbsverfahren

Die nachfolgende Liste der Wettbewerbsarten ist nicht abschließend. So sind Mischformen jederzeit möglich, ebenso nicht aufgeführte Verfahren wie z. B. zweistufige Verfahren oder Investorenwettbewerbe (vgl. GRW 2003). 36

a) Realisierungs- und Ideenwettbewerbe. Grundsätzlich wird zwischen Ideenwettbewerben und Realisierungswettbewerben unterschieden. Es handelt sich dabei um zwei völlig unterschiedliche Wettbewerbsarten.[31] Ideenwettbewerbe sind darauf ausgerichtet, möglichst viele unterschiedliche Ideen für die Lösung einer Aufgabe zu finden, ohne dass die konkrete Absicht zu ihrer Realisierung besteht. Auf diesem Wege können Teilnehmer für einen beschränkten Wettbewerb ermittelt oder aber auch ein Realisierungswettbewerb vorbereitet werden. Im Gegensatz zu Ideenwettbewerben dienen Realisierungswettbewerbe dazu, auf der Grundlage eines fest umrissenen Programms konkrete Möglichkeiten zur planerischen Umsetzung der Realisierung eines Projektes zu finden. Die Teilnehmer eines Realisierungswettbewerbes können daher regelmäßig davon ausgehen, dass eine konkrete Investitionsabsicht für die Durchführung einer baulichen Maßnahme besteht. 37

Bei der Unterscheidung zwischen Ideen- und Realisierungswettbewerben kommt es allein auf die konkrete Ausgestaltung an. Der Bezeichnung als solcher kommt keine rechtliche Bedeutung zu. Einen Ideenwettbewerb zeichnet vor allem aus, dass kein fest umrissenes Programm als planerische Voraussetzung für die Realisierung eines Projekts existiert. Aufgrund der fehlenden Beauftragungsabsicht ist daher auch keine Übertragung der Nutzungsrechte auf den Auslober vorgesehen. Als Ausgleich für die nicht bestehende Möglichkeit zur Beauftragung des eigentlichen Planungsauftrages wird bei Ideenwettbewerben ein gegenüber den Realisierungswettbewerben erhöhtes Basishonorar angesetzt. Auch bei einem Ideenwettbewerb ist allerdings eine nachträgliche Beauftragung des Preisträgers möglich, etwa wenn der Auslober sich die Nutzungsrechte der prämierten Arbeit sichern will und keine Kollision mit weitergehendem Vergaberecht eintritt.[32] Dagegen kann nicht mehr von einem Ideenwettbewerb gesprochen werden, wenn der Auslober eine weitere Beauftragung nicht in Aussicht stellt, ansonsten aber die Voraussetzungen für einen Realisierungswettbewerb anhand der verlangten Leistungen vorliegen. Dies wird man immer dann annehmen müssen, wenn ein fester Realisierungswille für die jeweilige bauliche Maßnahme besteht, der Auslober aber versucht, sich den Verpflichtungen der RPW zur weiteren Beauftragung eines der Preisträgers zu entziehen. 38

Entscheidendes Motiv für die Teilnahme an einem Realisierungswettbewerb ist die konkrete Aussicht zur Beauftragung mit weiteren Planungsleistungen. Diesem Umstand Rechnung tragend sieht § 8 Abs. 2 RPW vor, dass der Auslober grundsätzlich einem oder mehreren Preisträgern einen Auftrag mit weiteren Planungsleistungen bis zur abgeschlossenen Ausführungsplanung erteilt. Diese Regelung in § 8 Abs. 2 RPW geht auf die Rechtsprechung des BGH zu dem Vorläufer der GRW 1995 zurück. Danach wurde aus den GRW 1977 eine Selbstbindung des Auslobers bei Realisierungswettbewerben abgeleitet.[33] Die Zubilligung eines Weiterbeauftragungsanspruchs wurde von der Interessenlage der Wettbewerbsteilnehmer abgeleitet, deren Aufwand durch den Preis als solchen bei weitem nicht ausgeglichen wird.[34] Dabei hatte der BGH auch der Konstellation Rechnung getragen, dass der Auslober das Bauvorhaben nicht selbst durchzuführen gedenkt. Soll danach das Bauvorhaben durch einen Dritten durchgeführt werden, ist der 39

---

31 *Hartmann* VOF Teil 5 Rn. 7.

32 *Schwinge/Brunnert/Böttger/Johner-Helppi* S. 23.

33 BGH Urt. v. 3. 11. 1983 – Az. III ZR 125/82 NJW 1984, 1533; vgl. auch *Rauch* Architektenrecht und privates Baurecht für Architekten S. 60; *Werner/Pastor* Der Bauprozess Rn. 661 ff.

34 BGH Urt. v. 3.11.1983 – Az. III ZR 125/82 NJW 1984, 1533 bestätigt in BGH NJW 1987, 2369.

Auslober verpflichtet, sich „ernsthaft darum zu bemühen, dass der Dritte, der den preisgekrönten Entwurf realisiert, veranlasst wird, den Preisträger mit den weiteren Architektenleistungen zu beauftragen".[35] Hierauf aufbauend, bestimmt § 8 Abs. 2 RPW, dass der oder die Preisträger grundsätzlich einen Anspruch auf die Übertragung der notwendigen weiteren Planungsleistungen haben, sofern kein wichtiger Grund einer Beauftragung entgegensteht.

40 Wie oben schon erwähnt, ist jederzeit eine Kombination von Realisierungs- und Ideenwettbewerb möglich, allerdings ohne Beauftragungsabsicht des Ideenteils. In vergaberechtlicher Hinsicht ist darauf hingewiesen, dass Lösungen oder Teillösungen aus dem Ideenteil nicht verfahrensfrei beauftragt werden können.

Ein weiterer zwingend zu beachtender und in der Auslobung klarzustellender Aspekt ist die weitere Nutzung von Ergebnissen aus Ideenwettbewerben ohne eine weitere Beauftragung, z. B. bei städtebaulichen Ideenwettbewerben. Eine Nutzung der Ergebnisse von Ideenwettbewerben ist nur bei angemessener Vergütung möglich § 8 Abs. 3 RPW. Diese Bedingung sollte in jeder Auslobung aus Gründen der Rechtsklarheit wiederholt werden.

30 **b) Offener Wettbewerb und Nichtoffener Wettbewerb.** An einem offenen Wettbewerb im Sinne von § 3 Abs. 2 RPW ist jede Person teilnahmeberechtigt, die die persönlichen Voraussetzungen der Auslobung (i.d.R. die Qualifikation als Architekt) erfüllt. Hinsichtlich der Problematik der Durchführung von offenen Wettbewerben in der Praxis wird auf die Ausführungen zu § 1 Rdn 25 verwiesen.

Bei den nichtoffenen Wettbewerben werden die Teilnehmer, die sich beworben haben, durch ein festgelegtes Vorauswahlverfahren vom Auslober ausgewählt. Wesentlich ist, dass die Auswahl anhand eindeutiger, nicht diskriminierender, angemessener und qualitativer Kriterien zu treffen ist. Es können auch Teilnehmer von Anfang an gesetzt werden. Diese müssen aber ebenfalls die Auswahlkriterien erfüllen. Die Auswahl sollte stets von unabhängigen, in der Auslobung benannten Fachleuten, die nicht Teil des Preisgerichts sind, durchgeführt werden. Es ist bedauerlich, dass die RPW dies nur als Möglichkeit („kann") sieht.

42 Zur Auswahl der Teilnehmer bei nicht offenen Wettbewerben haben sich kombinierte Bewerbungs-, Auswahl- und Losverfahren bewährt, bei welchen sich der Aufwand auf beiden Seiten in Grenzen hält.

Ein reines Losverfahren oder die Auswahl nach einem einzigen Kriterium, wie z. B. der Berufszugehörigkeit, ist nach Rechtsprechung nicht möglich. Bewerber für einen öffentlichen Auftrag oder einen Architektenwettbewerb müssen, soweit möglich, nach den vorgegebenen qualitativen Kriterien objektiv ausgewählt werden. Ein Losverfahren (§ 10 Abs. 3 VOF) kommt erst in Betracht, wenn eine solche Auswahl nicht möglich ist, weil mehrere Bewerber in gleichem Maße die Anforderungen der Vergabekriterien erfüllen. Dies entschied die Niedersächsische Vergabekammer[36]. Nur wenn also die Bewerberzahl nicht durch Anwendung der vorgegebenen Kriterien entscheidend reduziert werden kann, können die Teilnehmer durch Losverfahren ermittelt werden. Fraglich bleibt jedoch, wie speziell die Auswahlkriterien neben der immer vorgegebenen Grundeignung sein müssen. Die Entscheidung gibt hier keine Auslegungshilfe.

Bei kleineren Projekten empfiehlt es sich, zur Vereinfachung des Auswahlverfahrens die schon erwähnte Grundeignung bekanntzugeben und eine Liste mit Referenznennungen gezielt abzufragen.

43 Oft wird versucht, die Bewerbungskriterien hochzusetzen, um die Bewerberzahl so gering wie möglich zu halten. Bei Auslobungen, die nicht von Fachleuten vorbereitet werden, lassen sich nicht selten so genannte k.o.-Kriterien feststellen. Von einer fach-

---

[35] BGH Urt. v. 22.1.1987 – Az. III RZ 271/85 NJW 1987, 2369.

[36] VK Niedersachsen VgK-26/2014 und *Plankemann* in DAB 9/2014.

lichen Vorauswahl kann dann nämlich nicht mehr die Rede sein, wenn gefordert wird, dass der Bewerber in einem zu knapp bemessenen Zeitraum eine zu hohe Anzahl von realisierten Referenzprojekten nachweisen muss (3 Hallenbäder in 5 Jahren).

Einer Abfrage nach einer oder mehreren „Referenzen", die exakt der gestellten Planungsaufgabe entsprechen, hat mittlerweile die VK Niedersachsen mit dem so genannten „Hauptfeuerwachenurteil" einen Riegel vorgeschoben[37]. Es empfiehlt sich, als Referenzen Projekte vergleichbarer Komplexität zu verlangen, unabhängig von Größe, Typologie und Baukosten.

Für private Auslober gilt zudem, dass sie einen Wettbewerb mit ausgewählten Teilnehmern in Form eines Einladungswettbewerbs durchführen können. Auch wenn damit nach dem Wortlaut der RPW ein Einladungswettbewerb nur für private Auftraggeber möglich scheint, ist nicht ausgeschlossen, dass der Einladungswettbewerb von öffentlichen Auftraggebern bei Verfahren unterhalb des Schwellenwertes zulässig ist. Insoweit bleibt abzuwarten, ob hier bei einer Novelle des Vergaberechts Klarheit geschaffen wird. 44

c) Zweiphasiges Verfahren. Im Gegensatz zu einem zweistufigen Verfahren, also zwei voneinander unabhängigen Verfahren, ist der zweiphasige Wettbewerb ein „durchgängiges" Verfahren, mit nicht wechselndem Preisgericht, außer bei interdisziplinären Wettbewerben, bei welchem das Preisgericht in der zweiten Phase durch verschiedene Fachrichtungen „ergänzt" werden kann. 45

Die 1. Phase, idealerweise offen für alle Bewerber, verlangt nur konzeptionelle Lösungsansätze, aus welchen das Preisgericht die möglichen zielführenden Arbeiten zur Ausarbeitung in die 2. Phase wählt. Die Wettbewerbssumme wird erst mit Abschluss der 2. Phase ausgeschüttet.

Die Zahl der Teilnehmer der 2. Phase sollte angemessen sein (Empfehlung mind. 10). Als Wettbewerbssumme sollte hier nicht nur als Preise und Anerkennungen ausgelobt werden. Angemessen ist hier, dass den Teilnehmern ein Bearbeitungshonorar bezahlt wird, da diesen hier regelmäßig ein besonders hoher Arbeitsaufwand abverlangt wird. In diesen Fällen wird die Wettbewerbssumme hälftig aufgeteilt in Preise und Bearbeitungshonorar.

Zweiphasige Wettbewerbe benötigen zwar zwei voneinander getrennte Preisgerichtssitzungen, dafür entfällt bei einer offenen 1. Phase die Bewerbungsfrist. Dieser Zeitraum wird durch die Konzeptfindung ersetzt, so dass nicht unbedingt mit längeren Zeiträumen als bei einphasigen Verfahren zu rechnen ist.

d) Kooperatives Verfahren. Kooperative Verfahren ermöglichen, dass im Dialog zwischen den Teilnehmern und dem Preisgericht, teils auch in mehreren Zwischenkolloquien, die Planungsaufgabe besser definiert werden kann. Kooperative Verfahren zeichnet aus, dass dem grundsätzlich anonymen Wettbewerb ein Meinungsaustausch zwischen allen Beteiligten in Form von Kolloquien vorangeht. Hierbei ist von einer Mindestanzahl von zwei Kolloquien auszugehen, um tatsächlich den beabsichtigten Meinungsaustausch herbeiführen zu können. Der Dialog zwischen den Beteiligten soll zur Weiterentwicklung des Wettbewerbsgegenstandes führen, da in den Kolloquien die zwischenzeitlich gewonnenen Erkenntnisse auf breiter Basis diskutiert werden können. Damit einher geht eine Konkretisierung der Aufgabenstellung sowie ggf. die Einholung externer Gutachten zu im Laufe des Verfahrens erkannten neuen Sachfragen. In einem möglichst frühen Konzeptstadium sollen die Lösungsbeiträge sowie Konzepte der Teilnehmer diskutiert werden können. Für die Teilnehmer ist dies vorteilhaft, da nicht weiterführende Lösungsansätze frühzeitig verworfen werden können und dadurch unnötiger Arbeitsaufwand vermieden wird. Hierfür ist erforderlich, dass die Erkenntnisse der Kolloquien dem Teilnehmer des Wettbewerbs in Form eines allgemein gehaltenen Protokolls ohne wertende Beurteilun- 46

[37] VK Niedersachsen – VgK-50/111 v. 8.11.2011.

gen mitgeteilt werden. Die Verpflichtung zum Ideenschutz korrespondiert mit der Verpflichtung der Wettbewerbsteilnehmer zur größtmöglichen Offenheit in den Kolloquien, da ansonsten das kooperative Verfahren nicht zielführend wäre. Der Meinungsaustausch darf mit jedem Wettbewerbsteilnehmer getrennt geführt werden, solange alle Teilnehmer auf dem gleichen Informationsstand gehalten werden.

Die Aufhebung der Anonymität zwischen Teilnehmer und Preisgericht ist aus der Erfahrung eher unproblematisch, wichtig ist der Erhalt der Anonymität der Teilnehmer untereinander. Aufgrund des erhöhten Aufwandes für die Beteiligten, ist ein angemessenes Bearbeitungshonorar unerlässlich. Zu achten ist auf eine geeignete und noch praktikable Teilnehmerzahl, die 10-12 Büros nicht übersteigen sollte.

Aus vergaberechtlichen Gründen (Gewährleistung der Anonymität) ist seit Einführung der RPW den öffentlichen Auftraggebern die Durchführung von kooperativen Verfahren im Anwendungsbereich der VOF nicht gestattet.

5. § 4 Wettbewerbsteilnahme

47 **a) Anforderungen an die Teilnahme.** Die RPW 2013 legt in § 4 Abs. 1 die Anforderung an die Teilnahme an Wettbewerben, die an die Teilnehmer gestellt werden können, wie folgt fest:

„Die Teilnahmebedingungen leiten sich aus der Aufgabe und der dafür erforderlichen fachlichen Qualifikation ab. Teilnahmeberechtigt sind natürliche und juristische Personen, die die in der Auslobung geforderten fachlichen Anforderungen sowie die sonstigen Zulassungsvoraussetzungen erfüllen.

Bei natürlichen Personen sind die fachlichen Anforderungen erfüllt, wenn sie die in der Auslobung genannte Berufsbezeichnung führen dürfen. Bei juristischen Personen sind die fachlichen Anforderungen erfüllt, wenn der satzungsgemäße Geschäftszweck Planungsleistungen sind, die der Wettbewerbsaufgabe entsprechen. Außerdem müssen der zu benennende bevollmächtigte Vertreter und der Verfasser der Wettbewerbsarbeit die fachlichen Anforderungen, die an natürliche Personen gestellt werden, erfüllen."

48 Bewerbergemeinschaften natürlicher und juristischer Personen sind teilnahmeberechtigt, wenn jedes Mitglied der Bewerbergemeinschaft die fachlichen Anforderungen und die Bewerbergemeinschaft insgesamt die sonstigen Zulassungsvoraussetzungen erfüllt." Vgl. § 4 Abs. 1 RPW 2013.

Die scheinbare Forderung der RPW, dass bei Bewerbergemeinschaften jedes Mitglied „die" (also alle) fachlichen Anforderungen („horizontale Eignung") erfüllen muss, ist nicht vergaberechtskompatibel und kann so nicht angewendet werden. Bei strikter Beachtung des Wortlautes würde dies bedeuten, dass beispielsweise bei einer zwingend geforderten Arge, bestehend aus Architekt und Landschaftsarchitekt, jedes Mitglied der Bewerbergemeinschaft über beide geforderten Qualifikationen verfügen müsste.

Dem gegenüber sieht die VOF (§ 5 Abs. 6 VOF) eine „vertikale Eignung" vor. Dies bedeutet, Arbeits- bzw. Bürogemeinschaften sind teilnahmeberechtigt, wenn jeweils ein Mitglied die jeweils geforderte Teilnahmeberechtigung erfüllt. Insgesamt muss also sichergestellt sein, dass alle geforderten Fachrichtungen in der Bietergemeinschaft jeweils individuell vertreten sind.

Es wird dringend empfohlen nach den Vorgaben der VOF zu verfahren.

Es ist weiter zu beachten, dass Bewerbergemeinschaften nach der Auswahl bzw. mit der Teilnahme am Wettbewerb zu Bietergemeinschaften und bei Auftragserteilung zu rechtlich relevanten Arbeitsgemeinschaften (BGB-Gesellschaften) werden, mit der Konsequenz einer gesamtschuldnerischen Haftung.

49 In der jeweiligen Auslobung ist festzulegen, an welche Voraussetzungen die Teilnahmeberechtigung geknüpft wird. Wird der Wettbewerb im Rahmen eines VOF Verfahrens durchgeführt, darf darüber hinaus kein Ausschlussgrund gem. § 11 lit. a bis d VOF vorliegen. Danach sind zwingend Bewerber auszuschließen, die illiquide oder beruflich unzu-

verlässig sind. Von einer Unzuverlässigkeit im letztgenannten Sinne ist auszugehen, wenn eine strafrechtliche Verurteilung oder aber auch ein fortgeschrittenes staatsanwaltschaftliches Ermittlungsverfahren bezüglich einer Straftat vorliegen, die im Zusammenhang mit der beruflichen Tätigkeit zu sehen sind. Aber auch schwere Verfehlungen im Rahmen der Berufsausübung sowie die Verletzung der Pflicht zur Abführung von Steuern und Abgaben stellt einen zwingenden Ausschlussgrund im Sinne des § 11 VOF dar.

In der Regel sind die fachlichen Anforderungen bei Wettbewerben, an denen Archi- 50
tekten, Landschaftsarchitekten, Stadtplaner, Beratende Ingenieure oder Ingenieure teilnehmen, erfüllt, wenn der jeweilige Teilnehmer zur Führung der jeweiligen Berufsbezeichnung berechtigt ist. Dem Auslober steht es aber frei, weitergehende Anforderungen zu stellen. Öffentliche Auftraggeber haben bei diesen Anforderungen allerdings zu beachten, dass in der höherrangigen VOF, insbesondere in den §§ 4–5, Eignungskriterien festgelegt worden sind, auf die grundsätzlich auch im Verfahren nach den RPW abzustellen ist.

Die besondere Personenbezogenheit von Architektenwettbewerben zeichnet sich da- 51
durch aus, dass jeder am Verfahren Beteiligte auch benannt werden muss. Dies ergibt sich aus Anlage V Abs. 3 RPW, „Inhalt der Verfassererklärung". Es besteht ein berechtigtes Interesse seitens des Auslobers, sämtliche projektverantwortliche Personen zu kennen.

§ 5 Abs. 3 RPW sieht vor, dass jeder Teilnehmer mit der Verfassererklärung dem Auslober die in den Wettbewerbsbedingungen genannten Nutzungs- und Änderungsrechte an seiner Arbeit einräumt. Gleichfalls ist nach der Vorgabe des § 5 RPW durch entsprechende Erklärung sicherzustellen, dass im Fall einer Auftragserteilung an eine Bewerbergemeinschaft diese die Leistungen gemeinschaftlich erbringen wird.

b) Teilnahmehindernis. Die Bestimmungen über die Teilnahmehindernisse wurden 52
ebenfalls unkommentiert aus der VOF übernommen und führen regelmäßig zu Unklarheiten, da die Bestimmung viel zu allgemein gefasst ist.

Erfahrene Auslober verwenden mittlerweile wieder den ausführlichen und deutlicheren Text des § 3.2.3 der GRW 2003 in der Auslobung. Dieser hat folgenden Wortlaut:

„3.2.3 Teilnahmehindernisse

(1) Ausgeschlossen von der Teilnahme am Wettbewerb sind Personen, die infolge ihrer Beteiligung an der Auslobung oder Durchführung des Wettbewerbs bevorzugt sein oder Einfluss auf die Entscheidung des Preisgerichts nehmen könnten. Das gilt insbesondere für die in Nr. 3.3 genannten Personen, deren Ehegatten, Verwandten und Verschwägerten ersten und zweiten Grades sowie deren ständigen Geschäfts- oder Projektpartnern und den unmittelbaren Vorgesetzten und Mitarbeitern der ausgeschlossenen Personen.

(2) Bedienstete des Auslobers, Angestellte und sonstige ständige Mitarbeiter von Teilnehmern sowie solche Personen, die bis zum Tage der Bekanntmachung der Ausschreibung für diese tätig waren, dürfen nur teilnehmen, wenn sie mit der Wettbewerbsaufgabe nicht unmittelbar befasst waren. Von der Teilnahme ausgeschlossen sind Gesellschafter und Mitglieder der Vertretungs-und Aufsichtsorgane von Gesellschaften oder Partnerschaften, die sich am Wettbewerb beteiligen.

Das gleiche gilt für Personen, die aufgrund ihrer Funktion in einem Wettbewerbsausschuss einer Architekten- oder Ingenieurkammer den Auslober im konkreten Fall beraten.

(3) Nichtständige Mitarbeiter eines Teilnehmers, die an der Ausarbeitung einer Wettbewerbsarbeit beteiligt waren, sowie Mitglieder von Arbeitsgemeinschaften dürfen nicht selbständig am Wettbewerb teilnehmen.

(4) Ausgeschlossen von der Teilnahme an einem Wettbewerb sind Personen, die ein über die Planungsleistungen hinausgehendes geschäftliches Interesse an dem Wettbewerbsgegenstand haben, wenn dadurch die Konkurrenz um die Leistungen zur Realisierung des Wettbewerbsgegenstandes eingeschränkt werden kann. Teilnehmer, die mit einem ausführenden Unternehmen wirtschaftlich verbunden sind, können durch eine Ver-

pflichtung dieses Unternehmens, sich nicht um Bauleistungen für das Wettbewerbsprojekt zu bemühen, den Ausschluss vermeiden. „

53 Vielen Wettbewerbsteilnehmern ist die Brisanz der „wirtschaftlichen Verbundenheit" nicht bewusst. Wirtschaftlich verbunden sind z. B. ein Lehrstuhlinhaber und der dort beschäftigte Assistent, aber auch ein Architekt, der mit einem Landschaftsarchitekten gemeinsam einen Auftrag akquiriert hat und sich beide gerade in der Planung/Umsetzung befinden; die hier relevante „wirtschaftliche Verbundenheit" gilt für die gesamte Laufzeit dieser Verträge.

54 Der nachträgliche Ausschluss vom Wettbewerb ist grundsätzlich möglich, wenn ein Teilnahmehindernis besteht. Der Möglichkeit eines nachträglichen Ausschlusses nach entsprechenden Feststellungen des Preisgerichts wird in der Regel dadurch Rechnung getragen, dass ein entsprechender Vorbehalt hinsichtlich eines nachträglichen Nachweises der jeweiligen persönlichen Teilnahmeberechtigung gemacht wird. Kann der Teilnehmer diesen Nachweis nicht führen, wird die Arbeit ausgeschlossen. Einem nachträglich ausgeschlossenen Wettbewerbsteilnehmer sind der etwaig zugesprochene Preis oder die Anerkennung abzuerkennen.

6. § 5 Wettbewerbsdurchführung

55 **a) Auslobung.** Bei öffentlichen Aufträgen ist zunächst zu beachten, dass bei Überschreiten des Schwellenwertes von derzeit 207.000,00 €[38] die Vergabe von Planungsleistungen europaweit bekanntzumachen ist.

56 Mit der Bekanntmachung über die beabsichtigte Durchführung eines Architektenwettbewerbes wird die Auslobung eines öffentlichen Auftraggebers eingeleitet. Die europaweite Bekanntmachung eines Architektenwettbewerbs, zu welcher der öffentliche Auftraggeber verpflichtet ist, muss bereits die wesentlichen Bedingungen der Auslobung enthalten. Bei einer europaweiten Bekanntmachung des Wettbewerbs sind darüber hinaus die Auswahlkriterien zur Auswahl der Teilnehmer anzugeben. Nach erfolgter Bekanntmachung ist eine Veränderung der Bedingungen nicht mehr zulässig. Die Wettbewerbsaufgabe ist vollständig und möglichst eindeutig zu beschreiben. Die notwendigen Informationen bzw. für die Teilnehmer erforderliche Unterlagen sind rechtzeitig bereitzustellen. Die Bekanntmachung des Wettbewerbs hat aber nicht nur eine Informationsfunktion für die interessierten Architektenkreise, sondern beinhaltet auch wichtige Vorgaben für die spätere Arbeit des Preisgerichts. Dieses hat bei der Bewertung der Wettbewerbsarbeiten diejenigen Kriterien zu berücksichtigen, die in der Bekanntmachung des Wettbewerbs aufgeführt sind.

Der Inhalt der Auslobung ist in § 5 Abs. 1 RPW geregelt. Kern sind die Aufgabenbeschreibung und die Teilnahmeberechtigung. Gefordert wird eine eindeutige und klare Darstellung der Aufgabe und der Bedingungen der Teilnahme. Sofern die Wettbewerbsaufgabe ungenau beschrieben und insbesondere keine klare Abgrenzung zwischen verbindlichen und fakultativen Wettbewerbsvorgaben vorgenommen wurde, besteht die Gefahr von Regressansprüchen durch die Teilnehmer des Wettbewerbs. Um hier vorzubeugen, werden sinnvollerweise die Preisrichter über die Aufgabenstellung vor Veröffentlichung der Auslobung im Rahmen der Preisrichtervorbesprechung beteiligt. Der Klarstellung der verbindlichen Vorgaben bei der Beschreibung der Wettbewerbsaufgabe kommt eine besondere Bedeutung zu, da nach § 6 Abs. 2 RPW die Missachtung verbindlicher Vorgaben zum Ausschluss von der Bewertung bzw. zur nachträglichen Aberkennung von Preisen führen kann. Aufgrund dieser Rechtsfolgen bedarf es einer sorgfältigen Prüfung, welche Bedingungen ein Lösungsentwurf unbedingt erfüllen sollte. Hiervon ist klar abzugrenzen, welche Angaben lediglich Denkanstöße geben sollen.

57 In den RPW 2013 sind nun erstmalig mit der Anlage II die Mindest- und Zusatzleistungen eines Wettbewerbs erfasst, üblicherweise die Leistungen des Vorentwurfs (Leis-

[38] Stand 2014, Verordnung (EU) Nr. 1336/2013 vom 13.12.2013.

tungsphase 2, Vorplanung aus § 34 HOAI). Der Auslober hat eine Sorgfaltspflicht den Teilnehmern gegenüber, indem er projektbezogen nur solche Leistungen fordert, die zur Findung und Beurteilung einer realisierbaren Lösung tatsächlich nötig sind.

Die Erfahrung zeigt, dass z. B. detaillierte Abfragen zu Energiekonzepten lediglich eine lapidare Aufzählung von „Allgemeinplätzen" hervorbringen. Eine Forderung nach Kostenschätzungen oder gar bauteilbezogenen Kostenangaben würde eine Standard-/ Qualitätsvorgabe des Auslobers notwendig machen, kann aber von diesem zu diesem Zeitpunkt noch garnicht geliefert werden. Materialschlachten aufgrund überzogener, vom Preisgericht nicht ausreichend bewertbarer Abfragen und Leistungsanforderung sind für die Auswahl der geeigneten Entwürfe weder zielführend noch notwendig.

Gute Wettbewerbsergebnisse sind zu erwarten, wenn die Aufgabenbeschreibung sorg- 58
fältig in einer ausreichenden Detailtiefe erarbeitet wurde. Wesentlich ist, dass tatsächlich die entscheidenden Projektinformationen an die Teilnehmer weitergegeben werden. Nachdem mit der RPW 2008 der ehemalige Sonderpreis der GRW entfallen ist, kommt der Aufgabenbeschreibung eine erhöhte Bedeutung zu, insbesondere bei der Formulierungen der als bindend bezeichneten Vorgaben.

Es ist zu empfehlen, im verfahrensrechtlichen Teil der Auslobung eine Textpassage einzufügen, in der entweder die tatsächlich bindenden Vorgaben aufgelistet werden (max. 5 Nennungen) oder ausdrücklich darauf hingewiesen wird, dass es keine inhaltlich bindenden Vorgaben gibt.

Die Durchführung von Kolloquien kann, soweit das Projekten dazu geeignet ist, davon abhängig gemacht werden, dass mindestens 2/3 der Teilnehmer dieses beantragen. Ein entsprechender Hinweis ist in die Auslobung aufzunehmen.

b) Wettbewerbsbeiträge. Der Umfang der zu erbringenden Leistungen ergibt sich un- 59
mittelbar aus den Vorgaben des Auslobers. Er hat die geforderten Leistungen entsprechend aufzulisten. Dies ist schon deshalb erforderlich, um die eingereichten Lösungen für das Preisgericht vergleichbar zu machen.[39] Die Teilnehmer haben sich exakt an die Vorgaben aus der Auslobung zu halten. Eingereicht werden darf nur eine Lösung (§ 5 Abs. 2 RPW), Alternativen und Varianten sind regelmäßig in der Auslobung ausgeschlossen.[40] Mehrleistungen sind zwingend von der Beurteilung auszuschließen. Minderleistungen können zugelassen werden, wenn trotz des Fehlens geforderter Aufgabenteile eine Bewertung durch das Preisgericht möglich ist. Die Frage, ob eine Arbeit beurteilungsfähig ist, entscheidet das Preisgericht[41]. Unter gewissen Voraussetzungen kann beispielsweise auch eine Arbeit ohne gefordertes Modell beurteilt werden, wenn das Preisgericht zur Auffassung gelangt ist, dass die Beurteilungsfähigkeit trotzdem gegeben ist. Auch diese Entscheidung trifft allein das Preisgericht. Nicht geforderte Leistungen sind bereits von der Vorprüfung vor Beginn der Preisgerichtssitzung abzudecken; und das Preisgericht ist entsprechend aufzuklären.

Im laufenden Wettbewerbsverfahren darf bis zur Abgabe der Arbeiten zur Wahrung der Chancengleichheit und der Anonymität der Teilnehmer kein Dialog zwischen diesen und den Vertretern des Auslobers, Vorprüfern, Preisrichtern und Sachverständigen nur auf Kolloquien und durch Beantwortung von Rückfragen erfolgen. Dieser Verfahrensmodus soll sicherstellen, dass der Auslober etwaige Unklarheiten in der Auslobung durch zusätzliche Informationen und Erläuterungen korrigieren kann, ihm aber auch möglich ist, Anregungen zur Aufgabenstellung aufzunehmen, die zu einer Präzisierung, Modifikation oder im Einzelfall auch zu Änderungen führen können.[42]

---

[39] *Müller-Wrede* Der Architektenwettbewerb Rn. 174.

[40] *Müller-Wrede* Der Architektenwettbewerb Rn. 175.

[41] Kratzenberg/Ettinger-Brinckmann/Knapschinsky S. 115.

[42] *Schwinge/Brunnert/Böttger/Johner-Helppi* GRW 1995 S. 137.

Die Teilnehmer am Wettbewerb haben ihre Arbeiten mit einem Verzeichnis der eingereichten Unterlagen bis zu dem in der Auslobung angegebenen Termin bei der dort genannten Anschrift auf eigene Kosten abzugeben. Nur termingerecht abgegebene Arbeiten werden zugelassen. Fristverlängerungen sind nicht zugelassen, es sei denn, dass eine Verlängerung der Bearbeitungszeit für alle Teilnehmer gleichmäßig erfolgt[43].

60 **c) Erklärungen.** Mit Abgabe der Wettbewerbsarbeiten haben die Teilnehmer schriftlich zu erklären, welche Personen an der Bearbeitung beteiligt waren und dass ihre Angaben vollständig und richtig sind.

Zudem wird in den von den Auslobern vorformulierten Verfassererklärungen die Bestätigung eingeholt, dass die genannten Verfasser tatsächlich die Urheber der Arbeit sind, und dass der Teilnehmer, die Bewerbergemeinschaft oder die Gesellschaft willens und in der Lage sind, den hinter dem Wettbewerb stehenden Auftrag zu übernehmen und auszuführen.

Der notwendige Inhalt dieser Erklärung ist nunmehr in der Anlage V Ziff. 3 zur RPW 2013 festgeschrieben.

61 Bei den Angaben zur Person ist darauf zu achten, dass nur die teilnahmeberechtigten Personen als Verfasser aufgeführt sind und unterzeichnen; Mitarbeiter, Fachplaner und/oder Hilfskräfte sind in den von den Auslobern vorgegebenen Formblättern entsprechend gekennzeichnet einzutragen.

Bei gesetzten oder ausgewählten Bewerbergemeinschaften muss das ausgewählte Team unterzeichnen, nach der Auswahl kann dieses nicht mehr verändert werden.

7. § 6 Preisgericht

62 Der Preisgerichtssitzung vorausgehen muss die sog. Vorprüfung[44]. In den RPW finden sich dazu keine Regeln mehr, lediglich in der Anlage VI ist der Regelablauf einer Vorprüfung dargestellt.

Im Rahmen der Vorprüfung ist festzustellen, ob die formalen Wettbewerbsforderungen erfüllt werden. Nach den Vorgaben der Anlage IV erfolgt die Aufbereitung der notwendigen Unterlagen für die Preisgerichtssitzung. Da die Vorprüfer keine Preisrichter sind, haben sie sich jeglicher inhaltlicher Bewertung zu enthalten. Prüfungsmaßstab ist allein die Einhaltung der formalen Wettbewerbsvoraussetzungen sowie die Einhaltung der inhaltlichen Vorgaben des Auslobers. Die Vorprüfer orientieren sich dabei auf diejenigen Merkmale der Arbeit, die aufgrund der vorgegebenen Beurteilungskriterien für die spätere Entscheidung des Preisgerichts relevant sind. Im Rahmen dieser Prüfung ist darzulegen, ob die bindenden Vorgaben des Auslobers eingehalten wurden und aus welchen Gründen Arbeiten auffällig waren. Regelmäßig sind solche Arbeiten auffällig, die gegen bindende Vorgaben der Auslobung verstoßen oder über die dort geforderte Leistung hinausgehen. Als Beispiel sei hier die Prüfung der rechtzeitigen Einlieferung der Arbeiten beim Auslober oder bei der vom Auslober bezeichneten Stelle erwähnt. Die Vorprüfung hat vor Beginn der Preisgerichtssitzung die Rechtzeitigkeit des Eingangs der Arbeiten festzustellen und über nicht rechtzeitig eingegangene Arbeiten zu informieren.

Die Vorprüfer sind darüber hinaus gehalten, objektiv die wesentlichen funktionalen und wirtschaftlichen Merkmale der Wettbewerbsarbeiten festzuhalten und auf Aspekte hinzuweisen, die das Preisgericht im Rahmen ihrer Prüfung möglicherweise übersehen könnte. Zu diesem Zweck werden von der Vorprüfung Prüflisten aufgestellt, die in erster Linie verwaltungstechnische und fachliche Feststellungen (Erfüllung der zwingenden Kriterien) beinhalten. Dagegen ist es nicht Aufgabe der Vorprüfer, selbst Entscheidungen

---

[43] *Müller-Wrede* Der Architektenwettbewerb Rn. 181.
[44] *Müller-Wrede* Der Architektenwettbewerb Rn. 218.

über die Zulassung der Arbeiten oder gar Wertungen vorzunehmen.[45] In jedem Fall ist eine Vorprüfung fehlerhaft, wenn sie das Ergebnis des Wettbewerbs vorwegnimmt. Vielmehr hat sich die Vorprüfung darauf zu beschränken, die notwendige Grundlage für die Entscheidungsfindung und -begründung durch das Preisgericht zu geben.

a) Zusammensetzung und Qualifikation. Die Zusammensetzung des Preisgerichts – also die Preisrichter und ihre Vertreter – ist in der Auslobung – endgültig – zu benennen. Eine Auswechslung der Preisrichter und ihrer Vertreter ist im laufenden Verfahren unzulässig. Es ist Aufgabe des Auslobers, die Preisrichter zu bestellen. 63

Das Preisgericht setzt sich aus Sach- und Fachpreisrichtern zusammen. Es besteht nur aus natürlichen Personen. Um die Beschlussfähigkeit des Preisgerichts in jeder Phase des Verfahrens zu gewährleisten, muss eine ausreichende Anzahl von Stellvertretern berufen werden. 64

Die Majorität der Fachpreisrichter gegenüber den Sachpreisrichtern, wie sie in den GRW vorgesehen waren, besteht im Geltungsbereich der RPW nur mehr für Auslobungen öffentlicher Auftraggeber. Bei privaten Auslobern muss mindestens die Hälfte des Preisgerichts aus Sachpreisrichtern bestehen.

Im Bereich der öffentlichen Auftragsvergabe hat dabei der Auslober die gegenüber den RPW höherrangigen Vorschriften der Vergabeverordnung (VgV) zu beachten. Nach § 16 VgV sind Personen von der Mitwirkung bei Entscheidungen in einem Vergabeverfahren grundsätzlich ausgeschlossen, wenn sie 65

- selbst Teilnehmer oder Bewerber sind oder
- einen Teilnehmer oder Berater beraten oder sonst unterstützen oder als gesetzlichen Vertreter oder nur in dem Vergabeverfahren vertreten oder
- bei einem Teilnehmer oder Bewerber gegen Entgelt beschäftigt oder bei ihm als Mitglied des Vorstandes, Aufsichtsrates oder gleichartigen Organs tätig sind oder
- für ein in das Vergabeverfahren eingeschaltetes Unternehmen tätig sind, wenn dieses Unternehmen zugleich geschäftliche Beziehungen zum Auftraggeber und zum Teilnehmer hat,
- es sei denn, dass dadurch für die Personen kein Interessenkonflikt besteht oder dass sich die Tätigkeiten nicht auf die Entscheidungen in dem Vergabeverfahren auswirken.

Als voreingenommen gelten auch die Personen, deren Angehörige die o. a. Voraussetzungen erfüllen. Angehörige sind der Verlobte, der Ehegatte, Lebenspartner, Verwandte und Verschwägerte in gerader Linie, Geschwister, Kinder der Geschwister, Ehegatten und Lebenspartner der Geschwister und Geschwister der Ehegatten und Lebenspartner, Geschwister der Eltern sowie Pflegeeltern und Pflegekinder.

Alleinige Kriterien für die Auswahl der Preisrichter sind deren persönliche Fähigkeiten. Hiermit ist es nicht vereinbar, die Besetzung des Preisgerichts von einer eventuellen Zugehörigkeit zu bestimmten Institutionen, Dienststellen, Parteien oder Fraktionen abhängig zu machen. Es ist zwar zulässig, aus den genannten Bereichen Preisrichter zu bestellen, diese dürfen aber während des Verfahrens nicht ausgetauscht werden. Um sicherzustellen, dass das Preisgericht unabhängig entscheidet, sehen die RPW vor, dass ein Preisrichter, der Bediensteter des Auslobers ist, diesem gegenüber nicht weisungsverpflichtet sein soll. 66

Das Preisgericht setzt sich aus Fach- und Sachpreisrichtern zusammen. Die Sachpreisrichter müssen nicht über besondere Fachkenntnisse verfügen, sollen aber mit den örtlichen Verhältnissen und der Wettbewerbsaufgabe besonders vertraut sein. Soweit die Sachpreisrichter keine Erfahrungen mit der Durchführung von Architektenwettbewerben haben, ist es die Aufgabe der Fachpreisrichter, sie entsprechend einzuweisen, damit sie ihrer Aufgabe als Preisrichter gerecht werden können. Im Gegensatz zu den Sachpreisrichtern müssen die Fachpreisrichter aufgrund ihrer beruflichen Qualifikation in heraus- 67

[45] *Schwinge/Brunnert/Böttger/Johner-Helppi* GRW 1995 S. 123.

ragender Weise dieselben fachlichen Anforderungen erfüllen, die auch zur Teilnahme am Wettbewerb berechtigen. Während des eigentlichen Wettbewerbsverfahrens bestehen keinerlei Unterschiede zwischen Sach- und Fachpreisrichtern. Dies gilt auch – mit Ausnahme der Stimmberechtigung – für die jeweiligen Stellvertreter.

68 Handlungsfähige und effektive Preisgerichte setzen sich aus 9 bis 11 Preisrichtern zusammen, zuzüglich möglicher Sachverständiger. Regelmäßig wird man von einer Durchschnittsanzahl von sieben bis elf Preisrichtern ausgehen können.[46] Bei der Benennung der Stellvertreter empfiehlt es sich, einen nicht personenzugeordneten „Pool" zu bilden, besser wäre sogar ein Verzicht darauf und die Besetzung mit zwei oder drei ständig anwesenden Stellvertretern, da diese im Gegensatz zu den anderen, das Verfahren ständig begleiten und besser mit der Aufgabe vertraut sind.

Eine Besetzung des Preisgerichts kann nach der Auslobung bzw. Bekanntmachung des Preisgerichts nicht mehr verändert werden, von daher sind alle möglichen Teilnehmer im Vorfeld zu benennen. In Zeiträumen bei politischen Wahlen können die politischen Vertreter in der Auslobung vorerst auch mit „N.N., Fraktion XY" genannt werden.

Bei interdisziplinären Wettbewerben sind die Fachpreisrichter für jede Fachrichtung zu benennen, allerdings ist bei deren Anzahl auch der Schwerpunkt der Planungsaufgabe zu berücksichtigen, z. B. bei Schwerpunkt Hochbau 3 Fachpreisrichter Architektur, 1 Fachpreisrichter Landschaftsarchitektur, 1 Fachpreisrichter TGA-Ingenieur.

69 In Abweichung von der RPW 2013, die von Fachpreisrichtern grundsätzlich die gleiche Qualifikation wie die der Teilnehmer fordert, können ausnahmsweise als Fachpreisrichter auch Personen aufgrund ihrer dienstlichen Funktion, z. B. als Stadtbaurat tätig werden, allerdings ist hier zumindest ein Studienabschluss einer teilnahmeberechtigten Fachrichtung vorzuweisen. Diese Beteiligung als Fachpreisrichter ist als Sonderfall zu sehen.

70 **b) Arbeitsweise.** Aufgabe des Preisgerichts ist es nach § 6 Abs. 2 RPW, über die Zulassung der Wettbewerbsarbeiten zu entscheiden, die zugelassenen Wettbewerbsarbeiten zu beurteilen, diejenigen Teilnehmer durch die Zuerkennung von Preisen auszuwählen, die die Anforderungen der Auslobung am besten erfüllen, und dem Auslober Empfehlungen zur weiteren Bearbeitung der Aufgabe zu geben. Obwohl das Preisgericht im Auftrag des Auslobers handelt, ist es in seinen Entscheidungen unabhängig und nur an die Regelungen der RPW sowie die Festlegungen der Auslobung gebunden.

71 Das Preisgericht ist nur beschluss- und damit entscheidungsfähig, wenn es vollständig versammelt ist. Aufgrund dieser Vorgabe ist es notwendig, dass der Auslober einen ausreichenden Teil von Vertretern für die Preisrichter bestellt, um die Arbeitsfähigkeit des Preisgerichts bei dem Ausfall eines Preisrichters sicherzustellen. Hierbei bestehen allerdings Unterschiede zwischen Fach- und Sachpreisrichtern. Sofern ein Fachpreisrichter auch nur vorübergehend ausfällt, ist es erforderlich, dass ein Stellvertreter, der während der bisherigen Sitzungen des Preisgerichts ständig anwesend gewesen sein muss, bis zum Ende des Verfahrens an seine Stelle tritt. Demgegenüber ist es möglich, bei dem Ausfall eines Sachpreisrichters, diesen vorübergehend durch einen Stellvertreter zu ersetzen, wobei sichergestellt werden muss, dass der zeitweise ersetzte Sachpreisrichter über den Fortgang des Verfahrens und den dort stattfindenden Meinungsbildungsprozess zumindest ständig unterrichtet wird[47].

---

[46] Vgl. hierzu Rspr. der Vergabeüberwachungsausschüsse: VÜA Bund Beschl. v. 24.5.1996 – Az. 1 VÜ 2/96 abgedruckt in *Fischer/Noch* Entscheidungssammlung Europäisches Vergaberecht III 17; VÜA Bayern Beschl. v. 2.10.1997 – Az. VÜA 8/97 abgedruckt in *Fischer/Noch* IV 1.23; VÜA Nordrhein-Westfalen Beschl. v. 8.5.1998 – Az. 424-84-43-7/97 abgedruckt in *Fischer/Noch* IV 14; VÜA Thüringen Beschl. v. 11.5.1998 – Az. 1 VÜ 4/97 abgedruckt in *Fischer/Noch* IV 16.8.

[47] *Müller-Wrede* Der Architektenwettbewerb Rn. 223 sowie *Weinbrenner/Jochem Neusüß* Der Architektenwettbewerb S. 315.

Im Gegensatz zu Sachpreisrichtern, können sich Fachpreisrichter nach Konstituierung des Preisgerichts nicht mehr gegenseitig ersetzen. Falls ein Stellvertreter oder ein ständig anwesender Vertreter berufen wird, behält er diese stimmberechtigte Position bis Abschluss der Preisgerichtssitzung, bei zweiphasigen Wettbewerben bis Ende der 2. Phase. 72

Als Sach- und Fachpreisrichter können bei der Konstituierung des Preisgerichts nur Personen berufen werden, die in der Auslobung namentlich benannt sind, dies gilt auch für die Stellvertreter. Sachverständige Berater können nicht als Sach- oder Fachpreisrichter berufen werden.

Eine Zulassung der Arbeiten erfolgt nach Erfüllung der formalen und inhaltlich bindenden Vorgaben (Bericht der Vorprüfung). 73

Aufgabe des Preisgerichts ist es, unter Berücksichtigung der Feststellung der Vorprüfung über die Zulassung der Wettbewerbsarbeiten zu befinden und die zugelassenen Arbeiten anhand der den Teilnehmern genannten Beurteilungskriterien zu bewerten sowie schließlich über die Zuerkennung von Preisen und Anerkennungen zu entscheiden.

Die Öffentlichkeit ist von Preisgerichtssitzungen auszuschließen, um eine unvoreingenommene und offene Beratung des Preisgerichts zu gewährleisten. Daher ist auch bei der Zulassung weiterer Personen wie etwa zusätzlicher Vertreter des Auslobers, Sachverständiger oder internationaler Beobachter stets zu beachten, dass eine Einflussnahme durch deren Anwesenheit auf den Ablauf der Preisgerichtssitzung ausgeschlossen ist. Sofern vorgesehen ist, dass dieser sog. „besondere Personenkreis" bei Preisgerichtssitzungen anwesend ist, ist hierauf bereits in der Auslobung hinzuweisen, und die besagten Personen sind namentlich zu benennen.[48] 74

Preisgerichtssitzungen sind mit Gemeinderatssitzungen mit nichtöffentlichem Teil vergleichbar, da die Wahrung der Anonymität auch hier gegeben sein muss, von daher ist der Zusatz „ in der Regel nicht öffentlich" nicht nachvollziehbar und nicht praktikabel. Dies würde im Übrigen auch der geforderten Anonymität bei Verfahren im VOF-Bereich (vgl. § 3 Abs. 5) widersprechen.

Nach der Konstituierung des Preisgerichts durch den Auslober entscheidet das Preisgericht zunächst, welche Wettbewerbsarbeiten zur Beurteilung zugelassen werden. Dabei sind die Ergebnisse der Vorprüfung zu berücksichtigen. Zulassungsvoraussetzung für die Wettbewerbsarbeiten ist die Feststellung, dass sie 75

- den formalen Bedingungen der Auslobung entsprechen,
- die bindenden Vorgaben der Auslobung erfüllen,
- in wesentlichen Teilen dem geforderten Leistungsumfang entsprechen,
- termingemäß eingegangen sind und
- keinen absichtlichen Verstoß gegen den Grundsatz der Anonymität erkennen lassen.

Hierbei ist zu berücksichtigen, dass zeitlich verspätet eingegangene Arbeiten zunächst vorbehaltlich des späteren Nachweises rechtzeitiger Einlieferung zugelassen werden können. Dagegen sind Teilleistungen, die über das geforderte Maß nach Art und Umfang hinausgehen, zur Wahrung des Grundsatzes der Chancengleichheit von der Beurteilung auszuschließen. Eine Ausschlussentscheidung bedarf einer Mehrheitsentscheidung des Preisgerichts.

In gleicher Weise ist mit Arbeiten zu verfahren, die gegen bindende Vorgaben des Auslobers verstoßen[49].

Die zugelassenen Wettbewerbsarbeiten werden nach Bildung einer engeren Wahl beurteilt. Hierfür wird eine Rangfolge gebildet, auf deren Grundlage das Preisgericht dann die Preise zuerkennt. Darüber hinaus entscheidet das Preisgericht auch über die Anerkennung weiterer Arbeiten. Dies sind vor allem solche Wettbewerbsarbeiten, die zwar nicht der Aufgabenstellung entsprechen, die dem Auslober aber dennoch über die Aufgabenstellung hinaus besondere Anregungen für die Realisierung des Projektes geben. Diese 76

[48] *Weinbrenner/Jochem/Neusüß* S. 86.

[49] *Weinbrenner/Jochem/Neusüß* S. 161.

Verfahrensweise bietet sich aber auch für solche Arbeiten an, die nur für einen Teil der Wettbewerbsaufgabe eine herausragende Lösung anbieten[50].

77 Schriftliche Beurteilungen erhalten grundsätzlich nur die Arbeiten, die in der engeren Wahl verblieben sind, bei geringen Teilnehmerzahlen ist aber eine kurze Beurteilung der vor der engeren Wahl ausgeschiedenen Arbeiten empfehlenswert.

78 **c) Überarbeitungsphase.** Eine Überarbeitungsphase war seit den RPW 2008 nicht mehr vorgesehen. Offensichtlich hat sich gezeigt, dass die ab und an folgenden Überarbeitungen, v.a. bei Verfahren im VOF-Bereich, nicht ganz einfach zu handhaben sind.

Nach Abschluss der Bewertung teilt das Preisgericht dem Auslober das Ergebnis mit seiner Empfehlung schriftlich mit. Auch in diesem Stadium gilt noch der Grundsatz der Anonymität, so dass die empfohlenen Preisträger nicht benannt werden. Für den Fall, dass alle in die engere Wahl aufgenommenen Wettbewerbsarbeiten nicht die erwartete Lösung bieten, so dass eine eindeutige Zuerkennung von Preisen und Anerkennungen nicht möglich ist, besteht für das Preisgericht die Möglichkeit, die Überarbeitung dieser Arbeiten zu empfehlen. Voraussetzung hierfür ist allerdings, dass nach einer entsprechenden Überarbeitung hinreichend sicher ist, dass die Arbeiten wesentlich verbessert werden können. Um eine derartige Überarbeitungsphase durchführen zu können, ist durch eine entsprechende Zusage des Auslobers ein zusätzliches, angemessenes Bearbeitungshonorar für den hierdurch entstehenden Arbeitsaufwand bereitzustellen, das über die Wettbewerbssumme hinaus zu finanzieren ist. Mit Ende der Preisgerichtssitzung und Öffnung der Umschläge ist das Wettbewerbsverfahren als solches abgeschlossen. Es ist noch Bestandteil der 1. Stufe des VOF-Verfahrens, der Eignungsprüfung.

79 Mit dem Wettbewerbsergebnis stehen nun die Preisträger fest, welche als Bieter in die 2. Stufe, das Auftragsverhandlungsverfahren, eingeladen werden. Eine Überarbeitung (mit Rangbildung) kann daher nicht mehr als eine weitere Abschichtungsrunde vor der eigentlichen Auftragsverhandlung gesehen werden, sondern sie ist Teil dieser Verhandlung, eine Gewichtung und die anderen Auftragskriterien sind vor der Überarbeitung zu nennen (vgl. § 20 Abs. 3 VOF).

Im Hinblick auf das Vergaberecht sei noch darauf hingewiesen, dass eine Nachprüfung eines Wettbewerbs durch eine Vergabekammer nur formeller und nicht inhaltlicher Natur ist und eine Überarbeitung im Rahmen der 2. Stufe aber vergaberechtlich inhaltlich angreifbar wird.

8. § 7 Prämierung

80 **a) Preise und Anerkennungen.** Nach der Beurteilung durch das Preisgericht werden die Arbeiten mit Preisen und gegebenenfalls Anerkennungen bedacht. Preise werden Arbeiten zuerkannt, auf deren Grundlage die Aufgabe realisiert werden kann. Anerkennungen werden für bemerkenswerte Teilleistungen vergeben.

Die ausgelobte Wettbewerbssumme für Preise und Anerkennungen muss in jedem Fall zur Auszahlung kommen, das Preisgericht kann jedoch einstimmig beschließen, dass eine andere Verteilung, wie in der Auslobung vorgegeben, vorgenommen wird. Dies kann dann der Fall sein, wenn Arbeiten entweder gleichwertig (Preisgruppe) ist oder eine Arbeit sich in besonderer Weise von den anderen abhebt.

81 **b) Wettbewerbssumme.** Heftiger Streitpunkt bei der Novellierung der Wettbewerbsregeln waren die Bestimmungen zur Festlegung der Wettbewerbssumme. Letztendlich durchgesetzt haben sich jene Vertreter, die durch eine deutliche Absenkung der Wettbewerbssumme für mehr Wettbewerbsauslobungen, insbesondere im privaten Bereich sorgen wollten.

82 Die veränderte Bestimmung hat nun folgenden Wortlaut erhalten:

[50] *Weinbrenner/Jochem/Neusüß* S. 181 und Müller-Wrede, Der Architektenwettbewerb Rdn 229 f.

„Für Preise und Anerkennungen stellt der Auslober als verbindlichen Rahmen einen Gesamtbetrag (Wettbewerbssumme) zur Verfügung. Die Höhe der Wettbewerbssumme ist der Bedeutung und Schwierigkeit der Aufgabe und der geforderten Leistungen angemessen. Sie entspricht in der Regel mindestens dem Honorar der Vorplanung – nach der jeweils geltenden Honorarordnung – für alle in den Wettbewerb einbezogenen Fachdisziplinen.

Ausführliche Hinweise zur Feststellung der zutreffenden Wettbewerbssumme gibt die Anlage II zur RPW 2013. Die dortigen Angaben und Vorgaben zur Berechnung führen zu einer Wettbewerbssumme, die mindestens anzusetzen ist.

Werden über die in der Anlage II aufgeführten Wettbewerbsleistungen hinausgehende 83 Leistungen gefordert, so erhöht sich die Wettbewerbssumme angemessen. Die ausgelobte Wettbewerbssumme ist auszuschöpfen. Die Aufteilung der Wettbewerbssumme kann durch einstimmigen Beschluss des Preisgerichts neu festgelegt werden. Ist eine Umsetzung des Projekts von vornherein nicht vorgesehen (Ideenwettbewerb), wird das Preisgeld angemessen erhöht.

Die Wettbewerbssumme kann teilweise als Aufwandsentschädigung ausgeschüttet werden.

9. § 8 Abschluss des Wettbewerbs

a) Ergebnis und Öffentlichkeit. Sobald das Ergebnis des Wettbewerbs endgültig fest- 84
steht, teilt der Auslober dies den Teilnehmern unverzüglich unter dem Vorbehalt der Prüfung der Teilnahmeberechtigung durch Übersendung des Protokolls über die Preisge- 85
richtssitzung unverzüglich mit[51]. Die Öffentlichkeit ist ebenfalls möglichst kurzfristig zu informieren. Nach der Bekanntmachung des Wettbewerbsergebnisses erfolgen unmittelbar die Prüfung der Teilnahmeberechtigung sowie die Überprüfung der Zulassung der Wettbewerbsarbeiten. Steht danach fest, dass eine Teilnahmeberechtigung nicht vorliegt oder aber eine fehlerhafte Zulassung erfolgt ist, wird der zugeteilte Preis oder Anerkennung aberkannt. Die frei werdende Preissumme wird durch einstimmigen Beschluss des Preisgerichts umverteilt. Die prämierten Wettbewerbsarbeiten gehen in das Eigentum des Auslobers über, sofern die Wettbewerbsbedingungen dies vorsehen.

Die eingereichten Wettbewerbsarbeiten sollen spätestens einen Monat nach der Preis- 86
verleihung für mindestens eine Woche öffentlich ausgestellt werden. Zum Abschluss der Preisgerichtssitzung werden in der Regel Ort, Beginn und Dauer der Ausstellung festgelegt.[52] Die Wettbewerbsarbeiten sind nach § 8 Abs. 1 RPW mit den Namen der Wettbewerbsteilnehmer, bei juristischen Personen auch der Verfasser und der Mitarbeiter sowie den Preisen, der Ankaufsempfehlung und der Aufnahme in die engere Wahl zu kennzeichnen. Das Protokoll über die Preisgerichtssitzung ist bei der Ausstellung auszulegen.

Eine möglichst rasche Ausstellung der Wettbewerbsarbeiten bei Verfahren innerhalb der VOF, sichert dem Auslober Verfahrenssicherheit zu, da diese die Gelegenheit für die Teilnehmer sein muss, bei möglichen formellen Fehlern des Preisgerichts zu reagieren.

b) Auftrag. Die Interessenlage von Teilnehmern eines Ideenwettbewerbs unterscheidet 87
sich nachhaltig von der von Teilnehmern an einem Realisierungswettbewerb. Bei einem Ideenwettbewerb streben die Teilnehmer danach, einen der ausgelobten Preise zu erhalten und ihre Arbeit im Zuge der Erstveröffentlichung darzustellen.

Dagegen streben die Teilnehmer eines Realisierungswettbewerbes in erster Linie nach 88
der Beauftragung mit den für die Umsetzung des Wettbewerbsentwurfs notwendigen Planungsleistungen. Demzufolge sieht § 8 Abs. 2 RPW vor, dass der Auslober von Realisierungswettbewerben, unter Würdigung der Empfehlung des Preisgerichts, einem oder

---

[51] *Müller-Wrede* Der Architektenwettbewerb Rdn 237.

[52] Vgl. z. B. BGH Urt. v. 23.9.1982 – Az. III RZ 196/80 – NJW 1983, 442.

mehreren Preisträgern grundsätzlich die für die Umsetzung des Wettbewerbsentwurfs notwendigen weiteren Planungsleistungen überträgt. Der Auslober geht somit mit der Einleitung eines Realisierungswettbewerbs eine Selbstbindung ein, einen oder mehrere Preisträger mit den weiteren Planungsleistungen zu beauftragen. Lediglich ausnahmsweise kann bei außerordentlichen, erst nach der Auslobung aufgetretenen oder bekannt gewordenen Umständen von einer Beauftragung Abstand genommen werden.

89 Liegen derartige Gründe nicht vor und kommt dennoch der Auslober seiner Weiterbeauftragungsverpflichtung nicht nach, steht dem betroffenen Preisträger ein Schadenersatzanspruch wegen Nichterfüllung gemäß § 326 BGB zu. Ein typischer Verstoß gegen die vorgenannte Verpflichtung liegt vor, wenn der Auslober einen Dritten, der nicht Preisträger ist, mit den weiteren Planungsleistungen beauftragt.

90 Grundsätzlich muss der Auslober eines Realisierungswettbewerbs eine Auswahl des Auftragnehmers aus dem Bereich der Preisträger nach Maßgabe der Vorschriften der VOF über das Auftragsverhandlungsverfahren (so genannte 2. Stufe des gesamten VOF-Verfahrens) durchführen.[53] Somit hat der erste Preisträger gegenüber den nachfolgenden Preisträgern keine Sonderstellung. Eine direkte Beauftragung eines ersten Preisträgers ist vergaberechtlich nur dann möglich, wenn dies bereits in der Bekanntmachung (ausnahmsweise) so festgelegt ist.

Die Gleichstellung aller Preisträger führt dazu, dass die Preisträger auch einen etwaigen Schadensersatzanspruch nach einer Fehlentscheidung des Preisgerichts nur gemeinsam geltend machen können.[54]

91 Die Anrechenbarkeit von Preisen und ggf. Bearbeitungshonoraren führt in der Praxis immer wieder zu Diskussionen und Unstimmigkeiten zwischen den künftigen Vertragspartnern.

Eine Anrechenbarkeit ist von Grund auf nur bei Realisierungswettbewerben gegeben, da bei reinen Ideenwettbewerben ja ausdrücklich auf Wunsch des Auslobers keine Beauftragung erfolgen soll. Gerechtfertigt ist die Anrechnung nur, wenn der Wettbewerbsentwurf tatsächlich ohne Änderungen und Anpassungen realisiert werden kann.

Die Wettbewerbssumme errechnet sich laut Anlage II auf der Basis des einfachen Honorars für die verlangten Leistungen. Dementsprechend versteht sich das Preisgeld des zu beauftragenden Preisträgers als eine Art Ratenzahlung, ihm steht noch die Differenz der Wettbewerbssumme abzgl. Preisgeld zu. Eventuelle Preisgeldanteile, die sich in der Wettbewerbssumme aus Ideenteilen errechnen, werden bei der Anrechnung nicht berücksichtigt.

92 **c) Nutzung.** Ein wesentliches und damit unverzichtbares Essential der Wettbewerbsregeln ist der Schutz der Urheber – und Nutzungsrechte der Teilnehmer.

Hierzu ist in § 8 Abs. 3 RPW bestimmt:

„Wettbewerbsarbeiten dürfen vom Auslober veröffentlicht werden. Sie dürfen für den vorgesehenen Zweck genutzt werden, wenn der Verfasser mit der weiteren Bearbeitung beauftragt ist. Ansonsten verbleiben alle Rechte nach dem Urheberrechtsgesetz bei den Verfassern. Die mit Preisen ausgezeichneten Arbeiten und Anerkennungen werden Eigentum des Auslobers. Urheberrechtlich und wettbewerbsrechtlich geschützte Teillösungen von Wettbewerbsteilnehmern, die bei der Auftragserteilung nicht berücksichtigt worden sind, dürfen nur gegen eine angemessene Vergütung genutzt werden."

Angesichts der Eindeutigkeit dieser Vorgaben wird in der Mehrzahl der Auslobungen auf eigene Formulierungen verzichtet und auf diese Bestimmung Bezug genommen.

93 **d) Rückversand.** Diese Bestimmung regelt die Konditionen des Rückversands jener Wettbewerbsarbeiten, die nicht beim Auslober verbleiben.

---

53 *Schwinge/Brunnert/Böttger/Johner-Helppi* GRW 1995 S. 165.

54 BGH Urt. v. 3.11.1983 – Az. III ZR 125/82 – NJW 1984, 1533.

10. § 9 Besondere Bestimmungen für öffentliche Auslober

a) Anzuwendende Vorschriften. Hier wird nochmals für den Bereich der öffentlichen Auftraggeber auf die bindenden Vorgaben aus dem öffentlichen Vergaberecht, insbesondere auf die Bestimmungen der VOF, hingewiesen. 94

b) Nachprüfung. Findet der Wettbewerb innerhalb eines Verfahrens nach VOF statt, ist in der Bekanntmachung und in der Auslobung die Stelle anzugeben, an die sich der Bewerber zur Nachprüfung behaupteter Verstöße gegen die Bestimmungen über Vergabe- und Wettbewerbsverfahren wenden kann. 95

11. Schlussbestimmungen

Die Wettbewerbsordnung 2013 in der Fassung vom 31. Januar 2013 ist am 1. März 2013 in Kraft getreten und hat die RPW 2008 ersetzt. In der Bekanntmachung wird explizit darauf hingewiesen, dass aus sachlich zwingenden Gründen von einzelnen Vorgaben abgewichen werden kann. Den Kammern, die auch in diesem Fall die Registriervermerke erteilen, ist insoweit eine Berichtspflicht gegenüber dem Bauministerium auferlegt worden[55]. 96

Die RPW 2013 wurden in einigen Bundesländern mit Abweichungen eingeführt; hier sind die jeweiligen Einführungserlasse zu beachten. Ihre Anwendung wird den Kommunen und privaten Auslobern ausdrücklich empfohlen.

IV. Rechtsschutzmöglichkeiten

1. Nachprüfungsverfahren

Erfolgt die Auslobung eines Architektenwettbewerbs durch einen öffentlichen Auftraggeber nach § 98 GWB, besteht die Möglichkeit der Überprüfung der Rechtmäßigkeit des Verfahrens durch Anrufung der Vergabekammer, wenn der maßgebliche Schwellenwert erreicht wird. Für Wettbewerbe unterhalb des jeweils einschlägigen Schwellenwertes scheidet von vornherein die Inanspruchnahme von Primärrechtsschutz vor den Vergabekammern aus. Es handelt sich somit um eine Zweiteilung des deutschen Vergaberechts, wonach ein effektiver Rechtsschutz nur ab einer bestimmten Größenordnung des zu vergebenden Auftrags besteht. 97

Wird ein Architektenwettbewerb ausgelobt, der zu einem Planungsauftrag führt, dessen geschätzter Wert den jeweils relevanten Schwellenwert erreicht oder dessen Summe der Preisgelder und Zahlungen an Teilnehmer dem jeweiligen Schwellenwert entspricht, kann gem. § 107 Abs. 1 GWB ein Nachprüfungsverfahren eingeleitet werden. Hierfür hat der Teilnehmer darzulegen, dass er durch Nichtbeachtung der Wettbewerbsregeln in seinen Rechten verletzt ist, und dass ihm hierdurch ein Schaden entstanden ist oder zu entstehen droht. Ist der Nachprüfungsantrag nicht offensichtlich unzulässig oder unbegründet, stellt die Vergabekammer diesen dem Auslober zu. Hierdurch wird bewirkt, dass der Wettbewerb suspendiert wird. Der Auslober darf somit keine Fakten durch Mitteilung des Wettbewerbsergebnisses schaffen. Damit einher geht, dass Preise oder Ankäufe nicht zugeteilt werden dürfen. 98

Unterliegt der Teilnehmer eines Architektenwettbewerbs in dem Verfahren vor der Vergabekammer, kann er diese Entscheidung durch die sofortige Beschwerde vor dem Vergabesenat des Oberlandesgerichts gemäß § 116 GWB angreifen. Eine Anrufung des Bundesgerichtshofs gegen die Entscheidung des Vergabesenats ist nicht möglich.

Daneben besteht in einigen Bundesländern sowie bei Auftragsvergaben im Anwendungsbereich der Bundesverwaltung die Möglichkeit, Vergabeprüfstellen anzurufen. Die Beschränkung auf nur einige Bundesländer beruht darauf, dass diese Nachprüfungsstelle 99

[55] Bekanntmachung BMVBS vom 31.1.2013 B 10 – 8111.7/2.

aufgrund der gesetzlichen Vorgabe nicht zwingend eingerichtet werden muss. Daher haben nur einige Bundesländer von der fakultativen Möglichkeit Gebrauch gemacht. Sofern Vergabeprüfstellen eingerichtet worden sind und sie von etwaigen Vergabeverstößen benachrichtigt werden, prüfen sie von Amts wegen oder auf Antrag die Einhaltung der von den Auslobern anzuwendenden Vergabebestimmungen (§ 103 Abs. 2 GWB). Im Gegensatz zu dem Verfahren vor der Vergabekammer und den Vergabesenaten bei den Oberlandesgerichten hat die Vergabeprüfstelle allerdings nicht die Möglichkeit, das Verfahren aussetzen zu lassen. Selbst bei später festgestellten Verstößen gegen das Vergabe- und Wettbewerbsrecht kann der Auslober den Wettbewerb zu Ende führen. Darüber hinaus haben die Teilnehmer die Möglichkeit, bei den zuständigen Aufsichtsbehörden des öffentlichen Auslobers durch eine nichtförmliche Gegenvorstellung oder eine Dienstaufsichtsbeschwerde vermeintliche Fehler bei der Durchführung des Wettbewerbs geltend zu machen.

2. Zivilrechtliche Ansprüche

100 Die Durchführung eines Architektenwettbewerbs bemisst sich nach den Vorschriften für ein Preisausschreiben gemäß §§ 657, 661 BGB. Die Auslobung stellt ein einseitiges Rechtsgeschäft dar, durch das der Auslober autonom Festsetzungen über die Bedingungen und die Durchführung des Verfahrens zur Preiserkennung trifft. Damit einher geht eine Verpflichtung, auch als Auslober die im Interesse der Teilnehmer liegenden Wettbewerbsregeln zu beachten.

Nach § 661 Abs. 2 Satz 1 BGB haben die Bewerber einen Anspruch, dass seitens des Auslobers eine Entscheidung gefällt wird, ob eine innerhalb der Frist erfolgte Bewerbung der Auslobung entspricht oder nicht. Es liegt in der Sphäre des Auslobers zu prüfen, ob die Bewerbung fristgerecht eingegangen ist, wohingegen das fachkundige Preisgericht zu beurteilen hat, ob die Bewerbung der Auslobung inhaltlich entspricht und ob sie preiswürdig ist.[56] Die Teilnehmer eines Wettbewerbs können ihren Anspruch nach § 661 Abs. 2 Satz 1 BGB allerdings nur gegen den Auslober richten, da sie nur mit diesem und nicht mit dem Preisgericht in einem rechtlichen Verhältnis stehen. Sind Entscheidungen des Preisgerichts mit den rechtlichen Vorgaben nicht vereinbar, haben somit die Bewerber lediglich dahin gehend einen Anspruch gegen den Auslobenden, dass dieser das Preisgericht zur pflichtgemäßen Aufgabenerfüllung anhält.[57] Gelingt dies nicht, hat der Auslober selbst eine Entscheidung zu fällen.

101 In diesem Zusammenhang ist zu berücksichtigen, dass Verfahrensfehler nicht nur von dem Auslober oder dem Preisgericht bzw. den Vorprüfern und Sachverständigen, sondern auch von Teilnehmern zu verantworten sein können. Aufgrund des zwingend zu beachtenden Anonymitätsgrundsatzes wird es dem Preisgericht regelmäßig nicht möglich sein, diese Verfahrensverstöße unmittelbar zu ermitteln.[58] Verstößt ein Teilnehmer gegen bindende Vorgaben des Auslobers, führt dies zum nachträglichen Ausschluss seiner Wettbewerbsarbeit und damit zur Aberkennung von Preis oder Ankauf. Dies hat zur Folge, dass die im Rang nachfolgenden Teilnehmer aufrücken. Die Prüfung obliegt in diesem Fall allein dem Auslober. Kommt er dieser Verpflichtung nicht nach, kann der rangnächste Teilnehmer die Vornahme der Ausschlussentscheidung einklagen und ggf. im Wege der Zwangsvollstreckung nach § 888 ZPO geltend machen.[59]

102 Die Entscheidung des Preisgerichts selbst ist nur ausnahmsweise einer gerichtlichen Überprüfung zugänglich.[60] Nach dem Wortlaut des § 661 Abs. 1 Satz 2 BGB sind die Entscheidungen des Preisgerichts unanfechtbar. Dies beruht auf dem Umstand, dass die Un-

---

[56] BGH Urt. v. 22.1.1987 – Az. III ZR 271/85 – NJW 1987, 2369, 2370.

[57] OLG Hamm Urt. v. 13.10.1994 – Az. 17 U 90/93 – NJW-RR 1996, 662.

[58] So BGH Urt. v. 23.9.1982 – Az. III ZR 196/80 – NJW 1983, 442.

[59] BGH Urt. v. 23.9.1982 – Az. III ZR 196/80 – NJW 1983, 442.

[60] MünchKomm *(Seiler)* § 661 BGB Rn. 9.

abhängigkeit des Preisgerichts sowie die Bindung an formalisierte Verfahrensregeln mit hinreichender Sicherheit eine objektive Entscheidung sicherstellt. Hieraus folgt, dass eine gerichtliche Überprüfung der Entscheidung des Preisgerichts nur bei schwerwiegenden Verfahrensmängeln in Betracht kommt. Als Maßstab kann auf die Vorschrift des § 1041 ZPO abgestellt werden.[61] Hiernach liegt ein schwerer Verfahrensmangel vor, wenn der Verfahrensverstoß die Entscheidung des Preisgerichts offensichtlich beeinflusst hat. Ob eine derartige Beeinflussung vorliegt, muss ohne Hinzuziehung eines Sachverständigen feststellbar sein. Regelmäßig wird eine derartige Feststellung bei groben Verfahrensverstößen möglich sein. Diese können beispielsweise darin liegen, dass die Entscheidung des Preisgerichts ohne Kenntnis der Bewerbungen erging, ein unberechtigter Ausschluss vom Wettbewerb erfolgt ist[62] oder ein Verstoß gegen das Mehrheitsprinzip vorliegt.

Liegt ein schwerer Verfahrensmangel vor, steht dem benachteiligten Teilnehmer dem Grunde nach ein Schadensersatzanspruch wegen positiver Forderungsverletzung nur zu, wenn er nachweisen kann, dass er bei ordnungsgemäßer Durchführung des Verfahrens einen Preis gewonnen hätte oder bei einem Ankauf berücksichtigt worden wäre. Ausnahmsweise kann der Schadensersatzanspruch bei dieser Konstellation auch das positive Interesse umfassen. Der Nachweis, dass die Wettbewerbsarbeit im Vergleich zu anderen Entwürfen preiswürdig ist, kann durch Zuziehung eines Sachverständigen anhand sachbezogener Kriterien beurteilt werden. Hierbei handelt es sich um eine Bewertung, die auch nach Abschluss des Wettbewerbsverfahrens durchgeführt werden kann. Dabei stehen nach der Rechtsprechung künstlerische und ästhetische Beurteilungsmomente nicht derart im Vordergrund, dass die Vergleichbarkeit der Leistungen aller Teilnehmer nicht mehr gewährleistet wäre. **103**

Gelingt der Nachweis nicht, dass die Wettbewerbsarbeit preiswürdig gewesen ist, ist die Feststellung eines Schadens problematisch. Insbesondere reicht es hierfür nicht aus, dass ein zu Unrecht vom Wettbewerb ausgeschlossener Teilnehmer lediglich geltend macht, dass er im Falle seiner Zulassung zum Wettbewerb die ihm durch die Bewerbung entstandenen Aufwendungen hätte kompensieren können. Zwar ist es durchaus möglich, dass allein die Teilnahme an einem Wettbewerb wirtschaftliche Vorteile bieten kann, da etwa ein bedeutsamer Wettbewerb durchaus werbewirksam ist und ggf. Aufträge Dritter nach sich zieht. Allerdings wird der konkrete Schadensnachweis regelmäßig nicht zu führen sein, da es weder eine tatsächliche Vermutung noch einen Erfahrungssatz für derartige Schäden gibt.[63] **104**

V. Kosten des Wettbewerbs

Zu den Kosten des Wettbewerbs zählen in erster Linie die Wettbewerbssumme sowie die Kosten des Preisgerichts, aber auch die der Vorprüfung unter Zuziehung von Sachverständigen. Hinzu kommen der Aufwand für die Erstellung der Wettbewerbsunterlagen, die Abhaltung von Preisrichtervorbesprechungen und Kolloquien sowie der Aufwand für die Beantwortung von Rückfragen. **105**

Die ausgelobte Wettbewerbssumme ist nach den Bestimmungen der Anlage II zur RPW 2013 festzulegen. Dem an einem Wettbewerb teilnehmenden Architekten soll hierdurch eine Kompensation für das Honorar geboten werden, dass er nach der HOAI für die geforderte Wettbewerbsaufgabe bei entsprechender Beauftragung hätte erhalten müssen. Parameter für die Ermittlung der Wettbewerbssumme ist daher der nach der HOAI zu ermittelnde Honoraranspruch bei einer individuellen Beauftragung für die geforderte Wettbewerbsleistung.

---

[61] *Weinbrenner/Jochem/Neusüß* S. 237.

[62] Münch Komm *(Seiler)* § 661 BGB Rn. 12.

[63] BGH Urt. v. 23.9.1982 – Az. III RZ 196/80 – NJW 1983, 442.

Nur wenn es für das Projekt absolut notwendig ist, sollen von Teilnehmern über das regelmäßige Maß hinausgehende Leistungen erbracht werden. Sollte dies der Fall sein, empfiehlt es sich, den Büros aufgrund des erhöhten Aufwandes einen angemessenen Teil der Wettbewerbssumme als Bearbeitungshonorar auszuschütten.

Da der Wettbewerb honorarrechtlich einen Sonderfall darstellt, bei welchem Teilnehmer unentgeltlich Leistungen erbringen, in der Hoffnung, einen der Preise und den Auftrag zu erhalten, ist mindestens das Honorar des Vorentwurfs als Wettbewerbssumme anzusetzen.

106 Die Wettbewerbssumme soll mindestens 10.000 Euro betragen.

Nach Erfahrungen aus der Praxis wird von diesem berufspolitischen Wunsch in den Ländern regelmäßig abgewichen, da es gegenüber dem Auslober schwer vermittelbar ist, bei einer errechneten Wettbewerbssumme von 7.500 € aufrunden zu müssen.

107 Die Kosten für das Preisgericht sind davon abhängig, wie es zusammengesetzt ist. Soweit die Preisrichter Bedienstete des Auslobers sind, ist ihre Tätigkeit mit der ihnen zustehenden arbeits- oder dienstrechtlichen Vergütung abgegolten. Lediglich anfallende Spesen, wie etwa Reisekosten, verursachen in diesem Zusammenhang Mehraufwendungen. Preisrichter, die nicht in einem derartigen Verhältnis zum Auslober stehen, werden aufgrund einer vertraglichen Vereinbarung tätig.

108 Werden Sachverständige und Vorprüfer von dem Auslober beauftragt, wird ihre Vergütung in der Regel in Anlehnung an die HOAI vorgenommen. Grundsätzlich möglich ist auch die Vereinbarung eines Pauschalhonorars. Handelt es sich bei den Sachverständigen oder Vorprüfern um Bedienstete des Auslobers, ist die Kostensituation vergleichbar mit der von angestellten Preisrichtern.

VI. Die Anlagen zur RPW 2013

109 Offensichtlich im Interesse, die RPW gegenüber den GRW als schlankes und transparentes Regelwerk erscheinen zu lassen, wurden zahlreiche Regeln über Verfahrensabläufe und Inhalte von Unterlagen in insgesamt 7 Anlagen erfasst.

Im Einzelnen handelt es sich dabei um:

Anlage I
Liste der notwendigen Angaben in der Auslobung von Wettbewerben

Anlage II
Ermittlung der Wettbewerbssumme
Regelmäßige und zusätzliche Wettbewerbsleistungen
Beispielhafte Verteilung Wettbewerbssumme

Anlage III
Wettbewerbsunterlagen

Anlage IV
Rückfragenkolloquium

Anlage V
Kennzeichnung, Einlieferung und Inhalt der Verfassererklärung

Anlage VI
Regelablauf der Vorprüfung

Anlage VII
Regelablauf der Preisgerichtssitzung

§ 3 Kalkulation von Planungsleistungen

Übersicht

1. Einführung

Die Frage des wirtschaftlichen Handelns und des eigenen Büroerfolgs rückt für Planer 1 in der heutigen Zeit und im Lichte der stetigen Novellierungsdebatten der maßgeblich den Arbeitsalltag beeinflussenden Honorarordnung für Architekten und Ingenieure (kurz: HOAI) mehr und mehr in den Vordergrund. Neben dem Wissen, wie fundierte Kennzahlen ermittelt und welche Analyse-Chancen daraus abgeleitet werden können, sind die Auskömmlichkeit einzelner Aufträge und die Erzielung angemessener Honorare von großer Bedeutung für die Planungsbüros und die Volkswirtschaft in Deutschland.

Dazu ist es notwendig, unabhängig von der geltenden HOAI 2013, die durch Vorgabe von verbindlichen Preisen bzw. Honoraren allein die Erlösseite von Planungsleistungen regelt, ein bisher vielfach kaum ausgeprägtes Unternehmens- und Projektcontrolling für Planer zu etablieren, um auch ein auf wissenschaftlicher Grundlage basierendes Kosten- bzw. Büromanagement zu ermöglichen.

In Bezug auf Architekten macht das böse Wort vom akademischen Prekariat die Runde. Schließlich verdienen diese von allen studierten Freiberuflern am wenigsten, wie die entsprechenden Erhebungen der letzten Jahre zeigen. Alle Umfragen zeigen auch, dass es Ingenieuren im Bauwesen im Durchschnitt viel besser geht als Architekten.

Eine Vorkalkulation neuer Aufträge findet insbesondere bei Architekten viel zu selten 2 statt, wie die Praxis zeigt. Warum kalkulieren Planer nicht? Ist dies Ursache oder Auswirkung der schlechten ökonomischen Situation der angestellten und freien Architekten? Gerne wird argumentiert, die Architekten- und Ingenieurleistungen seien nicht kalkulierbar, da im vorhinein nicht beschreibbar; kann das stimmen? Oder ist die Wahrheit viel banaler, unterliegen Planer wie alle Freiberufler mit Honorar- oder Gebührenordnungen der Schimäre, sie bräuchten keine Aufwandsermittlung ihrer zu erbringenden Leistungen?

Diesen Fragen soll der nachfolgende Aufsatz nachgehen. Zunächst wird die Beschreibbarkeit der Planungsleistungen untersucht. Es wird auch aufgezeigt werden, wie Architekten und Ingenieure mit Kenntnis einiger grundlegender ökonomischer Regeln ihr eigenes Büro besser managen können. Schließlich werden die verschiedenen Wege der (Vor-)Kalkulation von Planungsleistungen dargestellt.

2. Beschreibbarkeit der Planungsleistungen

Eine exakte Definition der Architekten- bzw. Ingenieurleistung ist bekanntlich 3 schwierig. Anders als bei den Bauleistungen sind die planerischen Leistungen, da es sich zumindest zum Teil um kreative, geistig-schöpferische Leistungen handelt, nicht ohne weiteres beschreibbar. Die Feststellung des normalerweise zu erbringenden Leistungsumfangs und der Leistungszeit sowie des Leistungsziels, des zu planenden und zu realisierenden Objekts, ist gleichwohl möglich. Wäre dies nicht der Fall, könnte zwischen Auftraggeber und Planer kein inhaltlich sinnvoller Architekten- bzw. Ingenieurvertrag geschlossen werden, da nicht definiert werden kann,

- **was** geplant werden soll, d. h. welches Ziel die Planung hat
- **wie** dies geschehen soll, d.h welche Leistungen dafür vereinbart werden
- **wann**, d. h. in welchem Zeitraum die Leistungen erbracht werden sollen.

4 Die HOAI alleine kann, dies eine Binsenweisheit unter Bau- und Architektenrechtlern, das Leistungsbild des Architekten (gilt analog für Ingenieure; nachfolgend primär auf Architekten bezogen) nicht exakt beschreiben, da die Beschreibung in der HOAI (früher in HOAI 1977–1996 § 15, in der HOAI 2009 § 33 in Verbindung mit Anlage 11 bzw. Anlage 2 für Besondere Leistungen, seit der HOAI 2013 § 34 i.V. mit Anlage 10) allgemein und nicht unmittelbar auf jedes Projekt anwendbar ist. Die Beschreibung des Leistungsbildes in der HOAI dient alleine dazu, ein Äquivalent zu den zu zahlenden Honoraren gemäß HOAI zu geben. Die HOAI regelt den Preis der – kursorisch – beschriebenen Leistung, mit anderen Worten die HOAI stellt anerkanntermaßen Preisrecht dar und nicht Leistungsrecht.

In der HOAI werden die Leistungen des Architekten bekanntlich in 9 Leistungsphasen und diese wiederum in Teilleistungsschritte unterteilt (bis zur HOAI 1996/2002 die früheren Grundleistungen, in der HOAI 2009 nur noch Leistungen genannt; seit Geltung der HOAI 2013 sind die Leistungen wieder in Grundleistungen und Besondere Leistungen unterteilt). Sicherlich ist die HOAI ein Indikator für die vom Architekten zu leistenden Tätigkeiten. Sie kann aber sowohl aus rechtlichen Gründen als auch wegen inhaltlicher Abgrenzungsschwierigkeiten nicht ohne weiteres bzw. nur im Wege der Vertragsauslegung zur Bestimmung der im Einzelfall zu erbringenden Architektenleistungen herangezogen werden.

5 Typisch bei Architektenleistungen nach HOAI ist die Prozesshaftigkeit der Planung und der Realisierung eines Bauwerks, wie auch in der HOAI beschrieben und im sog. Pfarr-Gutachten zur Einführung der HOAI vor vierzig Jahren intendiert: *„Das Leistungsbild dieser Honorarordnung wurde erstmals ‚prozeßorientiert' dargestellt und damit in den gesamten Planungs- **und** Bauablauf eingeordnet. Die Leistungsphasen 1–9 stellen in Tätigkeitsbündel zusammengefaßte Einzeltätigkeiten dar, deren Bezeichnung ergebnisorientiert formuliert ist und für alle Planer einheitliche Titel darstellen, unter denen er seine Einzeltätigkeiten subsumieren kann (integrierte Planung). Bei der Auflistung der Tätigkeiten muß davon ausgegangen werden, daß eine Honorarordnung, wenn sie nicht in kürzester Zeit überholt sein soll, nur **umschreibenden** Charakter haben kann. . . . Das bedeutet nicht, daß für einen bestimmten Auftrag die **Um**schreibung der Honorarordnung nicht zur **Be**schreibung werden kann."* [1]

Die Vorstellungen über das Maß der normalen Architektenleistung, die über das Honorar gedeckt ist, differieren in der Praxis zwischen Architekt als Auftragnehmer und Bauherr als Auftraggeber häufig. Bei Vertragsabschluss stellt der Architekt dem Bauherren eine bestimmte Architektenleistung in Aussicht und erwartet dafür ein Honorar. Der Bauherr seinerseits erwartet eine nicht bis ins Letzte zu definierende Architektenleistung und stellt ein bestimmtes Honorar in Aussicht. Für den Architekten stellt sich der Vertrag dar als Honorarerwartung bei gleichzeitigem Leistungsversprechen, für den Bauherren ist es Leistungserwartung bei gleichzeitigem Honorarversprechen. Volkswirtschaftlich wird in diesem Zusammenhang von ‚asymmetrischer Information' gesprochen und den Architektenleistungen der Charakter eines Vertrauensgutes zugeschrieben.[2]

Aufgrund der Prozesshaftigkeit ist eine in Teilen wiederholte Architektenleistung bei der Planung und auch der Realisierung zur Optimierung der gestellten Aufgabe immanent (sog. Schleifenbildung). Die vielfältigen Planungs-, Koordinierungs-, Beratungs-

---

[1] (K. Pfarr/J. Arlt/R. Hobusch, Das Planungsbüro und seine Kosten, 1974; dies. Das Planungsbüro und sein Honorar).

[2] Vgl. Statusbericht Architekten/Ingenieure 2000plus im Auftrag des BMWI, 2002; s. dort Kapitel 4, G. Meran/R. Schwarze: Qualitätssicherung durch Preisrecht aus volkswirtschaftlicher Sicht.

und Überwachungsleistungen müssen zumindest teilweise wiederholt überdacht und unter ähnlichen Anforderungen erbracht werden.

Jeder Planungsauftrag ist im Rahmen einer Leistungsuntergrenze und einer Leistungs- **6**
obergrenze zu erbringen. In Abhängigkeit vom Architekten, anderen Planern, dem Bauherrn, den Baufirmen sowie weiteren Projektbeteiligten bewegt sich die zu erbringende Leistung in diesen Grenzen. Die Leistungsgrenzen hängen auch von Objekttyp und Objektgröße ab. Aber auch durch den Planungsprozess selbst wird das Maß der Leistung beeinflusst.

Neben dem inhaltlich-qualitativen Aspekt, dem Leistungsziel, d. h. dem Objekt, und **7**
dem vereinbarten Leistungsumfang, gibt es auch für die Leistungszeit Grenzen der üblichen Architektenleistung. Zum zeitlichen Aspekt eines Auftrags, mithin zum Ablauf und zur Dauer, trifft die HOAI keinerlei Angaben. Lediglich aus den Bestimmungen der HOAI, die Vergütungsregeln bei Verlassen der ‚normalen', üblicherweise zu erbringenden Architektenleistungen beinhalten, lässt sich im Umkehrschluss eine Aussage ermitteln. Eine Leistung muss danach einheitlich in einem Zug, nicht abschnittsweise durchgeführt (vgl. insbesondere den ab HOAI 2009 entfallenen § 21 HOAI 1996/2002 bzw. Vorfassungen) und nicht ungewöhnlich lange dauern (vgl. § 7 Abs. 4 HOAI 2013). Die übliche Leistungszeit ist je Auftrag individuell nach allgemeinen Erfahrungssätzen zu ermitteln. Einflussgrößen aus dem Objekt selbst, dem Leistungsprozess oder den beteiligten Institutionen sind dabei zu berücksichtigen.

Das Maß der normalen Leistung des Architekten ist also abhängig von
- den beteiligten Institutionen, z. B. ihrer Planungskompetenz,
- dem zu planenden Objekt und
- dem Planungs- und Realisierungsprozess, d. h. dem Projektablauf.

Als Maßstab des Honorars nennt die amtliche Begründung zur Einführung der HOAI **8**
1977 (zu § 4 HOAI in der Fassung von 1977 und zuletzt 1996) als Bewertungsmaßstäbe:

„Besondere Umstände der einzelnen Aufgabe, der Schwierigkeitsgrad, der notwendige Arbeitsaufwand, der künstlerische Gehalt des Objekts, Einflußgrößen aus der Zeit, der Umwelt, den Institutionen, der Nutzung oder der Herstellung oder sonstige für die Bewertung der Leistung wesentliche fachliche oder wirtschaftliche Gesichtspunkte, vor allem haftungsausschließende oder haftungsbegrenzende Vereinbarungen. Ein Merkmal kann auch ein eventuell entstehender Koordinationsaufwand sein bei Anlagen und Einrichtungen, die der Auftragnehmer weder plant, noch deren Ausführung er überwacht, obschon die Kosten dieser Gegenstände unter den genannten Voraussetzungen nach § 10 Abs. 4 oder Abs. 5 nicht anrechenbar sind."

Die amtliche Begründung geht zurück auf die Feststellungen des sog. Pfarr-Gutach- **9**
tens zur Einführung der HOAI, dessen Ergebnisse teilweise veröffentlicht worden sind.[3] Folgende Einflussgrößen auf die normale Architektenleistung werden dort genannt:

„Jene Spreizung zwischen Mindest- und Höchstsätzen ist geprägt durch den Einfluß von nutzungs- und aufwandsbezogenen Einflußgrößen. Die Formel NEG x AEG (Nutzungsbezogene Einflußgrößen x Aufwandsbezogene Einflußgrößen) gilt generell für alle Leitleistungen. An den Planer werden von dem Bauherrn durch die optimal zu lösenden Bauaufgaben unterschiedliche Anforderungen an Erfahrungen, Kreativität und Wissen gestellt, die sich in den nutzungsbezogenen Einflußgrößen niederschlagen.

Aufwandsbezogene Einflußgrößen sind:

a) standortbezogene Einflußgrößen

Grundstück: *unebene Oberfläche des Grundstücks, mittleres Gefälle des Grundstücks, starkes Gefälle (Hanglage), schlechter Baugrund, Grundwasser, Wasserhaltung*

Einordnung: *Baulücke, Anbau, Integration alter Bausubstanz, Denkmalschutz*

[3] Pfarr/Arlt/Hobusch, Das Planungsbüro und sein Honorar, S. 48 f.

b) herstellungsbezogene Einflußgrößen
besondere Gründung, konventionelle Bauweise, Vorfertigung usw.
c) zeitbezogene Einflußgrößen
kurze Planungszeit, lange Planungszeit, kurze Bauzeit, lange Bauzeit, Bindung an Abläufe, Festtermine usw.
d) ökonomische Aspekte
besondere Finanzierungsbedingungen, Festpreis, Kostenrichtwerte
e) umweltbezogene Einflußgrößen
Institutionen: viele einzelne Unternehmer, Generalplaner, Generalunternehmer, Generalübernehmer, Totalunternehmer, einmaliges Bauvorhaben des Bauherrn, wiederholtes Bauvorhaben des Bauherrn, öffentliche Hand als Bauherr
Organisatorischer Ablauf:
öffentliche Ausschreibung, beschränkte Ausschreibung, freihändige Vergabe, Leistungsbeschreibung mit Leistungsprogramm, Bauabschnitte
Sonstige: Winterbau usw."[4]

Architekt und Bauherr stehen während der Leistungserbringung in einem ständigen Dialog um die optimale Lösung. Optimal ist die Lösung immer dann, wenn die auf das zu planende und zu realisierende Objekt bezogenen Bauherrenziele, die sich innerhalb des magischen Dreiecks Qualität – Kosten – Termine bewegen, bestmöglich erfüllt sind. Die auf das Objekt bezogenen Bauherrenziele werden während der Leistungserbringung konkretisiert. Zur Erfüllung dieser Ziele ist ein definierter Leistungsumfang in einer definierten Leistungszeit erforderlich.

Basis des zu erbringenden Leistungsumfangs ist das Leistungsziel gemäß Vertrag, im Rahmen der sog. Vollarchitektur z.B. Erbringung der Leistungsphasen 1–9 nach HOAI zzgl. eventueller Besonderer Leistungen für ein Wohngebäude. Auch die Vereinbarung von einzelnen Leistungsphasen, z.B. 1–4 an ein Büro und 5–9 an ein zweites Büro, ist denkbar. Ausgehend vom – nach Möglichkeit vertraglich zu detaillierenden – Leistungsumfang kann sodann die Leistungszeit vertraglich festgeschrieben werden. Dies betrifft die Dauer insgesamt als auch zeitliche Festlegungen hinsichtlich des Ablaufs, d.h. in welchem Zeitrahmen einzelne Leistungen erbracht werden, z.B. Vorlage des Entwurfes, der Bauantragsunterlagen, Baubeginn, Bauende sowie ggf. einzelne Pausen bei der Leistungserbringung.

Auf diesem Wege erhält man eine sichere Beurteilungsgrundlage der zu erbringenden und zu kalkulierenden normalen Architektenleistungen. Durch diese als SOLL-Vorgabe vertraglich vereinbarten Parameter haben beide Vertragspartner – der Bauherr als Auftraggeber und der Architekt als Auftragnehmer – Sicherheit über Leistungsziel, -umfang und -zeit der vereinbarten Architektenleistungen.

3. Kosten- und Leistungsrechnung im Planungsbüro

10 Nach dem in der Marktwirtschaft vorherrschenden erwerbswirtschaftlichen Prinzip ergibt sich aus den Kosten einer Leistung zuzüglich Gewinn bzw. abzüglich Verlust der Preis einer Leistung: Kosten + Gewinn bzw. Verlust = Preis. Für ein Planungsbüro ist der Preis gleichzusetzen mit den zu erzielenden Honoraren (i.d.R. nach HOAI, da die meisten Leistungen des Architekturbüros nach HOAI abzurechnen sind) als Erlös für die erbrachten Leistungen. Da die Honorare nach HOAI einer Preisbindung im Rahmen der jeweiligen Mindest- und Höchstsätze unterliegen, bedeutet dies im Umkehrschluss, dass einzelne Aufträge je nach den dafür anfallenden Kosten mit Gewinn oder Verlust beendet werden. Denn in der HOAI ist kein Automatismus vorgesehen, nach dem jeder Auftrag für das Planungsbüro gewinnbringend oder sogar mit einem festen prozentualen Ge-

[4] Pfarr/Arlt/Hobusch, Das Planungsbüro und sein Honorar, S. 48f.

winnanteil durchgeführt werden kann. Jedoch ist die HOAI derart konzipiert, dass das wirtschaftlich arbeitende Planungsbüro über alle Aufträge gesehen insgesamt ein auskömmliches Honorar erhält, um am Markt bleiben zu können.

Das vorgenannte erwerbswirtschaftliche Prinzip erklärt, warum sich diese Ausführungen zur Kalkulation vorrangig mit den **Kosten** von Planungsleistungen und nicht mit ihren **Preisen** befasst. Den Preis bzw. die Vergütung für eine Leistung kann man, soweit vorgesehen, anhand der HOAI ermitteln und dabei einen Gewinn oder einen Verlust einrechnen. Grundlage jeder fundierten Aussage über die Bewertung von Leistungen ist jedoch die Betrachtung der Kostenebene und eine Vor-Kalkulation mithilfe einer Stundenerfassung.

Bei der Erbringung von Planungsleistungen fallen im Architektur- bzw. Ingenieurbüro Kosten an. Diese Kosten bestehen aus Sach- und Personalkosten. Sachkosten sind u.a. die Büromiete, Fahrzeuge, EDV-Anlagen, Papier und Stifte. Die Personalkosten der fest angestellten Mitarbeiter bzw. genauer die Arbeitskosten (d. h. inkl. Kosten für freie Mitarbeiter und ggf. Leistungen Dritter) machen im Planungsbüro erfahrungsgemäß den größten Kostenblock aus: als Faustformel lässt sich sagen, dass sie im Architekturbüro ca. 3/4, im Ingenieurbüro etwa 2/3 der Gesamtkosten ausmachen (jeweils +/– ca. 5%). 11

Bürospezifisch können diese Erfahrungswerte schwanken und sind daher anhand der tatsächlichen Kosten eines Büros zu ermitteln. Die Werte bzw. Kosten ergeben sich zum einen aus der ausgabenbezogenen Buchhaltung bzw. aus der Einnahmen-/Überschussrechnung zum Jahresende. Auf dieser Grundlage ist eine Kosten-/Leistungsrechnung einzurichten, im Planungsbüro ist eine sog. Kostenartenrechnung meist hinreichend genau.

Bei der Kostenartenrechnung handelt es sich um eine so genannte Vollkostenrechnung, die in größeren bzw. kostenrechnerisch versierten Büros differenziert werden kann. Zum Beispiel kann in der Ebene darunter noch eine genauere Zuordnung der angefallenen Kosten im Rahmen einer sog. Kostenstellen- oder Kostenträgerrechnung erfolgen. Die in der Praxis bei Planungsbüros etablierte Kostenartenstruktur ist aber zur Einführung einer Kosten-/Leistungsrechnung als Vorbereitung einer Kalkulation in der Regel völlig ausreichend. Sie ergibt sich im Allgemeinen wie nachfolgend dargestellt:

1 Personal-/Arbeitskosten
2 Kosten Raumnutzung
3 Sachkosten Bürobetrieb
4 Kosten Fahrzeuge
5 Reisekosten
6 Kosten Bürosicherung
7 Repräsentation / Akquisition
8 Sonstige Kosten
9 Kalkulatorische Kosten.

Eine solche leicht, ggf. mit Unterstützung des Steuerberaters aufzustellende Kostenartenstruktur zeigt zum einen auf, welche Kosten anfallen und in welchem Verhältnis diese zueinander stehen. Im Vergleich mit anderen Planungsbüros und im jährlichen Vergleich der Entwicklung im eigenen Büro können somit schon wertvolle Erkenntnisse gewonnen werden. Zum anderen ist diese Kostenartenstruktur aber unabdingbar, um Stundensätze sachgerecht aus den eigenen Zahlen ermitteln zu können, wie nachfolgend dargelegt wird.

4. Kalkulation der Planungsleistungen

Auf Grundlage des vereinbarten Leistungsziels, des -umfangs und der -zeit kann der Architekt die zu erbringenden Leistungen kalkulieren und den zu erwartenden Gewinn (oder Verlust) bestimmen. Diese Kalkulation kann sodann in das Angebot oder die Verhandlungen mit dem Bauherren bzw. Auftraggeber über den Honorarsatz und weitere 12 bestimmbare Rechenparameter, z. B. die Höhe einer etwaigen Nebenkostenpauschale, einfließen. Die (Vor-) Kalkulation dient dem Architekten zur Entscheidung über Auftragsannahme oder -ablehnung. Die Kalkulation ermöglicht Aussagen über den Aufwand und die Kosten eines Auftrags, während die HOAI die Ertragsseite des Auftrags regelt.

Die Honorarordnung wurde bekanntlich 1977 auf Grundlage eines Gutachtens von Prof. Dr. Pfarr eingeführt. Wesentlicher Auftrag dieses Gutachtens (Auftraggeber Bundesministerium für Wirtschaft) war zum einen die Ausarbeitung eines neuen Leistungsbildes vor allem für Architekten (weitere Leistungsbilder für Ingenieure folgten in späteren Novellierungen) und zum anderen die honorarmäßige Bewertung dieser Leistungen. Das erarbeitete Leistungsbild für Architekten hat seinen Niederschlag in § 15 der ‚alten' HOAI (HOAI 2009: § 33 und Anlagen, HOAI 2013 § 34 und Anlagen:) gefunden, während die Honorartafel des § 16 der ‚alten' HOAI (HOAI 2009: § 34, HOAI 2013: § 35) die honorarmäßige Bewertung enthielt. Die 1977 eingeführten Grundzüge gelten somit weiterhin.

13 Die gerade von juristischer Seite verschiedentlich vorgetragene Behauptung, die Honorarbemessung nach HOAI sei losgelöst von dem tatsächlichen Bearbeitungsaufwand für ein Projekt, greift nicht. Denn Objekttyp und Objektgröße, sind – wie aufgezeigt – neben anderen aufwand- und zeitbezogenen Einflussfaktoren (wie z. B. Bauherrentyp und Planungskompetenz des Architekturbüros sowie Organisation des Projekts, des Bauherren, des Architekten sowie der anderen Projektbeteiligten) wichtige Faktoren für die Honorarbemessung. Die HOAI trägt diesem Umstand durch die Einteilung in 5 Honorarzonen und der Möglichkeit der Honoraranpassung im Rahmen der Mindest- und Höchstsätze sowie durch verschiedene Zuschläge (z. B. Umbauzuschlag) entsprechend Rechnung. Die im Gutachten von Pfarr auf Grundlage der Auswertung von Befragungsaktionen in zahlreichen Architekturbüros ermittelten, voraussichtlich durch die Bearbeitung eines Auftrags entstehenden Kosten wurden zuzüglich eines Gewinnanteils Grundlage der Honorarbemessung nach HOAI.

14 Je nach Organisation und Planungskompetenz des einzelnen Planungsbüros und den weiteren Einflussfaktoren kann im konkreten Einzelfall das nach HOAI zustehende Honorar als gerecht und angemessen empfunden werden oder nicht. Für gesicherte Aussagen über die Angemessenheit der Honorierung sind jedoch betriebswirtschaftliche Maßstäbe anzulegen:

- Nur durch eine Kalkulation der Planungsleistungen ist der Architekt bzw. Ingenieur in der Lage, Erkenntnisse über die Kosten-/Leistungsstruktur eines Auftrages zu gewinnen.
- Nur mit diesen im Vorwege gewonnenen Daten kann der Planer eine fundierte Entscheidung über Auftragsannahme oder -ablehnung fällen.
- Nur im Vergleich dieser Vorkalkulation mit einem laufenden Vergleich als Zwischenkalkulation kann der Architekt/Ingenieur erkennen, ob der Auftrag noch im Rahmen der Vorkalkulation mindestens kostendeckend abgewickelt wird.
- Nur durch eine Nachkalkulation nach Auftragsbeendigung können gesicherte Daten gewonnen werden, die wiederum Grundlage der nächsten Vorkalkulation werden können.

15 Jede andere Herangehensweise an einen Planungsauftrag entspricht nicht betriebswirtschaftlichen Grundsätzen. Selbstverständlich kann man aus dem Bauch heraus über die Auftragsannahme und Kostendeckung eines Auftrags befinden und in diesem Sinne mit dem Auftraggeber verhandeln, wie in der Praxis häufig vorkommend. Es kommt dann auf die Erfahrung des Planers und sein Verhandlungsgeschick an. Jedoch ist jedes Planungsbüro ein Betrieb und als solches betriebswirtschaftlichen Grundsätzen und Gesetzmäßigkeiten unterworfen. Die Grundlagen der Existenzsicherung und der Gewinn eines Planungsbüros sind ohne eine Kalkulation im oben beschriebenen Sinne nicht oder nur unvollkommen zu erreichen. Wie man zu einer solchen Basis gelangt, wird nachfolgend beschrieben.

Unabdingbare Grundlage der Kalkulation ist die Aufwandsermittlung über die zu leistenden Projektstunden des Auftrags. Diese Kalkulation ist unabhängig von der Honorarermittlung gemäß HOAI vorzunehmen, wie bereits ausgeführt. Es ist bekannt, dass ein Großteil der Architekturbüros eine Stundenerfassung aus verschiedenen Gründen nicht vornimmt. Gemäß der Strukturuntersuchung der Architektenkammer Baden-Württemberg im Jahre 1996 erfassen lediglich 59% der Architekturbüros überhaupt den Stundenaufwand, d. h. die geleistete Arbeitszeit. Eine projekt- oder auftragsbezogene Zeiterfassung führen 54% aller Büros durch und nur 27% aller Büros haben eine Zeiterfassung nach Leistungsphasen.[5] Dieser Befund gilt bis heute. Die Stundenerfassung selbst wird in den Büros nach wie vor nicht flächendeckend vorgenommen. Die 2014 veröffentlichte IFB-Studie zur Lage der Ingenieure und Architekten im Auftrag des AHO, der Bundesingenieurkammer, des VBI und des BDB gibt Auskunft über die Stundenerfassung für alle befragten Architektur- und Ingenieurbüros insgesamt. Demnach erfassen rund ein Fünftel der Einmann-/Einfraubüros ihre Stunden, während vier Fünftel dieser Bürogröße die Stunden schätzen. Bei den Büros von 2–10 Mitarbeitern erfassen immerhin gemittelt ein Drittel der Büros ihre Stunden, während zwei Drittel schätzen. Die großen Büros mit mehr als 10 Mitarbeitern erfassen zu Dreiviertel die Stunden, aber immerhin ein Viertel schätzt. Dabei ist es so einfach, Stunden zu erfassen, sei es mit einem einschlägigen Programm oder einem Formblatt.

Für die Kalkulation von Planungsleistungen ist eine detaillierte Zeiterfassung sowohl projekt- als auch nach Leistungsphasen oder – besser – nach Einzeltätigkeiten (Teilleistungen gemäß HOAI oder nach einer bürointernen Checkliste der jeweiligen Einzeltätigkeiten) zwingend notwendig, da die Personalkosten den Großteil der Kosten darstellen. Ein laufender Vergleich der tatsächlich angefallenen Stunden während der Projektdurchführung mit der Vorkalkulation ist notwendig, um Störgrößen möglichst frühzeitig zu erkennen und gegensteuern zu können. Diese laufende Kalkulation dient gleichzeitig der Erfolgskontrolle des Planungsbüros. Nach Projektende ist eine Nachkalkulation durchzuführen als zahlenmäßige Grundlage für die nächsten Auftragskalkulationen. Als Messgröße für den zu kalkulierenden Aufwand bieten sich etwa für die Ausführungsplanung die erforderlichen m^2 Planfläche an; für die Objektüberwachung die vorgesehene Bauzeit in Tagen verbunden mit einem Faktor ‚Mannmonat', d. h. wie viel der Arbeitszeit ein oder mehrere Mitarbeiter bei diesem Projekt gebunden sind. Der Aufwand insbesondere für die Leistungsphasen 1–3 ist abhängig von der Kreativität des Büros und der Schnelligkeit der Lösung der Entwurfsaufgabe und kann daher stark schwanken. Schließlich kann der Aufwand anhand von bereits abgerechneten Objekttypen über die Messgröße h/m^3 BRI überschlägig ermittelt werden. 16

Je nach Erfahrung des Büros und Genauigkeit der Stundenaufzeichnungen kann mit Hilfe der nachkalkulatorisch gewonnenen Werte ein Stundenbudget für künftige Aufträge gewonnen werden. Dieses kann sich auf die veranschlagten Gesamtstunden beziehen, besser auf die beauftragten bzw. zu beauftragenden Leistungsphasen oder noch ausführlicher auf die vereinbarten bzw. zu vereinbarenden Einzeltätigkeiten. Idealerweise sind auch schon die vorgesehenen Projektleiter und Projektmitarbeiter benannt, so dass auch Stundensätze ermittelt werden können.

Dabei sollte von den unbefriedigenden Stundensätzen nach § 6 HOAI 1996/2002 abgesehen werden, die seit der HOAI 2009 nicht mehr verbindlich vorgeschrieben sind. Besser wäre die Ermittlung des sog. mittleren Bürostundensatzes, d. h. des Stundensatzes, der alle anfallenden Kosten eines Büros beinhaltet. Noch genauer ist die Ermittlung von personenbezogenen Stundensätzen oder von vergleichbaren Mitarbeitergruppen (z. B. Inhaber, Projektleiter, Projektmitarbeiter), da auf diese Weise eine rechnerisch exakte Kalkulation ermöglicht wird. Wichtig ist, dass den Stundensätzen noch ein Ge-

[5] Architektenkammer Baden-Württemberg, Strukturuntersuchung 1996, Architekturbüros in Baden-Württemberg; hier Frage 23 inkl. 23.1. und 23.2.

winnaufschlag hinzuzurechnen ist. Dazu wird die oben beschriebene Kostenartenermittlung benötigt.

17 Der kostendeckende mittlere Bürostundensatz liegt in Architekturbüros – vermutlich durch niedrigere Gehälter – etwas geringer als in Ingenieurbüros. Den mittleren Bürostundensatz kann man schnell ermitteln, wenn man die Gesamtkosten des Büros aus der Kostenartenstrktur und die gesamten Stunden aller Mitarbeiter einschließlich Inhaber aus der regelmäßigen Stundenaufschreibung kennt, die in den verschiedenen Aufträgen des Vorjahres angefallen sind. Der kostendeckende mittlere Bürostundensatz ergibt sich sodann aus der Division der Gesamtkosten durch die Projektstunden.

Unter der Voraussetzung, dass der Inhaber sein Büro ähnlich fortführt, hat er damit einen Anhaltspunkt, welchen Stundensatz er im Durchschnitt über alle Aufträge mindestens erreichen muss, um ohne Verlust zu arbeiten. Jeder über diesem Betrag vereinbarte Cent fließt sodann in den Gewinn. Denn im mittleren Bürostundensatz sind auch alle (All-)Gemeinkosten des Büros enthalten, die ebenfalls erwirtschaftet werden müssen: sobald alle Kosten gedeckt sind, fällt Gewinn an. Sollte sich die Bürostruktur absehbar verändern, kann vorläufig mit diesem Wert weiter gerechnet werden, außer wenn sich gravierende Mitarbeiterbewegungen ergeben. Dann sollte der mittlere Bürostundensatz aufgrund von Erwartungen und vorläufigen Annahmen rechtzeitig fortgeschrieben werden, um immer gesicherte Zahlen zur Verfügung haben.

18 Besser und genauer sind als Rechenbasis natürlich die individuellen Stundensätze der einzusetzenden Mitarbeiter. Somit kann zwischen den beteiligten Projektmitarbeiter, Projektleiter und Inhaber stärker differenziert werden.

Unter verrechnungstechnischen Gesichtspunkten lassen sich die gesamten Kosten eines Büros in (projektbezogene) Einzel- und (bürobezogene) Gemeinkosten aufteilen, wobei dann in beiden Sach- und Personalkostenelemente stecken können. Diese Unterteilung in Einzel- und Gemeinkosten ist notwendig für die Ermittlung des Gemeinkostenfaktors und daraus resultierend für die personenbezogenen Stundensätze im Büro. Die Ermittlung des Gemeinkostenfaktors kann an anderer Stelle nachgelesen werden.[6] Die personenbezogenen Stundensätze werden nach folgender Rechenformel ermittelt:

$$\frac{\text{Jahresgehalt} \times \text{Gemeinkostenfaktor}}{\text{Jahresstunden} \times 100} = \text{Mitarbeiterstundensatz}$$

Multipliziert man nun die voraussichtlichen Stunden der einzusetzenden Personen mit den jeweiligen mitarbeiterspezifischen Stundensätzen, und vergleicht diese Summe mit dem erzielten bzw. zu erzielenden Honorar gemäß HOAI, so kann die *Auskömmlichkeit der Honorare* noch genauer ermittelt werden. Erfolgt diese Auswertung bezogen auf Leistungspakete (z. B. Lph 1–4, 5–7, 8–9) oder noch genauer bezogen auf Leistungsphasen, so kann die Auskömmlichkeit jeweils noch besser festgestellt werden.

Der mittlere Bürostundensatz dient vor allem zum Vergleich der Kostenentwicklung im Laufe der Jahre oder als sog. Benchmarking mit anderen Büros. Zudem sind damit sehr schnell die sog. Honorardeckungsstunden ermittelbar (Honorar/Stundensatz = kostendeckende Stundenzahl); das Ergebnis liefert eine erste grobe Einschätzung zu den maximal möglichen Stunden eines neuen Auftrags. Eine darüber hinaus gehende Vorkalkulation bedeutet, dass die aus anderen Projekten bezogenen Aufwandswerte mit dem mittleren Bürostundensatz oder den Personen-Stundensätzen der eingesetzten Mitarbeiter multipliziert werden. Dieses Ergebnis kann mit dem nach HOAI zu erzielenden Honorar verglichen werden, um Entscheidungen über die Konditionen der Auftragsannahme bzw. während der Vertragsverhandlungen treffen zu können.

19 Diese Art der Kalkulation über Stundenbudget und Stundensätze reicht in der Regel bei der überwiegend kleinteiligen Struktur besonders bei Architekturbüros völlig aus, um hinreichend genaue Aussagen im Wege einer Vorkalkulation zum voraussichtlichen

[6] Vgl. die Broschüren auf www.pep-7.de

Aufwand eines Auftrags zu erhalten. Es sei daran erinnert, dass der in der Praxis häufige Rechenweg, die sog. Honorardeckungsstunden aus dem erzielbaren Honorar durch Division mit einem Stundensatz gewissermaßen rückwärts zu rechnen, keine Kalkulation im eigentlichen Sinne darstellt. Fragt man in Architekturbüros, so ist diese Rückwärtsbetrachtung leider häufig Usus, da die Vorstellung vorherrscht, die HOAI werde schon für auskömmliche Honorare gewissermaßen ‚sorgen'. Ein solcher Automatismus existiert jedoch nicht, wie oben näher ausgeführt.

Größere Planungsbüros können auch nach folgendem, detaillierterem Kalkulations- 20
schema vorgehen. Nach Ermittlung der Einzelkosten der Leistungen sind die Sachkosten des Auftrags festzustellen. Nach Pfarr können die Sachkosten des Planungsbüros aus Vereinfachungsgründen zwar den Gemeinkosten zugerechnet werden.[7] Vor allem bei größeren Büros und Aufträgen ist aus Gründen der Kostentransparenz eine gesonderte Sachkostenermittlung jedoch sinnvoll. Die Allgemeinen Geschäftskosten werden zu den Einzel- und Sachkosten addiert. Schließlich ist noch ein Zuschlag für Wagnis und Gewinn zu beaufschlagen, so dass sich angelehnt an die Kalkulation von Bauleistungen folgendes Kalkulationsschema ergibt:

		Kalkulationsschema
	1.	**Einzelkosten der Leistungen**
		1.1 Gehaltskosten
		1.2 Kosten der Leistungen Dritter/Freie MA
+	**2.**	**Sachkosten des Auftrags**
		2.1 Zeitunabhängige Kosten
		2.2 Zeitabhängige Kosten
=		**Erstellungskosten**
+	**3.**	**Allgemeine Geschäftskosten**
=		**Selbstkosten**
+	**4.**	**Wagnis und Gewinn**
		4.1 Wagnis
		4.2 Gewinn
=		**Nettohonorar** (ohne Nebenkosten und Mwst.)

Abbildung – Kalkulationsschema der Planungsleistung

Die Einzelkosten und die zeitabhängigen und zeitunabhängigen (mengen-/ver- 21
brauchsabhängigen) Sachkosten addiert, ergeben die Erstellungskosten. Nach Beaufschlagung mit den Allgemeinen Geschäftskosten erhält man die Selbstkosten. Schließlich ist noch ein Zuschlag für das allgemeine Ausführungswagnis oder besondere Wagniszuschläge sowie ein Gewinnzuschlag zu bilden, um die notwendige Nettohonorarsumme zu erhalten. Die Erstellungskosten des Auftrags sind direkt zuordenbare Kosten. Die All-

[7] Vgl. K. Pfarr/M. Koopmann/D. Rüster, Was kosten Planungsleistungen, 1989, S. 42.

gemeinen Geschäftskosten, Wagnis und Gewinn fließen als Fixkostenanteile in die Kalkulation ein.

5. Zusammenfassung und Ausblicke

22 Gleich, wie im Planungsbüro kalkuliert wird, überwiegen die Vorteile den nicht allzu hohen Aufwand bei der Vorkalkulation. Beispielsweise können auf diese Weise nicht nur die Grundleistungen kalkuliert werden, sondern auch die Besonderen Leistungen. Bei Änderungs- und Wiederholungsleistungen oder im Falle von Zeitverzögerungen kann der Planer analog zum Vorgehen bei Baunachträgen oder Bauablaufstörungen seinen Mehraufwand ermitteln und je nach rechtlichen Gegebenheiten geltend machen.

Es kann also nur an die Planer appelliert werden, in Ergänzung zur HOAI bzw. den Honorartafeln eine Vorkalkulation neuer Aufträge durchzuführen. Die eher schlechte ökonomische Situation der angestellten und freien Architekten hängt auch damit zusammen, dass zu sehr darauf vertraut wird, dass die HOAI es schon richten werde. Architekten- und Ingenieurleistungen sind im vorhinein beschreibbar und damit auch vertraglich fixierbar und kalkulierbar. Es wäre gut, wenn die Planer mit ihren Langzeitverträgen eine Aufwandsermittlung ihrer zu erbringenden Leistungen vornehmen würden; die Vorteile überwiegen den nicht allzu großen Kalkulationsaufwand beträchtlich.

2. Teil. Der Architekten- und Ingenieurvertrag

§ 4 Abschluss, Inhalt und Beendigung

Übersicht

I. Rechtsnatur des Architektenvertrages

1. Architektenvertrag als Dienst- oder Werkvertrag

1 Bei der rechtlichen Einordnung des Architektenvertrages kommt sowohl die Anwendung des Werkvertrags- als auch des Dienstvertragsrechts in Betracht. Denn der Architektenvertrag ist ein Typenmischvertrag, er weist erfolgsbezogene aber auch dienstvertragliche Elemente auf. Planungsleistungen sind erfolgsbezogen, der Architekt soll eine richtige und vollständige Planung erstellen. Weniger eindeutig ist dies bei der Bauüberwachung. Denn einen Erfolg „garantieren" kann der Architekt nicht, will er nicht den Unternehmern „die Hand führen". Er kann nur durch regelmäßige und gründliche Aufsicht dazu beitragen, dass die mit der Ausführung betrauten Unternehmer mangelfrei arbeiten. Dies könnte Gegenstand einer dienstvertraglichen Tätigkeitspflicht aber auch werkvertraglich geschuldeter Erfolg sein.

2 Die abstrakte Abgrenzung zwischen Werkvertrag und Dienstvertrag ist verhältnismäßig leicht vorzunehmen, obwohl Dienst- und Werkvertrag manche Gemeinsamkeit verbindet: Grundgedanke des Werkvertrages ist es, dass der Auftragnehmer dem Besteller gegen Entgelt eine **erfolgreiche Wertschöpfung** schuldet. Bei einem Dienstvertrag dagegen besteht die geschuldete Hauptleistung des Dienstverpflichteten in der **Erbringung einer Arbeitsleistung**, wenngleich sich die Leistung des Dienstverpflichteten nicht im Ableisten der Arbeitszeit erschöpft, sondern fachgerechte und insoweit auch zielgerichtete Dienste zu erbringen sind. Der Dienstverpflichtete verspricht sorgfältiges Tätigwerden.[1]

3 Das maßgebliche **Unterscheidungskriterium** liegt somit darin, dass bei einem Dienstvertrag eine **Tätigkeit** geschuldet wird und bei einem Werkvertrag ein **Erfolg**;[2] der Werkunternehmer übernimmt eine **vertragliche Garantie** für den Erfolg. Jedoch können alle Tätigkeiten, zu deren Erbringung ein Werkvertrag abgeschlossen werden kann, auch Gegenstand eines Dienstvertrages sein, so dass die Vertragspartner eines Vertrages über Architektenleistungen generell nicht gehindert sind, die Verpflichtung des Sachschuldners Architekt zur Erbringung eines Erfolges auszuschließen und somit ihr Vertragsverhältnis dem Dienst- statt dem Werkvertragsrecht zu unterstellen.[3]

4 Das **Reichsgericht** sah den Schwerpunkt der Tätigkeit des Architekten regelmäßig im **dienstvertraglichen Bereich**. So sollte nur ein Vertrag, der ausschließlich die **Planung** zum Inhalt hat, als Werkvertrag eingeordnet werden können.[4] Sobald neben die bloße Planung auch Überwachungsleistungen traten, sah das Reichsgericht in dem Vertrag einen Dienstvertrag. Zur Begründung führte es aus, dass die „eigentliche" Architektenleistung die Bauleitung sei, neben der die Planung keine selbständige Bedeutung habe.[5]

5 Mit dem zentralen Urteil v. 26.11.1959[6] ist der VII. Zivilsenat des **Bundesgerichtshofs** dieser Ansicht entgegengetreten und hat eine Neueinordnung des Vollarchitekturvertrages vorgenommen, indem er diesen als **Werkvertrag** i. S. d. §§ 631 ff. BGB qualifizierte. In seiner Entscheidung betont der BGH, dass sämtliche Tätigkeiten des Architekten, sei es die Planung oder die sonstigen ihm obliegenden Einzelleitungen wie beispielsweise die

---

1 *Mansel,* in Jauernig, BGB, 15. Auflage, vor § 631 Rn. 3.
2 BGH Urt. v. 6.6.2013 – VII ZR 355/12, NJW 2013, 3022.
3 Vgl. *Richardi/Fischinger,* in Staudinger, BGB (2011), vor § 611 Rn. 42 ff.
4 RGZ 97, 125.
5 RGZ 86, 75; 137, 83 ferner RG, JW 1936, 3116.
6 BGH Urt. v. 26.11.1959 – VII ZR 120/58, NJW 1960, 431.

Bauüberwachung, einzig dem Ziel dienten, die mängelfreie Errichtung des geplanten Bauwerks zu bewirken und so den dem Bauherrn geschuldeten Erfolg herbeizuführen.

6 Auch bei Übertragung nur **einzelner, den Grundleistungen des** § 34 Abs. 3 HOAI entsprechender Leistungen besteht eine klare Tendenz zur Anwendung des Werkvertragsrechts. Dies findet seine Bestätigung in § 634a BGB. Nach dieser Vorschrift finden die werkvertraglichen Gewährleistungsregeln auch auf solche Verträge Anwendung, durch die Planungs- oder Überwachungsleistungen für ein Werk erbracht werden. Dies legt die Anwendung des Werkvertragsrechts nahe, da nicht einsichtig ist, warum werkvertragliche Verjährungsregeln auf einen Dienstvertrag Anwendung finden sollten.

7 Für den **Architektenvertrag ohne (Entwurfs-) Planungsleistungen**, also den Vertrag, der den Leistungsphasen Nr. 6 bis Nr. 9 des § 34 Abs. 3 HOAI inhaltlich entspricht, entschied der BGH mit Urteil v. 7.3.1974,[7] dass dieser ebenfalls als **Werkvertrag** zu qualifizieren ist. Das Urteil bezog sich auf ein Vertragsverhältnis, das weder Vorentwurf, Entwurf noch Bauvorlage zum Gegenstand hatte. Dies begründete der BGH mit der „Bedeutung der nach Abschluss der Planung erforderlichen [...] Architektenleistungen für die Entstehung des Bauwerks",[8] durch die eine im Plan niedergelegte zeichnerische Lösung ihre Verwirklichung finde. Auch in diesem Fall sieht der BGH also die Herbeiführung eines Erfolges als im Vordergrund stehend an.

8 Mit seinem Urteil v. 22.10.1981[9] näherte sich der BGH der regelmäßigen Einordnung des Architektenvertrages als Werkvertrag weiter an. Das Urteil betraf eine Vertragskonstellation, in welcher dem Architekten allein die **Bauführung** ohne jegliche Planungsleistung (Objektüberwachung i. S. d. Leistungsphase 8 § 15 Abs. 2 HOAI) übertragen worden war. Auch in diesem Fall sah der VII. Zivilsenat des BGH die Tätigkeit des die Bauüberwachung vornehmenden Architekten als erfolgsbezogen an. Auch für den Fall, dass eine **„Baubegleitung" durch Mängelerfassung** während der Bauausführung vereinbart wird (und zwar durch eine fest vorgegebene Anzahl von Baustellenbesuchen) hat der Bundesgerichtshof die Anwendbarkeit des Werkvertragsrechts angenommen.[10] Der **Projektsteuerungsvertrag** ist bei Vereinbarung erfolgsbezogener Pflichten, die dem eines mit der Bauüberwachung betrauten Architekten entsprechen, Werkvertrag.[11]

9 Ein Werkvertrag soll auch dann anzunehmen sein, wenn der Architekt mit der **künstlerischen Oberleitung** neben der Objektplanung betraut wird, reine **Vermessungstätigkeit** leistet oder ein **Privatgutachten** erstellt.[12] Ebenso wird ein Werkvertrag bei Machbarkeitsstudien, Beurteilungen zur bauplanungsrechtlichen Zulässigkeit von Projekten oder Standortanalysen angenommen.[13] Auch wenn dem Architekten lediglich die Objektbetreuung und Dokumentation übertragen werden (§ 34 Abs. 3 Nr. 9 HOAI), soll der Vertrag als Werkvertrag zu qualifizieren sein, da es sich auch hier um eine „erfolgsbezogene und nicht nur betreuerische Einzelleistung"[14] handele. Das **OLG Hamm** hat für eine ähnliche Vertragskonstellation allerdings angenommen, dass ein Vertrag, mit dem es ein Architekt übernimmt, einen Bauherrn **wegen etwaiger Mängelansprüche** gegen einen Bauunternehmer zu **beraten**, einen **Dienstvertrag i. S. d. §§ 611 ff. BGB** darstellt.[15]

---

7 BGH Urt. v. 7.3.1974 – VII ZR 217/72, NJW 1974, 898.

8 BGH Urt. v. 7.3.1974 – VII ZR 217/72, NJW 1974, 898. So auch OLG Brandenburg Urt. v. 28.3.2013 – 12 U 96/12, NZBau 2013, 438.

9 BGH Urt. v. 22.10.1981 – VII ZR 310/79 NJW 1982, 438.

10 BGH Urt. v. 11.10.2001 – VII ZR 475/00, BauR 2002, 315.

11 BGH Urt. v. 10.6.1999 – VII ZR 215/98, BauR 1999, 1317.

12 *Werner/Pastor* Rn. 680 m. w. N.

13 *Fischer,* jurisPR-PrivBauR 7/2013, Anm. 6.

14 *Koeble,* in Locher/Koeble/Frik, HOAI, 12. Auflage, Einl. Rn. 43.

15 OLG Hamm Urt. v. 11.10.1994 – 28 U 26/94, NJW-RR 1995, 400. Ablehnend *Kniffka,* ibr-online-Kommentar (28.7.2015) Bauvertragsrecht, vor § 631 Rz. 73.

10 Auch wenn der Architekt allein mit Leistungen der Leistungsphase 1 (Grundlagenermittlung) betraut ist, liegt ein Werkvertrag vor.[16]

2. Rechtsfolgen bei der Qualifikation als Dienstvertrag

11 Trotz der erkennbaren Tendenz in Rechtsprechung und Literatur, den Architektenvertrag dem Werkvertragsrecht zuzuordnen, sind weiterhin Vertragskonstellationen denkbar, in denen Dienstvertragsrecht zur Anwendung gelangt. So kommt etwa bei Projektsteuerungsverträgen im Einzelfall die Anwendung von Dienstvertragsrecht in Betracht, wenn lediglich einzelne Beratungspflichten übertragen werden.[17]

Die Behandlung eines Vertrags nach dienstvertraglichen Grundsätzen unterscheidet sich erheblich von den aus der Qualifikation als Werkvertrag resultierenden Folgen.

12 Hauptunterschied ist zunächst der **verschiedenartige Inhalt der Leistungspflichten**. Beim Dienstvertrag wird eine Tätigkeit als solche, ein **Wirken**, geschuldet, und zwar ohne Rücksicht auf den mit der Leistung bezweckten Erfolg, was jedoch nicht bedeutet, dass nicht auch ein Dienstverpflichteter „erfolgreich arbeiten" müsste. Es besteht aber keine garantieartige Haftung für die Herbeiführung des Erfolges. Beim Dienstvertrag stellt die Tätigkeit selbst die geschuldete Leistung dar, bei einem Werkvertrag wird dagegen ein Arbeitserfolg (und nicht nur eine Tätigkeit in Richtung des Erfolges wie bei einem Dienstvertrag) geschuldet, das **Werk**.[18]

13 Eine weitere bedeutende Abweichung zwischen den Vertragstypen besteht hinsichtlich der **Gewährleistung**. Im Recht des Dienstvertrages fehlt jegliche diesbezügliche Regelung, Anspruchsgrundlage ist allein § 280 BGB. Wenn der Dienstverpflichtete Schäden verursacht, haftet er also und der Dienstberechtigte kann gegen den Vergütungsanspruch aufrechnen. Eine Vergütungsminderung wegen mangelhafter Arbeit kennt das Dienstvertragsrecht aber nicht.[19] Allein wegen einer Schlechtleistung, die letztlich ohne Folgen bleibt, kann der Lohn nicht gemindert werden.

14 Da das Dienstleistungsrecht eine spezielle Verjährungsregelung für nach wie vor nicht kodifizierte Gewährleistungsansprüche nicht kennt, unterliegt der Anspruch der regelmäßigen Verjährungsfrist des § 195 BGB, die bis zu 10 Jahren beträgt (§ 199 Abs. 4 BGB).

15 Die Zahlung der vereinbarten **Vergütung** ist die Hauptleistungspflicht des Dienstberechtigten und steht zum Erbringen der Dienstleistung im Synallagma. Der Rechtsgrund der Vergütung ist der **Dienstvertrag**, welcher auch die Höhe regelt. Grundsätzlich ist der Dienstverpflichtete gem. § 614 BGB **vorleistungspflichtig**; soweit ein Architekt also auf Grundlage eines Dienstvertrages tätig wird, erhält er sein Honorar erst nach Erbringung der vereinbarten Dienste, unabhängig davon, ob ein Erfolg herbeigeführt worden ist.

16 Da die HOAI gem. § 1 für Leistungen von Architekten und Ingenieuren (Auftragnehmer) gilt, ist sie nicht darauf beschränkt, lediglich bei einem zwischen Auftraggeber und Architekt abgeschlossenen Werkvertrag Anwendung zu finden. Die HOAI ist leistungs- und nicht personenbezogen, so dass sie auch bei Dienstverträgen Anwendung finden kann.[20] Als Sondervorschrift zu § 614 BGB regelt die Norm des § 15 HOAI dann abweichend die Fälligkeit, so dass es der Abnahme und der Erstellung einer prüffähigen Schlussrechnung bedarf.

17 Die **Beendigung** des Vertrages richtet sich entsprechend nach den Vorschriften des Dienstvertragsrechts. In Betracht kommen neben allgemeinen Beendigungstatbeständen, wie beispielsweise einem Aufhebungsvertrag, dem Eintritt einer auflösenden Bedingung oder dem Fristablauf bei zeitlich begrenzten Verträgen, eine **ordentliche** sowie eine **außerordentliche Kündigung** des Vertrages.

---

16 BGH Urteil v. 10.7.2014 – VII ZR 55/13, NZBau 2014, 568.

17 *Locher*, in Locher/Koeble/Frik, HOAI, 12. Auflage, Einl. Rz. 425.

18 *Müller-Glöge*, in MünchKommBGB, 6. Auflage, § 611 Rz. 22.

19 *Fuchs*, in BeckOK BGB, Stand: 1.8.2015, § 612 Rn. 87 ff.

20 BGH Urt. v. 18.5.2000 – VII ZR 125/99, BauR 2000, 1512.

Die ordentliche Kündigung ist stets an die Einhaltung bestimmter Fristen gebunden, mögen diese auch unterschiedlich ausgestaltet sein. Die außerordentliche Kündigung aus wichtigem Grund gem. § 626 kann grundsätzlich ohne Einhaltung einer Frist erklärt werden. Der wichtige Grund zur Kündigung ist im Gesetz generalklauselartig umschrieben und bedarf konkreter Ausfüllung im Einzelfall. Als Gründe kommen vornehmlich Verletzungen dienstvertraglicher Pflichten in Frage, die verschuldet oder unverschuldet sein können. Sie können aus der Person des Vertragspartners herrühren, so dass insbesondere die **Unfähigkeit zur Leistung der übernommenen Dienste** durch den Dienstverpflichteten einen Grund zur außerordentlichen Kündigung darstellen kann. Die **Darlegungs- und Beweislast** für alle Tatsachen, auf die die außerordentliche Kündigung gestützt wird, trifft den Kündigenden, so dass die **fristlose Kündigung** gem. § 627 BGB **ohne Vorliegen eines wichtigen Grundes** praktisch bedeutsam ist. 18

Gemäß § 627 BGB kann ein Dienstverhältnis, das kein Arbeitsverhältnis ist, auch „ohne die in § 626 bezeichneten Voraussetzungen" gekündigt werden, wenn der Dienstverpflichtete **Dienste höherer Art** zu leisten hat. Erfasst werden Tätigkeiten, die besondere Qualifikationen erfordern und die daher **aufgrund besonderen Vertrauens** übertragen wurden.[21] Maßgeblich ist dabei die typische Situation, nicht dagegen, ob im konkreten Fall eine Übertragung aufgrund besonderen Vertrauens erfolgte.[22] Für Dienstverträge mit Architekten wurde dies vom BGH bejaht.[23] 19

Wird das Dienstverhältnis nach §§ 626 oder 627 BGB gekündigt, so hat der Dienstverpflichtete nach § 628 Abs. 1 Satz 1 BGB einen **Anspruch auf einen Teil der vereinbarten Vergütung**. Das Dienstverhältnis wandelt sich in ein vermögensrechtliches Abwicklungsverhältnis um.[24] Zu zahlen ist die der erbrachten Leistung entsprechende Vergütung.[25] Vergütung ist dabei alles, was nach dem Dienstvertrag für die bereits erbrachten Leistungen geschuldet wird; dazu gehören auch die Auslagen, die dem Dienstpflichtigen zu erstatten sind. Damit besteht ein erheblicher Unterschied zum Werkvertragsrecht. Dort bleibt auch in einem Fall der freien Kündigung durch den Besteller gem. § 649 BGB der originäre, vertragliche Vergütungsanspruch bestehen. Der Anspruch ist **kein** Schadensersatzanspruch „auf entgangenen Gewinn",[26] sondern der um die ersparten Aufwendungen verringerte Anspruch aus §§ 631, 632 BGB als Entschädigung für die entgangene Verdienstmöglichkeit.[27] Daneben hat bei der Kündigung eines Dienstvertrages nach § 628 Abs. 2 BGB derjenige dem anderen Teil **Schadensersatz** zu leisten, der durch vertragswidriges Verhalten Anlass zur außerordentlichen Kündigung gegeben hat. Die Vorschrift ist Ausdruck eines allgemeinen Rechtsgedankens und auf alle Dauerschuldverhältnisse anwendbar.[28] 20

Bei einem Dienstvertrag hat der Architekt keinen Anspruch auf Sicherheit nach § 648 oder § 648a BGB.[29]

3. Architektenvertrag als Typenmischvertrag

Auch wenn der Architektenvertrag regelmäßig als Werkvertrag zu qualifizieren ist, so enthält er zugleich Elemente des Geschäftsbesorgungsvertrages. Der mit Planung und Bauüberwachung betraute Architekt ist zugleich **Werkunternehmer** und **Sachwalter** des Auftraggebers.[30] Aus beiden Funktionen erwachsen ihm spezifische Rechte und Pflich- 21

---

21 *Henssler*, in MünchKommBGB, 6. Auflage, § 627 Rn. 20 ff.
22 BGH Urt. v. 18.10.1984 – IX ZR 14/84, NJW 1986, 373.
23 BGH Urt. v. 26.11.1959 – VII ZR 120/58, NJW 1960, 431.
24 *Henssler*, MünchKommBGB, 6. Auflage, § 628 Rn. 1.
25 *Henssler*, MünchKommBGB, 6. Auflage, § 628 Rn. 7.
26 BGH Urt. v. 10.10.1996 – VII ZR 250/94, BauR 1997, 156, 159.
27 BGH Urt. v. 22.11.2007 – VII ZR 83/05, BauR 2008, 506.
28 *Preis*, in Staudinger, BGB (2011), § 628 Rn. 34.
29 *Peters/Jacoby*, in Staudinger, BGB (2013), § 648a Rn. 3.
30 Ebenso wie der Architekt kann auch der umfassend beauftragte Ingenieur Sachwalter sein

ten, die der BGH aus dem **dynamischen Kooperationscharakter** des Werkvertrages abgeleitet hat. Der BGH verweist auf die zentrale Stellung des umfassend beauftragten Architekten, die ihn zum primären Ansprechpartner macht, wenn es zu Problemen bei der Bauabwicklung kommt.[31] Die Tätigkeit des Architekten darf also nicht auf Planung und Bauaufsicht reduziert werden. Ihn treffen weitere Pflichten gegenüber dem Bauherrn, die aus seiner Zuständigkeit für das Gelingen des Bauwerks und aus seiner besonderen Stellung als „Baumeister" folgen.

22 **a) Werkvertragliche Elemente.** Die wesentliche Hauptleistungspflicht des Architekten liegt in der Erstellung des vertraglich vereinbarten Werkes. Ein Recht dazu hat der Architekt nach Abschluss des Vertrages nicht, wie § 649 BGB zeigt, der dem Besteller ein jederzeitiges Kündigungsrecht einräumt. Nach den Vorstellungen des BGB ist dem Interesse des Architekten hinreichend Genüge getan, wenn dieser seinen vertraglichen Vergütungsanspruch behält. Dass ein Architekt etwa aus Werbegründen Interesse daran haben könnte, das vertraglich vereinbarte Werk tatsächlich zu errichten, berücksichtigt das Gesetz nicht.

23 Da der Architekt nur die Herstellung des versprochenen Werkes schuldet, besteht (im Ausgangspunkt, → 4) keine Verpflichtung, bestimmte Tätigkeiten auszuführen. Weder das Gesetz noch die HOAI fordern vom Architekten eine bestimmte Art des Tätigwerdens. Das bedeutet, dass der Werkerfolg mit dem dafür erforderlichen Aufwand durch den Architekten herbeizuführen ist und sich dieser nicht auf das „Abarbeiten" der Grundleistungen der HOAI beschränken darf. Auf der anderen Seite ist die HOAI aber auch kein „Pflichtenheft", d. h. die Leistung des Architekten kann auch dann mangelfrei sein, wenn er nicht alle Grundleistungen erbracht hat. **Die HOAI begrenzt die Leistungsverpflichtung des Architekten nicht.**[32]

24 Da das Architektenwerk ein **geistiges Werk** ist, schuldet der Architekt nicht die körperliche Herstellung einer technischen Anlage oder eines Gebäudes. Diese Aufgabe hat allein das ausführende Unternehmen, und zu dieser trägt der Architekt lediglich seinen Teil bei.[33] Dazu gehört die **Bauaufsicht**, soweit sie dem Architekten vertraglich übertragen worden ist. Auch hier ist der Architekt gehalten, den werkvertraglichen Erfolg, also die mängelfreie Errichtung des Bauwerkes, herbeizuführen. Der Architekt „hat darauf hinzuwirken, dass ein mangelfreies Bauwerk entsteht; darin besteht der von ihm geschuldete Werkerfolg".[34]

25 Das Werk ist nicht nur **frei von Mängeln**, sondern auch **rechtzeitig** herzustellen und – was nunmehr aus § 633 Abs. 1 BGB folgt – grundsätzlich bei dem Besteller **abzuliefern**,[35] was sich aus § 640 BGB ableiten lässt. Dazu gehört auch die Übereignung der Pläne an den Besteller.

26 Ein **Mangel** liegt nach der Legaldefinition des § 634 BGB vor, wenn das Werk weder die vereinbarte Beschaffenheit aufweist noch, wenn die Beschaffenheit nicht vereinbart ist, sich für die nach Vertrag vorausgesetzte oder subsidiär für die gewöhnliche Verwendung eignet noch schließlich eine Beschaffenheit aufweist, die bei Werken der gleichen Art üblich ist und die der Auftraggeber nach der Art des Werkes erwarten kann. Die Leis-

(BGH Urt. v. 10.10.2013 – VII ZR 19/12, BauR 2014, 127. Für den Tragwerksplaner hat der BGH eine Sachwalterstellung (und damit die Annahme einer Sekundärverjährung) abgelehnt, vgl. BGH Urt. v. 27.9.2001 – VII ZR 320/00, BauR 2002, 108, ebenso sind sonstige Sonderfachleute keine Sachwalter, BGH Urt. v. 28.7.2011 – VII ZR 4/10, BauR 2011, 1840. Auch der nur mit Planung und Vergabe betraute Architekt ist kein Sachwalter, BGH Urt. v. 23.7.2009 – VII ZR 134/08, NJW 2009, 3360.

[31] BGH Urt. v. 28.7.2011 – VII ZR 4/10, BauR 2011, 1840.

[32] BGH Urt. v. 24.10.1996 – VII ZR 283/95, BauR 1997, 154, 156; BGH Urt. v. 26.1.2012 – VII ZR 128/11, BauR 2012, 979.

[33] BGH Urt. v. 9.7.1962 – VII ZR 98/61 NJW 1962, 1764.

[34] BGH Urt. v. 25.2.1999 – VII ZR 208/97, BauR 1999, 657, 658.

[35] *Busche*, in MünchKommBGB, 6. Auflage, § 631 Rz. 59.

tung des Architekten muss **funktionstauglich** sein und grundsätzlich den **allgemein anerkannten Regeln der Technik** entsprechen.[36] Auch für die Leistungen des Architekten gilt der **funktionale Mängelbegriff**, d. h. der von dem Architekten geschuldete Erfolg wird nicht dadurch beschränkt, dass sich die Parteien auf ein Planungsdetail einigen oder eine bestimmte Ausführung vereinbaren. Der Architekt muss unabhängig von solchen Festlegungen eine taugliche Lösung für den Besteller planen und umsetzen.[37]

Die anerkannten Regeln der Technik sind Verhaltensanweisungen, die sicherstellen sollen, dass „der durch das technische Handeln erreichbare Erfolg von maßgeblichen Fachleuten als richtig, brauchbar und praxisbewährt akzeptiert wird".[38] Diese stellen jedoch nur **Mindeststandards** dar. Der BGH betont, dass im Einzelfall die an die Planung zu stellenden Anforderungen auch darüber hinausreichen können.[39] Zudem ist zu beachten, dass die „anerkannten Regeln der Technik nicht ausschließlich in förmlich veröffentlichten Vorschriften niedergelegt und solche Bestimmungen nicht selten durch den neuesten Stand der Technik überholt sind".[40] 27

Die Planung ist auch dann mangelhaft, wenn sie aus technischen, bauordnungsrechtlichen oder bauplanungsrechtlichen Gründen **nicht dauerhaft genehmigungsfähig** ist.[41] Ein Mangel liegt auch dann vor, wenn der baurechtswidrige Zustand geduldet wird, jedoch kann in derartigen Fällen ein Schaden fehlen. Das bedeutet, dass der Planer die Bestimmungen des öffentlichen Bauplanungs- und Bauordnungsrechts sowie der darauf beruhenden Behördenpraxis bei seiner Planung berücksichtigen muss, sofern er sich nicht Mängelansprüchen aussetzen will. Es ist von ihm also unter anderem zu prüfen, ob Bebauungspläne vorliegen und ob die Bestimmungen der Baunutzungsverordnung eingehalten sind. Dies setzt in erheblichem Maße **Rechtskenntnisse** des Architekten voraus. Daran dürfen nach Ansicht einiger Instanzgerichte allerdings keine **überzogenen Anforderungen** gestellt werden, der Architekt ist kein Rechtsberater des Bauherrn.[42] Dies bedeutet aber nicht, dass der Architekt im Falle der Unkenntnis frei planen kann, ohne Mängelansprüchen ausgesetzt zu sein. Der Architekt muss im Falle von Zweifeln an der Genehmigungsfähigkeit seinem Bauherrn einen Hinweis erteilen, damit dieser einen Sonderfachmann oder einen Juristen beauftragen kann.[43] 28

Der Architekt hat die von ihm geschuldete Leistung auch dann nicht mangelfrei erbracht, wenn die Genehmigungsbehörde Auflagen erlässt, die auf eine vom Vertrag abweichende Bauausführung hinauslaufen.[44]

Des Weiteren kann der Architekt die **Einhaltung des mit dem Bauherrn vereinbarten Kostenrahmens** schulden. Erkennbar muss ein solcher jedoch vertraglich vereinbart worden sein oder sich aus der Auslegung der Vertrages ergeben. Nur dann, wenn die **Kosten als geschuldete Beschaffenheit des Bauwerks** vereinbart worden sind, kommen eine Pflichtverletzung durch Überschreitung des verbindlichen Kostenrahmens und ein daraus resultierender Schadensersatzanspruch in Betracht. Ob in diesem Zusammenhang eine gewisse Toleranz bestehen kann und gegebenenfalls in welchem Umfang, richtet sich ebenfalls nach dem Vertrag.[45] 29

---

[36] BGH Urt. v. 20.12.2012 – VII ZR 209/11, NJW 2013, 684.

[37] BGH Urt. v. 20.12.2012 – VII ZR 209/11, NJW 2013, 684.

[38] *Kamphausen* Anmerkung zu OLG Bamberg BauR 1999, 650, 652.

[39] BGH Urt. v. 19.1.1995 – VII ZR 131/93, BauR 1995, 230.

[40] BGH Urt. v. 19.1.1995 – VII ZR 131/93, BauR 1995, 230.

[41] BGH Urt. v. 25.3.1999 – VII ZR 397/97, BauR 1999, 1195.

[42] OLG Zweibrücken Urt. v. 6.2.1998 – 1 U 59/97, BauR 1998, 1036.

[43] OLG Düsseldorf Urt. v. 31.5.1996 – 22 U 176/95, BauR 1997, 159.

[44] BGH Urt. v. 19.2.1998 – VII ZR 236/96, BauR 1998, 579, 581.

[45] BGH Urt. v. 23.1.1997 – VII ZR 171/95, BauR 1997, 494, 495. Doch selbst wenn die Überschreitung der vertraglich vereinbarten Bausumme feststeht, so scheitert die Durchsetzung etwaiger Ansprüche am Beweis eines Schadens des Bauherrn, da die höheren Baukosten regelmäßig durch eine Wertsteigerung des Bauwerks aufgefangen werden, vgl. BGH Urt. v. 16.12.1993 – VII ZR 115/

30 Ein Mangel des Architektenwerkes kann aber auch dann vorliegen, wenn die Planung technisch funktionstauglich ist und den vom Architekten genannten Kostenrahmen einhält. So liegt ein Mangel vor, wenn der Architekt übermäßigen Aufwand treibt oder die geschuldete Optimierung der Nutzbarkeit nicht erreicht.[46]

Schließlich kann auch die **ordnungsgemäße Abwicklung der Mängelansprüche** des Bauherrn gegen die ausführenden Unternehmer zum Umfang der vom Architekten zu erbringenden Leistung gehören.[47]

31 **b) Sachwalterpflichten.** Bei den Sachwalterpflichten lassen sich **Beratungs- und Hinweispflichten, Verhandlungspflichten, Prüfungspflichten** und die Pflicht, sonstige **Interessen des Bauherrn** wahrzunehmen, unterscheiden. Die Sachwalterpflichten können von den werkvertraglichen Pflichten nicht streng getrennt werden; sie ergänzen die werkvertraglichen Pflichten in Bereichen.

32 *aa) Beratungs- und Hinweispflichten.* Die Beratungs- und Hinweispflichten sind umfassend. Der Architekt muss den Bauherrn **hinsichtlich aller Vor- und Nachteile**, welche die Verwirklichung von dessen Wünschen und Vorstellungen zur Folge haben, aufklären.[48]

33 Besondere praktische Relevanz hat die Pflicht des Architekten, den Bauherrn umfassend über die **Ursachen von Baumängeln** aufzuklären. Der Architekt schuldet die unverzügliche und umfassende Aufklärung der Ursachen sichtbar gewordener Baumängel sowie die sachkundige Unterrichtung des Bauherrn vom Ergebnis der Untersuchung und von der daraus sich ergebenden Rechtslage.[49] Besonders bedeutsam ist, dass der BGH die Beratungs- und Hinweispflichten des Architekten (zu den Voraussetzungen der Qualifikation als Sachwalter siehe Fußnote 29) so weit ausdehnt, dass diese auch **Mängel des eigenen Architektenwerkes** erfasst. Bei Verletzung dieser Aufklärungspflicht hinsichtlich der Mängel des eigenen Architektenwerkes steht dem Bauherrn ein Schadensersatzanspruch aus positiver Vertragsverletzung zu mit der Folge, dass die **Verjährung der gegen den Architekten gerichteten Gewährleistungs- und Schadensersatzansprüche als nicht eingetreten gilt**.[50] Für die Verletzung der Aufklärungspflicht reicht Fahrlässigkeit. Anders als bei der Arglisthaftung ist also nicht erforderlich, dass der Architekt positiv erkennt, dass er den Mangel verursacht hat. Es reicht aus, wenn er dies aufgrund von durch das Auftreten des Mangelsymptoms veranlassten Untersuchungen hätte erkennen können.[51]

Der Architekt ist darüber hinaus dazu verpflichtet, die **Risiken bisher nicht verwendeter Baustoffe** zu erkunden und den Bauherrn darüber zu unterrichten.[52]

34 Die Prüfungs- und Hinweispflicht des Architekten beschränkt sich im Einzelfall aber nicht lediglich auf den Baustoff selber, sondern erstreckt sich nach Auffassung des **OLG**

92, NJW 1994, 856; OLG Hamm Urt. v. 15.3.2013 – 12 U 152/12, BauR 2013, 1301; OLG München Urt. v. 15.1.2013 – 9 U 3704/11 (Schaden setzt „Ruin" voraus); OLG Celle Urt. v. 27.2.2014 – 16 U 187/13, BauR 2014, 1153: kein Schaden bei falscher Förderberatung zu energetischer Sanierung, die dazu geführt hat, dass die erwartete Förderung nicht gewährt wurde; denn dem Besteller ist der Mehrwert der Sanierung zugeflossen, auch wenn sie nicht 1:1 zu einer Erhöhung des Verkehrswerts geführt hat. Vgl. zu den Voraussetzungen der Schadensdarlegung auch BGH Urt. v. 21.5.2015 – VII ZR 190/14.

[46] BGH Urt. v. 22.1.1998 – VII ZR 259/96, BauR 1998, 354, 355.

[47] OLG Hamm Urt. v. 6.3.2013 – 12 U 122/12 BauR 2013, 1714leitet hieraus ab, dass „Regiekosten" von dem Architekten nicht zu ersetzen sind, solange er zur Beaufsichtigung der Mängelbeseitigung bereit ist.

[48] *Erman (Ehmann)* § 675 Rn. 11.

[49] BGH Urt. v. 16.3.1978 – VII ZR 145/76, NJW 1978, 311.

[50] BGH Urt. v. 16.3.1978 – VII ZR 145/76, NJW 1978, 311.

[51] BGH Urt. v. 28.7.2011 – VII ZR 4/10, Rn. 10, BauR 2011, 1840.

[52] BGH Urt. v. 30.10.1975 – VII ZR 309/74, BauR 1976, 66.

Köln[53] auch auf die möglicherweise neuartige Verarbeitungstechnik, bezüglich derer Erfahrungswerte noch nicht bestehen.

Eine weitere Aufklärungs- und Beratungspflicht besteht hinsichtlich der zu erwartenden **Kosten**. Insbesondere muss der Architekt den Bauherrn darüber informieren, ob dessen Vorstellungen mit den ihm zur Verfügung stehenden Finanzmitteln verwirklicht werden können und ob es finanziell günstigere Lösungsmöglichkeiten gibt.[54] 35

Die Hinweispflicht erstreckt sich auch auf **Baukostensteigerungen**, die daraus resultieren, dass die endgültigen Bausummen im Zeitpunkt der ersten Ermittlung durch den Architekten noch nicht abschließend kalkulierbar waren.[55] Dies ist auch dann der Fall, wenn vertraglich keine Bausummen vereinbart worden sind oder die Kostensteigerung auf **Änderungswünschen** des Bauherrn beruht. Diese Verpflichtung entfällt ausnahmsweise nur dann, wenn eine Aufklärung über die möglichen Kostenfolgen deshalb nicht erforderlich ist, weil der Auftraggeber die Folgen seiner Änderungswünsche kennt.[56] 36

Für den Auftraggeber von besonderem Interesse ist die Mitwirkung des Architekten bei der **Abnahme** des Bauwerks, weil hier regelmäßig dessen besondere Sachkunde zum Tragen kommt. Der Architekt muss bei der Abnahme **mitwirken** und die **Ordnungsmäßigkeit** der Leistungen der Bauunternehmer überprüfen, sofern er sich dazu im Architektenvertrag verpflichtet hat.[57] Hat er dies nicht, so muss er stattdessen den Bauherrn darauf hinweisen, dass er für die aus einer nicht ordnungsgemäßen Abnahme resultierenden Folgen nicht haftet.[58] Eine Verletzung dieser Hinweispflicht begründet i. d. R. einen Schadensersatzanspruch des Bauherrn aus positiver Vertragsverletzung. 37

Ob der Architekt den Bauherrn über die **Höhe des eigenen Honorars** aufklären muss, ist umstritten. Die Tendenz ging bisher dahin, eine grundsätzliche Aufklärungspflicht abzulehnen.[59] Das **OLG Köln**[60] weist darauf hin, dass eine derartige Aufklärungspflicht nur in eng begrenzten Ausnahmefällen in Betracht kommen könne, etwa **wenn der Auftraggeber ausdrücklich nach den voraussichtlichen Kosten fragt, er erkennbar falsche Vorstellungen** über die Höhe der anfallenden Kosten hat oder der Architekt um das Vorliegen eines besonders günstigen **Konkurrenzangebotes** weiß. 38

Das **OLG Stuttgart**[61] hat einen Schadensersatzanspruch gegen einen Architekten im Einzelfall bejaht. In dem entschiedenen Fall stand noch nicht fest, ob der zu planende Bau überhaupt zur Ausführung kommen würde und der Bauherr erteilte einen Auftrag für die ersten beiden Leistungsphasen zu einem Pauschalhonorar unterhalb der Mindestsätze. Dem Architekten war bekannt, dass der Bauherr noch zwei weitere Architekten gebeten hatte, ihm Vorschläge zu unterbreiten. Es sei für den Architekten erkennbar offen gewesen, ob für seine Leistung Verwendung bestünde. Eine Aufklärung über die Honorarhöhe sei erforderlich gewesen, weil der Bauherr von einer Beauftragung bei Kenntnis der Honorarhöhe Abstand genommen hätte. Diese Entscheidung wird von einem Großteil der Literatur abgelehnt, „weil damit die HOAI mit ihrem Mindestpreischarakter außer Kraft gesetzt werden könnte".[62] Im Ergebnis trifft die Entscheidung indessen zu; es lag ein privater Wettbewerb vor, bei dem die HOAI ihrem Regelungszweck nach nicht einschlägig ist.[63] 39

---

53 OLG Köln Urt. v. 24. 5. 1989 – 13 U 331/88, BauR 1990, 103.

54 *Erman (Ehmann)* § 675 Rn. 11.

55 BGH Urt. v. 3.7.1997 – VII ZR 159/96, BauR 1997, 1067.

56 BGH Urt. v. 24.6.1999 – VII ZR 196/98, BauR 1999, 1319, 1322.

57 *Erman (Ehmann)* § 675 Rn. 12.

58 *Erman (Ehmann)* § 675 Rn. 12.

59 Vgl. zum Meinungsspektrum *Knacke*, Aufklärungspflicht des Architekten über die Vergütungspflicht und das Honorar seiner Leistungen, BauR 1990, 395 ff.

60 OLG Köln Urt. v. 24.11.1993 – 11 U 106/93, BauR 1994, 271, 272.

61 OLG Stuttgart Urt. v. 17.3.1989 – 2 U 147/88, BauR 1989, 630, 631.

62 *Koeble*, in Locher/Koeble/Frik, HOAI, 12. Auflage, Einl. Rn. 114; *Knacke* BauR 1990, 395.

63 BVerfG, Beschl. v. 26.9.2005 – 1 BVR 82/03, BauR 2005, 1946.

40 Auch bei der **Ausschreibung** und der **Vergabe** von Bauleistungen ist der Architekt verpflichtet, mitzuwirken und den Architekten technisch und in den Grenzen des Rechtsdienstleistungsgesetzes auch rechtlich – beispielsweise über unterschiedliche Regelungen in VOB/B und BGB – zu beraten.

Er muss den Auftraggeber auf die **(Un-)Zuverlässigkeit**, die **fachliche Qualifikation**, die unter Umständen erforderlichen **Spezialkenntnisse** und bei entsprechender Kenntnis auch auf eine möglicherweise finanziell bedenkliche Situation eines Unternehmens hinweisen.[64]

41 *bb) Verhandlungspflichten.* Des weiteren hat die Rechtsprechung aus der Stellung des Architekten als Sachwalter des Bauherrn **Verhandlungspflichten** hergeleitet.

Viele der in der HOAI für die verschiedenen Leistungsbilder angeführten einzelnen Grundleistungen (z. B. Genehmigungsplanung, Mitwirkung bei der Vergabe, Bauüberwachung etc.) sind Tätigkeiten, die der Architekt in der Regel durch Rechtsgeschäfte oder diesen vorhergehende Verhandlungen im Rechtskreis des Bauherrn vorzunehmen hat.[65]

00 Konkret bedeutet dies, dass der Architekt die nötigen **Vorverhandlungen mit der Genehmigungsbehörde** über die Genehmigungsfähigkeit der Planung vorzunehmen und eine **Bauvoranfrage** durchzuführen hat.

42 *cc) Prüfungspflichten.* Den Architekten treffen darüber hinaus umfangreiche **Prüfungspflichten** vor, während und nach der Ausführung des Bauvorhabens.

Besonders im Interesse des Bauherrn stehend ist dabei die **Kostenkontrolle**. Sie darf nicht lediglich am Ende der Bauwerkerrichtung vorgenommen werden. Der Architekt schuldet vielmehr eine **ständige, baubegleitende Kontrolle** der anfallenden Kosten.[66] Diese Verpflichtung besteht nicht nur dann, wenn eine bestimmte Bausumme vertraglich vereinbarte Soll-Beschaffenheit des Bauwerkes ist, sondern sie ist grundsätzlicher Art.

Zu einer ordnungsgemäßen Kostenkontrolle gehört dabei sowohl die **Prüfung eingegangener Rechnungen** und deren Vergleich mit den Kostenanschlägen, als auch die Untersuchung kostenmäßiger Auswirkungen von **Zusatzaufträgen**, über welche der Bauherr zu informieren ist.

43 Ziel dieser umfangreichen Kontrolle ist es primär, dem Bauherrn vom Kostenanschlag abweichende Entwicklungen frühzeitig mitzuteilen, damit rechtzeitig Korrekturmaßnahmen eingeleitet werden können. In Betracht kommt etwa eine kostensparende Umplanung des Bauwerks bzgl. der Innenausstattung.

44 Die Anforderungen an die **Prüfung** von Abschlags- und Schlussrechnungen selbst hat der Bundesgerichtshof[67] näher präzisiert. Der Architekt ist verpflichtet, die Rechnungen von Unternehmern auf ihre Richtigkeit zu überprüfen. Dazu gehört die Feststellung, ob die Rechnungen fachtechnisch und rechnerisch richtig, die zugrunde gelegten Leistungen erbracht sind, und ob sie den vertraglichen Vereinbarungen entsprechen.[68]

45 Der Architekt muss die Rechnungs- und Prüfungsunterlagen an den Bauherrn weiterleiten und ihm das Ergebnis seiner Überprüfung mit entsprechenden Empfehlungen mitteilen. Die Überprüfungspflicht des Architekten soll gewährleisten, dass sein Auftraggeber nur berechtigte Abschlagsforderungen erfüllt, und dass etwaige Überzahlungen in der Vergangenheit mit später noch nicht bezahlten Abschlagsforderungen verrechnet werden können. Daher kann sich eine Haftung des Architekten daraus ergeben, dass infolge verzögerter Prüfung der Schlussrechnung ein Skonto nicht in Anspruch genommen werden kann.

---

64 *Rauch* Architektenrecht S. 114.

65 *Erman (Ehmann)* § 675 Rn. 10.

66 BGH Urt. v. 3.7.1997 – VII ZR 159/96, BauR 1997, 1067, 1068.

67 BGH Urt. v. 14.5.1998 – VII ZR 320/96, BauR 1998, 869 ff.

68 Vgl. auch den Fall OLG Celle Urt. v. 23.5.2000 – 16 U 182/99, BauR 2000, 1897 mit Anm. *Schwenker* IBR 2000, 613 zum Sorgfaltsmaßstab bei der Prüfung von Abschlagsrechnungen.

Unter bestimmten Voraussetzungen kann es des Weiteren Pflicht des Architekten sein, den Bauherrn über mögliche **steuerliche Auswirkungen** seiner Planung zu informieren. Grundsätzlich muss der Architekt nicht von sich aus mit dem Bauherrn erörtern, ob dieser steuerliche Vergünstigungen in Anspruch nehmen will. Weiß der Architekt dies aber, so muss er dafür sorgen, dass seine Planung die Inanspruchnahme ermöglicht. Doch selbst wenn der Bauherr nichts von dieser Absicht mitteilt, kann es im Einzelfall erforderlich sein, steuerliche Gesichtspunkte zu berücksichtigen. So kann es liegen, wenn die gesamten Umstände des Falles dem Architekten die Erkenntnis **aufdrängen müssen**, der Bauherr wolle – obwohl er davon nichts sagt – doch die möglichen Steuervergünstigungen wahrnehmen. Das kann z. B. der Fall sein, wenn der Bauherr in bedrängten Vermögens- oder Einkommensverhältnissen lebt und weitgehend auf Fremdfinanzierung seines Baues angewiesen ist, oder wenn er geschäftlich unerfahren und mit steuerlichen Dingen nicht vertraut ist. Dann, aber auch nur dann, wenn die Gesamtumstände so liegen, dass der Architekt nicht damit rechnen darf, der Bauherr werde seine Wünsche von sich aus äußern, aber er damit rechnen muss, der Bauherr werde steuerliche Möglichkeiten, wenn er sie kennen würde, bestimmt wahrnehmen wollen, hat der Architekt die Pflicht, **von sich aus** beim Bauherrn nachzufragen, ob er derartige steuerliche Vergünstigungen erstrebt, und sich gegebenenfalls bei seinem Architektenwerk danach zu richten.[69] Danach werden Pflichten auf den Architekten übertragen, die dieser möglicherweise mangels eigener Sachkenntnis nicht wahrnehmen kann. Hier kann nichts anderes gelten als bei der rechtlichen Prüfung der bauplanungs- und bauordnungsrechtlichen Zulässigkeit eines Bauvorhabens. Wenn der Architekt erkennen muss, nicht die nötige Sachkenntnis zu besitzen, so muss er wenigstens dies dem Bauherrn mitteilen, damit dieser gegebenenfalls einen Steuerberater beauftragen kann. 46

Auch die Möglichkeit, **öffentliche Förderung** seitens des Bauherrn in Anspruch zu nehmen, kann vom Architekten zu prüfen sein.[70]

dd) Wahrnehmung sonstiger Vertragsinteressen. Die Vertragspflichten des Architekten enden regelmäßig nicht mit der Fertigstellung des Bauwerks. Ob dieses frei von Mängeln ist, stellt sich erst später heraus. Hinsichtlich der Wahrung seiner Gewährleistungsansprüche gegen die Bauausführenden ist der Bauherr weiterhin in erheblichem Maße auf die Sachkenntnis des Architekten angewiesen. 47

Schon 1973 hat der Bundesgerichtshof festgestellt,

„dass es zu den Pflichten des mit der Bauleitung beauftragten Architekten gehört, den Bauunternehmer bei mangelhafter Leistung namens des Bauherrn zur **Nachbesserung** innerhalb bestimmter Fristen **aufzufordern** und notfalls nach fruchtlosem Fristablauf im Einvernehmen mit dem Bauherrn **einen anderen Unternehmer mit der Mängelbeseitigung zu beauftragen**, um so die **Rechte des Bauherrn** gegenüber dem Bauunternehmer [...] zu wahren."[71] 48

Bei dieser Entscheidung ist zu beachten, dass der Architekt nicht für den Bauherrn wählen kann, welches Gewährleistungsrecht (z. B. Vorschuss oder Schadensersatz) er geltend macht. Hierfür bedürfte es einer gesonderten Vollmacht, für den Bauherrn zu handeln.

Soweit der Architekt derartige Erklärungen im Namen des Bauherrn nicht selbst abgibt, muss er jedenfalls den **Bauherrn beraten** und „durch nachdrückliche Hinweise an den Bauherrn sicherstellen",[72] dass dieser seine Rechte wahrnimmt.

Zur Beratung kann es auch gehören, den Bauherrn auf mögliche **deliktische** und **produkthaftungsrechtliche Ansprüche** aufmerksam zu machen,[73] die aus der Lieferung mangelhafter Baustoffe resultieren. 49

---

69 BGH Urt. v. 23.11.1972 – VII ZR 197/71, NJW 1973, 237.
70 BGH Urt. v. 7.7.1998 – VII ZR 72/87, BauR 1988, 734.
71 BGH Urt. v. 24.5.1973 – VII ZR 92/71, BauR 1973, 321.
72 BGH Urt. v. 26.4.1979 – VII ZR 188/79, BauR 1979, 343.
73 *Neuenfeld/Baden/Dohna/Groscurth* Band 1 Teil II Rn. 252.

Die Prüfung, ob derartige Ansprüche bestehen, bedarf rechtlicher Kenntnisse des Architekten und dehnt seine Leistungsverpflichtung in den rechtlich beratenden Bereich aus. Im Zweifel ist der Architekt gut beraten, darauf hinzuwirken, dass der Bauherr anwaltliche Beratung einholt.

50 Ferner schuldet der Architekt **Auskunft** über alle Fragen, die der Bauherr zur Beurteilung des Baugeschehens benötigt.[74] Die Verpflichtung kann sich beziehen auf den Ablauf des Baugeschehens selbst, auf die Qualität der Bauleistungen und sonstige Umstände, die für den Bauherrn von besonderem Interesse sind. Dazu zählt insbesondere auch die **Herausgabe von Bauunterlagen**. Die Einsichtnahme in die Akten hat üblicherweise an dem Ort zu erfolgen, an dem sie sich befinden. Dies dürfte in der Regel beim Architekten sein.

51 Sofern die Einsichtnahme beim Architekten für diesen und den Bauherrn unzumutbar ist, beispielsweise weil zwischen beiden erhebliche Differenzen bestehen, so kann im Einzelfall die Einsichtnahme in die Bauakten auch dergestalt begehrt werden, dass der Architekt verpflichtet ist, die Akten dem Anwalt des Bauherrn zu übergeben.

52 Aufgrund des besonderen Vertrauensverhältnisses, das sich während der Realisierung eines Bauvorhabens zwischen Architekt und Bauherrn einstellt, ist der Architekt zur **Verschwiegenheit** über die ihm bekannt gewordenen Umstände und Tatsachen des Bauvorhabens und die Verhältnisse des Bauherrn verpflichtet, soweit diese vertraulich sind. Es handelt sich um eine Ausprägung der allgemeinen Pflicht zur Rücksichtnahme auf die Interessen des Bauherrn, keine unbedingte Verschwiegenheitspflicht.[75] Daher geht es zu weit, wenn der Architekt selbst dann als schweigepflichtig angesehen wird, wenn er im Rahmen der Durchführung eines Bauvorhabens von **strafbaren Handlungen des Bauherrn**, wie etwa Bestechung oder Steuerhinterziehung, erfährt[76] Ohnehin steht ihm **kein Zeugnisverweigerungsrecht** zu, so dass er – als Zeuge vernommen – zur Wahrheit verpflichtet ist. Als Partei in einem Rechtsstreit darf und muss er ebenso wahrheitsgemäß vortragen.

53 Um sich nicht selbst durch Beihilfe strafbar zu machen, sollte der Architekt mit sämtlichen Handlungen, die den Bauherrn bei der Begehung einer Straftat unterstützen könnten, in höchstem Maße zurückhaltend sein. Zu derartigen Handlungen kann er vertraglich nicht verpflichtet sein. Dies gilt ebenso, wenn der Bauherr eine Planung verlangt, die gegen Verkehrssicherungspflichten verstößt (Beispiel: freischwebende Treppe ohne Geländer) oder zu einer sonstigen Gefährdung Dritter führt.

54 **c) Die Rechtsfolgen bei der Verletzung von Sachwalterpflichten.** Verletzt der Architekt schuldhaft eine oder mehrere der ihn aufgrund seiner besonderen Stellung als Sachwalter des Bauherrn treffenden Pflichten, so ist er grundsätzlich dem Bauherrn zum Ersatz des daraus resultierenden Schadens verpflichtet. Diese Verpflichtung ergibt sich aus § 280 i. V. m. §§ 311 Abs. 2, 241 Abs. 2 BGB. Für die Verjährung gelten danach die allgemeinen Vorschriften, also 3 Jahre ab Kenntnis von der Pflichtverletzung, beginnend mit dem Schluss des Jahres (§§ 195, 199 BGB). Diese Frist wird insbesondere für die Sekundärverjährung angenommen, wenn der Architekt pflichtwidrig nicht die Ursache eines Mangels klärt und sich deshalb nicht auf an sich eingetretene Verjährung berufen darf.[77] Aller-

[74] *Rauch* Architektenrecht S. 118.

[75] OLG Karlsruhe Urt. v. 10.5.2005 – 8 U 238/04.

[76] So aber *Neuenfeld/Baden/Dohna/Groscurth* Band 1 Teil II Rn. 280.

[77] Die kenntnisabhängige, allgemeine Verjährungsfrist gilt auch, wenn dem Architekten die Leistungsphase 9 übertragen ist. Zwar gehört in diesem Fall die Aufklärung von Mängelursachen zu den vertraglichen Pflichten und es wäre an sich konsequent, für die Verjährung an § 634a BGB anzuknüpfen (so OLG Düsseldorf Urt. v. 30.3.2004 – 23 U 65/03, BauR 2004, 1331). Der BGH Urt. v. 20.12.1984 – VII ZR 13/83, BauR 1985, 232 hat die Sekundärverjährung aber gleichwohl nach den Regeln der positiven Forderungsverletzung behandelt und zwar auch unter der Voraussetzung, dass die „Beratungspflicht" unmittelbar aus dem Architektenwerk hergeleitet wird. Denn sie betreffe

dings bedarf es der Abgrenzung von den werkvertraglichen Pflichtverletzungen. Denn für diese gilt § 634a BGB, mithin (bei Bauwerken) eine Frist von 5 Jahren nach Abnahme. Bei der Abgrenzung ist zu berücksichtigen, dass in § 34 Abs. 3 HOAI wiedergegebene Grundleistungen durch ausdrückliche oder konkludente Vereinbarung zu „Teilerfolgen" qualifiziert werden können, die der Architekt selbständig schuldet. Bei der Verletzung solcher Pflichten ist daher § 634a BGB anzuwenden.[78] Auch sonst stehen Sachwalterpflichten oft im engen Zusammenhang zu werkvertraglichen Pflichten, was die Anwendung von § 634a BGB rechtfertigt.

Im Falle der Verletzung von Sachwalterpflichten kommen nicht nur Schadensersatzansprüche in Betracht. Bei wiederholten oder besonders schwerwiegenden Pflichtverletzungen kann der Auftraggeber den Architektenvertrag **aus wichtigem Grund kündigen**. Daran ist trotz der Sonderregelung des § 314 BGB (die auf einen Architektenvertrag nicht anwendbar ist, weil es sich nicht um ein Dauerschuldverhältnis handelt) festzuhalten.[79] Einen zur außerordentlichen Kündigung berechtigenden Grund hat der Bundesgerichtshof zum Beispiel in der Verletzung der Beratungspflicht hinsichtlich der Baukosten gesehen.[80] 55

4. Werkvertraglicher Leistungserfolg und Leistungsbilder der HOAI

Der Architekt schuldet es als werkvertraglichen Erfolg, durch seine Planung und weitere vielfältige Leistungen dafür zu sorgen, dass das Bauwerk mangelfrei entsteht. Er schuldet also nicht – wie der Bauunternehmer – die mangelfreie Erstellung eines Bauwerks oder eines Gewerks. Er hat aber durch richtige Planung und Bauüberwachung darauf hinzuwirken, dass das Bauwerk ohne Baumängel errichtet wird. 56

Was der Architekt schuldet, ergibt sich aus dem mit dem Bauherrn geschlossenen Vertrag. In der Regel richten sich die von dem Architekten geschuldeten Leistungen daher nach dem Werkvertragsrecht.

Die HOAI enthält **keine** normativen Leitbilder für den Inhalt von Architekten- oder Ingenieurverträgen. Die HOAI regelt nur den Honoraranspruch des Architekten; sie bestimmt nicht, welche Leistungen der Architekt schuldet.[81] Konsequenz dieser Rechtsprechung ist zunächst, dass der Architekt sich nicht auf das **„Abarbeiten"** der in den Leistungsbildern der HOAI beschriebenen Arbeitsschritte beschränken darf. Er muss auch weitere Leistungen erbringen, wenn diese erforderlich sind, um ein mangelfreies Bauwerk entstehen zu lassen.[82]Andererseits ist nach der Ansicht des BGH die HOAI aber auch kein **„Pflichtenheft"**. Wenn eine in den Leistungsbildern beschriebene Leistung nicht erforderlich ist, muss sie der Architekt auch nicht erbringen. 57

Der BGH geht aber auch davon aus, dass sich die Verpflichtung des Architekten nicht darauf beschränkt, für die mangelfreie Entstehung eines Bauwerks zu sorgen. Es kann sich also so verhalten, dass der Architekt seine Leistungen nicht vollständig erbracht hat, obwohl das Bauwerk mangelfrei errichtet worden ist.

---

nicht die eigentliche Herstellung des Architektenwerks, sondern lediglich eine Nebenverpflichtung des Architekten. Durch Urt. v. 26.10.2006 – VII ZR 133/04, BauR 2007, 423 hat der BGH zudem die Auffassung des OLG Düsseldorf ausdrücklich zurückgewiesen. Zudem würde die Anwendung von § 634a BGB zu dem ungereimten Ergebnis führen, dass die Beauftragung der Leistungsphase 9 zu einer früheren Verjährung führte. Daher ist auch im Falle der Beauftragung der Leistungsphase 9 von der kenntnisabhängigen, allgemeinen Frist auszugehen (*von Rintelen*, ibr 2010, 38 mit ablehnender Anmerkung zu OLG Dresden, Beschl. v. 11.8.2009 – 10 U 149/09).

[78] Weitergehend *Koeble*, in Locher/Koeble/Frik, Einl. Rn. 198: Verjährung nach § 634a BGB für alle in den Leistungsbildern aufgeführten Leistungen.

[79] OLG Hamm, Urt. v. 26.2.2015 – 24 U 56/10.

[80] BGH Urt. v. 24.6.1999 – VII ZR 196/98, BauR 1999, 1319, 1322. Siehe auch OLG Celle Urt. v. 12.2.2014 – 14 U 103/13, ibr 2014, 219.

[81] BGH Urt. v. 24.10.1996 – VII ZR 283/95, BauR 1997, 154.

[82] BGH Urt. v. 26.1.2012 – VII ZR 128/11, BauR 2012, 979.

58 Hierzu formuliert der BGH:[83]
„Umfang und Inhalt der geschuldeten Leistung des Architekten sind, soweit einzelne Leistungen des Architekten, die für den geschuldeten Erfolg erforderlich sind, nicht als selbstständige Teilerfolge vereinbart worden sind, durch Auslegung zu ermitteln. Nach dem Grundsatz einer interessengerechten Auslegung sind die durch den konkreten Vertrag begründeten Interessen des Auftraggebers an den Arbeitsschritten zu berücksichtigen, die für den vom Architekten geschuldeten Werkerfolg erforderlich sind. Der Auftraggeber wird im Regelfall ein Interesse an den Arbeitsschritten haben, die als Vorgaben auf Grund der Planung des Architekten für die Bauunternehmer erforderlich sind, damit diese die Planung vertragsgerecht umsetzen können. Er wird regelmäßig ein Interesse an den Arbeitsschritten haben, die es ihm ermöglichen zu überprüfen, ob der Architekt den geschuldeten Erfolg vertragsgemäß bewirkt hat, die ihn in die Lage versetzen, etwaige Gewährleistungs-ansprüche gegen Bauunternehmer durchzusetzen, und die erforderlich sind, die Maßnahmen zur Unterhaltung des Bauwerks und dessen Bewirtschaftung zu planen."

59 Dies bedeutet, dass den in den Leistungsbildern der HOAI beschriebenen Arbeitsschritten (mittelbar) doch vertragsrechtliche Bedeutung zukommt. Denn je nach der Auslegung des Architektenvertrages können solche Arbeitsschritte geschuldet sein. Der Architekt schuldet dann den jeweiligen Arbeitsschritt als „Teilerfolg". Erbringt er diesen Teilerfolg nicht, so liegt ein Mangel vor, der zur Honorarminderung führen kann.[84]

60 **Beispiel:** Der mit „Vollauftrag" beauftragte Architekt führt die Leistungsphase 8 (Objektüberwachung – Bauüberwachung –) nicht aus. Weil alle Handwerker sehr gut arbeiten, wird das Bauwerk gleichwohl mängelfrei errichtet. Trotzdem hat der Architekt seine Leistungen nicht vollständig erbracht. Der Bauherr hat ein erhebliches Interesse an der Bauüberwachung, weshalb diese als selbständiger Teilerfolg einzuordnen ist. Ist dieser Teilerfolg nicht erbracht, liegt ein Mangel vor. Beseitigen lässt sich dieser Mangel indessen nicht mehr, weil die Bauüberwachung nach Abschluss der Bauarbeiten nicht mehr durchgeführt werden kann. Folge ist, dass der Bauherr das Honorar unmittelbar mindern kann. Früher wurde die vorstehende Problematik mit der Lehre von den „Zentralen Leistungen" gelöst. Danach wurde unmittelbar eine Honorarminderung daran angeknüpft, dass der Architekt bestimmte in den Leistungsbildern beschriebene Arbeitsschritte nicht ausgeführt hatte. Eine Vergütungsminderung wurde dabei nicht an alle Arbeitsschritte angeknüpft, sondern nur an die als „zentral" angesehenen Arbeitsschritte. In der Sache führt die von dem BGH verworfene Lehre von den Zentralen Leistungen zu entsprechenden Ergebnissen wie die von dem BGH vertretene Lehre. Die Rechtsprechung zu den Zentralen Leistungen kann daher auch für die Frage herangezogen werden, welche Arbeitsschritte – so sie nicht erbracht sind – einen Abzug von der Honorarforderung rechtfertigen. Die Zentralen Leistungen entsprechen den „Teilerfolgen" im Sinne der Rechtsprechung des BGH.

61 Einen Anhaltspunkt dafür, welche Teilerfolge vereinbart sind, ist es, wenn im Architektenvertrag auf die Leistungsphasen gemäß § 34 HOAI Bezug genommen wird. In diesem Fall sind die in den Leistungsphasen beschriebenen Arbeitsschritte als Auslegungshilfe für den Vertrag zu berücksichtigen. Dabei ist in der Regel davon auszugehen, dass allein die Grundleistungen als „Teilerfolge" vereinbart werden.[85]

5. Rechtsgrund des Honoraranspruchs

62 Da die HOAI reines Preisrecht enthält, ist Rechtsgrund des Honoraranspruchs allein der zwischen den Parteien geschlossene Vertrag. Die HOAI definiert lediglich den Rahmen, innerhalb dessen die Parteien den Preis frei vereinbaren können. Es richtet sich

[83] BGH Urt. v. 24.6.2004 – VII ZR 259/02, BauR 2004, 1640.
[84] BGH. Urt. v. 28.7.2011 – VII ZR 65/10, BauR 2011, 1677.
[85] BGH Urt. v. 26.7.2007 – VII ZR 42/05, BauR 2007, 1761.

allein nach den vertraglichen Vereinbarungen bzw. den Regelungen des BGB, ob ein Honoraranspruch dem Grunde nach besteht.[86] Lediglich zur Höhe trifft die HOAI eine Aussage. Gemäß § 7 Abs. 5 HOAI wird die Vereinbarung des Mindesthonorars unwiderleglich vermutet, wenn die Parteien nicht bei Auftragserteilung etwas anderes schriftlich vereinbaren.

II. Zustandekommen des Architektenvertrages

Der Architektenvertrag kann mündlich oder schriftlich abgeschlossen werden. Schriftlichkeit ist für die Wirksamkeit von Honorarvereinbarungen im (zwingenden) Anwendungsbereich der HOAI erforderlich. 63

1. Notwendige Willenserklärungen

a) Angebot, Annahme und Zeitpunkt des Vertragsschlusses. Schuldrechtliche Verträge kommen durch die Abgabe sich deckender, kongruenter Willenserklärungen der am Vertrag beteiligten Parteien zustande. Dabei wird die zeitlich vorangehende Willenserklärung als **Angebot**, die zeitlich nachfolgende Willenserklärung als **Annahme** bezeichnet. 64

Eine Willenserklärung ist die Äußerung eines auf die Herbeiführung einer Rechtswirkung gerichteten Willens.[87] Sie bringt einen Rechtsfolgewillen zum Ausdruck, somit einen Willen, der auf die Begründung, inhaltliche Änderung oder Beendigung eines privaten Rechtsverhältnisses gerichtet ist. Eine solche Erklärung kann nicht nur ausdrücklich abgegeben werden, sondern sich auch aus **schlüssigem Verhalten** (so genannte konkludente Willenserklärung) ergeben, was insbesondere bei der Annahme von Angeboten des Architekten durch Gebrauchs- oder Aneignungshandlungen des Bauherrn zu rechtlichen Schwierigkeiten führen kann **(siehe II.4.).** 65

Der **Zeitpunkt des Vertragsschlusses** ist im Architektenrecht von besonderer Bedeutung. Denn nur *bei* Auftragserteilung können wirksame Honorarvereinbarungen geschlossen werden. Der Zeitpunkt des Vertragsschlusses hängt ab vom Wirksamwerden der Annahmeerklärung, welche ihrerseits **empfangsbedürftige Willenserklärung** ist. Für Willenserklärungen unter Abwesenden enthält das BGB in § 130 Abs. 1 eine Regelung bezüglich des Wirksamwerdens: 66

Eine empfangsbedürftige Willenserklärung wird im Zeitpunkt des **Zugangs** beim Erklärungsempfänger wirksam. Sofern der Architektenvertrag unter Abwesenden – also beispielsweise brieflich – abgeschlossen wird, kommt der Vertrag zustande, sobald die Annahmeerklärung derart in den Machtbereich des Empfängers gelangt ist, dass dieser unter normalen Verhältnissen die Möglichkeit hat, von ihrem Inhalt Kenntnis zu nehmen.[88] Auf die **tatsächliche Kenntnisnahme** kommt es im Sinne vorstehender Definition **nicht** an. 67

b) Beweisprobleme beim Zugang von Erklärungen. Ein Brief geht zu, wenn er in den Briefkasten des Empfängers gelangt und sobald **nach der Verkehrsanschauung** mit der Entnahme durch den Empfänger zu rechnen ist. Der Beweis des Zugangs obliegt demjenigen, der sich auf den Zugang beruft.[89] Für normale Postsendungen oder auch für Einschreibebriefe besteht kein Beweis des ersten Anscheins, dass die zur Post gegebene Sendung den Empfänger auch erreicht hat.[90] Das Absenden eines Schreibens per Post ist 68

---

[86] BGH Urt. v. 28.3.1985 – VII ZR 180/84, BauR 1985, 467, 468; bestätigt durch BGH Urt. v. 14.3.1996 – VII ZR 75/95, BauR 1996, 414 ff.

[87] *Armbrüster*, in MünchKommBGB, 6. Auflage, vor § 116 Rn. 3.

[88] Ganz h. M., vgl. BGH Urt. v. 3.11.1976 – VIII ZR 140/75, NJW 1977, 194.

[89] BGH Urt. v. 13.5.1987 – VIII ZR 137/86, NJW 1987, 2235.

[90] BGH Urt. v. 17.2.1964 – II ZR 87/61 NJW 1964, 1176; BGH Urt. v. 24.4.1996 – VIII ZR 150/95, NJW 1996, 2033.

nicht geeignet, den Zugang zu beweisen. Denn Briefe können verloren gehen, deshalb ist allein aufgrund der Absendung eines Schreibens nicht zu vermuten, dass der Brief auch zugegangen ist.[91]

69 Das Einschreiben (ob als Einwurfeinschreiben, Übergabe-Einschreiben oder Einschreiben mit Rückschein) verbessert die Beweisposition des Absenders nur bedingt. Für das Einwurfeinschreiben (dabei werden Ort, Datum und Zeit des Einwurfs im Briefkasten auf einem Auslieferungsbeleg dokumentiert) ist umstritten, ob die Vorlage des Auslieferungsbelegs einen Anscheinsbeweis für den Zugang liefert.[92]

70 Übergabe-Einschreiben und Einschreiben mit Rückschein können den Zugang beweisen, wenn der Empfänger den Erhalt quittiert. Problematisch ist aber der Fall, dass er lediglich einen Benachrichtigungszettel erhält und dann das Schreiben nicht abholt. Zum einen kommt es dann darauf an, ob der Zugang des Benachrichtigungszettels bewiesen werden kann, zum anderen kann gemäß § 242 BGB der Zugang in einem solchen Fall nur fingiert werden, wenn der Empfänger verpflichtet war, Schriftstücke, über deren Niederlegung er unterrichtet wurde, abzuholen. Hierfür soll das Bestehen eines einfachen Vertrages nicht ausreichen.[93] Nicht selten ist der Einwand, es sei lediglich ein leerer Umschlag zugestellt worden. Dann muss Beweis erhoben werden zum Einlegen des Briefes in den Umschlag.

71 Auch die Zustellung per Telefax ist problematisch. Der BGH hält daran fest, dass der „OK-Vermerk" auf einem Telefax lediglich ein Indiz für den Zugang darstellt, aber keinen Beweis (auch nicht Anscheinsbeweis) für den Zugang liefert. Dies begründet er damit, dass der „OK-Vermerk" nur die Herstellung der Verbindung bestätigt, nicht aber die Übermittlung des Inhalts.[94] Allerdings bietet der OK-Vermerk ein Indiz für den Zugang. Der Empfänger kann sich dann nicht mehr auf ein einfaches Bestreiten beschränken, sondern muss im Einzelnen darlegen, warum er die Erklärung gleichwohl nicht erhalten hat, zum Beispiel durch den Beleg zu einer technischen Störung oder durch die Vorlage des Empfangsjournals.[95]

Nicht anders wird für e-mails zu entscheiden sein. Allein der Sendebericht belegt den Zugang also nicht. Wenn eine Lesebestätigung vorgelegt werden kann, dürfte allerdings ein Anschein für den Zugang sprechen. Dies soll aber nicht für Anhänge zur e-mail gelten.

72 **c) Vertragsschluss unter Anwesenden.** Soweit nicht ohnehin lediglich konkludente Erklärungen abgegeben werden, erfolgt die „Beauftragung" des Architekten, also der Abschluss eines Vertrages zwischen Bauherrn und Architekt über die Erbringung von Architektenleistungen, oft mündlich. Dies kann bei gleichzeitiger räumlicher Anwesenheit beider Vertragsparteien erfolgen oder auch telefonisch.

73 Über den Zeitpunkt des Vertragsschlusses unter **Anwesenden** sagt das BGB nichts aus. Auch hier ist jedoch auf den Grundgedanken des § 130 BGB abzustellen. Der Zeitpunkt des Vertragsschlusses richtet sich ebenfalls nach dem Zeitpunkt des Zugangs der Annahmeerklärung. Eine mündlich abgegebene Willenserklärung gilt dann als zugegangen, wenn der Abgebende darauf vertrauen konnte und durfte, richtig und vollständig verstanden worden zu sein.[96] Da mündliche Angebote in der Regel nur sofort angenommen werden können (vgl. § 147 BGB), muss die Annahme „so schnell wie objektiv möglich"[97] erklärt werden. Da Abgabe und Zugang der Erklärung in den meisten Fällen zeitlich zu-

---

[91] BGH Beschl. v. 5.4.1978 – IV ZB 20/78, VersR 1981, 1160.

[92] OLG Koblenz, Beschl. v. 31.1.2005 – 11 WF 1013/04, OLGR 2005, 869; OLG Saarbrücken Urt. v. 20.3.2007 – 4 U 83/06, OLGR 2007, 601.

[93] LG Berlin Urt. v. 30.11.1999 – 64 S 299/99, ZMR 2000, 295.

[94] BGH, Beschl. v. 21.7.2011 – IX ZR 148/10, ibr 2011, 733.

[95] BGH Urt. v. 19.2.2014 – IV ZR 163/13, NZI 2014, 369.

[96] *Einsele*, in MünchKommBGB, 6. Auflage, § 130 Rn. 28.

[97] *Busche* in MünchKommBGB, 6. Auflage, § 147 Rn. 29 weist zutreffend darauf hin, dass es für die Bestimmung der Frist erheblich auf die konkreten Umstände des Einzelfalles ankommt.

sammenfallen dürften, kommt der Vertrag zwischen Bauherrn und Architekten auch in diesem Zeitpunkt zustande.

Im Übrigen ist es sowohl für den Vertragsschluss unter Anwesenden, als auch für den Vertragsschluss unter Abwesenden unerheblich, welche der Vertragsparteien das Angebot gemacht und welche die Annahme erklärt hat.

d) Beweisprobleme bei mündlichen Erklärungen. Ist der Architekt durch mündliche Erklärung beauftragt worden, bestreitet der Auftraggeber aber den Auftrag, ist die Beweisführung schwierig. Stehen für die Beauftragung keine Zeugen zur Verfügung, hat der Architekt folgende Möglichkeiten, das Gericht von seiner Darstellung zu überzeugen. 74

aa) Anhörung des Architekten. Häufig ist eine (formlose) Anhörung des Architekten durch das Gericht möglich, also eine Anhörung außerhalb einer förmlichen Beweisaufnahme. Der BGH fordert nämlich unter dem Gesichtspunkt der Waffengleichheit, dass eine Partei persönlich angehört werden muss, wenn keine Zeugen für ein 4-Augen-Gespräch zur Verfügung stehen.[98] 75

Dies gilt ebenso, wenn nur eine Partei keinen Zeugen benennen kann, aber die andere Partei einen Zeugen aus „ihrem Lager" benennt. Auch dann handelt es sich um ein 4-Augen-Gespräch.[99] Die Reichweite der Rechtsprechung des BGH wird allerdings oft überschätzt. Eine Parteianhörung ist nicht zwingend geboten, wenn ein neutraler Zeuge zur Verfügung steht.[100] Ein neutraler Zeuge kann auch eine Person sein, die einer Partei nahesteht.[101] 76

Es reicht zudem aus, wenn die Partei persönlich geladen wird und bei Beweisterminen Gelegenheit hat, den oder die Zeugen zu befragen oder sich durch eine Wortmeldung gemäß § 137 Abs. 4 ZPO Gehör zu verschaffen. In diesem Fall kann eine Rüge nicht darauf gestützt werden, dass eine Parteivernehmung oder Anhörung nicht erfolgt ist.[102]

bb) Vernehmung des Architekten. Der Architekt kann im Honorarprozess selbst Zeuge sein, wenn er seinen Anspruch abtritt, der Zessionar den Anspruch einklagt und den Zedenten – also den Architekten – als Zeugen benennt. Jedoch kann der Zedent (Architekt) als Zeuge ausgeschaltet werden. Denn der Auftraggeber kann nach der Rechtsprechung des Bundesgerichtshofs[103] eine Drittwiderklage gegen den Zedenten (Architekten) erheben, gerichtet auf die Feststellung, dass dem Zedenten keine Ansprüche aus dem (vermeintlichen) Architektenvertrag zustehen. Dadurch wird der Zedent als Partei in den Rechtsstreit hineingezogen und kann nicht mehr Zeuge sein. Das Feststellungsinteresse leitet der BGH daraus ab, dass im Falle einer Rückabtretung an den Zedenten die in § 325 ZPO vorgesehene Rechtskrafterstreckung (nach der sich der Zedent die Klageabweisung im Prozess des Zessionars gegen den Auftraggeber entgegenhalten lassen müsste) keine Wirkung entfaltet, wenn der Vertrag über die (erste) Abtretung unwirksam ist. Im Hinblick hierauf müsse sich der Auftraggeber davor schützen können, dass trotz einer Abweisung der Klage des Zessionars noch der Zedent gegen ihn klage und vortrage, die (erste) Abtretung sei unwirksam gewesen, weshalb er sich die Rechtskraft des Urteils zwischen Zessionar und Auftraggeber nicht entgegenhalten lassen müsse. Allerdings kann der Zedent die Drittwiderklage anerkennen. Dann ist er nur noch wegen der Kosten am Rechtsstreit beteiligt und steht wiederum als Zeuge zur Verfügung. 77

98 BGH Beschl. v. 14.3.2013 – VII ZR 39/12, BauR 2013, 1148.

99 BGH Urt. v. 8.7.2010 – III ZR 249/09, NZG 2010, 947.

100 BGH Urt. v. 19.4.2002 – V ZR 90/01, NJW 2002, 2247.

101 BGH Urt. v. 8.7.2010 – III ZR 249/09, NZG 2010, 947: Sohn einer Partei als Zeuge; BGH, Urt. v. 23.4.2008 – XII ZR 195/06, NJW-RR 2008, 1086: Ehefrau einer Partei als Zeuge.

102 BGH Urt. v. 8.7.2010 – III ZR 249/09, Rz. 16, NZG 2010, 947.

103 BGH Urt. v. 13.6.2008 – V ZR 114/07, NJW 2008, 2852.

78 **e) Notwendige Elemente der Einigung.** Für den wirksamen Abschluss eines Vertrages, der Architekten- und Ingenieurleistungen zum Gegenstand hat, ist es weiterhin erforderlich, dass sich die Vertragsparteien über einen bestimmten Mindestinhalt des Vertrages geeinigt haben. Die Willenseinigung der Parteien braucht zwar nicht sämtliche Rechtsfolgen des Vertrages abschließend zu regeln; erforderlich ist aber, dass der **wesentliche Inhalt des Vertrages zumindest bestimmbar** ist.[104] Ein wirksamer Vertrag liegt dann nicht vor, wenn eine Einigung über wesentliche Vertragsbestandteile (**essentialia negotii**) zwischen den Parteien nicht besteht und sich eine solche auch nicht **aus den Umständen** entnehmen lässt.[105] Nur ausnahmsweise kann ein wesentlicher Punkt auch späterer Einigung vorbehalten bleiben.[106] Ein unbestimmter Vertrag kann dadurch „gerettet" werden, dass einer Partei ein Leistungsbestimmungsrecht eingeräumt wird.[107]

Die notwendigen Elemente einer vertraglichen Einigung lassen sich nicht generell festlegen, sondern hängen von der **Rechtsnatur** des abgeschlossenen Vertrages ab. Wie bereits dargestellt, handelt es sich bei Verträgen über die Erbringung von Architektenleistungen in der Regel um **Werkverträge** i. S. d. §§ 631 ff. BGB.

Zu den essentialia negotii eines Werkvertrages gehören die Bestimmbarkeit der **Vertragsparteien** sowie die Bestimmbarkeit der **Werkleistung**, gegebenenfalls durch Auslegung des Vertrages gem. §§ 133, 157 BGB, sowie die Vergütung als solche.

79 Die Wirksamkeit des Vertrages hindert das Fehlen einer vereinbarten **Vergütung** dagegen nicht. Während etwa ein Kaufvertrag ohne Vereinbarung über den Kaufpreis aufgrund eines fehlenden notwendigen Elementes unwirksam ist, gehört die Vergütung im Werkvertragsrecht **nicht zu den essentialia negotii**. Fehlt die vertragliche Vereinbarung einer Vergütung, so wird diese werkvertragliche Lücke durch § 632 BGB geschlossen. Im (zwingenden) Anwendungsbereich der HOAI findet § 7 Abs. 5 HOAI Anwendung, wonach die Mindestsätze als vereinbart gelten.

80 Eine Vergütungsvereinbarung kann **ausdrücklich** oder **konkludent** erfolgen, also auch dann, wenn „Worte nicht gewechselt"[108] werden. Letzteres ist **kein Fall des § 632 BGB**. Anzunehmen ist eine solche konkludente Vereinbarung insbesondere dort, wo dem Besteller bekannt ist oder aufgrund der Umstände bekannt sein müsste, dass der Unternehmer zu einem bestimmten Preis zu kontrahieren bereit ist.[109] Ob eine konkludente Vergütungsvereinbarung vorliegt oder mangels einer solchen § 632 BGB gilt, richtet sich im Ergebnis nach den **konkreten Umständen des Einzelfalls.** Im (zwingenden) Anwendungsbereich der HOAI hat eine solche konkludente Vergütungsvereinbarung keine Relevanz, weil es einer schriftlichen Vereinbarung bei Auftragserteilung bedarf (§ 7 Abs. 1 HOAI). Ohne Einhaltung der Schriftform gelten die Mindestsätze als vereinbart.

2. Kaufmännisches Bestätigungsschreiben

81 Für das Zustandekommen eines wirksamen Vertrages sind zwei kongruente Willenserklärungen – Angebot und Annahme – erforderlich. Grundsätzlich kann ein wirksamer Vertrag nicht durch bloßes Schweigen eines der potentiellen Vertragspartner geschlossen werden. **Schweigen bedeutet grundsätzlich nichts**, also weder „ja" noch „nein". Etwas anderes gilt nur dann, wenn das Gesetz dem Schweigen eine besondere Bedeutung verleiht oder die Vertragsparteien sich vertraglich darüber einigen, dass das Schweigen zukünftig eine besondere Bedeutung haben soll (so genanntes „beredtes Schweigen").

---

104 *Busche* in MünchKommBGB, 6. Auflage, § 145 Rn. 6.

105 Vgl. OLG Koblenz Urt. v. 25.5.2012 – 10 U 754/11: Unwirksamkeit eines Architektenvertrages, weil die Vergütungsvereinbarung zu unbestimmt ist.

106 BGH Urt. v. 19.3.1975 – VIII ZR 262/73, NJW 75, 1116; BGH Urt. v. 28.6.1982 – II ZR 226/81, NJW 1982, 2816.

107 BGH Urt. v. 23.4.2015 – VII ZR 131/13.

108 *Peters/Jacoby* in Staudinger, BGB (2013), § 632 Rn. 26.

109 *Peters/Jacoby* in Staudinger, BGB (2013), § 632 Rn. 26.

Beide Fallkonstellationen werden bei Verträgen zwischen Architekten und ihren Auftraggebern regelmäßig nicht vorliegen. Praktisch relevant ist eine andere Ausnahme von dem dargestellten Grundsatz, das Schweigen auf ein **kaufmännisches Bestätigungsschreiben**.

Versendet eine Vertragspartei ein kaufmännisches Bestätigungsschreiben, das der Empfänger unwidersprochen hinnimmt, so kommt unter bestimmten Voraussetzungen zwischen diesen beiden ein Vertrag des Inhalts zustande, wie er sich aus dem Schreiben ergibt.

Für das Zustandekommen eines Vertrages durch Schweigen auf ein kaufmännisches Bestätigungsschreiben ist zunächst erforderlich, dass zwischen den Vertragspartnern bereits **Vorverhandlungen** stattgefunden haben. Derartige Schreiben werden häufig dann abgesendet, wenn lediglich mündlich über den Inhalt eines Vertrages verhandelt worden ist. Es kommt dabei **nicht** darauf an, dass objektiv bereits ein Vertrag geschlossen worden ist. Fehlt es an einem wirksamen Abschluss eines Vertrages im Rahmen dieser Verhandlungen, so hat das kaufmännische Bestätigungsschreiben **konstitutive Bedeutung**.[110] **82**

Des Weiteren muss aber **aus Sicht des Absenders** ein Vertrag bereits zustande gekommen sein; geht der Absender davon aus, dass es zum Abschluss eines Vertrages noch gar nicht gekommen ist, so ist sein Schreiben – unabhängig davon wie es bezeichnet wird – nicht kaufmännisches Bestätigungsschreiben, sondern Annahme eines Angebots. Weicht diese Annahmeerklärung vom Angebot des anderen ab, so stellt sie ihrerseits gemäß § 150 Abs. 2 BGB ein neues Angebot dar. Die wichtige Abgrenzung zwischen kaufmännischem Bestätigungsschreiben und Annahmeerklärung erfolgt rein **subjektiv**. **83**

Der Absender muss darüber hinaus bei Absendung des Schreibens **redlich** und der Inhalt des Schreibens „annahmefähig" sein. Weicht der Absender in seinem Schreiben bewusst oder unbewusst erheblich vom Inhalt der Vorverhandlungen ab, so kann der Bestätigende vernünftigerweise nicht mit einer widerspruchslosen Hinnahme durch den Empfänger rechnen und daher auch nach Treu und Glauben sein Schweigen nicht als Einverständnis ansehen.[111] Für diese Ausnahme trägt der Empfänger die Darlegungs- und Beweislast.[112] Soweit sich der Inhalt des Schreibens dagegen noch im Rahmen dessen bewegt, was im Einzelfall als hinnehmbare Abweichung angesehen werden kann, kommt der Vertrag mit dem abweichend Niedergeschriebenen zustande. Der Bestätigende kann nach der Verkehrssitte davon ausgehen, dass der Empfänger unverzüglich widerspricht, wenn er mit dem Inhalt nicht einverstanden ist. Kommt er dieser Obliegenheit nicht nach, so muss er sein Schweigen als Zustimmung gegen sich gelten lassen. **84**

Auch auf den Architekten sind die Grundsätze des kaufmännischen Bestätigungsschreibens anwendbar. Der Architekt ist zwar kein Kaufmann (da er als Freiberuflicher kein Gewerbe betreibt), dies schadet jedoch nicht. Denn die Grundsätze des kaufmännischen Bestätigungsschreibens gelten auch für Personen, die in erheblichem Umfang am Geschäftsleben teilnehmen und von denen erwartet werden kann, dass sie nach kaufmännischer Sitte verfahren. Das ist bei Architekten der Fall.[113] Die Grundsätze des kaufmännischen Bestätigungsschreibens wendet der BGH entsprechend auf Baustellenprotokolle an.[114] **85**

3. Vereinbarte Unverbindlichkeit und Kostenlosigkeit

Die Bezeichnung von Architektenaufträgen als „unentgeltlich" oder „unverbindlich" wird häufig in einem doppelten Sinne benutzt. Zum einen wird damit das Tätigwerden des Architekten im Rahmen der Akquisition des Auftrages, also ohne vertragliche **86**

---

[110] Std. Rspr., vgl. BGH Urt. v. 8.2.2001 – III ZR 268/00, NJW-RR 2001, 680.
[111] *Busche,* in MünchKommBGB, 6. Auflage, § 147 Rn. 18.
[112] *Busche,* in MünchKommBGB, 6. Auflage, § 147 Rn. 25.
[113] *von Rintelen,* in Messerschmidt/Voit, Privates Baurecht, 2. Auflage, § 631 Rn. 39.
[114] BGH Urt. v. 27.1.2011 – VII ZR 186/09, BauR 2011, 669.

Grundlage bezeichnet; zum anderen wird damit das Tätigwerden auf Grundlage eines Vertrages unter Vereinbarung der Unentgeltlichkeit umschrieben. Nur auf die letztgenannte Konstellation beziehen sich die nachfolgenden Ausführungen, also auf den Fall, dass zwar der Abschluss eines Architektenvertrages unstreitig ist (zum Beispiel weil der Bauherr Gewährleistungsansprüche geltend machen will), aber der Bauherr geltend macht, der Architekt habe kostenlos arbeiten sollen.

87 Während § 632 BGB stets dann gilt, wenn eine Vergütung nicht vereinbart ist, die Leistung den Umständen nach jedoch nur gegen Entgelt erbracht wird, sind auch Fälle denkbar, in denen die Vertragsparteien **bewusst vereinbaren**, dass die Leistung unentgeltlich erbracht werden soll, oder anders ausgedrückt die Parteien eine Vergütung von 0,– € vereinbaren. Dies ist auch im (zwingenden) Anwendungsbereich der HOAI zulässig.[115]

Eine solche Vereinbarung, die Leistung im Wege einer Schenkung zu erbringen, kann auch **mündlich** getroffen werden.[116] Allerdings darf dabei nicht verkannt werden, dass eine Vereinbarung zwischen Architekten und Auftraggeber, Architektenleistungen schenkungsweise zu erbringen, einen Verstoß gegen Berufsrecht darstellt.[117] Auf die zivilrechtliche Wirksamkeit wirken sich Verstöße gegen Berufsrecht indes nicht aus.

88 Wenn damit auch geklärt ist, dass der Vereinbarung der Unentgeltlichkeit (zivil)rechtliche Hindernisse nicht entgegenstehen, so bereitet es in der Praxis weitaus größere Schwierigkeiten festzustellen, **ob** überhaupt Unentgeltlichkeit zwischen den Parteien vereinbart worden ist.

89 Bei Architekten ist ein mögliches unentgeltliches Tätigwerden insbesondere im Bereich so genannter **Vorarbeiten** anzutreffen, die diese von sich aus übernehmen, um den potentiellen Auftraggeber zum Abschluss eines Architektenvertrages zu bewegen. Soweit diese nicht lediglich dem Bereich der Akquisition zuzurechnen sind, das Bestehen eines Werkvertrages also positiv feststeht, können verschiedene **Indizien** herangezogen werden, um festzustellen, ob tatsächlich eine vertraglich vereinbarte Unentgeltlichkeit anzunehmen ist.

90 Dem **Wortlaut** der Vereinbarungen kommt hierbei eine nicht unerhebliche Bedeutung zu. So wird die Vergütungsverpflichtung von Vorarbeiten nicht dadurch ausgeschlossen, dass diese als **unverbindlich** bezeichnet werden. **Unverbindlich heißt nicht kostenlos**,[118] sondern bedeutet in der Regel nur, dass keine Verpflichtung des Auftraggebers besteht, dem Architekten auch Folgeaufträge – etwa die Erbringung weiterer Leistungen im Sinne der Leistungsphasen des § 34 Abs. 3 HOAI – zu erteilen. Aufgrund des nur indiziellen Charakters der Bezeichnung der Leistung als „unverbindlich", kommt es im Einzelfall aber ebenso gut in Betracht, nach Auslegung der Erklärungen gem. §§ 133, 157 BGB zu dem Ergebnis zu gelangen, eine Vergütungspflicht sei nicht vereinbart.

91 Weitaus eindeutiger – aber wohl auch seltener – sind dagegen Fälle, in denen sich die Unentgeltlichkeit der Vorarbeiten unzweideutig aus Abreden zwischen Architekt und Auftraggeber ergibt. Zu einem solchen unentgeltlichen Tätigwerden finden sich Architekten häufig deshalb bereit, um den Abschluss weiterer Verträge zu erreichen. Werden zu diesem Zweck z. B. die Bebauungsmöglichkeiten ermittelt, so muss sich der Architekt an der vereinbarten Unentgeltlichkeit festhalten lassen, auch wenn anschließend kein weiterer Vertrag geschlossen wird und dem Architekten dadurch zeitraubende Vorarbeiten nicht vergütet werden.[119]

92 Eine solche Abrede der Unentgeltlichkeit liegt z. B. dann vor, wenn der Architekt einstweilen **„auf eigenes Risiko"** arbeiten soll. In einem vom Bundesgerichtshof[120] ent-

---

115 BGH Urt. v. 28.3.1985 – VII ZR 180/84, BauR 1985, 467, 468.

116 *Locher*, in Locher/Koeble/Frik Einl. Rn. 61.

117 Vgl. *Schwenker* EWiR 2001, 859.

118 OLG Düsseldorf Urt. v. 5.6.1992 – 22 U 251/91, BauR 1993, 108.

119 *Schäfer/Finnern* Z 3. 00, 144; *Schäfer/Finnern* Z 3. 00, 188.

120 BGH Urt. v. 28.3.1985 – VII ZR 180/84, BauR 1985, 467 ff.

schiedenen Fall hatten die Parteien mündlich vereinbart, dass der Architekt die Vorplanung für die Bebauung des Grundstücks ausführen solle. Eine Bezahlung sollte er aber nur im Falle der Realisierung erhalten.

Die Zusage **„freibleibender Vorarbeiten"** ist ebenfalls nicht eindeutig, Es kann damit ein bloßer Vorbehalt des Bauherrn gemeint sein, später überhaupt nicht oder nicht mit diesem Architekten zu bauen; dann sind die Vorarbeiten honorarpflichtig.[121] Es kann aber auch die Vereinbarung der Unentgeltlichkeit gemeint sein, was insbesondere dann anzunehmen ist, wenn der Architekt von sich aus eine entsprechende Auftragserteilung angeregt.[122] 93

Wie die Beispiele zeigen, kommt den besonderen Umständen des Einzelfalls herausragende Bedeutung zu. Allgemeine Grundsätze lassen sich nur schwer oder gar nicht aufstellen, so dass in der Praxis die **beweisrechtliche Seite** fallentscheidend sein dürfte. Steht fest, dass ein Werkvertrag abgeschlossen worden ist, muss der Bauherr eine vom gesetzlichen Inhalt des Schuldverhältnisses abweichende Vereinbarung beweisen. Sofern die Vergütungsvermutung des § 632 greift, trifft den Bauherrn die Beweislast dafür, dass die Parteien sich auf die unentgeltliche Leistungserbringung geeinigt haben.[123] 94

4. Besonderheiten bei konkludent abgegebenen Willenserklärungen

In zahlreichen Fällen wird dem Architekten kein ausdrücklicher Auftrag erteilt. Häufig beginnt das Vertragsverhältnis mit akquisitorischen Bemühungen des Architekten, die schließlich dadurch in einen Auftrag münden, dass der Auftraggeber mit dem Architekten „weiterbaut" und so zu erkennen gibt, dass der Architekt beauftragt wird. In der Praxis stellt sich danach häufig die schwierige Frage, ob Leistungen des Architekten (noch) akquisitorische Leistungen sind oder bereits einen Vertragsschluss belegen. 95

a) Kein Vertragsschluss allein durch Erbringen von Planungsleistung. Allein aus dem Umstand, dass der Architekt Planungsleistungen erbracht hat, kann noch nicht auf einen Vertrag geschlossen werden. Gemäß § 632 Abs. 1 BGB gilt „eine Vergütung als stillschweigend vereinbart, wenn die Herstellung des Werkes **den Umständen nach** nur gegen eine Vergütung zu erwarten ist". Die Vermutungsregel des § 632 BGB bezieht sich **nicht** auf den Abschluss des Architektenvertrages als solchen, sondern nur auf dessen Entgeltlichkeit.[124] Nur wenn feststeht, dass ein Vertrag mit den übrigen erforderlichen Einigungselementen überhaupt abgeschlossen worden ist, kann die Vorschrift des § 632 BGB zu Anwendung kommen. Gleichwohl sind die erbrachten Planungsleistungen nicht irrelevant. Je weitergehender die Leistungen sind, die der Auftraggeber vom Architekten entgegen nimmt, um so naheliegender ist der Schluss auf eine konkludente Beauftragung. Jedoch ist nicht ab einer bestimmten Schwelle (z. B. Erbringen von Grundleistungen entsprechend der Leistungsphase 2) zwingend von einem Auftrag auszugehen.[125] 96

b) Zustandekommen des Architektenvertrages durch Entgegennahme der Leistungen des Architekten. Maßgeblich für die Beurteilung, ob der Auftraggeber konkludent einen Auftrag erteilt, sind die konkreten Umstände des Einzelfalls. Ob konkludent ein Vertrag geschlossen worden ist, lässt sich nicht anhand abstrakter Kriterien feststellen. Rechtlich problematisch ist dabei die Annahme durch den Bauherrn; das Verhalten des Architekten wird sich regelmäßig als konkludente Willenserklärung gerichtet auf Abschluss des Vertrages auslegen lassen. 97

---

121 RGRK *(Glanzmann)* § 632 Rn. 12.

122 *Peters/Jacoby,* Staudinger, BGB (2013), § 632 Rn. 44.

123 BGH Urt. v. 9.4.1987 – VII ZR 266/86, BauR 1987, 454; BGH Urt. v. 12.2.1981 – VIa ZR 94/80, NJW 1981, 1444.

124 BGH Urt. v. 24.6.1999 – VII ZR 196/98, BauR 1999, 1319, 1321.

125 So aber OLG Dresden Urt. v. 16.2.2011 – 1 U 261/10, ibr 2013, 86; anders OLG Celle Urt. v. 26.10.2011 – 14 U 54/11, ibr 2012, 210 (Akquisition bis hin zur Leistungsphase 4).

98 Die Frage, ob ein Planervertrag zustande gekommen ist, ist dabei nicht nur für das Honorar des Architekten relevant. Auch die vertragliche Haftung des Planers setzt das Zustandekommen eines Vertrages voraus. Zur „Testfrage" für die Beauftragung kann es daher oftmals gemacht werden, ob der (potentielle) Besteller der Planungsleistung auf eine Haftung des Planers Wert legt und schon deshalb einen Vertrag schließen will. Dabei darf allerdings nicht verkannt werden, dass eine Haftung des Architekten auch für solche Leistungen in Betracht kommt, die er gefälligkeitshalber, d. h. ohne vertragliche Bindung in Betracht erbringt.[126]

99 Als besonders wichtiges Indiz für den Vertragsschluss wird angesehen, dass der Auftraggeber Leistungen des Architekten entgegennimmt und verwertet, beispielsweise Planungen des Architekten zur Beantragung einer Baugenehmigung bei der zuständigen Behörde einreicht oder nach den Plänen von den ausführenden Unternehmen die Baumaßnahmen durchführen lässt. Dabei darf jedoch nicht übersehen werden, dass das Bürgerliches Gesetzbuch für die Wirksamkeit einer empfangsbedürftigen Willenserklärung – um eine solche handelt es sich hier – **zwei Voraussetzungen** aufstellt: Die Willenserklärung muss **abgegeben** worden sein und dem Empfänger **zugehen**. Werden vom Architekten erstellte Baupläne verwendet, etwa für einen Bauantrag, stellt dies ein gewichtiges Indiz für die Abgabe einer konkludenten Erklärung dar. Denn ein Angebot ist als angenommen anzusehen, wenn die ersten eindeutigen, **faktischen** oder **rechtlichen** Gebrauchshandlungen durch den Empfänger der angebotenen Leistung gegeben sind.[127] Unerheblich ist, ob der Auftraggeber den Willen hat, das Angebot nicht anzunehmen, etwa weil er die Leistung unentgeltlich erhalten will. Ein solcher geheimer Vorbehalt kann nicht anerkannt werden.[128]

100 Problematisch ist jedoch das **Zugangserfordernis**. Gemäß § 130 BGB wird eine Willenserklärung, die einem anderen gegenüber abzugeben ist, in dem Zeitpunkte wirksam, in welchem sie ihm zugeht. Zugegangen ist eine Willenserklärung, wenn sie so in den Machtbereich des Empfängers gelangt ist, dass dieser unter normalen Umständen die Möglichkeit hat, vom Inhalt der Erklärung Kenntnis zu nehmen.[129] Diese Möglichkeit der Kenntnisnahme durch den anbietenden Architekten ist nicht gegeben, wenn die Annahmeerklärung darin liegt, dass der Auftraggeber von der Leistung des Architekten Gebraucht macht.

101 Ein wirksamer Vertrag kann aber gleichwohl geschlossen werden, da die Voraussetzungen des § 151 BGB vorliegen. In diesem Sonderfall ist eine Willenserklärung nicht empfangsbedürftig. Voraussetzung ist, dass eine **Annahmeerklärung nach der Verkehrssitte nicht zu erwarten** ist oder der **Antragende auf sie verzichtet** hat. In Rechtsprechung und Literatur haben sich im Wesentlichen zwei unter § 151 BGB subsumierbare Fallgruppen herausgebildet, nämlich die Erfüllungshandlungen und die Aneignungs- und Gebrauchshandlungen.[130] Zu letzterer Gruppe werden gemeinhin **Realofferten** (insbesondere bei Kaufverträgen) gezählt. Hier könne ein stillschweigender Verzicht des Antragenden stets dann angenommen werden, wenn der Offerent die angebotene Sache mitschicke. Dies gilt auch für Fälle, in denen Architekten real ihre Leistungen anbieten, d. h. dem Bauherrn fertig ausgearbeitete Pläne überlassen. Aus dem Gesamtverhalten ergibt sich hier nach entsprechender Auslegung, dass der **Architekt auf den Zugang der Annahmeerklärung** verzichtet.

---

126 *Kniffka*, ibr-online-Kommentar Bauvertragsrecht, Stand: 28.7.2015, vor § 631 Rz. 136. Derartiges kommt vor allem in Betracht, wenn ein Architekt an sich nicht geschuldete Leistungen miterledigt, vgl. OLG Stuttgart Urt. v. 6.9.2012 – 2 U 3/12; OLG Brandenburg Urt. v. 29.8.2014 – 11 U 170/11, BauR 2015, 288.

127 *Bork*, in Staudinger, BGB (2010), § 151 Rn. 18.

128 BGH Urt. v. 18.12.1985 – VIII ZR 297/84, NJW-RR 1986, 415 ff.

129 St. Rspr. vgl. BGH Urt. v. 3.11.1976 – VIII ZR 140/75, NJW 1977, 194

130 *Bork*, in Staudinger, BGB (2010), § 151 Rn. 18.

Daraus ergibt sich: Sobald der Bauherr von den Plänen des Architekten Gebrauch macht, liegt eine wirksame Annahme des Angebots vor. Mit der Verwendung der Pläne wird der Vertrag geschlossen. Von einer Verwendung der Pläne kann aber noch nicht die Rede sein, wenn das Verhalten des Bauherrn so zu interpretieren ist, dass er noch prüft, ob er von der Planung Gebrauch machen will. 102

Anders ist dagegen der Fall zu beurteilen, dass der Bauherr Pläne des Architekten schlicht entgegennimmt, ohne dass eine weitere äußere Willensbetätigung dazukommt. Ohne dass Ansätze dahingehend objektiv erkennbar sind, dass er sich die Leistung des Architekten damit in irgendeiner Form zunutze macht, wird ein Vertrag dadurch noch nicht geschlossen. So kommt beispielsweise ein Architektenvertrag noch nicht allein dadurch zustande, dass ein Architekt von sich aus der Stadtverwaltung einen Entwurf unterbreitet und diese auf seinen Wunsch hin mit ihm die Möglichkeit einer Realisierung erörtert.[131] Es fehlt insoweit an der erforderlichen objektiven Manifestation des Annahmewillens. 103

Weitere Indizien für die Erteilung eines Auftrags sind: 104

- Vollmachten für die Verhandlungen mit Behörden werden erteilt;
- Der Bauherr leistet Abschlagszahlungen;
- Der Bauherr äußert konkrete Änderungswünsche bezüglich der Planung;
- Der Bauherr weist den Architekten zur Einholung weiterer Informationen von anderen Fachplanern an oder er übergibt Pläne des Architekten anderen Fachplanern;
- Es finden bereits Besprechungen mit anderen Fachplanern statt.
- Demgegenüber kann gegen die Erteilung eines Auftrags sprechen:
- Die Parteien verhandeln noch über einen schriftlichen Vertrag;
- Durch die Leistungen des Architekten soll erst ausgelotet werden, ob ein Auftrag in Betracht kommt;
- Die (hohe) Auftragssumme lässt einen schriftlichen Auftrag erwarten. (Dieses Merkmal ist allerdings ambivalent. So kann ein hoher wirtschaftlicher Wert auch dafür sprechen, dass der Bauherr auf eine Haftung des Architekten auch bei den ersten Leistungsschritten Wert legt und deshalb ein Vertrag abgeschlossen wird.)

Die vorgenannten Kriterien sind häufig ambivalent und bedürfen der Abwägung. Exemplarisch für die Anforderungen ist eine Entscheidung des OLG Düsseldorf[132]:

„Legt der Architektenhonorar fordernde Architekt keinen schriftlichen Architektenvertrag vor, so hat er, da er für den Abschluss des Architektenvertrages darlegungs- und beweis-pflichtig ist (...) schlüssig und nachvollziehbar darzulegen und gegebenenfalls zu beweisen, dass eine mündliche Beauftragung erfolgt ist. Hierbei kann sich der Anspruchsteller nicht darauf beschränken, auf ein Tätigwerden des Architekten bzw. auf die Erbringung von Architektenleistungen zu verweisen, denn hieraus allein kann nicht der Abschluss eines Vertrages hergeleitet werden (...). Die Regelungen der HOAI sind in diesem Zusammenhang regelmäßig für die Frage nach der Feststellung eines Architektenvertrages unbehelflich, da sie reines Preisrecht darstellen und die Frage nach dem Zustandekommen eines Vertrages mit dem Architekten nicht regeln (...). Da es sich bei einem mündlich abgeschlossenen Architektenvertrag um ein zweiseitiges Rechtsgeschäft handelt, sind für die Bestimmung dessen Zustandekommens die allgemeinen rechtsgeschäftlichen Auslegungskriterien unter Berücksichtigung aller Umstände des Einzelfalles, die bei der Ermittlung eines gemeinsamen übereinstimmenden rechts-geschäftlichen Willens von Bedeutung sind, heranzuziehen (...). Hierbei können die Beteiligten ihren auf Abschluss eines Architektenvertrages gerichteten Willen ausdrücklich oder auch konkludent zum Ausdruck bringen (...). Unter welchen Voraussetzungen von einem konkludenten Abschluss eines Architektenvertrages ausgegangen werden kann, entzieht sich einer allgemeinen Bewertung. Als Indiz für einen konkludenten Abschluss eines Architektenvertrages kommt die Entgegennahme bestimmter Leistungen und deren Verwertung durch den 105

---

[131] *Rauch* Architektenrecht S. 44; BGH Urt. v. 24.6.1999 – VII ZR 196/98, BauR 1999, 1319.

[132] Urt. v. 20.12.2011 – 21 U 41/10.

Leistungsempfänger in Betracht, wenn ein entsprechender Wille des Leistungsempfängers festgestellt werden kann (...). Macht ein Architekt Honoraransprüche geltend, ohne mit dem Auftraggeber eine ausdrückliche Vergütungsabrede getroffen zu haben, muss er die Umstände darlegen und beweisen, nach denen die Erbringung nur gegen eine Vergütung zu erwarten war (...). Bei der Gewichtung der jeweiligen Einzelumstände ist dem in der Baupraxis regelmäßig zu machenden Erfahrungswert Rechnung zu tragen, dass gerade bei Architekten- und Ingenieurleistungen die Schwelle zwischen Akquisition und Beauftragung nicht oder nur schwer objektiv festzumachen ist (...). Letztlich entscheidend ist im Zusammenhang mit dieser Grenzziehung, wie aus der Warte des Leistungsempfängers das Handeln des Architekten oder bei Verwertung der Architektenleistung dies aus dem Horizont des Architekten nach Treu und Glauben mit Rücksicht auf die Verkehrssitte zu verstehen ist, ob also hieraus auf einen Rechtsbindungswillen geschlossen werden durfte. In diesem Kontext sind die wirtschaftliche Bedeutung einer Angelegenheit, das erkennbare Interesse des Begünstigten und die nicht ihm, wohl aber dem Leistenden erkennbare Gefahr, in die er durch eine fehlerhafte Leistung geraten kann, als Indizien anzuführen, die auf einen Rechtsbindungswillen schließen lassen (...). Neben dem Umstand der Entgegennahme und Verwertung der Leistungen des Architekten durch den Begünstigten, mit dem in aller Regel der Auftraggeber den entgeltlichen Auftrag dokumentiert, ist ganz besonderes Augenmerk auf die speziellen Umstände des Einzelfalles zu richten, wenn mehrere Firmen oder Personen auftreten, die als Vertragspartner in Betracht kommen. Hier obliegt es im Einzelfall im besonderen Maße dem Architekten, neben der Verwertung und/oder Entgegennahme der Leistung darzutun und plausibel zu erläutern und nachvollziehbar und überprüfbar darzustellen, weshalb gerade der in Anspruch Genommene den Auftrag erteilt haben soll (...)."

106 **e) Vereinbarung eines Entgelts für Akquisitionsleistungen.** Nicht selten ist es, dass der Architekt für Akquisitionsleistungen eine Vergütung erhalten soll. So kommen in der Praxis Vereinbarungen vor, wonach der Bauherr für die Erarbeitung eines Angebots, das bereits erste Entwürfe enthält, oder für andere Vorarbeiten eine pauschale Vergütung bezahlt, die im Fall der Beauftragung der Planung auf das nach der HOAI zu berechnende Honorar angerechnet werden soll. Eine solche Lösung eröffnet dem Architekten die Argumentation, es liege ein Auftrag vor, der mit den Mindestsätzen zu vergüten sei.

107 Das OLG Jena[133] hat in einem derartigen Fall eine „entgeltliche Akquisition" für möglich erachtet und eine Berechnung nach Mindestsätzen abgelehnt. In dem Fall des OLG Jena waren (nach einer ersten „echten" Akquisitionsphase) vom Planer Leistungen nach Stundensatz (ca. 30.000,00 EUR) abgerechnet worden, die der Bauherr auch bezahlt hatte. Es war vorgesehen, dass die nach Zeitaufwand abgerechnete Vergütung auf das Honorar des noch abzuschließenden Architektenvertrages angerechnet werden sollte. Indessen scheiterte das Projekt und der Planer wurde nicht mit Architektenleistungen betraut. Dies nahm der Planer zum Anlass, die nach Zeitaufwand abgerechneten Leistungen nach Mindestsätzen der HOAI abzurechnen und weitere 82.000,00 EUR zu fordern. Das OLG Jena führt hierzu aus, von einem Vertragsschluss sei nicht auszugehen. Die Akquisitionsphase habe weitergehen sollen, wenn auch nicht kostenlos. Die Akquisitionsmaßnahmen hätten vergütet werden sollen, wie es durch die vom Bauherrn gezahlten Stundenlohnvergütung geschehen sei.

108 Diese Begründung begegnet erheblichen Bedenken. Das OLG Jena argumentiert, dass der Bauherr einen Architektenvertrag nicht habe abschließen wollen. Dies schließt es indessen nicht aus, dass die von dem Planer erbrachten Leistungen – die einen erheblichen Umfang erreichten – beauftragt wurden und sich der Bauherr nur darüberhinaus nicht durch einen Vertrag binden wollte.

---

133 Urt. v. 8.1.2014 – 2 U 156/13, NJW 2014, 2510.

Unabhängig davon, ob die Auslegung des OLG Jena im Einzelfall überzeugt, stellt sich aber gleichwohl die Frage, ob die „Härten" der Akquisition durch eine Aufwandsentschädigung abgemildert werden können oder der Bauherr in eine „Auftragsfalle" läuft, wenn er dem Planer eine (geringe) Vergütung im Rahmen der Akquisition zahlt. **109**

Diese Frage ist umstritten. Nach einer Entscheidung des OLG München soll die HOAI nur im Falle des Abschlusses eines Architektenvertrages Anwendung finden und daher eine Absprache, nach der ein Architekt gegen Aufwandsentschädigung auf eigenes Risiko tätig wird, nicht der HOAI unterfallen.[134] Für eine Mindestsatzberechnung spricht sich demgegenüber *Koeble* aus, wenn Leistungen „mit einigem Gewicht" erbracht werden. Die HOAI lasse eine „quasi kostenlose" Erbringung von Leistungen nicht zu.[135] Danach hat der Bauherr grundsätzlich nur die Möglichkeit, akquisitorische Leistungen kostenlos entgegenzunehmen. Eine „Aufwandsentschädigung" kann er nicht vereinbaren. Gleichwohl ist in derartigen Fällen nicht stets eine Abrechnung nach der HOAI geboten. Wenn nämlich das Entgelt für erste Planungsleistungen bezahlt wird, durch die der Auftraggeber überzeugt werden soll, einen Planungsauftrag zu erteilen, liegt ein privater „Wettbewerb" vor (auch wenn nur ein Anbieter tätig wird). Bei Wettbewerben ist die HOAI ihrem Regelungszweck nach aber nicht einschlägig, soweit es um die Mindestsatzunterschreitung geht. Denn die Qualitätssicherung wird schon dadurch erreicht, dass der Planer den Wettbewerb gewinnen bzw. den Bauherrn von seinen Ideen überzeugen will.[136] **110**

d) Vereinbarung einer Bedingung. Gegenüber dem Vergütungsanspruch kann sich der Bauherr mit dem Einwand verteidigen, der Architektenvertrag sei aufschiebend bedingt gewesen. Die Vereinbarung einer solchen Bedingung ist formlos[137] und auch konkludent möglich.[138] **111**

In Betracht kommen etwa folgende Bedingungen:

- eine Baugenehmigung muss noch erteilt werden;
- ein Grundstück muss noch erworben werden;
- ein Kredit muss bewilligt werden;
- die Höhe der Baukosten unterschreitet einen Höchstbetrag.

Beruft sich der Bauherr auf eine Bedingung, so muss ihr Inhalt ausgelegt werden. Dabei kommen grundsätzlich zwei Möglichkeiten in Betracht. – Die Bedingung kann dahin ausgelegt werden, dass lediglich die Beauftragung weiterer Leistungen von dem Eintritt der Bedingung abhängig sein soll. Oder: Die Bedingung kann dahin ausgelegt werden, dass der Architektenvertrag überhaupt von der Bedingung abhängig sein soll. Wenn etwa ein Architekt einen ersten Entwurf planen und die Baukosten ermitteln soll und der Bauherr erklärt, er werde den Architekten beauftragen, wenn die Baukosten 1,0 Mio. EUR nicht überschreiten, so kann die Bedingung kann entweder die Bedeutung haben, dass der Architekt bei ihrem Ausbleiben überhaupt keinen Vergütungsanspruch haben soll, oder die Vereinbarung kann dahin ausgelegt werden, dass der Architekt für die Planung und die Ermittlung der Baukosten beauftragt werden soll und nur die weitere Beauftragung von der Bedingung abhängt. Welche Auslegung zutrifft, ist abhängig von den Umständen des Einzelfalls. **112**

Die **Darlegungs- und Beweislast** für den Eintritt der Bedingung trägt derjenige, der aus dem (bedingten) Rechtsgeschäft Ansprüche herleiten will.[139] Im Vergütungsprozess muss also der Architekt den Eintritt der Bedingung beweisen. Demgegenüber muss der **113**

---

134 OLG München Urt. v. 25.1.2005 – 28 U 2235/03, BauR 2006, 1491 = ibr 2006, 213.
135 *Koeble*, in Locher/Koeble/Frik, HOAI, 12. Auflage, Einleitung Rz. 60.
136 BVerfG Beschl. v. 26.9.2005 – 1 BVR 82/03, BauR 2005, 1946 = ibr 2005, 688.
137 BGH Urt. v. 28.3.1985 – VII ZR 180/84.
138 OLG Schleswig Urt. v. 12.11.2001 – 1 U 173/00.
139 BGH Urt. v. 29.6.1981 – VII ZR 299/80.

Bauherr den Eintritt der Bedingung beweisen, wenn er vertragliche Gewährleistungsansprüche gegen den Architekten geltend machen will.

114 Ist umstritten, ob eine Bedingung vereinbart ist, so gilt Folgendes: Beruft sich der Bauherr auf eine Bedingung, trifft den Architekten die Beweislast, dass eine solche Bedingung **nicht** vereinbart worden ist. Denn das Fehlen einer aufschiebenden Bedingung gehört zum Klagegrund, also zu den anspruchsbegründenden Tatsachen.[140] Das hat zur Konsequenz, dass der Architekt eine sog. negative Tatsache beweisen muss, nämlich dass eine bestimmte Abrede **nicht** getroffen worden ist. Der Beweis einer solchen negativen Tatsache ist mit erheblichen Schwierigkeiten behaftet. Der Architekt müsste nämlich alle theoretisch denkbaren Möglichkeiten widerlegen, durch die eine solche Vereinbarung zustande gekommen sein könnte. Um diese Schwierigkeit abzumildern, trifft den Bauherrn eine **sekundäre Darlegungslast**. Der Bauherr muss die Vereinbarung der Bedingung nach Ort, Zeit, Beteiligten, Anlass konkretisieren. Denn erst aufgrund eines solchen konkreten Vortrags ist der Architekt in den Stand gesetzt, den Vortrag des Bauherrn zu widerlegen.[141]

115 Anders ist der Fall zu beurteilen, dass sich der Bauherr auf eine nachträglich vereinbarte Bedingung beruft. Die nachträgliche Vereinbarung einer Bedingung ist eine rechtsvernichtende Einwendung und gehört daher nicht zum Klagegrund. Hierfür trägt daher der Bauherr die Darlegungs- und Beweislast.[142]

Eine weitere Abgrenzung ist bedeutend: Verteidigt sich der Besteller mit dem Argument, allein die Vergütung aus dem Planervertrag habe von einer Bedingung abhängig sein sollen, so macht er in der Sache geltend, unter bestimmten Voraussetzungen habe der Planer die Leistung unentgeltlich erbringen sollen. Dafür ist er darlegungs- und beweispflichtig. Denn er leugnet nicht das Zustandekommen des Planervertrages, sondern allein die an den Vertragsschluss sonst anknüpfende Vergütungspflicht.[143]

116 **e) Zusammenfassung.** Für das Tätigwerden eines Architekten kommen im Wesentlichen **drei Möglichkeiten** rechtlicher Einordnung in Betracht, die Auswirkungen auf die Ansprüche des Architekten und des Bauherrn haben.

Zunächst ist denkbar, dass die Architektenleistungen im Rahmen der so genannten **Akquisitionsphase** erbracht werden. Der Architekt leistet in der Hoffnung, später einmal auf vertraglicher Grundlage gegen Entgelt tätig werden zu können. Es handelt sich insofern also quasi um „Werbemaßnahmen in eigener Sache". Zwischen Architekt und Bauherrn besteht hierbei i. d. R. ein **Gefälligkeitsverhältnis**, das im Grundsatz weder vertragliche Primär- noch Sekundäransprüche zu begründen vermag. In Betracht kommt insoweit allenfalls eine deliktische Haftung der Parteien, soweit sie Rechtsgüter des anderen geschädigt haben.

117 Des Weiteren kann zwischen den Parteien ein Vertrag wirksam abgeschlossen, dabei jedoch **Unentgeltlichkeit** vereinbart worden sein. Der Architekt wird zwar auf Grundlage eines (i. d. R. Werk-)Vertrages tätig; die Unentgeltlichkeit ist jedoch Bestandteil des Vertrages, was auch im Anwendungsbereich der HOAI nach h. M. grundsätzlich zulässig ist. Hier kann der Architekt zwar Honorar nicht verlangen; über die Deliktshaftung hinaus kommen aber **vertragliche Schadensersatzansprüche** in Betracht.

Endlich kann zwischen dem Architekten und dem Bauherrn ein **entgeltlicher Vertrag** geschlossen worden sein.

---

140 BGH Urt. v. 10.6.2002 – II ZR 68/00.

141 Die Problematik ist vergleichbar mit der Fallkonstellation, dass sich der Bauherr gegenüber der Werklohnklage des Unternehmers auf eine Pauschalpreisvereinbarung beruft, hierzu: BGH Urt. v. 26.3.1992 – VII ZR 180/91.

142 *Bork*, in Staudinger BGB [2010], vor § 158 Rz. 50.

143 vgl. *von Rintelen*, in ibr-online-Kommentar Bauvertragsrecht, Stand: 28.7.2015, § 632 Rz. 39.

5. Honorarverzicht und Honorarvergleich

Ein nachträglicher Honorarverzicht ist auf Grund eines **Erlassvertrages** möglich. 118

Ein **Erlassvertrag** liegt vor, wenn der Gläubiger dem Schuldner durch Vertrag die Schuld erlässt (vgl. § 397 BGB). Einen nur einseitigen „Verzicht" auf schuldrechtliche Forderungen sieht dagegen das Gesetz nicht vor.[144] Nur auf eine Forderung „verzichtet" der Schuldner bei Abschluss eines Erlassvertrages, der Architekt also auf den Honoraranspruch. Der Erlass unterscheidet sich also insoweit vom Aufhebungsvertrag (*contrarius consensus*), der das Schuldverhältnis insgesamt erlöschen lässt. Keineswegs wird also der Architekt bei nachträglichem Honorarverzicht von der Verpflichtung zur Erbringung der Architektenleistung frei; der die Leistungsverpflichtung des Architekten regelnde Teil des Vertrages mit dem Bauherrn besteht auch nach Abschluss eines wirksamen Erlassvertrages fort.

Der Erlass ist ein **verfügender Vertrag** und insoweit **abstrakt.**[145] Um bereicherungs- 119
rechtlich nicht kondizierbar zu sein, bedarf es daher eines rechtlichen Grundes. Rechtsgrundlage kann ein Vergleich sein, wenn die Parteien über das Honorar streiten. Ansonsten kommt als kausales Geschäft zwischen dem Architekten und dem Auftraggeber eine Schenkung i. S. d. §§ 516 ff. BGB in Betracht. Wird schenkungsweise erlassen, so ist der Erlass bereits Vollzug der Schenkung, so dass § 518 Abs. 2 BGB gilt und somit der Mangel der Form durch den Vollzug geheilt ist.

Für den wirksamen Abschluss eines Erlassvertrages nach Abschluss eines zunächst ent- 120
geltlichen Architektenvertrages trägt der Auftraggeber die **Beweislast**. Der Erlass setzt einen rechtsgeschäftlichen Willen voraus, auf die Forderung zu verzichten; an die Feststellung eines solchen Willens sind strenge Anforderungen zu stellen. In ständiger Rechtsprechung betont der Bundesgerichtshof, dass ein Erfahrungssatz bestehe, dass der Erlass nicht zu vermuten und im Zweifel **eng auszulegen** sei.[146] Der Erlassvertrag zwischen dem Architekten und dem Bauherrn kann grundsätzlich **formfrei** abgeschlossen werden, und zwar auch dann, wenn der Erlass schenkweise erfolgt oder die Begründung der zu erlassenden Forderung ursprünglich formbedürftig gewesen ist.

Problematisch, ob und inwieweit Erlassverträge im Anwendungsbereich der HOAI 121
zulässig sind. Gem. § 7 Abs. 1 HOAI müssen Honorarvereinbarungen **„bei Auftragserteilung schriftlich im Rahmen der durch diese Verordnung festgesetzten Mindest- und Höchstsätze"** getroffen werden. Sie sind zudem nur im Rahmen der Mindest- und Höchstsätze der HOAI möglich. Gleichwohl lässt der Bundesgerichtshof einen vollständigen Verzicht des Architekten auf sein Honorar auch dann zu, wenn er erst nachträglich erfolgt. Denn sowohl die Begründung wie die Aufhebung des vertraglichen Anspruchs auf Vergütung ist nicht nach der HOAI zu beurteilen.[147]

Der Abschluss eines **Vergleichs** ist weder außergerichtlich noch im Honorarprozess oh- 122
ne weiteres möglich.

Denn wenn gemäß § 7 Abs. 5 HOAI die Mindestsätze als vereinbart gelten, kann durch eine spätere Vereinbarung diese Fiktion nicht außer Kraft gesetzt werden.[148] Ebenso ist eine bei Auftragserteilung wirksam getroffene Honorarvereinbarung nicht abänderbar.[149]

---

144 BGH Urt. v. 4.12.1986 – III ZR 51/85, NJW 1987, 3203.

145 *Rieble,* in Staudinger, BGB (2012), § 397 Rn. 43.

146 *Rieble,* in Staudinger, BGB (2012), § 397 Rn. 109.

147 BGH Urt. v. 14.3.1996 – VII ZR 75/95, BauR 1996, 414 ff.

148 BGH Urt. v. 21.6.2001 – VII ZR 435/99, NZBau 2001, 572 = ibr 2001, 493; BGH Urt. v. 25.9.1986 – VII ZR 324/85, BauR 1987, 112; BGH Urt. v. 9.7.1989 – VII ZR 282/86, BauR 1987, 706.

149 BGH Urt. v. 21.1.1988 – VII ZR 239/86, NJW-RR 1988, 725. Zur Unwirksamkeit eines Vergleichs vor Beendigung des Auftrags: OLG Stuttgart Urt. v. 21.10.2014 – 10 U 70/14, MDR 2015, 149 = ibr 2014, 742. Entgegen der dort geäußerten Ansicht ist der Vergleich nicht nur unwirksam, wenn er zu einer Unterschreitung des Mindestsatzes führt. Nach der Rechtsprechung des BGH ist auch innerhalb des Honorarrahmens der HOAI eine Abänderung nicht möglich.

Nach den Zielen der HOAI (insbesondere die Qualitätssicherung durch auskömmliche Honorare) besteht die Bindung an den Honorarrahmen der HOAI allerdings nur bis zum Abschluss der Architektentätigkeit. Nach der Rechtsprechung des Bundesgerichtshofs ist daher ein nach Beendigung der Architektentätigkeit zwischen den Vertragspartnern abgeschlossener außergerichtlicher Vergleich regelmäßig wirksam und bedarf keiner Form.[150]

123 Die Konsequenz dieser Rechtsprechung ist weitreichend. Sie betrifft nämlich im Ausgangspunkt nicht nur den außergerichtlichen Vergleich, sondern auch den Prozessvergleich. Der Prozessvergleich ist nach der Lehre von der Doppelnatur nur wirksam, wenn sowohl der materiell-rechtliche Teil als auch der prozessuale Teil wirksam sind. Ein Unwirksamkeit des materiell-rechtlichen Teils führt somit zur Unwirksamkeit auch des Prozessvergleichs.

124 Allerdings sollte beachtet werden, dass der Bundesgerichtshof in einer Notarkostensache zur Regelung des § 140 Satz 2 KostO (jetzt § 125 GNotKG), wonach Vereinbarungen über die Höhe der Kosten unwirksam sind, entschieden hat, dass diese Vorschrift einem gerichtlichen Vergleich über die Kosten nicht entgegensteht, wenn dieser auf der Grundlage der Prüfung des Gerichts geschlossen wird und die Höhe der Kosten nachvollziehbar ist.[151] Unter dieser Voraussetzung sollte ein Prozessvergleich auch vor Beendigung der Tätigkeit des Architekten wirksam sein.

125 Der Frage der Beendigung der Tätigkeit des Architekten kann damit erhebliche Bedeutung zukommen. Die Architektentätigkeit ist jedenfalls dann beendet, wenn die Leistung des Architekten abgenommen worden ist und kein Streit über Mängel der Leistung des Architekten besteht. Hierfür kommt es auf den Zeitpunkt des Abschlusses des Vergleiches an. Zeigen sich später Mängel der Leistung nach dem Vertragsschluss, so hindert dies die Wirksamkeit des Vergleichs nicht.[152]

Bei Vergleichen, die (auch) Honoraransprüche zum Gegenstand haben, sollte daher in den Vergleich klarstellend aufgenommen werden, dass die Architektentätigkeit beendet ist. Bei Übertragung der Leitungsphase 9 wird geraten, diese einvernehmlich für beendet zu erklären und sodann neu zu übertragen.[153]

III. Vertragsgestaltung durch Allgemeine Geschäftsbedingungen

126 Teil des Vertragsschlusses zwischen Bauherr ist Architekt ist oft die Einbeziehung Allgemeiner Geschäftsbedingungen.[154] Die Bundesarchitektenkammer hat ihre Verwendungsempfehlung für den Einheitsarchitektenvertrag aufgrund der Rechtsprechung des BGH zur Kündigung des Architektenvertrages „zurückgezogen"; dies hindert Architekten jedoch nicht daran, im Einzelfall diese Vertragsmuster dennoch anzuwenden, so dass sich die Frage nach der AGB-rechtlichen Zulässigkeit stellt. Darüber hinaus befinden sich an diesen Einheitsarchitektenvertrag angelehnte Musterverträge im Handel, die nicht selten verwendet werden.

---

150 BGH Urt. v. 25.9.1986 – VII ZR 324/85, BauR 1987, 112, 113; BGH Urt. v. 21.6.2001 – VII ZR 435/99, NZBau 2001, 572 = ibr 2001, 493.

151 BGH Urt. v. 14.5.1987 – III ZR 267/85, DNotZ 1988, 448.

152 BGH Urt. v. 27.2.2003 – VII ZR 169/02, BauR 2003, 748.

153 *Seifert*, IBR 2014, 742. Diese Vereinbarung dürfte allerdings für den Bauherrn die ungünstige Konsequenz haben, dass für die bis dahin erbrachten Leistungsphasen bis einschließlich Leistungsphase 8 eine gesonderte (konkludente) Abnahme ermöglicht wird und für die bis dahin erbrachten Leistungen die Verjährung beginnt und ihm so der spätere Beginn der Verjährungsfrist durch Übertragung der Leistungsphase 9 nicht zu Gute kommt. Dies kann aber durch eine gesonderte Vereinbarung zur Verjährung vermieden werden.

154 *Werner/Pastor* Rn. 624.

a) Qualifikation als AGB. Für eine **Inhaltskontrolle** nach §§ 307 ff. BGB ist erforderlich, dass es sich bei den verwendeten Mustertexten überhaupt um **Allgemeine Geschäftsbedingungen** i. S. d. AGBG handelt. Grundsätzlich muss der Vertragspartner des Verwenders, der sich im Individualprozess auf den Schutz der §§ 307 ff. BGB beruft, die Voraussetzungen für das Vorliegen von Allgemeinen Geschäftsbedingungen darlegen und beweisen.[155] 127

aa) Mehrfachverwendungsabsicht. Allgemeine Geschäftsbedingungen liegen vor, wenn der Verwender Vertragsbedingungen stellt und zum Zeitpunkt des Vertragsabschlusses die Absicht hat, die Bedingungen mehrfach zu verwenden. Für die Mehrfachverwendungsabsicht reicht es aus, dass eine dreimalige Verwendung beabsichtigt ist. Schon bei der ersten Verwendung handelt es sich um Allgemeine Geschäftsbedingungen.[156] Bei der Prüfung, ob AGB vorliegen, kommt es auf die einzelne Klausel an.[157] Das eröffnet die Möglichkeit, dass sich in einem (umfangreichen) Klauselwerk eine individuelle Vertragsbestimmung, die nicht AGB ist, gleichsam versteckt. 128

Problematisch ist, ob die vom Gesetz für die Annahme von Allgemeine Geschäftsbedingungen geforderte Mehrfachverwendungsabsicht nur dann vorliegt, wenn der konkrete Verwender beabsichtigt, die Klauseln mehrfach zu verwenden, oder ob es ausreicht, wenn es sich um von anderen Personen zur Mehrfachverwendung bestimmte Klauseln handelt, selbst wenn der konkrete Verwender nur eine einmalige Verwendung beabsichtigt. Der V. Zivilsenat des BGH ist 1990 in einem obiter dictum davon ausgegangen, für die Annahme von AGB reiche es aus, dass eine Vertragspartei ein von einem Dritten für eine Vielzahl von Verträgen erstelltes Formular verwendet.[158] Demgegenüber hat der VII. Zivilsenat (zunächst) eine Mehrfachverwendungsabsicht des konkreten Verwenders verlangt.[159] Von dieser Rechtsprechung ist der VII. Zivilsenat des BGH jedoch abgerückt.[160] Eine Allgemeine Geschäftsbedingung liegt also schon dann vor, wenn ein Dritter sie mehrfach zu verwenden beabsichtigt. Wenn der Architekt für den Bauherrn auf Vertragsmuster zurückgreift, die er ständig in Ausschreibungen zugrundelegt, handelt es sich also um AGB. Ebenso sind Verträge, die nach Vertragshandbüchern gestaltet werden, AGB.[161] 129

Bei dem Nachweis der Mehrfachverwendungsabsicht kann dem Vertragspartner des Verwenders ein **Anscheinsbeweis** helfen. Einen Anscheinsbeweis für das Vorliegen eines Formularvertrages hatte der VII. Zivilsenat des BGH zunächst für den Bauträgervertrag angenommen.[162] Die für den Bauträgervertrag geltende Rechtsprechung hat der VII. Zivilsenat sodann auf den Bauvertrag übertragen.[163] Auch beim Bauvertrag kann sich aus dem Inhalt und der Gestaltung der verwendeten Bedingungen ein vom Verwender zu widerlegender Anschein dafür ergeben, dass diese zur Mehrfachverwendung vorformuliert sind. Dieser erste Anschein wird daraus hergeleitet, dass der Vertrag eine Vielzahl von formelhaften Wendungen der typischen konfliktgefährdeten Sachverhalte eines Bauvertrages enthält.[164] Die vom VII. Zivilsenat des BGH entwickelte Vermutung soll nach der Rechtsprechung dieses Senats auch auf von Privatpersonen, die nicht im Baugewerbe tä- 130

---

[155] BGH Urt. v. 13.9.2001 – VII ZR 487/99, NJW-RR 2002, 13.
[156] BGH Urt. v. 13.9.2001 – VII ZR 487/99, NJW-RR 2002, 13.
[157] BGH Urt. v. 26.9.1996 – VII ZR 318/95, BauR 1997, 123.
[158] BGH Urt. v. 16.11.1990 – V ZR 217/89, NJW 1991, 843.
[159] BGH Urt. v. 13.9.2001 – VII ZR 487/99, NJW-RR 2002, 13.
[160] BGH Beschl. v. 23.6.2005 – VII ZR 277/04, BauR 2006, 16; BGH Urt. v. 24.11.2005 – VII ZR 87/04, BauR 2006, 514.
[161] LG Hamburg Urt. v. 9.3.2012 – 321 O 87/11, ibr 2013, 1000.
[162] BGH Urt. v. 14.4.1992 – VII ZR 204/90, BGHZ 118, 229.
[163] BGH Urt. v. 27.11.2003 – VII ZR 53/03, NJW 2004, 502; OLG Koblenz Urt. v. 26.3.2010 – 8 U 1325/05.
[164] BGH Urt. v. 20.3.2014 – VII ZR 248/13.

tig sind, abgeschlossene Bauverträge anwendbar sein. Denn auch Privatpersonen, die nicht im Baugewerbe tätig sind, griffen auf zur Mehrfachverwendung vorgesehene Vertragsmuster zurück oder entwürfen solche Muster, etwa wenn sie mehr als ein Bauvorhaben durchführen wollen oder für ein Objekt Verträge mit mehreren Bauunternehmen oder Handwerkern abzuschließen sind.[165] Zur Feststellung eines ersten Anscheins ist somit auch beim Architektenvertrag zu prüfen, ob die Vertragsklauseln auf das geregelte Bauvorhaben und die Vertragsparteien zugeschnitten sind oder ob es sich um formelhafte, nicht auf das konkrete Vorhaben abgestimmte Wendungen handelt. Ein starkes Indiz für einen vorformulierten Vertrag stellt es dabei dar, wenn die Klauseln fast ausschließlich die eine Vertragsseite, regelmäßig den Vertragspartner des Verwenders belasten. Der äußere Anschein eines für eine mehrfache Verwendung entworfenen Vertrages wird schließlich nicht dadurch in Frage gestellt, dass die das Bauvorhaben selbst betreffenden Angaben wie Bezeichnung, Größe, Preis individuell gestaltet sind oder einzelne Teile des Vertrages ausgehandelt sind.[166] Unerheblich ist auch der Vortrag, das Vertragswerk nicht anderweitig verwendet zu haben, da eine Vorformulierung auch dann vorliegen kann, wenn der Vertrag später nicht mehrfach benutzt wird.[167]

131 Auch **Klauseln mit Leerstellen** sind AGB. Bei solchen Formularen, die Ergänzungen vorsehen, ist bei der Prüfung zu unterscheiden: Wenn bereits der Formulartext die zu beanstandende Regelung enthält, wird durch unselbständige Ergänzungen, die nur den Vertragsgegenstand im Einzelfall konkretisieren, der Charakter einer Klausel als AGB nicht in Frage gestellt. Wenn sich dagegen die Unangemessenheit einer Regelung gerade aus den Ergänzungen ergibt, bedarf es besonderer Prüfung, ob die Voraussetzungen des § 1 I oder II AGBG gegeben sind. Im Einzelfall kann es sich um eine Individualerklärung handeln, die der AGB-Kontrolle entzogen ist. Eine AGB-Klausel liegt jedoch dann vor, wenn der Kunde nur die Wahl zwischen bestimmten, vom Verwender vorgegebenen Alternativen hat.[168]Ein praktischer Anwendungsfall sind Vertragsstrafenklauseln, bei denen die Höhe der Vertragsstrafe handschriftlich eingetragen wird. Angesichts des Leerfelds kann nicht ohne weiteres von einer AGB ausgegangen werden, so dass **insoweit** eine individuelle Vereinbarung vorliegt. Dies führt aber nicht dazu, dass die Klausel insgesamt eine Individualvereinbarung wird. Der vorgedruckte Teil bleibt AGB. Würde daher der vorgedruckte Teil der Regelung eine verschuldensunabhängige Vertragsstrafe vorsehen, ist die Klausel trotz der individuellen Vereinbarung zur Höhe der Vertragsstrafe unwirksam. Aber auch wenn eine Leerstelle handschriftlich bei Vertragsschluss ausgefüllt wird, kann es sich um AGB handeln. Auch „im Kopf" vorformulierte Klauseln sind AGB. Ebenso liegen in diesem Fall AGB vor, wenn der Verwender auf ein Ausfüllen im seinen Sinne hinwirkt. Der Nachweis ist aber für den Verwendungsgegner schwieriger als bei einer vorgedruckten Klausel.

132 *bb) Das Stellen der Vertragsbedingungen.* Das Stellen der Vertragsbedingungen setzt voraus, dass eine Vertragspartei die Einbeziehung in den Vertrag verlangt. Im Ausgangspunkt liegt ein „Stellen" somit nicht vor, wenn die Vertragsbedingungen von einem Dritten vorgeschlagen werden, zum Beispiel einem Notar oder Makler. Anders ist es aber, wenn der Notar im Auftrag einer Partei ein Vertragsformular entwickelt hat, was insbesondere bei Bauträgerverträgen häufig ist. Dann liegt ein „Stellen" vor, wobei nach dem Inhalt der Vertragsbedingungen eine tatsächliche Vermutung dafür sprechen kann, dass der Notar für eine Vertragspartei tätig geworden ist.[169] Die praktische Bedeutung der vorgenannten Rechtsprechung ist eher gering. Denn gemäß § 310 Abs. 3 Nr. 1 BGB gelten bei Verbraucherverträgen Allgemeine Geschäftsbedingungen als vom Unternehmer gestellt.

165 BGH Urt. v. 20.9.2009 – VII ZR 212/07, NJW 2009, 3717.
166 BGH Urt. v. 11.10.1985 – VII ZR 248/83, BauR 1985, 93.
167 BGH Urt. v. 20.3.2014 – VII ZR 248/13, Rn. 25.
168 BGH Urt. v. 7.2.1996 – IV ZR 16/95, NJW 1996, 1676.
169 BGH Urt. v. 14.5.1992 – VII ZR 204/90, BGHZ 118, 229.

Mit seinem Urteil vom 17.2.2010[170] hat sich der VIII. Zivilsenat des Bundesgerichtshofs grundsätzlich zum Stellen von Allgemeinen Geschäftsbedingungen geäußert und in dem Fall eines Gebrauchtwagenkaufs ein Stellen in dem Fall verneint, dass es letztlich Zufall ist, welches Vertragsformular von welchem Vertragspartner zugrundegelegt wird.[171] Ein solcher Fall dürfte in der Baupraxis eher selten sein. Zwar greifen auch hier Vertragsparteien oft auf eine „bereitliegende Vertragsordnung", nämlich auf den Einheitsarchitektenvertrag oder die VOB/B zurück. Eine Auswahl unter verschiedenen, sich in der Verbreitung nicht nachstehenden Vertragsmustern – wie in dem vom BGH entschiedenen Fall – ist im Baubereich jedoch nicht möglich. Zudem werden die in den „bereitliegenden Vertragsordnungen" enthaltenen Bestimmungen in aller Regel durch weitere Vertragsbedingungen ergänzt, die die Vertragspartei selbst entworfen hat oder durch einen Dritten hat entwerfen lassen. Die Gesamtheit der verwendeten Allgemeinen Geschäftsbedingungen geht in diesem Fall auf eine Vertragspartei zurück, was den Schluss auf deren Verwendereigenschaft zulässt. Konsequenterweise schränkt daher der BGH den Schutz des Verwendungsgegners nicht deshalb ein, weil er verhandlungsmächtig gewesen wäre.[172] Problematisch ist daher eine Entscheidung des OLG Frankfurt.[173] Diese Entscheidung leitet aus dem Umstand, dass der AGB-Verwender auf Wunsch des Verwendungsgegners Klauseln abgeändert und von diesem gewünschte Regelungen aufgenommen hat, ab, dass die AGB-Kontrolle in toto nicht eingreife. Zutreffend wäre es gewesen, nur die Klauseln, über die verhandelt worden ist, von der AGB-Kontrolle auszunehmen. 133

cc) Erweiterung des Verwenderbegriffs. Nach der Legaldefinition des § 305 Abs. 1 Satz 1 BGB ist derjenige Verwender Allgemeiner Geschäftsbedingungen, der der anderen Vertragspartei bei Abschluss des Vertrages für eine Vielzahl von Verträgen vorformulierte Vertragsbedingungen stellt. Der VII. Zivilsenat des BGH hatte einen Fall zu entscheiden, in dem Architekten für eine öffentlich-rechtliche Körperschaft die Vollarchitektur für einen Kindergartenneubau übernommen hatten. Vertragsbestandteil waren die Allgemeinen Vertragsbestimmungen für Architekten-/Ingenieurleistungen (AVB), die speziell für Verträge mit öffentlichen Auftraggebern entwickelt wurden und die die Architekten in der Erwartung verwendet hatten, die Auftraggeberin werde die bei privaten Auftraggebern üblichen Klauseln nicht akzeptieren. Der BGH hat nicht die Architekten, die die AGB in den Vertrag eingeführt haben, sondern deren Auftraggeberin als Verwender iSd. § 305 Abs. 1 BGB angesehen mit der Folge, dass eine Inhaltskontrolle zu Gunsten der Auftraggeberin nicht stattfindet. Denn schließt eine Vertragspartei in der Regel Verträge unter Einbeziehung von bestimmten Allgemeinen Geschäftsbedingungen ab, so ist sie auch dann Verwenderin, wenn ihr Vertragspartner diese Vertragsbedingungen im Hinblick darauf bereits in sein Angebot aufgenommen und damit formal in den Vertragsabschluss eingeführt hat.[174] 134

dd) Erleichterungen für Verbraucher. Aus § 310 Abs. 3 BGB ergeben sich spezielle Regelungen für Verträge zwischen Verbrauchern und Unternehmern. AGB gelten als vom Unternehmer gestellt, es sei denn, der Verbraucher hat sie in den Vertrag eingeführt. Hierdurch wird insbesondere der Fall erfasst, dass ein Klauselwerk durch einen Dritten eingeführt wird (zum Beispiel den Notar), ohne dass dieses Klauselwerk bereits nach allgemeinen Regeln dem Unternehmer zuzurechnen wäre. Zudem unterliegen auch nur für einmalige Verwendung vorformulierte Vertragsbedingungen der Inhaltskontrolle, wenn der Verbraucher auf Grund ihrer Vorformulierung auf sie keinen Einfluss nehmen konnte. Die 135

---

[170] BGH Urt. v. 17.2.2010 – VIII ZR 67/09, BGHZ 184, 259.

[171] vgl. i. E. *Rodemann/Schwenker,* Vor einer Neubewertung des „Stellens" Allgemeiner Geschäftsbedingungen iSd § 305 Abs. 1 S. 1 BGB, ZfBR 2010, 419 ff.

[172] BGH Urt. v. 3.8.2011 – XII ZR 205/09, NZM 2012, 24.

[173] OLG Frankfurt Urt. v. 25.8.2011 – 5 U 209/09, BeckRS 2012, 12856.

[174] BGH Urt. v. 9.3.2006 – VII ZR 268/04, BauR 2006, 1012.

mangelnde Möglichkeit der Einflussnahme muss der Verbraucher darlegen und beweisen. Der Nachweis kann aber durch einen Anscheinsbeweis erleichtert sein. Dieser Erleichterung kommt im Hinblick auf die Rechtsprechung, dass auch „Drittbedingungen" AGB sind, nur eingeschränkte Bedeutung zu.

136 *ee) Aushandeln von Allgemeinen Geschäftsbedingungen.* Nach § 305 Abs. 1 Satz 3 liegen trotz Vorliegen aller Tatbestandsmerkmale der Legaldefinition des § 305 Abs. 1 Satz 1 BGB Allgemeine Geschäftsbedingungen nicht vor, „soweit die Vertragsbedingungen zwischen den Vertragsparteien im einzelnen ausgehandelt worden sind." Der Ausnahmetatbestand des „Aushandelns" verlangt nach Auffassung des BGH mehr als Verhandeln; vielmehr muss der Verwender den in seinen AGB enthaltenen gesetzesfremden Kerngehalt inhaltlich ernsthaft zur Disposition stellen und dem Vertragspartner Gestaltungsfreiheit zur Wahrung seiner eigenen Interessen einräumen. Der Vertragspartner muss die reale Möglichkeit erhalten, den Inhalt der AGB zu beeinflussen.[175] Hierzu hat der VII. Zivilsenat ausgeführt:[176]

137 „Nach der Rechtsprechung des *BGH* erfordert Aushandeln gem. § 305 Abs. 1 S. 3 BGB mehr als Verhandeln. Von einem Aushandeln in diesem Sinne kann nur dann gesprochen werden, wenn der Verwender zunächst den in seinen AGB enthaltenen gesetzesfremden Kerngehalt, also die den wesentlichen Inhalt der gesetzlichen Regelung ändernden oder ergänzenden Bestimmungen, inhaltlich ernsthaft zur Disposition stellt und dem Verhandlungspartner Gestaltungsfreiheit zur Wahrung eigener Interessen einräumt mit zumindest der realen Möglichkeit, die inhaltliche Ausgestaltung der Vertragsbedingungen zu beeinflussen (...). Er muss sich also deutlich und ernsthaft zur gewünschten Änderung einzelner Klauseln bereit erklären. In aller Regel schlägt sich eine solche Bereitschaft auch in erkennbaren Änderungen des vorformulierten Textes nieder. Allenfalls unter besonderen Umständen kann eine Vertragsklausel auch dann als Ergebnis eines Aushandelns gewertet werden, wenn es schließlich nach gründlicher Erörterung bei dem gestellten Entwurf verbleibt (...)."

138 Diese Entscheidung belegt die praktische Erfahrung, dass es in aller Regel nicht möglich ist, das Aushandeln einer Klausel darzulegen und zu beweisen, wenn es nicht zu einer Abänderung des ursprünglichen Vertragsentwurfs gekommen ist. Dies macht es nahezu unmöglich, Klauseln zu vereinbaren, die conditio sine qua non für den AGB-Verwender sind. Zudem steht es dem Verwendungsgegner frei, gar nicht erst in Verhandlungen über AGB einzutreten, sondern diese widerspruchslos zu akzeptieren, um sich später auf die Unwirksamkeit zu berufen.

139 Zusätzliche Voraussetzung für die Qualifizierung einer Klausel als „ausgehandelt" ist nach Auffassung des III. Zivilsenates des BGH zudem, dass der Verwender den Vertragspartner über den Inhalt und die Tragweite der Klausel(n) im Einzelnen belehrt hat. Nur dann sei gewährleistet, dass der Vertragsinhalt, den der vorformulierte Text ergibt, nicht nur vom Verwender, sondern ebenso vom Kunden in seinen rechtsgeschäftlichen Gestaltungswillen aufgenommen worden ist, also als Ausdruck seiner rechtsgeschäftlichen Selbstbestimmung und Selbstverantwortung gewertet werden kann.[177]

Dass dieses zusätzliche Kriterium für „Aushandeln" auch außerhalb des Verbraucherbereichs neben die bisher schon rigiden Anforderungen der Rechtsprechung tritt, dürfte eher zu verneinen sein.

140 Die **nachträgliche Abänderung** einer Klausel führt nicht ohne weiteres dazu, dass ein Aushandeln anzunehmen ist. Ein Aushandeln liegt nicht vor, wenn der Verwender auch nach Vertragsschluss dem Vertragspartner keine Gestaltungsfreiheit eingeräumt und den gesetzesfremden Kerngehalt nicht zur Disposition gestellt hat und die Parteien auf dieser Grundlage eine Einigung finden, mit der die nachteilige Wirkung der Klausel lediglich

175 BGH Urt. v. 18.4.2002 – VII ZR 192/01, BauR 2002, 1239.
176 BGH Urt. v. 22.11.2012 – VII ZR 222/12, BauR 2013, 462.
177 BGH Urt. v. 19.4.2005 – III ZR 437/04, NZBau 2005, 463.

abgeschwächt wird.[178] Ein Aushandeln liegt nicht deshalb vor, weil die Parteien die Klausel einen Bauvertrags durchstreichen und dieselbe Klausel nochmals handschriftlich mit einer Bestätigung zum Aushandeln an anderer Stelle einfügen. Ebenso ist eine Klausel unerheblich, die bestimmt, dass sämtliche Vertragsbestimmungen als ausgehandelt gelten, ebenso wie es nicht auf gesonderte Unterzeichnung oder Belehrung über die Klausel ankommt.[179] Auch durch eine Individualvereinbarung kann nicht geregelt werden, dass es sich bei Vertragsklauseln nicht um AGB handeln soll oder die Vertragsklauseln nicht nach den §§ 305 ff. BGB überprüfbar sein sollen, da es sich insoweit um zwingendes Recht handelt.[180]

b) Einbeziehung in den Vertrag. Die Einbeziehung von AGB in den Vertrag setzt stets eine Einigung der Parteien voraus. 141

Gemäß § 305 Abs. 2 BGB muss der Verwender zudem die andere Vertragspartei auf die von ihm verwendeten AGB hinweisen. Für Klauselwerke im Baubereich – insbesondere für die VOB/B – bedeutet das, dass der gesamte Klauseltext dem Verwendungsgegner übergeben werden muss.[181] Nicht anderes gilt für Architektenverträge.

Im Prozess muss zu den Voraussetzungen der Einbeziehung vorgetragen werden. Es reicht nicht aus, dass die Parteien von der Einbeziehung der AGB ausgehen.[182] § 305 Abs. 2 BGB findet keine Anwendung auf AGB, die gegenüber einem Unternehmer verwendet werden. Bei Verträgen zwischen Unternehmer reicht also die Einbeziehungsvereinbarung, der Text der AGB muss nicht übergeben werden (§ 310 Abs. 1 BGB).[183] Dies führt zu dem Problem, dass zwischen den Parteien AGB vereinbart sein können, die eine Partei nicht kennt. Auch besteht die Gefahr, dass nachträglich eine Partei abweichende AGB „unterlegt". Hierzu hat allerdings der BGH entschieden, dass auch im Unternehmervertrag die Bezugnahme auf Vertragsbedingungen so gefasst sein muss, dass bei dem Vertragspartner keine Zweifel auftreten können und er auch sonst in der Lage ist, sich über die Bedingungen ohne weiteres Kenntnis zu verschaffen.[184] Erforderlich ist daher eine hinreichend genaue Bezeichnung der AGB und deren zeitnahe Übersendung auf Wunsch des Verwendungsgegners. 142

Bezieht der AGB-Verwender mehrere Klauselwerke ein, kann dies zur Folge haben, dass mehrere Regelungen konkurrieren. Führt dies dazu, dass unklar ist, welche der darin enthaltenen konkurrierenden Regelungen gelten soll, kann keine der Bestimmungen angewendet werden mit der Folge, dass die gesetzlichen Vorschriften zur Anwendung kommen.[185] 143

In der Baupraxis beruft sich gelegentlich der Vertragspartner eines Architekten auf ihm günstige Vorschriften des Einheitsarchitektenvertrag, obwohl ihm der Text bei Vertragsschluss nicht zugänglich gemacht worden ist. Das OLG Celle meint, die fehlgeschlagene Einbeziehung von AGB zu Lasten des AN sei unbeachtlich, wenn dieser die Einbeziehung der AGB in seinem Vertragsangebot selbst ausbedungen, sie aber durch sein eigenes Verhalten vereitelt habe.[186] 144

---

[178] BGH Urt. v. 7.3.2013 – VII ZR 162/12, BauR 2013, 946.

[179] OLG Brandenburg Urt. v. 4.7.2012 – 13 U 63/08, NJW-RR 2012, 982.

[180] BGH Urt. v. 20.3.2014 – VII ZR 248/13, Rn. 28 ff.

[181] BGH Urt. v. 14.2.1991 – VII ZR 132/90, BauR 1991, 328. Bei Vertragsschluss in den Geschäftsräumen des AGB-Verwenders lässt OLG Zweibrücken Urt. v. 25.11.2011 – 2 U 11/11 es ausreichen, wenn die Geschäftsbedingungen zur Einsicht ausliegen.

[182] BGH Urt. v. 8.7.1999 – VII ZR 237/98, BauR 1999, 1294.

[183] OLG Stuttgart Urt. v. 24.7.2012 – 10 U 56/12.

[184] BGH Urt. v. 3.12.1987 – VII ZR 374/86, BauR 1988, 207.

[185] BGH Urt. v. 16.3.2006 – I ZR 65/03, NJW-RR 2006, 1350.

[186] OLG Celle Urt. v. 21.10.1998 – 13 U 59/98, BauR 1999, 406; offengelassen von BGH Urt. v. 8.7.1999 – VII ZR 237/98, BauR 1999, 1294. Gegen diesen Ansatz zu Recht, *Henkel*, Kann die Berufung des AGB-Verwenders auf die – wegen eines Verstoßes gegen § 305 Abs. 2 Nr. 2 BGB – nicht wirksame Einbeziehung der AGB treuwidrig sein?, ZGS 2003, 418 ff.

145 **c) Kontrollfreiheit des Verhältnisses von Leistung/Gegenleistung.** Der Inhaltskontrolle unterliegen im Ausgangspunkt nur die Nebenabreden. Regelungen, die Art und Umfang der gegenseitigen Leistungspflichten regeln, unterliegen nicht der Inhaltskontrolle.

146 **Beispiel:** In einer Leistungsbeschreibung verpflichtet sich der AN alle Leistungen zu erbringen, die zur Fertigstellung der Leistung erforderlich sind, auch wenn diese nicht im LV beschrieben sind. Diese Klausel unterliegt nicht der Inhaltskontrolle, weil sie Leistung und Gegenleistung betrifft.[187] Aber: auch Klauseln, die das Verhältnis von Leistung und Gegenleistung regeln, können überraschend im Sinne von § 305c BGB sein, so dass sie von vornherein nicht Vertragsinhalt werden. Dies kommt etwa bei leistungsergänzenden Klauseln in Betracht, die nicht in Zusammenhang mit der Leistungsbeschreibung stehen, sondern in einem umfangreichen Klauselwerk „angehängt" sind. Bei solchen „angehängten" Vereinbarungen kommt auch in Betracht, dass das Leistungsverzeichnis gemäß § 305b BGB als individuelle Vereinbarung vorgeht. Ebenso sind Preisnebenabreden kontrollfähig.[188]

147 Der Grundsatz, dass Leistung und Gegenleistung kontrollfrei sind, gilt mittlerweile nicht mehr uneingeschränkt. Nach der Schuldrechtsmodernisierung ist eine Transparenz-Kontrolle auch solcher Klauseln zulässig, die nach § 8 AGBG nicht kontrollfähig waren. § 307 Abs. 3 Satz BGB ordnet eine **Transparenzkontrolle** auch ansonsten nicht kontrollfähiger Klauseln an und geht somit über die traditionelle Negativkontrolle des bisherigen Rechts hinaus und erlaubt eine Positivkontrolle.

148 **d) EU-Recht und Inhaltskontrolle.** Bei Verträgen zwischen Verbrauchern und Unternehmer ist die Richtlinie 93/13/EWG über missbräuchliche Klauseln in Verbraucherverträgen zu beachten.[189] Diese Richtlinie hat einen Anhang, der mißbräuchliche Klauseln aufführt. Diese Richtlinie ist aber weder bindend noch abschließend. Ob im konkreten Fall eine Klausel rechtsmißbräuchlich ist, haben die nationalen Gerichte zu entscheiden. Eine Vorlage an den EuGH kommt daher nur dann in Betracht, wenn es um Fragen der Auslegung der Richtlinie selbst geht.[190] Die Richtlinie sieht Unwirksamkeit bereits dann vor, wenn eine Klausel, ohne materiell unangemessen zu sein, nicht klar und in sich verständlich ist. Nach § 307 Abs. 1 Satz 2 BGB kann sich die Unwirksamkeit einer Klausel zwar aus ihrer Intransparenz ergeben, zwingend ist dies nach dem Wortlaut des Gesetzes aber nicht. Die unvollkommene Umsetzung der europarechtlichen Vorgaben kann jedoch durch richtlinienkonforme Auslegung dahin berichtigt werden, dass die Intransparenz einer Klausel ohne weiteres zu ihrer Unwirksamkeit führt.[191] Diese Rechtsfolge ist zwingend geboten, weil der Vertragspartner des Verwenders nur so in die Lage versetzt wird, das Verhältnis und die Angemessenheit von Leistung und Gegenleistung zu beurteilen.[192]

149 **e) Transparenzgebot.** Das Transparenzgebot verpflichtet den Verwender, Rechte und Pflichten in den AGB klar, einfach und präzise darzustellen. Die Anforderungen werden streng ausgelegt. In zwei Entscheidungen des BGH heißt es, die Fassung der AGB müsse so klar und präzise wie möglich sein.[193] Andererseits soll dies nur in den Grenzen des Möglichen gelten, es müssen nicht alle Eventualitäten erfasst werden.[194]

---

187 vgl. BGH Urt. v. 26.4.2005 – X ZR 166/04, NZBau 2005, 453; KG Urt. v. 18.12.2001 – 15 U 49/01, ibr 2003, 343; OLG Düsseldorf Urt. v. 27.4.2014 – 23 U 162/13, BauR 2014, 1960.

188 zur Abgrenzung: BGH Urt. v. 22.11.2012 – VII ZR 222/12, BauR 2013, 462.

189 abgedruckt in NJW 1993, 1838.

190 EuGH Urt. v. 1.4.2004 – C-237/02, NZBau 2004, 321.

191 *Thode*, Transparenzgebot und Bauträgervertrag, ZNotP 2004, 131.

192 BGH Urt. v. 23.2.2011 – XII ZR 101/09, NJW-RR 2011, 1144.

193 BGH Urt. v. 5.5.2011 – VII ZR 181/10, BauR 2011, 1331; BGH Urt. v. 6.12.2007 – VII ZR 28/07, BauR 2008, 508.

194 BGH Urt. v. 9.6.2011 – III ZR 157/10, NJW-RR 2011, 1618.

Dementsprechend brauchen die notwendig generalisierenden Regelungen in AGB nicht einen solchen Grad an Konkretisierung anzunehmen, dass alle Eventualitäten erfasst sind und im Einzelfall keinerlei Zweifelsfragen auftreten können. Da Allgemeine Geschäftsbedingungen nicht dazu dienen, dem Vertragspartner des Verwenders durch ihre Lektüre ein vollständiges Bild der gesamten für den Vertrag relevanten Rechtslage zu verschaffen, folgen zu beanstandende Intransparenz und eine bei der Auslegung zum Nachteil des Verwenders gehende Unklarheit grundsätzlich nicht schon daraus, dass die AGB nicht zusätzlich auf die ergänzend anzuwendenden gesetzlichen Bestimmungen hinweisen. **150**

Andererseits kann sich die Unwirksamkeit von AGB auch daraus ergeben, dass der Vertragspartner durch die Fassung der AGB von der Geltendmachung gesetzlicher Ansprüche abgehalten wird.[195]

f) Prüfung nur gegen den Verwender. Auf die Unwirksamkeit einer AGB darf sich stets nur der Verwendungsgegner berufen. Der Verwender bleibt an die AGB gebunden, auch wenn sie unwirksam sind.[196] **151**

Beispiel: Der Architekt verwendet eine AGB, die ihm im Falle der Kündigung eine Vergütung in Höhe von 60 % des Honorars gewährt, weil 40 % als erspart gelten. Da die Regelung unwirksam ist, muss der Architekt im Falle der freien Kündigung nach § 649 BGB prüfbar abrechnen. Zugleich darf er aber nicht mehr als 60 % des Honorars gelten machen, auch wenn seine konkrete Abrechnung geringere ersparte Aufwendungen ergibt. **152**

Dieser Grundsatz gilt allerdings nur eingeschränkt, wenn die in Rede stehende Klausel dazu führt, dass der Vertrag als nicht (wirksam) geschlossen gilt.

Beispiel: Der Käufer einer Wohnung gibt ein Angebot am 4.5.2004 beim Notar ab. In den Angebotsbedingungen (AGB, die dem Verkäufer zuzurechnen sind) ist eine Bindefrist bis zum 30.9.2004 vorgesehen. Der Verkäufer nimmt das Angebot am 22.6.2004 an. Der BGH entscheidet, dass die Bindungsfrist zu lang und damit unwirksam ist. Das Angebot war daher am 22.6.2004 bereits erloschen, so dass der Vertrag nicht zustande gekommen ist.[197] Bei einer solchen Fallgestaltung kommt es nicht in Betracht, dass sich nur der Verkäufer nicht auf die Unwirksamkeit der von ihm verwendeten Regelung berufen darf. Der Vertrag kann nicht zugleich als wirksam und unwirksam angesehen werden. Allerdings bleibt dem Käufer die Entscheidung vorbehalten, ob er sich auf die Unwirksamkeit berufen will. Dem Verkäufer steht wegen der von ihm verwendeten unwirksamen Bedingungen also kein Lösungsrecht zu. Ebenso verhält es sich, wenn ein Vertrag aufgrund der Intransparenz der Leistungsbeschreibung unwirksam ist. Auf die hieraus folgende Unwirksamkeit kann sich allein der Verwendungsgegner berufen. **153**

Die vorgenannte Entscheidung zeigt eine weitere Konsequenz der Verwendung unwirksamer AGB-Klauseln auf. Der Senat hat die Frage geprüft, ob die Parteien nicht nachträglich einen Vertrag dadurch geschlossen hatte, dass die Käufer nach der „Annahmeerklärung" des Verkäufers (tatsächlich ein neues Angebot, weil das Angebot der Käufer erloschen war) den Kaufpreis gezahlt hatten. Diese Frage hat er deshalb verneint, weil die Käufer bei ihrer Zahlung von einem wirksamen Vertrag ausgegangen seien. Daher hätten sie kein Erklärungsbewusstsein für eine schlüssige Erklärung gehabt. Diese Aussage bedeutet, dass unwirksame Klauseln nicht durch die Annahme konkludenten Verhaltens überspielt werden dürfen. So kann etwa im Falle einer unwirksamen Klausel zur Erklärung einer Abnahme nicht ohne weiteres eine konkludente Abnahme abgenommen werden.[198] **154**

---

195 BGH Urt. v. 8.11.2012 – VII ZR 191/12, BauR 2013, 228: Abschlagszahlung im Verbrauchervertrag, ohne auf die von dem Unternehmer zu stellende Sicherheit einzugehen.

196 BGH Urt. v. 9.3.2006 – VII ZR 268/04, BauR 2006, 1012; BGH Urt. v. 4.12.1997 – VII ZR 187/96, BauR 1998, 357; BGH Urt. v. 4.12.1986 – VII ZR 354/85, BauR 1987, 205.

197 BGH Urt. v. 11.6.2010 – V ZR 85/09, BauR 2010, 1585.

198 so zutreffend Vogel, ibr 2013, 82.

IV. Umfang des Architektenvertrags

1. Keine Vermutung für Beauftragung sämtlicher Leistungsphasen

155 Häufig kommt es zwischen Auftraggeber und Architekten zum Streit über die Frage, welchen Umfangs der zwischen ihnen abgeschlossene Vertrag ist. Wie bereits genauer dargestellt, enthält die HOAI **keine normativen Leitbilder** für Architektenverträge, so dass auch die in der HOAI beschriebenen Tätigkeiten ohne weiteres nicht Vertragsinhalt werden. Vielmehr enthält die HOAI lediglich Vorgaben für zulässige Honorarvereinbarungen, indem sie Mindest- und Höchstsätze vorgibt. Eine anderweitige Regelungsbefugnis wäre schon durch die Verordnungsermächtigung nicht gedeckt. Der **Inhalt des Vertrages** ist daher allein durch **Auslegung** gem. §§ 133, 157 BGB zu bestimmen.

156 Streitig ist häufig, ob alle Leistungsphasen der Nr. 1–9 des § 34 Abs. 3 HOAI dem Architekten übertragen worden sind. Dies wird von Architekten zum Beispiel im Falle einer Kündigung gemäß § 649 BGB regelmäßig behauptet, weil sich um so höhere Ansprüche ergeben, je weitergehend der Auftrag war. Auf der anderen Seite wird die Beauftragung der Leistungsphase 9 im Haftungsprozess oft in Abrede gestellt, weil deren Übertragung zu besonders langen Verjährungsfristen führen kann.

157 In der Rechtsprechung der Instanzgerichte wurde die Frage, wann ein Auftrag über die **Vollarchitektur** anzunehmen sei, uneinheitlich beantwortet. Zum Teil wurde eine Vermutung der Vollarchitektur angenommen, die vom Bauherrn zu widerlegen wäre. Der Bauherr müsse daher den Beweis führen, dass nicht alle Leistungen übertragen worden seien.[199] Andere Gerichte lehnten dies ab und legten dem Architekten, der sich auf Vollarchitektur berief, die Beweislast dafür auf.[200]

158 Der **Bundesgerichtshof**[201] hat die letztgenannte Ansicht bestätigt und klargestellt, dass eine Vermutung für die Übertragung sämtlicher Leistungen nicht anzuerkennen ist. Für eine Vermutung sei kein Raum, weil individuelle Willensentschlüsse des Bauherrn zu bewerten seien, die einem Anscheinsbeweis nicht zugänglich sind.

Da die in Verträgen verwendeten Formulierungen im Regelfall nicht eindeutig sind, bedarf es mangels Beweises des ersten Anscheins einer Auslegung anhand der Umstände des konkreten Einzelfalls. Bei der Auslegung ist zu beachten, dass sich der Bauherr bei der Vergabe einzelner Leistungen in der Regel nur im geringstmöglichen Umfang binden will.[202] Auf der anderen Seite wird er neben der Beauftragung der Einzelleistung oft aber auch die Vorleistungen beauftragen, die der (ausdrücklich) beauftragten Einzelleistung notwendig vorangehen. Zwingend ist die Beauftragung notwendiger Vorleistungen allerdings nicht.[203] Insbesondere in Fällen, in denen Vorleistungen zunächst aus Akquisitionsinteressen unentgeltlich erbracht worden sind, ist der Auftrag des Bestellers unter Umständen dahin zu verstehen, dass nur die weiteren Leistungen beauftragt werden sollen.

159 Danach kann der Auftrag, **„den Bauantrag zu stellen“**, die Leistungsphasen 1–4 des § 34 Abs. 3 HOAI umfassen, da im Allgemeinen eine Genehmigungsplanung nicht ohne Entwurfsplanung, eine Entwurfsplanung nicht ohne Vorplanung und eine Vorplanung nicht ohne Grundlagenermittlung möglich ist. Ein **„Planungsauftrag“** dagegen kann die Leistungsphasen 1–5 und der Auftrag, **„das Bauvorhaben durchzuführen“**, die Leistungsphasen 1–9 erfassen.[204]

---

199 So z. B. das OLG Köln Urt. v. 8.11.1972 – 2 U 5/72, BauR 1973, 251.

200 So z. B. das OLG Düsseldorf Urt. v. 7.11.1978 – 20 U 60/78, BauR 1979, 347.

201 BGH Urt. v. 4.10.1979 – VII ZR 319/78, BauR 1980, 84 ff.

202 *Peters/Jacoby*, in Staudinger, BGB (2013), vor § 631 Rn. 130.

203 BGH Urt. v. 23.11.2006 – VII ZR 110/05, BauR 2007, 571.

204 *Koeble*, in Locher/Koeble/Frik, HOAI, 12. Auflage, Einl. Rn. 66 erachtet auch bei bei Durchführung des Bauvorhabens eine gesonderte Beauftragung der Leistungsphase 9 für erforderlich. Dem dürfte jedoch das Interesse des Bauherrn entgegenstehen. Da Mängel erfahrungsgemäß auftreten, wird der Bauherr in der Regel auch die Beratung des Architekten nach Abschluss des Bauvorhabens wollen.

Da es sich um **Auslegung des konkreten Einzelfalls** handelt, steht einem anderen Auslegungsergebnis jedoch nichts entgegen; die oben dargestellten Sachverhalte sind insoweit nur **beispielhaft** zu verstehen.

2. Umfang mündlich geschlossener Architektenverträge

Nichts anderes gilt für den Umfang mündlich geschlossener Architektenverträge. Auch hier gibt es keine Vermutung für Vollarchitektur, sondern der genaue Inhalt des Vertrages ist durch Auslegung zu ermitteln. 160

Besondere Schwierigkeiten bereitet hier jedoch die Tatsache, dass eine schriftliche Fixierung des Vertragsinhalts fehlt, auf die bei der Auslegung zurückgegriffen werden könnte. Vielmehr ist Grundlage der Auslegung das, was die Vertragspartner miteinander mündlich vereinbart haben. In der forensischen Praxis stellen sich hier daher besondere beweisrechtliche Schwierigkeiten. Das Risiko des Bauherrn, ungewollt in einen Vollarchitekturvertrag zu geraten, ist aus diesem Grunde nicht unerheblich, da auch hier nicht auf gesicherte Auslegungsgrundsätze zurückgegriffen werden kann. 161

Einen möglichen Grundsatz zur Auslegung hat der Bundesgerichtshof in seiner Entscheidung v. 24. 6. 1999[205] vorgegeben. Demnach beschränke sich der Auftrag auf die im Zeitpunkt der Auftragserteilung für den Auftraggeber **zweckmäßigen** Leistungen.

Aus diesem Grundsatz ergeben sich für den Architekten weitreichende Konsequenzen.

Sein Vergütungsanspruch beschränkt sich auf die erforderlichen Leistungsphasen und (innerhalb der Leistungsphasen) auf die erforderlichen Grundleistungen. Für den Auftraggeber besteht nämlich kein Anlass, Grundleistungen zu beauftragen, die für das konkrete Bauvorhaben nicht erforderlich sind. Dies hat erhebliche Auswirkungen auf die Berechnung der Vergütung. 162

3. Vertrag zur nur teilweisen Übertragung von Grundleistungen

Der Bauherr kann sich darauf beschränken, nur die Grundleistungen zu übertragen, die für das konkrete Bauvorhaben erforderlich sind. Die Vergütung dieser Leistungen können Architekt und Bauherr frei vereinbaren, wenn auch nur im Rahmen der Mindest- und Höchstsätze. 163

§ 8 Abs. 2 HOAI regelt den Fall, dass nicht alle Grundleistungen einer Leistungsphase übertragen werden. Es darf nur ein Honorar berechnet werden, das dem Anteil der übertragenen Grundleistungen an der gesamten Leistungsphase entspricht.

Die Regelung in § 8 Abs. 2 HOAI führt aber nicht zu einer unmittelbaren Minderung **vertraglich vereinbarten Honorars**, wie anschaulich ein Fall des LG Hannover[206] zeigt. Der Besteller hatte nach dem Architektenvertrag nicht alle Grundleistungen übertragen. Gleichwohl war das volle Honorar der übertragenen Leistungsphasen vereinbart worden. Gegenüber der Honorarklage berief sich der Besteller auf § 8 Abs. 2 HOAI. Das LG Hannover hat seinen Einwand verworfen. Der Architekt könne die vereinbarte Vergütung beanspruchen. Ein Gewährleistungstatbestand, der zur Minderung berechtige, liege nicht vor. Die vereinbarten und allein erforderlichen Leistungen habe der Architekt erbracht. Dies entspricht der Rechtsprechung des BGH, wonach es den Parteien freisteht, welche Leistungs- und Teilleistungsziele sie vereinbaren. Da die HOAI kein Vertragsrecht regelt, führt allein der Umstand, dass Grundleistungen nicht erbracht worden sind, nicht ohne weiteres zu einem Mangel der Leistung und zu einer Honorarminderung. Nur wenn die nicht erbrachte Grundleistung dazu führt, dass ein vertraglich vereinbarter (Teil-) Erfolg nicht erzielt worden, kommt eine Minderung des Honorars in Betracht.[207] Auch ist es richtig, dass § 8 Abs. 2 HOAI keine unmittelbare Auswirkung auf die vertraglich verein- 164

---

205 BGH Urt. v. 24.6.1999 – VII ZR 196/98, BauR 1999, 1319 ff.

206 Urt. v. 7.4.2014 – 14 O 108/13.

207 BGH Urt. v. 24.6.2004 – VII ZR 259/02, NZBau 2004, 509 = ibr 2004, 513.

barte Vergütung hat. Die HOAI gibt lediglich einen Rahmen für das Honorar vor; innerhalb dieses Rahmens können die Parteien das Honorar frei vereinbaren. Sie können also auch für eine Leistungsphase das volle Honorar vereinbaren, wenn der Architekt nicht alle Grundleistungen dieser Leistungsphase erbringen soll.

165 Mittelbar kann § 8 Abs. 2 HOAI jedoch gleichwohl Bedeutung auch für ein vertraglich vereinbartes Honorar erlangen. Denn für die Frage, welches höchst zulässige Honorar vereinbart werden kann, ist auch § 8 Abs. 2 HOAI zu berücksichtigen.[208] Danach bedarf es einer Berechnung, welches Höchsthonorar für die übertragenen Grundleistungen hätte vereinbart werden können. Eine Überschreitung dieses Höchsthonorars ist nicht möglich.[209]

Unmittelbare Bedeutung hat die Regelung des § 8 Abs. 2 HOAI aber in dem Fall, dass aufgrund der Fiktion gemäß § 7 Abs. 5 HOAI das Honorar nach den Mindestsätzen zu berechnen ist. Denn in diesem Fall führt die Honorarminderung gemäß § 8 Abs. 2 HOAI zu einer entsprechenden Reduzierung des Honorars.

4. Vertrag ohne Erwähnung von Grundleistungen

166 Den Parteien steht es frei, einen ausdrücklichen Auftrag über Planungsleistungen zu schließen, der nicht auf die Grundleistungen der verschiedenen Leistungsphasen Bezug nimmt. So kann ein Planer mit Planung, Ausschreibung und Bauaufsicht beauftragt werden. In diesem Fall ist klar, dass Honorar bis zur Leistungsphase 8 geschuldet ist, die Parteien lassen aber vollständig offen – und oft werden sie im Zeitpunkt des Vertragsschlusses auch keine Vorstellung haben – welche Grundleistungen der Planer ausführen soll.

167 Nach der Rechtsprechung gilt auch in einem solchen Fall, dass der von dem Planer geschuldete Erfolg nicht allein auf die mangelfreie Errichtung des Bauwerks beschränkt ist. Im Wege der Auslegung verpflichtet sich der Planer zu weiteren Teilleistungserfolgen, die für den Bauherrn von besonderem Interesse sind.

168 Neben diesen für die Gewährleistung relevanten Grundleistungen bleiben aber häufig weitere Grundleistungen, die der Architekt für das konkrete Bauvorhaben nicht ausführen muss. So erläutert auch § 3 Abs. 2 HOAI: „Grundleistungen, die zur ordnungsgemäßen Erfüllung eines Auftrags im Allgemeinen erforderlich sind, sind in Leistungsbildern erfasst." Auch die HOAI geht mithin davon aus, dass nicht für jedes Bauvorhaben alle Grundleistungen erforderlich sind. Für diese Leistungen ist die Rechtsprechung des BGH zur Honorarminderung nicht einschlägig, es lässt sich nämlich ohne ausdrückliche Regelung nicht annehmen, dass nicht erforderliche Grundleistung als Teilerfolge beauftragt werden.

Gleichwohl stellt sich die Frage, ob und inwieweit es Auswirkungen auf die Höhe des Honorars hat, wenn der Planer solche (nicht erforderlichen) Grundleistungen nicht erbringt.

169 Bei der Auslegung des Vertrages muss berücksichtigt werden, dass der Bauherr regelmäßig nur solche Grundleistungen übertragen will, die zur mangelfreien Errichtung des Bauwerks erforderlich sind. Der Planer kann nicht annehmen, dass ihm auch die nicht erforderlichen Grundleistungen übertragen werden sollen. Im Ergebnis kommt es somit auch in diesem Fall zur nur teilweisen Übertragung von Grundleistungen.

---

[208] *Koeble*, in Locher/Koeble/Frik, HOAI, 12. Auflage, § 8 Rz. 9.

[209] Eine solche Höchstsatzüberschreitung kann allerdings nicht allein damit begründet werden, dass die Parteien bei der Honorarvereinbarung § 8 Abs. 2 HOAI nicht „beachtet" haben. Denn für die Frage der Überschreitung des Höchstsatzes kommt es auf einen Gesamtvergleich an. Die Abweichung von einer isolierten Regelung der HOAI belegt noch nicht, dass es insgesamt zu einer unzulässigen Honorarüberschreitung kommt, vgl. BGH Urt. v. 9.2.2012 – VII ZR 31/11, BauR 2012, 829 = ibr 2012, 206.

Das hat aber keine unmittelbaren Folgen für ein vertraglich vereinbartes Honorar. 170
Denn die Parteien können das Honorar frei vereinbaren. Indessen gilt auch hier, dass Mindest- und Höchstsatz unter Berücksichtigung von § 8 Abs. 2 HOAI zu bestimmen sind. Die nicht erforderlichen Grundleistungen führen dazu, dass Mindest- und Höchstsatz niedriger ausfallen als in dem Fall, dass alle Grundleistungen erforderlich sind und auch übertragen werden. Dies kann wiederum dazu führen, dass das vertraglich vereinbarte Honorar den Höchstsatz überschreitet und im Ergebnis gekürzt werden muss. Sonst würde sich auch ein seltsamer Widerspruch ergeben zu Fällen, in denen ausdrücklich nicht alle Grundleistungen übertragen werden. In diesen Fällen findet § 8 Abs. 2 HOAI ohne weiteres Anwendung, bei der Berechnung des Mindest-/Höchstsatzes müssen also die nicht übertragenen Grundleistungen herausgerechnet werden. Es kann für den Mindest-/Höchstsatz aber keinen Unterschied machen, ob der Architekt ausdrücklich nur eingeschränkt beauftragt wird oder ob sich nachträglich herausstellt, dass nicht alle Grundleistungen erforderlich sind und sie deshalb auch nicht als übertragen gelten können.

Ist der Architekt auf das Mindesthonorar beschränkt, führt die teilweise Übertragung von Grundleistungen demgegenüber zu einer unmittelbaren Minderung des Honorars, weil § 8 Abs. 2 HOAI bei der Berechnung des Mindestsatzes zu berücksichtigen ist.

5. Berechnung der Honorars bei nur teilweise übertragenen Grundleistungen

Die Vorgabe des § 8 Abs. 2 HOAI, dass bei nur teilweiser Übertragung von Grundleis- 171
tungen nur ein anteiliges Honorar berechnet werden darf, ist schwer umzusetzen. Denn die HOAI enthält keine Vorgaben dazu, wie sich das Honorar einer Leistungsphase auf die Grundleistungen verteilt. Bei der Lösung ist zu beachten, dass es nicht um die Bewertung einer individuell vereinbarten Vergütung geht. Gegenstand der Bewertung ist der Mindest-/Höchstsatz nach der HOAI, die in einer abstrakt generalisierenden Betrachtung, die Mindest- und Höchstsätze in Abhängigkeit von den anrechenbaren Kosten festlegt. Danach ist es für die Bewertungsfrage nicht zu beanstanden, wenn Erfahrungswerte aus Tabellen zugrunde gelegt werden und nicht bezogen auf die konkrete Planung gefragt wird, welchen Aufwand die Grundleistung erfordert hätte.

V. Formfragen

1. Grundsatz der Formfreiheit

Grundsatz des deutschen Bürgerlichen Rechts ist, dass Verträge, soweit nicht etwas an- 172
deres durch Gesetz oder Vertrag bestimmt ist, **formfrei** abgeschlossen werden können. Der „Architektenvertrag" ist Werkvertrag im Sinne der §§ 631 ff. BGB. Für diesen Vertragstypus sieht das Gesetz keine besondere Form vor. Der Abschluss kann daher ausdrücklich – sei es schriftlich, sei es mündlich – oder auch nur konkludent erfolgen.

Anderes gilt nur dann, wenn die Vertragspartner etwas anderes vereinbart haben (so 173
genanntes gewillkürtes Schriftformerfordernis). Eine solche Vereinbarung ist ihrerseits **Rechtsgeschäft**, bedarf also zweier übereinstimmender Willenserklärungen, deren Inhalt gegebenenfalls wiederum mittels Auslegung zu bestimmen ist. In Betracht kommt bei einer entsprechenden Vereinbarung sowohl eine **konstitutive** als auch eine **deklaratorische Schriftformabrede** zwischen dem Architekten und seinem Auftraggeber. Soweit zwischen diesen beiden nur eine deklaratorische Schriftformabrede besteht, ist ein unter Nichtbeachtung dieses rechtsgeschäftlichen Formerfordernisses abgeschlossener Vertrag dennoch wirksam; bei einer deklaratorischen Schriftformabrede hat jede Partei lediglich einen **Anspruch auf Beurkundung** des Rechtsgeschäfts, welche auch nachträglich erfolgen kann. Eine derartige Formabrede hat in erster Linie beweissichernde und klarstellende Funktion.

174 Ergibt die Auslegung der Formabrede, dass die Schriftform **konstitutive Bedeutung** haben soll, so ist ein unter Nichtbeachtung der Form geschlossener Vertrag gem. § 125 Satz 2 BGB nichtig. Da die Vertragspartner in diesem Fall die Leistungen rechtsgrundlos erbringen, kommt nur eine bereicherungsrechtliche Rückabwicklung in Betracht. Diese beinhaltet für beide Seiten das Risiko, dass der Bereicherungsschuldner entreichert ist, der Anspruch also ins Leere geht.

175 Haben Bauherr und Architekt eine konstitutive Schriftformabrede getroffen und schließen sie dennoch unter Nichtbeachtung dieser Form einen Vertrag oder ergänzen sie den Architektenvertrag durch mündliche Nebenabreden, so kann im Einzelfall auch eine **konkludente Aufhebung** der Schriftformabrede vorliegen. Aus den Grundsätzen der Privatautonomie folgt, dass die Vertragsparteien sich gewillkürte Formerfordernisse auferlegen können; dann muss es genauso gut möglich sein, dieses Formerfordernis auch durch schlüssiges Verhalten wieder aufzuheben. Welche Anforderungen an die konkludente Aufhebung eines Formerfordernisses zu stellen sind, ist umstritten. Zum Teil wird ein bewusster Aufhebungswille gefordert. Dem kann nicht zugestimmt werden. Insbesondere dann, wenn Architekt und Bauherr trotz des rechtsgeschäftlichen Formerfordernisses vertragliche Vereinbarungen treffen und die daraus resultierenden Leistungspflichten erfüllen, müssen die Parteien gegenüber ihrer eigenen Formabrede – wenn sie einverständlich handeln – frei sein. Im Ergebnis ist eine Schriftformabrede daher regelmäßig bedeutungslos.

2. § 7 Abs. 1 HOAI

176 Gemäß § 7 Abs. 1 HOAI richtet sich das Honorar nach der **schriftlichen Vereinbarung**, die die Vertragsparteien *bei* Auftragserteilung im Rahmen der durch diese Verordnung festgesetzten Mindest- und Höchstsätze treffen.

Damit ist bereits eine wichtige Aussage getroffen: Nicht der Vertrag zwischen dem Architekten und dem Bauherrn selbst bedarf der Schriftform, sondern ausschließlich die zwischen diesen beiden getroffene Honorarabrede. Nur insoweit schränkt § 7 HOAI die Privatautonomie ein.

177 Sinn dieses Formerfordernisses ist es, **Rechtsklarheit** zu schaffen und die **preisrechtliche Zielsetzung** der Verordnung zu sichern. Der Formzwang übt darüber hinaus eine **Schutzfunktion** hinsichtlich des Auftraggebers aus; er soll ihn vor Nachforderungen bewahren und den Umfang seiner finanziellen Verpflichtungen verdeutlichen.[210]

Wird die erforderliche Form nicht gewahrt, so gelten gem. § 7 Abs. 5 HOAI die **Mindestsätze** als vereinbart. § 7 Abs. 5 HOAI enthält demnach eine **Mindestsatzfiktion**.

Welche Anforderungen an die Vereinbarung zu stellen sind, damit sie **schriftlich** i. S. d. § 7 HOAI ist, ergibt sich aus den allgemeinen Vorschriften des Bürgerlichen Rechts. Gemäß § 126 BGB „muss die Urkunde von dem Aussteller eigenhändig durch Namensunterschrift oder mittels notariell beglaubigten Handzeichens unterzeichnet werden. Bei einem Vertrage muss die Unterzeichnung der Parteien auf derselben Urkunde erfolgen."

178 Unter einer Urkunde ist jede schriftlich verkörperte Willenserklärung zu verstehen, die geeignet und bestimmt ist, im Rechtsverkehr Beweis zu erbringen, und die den Aussteller erkennen lässt. Erforderlich ist, dass die Urkunde **schriftlich** abgefasst wird. Die Art und Weise der Herstellung ist nicht vorgeschrieben; sie kann nach Belieben von den Parteien oder einem Dritten handschriftlich, mit Schreibmaschine oder PC, durch Druck oder Vervielfältigung erstellt werden, solange nur der Inhalt der formbedürftigen Willenserklärung vollständig enthalten ist. Des Weiteren muss die Urkunde **eigenhändig durch Namensunterschrift unterzeichnet** werden. Dies kann auf einer gemeinsamen Urkunde geschehen; ausreichend ist es gem. § 126 Abs. 2 Satz 2 BGB aber auch, wenn jede Partei auf der für die andere Partei bestimmten Urkunde unterzeichnet, sofern von der Honorarvereinbarung mehrere Urkunden erstellt werden.

---

[210] So auch BGH Urt. v. 21.1.1988 – VII ZR 239/86, BauR 1988, 364.

Erforderlich ist jedenfalls, dass die Unterschriften **beider Vertragspartner** den das Honorar betreffenden Vertragstext vollinhaltlich decken.[211] Es reicht daher nicht aus, wenn einer der Vertragspartner das Angebot und einer die Annahmeerklärung unterzeichnet, da in diesem Fall keines der Schriftstücke den gesamten Vertragstext enthält. Auch das **kaufmännische Bestätigungsschreiben**[212] oder eine **Auftragsbestätigung** reichen zur Wahrung des Schriftformerfordernisses nicht aus. 179

Zwar fordert § 126 BGB eine „eigenhändige" Namensunterschrift; diese bedeutet aber nicht, dass sich die Vertragspartner nicht vertreten lassen könnten. Unterschreibt ein Vertreter die Urkunde eigenhändig, so genügt dies dann, wenn aus der Unterzeichnung das **Vertretungsverhältnis erkennbar** wird, z. B. durch den Zusatz des Kürzels „i. V.". Nach ständiger Rechtsprechung des Bundesgerichtshofs darf der Vertreter auch mit dem Namen des Vertretenen unterschreiben.[213] 180

Nicht ausreichend ist für eine „eigenhändige Unterschrift" eine faksimilierte, vervielfältigte oder maschinengeschriebene Unterzeichnung.[214] Fraglich ist die Wirksamkeit, wenn die für die andere Seite bestimmte und eigenhändig unterzeichnete Urkunde per **Telefax** übermittelt wird. Die Nutzung des Telefaxes ist aus der Praxis nicht mehr wegzudenken, so dass der Bundesgerichtshof im Bereich des Prozessrechts anerkannt hat, dass durch bestimmende Schriftsätze wirksam per Fax übermittelt werden können. Für den privaten Rechtsverkehr gilt dies jedoch nicht. Der Empfänger gelangt lediglich in den Besitz einer Fernkopie der eigenhändigen Unterschrift, so dass die Voraussetzungen des § 126 BGB nicht erfüllt sind.[215] Die Zusendung per Fax reicht insbesondere in Fällen erforderlicher Fristwahrung auch dann nicht aus, wenn ein Originalschriftsatz nachgesendet wird. 181

Eine Honorarvereinbarung per Telefax ist danach nicht möglich, so dass die Mindestsatzfiktion des § 7 Abs. 5 HOAI eingreift.

§ 126 a BGB erlaubt nunmehr auch die Ersetzung der gesetzlich vorgeschriebenen schriftlichen Form durch die elektronische Form. Das bedeutet nicht, dass per E-Mail übermittelte Erklärungen ohne weiteres zur Wahrung der Schriftform reichen. Dazu ist notwendig, dass der Aussteller der Erklärung dieser seinen Namen hinzufügt und das elektronische Dokument mit einer qualifizierten elektronischen Signatur nach dem Signaturgesetz versieht. Bei einem Vertrag müssen die Parteien jeweils ein gleich lautendes Dokument in der beschriebenen Weise elektronisch signieren (§ 126 a Abs. 2 BGB). 182

3. Verträge mit der öffentlichen Hand

Besonderheiten gelten für den Abschluss des Architektenvertrages mit Gemeinden. 183

a) Schriftform. Infolge Vorschriften in den Gemeindeordnungen, wie z. B. § 64 GO NW, müssen Erklärungen, durch die die Gemeinde verpflichtet werden soll, vom Bürgermeister oder seinem allgemeinen Vertreter **handschriftlich unterzeichnet** werden, soweit es sich dabei nicht um ein Geschäft der laufenden Verwaltung handelt. 184

Der Begriff „Geschäft der laufenden Verwaltung" ist ein unbestimmter Rechtsbegriff, der der vollen verwaltungsgerichtlichen Kontrolle unterliegt. Laufende Geschäfte liegen dann vor, wenn sie wegen ihrer Regelmäßigkeit und Häufigkeit zu den herkömmlichen und üblichen Aufgaben der Verwaltung gehören, deren Wahrnehmung nach festen Grundsätzen erfolgt und keine weittragende Bedeutung entfaltet. Zwar kommt es hier erheblich auf die konkreten Umstände des Einzelfalles an; bei dem Abschluss eines Ver- 185

---

211 OLG Düsseldorf Urt. v. 5.7.1981 – 22 U 81/81, BauR 1982, 294, 295.

212 BGH Urt. v. 24.11.1988 – VII ZR 313/87, BauR 1989, 222; für den Abschluss des Architektenvertrages selbst reicht dies aber aus.

213 Vgl. BGH Urt. v. 3.3.1966 – II ZR 18/64, NJW 1966, 1069.

214 *Hertel*, Staudinger, BGB (2012), § 126 Rn. 133.

215 *Hertel*, Staudinger, BGB (2012), § 126 Rn. 162. Anders für die vertraglich vereinbarte Schriftform, Rn. 164.

trages zwischen der Gemeinde und einem Architekten über die Erbringung von Architektenleistungen ist es aber nahe liegend, dass dieser in der Regel nicht mehr als „Geschäft der laufenden Verwaltung" angesehen werden kann, mit der Folge, dass die Regelung des § 64 GO NW gilt. Im Ortsrecht einer Gemeinde finden sich oft besondere Vorschriften, ab welchem Wert eines Geschäftes nicht mehr von einem Geschäft der laufenden Verwaltung auszugehen ist.

Nach ganz herrschender Meinung und ständiger Rechtsprechung des Bundesgerichtshofs stellen die Regelungen der Gemeindeordnungen **keine Formvorschriften** i. S. d. Bürgerlichen Rechts dar, so dass Verträge, die unter Missachtung dieser Form geschlossen werden, nicht gemäß § 125 BGB wegen Verstoßes gegen die vorgeschriebene Form unwirksam sind.

186 Es handelt sich bei diesen Vorschriften vielmehr um **Vertretungsregelungen** zum Schutz der Gemeinde und zur Gewährleistung einer gewissen, einfach zu handhabenden Kontrolle der Tätigkeit des Bürgermeister,[216] bei deren Nichteinhaltung die Erklärung wegen Überschreitung der Vertretungsmacht bis zur Genehmigung oder Ablehnung der Genehmigung schwebend unwirksam ist. Sie kann – unter Wahrung der Form – noch genehmigt werden.

Für die Abnahme einer Bauleistung gelten die kommunalrechtlichen Förmlichkeitsvorschriften nicht, weil es sich nicht um ein Verpflichtungsgeschäft handelt.[217]

187 **b) Vertretung.** Oftmals handelt bei der Beauftragung nicht der Bürgermeister selbst, sondern ein „Amt", zum Beispiel das Gebäudemanagement einer Gemeinde. Gemäß § 64 Abs. 3 GO kann für den Abschluss solcher Geschäfte eine Vollmacht erteilt werden. Ist diese Vollmacht in der Form des § 64 Abs. 1 GO erteilt, ist für den Abschluss der Geschäfte die Einhaltung der Schriftform nicht erforderlich.

188 **c) Handeln ohne Vertretungsmacht.** Wird ein Auftrag ohne Vertretungsmacht erteilt oder wird die Form bei der Auftragserteilung nicht beachtet, so kommen Ansprüche gegen den (angeblichen) Vertreter aber auch gegen die Gemeinde in Betracht.

189 *aa) Ansprüche gegen den (angeblichen) Vertreter.* Grundsätzlich ist derjenige, der ohne die erforderliche Vertretungsmacht einen Vertrag abschließt, dem anderen nach dessen Wahl zur Erfüllung oder zum Schadensersatz verpflichtet (vgl. § 179 Abs. 1 BGB).

190 Die Anwendung der Vorschrift auf den Bürgermeister, der einen Auftrag ohne Beachtung der Form erteilt, wäre danach konsequent. Indessen hat der Bundesgerichtshof entschieden, dass § 179 BGB in einem derartigen Fall keine Anwendung findet, weil § 179 BGB nur das Vertrauen auf die Vertretungsmacht (diese ist beim Bürgermeister grundsätzlich gegeben), nicht aber auf die Einhaltung der Form schützt.[218] Anwendung kann § 179 BGB aber finden, wenn der Auftrag durch einen Mitarbeiter der Gemeinde erteilt wird, der hierzu auch nicht bei Beachtung der Form bevollmächtigt ist. Dann ist aber zu prüfen, ob die Haftung nicht gemäß § 179 Abs. 3 BGB deshalb ausgeschlossen ist, weil der Architekt fahrlässig das Fehlen der Vertretungsmacht verkannt hat.

191 *bb) Ansprüche gegen die Gemeinde.* Mängel der Vertretungsmacht sowie Mängel der Form können über die **Grundsätze von Treu und Glauben** überwunden werden. In **besonders gelagerten Einzelfällen**, wenn die Rechtsfolge der Nichtigkeit mit Treu und Glauben schlechthin unvereinbar ist, darf ein Rechtsgeschäft als wirksam angesehen werden; die Berufung auf die Nichtigkeit durch eine Partei wäre eine **unzulässige Rechtsausübung**, so dass § 242 BGB insoweit zu einer „klagebegründenden Norm"[219] wird.

---

216 BGH Urt. v. 20.1.1994 – VII ZR 174/92, BauR 1994, 364.
217 BGH Urt. v. 6.3.1986 – VII ZR 235/84, NJW 1986, 1758.
218 BGH Urt. v. 10.4.2001 – III ZR 111/99, BauR 2001, 1415.
219 BGH Urt. v. 21.4.1972 – V ZR 42/70, NJW 1972, 1189.

Einen derartigen Ausnahmefall hat der **Bundesgerichtshof** etwa dann angenommen, wenn der mit der Vorschrift der Gemeindeordnung bezweckte Schutz deshalb bedeutungslos geworden ist, weil das nach der Gemeindeordnung für die Willensbildung zuständige Organ der öffentlich-rechtlichen Körperschaft den Abschluss des Verpflichtungsgeschäftes zuvor gebilligt hat.[220] 192

In einem vom **OLG Frankfurt** zu entscheidenden Fall hatte der Magistrat einer Gemeinde einen Architekten mündlich mit der Planung und Bauaufsicht einer neuen Freibadanlage beauftragt. Auch hier soll § 242 BGB den Mangel überwinden:

„Anspruchsgrundlage [...] ist der mündlich abgeschlossene Architektenvertrag, der einen Werkvertrag i. S. v. § 631 BGB darstellt. [...] Dieser Vertrag ist nicht wegen eines Verstoßes [gegen die Vorschriften der Gemeindeordnungen] nichtig. Dieser Vorschrift gemäß bedürfen Erklärungen, durch welche die Gemeinde verpflichtet werden soll, der Schriftform. Sie sind nur rechtsverbindlich, wenn sie vom Bürgermeister oder seinem allgemeinen Vertreter sowie von einem weiteren Mitglied des Gemeindevorstands handschriftlich unterzeichnet und mit Dienstsiegel versehen sind. Diesen Voraussetzungen entsprach der mündlich geschlossene Vertrag nicht [...]. Die Berufung auf die **mangelnde Schriftform** verstößt jedoch im vorliegenden Fall gegen Treu und Glauben (§ 242 BGB), da die zuständigen und vertretungsberechtigten Organe der Gemeinde gehandelt haben. [...] Unter diesen Umständen ist es [...] verwehrt, sich auf die Formnichtigkeit des Vertrages zu berufen. Dieser Grundsatz gilt nicht nur für die Gemeinde, sondern auch für den Vertragspartner. [...] Das gegenteilige Ergebnis – die **Nichtigkeit des Vertrages** – würde zu einem schlechthin untragbaren Ergebnis im Sinne von BGH, DVBl. 1979, 514 (516) führen."[221] 193

In geradezu exemplarischer Weise unterstreicht diese Entscheidung den Ausnahmecharakter des Grundsatzes, dass die Nichtigkeit des Vertrages über § 242 BGB überwunden werden kann. In der Regel wird man nicht von „untragbaren, nicht bloß harten" Ergebnissen sprechen können, wenn Verträge nichtig sind.

Des weiteren kommt ein Anspruch auf Aufwendungsersatz nach den Regeln der Geschäftsführung ohne Auftrag in Betracht. War die Planungsleistung erforderlich, so hat der Architekt mit der Ausführung des (vermeintlichen) Auftrags ein (auch) fremdes Geschäft geführt und hat daher einen Anspruch auf Aufwendungsersatz oder einen bereicherungsrechtlichen Anspruch. 194

Darüberhinaus kann ein Schadensersatzanspruch gegen die Gemeinde gegeben sein. Denn die Nichtbeachtung der Form kann ein Verschulden darstellen, das gemäß §§ 31, 89 BGB der Gemeinde zuzurechnen ist und so mittelbar doch zu einer Einstandspflicht der Gemeinde führt.[222]

VI. Verträge zugunsten Dritter

Das Bürgerliche Gesetzbuch kennt neben Verträgen, aus denen nur Rechte und Pflichten für die unmittelbar am Vertrag beteiligten Parteien erwachsen, auch solche, die Rechtswirkungen zugunsten Dritter entfalten. 195

Gem. § 328 BGB kann „eine Leistung an einen Dritten mit der Wirkung bedungen werden, dass der Dritte unmittelbar das Recht erwirbt, die Leistung zu fordern". Der so genannte **Vertrag zugunsten Dritter** ist kein eigenständiger Vertragstypus; vielmehr kann jedes Schuldverhältnis durch entsprechende Parteivereinbarung als ein Vertrag zugunsten Dritter ausgestaltet werden. Abzugrenzen ist dieser „echte" Vertrag zugunsten Dritter von einem Rechtsinstitut, das allein hinsichtlich möglicher Sekundäransprüche entwickelt worden ist, dem **Vertrag mit Schutzwirkung zugunsten Dritter**. Architek- 196

[220] BGH Urt. v. 8.6.1973 – V ZR 72/72, NJW 1973, 1494, 1495.
[221] OLG Frankfurt Urt. v. 16.8.1988 – 8 U 205/85, NJW-RR 1989, 1505.
[222] BGH Urt. v. 10.4.2001 – III ZR 111/99, BauR 2001, 1415.

tenverträge können Verträge zugunsten Dritter, aber auch Verträge mit Schutzwirkung zugunsten Dritter sein.

197 Der („echte") **Vertrag zugunsten Dritter** zeichnet sich dadurch aus, dass die am Vertrag Beteiligten rechtsgeschäftlich vereinbaren, dass dem Dritten das Recht zustehen soll, die Leistung zu **fordern**. Der Dritte erwirbt dieses Recht **originär**, d.h. ausschließlich aufgrund der Vertragserklärungen. Es bedarf keines Beitritts, keiner Annahme und keiner sonstigen Mitwirkungshandlung des Dritten.[223] Sofern ein echter Vertrag zugunsten Dritter vorliegt, rückt der Dritte zwar nicht in die Stellung des Vertragsschließenden ein, hat jedoch einen Forderungsanspruch gegen den Schuldner.

198 Abzugrenzen ist dieser „echte" Vertrag zugunsten Dritter von einem Rechtsinstitut, das allein hinsichtlich möglicher Sekundäransprüche entwickelt worden ist, dem **Vertrag mit Schutzwirkung zugunsten Dritter**. Architektenverträge können Verträge zugunsten Dritter, aber auch Verträge mit Schutzwirkung zugunsten Dritter sein. Der Vertrag mit Schutzwirkung für die Dritte ist insbesondere dann relevant, wenn „Dritte" von dem Bauwerk mitbetroffen sind. Beispiel: Bei der Planung eines Wasserkraftwerks bedenkt der Planer nicht, welche Auswirkungen der Betrieb des Wasserkraftwerks auf eine nahe gelegene Landesbrücke hat. Der Planer haftet dem Land, wenn der Betrieb des Wasserkraftwerks zu einer Erosion (Kolk) vor einem Brückenpfeiler führt und deshalb die Tragfähigkeit der Brücke eingeschränkt wird.[224]

199 Erhebliche Bedeutung hat die Frage der Haftung gegenüber Dritten, wenn der Architekt **Baufortschrittsanzeigen** ausstellt. So ist es bei Bauträgerverträgen häufig, dass der vom Bauträger beauftragte Architekt den Kunden des Bauträgers eine Anzeige zusendet, dass die (baulichen) Auszahlungsvoraussetzungen für die jeweilige Rate eingetreten sind. Ebenso kommt es vor, dass finanzierende Banken solche Mitteilungen als Grundlage der Auszahlung eines Kreditbetrages nehmen. Sind die Baufortschrittsanzeigen unrichtig, so entsteht der Schaden in einer Person, die nicht in einer unmittelbaren vertraglichen Verbindung zum Auftraggeber steht. In derartigen Fällen haftet der Architekt nach den Grundsätzen des Vertrages mit Schutzwirkung zugunsten Dritter.[225] Es handelt sich um eine Fallgruppe der sog. Expertenhaftung. Der mit der Erstellung der Baufortschrittsanzeige beauftragte Architekt weiß, dass seine Leistung nicht nur dem Gläubiger, sondern allein oder zumindest auch gegenüber dem Dritten erbracht wird diesem der Schaden aus der Pflichtverletzung droht und sich deshalb aus den Umständen des Falles konkrete Anhaltspunkte für die Einbeziehung des Dritten in den Schutzbereich des Vertrages ergeben. In diesem Falle hindert auch die Gegenläufigkeit der Interessen des Gläubigers und des Dritten die Einbeziehung in den Vertrag nicht.[226]

200 Fraglich ist die Einbeziehung in den Schutzbereich, wenn der Architekt in Absprache mit dem Bauherrn eine **bewusst unrichtige Auskunft** erteilt oder ein **bewusst unrichtiges Gutachten** erstellt, das anschließend Dritten gegenüber verwendet wird. Hiergegen spricht, dass im Falle eines kollusiven Zusammenwirkens weder der Architekt noch sein Auftraggeber die Haftung gegenüber dem Dritten wollen. Andererseits kann auch in einem derartigen Fall die Haftung immer noch auf § 311 Abs. 3 BGB gestützt werden.[227] Zudem haftet der Architekt ohnehin gemäß § 826 BGB, wenn er vorsätzlich und in kollusivem Zusammenwirken mit seinem Auftraggeber falsche Baufortschrittsanzeigen erstellt.[228]

---

[223] *Gottwald*, in MünchKommBGB, 6. Auflage, § 328 Rz. 3.

[224] OLG Naumburg Urt. v. 24.4.2014 – 1 U 27/11, ibr 2014, 559.

[225] BGH Urt. v. 25.9.2008 – VII ZR 37/07, VersR 2010, 350; Urt. v. 7.2.2002 – III ZR 1/01, NZBau 2002, 229.

[226] *Jagmann*, in Staudinger (BGB 2009), § 328 Rz. 101ff. Daneben kommt es im Einzelfall auch in Betracht, unmittelbar einen Vertrag zwischen dem Architekt und der Person anzunehmen, die sich auf seine Auskunft verlässt. Dies setzt indessen voraus, dass der Architekt erkennen kann, für wen er seine Leistung erbringt.

[227] *Gottwald*, in MünchKommBGB, 6. Auflage, § 328 Rz. 210.

[228] *Oechsler*, in Staudinger, BGB (2013), § 826 Rz. 207.

VII. Unwirksamkeitsgründe für einen Architektenvertrag

1. Kopplungsverbot

Das wichtigste Verbotsgesetz im Bereich des Architektenvertragsrechts ist das **Kopplungsverbot** des § 3 IngALG: 201

„Eine Vereinbarung, durch die der Erwerber eines Grundstücks sich im Zusammenhang mit dem Erwerb verpflichtet, bei der Planung oder Ausführung eines Bauwerks auf dem Grundstück die Leistungen eines bestimmten Ingenieurs oder Architekten in Anspruch zu nehmen, ist **unwirksam**. Die Wirksamkeit des auf den Erwerb des Grundstücks gerichteten Vertrages bleibt unberührt."

Sachlich werden alle **Verpflichtungsgeschäfte** erfasst, die zum Erwerb eines Grundstücks führen können, also nicht nur Kaufverträge, sondern z. B. auch Tauschverträge oder Schenkungen. Auf die schuldrechtliche Grundlage des Erwerbsvorgangs kommt es gerade nicht an.[229] Nach überwiegender Ansicht der Literatur ist damit auch der höchstrichterlich noch nicht entschiedene Fall des Erwerbs eines **Erbbaurechts** erfasst.[230] 202

Unwirksam ist eine Vereinbarung, nach der der Erwerber zur Inanspruchnahme der Leistungen eines bestimmten Architekten verpflichtet wird. Die vom Gesetzgeber verwendeten Begriffe der „Planung" und „Ausführung" decken dabei die gesamten Architektenleistungen ab. Vereinbarungen, die nur Teile der in den Leistungsbildern der HOAI beschriebenen Tätigkeiten zum Inhalt haben, unterfallen damit in gleicher Weise dem Kopplungsverbot. 203

In persönlicher Hinsicht werden von § 3 IngALG **nur freiberufliche Architekten** erfasst. Nur insoweit wollte der Gesetzgeber einen **Wettbewerbsvorsprung** derjenigen Architekten verhindern, die gleichzeitig mit der Erbringung von Architektenleistungen auch Grundstücke „an der Hand haben".[231] 204

Der BGH sieht das Kopplungsverbot damit **berufsstands-** und nicht **leistungsbezogen**,[232] legt aber den Kreis der erfassten Personen weit aus.[233] Von der Rechtsprechung wurde als Verstoß gegen das Kopplungsverbot beispielsweise auch eine Vereinbarung angesehen, nach welcher der freiberufliche Architekt wie ein Bauträger auf einem eigenen, dem Erwerber vorweg übertragenen Grundstück einen schlüsselfertigen Bau auf eigene Rechnung und auf eigenes Risiko erstellte.[234] Ebenso erfasst sein soll die Konstellation, dass der Architekt als Veräußerer dem Erwerber nur die Wahl ließ, entweder ihn mit der Planung und Ausführung des Bauvorhabens zu beauftragen oder für bereits erbrachte Leistungen eine Abstandssumme zu zahlen.[235] Das Kopplungsverbot greift aber nicht, wenn der Bauherr selbst auf den Architekten zugeht, etwa wenn der Bauherr den Architekten bittet, für ihn ein Grundstück zu suchen und ihn in Aussicht stellt, ihn im Erfolgsfall zu beauftragen.[236] Entsprechend des berufsstandsbezogenen Anwendungsbereichs gilt das Kopplungsverbot nicht für Architekten, die gewerbsmäßig auf Grundlage des § 34 c GewO tätig werden. 205

Liegt ein Verstoß gegen des IngALG und damit gegen ein gesetzliches Verbot i. S. v. § 134 BGB vor, so ist das Rechtsgeschäft **nichtig**. Der Umfang der Nichtigkeit ergibt sich wiederum durch Auslegung des Verbotsgesetzes. Im Zweifel führt ein Verstoß gegen ein gesetzliches Verbot zur Gesamtnichtigkeit des Rechtsgeschäftes. Abweichend von diesem Grundsatz bestimmt § 3 IngALG, dass nur der Teil des Vertrages, der die Erbringung der 206

---

229 *Koeble*, in *Locher/Koeble/Frik*, HOAI, 12. Auflage, MRVG § 3 Rn. 5.
230 *Koeble*, in *Locher/Koeble/Frik*, HOAI, 12. Auflage, MRVG § 3 Rn. 6.
231 BGH Urt. v. 22.11.1983 – VII ZR 59/82 NJW 1984, 733, 734.
232 *Werner/Pastor* Rz. 713.
233 BGH Urt. v. 22.11.1983 – VII ZR 59/82, NJW 1984, 732, 733.
234 BGH Urt. v. 27.9.1990 – VII ZR 324/89, BauR 1991, 114.
235 BGH Urt. v. 7.10.1982 – VII ZR 24/82, BauR 1983, 93.
236 BGH Urt. v. 25.9.2008 – VII ZR 174/07, NZBau 2008, 772.

Architektenleistungen betrifft, von der Nichtigkeitsfolge erfasst wird. Der Teil des Vertrages, der den Erwerb des Grundstücks betrifft, bleibt dagegen wirksam.

207 Als Folge der Nichtigkeit kommen Ansprüche aus **ungerechtfertigter Bereicherung** in Betracht. Der Empfänger der rechtsgrundlos erbrachten Architektenleistung schuldet dem Architekten die Mindestsätze des § 7 Abs. 5 HOAI.[237] Folge der Nichtigkeit ist an sich, dass der Bauherr keine Gewährleistungsansprüche geltend machen kann. Etwaige Mängel der Planung könnte er allein dem Bereicherungsanspruch des Architekten entgegenhalten und einwenden, der Wert der von dem Architekten erbrachten Leistungen sei wegen der Mängel gemindert. Damit wäre allerdings das Kopplungsverbot – das dem Schutz des Bauherrn dienen soll – weitgehend entwertet. Während der Architekt nach den Regeln des Bereicherungsrechts Honorar erhielte (denn der Wert der von ihm erbrachten Leistung ist nach der HOAI zu berechnen), könnte der Bauherr keine Gewährleistungsansprüche geltend machen. Angemessener erscheint es daher, wenn sich der Architekt gemäß § 242 BGB nicht auf die Nichtigkeit berufen darf und daher so haftet, als sei ein wirksamer Vertrag abgeschlossen.[238]

2. Fehlende Architekteneigenschaft

208 „Architekt" ist eine berufsständische Bezeichnung. Die Voraussetzungen, unter welchen diese Berufsbezeichnung geführt werden darf, ergeben sich aus den Architektengesetzen der Länder. Konstitutive Bedeutung hat hierbei die Eintragung in die Architektenliste der Länder.[239]

209 Nicht selten erbringen Personen Architektenleistungen, ohne zur Führung dieser Berufsbezeichnung berechtigt zu sein. Für die Wirksamkeit des Vertrages und die Anwendbarkeit der HOAI hat dies jedoch keine unmittelbaren Folgen. Das Werkvertragsrecht selbst hindert das wirksame Zustandekommen des Vertrages nicht. Ob ein Werkvertrag vorliegt, richtet sich danach, ob der Vertragspartner einen Erfolg schuldet; auf den Status oder die Berufsbezeichnung des Leistungserbringers kommt es dabei gerade nicht an. Der Inhalt des Vertrages bestimmt den Typus, nicht die Eigenschaften der beteiligten Vertragspartner. Der Vertrag zwischen dem Bauherrn und dem Nichtarchitekten ist auch nicht gem. § 134 BGB nichtig. Nach ganz herrschender Meinung stellen die Landesarchitektengesetze jedoch keine Verbotsgesetze im Sinne des § 134 BGB dar.[240]

210 Wenn der Auftraggeber – nachdem ihm die fehlende Architekteneigenschaft bekannt geworden ist – an dem Vertrag nicht mehr festhalten will, kann er entweder anfechten oder den Vertrag aus wichtigem Grund kündigen.[241] Die Ausübung des Kündigungsrechts ist für den Bauherrn vorteilhaft, weil sie ihm die Gewährleistungsansprüche für die ausgeführten Leistungen erhält.

211 Gibt sich der Nichtarchitekt ausdrücklich als Architekt aus, so liegt darin eine arglistige Täuschung i. S. d. § 123 BGB, die zur Anfechtung berechtigt. Problematischer und praktisch häufiger sind allerdings Konstellationen, in denen der Nichtarchitekt sich zwar nicht positiv als Architekt ausgibt, der Bauherr jedoch annimmt, mit einem Architekten zu kontrahieren, und der Vertragspartner dies auch erkennt. Es stellt sich die Frage, ob der Nichtarchitekt zur Aufklärung über seine fehlende Architekteneigenschaft verpflichtet ist, ob er also in Fällen fehlender Aufklärung eine **arglistige Täuschung durch Unterlassen** begeht. Die Architekteneigenschaft des Auftragnehmers ist von besonderer Bedeutung für die Willensbildung des Bauherrn. Regelmäßig kann man davon ausgehen, dass dieser mit einem Nichtarchitekten nicht kontrahieren würde, da gerade die durch das

---

237 OLG Celle Urt. v. 14.10.1999 – 14 U 101/98, OLGR 2000, 323 mit Anm. *Schwenker* IBR 2000, 128.

238 OLG Köln Urt. v. 30.7.2014 – 11 U 133/13.

239 *Werner/Pastor* Rz. 612.

240 OLG Köln Urt. v. 3.4.1985 – 20 U 134/84, BauR 1986, 467.

241 OLG Oldenburg Urt. v. 21.4.2014 – 3 U 71/13 für den Fall, dass sich ein Innenarchitekt als Architekt ausgibt.

Hochschulstudium erworbene fachliche Qualifikation berechtigte Hoffung auf eine vertragsgemäße Leistungserbringung erweckt. Danach besteht eine Aufklärungspflicht.

Es ist nicht ausgeschlossen, dass der Nichtarchitekt die geschuldete Leistung vollständig und mangelfrei erbringt, etwa weil er aufgrund langjähriger Erfahrung als Bauzeichner oder sonstiger Mitarbeiter eines Architekten faktisch ebenso qualifiziert ist. Dies wirft die Frage auf, ob der Nichtarchitekt sein Honorar entsprechend der **HOAI**, d. h. die vollen Gebührensätze als übliches Entgelt verlangen kann. Der Bundesgerichtshof hat hierzu entschieden, dass die HOAI leistungs- und nicht personenbezogen ist[242] , was für ihre Anwendung in derartigen Fällen spricht.[243] 212

3. Rechtsdienstleistungsgesetz

Eine **Nichtigkeit** eines (Teils des) Vertrages kann sich bei Vorliegen besonderer Umstände aus einem Verstoß gegen das **Rechtsdienstleistungsgesetz** (Verbotsgesetz i. S. d. § 134 BGB) ergeben, das an die Stelle des Rechtsberatungsgesetzes getreten ist. Häufig bewegen sich Architekten in einem Grenzbereich zwischen fachlicher Beratung, Baubetreuung und unzulässiger Rechtsberatung. 213

Falsch wäre allerdings die Annahme, dass der Architekt überhaupt nicht rechtliche Beratung im weitesten Sinne betreiben darf. Vielfach kann er sogar vertraglich dazu verpflichtet sein, den Bauherrn in bestimmten Fällen (rechtlich) zu beraten. So ist es beispielsweise häufig Inhalt der vom Architekten geschuldeten Leistung, bei der Vergabe von Aufträgen mitzuwirken. Hierzu können auch Hinweise zur Gestaltung von Bauverträgen gehören. Auch bei der Wahrnehmung der Rechte des Bauherrn bei der Mängelbeseitigung sind oft rechtliche Fragen angesprochen, ebenso wenn der Architekt die Abrechnungen anderer Planer oder von Unternehmern prüft. Die Befugnis zur Besorgung dieser Rechtsangelegenheiten lässt sich aus § 5 RDG herleiten, wonach Rechtsdienstleistungen als Nebenleistungen erlaubt sind.[244] 214

Dies ist wohl das in der Praxis noch am besten handhabbare Abgrenzungskriterium: Rechtsberatung durch den Architekten ist jedenfalls dort zulässig, wo sie zwingende Voraussetzung zur Herbeiführung des werkvertraglich geschuldeten Erfolges im Rahmen des Architektenvertrages ist. Bei vertragsgestaltendem Tätigwerden ist dagegen Zurückhaltung geboten. 215

4. Schmiergeldabrede

Es kommt vor, dass der Architekt einem Mitarbeiter des Bauherrn Geld oder sonstige Vorteile verschafft, um beauftragt zu werden. 216

Beispiel: Der Architekt zahlt dem Geschäftsführer einer Wohnungsbaugesellschaft 10.000,00 EUR. Daraufhin wird der Architekt von der Wohnungsbaugesellschaft – vertreten durch den Geschäftsführer – mit Architektenleistungen auf der Grundlage eines üblichen Vertragsmusters zu üblichen Preisen beauftragt.

Der Architektenvertrag ist in diesem Fall nicht ohne weiteres nichtig. Der Architektenvertrag verstößt als solcher nicht gegen ein gesetzliches Verbot. Denn er ist lediglich „Folgevertrag" der Schmiergeldabrede. Allein deshalb wird der Vertrag nicht als nichtig angesehen.[245]

Nichtig kann der Vertrag aber gemäß § 138 BGB sein. Hierfür kommt es darauf an, ob er zu einer für den Bauherrn nachteiligen Gestaltung führt, also etwa überhöhte Preise bezahlt werden sollen. Ist das nicht der Fall, ist der Vertrag nicht gemäß § 138 BGB unwirksam.[246] 217

---

242 BGH Urt. v. 22.4.1997 – VII ZR 290/95, BauR 1997, 677.

243 OLG Düsseldorf, BauR 1993, 630. Anderer Ansicht *Koeble*, in Koeble/Locher/Frik, HOAI, 12. Auflage, § 1 Rn. 18.

244 Vgl. BGH Urt. v. 7.12.2006 – VII ZR 290/04, BauR 2007, 576 zum RBeratG.

245 BGH Urt. v. 4.11.1999 – IX ZR 320/98, BauR 2000, 413.

246 BGH Urt. v. 6.4.1999 – VII ZR 132/97, BauR 1999, 1047.

Eine Unwirksamkeit des Vertrages kommt zudem nach den Regeln des Missbrauchs der Vertretungsmacht in Betracht. Denn der Architekt, der den Geschäftsführer besticht, kann nicht davon ausgehen, dass dieser berechtigt sei, einen Vertrag abzuschließen, zu dem es aufgrund einer Schmiergeldabrede kommt. Der Vertrag ist damit schwebend unwirksam (§ 177 BGB).[247]

218 Im Ergebnis bestehen danach folgende Möglichkeiten:
- Die Genehmigung des Vertrages kann vom Bauherrn verweigert werden. Dies führt zur Abwicklung nach Bereicherungsrecht.
- Der Bauherrn kann den Vertrag genehmigen, zum Beispiel um eine vertragliche Grundlage für die Geltendmachung von Gewährleistungsansprüchen zu schaffen. Gleichwohl kann der Bauherr den Vertrag aus wichtigem Grund – mit Wirkung ex nunc – kündigen.[248]

5. Abrede „ohne Rechnung“ und Schwarzarbeit

219 Vereinbaren Architekt und Bauherr, dass eine Planungsleistung ohne Rechnung und ohne Quittung bar bezahlt werden soll, so ist ihr Handeln in aller Regel auf eine Steuerhinterziehung gerichtet, da ohne Rechnung der Unternehmer Umsatzsteuer nicht abführt (denn ohne Rechnung findet keine Verbuchung statt) und der Besteller keine Vorsteuer oder sonstige steuerliche Vorteile geltend machen kann.

220 Nach der Rechtsprechung des BGH führt allein dies (die Verabredung einer Steuerhinterziehung) indessen nicht ohne weiteres zur Nichtigkeit des (gesamten) Planungsvertrages. Denn Hauptzweck solcher vertraglicher Gestaltungen sei nicht die Steuerhinterziehung, sondern die Erbringung einer Werkleistung. Damit ist wegen der intendierten Steuerhinterziehung zunächst allein die „ohne-Rechnung-Abrede“ ohne weiteres nichtig.

Ob die Nichtigkeit der „ohne-Rechnung- Abrede“ auch zur Nichtigkeit des restlichen Vertrages führt, beurteilt der BGH nach § 139 BGB.[249]

Es kommt danach darauf an, ob die Parteien auch angesichts der Nichtigkeit der „ohne-Rechnung-Abrede“ den Vertrag geschlossen hätten.

Jedoch hat der BGH zugleich angenommen, dass sich der Architekt (ebenso der Unternehmer) gegenüber Gewährleistungsansprüchen des Bauherrn nicht darauf berufen dürfe, dass der Vertrag wegen der „ohne-Rechnung-Abrede“ nichtig ist.[250]

Das ist dahin verstanden worden, dass der Besteller auch bei Schwarzarbeit und trotz der Nichtigkeit des Vertrages Gewährleistungsansprüche geltend machen kann.

Dieser Annahme hat der BGH aber auf der Grundlage der Neufassung des Schwarzarbeitsgesetzes widersprochen. Bei einem Verstoß gegen das Schwarzarbeitsgesetz ist der Werkvertrag insgesamt nichtig und ist der Unternehmer (Planer) nicht gehindert, sich gegenüber Gewährleistungsansprüchen auf die Nichtigkeit des Werkvertrages zu berufen. Er hat klargestellt, dass sich seine zuvor ergangene Rechtssprechung nur darauf bezieht, dass die aus § 139 BGB zu ziehende Folgerung der Gesamtnichtigkeit durch § 242 BGB überwunden wird, dies sei bei einem von vorherein insgesamt nichtigem Vertrag nicht möglich.[251]

Damit sind (jetzt) auch die Fälle der Abrede „ohne Rechnung“ erfasst, weil § 1 Abs. 2 Nr. 2 SchwarzArbG nunmehr auch den Fall erfasst, dass jemand eine Werkleistung erbringt und dabei seine steuerlichen Pflichten nicht erfüllt. In solchen Fällen kann der Besteller also keine Gewährleistungsansprüche geltend machen.

---

247 BGH Urt. v. 6.4.1999 – VII ZR 132/97, BauR 1999, 1047.

248 BGH Urt. v. 6.5.1999 – VII ZR 132/97, BauR 1999, 1047.

249 BGH Urt. v. 24.4.2008 – VII ZR 140/07, BauR 2008, 1330; BGH Urt. v. 24.4.2008 – VII ZR 42/07, BauR 2008, 1301.

250 BGH Urt. v. 24.4.2008 – VII ZR 140/07, BauR 2008, 1330; BGH Urt. v. 24.4.2008 – VII ZR 42/07, BauR 2008, 1301.

251 BGH Urt. v. 1.8.2013 – VII ZR 6/13, BauR 2013, 1852.

Fraglich ist, wie die Fallgestaltung zu behandeln ist, dass nur über einen Teil des Werklohns keine Rechnung ausgestellt wird. Das OLG Schleswig hat auch in diesem Fall eine vollständige Nichtigkeit des Vertrages angenommen.[252]

Eine weitere Frage ist, wie sich der Verstoß gegen das SchwarzArbG auf den Vergütungsanspruch des Planers auswirkt. Ein vertraglicher Vergütungsanspruch steht ihm aufgrund der Nichtigkeit des Vertrages nicht zu. In Betracht kommt aber ein Bereicherungsanspruch gemäß § 812 BGB, den die frühere Rechtsprechung des BGH bejaht hat, indem dem Besteller die Berufung auf § 817 BGB abgeschnitten wurde.[253] Der BGH ist jetzt in Abkehr von seiner früheren Rechtsprechung einer Entscheidung des OLG Schleswig gefolgt und verneint einen Bereicherungsanspruch des Schwarzarbeiters.[254] 223

VIII. Die Beendigung des Architektenvertrages

1. Erfüllung

Das Schuldverhältnis erlischt, wenn die geschuldete Leistung bewirkt wird. Dieser in § 362 Abs. 2 BGB normierte Erlöschensgrund gilt für jedes Schuldverhältnis und damit entsprechend für Verträge, die Architektenleistungen zum Inhalt haben. 224

Durch Erfüllung erlischt nicht das Schuldverhältnis im weiteren Sinne, sondern vielmehr nur der **einzelne schuldrechtliche Anspruch**. Das Schuldverhältnis im weiteren Sinne, d. h. die Gesamtheit der Rechtsbeziehungen zwischen Gläubiger und Schuldner, wird dagegen vom Eintritt der Erfüllung nicht berührt, so dass insbesondere Schutz- und Erhaltungspflichten auch über die Erfüllung hinaus bestehen können und das Schuldverhältnis als Rechtsgrund für das Behaltendürfen der Leistung fortwirkt.[255]

Erlöschen im Sinne von § 362 BGB meint, dass das Schuldverhältnis beendigt wird und damit wegfällt, was nicht lediglich eine bloße Einrede begründet, sondern als rechtsvernichtende Einwendung im Prozess von Amts wegen zu berücksichtigen ist.[256] 225

Gemäß § 362 BGB ist es erforderlich, dass der Schuldner die geschuldete Leistung **bewirkt**. Nach Sinn und Zweck der Vorschrift reicht dafür die Vornahme der Leistungshandlung selbst nicht aus; es ist vielmehr erforderlich, dass der vom Gläubiger geschuldete **Leistungserfolg** eingetreten ist.[257] 226

Hinsichtlich der Erfüllung sind die aus dem Vertrag resultierenden Ansprüche des Auftraggebers und des Architekten zu trennen. Erfüllung des **Honoraranspruchs** des Architekten kann herbeigeführt werden durch Barzahlung oder auch durch Banküberweisung des vollständigen geschuldeten Geldbetrages.

Weitaus mehr Schwierigkeiten bereitet dagegen die Feststellung, unter welchen Umständen der Architekt die ihm obliegenden Leistungspflichten erfüllt, also den vertraglich geschuldeten Erfolg herbeigeführt hat.

Entsprechend der §§ 631, 633 BGB geht die Verpflichtung des Architekten auf Herstellung des **mangelfreien Architektenwerkes**. Die Mangelfreiheit selbst gehört daher zu den **Erfüllungspflichten** des Architekten. Dem Auftraggeber steht es jedoch frei, trotz Mängeln abzunehmen. Anders als die Abnahmereife setzt die Abnahme nicht voraus, dass die Leistung vollständig erbracht ist. Bei im Bauwerk realisierten Mängeln kommt aber eine Erfüllung nicht mehr in Betracht. Denn insoweit ist die Erfüllung unmöglich. 227

---

[252] OLG Schleswig Urt. v. 16.8.2013 – 1 U 24/13, ZIP 2013, 1920, ebenso BGH Urt. v. 10.4.2014 – VII ZR 241/13; NJW 2014, 1805. Eine teilweise Wirksamkeit des Vertrages kommt aber in Betracht, wenn die Parteien für einen abgrenzbaren Teil der werkvertraglichen Leistungen eine Vergütung „mit Rechnung“ vereinbart haben und sich die Schwarzarbeitsabrede somit nur auf einen abgrenzbaren Teil der Werkleistung und des dafür gezahlten Werklohns bezieht.

[253] BGH Urt. v. 31.5.1990 – VII ZR 336/89, BauR 1990, 721.

[254] BGH Urt. v. 10.4.2014 – VII ZR 241/13, NJW 2014, 1805.

[255] *Fetzer,* in MünchKommBGB, 6. Auflage, vor § 362 Rn. 8.

[256] *Fetzer,* in MünchKommBGB, 6. Auflage, vor 362 Rn. 9.

[257] *Olzen,* in Staudinger, BGB (2011), § 362 Rn. 12.

228 Nach **Abnahme** ist der Anspruch auf Erfüllung ausgeschlossen. Der Besteller ist auf Nachbesserung bzw. Nacherfüllung beschränkt. Wegen der Natur der Sache ist bei vielen Architektenleistungen eine körperliche Entgegennahme ausgeschlossen. Insoweit reicht als Abnahme die Äußerung des Auftraggebers, dass er die erbrachten Leistungen als vertragsgemäß anerkenne. Diese Abnahme kann auch konkludent, z. B. durch Zahlung des Honorars, erklärt werden.

229 Für den Zeitraum **vor Abnahme** ist es mittlerweile umstritten, welcher Anspruch dem Besteller im Fall von Mängeln der Leistung zusteht. Der Bundesgerichtshof ist nach der Schuldrechtsreform zunächst weiterhin davon ausgegangen, dass die Gewährleistungsansprüche auch vor Abnahme anwendbar sind.[258] In späteren Entscheidungen hat er es dann als offen bezeichnet, ob die Gewährleistungsansprüche auch vor der Abnahme Anwendung finden.[259] Für die Haftung des Architekten dürfte die Frage von untergeordneter Bedeutung sein. Für den häufigsten Fall des Schadensersatzanspruchs wegen bereits im Bauwerk realisierter Planungs- oder Überwachungsfehler ist es einerlei, ob der Schadensersatzanspruch unmittelbar auf § 280 Abs. 1 BGB gestützt wird oder als Gewährleistungsanspruch auf §§ 634 Nr. 4, 280 BGB.

Erhebliche Bedeutung könnte die Frage aber für die Beurteilung der Verjährung haben. Denn sind die Gewährleistungsregeln vor Abnahme nicht anwendbar und wird der Schadensersatzanspruch daher auf § 280 BGB gestützt, dann kommt die Anwendung der allgemeinen Verjährungsfrist in Betracht, da sich die Sonderregeln der § 634a BGB auf die Gewährleistungsansprüche beziehen.

230 Wann der Erfolg herbeigeführt worden ist, richtet sich konkret nach dem Inhalt des abgeschlossenen Vertrages. Vereinfachend lässt sich sagen, dass der Architekt den **letzten** von ihm geschuldeten (Teil-)Erfolg, d. h. den Erfolg der letzten in Auftrag gegebenen Leistungsphase, herbeigeführt haben muss. Insbesondere wenn ein Architektenvertrag auch Leistungsteile umfasst, die honorarrechtlich in der Leistungsphase 9 des § 34 Abs. 3 HOAI umschrieben sind, wird so die Erfüllung zeitlich weit nach hinten geschoben. Sie kann erst dann eintreten, wenn der Gewährleistungsanspruch des Auftraggebers gegen den zeitlich als letzten tätig gewordenen Handwerker verjährt ist, da es zur Aufgabe des umfassend beauftragten Architekten gehört, die Verjährung der Gewährleistungsansprüche gegen die einzelnen Handwerker aufzulisten und zu überwachen.

2. Vorzeitige Beendigung

231 Architektenverträge können vorzeitig, d. h. bevor die vertraglich geschuldete Leistung durch den Architekten vollständig erbracht worden ist, beendet werden.

232 **a) Vertragsaufhebung.** Wie bei anderen schuldrechtlichen Verträgen auch, können Architekt und Bauherr einvernehmlich den Vertrag aufheben. Der Abschluss eines solchen **Aufhebungsvertrages** richtet sich nach allgemeinen zivilrechtlichen Regeln. Der Aufhebungsvertrag wird im BGB nicht gesondert erwähnt; es ist jedoch Teil der Privatautonomie, dass die Vertragspartner abgeschlossene Verträge auch wieder aufheben können. Der Aufhebungsvertrag unterscheidet sich von einem Erlassvertrag (§ 397 BGB) dadurch, dass er nicht die einzelne Forderung, sondern das **gesamte Schuldverhältnis** betrifft.[260] Vorschriften, die eine Kündigung des Vertrages an bestimmte Voraussetzungen oder Fristen binden, gelten nicht für die einverständliche Auflösung des gesamten Schuldverhältnisses.[261] Auch bedarf der Aufhebungsvertrag nicht der Form, welche bei Begründung

---

[258] BGH Urt. v. 8.11.2007 – VII ZR 183/05, BauR 2008, 344.

[259] BGH Urt. v. 8.8.2010 – VII ZR 171/08, BauR 2010, 1778; BGH Urt. v. 24.2.2011 – VII ZR 61/10, BauR 2011, 1032; BGH Urt. v. 27.10.2011 – VII ZR 84/09, BauR 2012, 241; Urt. v. 6.6.2013 – VII ZR 355/12, NJW 2013, 3022.

[260] *Fetzer,* in MünchKommBGB, 6. Auflage, vor § 362 Rn. 8.

[261] *Emmerich,* in MünchKommBGB, 6. Auflage, § 311 Rn. 19.

des Schuldverhältnisses zu beachten war,[262] so dass insbesondere konkludente Aufhebungsverträge denkbar sind. Abgesehen davon, dass Verträge über die Erbringung von Architektenleistungen ohnehin formfrei abgeschlossen werden können, wird mit Abschluss des Aufhebungsvertrages auch die wegen § 7 HOAI schriftlich zu treffende Honorarabrede nachträglich beseitigt. Da Aufhebungsverträge demnach einfach abgeschlossen werden können, besteht die Gefahr, dass Schutzvorschriften leer laufen. Um dies zu vermeiden, muss sorgfältig geprüft werden, ob die Parteien überhaupt einen Aufhebungsvertrag abschließen oder etwas anderes rechtsgeschäftlich vereinbaren wollten. So kann beispielsweise die Hinnahme einer Kündigung nicht ohne weiteres als stillschweigender Abschluss eines Aufhebungsvertrages aufgefasst werden.[263]

Der Aufhebungsvertrag kann von den Parteien mit **Wirkung für die Zukunft** oder 233
aber auch mit **Wirkung für die Vergangenheit** abgeschlossen werden. Was von beidem vorliegt, richtet sich allein nach dem **Parteiwillen** und ist daher ebenfalls durch Auslegung des Vertrages zu ermitteln. Nach zutreffender Auffassung des **Bundesgerichtshofes** lassen sich keine allgemeinen Regeln hinsichtlich einer ex-nunc- oder ex-tunc-Folge aufstellen, die Beurteilung dieser Frage hängt vielmehr von den Umständen des konkreten Einzelfalls ab.[264]

Sofern Bauherr und Architekt einen Aufhebungsvertrag schließen, sollten sie sich daher bemühen, ihren Willen im Vertrag genau zum Ausdruck kommen zu lassen; nicht zuletzt aus beweisrechtlichen Gründen ist hier ein schriftlicher Abschluss anzuraten.

Wenn feststeht, dass das Schuldverhältnis durch einen Aufhebungsvertrag beendet 234
worden ist, stellt sich die Frage, ob und wie möglicherweise bereits erbrachte Leistungen zu **vergüten** sind. Zweckmäßigerweise wird auch dieses im Aufhebungsvertrag von den Parteien mitgeregelt, um Unsicherheiten hinsichtlich der Vergütungsansprüche nicht aufkommen zu lassen. Denkbar ist es, dass die Parteien sich darauf einigen, dass selbst für erbrachte Leistungen nichts zu zahlen ist; umgekehrt kommt aber auch in Betracht, dass der Aufhebungsvertrag vorsieht, dass der Architekt auch für noch nicht erbrachte Leistungen eine Vergütung erhalten solle.

Fehlt eine ausdrückliche Regelung, so lässt sich aus der Tatsache, dass ein Aufhebungs- 235
vertrag geschlossen worden ist, noch nicht der Schluss ziehen, der Architekt habe damit auf jegliche Vergütung – auch für noch nicht erbrachte Leistungen – verzichtet. Allein weil sich der Architekt mit der Beendigung des Vertragsverhältnisses einverstanden erklärt, gibt er nicht ohne weiteres seinen Honoraranspruch wegen noch nicht erbrachter Leistungen auf.[265]

Sofern sich dem Aufhebungsvertrag hinsichtlich der Honorierung nichts entnehmen 236
lässt und der entsprechende Parteiwille auch durch Auslegung nicht ermittelbar ist, ist bei einer rückwirkenden Aufhebung im Allgemeinen eine **Rückgewähr** des Geleisteten geboten.[266] Es kommt in diesen Fällen eine Rückabwicklung über **bereicherungsrechtliche Grundsätze** (§§ 812 ff. BGB) oder über die **Regeln des vertraglichen Rücktrittsrechts** (§§ 346 ff. BGB) in Betracht. Im Zweifel ist aufgrund größerer Sachnähe von der Anwendung der letztgenannten Regeln auszugehen.[267]

b) Kündigung aus wichtigem Grund durch den Auftraggeber. Häufiger als die ein- 237
vernehmliche Aufhebung wird die **Kündigung** des Vertrages sein. Die Kündigung kann **ordentlich** oder **aus wichtigem Grund** erfolgen. Zur Kündbarkeit von Werkverträgen aus wichtigem Grund sagen die §§ 631 ff. BGB nichts aus. Nur für Dienstverträge regelt § 626 BGB, dass das Dienstverhältnis „von jedem Vertragsteil aus wichtigem Grund ohne

[262] *Hertel*, in Staudinger, BGB (2012), 126 Rn. 105.
[263] BGH Urt. v. 24.9.1980 – VIII ZR 299/79, NJW 1981, 43.
[264] BGH Urt. v. 16.6.1978 – V ZR 115/77 NJW 1978, 2198.
[265] BGH Urt. v. 7.3.1974 – VII ZR 35/73, BauR 1974, 213, 214.
[266] *Emmerich*, in MünchKommBGB, 6. Auflage, § 311 Rn. 20.
[267] *Emmerich*, in MünchKommBGB, 6. Auflage, § 311 Rn. 20.

Einhaltung einer Kündigungsfrist gekündigt werden, wenn Tatsachen vorliegen, auf Grund derer dem Kündigenden unter Berücksichtigung aller Umstände des Einzelfalls und unter Abwägung der Interessen beider Vertragsteile die Fortsetzung [...] nicht zugemutet werden kann." Dieser Rechtsgedanke ist auf den Werkvertrag übertragbar, der ebenfalls aus wichtigem Grund gekündigt werden kann.

238 Die Kündigung setzt eine allseitige **Interessenabwägung** voraus,[268] so dass ein Katalog allgemeiner, wichtiger Gründe nicht aufgestellt werden kann. § 314 Abs. 1 Satz 2 BGB enthält ebenso nur eine generalklauselartige Beschreibung des wichtigen Grundes: „Ein wichtiger Grund liegt vor, wenn dem kündigenden Teil unter Berücksichtigung aller Umstände des Einzelfalls und unter Abwägung der beiderseitigen Interessen die Fortsetzung des Vertragsverhältnisses bis zur vereinbarten Beendigung oder bis zum Ablauf einer Kündigungsfrist nicht zugemutet werden kann." Eine erhebliche Rolle kann bei der Abwägung spielen, ob vor der Kündigung eine Abmahnung des beanstandeten Verhaltens erfolgt ist.[269] Bedeutend kann auch für die Abwägung sein, wenn die Kündigung nicht alsbald nach Bekanntwerden des Kündigungsgrundes erklärt wird, sondern sich der Besteller auf eine weitere Vertragsausführung einlässt.[270] Zu beachten ist, dass zur Rechtfertigung einer Kündigung aus wichtigem Grund weitere Kündigungsgründe „nachgeschoben" werden können, wenn sie bereits im Zeitpunkt der Kündigung vorlagen. Da eine Kündigung nicht begründet werden muss, kommt es für ihren Erfolg allein darauf an, ob objektiv ein Kündigungsgrund vorlag. Dies kann auch ein Grund sein, der dem Kündigenden im Zeitpunkt der Kündigung noch nicht bekannt war.[271]

239 *aa) Kündigungsgründe – Rechtsprechung.* Aufgrund der hohen Bedeutung der besonderen Umstände des Einzelfalls im Rahmen dieser Interessenabwägung können daher die nachfolgend aufgeführten Gründe nur beispielhaften Charakter haben; im Einzelfall können Gerichte in ähnlichen Konstellationen das Vorliegen eines wichtigen Grundes durchaus verneinen.

Ein wichtiger Grund, der zur außerordentlichen Kündigung durch den Auftraggeber berechtigen kann, wurde in einer **erheblichen Überschreitung der vorgegebenen Baukosten** durch den Architekten gesehen.[272]

Wenn der Architekt **zwei nicht genehmigungsfähige Entwürfe** anfertigt und diese zum Gegenstand eines Bauantrages macht, kann dies den Auftraggeber ebenfalls dazu berechtigen, den Vertrag aus wichtigem Grunde zu kündigen.[273]

240 Wichtige Gründe können weiterhin darstellen:[274]

- Unbrauchbare zweite Version des Leistungsverzeichnisses trotz vorausgegangener Besprechung[275], zweimalige Verweigerung der Baugenehmigung nach Planung des Architekten[276]
- Treuwidrige Honorarmehrforderung durch den Architekten[277]
- Der Architekt kann aufgrund einer schweren Erkrankung die von ihm übernommenen Aufgaben nicht mehr unbeeinträchtigt erbringen[278]

---

268 *Henssler*, in MünchKommBGB, 6. Auflage, § 626 Rn. 80.

269 OLG Oldenburg Urt. v. 6.9.2012 – 8 U 96/12, NJW-RR 2013, 463.

270 OLG Frankfurt Urt. v. 7.12.2005 – 13 U 91/04, BauR 2008, 550.

271 BGH Urt. v. 23.6.2005 – VII ZR 197/03, BauR 2005, 1477.

272 OLG Hamm Urt. v. 11.6.1986 – 25 U 237/85, BauR 1987, 464. So auch OLG Celle Urt. v. 12.2.2014 – 14 U 103/13; OLG Brandenburg Urt. v. 13.7.2011 – 13 U 69/10, BauR 2011, 1999; OLG Hamm Urt. v. 24.1.2006 – 21 U 139/01, NZBau 2006, 584.

273 OLG Düsseldorf Urt. v. 30.4.1985 – 23 U 208/84, BauR 1986, 469, 472.

274 Übersicht bei *Werner/Pastor,* Rn. 1152.

275 LG Aachen Urt. v. 16.9.1987 – 4 O 269/84, NJW-RR 1988, 1364 f.

276 OLG Köln Urt. v. 28.4.1999 – 17 U 84/98, BeckRS 1999, 31051364.

277 OLG Nürnberg Urt. v. 12.9.1997 – 6 U 2235/96, BauR 1998, 1275.

278 *Locher* Das private Baurecht Rn. 355.

- Der Architekt lässt sich von Handwerkern für die Vergabe von Aufträgen Provisionen versprechen und gewähren[279]
- Durch den Architekten verursachte Spannungen zum Bauherrn und herabsetzende Äußerungen[280]
- Hartnäckige Weigerung, die Haftpflichtversicherung nachzuweisen[281]

Kein Kündigungsgrund ist allein die Verzögerung der Vorlage einer Kostenberechnung.[282] Das OLG Köln hat einen Rücktritt gemäß § 636 BGB wegen schleppender Bearbeitung trotz Abmahnung bejaht.[283] Dies kommt auch bei Verzögerungen mit der Brandschutzplanung in Betracht, wenn diese eilbedürftig ist.[284] 241

Ein erheblicher Planungsfehler kann einen Kündigungsgrund darstellen.[285] Zum Teil wird eine vorherige Abmahnung für erforderlich erachtet.[286] Auch die Vernachlässigung der Bauaufsicht und die fehlende Umsetzung von Grüneintragungen des Prüfingenieurs kann die Kündigung rechtfertigen.[287] 242

Auch ein Verstoß des Architekten gegen die ihm obliegende Optimierungspflicht berechtigt den Auftraggeber zur fristlosen Kündigung des Architektenvertrages. Ein solcher Verstoß wird angenommen, wenn die Planung zwar technisch funktionstauglich ist und den vom Architekten genannten Kostenrahmen einhält, aber gemessen an der vertraglichen Verpflichtung übermäßiger Aufwand betrieben wird.[288] Aber nicht nur das Vorliegen eines für sich betrachtet schweren Grundes kann die fristlose Kündigung durch den Auftraggeber rechtfertigen. Auch die **Summe vieler weniger schwerer Vertragsverletzungen** kann einen schweren Grund ergeben und zur Kündigung berechtigen, sofern sich die Aneinanderreihung weniger schwerwiegender Verstöße als eine so **tief greifende Erschütterung des Vertrauensverhältnisses** darstellt, dass dem Auftraggeber die Fortsetzung der Vertragsdurchführung nicht mehr zugemutet werden kann. 243

bb) Vergütung der erbrachten Leistungen. Kündigt der Auftraggeber aus wichtigem Grund, so stehen dem Architekten die Gebühren für bereits **erbrachte Leistungen** zu.[289] Erst durch eine Minderung oder Aufrechnung mit Schadensersatzansprüchen wegen Mängeln der Leistung des Architekten kann der Auftraggeber die Vergütung auf Null reduzieren.[290] 244

Für erbrachte aber **unbrauchbare** Leistungen kann der Architekt aber kein Honorar verlangen: 245

„Nach einer berechtigten Kündigung aus wichtigen Grund steht dem Architekten für noch nicht erbrachte Leistungen keine Vergütung zu. Für die bis zur Kündigung erbrachten Leistungen kann er nach der Rechtsprechung des Senats grundsätzlich den Anteil seines Honorars verlangen, der seinen tatsächlich erbrachten Aufwendungen entspricht. Eine Vergütung ist allerdings nicht geschuldet, wenn das Architektenwerk so schwerwiegende Mängel aufweist, dass es nicht nachbesserungsfähig und deshalb für den Auftraggeber wertlos ist. [...] Ist die Werkleistung mangelfrei erbracht, kann der Auftraggeber einwenden, dass die Leistung unabhängig von ihrer Mangelfreiheit für ihn nicht brauchbar oder ihre Verwertung nicht zumutbar ist. Dieser Einwand steht ihm aus dem Ge-

---

279 BGH Urt. v. 31.3.1977 – VII ZR 186/74, NJW 1977, 1915; Urt. v. 6.5.1999 – VII ZR 132/97, BauR 1999, 1047.

280 OLG Koblenz Urt. v. 8.3.2007 – 5 U 877/06, NJOZ 2007, 1416.

281 BGH Urt. v. 16.9.1993 – VII ZR 120/92, NJW-RR 1994, 15.

282 OLG Düsseldorf Urt. v. 6.7.2007 – 22 U 44/05, NJOZ 2007, 5274.

283 OLG Köln Urt. v. 29.7.2003 – 24 U 129/02, BeckRS 2010, 09453.

284 OLG Düsseldorf Urt. v. 12.2.2010 – 22 U 143/09.

285 OLG Düsseldorf Urt. v. 23.7.2004 – 22 U 137/02, NJOZ 2006, 637.

286 OLG Bremen Urt. v. 5.5.2011 – 5 U 41/10.

287 OLG Düsseldorf Urt. v. 26.3.2013 – 23 U 102/02, NJOZ 2014, 135.

288 BGH Urt. v. 22.1.1998 – VII ZR 259/96, BauR 1998, 354.

289 BGH Urt. v. 26.11.1959 – VII ZR 120/58, NJW 1960, 431.

290 OLG Hamm Urt. v. 28.1.1986 – 24 U 98/85, NJW-RR 1986, 764.

sichtspunkt von Treu und Glauben zu, da er den Vertrag zu Recht zu einer Zeit gekündigt hat, zu der der Architekt den werkvertraglich geschuldeten Erfolg noch nicht herbeigeführt hat. [...] Bei der Prüfung der Zumutbarkeit sind alle Umstände des Falles von Bedeutung, vor allem die Gründe der außerordentlichen Kündigung wie ein etwaiges pflichtwidriges oder schuldhaftes Verhalten des Architekten, unabhängig davon, dass letzteres auch zu Schadensersatzansprüchen führen kann."[291]

246 Bei einer Kündigung des Auftraggebers aus wichtigem Grund erhält der Architekt keine Vergütung für nicht erbrachte Leistungen. Dabei ist zu beachten, dass nicht jeglicher Aufwand, der dem Architekten bis zur Kündigung entstanden ist, zu den erbrachten Leistungen zählt. Erbrachte Leistungen des Architekten sind nur solche Leistungen, die ein für den Besteller nutzbares Ergebnis der Tätigkeit des Architekten darstellen. Vorbereitende Arbeiten des Architekten (z. B. Fahrten zum Baugrundstück, um sich für die Entwurfsplanung einen Eindruck von der Umgebung zu verschaffen) sind keine erbrachten Leistungen, so wie auch bei der Kündigung eines Bauunternehmers nur die im Bauwerk verkörperten Leistungen erbrachte Leistungen sind.[292]

247 **c) Kündigung aus wichtigem Grund durch den Architekten.** *aa) Kündigungsgründe.* Das Recht zur Kündigung aus wichtigem Grund besteht für beide Vertragsparteien. Für den Architekten ergibt sich ein besonderes Kündigungsrecht aus §§ 642, 643 BGB. Zudem räumt § 648a BGB dem Architekten ein Kündigungsrecht ein.

Gem. §§ 642, 643 BGB ist der Unternehmer unter bestimmten Voraussetzungen dazu berechtigt, den Vertrag zu kündigen. Der hier normierte Kündigungsgrund ist das **Unterlassen notwendiger Mitwirkungshandlungen** durch den Besteller i. S. v. § 642 BGB.

248 Vielfach ist die Herbeiführung des vertraglich geschuldeten Erfolges durch den Werkunternehmer nur dann möglich, wenn der Besteller daran mitwirkt. Unterbleibt diese Mitwirkungshandlung, so gerät der Besteller in **Annahmeverzug** gem. § 293 BGB, wenn der Architekt leistungsfähig und -bereit ist. An den Annahmeverzug knüpft § 643 BGB ein Kündigungsrecht.

249 Gerade bei der Erbringung von Architektenleistungen sind **Mitwirkungshandlungen des Bauherrn** in vielfacher Hinsicht unumgänglich. Dieser muss Bauanträge unterzeichnen, Handwerker beauftragen, gegebenenfalls zwischen verschiedenen architektonischen Entwürfen wählen und vor allem das Grundstück zur Verfügung stellen. Die **dogmatische Einordnung** dieser Mitwirkungshandlungen ist umstritten; es kommt sowohl eine Einordnung als bloße **Obliegenheit,**[293] aber auch eine Einordnung als **Vertragspflicht** in Betracht. Als bloße Voraussetzung der Kündigung kann diese Unterscheidung jedoch dahinstehen. Unterbleibt die erforderliche Mitwirkungshandlung des Bestellers, so bedarf es gem. § 643 BGB einer **Fristsetzung** zur Nachholung der Handlung, welche verbunden sein muss mit Androhung der **Kündigung** für den Fall der Nichtnachholung der Handlung innerhalb der Frist. Nach erfolglosem Ablauf der Frist ist eine gesonderte Kündigungserklärung nicht erforderlich. Gem. § 643 Satz 2 BGB „gilt der Vertrag als aufgehoben, wenn nicht die Nachholung bis zum Ablaufe der Frist erfolgt".

250 Nach h. M. ist der in § 643 BGB genannte Kündigungsgrund jedoch nicht abschließend zu verstehen. Vielmehr kommen weitere **unbenannte Kündigungsgründe** in Betracht, bei deren Vorliegen der Vertrag gekündigt werden kann. Dies ist Ausdruck des allgemeinen Grundsatzes, dass Verträge nicht fortgesetzt werden müssen, wenn dies für einen der Vertragspartner **unzumutbar** ist.

---

[291] BGH Urt. v. 5.6.1997 – VII ZR 124/96, BauR 1997, 1060.

[292] vgl. BGH Urt. v. 9.3.1995 – VII ZR 23/93, NJW 1995, 1837 zum VOB/B-Vertrag; OLG München Urt. v. 26.2.2013 – 9 U 2340/11, BauR 2013, 1868; OLG Düsseldorf, Beschl. v. 19.10.2011 – 5 U 34/11, ibr 2012, 135 und Urt. v. 25.10.2012 – 5 U 43/12 zum Internet-System-Vertrag.

[293] Der BGH ordnet die Mitwirkungsverpflichtung regelmäßig als nicht gesondert einklagbare Obliegenheit ein, vgl. BGH Urt. v. 13.11.1953 – I ZR 140/52, NJW 1954, 229; BGH Urt. v. 16.5.1968 – VII ZR 40/66, NJW 1968, 1873.

Hinsichtlich möglicher wichtiger Kündigungsgründe findet sich eine umfangreiche Kasuistik. Dem Tatrichter ist bei der Beurteilung der Frage, ob die besonderen Umstände des Einzelfalls eine Kündigung aus wichtigem Grund rechtfertigen, ein Beurteilungsspielraum eingeräumt.

Unbenannte wichtige Gründe können sein:[294] 251

- Nichtbegleichung fälliger **Abschlagszahlungen**[295]

„Weigert sich der Auftraggeber unberechtigt, angemessene Abschlagszahlungen zu leisten, ist der Architekt berechtigt, den Architektenvertrag aus wichtigem Grund zu kündigen."

- Verlangen einer **nicht genehmigungsfähigen Bauausführung** durch den Bauherrn oder einer Bauausführung die Verkehrssicherungspflichten verletzt (Beispiel: für Kinder „übersteigbare" Geländerkonstruktion in luftiger Höhe)
- **Ehrverletzende Äußerungen** des Bauherrn gegenüber dem Architekten[296]
- Gravierende **Meinungsverschiedenheiten**, aufgrund derer die Zusammenarbeit für beide Seiten unzumutbar wird

Erfüllungsverweigerung des Auftraggebers[297]

Die Beschäftigung von Schwarzarbeitern berechtigt zur Kündigung aus wichtigem Grund nach Abmahnung des Bauherrn. Der Architekt kann seine Aufgaben nicht sachgerecht erfüllen, wenn die Verträge mit den Bauunternehmern nichtig sind. Er muss sich nicht an der Steuerhinterziehung beteiligen. 252

bb) Vergütungsanspruch. Kündigt der Architekt aus wichtigem Grund den Architektenvertrag, so kommt es hinsichtlich der vom Bauherrn zu leistenden Vergütung darauf an, ob dieser den wichtigen Grund zu **vertreten** hat. Fehlt es an einem Vertretenmüssen des Bauherrn, so kann der Architekt Honorar nur für den bereits erbrachten Leistungsteil verlangen. Für nicht erbrachte Leistungen erhält er kein Honorar. Hat der Bauherr den Kündigungsgrund zu vertreten, so kann der Architekt über das Honorar für bereits erbrachte Leistungen hinaus einen **Schadensersatzanspruch** geltend machen. Dieser umfasst gem. §§ 249 ff. BGB auch den entgangenen Gewinn. Im Rahmen der **Vorteilsausgleichung** muss sich der Architekt jedoch die ersparten Aufwendungen oder anderweitige Verwertungsmöglichkeiten seiner Leistungen abziehen lassen. Im Ergebnis steht der Architekt in diesem Fall so, als wenn der Bauherr ordentlich gekündigt hätte. 253

d) Freie Kündigung nach § 649 BGB. *aa) Grundsätze.* § 649 BGB räumt dem Bauherrn das Recht ein, den zwischen ihm und dem Architekten bestehenden Werkvertrag jederzeit ohne Angabe von Gründen zu kündigen. Es ist, solange das Werk noch nicht vollendet ist, in das Belieben des Bestellers gestellt, die vertraglichen Beziehungen zum Unternehmer zu lösen und auf die weitere Werkserrichtung gänzlich oder aber doch zumindest durch den Auftragnehmer zu verzichten. 254

Diese, dem Architekten nicht zustehende Möglichkeit, sich von dem Vertrag zu lösen, erklärt sich aus dem Wesen des Werkvertrages. Nur der Besteller eines Werkes hat vorzugsweise ein Interesse an der Herbeiführung des werkvertraglichen Erfolges, d. h. an der Erbringung der Architektenleistung. Das Interesse des Architekten ist – so jedenfalls die Auffassung der Redaktoren des BGB[298] – auf den Erhalt der vereinbarten Vergütung beschränkt. 255

Insbesondere wenn Architekten mit der Planung besonders prestigeträchtiger Bauwerke beauftragt sind, mag die freie Kündbarkeit durch den Bauherrn als nicht sach- 256

---

[294] Vgl. hierzu *Werner/Pastor* Rn. 1150.

[295] BGH Urt. v. 29.6.1989 – VII ZR 330/87, BauR 1989, 626, 628.

[296] OLG Frankfurt Urt. v. 12.2.2008 – 24 U 14/08; verneint von OLG Düsseldorf Urt. v. 7.7.1994 – 5 U 236/93.

[297] KG Urt. v. 14.4.2010 – 21 U 74/07.

[298] Mot II 503.

gerecht empfunden werden; in diesen Fällen kann das Interesse des Architekten an der tatsächlichen Erstellung des Bauwerks nicht unerheblich geringer als das am Erhalt der Vergütung sein. In solchen Fällen ist der Architekt darauf verwiesen, einen Ausschluss des freien Kündigungsrechts zu vereinbaren.

257 *bb) Form und Wirkung.* Für die Ausübung des Kündigungsrechts durch den Besteller ist die Abgabe einer **Kündigungserklärung vor Vollendung** des Werkes erforderlich.

Die Kündigungserklärung ist einseitige empfangsbedürftige Willenserklärung, die daher dem Empfänger zugehen, also derart in dessen Machtbereich gelangen muss, dass dieser unter normalen Umständen von ihr Kenntnis nehmen kann. Der Beweis des Zugangs obliegt im Streitfalle der Partei, die sich auf die Kündigung (sei es zur Abwehr oder Begründung von Ansprüchen) beruft.

258 Da die Kündigung an eine besondere Form nicht gebunden ist, kann ihre Erklärung auch konkludent erfolgen. Wegen der weitereichenden Vergütungspflicht des Bauherrn ist im Fall einer nur konkludenten Erklärung eine genaue Ermittlung des tatsächlichen Willens des Erklärenden erforderlich. Sein Verhalten muss erkennen lassen, dass das Vertragsverhältnis endgültig beendet sein soll. Ein solches, den erforderlichen Erklärungswert aufweisendes Verhalten sah der Bundesgerichtshof beispielsweise dann als gegeben an, wenn der Besteller die dem Unternehmer obliegenden Leistungen nach vorheriger Ankündigung selbst ausführen lässt.[299] Denkbar ist es auch, die konsequente Verweigerung der erforderlichen Mitwirkungshandlungen durch den Bauherrn als konkludente Kündigung des Vertrages anzusehen.[300]

259 Mit Zugang der Kündigungserklärung beim Vertragspartner tritt die **Wirkung** der Kündigung ein: Der Vertrag wird mit Wirkung **für die Zukunft** aufgehoben.[301] Zu einer Rückwirkung kommt es nicht, was zur Folge hat, dass die bereits erbrachten Leistungen des Architekten mit Rechtsgrund erbracht[302] und daher kondiktionsfest sind. Nachdem ihm gegenüber die Kündigung erklärt worden ist, ist der **Architekt** nicht mehr dazu verpflichtet, weitere Leistungshandlungen vorzunehmen; das Werk braucht nicht fertig gestellt zu werden. Dagegen ist er dazu berechtigt und verpflichtet, am bereits teilweise hergestellten Werk Mängel zu beseitigen.[303] Dazu muss ihm auch, was in der Praxis regelmäßig übersehen wird, die Möglichkeit gegeben werden, jedenfalls solange das mangelhaft geplante Architektenwerk sich noch nicht im Bauwerk verkörpert hat.[304]

Nach Erklärung der Kündigung ist der **Besteller** von seiner Mitwirkungspflicht befreit. Soweit für bestimmte Vertragspflichten **Sicherheiten** noch bestehen, insbesondere Bürgschaften gestellt worden sind, erlöschen diese, soweit durch die Kündigung die Ansprüche entfallen.[305] Noch nicht entstandene Ersatzansprüche wegen Verzuges können nicht mehr entstehen.[306]

260 *cc) Abdingbarkeit.* Im Gegensatz zum Kündigungsrecht aus wichtigem Grund kann das freie Kündigungsrecht vertraglich abbedungen werden.

Jedenfalls **individualvertraglich** ist dies auch ohne weiteres möglich. Bedeutsam für die Praxis ist insbesondere eine **stillschweigende Abbedingung** des § 649 BGB. Die Annahme einer solchen Vereinbarung bedarf der Auslegung des Vertrages:

„Ergibt sich bei der Auslegung des Werkvertrages [. . .], dass der Unternehmer nicht nur einen Anspruch auf die Vergütung, sondern darüber hinaus auf die Ausführung des Wer-

299 BGH Urt. v. 16.6.1972 – V ZR 174/70, WM 1972, 1025.

300 *Neuenfeld/Baden/Dohna/Groscurth* Handbuch des Architektenrechts Band 1 Teil II Rn. 403.

301 BGH Urt. v. 25.3.1993 – X ZR 17/92, BauR 1993, 469.

302 BGH Urt. v. 25.3.1993 – X ZR 17/92, BauR 1993, 469.

303 BGH Urt. v. 25.6.1987 – VII ZR 251/86, NJW 1988, 140.

304 BGH Urt. v. 21.12.2000 – VII ZR 488/99, BauR 2001, 667.

305 *Busche*, in MünchKommBGB, 6. Auflage, § 649 Rn. 14.

306 *Busche*, in MünchKommBGB, 6. Auflage, § 649 Rn. 14.

kes haben sollte, so ist daraus der Wille der Parteien zu entnehmen, dass § 649 BGB nicht gelten solle."[307]

Unwirksam ist dagegen der Ausschluss dieses Kündigungsrechts in **Allgemeinen Geschäftsbedingungen.**[308]

261 *dd) Umdeutung der Kündigung aus wichtigem Grund in freie Kündigung.* Häufig ist der Fall, dass der Besteller eine Kündigung aus wichtigem Grund erklärt, tatsächlich aber kein sie rechtfertigender Grund vorliegt. In diesem Fall ist der Vertrag nicht ohne weiteres als „frei" gekündigt gemäß § 649 BGB zu erachten. Denn der Bundesgerichtshof sieht die Kündigung aus wichtigem Grund und die „freie" Kündigung als unterschiedliche Rechte an. Der Besteller kann sich auf eine Kündigung aus wichtigem Grund beschränken. Die Unterscheidung freier Kündigung und Kündigung aus wichtigem Grund betrifft also nicht nur die Rechtsfolgen der Kündigung, es handelt sich vielmehr um unterschiedliche Gestaltungsrechte mit unterschiedlichen Rechtsfolgen.[309]

262 Daher kann eine „freie" Kündigung nur angenommen werden, wenn die Kündigungserklärung dahin auszulegen, dass der Besteller das Vertragsverhältnis jedenfalls kündigen will. Dabei ist zu berücksichtigen, dass der Besteller oft keine Verwendung mehr für die Leistung hat, wenn er nach (unberechtigter) Kündigung aus wichtigem Grund den gekündigten Auftrag anderweitig vergibt. Überwirft sich zum Beispiel ein Bauherr mit seinem Architekten während des Bau eines Einfamilienhauses und beauftragt er nach Kündigung einen anderen Architekten, so hat er für die Planung des gekündigten Architekten keine Verwendung mehr. In diesen Fällen ist daher in der Regel anzunehmen, dass der Bauherr den Vertrag auf jeden Fall beenden will, wenn auch um den Preis der „freien" Kündigung. Hierfür spricht zudem das Interesse des Bestellers, die weitere Abwicklung des Bauvorhabens auf eine sichere Grundlage zu stellen. In der Regel ist daher die Folgerung zu ziehen, dass der Besteller „hilfsweise" auch die Kündigung gemäß § 649 BGB erklärt.[310]

263 *ee) Grundsätze der Vergütung.* Als Äquivalent für die freie Kündbarkeit des Werkvertrages durch den Besteller erhält § 649 Satz 2 BGB dem Architekten den Anspruch auf die Vergütung. Der Werkunternehmer soll durch die Kündigung weder Vor- noch Nachteile erlangen, mithin soll die Kündigung für ihn wirtschaftlich neutral sein.[311]

Der durch § 649 BGB gewährte Anspruch ist kein Vergütungs- sondern ein Entschädigungsanspruch. Der Vergütungsanspruch wird fingiert, um den Unternehmer für die entfallene Verdienstmöglichkeit zu entschädigen.[312]

264 Für den Vergütungsanspruch nach Kündigung gilt § 15 HOAI. Die **Fälligkeit** setzt also die Abnahme und eine prüffähige Schlussrechnung voraus. Für den Architektenvertrag kann nichts anderes gelten als für sonstige Werkverträge, für die die Fälligkeit des Anspruchs nach Kündigung von einer Abnahme abhängt.[313] Beim Architektenvertrag ist allerdings zu beachten, dass Mängel der Leistung des Architekten der Abnahmereife oftmals nicht entgegenstehen. Wenn sich diese Mängel bereits im Bauwerk realisiert haben, besteht kein Nacherfüllungsanspruch mehr und die Vergütung wird nach den Grundsätzen des Abrechnungsverhältnisses fällig.

265 Durch die Kündigung kommt es zu einer **Reduktion des Umfangs** des Vergütungsanspruchs, indem § 649 Satz 2 BGB bestimmte Positionen für anrechenbar erklärt. Dies ist

---

[307] OLG Celle Urt. v. 1.11.1960 – 10 U 104/60, MDR 1961, 318, 319.

[308] BGH Urt. v. 8.4.1999 – VII ZR 237/98, NJW 1999, 3261, 3262.

[309] BGH Urt. v. 24.7.2003 – VII ZR 218/02, NZBau 2003, 665. Das hat die Konsequenz, dass der Besteller an die Erklärung einer freien Kündigung gebunden ist, auch wenn sich nachträglich herausstellt, dass er aus wichtigem Grund hätte kündigen können, **a.A.** *Voit*, BeckOK, Stand: 1.2. 2015, § 649 Rz. 6.

[310] BGH Urt. v. 24.7.2003 – VII ZR 218/02, NZBau 2003, 665.

[311] Mot II 503.

[312] BGH Urt. v. 22.11.2007 – VII ZR 83/05, BauR 2008, 506.

[313] BGH Urt. v. 11.5.2006 – VII ZR 146/04, BauR 2006, 1294.

Ausdruck der vom Gesetzgeber gewollten wirtschaftlichen Neutralität der Kündigungserklärung. Der Auftragnehmer soll bei Ausübung des Gestaltungsrechts durch den Auftraggeber keinen Nachteil erleiden. Der Vergütungsanspruch des Architekten besteht von Anfang an nur in dieser (begrenzten) Höhe und mindert sich kraft Gesetzes, so dass insbesondere keine Aufrechnung mit abzugsfähigen Positionen durch den Besteller stattzufinden hat.[314]

266 Bei der Abrechnung ist zwischen den erbrachten und den nicht erbrachten Leistungen zu differenzieren.[315] Dies ergibt sich schon daraus, dass allein für die erbrachten Leistungen Umsatzsteuer anfällt.[316] Die erbrachten Leistungen und die nicht erbrachten Leistungen kann der Architekt nach der HOAI bewerten.[317] Der erforderlichen Aufgliederung in erbrachte und nicht erbrachte Leistungen genügt es nicht, wenn der Architekt lediglich pauschale Angaben macht und den erbrachten Leistungen nicht näher erläuterte Prozentsätze des Gesamthonorars zuordnet.[318]

267 Bei der Berechnung nach der HOAI muss berücksichtigt werden, dass der Architekt nicht stets alle Grundleistungen der verschiedenen Leistungsphasen zu erbringen hat. Daher führt es unter Umständen in die Irre, wenn die erbrachten Leistungen nach gängigen „Splittertabellen" (die den einer Leistungsphase zugeordneten Prozentsatz auf die einzelnen Grundleistungen „verteilen") bewertet werden. Denn wenn nicht alle Grundleistungen von dem Architekten zu leisten sind, gelangt man zu höheren Prozentanteilen für die Grundleistungen.[319]

268 Auf der anderen Seite kann es sich so verhalten, dass der Architekt wegen seiner werkvertraglichen Erfolgspflicht über die Grundleistungen hinaus weitere Leistungen hätte erbringen müssen. In diesem Fall muss bei der Bewertung die zusätzliche Leistung berücksichtigt werden, wenn auch sie zu dem vereinbarten Werklohn hätte erbracht werden müssen.

269 Zur schlüssigen Darlegung des Vergütungsanspruchs für nicht erbrachte Leistungen muss der Architekt zudem die **ersparten Aufwendungen** vortragen und beziffern, da er hierzu allein befähigt ist. Hat er dies getan, ist es Sache des Bestellers darzulegen und zu beweisen, dass der Unternehmer höhere ersparte Aufwendungen hatte. Den Architekten trifft danach nur eine Erstdarlegungslast. Ebenso trifft ihn eine Erstdarlegungslast zu eventuellem anderweitigen Erwerb.[320]

Welche Anforderungen an die Darlegung im Einzelfall zu stellen sind, hängt von dem Vertrag, den seinem Abschluss, seiner Durchführung und Abwicklung zugrunde liegenden Umständen und vom Informationsbedürfnis des Bestellers ab.[321]

270 Für die ersparten Aufwendungen kommt es auf die tatsächlichen Kosten an, die entstanden wären.[322] Der Architekt kann sich also nicht darauf berufen, er habe geringere Kosten kalkuliert. Aufwendungen werden auch dann erspart, wenn das Geschäft insgesamt ein Verlustgeschäft ist. Übersteigen also die durch die Nichtleistung ersparten Aufwendungen insgesamt die Vergütungshöhe, so steht dem Werkunternehmer kein Vergütungsanspruch zu.

Die allgemeinen Sachkosten des Architekten (Büromiete, Kosten für die Büroausstattung, Dienstwagen, Versicherungsprämien etc.) sind durch eine Kündigung in aller Re-

---

314 BGH Urt. v. 14.1.1999 – VII ZR 277/97, NJW 1999, 1253, 1254.

315 BGH Urt. v. 5.6.1997 – VII ZR 189/06, BauR 2009, 523.

316 BGH Urt. v. 22.11.2007 – VII ZR 83/05, BauR 2008, 506.

317 *Kniffka/Koeble*, Kompendium des Baurechts, 4. Auflage, 12/138.

318 KG Urt. v. 22.3.2013 – 7 U 218/11. Auch kann der Architekt wegen des mit der Abrechnung verbundenen Aufwands keine Erhöhung der Vergütung begründen, OLG München Urt. v. 28.1.2014 – 9 U 2296/13, BauR 2014, 1003.

319 OLG Celle Urt. v. 12.2.2014 – 14 U 103/13, ibr 2014, 220.

320 *Kniffka/Koeble*, Kompendium des Baurechts, 4. Auflage, 9/32.

321 BGH Urt. v. 11.2.1999 – VII ZR 91/98, BauR 1999, 632.

322 BGH Urt. v. 8.7.1999 – VII ZR 237/98, BauR 1999, 1294.

gel nicht erspart. Denn diese Kosten laufen weiter, auch wenn ein Auftrag gekündigt wird.

Anders kann es bei Sachkosten liegen, die konkret durch die Bearbeitung des Projekts angefallen wären, zum Beispiel wenn der Architekt am Ort der Baustelle ein Büro hätte anmieten müssen. Solche Kosten sind erspart, wenn der Vertrag gekündigt wird und die Kosten deshalb nicht mehr anfallen. Keine Ersparnis liegt aber vor, wenn die Kosten als Nebenkosten zu ersetzen gewesen wären. Erspart ist unter Umständen ein Risikozuschlag, wenn sich das Risiko nicht verwirklicht.[323] Allerdings kommt auch in Betracht, „Wagnisse" als Teil des (wenn auch ungewissen) Gewinns zu behandeln. 271

Bei den Personalkosten kommt es sehr auf die Umstände des Einzelfalls an. Hätte der Architekt den Auftrag selbst bearbeitet, dann erspart er durch die Kündigung nichts. Ein Abzug kommt nur in Betracht, wenn der Architekt gerade wegen der Kündigung ein anderes Projekt bearbeiten kann, das er sonst nicht bearbeiten könnte. Dies müsste er sich als anderweitigen Erwerb anrechnen lassen. Anders liegt es, wenn der Architekt den Auftrag durch freie Mitarbeiter bewältigt hätte. Die Personalkosten für freie Mitarbeiter sind erspart, wenn der Auftrag gekündigt wird und deshalb die freien Mitarbeiter nicht bezahlt werden müssen. Das gilt aber nicht für festangestellte Mitarbeiter. Der Architekt ist nicht zu rechtlich möglichen Kündigungen verpflichtet, so dass er die Gründe für eine Nichtkündigung auch nicht darzulegen braucht.[324] 272

Im Ergebnis gilt danach: in zahlreichen Fällen sind die ersparten Aufwendungen des Architekten recht geringfügig. Auf die Vermutung des § 649 Satz 3 BGB wird sich der Architekt bei freier Kündigung daher in der Regel nicht berufen müssen. Die Vermutung gemäß § 649 Satz 3 BGB ist ohnehin wenig hilfreich. Sie erspart dem Unternehmer nämlich nicht die Abgrenzung von erbrachten und nicht erbrachten Leistungen.[325] 273

Bei **anderweitigem Erwerb** ist erforderlich, dass dieser **gerade durch die Kündigung verursacht** ist.[326] Es muss eine **echte Substitution** vorliegen, der Unternehmer den anderen Auftrag dementsprechend gerade wegen der Kündigung angenommen haben. In der Regel wird dies nur bei Großaufträgen der Fall sein. Soweit der Architekt in der Lage gewesen wäre, zur gleichen Zeit *neben* dem gekündigten Werkvertrag noch andere Architektenleistungen zu erbringen, sind die Erträge aus diesen Werkverträgen nicht anzurechnen. Die nur temporäre Entlastung des Architekten soll bei einer Kündigung nach § 649 Satz 1 BGB dem Bauherrn nicht zugute kommen. Dass aus Kapazitätsgründen Aufträge abgelehnt werden, ist nicht nur für „Ein-Mann-Büros" ein mehr theoretischer Gedanke, so dass nicht jeder Neuauftrag nach einer Kündigung ein Füllauftrag ist, der sonst abgelehnt worden wäre. 274

Abzuziehen ist auch das, was der Unternehmer aus **Böswilligkeit** zu erwerben unterlässt. Der Begriff der „Böswilligkeit" ist nicht mit dem vom BGB an anderer Stelle verwendeten Begriff der „Arglist" gleichzusetzen: Ein böswilliges Unterlassen des Erwerbs liegt bereits dann vor, wenn es dem Architekten nach Treu und Glauben hätte zugemutet werden können, einen Ersatzauftrag anzunehmen, und er dies bewusst nicht getan hat.[327] 275

e) Tod des Architekten. Für die Durchführbarkeit des Vertrages hat der Tod des Architekten als Sachleistungsschuldners – anders als bei anderen Verträgen – erhebliche Folgen. 276

Grundsätzlich gehen mit dem Tod einer Person gem. §§ 1922, 1967 BGB deren Rechte und Pflichten auf die Erben über (so genannte **Universalsukzession**). Die „Erbschaft",

---

323 BGH Urt. v. 30.10.1997 – VII ZR 222/96, BauR 1998, 185.
324 BGH Urt. v. 28.10.1999 – VII ZR 326/98, BauR 2000, 430.
325 BGH Urt. v. 28.7.2011 – VII ZR 45/11, BauR 2011, 1811.
326 *Busche*, in MünchKommBGB, 6. Auflage, § 649 Rn. 27.
327 *Busche,* MünchKommBGB, 6. Auflage, § 649 Rn. 28.

also das auf den oder die Erben übergehende Vermögen, ist die Gesamtheit aller Rechtsverhältnisse des Erblassers. Vererblich sind daher auch die aus einem Architektenvertrag resultierenden Rechte und Pflichten. Diese gehen jedenfalls dann auf die Erben über, wenn sich durch Auslegung des Vertrages zwischen dem verstorbenen Architekten und dem Bauherrn nicht etwas anderes ergibt; als Folge der Privatautonomie können Architekt und Bauherr auch Regelungen für den Eintritt des Todes einer Vertragspartei treffen.

277 Für den Auftrag sieht § 673 BGB vor, dass dieser „im Zweifel" durch den Tod des Auftragnehmers beendet wird. Auf den Architektenvertrag ist diese Bestimmung nicht anwendbar. Das Werkvertragsrecht sieht eine § 673 BGB entsprechende Regelung nicht vor.

278 In der Literatur wird vertreten, dass der Architektenvertrag wegen der höchstpersönlichen Natur und des engen Vertrauensverhältnisses zwischen Architekt und Bauherrn im Falle des Todes des Architekten grundsätzlich ohne Kündigung ende.[328] Dies kommt in Betracht, wenn es bei der geschuldeten Leistung entscheidend auf die Sachkunde, Geschicklichkeit, künstlerische oder wissenschaftliche Eignung oder die Vertrauenswürdigkeit einer bestimmten Person ankommt.[329]

Interessengerechter erscheint es, beiden Vertragsparteien ein **Recht zur Kündigung aus wichtigem Grund** einzuräumen, wenn entweder die Erben nicht in der Lage sind, die Leistung zu erbringen oder wenn der Besteller gerade mit dem verstorbenen Architekten bauen wollte.[330]

279 Anders zu beurteilen sind Konstellationen, in denen Vertragspartner nicht ein Einzelarchitekt, sondern eine **Architektengemeinschaft** ist.

280 Die Sozietät von Architekten wird häufig **Gesellschaft des Bürgerlichen Rechts** i. S. d. § 705 BGB sein. Hier kommt es für die Folgen maßgeblich auf die konkreten Vereinbarungen im Gesellschaftsvertrag an, so dass sich allgemeine Aussagen nicht treffen lassen.

Stirbt ein Gesellschafter, so wird diese Gesellschaft gem. § 727 BGB durch den Tod eines Gesellschafters aufgelöst und liquidiert, **sofern sich aus dem Gesellschaftsvertrag nicht ein anderes ergibt**. Eine solche anderweitige Regelung wird sich in der Regel den Gesellschaftsverträgen entnehmen lassen. Insbesondere kann vereinbart werden, dass die Gesellschaft unter den übrigen Gesellschaftern fortbestehen soll, so dass dem Auftraggeber sein Vertragspartner erhalten bleibt. Eine Auseinandersetzung findet insoweit nur zwischen der Gesellschaft und den Erben statt. Der Bauherr ist nicht davon betroffen. Insbesondere kommt in diesen Fällen eine Kündigung aus wichtigem Grund weder durch die Gesellschaft noch durch den Auftraggeber in Betracht.

281 Etwas anderes gilt nur dann, wenn im Vertrag zwischen der Architektengemeinschaft und dem Bauherrn vereinbart war, dass gerade der verstorbene Architekt für die Leistungserbringung zuständig sein sollte. Hier ist es angebracht, beiden Seiten eine außerordentliche Kündigungsmöglichkeit einzuräumen.

---

[328] *Locher* Das private Baurecht Rn. 355.

[329] *Müller-Christmann*, in BeckOK (Stand: 1.8.2015), § 1922 Rn. 37.

[330] *Werner/Pastor* Rn. 1153.

§ 5 Besondere Vertragsgestaltungen

Übersicht

I. Vorvertrag

Eine besondere Form der Vertragsgestaltung zwischen Architekten und Bauherrn liegt im Abschluss eines **Vorvertrages**. Der Vorvertrag ist ein besonderer schuldrechtlicher Vertragstyp, der die **Verpflichtung zum späteren Abschluss eines Hauptvertrages** begründet.[1] Die Zulässigkeit des Abschlusses eines Vorvertrages resultiert aus der Vertragsfreiheit der Parteien. Verträge können in den vom Bürgerlichen Recht gezogenen Grenzen inhaltlich frei ausgestaltet werden; so spricht insbesondere nichts dagegen, die schuldrechtliche Verpflichtung zum Abschluss eines weiteren Vertrages zu begründen. § 154 Abs. 1 BGB steht der Möglichkeit zum Abschluss eines Vorvertrages nicht entgegen. Nach dieser Auslegungsregel kommt ein bindender Vertrag zwar erst zu Stande, wenn sich die Parteien über alle nach ihrer Vorstellung regelungsbedürftigen Punkte geeinigt haben. Die Regel gilt jedoch nur im Zweifel und hindert die Parteien nicht, sich durch den Abschluss eines Vorvertrags zunächst nur hinsichtlich einzelner Punkte zu binden und die Bereinigung der offen gebliebenen Punkte einer späteren Verständigung vorzubehalten.[2] **1**

Der Vorvertrag ist nicht anders zu behandeln als sonstige Vertragstypen: Auch er kommt nur durch zwei übereinstimmende Willenserklärungen gerichtet auf den Abschluss eines Vertrages zustande. Besonderes gilt für den Rechtsbindungswillen. Im Hinblick auf § 154 Abs. 1 BGB ist die Annahme eines Vorvertrags nur gerechtfertigt, wenn besondere Umstände darauf schließen lassen, dass sich die Parteien ausnahmsweise vor der abschließenden Einigung über alle regelungsbedürftigen Punkte vertraglich binden wollten.[3] Wegen der weit reichenden Bindungswirkungen eines Vorvertrages ist bei der Annahme eines solchen Vertrages Vorsicht angezeigt; es muss sich den Erklärungen der potentiellen Vertragspartner des Vorvertrages deutlich entnehmen lassen, dass diese sich gegenseitig dazu verpflichten wollten, später einen Hauptvertrag abzuschließen und diese Pflicht einklagbar zu gestalten. Für einen solchen Rechtsbindungswillen kann eine Beurkundung sprechen oder auch die Unterzeichnung eines als Vertrag oder Vereinbarung bezeichneten Schriftstücks. **2**

Der Inhalt des Vorvertrages muss **hinreichend bestimmt** sein. Zwar muss er nicht die gleiche inhaltliche Bestimmtheit wie der Hauptauftrag aufweisen, denn er soll eine vertragliche Bindung auch in solchen Fällen ermöglichen, in denen der Hauptvertrag noch nicht in allen Einzelheiten festgelegt werden kann. Die Parteien müssen sich aber die Punkte des abzuschließenden Vertrages einigen, die sie als wesentlich ansehen.[4] Für den Architektenvertrag dürfte danach erforderlich sein, dass sich die Parteien bereits im Vorvertrag über die geschuldete Architektenleistung und das Honorar verständigen.[5] **3**

---

[1] BGH Urt. v. 17.12.1987 – VII ZR 307/86, NJW-RR 1988, 654.

[2] BGH Urt. v. 12.5.2006 – V ZR 97/05, NJW 2006, 2843.

[3] BGH Urt. v. 12.5.2006 – V ZR 97/05, NJW 2006, 2843.

[4] BGH Urt. v. 12.5.2006 – V ZR 97/05, NJW 2006, 2843.

[5] BGH Urt. v. 30.4.1992 – VII ZR 159/91, NJW-RR 1992, 977; OLG Koblenz Urt. v. 12.5.2005 – 5 U 1408/04, NZBau 2006, 184. Anderer Ansicht *Koeble* in Locher/Koeble/Frik, Einl. Rn. 89, wonach eine Einigung über das Honorar nicht erforderlich sein soll.

4 Verweigert der Bauherr entgegen der vertraglichen Vereinbarung den Abschluss eines weiteren Vertrages, so kann der Architekt auf Abschluss des Vertrages klagen. Im Ergebnis würde der Bauherr zur Abgabe einer entsprechenden Willenserklärung verurteilt. Gem. § 894 ZPO ersetzt das Urteil die Erklärung des Bauherrn. Verweigert der Bauherr jedoch nachhaltig den Abschluss des Vertrages, so wird keine der beiden Parteien noch ein gesteigertes Interesse an vertraglichen Bindungen haben, die zu einem Zusammenwirken im Rahmen des Bauvorhabens verpflichten. Alternativ kann der Architekt von dem Vortrag zurücktreten und **Schadensersatz wegen Nichterfüllung verlangen**.[6] Der Schadensersatzanspruch des Architekten ist wie nach einer Kündigung gemäß § 649 BGB zu berechnen, er erhält also das Honorar, das ihm nach dem abzuschließenden Vertrag zu zahlen gewesen wäre abzüglich seiner ersparten Aufwendungen und anderweitigen Erwerbs.

5 Möglich ist es, den Vorvertrag so auszugestalten, dass allein für eine Vertragspartei daraus Verpflichtungen resultieren, die andere dagegen keine Verpflichtung zum (weiteren) Vertragsschluss übernimmt.[7] Insbesondere in derartigen Konstellationen ist die Feststellung des Rechtsbindungswillens von besonderer Bedeutung und i. d. R. auch besonders schwierig.

6 Problematisch ist ferner die Abgrenzung zum **bedingten Hauptvertrag**. Die Bezeichnung des Vertrages ist für dessen rechtliche Einordnung von untergeordneter Bedeutung und hat lediglich indiziellen Charakter bei der Ermittlung des wirklichen Willens. Ein von den Parteien als Vorvertrag bezeichneter Vertrag kann daher auch als bedingter Hauptvertrag anzusehen sein. Ein solcher bedingter Hauptvertrag könnte beispielsweise anzunehmen sein, wenn Architekt und Bauherr vereinbaren, dass die Architektenleistungen nur dann zu erbringen sind, wenn bestimmte Umstände eintreten, etwa die Finanzierung des geplanten Bauvorhabens gesichert ist. Wenn die Leistungspflichten des Architekten für den Fall des Eintritts der Bedingung bereits sehr genau festgelegt sind, spricht vieles für die Annahme eines (Haupt-)Architektenvertrages, der gem. § 158 Abs. 1 BGB aufschiebend bedingt ist.

7 Steht fest, dass ein Vorvertrag zwischen den Parteien abgeschlossen worden ist, und schließen diese in Erfüllung der daraus resultierenden Verpflichtung den Hauptvertrag, so hindert das Bestehen des Vorvertrages eine **wirksame Gebührenvereinbarung** gem. § 7 HOAI nicht. Der Vergütungsvereinbarung muss gem. § 7 Abs. 1 HOAI getroffen werden **bei Auftragserteilung**. Auftragserteilung in diesem Sinne ist nicht etwa der Abschluss des Vorvertrages, sondern der auf die Erbringung von Architektenleistungen gerichtete und als Folge des Vorvertrages abzuschließende **Hauptvertrag**.

II. Rahmenvertrag

8 Die vertraglichen Beziehungen zwischen dem Architekten und dem Bauherr können weiterhin ausgestaltet werden durch **Rahmenverträge**.[8] Diese sind dadurch gekennzeichnet, dass sie in einer **auf längere Dauer** angelegten Geschäftsbeziehung die für alle künftig abzuschließenden Verträge **gemeinsamen Fragen** regeln.[9] Der konkrete Leistungsaustausch wird in den abzuschließenden Einzelverträgen geregelt; daraus ergibt sich in der Regel erst, welche konkreten Leistungspflichten den Architekten treffen und welche Honorare durch den Bauherrn zu zahlen sind. Der Rahmenvertrag ergänzt mit vorangehendem Geltungsanspruch die Einzelverträge. Mit dem Abschluss eines Rahmenvertrages geben sich die Vertragsparteien für die Zukunft eine Art gemeinsam vereinbarter Geschäftsbedingungen.

---

6 *Bork* in Staudinger, BGB (2010), vor § 145 Rn. 65.
7 *Busche* in MünchKommBGB, 6. Auflage, vor § 145 Rn. 65.
8 Vgl. dazu BGH Urt. v. 30.4.1992 – VII ZR 159/91, NJW-RR 1992, 977.
9 *Eckert* in BeckOK-BGB (1.5.2014), § 145 Rn. 27.

Aus einem Rahmenvertrag kann nicht die Verpflichtung zum Abschluss eines Einzelvertrages abgeleitet werden. Dies ist dem (echten) Vorvertrag vorbehalten, dessen Abgrenzung zum Rahmenvertrag unter Umständen Schwierigkeiten bereiten kann. Die Einordnung als Rahmen- oder Vorvertrag hängt von der konkreten inhaltlichen Vereinbarung der Parteien, gegebenenfalls unterstützt durch eine ergänzende Vertragsauslegung, ab. 9

Wenngleich ein Anspruch auf Vertragsabschluss sich aus einem Rahmenvertrag nicht ergeben kann, so können unter engen Voraussetzungen bei Nichtabschluss weiterer Verträge jedoch **Schadensersatzansprüche** aus positiver Vertragsverletzung desjenigen resultieren, dem der Abschluss weiterer Verträge bereits **konkret in Aussicht** gestellt worden ist. Dies hat der BGH in dem Fall angenommen, dass ein Architekt für einen Generalübernehmer unentgeltlich Planungsleistungen erbrachte, weil ihm dieser im Falle der Realisierung des Bauwerks in einem Rahmenvertrag einen Auftrag in Aussicht gestellt hatte. Eine Haftung des Generalübernehmers sei dem Grunde nach gegeben, wenn er ohne sachlichen Grund den Vertragsschluss mit dem Architekten ablehne. Allerdings ist der Nachweis des Schadens schwierig. Der Generalübernehmer war nicht zum Vertragsschluss verpflichtet (dann läge ein Vorvertrag vor) sondern lediglich zu fairen, erfolgversprechenden Verhandlungen. Für den auf Ersatz des positiven Interesses gerichteten Schadensersatzanspruch muss daher der Architekt nachweisen, dass er beauftragt worden wäre, wären solche Verhandlungen geführt worden.[10] 10

III. Gestufte Beauftragung

Der Begriff der gestuften Beauftragung ist kein feststehender Rechtsbegriff. Er bezeichnet keinen eigenen Vertragstyp. Vielmehr wird damit eine bestimmte **wirtschaftliche Zielsetzung** des Bauherrn bezeichnet: Durch die Vereinbarung einer „gestuften Beauftragung" soll die für den Auftraggeber ungünstige Vergütungsfolge des § 649 Satz 2 BGB vermieden werden. Erteilt der Bauherr dem Architekten einen „Vollauftrag" und kündigt der Bauherr (zum Beispiel weil das Bauvorhaben auf finanziellen Gründen nicht realisiert wird), so schuldet er die volle Vergütung abzüglich der ersparten Aufwendungen. Der Bauherr vermindert sein Risiko also erheblich, wenn er den Architekten schrittweise beauftragt. 11

Dieses Ziel wird in der Vertragsgestaltung verbreitet so umgesetzt, dass die vom Architekten zu erbringenden Leistungen durch Bezugnahme auf die Leistungsphasen der HOAI beschrieben werden und der Architekt zunächst nur einzelne dieser Leistungphasen beauftragt erhält. Der Bauherr bekundet darüber hinaus seine Absicht, weitere Leistungsphasen zu beauftragen. Wenn er es verlangt, ist der Architekt verpflicht, auch die weiteren Leistungsphasen zu erbringen. Ein Anspruch des Architekten, mit den weiteren Leistungsphasen beauftragt zu werden, wird ausgeschlossen. Im Ergebnis wird dem Bauherrn eine **Option** eingeräumt. 12

Ein derartiges Optionsrecht kann dem Bauherrn auf unterschiedlichem Wege eingeräumt werden. Eine Möglichkeit besteht darin, dass der Architekt ein bindendes Angebot abgibt, das der Bauherr durch die Ausübung der Option annimmt (sog. **Angebotsvertrag**). Alternativ können Architekt und Bauherr vereinbaren, dass die vertragliche Verpflichtung zur Ausführung weiterer Leistungsphasen von einer aufschiebende Bedingung, dem Abruf dieser Leistung, abhängig sein soll (sog. **bedingter Hauptvertrag**). Beide Lösungen sind rechtlich möglich. Es ist im Wege der Auslegung zu ermitteln, von welcher Lösung die Parteien Gebrauch gemacht haben.[11] 13

---

[10] BGH Urt. v. 30.4.1992 – VII ZR 159/91, NJW-RR 1992, 977.

[11] *Bork* in Staudinger, BGB (2010), vor § 145 Rn. 71.

14 Bei der Auslegung ist zu beachten, dass im Zweifel derjenigen Auslegungsmöglichkeit der Vorzug zu geben ist, die dem Parteiwillen zum Erfolg verhilft.[12] Das wird in zahlreichen Fällen den bedingten Hauptauftrag nahelegen, da in Allgemeinen Geschäftsbedingungen die Vertragsgestaltung des Angebotsvertrages unwirksam sein dürfte, weil der Architekt über Monate oder Jahre an sein Angebot gebunden sein soll.[13]

15 Der Wirksamkeit einer Honorarvereinbarung für später abgerufene Leistungsphasen steht es nicht entgegen, dass sie zeitlich vor dem Abruf und in diesem Sinne nicht „bei" Auftragserteilung (§ 7 Abs. 1 HOAI) getroffen wird.[14]

16 Zweifelhaft ist, ob sich eine gestufte Beauftragung auf die **Verjährung von Gewährleistungsansprüchen** auswirkt. Das OLG Dresden hat angenommen, dass der Verjährungsbeginn bei einer gestuften Beauftragung an die Abnahme der Leistungen gemäß der jeweiligen Leistungsstufe geknüpft ist.[15] Es hat sich hierzu auf eine Entscheidung des BGH bezogen, wonach die Herbeiführung des werkvertraglichen Erfolgs für jede Leistungsstufe gesondert beurteilt werden muss.[16] Bei dieser Betrachtungsweise laufen für die verschiedenen Leistungsstufen unterschiedliche Verjährungsfristen, Ansprüche wegen Fehlern der Entwurfsplanung verjähren also früher als Ansprüche wegen Fehlern bei der Bauüberwachung. Dieser Ansicht dürfte nicht zu folgen sein.[17] Sowohl beim bedingten Hauptauftrag als auch bei dem Angebotsvertrag kommt es zu einer Auftragserweiterung. Die Parteien schließen durch den Abruf nicht einen neuen Vertrag, sondern erweitern den ursprünglichen Vertrag. Daher ist für die Gewährleistungsansprüche nicht danach zu differenzieren, in welcher Leistungsstufe sie ihren Ursprung haben.

17 Sehr umstritten ist die Frage, wie sich **Novellierungen der HOAI** bei einer stufenweisen Beauftragung auswirken. Aufgrund der oftmals über Jahre andauernden Vertragsabwicklung tritt immer wieder der Fall auf, dass in dem Zeitraum zwischen dem Vertragsverschluss (beim bedingten Hauptauftrag) oder der Angebotsabgabe (beim Angebotsvertrag) und dem Abruf weiterer Leistungen durch den Bauherrn eine Neuregelung der HOAI in Kraft tritt. Im Ausgangspunkt bleibt es in diesem Fall bei der vertraglich vereinbarten Vergütung. Die HOAI bestimmt nicht unmittelbar die Vergütung der Parteien. Sie bestimmt nur Mindest- und Höchstsätze. Innerhalb dieses Rahmens können die Parteien die Vergütung frei bestimmen. Möglich ist aber, dass das bei Auftragserteilung vereinbarte Honorar infolge der Novellierung die Mindest- oder Höchstsätze unterschreitet. In diesem Fall stellt sich die Frage, ob die Wirksamkeit der Honorarvereinbarung an „alter" oder „neuer" Fassung der HOAI zu messen ist. Nach der Übergangsvorschrift des § 57 HOAI kommt es auf den Zeitpunkt der Beauftragung an. Erfolgt die Beauftragung nach Inkrafttreten der Neufassung gilt diese, für zuvor erfolgte Beauftragungen gilt die Altfassung. Ist der Stufenvertrag so gestaltet, dass der Architekt ein bindendes Angebot abgibt, dass der Bauherr später annimmt und so der Vertrag erst zustande kommt, muss die Neufassung der HOAI Anwendung finden.[18] Ob der Fall des bedingten Hauptauftrages ebenso zu behandeln ist, ist strei-

---

12 *Bork* in Staudinger, BGB (2010), vor § 145 Rn. 72.

13 *Kuhn*, Zu den Auswirkungen einer HOAI-Novelle auf sukzessiv geschuldete Leistungen, in ZfBR 2014, 3 (9).

14 BGH Urt. v. 27.11.2008 – VII ZR 211/07, BauR 2009, 264.

15 OLG Dresden Urt. v. 17.6.2010 – 10 U 1648/08, ibr 2011, 475. Vgl. auch OLG Celle Urt. v. 10.6.2015 – 14 U 164/14: Honorarverzicht für einzelne Leistungsstufen.

16 BGH Urt. v. 18.9.1997 – VII ZR 300/96, BauR 1997, 1065.

17 *Schulze-Hagen*, ibr 2011, 475.

18 BGH Urt. v. 18.12.2014 – VII ZR 350/13, NJW 2015, 616. Entgegen verbreiteter Lesart besagt die Entscheidung nichts dazu, welche Fassung der HOAI bei einem bedingten Auftrag anzuwenden ist. Die Entscheidung bezieht sich ausdrücklich auf die Gestaltung, dass der Architekt ein bindendes Angebot abgibt, das der Bauherr erst im Zeitpunkt der Geltung der neuen Fassung der HOAI annimmt.

tig.[19] Für die Anwendung der „alten" HOAI spricht in solchen Fällen, dass der Eintritt der Bedingung zu einer Erweiterung der Leistungspflicht führt, es also nur „eine" Leistung des Architekten gibt. Dem widerspricht eine honorarrechtliche Aufspaltung und getrennte Bewertung nach alter und neuer HOAI. Auch besteht kein Anlass, nachträglich in Preisvereinbarungen einzugreifen, die im Zeitpunkt des Vertragsschlusses wirksam waren. Schließlich ist der Vertrag vor der Inkrafttreten der HOAI geschlossen, der Bedingungseintritt betrifft nur die Rechtswirkungen des Vertrages.[20] Findet die HOAI in der seit dem 17.07.2013 geltenden Fassung Anwendung („HOAI 2013"), so ist bei der Prüfung der Mindestsatzunterschreitung zu beachten, dass die Leistungsbilder verändert worden sind. Die Honorarerhöhungen, die auf Leistungsanpassungen in den Leistungsbildern beruhen, müssen daher herausgerechnet werden.[21]

---

[19] Für die Anwendung der „neuen" HOAI: *Koeble* in Locher/Koeble/Frik, Einl. § 57 Rn. 3. Gegen die Anwendung der „neuen" HOAI: *Kuhn* (FN 13); *Motzke*, Der Stufenvertrag und die Übergangsregelung in § 55 HOAI 2009, in NZBau 2015, 195 (197).

[20] Vgl. *Kuhn* (FN13), 14.

[21] *Eschenbruch/Legat*, Der Übergang von der alten auf die neue HOAI bei Stufenverträgen, BauR 2014, 772.

§ 6 Die Vertretungsmacht des Architekten

Übersicht

I. Rechtsgeschäftliche Vertretungsmacht

1 Der Architekt ist für andere Baubeteiligte der erste Ansprechpartner. Bei der Betreuung einer Baustelle werden ihm zahlreiche Entscheidungen abverlangt, die mit Wirkungen für und gegen den Bauherrn verbunden sein können. Willenserklärungen, die der Architekt für den Bauherrn abgibt, binden diesen nur, wenn und soweit der Architekt bevollmächtigt ist. Nur wenn und soweit dem Architekten Vertretungsmacht eingeräumt ist, kann er wirksam für den Bauherrn handeln.

2 Allein dadurch, dass der Architekt von dem Bauherrn mit Planungs- und/oder Bauüberwachungsleistungen beauftragt wird, wird er nicht umfassend bevollmächtigt. Es bedarf einer gesonderten Erklärung des Bauherrn, aus der die Bevollmächtigung abzuleiten ist. Der Bauherr kann die Bevollmächtigung gegenüber dem Architekten erklären (Innenvollmacht) oder gegenüber einem Dritten, dem gegenüber die Vertretung stattfinden soll (Außenvollmacht), § 167 BGB. Die Bevollmächtigung kann ausdrücklich oder konkludent erfolgen. Wichtige Anwendungsfälle der konkludenten Erteilung einer Vollmacht sind Duldungs- und Anscheinsvollmacht und die sog. originäre Architektenvollmacht.

3 Die Vollmacht kann in der Regel **formfrei** erteilt werden (§ 167 Abs. 2 BGB). Die Formfreiheit bildet für die Vollmacht den Grundsatz und die Regel. Allerdings wird § 167 Abs. 2 BGB, ausgehend von Sinn und Zweck der Formvorschriften den Bürgerlichen Rechts, teilweise teleologisch reduziert, mit der Folge, dass in bestimmten Einzelfällen (etwa bei Vollmachten für Grundstückskaufverträge und Bürgschaften) entgegen § 167 Abs. 2 BGB Formbedürftigkeit anzunehmen ist.[1]

4 Zu unterscheiden sind aktive und passive Stellvertretung. Die **passive Stellvertretung** betrifft die Frage, ob der Architekt für den Bauherrn Erklärungen Dritter entgegennehmen kann, so dass der Zugang solcher Erklärungen beim Architekten dem Zugang beim Bauherrn gleichsteht (→ VII, Rn. 31 ff.).

II. Originäre Vollmacht

5 Die sog. **originäre Architektenvollmacht** ist ein Anwendungsfall der konkludent erteilten Vollmacht. Sie beruht auf dem Grundsatz, dass eine schlüssige Vollmachtserteilung anzunehmen ist, wenn Aufgaben übertragen werden, deren Erfüllung eine bestimmte Vollmacht erfordert.[2] Maßgeblich für die Bestimmung des Umfangs der Vollmacht sind die Umstände des Einzelfalls, eine abstrakte Aussage über den genauen Inhalt einer solchen Vollmacht ist somit nicht möglich. In die Auslegung einzubeziehen sind die konkret dem Architekten im Werkvertrag übertragenen Leistungspflichten. Die

---

[1] *Valenthin*, in BeckOK-BGB (1.11.2013), § 167 Rz. 9 ff.
[2] *Schramm* in MünchKommBGB, 6. Auflage, § 167 Rn. 40.

Grenzen der konkludenten Vollmacht sind eng zu ziehen, jedenfalls wenn das Handeln des Architekten im Ergebnis zu Verpflichtungen des Bauherrn führt. Großzügiger wird verfahren, wenn die Handlungen des Architekten die Rechtsstellung des Bauherrn verbessern.

Der Architekt ist nicht bevollmächtigt, **Änderungen bezüglich des vereinbarten Materials** anzuordnen.[3] Die Übersendung einer geänderten Ausführungsplanung durch den Architekten führt also nicht dazu, dass der von einem Unternehmer geschuldete Werkerfolg verändert würde. Setzt der Unternehmer eine solche Ausführungsplanung um, ist das von ihm erstellte Werk mangelhaft.[4] 6

Ebenso kann der Architekt **Abrechnungsmodalitäten** nicht verändern. Auch wenn er Stundenlohnzettel unterzeichnet, kann daher nicht angenommen werden, dass die Abrechnung nach Stunden vereinbart wäre.[5] 7

Der Architekt gilt als bevollmächtigt, das **gemeinsame Aufmaß** zu nehmen.[6] Er kann aber nicht für den Bauherrn auf eine Schlussrechnung verzichten, Vereinbarungen über den Werklohn treffen oder diesen anerkennen.[7] Daher hat auch der **Prüfvermerk** eines Architekten keine Bindungswirkung für den Bauherrn.[8] 8

Auch kann der Architekt für den Bauherrn **Mängel** rügen und Beseitigungsfristen setzen. Keine Vollmacht hat der Architekt aber für die Erklärung, welches der in Betracht kommenden Gewährleistungsrechte geltend gemacht werden soll.[9] Der Architekt dürfte im Falle der Anwendung des Kaufrechts gemäß § 651 BGB zur gemäß § 377 HGB erforderlichen Rüge bevollmächtigt sein. 9

Der Architekt wird ebenso als bevollmächtigt angesehen werden können, **Terminverzug** des Bauunternehmers zu rügen oder den Bauunternehmer gemäß § 5 Abs. 2 VOB/B aufzufordern, mit den Arbeiten zu beginnen. 10

Die **rechtsgeschäftliche Abnahme** kann der Architekt nicht ohne besondere Vollmacht für den Bauherrn erklären.[10] Eine solche besondere Vollmacht kann nach den Umständen dadurch konkludent erteilt sein, dass der Bauherr den Architekten zu einer förmlichen Abnahmeverhandlung entsendet.[11] 11

Im Ausgangspunkt ist der Architekt nicht bevollmächtigt, eine **Vertragsstrafe** für den Bauherrn vorzubehalten. Ist der Architekt allerdings zur Abnahme entsandt und hierfür bevollmächtigt, so umfasst dies in der Regel auch die Befugnis, die Vertragsstrafe vorzubehalten.[12] Der Architekt kann haften, wenn die Vertragsstrafe bei der Abnahme nicht (wirksam) vorbehalten wird, weil er den Bauherrn nicht über die hierfür notwendigen Schritte aufgeklärt hat.[13] 12

Keine Vollmacht hat der Architekt für **Zusatzaufträge**. Allenfalls bei Gefahr in Verzug oder bei geringfügigen Zusatzaufträgen wird eine Vollmacht des Architekten in Betracht gezogen. Von Geringfügigkeit in diesem Sinne ist der BGH bei Zusatzaufträgen im Wert von DM 512,71 gegenüber einer geprüften Schlussrechnungssumme von DM 18.600,48 ausgegangen.[14] Das OLG Celle hat zum Maßstab gemacht, ob der Auftrag des Architek- 13

---

[3] KG Urt. v. 22.5.2012 – 7 U 215/11.

[4] BGH Urt. v. 19.12.2002 – VII ZR 103/00, NJW 2003, 1450; Urt. v. 7.3.2002 – VII ZR 1/00, NJW 2002, 3543; bedenklich daher OLG Hamm Urt. v. 5.5.2011 – 24 U 147/08.

[5] BGH Urt. v. 14.7.1994 – VII ZR 186/93, BauR 1994, 760.

[6] vgl. *Voit*, in Beck'scher VOB-Kommentar, 3. Auflage, B § 14 Abs. 2 Rn. 52.

[7] BGH Urt. v. 24.1.1974 – VII ZR 73/73, NJW 1974, 646.

[8] BGH Urt. v. 15.2.1960 – VII ZR 10/59, NJW 1960, 859.

[9] *Voit* in BeckOK-BGB (1.12.2013), § 636 Rn. 11; *Moufang/Koos* in Messerschmidt/Voit, Privates Baurecht, 2. Auflage, § 636 Rn. 17.

[10] *Busche* in MünchKommBGB, 6. Auflage, § 640 Rn. 48.

[11] BGH Urt. v. 6.3.1986 – VII ZR 235/84, BauR 1986, 444.

[12] BGH Urt. v. 25.9.1986 – VII ZR 276/84, BauR 1987, 92.

[13] OLG Bremen Urt. v. 6.12.2012 – 3 U 16/11.

[14] BGH Urt. v. 20.4.1978 – VII ZR 67/77, BauR 1978, 314.

ten zu einer fühlbaren Kostensteigerung führt[15], nach einer Entscheidung des OLG Hamburg sind Aufträge bis zu 5 % des Gesamtvolumens, die insgesamt 10 % des Gesamtvolumens nicht übersteigen, noch geringfügig.[16] Letzteres zu weitgehend.[17] Bei Pauschalverträgen zwischen Bauherr und Bauunternehmer ist nach einer Entscheidung des OLG Saarbrücken die Annahme einer Vollmacht des Architekten ausgeschlossen.[18] Das begegnet Zweifeln, weil sich auch beim (Detail-) Pauschalvertrag noch zusätzliche Beauftragungen als notwendig erweisen können, weil diese Leistungen durch den Pauschalvertrag nicht abgegolten sind.

14 Hieraus ergibt sich zugleich, dass allein in der durch den Architekten erfolgten **Übersendung von Ausführungsplänen** keine dem Bauherrn zurechenbare Beauftragung oder Anordnung gemäß § 2 Abs. 5 oder § 2 Abs. 6 VOB/B gesehen werden kann. Zwar ist es häufig so, dass die Ausführungspläne über eine Konkretisierung der ausgeschriebenen und beauftragten Leistung hinausgehen und so eine Abänderung der an sich geschuldeten Leistungen bewirken. Hierdurch verursachte Zusatzkosten müssen aber dem Auftraggeber zurechenbar sein, erfordern also eine Vollmacht des Architekten.[19] Schon dem Grunde nach stellt es keine Anordnung dar, wenn der Architekt vom Auftragnehmer gefertigte Pläne (z. B. Montagepläne oder eine Ausführungsplanung des Generalunternehmers) freigibt. Die Freigabe bezieht sich allein auf eine technische Prüfung, ein Erklärungswert dahin, dass der Bauvertrag um im der Ausschreibung nicht aufgeführte Leistungen erweitert werden solle, kommt ihr nicht zu.[20] Kein Anlass besteht, ohne weitere Anhaltspunkte eine Vollmacht des Architekten zur Anordnung solcher zusätzlicher Leistungen anzunehmen, die zur mangelfreien Herstellung des Bauwerks oder zur Einhaltung öffentlich-rechtlicher Bestimmungen erforderlich sind.[21] Aus technischen Gegebenheiten kann nicht auf den Umfang einer Vollmacht geschlossen werden. Der Bauherr kann zudem angesichts unvorhergesehener Schwierigkeiten auch gänzlich andere Alternativlösungen erwägen. Dies würde ihm abgeschnitten, wenn der Architekt für ihn das (unvollständige) Leistungsverzeichnis „ergänzen" dürfte.[22]

15 Das Fehlen einer Vollmacht wird oftmals in Vergütungsprozessen zwischen Bauherrn und Auftragnehmer bei Nachtragsansprüchen aufgegriffen. Fehlt es an einer wirksamen Verpflichtung des Bauherrn, so sind Ansprüche nach den Regeln der **Geschäftsführung ohne Auftrag** bzw. nach Bereicherungsrecht zu prüfen.[23] Solche Ansprüche lassen sich bei zur Herstellung des Bauwerks notwendigen Arbeiten regelmäßig durchsetzen. Bauherren sind daher bei solchen Leistungen schlecht beraten, wenn sie sich auf die Unwirksamkeit des Vertrages berufen. Sie müssen diese Leistungen dann nämlich bezahlen, die Durchsetzung von Gewährleistungsansprüchen kann aber Schwierigkeiten begegnen, weil die Leistungen „auftragslos" erbracht sind.

III. Ausdrückliche Vollmacht

16 Der Bauherr kann dem Architekten rechtsgeschäftlich selbstverständlich eine weitergehende Vollmacht einräumen, auch eine Generalvollmacht. Soll der Architekt „allum-

---

[15] OLG Celle Urt. v. 6.12.1995 – 6 U 250/94.

[16] OLG Hamburg Urt. v. 25.4.2001 – 13 U 38/00.

[17] *Keldungs*, ibr 2001, 491.

[18] OLG Saarbrücken Urt. v. 23.12.2008 – 1 U 214/98, NJW-RR 1999, 668.

[19] BGH Urt. v. 12.6.1975 – VII ZR 195/73, BauR 1975, 358; *Kemper* in Franke/Kemper/Zanner/Grünhagen, VOB, 5. Auflage, B § 2 Rn. 105 und B § 1 Rn. 32.

[20] OLG Dresden Urt. v. 31.8.2011 – 1 U 1682/10; *Kemper* in Franke/Kemper/Zanner/Grünhagen, VOB, 5. Auflage, B § 2 Rz. 85.

[21] So aber OLG Düsseldorf Urt. v. 6.11.1997 – 5 U 89/96, BauR 1998, 1023.

[22] Vgl. auch *Meissner*, ibr 1999, 76.

[23] BGH Urt. v. 26.4.2001 – VII ZR 222/99, NJW 2001, 3184.

fänglich vertreten", ist rechtsgeschäftliche Vertretungsmacht eingeräumt und nicht lediglich die technische Abwicklung gemeint.[24]

17 Im Falle der Einräumung umfassender Vollmacht kann der Architekt wirksam auch solche Leistungen (nachträglich) beauftragen, die er bei der Ausschreibung übersehen hatte, die aber zur mangelfreien Errichtung des Bauwerks erforderlich sind.[25] Auch kann er die VOB/B in die Verträge einbeziehen, die er für den Bauherrn mit den Unternehmern abschließt.[26]

18 Allerdings ist die Vollmacht des Architekten regelmäßig dahin beschränkt, dass er nur zur Ausführung des Bauwerks erforderliche Erklärungen im Namen des Bauherrn abgeben darf. Dies umfasst nicht die Befugnis, die Planung des Bauwerks zu ändern.[27]

19 Sind solche Vereinbarungen in Allgemeinen Geschäftsbedingungen des Architekten enthalten, können sie allerdings gemäß §§ 305 ff. BGB unwirksam sein, so dass der Architekt tatsächlich nicht bevollmächtigt ist.

IV. Duldungs- und Anscheinsvollmacht

20 Fehlt es an rechtsgeschäftlicher Vertretungsmacht des Architekten, so können zu Lasten des vertretenen Bauherrn die Regeln über die **Anscheins- oder Duldungsvollmacht** eingreifen. Eine Duldungsvollmacht nimmt die Rechtsprechung an, wenn der zu vertretene Bauherr das Auftreten des Architekten kennt und duldet, so dass der Geschäftsgegner diese Duldung dahingehend versteht und nach Treu und Glauben unter der Berücksichtigung der Verkehrssitte auch dahin werten darf, dass der Handelnde Vollmacht habe.[28] Eine Anscheinsvollmacht nimmt die Rechtsprechung an, wenn der Bauherr das Auftreten des Architekten zwar nicht positiv kennt, aber bei pflichtgemäßer Sorgfalt doch kennen und verhindern konnte und wenn der Geschäftsgegner nach Treu und Glauben annehmen darf, dem Vertretenen könne bei verkehrsgemäßer Sorgfalt das Auftreten des Vertreters nicht verborgen geblieben sein und er schreite nicht ein, weil er dieses Auftreten dulde.[29]

21 Im Zusammenhang mit dem rechtsgeschäftlichen Tätigwerden eines Architekten ohne rechtsgeschäftliche Vertretungsmacht finden sich zahlreiche Entscheidungen, in denen angenommen wird, dass der Bauherr zurechenbar den Rechtsschein gesetzt habe, der Architekt habe für das vorgenommene Rechtsgeschäft Vertretungsmacht.

22 **Beispiele:** Der Bauherr bezahlt Abschlagsrechnungen für Verträge, die der Architekt im Namen des Bauherrn abgeschlossen hat.[30] Er schreitet nicht ein, obwohl er aufgrund von ihm übersandten Bauprotokollen Kenntnis davon hat, dass der Architekt in seinem Namen Aufträge erteilt.[31] Bei dem Unternehmer entsteht berechtigt der Eindruck, dass vom Architekten erteilte Aufträge mit dem Bauherrn abgesprochen sind.[32] Wenn der Architekt den Bauauftrag als Bevollmächtigter des Bauherrn schließt, soll eine Anscheinsvollmacht dafür bestehen, dass er auch Nachtragsaufträge erteilen darf.[33]

23 Der Bauherrn kann von vornherein die Verträge mit von ihm selbst beauftragten Bauunternehmern so gestalten, dass ein derartiger Rechtsschein und die damit verbundene vertragliche Haftung vermieden wird. So kann beispielsweise in den Vertrag die Klau-

---

24 OLG Köln Urt. v. 7.12.2012 – 17 U 128/11.
25 OLG Oldenburg Urt. v. 22.6.2010 – 2 U 15/10.
26 OLG Düsseldorf Urt. v. 16.3.2004 – 23 U 160/03.
27 BGH Urt. v. 7.3.2002 – VII ZR 1/00, NJW 2002, 3543.
28 *Valenthin* in BeckOK-BGB (1.11.2013), § 167 Rn. 15.
29 *Valenthin* in BeckOK-BGB (1.11.2013), § 167 Rn. 16.
30 Vgl. *Keldungs*, in Ingenstau/Korbion, VOB, 19. Auflage, B § 2 Rn. 61.
31 OLG Karlsruhe Urt. v. 23.3.2010 – 8 U 43/09.
32 OLG Dresden Urt. v. 22.9.2010 – 6 U 61/05.
33 KG Urt. v. 10.10.2006 – 21 U 75/04.

sel aufgenommen werden, dass „Zusatzaufträge nur schriftlich durch den Bauherrn“ erteilt werden können. Auch innerhalb allgemeiner Geschäftsbedingungen wurde die Klausel wurde von der Rechtsprechung nicht beanstandet, da sie lediglich in zulässiger Weise die Rechtslage beschreibe. Jedenfalls erreicht der Bauherr dadurch, dass er nicht über die Regeln einer Anscheins- oder Duldungsvollmacht in Anspruch genommen werden kann.[34]

V. Genehmigung

24 Wenn der Architekt einen Zusatzauftrag erteilt hat, der nicht von einer Vollmacht gedeckt war, kann der Bauherr genehmigen. Diese Genehmigung ist auch konkludent möglich. So verhält es sich etwa, wenn es der Bauherr sehenden Auges hinnimmt, dass der Unternehmer einen vom Architekten erteilten Auftrag ausführt.[35] Auch die Bezahlung des Zusatzauftrags kann eine Genehmigung bedeuten.

VI. Die Eigenhaftung des Architekten

25 Handelt der Architekt bei der Vornahme eines Rechtsgeschäfts ohne Vollmacht und greifen auch die Regel über Anscheins- und Duldungsvollmacht nicht ein, so handelt er als **falsus procurator** und haftet unter den Voraussetzungen des § 179 BGB. Gem. § 179 Abs. 1 BGB ist er dem Geschäftsgegner nach dessen Wahl zur Erfüllung oder zum Schadensersatz verpflichtet.

26 Voraussetzung ist zunächst, dass der Vertretene die Genehmigung des Vertrages verweigert, oder dass die Genehmigung gem. § 177 Abs. 2 BGB als verweigert gilt. Selbst wenn der Architekt ohne Vertretungsmacht bzw. unter Überschreitung der Vertretungsmacht handelt, besteht für den Bauherrn die Möglichkeit, das Geschäft durch nachträgliche Genehmigung an sich zu ziehen. Dies bietet sich für ihn an, wenn der Architekt einen ohnehin erforderlichen Auftrag zu angemessenen Konditionen vergeben hat. Nur wenn die Genehmigung verweigert wird, kann eine Eigenhaftung des Vertreters in Betracht kommen.

Die Haftung des vollmachtslos handelnden Vertreters ist gem. § 179 Abs. 3 BGB ausgeschlossen, wenn der Geschäftsgegner das **Fehlen der Vertretungsmacht kannte oder kennen musste**.

27 Die positive Kenntnis spielt praktisch eine untergeordnete Rolle, weil sie sich kaum nachweisen lässt. Von besonderer Bedeutung ist daher die Frage, wann der Bauunternehmer wissen muss, dass der Architekt bei der Vergabe eines Auftrags ohne Vertretungsmacht handelt. „Kennenmüssen“ bedeutet „fahrlässige Unkenntnis“ der nichtbestehenden Vertretungsmacht.

28 Die Anforderungen an die fahrlässige Unkenntnis im Sinne von § 179 Abs. 3 BGB dürften nicht zu gering angesetzt werden. § 179 BGB ordnet eine Garantiehaftung an, die dem Vertreter ohne nachgewiesene Vertretungsmacht das verschuldensunabhängige Risiko auferlegt, seine zumindest stillschweigend erfolgte Erklärung, er habe die für den abgeschlossenen Vertrag erforderliche Vertretungsmacht, sei richtig. Das hat zur Folge, dass der Vertragsgegner grundsätzlich auf die behauptete Vertretungsmacht vertrauen darf. Der Vorwurf fahrlässiger Unkenntnis des Mangels der Vertretungsmacht, die nach § 179 Abs. 3 BGB die Haftung des vollmachtlosen Vertreters entfallen lässt kommt deshalb nur in Betracht, wenn der Vertragsgegner beim Vertragsschluss entweder tatsächlich Zweifel an dem Bestand oder dem notwendigen Umfang der erforderlichen Vertretungsmacht hatte oder es jedenfalls erkennbare Umstände gab, die ihn insoweit hätten zweifeln lassen

---

[34] BGH Urt. v. 14.7.1994 – VII ZR 186/93, NJW-RR 1995, 80.

[35] OLG Stuttgart Urt. v. 31.5.2002 – 5 U 98/01.

müssen. Ein Vertrauen des Vertragsgegners auf die behauptete Vertretungsmacht ist dann nicht mehr schutzwürdig; erst wenn auch zumutbare Nachforschungen nicht zu einer Aufklärung geführt hätten, kann wieder etwas anderes gelten.[36]

Ein Indiz für fehlende Vertretungsmacht des Architekten kann sein, dass der Hauptauftrag vom Bauherrn erteilt worden ist. Bedeutsam ist auch, ob der Vertrag zwischen Bauunternehmer und Bauherrn eine Beschreibung der Tätigkeit des Architekten enthält, ohne dass hierbei Vertragsänderungen erwähnt werden. Auch bauvertragliche Regelungen zur Abwicklung von Nachtragsansprüchen können darauf hindeuten, dass der Architekt nicht bevollmächtigt sein soll.[37] Als zu weitgehend erscheint die Erwägung, dass Architekten üblicherweise mit dem Bauherrn nicht vereinbaren, bevollmächtigt zu sein.[38] Angesichts der Vielgestaltigkeit der möglichen Vertragsgestaltungen kann der Bauunternehmer nicht ohne weiteres von einem Auftrag ohne Bevollmächtigung ausgehen. 29

§ 179 BGB ist entsprechend anwendbar auch bei Nichtexistenz des Vertretenen. Handelt der Architekt also beispielsweise für eine **noch zu bildende Bauherrengemeinschaft**, so kann ihn – da ihm Vertretungsmacht noch nicht erteilt worden sein kann – eine Eigenhaftung aus § 179 BGB treffen. Auch in diesem Fall kann aber § 179 Abs. 3 BGB zu Gunsten des Architekten wirken, wenn er offenlegt, ohne Vollmacht zu handeln und nicht Vertrauen dahin erweckt, dass der Vertrag wirksam werde.[39] 30

VII. Passive Stellvertretung

Aufgrund einer Vollmacht kann der Architekt für den Bauherrn nicht nur aktiv handeln, sondern für diesen auch Erklärungen entgegennehmen, etwa von Bauunternehmern, die für den Bauherrn tätig sind. 31

Der praktisch wichtigste Fall ist die **Geltendmachung von Bedenken** durch den Bauunternehmer. 32

Nach § 4 Abs. 3 VOB/B hat der Auftragnehmer **Bedenken** gegen die vorgesehene Art der Bauausführung, gegen die Güte der vom Auftragnehmer gelieferten Stoffe oder Bauteile oder gegen die Leistungen anderer Unternehmer **dem Auftraggeber** unverzüglich **schriftlich** mitzuteilen. Er wird von der Gewährleistungspflicht frei, wenn der Auftraggeber trotz der mitgeteilten Bedenken an der geplanten Ausführung festhält, 13 Abs. 3 VOB/B. 33

Bei der Regelung handelt es sich um einen allgemein gültigen Grundsatz, den die Rechtsprechung für das zivile Werkvertragsrecht aus Treu und Glauben (§ 242 BGB) entwickelt hat, so dass der umschriebene Pflichtenkreis auch dann gilt, wenn die VOB/B nicht zum Bestandteil des Vertrages gemacht worden ist, dann allerdings ohne das in § 4 Abs. 3 VOB/B festgelegte Schriftformerfordernis.[40] 34

Die Erfüllung der Hinweispflicht hat danach große Bedeutung, weil sie Voraussetzung dafür ist, dass der Bauunternehmer für Baumängel, die auf der von dem Bauherrn zur Verfügung gestellten Planung beruhen, nicht haftet.[41] 35

---

[36] BGH Urt. v. 9.11.2004 – X ZR 101/03, NJW-RR 2005, 268.

[37] OLG Saarbrücken Urt. v. 11.7.2000 – 7 U 944/99, NJW-RR 2001, 453; OLG Düsseldorf Urt. v. 8.5.1984 – 23 U 190/83, BauR 1985, 339.

[38] OLG Köln Urt. v. 3.4.1992 – 19 U 191/91, NJW-RR 1992, 915 f; OLG Saarbrücken Urt. v. 11.7.2000 – 7 U 944/99, NJW-RR 2001, 453.

[39] BGH Urt. v. 12.11.2008 – VIII ZR 170/07, NJW 2009, 215; Urt. v. 20.10.1988 – VII ZR 219/87, NJW-RR 1989, 467.

[40] BGH Urt. v. 29.9.2011 – VII ZR 87/11, NJW 2011, 3780; Urt. v. 8.11.2007 – VII ZR 183/05, NZBau 2008, 109.

[41] Fehlt es an einem Hinweis, kann die Haftung des Bauunternehmers allerdings deshalb ausgeschlossen sein, weil es feststeht, dass der Auftraggeber aufgrund des Hinweises keine andere Ausführung angeordnet hätte, vgl. BGH Urt. v. 19.5.2011 – VII ZR 24/08, NZBau 2011, 483.

36 Die Anzeige der Bedenken muss inhaltlich richtig, formgerecht und an den **richtigen Adressaten** gerichtet werden. Richtiger Adressat ist in jedem Fall der Auftraggeber selbst. Bei der Geltendmachung der Bedenken diesem gegenüber geht der Auftragnehmer kein Risiko ein, sofern die Anzeige inhaltlich richtig und formgerecht erfolgt und der Auftragnehmer den Zugang beweisen kann.

37 Nicht selten erfolgt die Anzeige der Bedenken **gegenüber dem bauleitenden Architekten**, weil dieser in der Regel die größere Kompetenz zur sachgerechten Erörterung der Bedenken aufweist und im Rahmen der Ausführung der ihm selbst obliegenden Leistungspflichten auch häufiger auf der Baustelle anwesend sein wird. Die Anzeige der Bedenken gegenüber dem Architekten birgt für den Auftragnehmer große Risiken; nicht immer ist der Architekt der richtige Adressat der Anzeige. Vielmehr zeigt sich – häufig im Nachhinein – dass die Anzeige an den Auftraggeber selbst zu richten gewesen wäre.

38 Bei der Anzeige gemäß § 4 Abs. 3 VOB/B handelt es nicht um eine Willenserklärung, da die Erklärung nicht auf Herbeiführung einer *Rechts*folge, sondern vielmehr auf die Herbeiführung rein tatsächlicher Folgen gerichtet ist, wenngleich sie haftungsrechtliche Auswirkungen hat. Die für das Wirksamwerden empfangsbedürftiger Willenserklärungen geltenden Regeln sind jedoch analog auf derartige geschäftsähnliche Handlungen anwendbar.[42]

39 Gem. § 130 Abs. 1 BGB wird eine Willenserklärung, die einem Abwesenden gegenüber abzugeben ist, in dem Zeitpunkt wirksam, in welchem sie ihm zugeht. Nichts anderes gilt für die Anzeige der Bedenken gegenüber dem Auftraggeber; sie wird wirksam im Zeitpunkt des Zugangs bei diesem. Erklärt der Bauunternehmer seine Bedenken schriftlich gegenüber dem Architekten, so hängt der Zugang davon ab, ob der Architekt **Erklärungsbote** des Bauunternehmers oder **Passivvertreter** des Bauherrn ist.

60 Passive Stellvertretung ist die Entgegennahme einer Willenserklärung für einen anderen. Auf sie finden nach § 164 Abs. 3 BGB die Regeln des § 164 Abs. 1 BGB entsprechende Anwendung, allerdings mit der Besonderheit, dass die Entgegennahme einer Willenserklärung keine eigene Willensäußerung des Vertreters erfordert. Die Folgen wirksamer Passivvertretung decken sich daher mit denen wirksamer Aktivvertretung: Im Verhältnis zwischen dem Vertretenen und dem Geschäftspartner wirken die vom Vertreter abgegebenen oder entgegengenommenen Erklärungen **unmittelbar** für und gegen den Vertretenen. Eine dem Passivvertreter gegenüber abgegebene Erklärung ist in dem Zeitpunkt dem Vertretenen zugegangen, in welchem Zugang beim Vertreter gegeben ist. Unerheblich ist, ob der Architekt die Erklärung an den Bauherrn weiterleitet.

41 Ist der Architekt zur Entgegennahme nicht bevollmächtigt, so ist er **Erklärungsbote** des Auftragnehmers. Gibt er die Erklärung nicht weiter, so geht dies zu Lasten des Erklärenden. Nur wenn der Architekt das Schriftstück, in welchem der Auftragnehmer die Bedenken anmeldet, tatsächlich an den Bauherrn weiterleitet, geht es diesem auch zu; häufig wird es in diesem Fall an der **Unverzüglichkeit** der Anzeige fehlen.[43]

42 In der Regel ist die Vollmacht des Architekten dahin auszulegen, dass der **Architekt zur Entgegennahme der Bedenken nach** § 4 Abs. 3 VOB/B befugt ist. Dies gilt aber nicht, wenn es sich um Fehler handelt, die der Architekt selbst begangen hat, oder wenn er sich den berechtigten Einwendungen des Auftragnehmers verschließt. In diesen Fällen muss der Auftragnehmer den Auftraggeber selbst ansprechen.[44] Allein der Auftraggeber ist dann der richtige Adressat der Erklärung; die Entgegennahme durch den Architekten ist von dessen Vollmacht nicht umfasst und er ist lediglich Erklärungsbote des Bauunternehmers.

---

42 *Singer* in Staudinger, BGB (2011), § 130 Rn. 14.

43 Wenn die Anzeige nicht unverzüglich erfolgt, bedeutet dies allerdings nicht, dass sie schlechthin wirkungslos wäre. Sie kann den Auftragnehmer aber nicht entlasten, wenn die zum Mangel führenden Arbeiten bereits ausgeführt sind und daher der Auftraggeber den Bedenken nicht mehr Rechnung tragen kann.

44 BGH Urt. v. 19.1.1989 – VII ZR 87/88, BauR 1989, 467.

Nach den gleichen Grundsätzen sollte der Fall behandelt werden, dass ein Bauunternehmer eine **Behinderungsanzeige** gegenüber dem Architekten abgibt. Im Ausgangspunkt ist eine Bevollmächtigung des (bauleitenden) Architekten zur Entgegennahme der Behinderungsanzeige gemäß § 6 Abs. 1 VOB/B zu bejahen, da er mit der Organisation der Baustelle befasst ist. Geht die Behinderung aber auf ein Verschulden des Architekten zurück und verschließt er sich den Bedenken, muss sie gegenüber dem Bauherrn abgegeben werden.[45] Die Nachricht über die Fortführung der Arbeiten gemäß § 6 Abs. 3 VOB/B kann gegenüber dem bauleitenden Architekten abgegeben werden.[46] 43

Umstritten ist, ob die **Ankündigung gemäß** § 2 Abs. 6 VOB/B gegenüber dem bauleitenden Architekten erfolgen kann.[47] Da für die Anordnung einer Zusatzleistung gemäß § 2 Abs. 6 VOB/B allein der Bauherr zuständig ist, muss auch die Ankündigung des Anspruchs gegenüber dem Bauherrn erfolgen. 44

Für die **Anzeige auftragslos erbrachter Leistungen** (§ 2 Abs. 8 Nr. 2 Satz 2 VOB/B) wird eine Empfangsvollmacht des Architekten verneint.[48] 45

Entsprechend den zum Bedenkenhinweis gemäß § 4 Abs. 3 VOB/B entwickelten Grundsätzen kann auch für die in § 3 Abs. 3 VOB/B und § 4 Abs. 1 VOB/B vorgesehenen Bedenkenhinweise entschieden werden[49], ebenso für die Haftungsverteilung gemäß § 10 Abs. 2 Nr. 1 VOB/B. 46

Für das Verlangen der **Feststellung des Zustands von Teilen der Leistung** (§ 4 Abs. 10 VOB/B) dürfte der Architekt empfangsbevollmächtigt sein, weil es die „technische" Überprüfung der ordnungsgemäßen Ausführung betrifft. Ebenso dürfte für das Verlangen nach einem gemeinsamen **Aufmaß** (§ 14 Abs. 2 VOB/B, § 8 Abs. 6 VOB/B) zu entscheiden sein. Denn es wird angenommen, dass ein gemeinsames Aufmaß von Bauunternehmer und Architekt den Bauherrn bindet. Dies legt es nahe, dass auch der „Antrag" auf ein gemeinsames Aufmaß dem Architekten gegenüber erfolgen kann, zumal die Initiative für ein gemeinsames Aufmaß auch vom Architekten ausgehen kann. Demgegenüber ist das **Abnahmeverlangen** gemäß § 12 Abs. 1 VOB/B an den Auftraggeber selbst zu richten, weil der Architekt – vorbehaltlich besonderer Vollmacht – für die Erklärung der Abnahme nicht zuständig ist.[50] Auch für die fiktive Abnahme gemäß § 12 Abs. 5 VOB/B ist erforderlich, dass die **Fertigstellungsanzeige** dem Auftraggeber zugeht.[51] 45

Die **Anzeige der Ausführung von Stundenlohnarbeiten** gemäß § 15 Abs. 3 VOB/B kann gegenüber dem Architekten erfolgen.[52] 48

Abschlagsrechnungen und **Schlussrechnungen** sind dem Auftraggeber zu stellen. Auch zur Entgegennahme von Mahnungen kann der Architekt nicht als bevollmächtigt angesehen werden. Ebenso haben Erklärungen in Bezug auf Sicherheiten gegenüber dem Auftraggeber zu erfolgen. 49

---

45 *Berger*, in Beck'scher VOB-Kommentar, 3. Auflage, B § 6 Abs. 1 Rn. 48.

46 *Berger*, in Beck'scher VOB-Kommentar, 3. Auflage, B § 6 Abs. 3 Rn. 47.

47 vgl. *Jansen*, in Beck'scher VOB-Kommentar, 3. Auflage, B § 2 Abs. 6 Rn. 52.

48 vgl. *Jansen*, in Beck'scher VOB-Kommentar, 3. Auflage, B § 2 Abs. 8 Rn. 82.

49 *Hartung*, in Beck'scher VOB-Kommentar, 3. Auflage, B § 3 Abs. 3 Rn. 29; *Junghenn*, in Beck'scher VOB-Kommentar, 3. Auflage, B § 4 Abs. 1 Rn. 232.

50 *Bröker*, in Beck'scher VOB-Kommentar, 3. Auflage, B § 12 Abs. 1 Rn. 7.

51 *Bröker*, in Beck'scher VOB-Kommentar, 3. Auflage, B § 12 Abs. 5 Rn. 20.

52 *Voit*, in Beck'scher VOB-Kommentar, 3. Auflage, B § 15 Abs. 3 Rn. 5.

§ 7 Gestaltung von Architektenverträgen

Übersicht

I. Form, Aufbau und Sinn eines (Muster-) Vertrages

1 Ein Architektenvertrag kann mündlich oder schriftlich, aber auch konkludent zustande kommen.[1] Die entgeltliche Übertragung von Architektenleistungen ist entscheidend, aber auch ausreichend für den Vertragsabschluss. Gerade deshalb ist – schon aus Beweiszwecken – der Abschluss eines schriftlichen Vertrages für beide Vertragspartner sinnvoll und ratsam. Hinzukommt, dass sich nach § 7 Abs. 1 HOAI das Honorar nach der schriftlichen Vereinbarung, die die Vertragsparteien bei Auftragserteilung im Rahmen der durch diese Verordnung festgesetzten Mindest- und Höchstsätze treffen, richtet. Das preisrechtliche Schriftformerfordernis dient dem Verbraucherschutz und auch der Vertragsklarheit sowie der Streitvermeidung. Bei dessen Nichtbeachtung hat dies die Nichtigkeit der (Honorar-)Vereinbarung zur Konsequenz (§ 125 BGB). Nach der neuen HOAI 2013 ist durchgängig bei vertraglichen Regelungen zum Honorar eine schriftliche Vereinbarung erforderlich, so z. B. bei Honorarberechnungsgrundlagen bei einem veränderten Leistungsumfang oder auch bei der Wiederholung von Grundleistungen (§ 10 HOAI).

Deshalb sollte mit der ohnehin bei Auftragserteilung abzuschließenden schriftlichen Honorarvereinbarung (mit einem Honorar, dass über den sonst geltenden Mindestsatz gehen soll) auch der sonstige wesentliche Vertragsinhalt gleich mit geregelt werden; auch wenn der weitere Inhalt, insbesondere die Honorierung der beauftragten Leistungen (nach Mindestsätzen) für das eigentliche Zustandekommen des Vertrags zunächst unerheblich ist. Fehlt eine ausdrückliche Einigung über die Vergütung, dann gilt eine Vergütung nach § 632 Abs. 1 BGB als stillschweigend vereinbart, wenn die Herstellung des Werkes nach den Umständen nur gegen eine Vergütung zu erwarten ist. Nach § 632 Abs. 2 BGB ist eine taxmäßige oder übliche Vergütung als vereinbart anzusehen, wenn die Höhe der Vergütung nicht bestimmt ist. Die HOAI gibt durch die festgelegten Mindest- und Höchstsätze den Rahmen des Honorars auf Basis der in § 6 geregelten Grundlagen des Honorars vor. Bei Fehlen einer schriftlichen Vereinbarung über das Honorar bei Vertragsabschluss („bei Auftragserteilung“ nach § 7 Abs. 1 HOAI), wird unwiderlegbar vermutet, dass der jeweilige Mindestsatz vereinbart ist (7 Abs. 4 HOAI). Also leistet die

[1] BGH Urt. v. 24.6.1999 – VII ZR 196/98 – BauR 1999, 1319.

HOAI durch diese zwingende Preisvorgabe einen Beitrag zum Verbraucherschutz. Sie sichert aber andererseits auch dem Architekten in Verbindung mit den vorgenannten gesetzlichen Bestimmungen aus dem Werkvertragsrecht ein auskömmliches Honorar, wenn es zu keiner ausdrücklichen Einigung über das Honorar kommt. Umgekehrt muss der Architekt wissen, dass er bei Auftragserteilung bereits eine schriftliche Honorarvereinbarung treffen muss, um ein über den Mindestsatz liegendes Honorar zu erhalten. Insoweit wird ein gewiefter Bauherr kein gesteigertes Interesse am Abschluss einer solchen Honorarvereinbarung haben. Das Schwert ist aber zweischneidig, weil er andererseits den Abschluss eines schriftlichen Architektenvertrages forcieren muss. Je länger ein schriftlicher Vertragsabschluss hinausgezögert wird, umso schwieriger wird es, mit dem Architekten eine Einigung über die vertragsrechtlichen Vorstellungen des Auftraggebers zu erzielen.

Wenn die Vertragspartner sich aber von vornherein darüber einig sind, den Vertrag in jedem Fall schriftlich abschließen zu wollen, machen sie die Wirksamkeit des Vertrages von der Einhaltung der Schriftform abhängig. In diesem Fall kommt der Vertrag erst mit der Unterzeichnung einer Vertragsurkunde zustande (§ 154 BGB). Der Abschluss eines schriftlichen Architektenvertrages ist in diesem Fall unabdingbare Voraussetzung für das wirksame Zustandekommen eines Vertragsverhältnisses. Die Gestaltung eines solchen Vertrages, insbesondere die exakte einzelfall- bzw. projektbezogene Festlegung des konkreten Leistungsinhalts, respektive die genaue Beschreibung der Architektenaufgaben ist häufig schwierig. Mit dem Abschreiben der Grundleistungen aus der Anlage 10 zur HOAI („Grundleistungen im Leistungsbild Gebäude und Innenräume, Besondere Leistungen, Objektlisten") allein ist es vielfach nicht getan. Dies liegt vor allem daran, dass beiden Vertragspartnern die vom Architekten zu erbringenden Leistungen im Vorfeld oder zu Beginn der Vertragsbeziehung noch nicht im Einzelnen bekannt sind und deshalb vorausschauend nur funktional durch Festlegung von Leistungszielen und Leistungsanforderungen beschrieben werden können. Zudem ergibt sich aus § 3 Abs. 2 HOAI, dass in den Leistungsbildern nur die Grundleistungen, die zur ordnungsgemäßen Erfüllung eines Auftrags im Allgemeinen erforderlich sind, erfasst werden. Sofern der Auftraggeber seine Vertragsziele und Vorgaben, die das geschuldete Planungssoll definieren, mangels eigener noch nicht entwickelter (Ziel-)Vorstellungen und geklärter Aufgabenstellung selbst noch nicht festlegen kann, wird die Leistungsbeschreibung sich anhand des Leistungsbildes Gebäude auf die dortigen Leistungsphasen mit den einzeln in der Anlage 10 aufgeführten Grundleistungen beschränken. Dabei geht es um folgende ergebnisorientierte Leistungsphasen: 2

- Erarbeitung eines endgültigen Entwurfs als Grundlage für den Bauantrag;
- Einreichung der Bauantragsunterlagen mit dem Ziel, eine bestandskräftige Baugenehmigung zu erwirken;
- Darstellung der ausführungsreifen Planungslösung als Grundlage für die Bauausführung;
- Aufstellen von Leistungsbeschreibungen mit Leistungsverzeichnissen und Zusammenstellen der Vergabe- und Vertragsunterlagen
- Überwachung der Bauausführung

Eine konkrete Beschreibung der geschuldeten Tätigkeiten und der zu erfüllenden Aufgaben ist nach den Grundsätzen des Werkvertragsrechts auch nicht notwendig. Der Architekt schuldet im ersten Schritt eine den Planungsvorgaben des Auftraggebers oder den von ihm zu ermittelnden Planungswünschen des Auftraggebers entsprechende Planung, die sich in einem genehmigungsfähigen Entwurf und in einer Baugenehmigung manifestiert. Im Zuge des dynamischen und sich ständig fortentwickelnden Planungsprozesses muss diese Planung dann ausführungsorientiert konkretisiert, fortgeschrieben, nachgebessert, optimiert, überarbeitet oder geändert werden. Die dazu erforderlichen einzelnen Arbeitsschritte sind kaum regelbar, sondern erfordern eine am Erfolg orientierte Arbeitsweise und Leistungserbringung, die sich als Richtschnur in den Grundleistungen und den Besonderen Leistungen – wenn auch sicherlich nicht vollständig – wiederfindet. 3

Der Architekt hat den vereinbarten bzw. geschuldeten Werkerfolg durch Erfüllung aller erforderlichen Aufgaben unabhängig vom Inhalt der Anlage 10 zur HOAI und losgelöst vom tatsächlich entstehenden Aufwand herbeizuführen. Der Leistungsumfang und damit verbunden auch der geschuldete Werkerfolg können nicht auf den Katalog der Grundleistungen aus der Anlage 10 zur HOAI den einzelnen Leistungsphasen der HOAI beschränkt werden. Der geschuldete Werkerfolg definiert sich zwar nicht (allein) aus den Grundleistungen des Leistungsbildes Gebäude gem. Anlage 10 (§ 34 Abs. 4 HOAI).[2] Die für die Honorarberechnung notwendige Vereinbarung über die Beauftragung bestimmter Leistungsphasen (§ 34 Abs. 3, § 8 Abs. 1 HOAI) und auch konkreter Grundleistungen (§ 8 Abs. 2 HOAI) aus dem Leistungsbild Gebäude (§ 34 HOAI) ist hinsichtlich der werkvertraglich bestimmten Leistungspflichten des Architekten zwar keineswegs abschließend. Auch begründen die Leistungsbilder keine unmittelbaren Leistungspflichten, weil die HOAI nur die typischerweise für die Erfüllung eines bestimmten Honoraranspruchs notwendigen Leistungen beschreibt[3]. Trotzdem stellen die Leistungsphasen und damit einhergehend auch die einzelnen Grundleistungen eine Auslegungshilfe dar, die den Leistungsinhalt und Leistungsumfang beschreiben können, vor allem dann, wenn die Parteien im Vertrag auf die Anlage 10 verweisen oder deren Inhalt ganz oder teilweise sogar ausdrücklich in den Vertrag aufnehmen.[4] Auch dann kann jedoch die Auslegung im Hinblick auf die konkreten Vertragsinhalte (Leistungsziele, Vorgaben, Vertragsziele) ergeben, das zusätzliche Tätigkeiten geschuldet sind oder aber auch einzelne Leistungen aus der Anlage 10 nicht erforderlich sind.[5] Die in der Anlage 10 enthaltenen Leistungen werden üblicherweise als ein Abbild dessen bezeichnet, was ein Architekt im Regelfall zur ordnungsgemäßen Erfüllung seines Auftrags im Allgemeinen zu erbringen hat.[6]

4 Neben einer erfolgsbezogenen Aufgabenbeschreibung unter Verwendung der Anlage 10 und der Einbindung aller etwa zu beauftragenden Besonderen Leistungen sollte der Vertrag auch alle projektspezifischen Besonderheiten beinhalten, anhand derer durchaus auch die Herausnahme bestimmter Grundleistungen (Teilleistungen der Leistungsphase) aus dem Leistungsumfang geboten sein kann.

5 Ein wesentliches Ziel eines rechtssicheren Architektenvertrages ist die möglichst eindeutige und vollständige Formulierung der regelungsbedürftigen Inhalte. Nur ein klares, vollständiges und ausgewogenes Vertragswerk wird von beiden Partnern auch im Streitfall akzeptiert und kann bei auftretenden Konflikten Lösungen anbieten oder Hilfestellung für Kompromisse – selbst bei Regelungslücken – leisten. Ein vorformuliertes und der Inhaltskontrolle nach §§ 305 ff. BGB unterliegendes Vertragsmuster verleitet demgegenüber zur Vernachlässigung dieser Ziele mit unüberschaubaren Risiken und unter Umständen schwerwiegenden Folgen für den Verwender der Klausel.

6 Die nachfolgende Darstellung zur Gestaltung eines Architektenvertrages stellt kein Patentrezept dar, sondern konzentriert sich darauf, Regelungsnotwendigkeiten aufzuzeigen, Lösungsansätze für typische Streitfälle zu bieten, Formulierungen vorzuschlagen, typische Fehlerquellen bei der Vertragsgestaltung zu behandeln, praktische Hinweise zu geben und alles in allem dem Leser die Gestaltung eines solchen Vertrages zu erleichtern. Auch der in der Zusammenfassung formulierte Mustervertrag ist nur ein Beispiel, das die notwendige einzelfallbezogene Gestaltung nicht ersetzen kann und an die konkrete Vertragssituation angepasst werden muss.

---

[2] BGH Urt. v. 24.10.1996 – VII ZR 283/95 – BauR 1997, 154; BGH Urt. v. 19.12.1996 – VII ZR 233/95 – BauR 1997, 488; BGH Urt. v. 22.10.1998 – VII ZR 91/97 – BauR 1999, 187.

[3] Locher/Koeble/Frik, Kommentar zur HOAI, 12. Aufl. 2014, Einl. Rn. 11.

[4] BGH Urt. v. 26.7.2007 – VII ZR 42/05 – BauR 2007, 1762; OLG Düsseldorf Urt. v. 22.2.2011 – 23 U 218/09 – BauR 2011, 1980.

[5] Locher/Koeble/Frik, Kommentar zur HOAI, 12. Aufl. 2014, § 34 Rn. 15 16.

[6] Preussner, BauR 2006, 898.

Ein nicht nur aus allgemeinen Phrasen bestehender Architektenvertrag erfordert einen gedanklichen Einsatz, der bestenfalls zu klaren individuellen Regelungen zum Leistungsinhalt und -umfang, zum Leistungserfolg und zu den Vertragszielen, zum Honorar bzw. zur Honorarermittlung, zu den wechselseitigen Rechten und Pflichten und zur Behandlung von Leistungsstörungen einschließlich der Rechtsfolgen bei einer vorzeitigen Vertragsbeendigung führt. Zu empfehlen sind auch Bestimmungen über die gemeinsame Zusammenarbeit, insbesondere über die erforderliche wechselseitige Mitwirkung zur Vertragserfüllung wie z. B. Freigaben/Zustimmungen des Auftraggebers, Treffen von Entscheidungen durch die Vertragsparteien oder Vorlage von Unterlagen, Bestandsplänen oder Nachbarzustimmungen. 7

II. Rechtsgrundlagen/Grundsätze zur Vertragsgestaltung

Architektenverträge sind Werkverträge und unterliegen den Regelungen des Werkvertragsrechts gem. §§ 631 ff. BGB.[7] Danach schuldet der Architekt oder Ingenieur (Unternehmer/Auftragnehmer = AN) dem Bauherrn (Besteller/Auftraggeber = AG) die Herstellung des versprochenen, d. h. vertraglich vereinbarten Architektenwerkes (§ 631 Abs. 1 BGB), respektive die Erreichung eines bestimmten Erfolges (§ 634 a Abs. 1 Nr. 2 BGB). Das Architektenwerk ist die Errichtung des Bauwerks durch das Bewirken der Entstehung des technisch mangelfreien und vertragsgerechten sowie wirtschaftlichen Bauwerks durch die Erbringung von Planungs- und Überwachungsleistungen.[8] Zur Erreichung der vereinbarten Beschaffenheit des Architektenwerks gehört die Einhaltung der vorgegebenen finanziellen Vorstellungen des Bauherrn sowie die Nutzbarkeitsoptimierung,[9] die Wirtschaftlichkeit[10] (auch hinsichtlich späterer Betriebskosten) und Dauerhaftigkeit in Bezug auf ein mangelfreies Bauwerk. Er hat auch alle im Bauwerk verkörperten, die einschlägigen Verfahrensanweisungen beachtenden und verdeutlichenden Planungsdetails zu erbringen, um die Voraussetzungen für darauf beruhende ebenfalls dauerhaft mangelfreie Bauausführung zu schaffen.[11] Der jeweils geschuldete Erfolg des Architekten ist entweder direkt aus dem abgeschlossenen Vertrag oder notfalls durch Auslegung zu bestimmen. In erster Linie maßgeblich ist die Beschreibung des Erfolges im Vertrag, die auch durch die Regelung von Projekt- und Vertragszielen (ggf. auch als Zwischen- oder Teilergebnisse) erfolgen kann. 8

Der Architekt hat durch seine Leistungen dafür zu sorgen, dass das Bauwerk plangerecht bzw. mängelfrei entsteht, insbesondere die im Bauwerk verkörperte Planung eine fachgerechte Grundlage für das Bauwerk darstellt und vertragsgerecht vollendet wird. Nach § 633 Abs. 2 BGB ist das Werk frei von Sachmängeln wenn es die vereinbarte Beschaffenheit aufweist. Diese Beschaffenheit zeigt sich nicht nur in der vereinbarten Gebrauchstauglichkeit (Eignung für die nach dem Vertrag vereinbarte Verwendung), sondern setzt sich auch aus sonstigen vereinbarten Beschaffenheitsmerkmalen (z. B. Einhaltung von Qualitätsmerkmalen, eines Kostenrahmens bzw. Kostenlimits oder von Ausführungsterminen) zusammen. Diese Merkmale sind vertraglich zu fixieren, damit es später keinen Streit über den Inhalt der geschuldeten Beschaffenheit und damit auch über die Mangelfreiheit bzw. Mangelhaftigkeit des Werkes gibt. Ansonsten kommt es für die Sachmängelhaftung auf die nach dem Vertrag vorausgesetzte Verwendung an. Ob sich das Werk für die nach dem Vertrag vorausgesetzte Verwendung eignet, ist eine Frage des Einzelfalls und damit streitanfällig. 9

---

7 Vgl. dazu *Schwenker* § 4 Rn. 1 ff.

8 BGH Urt. v. 26.11.1959 – VII ZR 120/58 – NJW 1960, 431.

9 BGH Urt. v. 25.2.1999 – VII ZR 208/97 – BauR 1999, 657; BGH Urt. v. 15.6.2000 – VII ZR 212/99 – BauR 2000, 1330.

10 BGH Urt. v. 22.1.1998 – VII ZR 259/96 – BauR 1998, 354.

11 BGH Urt. v. 15.6.2000 – VII ZR 212/99 – BauR 2000, 1330.

10 Im Vertrag sollten in jedem Falle alle einzelnen Leistungen aus der Anlage 10 vereinbart werden, nicht nur, um das Honorar bestimmen zu können, sondern auch um den Leistungsinhalt und den Leistungsumfang soweit wie möglich zu konkretisieren. Fern aller dogmatischen Überlegungen ist die Anlage 10 mit den dortigen Grundleistungen und den Besonderen Leistungen ein probates Hilfsmittel für die Bestimmung der geschuldeten Leistungen und des vereinbarten Planungssolls, auch um damit mögliche Störfälle bei der Vertragserfüllung aufdecken und geltend machen zu können.

11 Die erforderlichen Leistungsschritte können grundsätzlich über die einzelnen Leistungsphasen des § 34 Abs. 3 HOAI genau bestimmt werden. Allerdings sind die aufeinander folgenden Leistungsphasen 1–9 heute in der Baupraxis eher überholt, da das klassische Trennungsprinzip „Planen und Bauen" aus zeitlichen und damit auch wirtschaftlichen Gründen verwässert wird. So werden häufig Teile der Leistungsphase 5 schon in der Leistungsphase 3 erbracht werden (Leitdetailplanung) und demzufolge auch die Vorbereitung der Vergabe oftmals vor Abschluss der Leistungsphase 5 durchgeführt wird, indem eine sog. Ausschreibungsplanung als Teil der Ausführungsplanung Grundlage für die Auftragsvergabe wird. Andererseits gibt es auch viele Mischformen von Planungsaufträgen an den Bau-Auftragnehmer, z. B. bei einer funktionalen Leistungsbeschreibung, bei der die Ausführungsplanung (Werkplanung) dem Auftragnehmer übertragen wird, so dass auch hier die Leistungsphasen 6 und 7 der Leistungsphase 5 vorgezogen sind. Aber auch bei einer auftraggeberseitigen Detailplanung wird nach dem Prinzip der baubegleitenden Planung aus Zeitgründen die eigentliche Ausführungsplanung erst sukzessive mit dem Baufortschritt gewerkeweise vorgelegt. Deshalb taugt die kritiklose Übernahme der Grundleistungen aus der Anlage 10 im Schema der Leistungsphasen nur bedingt für eine transparente Leistungsbeschreibung und der Abfolge der Leistungserbringung.

12 Selbst bei Großprojekten unter Einschaltung von Generalunternehmern oder Generalübernehmern mit einer funktionalen Leistungsbeschreibung können zur Klarstellung des Vertragsumfangs einzelne nicht geschuldete Leistungen durch die Definition eines Negativkatalogs aus dem Vertragsinhalt ausdrücklich herausgenommen werden. Diese besondere Vergabeform führt in der Leistungsphase 5 zur Notwendigkeit der Erbringung von eigentlich Besonderen Leistungen wie das Aufstellen einer detaillierten Objektbeschreibung als Baubuch oder Raumbuch und das Prüfen der Ausführungspläne auf Übereinstimmung mit der Entwurfsplanung, häufig auch das Fortschreiben von Raumbüchern in detaillierter Form. Die frühere Besondere Leistung „Erarbeiten von Detailmodellen" ist nicht mehr als besondere Leistung in der Anlage 10 erwähnt. Mit Blick auf § 34 Abs. 4 HOAI ist die Anlage 10 aber insoweit nur ein Beispielkatalog, so dass die genannte Besondere Leistung durchaus zusätzlich beauftragt werden kann, gerade um die Funktionalität der Leistungsbeschreibung um einige Details zu ergänzen (Fassadenausschnitte, Treppen- und Geländerausschnitte, Decken- und Wandsysteme etc.)

III. Notwendige Vertragsregelungen (Erläuterungen und Formulierungsvorschläge)

13 Der Vertrag sollte möglichst kurz, klar und eindeutig verfasst werden und nur die notwendigen und einzelfallbezogenen Regelungen enthalten, damit sie für die Vertragspartner lesbar und auch praktisch anwendbar sind. Die sonstigen rechtlichen Rahmenbedingungen mit allgemein gültigem Inhalt sind besser in einer Vertragsanlage in Allgemeinen Vertragsbedingungen aufgehoben. Auch die Leistungsbeschreibung nach der Anlage 10 zur HOAI sollte zur Wahrung der Übersichtlichkeit in einem eigenen Anhang ähnlich wie bei Leistungsverzeichnissen in Bauverträgen geregelt werden. Im Vertrag selbst sollten dann Leistungssoll, Vertragsziele und die vom Auftraggeber geforderten Beschaffenheitsmerkmale ausdrücklich und nicht nur durch nichtssagende Floskeln geregelt werden. Oftmals enthalten gerade umfangreiche und wenig durchdachte Verträge mit vielen

„Textbausteinen“ Widersprüche und Ungereimtheiten. Die Vertragspartner kommen dann oftmals um eine zusätzliche spätere Vertragsanalyse mit entsprechenden Handlungsanweisungen für die Vertragsabwicklung nicht herum. Aus diesem Grund sollte bei der Gestaltung eines Architekten- oder Ingenieurvertrages darauf geachtet werden, sich auf die wesentlichen und notwendigen Vertragsbestimmungen zu konzentrieren und sie möglichst genau zu regeln.

1. Vertragsmodelle und Vertragskonzeption

Die Leistungsbeschreibung nach der Anlage 10 zur HOAI hat lediglich allgemein gültigen Charakter, da die dortigen Grundleistungen nach § 3 Abs. 2 HOAI diejenigen mehr oder weniger abstrakten Leistungsinhalte verkörpern, die *„zur ordnungsgemäßen Erfüllung eines Auftrags im Allgemeinen erforderlich sind.“* Sie ersetzt also ersichtlich nicht den erforderlichen projektbezogenen und damit individuellen Leistungskatalog, der bei größeren Projekten dann auch von den Leistungen an einen beauftragten Projektsteuerer abzugrenzen ist, um Doppelbeauftragungen zu vermeiden. Die neuen Leistungsbilder der HOAI 2013 kommen in den Themen Termine und Kosten einem Outsourcing von Bauherrenaufgaben gleich, die ansonsten vom Bauherrn selbst oder seinem Projektsteuerer erbracht werden. Projektsteuerer kommen deshalb nicht umhin, ihre Leistungen und Aufgaben zu überdenken und sie an die veränderten Leistungsbilder anzupassen. Zudem ist es auch Sache des Auftraggebers, die Aufgaben zwischen Architekt und Projektsteuerer neu zu verteilen und die Leistungen nach der Anlage 10 zur HOAI und dem Leistungsbild des AHO[12] individuell zu gestalten. 14

Der Auftraggeber sollte die Anlage 10 zur HOAI als Checkliste für eine individuell zu gestaltende Leistungsbeschreibung (mit Grundleistungen, dort definierten und ungeregelten Besonderen Leistungen) begreifen, deren kritiklose Übernahme in den Architektenvertrag zu Problemen bei der Abrechnung des Architektenhonorars führen kann. Die Aufzählung der besonderen Leistungen in der HOAI, respektive in den Leistungsbildern ihrer Anlagen ist nicht abschließend (§ 3 Abs. 3 S. 1 HOAI). So werden bei kleineren Bauvorhaben mitunter nicht alle Grundleistungen notwendig sein. Architekten möchten dann aber trotz eines verminderten Leistungsumfangs regelmäßig das volle Honorar abrechnen. Davon abzugrenzen sind die Fälle, in denen beauftragte Leistungen nicht erbracht werden. Wird der Vertragsinhalt durch die Leistungsphasen der HOAI definiert, so verliert der Architekt, der eine geschuldete Leistung nicht oder teilweise nicht erbringt, seinen Honoraranspruch nur dann, wenn der Tatbestand einer Regelung des allgemeinen Leistungsstörungsrechts oder des werkvertraglichen Gewährleistungsrechts des BGB erfüllt ist, die den Verlust oder die Minderung des Honoraranspruchs als Rechtsfolge vorsieht.[13] Grundsätzlich ist zu beachten, dass der Leistungskatalog der Anlage 10 zur HOAI derart umfassend ist, dass nahezu bei keinem Bauvorhaben alle Leistungen zu erbringen sind. Bei einer an den Leistungsphasen der Anlage 10 orientierten vertraglichen Vereinbarung schuldet der Architekt die vereinbarten Arbeitsschritte als selbstständige Teilerfolge. Nur wenn er einen derartigen Teilerfolg nicht erbringt, ist sein Werk mangelhaft. Vertragsrechtlich kann jedoch der Aufraggeber auch für die nicht erbrachten Leistungen zur Umgehung der hohen Hürden eines Schadensersatzanspruchs für den Fall der Nichterfüllung wesentlicher Teilerfolge (wie das Führen eines Bautagebuches) eine Vertragsstrafe regeln, die als Druckmittel ausreicht, um dem Architekten zur Leistungserfüllung zu bringen. 15

Nach § 8 Abs. 2 HOAI ist im Falle einer Übertragung von einzelnen Grundleistungen einer Leistungsphase das Honorar nur nach dem Anteil der übertragenen Grundleistungen an der gesamten Leistungsphase zu berechnen[14]. Die Vereinbarung hat schriftlich zu

---

[12] Heft 9 der AHO-Schriftenreihe, 4. vollständig überarbeitete Auflage „Leistungsbild und Honorierung Projektmanagementleistungen in der Bau- und Immobilienwirtschaft“ Stand: Mai 2014.

[13] BGH IBR 2004, 513.

[14] Für die Bewertung in der Literatur sind Tabellen entwickelt worden, in denen die einzelnen

erfolgen. Das gleiche gilt bei einer Übertragung von nur einzelnen Leistungsphasen. Werden nicht alle Leistungsphasen eines Leistungsbildes übertragen, so dürfen nur die für die übertragenen Leistungsphasen vorgesehenen Prozentsätze berechnet werden. Auch hierfür ist die Schriftform vorgesehen. Die Frage stellt sich, wenn dies so ist und es an der Schriftform mangelt. Dann wird der Architekt sicher nicht das Honorar für eine Leistungsphase abrechnen können, die er unter Umständen nach einer mündlichen Vereinbarung – gar nicht erbringen soll und auch nicht erbracht hat. Es bleibt abzuwarten, wie die Rechtsprechung darauf reagiert und dieses Problem löst. Die Leistungen aus der Grundlagenermittlung (Leistungsphase 1) werden nicht allein deshalb Gegenstand eines Ingenieurvertrags über die Vor- und Entwurfsplanung (Leistungsphasen 2 und 3), weil sie einen den weiteren Leistungsphasen notwendig vorangehenden Entwicklungsschritt darstellen oder weil sie tatsächlich erbracht werden.[15])

Der BGH hat in diesem Urteil klargestellt, dass der Architekt aus dem Vertrag keine Vergütung für eine Leistungsphase herleiten kann, wenn der Vertrag eine entsprechende Leistungspflicht (hier: Grundlagenermittlung) nicht enthält. Allein der Umstand, dass eine Leistung tatsächlich erbracht wird, macht sie nicht zum Vertragsgegenstand. Aus der regelmäßig gegebenen Wechselbeziehung zwischen jeder vorangehenden und nachfolgenden Leistungsphase folgt nicht, dass eine Teilleistung zu einer geschuldeten und zu vergütenden Leistung wird. Darin liegt keine versteckte Mindestsatzunterschreitung, weil die preisrechtlichen Bestimmungen über Mindestsätze nur für die im Vertrag vereinbarten und deshalb geschuldeten Leistungen gelten[16]. Ein Ausgleich nach den Grundsätzen über die Geschäftsführung ohne Auftrag oder nach Bereicherungsrecht wird dadurch aber nicht abgeschnitten.

16 Unabhängig davon müssen neben der individuellen Handhabung der in der Anlage 10 zur HOAI vorgesehenen Leistungen, die für das Preisrecht und die Berechnung des Honorars zunächst Bedeutung haben, vom Auftraggeber vor allem aber seine konkreten Vorstellungen vom Planungsobjekt und von den gewünschten Anforderungen an die Planung möglichst frühzeitig festgelegt werden. Infolgedessen ist die Klärung der Aufgabenstellung in der neuen HOAI als erste Grundleistung der Leistungsphase 1 aufgewertet worden durch den Zusatz: „auf Grundlage der Vorgaben oder der Bedarfsplanung des Auftraggebers". Darum geht es: Um eine vertragliche Implementierung der Vorgaben und der Bedürfnisse des Auftraggebers. Dabei können die Bedarfsplanung und die Bedarfsermittlung ebenso wie das Aufstellen eines Raum –und/oder Funktionsprogramms auch dem Architekten als besondere Leistung im Vorfeld der ersten Grundleistung der Leistungsphase 1 übertragen werden. Ob bei einer Beauftragung der Bedarfsplanung dann aber überhaupt noch das Klären der Aufgabenstellung erforderlich ist, ist fraglich. Die Bedarfsplanung ist nämlich eher eine diese Grundleistung ersetzende Besondere Leistung, für die – zu Gunsten des Auftraggebers – ein Honorar frei vereinbart werden kann (§ 3 Abs. 3 S. 3 HOAI). Unabhängig davon unterliegt der Inhalt der vertraglichen Leistungspflichten auch einem steten Wandel, so z. B. bei der Festlegung eines den Wünschen des Auftraggebers anzupassenden Kostenrahmens, bei der Anordnung von notwendigen oder gewünschten Planungsänderungen oder hinsichtlich der möglichen Optimierung der Nutzbarkeit des Grundstücks bzw. des Gebäudes. Die Anlage 10 zur HOAI enthält im Hinblick auf die Leistungspflichten und den Leistungsinhalt schon wegen der sich wandelnden Vorstellungen des Bauherrn von der Planungsaufgabe und dem auch vom Architekten initiierten dynamischen Planungsprozess kein in sich geschlossenes, statisches und für jeden Auftrag standardisiertes Leistungsgerüst. Einseitige Anordnungsrechte in An-

---

Grundleistungen nach entsprechender Gewichtung bewertet werden, vgl. z. B. *Locher/Koeble/Frik* Kommentar zur HOAI 12. Aufl., 2014, Anhang 3; grundlegend *Kniffka*, Vergütung für nicht erbrachte Grundleistungen, BauR 2015, 883 ff.

[15] BGH Urt. v. 23.11.2006 – VII ZR 110/05, BauR 2007, 571 = IBR 2007, 139.

[16] BGH Urt. v. 23.11.2006 – VII ZR 110/05, BauR 2007, 571 = IBR 2007, 139.

lehnung an § 1 Abs. 3 VOB/B sind deshalb für den Auftraggeber unabdingbare Steuerungsmechanismen, um den Architekten an der kurzen Leine zu halten.[17] Deshalb bietet es sich auch an, zunächst nur einen Vertrag über die Leistungsphasen 1 und 2 (Vorplanung/Vorentwurfsplanung) abzuschließen mit dem Ziel, die Anforderungen und Zielvorstellungen des Auftraggebers an das Planungsobjekt (Qualitäten, Raumprogramm, Nutzerwünsche, Kostenrahmen, Terminvorstellungen, Zusammenarbeit mit anderen Projektbeteiligten etc.) anhand einer bereits konkretisierten Planungskonzeptes mit Vorentwurfsskizzen und Zeichnungen unter Einschluss von Varianten nach gleichen Anforderungen zu ermitteln und zu definieren, Zielkonflikte zu behandeln und zu klären und die Realisierbarkeit der Planungsideen in rechtlicher und finanzieller Hinsicht zu prüfen. Nach Vorlage der mit diesem Vertrag geschuldeten Leistungsergebnisse ist es den Vertragspartnern möglich, den Inhalt der weiteren Zusammenarbeit festzulegen und die weitere Vertragsbeziehung auf die vom Auftraggeber gewählte Lösungsvariante zu konkretisieren und zu beschränken. Dieses Ziel kann aber auch durch eine entsprechende Stufenbeauftragung ohne Rechtsbindung für den Auftraggeber erreicht werden (freie Option). Der Architekt hat dann keinen Anspruch auf Weiterbeauftragung

Sollten die Vertragsparteien merken, dass sie nicht „zusammenpassen" oder sollte der 17
Auftraggeber von den vom Architekten entwickelten Planungsideen nicht überzeugt sein, so wird der Planungsauftrag nicht fortgesetzt. Die Vertragsbeziehung ist bei dieser Vertragskonstellation auch ohne Darlegung von Gründen und damit ohne Schaden für den Auftraggeber beendet. Um die Vorplanungsergebnisse verwerten zu können, ist der Auftraggeber jedoch gehalten, sich sämtliche urheberrechtlichen oder auch sonstigen Nutzungsbefugnisse – als ausschließliche Nutzungsrechte – übertragen zu lassen. Ansonsten gehen nämlich mit Abschluss der Leistungsphase 2 die Nutzungsbefugnisse noch nicht auf den Auftraggeber über.[18]

Aus Sicht des Architekten ist aber ein freier Optionsvertrag mit einer stufenweisen 18
Beauftragung wegen der nur einseitigen Bindung des Architekten nicht zu empfehlen. Stattdessen sollte der Architekt dem Auftraggeber nur ein gebundenes Optionsrecht einräumen, bei dem ein Anspruch auf Weiterbeauftragung bei Eintritt bestimmter vereinbarter Bedingungen (Grundstückserwerb, Finanzierungszusage, Baurealisierungsentscheidung, Baugenehmigung etc.) gegeben ist.[19]

Eine klassische an die Regelungsvorschläge der RBBau-Vertragsmuster angelehnte Stufenbeauftragung hat zur Folge, dass jede einzelne Stufe als selbständiges Vertragsverhältnis gilt mit der Folge, dass die mangelfrei erbrachten Stufen ohne Rücksicht auf die Erreichung des Gesamterfolges zu honorieren sind[20]. Eine solche echte Stufenbeauftragung ist für den Auftraggeber deshalb nachteilig. Die Leistungen aus den einzelnen Leistungsstufen (Leistungspaketen) unterliegen aufgrund des Vorliegens einzelner selbständiger Werkverträge einer jeweils eigenständigen Leistungsbeurteilung und Abnahme[21]. So kann es passieren, dass der Bauherr die Entwurfsplanung honorieren muss, auch wenn in der weiteren Beauftragungsstufe „Genehmigungsplanung" der Werkerfolg verfehlt wird. Diese Entscheidung ist allerdings einer Einzelfallbetrachtung geschuldet, da mit einer Entwurfsplanung gerade eine genehmigungsfähige Planung geschuldet ist, während die eigentliche Genehmigungsplanung als Werkerfolg (Teilerfolg) das Bewirken einer Baugenehmigung zum Ziel hat. Dies zeigt sich in den im Rahmen der Leistungsphase 4 geschuldeten Leistungen, die das Erarbeiten der Vorlagen für die Baugenehmigung beinhaltet, während die eigentliche und genehmigungsfähig zu erstellende Planungslösung

---

[17] Vgl. dazu auch *Knipp:* Rechtsprobleme des dynamischen Planungsprozesses in Festschrift Thode, C. H. Beck-Verlag 2005.

[18] Vgl. unten *Knipp* § 32.

[19] Vgl. auch *Schwenker* § 5 III, Rdn. 7.

[20] BGH Urt. v. 18.9.1997 – VII ZR 300/96 = BauR 1997, 1065.

[21] *Schwenker,* § 5 Rn. 9.

zur Leistungsphase 3 als originäre Planungsphase) gehört. Die Erreichung der Genehmigungsfähigkeit ist also Teil und Ergebnis der Entwurfsplanung. Auf eine hinreichende Genehmigungsaussicht als Werkerfolg abzustellen, ist vor diesem Hintergrund sachfremd. Trotzdem sollte der Auftraggeber die gestufte Beauftragung als Optionsvertrag bezeichnen, um die Vertragskonzeption auch als einen einheitlichen Vertrag auszulegen, dessen Leistungen und Stufen durch den entsprechend vom Bauherrn auszudrückenden Willen bedingt sind, Deshalb sind die Verträge auch so auszugestalten, dass die jeweilige Beauftragung als Optionsausübung (Abruf der Option) deklariert wird und nicht als eine echte (Weiter-) Beauftragung, aus der die rechtliche Selbständigkeit der Beauftragungsstufen abgeleitet werden könnte.

Formulierungsvorschlag:

19 *1.1. Der AG überträgt dem AN mit Vertragsunterzeichnung zunächst folgendes Leistungspaket: I. Ausarbeitung von Lösungsvorschlägen in skizzenhafter Form mit überschlägiger Kostenermittlung mit folgenden Grundleistungen und Besonderen Leistungen nach der Anlage 10 zur HOAI (Leistungspaket I).*

Der AG ist berechtigt, dem AN weitere, zur Beauftragung vorbehaltene und nachfolgend als Leistungspakete II, III, IV und V beschriebene Optionsleistungen oder Teilleistungen daraus gesondert durch eine spätere gesonderte schriftliche Optionsausübung (Abruf) zu übertragen. Der AN hat keinen Anspruch auf eine solche Optionsausübung und den Abruf weiteres Leistungspaket. Er kann aus einer Nichtbeauftragung auch keine weitergehenden Ansprüche (z. B. auf Schadensersatz oder Honorarerhöhung) herleiten. Er verpflichtet sich, sämtliche an ihn gesondert beauftragte Leistungen zu den Bedingungen dieses Vertrages zu erfüllen, wenn sie ihm vom AG innerhalb von 3 Monaten nach Abschluss des zuletzt beauftragten Leistungspakets oder daraus sich ergebender Teilleistungen durch die entsprechende Optionsausübung übertragen worden sind: Leistungspaket II: . . . Leistungspaket III: etc. Nach Ablauf dieser Bindefrist wird der AN von der Verpflichtung zur Erbringung weiterer Leistungspakete frei, wenn der AN die Befreiung durch schriftliche Mitteilung gegenüber dem AG geltend gemacht hat.

Alternativvorschlag:

1.1 Der AG beauftragt den AN mit Vertragsunterzeichnung zunächst folgendes Leistungspaket bestehend aus den Leistungsphasen . . .:

I: . . . Die weiteren, nachfolgend beschriebenen Leistungspakete bestehend aus den Leistungsphasen. . . . überträgt der AG dem AN durch jeweilige gesonderten schriftlichen Abruf. Der AG ist zum Abruf des Leistungspakets II verpflichtet, wenn die Finanzierung gesichert, die Baugenehmigung erteilt worden und die Realisierung der geplanten Baumaßnahme beabsichtigt ist. Wird die Baumaßnahme durchgeführt, hat der AN Anspruch auf sukzessiven Abruf der Leistungspakete III bis V oder Teilen davon, je nach der Vergabeart.

20 Wenn ein Auftraggeber als Investor zunächst noch ein geeignetes Grundstück für eine Projektentwicklung benötigt, wird nicht selten die Grundstücksvermittlung von Architekten vorgenommen, die sie mit der Beauftragung von Planungsleistungen koppeln und den Grundstückserwerb davon abhängig machen. Sofern aber ein Architekt den Nachweis eines Baugrundstücks mit einem Architektenauftrag an ihn koppelt, ist der Architektenvertrag wegen Verstoßes gegen das Koppelungsverbot gem. § 3 des Gesetzes zur Regelung von Ingenieur- und Architektenleistungen (Art. 10, § 3 MRVG) unwirksam.[22] Das Koppelungsverbot verfolgt den Zweck, die freie Wahl des Architekten durch den Bauwilligen allein nach Leistungskriterien und das typische Berufsbild des freien Architekten zu schützen sowie den Wettbewerb unter den Architekten zu fördern. Dabei handelt es sich um wichtige Gemeinschaftsgüter. Sie rechtfertigten den mit dem Koppelungsverbot verbundenen Eingriff in die durch Art. 12 Abs. 1 GG geschützte Berufsfrei-

[22] Vgl. *Schwenker* § 4 Rn. 130 f.

heit der freien Architekten und deren unterschiedliche Behandlung gegenüber anderen am Bau Beteiligten.[23] Das Koppelungsverbot ist von der Rechtsprechung berufsbezogen ausgestaltet worden.[24] Der Architekt riskiert bei gekoppelten Grundstücksgeschäften einen Auftragsverlust. Aber auch der Erwerber sollte die Vermittlung des Grundstückserwerbs durch einen Architekten nicht mit einem Auftrag an ihn verknüpfen. Zwar hätte er das Grundstück sicher, da der Grundstückskaufvertrag wirksam bleibt. Er müsste aber befürchten, dass der Architekt wegen der Unwirksamkeit des Vertrages das von ihm erstellte Planungskonzept heraus verlangt und der Auftraggeber deshalb das von ihm bereits gebilligte Planungs- und Nutzungskonzept nicht verwenden und verwerten darf. Tritt ein Bauwilliger allerdings an einen Architekten mit der Bitte heran, ein passendes Grundstück für ein bestimmtes Projekt zu vermitteln, und stellt er ihm gleichzeitig in Aussicht, ihn im Erfolgsfall mit den Architektenleistungen zu beauftragen, ist der in der Folge abgeschlossene Architektenvertrag nicht nach Art. 10 § 3 MRVG unwirksam.[25] Ein Verstoß gegen das Kopplungsverbot liegt auch dann nicht vor, wenn der Architekt zu einem späteren Zeitpunkt die Vermittlung des Grundstücks davon abhängig macht, dass ihm der zuvor in Aussicht gestellte Architektenauftrag erteilt wird.

2. Leistungsbeschreibung

Zur Konkretisierung der Leistungspflichten des Architekten gehören im Wesentlichen folgende Aspekte: 21

a) Definition des werkvertraglichen Erfolg und der Vertragsziele einschließlich Festlegung von Anforderungen, Vereinbarung von Beschaffenheitsmerkmalen des Architektenwerks
b) Beschreibung der Leistungsschritte und des vorgesehenen Planungsablaufs (nach Leistungsphasen und nach Leistungsinhalten, respektive nach Grundleistungen und Besonderen Leistungen der HOAI) oder alternativ durch Negativbeschreibung (Herausnahme von Leistungen oder Teilleistungen der HOAI, die nicht zu erbringen sind)[26]
c) Beschreibung von weiteren Leistungspflichten, die sich nicht aus der Anlage zur HOAI ergeben (z. B. Rhythmus für die Durchführung von Planungs- oder Projektbesprechungen oder Intensität und Häufigkeit der Baustellenbesuche während der Objektüberwachung)
e) Beschreibung von allgemeinen Pflichten, deren Einhaltung zur Herbeiführung des Werkerfolges nicht zwingend erforderlich sind, auf deren Erfüllung der Auftraggeber aber Wert legt, insbesondere solche, die sich aus der Sachwalterstellung des Architekten ergeben (z. B. konkrete Informations- Beratung- oder Auskunftspflichten).

Im Vertrag ist klarzustellen, dass die im Rahmen der Anlage 10 zur HOAI genannten Leistungen, die der Beschreibung der geschuldeten Leistungsschritte als Teilerfolge dienen, nur als Mindestanforderungen an das Architektenwerk anzusehen sind und dass deshalb darüber hinaus alle zur Herbeiführung des werkvertraglichen Erfolges erforderlichen Leistungen geschuldet sind, auch wenn sie nicht in der HOAI und in der Anlage 10 erwähnt worden sind. 22

Die ausdrückliche Ausklammerung bestimmter, in den Leistungsphasen der HOAI genannter Leistungen aus dem geschuldeten Leistungsumfang ist sinnvoll, wenn klar ist,

[23] BGH Urt. v. 22.7.2010 – VII ZR 144/09, BauR 2010, 1772.

[24] BGH Urt. v. 22.12.1983 – VII ZR 59/82 – BauR 1984, 192.

[25] BGH Urt. v. 25.9.2008 – VII ZR 174/07, IBR 2008, 741 = BauR 2008, 2059.

[26] Hier ist zu beachten, dass einzelne neue Grundleistungen wie das Aufstellen eines Vergabeterminplans zeitlich nicht unbedingt in die Leistungsphase 6 gehören, so dass der Architekt hier faktisch vorprescht, wenn er sie vor Fertigstellung der Leistungsphase 5 erbringt; dies spricht für die Beauftragung von in sich geschlossenen Leistungspaketen bestehend aus mehreren Leistungsphasen, z. B. 1–4 und 5–7 bzw. 1–4 und Teile von 5 sowie Rest 5 mit 6 und 7.

dass diese Leistungen vom Auftraggeber selbst erbracht werden sollen oder aber nicht erforderlich sind.

Formulierungsvorschlag (Leistungen des AN):

23 *2.1 Der AN verpflichtet sich, für das in § 1 genannte Bauvorhaben sämtliche erforderlichen Leistungen zur Erfüllung der nachfolgend vereinbarten Vertragsziele, die Teil des vertraglich geschuldeten Werkerfolges sind, auszuführen. Dies gilt unabhängig davon, ob die Leistungen in der als Anlage . . . beigefügten Leistungsbeschreibung aufgeführt und/oder in der Anlage 10 zur HOAI erwähnt werden. Zum geschuldeten Leistungssoll gehören insbesondere auch alle Aufgaben und Tätigkeiten, die zur Errichtung eines nach den Anforderungen und Vorgaben des AG geplanten Bauwerks notwendig oder zweckmäßig sind.*

24 *2.2 Der Leistungserfolg bestimmt sich auf der Grundlage folgender, vom AG vorgegebener Anforderungen und geforderter Zielvorstellungen, die der AN zur vollständigen und mangelfreien Vertragserfüllung bei seiner Leistungserbringung zu berücksichtigen und zu erfüllen hat:*
Raumprogramm: . . . .
Gestalterische Anforderungen (z. B. bzgl. lichte Raumhöhe, Dach und Fassade): . . . .
Ausstattungsmerkmale: . . . .
Funktionsprogramm: . . . .
Ausnutzung des Baugrundstücks: . . . .
Ausnutzung der Gebäudeflächen (Verhältnis Nutzflächen zu Verkehrsflächen): . . . .
Baukosten und/oder Gesamtinvestitionskosten (je nach Verbindlichkeit einer Kostenvorgabe, Kostenlimit oder Kostenrahmen): . . . .
Terminvorgaben: . . . .
Qualitätsstandards: . . . .
Der AG ist berechtigt, als vereinbartes Beschaffenheitsmerkmal des Architektenwerks nach Vorlage der Kostenberechnung die nach seinem Budget einzuhaltenden Kosten vorzugeben oder eine Kostenobergrenze für alle Kostengruppen der DIN 276 in der Fassung Juni 1993 festzulegen, die der AN bei seiner weiter gehenden Planung zu berücksichtigen, jeweils auf Einhaltung zu kontrollieren und auf Einsparungspotentiale zu prüfen hat.

25 Eine Beschaffenheitsvereinbarung über die Kosten des Planungsobjekts ist erst zweckmäßig, wenn nach einer Bedarfsplanung und einem erstellten Raum –und Funktionsprogramm die Zielvorstellungen des AG bekannt sind und damit Festlegungen über die Ausführung vorliegen, die der AN planerisch umzusetzen hat.

2.3 Leistungsbeschreibung
Der AN hat sämtliche, sich aus der Anlage10 ergebenen Grundleistungen zu erbringen, die als Teilerfolge des geschuldeten Werkerfolgs vereinbart sind und deren Erbringung und Erfüllung zum Werkerfolg dazu gehören, auch wenn das Bauwerk auch ansonsten mangelfrei erstellt worden ist. Ausgenommen davon sind folgende Grundleistungen:. . . . .
Der AN hat folgende besondere Leistungen aus der Anlage 10 zur HOAI zu erbringen:. . . . . .

3. Änderungs- und Zusatzleistungen

26 In der HOAI 2013 ist in § 10 eine neue Regelung für Änderungs- und Wiederholungsleistungen aufgenommen worden, die die bisherigen Regelungen aus §§ 3 Abs. 2 S. 2 und 7 Abs. 5 HOAI 2009 zusammenfasst. Sie hat aber über das Preisrecht hinaus auch vertragsrechtlichen Inhalt und vertragsrechtliche Bedeutung. Danach sind Vereinbarungen über solche, über den vereinbarten Leistungsumfang hinausgehenden Leistungen schriftlich zu treffen. Im Falle der Nichtbeachtung der Schriftform soll dies zur Nichtigkeit der Vereinbarung führen (§ 125 BGB). Die Wirksamkeit dieser Regelung ist fraglich, da sie nicht zweifelsfrei von der gesetzlichen Ermächtigungsgrundlage in Art. 10 §§ 1 und 2 MRV gedeckt ist. Wenn sich die Vertragsparteien über eine Änderung des Leistungsumfangs einig sind (§ 10 Abs. 1 HOAI), dies kann nach vertragsrechtlichen Grundsätzen auch

mündlich oder über ein kaufmännisches Bestätigungsschreibens erfolgen, kann eine fehlende Schriftform über das Honorar bzw. über die Honoraranpassung einen Honoraranspruch nicht bereits förmlich ausschließen, gerade dann wenn es dadurch, wie § 10 Abs. 1 HOAI regelt, zu einer Veränderung der anrechenbaren Kosten kommt und der Architekt einzelne, infolge des veränderten Leistungsumfangs erforderliche Grundleistungen erbringen bzw. wegen des veränderten Leistungsumfangs wiederholen muss. Eine schriftliche Honorarvereinbarung ist aber keine Anspruchsvoraussetzung für ein Mehrhonorar nach § 10 HOAI. Die Erbringung von Grundleistungen unterliegt dem Preisrecht (§ 6 Abs. 1 HOAI); ein veränderter Leistungsumfang ändert nichts am Vorliegen von Grundleistungen, die als Gebührentatbestände preisrechtlich vorgegeben sind (§ 6 Abs. 1, § 8 Abs. 2 HOAI). Zudem gilt auch der Mindestsatz als unwiderlegbar vereinbart, wenn nicht bei Auftragserteilung etwas anderes schriftlich vereinbart worden ist (§ 7 Abs.5 HOAI); dies muss nach dem Preisrecht für alle Grundleistungen gelten, egal. ob sie nach dem ursprünglich vereinbarten oder einem später geänderten Leistungsumfang erbracht bzw. wiederholt werden müssen.

Unabhängig von diesen Fragen sind in vertragsrechtlicher Hinsicht Änderungen der Formerfordernisse für solche Honorarnachträge denkbar und sinnvoll, ohne dass sie das Preisrecht tangieren, sondern es im Gegenteil sogar schützen (§ 7 Abs. 5 HOAI).

Folgende Regelungsbedürfnisse sind bei Abschluss eines Architektenvertrages im Hinblick auf Honorarnachträge zu beachten 27

a) Definition von wesentlichen und unwesentlichen Änderungen des Leistungsumfangs anhand der sich daraus ergebenden Änderungen der anrechenbaren Kosten (Toleranzgrenze, z. B. 10% unwesentlich)
b) Abgrenzung von im Grundleistungskatalog enthaltenen Wiederholungsleistungen[27] (z. B. Variantenuntersuchung gem. Anlage 10.1 Leistungsphase 2 c) und von vertraglich geschuldeten Ergänzungen, Varianten, Alternativen, Fortschreibungen, Optimierungen und Mängelbeseitigung (Nacherfüllung/Überarbeitung/Nachbesserung) zu den eigentlich, weil dort nicht geregelten Wiederholungsleistungen (Wiederholung einer bereits abgeschlossenen und mängelfreien Grundleistung oder Leistungsphase)[28]
c) Abgrenzung zwischen geregelten Besonderen Leistungen (Leistungen, die nicht im Vertragsumfang enthalten, aber in der Anlage 10 genannt sind) und ungeregelten Besonderen Leistungen (Zusatzleistungen), eventuell auch in den Honorarberechnungsgrundlagen (freie Vereinbarung zulässig, § 3 Abs. 3 HOAI)
d) Recht des Auftraggebers, den Leistungsinhalt und Leistungsumfang ändern und solche Leistungen vom Architekten verlangen zu dürfen (Anordnungsbefugnis, Gestaltungs- und Bestimmungsrecht)[29]; dies deshalb weil demgegenüber § 10 Abs. 1 HOAI eine Einigung über die Änderung des Leistungsumfangs erfordert, die aber die Zustimmung des Architekten zur Änderung voraussetzt. Damit aber wären dem AG die Hände gebunden. Die Einigung ist aber keine Anspruchsvoraussetzung für einen Änderungsbedarf des AG, der als Bauherr auch Herr des Planungsgeschehens ist und die Planungsinhalte so vorgeben und ändern kann, wie er es will. Allenfalls könnte dieses Änderungsrecht auf technische und gestalterische Änderungen, die dem Architekten im Regelfall zumutbar sind, beschränkt werden.[30]

---

[27] Vgl. dazu ausführlich Motzke, Honorare bei Planungsänderungen, BauR 2014, 1839.

[28] Dies erfolgt über die neuen Grundleistungen in den Leistungsphasen 1–3 „Zusammenfassen, Erläutern und Dokumentieren der Ergebnisse". Dadurch soll nach der amtlichen Begründung zur Begrenzung von Nachträgen verstärkt auf die Notwendigkeit der Auftraggeber und Auftragnehmer in diesen Leistungsphasen hingewirkt werden.

[29] Vgl. dazu auch *Messerschmidt*, Das Honorar für Änderungs- und Zusatzleistungen nach der HOAI 2013, NZBau 2014, 3–9.

[30] *Messerschmidt*, Das Honorar für Änderungs- und Zusatzleistungen nach der HOAI 2013, NZBau 2014, 3 ff.

e) Regelung, unter welchen Voraussetzungen die Erbringung solcher Leistungen zusätzlich vergütungsfähig und vergütungspflichtig ist (z. B. Ankündigungspflicht, Begründungspflicht)
f) Vereinbarung, wie sich das Honorar für die Erbringung solcher Leistungen ermittelt und in welcher Höhe solche Leistungen zu vergüten sind (§ 10 HOAI, mit einer vertraglichen Einzelbewertung der Grundleistungen nach Siemon-Tabelle oder anderen Orientierungshilfen[31])

Bei der Regelung dieser Punkte lässt das Werkvertragsrecht des BGB, aber auch die HOAI die Vertragsparteien im Stich. Für die Parteien eines Bauvertrages gibt die VOB/B Hilfestellung. Deshalb bietet es sich an, Änderungs- und Zusatzleistungen in Anlehnung an die bewährten Bestimmungen der VOB/B zu definieren und die Entstehung von zusätzlichen Honoraransprüchen entsprechend zu regeln. Besonderheiten ergeben sich aus der Abgrenzung von den vertraglich geschuldeten Varianten- bzw. Alternativplanungen, Optimierungen und Nacherfüllungsleistungen zu den Mehrfach- bzw. Wiederholungsleistungen und den Änderungsleistungen.

28 Zunächst ist es in Anlehnung an die VOB/B notwendig, das Recht des Auftraggebers, vom Architekten einseitig ohne seine Zustimmung eine Änderung einer bereits abgestimmten Architektenleistung, eine Wiederholung oder Alternative nach grundsätzlich verschiedenen Anforderungen verlangen zu können, auch mit einer damit korrespondierenden Honorierungspflicht zu verbinden. Ansonsten wäre der Architekt bei jeder Änderung gezwungen, sich vom Auftraggeber zunächst eine Erklärung geben zu lassen, wonach dieses Verlangen unter bestimmten Voraussetzungen zusätzliche Honoraransprüche auslöst. Bis dahin wäre die weitere Vertragserfüllung unterbrochen und der Architekt müsste seine weitere Tätigkeit vom Abschluss einer entsprechenden Vereinbarung oder von der Abgabe einer entsprechenden Verpflichtungserklärung abhängig machen. Vertragsrechtlich ist es möglich, etwaige honorarrechtliche Erfordernisse aus der HOAI, wie z. B. § 5 Abs. 4 HOAI abzuändern oder zu konkretisieren.

29 Ein zusätzlicher Honoraranspruch sollte auch vom Vorliegen folgender Voraussetzungen abhängig gemacht werden:
a) Vorliegen eines vollständigen Planungsabschlusses oder Freigabe einer teilweisen in sich abgeschlossenen Planung (Planungsabschnitt), dokumentiert im Zusammenfassen und Erläutern der Ergebnisse der einzelne Leistungsphasen oder wesentlicher Planungsergebnisse im Rahmen des Abschlusses einer ausführungsreifen Planungslösung
b) Verlangen des Auftraggebers nach einer Änderung der abgeschlossenen Planung oder des abgeschlossenen Planungsabschnitts
c) Wiedereintritt des Architekten in diese Planung mit Wiederholung oder Überarbeitung bereits fertig gestellter Leistungen
d) Wesentlicher durch das Änderungsverlangen verursachter Mehraufwand
e) Ankündigungs- und Begründungspflicht des Architekten.

Formulierungsvorschlag:

3.1 Der AG ist jederzeit (auch nach Abschluss einer bereits fertig gestellten Leistungsphase) berechtigt, die Anforderungen, Vorgaben und Zielvorstellungen an die Planung zu ergänzen, zu ändern, neu zu definieren oder zu erweitern (Leistungsmodifikationen). Dies gilt insbesondere für etwaige, erst im Laufe des Planungsprozesses oder nach Beendigung bestimmter Leistungsabschnitte/Leistungsphasen erkennbare oder erkannte Planungswünsche und Beschaffenheitsmerkmale an das Planungsobjekt, die zu ergänzenden, geänderten, neuen oder erweiterten Anforderungen und Zielvorstellungen führen. Der AN ist verpflichtet, solche Leistungsmodifikationen zu übernehmen und umzusetzen bzw. in seine Planung einzuarbeiten, sofern sie im technischen und gestalterischen Zusammenhang mit den beauftragten Leistungen stehen und der Umsetzung keine betrieblichen oder urheberrechtlichen Gründe entgegenstehen. In letzterem Fall bedarf die Übertragung der Leistungsmodifikation der Zustimmung des AN.

[31] BGH Urt. v. 16.12.2004, VII ZR 174/03 = BauR 2005, 588.

Die Abstimmungs-, Optimierungs-, Fortschreibungs- und Nachbesserungspflichten des AN bleiben davon unberührt.

3.2 Der AN hat dem AG etwaige Bedenken gegen die von ihm bei seiner Leistungserbringung zugrunde zu legenden Anordnungen, Vorgaben, Anregungen und Zielvorstellungen unverzüglich schriftlich mitzuteilen und Lösungsvorschläge zu unterbreiten.

3.3 Leistungen, die für das vertragsgegenständliche Projekt bzw. Bauvorhaben zur Erzielung des vom AN geschuldeten Erfolgs erforderlich sind oder werden, sind vertraglich geschuldete Leistungen, auch wenn diese Leistungen nicht ausdrücklich in der vereinbarten Leistungsbeschreibung (Anlage 10) enthalten sind. Dies gilt insbesondere für Überarbeitungen von Planungs- und Ausführungsunterlagen, sofern sie zur Bearbeitung und/oder Integration der Fachplanungen oder etwaiger Planungsleistungen der ausführenden Unternehmer erforderlich sind. Dies gilt auch für sämtliche, aus der Natur des Planungsprozesses resultierende Änderungen, Optimierungen, Fortschreibungen oder Ergänzungen während des noch nicht abgeschlossenen Planungsprozesses in den einzelnen Leistungsphasen.

3.5 Sofern der AN jedoch eine Wiederholung bereits abgeschlossener und vom AG freigegebener Planungsleistungen durchführen muss, gilt § 10 Abs. 2 HOAI. Solche Mehrfach- bzw. Wiederholungsleistungen sind dem AG vor der Ausführung schriftlich anzuzeigen und deren Notwendigkeit zu begründen.

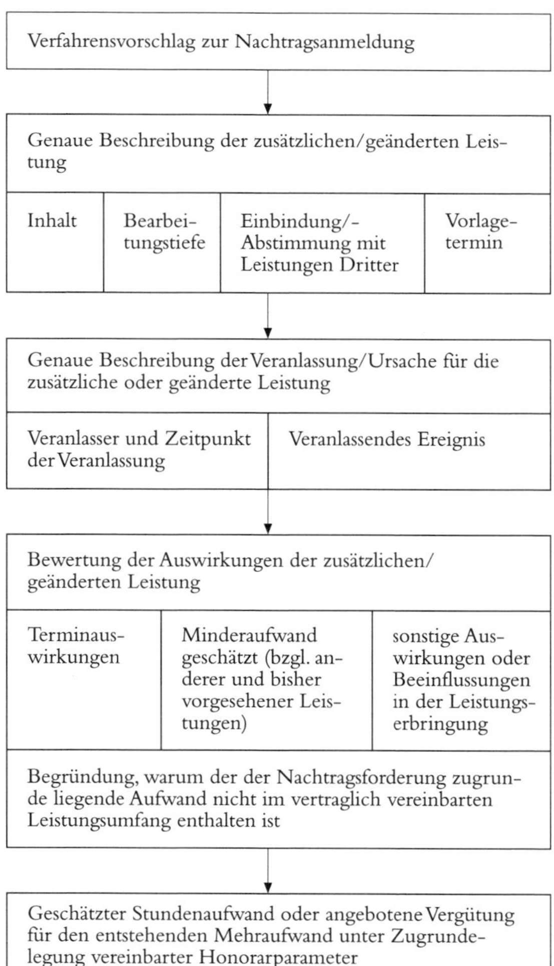

4. Honorarvereinbarung

30 Der Abschluss einer schriftlichen Honorarvereinbarung ist über vertragsrechtliche Gesichtspunkte hinaus in preisrechtlicher Hinsicht nicht zwingend erforderlich, da die HOAI den Honoraranspruch des Architekten der Höhe nach durch den Mindestsatz der jeweils einschlägigen Honorartafel sichert. Nach § 7 Abs. 5 HOAI wird unwiderlegbar vermutet, dass die jeweiligen Mindestsätze gemäß Abs. 1 vereinbart sind, wenn nicht bei Auftragserteilung etwas anderes schriftlich vereinbart worden ist. Gemäß § 6 Abs. 1 HOAI richtet sich das Honorar für Grundleistungen nach den anrechenbaren Kosten des Objekts auf der Grundlage der Kostenberechnung oder, sofern keine Kostenberechnung vorliegt, auf der Grundlage der Kostenschätzung, nach der Honorarzone und nach der Honorartafel des jeweiligen Leistungsbildes. Die anrechenbaren Kosten sind nach § 4 Abs. 1 S. 2 HOAI nach allgemein anerkannten Regeln der Technik oder nach Verwaltungsvorschriften (Kostenvorschriften) auf der Grundlage ortsüblicher Preise zu ermitteln. § 4 Abs.1 S. 3 HOAI stellt klar, dass im Zusammenhang mit der Kostenermittlung die DIN 276 in der Fassung vom Dezember 2008 (DIN 276-1:2008-12) gilt, sofern die DIN 276 in der HOAI in Bezug genommen wird. Sie ist dabei in einzelne Kostengruppen aufgeteilt, die für die Ermittlung der Baukosten insgesamt einschlägig sind.[32]

Aus Sicht des Architekten, der ein Interesse daran hat, ein Honorar oberhalb der Mindestsätze der HOAI, oftmals auch als Pauschalhonorar, zu vereinbaren und durchzusetzen, ist der Abschluss einer schriftlichen Honorarvereinbarung bei Vertragsabschluss sinnvoll und geboten. Dies erfordert ein frühzeitiges Abstimmen und Regeln der Honorarvorstellungen bei oder im unmittelbaren zeitlichen Zusammenhang mit der eigentlichen Auftragserteilung. § 7 Abs. 1 HOAI bestimmt: „Das Honorar richtet sich nach der schriftlichen Vereinbarung, die die Vertragsparteien bei Auftragserteilung im Rahmen der durch diese Verordnung festgesetzten Mindest- und Höchstsätze treffen." Bei der Vereinbarung eines Pauschalhonorars besteht jedoch auch die Gefahr, dass sie nachträglich dem Preisrecht bzw. dem zwingenden Honorarrahmen nicht standhält und das Pauschalhonorar unter die Mindestsätze rutschen kann. Dies ist der Fall, wenn sich zum Beispiel die zunächst bei Vertragsschluss angenommenen Baukosten und die sich daraus ergebenden anrechenbaren Kosten im Rahmen der Kostenberechnung deutlich erhöhen. Dann ist die (Pauschal-) Honorarvereinbarung unwirksam, und der Architekt kann dann grundsätzlich nach den Mindestsätzen abrechnen.

31 **a) Honorarzone.** Die Honorarzone ist innerhalb des Abrechnungssystems der HOAI ein objektives Kriterium für die Honorarermittlung und kann demzufolge auch nicht frei vereinbart werden: Sie sollte trotzdem zur Vermeidung von Rechtsunklarheiten im Vertrag festgelegt werden. Dabei ist aber zu beachten, dass eine Vereinbarung einer objektiv zu niedrigen Honorarzone zu einer Unterschreitung der Mindestsätze der in Betracht kommenden zutreffenden Honorarzone führt und damit im Regelfall nicht wirksam ist. Für die Einordnung in die zutreffende Honorarzone kommt es auf eine objektive Beurteilung der für die Bewertung maßgeblichen Kriterien an, die in §§ 5 Abs. 1, Abs. 3, 35 Abs. 2 und Anlage 10.2 zur HOAI geregelt sind. Soweit die Parteien im Rahmen des ihnen durch die HOAI eröffneten Beurteilungsspielraums eine vertretbare Festlegung der Honorarzone vorgesehen haben, ist dies allerdings regelmäßig bindend[33]. Welcher Honorarzone das Objekt zugeordnet wird, richtet sich nach den in § 35 Abs. 2 HOAI genannten Bewertungsmerkmalen, den Bewertungspunkten nach § 35 Abs. 4 HOAI und nach der Objektliste gem. Anlage 10.2 der HOAI, die Regelbeispiele für die Einordnung von Objekten in die Honorarzonen I bis V enthält. Dabei werden aber häufig zwei Honorarzonen (III und IV) genannt, wie z. B. bei Büro –und Verwaltungsgebäuden oder Pflegeheimen. Deshalb kommt es vorrangig auch auf die Ermittlung der Bewertungsmerkmale

---

[32] Vgl. *Budde* 5. Teil.

[33] BGH, Urt, v. 13.11.2003 – VII ZR 362/02 =BauR 2004, 354.

an. Bei den Leistungen der Technischen Ausrüstung kennt die HOAI gem. § 5 Abs. 2 HOAI lediglich drei Honorarzonen,

Formulierungsvorschlag:

Der Honorarermittlung für das vereinbarte Honorar liegt eine gemeinsame Festlegung des Honorars für die Objektplanung Gebäude die Honorarzone III zugrunde, die nach den Bewertungsmerkmalen nach § 35 Abs. 2 HOAI erfolgt ist.

b) Honorarsatz. Der Honorarsatz (oberhalb des Mindestsatzes bis zum Höchstsatz) muss ausdrücklich schriftlich vereinbart werden (§ 7 Abs.1 HOAI). Ansonsten gilt automatisch über eine unwiderlegbare Vermutung der Mindestsatz (§ 7 Abs. 5 HOAI) als vereinbart. Bei der Ermittlung des Honorarsatzes kann eine etwaige gemeinsam ermittelte Punktzahl für die Einordnung in eine bestimmte Honorarzone herangezogen werden. So kann z. B. bei einer Punktezahl von 25 Punkten die Honorarzone III mit einem Dreiviertelsatz vereinbart werden. Vergessen die Parteien aber, diese Vereinbarung schriftlich bei Auftragserteilung abzuschließen, kommt nur die Anwendung des Mindestsatzes zum Tragen, es sei denn, der Architekt weist später nach, dass tatsächlich die Honorarzone IV (mit Mindestsatz) anwendbar gewesen wäre. Die Vertragsparteien sind im Rahmen der Mindest- und Höchstsätze der HOAI frei und können deshalb unter Einhaltung der formalen Voraussetzungen (schriftliche Vereinbarung bei Auftragserteilung) jedweden Honorarsatz vereinbaren, der sich innerhalb des Mindest- und Höchstsatzes der HOAI bewegt. 32

c) Anrechenbare Kosten. Mit der HOAI 2009 war eine wesentliche Neuerung für die Ermittlung der anrechenbaren Kosten als Maßstab für das Honorar geschaffen worden; dies vor dem Hintergrund des erklärten Ziels des Verordnungsgebers, das Honorar von den veranschlagten Kosten (Kostenanschlag), vor allem aber von den tatsächlichen Kosten (Kostenfeststellung) abzukoppeln. Danach und auch nach der HOAI 2013 richtet sich das Honorar für Leistungen beim Leistungsbild Objektplanung Gebäude nach den anrechenbaren Kosten des Objektes auf der Grundlage der Kostenberechnung. Die Kostenberechnung als Maßstab für das Honorar gilt grundsätzlich für die gesamten Leistungsphasen 1–9. Sofern die Parteien keine abweichende Vereinbarung getroffen haben, ist das Honorar zwingend auf Basis der Kostenberechnung zu ermitteln. Eine etwaige abweichende Vereinbarung der Vertragsparteien muss sich stets innerhalb der Mindest- und Höchstsätze, hier dann vor allem auf Basis der Kostenberechnung, halten. 33

Die nach der HOAI 2009 gegebene alternative Möglichkeit einer Vereinbarung der Berechnung des Honorars auf der Grundlage der anrechenbaren Kosten einer Baukostenvereinbarung (§ 6 Abs. 3 HOAI), ist durch die neue BGH-Rechtsprechung im Urteil vom 24.4.2014 nunmehr ausgeschlossen. § 6 Abs. 3 (§ 6 Abs. 2 HOAI 2009) ist von der gesetzlichen Ermächtigungsgrundlage in Art. 10 §§ 1 und 2 MRVG nicht gedeckt und damit unwirksam.[34] Grund dafür ist die damit verbundene Möglichkeit, das Honorar unterhalb des Mindestsatzes zu vereinbaren, ohne dass ein Ausnahmefall vorliegt. Dass dabei nur nachprüfbare Baukosten (§ 6 Abs. 3 S. 2 HOAI) vereinbart werden können, ist unerheblich. Denn diese Kosten können sich auch unterhalb der sich aus der Kostenberechnung ergebenden anrechenbaren Kosten bewegen. Demzufolge haben sich die Bedenken aus dem im Zuge der Neufassung der HOI 2013 eingeholten Gutachten zum Aktualisierungsbedarf der Honorarstruktur der HOAI realisiert, wonach die Ermittlung der nachprüfbaren Baukosten nur auf der Grundlage einer entsprechend vorhandenen Planung tatsächlich möglich sei. Deshalb sei es ein unauflösbarer Widerspruch, wenn Voraussetzung einer solchen Baukostenvereinbarung sei, dass keine Planungen vorliegen dürften. 34

[34] BGH Urt. v. 24.4.2014 – VII ZR 164/13 = IBR 2014, 353.

35 Unabhängig davon erübrigt sich auf der Grundlage des zwingenden Preisrechts eine vertragliche Formulierung zu der der Honorierung zugrunde zu legenden Kostenberechnung. Wenn die Parteien jedoch ein Pauschalhonorar vereinbaren, steht dessen preisrechtliche Wirksamkeit unter dem Vorbehalt einer Vergleichsberechnung nach HOAI, hier vor allem unter Zugrundelegung der bei Vereinbarung des Pauschalhonorars noch nicht bekannten anrechenbaren Kosten auf Basis der Kostenberechnung. Faktisch ist deshalb ein solches Pauschalhonorar nur bedingt wirksam und dessen wirksamer Abschluss rechtsunsicher. Zwar steht dem Architekten bei der Ermittlung der anrechenbaren Kosten nach Kostenberechnung ein gewisser Toleranzspielraum zu. Trotzdem sollten die Parteien für den Fall eines späteren Streits über die Wirksamkeit eines Pauschalhonorars im Architektenvertrag eine Schiedsgutachterklausel für etwaige Meinungsverschiedenheiten im Hinblick auf die Richtigkeit und Maßgeblichkeit der anrechenbaren Kosten auf Basis der Kostenberechnung für die Vergleichsberechnung zur Überprüfung des mit dem Pauschalhonorar eingehaltenen Honorarrahmens vorsehen.

36 Zudem ist auch darauf zu achten, eine Regelung hinsichtlich der Berechnungsbasis für die Höhe von Abschlagszahlungen bis zur Vorlage der Kostenberechnung zu treffen, da zum Zeitpunkt des Vertragsabschlusses und damit auch der Honorarvereinbarung weder die Kostenberechnung noch eine Kostenschätzung vorliegt. Bei der Vereinbarung eines Pauschalhonorars erübrigt sich dies natürlich; hier können die Parteien durch einen leistungsbezogenen Zahlungsplan die Abschlagszahlungen festlegen.

Formulierungsvorschlag:

Für die Berechnung und die Höhe von Abschlagszahlungen gilt bis zur Vorlage der Kostenberechnung das bei Vertragsabschluss gemeinsam abgestimmte Kostenbudget des AG, anhand dessen der AN die anrechenbaren Kosten im Wege einer vorläufigen Kostenschätzung für die Berechnung von Abschlagsforderungen ermitteln kann. Die Kostenschätzung in der Leistungsphase 2 ist die weitere vorläufige Abrechnungsgrundlage für Abschlagsrechnungen für Leistungen in der Leistungsphase 2 und 3, bis die Kostenberechnung vorliegt.

Typische Fehlerquelle:

37 Architekten müssen aufpassen, dass aus einem gemeinsam abgestimmten Kostenbudget nicht auch ein Beschaffenheitsmerkmal des Architektenwerks hergeleitet wird mit der Folge, dass der Architekt diese Summe als Kostenobergrenze zu beachten hat[35]. Bei Nichteinhaltung dieses Kostenrahmens liegt dann ein Werkmangel vor, der zu Gewährleistungsansprüchen des Auftraggebers führen kann. Hinzukommt, dass eine solche als Beschaffenheit des geschuldeten Werks vereinbarte Bausumme auch die Obergrenze der anrechenbaren Kosten für die Honorarberechnung bildet. Die Vereinbarung einer Baukostenobergrenze ist als Beschaffenheitsvereinbarung unbedenklich.[36]

Hinweis:

Dass dem Architekten ungeachtet der tatsächlichen Baukosten ein Honorar nur in der Höhe zusteht, wie es sich aus der vereinbarten Baukostenobergrenze ergibt, folgt nicht aus dem Preisrecht, sondern aus dem Vertragsrecht, das durch das Preisrecht nicht verdrängt wird.[37]

38 **d) Mitzuverarbeitende Bausubstanz.** Das Bauen im Bestand hat heute mehr Bedeutung als Neubauten. In § 2 Abs. 7 HOAI wurde als Begriffsbestimmung die mitverarbeitete Bausubstanz neu aufgenommen. Sie ist der Teil des zu planenden Objekts, der bereits durch Bauleistungen hergestellt worden ist und durch Planungs- oder Überwachungs-

35 BGH, Urt. v. 23.1.2003 – VII ZR 362/01 = BauR 2003, 566.
36 BGH, Urt. v. 24.4.2014 – VII ZR 164/13 = IBR 2014, 352, 353.
37 BGH, Urt. v. 24.4.2014 – VII ZR 164/13 = IBR 2014, 352, 353.

leistungen technisch oder gestalterisch mitverarbeitet wird. Nur als kurze Randnotiz sei vermerkt, dass die HOAI 2009 die Berücksichtigung der vorhandenen Bausubstanz gänzlich ausgeschlossen und § 10 Ab. 3a HOAI gestrichen hatte. Als Ersatz dafür war der Umbauzuschlag von 20 bis 33 % auf einen Zuschlag bis 80% erhöht worden. Das ist aber „Schnee von gestern". Die mitverarbeitete Bausubstanz erlebt eine Renaissance. Nach § 4 Abs. 3 HOAI ist der Umfang der mitzuverarbeitenden Bausubstanz wieder – wie schon nach der HOAI 2002 – bei den anrechenbaren Kosten angemessen zu berücksichtigen. Umfang und Wert sind im Regelfall zum Zeitpunkt der Kostenberechnung objektbezogen zu ermitteln und schriftlich zu vereinbaren, Der angemessene Umfang der mitzuverarbeitenden Bausubstanz ist über die Parameter Fläche, Volumen, Bauteile oder Kostenanteile zu ermitteln. Dass eine Vereinbarung zum Zeitpunkt der Kostenberechnung abgeschlossen werden soll, ist jedoch nicht zwingend. Die mitzuverarbeitende Bausubstanz ist stets, also auch ohne schriftliche Vereinbarung zu berücksichtigen. Das hat der BGH bereits zu § 10 Ab. 3a HOAI a.F. entschieden und klargestellt, dass der Architekt auch dann, wenn keine schriftliche Vereinbarung getroffen wurde, sein Honorar nach den anrechenbaren Kosten berechnen kann, bei den die vorhandene Bausubstanz angemessen berücksichtigt werden muss[38]. Die Vereinbarung und die Schriftform der Vereinbarung sind keine Anspruchsvoraussetzungen. Eine Vereinbarung kann zudem auch vor oder nach dem Zeitpunkt der Vorlage der Kostenberechnung erfolgen. Dabei stellt sich auch die Frage, ob bei einer Vereinbarung zum Zeitpunkt der Kostenberechnung die Vertragsparteien vorhersehen können, welcher Aufwand in den Leistungsphasen 5 und 6 für die mitzuverarbeitende Bausubstanz entsteht. Nach Auffassung des BGH muss jeweils im Einzelfall geprüft werden, ob die Bausubstanz bei den Grundleistungen in den einzelnen Leistungsphasen überhaupt technisch oder gestalterisch mitverarbeitet wird[39]. Ob diese zur Dreiteilung der Kostenermittlung ergangene Rechtsprechung zur Aufhebung der aufwandsneutralen Honorarberechnung auch für die HOAI 2013, bei der nur noch die Kostenberechnung[40] Honorargrundlage sein soll und kann, gelten kann, ist fraglich. Es ist davon auszugehen, dass diese Rechtsprechung weiterhin gilt, da über den Wert der mitzuverarbeitenden Bausubstanz und über das Kriterium der objektbezogenen Ermittlung dieser Kosten der Aufwand in den einzelnen Leistungsphasen eine bedeutende Rolle spielt. Er muss dann allerdings für die Leistungsphasen 4–9 prognostiziert werden.

Dass zum Zeitpunkt der Kostenberechnung der Umfang und Wert der (technisch oder gestalterisch) mitzuverarbeitenden Bausubstanz besser und genauer ermittelbar ist als zum Zeitpunkt des Vertragsabschlusses, liegt auf der Hand. Die Schriftform und der Zeitpunkt der Vereinbarung für die Ermittlung der Kosten für diese Bausubstanz sind im Vertrag zu vereinbaren, da das Schriftformerfordernis aus § 6 Abs. 3 HOAI nur eine preisrechtliche, jedoch keine vertragsrechtliche Bedeutung haben kann und möglicherweise auch nicht von der Ermächtigungsgrundlage nach Art.10 §§ 1 und 2 MRVG gedeckt ist. Zudem sollte im Vertrag eine Verhandlungsklausel aufgenommen werden, nach der die Parteien verpflichtet sind, über den Umfang und der Wert der mitzuverarbeitenden bzw. mitverarbeitenden (zum Zeitpunkt der Kostenberechnung ist sie in den Leistungsphasen 1–3 bereits mitverarbeitet worden) zu verhandeln und sich zu einigen. Für den Fall, dass dies nicht gelingt, sollte im Vertrag eine Schiedsgutachterklausel geregelt werden, um möglichst schnell durch eine Gutachter eine Bestimmung dieser Honorargrundlage nach billigem Ermessen zu ermöglichen und zu gewährleisten. Alternativ oder kumulativ können die Vertragspartner aber auch bei Vertragsabschluss eine Bestimmung treffen, die getroffene Vereinbarung zum Zeitpunkt der Kostenberechnung auf den Prüfstand und/oder unter einem nochmaligen Einigungsvorbehalt zu stellen. 39

[38] BGH, Urt. v. 27.2.2003 – VII ZR 11/02 = BauR 2003, 745.

[39] BGH, Urt. v. 27.2.2003 – VII ZR 11/02 = BauR 2003, 745.

[40] Das Baukostenvereinbarungsmodell nach § 6 Abs. 3 HOAI ist nach dem Urteil des BGH vom 24.4.2014 – VII ZR 164/13 – unwirksam.

Formulierungsvorschlag:

Die Parteien legen den Umfang der mitzuverarbeitenden Bausubstanz wie folgt fest:

Bei und mit Erstellung der Kostenberechnung stellen die Parteien den festgestellten Umfang und Wert der in den Leistungsphasen 1-3 mitverarbeiteten und in den weiteren und weiter beauftragten Leistungsphasen auf den Prüfstand und verpflichten sich zur Verhandlung über die angemessene Berücksichtigung dieser Bausubstanz. Im Falle einer fehlenden Einigung gilt die bei Vertragsabschluss getroffene Festlegung fort, es sei denn, einer der beiden Vertragspartner verlangt die Einschaltung eines Schiedsgutachters, dessen Entscheidung über die angemessene Berücksichtigung vorhandener und mitzuverarbeitender Bausubstanz dann verbindlich ist. Der Schiedsgutachter wird von der Architektenkammer .... bestimmt und muss öffentlich bestellter und vereidigter Sachverständiger für Honorarfragen nach HOAI sein.

Wird bei Vertragsunterzeichnung eine schriftliche Vereinbarung nicht getroffen, ist der AN berechtigt, die mitzuverarbeitende Bausubstanz nach billigem Ermessen zu bestimmen (§ 315 BGB). Dem AG ist es verwehrt, sich auf das Fehlen einer schriftlichen Vereinbarung zu berufen.

Für die Bestimmung der Höhe der Kosten der mitzuverarbeitenden Bausubstanz bieten sich folgende Regelungen und **Formulierungsvorschläge** an:

Gemäß § 4 Abs. 3 HOAI wird der Umfang der mitzuverarbeitenden Bausubstanz im Sinne von § 2 Abs. 7 HOAI mit einem mit einem pauschalen Betrag in Höhe von EUR ... , der auf Basis von Baukosten in Höhe von ... EUR pro ... m^3 (Kubikmetermethode) ermittelt worden ist und der in die Kostenberechnung aufgenommen wird.

40 Mit Blick darauf, dass zum Zeitpunkt der Kostenberechnung noch nicht endgültig absehbar ist, in welchen weiteren Leistungsphasen und mit welchen objektbezogenen Planungs- und Überwachungsleistungen die Bausubstanz mitzuverarbeiten ist und es gerade bei Umbaumaßnahmen typischerweise in den späteren Leistungsphasen zu erheblichen Veränderungen bei der mitzuverarbeitenden Bausubstanz kommen kann, sollte eine Honoraranpassungsmöglichkeit im Vertrag vorgesehen werden wie folgt:

Ändert sich der Umfang der technisch oder gestalterisch mit zu verarbeitenden Bausubstanz in den weiteren Leistungsphasen (alternativ: in den Leistungsphasen 5 und 8), so ist der zum Zeitpunkt der Kostenberechnung vereinbarte Betrag einvernehmlich durch schriftliche Vereinbarung anzupassen. Sollte eine entsprechende schriftliche Vereinbarung nicht zustande kommen, ist jede Partei berechtigt, einen Schiedsgutachter anzurufen, der die Berechtigung einer Neufestlegung der Kosten für die mitverarbeitete mitzuverarbeitende Bausubstanz überprüft und die Kosten verbindlich festlegt. Bei unwesentlichen Änderungen bis zu 10% der zunächst vereinbarten Kosten scheidet eine Anpassung aus.

Alternativ: .... ist der AN berechtigt, die Anpassung des Betrages nach billigem Ermessen gem. §§ 315, 316 BGB vorzunehmen.

41 **e) Umbauzuschlag.** Nach § 2 Abs. 5 HOAI sind Umbauten „Umgestaltungen eines vorhandene n Objektes mit wesentlichen (!) Eingriffen in Konstruktion oder Bestand. Bei unwesentlichen Eingriffen ist ein Umbauzuschlag ausgeschlossen und nur die mitzuverarbeitende Bausubstanz angemessen zu berücksichtigen. Der Umbau- und Modernisierungszuschlag ist nach § 6 Abs. 2 HOAI unter Berücksichtigung des Schwierigkeitsgrades der Leistung schriftlich zu vereinbaren. Bei einem durchschnittlichen Schwierigkeitsgrad (Honorarzone III) kann nach § 36 Abs. 1 HOAI bei Gebäuden ein Zuschlag bis 33% und bei Innenräumen bis 50 % auf das ermittelte Honorar schriftlich vereinbart werden. Der Streit, ob es einen Mindestumbauzuschlag gibt, ist durch die amtliche Begründung zu § 36 Abs.1 HOAI und auch zu § 6 Abs. 2 HOAI beendet. Danach gibt § 6 Abs. 2 S. 4 HOAI keinen Mindestwert vor, und.es kann auch ein Zuschlag von weniger als 20% vereinbart werden.[41] Demzufolge können die Parteien einen Umbauzuschlag auch zwischen 0 und 33% vereinbaren. Allerdings ist zu berücksichtigen, dass nach § 6 Abs. 3 S. 4 HOAI ein Zuschlag von 20% bei einem durchschnittlichen Schwierigkeitsgrad (also Honorarzone

[41] BR-Drucks. 334/13, S. 157, S. 141.

III) unwiderlegbar vermutet wird, wenn die Vertragsparteien keinen Zuschlag vereinbart haben. Eine schriftliche Vereinbarung geht also immer vor. In den von Auftraggebern formulierten Verträgen kann deshalb auch ein Umbauzuschlag ausgeschlossen oder mit „Null" vereinbart und gleichsam klargestellt werden, dass keine wesentlichen Eingriffe in Konstruktion oder Bestand vorliegen und zudem über die Vereinbarung der Kosten über die mitzuverarbeitende Bausubstanz auch ein etwaiger Umbau- und Modernisierungszuschlag abgegolten wird. Die Vereinbarung muss nach dem Wortlaut der §§ 6 Abs. 2 und 36 Abs. 1 HOAI zwar schriftlich, aber nicht bei Auftragserteilung getroffen werden. Demgegenüber steht in der amtlichen Begründung zu § 6 Abs. 2 HOAI das Gegenteil.[42] Wie dem auch sei, aus Sicht der Parteien muss diese Vereinbarung zumindest bei Bauvorhaben mit einem durchschnittlichen oder überdurchschnittlichen Schwierigkeitsgrad so früh wie möglich, also spätestens mit der Auftragserteilung, respektive dem schriftlichen Vertragsabschluss getroffen werden. Danach wird eine schriftliche Einigung mit einem Zuschlag unter 20% oder über 20% schwierig durchzusetzen sein.

Formulierungsvorschlag:

„Die Parteien bewerten die Wesentlichkeit des Eingriffs in die Konstruktion und/oder den Bestand und den Schwierigkeitsgrad der Leistungen mit einem Zuschlag von . . . %, der in Verbindung mit den ermittelten Kosten der mitzuverarbeitenden Bausubstanz eine angemessene Honorierung und ein angemessener Ausgleich der gestellten Anforderungen an den Umbau/die Modernisierung darstellt."

f) Pauschalhonorar. Als Alternative zur Anwendung des Abrechnungssystems der HOAI gibt es die häufig angewendete Möglichkeit, ein Pauschalhonorar für alle beauftragten Leistungen zu vereinbaren, dessen Wirksamkeit voraussetzt, dass die entsprechende Vereinbarung schriftlich bei Auftragserteilung im Rahmen der durch die HOAI festgesetzten Mindest- und Höchstsätze getroffen wird (§ 7 Abs. 1 HOAI). Dabei darf nicht übersehen werden, dass die Pauschale unten den Mindestsatz rutschen kann, wenn sich die anrechenbaren Kosten im Rahmen der Kostenberechnung gegenüber den Kostenangaben bei der Festlegung der Pauschale erhöhen; gleich ob die Erhöhung bei der Festlegung vorhersehbar war oder nicht. In diesem Fall ist die Pauschalhonorarvereinbarung unwirksam. Der Architekt kann dann nach dem Mindestsatz abrechnen und die anrechenbaren Kosten der Kostenberechnung zugrunde legen. An eine Schlussrechnung mit Abrechnung der vereinbarten Pauschale ist der Architekt jedoch gebunden, wenn der Auftraggeber auf eine abschließende Berechnung des Honorars vertrauen durfte und er sich im berechtigten Vertrauen auf die Endgültigkeit der Schlussrechnung in schutzwürdiger Weise so eingerichtet hat, dass ihm eine Nachforderung nicht mehr zugemutet werden kann. Allein die Bezahlung der Schlussrechnung ist keine Maßnahme, mit der sich der Auftraggeber in schutzwürdiger Weise auf die Endgültigkeit der Schlussrechnung einrichtet.[43] 42

Formulierungsvorschlag:

Die Vertragsparteien vereinbaren für die beauftragten und geschuldeten Leistungen des AN nach diesem Vertrag ein Pauschalhonorar in Höhe von . . . EUR netto zuzüglich der gesetzlich gültigen Umsatzsteuer. Dieses Pauschalhonorar setzt sich aus folgenden Teilpauschalen für die einzelnen Leistungsphasen wie folgt zusammen: 43

Grundlagenermittlung:	*EUR netto ...*
Vorplanung:	*EUR netto ...*
Entwurfsplanung:	*EUR netto ...*

[42] BR-Drucks. 334/13, S. 157: „Das Erfordernis einer schriftlichen Vereinbarung bei Auftragserteilung folgt auch für den Umbau- und Modernisierungszuschlag aus § 7 Abs. 1 HOAI.".

[43] BGH, Urteil vom 23.10.2008 – VII ZR 105/07 = BauR 2009, 262; BGH IBR 1993, 157.

Genehmigungsplanung: *EUR netto ...*
Ausführungsplanung: *EUR netto ...*
Vorbereitung der Vergabe: *EUR netto ...*
Mitwirkung bei der Vergabe: *EUR netto ...*
Objektüberwachung: *EUR netto ...*
Objektbetreuung und -dokumentation: *EUR netto ...*
Dem vereinbarten Pauschalhonorar liegen folgende Honorarkriterien zugrunde:
Honorarzone: ...
Honorarsatz: ...
Anrechenbare Kosten: ...
Umbauzuschlag: ...
Kosten für mitzuverarbeitende Bausubstanz:. ...

44 Mit Blick darauf, dass bei Abschluss Vertrages bzw. bei Auftragserteilung die der Vereinbarung des Pauschalhonorars zugrunde gelegten anrechenbaren Kosten nur vorläufig sein können und deshalb erst nach Erstellung der Kostenberechnung feststehen, gleichsam aber auch auf dem preisrechtlichen Prüfstand stehen, sollten etwaige Erhöhungen der anrechenbaren Kosten gegenüber der dem Pauschalhonorar zugrunde gelegten Kosten eine Anpassung des Pauschalhonorars ermöglichen. Dies wird durch die Unwirksamkeit des Baukostenvereinbarungsmodells auch praktisch relevant. In jedem Fall muss das Pauschalhonorar bei Auftragserteilung vereinbart werden (§ 7 Abs. 1 HOAI), ansonsten ist es ohnehin unwirksam.

Formulierungsvorschlag:

45 *Das Pauschalhonorar wird angepasst, wenn eine Erhöhung oder Verminderung der anrechenbaren Kosten bei der Kostenberechnung gegenüber den der Ermittlung des vereinbarten Pauschalhonorars zugrunde gelegten Kosten von über ... % (z. B. 20%) eingetreten ist. Die Anpassung erfolgt nach der tatsächlichen Veränderung der anrechenbaren Kosten.*

46 **g) Zeithonorar.** Die Parteien können auch eine – allerdings nur bedingt wirksame – Zeithonorarvereinbarung treffen, deren Wirksamkeit von der Einhaltung der Mindest- und Höchstsätze und den sonstigen Voraussetzungen gem. § 7 Abs.1 HOAI abhängig ist[44] Dass in einem solchen Fall die Höhe des Honorars betragsmäßig nicht feststeht, ist unerheblich. Denn nicht anders ist es, wenn die Vertragspartner auf eine Honorarvereinbarung verzichten und die Abrechnung auf der Grundlage von anrechenbaren Kosten erfolgen muss, über deren sich nach der Systematik des § 6 Abs. 1 Nr. 1 HOAI ergebende genaue Höhe die Vertragspartner bei Vertragsschluss regelmäßig ebenfalls keine verlässlichen Erkenntnisse haben. Dementsprechend reicht es für eine wirksame Honorarvereinbarung aus, dass die Vergütung schon bei Vertragsschluss in einer Weise bestimmbar festgelegt ist, die es den Vertragspartnern nach Erbringung der Leistungen ermöglicht, das Honorar zuverlässig zu ermitteln und zu überprüfen. Diese Voraussetzungen sind erfüllt, wenn die Vertragspartner Stundensätze für die beauftragten Leistungen vereinbaren, mit denen das Honorar unter Heranziehung des tatsächlich angefallenen Zeitaufwands berechnet werden kann. Zwar liegt für den Auftraggeber im Abschluss einer Stundenlohnvereinbarung das Risiko, dass der zeitliche Aufwand bei Vertragsschluss für ihn noch nicht hinreichend abschätzbar ist. Die werkvertraglichen Vorschriften nehmen jedoch diese strukturellen Unwägbarkeiten einer Abrechnung nach tatsächlich angefallenem Aufwand hin. Es ist nicht zu erkennen, dass sie durch das Preisrecht der HOAI beseitigt werden sollen. Die Parteien sind in der Vereinbarung von Stundensätzen grundsätzlich frei. Der Verordnungsgeber hat es seit Inkrafttreten der HOAI 2009 in diesem Teilbereich der HOAI den Vertragsparteien überlassen, autonom den Preis zu regeln.

---

[44] BGH Urt. vom 17.4.2009 – VII ZR 164/07 = BauR 2009, 1162.

Hinweis:

Bevor der Besteller jedoch die Zulässigkeit der Zeitabrechnung infrage stellt, sollte er prüfen, ob dies für ihn günstig ist: Liegt das nach Zeit ermittelte Honorar unter den Mindestsätzen, wendet sich die Unwirksamkeit der Vereinbarung gegen den Besteller. In diesem Fall ist der Architekt regelmäßig auch im Nachhinein berechtigt, das sich aus dem Mindestsatz ergebende höhere Honorar zu verlangen. Der Architekt ist an die unwirksame Honorarvereinbarung nur ausnahmsweise gebunden, wenn er sich widersprüchlich verhalten hat, der Besteller auf die Wirksamkeit der Preisvereinbarung tatsächlich vertraut hat, vertrauen durfte und er sich auf die Preisvereinbarung derart eingerichtet hat, dass ihm die Zahlung des Differenzbetrags zwischen dem vereinbarten Honorar und dem Honorar nach den Mindestsätzen billigerweise nicht zuzumuten ist.[45]

h) Nebenkosten. Nach § 14 Abs. 3 HOAI können Nebenkosten pauschal oder nach 47
Einzelnachweis abgerechnet werden. Sie sind nach Einzelnachweis abzurechnen, sofern bei Auftragserteilung keine pauschale Abrechnung schriftlich vereinbart worden ist. Daneben besteht aber auch die Möglichkeit, nur bestimmte Nebenkosten pauschal und andere Nebenkosten auf Nachweis in Ansatz zu bringen, wobei sogar einzelne Verrechnungssätze für bestimmte Nebenkosten vorher festgelegt werden können (z. B. für Fahrtkosten und Vervielfältigungskosten). Zudem gibt die HOAI aber auch die Möglichkeit, die Nebenkosten des AN mit dem vereinbarten Honorar abzugelten und damit eine Erstattung ganz oder teilweise auszuschließen (§ 14 Abs. 1 Satz 2 HOAI). Dieser Ausschluss muss ausdrücklich und schriftlich vereinbart werden. Auch wenn den Parteien damit ein Ausschluss einer Nebenkostenerstattung nicht unmittelbar nahe gelegt werden soll, sollten Auftraggeber von dieser Möglichkeit einer zulässigen Kosteneinsparung durchaus Gebrauch machen. Der Ausschluss einer Nebenkostenerstattung ist keine unzulässige Mindestsatzunterschreitung, da die in der HOAI festgelegten Mindest- und Höchstsätze nur beim Honorar gelten (§ 7 Abs.1 HOAI).

Formulierungsvorschlag:

Sämtliche Nebenkosten des AN werden mit einer Pauschale von 6 % des für die beauftragten Leis- 48
tungen vereinbarten Nettohonorars zuzüglich der Umsatzsteuer in der jeweils gültigen gesetzlichen Höhe erstattet.

1. Alternative:
Post- und Fernmeldegebühren werden pauschal mit EUR . . . (oder . . . %) des Nettohonorars und übrigen Nebenkosten auf Nachweis zuzüglich der Umsatzsteuer in der jeweils gültigen gesetzlichen Höhe erstattet.

2. Alternative:
Die Nebenkosten des AN werden insgesamt gegen Einzelnachweis nach Maßgabe der nachfolgenden Verrechnungssätze zuzüglich der Mehrwertsteuer in der jeweiligen gültigen gesetzlichen Höhe erstattet.

3. Alternative:
Die Nebenkosten des AN sind mit dem vereinbarten (Pauschal-)Honorar abgegolten. Eine gesonderte Erstattung wird ausgeschlossen.

4. Alternative:
Für folgende Nebenkosten (§ 14 Abs. 2 Nr. 1–7) wird eine Erstattung ausgeschlossen. Ansonsten erfolgt eine Abrechnung und Erstattung nach Einzelnachweis/pauschal mit . . . %

---

[45] *Kniffka/Koeble*, Kompendium des Baurechts, 4. Aufl. 2010 12. Teil Rz. 429 ff.

5. Fälligkeit des Honorars

49 **a) Schlussrechnung.** Nach § 15 Abs. 1 HOAI wird das Honorar fällig, wenn die Leistung nicht nur – wie bisher nach der HOAI 2009 – vertragsgemäß erbracht, sondern (auch) abgenommen worden und eine prüffähige Honorarschlussrechnung überreicht worden ist. Die für die Abnahme erforderliche Abnahmereife setzt zunächst die vertragsgemäße Leistungserbringung voraus. Dies bedeutet, dass die übertragenen Architektenleistungen vollständig und im Wesentlichen mangelfrei ausgeführt worden sein müssen. Die vertragsgemäße Erbringung der Leistungen erfordert die Fertigstellung der übertragenen Arbeiten.[46] Neben der Abnahmefähigkeit der erbrachten Leistungen ist jetzt aber auch die Abnahme selbst erforderlich, um die Fälligkeit des Honorars zu begründen. Nach der HOAI 2013 ist der rein objektive Sachverhalt der vertragsgemäßen Erbringung der Leistung nicht mehr ausreichend; es bedarf zusätzlich der Abnahme, die ausdrücklich bzw. tatsächlich, bestenfalls „förmlich" (in Anlehnung an § 12 Abs. 4 VOB/B) durchgeführt, aber auch konkludent erfolgen oder auch nach § 640 Abs. 1 Satz 3 BGB fingiert werden kann. § 640 Abs. 1 S.3BGB ermöglicht es dem Auftraggeber, einen klaren Anknüpfungspunkt für die Fälligkeit von werkvertraglichen Vergütungsansprüchen, mithin auch von Honoraransprüchen der Architekten auch ohne eine ausdrückliche bzw. förmliche Abnahme zu schaffen. Danach steht es der Abnahme gleich, wenn der Besteller das (Architekten-) Werk nicht innerhalb einer ihm vom Architekten bestimmten angemessenen Frist abnimmt, obwohl er dazu verpflichtet ist. Ist die Architektenleistung abnahmefähig und erweist sich das Verhalten des Auftraggebers nach Aufforderung zur Abnahme als unberechtigte Abnahmeverweigerung (*„obwohl er dazu verpflichtet ist"),* wird nach fruchtlosem Ablauf der gesetzten Abnahmefrist die Abnahme fingiert. Denn die mit Fristablauf dokumentierte Abnahmeverweigerung ersetzt die Abnahme. Sie gilt als erfolgt (fingierte Abnahme/Abnahme durch Fristablauf), wenn der Auftraggeber zur Abnahme verpflichtet war, d. h. die Abnahmefähigkeit bzw. Abnahmereife gegeben war. Darüber hinaus ist auch bei einer bereits erfolgten grundlosen und endgültigen Abnahmeverweigerung durch den Besteller eine Fristsetzung für den Eintritt der Abnahmefiktion ausnahmsweise entbehrlich.

Im Vertrag sollten unabhängig von der Möglichkeit der Abnahme durch Fristablauf trotzdem Abnahmeformalitäten festgelegt werden, wie das Ausfüllen und Unterzeichnen eines Abnahmeprotokolls/Abnahmeformulars. Auch macht die Bestimmung eines Zeitfensters Sinn, nach dessen Ablauf die Abnahme eintritt, sofern der Besteller von sich aus bis dahin keine berechtigten Gründe für das Fehlen der Abnahmereife vorgebracht hat. Die Abnahme gilt dann spätestens als erfolgt, wenn dieses Zeitfenster abgelaufen ist; sie wird durch einen „Spätest-Termin" herbeigeführt, wenn sie nicht schon zuvor durch eine förmliche oder fingierte Abnahme bzw. eine unberechtigte Abnahmeverweigerung eingetreten ist.

Formulierungsvorschlag:

50 5.1 *Der Auftraggeber ist zur Abnahme verpflichtet, sofern der Architekt die Fertigstellung seiner Leistungen schriftlich angezeigt hat und keine berechtigten Gründe für das Fehlen der Abnahmereife, insbesondere wesentliche Mängel oder Unvollständigkeiten des Architektenwerks innerhalb von 7 Kalendertagen nach Zugang der Anzeige vom Auftraggeber substantiiert vorgebracht und nachgewiesen worden sind. Die Abnahme ist schriftlich zu dokumentieren. § 640 Abs. 1 S. 3 BGB findet Anwendung*

Im Falle einer berechtigten Abnahmeverweigerung vereinbaren die Parteien nach erfolgter Beseitigung der Mängel oder Unvollständigkeiten der Leistung (Gründe für die Abnahmeverweigerung) eine förmliche Abnahme durch Unterzeichnung eines Abnahmeprotokolls im Rahmen einer von einer Partei anberaumten Schlussbesprechung bzw. Schlussbegehung. § 640 Abs.1 S. 3 BGB bleibt unberührt.

---

[46] *Locher/Koeble/Frik,* Kommentar zur HOAI, 12. Aufl. 2014, § 15 Rn. 12.

Die Abnahme setzt zwar die Fertigstellung (Vollendung) aller beauftragten Architektenleistungen voraus, aber nicht, dass die Leistungen des Architekten und das Bauwerk völlig mangelfrei sein müssen; sie müssen (nur) im Wesentlichen mangelfrei sein. Geringfügige und/oder unerhebliche Mängel können keine berechtigte Abnahmeverweigerung stützen. Bei wesentlichen Mängeln, die der Architekt selbst (mit) verursacht bzw. (mit) verschuldet hat, ist zu prüfen, ob eine Mangelbeseitigung durch den Architekten noch möglich ist oder ob sich der Mangel bereits im Bauwerk verkörpert hat, was bei Planungsfehlern der Regelfall ist. Bei Mängeln am Bauwerk scheidet diese Nacherfüllung naturgemäß aus. Allerdings muss der Architekt die Mängelbeseitigung durch den Bauauftragnehmer überwachen, bevor seine Leistung fertiggestellt ist. Eine Abnahmereife ist erst gegeben und löst damit eine Abnahmepflicht aus, wenn die Nacherfüllung respektive die Überwachung der Mängelbeseitigung mangelfrei bzw. vollständig erfolgt ist. 51

Unabhängig davon lässt § 15 Abs.1 HOAI durch die dortige Öffnungsklausel (*„es sei denn, es wurde etwas anderes schriftlich vereinbart“*) zu, dass die Abnahme als Fälligkeitsvoraussetzung für das Honorar ausgeschlossen werden kann. Aus Architektensicht macht die Anwendung dieser Öffnungsklausel Sinn; sie wird aber in der Praxis gegenüber professionellen Auftraggebern kaum durchsetzbar sein, da die Auftraggeber die Vertragsbestimmungen im Regelfall vorgeben und auf einer Abnahme bestehen. Die Abnahme spiegelt zwar auch als Fälligkeitsvoraussetzung das gesetzliche Leitbild wider (§ 641 Abs. 1 S. 1BGB). Allerdings ist die Abnahme als Pflicht des Bestellers in § 640 Abs. 1 S. 1 BGB ausgestaltet. Dass eine Abnahme als Fälligkeitsvoraussetzung ausgeschlossen wird, bedeutet nicht, dass sie ansonsten verzichtbar wäre. Der Architekt, der in seinen Formularverträgen gegenüber dem Bauherrn die Abnahme als Voraussetzung für die Fälligkeit ausschließen will, muss trotzdem die vertragsgemäße Leistungserbringung und vollständige Vertragserfüllung, respektive die Abnahmereife nachweisen, so dass ihm im Ergebnis die Abnahme eher hilft als schadet. Die Fälligkeit der Honorarschlussrechnung setzt zudem auch bei einem Ausschluss der Abnahme die vertragsgemäße und vollständige Leistungserbringung voraus, so dass dieser Ausschluss dem Architekten im Zweifel keine Vorteile bringt. 52

Bei Beauftragung der Vollarchitektur, also einschließlich der nicht mehr bauwerksorientierten Nachlaufphase der Objektbetreuung (Leistungsphase 9 mit der wesentlichen Leistung der fachlichen Bewertung der Baumängel, die innerhalb der nach der Bauabnahme laufenden Mängelhaftungsfristen festgestellt worden sind), ist das Architektenwerk grundsätzlich erst mit der Fertigstellung aller Grundleistungen der Leistungsphase 9 vollendet und damit abnahmereif[47]. Die Fertigstellung aller Leistungen setzt eine abschließende Objektbegehung vor Ablauf der Verjährungsfristen für die bauvertraglichen Mängelansprüche voraus. Um eine solch späte Abnahmereife zu vermeiden, ist dem Architekten zu empfehlen, auf die Übertragung der – ohnehin ungeliebten – Leistungsphase 9 zu verzichten. Das dürfte ihm eigentlich nicht schwer fallen, da diese Leistungsphase sowieso preisrechtlich entwertet worden ist; statt früher 3%-Punkte gibt es jetzt nur noch 2%-Punkte als Honorar für die Leistungsphase 9. 53

Oftmals besteht der Bauherr aber auch auf der Beauftragung der Leistungsphase 9, so dass in diesem Fall die Vereinbarung einer rechtsgeschäftlichen Teilabnahme nach Abschluss der Leistungsphase 8 der beste Weg für den Architekten ist, eine überlange Nacherfüllungshaftung zu vermeiden (§ 641 Abs. 1 S. 2 BGB), die selbst in Formularverträgen des Architekten wirksam ist.[48] Allerdings bedarf es dazu einer ausdrücklichen Abrede, da ansonsten eine Teilabnahme nicht verlangt oder konkludent herbeigeführt werden kann[49]. So liegt in einer vorzeitigen Bezahlung einer überreichten Schlussrechnung keine konkludente (Teil-) Abnahme der bis zur Leistungsphase 8 erbrachten Leistungen. Mit 54

---

[47] BGH Urt. v. 10.10.2013, IBR 2013, 752.
[48] BGH, Nichtannahmebeschluss v. 5.4.2001 – VII ZR 161/00 – BauR 2001, 1928.
[49] BGH Urt. v. 11.5.2006 – VII ZR 300/04, BauR 2006, 1332.

Blick darauf, dass nach der neuen HOAI für die Fälligkeit des Honorars auch eine Abnahme der Leistung erforderlich ist, muss eine Teilabnahme auch für die Leistungen bis einschließlich Leistungsphase 8 vereinbart werden. Sie hat dann eine doppelte Funktion, nämlich einerseits Herbeiführung der Fälligkeit des Honorars insgesamt, anderseits aber auch den Beginn der Verjährungsfrist für Mängelhaftungsansprüche.

Formulierungsvorschlag:

55 *5.2 Die Parteien vereinbaren die Durchführung einer Teilabnahme nach Fertigstellung aller beauftragten Leistungen der Leistungsphase 8 für die Leistungen der Leistungsphasen 1-8. Ziff. 5.1 gilt entsprechend.*

5.3 Das Honorar für diese Leistungen wird mit der Teilabnahme und mit Überreichung einer prüffähigen Honorarschlussrechnung (Teilschlussrechnung) fällig.

Die Objektbetreuung ist eine nicht mehr bauwerksbezogene Leistung, die einer Abnahme nicht zugänglich ist. Hierfür greift § 646 BGB, der die Vollendung der Leistung an die Stelle der Abnahme vorsieht, wenn nach der Beschaffenheit des Werkes eine Abnahme ausgeschlossen ist.[50]

Formulierungsvorschlag:

5.4 Das Honorar für die Leistungsphase 9 (Objektbetreuung) wird fällig, wenn die insoweit beauftragten Leistungen vertragsgemäß erbracht worden sind und hierfür dem AG eine weitere prüffähige Schlussrechnung überreicht worden ist. Einer weiteren (Teil-) Abnahme dieser Leistungen bedarf es nicht. Die Abnahme wird durch die Vollendung der Leistungen ersetzt.

Typische Fehlerquelle:

56 Die Vereinbarung einer Teilabnahme[51] genügt nicht, um einen Anspruch des Architekten auf Stellung einer Honorarteilschlussrechnung zu begründen und die Fälligkeit des Honorars herbeizuführen. Die durch eine vereinbarte und durchgeführte Teilabnahme eintretenden Abnahmewirkungen müssen möglichst transparent beschrieben werden, so auch die Fälligkeit der Vergütung nach § 641 Abs. 1 Satz 2 BGB. Die Vereinbarung einer Teilabnahme kann nämlich auch nur den Beginn der Gewährleistungsfrist für die erbrachten und abgenommenen Leistungen auslösen Der Architekt muss deshalb eine entsprechende Regelung auch bei der Fälligkeit der Schlussrechnung aufnehmen, um hier sicher zu gehen. Umgekehrt enthält auch eine Klausel des Architekten, wonach die Verjährung mit der Abnahme der letzten nach dem Vertrag zu erbringenden Leistung, spätestens jedoch mit der Abnahme der Leistungsphase 8 beginnt keine Vereinbarung über eine Teilabnahme.[52]

57 Inwieweit eine Fälligkeit und damit auch der Eintritt eines Zahlungsverzugs, der nach § 286 Abs. 3 BGB spätestens nach Ablauf von 30 Tagen nach Fälligkeit und Zugang einer Rechnung eintritt, in Allgemeinen Geschäftsbedingungen des Auftraggebers hinausgeschoben werden kann, hängt davon ab, ob der Architekt dadurch unangemessen benachteiligt wird. Eine solche Benachteiligung ist im Zweifel anzunehmen, wenn die Bestimmung mit wesentlichen Grundgedanken der gesetzlichen Regelung, von der abgewichen werden soll, nicht zu vereinbaren ist. Demzufolge ist eine Fälligkeitsbestimmung in Allgemeinen Geschäftsbedingungen des Auftraggebers, wonach alle Zahlungen innerhalb von 90 Tagen erfolgen, unwirksam.

---

[50] ähnlich Motze, Festschrift für Jagenburg, S. 639, 653, wonach das eigentliche Architektenwerk mit der Leistungsphase 8 fertig gestellt ist.

[51] BGH Nichtannahmebeschluss v. 5.4.2001 – VII ZR 161/00 – BauR 2001, 1928; BGH Urt. v. 10.2.1994 – VII ZR 20/93 – BauR 1994, 392.

[52] BGH Urt. v. 11.5.2006 – VII ZR 300/04, BauR 2006, 1332.

Formulierungsvorschlag:
Prüffähige Rechnungen werden nach einem Prüfungszeitraum von 24 Kalendertagen ab Zugang und einer anschließenden Zahlungsfrist von weiteren 10 Kalendertagen, spätestens 34 Kalendertage ab Zugang zur Zahlung fällig.

b) Abschlagszahlungen. Nach § 15 Abs. 2 HOAI kann der Architekt Abschlagszahlungen für nachgewiesene Leistungen zu den schriftlich vereinbarten Zeitpunkten oder in angemessenen zeitlichen Abständen fordern. Abschlagszahlungen sind Anzahlungen auf die Vergütung für das Architektenwerk und stehen deshalb unter dem Vorbehalt der endgültigen Nachprüfung im Rahmen der Honorarschlussrechnung. Sie mildern die Nachteile der werkvertraglichen Vorleistungspflicht ab. Sie haben hinsichtlich der Honorarforderung noch keine Erfüllungswirkung,[53] und auch keine Bindungswirkung[54]. Mit ihnen werden bereits erbrachte Leistungen vorläufig vergütet.[55] Der Auftraggeber kann sich später jederzeit gegen die Faktoren aus den Abschlagsrechnungen wie Honorarzone oder anrechenbare Kosten wenden; genauso kann der Architekt seine Honoraransätze später korrigieren, wenn die Korrektur vertrags- und preisrechtskonform sind. 58

§ 15 Abs. 2 HOAI ist eine Sonderregelung, die der gesetzlichen Regelung im Werkvertragsrecht (§ 632 a BGB) vorgeht. § 15 Abs. 2 HOAI hat Leitbildcharakter.[56] Nach § 632a BGB kann der Architekt (Auftragnehmer) vom Besteller (Auftraggeber) für eine vertragsgemäß erbrachte Leistung eine Abschlagszahlung in der Höhe verlangen, in der der Besteller durch die Leistung einen Wertzuwachs erlangt hat. Demgegenüber kommt es bei § 15 Abs. 2 HOAI auf den Nachweis der erbrachten Grundleistungen an. Der Wertzuwachs richtet sich im Regelfall nach dem Vertragswert der Leistung, so dass es im Ergebnis keine großen inhaltlichen Unterschiede gibt. § 632a BGB greift dann ein, wenn die HOAI nicht anwendbar ist (außerhalb der Honorartafeln) oder wenn von § 15 Abs. 2 HOAI abweichende Zahlungsweisen vereinbart werden, was nach § 15 Abs. 4 HOAI möglich ist. Die schriftlich vereinbaren Zeitpunkte im Sinne von § 15 Abs. 2 HOAI ergeben sich in der Regel aus einem Zahlungsplan, der auch als Anlage (Urkunde) dem Vertrag beizufügen ist, um dem Schriftformerfordernis zu genügen. Die Schriftform kann aber nur Beweisfunktion haben und ist daher keine Anspruchsvoraussetzung.[57] 59

Der Zahlungsplan sollte leistungsbezogen ausgestaltet, d. h. an die Erfüllung bestimmter, vertraglich festgelegter Leistungsabschnitte gekoppelt sein. Dabei bieten sich als entsprechende Leistungsschritte in sich abgeschlossene Leistungsteile, vor allem die Grundleistungen aus den einzelnen Leistungsphasen an. Eine solche Vereinbarung hat auch für den Architekten den Vorteil, dass er die Abschlagszahlungen nach Erreichen bestimmter Leistungsstände erhält. Fehlt eine Vereinbarung über Abschlagszahlungen, ist der Architekt berechtigt, in angemessenen zeitlichen Abständen für nachgewiesene Leistungen Zahlungen anzufordern; dies können auch Zahlungen für Teile von Grundleistungen sein. 60

Ratenzahlungsvereinbarungen, wonach Raten zu bestimmten vereinbarten (Fälligkeits-)Zeitpunkten zu zahlen sind, ohne dass sie vom Erreichen bestimmter Leistungsabschnitte bzw. vom Nachweis entsprechend erbrachter Leistungen abhängen, sind zwar für den Architekten vorteilhaft. Sie sind jedoch in vorformulierten und vom Architekten verwendeten Klauseln unwirksam, da sie eine vorläufige Zahlung in eine endgültige (Teil-)Zahlung verwandeln würde, was dem gesetzlichen Leitbild in § 632a BGB widerspricht. Teil- oder Ratenzahlungen haben im Gegensatz zu Abschlagszahlungen Erfül- 61

53 *Thode* Werkleistung und Erfüllung im Bau- und Architektenvertrag ZfBR 1999, 116, 124.

54 *Kniffka/Koeble*, Kompendium des Baurechts, 12. Teil Rn. 592, 5. Teil Rn. 45.

55 *Kniffka/Koeble*, Kompendium des Baurechts 4. Aufl. 2014, 4. Teil Rn. 8, 5. Teil Rn. 281.

56 BGH Urt. v. 22.12.2005 – VIIZB 84/05 = BauR 2006, 674; *Locher/Koeble*, Kommentar zur HOAI, 12. Aufl. 2014, § 15 Rn. 93.

57 *Locher/Koeble*, Kommentar zur HOAI, 12. Aufl. 2014, § 15 Rn. 5, 90.

lungswirkung,[58] die bei Werkverträgen aber erst durch Erreichen des Werkerfolges, der erfolgten Abnahme der Leistung und durch Stellung einer Schlussrechnung eintreten kann.

Formulierungsvorschlag:

62 *Der AN kann die im Zahlungsplan (Anlage) vereinbarten Abschlagszahlungen für die dort aufgeführten Leistungsabschnitte schriftlich anfordern. Die Fälligkeit von Abschlagszahlungen tritt 18 Tage nach Überreichung einer Zahlungsanforderung unter Beifügung einer prüffähigen Abschlagsrechnung (Einreichung von prüfbaren Nachweisen über den erreichten und nach Zahlungsplan geforderten Leistungsstand, z. B. durch Beifügung von Statusberichten) ein.*

Alternative:

Der AN kann Abschlagszahlungen jeweils nach Abschluss der folgenden Leistungsabschnitte unter Beibringung von Nachweisen über den erreichten Leistungsstand (z. B. Beifügung von Statusberichten) schriftlich anfordern. Die Fälligkeit von Abschlagszahlungen tritt 18 Tage nach Zugang prüffähiger Abschlagsrechnungen beim AG ein.

Der AN darf Abschlagszahlungen für die vereinbarten Leistungsabschnitte in voller Höhe nur schriftlich anfordern, wenn er Sicherheit in Höhe von jeweils 10% durch Vorlage einer unbedingten, unbefristeten, unwiderruflichen und selbstschuldnerischen Bankbürgschaft leistet.

oder:

Der AN darf Abschlagszahlungen in Höhe von 90 % der erbrachten und nachgewiesenen Leistungen für die vereinbarten Leistungsabschnitte schriftlich anfordern.

6. Termine

64 **a) Vertragstermine.** Grundsätzlich ist es einem Architekten schon im Hinblick auf die kreativen und damit zeitlich nicht exakt bestimmbaren Planungsphasen und die erforderliche Mitwirkung des Auftraggebers im Planungs – und Entscheidungsprozess kaum möglich, konkrete Fertigstellungstermine für einzelne Leistungsphasen zuzusichern. Trotzdem haben beide Vertragsparteien ein wirtschaftliches Interesse an einer möglichst zügigen Abwicklung des Planungsprozesses, aber auch nach Vorliegen der Baugenehmigung an einer umgehenden ausführungsorientierten Planung, der zumeist die Vergabe der Bauleistungen vorgehen, zumindest bei einer Einschaltung eines Generalunternehmers, der erstmal mit einer Ausschreibungsplanung vorlieb nehmen muss, anhand derer das Bausoll bestimmt werden kann.

65 Eine konfliktfreie und effektive Bauausführung, die der Architekt über die ihm obliegende Koordinierungs- und Überwachungspflicht steuern muss, bringt im Ergebnis Zeitersparnisse und führt zu einer Minimierung des Arbeitsaufwands. Allein der Wille und das Interesse beider Vertragspartner gibt jedoch noch keine Gewähr für eine termingerechte Ausführung der Bau- und Architektenleistungen, zumal dies auch noch von anderen, von den Vertragspartnern nicht beeinflussbaren Faktoren abhängig ist. Die Vereinbarung von zeitlichen Meilensteinen in Form von Rahmenterminen ist deshalb zu empfehlen. Dabei reicht es nicht aus, dass dem Architektenvertrag Planungs- und Bauzeitenpläne zugrunde gelegt werden. Aus ihnen ergeben sich keine verbindlichen Festlegungen von Terminen gegenüber dem Architekten. Nach der Anlage 10 zur HOAI 2013 schuldet der Architekt als Grundleistung schon in der Leistungsphase 2 die Erstellung eines Terminplans mit den wesentlichen Vorgängen des Planungs- und Bauablaufs.

Daraus ergeben sich zwar noch keine Vertragstermine, die dortigen Vorgänge können jedoch bei einem störungsfreien Planungsablauf durchaus auch die Fälligkeit von einzelnen Planungsleistungen aus dem Grundleistungskatalog definieren bzw. vorbereiten. Für die ersten Planungsschritte, insbesondere für die Grundlagenermittlung und für die Vor-

[58] *Von Rintelen* Abschlagszahlung und Werklohn in *Vygen/Kapellmann* Jahrbuch Baurecht 2001 S. 31.

planung sollten sich die Vertragspartner Zeit lassen, so dass erst nach Fertigstellung des Vorplanungskonzepts ein Terminrahmen in Form eines Grobterminplans, der für beide Seiten einige Eckdaten festlegt, vereinbart werden sollte.

Auf der Basis dieses ersten Terminplans ist der Architekt dann in den Leistungsphasen 66
3 und 5 zur Fortschreibung des Terminplans verpflichtet, die als weitere Grundleistung in der Anlage 10 zur HOAI 2013 aufgenommen worden ist. Somit kann der Architekt auch im Rahmen der ohnehin geschuldeten Fortschreibung verpflichtet werden, weitere auch für den Planungsablauf und die nächsten Planungsschritte geltende Termine vorzuschlagen und gemeinsam mit dem Auftraggeber festzulegen, z.B. für die Vorlage des Entwurfskonzepts, für die Kostenberechnung, für die Einreichung des Bauantrags, für die Vorlage der Ausführungsplanung einschließlich Erstellung der Leistungsverzeichnisse für einzelne Gewerke. Ohne die Vereinbarung solcher Termine, auf deren Grundlage sodann später auch weitere verbindliche Einzelfristen festgelegt werden können, wird die Leistung des Architekten erst mit dem für die Ablieferung des Architektenwerks als Ganzes maßgeblichen, nur schwer feststellbaren Zeitpunkt fällig.[59]

Die Vereinbarung von Terminen für die Erfüllung einzelner Planungsschritte und darin enthaltener Einzelleistungen ist für die Herbeiführung der Fälligkeit von Leistungen und damit auch zur Wahrung der Rechte des Auftraggebers erforderlich, zumindest sinnvoll. Erst mit der Vereinbarung solcher Termine oder Fristen hat der Auftraggeber in rechtlicher Hinsicht die Möglichkeit, Verzögerungen festzustellen, Abhilfe bzw. Beschleunigung zu verlangen und die Voraussetzungen für einen Leistungsverzug im Sinne von § 286 BGB zu schaffen. Ohnedies ist es dem Auftraggeber oftmals nicht möglich, dem Architekten Verzögerungen in seiner Leistungserbringung anzulasten oder Teilleistungen fällig zu stellen und den Architekten danach in Verzug zu setzen.

Unabhängig davon ist es ohnehin schwierig, die Überschreitung vereinbarter Termine 67
dem Architekten vorzuwerfen, da dem dynamischen Planungsprozess insbesondere im Frühstadium terminliche Unwägbarkeiten immanent sind. Fehlende oder zu späte Auftraggeberentscheidungen, Planungsfreigaben oder sonstige erforderliche Mitwirkungen wie Bemusterungen sind häufig auch die Hauptgründe für Lesitungs- und Planungsverzögerungen. Frühestens für die Vorlage von Detailplänen zur Beschreibung des Bausolls im Rahmen der Ausschreibung, sodann aber auch für die erforderliche Überreichung von für die Ausführung erforderlichen Ausführungsunterlagen können dem Architekten Planlieferfristen oder Prüffristen (für die Freigabe von Ausführungsplänen der Baufirmen) aufgegeben werden, wenn sie über die Freigabe hinaus nicht mehr von Auftraggeberentscheidungen oder sonstigen Mitwirkungspflichten abhängig sind.

Bei Stufenaufträgen, bei denen eine Folgebeauftragung von dem Eintritt eines be- 68
stimmten Ereignisses, einer Bedingung oder von der (freien oder gebundenen) Entscheidung des Auftraggebers abhängt,[60] ist es kaum möglich, bereits verbindliche Terminfestlegungen für die weiteren Auftragsstufen zu treffen. Hier ist eine Bindung an Termine oder Fristen nur möglich, wenn die Folgebeauftragung zu einem bestimmten Zeitpunkt feststeht, was aber gerade vom Auftraggeber nicht gewollt ist. In diesen Fällen muss der Auftraggeber eine vertragliche Pflicht des Architekten zur Herbeiführung solcher Terminvereinbarungen statuieren, bei deren Verletzung ihm die Möglichkeit bleibt, Termine selbst nach billigem Ermessen festzulegen.

Formulierungsvorschläge:

6.1 Der AN hat die von ihm geschuldeten Leistungen für die Leistungsphasen 1–2 auf der Grundla- 69
ge des als Anlage zu diesem Vertrag vereinbarten Grobplanungsterminplans zu erbringen. Sofern die vertraglich vereinbarte Leistungserbringung behindert (gehemmt oder verzögert oder unterbrochen) ist oder eine entsprechende Behinderung bzw. eine Verzögerung droht oder bevorsteht, muss der AN dies

[59] BGH Urt. v. 3.7. 1997 – VII ZR 159/96 – BauR 1997, 1067.
[60] Vgl. dazu *Schwenker* § 5 Rn. 104ff.

dem AG unverzüglich schriftlich anzeigen und die Gründe dafür darlegen. Dies gilt auch dann, wenn die Behinderung offenkundig ist oder dem AG hätte bekannt sein müssen. Der AN hat dem AG durch die Behinderungs- oder Verzögerungsanzeige Gelegenheit zu geben, die notwendigen Entscheidungen zu treffen und/oder die hindernden Umstände beseitigen zu können.

6.2 Für die vereinbarten Leistungen bzw. die vereinbarten Leistungsschritte/Leistungsphasen ab Leistungsphase 3 werden die Vertragsparteien Ausführungstermine nach Vorliegen des in der Leistungsphase 2 erstellten Terminplans im Rahmen der Zusammenfassung und Erörterung der Vorplanungsergebnisse und vor Beginn der Entwurfsplanung festlegen. Kommen Terminsvereinbarungen nicht zustande, ist der AG nach vorheriger angemessener Fristsetzung zur gemeinsamen Festlegung solcher Termine berechtigt, die Termine für die vereinbarten weiteren Leistungsschritte bzw. für selbständige Teilleistungen aus den einzelnen Leistungsphasen nach billigem Ermessen gem. § 315 BGB, ggfs. in Anlehnung und Fortschreibung der bereits vorliegenden Terminpläne oder Rahmenterminpläne festzulegen. Diese Termine sind verbindlich, es sei denn der AN weist durch einen unabhängigen Sachverständigen unverzüglich nach, dass die vom AG festgelegten Termine nicht angemessen oder nicht einhaltbar sind und durch andere neue Termine zu ersetzen sind. Die vereinbarten oder festgelegten Termine sind verbindliche Vertragstermine.

6.3 Für die Zeit der Bauausführung hat der AN in Abstimmung mit dem AG und ggfs. den bauausführenden Unternehmern einen Bauzeitenplan aufzustellen und dessen Einhaltung zu beachten und einzufordern.

6.4 Der AN ist verpflichtet, alle für die Planung, Ausschreibung und Ausführung des Bauvorhabens erforderlichen Leistungen so rechtzeitig zu erbringen, dass die zwischen ihm und dem AG und zwischen dem AG und den anderen Planungsbeteiligten sowie den bauausführenden Unternehmern vereinbarten Termine eingehalten werden und nicht gefährdet sind. Bei vom AN verschuldeten oder mitverschuldeten Terminverzögerungen hat der AN dem AG sofortige Abhilfemaßnahmen vorzuschlagen und von sich aus jedwede Beschleunigungsmaßnahmen einzuleiten, insbesondere verstärkt Personal einzusetzen und Überstunden oder sonstige Mehrarbeit zu leisten. Nach Eintritt eines Leistungsverzugs ist der AG berechtigt, nach vorheriger Ankündigung auf Kosten des AN eine Ersatzvornahme durchzuführen, Schadensersatz geltend zu machen und/oder nach vorheriger Kündigungsandrohung den Vertrag oder den vom Verzug betroffenen Vertragsteil aus wichtigem Grund zu kündigen.

70 **b) Leistungsstörungen (Unterbrechungen und Bauzeitverlängerung):** Für den Fall einer nicht vom Architekten zu vertretenden Störung des vorgesehenen und vereinbarten Leistungsfortschritts (Planungs- und Bauablaufs) sollte der Architekt sich möglichst bereits bei Vertragsabschluss weitere Honoraransprüche sichern. Ohne eine entsprechende vertragliche Vereinbarung steht dem Architekten bei einer von ihm nicht zu vertretenen Unterbrechung seiner Leistungen oder bei einer Verlängerung der Planungs- oder Bauzeit grundsätzlich kein Anspruch auf Erhöhung des Honorars bzw. auf Erstattung von Mehraufwendungen zu. Die in § 10 HOAI vorgesehene zusätzliche Honorierung bei vertraglichen Änderungen des Leistungsumfangs kommt hier nicht zum Tragen. Eine Unterbrechung oder Verzögerung führt zu keiner inhaltlichen Änderung des Leistungsumfangs, insbesondere auch im Regelfall nicht zu einer Wiederholung von Grundleistungen.

71 Unter bestimmten, jedoch strengen Voraussetzungen kommt aber eine Honoraranpassung bei einer Störung der Geschäftsgrundlage, die vor allem in einer gravierenden und nicht vorhersehbaren Bauzeitverlängerung liegen kann, in Betracht. Voraussetzung dafür ist, dass sich Umstände, die zur Grundlage des Vertrags geworden sind, schwerwiegend verändert haben und einem Vertragspartner das Festhalten am unveränderten Vertrag nicht zugemutet werden kann (§ 313 BGB).

72 *aa) Unterbrechungen.* Das Gesetz sieht hierfür einen verschuldensunabhängigen Entschädigungsanspruch gem. § 642 BGB auf Ausgleich der verzugsbedingten Nachteile und eines etwaigen Mehraufwandes vor, beispielsweise aus der erforderlichen Vorhaltung von Arbeitskraft bei verlängerter Personalvorhaltung bzw. nutzloser Bereitstellung von personellen Kapazitäten und veränderten Dispositionen. Die Entschädigung erhält der Auf-

tragnehmer dafür, dass er für den AG Kapital und Arbeitskraft bereithält[61]. Der Anspruch setzt voraus, dass der Auftraggeber Mitwirkungshandlungen unterlassen oder gegen Mitwirkungspflichten verstoßen hat und sich trotz eines Leistungsangebots und der damit dokumentierten Leistungsbereitschaft des Architekten in Annahmeverzug befindet. Der Anspruch umfasst nicht den Gewinn, da dem Unternehmer neben dem Anspruch auf Entschädigung der Anspruch auf die vereinbarte Vergütung verbleibt, der bereits Gewinn und Wagnis beinhaltet[62].

Mit Blick darauf, dass der Anspruch auf eine „angemessene Entschädigung" bei einem 73 Annahmeverzug des Auftraggebers schwer bezifferbar ist, bietet es sich an, die Höhe der Entschädigungsansprüche bei nicht vom Architekten zu vertretenden Unterbrechungen oder Verzögerungen in der Leistungserbringung, die auf eine fehlende Mitwirkung des Auftraggebers (z. B. fehlende Planfreigabe, nicht vorliegende Finanzierung, nicht vorliegende Planungsunterlagen von anderen Beteiligten) beruhen, vertraglich zu regeln und den zu erwartenden zeitlichen und personellen Mehraufwand durch einen pauschalen täglichen, wöchentlichen oder monatlichen Entschädigungssatz abzugelten. Vertragliche Vereinbarungen über einen finanziellen Ausgleich bei Annahmeverzug des Auftraggebers konkretisieren den gesetzlichen Entschädigungsanspruch der Höhe nach, was schon deshalb Sinn macht, weil für die Berechnung der Entschädigung streitig ist, ob ein Ausgleich „für die Dauer" des Annahmeverzugs oder „aufgrund" des Annahmeverzugs erfolgt. Für Zahlungen auf der Grundlage von § 642 BGB ist Umsatzsteuer anzusetzen. Die Entschädigung hat Vergütungscharakter und ist deshalb auch mehrwertsteuerpflichtig.[63]

bb) Bauzeitverlängerung: Eine Regelung zur Abgeltung aller im Rahmen der Objektüber- 74 wachung entstehenden Mehraufwendungen aus einer vom Architekten nicht zu vertretenden gravierenden Bauzeitverlängerung gibt den Parteien vertragliche und honorarrechtliche Sicherheit; dies dann unabhängig davon, ob eine Bauzeitverlängerung vom Bauherrn oder von den ausführenden Unternehmern verursacht worden oder unabwendbar ist.

Bei der Verlängerung der Bauzeit muss der Architekt allerdings keine über die vertraglich vereinbarten Leistungen hinausgehenden zusätzlichen Überwachungsleistungen oder Wiederholungsleistungen erbringen, sondern die Leistungen über einen verlängerten Zeitraum hinweg strecken. Er arbeitet also letztlich nicht mehr, sondern nur weniger effektiv. Der Ersatz der Mehrkosten zielt daher auf einen Ausgleich für das unfreiwillig ineffiziente Arbeiten. Die Leistungsphase 8 (Objektüberwachung) enthält zeitabhängige und zeitneutrale Leistungen im Rahmen der Objektüberwachung. Zu ersteren gehören folgende Grundleistungen:

Überwachen der Ausführung des Objektes
Überwachen der Ausführung von Tragwerken
Koordinieren der an der Objektüberwachung fachlich Beteiligten
Dokumentation des Bauablaufs
Kostenkontrolle

Eine Vereinbarung über eine Honorarerhöhung setzt voraus, dass sich die Parteien be- 75 reits bei Vertragsabschluss oder später auf eine (Regel-)Bauzeit, die der Leistungserbringung und damit auch dem vereinbarten Honorar zugrunde liegt, einigen und eine solche Zeitdauer für die Bauüberwachung (Baubeginn bzw. Beginn der Überwachungstätigkeiten bis zur Beseitigung der bei der Bauabnahme vorbehaltenen Mängel) zugrunde legen. Auch wenn ein solcher Zusatzanspruch erst dann berechnet werden kann, wenn die tatsächlich veranschlagte Bauzeit bekannt ist, sollten die Grundlagen für die Berechnung dieses Anspruchs bereits im Vertrag geregelt werden, so dass später nur noch die vorgese-

[61] BGH Urt. v. 24.1.2008 – VII ZR 280/05, IBR 2008, 202.

[62] OLG Hamburg, Urteil vom 29.3.2012 – 13 U 26/07; BGH, Beschluss vom 6.2.2014 – VII ZR 124/12 (Nichtzulassungsbeschwerde zurückgewiesen).

[63] BGH Urt. v. 24.1.2008 – VII ZR 280/05 – BauR 2008, 821; *Kniffka/Koeble*, Kompendium des Baurechts 4. Aufl. 2013, 8. Teil Rn. 37.

hene und dem im Terminplan und dessen Fortschreibungen dokumentierten Bauablauf entsprechende Bauzeit festgelegt werden muss. Als Grundlage für einen solchen Anspruch genügt auch eine Vereinbarung, wonach sich die Parteien zur Honoraranpassung verpflichten[64]. Genauso ausreichend ist aber auch eine Vereinbarung, wonach die Vertragspartner verpflichtet sind, über eine angemessene Erhöhung des Honorars für die Bauüberwachung zu verhandeln[65] Eine solche Klausel hat die Bedeutung einer Zahlungsverpflichtung, selbst wenn der Bauherr nicht verhandelt und auch nicht freiwillig in eine Zahlung einwilligt. Der Architekt kann auf die Zahlung der angemessenen Vergütung dann auch gerichtlich in Anspruch nehmen. Eine solche Klausel verstößt auch nicht gegen die HOAI als Preisrecht, sofern die Anpassung auf nicht vorhersehbare Umstände zurückzuführen ist. Nicht vorhersehbare Bauzeitverlängerungen betreffen die Geschäftsgrundlage des Vertrages, die außerhalb der HOAI bei Störungen gesetzliche Ansprüche aus §§ 313 f BGB auslösen kann.

76 Nach § 7 Abs. 4 HOAI kann eine Erhöhung des Honorars auch über den Höchstsatz hinaus vereinbart werden, wenn eine ungewöhnlich lange dauernde Leistung vorliegen sollte, was nur durch die Festlegung einer Regelbauzeit und deren spätere ungewöhnliche Überschreitung festgestellt werden kann. In dem Fall, in dem trotz Überschreitung einer Regelbauzeit eine ungewöhnlich lange dauernde Leistung im Sinne von § 7 Abs. 4 HOAI noch nicht vorliegt, kann ein zusätzlicher Anspruch der Höhe nach auf nur auf den Höchstsatz der Leistungsphase 8 begrenzt werden, um dem Preisrecht der HOAI gerecht zu werden. Die Vereinbarung einer Honorarerhöhung für den noch nicht ungewöhnlich langen Zeitraum ist möglich, aber nicht zwingend. Die Honorarerhöhung muss aber einerseits den Zeitraum umfassen, innerhalb dessen es sich noch nicht um eine ungewöhnlich lange dauernde Leistung handelt (Toleranzrahmen), und andererseits den Zeitraum, der die Schwelle zum Vorliegen einer ungewöhnlich lang andauernden Leistung überschreitet.

Beispiel:
Vorgesehener Bauablauf im Terminplan der Leistungsphase 2:
8 Monate
Vorgesehener Bauablauf nach der Fortschreibung des Terminplans in der Leistungsphase 5:
9 Monate
(Vertragliche Regelbauzeit ist nach den Vertragsbedingungen auf diesen Zeitraum festgelegt).
Tatsächliche Bauzeit:
15 Monate

Für die ersten drei Monate gilt eine Honorarerhöhung linear bis zum Höchstsatz der Leistungsphase 8 bezogen auf die zeitabhängigen Grundleistungen, die nach der Siemon – Tabelle zu bewerten sind.

Für die weiteren drei Monate gilt § 7 Abs. 4 HOAI mit der Folge einer freien Vereinbarung über die Honorarhöhe, jedenfalls aber ohne Höchstsatzbeachtung. Auch wenn es für eine vertraglich wirksame Regelung ausreicht, eine Regelbauzeit festzulegen und eine Erhöhung für den Fall der Überschreitung vorzusehen, ohne die Höhe des Honorars (Gebühr, um die sich die Sätze der HOAI erhöhen) zu bestimmen[66], ist eine Vereinbarung der Höhe nach sinnvoll und streitvermeidend, etwa durch die Festlegung einer Monatspauschale für eine Bauzeitverlängerung, die über 25% der Regelbauzeit hinausgeht, ermittelt aus den Vom-Hundert-Sätzen der zeitabhängigen Grundleistungen und dem damit verbundenen Mehraufwand durch eine verlängerte Objektüberwachung. Gleichzeitig sollte eine Anrechnung bzw. Abgeltung dieses Honorars auf einen etwaigen Ent-

[64] OLG Brandenburg Urt. v. 16.12.1999 – Az 12 U 34/99 – BauR 2001, 1772.
[65] BGH Urt. v. 30.9.2004 – VII ZR 456/01 – BauR 2005, 118.
[66] Locher/Koeble/Frik, Kommentar zur HOAI, 12. Aufl. § 7 Rn. 148.

schädigungsanspruch geregelt werden, sofern die Bauzeitverzögerung auch die Ursache in nicht erfüllten Mitwirkungspflichten oder -handlungen des Auftraggebers hat. Damit würde die Honorarerhöhungsvereinbarung bei Bauzeitverlängerungen auch einen finanziellen Ausgleich für die Durchkreuzung zeitlicher und personeller Dispositionen beinhalten. Sollte jedoch die Bauzeitverzögerung allein auf Umständen beruhen, die nicht aus der Einflusssphäre des Auftraggebers herrühren, sondern allein einer der bauausführenden Unternehmer zu vertreten hat, kann die aus der gestuften Honorarerhöhung resultierende Zahlungsverpflichtung des Auftraggebers auch als (Verzögerungs-)Schaden gegenüber dem verantwortlichen Unternehmer geltend gemacht werden.

Formulierungsvorschläge:

6.5 Tritt wegen unterbliebener oder wegen verspäteter Erfüllung der dem AG obliegenden Mitwirkungshandlungen oder Mitwirkungspflichten eine Behinderung, Unterbrechung oder sonstige Leistungsstörung ein und hat der AN eine entsprechende Behinderungsanzeige gestartet und den AG erfolglos zur Mitwirkung aufgefordert, steht dem AN für die Dauer einer Störung eine angemessene Entschädigung in Höhe von .... EUR und für die Dauer einer Unterbrechung eine angemessene Entschädigung in Höhe von .... EUR zu. 77

6.6 Die Vertragsparteien gehen von einer Bauzeit (Baubeginn bis zur rechtsgeschäftlichen Abnahme des Bauwerks durch Abnahme aller Bauleistungen/bis zur Beseitigung aller bei den Abnahmen gerügten Baumängel) von ... Monaten aus, die Grundlage der in diesem Vertrag getroffenen Honorarvereinbarung ist. Sollte die Bauzeit aus Gründen, die der AN nicht zu vertreten hat und die auch nicht aus seiner Sphäre resultiert, um bis zu ... Monate / 20% der vereinbarten Bauzeit überschritten werden, bleibt das vereinbarte Honorar unberührt.

6.7 Bei einer darüber hinausgehenden Überschreitung der Bauzeit (Verlängerung der Objektüberwachung) steht dem AN ein Anspruch auf Honorarerhöhung für die zeitbezogenen Grundleistungen der Objektüberwachung zur Abgeltung aller entstehenden Mehraufwendungen einschließlich Entschädigung nach § 642 BGB (für Personalvorhaltung) in der verlängerten Bauzeit zu, wobei das Zusatzhonorar nur bis zum Höchstbetrag der Vergütung je Monat anfällt, die er als Anteil der Vergütung für die Objektüberwachung je Monat der vereinbarten Bauzeit erhalten hat.[67]

Alternativ: Der zusätzliche Honoraranspruch berechnet sich wie folgt: Das anteilige Nettogesamthonorar (ohne Nebenkosten) für die Ausführungsphase 8 a (Objektüberwachung bis zur Abnahme des Bauwerks) wird pro angefangener Woche der honorarfähigen Bauzeitverlängerung um ... % bis zur Erreichung des preisrechtlichen Höchstsatzes erhöht.

Eine Bauzeitverlängerung über 60 % der in Ziff. 6.6 vereinbarten und dem Vertrag zugrunde liegenden Regelbauzeit gilt als ungewöhnlich lange dauernde Leistung gem. § 7 Abs. 4 HOAI, für die die Begrenzung auf das Höchstsatzhonorar entfällt. Der AN ist berechtigt, einen über die Honorarerhöhung nach Ziff. 6.6. hinausgehenden Honoraranspruch von wöchentlich ... EUR, maximal jedoch eine weitere Steigerung um 50 % des geltenden Höchstsatzes aus der einschlägigen Honorartafel geltend zu machen.

Typische Fehlerquellen: 78

Der Architekt sollte bei Abschluss des Architektenvertrages darauf drängen, eine Bauzeitverlängerungsklausel zu vereinbaren, um damit zu dokumentieren, dass er eine Bauzeitverlängerung und einer Verzögerung der Bauausführung vorhersieht. Dann ist schon 7 Abs. 4 HOAI einschlägig, ohne auf die Störung der Geschäftsgrundlage abstellen zu müssen. Merkwürdigerweise muss nämlich die Vereinbarung eines zusätzlichen Honorars für ungewöhnlich lang dauernde Leistungen bereits bei Auftragserteilung getroffen sein. Dies galt schon für die alte fast gleichlautende Vorschrift des § 4 Abs. 3 HOAI und gilt demzufolge auch für die jetzige Bestimmung in § 7 Abs. 4 HOAI[68].

---

[67] Siehe Ziff. 2.8 der RBBau (Vertragsmuster der öffentlichen Hand).

[68] BGH Urt. v. 30.9.2004 – VII ZR 456/01 – BauR 2005, 118; *Koeble/Frik*, Kommentar zur HOAI, 12. Aufl. § 7 Rn. 159.

Eine Vereinbarung, wonach der Auftraggeber verpflichtet ist, mit dem Architekten über eine angemessene Erhöhung des Honorars für die Bauüberwachung zu verhandeln und /oder sich mit ihm zu einigen, gibt nur eine eingeschränkte Rechtssicherheit. Sie reicht aber aus, um dem Architekten einen Anspruch auf Zahlung eines angemessenen Honorars zu gewähren, wenn eine Einigung mit dem Bauherrn scheitert [69]; dies jedenfalls dann, wenn der Architekt mit der Honorarerhöhung den ihm durch die Verzögerung entstehenden Zusatz- bzw. Mehraufwand erstattet haben will und dies auch in der Vereinbarung als Bezugsgröße („für den Mehraufwand") ausdrücklich erwähnt. Jedenfalls muss der Architekt dann keine Aufstellung über seine zusätzliche Tätigkeit nach Tagen oder Stunden, Tätigkeitsbeschreibungen und Personen vorlegen, sondern nur den Mehraufwand für das Überwachungspersonal darlegen und belegen.[70]

Vereinbarungen, die eine Honorarerhöhung davon abhängig machen, dass die Bauzeitverlängerung auf Umständen beruht, die vom Auftraggeber zu vertreten sind, sind aus Sicht des Architekten nicht zu empfehlen. Dann sind nämlich von den bauausführenden Unternehmern verursachte und verschuldete Verzögerungen kein Grund für eine Honorarerhöhung, weil sie vom Auftraggeber im Regelfall nicht zu vertreten sind. Ein Anspruch auf Honorarerhöhung wäre in diesem praktisch häufig vorkommenden Fall nur dann durchsetzbar, wenn dem Auftraggeber selbst ein Verschulden an der Bauzeitverzögerung vorzuwerfen wäre (z. B. bei Verzögerungen von Planungsentscheidungen oder schuldhafter Verletzung sonstiger Mitwirkungspflichten gegenüber dem ausführenden Unternehmen). Das Verschulden des Unternehmers muss er sich jedenfalls nicht über § 278 BGB zurechnen lassen. Der Bauunternehmer ist insoweit kein Erfüllungsgehilfe des Auftraggebers gegenüber dem Architekten. Deshalb sollte der Architekt darauf achten, den Honorarerhöhungsanspruch ausschließlich daran zu koppeln, dass er selbst die eingetretene Bauzeitverzögerung nicht zu vertreten hat.

Eine vom Auftraggeber verwendete Formularklausel, die den Entschädigungsanspruch des § 642 BGB davon abhängig macht, dass der Auftraggeber die zur Verlängerung führenden Umstände zu vertreten hat, ist unwirksam.[71] Der Entschädigungsanspruch ist verschuldensunabhängig, so dass der Auftraggeber auch für Störungen aus der Sphäre der Bauunternehmer einzustehen hat, wenn diese zu einer Leistungsunterbrechung führen.

7. Abnahme

79 **a) Abnahmefähigkeit.** Für den Gewährleistungsbeginn, den Lauf der Verjährungsfrist und für den Eintritt der sonstigen Abnahmewirkungen kommt es auf den Zeitpunkt der Abnahme des Architektenwerks an. Architektenleistungen sind abnahmefähig und einer Abnahme zugänglich.[72] Ohne eine vertragliche Regelung ist aber oft unklar, ob und wann der Auftraggeber die Abnahme erklärt und das Werk als in der Hauptsache vertragsgerecht gebilligt hat. Es kann dann allenfalls aus dem Verhalten des Auftraggebers auf einen Abnahmewillen geschlossen werden, z. B. durch eine vorbehaltlose Zahlung des Architektenhonorars oder durch eine Aufforderung an den Architekten, die Schlussrechnung vorzulegen. Voraussetzung für die Abnahme ist zunächst die vertragsgemäße und im Wesentlichen mangelfreie Erbringung aller vom Architekten geschuldeten Leistungen. Danach ist der Auftraggeber verpflichtet, die Abnahme durchzuführen.

80 Der Zeitpunkt der Abnahmefähigkeit ist vom Inhalt und der Ausgestaltung des Architektenvertrages abhängig. Ist der Architekt lediglich mit der Planung für das Bauwerk beauftragt worden, ist die Leistung zwar durch die körperliche Übergabe der Planungsunterlagen vollendet. Fraglich ist dann aber, ob sich für die Abnahmefähigkeit

69 BGH Urt. v. 30.9.2004 – VII ZR 456/01 – BauR 2005, 118.

70 BGH Urt. v. 30.9.2004 – VII ZR 456/01 – BauR 2005, 118; Locher/Koeble/Frik, Kommentar zur HOAI, 12. Aufl. § 7 Rn. 158.

71 OLG Köln Urt. v. 11.7.1989 – 22 U 303/88, 1990, 762.

72 BGH Urt. v. 30.9.1999 – VII ZR 162/97 – BauR 2000, 128.

die Pläne auch im Bauwerk verkörpert haben müssen. Nur dann kann eigentlich festgestellt werden, ob die Planung mangelfrei ist und zur Entstehung eines mangelfreien Bauwerks beigetragen hat. In solchen Fällen sollte deshalb geregelt werden, wann der Auftraggeber zur Abnahme des Architektenwerks verpflichtet ist. Sofern eine Abnahme der erbrachten und bereits weit vorher vollendeten Planungsleistungen erst mit der Abnahme des Bauwerks erfolgen soll, wird dadurch die Gewährleistungsfrist faktisch verlängert, da zwischen Erfüllung der geschuldeten Planungsleistungen und der Abnahme des Bauwerks oftmals ein größerer Zeitraum liegen kann. Häufig wird aber auch baubegleitend geplant, so dass die Ausführungsplanung ohnehin erst kurz vor Fertigstellung der Bauleistungen vollendet wird. In diesen Fällen ist es erforderlich, die Abnahme der Planungsleistungen mit der Abnahme des Bauwerks zu verbinden und dies vertraglich auch so zu regeln.

Demgegenüber scheidet eine körperliche Übergabe als Anknüpfungspunkt für die Ab- 81
nahme aus, wenn der Architekt auch Leistungen für die Vergabe und die Objektüberwachung zu erbringen hat. Die Abnahme der Architektenleistungen aus der Leistungsphase 8 kann nicht mit der Abnahme des Bauwerks verbunden oder gleichgesetzt werden, da in der Leistungsphase 8 auch noch weitere, über die rechtsgeschäftliche Bauabnahme hinausgehende Leistungen wie die Rechnungsprüfung, die Kostenfeststellung und die Überwachung der Mängelbeseitigungsarbeiten zu erbringen sind. Ebenso wenig kann aus dem Bezug des Gebäudes durch den Auftraggeber eine Abnahme des Architektenwerks abgeleitet werden, da die übertragenen Architektenleistungen zu diesem Zeitpunkt noch nicht vollendet sind. Auch scheidet die Inbenutzungnahme des Bauwerks für eine konkludente Abnahme aus, wenn noch nicht alle Leistungen vollständig erbracht worden sind. Dies gilt erst recht, wenn der Architekt auch mit der Leistungsphase 9 beauftragt worden ist.

Unabhängig davon sind vertragliche Regelungen zur Abnahme auch sinnvoll, da der 82
Zeitpunkt der Abnahme und der Abnahmefähigkeit der Architektenleistungen oft unbestimmt ist, da auch die Vollendung der Architektenleistungen der Leistungsphase 8 in vielen Fällen unklar bleibt. So kann auch die Beaufsichtigung der Mängelbeseitigung durch den beauftragten Bauunternehmer oder durch einen im Wege der Ersatzvornahme eingeschalteten Dritten zu den im Rahmen der Leistungsphase 8 geschuldeten Leistungen gehören, selbst wenn es sich um Mängel handelt, die erst nach der Abnahme der Bauleistungen aufgetreten sind, sofern sie der Architekt nun ebenfalls zu vertreten hat (Überwachungsverschulden);[73] dies obwohl grundsätzlich die Leistungsphase 8 mit der Beseitigung der bei der Abnahme vorbehaltenen Mängel insoweit abgeschlossen ist. Dabei schuldet der Architekt die Überwachung der Mängelbeseitigung für diejenigen Mängel, die bis und bei der Abnahme aufgetreten sind. Dagegen betrifft die in der HOAI als Besondere Leistung in der Leistungsphase 9 genannte Tätigkeit diejenigen Mängel, die nach der Abnahme aufgetreten sind. Wenn der Bauunternehmer seiner Mängelbeseitigungspflicht nicht nachkommt, muss der Architekt noch eine Frist bzw. Nachfrist setzen, bevor er dem Auftraggeber von der Verweigerungshaltung des Unternehmers Kenntnis geben und ihm die weiteren rechtlichen Möglichkeiten (Ersatzvornahme, Kostenvorschuss etc.) aufzeigen muss. Bei der Überwachung der Beseitigung der bei der Abnahme der Bauleistungen festgestellten Mängel ist es unerheblich, ob es um die Mängelbeseitigung durch den ursprünglich beauftragten Unternehmer oder um die Mängelbeseitigung im Wege der Ersatzvornahme geht.[74]

Aus Sicht des Architekten bietet es sich demzufolge an, klare Regelungen für die Ab- 83
nahme zu treffen, den Abnahmetermin möglichst gemeinsam festlegen zu können. Sollte ein gemeinsamer Abnahmetermin scheitern, kann der Architekt den Auftraggeber zur Abnahme innerhalb einer gesetzten Frist auffordern mit der Folge, dass nach fruchtlosem

---

[73] *Locher/Koeble/Frik* Kommentar zur HOAI 12. Aufl. 2014, Einl. 129.

[74] OLG Hamm, Urt. v. 19.11.2014 – 12 U 58/14 – IBR 2015, 147.

Fristablauf das Architektenwerk als abgenommen gilt (§ 640 Abs. 1 S. 2 BGB). Voraussetzung dafür ist, dass das Werk des Architekten abnahmefähig und der Auftraggeber zur Abnahme verpflichtet war, d. h. zu Unrecht die Abnahme verweigert hat. Die Vollständigkeit und Mangelfreiheit seiner Leistungen zum Zeitpunkt der Fristsetzung bzw. des Fristablaufs muss der Architekt im späteren Streitfall nachweisen.

Formulierungsvorschlag:

84 *7.1. Die Leistungen des AN bedürfen einer gemeinsamen förmlichen Abnahme, die der AN hiermit verlangt. Sollte der AG eine förmliche Abnahme trotz Vorliegens der Abnahmevoraussetzungen nicht durchführen, gelten die Leistungen des AN als vom AG abgenommen, wenn der AN die vollständige und im Wesentlichen mangelfreie Fertigstellung dem AG schriftlich anzeigt und der AG nicht innerhalb von zehn Kalendertagen dieser Fertigstellungsanzeige widerspricht und die Gründe für den Widerspruch oder die fehlende Abnahmereife darlegt. Die Parteien sind verpflichtet, nach einem etwaigen berechtigten Widerspruch des AG nach Beendigung des Abnahmehindernisses erneut die förmliche Abnahme durchzuführen. Satz 2 gilt entsprechend.*

85 **b) Teilabnahme.** Bei Erteilung eines Vollauftrags, bis einschließlich Leistungsphase 9 – Objektbetreuung – setzt die vertragsgemäße Erfüllung aller Leistungen selbstredend auch die Vollendung aller Leistungen der Leitungsphase 9 voraus. Die zeitlich letzten Leistungen sind die Objektbegehung zur Mängelfeststellung vor Ablauf der bauvertraglichen Verjährungsfristen (längstens aber bis zum Ablauf von fünf Jahren seit Abnahme der Bauleistungen) und die Mitwirkung bei der Freigabe der Sicherheitsleistungen. Deshalb muss der Architekt darauf achten, eine separate Abnahme (Teilabnahme) nach Erbringung der Leistungen der Leistungsphase 8 zu vereinbaren, damit die Verjährungsfrist für die rein baubezogenen Gewährleistungsansprüche des Auftraggebers bereits mit Vollendung der Leistungsphase 8 beginnen kann. Ohne ausdrückliche Vereinbarung besteht kein Anspruch auf Teilabnahme. Das gesetzliche Werkvertragsrecht sieht keine Regelung über Teilabnahmen vor. Solche Regelungen sind aber selbst in AGB[75] zulässig. Erstellt der Architekt bei einem Vollauftrag die Schlussrechnung über alle Leistungen bis einschließlich Leistungsphase 8 und gleicht sie der Bauherr auch aus, ist damit keine Teilabnahme vereinbart oder erfolgt[76]

Formulierungsvorschlag:

86 *7.2. Der AG ist verpflichtet, die Leistungen des AN nach vollständiger und im Wesentlichen mangelfreier Erfüllung der Leistungsphase 8 rechtsgeschäftlich abzunehmen (Teilabnahme). Mit der Teilabnahme beginnt die Gewährleistungsfrist für die bis dahin erbrachten Leistungen des AN.*

Es bietet sich aus Sicht des Architekten an, gerade bei Stufenverträgen für die Leistungsphasen 1–4 eine Teilabnahme zu vereinbaren, da der Werkerfolg der Erstellung einer baugenehmigungsreifen Planung mit der Erteilung der Baugenehmigung erfüllt worden ist und die baurealisierende Planung einschließlich des Bewirkens der Entstehung eines mangelfreien Bauwerks einen eigenständigen Werkerfolg darstellt. Wenn dann Fehler in der Entwurfsplanung festgestellt werden, und sie nicht in der Ausführungsplanung beseitigt worden sind, stehen dem Bauherrn neben den Gewährleistungsansprüchen für die Entwurfsplanung auch die Erfüllungsansprüche im Rahmen der geschuldeten Ausführungsplanung zur Verfügung. Wenn sich ein Planungsfehler aber im Bauwerk verkörpert hat, kann aus der Schlechtplanung nur noch Schadensersatz, nicht aber Mängelbeseitigung hinsichtlich des Architektenfehlers verlangt werden. Treten nach der Bauabnahme, aber noch vor der Vollendung aller geschuldeten Leistungen aus der Leistungsphase 8 Baumängel auf, die der Architekt zu vertreten hat, gehört die Beaufsichtigung der Mängelbeseitigung durch den verantwortlichen Bauunternehmer oder durch einen Ersatzun-

---

[75] BGH Nichtannahmebeschluss v. 5.4.2001 – VII ZR 161/00 – BauR 2001, 1928.

[76] BGH Urt. v. 20.10.2005 – VII ZR 155/04 – BauR 2006, 396.

ternehmer zu den vom Architekten geschuldeten Leistungen. Erst wenn diese Mängel beseitigt sind, kommt eine (Teil-) Abnahme in Betracht.

Typische Fehlerquelle:

Teilabnahmen müssen ausdrücklich für in sich abgeschlossene Leistungen oder Leistungsphasen, möglichst unter der Überschrift und im Kontext mit der „Abnahme" vereinbart werden. Eine vom Architekten verwendete Klausel in einem Architektenvertrag über die Leistungsphasen 1–9, die den Beginn der eigenen Gewährleistungsfrist für die Leistungen der Leistungsphasen 1–8 unter der Überschrift „Gewährleistung/Gewährleistungsfristen" regelt und dafür eine (Teil-) Abnahme vorsieht, enthält keine wirksame Vereinbarung einer Teilabnahme der Leistungen aus den Leistungsphasen 1–8. Sie stellt eine nicht transparente und überraschende Klausel dar und ist deshalb unwirksam (§§ 305 c, 307 Abs. 1 Satz 2 BGB). 87

8. Mängelhaftung/Haftpflichtversicherung

Die formularmäßige Vereinbarung von gegenüber dem Gesetz wesentlich verlängerten Gewährleistungsfristen ist problematisch, auch wenn in § 202 Abs. 2 BGB vorgesehen ist, dass die Verjährungsfrist bis zu einer Obergrenze von 30 Jahren verlängert werden kann. Eine Verlängerung der werkvertraglichen Gewährleistungsfrist, die das gesetzliche Leitbild widerspiegelt, ist deshalb nur in angemessenem Rahmen zulässig; nämlich dann, wenn sie durch ein besonderes Interesse oder ein erhöhtes Bedürfnis des Auftraggebers gerechtfertigt ist.[77] 88

Typische Fehlerquelle:

Für die Freianlagenplanung gilt nach § 634 a Abs. 1 Nr. 1 BGB die zweijährige Frist, so dass bei einem Architektenvertrag, der neben der Gebäudeplanung auch die Freianlagenplanung umfasst, bei einer undifferenzierten Vereinbarung der Gewährleistungsfrist von fünf Jahren die gesetzliche Verjährungsfrist bewusst oder unbewusst, jedenfalls unzulässig verlängert würde. Deshalb sollte im Vertrag entsprechend zwischen den beiden Leistungsbildern (bei einer zulässigen Verlängerung der gesetzlichen Fristen) differenziert oder allgemein auf die gesetzlichen Gewährleistungsfristen verwiesen werden. Zu beachten ist auch, dass der Architekt Versicherungsschutz für Haftungsfälle nur innerhalb der gesetzlichen Verjährungsfrist hat. Dem Auftraggeber helfen Verjährungsverlängerungen also auch nur beschränkt. Er sollte sich für Ansprüche, die nicht oder nicht mehr dem Versicherungsschutz unterliegen, eine separate Sicherheitsleistung geben lassen, zum Beispiel im Austausch mit der Billigung einer Vereinbarung über die Teilabnahme. 89

Zu berücksichtigen ist, dass der Architekt nach den Länderarchitektengesetzen verpflichtet ist, eine Berufshaftpflichtversicherung abzuschließen und zu unterhalten. Dies hat zur Folge, dass zumindest für versicherbare Schäden und Risiken im Rahmen der vereinbarten Versicherungssummen kein berechtigtes oder schützenswertes Interesse des Architekten an einem Haftungsausschluss oder einer Haftungsbeschränkung (zum Nachteil des Auftraggebers) besteht. Ein zu Lasten des Auftraggebers gehender Haftungsausschluss oder eine Haftungsbeschränkung würde allein der Berufshaftpflichtversicherung, die gerade für diese Haftung abgeschlossen worden ist, zu Gute kommen. 90

Der Abschluss und die Unterhaltung einer ausreichenden Berufshaftpflichtversicherung mit hohen Deckungssummen sind von großer Bedeutung. Deshalb sollte der Auftraggeber auch den Nachweis des Abschlusses einer entsprechenden Haftpflichtversicherung bei Vertragsabschluss verlangen und bei nicht fristgerechter Vorlage einer Versicherungsbestätigung berechtigt sein, rechtliche Konsequenzen zu ziehen (z. B. Kündigung oder Recht auf Zahlungsverweigerung bzw. Zurückbehaltungsrecht). 91

---

[77] BGH Urt. v. 9.5.1996 – VII ZR 259/94 – BauR 1996, 707.

92 Die vom Architekten unterhaltene Berufshaftpflichtversicherung reicht aber oft nicht aus, um den notwendigen Schutz bieten zu können. Die Versicherung stellt nach ihren Versicherungsbedingungen die Deckungssummen nicht unbegrenzt, sondern in der Regel zweifach maximiert pro Versicherungsjahr zur Verfügung. Dies bedeutet, dass unter Umständen die Versicherung dem Auftraggeber keinen umfassenden Schutz bieten kann, wenn die Deckungssummen wegen mehrerer Verstöße und Schadensfälle bei mehreren Bauvorhaben die Versicherungssummen aufgebraucht sind. Deshalb sollte der Architekt verpflichtet werden, die Grunddeckung oder die begrenzte Maximierung aufzustocken und eine Erhöhung der Deckungssummen oder der jährlichen Maximierung durch Abschluss einer Exzedentenversicherung bereits bei Vertragsabschluss vorzunehmen. Der Auftraggeber sollte sich unabhängig davon jährlich darüber informieren, ob die vereinbarten Deckungssummen noch zur Verfügung stehen. Dabei ist im Interesse beider Vertragsparteien auch darauf zu achten, dass der Versicherer nicht nur eine fünfjährige, sondern eine weitergehende Nachhaftung gewährt. Auch wenn durch die Verkürzung der absoluten Verjährungsfrist von 30 Jahren auf 10 Jahre gem. § 199 Abs. 4 BGB für andere Ansprüche als Schadensersatzansprüche eine zehnjährige Nachhaftung ausreichen würde, bleibt die Verjährungsfrist von Schadensersatzansprüchen, die auf der Verletzung von Leben, Körper oder Gesundheit beruhen, bei 30 Jahren (§ 199 Abs 2 BGB). Andernfalls droht der Verlust des Versicherungsschutzes, wenn dem Versicherer ein innerhalb der gesetzlichen Gewährleistungsfrist aufgetretener Verstoß erst nach Ablauf dieser Frist gemeldet wird. Der Deckungsschutz sollte deshalb auch für das Spätschadenrisiko gegeben sein.

Formulierungsvorschlag:

93 *8.1 Zur Absicherung von Ersatzansprüchen des AG aus diesem Vertrag hat der AN eine Berufshaftpflichtversicherung mit den Mindestdeckungssummen*

für Personenschäden	*1 Mio. EUR*
für Sach- und Vermögensschäden	*1 Mio. EUR*

nachzuweisen und für die gesamte Dauer des Vertrags aufrecht zu erhalten. Die Deckungssummen müssen vierfach pro Versicherungsjahr zur Verfügung stehen.

Bei Großprojekten wird es sich im Interesse beider Vertragsparteien anbieten, projektspezifische bzw. objektbezogene Haftpflicht- bzw. Zusatzversicherungen abzuschließen, um dem gesteigerten Haftungspotential Rechnung zu tragen.

Alternativvorschlag:

8.1 Zur Absicherung von Ersatzansprüchen des AG aus diesem Vertrag hat der AN eine projektbezogene Berufshaftpflichtversicherung mit den Deckungssummen

für Personenschäden pro Verstoß	*2,5 Mio. EUR*
für Sach- und Vermögensschäden pro Verstoß	*2,5 Mio. EUR*

abgeschlossen, die für die gesamte Dauer des Vertrags aufrecht zu erhalten ist.

94 *8.2 Zum Nachweis des vereinbarten Versicherungsschutzes ist der AN verpflichtet, dem AG innerhalb von zwei Wochen nach Unterzeichnung des Vertrages eine entsprechende Bestätigung seines Haftpflichtversicherers (Versicherungspolice) zuzuleiten. Legt der AN dem AG den Versicherungsnachweis nicht fristgerecht vor, ist der AG nach Ablauf einer gesetzten Nachfrist von zwei Wochen mit Kündigungsandrohung zur Kündigung des Vertrages aus wichtigem Grund berechtigt. Im Übrigen sind ohne Vorlage dieses Nachweises Honoraransprüche des AN nicht zur Zahlung fällig.*

95 Schließlich sollte auch noch eine Anzeigepflicht des Architekten und eine Zusicherung über den Bestand der Deckungssummen geregelt werden, sofern der Versicherungsschutz nicht oder nicht mehr in der vereinbarten Höhe besteht.

Formulierungsvorschlag:

8.3 Der AN ist zur unverzüglichen Anzeige verpflichtet, wenn und soweit der Versicherungsschutz in der vereinbarten Höhe nicht mehr besteht oder in Frage gestellt ist. Dies gilt auch, sofern die pro Versicherungsjahr zur Verfügung stehenden Deckungssummen aufgebraucht sind oder werden. Der AN sichert beim Vertragsabschluss zu, dass die Mindestdeckungssummen zweifach pro Versicherungsjahr zur Verfügung stehen. Der AG kann nach Ablauf eines jeden Kalenderjahres vom AN die Vorlage einer aktuellen Versicherungsbestätigung verlangen, aus der sich die versicherten Deckungssummen und der bestehende Versicherungsschutz ergeben muss. Ziff. 8.2. S. 2 und 3 gilt entsprechend.

Die Möglichkeiten, die Haftung des Architekten zu seinen Gunsten zu beschränken, 96 sind begrenzt und erschwert worden (§ 639 BGB). Danach kann sich der Architekt nicht auf einen vereinbarten Haftungsausschluss berufen, wenn er eine Garantie für die Beschaffenheit des Werkes übernommen hat. Zwar kann im Rahmen einer individuell ausgehandelten Vertragsklausel eine Beschränkung oder gar ein Ausschluss der Haftung vereinbart werden. Ausgehandelte Individualvereinbarungen liegen jedoch eher selten vor, da dem Verhandlungspartner des Verwenders von Allgemeinen Geschäftsbedingungen kaum die ausreichende Gestaltungsfreiheit zur Wahrung eigener Interessen eingeräumt wird bzw. dies nur schwer nachweisbar ist[78] Ein formularmäßiger Ausschluss oder eine Begrenzung der Haftung für Vorsatz und grobe Fahrlässigkeit ist unwirksam (§ 309 Nr. 7 b BGB). Nichtig ist nicht nur der Haftungsausschluss, sondern auch jede Haftungsbegrenzung, insbesondere eine Vereinbarung über Beschränkungen der Höhe des Schadensersatzanspruchs oder den Ausschluss bestimmter Schäden. Eine unzulässige Haftungsbegrenzung liegt auch vor, wenn die Verjährungsfrist abgekürzt oder die Haftung durch eine Subsidiaritätsklausel eingeschränkt wird.

Bei einfacher Fahrlässigkeit kann die Haftung für Personenschäden ebenfalls nicht beschränkt werden, z. B. summenmäßig in Form der Begrenzung auf die vereinbarte Versicherungssumme. Nach § 309 Nr. 7 a BGB ist der Haftungsausschluss bei Verletzung von Leben, Körper und Gesundheit auch dann unwirksam, wenn dem Verletzter nur einfache Fahrlässigkeit zur Last fällt oder er für den Schaden nach den Grundsätzen der Gefährdungshaftung verantwortlich ist.

Demgegenüber kann die Haftung für Sach- und Vermögensschäden bei einfacher Fahrlässigkeit aber der Höhe nach auf eine bestimmte Summe (Höchstsumme) beschränkt werden.

Haftungsbeschränkungen erfolgen im Regelfall durch eine Begrenzung auf bestimmte Versicherungssummen und/oder auf Personen- oder Sachschäden sowie durch eine Beschränkung auf den unmittelbaren Schaden am Architekten- und Bauwerk unter Ausschluss der Mangelfolgeschäden. Die individuelle Vereinbarung von Haftungshöchstsummen in Anlehnung an die zur Verfügung stehenden Versicherungssummen für leicht fahrlässig verursachte Sach- und Vermögensschäden einschließlich Mangelfolgeschäden (Schäden, die nicht ummittelbar am Bauwerk eintreten) ist zu empfehlen.

Formulierungsvorschlag:

8.4 Der Architekt haftet für nur leicht fahrlässig verursachte Schäden (mit Ausnahme von Personenschäden) mit bis zu folgenden Höchstsummen: 97

- *Sach- und Vermögensschäden 2,5 Mio. Euro (gemäß vereinbarter Versicherungssumme),*
- *sonstige nicht versicherbare Vermögensschäden (z. B. wegen Bauzeitverzögerung oder Baukostenüberschreitungen sowie Mangelfolgeschäden wie Mietausfall, entgangener Gewinn etc.) mindestens 150.000 Euro, höchstens aber die 3fache Höhe des vereinbarten Honorars.*

Typische Fehlerquelle:

In vielen Vertragsklauseln werden Haftungsbegrenzungen für unterschiedliche Scha- 98 densarten geregelt, z. B. eine Haftungsbeschränkung auf Höchstsummen für nicht versicherbare Schäden, ohne sie im Einzelnen zu definieren. Eine solche Regelung ist nicht transparent, da der Auftraggeber nicht erkennen kann, welche Schäden unter die Haftungsbeschränkung fallen bzw. welche Schäden nicht versicherbar sind. Solche Klauseln

[78] BGH Urt. v.10.10. 1991 – VII ZR 289/90 – BauR 92, 226.

sind demnach wegen Verstoßes gegen das Transparenzgebot nach § 307 Abs. 1 Satz 2 BGB unwirksam. Ähnliches gilt für Regelungen über die Beweislast, die dem Auftraggeber für jeden eingetretenen Schaden den Nachweis des Verschuldens des Architekten entgegen § 286 Abs. 4 BGB auferlegen (§ 309 Nr. 12 a BGB).

Auch Haftungsbeschränkungen, die die werkvertragliche Haftung auf eine Verschuldenshaftung beschränken, halten einer Inhaltskontrolle nicht stand.[79]

9. Kündigung

99 Der Architektenvertrag kann jederzeit durch den Auftraggeber ohne Angabe von Gründen („frei") ohne Einhaltung von Fristen und damit mit sofortiger Wirkung gekündigt werden (§ 649 S.1 BGB). Der formularmäßige Ausschluss dieses freien Kündigungsrechts des Auftraggebers durch den Architekten ist unwirksam[80] Zweck dieses speziell für das Werkvertragsrecht geregelten Kündigungsrechts ist die Möglichkeit zur einseitigen Loslösung vom Vertrag aufgrund bei Abschluss des Vertrages nicht vorhersehbarer Umstände wie eine spätere Aufgabe der Planung oder Bauausführung. Der Architekt erleidet durch eine solche Kündigung auch keine Nachteile, da sein Honoraranspruch gesichert ist und bleibt (§ 649 S.2 BGB). Danach steht dem Auftragnehmer das vereinbarte Honorar in voller Höhe zu. Er muss sich jedoch dasjenige anrechnen lassen, was er in Folge der Aufhebung des Vertrages an Aufwendungen erspart oder durch anderweitige Verwendung seiner Arbeitskraft erwirbt oder zu erwerben böswillig unterlässt. Ein Ausschluss dieses Vergütungsanspruchs in einem vom Auftraggeber verwendeten Formularvertrag ist unwirksam.[81]

100 Die Kündigung kann formlos, also auch mündlich oder konkludent erfolgen. Das Gesetz sieht keine Schriftform vor. Zur Vermeidung von Rechtsunsicherheit und späteren Beweisschwierigkeiten sollte bei einer derart einschneidenden rechtsgeschäftlichen Willenserklärung die Schriftform als Wirksamkeitsvoraussetzung vereinbart werden.

101 Daneben können beide Vertragsparteien den Vertrag aber auch aus wichtigem Grund kündigen. Eine Kündigung des Architektenvertrags aus wichtigem Grund ist zulässig, auch wenn in § 314 BGB eine Kündigung aus wichtigem Grund ohne Einhaltung einer Kündigungsfrist nur bei Dauerschuldverhältnissen, zu denen Architektenverträge trotz ihres Langzeitcharakters ebenso wenig gehören wie Bauverträge, vorgesehen ist[82] Unabhängig davon macht es Sinn, im Vertrag selbst die Umstände aufzuführen, die einen wichtigen Grund für eine vorzeitige Beendigung darstellen. Dabei muss sich dies an dem gesetzlichen Leitbild von § 314 BGB orientieren, nach dem ein wichtiger Grund immer dann vorliegt, wenn dem Kündigenden die Fortsetzung des Vertrags unter Berücksichtigung aller Umstände des Einzelfalls nicht mehr zugemutet werden kann.

102 Wird der Vertrag vom Auftraggeber aus wichtigem Grund gekündigt, ohne dass ein solcher Grund vorliegt, ist die Kündigung so auszulegen, dass sie zumindest als freie Kündigung gilt und entsprechend umgedeutet wird. Einen etwaigen gegenteiligen Willen muss der Auftraggeber mit der Kündigungserklärung zum Ausdruck bringen. Er muss also nicht in der Kündigung erklären, dass sie hilfsweise als freie Kündigung aufzufassen ist. Eine gegenteilige Äußerung des Auftraggebers macht keinen Sinn, da dann ein vom Auftraggeber selbst herbeigeführter Schwebezustand eintritt und unklar ist, ob das Vertragsverhältnis fortbesteht. Zu empfehlen ist auch eine vertragliche Regelung, dass eine Kündigung des Auftraggebers aus wichtigem Grund eine Beendigung des Vertrages auch dann auslöst, wenn ein wichtiger Grund nicht gegeben ist. Dies gilt jedenfalls für die Kündi-

---

79 BGH Urt. v. 15.3.1990 – VII ZR 61/89 – BauR 1990, 488.

80 BGH Urt. v. 8.7.1999 – VII ZR 237/98, BauR 1999, 1294.

81 BGH Urt. v. 12.7.2007 – VII ZR 154/06 BauR 2007, 1724; OLG Frankfurt Urt. v. 7.12.2005 – 13 U 91/04, BauR 2008, 550.

82 OLG Oldenburg Urt. v. 11.10.2012 – VII ZR 10/11, BauR 2013, 118; OLG Bremen Urt. v. 5.5.2011 – 5 U 41/10, IBR 2012, 651.

gung, die sich an den Wortlaut von § 314 BGB anlehnt und nicht ohne weiteres nachprüfbar ist. Als nachprüfbarer wichtiger Grund kann die Aufgabe des Bauvorhabens aus Gründen einer Änderung des Bauplanungsrechts oder der Wegfall eines Ankermieters aufgeführt werden. Der unterlassene Abschluss einer Haftpflichtversicherung oder der trotz Fristsetzung nicht vorgelegte Versicherungsnachweis stellt regelmäßig einen wichtigen Grund dar und sollte auch im Vertrag als solcher benannt werden. Ferner sollte als weiteres Wirksamkeitserfordernis für eine Kündigung aus wichtigem Grund auch die Angabe aller Kündigungsgründe bzw. Umstände, die eine solche Kündigung rechtfertigt, geregelt werden, damit der jeweils andere Vertragspartner sie nachvollziehen und auf Richtigkeit bzw. Begründetheit überprüfen und ihr ggf. widersprechen kann. Weitere Voraussetzung einer Kündigung aus wichtigem Grund sollte in Anlehnung an § 626 Abs. 2 Satz 1 BGB sein, dass sie unverzüglich, spätestens innerhalb von zwei Wochen nach Bekanntwerden des Kündigungsgrundes erklärt wird und vorher angedroht werden muss.

Das im Gesetz neben der Kündigung aus wichtigem Grund vorgesehene Rücktritts- **103**
recht, das zu einer wechselseitigen Rückgewährpflicht der empfangenen Leistungen führt und das mithin nur ausnahmsweise auf die bis zur Erklärung des Rücktritts noch nicht erbrachten Leistungen beschränkt ist (§ 323 Abs. 5 Satz 1 BGB), kommt bei Vorliegen von Mängeln der Architektenleistung oder bei sonstigen nicht unerheblichen Pflichtverletzungen auch in Betracht. Allerdings darf der Auftraggeber vom gesamten Architektenvertrag nur zurücktreten, wenn er an der bis zum Rücktritt erbrachten Teilleistung kein Interesse hat. Grundsätzlich ist aber bei Architektenaufträgen davon auszugehen, dass der Auftraggeber, der das Vertragsverhältnis mit seinem Architekten vorzeitig beenden will, ein Interesse daran hat, die bis dahin erbrachten Leistungen zu behalten und zu verwerten und somit die Vertragsbeziehung nur für die Zukunft aufzuheben, ohne dass es auch zu einer Rückabwicklung der jeweils erbrachten Leistungen kommen soll. Mithin wird auch nur in Ausnahmefällen das Rücktrittsrecht zur Verfügung stehen, wie z. B. dann, wenn der Bauherr vom Bauvorhaben aus rechtlichen oder tatsächlichen Gründen Abstand nehmen muss. Um Rechtsunsicherheit auszuschließen und Diskussionen über die Berechtigung eines Rücktrittsrechts erst gar nicht aufkommen zu lassen, empfiehlt es sich, das ohnehin nur eingeschränkt anwendbare und kaum praktikable Rücktrittsrecht auszuschließen und stattdessen das Recht des Auftraggebers zur Kündigung des Vertrages aus wichtigem Grund vertraglich näher auszugestalten, vor allem die wichtigen Gründe in Anlehnung an § 314 BGB zu benennen bzw. zu beschreiben. Als solche Gründe scheiden natürlich diejenigen Umstände aus, die der Auftraggeber zu vertreten, respektive selbst verursacht hat.

Formulierungsvorschlag:

Die Kündigung bedarf der Schriftform. **104**

Die Kündigung aus wichtigem Grund ist zulässig. Sie muss unverzüglich, spätestens jedoch innerhalb von zwei Wochen nach Bekanntwerden der Umstände, die einen wichtigen Grund darstellen, unter konkreter und vollständiger des Kündigungsgrundes erklärt werden. Sofern der Kündigung eine Nachfristsetzung vorausging oder hätte vorausgehen müssen (z. B. bei Fristsetzung zur Leistung oder Nacherfüllung durch den AG), ist sie nur wirksam, wenn gleichzeitig mit der Nachfristsetzung die Kündigung für den Fall des Fristablaufs angedroht worden ist. Der Rücktritt ist ausgeschlossen.

Eine Kündigung des Auftraggebers, ob frei oder aus wichtigem Grund, kann auch auf einzelne, selbständige bzw. abgrenzbare Teilleistungen oder Leistungsteile beschränkt werden (Teilkündigung).

Eine Kündigung des Auftraggebers aus wichtigem Grund ist im Falle des tatsächlich nicht vorliegenden wichtigen Grundes als freie Kündigung auszulegen und umzudeuten, sofern der Auftraggeber nicht selbst in der Kündigungserklärung ausdrücklich auf diese Umdeutung verzichtet bzw. eine Umdeutung ausschließt.

Wichtige Gründe für eine Kündigung des Auftraggebers aus wichtigem Grund sind: .....

Wichtige Gründe für eine Kündigung des Auftragnehmers aus wichtigem Grund sind: ....

Typische Fehlerquelle:

104 Auftraggeber (vor allem öffentliche Auftraggeber in den Vertragsbedingungen nach RBBau) verwenden oft Vertragsmuster, in denen das ihnen zustehende gesetzliche Kündigungsrecht nach § 649 BGB aus haushaltsrechtlichen Gründen (wenn Mittel für die Planung eines Bauvorhabens freigegeben sind, müssen sie auch ausgegeben werden) ausgeschlossen wird. Die öffentliche Hand kann sich dann als Verwender nicht auf die Unwirksamkeit einer solchen Klausel berufen. Wenn der Auftraggeber dann eine Kündigung aus wichtigem Grund ausspricht, ohne dass ein wichtiger Grund vorliegt und der Architekt der Kündigung widerspricht und eine Fortsetzung des Vertrags, verlangt, geht die Kündigung ins Leere. Aufgrund der mitunter erst nach einer längeren streitigen (gerichtlichen) Auseinandersetzung feststehenden Unwirksamkeit einer solchen Kündigung bleibt das Vertragsverhältnis bestehen. Das Problem eines solchen unbeendeten Architektenvertrags ist von der Rechtsprechung noch nicht abschließend gelöst.[83] Wenn der Auftraggeber trotz eines Widerspruchs des Architekten gegen eine Kündigung aus wichtigem Grund einen anderen Architekten beauftragt oder die ausstehenden Leistungen selbst ausführt, wird vielfach eine konkludente Kündigung angenommen, um den Schwebezustand zu beenden. Das funktioniert aber nicht, wenn der Auftraggeber selbst eine freie Kündigung ausgeschlossen hat, die dann auch keine konkludente (freie) Kündigung ermöglicht. In diesen Fällen muss der Architekt deshalb nach der endgültigen und ernsthaften Verweigerung der Vertragserfüllung durch den Auftraggeber selbst aus wichtigem Grund kündigen, um den Schwebezustand zu beenden. Ihm steht dann auch ein Schadensersatzanspruch in Höhe der entgangenen Vergütung in Anlehnung an § 649 S.2 BGB zu.[84] Sein Schaden besteht dann in der Vergütung für noch nicht erbrachte Leistungen abzüglich ersparter Aufwendungen.

106 Eine Regelung über die Vergütungsansprüche des Architekten bei einer freien Kündigung des Auftraggebers ist nicht erforderlich. Die Vergütungsfolgen ergeben sich aus dem Gesetz (§ 649 S.2 BGB). In der Praxis besteht jedoch ein Bedürfnis, den Vergütungsanspruch der Höhe nach gemäß § 649 Satz 2 BGB näher zu regeln. Der Auftraggeber hat ein Interesse daran, dass die Vergütung möglichst niedrig und die freie Kündigung oder der Schadensersatzanspruch des Architekten bei einer von ihm ausgesprochenen Kündigung aus wichtigem Grund für ihn finanziell noch einigermaßen erträglich ist. Dem Architekt liegt daran, die Abrechnung seines Vergütungsanspruchs möglichst zu vereinfachen bzw. zu pauschalieren. Deshalb legen die Parteien im beiderseitigen Interesse die ersparten Aufwendungen häufig pauschal auf einen bestimmten Prozentsatz des Honoraranteils für die übertragenden und infolge der Kündigung nicht mehr zu erbringenden Leistungen fest, so dass sich aus der entsprechenden Differenz der noch offene Vergütungsanspruch von selbst ergibt. Seit 1.1.2009 ist in § 649 S. 3 BGB eine gesetzliche Vermutung aufgenommen worden, wonach dem Werkunternehmer 5% der Vergütung für den noch nicht erbrachten Teil der beauftragten Werkleistung zusteht. Diese Regelung ist aber für Architektenverträge wenig praxisnah, da den Architekten bei weitem keine Ersparnisse von 95% durch eine Kündigung entstehen. Die ersparten Aufwendungen liegen im Regelfall bei 5%–25% je nach Struktur des Architekturbüros.

107 Unabhängig von dieser gesetzlichen Neuregelung wird häufig in Architektenverträgen die Vergütung für den nicht mehr erbrachten Leistungsteil pauschal vereinbart und demzufolge auch entsprechend abgerechnet. Dabei gilt die sog. „60:40 Klausel" als in der Praxis immer noch meist verwendete Regelung. Danach erhält der Architekt einen pauschalierten Vergütungsanspruch für die nicht mehr ausgeführten Leistungen in Höhe von 60% und muss sich dementsprechend eine infolge der Kündigung eintretende Ersparnis bei den Aufwendungen von 40% anrechnen lassen. Ob dies unter Einschluss oder Ausschluss der Abgeltung eines anderweitigen Erwerbs erfolgen soll, bedarf einer transparen-

[83] *Locher/Koeble/Frik*, Kommentar zur HOAI, 12. Aufl. 2014, Einl. Rn. 225.
[84] BGH Urt. v. 29.6.1989 – VII ZR 330/87 = BauR 1989, 626.

ten Regelung. Der BGH hat diese pauschale Abrechnungsform als nicht zulässig angesehen, weil die ersparten Aufwendungen konkret für das jeweilige Vertragsverhältnis und nicht nur abstrakt zu ermitteln sind[85] Die dementsprechende differenzierte Prüfung und Berechnung des Vergütungsanspruchs für die nicht erbrachten Leistungen erfordert eine möglichst detaillierte Auseinandersetzung mit der dem Vertrag zu Grunde liegenden Honorarkalkulation für das jeweilige Objekt anhand der nicht erbrachten Leistungen in den einzelnen Leistungsbildern und den Leistungsphasen und der dafür jeweils vereinbarten Honoraranteile. Selbst wenn die Parteien eine Pauschalierung des Honorars für nicht erbrachte Leistungen und damit auch für ersparte Aufwendungen unter Abgeltung eines etwaigen anderweitigen Erwerbs vereinbaren, bedarf es zur Wirksamkeit einer solchen Klausel eines Vorbehalts, das der jeweilige Vertragspartner des Klauselverwenders die Möglichkeit hat darzulegen und nachzuweisen, dass der Anteil an ersparten Aufwendungen höher ist und dass ein anderweitiger Erwerb den Anspruch ebenfalls mindern kann.

Beispiel: 108

„In allen anderen Fällen behält der Auftraggeber den Anspruch auf das vertragliche Honorar, jedoch unter Abzug ersparter Aufwendungen. Sofern der Auftraggeber im Einzelfall keinen höheren Anteil an ersparten Aufwendungen nachweist, wird dieser mit 40% des Honorars für die vom Architekten noch nicht erbrachten Leistungen vereinbart."

Dem Auftraggeber muss vor allem auch die Möglichkeit bleiben, einen böswillig unterlassenen Erwerb oder eine böswillig unterlassene anderweitige Verwendung der Arbeitskraft des Architekten einzuwenden bzw. darzulegen. Wenn in ABG-Klauseln des Architekten dem Auftraggeber der Nachweis einer höheren Ersparnis oder die Anrechnung eines anderweitigen Erwerbs abgeschnitten bzw. nicht eröffnet wird, ist die Klausel wegen Verstoßes gegen §§ 309 Nr. 5b, Nr. 7 BGB unwirksam [86] Eine Klausel, die dem Architekten als Verwender die Möglichkeit offen hält, seine selbst vorgegebene Pauschalierung der ersparten Aufwendungen bei der späteren Abrechnung aufgeben zu können, unterliegt ebenfalls Wirksamkeitsbedenken. Die Lage entspricht nämlich derjenigen, wenn der Architekt sich auf die Unwirksamkeit seiner eigenen Pauschalierungsklausel berufen würde, was unzulässig ist. Bei Verwendung einer ABG-widrigen Pauschalierungsklausel kann sich nur der Vertragspartner des Verwenders auf deren Unwirksamkeit berufen.[87]

Will der Architekt aber nach der gesetzlichen Regelung mehr als 5% der Vergütung für 109 die nicht erbrachten Leistungen durchsetzen, trifft ihn die „sekundäre" Darlegungslast, nach der er die Ersparnisse und einen anderweitigen Erwerb darzulegen hat. Nach Ansicht des BGH führt die Vermutung in § 649 S. 3 BGB nicht zur Änderung der Darlegungslast, da der Anspruch nach § 649 S.2 BGB durch die Neuregelung in § 649 S. 3 BGB nur erleichtert durchsetzbar ist, respektive dem Architekten seine Darlegungslast damit nur erleichtert wird.

Formulierungsvorschlag:

Bei freier Kündigung des AG nach § 649 BGB steht dem AN das vereinbarte Honorar für die be- 110 *auftragten Leistungen zu. Der AN ist verpflichtet, den Honoraranspruch für nicht mehr erbrachten Leistungen zur Abgeltung der ihm ersparten Aufwendungen um einen pauschalen Abzug von ...% zu kürzen. Sollte der AN einen Ersatzauftrag erhalten oder einen ihm angebotenen Ersatzauftrag zu Unrecht ablehnen, ist das dafür vereinbarte oder zu vereinbarende Honorar vom nach Satz 2 ermittelten Honoraranspruch zusätzlich in Abzug zu bringen.*

---

85 BGH Urt. v. 8.2.1996 – VII ZR 219/94 = BauR 1996, 412.
86 BGH Urt. v. 10.10.1996 – VII ZR 250/94 = BauR 1997, 156.
87 BGH Urt. v. 4.12.1997 – VII ZR 187/96 = BauR 1998, 357.

Wenn diese Vertragsklausel vom Architekten vorformuliert und gestellt wird, muss noch ergänzend Folgendes geregelt werden: ... *sofern nicht der Auftraggeber den Nachweis erbringt, dass die ersparten Aufwendungen höher als der vereinbarte vorgenannte Pauschalabzug sind.*

Bei den als erspart anzusetzenden Aufwendungen ist auf den konkreten Vertrag abzustellen.[88] Durch diese unausweichliche „Hintertür" bleibt es dem Auftraggeber vorbehalten, die Pauschalierung anzugreifen, wobei es für ihn aber schwierig sein dürfte, eine vereinbarte pauschale Aufwandsersparnis zu widerlegen.

111 Sofern der Auftraggeber Verwender einer Pauschalabzugsregelung für die Vergütung nicht erbrachter Leistungen ist, bestehen gegen eine entsprechende Klausel keine Wirksamkeitsbedenken, sofern der Abzug nicht über 40 % liegt. § 309 Nr. 5 BGB geht von einer Unwirksamkeit nur dann aus, wenn eine unangemessen hohe Schadensersatzpauschale vereinbart wird. Eine unangemessene Benachteiligung des Architekten im Sinne von § 307 Abs. 2 BGB liegt nicht vor, da er durch eine solche Klausel seine Abrechnung vereinfachen kann und nicht verpflichtet ist, eventuell mühsam die ersparten Aufwendungen für den gekündigten Vertrag zu ermitteln. Sofern eine entsprechende Pauschalabzugsregelung fehlt, ist der Architekt verpflichtet, die Einzelheiten seiner Kalkulation darzulegen. Die Anforderungen an die Berechnung der Ersparnisse sind deshalb für den Architekten hoch. Er muss sie zusammenfassend so beschreiben und bewerten, dass der Auftraggeber in der Lage ist, die Richtigkeit des dafür angesetzten Betrags zu beurteilen und substantiiert zu bestreiten.[89] Der Ansatz eines prozentual projektbezogenen Gemeinkostenzuschlags für Zeichen- und Büromaterial ist aber ausreichend.[90]

Typische Fehlerquelle:

112 Wenn der Architekt eine unzulässige Pauschalvergütungsklausel (60 %/40 %-Klausel) verwendet, ist er trotz Unwirksamkeit dieser Klausel daran gehindert, mehr als 60 % Honorar abzurechnen, selbst wenn die konkrete Vertragsabrechnung ergeben sollte, dass die ersparten Aufwendungen niedriger sind als die Pauschale von 40 %.[91]

Im Vertrag zu regeln sind daneben die Vergütungsfolgen einer Kündigung des Auftraggebers aus wichtigem Grund, wobei danach zu unterscheiden ist, ob die Kündigung vom Architekten zu vertreten ist, was immer der Fall ist bei Leistungsstörungen aus der Sphäre des Architekten oder bei Mängeln, Pflichtverletzungen oder sonstigen Leistungsdefiziten. Fest steht, dass dem Architekten keine Vergütung für nicht erbrachte Leistungen zusteht, wenn die Kündigung des Auftraggebers vom Architekten zu vertreten ist.[92] In diesem Fall besteht vielmehr eine Schadensersatzverpflichtung des Architekten. Danach hat der Architekt dem Auftraggeber auch den Schaden aus einer solchen Kündigung (z. B. Mehrkosten einer Ersatzvornahme) zu ersetzen.

Wenn die Kündigung des Vertrages vom Architekten nicht zu vertreten ist, ist fraglich, ob dem Architekt auch bei einer Kündigung des Auftraggebers aus wichtigem Grund ein Anspruch auf das volle Honorar für die beauftragten, jedoch nicht mehr erbrachten Leistungen unter Abzug der ersparten Aufwendungen bzw. des anderweitigen Erwerbs zusteht. Das Gesetz regelt diesen Fall nicht ausdrücklich, so dass dem Architekten im Ergebnis ein Honoraranspruch nur bei entsprechender vertraglicher Vereinbarung zusteht. Wenn der wichtige Grund oder die Ursache seines Auftretens aus der Sphäre des Auftraggebers kommt, z. B. wenn die Finanzierung gescheitert ist oder das Projekt aus sonstigen Gründen aufgegeben werden muss, ist es sachgerecht, eine restliche Vergütung für die in-

---

88 BGH BauR 1996, 382, 412; BGH BauR 2000, 430.

89 BGH Urt. v. 28.10.1999 – VII ZR 326/98 – BauR 2000, 430.

90 BGH Urt. v. 30.9.1999 – VII ZR 206/98 – BauR 2000, 126.

91 BGH Urt. v.4.12. 1997 – VII ZR 187/96 – BauR 1998, 357.

92 BGH Urt. v.5.6. 1997 – VII ZR 124/96 – BauR 1997, 1060; BGH Urt v. 24.6.1999 – VII ZR 196/98 – BauR 1999, 1319.

folge der Kündigung nicht mehr erbrachten Leistungen zu zahlen, auch wenn sie nicht von § 649 S.1 BGB gedeckt ist. Sie sollte aber einen niedrigen Anspruch ausweisen als bei einer freien Kündigung, da der Auftraggeber bei Vorliegen eines wichtigen Grundes und bei Vereinbarung wichtiger Kündigungsgründe besser gestellt werden muss. Hier bietet sich eine Pauschale von 5% der Restvergütung an, wie es der gesetzlichen Vermutung entspricht.

Formulierungsvorschlag:

Der AG ist zur Zahlung der dem AN infolge der Kündigung entgangenen Vergütung in Anlehnung an § 649 Satz 3 BGB in Höhe von 5% verpflichtet, sofern der Kündigung des Auftraggebers ein wichtiger Grund zugrunde liegt, den der AN nicht zu vertreten hat. Sofern der AN den wichtigen Grund zu vertreten hat, scheidet dieser Anspruch aus. Der AN hat dem AG den darüber hinaus entstandenen Schaden zu ersetzen. 113

Alternativ können wichtige Gründe im Vertrag vereinbart werden, bei deren Vorliegen der Auftraggeber berechtigt ist, aus wichtigem Grund zu kündigen, ohne Vergütungsansprüchen für nicht erbrachte Leistungen ausgesetzt zu sein. 114

Formulierungsvorschlag:

„Bei einer Kündigung des AG aus einem wichtigen Grund, den er nicht zu vertreten hat, steht dem AN ein Honoraranspruch hinsichtlich der bis dahin erbrachten und nachgewiesenen Leistungen zu. Als wichtige Gründe in diesem Sinn gelten folgende Ereignisse oder Umstände: Projektaufgabe wegen nachgewiesener Finanzierungs- oder Vermarktungsschwierigkeiten, Projektveräußerung an einen Generalübernehmer oder sonstigen Dritten etc.

Bei eigenem vertragswidrigen Verhalten des Architekten ist der Vergütungsanspruch auf die erbrachten, mangelfreien und verwertbaren Leistungen beschränkt. Gleichzeitig steht dem Auftraggeber ein Gegenanspruch zu, der auch zur Erstattung der infolge der Kündigung beauftragten Neuplanung führen oder den Ausschluss eines Teils der Vergütung beinhalten kann, sofern wegen der Neuplanung die Leistungen des gekündigten Architekten nicht mehr oder nur zum Teil brauchbar sind. 115

Formulierungsvorschlag:

Bei einer vom AN zu vertretenden Kündigung des AG aus wichtigem Grund oder bei einer Kündigung des AN aus einem Grund, den er zu vertreten hat, hat der AN nur Anspruch auf Vergütung der bis zur Vertragsbeendigung erbrachten und nachgewiesenen Leistungen, soweit sie trotz ihrer Unvollständigkeit mangelfrei und für den AG unter zumutbaren Bedingungen verwertbar sind. (Schadensersatz-) Ansprüche des AG aus entstandenen Mehrkosten aus Verzug, aus einer Neuplanung oder Ersatzvornahme bleiben unberührt.

Bei der Abrechnung von erbrachten und nicht erbrachten Leistungen hat der Architekt beide Leistungsbereiche in seiner Schlussrechnung im Einzelnen aufzugliedern und voneinander abzugrenzen.[93] Zudem sollte bei einer Kündigung der vom Architekten erreichte Leistungsstand im gemeinsamen Interesse unverzüglich und möglichst einvernehmlich dokumentiert werden. Hierbei muss der Architekt seine Leistungen noch soweit abschließen, dass eine Übernahme durch den Auftraggeber und die Weiterführung des Projektes durch einen Dritten möglich ist. Dabei sollte der Architekt auch zur Vorlage und Herausgabe aller Pläne und sonstigen erarbeiteten Unterlagen verpflichtet werden. Unabhängig davon, dass nach einer Kündigung ohnehin der Architekt vor Stellung und Überreichung der Schlussrechnung keinen fälligen Honoraranspruch hat, der ihn zur Zurückbehaltung von vom Auftraggeber benötigten Unterlagen berechtigen könnte, scheidet ein solches Zurückbehaltungsrecht ohnehin aus. 116

---

[93] BGH Urt. v.4.12. 1997 – VII ZR 187/96 – BauR 1998, 357.

Der Architekt bleibt hinsichtlich der Pläne und sonstigen Unterlagen auch im Falle der Kündigung vorleistungspflichtig, so dass er gegen den Anspruch des Auftraggebers auf Herausgabe dieser Unterlagen kein Zurückbehaltungsrecht hat.[94]

10. Urheberrechte

117 Werke der Baukunst und Entwürfe solcher Werke sowie Darstellungen technischer Art (Zeichnungen, Pläne, Karten, Skizzen etc.) genießen nach §§ 2 Abs. 2, Abs. 1 Nr. 4 und 7 UrhG Urheberrechtsschutz, sofern sie persönliche geistige Schöpfungen darstellen.[95] Dies ist nur bei anspruchsvollen Bauaufgaben mit einer individuellen Lösung und einer zu Tage tretenden Kreativität der Fall, die sich nicht nur im Praktisch-Rationalen niederschlägt.[96]

Auch wenn Architekten im Regelfall nur Gebrauchsgegenstände fertigen, die nicht dem Schutz des Urheberrechts unterliegen, sind Regelungen zu den Nutzungs- und Änderungsbefugnissen sowie zum Veröffentlichungsrecht erforderlich, um dem Interesse des Auftraggebers an der Nutzung und Verwertung des nach den Plänen des Architekten errichteten Bauwerks und der in ihm verkörperten Planungsunterlagen Rechnung zu tragen. Dabei ist zu berücksichtigen, dass über das Urheberrechtsgesetz hinaus die Verwertung technischer Unterlagen auch im Gesetz gegen unlauteren Wettbewerb durch entsprechende Leistungsschutzrechte geregelt wird. Andererseits hat aber auch der Architekt ein Interesse daran, dass das von ihm geschaffene Werk der Mit- und Nachwelt in möglichst unveränderter Form und Gestaltung erhalten bleibt und auch nicht ohne seine Zustimmung geändert oder nachgebaut wird. Nach § 14 UrhG hat der Urheber das Recht, Entstellungen oder andere seine geistigen oder persönlichen Interessen betreffenden Beeinträchtigungen des Werkes zu verbieten. Deshalb ist eine die Interessenlage beider Vertragspartner berücksichtigende Regelung geboten.

118 Für die Vertragsgestaltung empfehlen sich Vertragsklauseln, die sich an die Regelungen aus der RBBau anlehnen.

Formulierungsvorschlag:

119 *10.1. Der AN überträgt dem AG die ausschließlichen Nutzungs-, Verwertungs- und Änderungsrechte an allen für die im Vertrag genannte Baumaßnahme erstellten Unterlagen und erbrachten Leistungen. Der AG darf die Unterlagen für das vertragsgegenständliche Objekt ohne Mitwirkung des AN unter Wahrung seiner etwaigen Urheberpersönlichkeitsrechte nutzen, verwerten oder ändern. Dasselbe gilt auch für das ausgeführte Werk.*

Im Falle einer Stufenbeauftragung nur bis einschließlich Leistungsphase 2 (Vorplanung) stehen dem AG die vorgenannten Nutzungsrechte an den vom AN erstellten Vorplanungsergebnissen unbeschadet davon, ob es sich um urheberrechtlich geschützte oder nicht geschützte Planungsunter nur zu, wenn der AG dem AN dafür ein angemessenes Nutzungsentgelt zahlt, dass sich an dem entgangenen Honorar für die Leistungsphasen 3 und 4 in Anlehnung an § 649 BGB orientiert.

Der AG wird den AN vor wesentlichen Änderungen eines nach dem Urheberrecht geschützten Werkes anhören. Bauliche Veränderungen, die aus rein ästhetischen Gründen erfolgen und die Verfälschungen der Wesenszüge des Werkes beinhalten, sind nur mit Zustimmung des AN zulässig.

10.2 Der AG ist berechtigt, die Nutzungs-, Verwertungs- und Änderungsrechte auf Dritte zu übertragen.

10.3 Der AG hat das Recht zur Veröffentlichung unter Namensangabe des AN. Der AN bedarf zur Veröffentlichung der Zustimmung des AG.

10.4 Die vorstehenden Regelungen gelten auch bei einer etwaigen vorzeitigen Vertragsbeendigung mit der Maßgabe, dass notwendige oder nützliche Änderungen an den Planunterlagen durch den AG oder den Nachfolgearchitekten auch ohne Anhörung oder Zustimmung des AN zulässig sind.

---

94 Vgl. dazu im Einzelnen unter Ziff. 11.

95 BGH Urt. v. 22.9.1999 – I ZR 48/97 – BauR 2000, 438.

96 BGH Urt. v. 1.10.1998 – I ZR 104/96 – BauR 1999, 272.

120 Schließlich sollte der Auftraggeber darauf achten, dass der Architekt die urheberrechtlich geschützten Leistungen selbst bzw. durch eigene Angestellte unter maßgeblicher Federführung des Architekten ausführt. Die Erbringung der Architektenleistungen durch freie Mitarbeiter oder Subplaner birgt urheberechtliche Risiken. Diese sind nämlich selbst Urheber und könnten die sich aus dem Urheberpersönlichkeitsrecht ergebenden Ansprüche wegen Verletzung des Änderungsverbots gegenüber dem Auftraggeber geltend machen, ohne dass dieser sich auf die vertraglich geregelte Übertragung der Nutzungs- und Änderungsbefugnisse berufen könnte. Bei erlaubtem Einsatz eines Subplaners oder freien Mitarbeiters muss der Auftraggeber darauf bestehen, dass die Übertragung der Leistungsverpflichtung nur mit seiner Zustimmung und mit der Maßgabe erfolgen darf, dass der freie Mitarbeiter oder Subplaner die Verwertungs- und Nutzungs- sowie der Änderungsrechte an den AG im Rahmen einer separaten Vereinbarung übertragen muss. Eine entsprechende Vereinbarung im Architektenvertrag ohne Zustimmung des freien Mitarbeiters wäre als Vertrag zu Lasten Dritter unwirksam.

11. Zurückbehaltungsrechte

121 Der Architekt ist im Regelfall verpflichtet, die von ihm erstellten Pläne und sonstigen Unterlagen dem Bauherrn zu übergeben bzw. auf dessen Verlangen herauszugeben. In diesem Zusammenhang stellt sich die Frage, ob und unter welchen Voraussetzungen die Übergabe von der vorherigen oder gleichzeitigen Bezahlung von Honorarforderungen aus Abschlagsrechnungen abhängig gemacht werden kann. Der Bauherr kann vom Architekten im Wege einer einstweiligen Verfügung dringend benötigte Bauunterlagen herausverlangen. Ein Zurückbehaltungsrecht besteht für den Architekten nicht. Hat der Architekt an den Originalplänen ein Urheberrecht, müssen Mutterpausen zur Verfügung gestellt werden[97] Der Anspruch ergibt sich aus § 631 BGB. Dem Verlangen, die für den Weiterbau eines Bauvorhabens dringend benötigten Mutterpausen herauszugeben, kann der Architekt weder ein Zurückbehaltungsrecht wegen noch offenstehender Honoraransprüche noch aufgrund eines Urheberrechts entgegenhalten[98]. Dies gilt auch, wenn das Vertragsverhältnis gekündigt wird. Die Durchsetzung dieses Anspruchs kann auch im Wege der einstweiligen Verfügung erreicht werden, auch wenn damit endgültige Fakten geschaffen werden. Der Architekt ist nach der Konzeption des Werkvertragsrechts vorleistungspflichtig. Auf ein Zurückbehaltungsrecht wegen offenstehender Honorarforderungen kann er sich nicht berufen.

122 Auch ein Urheberrecht des Architekten steht dem Herausgabeanspruch nicht entgegen. In diesen Fällen wird das Urheberrecht stillschweigend mit übertragen, Dass der Architekt mit Abschluss des Architektenvertrages in aller Regel urheberrechtliche Nutzungsbefugnisse zumindest stillschweigend auf den Bauherrn überträgt und er zudem auch vorleistungspflichtig ist, führt dazu, dass er auch alle von ihm erstellten Unterlagen an den Bauherrn herausgeben muss, auch wenn Honorare, insbesondere aus gestellten Abschlagsrechnungen noch zur Zahlung ausstehen. Nach der Rechtsprechung der Oberlandesgerichte steht dem Architekten ein Zurückbehaltungsrecht wegen ausstehenden Honorars nicht zu, wenn der Bauherr auf die Verwendung der Unterlagen angewiesen ist. Begründet ein Architekt mit der Erstellung von Planunterlagen ein Urheberrecht an denselben und ist von der Übertragung eines urheberrechtlichen Nutzungsrechts auszugehen, steht ihm kein Zurückbehaltungsrecht zu weil er hinsichtlich der Nutzungsbefugnis seiner Pläne vorleistungspflichtig ist.[99] Davon losgelöst ist der Architekt aber im Falle der Nichtausgleichung fälliger Honorarforderungen und eines eingetretenen Zahlungs-

[97] OLG Köln Beschl. vom 11.7.1997 – 11 W 21/97 = BauR 1998, 1117; BauR 1999, 189.

[98] OLG Hamm Urt. v. 20.8.1999 – 25 U 88/99 = BauR 2000, 295.

[99] *Werner/Pastor* Der Bauprozess, 15.Aufl. 2015 Rn. 2449; zum Umfang der übertragenen Nutzungsrechte bei Beauftragung nicht aller Leistungsphasen oder bei Kündigung des Architektenvertrages.

verzugs unter Umständen berechtigt, die weitere Fortführung und Vollendung seiner Leistungen zu verweigern (§ 320 BGB), was dann auch einer Verweigerung der Herausgabe weiterer etwaiger trotzdem schon erstellter Planunterlagen gleichkommt. Dieses Recht kann ihm grundsätzlich nicht durch eine Formularklausel genommen werden.

123 In der Vertragspraxis geht es aber auch um die Frage, wie die Herausgabe von digitalen Plänen zu regeln ist. Verlangt ein Auftraggeber die Herausgabe digitaler Pläne vom Planer, ist ein solcher Anspruch ohne eine entsprechende vertragliche Regelung nur schwer durchsetzbar. Grundsätzlich ist der Architekt nur zur Herausgabe gedruckter Pläne (Papierform, Mutterpausen) verpflichtet. Praktisch bedeutsam ist das Verlangen nach Herausgabe von digitalen Plänen dann, wenn ein Auftraggeber selbst oder mit Dritten die bisherigen Pläne eines Planungsbüros mit der hierzu passenden Software weiter bearbeiten will. Am besten gestaltet sich dies durch die Einrichtung einer digitalen Plattform für das Bauvorhaben, für die die Zugangs- und Nutzungsrechte klar geregelt sind. Dann bedarf es keiner weitergehenden Regelung über die Herausgabe digitaler Pläne. Ob der Planer auch die Erstellung und Herausgabe digitaler Daten schon als Grundleistung schuldet, ist fraglich[100]. Feststeht, dass die EDV-Anwendung in Planungsbüros üblich ist und vor allem die planerische Integration der Beiträge anderer an der Planung fachlich Beteiligter durch digitalisierte Pläne erfolgt. Wenn der Architekt die Pläne in digitalisierter Form erstellt, hat er sie auch entsprechend herauszugeben. Selbstverständlich kann der Auftraggeber auch vertraglich regeln, dass ihm die Pläne als ausgedruckte Version in der Fassung vorgelegt werden, wie sie auch den ausführenden Firmen auf der Baustelle in Papierform zur Verfügung gestellt wird. Allerdings umfassen Pläne im pdf-Format keine weitergehenden Informationen als solche in Papierform. Einen Mehrwert hat der Auftraggeber dadurch nicht. Um ihm die Möglichkeit zu geben, auch an den Plänen weiter zu arbeiten, wenn es zu einer vorzeitigen Vertragsbeendigung kommt, bedarf es einer entsprechenden vertraglichen Regelung, dass auch die Herausgabe von digitalen Datenformaten in dwg- oder dxf-Format geschuldet ist. Dieses Recht besteht aber zulässigerweise nur bei einer vorzeitigen Vertragsbeendigung und nicht während der geschuldeten Planungstätigkeit, die unter der Verantwortung des Architekten erfolgt, der auch allein das Recht hat, an seinen Plänen digital zu arbeiten. Das Nutzungsrecht und Änderungsrecht des Bauherrn betrifft nicht das Recht auf Weiterbearbeitung der vom Architekten gefertigten Pläne durch den Bauherrn selbst. Dieser Eingriff ist davon nicht gedeckt.

124 Das Klauselverbot in § 309 Nr. 2 BGB, wonach das gesetzliche Leistungsverweigerungsrecht nach § 320 BGB formularmäßig nicht zu Lasten des Vertragspartners des Verwenders eingeschränkt oder ausgeschlossen werden darf, ist im unternehmerischen Geschäftsverkehr, also auch zwischen Bauherr und Architekt, nur eingeschränkt anwendbar. § 309 findet gemäß § 310 Abs. 1 Satz 1 BGB auf die gegenüber einem Unternehmer verwendeten AGB keine unmittelbare Anwendung, sondern kann allenfalls bei der richterlichen Würdigung im Rahmen einer unangemessenen Benachteiligung gemäß § 307 Abs. 2 BGB berücksichtigt werden. Der Rechtsgedanke des § 309 Nr. 2 BGB ist im Geschäftsverkehr zwischen Unternehmern deshalb nicht zwingend mit der Folge, dass §§ 273, 320 BGB formulargemäß abbedungen werden können.[101] Durch die werkvertragliche Vorleistungspflicht werden Leistungsverweigerungsrechte von vornherein beschränkt.

Der BGH hat eine Klausel in vom Gläubiger gestellten Allgemeinen Geschäftsbedingungen, nach der der Schuldner nur mit rechtskräftig festgestellten Forderungen oder

[100] *Werner/Pastor*, Der Bauprozess, 15. Aufl. 2015 Rn. 1072 mit der Begründung aus einem Umkehrschluss, der durch die HOAI 2009 entfallene Regelung des § 36 HOAI 1996 gefolgert werden könne, dass es zu den allgemein anerkannten Regeln der Technik gehöre, Planunterlagen in digitalisierter Form zu erstellen.

[101] BGH Urt. v. 10.10.1991 – III ZR 141/90 = NJW 1992, 575; wonach lediglich ein Ausschluss des Zurückbehaltungsrechts bei rechtskräftig festgestellten, entscheidungsreifen oder unbestrittenen Gegenforderungen nicht möglich sei.

solchen, zu denen der Gläubiger im Einzelfall jeweils seine Zustimmung erklärt, aufrechnen darf, für unwirksam angesehen[102]. Die Aufrechnung mit unstreitigen Forderungen, der der Gläubiger nicht zustimmt, war demnach aufgrund der Vertragsklausel nicht zulässig. Mit diesem Inhalt hält eine solche Klausel einer Inhaltskontrolle auch am Maßstab von § 307 BGB nicht stand. § 309 Nr. 3 BGB stellt eine konkretisierte Ausgestaltung des Benachteiligungsverbots des § 307 BGB dar, da es sich bei dem Ausschluss der Aufrechnung mit unbestrittenen Forderungen um eine besonders schwerwiegende Verkürzung der Rechte des Vertragspartners handelt, die auch im Geschäftsverkehr nicht hingenommen werden kann. Demgegenüber gilt aufgrund der bestehenden Vorleistungspflicht in Werkverträgen für Leistungsverweigerungsrechte und für Zurückbehaltungsrechte ein anderer Maßstab. Ein Leistungsverweigerungsrecht hinsichtlich der noch nicht erbrachten Leistungen bei Zahlungsverzug des Bauherrn darf aber nicht ausgeschlossen werden, sofern der Auftraggeber nicht, wie bei einer Kündigung auf die Pläne angewiesen ist, um weiter planen und die Baumaßnahme realisieren zu können.

Formulierungsbeispiel:

11.1 Die vom AN zur Erfüllung dieses Vertrages angefertigten Originalunterlagen einschließlich Daten und Datenträgern – Zeichnungen als Transparentpausen – sowie dem AN vom AG überlassenen Unterlagen sind auf Verlangen des AG, ansonsten später bei Abnahme des Bauwerks an den AG in Papierform und als pdf-Dateien herauszugeben; sie werden dessen Eigentum. 125

11.2 Ein Zurückbehaltungsrecht des AN hinsichtlich der von ihm erstellten und an den AG herauszugebenden Pläne und der für die Realisierung des Bauvorhabens erforderlichen Ausführungsunterlagen ist ausgeschlossen. Der AN ist insoweit bis zur Abnahme oder Fertigstellung der beauftragten Leistungen vorleistungspflichtig. Etwaige für noch zu erbringenden Leistungen entstehende gesetzliche Leistungsverweigerungsrechte, insbesondere bei Eintritt eines Zahlungsverzugs für bereits erbrachte Leistungen, bleiben davon unberührt.

Entfällt die Vorleistungspflicht und sind alle Leistungen des Architekten erbracht, so 126
kann der Architekt grundsätzlich unter Hinweis auf die ihm aus der Schlussrechnung zustehenden Honorarforderungen die Herausgabe der von ihm erstellten und noch nicht vorgelegten Planungsunterlagen gem. § 320 BGB verweigern. Ein formularmäßiger Ausschluss dieses Leistungsverweigerungsrechtes ist problematisch, da hierin wie dem Aufrechnungsverbot eine unangemessene Benachteiligung gesehen werden kann. Nur dann, wenn der Auftraggeber ein besonderes Interesse an den Unterlagen nachweisen kann, zum Beispiel bei einer Veräußerung des Bauvorhabens, macht der Ausschluss eines solchen Leistungsverweigerungsrechtes Sinn. Die Honoraransprüche des Architekten sind zudem und ohnehin über § 648a BGB sicherbar.

Bei einer Kündigung des Architektenvertrages kommt dem einstweiligen Rechts- 127
schutz besondere Bedeutung zu, wenn der Auftraggeber die Herausgabe der Planunterlagen verlangt. Neben einem Verfügungsanspruch auf Herausgabe der Planunterlagen hat der Bauherr einen Verfügungsgrund gem. § 936, 920 Abs. 2 ZPO darzulegen und glaubhaft zu machen. Da eine einstweilige Verfügung eigentlich nur zur vorläufigen Sicherung, nicht aber zur Vorwegnahme der Hauptsache dient, sind bei einer solchen Leistungsverfügung gem. § 935, 940 ZPO an den Verfügungsgrund besonders hohe Anforderungen zu stellen. Der Auftraggeber müsste darlegen, dass der Erlass dieser einstweiligen Verfügung zur Abwendung einer Notlage zwingend notwendig ist; beispielsweise dann, wenn bei einem weiteren Vorenthalten der Unterlagen die Realisierung des Gesamtobjekts gefährdet ist und eine sorgfältige Abwägung sämtlicher Gläubiger- und Schuldnerinteressen die Befriedigung der Bauherrenansprüche gebietet. Dies kann der Fall sein, wenn der Auftraggeber die Unterlagen zur Erfüllung öffentlicher Pflichten benötigt[103]

---

[102] BGH Urt. v. 27.6.2007 – XII ZR 54/05 = NJW 2007.

[103] OLG Frankfurt Beschl. v. 9.7.1979 – 8 W 28/97 – BauR 1980, 193.

oder ihm ein erheblicher Schaden droht. Notfalls sind dem Bauherrn zumindest Mutterpausen oder Kopien herauszugeben, um einen drohenden Schaden zu vermeiden.

IV. Entwurf eines Architektenvertrags

128 Zwischen ....

– nachfolgend Auftraggeber (AG) genannt –

und ....

– nachfolgend Auftragnehmer (AN) genannt –

wird folgender Architektenvertrag geschlossen:

§ 1 Vertragsgegenstand

Gegenstand dieses Vertrages sind Architektenleistungen im Leistungsbild Objektplanung, hier:

Gebäude
Innenräume
Freianlagen

oder:

Gegenstand dieses Vertrages sind Ingenieurleistungen im Leistungsbild Objektplanung Ingenieurbauwerke/Verkehrsanlagen

für folgendes Bauvorhaben/folgende Baumaßnahme:

- Neubau ....
- Erweiterungsbau ....
- Umbau ....
- Modernisierung ....
- Instandhaltung und Instandsetzung ....

auf folgendem Grundstück:

....

§ 2 Vertragsbestandteile/Vertragsgrundlagen

Bestandteile des Vertrages sind – bei nicht durch Auslegung oder durch Ausübung des billigen Ermessens durch den AG auflösbaren Widersprüchen in nachstehender Rangfolge (Beispielkatalog):

- Leistungsbeschreibung (Leistungsbild) mit einer Honorarbewertung der einzelnen Grundleistungen der Anlage 10 zur HOAI (z. B. Siemon-Tabelle), Anlage 1
- Terminplan für die Planung (Anlage 2)
- Rahmenterminplan für die Bauausführung (Anlage 3)

Honorarermittlung (Anlage 4), insbesondere bei Vereinbarung eines Pauschalhonorars

Vertragsgrundlagen sind – bei Widersprüchen in nachstehender Reihenfolge (Beispielkatalog):

Baukostenbudget für die Kostengruppen 300,400,500

Nutzungs- und Funktionsvorgaben des AG (Raumprogramm, Bedarfsprogramm, Qualitätsstandards)

- Amtlicher Lageplan
- Bodengutachten
- beim Bauen im Bestand: Bestandsunterlagen über vorhandene Bausubstanz
- Grundbuchauszug

Alle einschlägigen gesetzlichen, öffentlich-rechtlichen und behördlichen Vorschriften, Verordnungen, Richtlinien, technischen Bestimmungen und allgemein anerkannten Regeln der Technik und Baukunst einschließlich aller Euro-Codes unter Berücksichtigung der größtmöglichen Wirtschaftlichkeit auch hinsichtlich der späteren Unterhaltungs- und Betriebskosten

BGB

HOAI

§ 3 Leistungspakete/Optionsausübung

3.1. Der AG überträgt dem AN mit Vertragsunterzeichnung zunächst als **Leistungspaket I** folgende Leistungsphasen (mit allen Grundleistungen aus der Anlage 10.1 zur HOAI:

Grundlagenermittlung

Vorplanung

sowie folgende Besondere Leistung:(Beispiel) Untersuchung alternativer Lösungsansätze nach verschiedenen Anforderungen

3.2. Freie Option

Der AG ist berechtigt, dem AN weitere, nachfolgend als Leistungspakete II, III, IV, V und VI beschriebene Leistungen oder Teilleistungen daraus durch eine gesonderte schriftliche Optionsausübung (Abruf) zu übertragen. Der AN hat keinen Anspruch auf eine Optionsausübung hinsichtlich weiterer Leistungspakete oder Teilleistungen daraus. Er kann aus einem etwaigen Nichtabruf auch keine Ansprüche (z. B. auf Schadensersatz oder Honorarerhöhung) herleiten.

Der AN verpflichtet sich, sämtliche ihm weiter durch Optionsausübung übertragenen Leistungen zu den Bedingungen dieses Vertrages zu erfüllen, wenn sie ihm spätestens nach Ablauf von 3 Monaten seit Abschluss des zuletzt beauftragten Leistungspakets oder daraus sich ergebender Teilleistungen übertragen worden sind. Andernfalls bedarf es einer separaten Beauftragung, die der Zustimmung des AN unterliegt.

3.3. Alternative: gebundene Option

Der AG wird dem AN über das Leistungspaket I hinaus weitere Leistungen in folgenden Leistungsstufen durch einen jeweiligen unter den nachfolgenden Bedingungen stehenden Abruf übertragen.

Leistungspaket II, wenn und sofern die Finanzierung gesichert und der AG sich für eine weitere Planung auf Basis der Vorplanungsergebnisse und der ihr zugrunde liegenden Kostenschätzung entschieden hat,

Leistungspaket III, wenn die Baugenehmigung erteilt worden ist und das Grundstück nicht an einen Erwerber ohne Bauverpflichtung des AG veräußert wird,

Leistungspaket IV, wenn die Realisierung der geplanten Baumaßnahme durch den AG beabsichtigt ist,

Leistungspaket V, wenn die Baumaßnahme tatsächlich vom AG realisiert wird.

Das Leistungspaket VI ist frei und optional.

Der AN verpflichtet sich, die ihm jeweils übertragenen Leistungspakete zu den Bedingungen dieses Vertrages zu erfüllen. Der AN kann aus einem Nichtabruf weiterer Leistungen aufgrund des Nichteintritts der genannten Bedingungen keine weitergehenden Ansprüche (z. B. auf Schadensersatz oder Honorarerhöhung) herleiten.

3.3 Der AG wird weitere unter der Optionsausübung durch den AG stehende Leistungen (Leistungspakete II, III, IV, V und VI oder jeweilige Teilleistungen daraus) spätestens 14 Kalendertage vor dem nach den Anlagen 2 und 3 vorgesehenen Beginn der Leistungen des jeweiligen Leistungspakets abrufen. Der AN hat dann unverzüglich, spätestens zu dem vorgesehenen Beginn (Anlagen 2 und 3) die übertragenen Leistungen auszuführen.

Sollte sich die Beauftragung verzögern, wird der jeweilige Leistungsbeginn um den Zeitraum der Verzögerung verschoben.

Leistungspaket II:
Entwurfsplanung
Genehmigungsplanung
(mit allen Grundleistungen aus der Anlage 10.1 zur HOAI)
sowie folgende Besondere Leistung: (Beispiel) Analyse der Varianten samt Wertung mit Kostenuntersuchung (Optimierung)
bei Beauftragung der Besonderen Leistung im Leistungspaket I (siehe Beispiel): Analyse der Alternative samt Wertung mit Kostenuntersuchung (Optimierung)

Leistungspaket III:
Ausführungsplanung (mit allen Grundleistungen aus der Anlage 10.1 zur HOAI, optional auch für eine funktionale Vergabe der Bauleistungen insbesondere an einen Generalunternehmer) sowie folgende Besondere Leistungen:

Leistungspaket IV:
Vorbereitung der Vergabe und Mitwirkung bei der Vergabe
(mit allen Grundleistungen aus der Anlage 10.1 zur HOAI)
sowie folgende Besondere Leistungen: (Beispiel): Prüfen und Werten von Nebenangeboten mit Auswirkungen auf die abgestimmte Planung sowie Mitwirken bei der Prüfung von bauwirtschaftlich begründeten Nachtragsangeboten.

Leistungspaket V:
Objektüberwachung (mit allen Grundleistungen aus der Anlage 10.1 zur HOAI) sowie folgende Besondere Leistungen:

Leistungspaket VI:
Objektbetreuung und Dokumentation (mit allen Grundleistungen aus der Anlage 10.1 zur HOAI) und/oder folgende Besondere Leistung: (Beispiel): Überwachen der Mängelbeseitigung innerhalb der Verjährungsfrist

3.4 Die sich aus der Anlage10 ergebenen Grundleistungen sind selbständige Arbeitsschritte und als jeweils geschuldete Teilerfolge vereinbart; deren jeweils vollständige Erfüllung Mindestanforderungen an den geschuldeten und sich aus dem letztgültigen Beauftragungsstand ergebenden Gesamt-Werkerfolg sind.

3.5 In allen Leistungsphasen der Leistungspakete I-V erbringt der AN insbesondere folgende übergeordnete und sich aus der Sachwalterstellung zum AG ergebende Leistungen:

Teilnahme an Planer –und Bauherren- bzw. Projektbesprechungen sowie an behördlichen und sonstigen projektbezogenen Terminen

Übernahme und Erledigung aller Verpflichtungen des Bauherrn aus der Baustellenverordnung in eigener Verantwortung

Erstellung eines monatlichen Statusberichts über den Planungsstand und den Planungsfortschritt (Planungsmonatsbuch)

Lieferung von Bestandsplänen und Revisionsunterlagen in digitaler Form und in Papierform nach Formatvorgabe des AG.

3.6 Der AG entscheidet nach freiem Ermessen, in welcher Reihenfolge einzelne Grundleistungen aus den Leistungspaketen III und IV (Leistungsphase 5 und Leistungsphasen 6-7) zu erbringen sind, insbesondere ob etwaige Leistungen z. B. für die Vorbereitung der Vergabe an einen Generalunternehmer oder im Rahmen einer funktionalen Leistungsbeschreibung vorgezogen oder parallel in mehreren Leistungsphasen aus den Leistungspaketen III und IV bearbeitet werden müssen.

§ 4 Leistungsumfang/Rechte des AG/Zusatzleistungen

4.1. Der AN verpflichtet sich, für das in § 1 genannte Bauvorhaben sämtliche erforderlichen Leistungen zur Erfüllung der nachfolgend vereinbarten Vertragsziele, die Teil des vertraglich geschuldeten Werkerfolges sind, auszuführen. Dies gilt unabhängig davon, ob die Leistungen in der als Anlage 1 beigefügten Leistungsbeschreibung aufgeführt und/ oder in der Anlage 10 zur HOAI erwähnt werden. Zum geschuldeten Leistungssoll gehören insbesondere auch alle Aufgaben und Tätigkeiten, die zur Errichtung eines nach den Anforderungen und Vorgaben des AG geplanten Bauwerks notwendig oder zweckmäßig sind.

4.2. Der Leistungserfolg bestimmt sich auf der Grundlage folgender, vom AG vorgegebener Anforderungen und geforderter Zielvorstellungen, die der AN zur vollständigen und mangelfreien Vertragserfüllung bei seiner Leistungserbringung zu berücksichtigen und zu erfüllen hat:

Gestalterische Anforderungen (z. B. bzgl. lichte Raumhöhe, Dach und Fassade): ......

Ausstattungsmerkmale/Qualitätsstandards: ....

Ausnutzung des Baugrundstücks: ....

Ausnutzung der Gebäudeflächen (Verhältnis Nutzflächen zu Verkehrsflächen): ....

Baukosten und/oder Gesamtinvestitionskosten (je nach Verbindlichkeit einer Kostenvorgabe, Kostenlimit oder Kostenrahmen): ....

Terminvorgaben für Planung, Vergabe und Baufertigstellung: ....

4.3 Der AG ist berechtigt, als vereinbartes Beschaffenheitsmerkmal des Architektenwerks mit der Vorlage der Kostenschätzung und der Kostenberechnung die nach seinem Budget einzuhaltenden Kosten vorzugeben oder eine Kostenobergrenze für die Kostengruppen 300, 400 und 5000 der DIN 276 in der Fassung Juni 1993 insgesamt oder einzeln festzulegen, die der AN bei seiner weiter gehenden Planung zu berücksichtigen, jeweils auf deren Einhaltung zu kontrollieren und auf Einsparungspotentiale zu prüfen hat. Der AN ist verpflichtet, bei der Erbringung seiner Leistungen jederzeit auf die Einhaltung der Kostenobergrenze hinzuwirken, die allen anderen Planungsvorgaben und Zielvorstellungen des AG vorgeht und primär geschuldeter Leistungserfolg ist.

Der AN hat dem AG etwaige Bedenken gegen die von ihm bei seiner Leistungserbringung zugrunde zu legenden Anordnungen, Vorgaben, Anregungen und Zielvorstellungen unverzüglich schriftlich mitzuteilen und Lösungsvorschläge zu unterbreiten.

4.4. Der AG ist jederzeit, auch nach Abschluss und Freigabe einer bereits fertig gestellten Leistungsphase berechtigt, die Anforderungen, Vorgaben und Zielvorstellungen an die Planung oder Ausführung zu ändern oder grundlegend neu zu definieren und entsprechende Anordnungen zu treffen (Zusatzleistungen bei Änderung des Leistungsumfangs oder Wiederholung von Leistungsphasen oder Grundleistungen, Besondere Leistungen).

Wiederholungsleistungen sind im Rahmen der Leistungspakete I und II ausgeschlossen, es sei denn, der AN muss auf Anordnung des AG eine bereits durch das Zusammenfassen, Erläutern und Dokumentieren der Ergebnisse abgeschlossene Leistungsphase (beginnend ab Leistungsphase 2 bis Leistungsphase 4), erneut ausführen (Wiederholung einer solchen Leistungsphase oder Grundleistungen daraus nach einem neuen Leistungsprogramm oder Planungsziel).

Im Übrigen setzt die Wiederholung von Grundleistungen den Abschluss und die Freigabe der jeweiligen Grundleistung oder Planungslösung durch den AG voraus und ist auf die Anordnung neuer Leistungs- und Planungsziele im Rahmen des Leistungspakets III (Ausführungsplanung) und/oder im Rahmen der Objektüberwachung (Bauausführung) beschränkt. Ansonsten ist im Rahme der Ausführungsplanung eine Änderung der Planungslösung bei Beibehaltung des Planungsziels eine Fortschreibung der Planung im dynamischen Planungsprozess, der erst den Teilerfolg definiert, wenn die Planungslösung zur Ausführung freigegeben wird.

4.5 Der AN ist verpflichtet, solche Anordnungen des AG umzusetzen und in die vorhandene Planung einzuarbeiten, sofern der Umsetzung keine gesetzlichen oder behördlichen Bestimmungen entgegenstehen. Im letzteren Fall hat der AN die Umplanung so auszuführen, dass sie den gesetzlichen und behördlichen Bestimmungen entspricht.

4.6 Sofern der AN durch diese Umplanung eine Wiederholung bereits abgeschlossener Grundleistungen nach Anlage 10 und vom AG freigegebener Planungsleistungen durchführen muss oder sich durch Anordnungen des AG die anrechenbaren Kosten verändern, ist dies dem AG vor der Ausführung schriftlich anzuzeigen.

4.7 Die Parteien sind verpflichtet, sich vor der Ausführung über eine Honoraranpassung (bei verändertem Leistungsumfang mit neuen anrechenbaren Kosten) oder über ein zusätzliches Honorar (bei Wiederholung einer Grundleistung ohne Änderung der anrechenbaren Kosten) schriftlich zu einigen. Sollte eine entsprechende schriftliche Vereinbarung oder eine Einigung dem Grunde nach über das Vorliegen der Voraussetzungen des § 10 HOAI nicht zustande kommen, ist jede Partei berechtigt, einen Schiedsgutachter (bestimmt von der jeweiligen Länder-Architektenkammer) anzurufen, der die Höhe des für die entsprechende Leistung anfallenden Honorars prüft und verbindlich festlegt oder der die Berechtigung einer Honoraranpassung oder eines Zusatzhonorars dem Grunde nach überprüft und auf Verlangen einer Partei bzw. bei Nichteinigung auch dessen Höhe verbindlich festlegt. Die Kosten des Schiedsgutachters tragen die Parteien je zur Hälfte, es sei denn, eine der Parteien weist ein überwiegendes Obsiegen in der der Nichteinigung zugrunde liegenden Meinungsverschiedenheit nach (z. B. der AN bei Bejahung eines Anspruchs auf Zusatzhonorar durch den Gutachter bei vorheriger Verweigerung des Anspruchsgrundes durch den AG).

§ 5 Honorare/Stundensätze/Nebenkosten

5.1. Honorar nach HOAI

Das Honorar für die Leistungspakete I–VI richtet sich nach der HOAI und wird wie folgt festgelegt:

Honorarzone: III

Honorarsatz: Mindestsatz

Leistungspaket I: Anrechenbare Kosten nach Kostenschätzung, höchstens aber nach der vereinbarten Baukostenobergrenze gem. Baukostenbudget für die Kostengruppen 300–400

Leistungspakete II bis VI: Anrechenbare Kosten: nach Kostenberechnung, höchstens aber nach der vereinbarten Baukostenobergrenze gem. Baukostenbudget für die Kostengruppen 300–400

Sollten die anrechenbaren Kosten nach Kostenberechnung höher liegen als nach der Kostenschätzung, aber innerhalb der vereinbarten Baukostenobergrenze, erfolgt im Rahmen der Abrechnung des Leistungspakets II eine entsprechende Honoraranpassung.

Die beauftragten Besonderen Leistungen werden wie folgt vergütet:

....

5.1 Alternative Pauschalhonorar

Die Vertragsparteien vereinbaren für die beauftragten und geschuldeten Leistungen des AN nach diesem Vertrag ein Pauschalhonorar in Höhe von . . . EUR netto zuzüglich der gesetzlich gültigen Umsatzsteuer. Dieses Pauschalhonorar setzt sich aus folgenden Teilpauschalen für die einzelnen Leistungspakete und Leistungsphasen, denen (Beispiel) die Honorarzone III Mittelsatz zugrunde liegt, wie folgt zusammen:

Grundlagenermittlung:	EUR ... netto
Vorplanung:	EUR ... netto
Entwurfsplanung	EUR ... netto
Besondere Leistungen:	EUR ... netto
Genehmigungsplanung:	EUR ... netto
Ausführungsplanung:	EUR ... netto
Vorbereitung der Vergabe:	EUR ... netto
Mitwirkung bei der Vergabe:	EUR ... netto
Besondere Leistungen:	EUR ... netto
Objektüberwachung-Bauüberwachung und Dokumentation:	EUR ... netto
Objektbetreuung:	EUR ... netto
Besondere Leistung:	EUR ... netto

Das Pauschalhonorar (für die jeweils betroffenen Leistungspakete II–VI) wird angepasst, wenn eine Erhöhung oder Verminderung der anrechenbaren Kosten bei der Kostenberechnung gegenüber den der Ermittlung des vereinbarten Pauschalhonorars zugrunde gelegten Kosten von über ... % (z. B. 20 %) eingetreten ist. Die Anpassung erfolgt nach der tatsächlichen Veränderung der anrechenbaren Kosten. Damit sind auch alle etwaigen Änderungen des beauftragten Leistungsumfangs, die Änderungen der anrechenbaren Kosten verursacht haben (§ 10 Abs. 1 HOAI), abgegolten.

5.2. Bei Umbau oder Modernisierung:

5.2.1 Umbauzuschlag nach § 36 HOAI in Höhe von ... % auf das vorgenannte Honorar.

5.2.2 Umfang der mitzuverarbeitenden Bausubstanz:

Leistungspaket I: in Höhe von .... EUR, der auf Basis von Baukosten in Höhe von ... EUR pro ... m^3 (Kubikmetermethode) ermittelt worden ist.

5.3 Weitere, über den vereinbarten Leistungsumfang hinausgehende und vom AG schriftlich zu beauftragende besondere Leistungen insbesondere aus der Anlage 10 zur HOAI werden nach den tatsächlich anfallenden Stunden vergütet, sofern sich die Parteien nicht auf eine Pauschale ausgehend von dem vorausgeschätzten Zeitbedarf einigen. Folgende Stundensätze werden vereinbart:

Geschäftsführer/Projektleiter:.....
Architekten:.....
Technische und kaufmännische Mitarbeiter:.....

5.4. Sämtliche Nebenkosten des AN werden mit einer Pauschale von (Beispiel) 6 % des für die beauftragten Leistungen vereinbarten Nettohonorars zuzüglich der Umsatzsteuer in der jeweils gültigen gesetzlichen Höhe erstattet.

Alternative: Post- und Fernmeldegebühren werden pauschal mit EUR ... (oder ... %) des Nettohonorars und übrigen Nebenkosten auf Nachweis zuzüglich der Umsatzsteuer in der jeweils gültigen gesetzlichen Höhe erstattet.

Alternative: Die Nebenkosten des AN werden insgesamt gegen Einzelnachweis nach Maßgabe der nachfolgenden Verrechnungssätze zuzüglich der Mehrwertsteuer in der jeweiligen gültigen gesetzlichen Höhe erstattet.

Alternative: Die Nebenkosten des AN sind mit dem vereinbarten (Pauschal-)Honorar abgegolten. Eine gesonderte Erstattung wird ausgeschlossen.

Alternative: Für folgende Nebenkosten (§ 14 Abs. 2 Nr. 1–7) wird eine Erstattung ausgeschlossen. Ansonsten erfolgt eine Abrechnung und Erstattung nach Einzelnachweis/pauschal mit ... %.

5.5. Sämtliche, aus der werkvertraglichen Verpflichtung oder aus der Natur des Planungsprozesses resultierende Pflichten zur Optimierung und Fortschreibung der Planung sowie aus dem Abstimmungsprozess mit den Fachplanern resultierende oder sonst erforderliche Ergänzungen und Änderungen der Planung sind von dem vereinbarten Honorar umfasst und damit abgegolten.

5.6 Dies gilt auch für Verzögerungen des Planungs- und/oder Bauablaufs, die auf Störungen in dem dem AN obliegenden Koordinierungsprozess mit den Fachplanern beruhen oder die ihre Ursache in Behinderungen der ausführenden Firmen aufgrund fehlender oder fehlerhafter Planungsleistungen (Ausführungsunterlagen) des AN oder sonstiger dem AN obliegender Mitwirkungshandlungen haben.

§ 6 Zahlungen/Fälligkeit

6.1. Das Honorar für die insgesamt beauftragten Leistungen (bis einschließlich Leistungspaket V) wird fällig, wenn die geschuldeten Leistungen fertiggestellt und abgenommen worden sind sowie eine prüffähige Honorarschlussrechnung überreicht worden ist. Das Honorar für das Leistungspaket VI (Leistungsphase 9) wird fällig, wenn die insoweit beauftragten Leistungen vertragsgemäß erbracht und vollendet worden sind und hierfür dem AG eine weitere prüffähige Schlussrechnung überreicht worden ist. Einer Abnahme dieser Leistungen bedarf es nicht. Die Abnahme wird durch die Vollendung der Leistungen ersetzt.

6.2 Der AN kann Abschlagszahlungen für einzelne erbrachte und nachgewiesene Leistungsabschnitte gegen entsprechende ordnungsgemäße und prüfbare Rechnungsstellung in Höhe von ... % (Beispiel 95%) des vereinbarten Honorars verlangen. Der AG ist berechtigt, ... % (Beispiel 5%) des Honorars als Sicherheit (auch für Schäden aus nicht versicherbaren bzw. nicht versicherten Pflichtverstößen) bis zur Abnahme aller geschuldeten Gesamtleistungen (aus den beauftragten Leistungspaketen) einzubehalten. Der AN kann den Sicherheitseinbehalt durch eine (Vertragserfüllungs-) Bürgschaft eines deutschen Kreditinstituts oder eines deutschen Kreditversicherers ablösen.

6.3 Grundlage für die Berechnung von Abschlagszahlungen bis zum Abschluss der Leistungsphase 3 bzw. bis zur Vorlage und Freigabe der Kostenberechnung durch den AG ist das bei Vertragsabschluss gemeinsam abgestimmte Kostenbudget des AG bzw. nach Abschluss der Leistungsphase 2 die entsprechende und vom AG für die weitere Beauftragung freigegebene Kostenschätzung des AN.

6.4 Prüffähige Rechnungen (Abschlagsrechnungen und Honorarschlussrechnungen) werden nach einem Prüfungszeitraum von bis zu 24 Kalendertagen und einer anschließenden Zahlungsfrist von 6 Kalendertagen spätestens 30 Kalendertage ab Zugang zur Zahlung fällig. Mit der Schlusszahlung durch den AG sind etwaige Nachforderungen des AN, das heißt solche, die über die Abrechnung in der Schlussrechnung hinausgehen, ausgeschlossen.

§ 7 Termine/Behinderungen

7.1. Die zeitliche Abwicklung und die Fälligkeit der Leistungen aus den beauftragten Leistungspaketen richtet sich nach dem Planungsfortschritt und den erforderlichen Mitwirkungshandlungen des AG, Der AN hat die von ihm geschuldeten Leistungen für das Leistungspaket I auf der Grundlage des als Anlage zu diesem Vertrag vereinbarten Planungsterminplans (Anlage 2) zu erbringen.

Im Falle einer Weiterbeauftragung der weiteren Leistungspakete gilt für die Objektüberwachung die sich aus dem Rahmenterminplan für die Bauausführung ergebende Regelbauzeit, die auch Grundlage für die Honorarermittlung auf Basis eines störungsfreien Planungs- und Bauablaufs ist. Sofern die vertraglich vereinbarte Leistungserbringung behindert (gehemmt oder verzögert oder unterbrochen) ist oder eine entsprechende Behinderung bzw. eine Verzögerung droht oder bevorsteht, muss der AN dies dem AG unverzüglich schriftlich anzeigen und die Gründe dafür darlegen. Der AN hat dem AG durch die Behinderungs- oder Verzögerungsanzeige Gelegenheit zu geben, die notwendigen Entscheidungen zu treffen und/oder die hindernden Umstände beseitigen zu können.

7.2. Für die weiteren Leistungspakete werden die Vertragsparteien Ausführungstermine nach Vorliegen des in der Leistungsphase 2 erstellten Terminplans im Rahmen der Zusammenfassung und Erörterung der Vorplanungsergebnisse und vor Beginn der Entwurfsplanung auf Basis der Anlagen 2 und 3 festlegen. Kommen Terminsvereinbarungen nicht zustande, ist der AG nach vorheriger angemessener Fristsetzung zur gemeinsamen Festlegung solcher Termine berechtigt, die Termine für den Abschluss der jeweils beauftragten Leistungspakete nach billigem Ermessen gem. § 315 BGB in Anlehnung und Fortschreibung der bereits vorliegenden Terminpläne/Rahmenterminpläne festzulegen.

7.3. Der AN ist verpflichtet, alle für die Planung, Ausschreibung und Ausführung des -habens erforderlichen Leistungen so rechtzeitig zu erbringen, dass die zwischen ihm und dem AG und zwischen dem AG und den anderen Planungsbeteiligten sowie den bauausführenden Unternehmern vereinbarten Termine eingehalten werden und nicht gefährdet sind. Bei vom AN verschuldeten oder mitverschuldeten Terminverzögerungen in der Bauausführung hat der AN dem AG sofortige Abhilfemaßnahmen vorzuschlagen.

7.4. Tritt wegen unterbliebener oder wegen verspäteter Erfüllung der dem AG obliegenden Mitwirkungshandlungen oder Mitwirkungspflichten eine Behinderung, Unterbrechung oder sonstige Leistungsstörung im Planungsprozess der Leistungspakete II bis IV ein und hat der AN den AG erfolglos zur Mitwirkung aufgefordert bzw. ihm die behindernden Umstände angezeigt, steht dem AN für die Dauer der Behinderung oder Unterbrechung eine angemessene Entschädigung in Höhe von .... EUR monatlich zu.

7.6. Die Vertragsparteien gehen von einer Bauzeit (Baubeginn bis zur rechtsgeschäftlichen Abnahme des Bauwerks durch Abnahme aller Bauleistungen einschließlich der Beseitigung aller bei den Abnahmen gerügten Baumängel) gem. Rahmenterminplan (Anlage 3) von ... Monaten aus, die Grundlage der in diesem Vertrag getroffenen Honorarvereinbarung ist.

7.7. Behinderungen in der Bauausführung, die von der jeweiligen bauausführenden Firma zu vertreten sind, oder die vom AG aufgrund fehlenden eigener Mitwirkungshandlungen verursacht wurden, lösen einen Zusatzhonoraranspruch für die Verlängerung der Ausführung der betroffenen zeitabhängigen Grundleistungen gegenüber der vorgenannten vereinbarten Regelbauzeit aus, der eine Honoraranpassung für die tatsächliche Verlängerung dieser Bauzeit zur Abgeltung aller entstehenden Mehraufwendungen einschließlich Entschädigung nach § 642 BGB zur Folge hat. § 4 Ziff. 4.7 gilt entsprechend.

***Alternativ* 7.7.** Sollte die Bauzeit aus Gründen, die der AN nicht zu vertreten hat und die auch nicht aus seiner Sphäre resultiert, um bis zu ... Monate / 20% der vereinbarten Bauzeit überschritten werden, bleibt das vereinbarte Honorar unberührt. Bei einer darüber hinausgehenden Überschreitung der Bauzeit (Verlängerung der Objektüberwachung) steht dem AN ein Anspruch auf Honorarerhöhung für die zeitbezogenen Grundleistungen der Objektüberwachung zur Abgeltung aller entstehenden Mehraufwendungen einschließlich Entschädigung nach § 642 BGB in der verlängerten Bauzeit zu, wobei das Zusatzhonorar nur bis zum Höchstbetrag der Vergütung je Monat anfällt, die der AN als Anteil der Vergütung für die Objektüberwachung je Monat der vereinbarten Bauzeit erhalten hat.

***Alternativ* 7.7.**: Der zusätzliche Honoraranspruch berechnet sich wie folgt: Das anteilige Honorar für die Objektüberwachung bis zur Abnahme des Bauwerks bzw. des letzten Gewerks wird pro angefangener Woche der honorarfähigen Bauzeitverlängerung um ... % bis zur Erreichung des Höchstsatzes nach HOAI erhöht. Eine Bauzeitverlängerung über 60 % der vereinbarten und dem Vertrag zugrunde liegenden Regelbauzeit gilt als ungewöhnlich lange dauernde Leistung gem. § 4 Abs. 3 HOAI, für die die Begrenzung auf das Höchstsatzhonorar entfällt. Der AN ist berechtigt, einen über die Honorarerhöhung nach Ziff. 6.6. hinausgehenden Honoraranspruch von wöchentlich ... EUR, maximal jedoch eine weitere Steigerung um 50 % des geltenden Höchstsatzes aus der einschlägigen Honorartafel geltend zu machen.

§ 8 Abnahme

8.1 Der AG ist zur Abnahme verpflichtet, sofern der AN die Fertigstellung aller ihn beauftragten und von ihm geschuldeten Leistungen schriftlich angezeigt und die Abnahme beantragt hat und der AG keine wesentlichen Mängel oder Unvollständigkeiten der Leistungen des AN innerhalb von 14 Kalendertagen nach Zugang der Anzeige gerügt hat Die Abnahme ist vom AG zu erklären und vom AN schriftlich zu bestätigen. Die Abnahmewirkungen treten mit Stellung und Zugang der Honorarschlussrechnung über alle beauftragten Leistungspakete ein.

8.2 Sollte der AG die Abnahme trotz Vorliegens der Abnahmevoraussetzungen nicht durchführen, gelten die Leistungen des AN als vom AG abgenommen, wenn der AN die vollständige und im Wesentlichen mangelfreie Fertigstellung dem AG schriftlich anzeigt und der AG nicht innerhalb von zehn Kalendertagen dieser Fertigstellungsanzeige widerspricht und die Gründe für den Widerspruch oder die fehlende Abnahmereife darlegt

8.3 Im Falle einer berechtigten Abnahmeverweigerung vereinbaren die Parteien nach angezeigter und erfolgter Beseitigung der Mängel oder Unvollständigkeiten der Leistung eine förmliche Abnahme, die im Rahmen einer von einer Partei anberaumten Schlussbesprechung durchzuführen ist. Die Abnahmewirkungen treten mit Unterzeichnung des Abnahmeprotokolls ein.

§ 9 Mängelhaftung/Haftpflichtversicherung

9.1. Die Mängelhaftung des AN beginnt mit der Abnahme seiner Leistungen und dauert 5 Jahre.

9.2 Zur Absicherung von Ersatzansprüchen des AG aus diesem Vertrag hat der AN eine Objekt- Haftpflichtversicherung mit den Deckungssummen

für Personenschäden pro Verstoß ..... EUR

für Sach- und Vermögensschäden pro Verstoß ...... EUR

mindestens mit zweifacher Maximierung pro Versicherungsjahr und einer Nachhaftung von ... Jahren abzuschließen und den Versicherungsschutz innerhalb von zwei Wochen nach Unterzeichnung des Vertrages nachzuweisen.

Der Versicherungsschutz muss für die gesamte Dauer des Vertrags aufrecht erhalten bleiben. Legt der AN dem AG den Versicherungsnachweis nicht fristgerecht vor, ist der AG nach Ablauf einer gesetzten Nachfrist von zwei Wochen mit Kündigungsandrohung zur Kündigung des Vertrages aus wichtigem Grund berechtigt. Im Übrigen sind ohne Vorlage dieses Nachweises Honoraransprüche des AN nicht zur Zahlung fällig.

9.3. Der AN ist zur unverzüglichen Anzeige verpflichtet, wenn und soweit der Versicherungsschutz in der vereinbarten Höhe nicht mehr besteht oder(z. B. wegen Zahlungsverzugs) in Frage gestellt ist. Der AG kann nach Ablauf eines jeden Versicherungsjahres vom AN die Vorlage einer aktuellen Versicherungsbestätigung verlangen, aus der sich die versicherten Deckungssummen und der bestehende Versicherungsschutz ergeben muss.

9.4 Zustimmungs – und Abnahmeerklärungen des AG oder von Sonderfachleuten und Behörden zu tatsächlichen oder rechtlichen Erfüllungshandlungen und Erfüllungsleistungen des AN befreien den AN nicht von seiner Haftung für die ordnungsgemäße Erfüllung seiner vertraglichen Verpflichtungen.

§ 10 Kündigung

10.1 Die Kündigung bedarf der Schriftform.

10.2 Wichtige Gründe für eine Kündigung des Auftraggebers aus wichtigem Grund sind: ...

Wichtige Gründe für eine Kündigung des Auftragnehmers aus wichtigem Grund sind: ...

Eine Kündigung aus wichtigem Grund muss unverzüglich, spätestens jedoch innerhalb von 10 Kalendertagen nach Bekanntwerden des wichtigen Grundes erklärt und dem Vertragspartner unter Angabe der Kündigungsgründe begründet und zugestellt werden. Sofern der Kündigung eine Nachfristsetzung vorausging oder hätte vorausgehen müssen (z. B. bei Fristsetzung zur Leistung oder Nacherfüllung durch den AG), ist sie nur wirksam, wenn gleichzeitig mit der Nachfristsetzung die Kündigung für den Fall des Fristablaufs angedroht worden ist. Eine Kündigung des AG aus wichtigem Grund ist im Falle des tatsächlich nicht vorliegenden wichtigen Grundes in eine freie (jedenfalls gewollte) Kündigung umzudeuten, sofern der Auftraggeber nicht selbst in der Kündigungserklärung ausdrücklich auf eine solche vorsorgliche Umdeutung verzichtet.

10.3 Der Rücktritt ist ausgeschlossen. §§ 636, 281, 323 BGB bleiben aber unberührt mit der Maßgabe, dass an die Stelle des Rücktritts die Kündigung des Vertrages tritt.

10.4 Eine Kündigung des AG, ob frei oder aus wichtigem Grund, kann auch auf einzelne, selbständige bzw. abgrenzbare Teilleistungen oder Leistungsteile beschränkt werden (Teilkündigung).

10.5 Bei freier Kündigung des AG nach § 649 BGB steht dem AN das vereinbarte Honorar für die beauftragten Leistungen zu, jedoch hinsichtlich der aufgrund der Kündigung nicht mehr erbrachten Leistungen nur abzüglich ersparter Aufwendungen und Anrechnung eines anderweitigen Erwerbs oder eines böswillig unterlassenen Erwerbs.

Sofern der Auftraggeber im Einzelfall keinen höheren Anteil an ersparten Aufwendungen oder der AN selbst keinen niedrigen Anteil an ersparten Aufwendungen nachweist, wird dieser mit 40% des Honorars für die vom AN noch nicht erbrachten Leistungen vereinbart. Der AN ist Sollte der AN einen Ersatzauftrag erhalten oder einen ihm angebotenen Ersatzauftrag zu Unrecht ablehnen, ist das dafür vereinbarte oder zu vereinbarende Honorar vom nach Satz 2 ermittelten Honoraranspruch zusätzlich in Abzug zu bringen.

Bei einer Kündigung des AG aus einem wichtigen Grund, den er nicht zu vertreten hat, steht dem AN jedoch ein Honoraranspruch nur hinsichtlich der bis dahin erbrachten und nachgewiesenen Leistungen zu. Als wichtige Gründe in diesem Sinn gelten folgende Ereignisse oder Umstände: Projektaufgabe wegen nachgewiesener Finanzierungs- oder Vermarktungsschwierigkeiten, Projektveräußerung an einen Generalübernehmer oder sonstigen Dritten, Nichterteilung der Baugenehmigung oder Erteilung der Baugenehmigung unter für den AG unzumutbaren Bedingungen.

10.6 Bei einer vom AN zu vertretenden Kündigung des AG aus wichtigem Grund oder bei einer Kündigung des AN aus einem Grund, den er zu vertreten hat, hat der AN nur Anspruch auf Vergütung der bis zur Vertragsbeendigung erbrachten und nachgewiesenen Leistungen, soweit sie trotz ihrer Unvollständigkeit mangelfrei und für den AG unter zumutbaren Bedingungen verwertbar sind. (Schadensersatz-) Ansprüche des AG aus entstandenen Mehrkosten aus Verzug, aus einer Neuplanung oder Ersatzvornahme bleiben unberührt.

§ 11 Urheberrechte

11.1 Der AN überträgt dem AG die einfachen und ausschließlichen Nutzungs-, Verwertungs- und Änderungsrechte an allen für die im Vertrag genannte Baumaßnahme erstellten Unterlagen und erbrachten Leistungen. Der AG darf die Unterlagen für das vertragsgegenständliche Objekt ohne Mitwirkung des AN unter Wahrung seiner etwaigen Urheberpersönlichkeitsrechte nutzen, verwerten oder ändern. Dies gilt auch für das ausgeführte Werk und für einen Nachbau im Falle der teilweisen oder völligen Zerstörung des Bauwerkes.

Der AG wird den AN vor wesentlichen Änderungen eines nach dem Urheberrecht geschützten Werkes anhören. Bauliche Veränderungen, die aus rein ästhetischen Gründen erfolgen und die Verfälschungen der Wesenszüge des Werkes beinhalten, sind nur mit Zustimmung des AN zulässig

Im Falle einer Beauftragung nur bis einschließlich Leistungsphase 2 (Leistungspaket I) stehen dem AG die vorgenannten Nutzungsrechte an den vom AN erstellten Vorplanungsergebnissen unbeschadet davon, ob es sich um urheberrechtlich geschützte oder nicht geschützte Planungsunter nur zu, wenn der AG dem AN dafür ein angemessenes Nutzungsentgelt in Höhe von ..... EUR zahlt, dass sich an dem entgangenen Honorar für die Leistungsphasen 3 und 4 in Anlehnung an § 649 BGB orientiert. Ansonsten sind sich die Parteien darüber einig, dass das vereinbarte Honorar eine Vergütung im Sinne von § 36 UrhG darstellt und eine Änderung der Vergütung ausgeschlossen ist.

11.2 Der AG ist berechtigt, die Nutzungs- und Verwertungs- sowie die Änderungsrechte auf Dritte zu übertragen oder abzutreten.

11.3 Der AG hat das Recht zur Veröffentlichung unter Namensangabe des AN. Der AN bedarf zur Veröffentlichung der Zustimmung des AG, die nicht verweigert werden darf, wenn der AN ein berechtigtes Interesse an der Veröffentlichung geltend macht.

11.4 Die vorstehenden Regelungen gelten auch bei jeder etwaigen vorzeitigen Vertragsbeendigung mit der Maßgabe, dass notwendige oder nützliche Änderungen an den Planunterlagen durch den AG oder den Nachfolgearchitekten auch ohne Anhörung oder Zustimmung des AN zulässig sind.

§ 12 Zurückbehaltungsrechte

12.1 Die vom AN zur Erfüllung dieses Vertrages angefertigten Planungsunterlagen sind dem AG spätestens mit bei der Abnahme der geschuldeten Architektenleistungen als Originale und als elektronische Medien (auf Datenträger) auszuhändigen; sie werden dessen Eigentum. Die Herausgabe ist wesentlicher Teil der Vertragserfüllung und ist Voraussetzung für die Abnahmereife der Leistungen.

Der AN hat dem AG die ihm ausgehändigten Unterlagen des AG und die Unterlagen von Dritten, die ihm vom AG überlassen worden sind, auf Verlangen des AG zurückzugeben. Sie sind dem AG spätestens und unaufgefordert herauszugeben, wenn der AN sie nicht mehr zur Vertragserfüllung und Wahrnehmung seiner Aufgaben benötigt.

Der AN ist berechtigt, die von ihm im Zusammenhang mit der Vertragserfüllung erstellten Korrespondenzunterlagen und weitere Dokumente (ohne Rechnungsunterlagen) nach Ablauf einer Frist von 5 Jahren seit Abnahme der Architektenleistungen zu vernichten. Zuvor hat er jedoch dem AG die Übergabe dieser Unterlagen anzubieten und ihn von der beabsichtigten Vernichtung zu unterrichten.

12.2 Ein Zurückbehaltungsrecht des AN an den von ihm erstellten Planungs- und Bauunterlagen und an sonstigen für die Durchführung der Planung und die Realisierung des Bauvorhabens erforderlichen Dokumenten ist ausgeschlossen. Der AN ist insoweit bis zur Fertigstellung der beauftragten Leistungen und der Abnahme derselben vorleistungspflichtig. Etwaige für noch zu erbringenden Leistungen entstehende gesetzliche Leistungsverweigerungsrechte des AN, insbesondere bei Zahlungsverzug hinsichtlich der bereits erbrachten Leistungen, bleiben davon unberührt. Der AG ist in diesem Fall jedoch berechtigt, ein bestehendes Leistungsverweigerungsrecht des AN aus § 320 BGB durch Stellung einer Sicherheit (Hinterlegung von Geld oder Bürgschaft) abzulösen.

§ 13 Vertragsübernahme/Sonstiges

13.1 Der AG behält sich vor, jederzeit sämtliche Rechte und Pflichten aus diesem Vertrag durch schriftliche Anzeige gegenüber dem AN auf einen Dritten zu übertragen. Der AN stimmt bereits jetzt dem Eintritt eines Dritten in dieses Vertragsverhältnis zu, wenn der Dritte mit der Anzeige schriftlich erklärt, dass er alle Rechte und Pflichten aus diesem Vertrag übernimmt. Bis dahin erbrachte Leistungen müssen die neuen Vertragspartner gegen sich gelten lassen.

13.2 Änderungen und Ergänzungen bedürfen zu ihrer Wirksamkeit der Schriftform. Das Schriftformerfordernis kann seinerseits nur durch schriftliche Vereinbarung abbedungen werden. Die gesonderte Beauftragung von zusätzlichen Leistungen unterliegt nicht diesem Schriftformerfordernis.

13.3 Sollte eine Bestimmung dieses Vertrages ganz oder teilweise unwirksam oder undurchführbar sein oder werden, so wird die Wirksamkeit der übrigen Bestimmungen davon nicht berührt. Die Parteien sind verpflichtet, anstelle unwirksamer oder undurchführbarer Bestimmungen rechtswirksame Regelungen, die dem angestrebten Zweck im wirtschaftlichen Ergebnis möglichst nahe kommen, zu vereinbaren. Das gleiche gilt, wenn bei Durchführung des Vertrages eine ergänzungsbedürftige Lücke entsteht oder offenbar wird.

Ort, Datum .... Ort, Datum ....

Auftraggeber Auftragnehmer

§ 8 Grenzüberschreitende Architektenverträge – anwendbares Recht – Rechtsdurchsetzung –

Übersicht

I. Einleitung

1 Verträge zwischen Architekten und Auftraggebern jeweils mit Sitz in einem anderen Staat insbesondere in unterschiedlichen Mitgliedstaaten der Europäischen Union sind Bestandteil der wachsenden internationalen und europäischen **grenzüberschreitenden Wirtschaftsbeziehungen.** Architekten mit Sitz in Deutschland schließen Verträge mit Auftraggebern mit Sitz in einem anderen Staat, und Auftraggeber mit Sitz in Deutschland mit Architekten mit Sitz in einem anderen Staat. In derartigen Fällen stellen sich zwei grundlegende rechtliche Fragen, die **Frage nach dem auf grenzüberschreitende Architektenverträge anwendbaren Recht** und die **Frage nach der gerichtlichen Durchsetzung** und Vollstreckung[1] von vertraglichen und deliktischen Ansprüchen. Beide Fragen sind von grundlegender Bedeutung für das Internationale Vertrags- und Schuldrecht, wie beispielsweise für grenzüberschreitende Bau- und Planerverträge.[2] Eine Besonderheit grenzüberschreitender Architektenverträge besteht in dem Geltungsanspruch des § 1 HOAI 2009 und des § 1 HOAI 2013.[3]

2 Die **kollisionsrechtlichen und prozessualen Rechtsprobleme**, die mit grenzüberschreitenden Verträgen verbunden sind, erfordern für die außergerichtliche **anwaltliche Beratung**, wie beispielsweise für die **Rechtswahl** sowie für die **Gerichtsstandsvereinbarung** und die für forensische Praxis in **grenzüberschreitenden Zivilprozessen** spezielle Kenntnisse und Erfahrung.[4] Ein häufiger Fehler mit gravierenden Folgen besteht darin, dass von Anwälten und auch von Gerichten der grenzüberschreitende Bezug eines Vertrages übersehen wird.[5] In der Praxis ist im Fall eines Vertrages mit Auslandberührung zunächst die Frage der internationalen Entscheidungszuständigkeit[6] und anschließend die Frage des anwendbaren Rechts zu klären.[7]

II. Die Rechtsquellen des internationalen Vertragsrechts

3 Das **geltende Recht des internationalen Vertragsrechts** ist durch eine Verordnung der Europäischen Gemeinschaft, der sog. **Rom I-VO**[8], geregelt, das Recht der außervertraglichen Schuldverhältnisse in der sog. Rom II-VO[9].

---

[1] Die Regelungen zur Vollstreckung grenzüberschreitender Gerichtsentscheidungen sind nicht Gegenstand dieses Kapitels.

[2] Ausführlich zu grenzüberschreitenden Bau- und Planerverträgen *Freitag* in Messerschmidt/Voit, Privates Baurecht, 2. Aufl. 2012, I. Teil P.

[3] Vgl. iE → Rn. 163 bis 167.

[4] *Brand* in NK-BGB Bd. 6, 1. Aufl. 2014, Das anwaltliche Mandat im internationalen Schuldrecht S. 3–33, Hinweise zur praktischen Vertragsgestaltung bei *Freitag* in Messerschmidt/Voit, Privates Baurecht, 2. Aufl. 2012, I. Teil, P Rn. 3–5.

[5] *Brand* in NK-BGB Bd. 6, 1. Aufl. 2014, Das anwaltliche Mandat im internationalen Schuldrecht S. 8 Rn. 13; *Wenner*, Internationales Vertragsrecht, 3. Aufl. 2013, Rn. 2; nach den Erfahrungen des Autors als Richter am LG und OLG sowie am BGH und aufgrund zahlreicher Vorlesungen und Seminare verfügt nur ein geringer Teil der Anwälte und Richter über Kenntnisse im Kollisionsrecht und im internationalen Zivilprozessrecht.

[6] Zu den Rechtsgrundlagen der internationalen Entscheidungszuständigkeit und der Vollstreckung grenzüberschreitender Urteile vgl. iE *Freitag* in Messerschmidt/Voit, Privates Baurecht, 2. Aufl. 2012, I. Teil, P Rn. 80 bis 114.

[7] *Lorenz* in BeckOK EGBGB, Ed. 30, 2014, Art. Einl. IPR Rn. 94 mit einer Checkliste zur Lösung grenzüberschreitender Fälle; *Wenner*, Internationales Vertragsrecht, 3. Aufl. 2013, Rn. 3 bis 10.

[8] Verordnung (EG) Nr. 593/2008 des Europäischen Parlaments und des Rates vom 17. Juni 2008 über das auf vertragliche Schuldverhältnisse anzuwendende Recht (Rom I), ABl. L 177/6.

[9] Verordnung (EG) Nr.864/2007 des Europäischen Parlaments und des Rates vom 11. Juli 2007 über das auf außervertragliche Schuldverhältnisse anzuwendende Recht („Rom II"), ABl. L 199/4.

1. Der intertemporale Anwendungsbereich

4 Die **Rom I-VO** ist gemäß ihrem Art. 28 auf Verträge anzuwenden, die ab dem **17.12.2009** geschlossen worden sind.[10] Die Frage, wann ein Vertrag abgeschlossen worden ist, richtet sich nach dem materiellen Recht, das für den Vertrag berufen ist. Nach Art. 3 Nr. 1 lit. b) EGBGB des nationalen deutschen Kollisionsrechts sind die Art. 27 bis 37 EGBGB a. F.[11] nicht anwendbar, soweit die Rom I-VO unmittelbar maßgeblich ist. Folglich sind auf Altfälle, auf Verträge die vor dem 17.12.2009 abgeschlossen worden sind, die Art. 27 bis 37 EGBGB a.F. anwendbar.[12]

5 Die Rom I-VO hat das Römische Schuldvertragsübereinkommen (EVÜ)[13], einen völkerrechtlichen Vertrag, ersetzt.[14] Die Regelungen des EVÜ galten aufgrund einer Umsetzung durch die Art. 27 ff. EGBGB in das innerstaatliche Recht der Bundesrepublik Deutschland bis zum 17.12.2009.[15]

2. Der Räumliche und universelle Anwendungsbereich

6 Die **Rom I-VO** gilt gem. Art. 1 Abs.4 Rom I-VO in allen **Mitgliedstaaten** mit Ausnahme von Dänemark.[16] Sie gilt nach ihrem Art. 2 universell gegenüber den Mitgliedstaaten und gegenüber Dänemark sowie auch **im Verhältnis zu Drittstaaten**.[17] In **Dänemark** regelt das EVÜ nach wie vor das internationale Vertragsrecht. In Drittstaaten bestimmt deren Kollisionsrecht das anwendbare internationale Schuldvertragsrecht.[18]

3. Der sachliche Anwendungsbereich

7 Die Rom I-VO ist nach ihrem Art. 1 Abs. 1 auf **vertragliche Schuldverhältnisse in Zivil- und Handelssachen** anwendbar, die eine Verbindung zum Recht unterschiedlicher Staaten aufweisen. Zu den vertraglichen Schuldverhältnissen zählen neben **Werk- und Kaufverträgen** die **Verträge über persönliche Sicherheiten**, wie Garantien[19], Bürgschaften[20], die Schuldübernahme[21], der Schuldbeitritt[22] und die Vertragsübernahme[23].

---

[10] *Hohloch* in Erman BGB, 14. Aufl. 2014, Vorbemerkungen Rn. 9.

[11] Aufgehoben durch Art. 1 Nr. 4 des Gesetzes zur Anpassung der Vorschriften des Internationalen Privatrechts an die Verordnung (EG) Nr. 593/2008, BGBl. 2009 I, 1674.

[12] Zur Rechtslage grenzüberschreitender Bau- und Planerverträge nach dem ursprünglichen deutschen Internationalen Privatrecht der Art. 27 bis 37 vgl. iE *Freitag* in Messerschmidt/Voit, Privates Baurecht, 1. Aufl. 2008, I. Teil P; zum für Altverträge maßgeblichen internationalen Vertragsrecht vgl. die Kommentierung der Art. 27 bis 37 EGBGB von *Martiny* in MükoBGB, 4. Aufl. 2006, Art. 27 bis 37 EGBGB sowie die Übersicht bei *Spickhoff* in BeckOK BGB, Ed. 30, 2013, VO (EG) 593/2008 Art. 1 Rn. 2, 3.

[13] Übereinkommen über das auf vertragliche Schuldverhältnisse anzuwendende Recht von 1980, Abl. EG 1980 Nr. L 266, S. 1 = BGBl II 1986, BGBl 1986 Art. II S. 810; konsolidierte Fassung Abl. EU Nr. C 334 v. 20.12.2005, S. 1 (Rom – Übereinkommen).

[14] Gesetz zur Anpassung der Vorschriften des Internationalen Privatrechts an die Verordnung (EG) Nr. 593/2008 v. 25.6.2009, BGBl I 2009, BGBL Jahr 2009 Art. I S. 1574, vgl. hierzu *Martiny*, RIW 2009, 737, 740 ff.

[15] *Hohloch* in Erman BGB, 14. Aufl. 2014, Vorbemerkungen Rn. 1; *Thode*, Das europäische Internationale Vertragsrecht, NZBau 2011, 449, 450.

[16] Art. 1 Abs. 4 Rom I-VO; *von Hein* in Rauscher EuZPR/EuIPR Art. 1 Rom I-VO Rn. 66.

[17] *Freitag* in Messerschmidt/Voit, Privates Baurecht, 2. Aufl. 2012, I. Teil, P Rn. 1; *Hohloch* in Erman BGB, 14. Aufl. 2014, Art. 2 Rom I-VO Rn. 1; *von Hein* in Rauscher EuZPR/EuIPR Art. 2 Rom I-VO Rn. 1; *Leible* in NK-BGB Bd. 6, 1. Aufl. 2014, Art. 2 Rom I, Rn. 2 bis 4; *Thode*, Fn. 15, NZBau 2011, 449, 451; *Ringe* in jurisPK-BGB, 6. Aufl. 2012, Art. 1 Rom I-VO Rn. 51 bis 54, Art. 24 Rom I-VO Rn. 2 bis 4.

[18] *Thode* Fn. 1515, NZBau 2011, 449, 451.

[19] *Martiny* in Reithmann/Martiny, Internationales Vertragsrecht, 7. Aufl. 2010, Rn. 1192 ff.

[20] *Martiny* in Reithmann/Martiny, Internationales Vertragsrecht, 7. Aufl. 2010, Rn. 1181 ff.

[21] *Martiny* in Reithmann/Martiny, Internationales Vertragsrecht, 7. Aufl. 2010, Rn. 420.

[22] BGH, Urt. v. 11.11.2010 – VII ZR 44/10, NJW-RR 2011, 130 hierzu *Thode*, jurisPR-PrivBauR 2/2011 Anm. 1; *Martiny* in Reithmann/Martiny, Internationales Vertragsrecht, 7. Aufl. 2010, Rn. 414 ff.

[23] *Martiny* in Reithmann/Martiny, Internationales Vertragsrecht, 7. Aufl. 2010, Rn. 421.

Das nach den Art. 3 ff. Rom I-VO ermittelte **Vertragsstatut** ist gem. den Art. 10, 12 Rom I-VO maßgeblich für alle Rechtsfragen, die mit dem Vertrag zusammenhängen.[24] Die bereicherungsrechtliche Rückabwicklung nichtiger oder unwirksamer Verträge richtet sich ebenfalls nach dem Vertragsstatut.[25] 8

Nach Art. 1 Abs. 2 Rom I-VO sind zahlreiche Rechtsgebiete von der Anwendung der Verordnung ausgenommen.[26] Zu diesen **ausgenommenen Rechtsgebieten** gehören die für grenzüberschreitende Verträge bedeutsamen Regelungsgegenstände wie Gerichtsstands- und Schiedsvereinbarungen, das internationale Gesellschaftsrecht, die Rechts- und Geschäftsfähigkeit natürlicher Personen und das Recht der Stellvertretung sowie Schuldverhältnisse aus Verhandlungen vor Abschluss eines Vertrages. Für diese Rechtsbereiche ist mit Ausnahme von Schuldverhältnissen aus Verhandlungen vor Abschluss eines Vertrages das bisher geltende autonome deutsche Kollisionsrecht maßgeblich.[27] 9

Außervertragliche Schuldverhältnisse, Ansprüche aus Delikt und Bereicherung, unterliegen nach Art. 31 der **Rom II-VO**[28], wenn das schadensbegründende Ereignis ab dem 11.1.2009 eingetreten ist, der sog. Rom II-VO, und wenn es vor diesem Datum eingetreten ist, dem ursprünglichen deutschen internationalem Deliktsrecht. Die Rom II-VO hat wie die Rom I-VO in ihrem sachlichen, intertemporalen und räumlichen Anwendungsbereich Vorrang vor dem autonomen deutschen Kollisionsrecht (Art. 3 Abs. lit. b) EGBGB). 10

Ansprüche aus vorvertraglichen Schuldverhältnissen werden gemäß Art. 1 Abs. 2 lit. i) Rom I-VO von der Verordnung nicht erfasst, maßgeblich für die Bestimmung des anwendbaren Rechts sind gemäß Art. 2 Abs. 1 Rom II-VO deren Regelungen. Hinsichtlich der Anknüpfung von Ansprüchen aus der Verletzung vorvertraglicher Pflichten ist im Unterschied zum deutschen materiellen Recht wie folgt zu differenzieren[29]: Ansprüche, die darauf beruhen, dass die **Pflichtverletzung** sich auf **vertragsbezogene Interessen** bezieht, unterliegen dem Statut des Vertrages der abgeschlossen worden ist oder abgeschlossen werden sollte. Derartige Pflichtverletzungen sind namentlich die **Verletzung von Aufklärung- und Belehrungspflichten** sowie der missbräuchliche Abbruch von Vertragsverhandlungen. **Ansprüche aus der Verletzung des Integritätsinteresses der Partei**, beispielsweise bei Sach- und Personenschäden, unterliegen nicht dem Vertragsstatut, sie sind nach Art. 4 Rom II-VO deliktisch anzuknüpfen. 11

Die Frage, wann ein Sachverhalt einen **hinreichenden Bezug zu einem anderen Staat** aufweist, lässt sich abstrakt nicht beantworten, ausreichend ist jeder mögliche Bezug des 12

---

24 Vgl. dazu iE unten → Rn. 90 bis 117.

25 *Freitag* in Messerschmidt/Voit, Privates Baurecht, 2. Aufl. 2010, I. Teil P Rn. 7; *Geiben* in jurisPK-BGB, 6. Aufl. 2012, Art. 12 Rn. 23; *Hohloch* in Erman BGB, 14. Aufl. 2014, Art. 12 Rn. 15; *Schulze/Ferrari* in Ferrari/Kieninger/Mankowski u. a., Internationales Vertragsrecht, 2. Aufl. 2011, VO (EG) 593/2008 Art. 12 Rn. 26 f.; *Spellenberg* in MüKoBGB, 6. Aufl. 2015, Rom I-VO Art. 12 Rn. 164 bis 166; *Spickhoff* in BeckOK BGB, Ed. 30, 2013, VO (EG) 593/2008 Art. 12 Rn. 15.

26 Näheres zum Inhalt und Zweck der Ausnahmen vgl. etwa *Hohloch* in Erman BGB, 14. Aufl. 2014, Art. 1 Rom I-VO Rn. 5 bis 15; *von Hein* in Rauscher EuZPR/EuIPR Art. 1 Rom I-VO Rn. 22 bis 65; *Martiny* in MükoBGB, 6. Aufl. 2015, Rom I-VO Art. 1 Rn. 25 bis 76; *Spickhoff* in BeckOK BGB, Ed. 30, 2013, VO (EG) 593/2008 Art. 1 Rn. 25 bis 37, *Kieninger* in Ferrari/Kieninger/Mankowski u. a., Internationales Vertragsrecht, 2. Aufl. 2011, VO (EG) 593/2008 Art. 1 Rn. 9 bis 33, *Leible* in NK-BGB Bd. 6, 1. Aufl. 2014, Art. 1 Rom I, Rn. 18 bis 80; *Martiny* in Reithmann/Martiny, Internationales Vertragsrecht, 7. Aufl. 2010, Rn. 55 bis 76; *Ringe* in jurisPK-BGB, 6. Aufl. 2012, Art. 1 Rom I-VO Rn. 21 bis 50.

27 *Thode* Fn. 15, NZBau 2011, 449, 451.

28 Verordnung EG Nr. 664/2007 des Europäischen Parlaments und des Rates vom 11. Juli 2007 über das auf außervertragliche Schuldverhältnisse anzuwendende Recht (Rom II), ABl. LL 199/40.

29 Vgl. hierzu iE zB *Kieninger* in Ferrari/Kieninger/Mankowski u. a., Internationales Vertragsrecht, 2. Aufl. 2011, VO (EG) 593/2008 Art. 1 Rn. 31 f.; *Spellenberg* in MükoBGB, 5. Aufl. 2010, Rom II-VO Art. 12 Rn. 9 bis 12; *Spickhoff* in BeckOK BGB, Ed. 32, 2013, VO (EG) 864/2007 Art. 12 Rn. 3 bis 5.

Vertragsverhältnisses zu einem anderen Staat, nicht erforderlich ist ein Bezug zu einem Mitgliedstaat.[30]

III. Das anwendbare Vertragsrecht

13 Die Rom I-VO regelt für zwei unterschiedliche Sachverhalte die Kriterien zur Bestimmung des maßgeblichen Vertragsstatuts, des anwendbaren materiellen staatlichen Rechts. In Art. 3 Abs. 1 Rom I-VO statuiert die Verordnung den zentralen **Grundsatz der freien Rechtswahl**.[31]

14 Für den Fall, dass die Parteien keine oder eine unwirksame Rechtswahl getroffen haben, regelt die Verordnung in Art. 4 Rom I-VO einen Katalog, der die Bestimmung des maßgeblichen Vertragsstatuts für unterschiedliche Vertragstypen an Hand **objektiver Kriterien** vorsieht.[32]

15 Für **Verbraucherverträge** enthält Art. 6 Rom I-VO kollisionsrechtliche Schutzvorschriften, die die Rechtswahl und die objektive Anknüpfung unter bestimmten Voraussetzungen zugunsten des Verbrauchers modifizieren.[33]

16 Die folgenden Ausführungen sind beschränkt auf die kollisionsrechtlichen und prozessrechtlichen Fragen, die für das Vertragsrecht grenzüberschreitender Architektenverträge von Bedeutung sind.

1. Rechtswahl

17 **a) Gegenstand und Umfang der freien Rechtswahl.** Nach Art. 3 Abs. 1 Rom I-VO können die Parteien eines grenzüberschreitenden Vertrages durch **Rechtswahl** das Recht frei wählen, dass auf ihre **vertraglichen Rechtsbeziehungen** anwendbar sein soll. Nach ganz herrschender Ansicht können die Parteien nur eine staatliche Rechtsordnung wählen.[34] Die Rechtswahl ist nicht beschränkt auf ein **Heimatrecht** einer der Parteien, sie

---

[30] Vgl. *Leible* in NK-BGB Bd. 6, 1. Aufl. 2014, Art. 1 Rom I, Rn. 17; *Martiny* in Reithmann/Martiny, Internationales Vertragsrecht, 7. Aufl. 2010, Rn. 44f. m. Beispielen; *Freitag* in Messerschmidt/Voit, Privates Baurecht, 2. Aufl. 2010, I. Teil P Rn. 1 Fn. 1, Rn. 16; *Nordmeier* in Gebauer/Wiedmann, Zivilrecht unter europäischem Einfluss, 2. Aufl. 2010, Kap. 37, Rom I Art. 1 Rn. 10; *Martiny* in MükoBGB, 5. Aufl. 2010, Rom I-VO Art. 1 Rn. 15.

[31] *Ferrari* in Ferrari/Kieninger/Mankowski u. a., Internationales Vertragsrecht, 2. Aufl. 2011, VO (EG) 593/2008 Art. 3 Rn. 1; *Hohloch* in Erman BGB, 14. Aufl. 2014, Art. 3 Rom I-VO Rn. 1, 7; *von Hein* in Rauscher EuZPR/EuIPR Art. 1 Rom I-VO Rn. 1; *Martiny* in Reithmann/Martiny, Internationales Vertragsrecht, 7. Aufl. 2010, Rn. 86; *Martiny* in MükoBGB, 6. Aufl. 2015, Rom I-VO Art. 3 Rn. 1; *Ringe* in jurisPK-BGB Art. 3 Rom I-VO Rn. 5; *Thode* Fn.15, NZBau 2011, 449, 452; *Thüsing* in v. Westphalen VertragsR/AGB-Klauselwerke, 34. Ergänzungslieferung 2013 Vertragsrecht, Rechtswahlklauseln Rn. 3.

[32] Zu Art. 4 Rom I-VO iE vgl. etwa: *Ferrari* in Ferrari/Kieninger/Mankowski u. a., Internationales Vertragsrecht, 2. Aufl. 2011, VO (EG) 593/2008 Art. 4 Rn. 1 bis 175; *Thorn* in Rauscher EuZPR/EuIPR Art. 4 Rom I-VO Rn. 14 bis 165; *Leible* in NK-BGB Bd. 6, 1. Aufl. 2014, Art. 4 Rn. 1 bis 168; *Martiny* in Reithmann/Martiny, Internationales Vertragsrecht, 7. Aufl. 2010, Rn. 143 bis 207; *Martiny* in MükoBGB, 6. Aufl. 2015, Rom I-VO Art. 4 Rn. 1 bis 346; *Spickhoff* in BeckOK BGB, Ed. 30, 2013, VO (EG) 593/2008 Art. 4 Rn. 1 bis 92; zur Anknüpfung von Werkverträgen und Bau- und Planerverträgen vgl. *Freitag* in Messerschmidt/Voit, Privates Baurecht, 2. Aufl. 2010, I. Teil P Rn. 20 bis 27.

[33] Zu Art. 6 Rom I-VO iE vgl. etwa: *Ferrari* in Ferrari/Kieninger/Mankowski u. a., Internationales Vertragsrecht, 2. Aufl. 2011, VO (EG) 593/2008 Art. 6 Rn. 1 bis 175; *Heiderhoff* in Rauscher EuZPR/EuIPR Art. 6 Rom I-VO Rn. 16 bis 51; *Leible* in NK-BGB Bd. 6, 1. Aufl. 2014, Art. 4 Rn. 1 bis 168; *Martiny* in MükoBGB, 6. Aufl. 2015, Rom I-VO Art. 6 Rn. 1 bis 71; *Spickhoff* in BeckOK BGB, Ed. 30, 2013, VO (EG) 593/2008 Art. 6 Rn. 1 bis 39.

[34] *Ferrari* in Ferrari/Kieninger/Mankowski u. a., Internationales Vertragsrecht, 2. Aufl. 2011, VO (EG) 593/2008 Art. 3 Rn. 18 bis 22; *Freitag* in Messerschmidt/Voit, Privates Baurecht, 2. Aufl. 2010, I. Teil P Rn. 19; *von Hein* in Rauscher EuZPR/EuIPR Art. Rom I-VO Rn. 49 bis 56; *Martiny* in Reithmann/Martiny, Internationales Vertragsrecht, 7. Aufl. 2010, Rn. 100; *Ringe* in jurisPK-BGB, 6. Aufl.

können das **Recht eines Drittstaates** wählen, dass keine Beziehung zu ihrem Rechtsverhältnis aufweist.[35]

18 Nach Art. 3 Abs. 2 Satz 1 Rom I-VO können die Parteien eine **Rechtswahl** zum Zeitpunkt des **Vertragsschlusses** als auch zu jedem **späteren Zeitpunkt ausdrücklich oder konkludent** treffen. Sie können ihre Rechtswahl jederzeit ändern.[36]

19 Das **gewählte Recht** gilt, wie auch das aufgrund der objektiven Anknüpfung gemäß Art. 4 Rom I-VO berufene Vertragsstatut[37], grundsätzlich **umfassend für den Hauptvertrag.** Die freie Wahl des Rechts unterliegt **Einschränkungen**, die sich aus den vom Vertragsstatut ausgenommenen Bereiche[38], den Sonderregelungen für Beförderungsverträge (Art. 5 Rom I-VO), Verbraucherverträge (Art. 6 sowie Art. 23 Rom I-VO i.V. m. Art. 46 b EGBGB)[39], Versicherungsverträge (Art. 7 Rom I-VO, Individualarbeitsverträge (Art. 8 Rom I-VO und den Grenzen der Absätze 3 und 4 sowie aus Art. 9 Rom I-VO[40] ergeben.

20 **b) Rechtswahl bei Inlandssachverhalten.** Die **umfassende Rechtswahlfreiheit** ist den Parteien nur eröffnet, wenn der Sachverhalt bei Abschluss des Rechtswahlvertrages einen **Auslandsbezug** aufweist. Ist der Sachverhalt nur mit einem einzigen Staat verbunden, und wählen die Parteien ein anderes Recht, dann gelten gemäß Art. 3 Abs. 3 Rom I-VO die zwingenden Bestimmungen des Staates, zu dem eine relevante Beziehung besteht. **Zwingende Bestimmungen** im Sinne des Art. 3 Abs. 3 Rom I-VO sind alle Bestimmungen des materiellen Rechts, die **nicht dispositiv** sind.[41] Die Regelung umfasst alle zwingenden Regelungen, die nicht der sachenrechtlichen Privatautonomie unterliegen. Nicht erheblich ist es, ob es sich um privat- oder öffentlichrechtliche Bestimmungen handelt.[42] Abs. 3 ist nur auf die nicht dispositiven Vorschriften anwendbar, die sich auf Schuldverträge auswirken und die nicht international zwingend sind[43]. Nicht erfasst von Abs. 3 werden die **Regelungen der HOAI**[44], sie unterliegen als **Eingriffsnomen dem Art. 9 Rom I-VO.**[45]

2012, Art. 3 Rom VO Rn. 35 bis 38; *Spickhoff* in BeckOK BGB, Ed. 30, 2013, VO (EG) 593/2008 Art. 3 Rn. 7.

35 *Ferrari* in Ferrari/Kieninger/Mankowski u. a., Internationales Vertragsrecht, 2. Aufl. 2011, VO (EG) 593/2008 Art. 3 Rn. 14; *Hohloch* in Erman BGB, 14. Aufl. 2014, Art. 3 Rom I-VO Rn. 8 f.; *Martiny* in Reithmann/Martiny, Internationales Vertragsrecht, 7. Aufl. 2010, Rn. 93; *Spickhoff* in BeckOK BGB, Ed. 32, 2013, VO (EG) 593/2008 Art. 3 Rn. 8.

36 *Hohloch* in Erman BGB, 14. Aufl. 2014, Art. 3 Rom I-VO Rn. 22; iE zur Zulässigkeit und zu den Grenzen der nachträglichen Rechtswahl vgl. *Ferrari* in Ferrari/Kieninger/Mankowski u. a., Internationales Vertragsrecht, 2. Aufl. 2011, VO (EG) 593/2008 Art. 3 Rn. 46 bis 48; *Martiny* in MükoBGB, 6. Aufl. 2015, Rom I-VO Art. 3 Rn. 78 bis 86; *Spickhoff* in BeckOK BGB, Ed. 32, 2013, VO (EG) 593/2008 Art. 3 Rn. 29 bis 32.

37 Vgl. dazu iE unten → Rn. 58 bis 62.

38 Vgl. dazu iE oben → Rn. 9 bis 10.

39 Vgl. dazu iE unten → Rn. 63 bis 8.

40 Vgl. dazu iE unten → Rn. 168 bis 170.

41 *Ferrari* in Ferrari/Kieninger/Mankowski u. a., Internationales Vertragsrecht, 2. Aufl. 2011, VO (EG) 593/2008 Art. 3 Rn. 49, 56; *Freitag* in Messerschmidt/Voit, Privates Baurecht, 2. Aufl. 2010, I. Teil P Rn. 16; *von Hein* in Rauscher EuZPR/EuIPR Art. 3 Rom I-VO Rn. 100 bis 105; *Hohloch* in Erman BGB, 14. Aufl. 2014, Art. 3 Rom I-VO Rn. 26a; *Leible* in NK-BGB Bd. 6, 1. Aufl. 2014, Art. 3 Rom I, Rn. 78; *Martiny* in Reithmann/Martiny, Internationales Vertragsrecht, 7. Aufl. 2010, Rn. 521; *Martiny* in MükoBGB, 6. Aufl. 2015, Rom I-VO Art. 3 Rn. 89 f.; *Ringe* in jurisPK-BGB, 6. Aufl. 2012, Art. 3 Rom I-VO, Rn. 46; *Spickhoff* in BeckOK BGB, Ed. 30, 2013, VO (EG) 593/2008 Art. 3 Rn. 33.

42 *Ferrari* in Ferrari/Kieninger/Mankowski u. a., Internationales Vertragsrecht, 2. Aufl. 2011, VO (EG) 593/2008 Art. 3 Rn. 56; *Martiny* in Reithmann/Martiny, Internationales Vertragsrecht, 7. Aufl. 2010, Rn. 521; *Martiny* in MükoBGB, 6. Aufl. 2015, Rom I-VO Art. 3 Rn. 89 f.

43 Vgl. die Nachw. in Fn. 42.

44 AA ohne Begründung *Jochem* in Jochem/Kaufhold, HOAI, 5. Aufl. 2012, § 1 Rn. 24.

45 Vgl. hierzu iE unten → Rn. 162 ff.

21 Widersprechen sich zwingende Vorschriften des gewählten Rechts und zwingende Vorschriften des Staates, zu dem die relevante Beziehung besteht, dann haben die Vorschriften dieses Staates Vorrang.[46] Vereinbaren beispielsweise Parteien, beide mit Sitz in Deutschland, einen Architektenvertag für ein in Deutschland belegendes Bauwerk, und wählen sie Schweizer Recht als Vertragsstatut, dann unterliegt das materielle Schweizer Recht dem deutschen Recht der Allgemeinen Geschäftsbedingungen.

22 Welche **Umstände einen hinreichenden Auslandsbezug** begründen, ist nur teilweise geklärt.[47] Durch die Regelung des Art. 3 Abs. 3 Rom I-VO und die Vorgabe des Erwägungsgrund 15 der Rom I-VO steht fest, dass eine **Rechtswahlvereinbarung** oder eine **Gerichtsstandsvereinbarung** einen hinreichenden Auslandsbezug nicht begründen, wenn es sich um einen reinen Inlandsfall handelt.[48] Ausreichend für einen **hinreichenden Auslandsbezug** sind die Umstände, die im Rahmen des Art. 4 Rom I-VO für die objektive Anknüpfung des Vertragsstatuts relevant sein können[49], wie beispielsweise ein ausländischer Abschlussort, der Erfüllungsort und der gewöhnliche Aufenthalt oder Sitz einer Partei im Ausland sowie die Belegenheit des Vertragsgegenstandes in einem anderen Staat. Ein hinreichender Auslandsbezug liegt vor, wenn die Parteien mit Sitz in Deutschland einen Vertag über Architektenleistungen schließen, die der Architekt für ein in einem anderen Mitgliedstaat belegendes Bauwerk erbringen muss.

23 **c) Rechtswahl bei Binnenmarktsachverhalten.** Art. 3 Abs. 4 Rom I-VO dient zur **Durchsetzung zwingenden Gemeinschaftsrechts** bei rein binnenmarktbezogenen Sachverhalten.[50] Weist ein Sachverhalt ausschließlich Bezüge zu einem oder mehreren Mitgliedstaaten auf und vereinbaren die Parteien das Recht eines Drittstaates, dann setzen sich die nicht dispositiven Regelungen des Gemeinschaftsrechts gegen das gewählte Recht durch.[51] Zu den nicht dispositiven Bestimmungen zählen beispielsweise das umgesetzte nationale Recht der Art. 6 Abs. 2 der Klauselrichtlinie 93/13/EWG, Art. 9 der Timesharing-Richtlinie 94/47EG, Art. 1 Abs. 2 der Fernabsatzrichtlinie 97/7/EG und Art. 7 Abs. 2 der Verbrauchsgüterkaufrichtlinie 99/44/EG.

---

[46] *Ferrari* in Ferrari/Kieninger/Mankowski u. a., Internationales Vertragsrecht, 2. Aufl. 2011, VO (EG) 593/2008 Art. 3 Rn. 56; *Hohloch* in Erman BGB, 14. Aufl. 2014, Art. 3 Rom I-VO Rn. 25; *Leible* in NK-BGB Bd. 6, 1. Aufl. 2014, Art. 3 Rom I, Rn. 78; *von Hein* in Rauscher EuZPR/EuIPR Art. 3 I-VO Rn. 100; *Martiny* in MükoBGB, 5. Aufl. 2010, Rom I-VO Art. 3 Rn. 94; *Ringe* in jurisPK-BGB, 6. Aufl. 2012, Art. 3 Rom I-VO Rn. 43 bis 46; *Spickhoff* in BeckOK BGB, Ed. 30, 2013, VO (EG) 593/2008 Art. 3 Rn. 33.

[47] *von Hein* in Rauscher EuZPR/EuIPR Art. 1 Rom I-VO Rn. 20; *Ringe* in jurisPK-BGB, 6. Aufl. 2012, Art. 3 Rn. 45.

[48] allgA vgl. etwa *Ferrari* in Ferrari/Kieninger/Mankowski u. a., Internationales Vertragsrecht, 2. Aufl. 2011, VO (EG) 593/2008 Art. 3 Rn. 50 bis 55; *Freitag* in Messerschmidt/Voit, Privates Baurecht, 2. Aufl. 2010, I. Teil P Rn. 16; *von Hein* in Rauscher EuZPR/EuIPR Art. 3 Rom I-VO Rn. 107; *Leible* in NK-BGB Bd. 6, 1. Aufl. 2014, Art. 3 Rom I, Rn. 80; *Martiny* in MükoBGB, 6. Aufl. 2015, Rom I-VO Art. 3 Rn. 87 f.; *Ringe* in jurisPK-BGB, 6. Aufl. 2012, Art. 3 Rom I-VO Rn. 45; *Spickhoff* in BeckOK BGB, Ed. 30, 2013, VO (EG) 593/2008 Art. 3 Rn. 33 f.

[49] *Ferrari* in Ferrari/Kieninger/Mankowski u. a., Internationales Vertragsrecht, 2. Aufl. 2011, VO (EG) 593/2008 Art. 3 Rn. 50 bis 55; *Freitag* in Messerschmidt/Voit, Privates Baurecht, 2. Aufl. 2010, I. Teil P Rn. 16; *von Hein* in Rauscher EuZPR/EuIPR Art. 3 Rom I-VO Rn. 107; *Leible* in NK-BGB Bd. 6, 1. Aufl. 2014, Art. 3 Rom I, Rn. 80; *Martiny* in MükoBGB,6. Aufl. 2015, Rom I-VO Art. 3 Rn. 92 f.; *Ringe* in jurisPK-BGB, 6. Aufl. 2012, Art. 3 Rom I-VO Rn. 45; *Spickhoff* in BeckOK BGB, Ed. 30, 2013, VO (EG) 593/2008 Art. 3 Rn. 33 f48.

[50] iE *von Hein* in Rauscher EuZPR/EuIPR Art. 3 Rom I-VO Rn. 126 f.; *Hohloch* in Erman BGB, 14. Aufl. 2014, Art. 3 Rom I-VO Rn. 27.

[51] *Hohloch* in Erman BGB, 14. Aufl. 2014, Art. 3 Rom I-VO Rn. 28.

2. Der Verweisungsvertrag

Die **Rechtswahl**, die nach Art. 3 Abs. 1 Rom I-VO ausdrücklich oder konkludent erfolgen kann, ist ein vom Hauptvertrag **unabhängiger Vertrag.**[52] Die Eigenständigkeit dieses Verweisungsvertrages hat zur Folge, dass die Unwirksamkeit des Hauptvertrages, beispielsweise aufgrund eines Formmangels, nicht notwendiger Weise zu Unwirksamkeit des Verweisungsvertrages führt.[53] 24

a) Einigung und Wirksamkeit. Die Wirksamkeit und das Zustandekommen des **Verweisungsvertrages** richtet sich gemäß Art. 3 Abs. 5 iVm Art. 10 Abs. 1, Rom I-VO nach dem Recht, das anzuwenden wäre, wenn die Rechtswahl wirksam wäre.[54] Wird beispielsweise deutsches Recht gewählt, sind für die Beurteilung, ob die Rechtswahlvereinbarung wirksam zustande gekommen ist, die Vorschriften des BGB maßgeblich, die die Voraussetzungen eines Vertragsschlusses regeln. 25

Das Zustandekommen regelt den äußeren Vertragsabschlusstatbestand, das zum Vertragsschluss und zur Änderung oder Ergänzung notwendige Verhalten der Parteien.[55] Zu diesen Voraussetzungen zählen die Regelungen über **Angebot und Annahme**, der Unterschied zwischen einem Angebot und einer invitatio ad offerendum, die äußeren Voraussetzungen der **Wirksamkeit einer** Willenserklärung wie Abgabe- und **Zugangserfordernis**, die Folgen einer verspäteten Annahme sowie die Widerruflichkeit eines Angebots und die Einbeziehung Allgemeiner Vertragsbedingungen.[56] 26

Die Wirksamkeit umfasst Zustimmungserfordernisse, Anforderungen an den Geschäftswillen, Willensmängel wie Irrtum, Täuschung und Drohung sowie die Zulässigkeit des Geschäftsinhaltes, die Gesetzes- und die Sittenwidrigkeit.[57] 27

Die Unterscheidung zwischen Zustandekommen und Wirksamkeit ist im Hinblick auf Art. 10 Abs. 2 Rom I-VO[58] relevant, weil die Sonderanknüpfung des Abs. 2 nur die Zustimmung, den äußeren Vertragsabschlusstatbestand regelt, und nicht die Wirksamkeit.[59] 28

---

[52] *Ferrari* in Ferrari/Kieninger/Mankowski u. a., Internationales Vertragsrecht, 2. Aufl. 2011, VO (EG) 593/2008 Art. 3 Rn. 7; *Freitag* in Messerschmidt/Voit, Privates Baurecht, 2. Aufl. 2010, I. Teil P Rn. 15; *von Hein* in Rauscher EuZPR/EuIPR Art. 3 Rom I-VO Rn. 39; *Hohloch* in Erman BGB, 14. Aufl. 2014, Art. 3 Rom I-VO Rn. 30; *Leible* in NK-BGB Bd. 6, 1. Aufl. 2014, Art. 3 Rom I, Rn. 45; *Martiny* in MükoBGB, 6. Aufl. 2015, Rom I-VO Art. 3 Rn. 104; *Ringe* in jurisPK-BGB, 6. Aufl. 2012, Art. 3 Rn. 9; *Spickhoff* in BeckOK BGB, Ed. 30, 2013, VO (EG) 593/2008 Art. 3 Rn. 12.

[53] *Ferrari* in Ferrari/Kieninger/Mankowski u. a., Internationales Vertragsrecht, 2. Aufl. 2011, VO (EG) 593/2008 Art. 3 Rn. 7, 11; *von Hein* in Rauscher EuZPR/EuIPR Art. 3 Rom I-VO Rn. 39; *Martiny* in MükoBGB, 6. Aufl. 2015, Rom I-VO Art. 3 Rn. 110–112; *Ringe* in jurisPK-BGB, 6. Aufl. 2012, Art. 3 Rn. 13; *Spickhoff* in BeckOK BGB, Ed. 30, 2013, VO (EG) 593/2008 Art. 3 Rn. 15.

[54] *Ferrari* in Ferrari/Kieninger/Mankowski u. a., Internationales Vertragsrecht, 2. Aufl. 2011, VO (EG) 593/2008 Art. 3 Rn. 11; *Freitag* in Rauscher EuZPR/EuIPR Art. 10 Rom I-VO Rn. 9; *von Hein* in Rauscher EuZPR/EuIPR Art. Rom I-VO Rn. 40; *Hohloch* in Erman BGB, 13. Aufl. 2011, Art. 3 Rom I-VO Rn. 30; *Leible* in NK-BGB Bd. 6, 1. Aufl. 2014, Art. 3 Rom I, Rn. 76; *Limbach* in jurisPK-BGB, 6. Aufl. 2012, Art. 10 Rn. 5; *Martiny* in MükoBGB, 6. Aufl. 2015, Rom I-VO Art. 3 Rn. 109; *Ringe* in jurisPK-BGB, 6. Aufl. 2012, Art. 3 Rn. 13; *Spickhoff* in BeckOK BGB, Ed. 30, 2013, VO (EG) 593/2008 Art. 3 Rn. 13 f.

[55] *Ferrari* in Ferrari/Kieninger/Mankowski u. a., Internationales Vertragsrecht, 2. Aufl. 2011, VO (EG) 593/2008 Art. 10 Rn. 6; *Freitag* in Rauscher EuZPR/EuIPR Art. 10 Rom I-VO Rn. 2, 9; *Hohloch* in Erman BGB, 13. Aufl. 2011, Art. 3 Rom I-VO Rn. 30; *Leible* in NK-BGB Bd. 6, 1, Aufl. 2014, Art. 10 Rom I, Rn. 10 f.; *Spellenberg* in MükoBGB, 6. Aufl. 2015, Rom I-VO Art. 10 Rn. 23; *Spickhoff* in BeckOK BGB, Ed. 30, 2013, VO (EG) 593/2008 Art. 10 Rn. 3.

[56] Vgl. die Nachw. in Fn. 55.

[57] *Leible* in NK-BGB Bd. 6, 1. Aufl. 2014, Art. 10 Rom I, Rn. 16 bis 20; *Hohloch* in Erman BGB, 13. Aufl. 2011, Art. 10 Rom I-VO Rn. 8; *Spellenberg* in MükoBGB, 6. Aufl. 2015, Rom I-VO Art. 10 Rn. 25- 29; *Spickhoff* in BeckOK BGB, Ed. 30, 2013, VO (EG) 593/2008 Art. 10 Rn. 5.

[58] Zu Art. 10 Abs. 2 Rom I-VO vgl. → oben Rn. 30.

[59] Vgl. etwa *Freitag* in Rauscher EuZPR/EuIPR Art. 10 Rom I-VO Rn. 16 bis 20, *von Hein* in

29 **b) Die Form des Verweisungsvertrages.** Die Formerfordernisse des Verweisungsvertrages richten sich gemäß Art. 3 Abs. 5 Rom I-VO nach Art. 11 Rom I-VO.[60] Für die Formgültigkeit ist nicht das für den Hauptvertrag erforderliche Formerfordernis maßgeblich. Es genügt für die Formwirksamkeit, wenn der Verweisungsvertrag nach dem Recht des Staates formwirksam ist, in dem er geschlossen wird.[61] Danach unterliegt ein Verweisungsvertrag, für den deutsches Recht maßgeblich ist, grundsätzlich keiner bestimmten Form.[62]

30 **c) Vorbehalt des eigenen Rechts.** Nach Art. 10 Abs. 2 Rom I-VO kann eine Partei sich darauf berufen, sie habe dem Verweisungsvertrag nicht zugestimmt, wenn das **Recht ihres Aufenthaltsortes**, ihres Umweltrechts, ihrem Verhalten nicht die für eine Zustimmung erforderliche Wirkung zuerkennt.[63] Diese Regelung ist relevant für die wirksame Einbeziehungvon AGB[64], die rechtliche **Bedeutung des Schweigens** auf ein Angebot, eine Auftragsbestätigung sowie auf ein kaufmännisches Bestätigungsschreiben.[65]

31 **d) Rechtswahl in AGB.** Die Rechtswahl in einem Formular oder in Allgemeinen Geschäftsbedingungen ist zulässig.[66]

32 Bei derartigen **Verweisungsverträgen in AGB** stellen sich zwei Fragen, die Frage nach der wirksamen **Einbeziehung** und nach einer etwaigen **Inhaltskontrolle**.

33 Die Einbeziehung ist neben den allgemeinen Voraussetzungen des äußeren Vertragsabschlusses[67] eine zusätzliche Voraussetzung für Zustandekommen von Verweisungsverträgen in AGB.

Rauscher EuZPR/EuIPR Art. Rom I-VO Rn. 41; *Hohloch* in Erman BGB, 13. Aufl. 2011, Art. 10 Rom I-VO Rn. 5 ff.; *Leible* in NK-BGB Bd. 6, 1. Aufl. 2014, Art. 10 Rom I, Rn. 9; *Spellenberg* in MükoBGB,6. Aufl. 2015, Rom I-VO Art. 10 Rn. 23 f.

[60] Zu Art. 11 Rom I-VO iE unten → Rn. 133 ff.

[61] Vgl. die Nachw. in Fn. 54 sowie *Hohloch* in Erman BGB, 13. Aufl. 2011, Art. 3 Rom I-VO Rn. 31.

[62] BGH, Urt. v. 22.1.1997 – VIII ZR 339/95, WM 1997, 1713 zu Art. 27 EGBGB a. F.; *Ferrari* in Ferrari/Kieninger/Mankowski u. a., Internationales Vertragsrecht, 2. Aufl. 2011, VO (EG) 593/2008 Art. 3 Rn. 11.

[63] *Ferrari* in Ferrari/Kieninger/Mankowski u. a., Internationales Vertragsrecht, 2. Aufl. 2011, VO (EG) 593/2008 Art. 10 Rn. 5; *Freitag* in Rauscher EuZPR/EuIPR Art. 10 Rom I-VO Rn. 16 bis 28; *Freitag* in Messerschmidt/Voit, Privates Baurecht, 2. Aufl. 2010, I. Teil P Rn. 9; *Hohloch* in Erman BGB, 13. Aufl. 2011, Art. 10 Rom I-VO Rn. 11 f.; *Leible* in NK-BGB Bd. 6, 1. Aufl. 2014, Art. 3 Rom I, Rn. 71.

[64] *Ferrari* in Ferrari/Kieninger/Mankowski u. a., Internationales Vertragsrecht, 2. Aufl. 2011, VO (EG) 593/2008 Art. 10 Rn. 8; *Leible* in NK-BGB Bd. 6, 1. Aufl. 2014, Art. 3 Rom I, Rn. 71; *Spellenberg* in MükoBGB, 6. Aufl. 2015, Rom I-VO Art. 10 Rn. 26, 138–173, 256–263; *Spickhoff* in BeckOK BGB, Ed. 30, 2013, VO (EG) 593/2008 Art. 10 Rn. 14; *Thüsing* in v. Westphalen VertragsR/AGB-Klauselwerke, 34. Ergänzungslieferung 2013, Vertragsrecht, Rechtswahlklauseln Rn. 16 bis 20.

[65] *Ferrari* in Ferrari/Kieninger/Mankowski u. a., Internationales Vertragsrecht, 2. Aufl. 2011, VO (EG) 593/2008 Art. 10 Rn. 7; *Freitag* in Messerschmidt/Voit, Privates Baurecht, 2. Aufl. 2010, I. Teil P Rn. 9; *Leible* in NK-BGB Bd. 6, 1. Aufl. 2014, Art. 3 Rom I, Rn. 71; *Spellenberg* in MükoBGB, 6. Aufl. 2015, Rom I-VO Art. 10 Rn. 33–37, 190–245; *Spickhoff* in BeckOK BGB, Ed. 30, 2013, VO (EG) 593/2008 Art. 10 Rn. 14; *Thüsing* in v. Westphalen VertragsR/AGB-Klauselwerke, 34. Ergänzungslieferung 2013, Vertragsrecht, Rechtswahlklauseln Rn. 21.

[66] BGH, Urt. v. 26.10.1993 – XI ZR 42/93, BGHZ 123, 380, 383 juris Rn. 14, NJW 1994, 262; BGH, Urt. v. 25.1.2005 – XI ZR 78/04, NJW 2005, 1071 juris Rn. 13; beide Entscheidungen sind zu Art. 27, 31 Abs. 1 EGBGB ergangen; die Rechtslage hat sich durch Rom I-VO nicht geändert; *Leible* in NK-BGB Bd. 6, 1. Aufl. 2014, Art. 3 Rom I, Rn. 72; *Hohloch* in Erman BGB, 13. Aufl. 2011, Art. 10 Rom I-VO Rn. 8; *Martiny* in MükoBGB, 6. Aufl. 2015, Rom I-VO Art. 3 R. 42; *Ringe* in jurisPK-BGB, 6. Aufl. 2012, Art. 3 Rn. 16; *Thüsing* in v. Westphalen VertragsR/AGB-Klauselwerke, 34. Ergänzungslieferung 2013, Vertragsrecht, Rechtswahlklauseln Rn. 6.

[67] Vgl. oben → Rn. 25 f.

Die Frage der **wirksamen Einbeziehung** ist gem. Art. 10 Abs. 1 Rom I-VO nach dem **maßgeblichen Vertragsstatut**, dem gewählten[68] oder objektiv bestimmten Recht, zu entscheiden.[69] Sind die AGB nach diesem Recht wirksam einbezogen, dann sind auf den Einwand des Klauselgegners, er habe nach seinem **Umweltrecht** nicht zugestimmt, die Voraussetzungen des Art. 10 Abs. 2 Rom I-VO zu prüfen. Wenn diese Voraussetzungen vorliegen, sind die AGB nicht wirksam einbezogen. 34

Eine **Inhaltskontrolle** des Inhalts der Rechtswahlvereinbarung, der **Zulässigkeit** des gewählten Rechts, ist nach ganz überwiegender Ansicht nicht zulässig.[70] Die Art. 3 Abs. 1 und 5, 6 Abs. 2, 8 Abs. 1 Rom I- VO iVm Art. 10 Abs. 1 Rom I-VO regeln abschließend die Zulässigkeitsvoraussetzungen der Rechtswahl. Ein deutsches Gericht ist beispielsweise nicht befugt, eine Rechtswahlklausel zugunsten eines ausländischen Vertragsstatuts einer Transparenz-[71] oder Inhaltskontrolle[72] nach deutschem Recht zu unterziehen, wenn die AGB nach den Maßstäben des deutschen Rechts den Klauselgegner unangemessen benachteiligen sollten. 35

Die Frage, wie das Problem **kollidierender Rechtswahlklauseln** in AGB der Parteien kollisionsrechtlich gelöst werden kann, ist umstritten.[73] 36

Nach zutreffender Ansicht ist die Fallkonstellation, dass jede Partei in ihren AGB ein anderes Recht wählt, kollisionsrechtlich nach folgenden Grundsätzen zu lösen:[74] 37

Zunächst entscheidet gemäß Art. 3 Abs. 5, Art. 10 Abs. 1 Rom I-VO das in der jeweiligen Rechtswahlklausel genannte Recht darüber, ob die Klausel wirksam einzogen worden ist. Falls eine der Klauseln unwirksam sein sollte, ist das durch die wirksame Klausel gewählte Recht als Vertragsstatut berufen. Sind beide Klauseln nicht wirksam einbezogen, dann ist das Vertragsstatut gemäß Art. 4 Rom I-VO objektiv anzuknüpfen.[75] In dem Fall, dass beide Klauseln wirksam sind, kann der Konflikt nicht über Art. 3 Abs. 1 Rom I-VO gelöst werden, weil es an dem erforderlichen Konsens der Parteien über das anwendbare Recht fehlt, das Vertragsstatut ist objektiv anzuknüpfen.

---

68 BGH, Urt. v. 25.1.2005 – XI ZR 78/04, NJW 2005, 1071 juris Rn. 13; *Hohloch* in Erman BGB, 13. Aufl. 2011, Art. 10 Rom I-VO Rn. 8.

69 *Ferrari* in Ferrari/Kieninger/Mankowski u. a., Internationales Vertragsrecht, 2. Aufl. 2011, VO (EG) 593/2008 Art. 10 Rn. 8, 24; *Hohloch* in Erman BGB, 13. Aufl. 2011, Art. 10 Rom I-VO Rn. 8 f.; *Leible* in NK-BGB Bd. 6, 1. Aufl. 2014, Art. 3 Rom I, Rn. 73, Art. 10 Rom I-VO Rn. 14; *Martiny* in Reithmann/Martiny, Internationales Vertragsrecht, 7. Aufl. 2010, Rn. 266; *Spellenberg* in MükoBGB, 6. Aufl. 2015, Rom I-VO Art. 10 Rn. 158 bis 160, 162.

70 *Ferrari* in Ferrari/Kieninger/Mankowski u. a., Internationales Vertragsrecht, 2. Aufl. 2011, VO (EG) 593/2008 Art. 10 Rn. 36; *Leible* in NK-BGB Bd. 6, 1. Aufl. 2014, Art. 3 Rom I, Rn. 75, Art. 10 Rom I-VO Rn. 25 f.; *Martiny* in Reithmann/Martiny, Internationales Vertragsrecht, 7. Aufl. 2010, Rn. 264 f.; *Spellenberg* in MükoBGB, 6. Aufl. 2015, Rom I-VO Art. 10 Rn. 161-163 m. w. N.

71 Unzutr. BGH, Urt. v. 17.7.2012 – I ZR 40/11, GRUR 2013, 479, IPRax 2013, 557: Transparenzkontrolle einer Rechtswahlklausel zugunsten des Rechts der Niederlande, vgl. hierzu Pfeiffer, LM 2013, 3435552 mit berechtigter Kritik.

72 Unzutr. OLG Düsseldorf, Urt. v. 26.5.1995 – 17 U 240/94, WM 1995, 1349, IPRax 1997, 115 mit abl. Aufsatz von *Thorn*, 98: Überraschungsklausel einer Rechtswahl zugunsten englischen Rechts in einem Verbrauchervertrag.

73 Zum Meinungsstand ausführlich *Spellenberg* in MükoBGB, 6. Aufl. 2015, Rom I-VO Art. 10 Rn. 164 ff.; *Freitag* in Rauscher EuZPR/EuIPR, Art. 10 Rom I-VO Rn. 13 bis 15; *von Hein* in Rauscher EuZPR/EuIPR Art. 3 Rom I-VO Rn. 43.

74 Vgl. *Leible* in NK-BGB Bd. 6, 1. Aufl. 2014, Art. 10 Rom I, Rn. 74; *von Hein* in Rauscher EuZPR/EuIPR (2011) Art. 3 Rom I-VO Rn. 43; *Wenner*, Internationales Vertragsrecht, 3. Aufl. 2013, Rn. 73.

75 Zur objektiven Anknüpfung nach Art. 4 Rom I-VO vgl. unten → Rn. 58 ff.

3. Ausdrückliche Rechtswahl

38 Eine ausdrückliche Rechtswahl liegt vor, wenn die Parteien **expressis verbis** das Recht eines bestimmten Staates als Vertragsstatut wählen. Diese Wahl kann im Hauptvertrag oder in einem gesonderten Rechtswahlvertrag erfolgen.

39 In der **Vertragspraxis** sind explizite Rechtswahlvereinbarungen vor allem in Verträgen über größere Bauvorhaben anzutreffen. Im Regelfall fehlt allerdings in den grenzüberschreitenden Bau- und Architektenverträgen eine **explizite Rechtswahl**. In diesen Fällen wird das maßgebliche Recht entweder aufgrund einer **konkludenten Rechtswahl** nach Art. 3 Abs. 1 Satz 2 Rom I-VO oder, wenn eine konkludente Rechtswahl nicht vorliegt, durch **objektive Anknüpfung** nach Art. 4 Rom I-VO bestimmt. Da sowohl die konkludente Rechtswahl als auch die objektive Anknüpfung Rechtsunsicherheit hinsichtlich des anwendbaren Rechts begründen, oder ein ungünstiges Recht[76] berufen können, ist es den Parteien dringend zu empfehlen, neben einer Gerichtsstandsvereinbarung eine Rechtswahlvereinbarung zu treffen.[77]

4. Konkludente Rechtswahl

40 **a) Grundsatz.** Art. 3 Abs. 1 Satz 2 Rom I-VO bestimmt, wie auch schon Art. 27 Abs. 1 Satz 1 EGBGB, dass eine **konkludente Rechtswahl**[78] zulässig ist. Die bisherige Literatur und Rechtsprechung zu Art. 27 Abs. 1 Satz 1 EGBGB zu den Voraussetzungen einer konkludenten Rechtswahl kann berücksichtigt werden, allerdings mit der Einschränkung, dass die konkludente Rechtswahl nach Art. 3 Abs. 1 Satz 2 Rom I-VO nicht nur mit **„hinreichender Sicherheit" sondern „eindeutig"** festgestellt werden muss.[79]

41 Eine **konkludente Rechtswahl** setzt voraus, dass ein **realer Parteiwille**„ sich eindeutig aus den Bestimmungen des Vertrages oder aus allen Umständen des Einzelfalles" ergibt. Grundlage für die Beurteilung der Frage, ob eine konkludente Rechtswahl vorliegt, sind neben den Vertragsbestimmungen die relevanten Umstände des Einzelfalles, die Umstände des Abschlusses und das Verhalten der Parteien. Die Zulässigkeit und Voraussetzungen einer konkludenten Rechtswahl bestimmen sich ausschließlich nach Art. 3 Abs. 1 Satz 2 Rom I-VO und nicht nach dem gewählten Recht oder dem Sachrecht der lex fori.[80]

42 Die konkludente Rechtswahl beruht auf einer tatsächlichen **Willenseinigung**, auf einem aktuellen **Erklärungsbewusstsein**, ein **hypothetischer Parteiwille** genügt nicht.[81] Ein hypothetischer Parteiwille, der vor der Reform des internationalen Schuldvertragsrechts im Jahre 1986, als Anknüpfung maßgeblich war[82], ist im Rahmen des Art. 3 Abs. 1

---

[76] Zu den Kriterien einer zweckmäßigen Rechtswahl vgl. *Wenner*, Internationales Vertragsrecht, 3. Aufl. 2013, Rn. 92; *Brand* in NK-BGB Bd. 6, 1. Aufl. 2014, Das anwaltliche Mandat im internationalen Schuldrecht S. 9 bis 11 Rn. 17 bis 19; *von Hein* in Rauscher EuZPR/EuIPR Art. 1 Rom I-VO Rn. 1.

[77] *Freitag* in Messerschmidt/Voit, Privates Baurecht, 2. Aufl. 2010, I. Teil P Rn. 3, 17; vgl. die Nachw. in Fn. 76.

[78] In der Lit. und Rspr. wird gleichbedeutend konkludent und stillschweigend verwendet.

[79] *Hohloch* in Erman BGB, 13. Aufl. 2011, Art. 3 Rom I-VO Rn. 16; *von Hein* in Rauscher EuZPR/EuIPR Art. 3 Rom I-VO Rn. 10, 13; *Ringe* in jurisPK-BGB, 6. Aufl. 2012, Art. 3 Rn. 18.

[80] *von Hein* in Rauscher EuZPR/EuIPR Art. 3 Rom I-VO Rn. 11; *Martiny* in MükoBGB, 6. Aufl. 2015, Rom I-VO Art. 3 Rn. 45; *Wenner*, Internationales Vertragsrecht, 3. Aufl. 2013, Rn. 64.

[81] BGH, Urt. v. 19.1.2000 – VIII ZR 275/98, NJW-RR 2000, 1002 juris Rn. 23; BGH, Urt. 26.7.2004 – VIII ZR 273/03, NJW-RR 2005, 206 juris Rn. 29; BGH, Urt. v. 15.5.2007 – X ZR 109/05, NJW-RR 2007, 1463 juris Rn. 16; *Ferrari* in Ferrari/Kieninger/Mankowski u. a., Internationales Vertragsrecht, 2. Aufl. 2011, VO (EG) 593/2008 Art. 3 Rn. 27; *von Hein* in Rauscher EuZPR/EuIPR Art. 3 Rom I-VO Rn. 11; *Hohloch* in Erman BGB, 13. Aufl. 2011, Art. 3 Rom I-VO Rn. 11, 13; *Leible* in NK-BGB Bd. 6, 1. Aufl. 2014, Art. 3 Rom I, Rn. 49; *Ringe* in jurisPK-BGB, 6. Aufl. 2012, Art. 3 Rn. 17 f.

[82] Bis zur Reform st. Rspr. des BGH, vgl. zB Urt. v. 30.9.1952 – I ZR 31/52, BGHZ 7, 231, 235 juris Rn. 11; Urt. v. 22.11.1955 – I ZR 218/53, BGHZ 19, 110; Urt. v. 28.10.1965 – VII ZR 171/63, BGHZ 44, 183, 186 = NJW 1966, 296 juris Rn. 16 f; Urt. v. 19.9.1973 – VIII ZR 65/72, BGHZ 61,

Satz 2 Rom I-VO als Kriterium unzulässig.[83] Der Richter ist „in keiner Weise ermächtigt, eine Rechtswahl durch die Parteien zu unterstellen, sofern diese nicht die bestimmte Absicht der Vornahme einer solchen Rechtswahl hatten“[84].

Die konkludente Rechtswahl ist in der Praxis der **Abwicklung grenzüberschreitender Verträge** von besonderer Bedeutung, weil die Parteien es nicht selten versäumt haben, eine explizite Rechtswahlvereinbarung zu treffen. In der Praxis ist der wichtigste Fall einer konkludenten Rechtswahl die **Verhandlung im Zivilprozess** über einen grenzüberschreitenden Vertrag auf der Grundlage des deutschen materiellen Rechts.[85] **Rechtsausführungen zum deutschen Recht** begründen unter bestimmten Voraussetzungen das Risiko, dass die Gerichte den Parteien eine nachträgliche Rechtswahl zugunsten des deutschen Rechts unterstellen, um die Anwendung ausländischen Rechts zu vermeiden und zu dem vertrauten Recht zu gelangen.[86] Diese Praxis begründet für Rechtsanwälte, die aus Ahnungslosigkeit auf der Grundlage des deutschen Rechts verhandeln, ein hohes Haftungsrisiko.[87] Im Zivilverfahren ist die Frage, ob die Parteien eine konkludente Rechtswahl getroffen, von Amts wegen zu prüfen.[88] 43

b) Relevante Indizien. In der Rechtsprechung sind unterschiedliche Indizien für eine konkludente Rechtswahl anerkannt.[89] Gegenstand der folgenden Erörterung sind lediglich die Indizien, die für grenzüberschreitende Architektenverträge bedeutsam sein können. 44

Die **Wahl** eines einheitlichen ausschließlichen **Gerichtsstandes** ist ein gewichtiges Indiz dafür, dass die Parteien das Recht des Gerichtsstaates gewählt haben, um zu vermeiden, dass das vereinbarte Gericht fremdes Recht anwenden muss.[90] Die Vereinbarung eines **Schiedsgerichts** hat dann indizielle Bedeutung für eine Rechtswahl, wenn das Schiedsgericht einen festen Tagungsort hat und dessen Recht anwenden muss.[91]

221, 223 = WM 1972, 1236 juris Rn. 2; Urt. v. 9.3.1977 – IV ZR 112/76, NJW 1977, 1586 juris Rn. 11; Urt. v. 13.6.1996 – IX ZR 172/95, NJW 1996, 2569 juris Rn. 11; *Ferrari* in Ferrari/Kieninger/Mankowski u. a., Internationales Vertragsrecht, 2. Aufl. 2011, VO (EG) 593/2008 Art. 3 Rn. 27; *von Hein* in Rauscher EuZPR/EuIPR Art. 3 Rom I-VO Rn. 11; *Hohloch* in Erman BGB, 13. Aufl. 2011, Art. 3 Rom I-VO Rn. 11, 13; *Leible* in NK-BGB Bd. 6, 1. Aufl. 2014, Art. 3 Rom I, Rn. 49.

[83] vgl. die Nachw. der Lit in Fn. 82.

[84] *Giuliano/Lagarde*, Denkschrift EVÜ, BT-Drucks. 10/503, S. 21, 24, 33, 49.

[85] *Spickhoff* in BeckOK BGB, Ed. 30, 2013, VO (EG) 593/2008 Art. 3 Rn. 20; *Wenner*, Internationales Vertragsrecht, 3. Aufl. 2013, Rn. 281.

[86] Vgl. i. E. unten → Rn. 50 ff.

[87] *Wenner*, Internationales Vertragsrecht, 3. Aufl. 2013, Rn. 288.

[88] St. Rspr. des BGH, vgl. BGH, Urt. v. 15.7.2008 – VI ZR 105/07, NJW 2009, 916, 917 juris Rn. 8 mwN.

[89] Ausführlich dazu *von Hein* in Rauscher EuZPR/EuIPR Art. 3 Rom I-VO Rn. 17 ff.; *Leible* in NK-BGB Bd. 6, 1. Aufl. 2014, Art. 3 Rom I, Rn. 50 ff.; *Martiny* in MükoBGB, 6. Aufl. 2015, Rom I-VO Art. 3 Rn. 46, 48 ff.; *Spickhoff* in BeckOK BGB, Ed. 30, 2013, VO (EG) 593/2008 Art. 3 Rn. 19 ff.; *Wenner*, Internationales Vertragsrecht, 3. Aufl. 2013, Rn. 245 ff.

[90] Vgl. Erwägungsgrund 12; zum alten Recht: BGH, Urt. v. 16.7.2004 – VIII ZR 273/03. NJW-RR 2005, 206, 208 juris Rn. 30; BGH, Urt. v.13.6.1996 – IX ZR 172/95, NJW 1996, 2569 f. juris Rn. 13; *Ferrari* in Ferrari/Kieninger/Mankowski u. a., Internationales Vertragsrecht, 2. Aufl. 2011, VO (EG) 593/2008 Art. 3 Rn. 29; *von Hein* in Rauscher EuZPR/EuIPR Art. 3 Rom I-VO Rn. 20 bis 27; *Leible* in NK-BGB Bd. 6, 1. Aufl. 2014, Art. 3 Rom I, Rn. 51 bis 53; *Martiny* in MükoBGB, 6. Aufl. 2015, Rom I-VO Art. 3 Rn. 48–50; *Ringe* in jurisPK-BGB, 6. Aufl. 2012, Art. 3 Rn. 19; *Spickhoff* in BeckOK BGB, Ed. 30, 2013, VO (EG) 593/2008 Art. 3 Rn. 21; *Wenner*, Internationales Vertragsrecht, 3. Aufl. 2013, Rn. 246 bis 249.

[91] *Ferrari* in Ferrari/Kieninger/Mankowski u. a., Internationales Vertragsrecht, 2. Aufl. 2011, VO (EG) 593/2008 Art. 3 Rn. 30; *von Hein* in Rauscher EuZPR/EuIPR Art. 3 Rom I-VO Rn. 28 bis 30; *Leible* in NK-BGB Bd. 6, 1. Aufl. 2014, Art. 3 Rom I, Rn. 54 f.; *Martiny* in MükoBGB, 6. Aufl. 2015, Rom I-VO Art. 3 Rn. 51 f.; *Ringe* in jurisPK-BGB, 6. Aufl. 2012, Art. 3 Rn. 19; *Spickhoff* in

45 Die **Bezugnahme** des Vertrags **auf Regelungen einer Rechtsordnung** kann ein Indiz dafür sein, dass die Parteien diese Rechtsordnung gewählt haben. Beispiele sind die **Verwendung von Formularen**, die auf einer bestimmten Rechtsordnung aufbauen[92] sowie die **Verwendung von Allgemeinen Geschäftsbedingungen**, die auf der Grundlage einer bestimmten Rechtsordnung entwickelt wurden.[93] Nach der Rechtsprechung des BGH ist es für eine **konkludente Rechtswahl** des deutschen Rechts ausreichend, wenn die Parteien die **VOB/B** vereinbart und die besonderen Vereinbarungen des Vertrages an der VOB/B und den gesetzlichen Bestimmungen des deutschen Werkvertragsrechts orientiert haben.[94] Der **Verweis auf zwingendes Preisrecht**, wie beispielsweise die HOAI, ist dann kein hinreichendes Indiz für eine Rechtswahl, wenn die Preisvorschrift auch ohne Rechtswahl Anwendung finden würde.[95]

46 Die Bedeutung von **Bezugnahmen auf technische Regeln** ist im Schrifttum umstritten.[96] Der BGH wertet die Bezugnahme auf technische Regeln eines Staates als ein maßgebliches Indiz für die konkludente Rechtswahl, weil sie den Inhalt der nach dem Vertragsstatut gem. Art. 12 Abs. 1 lit. b) Rom I-VO geschuldeten Leistung betreffen.[97]

47 **Hinweise** in einem grenzüberschreitenden Architektenvertrag **auf öffentliches Baurecht** oder **auf die HOAI**[98] begründen jedenfalls dann keine hinreichenden Indizien für eine konkludente Rechtswahl zugunsten des deutschen Rechts, wenn die herangezogenen Normen als zwingende Normen ohnehin auf das Vertragsverhältnis anwendbar sind.[99] Vereinbaren die Parteien eines grenzüberschreitenden Architektenvertrages den Inhalt einzelner Normen der **HOAI als Bestandteil ihres Vertrages**, und begründen sie durch diese Vereinbarung die privatrechtliche Geltung der vereinbarten Inhalte, dann wäre diese Vereinbarung ein Indiz für die konkludente Rechtswahl des deutschen Rechts.

48 Die **Bezugnahme auf einen anderen Vertrag**, der eine Rechtswahlklausel enthält, kann ein hinreichendes Indiz für eine Rechtswahlvereinbarung sein.[100] Eine Rechtswahl

---

BeckOK BGB, Ed. 30, 2013, VO (EG) 593/2008 Art. 3 Rn. 22; *Wenner*, Internationales Vertragsrecht, 3. Aufl. 2013, Rn. 250 bis 252.

[92] BGH, Urt. 21.11.1996 – IX ZR 264/95, BGHZ 134, 117 = NJW 1997, 238 juris Rn. 40.

[93] BGH, Urt. v. 23.10.2012 – X ZR 157/11, NJW 2013, 139 Rn. 23; *Ferrari* in Ferrari/Kieninger/Mankowski u. a., Internationales Vertragsrecht, 2. Aufl. 2011, VO (EG) 593/2008 Art. 3 Rn. 34; *Leible* in NK-BGB Bd. 6, 1. Aufl. 2014, Art. 3 Rom I, Rn. 56; *Martiny* in MükoBGB, 6. Aufl. 2015, Rom I-VO Art. 3 Rn. 61; *Spickhoff* in BeckOK BGB, Ed. 30, 2013, VO (EG) 593/2008 Art. 3 Rn. 23; *Wenner*, Internationales Vertragsrecht, 3. Aufl. 2013, Rn. 264.

[94] BGH, Urt. v. 10.4.2003 – VII ZR 314/01, BGHZ 154, 378 = NJW 2003, 2605 juris Rn. 19; BGH, Urt. v. 14.1.1999 – VII ZR 19/98, NJW-RR 1999, 813 juris Rn. 7.

[95] BGH, Urt. v. 7.12.2000 – VII ZR 404/99, NJW 2001, 1936, 1937 juris Rn. 26; *Martiny* in Reithmann/Martiny, Internationales Vertragsrecht, 7. Aufl. 2010, Rn. 125; *Martiny* in MükoBGB, 6. Aufl. 2015, Rom I-VO Art. 3 Rn. 60; *Wenner* Internationales Vertragsrecht, 3. Aufl. 2013, Rn. 260.

[96] Vgl. etwa *Freitag* in Messerschmidt/Voit, Privates Baurecht, 2. Aufl. 2010, I. Teil P Rn. 17; *von Hein* in Rauscher EuZPR/EuIPR Art. 3 Rom I-VO Rn. 28 bis 30; *Leible* in NK-BGB Bd. 6, 1. Aufl. 2014, Art. 3 Rom I, Rn. 33; *Martiny* in MükoBGB, 6. Aufl. 2015, Rom I-VO Art. 3 Rn. 62; *Wenner*, Internationales Vertragsrecht, 3. Aufl. 2013, Rn. 265.

[97] BGH, Urt. v. 7.12.2000 – VII ZR 404/99, NJW 2001, 1936, 1937 juris Rn. 26; BGH, Urt. v. 14.1.1999 – VII ZR 19/98, NJW-RR 1999, 813 juris Rn. 7.

[98] Zum internationalen Geltungsanspruch der HOAI als zwingende Norm vgl. *Thode* in Reithmann/Martiny, Internationales Vertragsrecht, 7. Aufl. 2010, Rn. 1096 bis 1099; *Wenner*, Internationales Vertragsrecht, 3. Aufl. 2013, Rn. 366 sowie unten → Rn. 163 f.

[99] BGH, Urt. v. 7.12.2000 – VII ZR 404/99, NJW 2001, 1936, 1937 juris Rn. 26; *Martiny* in Reithmann/Martiny, Internationales Vertragsrecht, 7. Aufl. 2010, Rn. 125; *Wenner*, Internationales Vertragsrecht, 3. Aufl. 2013, Rn. 260.

[100] *Leible* in NK-BGB Bd. 6, 1. Aufl. 2014, Art. 3 Rom I, Rn. 61; *Martiny* in MükoBGB, 6. Aufl. 2015, Rom I-VO Art. 3 Rn. 66; *Spickhoff* in BeckOK BGB, Ed. 30, 2013, VO (EG) 593/2008 Art. 3 Rn. 25; *Wenner*, Internationales Vertragsrecht, 3. Aufl. 2013, Rn. 266 bis 268.

kann auch dadurch begründet sein, dass der Vertrag mit einem anderen wirtschaftlich zusammenhängt, der eine Rechtswahlklausel enthält.[101]

Nicht ausreichend zur Begründung einer konkludenten Rechtswahl sind per se die folgenden **Umstände mit geringerer Indizwirkung:**[102] Ort des Vertragsabschlusses, die vereinbarte Währung der Vergütung, die Verhandlungs- und Vertragssprache sowie die Vereinbarung eines Erfüllungsortes, der gewöhnliche Aufenthalt oder des Sitzes sowie die Staatsangerhörigkeit. Die Kumulation schwacher Indizien kann ein hinreichender Hinweis auf eine konkludente Rechtswahl sein.[103] 49

c) Prozessverhalten. Der in Praxis wichtigste Fall einer konkludenten Rechtwahl ist die nachträgliche **konkludente Rechtswahl durch Prozessverhalten.**[104] Die Frage nach einer konkludenten Rechtswahl aufgrund des Verhaltens der Parteien stellt sich in folgender typischen prozessualen Lage: In der **forensischen Praxis** tragen die Prozessbevollmächtigten in Zivilverfahren, deren Gegensand ein grenzüberschreitender Vertag ohne Rechtswahlvereinbarung ist, häufig aus Unkenntnis der kollisionsrechtlichen Rechtswahlproblematik[105] übereinstimmend auf der **Grundlage des deutschen Rechts** vor. Damit ist in derartigen Verfahren zu klären, ob und unter welchen Voraussetzungen das **einvernehmliche Verhandeln nach deutschem Recht** hinreichende Grundlage für eine konkludente Rechtwahl des deutschen Rechts sein kann. 50

Im Hinblick auf die an den Bedürfnissen der Praxis orientierten Konzeption des Handbuches wird die Entwicklung der Rechtsprechung des BGH erörtert, auf die Darstellung des Diskussionsstandes im Schrifttum[106] wird weitgehend verzichtet. 51

Die **Rechtsprechung des BGH** zu den Voraussetzungen, unter denen ein einvernehmliches Verhandeln nach einer Rechtsordnung eine konkludente Rechtswahl begründet, hat sich mit zwei Entscheidungen, aus den Jahren 2000[107] und 2008[108] grundlegend geändert. 52

Vor diesen Entscheidungen hat der BGH es für eine konkludente Rechtswahl oder für die Bestätigung einer bereits früher erfolgten Rechtswahl ausreichen lassen, dass die Parteien während des Prozesses übereinstimmend auf eine bestimmte Rechtordnung Bezug nehmen oder diese ihren rechtlichen Ausführungen zugrunde legen.[109] Ein Erklärungsbewusstsein beider Parteien hinsichtlich der Rechtswahl hat der BGH als Voraussetzung 53

---

101 Vgl. die Nachw. in Fn. 100.

102 Vgl. hierzu iE *Ferrari* in Ferrari/Kieninger/Mankowski u. a., Internationales Vertragsrecht, 2. Aufl. 2011, VO (EG) 593/2008 Art. 3 Rn. 35; *Leible* in NK-BGB Bd. 6, 1. Aufl. 2014, Art. 3 Rom I Rn. 57; *Spickhoff* in BeckOK BGB, Ed. 30, 2013, VO (EG) 593/2008 Art. 3 Rn. 24; *Wenner*, Internationales Vertragsrecht, 3. Aufl. 2013, Rn. 253, 269 bis 274; jeweils mwN.

103 *Spickhoff* in BeckOK BGB, Ed. 30, 2013, VO (EG) 593/2008 Art. 3 Rn. 25; *Wenner*, Internationales Vertragsrecht, 3. Aufl. 2013, Rn. 275 bis 280, jeweils mwN.

104 *Spickhoff* in BeckOK BGB, Ed. 30, 2013, VO (EG) 593/2008 Art. 3 Rn. 26; *Wenner*, Internationales Vertragsrecht, 3. Aufl. 2013, Rn. 281.

105 *Brand* in NK-BGB Bd. 6, 1. Aufl. 2014, Das anwaltliche Mandat im internationalen Schuldrecht S. 8 Rn. 13; *Spickhoff* in BeckOK BGB, Ed. 30, 2013, VO (EG) 593/2008 Art. 3 Rn. 26; *Wenner*, Internationales Vertragsrecht, 3. Aufl. 2013, Rn. 288.

106 Vgl. iE zB: *Leible* in NK-BGB Bd. 6, 1. Aufl. 2014, Art. 3 Rom I, Rn. 58 bis 60; *Martiny* in MükoBGB, 6. Aufl. 2015, Rom I-VO Art. 3 Rn. 53 bis 55; *Spickhoff* in BeckOK BGB, Ed. 30, 2013, VO (EG) 593/2008 Art. 3 Rn. 26; *Wenner*, Internationales Vertragsrecht, 3. Aufl. 2013, Rn. 281 bis 292; jeweils mwN.

107 BGH, Urt. v. 19.1.2000 . VIII ZR 275/98, NJW-RR 2000, 1002 juris Rn. 28.

108 BGH, Urt. v. 30.10.2008 – I ZR 12/06, NJW 2009, 245 juris Rn. 19.

109 BGH, Urt. v. 15.4.1970 – VII ZR 87/69, NJW 1971, 323 juris Rn. 40; BGH, Urt. v. 12.12.1990 – VIII ZR 332/89, NJW 1991, 1292, 1293 juris Rn. 20; BGH, Urt. v. 9.12.1998 – IV ZR 306/97, BGHZ 140, 167 = NJW 1999, 601 juris Rn. 11; *Spickhoff* in BeckOK BGB, Ed. 30, 2013, VO (EG) 593/2008 Art. 3 Rn. 26.

einer Rechtswahl nicht genannt. Nach dieser Rechtsprechung war die Möglichkeit eröffnet, dass die Gerichte den Parteien eine Rechtswahl unterstellen.[110]

54 In der Entscheidung aus dem Jahre 2000 hat der BGH zum alten Recht (Art. 27 EGBGB) erstmals expressis verbis ausgeführt, dass es jedenfalls für eine Rechtswahl, durch die eine ursprünglich getroffene Rechtswahl abgeändert wurde, ein **beiderseitiger Gestaltungwille** erforderlich ist, so dass die irrtümliche Annahme, eine bestimmte Rechtsordnung sei maßgeblich, für eine konkludente Rechtswahl nicht ausreiche.[111] Diese Grundsätze hat der BGH in der Entscheidung aus dem Jahre 2008 bestätigt.[112] Der Umstand, dass die Parteien ursprünglich keine Rechtswahl getroffen haben, so dass eine bestimmte Rechtsordnung aufgrund der objektiven Anknüpfung nach Art. 4 Rom I-VO als Vertragsstatut berufen ist, begründet hinsichtlich der nachträglichen konkludenten Rechtswahl durch ein einvernehmlichen Verhandeln nach einer anderen, als der objektiv berufenen Rechtsordnung keinen relevanten Unterschied zu Änderung einer ursprünglich getroffenen Rechtswahl. Auch in dieser Fallkonstellation ist für die Änderung des Vertragsstatuts ein beiderseitiges Erklärungsbewusstsein erforderlich.[113]

55 Unter der Geltung der **Rom I-VO** setzt eine **konkludente Rechtwahl** sowohl bei Vertragsschluss als auch in Fällen einer nachträglichen Rechtswahl ein **Erklärungsbewusstsein**, einen kollisionsrechtlichen Gestaltungswillen, voraus. Die schlichte Vorstellung der Parteien oder ihrer Bevollmächtigten, ein bestimmtes Recht sei anwendbar, genügt nicht.[114] Das bloße Verhandeln auf der Grundlage des deutschen Rechts reicht für eine konkludente Rechtswahl nicht aus.[115]

56 Im **deutschen Zivilprozess** hat der Richter **von Amts** wegen das Kollisionsrecht anzuwenden und das anwendbare Recht zu ermitteln.[116] Er darf auch dann nicht ohne Prüfung des maßgeblichen Vertragsstatuts deutsches Recht anwenden, wenn keine der Parteien die Anwendbarkeit deutschen Rechts rügt oder sich auf ausländisches Recht beruft.[117] Der Richter muss gegebenenfalls nach § 139 ZPO klären, welche Vorstellungen die Parteien mit ihrem Vortrag auf der Grundlage des deutschen Rechts verbinden.[118]

57 Für die **forensische Praxis** ist den Parteien und ihren Anwälten zu raten, in Zweifelsfällen nur unter dem Vorbehalt nach deutschem Recht zu verhandeln, dass dadurch keine Rechtswahl zugunsten deutschen Rechts getroffen werden soll. Die Parteien und Rechtsanwälte müssen in Betracht ziehen, dass deutsche **Instanzgerichte** nach wie vor dazu neigen, den Parteien, die nach deutschem Recht verhandeln, eine konkludente Rechtswahl zugunsten des deutschen Rechts zu unterstellen.

---

110 *Spickhoff* in BeckOK BGB, Ed. 30, 2013, VO (EG) 593/2008 Art. 3 Rn. 26; *Wenner*, Internationales Vertragsrecht, 3. Aufl. 2013, Rn. 281 bis 284.

111 BGH, Urt. v. 19.1.2000 – VIII ZR 275/98, NJW-RR 2000, 1002 juris Rn. 28.

112 BGH, Urt. v. 30.10.2008 – I ZR 12/06, NJW 2009, 245 Rn. 19.

113 *von Hein* in Rauscher EuZPR/EuIPR Art. 3 Rom I-VO Rn. 12, 92.

114 *Ferrari* in Ferrari/Kieninger/Mankowski u. a., Internationales Vertragsrecht, 2. Aufl. 2011, VO (EG) 593/2008 Art. 3 Rn. 31; *von Hein* in Rauscher EuZPR/EuIPR Art. 1 Rom I-VO Rn. 12, 92; *Leible* in NK-BGB Bd. 6, 1. Aufl. 2014, Art. 3 Rom I, Rn. 49; *Spickhoff* in BeckOK BGB, Ed. 30, 2013, VO (EG) 593/2008 Art. 3 Rn. 26; *Wenner*, Internationales Vertragsrecht, 3. Aufl. 2013, Rn. 288 jeweils mwN.

115 Vgl. den Nachw. in Fn. 114.

116 St. Rspr. des BGH, vgl. die Nw bei *Wenner*, Internationales Vertragsrecht, 3. Aufl. 2013, Rn. 296; *Martiny* in MükoBGB, 6. Aufl. 2015, Rom I-VO Art. 3 Rn. 56.

117 *Leible* in NK-BGB Bd. 6, 1. Aufl. 2014, Art. 3 Rom I, Rn. 50; *Martiny* in MükoBGB, 6. Aufl. 2015, Rom I-VO Art. 3 Rn. 56.

118 *Martiny* in MükoBGB, 6. Aufl. 2015, Rom I-VO Art. 3 Rn. 56; *Spickhoff* in BeckOK BGB, Ed. 30, 2013, VO (EG) 593/2008 Art. 3 Rn. 26.

5. Objektive Anknüpfung

Art. 4 Rom I-VO regelt das auf einen Vertrag anwendbare Recht, wenn eine Rechtswahl fehlt oder die Rechtswahl unwirksam ist. 58

Bauverträge sowie Architekten- und Ingenieurverträge sind nach deutschem Recht Werkverträge iSd § 631 BGB. Werkverträge sind **gemeinschaftsrechtlich Dienstleistungsverträge**[119], so dass sie gem. Art. 4 Abs. 1 lit. b) Rom I-VO grundsätzlich dem Recht am **gewöhnlichen Aufenthaltsort des Auftragnehmers** oder an dessen Niederlassungsort zum Zeitpunkt der Vertragsabschlusses unterliegen. 59

Der gewöhnliche Aufenthalt natürlicher Personen, die in Ausübung ihrer beruflichen Tätigkeit handeln, ist der Ort der Hauptniederlassung (Art. 19 Abs. 1 S. 2 Rom I-VO), der von juristischen Personen und Gesellschaften der Ort der Hauptniederlassung (Art. 19 Abs. 1 S. 1 Rom I-VO). 60

Wird der Vertrag im Rahmen des Betriebes einer **Zweigniederlassung** oder einer Agentur geschossen oder ist für seine Erfüllung nach dem Vertrag eine Zweigniederlassung oder eine Agentur verantwortlich, so gilt der Ort dieser Zweigniederlassung oder dieser Agentur als gewöhnlicher Aufenthalt (Art. 19 Abs. 2 Rom I-VO). 61

Die Anknüpfung gem. Art. 4 Abs. 1 lit b) Rom I-VO gilt nach Art. 4 Abs. 3 Rom I-VO nicht in den Fällen, in denen sich aus der **Gesamtheit der Umstände** ergibt, dass der Vertrag eine engere Beziehung zu einem anderen Staat aufweist. Der Umstand, dass die Architektenleistungen für ein Bauvorhaben in einem anderen Land erbracht werden, begründet noch keine Vermutung nach Art. 1 Abs. 3 Rom I-VO zugunsten des Rechts des Baustellenlandes.[120] 62

6. Verbraucherverträge

a) Zweck und Inhalt des Art. 6 Rom I-VO. Art. 6 Rom I-VO gewährt dem Verbraucher unter bestimmten persönlichen, sachlichen und situativen Voraussetzungen einen kollisionsrechtlichen Verbraucherschutz. 63

Art. 6 Abs. 1 Rom I-VO bestimmt für den Fall **fehlender Rechtswahl**, dass für Verbraucherverträge, die die sachlichen, persönlichen und situativen Voraussetzungen des Art. 6 Rom I-VO erfüllen, nicht gemäß Art. 4 Abs. 1 lit. b) Rom I-VO das Recht am gewöhnlichen Aufenthalt des Bauunternehmers als Vertragsstatut maßgeblich ist, sondern das **Recht am Ort des gewöhnlichen Aufenthalts des Verbrauchers**. Eine Rechtswahl können der Verbraucher und der Unternehmer auch in Verbraucherverträgen treffen. Die am Ort des gewöhnlichen Aufenthalts des Verbrauchers geltenden Schutzvorschriften bleiben gemäß Art. 6 Abs. 2 Rom I-VO unberührt, sofern deren Schutz das Niveau der Regelungen des gewählten Rechts übersteigt. 64

Die **Form von Verbraucherverträgen** richtet sich gemäß Art. 11 Abs. 4 Rom I-VO grundsätzlich nach dem Recht des Staates, in dem der Verbraucher seinen gewöhnlichen Aufenthalt hat.[121] 65

---

[119] *Freitag* in Messerschmidt/Voit, Privates Baurecht, 2. Aufl. 2012, I. Teil, P Rn. 20, 27; *Leible* in NK-BGB Bd. 6, 1. Aufl. 2014, Art. 4 Rom I Rn. 29; *Martiny* in MükoBGB, 6. Aufl. 2015, Rom I-VO Art. 4 Rn. 42, 46; *Spickhoff* in BeckOK BGB, Ed. 30, 2013, VO (EG) 593/2008 Art. 4 Rn. 33; *Thode* in Reithmann/Martiny, Internationales Vertragsrecht, 7. Aufl. 2010, Rn. 1090; *Thode* NZBau, Fn. 15, 2011, 449, 455; *Thorn* in Rauscher EuZPR/EuIPR Art. 4 Rom I-VO Rn. 42.

[120] *Freitag* in Messerschmidt/Voit, Privates Baurecht, 2. Aufl. 2012, I. Teil, P Rn. 20; *Thode* in Reithmann/Martiny, Internationales Vertragsrecht, 7. Aufl. 2010, Rn. 1090; *Thorn* in Rauscher EuZPR/EuIPR Art. 4 Rom I-VO Rn. 43; *Wenner*, Internationales Vertragsrecht, 3. Aufl. 2013, Rn. 458 f.; so schon zu Art. 28 EGBGB BGH, Urt. v. 25.2.1999 VII ZR 408/97, NJW 1999, 456, juris Rn. 16.

[121] *Freitag* in Messerschmidt/Voit, Privates Baurecht, 2. Aufl. 2012, I. Teil, P Rn. 36; *Leible* in NK-BGB Bd. 6, 1. Aufl. 2014, Art. 6 Rom I Rn. 4; *Martiny* in Reithmann/Martiny, Internationales Vertragsrecht, 7. Aufl. 2010, Rn. 4213; *Nordmeier* in Gebauer/Wiedmann, Zivilrecht unter europäischem Einfluss, 2. Aufl. 2010, Kap. 37, Rom I Art. 12 Rn. 102.

66 Die Vorschrift des Art. 6 Rom I-VO gilt universell, sie ist nicht auf die EU oder auf Verbraucher mit gewöhnlichen Aufenthalt in der EU beschränkt. Sie ist auch anwendbar, wenn der Verbraucher mit gewöhnlichem Aufenthalt in einem Staat außerhalb der EU einen Verbrauchervertrag mit einem Unternehmer in einem Mitgliedstaat abschließt.[122]

67 Verträge, die nicht unter den Anwendungsbereich des Art. 6 Abs. 1 Rom I-VO fallen, unterliegen dem gemäß Art. 3 und 4 Rom I-VO berufenen Vertragsstatut (Art. 6 Abs. 3 Rom I-VO).

68 **b) Persönlicher Anwendungsbereich.** Der **Vertrag** muss zwischen einem **Verbraucher und einem Unternehmer** im Sinne der §§ 13, 14 BGB abgeschossen sein.[123] Nach Art. 6 Abs. 1 Rom I-VO ist Verbraucher, wer als natürliche Person einen Vertrag schließt, der nicht seiner beruflichen oder gewerblichen Tätigkeit zugerechnet werden kann. Der Unternehmer muss in Ausübung seiner **beruflichen oder gewerblichen Tätigkeit** handeln. Gewerblich sind alle selbständigen geschäftlichen Tätigkeiten einschließlich der Ausübung von freien Berufen, wie diejenigen von Rechtsanwälten, Ärzten, **Architekten und Ingenieuren**[124] . Verträge zwischen Parteien, die beide nicht in Ausübung ihrer beruflichen oder gewerblichen Tätigkeit handeln, Verträge zwischen Verbrauchern, werden von Art. 6 Rom I-VO nicht erfasst.[125]

69 Maßgeblich für die Bestimmung des Vertragszwecks ist der zum Zeitpunkt des Vertragsschlusses aus der Sicht des Unternehmers der auf aufgrund objektiver Umstände erkennbare Zweck.[126]

70 **c) Sachlicher Anwendungsbereich.** Art. 6 Rom I-VO erfasst grundsätzlich alle Vertragstypen mit Ausnahme der in Art. 6 Abs. 4 Rom I-VO genannten.[127] Auf **Bau- und Planerverträge** ist Art. 6 Abs. 1 Rom I-VO anwendbar.[128]

71 Die Regeln des Art. 6 Rom I-VO gelten dann gemäß Art. 6 Abs. 4 lit. a) Rom I-VO nicht, wenn die dem Verbraucher geschuldeten Dienstleistungen ausschließlich in einem anderen Staat erbracht werden, in dem der Verbraucher seinen gewöhnlichen Aufenthalt. Dienstleistungen im Sinne dieser Vorschrift sind neben Bauleistungen auch Leistungen aufgrund eines Architektenvertrages.[129]

---

[122] *Heiderhoff* in Rauscher EuZPR/EuIPR Art. 6 Rom I-VO Rn. 4: *Martiny* in Reithmann/Martiny, Internationales Vertragsrecht, 7. Aufl. 2010, Rn. 4177: *Nordmeier* in Gebauer/Wiedmann, Zivilrecht unter europäischem Einfluss, 2. Aufl. 2010, Kap. 37, Rom I Art. 6 Rn. 60.

[123] Ausführlich zum Verbrauchervertag: *Heiderhoff* in Rauscher EuZPR/EuIPR Art. 6 Rom I-VO Rn. 16 bis 25; *Hohloch* in Erman BGB, 13. Aufl. 2011, Art. 6 Rom I-VO Rn. 9 f.; *Martiny* in Reithmann/Martiny, Internationales Vertragsrecht, 7. Aufl. 2010, Rn. 4176 bis 4180; *Spickhoff* in BeckOK BGB, Ed. 30, 2013, VO (EG) 593/2008 Art. 6 Rn. 20.

[124] *Leible* in NK-BGB Bd. 6, 1. Aufl. 2014, Art. 6 Rom I Rn. 24; *Limbach* in jurisPK-BGB, 6. Aufl. 2012, Art. 6 Rom I-VO Rn. 14; *Martiny* in MükoBGB, 6. Aufl. 2015, Rom I-VO Art. 6 Rn. 7; *Martiny* in Reithmann/Martiny, Internationales Vertragsrecht, 7. Aufl. 2010, Rn. 4179; *Spickhoff* in BeckOK BGB, Ed. 30, 2013, VO (EG) 593/2008 Art. 6 Rn. 20.

[125] *Heiderhoff* in Rauscher EuZPR/EuIPR Art. 6 Rom I-VO Rn. 16; *Martiny* in Reithmann/Martiny, Internationales Vertragsrecht, 7. Aufl. 2010, Rn. 4180; *Staudinger* in Ferrari/Kieninger/Mankowski u. a., Internationales Vertragsrecht, 2. Aufl. 2011, VO (EG) 593/2008 Art. 6 Rn. 17.

[126] *Freitag* in Messerschmidt/Voit, Privates Baurecht, 2. Aufl. 2012, I. Teil, P Rn. 31; *Martiny* in MükoBGB, 6. Aufl. 2015, Rom I-VO Art. 6 Rn. 10; *Martiny* in Reithmann/Martiny, Internationales Vertragsrecht, 7. Aufl. 2010, Rn. 4179; *Spickhoff* in BeckOK BGB, Ed. 30, 2013, VO (EG) 593/2008 Art. 6 Rn. 20; *Staudinger* in Ferrari/Kieninger/Mankowski u. a., Internationales Vertragsrecht, 2. Aufl. 2011, VO (EG) 593/2008 Art. 6 Rn. 13.

[127] *Freitag* in Messerschmidt/Voit, Privates Baurecht, 2. Aufl. 2012, I. Teil, P Rn. 31; *Martiny* in MükoBGB, 6. Aufl. 2015, Rom I-VO Art. 6 Rn. 13; *Spickhoff* in BeckOK BGB, Ed. 30, 2013, VO (EG) 593/2008 Art. 6 Rn. 9; *Staudinger* in Ferrari/Kieninger/Mankowski u. a., Internationales Vertragsrecht, 2. Aufl. 2011, VO (EG) 593/2008 Art. 6 Rn. 25.

[128] Vgl. die Nachw. in Fn. 127.

[129] *Limbach* in jurisPK-BGB, 6. Aufl. 2012, Art. 6 Rom I-VO Rn. 27.

Die Frage, welche Bedeutung das **Erbringen der Dienstleistung** hat, ist im Schrifttum umstritten.[130] Nach einer Ansicht im Schrifttum soll die Voraussetzung des Abs. 4 lit a) erfüllt sein, wenn die Leistung des Unternehmers den Aufenthaltsstaat des Verbrauchers nicht berührt, weil der Verbraucher die Leistung im Ausland entgegennimmt. Die Frage, ob es auf den **Erfüllungsort** oder auf die **faktische Erbringung** ankommen soll, wird nicht erörtert.[131] Nach einer anderen Meinung soll der Erfüllungsort der Leistung maßgeblich sein. Wie das Vertragsstatut bestimmt werden kann, nach den Regelungen des Art. 6 Rom I-VO oder ohne diese Regelungen, ist ein bisher ungelöstes Problem.[132] 72

d) Umstände des Vertragsschlusses. Art. 6 Abs. 1 Rom I-VO regelt als weitere Voraussetzung zwei unterschiedliche **Modalitäten des Vertragsabschlusses**, die den Anwendungsbereich situativ einschränken. Die Vorschrift ist nicht auf jeden Vertrag zwischen einem Verbraucher und Unternehmer anwendbar. Es muss vielmehr einer der beiden Alternativen vorliegen. 73

Die **erste Variante (lit. a)** setzt voraus, dass der Unternehmer seine berufliche oder gewerbliche Tätigkeit in dem Staat ausübt, in dem der Verbraucher seinen gewöhnlichen Aufenthalt hat. Es genügt, dass der Unternehmer aktiv am Wirtschaftsverkehr im Staat des gewöhnlichen Aufenthalts des Verbrauchers teilnimmt.[133] Hinreichende Tätigkeiten sind beispielsweise die Vertragsanbahnung, der Vertragsschluss und die Vertragsdurchführung.[134] 74

Fehlt es an der Ausübung iSd der lit. a), dann ist es als Voraussetzung für die Anwendbarkeit des Art. 6 Rom I-VO ausreichend, wenn der Unternehmer nach **der Variante lit b)** seine Tätigkeit auf den Aufenthaltsstaat des Verbrauchers ausrichtet. Tätigkeiten iSd der lit b) sind Verhaltensweisen, die dem Absatz und der Vertragsanbahnung dienen. Die Tätigkeit umfasst alle Formen der Werbung, Anrufe und E-Mails.[135] 75

Für **beide Modalitäten** ist es erforderlich, dass Vertrag in den Bereich der Tätigkeit des Unternehmers fällt. Der Vertragsschluss muss auf die Tätigkeit oder das Ausrichten der Tätigkeit auf den Aufenthaltsstaat zurückzuführen sein.[136] Erforderlich ist Kausalität zwischen Tätigkeit und Ausrichten der Tätigkeit und dem Vertragsschluss.[137] 76

---

130 *Limbach* in jurisPK-BGB, 6. Aufl. 2012, Art. 6 Rom I-VO Rn. 28 f.; *Martiny* in MükoBGB, 6. Aufl. 2015, Rom I-VO Art. 6 Rn. 18; *Freitag* in Messerschmidt/Voit, Privates Baurecht, 2. Aufl. 2012, I. Teil, P Rn. 34; *Martiny* in Reithmann/Martiny, Internationales Vertragsrecht, 7. Aufl. 2010, Rn. 4192.

131 Vgl. die Nachw. in Fn. 130.

132 *Martiny* in MükoBGB, 6. Aufl. 2015, Rom I-VO Art. 6 Rn. 18.

133 *Hohloch* in Erman BGB, 13. Aufl. 2011, Art. 6 Rom I-VO Rn. 22; *Martiny* in MükoBGB, 6. Aufl. 2015, Rom I-VO Art. 6 Rn. 30; *Spickhoff* in BeckOK BGB, Ed. 30, 2013, VO (EG) 593/2008 Art. 6 Rn. 22 bis 24; *Staudinger* in Ferrari/Kieninger/Mankowski u. a., Internationales Vertragsrecht, 2. Aufl. 2011, VO (EG) 593/2008 Art. 6 Rn. 46.

134 *Limbach* in jurisPK-BGB, 6. Aufl. 2012, Art. 6 Rom I-VO Rn. 44; *Spickhoff* in BeckOK BGB, Ed. 30, 2013, VO (EG) 593/2008 Art. 6 Rn. 23 f.

135 *Hohloch* in Erman BGB, 13. Aufl. 2011, Art. 6 Rom I-VO Rn. 23, 24; *Leible* in NK-BGB Bd. 6, 1. Aufl. 2014, Art. 6 Rom I Rn. 53 f.; *Limbach* in jurisPK-BGB, 6. Aufl. 2012, Art. 6 Rom I-VO Rn. 45; *Martiny* in MükoBGB, 6. Aufl. 2015, Rom I-VO Art. 6 Rn. 32; *Spickhoff* in BeckOK BGB, Ed. 30, 2013, VO (EG) 593/2008 Art. 6 Rn. 26; *Staudinger* in Ferrari/Kieninger/Mankowski u. a., Internationales Vertragsrecht, 2. Aufl. 2011, VO (EG) 593/2008 Art. 6 Rn. 47.

136 Erwägungsgrund 25; *Leible* in NK-BGB Bd. 6, 1. Aufl. 2014, Art. 6 Rom I Rn. 60; *Limbach* in jurisPK-BGB, 6. Aufl. 2012, Art. 6 Rom I-VO Rn. 45; *Martiny* in MükoBGB, 6. Aufl. 2015, Rom I-VO Art. 6 Rn. 32 ff.; *Nordmeier* in Gebauer/Wiedmann, Zivilrecht unter europäischem Einfluss, 2. Aufl. 2010, Kap. 37, Rom I Art. 6 Rn. 73; aA *Spickhoff* in BeckOK BGB, Ed. 30, 2013, VO (EG) 593/2008 Art. 6 Rn. 27.

137 Vgl. die Nachw. in Fn. 136 sowie *Hohloch* in Erman BGB, 13. Aufl. 2011, Art. 6 Rom I-VO Rn. 26.

77 **e) Rechtsfolgen.** Fehlt es an einer Rechtswahl und sind die Anwendungsvoraussetzungen des Art. 6 Rom I-VO gegeben, dann unterliegt der Verbrauchervertrag dem Recht des Staates am gewöhnlichen Aufenthalt des Verbrauchers. Art. 4 Rom I-VO wird vollständig verdrängt. Die Ausweichklausel ist nicht anwendbar, so dass Aufenthaltsrecht des Verbrauchers auch dann maßgeblich ist, wenn der Vertrag eine engere Bindung zu einem anderen Staat aufweist.[138]

78 Für **Verbraucherverträge** iSd Art. 6 Abs. 1 Rom I-VO ist die **Rechtswahl** nach Art. 3 Rom I-VO eröffnet (Art. 6 Abs. 2 Rom I-VO), sie ist allerdings zugunsten des Verbrauchers eingeschränkt. Nach dem Grundsatz des günstigeren Rechts sind neben dem **gewählten Recht** die Bestimmungen des gemäß Art. 6 Abs. 1 Rom I-VO maßgeblichen **Aufenthaltsrechts** anwendbar, von denen nach diesem Recht nicht abgewichen werden darf (Art. 6 Abs. 2 S. 2 Rom I-VO).[139]

79 **Zwingende Bestimmungen des Rechts des Aufenthaltslandes des Verbrauchers** sind Regelungen, die den schwächeren Vertragsteil schützen sollen und die nicht durch Parteivereinbarungen abbedungen werden können.[140] Zwingende Bestimmungen des deutschen Rechts sind beispielsweise die Verbraucherschutzregelungen wie das Widerrufsrecht des Verbrauchers von Haustürgeschäften (§§ 312 f. BGB) sowie des Recht der allgemeinen Geschäftsbedingungen (§§ 305 ff. BGB) und Bestimmungen des allgemeinen Vertragsrechts wie die §§ 134, 138 BGB oder Normen des allgemeinen Schuldrechts wie beispielsweise § 242 BGB.[141] Auch richterrechtliche Regeln zum Schutz eines Vertragspartners zählen zu den zwingenden Bestimmungen, wie zB Aufklärungs-, Hinweis- und Warnpflichten.[142]

80 **f) Art. 46 b EGBGB.** Die **nationale Regelung des Art. 46 b EGBGB**, ergänzt und modifiziert den Art. 6 Abs. 1 Rom I-VO. Die Geltung dieser Regelung neben den Vorschriften der Rom I-VO beruht auf Art. 23 Rom I-VO.[143]

81 Die Regelung erstreckt sich auf alle Vertragstypen, die Ausnahmetatbestände des Art. 1 Abs. 2 Rom I-VO gelten nicht.[144] Die Verhältnis der Regelung zu Art. 3 Abs. 4, Art. 9 und Art. 21 Rom I-VO ist, soweit Überschneidungen möglich sind, ungeklärt und umstritten.[145] Für Architektenverträge sind Konkurrenzprobleme hinsichtlich dieser Vorschriften nicht relevant.

---

[138] *Leible* in NK-BGB Bd. 6, 1. Aufl. 2014, Art. 6 Rom I Rn. 16; *Staudinger* in Ferrari/Kieninger/Mankowski u. a., Internationales Vertragsrecht, 2. Aufl. 2011, VO (EG) 593/2008 Art. 6 Rn. 75.

[139] *Hohloch* in Erman BGB, 13. Aufl. 2011, Art. 6 Rom I-VO Rn. 22; *Leible* in NK-BGB Bd. 6, 1. Aufl. 2014, Art. 6 Rom I Rn. 67 f.; *Staudinger* in Ferrari/Kieninger/Mankowski u. a., Internationales Vertragsrecht, 2. Aufl. 2011, VO (EG) 593/2008 Art. 6 Rn. 71 bis 73.

[140] *Leible* in NK-BGB Bd. 6, 1. Aufl. 2014, Art. 6 Rom I Rn. 69; *Limbach* in jurisPK-BGB, 6. Aufl. 2012, Art. 6 Rom I-VO Rn. 53 bis 55; *Spickhoff* in BeckOK BGB, Ed. 30, 2013, VO (EG) 593/2008 Art. 6 Rn. 31; *Staudinger* in Ferrari/Kieninger/Mankowski u. a., Internationales Vertragsrecht, 2. Aufl. 2011, VO (EG) 593/2008 Art. 6 Rn. 74.

[141] *Leible* in NK-BGB Bd. 6, 1. Aufl. 2014, Art. 6 Rom I Rn. 70; *Limbach* in jurisPK-BGB, 6. Aufl. 2012, Art. 6 Rom I-VO Rn. 54; *Staudinger* in Ferrari/Kieninger/Mankowski u. a., Internationales Vertragsrecht, 2. Aufl. 2011, VO (EG) 593/2008 Art. 6 Rn. 74.

[142] BGH, Urt. 25.1.2005 – XI ZR 78/04, NJW-RR 2005, 1071 Rn. 19; *Spickhoff* in BeckOK BGB, Ed. 30, 2013, VO (EG) 593/2008 Art. 6 Rn. 31.

[143] Zur Entstehungsgeschichte, zum Zweck und zum Inhalt des Art. 46 b EGBGB vgl. i. E. zB *Hohloch* in Erman BGB, 13. Aufl. 2011, Art. 46b EGBGB Rn. 1 bis 8; *Limbach* in jurisPK-BGB, 6. Aufl. 2012, Art. 46b EGBGB Rn. 1 bis 3.

[144] *Martiny* in Reithmann/Martiny, Internationales Vertragsrecht, 7. Aufl. 2010, Rn. 4234; *Spickhoff* in BeckOK BGB, Ed. 31, 2013, Art. 46b EGBGB Rn. 5; *Staudinger* in Ferrari/Kieninger/Mankowski u. a., Internationales Vertragsrecht, 2. Aufl. 2011, Art. 46b EGBGB Rn. 14.

[145] *Hohloch* in Erman BGB, 13. Aufl. 2011, Art. 46b EGBGB Rn. 6 f.; *Limbach* in jurisPK-BGB, 6. Aufl. 2012, Art. 46b EGBGB Rn. 4 bis 13 mit einer tabellarischen Übersicht über die möglichen

82 Art. 46 b EGBGB erfasst ausschließlich Verbraucherverträge. Ein Verbrauchervertrag liegt nur dann vor, wenn ein Verbraucher einen Vertrag mit einer Partei schließt, die beruflich oder gewerblich tätig ist. Nicht erfasst werden **Geschäfte zwischen Privatpersonen**.[146]

83 Art. 46 b Abs. 1 EGBGB setzt voraus, dass die Parteien das Recht eines Staates gewählt haben, der nicht der EU oder dem Abkommen über den Europäischen Wirtschaftsraum (EWR) angehört. Der EWR umfasst neben den EU-Staaten Island, Lichtenstein und Norwegen.

84 Die Wirksamkeit und das Zustandekommen der Rechtswahl, die explizit oder konkludent erfolgen kann, richtet sich nach den Art. 3 ff. Rom I-VO.[147]

85 Art. 46 b EGBGB erfordert einen engen **Zusammenhang des Vertrages mit dem Gebiet eines Mitgliedstaates der EU oder eines Vertragsstaates des EWR**. Die Generalklausel des Abs. 1 wird durch die nicht abschließenden Regelbeispiele des Abs. 2 konkretisiert.

86 Als **Indizien** werden abgesehen von den Regelbeispielen des Abs. 2 in Schrifttum genannt, die Staatsangehörigkeit des Verbrauchers, sein gewöhnlicher Aufenthalt, der Firmensitz oder die Zweigniederlassung der anderen Partei, der Erfüllungsort der beiderseitigen Leistungen, die Belegenheit des Vertragsgegenstandes sowie der Ort der Vertragsanbahnung.[148] Erforderlich ist eine Gesamtabwägung relevanter Umstände im Einzelfall.[149]

87 Nach dem Regelbeispiel des Abs. 2 Nr. 1 ist ein **hinreichender enger Zusammenhang** dann gegeben, wenn Unternehmer innerhalb der EU oder einem Vertragsstaat des EWR, in dem der Verbraucher seinen gewöhnlichen Aufenthalt hat, eine berufliche oder gewerbliche Tätigkeit ausübt. Alternativ liegt nach Abs. 2 Nr. 2 ein hinreichender enger Zusammenhang vor, wenn der Unternehmer seine unternehmerische Tätigkeit zumindest auch auf den Aufenthaltsstaat des Verbrauchers ausrichtet und der Vertrag in den Bereich dieser Tätigkeit fällt.

88 Als **Rechtsfolge** sieht Art. 46 b EGBGB vor, dass die in dem EU Mitgliedsstaat oder in dem Vertragsstaat des EWR, zu dem ein enger Zusammenhang besteht, umgesetzten Verbraucherschutzrichtlinien iSd Abs.4 gelten. Für Architektenverträge ist von den in Abs. 4 genannten Richtlinien nur die Klauselrichtlinie relevant, die in Deutschland durch § 310 Abs. 3 BGB umgesetzt worden ist.

89 Wenn das Verbraucherschutzrecht des gewählten Rechts dem Verbraucher günstiger ist, als das nach Art. 46 b Abs. 1 EGBGB maßgebliche Recht des jeweiligen EU- bzw. EWR-Staates, stellt sich Frage, ob die günstigeren Regelungen des gewählten Rechts anwendbar ist. Im Schrifttum ist streitig, ob nach Art. 46 b Abs. 1 EGBGB ein Günstigkeitsvergleich geboten und möglich ist.[150]

Konkurrenzen der einzelnen Vorschriften; *Martiny* in Reithmann/Martiny, Internationales Vertragsrecht, 7. Aufl. 2010, Rn. 4246 f.; *Spickhoff* in BeckOK BGB, Ed. 31, 2013, Art. 46b EGBGB Rn. 7.

146 *Staudinger* in Ferrari/Kieninger/Mankowski u. a., Internationales Vertragsrecht, 2. Aufl. 2011, Art. 46b EGBGB Rn. 15.

147 *Hohloch* in Erman BGB, 13. Aufl. 2011, Art. 46b EGBGB Rn. 11; *Martiny* in Reithmann/Martiny, Internationales Vertragsrecht, 7. Aufl. 2010, Rn. 4236; *Spickhoff* in BeckOK BGB, Ed. 31, 2013, Art. 46b EGBGB Rn. 10.

148 *Hohloch* in Erman BGB, 13. Aufl. 2011, Art. 46b EGBGB Rn. 16; *Martiny* in Reithmann/Martiny, Internationales Vertragsrecht, 7. Aufl. 2010, Rn. 4240 mwN; *Spickhoff* in BeckOK BGB, Ed. 31, 2013, Art. 46b EGBGB Rn. 11.

149 Vgl. die Nachw. in Fn. 148.

150 *Freitag* in Messerschmidt/Voit, Privates Baurecht, 2. Aufl. 2012, I. Teil, P Rn. 40; *Hohloch* in Erman BGB, 13. Aufl. 2011, Art. 46b EGBGB Rn. 19; *Limbach* in jurisPK-BGB, 6. Aufl. 2012, Art. 46 b EGBGB Rn. 28 f.; *Martiny* in Reithmann/Martiny, Internationales Vertragsrecht, 7. Aufl. 2010, Rn. 4238; *Spickhoff* in BeckOK BGB, Ed. 31, 2013, Art. 46b EGBGB Rn. 15; *Staudinger* in Ferrari/Kieninger/Mankowski u. a., Internationales Vertragsrecht, 2. Aufl. 2011, Art. 46b EGBGB Rn. 79.

7. Inhalt und Umfang des Vertragsstatuts

90 **a) Zweck und Geltungsumfang des Art. 12 Rom I-VO.** Art. 12 Abs. 1 Rom I-VO regelt mit einer nicht abschließenden Aufzählung den Grundsatz, dass nach den Art. 3 ff. Rom I-VO berufene **Vertragsstatut** für alle **Rechtsfragen des Schuldverhältnis** maßgeblich ist.

91 Art. 10 Rom I-VO, der das **Zustandekommen und die Wirksamkeit** des Vertrages regelt,[151] sowie Art. 12 Rom I-VO sollen gewährleisten, dass die Voraussetzungen, der Inhalt und die Wirkungen einem einheitlichen **Vertragsstatut** unterliegen.[152]

92 Art. 12 Abs. 2 Rom I-VO schränkt diesen Grundsatz für die **Art und Weise der Erfüllung** und für Maßnahmen, die der Gläubiger im Falle mangelhafter Erfüllung zu treffen hat, dahingehend ein, dass **das am Erfüllungsort geltende Recht** zu berücksichtigen ist.[153]

93 Die **Form** ist in Art. 11 Rom I-VO, die **Geschäftsfähigkeit** in Art. 13 Rom I-VO, **Aufrechnung** ist in Art. 17 Rom I-VO und die **Fragen des Beweises** in Art. 18 Rom I-VO gesondert geregelt.

94 Soweit **Eingriffsnormen**, die nach Art. 9 Rom I-VO gesondert angeknüpft werden, sich auf das Schuldverhältnis erstrecken, gehen sie den Vorschriften des berufenen Vertragsstatuts vor. Für grenzüberschreitende Architektenverträge kann diese Rechtsfrage relevant werden, wenn § 1 HOAI als Eingriffsnorm zu qualifizieren ist und Geltung gegenüber dem maßgeblichen Vertragsstatut beansprucht.[154]

95 **b) Auslegung (Abs. 1 lit. a).** Für die **Auslegung des Vertrages** ist das Vertragsstaut maßgeblich. Das Vertragsstatut bestimmt insbesondere die Auslegungsregeln, die Auslegungsmethoden, die Zulässigkeit einer ergänzenden Vertragsauslegung und die Berücksichtigung von Umständen des Vertragsabschlusses sowie die Bedeutung einer Verkehrssitte.[155]

96 Das Vertragsstatut ist nicht beschränkt auf die Auslegung des Vertrages, es regelt auch die **Auslegung einseitiger Verpflichtungserklärungen** sowie einseitige Willenserklärungen hinsichtlich des Vertrages, wie Kündigung und Rücktritt, und rechtsgeschäftsähnlicher Erklärungen wie Mahnungen, Mängelanzeigen.[156]

97 Nicht erfasst wird die **Auslegung der Willenserklärungen** hinsichtlich des **Zustandekommens und der Wirksamkeit** des Vertrages. Maßgeblich ist aufgrund der Verweisung des Art. 10 Abs. 1 Rom I-VO das Vertragsstatut, allerdings unter dem Vorbehalt des Art. 10 Abs. 2 Rom I-VO.[157]

98 Wird der Vertrag in einer **vom Vertragsstatut abweichenden Sprache** abgefasst, ist bei der Auslegung die Bedeutung der Begriffe im Herkunftsland zu berücksichtigen,

---

151 iE oben → Rn, 25.

152 *Ferrari* in Ferrari/Kieninger/Mankowski u. a., Internationales Vertragsrecht, 2. Aufl. 2011, VO (EG) 593/2008 Art. 12 Rn. 1; *Freitag* in Rauscher EuZPR/EuIPR, Art. 12 Rom I-VO Rn. 1; *Geiben* in jurisPK-BGB, 6. Aufl. 2012, Art. 12 Rom I-VO Rn. 1; *Hohloch* in Erman BGB, 13. Aufl. 2011, Art. 12 Rom I-VO Rn. 1 bis 4; *Leible* in NK-BGB Bd. 6, 1. Aufl. 2014, Art. 12 Rom I Rn. 2 f.; *Spellenberg* in MükoBGB, 6. Aufl. 2015, Rom I-VO Art. 12 Rn. 3; *Spickhoff* in BeckOK BGB, Ed. 31, 2013, Art. 12 Rom I-VO Rn. 1.

153 Vgl. unten → Rn. 113 bis 116.

154 Vgl. hierzu iE unten → Rn. 163 f.; zur Indizwirkung der HOAI für eine konkludente Rechtswahl vgl. oben → Rn. 45.

155 *Ferrari* in Ferrari/Kieninger/Mankowski u. a., Internationales Vertragsrecht, 2. Aufl. 2011, VO (EG) 593/2008 Art. 12 Rn. 5 bis 10; *Geiben* in jurisPK-BGB, 6. Aufl. 2012, Art. 12 Rom I-VO Rn. 1; *Hohloch* in Erman BGB, 13. Aufl. 2011, Art. 12 Rom I-VO Rn. 6; *Leible* in NK-BGB Bd. 6, 1. Aufl. 2014, Art. 12 Rom I Rn. 7 bis 111; *Spellenberg* in MükoBGB, 6. Aufl. 2015, Rom I-VO Art. 12 Rn. 7 bis 27; *Spickhoff* in BeckOK BGB, Ed. 31, 2013, Art. 12 Rom I-VO Rn. 4.

156 Vgl. die Nachw. in Fn. 154.

157 Vgl. dazu oben → Rn. 113 bis 116.

wenn die Parteien diesem Sprachgebrauch die Bedeutung des Herkunftslandes beimessen.[158]

Die **Auslegungsgrundsätze das ausländischen Rechts** sind vom Gericht von Amts wegen zu ermitteln (§ 293 ZPO). Die unterbliebene oder unvollständige Ermittlung der Auslegungsgrundsätze des ausländischen Rechts im Unterschied zur tatrichterlichen Auslegung revisibel.[159] 99

c) Inhalt der Vertragspflichten und Erfüllung (Abs. 1 lit. b). Das Vertragsstatut entscheidet über die **Gesamtheit** der aus dem Vertrag oder dem geltenden Recht resultierenden **Verpflichtungen und deren Erfüllung.**[160] Der **Umfang des Vertragsstatuts** entspricht dem Gegenstand der Rechtswahlfreiheit, dem Schuldvertragsrecht. Folglich unterliegen öffentlich-rechtliche Vorschriften, die gegenüber dem Vertragsstatut durchgesetzt werden sollen und die von den Parteien nicht abgewählt werden können, wie die HOAI, nicht dem Vertragsstatut, sondern dem Art. 9 Rom I-VO.[161] 100

Dem Vertragsstatut unterliegen beispielsweise folgende Fragen:

Einordnung des Vertragstyps und des Rechtsgeschäfts als Kausal- oder abstraktes Geschäft, Haupt- und Nebenpflichten, Leistung- und Erfüllungsort, Leistungszeit, Fälligkeit und Stundung, Qualifikation einer Schuld als Hol-. Schick- oder Bringschuld, Gesamtschuldner- und Gesamtgläubigerschaft, Anspruch auf ortsübliche Vergütung, zahlbare Währung, Haftung für Hilfspersonen, Leistungs- und Preisgefahr.[162] Hinsichtlich der Art und Weise der Erfüllung ist nach Abs. 2 neben dem Vertragsstatut das Recht des Staates zu berücksichtigen, in dem die Erfüllung erfolgt.[163] 101

d) Nichterfüllung (Abs. 1 lit. c). Die Regelung erfasst die Voraussetzungen und Rechtsfolgen sämtlicher **Leistungsstörungen**. Dazu zählen die Nichterfüllung, verspätete Erfüllung sowie Schlechterfüllung der Hauptleistungs- und sonstiger vertraglicher Nebenpflichten.[164] Das Vertragsstatut bestimmt die speziellen **Voraussetzungen der einzel-** 102

---

158 *Ferrari* in Ferrari/Kieninger/Mankowski u. a., Internationales Vertragsrecht, 2. Aufl. 2011, VO (EG) 593/2008 Art. 12 Rn. 9; *Leible* in NK-BGB Bd. 6, 1. Aufl. 2014, Art. 12 Rom I Rn. 11; *Martiny* in Reithmann/Martiny, Internationales Vertragsrecht, 7. Aufl. 2010, Rn. 310; ausführlich zu den Auslegungsproblemen bei der Verwendung einer Fremdsprache: *Spellenberg* in MükoBGB, 6. Aufl. 2015, Rom I-VO Art. 12 Rn. 30 bis 34.

159 BGH, Urt. v. 16.10.1986 – III ZR 121/85, NJW 1987, 591 juris Rn. 14 f.; *Ferrari* in Ferrari/Kieninger/Mankowski u. a., Internationales Vertragsrecht, 2. Aufl. 2011, VO (EG) 593/2008 Art. 12 Rn. 11; *Leible* in NK-BGB Bd. 6, 1. Aufl. 2014, Art. 12 Rom I Rn. 13; *Martiny* in Reithmann/Martiny, Internationales Vertragsrecht, 7. Aufl. 2010, Rn. 308; *Spellenberg* in MükoBGB, 6. Aufl. 2015, Rom I-VO Art. 12 Rn. 43.

160 *Ferrari* in Ferrari/Kieninger/Mankowski u. a., Internationales Vertragsrecht, 2. Aufl. 2011, VO (EG) 593/2008 Art. 12 Rn. 12; *Leible* in NK-BGB Bd. 6, 1. Aufl. 2014, Art. 12 Rom I Rn. 14; *Geiben* in jurisPK-BGB, 6. Aufl. 2012, Art. 12 Rom I-VO Rn. 11; *Hohloch* in Erman BGB, 13. Aufl. 2011, Art. 12 Rom I-VO Rn. 7; *Martiny* in Reithmann/Martiny, Internationales Vertragsrecht, 7. Aufl. 2010, Rn. 311; *Spellenberg* in MükoBGB, 6. Aufl. 2015, Rom I-VO Art. 12 Rn. 44; *Spickhoff* in BeckOK BGB, Ed. 31, 2013, Art. 12 Rom I-VO Rn. 5.

161 Vgl. dazu unten → Rn. 168 bis 170.

162 *Ferrari* in Ferrari/Kieninger/Mankowski u. a., Internationales Vertragsrecht, 2. Aufl. 2011, VO (EG) 593/2008 Art. 12 Rn. 13; *Leible* in NK-BGB Bd. 6, 1. Aufl. 2014, Art. 12 Rom I Rn. 14; *Geiben* in jurisPK-BGB, 6. Aufl. 2012, Art. 12 Rom I-VO Rn. 11; *Hohloch* in Erman BGB, 13. Aufl. 2011, Art. 12 Rom I-VO Rn. 7; *Martiny* in Reithmann/Martiny, Internationales Vertragsrecht, 7. Aufl. 2010, Rn. 308; *Spellenberg* in MükoBGB, 5. Aufl. 2010, Rom I-VO Art. 12 Rn. 44-55; *Spickhoff* in BeckOK BGB, Ed. 31, 2013, Art. 12 Rom I-VO Rn. 5.

163 Vgl. dazu unten → Rn. 113 bis 116.

164 *Ferrari* in Ferrari/Kieninger/Mankowski u. a., Internationales Vertragsrecht, 2. Aufl. 2011, VO (EG) 593/2008 Art. 14 Rn. 17; *Leible* in NK-BGB Bd. 6, 1. Aufl. 2014, Art. 12 Rom I Rn. 19 bis 24; *Geiben* in jurisPK-BGB, 6. Aufl. 2012, Art. 12 Rom I-VO Rn. 13 bis 15; *Hohloch* in Erman BGB, 13. Aufl. 2011, Art. 12 Rom I-VO Rn. 7; *Martiny* in Reithmann/Martiny, Internationales Vertrags-

nen Anspruchsgrundlagen, wie beispielsweise Mahnung, Verschulden, Erforderlichkeit einer Fristsetzung, Verschulden Dritter als Erfüllungsgehilfen.[165]

103 Das Vertragsstatut regelt die **Folgen der einzelnen Leistungsstörungen**, wie beispielsweise die Leistungsbefreiung, Rücktritt, Rückabwicklung, Einreden des nicht erfüllten Vertrages, Zurückbehaltungsrechte, Schadenersatz, Schadenspauschalierungen, Vertragsstrafen, Anpassung oder Aufhebung des Vertrages, Wegfall der Geschäftsgrundlage und Zurückbehaltungsrechte[166] sowie Verzugszinsen[167].

104 Die Einschränkung durch die „Grenzen der dem angerufenen Gericht durch sein Prozessrecht eingeräumten Befugnisse" ist für Verfahren vor deutschen Gerichten insofern von Bedeutung, als das Gericht nach den §§ 286, 287 ZPO auch dann verfahren kann, wenn ein ausländisches Schuldvertragsrecht anwendbar ist.[168]

105 **e) Erlöschen und Verjährung (Abs. 1 lit. d).** Das Vertragsstatut regelt die unterschiedlichen **Arten des Erlöschens** der Verpflichtungen der Parteien, wie Erfüllung, Hinterlegung, Erlass, Aufhebung, Verzicht.[169] Das Vertragsstatut bestimmt die Voraussetzungen der Erfüllungsgründe und deren Wirkungen.

106 Die **Aufrechnung** aufgrund eines Gesetzes ist in Art. 17 Rom I-VO gesondert geregelt. Danach gilt das Recht des Staates, dem die Forderung unterliegt, gegen die aufgerechnet wird.[170] Das **Vertragsstatut der Hauptforderung** regelt auch die Voraussetzungen, das Zustandekommen und die Wirkungen der Aufrechnung.[171] Qualifiziert das auf die Hauptforderung anwendbare ausländische Recht eine Aufrechnungsvoraussetzung prozessrechtlich, dann kann die prozessuale Aufrechnungsvoraussetzung des ausländischen Rechts wie eine materiell-rechtliche Vorschrift angewendet werden, wenn sie in ihrem sachlich-rechtlichen Gehalt den Aufrechnungsvoraussetzungen der §§ 387 ff. BGB des deutschen Rechts gleichkommt,[172]

107 Vereinbaren die Parteien die **Aufrechnung** ist Art. 17 Rom I-VO nicht anwendbar.[173] Die Parteien können das für diese **Vereinbarung** maßgebliche Recht wählen. Fehlt es an einer **Rechtswahl** und beruhen beide Forderungen auf demselben Vertragsverhältnis oder unterliegen sie demselben Recht, dann ist das gemeinsame Vertragsstatut maßgeblich.[174]

---

recht, 7. Aufl. 2010, Rn. 308; *Spellenberg* in MükoBGB, 6. Aufl. 2015, Rom I-VO Art. 12 Rn. 72–98; *Spickhoff* in BeckOK BGB, Ed. 31, 2013, Art. 12 Rom I-VO Rn. 6 f.

165 Vgl. die Nachw. in Fn. 164.

166 Vgl. die Nachw. in Fn. 164.

167 Die Bestimmung der Höhe der Verzugszinsen ist umstritten. Nach einer Ansicht soll das Statut der vereinbarten Währung maßgeblich sein, nach **a. A.** das Vertragsstaut. Zum Meinungsstand vgl. etwa *Leible* in NK-BGB Bd. 6, 1. Aufl. 2014, Art. 12 Rom I Rn. 23; *Spellenberg* in MükoBGB, 6. Aufl. 2015, Rom I-VO Art. 12 Rn. 90 bis 93.

168 *Ferrari* in Ferrari/Kieninger/Mankowski u. a., Internationales Vertragsrecht, 2. Aufl. 2011, VO (EG) 593/2008 Art. 12 Rn. 33; *Spellenberg* in MükoBGB, 6. Aufl. 2015, Rom I-VO Art. 12 Rn. 99 bis 105.

169 *Ferrari* in Ferrari/Kieninger/Mankowski u. a., Internationales Vertragsrecht, 2. Aufl. 2011, VO (EG) 593/2008 Art. 12 Rn. 19 f.; *Geiben* in jurisPK-BGB, 6. Aufl. 2012, Art. 12 Rom I-VO Rn. 28 bis 22; *Hohloch* in Erman BGB, 13. Aufl. 2011, Art. 12 Rom I-VO Rn. 13 f.; *Leible* in NK-BGB Bd. 6, 1. Aufl. 2014, Art. 12 Rom I Rn. 27 bis 29; *Spellenberg* in MükoBGB, 6. Aufl. 2015, Rom I-VO Art. 12 Rn. 99 bis 105; *Spickhoff* in BeckOK BGB, Ed. 31, 2013, Art. 12 Rom I-VO Rn. 9.

170 *Martiny* in Reithmann/Martiny, Internationales Vertragsrecht, 7. Aufl. 2010, Rn. 366: *Spellenberg* in MükoBGB, 6. Aufl. 2015, Rom I-VO Art. 12 Rn. 103 f.

171 BGH, Urt. v. 14.5.2014 – VIII ZR 266/13, Rn. 17 in juris dokumentiert.

172 BGH, Urt. v. 14.5.2014 – VIII ZR 266/13, Leitsatz b, Rn. 23 in juris dokumentiert.

173 *Martiny* in Reithmann/Martiny, Internationales Vertragsrecht, 7. Aufl. 2010, Rn. 367; *Spellenberg* in MükoBGB, 6. Aufl. 2015, Rom I-VO Art. 12 Rn. 103.

174 *Spellenberg* in MükoBGB, 6. Aufl. 2015, Rom I-VO Art. 12 Rn. 104 sowie ausführlich zu den Konstellationen, in denen bei fehlender Rechtswahl die beiden Forderungen unterschiedlichen Rechtsordnungen unterliegen.

Für den **Ablauf einer Frist** und deren Rechtsfolgen sowie für die **Verjährung** ist ebenfalls das Vertragsstatut maßgeblich (lit. d) Alt. 2). Das Vertragsstatut regelt den **Beginn**, die Berechnung und **Hemmung** und den Neubeginn der Verjährung.[175] Ausländische Verjährungsregeln unterliegen auch dann dem Abs. 1 lit, d), wenn diese Regelungen, wie beispielsweise im anglo-amerikanischen Recht, dem Prozessrecht zugeordnet werden.[176] 108

Umstritten ist die Frage, ob bei Geltung des deutschen Vertragsstatuts **ausländische Urteile oder Prozesshandlungen** die Verjährung nach § 204 Abs. 1 BGB hemmen können. Nach der wohl hM zum alten Recht setzt die Hemmungswirkung eines ausländischen Urteils voraus, dass das Urteil in Deutschland anerkannt wird.[177] Diese ungesicherte Rechtslage im Hinblick auf die **Hemmungswirkungen** eines ausländischen Urteils begründet ein hohes Prozessrisiko für den Kläger bei einer Klage vor einem international nicht zuständigen ausländischen Gericht. Prozesshandlungen, wie beispielsweise eine Klage, hemmen die Verjährung nur, wenn sie entsprechenden Prozesshandlungen, vor deutschen Gerichten gleichwertig sind.[178] 109

f) Nichtigkeit (Abs. 1 lit. e). Das Vertragsstatut bestimmt die Voraussetzungen der **Wirksamkeit des Vertrages**, dessen **Unwirksamkeit oder beschränkte Wirksamkeit** (Art. 10 Abs. 1 Rom I-VO).[179] Nach Art. 12 Abs. 1 lit. e) Rom I-VO regelt das Vertragsstatut die Folgen nichtiger sowie unwirksamer oder fehlerhafter Verträge. Der Grund der Nichtigkeit oder Unwirksamkeit ist unerheblich.[180] Auf die Frage, ob der Vertrag von Anfang an oder unwirksam war oder nachtäglich, zB aufgrund Unmöglichkeit, Wegfall der Geschäftsgrundlage, Rücktritt oder Anfechtung unwirksam wird, kommt es nicht an.[181] 110

Folgen der Nichtigkeit oder Unwirksamkeit sind zB **Rückabwicklungsansprüche** der Parteien aus Bereicherungsrecht sowie **Haftungsansprüche** für die Unmöglichkeit einer Rückgabe. Rückabwicklungsansprüche, die sich aus einem Rücktritt vom Vertrag, anfänglicher Unmöglichkeit oder Anfechtung, Widerruf sowie der Kündigung eines Dauerschuldverhältnis ergeben, werden von lit. e) erfasst.[182] 111

---

175 *Geiben* in jurisPK-BGB, 6. Aufl. 2012, Art. 12 Rom I-VO Rn. 20; *Hohloch* in Erman BGB, 13. Aufl. 2011, Art. 12 Rom I-VO Rn. 14; *Martiny* in Reithmann/Martiny, Internationales Vertragsrecht, 7. Aufl. 2010, Rn. 372 f. *Spickhoff* in BeckOK BGB, Ed. 31, 2013, Art. 12 Rom I-VO Rn. 12.

176 *Ferrari* in Ferrari/Kieninger/Mankowski u. a., Internationales Vertragsrecht, 2. Aufl. 2011, VO (EG) 593/2008 Art. 12 Rn. 21 f.; *Hohloch* in Erman BGB, 13. Aufl. 2011, Art. 12 Rom I-VO Rn. 14; *Leible* in NK-BGB Bd. 6, 1. Aufl. 2014, Art. 12 Rom I Rn. 31; *Martiny* in Reithmann/Martiny, Internationales Vertragsrecht, 7. Aufl. 2010, Rn. 372; *Spellenberg* in MükoBGB, 6. Aufl. 2015, Rom I-VO Art. 12 Rn. 114; *Spickhoff* in BeckOK BGB, Ed. 31, 2013, Art. 12 Rom I-VO Rn. 12 f., jeweils mwN.

177 *Ferrari* in Ferrari/Kieninger/Mankowski u. a., Internationales Vertragsrecht, 2. Aufl. 2011, VO (EG) 593/2008 Art. 12 Rn. 23; *Geiben* in jurisPK-BGB, 6. Aufl. 2012, Art. 12 Rom I-VO Rn. 20; *Hohloch* in Erman BGB, 13. Aufl. 2011, Art. 12 Rom I-VO Rn. 14; *Leible* in NK-BGB Bd. 6, 1. Aufl. 2014, Art. 12 Rom I Rn. 33; *Martiny* in Reithmann/Martiny, Internationales Vertragsrecht, 7. Aufl. 2010, Rn. 373; *Spellenberg* in MükoBGB, 6. Aufl. 2015, Rom I-VO Art. 12 Rn. 155 f.; *Spickhoff* in BeckOK BGB, Ed. 31, 2013, Art. 12 Rom I-VO Rn. 12 f.jeweils mwN.

178 *Geiben* in jurisPK-BGB, 6. Aufl. 2012, Art. 12 Rom I-VO Rn. 21; *Leible* in NK-BGB Bd. 6, 1. Aufl. 2014, Art. 12 Rom I Rn. 36, *Spellenberg* in MükoBGB, 5. Aufl. 2010, Rom I-VO Art. 12 Rn. 126 bis 144, jeweils mwN.

179 *Hohloch* in Erman BGB, 13. Aufl. 2011, Art. 12 Rom I-VO Rn. 15; *Leible* in NK-BGB Bd. 6, 1. Aufl. 2014, Art. 12 Rom I Rn. 33; *Spellenberg* in MükoBGB, 6. Aufl. 2015, Rom I-VO Art. 12 Rn. 161–163.

180 Vgl. die Nachw. in Fn. 179 sowie *Spickhoff* in BeckOK BGB, Ed. 31, 2013, Art. 12 Rom I-VO Rn. 15.

181 Vgl. die Nachw. in Fn. 180.

182 Vgl. die Nachw. in Fn. 180.

112 Hinsichtlich der Folgen der **Unwirksamkeit**, die auf der **fehlenden Geschäftsfähigkeit** einer Partei beruhen, werden unterschiedliche Auffassungen vertreten.[183] Nach einer Ansicht ist das Vertragsstatut maßgeblich, nach anderer Ansicht nach Art. 13 Rom I-VO das Heimatrecht des Betroffenen.[184] Die Folgen eines **Formverstoßes** richten sich nach Art. 11 Rom I-VO, maßgeblich ist das günstigere Recht.[185] Die Folgen fehlender **Vertretungsmacht** richten sich nach dem Vertragsstatut.[186]

113 **g) Art und Weise der Erfüllung (Abs. 2).** Gemäß Abs. 2 ist in Bezug auf die **Art und Weise der Erfüllung** und die von dem Gläubiger im Falle mangelhafter Erfüllung zu treffenden Maßnahmen das Recht des Staates, in dem die Erfüllung erfolgt, zu berücksichtigen. Maßgeblich ist nicht der vereinbarte oder gesetzliche Erfüllungsort, sondern der **tatsächliche Erfüllungsort**.[187]

114 Abs. 2 regelt nur die Art und Weise der Erfüllung unter den speziellen Voraussetzungen des tatsächlichen Erfüllungsortes. Zu den Maßnahmen zählen die Handlungen und Vorkehrungen, die für die vertraglich geschuldete Erfüllung unerlässlich sind. Die Regelung betrifft nur die äußere **Abwicklung der Leistung** und nicht die Substanz der **Vertragspflichten** wie zB den Haftungsmaßstab.[188]

115 Zu den Maßnahmen nach Abs. 2 zählen die Art und Weise der Untersuchung der Ware, Rügepflichten, die nach der Zurückweisung der Ware erforderlichen Maßnahmen sowie die Auswirkungen von Feiertags-, Geschäftszeiten- und Höchstarbeitszeitregelungen.[189] Ob eine Rüge- oder Untersuchungspflicht besteht und mit welcher Frist, regelt nicht Abs. 2 sondern das Vertragsstatut.[190]

116 **Mahnungen und Einreden** des nicht erfüllten Vertrages werden von Abs. 2 nicht erfasst, sie unterliegen dem Vertragsstatut.[191] Vorschriften zur Preis-, Währungs-oder Devisenregulierung, Zollvorschriften und öffentlich-rechtliche Genehmigungserfordernisse sind nicht Gegenstand des Abs. 2, sie können aufgrund des Art. 9 Rom I-VO anwendbar sein.[192]

117 Die **Rechtsordnung des tatsächlichen Erfüllungsortes** ergänzt die Regelungen des Vertragsstatuts, nach Abs. 2 ist sie nicht anstelle des Vertragsstatuts anzuwenden sondern

---

183 Zum Meinungsstand vgl. etwa *Spickhoff* in BeckOK BGB, Ed. 31, 2013, Art. 12 Rom I-VO Rn. 16.

184 Zur Rechts- und Geschäftsfähigkeit vgl. iE unten → Rn. 115 bis 120.

185 *Geiben* in jurisPK-BGB, 6. Aufl. 2012, Art. 12 Rom I-VO Rn. 24.

186 *Leible* in NK-BGB Bd. 6, 1. Aufl. 2014, Art. 12 Rom I Rn. 37; *Martiny* in Reithmann/Martiny, Internationales Vertragsrecht, 7. Aufl. 2010, Rn. 5492 ff.; *Spickhoff* in BeckOK BGB, Ed. 31, 2013, Art. 12 Rom I-VO Rn. 16.

187 *Spickhoff* in BeckOK BGB, Ed. 31, 2013, Art. 12 Rom I-VO Rn. 17.

188 BGH, Urt. v. 29.6.2006 – I ZR 158/03. Rn. 17 u. Ls. 2; NJW-RR 2006, 1994: zur Vorgängernorm Art. 32 Abs. 2 EGBGB.

189 *Ferrari* in Ferrari/Kieninger/Mankowski u. a., Internationales Vertragsrecht, 2. Aufl. 2011, VO (EG) 593/2008 Art. 12 Rn. 29; *Geiben* in jurisPK-BGB, 6. Aufl. 2012, Art. 12 Rom I-VO Rn. 25; *Hohloch* in Erman BGB, 13. Aufl. 2011, Art. 12 Rom I-VO Rn. 8; *Leible* in NK-BGB Bd. 6, 1. Aufl. 2014, Art. 12 Rom I Rn. 39; *Spellenberg* in MükoBGB, 6. Aufl. 2015, Rom I-VO Art. 12 Rn. 170–182.

190 *Geiben* in jurisPK-BGB, 6. Aufl. 2012, Art. 12 Rom I-VO Rn. 27; *Spellenberg* in MükoBGB, 6. Aufl. 2015, Rom I-VO Art. 12 Rn. 177; *Spickhoff* in BeckOK BGB, Ed. 31, 2013, Art. 12 Rom I-VO Rn. 17.

191 *Ferrari* in Ferrari/Kieninger/Mankowski u. a., Internationales Vertragsrecht, 2. Aufl. 2011, VO (EG) 593/2008 Art. 12 Rn. 31; *Spellenberg* in MükoBGB, 6. Aufl. 2015, Rom I-VO Art. 12 Rn. 178.

192 *Ferrari* in Ferrari/Kieninger/Mankowski u. a., Internationales Vertragsrecht, 2. Aufl. 2011, VO (EG) 593/2008 Art. 12 Rn. 30; *Leible* in NK-BGB Bd. 6, 1. Aufl. 2014, Art. 12 Rom I Rn. 40; *Spellenberg* in MükoBGB,6. Aufl. 2015, Rom I-VO Art. 12 Rn. 174; *Spickhoff* in BeckOK BGB, Ed. 31, 2013, Art. 12 Rom I-VO Rn. 17.

sie ist lediglich zu berücksichtigen.[193] Die Frage, ob Abs. 2 dem Richter ein Ermessensspielraum für seine Entscheidung eingeräumt, ist streitig.[194] Nach der einen Ansicht obliegt es dem Richter im Rahmen seines Ermessens darüber zu entscheiden, ob der Sachverhalt die Berücksichtigung des Rechts des Erfüllungsortes gebietet. Nach anderer Ansicht ist soll die Entscheidung über die Berücksichtigung des Erfüllungsortsrechts zwingend sein.

IV. Die Rechts- und Geschäftsfähigkeit natürlicher und juristischer Personen

1. Die Rechts- und Geschäftsfähigkeit natürlicher Personen

Die **Rom I-VO** enthält **keine Regelung** für die Anknüpfung der Rechts- und Geschäftsfähigkeit natürlicher Personen (Art. 1 Abs. 2 lit. a) Rom I-VO). Das maßgebliche materielle Recht richtet sich folglich nach den **nationalen Kollisionsnormen**, aus der Sicht des deutschen Rechts ist gem. Art. 7 Abs. 1 EGBGB das Recht des Staates der Nationalität der natürlichen Person, dessen **Heimatrecht**, maßgeblich.[195] Das Vertragsstatut entscheidet, welche Geschäftsfähigkeit für den Abschluss eines bestimmten Vertrages erforderlich ist, das Heimatrecht darüber, unter welchen Voraussetzungen der Vertragsschließende geschäftsfähig ist.[196] 118

Hat eine natürliche Person **mehrere ausländische Staatsangehörigkeiten**, dann ist gem. Art. 5 Abs. 1 Satz 1 EGBGB die Staatsangehörigkeit maßgeblich, mit der die Person am engsten verbunden ist, insbesondere durch ihren gewöhnlichen Aufenthalt oder durch den Verlauf ihres Lebens. Besitzt der Person auch die deutsche Staatsangehörigkeit oder ist sie Deutscher im Sinne des Art. 116 GG, dann ist diese Rechtsstellung gem. Art. 5 Abs. 1 Satz 2 EGBGB allein maßgeblich. Art. 7 Abs. 1 EGBGB ist zwingendes Recht, die Vertragsparteien können eine Abweichung nicht wirksam vereinbaren.[197] 119

Art. 13 Rom I-VO bestimmt im **Interesse des Verkehrsschutzes**[198], dass der gutgläubige Verkehrsteilnehmer unter bestimmten Voraussetzungen darauf vertrauen kann, dass der andere Verkehrsteilnehmer nach dem **am Abschlussort geltendem Recht** rechts-, geschäfts- und handlungsfähig ist. Dieser Schutz gilt für alle schuldrechtlichen Geschäfte. Art. 13 Rom I-VO setzt voraus, dass die Vertragsparteien oder die für sie handelnden Vertreter sich zum Zeitpunkt des Geschäftsabschlusses in demselben Staat befinden und die Partei, der die Geschäftsfähigkeit nach ihrem Heimat Recht fehlt, nach dem entsprechenden Recht des Abschlussortes geschäftsfähig ist. Diese Partei kann sich auf die ihr nach 120

---

193 *Ferrari* in Ferrari/Kieninger/Mankowski u. a., Internationales Vertragsrecht, 2. Aufl. 2011, VO (EG) 593/2008 Art. 12 Rn. 32; *Leible* in NK-BGB Bd. 6, 1. Aufl. 2014, Art. 12 Rom I Rn. 41; *Spellenberg* in MükoBGB, 6. Aufl. 2015, Rom I-VO Art. 12 Rn. 179; *Spickhoff* in BeckOK BGB, Ed. 31, 2013, Art. 12 Rom I-VO Rn. 18; jeweils mwN.

194 Vgl. die Nachw. in Fn. 193.

195 *Freitag* in Messerschmidt/Voit, Privates Baurecht, 2. Aufl. 2012, I. Teil, P Rn. 41; *Hausmann* in Reithmann/Martiny, Internationales Vertragsrecht, 7. Aufl. 2010, Rn. 6121; *Hohloch* in Erman BGB, 13. Aufl. 2011, Art. 13 Rom I-VO Rn. 1; *Ludwig* in jurisPK-BGB, 6. Aufl. 2012, Art. 13 Rom I-VO Rn. 2; *Mäsch* in BeckOK BGB, Ed. 32, 2013, Art. 13 Rom I-VO Rn. 1; *Schulze* in Ferrari/Kieninger/Mankowski u. a., Internationales Vertragsrecht, 2. Aufl. 2011, VO (EG) 593/2008 Art. 13 Rn. 1; *Spellenberg* in MükoBGB, 6. Aufl. 2015, Rom I-VO Art. 13 Rn. 1 f.

196 *Hausmann* in Reithmann/Martiny, Internationales Vertragsrecht, 7. Aufl. 2010, Rn. 6121.

197 *Hausmann* in Reithmann/Martiny, Internationales Vertragsrecht, 7. Aufl. 2010, Rn. 6121; *Mäsch* in BeckOK BGB, Ed. 32, 2013, Art. 7 EGBGB Rn. 17 f.

198 *Freitag* in Messerschmidt/Voit, Privates Baurecht, 2. Aufl. 2012, I. Teil, P Rn. 42; *Hausmann* in Reithmann/Martiny, Internationales Vertragsrecht, 7. Aufl. 2010, Rn. 6142; *Hohloch* in Erman BGB, 13. Aufl. 2011, Art. 13 Rom I-VO Rn. 1; *Ludwig* in jurisPK-BGB, 6. Aufl. 2012, Art. 13 Rom I-VO Rn. 1; *Schulze* in Ferrari/Kieninger/Mankowski u. a., Internationales Vertragsrecht, 2. Aufl. 2011, VO (EG) 593/2008 Art. 13 Rn. 1; *Spellenberg* in MükoBGB, 6. Aufl. 2015, Rom I-VO Art. 13 Rn. 10 bis 16 mit ausführlicher Kritik an der Begründung.

ihrem Heimatrecht **fehlende Geschäftsfähigkeit** nur berufen, wenn die andere Partei nicht gutgläubig war, wenn sie den Mangel kannte oder aufgrund von Fahrlässigkeit nicht kannte.

121 Eine Partei ist rechts-, geschäfts- und handlungsfähig, wenn die Voraussetzungen des Art. 13 Rom I-VO vorliegen und wenn die Partei entweder nach ihrem Heimatrecht oder dem Recht des Abschlussortes rechts-, geschäfts- und handlungsfähig ist.[199]

122 Obwohl Art. 13 Rom I-VO als Einrede formuliert ist, sind die **Voraussetzungen der Geschäftsfähigkeit** nach dem Recht des Abschlussortes **vom Amts wegen** zu prüfen und nicht auf Einrede der nach ihrem Heimatrecht geschäftsunfähigen Partei.[200]

123 Die **gutgläubige Vertragspartei** kann nicht wählen zwischen der Wirksamkeit des Vertrages nach dem Recht des Abschlussortes oder der Unwirksamkeit nach dem Heimatrecht der anderen Partei.[201]

2. Die Rechts- und Geschäftsfähigkeit juristischer Personen

124 Die Rechts- und Geschäftsfähigkeit von Gesellschaften, Vereinen und juristischen Personen richtet sich **nach nationalem Kollisionsrecht**. Nach Art. 1 Abs. 2 lit. f Rom I-VO ist die Verordnung auf das **Gesellschaftsstatut** nicht anwendbar. Das Gesellschaftsstatut regelt u. a. die wirksame Gründung der Gesellschaft[202] sowie ihre Rechts- und Handlungsfähigkeit.[203]

125 Das in Deutschland geltende **internationale Gesellschaftsrecht** hat vor allem aufgrund der Rechtsprechung des EuGH und des BGH zu den sog. Zuzugs- und Wegzugsfällen innerhalb der EU[204] sowie aufgrund der EU-Verordnungen zu Gesellschaften des europäischen Rechts[205] einen Umfang und einen Grad am Komplexität erreicht, der eine Darstellung im Rahmen dieses Kapitels ausschließt. Wenn internationale gesellschaftsrechtliche Fragen relevant werden vor allem die Frage nach dem maßgeblichen Gesellschaftsstatut, ist es unerlässlich, die Spezialliteratur zu Rate zu ziehen.[206]

V. Stellvertretung und Boten

126 Weder die **Rom I-VO** noch das **nationale Kollisionsrecht des EGBGB** enthalten Kollisionsnormen, die eine Anknüpfung für die Fälle vorsehen, in denen ein Dritter als Stellvertreter oder Bote in den Vertragsschluss einbezogen ist.[207] Art. 1 Abs. 1 lit. g) Rom I-VO bestimmt, dass die rechtsgeschäftliche Stellvertretung von der Verordnung nicht erfasst wird.

127 Für die **rechtsgeschäftliche Vertretungsmacht** gilt nach den von der Rechtsprechung entwickelten Grundsätzen nicht das auf den Vertrag anwendbare Recht, sondern grund-

---

199 *Ludwig* in jurisPK-BGB, 6. Aufl. 2012, Art. 13 Rom I-VO Rn. 3.

200 *Freitag* in Messerschmidt/Voit, Privates Baurecht, 2. Aufl. 2012, I. Teil, P Rn. 42; *Ludwig* in jurisPK-BGB, 6. Aufl. 2012, Art. 13 Rom I-VO Rn. 4.

201 *Ludwig* in jurisPK-BGB, 6. Aufl. 2012, Art. 13 Rom I-VO Rn. 5.

202 *Freitag* in Messerschmidt/Voit, Privates Baurecht, 2. Aufl. 2012, I. Teil, P Rn. 43; *Kieninger* in Ferrari/Kieninger/Mankowski u. a., Internationales Vertragsrecht, 2. Aufl. 2011, VO (EG) 593/2008 Art. 1 Rn. 20; *Leible* in NK-BGB Bd. 6, 1. Aufl. 2014, Art. 1 Rom I Rn. 64; *Martiny* in MükoBGB, 6. Aufl. 2015, Rom I-VO Art. 1 Rn. 63 ff.; *Spickhoff* in BeckOK BGB, Ed. 31, 2013, Art. 1 Rom I-VO Rn. 31.

203 Vgl. die Nachw. in Fn. 202.

204 Vgl. etwa *Freitag* in Messerschmidt/Voit, Privates Baurecht, 2. Aufl. 2012, I. Teil, P Rn. 43 bis 49; *Holoch* in Erman BGB, 14. Aufl. 2014, Anhang II zu Art. 12 EGBGB, jeweils mwN.

205 Vgl. etwa *Freitag* in Messerschmidt/Voit, Privates Baurecht, 2. Aufl. 2012, I. Teil, P Rn. 50 f.

206 Vgl. etwa *Hausmann* in Reithmann/Martiny, Internationales Vertragsrecht, 7. Aufl. 2010, Rn. 5031 bis 5406; *Holoch* in Erman BGB, 14. Aufl. 2014, Anhang II zu Art. 12 EGBGB; *Mäsch* in BeckOK BGB, Ed. 32, 2013, Art. 10 EGBGB Anhang II.

207 *Freitag* in Messerschmidt/Voit, Privates Baurecht, 2. Aufl. 2012, I. Teil, P Rn. 60.

sätzlich das Recht des Landes, in dem der Vertreter von seine Vollmacht Gebrauch gemacht hat.[208] Maßgeblich ist der **Ort**, an dem der Vertreter seine **rechtsgeschäftliche Erklärung** gegenüber dem Dritten abgibt.[209] Bei einem Vertragsabschluss unter Abwesenden kommt es auf den Ort an, an dem der Vertreter seine Erklärung abgibt oder die Erklärung des Dritten entgegen nimmt.[210] Macht der Vertreter für mehrere Geschäfte in unterschiedlichen Staaten Gebrauch, gilt für jedes Geschäft das Recht am **Gebrauchsort**.[211]

128 Die **Vertretungsmacht** von Personen, die unternehmensbezogene Geschäfte ständig von einer bestimmten Niederlassung aus schließen, unterliegt dem am **Ort dieser Niederlassung** geltenden Recht.[212]

129 Die Frage, ob für das von dem Vertreter abgeschlossene Geschäft eine gewillkürte Stellvertretung zulässig ist, entscheidet nicht das Vollmachtsstatut sondern das **Geschäftsstatut** des abgeschlossenen Vertrages.[213]

130 Das **Vollmachtsstatut** ist maßgeblich für alle Fragen der rechtsgeschäftlichen Erteilung, dem Umfang sowie der Beendigung der Vertretungsmacht.[214] Zur Frage, ob hinsichtlich des Vollmachtsstatuts eine Rechtswahl zulässig ist, fehlt es an Entscheidungen der Gerichte. Nach überwiegender Ansicht im Schrifttum soll eine **Rechtswahl** dann zulässig sein, wenn das vom Vertreter abgeschlossene Geschäft der Rechtswahl unterliegt.[215]

131 Die Voraussetzungen und der Umfang sowie der Inhalt **organschaftlicher Vertretungsmacht** unterliegen nicht, wie die rechtsgeschäftliche Vollmacht, dem Wirkungsstatut, sondern **Gesellschaftsstatut**.[216]

132 Die Voraussetzungen und Folgen der **Botenschaft** sind im Unterschied zur Stellvertretung gemäß Art. 1 Abs. 1 lit. g Rom I-VO nicht vom Anwendungsbereich der Verordnung ausgenommen. Die Übermittlung von Erklärungen durch Dritte unterliegt dem Vertragsstatut.[217] Die Frage, ob eine Botenschaft zulässig oder die persönliche Anwesenheit des Erklärenden erforderlich ist, ist eine Formfrage iSd Art. 11 Abs. 1 Rom I-VO.[218]

---

208 *Freitag* in Messerschmidt/Voit, Privates Baurecht, 2. Aufl. 2012, I. Teil, P Rn. 61; *Hausmann* in Reithmann/Martiny, Internationales Vertragsrecht, 7. Aufl. 2010, Rn. 5441; *Mäsch* in BeckOK BGB, Ed. 32, 2013, Art. 10 EGBGB Rn. 99, 106.

209 *Freitag* in Messerschmidt/Voit, Privates Baurecht, 2. Aufl. 2012, I. Teil, P Rn. 61; *Hausmann* in Reithmann/Martiny, Internationales Vertragsrecht, 7. Aufl. 2010, Rn. 5443; *Mäsch* in BeckOK BGB, Ed. 32, 2013, Art. 10 EGBGB Rn. 107.

210 *Freitag* in Messerschmidt/Voit, Privates Baurecht, 2. Aufl. 2012, I. Teil, P Rn. 61; *Hausmann* in Reithmann/Martiny, Internationales Vertragsrecht, 7. Aufl. 2010, Rn. 5443.

211 *Hausmann* in Reithmann/Martiny, Internationales Vertragsrecht, 7. Aufl. 2010, Rn. 5444; *Mäsch* in BeckOK BGB, Ed. 32, 2013, Art. 10 EGBGB Rn. 108.

212 *Freitag* in Messerschmidt/Voit, Privates Baurecht, 2. Aufl. 2012, I. Teil, P Rn. 61; *Hausmann* in Reithmann/Martiny, Internationales Vertragsrecht, 7. Aufl. 2010, Rn. 5456 bis 5461; *Mäsch* in BeckOK BGB, Ed. 32, 2013, Art. 10 EGBGB Rn. 103 bis 105.

213 *Mäsch* in BeckOK BGB, Ed. 32, 2013, Art. 10 EGBGB Rn. 78, 92.

214 *Hausmann* in Reithmann/Martiny, Internationales Vertragsrecht, 7. Aufl. 2010, Rn. 5494; *Mäsch* in BeckOK BGB, Ed. 32, 2013, Art. 10 EGBGB Rn. 87 ff.

215 *Hausmann* in Reithmann/Martiny, Internationales Vertragsrecht, 7. Aufl. 2010, Rn. 5445; *Mäsch* in BeckOK BGB, Ed. 32, 2013, Art. 10 EGBGB Rn. 108.

216 *Freitag* in Messerschmidt/Voit, Privates Baurecht, 2. Aufl. 2012, I. Teil, P Rn. 62.

217 *Freitag* in Messerschmidt/Voit, Privates Baurecht, 2. Aufl. 2012, I. Teil, P Rn. 60.

218 Vgl. die Nachw. in Fn. 217.

VI. Form

1. Regelungszweck

133 Art. 11 Rom I-VO regelt eine **vom Vertragsstatut unabhängige Kollisionsnorm** für die Anknüpfung der Formbedürftigkeit von vertraglichen Schuldverhältnissen und einseitigen Rechtsgeschäften, die sich auf ein Schuldverhältnis beziehen. Die Regelungen des Art. 11 Rom I-VO dienen mit Ausnahme der Regelung in dessen Abs. 4 für Verbraucherverträge dazu, die **Formwirksamkeit** grenzüberschreitender Schuldverträge zu begünstigen.[219] Die Frage welche Rechtsordnung die gesetzlich vorgeschriebene Form eines Schuldvertrages bestimmt, ist eine Teilfrage, die selbständig gemäß Art. 11 Rom I-VO angeknüpft werden muss.[220]

134 **Gesetzliche Formvorschriften** für Verträge mit Architekten und Ingenieuren werden nur sehr selten gegeben sein. Sie können in ausländischen Rechtsordnungen vorgesehen sein oder die Formbedürftigkeit kann durch die Verbindung eines Planervertrages mit einem formbedürftigen Grundstücksgeschäft ergeben.[221]

2. Systematik

135 Art. 11 Abs. 1 und 2 Rom I-VO sind anwendbar auf alle **vertraglichen Rechtsgeschäfte**, die in den Anwendungsbereich des Art. 1 Abs. 1 und 2 Rom I-VO fallen. Art. 11 Abs. 3 Rom I-VO regelt die Anwendbarkeit des Art. 11 Rom I-VO auf einseitige Rechtsgeschäfte, die sich auf Schuldverträge iSd der Abs. 1und 2 beziehen. **Sonderregungen** gelten für **Verbraucherverträge** (Abs. 4) und schuldrechtliche **Grundstücksverträge** (Abs. 5).

136 Die Regelungen des Art. 11 Abs. 1 bis 4 Rom I-VO sind auf alle Verträge mit Architekten und Ingenieuren anwendbar, die nach dem 17. Dezember 2009 abgeschossen worden sind. Im Hinblick auf die geringe und auf die Regelungen der Abs. 1 bis 4 beschränkten Relevanz der Formfrage für Planerverträge bieten die folgenden Ausführungen lediglich eine Übersicht über die Systematik und den Inhalt der genannten Regelungen.[222] Auf eine Darstellung der Regelung des Abs. 5 wird verzichtet, weil diese Sonderregung für Planerverträge praktisch nicht relevant ist.

3. Formerfordernis

137 Gegenstand der Regelungen des Art. 11 Rom I-VO sind nur **Formvorschriften des jeweiligen Schuldstatuts**, die als Voraussetzung der Wirksamkeit des Rechtsgeschäfts, die Art und Weise der Vornahme und Gestaltung einer rechtsgeschäftlichen Willenserklärung regeln.[223]

---

[219] *Bischoff* in NK-BGB Bd. 6, 1. Aufl. 2014, Art. 11 Rom I, Rn. 5; *Freitag* in Messerschmidt/Voit, Privates Baurecht, 2. Aufl. 2012, I. Teil, P Rn. 54; *Ringe* in jurisPK-BGB, 6. Aufl. 2012, Art. 11 Rom I-VO Rn. 1.

[220] *Bischoff* in NK-BGB Bd. 6, 1. Aufl. 2014, Art. 11 Rom I, Rn. 5.

[221] *Freitag* in Messerschmidt/Voit, Privates Baurecht, 2. Aufl. 2012, I. Teil, P Rn. 52.

[222] Ausführlich zu Art. 11 Rom I-VO vgl. zB die folgenden Kommentierungen: *Bischoff* in NK-BGB Bd. 6, 1. Aufl. 2014, Art. 11 Rom I; *Ferrari* in Ferrari/Kieninger/Mankowski u. a., Internationales Vertragsrecht, 2. Aufl. 2011, VO (EG) 593/2008 Art. 11; *von Hein* in Rauscher EuZPR/EuIPR-Art. 11 Rom I-VO:*Holoch* in Erman BGB, 14. Aufl. 2014, Art. 11 Rom I-VO; *Mäsch* in BeckOK BGB, Ed. 32, 2013, Art. 11 EGBGB; *Reithmann* in Reithmann/Martiny, Internationales Vertragsrecht, 7. Aufl. 2010, Rn. 762 ff.; *Ringe* in jurisPK-BGB, 6. Aufl. 2012, Art. 11 Rom I-VO; *Spellenberg* in MükoBGB, 6. Aufl. 2015, Rom I-VO Art. 11; *Spickhoff* in BeckOK BGB, Ed. 31, 2013, Art. 11 Rom I-VO.

[223] *Ferrari* in Ferrari/Kieninger/Mankowski u. a., Internationales Vertragsrecht, 2. Aufl. 2011, VO (EG) 593/2008 Art. 10 Rn. 10 bis 12; *Holoch* in Erman BGB, 14. Aufl. 2014, Art. 11 Rom I-VO, Rn. 3; *Mäsch* in BeckOK BGB, Ed. 32, 2013, Art. 11 EGBGB Rn. 20 f.; *Ringe* in jurisPK-BGB, 6. Aufl. 2012, Art. 11 Rom I-VO; *Spellenberg* in MükoBGB, 5. Aufl. 2010, Rom I-VO Art. 10 Rn. 23–29; *Spickhoff* in BeckOK BGB, Ed. 31, 2013, Art. 11 Rom I-VO Rn. 21.

Keine Formvorschriften im Sinne des Art. 11 Rom I-VO sind die Voraussetzungen einer wirksamen vertraglichen Einigung, der Wirksamkeit eines Angebots und der Annahme. Regelungen über den Zugang und den Empfang einer Willenserklärung. Diese Fragen unterliegen der Regelung des Art. 10 Abs. 1 Rom I-VO.[224] 138

4. Die Formerfordernisse der HOAI

Dieser rechtliche Befund hat für die HOAI folgende Konsequenzen: 139

Art. 11 Rom I-VO ist nicht anwendbar auf die **Formerfordernisse der HOAI**, wie beispielsweise das Schriftformerfordernis und den Zeitpunkt der Vereinbarung gem. § 7 Abs. 1 HOAI 2013, weil das zwingende öffentlich-rechtliche Preisrecht der HOAI nicht vom Anwendungsbereich des Art. 1 Abs. 1 und 2 Rom I-VO erfasst wird. Die **HOAI** unterliegt nicht dem **Schuldstatut**, sondern den **Regelungen des Art. 9 Rom I-VO**.[225] Soweit die HOAI als Eingriffsnorm iSd des Art. 9 Abs. 2 Rom I-VO[226] auf das Vertragsverhältnis anwendbar ist, richtet sich die Formbedürftigkeit ausschließlich nach den in der HOAI vorgeschriebenen Formerfordernissen.

Für den Fall, dass die **HOAI** für einen **grenzüberschreitenden Vertrag** gem. Art. 1 HOAI 2013[227] Geltung beansprucht, weil der Architekt mit Sitz in der Bundesrepublik Deutschland die vereinbarten Pläne an seinem Büro fertigt, sind zwei Fallvarianten zu unterscheiden: Ist für den Vertrag **deutsches materielles Recht** als Vertragsstatut maßgeblich, dann sind die für das Erfordernis der Schriftlichkeit und den Rechtsfolgen eines Verstoßes gegen diese Formvorschrift die Regelungen des § 126 Abs. 2 und des § 125 Satz 1 BGB anwendbar. Ist hingegen auf den Vertrag aufgrund einer Rechtswahl der Vertragsparteien als **Vertragsstatut das Recht des Auftraggebers** anwendbar, dann stehen die genannten Regelungen des BGB als Bestandteil des maßgeblichen Vertragsstatuts nicht zur Verfügung. Die Frage, wie in diesem Fall die Regelung des Formerfordernisses der Schriftlichkeit ergänzt werden kann, ist in der HOAI nicht geregelt, so dass die §§ 126 Abs. 2, 125 Satz 1 BGB nicht nach Art. 9 Abs. 2 Rom I-VO angeknüpft werden können. Die Rom I-VO bietet nur Möglichkeit, die beiden genannten Regelungen des deutschen materiellen Rechts mit einer Teilrechtswahl gem. Art. 3 Art. 1 Satz 3 Rom I-VO neben dem maßgeblichen ausländischen Vertragsstatut für den Vertrag zu vereinbaren. Haben die Parteien keine Teilrechtswahl getroffen, dann sind die Regelungen der HOAI zum Formerfordernis der Schriftlichkeit nicht anwendbar, weil es an den notwendigen ergänzenden Regelungen zur Bestimmung der Schriftlichkeit und zu den Folgen der Formunwirksamkeitfehlt. 140

Ein entsprechendes Problem ergibt sich daraus, dass die Regelungen der HOAI, die Vereinbarungen vorsehen, durch die Regelungen der Rechtsgeschäftslehre des BGB ergänzt werden. Diese Regelungen sind nur anwendbar, wenn das deutsche materielle Recht auf den Hauptvertrag als Vertragsstatut anwendbar ist. 141

5. Vertragsschluss in demselben Staat

Die Formerfordernisse des Vertrages richten sich nach Art. 11 Abs. 1 Rom I-VO, wenn beide Parteien oder deren Vertreter sich beim Vertragsabschluss in demselben Staat befinden. Nicht erforderlich ist die Anwesenheit am selben Ort, es genügt die **Anwesenheit innerhalb desselben Staates**. Nach Abs. 1 ist ein Vertrag formgültig, wenn er entweder das **Formerfordernis des Vertragsstatut**, des nach den Art. 3 ff. Rom I-VO auf den Vertrag anzuwendende materielle Recht, oder das **Formerfordernis des Ortsrechts** erfüllt. 142

---

224 Vgl. iE oben Rn. 25 f. sowie die Nachw. in Fn. 223.

225 Vgl. iE unten → Rn. 170 f.

226 Vgl. hierzu iE unten → Rn. 168 bis 170.

227 Es wird unterstellt, dass § 1 HOAI 2013 von der Ermächtigungsnorm der HOAI gedeckt wird und dass die Regelung mit der Dienstleistungsfreiheit der EU vereinbar ist. Beides ist in hohem Maße zweifelhaft.

Maßgeblich ist das **Recht des Staates des Ortes** an dem die Parteien die für den Vertrag erforderlichen **Willenserklärungen** abgegeben haben. Das Heimatrecht oder das des gewöhnlichen Aufenthaltes der Parteien sind unerheblich. Der Vornahmeort ist auch dann maßgeblich, wenn die Parteien sich nur vorrübergehend und ausschließlich dort zum Zwecke des Vertragsabschlusses aufhalten.[228] Den Parteien steht es frei, sich jedes Ortsrechtes zu bedienen, es kann ihnen nicht mit dem **Einwand des Missbrauches** verwehrt werden, ein Ort zu wählen, um Formvorschriften zu vermeiden.[229]

6. Vertragsschluss in unterschiedlichen Staaten

143 Die Möglichkeiten einer Formgültigkeit bei **grenzüberschreitenden Distanzverträgen** regelt Abs. 2. Befinden sich die Vertragsparteien oder deren Vertreter bei der Abgabe der jeweiligen Willenserklärungen nicht in demselben Staat, dann genügt es für die Formwirksamkeit, dass der Vertrag den Formerfordernissen des **Vertragsstatuts**, denen eines der **Ortsrechte**, dem Aufenthaltsort der Parteien oder Abschlussvertreter, oder denen des gewöhnlichen Aufenthaltes eines der Parteien genügt. Es kommt ausschließlich auf den gewöhnlichen Aufenthalt der Parteien gem. Art. 19 Rom I-VO an, und nicht auf den gewöhnlichen Aufenthalt der Vertreter.

7. Einseitige Rechtsgeschäfte

144 Die Regelung des Abs. 3 erstreckt den Anwendungsbereich der Sonderanknüpfung für das Formerfordernis auf **einseitige Rechtsgeschäfte**, die sich auf einen abgeschlossenen oder abzuschließenden Vertrag beziehen. Einseitige Rechtsgeschäfte sind zB Rücktrittserklärungen, Anfechtungserklärungen, Kündigungen, Optionserklärungen, Angebote und Zustimmungen sowie Genehmigungen.[230]

145 Anwendbar hinsichtlich der **Form** sind alternativ das **Geschäftsrecht**, das **Recht des Ortes**, an dem das einseitige Rechtsgeschäft vorgenommen wird, und das **Recht des gewöhnlichen Aufenthalts** desjenigen, der das Rechtsgeschäft vorgenommen hat. Wird das Rechtsgeschäft durch einen Vertreter vorgenommen, kommt es auf den Ort an, an dem der Vertreter das Geschäft vorgenommen hat, oder auf dessen gewöhnlichen Aufenthalt.[231]

8. Verbrauchergeschäfte

146 Die Regelung des Abs. 4 verdrängt für Verbraucherverträge iSd des Art. 6 Rom I-VO die Anknüpfungen der Abs. 1 bis 3. Abs. 4 beruft als zulässige Form für Verbraucherverträge ausschließlich die Regeln des **gewöhnlichen Aufenthalts des Verbrauchers** im Zeitpunkt des Vertragsabschlusses.

9. Rechtsfolgen

147 Das nach den unterschiedlichen Regelungen des Art. 11 Rom I-VO jeweils berufene **Formstatut** entscheidet die kollisionsrechtliche Teilfrage nach der Formunwirksamkeit des Vertrages.[232]

---

[228] *Ringe* in jurisPK-BGB, 6. Aufl. 2012, Art. 11 Rom I-VO Rn. 23.

[229] *von Hein* in Rauscher EuZPR/EuIPR Art. 11 Rom I-VO Rn. 17; *Ringe* in jurisPK-BGB, 6. Aufl. 2012, Art. 11 Rom I-VO Rn. 23; *Schulze* in Ferrari/Kieninger/Mankowski u. a., Internationales Vertragsrecht, 2. Aufl. 2011, VO (EG) 593/2008 Art. 11 Rn. 19; *Spellenberg* in MükoBGB, 6. Aufl. 2015, Rom I-VO Art. 11 Rn. 27 ff.

[230] *Bischoff* in NK-BGB Bd. 6, 1. Aufl. 2014, Art. 11 Rom I Rn. 33; *Ringe* in jurisPK-BGB, 6. Aufl. 2012, Art. 11 Rom I-VO Rn. 33.

[231] Die Frage, ob Abs. 3 auch den Vertreter erfasst, ist umstritten, weil der Vertreter in der Vorschrift nicht genannt wird. Nach zutreffender Ansicht erfasst die Vorschrift auch das Handeln eines Vertreters, zum Meinungsstand vgl. iE *von Hein* in Rauscher EuZPR/EuIPR Art. 11 Rom I-VO Rn. 27; *Schulze* in Ferrari/Kieninger/Mankowski u. a., Internationales Vertragsrecht, 2. Aufl. 2011, VO (EG) 593/2008 Art. 11 Rn. 27.

[232] *Reithmann* in Reithmann/Martiny, Internationales Vertragsrecht, 7. Aufl. 2010, Rn. 773; *Ringe* in jurisPK-BGB, 6. Aufl. 2012, Art. 11 Rom I-VO Rn. 45; *Schulze* in Ferrari/Kieninger/Mankowski

Die **Folgen des Formverstoßes** richten sich nach dem jeweils berufenen Formstatut. Ein Rechtsgeschäft ist nur dann formungültig, wenn es den Formanforderungen keiner der jeweils nach Art. 11 Abs. 1 bis 4 Rom I-VO berufenen Rechtsordnungen entspricht.[233] Sehen die jeweils maßgeblichen Rechtsordnungen unterschiedliche Folgen des Formverstoßes vor, dann ist die mildeste Sanktion maßgeblich.[234] 148

Das Formstatut bestimmt neben den **Folgen eines Formverstoßes** auch darüber, ob und auf welche Weise das Geschäft geheilt werden kann.[235] 149

VII. Forderungsabtretung und Verpfändung

1. Der Regelungsgegenstand

Die Kollisionsregelungen für die rechtsgeschäftliche **grenzüberschreitende Übertragung einer Forderung** sind in Art. 14 Rom I-VO normiert. Die Regelungen des Art. 14 Abs. 1 und 2 Rom I-VO gelten nicht nur für die **Vollabtretung**, sondern gemäß Abs. 3 auch für die **Sicherungsabtretung**,[236] die **Forderungsverpfändung** und die **Einziehungsermächtigung**, die Befugnis eines Dritten, die Forderung des Forderungsinhabers in eigenen Namen geltend zu machen.[237] 150

Die rechtsgeschäftliche Übertragung einer Forderung betrifft drei Rechtsverhältnisse, zwei von ihnen sind durch Art. 14 Rom I-VO geregelt: 151

2. Das Forderungsstatut

Das ursprüngliche Rechtsverhältnis zwischen dem bisherigen Gläubiger, dem Zedenten, und dem Schuldner, das den Rechtsgrund für die Forderung bildet, wird durch Art. 14 Rom I-VO nicht erfasst. Soweit es sich um ein grenzüberschreitendes Rechtsverhältnis handelt, sind die Regelungen der Art. 3 ff. Rom I-VO maßgeblich für das anwendbare Vertragsstatut, das als Forderungsstatut das Recht der abgetretenen Forderung bestimmt. 152

3. Das Zessionsstatut

Nach Art. 14 Abs. 1 Rom I-VO ist für das **Rechtsverhältnis** zwischen dem bisherigen Gläubiger, dem **Zedenten**, und dem **Neugläubiger** das Recht maßgeblich, dass nach den Art. 3 ff. Rom I-VO auf das **Schuldverhältnis** zwischen den **Zessionar und Zedenten** anwendbar ist. Abs. 1 ist auf das Kausalgeschäft und auf das dingliche Geschäft anwendbar, wenn die maßgebliche Rechtsordnung zwischen beiden Geschäften, wie das deutsche Recht, unterscheidet.[238] 153

---

u. a., Internationales Vertragsrecht, 2. Aufl. 2011, VO (EG) 593/2008 Art. 11 Rn. 20; *Spellenberg* in MükoBGB, 6. Aufl. 2015, Rom I-VO Art. 11 Rn. 76 f.

233 *Ringe* in jurisPK-BGB, 6. Aufl. 2012, Art. 11 Rom I-VO Rn. 46*Spellenberg* in MükoBGB, 6. Aufl. 2015, Rom I-VO Art. 11 Rn. 77.

234 *Ringe* in jurisPK-BGB, 6. Aufl. 2012, Art. 11 Rom I-VO Rn. 46; *Schulze* in Ferrari/Kieninger/Mankowski u. a., Internationales Vertragsrecht, 2. Aufl. 2011, VO (EG) 593/2008 Art. 11 Rn. 21; *Spellenberg* in MükoBGB, 6. Aufl. 2015, Rom I-VO Art. 11 Rn. 77.

235 *Reithmann* in Reithmann/Martiny, Internationales Vertragsrecht, 7. Aufl. 2010, Rn. 774; *Schulze* in Ferrari/Kieninger/Mankowski u. a., Internationales Vertragsrecht, 2. Aufl. 2011, VO (EG) 593/2008 Art. 11 Rn. 20; *Spellenberg* in MükoBGB, 6. Aufl. 2015, Rom I-VO Art. 11 Rn. 72, 74 f.

236 zur Sicherungsabtretung vgl. iE zB *Martiny* in MükoBGB, 6. Aufl. 2015, Rom I-VO Art. 14 Rn. 41 bis 46.

237 *Doehner* in NK-BGB Bd. 6, 1. Aufl. 2014, Art. 14 Rn. 6 f., 13; *Hohloch* in Erman BGB, 13. Aufl. 2011, Art. 14 Rom I-VO Rn. 10c; *Kieninger* in Ferrari/Kieninger/Mankowski u. a., Internationales Vertragsrecht, 2. Aufl. 2011, VO (EG) 593/2008 Art. 14 Rn. 7; *Martiny* in MükoBGB, 6. Aufl. 2015, Rom I-VO Art. 14 Rn. 46, 47 f.; *Freitag* in Messerschmidt/Voit, Privates Baurecht, 2. Aufl. 2012, I. Teil, P Rn. 69; *Spickhoff* in BeckOK BGB, Ed. 31, 2013, Art. 14 Rn. 4.

238 *Freitag* in Messerschmidt/Voit, Privates Baurecht, 2. Aufl. 2012, I. Teil, P Rn. 70; *Hohloch* in

154 Im Falle einer **Sicherungszession** wird neben der Abtretung die Sicherungsvereinbarung und die **Verwertungsbefugnis** von Abs. 1 erfasst.[239]

155 Ungeklärt ist die Frage, nach welchem Recht sich die Folgen der Zession im Verhältnis zu Dritten richten.[240] Nach zutreffender Ansicht richtet sich das Verhältnis zu Dritten nach dem Zessionsstatut des Art. 14 Abs. 1 Rom I-VO.[241]

4. Das Rechtsverhältnis zwischen Zessionar und Schuldner

156 Für das Verhältnis Zessionar und Schuldner gilt das **Recht der abgetretenen Forderung**, das maßgebliche Recht des Rechtsverhältnisses, aus dem die abgetretene Forderung entstammt (Forderungsstatut).[242] Das **Forderungsstatut** regelt die Übertragbarkeit der Forderung, etwaige Abtretungsverbote, die befreiende Wirkung einer Leistung des Schuldners an den alten Gläubiger, den Erhalt von Einwendungen und Aufrechnungsmöglichkeiten.[243]

VIII. Sicherungen

157 Die Vereinbarung von **Sicherheiten ist im internationalen Rechtsverkehr** weitaus wichtiger als in nationalem Verkehr. Der Gläubiger kann gezwungen sein, seinen Anspruch im Ausland einzuklagen und zu vollstrecken. Dieser Weg ist regelmäßig mit schwer abschätzbaren Risiken und Kosten verbunden. Um dieses spezifische Risiko kann durch die Vereinbarung von Sicherheiten verringert werden, die dem Recht des Gläubigers unterliegen und die im Inland durchgesetzt werden können.[244] Da für Planerverträge in Praxis dingliche Sicherheiten[245] kaum in Frage kommen, sind die anschließenden Erläuterungenbeschränkt auf die **persönlichen Sicherheiten**.

158 Als persönliche Sicherheiten kommen insbesondere **Bürgschaften**[246] und **Garantien**[247] in Betracht. Unter dem Aspekt des jeweils maßgeblichen Rechts sind bei beiden Sicherheiten drei Rechtsverhältnisse zu unterscheiden, die kollisionsrechtlich selbständig anzuknüpfen sind.

Erman BGB, 13. Aufl. 2011, Art. 14 Rom I-VO Rn. 1b, 4a; *Rosch* in jurisPK-BGB, 6. Aufl. 2012, Art. 14 Rom I-VO Rn. 22 bis 23 sowie die Nachw. in Fn. 237.

239 Vgl. die Nachw. in Fn. 237 sowie *Hohloch* in Erman BGB, 13. Aufl. 2011, Art. 14 Rom I-VO Rn. 10a.

240 Zum Meinungsstand vgl. etwa *Freitag* in Rauscher EuZPR/EuIPR Art. 14 Rom I-VO Rn. 40 ff. sowie *Rosch* in jurisPK-BGB, 6. Aufl. 2012, Art. 14 Rom I-VO Rn. 35 bis 40.

241 *Doehner* in NK-BGB Bd. 6, 1. Aufl. 2014, Art. 14 Rn. 22 bis 24; *Freitag* in Messerschmidt/Voit, Privates Baurecht, 2. Aufl. 2012, I. Teil, P Rn. 71; *Freitag* in Rauscher EuZPR/EuIPR Art. 14 Rom I-VO Rn. 40 ff.; *Kieninger* in Ferrari/Kieninger/Mankowski u. a., Internationales Vertragsrecht, 2. Aufl. 2011, VO (EG) 593/2008 Art. 14 Rn. 10 bis 12; *Spickhoff* in BeckOK BGB, Ed. 31, 2013, Art. 14 Rn. 2.

242 *Doehner* in NK-BGB Bd. 6, 1. Aufl. 2014, Art. 14 Rn. 15 bis 21; *Kieninger* in Ferrari/Kieninger/Mankowski u. a., Internationales Vertragsrecht, 2. Aufl. 2011, VO (EG) 593/2008 Art. 14 Rn. 8 f.; *Martiny* in MükoBGB, 6. Aufl. 2015, Rom I-VO Art. 14 Rn. 26 bis 35; *Spickhoff* in BeckOK BGB, Ed. 31, 2013, Art. 14 Rn. 6.

243 Vgl. die Nachw. in Fn. 242 sowie *Hohloch* in Erman BGB, 13. Aufl. 2011, Art. 14 Rom I-VO Rn. 6 bis 7b; *Rosch* in jurisPK-BGB, 6. Aufl. 2012, Art. 14 Rom I-VO Rn. 28 bis 33.

244 *Wenner*, Internationales Vertragsrecht, 3. Aufl. 2013, Rn. 648 f.

245 Zu den dinglichen Sicherheiten vgl. die Übersicht bei *Wenner*, Internationales Vertragsrecht, 3. Aufl. 2013, Rn. 658 ff.

246 Ausführlich zu Bürgschaften in grenzüberschreitenden Verträgen: *Martiny* in Reithmann/Martiny, Internationales Vertragsrecht, 7. Aufl. 2010, Rn. 1181 bis 1191 sowie *Martiny* in MükoBGB, 6. Aufl. 2015, Rom I-VO Art. 4 Rn. 224 ff.

247 Ausführlich zu Garantien in grenzüberschreitenden Verträgen: *Martiny* in Reithmann/Martiny, Internationales Vertragsrecht, 7. Aufl. 2010, Rn. 1192 bis 1207 sowie *Martiny* in MükoBGB, 6. Aufl. 2015, Rom I-VO Art. 4 Rn. 229 ff.

Der **Vertrag** zwischen dem **Auftraggeber und dem Planer** unterliegt seinem eigenen Statut. Dieses **Statut** ist maßgeblich für die **Sicherungsvereinbarung**, die regelt, welche Sicherheit die Vertragspartei zu stellen hat, die sich entsprechend verpflichtet hat. 159

Das **Rechtsverhältnis** zwischen dieser **Vertragspartei und dem Kreditinstitut**, das die Bürgschaft oder Garantie stellt, unterliegt einem eignen Vertragsstatut, das die Parteien durch Rechtswahl gem. Art. 3 Rom I-VO bestimmen können. Fehlt es an einer Rechtswahl, dann gilt nach Art. 4 Rom I-VO im Zweifel das Recht der Bank.[248] 160

Der **Bürgschafts- oder Garantievertrag** zwischen dem Gläubiger und der Bank unterliegt ebenfalls einem eigenen Vertragsstatut, das selbständig zu ermitteln ist. Im Falle einer Rechtswahl ist das gewählte Recht maßgeblich.[249] Haben Parteien keine Rechtswahl getroffen, dann ist gem. Art. 4 Rom I-VO im Zweifel das Recht des gewöhnlichen Aufenthalts des Bürgen maßgeblich.[250] 161

IX. Eingriffsnormen: Die Mindestsätze der HOAI

Art. 9 Rom I-VO, der **das Verhältnis international zwingender Vorschriften** (sog. Eingriffsnormen) zu dem nach den Regelungen der Art. 3 ff. Rom I-VO anwendbaren Recht regelt, ist für Planerverträge ist im Hinblick auf die **Rechtsnatur der Mindestsätze der HOAI** als öffentlich-rechtliches Preisrecht (Eingriffsnorm) und dem internationalen Geltungsanspruch der HOAI gemäß § 1 HOAI n. F. [251] relevant. 162

1. Der nationale und internationale Geltungsanspruch der HOAI

§ 1 HOAI n F. bestimmt, dass die HOAI für die Berechnung des Honorars für Leistungen der Architekten und der Ingenieure mit **Sitz im Inland** maßgeblich ist, soweit die **Leistungen vom Inland aus erbracht** werden. 163

Diese Regelung beansprucht unter den genannten Voraussetzungen **Geltung für alle Architekten- und Ingenieurverträge.** § 1 HOAI n. F gilt unabhängig von dem auf den Vertrag anwendbaren Recht. Sie beschränkt die Geltung der HOAI nicht auf Leistungen für inländische Bauvorhaben. 164

Im Schrifttum wird die Ansicht vertreten, dass durch die Regelung des § 1 HOAI n. F. klar gestellt sei, dass die HOAI nur für Leistungen für ein inländisches Bauvorhaben gelte.[252] Zur Begründung wird u. a. auf die Entscheidung des BGH,[253] verwiesen, die zu § 4 HOAI a. F.und zu Art. 34 EGBGB ergangen ist. In dieser Entscheidung hat der BGH nicht entschieden, dass die HOAI nur anwendbar ist, wenn die Leistungen sich auf ein Bauvorhaben in Deutschland beziehen, sondern er hat entschieden, dass die Mindestsatzregelung des § 4 HOAI a. F. jedenfalls dann internationale Geltung für grenzüberschreitende Verträge gemäß Art. 34 EGBGB beansprucht, wenn das Bauwerk im Inland belegen ist. 165

Der **Sitz im Inland liegt** vor, wenn der Architekt oder Ingenieur seine **Niederlassung im Inland** hat. Die Kriterien einer Niederlassung sind Art. 4 Nr. 5 der Dienstleistungs- 166

---

[248] *Martiny* in MükoBGB, 5. Aufl. 2010, Rom I-VO Art. 4 Rn. 224; *Wenner*, Internationales Vertragsrecht, 3. Aufl. 2013, Rn. 652.

[249] BGH, Urt. v. 10.4.2003 – VII ZR 314/01, juris Rn. 32, BGHZ 154, 378 = WM 2003, 1583 = NZBau 2003, 493.

[250] BGH, Urt. v. 28.1.1993 – IX ZR 259/91, juris Rn. 30, BGHZ 121, 124 = NJW 1993, 1126.

[251] Die Regelungen des § 1 HOAI 2009 und des § 1 HOAI 2013 sind identisch.

[252] *Freitag* in Messerschmidt/Voit, Privates Baurecht, 2. Aufl. 2010, I. Teil P Rn. 65; *Freitag* in Reithmann/Martiny, Internationales Vertragsrecht, 7. Aufl. 2010, Rn. 576; *Martiny* in MükoBGB, 6. Aufl. 2015, Rom I-VO Art. 4 Rn. 57;jeweils mwN.

[253] BGH, Urt. v. 27.2.2003 – VII ZR 169/02, juris Rn. 21 ff., BGHZ 154, 110 = NJW 2003. 2020.

richtlinie (DLR)[254] geregelt. Die Frage, wie der Sitz zu bestimmen ist, wenn der Dienstleistungserbringer **Niederlassungen in mehreren Staaten** hat, von denen er die vertraglich geschuldete Leistung erbringt, ist umstritten und bisher nicht geklärt.[255]

167 Durch die **Voraussetzung „vom Inland aus erbracht"** regelt der § 1 HOAI n. F. zwei unterschiedliche Sachverhalte: die **Geltung für reine Inlandsfälle**, die keinen Auslandsbezug aufweisen und **für grenzüberschreitende Verträge**. In den Inlandsfällen gilt die HOAI unmittelbar, in grenzüberschreitenden Fällen aufgrund der kollisionsrechtlichen Sonderanknüpfung des Art. 9 Abs. 2 Rom I-VO.

2. Die Regelungen des Art. 9 Abs. 1 und 2 Rom-VO

168 Art. 9 Abs. 2 Rom I-VO bestimmt, dass die Rom I-VO nicht die Anwendung der Eingriffsnormen im Sinne des Abs. 1 des angerufenen Gerichts berührt. Sind in der Rechtsordnung **Eingriffsnomen** vorhanden, dann setzten sich diese Normen im Wege der Sonderanknüpfung gegenüber zwingenden Vorschriften des Vertragsstatuts durch.[256]

169 Nach Abs. 1 sind **Eingriffsnormen** Vorschriften, die **Geltung unabhängig von dem für das Schuldverhältnis maßgeblichen Vertragsstatuts** beanspruchen. Sie beanspruchen aufgrund ihrer besonderen wirtschafts- und sozialpolitischen Bedeutung unbedingte internationale Geltung, die vom Parteiwillen und dem anwendbaren Vertragsrecht unabhängig ist.

170 **Die Mindestsatzregelung der HOAI zählt nach der Rechtsprechung des BGH zu den Eingriffsnormen,**sie regelt als öffentlich-rechtliche Norm kein Vertragsrecht, sondern Preisrecht, so dass sie nicht dem Vertragsstatut und den schuldvertragsrechtlichen Kollisionsregelungen unterliegt.[257] Diese Einordnung als Eingriffsnorm ist im Schrifttum umstritten.[258]

171 In der Literatur wird als unstreitig[259] die Ansicht vertreten, dass eine **Sonderanknüpfung der Mindestsätze als Eingriffsnormen** der lex fori gemäß Art. 9 Abs. 2 Rom I-VO nur in Betracht kommt, wenn ein ausländisches Vertragsstatut gem. den Art. 3 ff. Rom I-VO berufen ist.Sie soll als deutsche Eingriffsnorm unmittelbar gelten, wenn das deutsche Vertragsstatut gem. den Art. 3 ff. Rom I-VO maßgeblich ist.[260] Diese These setzt voraus, dass die Eingriffsnormen als Bestandteil des Vertragsstatuts von den für das Vertragsstatut

---

[254] Art. 4 Nr. 5 der RL 2006/123/EG des Europäischen Parlaments und des Rates vom 12. Dezember 2006 über Dienstleistungen im Binnenmarkt, ABl. 2006, Nr. 1 L 376 S. 36: Die Niederlassung ist „die tatsächliche Ausübung einer von Art. 43 des Vertrags erfassten wirtschaftlichen Tätigkeit durch den Dienstleistungserbringer auf unbestimmte Zeit und mittels einer festen Infrastruktur, von der aus die Geschäftstätigkeit der Dienstleistungserbringung tatsächlich ausgeübt wird". Im Erwägungsgrund 37 der Richtlinie wird die Niederlassung an Hand von Beispielen erläutert.

[255] Zu den Konstellationen, die von der unzulänglichen Regelung des § 1 HOAI n. F. nicht erfasst werden, vgl. eingehend *Messerschmidt*, Neue HOAI – Neue Probleme – Kritische Anmerkungen zur 6. HOAI-Novelle 2009, NZBau 2009, 568, 569.

[256] *Doehner* in NK-BGB Bd. 6, 1. Aufl. 2014, Art. 9 Rn. 1 bis 3, 15 f., *Freitag* in Messerschmidt/Voit, Privates Baurecht, 2. Aufl. 2012, I. Teil, P Rn. 63 f.; *Hohloch* in Erman BGB, 13. Aufl. 2011, Art. 9 Rom I-VO Rn. 12; *Martiny* in MükoBGB, 6. Aufl. 2015, Rom I-VO Art. 9 Rn. 8 f.; *Ringe* in jurisPK-BGB, 6. Aufl. 2012, Art. 9 Rom I-VO Rn. 1; *Spickhoff* in BeckOK BGB, Ed. 32, 2013, Art. 9 Rn. 1; *Staudinger* in Ferrari/Kieninger/Mankowski u. a., Internationales Vertragsrecht, 2. Aufl. 2011, VO (EG) 593/2008 Art. 9 Rn. 5 f.

[257] BGH, Urt. v. 27.2.2003 – VII ZR 169/02, juris Rn. 21 ff., BGHZ 154, 110 = NJW 2003. 2020; hierzu *Wenner*, Internationales Vertragsrecht, 3. Aufl. 2013, Rn. 366, 581.

[258] Vgl. etwa *Doehner* in NK-BGB Bd. 6, 1. Aufl. 2014, Art. 9 Rn. 34; *Freitag* in Messerschmidt/Voit, Privates Baurecht, 2. Aufl. 2012, I. Teil, P Rn. 37, 65; *Spickhoff* in BeckOK BGB, Ed. 32, 2013, Art. 9 Rn. 21, jeweils mwN.

[259] So *Doehner* in NK-BGB Bd. 6, 1. Aufl. 2014, Art. 9 Rn. 3, Fn. 5, als Begründung bemüht er die Denknotwendigkeit.

[260] *Doehner* in NK-BGB Bd. 6, 1. Aufl. 2014, Art. 9 Rn. 3, Fn. 5 mwN; *Freitag* in Messerschmidt/Voit, Privates Baurecht, 2. Aufl. 2012, I. Teil, P Rn. 27; *Freitag* in Reithmann/Martiny, Internationales

maßgeblichen Kollisionsnormen der Art. 3 ff. Rom I-VO erfasst werden. Da die **Mindestsätze der HOAI nicht Regelungsgegenstand des Vertragsstatuts** sind und somit nicht den schuldvertragsrechtlichen Kollisionsnormen unterliegen, gelten sie in grenzüberschreitenden Planerverträgen, für die deutsches Recht als Vertragsstatut berufen ist, nur aufgrund des Art. 9 Abs. 2 Rom I-VO.[261] Falls die Mindestsatzregelung der HOAI nicht als Eingriffsnorm gemäß Art. 9 Abs. 2 Rom I-VO anwendbar sein sollte, richtet sich der Grund und die Höhe der Vergütung des Planers nach dem materiellen Recht, dass als Vertragsstatut maßgeblich ist. Das gilt gleichermaßen für den Fall, dass das deutsche Vertragsstatut maßgeblich ist, die Vergütung des Planers würde sich nach den Vergütungsregelungen des Werkvertragsrechts und der privatautonom getroffenen Vergütungsvereinbarung richten.

Die Geltung eines ausländischen Vertragsstatuts gemäß der Art. 3 ff. Rom I-VO **und der HOAI** aufgrund der Sonderanknüpfung des Art. 9 Abs. 2 Rom I-VOhat einen **Normenmangel** zur Folge. Die HOAI verweist in zahlreichen Regelungen auf die Vorschriften des BGB, wie beispielsweise auf die Schriftform des § 126 BGB, die Rechtsfolgen eines Formverstoßes des § 125 BGB[262] sowie für die vorgeschriebenen Vereinbarungen zwischen dem Planer und dem Auftraggeber auf die Vorschriften zu den Willenserklärungen der §§ 116 ff. BGB. Diese Vorschriften sind auf den Vertrag nicht anwendbar, weil das BGB nicht als Vertragsstatut berufen ist. Auf welche Weise der dadurch begründete Normenmangel behoben werden kann, ist offen. Das Problem wird in der Literatur bisher nicht erwähnt. 172

3. Die HOAI und die Grundfreiheiten des EU-Rechts.

a) Die Relevanz für grenzüberschreitende Verträge. § 1 HOAI n. F. beansprucht unter der Voraussetzung, dass der Architekt mit Sitz im Inland seine Leistung vom Inland aus erbringt, **Geltung für reine Inlandsverträge und für grenzüberschreitende Verträge.** Die Regelung, dass unter den genannten Voraussetzungen die HOAI zwingend gelten soll, berührt sowohl die **Niederlassungs-(Art. 49 AEUV) als auch die Dienstleistungsfreiheit (Art. 56 AEUV) des EU-Rechts**. 173

Verlegt ein Architekt mit Sitz in einem anderen Mitgliedstaat den Ort seiner Niederlassung in das Inland, dann unterliegt dieser Sachverhalt der **primären Niederlassungsfreiheit** des EU-Rechts. Begründet der Architekt neben seiner Niederlassung im Ausland eine unselbständige Niederlassung in Inland, dann wird dieser Sachverhalt von **der sekundären Niederlassungsfreiheit** erfasst.[263] In beiden Fällen hat die Regelung des § 1 HOAI n. F. zur Folge, dass die Niederlassungsfreiheit des Architekten dadurch beschränkt wird, dass er mit der Begründung seiner primären oder sekundären Niederlassung für Leistungen, die vom Inland aus erbringt, an die Regelungen der HOAI gebunden ist. **Beschränkungen**, die den Dienstleistungserbringer verpflichten, festgesetzte **Mindest- oder Höchstsätze** zu beachten, sind nur zulässig, wenn sie den vom EuGH geforderten Voraussetzungen genügen.[264]

Vertragsrecht, 7. Aufl. 2010, Rn. 576; *Martiny* in MükoBGB, 6. Aufl. 2015, Rom I-VO Art. 9 Rn. 73; Art. 4 Rn. 37.

261 *Wenner*, Internationales Vertragsrecht, 3. Aufl. 2013, Rn. 366, 581.

262 Vgl. dazu oben → Rn. 139 f.

263 Zur primären und sekundären Niederlassungsfreiheit vgl. etwa *Müller-Graf* in Streinz, EUV/AEUV, 2. Aufl. 2012 Art. 49 Rn. 8, 22 bis 31.

264 Vgl. Art. 15 Abs. 2 lit. g iVm Abs. 3 der RL 2006/123/EG des Europäischen Parlaments und des Rates vom 12. Dezember 2006 über Dienstleistungen im Binnenmarkt, ABl. 2006, Nr. 1 L 376,S. 36 (DLR); dazu iE *Cornils* in Schachter, Ohler (Hrsg.), Europäische Dienstleistungsrichtlinie, 1. Aufl. 2008 Art. 15 Rn. 21 bis 24.

Das **grundsätzliche Verbot von Beschränkungen** gilt gleichermaßen für die **Dienstleistungsfreiheit.**[265] Die Dienstleistungsfreiheit schützt sowohl den **Dienstleistungserbringer** als auch den **Dienstleistungsempfänger.** Sie umfasst den Schutz vor **Beschränkungen der Erbringung** und vor **Beschränkungen der Inanspruchnahme** von Dienstleistungen.[266] Die Geltung der HOAI für Verträge zwischen einem Architekten mit Sitz im Inland und einem Auftraggeber mit Sitz in einem anderen Mitgliedstaat beschränkt die Dienstleistungsfreiheit beider Vertragspartner, weil sie durch die Regelungen der Mindest- und Höchstsätze in ihrer Privatautonomie eingeschränkt werden.

Die folgenden Ausführungen befassen sich nur mit der Erbringung der Dienstleistung durch den Architekten mit Sitz im Inland für einen Auftraggeber mit Sitz im Ausland.

174 **b) Die Inländerdiskriminierung.** Der **interne Geltungsanspruch der HOAI** unterliegt als **Regelung eines rein innerstaatlichen Sachverhalts** nach der ständigen Rechtsprechung des EuGH[267] nicht den Diskriminierungsverboten der Grundfreiheiten des EU-Rechtes. Regelungen eines Mitgliedstaates, die für Inländer Beschränkungen vorsehen, die auf EU-Ausländer nicht anwendbar sind, weil derartige Beschränkungen im Anwendungsbereich des Unionsrechts nicht zulässig sind, begründen eine sog. **Inländerdiskriminierung.** Derartige Diskriminierungen fallen nicht in den Anwendungsbereich des Unionsrechts,[268] so dass sie nicht an Hand der Vorgaben des Unionsrechts beurteilt werden können. Die **Zulässigkeit einer Inländerdiskriminierung** richtet sich ausschließlich nach den **innerstaatlichen Vorschriften.**[269] Ein rein innerstaatlicher Sachverhalt liegt dann nicht vor, wenn ein Unionsbürger von einer der Grundfreiheiten, beispielsweise die Dienstleistungsfreiheit, Gebrauch macht.[270]

175 **c) Die Dienstleistungsfreiheit.** Ein **grenzüberschreitender Sachverhalt** liegt stets dann vor, wenn der Architekt mit Sitz im Inland Leistungenvom Inland aus grenzüberschreitend **für einen Leistungsempfänger in einem anderen Staat** erbringt. Dieser grenzüberschreitende Sachverhalt ist im Unterschied zu reinen Inlandsfällen unter dem Aspekt der Dienstleistungsfreiheit des Art. 56 AEUV relevant.

176 **Grenzüberschreitende Dienstleistungsvorgänge**, bei denen die Leistung grenzüberschreitend ohne Ortswechsel des Leistungserbringers und des Leistungsempfängers erfolgt (sog. **Korrespondenzdienstleistung oder Dienstleistungsexport**), werden nach der

[265] St. Rspr. des EuGH, vgl. zB EuGH, Urt. v. 4.12.2008 – C-330/07, Rn. 19, Slg. 2008, I-9099 = EuZW 2009, 46; EuGH, Urt. v. 15.1.2002 – C-439/99, Rn. 22, Slg. 2002, I-305, in juris dokumentiert; EuGH, Urt. v. 20.2.2001 – C 205/99, Rn. 21, Slg. 2001, I-1271, in juris dokumentiert; vgl. hierzu *Müller-Graf* in Streinz, EUV/AEUV, 2. Aufl. 2012 Art. 56 AEUV Rn. 70, 85 bis 88 sowie *Randelshofer/Forsthoff* in Grabitz/Nettesheim, Das Recht der Europäischen Union, 53. Ergänzungslieferung 2014, Art. 57 AEUV Rn. 100f.; *Herresthal* in Schachter, Ohler (Hrsg.), Europäische Dienstleistungsrichtlinie, 1. Aufl. 2008 Art. 19 Rn. 1 bis 5.

[266] *Müller-Graf* in Streinz, EUV/AEUV, 2. Aufl. 2012 Art. 56 AEUV Rn. 43; *Herresthal* in Schachter, Ohler (Hrsg.), Europäische Dienstleistungsrichtlinie, 1. Aufl. 2008 Art. 19 Rn. 2; *Randelshofer/Forsthoff* in Grabitz/Nettesheim, Das Recht der Europäischen Union, 53. Ergänzungslieferung 2014, Art. 57 AEUV Rn. 71.

[267] *Epiney* in Callies/Ruffert, EuV/AEUV, 4. Aufl. 2011, Art. 18 AEUV Rn. 28, 31 mit Nachw. der Rspr. des EuGH in Fn. 87; *Streinz* in Streinz, EUV/AEUV, 2. Aufl. 2012, Art. 18 AEUV Rn. 62 mit Nachw. der Rspr. des EuGH in Fn. 207.

[268] Vgl. die Nachw. Fn. 267 sowie *Müller-Graf* in Streinz, EUV/AEUV, 2. Aufl. 2012 Art. 56 AEUV Rn. 71.

[269] *Epiney* in Callies/Ruffert, EuV/AEUV, 4. Aufl. 2011, Art. 18 AEUV Rn. 31 mit Nachw. der Rspr. des EuGH in Fn. 87; *Streinz* in Streinz, EUV/AEUV, 2. Aufl. 2012, Art. 18 AEUV Rn. 62 mit Nachw. der Rspr. des EuGH in Fn. 207.

[270] *Streinz* in Streinz, EUV/AEUV, 2. Aufl. 2012, Art. 18 AEUV Rn. 64.

ständigen Rechtsprechung des EuGH ebenfalls von der Dienstleistungsfreiheit, des Art. 56 AEUV erfasst.[271]

Damit unterliegen **beschränkende Regelungen der Korrespondenzdienstleistung** durch den Staates, von dessen Gebiet die Leistungen erbracht werden sollen, dem **Beschränkungsverbot der Dienstleistungsfreiheit**, wenn sie geeignet sind, spezifisch den Zugang von Dienstleistungen zum Markt eines anderen Mitgliedstaats zu behindern.[272] Für die **Anforderungen an die Zulässigkeit von Beschränkungen von Korrespondenzdienstleistungen** durch den Staat, von dessen Gebiet die Dienstleistung erbracht werden soll (sog. Herkunftsstaat) sind die vom EuGH entwickelten Grundsätze zur primären Dienstleistungsfreiheit des Art. 56 AEUV maßgeblich. Die Regelungen des Art. 16 Abs. 1 und 3 der Dienstleistungsrichtlinie[273] sind nicht anwendbar, weil der Dienstleistungsexport von den genannten Regelungen nicht erfasst wird.[274] 177

Relevante Beschränkungen sind nach der Rechtsprechung des EuGH alle Maßnahmen, die die Ausübung der Dienstleistungsfreiheit „unterbinden, behindern oder weniger attraktiv machen"[275]. 178

Der Leistungserbringer kann sich nach der ständigen Rechtsprechung des EuGH[276] gegenüber seinem Staat, in dem er seinen Sitz hat, für eine Korrespondenzdienstleistung auf die Freiheit des Dienstleistungsverkehrs berufen.[277] 179

Die **Regelungen der HOAI**, insbesondere die Mindestsatzregelung,sind **Beschränkungen der Dienstleistungsfreiheit**, weil sie in die **Privatautonomie** und die **Wettbewerbsfreiheit** der Architekten eingreifen. Der EuGH hat in seinem Urteil zu den staatlich festgesetzten Mindesthonoraren für Rechtsanwälte entschieden, dass diese Regelung Beschränkungen der Dienstleistungsfreiheit sind.[278] In Art. 15 Abs. 1 lit. g der Dienstleistungsrichtlinie[279] werden für den Dienstleistungserbringer festgesetzte Mindest- und Höchstsätze als Beschränkungen genannt, deren Rechtfertigung von den Mitgliedstaaten überprüft werden müssen. 180

Vor allem die **Mindestsatzregelung** behindert den Architekten mit Sitz im Inland an der Ausübung seiner Dienstleistungsfreiheit, weil er im Unterschied zu einem EU-Ausländer durch die Bindung an die HOAI im Wettbewerb benachteiligt wird. Eine derartige **Behinderung der Korrespondenzdienstleistung** ist nur unter der Voraussetzung gerechtfertigt, dass sie zwingenden Allgemeininteressen dienen, geeignet, erforderlich und verhältnismäßig sind. 181

---

[271] *Kluth* in Callies/Ruffert, EuV/AEUV, 4. Aufl. 2011, Art. 57 AEUV Rn. 32; *Müller-Graf* in Streinz, EUV/AEUV, 2. Aufl. 2012 Art. 56 AEUV Rn. 33, 40 f., 71; *Randelshofer/Forsthoff* in Grabitz/Nettesheim, Das Recht der Europäischen Union, 53. Ergänzungslieferung 2014, Art. 57 AEUV Rn. 165 bis 167 jeweilsmit Nachw. der Rspr. des EuGH.

[272] *Müller-Graf* in Streinz, EUV/AEUV, 2. Aufl. 2012 Art. 56 AEUV Rn. 96; *Randelshofer/Forsthoff* in Grabitz/Nettesheim, Das Recht der Europäischen Union, 53. Ergänzungslieferung 2014, Art. 57 AEUV Rn. 164.

[273] Vgl. den Nachw. in Fn. 254.

[274] *Müller-Graf* in Streinz, EUV/AEUV, 2. Aufl. 2012 Art. 56 AEUV Rn. 14, 95.

[275] St. Rspr. des EuGH, vgl. zB EuGH, Urt. v. 4.12.2008 – C-330/07, Rn. 19, Slg. 2008, I-9099 = EuZW 2009, 46; EuGH, Urt. v. 15.1.2002 – C-439/99, Rn. 22, Slg. 2002, I-305, in juris dokumentiert; EuGH, Urt. v. 20.2.2001 – C 205/99, Rn. 21, Slg. 2001, I-1271, in juris dokumentiert; vgl. hierzu *Müller-Graf* in Streinz, EUV/AEUV, 2. Aufl. 2012 Art. 56 AEUV Rn. 70, 85 bis 88 sowie *Randelshofer/Forsthoff* in Grabitz/Nettesheim, Das Recht der Europäischen Union, 53. Ergänzungslieferung 2014, Art. 57 AEUV Rn. 100 f.

[276] EuGH, Urt. v. 29.4.1999 – C-224/97, Rn. 11, Slg. 1999, I-2517 = NJW 1999, 2355; EuGH, Urt. v. 17.6.1997 – C-70/95, Rn. 37, Slg. 1997, I-3395 = EuZW 1998, 124; EuGH, Urt. v. 10.5.1995 – C-384/93, Rn. 30, Slg. 1995, I-1141 = NJW 1995, 2541.

[277] *Müller-Graf* in Streinz, EUV/AEUV, 2. Aufl. 2012 Art. 56 AEUV Rn. 95.

[278] EuGH, Urt. v. 5.12.2006 – C-94/04, C-202/04, Slg. 2006, I-11421 = NJW 2007, 281.

[279] Vgl. den Nachw. in Fn. 254.

182 Die **zwingenden Allgemeininteressen** sind durch das EU-Recht nicht definiert und nicht begrenzt.[280] Der EuGH hat in einer umfangreichen Kasuistik einzelne Schutzgüter und Interessen als Allgemeininteressen anerkannt.[281] Entsprechendes gilt für die Kriterien der **Eignung, Erforderlichkeit und Verhältnismäßigkeit**.[282]

183 **d) Die Rechtsfolgen.** Die Regelungen der HOAI, insbesondere die Regelung der Mindestsätze, können in grenzüberschreitenden Verträgen gemäß Art. 9 Abs. 2 Rom I-VO nur durchgesetzt werden, wenn sie als Beschränkungen der Dienstleistungsfreiheit nach den vom EuGH entwickelten Grundsätzen zur **Rechtfertigung von Beschränkungen** gerechtfertigt werden können. Falls eine Rechtfertigung nicht möglich sein sollte, würden die Regelungen dem Beschränkungsverbot der Dienstleistungsfreiheitunterliegen, sie dürften nicht angewandt werden.

184 Die Frage, ob die Beschränkung der Dienstleistungsfreiheit des Leistungserbringers durch die HOAI gerechtfertigt werden kann, ist nach wie vor ungeklärt.[283] Eine abschließende Klärung kann nur im Vorabentscheidungsverfahren[284] erfolgen, wenn ein deutsches Gericht die Frage dem EuGH gemäß Art. 267 AEUV zur Entscheidung vorlegt. Etwaige Meinungen von Autoren, Kommentatoren oder Interessenvertretern sowie etwaige Entscheidungen deutscher Gerichte sind irrelevant, weil der **EuGH** hinsichtlich der Auslegung des Unions-Recht ein **Auslegungsmonopol** hat.[285]

185 Entgegen der Behauptung von *Koeble* hat weder das BVerfG noch der 7. Zivilsenat des Bau die Frage entschieden, ob die HOAI als Beschränkung der Dienstleistungsfreiheit gerechtfertigt ist. Die zitierte Entscheidung des BVerfG[286] befasst sich mit der Frage, ob die Regeln der Mindestsätze mit der Berufsfreiheit des Art. 12 Abs. 1 GG vereinbar ist. Der Nichtannahmebeschluss des 7. Zivilsenat[287] des BGH betrifft die Nichtzulassung der Revision gegen ein Urteil des OLG Köln[288]. Das OLG hatte in Übereinstimmung mit der Rechtsprechung des EuGH entschieden, dass die Anwendung der primären Dienstleistungsfreiheit des Art. 49 EVG (Art. 56 AEUV) einen Sachverhalt voraussetzt, der einen grenzüberschreitenden Bezug zu einem anderen Mitgliedstaat aufweist. Diese Voraussetzung lag nicht vor.

X. Rechtsdurchsetzung

1. Einleitung

186 Die **Durchsetzung** von Ansprüchen aus Planerverträgen und die **Vollstreckung** von gerichtlichen Entscheidungen richten sich aufgrund der Rechtsvereinheitlichung durch Rechtsakte der EU weitgehend nach dem **Recht der EU.** Die Regelungen des nationalen Rechts über die internationale **Entscheidungszuständigkeit** der Gerichte in grenzüber-

---

280 *Müller-Graf* in Streinz, EUV/AEUV, 2. Aufl. 2012 Art. 56 AEUV Rn. 106.

281 *Müller-Graf* in Streinz, EUV/AEUV, 2. Aufl. 2012 Art. 56 AEUV Rn. 106 bis 108 m. Nachw. der Rspr. des EuGH.

282 *Müller-Graf* in Streinz, EUV/AEUV, 2. Aufl. 2012 Art. 56 AEUV Rn. 109 bis 114 m. Nachw. der Rspr. des EuGH.

283 A. A. *Koeble,* Kommentar zur HOAI, 12. Aufl. 2014, § 1 HOAI Rn. 39 f. Die Anwendbarkeit der primären Dienstleistungsfreiheit des Art. 56 AEUV auf den Dienstleistungsexport und damit auf grenzüberschreitende Verträge wird von *Koeble* nicht berücksichtigt.

284 Vgl. zu diesem Verfahren zB die Kommentierung von *Ehrike* in Streinz/AEUV, 2. Aufl. 2012, Art. 267 AEUV sowie von *Wegener* in Calliess/Ruffert, EUV/AEUV, 4. Aufl. 2011, Art. 267 AEUV.

285 *Ehricke* in Streinz, EUV/AEUV, 2. Aufl. 2012, Art. 267 AEUV Rn. 1; *Wegener* in Calliess/Ruffert, EUV/AEUV, 4. Aufl. 2011, Art. 267 AEUV Rn. 1.

286 BVerfG, Beschl. v. 29.9.2005 – 1 BvR 82/03, NJW 2006, 495.

287 BGH, Beschl. v. 27.9.2006 – VII ZR 11/06, in juris dokumentiert.

288 OLG Köln, Urt. v. 16.12.2005 – 20 U 204/03, BauR 2007, 132.

schreitenden Zivilprozessen[289] und die **Anerkennung und Vollstreckung** ausländischer gerichtlicher Entscheidungen[290] sowie die entsprechenden Regelungen völkerrechtlicher Verträge sind nur noch für die seltenen Fälle von Bedeutung, die nicht unter die EU-Regelungen fallen.[291]

Für Planerverträge sind wie auch für Bauverträge die folgende (EG) Verordnung von besonderer Bedeutung: In allen Mitgliedstaaten der EU mit Ausnahme Dänemarks gilt unmittelbar die Verordnung (EG) Nr. 44/2001 über die gerichtliche Zuständigkeit und die Anerkennung und Vollstreckung von Entscheidungen in Zivil- und Handelssachen (zukünftig: EuGVO).[292] Die EuGVO gilt für Dänemark ist aufgrund eines völkerrechtlichen Vertrages[293], der am 1 Juli 2007[294] in Kraft getreten ist. Die EuGVO ist durch die VO (EU) Nr. 1215/2012 des Europäischen Parlamentes und des Rates vom 12.12.2012 über die gerichtliche Zuständigkeit und die Anerkennung und Vollstreckung von Entscheidungen in Zivil- und Handelssachen (zukünftig: EuGVO n. F.) neu gefasst worden.[295] Sie gilt ab dem 10.1.2015 (Art. 81 S. 2 EuGVO n. F.). Für die Anwendbarkeit ist der Zeitpunkt maßgeblich, zu dem eine Klage erhoben worden ist (Art. 66 Abs. 1 EuGVO n. F.). 187

Im Verhältnis der EU-Mitgliedstaaten und Island, Norwegen und der Schweiz richtet sich internationale gerichtliche Zuständigkeit und die Anerkennung und Vollstreckung von Entscheidungen in Zivil- und Handelssachen nach dem Luganer Übereinkommen vom 16. Semptember 1988 (LugÜ)[296]. Das Verhältnis der EuGVO und des LugÜ zueinander ist geregelt in Art 68 EuGVO und in den Art. 54 b, 57 LugÜ.[297] In den Mitgliedstaaten der EU sind für die internationale Zuständigkeit die Regelungen der EuGVO maßgeblich, in Island, Norwegen und der Schweiz die Regelungen des LugÜ. Urteile aus EU-Mitgliedstaaten werden in allen Mitgliedstaaten nach den Regeln der EuGVO anerkannt und vollstreckt, Urteile aus Island, Norwegen und der Schweiz in der EU nach den Bestimmungen des LugÜ. 188

Die Regelungen der EuGVO werden für alle EU-Mitgliedstaaten mit Ausnahme Dänemarks ergänzt durch folgende Verordnungen: Verordnung (EG) Nr. 805/2004 des Europäischen Parlaments und des Rates vom 21. April 2004 zur Einführung eines europäischen Vollstreckungstitels für unbestrittene Forderungen (EuVTVO)[298]; Verordnung (EG) Nr. 1896/2006 des Europäischen Parlaments und des Rates vom 12. Dezember 2006 zur Einführung eines Europäischen Mahnverfahrens (EuMahnVO)[299] sowie die Verordnung (EG) Nr. 861/2007 des Europäischen Parlaments und des Rates vom 11. Juli 2007 zur Einführung eines europäischen Verfahrens für geringfügige Forderungen (Bagatell-VO)[300] 189

---

289 Die Regelungen der §§ 12 ff. ZPO zur örtlichen Zuständigkeit gelten entsprechend für die internationale Zuständigkeit.

290 Die ZPO sieht ein Urteilsanerkennungsverfahren (§ 328 ZPO) und eine Vollstreckbarkeitserklärung anerkannter ausländischer Titel (§§ 722 f. ZPO) vor.

291 *Freitag* in Messerschmidt/Voit, Privates Baurecht, 2. Aufl. 2012, I. Teil, P Rn. 82.

292 Die Verordnung wird als EuGVO, EuGVVO oder Brüssel I-VO bezeichnet.

293 ABl. 2005 L 300/55.

294 ABl. 2007 L 94/70.

295 ABl. EU 2012 L 351/1; zu den in der Neufassung geänderten Vorschriften vgl. *Hein*, Die Neufassung der Europäischen Gerichtsstands- und Vollstreckungsverordnung (EuGVVO), RIW 2013, 97; Die erforderlichen nationalen Vorschriften zur Durchführung der EuGVO n. F. sind geregelt durch das Gesetz zur Durchführung der Verordnung (EU) Nr.1215/2012 sowie zur Änderung sonstiger Vorschriften vom 8.7.2014, BGBl. I 2014 Nr. 29.

296 BGBl. 1994 II, 846.

297 Näheres hierzu *Staudinger* in Rauscher EuZPR/EuIPR Einl. LugÜ. 2007 Rn. 13.

298 ABl. 2004 L 143/15.

299 ABl. 2006 L 399/1.

300 ABl. 2007 L 199/1.

2. Internationale Zuständigkeit nach EuGVO und LugÜ

190 Die Regelungen der beiden Instrumente werden gemeinsam dargestellt, ihre Regelungen sind weitgehend identisch oder sehr ähnlich.[301] Die den Regelungen der EuGVO entsprechenden Vorschriften der EuGVO n. F.[302] werden jeweils in Fußnoten nachgewiesen.[303] Die EuGVO n. F. enthält hinsichtlich der Regelungen der internationalen Zuständigkeiten lediglich eine Änderung der Regelung der Gerichtsstandsvereinbarung (Art. 25 n. F.).[304] Auf die Darstellung des autonomen deutschen Rechts der internationalen Zuständigkeit (§§ 12 ff. ZPO) und der Anerkennung (§ 328 ZPO) sowie Vollstreckung ausländischer Entscheidungen (§§ 722 f. ZPO) wird verzichtet.

191 **a) Der Anwendungsbereich.** EuGVO und LugÜ sind gemäß ihrem Art. 1 Abs. 1 Satz 1[305] sachlich auf **Zivil- und Handelssachen** und damit auf Ansprüche aus privaten Bau- und Planerverträgen anwendbar. Nach ihren Art. 2 bis 4[306] setzen sie voraus, dass der Beklagte seinen Wohnsitz in einem Mitgliedstaat hat (Art. 4 Abs. 1 EuGVO/LugÜ[307]).

192 Der Wohnsitz einer natürlichen Person richtet sich nach dem materiellen Recht, das nach dem IPR des angerufenen Gerichts berufen ist (Art. 60 EuGVO[308], Art. 53 LugÜ). In Verfahren in Deutschland richtet sich der Wohnsitz nach § 7 BGB.[309] Gesellschaften und juristische Personen haben Ihren Sitz sowohl an ihrem satzungsmäßigen Sitz als auch am Sitz ihrer Hauptverwaltung als auch am Ort ihrer Hauptniederlassung (Art. 60 EuGVO[310] ; Art. 53 LugÜ).

193 Beide Instrumente sind maßgeblich,unabhängig vom Wohnsitz des Beklagten in einem der Mitgliedstaaten, wenn einer der ausschließlichen Gerichtsstände des Art. 22 EuGVO[311] bzw. des Art. 16 LugÜ gegeben ist[312], oder eine wirksame Gerichtsstandsvereinbarung gemäß Art. 23 EuGVO[313] bzw. Art. 17 LugÜ vorliegt.

194 **b) Gerichtsstandsvereinbarungen (Art. 23 EuGVO, Art. 17 LugÜ).** Gerichtsstandsvereinbarungen zählen neben den Rechtswahlvereinbarungen zu den wichtigsten Elementen grenzüberschreitender Planerverträge.[314] Im Unterschied zum deutschen Recht (§ 38 ZPO) unterscheiden Art. 23 EuGVO und Art. 17 LugÜ nicht zwischen Kaufleuten und Privatpersonen. Die §§ 38, 40 ZPO werden durch eine nach Art. 23 EuGVO und Art. 17 LugÜ verdrängt.

195 Art. 23 EuGVO und Art. 17 LugÜ eröffnen den Vertragsparteien die **internationale Zuständigkeit durch Gerichtsstandsvereinbarungen** frei zu gestalten.[315] Für Verbrau-

---

[301] Die Nummerierung folgt der Nummerierung des LugÜ 1988, die Neufassung des LugÜ 2007 enthält hinsichtlich der Zuständigkeitsregelungen keine relevanten Änderungen, vgl. *Staudinger* in Rauscher EuZPR/EuIPR Einl. LugÜ 2007 Rn. 21 ff.

[302] Vgl. → Rn. 187.

[303] Eine Synopse der Regelungen beider Versionen enthält der Anhang III der EuGVO n. F.

[304] Vgl. unten → Rn. 202.

[305] Art. 1 S. 1 EuGVO n. F.

[306] Art. 4-6 EuGVO n. F.

[307] Art. 6 Abs. 1 EuGVO n. F.

[308] Art. 63 EuGVO n. F.

[309] *Sonnenberger* in MüKoBGB, 5. Aufl. 2010, Einl. IPR vor Art. 3 EGBGB Rn. 436 ff.

[310] Art. 63 EuGVO n. F.

[311] Art. 24 EuGVO n. F.

[312] Vgl. unten → Rn. 247 ff.

[313] Art. 25 EuGVO n. F.

[314] Zur Bedeutung einer Gerichtsstandsvereinbarung in einem internationalen Bauvertrag vgl. etwa OLG Saarbrücken, Urt. v. 18.10.2011 – 4 U 548/10 – 170, 4 U 548/10, in juris dokumentiert mit Anm. *Thode* jurisPR-PrivBauR 5/2012 Anm. 1.

[315] Beispiele zu inhaltlichen Gestaltungsmöglichkeiten bei *Freitag* in Messerschmidt/Voit, Privates Baurecht, 2. Aufl. 2012, I. Teil P Rn. 89 und *Gottwald* in MüKoZPO Art. 23 EuGVO Rn. 67.

cherverträge sehen die Art. 17 EuGVO[316] und Art. 15 LugÜ Einschränkungen zugunsten der Verbraucher vor.[317].

196 Begründen die Vertragsparteien die Zuständigkeit durch eine Gerichtsstandsvereinbarung, dann ist das **vereinbarte Gericht** ausschließlich zuständig, wenn die Parteien nichts anderes vereinbart haben. Die Vereinbarung einer ausschließlichen Zuständigkeit schließt alle anderen Zuständigkeiten aus.[318]

197 Verweist die Gerichtsstandsvereinbarung pauschal auf die Gerichte eines Staates, dann sind für die Bestimmung der **örtlichen Zuständigkeit** die Verfahrensregeln des benannten Staates maßgeblich.[319]

198 Gerichtsstandsvereinbarungen, die ohne nähere Bestimmung auf Rechtsstreitigkeiten aus einem Vertrag verweisen, erstrecken sich auf vertragliche Primär- und Sekundäransprüche, konkurrierende deliktische undbereicherungsrechtliche Ansprüche sowie auf Streitigkeiten über die Wirksamkeit oder Unwirksamkeit des Vertrages.[320]

199 Art. 23 EuGVO und Art. 17 LugÜ regeln abschließend die **Zulässigkeit und die Form** von Gerichtsstandsvereinbarungen.[321] Erforderlich ist eine **Einigung der Parteien** auf eine bestehende oder zukünftige Rechtsstreitigkeit Die vertragsrechtlichen Voraussetzungen einer Gerichtsstandsvereinbarung richten sich nachdem Recht, das aus der Sicht des angerufenen Gerichts für den Vertrag berufen ist. Das gilt ebenfalls für die Frage der Rechts- und Geschäftsfähigkeit sowie der Wirksamkeit einer Vertretung.[322]

200 **Gerichtsstandsklauseln in AGB** unterliegen keiner Einbeziehungs- und Inhaltskontrolle nach irgendeinem nationalen Recht.[323] Eine Kontrolle nach den §§ 307 ff. BGB durch deutsche Gerichte ist unzulässig. Für **Verbraucherverträge** hat der EuGH entschieden, dass das angerufene Gericht Gerichtsstandsklauseln in AGB von Amts wegen an Hand der Vorgaben der Klauselrichtlinie 93/13/EWG[324] überprüfen und ggf. deren Unwirksamkeit feststellen muss.[325]

201 Der maßgebliche Zeitpunkt für das Vorliegen der Anwendungsvoraussetzungen des Art. 23 EuGVO und des Art. 17 LugÜ ist der **Zeitpunkt der Klageerhebung.**[326] Umstritten ist, ob es ausreicht, wenn die Anwendungsvoraussetzungen zum Zeitpunkt des Abschlusses der Gerichtsstandsvereinbarung vorlagen und nachträglich entfallen sind.[327]

---

[316] Art. 19 EuGVO n. F.

[317] Vgl. unten → Rn. 220 ff.

[318] *Stadler* in Musielak ZPO Art. 23 VO (EG) 44/2001 Rn. 1.

[319] *Freitag* in Messerschmidt/Voit, Privates Baurecht, 2. Aufl. 2012, I. Teil P Rn. 89; *Gottwald* in MüKoZPO Art. 23 EuGVO Rn. 68.

[320] *Freitag* in Messerschmidt/Voit, Privates Baurecht, 2. Aufl. 2012, I. Teil P Rn. 89; *Gottwald* in MüKoZPO Art. 23 EuGVO Rn. 64 f.; *Hein* in Rauscher EuZPR/EuIPR Art. 23 Brüssel I-VO Rn. 62 f.

[321] *Freitag* in Messerschmidt/Voit, Privates Baurecht, 2. Aufl. 2012, I. Teil P Rn. 90; *Mankowski* in Rauscher EuZPR/EuIPR Art. 23 Brüssel I-VO Rn. 10 ff.

[322] Ausführlich dazu *Mankowski* in Rauscher EuZPR/EuIPR Art. 23 Brüssel I-VO Rn. 41 ff. mwN.

[323] Nahezu einhellige Meinung in Rspr. und Lit. vgl., *Hausmann* in Reithmann/Martiny, Internationales Vertragsrecht, 7. Aufl. 2010, Rn. 6391 mit umfangreichen Nachw. der Lit. und der Rspr.; *Mankowski* in Rauscher EuZPR/EuIPR Art. 23 Brüssel I-VO Rn. 12 mwN; *Stadler* in Musielak ZPO Art. 23 VO (EG) 44/2001 Rn. 1, 3 mwN zum Meinungsstand.

[324] Richtlinie 93/13/EWG des Rates vom 5. April 1993 über missbräuchliche Klauseln in Verbraucherverträgen, ABl. L 95 vom 21.4.1993, S. 29 bis 34, umgesetzt in deutsches Recht durch § 310 Abs. 2 BGB.

[325] EuGH, Urt. v. 4.6.2009 – C-243/08, NJW 2009, 2367 = EuZW 2009, 503, 504.

[326] EuGH, Urt. v. 13.11.1979 – Rs. 25/79, Slg. 1979, 3423, 3429 f = RIW 1980, 285: *Hausmann* in Reithmann/Martiny, Internationales Vertragsrecht, 7. Aufl. 2010, Rn. 6379; *Mankowski* in Rauscher EuZPR/EuIPR Art. 23 Brüssel I-VO Rn. 9b f.

[327] Zum Meinungsstand vgl. iE *Hausmann* in Reithmann/Martiny, Internationales Vertragsrecht, 7. Aufl. 2010, Rn. 6379; *Mankowski* in Rauscher EuZPR/EuIPR Art. 23 Brüssel I-VO Rn. 9b f.

202 Eine **Voraussetzung für eine Gerichtsstandsvereinbarung** ist nach beiden Regelungen, dass zumindest eine Partei ihren Wohnsitz[328] in einem der Mitgliedstaaten hat. Eine weitere Voraussetzung ist die Prorogation eines mitgliedstaatlichen Gerichts. Nach Art. 25 EuGVO n. F. ist eine Gerichtsstandsvereinbarung auch dann nach dieser Vorschrift zu beurteilen, wenn die Parteien ihren Wohnsitz in einem Drittstaat haben und wenn sie die Zuständigkeit eines Gerichts oder der Gerichte eines Mitgliedstaates vereinbaren.

203 Umstritten ist, ob der Sachverhalt neben den beiden Voraussetzungen als weitere Voraussetzung einen weiteren **Bezug zu einem EU-Mitgliedstaat** haben muss. Die Rechtsprechung der deutschen Gerichte hat ein derartiges ungeschriebenes Tatbestandsmerkmal bejaht.[329] Nach zutreffender Ansicht ist ein weiterer Bezug zu einem EU-Mitgliedstaat keine Anwendungsvoraussetzung des Art. 23 EuGVO und des Art. 17 LugÜ.[330]

204 Vereinbaren die Parteien mit Wohnsitz in demselben Mitgliedstaat eine Zuständigkeit eines Gerichts eines anderen Mitgliedstaates, dann sind Art. 23 EuGVO und Art 17 LugÜ auf die Gerichtsstandsvereinbarung jedenfalls dann anwendbar, wenn zusätzlich ein Bezug zu einem anderen Mitgliedstaat besteht, wie beispielsweise eine grenzüberschreitende Vertragsleistung.[331] Die Vereinbarung eines Gerichtsstandes in einem anderen Mitgliedstaat begründet allein keinen hinreichenden Auslandsbezug.[332]

205 Die **Formerfordernisse** des Art. 23 Abs. 1 lit. a–c EuGVO (Art. 17 Abs. 1 lit. a–c LugÜ) sind Wirksamkeitsvoraussetzungen. Es genügt für die Wirksamkeit, dass eines der Formerfordernisse erfüllt ist. Formerfordernisse des nationalen Rechts sind nicht anwendbar, sie werden verdrängt.[333]

206 Für eine **schriftliche Vereinbarung** im Sinne der lit. a erste Variante ist es erforderlich, das beide Parteien ihren Willen schriftlich geäußert haben. Im Unterschied zu § 126 Abs. 2 BGB genügt es, wenn die Unterschriften auf getrennten Schriftstücken erfolgen und wenn sich die Übereinstimmung beider Erklärungen aus den Schriftstücken ergibt.[334] Briefwechsel oder der Austausch von Fernschreiben ist ausreichend, wenn der Schriftverkehr die Unterschriften beider Parteien unter die Gerichtsstandsvereinbarung enthält.

207 **Gerichtsstandsvereinbarungen per E-Mail** genügen dem Formerfordernis der Schriftlichkeit, wenn die Möglichkeit der Speicherung oder des Ausdrucks besteht(-Art. 23 Abs. 2 EuGVO).[335]

208 Ist die **Gerichtsstandsvereinbarung in AGB** enthalten, dann genügt die Übergabe oder Beifügung der AGB nicht.[336] Nicht ausreichend ist es, wenn der Text der übergebenen AGB nur von einer Partei unterschrieben worden ist. Der Abdruck der AGB, die eine Gerichtsstandsklausel enthalten, genügt nur, wenn der Verwender in dem schriftlichen

---

328 Zu den Voraussetzungen eines Wohnsitzes vgl. oben → Rn. 189.

329 *Mankowski* in Rauscher EuZPR/EuIPR Art. 23 Brüssel I-VO Rn. 4 und *Stadler* in Musielak ZPO Art. 23 VO (EG) 44/2001 Rn. 2, jeweilsmN der Rspr.

330 *Hausmann* in Reithmann/Martiny, Internationales Vertragsrecht, 7. Aufl. 2010, Rn. 6376 ff.; *Mankowski* in Rauscher EuZPR/EuIPR Art. 23 Brüssel I-VO Rn. 4 ff.

331 *Hausmann* in Reithmann/Martiny, Internationales Vertragsrecht, 7. Aufl. 2010, Rn. 6374; *Mankowski* in Rauscher EuZPR/EuIPR Art. 23 Brüssel I-VO Rn. 4 ff.; OLG Saarbrücken, Urt. v. 18.10.2011 – 4 U 548/10 – 170, 4 U 548/10, in juris dokumentiert mit Anm. *Thode* jurisPR-PrivBauR 5/2012 Anm. 1.

332 *Mankowski* in Rauscher EuZPR/EuIPR Art. 23 Brüssel I-VO Rn. 6b; aA *Hausmann* in Reithmann/Martiny, Internationales Vertragsrecht, 7. Aufl. 2010, Rn. 6376.

333 *Mankowski* in Rauscher EuZPR/EuIPR Art. 23 Brüssel I-VO Rn. 14; *Stadler* in Musielak ZPO Art. 23 VO (EG) 44/2001 Rn. 6.

334 *Hausmann* in Reithmann/Martiny, Internationales Vertragsrecht, 7. Aufl. 2010, Rn. 6434; *Mankowski* in Rauscher EuZPR/EuIPR Art. 23 Brüssel I-VO Rn. 15; *Stadler* in Musielak ZPO Art. 23 VO (EG) 44/2001 Rn. 7.

335 *Hausmann* in Reithmann/Martiny, Internationales Vertragsrecht, 7 Aufl. 2010, Rn. 6434, 6443*Mankowski* in Rauscher EuZPR/EuIPR Art. 23 Brüssel I-VO Rn. 15a.

336 *Mankowski* in Rauscher EuZPR/EuIPR Art. 23 Brüssel I-VO Rn. 16 f.; *Stadler* in Musielak ZPO Art. 23 VO (EG) 44/2001 Rn. 7.

Vertrag auf die AGB verweist. Wird der Vertrag nicht in einer Urkunde verkörpert, dann müssen die beiden korrespondierenden Urkunden, die jeweils von einer Partei unterschrieben worden sind, auf die AGB verweisen.[337]

Eine **mündliche Gerichtsstandsvereinbarung** genügt nach lit. a 2. Alternative, wenn diese Vereinbarung später von einer Partei bestätigt wurde. Diese Möglichkeit ist für die Praxis der Planerverträge von geringer Bedeutung.[338] 209

Die beiden Formvoraussetzungen der lit. b und c. kommen für den Abschluss von **Gerichtsstandsvereinbarungen in Planerverträgen** kaum in Betracht. Nach lit. b genügt jede Form, die den zwischen den Parteien aufgrund langer Geschäftsbeziehungen entstandenen Gepflogenheiten entspricht.[339] Lit. c bestimmt im internationalen Handel die Form als hinreichend, die einem Handelsbrauch entspricht, den die Parteien kannten oder kennen mussten und den die Parteien von Verträgen dieser Art in dem betreffenden Geschäftszweig allgemein anerkennen und regelmäßig beachten.[340] 210

Gerichtsstandsvereinbarungen in Verbraucherverträgen unterliegen Einschränkungen zugunsten der Verbraucher (Art. 17 EuGVO[341]/Art. 17 LugÜ). Gerichtsstandsvereinbarungen in Verbraucherverträgen sind nur wirksam, wenn sie dem Verbraucher zusätzliche Gerichtsstände zur Wahl stellen (Nr. 1), wenn sie nach der Entstehung der Streitigkeit getroffen werden (Nr. 2) oder wenn der Verbraucher und sein Vertragspartner, die zum Zeitpunkt des Vertragsabschlusses ihren Wohnsitz oder gewöhnlichen Aufenthalt in demselben Mitgliedstaat haben, die Zuständigkeit der Gerichte dieses Mitgliedstaates begründen, falls das Recht des vereinbarten Gerichts derartige Vereinbarungen zulässt Nr. 3). Das deutsche Verfahrensrecht sieht in § 38 Abs. 3 Nr. 2 ZPO derartige Vereinbarungen vor. 211

c) Allgemeiner Gerichtsstand (Art. 2 EuGVO/LugÜ). Der allgemeine Gerichtsstand gem. Art. 2 EuGVO (Art. 2 LugÜ)[342] ist am **Wohnsitz**[343] **des Beklagten** in einem Mitgliedstaat eröffnet. Für den **Sitz von Gesellschaften** und juristische Personen sind die in Art. 60 EuGVO[344] (Art. 53 LugÜ) geregelten Tatbestände[345] maßgeblich. Im allgemeinen Gerichtsstand kann der Kläger im Unterschied zu den besonderen Gerichtsständen des Art. 5 EuGVO[346] beliebige Ansprüche geltend machen. 212

Der allgemeine Gerichtsstand ist nicht eröffnet, wenn ein **ausschließlicher Gerichtsstand** nach Art. 22 EuGVO (Art. 16 LugÜ) geben ist oder wenn die Parteien diesen Gerichtsstand durch eine wirksame Gerichtsstandsvereinbarung nach Art. 23 EuGVO (Art. 17 LugÜ)[347] derogiert haben. 213

Vor anderen Gerichten als im allgemeinen Gerichtsstand kann der Beklagte mit Wohnsitz in einem Mitgliedstaat gemäß Art. 3 Abs. 1 EuGVO[348]/LugÜ nur verklagt werden, 214

337 Etwa OLG Saarbrücken, Urt. v. 18.10.2011 – 4 U 548/10 – 170, 4 U 548/10, in juris dokumentiert mit Anm. *Thode* jurisPR-PrivBauR 5/2012 Anm. 1; *Hausmann* in Reithmann/Martiny, Internationales Vertragsrecht, 7. Aufl. 2010, Rn. 6437 f.; *Mankowski* in Rauscher EuZPR/EuIPR Art. 23 Brüssel I-VO Rn. 16a; *Stadler* in Musielak ZPO Art. 23 VO (EG) 44/2001 Rn. 7.

338 Zu den komplexen Voraussetzungen vgl. iE *Hausmann* in Reithmann/Martiny, Internationales Vertragsrecht, 7. Aufl. 2010, Rn. 6444 bis 6451.

339 Ausführlich zu dieser Variante zB *Hausmann* in Reithmann/Martiny, Internationales Vertragsrecht, 7. Aufl. 2010, Rn. 6451 f.

340 *Hausmann* in Reithmann/Martiny, Internationales Vertragsrecht, 7. Aufl. 2010, Rn. 6453 bis 6464.

341 Art. 19 EuGVO n. F.

342 Art. 4 EuGVO n. F.

343 Zur Bestimmung des Wohnsitzes einer natürlichen Person vgl. oben → Rn. 192.

344 Art. 63 EuGVO n. F.

345 Vgl. dazu oben → Rn. 193.

346 Vgl. dazu unten → Rn. 218 ff; Art. 7 EuGVO n. F.

347 Zu den Gerichtsstandsvereinbarungen vgl. iE oben → Rn. 194 ff.

348 Art. 5 EuGVO n. F.

wenn ein **besonderer Gerichtsstand** nach den Art. 5 bis 24 EuGVO[349]/LugÜ besteht. Der Kläger kann zwischen dem allgemeinen Gerichtsstand und den besonderen Gerichtsständen wählen.

215 Hat der Beklagte keinen **Wohnsitz in einem Mitgliedstaat,** dann richtet sich die internationale Zuständigkeit gem. Art. 4 Abs.1 EuGVO[350]/LugÜ nach dem autonomen Recht des jeweiligen Mitgliedstaates. Die Gerichte sind ohne Rücksicht auf den Wohnsitz des Beklagten zuständig, wenn ihre ausschließliche Zuständigkeit nach Art. 22 EuGVO[351] (Art. 16 LugÜ) begründet ist. Für eine Zuständigkeitsvereinbarung genügt es, wenn eine der Parteien ihren Wohnsitz in einem Mitgliedstaat hat.

216 Die internationale Zuständigkeit ist zu dem **Zeitpunkt** begründet, zu dem die **Anhängigkeit** gegeben ist. Maßgeblich für die Bestimmung der Anhängigkeit ist das nationale Recht der lex fori.[352]

217 Die **örtliche Zuständigkeit** innerhalb des Wohnsitzstaates regelt das autonome Recht des angerufenen Gerichts.

218 **d) Besondere Gerichtsstände (Art. 5 EuGVO/LugÜ).** Art. 5 EuGVO[353]/LugÜ[354] regelt sieben **zusätzliche besondere Gerichtsstände,** der Kläger kann statt des allgemeinen Gerichtstandes einen der besonderen Gerichtsstände wählen. Die Regelungen des Art. 5 EuGVO/LugÜ regeln zusätzlich zur internationalen auch die örtliche Zuständigkeit. Die Regelungen der §§ 12 ff. ZPO sind nicht anwendbar.

219 Für Planerverträge sind der **Vertragsgerichtsstände** (Art. 5 Nr. 1) und der **Deliktsgerichtsstand** (Art. 5 Nr. 3) sowie die Verbrauchergerichtsstand der Art. 15 ff. EuGVO (Art. 13 ff. LugÜ) von Bedeutung. Grundlage für die Abgrenzung zwischen vertraglichen und deliktischen Ansprüchen sind nicht die einzelnen Rechtsordnungen der EU-Mitgliedstaaten, beide Begriffe sind gemeinschaftsautonom unter Beachtung der Systematik und Zielsetzung der EUGVVO auszulegen.[355] Die **Qualifizierung der Ansprüche** ist erforderlich, weil die Abrenzung des Vertragsgerichtstands zu dem Deliktgerichtsstand auf der Grundlage der jeweils mit der Klage verfolgten Ansprüche erfolgt. Nach der Rechtsprechung des EuGH kann ein Gericht, dass nach Art. 5 Nr. 3 EuGVVO zuständig ist, die Rechtssache nur unter deliktischen Gesichtspunkten entscheiden.[356] Den umgekehrten Fall hat der EuGH bisher nicht entschieden. Ein nach Art. 5 Nr. 1 EuGVVO für Vertragsfragen zuständige Gericht wird für deliktische Ansprüche nicht zuständig sein.[357]

220 *aa) Der Vertragsgerichtsstand.* Der in Art. 5 Nr. 1 EuGVO/LugÜ normierte **Gerichtsstand des Erfüllungsortes** ist neben dem allgemeinen Gerichtsstand des Beklagten der wichtigste Gerichtsstand für die Durchsetzung vertraglicher Ansprüche. Der Gerichtsstand des Erfüllungsortes ist für alle vertraglichen Ansprüche eröffnet. Neben vertraglichen **Primäransprüchen auf Erfüllung** fallen unter den Gerichtsstand des Erfüllungsortes **Sekundäransprüche** auf Schadensersatz wegen Nicht- oder Schlechtleistung, Ansprüche

---

[349] Art. 7 – 26 EuGVO n. F.

[350] Art. 6 EuGVO n. F.

[351] Art. 24 EuGVO n. F.

[352] *Gottwald* in MüKoZPO Art. 2 EuGVO Rn. 21; *Stadler* in Musielak ZPO Art. 2 VO (EG) 44/2001 Rn. 5.

[353] Art. 7 EuGVO n. F.

[354] Art. 7 EuGVO n. F.

[355] EuGH, Urt. v. 27.9.1988 – Rs. 189/87, Rn. 15, NJW 1988, 3088 m. Anm. *Geimer*; EuGH, Urt. v. 13.3.2014 – C-548/12, Rn. 17, 20 f., EuZW 2014, 383 m. Anm. *Sujeki* = NJW 2014, 1648; *Gottwald* in MüKoZPO Art. 5 EuGVO Rn. 4; *Leible* in Rauscher EuZPR/EuIPR Art. 5 Brüssel I-VO Rn. 14.

[356] EuGH, Urt. v. 27.9.1988 – Rs. 189/87, Rn. 19, NJW 1988, 3088 m. Anm. *Geimer, Gottwald* in MüKoZPO Art. 5 EuGVO Rn. 13; *Leible* in Rauscher EuZPR/EuIPR Art. 5 Brüssel I-VO Rn. 59.

[357] *Gottwald* in MüKoZPO Art. 5 EuGVO Rn. 13; *Leible* in Rauscher EuZPR/EuIPR Art. 5 Brüssel I-VO Rn. 59.

des Bestellers bei Mängeln einer Werkleistung (§ 634 BGB), Ansprüche aus Rücktritt, Leistungskondiktion oder aus Verletzung vertraglicher Pflichten (§§ 280 Abs. 1, 241 Abs. 2 BGB).[358] Ob deliktische Ansprüche, die mit vertraglichen Ansprüchen konkurrieren, im Vertragsgerichtsstand verfolgt werden können, ist umstritten und bisher durch den EuGH nicht entschieden.[359] Nach der Rechtsprechung des EuGH ist der Vertragsgerichtsstand für Ansprüche aus culpa in contrahendo nur eröffnet, wenn der Vertrag zustande gekommen ist und die verletzte Pflicht vertragsrechtlicher Natur ist.[360] Nicht erfasst werden Ansprüche aus Geschäftsführung ohne Auftrag[361] und der Rückgriffsanspruch des Bürgen[362].

Hinsichtlich der Definition des Begriffs des Erfüllungsortes unterscheiden sich die Regelung des Art. 5 Nr. 1 EuGVO und des Art. 5 Nr. 1 LugÜ. Nach Art. 5 Nr. 1 LugÜ ist der Erfüllungsort ausschließlich nach dem materiellen Recht zu bestimmen, das nach dem Kollisionsrecht des angerufenen Gerichts auf den Vertrag anzuwenden war.[363] 221

Art. 5 Nr. 1 EuGVO regelt zwei unterschiedliche Begriffe des Erfüllungsortes. Die Definition der Art. Nr. 1 lit. a entspricht der des Art. 5 Nr. 1 LugÜ. Art. 5 Nr. 1lit. b 2. Alternative. Die EuGVO enthält eine gegenüber Art. 5 Nr. 1 lit. a EuGVO vorrangige Sonderregelung für „Verträge über die Erbringung von Dienstleistungen".[364] 222

Planerverträge sind, wie auch Bauverträge, **Dienstleistungsverträge** im Sinne des Art. 5 Nr. 1 lit. b EuGVO.[365] Die Regelung der lit. b setzt voraus, dass der in lit. b bestimmte Erfüllungsort im Gebiet eines Mitgliedsstaates liegt. Fehlt es an dieser Voraussetzung, ist für die Bestimmung des Erfüllungsortes gemäß lit. c nach lit. a das Recht maßgeblich, das nach dem Kollisionsrecht des angerufenen Gerichts auf die streitige Verpflichtung anzuwenden ist.[366] 223

Art. 5 Nr. 1 lit. b EuGVO bestimmt, vorbehaltlich einer **Erfüllungsortvereinbarung**[367], einen einheitlichen Erfüllungsort und damit einen einheitlichen Gerichtsstand für alle aus dem Vertrag resultierenden Ansprüche, unabhängig von Parteirollen.[368] Maßgeblich ist der **Ort,** an dem die für den Vertrag **charakteristische Leistung** erbracht worden oder noch zu erbringen ist. Die charakteristische Leistung eines Planervertrages mit Architekten und Ingenieuren sind deren vertraglich geschuldeten Leistungen, wie Planungs- oder Überwachungsleistungen. 224

---

358 *Freitag* in Messerschmidt/Voit, Privates Baurecht, 2. Aufl. 2012, I. Teil, P Rn. 99; *Gottwald* in MüKoZPO Art. 5 EuGVO Rn. 4; *Stadler* in Musielak ZPO Art. 5 VO (EG) 44/2001 Rn. 2.

359 *Freitag* in Messerschmidt/Voit, Privates Baurecht, 2. Aufl. 2012, I. Teil, P Rn. 99; *Leible* in Rauscher EuZPR/EuIPR Art. 5 Brüssel I-VO Rn. 27; *Stadler* in Musielak ZPO Art. 5 VO (EG) 44/2001 Rn. 3, 5.

360 *Freitag* in Messerschmidt/Voit, Privates Baurecht, 2. Aufl. 2012, I. Teil, P Rn. 99; *Stadler* in Musielak ZPO Art. 5 VO (EG) 44/2001 Rn. 3, jeweils mwN der Rspr. des EuGH.

361 *Stadler* in Musielak ZPO Art. 5 VO (EG) 44/2001 Rn. 4.

362 EuGH, Urt. v. 5.2.2004 – C-265/02, Rn. 26, EuZW 2004, 351; *Stadler* in Musielak ZPO Art. 5 VO (EG) 44/2001 Rn. 4.

363 *Stadler* in Musielak ZPO Art. 5 VO (EG) 44/2001 Rn. 6 mwN der Rspr. des EuGH.

364 Zum Verhältnis der Regelungen lit. a und lit. b vgl. *Freitag* in Messerschmidt/Voit, Privates Baurecht, 2. Aufl. 2012, I. Teil, P Rn. 100.

365 *Freitag* in Messerschmidt/Voit, Privates Baurecht, 2. Aufl. 2012, I. Teil, P Rn. 101; *Gottwald* in MüKoZPO Art. 5 EuGVO Rn. 25; *Leible* in Rauscher EuZPR/EuIPR Art. 5 Brüssel I-VO Rn. 50; *Stadler* in Musielak ZPO Art. 5 VO (EG) 44/2001 Rn. 9; zum Bauvertrag: OLG München, Urt. v. 7.6.2011 – 9 U 5019/10, Rn. 22 f., NZBau 2011, 560 mit Anm. *Thode* jurisPR-PrivBauR 4/2012 Anm. 1.

366 *Freitag* in Messerschmidt/Voit, Privates Baurecht, 2. Aufl. 2012, I. Teil, P Rn. 109; *Gottwald* in MüKoZPO Art. 5 EuGVO Rn. 30; *Stadler* in Musielak ZPO Art. 5 VO (EG) 44/2001 Rn. 14.

367 Vgl. dazu unten → Rn. 229 ff.

368 AllgM: *Freitag* in Messerschmidt/Voit, Privates Baurecht, 2. Aufl. 2012, I. Teil, P Rn. 103; *Gottwald* in MüKoZPO Art. 5 EuGVO Rn. 26; *Leible* in Rauscher EuZPR/EuIPR Art. 5 Brüssel I-VO Rn. 51; *Stadler* in Musielak ZPO Art. 5 VO (EG) 44/2001 Rn. 10.

225 Ist die vertragscharakteristische Leistung bereits erbracht, ist der **tatsächliche Erfüllungsort** und nicht der Ort maßgeblich, an dem die Leistung nach dem Vertrag hätte erbracht werden müssen.[369]

226 Für Leitungen aufgrund von Verträgen mit Architekten und Ingenieuren sind hinsichtlich des tatsächlichen Erfüllungsortes unterschiedliche Fallkonstellationen zu unterscheiden:

Besteht die vertraglich geschuldete Leistung in der **Erstellung von Plänen,** kommen als Erfüllungsorte in Betracht der Ort der Übergabe der Pläne an den Auftraggeber oder der Ort, an dem er die Pläne abgeschickt hat.[370]

227 Schuldet der Planer neben der Erstellung der Pläne die **Bauaufsicht,** bestehen zwei tatsächliche Erfüllungsorte, hinsichtlich der Pläne, der Ort der Übergabe oder des Wohnsitzes des Planers und hinsichtlich der Überwachung der Ort der Baustelle. Liegen die beiden tatsächlichen Erfüllungsorte, an denen die unterschiedlichen Dienstleistungen erbracht worden sind, in unterschiedlichen Mitgliedstaaten, ist der Ort als einheitlicher Erfüllungsort maßgeblich, an dem nach wirtschaftlichen Kriterien die hauptsächliche Leistungspflicht erbracht worden ist.[371] Die **Konzentration auf den Erfüllungsort** des wirtschaftlichen Schwerpunktes ist im Interesse der Rechtssicherheit und Vorhersehbarkeit geboten.[372] Ein einheitlicher Erfüllungsort für die Bestimmung des zuständigen Gerichts ist gleichermaßen notwendig, wenn die unterschiedlichen Erfüllungsorte in demselben Mitgliedstaat liegen. [373]

228 Ist die vertragscharakteristische Leistung bei Klageerhebung noch nicht erbracht, ist nach Art. 5 Nr. 1 lit. b 2. Alternative EuGVO der Ort als Erfüllungsort maßgeblich, an dem der Auftragnehmer seine Leistung „nach dem Vertrag" zu erbringen hat. Diese Formulierung verweist für die Bestimmung des Erfüllungsortes nicht auf das auf den Vertrag anwendbare materielle Recht.[374] Nach welchen Kriterien der Erfüllungsort bestimmt werden kann, ist bisher weitgehend ungeklärt.[375] Für Planerverträge kommen als Erfüllungsort der Ort der Baustelle oder der Sitz des Architekten und Ingenieurs in Betracht.[376]

229 Art. 5 Nr. 1 lit. b EuGVO eröffnet die Parteien die Möglichkeit, **Erfüllungsortvereinbarungen** zu treffen, die von den Regelungen der lit. a und lit b. abweichen. Die Vereinbarung erfordert nicht die Beachtung der Formerfordernisse des Art. 23 EuGVO.[377, 378] Die **Wirksamkeit** der Vereinbarung einschließlich etwaiger **Formerfordernisse** richtet sich nach dem Vertragsstatut, das nach dem Kollisionsrecht des angerufenen Gerichts berufen ist.[379]

---

369 *Freitag* in Messerschmidt/Voit, Privates Baurecht, 2. Aufl. 2012, I. Teil, P Rn. 107; *Leible* in Rauscher EuZPR/EuIPR Art. 5 Brüssel I-VO Rn. 42; *Stadler* in Musielak ZPO Art. 5 VO (EG) 44/2001 Rn. 12 f.

370 *Freitag* in Messerschmidt/Voit, Privates Baurecht, 2. Aufl. 2012, I. Teil, P Rn. 107.

371 EuGH, Urt. v. 9.7.2009 – C-204/08, Rn. 29 ff., NJW 2009, 2801; EuGH, Urt. v. 11.3.2010 – C-19/09, Rn. 30 ff., NJW 2010, 1189; *Freitag* in Messerschmidt/Voit, Privates Baurecht, 2. Aufl. 2012, I. Teil, P Rn. 107.

372 Vgl. die in Fn. 371 nachgewiesenen Entscheidungen des EuGH.

373 *Freitag* in Messerschmidt/Voit, Privates Baurecht, 2. Aufl. 2012, I. Teil, P Rn. 107; *Leible* in Rauscher EuZPR/EuIPR Art. 5 Brüssel I-VO Rn. 55e, 55g.

374 *Freitag* in Messerschmidt/Voit, Privates Baurecht, 2. Aufl. 2012, I. Teil, P Rn. 108; *Leible* in Rauscher EuZPR/EuIPR Art. 5 Brüssel I-VO Rn. 32.

375 *Freitag* in Messerschmidt/Voit, Privates Baurecht, 2. Aufl. 2012, I. Teil, P Rn. 108; *Leible* in Rauscher EuZPR/EuIPR Art. 5 Brüssel I-VO Rn. 54 f.

376 *Freitag* in Messerschmidt/Voit, Privates Baurecht, 2. Aufl. 2012, I. Teil, P Rn. 108.

377 Art. 25 EuGVO n. F.

378 *Freitag* in Messerschmidt/Voit, Privates Baurecht, 2. Aufl. 2012, I. Teil, P Rn. 105; *Gottwald* in MüKoZPO Art. 5 EuGVO Rn. 28 f.; *Leible* in Rauscher EuZPR/EuIPR Art. 5 Brüssel I-VO Rn. 57b; *Stadler* in Musielak ZPO Art. 5 VO (EG) 44/2001 Rn. 15.

379 Vgl. die Nachw. in Fn. 378 sowie EuGH, Urt. v. 20.2.1997 – C-106/95, NJW 1997, 1431.

230 Vereinbaren die Parteien einen Erfüllungsort, an dem keine Leistungen erbracht worden sind, oder an dem auch keine Leistungen erbracht werden sollten, dann handelt es sich um eine sog. **abstrakte Erfüllungsortvereinbarung,** die als Gerichtsstandsvereinbarung den Formerfordernissen des Art. 23 EuGVO[380] genügen muss.[381]

231 Umstritten ist die Frage, ob die Parteien die Zuständigkeitskonzentration der lit. b aufheben und für einzelne vertragliche Ansprüche unterschiedliche Erfüllungsorte vereinbaren können.[382]

232 *bb) DerDeliktgerichtsstand.* Art. 5 Nr. 3 EuGVO/LugÜ begründen einen besonderen Gerichtsstand für **Ansprüche aus unerlaubter Handlung** an dem Ort, an dem das schädigende Ereignis eingetreten ist oder einzutreten droht. Die Regelungen der Nr. 3 bestimmen neben der internationalen Zuständigkeit die **örtliche Zuständigkeit,** so dass die §§ 12 ZPO nicht anwendbar sind.[383]

233 Der Deliktgerichtsstand erfasst alle Klagen, mit denen eine Schadenshaftung des Beklagten geltend gemacht und die nicht aus einem Vertrag hergeleitet werden.[384] Im Gerichtsstand der Nr. 3 können **Feststellungsklagen**[385] und vorbeugende **Unterlassungsklagen** im einstweiligen Rechtsschutz geltend gemacht werden.[386]

234 Der Begriff des Deliktsorts umfasst sowohl den **Handlungsort** als auch den Erfolgsort. Wenn diese beiden Orte nicht zusammenfallen, kann der Geschädigte wählen, ob er am Handlungsort oder am Erfolgsort klagt.[387]

235 Unter den **Begriff der unerlaubten Handlung** fallen zB Ansprüche wegen Abbruch von Vertragsverhandlungen[388], aus Gefährdungs- und Produkthaftung[389], aus Wettbewerbsverstößen[390], aus der Verletzung von Urheberrechten[391], verschuldensunabhängige

---

[380] Vgl. dazu oben → Rn. 230.

[381] EuGH, Urt. v. 20.2.1997 – C-106/95, NJW 1997, 1431; *Freitag* in Messerschmidt/Voit, Privates Baurecht, 2. Aufl. 2012, I. Teil, P Rn. 105: *Gottwald* in MüKoZPO Art. 5 EuGVO Rn. 28 f.; *Leible* in Rauscher EuZPR/EuIPR Art. 5 Brüssel I-VO Rn. 57d; *Stadler* in Musielak ZPO Art. 5 VO (EG) 44/2001 Rn. 15.

[382] Vgl. hierzu iE *Freitag* in Messerschmidt/Voit, Privates Baurecht, 2. Aufl. 2012, I. Teil, P Rn. 106; *Leible* in Rauscher EuZPR/EuIPR Art. 5 Brüssel I-VO Rn. 57a f.

[383] *Gottwald* in MüKoZPO Art. 5 EuGVO Rn. 59; *Leible* in Rauscher EuZPR/EuIPR Art. 5 Brüssel I-VO Rn. 75 *Stadler* in Musielak ZPO Art. 5 VO (EG) 44/2001 Rn. 21.

[384] St. Rspr. des EuGH, vgl. EuGH, Urt. v. 20.1.2005 – C-27/02., Rn. 29 ff, NJW 2005, 811, 812; *Freitag* in Messerschmidt/Voit, Privates Baurecht, 2. Aufl. 2012, I. Teil, P Rn. 110; *Stadler* in Musielak ZPO Art. 5 VO (EG) 44/2001 Rn. 22.

[385] EuGH, Urt. v. 25.10.2012 – C-133/11, NJW 2013, 287; *Stadler* in Musielak ZPO Art. 5 VO (EG) 44/2001 Rn. 23.

[386] *Freitag* in Messerschmidt/Voit, Privates Baurecht, 2. Aufl. 2012, I. Teil, P Rn. 110; *Leible* in Rauscher EuZPR/EuIPR Art. 5 Brüssel I-VO Rn. 83; *Stadler* in Musielak ZPO Art. 5 VO (EG) 44/2001 Rn. 22.

[387] EuGH, Urt. v. 27.10.1998 – C-51/97, Rn. 28 ff., EuZW 1999, 59; *Freitag* in Messerschmidt/Voit, Privates Baurecht, 2. Aufl. 2012, I. Teil, P Rn. 110; *Leible* in Rauscher EuZPR/EuIPR Art. 5 Brüssel I-VO Rn. 85.

[388] *Stadler* in Musielak ZPO Art. 5 VO (EG) 44/2001 Rn. 22.

[389] *Freitag* in Messerschmidt/Voit, Privates Baurecht, 2. Aufl. 2012, I. Teil, P Rn. 110; *Gottwald* in MüKoZPO Art. 5 EuGVO Rn. 62; *Leible* in Rauscher EuZPR/EuIPR Art. 5 Brüssel I-VO Rn. 79; *Stadler* in Musielak ZPO Art. 5 VO (EG) 44/2001 Rn. 22.

[390] *Freitag* in Messerschmidt/Voit, Privates Baurecht, 2. Aufl. 2012, I. Teil, P Rn. 110; *Gottwald* in MüKoZPO Art. 5 EuGVO Rn. 62; *Leible* in Rauscher EuZPR/EuIPR Art. 5 Brüssel I-VO Rn. 79; *Stadler* in Musielak ZPO Art. 5 VO (EG) 44/2001 Rn. 22.

[391] *Freitag* in Messerschmidt/Voit, Privates Baurecht, 2. Aufl. 2012, I. Teil, P Rn. 110; *Gottwald* in MüKoZPO Art. 5 EuGVO Rn. 62; *Leible* in Rauscher EuZPR/EuIPR Art. 5 Brüssel I-VO Rn. 79; *Stadler* in Musielak ZPO Art. 5 VO (EG) 44/2001 Rn. 22.

Unterlassungs- und Beseitigungsansprüche[392] sowie nachbarrechtliche Immissionsschutzklagen gemäß'§ 1004 BGB[393].

236 **Konkurrierende vertragliche Ansprüche** können am Gerichtsstand der unerlaubten Handlung nicht geltend gemacht werden, eine Zuständigkeit kraft Sachzusammenhangs hat der EuGH abgelehnt.[394]

237 *cc) Zuständigkeit in Verbrauchersachen.* Die Art. 15 bis 17 EuGVO[395] (Art. 13 bis 15 LugÜ) enthalten zwingende und **abschließende Sonderregelungen** für die Zuständigkeit für bestimmte Verträge in Verbrauchersachen. Art. 15 EuGVO (Art. 13 LugÜ) ist lex specialis zu Art. 5 Nr. 1 EuGVO (Art. 5 Nr. 1 LugÜ). Art. 5 Nr. 1 EuGVO/LugÜ regelt allgemein Klagen aus Vertrag. Art. 15 EuGVO (Art. 13 LugÜ) erfasst bestimmte Arten von Verträgen, die von einem Verbraucher mit einem Unternehmer im Sinne der §§ 13, 14 BGB abgeschossen werden.[396]

238 Werden die Zuständigkeitsregeln für Verbrauchersachen verletzt, dann werden die Entscheidungen nicht anerkannt (Art. 35 Abs. 1 EuGVO[397], Art. 28 Abs.1 LugÜ).

239 Der **Begriff des Verbrauchervertrages** ist in Art. 15 Nr. 1 EuGVO (Art. 13. Nr. 1 LugÜ definiert. Die Definition entspricht derjenigen des Art. 6 Abs. 1 Rom I-VO.[398]

240 Die Sonderregelungen für die Zuständigkeit in Verbrauchersachen verdrängen die allgemeinen Zuständigkeitsregelungen mit Ausnahme der Zuständigkeit aufgrund rügeloser Einlassung gem. Art. 24 EuGVO (Art. 18 LugÜ) und der Zuständigkeit für Widerklagen (Art. 6 Nr. 3 EuGVO/LugÜ).Gerichtsstandsvereinbarungen sind nur unter den einschränkenden Voraussetzungen des Art. 17, 23 Abs. 5 EuGVO (Art. 15 Abs. 3 LugÜ) zulässig.[399]

241 Für Planerverträge ist nur relevant der Art. 15 Abs. 1 lit. c EuGVO bzw. der Art. 13 Abs. 1 Nr. 3 LugÜ.[400] Beide Regelungen normieren eine **Vertragsabschlusssituation** als allgemeine Voraussetzung für die Anwendbarkeit der **speziellen Zuständigkeitsregelungen** der Art. 16 f. EuGVO bzw. der Art. 14 f. LugÜ. Die Sonderregelungen erfassen nur Klagen aus einem Vertrag nicht hingegen deliktische Ansprüche.

242 Nach Art. 15 Abs. 1 lit. c EuGVO sind die Art. 16, 17 EuGVO nur anwendbar, wenn der Verbraucher seinen Wohnsitz in einem Mitgliedstaat der EuGVO hat und der Unternehmer seine berufliche bzw. gewerbliche Tätigkeit in diesem Mitgliedstaat ausübt oder zumindest auf diesen Mitgliedstaat ausgerichtet und der konkrete Vertrag in den Bereich dieser Tätigkeit fällt.

243 Der Art. 13 Abs. 1 Nr. 1 LugÜ ist in seinem Anwendungsbereich im Vergleich zu Art. 15 Abs. 1 lit. c EuGVO[401] deutlich eingeschränkt. Art. 13 Abs. 1 Nr. 1 LugÜ regelt als Voraussetzung, dass dem Vertragsschluss eine Werbung bzw. ein Angebot des Unternehmers im Wohnsitzstaat des Verbrauchers vorausgegangen ist und der Verbraucher dort auch seine Vertragsabschlusserklärung abgegeben hat.

244 Die Art. 16 Abs. 1, Abs. 2 EuGVO[402] und Art. 14 Abs. 1, Abs. 2 LugÜ regeln für die Parteirollen des Verbrauchers als Kläger oder als Beklagter unterschiedliche Zuständigkeiten.

---

[392] Vgl. den Nachw. in Fn. 391.

[393] *Stadler* in Musielak ZPO Art. 5 VO (EG) 44/2001 Rn. 22.

[394] EuGH, Urt. v. 27.9.1988 – C-189/87, Rn. 14 ff., NJW 1988, 3088; *Gottwald* in MüKoZPO Art. 5 EuGVO Rn. 67; *Leible* in Rauscher EuZPR/EuIPR Art. 5 Brüssel I-VO Rn. 82; *Stadler* in Musielak ZPO Art. 5 VO (EG) 44/2001 Rn. 22.

[395] Art. 10 bis 19 EuGVO n. F.

[396] Vgl. etwa *Stadler* in Musielak ZPO Art. 15 VO (EG) 44/2001, Rn. 1.

[397] Art. 45 EuGVO n. F.

[398] Vgl. dazu oben → Rn. 65 f.

[399] Vgl. dazu oben → Rn. 220 ff.

[400] Zur Anwendbarkeit dieser Regelungen auf Werkverträge vgl. etwa *Staudinger* in Rauscher EuZPR/EuIPR Art. 15 Brüssel I-VO Rn. 8.

[401] Art. 17 EuGVO n. F.

[402] Art. 18 EuGVO n. F.

Von diesen Zuständigkeiten können die Parteien nur unter den Voraussetzungen der Art. 17 EuGVO[403], Art. 15 LugÜ im Wege der Vereinbarung abweichen.[404]

Dem Verbraucher steht für Klagen gegen den Unternehmer sein Wohnsitz als **Klägergerichtsstand** zur Verfügung (Art. 16 Abs. 1 2. Alt. EuGVO[405] bzw. Art. 14 Abs. 1 2. Alt. LugÜ). Der Verbraucher kann den Unternehmer wahlweise an dessen Wohnsitz verklagen. Verfügt der Unternehmer über keinen Wohnsitz in einem Mitgliedstaat der EuGVO bzw. des LugÜ, dann kann der Verbraucher den Unternehmer am Ort der Belegenheit der Niederlassung oder Agentur des Unternehmers in einem Mitgliedstaat verklagen, wenn der Unternehmer den Vertrag über eine Niederlassung oder Agentur in einem Mitgliedstaat abwickelt (Art. 15 Abs. 2 EuGVO, Art. 13 Abs. 2 LugÜ). 245

Klagen gegen den Verbraucher kann Unternehmer nur vor den Gerichten des Mitgliedstaates erheben, in dessen Hoheitsgebiet der Verbraucher seinen Wohnsitz hat (Art. 16 Abs. 2 EuGVO, Art. 14 Abs. 2 LugÜ). 246

dd) Ausschließliche Gerichtsstände (Art. 22 EuGVO, Art. 16 LugÜ). Die Art. 22 EuGVO[406] Art. 16 LugÜ regeln ausschließliche internationale Zuständigkeiten. Sie verdrängen alle anderen Gerichtsstände, einschließlich der Gerichtsstände, die durch eine **Gerichtsstandsvereinbarung** oder aufgrund **rügeloser Einlassung** begründet werden (Art. 23 Abs. 5, Art. 24 S. 2 EuGVO, Art. 17 Abs. 3, Art. 19 LugÜ). 247

Im Falle eines **Verstoßes** gegen die ausschließlichen Zuständigkeitsregelungen können die Entscheidungen nicht anerkannt werden (Art. 35 Abs. 1 EuGVO[407], Art. 28 Abs. 1 LugÜ) 248

Für eine ausschließliche internationale Zuständigkeit genügt es, dass einer der Tatbestände der Regelungen in einem der Mitgliedstaaten gegeben ist. Es ist nicht erforderlich, dass der Schuldner seinen Wohnsitz in einem der Mitgliedstaaten hat. 249

Im Zusammenhang mit Planerverträgen ist allenfalls der Gerichtsstand für dingliche Rechte an unbeweglichen Sachen (Art. 22 Nr. 1 EuGVO, Art. 16 Nr. 1 LugÜ) bei Streitigkeiten über Immobiliarsicherheiten von Bedeutung. Zuständig sind die Gerichte des Staates am Ort der Belegenheit der Immobilie. 250

403 Art. 19 EuGVO n. F.
404 Vgl. dazu oben → Rn. 240.
405 Art. 18 EuGVO n. F.
406 Art. 24 EuGVO n. F.
407 Art. 45 EuGVO n. F.

§ 9 Vertragliche Haftung des Architekten

Übersicht

I. Architektenvertrag als Werkvertrag

1 Die vertragliche Haftung des Architekten ist das Einstehenmüssen für die Verletzung von Haupt- oder Nebenpflichten aus dem Architektenvertrag, den er mit dem Besteller, regelmäßig dem Bauherrn, geschlossen hat. Die Frage, wofür und in welchem Umfang der Architekt gegenüber dem Besteller vertraglich haftet, richtet sich nach dem Inhalt des geschlossenen Vertrages.[1]

Wesentliche Bedeutung für die vertragliche Haftung des Architekten hat die Haftung für die Mangelhaftigkeit seiner Leistung. Entscheidend ist in diesem Zusammenhang zunächst die Frage, nach welchem vertraglichen Haftungsregime sich die Einstandspflicht für Vertragspflichtverletzungen richtet. Auch dies bestimmt sich nach dem Inhalt des Vertrages. Schuldet der Architekt einen bestimmten Erfolg, ist die vertragliche Leistung nach Werkvertragsrecht (§§ 631 ff. BGB) zu beurteilen, schuldet er ein Tätigwerden, handelt es sich insoweit um einen Dienstvertrag (§§ 611 ff. BGB).

In Rechtsprechung und Literatur ist seit langem anerkannt, dass die typischen Vertragspflichten eines Architekten, nämlich das Erbringen von Planungs- und Bauüber-

---

[1] BGH, Urt. v. 24.10.1996 – VII ZR 283/95, BGHZ 133, 399 = NJW 1997, 586 = BauR 1997, 154.

wachungsleistungen, regelmäßig dem **Werkvertragsrecht** zuzuordnen sind.[2] Dies gilt sowohl für die Gesamtleistung des Architekten, insbesondere im Falle einer sog. *Vollarchitektur,* als auch für einzelbeauftragte *Teilleistungen.* Auch bei den einzelnen erforderlichen Arbeitsschritten schuldet der Architekt jeweils einen bestimmten *Teilerfolg,* wenn der Besteller nach interessengerechter Auslegung des Vertrages hieran ein berechtigtes Interesse hat.[3]

Streitig war lange Zeit, ob auch Leistungen der *Objektbetreuung* im Sinne der Leistungs- 2
phase 9 der HOAI einen werkvertraglichen Charakter aufweisen. Dies hat der Bundesgerichtshof ausdrücklich bejaht: Auch die Überprüfung des Bauwerks vor Ablauf der Gewährleistungsfristen ist erfolgsbezogen, weil nicht die Tätigkeit als solche, sondern das konkrete Auffinden von Mängeln geschuldet ist.[4]

Neben der Mitwirkung des Architekten an der Verwirklichung und Gestaltung eines Bauwerks ist auch die *gutachtliche Erfassung* von Mängeln, Abweichungen von einschlägigen DIN-Vorschriften und den Regeln der Baukunst vom Bundesgerichtshof als werkvertragliche Leistung eingestuft worden.[5] Ferner handelt es sich auch bei der Erteilung von Bestätigungen, bei der Untersuchung eines Bauwerks auf etwaige Mängel, und bei der Ermittlung des Verkehrswerts eines Grundstücks um werkvertragliche Leistungen.[6]

Nur wenige Architektenleistungen lassen sich demnach unter das **Dienstvertragsrecht** subsumieren, so etwa die (bloße) Beratung eines Kaufinteressenten zur Qualität eines Gebäudes[7] oder zu möglichen Fördermitteln.[8] Wird der Architekt als Projektsteuerer tätig, kommt es darauf an, ob die Parteien mit der Projektsteuerungsleistung einen bestimmten Erfolg verknüpft haben.[9] Dies wird regelmäßig zu bejahen sein, da das mit dem im Rahmen einer Projektsteuerung geschuldete Baumanagement den Zweck hat, bestimmte Projektziele zu erreichen. Hier entscheidet die konkrete Vertragsgestaltung.

Erbringt ein Architekt seine gesamte Arbeitsleistung in wirtschaftlicher Abhängigkeit zu einem Besteller, handelt es sich nicht um einen Nachunternehmervertragsverhältnis, sondern um ein arbeitnehmerähnliches Dienstverhältnis.[10]

II. Mängel im Architektenwerk

1. Mangelbegriff

Die Frage, ob das Architektenwerk mangelhaft ist, richtet sich nach § 633 BGB. Gemäß 3
§ 633 Abs. 1 BGB hat der Unternehmer (Architekt) dem Besteller (regelmäßig: Bauherr) das Werk frei von Sach- und Rechtsmängeln zu verschaffen. Von erheblicher Bedeutung

---

[2] BGH, Urt. v. 22.10.1981 – VII ZR 310/79, BGHZ 82, 100 = NJW 1982, 438 = BauR 1982, 79; BGH, Urt. v. 11.10.2001 – VII ZR 475/00, BGHZ 149, 57 = NJW 2002, 749 = BauR 2002, 315; OLG Naumburg, Urt. v. 29.5.2006 – 1 U 27/06, NZBau 2007, 453 = BauR 2006, 2089.

[3] BGH, Urt. v. 24.6.2004 – VII ZR 259/02, BGHZ 159, 376 = NZBau 2004, 509 = BauR 2004, 1640; BGH, Urt. v. 11.11.2004 – VII ZR 128/03, NZBau 2005, 158 = BauR 2005, 400.

[4] BGH, Urt. v. 11.10.2001 – VII ZR 475/00, BGHZ 149, 57 = NJW 2002, 749 = BauR 2002, 315; zustimmend Preussner, in Motzke/Preussner/Kehrberg/Kesselring, Die Haftung des Architekten, 9. Auflage 2008, J Rn. 14; a.A. Putzier, NZBau 2004, 177.

[5] BGH, Urt. v. 11.10.2001 – VII ZR 475/00, BGHZ 149, 57 = NJW 2002, 749 = BauR 2002, 315.

[6] BGH, Urt. v. 7.2.2002 – III ZR 1/01, NZBau 2002, 229 = BauR 2002, 814; BGH, Urt. v. 11.10.2001 – VII ZR 475/00, BGHZ 149, 57 = NJW 2002, 749 = BauR 2002, 315; BGH, Urt. v. 10.6.1976 – VII ZR 129/74, BGHZ 67, 1.

[7] OLG Hamm, Urt. v. 22.6.1999 – 21 U 155/98, BauR 1999, 1323.

[8] OLG Celle, Urt. v. 27.2.2014 – 16 U 187/13, BauR 2014, 1153 = IBR 2014, 361 (Wronna); vgl. auch OLG Düsseldorf, Urt. v. 22.11.2013 – I 22 U 57/13 = BauR 2014, 569 = NZBau 2014, 298.

[9] BGH, Urt. v. 7.2.2002 – III ZR 1/01, NZBau 2002, 229 = BauR 2002, 814.

[10] OLG Oldenburg, Urt. v. 14.2.1996 – 2 U 293/95, IBR 1996, 252 (Knies); Preussner in Motzke/Preussner/Kehrberg/Kesselring, Die Haftung des Architekten, 9. Auflage 2008, Rn. 21.

ist dabei die Frage, was unter dem „Werk" des Architekten zu verstehen ist. Hier kommt es zunächst maßgebend darauf an, das Architektenwerk von dem geplanten und errichteten Bauwerk zu trennen. Der Architekt schuldet nicht die Mangelfreiheit des Bauwerks, sondern eine **mangelfreie Planungs- bzw. Bauüberwachungsleistung**. Ein Mangel am Bauwerk kann daher nur ein Indiz für eine mangelhafte Architektenleistung sein, wenn sie sich in Form des eines Baumangels im Bauwerk verkörpert.

4 Aufgrund der Erfolgsbezogenheit des Architektenwerks sind Vertragsleistung und geschuldeter Erfolg in Einklang zu bringen. Dabei ergibt sich die Besonderheit, dass das, was der geschuldete Erfolg sein soll, bei Vertragsschluss regelmäßig noch nicht abschließend umrissen ist. Die Architektenleistung ist ein Entwicklungsprozess, während dem sich das Werk anhand der Vorgaben und Vorstellungen des Bestellers formt und sich das, was letztlich werkvertraglich geschuldet ist, erst nach und nach herauskristallisiert. Bei der Erfüllung einzelner Teilschritte gilt es daher, sich stets vor Augen zu führen, dass letztlich nur das Ergebnis eines jeden erforderlichen Teilschritts danach bewertet werden kann, ob der werkvertragliche Erfolg eingetreten ist.

2. Sachmangel

5 § 633 Abs. 2 BGB regelt, wann der Unternehmer dem Besteller ein mangelfreies Werk verschafft hat, indem definiert wird, wann ein Sachmangel vorliegt. § 633 Abs. 2 BGB sieht einen dreigliedrigen Mangelbegriff vor. Maßgeblich kommt es gemäß § 633 Abs. 2 S. 1 BGB darauf an, ob das Werk die **vereinbarte Beschaffenheit** hat. Entscheidend ist daher zunächst, welchen Werkerfolg die Parteien im Vertrag konkret vereinbart haben. Wenn der Vertrag keine Regelungen über die Beschaffenheit des Werks enthält, ist das Werk gemäß § 633 Abs. 2 S. 2 BGB frei von Sachmängeln, wenn es sich für die nach dem Vertrag vorausgesetzte (Nr. 1), sonst für die gewöhnliche Verwendung eignet und eine Beschaffenheit aufweist, die bei Werken der gleichen Art üblich ist und die der Besteller nach der Art des Werkes erwarten kann (Nr. 2). Von wesentlicher Bedeutung für die Mängelhaftung des Architekten ist die Frage, ob das Architektenwerk von der vereinbarten Beschaffenheit abweicht. Die weiteren Mängeltatbestände in § 633 Abs. 2 Satz 2 BGB spielen eine untergeordnete Rolle.

6 Der Vertrag gibt vor, welche Leistung bzw. welche Teilleistungen der Architekt zu erbringen hat und welcher Erfolg geschuldet sein soll. Eine **Beschaffenheitsvereinbarung** liegt vor, wenn sie im Vertrag ausdrücklich oder konkludent festgelegt ist. Welche Beschaffenheit vereinbart ist, ergibt sich durch Auslegung des Vertrages.[11]

Es liegt im vorrangigen Interesse beider Vertragsparteien, auch im Rahmen eines Architektenvertrags möglichst präzise zu definieren, was das „vertragsmäßig hergestellte Werk" (vgl. § 640 Abs. 1 Satz 1 BGB) des Architekten sein soll. Um bei der Abnahme der Planerleistung prüfen zu können, ob das „hergestellte Werk vertragsmäßig" ist, muss ein Abgleich zwischen beauftragter Leistung einerseits und ausgeführter Leistung andererseits erfolgen. Die möglichst detaillierte Definition der beauftragten Leistung, die naturgemäß im Rahmen eines Planervertrags nicht so abschließend möglich ist wie bei einem Bauvertrag, der die zu erbringende Leistung durch Leistungsverzeichnisse und Pläne detailliert beschreibt, ist auch bei Planerverträgen **bei Vertragsabschluss** möglich und notwendig. Hierbei ist zu berücksichtigen, dass sich das Planungsergebnis als (werkvertraglicher) Erfolg nach der (dynamischen) Planungstätigkeit in Abstimmung zwischen dem Architekten und dem Besteller ergibt. So ist es sehr empfehlenswert, auch im Rahmen eines Planervertrags die Beschaffenheitsvorgaben möglichst konkret zu definieren. Folgende Elemente können **Gegenstand einer Beschaffenheitsvereinbarung zum Planervertrag** sein:

---

[11] BGH, Urt. v. 24.6.2004 – VII ZR 259/02, BGHZ 159, 376 = NZBau 2004, 509 = BauR 2004, 1640.

a) Vereinbarung der Planungsziele. Hierdurch werden die Zielvorgaben definiert: 7

- Welches Objekt wird geplant? (Beispiele: Einfamilienhaus mit drei Kinderzimmern, Bürogebäude mit 2.000 qm Verkehrsfläche und 100 qm Archiv)
- Welche Baukostenobergrenze wird vereinbart? (Budget des Bestellers, für welche Kostengruppen steht dieses Budget zur Verfügung?)
- Innerhalb welcher Termine soll die Planung abgeschlossen sein?

b) Vereinbarung der Planungsschritte. Die Einhaltung der Planungsschritte sollte 8
mit einer Dokumentationspflicht des Architekten belegt werden.

- Hier sollte die Verpflichtung des Architekten aufgenommen werden, im Rahmen der ihm (regelmäßig nach den Leistungsbildern und Leistungsphasen der HOAI) beauftragten Leistungsschritte nachzuweisen, dass er diese im Wesentlichen vollständig und mangelfrei erbracht hat.
- Der nächste Planungsschritt sollte – aufbauend auf dem vorangegangenen Planungsschritt – erst begonnen werden, wenn als „Zwischenergebnis" das Resultat des vorangegangenen Planungsschrittes vom Architekten dokumentiert und vom Besteller freigegeben worden ist.

c) Vereinbarung der Planungstechnik 9

- Die anerkannten Regeln der Planungs- und Bautechnik sind einzuhalten.
- Im Vertrag getroffene Sonderfestlegungen gelten vorrangig.

**d) Konkretisierung der vorstehenden Schritte a) bis c) während des Planungspro- 10
zesses.** Der Architektenvertrag erfordert ein kooperatives Zusammenwirken der Parteien im Planungsprozess.

- Die Planungskonzeption konzentriert und verdichtet sich „Schritt für Schritt".
- Die „Zwischenfreigaben" durch den Besteller nach den jeweiligen Schritten konkretisieren im Laufe des Planungsfortschritts die vertragsgemäß zu erbringende Leistung.
- Dieses Zusammenwirken verdichtet sich sodann bis zur abgeschlossenen Ausführungsplanung.
- Damit gibt die vorstehende mehrgliedrige Beschaffenheitsvereinbarung (a) bis c)) den Rahmen für das vom Planer zu erstellende Werk vor.
- Gegenstand der Abnahme ist dann die auf dieser Basis im Laufe des Planungsprozesses einvernehmlich Schritt für Schritt konkretisierte Planung.

Da die Planungsleistung eines Architekten zu einem wesentlichen Teil ein Schöpfungs- 11
prozess ist, in dem das Architektenwerk erst nach und nach deutlich herausgearbeitet wird, existiert eine hinreichend detaillierte Leistungsbeschreibung oftmals nicht. Hier gehört es dann regelmäßig bereits zur vertraglichen Leistungspflicht des Architekten zu ermitteln, welche Zielvorstellungen der Besteller hat. Steht fest, was, wo und gegebenenfalls wie, womit und in welchem Kostenrahmen geplant und errichtet werden soll, ist für die Vertragsleistung des Architekten entscheidend, welche Funktion das Werk auf der Grundlage der Vorgaben des Bestellers bei Vertragsschluss erfüllen soll.[12] Diese **Funktionstauglichkeit** entspricht im Regelfall dem Willen der Vertragsparteien, insbesondere des Bestellers, und ist sodann Bestandteil der Beschaffenheitsvereinbarung. Eine geschuldete Funktionstauglichkeit wird mithin bei Auslegung des Vertrages vermutet. Die vereinbarte Beschaffenheit liegt danach gemäß ständiger Rechtsprechung des Bundesgerichtshofs nicht vor, wenn die Planung eines Architekten den nach dem Vertrag voraus-

[12] BGH, Urt. v. 13.3.2008 – VII ZR 194/06, BGHZ 176, 23 = NZBau 2008, 437 = BauR 2008, 1131; BGH, Urt. v. 29.9.2011 – VII ZR 87/11, NZBau 2011, 746 = BauR 2012, 115; Messerschmidt, Festschrift für Motzke, S. 269, schlägt einen mehrdimensionalen (dreigliedrigen) Beschaffenheitsbegriff vor, bestehend aus den Kriterien Planungsziele, Planungsschritte und Planungstechnik.

gesetzten Zweck nicht erfüllt.[13] Der BGH führt mithin eine *Gesamtbetrachtung der Tatbestandsmerkmale* der vereinbarten Beschaffenheit und der vorausgesetzten Verwendung durch, ohne hierzwischen eindeutig und abschließend zu differenzieren bzw. differenzieren zu müssen.

12 Gleichwohl können die Parteien selbstverständlich auch eine Beschaffenheit vereinbaren, die von der Funktionstauglichkeit abweicht. Um die vorgenannte Vermutungswirkung zu entkräften, ist dies dann allerdings ausdrücklich so im Vertrag festzuhalten.[14]

Daher ist beispielsweise nicht von einer vereinbarten eingeschränkten Funktionalität der Leistung eines Tragwerksplaners auszugehen, wenn der Besteller ihm Planungsunterlagen übergibt, die keine spezifischen Angaben zum Baugrund enthalten.[15] Jedenfalls trägt der Architekt für derartige Vereinbarungen die Beweislast, wenn er sich auf eine Abweichung der vertraglichen Leistungspflicht von der Funktionstauglichkeit berufen will.[16]

Ferner ist davon auszugehen, dass der Architekt zur Einhaltung der **allgemein anerkannten Regeln der Technik** im Zeitpunkt der Abnahme seiner Leistung als **Mindeststandard** verpflichtet ist, wenn nicht ein anderer Standard ausdrücklich vereinbart ist.[17]

13 Regelmäßig wird der vertragliche **Leistungsumfang** in Architektenverträgen (nur) anhand der Leistungsbilder und Leistungsphasen der Honorarordnung für Architekten und Ingenieure (HOAI) bzw. anhand der dort formulierten Grundleistungen und Besonderen Leistungen umschrieben. Hier gilt es zu beachten, dass die HOAI keinen vertraglichen Leistungsinhalt für den Architekten definiert, sondern reines Preisrecht darstellt, mithin allein die vertragliche Gegenleistung, also die Höhe des Honoraranspruchs des Architekten gegenüber dem Besteller bestimmt. Die HOAI enthält für den Inhalt von Architekten- und Ingenieurverträgen keine normativen Leitbilder, eine reflexartige Auslegung der Leistungsphasen der HOAI und der dort definierten Grundleistungen als Vertragsinhalt verbietet sich also.[18] Hierüber vermögen auch die Regelungen in § 8 Abs. 1 und Abs. 2 HOAI (2013) nicht hinweg zu täuschen. Werden dem Auftragnehmer (Architekten) hiernach nicht alle Leistungsphasen eines Leistungsbildes (Abs. 1) bzw. nicht alle Grundleistungen einer Leistungsphase (Abs. 2) übertragen, so dürfen die für die übertragenen Phasen vorgesehenen Prozentsätze bzw. nur ein Honorar berechnet werden, das dem Anteil der übertragenen Grundleistungen an der gesamten Leistungsphase entspricht. Gemäß § 8 Abs. 1 Satz 2 bzw. Abs. 2 Satz 2 HOAI hat eine solche Vereinbarung schriftlich zu erfolgen, woraus sich die Frage ableitet, ob sämtliche Grundlagen aus allen Leistungsphasen als beauftragt gelten, wenn keine schriftliche Vereinbarung über eine

[13] BGH, Urt. v. 15.5.2013 – VII ZR 257/11, BGHZ 197, 252 = NZBau 2013, 519 = BauR 2013, 1468; BGH, Urt. v. 14.2.2001 – VII ZR 176/99, BGHZ 147, 1 = NZBau 2001, 270 = BauR 2001, 823; BGH, Urt. v. 20.12.2012 – VII ZR 209/11, NZBau 2013, 244 = BauR 2013, 624.

[14] BGH, Urt. v. 15.5.2013 – VII ZR 257/11, BGHZ 197, 252 = NZBau 2013, 519 = BauR 2013, 1468; Werner, in Werner/Pastor, Der Bauprozess, 15. Auflage 2015 Rn. 1990 m. w. N. (vgl. dort Fn. 163).

[15] BGH, Urt. v. 15.5.2013 – VII ZR 257/11, BGHZ 197, 252 = NZBau 2013, 519 = BauR 2013, 1468.

[16] BGH, Urt. v. 29.9.2011 – VII ZR 87/11, NZBau 2011, 746 = BauR 2012, 115; OLG Dresden, Urt. v. 9.6.2010 – 1 U 745/09, IBR 2012, 90 (Steeger); OLG Brandenburg, Urt. v. 30.3.2011 – 13 U 16/10 BauR 2011, 1341 = IBR 2011, 325 (Backes); Löffelmann/Fleischmann/Ile, in Löffelmann/Fleischmann, Architektenrecht, 6. Aufl. 2012, Rn. 1734.

[17] KG, Urt. v. 5.6.2001, 7 U 6687/00, NJW-RR 2001, 1385; OLG Celle, Urt. v. 9.8.2007 – 5 U 33/05, BauR 2008, 2074 = IBR 2008, 548 (Heiliger); OLG Dresden, Urt. v. 6.8.2010 – 1 U 745/09, IBR 2012, 90 (Steeger).

[18] BGH, Urt. v. 24.10.1996 – VII ZR 283/95, BGHZ 133, 399 = NJW 1997, 586 = BauR 1997, 154; BGH, Urt. v. 19.12.1996 – VII ZR 233/95, NJW 1997, 2173 = BauR 1997, 488; BGH, Urt. v. 22.10.1998 – VII ZR 91/97, NJW 1999, 427 = BauR 1999, 187; Messerschmidt, in Festschrift für Motzke, 2006, S. 269, 272; Preussner, in Motzke/Preussner/Kehrberg/Kesselring, Die Haftung des Architekten, 9. Auflage 2008, J Rn. 89.

Teilbeauftragung geschlossen wird. Dies ist zu verneinen. Regelungen zum Umfang des Vertragsinhalts in der HOAI sind von der Ermächtigungsgrundlage (§ 1 des Gesetzes zur Regelung von Ingenieur- und Architektenleistungen) nicht gedeckt. Die fehlende Schriftform einer Beauftragung mit nur einzelnen Leistungsphasen oder Grundleistungen hieraus hat für den Architekten möglicherweise vergütungsrechtliche Folgen, nicht aber haftungsrechtliche.

Gleichwohl können sich die Vertragsparteien bei der Festlegung der vom Architekten 14
zu erbringenden Leistungen an den Katalogen der Grundleistungen und Besonderen Leistungen der in der HOAI definierten Leistungsbilder und Leistungsphasen orientieren.

Nehmen die Parteien in ihrem Vertrag nicht auf bestimmte Grundleistungen oder Besondere Leistungen der HOAI Bezug, sondern benennen lediglich bestimmte Leistungsphasen, bilden die dahinterstehenden Leistungskataloge eine **Auslegungshilfe** hinsichtlich des vertraglichen Leistungs- und Haftungsumfangs.[19] Der Vertragsinhalt ist dann so auszulegen, dass jedenfalls die in der HOAI aufgeführten Grundleistungen der beauftragten Leistungsphasen vom vertraglichen Leistungsumfang umfasst sein sollen.[20] Da der Architekt indes letztlich einen konkreten Leistungserfolg schuldet, kann es sein, dass er, um dieses Ziel zu erreichen, darüber hinaus weitere Leistungen erbringen muss,[21] und zwar gegebenenfalls auch solche, bei denen es sich nach dem HOAI-Preisrecht um Besondere Leistungen handelt.[22] Ist das Erbringen dieser Besonderen Leistungen vertraglich nicht vereinbart, hat der Architekt auf die Erforderlichkeit dieser Leistung für eine fachgerechte Planung hinzuweisen und dem Besteller diese (gegen zusätzliche Vergütung) anzubieten. Bei einer pauschalen Bezugnahme auf die Leistungsphasen der HOAI zur Beschreibung des vertraglich geschuldeten Leistungsumfangs sollte sich der Architekt vergegenwärtigen, welche Leistungen er hiernach konkret zu erbringen hat, zumal sich die Kataloge der Grundleistungen und damit gegebenenfalls die vertraglichen Leistungspflichten des Architekten regelmäßig mit jeder Novellierung der HOAI ändern und tendenziell erweitern.

Da der Architektenvertrag regelmäßig so ausgelegt wird, dass die Funktionstauglich- 15
keit der Architektenleistung und die Einhaltung der hierzu erforderlichen allgemein anerkannten Regeln der Technik als vertraglich vereinbarte Beschaffenheit zu bewerten sind, spielen die weiteren Mängeltatbestände in § 634 Abs. 2 Satz 2 BGB auch praktisch nur eine untergeordnete Rolle. Für die **nach dem Vertrag vorausgesetzte Verwendung** kommt es allein auf die Gebrauchstauglichkeit des Architektenwerks an. Hierbei geht es um objektive Kriterien wie die Haltbarkeit oder Nutzungsdauer des von dem Architekten geplanten Bauwerks.[23] Keine Kriterien sind in diesem Zusammenhang subjektive Anforderungen an das Werk, wie beispielsweise die künstlerische Gestaltung des Bau-

---

[19] BGH, Urt. v. 24.6.2004 – VII ZR 259/02, BGHZ 159, 376 = NZBau 2004, 509 = BauR 2004, 1640; BGH, Urt. v. 26.7.2007 – VII ZR 42/05, BGHZ 173, 314 = NZBau 2007, 653 = BauR 2007, 1761; Kniffka, BauR 1996, 774; Motzke, BauR 1999, 1251 („HOAI als geronnenes Erfahrungswissen"); Preussner, in Motzke/Preussner/Kehrberg/Kesselring, Die Haftung des Architekten, 9. Auflage 2008, J Rn. 91.

[20] BGH, Urt. v. 26.7.2007 – VII ZR 42/05, BGHZ 173, 314 = NZBau 2007, 653 = BauR 2007, 1761; OLG Oldenburg, Urt. v. 6.9.2012 – 8 U 96/12, NJW-RR 2013, 463 = BauR 2013, 119; Preussner, in Motzke/Preussner/Kehrberg/Kesselring, Die Haftung des Architekten, 9. Auflage 2008, J Rn. 87; krit. Motzke, Festschrift für Werner, S. 47; Quack, Festschrift für Werner, S. 61, 63.

[21] OLG Dresden, Urt. v. 9.6.2010 – 1 U 745/09, IBR 2012, 90 (Steeger).

[22] Vgl. hierzu OLG Stuttgart, Urt. v. 24.1.2012 – 10 U 90/11, IBR 2014, 27 (Berger) (Aufstellung eines Raum- und eines Funktionsprogramms im Rahmen der Grundlagenermittlung); a.A. A.Schmidt, in Messerschmidt/Niemöller/Preussner, HOAI, Vorb. Rn. 111 (Grundleistungen als „übliche und zu erwartende" Beschaffenheit).

[23] Vgl. BGH, Urt. v. 9.1.2003 – VII ZR 181/00, BGHZ 153, 279 = NZBau 2003, 214 = BauR 2003, 533.

werks,[24] es sei denn im Vertrag ist diese Anforderung objektiv dargelegt. Entscheidend ist auch hier der Zweck, den der Besteller mit dem Vertrag verfolgt.

16 Schwierig ist die Auslegung des vertraglich Geschuldeten, wenn die Parteien die vertraglichen Leistungspflichten überhaupt nicht bestimmt haben. Auch dann schuldet der Architekt eine mangelfreie Planungs- bzw. Bauüberwachungsleistung als Werkerfolg, gemäß § 633 Abs. 2 Nr. 2 BGB mithin zumindest mit einer **Beschaffenheit, die bei Werken der gleichen Art üblich ist und die der Besteller nach der Art des Werkes erwarten kann**.[25]

3. Rechtsmangel

17 Der Rechtsmangel ist gemäß § 633 Abs. 1 BGB dem Sachmangel gleichgestellt. Das Architektenwerk ist gemäß § 633 Abs. 3 BGB frei von Rechtsmängeln, wenn Dritte in Bezug auf das Werk keine oder nur die im Vertrag übernommenen Rechte gegen den Besteller geltend machen können. Mit Blick auf die Architektenleistung kann ein Rechtsmangel darin bestehen, dass eine Architektenplanung ein Urheberrecht verletzt.[26] Nicht um einen Rechtsmangel, sondern um einen Sachmangel handelt es sich hingegen, wenn das geplante Werk nicht genehmigungsfähig ist.

4. Feststellung des Mangels – Geltendmachung von Mängelrechten vor der Abnahme?

18 Ein Mangel liegt vor, wenn das Architektenwerk von dem abweicht, was der Architekt vertraglich schuldet, mithin der vertraglich geschuldete Erfolg nicht bzw. nicht vollständig eingetreten ist. Keine Voraussetzung für die Mangelhaftigkeit der Werkleistung ist, dass bereits ein konkreter Schaden beispielsweise am Bauwerk aufgetreten ist. Es genügt die bloße **Abweichung der tatsächlichen Ist- von der vertraglich geschuldeten Soll-Beschaffenheit**. Maßgeblicher Zeitpunkt für die Beurteilung der Mangelfreiheit bzw. Mangelhaftigkeit der Vertragsleistung ist die Abnahme der Werkleistung.[27]

Umstritten ist die Frage, ob der Besteller bereits vor der Abnahme Rechte wegen Werkmängeln geltend machen kann. Im Werkvertragsrecht vor der Schuldrechtsmodernisierung war dies unproblematisch. Es war anerkannt, dass der Besteller bereits vor der Abnahme des Werks Gewährleistungsansprüche geltend machen konnte.[28] Dort konnten vor Abschluss der Architektenleistung Mängel gerügt und Mängelansprüche vom Besteller geltend gemacht werden. Für den Lauf der Gewährleistungsfrist hatte dies keinen Einfluss. Diese begann stets erst mit der Abnahme zu laufen.[29]

19 Für das seit dem Jahr 2002 geltende Schuldrecht werden gegen eine Fortführung dieser Rechtslage Bedenken vorgebracht. Kern des Problems ist, dass der Unternehmer dem Besteller gemäß § 633 BGB n.F. das Werk frei von Sach- und Rechtsmängeln zu verschaffen hat. Daher wird die Möglichkeit der **Geltendmachung von Gewährleistungsansprüchen vor der Abnahme** des Werks nach vorherrschender Ansicht verneint.[30] Auch nach

---

[24] Preussner, in Motzke/Preussner/Kehrberg/Kesselring, Die Haftung des Architekten, 9. Auflage 2008, J Rn. 60.

[25] Hierzu ausführlich Preussner, in Motzke/Preussner/Kehrberg/Kesselring, Die Haftung des Architekten, 9. Auflage 2008, J Rn. 95 ff.

[26] BGH, Urt. v. 13.5.2003 – X ZR 200/01, NJW-RR 2003, 1285.

[27] KG, Urt. v. 5.6.2001, 7 U 6687/00, NJW-RR 2001, 1385; OLG Dresden, Urt. v. 9.6.2010 – 1 U 745/09, IBR 2012, 90 (Steeger); Werner/Pastor, Der Bauprozess, 15. Auflage 2015, Rn. 1984.

[28] BGH, Urt. v. 19.7.2000 – IX ZR 149/00, NZBau 2001, 549 = BauR 2001, 1727; BGH, Urt. v. 20.4.2000 – VII ZR 164/99; NZBau 2000, 421 = BauR 2000, 1479; BGH, Urt. v. 8.7.2010 – VII ZR 171/08, NJW 2010 – 3573 = BauR 2010, 1778.

[29] BGH, Urt. v. 8.7.2010 – VII ZR 171/08, NZBau 2010, 768 = BauR 2010, 1778.

[30] OLG Koblenz, Urt. v. 18.10.2007 – 5 U 521/07, IBR 2008, 81 (Vogel); Joussen, BauR 2009, 319; Voit, BauR 2011, 1063; Vogel, BauR 2011, 319; krit. Folnovic, BauR 2008, 1360.

Ansicht des OLG Köln[31] lässt es sich mit der Verpflichtung des Unternehmers, den werkvertraglichen Erfolg zu erreichen, nicht vereinbaren, wenn sich der Besteller bereits vor der Abnahme durch ein Verlangen auf Beseitigung der Mängel in die Herstellungsautonomie des Unternehmers einmischt. Die Verpflichtung des Unternehmers richte sich nicht darauf, kontinuierlich bis zur Fertigstellung mangelfrei zu arbeiten, sondern dem Besteller zu dem vereinbarten Zeitpunkt ein mangelfrei hergestelltes Werk zu verschaffen. Daher könne der Besteller dem Unternehmer auch erst dann eine Frist nach § 281 Abs. 1 BGB oder § 323 Abs. 1 BGB setzen, wenn der Ablieferungszeitpunkt erreicht sei. Eine Mängelbeseitigung vor Abnahme komme daher nur dann in Betracht, wenn eine Abnahme gemäß § 640 Abs. 1 S. 1, 2. Hs. BGB nach der Beschaffenheit des Werkes ausgeschlossen ist oder ein die Abnahme ersetzender Tatbestand vorliegt.[32]

Nach anderer Auffassung kann der Besteller einer Werkleistung auch bereits vor der Abnahme Mängelrechte geltend machen.[33] Teilweise wird hierbei vertreten, dass die Geltendmachung der Mängelansprüche vor Abnahme voraussetzt, dass der Unternehmer den mangelhaften Teil der Werkleistung erbracht hat und er eine Mangelbeseitigung bereits vor Abnahme verweigert.[34] 20

Eine höchstrichterliche Entscheidung zu der Streitfrage, ob nach neuem Schuldrecht Mängelansprüche gemäß § 634 BGB bereits vor der Abnahme geltend gemacht werden können, liegt noch nicht vor. Vielmehr hat der 7. Zivilsenat des Bundesgerichtshofs diese Frage in einer Entscheidung aus dem Jahr 2013 offen gelassen.[35]

Letztlich wird man die Möglichkeit zur Geltendmachung von Mängelansprüchen vor Abnahme mit den oben dargestellten Argumenten verneinen müssen. Die Gegenauffassung lässt die wesentliche Frage unbeantwortet, wie die Mängelrechte, insbesondere das Recht zur Selbstvornahme mit dem Recht des Unternehmers in Einklang gebracht werden soll, das geschuldete Werk in eigener Organisation fachgerecht herzustellen. Dies gilt für das Bauwerk ebenso wie für das Architektenwerk.

Etwas anderes kann nur dann angenommen werden, wenn die Parteien die Möglichkeit zur Geltendmachung von Mängelansprüchen wirksam **vertraglich vereinbaren**, wie dies beim Bauvertrag durch die Regelung in § 4 Abs. 7 VOB/B möglich ist. Für den Architektenvertrag bietet es sich an, den Vertrag stufenweise zu beauftragen und/oder Teilabnahmen nach Abschluss bestimmter Leistungsphasen vertraglich zu vereinbaren. Im Übrigen richten sich die Rechte des Bestellers bis zur Abnahme nach dem allgemeinen Leistungsstörungsrecht. Er kann bis dahin auf die Vorschriften der §§ 280, 281, 323 BGB (Schadensersatz neben oder statt der (ganzen) Leistung bzw. Rücktritt vom Vertrag) zurückgreifen.

Eine ausdrückliche oder förmliche Abnahme des Architektenwerks findet nur selten statt. In der Praxis dominieren Fälle, in denen die Planungsleistung zum Teil baubegleitend erbracht, das Bauwerk realisiert wird und der Architekt sein Honorar abrechnet. Hier ist es zumeist strittig, ob bzw. wann eine Abnahme stattgefunden hat, mithin welcher Zeitpunkt für die Beurteilung maßgeblich ist, ob das Werk vertragsgerecht ist oder nicht.[36] Das „Vergessen" einer Abnahme der Architektenleistung in der bisherigen Praxis ist darauf zurückzuführen, dass von den Architekten der Abnahme ihrer eigenen Leistung 21

---

[31] OLG Köln, Beschluss vom 12.11.2012 – I-11 U 146/12, NJW 2013, 1104 = NZBau 2013, 306.

[32] OLG Köln, Beschluss vom 12.11.2012 – I-11 U 146/12, NJW 2013, 1104 = NZBau 2013, 306; Löffelmann/Fleischmann/Ehle, In Löffelmann/Fleischmann, Architektenrecht, 6. Aufl. 2012, Rn. 1789 a f.

[33] Sienz, BauR 2002, 181; Koeble, in Locher/Koeble/Frik, Kommentar zur HOAI, 12. Auflage 2014 Einleitung Rn. 141 m. w. N. (vgl. dort Fn. 378).

[34] Preussner, in Motzke/Preussner/Kehrberg/Kesselring, Die Haftung des Architekten, 9. Aufl. 2008, J Rn. 111.

[35] BGH, VersäumnisUrt. v. 6.6.2013 – VII ZR 355/12, NJW 2013, 3022 = IBR 2013, 646 (Waschk).

[36] Hierzu ausführlich § 10.

häufig keine besondere Bedeutung beigemessen oder der Charakter des Architektenvertrags als Werkvertrag verkannt wurde. Häufig vernachlässigen die Parteien eines Architektenvertrags wegen der langen Laufzeit auch die Notwendigkeit einer ausdrücklichen oder förmlichen Abnahme. Es bleibt zu hoffen, dass durch die Änderung in § 15 Abs. 1 (HOAI 2013) der Abnahme zukünftig auch von den Architekten die ihr gebührende Aufmerksamkeit zukommt. Ohne Abnahme wird nämlich nach der Neuregelung ihr Honorar nicht fällig.

5. Einzelfälle

22 Die Mängel des Architektenwerks lassen sich im Groben in folgende Kategorien einteilen: technische Planungsmängel, wirtschaftliche Planungsmängel,[37] Bauüberwachungsmängel sowie Koordinierungsmängel. Diese Unterteilung ist nicht zwingend und nicht abschließend. Auch kann eine Leistung oder Teilleistung des Architekten in mehreren Dimensionen mangelbehaftet sein.

23 **a) Technische Planungsmängel.** Technische Planungsmängel umfassen Fehler in der Konzeption oder Gestaltung des Bauvorhabens sowie in der Vorbereitung der Realisierung, die zu einem nicht vertragsgerechten Ergebnis führen. Gegenstand dieser Mängel sind Leistungen des Architekten während der Planungsphase. Der Architekt hat sich bei der Planung an dem zu orientieren, was der Besteller vorgegeben und als Planungsziel definiert hat. Dieses Ziel ist vom Architekten zu ermitteln. Weiterhin hat der Architekt zu überprüfen, ob und unter welchen Voraussetzungen das vom Besteller Gewollte umsetzbar ist. Dies betrifft neben bautechnischen Belangen und der Geeignetheit des Baugrunds auch die Prüfung der baurechtlichen Vorgaben. Die Planung hat dabei in einem Umfang und einer Detailtiefe zu erfolgen, die eine Umsetzung des Vorhabens ermöglicht.

24 Die **einzelnen Planungsschritte** und die dort üblicherweise jeweils zu erfüllenden Aufgaben des Architekten bilden sich auch in den Leistungsphasen 1 bis 5 des Honorarrechts der HOAI ab.[38] Orientieren sich die Vertragsparteien bei der vertraglichen Leistungsbeschreibung an diesen Leistungsphasen und den dort vorgesehenen Planungsaufgaben, die regelmäßig für eine geschuldete funktionstaugliche und damit mangelfreie Planung erforderlich sind, lassen sich mögliche Planungsfehler in bestimmte Leistungsphasen der Vertragserfüllung einordnen. Anders als die Darstellung der Leistungsphasen in der HOAI vermuten lässt, werden diese im Regelfall in zeitlicher Hinsicht nicht streng nacheinander abgearbeitet, sondern vermischen sich.[39] Entscheidend ist, dass der Architekt zu gegebener Zeit verpflichtet ist, die jeweils erforderlichen Teilleistungen zu erbringen, um den vertraglich geschuldeten Gesamterfolg, mithin eine sach- und fachgerechte Planungsleistung, zu erzielen. Daher kann das erneute Aufgreifen bestimmter Leistungen „früherer“ Leistungsphasen erforderlich werden, wenn sich im Zuge „späterer“ Leistungsphasen ein Anpassungsbedarf ergibt.[40]

Im Rahmen der Erfüllung seiner Aufgaben hat der Architekt ein **planerisches Ermessen.**[41] Dieses wird begrenzt durch die vom Besteller erhaltenen Vorgaben und Ziele. Da-

---

[37] Hier behandelt unter § 13.

[38] Zu den Mängeln der Architektenleistung in den Leistungsphasen 6 und 7 (Vorbereitung und Mitwirkung bei der Vergabe), die ebenfalls zu den Planungsphasen zählen, vgl. im Einzelnen § 15.

[39] A. Schmidt, in Messerschmidt/Niemöller/Preussner, HOAI, Vorb. Rn. 113 weist zutreffend darauf hin, dass die einzelnen Leistungsphasen nicht wie die einzelnen Akte eines Theaterstücks zu verstehen sind, die nacheinander gespielt werden.

[40] Das Erfordernis resultiert aufgrund der vertraglichen Verpflichtung des Architekten, ein funktionstaugliches Werk abzuliefern. Dafür ist es in haftungsrechtlicher Sicht unerheblich, ob das Erfordernis auf einem Umstand beruht, den der Architekt zu vertreten hat (dann unentgeltliche Nachbesserung) oder auf anderen Umständen beruht (dann gegebenenfalls zusätzlich zu vergütende Leistung).

[41] OLG Karlsruhe, Urt. v. 31.7.2001 – 17 U 140/99 = BauR 2001, 1933 = IBR 2002, 83 (Lauer); OLG Hamm, Urt. v. 6.10.1988 – 26 U 74/88, NJW-RR 1989, 470 = BauR 1989, 501; OLG München, Urt. v. 30.9.2008 – 9 U 5366/07, BauR 2010, 929 = IBR 2010, 509 (Löffelmann).

her kann das Ermessen – je nach Einzelfall und Sachfrage – eng oder weit ausgestaltet sein. Daraus folgt, dass nicht jede vom technischen und wirtschaftlichen Optimum abweichende Planung automatisch mangelbehaftet ist, zumindest solange sich die Planung innerhalb des Ermessensspielraums bewegt.[42] Trotz des Umstands, dass Bauwerke grundsätzlich langfristig zu planen sind, muss der Architekt nicht zugleich zukünftige Trends oder künftige, nicht explizit geäußerte Nutzerverhalten mit berücksichtigen.[43] Ebenso schuldet der Architekt im Rahmen einer Altbausanierung nicht zwangsläufig eine Planung aller baulichen Maßnahmen, um ein Bauwerk herzustellen, das in jeder Hinsicht heutigen technischen Standards entspricht.[44]

Unterlässt der Architekt eine bestimmte Planungsleistung, handelt es sich nicht automatisch um eine mangelhafte Planung. Dies ist erst dann der Fall, wenn aus dem Unterlassen ein Baumangel resultiert.[45] 25

Im Folgenden geben wir eine **Übersicht** über die möglichen typischen Pflichtverletzungen eines Architekten im Rahmen der Erfüllung seiner Planungspflicht:[46]

aa) Mängel im Rahmen der Grundlagenermittlung und Vorplanung. Die Grundlagenermittlung (Leistungsphase 1 i.S.d. HOAI) dient insbesondere dazu, die Aufgabenstellung auf Grundlage der Vorgaben und des **Bedarfs zu klären**.[47] Hierbei hat der Architekt gegebenenfalls auf das Fehlen dieser Vorgaben aufmerksam zu machen und die Vorgaben und den Bedarf gemeinsam mit dem Besteller zu erarbeiten, auch wenn es sich hierbei um Besondere Leistungen im Sinne der HOAI handelt. Äußert der Bauherr gegenüber dem Architekten Wunschvorstellungen, hat der Architekt diese auf ihre Machbarkeit zu überprüfen und planerisch weitestmöglich zu realisieren.[48] Wenn die Planung des Gebäudes den Einbau einer Holzpelletheizung berücksichtigen soll, so ist die Planung mangelhaft, wenn im Rahmen des Raum- und Funktionsprogramms der Besteller nicht auf die Notwendigkeit eines zureichenden Lagervolumens für Holzpellets hingewiesen wird.[49] Neben den Vorstellungen und Vorgaben des Bestellers hat der Architekt bereits in dieser Phase die sich hieraus ergebenden Probleme zu analysieren und zu klären. Er hat zu ermitteln, welche Planungsschritte, gegebenenfalls unter Einbindung bestimmter **Sonderfachleute**, erforderlich sind. 26

Wesentliches Ziel der Vorplanung (Leistungsphase 2 i.S.d. HOAI) ist es sodann, auf den ermittelten Grundlagen aufbauend die Voraussetzungen für eine sach- und fachgerechte Entwurfs-, Genehmigungs- und Ausführungsplanung zu schaffen. In diesem Zusammenhang hat der Architekt die Grundlagen zu analysieren und mit den **Zielvorstellungen des Bestellers** abzugleichen. Dabei hat er die öffentlich-rechtlichen,[50] technischen[51] und wirtschaftlichen[52] Rahmenbedingungen zu berücksichtigen.

---

42 Vgl. BGH, Urt. v. 9.7.2009 – VII ZR 130/07, NZBau 2009, 722 = BauR 2009, 1611; OLG Braunschweig, Urt. v. 16.12.2010 – 8 U 123/08, BauR 2012, 1692; OLG Karlsruhe, Urt. v. 31.7.2001 – 17 U 140/99, BauR 2001, 1936; OLG Hamm, Urt. v. 6.10.1988 – 26 U 74/88, BauR 1989, 501; Werner, in Werner/Pastor, Der Bauprozess, 15. Auflage 2015, Rn. 1999 m. w. N.

43 OLG Braunschweig, Urt. v. 16.12.2010 – 8 U 123/08, BauR 2012, 1692.

44 OLG Naumburg, Urt. v. 9.2.2012 – 2 U 125/11, NZBau 2012, 442 = NJW-RR 2012, 788 (denkmalgeschützte Gründerzeitvilla).

45 BGH, Urt. v. 25.10.1973 – VII ZR 181/72, BauR 1974, 63.

46 Eine sehr ausführliche Fallsammlung findet sich bei Werner/Frechen, in Werner/Pastor, Der Bauprozess, 15. Auflage 2015, Rn. 1996.

47 OLG Braunschweig, Urt. v. 16.12.2010 – 8 U 123/08, BauR 2012, 1692.

48 OLH Hamm, Urt. v. 7.5.2014 – 12 U 184/12 = BauR 2015, 285 = NZBau 2014, 1116.

49 OLG Stuttgart, Urt. v. 24.1.2012 – 10 U 90/11, IBR 2014, 27 (Berger).

50 OLG Celle, Urt. v. 16.6.2005 – 6 U 187/04, BauR 2006, 1163 (Pflicht zur hinreichenden Prüfung eines Bebauungsplans).

51 OLG Naumburg, Urt. v. 9.2.2012 – 2 U 125/11, NZBau 2012, 442 = NJW-RR 2012, 788 (Kellersanierung eines Bestandsgebäudes).

52 Vgl. hierzu § 13.

27 Im Vordergrund dieser ersten Leistungsphasen steht also die **Beratung** des Bestellers durch den Architekten über die einzelnen Schritte, die für eine fachgerechte Planung und Realisierung des Objekts erforderlich sind.[53] Unterlässt der Architekt eine solche Beratung, zu der auch eine **Aufklärung** darüber gehört, dass zu bestimmten Fachfragen Sonderfachleute hinzuzuziehen sind,[54] handelt er vertragspflichtwidrig. Hierdurch kann auch seine weitere Planungsleistung mangelbehaftet sein, wenn sie infolge einer versäumten Aufklärung oder Beratung an den Vorstellungen des Bestellers vorbeigeht bzw. die Verwirklichung des Objekts nicht oder nicht wie geplant möglich ist. Vor diesem Hintergrund ist dem Architekten dringend anzuraten, die Wünsche und Vorgaben des Bestellers und die hierzu erbrachte Beratungsleistung **sorgfältig zu dokumentieren**, um gegebenenfalls nachweisen zu können, dass er den Besteller über möglicherweise im Rahmen der weiteren Planung oder der Errichtung des Objekts auftretende Schwierigkeiten hingewiesen hat. Ein **Zusammenfassen, Erläutern und Dokumentieren der Ergebnisse** zählt dabei ohnehin zu den Grundleistungen der beiden Leistungsphasen.

28 Von maßgeblicher Bedeutung für die weitere Planung sind die **Eigenschaften des Baugrunds**. Nur wenn diese bekannt sind, wird der Architekt regelmäßig in der Lage sein, seinen Auftrag ordnungsgemäß zu erfüllen.[55] Daher hat der Architekt darauf hinzuwirken, dass sämtliche für eine ordnungsgemäße Planung und Realisierung erforderlichen Umstände hinreichend aufgeklärt werden.[56] Dies betrifft regelmäßig und insbesondere die Veranlassung einer sorgfältigen Untersuchung der Boden- und Wasserverhältnisse durch **Einholung eines Baugrundgutachtens**. Im Wesentlichen geht es hierbei zum einen um die Bodenbeschaffenheit (Art und Aufbau des Bodens), die für die Planung und Ausgestaltung des Tragwerks bzw. für die Frage, ob das Bauvorhaben überhaupt realisiert werden kann,[57] von entscheidender Bedeutung ist. Zum anderen sind mögliche hydrogeologische Probleme (Schichtenwasser, Grundwasser etc.) aufzuklären. Erst wenn diese Umstände bekannt sind, kann beurteilt werden, ob während der Bauausführung bestimmte Maßnahmen ergriffen werden müssen (Stichwort: Wasserhaltung) und welche Art der erdberührten Bauwerksabdichtung erforderlich ist.

29 Je nach Grundstückslage und -historie können zudem Anhaltspunkte existieren, das Bestehen weiterer Bodenrisiken, beispielsweise **Kontaminationen, Bauwerksreste, Leitungen oder Kampfmittel**, zu eruieren. Derartige Altlasten können dazu führen, dass sich die Realisierung des Bauvorhabens verzögert, es jedenfalls aber durch einen erforderlichen Bodenaustausch oder zusätzliche Abbrucharbeiten zu Mehrkosten kommen kann. Befand sich auf dem Grundstück zuvor eine tiefgeschossige Bebauung, eine Tankstelle oder chemische Industrieanlage dürfte dies Anlass genug dafür sein, diese **Risiken aufzuklären**. Dasselbe gilt, wenn es Anhaltspunkte dafür gibt, dass das Grundstück von

---

[53] BGH, Urt. v. 16.10.2014 – VII ZR 152/12 = BauR 2014, 1801 = NZBau 2014, 568.

[54] OLG Stuttgart, Urt. v. 18.8.2008 – 10 U 4/06, BauR 2009, 1926; OLG Düsseldorf, Urt. v. 6.3.2014 – 5 U 84/11, NZBau 2014, 506 = BauR 2014, 1509.

[55] BGH, Urt. v. 4.3.1971 – VII ZR 204/69, BauR 1971, 265 = WM 1971, 682; BGH, Urt. v. 6.12.2007 – VII ZR 157/06, NZBau 2008, 260-262 = BauR 2008, 543; BGH, Urt. v. 15.5.2013 – VII ZR 257/11, BGHZ 197, 252 = NZBau 2013, 519 = BauR 2013, 1468;OLG Düsseldorf, Urt. v. 17.3.2000 – 22 U 142/99, NZBau 2000, 474= BauR 2000, 1358; OLG Rostock, Urt. v. 3.3.2010 – 2 U 68/07, IBR 2012, 365 (Gross); OLG Düsseldorf, Urt. v. 23.10.2014 – 5 U 84/10, NZBau 2015, 98 = BauR 2015, 856.

[56] BGH, Urt. v. 15.12.1966 – VII ZR 151/64, VersR 1967, 260; OLG Düsseldorf, Urt. v. 30.3.1990 – 22 U 203/89, NJW-RR 1992, 156 = BauR 1992, 536; OLG Düsseldorf, Urt. v. 12.5.2000 – 22 U 191/99, NZBau 2000, 526 = BauR 2001, 277; OLG Düsseldorf, Urt. v. 12.5.2000 – 22 U 191/99, NZBau 2000, 526 = BauR 2001, 277;OLG Düsseldorf, Urt. v. 6.8.2004 – 22 U 135/03, NZBau 2006, 54 = BauR 2005, 1660; OLG Zweibrücken, Urt. v. 20.1.2009 – 8 U 43/07, BauR 2010, 1085 (frühere Flussnähe des Grundstücks); OLG Naumburg, Urt. v. 16.11.2010 – 9 U 196/09, IBR 2011, 471 (Fuchs); OLG Celle, Urt. v. 23.2.2012 – 16 U 4/10.

[57] Vgl. hierzu BGH, Urt. v. 20.6.2013 – VII ZR 4/12, NZBau 2013, 515 = BauR 2013, 1472 (Bauen an einem abbruchgefährdeten Steilhang).

Versorgungsleitungen durchquert wird.[58] Auch das Risiko, das von Kampfmitteln – maßgeblich aus der Zeit des Zweiten Weltkriegs – ausgeht, ist im Blick zu behalten, insbesondere wenn das Grundstück selbst oder Objekte in näherer Umgebung von militärstrategischer Bedeutung waren. Hier kann im Regelfall die örtliche Ordnungsbehörde Auskunft darüber erteilen, ob das Grundstück in einem **Kampfmittelrisikogebiet** liegt. Unter Umständen erforderliche weitere Untersuchungen (etwa Luftbildauswertungen zur Ermittlung etwaiger Verdachtspunkte für Blindgängereinschläge oder Bodensondierungen) werden sodann vom Kampfmittelbeseitigungsdienst veranlasst. Die Zeitdauer, die diese Untersuchungen in Anspruch nehmen, ist in den Bauablauf einzuplanen. Nach einer Entscheidung des Kammergerichts[59] muss bei einer Altbausanierung der Architekt den **Hausschwammbefall** nicht selbst umfassend klären. Die konkrete Feststellung von Hausschwammbefall darf mit dem Leistungsverzeichnis auf den bauausführenden Unternehmer übertragen werden. Dieses Urteil ist abzulehnen, da es der umfassenden Aufklärungspflicht des Architekten diametral widerspricht.

Unter Umständen kann es auch geboten und erforderlich sein, aus Gründen der Be- 30
weissicherung die bestehende **Nachbarbebauung** zu untersuchen und eine **Beweissicherung zu veranlassen**, wenn diese beispielsweise durch Unterfangungen, Rückverankerungen oder Abstützungen in die Baumaßnahme einzubeziehen ist oder das Risiko von Bauschäden (etwa durch Erschütterungen infolge von Bodenverdichtungs- oder Abrissarbeiten) nicht ausgeschlossen werden kann.[60]

Der Architekt ist schlussendlich auch zur Prüfung einer bereits vorhandenen **Grundstückseinmessung** verpflichtet, auf deren Grundlage er die weiteren Planungsleistungen erbringen soll. Diese Pflicht geht allerdings nicht so weit, dass er hierfür einen Sonderfachmann zur Überprüfung hinzuziehen oder gar selbst eine Einmessung vornehmen muss. Er hat allerdings nachzufragen, ob der Vermessungsingenieur von zutreffenden Bezugsgrößen ausgegangen ist.[61]

bb) Mängel im Rahmen der Entwurfsplanung/Ausführungsplanung/Ausschreibung. Im Rahmen 31
der Entwurfsplanung (Leistungsphase 3 i.S.d. HOAI) hat der Architekt aufbauend auf den Ergebnissen der Grundlagenermittlung, der Vorplanung und der Beiträge anderer an der Planung fachlich Beteiligter[62] eine Planung zu erbringen, die als Grundlage für die weiteren Planungsphasen (Genehmigungsplanung und Ausführungsplanung) geeignet ist. Die Entwurfsplanung erreicht noch nicht die Planungs- und Detailtiefe der eigentlichen Ausführungsplanung (Leistungsphase 5 i.S.d. HOAI). Dort hat der Architekt dann alle für die Ausführung notwendigen Einzelangaben zeichnerisch und textlich auf der Grundlage der Entwurfs- und Genehmigungsplanung bis zur ausführungsreifen Lösung widerspruchsfrei auszuarbeiten.[63] Hierzu zählen Ausführungs-, Detail- und Konstruktionszeichnungen im je nach Art und Größe des Objekts erforderlichen Umfang und Detaillierungsgrad unter Berücksichtigung aller fachspezifischen Anforderungen.

Die Planungsleistung eines Architekten ist daher mangelhaft, wenn sie die Verarbei- 32
tung **ungeeigneten Materials** vorsieht[64] oder sie nicht die erforderlichen Vorgaben zur

---

58 OLG Düsseldorf, – Urt. v. 20.7.2007 – 22 U 142/06, BauR 2008, 2070.

59 KG, Urt. v. 25.7.2014 – 21 U 40/13 = IBR 2014, 681.

60 BGH, Urt. v. 26.11.1982 – V ZR 314/81, BGHZ 85, 375 = NJW 1983, 872 = BauR 1983, 177; zum Anscheinsbeweis für Risse an einem Gebäude durch Abbrucharbeiten auf dem Nachbargrundstück BGH, Urt. v. 19.4.1991 – V ZR 349/89, BGHZ 114, 273 = NJW 1991, 2021 = BauR 1991, 514; OLG Frankfurt, Urt. v. 28.8.2009, 4 U 264/08, BauR 2010, 474.

61 OLG Köln, Urt. v. 15.6.2012 – I-19 U 116/11, IBR 2014, 490 (Wronna).

62 OLG Celle, Urt. v. 29.1.2014 – 7 U 159/12, NZBau 2014, 444 = BauR 2014, 1169 (zur Pflicht des Ausführungsplaners, das Sanierungskonzept eines anderen Planers zu prüfen).

63 OLG Celle, Urt. v. 1.11.2012 – 16 U 200/11 = IBR 2014, 656 (BGH Beschluss vom 14.8.2014 – VIII ZR 314/12 – NZB zurückgewiesen).

64 OLG München, Urt. v. 27.3.1987, NJW-RR 1988, 85 (falsches Glas); OLG Dresden, Urt. v. 13.4.2006 – 10 U 886/04, BauR 2007, 726 (ungeeigneter Klebstoff); OLG München, Urt. v. 9.4.2013

Ausführung bestimmter Ausführungsdetails macht.[65] Dies gilt auch dann, wenn der Bauunternehmer diesen Fehler zwar nicht umsetzt, dadurch aber das Bauwerk aus einem anderen Grund sodann nicht dem geschuldeten Stand der Technik entspricht.[66] Den Planer trifft eine **umfassende Aufklärungspflicht** gegenüber dem Besteller über mögliche Risiken, insbesondere bei geplanter Verwendung neuer, noch nicht praxiserprobter Baustoffe[67], einer vorgesehenen Ausführungsart außerhalb bautechnisch gesicherter Erkenntnisse[68] oder wenn die ausdrücklich vereinbarte bzw. übliche Beschaffenheit nicht erreicht werden kann.[69] Er hat in diesem Zusammenhang auch umfassend über Planungs- und Ausführungsalternativen und die damit verbundenen Kosten zu beraten.[70]

33 Wie detailliert eine Ausführungsplanung zu erfolgen hat, hängt von den Umständen des Einzelfalls ab. Besonders **schadensträchtige Details** müssen im Einzelnen geplant und dem Unternehmer in einer jedes Risiko ausschließenden Weise verdeutlicht werden.[71] Dies gilt insbesondere für **Abdichtungs**-[72] oder (Teil-)**Abbrucharbeiten**.[73] Lediglich bei ganz einfachen Aufgaben, deren Bewältigung ohne weiteres vom Bauunternehmer erwartet werden darf, kann das Vertrauen des Architekten in die Fachkompetenz des Unternehmers haftungsrechtlich entlasten. Die Architektenleistung ist daher mangelhaft, wenn er komplexe Fragen der Bauausführung einem vermeintlich kompetenten Bauunternehmer überlässt.[74] Dies gilt darüber hinaus erst recht, wenn der Besteller das Objekt in Eigenleistung errichten will.[75]

Im Rahmen der Ausführungsplanung ist ein stetiger **Austausch zwischen Objektplaner und Fachplanern** erforderlich.[76] Der Objektplaner hat die Planungen der einzelnen Fachplaner zu **koordinieren** und in seine eigene Planung zu **integrieren**.[77] Dabei muss er prüfen, ob und wie die Wünsche des Bestellers beispielsweise mit den statischen Anforderungen und den Brandschutzvorschriften kompatibel gemacht werden können.[78] Der

---

– 9 U 4449/08, BauR 2013, 1901 (fehlender tausalzbeständiger Oberflächenschutz einer Tiefgarage); OLG München, Urt. v. 9.7.2013 – 28 U 4652/12, BauR 2013, 1914 (Estrich); OLG Frankfurt, Urt. v. 22.3.2011 – 14 U 29/07, IBR 2013, 690 (Fuchs) (Verletzung der Auswahlpflicht des Bauchemikers als Sonderfachmann).

[65] BGH, Urt. v. 15.6.2000 – VII ZR 212/99, NZBau 2000, 433 = BauR 2000, 1330 (Bitumendickbeschichtung); OLG Dresden, Urt. v. 22.3.2012 – 10 U 344/11, IBR 2014, 488 (Preussner).

[66] OLG Stuttgart, Urt. v. 24.4.2012 – 10 U 7/12, BauR 2014, 865.

[67] BGH, Urt. v. 23.3.1970 – VII ZR 87/68, BauR 1970, 177; BGH, Urt. v. 30.10. 1975 – VII ZR 309/74, BauR 1976, 66; KG, Urt. v. 5.6.2001 – 7 U 6697/00, NZBau 2002, 160; OLG Hamm, Urt. v. 27.10.2005 – 21 U 77/00, BauR 2006, 861.

[68] OLG Oldenburg, Urt. v. 4.9.1996 – 2 U 130/96, IBR 1996, 518 (Knychalla); OLG Saarbrücken, Urt. v. 28.2.1996 – 5 U 553/95, NJW-RR 1998, 93; OLG München, Urt. v. 14.4.2010 – 27 U 31/09, BauR 2012, 1692 = IBR 2012, 524 (Bolz).

[69] OLG Stuttgart, Urt. v. 25.9.2008 – 19 U 28/08, BauR 2012, 691 = IBR 2012, 152 (Wronna) (Schallschutz).

[70] Werner/Frechen, in Werner/Pastor, Der Bauprozess, 15. Auflage 2015, Rn. 1991, 2000.

[71] BGH, Urt. v. 15.6.2000 – VII ZR 212/99, NZBau 2000, 433 = BauR 2000, 1330; OLG Celle, Urt. v. 4.10.2012 – 13 U 234/11, BauR 2013, 1289; OLG Koblenz, Urt. v. 7.10.2010 – 5 U 820/10, IBR 2012, 339 (Berger) (verneint für Putz- und Pflasterarbeiten); OLG Naumburg, Urt. v. 6.3.2014 – 1 U 95/13, BauR 2014, 1813.

[72] BGH, Urt. v. 15.6.2000 – VII ZR 212/99, NZBau 2000, 433 = BauR 2000, 1330; OLG Düsseldorf, Urt. v. 20.8.2001 – 23 U 191/00, BauR 2002, 652; OLG Düsseldorf, Urt. v. 6.3.2014 – 5 U 84/11 = NZBau 2015, 98.

[73] OLG Stuttgart, Urt. v. 23.2.2001 – 5 U 136/05, NZBau 2006, 446.

[74] OLG Stuttgart, Urt. v. 23.2.2001 – 5 U 136/05, NZBau 2006, 446; OLG München, Urt. v. 22.2.2011 – 13 U 4056/10, BauR 2011, 1197; OLG Koblenz, Urt. v. 25.9.2012 – 5 U 577/12, NZBau 2013, 53 = NJW-RR 2013, 20.

[75] OLG Köln, Urt. v. 30.4.2003 – 13 U 207/01, IBR 2003, 615 (Giesselmann).

[76] OLG Düsseldorf, Urt. v. 25.10.2012 – I-5 U 162/11, BauR 2013, 1480.

[77] OLG Düsseldorf, Urt. v. 25.10.2012 – I-5 U 162/11, BauR 2013, 1480.

[78] OLG Celle, Urt. v. 4.1.2012 – 14 U 126/11, BauR 2013, 2036 = IBR 2013, 627 (Fuchs).

Architekt darf sich ferner nur dann auf die statischen Berechnungen eines von ihm beauftragten Tragwerksplaners verlassen, wenn allein dieser über die besonderen Fachkenntnisse verfügt. Im Rahmen seiner eigenen, von ihm zu erwartenden Kenntnisse hat er die Leistung des für bestimmte Bereiche oder Gewerke beauftragten Sonderfachmanns zu prüfen.[79]

Die möglichen Planungsfehler im Rahmen der Entwurfs- und Ausführungsplanung sind mannigfaltig, ebenso wie die hierzu ergangene Rechtsprechung. Nach typischen Kategorien sortiert, handelt es sich um Planungsmängel, wenn der Architekt eine zu hohe[80] oder zu niedrige[81] **Gründung** des Gebäudes, keine oder nur eine unzureichende **Abdichtung** des Gebäudes im erdberührten Bereich gegen nichtdrückendes[82] oder drückendes Wasser,[83] **Sollbruchstellen** in Bodenplatten bei Gebäuden, die im hochwassergefährdeten Bereich liegen,[84] unzureichende **Dehnungsfugen**,[85] unzureichende **Entwässerung oder Drainung**,[86] einschalige anstelle zweischaliger **Gebäudetrennwände**,[87] unzureichende **Raumhöhen**,[88] einen unzureichenden **Brandschutz** (Sprinkler- und Brandmeldeanlagen, Brandlasten),[89] eine unzureichende **Wärmedämmung**[90] oder einen unzureichenden **Schallschutz**[91] plant bzw. eine fehlerhafte **Wärmebedarfsberechnung**[92] erstellt. 34

Kommt es nach der Ausschreibung oder bereits während der Errichtung des Objekts zu **Änderungen in der Bauausführung**, können eine ergänzende Ausführungsplanung und eine damit verbundene Prüfung des zu verwendenden Materials auf Geeignetheit erforderlich werden.[93] Gegebenenfalls lebt die Phase der Ausführungsplanung damit während der Bauausführung wieder auf. 35

Regelmäßig stellt erst die Ausführungsplanung eine hinreichende Grundlage für die Ausarbeitung fachtechnisch richtiger Ausschreibungsunterlagen und damit eine sachgerechte Auftragsvergabe an die ausführenden Unternehmer dar. Es ist allerdings alles 36

---

79 OLG Düsseldorf, Urt. v. 6.3.2014 – I 5 U 84/11 = BauR 2014, 1509 = NZBau 2014, 506; OLG Düsseldorf, Urt. v. 19.6.2007 – 21 U 38/05, NZBau 2008, 388; OLG Köln, Urt. v. 17.8.2011 – 11 U 16/11, IBR 2011, 704 (Eich); OLG Naumburg, Urt. v. 21.3.2012 – 5 U 226/11, IBR 2014, 223 (Fuchs).

80 BGH, Urt. v. 7.3.2002 – VII ZR 1/00, NZBau 2002, 571 = BauR 2002, 1536.

81 OLG Hamm, Urt. v. 6.10.1988 – 26 U 74/88, NJW-RR 1989, 470 = BauR 1989, 501.

82 OLG Schleswig, Urt. v. 19.2.1998 – 5 U 81/94, NJW-RR 1998, 1711 = BauR 1998, 1100; OLG Hamm, Urt. v. 23.4.2002 – 21 U 56/01, NJW-RR 2002, 1669 = BauR 2003, 273.

83 BGH, Urt. v. 15.6.2000 – VII ZR 212/99, NZBau 2000, 433 = BauR 2000, 1330; BGH, Urt. v. 14.2.2001 – VII ZR 176/99, BGHZ 147, 1, NZBau 2001, 270 = BauR 2001, 823; BGH, Urt. v. 6.12.2007 – VII ZR 157/06, BauR 2008, 543 = NZBau 2008, 260; BGH, Urt. v. 15.5.2013 – VII ZR 257/11, BGHZ 197, 252 = NZBau 2013, 519 = BauR 2013, 1468; KG, Urt. v. 13.12.2007 – 10 U 256/01, BauR 2009, 676; OLG Düsseldorf, Urt. v. 22.6.2004 – 21 U 225/03, NZBau 2005, 404 = BauR 2005, 128.

84 OLG Koblenz, Urt. v. 19.1.2012 – 1 U 1287/10, IBR 2013, 548 (Berger).

85 OLG Düsseldorf, Urt. v. 19.6.2007 – 21 U 38/05, NZBau 2008, 388 = BauR 2007, 1914; KG, Urt. v. 13.12.2005 – 6 U 140/01, IBR 2006, 509 (Fischer).

86 OLG Hamm, Urt. v. 11.1.1991 – 26 U 228/89, BauR 1991, 788; OLG Düsseldorf, Urt. v. 22.6.2004 – 21 U 225/03, NZBau 2005, 404 = BauR 2005, 128; OLG Düsseldorf, Urt. v. 15.11.2000 – 5 U 156/99, NJW-RR 2003, 14 = BauR 2003, 127.

87 BGH, Urt. v. 20.12.2012 – VII ZR 209/11, NZBau 2013, 244 = BauR 2013, 624.

88 OLG Hamm, Urt. v. 7.4.1992 – 26 U 121/91, BauR 1993, 729; OLG Düsseldorf, Urt. v. 29.1.1999 – 22 U 168/98, NJW-RR 1999, 960.

89 OLG Celle, Urt. v. 4.1.2012 – 14 U 126/11, BauR 2013, 2036 = IBR 2013, 627 (Fuchs).

90 BGH, Urt. v. 9.4.1981 – VII ZR 263/79, BauR 1981, 395; OLG Düsseldorf, Urt. v. 6.2.1998 – 22 U 116/97, NJW-RR 1998, 810; OLG München, Urt. v. 8.6.2010 – 28 U 2751/06, BauR 2012, 1149 (fehlende Detailplanung im Übergangsbereich zum Sockel).

91 OLG Stuttgart, Urt. v. 25.9.2008 – 19 U 28/08, BauR 2012, 691 = IBR 2012, 152 (Wronna) (zum Mindestschallschutz in einer zu Wohnzwecken umgebauten alten Mühle).

92 OLG Hamm, Urt. v. 9.4.2002 – 21 U 16/01, BauR 2003, 276.

93 OLG Koblenz, Urt. v. 7.10.2011 – 1 U 102/11, IBR 2014, 222 (Wronna).

andere als unüblich, wenn die **Ausschreibung der Bauleistung auf der Grundlage der Entwurfsplanung** erfolgt und die Ausführungsplanung erst **baubegleitend**, gegebenenfalls auch durch das ausführende Unternehmen selbst erfolgt. Diese Vorgehensweise ist riskant, da aus der Entwurfsplanung regelmäßig noch nicht hervorgeht, wie genau, d.h. mit welchen Materialien und in welcher Reihenfolge die Bauausführung erfolgen soll und welche Mengen hierfür erforderlich sein werden.

37 Da der Architekt vertraglich verpflichtet ist, eine funktionstaugliche Planungsleistung zu erbringen, hat er dafür Sorge zu tragen, dass die Planung, die Gegenstand der Ausschreibung werden soll, einen Detaillierungsgrad erreicht hat, der es ermöglicht, die Art und Menge des zu verwendenden Materials sowie die konkrete Bauausführung nachzuvollziehen. Der Architekt hat den Besteller auf die mit einer Ausschreibung der Leistung auf Grundlage der Entwurfsplanung und/oder einer baubegleitenden Ausführungsplanung verbundenen Risiken (insbesondere Kostenrisiken) hinzuweisen. Diese **Hinweispflicht** besteht insbesondere gegenüber einem in Bauangelegenheiten unerfahrenen Besteller. Lücken und Widersprüche im vom Architekten erstellten **Leistungsverzeichnis** gehören zu den typischen Planungsfehlern im technischen Bereich und stellen eine mangelhafte Leistung des Architektenwerks dar.[94]

38 Die Leistungsanforderungen an die **Ausschreibung** für einen Verbau bestehen in einer genauen planerischen und zeichnerischen Erfassung der örtlichen Gegebenheiten, um dem Verbauunternehmer zu ermöglichen, die örtlich-räumlichen Verhältnisse für die kalkulatorische, aber auch arbeitstechnische Planung aufzunehmen und zu berücksichtigen.[95]

39 *cc) Mängel im Rahmen der Genehmigungsplanung.* Im Rahmen der Genehmigungsplanung (Leistungsphase 4 i.S.d. HOAI) hat der Architekt die Vorlagen und Nachweise für eine öffentlich-rechtliche Genehmigungen bzw. für Zustimmungen einschließlich der Anträge auf Ausnahmen und Befreiungen zu erarbeiten, zusammenzustellen, einzureichen und gegebenenfalls zu ergänzen und anzupassen sowie notwendige Verhandlungen mit Behörden unter Verwendung der Beiträge anderer an der Planung fachlich Beteiligter zu führen.

40 Als Leistungserfolg schuldet der Architekt in dieser Leistungsphase eine **dauerhaft genehmigungsfähige Planung**.[96] Diese umfasst auch gegebenenfalls erforderliche umweltrechtliche Genehmigungen.[97] Um dieses Ziel zu erreichen, muss der Architekt bereits im Rahmen der Grundlagenermittlung die maßgeblichen baurechtlichen Vorgaben, wie

[94] OLG Brandenburg, TeilUrt. v. 29.8.2014 – 11 U 170/11 = BauR 2015, 288.

[95] OLG Stuttgart, Urt. v. 6.9.2012 – 2 U 3/12 = IBR 2014, 615.

[96] BGH, Urt. v. 19.2.1998 – VII ZR 236/96, NJW-RR 1998, 952 = BauR 1998, 579; BGH, Urt. v. 25.3.1999 – VII ZR 397/97, NJW-RR 1999, 1105 = BauR 1999, 1195; BGH, Urt. v. 21.12.2000 – VII ZR 488/99, NZBau 2001, 211 = BauR 2001, 667; BGH, Urt. v. 27.9.2001 – VII ZR 391/99, NZBau 2002, 41 = BauR 2002, 114 (zum sog. vereinfachten Genehmigungsverfahren, das nach dieser Entscheidung „eine Erleichterung des formellen Rechts und zugleich einen Abbau staatlicher Bauaufsicht unter gleichzeitiger bewusster Verstärkung der Verantwortlichkeit der am Bau Beteiligten" darstellt); BGH, Urt. v. 26.9.2002 – VII ZR 290/01, NZBau 2003, 38 = BauR 2002, 1872; BGH, Urt. v. 10.2.2011 – VII ZR 8/10, NZBau 2011, 360 = BauR 2011, 869; OLG Karlsruhe, Urt. v. 10.5.2005 – 8 U 238/04, IBR 2006, 101 (Eschenbruch); OLG Düsseldorf, Urt. v. 14.6.2005 – 23 U 3/05, NZBau 2005, 702; OLG Düsseldorf, Urt. v. 12.12.1995 – 21 U 53/95, NJW-RR 1996, 404 = BauR 1996, 287; OLG Hamm, Urt. v. 21.12.1995 – 21 U 15/95, BauR 1996, 578; OLG Naumburg, Urt. v. 14.6.2006 – 6 U 111/05, BauR 2009, 119; OLG Frankfurt, Urt. v. 15.12.2011 – 12 U 71/10, NZBau 2012, 306; OLG Düsseldorf, Urt. v. 20.12.2011 – 23 U 187/08, BauR 2012, 1117; OLG Naumburg, Urt. v. 10.2.2012 – 10 U 2/11, IBR 2014, 26 (Käseberg).

[97] BGH, Urt. v. 19.2.1998 – VII ZR 236/96, NJW-RR 1998, 952 = BauR 1998, 579; OLG Naumburg, Urt. v. 14.6.2006 – 6 U 111/05, BauR 2009, 119; OLG Düsseldorf, Urt. v. 14.6.2005 – 23 U 3/05, NZBau 2005, 702 (wasserrechtlich genehmigungsfähige Planung); KG, Urt. v. 20.3.2006 – 24 U 48/05, NZBau 2007, 316.

etwa den Bebauungsplan, mit hinreichender Sorgfalt prüfen.[98] Bei Zweifeln an der Genehmigungsfähigkeit hat der Architekt diese vorab durch eine **Bauvoranfrage** klären zu lassen.[99] Das Erreichen einer dauerhaften Genehmigung bedingt gegebenenfalls auch die Abänderung der bisherigen, nicht genehmigungsfähigen Planung hin zu einem Entwurf, dem keine öffentlich-rechtlichen Einwände entgegenstehen.[100] Wird dieses Ziel nicht erreicht, ist das Architektenwerk nicht abnahmereif.[101]

Von dem Architekten wird ein gewisses Maß an **Rechtskenntnis** erwartet, um die Genehmigungsfähigkeit des Vorhabens richtig einschätzen und den Besteller sachgerecht beraten zu können. In jedem Fall kann von einem Architekten verlangt werden, die maßgeblichen Bestimmungen des Bauplanungsrechts und des Bauordnungsrechts zu kennen und anwenden zu können. Darüber hinaus sollte er über Grundkenntnisse des Bauproduktenrechts und des Umweltrechts[102] verfügen. Unzweifelhaft wird nicht nur das Bauen an sich, sondern werden auch die rechtlichen Vorgaben immer komplexer. Daher kann von einem Architekten nicht erwartet werden, sämtliche, mitunter schwierige Rechtsfragen beantworten zu können.[103] Er hat aber zu erkennen und gegenüber dem Besteller offenzulegen, wenn er eine Rechtsfrage nicht beantworten kann und hat in diesen Fällen zu veranlassen, dass externer Rat bei Rechtsberatern eingeholt wird. 41

Ist von vornherein bekannt, dass die **Genehmigungsfähigkeit des Vorhabens risikobehaftet** ist, wird dies im Zuge der Planung offenbar oder entstehen während der weiteren Planung oder Bauausführung Zweifel an der Rechtmäßigkeit einer bereits erteilten Genehmigung, so hat der Architekt den Besteller hierüber **aufzuklären**; es obliegt dann allein dem Besteller zu entscheiden, ob das Risiko eingegangen werden soll.[104] Typischer Fall ist etwa eine für die Genehmigung erforderliche Befreiung von Festsetzungen aus einem Bebauungsplan. Um die Vermutung zu widerlegen, der Architekt schulde eine funktionstaugliche Planung, sollte der Architekt darauf hinwirken, diese hiervon abweichende übliche Beschaffenheit der Werkleistung schriftlich zu vereinbaren, wobei die übertragenen Risiken im Einzelnen zu benennen sind.[105] Wird eine Baugenehmigung auch für den Besteller ersichtlich zu Unrecht erteilt, verstößt er regelmäßig gegen die im eigenen Interesse bestehende Obliegenheit, sich selbst vor Schäden zu bewahren, wenn er von der Genehmigung dennoch Gebrauch macht.[106] 42

---

[98] BGH, Urt. v. 10.7.2014 – VII ZR 55/13, NZBau 2014, 568; OLG Celle, Urt. v. 16.6.2005 – 6 U 187/04, BauR 2006, 1163 (farbige Eintragungen auf einem Bebauungsplan).

[99] OLG Köln, Urt. v. 21.10.1992 – 11 U 84/92, BauR 1993, 358; OLG Düsseldorf, Urt. v. 12.12.1995 – 21 U 53/95, NJW-RR 1996, 404 = BauR 1996, 287; OLG Hamm, Urt. v. 21.12.1995 – 21 U 15/95, BauR 1996, 578; OLG Stuttgart, Urt. v. 17.12.1996 – 10 U 130/96, BauR 1997, 681; OLG Düsseldorf, – Urt. v. 20.7.2007 – 22 U 142/06, BauR 2008, 2070.

[100] Werner/Frechen, in Werner/Pastor, Der Bauprozess, 15. Auflage 2015 Rn. 1991; Preussner, BauR 2001, 697.

[101] OLG Hamm, Urt. v. 6.1.2005 – 17 U 93/04, NZBau 2005, 527.

[102] KG, Urt. v. 20.3.2006 – 24 U 48/05, NZBau 2007, 316; OLG Koblenz, Urt. v. 4.11.2009 – 1 U 633/09, BauR 2011, 139 (Bauwerk im Überschwemmungsgebiet).

[103] OLG Zweibrücken, Urt. v. 6.2.1998 – 1 U 59/97, NJW-RR 1998, 1097 = BauR 1998, 1036 (Der Architekt ist kein Rechtsberater des Bestellers.); OLG Düsseldorf, Urt. v. 14.6.2005 – 23 U 3/05, NZBau 2005, 702; KG, Urt. v. 20.3.2006 – 24 U 48/05, NZBau 2007, 316.

[104] BGH, Urt. v. 21.4.1994 – VII ZR 244/92, NJW-RR 1994, 916 = BauR 1994, 533; BGH, Urt. v. 9.5.1996 – VII ZR 181/93, NJW 1996, 2370 = BauR 1996, 732; BGH, Urt. v. 26.9.2002 – VII ZR 290/01, NZBau 2003, 38 = BauR 2002, 1872; OLG Naumburg, Urt. v. 14.6.2006 – 6 U 111/05, BauR 2009, 119; OLG Köln, Urt. v. 21.10.1992 – 11 U 84/92, BauR 1993, 358; OLG Stuttgart, Urt. v. 17.12.1996 – 10 U 130/96, BauR 1997, 681; OLG Düsseldorf, Urt. v. 12.12.1995 – 21 U 53/95, NJW-RR 1996, 404 = BauR 1996, 287; OLG München, Urt. v. 8.11.2011 – 9 U 1567/11, NZBau 2012, 23 = BauR 2012, 674 (für den Fall, in dem der Architekt erkennt, dass die ihm beauftragte Planung nicht genehmigungsfähig ist).

[105] Vgl. OLG Düsseldorf, Urt. v. 8.7.2005 – 23 U 213/04, BauR 2006, 1924.

[106] BGH, Urt. v. 10.2.2011 – VII ZR 8/10, NZBau 2011, 360 = BauR 2011, 869.

43 **Versagt die zuständige Behörde die Erteilung der Baugenehmigung**, ist zu differenzieren: Beruht die Versagung auf einer Fehlplanung des Architekten, so hat er diesen Mangel zu beseitigen.[107] Er wird allerdings dann von seiner Leistungspflicht frei, wenn die Erfüllung objektiv unmöglich ist, etwa weil auf dem Grundstück eine Bebauung nicht bzw. nicht in der Art, der Form oder dem Maß zulässig ist,[108] oder wenn die Korrektur der Planung nur mit erheblichen und für den Besteller nicht zumutbaren Mehraufwendungen möglich ist. Übliche Auflagen, die keine grundsätzliche Änderung der Gesamtplanung bedingen, sind allerdings vom Besteller hinzunehmen.[109] Weist die Behörde den Antrag auf die Genehmigung zu Unrecht ab, liegt kein Mangel am Architektenwerk vor. Der Architekt muss in einem solchen Fall dem Besteller zur Einlegung von Rechtsmitteln zu raten, gegebenenfalls unter Heranziehung eines Rechtsbeistands.

44 Hat der Architekt dem Bauherrn das Erfordernis einer **Tekturplanung** dargelegt und ihm somit pflichtgemäß zur Kenntnis gebracht, dass die ursprüngliche Planung nicht genehmigungsfähig war und dass deshalb die Planung geändert werden musste, durfte er – von dieser Kenntnis des Bauherrn ausgehend – dessen Unterschrift unter dem Tekturantrag so verstehen, dass er inhaltlich mit der Planungsänderung einverstanden war. Die Unterschrift drückt aus, dass der Bauherr sich ausreichend beraten sah und bereit war, die vom Architekten für dessen Weiterarbeit benötigte Entscheidung zu treffen.[110]

45 **b) Mängel im Rahmen der Objektüberwachung und Objektbetreuung.** Ist der Architekt vertraglich verpflichtet, die Errichtung des Bauwerks zu überwachen, schuldet er als werkvertraglichen Erfolg eine mangelfreie Überwachung der Bauleistung, nicht aber unmittelbar die Mangelfreiheit der Bauleistung selbst. Allerdings ist eine (erheblich) fehlerhafte Bauleistung regelmäßig ein Indiz für eine unzureichende Überwachungsleistung.[111]

46 Zu den Überwachungsleistungen in technischer Hinsicht[112] zählen im Rahmen der Objektüberwachung (Leistungsphase 8 i.S.d. HOAI) typischerweise das Überwachen der Ausführung des Objektes auf Übereinstimmung mit der öffentlich-rechtlichen Genehmigung, mit den Verträgen mit den ausführenden Unternehmen, den Ausführungsunterlagen, den einschlägigen Vorschriften sowie mit den allgemein anerkannten Regeln der Technik. Weiterhin hat der mit der Bauüberwachung beauftragte Architekt den Bauablauf hinreichend, etwa in einem Bautagebuch, zu **dokumentieren**,[113] die Abnahme der Bauleistung zu organisieren, ein gemeinsames Aufmaß mit den ausführenden Unternehmen aufzustellen und die Beseitigung der festgestellten Ausführungsmängel zu überwachen.

Ist der Architekt zugleich als verantwortlicher **Bauleiter im Sinne der Landesbauordnungen** benannt, haftet er öffentlich-rechtlich gegenüber den Bauaufsichtsbehörden. Zum Besteller hin handelt es sich auch insoweit um eine werkvertragliche Leistung. Die Tätigkeit stellt eine Besondere Leistung im Rahmen der Objektüberwachung gemäß An-

---

107 OLG Bremen, Urt. v. 5.5.2011 – 5 U 41/10, IBR 2012, 651 (Bolz).

108 BGH, Urt. v. 21.12.2000 – VII ZR 17/99, NZBau 2001, 261 = BauR 2001, 785; OLG München, Urt. v. 2.7.1990 – 28 U 6783/89, NJW-RR 1992, 788 = BauR 1992, 534.

109 OLG Dresden, Urt. v. 26.8.2010 – 10 U 178/07, IBR 2012, 463 (Fuchs) (zur Nutzbarkeit nachträglich verkleinerter Räume); Werner/Frechen, in Werner/Pastor, Der Bauprozess, 15. Auflage 2015, Rn. 1992.

110 OLG München, Urt. v. 15.1.2013 – 9 U 3704/11 = IBR 2014, 613 (BGH, Beschl. v. 10.7.2014 – VII ZR 40/13 – NZB zurückgewiesen).

111 BGH, Urt. v. 16. Mai 2002 – VII ZR 81/00, NZBau 2002, 574 = BauR 2002, 1423; BGH, Urt. v. 22.7.2010 – VII ZR 77/08, NZBau 2010, 763 = BauR 2010, 1959; OLG Köln, Urt. v. 20.1.2014 – 11 U 116/13 = NZBau 2014, 302.

112 Zu den Überwachungsleistungen in wirtschaftlicher Hinsicht im Einzelnen § 13.

113 BGH, Urt. v. 28.7.2011 – VII ZR 65/10, NZBau 2011, 622 = BauR 2011, 1677; KG, Urt. v. 14.2.2012 – 7 U 53/08, IBR 2013, 221 f. (Fuchs).

lage 10 HOAI (2013) dar. Soweit beauftragt, haftet der Architekt dem Besteller daher für Schäden, die diesem infolge einer Verletzung der öffentlich-rechtlichen Pflichten entstehen.

aa) Prüfung der Planungs- und Ausschreibungsunterlagen. Bereits vor Beginn der Bauausführung hat der bauüberwachende Architekt die Planungs- und Ausschreibungsunterlagen auf Fehler und Widersprüche hin zu überprüfen.[114] Ist dies der Fall oder sind die ihm vorliegenden Unterlagen lückenhaft, hat er den Besteller hierauf aufmerksam zu machen und über die Risiken aufzuklären.[115] 47

bb) Überwachung der Bauausführung. Kernbereich der Überwachungspflicht des Architekten ist die zielgerichtete **Überwachung, Koordination und Anleitung** der im Rahmen der Bauausführung beteiligten Unternehmer. 48

Hier hat der bauüberwachende Architekt sicherzustellen, dass das Objekt letztlich wie geplant und ohne Mängel errichtet ist.

Die Überwachung erstreckt sich – soweit nicht ausdrücklich anders vereinbart – über die **gesamte Bauleistung**, insbesondere also auch über die Leistungen, mit deren Planung oder Vergabe der Bauüberwacher zuvor gegebenenfalls nicht beauftragt war[116] oder die der Besteller in Eigenleistung ausführt.[117] In diesem Zusammenhang hat er auch das gelieferte Baumaterial auf Richtigkeit und Mangelfreiheit, insbesondere auch auf seine **bauaufsichtliche Zulassung bzw. Konformität** hin zu überprüfen.[118]

Der mit der Bauüberwachung beauftragte Architekt hat die Überwachungsleistung 49 grundsätzlich **persönlich** wahrzunehmen. Er kann sich allerdings durch einen geeigneten, in fachlicher Hinsicht hinreichend qualifizierten und erfahrenen **Erfüllungsgehilfen** vertreten lassen.[119]

Eine pauschale Aussage zu der geschuldeten **Überwachungsintensität** lässt sich nicht 50 machen. Sie hängt maßgeblich zum einen von der Wichtigkeit und **Schadensgeneigtheit** der zu überwachenden Bauleistung ab sowie zum anderen von der Fachkunde und Zuverlässigkeit des bauausführenden Personals. Feststeht, dass die Überwachung regelmäßig erfolgen muss, damit der Architekt sämtliche Ausführungsschritte in Augenschein nehmen kann.[120] Nur gelegentliche Baustellenbesuche genügen diesem Erfordernis im Regelfall nicht.[121]

Nach ständiger und gefestigter Rechtsprechung muss der Architekt die Arbeiten gezielt überwachen und koordinieren, um sicherzustellen, dass das Bauwerk frei von Mängeln und wie geplant durchgeführt wird. Dabei ist seine ständige Präsenz auf der Baustelle

---

[114] OLG Düsseldorf, Urt. v. 19.12.1997 – 22 U 68/97, NJW-RR 1998, 741 = BauR 1998, 582; OLG Celle, Urt. v. 4.1.2012 – 14 U 126/11, BauR 2013, 2036 = IBR 2013, 627 (Fuchs); OLG Brandenburg, Urt. v. 28.3.2013 – 12 U 96/12, NZBau 2013, 438 = BauR 2013, 1478.

[115] OLG Naumburg, Urt. v. 17.12.2004 – 6 U 50/04, BauR 2005, 1796 = IBR 2005, 557 (Kessen). Dies gilt freilich dann nicht, wenn Planer und Überwacher personenidentisch sind, vgl. OLG Naumburg, Urt. v. 9.2.2012 – 2 U 125/11, NZBau 2012, 442 = NJW-RR 2012, 788.

[116] BGH, Urt. v. 18.5.2000 – VII ZR 436/98, NZBau 2000, 386 = BauR 2000, 1217; BGH, Urt. v. 6.7.2000 – VII ZR 82, 98, NZBau 2000, 525 = BauR 2000, 1513; BGH, Urt. v. 9.11.2000 – VII ZR 362/99, NZBau 2001, 213 = BauR 2001, 273.

[117] OLG Hamm, Urt. v. 23.4.2002 – 21 U 56/01, NJW-RR 2002, 1669 = BauR 2003, 273; OLG Düsseldorf, Urt. v. 21.5.2004 – 22 U 150/03, NZBau 2005, 408 = IBR 2005, 227 (Preussner); a. A. OLG Jena, Urt. v. 8.1.2015 – 1 U 268/13, BauR 2015, 879 = IBR 2015, 149 (Spirk).

[118] OLG Düsseldorf, Urt. v. 21.12.2012 – I-23 U 18/12, BauR 2013, 1879; BGH, Urt. v. 9.11.2000 – VII ZR 362/99, BauR 2001, 373; OLG Naumburgrt. v. 1.10.2014 – 12 U 18/14, BauR 2015, 722 = IBR 2015, 152 (Leitloff).

[119] Vgl. BGH, Urt. v. 22.7.2010 – VII ZR 77/08, BauR 2010, 1959, Werner/Frechen in Werner/Pastor, Der Bauprozess, 15. Auflage 2015, Rn. 2022 m. w. N.

[120] OLG Naumburg, Urt. v. 26.11.2002 – 11 U 234/01, NZBau 2003, 389.

[121] BGH, Urt. v. 10.2.1994 – VII ZR 20/93, BGHZ 125, 111 = NJW 1994, 1276 = BauR 1994, 392.

nicht zwingend erforderlich. Er muss die Arbeiten aber in angemessener und zumutbarer Weise überwachen und sich durch entsprechend **häufige Kontrollen** vergewissern, dass seine Anweisungen sachgerecht befolgt werden.[122]

51 Bestimmte Arbeitsschritte sind besonders intensiv von dem Bauüberwacher zu begleiten. Hierbei handelt es sich um die **schwierigen, kritischen und schadensgeneigten Arbeiten** sowie um die Maßnahmen, die für das Gelingen des gesamten Vorhabens von wesentlicher Bedeutung sind. Hierzu zählen beispielsweise **Ausschachtungsarbeiten,**[123] **Unterfangungsarbeiten,**[124] **Einmessungsarbeiten,**[125] **Bewehrungsarbeiten,**[126] **Betonierungsarbeiten,**[127] **Keller-**[128] und **Dachabdichtungsarbeiten,**[129] **Isolierungsarbeiten**[130], **Estricharbeiten,**[131] **Glasfassadenarbeiten,**[132] **Umbauarbeiten**[133], **Maßnahmen zur Erreichung des erforderlichen Schallschutzes**[134] sowie die **Verarbeitung unerprobter Baustoffe.**[135] Derartige Arbeiten hat der Bauüberwacher **vor Ort zu begleiten** und sich von der Ordnungsmäßigkeit der Ausführung überzeugen. Gegebenenfalls hat der Architekt dafür Sorge zu tragen, dass kritische Bauabschnitte, die er in technischer Hinsicht nicht selbst bewerten kann, von einem Sonderfachmann kontrolliert werden.[136]

52 Hingegen besteht regelmäßig keine besondere Überwachungspflicht **handwerklicher Selbstverständlichkeiten.** Es sind dies allgemein übliche, gängige und einfache Bauarbeiten, bei denen sich der Bauüberwacher grundsätzlich auf die Zuverlässigkeit des

---

[122] BGH, Urt. v. 15.6.1978 – VII ZR 15/78, NJW 1978, 1853 = BauR 1978, 498; BGH, Urt. v. 9.11.2000 – VII ZR 362/99, NZBau 2001, 213 = BauR 2001, 273; OLG Celle, Urt. v. 4.1.2012 – 14 U 126/11, BauR 2013, 2036 = IBR 2013, 627 (Fuchs).

[123] BGH, Urt. v. 6.7.2000 – VII ZR 82, 98, NZBau 2000, 525 = BauR 2000, 1513; OLG Düsseldorf, Urt. v. 6.11.2012 – 23 U 156/11, BauR 2013, 489; OLG Düsseldorf, Urt. v. 21.12.2012 – I-23 U 18/12, BauR 2013, 1879.

[124] KG, Urt. v. 5.10.2010 – 21 U 38/09, BauR 2012, 1150; OLG Düsseldorf, Urt. v. 6.11.2012 – 23 U 156/11, BauR 2013, 489; OLG Düsseldorf, Urt. v. 21.12.2012 – I-23 U 18/12, BauR 2013, 1879.

[125] OLG Köln, Urt. v. 15.6.2012 – 19 U 116/11 = IBR 2014, 490 (Wronna); LG Bielefeld, Urt. v. 18.11.2011 – 7 O 188/05.

[126] OLG Düsseldorf, Urt. v. 6.11.2012 – 23 U 156/11, BauR 2013, 489; OLG Düsseldorf, Urt. v. 21.12.2012 – 23 U 18/12, BauR 2013, 1879.

[127] OLG München, Urt. v. 19.11.1987 – 24 U 831/86, DB 1988, 1443 = NJW-RR 1988, 336 (Überwachung von Nachbearbeitungsarbeiten); OLG Düsseldorf, Urt. v. 6.11.2012 – 23 U 156/11, BauR 2013, 489; OLG Düsseldorf, Urt. v. 21.12.2012 – I-23 U 18/12, BauR 2013, 1879.

[128] BGH, Urt. v. 15.6.2000 – VII ZR 212/99, NZBau 2000, 433 = BauR 2000, 1330; OLG Dresden, Urt. v. 26.8.2010 – 10 U 178/07, IBR 2012, 521 (Wronna); einschränkend OLG Stuttgart, Urt. v. 30.11.2010 – 10 U 67/10, BauR 2012, 1987 (Abdichtungsarbeiten durch einen fachkundigen Handwerker); a.A. OLG Hamm, Urt. v. 11.1.1991 – 26 U 228/89, BauR 1991, 788.

[129] BGH, Urt. v. 6.7.2000 – VII ZR 82, 98, NZBau 2000, 525 = BauR 2000, 1513; KG, Urt. v. 11.11.1999 – 4 U 5624/98, NZBau 2000, 347 = BauR 2000, 1362; OLG Köln, Urt. v. 13.3.2013 – 16 U 123/12, NZBau 2013, 375 = BauR 2013, 2054; OLG Koblenz, Urt. v. 28.3.2013 – 1 U 295/12, IBR 2013, 756 (Schudnagies); OLG Koblenz, Urt. v. 30.9.2014 – 3 U 413/14 = BauR 2015, 293.

[130] KG, Urt. v. 11.11.1999 – 4 U 5624/98, NZBau 2000, 347 = BauR 2000, 1362; OLG Hamm, Urt. v. 6.3.2013 – 12 U 122/12, NZBau 2013, 313 = BauR 2013, 1714.

[131] OLG Nürnberg, Urt. v. 12.5.2004 – 4 U 2439/99, BauR 2005, 1220 = IBR 2005, 313 (Leupertz).

[132] OLG Hamm, Urt. v. 20.12.2013 – 12 U 79/13, BauR 2014, 1176.

[133] OLG Naumburg, Urt. v. 26.11.2002 – 11 U 234/01, NZBau 2003, 389.

[134] KG, Urt. v. 11.11.1999 – 4 U 5624/98, NZBau 2000, 347 = BauR 2000, 1362; OLG Hamm, Urt. v. 6.3.2013 – 12 U 122/12, NZBau 2013, 313 = BauR 2013, 1714; OLG Hamm, Urt. v. 27.2.2014, 21 U 159/12, BauR 2014, 1338.

[135] OLG Düsseldorf, Urt. v. 6.11.2012 – 23 U 156/11, BauR 2013, 489.

[136] OLG Düsseldorf, Urt. v. 17.11.2011 – 5 U 8/11, NZBau 2012, 372 = BauR 2012, 1274; OLG Stuttgart, Urt. v. 24.4.2012 – 10 U 7/12, BauR 2014, 865.

Bauunternehmers verlassen kann.[137] Dies sind beispielsweise **Putzarbeiten**,[138] **Säuberungsarbeiten**[139] oder **Malerarbeiten**.[140] Bei diesen Arbeiten genügt regelmäßig eine lediglich stichprobenhafte Überwachung.

Handelt es sich bei dem Bauausführenden um ein Fachunternehmen, dessen Zuverläs- 53
sigkeit der Bauüberwacher aus eigener Erfahrung einschätzen kann, kann dies eine geringere Überwachungsintensität rechtfertigen.[141] Ist das bauausführende Unternehmen hingegen als wenig sachkundig oder unzuverlässig bekannt oder stellt sich dies während der Bauphase heraus, ist dies regelmäßig ein Grund für eine **Verstärkung der Überwachung**.[142] Den bauüberwachenden Architekten treffen auch dann **erhöhte Überwachungspflichten**, wenn es sich um die Ausführung des Bauwerks nach Detailvorgaben bzw. Planungen eines Dritten handelt.[143] Einem **Verdacht auf Ausführungsmängel** muss der Architekt nachgehen.[144] Bestätigt sich dieser Verdacht, hat der Bauüberwacher nicht nur für eine Beseitigung des Mangels Sorge zu tragen,[145] sondern auch seine zukünftige Überwachungstätigkeit zu intensivieren.[146] Dies kann letztlich auch dazu führen, dass eine Vollüberwachung des Bauunternehmers erforderlich wird. Erkennt er, dass der Bauunternehmer trotz Aufforderung die Mängel nicht beseitigt, hat der Bauüberwacher den Besteller hierüber und über die technischen Gegebenheiten und Möglichkeiten zu informieren.[147]

Der bauüberwachende Architekt hat neben der Überwachung der Qualität der 54
Bauausführung als solcher stets auch deren **Übereinstimmung mit der Planung und der Baugenehmigung** sicherzustellen und den Besteller im Falle von Abweichungen hierüber zu informieren.[148] Übersieht der Bauüberwacher, dass anders gebaut wird als geplant

---

[137] OLG Hamm, Urt. v. 23.4.2002 – 21 U 56/01, NJW-RR 2002, 1669 = BauR 2003, 273; OLG Naumburg, Urt. v. 26.11.2002 – 11 U 234/01, NZBau 2003, 389; OLG Rostock, Urt. v. 11.11.2008 – 4 U 27/06, IBR 2009, 527 (Bröker); Neuenfeld, BauR 1981, 436, 441.

[138] OLG Rostock, Urt. v. 11.11.2008 – 4 U 27/06, IBR 2009, 527 (Bröker); OLG Dresden, Urt. v. 28.1.2010 – 10 U 1414/08, BauR 2012, 126; LG Köln, Urt. v. 13.10.1980 – 7 O 41/80, VersR 1981, 1191.

[139] BGH, Urt. v. 24.1.1966 – VII ZR 8/64, VersR 1966, 488; OLG Koblenz, Urt. v. 16.1.2013 – 5 U 748/12, IBR 2014, 75 (Weyer).

[140] KG, Urt. v. 22.2.2001 – 4 U 492/99, NJW-RR 2001, 1167; OLG Rostock, Urt. v. 11.11.2008 – 4 U 27/06, IBR 2009, 527 (Bröker); OLG München, Urt. v. 9.7.2013 – 28 U 4652/12, BauR 2013, 1914; OLG Frankfurt, Urt. v. 27.11.2013 – 23 U 203/12, IBR 2015, 312 (Preussner).

[141] OLG Koblenz, Urt. v. 7.10.2010 – 5 U 820/10, IBR 2012, 339 (Berger); OLG Stuttgart, Urt. v. 30.11.2010 – 10 U 67/10, BauR 2012, 1987.

[142] BGH, Urt. v. 10.2.1994 – VII ZR 20/93, BGHZ 125, 111 = NJW 1994, 1276 = BauR 1994, 392; OLG München, Urt. v. 19.11.1987 – 24 U 831/86, DB 1988, 1443 = NJW-RR 1988, 336 (Überwachung von Nachbearbeitungsarbeiten); OLG Naumburg, Urt. v. 26.11.2002 – 11 U 234/01, NZBau 2003, 389; OLG Schleswig, Urt. v. 27.5.2011 – 17 U 36/10, IBR 2011, 530 (Fedders); OLG Düsseldorf, Urt. v. 21.12.2012 – I-23 U 18/12, BauR 2013, 1879.

[143] OLG Düsseldorf, Urt. v. 21.12.2012 – I-23 U 18/12, BauR 2013, 1879.

[144] BGH, Urt. v. 10.2.1994 – VII ZR 20/93, BGHZ 125, 111 = NJW 1994, 1276 = BauR 1994, 392; OLG Celle, Urt. v. 4.1.2012 – 14 U 126/11, BauR 2013, 2036 = IBR 2013, 627 (Fuchs).

[145] OLG Celle, Urt. v. 28.1.2010 – 6 U 132/09, BauR 2012, 1287 = IBR 2012, 525 (Haverland) (untaugliche Anordnungen zur Mängelbeseitigung); OLG Rostock, Urt. v. 2.2.2011 – 2 U 20/08, IBR 2012, 338 (Müller).

[146] BGH, Urt. v. 10.2.1994 – VII ZR 20/93, BGHZ 125, 111 = NJW 1994, 1276 = BauR 1994, 392; BGH, Urt. v. 9.11.2000 – VII ZR 362/99, NZBau 2001, 213 = BauR 2001, 273; BGH, Urt. v. 10.2.1994 – VII ZR 20/93, BGHZ 125, 111 = NJW 1994, 1276 = BauR 1994, 392; OLG Celle, Urt. v. 4.1.2012 – 14 U 126/11, BauR 2013, 2036 = IBR 2013, 627 (Fuchs); OLG Düsseldorf, Urt. v. 21.12.2012 – I-23 U 18/12, BauR 2013, 1879.

[147] OLG Rostock, Urt. v. 2.2.2011 – 2 U 20/08, IBR 2012, 338 (Müller).

[148] OLG Hamm, Urt. v. 23.9.1994 – 12 U 117/93, BauR 1995, 269; OLG Rostock, Urt. v. 2.2.2011 – 2 U 20/08, IBR 2012, 338 (Müller) (Überwachung der Einhaltung denkmalrechtlicher Vorgaben); OLG Düsseldorf, Urt. v. 21.12.2012 – I-23 U 18/12, BauR 2013, 1879.

oder genehmigt, ist seine Überwachungsleistung mangelhaft. So handelt er beispielsweise vertragspflichtwidrig, wenn er den von der Baugenehmigung nicht erfassten Abriss eines Dachstuhls nicht verhindert, da ihn zumindest eine vertragliche Nebenpflicht trifft, durch sein eigenes Verhalten die **Konformität des Bauvorhabens mit der Baugenehmigung** nicht zu gefährden.[149] Weicht der Bauunternehmer gegebenenfalls unter Billigung des Bestellers von den planerischen Vorgaben ab, besteht seitens der bauüberwachenden Architekten eine entsprechende **Bedenkenhinweispflicht**.[150]

55 Im Falle einer **nachträglichen Änderung des ausgeschriebenen Baumaterials** hat der bauüberwachende Architekt die Pflicht, insbesondere bei kritischen Baumaßnahmen bzw. Änderungen die geänderte Ausführungsplanung eigenverantwortlich zu überprüfen und den Besteller und ggf. weitere Baubeteiligte auf erkennbare Fehler oder Ausführungsrisiken hinzuweisen sowie die ausführenden Werkunternehmer besonders aufmerksam und intensiv anzuleiten und zu überwachen.[151]

56 *cc) Mangelhafte Begleitung der Abnahme der Bauleistung.* Von wesentlicher Bedeutung im Rahmen der Bauüberwachung ist die Aufgabe des Bauüberwachers **festzustellen, ob die Werkleistung des Bauunternehmers abnahmereif** ist, mithin alle Voraussetzungen vorliegen, um eine Abnahmeerklärung abgeben zu können. Hier hat der Bauüberwacher insbesondere zu prüfen, ob das geschuldete Werk baulich vollständig hergestellt ist, die installierten Anlagen betriebsbereit sind, die erforderlichen **Dokumentationen und Handbücher** vorliegen und ob und welche Unfertigkeiten oder Mängel noch bestehen. In diesem Zusammenhang hat der Bauüberwacher Abnahmebegehungen und technische Abnahmen gegebenenfalls unter Einsatz von Sonderfachleuten zu koordinieren, zu begleiten und die Ergebnisse zusammenzufassen.[152] Die Leistung des Bauüberwachers ist mithin mangelhaft, wenn er dem Besteller dazu rät, die Abnahme der Bauleistung zu erklären, obwohl die Voraussetzungen hierfür nicht vorliegen bzw. Unklarheit hierüber besteht.

57 Hat der Bauüberwacher bei der Bauabnahme besonders augenfällige Bauwerksmängel übersehen, kann daraus der Schluss gezogen werden, dass er die von ihm vertraglich übernommene Bauüberwachung der besonders schadensträchtigen Gewerke entweder überhaupt nicht oder jedenfalls völlig unzureichend vorgenommen hat und diese Umstände dem Besteller nachfolgend – pflichtwidrig und arglistig handelnd – nicht mehr offenbart hat.[153] Bei einer solchen Fallgestaltung spricht zu Gunsten des vortrags- und beweisbelasteten Bestellers der Beweis des ersten Anscheins dafür, dass der Architekt, dem die Umstände seiner besonderen Überwachungspflicht bekannt waren, bei sachgerechter Bauüberwachung die grob mangelhafte Bauausführung erkennen und zutreffend einordnen musste.[154]

Im Zusammenhang mit der Abnahme der Bauleistung gehört es schließlich auch zu den regelmäßigen Beratungs- und Betreuungspflichten des Architekten, sicherzustellen, dass bei einer förmlichen Abnahme einer Bauwerkleistung die erforderlichen **Mängel- und Vertragsstrafenvorbehalte** nicht versehentlich unterbleiben.[155]

---

149 OLG Hamm, Urt. v. 11.2.2011 – I-19 U 153/06, IBR 2013, 478 (Boisserée).

150 OLG Hamm, Urt. v. 23.9.1994 – 12 U 117/93, BauR 1995, 269; OLG Düsseldorf, Urt. v. 21.12.2012 – I-23 U 18/12, BauR 2013, 1879.

151 OLG Koblenz, Urt. v. 7.10.2011 – 1 U 102/11, IBR 2014, 222 (Wronna); vgl. zur Plan-Prüfungspflicht des bauleitenden Architekten OLG Celle, Urt. v. 23.2.2012 – 16 U 4/10 = IBR 2014, 332 (Bröker).

152 BGH, Urt. v. 22.10.1998 – VII ZR 91/97, NJW 1999, 427 = BauR 1999, 187; OLG Dresden, Beschluss vom 11.8.2009 – 10 U 149/09, BauR 2010, 830 = IBR 2010, 101 (Rintelen); OLG Düsseldorf, Urt. v. 17.11.2011 – 5 U 8/11, NZBau 2012, 372 = BauR 2012, 1274.

153 OLG Koblenz, Urt. v. 28.3.2013 – 1 U 295/12, IBR 2013, 756 (Schudnagies).

154 OLG Celle, Urt. v. 2.6.2010 – 14 U 205/03, BauR 2010, 1613; OLG Koblenz, Urt. v. 28.3.2013 – 1 U 295/12, IBR 2013, 756 (Schudnagies).

155 BGH, Urt. v. 26.4.1979 – VII ZR 190/78, BGHZ 74, 235 = NJW 1979, 1499 = BauR 1979, 345; OLG Bremen, Urt. v. 6.12.2012 – 3 U 16/11, IBR 2013, 89 (Schwenker).

dd) Mangelhafte Überwachung der Mängelbeseitigung. Der Architekt ist im Rahmen der Überwachung der Mängelbeseitigung bzw. Objektbetreuung verpflichtet, für die Mängelfreiheit des Bauwerks zu sorgen und dem Besteller auch nach der Fertigstellung des Bauwerks bei der Untersuchung und Behebung des Baumangels sowie bei der Durchsetzung der Ansprüche gegen die anderen Bau- und Planungsbeteiligten als primärer Ansprechpartner und Sachwalter zur Seite zu stehen.[156] Der Architekt hat im Rahmen seiner Betreuungsaufgabe eine objektive **Klärung der Mängelursachen** zu besorgen.[157] Dies gilt auch dann, wenn zu diesen Mängelursachen **eigene Planungs- oder Überwachungsfehler** zählen. Unterlässt der Architekt dies, begründet sich aus dieser Pflichtverletzung ein eigener (neuer) Schadensersatzanspruch.[158] 58

c) Koordinierungsmängel. Der Architekt ist im Rahmen der ihm übertragenen Aufgabe verpflichtet, die im einzelnen erforderlichen Schritte der Planung, Bauausführung und Mängelbeseitigung in zeitlicher, technischer und wirtschaftlicher Hinsicht zu steuern und zu überwachen.[159] Zweck dieser **Koordinationspflicht** ist es, einen reibungslosen Ablauf des Baugeschehens sicherzustellen und dadurch Verzögerungen und Schäden zu vermeiden.[160] Die Koordinierung der Planung und Bauausführung kann auch auf einen **Projektsteuerer** als Sonderfachmann übertragen werden.[161] 59

Im Verhältnis zwischen Besteller und Bauüberwacher kann sich der Besteller im Zweifel auf jedweden Koordinierungsmangel berufen. Gegenüber dem Bauunternehmer ist hingegen der Besteller zur Koordinierung des Bauablaufs verpflichtet. Hier kann sich der Bauunternehmer nur eingeschränkt auf Koordinierungsmängel des vom Besteller beauftragten Architekten berufen, um den Grundsatz, wonach der Besteller nicht für Fehler seines Architekten bei der Bauaufsicht einzustehen hat, nicht weitgehend auszuhöhlen. Daher wird in diesem Verhältnis eine Koordinierungspflichtverletzung erst dann angenommen, wenn sie faktisch einem Planungsfehler gleichsteht bzw. einem solchen nahekommt.[162] 60

Im Bereich der **Planung** hat der beauftragte Architekt insbesondere ein harmonisches **Zusammenwirken und Ineinandergreifen** der einzelnen Beteiligten, also Sonderfachleuten, Behörden und auch dem Besteller selbst sicherzustellen und die Erkenntnisse und Ergebnisse in eine gemeinsame Planung zu überführen.[163] Dies erfordert im Rahmen der Ausführungsplanung einen stetigen Austausch zwischen dem Objektplaner und dem TGA-Planer.[164] Als Grundleistung im Bereich der Planungsleistungsphasen sieht die HOAI das Aufstellen und Fortschreiben eines Terminplans mit den wesentlichen Vorgängen des Planungs- und Bauablaufs vor. 61

---

156 BGH, Urt. v. 27.9.2001 – VII ZR 320/00, NZBau 2002, 42 = BauR 2002, 108; OLG Koblenz, Urt. v. 17.1.2013 – 1 U 215/12, IBR 2013, 160 (Weller).

157 BGH, Urt. v. 26.10.2006 – VII ZR 133/04, NZBau 2007, 108 = BauR 2007, 423; OLG Koblenz, Urt. v. 17.1.2013 – 1 U 215/12, IBR 2013, 160 (Weller).

158 BGH, Urt. v. 17.6.2004 – VII ZR 345/04, BauR 2004, 1476; BGH, Urt. v. 5.8.2010 – VII ZR 46/09, NZBau 2010, 771 = BauR 2010, 1966; OLG München, Urt. v. 13.7.2012 – 13 U 4106/11, NZBau 2012, 711 = BauR 2012, 1837; OLG Koblenz, Urt. v. 17.1.2013 – 1 U 215/12, IBR 2013, 160 (Weller); OLG Zweibrücken, Urt. v. 13.2.2013, 1 U 46/12, IBR 2014, 28 (Schwarz) (arglistiges Verschweigen eines schwerwiegenden Baumangels); OLG Naumburg, Urt. v. 20.6.2013 – 1 U 91/12, IBR 2013, 634 (Berger) (Erklärung „ins Blaue“ ohne zuverlässige Beurteilungsgrundlage).

159 BGH, Urt. v. 15.12.1969 – VII ZR 8/68, VersR 1970, 280; OLG Düsseldorf, Urt. v. 22.11.2013 – 22 U 32/13, BauR 2014, 851.

160 OLG Celle, Urt. v. 23.4.2008 – 14 U 92/07, BauR 2008, 1489.

161 Löffelmann/Fleischmann, Architektenrecht, 6. Auflage 2012 Rn. 1226 ff.

162 BGH, Urt. v. 29.11.1979 – VII ZR 101/70, NJW 1972, 447 = BauR 1972, 112; OLG Düsseldorf, Urt. v. 22.11.2013 – 22 U 32/13, BauR 2014, 601.

163 OLG Stuttgart, Urt. v. 24.4.2012 – 10 U 7/12, BauR 2014, 865; OLG Düsseldorf, Urt. v. 25.10.2012 – I-5 U 162/11, BauR 2013, 1480.

164 OLG Düsseldorf, Urt. v. 25.10.2012 – I-5 U 162/11, BauR 2013, 1480.

62 Auch während der **Bauausführung** ist der Bauüberwacher verpflichtet, sowohl das Ineinandergreifen der an der Bauüberwachung fachlich Beteiligten als auch der Baubeteiligten zum Zwecke eines reibungslosen Bauablaufs zu koordinieren und zu überwachen.[165] Hier hat der Bauüberwacher dafür Sorge zu tragen, dass bestimmte Arbeiten nicht zu früh ausgeführt werden, etwa das Verlegen von Fliesen vor Belegreife des Estrichs.[166]

63 Sind vom Besteller **mehrere Bauüberwacher** mit demselben Leistungsumfang beauftragt worden und stellt sich die Bauleistung als fehlerhaft heraus, haftet jeder Bauüberwacher für seine persönliche mangelhafte Überwachungsleistung. Sind mehrere Bauüberwacher mit unterschiedlichen Aufgabenbereichen beauftragt, haftet der eine grundsätzlich nicht für Überwachungsfehler des anderen in dessen Bereich mit. Befindet sich der Fehler in der Bauausführung an der Schnittstelle zwischen den einzelnen Überwachungsbereichen (z. B. Übergangsbereich zwischen Dach und Fassade), kann eine Vertragspflichtverletzung der betroffenen Bauüberwacher darin bestehen, dass sie in diesem Bereich ungeklärt gelassen haben, wer für den Schnittstellenbereich zuständig sein soll.

6. Haftung des Sonderfachmanns

64 Die vorstehenden Ausführungen gelten entsprechend auch für die Werkleistung von Sonderfachleuten in ihrem speziellen Tätigkeitsbereich (Vermessung, Tragwerk, Technische Ausrüstung, Wärmeschutz, Materialprüfung etc.).[167] Da diese Personen über Spezialkenntnisse verfügen, treffen sie in diesem Umfang **gesteigerte Sorgfaltspflichten** in Bezug auf eine sach- und fachgerechte Planung bzw. Bauüberwachung. So ist es die Aufgabe eines Fachplaners als Spezialist für den zu planenden Teilbereich, die fachspezifischen Gefahren abzuschätzen und ihnen durch gezielte Maßnahmen entgegenzuwirken. In diesem Kontext ist er verpflichtet, die Ausführungspläne des Architekten kritisch im Hinblick auf seine fachspezifischen Anforderungen zu bewerten und darauf zu achten, dass diese Anforderungen auch Berücksichtigung finden.[168]

III. Die Mängelrechte des Bestellers

1. Einleitung

65 Die vertraglichen Ansprüche des Bestellers gegen den Architekten wegen Mängeln am Architektenwerk richten sich nach §§ 634 ff. BGB. Hierbei handelt es sich um **Mängelansprüche** (Nacherfüllungsanspruch, Schadenersatzanspruch und Aufwendungsersatzanspruch) und **Gestaltungsrechte** (Minderung und Rücktritt). Weiterhin besteht die Möglichkeit für den Besteller, den **Mangel selbst zu beseitigen**.

66 Um die Mängelrechte im Prozess erfolgreich durchzusetzen, ist es erforderlich, dass der Besteller gemäß der sog. **Symptomrechtsprechung** zumindest das äußere Erscheinungsbild eines Mangels beschreibt (z. B. Feuchtigkeit in der Kelleraußenwand des Heizungsraums, horizontale Risse an der straßenseitigen Außenfassade).[169] Zu der Ursache dieser

---

165 OLG Düsseldorf, Urt. v. 17.11.2011 – 5 U 8/11, NZBau 2012, 372 = BauR 2012, 1274 (zur Pflicht des Architekten, Handwerker und Sonderfachmann zur Überwachung zu koordinieren).

166 OLG Nürnberg, Urt. v. 12.5.2004 – 4 U 2439/99, BauR 2005, 1220 = IBR 2005, 313 (Leupertz); OLG Celle, Urt. v. 14.10.2005 – 5 U 34/04, BauR 2006, 137.

167 Zur Haftung eines nach Landesbauordnung tätigen Prüfingenieurs vgl. OLG Frankfurt, Urt. v. 25.3.2014 – 14 U 202/12, BauR 2014, 1503.

168 OLG Düsseldorf, Urt. v. 25.10.2012 – I-5 U 162/11, BauR 2013, 1480 = IBR 2014, 420 (Fuchs); zur gemeinsamen Haftung von Architekt und Sonderfachmann siehe §§ 19 und 20.

169 BGH, Urt. v. 28.10.1999 – VII ZR 115/97, NZBau 2000, 73 = BauR 2000, 261; BGH, Urt. v. 21.12.2000 – VII ZR 192/98, NZBau 2001, 195 = BauR 2001, 630; BGH, Urt. v. 21.3.2002 – VII ZR 493/00, NZBau 2002, 495 = BauR 2002, 1385; BGH, Urt. v. 8.5.2003 – VII ZR 407/01, NZBau 2003, 501 = BauR 2003, 1247; BGH, Urt. v. 7.7.2005 – VII ZR 59/04, NZBau 2005, 638 = BauR 2005, 1626; BGH, Urt. v. 30.10.2007 – X ZR 101/06, NZBau 2008, 177 = BauR 2008, 514.

Symptome muss er nicht vortragen.[170] In diesem Zusammenhang ist es bei einem sowohl mit der Planung als auch der Bauüberwachung beauftragten Architekten nicht erforderlich, das Symptom einem Planungs- oder Überwachungsmangel zuzuordnen.[171]

Vorrangiger Mängelanspruch des Bestellers ist der Nacherfüllungsanspruch. Sowohl dem Besteller als auch dem Architekten steht ein **Nacherfüllungsrecht** zu. Dies hat jedoch nur in folgenden Konstellationen eine Bedeutung: Solange nach den von dem Architekten erstellten Plänen und Ausschreibungsunterlagen noch nicht gebaut bzw. ein Bauauftrag vergeben worden ist, besteht ein Nacherfüllungsanspruch des Bestellers und damit korrespondierend ein Nacherfüllungsrecht des Architekten. Zur Ausübung weitergehender Rechte ist die **Setzung einer angemessenen Frist** und deren Ablauf erforderlich.[172] 67

Nach Ablauf dieser Frist hat der Besteller ein Wahlrecht zwischen den einzelnen weiteren Mängelrechten: Er kann weiterhin vom Unternehmer Nacherfüllung verlangen,[173] den Mangel auf Kosten des Unternehmers selbst beseitigen und Aufwendungsersatz verlangen, vom Vertrag zurücktreten, die Vergütung mindern und / oder Schadenersatz verlangen. Der Nacherfüllungsanspruch erlischt allerdings, wenn der Besteller den Mangel selbst beseitigt und Aufwendungsersatz verlangt, wenn er Schadenersatz statt der Leistung geltend macht, die Vergütung mindert oder vom Vertrag zurücktritt. 68

Im Falle eines Planungs- oder Überwachungsmangels des Architekten, der sich in einem Mangel des Bauwerks niedergeschlagen hat, spielt der Schadenersatzanspruch eine zentrale Rolle. Gleichwohl kann der Besteller auch gegenüber dem Architekten grundsätzlich auch die übrigen Mängelrechte geltend machen.

2. Nacherfüllung (§§ 634 Nr. 1, 635 BGB)

Voraussetzung für die Nacherfüllung ist, dass das Architektenwerk mangelhaft ist und der Besteller eine Beseitigung des Mangels verlangt. Allerdings ist eine Nacherfüllung bei einem mangelhaften Architektenwerk unter Umständen **nicht mehr möglich bzw. nicht zielführend**. Ist eine Nacherfüllung indes noch möglich und zielführend, ist insbesondere nach den Plänen des Architekten noch nicht gebaut worden, ist der Architekt zur Nacherfüllung **verpflichtet und berechtigt**.[174] Verweigert der Besteller dem Architekten die Ausübung seines Nacherfüllungsrechts, begibt er sich seiner Mängelrechte.[175] 69

Das Recht und die Pflicht zur Nacherfüllung einer **mangelhaften Planungsleistung** bestehen, solange sich der Planungsmangel nicht im Bauwerk verwirklicht hat.[176] Ab diesem Zeitpunkt wird eine nachträgliche Berichtigung der Planung den entstandenen Baumangel nicht mehr beheben. 70

Häufiger Fall einer Nacherfüllung der Planungsleistung ist die **Nachbesserung einer nicht genehmigungsfähigen Planung**.[177] Ist die Planung zunächst nicht genehmigungsfähig, kann der Architekt die Genehmigungsplanung korrigieren und sodann eine mangelfreie (genehmigungsfähige) Planung beim Bauamt einreichen. Wie der Architekt die

[170] BGH, Urt. v. 30.10.2007 – X ZR 101/06, NZBau 2008, 177 = BauR 2008, 514.

[171] BGH, Urt. v. 8.5.2003 – VII ZR 407/01, NZBau 2003, 501 = BauR 2003, 1247; a.A. OLG Düsseldorf, Urt. v. 18.6.1999 – 22 U 263/98, NJW-RR 1999, 1616 = BauR 2000, 934.

[172] BGH, Urt. v. 29.9.1988 – VII ZR 182/87 = BauR 1989, 97, 100 m. w. N.; vgl. auch Miernik, BauR 2014, 155.

[173] OLG Naumburg, Urt. v. 25.3.2010 – 1 U 90/09, NJW-RR 2010, 1389.

[174] BGH, Urt. v. 21.12.2000 – VII ZR 488/99, NZBau 2001, 211 = BauR 2001, 667; OLG Brandenburg, Urt. v. 10.1.2012 – 11 U 50/10, NZBau 2012, 507 = BauR 2012, 983.

[175] Vgl. Preussner, in Motzke/Preussner/Kehrberg/Kesselring, Die Haftung des Architekten, 9. Auflage, J Rn. 154.

[176] BGH, Urt. v. 21.12.2000 – VII ZR 488/99, NZBau 2001, 211 = BauR 2001, 667; OLG Celle, Urt. v. 4.1.2012 – 14 U 126/11, BauR 2013, 2036 = IBR 2013, 627 (Fuchs); OLG Brandenburg, Urt. v. 10.1.2012 – 11 U 50/10, NZBau 2012, 507 = BauR 2012, 983.

[177] OLG Düsseldorf, Urt. v. 30.4.1985 – 23 U 208, 84 = BauR 1986, 469; OLG München, Urt. v. 2.7.1990 – 28 U 6783/89 = BauR 1992, 534.

Nacherfüllung bewerkstelligt, steht ihm dabei frei. Ob die Nachbesserung erfolgreich ist, richtet sich danach, ob der Architekt eine wirksame Baugenehmigung für das Vorhaben erreichen kann. Ist dies nicht der Fall, etwa weil auf dem Grundstück eine Bebauung nicht bzw. nicht in der Art, der Form oder dem Maß zulässig ist, ist die Architektenleistung gemäß § 275 Abs. 1 BGB unmöglich. Der Architekt ist dann nicht mehr leistungspflichtig. Der Besteller ist berechtigt, die Nacherfüllung gemäß § 636 BGB zurückzuweisen, wenn sie für ihn **unzumutbar ist oder fehlgeschlagen** ist. Von einer Unzumutbarkeit ist auszugehen, wenn aus seiner Sicht aufgrund objektiver Umstände das Vertrauen auf eine ordnungsgemäße Durchführung der Mängelbeseitigung erschüttert ist oder sie persönliche oder wirtschaftliche Opfer abfordert, beispielsweise wenn die Nachbesserung im Verhältnis zum Ergebnis der Mängelbeseitigung unzumutbare Unannehmlichkeiten bereitet. Erforderlich ist, dass die Abweichungen nicht gänzlich unbeachtlich sind[178]. Führt die Änderung der Planung dazu, dass sich das geplante Gebäude am Ende vollkommen anders darstellt als vertraglich vereinbart, wird es an einer entsprechenden Zumutbarkeit fehlen. Dies ist auch dann der Fall, wenn zur Herstellung der Genehmigungsfähigkeit erhebliche Abweichungen vorgenommen werden müssen.[179] So ist eine Nachbesserungsfähigkeit nicht gegeben, wenn hierfür Maßnahmen erforderlich wären, die dem geschuldeten Vertragsinhalt erheblich verändern würden, etwa den erforderlichen Einbau einer zusätzlichen Bodenplatte oder zusätzlicher Innenwände für die nachträgliche Herstellung der Standsicherheit.[180]

71 Eine **mangelhafte Bauüberwachung** schlägt sich im Regelfall unmittelbar im Bauwerk als Mangel nieder. Daher ist eine Nachbesserung der Überwachungsleistung regelmäßig sinnlos bzw. unmöglich.[181] Auch ist der Architekt regelmäßig nicht verpflichtet, im Rahmen einer Nacherfüllung an der Beseitigung des im Bauwerk niedergeschlagenen Mangels mitzuwirken. Er schuldet nicht die Beseitigung des Baumangels, sondern allenfalls eine Beseitigung von Fehlern in seiner Planungsleistung[182] sowie regelmäßig eine Überwachung der Mängelbeseitigungsarbeiten.[183] Eine unterlassene Überwachung von Mängelbeseitigungsarbeiten kann unter Umständen noch nachgeholt werden.[184]

Ist für die Beseitigung des Baumangels indessen eine neue / geänderte Planung erforderlich, hat der Architekt diese im Rahmen seiner Nacherfüllungsverpflichtung zu erstellen[185].

Soweit in dem vormals von der Bundesarchitektenkammer empfohlenen Einheitsarchitektenvertrag ein **Mängelbeseitigungsrecht des Architekten auch für Baumängel** vorgesehen ist, wird eine derartige Klausel von der Rechtsprechung als wirksam angesehen.[186]

72 Wenn sich der Fehler bereits im Bauwerk niedergeschlagen hat, scheidet ein Nacherfüllungsrecht des Architekten auch ohne Setzung einer angemessenen Frist zur Nacherfüllung aus. In diesen Fällen ist durch eine „Nachbesserung" der Planungsleistung der ein-

[178] Vgl. Preussner, in Motzke/Preussner/Kehrberg/Kesselring, Die Haftung des Architekten, 9. Auflage, J Rn. 162.

[179] BGH, Urt. v. 26.9.2002 – VII ZR 290/01, NJW 2003, 287 = BauR 2002, 1872; BGH, Urt. v. 21.12.2000 – VII ZR 17/99, NZBau 2001, 261 = BauR 2001, 785.

[180] OLG München, Beschluss vom 22.2.2012 – 9 U 3562/11, IBR 2014, 221 (Käseberg).

[181] OLG München, Urt. v. 8.6.2010 – 28 U 2751/06, BauR 2012, 1149.

[182] Vgl. Preussner, in Motzke/Preussner/Kehrberg/Kesselring, Die Haftung des Architekten, 9. Auflage, J Rn. 173 ff.

[183] OLG Hamm, Urt. v. 6.3.2013 – 12 U 122/12, NZBau 2013, 313 = BauR 2013, 1714.

[184] OLG Brandenburg, Urt. v. 10.1.2012 – 11 U 50/10, NZBau 2012, 507 = BauR 2012, 983.

[185] Vgl. Preussner, in Motzke/Preussner/Kehrberg/Kesselring, Die Haftung des Architekten, 9. Auflage, J Rn. 178.

[186] OLG Hamm, Urt. v. 27.11.1991 – 25 U 51/91 = NJW-RR 1992, 467; OLG Celle, Urt. v. 25.11.1998 – 14 a (6) U 205/97 = BauR 1999, 676 = IBR 1999, 331 (Neuenfeld).

getretene Mangel nicht zu beseitigen. In diesen Fällen ist auch eine Rüge des Mangels entbehrlich, wenn sich dieser bereits im Bauwerk verkörpert hat.[187]

3. Selbstvornahme und Anspruch auf Erstattung von Mängelbeseitigungskosten (§§ 634 Nr. 2, 637 BGB)

Soweit nach dem Vorstehenden eine Nacherfüllung des mangelhaften Architektenwerks möglich ist, kann der Besteller gemäß § 637 Abs. 1 BGB **nach erfolglosem Ablauf einer von ihm zur Nacherfüllung bestimmten angemessenen Frist** den Mangel selbst beseitigen und Ersatz der erforderlichen Aufwendungen verlangen. Weigert sich beispielsweise der mit der Genehmigungsplanung beauftragte Architekt trotz Fristsetzung zu Unrecht, eine bisher nicht genehmigungsfähige Planung nachzubessern, kann der Besteller mit dieser Planungsleistung nach Fristsetzung mit Kündigungsandrohung einen anderen Architekten beauftragen und Ersatz der erforderlichen Aufwendungen, beispielsweise des Honorars des zweiten Architekten, verlangen. Auch bei einer unrichtigen Baukostenermittlung muss der Besteller dem Architekten, bevor er eine Kündigung ausspricht oder Schadenersatzansprüche geltend macht, Gelegenheit zur Nacherfüllung durch Fristsetzung mit Kündigungsandrohung geben.[188] Dem Besteller stehen deshalb keine Schadenersatzansprüche wegen mangelhafter Planung oder Baukostenüberschreitung zu, sofern er dem Architekten nicht – unter Nachfristsetzung mit Ablehnungsandrohung – Gelegenheit gegeben hat, seine Planung zu korrigieren. Dies gilt jedenfalls dann, wenn dem Besteller die Nachbesserung durch denselben Architekten – trotz gravierender Fehler – noch zumutbar ist und er auch sonst nicht ein Interesse an einer Nachbesserung verloren hat.[189] In diesen Fällen kann der Besteller gemäß § 637 Abs. 3 BGB von dem ersten Architekten für die zur Beseitigung des Mangels erforderlichen Aufwendungen Vorschuss verlangen. Liegen die Voraussetzungen für eine Selbstvornahme nicht vor, kann ein auf Vorschuss gerichteter Klageantrag gegebenenfalls als Schadensersatzklage verstanden werden.[190] 73

4. Rücktritt vom Vertrag (§§ 634 Nr. 3 Alt. 1, 636, 323, 326 Abs. 5 BGB)

Bei dem Rücktritt vom Vertrag handelt es sich um ein Gestaltungsrecht. Er ist nach allgemeinem Leistungsstörungsrecht bereits vor der Abnahme möglich.[191] Auch nach der Abnahme der Architektenleistung steht dem Besteller dieses Recht in Bezug auf den Nacherfüllungsanspruch zu, und zwar grundsätzlich unter denselben Voraussetzungen (§ 323 BGB), modifiziert durch Erleichterungen gemäß § 636 BGB. Im Falle eines Rücktritts vom Vertrag wandelt sich der Vertrag in ein Rückabwicklungsverhältnis gemäß §§ 346 ff. BGB, mit der grundsätzlichen Folge, dass die wechselseitig empfangenen Leistungen zurückzugewähren sind bzw. Wertersatz zu leisten ist.[192] In der Regel scheidet ein Rücktritt bei Architekten- und Ingenieurverträgen aus, weil dieser bei Teilleistungen nur dann möglich ist, wenn der Besteller an der Teilleistung „kein Interesse hat".[193] 74

5. Minderung der Vergütung (§§ 634 Nr. 3 Alt. 2, 638 BGB)

Ist die Frist zur Mängelbeseitigung fruchtlos verstrichen, kann der Mangel nicht mehr behoben werden oder hat der Besteller an einer Nachbesserung kein Interesse mehr, kann er den Honoraranspruch des Architekten mindern, wobei es auf den Umfang des Mangels nicht ankommt. Bei der Minderung ist die Vergütung gemäß dem Wortlaut des 75

---

187 BGH, Urt. v. 11.10.2007 – VII ZR 65/06 = BauR 2007, 2083 = NZBau 2008, 188.

188 OLG Hamm, Urt. v. 2.2.1995 – 17 U 162/92 = BauR 1995, 413 = NJW-RR 1995, 724.

189 OLG Hamm, Urt. v. 2.2.1995 – 17 U 162/92 = BauR 1995, 413 = NJW-RR 1995, 724.

190 BGH, Urt. v. 17.6.2004 – VII ZR 25/03, NZBau 2004, 512 = BauR 2004, 1477.

191 Vgl. auch Koeble, in Kniffka/Koeble, Kompendium des Baurechts, 4. Auflage 2014, 12. Teil Rn. 670 f.

192 Zur Möglichkeit eines Teilrücktritts vgl. Voit, BauR 2002, 146.

193 Koeble, in Kniffka/Koeble, Kompendium des Baurechts, 4. Auflage 2014, 12. Teil Rn. 671.

§ 638 Abs. 3 BGB in dem Verhältnis herabzusetzen, in welchem „zur Zeit des Vertragsschlusses" der Wert des Werkes in mangelfreiem Zustand zu dem wirklichen Wert gestanden haben würde. Da das Werk im Zeitpunkt des Vertragsschlusses aber noch nicht existiert und man dessen Wert bzw. dessen Mängel, die das Werk noch gar nicht haben kann, nicht abschätzen kann, ist der Minderungsbetrag nach den Werten im Zeitpunkt der Abnahme abgestellt.[194] Zu beachten ist, dass es bei der Bestimmung des Minderungsbetrages nicht auf den Minderwert des Bauwerks ankommt, sondern auf den Minderwert des Architektenwerks.[195] Eine Schätzung des Minderwertes ist, soweit erforderlich, gemäß § 638 BGB (prozessual § 287 ZPO) zulässig.[196]

Eine Minderung dürfte vorrangig in Betracht kommen, wenn der Architekt ihm übertragene Leistungen nicht oder nur unvollständig erbracht hat. Nach der ständigen Rechtsprechung des Bundesgerichtshofs[197] entfällt der Honoraranspruch des Architekten ganz oder teilweise nur dann, wenn der Tatbestand einer Regelung des allgemeinen Leistungsstörungsrechts des BGB oder des werkvertraglichen Gewährleistungsrechts erfüllt ist, welcher den Verlust oder die **Minderung** der Honorarforderung als Rechtsfolge vorsieht.

6. Schadensersatz (§ 634 Nr. 4 Alt. 1 BGB)

76 **a) Mangel als Verletzung einer vertraglichen Pflicht.** Liefert der Architekt kein vertragsgerechtes, sondern ein mangelhaftes Werk, verletzt er eine vertragliche Pflicht. Dieser Umstand ist Anknüpfungspunkt für die Anwendbarkeit des allgemeinen Schadens- und Schadensersatzrechts. Auf den Umfang der Pflichtverletzung kommt es dabei nicht entscheidend an. Auch „kleine" Pflichtverletzungen können zu einem erheblichen Schaden führen. Daher ist das in § 635 Abs. 3 BGB geregelte Verhältnismäßigkeitsprinzip nicht auf Schadensersatzansprüche anwendbar.[198] Der Architekt kann gegen einen Schadensersatzanspruch also nicht einwenden, die Mangelbeseitigungskosten seien unverhältnismäßig hoch. Nur in extremen Ausnahmefällen kann § 251 Abs. 2 BGB entsprechend angewandt werden.[199]

77 Grundsätzlich hat der Vertragspartner des Architekten dessen Pflichtverletzung darzulegen und zu beweisen. Allerdings wird z. B. prima facie eine Pflichtverletzung angenommen, wenn im Hinblick auf Art, Schwere und Erkennbarkeit von Ausführungsmängeln ein typischer Geschehensablauf anzunehmen ist, der dafür spricht, dass die Überwachung durch den Architekten mangelhaft erfolgt ist. Dann ist es Sache des Architekten, diesen Anscheinsbeweis zu erschüttern, indem er darlegt, hinreichende Überwachungsleistungen erbracht zu haben.[200]

---

194 BGH, Urt. v. 24.2.1972 – VII ZR 177/70, BGHZ 58, 181 = BauR 1972, 242; Preussner, Die Haftung des Architekten, 9. Auflage 2008, J Rn. 245.

195 Löffelmann/Fleischmann, Architektenrecht, 6. Auflage 2012, Rn. 841.

196 OLG Hamm, Urt. v. 6.10.1988 – 26 U 74/88, NJW-RR 1989, 470 = BauR 1989, 501; zur Berechnung des Minderungsbetrages im Einzelnen Preussner, Die Haftung des Architekten, 9. Auflage 2008, J Rn. 233 ff.

197 BGH, Urt. v. 24.6.2004 – VII ZR 259/02 = BauR 2004, 1640; BGH, Urt. v. 11.11.2004 – VII ZR 128/03 = BauR 2005, 400; BGH, Urt. v. 16.12.2004 – VII ZR 174/03 = BauR 2005, 588.

198 BGH, Urt. v. 26.10.1972 – VII ZR 181/71, BGHZ 59, 365 = NJW 1973, 138; BGH, Urt. v. 29.6.2006 – VII ZR 86/05, NZBau 2006, 642 = BauR 2006, 1736; OLG München, Urt. v. 3.8.2010 – 13 U 4520/07, BauR 2012, 1441 = IBR 2012, 465 (Weyer).

199 BGH, Urt. v. 26.10.1972 – VII ZR 181/71, BGHZ 59, 365 = NJW 1973, 138; BGH, Urt. v. 29.6.2006 – VII ZR 86/05, NZBau 2006, 642 = BauR 2006, 1736; OLG München, Urt. v. 3.8.2010 – 13 U 4520/07, BauR 2012, 1441 = IBR 2012, 465 (Weyer).

200 BGH, Urt. v. 16.5.2002 – VII ZR 81/00 = BauR 2002, 1423; BGH, Urt. v. 22.7.2010 – VII ZR 77/08 = BauR 2010, 1959; BGH, Urt. v. 26.4.1973 – VII ZR 85/71, BB 1973, 1191; BGH, Urt. v. 27.11.2008 – VII ZR 206/06, BGHZ 179, 55 = NZBau 2009, 185 = BauR 2009, 515; OLG Saarbrücken, Urt. v. 11.12.2006 – 8 U 274/01, BauR 2007, 1918; OLG Dresden, Urt. v. 25.6.2009 – 10 U

b) Haftungsbegründende Kausalität. Das vertragspflichtwidrige Verhalten des Architekten muss ursächlich für die Verletzung des Rechtsguts des Vertragspartners sein. Die mangelhafte Bauausführung oder die verspätete Fertigstellung des Bauvorhabens muss entsprechend der allgemein anerkannten Äquivalenztheorie auf den Planungs-, Überwachungs- oder Koordinierungsmangel in der Architektenleistung zurückzuführen sein: Das Verhalten des Architekten muss conditio sine qua non für die Rechtsgutsverletzung sein.[201] Aufgrund der regelmäßigen Vielzahl beteiligter Personen und der damit einhergehenden Komplexität des Bauvorganges kann sich die **schlüssige Darlegung des Ursachenzusammenhangs** zwischen einem bestimmten (fehlerhaften) Verhalten eines Beteiligten und der Rechtsgutsverletzung auf Bestellerseite als außerordentlich schwierig erweisen. Die bloße Behauptung des Anspruchsstellers, Ursache für den streitgegenständlichen Zustand sei ein Fehlverhalten des Architekten, genügt im Regelfalle nicht. Vielmehr ist für eine schlüssige Begründung des Haftungsanspruchs darzulegen, dass der Mangel die einzige Ursache für den Fehler im Bauwerk bzw. dessen verspätete Fertigstellung ist und es bei einer ordnungsgemäßen Vertragserfüllung durch den Architekten hierzu nicht gekommen wäre.[202] Sofern einem Architekten Planungsmängel unterlaufen und ihm diese Planungsmängel bei der sich anschließenden Überwachung der Bauausführung nicht auffallen, setzt sich der einmal gemachte Fehler lediglich in der Objektüberwachung fort. Ursächlich für den Mangel bleibt weiterhin der Planungsfehler, nicht die mangelhafte Bauüberwachung.[203] 78

In der Rechtsprechung sind indes einige Erleichterungen in der Darlegungs- und Beweislast des Bestellers anerkannt. So kann sich in Haftung genommener Planer nicht darauf berufen, ein Fehler in der Bauüberwachung oder Bauausführung hätte unabhängig von seinem Planungsfehler den geltend gemachten Schaden verursacht.[204] Ein Planungsfehler wirkt vielmehr sogar dann haftungsbegründend, wenn der Bauunternehmer den Fehler erkennt und nicht umsetzt, in Folge dessen aber das Bauwerk aus einem anderen Grund nicht die vereinbarte Beschaffenheit aufweist.[205] 79

Ferner sind in Rechtsprechung und Literatur seit langem Erleichterungen in Bezug auf den haftungsbegründenden Ursachenzusammenhang anerkannt, wenn das vertragswidrige Verhalten auf dem **Unterlassen einer Aufklärungs- oder Beratungspflicht** beruht.[206] Unterlässt es der Architekt pflichtwidrig, den Besteller über einen Umstand aufzuklären oder ihn auf ein bestimmtes Risiko hinzuweisen, könnte er im Falle einer haftungsrechtlichen Inanspruchnahme behaupten, der Schaden wäre ohnehin eingetre- 80

1559/07, BauR 2010, 1785; KG, Urt. v. 9.4.2010 – 7 U 144/09, BauR 2010, 1112 („Jeder Architekt, der ein Bautagebuch führt, ist in der Lage, im Einzelnen darzulegen, wann er auf der Baustelle anwesend war und sich von der ordnungsgemäßen Ausführung durch den Bauunternehmer überzeugt hat."); OLG Rostock, Urt. v. 2.2.2011 – 2 U 20/08, IBR 2012, 338 (Müller); OLG Düsseldorf, Urt. v. 21.12.2012 – I-23 U 18/12, BauR 2013, 1879; OLG Köln, Urt. v. 13.3.2013 – 16 U 123/12, NZBau 2013, 375 = BauR 2013, 832; OLG Köln, Urt. v. 20.1.2014 – 11 U 116/13 = NZBau 2014, 302 = NJW-RR 2014, 660.

[201] Diese Begründung des Ursachenzusammenhangs findet gemäß der Adäquanztheorie ihre Grenze, wenn Kausalverläufe dem Schädiger billigerweise nicht mehr zurechenbar sind.

[202] OLG Frankfurt, Urt. v. 28.3.1990 – 17 U 159/88, BauR 1991, 370; Löffelmann/Fleischmann, Architektenrecht, 6. Auflage 2012 Rn. 699; zur Abgrenzung zwischen Koordinierungsmängeln des Planers und des Bauüberwachers vgl. Werner/Frechen, in Werner/Pastor, Der Bauprozess, Rn. 2010.

[203] OLG Dresden, Urt. v. 16.10.2010 – 10 U 1648/08 – zitiert nach juris.

[204] OLG Stuttgart, Urt. v. 24.4.2012 – 10 U 7/12, BauR 2014, 865; OLG Frankfurt, Urteil 10.10.2012 – 9 U 90/11, NZBau 2013.

[205] OLG Stuttgart, Urt. v. 24.4.2012 – 10 U 7/12, BauR 2014, 865.

[206] BGH, Urt. v. 5.7.1973 – VII ZR 12/73, BGHZ 61, 118 = WM 1973, 1015; BGH, Urt. v. 24.3.1977 – III ZR 198/74, NJW 1978, 41; BGH, Urt. v. 16.11.1993 – XI ZR 214/92, BGHZ 124, 151 = NJW 1994, 512; OLG Düsseldorf, Urt. v. 24.8.1995 – 6 U 138/94, WM 1996, 1082; Pastor, in Werner/Pastor, Der Bauprozess, 15. Aufl. 2015, Rn. 3082; Stodolkowitz, VersR 1994, 11.

ten, weil der Geschädigte auch bei ordnungsgemäßer Aufklärung das Risiko in Kauf genommen hätte bzw. seine Entscheidung unverändert ausgefallen wäre (hypothetischer Kausalverlauf). Zwar ist es dem Schädiger unbenommen, einen solchen hypothetischen Kausalverlauf vorzubringen, der ebenfalls zu der Rechtsgutsverletzung des Bestellers geführt hätte. Allerdings wird hier zugunsten des Bestellers angenommen, er hätte sich bei ordnungsgemäß erfolgter Aufklärung und Beratung beratungsgerecht verhalten. Diese Beweislasterleichterung hat der Bundesgerichtshof zutreffend mit einer Beweisnot des Geschädigten begründet: „Dem Ersatzberechtigten wäre wenig damit gedient, wenn er seine Vertragspartner zwar an sich aus schuldhafter Verletzung einer solchen Hinweispflicht in Anspruch nehmen könnte, aber regelmäßig daran scheitern würde, dass er den meist schwer zu führenden Beweis nicht erbringen könnte, wie er auf den Hinweis reagiert hätte, wenn er gegeben worden wäre.“[207]

81 **c) Verschulden.** Voraussetzung für das Bestehen eines Schadensersatzanspruchs ist eine schuldhafte, mithin mindestens fahrlässige Pflichtverletzung des Architekten. Entscheidend für eine Fahrlässigkeitshaftung ist, ob der Architekt die im Verkehr erforderliche Sorgfalt gemäß § 276 Abs. 2 BGB beachtet hat oder nicht. Der Verschuldensmaßstab richtet sich also nach dem Standard des betreffenden Verkehrskreises und nicht nach der individuellen Vorwerfbarkeit eines Fehlers.[208] So ist es eine Frage des Verschuldens, inwieweit etwa ein Tragwerksplaner auf an ihn übermittelte Angaben des Bestellers oder Architekten vertrauen kann. Ist ihm aus anderen Quellen als den überreichten Unterlagen bekannt, dass diese die tatsächlichen Bodenverhältnisse nicht zuverlässig abbilden, trifft ihn jedenfalls ein Verschulden.[209] Stellt sich die Bodenbeschaffenheit indes bei der Bauausführung anders dar als der Tragwerksplaner bei der Planung erkennen konnte, ist seine Planungsleistung zwar objektiv mangelhaft, ihn trifft aber kein Verschulden.[210]

82 Gemäß § 280 Abs. 1 Satz 2 BGB wird das Verschulden des Schuldners im Falle einer Pflichtverletzung widerleglich vermutet. Der Architekt muss sich im Haftungsprozess vom Verschuldensvorwurf entlasten. Ein Verschulden kann verneint werden, wenn der Architekt sich zur Lösung einer bestimmten Spezialaufgabe an ein Unternehmen wendet, das sich hierauf besonders eingerichtet hat und wenn für ihn kein triftiger Grund besteht, den Spezialkenntnissen und Erfahrungen dieses Unternehmens zu misstrauen.[211] Es genügt hingegen nicht, wenn der Architekt einwendet, dass ihm an der Universität die für die Erfüllung der Aufgaben erforderlichen Fachkenntnisse nicht vermittelt worden sind.[212] Der Architekt hat sich im Zweifel die erforderlichen Kenntnisse, die von einem Architekten erwartet werden können, zu verschaffen. Dies geht so weit, dass dem Architekten als geschäftlichen Oberleiter, sachkundigen Berater und Betreuer des Bauherrn auf dem Gebiet des Bauwesens nicht unerhebliche Kenntnisse des Werkvertragsrechts, des Bürgerlichen Gesetzbuchs und der entsprechenden Vorschriften der VOB/B abverlangt werden.[213]

83 **d) Schadensersatz neben der Leistung (§§ 634 Nr. 4 Alt. 1, 280 Abs. 1 BGB).** § 634 Nr. 4 BGB verweist hinsichtlich einzelner Schadensersatzansprüche auf die Schadenser-

---

[207] BGH, Urt. v. 5.7.1973 – VII ZR 12/73, BGHZ 61, 118 = WM 1973, 1015.

[208] Löffelmann/Fleischmann/Ihle, Architektenrecht, 6. Auflage 2012, Rn. 1807.

[209] BGH, Urt. v. 15.5.2013 – VII ZR 257/11, BGHZ 197, 252 = NZBau 2013, 519 = BauR 2013, 1468; OLG Oldenburg, Urt. v. 20.6.1979 – 2 U 31/79, BauR 1981, 399; OLG Düsseldorf, Urt. v. 12.5.2000 – 22 U 191/99, NZBau 2000, 526 = BauR 2001, 277; OLG Karlsruhe, Urt. v. 24.5.2007 – 19 U 119/06, BauR 2007, 1911.

[210] KG, Urt. v. 3.7.2009 – 7 U 97/08, BauR 2010, 830.

[211] OLG München, Urt. v. 22.2.2011 – 13 U 4056/10, BauR 2011, 1197.

[212] BGH, Urt. v. 10.7.2003 – VII ZR 329/02, NZBau 2003, 567 = BauR 2003, 1918.

[213] BGH, Urt. v. 26.4.1979 – VII ZR 190/78, BGHZ 74, 235 = NJW 1979, 1499 = BauR 1979, 345; OLG Bremen, Urt. v. 6.12.2012 – 3 U 16/11, IBR 2013, 89 (Schwenker).

satznormen des allgemeinen Schuldrechts (§§ 280, 281, 283, 311a BGB bzw. § 284 BGB). Hier ist maßgeblich, für welchen Schaden der Besteller Ersatz begehrt.

Von wesentlicher praktischer Bedeutung ist der Anspruch auf Schadensersatz neben der Leistung. Er besteht neben den übrigen Gewährleistungsrechten. Der Besteller kann über § 280 Abs. 1 BGB alle Schäden geltend machen, die durch eine Pflichtverletzung des Architekten (Mangel des Architektenwerks) verursacht worden sind, mithin **Folge des Mangels** sind. Ob es sich um einen näheren oder entfernteren Mangelfolgeschaden handelt, ist dabei seit der Schuldrechtsmodernisierung unerheblich. Eine vorherige Fristsetzung zur Begründung des Anspruchs ist (anders als bei einem Schadensersatzanspruch statt der Leistung gemäß § 281 BGB, der insbesondere für die Kosten der Beseitigung des Mangels selbst Anwendung findet)[214] nicht erforderlich, da ein Mangelfolgeschaden nicht im Rahmen einer Nacherfüllung beseitigt werden kann.

Der Umfang des ersatzpflichtigen Schadens bestimmt sich nach den allgemeinen scha- 84
densrechtlichen Vorschriften (§§ 249 ff. BGB). Gemäß der **Differenzhypothese** sind zwei Vermögenslagen miteinander zu vergleichen: Zum einen die tatsächliche Vermögenslage des Gläubigers unter Berücksichtigung des Schadensereignisses, zum anderen seine hypothetische Vermögenslage unter Hinwegdenken des Schadensereignisses. Im Rahmen des § 280 Abs. 1 BGB haftet der Schädiger auf das positive Interesse. Er hat mithin den Vermögenszustand herzustellen, der entstanden wäre, wenn er seine Pflichten ordnungsgemäß erfüllt hätte.

Der Geschädigte hat darzulegen und gegebenenfalls nachzuweisen, inwieweit sich sein 85
Vermögen durch das pflichtwidrige Verhalten seines Vertragspartners verschlechtert hat. Er hat mithin aufzuzeigen, wie hoch sein Schaden konkret ist und dass ein äquivalenter und adäquater **haftungsausfüllender Kausalzusammenhang** zwischen dem Haftungsgrund und dem Schaden besteht.

Darauf, ob der Haftungsgläubiger den Schadensersatz tatsächlich für die Schadensbeseitigung verwendet oder nicht, kommt aber es grundsätzlich nicht an.[215] Allerdings kann der Besteller des Architektenwerks im Rahmen der Schadensersatzforderung Umsatzsteuer entsprechend § 249 Abs. 2 Satz 2 BGB nur dann erstattet verlangen, wenn und soweit diese im Zuge der Schadensbeseitigung tatsächlich anfällt.[216]

Neben dem Anspruch auf Schadenersatz neben der Leistung ist der Anspruch auf Min- 86
derung gegeben. Der Besteller ist daher berechtigt, bei fehlerhafter Ausführungsplanung, die zu Bauwerksschäden führt, wegen dieses Mangels eine Minderung zu beanspruchen. Gleichzeitig können von ihm die Schäden am Bauwerk selbst geltend gemacht werden.

aa) Kosten der Beseitigung der Mangelfolgen. Zu ersetzen sind die dem Besteller infolge der 87
mangelhaften Architektenleistung entstehenden Baumehrkosten. Hierzu zählen die Kosten zur Beseitigung mangelbedingter Schäden am Gebäude, die Mehrkosten der bauausführenden Unternehmer aus verlängerter Bauzeit oder Unterbringungskosten während der Mängelbeseitigung.[217]

Ist in einem Haftungsprozess zwischen den Parteien streitig, ob ein Schaden entstanden 88
ist und wie hoch sich der Schaden beläuft, kann das Gericht hierüber gemäß § 287 Abs. 1 Satz 1 ZPO unter Würdigung aller Umstände nach freier Überzeugung entscheiden. Diese **Schadensschätzung** kann insbesondere bei typischerweise anfallenden zusätzlichen Kosten für die Planung und Überwachung der Mängel- und Schadensbeseitigungsarbei-

---

214 Hierzu sogleich unten e).

215 BGH, Urt. v. 10.4.2003 – VII ZR 251/02, NZBau 2003, 375 = BauR 2003, 1211; BGH, Urt. v. 28.6.2007 – VII ZR 8/06, NZBau 2007, 580 = BauR 2007, 1567; OLG Köln, Urt. v. 12.1.2012 – 7 U 99/08, NZBau 2012, 310.

216 BGH, Urt. v. 22.7.2010 – VII ZR 176/09, BGHZ 186, 330 = NZBau 2010, 690= BauR 2010, 1752; OLG Frankfurt, Urteil 10.10.2012 – 9 U 90/11, NZBau 2013; OLG Hamm, Urt. v. 8.3.2012 – 24 U 148/10, NZBau 2012, 500 = BauR 2012, 1109.

217 BGH, Urt. v. 10.4.2003 – VII ZR 251/02, NZBau 2003, 375 = BauR 2003, 1211.

ten zum Zuge kommen. Das OLG München hat in diesem Zusammenhang wiederholt die Höhe dieser sogenannten **Regiekosten** in Höhe von 10-15 Prozent der Mängelbeseitigungskosten geschätzt.[218]

89 *bb) Kosten der Rechtsverfolgung.* Ersatzfähig sind die erforderlichen Kosten einer zweckmäßigen Rechtsverfolgung. Hierzu können insbesondere **Rechtsanwaltskosten**[219] und **Sachverständigenkosten** zur Mangel- und Mangelursachenerforschung sowie zur Bestimmung der Schadenshöhe[220] zählen. Auch die Kosten eines Vorprozesses gegen einen vermeintlichen dritten Schädiger können erstattungsfähig sein, wenn der Architekt seine Haftung zunächst zu Unrecht bestritten hat.[221]

90 *cc) Entgangener Gewinn.* Kann das Bauwerk aufgrund eines Planungs- oder Bauüberwachungsmangels nicht oder nur eingeschränkt bestimmungsgemäß genutzt werden, hat der Besteller einen Anspruch auf Ersatz des Schadens, der ihm durch den Ausfall der Nutzungsmöglichkeit entsteht. Soll das Bauwerk fremdgenutzt werden, kann der Besteller gegebenenfalls Ersatz für **Mietausfallschäden** als entgangenen Gewinn gemäß § 252 BGB verlangen, wenn er das Objekt zeitweilig nicht oder wegen verzögerter Fertigstellung erst später als vorgesehen vermieten kann. [222]

91 Kann der Besteller das Objekt aufgrund des Mangels nur mit erheblicher Verzögerung und infolge eines zwischenzeitlich zurückgegangenen Marktpreises nur zu einem geringeren als dem ursprünglich kalkulierten Preis verkaufen, so kann er auch diesbezüglich Ersatz gemäß § 252 BGB verlangen. Er hat in diesem Fall darzulegen und gegebenenfalls zu beweisen, dass die erlittenen Einbußen tatsächlich bestehen und Folge der mangelhaften Architektenleistung sind.[223]

92 *dd) Verlängerte Mietzeit.* Will der Besteller die Räume selbst nutzen, ist ihm dies aber bis zur Beseitigung des Mangels und seiner Folgeschäden nicht möglich, kann er gegebenenfalls **Mehrkosten aus verlängerter Mietzeit** als Schaden geltend machen. Darüber hinaus besteht nur eingeschränkt die Möglichkeit der Kompensation des zeitweiligen Verlusts der Nutzungsmöglichkeit. Erforderlich ist, dass sich die Funktionsstörung typischerweise auf die materielle Lebenshaltung signifikant auswirkt.[224]

93 *ee) Finanzierungsmehrkosten.* Zieht sich die Realisierung infolge einer mangelhaften Architektenleistung in die Länge und entstehen dem Besteller hierdurch Schäden aufgrund einer höheren und/oder längeren Finanzierung, so ist auch dieser Vermögensnachteil zu ersetzen.[225]

94 *ff) Merkantiler Minderwert.* Selbst dann, wenn die Sanierungsarbeiten ordnungsgemäß durchgeführt worden sind, kann ein merkantiler Minderwert verbleiben, wenn der Verkaufswert des Grundstücks durch den früheren, nunmehr behobenen Mangel beeinflusst

---

[218] OLG München, Urt. v. 28.11.2006 – 13 U 2426/06, IBR 2007, 261 (Röder); OLG München, Urt. v. 22.11.2013 – 22 U 32/13, BauR 2014, 851.

[219] OLG Hamm, Urt. v. 8.3.2012 – 24 U 148/10, NZBau 2012, 500 = BauR 2012, 1109.

[220] BGH, Urt. v. 26.5.2004 – VIII ZR 77/03, NJW 2004, 3042; BGH, Urt. v. 23.1.2007 – VI ZR 67/06, NJW 2007, 1450; OLG Jena, Beschluss vom 16.7.2014 – 1 W 187/14, IBR 2014, 710 (Peters).

[221] BGH, Urt. v. 30.6.1983 – VII ZR 185/81, BauR 1983, 573.

[222] BGH, Urt. v. 29.3.1990 – VII ZR 324/88, NJW-RR 1990, 980 = BauR 1990, 464; OLG Karlsruhe, Urt. v. 19.1.2010 – 8 U 161/07, BauR 2012, 1149 = IBR 2012, 334 (Weyer); OLG Bamberg, Urt. v. 31.10.2012 – 3 U 17/12, IBR 2013, 757 (Jenssen); OLG Dresden, Urt. v. 1.8.2013 – 10 U 1030/11, NZBau 2014, 179 = BauR 2013, 1861.

[223] OLG Karlsruhe, Urt. v. 19.1.2010 – 8 U 161/07, BauR 2012, 1149 = IBR 2012, 334 (Weyer).

[224] BGH, Urt. v. 9.7.1986 – GSZ 1/86, BGHZ 98, 212 = NJW 1987, 50 = BauR 1986, 732; OLG Stuttgart, Urt. v. 30.3.2010 – 10 U 87/09, BauR 2010, 1240.

[225] BGH, Urt. v. 29.3.1990 – VII ZR 324/88, NJW-RR 1990, 980 = BauR 1990, 464; BGH, Urt. v. 14.1.1993 – VII ZR 185/91, BGHZ 121, 210 = NJW 1993, 2674 = BauR 1993, 600.

ist.[226] Grund für die Annahme eines solchen Minderwerts ist, „dass auf dem Immobilienmarkt bei einem großen Teil der maßgeblichen Verkehrskreise wegen des Verdachts verborgen gebliebener Schäden oder des geringeren Vertrauens in die Qualität des Gebäudes eine den Preis beeinflussende Neigung gegen den Erwerb und damit eine schlechtere Verwertbarkeit des Gebäudegrundstückes besteht."[227]

gg) Sowiesokosten/Vorteilsausgleich. Der zu leistende Schadensersatz dient allein der Kom- 95
pensation entstandener Vermögensnachteile. Der geschädigte Besteller soll hierdurch nicht besser gestellt werden als er bei einer pflichtgemäßen Leistung des Architekten gestanden hätte.[228]

Daher sind im Rahmen der Schadensermittlung die sogenannten **Sowiesokosten** (auch Ohnehinkosten genannt) abzuziehen, also die Mehrkosten, um die die Bauleistung bei ordnungsgemäßer Ausführung von vornherein teurer gewesen wäre.[229] Liegt beispielsweise ein Planungsmangel in Form einer zu klein dimensionierten Lüftungsanlage vor und muss im Zuge der Mängelbeseitigung eine größere und doppelt so teure Anlage eingebaut werden, so sind diese Mehrkosten für die neue Anlage Sowiesokosten, für die der Besteller keinen Ersatz vom Architekten verlangen kann, da dieser bei einer fachgerechten Planung von vornherein die teurere Anlage geplant hätte. Die Darlegung und der Nachweis von Sowiesokosten ist allerdings nicht Sache des Bestellers, sondern des Haftungsgegners. Im Prozess muss der Besteller hierzu also nicht von sich aus vortragen.[230]

hh) Abzug neu für alt. Kommt es erst nach längerer Nutzungsdauer zu einer Mängelbe- 96
seitigung, durch die neue Bauteile eingebaut werden, die eine längere Nutzungsmöglichkeit als ursprünglich geschuldet bewirken, so kann für diesen Vorteil ein sogenannter **Abzug neu für alt** vorgenommen werden.[231] Ein solcher Vorteilsausgleich kann indes nicht geltend gemacht werden, wenn der Schuldner stets seine Einstandspflicht ohne triftigen Grund bestritten hat. Ein sich hieraus ergebender Verzögerungszeitraum für die Nachbesserung soll nicht zu seinen Gunsten gereichen.[232]

ii) Mitverschulden und Schadensminderungsobliegenheit des Bestellers. Der Schadensersatzan- 97
spruch des Bestellers ist gemäß § 254 BGB zu reduzieren, wenn ihm im Verhältnis zum Architekten in Bezug auf die Schadensentstehung oder die Schadenshöhe ein eigener Mitverschuldensbeitrag zuzurechnen ist. Die Festlegung von Mitverursachungsanteilen im Prozess ist dabei allein Aufgabe des Gerichts und nicht etwa eines gerichtlichen Sachverständigen. Dieser hat dem Gericht lediglich die für die Abwägung tatsächlichen Grundlagen darzulegen.[233]

---

226 BGH, Urt. v. 11.7.1991 – VII ZR 301/90, NJW-RR 1991, 1429 = BauR 1991, 744; OLG Hamm, Urt. v. 10.5.2010 – 17 U 92/09, NZBau 2011, 29 = BauR 2010, 1954; OLG Stuttgart, NJW-RR 2011, 457.

227 OLG Stuttgart, Urt. v. 8.2.2011 – 12 U 74/10 = NJW-RR 2011, 457.

228 BGH, Urt. v. 28.6.2007 – VII ZR 8/06, NZBau 2007, 580 = BauR 2007, 1567.

229 BGH, Urt. v. 23.9.1976 – VII ZR 14/75, BauR 1976, 430; BGH, Urt. v. 22.3.1984 – VII ZR 50/82, BGHZ 90, 344 = NJW 1984, 713 = BauR 1984, 395; BGH, Urt. v. 10.11.1988 – VII ZR 272/87, NJW 1989, 717; BGH, Urt. v. 8.11.2007 – VII ZR 183/05, BGHZ 174, 110 = NZBau 2008, 109 = BauR 2008, 344; OLG Karlsruhe, Urt. v. 7.3.2006 – 8 U 200/05, BauR 2006, 2066; OLG Rostock, Urt. v. 8.6.2010 – 4 U 3/02, BauR 2012, 1998.

230 BGH, Urt. v. 8.5.2003 – VII ZR 407/01, NZBau 2003, 501 = BauR 2003, 1247; Preussner, in Motzke/Preussner/Kehrberg/Kesselring, Die Haftung des Architekten, 9. Auflage, J Rn. 291.

231 BGH, Urt. v. 17.5.1984 – VII ZR 169/82, BGHZ 91, 206 = NJW 1984, 2457 = BauR 1984, 510; BGH, Urt. v. 6.12.1995 – VIII ZR 270/94, NJW 1996, 584; BGH, Urt. v. 22.1.2004 – VII ZR 426/02, NZBau 2004, 336 = BauR 2004, 869.

232 BGH, Urt. v. 17.5.1984 – VII ZR 169/82, BGHZ 91, 206 = NJW 1984, 2457 = BauR 1984, 510; OLG Rostock, Urt. v. 8.6.2010 – 4 U 3/02, BauR 2012, 1998.

233 OLG Stuttgart, Urt. v. 24.4.2012 – 10 U 7/12, BauR 2014, 865.

98 Verfügt der Besteller über **eigenen Sachverstand** und hätte er den Planungsmangel erkennen können bzw. müssen, so kann dies dazu führen, dass er sich einen Mitverschuldensanteil anrechnen lassen muss, weil er die Obliegenheit verletzt, sich selbst vor Schaden zu bewahren, wenn er die Augen vor der Gefahrenlage verschließt.[234] Ebenso trifft ihn im Verhältnis zum Bauüberwacher ein Mitverschulden, wenn er ausdrücklich aus Kostengründen auf eine umfassende Bauüberwachung verzichtet.[235]

Teilweise uneinheitlich bewertet die Rechtsprechung, inwiefern sich der Besteller Pflichtverletzungen von ihm beauftragter **sachkundiger Dritter** zurechnen lassen muss. Feststeht, dass der bauüberwachende Architekt weder im Verhältnis zwischen Besteller und planendem Architekten[236] noch im Verhältnis zwischen Besteller und bauausführendem Unternehmer[237] Erfüllungsgehilfe des Bestellers ist. Allerdings ist der planende Architekt im Verhältnis zwischen Besteller und bauausführendem Unternehmer ein Erfüllungsgehilfe des Bestellers.[238]

99 Im sog. Glasfassadenurteil vom 27.11.2008 hat der Bundesgerichtshof ferner ausgeführt, den Besteller treffe in seinem Vertragsverhältnis zum bauaufsichtsführenden Architekten regelmäßig die Obliegenheit, diesem einwandfreie Pläne zur Verfügung zu stellen, da dieser seine Aufgabe, eine mangelfreie Errichtung des Werks herbeizuführen, nur auf der Grundlage mangelfreier Pläne sinnvoll wahrnehmen kann. Daher müsse sich der Besteller gemäß §§ 254 Abs. 1, 278 BGB das mitwirkende Verschulden des planenden Architekten als seines Erfüllungsgehilfen zurechnen lassen, wenn der Besteller den bauüberwachenden Architekten wegen eines im Bauwerk verkörperten Mangels in Anspruch nimmt, der darauf zurückzuführen ist, dass die gelieferten Pläne mangelhaft sind und der Bauüberwacher dies pflichtwidrig nicht bemerkt hat.[239] Mit diesem Urteil ist der VII. Zivilsenat von seiner bisherigen Linie abgerückt. In einer Entscheidung vom 10.7.2003 hatte der Senat noch den Standpunkt vertreten, ein Sonderfachmann (Bodengutachter) sei im Verhältnis zwischen Besteller und Bauüberwacher regelmäßig kein Erfüllungsgehilfe des Bestellers.[240] Auch das OLG Düsseldorf hatte dies zuvor anders beurteilt.[241]

100 Von der obergerichtlichen Rechtsprechung wird die Vorgabe des BGH in Bezug auf Sonderfachleute, die der Besteller mit Planungsleistungen beauftragt hat, einschränkend ausgelegt: Auch wenn die Einschätzung des hinzugezogenen Sonderfachmanns ebenso haftungsbegründend fehlerhaft ist wie die des bauüberwachenden Architekten, müsse der Besteller sich das Verschulden des Sonderfachmanns nicht zurechnen lassen, da dieser

---

[234] BGH, Urt. v. 20.6.2013 – VII ZR 4/12, NZBau 2013, 515 = BauR 2013, 1472 (Bauen an einem abbruchgefährdeten Steilhang); OLG Hamm, Urt. v. 23.4.2002 – 21 U 56/01, NJW-RR 2002, 1669 = BauR 2003, 273 (Mitverschuldensquote 33%); OLG Celle, Urt. v. 23.2.2012 – 16 U 4/10 (Mitverschuldensquote 33 %).

[235] OLG Hamm, Urt. v. 23.4.2002 – 21 U 56/01, NJW-RR 2002, 1669 = BauR 2003, 273 (Mitverschuldensquote 33%).

[236] BGH, Urt. v. 29.9.1988 – VII ZR 182/87, NJW-RR 1989, 86 = BauR 1989, 97; BGH, Urt. v. 27.11.2008 – VII ZR 206/06, BGHZ 179, 55 = NZBau 2009, 185 = BauR 2009, 515.

[237] BGH, Urt. v. 27.11.2008 – VII ZR 206/06, BGHZ 179, 55 = NZBau 2009, 185 = BauR 2009, 515.

[238] BGH, Urt. v. 27.11.2008 – VII ZR 206/06, BGHZ 179, 55 = NZBau 2009, 185 = BauR 2009, 515; OLG Celle, Urt. v. 6.3.2014 – 5 U 40/13 = IBR 2014, 679 mit dem Hinweis, dass der planende Architekt ausnahmsweise dann nicht Erfüllungsgehilfe des Bauherrn gegenüber dem Unternehmer ist, somit dem Bauherrn kein mitwirkendes Verschulden entgegengehalten werden kann, wenn Architekt und Unternehmer hinsichtlich der mangelhaften Leistung als „Planer" einzusehen sind. Hier hatte der Unternehmer einen Teil der Leistungen umgeplant. Diese Planungsleistungen des Unternehmers waren vom Architekten nicht geprüft worden.

[239] BGH, Urt. v. 27.11.2008 – VII ZR 206/06, BGHZ 179, 55 = NZBau 2009, 185 = BauR 2009, 515; ebenso BGH, Urt. v. 15.5.2013 – VII ZR 257/11, BGHZ 197, 252 = NZBau 2013, 519 = BauR 2013, 1468.

[240] BGH, Urt. v. 10.7.2003 – VII ZR 329/02, NZBau 2003, 567 = BauR 2003, 1918.

[241] OLG Düsseldorf, Urt. v. 19.12.1997 – 22 U 68/97, NJW-RR 1998, 741 = BauR 1998, 582.

kein Erfüllungsgehilfe des Bestellers im Verhältnis zum bauüberwachenden Architekten sei.[242] Dieser Rechtsprechung ist nicht zu folgen. Sie führt im Ergebnis dazu, dass der Bauüberwacher schlechter gestellt wird, wenn sich der Besteller besonderer Sachkunde bedient. Dies steht in Widerspruch dazu, dass der Bauüberwacher im Rahmen der Pflicht zur eigenverantwortlichen Kontrolle der vorgelegten Pläne auf die Richtigkeit der Planung eines Sonderfachmannes eher vertrauen darf als auf die Planung eines Architekten. Wenn mithin der vom BGH vorgegebenen Marschroute gefolgt und ein Mitverschulden des Bestellers bejaht wird, weil ihm Mängel in der Planung zugerechnet werden, dann muss dies erst Recht dann gelten, wenn die Pläne von einem Sonderfachmann stammen.

Im Ergebnis kann ein Mitverschulden des Bestellers nur dann ausgeschlossen werden, wenn der Bauüberwacher die fehlerhafte Planung des Architekten oder Sonderfachmanns nicht einmal zur Prüfung herangezogen hat.[243] Dann ist die Verletzung der Obliegenheit des Bestellers, dem Bauüberwacher fehlerfreie Pläne zur Verfügung zu stellen, nicht ursächlich für den Bauüberwachungsfehler.

Hat sich ein Planungs- oder Bauüberwachungsmangel als Baumangel im Bauwerk niedergeschlagen, kann der Besteller seine **Schadensminderungsobliegenheit** verletzen, wenn er im Rahmen der Planung oder der tatsächlichen Beseitigung des Baumangels nicht auf den Architekten zurückgreift, der den Planungs- oder Bauüberwachungsmangel verursacht hat.[244] Hatte der Besteller indes aufgrund des Planungs- oder Bauüberwachungsfehlers des Architekten das Vertrauen in dessen Zuverlässigkeit oder fachliche Kompetenz verloren, besteht für eine weitere Heranziehung des Architekten keine Veranlassung[245]. 101

Der Besteller kann im Einzelfall schließlich auch dann gegen seine Schadensminderungsobliegenheit gemäß § 254 Abs. 2 BGB verstoßen, wenn er den Mangel nicht zeitnah beseitigt. Voraussetzung hierfür ist allerdings, dass es zum einen tatsächlich zu erheblichen, über die allgemeine Teuerungsrate hinausgehenden Baupreissteigerungen kommt und dem Geschädigten zum anderen vorgeworfen werden kann, eine solche Schadensentwicklung nicht erkannt zu haben.[246] 102

e) Schadensersatz statt der Leistung (§§ 280 Abs. 1, Abs. 3, 281 Abs. 1 BGB). Der Schadensersatzanspruch statt der Leistung bezieht sich auf Schäden, die durch eine Nacherfüllung verhindert werden können.[247] Der Nacherfüllungsanspruch wegen des Mangels geht unter. Vor diesem Hintergrund spielt der Anspruch im **Rahmen der Architektenhaftung eine nur untergeordnete Rolle**. Er kommt nur zum Tragen, wenn der Erfüllungsanspruch ausgeschlossen ist. Erforderlich für eine Geltendmachung ist regelmäßig eine erfolglos gesetzte angemessene Frist zur Leistung oder Nacherfüllung, wenn der Architekt nicht die Leistung ernsthaft und endgültig verweigert oder wenn besondere Umstände vorliegen, die unter Abwägung der beiderseitigen Interessen die sofortige Geltendmachung des Schadensersatzanspruchs rechtfertigen. 103

Liegen diese Voraussetzungen vor, kann der Besteller Schadensersatz statt der Leistung gemäß § 281 Abs. 1 Satz 1 BGB beanspruchen. Dieser sogenannte **kleine Schadensersatz-** 104

---

242 OLG Celle, Urt. v. 28.1.2010 – 6 U 132/09, BauR 2012, 1287 = IBR 2012, 525 (Haverland); OLG Dresden, Urt. v. 23.8.2010 – 10 U 1054/08, BauR 2012, 1837 = IBR 2012, 589 (Wronna); OLG Celle, Urt. v. 29.11.2012 – 5 U 70/12, IBR 2013, 161 (Rodemann) (noch nicht rechtskräftig).

243 So der Sachverhalt bei OLG Celle, Urt. v. 29.11.2012 – 5 U 70/12, IBR 2013, 161 (Rodemann).

244 BGH, Urt. v. 12.7.1971 – VII ZR 239/69, BauR 1972, 62.

245 BGH, Urt. v. 12.7.1971 – VII ZR 239/69, BauR 1972, 62; Preussner, in Motzke/Preussner/Kehrberg/Kesselring, Die Haftung des Architekten, 9. Auflage, J Rn. 180.

246 BGH, Urt. v. 22.1.2004 – VII ZR 426/02, NZBau 2004, 336 = BauR 2004, 869; OLG Düsseldorf, Urt. v. 31.10.2006 – 23 U 39/06 = BauR 2007, 1254.

247 Kniffka/Koeble, Kompendium des Baurechts, 4. Auflage 2014, 6. Teil Rn. 243.

anspruch bezieht sich nur auf den Teil, der nicht vertragsgerecht erbracht worden ist. Er besteht in Höhe des mangelbedingten Minderwerts der Werkleistung.[248]

Der Besteller kann Schadensersatz statt der ganzen Leistung gemäß § 281 Abs. 1 Sätze 2 und 3 BGB (sogenannter **großer Schadensersatz**) nur bei einer erheblichen Pflichtverletzung des Architekten verlangen und er an etwaig bereits erbrachten Teilleistungen kein Interesse hat. Dieser Schadensersatzanspruch, der neben dem Nichterfüllungsschaden auch den Rückabwicklungsschaden umfasst, kommt daher regelmäßig nur dann in Betracht, wenn das Architektenwerk schlechthin unbrauchbar ist. Verlangt der Besteller Schadensersatz statt der ganzen Leistung, so ist der Architekt gemäß § 281 Abs. 5 BGB zur Rückforderung des bisher Geleisteten nach den §§ 346 bis 348 BGB berechtigt.

IV. Haftung für eine faktische Architektenleistung

105 Auch wenn Besteller und Architekt über bestimmte Architektenleistungen, insbesondere im Bereich der Bauüberwachung keine vertragliche Vereinbarung geschlossen haben, kann der Architekt unter Umständen für Fehler haftbar sein, etwa wenn er aus Gefälligkeit[249] oder über seinen eigentlichen Auftrag hinaus[250] Planungs- oder Überwachungsleistungen wie ein hiermit beauftragter Architekt erbringt. Der Architekt haftet dann aus den allgemeinen Grundsätzen der Sachwalterhaftung. Der Haftungsumfang richtet sich nach der jeweils übernommenen konkreten Aufgabe.[251] Scheut der Besteller die Kosten einer Bauüberwachung und beauftragt er den Architekten lediglich mit der Genehmigungsplanung, so können allein aus dem Umstand, dass der Architekt gegenüber dem Bauamt als Bauleiter angegeben worden ist, keine haftungsbegründenden Architektenpflichten hergeleitet werden.[252] Angesichts der überragenden wirtschaftlichen Bedeutung einer sorgfältigen Bauüberwachung ist auch eine rein faktisch erfolgte Bauüberwachung nach denselben Maßstäben zu beurteilen wie bei einem ausdrücklich beauftragten Bauüberwacher.[253]

---

[248] Vgl. etwa BGH, Urt. v. 10.7.2014 – VII ZR 55/13, NZBau 2014, 568 (Schadensersatz für die Planung und Errichtung eines anderen als des ursprünglich gewollten Gebäudes).

[249] BGH, Urt. v. 8.2.2001 – VII ZR 152/00, NZBau 2001, 332 = BauR 2001, 983; OLG Köln, Urt. v. 28.9.2005 – 11 U 16/05, NZBau 2006, 183; einschränkend OLG Dresden, Urt. v. 19.10.2010 – 5 U 300/10, BauR 2011, 305 (Haftungsbegrenzung auf Sorgfalt in eigenen Angelegenheiten).

[250] BGH, Urt. v. 11.1.1996 – VII ZR 85/95, NJW 1996, 1278 = BauR 1996, 418; OLG Naumburg, Urt. v. 17.12.2004 – 6 U 50/04, BauR 2005, 1796 = IBR 2005, 557 (Kessen).

[251] BGH, Urt. v. 11.1.1996 – VII ZR 85/95, NJW 1996, 1278 = BauR 1996, 418.

[252] OLG Koblenz, Urt. v. 11.5.2010 – 11 U 823/08, IBR 2012, 34 (Lipphardt).

[253] OLG Köln, Urt. v. 28.9.2005 – 11 U 16/05, NZBau 2006, 183.

§ 10 Abnahme

Übersicht

I. Begriff und Wesen der Abnahme

Durch den Architektenvertrag wird der Architekt nach § 631 Abs. 1 BGB zur Ausführung der versprochenen Planungs- und Bauüberwachungsleistungen verpflichtet. Nach Fertigstellung seiner Architektenleistungen ist der Besteller nach § 640 Abs. 1 BGB verpflichtet, die vertragsgemäß ausgeführte Architekten- bzw. Bauüberwachungsleistung gegenüber dem Architekten abzunehmen. Die Abnahme bildet damit den Dreh- und Angelpunkt in der Abwicklung eines jeden Planungsvertrages, nicht anders als bei sonstigen Werkverträgen[1]. Mit der Abnahme durch den Besteller verbindet sich dessen Billigung der vertraglich übernommenen Leistung als im Wesentlichen vertragsgerechte Erfüllung[2]. Die Abnahme markiert damit zugleich die vertragswesentliche Zäsur zwischen der Erfüllungs- und der Nacherfüllungsphase bei der Abwicklung von Architekten- und Planungsverträgen. 1

Ein wesentlicher Nachteil der Abnahmebestimmung des § 640Abs. 1 BGB liegt darin, dass es nach wie vor an einer gesetzlichen Regelung dazu fehlt, in welcher Art und Weise die Abnahme vorzunehmen ist. Nach wie vor beschränkt sich § 640 Abs. 1 BGB auf die Feststellung, dass „das vertragsmäßig hergestellte Werk abzunehmen" ist, ohne jedoch zugleich näher gesetzlich zu definieren, wie sich die Abnahme im Einzelnen zu vollziehen hat[3]. Während zum Bauvertrag durch § 12 VOB/B die Art und Weise der Abnahme nähere Konturen erfahren hat, fehlt es für das gesamte Architekten- und Ingenieurecht bis heute an näheren Regelungen dazu, wie die Abnahme konkret zwischen dem Besteller und dem Architekten vorzunehmen ist, sieht man einmal davon ab, dass in § 15 Abs. 1 HOAI 2013 verordnungsrechtlich die Abnahme als (Fälligkeits-) Voraussetzung für die Schlussabrechnung des Architekten vorgegeben wurde. Neben die objektive, vertragsgemäße Ausführung der geschuldeten Architektenleistungen tritt nun die Abnahme als Billigung des Bestellers hinzu[4]. Zu den Formen möglicher Abnahme der Architektenleistungen besagt § 15 HOAI jedoch inhaltlich nichts Weiteres, so dass es insoweit auf die vorgreifliche Bestimmung des § 640 Abs. 1 BGB ankommt[5]. 2

---

1 Jagenburg NJW 1974, 2264, 2265.
2 BGHZ 48, 257, 262; BGH NJW 1992, 1972, 1974.
3 Messerschmidt/Voit/Messerschmidt, Privates Baurecht, 2. Aufl., § 640 Rn. 8.
4 Vgl. Locher/Koeble/Frik, HOAI, 12. Aufl., Einleitung Rn. 126.
5 Messerschmidt/Voit/Messerschmidt, Privates Baurecht, 2. Aufl., § 640 Rn. 323.

3 Das Werk des Architekten ist nach § 640 Abs. 1 BGB abnahmefähig, wenn es – ausgenommen von geringfügigen Restleistungen – im Wesentlichen vollendet[6] und frei von nennenswerten Mängeln ist[7]. Ob und wann ein derartiger Leistungsstand erreicht ist, lässt sich nur anhand der zugrunde liegenden vertraglichen Beschaffenheitsvereinbarungen und ihrer Konkretisierung während der Ausführung der beauftragten Planungs- und Bauüberwachungsleistungen sagen[8].

4 In der Praxis des Architektenrechts wurde zumindest in der Vergangenheit die Bedeutung der Abnahme verkannt[9]. Die Ursache hierfür ist vor allem darin zu sehen, dass sich das Architektenrecht über die vergangenen Jahrzehnte in vielerlei Hinsicht von den gesetzlichen Kernaussagen des BGB-Werkvertragsrechts entfernt hat. Ausschlaggebend hierfür war gemeinhin der in der Praxis festzustellende zu enge Fokus architektenrechtlicher Beurteilungssicht auf die ausschließlich honorarbestimmenden Vorschriften der HOAI. Bis zur HOAI 2013 bestand jedenfalls honorarbezogen keinerlei Notwendigkeit zur Klärung von Abnahme, Abnahmedurchführung und Abnahmefähigkeit ausgeführter Planungsleistungen, konnte doch nach § 8 Abs. 1 HOAI 2002 und auch nach § 15 Abs. 1 HOAI 2009 ohne Nachweis durchgeführter Abnahme vom Architekten schlussgerechnet werden[10]. Voraussetzung hierzu war lediglich die Ausführung vertragsgemäßer Leistungen, die Erstellung einer prüffähigen Honorarschlussrechnung sowie deren Überreichung an den Besteller. Nur selten wurde darüber hinaus vertraglich Näheres zu den Voraussetzungen und der Durchführung einer Abnahme im Architektenvertrag vereinbart[11]. Aller Voraussicht nach wird sich dies entscheidend durch das mit der HOAI 2013 in § 15 Abs. 1 neu eingeführte Abnahmeerfordernis ändern. Seit jeher spielt nämlich die Abnahme bei sonstigen Werk- und Bauverträgen eine entscheidende Rolle bei der Frage, ob und wann Vergütungsansprüche aus der Schlussrechnung des Unternehmers fällig geworden sind. Nicht anders wird es künftig weitaus mehr als in der Vergangenheit im Zusammenhang mit der Abwicklung und Abrechnung erbrachter Planerleistungen sowie der vom Planer beanspruchten Honorare aus vorgelegter Schlussrechnung um den Nachweis erfolgter Abnahme gehen.

II. Rechtswirkungen der Abnahme

5 Die Bedeutung der Abnahme im Architektenrecht ist erheblich. Die Rechtswirkungen der Abnahme werden von den Parteien des Architektenvertrages regelmäßig unterschätzt. Sie richten sich durchgängig nach §§ 631 ff. BGB, primär natürlich nach § 640 BGB. Nachfolgend werden die Rechtswirkungen der Abnahme deshalb nach den zugrunde liegenden gesetzlichen Bestimmungen sowie ergänzend nach den Besonderheiten von Architekten- und Planerverträgen behandelt.

1. Erfüllungswirkung

6 Die Billigung durch den Besteller erstreckt sich ausweislich § 640 Abs. 1 Satz 1 und 2 BGB darauf, dass die vom Architekten ausgeführte Leistung als im Wesentlichen vertragsgerecht angesehen wird[12]. Diese für das allgemeine Werkvertragsrecht anerkannten

---

[6] BGH BauR 2006, 396, 397 = NZBau 2006, 122; BGH BauR 1999, 934, 935 = ZfBR 1999, 202.

[7] BGH NJW 2013, 3513 = BauR 2013, 2031 = NZBau 2013, 779; BGH NJW 2014, 206 = BauR 2014, 127 = NZBau 2014, 47.

[8] Vgl. BGH BauR 2014, 1023; BGH BauR 2010, 795 = NZBau 2010, 318; Messerschmidt/Voit/Messerschmidt, Privates Baurecht, 2. Aufl., § 640 Rn. 323 m. w. N.

[9] Vgl. Leupertz BauR 2009, 393; Hille NZBau 2014, 339, 340.

[10] Vgl. hierzu Werner/Pastor, Bauprozess, 15. Aufl., Rn. 1165 ff.

[11] Leupertz BauR 2009, 393, 394; Hille NZBau 2014, 339, 340.

[12] Vgl. BGHZ 48, 257, 262; BGH NJW 1993, 1972, 1974; Bamberger/Roth/Voit, BGB, 3. Aufl., § 640 Rn. 2.

Grundsätze gelten nach höchstrichterlicher Rechtsprechung gleichermaßen beim Architektenvertrag[13]. Aus dem Zusammenspiel zwischen § 640 Abs. 1 Satz 1 und Satz 2 BGB lässt sich entnehmen, dass es für die Frage, ob die beauftragte Architektenleistung als vertragsgemäß abzunehmen ist, entscheidend darauf ankommt, dass die ausgeführte Architektenleistung frei von wesentlichen Mängeln ist[14]. Damit ist einerseits der Zusammenhang zu den vertraglich übernommenen Ausführungsverpflichtungen und andererseits zur Sach- und Rechtsmängelhaftung hergestellt. Der Architekt ist nach Maßgabe des abgeschlossenen Planungsvertrages zur Ausführung der hierzu im Vertrage vereinbarten Beschaffenheit verpflichtet. Die Ergebnisse seiner Ausführungsleistungen hat der Architekt dem Besteller zum Zeitpunkt der Abnahme (im Wesentlichen) frei von Sach- und Rechtsmängeln zu verschaffen (§ 633 Abs. 1 BGB). Mit dem Erreichen der Abnahmevoraussetzungen treten damit die Wirkungen der vertraglichen Erfüllung übernommener Architektenleistungen ein[15]. Die Erklärung des Bestellers, das Architektenwerk abzunehmen, beendet das vertragliche Erfüllungsstadium und leitet unmittelbar dessen Abwicklungsstadium ein.

2. Beginn der Gewährleistung

Die durch die Abnahme bewirkte Konkretisierung hat zur Folge, dass es zu einem Um- 7
schlagen der vertraglichen Beziehungen im Verhältnis der Vertragsparteien untereinander kommt[16]. Mit der Abnahme endet die vertragliche Erfüllungsphase und setzt sich zugleich in der Nacherfüllungsphase – herkömmlicherweise und in der Praxis als Gewährleistungsphase bezeichnet – fort[17]. Vor Abnahme der Architektenleistungen stehen dem Besteller im Wesentlichen die allgemeinen Leistungsstörungsrechte, nach der Abnahme primär die Rechte aus § 634 BGB, vor allem die auf Schadenersatz gerichteten Ansprüche zu[18].

Mit der Abnahme beginnt zugleich die Gewährleistungsfrist zu laufen. Dies gilt 8
jedenfalls für die in § 634 a Abs. 1 Nr. 1 und 2 BGB aufgeführten Leistungen, die sich insbesondere auch auf Planungsleistungen erstrecken[19]. Bei Planungsleistungen beträgt die Verjährungsfrist regelmäßig 5 Jahre. Ohne vorausgegangene Abnahme beginnt die Gewährleistungsfrist auch im Architektenrecht nicht zu laufen. Der Architekt ist schon aus diesem Grunde gut beraten, die Abnahme bzw. die Abnahmewirkungen herbeizuführen, um damit sein anderenfalls unbeschränkt fortwirkendes Haftungsrisiko für Planungsmängel in zeitlicher Hinsicht zu begrenzen[20].

3. Gefahrtragung

Der Architekt trägt grundsätzlich die Gefahr zu den von ihm ausgeführten Planungs- 9
leistungen bis zum Zeitpunkt der Abnahme (vgl. §§ 644, 645 BGB). Zu unterscheiden ist dabei zwischen der Leistungs- und der Vergütungsgefahr[21]. Mit dem Begriff der Leistungsgefahr verbindet sich die Verpflichtung des Architekten, die Ausführung der Planungsleistungen zur Herbeiführung des werkvertraglichen Erfolges auch dann (nochmals) zu bewirken, wenn eine zuvor ganz oder teilweise bereits ausgeführte Leistung vor der Abnahme sich zufällig verschlechtert oder aber untergeht. Ggf. hat der Architekt des-

---

13 BGH NJW 2013, 3513 = BauR 2013, 2031 = NZBau 2013, 779; BGH NJW-RR 2010, 748 = BauR 2010, 795 = NZBau 2010, 318; BGH NJW 2000, 133 = BauR 2000, 128.

14 Vgl. BGH BauR 2014, 1023; BGH NJW 2013, 3513 = BauR 2013, 2031 = NZBau 2013, 779.

15 Thode ZfBR 1999, 116, 117; Messerschmidt/Voit/Messerschmidt, Privates Baurecht, 2. Aufl., § 640 Rn. 59.

16 Bamberger/Roth/Voit, BGB, 3. Aufl., § 640 Rn. 1.

17 Messerschmidt/Voit/Messerschmidt, Privates Baurecht, 2. Aufl., § 640 Rn. 63.

18 Vgl. im Einzelnen §§ 11–15.

19 Vgl. im Einzelnen hierzu §§ 11–15.

20 Vgl. hierzu Preussner FS Kraus, S. 99 f.

21 Vgl. Koeble BauR 2012, 1153, 1158.

halb Planungsleistungen so lange zu wiederholen, wie diese nicht im Zuge der Abnahme die Billigung durch den Besteller als vertragsgerecht erfahren haben

10 Hiervon zu unterscheiden ist die im Synallagma stehende Übernahme der Vergütungs-/Honorierungsgefahr. Der Bestimmung des § 644 Abs. 1 Satz 1 BGB kann insoweit entnommen werden, dass der Architekt bis zur Abnahme seiner Leistung auch die Vergütungs-/Honorierungsgefahr trägt, d. h. der Architekt erhält für seine ausgeführten Leistungen grundsätzlich kein Honorar, wenn diese ganz oder teilweise vor der Abnahme untergehen. Eine Ausnahme hiervon gilt vor der Abnahme der Planerleistungen nur dann, wenn sich der Besteller mit der Abnahme der vollendeten Planerleistungen seinerseits im Annahmeverzuge befindet (§ 644 Abs. 1 Satz 2 BGB) oder aber der Besteller für den Untergang bzw. die Verschlechterung der Planerleistungen vor Durchführung der Abnahme verantwortlich ist (§ 645 BGB)[22].

4. Fälligkeit des Schlussrechnungshonorars

11 Die Vergütung ist vom Besteller nach § 641 Abs. 1 BGB bei Abnahme des Werkes zu entrichten. Beim BGB-Werkvertrag fallen damit die Abnahme der Leistungen einerseits und die Bezahlung dieser Leistungen andererseits zeitlich zusammen. Dies gilt jedenfalls für die Schlussrechnungsforderung des werkvertraglichen Unternehmers; für Abschlagsforderungen des Unternehmers während laufender Leistungserbringung sieht § 632 a BGB für vertragsgemäß erbrachte (Teil-) Leistungen die Möglichkeit zur Vorlage von Abschlagsrechnungen vor[23].

12 Ausnahmen hiervon haben die HOAI 2002 ebenso wie die HOAI 2009 in Bezug auf die Geltendmachung von Schlussrechnungs- und Abschlagsbeträgen vorgesehen. Die Fälligkeit des Schlussrechnungshonorars des Architekten hat sich vorrangig nach § 8 Abs. 1 HOAI 2002 bzw. § 15 Abs. 1 HOAI 2009 gerichtet. Nach dieser allgemein als wirksam erachteten Bestimmung[24] wurde das Honorar des Architekten – mit Ausnahme der in Abs. 2 speziell geregelten Abschlagszahlungen – fällig, wenn der Architekt die geschuldete Leistung vertragsgemäß erbracht hatte und dem Besteller eine prüffähige Honorarschlussrechnung übergeben wurde. Soweit die Parteien keine hiervon abweichende Vereinbarung getroffen hatten, die zumindest aufgrund individueller Abrede durchaus zulässig waren[25], richtete sich die Abrechnung fälliger Schlusszahlungshonorare des Architekten nach den weitgehend auch durch die Judikatur vorgezeichneten Abrechnungsnotwendigkeiten ausschließlich des § 8 Abs. 1 HOAI 2002 bzw. des § 15 Abs. 1 HOAI 2009.

13 Der Honoraranspruch des Architekten konnte nach § 8 Abs. 1 HOAI 2002 bzw. § 15 Abs. 1 HOAI 2013 fällig werden, wenn er seine ihm beauftragte Leistung vertragsgemäß erbracht hatte. Die Fälligkeit des Honoraranspruches setzte deshalb nach herrschender Auffassung nicht die Abnahme der Leistungen, sondern (nur) deren vertragsgemäße Ausführung voraus[26]. Wann danach die vertraglichen Leistungen soweit ausgeführt waren, dass die zugehörigen Honoraransprüche nach § 8 Abs. 1 HOAI 2002 bzw. § 15 Abs. 1 HOAI 2009 fällig wurden, richtete sich nach den Einzelheiten der zugrunde liegenden Beschaffenheitsvereinbarung. Den Architekten traf zum Nachweis vertragsgemäß er-

---

[22] Vgl. BGH BauR 1997, 1022; BGH BauR 1997, 1019.

[23] Vgl. zu Abschlagsrechnungen Messerschmidt/Voit/Messerschmidt, Privates Baurecht, 2. Aufl., § 632 a Rn. 17 ff.

[24] BGH BauR 1981, 582, 588; BGH NJW-RR 2000, 386 = BauR 2000, 589; Locher/Koeble/Frik, HOAI, 9. Aufl. 2006, § 8 Rn. 4; Jochem HOAI § 8 Rn. 1.

[25] OLG Hamm NZBau 2003, 386 = BauR 2003, 752; LG Darmstadt BauR 2005, 1499; Locher/Koeble/Frik, HOAI, 9. Aufl. 2006, § 8 Rn. 67.

[26] BGH NJW-RR 1986, 1279 = BauR 1986, 596, 597; BGH BauR 1981, 489; Korbion/Mantscheff/Vygen, HOAI, § 8 Rn. 22.

brachter Leistungen die Darlegungs- und Beweislast zum Inhalt des Architektenvertrages sowie dem danach erreichten Stand der vertraglich übernommenen Leistung[27].

14 Da das Preisrecht der HOAI auf dem Werkvertragsrecht aufsetzt, wurde schon früher darauf hingewiesen, dass es rechtsdogmatisch richtiger war, auch beim Architektenvertrag die Abnahme der erbrachten Leistungen im Sinne des § 640 Abs. 1 BGB zur Fälligkeitsvoraussetzung zu erheben[28]. Während für § 8 Abs. 1 HOAI 2002 bzw. § 15 Abs. 1 HOAI 2009 als Fälligkeitsvoraussetzung für die Honorarschlussrechnung eine in jeder Hinsicht vertragsgemäße Ausführung der beauftragten Leistungen, d. h. eine vollständige und mangelfreie Erfüllung der sich aus dem Vertrage ergebenden Beschaffenheitsvorgaben verlangt wurde[29], sah § 640 Abs. 1 BGB (in der novellierten Fassung) das Abnahmeverlangen auch dann als berechtigt an, wenn und soweit noch geringfügige Restleistungen fehlten und/oder unwesentliche Mängel am ausgeführten Architektenwerk zu verzeichnen waren, vgl. § 640 Abs. 1 Satz 2 BGB. Insofern war eine Synchronisierung zwischen vertraglichen Erfüllungsvoraussetzungen nach § 640 Abs. 1 BGB einerseits und § 15 HOAI 2009 andererseits angezeigt[30].

15 Mit der Einführung der HOAI 2013 hat der Verordnungsgeber für die entsprechende Angleichung zwischen Gesetzes- und Verordnungsrecht Sorge getragen[31]. Für die Fälligkeit des Schlussrechnungshonorars wird nun in § 15 Abs. 1 HOAI 2013 auf das nach § 640 Abs. 1 BGB entscheidende Abnahmeerfordernis abgehoben. Der Nachweis vertragsgemäß erbrachter Leistungen reicht nun nicht mehr, es bedarf vielmehr der Wahrung der Abnahmevoraussetzungen nach § 640 Abs. 1 BGB sowie ergänzend der Übergabe einer prüffähigen Honorarschlussrechnung[32]. Voraussetzung zur Geltendmachung des fälligen Schlussrechnungshonorars ist damit auch nach der HOAI die Erreichung der Abnahmevoraussetzungen[33].

16 Von der Fälligkeit des Schlussrechnungshonorars zu unterscheiden ist die Geltendmachung von Abschlagsforderungen. Entsprechend § 632 a BGB sieht auch § 8 Abs. 2 HOAI 2013 die Möglichkeit vor, bereits vor Abnahme der ausgeführten Architektenleistungen Abschlagsforderungen geltend zu machen. Abschlagszahlungen können nach § 15 Abs. 2 HOAI vom Architekten zu den zu diesem Zweck schriftlich vereinbarten Zeitpunkten oder aber in angemessenen zeitlichen Abständen für zu diesem Zeitpunkt nachgewiesene Grundleistungen gefordert werden[34]. Werden Abschlagszahlungen vom Architekten geltend gemacht, so ist ihm dies – wie sich aus dem Verhältnis zwischen Abschlags- und Schlussrechnungsforderung erschließt – nur bis zur Abnahme der Architektenleistungen möglich. Mit dem Zeitpunkt der Abnahme der ausgeführten Architektenleistungen erledigt sich das Recht des Architekten, vom Besteller Abschlagszahlungen beanspruchen zu können[35]. Eine Ausnahme gilt nur in engen Grenzen, soweit Abschlagsforderungen ausdrücklich anerkannt oder aber zwischen den Parteien unstreitig sind[36].

5. Verzinsung der Honorierung

17 Für die Verzinsung kommt es neben § 15 Abs. 1 HOAI 2013 auf §§ 286, 288 BGB an. Der Besteller kommt nach § 286 Abs. 3 BGB spätestens in Verzug, wenn er nicht inner-

---

27 BGB NJW-RR 1987, 1303.

28 Vgl. Messerschmidt/Voit/Messerschmidt, Privates Baurecht, 2. Aufl., § 640 Rn. 322 ff. m. w. N.

29 Vgl. Korbion/Mantscheff/Vygen, HOAI, § 8 Rn. 24.

30 Vgl. Messerschmidt/Voit/Messerschmidt, Privates Baurecht, 2. Aufl., § 641 Rn. 308 m. w. N.

31 Vgl. zur Rechtslage vor dem 16.7. und nach dem 16.7.2013 eingehend Werner/Pastor, Bauprozess, 15. Aufl. Rn. 1165 ff.

32 Vgl. Locher/Koeble/Frik, HOAI, 9. Aufl., § 15 Rn. 11.

33 Vgl. zu den Formen der Abnahme nachstehend Rn. 21 ff.

34 Vgl. hierzu im Einzelnen § 20 Rn. 218.

35 OLG Braunschweig BauR 2007, 903; Locher/Koeble/Frik, HOAI, 12. Aufl., § 15 Rn. 109.

36 OLG Naumburg BauR 2004, 522; OLG Köln NJW-RR 1992, 1438; Locher/Koeble/Frik, HOAI, 12. Aufl., § 15 Rn. 109.

halb von 30 Tagen nach Fälligkeit und Zugang der Schlussrechnung das Schlussrechnungshonorar begleicht. Bei einem Verbraucher gilt dies nur, wenn dieser auf die Folgen des § 286 Abs. 3 BGB in der Schlussrechnung besonders hingewiesen wurde. Der verzugsbedingte Zinssatz beträgt für Verbraucher 5 Prozentpunkte über Basiszinssatz (§ 288 Abs. 1 BGB). Im gewerblichen Rechtsverkehr beläuft sich der Zinssatz demgegenüber auf 9 Prozentpunkte über Basiszinssatz (§ 288 Abs. 3 BGB).

6. Darlegungs- und Beweislast

18 In prozessualer Hinsicht ist die Abnahme vor allem für die Darlegungs- und Beweislast der Parteien von erheblicher Bedeutung. Mit dem Zeitpunkt der Abnahme kommt es zu einer Umkehr der Beweislastverteilung im Verhältnis zwischen Architekten und Besteller[37]. Bis zur Abnahme hat der Architekt (in Zweifelsfällen) darzulegen und zu beweisen, dass seine ausgeführte Leistung vertragsgerecht, mängelfrei und/oder vollständig ist[38]. Mit der Abnahme kehrt sich die Darlegungs- und Beweislast um, so dass nunmehr der Besteller (in Zweifelsfällen) darzulegen und zu beweisen hat, dass die erbrachte Leistung nicht vertragsgerecht, nicht vollständig und/oder mangelbehaftet ist[39].

19 Eine Ausnahme von der Beweislastumkehr gilt jedoch für solche Mängel, die der Besteller sich bei der Abnahme ausdrücklich gemäß § 640 Abs. 2 BGB gegenüber dem Architekten vorbehalten hat[40]. Nur diese Auffassung lässt sich mit § 363 BGB in Einklang bringen, da sich mit dem Vorbehalt verbliebener Mängel zugleich eine insoweit nur eingeschränkte Annahme der Architektenleistung als Vertragserfüllung verbindet[41]. Entsprechendes gilt gleichermaßen auch für Fälle, in denen die vom Architekten ausgeführten Leistungen zum Zeitpunkt der Abnahme noch nicht vollständig abgeschlossen sind; auch in derartigen Fällen erscheint es angemessen, nach einer gleichwohl erklärten Abnahme ohne Vorbehalt einzelner noch fehlender Restleistungen vom Vorliegen einer Beweislastumkehr auszugehen[42].

20 Der Besteller ist nur in eingeschränktem Umfange in der Lage, im Rahmen allgemeiner Vertragsbedingungen die anerkannten Grundsätze für die Darlegungs- und Beweislast vor der Abnahme auch für den Zeitraum nach der Abnahme zu Lasten des Architekten auszudehnen. Nach § 309 Nr. 12 BGB sind regelmäßig Klauseln in Allgemeinen Geschäftsbedingungen unwirksam, durch die der Verwender die Beweislast zum Nachteil des anderen Vertragsteils abändert. Diese dem allgemeinen Gerechtigkeitsprinzip entsprechende Regelung ist über §§ 307 Abs. 2 Nr. 1, 310 Abs. 1 BGB auch auf den Verkehr zwischen gewerblich Handelnden zu erstrecken[43], so dass auch im Bau- und Planungsbereich beweislaständernde Geschäftsbedingungen unwirksam sind, wenn der Vertragspartner des Verwenders Kaufmann ist[44].

III. Formen der Abnahme

21 Aus § 640 Abs. 1 BGB ergibt sich ebenso wenig wie aus § 15 Abs. 1 HOAI 2013, wie die Abnahme zu erklären ist. In der Praxis fehlt es darüber hinaus regelmäßig an vertraglichen Vereinbarungen, wie die Abnahme zwischen den Parteien zu erfolgen hat[45]. Ausdrückliche oder schriftliche Abnahmeerklärungen zu werkvertraglichen Architektenleis-

---

[37] BGH NJW 1981, 2403 = BauR 1981, 575; BGH NJW 1973, 1792 = BauR 1973, 313.
[38] Vgl. BGH NJW 2009, 360 = NZBau 2009, 117; BGH NJW-RR 1997, 339 = BauR 1997, 129.
[39] BGH NJW 1981, 2403, 2404 = BauR 1981, 575, 576; BGH NJW 1973, 1792 = BauR 1973, 313.
[40] BGH BauR 1997, 129; Koeble BauR 2012, 1153, 1159.
[41] Messerschmidt/Voit/Messerschmidt, Privates Baurecht, 2. Aufl., § 640 Rn. 90.
[42] Messerschmidt/Voit/Messerschmidt, Privates Baurecht, 2. Aufl., § 640 Rn. 90.
[43] BGHZ 101, 172, 184; BGH NJW 1996, 1537, 1538 f.
[44] Vgl. Frikell/Glatzel/Hofmann K 12.19 m. w. N.
[45] Hille NZBau 2014, 339, 340.

tungen stellen einen seltenen Ausnahmefall dar[46]. Besondere Bedeutung kommt deshalb seit jeher im Architektenrecht den Voraussetzungen konkludenter Abnahme von Planungsleistungen zu[47]. Gleichermaßen spielen Abnahmesurrogate bei Architektenleistungen eine besondere Rolle[48]. Gerade vor dem Hintergrund des mit der HOAI 2013 in § 15 Abs. 1 eingeführten Abnahmeerfordernisses wird sich hieran künftig sicherlich einiges ändern, zumal nunmehr über die für die Abrechnung von Architektenleistungen neu gefasste Vorschrift des § 15 Abs. 1 HOAI 2013 die Abnahmevoraussetzungen und -formen – nicht anders als bei bauvertraglichen Vereinbarungen – Eingang in die Planerverträge zwischen Besteller und Architekt finden werden.

Mit der Abnahme verbindet sich ein Verhalten des Bestellers, dem entnommen werden kann, dass dieser die vom Architekten ausgeführten Leistungen als im Wesentlichen vertragsgerecht billigt[49]. Erforderlich ist dabei ein ausdrückliches oder tatsächliches Verhalten des Bestellers, das geeignet ist, seinen Abnahmewillen dem Architekten gegenüber zum Ausdruck zu bringen[50]. Hierzu ist es ausreichend, wenn das Architektenwerk im Großen und Ganzen vertragsgemäß erstellt ist und keine wesentlichen Mängel aufweist[51]. Die Abnahme kann deshalb vom Besteller ausdrücklich oder konkludent oder sogar im Rahmen einer förmlichen Abnahmeverhandlung erklärt werden. Darüber hinaus kann die Billigung der erbrachten Architektenleistungen nach § 640 Abs. 1 Satz 3 BGB fingiert oder aber durch Abnahmesurrogate im Einzelfall ersetzt werden.

1. Ausdrückliche Abnahme

Die Abnahme des Architektenwerks kann – mit oder ohne Verlangen des Architekten – 22
vom Besteller ausdrücklich erklärt werden. Hierzu bedarf es lediglich einer ausdrücklichen Erklärung des Bestellers, der zu entnehmen ist, dass er die vom Architekten geschuldeten Leistungen als (im Wesentlichen) vollständig und vertragsgerecht billigt[52]. Die Billigungserklärung kann von dem Besteller selbst oder aber einem von ihm rechtsgeschäftlich Bevollmächtigten gegenüber dem Architekten abgegeben werden. Die Erklärung kann schriftlich oder mündlich erfolgen. Um die erfolgte Abnahme sowie den Abnahmezeitpunkt zu belegen, empfiehlt es sich aus Sicht des Architekten, auf eine schriftliche Billigungserklärung des Bestellers hinzuwirken.

Die Billigung des Architektenwerkes und die hierzu erforderliche Billigungserklärung 23
darf nicht mit der Abnahme der ausgeführten Bauleistungen verwechselt werden. Die vom Architekten auszuführenden Leistungen gehen – wie sich beispielsweise aus der Leistungsphase 8 der Anlage 10 HOAI 2013 zur Objektplanung erschließt – teilweise erheblich über den Zeitpunkt der Fertigstellung und Abnahme des Bauwerkes hinaus. Die Fertigstellung und auch die Abnahme der Bauleistungen hat deshalb vom Grundsatz her keinerlei Relevanz für die Abnahmefähigkeit oder die Abnahme der vom Architekten zu erbringenden Leistungen[53]. Im Einzelfall kommt es deshalb auf die Auslegung der vom Besteller abgegebenen Billigungserklärung in Bezug auf die Bauleistungen einerseits und die Planungsleistungen andererseits an. Hiervon zu unterscheiden sind Fälle, in denen das Bauwerk abgenommen ist und hieraus im Einzelfall der Schluss gezogen werden kann,

---

46 Leupertz BauR 2009, 393.

47 Hille NZBau 2014, 339.

48 Koeble BauR 2012, 1153.

49 Vgl. zu den Abnahmearten Messerschmidt/Voit/Messerschmidt, Privates Baurecht, 2. Aufl., § 640 Rn. 110 ff.

50 BGH NJW 2013, 3513 = BauR 2013, 2031 = NZBau 2013, 779; BGH BauR 2014, 1023 = ZfBR 2014, 362.

51 Locher/Koeble/Frik, HOAI, 12. Aufl., Einleitung Rn. 126; Werner/Pastor, Bauprozess, 15. Aufl., Rn. 1164 ff.

52 BGH BauR 2014, 1023; BGH NJW 2013, 3513 = BauR 2013, 2031 = NZBau 2013, 779; BGH NJW-RR 2010, 748 = BauR 2010, 795 = NZBau 2010, 318.

53 OLG Hamm MDR 1974, 313.

dass sich hiermit zugleich nach Ablauf einer angemessenen Prüffrist auch eine konkludente Abnahme der zugehörigen Architektenleistungen erschließt[54].

24 Eine ausdrückliche Billigungserklärung kann von dem Besteller auch bereits vor Erreichen der Abnahmereife gegenüber dem Architekten abgegeben werden. Nicht zuletzt aufgrund einer Reihe von mehr oder weniger unkörperlichen Leistungen der Planung, Bauüberwachung und Beratung ist beim Architektenwerk häufig der rechte Zeitpunkt für eine Abnahme nur schwer zu bestimmen[55]. Der Besteller hat es deshalb im Einzelfall in der Hand, gegenüber dem Architekten auch vorzeitig eine (ausdrückliche) Abnahmeerklärung abzugeben. Da mit dem Zeitpunkt der Abnahmeerklärung die primären Leistungs- und Erfüllungspflichten enden, wird der Besteller von dieser Möglichkeit jedoch nur im Einzelfall Gebrauch machen.

25 Die (ausdrückliche) Abnahmeerklärung kann vom Besteller ohne unmittelbare Bezugnahme bzw. ohne Übergabe der maßgebenden Planungsunterlagen abgegeben werden. Beim Architektenwerk ist ohnehin regelmäßig nur ein Teil aller Leistungen in Planungsunterlagen, Zeichnungen, schriftlichen Zusammenfassungen bzw. Dokumentationen verkörpert. Die Überlassung dieser Unterlagen kann der Besteller, soweit er diese nicht bereits zu einem früheren Zeitpunkt erhalten hat, vom Architekten verlangen. Für die Abgabe einer (ausdrücklichen) Abnahmeerklärung ist die Bereitstellung und die Übergabe der entsprechenden Unterlagen jedoch nicht notwendige Voraussetzung[56].

26 Die Abnahmeerklärung kann vom Besteller auch mit Vorbehalten abgegeben werden. Diese Möglichkeit erschließt sich bereits unmittelbar aus § 640 Abs. 2 BGB. Eine Abnahme braucht danach nicht vorbehaltlos abgegeben zu werden. Es kommt auch nicht darauf an, wie umfangreich die vom Besteller erklärten Vorbehalte – etwa in Bezug auf Mängel – sind und ob an sich wegen dieser Vorbehalte (Mängel) von Seiten des Bestellers die Abnahme hätte verweigert werden können. Einzig und allein von ausschlaggebender Bedeutung ist, dass der Besteller tatsächlich die Abnahme gegenüber dem Architekten erklärt hat, gleich mit welchen Vorbehalten die Erklärung auch versehen wurde[57].

2. Förmliche Abnahme

27 Bei der Ausführung von Architektenleistungen wird in der Praxis häufig auf die Durchführung einer (förmlichen) Abnahmeverhandlung verzichtet. Weder bei Vertragsabschluss noch in der Folgezeit werden üblicherweise zwischen den Parteien Vereinbarungen zu den Voraussetzungen einer förmlich durchzuführenden Abnahme getroffen. Die Parteien führen deshalb regelmäßig nach Vollendung der Architektenleistungen auch keine – eigens auf diesen Zweck ausgerichtete – Abnahmebesprechung miteinander. In der Praxis verzichten sowohl der Besteller wie auch der Architekt regelmäßig auf eine geordnete und formalisierte Prüfung der Abnahmevoraussetzungen sowie eine hiermit einhergehende Protokollierung einschließlich der Abgabe einer ausdrücklichen Abnahmeerklärung[58].

28 Nicht zuletzt nach Neufassung des § 15 Abs. 1 HOAI 2013 und der danach notwendigen Wahrung des Abnahmeerfordernisses ist es künftig angeraten, die Voraussetzungen, unter denen die Abnahmereife überprüft und die Abnahmeerklärung abgegeben wird, vertraglich zu vereinbaren. Vor allem sollte vertraglich vereinbart werden, welche Voraussetzungen vom Architekten einzuhalten sind, um zum Abnahmezeitpunkt die vom Besteller abzugebende Billigungserklärung zu erlangen. Da es weder in § 640 Abs. 1 BGB noch in § 15 Abs. 1 HOAI 2013 nähere Erläuterungen zur Art und Weise der Abnahme gibt, im Übrigen bislang auch keinerlei gängige Usance zu den Voraussetzungen und der

---

54 BGHZ 83, 181, 189; BGH NJW 2013, 3513 = BauR 2013, 2031 = NZBau 2013, 779.
55 Vgl. Peters BauR 2011, 1563.
56 Messerschmidt/Voit/Messerschmidt, Privates Baurecht, 2. Aufl., § 640 Rn. 331.
57 OLG Brandenburg BauR 2003, 1054, 1055.
58 Vgl. Thode ZfBR 1999, 116, 117; Leupertz BauR 2009, 393; Hille NZBau 2014, 339, 340.

Durchführung von (förmlichen) Abnahmeverhandlungen existieren, bestehen insbesondere für den Architekten erhebliche vertragliche Abwicklungsrisiken, wenn er nicht bei Abschluss des Architektenvertrages eindeutige Regelungen zu den Abnahmevoraussetzungen und –modalitäten mit dem Besteller vereinbart. Anderenfalls kann dem Architekten durchaus drohen, dass der nach Vollendung der Architektenleistungen abnahmeunwillige Besteller einseitig Abnahmehürden aufbaut, die so vom Architekten nicht gesehen wurden und auf die er sich deshalb so auch nicht im Rahmen der Vertragsabwicklung eingerichtet hat. Nicht ausgeschlossen werden kann beispielsweise, dass der Besteller zum Zeitpunkt der Abnahme – ggfs. Jahre nach Durchführung wesentlicher vertraglicher Teilleistungen – vom Architekten verlangt, dass dieser die Wahrung der vertraglich geschuldeten (Teil-) Leistungen sämtlich uneingeschränkt nachweist. Der Architekt kann in einem derartigen Falle gehalten sein, gegenüber dem Besteller – möglicherweise geraume Zeit nach Abschluss etwa der Leistungsphase 8 – im Einzelnen detailliert darzulegen und nachzuweisen, dass er sämtliche vertraglichen Beschaffenheitsmerkmale – Planungsziele, Planungsschritte und Planungstechnik – uneingeschränkt nach Maßgabe der vertraglichen Beschaffenheitsvorgaben eingehalten hat. In Bezug auf die Ausführung der vom Architekten in der Vollarchitektur übernommenen Leistungsphasen 1–9 hätte dies zur Konsequenz, dass der Architekt Jahre nach Fertigstellung des Bauwerks gehalten wäre, sämtliche (Teil-) Leistungsschritte aus den dem Vertrage zugrunde gelegten Leistungsphasen im Einzelnen (nochmals) zu dokumentieren und nachzuweisen. Nicht zuletzt vor dem Hintergrund entsprechender, sachlich wie rechtlich nicht auszuschließender Abnahmehürden sollte bereits bei Vertragsabschluss durch den Architekten auf ein geordnetes und förmliches Abnahmeverfahren hingewirkt werden. Vor allem sollte dabei bereits zum Zeitpunkt des Vertragsabschlusses geklärt werden, welche Nachweise der Architekt im Einzelnen zum Abnahmezeitpunkt zu erbringen hat, um die Abnahme-/Billigungserklärung von Seiten des Bestellers zu erlangen.

Die Parteien des Architektenvertrages haben es in der Hand, spezielle Vereinbarungen 29
zu Art und Weise der Durchführung der Abnahme und der urkundlichen Niederlegung des Abnahmebefundes miteinander zu treffen[59]. Derartige Vereinbarungen können individualvertraglich oder aber auch im Rahmen allgemeiner Geschäftsbedingungen erfolgen[60]. Erforderlich ist stets aber eine zweiseitige Vereinbarung und nicht lediglich ein einseitiges Verlangen nach Durchführung einer förmlichen Abnahme[61].

Haben die Parteien eine förmliche Abnahme vereinbart, so scheidet eine ausdrückliche 30
oder aber auch eine konkludente Abnahme im Sinne des § 640 Abs. 1 Satz 1 BGB regelmäßig aus[62]. Gerade dann, wenn die Parteien ein bestimmtes, möglicherweise sogar differenziertes Abnahmeprozedere vertraglich zur Voraussetzung der Abnahme gemacht haben, kann diesem Vorgehen der Wille der Parteien entnommen werden, damit zugleich von anderen Formen der Abnahme absehen zu wollen[63]. Gleichwohl kann eine förmliche Vereinbarung im Einzelfall entbehrlich sein:

- Die Parteien verzichten einvernehmlich auf die Durchführung der förmlich vereinbar- 31
  ten Abnahme[64]. Ein schlüssiger Verzicht auf eine förmliche Abnahme kann vorliegen, wenn der Architekt die Fertigstellung und Mangelfreiheit seiner Arbeiten anzeigt und der Besteller ohne Verlangen einer förmlichen Abnahme den Schlussrechnungsbetrag begleicht[65].

---

59 Vgl. BGHZ 131, 392, 395; Bamberger/Roth/Voit, BGB, 3. Aufl., § 640 Rn. 11.
60 BGH NJW 1996, 1346 = BauR 1996, 378 für den Bauvertrag.
61 Anders verhält es sich insoweit bei Bauverträgen, wenn § 12 Abs. 4 VOB/B vereinbart ist.
62 Vgl. BGH BauR 2011, 1824.
63 BGH NJW 1996, 1346 = BauR 1996, 378.
64 BGH WM 1977, 825.
65 LG Potsdam BauR 2010, 121.

32 – Wurde die förmliche Abnahme von den Parteien vergessen, erscheint es rechtsmissbräuchlich, wenn der Besteller, insbesondere nach längerer Frist (etwa 6 Monaten) dem Architekten gegenüber auf Durchführung einer förmlichen Abnahme besteht[66].

33 – Verweigert der Besteller die ihm angebotene förmliche Abnahme, obgleich Abnahmereife vorliegt und die Voraussetzungen für die Durchführung einer förmlichen Abnahme gegeben sind, so gerät er aufgrund seines Verhaltens in Annahmeverzug und kann sich unter Umständen je nach Einzelfall nicht mehr weiter auf die Durchführung zuvor vereinbarter förmlicher Abnahme berufen[67].

34 Im Ergebnis bleibt festzuhalten, dass die (sinnvolle) Vereinbarung einer förmlichen Abnahme voraussetzt, dass sich die Parteien hieran auch im Rahmen der Abwicklung des Architektenvertrages halten und die Abnahmereife danach in dem von ihnen hierfür vorgesehenen Abnahmeprozedere überprüfen und dokumentieren.

3. Konkludente Abnahme

35 In der Praxis unterbleibt zu ausgeführten Architektenleistungen regelmäßig eine ausdrückliche oder gar förmliche Abnahme[68]. Aus diesem Grund spielt insbesondere im Architektenrecht die konkludente Abnahme der ausgeführten Architektenleistungen durch den Besteller eine ganz besondere Rolle[69]. Erforderlich ist (lediglich) ein schlüssiges Verhalten des Bestellers, das zur Kenntnisnahme durch den Architekten geeignet ist und dem die Billigung der vertraglich ausgeführten Leistungen als im Wesentlichen vertragsgerecht seitens des Bestellers entnommen werden kann[70]. Konkludent handelt der Besteller nach gängiger höchstrichterlicher Rechtsprechung, wenn er dem Architekten gegenüber ohne ausdrückliche Erklärung erkennen lässt, dass er dessen Werk als im Wesentlichen vertragsgemäß billigt. Erforderlich ist dabei ein tatsächliches Verhalten des Bestellers, das geeignet ist, seinen Abnahmewillen dem Besteller gegenüber eindeutig und schlüssig zum Ausdruck zu bringen[71]. Ob eine konkludente Abnahme vorliegt, beurteilt sich grundsätzlich nach den Umständen des jeweiligen Einzelfalles[72]. Der konkludent erklärte Abnahmewille kann sich dabei aus schriftlicher Korrespondenz oder aber auch aus entsprechendem, faktischen Verhalten des Bestellers ergeben. Regelmäßig wird in der vorbehaltlosen Bezahlung der vorgelegten Architekten-Schlussrechnung das Abnahmeeinverständnis des Bestellers liegen[73]. Nicht anders verhält es sich, wenn der Besteller sein vorbehaltloses Einverständnis zu den ausgeführten und abgeschlossenen Architektenleistungen – ohne dies ausdrücklich zu erklären – gegenüber dem Architekten zum Ausdruck bringt[74]. Eine konkludente Abnahme kann deshalb auch darin liegen, dass der Besteller die vom Architekten erstellten Pläne entgegennimmt und ihm gegenüber zu erkennen gibt, er wolle die Leistung als in der Hauptsache dem Vertrage entsprechend billigen[75]. In derartigen Fällen wird vom Vorliegen einer konkludenten Abnahme allerdings regelmäßig erst dann ausgegangen werden können, wenn nach Übernahme der erstellten

---

[66] Vgl. BGH BauR 1977, 344, 345; OLG Hamm NJW 1995, 1233.

[67] BGH BauR 1989, 727; BGH BauR 1977, 344; OLG Hamm BauR 1993, 640.

[68] Leupertz BauR 2009, 393; Hille NZBau 2014, 339, 340.

[69] Hille NZBau 2014, 339.

[70] Vgl. im Einzelnen Messerschmidt/Voit/Messerschmidt, Privates Baurecht, 2. Aufl., § 640 Rn. 128 ff.

[71] BGH BauR 2014, 1023; BGH NJW 2013, 3513 = BauR 2013, 2031 = NZBau 2013, 779.

[72] BGH NJW 2013, 3513 = BauR 2013, 2031 = NZBau 2013, 779; BGH BauR 2010, 795 = NZBau 2010, 318; BGH BauR 1999, 1186.

[73] BGH NJW-RR 2010, 748 = BauR 2010, 795 = NZBau 2010, 318; OLG Hamm BauR 2008, 1480; OLG München NJW-RR 1988, 85, 86; OLG München BauR 2003, 124, 124 f; OLG Dresden BauR 2010, 1785.

[74] BGH NJW 1982, 1387.

[75] BGH NJW-RR 2010, 748 = BauR 2010, 795 = NZBau 2010, 318; BGH BauR 2002, 108, 109 = NZBau 2002, 42; BGH BauR 1974, 67.

Pläne eine angemessene Prüfungsfrist abgelaufen ist[76]. Ausgehend hiervon soll es im Einzelfall sogar ausreichen, wenn der Besteller nach Bezug des vom Architekten geplanten und mittlerweile fertiggestellten Bauvorhabens innerhalb von 6 Monaten keine Mängel an den vom Architekten ausgeführten Leistungen erhoben hat[77]. Ganz allgemein betont der Bundesgerichtshof zunehmend das Erfordernis einer ausreichend bemessenen Prüfungsfrist im Anschluss an die zuletzt zum Zweck der Vertragserfüllung vom Architekten erbrachten Leistungen[78]. Den für eine angemessene Prüfung zu veranschlagenden Zeitraum bemisst der Bundesgerichtshof auf nicht mehr als 6 Monate[79].

Die vom Bundesgerichtshof statuierte Prüffrist setzt vom Grundsatz her voraus, dass 36 die vom Architekten vertraglich geschuldeten Leistungen (im Wesentlichen) erbracht sind. Eine konkludente Abnahme soll regelmäßig nur möglich sein, wenn zuvor alle vertraglich geschuldeten Leistungen ausgeführt wurden[80]. Hat der Architekt auch die Leistungen der Leistungsphase 9 zur Anlage 10 der HOAI 2013 zur Objektplanung übernommen, ist sein Werk erst dann vollendet, wenn er auch die in der Leistungsphase 9 ausgewiesenen Leistungen sämtlich erbracht hat, so dass auch erst im Anschluss hieran eine konkludente Abnahme der vom Architekten erbrachten Leistungen in Rede stehen kann[81]. Allerdings lässt der BGH insoweit zur Leistungsphase 9 – sinnentsprechend damit auch für Verträge zu anderen Leistungsphasen – eine konkludente Abnahme durch den Besteller im Einzelfall zu, wenn sich aus den gesamten Umständen des Verhaltens des Bestellers entnehmen lässt, er billige die erbrachte Leistung im Wesentlichen als vertragsgerecht, obgleich die Leistung noch nicht vollständig fertiggestellt ist oder über einzelne Mängel verfügt[82]. Danach steht eine noch ausstehende Restleistung der Annahme einer konkludenten Abnahme des Architektenwerks etwa dann nicht entgegen, wenn der Besteller bereit ist, das Architektenwerk auch ohne die beauftragten Restleistungen als im Wesentlichen vertragsgerecht zu akzeptieren[83].

4. Fiktive Abnahme

Die fiktive Abnahme nach § 640 Abs. 1 Satz 3 BGB kommt auch bei einem Architek- 37 tenvertrag zur Anwendung[84]. Der Architekt kann nach Abnahmereife seiner Leistungen über ein mit Fristsetzung verbundenes Abnahmeverlangen im Sinne von § 640 Abs. 1 Satz 3 BGB vom Besteller regelmäßig kurzfristig die von Gesetzes wegen fingierte Abnahme erlangen[85].

Wenn der Architekt von der Möglichkeit des § 640 Abs. 1 Satz 3 BGB Gebrauch macht, 38 können sich regelmäßig folgende Konstellationen ergeben:

– Der Besteller erklärt ausdrücklich auf entsprechendes Verlangen die Abnahme. Auf- 39 grund dieser Erklärungen treten die Abnahmewirkungen ein. Der fiktiven Abnahme nach § 640 Abs. 1 Satz 3 BGB bedarf es danach nicht mehr.
– Der Besteller gibt keine Erklärung innerhalb der ihm gesetzten Frist ab. In diesem Fall 40 treten die Abnahmewirkungen fiktiv nach § 640 Abs. 1 Satz 3 BGB ein. Dem Ziel des Architekten, die Abnahmewirkungen eintreten zu lassen, ist damit entsprochen.

---

76 BGH NJW-RR 2010, 748 = BauR 2010, 795 = NZBau 2010, 318; BGH ZfBR 1992, 264, 265; BGH BauR 1985, 200.

77 BGHZ 83, 181, 189; BGH NJW 2013, 3513 = BauR 2013, 2031 = NZBau 2013, 779.

78 BGH ZfBR 1992, 264; BGH NJW 2013, 3513 = BauR 2013, 2031 = NZBau 2013, 779.

79 BGH NJW 2013, 3513 = BauR 2013, 2031 = NZBau 2013, 779.

80 BGHZ 125, 111, 114; BGH BauR 2006, 396 = NZBau 2006, 122; BGH BauR 1999, 934, 935 = ZfBR 1999, 202.

81 BGH BauR 2014, 127 = NZBau 2014, 47.

82 BGH BauR 2014, 1023 = ZfBR 2014, 362; BGH BauR 2004, 337, 339; BGH BauR 1999, 1186, 1188 = ZfBR 1999, 327.

83 BGH BauR 2014, 1023 = ZfBR 2014, 362; BGH BauR 2013, 2031 = NZBau 2013, 779.

84 Locher/Koeble/Frik, HOAI, 12. Aufl., Einleitung Rn. 132.

85 Vgl. Korbion/Mantscheff/Vygen, HOAI, Einführung Rn. 185 f.

41 – Der Besteller verweigert berechtigterweise die Abgabe der Abnahmeerklärung. In diesem Falle treten die Abnahmewirkungen nicht ein, da Abnahmereife nicht gegeben ist. Der Architekt hat die weiteren, noch ausstehenden Leistungen zu erbringen bzw. die ihm gegenüber benannten, wesentlichen Mängel zu beheben. Anschließend kann er neuerlich ein Abnahmeverlangen, ggf. auch im Rahmen des § 640 Abs. 1 Satz 3 BGB gegenüber dem Besteller stellen.

42 – Der Besteller verweigert zu Unrecht die Abnahme gegenüber dem Architekten. Auch in diesem Falle entfaltet die Abnahmefiktion des § 640 Abs. 1 Satz 3 BGB keine Bedeutung mehr. Der Besteller muss sich aufgrund der zu Unrecht verweigerten Abnahme ungeachtet des § 640 Abs. 1 Satz 3 BGB so behandeln lassen, als wenn die Abnahmewirkungen eingetreten sind[86].

43 Hiervon zu unterscheiden sind Fälle, in denen der Besteller bereits außerhalb des § 640 Abs. 1 Satz 3 BGB ausdrücklich die Abnahme der ihm angedienten Architektenleistungen unberechtigterweise verweigert hat. In derartigen Fällen wird teilweise der Standpunkt eingenommen, es bedürfe dann gleichwohl noch eines weiteren Abnahmeverlangens unter Fristsetzung gemäß § 640 Abs. 1 Satz 3 BGB, um den Besteller dadurch zur Umkehr zu bewegen[87]. Diese Auffassung ist unzutreffend, weil ein abermaliges Abnahmeverlangen unter Fristsetzung bei vorausgegangener Abnahmeverweigerung des Bestellers lediglich eine nutzlose Förmelei darstellt und deshalb weder aus praktischen noch rechtsdogmatischen Gesichtspunkten erforderlich erscheint[88].

5. Teil-Abnahme

44 Die Vornahme von Teil-Abnahmen ist in § 640 Abs. 1 BGB nicht geregelt. Allerdings werden sie durch § 640 Abs. 1 BGB auch nicht ausgeschlossen. Aus § 641 Abs. 1 Satz 2 BGB erschließt sich vielmehr, dass Teil-Abnahmen als prinzipiell zulässig erachtet werden. Erforderlich ist für derartige Teil-Abnahmen im Architektenrecht eine entsprechende vertragliche Vereinbarung der Parteien[89]. Die Vereinbarung über die Durchführung einer Teil-Abnahme kann dabei unmittelbar bereits im Architektenvertrag vorgenommen oder aber später im Verlauf der Abwicklung des Planungsvertrages herbeigeführt werden.

45 Nach der gefestigten Rechtsprechung des Bundesgerichtshofes zu vertraglichen Teilerfolgen beim Architektenwerk[90] können einzelne (zentrale) Leistungsschritte der vom Architekten geschuldeten Gesamtleistung durchaus Gegenstand von Teil-Abnahmen sein, wenn die Parteien dies ausdrücklich so vertraglich miteinander vereinbart haben[91]. In Betracht zu ziehen sind vor allem Teil-Abnahmen nach den Leistungsphasen 4 und 8 der Anlage 10 HOAI 2013 zur Objektplanung Gebäude. Auch darüber hinaus kann es im Einzelfall – etwa bei Planungsmaßnahmen für Großbauwerke – zweckmäßig sein, Teil-Abnahmen vorzusehen, so etwa nach Vorlage der Vorentwurfsplanung oder aber der Ausführungsplanung. Bei Architekten-Stufenverträgen erscheint es sinnvoll, nach Abschluss jeder einzelnen, vom Besteller beauftragten bzw. abgerufenen Leistungsstufe eine sich hierauf beziehende Teil-Abnahme vertraglich vorzusehen. Für die Prüfung der Abnahmevoraussetzungen kommt es dann auf den Zeitpunkt des Abschlusses der einzelnen Leistungsstufe an. Etwas anderes kann nur dann gelten, wenn zwischen den Parteien ergänzend vereinbart ist, dass bei zeitnaher Fortsetzungsbeauftragung die für die voran-

---

86 Vgl. im Einzelnen Messerschmidt/Voit/Messerschmidt, Privates Baurecht, 2. Aufl., § 640 Rn. 184 ff. und 333 ff.

87 Palandt/Sprau, BGB, 74. Aufl., § 640 Rn. 10.

88 Vgl. Messerschmidt/Voit/Messerschmidt, Privates Baurecht, 2. Aufl., § 640 Rn. 198 m. w. N.

89 BGH NZBau 2006, 519, 520; BGH BauR 1987, 113, 115; BGH NJW 1994, 1276.

90 BGH BauR 2004, 1640.

91 Vgl. Scholtissek NZBau 2006, 623, 624.

gegangene Stufe vereinbarte Abnahme auf den Zeitpunkt des Abschlusses der nächst folgenden Stufe herausgeschoben wird[92].

Die Teil-Abnahme von Architektenleistungen spielt eine besondere Rolle im Falle der Beauftragung des Architekten mit der sog. Vollarchitektur[93]. Bei Beauftragung sämtlicher Leistungen der Leistungsphasen 1–9 bestehen besondere Risiken zu Lasten des Architekten deshalb, weil die Leistungen nach der Leistungsphase 9 regelmäßig erst 4–5 Jahre nach Abnahme des Bauwerkes enden[94]. Aus diesem Grunde kann der Architekt in Ermangelung anderslautender ausdrücklicher Vereinbarungen auch erst zu diesem sehr späten Zeitpunkt von dem Besteller die Abnahme der für diesen durchgeführten Gesamtleistungen beanspruchen. Vor diesem Hintergrund wird der Architekt regelmäßig ein besonderes Interesse an einer Teil-Abnahme innerhalb bzw. nach der Leistungsphase 8 haben, weil zu diesem Zeitpunkt für die Vollarchitektur die wesentlichen und überwiegenden Vertragsleistungen erbracht sind. Aber auch dem Besteller dürfte daran gelegen sein, die Vollständigkeit und Mangelfreiheit der erbrachten Vertragsleistungen zu einem Zeitpunkt zu prüfen, in dem das Bauwerk erstellt und der Besteller mit den zugrunde liegenden Planungs- und Bauvorgängen im Detail (noch) vertraut ist. Die Parteien sollten deshalb wechselseitig im Architektenvertrag oder aber während der Erfüllungsabwicklung zum Architektenvertrag eine Teil-Abnahme nach der Leistungsphase 8 miteinander vereinbaren[95]. 46

Bei einer derartigen Vereinbarung ist zu berücksichtigen, dass die Leistungsphase 8 die Fertigstellung und Abnahme des Bauwerks regelmäßig mit einer Reihe weiterer, noch vom Architekten auszuführender Leistungen überdauert (Rechnungsprüfung, Kostenfeststellung etc.). Um eine Synchronisierung zwischen Abnahme des Bauwerks einerseits und Teil-Abnahme der hierauf gerichteten Architektenleistungen andererseits zu erreichen, wird vorgeschlagen, die Teil-Abnahme nicht nach Abschluss der Leistungen der Leistungsphase 8, sondern schon während der Leistungsphase 8 zum Zeitpunkt der Abnahme des Bauwerks vorzusehen[96]. Auf diese Weise können insbesondere die Gewährleistungs- und Nacherfüllungsfristen zum Bauvertrag und zum Architektenvertrag parallel geschaltet werden. Erforderlich ist dann aber, eine weitere Teil-Abnahme nach Abschluss der Leistungsphase 8 sowie eine Schluss-Abnahme nach Leistungsphase 9 ausdrücklich vertraglich zu regeln[97]. 47

Die Vereinbarung von Teil-Abnahmen kann individuell und gleichermaßen auch vorformuliert in allgemeinen Vertragsbedingungen erfolgen[98]. Allerdings darf eine derartige Regelung nicht versteckt und lediglich mit verjährungsrechtlichem Bezug in allgemeine Vertragsbedingungen des Architekten eingerückt werden[99]. An die vereinbarte Teilabnahme sind im Übrigen die gleichen Anforderungen wie an die (Schluss-) Abnahme zu stellen[100]. Die Teil-Abnahme kann deshalb ausdrücklich oder auch stillschweigend/konkludent erklärt werden. Voraussetzungen einer Teil-Abnahme, also ihrer vertraglichen Vereinbarung, der erreichten Teil-Abnahmereife und auch des Vorliegens der Teil-Abnahme selbst hat der Architekt im Zweifelsfalle darzulegen und zu beweisen[101]. 48

---

92 Messerschmidt, Abschluss- und Abwicklungsprobleme des gestuften Architektenvertrages, FS Quack 2009, 147, 154 f.

93 Leupertz BauR 2009, 393, 394.

94 Vgl. Leupertz BauR 2009, 393, 394.

95 BGH NJW 1994, 1276 = BauR 1994, 392; KG Berlin NZBau 2004, 337; OLG Köln NJW-RR 1992, 1173 = BauR 1992, 803, 804; Leupertz BauR 2009, 393, 398.

96 Leupertz BauR 2009, 393, 400.

97 Leupertz BauR 2009, 393, 400.

98 BGH BauR 2001, 1928; einschränkend noch OLG Schleswig BauR 2001, 1286; Scholtissek NZBau 2006, 623; Schotten BauR 2001, 1313.

99 BGH NZBau 2006, 519; Scholtissek NZBau 2006, 623.

100 Messerschmidt/Voit/Messerschmidt, Privates Baurecht, 2. Aufl., § 640 Rn. 339.

101 Messerschmidt/Voit/Messerschmidt, Privates Baurecht, 2. Aufl., § 640 Rn. 339.

49 Die Rechtsfolgen einer Teil-Abnahme entsprechen denen einer (Schluss-) Abnahme. Nach der erfolgten Teil-Abnahme kann zu den teilabgenommenen Leistungen eine Teil-Schlussrechnung vorgelegt werden. Dies ergibt sich so unmittelbar aus § 641 Abs. 1 Satz 2 BGB und speziell für das Architektenhonorarrecht aus entsprechender Anwendung des § 15 Abs. 1 HOAI 2013[102]. Gleichermaßen beginnt mit der Teil-Abnahme zu den teilabgenommenen Leistungen die Gewährleistungs-/Nacherfüllungsfrist zu laufen[103]. Insofern bedarf es ggf. auch im Zusammenhang mit der Teil-Abnahme etwaiger Mängelvorbehalte gemäß § 640 Abs. 2 BGB[104].

6. Abnahme nach Kündigung

50 Die Bestimmung des § 640 Abs. 1 BGB erstreckt sich grundsätzlich auf die Verpflichtung des Bestellers, das vertragsgemäß hergestellte Werk nach dessen (wesentlicher) Fertigstellung abzunehmen. Ergänzende Regelungen für den Fall vorzeitiger Vertragsbeendigung bzw. Kündigung der Vertragsleistungen enthält § 640 Abs. 1 BGB nicht. Auch in § 15 HOAI 2013 wird der Fall vorzeitiger Vertragsbeendigung bzw. Kündigung des Vertrages nicht abnahmebezogen behandelt. Infolgedessen kommt es für vorzeitig beendete bzw. gekündigte Architektenverträge auf die höchstrichterliche Rechtsprechung an, die es auch bei vorzeitiger Beendigung bzw. bei Kündigung von Werkverträgen für erforderlich erachtet, dass zu den bis zur Vertragsbeendigung ausgeführten Teilleistungen eine gesonderte Abnahme durchgeführt wird[105]. Der BGH hat dies zunächst als Voraussetzung für den Eintritt in die Nacherfüllungsphase so gesehen[106], später dann auch als Voraussetzung für den Eintritt der Vergütungsfälligkeit nach § 641 BGB so qualifiziert[107]. Da nach § 15 Abs. 1 HOAI 2013 honorarbezogen die Abnahme notwendig ist, lässt sich die vorgenannte höchstrichterliche Rechtsprechung auf Architektenverträge übertragen, soweit es um die Fälligkeit vorgelegter Schlussrechnungen geht. Bezogen auf Ansprüche aus Nacherfüllung hat der BGH ohnehin klargestellt, dass die vertragliche bzw. gesetzliche Verjährungsfrist auch bei einem gekündigten Architektenvertrag erst mit der Abnahme zu laufen beginnt. Aufgrund dessen ist es in Ansehung von § 640 Abs. 1 BGB wie auch § 15 Abs. 1 HOAI notwendig, nach vorzeitiger Beendigung bzw. Kündigung von Architektenverträgen eine Abnahme der bis dato vom Architekten erbrachten Leistungen vorzunehmen. Die Abnahme kann auch insoweit ausdrücklich, konkludent/stillschweigend oder aber fiktiv erfolgen[108].

7. Abnahmesurrogate

51 In der Praxis unterbleiben regelmäßig ausdrückliche und förmliche Abnahmen. Auch das Vorliegen einer konkludenten/stillschweigenden Abnahme kann im Einzelfall Schwierigkeiten bereiten. Infolgedessen hat sich die obergerichtliche Rechtsprechung immer wieder mit sog. Abnahmesurrogaten befasst[109]. Abnahmesurrogate treten in den nachfolgenden, obergerichtlich entschiedenen Fällen an die Stelle fehlender Abnahme durch den Besteller:

– Das Vertragsverhältnis ist erkennbar zu einem bestimmten Zeitpunkt in ein Abrechnungsverhältnis übergegangen[110].

---

102 Vgl. Locher/Koeble/Frik, HOAI, 12. Aufl., § 15 Rn. 22.
103 Vgl. Messerschmidt/Voit/Messerschmidt, Privates Baurecht, 2. Aufl., § 640 Rn. 159 m. w. N.
104 Vgl. BGH NJW 1975, 1701, 1702; BGH NJW 1982, 759, 760 zu Vorbehalten bei Teil-Abnahmen.
105 BGH NJW 2003, 1450 = BauR 2003, 689; BGH NJW 2006, 2475 = NZBau 2006, 569.
106 BGH NJW 2003, 1450 = BauR 2003, 689.
107 BGH NJW 2006, 2475, 2476 = NZBau 2006, 569.
108 Vgl. Messerschmidt/Voit/Messerschmidt, Privates Baurecht, 2. Aufl., § 640 Rn. 163 m. w. N.
109 Vgl. hierzu Koeble BauR 2012, 1153.
110 Vgl. OLG Brandenburg BauR 2005, 1218.

– Der Besteller verlangt nicht länger Erfüllung, er geht vielmehr auf Ansprüche gerichtet auf Zahlung von Schadenersatz über[111].
– Der Besteller verweigert endgültig jedwede weitere Vertragserfüllung[112].
– Der Besteller verweigert unberechtigt die Abnahme der Architektenleistungen[113].

Allgemein lässt sich sagen, dass vom Vorliegen eines Abnahmesurrogates ausgegangen werden kann, wenn sich der Architektenvertrag in ein Abwicklungs- und Abrechnungsverhältnis umgewandelt hat[114]. Voraussetzung hierfür ist, dass die Parteien nicht mehr an weiterer Vertragserfüllung festhalten, sondern durch ihr Verhalten hinreichend zum Ausdruck bringen, dass auf Vertragsabwicklung und Vertragsabrechnung übergegangen wird. Aus Sicht des Bundesgerichtshofs ist dies immer dann der Fall, wenn sich aus den Umständen ergibt, dass eine weitere Erfüllung des Vertrages nicht mehr in Betracht kommt[115]. 52

IV. Anspruch des Architekten auf Abnahme

Der Besteller ist nach § 640 Abs. 1 Satz 1 BGB verpflichtet, das vom Architekten vertragsgemäß hergestellte Werk abzunehmen. Die sich hieraus ergebende Abnahmepflicht des Bestellers wird als vertragliche Hauptpflicht angesehen[116]. Der Architekt kann deshalb von dem Besteller die Abnahme verlangen und notfalls sogar auf Abnahme der erbrachten Architektenleistungen klagen[117]. Allerdings handelt es sich bei der Abnahme nicht nur um eine schuldrechtliche Verpflichtung des Bestellers, sondern darüber hinaus auch um ein dem Besteller speziell im Werkvertragsrecht eingeräumtes Abnahmerecht. Der Gesetzgeber hat nämlich bewusst im Werkvertragsrecht davon abgesehen, die Abnahmewirkungen automatisch bei Fertigstellung bzw. Vollendung des Werkes eintreten zu lassen[118]. Aus dem zugunsten des Bestellers eingeräumten Abnahmerechts folgt zugleich eine ihm zwangsläufig zuzugestehende Frist zur Überprüfung der Abnahmevoraussetzungen[119]. 53

1. Abnahmefähigkeit

Die Abnahmefähigkeit des Architektenvertrages setzt grundsätzlich voraus, dass alle vertraglich geschuldeten Leistungen vom Architekten ausgeführt und abgeschlossen sind[120]. Hat der Architekt auch die Leistungen der Leistungsphase 9 zur Anlage 10 der HOAI 2013 zur Objektplanung übernommen, ist sein Werk erst dann vollendet und damit abnahmefähig, wenn er auch die in der Leistungsphase 9 ausgewiesenen Leistungen sämtlich erbracht hat[121]. Praktisch setzt dies eine genaue inhaltliche Überprüfung des vertraglich Vereinbarten dahingehend voraus, dass vom Architekten sämtliche mit ihm vereinbarten Teilleistungen auch tatsächlich erbracht sind[122]. Sowohl der Architekt wie der Besteller werden im Zuge der Abnahmevorbereitung bzw. der Abnahmedurchführung zu 54

---

111 BGH NZBau 2005, 685, 686; BGH NZBau 2005, 582 = NJW 2005, 2771.
112 BGH NZBau 2005, 335, 336.
113 Koeble BauR 2012, 1153, 1155 m. w. N.
114 Koeble BauR 2012, 1153, 1156 f.
115 BGH BauR 2010, 1778 = NZBau 2010, 768; BGH BauR 2014, 1023 = ZfBR 2014, 362.
116 RGZ 171, 297, 300 f; BGHZ 107, 75, 77.
117 BGHZ 132, 96, 98; BGH BauR 1996, 386; BGH NJW 1981, 1448, 1449; OLG Oldenburg NJW-spezial 2008, 556.
118 Vgl. hierzu Messerschmidt/Voit/Messerschmidt, Privates Baurecht, 2. Aufl., § 640 Rn. 41.
119 Vgl. Messerschmidt/Voit/Messerschmidt, Privates Baurecht, 2. Aufl., § 640 Rn. 41.
120 BGHZ 125, 111, 114; BGH BauR 2006, 396 = NZBau 2006, 122; BGH BauR 1999, 934, 935 = ZfBR 1999, 202.
121 BGH BauR 2014, 127 = NZBau 2014, 47.
122 BGH BauR 2006, 396; BGH BauR 2011, 876; Locher/Koeble/Frik, HOAI, 12. Aufl., Einleitung Rn. 127.

überprüfen haben, ob und inwieweit sämtliche einzelne, vertraglich vereinbarte Teilschritte vom Architekten ausgeführt und dem Besteller nachgewiesen wurden.

55 Allerdings hat der Bundesgerichtshof – vor allem im Zusammenhang mit seiner Rechtsprechung zu konkludenter Abnahme von Architektenleistungen – das Erfordernis uneingeschränkt vollständiger Erfüllung sämtlicher Teilleistungen vor der Abnahme des Architektenwerkes in gewisser Weise eingeschränkt[123]. Einzelne noch fehlende, geringfügige Restleistungen können im Ergebnis in Ansehung des § 640 Abs. 1 Satz 2 BGB nicht anders wie einzelne, unwesentliche Mängel qualifiziert werden und damit der Abnahme nicht entgegenstehen[124]. Dabei ist freilich zu beachten, dass es im Einzelfall schwierig sein kann, unter Berücksichtigung der Interessen des Bestellers eine Abgrenzung zwischen unwesentlichen und wesentlichen Restleistungen vorzunehmen bzw. sicher zu prognostizieren. Infolgedessen ist dem Architekten zur Vermeidung von Differenzen zur Abnahmefähigkeit seines Werkes bei noch ausstehenden Restleistungen zu empfehlen, es hierüber mit dem Besteller nicht auf eine Auseinandersetzung ankommen zu lassen, sondern etwaige noch ausstehende, ggf. auch geringfügige Restleistungen zunächst noch nachzuarbeiten. Dies hat im Übrigen selbstverständlich nichts damit zu tun, dass jeder Besteller imstande ist, auch eine noch nicht vollständig erbrachte Architektenleistung abzunehmen[125].

56 Die Abnahmefähigkeit des Architektenwerkes setzt des Weiteren voraus, dass die erbrachten und nachgewiesenen Leistungen frei von wesentlichen Mängeln sein müssen. Bei Vorliegen unwesentlicher Mängel ist der Besteller nach § 640 Abs. 1 Satz 2 BGB zur Abnahme – unter Vorbehalt vorliegender Mängel – verpflichtet. Ob und wann ein derartiger Leistungsstand erreicht ist, lässt sich nur anhand der zugrunde liegenden vertraglichen Beschaffenheitsvereinbarungen im Sinne des § 633 Abs. 2 BGB – konkretisiert und verdichtet über den Planungsverlauf – beurteilen. Gegenstand vertraglich geschuldeter Planungsleistungen sind regelmäßig bestimmte vereinbarte oder im Wege der Auslegung ermittelte Planungsziele, einzelne oder aber mehrere Planungsschritte entsprechend den in den Anlagen zur HOAI enthaltenen Leistungsbildern sowie speziell vereinbarte oder aber allgemein anerkannte Standards der Planungstechnik (Regelwerke, DIN-Normen etc.)[126]. Sobald die hieraus entwickelten vertraglichen Soll-Vorgaben – insoweit konkretisiert und verdichtet im Planungsverlauf – im Wesentlichen mangelfrei durch den Architekten erbracht sind, ist damit die Abnahmefähigkeit im Sinne des § 640 Abs. 1 BGB erreicht. Bei Vorliegen von Architektenleistungen, die keine wesentlichen Mängel enthalten, liegt Abnahmefähigkeit vor, so dass der Besteller zur Abnahme – ggf. unter Vorbehalt erkannter Mängel – verpflichtet ist.

57 Die Darlegungs- und Beweislast für die erlangte Abnahmefähigkeit liegt beim Architekten. Der Architekt hat deshalb das Vertragssoll, die danach ausgeführten Leistungen, deren (fast) vollständige Erbringung und ihren (im Wesentlichen) mangelfreien Zustand darzulegen und zu beweisen[127].

2. Abnahmezeitpunkt

58 Hat der Architekt die Architektenleistungen vertragsgemäß erbracht, so hat er Anspruch auf Abnahme durch den Besteller. Inwieweit dieser Zeitpunkt innerhalb oder außerhalb vertraglich vereinbarter Fristen liegt, ist dabei irrelevant. Soweit Abweichendes nicht vereinbart ist, hat der Besteller auf Verlangen des Architekten sofort zu entsprechen, vgl. § 271 BGB.

---

123 BGH BauR 2014, 1023 = ZfBR 2014, 362; BGH BauR 2013, 2031 = NZBau 2013, 779.

124 Messerschmidt/Voit/Messerschmidt, Privates Baurecht, 2. Aufl., § 640 Rn. 329.

125 BGH BauR 2014, 1023 = ZfBR 2014, 362; BGH BauR 2013, 2031 = NZBau 2013, 779.

126 Vgl. hierzu Messerschmidt FS Motzke 2006, 269, 276 ff; Motzke FS Werner 2005, 47 ff; Quack FS Werner 2005, 61 ff; Jochem FS Werner 2005, 69 ff; Schwenker/Schramm ZfIR 2004, 753 ff; Preussner FS Motzke 2006, 347 ff; Preussner BauR 2006, 898 ff.

127 Messerschmidt/Voit/Messerschmidt, Privates Baurecht, 2. Aufl., § 640 Rn. 325.

3. Abnahmeverzug

Beim Abnahmeverzug ist zwischen dem Gläubiger- und dem Schuldnerverzug zu differenzieren: Der Abnahmeverzug setzt die vertragsgemäß ausgeführten Architektenleistungen und regelmäßig eine auf Abnahme derselben gerichtete Aufforderung/Mahnung voraus[128]. Nimmt der Architekt die ihm angebotenen vertraglichen Leistungen nicht an, so gerät er in Annahme- bzw. Gläubigerverzug (§§ 293, 300, 644 Abs. 1 BGB). Handelt der Besteller schuldhaft, so gerät er darüber hinaus auch in Schuldnerverzug (§ 286 BGB)[129]. Im Falle des Schuldnerverzuges kann der Architekt verlangen, vom Besteller so gestellt zu werden, wie er bei rechtzeitiger Abnahme durch den Besteller gestanden hätte, d. h. er kann alle Mehrkosten ersetzt verlangen, die ihm durch die nicht erfolgte bzw. verspätet erfolgte Abnahme erwachsen[130]. 59

4. Abnahmeverweigerung

Nach § 640 Abs. 1 Satz 1 BGB ist der Besteller verpflichtet, das vom Architekten vertragsgemäß hergestellte Architektenwerk abzunehmen. Nur bei Vorliegen wesentlicher Mängel soll der Besteller nach § 640 Abs. 1 Satz 2 BGB berechtigt sein, die Abnahme zu verweigern. 60

a) Wesentlicher/unwesentlicher Mangel. Aufgrund der Vielfältigkeit von Architektenleistungen und der unterschiedlichen Gewichtung einzelner, auftretender Mängel gibt es keine allgemein gültige Definition zum Vorliegen eines wesentlichen Mangels[131]. Ein wesentlicher Mangel wird immer dann vorliegen, wenn er nach Art, Umfang und/oder Auswirkung von solchem Gewicht ist, dass dem Besteller vor dem Hintergrund der zugrunde liegenden vertraglichen Beschaffenheitsvereinbarung die Übernahme der Architektenleistung nicht zugemutet werden kann[132]. Unwesentlich ist demgegenüber ein Mangel, wenn es dem Besteller zumutbar ist, die Leistung als im Wesentlichen vertragsgemäße Erfüllung anzunehmen und das Interesse des Bestellers an einer Beseitigung verbliebener Mängel vor Abnahme im Einzelfall nicht schützenswert erscheint[133]. Maßgebend für die Beurteilung sind danach Art und Umfang der vorhandenen Mängel sowie ihre konkreten Auswirkungen unter Abwägung der beiderseitigen Interessen der Vertragsparteien[134]. 61

b) Vorläufige Abnahmeverweigerung. Bei Vorliegen wesentlicher Mängel ist der Besteller berechtigt, die Abnahme (vorläufig) gegenüber dem Architekten zu verweigern. Die berechtigte vorläufige Abnahmeverweigerung hat zur Konsequenz, dass die Abnahmewirkungen (noch) nicht einzutreten vermögen[135]. Der Architekt hat in diesem Falle die ihm gegenüber im Zusammenhang mit der (vorläufigen) Abnahmeverweigerung gerügten Mängel zu beheben und alsdann erneut ein Abnahmeverlangen zu stellen. Bei Vorliegen einer (vorläufigen) der Sache nach berechtigten Abnahmeverweigerung scheidet von vornherein jedwede Form konkludenter Abnahme aus, sofern der Architekt nicht zuvor umfassend seiner (Nach-) Erfüllungsverpflichtung zur Herbeiführung der Abnahmefähigkeit nachgekommen ist[136]. 62

---

128 Thode ZfBR 1999, 116, 119; MK-Busche, BGB, 6. Aufl., § 640 Rn. 40.
129 Thode ZfBR 1999, 116, 119.
130 Vgl. Messerschmidt/Voit/Messerschmidt, Privates Baurecht, 2. Aufl., § 640 Rn. 47 ff.
131 Vgl. Messerschmidt/Voit/Messerschmidt, Privates Baurecht, 2. Aufl., § 640 Rn. 99 m. w. N.
132 Vgl. BGH BauR 2000, 1482, 1483.
133 BGH NJW 1996, 1280; OLG Brandenburg NJW-RR 2009, 957 = NZBau 2009, 513.
134 OLG Brandenburg NJW-RR 2009, 957 = NZBau 2009, 513.
135 BGH NJW 1996, 1280, 1280 f; BGH NJW-RR 1992, 1078, 1079.
136 BGH BauR 2011, 1824.

63 **c) Unberechtigte Abnahmeverweigerung.** Verweigert der Besteller die Abnahme, obwohl er zur Abnahme verpflichtet ist, treten nach höchstrichterlicher Rechtsprechung die Abnahmewirkungen mit der zu Unrecht erklärten Abnahmeverweigerung ein[137]. Der Architekt wird deshalb in diesen Fällen verweigerter Abnahme so gestellt, als wenn der Besteller die Abnahmeerklärung abgegeben hat. Rechtsdogmatisch wird dies insbesondere vom Bundesgerichtshof auf den Rechtsgedanken der §§ 162 Abs. 1, 242 BGB gestützt[138]. Aus diesem Grunde kann der Architekt sogleich – wie bei ihm gegenüber erklärter Abnahme – seine Schlussrechnung stellen und notfalls auch auf Schlusszahlung klagen[139]. Allerdings gilt es zu beachten, dass in Fällen unberechtigter Abnahmeverweigerung die Darlegungs- und Beweislast für die Abnahmefähigkeit der ausgeführten Leistungen beim Architekten verbleibt[140].

V. Vorbehalte bei Abnahme

64 Aus § 640 Abs. 2 BGB ergibt sich, dass der Besteller bei der Abnahme von Architektenleistungen gehalten ist, von ihm erkannte Mängel der Leistungen ausdrücklich vorzubehalten, um nicht die in § 634 Nr. 1–3 BGB aufgeführten Mängelansprüche zu verlieren. Der Verlust erstreckt sich auf die primären Nacherfüllungsansprüche, die im Architektenrecht in der Praxis allerdings eher von untergeordneter Bedeutung sind. Im Vordergrund architektenrechtlicher Mängelhaftung stehen Schadenersatzansprüche des Bestellers, die von § 640 Abs. 2 BGB jedoch nicht erfasst sind: Da sich der Wortlaut des § 640 Abs. 2 BGB ausschließlich auf die Rechte aus § 634 Nr. 1–3 BGB und nicht auch auf die schadenersatzrechtlichen Regelungen des § 634 Nr. 4 BGB erstreckt, kann der Besteller nach wie vor trotz fehlenden Mängelvorbehaltes noch Schadenersatz vom Architekten verlangen und zwar für Mangel- und Mangelfolgeschäden einschließlich der zu diesen zählenden Mangelbeseitigungskosten[141]. Der maßgebende Grund für die entsprechende Differenzierung wird etwa darin gesehen, dass der bei fehlendem Vorbehalt verbleibende Schadenersatzanspruch dem Besteller nur dann weiterhilft, wenn der Architekt den Mangel im Sinne des § 280 Abs. 1 Satz 2 BGB zu vertreten hat[142]. Da jedoch schon einfache Fahrlässigkeit im Sinne des § 276 Abs. 2 BGB die Schadenersatzpflicht über § 280 Abs. 1 Satz 2 BGB auszulösen vermag, lässt sich der Anwendungsrahmen des § 634 Nr. 4 BGB im architektenrechtlichen Bereich durchaus weit ziehen, weil dem Architekten und seinen Mitarbeitern regelmäßig fehlende Fachkenntnis oder aber fehlende Sorgfalt bei von ihnen verursachten Planungs-, Ausschreibungs- und/oder Bauüberwachungsmängeln vorzuwerfen sein wird[143]. Vor diesem Hintergrund kommt der Regelung zum Mängelvorbehalt in § 640 Abs. 2 BGB im Architektenrecht nur geringfügige Bedeutung zu.

65 Unabhängig hiervon ist ein Vorbehalt nach § 640 Abs. 2 aber auch nur dann erforderlich, wenn der Besteller den Mangel der Architektenleistung kennt. Verlangt wird deshalb allgemein, dass der Besteller positive Kenntnis vom Vorliegen des Mangels erlangt hat[144].

---

[137] BGHZ 50, 175; BGH NJW-RR 1996, 883; BGH NJW 2000, 133 = BauR 2000, 128; Thode ZfBR 1999, 116, 119.

[138] BGH NJW 1990, 3008, 3009; vgl. Messerschmidt/Voit/Messerschmidt, Privates Baurecht, 2. Aufl., § 640 Rn. 237 ff. m. w. N.

[139] BGH BauR 1996, 390 = ZfBR 1996, 156.

[140] Vgl. BGH NJW 2009, 360 = NZBau 2009, 117; Messerschmidt/Voit/Messerschmidt, Privates Baurecht, 2. Aufl., § 640 Rn. 88 ff. m. w. N.

[141] MK-Busche, BGB, 6. Aufl., § 640 Rn. 33; Bamberger/Roth/Voit, BGB, 3. Aufl., § 640 Rn. 41; ebenso bereits früher BGHZ 127, 378, 384 = NJW 1995, 392, 393.

[142] Bamberger/Roth/Voit, 3. Aufl., BGB, § 640 Rn. 41.

[143] Messerschmidt/Voit/Messerschmidt, Privates Baurecht, 2. Aufl., § 640 Rn. 290.

[144] Vgl. Palandt/Sprau, BGB, 74. Aufl., § 640 Rn. 13; Messerschmidt/Voit/Messerschmidt, Privates Baurecht, 2. Aufl., § 640 Rn. 293.

Das bloße Kennenmüssen auf Seiten des Bestellers genügt nicht[145]. Auch grob fahrlässige Unkenntnis – mangels ausreichender Wahrnehmung der abnahmevorbereitenden Prüfungspflicht – vermag die fehlende Kenntnis des Bestellers nicht zu ersetzen. Ebenso wenig genügt das äußere Erscheinungsbild eines Mangels, wenn der Besteller dieses nach seinem Kenntnisstand nicht als Mangel qualifiziert[146]. Der Besteller muss vielmehr über positive Kenntnis darüber verfügen, dass eine bestimmte fehlerhafte bzw. fehlende Leistung als Abweichung von der geschuldeten vertraglichen Beschaffenheit als Mangel anzusehen ist[147].

66 Da es sich bei § 640 Abs. 2 BGB um eine Einrede zugunsten des Architekten handelt, ist dieser für die tatbestandlichen Voraussetzungen des Vorbehaltes, insbesondere also auch für die positive Kenntnis des Bestellers darlegungs- und beweispflichtig[148]. Aufgrund der strengen Voraussetzungen an den Kenntnisnahmetatbestand des Bestellers wird der Architekt häufig nicht imstande sein, den Tatbestand positiver Kenntnis in der Person des Bestellers ausreichend darzulegen und zu beweisen. Vor allem bei dem fachunkundigen Besteller kann nicht ohne weiteres bei einzelnen fehlerhaften und fehlenden Leistungen von positiver Mangelkenntnis ausgegangen werden. Etwas anderes mag nur dann gelten, wenn der Besteller ausreichend fachkundig ist und er bereits vor der Abnahme, spätestens aber bei der Abnahme selbst einen Mangel erkannt, ihn dann aber nicht ausdrücklich gegenüber dem Architekten vorbehalten hat.

67 Der Vorbehalt nach § 640 Abs. 2 BGB ist vom Besteller bei Abnahme der Architektenleistungen zu erklären. Dem Vorbehalt kommt nur Bedeutung zu, wenn er rechtzeitig bei der Abnahme auch tatsächlich abgegeben wird. Rechtlich bedeutungslos sind deshalb Vorbehalte, die bereits (verfrüht) vor der Abnahme oder (verspätet) nach der Abnahme abgegeben werden[149].

---

145 BGH NJW 1970, 383, 385.

146 BGH NJW 1970, 383, 385.

147 BGH NJW 1970, 383, 385.

148 Messerschmidt/Voit/Messerschmidt, Privates Baurecht, 2. Aufl., § 640 Rn. 294 m. w. N.

149 MK-Busche, BGB, 6. Aufl., § 640 Rn. 31; Messerschmidt/Voit/Messerschmidt, Privates Baurecht, 2. Aufl., § 640 Rn. 296.

3. Teil. Die Haftung des Architekten und Ingenieurs

§ 11 Die Haftung im Schnittpunkt zum Öffentlichen Recht

Übersicht

Vorbemerkung

1 Spezielle Haftungsfragen stellen sich für den Planer insbesondere im Schnittpunkt zum **Öffentlichen Recht**:

2 **a) Koordinator.** Der **Architekt** ist **Planer** und Gestalter von Bauvorhaben mit vielfältigen **Koordinations**aufgaben. Er betreut die ihm anvertrauten Vorhaben im Rahmen seiner **vertrag**lichen Verpflichtungen. Nicht anders der mit einem Vorhaben befasste (Fach-)Ingenieur, der als Fachplaner beispielsweise in den Bereichen Tiefbau, Heizung, Klima, Sanitär-, Brand- und Schallschutz oder Freiflächen segmentäre Planungs- und Gestaltungsaufgaben übernimmt. Diese müssen homogen in die (Gesamt-)**Planung** und die **Bauausführung** eingebunden werden. Das löst allein für sich genommen weiteren durch den Architekten zu erbringenden erheblichen Koordinations- und Integrationsbedarf aus.

3 **b) Haftung.** Architekt und Ingenieur planen und gestalten nicht nur, sondern sie haften auch für ihre Leistung. Der Rechtsbegriff der **Haftung** ist mehrfach besetzt. Haftung bedeutet unter anderem Einstehen müssen für eigene oder Schulden Dritter, aber auch

das Schulden von Leistungen und deren Ersatzleistungen.[1] So versteht sich auch die Haftung der Architekten und Ingenieure. Sie haben für die **vertragsgemäße Herstellung** einzustehen und gewährleisten die Mangelfreiheit in der **Gewährleistungs**zeit. Aus der Tätigkeit entstehen zudem Einstandspflichten gegenüber **Dritten**.

c) Öffentliches Recht. Neben den **bestellerseitigen** Anforderungen orientiert am Stand der Technik sind dem Planer Grenzen in seiner Gestaltung durch eine Fülle von **öffentlich-rechtlichen Vorschriften** vornehmlich des Bundes- und des Landesrechts[2] vorgegeben. Diese Vorschriften bilden Gestaltungsrahmen und Bausoll für Bauherr und Architekt zugleich und sind damit Ansatzpunkt für die Beurteilung ordnungsgemäßer **Herstellung** und **Gewährleistung**.[3]Die Landesbauordnungen[4] regeln dabei allgemeine Anforderungen an bauliche Anlagen, Bauprodukte und Regeln der Technik und bilden insoweit ein – landesspezifisch ausgestaltetes – Schutzniveau[5]. Formuliert als eingeführte technische Baubestimmungen(ETB) finden sie damit Eingang in den zwischen den Parteien abgeschlossenen Bauvertrag, da der Umgang mit baulichen Anlagen nach dem Willen der Baurechtsbehörden konform zu diesem Schutzniveau zu erfolgen hat. 4

Dieser öffentlich-rechtliche Rahmen umschließt ein Vorhaben in zeitlicher Hinsicht von der Planungsphase bis zum Ablauf der Gewährleistungszeit und teilweise darüber hinaus. Die Beachtung ist nicht nur von hoher praktischer Relevanz in Planung und Bauabwicklung, sondern trägt auch ein in der Baupraxis oft verkanntes **Haftungsrisiko** in sich. 5

Dieser Bereich soll im Folgenden näher beleuchtet werden. In den Vordergrund gestellt wird – um den hier vorgegebenen Rahmen nicht zu sprengen – die **Architektentätigkeit**, soweit diese das Gebiet des öffentlichen Rechts, maßgeblich des Baurechts, tangiert. Für die fachplanerische **Ingenieur**tätigkeit gilt das hier Gesagte nahezu gleichermaßen; exemplarisch wird auf Besonderheiten eingegangen werden. 6

d) Schuldrechtmodernisierungsgesetz. Die Darstellung orientiert sich an der seit 1.1.2002 durch das **Gesetz zur Modernisierung des Schuldrechts** v. 26.11.2001 eingetretene aktuelle Rechtslage.[6] 7

Mit dieser Novelle wurde erheblich in die teilweise über ein Jahrhundert gültigen Vorschriften eingriffen; diese Vorschriften wurden von der Rechtsgemeinschaft verinnerlicht, so dass unabhängig von der hierzu geführten rechtswissenschaftlichen Diskussion ein ganz erheblicher Einschnitt in die **Praxis** erfolgt ist. 8

Das **Werkvertragsrecht** wurde, anders wie andere Teile des BGB, allerdings nicht so einschneidend geändert, wie zunächst in einem Diskussionsentwurf des Bundesjustizmi- 9

---

[1] Für viele *Palandt/Heinrichs* Einl. v. § 241 Rn. 10.

[2] Abgekürzt wie folgt: BW; Bay; Bln; Bbg; Brem; Hmb; Hess; MV; Nds; NRW; RhPf; Saarl; Sächs; LA; SchlH; Thür.

[3] Statt des Begriffsduos Besteller/Unternehmer (§§ 631 ff. BGB) wird in der Baupraxis und nachfolgend das Duo Bauherr/Architekt synonym verwendet.

[4] § 3 LBO BW; § 3 BayBO; § 3 BauO Bln; § 3 BbgBO; § 3 BremLBO; § 3 HBauO; § 3 HBO § 3 LBauM-V; § 3 NBauO; § 3 BauO NRW; § 3 LBauO (RhPf); § 3 LBO Saarl; § 3 SächsBO; § 3 BauO LA; § 3 LBO (SchlH); § 3 ThürBO

[5] *GABl 2014*, 738, 17.12.2014 erfolgte im Gemeinsamen Amtsblatt (GABl) die „Bekanntmachung des Ministeriums für Umwelt, Klima und Energiewirtschaft im Einvernehmen mit dem Ministerium für Verkehr und Infrastruktur über die Liste der Technischen Baubestimmungen (LTB) vom 14.11.2014". Diese Neuausgabe tritt am 1.1.2015 in Kraft und führt u. Aufl. neben diversen Änderungen in der Anwendung der Eurocodes wie z. B. beim Mauerwerksbau insbesondere – die Richtlinie über den baulichen Brandschutz im Industriebau (Industriebau-Richtlinie – IndBauRL), Fassung Juli 2014 sowie DIN 18040-1:2010-10 und DIN 18040-2:2011-09 als Planungsregeln für Barrierefreies Bauen bauaufsichtlich gemäß § 3 Abs. (3) LBO BW.

[6] BGBl. I S. 3138; soweit Schuldverhältnisse vor dem 1.1.2002 abgeschlossen wurden, gilt die alte, sonst die neue Rechtslage (Art 229 EGBGB).

nisteriums vorgesehen; aus baurechtlicher Sicht ist die gefundene Regelung letztendlich nicht befriedigend.[7] Exemplarisch sollen bereits an dieser Stelle zum Verständnis wichtige Änderungen angesprochen werden, da in der Baupraxis immer noch die alte Rechtslage nachwirkt:

10 *aa)* Zunächst überarbeitet wurde das **Gewährleistungsrecht**. Der **Mangelbegriff** ist neu legal definiert (§ 633 BGB). Terminologisch tritt an die Stelle der Nachbesserung die **Nacherfüllung** und an die Stelle der Wandelung der **Rücktritt**. Rücktritt und Schadensersatz (mit Ausnahme von § 636 BGB) sind im Allgemeinen Teil des Schuldrechts geregelt; Rücktritt, **Minderung** und **Selbstvornahme** setzten nur ein Fristversäumnis und **kein Verschulden** mehr voraus.

11 *bb)* Sodann Systematisch völlig verändert wurden die **Verjährungs**vorschriften. Neu eingeführt ist **kenntnisabhängige dreijährige** Regel**verjährung**; sie tritt neben die **kenntnisunabhängige fünfjährige Verjährung** für Bauwerksmängel. Unterbrechungstatbestände (§§ 208–217 BGBaF) wurden durch **Hemmung**statbestände (§§ 203–211 BGB) ersetzt.

12 *cc)* Zuletzt wurden Werkvertragsrecht und **Kaufrecht** einander angenähert; Kaufrecht gilt jetzt auch für unvertretbare bewegliche Sachen (§ 651 BGB).

13 *dd)* Die hier behandelte Haftung im Schnittpunkt zum **Öffentlichen Recht** besteht auch nach dem Schuldrechtsmodernisierungsgesetz fort. Es ergeben sich lediglich einige terminologische bzw. rechtsdogmatische Unterschiede; so entspricht beispielsweise der ehedem haftungsbegründende Fehler (§ 633 Abs. 1 BGBaF)[8] jetzt dem haftungsbegründenden **Mangel** (§ 633 Abs. 1 BGB).

14 **e) Übersicht.** Die Haftung im Schnittpunkt zum öffentlichen Recht gründet zunächst im Architektenvertrag (1. Abschnitt) und umfasst eine weit gefächertes System **öffentlich-rechtlicher Vorschriften** (2. Abschnitt). Durch die stete Weiterentwicklung des Bauplanungsrechts seit der Wiedervereinigung ist der Architekt auch zunehmend in das **Verfahrensrecht** und in die **Baureifmachung** von Grundstücken eingebunden (3. Abschnitt). Zuletzt stellt sich die Frage des Verhältnisses der Architektenhaftung zur **Amtshaftung** (4. Abschnitt).

1. Abschnitt: Die Haftung dem Grunde nach

15 Im Folgenden ist zunächst auf die Grundlagen der Haftung überblicksweise (A) einzugehen, der Frage also, warum Architekt oder Planer im Schnittpunkt zum Öffentlichen Recht **vertraglich** (B) oder **gesetzlich** (C) haften:

A. Überblick

16 Aus der Sicht der Baubeteiligten ist der Architekt in der **Planungs-, Bauausführungs-** und **Gewährleistungsphase** der Ansprechpartner. Dies gilt für die Bauherrschaft ebenso wie für baubeteiligte Fachplaner, Bauhandwerker und **Behörden** sowie **Nachbarn** der Baumaßnahme. Aus der Sicht des Architekten zeitigt dies den beschriebenen erheblichen Koordinationsbedarf:

---

[7] Vgl. „Baurechtlicher Ergänzungsentwurf zum Schuldrechtsmodernisierungsgesetz", *Arbeitskreis Schuldrechtsmodernisierungsgesetz des Instituts für Baurecht e. V.*, Freiburg, BauR, Sonderdruck zu Heft 4/2001.

[8] Die Vorschriften des BGB in seiner bis zum 31.12.2001 gültigen Fassung werden mit BGBaF bezeichnet.

a) Beruf Architekt. Die **Berufsaufgabe** des Architekten liegt in der gestaltenden, technischen und wirtschaftlichen Planung von Bauwerken.[9] Architekt ist, wer unter dieser Berufsbezeichnung in den von den Architektenkammern geführten Architektenlisten eingetragen ist. Begrifflich unterscheiden die Architektengesetze der Länder beispielsweise **Architekt**en, **Innenarchitekt**en, **Garten-** und **Landschaftsarchitekt**en oder **Stadtplaner**. 17

Den Architekten obliegt nach Maßgabe der jeweiligen Architektengesetze die **koordinierende Lenkung** und **Überwachung** von **Planung** und **Ausführung**, die Beratung, Betreuung und Vertretung des Auftraggebers in allen mit der Planung und Durchführung eines Vorhabens zusammenhängenden Fragen. Diese zentrale **berufsbildbestimmende Aufgabe** birgt gleichzeitig das Risiko der **haftungs**rechtlichen Inanspruchnahme des Architekten in sich. Architekten, Innenarchitekten, Garten- und Landschaftsarchitekten und Stadtplaner haben hierbei eine Fülle **öffentlich-rechtlicher Vorschriften** zu beachten. Nichts anderes gilt für die Fachplaner. 18

b) Architektenhaftung. Im Verhältnis zu allen Baubeteiligten und den Nachbarn ergeben sich **spezielle** Haftungsrisiken im Zusammenhang mit der Normenvielfalt des **Öffentlichen Rechts**. Zur Verdeutlichung dieser Risiken ist zunächst eine **systematisierte** und strukturierte Betrachtung der **Architektenhaftung** erforderlich, um anschließend die spezifische sich im Schnittpunkt zum Öffentlichen Recht ergebende Haftung beschreiben zu können. 19

Zu unterscheiden ist zunächst einmal zwischen der **vertrag**lichen und **gesetz**lichen Architektenhaftung wegen der unterschiedlichen Haftungs**voraussetzungen**, Fragen der **Beweis-** und Darlegungslast sowie der **Verjährung**. Im Vordergrund der **vertrag**lichen Haftung steht das Verhältnis zum **Bauherrn**; die **gesetz**liche Haftung betrifft darüber hinaus das Verhältnis zu **Dritten**. 20

Architekt und Unternehmer sind zudem **Gesamtschuldner**[10] (§ 426 Abs. 1 BGB); dies gilt ebenso für Architekt und Sonderfachleute.[11] Dies bringt ein eigenständiges hohes **Haftungsrisiko** des Architekten gegenüber dem Bauherrn für mangelhafte Unternehmerleistungen mit sich (§ 426 Abs. 1 BGB); oft muss der Haftungs**verteilungsmaßstab** zwischen Architekt und Bauunternehmer im Rahmen des Gesamtschuldnerausgleichs (§ 426 Abs. 2 BGB) geklärt werden. 21

---

[9] **Vgl. Architekten(kammer)gesetze der Länder:**
ArchitektenG (BW) 28.3.2011 (GBl. S. 152); BayArchG 24.1.2001 (GVBI 143); Berliner Architekten- und Baukammergesetz ABKG 7.2.2014 (GVBl. S. 39); BbgArchG 10.7.2014 (GVBl.I/14, Nr. 39) BremArchG 30.6.2014 (Brem. GBI. S. 404); HmbArchtG 8.7. 2014 (HmbGVBl. S. 294); HASG 23.5.2002 GVBl. I 2002, S. 182); ArchG M-V 27.2.2002 (GVOBl. M-V S. 510, 519, 2003 S. 107); NArchtG 16.12.2014 (Nds. GVBl. S. 475); BauKaG NRW 9.12.2014 (GV. NRW. S. 876); ArchG (RhPf) 16.12.2005 GVBl. 2005, 505; SAIG (Saarl) 14.5.2014 (Amtsbl. I S. 170); SächsArchG 2.4.2014 (SächsGVBl. S. 238); ArchtG-LA 24.6.2014 (GVBl. LA S. 350, 359); ArchIngG (SchlH) 5.11.2012 (GVOBl. M-V S. 596) und ArchIngKG 1.6.2014 (GVOBl. Schl.-H. S. 92); ThürAIKG 5.2.2008 (GVBl. 2008, S. 9)

Vgl. Ingenieur(kammer)gesetze der Länder:
IngKammG BW 28.11.2011 (GBl. 2011, S. 145); **BauKaG (Bay) 29.5.2007 (**GVBl 2007, S. 308); Berliner Architekten- und Baukammergesetz ABKG 7.2.2014 (GVBl. S. 39); BbgIngG 5.12.2013 (GVBl.I/14, Nr. 37); BremIngG 25.2.2003 (Brem.GBl. S. 67); **HmbIngG** 19.6.2012 (HmbGVBl. S. 254, 262); IngKammG (Hess) 30.9.1986 (GVBl. I 1986, S. 281); **ArchIngG M-V** 5.11.2012 (GVOBl. M-V S. 596); NIngG 12.7.2007 (Nds. GVBl. 2007, S. 324, S. 434); BauKaG NRW 9.12.2014 (GV. NRW. S. 876); IngKaG (RhPf) 9.3.2011 (GVBl. 2011, S. 47); SAIG (Saarl) 14.5.2014 (Amtsbl. I S. 170); SächsIngG 2.4.2014 (SächsGVBl. S. 238, S. 322); IngG LA 22.1.2009 (GVBl. LA 2009, S. 6); ArchIngG (SchlH) 5.11.2012 (GVOBl. M-V S. 596) und ArchIngKG 1.6.2014 (GVOBl. Schl.-H. S. 92); ThürAIKG 5.2.2008 (GVBl. 2008, S. 9)

[10] Vgl. BGHZ 43, 227.

[11] Vgl. BGH BauR 1971, 265; OLG Hamm NJW-RR 1990, 915; OLG Frankfurt/M. NJW-RR 1990, 1496.

B. Vertragliche Haftung

22 Der Architekt haftet aus **Vertrag.** Vertragspartner des Architekten ist zunächst der **Bauherr**; die Beteiligten schließen regelmäßig einen **Architektenvertrag**. Im besonderen Schuldrecht (§§ 433 ff. BGB) ist weder der Architekten- noch der **Bauvertrag** speziell geregelt; dies gilt erst recht für Schnittpunkte der Architektenhaftung zum **Öffentlichen Recht**. Zum Verständnis ist diese Haftung herzuleiten:

I. Abgrenzung gegenüber anderen Vertragstypen

23 Die Zuordnung des Architekten- (und Ingenieurvertrages) in die Typologie des besonderen Schuldrechts ist für die Bestimmung des **Haftungsregimes** von wesentlicher Relevanz. In Betracht kommen vornehmlich **Dienst-** und **Werkvertrag**. Die Einordnung im Spannungsfeld zwischen Dienst- und Werkvertrag hat entscheidende Bedeutung für die Ausgestaltung der geschuldeten **Leistung** und der **Haftung**. Der **Dienst**verpflichtete ist zur **Leistung** der versprochenen Dienste (§§ 611 ff. BGB), der **Unternehmer** (§§ 631 ff. BGB) dagegen zur Herstellung des versprochenen Werkes verpflichtet; der Unternehmer schuldet also den **Werkerfolg**. Damit einher gehen völlig unterschiedliche Vorschriften zur Gewährleistung, **Haftung**, Vergütung oder Vertragsbeendigung. Die Haftung im Schnittpunkt zum **Öffentlichen Recht** findet dabei im Gesetz keine Erwähnung.

1. Bestimmung des Vertragsinhalts

24 Im Einzelfall ist zunächst im Wege der **Auslegung** die von den Parteien **vereinbarte** Architektenleistung zu bestimmen (§§ 133, 157 BGB).[12] Es ergeben sich somit keine Besonderheiten zum allgemeinen Vertragsrecht mit seinem Kanon von Auslegungsgrundsätzen:[13]

25 **a) Werkvertrag.** Sind architektenseits **verschiedene** Leistungen innerhalb eines einheitlichen Vertragsverhältnisses geschuldet, ist eine **Schwerpunkt**betrachtung geboten. Der BGH hat bereits 1959 in einer frühen Leitentscheidung den **Vollarchitekturvertrag** als **Werkvertrag** qualifiziert[14] und diese Rechtsprechung in einer ganzen Reihe von weiteren Leitentscheidungen bis in die jüngste Zeit detailliert fortgesetzt.[15]

26 **b) Dienstvertrag.** Damit ist zwar eine eindeutige Linie vorgegeben; gleichwohl sind aber noch viele Detailfragen ungeklärt. Deutlich wird dies vor allem bei gemischten Verträgen. Gleichwohl Werkvertrag, enthält der Architektenvertrag ersichtlich auch **dienstvertrag**liche Elemente oder solche eines Geschäftsbesorgungsvertrages. Es kann auch eine segmentäre schwerpunktmäßig dienstvertragliche Beauftragung erfolgen.

27 **c) Auslegung.** Mit Hilfe der **Auslegung** sind die den Vertrag **prägenden** architektenseitigen Aufgaben zu bestimmen; sind diese **erfolgs**orientiert, findet Werkvertragsrecht Anwendung. Die Bestimmung der konkreten architektenseitigen Leistungsverpflichtung durch Vertragsauslegung ist somit von entscheidender Bedeutung[16]

28 Der BGH hat mehrfach klargestellt, dass sich **Leistungsverpflichtungen** des Architekten aus dem jeweiligen **Vertrag** und nicht aus der **HOAI** als reinem (öffentlichem) **Preis-**

---

[12] Vgl BGH Urt. v. 10.6.1999 VII ZR 215/98 ZfBR 1999, 336.
[13] *Palandt/Heinrichs* § 133 Rn. 1.
[14] Vgl. BGH Urt. v. 26.11.1959 VII ZR 120/58 BGHZ 31, 224.
[15] Vgl. BGH Urt. v. 14.2.2001 VII ZR 176/99.
[16] Vgl. BGH Urt. v. 8.11.2007 VII ZR 183/05 und v. 29.9.2011 VII ZR 87/11.

recht ergeben.[17] Dies gilt auch für die Auslegung des jeweiligen Vertrages.[18] Maßstab für die vertragsgemäße **Erfüllung** dieser Leistungspflichten sind unter anderem regelmäßig auch **öffentlich-rechtliche Vorschriften**. Diese sind, wie beispielsweise der Brandschutz, ohne weiteres einzuhalten.

d) Kooperationspflichten. Zudem ist der Architektenvertrag in ganz anderem Umfang wie beispielsweise ein Kaufvertrag auf die koordinierte **Zusammenarbeit** der Vertragsparteien angewiesen. Der Bauherr muss seine Wünsche äußern, damit sie der Architekt berücksichtigen und den Bauherrn beraten kann; nur so kann eine den Planvorgaben des Bauherrn entsprechende Planung entstehen.[19] 29

Es bestehen **wechselseitige Kooperationspflichten**[20] zwischen Architekt und Bauherrn unabhängig davon, ob sich der jeweilige Vertrag schwerpunktmäßig als Werk- oder Dienstvertrag einstufen lässt. Diese bestehen insbesondere im Zusammenhang mit **behördlichen** **Auflagen**; werden beispielsweise behördenseits gesonderte Anforderungen an *Luft-* oder *Körperschallschutz* gestellt, können derartige Anforderungen nur in Kooperation zwischen Bauherr und Architekt befriedigend gelöst werden.[21] 30

2. Gemischte Verträge

Berufstätigkeit und Berufsbild des Architekten befinden sich in einem steten Wandel; eine veränderte Konkurrenzsituation und Arbeitsteiligkeit tragen das Ihre dazu bei. 31

a) Vollarchitektur. Der **Vollarchitektur**vertrag ist deshalb heute lediglich *eine* vertragliche Gestaltungsform von Architektentätigkeit. Gängig sind eine bauherrenseitige **stufenweise** Beauftragung einerseits von der **Planung** bis hin zur **Genehmigung** des Bauvorhabens und andererseits die **Bauausführung** verbunden mit der Ausführungsplanung, Vergabe und Objektüberwachung. Hier überwiegt eindeutig die **werkvertrag**liche Komponente. Dies bedeutet die Herbeiführung des Werkerfolges und damit regelmäßig die Einholung notwendiger Genehmigungen und die Umsetzung des Vorhabens im Einklang mit öffentlich-rechtlichen Vorschriften. 32

b) Genehmigungsfähige Planung. Handelt es sich um ein **genehmigungsbedürftiges Vorhaben**, ist die Genehmigung öffentlich-rechtliche Voraussetzung für die Realisierung des Bauvorhabens; auch aufgrund von landesrechtlichen Verfahrensvorschriften genehmigungs- oder verfahrensfreie Bauvorhaben müssen ebenso wie genehmigungs- oder anzeigepflichtige Vorhaben den **öffentlich-rechtlichen Vorschriften** entsprechen.[22] Die Genehmigung ist der **Rechtstitel** des Bauherrn für die Zulässigkeit der jeweiligen Bauausführung. Der Architekt schuldet dem Bauherrn den Erfolg, also eine **genehmigungsfähige Planung**.[23] 33

---

17 Vgl. BGH Urt. v. 24.10.1996 VII ZR 283/95 ZfBR 1997, 74.

18 Vgl. BGH Urt. v. 22.10.1998 VII ZR 91/97 ZfBR 1999, 92.

19 Vgl. BGH Urt. v. 22.1.1998 VII ZR 259/96 ZfBR 1998, 149.

20 Vgl. BGH Urt. v. 22.10.1998 VII ZR 259/96 ZfBR 1998, 133.

21 Vgl. § 14 LBO BW iVm. DIN 4109.

22 Vgl. beispielsweise § 50 LBO BW; Art. 55 BayBO; § 62 BauBln; § 55 BbgBO; § 65 BremLBO; Anlage 2 HBauO – Anlage 2 Verfahrensfreie Vorhaben nach § 60; § 63 HBO; § 63 LBauO M-V; § 59 NBauO; § 65 BauO NRW; § 62 LBauO (RhPf); § 60 LBO Saarl; § 63 SächsBO; § 62 BauO LA; § 69 LBO (SchlH); § 59 ThürBO.

23 BGH Urt. v. 19.2.1998 VII ZR 236/96 ZfBR 1998, 186, Erstellung einer fehlerfreien dauerhaft genehmigungsfähigen Planung, BGH Urt. v. 21.12.2000 VII ZR 17/99 NJW 2001, 1642 als grundhafte Entscheidung sowie BGH Urt. v. 26.9.2002 VII ZR 290/01, BGH Urt. v. 10.2.2011 VII ZR 8/10 und BGH Urt. v. 10.7.2014 VII ZR 55/13 jeweils mwN.

34 **c) Öffentlich-rechtlicher Rechtsschutz.** Die Baugenehmigung ist **grundstücksbezogen**; Bauherr und Grundstückseigentümer sowie seine Rechtsnachfolger müssen auf den Bestand der Genehmigung vertrauen dürfen. Der Architekt schuldet diesen **Erfolg**, also eine **dauerhaft** genehmigungsfähige Planung.[24] Eine erfolgreiche Planung liegt nur dann vor, wenn diese auch zu einer **bestandskräftigen Genehmigung** (§ 43 VwVfG)[25] führt; Verfahrens- oder genehmigungsfreie Vorhaben dürfen nicht gegen **öffentlich-rechtliche Vorschriften** verstoßen; in solchen Fällen hat die Baurechtsbehörde Ermessen in Bezug auf ein Einschreiten. Insoweit ergeben sich vereinfacht folgende typische Problemkonstellationen:

35 *aa)* Wird die Genehmigung **behördenseits versagt**, muss sie der Bauherr auf dem **Verwaltungsrechtsweg** erstreiten. Misslingt dies ganz oder teilweise, haftet der Architekt; der Architekt hat den Bauherrn hinsichtlich der Genehmigungsfähigkeit des Bauvorhabens vollständig und richtig zu beraten[26]. Gelingt die verwaltungsgerichtliche Durchsetzung vollumfänglich, hat sich die Bauausführung jedenfalls **verzögert**. Statthafte Klageart zur Erreichung der Genehmigung vor dem Verwaltungsgericht ist die **Verpflichtungsklage**;[27] dem vorgelagert ist regelmäßig ein **Widerspruchsverfahren.**[28]

36 Entscheidungserheblicher **Zeitpunkt** ist die mündliche Verhandlung vor dem Verwaltungsgericht, die möglicherweise erst viele Monate, wenn nicht gar ein bis zwei Jahre nach der letzten behördlichen Ablehnung des Bauantrags (im Widerspruchsverfahren[29]) erfolgt. Zu diesem Zeitpunkt muss das Vorhaben **genehmigungsfähig** sein; Der Architekt hat dadurch zwar bis dahin die Möglichkeit der Nachbesserung, trägt aber als Kehrseite dazu das Verzögerungsrisiko.

37 Wird die Genehmigung **behördenseits zurückgenommen,**[30] widerrufen[31] oder durch ein Verwaltungsgericht **aufgehoben,**[32] ist die Planung mangelhaft. Entscheidungserheblicher Zeitpunkt ist der Zeitpunkt des Erlasses der letzten **Behördenentscheidung**. Der geschuldete Erfolg ist gerade nicht eingetreten.

38 Erfolgt die **gericht**liche Aufhebung nach durchlaufenem Instanzenzug,[33] beinhaltend gar eine Zurückverweisung,[34] können zwischen behördenseits erteilter Genehmigung und Bestandskraft **Jahre** liegen. Während der Dauer der Genehmigungs- und Rechtsbehelfsverfahrens hat sich der Architekt in Abstimmung mit dem Bauherrn um den **Erfolg**, die **bestandskräftige Genehmigung** zu bemühen.

Misslingt dies, liegt darin ein enormes Haftungsrisiko für den Architekten. Er schuldet gerade den Erfolg, also die fehlerfreie und damit **dauerhaft genehmigungsfähige Planung**.

Hierbei ergeben sich aus der Rechtsnatur des Verwaltungsprozesses **Sondersituationen**. Auf den Nachbarrechtsbehelf hin, wird die Genehmigung nur dann aufgehoben, wenn sie rechtswidrig ist **und** den Nachbarn in seinen Rechten verletzt[35] (§ 113 VwGO). Denk-

---

24 BGH NJW 2001, 1642.

25 Zitiert ist das VerwaltungsverfahresG des Bundes (VwVfG); die Gesetze der einzelnen Bundesländer sind nahezu identisch.

26 BGH Urt. v. 10.7.2014 VII ZR 55/13.

27 § 42 Abs. 1 2. AUFL. VwGO.

28 §§ 68 bis 80 VwGO, 79, 80 VwVfG.

29 Das Widerpruchsverfahren wurde in den Ländern wie beispielsweise in Bayern teilweise abgeschafft.

30 § 48 VwVfG.

31 § 49 VwVfG.

32 § 113 VwGO.

33 Berufung (§§ 124 ff. VwGO); Revision (§§ 132 ff. VwGO).

34 §§ 130, 144 Abs. 3 Nr. 2 VwGO.

35 Anders im Normenkontrollverfahren gegen eine kommunale Satzungen (§ 47 VwGO), der als abstraktes Überprüfungsverfahren ausgestaltet ist; ist der Antrag zulässig überprüft das OVG z. B. den Bebauungsplan insgesamt und kassiert ihn im Falle der Rechtwidrigkeit.

bar ist also die Bestätigung einer rechtswidrigen Genehmigung, die aber nicht in Nachbarrechte eingreift, weil sie Überschreitungen an der nachbarabgewandten Seite aufweist. Die Behörde kann die Genehmigung dann unter den Voraussetzungen des § 49 BVwVfG später zurücknehmen, Hierüber kann es dann wieder zu einem gesonderten Verwaltungsprozess zwischen Bauherr und Behörde kommen.

cc) Die Baugenehmigung ergeht unbeschadet **privater Rechte Dritter**[36]. Der Bauherr muss also für gegebenenfalls erforderliche Nachbarzustimmungen, beispielsweise für Bauten an der Grundstücksgrenze oder Gründungsarbeiten, sorgen. Versagt der Nachbar hierzu seine erforderliche Zustimmung, muss der Bauherr seine Rechtsposition vor den **Zivilgerichte**n durchsetzen. Auch hierrüber hat der Architekt den Bauherrn aufzuklären. 39

dd) Die Nachbarrechtsbehelfe Widerspruch und Anfechtungsklage gegen Baugenehmigungen haben gem. § 212 a BauGB[37] **keine aufschiebende Wirkung**.[38] Der Bauherr kann bei Vorliegen einer gegebenenfalls notwendigen Baufreigabe auf sein **Risiko** hin das Bauvorhaben verwirklichen. Der Nachbar kann gegen die Baugenehmigung im Wege eines **Widerspruchs**- und **Klageverfahren**, vorgehen. Erfahrungsgemäß dauert ein solches Verfahren Monate oder Jahre und das Bauvorhaben ist längst verwirklicht. 40

ee) Parallel zu diesem Hauptsacheverfahren kann der Nachbar (manchmal in Stunden manchmal erst in einigen Monaten) im Wege des **einstweiligen Rechtsschutzes** die aufschiebende Wirkung seines Widerspruchs oder seiner Klage, gemeinhin *„Baustopp"* genannt, erreichen.[39] Obsiegt der Nachbar im Eilverfahren, wird der Bau eingestellt; wird der Nachbarantrag gerichtsseits abgewiesen, besteht die Unsicherheit des Eintritts des vertraglich **geschuldete**n **Erfolg**s bis zum Abschluss des verwaltungsgerichtlichen Hauptsacheverfahrens. 41

Das Verwaltungsgericht nimmt dann allerdings nur eine **Interessenabwägung** zwischen dem **Vollzug**sinteresse des Bauherrn und dem **Aussetzung**sinteresse des Nachbarn vor, so dass damit die Hauptsache gerade nicht vorwegegenommen wird. Oft entscheidet das Verwaltungsgericht ohne Augenscheinseinnahme und mündliche Verhandlung durch Beschluss, während im Hauptsacheverfahren mündliche Verhandlung und zumeist eine Augenscheinseinnahme am Bauvorhaben gängige Praxis sind.[40] 42

d) Typengemischte Verträge. Wesentlich problematischer in der Einordnung sind **gemischte Verträge** mit partiell werk- und dienstvertraglichem Charakter. Hier ist die Vertragsauslegung im Einzelfall gefragt. Zu Tage treten dabei typengemischte Verträge bis hin zu Formen mit überwiegend **dienstvertrag**lichem Charakter. 43

Zu denken ist einerseits an **segmentäre Kontroll-** und **Aufsichtsaufgaben** wie beispielsweise eine *gesonderte Tiefbauüberwachung* bei *besonderen Bodenanforderungen* wie *Hang-* oder *Wasserbau*. Zu denken ist andererseits an **Sonderaufgaben** bei der Errichtung von technischen Bauwerken oder Überwachungstätigkeiten im Zuge von Planung und Errichtung von komplexen Vorhaben wie beispielsweise der Errichtung eines *Krankenhauses*, eines *Freizeitbades* oder einer *Deponie*. 44

Selbstverständlich schuldet auch der so Dienstverpflichtete, Berater oder freie Mitarbeiter eine **vertragsgemäße** erbrachte Dienst**leistung**. Erbringt er diese nicht, hat er dafür, nicht aber für den misslungenen Erfolg einzustehen. Die Tätigkeiten haben im Einklang mit öffentlich-rechtlichen Vorschriften zu erfolgen. 45

---

36 Vgl. zum Beispiel § 58 Abs. 3 LBO BW.

37 § 212 a BauGB trat am 1.1.1998 an die Stelle des auf Wohnbauvorhaben beschränkten § 10 Abs. 2 BauGB-MaßnahmenG.

38 Ausnahmetatbestand gem. § 80 Abs. 2 Nr. 3 VwGO zu § 80 Abs. 1 Satz 1 VwGO.

39 §§ 80 a, 80 Abs. 5 VwGO.

40 §§ 101, 96 VwGO.

3. Projektsteuerung

46 Besondere Erwähnung verdient in diesem Zusammenhang die **Projektsteuerung.**[41] Architektentätigkeit ist sui generis Projektsteuerung. Dennoch hat sich in den letzen Jahren die Projektsteuerung als neues **Berufsbild** herausgebildet. Sie hat sich vor allem bei **komplexen Bauvorhaben** mit einem auftraggeberseits vorgegebenen (zumeist engen) **Zeit-** und **Finanzrahmen** bewährt.

47 **Gesetz**liche Erwähnung findet die Projektsteuerung lediglich in § 31 HOAI. Als reines Preisrecht ist die HOAI nicht berufsbildbestimmend; darüber hinaus beleuchtet der Wortlaut der Vorschrift („*Leistungen der Projektsteuerung werden von Auftragnehmern erbracht, wenn sie Funktionen des Auftraggebers bei der Steuerung von Projekten mit mehreren Fachbereichen übernehmen*") den Tätigkeitsinhalt wenig und differenziert zudem nicht zu anderen gängigen Vertragsformen wie dem Generalunternehmer-, dem Generalübernehmer oder dem GMP-Vertrag.

48 Soweit der Projektsteuerer Auftraggeberfunktionen übernimmt, steigert sich dadurch ersichtlich auch das **Haftung**srisiko. Dies gilt im Besonderen im Bereich des Schnittpunkts zum **Öffentlichen Recht**; die Vernetzung von **Technik** und **Wirtschaftlichkeit** eines Vorhabens, beispielsweise eines *Krankenhauses,* erfolgt vor dem Hintergrund der durch das **Öffentliche Recht** vorgegebenen **Standards**. Im Krankenhausbereich spielt beispielsweise eine kaum zu übersehende Vielzahl von bau-, sozial-, medizin- oder umweltrechtlichen Vorschriften eine vorhabensprägende Rolle; hinzu tritt ein komplexes staatliches Förderungssystem.

49 Nicht anders wie beim Architektenvertrag muss auch beim Projektsteuerungsvertrag die vertraglich geschuldete **Leistung** bestimmt werden (§§ 133, 157 BGB). Diesbezüglich haben sich differente Leistungsbilder[42] herausgebildet. Je nach Überwiegen von dienst- oder werkvertraglichen Elementen findet auch das entsprechende Haftungsregime Anwendung.[43] Soweit ansonsten architektenseits mit dem Bauherrn abzuklärende Fragen zur **Grundstücksausnutzung**, Art und Maß der baulichen Nutzung oder der Gestaltung auf den Projektsteuerer übertragen wurden, trifft ihn auch diesbezüglich eine in diesem Umfang gesteigerte Verantwortlichkeit.

II. Die Systematik der Architektenhaftung nach Werkvertragsrecht

50 Ergibt die Vertragsauslegung die architektenseitige Verpflichtung zur Herbeiführung eines **Erfolges** (§ 631 BGB), so findet **Werkvertragsrecht** Anwendung. Damit verbunden ist das Haftungsregime des Werkvertragsrechts mit den jeweiligen Schnittpunkten zum **öffentlichen Recht**.

51 Im Vordergrund der **vertrag**lichen Architektenhaftung steht deshalb die Haftung als **Werkunternehmer** (Ziff. 1) in der **Herstellung**s- (Ziff. 2) und der **Gewährleistung**sphase (Ziff. 3) insbesondere vor dem Hintergrund anerkannter **Regeln der Technik** (Ziff. 4). Hinzu tritt die Haftung als **Sachwalter** (Ziff. 5), die Haftung für **Bausummenüberschreitung** (Ziff. 6) und schließlich die vertragliche Haftung gegenüber **Dritten** (Ziff. 7). Diese verschiedenen Haftungsansätze werden nachfolgend mit ihren jeweiligen Schnittpunkten zum **Öffentlichen Recht** dargestellt:

1. Der Architekt als Werkunternehmer

52 Das Werkvertragsrecht unterscheidet zwischen **Herstellungs-** und **Gewährleistungs**ansprüchen, besser zwischen wechselseitigen Ansprüchen in der Herstellungs- und in der Gewährleistungsphase zeitlich und methodisch getrennt durch die **Abnahme.** Der Archi-

[41] Vgl. BGH Urt. v. 10.6.1999 VII ZR 215/98 ZfBR 1999, 336.

[42] Vgl. den Anhang Leistungsbilder und spezielle Leistungsbilder der Projektsteuerung in *Eschenbruch* Recht der Projektsteuerung, 3. Aufl. 2009, Rn. 2006, 2016.

[43] Vgl. die Rechtsprechung des BGH hierzu in NZBau 2000, 150; 2000, 523; 2001, 270.

tekt schuldet also gegebenenfalls dieselbe Maßnahme zur Mangelbeseitigung nur unter verschieden rechtlichen Voraussetzungen.

a) Abnahme. Hat der Unternehmer, also der Architekt, ein **abnahmefähiges** – weil vertragsgemäßes – Werk erbracht (§ 631 Abs. 1 BGB), so ist der Besteller, also der Bauherr, **verpflichtet**, das Werk abzunehmen (§ 640 Abs. 1 BGB): 53

aa) Die Abnahme ist die mit der **körperlichen Hinnahme** verbundene **Billigung** des Werkes als im Wesentlichen vertragsgemäße Leistung.[44] Nach der Rechtsprechung des BGH genügt beim Architektenvertrag bereits die **Abnahmefähigkeit** der Leistung;[45] die Hinnahme ist nicht erforderlich. Noch keine Aussage ist damit aber zur **Abnahmereife** der Architektenleistung getroffen.[46] Das Werk kann beispielsweise deshalb nicht abnahmefähig sein, weil es **öffentlich-rechtlichen Vorschriften** widerspricht. In Betracht kommen dabei unter anderem Vorschriften des Bauplanungs- und des Bauordnungsrechts oder die Frage der gesicherten Erschließung. 54

bb) Ihrer Rechtsnatur nach ist die Abnahme zumindest eine **rechtsgeschäfts**ähnliche Handlung;[47] die Vorschriften über Rechtsgeschäfte sind zumindest entsprechend anwendbar.[48] Die rechtsgeschäftsähnliche Abnahme erbringt die Erfüllungswirkungen unabhängig davon, ob die abgenommene Werkleistung abnahmereif und damit **erfüllungstauglich** war.[49] 55

Hiervon zu unterscheiden ist die **Bauabnahme** durch die Baurechtsbehörden nach Maßgabe der Landesbauordnungen. Soweit diese gesetzlich oder in der Baugenehmigung vorgeschrieben ist, dient sie der Feststellung möglicherweise bestehender bauplanungs- und bauordnungsrechtlicher Beanstandungen. Sie steht zunächst in keinem Zusammenhang mit der werkvertraglichen Abnahme, da die Abnahmefähigkeit hier durch das vereinbarte Vertragssoll und dort durch gesetzliche Vorschriften vorgegeben ist. Allenfalls kann ein Abnahmeschein[50] Indizwirkung dafür haben, dass die Werkleistung die im Rahmen der mit der Bauabnahme geprüften **öffentlich-rechtlich**en Vorschriften erfüllt. Umgekehrt dürfte aber die behördlicherseits rechtmäßige Versagung einer Abnahmebescheinigung regelmäßig dazu führen, dass die Werkleistung nicht abnahmefähig ist. 56

b) Schnittstelle Abnahme. Die Abnahme scheidet **zeitlich** die Herstellungs- und die Gewährleistungsphase und damit auch **zwei** unterschiedliche vertragliche Haftungsregime. Die Herstellungsverpflichtung des Unternehmers wandelt sich mit der Abnahme in ein **Abrechnungs-** und **Gewährleistungsverhältnis**. Dies ist der Zeitpunkt für die Beurteilung der Abnahmefähigkeit einer Leistung.[51] 57

Dies gilt auch im Schnittpunkt mit **öffentlich-rechtlich**en Vorschriften, also beispielsweise das Verfertigen eines *Entwässerungsplan*es im Zuge einer Genehmigungsplanung für ein Einfamilienhaus. Liegt diese Planung bei Übergabe der Planunterlagen an den Bauherrn zum Behuf der Einreichung bei der Behörde nicht vor, so fehlt es an einer **abnahmefähigen** Leistung; wird deshalb der Bauantrag abgelehnt, hat der Architekt diese Planung im Rahmen seiner **Gewährleistung** vorzulegen. Beurteilungsmaßstab sind jeweils dieselben **öffentlich-rechtlichen** Normen. Selbst wenn der Architekt faktisch dieselbe Planung zu erstellen hat, ergibt sich eine rechtlich differente Betrachtung. 58

---

44 Vgl. BGH Urt. v. 30.6.1983 VII ZR 185/81 ZfBR 1983, 260.
45 Vgl. BGH Urt. v. 20.2.1994 VII ZR 20/93.
46 Vgl. *Thode* „Werkleistung und Erfüllung im Bauvertrag" ZfBR 1999, 116 (117).
47 Vgl. *Staudinger/Peters* § 640 Rn. 19 mwN.
48 Vgl. BGH Urt. v. 3.6. 1986 VII ZR 235/84 ZfBR 1986, 167.
49 Vgl wiederum *Thode* „Werkleistung und Erfüllung im Bauvertrag" ZfBR 1999, 116 (117).
50 Vgl. § 67 Abs. 3 LBO BW.
51 BGH Urt. v. 14.5.1998 VII ZR 184/97 ZfBR 1998, 460.

59 **c) Fiktive Abnahme.** Gesondert einzugehen ist auf die Fälle **fiktiver Abnahme.** Einzugehen ist dabei auf die seit dem 1.5.2000 bzw.1.1. 2002 geänderte Rechtslage sowie die daran angeschlossenen Änderungen der VOB/B:

60 *aa)* Mit der Novellierung des § 640 Abs. 1 BGBaF durch das **Gesetz zur Beschleunigung fälliger Zahlungen**[52] wurde zudem die Stellung des **Unternehmers** verbessert. Die Abnahme kann nicht (mehr) wegen unwesentlicher Mängel verweigert werden (§ 640 Abs. 1 2 BGB); eine **Abnahmefiktion** nach Fristsetzung (§ 640 Abs. 1 BGB) wurde eingeführt. § 640 BGB gilt wortgleich weiterhin.[53]

61 *bb)* Für seit dem 1.5.2000 geschlossene Verträge[54] kann gem. § 641 a BGB unter Einschaltung eines Gutachters eine **Fertigstellungsbescheinigung** erwirkt werden. Unter den Voraussetzungen des § 640 BGB und dem in § 641 a BGB vorgesehenen Verfahren wird mit Erteilung der Bescheinigung die Abnahme des Werkes fingiert. Mittels dieser Bescheinigung kann dann im Urkundsverfahren die **Vergütung** unter Vorbehalt **tituliert** werden; eine Auseinandersetzung über bestehende Mängel kann gleichwohl im Nachverfahren erfolgen. Welchen Fortschritt diese Vorschrift für die Praxis erbringt, bleibt abzuwarten. Vorgreiflich für die Frage der Bestimmung eines Mangels ist die durch Auslegung des Vertrages zu ermittelnde geschuldete Leistung; diese **rechtliche** Frage wird und kann der Gutachter des § 641 a BGB nicht beantworten. Soweit für die Beurteilung neben dem Vertrag zudem **öffentlich-rechtliche** Vorschriften heranzuziehen sind, gilt dies erst recht.

62 *cc)* Diese Novelle des Jahres 2000 brachte zudem Änderungen für Architekten- und Ingenieurverträge mit sich. Eine Differenzierung zwischen BGB-Bau- und Architektenverträgen sieht das BGB nicht vor.[55] Mit der Neufassung des § 640 Abs. 1 3 BGB können also auch Architekten und Ingenieure angemessene **Fristen** zur Abnahme setzen oder diese **Abnahmefiktion** ebenfalls durch Betreiben einer **Fertigstellungsbescheinigung** (§ 641 a BGB)[56] erreichen. Damit wurden Modifikationen zur **Fälligkeit** des Honorars und zum Zeitpunkt des **Gewährleistungsbeginns** eingeführt.[57]

63 *dd)* Gesondert geregelt war und ist die fiktive Abnahme in der **VOB/B**. Gem. § 12 Nr. 5 Abs. 1 VOB/B muss das Werk im Wesentlichen fertig gestellt und darf nicht mit wesentlichen Mängeln behaftet sein;[58] unter den dort geregelten Voraussetzungen gilt das Werk dann als abgenommen. Dies gilt auch für sich aus **öffentlich-rechtliche**n Vorschriften ergebende Bau**standard**s. Die Vorschrift gilt wie die ganze VOB/B allerdings nur im Verhältnis des Bauherrn zu den **Bauhandwerker**n, nicht dagegen im Verhältnis zum Architekten und den Sonderfachleuten. Ist der Architekt mit der Abnahme gegenüber den Bauhandwerkern beauftragt, muss er diesen Umstand besonders berücksichtigten. Außerdem muss die VOB/B vereinbart sein.[59] Soweit der Architekt auch zur Durchführung der Abnahme im Namen des Bauherrn vertraglich beauftragt ist, hat er dies zu berücksichtigen; erfüllt die Werkleistung vorgegebene **öffentlich-rechtliche** Standards nicht, kann die Abnahme bei Vorliegen eines wesentlichen Mangels verweigert werden (§ 12 Nr. 3 VOB/B).

---

[52] Gesetz zur Beschleunigung fälliger Zahlungen v. 30.3.2000, BGBl. I, 330, in Kraft getreten am 1.5.2000.

[53] Das Adjektiv „bestimmte" wurde durch „bezeichnete" in § 640 Abs. 2 BGB ersetzt.

[54] Vgl. Art. 229 Abs. 2 1 EGBGB.

[55] Vgl. auch *Thode* zur Abnahme, wonach es kein tragfähiges Argument für eine Differenzierung zwischen BGB-Bau- und Architektenverträgen gibt, in Werkleistung und Erfüllung im Bau- und Architektenvertrag ZfBR 1999, 116 (117).

[56] § 641 a BGB gilt unverändert weiter.

[57] Vgl. dazu *Kniffka/Koeble* Kompendium des Baurechts 9. Teil Rn. 104 mwN.

[58] Vgl. BGH Urt. v. 20.4.1989 VII ZR 334/87.

[59] Vgl. BGH NJW 1999, 3261.

ee) An dieser Systematik hat sich im Grunde durch die **VOB/B Novellen**[60] nichts geändert; Änderungen betreffen das Verhältnis der **VOB/B** zum **BGB** vor dem Hintergrund der unter Lit. *aa)* aufgezeigten Gesetzesänderungen. Zunächst wird von der Rechtsprechung zu klären sein, ob die VOB/B als Ganzes nach Abschaffung des AGBG und Eingliederung in das BGB (§§ 305 ff.) noch als **privilegiertes Regelwerk** verstanden werden;[61] damit verbunden ist die Frage, inwieweit Einzelregelungen der VOB/B, als auch die Abnahmefiktion gem. § 12 Nr. 5 VOB/B, einer isolierten Inhaltskontrolle unterliegen.[62] § 12 Nr. 5 Abs. 2 VOB/B wurde zwar im Wortlaut etwas angepasst, in seiner Systematik aber im Grunde unverändert belassen.[63] Damit ist auch keine Änderung in Bezug auf die Bewertung **öffentlich-rechtlicher Vorschriften** im Zusammenhang mit der Abnahmefiktionsvorschriften der VOB/B eingetreten. Für eine weitere Vertiefung des Verhältnisses der unter Lit. *aa)* benannten Änderungen des BGB und der VOB/B ist hier nicht der Ort.[64] 64

d) Verjährung. Ab dem Zeitpunkt der **Abnahme** hat der Unternehmer für die Vertragsgemäßheit des Werkes in der **Gewährleistungszeit** (§ 634 a BGB), also in der Zeit, in der die Gewährleistungsansprüche nicht verjährt sind, einzustehen. Dies gilt auch für sich aus dem Schnittpunkt zum **Öffentlichen Recht** ergebende Mängel im Verhältnis des Bauherrn zu den Bauhandwerkern und dem Architekten. Die Baurechtsbehörde kann ungeachtet dessen gegen baurechtswidrige Zustände nach Maßgabe der Landesbauordnungen **jederzeit** einschreiten. 65

aa) Mit In-Kraft-Treten des Schuldrechtsmodernisierungsgesetzes wurde das **Verjährungsrecht** grundlegend geändert (Art. 229 § 6 EGBGB)[65]. Die Praxis hat sich auf die neue Rechtslage eingestellt. 66

bb) Die **Gewährleistungszeit** beträgt für die in § 634 BGB bezeichneten **Gewährleistungsansprüche** bei Bauwerken **fünf** Jahre (§ 634 a Abs. 1 Ziff. 1 BGB) und im Übrigen beispielsweise für Arbeiten an einem Grundstück **zwei** Jahre (§ 634 a Abs. 1 Ziff. 3 BGB). Die Verjährung beginnt mit Entstehung des Anspruchs (§ 199 Abs. 1 Nr. 1 BGB) und setzt damit seine Fälligkeit voraus.[66] Die nicht in § 634 BGB genannten Gewährleistungsansprüche, beispielsweise Schadensersatz gem. § 282 BGB, oder deliktische Ansprüche, beispielsweise die Haftung des Architekten gegenüber Dritten aus seiner ihm nach Maßgabe der **Landesbauordnungen** zukommenden *Bauleiter*stellung,[67] unterliegen den allgemeinen Verjährungsvorschriften (§§ 194 ff. BGB). Die regelmäßige Verjährungsfrist beträgt **drei** Jahre (§ 195 BGB). 67

---

[60] VOB/Novellen von 2002, 2006, 2009 und 2012. Teilweise handelte es sich nur um kleinere Änderungen. Die Änderungen von 2000 und 2002 hatten hingegen größeren Umfang.

[61] Vgl. BGHZ 86, 135 ff.

[62] *Quack* ZfBR 2002, 428.

[63] Vgl. *Ingestau-Korbion/Vygen* B § 12 Beilage VOB/B 2002 mit Hinweise auf die DVA-Beschl. v. 16./17.4.2002.

[64] Vgl. auch *Preussner* BauR 2002, 231 ff. bzw. *Weyer* BauR 2002, 857.

[65] Das Bundesministerium der Justiz begründete die Notwendigkeit der Reform in dem im Herbst 2000 vorgestellten Diskussionsentwurf unter anderem damit, dass es an einem geschlossenen System fehle, die Ermittlung der Verjährungsfristen insbesondere bei typengemischten Verträgen zu großen Abgrenzungsschwierigkeiten führe und ein Ausweichen der Rechtsprechung auf andere Anspruchsgrundlagen zur Umgehung der zu kurz empfundenen Verjährungsfristen, beispielsweise bei der Abgrenzung zwischen engen und entfernten Mangelfolgeschäden, künftig vermieden werden soll. Im Bereich des Werkvertragsrechts wurde der bisherige Rechtszustand inhaltlich in Teilen unter Änderung der Paragraphierung erhalten.

[66] BGH Urt. v. 28.8.1989 VII ZR 298/88 MDR 1990, 323.

[67] Vgl. z. B. § 45 LBOBW BaWü; Bay.

68 **e) Vergütung.** Die **Vergütung** (das Honorar) ist gem. § 641 Abs. 1 BGB bei der Abnahme zu entrichten. Gem. § 8 Abs. 1 HOAI[68] wird das **Honorar fällig**, wenn die Leistung vertragsgemäß erbracht und eine **prüffähige** Honorarschlussrechnung[69] überreicht worden ist. Beide Voraussetzungen müssen sonach kumulativ vorliegen.[70] Vertragsgemäß ist die Leistung nur dann, wenn sie verbindlichen **öffentlich-rechtlichen Standard**s entspricht, wie beispielsweise die Ausführung von *Fenstern, Türen* oder *Lichtschächten*.[71]

2. Herstellung

69 Der Architekt ist (Werk-)Unternehmer. Er hat deshalb nach den Vorschriften des Werkvertragsrechts für **Herstellung** (§ 631 BGB) und **Gewährleistung** (§§ 633 ff. BGB) einzustehen:

70 **a) Herstellung.** Die wechselseitigen Ansprüche vor und nach der Abnahme sind **rechtlich** differenziert ausgestaltet; dies ist baupraktisch oft mit den verschiedenen Baubeteiligten nur schwierig kommunizierbar, da **tatsächlich** jeweils dieselbe Handlung – die konkrete Mangelbeseitigung – geschuldet ist. Liegt ein Werkvertrag vor, so schuldet der Architekt wie jeder **Unternehmer** dem Besteller gegenüber die rechtzeitige (§ 636 BGBaF) Herstellung des versprochenen (§ 633 Abs. 1 BGB) mangelfreien Werkes (§ 633 BGB). Gem. § 633 Abs. 1 BGB hat der Unternehmer das Werk frei von Sach- und Rechtsmängeln zu verschaffen. Damit trifft den Architekten eine **garantieähnliche** Einstandspflicht.[72] Er übernimmt **verschuldensunabhängig** die Verpflichtung, den Werk**erfolg** herbeizuführen. Diese Auffassung gilt unverändert auch mit dem Wegfall des § 306 BGBaF. Dies gilt insbesondere für **öffentlich-rechtliche Anforderungen** an ein Bauvorhaben wie beispielsweise die Notwendigkeit und Beschaffenheit von *Aufzugsanlagen*.[73]

71 **b) Nacherfüllung.** Bereits vor In-Kraft-Treten des Schuldrechtsmodernisierungsgesetzes zum 1.1.2002 war anerkannt, dass bei Misslingen des Erfolges, der Architekt die Möglichkeit eines **Nachbesserungs**versuches hat, um so das geschuldete abnahmefähige Werk (erstmalig) herzustellen.[74] Es handelt sich hierbei um die **originäre Herstellungsverpflichtung.** Ein gesonderter Honoraranspruch entsteht nicht; § 20 HOAI war und ist sonach darauf nicht anwendbar. Der **Besteller** hat Anspruch auf **Herstellung** des versprochenen Werkes (§ 631 Abs. 1 BGB).

72 Diese von der Rechtsprechung anerkannte Vorgehensweise wurde mit der Einführung des Rechtsinstituts der **Nacherfüllung** Gesetzeslage (§ 635 Abs. 1 BGB). Sie erfolgt nach **Wahl** des Unternehmers bzw. Architekten durch Mangelbeseitigung bzw. Neuherstellung des Werkes allerdings auf seine Kosten (§ 635 Abs. 2 BGB), soweit dies dem Besteller zumutbar ist (§ 635 Abs. 3 BGB). Im Falle der Neuherstellung kann der Unternehmer die mangelhafte Sache nach Maßgabe der §§ 346–348 BGB zurückverlangen (§ 635 Abs. 4 BGB). Auch nach der Novellierung ist die Rechtsprechung zu Klärung verschiedener noch offener Fragen, beispielsweise die Anzahl zumutbarer **Nachbesserung**sversuche, gerufen. Genügt die vertragsgemäße Leistung **öffentlich-rechtlichen Standards** wie beispielsweise örtlichen Bauvorschriften für die Anbringung von *Werbeanlagen* nicht, kann Nacherfüllung verlangt werden.

---

[68] Zusammenfassend zum Meinungsstand zum Verhältnis des § 641 BGB zu § 8 HOAI *Kniffka/Koeble* Kompendium des Baurechts 9. Teil Rn. 194.

[69] Vgl. BGH Urt. v. 8.10. 1998 VII ZR 296/97 ZfBR 1999, 37.

[70] Vgl. BGHZ 81, 299 ZfBR 1981, 232.

[71] Vgl. § 31 LBOBW BaWü.

[72] MüKo/Soergel § 631 Rn. 4.

[73] Vgl. § 29 LBO BW.

[74] Vgl. BGH Urt. v. 10.10. 1985 VII ZR 303/84 ZfBR 1986, 23 gs.

3. Gewährleistung

Der Unternehmer schuldet die Herstellung des **mangelfrei**en, will meinen vertragsgemäßen Werkes (§ 633 Abs. 1 BGB). Der Besteller ist zur **Abnahme** verpflichtet (§ 640 BGB). Wird das Werk nicht sach- und rechtsmangelfrei verschafft (§ 633 Abs. 1 BGB), löst ein in der Gewährleistungszeit auftretender **Mangel** (§ 633 Abs. 2 und 3 BGB) die **gesetzlichen Gewährleistungsansprüche** des Bestellers gegen den Unternehmer aus (§ 634 BGB). Nach der jetzt geltenden Rechtslage kann der Besteller wahlweise **Nacherfüllung** (§§ 634 Nr. 1, 635 BGB), **Selbstvornahme** und **Ersatz** der erforderlichen **Aufwendungen** (§ 634 Nr. 2 1. A.), **Rücktritt** (§§ 634 Nr. 2. A., 636, 323, 326 Abs. 1 Satz 3 BGB), **Minderung** (§ 634 Nr. 2 3. A. BGB), **Schadensersatz** (§§ 634 Nr. 3 1. A., 636, 280, 281, 283 und 311 a BGB) oder **frustrierte Aufwendungen** (§§ 634 Nr. 3 2. A., 284 BGB) verlangen. 73

Dies gilt natürlich auch im Schnittpunkt zu **öffentlich-rechtlichen Vorschriften** wie beispielsweise für *Wasserversorgungs-* und *Wasserentsorgungsanlagen, Anlagen für Abfallstoffe* oder *Anlagen zur Lagerung von Abgängen aus Tierhaltungen.*[75] Voraussetzung für dieses bestellerseitige Gestaltungsrecht ist das Vorliegen eines Mangels. § 633 BGB regelt nunmehr ausdrücklich den **Sach-** (Ziff. b) und den **Rechtsmangel** (Ziff. c). Gegenüber § 633 Abs. 1 BGBaF wird die **zugesicherte** (Ziff. a) **Eigenschaft** nicht mehr ausdrücklich erwähnt. Gleichwohl greifen natürlich auch dann die Gewährleistungsvorschriften. Der Gesetzeswortlaut ist Ausdruck der Anpassung des Gesetzestextes an die von der Rechtsprechung entwickelte Gesetzesdogmatik. Im Einzelnen: 74

a) Zugesicherte Eigenschaft. Dies umfasst zunächst auch eine **zugesicherte Eigenschaft.** § 633 Abs. 1 BGBaF unterschied zwischen **Eigenschaftszusicherung** (§ 633 Abs. 1. Alt BGBaF) und **Fehlern**; bei den Fehlern differenzierte das Gesetz weiter zwischen **verkehrsüblicher** (§ 633 Abs. 1 2. Alt BGBaF) und **vertraglich** vorausgesetzter **Soll**beschaffenheit (§ 633 Abs. 1 3. Alt BGBaF). § 634 BGB spricht dagegen nur noch von der **vereinbart**en Beschaffenheit. Die **Zusicherung** einer Eigenschaft ist dabei ein Fall einer Vereinbarung und braucht deshalb nach der neuen Systematik des Gesetzes nicht mehr gesondert benannt zu werden. Durch Vertrags**auslegung** war und ist aber zunächst zu klären, ob eine **Eigenschaftszusicherung** vorliegt.[76] Dies trägt die Komponenten Eigenschaft und Zusicherung in sich: 75

aa) Eigenschaft sind die physische Beschaffenheit einer Werkleistung und alle anderen tatsächlichen, wirtschaftlichen und rechtlichen Beziehungen zur Umwelt, die einen Einfluss auf die Wertschätzung der Leistung ausüben sowie von einer gewissen Dauer sind.[77] 76

Solche Beziehungen von Gebäuden zu ihrer Umwelt, also zu ihrer Umgebung, werden wesentlich durch die Vorschriften des **Öffentlichen Rechts** (mit-)bestimmt. Diese regulieren **Art** und **Maß** der baulichen **Nutzung** (beispielsweise als *gastronomischer Betrieb*) und bilden damit den rechtlichen Rahmen möglicher Eigenschaftsbeschreibung für eine **dauerhaft genehmigungsfähige Planung**. Unabhängig davon liegt grundsätzliche Bebaubarkeit eines Grundstücks im Risikobereich des Bauherrn.[78] Der Architekt hat den Bauherrn bereits im Rahmen der **Grundlagenermittlung** vollständig und richtig über die Genehmigungsfähigkeit des Bauvorhabens zu beraten[79].

Im Unterschied zum (Bau-)**Mangel** braucht eine Tauglichkeitsaufhebung oder Minderung nicht hinzuzutreten; die Werkleistung ist also bei Fehlen dieser Eigenschaft ohne

---

75 Vgl. § 34 LBO BW.

76 Vgl. § 633 Abs. 1 1. Alt BGBaF bzw. § 13 Nr. 1 1. Alt VOB/B.

77 *Siegburg* Handbuch der Gewährleistung beim Bauvertrag 4. Aufl. Rn. 840 iVm. BGH Urt. v. 17.5.1994 X ZR 39/93 NJW-RR 1994, 1134 (1135).

78 Vgl. OLG Düsseldorf NJW-RR 2000, 310 (*Grenzgarage*).

79 BGH Urt. V. 10.7.2014 VII ZR 55/13 mit vielen weiteren Nachweisen.

weiteres mangelhaft, also auch dann, wenn die **Regeln der Technik** eingehalten wurden.[80]

77 *bb)* In Abgrenzung zu einer bloßen Beschreibung der Werkleistung liegt eine **Zusicherung** nur dann vor, wenn es dem Besteller auf ein Merkmal genau ankommt und der Unternehmer dies so verspricht.[81] Während das Verfehlen einer genehmigungsfähigen Planung bezüglich **Art** der baulichen Nutzung (beispielsweise ein *gastronomischer Betrieb mit Außenbewirtschaftung*) ohne weiteres einen Mangel darstellt, muss regelmäßig beim **Maß** der baulichen Nutzung (*Anzahl der Innen- und Außensitzplätze* oder *überobligatorische Anzahl von Stellplätzen*) die Qualität der getroffenen Vereinbarung bestimmt werden.

78 Da der Architekt wie auch der Unternehmer für den Leistungserfolg nach dem Willen des Gesetzgebers einzustehen hat,[82] haftet er gleichzeitig für die Folgen des Nichteintritts dieses Erfolges. Letzteres ist anders wie im Kaufrecht nicht Haftungsvoraussetzung.[83] Wird die Planung und Herstellung einer überobligatorischen Anzahl von *Stellplätzen* vereinbart, haben diese dennoch den von der jeweiligen Landesbauordnung vorgegebenen Standard einzuhalten.[84]

79 **b) Sachmangel.** Gem. § 633 Abs. 1 BGB trifft den Unternehmer die Pflicht, das Werk frei von **Sachmängel**n zu verschaffen; § 633 Abs. 2 BGB definiert die **Sachmängelfreiheit** im Sinne des subjektiven Fehlerbegriffs; in der Terminologie des Gesetzes wird der bisher verwendete Begriff des **Fehler**s (§ 633 Abs. 1 BGBaF) durch den gängigen Begriff des **Mangel**s ersetzt.

80 *aa)* Das Werk ist zunächst frei von **Sachmängeln**, wenn es die **vereinbarte Beschaffenheit** hat (§ 633 Abs. 2 1 BGB). Damit nimmt das Gesetz die vom BGH entwickelte Sichtweise des **Fehler**begriffs[85] auf. Fehler war die Abweichung der **Ist-** von der **Sollbeschaffenheit.** Das Gesetz differenzierte weiter zwischen gewöhnlicher (jetzt § 633 Abs. 2 2 2. A. BGB), und **vertraglich vorausgesetzter** Sollbeschaffenheit (jetzt § 633 Abs. 2 2 1. A. BGB). Dabei war nach der Rechtsprechung des BGH in erster Linie die im Vertrag **vereinbarte** und in zweiter Linie dann die gewöhnliche, also die **verkehrsübliche** Beschaffenheit zu ermitteln.[86]

81 Im Grunde hat sich an diesem methodischen Ansatz mit In-Kraft-Treten des SchuldrechtmodernisierungsG am 1.1.2002 nichts geändert; verändert wurde nur die **Gesetzesterminologie** (Mangel statt Fehler) und die Reihenfolge der Fallgruppen innerhalb des § 633 BGB. Entspricht eine *Küchenentlüftung* eines *gastronomischen Betriebes* nicht den vom **öffentlichen Recht** vorgegebenen Standards, ist sie mangelhaft. Dem Betrieb droht behördenseits gebenenfalls die Nutzungsuntersagung.

82 *bb)* Ist die Beschaffenheit nicht vereinbart, so ist das Werk frei von Sachmängeln, wenn es sich für die vom **Vertrag vorausgesetzte** Verwendung eignet (§ 633 Abs. 2 2 1. A. BGB). Die vertraglich vorausgesetzte **Sollbeschaffenheit** wird durch gängige Methoden der Vertragsauslegung (§§ 133, 157 BGB) bestimmt; weicht sie in vertragserheblicher Weise von der Ist-Beschaffenheit ab, liegt ein Mangel vor. Die vertragliche Vereinbarung der Beschaffenheit kann **ausdrücklich** oder **konkludent** erfolgen.

---

[80] BGH Urt. v. 6.5.1985 VII ZR 304/83 (*Blasbachtalbrücke*) ZfBR 1985, 276 oder 19.1.1995 VII ZR 131/93 ZfBR 1985, 276.

[81] BGH Urt. v. 26.2.1981 VII ZR 287/70 ZfBR 1981, 139; BGH Urt. v. 29.6.1981 VII ZR 299/80 ZfBR 1981, 218 und Urt. v. 10.10. 1985 VII ZR 303/84 ZfBR 1986, 23.

[82] Vgl. BGH Urt. v. 17.5.1984 VII ZR 169/82 BGHZ 91, 206 (211).

[83] BGH Urt. v. 17.5.1984 X ZR 39/93 NJW-RR 1994, 1134.

[84] Vgl. § 37 LBO BW.

[85] Vgl. § 13 Nr. 1 3. Alt VOB/B.

[86] Vgl. BGH Urt. v. 14.5.1998 VII ZR 184/97 ZfBR 1998, 460.

Die Sollbeschaffenheit bestimmt sich insb. durch Bewertung und Auslegung von Vertragsbestandteilen wie Leistungsbeschreibung, Leistungsverzeichnis,[87] Pläne, Funktionsbeschreibungen oder Produktanforderungen usw. Diese Liste ist nahezu beliebig verlängerbar, da der Vertragsinhalt im Grunde zur Disposition der Parteien steht. 83

Ausnahmen bilden aber zwingende **öffentlich-rechtliche Vorschriften** wie beispielsweise Brandschutz für *Installationskanäle*.[88] Die Baumaßnahme muss im letzteren Fall im Einklang mit den Vorschriften des Denkmalschutzes[89] ausgeführt werden.[90] 84

Gegebenenfalls ist auch die **Förderungsmöglichkeit** des Bauvorhabens mit öffentlichen Mitteln beispielsweise im *Sanierungsgebiet*,[91] oder die steuerliche Absetzbarkeit von Baukosten, beispielsweise von *Baudenkmalen*,[92] Vertragssoll.

cc) Sachmangelfrei ist die Werkleistung außerdem, wenn sie sich für die **gewöhnliche Verwendung** eignet (§ 633 Abs. 2 Satz 2 2. A. BGB). Sofern nicht gesondert vertraglich vereinbart, bestimmt sich die Sollbeschaffenheit nach der gewöhnlichen Verwendung, also der **Verkehrsüblichkeit.** Die entsprechende Variante des § 633 Abs. 1 BGBaF leuchtete der BGH dahin aus, dass der Besteller bei Abnahme einen an den **anerkannten Regeln der Technik** orientierten **Qualitäts-** und **Komfortstandard** erwarten kann.[93] Diese stellen aber nach der Rechtsprechung des BGH[94] lediglich einen Mindeststandard (beispielsweise bei Erstellung eines *Flachdach*es) dar;[95] ihre Einhaltung weist die Mangelfreiheit (beispielsweise eines dennoch undichten *Flachdach*es) nicht nach. Bewusst wurde seitens des Gesetzgebers deshalb darauf verzichtet, die Einhaltung anerkannter Regeln der Technik in das Gesetz als Kriterium der Mangelfreiheit aufzunehmen.[96] 85

Anerkannter Qualitäts- und Komfortstandard sind aufgrund **öffentlich-rechtlicher Normen** vorgegebene **Standards**. Gem. § 22 BImschG sind beispielsweise nicht genehmigungsbedürftige Anlagen[97] so zu errichten und zu betreiben, dass nach dem Stand der Technik vermeidbare schädliche Umwelteinwirkungen[98] verhindert und unvermeidbare auf ein Mindestmaß beschränkt werden.[99] Einzuhalten sind jedenfalls die anerkannten Regeln der Technik[100]. 86

dd) Einem Sachmangel steht es gleich, wenn der Unternehmer ein **anderes** als das bestellte **Werk** oder das Werk in **zu geringer Menge** herstellt (§ 633 Abs. 2 Satz 4 BGB).[101] 87

c) Rechtsmangel. Das Werk ist frei von **Rechtsmängeln**, wenn Dritte in Bezug auf das Werk keine oder nur die im Vertrag übernommenen Rechte gegen den Besteller geltend machen können (§ 633 Abs. 3 BGB). Die Rechtsprechung wird zu klären haben, ob 88

---

87 Vgl. § 9 Nr. 6 und Nr. 10 VOB/AUFL.

88 Vgl. § 26 LBOBW.

89 Vgl. DenkSchG BaWü.

90 Vgl. OLG Köln NJW-RR 1993, 666.

91 Vgl. §§ 136–171 BauGB.

92 Vgl. die DenkmalschutzG der Länder iVm EStG.

93 Vgl. BGH Urt. v. 14.5.1998 VII ZR 184/97 ZfBR 1998, 460.

94 Vgl BGH Urt. v. 15.12.1994 VII ZR 246/93 ZfBR 1995, 129, vertragswidrige Unterdimensionierung der Geschossdecken einer Gewerbeimmobilie unter Beachtung der Regeln der Technik durch einen Architekten.

95 Vgl. BGH Urt. v. 6.5.1985 ZfBR 1985, 276 (*Blasbachtalbrücke*).

96 Regierungsentwurf eines Gesetzes zur Modernisierung des Schuldrechts v. 9.5.2000 (RE), BT-Drucks. 14/6040 S. 261.

97 Vgl. § 3 Abs. 5 BImschG.

98 Vgl. § 3 Abs. 1 BImschG.

99 Vgl. beispielsweise die VO über *Kleinfeuerungsanlagen* (1. BImschV) oder VO zur Auswurfbegrenzung von *Holzstaub* (7. BImschV).

100 Vgl. BGH Urt. v. 7.3.2013 VII ZR 134/12.

101 Nach bisheriger Rechtsprechung kein Fall des Gewährleistungsrechts, sondern ein Fall der Nichterfüllung gem. §§ 320 ff. BGBaF, BGH NJW 1992, 3225.

hierunter auch ein von einem Nachbarn geltend gemachtes subjektiv-**öffentliches Recht** beispielsweise als Immissionsabwehranspruch mit umfasst ist.

89 Diese bisher (§§ 434, 435 BGBaF) nur im **Kaufrecht** kodifizierte Mangelalternative (§ 435 BGB) ist nunmehr auch im Werkvertragsrecht geregelt. In der Praxis werden insbesondere auch die Begriffe Fehler, Sachmangel, Baumangel[102] oder auch Planer- bzw. Planungsfehler verwendet. Rechtlich geht es dabei in jedem Fall um die Frage des Mangels der **Werkleistung.**

4. Die allgemein anerkannten Regeln der Technik

90 Wie bereits dargelegt, stellen die **allgemein anerkannten Regeln der Technik** einen **Mindeststandard** dar.

91 **a) Vertragsinhalt.** Sie sind weder ungeschriebener Bestandteil[103] des § 633 BGB, wie dies durch die Diskussion des RE verdeutlicht wurde,[104] noch führt ein Verstoß gegen sie nicht reflexartig zu einer Architekten- bzw. Werkunternehmerhaftung.[105] Das bloße Vorliegen eines Baumangels führt für sich genommen noch nicht zur Architektenhaftung. Verstößt aber die vorgelegte Planung gegen allgemein anerkannte Regeln der Technik, ist diese mangelhaft;[106] so ist die Planung eines Architekten beispielsweise bei Missachtung bestimmter **DIN-Vorschriften** mangelhaft.[107]

92 Durch **Vertragsauslegung** ist vielmehr die vereinbarte Beschaffenheit (§ 633 Abs. 2 1 BGB) bzw. die Eignung zur vertraglich vorausgesetzten oder zur gewöhnlichen Verwendung zu ermitteln (§ 633 Abs. 2 Satz 2 BGB). Die allgemein anerkannten Regeln der Technik bilden damit beispielsweise beim *Schallschutz* im Regelfall den Mindeststandard. Ihre Nichteinhaltung führt regelmäßig zur Umkehr der **Beweis-** und Darlegungs**last** zu Lasten des Unternehmers auch nach der Abnahme;[108] für in Zusammenhang mit der Verletzung von DIN-Normen eingetretene Schäden gilt die widerlegliche **Vermutung**, dass diese Schäden auf die Verletzung diese Standards beruhen.[109] Werden bei regelmäßig fachgerechter Ausführung noch günstigere Standards erreicht, so sind diese maßgeblich.[110]

93 **b) VOB/B.** Soweit auf Veranlassung des Bauunternehmers oder auf Zuraten des Architekten die **VOB/B** zum Vertragsbestandteil des Werkvertrages werden, gilt im Grunde nichts anderes:

94 *aa)* Sind die **anerkannten Regeln der Technik** (vgl. §§ 4 Nr. 2 Abs. 1, 2, 13 Nr. 1 VOB/B) in einem Werkvertrag zwischen Bauherrn und Bauunternehmer ausdrücklich vereinbart, bilden sie den Standard für die Frage des Vorliegens eines Mangels, beispielsweise die Nichteinhaltung eines *k-Wertes* bei Fenstern;[111] haben sie sich seit Vertragsschluss in der Herstellungs- oder der Gewährleistungsphase fortentwickelt, gilt der **neuste Standard.** Sind sie dagegen nicht ausdrücklich vereinbart, ist zu differenzieren nach **Vertrags-** und **Regeltypik**. Abzugrenzen sind zunächst **BGB-** und **VOB/B-Werkverträge.** Bei

[102] Vgl. z. B. *Siegburg* BauR 1985, 367 (378) iVm. MüKo/Soergel § 633 Rn. 13, wonach Mangel der Oberbegriff ist.

[103] Vgl. *Heiermann/Riedl/Rusam* VOB Teil A und B 8. Auflage B § 31.1 Rn. 20.

[104] RE S. 261.

[105] Vgl. MüKo/Soergel § 633 Rn. 31 ff.

[106] Vgl. OLG Düsseldorf NJW-RR 1994, 88.

[107] Vgl. im Bereich *Schallschutz* zur Errichtung einer Doppelhaushälfte wider den *„Vorschlägen für einen erhöhten Schallschutz nach DIN 4109"*, OLG Düsseldorf NJW-RR 1994, 88 oder OLG Stuttgart BauR 1996, 7/8.

[108] Vgl. OLG Hamm NJW-RR 1995, 17.

[109] Vgl. BGH NJW 1991, 2021.

[110] Vgl. OLG Köln NJW-RR 1994, 472 zu Schalldruckpegeln bei Sanitärinstallation.

[111] Vgl. BGH NJW 1986, 74.

VOB-Werkverträgen ist dieser Standard bereits gem. § 4 Nr. 2 Abs. 1 2 VOB/B vereinbart.

bb) Bei **BGB-Werkverträgen** bilden sie wie dargelegt im Regelfall den Mindeststandard. Anerkannte **Regeln der Technik** sind lediglich ein **Oberbegriff** für eine Fülle von Standards, die der Besteller erwarten darf.[112] Der Architekt hat während der Planung und der Objektüberwachung dafür zu sorgen, dass die Standards beispielsweise betreffend *normgerechter Baustoffe* und *-methoden* eingehalten werden.[113] 95

c) Öffentliches Recht. Soweit diese Regeln beispielsweise einen nach **Öffentlichem Recht** geregelten Sicherheitsstandard vorgeben, sind sie ohnehin verbindlich; ihre Verletzung macht das Werk ohne weiteres mangelhaft. Hierbei ist die öffentlich-rechtliche Vorschrift zugleich anerkannte Regel der Technik.[114] Mängelansprüche wegen eines solchen Verstoßes entfallen gegebenenfalls, wenn deren Verletzung vertraglich vereinbart[115] oder durch den Bauherrn veranlasst oder gebilligt wurde;[116] dies setzt aber voraus, dass es sich um für den Bauherrn disponible öffentlich-rechtliche Vorschriften handelt, was beispielsweise bei Statikanforderungen ersichtlich nicht der Fall ist. Werden andere Standards nicht eingehalten, ist deren **vertragsbezogener** Erklärungsgehalt zunächst durch Auslegung zu ermitteln. 96

5. Der Architekt als Sachwalter

Architekten und Ingenieure sind nach der Rechtsprechung des BGH die **Sachwalter** des Bauherrn und verstehen sich auch so. Die Sachwalterstellung ist mehr **Bürde** als Würde. Sie bedeutet eine besondere Vertrauensstellung gegenüber dem Bauherrn.[117] Entgegen baupraktisch verbreiteter Auffassung bedeutet diese Sachwalterstellung rechtlich nicht etwa gar Entscheidungskompetenz und Gestaltungsfreiheit, gegebenenfalls ohne Zutun des Bauherrn; das Gegenteil ist der Fall. Wer wie der Architekt die Sache eines anderen, nämlich seines Bauherrn, in Händen hält, muss diesen auch über den Sachstand des Vorgangs – gegebenenfalls laufend – in Kenntnis setzen. Solche Sachwalterpflichten bedeuten zugleich Sachwalter**haftung** gerade im Schnittpunkt zu den Vorschriften des **Öffentlichen Rechts**. 97

a) Sachwalterpflichten. Der Sachwalter hat dem Bauherrn zum richtigen **Zeitpunkt** auf **Entscheidungsnotwendigkeiten** hinzuweisen und Entscheidungsalternativen aufzuzeigen. Echte Entscheidungs- und Handlungsalternativen des Bauherrn setzen eine entsprechende Vorbereitung dieser Alternativen durch den sachwaltenden Architekten voraus. Die Sachwalterstellung bringt also eine Fülle von **Beratungs-, Aufklärungs-**[118] und **Hinweispflichten** gegenüber dem Bauherrn mit sich. 98

aa) Dies betrifft insbesondere auch die **öffentlich-rechtlichen Anforderungen** an ein Bauvorhaben, insbesondere die des **öffentlichen Baurechts**. Dieses Rechtsgebiet gestaltet die bauherrenseitigen Nutzungsmöglichkeiten des Baugrundstücks aus und ist so **Inhalts-** und **Schrankenbestimmung** des **Eigentums** (Art. 14 Abs. 1 Satz 2 GG). Die mögliche Grundstücksausnutzung[119] steht in Rede. Eine falsche Beratung des Bauherrn birgt 99

112 Vgl. BGH Urt. v. 14.5.1998 VII ZR 184/97 ZfBR 1998, 460.
113 Vgl. BGH NJW 1981, 2243 und OLG Düsseldorf NJW-RR 1996, 146.
114 Vgl. *Kleine-Möller/Merl/Oelmaier* § 9 Rn. 70.
115 Vgl. OLG Hamm NJW-RR 1995, 17.
116 RGRK/*Glanzmann* Anhang zu §§ 633–635 Rn. 29.
117 Vgl. die Rechtsprechung zur Sachwalterhaftung anderer (Bau-)Beteiligter BGH NJW 1972, 942; 1986, 586; 1994, 850; 1988, 2234.
118 Vgl. BGH Urt. v. 8.11. 1998 VII ZR 141/97 ZfBR 1998, 148.
119 Vgl. BGH NJW-RR 1991, 664 und OLG München NJW-RR 1988, 85 und OLG Hamm NJW-RR 1989, 470.

ein ganz erhebliches **Schaden**spotential in sich. Dies gilt aber nicht minder für die Fülle von Rechtsvorschriften des formellen und materiellen **Verwaltungsrechts.**

100 *bb)* Wie dargestellt, schuldet der Architekt den Werkerfolg, nämlich eine **dauerhaft genehmigungsfähige Planung**. Misslingt diese Planung, weil die Festsetzungen des Bebauungsplans[120] nicht eingehalten, ein *Dachgeschossausbau*[121] gar ohne notwendige Genehmigung erfolgt oder Mindeststandards für *Tiefgaragenstellplätze*[122] nicht eingehalten werden, ist das Werk **mangelhaft**. Wird der Bauantrag durch die Baurechtsbehörde abgelehnt, ist der Bauherr grundsätzlich nicht verpflichtet, das Bauvorhaben so zu verändern, dass es in einem weiteren Verfahren genehmigt werden kann.[123] Eine solche Verpflichtung ergibt sich auch nicht aus den von der Rechtsprechung zwischen Architekt und Bauherrn konstatierten wechselseitigen Kooperationspflichten. Bereits aus ureigenstem Interesse hat der Architekt seinen Sachwalterpflichten dem Bauherrn gegenüber nachzukommen.

101 **b) Sachwalterhaftung.** Erfüllt der Architekt seine Sachwalterpflichten nicht, so haftet er. Die Sachwalterhaftung ist **Verschuldenshaftung**. Vor Vertragsschluss haftet der Architekt aus Verschulden bei Vertragsverhandlungen (culpa in contrahendo),[124] nach Vertragsschluss aus positiver Vertragsverletzung.[125] Diese Haftung unterscheidet sich durch die Verschuldenskomponente von der garantieähnlichen Einstandspflicht für die Werkleistung im Rahmen der oben beschriebenen **Gewährleistung**; die Abgrenzung ist außer dem für Fragen der Beweislast und Verjährung von erheblicher Bedeutung. Die spezielleren Gewährleistungsvorschriften verdrängen zudem die Verschuldenshaftung in bestimmten Bereichen.

102 **c) §§ 633 ff. BGB als Sonderregeln.** Als **Sonderregeln** verdrängen die §§ 633 ff. BGB die allgemeinem Vorschriften nur für den Bereich der **Gewährleistung**, also zunächst für **nach Abnahme** (vgl. aber § 634 Abs. 1 Satz 2 BGB)[126] auftretende Mängel. Vor Abnahme gelten zwar die allgemeinen Vorschriften. Die unternehmerseitige Vorleistungspflicht relativiert aber den Anwendungsnutzen des § 320 BGB; §§ 644, 645 BGB verdrängen die Vorschriften über die **Unmöglichkeit** nach Abnahme.

103 Dies gilt auch für Mängel im Zusammenhang mit **öffentlich-rechtlichen Vorschriften** im Verhältnis der zivilrechtlichen Vertragspartner wie beispielsweise die Nichterreichung der notwendigen lichten *Höhe für Aufenthaltsräume*;[127] ungeachtet dessen steht es der Verwaltung natürlich frei, gebotene Verfügungen zu erlassen. Entsprechend hatte der BGH auch zur bis zum 31.12.2001 gültigen Rechtslage judiziert.[128]

104 **d) Verschulden bei Vertragsverhandlungen. Gewohnheitsrecht**lich bereits seit einem Jahrhundert anerkannt, wurde dieses Rechtsinstitut im Zuge des Gesetzes zur Modernisierung des Schuldrechts zum 1.1.2002 mit dem neuen § 311 BGB zwar **kodifiziert**; die neue Vorschrift löst weder offene Fragen der **Anwendbarkeit** im Verhältnis zum Gewährleistungsrecht, noch werden die **Tatbestandsvoraussetzungen** ausformuliert. Für die Anwendbarkeit des Rechtsinstituts wird auch in Zukunft auf Richterrecht zurückzugreifen sein. Exemplarisch benennt § 311 Abs. 3 BGB einen Fall der Haftung eines **Dritten**.

---

[120] Vgl. OLG München NJW-RR 1992, 788.
[121] Vgl. OLG Hamm NJW-RR 1995, 1481.
[122] Vgl. OLG Köln NJW-RR 1986, 183.
[123] Vgl. BGH Urt. v. 19.12.1998 VII ZR 236/96 ZfBR 1998, 186 und v. 21.12.2000 VII ZR 17/99 NJW 2001, 1642.
[124] Abgekürzt c. i. c.
[125] Abgekürzt pVV.
[126] Vgl. *Kohler* BauR 88, 278.
[127] Vgl. § 36 Abs. 1 LBOBWaF bzw. § 34 LBO BW.
[128] Vgl. BGH Urt. v. 8.12. 1988 VII ZR 83/88 BauR 1989, 216 (218), *Siegburg* 4. AUFL. Rn. 841.

aa) Die besondere Bedeutung dieser Haftung im Werkvertragsrecht ergibt sich bei einer gegenüber dem Kaufrecht abgrenzenden Betrachtung: 105

Das Gesetz räumt dem **Besteller** eine andere Position ein wie dem **Käufer**. Der Architekt schuldet gem. §§ 631 ff. BGB den **Werkerfolg**. Dem **Herstellungsvorgang** des Werkes wird vom Gesetzgeber ein dem Kaufrecht nicht vergleichbarer hervorgehobener Stellenwert eingeräumt. Das Kaufrecht fokussiert den im Grunde zeitlich kurz bemessenen Kaufvorgang, das Werkvertragsrecht die zeitlich aufwendige Herstellung.

Der Herstellungsvorgang – sei es Planung oder Bauausführung – ist aufs Engste verbunden mit den Vorschriften des **Öffentlichen Recht**s. Auch im Kaufrecht spielen öffentlich-rechtliche Vorschriften eine Rolle; eine Architektentätigkeit für einen Bauherrn ohne Bezüge zu öffentlich-rechtlichen Vorschriften ist im Grunde kaum vorstellbar. Zur Bewältigung dieser Problematik sind besondere Kenntnisse erforderlich, über die der Bauherr im Regelfall nicht verfügt. Der Bauherr ist bei Planung und Bauausführung auf den Architekten als seinen Sachwalter angewiesen. 106

bb) Entsprechend den Ausführungen unter Lit. *bb)* besteht sehr wohl ein Haftungsansatz aus Verschulden bei Vertragsverhandlungen. So wird zwar vertreten, dass eine fahrlässig unzutreffende Erklärung des Architekten, die sich auf die Eigenschaft des herzustellenden Werkes, also beispielsweise eine Fehldarstellung der *Anzahl und Anordnung notwendiger Stellplätze*, bezieht, keinen Schadenersatzanspruch aus Verschulden bei Vertragsverhandlungen begründen soll. 107

Dies dürfte, wie vorstehend bei der Sachwalterhaftung gezeigt, derart verkürzt problematisch sein. Erklärt der Architekt unzutreffend, die Erstellung der notwendigen *Stellplätze*[129] für ein bestimmtes Vorhaben sei auf dem Baugrundstück nicht möglich, und nimmt darauf der Bauherr vom dem ertragsversprechenden Grundstückskauf und dem Vorhaben Abstand, so haftet der Architekt dem Bauherrn für diese fahrlässige Falschberatung. Auf die Frage, ob es zum Abschluss eines **Architektenvertrag**es kam oder der Ratschlag in der **Akquisitionsphase** erfolgte, kann es nicht ankommen. Der Architekt haftet, wenn er auf Befragen des Bestellers ausdrücklich eine unzutreffende Auskunft oder einen falschen Rat fahrlässig erteilt.[130] Seine diesbezügliche Tätigkeit ist der gutachterlichen Tätigkeit damit vergleichbar. 108

Entsprechend zu behandeln dürften die Fälle sein, in denen der Bauherr auf den unzutreffenden Rat des Architekten hin eine **andere Ausführungsvariante** wählt, auch wenn diese dann seitens der Architekten **mangelfrei** erbracht wird. Verneint der Architekt auf Nachfrage des Bestellers beispielsweise die Zulässigkeit eines *gastronomischen Betriebes* für ein in einem *allgemeinen Wohngebiet* belegenes Bauvorhaben, ist dies unzutreffend.[131] Entscheidet sich der Besteller für die Errichtung eines *Wohnhauses* und erreicht der Architekt mühelos die notwendige Baugenehmigung, ändert dies an seiner vorherigen Falschberatung nichts. Hiervon zu unterscheiden sind bloße Ausführungsalternativen ohne Relevanz zum Öffentlichen Recht wie Fragen der Ausrichtung eines Gebäudes innerhalb des *Baufensters*. 109

e) Positive Vertragsverletzung. Dies bedeutet zunächst die schuldhafte Verletzung einer vertraglichen Pflicht, sei es einer **Haupt-, Neben-** oder **Schutzpflicht**. Als Sachwalter des Bauherrn treffen den Architekten dem Bauherrn gegenüber von der Auftragserteilung bis zum Ende der Gewährleistungszeit verschiedenste Pflichten. 110

aa) Auch hier stellt sich die Frage, inwieweit diese Vorschriften neben den **Gewährleistungs**vorschriften **anwendbar** sind. Stehen Schäden in Rede, die zu keinem Sachmangel führen, sind die Vorschriften nebeneinander anwendbar. Hängen die Schäden dagegen 111

129 Vgl. § 37 LBO BW.

130 Vgl. *Palandt/Sprau* Vorbemerkung vor § 633 Rn. 21 iVm BGH ZIP 84, 962 (965).

131 § 4 Abs. 2 Nr. 2 BauNVO.

mit dem Mangel zusammen, ist bezüglich dieser sog. **Mangelfolgeschäden** weiter zu differenzieren zwischen einem gem. §§ 633 ff. BGB unterfallenden **engeren** oder einen nach den Grundsätzen der positiven Vertragsverletzung zu behandelnden **entfernteren** Mangelfolgeschaden.[132]

112 *bb)* Diese Unterscheidung gilt auch für Mängel in Zusammenhang mit **öffentlich-rechtlichen Vorschriften**. Der Architekt schuldet die dauerhaft genehmigungsfähige Planung nach Maßgabe des Vertragssolls, beinhaltend beispielsweise notwendige *Wasserentsorgungsanlagen*. Kommt es zu einer Störung in der Gewährleistungszeit, haftet der Architekt für mangelhafte Planung und Bauüberwachung. Wurde dabei ein nach öffentlichem Recht relevanter technischer Standard missachtet, gilt nichts anderes. Für entferntere Mangelfolgeschäden hat der Architekt nach den Grundsätzen der positiven Vertragsverletzung einzustehen.

113 *cc)* Die Beratung des Bauherrn durch den Architekten in Bezug auf öffentlich-rechtliche Vorschriften endet aber nicht mit Genehmigungserteilung. Zunächst ergeht die Baugenehmigung regelmäßig mit einem **Nebenbestimmungs**katalog, der durch den Bauherrn respektive seinen Bauleiter einzuhalten ist. Nicht selten räumt die Baurechtsbehörde hierbei dem Bauherrn Gestaltungsspielräume beispielsweise im Bereich *Schallschutz* ein.

114 *dd)* Außerdem sind während der **Bauabwicklung** eine Fülle öffentlich-rechtlicher Vorschriften wie beispielsweise der Umgang mit *Mutterboden* oder die ordnungsgemäße Lagerung und Entsorgung von *Baustellenmischabfällen* einzuhalten. Einige dieser Pflichten hält der Gesetzgeber für so bedeutend, dass er sie bußgeld- oder strafbewehrt (vgl. §§ 324 ff. StGB).

115 *ee)* Anzusprechen sind sodann bauherrenseitige Änderungswünsche, die keiner Änderung der Baugenehmigung bedürfen; unabhängig davon muss das so geänderte Vorhaben öffentlich-rechtlichen Vorschriften entsprechen.[133] Gerade auch nach der Erteilung der Genehmigung hat der sachwaltende Architekt seinem Bauherrn mit Rat und Tat beizustehen. Dem Bauherrn sind gegebenenfalls kostengünstige Gestaltungsmöglichkeiten zu erläutern; diese müssen natürlich im Einklang mit **öffentlich-rechtlich**en Vorschriften stehen. Eine entsprechende Aufarbeitung der Entscheidungsalternative ist Voraussetzung für die Entscheidung des Bauherrn.

116 **f) Pflichtverletzung.** Voraussetzung für die Haftung ist eine **Pflichtverletzung.** Der architektenseitige Pflichtenkreis ist vornehmlich aus dem Vertrag im Wege der Auslegung zu ermitteln. Dieser Pflichtenkreis umfasst wie dargelegt die Einhaltung **öffentlich-rechtlicher Vorschriften** beispielsweise der Festsetzungen eines Bebauungsplanes, auch soweit sie nicht ausdrücklicher Teil einer Baugenehmigung geworden sind. Oft wird dies von Architekten, die ihren Schwerpunkt im Entwurf und in der Gestaltung des Bauvorhabens sehen, in seiner Bedeutung verkannt.

117 Im Rahmen der **Bestandsaufnahme** sind Art (§§ 1 ff. BauNVO) und Maß (§§ 16 ff. BauNVO) der baulichen Nutzung des Baugrundstücks anhand der Festsetzungen des Bebauungsplanes (§ 9 BauGB) zu ermitteln. Darüber hinaus ist die gesicherte Erschließung zu klären.

Es mag zwar sein, dass der Architekt eine dauerhaft genehmigungsfähige Planung unter Einholung einer **Befreiung** (§ 31 Abs. 1 BauGB) von den Festsetzungen eines Bebauungsplanes beispielsweise für eine festgesetzte *Erdgeschossfußbodenhöhe* für den Bau-

---

[132] Vgl. *Hehemann* NJW 1988, 801.

[133] Vgl. für verfahrensfreie Vorhaben § 50 Abs. 5 LBO BW oder für solche im Kenntnisgabeverfahren § 51 Abs. 4 LBO BW; Bay; Bln; Bbg; Brem; Hbg; Hess; MecklVP; Nds; NRW; RhPf; Saarl; Sachs; LA; SchlH; Thür.

herrn erreicht; trotzdem hat er zuvor den Bauherrn auf das Risiko der Erteilung einer Befreiung in zeitlicher Hinsicht und auf die anfallenden Gebühren hinzuweisen. Kommt die Errichtung des Bauvorhabens nur durch Übernahme einer **Baulast**[134] durch einen Nachbarn beispielsweise für Unterschreitung des Grenzabstandes, der Absicherung einer Zufahrt oder dem Bau von Leitungen in Betracht hat der Architekt die rechtlichen und wirtschaftlichen Voraussetzungen hierzu zu klären.

Nur so sind dem Bauherrn **Handlungsalternativen** an die Hand gegeben. Der mit der Grundlagenermittlung beauftrage Architekt hat den Bauherrn hinsichtlich der Genehmigungsfähigkeit des Bauvorhabens vollständig und richtig zu beraten[135].

g) Verschulden. Die Pflichtverletzung muss **schuldhaft** begangen sein. Da der Architekt als Sachwalter des Bauherrn im Grunde umfassende Kenntnisse gerade der Zusammenhänge mit dem Bauvorhaben angängigen **öffentlich-rechtlich**en Vorschriften haben muss, wird ihm die Exkulpation von zumindest fahrlässigem Handeln regelmäßig nicht gelingen. 118

h) Kooperationspflichten. Der BGH hat immer wieder besondere **Kooperationspflichten** zwischen Architekt und Bauherrn betont.[136] Die Kooperationsverpflichtung des Bauherrn geht mit der Aufklärungsverpflichtung des Architekten einher. Der Architekt als Sachwalter muss den Bauherrn über **alternative Gestaltungsmöglichkeiten** im Rahmen **öffentlich-rechtlicher Vorschriften**[137] aufklären; und der Bauherr muss dann – gegebenenfalls erst auf der Grundlage der Aufklärung – von seinem Bestimmungsrecht Gebrauch machen. 119

6. Die Haftung für Bausummenüberschreitung

Wird das **Kostenlimit** für ein Bauvorhaben überschritten, spricht man von Bausummenüberschreitung. 120

Hierfür sind viele Gründe denkbar, wie etwa eine notwendige Baugrundverbesserung, schlechtes Kostenmanagement des Architekten oder **öffentlich-rechtliche Anforderungen** – beispielsweise *Schallschutz* – an das Bauvorhaben. Eine Überschreitung des bauherrenseitig beispielsweise im Zuge der Finanzierungsgespräche mit Banken angedachten Kostenlimits kommt praktisch häufig vor. 121

Hiervon zu trennen ist die Frage, inwieweit der Architekt hierfür einzustehen hat. Im Regelfall wird sich der Architekt in Anbetracht des unüberschaubaren Haftungsrisikos und des Wegfalls des Versicherungsschutzes davor hüten, eine **Garantie** abzugeben.[138] Ein **mangelhaftes Werk** kommt dann in Betracht, wenn Architekt und Bauherr das Kostenlimit als **Beschaffenheit**[139] des bestellten Werkes vereinbart haben oder der Architekt **schuldhaft** einen überhöhten Kostenaufwand betrieben hat.[140] 122

Verkennt der Architekt schuldhaft materielle Anforderungen des **öffentlichen Recht**s, wählt er das falsche Verwaltungsverfahren oder betreibt er durch Einholung teurer Gutachten einen überhöhten nicht erforderlichen Aufwand, kommt eine Haftung in Betracht. Ein Schaden entsteht in diesen wie auch in anderen Fällen aber nur dann, wenn die eingetretenen Mehrkosten durch die unzutreffenden Maßnahmen in Planung und 123

---

134 Vgl Wenzel: Baulasten in der Praxis Rn. 3: § 71 LBO BW;§ 73 BauOBln; § 85 BremLBO; § 79 HBauO (Hamburg); § 75 HBO (Hessen); § 83 LBauO M-V; § 92 NBauO; § 83 BauO NRW;§ 86 LBauO (RH); § 83 LBO (Saarl); § 83 SächsBO; § 87 BauO LA; § 89 LBO S-H; § 80 ThürBO.

135 Vgl. BGH Urt.v 10.7.2014 VII ZR 55/13 mwN.

136 Vgl. BGH Urt. v. 22.1.1998 VII ZR 259/96 ZfBR 1998, 133.

137 Also beispielsweise die Zulässigkeit von *Kniestock* oder *Dachgauben* usw.

138 BGH Beschl. v. 26.10.2000 VII/ZR 80/99 IBR 2001, 29 mit Anm. *Preussner.*

139 BGH Urt. v. 23.1.1997 VII/ZR 171/95 ZfBR 1997, 195.

140 BGH Urt. v. 24.6.1999 VII/ZR 196/98 ZfBR 2000, 28.

baulicher Realisierung nicht durch die Erhöhung des **Verkehrswerts** des Objekts kompensiert wurden. Die Rechtsprechung hat sich im Übrigen noch nicht umfassend zur Frage der Bausummenüberschreitung im Schnittpunkt zum Öffentlichen Recht geäußert.

7. Die vertragliche Haftung gegenüber Dritten

124 Eine vertragliche Haftung gegenüber Dritten kommt nur insoweit in Betracht, als der Vertrag zwischen Architekt und Bauherrn auch mit **Schutzwirkung für Dritte** abgeschlossen wurde. Zu unterscheiden sind der **echte** und **der unechte Vertrag zugunsten Dritter**. Anknüpfungspunkt für die Vertragsauslegung ist § 328 BGB:

125 **a) Echter Vertrag zugunsten Dritter.** Soweit von den Vertragsparteien gewünscht, können entsprechend den Vorschriften des allgemeinen Schuldrechts Dritte derart in den Vertrag eingebunden werden, dass diese **echte** und damit selbständig einklagbare **Forderungs**rechte erwerben, sog. **echter Vertrag** zugunsten Dritter. Praktisch ist dies in verschiedensten Varianten denkbar, beispielsweise die Vorfixierung auf einen Rohbauunternehmer[141] oder auch Ansprüche des Nachbarn im Zuge der baulichen Regulierung der Grenzverhältnisse.

126 **b) Vertrag mit Schutzwirkung zugunsten Dritter.** Soweit der jeweilige Anspruch und dessen rechtliche Durchsetzung nur dem Gläubiger zusteht, dennoch aber ein Dritter nach dem Willen der Vertragsbeteiligten derart in die vertraglichen Obhuts- und Sorgfaltspflichten eingebunden ist, dass er bei deren Verletzung **Schadenersatz** verlangen kann, spricht man vom Vertrag mit **Schutzwirkung zugunsten Dritter**.[142]

127 **c) Baunachbarliche Vereinbarung.** Beide Gestaltungsmöglichkeiten sind auch unter Einbeziehung öffentlich-rechtlicher Regelungszusammenhänge möglich und gängig. Kommt es beispielsweise zu einer *Abbruchmaßnahme nebst Neubauvorhaben in einem Altstadtquartier*, so macht es Sinn, im Rahmen einer vor der Durchführung der Maßnahme abzuschließenden **baunachbarlichen Vereinbarung** die Bauabwicklung der Erschließungsfragen zu regeln und auch andere Grundstückseigentümer in den Schutzbereich mit einzubeziehen. An einer solchen baunachbarlichen Vereinbarung wird der Architekt regelmäßig mitwirken. Als verantwortlicher Bauleiter hat er dann für die ordnungsgemäße Abwicklung einzustehen.

128 **d) Gutachtertätigkeit.** Einen Sonderfall der Haftung gegenüber Dritten bildet die Gutachtertätigkeit. Speziell in Fällen architektenseitiger **gutachterlicher** Tätigkeit hat der BGH eine Haftung bejaht, sofern das Gutachten für den Architekten erkennbar auch Dritten zugänglich sein kann. Dies dürfte wohl regelmäßig beispielsweise im Falle des Weiterverkaufs des Anwesens der Fall sein.[143]

III. Resümee

129 Die Haftung im Schnittpunkt zum **Öffentlichen Recht** hat also vor allem zwei Ansätze: Der Architekt schuldet den Werkerfolg in Form einer **dauerhaft genehmigungsfähigen Planung**; die Rechtsfolgen bei mangelhafter Leistung richten sich nach dem Gewährleistungsrecht des Werkvertrages (§§ 633 ff. BGB), gegebenenfalls in Verbindung mit den allgemeinen Vorschriften, wie beispielsweise bei Schadenersatzansprüchen (§§ 634

[141] Vgl. LG Bonn NJW 1970, 1083.

[142] Für viele *Palandt/Heinrichs* § 328 Rn. 13 ff.

[143] Vgl. Urt. v. 2.11.1983 IV a ZR 20/82 NJW 1984, 355–357 (*Grundstücksbewertung*), Urt. v. 10.11.1994 IV ZR 50/94 NJW 1995, 392–394.

Ziff. 4, 280, 281, 283, 311 a BGB). Verletzt der Architekt schuldhaft seine ihm gegenüber dem Bauherrn zukommende **Sachwalter**pflichten, haftet er je nach Vertragsentwicklung aus Verschulden bei Vertragsverhandlungen oder aus positiver Vertragsverletzung. Die Haftung für Bausummenüberschreitung und gegenüber Dritten tritt gegenüber den ersten beiden Haftungsansätzen in den Hintergrund.

C. Die gesetzliche Haftung

Gesetzliche Haftung ist vornehmlich Haftung gegenüber **Dritten**; Dritte sind diejenigen, die in keiner **vertrag**lichen Beziehung zum Architekten stehen. Gesetzliche Haftung ist damit zunächst **deliktische** Haftung (§§ 823 ff. BGB); es ist aber auch die gesetzliche Haftung gegenüber **Grundstücksnachbarn** (§§ 903 ff. BGB) sowie die Haftung nach **Öffentlichem Recht**. 130

Dritte sind streng genommen alle – außer dem Bauherrn und dem Architekten selbst –, die mit dem Bauvorhaben in Berührung kommen. Die Bauhandwerker und Fachplaner stehen regelmäßig in Vertragsbeziehung zum Bauherrn. Dritte treten im Laufe der Abwicklung eines Bauvorhabens laufend auf. Dritte sind beispielsweise Grundstücksnachbarn[144] oder erbetene und unerbetene Besucher[145] auf der Baustelle. Dritte sind auch spätere Mieter des Bauvorhabens, sofern sie durch Baumängel beeinträchtigt sind.[146] 131

1. Die deliktische Haftung

Im Vordergrund der gesetzlichen Haftung steht die deliktische Haftung gem. §§ 823 ff. BGB.

a) Verhältnis zur Gewährleistung. Diese unterscheidet sich im Ansatz von der Gewährleistung: 132

aa) Während die deliktische Haftung die **Integrität** des Geschädigten wiederherstellen will, schützt die Gewährleistung die **wirtschaftlichen Interessen** des Anspruchstellers in der Gewährleistungszeit. Das Verhältnis beider Rechtsgebiete ist im Grunde noch nicht hinreichend geklärt. Der BGH hat zwar den Bereich des Deliktsrechts differenziert ausgeleuchtet; die Entscheidungen betreffend das **Verhältnis** zu den Gewährleistungsvorschriften entstammen der Rechtsprechung mehrerer Senate und beleuchten vornehmlich die judizierten Einzelfälle. 133

Bis zur **Abnahme** gelten die allgemeinen Vorschriften und damit die regelmäßige Verjährungsfrist von drei Jahren (§ 195 BGB); danach bestehen unterschiedliche Verjährungsfristen für Gewährleistung (§ 634 a BGB) und der deliktischen Haftung (§ 195 BGB). Für die Beweis- und Darlegungslast bei vertraglicher und deliktischer Haftung gelten die allgemeinen Grundsätze mit der Folge einer jeweils unterschiedlichen Beweis- und Darlegungslast. 134

bb) In Bezug auf **öffentlich-rechtliche Vorschriften** ergeben sich im Grunde keine Besonderheiten. Soweit beispielsweise *bauliche Anlagen* sowie die dem Verkehr dienenden *nichtüberbauten Flächen von bebauten Grundstücken verkehrssicher* sein müssen,[147] ist auch im Rahmen der Gewährleistung für Verkehrssicherheit zu sorgen. Einzuhalten ist der jeweils aufgrund öffentlichen Rechts vorgegebene Standard. Nach Maßgabe der kommunalen Satzungen ist beim Anschluss von Wasser- und Abwasserversorgungsanlagen besondere 135

---

144 Vgl. BGH Urt. v. 8.12.1988 VII ZR 83/88 BauR 1989, 216 (218), *Siegburg* 4. A Rn. 841.
145 Vgl. BGH Urt. v. 11.12.1984 VI ZR 292/82 ZfBR 1985, 130.
146 Vgl. BGH Urt. v. 28.10.1986 VI ZR 254/85 NJW 1987, 1013.
147 Vgl. § 16 LBO BW.

Sorgfalt zu wahren;[148] Entsprechendes gilt für andere Medien wie Gas oder Telekommunikationsinfrastruktur.[149]

136 Wird dieser durch das öffentliche Recht vorgegebene Standard nicht erreicht, liegt zumeist zugleich ein Mangel des geschuldeten Werkes vor. Ein **Mangel** stellt aber noch keine **Eigentumsverletzung** des Bauherrn dar. Dies ist nur dann der Fall, wenn ein anderer mangelfreier Teil des Bauvorhabens in Mitleidenschaft gezogen[150] und damit nicht mehr bestimmungsgemäß brauchbar ist.[151] Diese Grenzlinie ist in Bezug auf **öffentlich-rechtliche** Vorschriften schwieriger zu ziehen, da beispielsweise mit Erteilung einer Baugenehmigung zugleich das Eigentum an dem Baugrundstück inhaltsbestimmt und damit ausgestaltet wird.

137 **b) Verkehrssicherungspflicht.** Voraussetzung für die Haftung gegenüber Dritten ist zunächst die **schuldhafte** Verletzung eines der in § 823 Abs. 1 BGB genannten **Schutzgüter**. Wer einen Verkehr eröffnet, muss auch die notwendigen Vorkehrungen Dritten gegenüber treffen.[152] Dies setzt wiederum das Bestehen einer gerade diesem **Dritten** gegenüber bestehenden **Verkehrssicherungspflicht** voraus. Solche Verkehrssicherungspflichten ergeben sich aus Verträgen oder aus Schutzgesetzen (§ 823 Abs. 2 BGB). **Verkehrssicherungspflichtig** sind der **Bauunternehmer**, der **Architekt** und der **Bauherr** und gegebenenfalls **Lieferanten**. Unter den Voraussetzungen des § 831 BGB haften die Beteiligten auch für **Dritte**:[153]

138 *aa)* Ist der **Architekt** nach Maßgabe der jeweiligen Landesbauordnung als **Bauleiter** bestellt, hat er die Bauausführung zu überwachen;[154] diese Verpflichtung übernimmt er regelmäßig auch im Rahmen seines Vertrages. Wenn nicht ohnehin ausdrücklich in den einzelnen Werkverträgen geregelt, ergibt jedenfalls die **Vertrag**sauslegung die Verkehrssicherungspflichtigkeit des **Bauunternehmers. Wurde** die **VOB/B** Vertragsbestandteil des Vertrages mit dem Bauunternehmer, hat er gem. § 4 Ziff. 2 Abs. 1 VOB/B die anerkannten Regeln der Technik und die **behördlichen Bestimmungen** zu beachten. Hinzu treten Verantwortlichkeiten nach Maßgabe der jeweiligen Landesbauordnungen.[155] Soweit der **Bauherr** einen **zuverlässig**en Architekten und zuverlässige Unternehmer wählt, tritt seine Verkehrssicherungspflicht in den Hintergrund,[156] es sei denn, er erkennt besondere Gefahren.[157]

139 *bb)* Aufgrund der Vielfältigkeit der Gefährdungspotentiale auf einer Baustelle sind zwischen den Baubeteiligten untereinander und **gegenüber Dritten**[158] Schutzvorkehrungen zu treffen. Der Umfang der Schutzmaßnahmen orientiert sich dabei an **gesetzlichem oder von den allgemein anerkannten Regeln der Technik, beispielsweise den DIN-Vorschriften, vorgegebenem Standards.** Verkehrssicherungspflichten ergeben sich zudem aus **Schutzgesetzen** im Sinne des § 823 Abs. 2 BGB[159] wie auch aus der BaustellV.[160]

---

[148] Vgl. BGH Urt. v. 9.11. 1982 VI ZR 205/80 ZfBR 1983, 124.

[149] Vgl. BGH Urt. v. 21.11.1995 VI ZR 31/95 ZfBR1996, 85.

[150] Vgl. BGH Urt. v. 30.5.1963 VII ZR 236/61 NJW 1963, 1827 oder v. 12.12. 1992 VII ZR 276/90 BauR 1992, 388.

[151] Vgl. BGH Urt. v. 7.11. 1985 VII ZR 270/83 ZfBR 1985, 252.

[152] Vgl. BGH NJW 1985, 1076.

[153] Vgl. BGH Urt. v. 21.6.1994 VI ZR 215/93 ZfBR 1994, 270.

[154] § 45 LBO BW.

[155] § 44 LBO BW.

[156] BGH Urt. v. 9.3.1982 VI ZR 220/80 BauR 1982, 299.

[157] BGH Urt. v. 9.12. 1980 VI ZR 121/79 BauR 1981, 302.

[158] Neuerlich zieht der BGH gewisse Parallelen zur Produkthaftung, vgl. BGH Urt. v. 13.2.1990 VI ZR 354/88 ZfBR 1990, 178 oder Urt. v. 28.4.1994 VII ZR 73/93 ZfBR 1994, 209.

[159] Vgl. *Palandt/Thomas* § 823 Rn. 145 ff.

[160] Verordnung über Sicherheit und Gesundheitsschutz auf Baustellen (Baustellenverordnung – **BaustellV**) v. 10.6.1998, BGBl. I, 1283.

cc) Wegen der hohen in Rede stehenden Schutzgüter wie Leben und Gesundheit ist der Verstoß gegen ordnungsgemäße Einhaltung der Verkehrssicherungspflichten nach allgemeinen[161] oder auch besonderen Vorschriften **bußgeld-** oder **strafbewehrt**.[162] **Zivilrecht**liches Schutzgesetz ist beispielsweise auch § 909 BGB, wonach ein Grundstück nicht in der Weise **vertieft** werden darf, dass der Boden des Nachbargrundstücks die erforderliche Stütze verliert, es sei denn, dass für eine genügende anderweitige Befestigung gesorgt ist. **Öffentlich-rechtlich**es Schutzgesetz ist beispielsweise die nach Maßgabe der Landesbauordnungen einzuhaltende **Verkehrssicherungspflicht**.[163] Verletzt der Architekt dies schuldhaft, kann er vom Eigentümer des Nachbargrundstückes in Anspruch genommen werden. 140

c) Grundstückshaftung. Besonders gesetzlich geregelt ist in §§ 836 bis 838 BGB die **Verkehrssicherungspflicht**[164] bei dem **Einsturz** eines **Gebäudes** oder eines anderen mit einem Grundstück fest verbundenen **Werks**[165] oder einem **Ablösen von Teilen** eines Gebäudes. Das Verschulden des Grundstücksbesitzers (§ 836 BGB), des Gebäudebesitzers (§ 837 BGB) und des Gebäudeunterhaltungsverpflichteten[166] (§ 838 BGB) werden **vermutet**. Mit umfasst ist auch die Verletzung **öffentlich-rechtlich** geregelter Verkehrssicherungspflichten.[167] Die Verkehrssicherungspflicht ist dann verletzt, wenn die fehlerhafte Errichtung oder mangelhafte Unterhaltung den Einsturz oder die Ablösung mit verursacht haben.[168] Gewöhnliche Witterungsereignisse schließen die Haftung nicht aus.[169] Zur ordnungsgemäßen Unterhaltung gehört die regelmäßige Prüfung der Gebäude durch zuverlässige Sachkundige, deren Häufigkeit sich nach den Umständen des Einzelfalles richtet.[170] Übernimmt nun ein Architekt die Gebäudeprüfung für den jeweiligen Verkehrssicherungspflichtigen, hat er sich bei der Überprüfung an die **öffentlich-rechtlich** vorgegebenen **Standards**, beispielsweise an Stand-[171] und Verkehrssicherheit[172] zu halten. 141

2. Die Haftung gegenüber Grundstücksnachbarn

Insoweit kann auf § 13 verwiesen werden. Diese Haftung ist nicht dadurch ausgeschlossen, dass Architekt und Bauherr gegebenenfalls gemeinsam haften. 142

3. Die Haftung nach öffentlich-rechtlichen Vorschriften

Das **Verwaltungsrecht** auferlegt den Baubeteiligten eine Vielzahl von **Verpflichtungen** aus dem Baurecht oder den jeweiligen **Fachgesetze**n, beispielsweise für *Wasserkraft-* oder dem *Immissions*schutzrecht unterfallende *Anlagen*. Regelmäßig einzuhalten sind die **bauordnungsrecht**lichen Vorschriften der 16 Bundesländer, die den **Bauherr**n, den **Bauunternehmer** aber auch den **Architekt**en als Planverfasser oder Bauleiter in Haftung nehmen. Die Landesbauordnung des Landes Baden-Württemberg soll diesbezüglich exemplarisch herangezogen werden. 143

---

161 Beispielsweise §§ 222 (Fahrlässige Tötung), 230 (Fahrlässige Körperverletzung), 323 (Baugefährdung), 305 (Zerstörung von Bauwerken) und 324 ff. (Umweltdelikte) StGB.

162 Beispielsweise die Bußgeldvorschriften der Landesbauordnungen oder § 7 BaustellV.

163 Vgl. § 16 LBO BW.

164 BGH NJW 1985, 1076.

165 Beispielsweise *Baugerüst* (BGH NJW 1999, 2593), *Brücke* (BGH NJW-RR 1988, 853), *Tribüne* (OLG Hamm NJW-RR 2002, 92), *Kanalisationsrohr* (BGH VersR 1983, 588).

166 Beispielsweise *Verwalter einer WEG* (BGH NJW 1993, 1782).

167 BGH NJW-RR 1990, 1500.

168 Vgl. BGHZ 58, 149.

169 BGH NJW 1999, 2593.

170 *Palandt/Thomas* § 836 Rn. 14 mwN.

171 Vgl. § 13 LBO BW.

172 Vgl. § 16 LBO BW.

144 Jedem der dort benannten Baubeteiligten wird die Einhaltung **öffentlich-rechtlicher Vorschriften** nach dem Wortlaut des Gesetzes ausdrücklich auferlegt; bei der Errichtung oder dem Abbruch einer baulichen Anlage sind der Bauherr und im Rahmen ihres Wirkungskreises die anderen am Bau Beteiligten (Bauunternehmer und Architekt) dafür **verantwortlich**, dass die öffentlich-rechtlichen Vorschriften und die aufgrund dieser Vorschriften erlassenen Anordnungen eingehalten werden (§ 41 LBO BW). Verantwortung bedeutet in diesem Zusammenhang, dass die am Bau Beteiligten von der **Baurechtsbehörde** mit einer **Verfügung** in Anspruch genommen werden können.[173]

Kommen Bauherr, Architekt oder Unternehmer ihren Verpflichtungen nicht nach, kann die Baurechtsbehörde ein **Bußgeldverfahren** (§ 75 LBO BW) einleiten.[174]Dies betrifft den Entwurfsverfasser, der entgegen § 43 Abs. 2 LBO BW den Bauherrn nicht veranlasst geeignete Fachplaner zu bestellen[175] ebenso wie den Unternehmer, der entgegen § 44 Abs. 1 LBO BW nicht für die ordnungsgemäße Einrichtung und den sicheren Betrieb der Baustelle sorgt oder die erforderlichen Nachweise nicht erbringt[176].

Zu den Verantwortlichkeiten der am Bau Beteiligten im Einzelnen:

145 **a) Bauherr.** Die Einstandspflicht des Bauherrn ist in der Landesbauordnung detailliert geregelt. Ihn trifft eine umfassende Haftung, die er durch Einschaltung von geeigneten Fachleuten erheblich reduzieren kann.[177] Nach dem Wortlaut der Vorschrift hat er zur **Vorbereitung, Überwachung** und **Ausführung** eines Bauvorhabens einen geeigneten **Entwurfverfasser**, geeignete **Unternehmer** und einen geeigneten **Bauleiter** zu bestellen. Genügen diese Personen besagten Anforderungen nicht, kann die Baurechtsbehörde vor und während der Bauausführung verlangen, dass sie durch geeignete Personen ersetzt werden oder dass geeignete Sachverständige beigezogen werden. Die Baurechtsbehörde kann die Bauarbeiten **einstellen**, bis geeignete Personen oder Sachverständige bestellt sind (§ 42 Abs. 4 BWLBO).

146 Dem Bauherrn obliegen die nach **öffentlich-rechtlichen Vorschriften** erforderlichen Anzeigen an die Baurechtsbehörde (§ 42 Abs. 1 LBO BW); der Bauherr hat den Baufreigabeschein spätestens bei Baubeginn an der Baustelle anzubringen[178]. Der Bauherr ist damit für die Einhaltung der Verkehrssicherungspflicht in erster Linie verantwortlich; er genügt dieser Anforderung, wenn er geeignete Architekten und Unternehmer beschäftigt. Soweit erforderlich hat er den Baufreigabeschein spätestens bei Baubeginn

147 **b) Unternehmer.** Der Unternehmer ist dafür verantwortlich, dass seine Arbeiten den **öffentlich-rechtlichen Vorschriften** entsprechend ausgeführt und insoweit auf die Arbeiten anderer Unternehmer abgestimmt werden; der Architekt hat den Unternehmer dabei zu überwachen. Führt er dies nicht sachgerecht aus, haftet er dem Bauherrn gegenüber.

148 *aa)* Der Unternehmer hat insoweit für die **ordnungsgemäße Einrichtung** und den **sicheren Betrieb** der **Baustelle**, insbesondere die Tauglichkeit und die Betriebssicherheit der Gerüste, Geräte und der anderen **Baustelleneinrichtung**en sowie die Einhaltung der **Arbeitsschutz**bestimmungen zu sorgen (§ 44 Abs. 1 BWLBO). Dies setzt voraus, dass die Einrichtungen betriebssicher und mit den notwendigen Schutzvorkehrungen versehen sind.

149 *bb)* Der Unternehmer hat auf Verlangen der Baurechtsbehörde für Bauarbeiten, bei denen die Sicherheit der baulichen Anlagen in außergewöhnlichem Maße von einer besonderen **Sachkenntnis** und Erfahrung oder von einer **Ausstattung** mit besonderen

[173] Vgl. bereits VGH BW Beschl. v. 11.8.1964 II 533/64.
[174] § 75 LBO BW.
[175] § 75 Abs. 1 Ziff. 5 LBO BW.
[176] § 75 Abs. 1 Ziff. 6 LBO BW.
[177] § 42 LBO BW.
[178] §§ 12 Abs. 2, 59 LBO BW.

Einrichtungen abhängt, nachzuweisen, dass er für diese Bauarbeiten geeignet ist und über die erforderlichen Einrichtungen verfügt (§ 44 Abs. 3 BWLBO). Zu denken ist beispielsweise an *Spannbeton-*, *Schweiß-* oder *schwierige Abbrucharbeiten*.

cc) Der Unternehmer hat die erforderlichen Nachweise über die Brauchbarkeit der **Bauprodukte**[179] und Bauarten zu erbringen und auf der Baustelle bereitzuhalten (§ 44 Abs. 1 BWLBO). Auch den Unternehmer treffen wie dargestellt umfassende öffentlich-rechtliche Verpflichtungen. 150

c) Architekt. Die Haftung des Architekten richtet sich nach dem Umfang seiner Beauftragung. Ist er mit der der Genehmigungsplanung beauftragt, fällt ihm öffentlich-rechtlich die Funktion des **Entwurfverfassers** zu (§ 43 LBO BW); ist er mit der Objektüberwachung betraut, wird er regelmäßig vom Bauherr auch als **Bauleiter** bestellt (§ 45 LBO BW). Im Übrigen hat er für eine ordnungsgemäß eingerichtete **Baustelle** (§ 12 LBO BW) zu sorgen. 151

aa) Der **Entwurfverfasser** ist dafür verantwortlich, dass sein **Entwurf** den **öffentlich-rechtlich**en Vorschriften entspricht. Zum Entwurf gehören die **Bauvorlagen** und die **Ausführungsplanung** (§ 43 Abs. 1 LBO BW). Hat der Entwurfsverfasser auf einzelnen Fachgebieten nicht die erforderliche Sachkunde und Erfahrung, so hat er den Bauherrn zu veranlassen geeignete **Fachplaner** zu bestellen, für deren Koordinierung er verantwortlich bleibt[180]. Hierzu wird eine Liste der Planverfasser geführt[181]. Die oberste Baurechtsbehörde kann Planverfassern das Verfassen von Bauvorlagen ganz oder teilweise **untersagen**, wenn wiederholt und unter grober Pflichtverletzung bei der Erstellung von Bauvorlagen bauplanungsrechtliche oder bauordnungsrechtliche Vorschriften nicht beachtet wurden (§ 43 Abs. 10 BWLBO). 152

bb) Der **Bauleiter** hat darüber zu wachen, dass die **Bauausführung** den **öffentlich-rechtlich**en Vorschriften und den Entwürfen des Entwurfsverfassers entspricht. Er hat im Rahmen dieser Aufgabe auf den sicheren **bautechnischen Betrieb** der Baustelle, insbesondere auf das gefahrlose Ineinandergreifen der Arbeiten der Unternehmer zu achten. Verstöße, denen nicht abgeholfen wird, hat er unverzüglich der Baurechtsbehörde mitzuteilen (§ 45 BWLBO). Planverfasser und Bauleiter können natürlich personenverschieden sein. Kommt der Bauleiter seiner ihm obliegenden Verkehrssicherungspflicht nicht nach, haben Dritte ihm gegenüber einen **Schadenersatzanspruch** gem. § 823 BGB. Das Verhältnis zum Bauherrn regelt der jeweilige Vertrag. 153

d) Baustelle. Das Herzstück der Bautätigkeit ist die Baustelle. Diese muss **verkehrssicher** sein, um bestmöglich Schäden von den Baubeteiligten oder Dritten abzuwehren. Neben einer Vielzahl technischer Standards wie beispielsweise DIN-Vorschriften ist sie auch verschiedentlich in öffentlich-rechtlichen Vorschriften angesprochen, deren zwei hier exemplarisch vorgestellt werden: 154

aa) Regelungen die Baustelle betreffend finden sich im **Bauordnungsrecht** der Länder.[182] Gem. § 12 Abs. 1 BWLBO sind Baustellen so einzurichten, dass die baulichen Anlagen ordnungsgemäß errichtet oder abgebrochen werden können und **Gefahren** oder vermeidbare erhebliche Beeinträchtigungen nicht entstehen. Gem. § 12 Abs. 4 BWLBO müssen Bäume, Hecken und sonstige zu erhaltende Bepflanzungen während der Bauausführung geschützt werden. Hierfür zeichnen der Bauleiter und der Bauunternehmer verantwortlich. 155

---

179 §§ 17 ff. LBO BW.

180 § 43 Abs. 2 LBO BW.

181 Gem. § 43 Abs. 6 LBO BW bei der Ingenieurkammer Baden-Württemberg.

182 § 12 LBO BW.

156 *bb)* Zum 1.7.1998 wurde die BaustellV[183] eingeführt, um wesentliche Verbesserungen von Sicherheit und Gesundheitsschutz auf Baustellen zu erreichen. Gem. § 3 Abs. 2 BaustellV wird ein Koordinator tätig, der vom Bauherrn bestellt wird (§ 4 BaustellV). Dies ändert aber nichts an der beschriebenen Haftung des Architekten als Planverfasser und als Bauleiter.

2. Abschnitt: Regelungsmaterien des materiellen Rechts

157 Nach Abhandlung der **Grundlagen** der Architekten**haftung** im Schnittpunkt zum Öffentlichen Recht stellt sich die Frage, wofür der Architekt einzustehen hat (A), mithin also, welche **Vorschriften** des Öffentlichen Rechts für den Architekten Haftungsrelevanz besitzen (B):

A. Überblick

158 Als *der* Sachwalter hat der Architekt den Bauherrn zur **Gestaltung** des Bauvorhabens zu beraten. Gestaltung bedeutet dabei gerade nicht (nur) Fassadengestaltung oder Raumprogramm. Hinzu treten Art und Maß der möglichen Grundstücksnutzung. Es geht dabei darum, die bauplanungs- und bauordnungsrechtlich vorgegebenen **Eckpunkte** der Tätigkeit des Architekten festzulegen und für den Bauherrn optimal zu gestalten. Innerhalb dieser Eckpunkte sind Architekt und Bauherr in der Ausübung des Baurechts frei und müssen dies auch sein.

159 **a) Der Architekt als Gestalter.** Der Architekt hat dem Bauherrn rechtlich zulässige Gestaltungsalternativen vorzugeben, damit sich dieser sachgerecht entscheiden kann. Ziel ist die dauerhaft **genehmigungsfähige Planung**. Dies determiniert die Tätigkeit des Architekten von Anfang an und umfasst damit insb. auch die Grundlagenermittlung.

160 *aa)* Den Rahmen für diese Gestaltung der Planung bildet die Normen**vielfalt** des öffentlichen (Bau-)rechts. Eine Baugenehmigung ist im Regelfall zu erteilen, wenn das Bauvorhaben im Einklang mit dem **Bauplanungs-** und **Bauordnungsrecht** steht und keine öffentlich-rechtlichen Vorschriften entgegenstehen. Zudem muss die **Erschließung** gesichert sein.

Die Baugenehmigung ergeht regelmäßig **unbeschadet privater Rechte Dritter**.[184] Der Architekt muss sich sehr wohl um die Umsetzbarkeit des Bauvorhabens im Verhältnis zu den Grundstücksnachbarn bemühen; gleichwohl sind nur nach öffentlichem Nachbarrecht schützenswerte Rechtspositionen Gegenstand des Genehmigungsverfahrens. Während der Errichtung sowie bei der Durchführung von Abbrucharbeiten müssen die **Standsicherheit** und die Tragfähigkeit des Baugrundes des Nachbargrundstücks gewährleistet sein[185]

161 *bb)* Die genaue Kenntnis der **möglichen** Grundstückausnutzung ist die Voraussetzung der Entscheidung des Bauherrn zum **gewünschten** Bauvorhaben. Nur über die spezialisierten Kenntnisse des Architekten kann der Bauherr seine ihm zustehende **Baufreiheit**[186] wirklich ausüben. Der Idealgedanke der *„Baufreiheit"* versieht sich gegenwärtig

---

[183] Verordnung über Sicherheit und Gesundheitsschutz auf Baustellen (Baustellenverordnung – BaustellV) v. 10.6.1998 BGBl. I 1283 gem. § 19 ArbSchG in Umsetzung der EU-Richtlinie 92/57/EWG und 89/391/EWG.

[184] Vgl. § 58 Abs. 3 LBO BW.

[185] Vgl. § 13 Abs. 1 LBO BW.

[186] Vgl. PrOVG v. 14.6.1982 betreffend einer Verordnung des Berliner Polizeipräsidenten zur Bauregulierung in der Umbebung des Kreuzberges in Berlin, PrOVGE 9, 353.

zumeist als Baufreiheit nach Maßgabe der Planung[187] und weiterer öffentlich-rechtlicher Vorschriften. Es handelt sich hierbei sämtlich um **wertbildende Faktoren** des Grundstücks. Eine Falschberatung über solche Faktoren ist haftungsrelevant. Der mit der Grundlagenermittlung beauftragte Architekt hat den Bauherrn hinsichtlich der Genehmigungsfähigkeit des Bauvorhabens vollständig und richtig zu beraten[188].

b) Der Architekt als Berater. Oft wird der Architekt bereits vor **Erwerb** des Grundstücks beratend mit hinzugezogen; eine Kaufentscheidung – für und gegen das angesprochene Baugrundstück – birgt immer die haftungsrelevante Frage der **Falschberatung** in sich. Damit beschränkt sich die Haftung nicht auf eine dauerhaft genehmigungsfähige Planung des Bauvorhabens; der **Pflichtenkreis** des Architekten ist erheblich weiter. Es mag auf den ersten Blick befremden, dass den Architekten gerade am Schnittpunkt zwischen Akquisitionsphase und Beauftragung ein hohes Haftungsrisiko trifft. **162**

aa) Es handelt sich dabei aber um ein typisches **Beraterrisiko**, über das sich der jeweilige Berater – gerade auch der Architekt in Grundstücksangelegenheiten – gewahr sein muss. Die Eingehung des Haftungsrisikos liegt in der Hand des Architekten; **Sachwaltung** ist eben gerade auch **Beratung**. Hätte der Bauherr selbst die notwendigen Kenntnisse, bedürfte es auch des Sachwalters nicht. Wendet sich der Bauherr aber an den Architekten als Sachwalter, kann er aber auch darauf **vertrauen**, dass der Architekt hinreichend zur Sachwaltung **befähigt** ist. **163**

c) Rechtsberatung. Darin ist auch keine unzulässige **Rechtsberatung** zu sehen, da dem Architekt zugebilligt wird, den Bauherrn über die einschlägigen Vorschriften zu unterrichten[189] und diese Unterrichtung in unmittelbarem Zusammenhang mit seiner Tätigkeit steht (Art. 1 § 5 Ziff. 1 RBeratG). Anders als im Bereich der vertraglichen[190] Beratung[191] ist das Entstehen lassen eines Bauwerks ohne Berücksichtigung der öffentlich-rechtlichen Vorschriften schlicht nicht möglich.[192] **164**

B. Rechtsquellen

Der Architekt schuldet dem Bauherrn eine dauerhaft **genehmigungsfähige** Planung.[193] Die **Baugenehmigung** ist zu erteilen, wenn dem Vorhaben keine von der Baurechtsbehörde zu prüfenden **öffentlich-rechtlichen Vorschriften** entgegenstehen.[194] **165**

Der Bauherr hat einen durch Art. 14 Abs. 1 GG **verfassungsrechtlich** abgesicherten **Genehmigungsanspruch**, der im Rahmen des landesspezifischen Bauordnungsrechts in der Regel als **präventives Verbot** mit **Erlaubnisvorbehalt** ausgestaltet ist. Die **Baugenehmigung** ist dabei lediglich der **Regel**fall; Bundes- und landesrechtliche Vorschriften kennen vorhabensabhängig differente Genehmigungs-, Zustimmungs- und Anzeigeverfahren sowie spezialgesetzlich vorgeschriebene **Verfahren.**

---

187 *Hoppe/Grotefels* „Öffentliches Baurecht" 1995 § 1 Rn. 16.
188 BGH Urt. 10.7.2014 VII ZR 55/13.
189 BGH BauR 1973, 120; 1976, 367 mwN, 1978, 60.
190 Vgl. BGH Urt. v. 2.12.1982 VII ZR 330/81 BauR 1983, 168 bzw. v. 5.11.1981 VII ZR 365/80 BauR 1982, 185 ff.
191 *Steeger* „Ist der Architekt seinem Auftraggeber zur Vorbereitung von Bauverträgen verpflichtet?" BauR 2001, 554.
192 *Kniffka* ZfBR 1994, 254; *Altenhoff/Busch/Chemnitz* „Rechtsberatungsgesetz" 10. AUFL. Art. 1 § 5 13.
193 Vgl. BGH Urt. v. 19.2.1998 VII ZR 236/96 und 25.3.1999 VII ZR.
194 § 59 Abs. 1 1. HS LBO BW.

166 Das öffentliche Baurecht zeichnet sich wie kaum ein anderes Rechtsgebiet durch viele Rechtsquellen und eine damit verbundene **Normenvielfalt** aus.[195] Gerade diese Vielfalt ist zugleich **Chance** und Haftungs**risiko** für den Architekten zugleich. Der **kundige Umgang** des Architekten mit diesen Vorschriften kann dem Bauherrn erhebliche Vorteile im Hinblick auf Baukosten und Bauzeit bringen. Als Sachwalter des Bauherrn ist er zu einem solchen Umgang vertraglich verpflichtet. Dies bringt – wie in vielen anderen Berufsgruppen auch – auch die Notwendigkeit laufender **Fortbildung** mit sich.

Die Beschreibung des Haftungsrisikos im Umgang mit der Normenvielfalt des öffentlichen Rechts vereinfacht sich durch eine **system**atisierte Betrachtung der in Rede stehenden Normen:

I. Systematisierung der Rechtsquellen

167 Die Systematisierung von Rechtsquellen – gerade des öffentlichen Rechts – ist in der Literatur viel behandelt.[196] In vorliegendem Zusammenhang steht die Generierung eines **Rasters** zur Ermittlung haftungsrelevanter Normen im Vordergrund.

1. Haftungsrelevanz

168 Die Aufgabe des Architekten besteht darin, den Bauherrenwunsch vor dem Hintergrund **öffentlich-rechtlicher Vorschriften** zu konkretisieren und in einer dauerhaft **genehmigungs**fähigen Planung zu gestalten.

169 **a) Materielles Recht.** Haftungsrelevanz besitzen die öffentlich-rechtlichen Normen, die für die Beurteilung einer dauerhaften Genehmigungsfähigkeit einer Planung herangezogen werden müssen.

170 *aa)* Dies sind einerseits die Vorschriften über **Art** und **Maß** der **baulichen Nutzung** und andererseits solche Normen, die einen **Standard** wie beispielsweise zulässige *Immissionen* für eine *Sport-*[197] oder eine *Freizeitanlage*[198] vorgeben. Wird dieser Standard in der Planung und Ausführung missachtet und kann er schlimmstenfalls auch später bautechnisch nicht mehr korrigiert werden, hat der Architekt dafür einzustehen, es sei denn, er hat seinen Bauherrn über die **Risiken rechtzeitig** und **umfassend aufgeklärt**.

171 *bb)* Haftungsrelevant sind auch solche Vorschriften, die **Wahl-** und **Ausgestaltungs**möglichkeiten zulassen. Dies betrifft das materielle Recht und das Verfahrensrecht. Hierbei anzusprechen ist die nach Maßgabe der Landesbauordnungen zum Teil mögliche Wahl zwischen dem Baugenehmigungsverfahren und vereinfachten Verfahren.

Die Auswahl kann aber auch verschiedene Rechtsgebiete betreffen. Will der Bauherr eine *Anlage zum Halten oder zur Aufzucht von Geflügel* errichten, kann dies im baurechtlichen oder im **immissionsschutzrechtlichen Verfahren** je nach Größe der Anlage erfolgen.[199] Dies bedeutet unterschiedlich einzuhaltende Umweltstandards, unterschiedliche verfahrensbegleitende Fachbeiträge und eine unterschiedliche Verfahrensdauer. Klärt der Architekt seinen Bauherrn – auch aus eigener Unkenntnis heraus – nicht rechtzeitig und umfassend auf, hat er dem Bauherrn gegenüber für einen daraus entstehenden Schaden einzustehen.

---

[195] Eine Begriffsbestimmung soll an dieser Stelle nicht erfolgen; vgl. aber *Ossenbühl* in *Erichsen-Martens* Allgemeines Verwaltungsrecht 7. AUFL. 1986 § 6 I mwN.

[196] Vgl. z. B. *E. W. Böckenförde* „Gesetz und gesetzgebende Gewalt" 2. Auflage 1981.

[197] Vgl. z. B. die 18. BImSchVO (Sportanlagenlärmschutzverordnung BGBl. I 1991, 1588).

[198] Vgl. z. B. LAI-Freizeitlärm-Richtlinie des Länderausschusses für Immissionsschutz, NVwZ 1997, 469.

[199] Vgl. Nr. 7.1. der 4. BImschV; weiter aufgegliedert ist das Verfahren gem. § 10 BImschG und das vereinfachte Verfahren gem. § 19 BImschG.

b) Rechtsbehelfe des Nachbarn. Neben der **Ablehnung** im Genehmigungsverfahren steht oft die **Aufhebung** der Genehmigung im Rechtsbehelfsverfahren drohend im Raum; hinzu treten (auch zivilrechtlich) **Nachbarklagen** mit dem Ziel einer Nutzungsuntersagung oder Nutzungsbeschränkung der Art und des Maßes der Nutzung der baulichen Anlage. Erfolg versprechend sind Nachbarklagen vornehmlich dann, wenn der Nachbar ein – subjektiv öffentliches oder zivilrechtliches – Abwehrrecht in Händen hält. Der Architekt muss als Sachwalter des Bauherrn die Relevanz einer tatsächlichen oder noch möglichen Nachbarposition würdigen und den Bauherrn hierüber in Kenntnis setzen. Dies betrifft nicht nur die Erfolgsaussicht eines Nachbarrechtsbehelfs, sondern auch das sich daraus ergebende Risiko zeitlicher Verzögerung. 172

2. Herkunft und Art der Rechtsquelle

Zur Kategorisierung der Rechtsquellen bietet sich eine Systematisierung nach **Herkunft** und **Art** der **Rechtsquelle** an: 173

a) Herkunft. Nach der **Herkunft** des Rechts und der Qualität des Normgebers unterscheidet man gemeinhin zwischen **Gemeinschaftsrecht** und **innerstaatlichem Recht**. Aufgrund der Staatsqualität der 16 Bundesländer ist weiter zu differenzieren zwischen **Bundes-** und **Landesrecht**. Von ganz erheblicher Bedeutung ist die **Satzungsautonomie** der Gemeinden im Rahmen der ihnen verfassungsrechtlich garantierten kommunalen Selbstverwaltung (Art. 28 Abs. 2 GG). 174

b) Art. Bezüglich der **Art** unterscheidet man insbesondere zwischen **Richtlinien, Gesetzen, Rechtsverordnungen, Satzungen** und **Verwaltungsvorschriften**. Materiellrechtlich stehen dabei die Vorschriften des öffentlichen **Baurecht**s und des **Umweltrecht**s im Vordergrund. 175

II. Einzelne Rechtsquellen

1. EU-Recht

Laufend zunehmende Bedeutung gewinnt das **Gemeinschaftsrecht** der EU. Man unterscheidet dabei das **primäre** Gemeinschaftsrecht, insb. die EU-Vertragsnormen und das **sekundäre** Gemeinschaftsrecht. Dies sind die in den Mitgliedsstaaten unmittelbar geltenden **Verordnungen** und **Richtlinien**. Letztere werden von den Mitgliedsstaaten in nationales Recht umgesetzt.[200] Die EU zeichnet sich durch eine erhebliche Rechtssetzungsaktivität aus; hinzu kommt die zunehmende Tendenz des EuGH, nicht rechtzeitig in nationales Recht umgesetzte Richtlinien **unmittelbar** anzuwenden, soweit sie nur hinreichend konkretisiert sind. 176

Da der Planer eine **dauerhaft genehmigungsfähige Planung** schuldet, wird er bereits in der Planungs- und Genehmigungsphase, beispielsweise eines *Stallgebäudes*, abklären, inwieweit gemeinschaftsrechtliche Vorschriften Relevanz besitzen. Hierbei stehen beispielsweise Rahmenbedingungen bei der Tierhaltung, selbst wenn sie noch nicht in nationales Recht umgesetzt wurden, ebenso im Raum wie Kriterien der **Förderfähigkeit** des Vorhabens in der Planung, bei der Errichtung und beim Betrieb des Vorhabens. 177

---

[200] So beispielsweise die zitierte BaustellV oder das Gesetz über das Inverkehrbringen von und den freien Warenverkehr mit Bauprodukten zur Umsetzung der Richtlinie 89/106/EWG des Rates v. 21.12.1988 zur Angleichung der Rechts- und Verwaltungsvorschriften der Mitgliedsstaaten über Bauprodukte (Bauprokuktengesetz – BauPG) v. 10.8.1992 idF v. 15.12.2001 BGBl. I, 3762.

2. Bundesrecht

178 Bundesrechtliche Vorschriften sowie deren Auslegung durch die Rechtsprechung besitzen für die praktische Tätigkeit des Architekten eine außerordentlich hohe Relevanz. Dies betrifft zuvorderst die Vorschriften des **Bau-** und **Umweltrechts**.

179 **a) Baurecht.** Von zentralem Interesse ist natürlich das öffentliche **Baurecht.**[201] Darunter wird die Gesamtheit der Rechtsvorschriften verstanden, die die Zulässigkeit und die Grenzen, die Ordnung und die Förderung der baulichen Nutzung des Bodens, insbesondere durch **Errichtung**, bestimmungsgemäße **Nutzung**, wesentliche **Veränderung** und **Beseitigung baulicher Anlagen** betreffen. Darüber hinaus gibt es eine Vielzahl von Gesetzen, die architektenseits zu beachtende Vorschriften enthalten.[202]

180 Die Gesetzgebungskompetenz für das Baurecht ist zwischen **Bund** und **Ländern** aufgeteilt. Das Bundesverfassungsgericht hat bereits in seinem bekannten Rechtsgutachten[203] vor Erlass des BBauG 1960 die **Kompetenzverteilung** zwischen Bund und Ländern präzisiert. Ausgehend von Art. 74 Ziff. 18 GG i. V. m. Art. 74 Nr. 14 und Art. 75 Nr. 3 und 4 haben Bund und Länder in den vergangenen über 4 Jahrzehnten ausführlich von der jeweiligen Gesetzgebungskompetenz Gebrauch gemacht. Zentrale Rechtsquelle des **Bundesrechts** für den Architekten ist das **BauGB**:

181 *aa)* Das BauGB regelt die zentralen Fragen der **bauplanungsrechtlichen Zulässigkeit** von **Bauvorhaben** (§§ 29 bis 37 BauGB). Das BauGB unterscheidet die Zulässigkeit von **Vorhaben** im Geltungsbereich eines **Bebauungsplanes** (§ 30 BauGB), innerhalb der im **Zusammenhang bebauten Ortsteile** (§ 34 BauGB) und im **Außenbereich** (§ 35 BauGB).

Zur Errichtung eines im Grunde baugleichen *Wohngebäudes* müssen dabei unterschiedliche Voraussetzungen erfüllt werden. Liegt das Baugrundstück im Geltungsbereich eines qualifizierten Bebauungsplanes (§ 30 Abs. 1 BauGB), ist dieser maßgeblich; fehlt es daran, stellt sich die Frage, ob sich das Wohngebäude nach Art und Maß der baulichen Nutzung in die Umgebung einfügt (§ 34 Abs. 1 BauGB). Im Außenbereich kann die Errichtung im räumlich-funktionalen Zusammenhang mit der Hofstelle eines land- oder forstwirtschaftlichen Betriebes in Betracht kommen (§ 35 Abs. 4 BauGB).

182 *bb)* Das BauGB bildet für die Gemeinden die **Ermächtigungsgrundlage** für den Erlass von kommunalem **Satzungsrecht.**[204]

183 In ihrer Bedeutung an erster Stelle stehen dabei die **Bauleitpläne** und hierbei wiederum die **Bebauungspläne**. §§ 1 ff. BauGB regeln das **Verfahren** für die Aufstellung von Bebauungsplänen, § 33 BauGB die Zulässigkeit von Vorhaben während dieser Planauf-

---

[201] Vgl. die Übersicht bis hin zur Innenentwicklungsnovelle 2013 in *Battis/Krautzberger/Löhr/Battis* BauGB Einl. Rn. 3 ff.

[202] *Battis* aaO Rn. 5 benennt exemplarisch als Regelungen für das Bauen, die z. T. für alle Bauvorhaben, zT für Bauvorhaben in besonderer örtlicher Lage oder teilweise nur für Sonderbauten gelten: Natur- und Bodenschutz, Recht der Umweltverträglichkeitsprüfung und der Umweltprüfung, Immissionsschutzrecht, Zivilschutzrecht, Gewerbe- und Arbeitsstättenrecht, Wasserhaushaltsrecht, Bundesfernstraßenrecht, Fluglärmschutzrecht, Luftverkehrsrecht, Flurbereinigungsrecht, Gaststättenrecht, Heimarbeitsrecht, Atomrecht, Wasserstraßenrecht, Waldrecht, Personenbeförderungsrecht, Abfallrecht, Lebensmittelrecht, Arzneimittelrecht, Gesundheitsrecht, Tierschutzrecht, Energie(einsparungs)recht und Steuerrecht.

[203] BVerfG 3, 407 (424).

[204] Neben dem Bebauungsplan (§ 10 BauGB) zu nennen sind insbesondere Satzungen betreffend folgender Bereiche: Veränderungssperre (§§ 14, 17 BauGB); Vorkaufsrecht (§ 25 BauGB); Klarstellungssatzung (§ 34 Abs. 4 Nr. 1 BauGB); Entwicklungssatzung (§ 34 Abs. 4 Nr. 2 BauGB); die Ergänzungssatzung (§ 34 Abs. 4 Nr. 3 BauGB); Sanierungssatzung (§ 142 BauGB) Entwicklungsbereichssatzung (§ 165 Abs. 6 BauGB); Erhaltungssatzung (§ 172 BauGB); Fremdenverkehrssatzung (§ 22 Abs. 1 BauGB) oder die Vergnügungsstättensatzung.

stellung, also vor In-Kraft-Treten des Bebauungsplanes (§ 10 BauGB) und § 9 BauGB was von einer Gemeinde in einem Bebauungsplan **festgesetzt** werden kann. Die Vorschriften geben dem Architekten Auskunft darüber, ab wann und in welcher Form beispielsweise ein Antrag auf Erteilung eines Bauvorbescheides[205] für ein *Wohngebäude* aus bauplanungsrechtlichen Gründen genehmigungsfähig ist. Zunehmende Bedeutung gewinnt auch der **Flächennutzungsplan**[206] und landesrechtliche Vorgaben zur **Raumordnung**[207] was Anlagen im Außenbereich (beispielsweise *Windkraftanlagen* oder *Ställe*) angeht.

cc) Das BauGB ermächtigt den **Bund** gem. § 2 Abs. 5 BauGB zum Erlass von Verordnungen, die den 1. und 3. Abschnitt des BauGB ergänzen.[208] Der Bund hat hiervon durch Erlass der **Baunutzungsverordnung** (BauNVO) und der **Planzeichenverordnung** (PlanzV) Gebrauch gemacht.[209] Seit In-Kraft-Treten der ersten BauNVO zum 1.8.1962 wurden vier wesentliche Änderungen vorgenommen, die bisherigen Fassungen aber nicht aufgehoben.[210] Diese älteren Fassungen **gelten** für die in ihrem Geltungszeitraum aufgestellten oder geänderten Bauleitpläne unverändert **fort**.[211] Plant der Architekt ein u2› Einzelhandelsbetrieb, kommt es beispielsweise für die Zulässigkeit gem. § 11 Abs. 3 BauNVO darauf an, ob die Regelvermutung für wesentliche **Auswirkungen** auf die **städtebauliche Entwicklung** greift oder nicht. Liegt ein Bebauungsplan des Jahres 1984 zugrunde, liegt die Grenze bei 1500 qm Geschossfläche (3. ÄndV O), bei einem aktuellen Bebauungsplan dagegen bei nur 1200 qm Geschossfläche (BauNVO 1990). 184

Die BauNVO gibt außerdem die Möglichkeit von **Gliederungen** der vorbenannten Gebiete. In Betracht kommen Gebietsuntergliederungen beispielsweise durch die Festsetzung von *flächenbezogenen Schallleistungspegeln* in Gewerbegebieten,[212] solche durch Festsetzungen von Nutzungsarten[213] oder auch sog. vertikale Gliederungen, also solche innerhalb eines Gebäudes.[214] 185

Die BauNVO enthält die maßgeblichen Rechtsbegriffe für die Bestimmung von **Art** (§§ 1 bis 15) und **Maß** (§§ 16 bis 21 a) der **baulichen Nutzung.** Die Kenntnis der BauNVO ist für die Tätigkeit des Architekten unabdingbar wichtig; zusammen mit § 9 BauGB und der PlanzV bildet sie den Verständniscode für Bebauungspläne. Im ersten Abschnitt finden sich die Zulässigkeitskataloge der einzelnen **Gebietstypen** und damit die Definition der zulässigen **Art** der baulichen Nutzung.[215] 186

Gem. § 16 Abs. 2 BauNVO kann in einem Bebauungsplan das **Maß** der baulichen Nutzung über die **Grund-** oder **Geschossflächenzahl**, die Zahl der **Vollgeschosse** oder die

---

205 § 57 LBO BW.

206 §§ 5 bis 7 BauGB.

207 Vgl. § 1 Abs. 4 BauGB.

208 Aufgrund § 199 Abs. 1 BauGB hat der Bund außerdem die Verordnung für die Ermittlung der Verkehrswerte von Grundstücken (Wertermittlungsverordnung – WertV), BGBl. I 1988, 2209, erlassen.

209 Verordnung über die Ausarbeitung der Bauleitpläne und die Darstellung des Planinhalts (Planzeichenverordnung 1990 – PlanzV 90) v. 18.12.1990, BGBl. I 1991, 58; 22.7.2011 (BGBl. I S. 1509).

210 BauNVO 1962 in Kraft seit 1.8.1962 BGBl. I, 429; BauNVO 1968 in Kraft seit 1.1.1969, BGBl. I, 1233; BauNVO 1977 in Kraft seit 1.10.1977, BGBl. I, 1757; 3. ÄndVO 1986 in Kraft seit 1.1.1987, BGBl. I, 2665 und die BauNVO 1990 in Kraft seit 27.1.1990, BGBl. I, 127; letzte Änderung Artikel 2 vom 1.6.2013 (BGBl. I S. 1548).

211 Vgl. die Einführung bei *Fickert/Fieseler.*

212 Gem. § 1 Abs. 4 BauNVO.

213 Gem. § 1 Abs. 5 BauNVO.

214 Gem. § 1 Abs. 7 BauNVO.

215 §§ 2 bis 9 jeweils Abs. 2 und 3 BauNVO; Kleinsiedlungsgebiete (§ 2); Reine Wohngebiete (§ 3); Allgemeine Wohngebiete (§ 4); Besondere Wohngebiete (§ 4 a); Dorfgebiete (§ 5); Mischgebiete (§ 6); Kerngebiete (§ 7); Gewerbegebiete (§ 8) und Industriegebiete (§ 9) und Sondergebiete (§§ 10, 11).

Höhe baulicher Anlagen festgesetzt werden. Im zweiten Abschnitt ist unter anderem die Ermittlung dieser Größen[216] und im dritten Abschnitt die **Bauweise** und die **überbaubare Grundstücksfläche** geregelt. Plant der Architekt beispielsweise eine *Tiefgarage*, so kann ihm das Tiefgaragenprivileg des § 21 a BauNVO bei der Generierung einer erhöhten Grundstücksausnützung von entscheidender Bedeutung sein.

187 *dd)* Unter anderem mit § 11 (Städtebaulicher Vertrag), § 12 (Vorhaben- und Erschließungsplan) oder § 124 (Erschließungsvertrag) BauGB regelt das BauGB auch die **Zusammenarbeit** mit **Privaten**. Der in diesem Sachzusammenhang anwendbare öffentlich-rechtliche Vertrag (§§ 54 ff. BVwVfG) bietet für den Architekten in Planung und Bauabwicklung ganz erhebliche Gestaltungsmöglichkeiten. So stellt sich beispielsweise die Frage, inwieweit der Bauherr in einer städtebaulichen Vereinbarung auf öffentlich-rechtliche Standards wie beispielsweise die Einhaltung von Immissionswerten für eine Bebauung am Rande eines Truppenübungsplatzes verzichten kann und erst unter diesen Voraussetzungen eine Genehmigungserteilung in Betracht kommt [217]

188 **b) Immissionsschutzrecht.** Immissionen spielen im Zusammenhang mit Bauvorhaben eine erhebliche Rolle. Dies betrifft sowohl die Frage der **Genehmigungsfähigkeit** von Vorhaben wie auch den **Bau** und den **Betrieb**. Unrechtmäßige Immissionen verleihen dem Nachbarn regelmäßig ein subjektiv-öffentliches Recht im **Genehmigungsverfahren**; hinzu treten die Möglichkeiten einer vor den Zivilgerichten geführten **Unterlassungsklage**. Das Genehmigungsverfahren für bestimmte Bauvorhaben ist zudem im BImSchG und den hierzu ergangenen Verordnungen und Verwaltungsvorschriften und nicht im BauGB geregelt:

189 *aa)* **Immissionen** im Sinne des BImschG sind gem. § 3 Abs. 1 BImSchG auf Menschen, Tiere und Pflanzen, den Boden, das Wasser, die Atmosphäre sowie Kultur- und sonstige Sachgüter einwirkende Luftverunreinigungen, Geräusche, Erschütterungen, Licht, Wärme, Strahlen und ähnliche Umwelteinwirkungen. **Schädliche Umwelteinwirkungen** sind Immissionen, die nach Art, Ausmaß oder Dauer geeignet sind Gefahren, erhebliche Nachteile oder erhebliche Belästigungen für die Allgemeinheit oder die Nachbarschaft herbeizuführen (§ 3 Abs. 1 BImSchG).

190 *bb)* Für die Frage der Genehmigungsfähigkeit knüpft das BImSchG am Begriff der **Anlage** (§ 3 Abs. 5 BImSchG) an und unterscheidet **genehmigungsbedürftige** (§§ 4 bis 21 BImSchG) und **nicht genehmigungsbedürftige Anlagen** (§§ 22 bis 25 BImSchG). Für genehmigungsbedürftige Anlagen kennt das BImschG je nach Anlagengröße[218] einerseits das **Genehmigungsverfahren** nach § 10 BImschG mit Öffentlichkeitsbeteiligung oder Präklusion von Nachbareinwendungen[219] und andererseits das **vereinfachte Verfahren** gem. § 19 BImschG.[220]

191 **cc)** Für spezielle Anlagen-[221] oder Immissionstypen[222] hält das BImschG eine Vielzahl von Vorschriften mit **umweltrechtlichen Standards** bereit, die architektenseits bei der

---

[216] Höhe baulicher Anlagen (§ 18); Grundflächenzahl, zulässige Grundfläche (§ 19); Vollgeschosse, Geschossflächenzahl, Geschossfläche (§ 20); Baumassenzahl, Baumasse (§ 21); Stellplätze und Gemeinschaftsanlagen (§ 21 a).

[217] Vgl. *Spannowsky/Porger* Die Auswirkungen von Truppenübungsplätzen auf die städtebauliche Planung und die planungsrechtliche Zulässigkeit von Vorhaben dargestellt am Beispiel des Landes Brandenburg, Schriften zur Raumordnung und Landesplanung, Band 9, Augsburg-Kaiserlautern 2002.

[218] Die Zuordnung der Verfahren erfolgt gem. § 2 der Verordnung über genehmigungsbedürftige Anlagen – 4. BImschV.

[219] Gem. § 10 Abs. 3 3. BImschG.

[220] Verordnung über Genehmigungsverfahren – 9. BImschV.

[221] Beispielsweise Verordnung über kleinere und mittlere Feuerungsanlagen – 1. BImschV; Verordnung über Auswurfbegrenzung von Holzstaub – 7. BImschV; Verordnung über Großfeuerungs-,

Beratung des Bauherrn und der Durchführung eines Genehmigungsverfahrens beachtet werden müssen. Hierzu zählen auch allgemeine Verwaltungsvorschriften wie die TA-Lärm[223] und die TA-Luft[224] sowie EU-Vorschriften.[225]

dd) Von zunehmender Bedeutung ist der **Verkehrslärmschutz.** Die diesbezüglichen Standards gibt die auf der Grundlage von § 43 Abs. 1 Nr. 1 BImschG erlassene **Verkehrslärmschutzverordnung** (16. BImschV). Die Verordnung gilt für den Neubau oder die wesentliche Änderung von öffentlichen Straßen- und Schienenwegen. Im Regelfall hat der Maßnahmenträger die Kosten der Lärmschutzmaßnahme, also z. B. einer *Schallschutzwand* zu tragen. Im Zusammenhang mit der Abrechnung von Erschließungsanlagen können aber sehr wohl gem. § 127 Abs. 2 Ziff. 5 BauGB **Beiträge** erhoben werden. 192

Will der Bauherr eine *Sportanlage* errichten oder plant er die Verwirklichung eines Vorhabens in der Nähe einer Sportanlage, ist die **SportanlagenlärmschutzVO** mit einem Kodex von außerhalb von Gebäuden gültigen Immissionsrichtwerten zu beachten. Mit behandelt ist dabei beispielsweise auch der im Zusammenhang mit dem **Zu- und Abfahrtsverkehr** entstehende Lärm.

c) Naturschutzrecht. Das Naturschutzrecht ist in der **Bauleit-** und **Fachplanung** von den Gemeinden und Genehmigungsbehörden zu berücksichtigen; damit spielt es für die Praxis des Architekten mittelbar eine Rolle: 193

aa) In enger Anlehnung an **Art. 20 a GG** bestimmt § 1 BNatschG Natur und Landschaft auch in Verantwortung für zukünftige Generationen zu schützen, zu pflegen, zu entwickeln und soweit erforderlich wiederherzustellen. Das BNatschG ist mit Wirkung zum 1.3.2010 neu erlassen worden[226]. 194

bb) Im **Bebauungsplanverfahren** sind umweltschützende Belange in der Abwägung (§ 1 Abs. 7 BauGB) zu berücksichtigen (§ 1 a Abs. 3 BauGB); hierdurch wird die Eingriffsregelung nach §§ 13 bis 19 BNatschG in das Bauplanungsrecht umgesetzt. Im BauGB ist damit ein umfassender Begriff des Ausgleichs geschaffen worden, der die Ersatzmaßnahmen (vgl. auch § 200 a BauGB) mit einschießt[227]. Die auf dieser Grundlage getroffenen Festsetzungen sind bei der Planung zu berücksichtigen[228]; ohne deren Berücksichtigung ist das Vorhaben **nicht genehmigungsfähig**. Von besonderer Bedeutung ist der **Artenschutz** (§§ 44, 45 BNatschG). 195

Kommt der Bauherr beispielsweise einer im Bebauungsplan getroffenen Festsetzung zur Anpflanzung von Bäumen und Sträuchern nicht nach,[229] kann die Gemeinde ein Pflanzgebot (§ 178 BauGB) erlassen und es kostenmäßig zu Lasten des Bauherrn im Wege der **Verwaltungsvollstreckung** durchsetzen.

Gasturbinen- und Verbrennungsmotoranlagen – 13. BImschV oder – Verordnung über die Verbrennung und die Mitverbrennung von Abfällen – 17. BImschV.

222 Beispielsweise Sportanlagenlärmschutzverordnung – 18. BImschV oder Verordnung über elektromagnetische Felder – 26. BImschV.

223 Technische Anleitung zum Schutz gegen Lärm – TA Lärm v. 26.8.1998 GMBl 503.

224 Technische Anleitung zur Reinhaltung der Luft – TA Luft vom 17.5.2013 BGBl. I S. 1274.

225 Beispielsweise Richtlinie RL 84/360/EWG zur Bekämpfung von Luftverunreinigung durch Industrieanlagen; RL 87/217/EWG zur Verhütung und Verringerung der Umweltverschmutzung durch Asbest oder RL 2000/76/EG über Verbrennung von Abfällen.

226 BGBl I 2542 in Folge der sog. Föderalismusreform I auf der Grundlage des neu geschaffenen Art. 74 Abs. 1 Ziff. 29 GG.

227 Vgl. *Battis* in aaO § 1 a Rn. 16.

228 Beispielsweise § 9 Abs. 1 Nr. 20 BauGB Flächen oder Maßnahmen zum Schutz, zur Pflege und zur Entwicklung von Boden, Natur und Landschaft.

229 Festsetzung gem. § 9 Abs. 1 Nr. 25 a BauGB.

196 **d) Weitere Gebiete des Umweltrechts.** Exemplarisch benannt werden soll hier die **Umweltverträglichkeitsprüfung,** das **Wasserrecht** und das **Bodenschutzrecht**; darüber hinaus spielen noch eine Vielzahl von umweltrechtlichen Vorschriften für die Tätigkeit des Architekten eine wesentliche Rolle; hinzu treten aufgrund der umweltrechtlichen Vorschriften geschaffene **Fachpläne**:

197 *aa)* Nach Maßgabe des Gesetzes über die Umweltverträglichkeitsprüfung[230] sind bestimmte **Vorhaben** aufgrund Art, Größe und Leistung **UVP-pflichtig** (§ 3 b UVPG). Das UVPG regelt daneben das anwendbare **Verfahren** (§§ 5 ff. UVPG). Ist ein Vorhaben UVP-pflichtig, hat dies ganz erhebliche Auswirkungen auf den Aufwand und Zeitlauf bis zum Erreichen der Genehmigung. Diesbezüglich hat der das Vorhaben begleitende Architekt oder Ingenieur den Bauherrn aufzuklären.

198 *bb)* Fachingenieurbaulich sind beispielsweise *Wasserkraftanlagen* von praktischer Bedeutung.[231] Hierzu ist das Aufstauen oberirdischer Gewässer erforderlich.[232] Diese Gewässerbenutzung[233] kommt als **Altrecht**[234] in Betracht und bedarf ansonsten einer **Erlaubnis**[235] oder einer **Bewilligung.**[236] Beide können inhaltlich identisch sein; lediglich die Bewilligung gibt die gesicherte Rechtsstellung.[237] Soll beispielsweise eine *stillgelegte Wasserkraftanlage* im *Erzgebirge* nach Willen des Bauherrn reaktiviert werden, so muss der Fachingenieur den Bauherrn beispielsweise dahin gehend beraten, ob der vorhandene Bautenstand genügt, die Anlage als Altanlage zu reaktivieren,[238] oder ob der Weg der Bewilligung oder Erlaubnis einzuschlagen ist.

199 **cc)** Aufgrund der verschiedenen Umweltgesetze können die Behörden **umweltspezifische Fachplanung** betreiben; diese Pläne können unmittelbar oder mittelbar auf die Genehmigungsfähigkeit des beantragten Vorhabens Einfluss haben.[239] Die möglichen Auswirkungen solcher Fachpläne, beispielsweise Ausweisung von *Retensionsflächen*, auf die Genehmigungsfähigkeit und das Verfahren beispielsweise eines *neu* im Bereich einer Flusslandschaft *anzusiedelnden Betriebe*s muss der planende Ingenieur dem Bauherrn erläutern.

200 *dd)* Die Neuüberplanung und Bebauung von **Konversionsflächen**, also nicht mehr genutzten Bahn-, Militär- oder Industriebrachen, bringt im wahrsten Sinne des Wortes **Altlasten**verdachtsflächen ans Tageslicht. Mit der Einführung des BBodSchG[240] wurde die in den einzelnen Bundesländern divergente Umgangsweise harmonisiert. Der Architekt muss den Bauherrn über die im BBodSchG vorgesehenen **Erkundungs**- und **Sanierungs**wege aufklären, da hiervon die Verwirklichung des Neubauvorhabens unmittelbar abhängt. Hinzu kommt das ganz erhebliche **Kostenrisiko** einer Sanierung; als Grund-

230 Gesetz über die Umweltverträglichkeitsprüfung (UVPG) in der Fassung der Bekanntmachung vom 24.2.2010 (BGBl. I S. 94), das zuletzt durch Artikel 10 des Gesetzes vom 25.7.2013 (BGBl. I S. 2749) geändert worden ist.

231 Weitere Beispiele wäre die Trinkwasserversorgung (vgl. zum Standard die Trinkwasserverordnung) oder die Abwasserbeseitigung.

232 Die Gewässernutzung ist geregelt im Wasserhaushaltsgesetz (WHG) des Bundes als Rahmengesetz in Verbindung mit den Wassergesetzen der Länder.

233 Vgl. § 3 WHG.

234 § 15 WHG iVm. Wassergesetzen der Länder.

235 § 8 WHG.

236 § 7 WHG.

237 BVerwGE 41, 58.

238 Vorausgesetzt, die weiteren Voraussetzungen nach Maßgabe des SächsWG sind gegeben.

239 Zu nennen sind beispielsweise Luftreinhaltepläne (§ 47 BImschG); Lärmminderungspläne (§ 47 a BImschG); wasserwirtschaftliche Rahmenpläne (§ 36 WHG); Gewässerbewirtschaftungspläne (§ 36 b WHG); Abwasserbeseitigungspläne (§ 18 a WHG) oder Landschaftspläne (§ 16 BNatschG).

240 Vgl. *Landel/Vogg/Wüterich* Bundesbodenschutzgesetz (2000).

stückseigentümer trifft den Bauherrn die **Zustandshaftung.**[241] Neben einer behördlichen Verfügung besteht auch die Möglichkeit die Sanierung vertraglich zu regulieren.[242]

e) Fachplanungsrecht. Die Genehmigungsverfahren für Infrastrukturprojekte sind in den jeweiligen **Fachplanungsgesetzen** geregelt: 201

aa) Die Genehmigung erfolgt als **Planfeststellungsbeschluss** oder als **Plangenehmigung.**[243] Es handelt sich um ein förmliches Verwaltungsverfahren mit Öffentlichkeitsbeteiligung (§§ 72 bis 78 BVwVfG). Damit werden die verschiedene materiellen Genehmigungsanforderungen, Verfahren und Zuständigkeiten **konzentriert** (§ 75 Abs. 1 1 HS 2 BVwVfG) und zwischen den Beteiligten gestaltet (§ 75 Abs. 1 2 BVwVfG). Die **Duldungs-** und **Ausschlusswirkung** nach Bestandskraft der Entscheidung ist auch **privatrechtsgestaltend**; Ansprüche der Nachbarn – nach privatem oder Öffentlichem Recht – sind im Geltungsbereich der Entscheidung ausgeschlossen. Ist der Architekt mit dem planfestzustellenden Vorhaben oder mit einem Vorhaben auf einem Nachbargrundstück betraut, hat er seinen Bauherrn bezüglich alternativer Vorgehensweisen zu beraten. 202

bb) In Anbetracht der Vielzahl von frei werdenden *Konversionsflächen* im Bereich der **Bahn** ist kurz auf die Bebauung dieser Flächen einzugehen.[244] Erst mit der Freistellung der Bahnflächen durch das Eisenbahnbundesamt entfällt das Fachplanungsprivileg und die Gemeinde erhält Planungshoheit[245]; ist diese aber greifbar kann die Gemeinde bereits ein Bebauungsplanverfahren einleiten und die Veränderungssperre als Plansicherungsinstrument nutzen[246]. Will der Bauherr einen *großflächigen Einzelhandelsbetrieb* auf solchen Flächen errichten, muss der Architekt ihn darüber aufklären, dass eine Genehmigung nach Maßgabe des Baurechts erst nach der Freistellung erteilt werden kann. 203

3. Landesrecht

Im Bereich der Gesetzgebung haben die Länder **Gesetzgebungskompetenz**, soweit der Bund hiervon nach Maßgabe des GG keinen Gebrauch gemacht hat.[247] Der Bund hat von seiner Kompetenz weitgehend Gebrauch gemacht. In Anlehnung an die Darstellung des Bundesrechts soll nachfolgend lediglich kursorisch auf die landesrechtlichen Vorschriften eingegangen werden. In Anbetracht der 16 Bundesländer besteht eine Problematik in der entsprechenden Vielzahl der Fachgesetze: 204

a) Baurecht. Das Baurecht der Länder regelt einerseits das **Verfahren** und andererseits **materiell-rechtliche** baupolizeiliche **Anforderungen** an das Vorhaben. Die 16 Bundesländer haben jeweils eine eigene Bauordnung teilweise orientiert an einer Musterbauordnung erlassen; ein Eingehen auf Besonderheiten der Bauordnungen der einzelnen Länder würde aber den vorliegenden Rahmen sprengen. Empfohlen wird insoweit die Lektüre der jeweiligen Landestexte selbst. 205

aa) Soweit die Landesbauordnungen der Länder keine besonderen Bestimmungen enthalten, sind Vorhaben, die die Errichtung, Änderung, Nutzungsänderung oder den Abbruch zum Gegenstand haben, **genehmigungspflichtig.**[248] Sie bedürfen einer **Baugenehmigung**. 206

---

241 § 4 Abs. 3 Satz 1 BBodSchG.

242 § 13 Abs. 4 BBodSchG.

243 Vgl. §§ 18 ff. AEG; 9 LuftVG; 12–23 BW StrG oder 31 WHG iVm. §§ 63 ff. BVwVfG.

244 Derzeit gängige Fälle sind auch die Weiterentwicklung von Industrie- oder Militärbrachen.

245 Vgl. *Blümel*, Fragen der Entwidmung von Eisenbahnbetriebsanlagen, Forschungsinstitut für öffentliche Verwaltung bei der Deutschen Hochschule für Verwaltungswissenschaften, 2000.

246 Normenkontrollurteil des VGH BW 19.9.2007, 8 S 1584/06, VBlBW 2008, 143.

247 Vgl. insb. Art. 70 ff. GG.

248 § 49 LBO BW; Art. 62 BayBO; § 60 BauO Bln; § 54 BbgBO; § 59 BremLBO; § 59 HBauO;

207 *bb)* Bestimmte Vorhaben mit nur unwesentlicher städtebaulicher Bedeutung sind regelmäßig lediglich **anzeigebedürftig**;[249] Vorhaben mit geringer städtebaulicher Bedeutung sind vielfach **genehmigungsfrei**.[250]

208 *cc)* Teilweise hat der Bauherr ein Interesse daran, zunächst einen Teil der Zulässigkeitsfragen zu klären, beispielsweise die Zulässigkeit einer *Reithalle* im Außenbereich. Hierzu kann er einen **Bauvorbescheid**[251] beantragen. Ist ein Bauantrag eingereicht, so kann der Beginn der Bauarbeiten für die Baugrube und für einzelne Bauteile oder Bauabschnitte auf Antrag schon vor Erteilung der Baugenehmigung zugelassen werden, wenn nach Stand der Prüfung des Bauantrages gegen die Teilausführung keine Bedenken bestehen. Man spricht dann von einer **Teilbaugenehmigung**.[252]

209 *dd)* Die Landesbauordnungen regeln im Übrigen das **Baupolizeirecht**, also Fragen der Grundstücksausnutzung und Abstandsflächen, Anforderungen an Gebäude, Bauprodukte, Baustelle und Baubeteiligte. Eine zunehmend herausragende Stellung nimmt der **Brandschutz** ein[253]. Es ist dem Architekten zu raten diese Planungskomponente sehr früh zu berücksichtigen und mit der Behörde – unabhängig vom gewählten Genehmigungsverfahren – abzustimmen. So sind mittlerweile zur Durchführung wirksamer Lösch- und Rettungsarbeiten durch die Feuerwehr geeignete und von öffentlichen Verkehrsflächen erreichbare *Aufstell- und Bewegungsflächen* für die erforderlichen *Rettungsgeräte*[254] sowie erforderliche Rettungswege[255] herzustellen. Zweifel an einer sicheren Benutzbarkeit einer baulichen Anlage lassen vorläufige Maßnahmen der Baurechtsbehörde bis hin zur **Nutzungsuntersagung** mit wenig Aussicht auf Erfolg des Bauherrn im verwaltungsgerichtlichen Eilverfahren[256] zu. Dies gilt auch für den besonders sensiblen Bereich von nachträglichen Anforderungen an bestehende Gebäude mit oder ohne laufende Umbaumaßnahmen.

210 **b) Naturschutzrecht.** Die Länder haben durch Erlass von Naturschutzgesetzen von der Ihnen zustehenden Regelungskompetenz Gebrauch gemacht.[257] Diese Gesetze ermächtigen die Verwaltung ihrerseits wiederum zum Erlass von **Rechtsverordnungen**, beispielsweise zur Ausweisung von Landschafts- und Naturschutzgebieten, Naturparks, Nationalparks oder Biosphärenreservaten.[258] Soll eine bauliche Aktivität im **Schutzgebiet** erfolgen, muss der Architekt klären, ob dies mit der entsprechenden Rechtsverordnung in Einklang zu bringen ist. Befindet sich auf dem Baugrundstück ein **Biotop**,[259] darf darin nicht eingegriffen werden. Finden sich geschützte Arten, kommt ein Vorhaben nicht in Betracht.

---

§ 54 HBO; § 59 LBauO M-V; § 59 NBauO; § 63 BauO NRW; § 61 LBauO (RhPf); § 60 LBO Saarl; § 62 SächsBO; § 58 BauO LA; § 62 LBO (SchlH); § 59 ThürBO.

[249] Art. 57 BayBO; § 55 BbgBO; § 55 HBO; § 61 LBauO M-V; § 60 NBauO; § 76 LBauO (RhPf); § 61 LBO Saarl; § 63 SächsBO; § 60 BauO LA; § 68 LBO (SchlH); § 60 ThürBO.

[250] § 50 LBO BW; Art. 57 BayBO; § 55 BbgBO; § 65 BremLBO; § 60 HBauO; § 55 HBO; § 61 LBauO M-V; §§ 60, 61, 62 NBauO; § 65 BauO NRW; § 62 LBauO (RhPf); § 61 LBO Saarl; § 63 SächsBO; § 60 BauO LA; § 68 LBO (SchlH); § 61 ThürBO.

[251] Vgl. § 57 LBO BW.

[252] Vgl. § 61 LBO BW.

[253] OVG Lüneburg Urteil v. 7.5.2009 LB 329/06 (*Mindestbreite für den Standort eines Feuerwehrfahrzeuges*).

[254] Vgl. § 15 Abs. 6 LBO BW.

[255] Vgl. § 15 Abs.3 bis 5 LBO BW.

[256] Vgl OVG Münster, Beschluss v. 8.5.2007 10 B 2555/06 (*Durchsetzung des Brandschutzes*)

[257] Vgl. § 11 BNatschG.

[258] NatSchG; BayNatSchG; NatSchGBln; BremNatSchG; BbgNatSchG; HmbNatSchG; HeNatG; LNatG M-V; Landschaftsgesetz – LG; NNatG; LPFleG; SNG; SächsNatSchG; HmbNatSchG; LNatschG; ThürNatG.

[259] § 32 NatschGBaWü.

c) Weitere Gebiete des Umweltrechts. Auch die Gesetzgebung der Bundesländer war im Bereich des Umweltrechts sehr aktiv und hat beispielsweise im Wasserecht durch Erlass der entsprechenden Wassergesetze. Vergleichbar dem Naturschutzrecht, sind die Landeswassergesetze Ermächtigungsgrundlage für die Ausweisung von Wasserschutzgebieten. Soll beispielsweise ein *Gewerbebetrieb in einem Wasserschutzgebiet Zone III* angesiedelt werden, hat der Architekt ganz bestimmte Umweltstandards einzuhalten, um eine Genehmigung zu erhalten. Vor Einleitung des Genehmigungsverfahrens muss er den Bauherrn über die mit der Ansiedlung verbundenen baulichen Beschränkungen und Mehrkosten belehren. 211

d) Fachplanungsrecht. Neben den Fachplanungsgesetzen des Bundes haben auch die Länder Fachplanungsgesetze erlassen, beispielsweise für Infrastrukturmaßnahmen, wie den Bau von **Landesstraßen**, oder spezielle vorhabenbezogene Projekte, wie eine **Landesmesse**. Möchte der Bauherr sein Gewerbegrundstück mit einem *Bürogebäude* direkt an einer *Landesstraße* bebauen, hat er beispielsweise die gesetzlichen **Anbaubeschränkungen** für Hochbauten[260] bereits in der Beratungsphase ebenso zu beachten wie gesetzlich geforderte **Sicht**beziehungen bei Kreuzungen und Einmündungen.[261] 212

e) Denkmalschutzrecht. Denkmalschutz ist der Schutz der Kultur. Das Denkmalrecht will das einzelne **Denkmal** und das städtische oder ländliche **Ensemble** schützen. Hierbei haben die Länder unterschiedliche Systeme der Unterschutzstellung[262] entwickelt. Maßnahmen der Konservierung, Instandhaltung, Restauration, Rekonstruktion oder Modernisierung[263] sind gegebenenfalls erst mit dem Placet der Denkmalschutzbehörde zulässig. Der Denkmalschutz greift ohne Rücksicht auf die Frage, ob es sich um ein genehmigungspflichtiges oder verfahrensfreies Vorhaben handelt. Im Innenbereich (§ 34 BauGB) ist die Belegung von Dächern mit *Photovoltaik* verfahrensfrei; steht eine *denkmalgeschützte Kapelle* daneben, kann die Behörde gegebenenfalls die Beseitigung verlangen. Der mit der Erstellung beauftragte Planer haftet dem Bauherrn in diesem Fall. 213

4. Kommunale Rechtssetzung

Von ganz erheblicher Bedeutung für die bauliche Ausnutzung eines Grundstücks ist die Rechtssetzung der **grundstücksbelegenen Gemeinde**. Die kommunale Rechtssetzung ergänzt in ihrem Zuständigkeitsbereich nahezu sämtliche Rechtsgebiete des materiellen Rechts. Von besonderer Bedeutung ist die Ausgestaltung der kommunalen Planungshoheit durch **Satzungen**, insb. denen des **BauGB.** 214

Das **BauGB** hält hierfür der Gemeinde differente **Planungsinstrumente** bereit. Das BauGB kennt allein 15 Satzungstypen als Ausdrucksmöglichkeiten kommunaler Baulandentwicklung; hinzu treten weitere Satzungen aufgrund anderer Fachgesetze. Auf einige wird im Folgenden eingegangen werden. Allesamt sind als **Ortsrecht** für das Grundstück und damit auch für den Bauherrn und Architekten verbindlich. Als Sachwalter des Bauherrn hat der Architekt im Rahmen der **Bestandsaufnahme** grundstücksrelevantes Satzungsrecht aufzuklären: 215

a) Bebauungsplan. Von zentraler Bedeutung für Gemeinde und Bauherrn zugleich ist der **Bebauungsplan** als verbindlicher Bauleitplan[264] (§§ 8–13 BauGB). Er regelt die zu- 216

[260] § 25 StrG BW.
[261] § 25 StrG BW.
[262] Vgl. dazu die gelungene Übersicht bei *Wirth* Handbuch der Vertragsgestaltung, Vertragsabwicklung und Prozessführung im privaten und öffentlichen Baurecht Zweites Buch X. Teil Rn. 116 ff.
[263] *Wirth* aaO Rn. 12 ff.
[264] Vgl. oben Nr. 2 lit. a und b cc.

lässige Grundstücksausnutzung parzellenscharf. § 9 BauGB iVm der **Baunutzungsverordnung** (BauNVO 1990)[265] und der auf der Grundlage des § 2 Abs. 5 Ziff. 4 BauGB erlassenen **Planzeichenverordnung** (PlanzV) regelt abschließend die gemeindlichen **Festsetzungsmöglichkeiten.**[266] Die **Gliederungs-** und **Differenzierungs**möglichkeiten des § 1 Abs. 4–9 BauNVO eröffnen der Gemeinde Festsetzungsmöglichkeiten bis hinein in einzelne Geschosse von Gebäuden, aber auch besondere Anforderungen für **Werbeanlagen,**[267] Stellplätze und **Garagen.**[268] Nur durch die zutreffende Bestandsaufnahme der grundstücksbezogenen Festsetzungen kann der Architekt den Bauherrn über das gebotene Verfahren oder eine gegebenenfalls notwendige Befreiung aufklären (§ 31 Abs. 2 BauGB).

217 **b) Drittschutz.** Inwieweit diesen Festsetzungen – z. B. Höhenfestsetzungen[269] – **Drittschutz** zukommt,[270] hängt vom Willen der satzungsgebenden Gemeinde ab und ist deshalb architektenseits ebenso wie die grundstücksrelevanten Festsetzungen zu erheben. In diesem Zusammenhang ist auch die **Beiziehung** der **Begründung** des **Bebauungsplans** geboten. Im Übrigen vermittelt das planungsrechtliche Rücksichtnahmegebot (§ 15 BauNVO) ebenfalls Drittschutz.[271] Will der Architekt seine Sachwalterstellung hinreichend ausfüllen, dürfte eine mündliche Nachfrage bei der Behörde nicht genügen. Nur durch die Bestimmung von drittschützenden Rechtspositionen in Betreff auf das konkrete Bauvorhaben kann der Architekt Erfolgsaussichten eines Nachbarrechtsbehelfes bewerten und die Planung in Abstimmung mit dem Bauherrn anpassen.

218 **c) Örtliche Bauvorschriften.** Die **Länder** haben durchweg von der durch § 9 Abs. 4 BauGB eingeräumten Möglichkeit Gebrauch gemacht, Vorschriften über die äußere **Gestaltung** von Bauvorhaben und weitere **örtliche Bauvorschriften** (Denkmalpflege, Landschaft- und Naturschutzrecht oder auch Straßenrecht) in Bebauungspläne aufzunehmen. Diese örtlichen Vorschriften können also für das einzelne Bauvorhaben durch formelle Aufnahme in den **Bebauungsplan**, durch eine **Generalverweisung** – *„die Baumschutzsatzung gilt für alle Bebauungspläne"* – sowie durch die **Allgemeinverbindlichkeit** der Vorschrift selbst Bedeutung erlangen. Der Architekt hat den Bauherrn auch über diese grundstücksrelevanten Festsetzungen aufzuklären und die notwendigen Unterlagen – also beispielsweise auch die Baumschutzsatzung der Gemeinde[272] – beizuziehen.

219 **d) Planungsverfahren.** Wird gemeindeseits **Planungsbedarf** (§ 1 Abs. 3 BauGB) gesehen – oftmals ausgelöst durch einen Bauwunsch eines Grundstückseigentümers –, kommt in der Regel ein **Bebauungsplanverfahren** (§§ 2 ff. BauGB) in Gang. Das BauGB gibt der Gemeinde für beschränkte Zeit **Plansicherungsinstrumente** an die Hand. Dies bedeutet umgekehrt zuallermeist eine Zurückstellung des Bauwunsches bis zur Konkretisierung der Planung. Der Architekt hat den Bauherrn über die dann bestehenden Realisierungsmöglichkeiten aufzuklären:

220 *aa)* Beschließt die Gemeinde eine **Veränderungssperre** (als Satzung gem. § 16 BauGB), so dürfen weder Vorhaben gem. § 29 BauGB durchgeführt, noch bauliche Anlagen besei-

---

[265] § 18 Abs. 2 bis 6 BauNVO gibt nähere Auskunft über die Festsetzungsmöglichkeiten des Maßes der baulichen Nutzung mit den Metren Grundflächenzahl, Geschossflächenzahl, Zahl der Vollgeschosse, Höhe der baulichen Anlage usw.

[266] Vgl. BVerwG, Beschl. v. 7.9. 1988 4 N 1.87; BVerwGE 80, 184.

[267] Nebenanlage nach § 14 BauNVO.

[268] § 21 a BauNVO.

[269] §§ 16, 18 BauNVO.

[270] BVerwG NJW 1983, 138 und NVwZ 1997, 384.

[271] Vgl. hierzu *Löhr* in *Battis/Krautzberger/Löhr* § 31 Rn. 51 ff.

[272] Baumschutzsatzungen bzw. -verordnungen haben ihre Rechtsgrundlage im Naturschutzrecht, vgl. zu alledem *Günther* Baumschutzrecht München 1994.

tigt werden (§ 14 Abs. 1 BauGB); ebenso wenig dürfen wertgesteigerte Veränderungen – selbst wenn sie verfahrensfrei sind – durchgeführt werden (§ 14 Abs. 2 BauGB). Lediglich Unterhaltungsarbeiten und die Fortführung einer bisher ausgeübten Nutzung werden hiervon nicht berührt (§ 14 Abs. 3 BauGB). Der Architekt hat den Bauherrn bezüglich der Abgrenzung von Bestandsschutz, zulässiger Veränderung und Zeitlauf der von der Veränderungssperre ausgehenden Beschränkung aufzuklären.

bb) Als weitere Plansicherungsinstrumente sieht das BauGB die **Zurückstellung** von 221
Baugesuchen (§ 15 Abs. 1 BauGB), die **Teilungsgenehmigung** und das **allgemeine** (§ 24 BauGB) bzw. das **besondere** (§ 25 BauGB) gemeindliche **Vorkaufsrecht** vor.

cc) Bezüglich der Aufklärungsverpflichtung des Architekten gilt nichts anderes. Oft 222
genug führt der bauherrenseits an die Gemeinde herangetragene Bauwunsch zur gemeindeseitigen Erkenntnis der Notwendigkeit der Überplanung des Gebietes. Der Architekt muss also auch im Zuge der Beratung des Bauherren eine Veränderung der baulichen Ausnutzbarkeit des Grundstücks beachten und verfolgen. Eine nach § 34 BauGB zunächst noch mögliche Planung eines *Einfamilienhauses in einem Garten* kann durch Erlass einer Veränderungssperre und der anschließenden Festsetzung einer privaten Grünfläche zur Makulatur werden.

e) Bodenordnung und weitere Gestaltungsmöglichkeiten. Der Idealfall ist, dass der 223
Architekt das baureife und erschlossene Grundstück nach Maßgabe des Vorgesagten nur noch zu überplanen braucht; oft wird der Architekt aber bereits bei der Auswahl des Baugrundstücks mit hinzugezogen. Treten aufgrund der Baulandknappheit in Ballungsräumen auch noch Probleme mit der Schaffung eines baureifen Grundstücks auf, muss der Architekt mit den diesbezüglichen Regelungsinstrumenten vertraut sein, um den Bauherrn so beraten zu können. Gegebenenfalls muss er den gewünschten Grundstückszuschnitt zusammen mit dem Bauherrn bei der Gemeinde ausverhandeln.

aa) Die Realisierung der Planung der Gemeinde steht in untrennbarem Zusammen- 224
hang mit der **Bodenordnung**. Gelingt diese nicht freiwillig (z. B. im Rahmen einer freiwilligen Umlegung), hält das BauGB Instrumente für die **Planverwirklichung** bereit. Zu nennen sind die **Umlegung** (§§ 45-47 BauGB), die **vereinfachte Umlegung**[273] (§§ 80-84 BauGB) sowie die **Enteignung** (§§ 85-122 BauGB) oder ein bebauungsplanbegleitendes **Flurbereinigungszweckverfahren**.

Die Gemeinden sind zunehmend weniger geneigt, eine kostenintensive Bauleitpla- 225
nung ohne gesicherte Bodenordnung anzugehen. Insoweit relativiert sich die praktische Bedeutung dieser Instrumente für den Architekten, zumal die Begleitung des Bauherrn in diesen zeitintensiven Verfahren eher sehr selten ist. Die Verfahren führen nicht selten zu gerichtlichen Auseinandersetzungen und sind insoweit anwaltlicher Tätigkeit vorbehalten.

bb) Von größerer Bedeutung für die Architektentätigkeit ist die **Erhaltungssatzung** 226
(§§ 172–174 BauGB), da in derlei Gebieten der Rückbau, die Änderung oder die Nutzungsänderung baulicher Anlagen **genehmigungsbedürftig** sind. Der Architekt hat den Bauherrn darüber aufzuklären. Ebenso verhält es sich mit den **städtebaulichen Geboten** der §§ 175–179 BauGB (Bau-, Modernisierungs-, Pflanz- und Abbruchgebot), sofern diese im Einzelfall relevant sind.

Weitere besondere Planungsregime bilden **Sanierungs**gebiete (§§ 136–164 BauGB), städtebauliche **Entwicklungs-** (§§ 165–171 BauGB) und **Stadtumbaumaßnahmen** (§§ 171 a – d BauGB) sowie Maßnahmen der **Sozialen Stadt** (§ 171 e BauGB) mit den jeweiligen Satzungen. Neben der Baugenehmigung ist regelmäßig eine weitere Genehmi-

---

273 Diese ist anstelle der in der Praxis eher bedeutungslosen Grenzregelung getreten.

gung erforderlich, was in der Praxis von Seiten der Architekten durchaus übersehen wird.

227 **f) Bauplatzvergabe.** Einzugehen ist sodann auf die **Bauplatzvergabe.** Die Gemeinden stellen regelmäßig **erschlossenes** Bauland Kaufinteressenten zur Verfügung. Der Architekt wird bereits in dieser Phase zunehmend zugezogen.

228 *aa)* Aus dem gesetzlich gebotene **sparsamen** Umgang mit Grund und Boden (§ 1 a Abs. 1 BauGB) verbunden mit der **Baulandpreis**entwicklung resultieren in der Regel zunehmend **kleiner** zugeschnittene **Bauplätze**. Je kleiner der Bauplatz, desto wichtiger ist aber die Beratung des Architekten über Nutzungsmöglichkeiten des Baugrundstücks vor und nach Erwerb durch den Bauherrn. Für das jeweilige Raumprogramm ist beispielsweise die zulässige *Kniestockhöhe* für die Frage der Wohnraumgewinnung im Dachgeschoss von entscheidender Bedeutung.

229 *bb)* Die **Vergabe** selbst, also die gebotene Auswahl aus einer Vielzahl von Interessenten, ist (und kann) nicht mittels Bebauungsplan[274] geregelt werden; sie erfolgt vielmehr als Grundstücksverkauf, orientiert an **Vergaberichtlinien**, die regelmäßig Einheimische begünstigen und darüber hinaus soziale Kriterien wie beispielsweise die *Anzahl der Kinder* anlegen. Kommt der Bauherr als Bewerber nicht zum Zug, ist Rechtsschutz vor dem **Verwaltungsgericht** geboten, da die Beschaffung von Bauland eine öffentliche Aufgabe darstellt.[275]

230 *cc)* Die auf der Vergabeentscheidung fußenden Kaufverträge beinhalten regelmäßig eine zeitliche auf 2 oder 3 Jahre befristete **Bauverpflichtung**, gekoppelt mit einem Grundstücksrückfall oder Wiederkaufsrecht der Gemeinde. Je nach gemeindlicher Übung enthalten die Verträge auch Duldungsverpflichtungen betreffend Erschließungsanlagen.[276] Diese hat der Architekt bei der Planung ebenso zu berücksichtigen wie die Ausgestaltung der Grundstücksanschlüsse nach Maßgabe des kommunalen Satzungsrechts.[277] Für Rechtsstreitigkeiten hierüber sind die **Zivilgerichte** zuständig. Der Architekt muss sich über den Status des Grundstücks (nicht nur aus seinen Eigeninteressen gem. § 648 a BGB heraus) erkundigen, um maßgebliche Planungs- und Bauausführungsfristen zur Meidung des Grundstücksrückfalls einzuhalten.

III. Zuständigkeit und behördliches Ermessen

231 Von besonderer Bedeutung für die Architektentätigkeit ist einerseits der Kontakt mit der jeweils **zuständigen Behörde** und andererseits die Frage, wie mit behördlichem **Ermessen** umzugehen ist:

1. Zuständigkeit

232 Der Architekt ist nur dann in der Lage, den Bauherrn zu beraten, wenn er mit der für den jeweiligen Entscheidungsschritt zuständigen Behörde (§ 1 Abs. 4 BVwVfG) den für die Bestandsaufnahme erörterungsbedürftigen Sachverhalt aufklärt.

Während für die Umsetzung der bundesrechtlich geregelten Planungsvorschriften regelmäßig die Gemeinden zuständig sind, werden die bauordnungsrechtlich geregelten

[274] Vgl. BVerwG Urt. v. 11.12.1993 4 C 18.91, BVerwG € 92, 56 zum sog. *„Weilheimer Einheimischenmodell"*.

[275] Vgl. §§ 1, 89 II. WoBauG, 1 Abs. 5 Nr. 2 BauGB iVm. OLG Zweibrücken Beschl. v. 5.1.1994 & W 29/93; VGH BW VBlBW 2000, 148.

[276] Grundstücksanschlüsse für die verschiedenen Medien, Randsteinsetzungen, Verkehrssicherungspflichten in der Bauphase, öffentliche Möblierung usw.

[277] Beispielsweise Wasserversorgungssatzung oder Abwassersatzung.

Genehmigungsverfahren von den unteren Verwaltungsbehörden der Länder abgewickelt. Im Rahmen des Genehmigungsverfahrens überschneiden sich zudem beide Bereich z. B. im Rahmen von Ausnahmen und Befreiungstatbeständen.

2. Ermessen der Behörden

Eine ganze Reihe von Vorschriften räumen der Behörde ein **Ermessen** sein. So können gem. § 31 Abs. 1 BauGB ausdrücklich vorgesehene Ausnahmen im Bebauungsplan zugelassen und **Befreiungen** nach § 31 Abs. 2 BauGB erteilt werden. Die Ermessensentscheidung hat **ermessensfehlerfrei** (§§ 114 VwGO, 40 BVwVfG) zu erfolgen. Kommt es zu einer Entscheidung und sind Nachbarn in ihren Rechten hiervon betroffen, kann eine unzutreffende Ermessensausübung zur späteren Aufhebung der erteilten Genehmigung führen. 233

Die Ermessensausübung steht nicht zur Disposition des Architekten oder Bauherrn; der Architekt kann aber durch die **Gestaltung** des Bauvorhabens einer dem Bauherrn günstigen Ermessensentscheidung der Genehmigungsbehörde den Weg bereiten. Er hat jedenfalls den Bauherrn in Betreff auf diese Gestaltungsmöglichkeiten und die Problematik der Ermessensentscheidung aufzuklären, damit von diesem eine Entscheidung getroffen werden kann. Dazu gehört auch die Gestaltung im Bereich des Verfahrens beispielsweise durch Entkoppelung von ohne weiteres genehmigungsfähigen und nur über eine Befreiung (§ 31 Abs. 2 BauGB) genehmigungsfähigen Teilen des Bauvorhabens. 234

3. Abschnitt: Verfahrensrecht und Baureifmachung von Grundstücken

Zuweilen wird der Architekt bereits in der Phase der **Baureifmachung** eines Grundstücks beigezogen. Beabsichtigt der Bauherr die Errichtung eines *Wohngebäudes* auf einem *Außenbereichsgrundstück in unmittelbarer Ortsrandlage*, will er von seinem Architekten zu den Realisierungschancen des Bauwunsches beraten sein. Dies betrifft sowohl die **Genehmigungsvoraussetzungen** wie auch das hierfür einzuschlagende **Verfahren**. 235

A. Überblick

Das öffentliche Baurecht hat seit dem Beitritt der DDR zur Bundesrepublik Deutschland zum 3.10.1990 einige einschneidende Veränderungen erfahren. 236

Auf dem Gebiet des **Bauplanungsrecht**s stand bei den Novellen des BauGB zunächst unter anderem die Ausweisung und Bereitstellung von Bauland im Vordergrund;[278] außerdem wurde auf **kooperative Elemente** wie beispielsweise städtebauliche Verträge Wert gelegt. In den letzten Jahren treten zunehmend der **Klimaschutz**[279] und die **Innentwicklung**[280] in den Vordergrund. 237

Aufgrund der Tendenz zur sinkenden Finanzausstattung der Gemeinden wird die Baulandentwicklung in der Praxis im Grunde von einer wesentlich gesicherten **Bodenordnung** und einem vorhabenbezogenen **Bedarf** abhängig gemacht. Innenentwicklung geht oft mit Nachverdichtung einher und fordert einen besonders sensiblen Umgang mit dem vorgefundenen Bestand. Um die Inanspruchnahme von Flächen zu vermindern hat der Gesetzgeber die **Bebauungspläne der Innenentwicklung** (§ 13 a BauGB) eingeführt mit

[278] Wohnungsbau-Erleichterungsgesetz (Wo-BauErlG) v. 17.5.1990 BGBl. I 926 beinhaltend auch das Maßnahmengesetz zum Baugesetzbuch (BauGB-MaßnahmenG); Bauplanungs- und Zulassungsverordnung (Bau-ZVO) der DDR v. 20.6.1990 GBl DDR I, 739; § 246 a BauGB eingefügt durch den Einigungsvertrag v. 23.9.1990 BGBl. II, 885 (1122); Investitionserleichterungs- und Wohnbaulandgesetz (Inv-WoBaulG) v. 22.4.1993 BGBl. I, 466.

[279] Vgl § 1 a Abs. 5 BauGB zur klimagerechten Stadtentwicklung.

[280] Gesetz zur Stärkung der Innenentwicklung in den Städten und Gemeinden und weiteren Fortentwicklung des Städtebaurechts vom 11.6.2013 BGBl I 1548.

einem beschleunigten Verfahren[281] mit verschiedenen Verfahrenserleichterungen eingeführt. Auf dem Gebiet des **Bauordnungsrecht**s wurden in den vergangenen beiden Dekaden in den Ländern die **Genehmigungsverfahren** für bestimmte Vorhaben vereinfacht

Diese Entwicklungen unterstreichen die Bedeutung des Bauherrn als Investor und des Architekten als sein Sachwalter. Der Architekt muss den aus dieser Entwicklung beim Bauherrn entstehenden Beratungsbedarf abdecken können. Durch von den Gemeinden praktizierten kooperativen Elemente in der Baulandentwicklung einerseits und die speziellen Anforderungen der Innenentwicklung ergeben sich besondere **Haftungsrisiken**:

B. Bauordnungsrechtliche Verfahren

238 Die Beratung des Bauherrn im Zuge der bauordnungsrechtlichen Verfahren ist geradezu klassisch. Neben der Frage, welches **Vorhaben** auf dem Baugrundstück **zulässig** ist, stellt sich regelmäßig die Frage des einzuschlagenden **Verfahren**s:

239 **a) Genehmigungsarten.** Der Architekt wird mit dem Bauherrn zunächst klären, ob aus Kosten- oder Zeitgründen sogleich eine **Baugenehmigung** oder zunächst ein **Bauvorbescheid**[282] eingeholt werden soll[283].

Mit dem Bauvorbescheid können einzelne Fragen in Bezug auf die Genehmigungsfähigkeit eines Vorhabens mit Bindungswirkung gegenüber Behörde und Nachbarn geklärt werden. Dies können Anforderungen nach Bauplanungs- und Bauordnungsrecht, aber auch Fragen der Erschließung und die Einhaltung sonstiger öffentlich-rechtlicher Vorschriften sein.[284] Besteht bauherrenseitig das Interesse, bei komplexen Bauvorhaben bereits vor Erteilung der Baugenehmigung mit den Arbeiten zu beginnen, kann eine **Teilbaugenehmigung**[285] beantragt werden.

240 **b) Verfahrensarten.** Auf der Grundlage einer von den Länderministerien erarbeiteten **Musterbauordnung** haben die Länder neben den regulären[286] auch vereinfachte Genehmigungsverfahren eingeführt. Zu unterscheiden sind regelmäßig **anzeigepflichtige**[287] und **genehmigungsfreie**[288] Vorhaben. Selbstverständlich müssen auch anzeigepflichtige oder genehmigungsfreie Vorhaben **öffentlich-rechtlichen Vorschriften** entsprechen. Die Länder haben im Übrigen diese Verfahren, was **Bauvorlagen**, **Ablauf** und **Fristen** angeht,

---

281 Vgl. § 13 a Abs. 2 BauGB insb mit Verweis auf das vereinfachte Verfahren gem. § 13 BauGB.

282 § 57 LBO BW; § 71 BayBO; § 74 BauOBln; § 59 BbgBO; §§ 59, 66 BremLBO; §§ 63, 73 HBauO; § 66 HBO; § 75 LBauO M -V; § 73 NBauO; § 71 BauO NRW; § 72 LBO (Rh-Pf); § 76 LBO Saarl; § 75 SächsBO; § 74 BauO LA; § 66 LBO S-H; § 74 ThürBO.

283 Als weitere Variante wurde in Baden-Württemberg das vereinfachte Baugenehmigungsverfahren im Jahre 2010 eingeführt (§ 52 LBO BW).

284 Vgl. mit Beispielen bei *Wirth* Handbuch zur Vertragsgestaltung, Vertragsabwicklung und Prozessführung im privaten und öffentlichen Baurecht, Zweites Buch, Öffentliches Baurecht, Teil 1 Rn. 45 ff.

285 § 61 LBO BW; Art. 69 u. 71 BayBO; § 73 BauOBln; § 75 BremLBO; § 72 HBauO; § 67 HBO; § 74 LBauO M-V; § 70 NBauO; § 76 BauO NRW; § 73 LBauO (Rh-Pf); § 75 LBO Saarl; § 74 SächsBO; § 73 BauO LA; § 74 LBO S-H; § 73 ThürBO.

286 § 49 LBO BW; Art. 68, 80 BayBO; BauOBln; § 67 BbgBO; §§ 65, 67 BremLBO; HBauO; § 62 HBO; § 63 LBauO M-V; § 68 NBauO; 76 BauO NRW; §§ 60, 65 LBauO (Rh-Pf); § 67 LBO Saarl; §§ 62, 62 a SächsBO; § 65 BauO LA; § 68 LBO S-H; ThürBO.

287 § 51 LBO BW; Art. 69 bis 72 BayBO; BauOBln; § 69 BbgBO; § 66 BremLBO; HBauO; § 67 HBO; LBauO M-V; § 69 a NBauO; §§ 67, 68 BauO NRW; § 65 LBauO Rh-Pf; § 66 LBO Saarl; § 62 b SächsBO; § 66 BauOLA; §§ 74, 75 LBO S-H; §§ 62 a und b ThürBO.

288 § 50 LBO BW; Art. 69 bis 72 BayBO; BauOBln § 67 Abs. 2 BbgBO; § 65 BremLBO; HBauO; § 63 HBO; § 65 LBauO M-V; § 69 NBauO; §§ 64 bis 66 BauO NRW; § 61 LBO Rh-Pf; § 65 LBO Saarl; § 63 Sächs BO; § 67 BauO LA; § 69 LBO S-H; § 63 ThürBO.

unterschiedlich geregelt.[289] Die Wahl des Verfahrens kann beispielsweise auch Auswirkungen auf die mit der Erteilung der Baugenehmigung erhobene *Gebühr* haben; so kann es in Einzelfällen erheblich Kosten sparend sein, einem Baugenehmigungsverfahren den Vorzug gegenüber einem Anzeigeverfahren mit diversen je einzeln gebührenpflichtigen Befreiungen zu geben.

c) Haftungsverlagerung. Der Architekt wird den Bauherrn je nach Interessenlage 241
und anstehenden Problemen bei der materiellen Genehmigungsfähigkeit eines Vorhabens in Bezug auf **Genehmigungsart** und **-verfahren** beraten, bevor ein bestimmter Weg eingeschlagen wird. Ist der Architekt mit der Genehmigungsplanung beispielsweise für eine Baugenehmigung beauftragt, hat er die im **Genehmigungsverfahren** vorgeschriebenen Unterlagen fristgerecht der zuständigen Behörde vorzulegen. Diese prüft und bescheidet den Antrag. In den **Anzeigeverfahren** erhält die Behörde regelmäßig nur Kenntnis; das Verfahren ist regelmäßig einfacher und schneller. Damit verbunden ist aber gleichzeitig eine **erhebliche Haftungsverlagerung** zu Lasten des Bauherrn und damit zugleich für den für den Bauherrn tätigen Architekten bzw. Fachingenieur. Im Innenverhältnis zum Bauherrn muss der Architekt diese Haftungsverlagerung im Wesentlichen tragen.

C. Bebauungsplan und andere Satzungen

Erfährt ein Grundstückseigentümer – oft durch die zufällige Lektüre einer öffentli- 242
chen Bekanntmachung – von einer **Bebauungsplanaufstellung** oder **-änderung** mit Auswirkungen auf sein Grundstück, zieht er nicht selten einen Architekten bei:

a) Satzungsänderung. Der Architekt darf zwar keine Rechtsberatung durchführen; er 243
muss aber angängige Änderungen **kommunaler Satzungen** inhaltlich und im Zeitlauf seiner Planung berücksichtigen:

Steht eine **Bebauungsplanänderung** heran, hat er den Bauherrn aber über mögliche 244
Änderung der Grundstücksnutzung aufzuklären. Das betrifft zunächst das **Verfahren** (§§ 1ff. BauGB); wer im Rahmen der Öffentlichkeitsbeteiligung gem. § 3 Abs. 3 BauGB keine schriftliche Stellungnahme binnen der (zumeist Monats-)Frist abgibt, ist auch im Hinblick auf ein späteres Normenkontrollverfahren gegen den Bebauungsplan gegebenenfalls **präkludiert**[290]. insb. das Vorbringen von Stellungnahmen (§ 3 Abs. 2 BauGB)..

Dies betrifft außerdem auch inhaltliche Festsetzungen insb. bezüglich der Art (§§ 2 bis 11 BauNVO) und des Maßes der baulichen Nutzung. Möchte der Bauherr eine *Tankstelle* errichten und ist er auf einen 24-Stundenbetrieb oder LKW-Betankung angewiesen, ist der Bauherr von dem mit der Planung beauftragen Architekten auf möglicherweise angängige Bebauungsplanänderungen ebenso hinzuweisen. Nichts anderes gilt bei Aufstellung, Änderung oder Aufhebung einer Satzung nach § 34 Abs. 4 BauGB[291] oder anderer **genehmigungsrelevante**r **kommunale**r **Rechtssetzung** wie beispielsweise einer Polizeiverordnung, die Öffnungszeiten und Lärmwerte festlegt.

Ist der geänderte Bebauungsplan in Kraft getreten (§ 10 Abs. 3 BauGB) ist der Bauherr 245
seitens des Architekten über kurze **Anfechtungsfrist** von einem Jahr[292] und die Vor-

---

289 Eine gelungene Übersicht über die Verfahren in den einzelnen Bundesländern findet sich beispielsweise bei *Wirth* aaO Zweites Buch Teil 1 gegliedert nach Genehmigungsverfahren (Rn. 86 ff.), vereinfachte Genehmigungsverfahren (Rn. 181 ff.) und Genehmigungsfreistellungs- und Anzeigeverfahren (Rn. 252 ff.).

290 § 3 Abs. 2 BauGB iVm § 47 VwGO.

291 Klarstellungssatzung (§ 34 Abs. 4 Nr. 1 BauGB); Entwicklungssatzung (§ 34 Abs. 4 Nr. 2 BauGB); Ergänzungssatzung (§ 34 Abs. 4 Nr. 3 BauGB).

292 Normenkontrollverfahren gem. § 47 VwGO vor den Oberverwaltungsgerichten.

schriften über die **Planerhaltung**[293]aufzuklären. Eine weitergehende Beratung über die Erfolgsaussichten einer gerichtlichen Vorgehensweise dürfte aber nicht geschuldet sein.

246 **b) Plansicherung.** Oft bedienen sich die Gemeinden der Instrumente der Plansicherung wie der **Veränderungssperre** (§§ 14 ff. BauGB) und der **Zurückstellung von Baugesuchen** (§ 15 BauGB) gerade auch, um ein an sich zulässiges, gemeindeseits aber unerwünschtes Bauvorhaben, wie beispielsweise oben besagte *Tankstelle,* zu verhindern. Selbst wenn keine Aussicht auf Genehmigung mehr besteht, kann der Zeitpunkt der Einreichung eines genehmigungsfähigen Antrags Auswirkungen auf mögliche Entschädigungsansprüche des Bauherrn gegenüber der Gemeinde haben (§ 18 BauGB). Verkennt der Architekt dies, haftet er dem Bauherrn gegenüber dem Grunde nach.

D. Bodenordnung

247 Die Umsetzung der Bauleitplanung einer Gemeinde und damit die bauherrenseitig gewünschte **Baureife** eines Grundstücks setzt regelmäßig die **rechtliche** und **tatsächliche** Umgestaltung der Grundstücke im Plangebiet voraus. Rechtlich sind die **Grundstücke** planentsprechend zu **ordnen**; nur so können die im Bebauungsplan beispielsweise vorgesehenen Bauplätze oder öffentliche Verkehrsflächen entstehen. Tatsächlich entsteht die Baureife erst durch die Herstellung der **Erschließung**sanlagen im Plangebiet:

248 **a) Planverwirklichung.** Die Bodenordnung kann die Gemeinde mit Instrumenten der **Planverwirklichung** bewerkstelligen. Nicht selten wird der Architekt hierbei vom Grundstückseigentümer beigezogen. Bestehen beispielsweise bereits konkrete Vorstellungen zur Errichtung eines *Schnellimbissrestaurants* nebst Parkflächen und Zufahrten, macht es Sinn, die Bodenverhältnisse optimal für diesen Zweck zur ordnen. Durch die **Teilung** von Grundstücken im Geltungsbereich von Bebauungsplänen dürfen gem. § 19 Abs. 2 BauGB keine Verhältnisse entstehen, die den Festsetzungen des Bebauungsplans widersprechen.

249 *aa)* Die Gemeinde kann nach Maßgabe der jeweiligen gesetzlichen Vorschriften ein Instrument der Planverwirklichung wählen. Gängig ist hierbei die **Umlegung** (§§ 45 ff. BauGB) und bei größeren Verfahren auch die **Flurbereinigung** und die zwar im BauGB ausführlich geregelte, praktisch aber eher unbedeutsame **Enteignung** (§§ 85 ff. BauGB). Das besondere Städtebaurecht (§§ 136 bis 191 BauGB) gibt der Gemeinde im Rahmen der Durchführung von städtebaulicher Sanierung,[294] Entwicklung[295] oder Erhaltung[296] weitere Möglichkeiten der Bodenordnung.

250 *bb)* Hat der zukünftige Bauherr und Grundstückseigentümer einen Architekten eingeschaltet, wird dieser ihn beispielsweise auf den **Ablauf** des Umlegungsverfahrens,[297] die im Verfahren gebotenen **Rechtsbehelfe**[298] oder die für den Bauherrn günstige Gestaltung der **Zuteilung**[299] hinweisen.

251 **b) Bodenwertentwicklung.** Mit der Bodenordnung untrennbar verbunden ist eine Bodenwertentwicklung. Diese hat freilich im Schnittpunkt zur Tätigkeit des Architekten

---

293 §§ 214 bis 216 BauGB

294 §§ 136 bis 164 BauGB.

295 §§ 165 bis 171 BauGB.

296 §§ 172 bis 174 BauGB.

297 Anordnung der Umlegung (§ 46 BauGB); Umlegungsbeschluss (§ 47 BauGB); Bestandskarte und -verzeichnis (§ 53 BauGB); Umlegungsplan (§ 66 BauGB).

298 Widerspruch und Antrag auf gerichtliche Entscheidung (§ 217 BauGB).

299 Beispielsweise die Möglichkeit vorzeitiger Besitzeinweisung gem. § 77 BauGB.

zumeist nur mittelbare Bedeutung. § 5 ImmoWertV[300] definiert die Stufen der Baulandentwicklung aus der Wertperspektive mit den mittlerweile in der Bevölkerung ebenfalls gängigen Begriffen der Flächen der Land- und Forstwirtschaft,[301] dem **Bauerwartungsland**,[302] dem **Rohbauland**[303] und dem **baureifen Land**.[304] Der mit einer Genehmigungsplanung beauftragte Architekt hat den Bauherrn über die Realisierungschancen und Zeitlauf aufzuklären.

Unmittelbare Bedeutung gewinnt die Wertermittlung lediglich für die gutachterliche Tätigkeit des Architekten. Für die ordnungsgemäße Ermittlung des Verkehrswertes[305] haftet der Architekt seinem Auftraggeber und je nach Ausgestaltung der Beauftragung auch Dritten gegenüber.[306]

E. Baureifmachung von Grundstücken

Alternativ zu den Instrumenten der Planverwirklichung können die Gemeinden mit Grundstückseigentümern und Erschließungsträgern **konsensual** zu einer **Baureifmachung** von Grundstücken kommen: 252

a) Aufgabe der Kommunen. Baulandentwicklung ist Aufgabe der **Gemeinden** (§ 1 Abs. 1 BauGB). Diese kann beispielsweise durch **Entwicklung** von **Flächen** der *Land- und Forstwirtschaft, Militär-* und *Eisenbahnbrachen* oder *innerstädtische Verdichtung* erfolgen. Die Gemeinden haben die Bauleitpläne aufzustellen, sobald und soweit es für die städtebauliche Entwicklung und Ordnung erforderlich ist (§ 1 Abs. 3 BauGB). Damit soll eine **nachhaltige** städtebauliche **Entwicklung** gewährleistet werden (§ 1 Abs. 5 BauGB). 253

b) Entwicklung seit 1990. Mit dem Beitritt der DDR am 3.10.1990 ergab sich ganz neuer, in seinem Umfang so ungekannter **städtebaulicher Planungsbedarf**. Dies betraf einerseits die neuen Bundesländer und andererseits, bedingt durch die inländische Migration, auch die alten Bundesländer. Der Bundesgesetzgeber hat darauf zunächst mit zeitlich beschränkter Maßnahmengesetzgebung[307] reagiert; diese wurde mittlerweile modifiziert und in Dauerrecht[308] überführt. Hinzutreten die aktuellen gesetzlichen Vorgaben zur klimagerechten Stadtentwicklung und der Innenentwicklung. 254

---

[300] Verordnung über die Grundsätze der Ermittlung der Verkehrswerte von Grundstücken (Immobilienwertermittlungsverordnung – ImmoWertV) . 19.5.2010 (BGBl. I S. 639) geändert durch das BauROG 22.12.2008 BGBl. I, 2986: hinzu treten Verwaltungsvorschriften, Wertermittlungsvorschriften genannt für Grundstücke (WertR 2006), Waldflächen (WaldR 2000) oder Landwirtschaft (LandR 78).

[301] § 5 Abs. 1 ImmoWertV.

[302] § 5 Abs. 2 ImmoWertV.

[303] § 5 Abs. 3 ImmoWertV.

[304] § 5 Abs. 4 ImmoWertV.

[305] Vergleichswertverfahren (§§ 15, 16 ImmoWertV), Ertragswertverfahren (§§ 17 bis 20 ImmoWertV) und Sachwertverfahren (§ 21 bis 23 ImmoWertV).

[306] Vgl.1.Abschnitt B II 7 lit. d.

[307] Wohnungsbau-Erleichterungsgesetz (Wo-BauErlG) v. 17.5.1990 BGBl. I, 926 beinhaltend auch das Maßnahmengesetz zum Baugesetzbuch (BauGB-MaßnahmenG); Bauplanungs- und Zulassungsverordnung (Bau-ZVO) der DDR v. 20.6.1990 GBl DDR I, 739; § 246 a BauGB eingefügt durch den Einigungsvertrag v. 23.9.1990 BGBl. II, 885 (1122); Investitionserleichterungs- und Wohnbaulandgesetz (Inv-WoBaulG) v. 22.4.1993 BGBl. I, 466.

[308] Bau- und Raumordnungsgesetz (BauROG) v. 18.8.1997 BGBl. I 2081 und Gesetz zur Umsetzung der UVP-Änderungsrichtlinie, der IVU-Richtlinie und weiterer Richtlinien v. 27.7.2001 BGBl. I 1950 beinhaltend auch das BauGB 2001.

255 **c) Vertrag.** Damit wurde die Grundlage geschaffen für eine stärkere Kooperation zwischen **Privaten** und Gemeinden.[309] Instrument der Kooperation ist der **Vertrag:**

256 *aa)* Die Gemeinde kann gem. § 11 Abs. 1 BauGB **städtebauliche Verträge** schließen. Das Gesetz nennt als mögliche Vertragsgegenstände städtebauliche **Maßnahmen,**[310] die Förderung und Sicherung **planerischer Ziele**[311] oder die Übernahme von **Folgekosten.**[312] Gem. § 11 Abs. 4 BauGB sind auch andere städtebauliche Verträge zulässig. Der Gemeinde und dem Privaten werden erhebliche **Regelungsmöglichkeiten** eröffnet. Gleichwohl können sie nicht privatautonom, sondern, was die Gemeinde angeht, nur nach im Rahmen der durch das **öffentliche Recht** gegebenen Vorgaben handeln.

257 Inhaltliche Grenzen ergeben sich beispielsweise aus § 11 Abs. 2 und 3 BauGB, §§ 54 ff. VwVfG oder aus § 1 Abs. 3 BauGB, wonach sich eine Gemeinde nicht zur Aufstellung eines Bebauungsplanes verpflichten kann. Findet **Grundstücksverkehr** statt, bedarf der Vertrag der notariellen Beurkundung (§ 311 b BGB); ansonsten ist er formnichtig (§ 125 BGB). Dies wurde in der Praxis beispielsweise bei Erschließungsverträgen gerne übersehen.[313] Im Rahmen des **Koppelungsverbots** müssen die von der Gemeinde mit dem Bauherrn vereinbarten Leistungen angemessen sein (§ 11 Abs. 2 BauGB).

258 Entschließt sich der Bauherr, diesen konsensualen Weg zu gehen, wird er möglichst frühzeitig einen **Planer** in seine Überlegungen einbinden. Nicht selten wird er gemeinsam mit dem Bauherrn Art und Maß der baulichen Nutzung des Baugrundstücks, Fragen des Ausgleichs der zu erwartenden Eingriffe in Natur und Landschaft, des Artenschutzes oder Erschließungsfragen bis hin zu Ablösevereinbarungen für Beiträge mit der Gemeinde verhandeln. Als Sachwalter des Bauherrn kommt ihm hierzu eine besonders hervorgehobene Stellung zu; diese Stellung korreliert mit einem entsprechenden Haftungsrisiko.

259 *bb)* Gem. § 12 BauGB können Bauherr und Gemeinde zur Schaffung des Planungsrechts den Weg über einen **vorhabenbezogenen Bebauungsplan** gehen. Im Rahmen eines sog. **Vorhaben- und Erschließungsplans** gekoppelt mit einem **Durchführungsvertrag** kann sich der Bauherr verpflichten, ein bestimmtes Vorhaben binnen einer zu vereinbarenden Frist unter Tragung der Planungs- und Erschließungskosten zu verwirklichen.[314] Der Vorteil für beide Teile liegt auf der Hand: Der Bauherr kann durch die auf ihn abgestimmte Planung erhebliche Synergieeffekte in finanzieller und zeitlicher Hinsicht erreichen; die Gemeinde wird in ihrer Verwaltungs- und Haushaltskraft nur bedingt belastet und kann so mehr Vorhaben früher umsetzen.[315]

260 Steht beispielsweise die Errichtung eines **großflächigen Einzelhandelsbetriebes** auf Flächen eines aufgegebenen *Güterbahnhofs* in Rede, stellt die Abwicklung des Bauvorhabens an den Architekten beginnend mit der Freistellung der Flächen durch das Eisenbahnbundesamt über Bauleitplanung, Genehmigungsplanung und zeitlich fixierte Eröffnung eines schlüsselfertig zu übergebenden Einzelhandelsbetriebes eine erhebliche Herausforderung dar; diese ist zugleich verbunden mit vielfältigen Haftungsrisiken auch bereits im Vorfeld der Genehmigungsplanung.

4. Abschnitt Architektenhaftung und Amtshaftung

261 Die Verwirklichung von Bauvorhaben steht wie gezeigt in engem Zusammenhang mit der Erteilung von **Genehmigungen**. Für den Bauherrn stellt sich die Frage, ob er neben

309 Vgl. auch *Grziwotz* Baulanderschießung München 1993.
310 Vgl. den Text des § 11 Abs. 1 Nr. 1 BauGB.
311 Vgl. den Text des § 11 Abs. 1 Nr. 2 BauGB.
312 Vgl. den Text des § 11 Abs. 1 Nr. 3 BauGB.
313 Vgl. § 124 Abs. 4 BauGB.
314 Vgl. den Text des § 12 BauGB.
315 Vgl. § 4 b BauGB.

Architekten und Planern auch den **Staat** in Anspruch nehmen kann. Zum Verständnis der **Staatshaftung** ist zunächst ein Überblick erforderlich (A). Im Einzelnen darzustellen sind sodann die **Amtshaftung** (B) und die Schnittpunkte zwischen Architekten- und Amtshaftung (C). Die Darstellung erhebt nicht den Anspruch, die vornehmlich durch Richterrecht geprägten filigranen dogmatischen Verästelungen des Staatshaftungsrechts darzustellen, sondern will lediglich Rüstzeug für das Verständnis der Architektenhaftung im Schnittpunkt zur Amtshaftung sein.

A. Überblick

Die Frage, in welchem Umfang **Bund**, **Länder** und **Gemeinden** eine Haftung oder eine andere Kompensationspflicht dem einzelnen Bürger gegenüber trifft, ist völlig **unübersichtlich** geregelt.[316] Dies sollte vor zwei Jahrzehnten mit dem **Staatshaftungsgesetz**[317] bereinigt werden; dieses Gesetz wurde aber wegen fehlender Gesetzgebungszuständigkeit des Bundes vom BVerfG für nichtig erklärt.[318] 262

Der Bund hat seit Änderung des Grundgesetzes[319] im Jahre 1994 die **Gesetzgebungskompetenz** (Art. 74 I Nr. 25 GG) für das Staatshaftungsrecht. Hiervon wurde aber bis dato kein Gebrauch gemacht, so dass es bei dem bisherigen unübersichtlichen **Konglomerat** aus Verfassungs-, Gesetzes- und Richterrecht bleibt. Eine stringente **Systematisierung** der einzelnen **Haftungsinstitute** des Staatshaftungsrechts fällt deshalb schwer. Gebräuchlich und auch für die Abgrenzung zur Architektenhaftung nützlich ist die Unterscheidung zwischen **rechtmäßigem** und **rechtswidrigem** staatlichen Verhalten: 263

I. Rechtmäßiges staatliches Verhalten

Bei erster Betrachtung widersinnig erscheint die Inanspruchnahme des Staates durch den einzelnen Bürger für **rechtmäßig**es staatliches Verhalten. Gemeint sind damit die Fälle der **Enteignung** und **Aufopferung**[320] des Einzelnen für die Gemeinschaft. Von besonderem Interesse für den Grundstückseigentümer und damit auch für den Architekten ist das **Planschadensrecht** des BauGB. Rechtsfolge ist jeweils eine **Entschädigung**, nicht aber **Schadenersatz** für die erlittene Maßnahme. Im Einzelnen: 264

1. Die Entschädigung nach Enteignungsgrundsätzen

Die Rechtsprechung sieht eine Entschädigung in Fällen der **Enteignung**, des **enteignungsgleich**en und des **enteignend**en **Eingriff**s gegeben. Die Voraussetzungen der Haftung sind unterschiedlich: 265

a) Eigentum. Anknüpfungspunkt der vorbezeichneten Haftungsinstitute ist das **Eigentum**. Dieses wird durch Art. 14 GG in seinem **Bestand** geschützt. Davon mit umfasst ist insb. auch das Eigentum an Grundstücken und die daraus resultierenden **Nutzungs**möglichkeiten,[321] deren **Inhalt** und **Schranken** durch **Gesetze** bestimmt werden (Art. 14 Abs. 1 Satz 2 GG). Werden dem Einzelnen durch den **Zugriff** des **Staates** sich aus dem 266

---

316 Instruktiv insb. die Einführung und Einleitung zu §§ 1–13 StHG bei *Schäfer/Bonk* Staatshaftungsgestz München 1982.

317 StaatshaftungsG v. 26.6.1991 (BGBl. I, 553).

318 BVerfG Urt. v. 19.10.1982 BVerfGE 61, 149.

319 GGÄndG v. 27.10.1994 (BGBl. I, 3146).

320 Vgl. erstmals in Deutschland kodifiziert in §§ 74, 75 der Einleitung zum Allgemeinen Landesrecht für die preussischen Staaten v. 5.2.1794.

321 Beispielsweise das Bau-, Fischerei- (vgl. BVerfGE 70, 199) oder Jagdrecht (vgl. BGH NJW 1996, 1897), nicht aber die Grundwassernutzung (vgl. BVerfGE 58, 332).

Eigentum[322] ergebende Nutzungsmöglichkeiten entzogen, ist ein Enteignungsakt gegeben.

267 **b) Enteignung.** In Abgrenzung von den anderen beiden Haftungsinstituten muss der Zugriff des Staates ein **zielgerichteter** gegen das Eigentum, beispielsweise das gegen das potentielle Baugrundstück, gewendeter **Rechtsakt sein.**

268 Soll im Zuge einer *Ortsumgehung* über Teilflächen des *potentiellen Baugrundstücks* des Eigentümers eine *Bundesfernstraße* geführt werden, wird zunächst ein Verwaltungsverfahren nach Maßgabe des FstrG durchgeführt. Ist der Eigentümer nach **bestandskräftig**em Abschluss des **Verwaltungsverfahren**s nicht bereit, die Flächen an die Bundesrepublik Deutschland als Baulastträgerin zu veräußern, muss durch die zuständige Enteignungsbehörde ein Enteignungsverfahrens durchgeführt werden. Damit die Baumaßnahme durchgeführt werden kann, wird die Bundesrepublik Deutschland regelmäßig im Rahmen des Enteignungsverfahren zunächst in den **Besitz** der Flächen eingewiesen; anschließend erfolgt die Entziehung des **Eigentum**s und die Festsetzung der **Entschädigung**. Die einzelnen Schritte des Enteignungsverfahrens können ebenfalls gerichtlich überprüft werden.[323]

269 **Verwaltungs-** und **Enteignungsverfahren** sind zwar unterschiedliche Verfahren; in einigen gesetzlich angeordneten Fällen für Infrastrukturmaßnahmen erzeugt das Verwaltungsverfahren, also beispielsweise ein Planfeststellungsbeschluss betreffend einer Straßenplanung,[324] bereits **Vorwirkung** auf ein späteres Enteignungsverfahren.[325] Will der Bauherr sein von einem solchen Verfahren tangiertes Grundstück bebauen, entstehen für den damit befassten Architekten besondere **Aufklärungs-** und **Beratungspflichten**, zumal die einschlägigen Fachplanungsgesetze zunehmend materiell-rechtlich wirkende **Präklusion**svorschriften[326] enthalten.[327]

270 Die Enteignung ist nur durch **Gesetz** oder aufgrund eines Gesetzes, das Art und Ausmaß der **Entschädigung**[328] regelt (Art. 14 Abs. 3 Satz 2 GG), und aus **Gemeinwohl**gründen (Art. 14 Abs. 3 Satz 1 GG) zulässig.

271 **c) Enteignungsgleicher Eingriff.** Dieses Haftungsinstitut beruht auf Richterrecht. Es kommt dann in Betracht, wenn dem Einzelnen durch eine **rechtmäßige hoheitliche Maßnahme** ein anderen nicht zugemutetes Opfer für die Allgemeinheit als nicht finale **Nebenfolge** auferlegt wird.[329] Eine Entschädigung entfällt, wenn der betroffene Eigentümer die Durchsetzung seiner **Rechte** im nicht im **Verwaltungsgerichtsverfahren** verfolgt. Steht beispielsweise dem Umbau eines Gebäudes beispielsweise einer *historischen Gastwirtschaft* eine denkmalschutzrechtliche Konservierungsverfügung entgegen, vergibt er seinen Entschädigungsanspruch, wenn er nicht vorher den Verwaltungsrechtsweg ausgeschöpft hat.[330] Dies hat der mit dem Umbau beauftragte Architekt zu berücksichtigen.

272 **d) Enteignender Eingriff.** Auch dieses Haftungsinstitut beruht auf Richterrecht.[331] Wer ein, auf einer **rechtswidrigen hoheitlichen Maßnahme** beruhenden Eingriff in sein

---

322 Vgl. beispielsweise BVerfGE 58, 300 *(Nassauskiesung)*; BVerfGE 74, 264 *(Boxberg)* bzw. BVerfGE 79, 174 *(Straßenlärm)*.

323 Vgl. BGH NJW 1993, 1700 zur Rechtswegzuständigkeit.

324 Vgl. BVerfGE 79, 174, wonach die Festsetzung einer öffentlichen Straße in einem Bebauungsplan bezüglich der Anliegergrundstücke noch kein Enteignungsakt ist (vgl auch §§ 85 ff. BauGB).

325 Vgl. §§ 22 AEG, 19 BFstrG, 44 BwaStrG oder 28 Abs. 2 LuftVG.

326 Vgl. §§ 20 Abs. 2 AEG oder 17 Abs. 4 BFStrG.

327 Vgl. das Planfeststellungsverfahren gem. § 73 Abs. 4 Satz 3 BVwVfG.

328 Vgl. §§ 8 a BFStrG, 19 Abs. 3 WHG, 42 BImschG bzw. 39 ff. und 85 ff. BauGB.

329 Vgl. BGH Urt. v. 20.2.1992 III ZR 188/90 DVBl 1992, 1089.

330 Vgl. BGH Urt. v. 21.12.1989 III ZR 132/88 DVBl 1990, 898.

331 Vgl. beispielsweise BGH NJW 1984, 1876 oder 1993, 1700.

Eigentum zu tragen hat, erhält ebenfalls Entschädigung und wird so nicht schlechter gestellt wie der von einer rechtmäßigen hoheitlichen Maßnahme Betroffene.

Kommt es beispielsweise im Zuge von **Baumaßnahmen von öffentlichen Verkehrs- und Versorgungseinrichtungen**[332] für die Straßenanlieger zu Beeinträchtigungen, sind dieses entschädigungslos hinzunehmen, wenn sie nach Art und Dauer nicht über das hinausgehen, was bei ordnungsgemäßer Planung und Durchführung der Arbeiten mit möglichen und zumutbaren Mitteln sächlicher und persönlicher Art notwendig ist. Bei Missachtung des **Verhältnismäßigkeit**sgebots[333] ist der Eingriff rechtswidrig und es kann eine **Entschädigung** wegen enteignungsgleichem Eingriff verlangt werden.[334] 273

Bringt eine für den Bau von Anlagen für die Abwasserentsorgung notwendige *Grundwasserabsenkung* eine dauerhafte Beeinträchtigung der Standfestigkeit des Hauses des Anliegers mit sich, besteht deshalb ein Entschädigungsanspruch.[335] Fallen im Rahmen einer Bau- oder Verkehrsregulierungsmaßnahme der Gemeinde öffentlich gewidmete *Stellplätze* weg[336] oder wird durch die Einrichtung einer Fußgängerzone ein Geschäftshaus nicht mehr uneingeschränkt anfahrbar, müssen dies die Anlieger regelmäßig dulden.[337] Eine Andienung zu Lieferzwecken oder die Anfahrbarkeit eines *Hotelbetriebes* in einer Fußgängerzone muss regelmäßig im Rahmen des durch Art. 14 GG geschützten **Anliegergebrauch**s gewährleistet sein. Diese wenigen angesprochenen Fälle zeigen auf, wie dicht dieser Rechtsbereich mit der Berufspraxis des Architekten verwoben ist.

e) Entschädigung. Entstehen für den Betroffenen erhebliche Nachteile,[338] hat er einen Entschädigungsanspruch[339] für den Substanzverlust.[340] Es wird lediglich die Vermögensverschiebung[341] ausgeglichen, nicht aber der Schaden ersetzt.[342] 274

2. Die Entschädigung nach Aufopferungsgrundsätzen

Lediglich zur Klarstellung angesprochen werden soll die Aufopferungsentschädigung. Während die oben genannten Haftungsinstitute Vermögensschäden abdecken, werden nach Aufopferungsgrundsätzen **Nichtvermögensschäden** – teilweise spezialgesetzlich geregelt wie beispielsweise *Gesundheitsschäden*[343] – entschädigt. Die Schnittpunkte zum Tätigkeitsfeld des Architekten sind unbedeutend. 275

3. Das Planschadensrecht des BauGB

§§ 39–44 BauGB gewähren Entschädigung für die Folgen **planerischer Eingriffe** in ein Grundstück im Rahmen eines Bebauungsplanverfahrens. 276

Dem Planschadensrecht ist zunächst eine Generalnorm für Vertrauensschaden wegen getätigter **Aufwendungen** (§ 39 BauGB) vorangestellt. Darauf folgen Entschädigungsregelungen für nachteilige **Festsetzungen** (§§ 40, 41 BauGB) und Entschädigung bei **Änderung** und **Aufhebung** einer **zulässigen Nutzung** (§ 42 BauGB). §§ 43 und 44 BauGB regeln das Entschädigungsverfahren. Für die Architektentätigkeit von ganz erheblicher Bedeutung ist natürlich die Frage, inwieweit im Rahmen einer geänderten Grundstück-

332 Vgl. BGH NJW 1962, 1816 (Anlagen für die Abwasserentsorgung).
333 Vgl. BGH Urt. v. 20.12.1971 III ZR 79/69 oder BGH NJW 1976, 1312 und 1977, 1817 (U-Bahn).
334 Vgl. BGH NJW 1965, 1907.
335 Vgl. BGH NJW 1978, 1051 sowie BGHZ 57, 370 und 72, 289.
336 Vgl. BVerwG NJW 1983, 2077.
337 Vgl. BVerwG DÖV 1994, 345.
338 Vgl. BVerwG DVBl 1985, 896 (Verkehrslärm).
339 Vgl. BGH Urt. v. 19.1.1989 III ZR 6/87 WM 1989, 1154 (Pächter).
340 Vgl. BGH Urt. v. 26.6.1972 III ZR 203/68 NJW 1972, 1574.
341 Vgl. BGH Urt. v. 3.3. 1977 III ZR 181/74 NJW 1977, 1817.
342 Vgl. BGH Urt. v. 2.4. 1991 III ZR 186/79 NJW 1981, 1663.
343 Vgl. BGHZ 9, 83 ff. *(Impfschaden)* §§ 49, 57 BSeuchG.

sausnutzung Entschädigungsansprüche gegenüber der Gemeinde entstehen können. Im Einzelnen:

277 **a) Vertrauensschaden (§ 39 BauGB).** Haben Eigentümer oder Nutzungsberechtige im berechtigten **Vertrauen**[344] auf einen **rechtsverbindlichen**[345] Bebauungsplan Vorbereitungen für die Verwirklichung von sich aus dem Bebauungsplan ergebenden **Nutzungsmöglichkeiten** getroffen, können sie eine angemessene Entschädigung verlangen, soweit die Aufwendungen durch die Änderung, Ergänzung oder Aufhebung des Bebauungsplanes an **Wert** verlieren (§ 39 Satz 1 BauGB).

278 § 39 BauGB ist nicht anwendbar auf Vorhaben **innerhalb** der im Zusammenhang bebauten **Ortsteile** (§ 34 BauGB), Bauen im **Außenbereich** (§ 35 BauGB) sowie auf notwendige **Befreiungen** gem. 31 Abs. 2 BauGB.[346]

279 Die Aufwendungen müssen in unmittelbarem Zusammenhang mit der Vorbereitung für die Verwirklichung von Nutzungsmöglichkeiten stehen; ersatzfähig sind beispielsweise Kosten für Grundstücksteilungen, -vermessungen, Bodenuntersuchungen, **Architekten-** und **Ingenieurhonorare** für Planentwürfe, Wirtschaftlichkeitsberechnungen, Bau- und Finanzierungskosten einschließlich Bereitstellungszinsen und Baugenehmigungsgebühren.[347] Entschädigt werden auch **Abgaben**, die im Zusammenhang mit der öffentlichen **Erschließung** erhoben wurden (§ 39 Satz 2 BauGB).

280 **b) Entschädigungspflichtige Festsetzungen (§§ 40, 41 BauGB).** § 40 Abs. 1 BauGB enthält einen 14 Positionen umfassenden **Katalog**[348] von Festsetzungen, deren Verwirklichung für den einzelnen Grundstückseigentümer **unzumutbar**[349] sind.

281 Gem. § 40 Abs. 2 BauGB kann der jeweilige Eigentümer[350] die **Grundstücksübernahme** und **Entschädigung** gem. § 40 Abs. 3 BauGB verlangen.[351] Er braucht also nicht abzuwarten bis die Gemeinde ihrerseits die Bodenordnung durch Einleitung eines Umlegungsverfahrens (§§ 45 ff. BauGB) oder die Enteignung (§§ 85 ff. BauGB) betreibt.[352]

§ 41 Abs. 1 BauGB betrifft **Geh-, Fahr-** und **Leitungsrechte**; § 41 Abs. 2 BauGB **Pflanzbindungen**, die jeweils nicht entschädigungslos zu dulden sind.[353]

282 **c) Entschädigung bei Änderung oder Aufhebung einer zulässigen Nutzung (§ 42 BauGB).** Innerhalb einer Frist von sieben Jahren (§ 42 Abs. 2 BauGB) kann der Grundstückseigentümer im Rahmen der sog. **Plangewährleistung** darauf vertrauen, dass eine Änderung der aufgrund eines Bebauungsplanes zulässigen Nutzung nicht entschädigungslos erfolgt. Voraussetzung ist aber eine **zulässige Nutzung**, was insbesondere auch eine **gesicherte Erschließung** erfordert.[354]

---

344 Vgl. BGH Urt. v. 18.9.1987 ZfBR 1988, 81.

345 Vgl. BGH Urt. v. 24.6.1982 III ZR 169/80 NJW 1983, 215.

346 Vgl. BGH Beschl. v. 26.9.1991 III ZR 19/90.

347 *Battis/Krautzberger/Löhr/Battis* § 39 Rn. 3.

348 Beispielsweise Flächen für *Sport- und Spielanlagen* (Nr. 1), *Verkehrs*flächen (Nr. 5), *Versorgungs*flächen (Nr. 6), Flächen für die *Abfall- und Abwasserbeseitigung* einschließlich Rückhaltung und *Versickerung von Niederschlagswasser* sowie für *Ablagerungen* (Nr. 7), Flächen für *Gemeinschaftsanlagen* (Nr. 11) oder Flächen zum *Schutz, zur Pflege und zur Entwicklung von Boden, Natur und Landschaft* (Nr. 14).

349 Vgl. BGHZ 63, 240 und 93, 165.

350 Gem. § 200 Abs. 2 BauGB beispielsweise auch der *Erbbauberechtige.*

351 Vgl. BGH Urt. v. 19.9.1985 III ZR 162/84 NJW 1986, 2253.

352 Vgl. BGH NJW 1985, 1781.

353 Vgl. hierzu und zum gesamten Planschadensrecht die Kommentierung von *Battis* in *Battis/Krautzberger/Löhr* BauGB 8. Aufl.

354 Vgl. BGH NVwZ 1995, 413 und 1997, 2115 sowie BVerwG 1975, 402.

Gem. § 42 Abs. 6 BauGB genügt es, wenn vor Ablauf der Siebenjahresfrist eine **Baugenehmigung**[355] ergeht oder nach Maßgabe des § 42 Abs. 7 BauGB beantragt ist. Nach Ablauf der Siebenjahresfrist kann Entschädigung nur noch für eine ausgeübte Nutzung verlangt werden (§ 42 Abs. 3 BauGB). Wird die zulässige Nutzung aufgehoben, besteht wie unter Lit. b erläutert ein **Übernahmeanspruch** gegenüber der Gemeinde (§ 42 Abs. 9 BauGB). Reicht der Architekt den Baugenehmigungsantrag in Verkennung dieser Fristen verspätet ein und verliert der Bauherr dadurch seine gesetzlichen Entschädigungsansprüche gegenüber der Gemeinde, haftet er dem Bauherrn gegenüber. 283

II. Rechtswidriges staatliches Verhalten

Handeln Bund, Länder oder Gemeinden rechtswidrig, kann dies **schuldhaft** oder **schuldlos** erfolgen. Handeln sie schuldlos, geht es um die **Folgenbeseitigung** dieses Handelns; handeln sie dagegen schuldhaft, geht es um Schadenersatz wegen Verletzung einer **Vertrags-** oder **Amtspflicht**. Letzteres wird unter folgendem Lit. C behandelt. 284

1. Folgenbeseitigungsanspruch

Gegenüber dem Staat besteht ein Beseitigungsanspruch für Folgen aus **rechtswidrigem Verwaltungshandeln**. Die Rechtsprechung sieht den Anspruch verfassungs- und gewohnheitsrechtlich verankert.[356] Herzustellen ist der Zustand vor der Beeinträchtigung; ist dies dem Hoheitsträger nicht möglich oder zumutbar, kommt eine Entschädigung in Betracht.[357] 285

2. Vertragsverletzung

Die Verwaltung haftet für **schuldhafte Verletzung** von **öffentlich-rechtlichen Verträgen** und **Schuldverhältnissen**: 286

a) Öffentlich-rechtlicher Vertrag. §§ 54 ff. BVwVfG behandelt den öffentlich-rechtlichen Vertrag als Rechtsinstitut nur ansatzweise. § 62 Satz 2 BVwVfG verweist als Schlussnorm der Vorschriften über öffentlich-rechtliche Verträge ausdrücklich auf die Vorschriften des Bürgerlichen Gesetzbuches und damit beispielsweise auf den allgemeinen Teil des Schuldrechts und Rechtsinstitute wie Verschulden bei Vertragsverhandlungen[358] (§ 311 BGB) oder Positiver Vertragsverletzung. Eine Vielzahl sich in diesem Zusammenhang ergebender Fragen der Anwendbarkeit und der Rechtsfolgen befindet sich noch in einem Klärungsprozess in Rechtsprechung und Literatur. Dies gilt für öffentlich-rechtliche Verträge und Schuldverhältnisse gleichermaßen.[359] 287

b) Städtebauliche Verträge. Von besonderem Interesse für die Architektentätigkeit sind städtebauliche Verträge (§ 11 BauGB) wie beispielsweise auch der **Erschließungsvertrag** (§ 124 BauGB). Für die Gemeinden gilt dabei der Gesetzesvorrang (Art. 20 Abs. 3 GG); anders wie der Private sind sie an die gesetzlichen Vorschriften gebunden und können sich beispielsweise nicht zum Erlass eines Bebauungsplanes (§ 1 Abs. 3 BauGB) verpflichten. Hieraus ergeben sich ein Vielzahl von Gestaltungs- und Haftungsvarianten mit Relevanz für den in den Vorgang eingebundenen Architekten. 288

---

355 Gem. § 42 Abs. 7 BauGB ist auch der Antrag auf Erteilung eines Vorbescheides ausreichend.
356 Vgl. BVerwG NJW 1972, 269 und 1985, 817.
357 Vgl. BVerwG NJW 1988, 2396.
358 Vgl. BGH NJW 1978, 1802 und 1980, 1683.
359 Vgl. BVerwG NJW 1989, 538 oder VGH Mannheim NVwZ 1990, 388.

B. Amtshaftung

289 Für **rechtswidriges** und **schuldhaftes Verhalten** haften auch Bund, Länder und Gemeinden. Über die ohnehin schon gem. §§ 823, 826 hinaus bestehende Haftung statuiert § 839 BGB eine **Eigenhaftung** des **Beamten**, die kraft befreiender normativer Schuldübernahme gem. Art. 34 S. 1 GG auf die Anstellungskörperschaft übergeht.[360] Daneben haftet die Anstellungskörperschaft auch gem. §§ 823, 826 BGB; diese muss aber nur unter den engen Voraussetzungen der §§ 831, 89, 31 BGB einstehen, so dass für den Bürger der Weg über § 839 BGB günstiger ist. Im Folgenden werden die **Haftungsvoraussetzungen** anhand der Rechtsprechung dargestellt; die Darstellung erfolgt schlaglichtartig mit Blick auf die konkurrierende Architektenhaftung:

1. Amtsträger

290 Amtsträger sind Personen, die ein ihnen **anvertrautes öffentliches Amt** ausüben. Diese können in einem **Dienst**verhältnis, also beispielsweise Beamte im statusrechtlichen Sinne,[361] Angestellte und Arbeiter im öffentlichen Dienst, oder in einem **ehrenamt**lichen Verhältnis wie Mitglieder eines Gemeinde-[362] oder Kreistages stehen.[363] Dazu gehören außerdem sog. **Beliehene**,[364] amtlich anerkannte **Sachverständige**[365] oder **Prüfingenieure** für Baustatik.[366] Amtsträger in diesem haftungsrechtlichen Sinn können aber auch staatlicherseits beauftragte Werkunternehmer beispielsweise im Straßenbau oder bei der Wartung von technischen Einrichtungen sein.[367] Amtsträger sind hiernach jedenfalls die bei einer Gemeinde oder bei einer Baurechtsbehörde tätigen Mitarbeiter.[368]

2. Handeln in Ausübung eines öffentlichen Amtes

291 Weitere Voraussetzung für die Amtshaftung ist ein äußerer und **innerer Zusammenhang** der Tätigkeit des Amtsträgers mit seinem öffentlichen Amt.[369]

3. Amtspflichten

292 Der Bundesgerichtshof hat in einer Vielzahl von Entscheidungen Amtspflichten angenommen; diesbezüglich sollen drei Bereiche im Schnittpunkt zur Architektenhaftung herausgegriffen werden:

293 **a) Amtspflicht zu rechtmäßigem ermessensfehlerfreiem Handeln.** Der Amtsträger hat rechtmäßig, ermessensfehlerfrei und nicht widersprüchlich zu handeln. Hierzu muss der zunächst der **Sachverhalt** umfassend aufgeklärt werden.[370] Hierzu gehört auch eine entsprechende rechtliche Prüfung; erteilt beispielsweise die untere Baurechtsbehörde einen rechtswidrigen *Bauvorbescheid*, so muss sie dem Antragsteller seine frustrierten Aufwendungen ersetzen, sofern die *Baugenehmigung* aus bereits zum Zeitpunkt des Erlasses des Bauvorbescheids erkennbaren Gründen später versagt wird.[371] Die Entscheidung

---

360 Vgl. zu alledem die umfassende Aufarbeitung im MünchKomm (Papier) § 839 m. w. N.
361 Vgl. §§ 2 Abs. 1, 5 ff. BRRG.
362 Vgl. BGH NVwZ 1986, 504.
363 Vgl. BGH NJW 1981, 2000 *(Kassenärztliche Vereinigung)*.
364 Beispielsweise *Jagdaufseher* (§ 25 Abs. 2 BjagdG) oder *Luftfahrzeugführer* (§ 29 Abs. 3 LuftVG).
365 Vgl. BGH NJW 1993, 1784.
366 Vgl. BGHZ 39, 358.
367 Vgl. BGH NJW 1967, 1857.
368 Soweit sie mit entsprechenden Aufgaben behördenintern betraut sind.
369 Vgl. BGH NJW 1994, 660.
370 Vgl. BGH NJW 1989, 99.
371 Vgl. BGH NJW 1988, 2884.

muss **ermessensfehlerfrei** erfolgen; hierbei wird der im Grunde bindende Maßstab der Verwaltungsgerichtsbarkeit (§ 114 VwGO) angelegt.[372]

Im Schnittpunkt zur Architektenhaftung von besonderer Bedeutung ist die Frage der *Nichtigkeit* von *Bebauungsplänen*. Die Gemeinde hat im **Bebauungsplanverfahren** (§§ 1ff. und 8ff. BauGB) drohende Gefährdungen für die späteren Bewohner des Gebiets beispielsweise durch *Hangwasser*[373] oder aufgrund *schädlicher Bodenveränderungen* zu verhindern;[374] die Gemeinde darf die Bewältigung von Folgeproblemen nur dann einem nachfolgenden Verwaltungsverfahren überlassen, wenn realistischer weise davon auszugehen ist, dass die Probleme in diesem Zusammenhang bewältigt werden können.[375] 294

Genehmigungsanträge sind **zügig** zu bearbeiten.[376] Eine Gemeinde ist beispielsweise nicht berechtigt, die Entscheidung über eine angemessene Bauvoranfrage über die angemessene Bearbeitungszeit hinauszuzögern, wenn das Bauvorhaben nach der noch gültigen Rechtslage planungsrechtlich zulässig ist, aber ein divergierender Bebauungsplan im Raum steht.[377]

b) Auskunftspflicht. Der Amtsträger muss zutreffend **Auskunft** geben. Diese Auskunft muss **vollständig, richtig** und **unmissverständlich** sein, damit der Empfänger der Auskunft entsprechend disponieren kann.[378] Wird beispielsweise mitgeteilt, eine untergebene Behörde sei zur *Genehmigungserteilung angewiesen*, kommt es letztendlich aber nicht zur Erteilung der Genehmigung, so sind dem Bauherrn die im Vertrauen auf die Auskunft getätigten **frustrierten Aufwendungen** zu ersetzen.[379] Gegebenenfalls ist der Antragsteller zu **belehren**.[380] 295

Diese Verpflichtung trifft die Behörde auch für Aussagen über **zukünftige** Verwaltungsvorgänge wie Bebauungsplan- oder Bodenordnungsverfahren.[381] Bestehen Bedenken bezüglich der Wirksamkeit eines Bebauungsplanes, so entstehen daraus Hinweispflichten;[382] wird der Bebauungsplan aber in einem nach der Auskunft durchgeführten Normenkontrollverfahren für nichtig erklärt, liegt in dem Umstand, dass der Amtsträger bei Auskunftserteilung diese Nichtigkeitsgründe nicht geprüft hat, keine Amtspflichtverletzung.[383] Diese Sichtweise findet auch auf die Genehmigungsverfahren Anwendung. Sollen beispielsweise *Windkraftanlagen* nach BImschG erstellt werden, hat die Genehmigungsbehörde auf Anfrage beispielsweise Auskunft über die planungsrechtliche Grundlagen und Vorgaben des Natur- und Artenschutzes zu geben.

c) Verkehrssicherungspflicht. Die diversen Verkehrssicherungspflichten sind einzuhalten. Der Bundesgerichtshof hat sich insbesondere mit den Verkehrssicherungspflichten der einzelnen Baulastträger auseinander gesetzt, beispielsweise bezüglich *Bäumen*,[384] *Bodenschwellen*[385] oder *Räum- und Streupflichten*.[386] 296

---

372 Vgl. BGH NJW 1995, 865.
373 BGH BRS 62 Nr. 13.
374 Vgl. BGH NJW 1989, 976; 1990, 1038; 1992, 1953; 1993, 384.
375 VGH BW BWGZ 2000, 139.
376 BGH DVBl. 2001, 1626.
377 BGH DVBl. 2001, 1619.
378 BGH NVwZ 2002, 373.
379 Vgl. BGH NVwZ-RR 1991, 171.
380 Vgl. auch § 14 Abs. 1 BNotO.
381 Vgl. BGH NJW 1980, 2576 und NVwZ-RR 1996, 66.
382 Vgl. BGHZ 84, 292 und 92, 34.
383 Vgl. OLG Saarbrücken NVwZ-RR 1999, 159.
384 Vgl. BGH NVwZ-RR 1989, 301.
385 Vgl. BGH VersR 1991, 1055.
386 Vgl. BGH VersR 1987, 989.

4. Drittbezogenheit der Amtspflicht

297 Die Amtspflicht muss gerade auch gegenüber **Dritten** bestehen. Das ist dann der Fall, wenn der Geschädigte zu dem Personenkreis gehört, dessen Belange nach dem **Zweck** und der rechtlichen **Bestimmung** des **Amtsgeschäfts** geschützt und gefördert werden sollen.[387] Hier ergeben sich verschiedene Problemfälle im Schnittpunkt zwischen **Bauplanungs-**[388] und **Bauordnungsrecht** einerseits und Architektenrecht andererseits:

298 **a) Bebauungspläne.** Gem. § 2 Abs. 3 BauGB besteht auf die **Aufstellung** von **Bauleitplänen** und städtebaulichen Satzungen kein Anspruch. Wird aber ein Verfahren durchgeführt, so hat die **Gemeinde** im *Bebauungsplanverfahren*[389] die Amtspflicht[390] gegenüber den späteren Erwerbern von Baugrundstücken, *Gesundheitsgefährdungen* aus *schädlichen Bodenveränderungen* zu verhindern;[391] misslingt dies, hat sie den Erwerbern[392] den ihnen entstandenen Schaden oder die Kosten der Schadensbeseitigung,[393] also die *Bodensanierung*, sowie die fehlgeschlagenen Aufwendungen zu ersetzen.[394]

299 **b) Einvernehmen.** Die Gemeinde darf das Einvernehmen (§ 36 BauGB) nicht grundlos verweigern;[395] die Ausschussmitglieder einer Gemeinde handeln als Amtsträger im haftungsrechtlichen Sinne.[396] Gemeinde und Baurechtsbehörde[397] haften dann als **Gesamtschuldner**[398]; die Hauptlast der Haftung trifft aber die Baurechtsbehörde, soweit sie die Möglichkeit hat das gemeindeseitig rechtswidrig versagte Einvernehmen zu ersetzen[399]. Die Gemeinde hat außerdem für eine ordnungsgemäße *Erschließung* des Bauvorhabens zu sorgen.[400]

300 **c) Baugenehmigung.** Baugenehmigung und Bauvorbescheid sind nach der Rechtsprechung des BGH[401] Vertrauensgrundlage für den **Bauherrn**;[402] er ist mit seinen Vermögensbelangen geschützter Dritter.[403] Geschützt ist auch der Grundstücks**eigentümer**, wenn nicht er, sondern ein anderer die Baugenehmigung für sein Grundstück beantragt hat.[404] Nicht geschützt ist dagegen der **Bauunternehmer**.[405]

301 **d) Drittbezogenheit.** Die Drittbezogenheit der Amtspflicht knüpft eng an das **subjektiv-öffentliche Recht**[406] an; vereinfacht ausgedrückt vermitteln beispielsweise **nachbar-**

---

387 Vgl. BGHZ 56, 40.
388 Vgl. BGH VersR 1982, 550 *(Gutachterausschuss).*
389 Vgl. BGH NJW 1984, 2516.
390 Vgl. BGH NJW 1983, 215.
391 Vgl. BGH NJW 1989, 976.
392 Vgl. BGH NJW 1992, 1953.
393 Vgl. BGH NJW 1994, 253.
394 Vgl. BGH NJW 1989, 976.
395 BGHZ 65, 182 und 93, 87.
396 OLG Hamm NVwZ, 1995, 1142.
397 BGH DVBl. 1997, 566.
398 BGH NJW 1992, 2691.
399 § 36 Abs. 2 BauGB iVm § 54 Abs. 4 LBO BW.
400 BGH NVwZ 1995, 620.
401 BGH NJW 1993, 2303.
402 Vgl. *de Witt/Burmeister* Amtshaftung für rechtswidrig erteilte Baugenehmigungen NVwZ 1992, 1039; *Lausnicker/Schwirtzek* Die Amtshaftung der Bauordnungsbehörden in der Rechtsprechung des BGH NVwZ 1996, 1039.
403 BGH NVwZ 1995, 620; NJW 1994, 2097.
404 BGH NVwZ 1987, 356.
405 BGH NJW 1980, 2578.
406 Vergleichbar mit der Klagebefugnis gem. § 42 Abs. 2 VwGO kritisch MünchKomm *(Papier)* § 839 Rn. 241 mwN.

schützende Vorschriften des *Bau-*[407] oder *Immissionsschutzrechts*[408] zugleich eine den Kreis dieser **Nachbarn**[409] schützende Amtspflicht.[410] Soweit das in der Rechtsprechung des BVerwG konkretisierte **Rücksichtnahmegebot** reicht, vermittelt es auch die haftungsrechtliche Drittbezogenheit; abwägungserhebliche Individualbelange im Bebauungsplanverfahren (§ 1 Abs. 6 BauGB) sollen dagegen nicht genügen.[411]

5. Kausalität, Rechtswidrigkeit und Verschulden

Ein **Rechtswidrigkeitszusammenhang** zwischen der Handlung des Amtsträgers und dem Schaden des Betroffenen besteht nur dann, wenn der Schaden bei pflichtgemäßem Amtshandeln[412] nicht eingetreten wäre.[413] Die Amtshaftung setzt weiterhin **Verschulden**, also **Vorsatz**[414] oder **Fahrlässigkeit**[415] bezogen auf die Amtspflichtverletzung, nicht den Schaden,[416] voraus. Für die Beurteilung der Fahrlässigkeit ist ein **objektiver Maßstab** anzulegen, der beispielsweise auch für *Gremienmitglieder* gilt.[417] Der Amtsträger hat aber dann nicht schuldhaft gehandelt, wenn ein mit mehreren Richtern besetztes Gericht die Entscheidung bestätigt.[418] 302

6. Haftungsumfang, Haftungsausschluss und Haftungsbegrenzung

Handelt der Amtsträger lediglich fahrlässig, können Bund, Länder und Gemeinden nur in Anspruch genommen werden, wenn der Verletzte nicht auf **andere Weise Ersatz** zu erlangen vermag (§ 839 Abs. 1 Satz 2 BGB).[419] Beispielsweise kommt so neben einer *Versicherung*[420]der planende *Architekt*[421] als schuldrechtlicher Vertragspartner des Geschädigten in Betracht.[422] Gem. § 839 Abs. 3 BGB tritt die Ersatzpflicht nicht ein, wenn es der Geschädigte unterlassen hat, den Schaden durch Gebrauch eines **Rechtsmittel**s abzuwenden. 303

7. Anspruchsgegner

Anspruchsgegner ist der Staat oder die Körperschaft, in deren Dienst der Amtsträger steht.[423] Ergänzend herangezogen werden kann die Frage, für wen er tätig wurde[424] beziehungsweise wer ihm das Amt **anvertraut**[425] hat. Wurde beispielsweise eine *Teilungsgenehmigung* rechtswidrig versagt, so kommen die versagende Baurechtsbehörde und die Gemeinde, die das Einvernehmen versagt hat, beide als Anspruchsgegner in Betracht.[426] 304

---

407 BGHZ 86, 356.
408 BGH NJW 86, 2309.
409 BGH NVwZ 1986, 789.
410 BGH VersR 1991, 75 (Gewerbeaufsichtsamt).
411 Kritisch MünchKomm (Papier) § 839 Rn. 261.
412 BGH NJW 1993, 520.
413 BGH NJW 1985, 682.
414 BGH NVwZ 1992, 911.
415 BGH NVwZ-RR 1996, 65.
416 BGH NJW 1965, 962.
417 Vgl. auch BGH NVwZ 1986, 504.
418 BGH NJW 1995, 2918.
419 Vgl. hierzu auch BVerfG NVwZ 1983, 89.
420 Vgl. aber BGH VersR 1983, 462 (Bezirksschornsteinfeger).
421 BGH NJW 1985, 1692.
422 BGH NVwZ 1993, 602.
423 BGHZ 87, 202 (Anstellungstheorie).
424 RGZ 158, 95 (Funktionstheorie).
425 BGH NJW 1970, 750 (Anvertrauenstheorie).
426 BGH Urt. 23.1.1997 III ZR 234/95 DVBl 1997, 566.

C. Schnittpunkte der Architektenhaftung zur Amtshaftung[427]

305 Von besonderem Interesse sind die Fälle im Schnittpunkt von Architekten- und Amtshaftung. Erteilt beispielsweise die Behörde eine Baugenehmigung und wird diese auf den Rechtsbehelf des Nachbarn hin zu Recht aufgehoben, kommen aus der Sicht des Bauherrn als Haftungspartner sein Architekt und die Behörde in Betracht. Die Einzelheiten dieser Problematik sind in der Rechtsprechung nur rudimentär geklärt.

Wie dargelegt schuldet der Architekt eine **dauerhaft genehmigungsfähige Planung**; die Behörde hat die **Amtspflicht**, rechtmäßig, ermessensfehlerfrei und nicht widersprüchlich zu handeln.

306 Genehmigt die Behörde beispielsweise ein *Wohnbauvorhaben* unter Verkennung des gebotenen Abstandes zu einem emittierenden landwirtschaftlichen Betrieb, kann sich der Architekt nach Aufhebung der Baugenehmigung auf einen Nachbarrechtsbehelf hin nicht durch Verweis auf die Behördenentscheidung seiner Haftung entziehen.[428] Die objektive Reichweite des **Vertrauensschutz**es des **Bauherrn** in eine rechtswidrige Baugenehmigung ist damit beschränkt.[429] Stützt der Bauherr die Kaufentscheidung für ein Grundstück auf die schriftliche[430] Erklärung der Behörde, gegen das geplante Bauvorhaben bestünden keine bauplanungs- und bauordnungsrechtlichen Bedenken, und wird die Baugenehmigung hernach zu Recht versagt, haftet die Behörde wegen unzutreffender Auskunft.[431]

307 Die Baugenehmigung wird **grundstücksbezogen** erteilt. Wurde dem vorherigen Eigentümer trotz Fehlens vorgeschriebener *Schallschutzfenster* eine Baugenehmigung erteilt, kann der Erwerber die Behörde nicht für die Kosten der Nachrüstung in Anspruch nehmen.[432] Die Amtspflichten der Bauverwaltung haben nicht den Zweck, den Bauherrn vor finanziellen Nachteilen zu schützen, die ihm aus der Einhaltung baurechtlicher Vorschriften entstehen.[433] Dies umfasst auch möglicherweise dem Bauherrn zur Befriedung des Nachbarn entstehende Kosten.[434]

427 BGH III ZR 129/10, OLG 4 O 367/08, Urteil vom 12.5.2010.
428 BGH Urt. v. 21.6.2001 III ZR 313/99 NVwZ, 2002, 122.
429 BGH Urt. v. 11.10.2001 III ZR 63/00 DÖV 2002, 203.
430 Vgl. § 38 VwVfG.
431 BGH Urt. v. 5.5. 1994 III ZR 28/93 NJW 1994, 2087.
432 OLG Celle Urt. v. 29.1.1999 4 U 183/98 NVwZ-RR 1999, 422.
433 OLG Düsseldorf Urt. v. 13.6.1996 18 U 47/95 NJW 1997, 873.
434 OLG Jena Urt. v. 24.11.1998 3 U 294/98 NVwZ-RR 1999, 712.

§ 12 Haftung im Nachbarrecht (§§ 906/1004 BGB) und gegenüber Dritten

Übersicht

Vorbemerkung

1 Planung und Erstellung von Gebäuden erfolgen immer **grundstücks**bezogen. Jedes Grundstück – sei es noch so groß – hat ein Nachbargrundstück. Im Zuge der Planung und Errichtung von Bauvorhaben sind die Beziehungen der Grundstücke zueinander zu berücksichtigen. Ihre Missachtung führt für den planenden und bauausführenden Architekten zu erheblichen **Haftungs**risiken; dies gilt nicht minder für den Bauherrn und die anderen Baubeteiligten.

Baumaßnahmen sind nachhaltige Ver**änderungen** eines **Grundstück**s im rechtlichen und im tatsächlichen Sinn. Der Bau eines Einfamilienhauses erfordert zur Gründung des Hauses zunächst einen Eingriff in den Boden. Das natürlich anstehende Material wird durch ein regelmäßig wasserundurchlässiges Kellerbauwerk ersetzt. Dies bringt – wenn auch im kleinen Maßstab – Veränderungen in der Geomorphologie und der Hydrogeologie des Baugrundstücks mit sich. Der oberirdische Baukörper beeinträchtigt je nach Art und Maß seiner Nutzung die umliegenden Grundstücke beispielsweise durch eine verschlechterte Aussichtssituation oder eine veränderte Höhenentwicklung der Grundstücke beidseits der Grenze. Oft wird die Grenze durch Grenzeinrichtigungen herausgearbeitet. Hinzutritt eine oft aufwändige Außengestaltung des Grundstücks, insbesondere Anpflanzungen.

2 Durch das Bauvorhaben wird damit das bau**nachbar**liche Verhältnis **nachhaltig beeinflusst**; dies betrifft besonders die Bauphase selbst. Es werden Eckpunkte für die Bestimmung der **grund-** und **bodenrechtlichen Schicksalsgemeinschaft** der Nachbarn[1] untereinander geschaffen. Der Planer muss diese Eckpunkte berücksichtigen; dies bedeutet Planung und Gestaltung von Bau- und Nachbargrundstück. Sie ist vornehme Aufgabe des Architekten (und Landschaftsarchitekten). Als **Sachwalter** des Bauherrn hat er seine Kompetenz in der Regulierung dieser Aufgabe einzubringen.

Die Betrachtung von Grenzsituationen mutet auf den ersten Blick kleinlich; eine fachingenieurtechnisch befriedigende und rechtlich ordnungsgemäße Grenzsituation ist eine wesentliche Voraussetzung für nachbarlichen Frieden und **Schadensvermeidung** an Grundstücken und Baukörpern auf beiden Seiten der Grenze. Sie bestimmen die **Werthaltigkeit** der jeweiligen Grundstücke maßgeblich mit.

1. Abschnitt: Die Haftung dem Grunde nach

3 Dem Wortlaut folgend **haften** im **Nachbarrecht** zunächst einmal die **Nachbarn** untereinander. Dies sind zunächst die jeweiligen Grundstücks**eigentümer** (§§ 903 ff BGB), an dem Grundstück **dinglich Berechtigte** (beispielsweise durch eine Dienstbarkeit gem.

[1] Zur Vereinfachung wird der agierende Nachbar als Eigentümer oder Bauherr und der gegebenenfalls zur Duldung verpflichtete Nachbar als Nachbar bezeichnet.

§§ 1018 ff BGB) und die Grundstücks**besitzer** (§§ 854 ff BGB). Die Einräumung von Besitz erfolgt dabei typischerweise aufgrund schuldrechtlicher Verträge wie Miete (§§ 535 ff BGB) oder Pacht (§§ 581 ff BGB). Kodifizierte Haftungstatbestände finden sich im Zivilrecht, Öffentlichen Recht und im Strafrecht.

Es haften aber auch **Dritte** für grundstückschädigende Handlungen beispielsweise als Verhaltens- oder Zustandsstörer. Gegebenenfalls sind sie gleichzeitig Erfüllungs- (§ 278 BGB) oder Verrichtungsgehilfen (§ 831 BGB) des Nachbarn, sodass er für diese Dritte einzustehen hat. Diese Haftungsrisiken hat der **Architekt** als Sachwalter des Bauherrn in der in der Planung und in der Bauabwicklung zu berücksichtigen, um nicht selbst in **Haftung** genommen zu werden.

I. Überblick

4 Bevor die grundstücksbezogenen Haftungsregime im Zivilrecht, Öffentlichen Recht und Strafrecht vorgestellt werden, ist die Erläuterung der engen Verknüpfung von privaten und öffentlichem **Nachbarrecht** und dem **Architektenrecht** erforderlich. Der Bauherr, zumeist Eigentümer des Baugrundstücks, beauftragt einen Architekten mit Planung und Bauausführung; er vertraut darauf, dass die architektenseits entwickelte Planung vollständig und zeitnah umgesetzt wird. Dies kann nur unter Beachtung von zivilem und öffentlichem Nachbarrecht gelingen; beide Rechtsgebiete statten den Nachbarn mit eigenen durchsetzbaren Rechtspositionen aus:

5 **a) Eigentum.** Nachbarn sind wie bereits dargelegt zunächst **Eigentümer** von benachbarten Grundstücken. Gem. §§ 903, 1004 BGB kann der Eigentümer einer Sache, soweit nicht das **Gesetz** oder **Rechte Dritter** entgegenstehen, mit der Sache nach Belieben verfahren und andere von jeder Einwirkung ausschließen. Entsprechendes gilt für das **Erbbaurecht** nach Maßgabe der ErbbauRG. Diese **Befugnis** wird wechselseitig durch **zivil-** und **öffentlich-rechtliche Vorschriften beschränkt**. Das in beiden Rechtsgebieten so zum Ausdruck kommende Gebot gegenseitiger **Rücksichtnahme**[2] ist über Art. 14 GG verfassungsrechtlich abgesichert. Die Grundstücksnachbarn stehen in bau- und bodenrechtlichen Schicksalsgemeinschaft. Behördlicherseits zugunsten eines Nachbarn erteilte **Genehmigungen** gestalten das Verhältnis der Nachbarn zueinander. Sie gelten auch für die jeweiligen Rechtsnachfolger untereinander, in der Fachsprache des Verwaltungsrechts öffentlich-rechtliche Pflichtensukzession genannt.

6 **b) Dauerhaft genehmigungsfähige Planung.** Geht es um die Errichtung von Gebäuden ist der Architekt regelmäßig bereits in die Genehmigungsphase des Vorhabens eingebunden. Vertraglich haftet der Architekt allein seinem Bauherrn gegenüber. Er schuldet dem Bauherrn ein **abnahmefähig**es **vertragsgemäß**es Werk; bezogen auf die Planungsphase bedeutet dies regelmäßig eine dauerhaft **genehmigungsfähige Planung.** Das Verfahren und die Genehmigung behandeln allein Gesichtspunkte des **öffentlichen Nachbarrechts**. Eine bestandskräftige Genehmigung verleiht dem jeweiligen Eigentümer gegenüber seinem Nachbarn auch nur insoweit eine Rechtsposition. Ein Eingriffsrecht in das nachbarliche Grundstück und damit in private Rechte Dritter ist damit zunächst nicht verbunden.[3]

7 **c) Private Rechte Dritter.** Die Genehmigung erfolgt regelmäßig unbeschadet **privater Rechte** Dritter;[4] abnahmefähig ist das geschuldete vertragsgemäße Werk nur dann, wenn es in Konkordanz mit dem **privaten Nachbarrecht** geplant ist. Dies betrifft sowohl

---

2 Vgl. auch § 316 ZGB DDR.
3 Vgl. aber auch unten 5. Abschnitt.
4 Vgl. beispielsweise § 58 Abs. 3 LBO BW.

die Bauphase (beispielsweise in Fragen der Baustelleneinrichtung und -abwicklung) wie auch das vollendete Bauwerk in seiner Grundstücks- und Umgebungssituation. Auf dem Grundstück können Dienstbarkeiten (beispielsweise Geh- und Fahrrechte zugunsten eines anderen Grundstücks oder einer Gemeinde) oder auch altrechtliche Belastungen.

Wird der Bauherr von seinem Nachbarn zu Recht aber gleichwohl planerisch vermeidbar in Anspruch genommen ist, das Werk mangelhaft. Dafür hat der Architekt einzustehen. Hinzu tritt die Haftung des Architekten als **Sachwalter** in Form der Verletzung seiner Beratungs-, Aufklärungs- und Hinweispflichten im Zuge der Planung und Bauabwicklung. Den Nachbarn insbesondere dem Architekten ist zu raten rechtzeitig zu einer **baunachbarliche**n **Vereinbarung** zu kommen. Geradezu klassische Fälle sind die Regulierung der *Baustellenzufahrt*, *Verbaumaßnahmen* an der Grundstücksgrenze oder eine temporäre Grundstücksinanspruchnahme des Nachbargrundstück zur Gewährleistung des berufsgenossenschaftlich vorgeschriebenen *Arbeitsraums*; anzusprechen sind auch von der Baustelle ausgehende **Immissionen** gemäß § 3 Abs. 2 BImschG. Mit einer solchen baunachbarlichen Vereinbarung werden zeitliche und rechtliche Risiken für den Bauherrn und den Architekten erheblich relativiert.

8 **d) Duldung.** Kommt es zu keiner gütlichen Einigung stellt sich die Frage was ein Nachbar zu dulden hat. Rechtssystematisch ist beispielsweise der Duldungsanspruch des Bauherrn gegenüber seinem Nachbarn bezüglich eines bauherrenseitig gewünschten dauerhaften Überbaus (§ 912 BGB) oder die temporäre Grundstücksinanspruchnahme gleichzeitig ein **Eingriff** in das Nachbar**eigentum** des Nachbarn. Gem. § 903 BGB kann der Eigentümer Dritte von jeder Einwirkung auf sein Grundstück **ausschließen**. Ausnahmsweise Be**recht**igungen ergeben sich beispielsweise aus schuldrechtlichen Gestattungen oder dem Nachbarrecht. Das Nachbarrecht relativiert also den **Absolut**heitsanspruch des § 903 BGB auch vor dem Hintergrund der Inhalts- und Schrankenbestimmung des Art. 14 Abs. 1 Satz 2 GG. Für den Bauherrn ist (sein) Nachbarrecht Quelle zur zeitlich begrenzten oder dauerhaften **Überwindung** des vom Grundsatz des § 903 BGB her strikten **Ausschlussanspruchs** seines Nachbarn. Nachbarrecht ist somit Vehikel für den Bauherrn zur Erstellung des gewünschten Bauwerks und für den Architekten zur Erbringung der geschuldeten Leistung.

9 **e) Grundstücksbezogenheit.** Die Praxis baunachbarlicher Probleme ist bunt. Der Gesetzgeber ist in diesem Bereich deshalb schon seit Generationen tätig geworden. Nachbarrecht, vor allem ziviles Nachbarrecht, ist damit ein geradezu klassisches Rechtsgebiet. Bei Betrachtung des **kodifizierten** Nachbarrechts eröffnet sich deshalb auch ein thematisch und territorial **aufgesplittert**es Rechtsgebiet. Allein diese Aufsplitterung verkompliziert bereits für sich genommen das Nachbarrecht. Der Architekt trifft damit an jeder Baustelle nicht nur einen differenten – tatsächlichen – Bestand an, sondern gegebenenfalls ein ebenso differentes Nachbarrecht. Die **Aufklärung** dieser **speziell**en **grundstücksbezogene**n **nachbar**recht**liche**n **Situation** ist ein Teil der Bestimmung der Art und des Maßes der baulichen Nutzung. Der Architekt hat den Bauherrn, der möglicherweise erstmals vor einer solchen Situation steht, zu **beraten**, **aufzuklären** und **Hinweis**e zu geben.

II. Haftungsregime

10 Zivilrecht, Öffentliches Recht und Strafrecht halten Vorschriften zur Ausgestaltung des Verhältnisses der Nachbarn zueinander unter jeweils anderer Perspektive bereit; sie bilden unterschiedliche, sich aber teilweise überlappende Haftungsregime:

1. Ziviles Nachbarrecht

Das Verhältnis von Grundstücksnachbarn untereinander war und ist zunächst dem **bürgerlichen Recht** zuzuordnen; im Rahmen der **Privatautonomie** können Nachbarn untereinander bei Wahrung gesetzlicher Vorschriften und Formen (beispielsweise § 311 b BGB) dieses Rechtsverhältnis gestalten. Rechtsquellen sind Bundes- und Landesrecht: 11

a) Gesetzgebungskompetenz. Für das private Nachbarrecht hatte das Reich (Art. 4 Nr. 13 RV) und hat der **Bund** (Art. 74 Ziff. 1 GG) die Gesetzgebungskompetenz. Diese wurde durch Erlass der §§ 903–924 BGB ausgeübt; das **privat**e Nachbar**recht** ist im BGB bei weitem nicht abschließend geregelt; die **Länder** haben deshalb von der Möglichkeit der Art. 1 Abs. 2, 122–124 EGBGB Gebrauch gemacht und jeweils **Nachbargesetze**[5] erlassen.[6] In diesen Nachbargesetzen spiegeln sich **Partikular-** und **Gemeinrecht**straditionen der einzelnen Bundesländer wieder, beispielsweise der Code Civil vornehmlich in den linksrheinischen Gebieten und das Allgemeine Landrecht für die Preußischen Staaten in Teilen der ehemals preußischen Länder. Diese können zum Teil noch subsidiäre Bedeutung gewinnen, da einzelne Länder von ihrer Gesetzgebungskompetenz keinen vollständigen Gebrauch gemacht haben, wie beispielsweise in den ehemaligen hohenzollerischen Gebieten des Landes Baden-Württemberg. 12

b) Disponibles Recht. Soweit nicht Formstrenge und Typenzwang des Sachenrechts greift, ist Nachbarrecht disponibles Recht. **Schuldrecht**lich kann eine einmalige oder zeitweise Grundstücksinanspruchnahme ohne weiteres vereinbart werden; dies entspricht auch der Praxis. Eine schuldrechtliche Vereinbarung wirkt nur zwischen den jeweils Vertragsbeteiligten. In besonders gearteten Fällen soll nach teilweise vertretener Auffassung eine **nachbarliche Einwilligung** auch den Rechtsnachfolger binden können.[7] Daran sind aber strenge Anforderungen zu stellen. 13

c) Rechtsweg. Für den Streit über privates Nachbarrecht ist die ordentliche Gerichtsbarkeit zuständig (§§ 23, 71 GVG). Gem. § 24 Abs. 1 ZPO besteht ein ausschließlicher dinglicher Gerichtsstand am Belegenheitsort des Grundstücks 14

d) Grundbuchpublizität. Der Architekt hat die nachbarrechtliche Situation des Baugrundstücks aufzuklären. Eine **Grundbucheinsicht** ist dabei dringend anzuraten; hierfür hat der Architekt gegenüber dem Grundbuchamt sein rechtliches Interesse darzulegen (§§ 12 – 12b GBO). Dies wird regelmäßig durch Vorlage einer Vollmacht des Grundstückseigentümers und dem Nachweis der Beauftragung möglich sein. Soweit das Grundbuch – länderdifferenziert – maschinell als automatisierte Datei geführt wird, ergeben sich insoweit lediglich technische Besonderheiten. 15

Das Grundbuch gibt nur eine sehr eingeschränkte Übersicht über **private Nachbarrechte**. Nur bestimmte Rechte (beispielsweise ein Überfahrtsrecht) sind – die Richtigkeit des Grundbuchs[8] vorausgesetzt – aus Abteilung II des **Grundbuchs** zu entnehmen. Dies ergibt sich aus der vom Gesetzgeber vorgegebenen Grundbuchmethodik.

So sind einerseits nur rechtsgeschäftliche Rechtsänderungen an Grundstücken **eintragungsbedürftig**; nicht rechtsgeschäftliche Rechtsänderungen (beispielsweise der Zu-

---

5 BW; Bay; Bln; Bbg; Brem; Hmb; Hess; MV; Nds; NRW; RhPf; Saarl; Sächs; LA; Schl-H; Thür.

6 Soweit man der Auffassung von *Dehner* folgt, dass die Länder ihre Gesetzgebungskompetenz beim Erlass der Nachbargesetze überschritten haben, sind diese Vorschriften insoweit nichtig, vgl. *Dehner*, Nachbarrecht, A § 2 Anhang mit Übersicht über die Vorschriften der Nachbarrechtsgesetze und anderer Landesgesetze, deren Gültigkeit wegen mangelnder Kompetenz des Landesgesetzgebers zu verneinen ist.

7 Vgl. *Dehner* A § 6.

8 Vgl. § 894 BGB.

schlag in der Zwangsversteigerung) sind dagegen eintragungsfrei, gleichwohl eintragungsfähig.[9] Andererseits sind viele Nachbarrechte gar nicht **eintragungsfähig** oder wie beispielsweise alte Rechte aus der Zeit vor der Einrichtung der Grundbücher gar nicht eingetragen. Dies hat der Architekt bei der Grundlagenermittlung zu beachten; dem Bauherrn gegenüber ist er zu Aufklärung und Hinweis verpflichtet.

2. Öffentliches Nachbarrecht

16 Mit der zunehmenden Verselbstständigung des Verwaltungsrechts im vorvergangenen Jahrhundert verbunden war die Bildung eines völlig **eigenständiges öffentlich-rechtliches Regime** des Nachbarrechts; das bei Einführung des BGB bestehende Primat des Privatrechts im Nachbarrecht gibt es längst nicht mehr:

17 **a) Grundstücksbezogenheit des öffentlichen Rechts.** Das öffentliche Nachbarrecht ist grundstücksbezogen. Erhebliche Veränderungen an einem Grundstück sind im Regelfall **genehmigungsbedürftig**; je nach Art der Änderung sind im Rahmen des Genehmigungsverfahrens verwaltungsrechtliche Vorschriften beispielsweise Bau-, Immissions- oder Umweltrechts zu berücksichtigen. Die öffentlich-rechtlichen Vorschriften sind **Inhalt**s- und **Schranken**bestimmungen des **Eigentum**s (Art. 14 Abs. 1 Satz 2 GG).

Eine bestandskräftige Baugenehmigung oder ein **Bebauungsplan** reguliert das Nachbarverhältnis dauerhaft beispielsweise bezüglich Art und Maß der baulichen Nutzung. Im Privateigentum stehende Flächen können öffentlich gewidmet[10] sein und stehen deshalb für eine Bebauung nicht zur Verfügung; das BauGB eröffnet der **Gemeinde** eine Vielzahl von Möglichkeiten Veränderungen am Baugrundstück zu unterbinden[11], zu verlangen[12] oder gar in rechtsgeschäftliche Überlegungen des Bauherrn[13] einzugreifen.

Auf dem Baugrundstück verlaufende **Leitungen** beeinträchtigen dessen Nutzung. Sie stehen regelmäßig im Eigentum des Netzbetreibers. Verschiedene Gesetze des Bundes und der Länder gewährleisten den Betrieb der Sparten Wasser, Strom, Gas und Telekommunikation auch gegen den Willen des Grundstückseigentümers[14].

Durch die damit verbundene **öffentlich-rechtliche Pflichtensukzession** sind die jeweiligen Rechtsnachfolger gebunden. In den verwaltungsrechtlichen Genehmigungsverfahren sind regelmäßig auch Nachbarinteressen zu berücksichtigen; teilweise werden **Nachbarn** in Verwaltungsgesetzen **subjektiv-öffentliche Rechte** eingeräumt; sie sind dann verfahrensbeteiligt (vgl. §§ 13, 28 und 29 VwVfG).

18 **b) Rechtsweg und Drittschutz.** Zuständig für Rechtsstreitigkeiten sind die **Verwaltungsgericht**e (§ 40 VwGO). Klagt der Nachbar gegen eine Baugenehmigung ist Beklagter das jeweilige Bundes**land** bzw. dessen **Behörde** (§ 78 VwGO); der Bauherr wird beigeladen (§ 65 VwGO) und ist damit auch verfahrensbeteiligt. Öffentliches Recht vermittelt **Drittschutz**; solche drittschützenden Normen sind Schutzgesetze iSv § 823 Abs. 2 BGB. Werden sie schuldhafte verletzt hat der jeweils steht dem Verletzten ein **Schadensersatzanspruch** zu. Zuständig ist hier die **ordentliche Gerichtsbarkeit**. Dies kann zu divergierenden Gerichtsentscheidungen von Zivil- und Verwaltungsgerichten führen.

19 **c) Überlappung von öffentlichem und privaten Recht. Öffentlich**- und **privatrechtlich**e Vorschriften überlappen sich inhaltlich. So dienen die (öffentlich-rechtlichen)

---

[9] *Baur* Lehrbuch des Sachenrechts § 15 IV 4.

[10] vgl. StrG § 5 14.1.2014 (GBl. S. 49) mwN 18.1.2014.

[11] Veränderungssperre insb. § 14 Abs. 1 Ziff. 2 BauGB.

[12] Baugebot (§ 176 BauGB), Modernisierungs- und Instandssetzungsgebot (§ 177 BauGB), Pflanzgebot (§ 178 BauGB) und das Rückbau- und Entsiegelungsgebot (§ 179 BauGB).

[13] Beispielsweise Grundstücksveräußerungen, Belastungen oder Teilungen in einem Sanierungsgebiet (§ 144 Abs 2 BauGB).

[14] Vgl. hierzu beispielsweise die Ermächtigungsgrundlagen im WHG und den Wassergesetzen der Länder, das TKG oder das EnWG.

Brandschutzvorschriften natürlich auch dem individuellen Brandverhütungsinteresse des jeweiligen Nachbarn.[15] Der betroffene Nachbar hat also bei Missachtung zugleich einen (öffentlich-rechtlichen) Anspruch auf ordnungsbehördliches Einschreiten gegenüber der zuständigen Behörde und einen (privatrechtlichen) Abwehr**anspruch** gegenüber dem diese Vorschriften missachtenden Nachbarn. Privates und öffentliches Nachbarrecht stehen also als **zwei Regelungssysteme** derselben oder ähnlich gelagerter Sachverhalte für den gebotenen Interessenausgleich nebeneinander.

Besonders augenfällig wird dies beispielsweise im Bereich des **Immissionsschutz**es. 20
Privatrechtlich ist dieser in §§ 906, 1004 BGB sowie in den Nachbarrechtsgesetzen der Länder geregelt; hinzu treten die Immissionsschutzgesetze des Bundes und der Länder sowie Gemeinschaftsrecht. Die Genehmigungsplanung einer Anlage ist also nur dann vertragsgemäß, wenn sie dem **vertraglich geschuldet**en Anforderungen, den **öffentlich-rechtlichen Standard**s für eine dauerhaft genehmigungsfähige Planung sowie den Anforderungen des privaten **Nachbarrecht**s entspricht. Die Bereiche sind ineinander verzahnt. Für den Architekt besteht ein erhebliches Haftungsrisiko.

d) Fortentwicklung des öffentlichen Rechts. Die Abstimmung der Regelungssyste- 21
me untereinander ist komplex und nicht statisch, sondern ein sich täglich **wandelnder Prozess.** Wenngleich praxisrelevante Fragen noch offen sind, ist der Kodifikationsprozess im Bereich des privaten Nachbarrechts auf Bundes-[16] und Landesebene nach Erlass der Nachbarrechtsgesetze weitgehend zur Ruhe gekommen ist; das öffentliche (Nach bar-)recht entwickelt sich dagegen laufend differenziert fort.

Dies liegt zunächst an den Regelungs**materie**n des Verwaltungsrechts. Umwelt- und Baurecht sind zudem regelmäßig **grundstück**sbezogen und im Übrigen **länderdifferent**. In hohem Maße besteht außerdem ein Umsetzungsdruck von **Gemeinschaftsrecht** in nationales Recht.

Diese Rechtsgebiete geben den zuständigen **Behörde**n Regelungs**instrumente** für sehr konkrete **Einzelfall**regulierung von Grundstücksverhältnissen in die Hand. Ein Außenbereichsgrundstück (§ 35 BauGB) kann beispielsweise in ein Wasser- oder Landschaftsschutzgebiet einbezogen werden. Für die Frage der Grundstücksnutzung – beispielsweise bei Errichtung eines *Stall*es – sind damit mit Rechtsverbindlichkeit der Verordnungen neue Vorschriften mit unmittelbarer Wirkung für den bauwilligen Eigentümer und seinen Nachbarn entstanden.

Durch die **Energiewende** ergeben sich neue nachbarliche Konflikte, z. B. bei *Biomasse-* und *Windenergieanlagen*[17], die auch über viele Grundstücke hinweg wirken und damit neue (rechtliche) Nachbarschaftsverhältnisse begründen. Bund und Länder präferieren die **Innentwicklung** zum sparsamen und schonenden Umgang mit Grund und Boden[18] und geben den Gemeinden Gestaltungsmöglichkeiten[19]; die damit einhergehende Nachverdichtung im Innenbereich führt automatisch zu nachbarlichen Spannungslagen.

e) Nachbarschaftliches Gemeinschaftsverhältnis. Die divergente Entwicklung zwi- 22
schen privaten und öffentlichen Nachbarrecht wurde von der Rechtsprechung bereits in den ersten Jahrzehnten des vergangen Jahrhunderts problematisiert; sie ist aber nur schwer und letztendlich unbefriedigend lösbar. Ein Lösungsansatz war der Begriff des **nachbarschaftlichen Gemeinschaftsverhältnisses**. Darin sah das Reichsgericht[20] und zunächst

---

[15] Vgl. BVerwG NJW 1967, 1770 aber auch OVG Saarland Beschluss v. 3.1.2008 2 O 44/06.

[16] Mit Art. 43 Abs. 1 EGBGB Gesetz v. 21.5.1999 BGBl. I 1026, hat das Nachbarrecht nunmehr auch Eingang in das internationale Privatrecht gefunden.

[17] Vgl. auch § 249 BauGB.

[18] Vgl § 1 a Abs. 2 BauGB (Bodenschutzklausel).

[19] Vgl beispielsweise Städtebauliche Sanierungsmaßnahmen (§§ 136 ff BauGB), Stadtumbaumaßnahmen (§§ 171 a bis 171 d BauGB) oder die Soziale Stadt (§ 171 e BauGB).

[20] Vgl. noch ablehnend RG Z 132, 51 (56), dann aber bejahend RG Z 154, 161; 155, 154.

auch der BGH einen rechtlichen Ansatz für die Gewährung von **Duldungs-** und **Ausgleichsansprüchen.**[21] Der BGH hat aber klargestellt, dass es sich letztendlich bei dem Verhältnis der Nachbarn zueinander um sich berührende Rechtskreise von Rechtsgenossen handelt.[22] In diesem Verhältnis gilt – wie sonst auch – der Grundsatz von Treu und Glauben[23] (§ 242 BGB). Die Grenzen der Rechtsgebiete werden mit diesem Begriff somit nicht klarer; umgekehrt haben Nachbarn untereinander – in zivil- und öffentlichrechtlicher Betrachtung einheitlich – aufeinander Rücksicht zu nehmen. Diese wechselseitige **Rücksichtnahme** hat der Architekt bei Planung und Bauausführung[24] zu berücksichtigen, den Bauherrn zu informieren und soweit möglich den Nachbarn frühzeitig einzubinden.

f) Baulastenverzeichnis. Soweit baurechtskonforme Zustände (wie beispielsweise Abstandsflächen oder Stellplatznachweis) nicht auf dem Baugrundstück nachgewiesen werden können, müssen diese auf dem Nachbargrundstück abgesichert werden. Dies erfolgt durch öffentlich-rechtliche Verpflichtung zu Lasten des Nachbargrundstücks unabhängig davon wer Eigentümer ist. Soweit eine solche **Baulast**[25] übernommen wird ist das belastete Nachbargrundstück in seiner Nutzung öffentlich-rechtlich beschränkt.

Über Baulasten führt die Gemeinde ein Baulastenverzeichnis. Das **Baulastenverzeichnis** ist nur deklaratorisch; zu Lasten des Bauherrn und zugunsten des Nachbarn können also auch nicht eingetragene gleichwohl verbindliche Baulasten existieren. Das Baulastenverzeichnis gibt deshalb nur ganz eingeschränkt Auskunft über das jeweilige grundstücksbezogene öffentlich-rechtliche Regime. Der Architekt hat umfassend aufzuklären ob Baulasten bestehen, beispielsweise durch Einsicht in die zugunsten des Nachbarn erteilten Genehmigungen.

3. Strafrechtliches Regime

24 Flankierend sichert das Strafrecht die Verletzung von Rechtsgütern gegenüber Dritten und damit auch **Nachbarinteressen** wechselseitig ab. Wer widerrechtlich in das befriedete Besitztum eines anderen eindringt, ohne Befugnis darin verweilt oder sich nicht nach Aufforderung entfernt, begeht **Hausfriedensbruch** (§ 123 StGB). Wird dem Bauherrn ein Betretensrecht beispielsweise für eine Grenzbaumaßnahme ausdrücklich verwehrt, erfüllt er bei Missachtung den Tatbestand des § 123 StGB bis er sich auf dem Zivilrechtsweg einen Duldungstitel gegen den Nachbarn verschafft hat.

Wechselseitigen Drittschutz vermitteln außerdem die Tatbestände der Straftaten gegen das **Eigentum** (beispielsweise §§ 242, 303 StGB). Von Relevanz ist darüber hinaus noch die **Baugefährdung** (§ 323 StG) mit dem Architekten als Normadressaten sowie gegebenenfalls im Zuge der Baumaßnahme verwirklichte **Umweltdelikte** (§§ 324 ff StGB), beispielsweise Verunreinigung eines Gewässers oder umweltgefährdende Abfallbeseitigung.

Im Verhältnis der Nachbarn zueinander spielt das Strafrecht allerdings nur eine untergeordnete Rolle. Zuständig für die Ermittlung sind die Staatsanwaltschaften für Straftaten und die zuständigen Verwaltungsbehörden für Ordnungswidrigkeiten; die gerichtliche Überprüfung erfolgt durch die **Strafgerichte.**

---

21 BGH NJW 1959, 1867.

22 BGH NJW 1962, 2341; 1972, 724 und neuerlich auch 2000, 1719.

23 Vgl. wiederum § 316 ZGB dessen Regelungsgehalt sich in verschiedenen Nachbargesetzen der neuen Bundesländer widerspiegelt.

24 Beispielsweise bezüglich *Baustellenandienung* und Einsatz von *Baumaschinen* (insb. *Kräne* oder immisionsträchtige Baumaschinen).

25 § 71 LBO BW, § 73 BauOBln, § 85 BremLBO, § 79 HBauO, § 75 HBO, § 83 LBauO M-V, § 92 NBauO, § 83 BauO NRW, § 86 LBauO (RhPf), § 83 LBO (Saarl), § 83 SächsBO, § 87 BauO LA, § 89 LBO (SchlH), § 80 ThürBO.

2. Abschnitt: Das Grundstück als Ausgangspunkt des Nachbarrechts

Ohne Grundstück kein Nachbar. Das Eigentum, insb. das **Grundeigentum**, steht gem. Art. 14 GG unter dem Schutz der Verfassung. Das einfache Recht gründet und formt das Eigentum an Grundstücken aus und weist dem Eigentümer und seinem Nachbar wechselseitig aus dem Eigentum abgeleitete Rechtspositionen zu. Das **Grundstück** ist der Ausgangspunkt des Nachbarrechts. 25

I. Das Grundstück

Das Grundstück in seinen rechtlichen und tatsächlichen **Grenzen** bestimmt die wechselseitigen Nutzungsmöglichkeiten der Nachbarn. Diese verstehen sich gleichzeitig als regelungsbedürftige **Nachbarinteressen**. 26

1. Das Grundstück als Rechtsbegriff

Das BGB setzt das **Grundstück** als Schöpfung der Rechtsordnung voraus. Das Grundstück ist in seinen Grenzen und seiner Nutzung zunächst rechtlich zu bestimmen: 27

a) Definition. Legaldefiniert ist der Begriff des **Grundstück**s nicht, es ist eine Rechtsschöpfung der Rechtsprechung und wird im BGB vorausgesetzt (vgl. §§ 94 ff, 873 ff BGB). Die Rechtsprechung versteht unter einem **Grundstück** jeden gegen andere Teile räumlich abgegrenzter Teil der Erdoberfläche, der auf einem besonderen Grundbuchblatt für sich allein oder auf einem gemeinschaftlichen **Grundbuchblatt** unter einer besonderen **Nummer** im Verzeichnis der Grundstücke gebucht ist.[26] Das Grundstück wird also in Abhängigkeit vom in der GBO geregelten **Grundbuchsystem** definiert; umgekehrt wird in der GBO für die Definition des Grundbuchblattes (§ 3 Abs. 1 Satz 1 GBO) wiederum das Grundstück vorausgesetzt. Die Grundstücke werden nach den in den Ländern eingerichteten amtlichen Verzeichnissen, dem **Liegenschaftskataster**, benannt (§ 2 Abs. 2 GBO) und in Grundbüchern bei den **Grundbuchämter**n (§ 1 Abs. 1 GBO) geführt.

b) Grundstücksgrenzen. Während **bewegliche Sachen** bereits nach ihrem Erscheinungsbild fassbar sind, erstreckt § 905 BGB das Recht an einem Grundstück auf den **Raum über der Oberfläche** und auf den **Erdkörper** unter der Oberfläche. Der Eigentümer kann Einwirkungen nicht verbieten, die in solcher Höhe oder Tiefe vorgenommen werden, dass er an der Ausschließung kein Interesse hat (§ 905 2 BGB). Die Frage der Grundstücksbegrenzung stellt sich damit dreidimensional und nicht (lediglich) im Verhältnis zu den Nachbarn. Sie ist eng gekoppelt mit der Frage der zulässigen Grundstücksnutzung. 28

c) Zulässige Grundstücksnutzung. Wie zulässigerweise mit dem Grundstück verfahren werden darf regelt einerseits das **private Nachbarrecht** und andererseits das **öffentliche Recht**. In den letzten 50 Jahren hat der Gesetzgeber auf Gemeinschafts-, Bundes- und Landesebene von der ihm eingeräumten Kompetenz im Bereich des **Umwelt-** und **Planungsrechts** ganz erheblich Gebrauch gemacht, sodass sich die Bestimmung der zulässigen Grundstücksausnutzung heute wesentlich aus verwaltungsrechtlichen Vorschriften ergibt. So wird der **Immissionsschutz** privatrechtlich durch § 906 BGB, öffentlichrechtlich durch eine Fülle von Vorschriften beispielsweise das BImSchG in Verbindung mit den diesbezüglichen **Verordnungen**[27] und **Verwaltungsvorschriften** (beispielsweise TA-Lärm oder TA-Luft) geregelt. 29

---

[26] Vgl. RG Z 84, 265 (270); OLG Hamm NJW 66, 2411.

[27] Der Gesetzgeber hat zum BImschG bereits über 40 Verordnungen erlassen, vgl. die Übersicht bei *Jarass*, BImschG, 10. Auflage XIII.

Der **Luftraum** über dem Grundstück und der Bau von Flugplätzen unterliegt dem Regime des Luftverkehrsrechts,[28] der **Erdkörper** unter Erdoberfläche dem Regime des Bergrechts.[29] **Art** und **Maß** der zulässigen Nutzung des Grundstücks bestimmen sich in Abhängigkeit von seiner Belegenheit nach dem **Planungsrecht,** dem jeweiligen örtlichen **Satzungsrecht** und dem **Umweltrecht**. Damit ist aber auch im Verhältnis der Nachbarn zueinander die zulässige beiderseitige Grundstücksnutzung reguliert. In dem so vorgegebenen Rahmen steht es den Nachbarn im Rahmen der **Privat**autonomie frei vorübergehende oder dauerhafte Einwirkungen, wie beispielsweise Baumaßnahmen oder Verlegung einer *Wasserleitung*, zu vereinbaren oder zu dulden.

Durch Erklärung gegenüber der Baurechtsbehörde können Grundstückseigentümer zudem **öffentlich-rechtlich**e Verpflichtungen zu einem ihre Grundstücke betreffenden Tun, Dulden oder Unterlassen übernehmen, die sich nicht schon aus öffentlich-rechtlichen Vorschriften ergeben.[30] Diese Baulasten werden in **Baulasten**verzeichnissen geführt.[31]

30 **d) Veränderung des Grundstücks.** Grundstücke sind der gewillkürten rechtlichen Veränderung durch die Grundstückseigentümer unterworfen. Es kann eine **Zuschreibung** (§ 6 GBO), **Vereinigung** (§§ 5 GBO, 890 BGB) oder eine **Grundstücksteilung** erfolgen. Dies setzt regelmäßig die **form**gerechte **Erklärung**en der beteiligten Grundstückseigentümer (§§ 873 ff BGB, 13 ff GBO), die vorschriftsgemäße Vermessung[32] der betroffenen Flächen und die Konkordanz mit öffentlich-rechtlichen Vorschriften (beispielsweise § 19 BauGB zur Grundstücksteilung) voraus..

Sollen verschiedene Nachbargrundstücke neu geordnet werden, bietet sich eine zivilrechtliche **Umlegung** an. Die Beteiligten einigen sich hierbei über Einwurfs- und Zuteilungsflächen, den Wertausgleich und die Kosten beispielsweise auf der Grundlage eines amtlichen Veränderungsnachweises. Hierzu ist lediglich eine Notarkurkunde (§ 311 b BGB) notwendig; das Verfahren ist kosten- und steuerrechtlich günstig. Hiervon zu unterscheiden ist das öffentlich-rechtliche Umlegungsverfahren gem. §§ 45 ff BauGB.

31 **e) Bodenordnung.** Eine Grundstücksveränderung kann nämlich auch aufgrund **öffentlich-rechtlicher Bodenordnung** erfolgen. Hierzu stellt das **BauGB** mit der Umlegung (§§ 45–84 BauGB), der Enteignung insb. mit Entschädigung in Land (§§ 85–122 BauGB) sowie den städtebaulichen Sanierungs- (§§ 136–164 b BauGB) und Entwicklungsmaßnahmen (§§ 165–171 BauGB) hinreichend Regelungsinstrumente zur Verfügung. Von praktischer Relevanz ist zudem das **Flurbereinigungs**verfahren insb. in der Form der Unternehmensflurbereinigung (§§ 87 ff FlurbG, 190 BauGB)) beispielsweise für eine bauleit- und fachplanungsbegleitende Bodenordnung. Aufgrund der verschiedenen Fachplanungsgesetze des Bundes und der Länder sind zudem auch **Enteignungen** möglich.

Hieraus ist zu ersehen, dass die Nutzung und Veränderung eines Grundstücks in einer Fülle von zivil- und öffentlich-rechtlichen Vorschriften geregelt ist; diese Normen gründen und formen rechtlich den Grundstücksbegriff.

---

28 Vgl. §§ 6 ff LuftVG.

29 Vgl. §§ 2, 3 BBergG.

30 Vgl. § 80 LBO BW.

31 Beispielsweise §§ 70, 71 LBO BW; § 73 BauO Bln; § 79 HBauO; § 81 HBO; § 83 LBauO M-V; § 92, 93 NBauO; § 83 BauO NRW; § 84 LBauO RhPf; § 92 LBO Saarl; § 80 Sächs BO; § 84 BauO LA; § 80 BOThür.

32 Vgl. beispielsweise §§ 6 VermGBW; Bay; §§ 14 ff VermG Bln; §§ 9 ff VermLiegG Bbg; §§ 1 ff VG Hess; §§ 11 ff VermKatG M-V; §§ 11 ff VermKatG Nds; §§ 9 ff VermKatG NRW; §§ 1 ff KatasterG RhPf; §§ 11 ff VermKatG Saarl; §§ 13 ff VermG Sächs; §§ 11 ff VermKatG LA; §§ 1 ff KatG Thür.

2. Das Grundstück und seine Bestandteile

Mit der rechtlichen Einordnung des Grundstücksbegriffs ist noch nichts darüber ausgesagt auf welche **Bestandteile** innerhalb der Grundstücksgrenzen das rechtliche Schicksal des Grundstücks teilen. Die **privatrechtliche Befugnis** des Eigentümers gem. § 905 BGB umfasst das Grundstück in seinen **abgemarkten Grenzen** nach Maßgabe der Vorschriften des bürgerlichen Rechts; dieses regelt was einem Grundstück rechtlich zuzuordnen ist. Im Zuge seiner privatrechtlichen Befugnis kann der Eigentümer die **Gestalt** des Grundstücks **verändern**. Den Rahmen hierfür bilden einerseits Nachbarrechte und andererseits das Regime öffentlich-rechtlicher Vorschriften. Ein Grundstück kann außerdem durch natürliche Einflüsse seine Gestalt verändern. 32

a) Bestandteile eines Grundstücks. Wesentliche Bestandteile (§ 93 BGB) teilen das rechtliche Schicksal einer Sache; sie sind also nicht sonderrechtsfähig. Zu den **wesentlichen Bestandteilen** eines Grundstücks gehören die mit dem Grund und Boden fest verbunden Sachen, insbesondere **Gebäude**, sowie die Erzeugnisse des Grundstücks, solange sie mit dem Boden zusammenhängen (§ 94 Abs. 1 BGB); zu den wesentlichen Bestandteilen eines Gebäudes gehören wiederum die zur Herstellung des Gebäudes eingefügten Sachen (§ 94 Abs. 2 BGB). Gem. § 96 BGB gelten auch mit dem Eigentum verbundene **Rechte**, beispielsweise das Recht auf Duldung eines Überbaus des Nachbarn oder das Jagdrecht, als Grundstücksbestandteile. Hiervon abzugrenzen sind die **Scheinbestandteile**, die nur zu einem vorübergehenden Zweck mit dem Grundstück verbunden sind (§ 95 BGB); diese sind dann **sonderrechtsfähig** (beispielsweise Windkraftanlagen, Versorgungsleitungen oder Tunnelbauwerke). 33

b) Zubehör, Früchte, Nutzungen und Lasten. Bewegliche Sachen, die einerseits im räumlichen Verhältnis zu einem Grundstück stehen und andererseits nach der Verkehrsanschauung dem wirtschaftlichen Zweck des Grundstücks dienen, sind **Zubehör** (§§ 97, 98 BGB). Sie sind im Regelfall sonderrechtsfähig, können also vom Eigentümer unabhängig vom Grundstück veräußert werden[33]. Das BGB trifft außerdem Regelungen über **Früchte**, **Nutzungen** und **Lasten** sowie deren **Verteilung** (§§ 99–103 BGB). 34

c) Grundstücksveränderungen in der Natur. Viele Grundstücke verändern ihre natürliche Gestalt laufend. Dies kann von gewillkürten Handlungen oder natürlichen Prozessen herrühren. Besonders bei **Hanggrundstücken** wird deutlich, dass Veränderungen auf Nachbargrundstücken, Labilität von Stützeinrichtungen oder Oberflächenwasser erheblichen Einfluss auf die jeweilige Grundstücksgestalt haben können. Ein Erdrutsch verändert beispielsweise Ober- und Unterliegergrundstück nachhaltig. 35

Auch an dieser Stelle überlappen sich **öffentliches** und **privates Recht**. So werden zum Beispiel Eigentums-, Duldungs- und Nutzungsverhältnisse an **Gewässern** im öffentlichen Wasserrecht[34] geregelt; der Gewässereigentümer hat zudem gegenüber den Anrainern zivilrechtliche Pflichten.

Kommt es beispielsweise bei Hanggrundstücken zu einem **natur**bedingten Abgang von Erdmaterial ohne Vermischung (vgl. § 948 BGB) mit dem auf dem Nachbargrundstück anstehenden Material, hat der Eigentümer des Oberliegergrundstücks einen **Herausgabe**anspruch (§§ 985 BGB) unter Beachtung der **Besitzrechte** des Unterliegers (insb. §§ 858 ff BGB). Umgekehrt kann der Unterlieger Beseitigung des Erdeintrages auf seinem Grundstück verlangen (§ 1004 BGB). **Gewillkürte** Grundstücksvertiefungen dürfen nur unter bestimmten Voraussetzungen nach privaten (vgl. § 909 BGB) und öffentlichem Recht (vgl. die Landesbauordnungen der Länder) durchgeführt werden.

---

[33] Beispielsweise durch Dienstbarkeiten abgesicherte *Windenergieanlagen* auf Grundstücken oder *Photovoltaik* auf Dächern.

[34] WHG iVm den Wassergesetzen der Länder, vgl. auch Art. 65 EGBGB.

3. Das Grundstück und seine Belastungen

36 Wertbestimmender Faktor eines Grundstücks sind bestehende Belastungen; ein Grundstück kann verschiedentlich belastet sein. Es gibt **zivilrechtl**iche- und **öffentlich-recht**lich geregelte **Belastungen**. Sie reglementieren Art und Maß der Grundstücksnutzung. Meist treten sie kumuliert auf und bestimmen so das Nachbarverhältnis wesentlich mit:

a) Belastung des Grundstücks auf dem Gebiet des Zivilrechts. Im Vordergrund stehen Grundpfand- und Nutzungsrechte. Die Bestellung und die Löschung dieser Rechte erfolgt **gewillkürt** oder im Wege der **Zwang**svollstreckung.

37 *aa)* **Die** Grundpfandrechte betreffen das Nachbarverhältnis in der Regel nicht. **Grundpfandrechte** sind die Hypothek (§§ 1113 ff BGB), die Grundschulden (§§ 1191 ff BGB) und Rentenschulden (§§ 1199 ff BGB), im Grundbuch in **Abteilung III** verzeichnet.

bb) Für das Nachbarverhältnis Relevanz haben **Nutzungsrechte** und **Nutzungsbeschränkungen**. Zu nennen sind die **Dienstbarkeiten**, also Grunddienstbarkeiten (§§ 1018 ff BGB), Nießbrauch (§§ 1030 ff BGB) und beschränkt persönlichen Dienstbarkeiten (§§ 1090 ff BGB) in **Abteilung II** des Grundbuchs verzeichnet. Gem. § 1018 BGB darf der Eigentümer des herrschenden Grundstücks das dienende Grundstück in einzelnen Beziehungen benutzen; der Eigentümer des mit einer solchen Grunddienstbarkeit belasteten Grundstücks ist insoweit in der Ausübung seiner Rechte ausgeschlossen. Häufige Beispielsfälle sind Geh-, Fahr-, und Leitungsrechte. Gemeinden sichern ihre Bauleitplanung ergänzend durch beschränkt persönliche Dienstbarkeiten beispielsweise im Bereich zulässiger *Handelsnutzung* oder *umweltrechtlicher Auflagen*. Im Rahmen der Grundlagenermittlung hat der Architekt solche Nutzungsrechte und Nutzungsbeschränkungen zu erheben; nur so kann dem Bauherrn über Art und Maß der baulichen Nutzung eines Grundstücks hinreichend aufklären[35].

Das Gesetz kennt weitere freilich für das Nachbarverhältnis weniger relevante Nutzungsrechte und Nutzungsbeschränkungen wie beispielsweise das Vorkaufsrecht (§§ 1094 ff BGB), das Wohnrecht (§ 1093 BGB) oder die Reallast (§§ 1105 ff BGB). Zu nennen sind zudem noch **altrechtliche** Grundstücks**belastungen** (beispielsweise Servituten) mit unterschiedlicher Relevanz in den einzelnen Bundesländern.

39 **b) Belastung des Grundstücks auf dem Gebiet des öffentlichen Rechts.** Das öffentliche Recht ist zunächst **Inhalts-** und **Schrankenbestimmung** des Eigentums (Art. 14 Abs. 1 2 GG). Auf das einzelne Grundstück unmittelbar anwendbare Gesetze, Rechtsverordnungen, oder Satzungen konkretisieren das Eigentum ebenso wie grundstücksbezogene behördliche Entscheidungen.

40 *aa)* Ein den Eigentümer begünstigender **Verwaltungsakt** kann gleichzeitig den Nachbarn belasten, soweit er durch diese Verwaltungsakte in seinen subjektiv-öffentlichen Rechten betroffen ist.[36] Zu nennen sind beispielsweise bau- oder immissionsschutzrechtliche **Genehmigungen**; im letzteren Fall werden zivilrechtliche Ansprüche nach Maßgabe des § 14 BImSchG für genehmigungsbedürftige Anlagen (beispielsweise Windkraftanlagen oder Stallbauten) ausgeschlossen. Anzusprechen sind zudem Planfeststellungsbeschlüsse[37], die in der Rechtsnatur eines Verwaltungsakts zumeist öffentliche Infrastrukturprojekte genehmigen sowie Verordnungen im Bereich des Umweltrechts. Das Grundstück kann zudem gänzlich oder teilweise nach Maßgabe der Straßengesetzte öffentlich **gewidmet** oder im **Altlastenkataster** oder der **Biotopkartierung** verzeichnet sein. Die

---

[35] BGH Urt. v. 10.7.2014 VII ZR 55/13.

[36] Vgl. § 80 a VwGO, sog. Verwaltungsakt mit Doppelwirkung.

[37] Vgl. §§ 72 ff VwVfG zum Verfahren.

jeweiligen Rechtsfolgen ergeben sich aus den Vorschriften des öffentlichen Rechts. Im allgemeinen Sprachgebrauch wird dies alles als Belastung verstanden.

bb) Auf dem Grundstück können **öffentliche Lasten** liegen. Dies gilt zunächst für **Abgaben** (Steuern, Beiträge und Gebühren) oder grundstücksbezogene Verwaltungsakte ggfs. iVm öffentlich-rechtlichen Zwangsmaßnahmen nach Maßgabe der Vorschriften über die Verwaltungsvollstreckung wie beispielsweise Duldungs**verfügungen** oder Zwangshypotheken. Dies ist bei Grundstücksverkehr und der Bestellung von Grundpfand- und Nutzungsrechten zu berücksichtigen; die öffentlichen Lasten gehen den zivilrechtlichen Lasten regelmäßig im Rang vor. 41

cc) Durch Erklärung gegenüber der jeweils zuständigen Behörde können Grundstücks**eigentümer öffentlich-rechtliche Verpflichtungen** zu einem ihre Grundstücke betreffenden Tun, Dulden oder Unterlassen übernehmen, die sich nicht schon aus öffentlich-rechtlichen Vorschriften ergeben.[38] Das Gesetz nennt dies **Baulast**. Kann beispielsweise der bauordnungsrechtlich vorgeschriebene Abstand[39] nicht eingehalten werden, kann durch eine solche Baulast gesichert werden, dass bestimmte Flächen des Nachbargrundstücks nicht überbaut werden dürften und so zugunsten des Bauvorhabens angerechnet werden können. Dies belastet das Nachbargrundstück dauerhaft und schränkt den Nachbarn somit in seiner Baufreiheit ein. 42

c) Genehmigungsvorbehalte. In besonders gelagerten Fällen sind die Belastung von Grundstücken und der Grundstücksverkehr von öffentlich-rechtlichen **Genehmigung**en abhängig. Öffentliches und privates Recht überschneiden sich auch an dieser Stelle. Beispielsweise hat die Gemeinde gem. §§ 24 ff BauGB für bestimmte Fälle ein **Vorkaufsrecht**. Liegt das Grundstück in einem **Sanierungsgebiet** bedürfen Verträge und Erklärungen des Eigentümers (wie beispielsweise Verkauf, Belastung, Teilung aber auch Vermietung eines Grundstücks über ein Jahr hinaus) einer gesonderten Genehmigung der Gemeinde (§§ 144, 145 BauGB). Die Erteilung einer Baugenehmigung reicht in diesem Fall nicht aus. Der seitens der Gemeinde im Grundbuch einzutragende **Sanierungsvermerk** (§ 143 Abs. 2 Satz 2 BauGB) hat nur deklaratorische Wirkung; fehlt die Eintragung im Grundbuch kommt es allein auf den rechtswirksamen Erlass einer Sanierungssatzung an. 43

II. Die Grundstücksgrenze

Der Grenzverlauf ist für den Eigentümer und den Nachbarn gleichermaßen rechtlich und tatsächlich von zentraler Bedeutung. Nur über ihn kann der Messgehalt eines Grundstücks ermittelt werden; die **Grundstücksfläche** ist wiederum Ausgangspunkt für die Bestimmung des Maßes der Grundstücksnutzung (vgl. § 19 Abs. 1 BauNVO) und damit zugleich für den nachbarlichen Interessenausgleich von Relevanz. Eigentümer und Nachbar errichten und unterhalten regelmäßig **Grenzeinrichtungen**. Diese dienen streitverhindernd dem nachbarlichen Frieden. 44

1. Das Grundstück und seine Grenzen

Den Umfang des Grundstücks und damit die Relevanz der beschriebenen grundstücksbezogenen Rechte wird durch die **Grundstücksgrenze** bestimmt. Die Grundstücksgrenze wird über die **Grenzabmarkung** beschrieben. Sie ist sowohl Regelungsgegenstand des öffentlichen wie auch des privaten Rechts; die Veränderung einer Grenzbezeichnung ist zudem gem. § 274 Abs. 1 Ziff. 3 StGB strafbewehrt. 45

---

[38] Vgl. beispielsweise § 71 LBO BW.

[39] Beispielsweise die Abstandsvorschriften gem. §§ 5 ff LBO BW; § 6 BayBO; §§ 6 ff BauOBln; §§ 6, 7 BbgBO; § 6 BremLBO; § 6 HBauO; §§ 6, 7 HBO; § 6 LB M-V; § 5 ff NBauO; §§ 6 BauO NRW; §§ 8, 9 LBauO (Rh-Pf); § 7 ff LBO (Saarl); § 6 SächsBO; § 6 BauO LA; § 6 ThürBO.

46 **a) Die privatrechtliche Grenzabmarkung.** Soweit die Grenzen **unstreitig** sind, haben die Nachbarn untereinander einen Anspruch auf **Errichtung** von **Grenzzeichen** (§ 919 BGB). Dieser dingliche Mitwirkungsanspruch ist **unverjährbar** (§ 924 BGB). Ist die Grenze streitig bzw. nicht feststellbar, besteht also eine Grenzverwirrung, haben die Nachbarn einen **Grenzscheidungsanspruch** (§ 920 BGB). Die Grenzziehung folgt dann den Besitzverhältnissen; im Falle deren Nichtfeststellbarkeit wird hälftig geteilt (§ 920 Abs. 1 BGB).

47 **b) Die öffentlich-rechtliche Grenzabmarkung.** Nach Maßgabe der Vermessungs- und Katastergesetze der Länder haben die zuständigen Stellen (beispielsweise Vermessungsämter oder öffentlich bestellte Vermessungsingenieure) zumeist von Amts wegen die im Kataster registrierten Grundstücksgrenzen in die Natur zu übertragen (Abmarkungsverfahren). Die Voraussetzungen hierfür sind in den einzelnen Bundesländern unterschiedlich geregelt[40]. Diese Funktion übernehmen die Flurbereinigungsbehörden in meist sehr großflächigen und lang andauernden Flurbereinigungsverfahren.

2. Das Grundstück und seine Grenzeinrichtungen

48 Es sind eine Fülle von **Grenzeinrichtungen** denkbar. § 921 BGB benennt **exemplarisch** *Zwischenraum, Rain, Winkel, Graben, Hecke, Mauer* oder *Planke*. In der Praxis ist eine Unzahl weiterer Grenzeinrichtungen anzutreffen. Solche Grenzeinrichtungen dürfen nur dann errichtet werden, wenn sie einerseits nach privatem Nachbarrecht zulässig sind und andererseits keine **öffentlich-rechtlichen Vorschriften** entgegenstehen. Zivilrecht und Öffentliches Recht überlagern sich auch an dieser Stelle:

49 **a) Begriffliche Klarstellung.** Grenzeinrichtungen iSV §§ 921, 922 BGB stehen **auf** der Grenze. Sie werden als **gemeinsame Grenzscheide** errichtet und unterhalten. Davon abzugrenzen sind Grenzeinrichtungen **an** der Grenze, also solche, die sich vollständig auf **einem** der beiden **Nachbargrundstück**e befinden. Diese gebotene Differenzierung wird von den **Nachbarrechtsgesetze**n der Länder allerdings nicht strikt durchgehalten.

Mit den Grenzeinrichtungen praktisch artverwandt ist das **Miteigentum** (§§ 1008–1011 BGB) an einem Grundstück, beispielsweise einer gemeinsamen Garagenzufahrt. Rechtlich handelt es sich hierbei um jeweils eigenständige Grundstücke mit womöglich selbstständigen Grenzeinrichtungen.

50 **b) Errichtung von Grenzeinrichtungen.** Die Frage der **Zulässigkeit** von Grenzeinrichtungen richtet sich **privatrecht**lich nach dem Nachbarrecht des BGB und den Nachbarrechtsgesetzen der Länder. Klarheit kann in der Praxis für den jeweiligen Einzelfall nur dadurch gewonnen werden, dass die zu beurteilende Grenzeinrichtung zunächst genau katastermäßig lokalisiert, sodann zugeordnet und deren zivilrechtliche Zulässigkeit nach Maßgabe des jeweiligen Bundesland geltenden Bundes- und Landesnachbarrecht bestimmt wird.

51 **c) Öffentlich-rechtliche Vorschriften.** Die Grenzeinrichtungen müssen zudem mit den jeweils gültigen **öffentlich-rechtlichen** Vorschriften im Einklang stehen. Innerhalb bebauter Ortsteile (§§ 30, 34 BauGB) ist dies vornehmlich das **Bauplanungs-** und das **Bauordnungsrecht** der Länder; im Außenbereich (§ 35 BauGB) treten maßregelnde **umweltrecht**liche Vorschriften hinzu. Sodann finden sich in Fachplanungsgesetzen Achtungsvorschriften[41].

---

[40] § 4 VermG BW; Art. 1 BayAbmG; §§ 14 ff VermG Bln; § 9 BraVermLiegG; §§ 4 ff VermKatG Brem; § 11 HmbVermG; § 6 HVG; § 17 VermKatG M-V; §§ 3, 4 NVermG; Teil 3 Lg Verm Rhpf; §§ 14, 15 SächsVermG; § 16 VermKatG LA; § 14 VerKatG SchlH; § 3 ThürKatG.

[41] Beispielsweise § 11 Abs. 2 FStrG im Übrigen § 9 FRstG; § 22 StrG BW; Art 23, 24 BayStrWG;

Die Bedeutung der öffentlich-rechtlichen Vorschriften hat dabei in den letzten Jahrzehnten zugenommen. Während beispielsweise zu Zeiten der Genese des BGB im ausgehenden 19. Jahrhundert die Anlegung eines **Graben**s als Grenzeinrichtung durch die Nachbarn letztendlich allein nach zivilem Recht zu beurteilen war, kann dies heute zumeist nicht mehr ohne Beachtung öffentlich-rechtlicher insbesondere umweltrechtlicher Vorschriften erfolgen.

In Bauleitplanverfahren spielen umweltschützende Belange in der Abwägung eine erhebliche Rolle (vgl. § 1 a BauGB); die Folge hiervon sind eine hohe Dichte von **Darstellungen** und **Festsetzungen** von **Ausgleichsmaßnahmen** gerade im regelmäßig nicht bebauten aber nachbarrechtlich relevanten Grenzbereich der einzelnen Baugrundstücke im Geltungsbereich von Bauleitplänen[42].

Die dabei verwendeten Planzeichen sind in der Verordnung über die Ausarbeitung der Bauleitpläne und die Darstellung des Planinhalts[43] erläutert. Zu nennen sind insbesondere die zunehmend an Bedeutung gewinnenden Festsetzungsmöglichkeiten für Wasserflächen und Flächen für die Wasserwirtschaft, den Hochwasserschutz und die Regelung des Wasserabflusses[44] oder die Festsetzungsmöglichkeiten für Planungen, Nutzungsregelungen, Maßnahmen und Flächen für Maßnahmen zum Schutz, zur Pflege und zur Entwicklung von Natur und Landschaft.[45] Die Errichtung eines Grenz**baum**es (§ 923 BGB) steht also im Einzelfall gegebenenfalls nicht nur nach Maßgabe des zivilen Nachbarrechts zur Disposition der Nachbarn, sondern kann von der Gemeinde als Pflanz- oder Erhaltungsgebot gem. § 178 BauGB angeordnet werden. 52

d) Rechtsweg. Gegen eine unzulässige Grenzeinrichtung kann der Nachbar gegen den Eigentümer einerseits auf dem **Zivilrechtsweg** vorgehen; andererseits kann der Nachbar bei der zuständigen Behörde einen Antrag auf ordnungsbehördliches Einschreiten stellen und gerichtlich vor den **Verwaltungsgericht**en verfolgen. Daraus ergibt sich die Gefahr divergierender Urteile. 53

e) Benutzung und Unterhaltung von Grenzeinrichtungen. §§ 921 BGB regelt Fragen der **Nutzung** von Grenzeinrichtungen. § 921 BGB **vermutet** die gemeinschaftliche Nutzung, sofern nicht äußere Merkmale darauf hinweisen, dass die Einrichtung einem der Nachbarn gehört. Erst recht gilt dies wenn einer der Nachbarn sein Eigentum nachweisen kann. Fragen der **Unterhaltung** der Grenzeinrichtung reguliert § 922 BGB iVm mit den Vorschriften über die Gemeinschaft (§§ 741 ff BGB). 54

Diese Vorschriften sind entsprechend auf die vereinbarte **Errichtung** solcher Anlagen anzuwenden; erhält der Nachbar von einer solchen Einrichtung Kenntnis und erhebt er binnen angemessener Frist hiergegen keinen Widerspruch oder verlangt Beseitigung der Anlage gem. § 1004 BGB so dürfte darin eine stillschweigende Zustimmung zu sehen sein. Er ist dann zwar nicht an den Herstellungskosten (§§ 683, 670 BGB), wohl aber an den Unterhaltungskosten (§ 922 BGB) beteiligt.[46]

f) Einfriedungen. In einzelnen Bundesländern besteht **zivilrechtlich** nach Maßgabe der Nachbarrechtsgesetze eine – jeweils unterschiedliche geregelt – **Einfriedungs**ver**pflicht**ung[47]; hinzu tritt zum Teil ein **Einfriedungsgebot** nach Maßgabe des jeweiligen 55

§ 24 BbGStrG; §§ 27, 28 LtrG Brem; § 23 HStrG; §§ 31, 32 StrWG M-V; § 24 NStrG; § 23 StrWG NRW; §§ 22, 23, 25 LtrG RhPf; §§ 24, 25 SaarlStrG; § 24 StrG LA; §§ 29 , 30 StrWG S-H.

[42] beispielsweise §§ 5 Abs 2 a und Abs 4 a sowie 9 Abs 1 a und 6 a BauGB.

[43] Planzeichenverordnung 1990 – PlanzV 90 v. 18.12.1990 BGBl. I 1991, 58, letzte Änderung Artikel 2 22.7.2011 (BGB1 I S. 1509).

[44] Ziff. 10 PlanzV 90, Festsetzung gem. §§ 5 Abs. 2 Ziff. 7 und 9 Abs. 1 Ziff. 16 BauGB.

[45] Ziff. 13 PlanzV 90, Festsetzung gem. §§ 5 Abs. 2 Ziff. 10 und 9 Abs. 1 Ziff. 20 und 25 BauGB.

[46] Vgl. *Dehner* § B 9 II 2 a.

[47] Vgl. beispielsweise §§ 21 ff NRG Bln; §§ 28 ff NRG Bbg; §§ 14 ff NRG Hess; §§ 27 ff NRG

öffentlichen Bau**rechts**.[48] Soweit die Einfriedung auf dem jeweiligen Grundstück zu errichten ist, kommen §§ 920, 921 BGB mangels Grenzständigkeit nicht zur Anwendung und es bleibt bei der Unterhaltspflicht des jeweiligen Eigentümers.[49]

III. Bauten an der Grundstücksgrenze

56 Im Zuge von **Baumaßnahmen** an der **Grundstücksgrenze** stoßen die Interessen von Bauherrn und Nachbarn intensiv aufeinander. Dies gilt im Besonderen in den Fällen, in denen nicht nur die Errichtung von Nebenanlagen oder Grenzeinrichtungen, sondern von **Gebäuden** beabsichtigt ist. An dieser Stelle sind privates und öffentliches Nachbarrecht wiederum eng verknüpft. Zu unterscheiden ist hier einerseits die **zivilrechtliche Gestaltung** der Anbausituation und andererseits deren Zulässigkeit nach **öffentlichem Baurecht**. Letztere ist Gegenstand der Prüfung nach Bauverfahrensrecht; regelmäßig kommt dabei den **Abstandsvorschriften** nachbarschützende Wirkung zu. Der Nachbar hat dann ein subjektiv-öffentliches Recht auf Einhaltung dieser Vorschriften. Bauten an der Grundstücksgrenze sind abgesehen von Innenstadtquartieren zumeist die Ausnahme. Besondere Bedeutung gewinnt dabei auch der **Brandschutz**.

1. Typische Anbaufallgestaltungen

57 Ist ein Gebäude mit dem anderen **bautechnisch** verbunden spricht man von einem Anbau. Diese Verbindung ist gedanklich von der Gründung bis zum Giebel ganz oder in Teilen denkbar.

a) Anbaufallgestaltungen. Während noch vor Jahrzehnten solche Fragen vornehmlich in **historischen** und **urbanen Quartieren** auftraten, erzwingen Baulandknappheit und Bodenpreise Anbausituationen gerade auch in **Neubaugebieten**. Zu nennen sind Doppelhäuser oder Hausgruppen, gemeinhin Reihenhäuser genannt (vgl. § 22 Abs. 2 BauNVO). Parkprobleme werden über – nicht selten überbaute – **Tiefgaragen** gelöst. Hinzutritt die vom Gesetzgeber gewünschte **Innenentwicklung** der Städte und Gemeinden insbesondere durch Nachverdichtung[50].

58 **b) Wohnungseigentümergemeinschaft.** Zum Teil werden die Rechtsverhältnisse an der Tiefgarage in der Form des **Wohnungseigentums** reguliert. Gem. § 7 Abs. 4 WEG sind der Eintragungsbewilligung im Wohnungsgrundbuch **behördliche Genehmigungen** vorgeschaltet bevor ein grundbuchrechtlicher Vollzug erfolgt und damit erstmals wirksam Wohnungseigentum gebildet werden kann. Dies setzt – unter anderem – eine entsprechende Baugenehmigung voraus. Hier wie in den anderen Fällen im Anwendungsbereich des WEG fungiert dieses Gesetz als Nachbarrecht **innerhalb** der Wohnungseigentümergemeinschaft. WEG-konformes Vorgehen ist aber auch bei Verhandlungen der Nachbarn **mit** der Wohnungseigentümergemeinschaft notwendig, um von dieser auch bindende Erklärungen zu erhalten.

59 **c) Typik.** In der Praxis treten die Fallgestaltungen also sehr different und nicht minder komplex auf. Umso bedeutender ist die systematisierte Betrachtung typischer Anbaufallgestaltungen. Diese kehren immer wieder. Sprachlich unterscheidet man **Nachbarwand** und **Grenzwand**. Die Nachbarwand wird grenzscheidig, die Grenzwand von einem der

---

Nds; §§ 32 ff NRG NRW; §§ 39 ff NRG RhPf; §§ 43 ff NRG Saarl, §§ 22 ff NRG LA; §§ 28 ff NRG SchlH; §§ 39 ff NRG Thür.

[48] Vgl. beispielsweise §§ 21 ff NRG Bln; 28 ff NRG Bbg; 14 ff NRG Hess; 27 ff NRG Nds; 32 ff NRG NRW; 39 ff NRG RhPf; 4 ff NRG Sächs; 22 ff NRG LA.

[49] Vgl. BGH NJW-RR 97, 16.

[50] Vgl. die Möglichkeit von Bebauungsplänen der Innenentwicklung (§ 13 a BauGB).

Nachbarn diesseits der Grundstücksgrenze errichtet. Werden bei der Errichtung eines Gebäudes die Grundstücksgrenzen überschritten, spricht man vom **Überbau** (§ 912 BGB). Luftraum kann durch *Auskragungen*, der Erdkörper durch *Unterbauung* genutzt werden. Zu unterscheiden ist weiterhin, ob die Situation von den Nachbarn **gewollt** oder **ungewollt** entstanden ist; je nachdem ergeben sich verschiedene wechselseitige Ansprüche und Möglichkeiten der Rechtsgestaltung:

2. Die Nachbarwand

Wird die Wand auf der **Grenze** errichtet und dient sie der **Standsicherheit beider** Nachbar**gebäude** spricht man von einer Nachbarwand, früher auch Kommunmauer genannt.[51] 60

a) Bedeutung. Während in früherer Zeit Baustoffersparnis und Kleinräumigkeit von Innerortslagen die Errichtung von Nachbarwänden empfohlen haben, kommt es heute kaum noch zu Errichtung von Nachbarwänden. Neben Gesichtspunkten der tatsächlichen und rechtlichen Handhabbarkeit sprechen auch verpflichtende am **Stand** der **Technik** orientierte Anforderungen wie beispielsweise der Schall- und Brandschutz im Wohnungsbau gegen die Neuerrichtung von Nachbarwänden.

Die Gemeinden bereinigen deshalb gerne im Zuge der Durchführung städtebaulicher **Sanierung**smaßnahmen (§§ 136 ff BauGB) in substanzschwachen Gebieten altrechtliche Rechtsverhältnisse wie beispielsweise Stockwerkseigentum oder Nachbarwände[52] (vgl. auch § 148 BauGB), soweit sie als städtebauliche Missstände verstanden werden (vgl. § 136 Abs. 2 BauGB).

b) Einvernehmliche und nicht einvernehmliche Errichtung. Im BGB ist lediglich 61
der Überbau (§ 912 BGB), nicht aber die Nachbarwand geregelt.

aa) Wird die Nachbarwand **einvernehmlich** errichtet, bildet diese vertragliche Regelung zusammen mit den landesnachbarrechtlichen Vorschriften[53] über die Nachbarwand den Rahmen für die zwischen den Nachbarn geltenden Regeln bezüglich **Beschaffenheit**, **Unterhalt** und **Vergütungspflichten** für den später anbauenden Nachbarn. Die Nachbarwand ist gleichzeitig **Grenzeinrichtung**; §§ 920, 921, 741 ff BGB regeln zudem ergänzend die Rechtsverhältnisse der Nachbarn zueinander.

bb) Eine **nicht einvernehmlich** errichtete Nachbarwand ist unter den Voraussetzungen 62
des § 912 BGB zu dulden und gem. § 913 BGB zu entschädigen; sie steht im Alleineigentum des überbauenden Nachbarn. Liegen die Voraussetzungen des § 912 BGB nicht vor, besteht ein Beseitigungsanspruch gegen den Bauherrn gem. § 1004 BGB.

c) Eigentumsverhältnisse. Da die Nachbarwand für beide Gebäude bautechnisch un- 63
entbehrlich ist, ist sie **wesentlicher Bestandteil** (§ 94 Abs. 2 BGB) **beider Gebäude**; baut einer der Nachbarn zeitverzögert an, bildet sich mit der Anbaumaßnahme **unteilbares Miteigentum** an der ganzen Nachbarwand. Will einer der Nachbarn die Wand beispielsweise im Zuge einer von ihm gewünschten Umbaumaßnahme erhöhen ist, ist dafür die Zustimmung des anderen Miteigentümers notwendig. Die Landesnachbargesetze vereinfachen zugunsten des bauwilligen Nachbarn bei **einvernehmlich** errichteten Nachbarwänden unter jeweils differenten Voraussetzungen eine Erhöhung[54].

---

[51] *Dehner* B § 8 I 1 mwH.

[52] Vgl. beispielsweise §§ 4 ff NRG Bln; §§ 5 ff NRG Bbg; §§ 1 ff NRG Hess; §§ 2 ff NRG Nds; §§ 7 ff NRG NRW; §§ 3 ff NRG RhPf; §§ 3 ff NRG Saarl, §§ 5 ff NRG LA; §§ 4 ff NRG SchlH; §§ 3 ff NRG Thür.

[53] NRGe der Länder aaO.

[54] Vgl. beispielsweise; § 12 NRG Bln; § 14 NRG Bbg; § 6 NRG Hess; § 12 NRG Nds; § 15 NRG NRW; § 11 NRG RhPf; § 12 NRG Saarl; § 8 NRG LA; § 10 NRG SchlH; § 11 NRG Thür.

64 **d) Landesrecht.** Die Nachbarrechtsgesetze der Länder[55] regeln formelle und materielle Anforderungen an Nachbarwände. Dies betrifft Fragen der Anzeige von Baumaßnahmen, Gründung, Anbauberechtigung oder Unterhaltung usw. Soll eine Nachbarwand **erstellt** oder **abgebrochen**[56] werden, muss sich der Architekt auch anhand des Landesnachbarrechts vergewissern, dass Bauvorhaben und Baustellenabwicklung in Konkordanz mit diesen Vorschriften erfolgt.

3. Die Grenzwand

65 Zivilrechtlich wesentlich einfacher handhabbar ist die Grenzwand als Grenzeinrichtung diesseits der Grundstücksgrenze. Der Bauherr ist **Eigentümer**; für die Grenzwand gilt zunächst nichts anderes wie für die anderen Grenzeinrichtungen, wie beispielsweise Zäune, diesseits der Grenze auch. Soll eine Grenzwand errichtet werden sind einerseits die Vorschriften des **zivilen Nachbarrechts**, insb. die Nachbarrechtsgesetze der Länder, einzuhalten.[57]

Andererseits darf die Grenzwand nicht gegen **öffentlich-rechtliche Vorschriften** verstoßen. Die Grenzbebauung muss also zulässig sein. So kann bau**planungsrecht**lich eine geschlossene **Bauweise** (§ 22 Abs. 1 BauNVO), also eine Bauweise ohne seitlichen Grenzabstand, oder auch eine seitliche oder hintere **Baulinie** (§ 23 Abs. 2 BauNVO) festgesetzt sein. Soweit die Grenzbebauung unzulässig ist, sind die **Abstand**svorschriften der jeweiligen Landesbauordnung einzuhalten und es kommt – zumindest überirdisch – zu keiner Grenzwand.

4. Der Überbau

66 Wird bei der Errichtung eines **Gebäude**s **über** die **Grenze** gebaut, ist dies ein Überbau. Der Nachbar (und Grundstückseigentümer) hat dies unter den Voraussetzungen des § 912 BGB zu **dulden;** der überbauende Eigentümer ist als Entschädigung gem. §§ 913–915 BGB zur Zahlung einer **Rente** an den Nachbarn verpflichtet. Gem. § 916 BGB gilt dies auch für den Fall der Beeinträchtigung von **Erbbaurecht** und **Dienstbarkeit** des Nachbarn. Damit will der Gesetzgeber eine substanzwertvernichtende Zerstörung verhindern; gleichwohl bleibt der Überbau rechtswidrig. Liegen die Voraussetzungen einer Duldung gem. § 912 BGB nicht vor, bleibt es beim Grundsatz der **Vertikalteilung** der benachbarten Grundstücke.

67 **a) Errichtung eines Gebäudes.** § 912 BGB setzt zunächst voraus, dass der Überbau bei der Errichtung eines **Gebäude**s erfolgt ist. Die Rechtssprechung versteht unter Gebäude ein Bauwerk, das durch **räumliche Umfriedung** gegen äußere Einflüsse Schutz gewährt und den **Eintritt von Menschen** gestattet.[58] Mit umfasst sind im Zuge der Gebäudeerrichtung als Teil desselben mit hergestellte untrennbare **Gebäudeteile** wie *Dachvorsprünge, Erker* oder *fest verbundene Balkone.* Mit umfasst sein dürften auch geomorphologisch oder hydrogeologisch bedingte nachträgliche Gebäudeveränderungen wie beispielsweise *Mauerausbuchtungen* eines Gebäudes.

§ 912 BGB ist hingegen nicht auf **Grenzeinrichtungen** (vgl. § 921 BGB) anzuwenden, obwohl beispielsweise Errichtung und nachfolgende Beseitigung einer Grenzmauer mit erheblichen Kosten verbunden sein kann.

---

[55] Vgl. beispielsweise §§ 4 ff NRG Bln; §§ 5 ff NRG Bbg; §§ 1 ff NRG Hess; §§ 2 ff NRG Nds; §§ 7 ff NRG NRW; §§ 3 ff NRG RhPf; §§ 3 ff NRG Saarl, §§ 5 ff NRG LA; §§ 4 ff NRG SchlH; §§ 3 ff NRG Thür.

[56] Vgl. beispielsweise: § 11 NRG Bln; § 13 NRG Bbg; § 5 NRG Hess; § 11 NRG Nds; § 14 NRG NRW; § 10 NRG RhPf; § 11 NRG Saarl; §§ 9, 10 NRG LA; § 9 NRG SchlH § 10 NRG Thür.

[57] Vgl. beispielsweise §§ 14 ff NRG Bln; §§ 16 ff NRG Bbg; §§ 8 ff NRG Hess; §§ 16 ff NRG Nds; §§ 19 ff NRG NRW; §§ 13 ff NRG RhPf; §§ 15 ff NRG Saarl; §§ 11 ff NRG LA; §§ 11 ff NRG SchlH; §§ 13 ff NRG Thür.

[58] Für viele *Palandt/Bassenge* § 912 Rn. 2 iVm BGH LM Nr. 25.

b) Verschulden und Widerspruch. Nach dem Willen des Gesetzgebers entfällt die **Schutzwürdig**keit des Eigentümers – das Gesetz bezeichnet den **Bauherr**n sachenrechtlich zutreffend als **Eigentümer** – bei Verschulden oder Widerspruch des **Nachbar**n. 68

Ein Bauherr hat den Grenzverlauf aufzuklären[59]. Ein Verschulden des **Architekt**en ist dabei dem Eigentümer zuzurechnen[60]; daraus ergeben sich im Innenverhältnis des Architekten zum Eigentümer ganz erhebliche **Haftung**srisiken. Der Eigentümer ist nur bei leichter Fahrlässigkeit im Zeitpunkt der Grenzüberschreitung exkulpiert;[61] bei der Einschaltung eines Architekten wird dem Eigentümer diese Exkulpation kaum gelingen.

Erfolgt der Überbau unverschuldet oder leicht fahrlässig muss ihn der Nachbar **dulden**, wenn er nicht widerspricht. Der **Widerspruch** stellt eine einseitige empfangsdürftige Willenserklärung dar; eine Vertretung ohne Vertretungsmacht ist gem. § 180 BGB deshalb unzulässig. Der Widerspruch muss vor oder nach objektiv erkennbarer Grenzüberschreitung so **rechtzeitig** erhoben werden, dass die Beseitigung des Überbaus ohne erhebliche Zerstörung möglich ist.[62] Soweit einzelne Nachbarrechtsgesetze dem Nachbarn eine weitergehende Duldungsverpflichtung auferlegen ist das §§ 912 ff BGB entgegenstehende Landesrecht unwirksam[63].

Auf dieser Grundlage können **berechtigte** und **unberechtigte Überbauten** entstehen. Der berechtige Überbau steht im Eigentum des Bauherrn. Der unberechtigte Überbau steht im Eigentum des Nachbarn, der die Beseitigung verlangen kann.

c) Überbaurente. Unter den Voraussetzungen des § 912 Abs. 1 BGB erhält der Nachbar zur **Entschädigung** eine **Geldrente** (§ 912 Abs. 2 BGB). Diese jährlich im Voraus (§ 913 Abs. 2 BGB) zu entrichtende Rente geht anderen Grundstücksrechten vor (§ 914 Abs. BGB); sie wird nicht in das Grundbuch eingetragen (§ 914 Abs. 2 BGB). Der Eigentümer haftet auch persönlich (§§ 914 Abs. 3, 1105, 1113 BGB). Gem. § 915 BGB kann der Nachbar statt der Rente auch den **Abkauf** der überbauten Fläche verlangen. 69

d) Beseitigungsanspruch. Liegen die Voraussetzungen des § 912 Abs. 1 BGB nicht vor, kann der Nachbar vom Eigentümer und auf dessen Kosten die **Beseitigung** des **Überbau**s sowie die Grundstücks**herausgabe** verlangen (§§ 985, 1004 BGB). Bis dahin ist der Nachbar in Abweichung von § 93 BGB Eigentümer des Überbaus.[64] 70

5. Grundstücksniveau

Ebenso wie ein Grenzgebäude kann eine **Vertiefung** an der Grundstücksgrenze erhebliche Auswirkungen auf das jeweilige Nachbargrundstück haben. Gem. § 909 BGB ist eine Vertiefung **zu unterlassen**, soweit das Nachbargrundstück die erforderliche **Stütze** verliert oder für eine Befestigung gesorgt ist. Der Betroffene hat einen **Unterlassungsanspruch** gegen eine drohende Vertiefung, einen **Beseitigungsanspruch** gegen eine erfolgte Vertiefung und einen **Schadensersatzanspruch** gem. § 823 Abs. 2 BGB iVm § 909 BGB bei Schadenseintritt.[65] 71

a) Vertiefung. Unter Vertiefung versteht man jede vorübergehende oder dauerhafte Absenkung des Grundstücksniveaus gleich zu welchem Zweck und gleich in welchem Umfang, also beispielsweise *Unterkellerung eines Hauses, Bodenschatzgewinnung* nebst Anle- 72

---

[59] OLG Nürnberg, RdL 1968, 102.

[60] BGH NJW 1977, 375 vgl auch § 166 BGB.

[61] BGH WM 79, 644.

[62] *Palandt/Bassenge* § 912 Rn. 10 iVm BGHZ 59, 191.

[63] *Grziwotz/Lüke/Saller*, Praxishandbuch Nachbarrecht (2013) Rn. 337 iVm MüKo/*Säcker* (2013) § 912 Rn. 1–57.

[64] BGH NJW-RR 89, 1039.

[65] BGHZ 101, 290.

gen eines *Bohrloches*, *Abgraben eines Hangfußes*;[66] wird dagegen auf dem Nachbargrundstück zur Abstützung der Baugrube auf dem Grundstück des Erstbauenden eine *Stahlspundwand* eingerammt, ist diese nicht Teil der Vertiefung auf dem Grundstück des Erstbauenden.[67] Damit ist die Wegnahme von Bodenbestandteilen nicht zwangsnotwendige Voraussetzung für das Vorliegen einer Vertiefung; diese kann auch durch Bodensetzungen infolge drucklastiger Aufbauten oder Eingriff in die Hydrogeologie erfolgen.

73 **b) Anderweitige Befestigung.** Der durch diese Vertiefung eingetretene Stützverlust des Nachbargrundstücks ist zu vermeiden oder durch eine genügende **anderweitige Befestigung** auszugleichen. Diese ist nach den **anerkannten Regeln der Baukunst**, insb. also den DIN-Vorschriften, auszuführen. Inwieweit beim *Baugrubenverbau* temporäre oder dauerhafte *Rückverankerungen* zulässig sind, beantwortet sich länderspezifisch nach Maßgabe des in den einzelnen Nachbarrechtsgesetzen geregelten **Hammerschlags-** und **Leiterrecht** und der länderspezifischen Judikatur.

74 **c) Nachbargebäude.** Von besonderem Interesse in der baulichen Praxis ist die **Beschädigung** von (insb. in schlechtem baulichen Zustand befindlichen) **Gebäuden** auf dem **Nachbargrundstück** infolge einer – gegebenenfalls nur vorübergehenden – Ausschachtung des Baugrundstücks des Erstbauenden. Hier greift die Haftung gem. § 909 BGB auch dann, wenn die Schädigung nur durch besonders kostenintensive Unterfangungsmaßnahmen hätte vermieden werden können; der Erstbauende muss die notwendigen Maßnahmen ergreifen. Einzustehen haben als Erstbauende der Eigentümer und Besitzer des Baugrundstücks sowie die von ihm eingeschalteten Fachleute und Bauausführende wie Architekt, Statiker und Bauunternehmer[68] und somit bezogen auf das Nachbarverhältnis Dritte.

Weiterhin von praktischer Relevanz sind Fälle, in denen das neu zu errichtende Gebäude ein **tieferes Fundament** wie das – zumeist grenzständige – Nachbargebäude erhalten soll. Bautechnisch ist es dann notwendig das Fundament des Nachbargebäudes zu unterfangen. Die Nachbarrechtsgesetze einiger Bundesländer gewähren einen **Duldungsanspruch**, wenn die Gründung notwendig und öffentlich rechtlich zulässig ist. In den anderen Bundesländern kann der Nachbar vom Erstbauenden eine solche Ausführung der Gründung verlangen, dass bei der späteren Durchführung seines Bauvorhabens zusätzliche Baumaßnahmen vermieden werden.[69] Der Erstbauende hat dann regelmäßig einen **Mehrkostenerstattungsanspruch**.

d) Öffentlich-rechtliche Vorschriften. Die jeweilige Vertiefung muss im Einklang mit öffentlich-rechtlichen Vorschriften stehen. Dies gilt im Bereich des öffentlichen Baurechts sowohl für genehmigungspflichtige wie auch für verfahrensfreie Vorhaben.[70] Soweit beispielsweise *Grundwasserabsenkungen* vorgenommen werden müssen, sind die besonderen wasserrechtlichen Vorschriften zu beachten. Die Konkordanz mit öffentlichrechtlichen Vorschriften ist Voraussetzung für die nach Maßgabe der Nachbarrechtsgesetze der Länder eingeräumten Ansprüche. Eine Baugenehmigung[71] oder die Festsetzungen in einem Bebauungsplan als solche eröffnen dem Bauherrn aber kein Recht auf Durchführung der Vertiefung; die (zivilrechtliche) Zulässigkeit regelt allein § 909 BGB.

66 BGH NJW 1980, 224.
67 BGH VersR 1966, 756.
68 BGH NJW 1996, 3205.
69 Vgl. beispielsweise § 7 a NRG BW.
70 Vgl. beispielsweise § 50 Abs. 5 LBO BW.
71 Vgl beispielsweise § 58 Abs 3 LBO BW.

IV. Flora an der Grundstücksgrenze

Eine nicht zu unterschätzende Rolle im Verhältnis der Nachbarn zueinander spielt die Flora auf dem jeweils benachbarten Grundstück. Bäume und Sträucher können ungeliebten Schatten erzeugen oder Blätter- und Sameneintrag auf das jeweilige Nachbargrundstück auslösen; im Zuge von **Baumaßnahme** führen Ausschachtungsarbeiten zuweilen zum Absterben von Bäumen auf dem Nachbargrundstück.

Gegebenfalls müssen Bäume und Sträucher auch für die Baumaßnahme entfernt werden. Gem. § 923 Abs. 2 BGB können die Nachbarn voneinander bei hälftiger Kostenübernahme die Beseitigung eines **Grenzbaum**s oder Strauchs (§ 923 Abs. 3 BGB) verlangen. Dieser Anspruch unterliegt nicht der Verjährung (§ 924 BGB).

1. Überhang

Bundesrechtlich geregelt ist nur der **Überhang** (§ 910 BGB). Sofern eine Beeinträchti- 77
gung vorliegt darf der Eigentümer des Nachbargrundstücks herüber gewachsene **Wurzeln** von Bäumen und Sträuchern und **Zweige** – letztere nach angemessener Fristbestimmung – entfernen. Gem. Art. 122 EGBGB können die Länder bei **Obstbäume**n abweichende Regelungen treffen. Davon hat beispielsweise Baden-Württemberg Gebrauch gemacht[72] und die Verpflichtung jeweils für die Zeit vom 1. 3 bis 30. 9. ausgesetzt.[73]

Beim Rückschnitt der Flora sind zudem naturschutzrechtliche Schneideverbote[74] zu beachten. **Öffentliches Recht** und Zivilrecht sind auch an dieser Stelle verwoben. Soll ein Grundstück baureif gemacht werden, müssen die Vorschriften beider Rechtsgebiete beachtet werden. Führt der Rückschnitt schuldhaft zur Zerstörung der Flora, kommen Schadensersatzansprüche in Betracht (§ 823 Abs. 1 BGB). Der Architekt als Sachwalter des Bauherrn muss diese Gesichtspunkte bei Planung und Verwirklichung der Baumaßnahme mitberücksichtigen. Ansonsten drohen Bauverzögerung und gegebenenfalls Bußgeldverfahren.

2. Abstände

Die Länder haben in ihren Nachbargesetzen die **Grenzabstände** von Bäumen und 78
Sträuchern geregelt. Dies dient der Sicherstellung der Nutzung benachbarter Grundstücke.

a) Beseitigungs- und Kürzungsanspruch. Die erlassenen **zivilrechtlichen Vorschriften** sind **divergent** und müssen anhand der einzelnen **Nachbarrechtsgesetze** im Einzelfall nachvollzogen werden.[75] Die Länder versuchen durch die Kodifizierung von Abstandskatalogen für Bäume und Sträucher in den Nachbarrechtsgesetzen einen gerechten Interessenausgleich zu finden.[76] Im Regelfall genießt die **beruf**smäßige Nutzung der Flächen durch Land- und Forstwirtschaft sowie Wein- und Gartenbau Vorrang gegenüber sonstiger Freiflächengestaltung.

Die gesetzlich vorgeschriebenen Abstände werden regelmäßig von der Stammmitte zur Grundstücksgrenze gemessen. Bei Hecken ist zumeist eine **Höhenbegrenzung** in Abhängigkeit vom Grenzabstand einzuhalten. Der Nachbar hat bei Verstoß gegen diese Vorschriften regelmäßig **Beseitigungsanspruch**, der allerdings nach einer bestimmten

---

[72] Vgl. §§ 23, 24 und 35 NRGBW.

[73] Vgl. auch § 12 Abs. 3 NRGBW für Hecken.

[74] Vgl. § 43 NaturschutzG BW.

[75] Vgl. hierzu die Übersichten bei *Dehner* aaO B § 22 oder speziell für ein Bundesland beispielsweise für BW die Abstandstabelle bei *Birk* Nachbarrecht für Baden-Württemberg 5. A. 2004 S. 302.

[76] Vgl. beispielsweise: §§ 12 ff NRG BW; §§ 27 ff NRG Bbg; §§ 50 ff NRG Nds; §§ 44 ff NRG RhPf; §§ 9 ff NRG Sachs; §§ 34 ff NRG LA; §§ 37 ff NRG SchlH; §§ 44 ff NRG Thür.

Anzahl von Jahren nicht mehr geltend gemacht werden kann.[77] Hinzu tritt ein **Kürzungsanspruch** auf die jeweils gesetzlich vorgeschriebene Höhenbegrenzung.

79 **b) Öffentlich-rechtliche Vorschriften.** Bezüglich der Grünordnung eines Grundstücks gibt es verschiedenste relevante **umwelt-** und **planungsrecht**liche Vorschriften auf **Bund**es-, **Land**es- und **Kommunal**ebene. Exemplarisch für Bundes- und Landesgesetze zu benennen sind das BNatSchG[78] und die verschiedenen Naturschutzgesetze der Länder[79] iVm mit den jeweils dazu erlassenen Rechtsverordnungen. Sie enthalten u.a. besondere Bestimmungen des **Biotop-** und **Artenschutzes** sowie Vorgaben für die Bauleitplanung (vgl. §§ 13–19 BNatschG). Das Gemeinschaftsrecht (Flora-Fauna-Habitat-Richtlinie und die Vogelschutzrichtlinie) wurde mit den §§ 31 ff BNatschG in nationales Recht umgesetzt und findet über § 1 a Abs. 4 BauGB direkten Eingang in das Planungsrecht der Gemeinden.

Gem. § 1 a BauGB sind umweltschützende Belange in der Abwägung in **Bauleitplanverfahren** zu berücksichtigen; dies führt zu entsprechenden vom jeweiligen Grundstückseigentümer zu beachtenden Festsetzungen in Bebauungsplänen. Gem. § 9 Abs. 1 Ziff. 25 BauGB iVm Ziff. 13 PlanzV 90 können Festsetzungen über das **Anpflanzen** von Bäumen, Sträuchern oder sonstigen Bepflanzungen sowie diesbezügliche **Erhaltung**svorschriften festgesetzt werden. Oft werden die zu pflanzenden Arten im Einzelnen vorgeschrieben. Kommt der Eigentümer dem nicht nach, kann die Gemeinde ein **Pflanzgebot** (§ 178 BauGB) erlassen. Zudem finden sich häufig kommunale **Baumschutzsatzungen** mit besonderen Vorschriften.

Aus städteplanerischen Gründen wird außerdem in Bebauungsplänen zunehmend die Frage der **Grundstückseinfriedungen** geregelt. Streng genommen ist also vor der Entscheidung über die Pflanzung einer Hecke auch zu klären ob diese öffentlich-rechtlich zulässig ist; ist dies der Fall ergeben sich Grenzabstand und Höhenentwicklung aus dem privaten Nachbarrecht.

3. Abschnitt: Nachbarrechte

80 Das BGB und die Nachbargesetze der Länder gewähren den Nachbarn untereinander das Recht das Nachbargrundstück zeitlich begrenzt in bestimmten Umfang zu nutzen. In Rede stehen hier das Notwegerecht, Hammerschlags- und Leiterrechte sowie sich aus der Selbsthilfe im weiteren Sinne ergebende Rechte.

1. Notwegerecht

81 Fehlt einem Grundstück die zur **ordnungsgemäßen** **Nutzung** **notwendige** Verbindung zum **öffentlich**en Straßen- und **Weg**esystem, so kann der Eigentümer das Grundstück seines Nachbarn quasi als **Verbindungsgrundstück** insoweit benutzten wie dies zur Herstellung der Verbindung zum öffentlichen Straßen- und Wegesystem erforderlich ist § 917 Abs. 1 Satz 1 BGB). Die Vorschrift ist analog auch auf die Herstellung einer Verbindung zum öffentlichen Wasser- und Abwassersystem heranziehbar. Dem Nachbar steht hierfür eine **Geldrente** zu (§ 917 Abs. 2 BGB). Diese für den Nachbarn sehr einschneidende Belastung ist an verschiedene – auch öffentlich-rechtliche – Voraussetzungen geknüpft:

---

[77] Gem. § 26 Abs. 1 NRGBW verjähren Beseitigungsansprüche in 5 Jahren.

[78] Das Naturschutzrecht ist seit der Föderalismusreform I gem. Art. 74 Abs. 1 Nr. 29 GG als konkurrierende Gesetzgebung mit Länderabweichungsmöglichkeit gestaltet, vgl. § 3 BNatschG.

[79] NatSchG BW; BayNatSchG; NatSchGBln; BbgNatSchAG; BremNatG; HmbBNatSchAG; HAGBNatSchG; NatSchAG M-V; NAGBNatSchG; LG NRW; LNatSchG RhPf; SNG Saarl; SächsNatSchG; NatSchG LA; LNatSchG SchlH; ThürNatG.

a) Ordnungsgemäße Nutzung eines Grundstücks. Eine Inanspruchnahme des Nachbargrundstücks als Verbindungsgrundstück kommt nur bei ordnungsgemäßer Grundstücksnutzung des Eigentümers in Betracht; diese richtet sich nach **öffentlich-rechtlichen Vorschriften**, vornehmlich denen des Bau- und Umweltrechts. Diese Vorschriften regeln formel- und materiellrechtliche Anforderungen einer ordnungsgemäßen Grundstücksnutzung. 82

Für die Errichtung, Änderung oder Nutzungsänderung von **bauliche**n **Anlagen** sowie Aufschüttungen und Abgrabungen größeren Umfangs gelten beispielsweise die §§ 29–37 BauGB iVm den Vorschriften des jeweiligen Landes**bauordnungsrecht**s (§ 29 Abs. 2 BauGB), die ihrerseits wiederum Anforderungen an eine gesicherte Erschließung stellen. Fragen der Errichtung und des Betriebs von **emittierenden Anlagen** regelt das BImschG. Für **Außenbereichsgrundstücke** sind daneben auch die Vorschriften des Natur-, Wasser-, Forst- und Agrarrechts maßgeblich.

b) Öffentlicher Weg. Weitere Voraussetzung ist die fehlende Verbindung zu einem **öffentlichen Weg**. Öffentliche Straßen sind dabei Straßen, Wege und Plätze die dem öffentlichen Verkehr gewidmet sind. Die **Widmung** erfolgt auf der Grundlage der Straßengesetze der Länder[80], für Bundes- und Landesstrassen durch Planfeststellungsbeschlüsse[81] sowie durch Festsetzungen in Bebauungsplänen (vgl. § 9 Abs. 1 Ziff. 11 BauGB). 83

Soweit für die Grundstücksnutzung eine Genehmigung erforderlich ist, wird behördenseits regelmäßig auch die **Erschließung** des Grundstücks (öffentlich-rechtlich gesicherte Zufahrt, Wasser, Abwasser usw.) für diese Nutzung geprüft, sodass die Belastung eines Verbindungsgrundstücks dann regelmäßig nicht mehr notwendig ist.

Über § 917 BGB hinaus bestehen zum Teil außerdem Nutzungsrechte zu Lasten von Verbindungsgrundstücken nach Maßgabe von **Landesgesetze**n,[82] insbesondere der Wald- und Forstgesetze sowie der Nachbarrechtsgesetze.

c) Notwendigkeit der Nutzung des Verbindungsgrundstücks. Privilegiert ist nur die **notwendige Nutzung** des Verbindungsgrundstücks. Diese bestimmt sich im **Einzelfall** orientiert an **wirtschaftlich sinnvoll**er Art und Maß der Grundstücks**nutzung**. Von praktischer Relevanz und verschiedentlich von der Rechtsprechung behandelt sind Fragen der nachträglichen Schaffung von **Zufahrbarkeit** von **Garagen** und **Stellplätze**n in Bestandslagen. Bei neu erteilten Genehmigungen ist regelmäßig bauherrenseitig ein Stellplatznachweis nach Maßgabe des Bauplanungs- und Bauordnungsrechts sowie örtlichem Satzungsrechts zu führen. Außerdem muss eine öffentlich-rechtlich (beispielsweise durch Baulast) gesicherte Zufahrt bestehen. Während von der Rechtsprechung eine Zufahrtsmöglichkeit verschiedentlich als zur **ordnungsgemäße**n Grundstücks**nutzung** erforderlich bezeichnet wird, dürfte dies wohl für die Anlegung von Stellplätzen und Garagen nicht der Fall sein.[83]

Die Privilegierung entfällt bei anderweitiger ausreichender (wenngleich auch teurerer oder zeitintensiverer) Zugangsmöglichkeit. Wird die Verbindung vom Eigentümer selbst unterbrochen ist das Notwegerecht **ausgeschlossen** (§ 918 BGB); wird ein Grundstücksteil durch Abverkauf von Teilflächen zum Verbindungsgrundstück entsteht ein Notwegerecht nach Maßgabe des § 918 Abs. 2 BGB.

---

[80] Vgl. beispielsiwese: § 5 StrG BW; Art. 6 BayStrWG; § 6 BbgStrG; § 3 BerlStrG; §§ 6ff HW; § 4 HStrG; § 7 StrWG M-V; § 6 NStrG; § 6 StrWG NRW; § 36 LtrG; § 63 StrG (RhPf); § 6 SächsStrG; § 6 StrG LA; § 6 StrWG SchlH; § 6 ThürStrG.

[81] Vgl. §§ 72 ff VwVfG inkludiert Plangenehmigungen.

[82] Vgl. beispielsweise § 28 LWaldG BW oder § 7 e NRG BW für Leitungen.

[83] OLG München OLG Z 66, 284 ff; ablehnend OLG Karlsruhe NJW-RR 1995, 1042.

85 **d) Öffentlich-rechtliche Vorschriften.** Wegerechte für öffentliche Infrastruktur kann behördenseits auf der Grundlage von **Fachplanungsgesetzen** über private Grundstücke hinweg geschaffen werden[84]. Hierdurch entstehen Grundstücksbelastungen und Zerschneidungen. Neben der Festsetzung können die Behörden auch Bodenordnungsverfahren[85] durchführen, um in den Besitz der Trassen zu gelangen. Nach Maßgabe des § 74 TKG können Grundstücke für **Telekommunikation**slinien in Anspruch genommen werden. **Wasser-** und **abwasser**rechtliche Vorschriften von Bund, Länder und Gemeinden räumen in bestimmten Fällen Duldungsrechte der kommunalen Versorgungsträger zu Lasten der Grundstückseigentümer ein. Die Gemeinden haben nach Maßgabe des § 9 BauGB die Möglichkeit in **Bebauungsplänen** Festsetzungen für Versorgungsflächen (Ziff. 12), Führung von Versorgungsanlagen und Leitungen (Ziff. 13) oder Geh-, Fahr- und Leitungsrechte zugunsten der Allgemeinheit, eines Erschließungsträgers oder eines beschränkten Personenkreises (Ziff. 21) festzusetzen. Begünstigte solcher Festsetzungen können also auch private Betreiber sein.

86 **e) Landesrecht.** Die Nachbarrechtsgesetze der Länder regeln in zum Teil unterschiedlicher Weise **Leitungsnotwegerechte.**[86] Trotz vielen Unterschieden in der Gesetzgebung und Rechtssprechung der Länder wird vereinfachend ausgedrückt lediglich die Leitung privilegiert, die ein rechtlich ansonsten[87] **zulässiges Bauvorhaben** ohne erhebliche und unzumutbare Beeinträchtigungen des belasteten Grundstücks des Nachbarn erschließt. Diese Interessenabwägung hat natürlich für jede einzelne Leitung, also beispielsweise Wasser, Abwasser oder Gas, gesondert zu erfolgen. Da der Architekt eine dauerhaft genehmigungsfähige Planung schuldet hat er die Trassenführung erschließungsnotwendiger Leitungen genau zu prüfen.

2. Hammerschlags- und Leiterrecht

87 Der Eigentümer kann nach Maßgabe der Nachbarrechtsgesetze[88] der Länder die temporäre Inanspruchnahme des Nachbargrundstücks für die Durchführung von **Bau-** und **Unterhaltungsmaßnahmen** an seinen Gebäuden verlangen. Er hat dies vorher mit einer Frist zwischen zwei Wochen und zwei Monaten nach Maßgabe der jeweiligen Nachbarrechtsgesetze **anzuzeigen**.

88 **a) Umfang der Duldung.** Die Nachbarrechtsgesetze der Länder regeln im Einzelnen auch den **Umfang** der zulässigen Benutzung. Durchgängig möglich ist beispielsweise das Betreten des Grundstücks oder das Aufstellen eines Gerüstes. Rechtsprechung und Gesetzgebung der Länder handhaben dagegen die Frage der Lagerung von Gegenständen und Erdaushub, die temporäre Anlegung einer Baugrube auf dem Nachbargrundstück oder das Einbringen von Ankern unterschiedlich.[89] Die Einbeziehung der Grundstücks-

---

[84] Vgl. beispielsweise: § 17 Fernstraßenrecht (FStrG); §§ 18 ff Eisenbahnrecht (AEG); §§ 1 ff Recht der Magnetschwebebahnen (MBPlG); § 8 Luftverkehrsrecht (LuftVG); § 28 Personenbeförderungsrecht (PBefG); § 14 Wasserstraßenrecht (WaStrG); § 31 Wasserwirtschaftsrecht (WHG); § 9 Atomrecht (AtG).

[85] Enteignung, Umlegung aber auch Unternehmensflurbereinigung vgl auch § 41 Abs. 1 BauGB als entschädigungsrelevantes Übernahmeverlangen des Eigentümers.

[86] Vgl. beispielsweise §§ 7 e NRG BW; 44 ff NRG Bbg; 30 ff NRG Hess; 26 ff NRG RhPf; 27 ff NRG Saarl, 19 ff NRG Sächs; 26 ff NRG Thür.

[87] Die gesicherte Erschließung ist regelmäßig Genehmigungsvoraussetzung für ein Bauvorhaben.

[88] Vgl. beispielsweise § 7 d NRG BW; § 23 NRG Bbg; § 28 NRG Hess; § 47 NRG Nds; § 24 NRG NRW; § 21 NRG RhPf; § 24 NRG Saarl; § 24 NRG Sächs; § 18 NRG LA; § 17 NRG SchlH; § 21 NRG Thür.

[89] Nach einer Entscheidung des OLG Stuttgart v. 2.12.1993 muss der Nachbar sog. *„verlorene Anker“*, also während der Bauphase eines Hanggrundstückes zwar notwendige dann aber funktions-

situation ist für den Architekten deshalb bereits in der Planungsphase von erheblicher Bedeutung; ein genehmigtes aber privatrechtlich nicht realisierbares Vorhaben nutzt dem Bauherrn nichts. Abzuwägen sind die wirtschaftlichen Vor- und Nachteile einerseits der optimalen Ausnutzung des eigenen Grundstücks und die Imponderabilien der Inanspruchnahme des Nachbargrundstücks andererseits.

b) Kongruenz mit dem öffentlichen Recht. Die Kongruenz mit dem öffentlichen 89
Recht spielt für den Duldungsanspruch unter zwei Gesichtspunkten eine wesentliche Rolle. Zunächst kommt – trotz bestehender Unterschieden in der Gesetzgebung und Judikatur der Länder – der Duldungsanspruch nur bei einer nach **öffentlichem Recht zulässigen** Bau- und Unterhaltungsmaßnahme in Betracht. Unerheblich ist dabei welches Genehmigungsverfahren der Gesetzgeber jeweils vorsieht. Außerdem ergibt sich die Problematik des **Zeitpunkt**s der Inanspruchnahme und damit der Schnittpunkt zwischen privatem und öffentlichem Recht.

Es stellt sich die Frage ob für die Durchsetzung der Duldung bezogen auf ein nur nach 90
Maßgabe einer Baugenehmigung zulässigen Vorhaben deren **Vollziehbarkeit** genügt oder ob der Bauherr bis zur **Bestandskraft** der Genehmigung zuwarten muss. Seit der Novellierung des § 212 a BauGB[90] haben weder Nachbarwidersprüche noch Klagen gegen die bauaufsichtliche Zulassung von Vorhaben aufschiebende Wirkung. Zwar ergeht eine Baugenehmigung unbeschadet privater Rechte Dritter; ein temporärer Duldungsanspruch dürfte aber bereits mit der – seit 1998 vorgesehenen gesetzlichen – Vollziehbarkeit aller Baugenehmigungen gegeben sein. Da der Bauherr des Nachbargrundstücks nur temporär und schonend in Anspruch nehmen darf und sodann für Schadensbeseitigung zu sorgen hat, ist dies auch billig.

3. Höherführungsrechte

Die Nachbargesetze einzelner Bundesländer räumen Sonderrechte für die Höherfüh- 91
rung von **Schornsteine**n, **Lüftung**seinrichtungen oder **Antenne**nanlagen[91] ein. Der betroffene Nachbar hat nach Maßgabe dieser Vorschriften die Höherführung auf seinem Grundstück verbunden mit der erforderlichen Befestigung an seinem Gebäude zu **dulden**. Die Nachbarrechtsgesetze regeln außerdem Fragen der Unterhaltung und Mitbenutzung dieser Einrichtung.

4. Selbsthilferechte

Selbstverständlich gelten auch im Nachbarrecht die allgemeinen zivilrechtlichen 92
Selbsthilferechte der §§ 226 ff BGB, insbesondere Notwehr (§ 227 BGB), Notstand (§§ 228, 904 BGB) und Selbsthilfe (§§ 229, 230 BGB). Im Einzelfall muss geprüft werden, ob die jeweilige Notstandslage die vorgenommene Selbsthilfe- oder Notstandshandlung erforderlich macht.

4. Abschnitt: Immissionen

Deutschland weist eine verhältnismäßig hohe Siedlungsdichte auf. Deshalb spielen 93
Immissionen im Rahmen des **nachbarlichen Interessenausgleich**s eine besondere Rolle. Dies gilt sowohl im Rahmen von Genehmigungsverfahren wie für die laufende Grundstücksnutzung. Wird ein Architekt zur Beratung hinzugezogen, hat er als Sachwalter des

---

lose Anker, gem. § 905 Satz 2 BGB dulden, obwohl § 7 c NRGBW dies nicht zulässt, NJW 1994 739.

[90] BauROG 1998 v. 18. 8. 1997, BGBl. I 1997, 2141; 1998, 137.

[91] Vgl. beispielsweise § 7 d NRG BW; § 19 NRG Bln, § 25 NRG Bbg; §§ 36 ff NRG Hess; § 49 NRG Nds; § 26 NRG NRW; §§ 17 ff NRGRhPf; §§ 21 ff NRGSaarl; §§ 27 ff NRG Sachs; § 21 NRG LA; §§ 20 ff NRG.

Bauherrn diesen über Art und Maß der **zulässigen Nutzung** des Baugrundstücks und des Nachbargrundstücks und des Nachbargrundstücks **aufzuklären.** Dazu gehören auch Fragen grundstücksrelevanter Immissionen. Wird er mit der Planung eines Vorhabens beauftragt schuldet er eine dauerhaft **genehmigungsfähige Planung**. Diese ist für den Bauherrn wenig wert, wenn er sie privatrechtlich nicht umsetzen kann, ihre Verwirklichung also an einem privatrechtlichen Abwehranspruch des Nachbarn scheitert.

Immissionen betreffende **Regelungen** hierzu finden sich sowohl im **privaten** wie im **öffentlichen** (Bundes- und Landes-)**Recht**. Die von Rechtsprechung und Literatur gewünschte Harmonisierung beider Regime ist durch die **Novellierung**[92] der zivilrechtlichen Zentralnorm des § 906 BGB im Jahre 1994 entscheidend weitergekommen. Gleichwohl bleibt noch immer eine Vielzahl von Fragen offen, zumal sich das öffentliche Recht in den letzten Jahren stark weiterentwickelt hat. Der Nachbar hat gegenüber dem Emittent gem. §§ 906 Abs. 1 iVm 1004 BGB einen **negatorischen Abwehranspruch** gegen **wesentlich beeinträchtigende Immissionen**, sofern diese nicht ortsüblich (§ 906 Abs. 2 1 BGB) sind. Der Gesetzgeber definiert die Wesentlichkeit in § 906 Abs. 1 2 BGB vornehmlich in Abhängigkeit von **umweltrechtlichen Standards**. An einer weiteren Stelle des Nachbarrechts ergibt sich somit wiederum eine enge Verknüpfung von zivilem und öffentlichem Recht.

1. Immissionen

94 Zum besseren Verständnis ist zunächst eine **begriffliche** Klärung des Immissionsbegriffs herbeizuführen. Immissionen – im BGB Einwirkungen genannt – unterscheiden sich in der Lesart des BGB und des BImSchG. § 906 Abs. 1 BGB spricht von der **Zuführung** von Gasen,[93] Dämpfen, Gerüchen,[94] Rauch,[95] Ruß, Wärme, Geräusch,[96] Erschütterungen[97] und ähnlichen von einem anderen Grundstück ausgehende **Einwirkungen**. Gem. § 3 Abs. 2 BImSchG sind **Immissionen** auf Menschen, Tiere und Pflanzen, den Boden, das Wasser, die Atmosphäre sowie Kultur- und sonstige Sachgüter einwirkende Luftverunreinigungen, Geräusche[98], Erschütterungen, Licht, Wärme, Strahlen und ähnliche Umwelteinwirkungen. Luftverunreinigungen sind gem. § 3 Abs. 4 BImSchG Veränderungen der natürlichen Zusammensetzung der Luft, insbesondere durch Rauch, Ruß, Staub, Gase, Aerosole, Dämpfe oder Geruchsstoffe.

2. Öffentlich-rechtliches Regime

95 Die grundstücksbezogene Betrachtung von Immissionen erfolgt immer im Spannungsverhältnis zwischen **privaten** und **öffentlichem Recht**. Nachdem der Architekt eine dauerhaft **genehmigungsfähige Planung** schuldet, ist diese Schnittstelle für ihn von besonderer Bedeutung. Es stellt sich die Frage inwieweit öffentlich-rechtliche Genehmigungen und Bauplanungsrecht zivilrechtliche Nachbaransprüche gem. § 906 BGB ausschließen:

96 **a) Präklusionswirkung von Genehmigungen.** Liegt gem. § 14 BImSchG in Bezug auf eine genehmigungsbedürftige emittierende Anlage eine **bestandskräftige Genehmigung**

---

92 SachenRÄndG BGBl. I 1994, 2457.

93 Auch schädliche Abgase OLG Stuttgart VersR 1959, 746.

94 Müllbehälter OLG Koblenz MDR 80, 578; Düngung landwirtschaftlicher Grundstücke, VGH Kassel UPR 85, 219 (220); Katzen OLG Mü NJW-RR 91, 17.

95 Zementwerk LG Münster NJW-RR 86, 947.

96 Vgl. dazu die Rechtsprechungsübersicht bei *Dehner* B § 16 gegliedert nach Betriebslärm, Tierlärm, Verkehrslärm, Wirtshauslärm und Lärm von Volksfesten, Wohnraum und Schusswaffen.

97 Rammarbeiten BGH WM 66, 33.

98 Gem § 22 Abs. 1 a BImschG sind Geräuscheinwirkungen, die von Kindertageseinrichtungen, Kinderspielplätzen und ähnlichen Einrichtungen wie beispielsweise Ballspielplätzen durch Kinder hervorgerufen werden, im Regelfall keine schädliche Umwelteinwirkung.

vor, kann der Nachbar keine Betriebseinstellung sondern nur **Schutzvorkehrungen** verlangen, die die benachteiligenden Wirkungen einer genehmigungstreu betriebenen Anlage ausschließen.[99] Sind diese undurchführbar oder unwirtschaftliche erhält er lediglich **Schadensersatz**. Die Ansprüche unterliegen der Verjährung (§§ 194 ff BGB)[100]. Der Nachbar muss in diesen Fällen die Anlage dulden.[101]

Für nicht genehmigungsbedürftige Anlagen (§§ 22ff BImSchG) gilt § 14 BImSchG nicht; es bleibt zivilrechtlich bei Ansprüchen aus §§ 906, 1004, 823 Abs. 2 BGB. Daneben tritt der öffentlich rechtliche Abwehranspruch aus § 22 BImschG.

b) Öffentliches Baurecht. Das öffentliche Baurecht kennt dagegen eine § 14 BImSchG vergleichbare privatrechtgestaltende Präklusionsvorschrift nicht. Damit stellt sich die Frage inwieweit der Eigentümer nach § 906 BGB dulden muss, was in Bezug auf das Nachbargrundstück bauordnungsrechtlich **genehmigt** oder bauplanungsrechtlich **festgesetzt** wurde, also beispielsweise einen *gastronomischen Betrieb mit Außenbewirtschaftung* nebst *Beschallungsanlagen* oder *Sportanlagen* aller Art. Die Beantwortung dieser für Architekten wichtigen Frage kann nur in Stufen erfolgen. Zu betrachten ist zunächst das Bauordnungs- und dann das Bauplanungsrecht. 97

c) Baugenehmigung: Gegen eine privatrechtsgestaltende Wirkung einer **Baugenehmigung** spricht einerseits, dass sie nach dem erklärten Willen der jeweiligen Landesgesetzgeber unbeschadet privater Rechte Dritter ergeht und andererseits § 14 BImSchG insoweit lediglich deklaratorische und nicht konstitutive Wirkung zukäme; insoweit wird man weder über § 906 Abs. 1 2 BGB noch über die Ortsüblichkeitsklausel des § 906 Abs. 2 BGB ohne eine gesetzgeberische Tätigkeit so weit kommen können.[102] 98

Nachdem aber einerseits die jeweilige Frage der Reichweite des **Nachbarschutz**es Kernbestandteil des Bauordnungsrechts ist und andererseits die Verfahren von nachbar**neutralen** Behörden geführt werden, müssen bestandskräftige Genehmigungen sehr wohl auch vor Zivilgerichten unter dem Gesichtspunkt der Einheit der Rechtsordnung Beachtung finden.[103] Ansonsten könnte der im Verwaltungsgerichtsverfahren unterlegene Nachbar die Angelegenheit vor den Zivilgerichten als Abwehrklage erneut aufrollen. Bestandskräftige Genehmigungen haben damit wesentlichen Eingang in die tatrichterliche Würdigung zu finden.

d) Bebauungsplan. Demgegenüber ergibt sich in Betreff auf das **Bauplanungsrecht** ein etwas anderes Bild. Während eine Baugenehmigung behördenseits auch nach vielen Jahren nur nach Maßgabe der §§ 48, 49 VwVfG aufgehoben werden kann, besteht für die Gemeinde jederzeit – die Erforderlichkeit gem. § 1 Abs. 3 BauGB vorausgesetzt – die Möglichkeit den Bebauungsplan zu ändern. Mögliche Entschädigungsansprüche der Eigentümer nach Maßgabe des Planschadensrechts (§§ 39ff BauGB) sind zeitlich und der Höhe nach (§ 42 Abs. 2 BauGB) begrenzt. Das Bauplanungsrecht kennt auch (noch) keine teilweise in den Landesbauordnungen niedergelegten Präklusionstatbestände für Nachbareinwendungen. Eine der Baugenehmigung vergleichbare definitive Grundstücksbezogenheit und Einzelfallkonkretisierung besteht überdies auch nicht. Es erscheint insoweit gerechtfertigt dem Zivilgericht einen weiteren Beurteilungsspielraum zuzubilligen.[104] 99

---

[99] BGH NJW 1987, 1142.

[100] Lediglich die kenntnisunabhängige Verjährung richtet sich nach § 199 Abs. 2 und 3 BGB, vgl. *Jarass* BImschG 14 Rd 28 u. 29.

[101] Vgl auch §§ 7 Abs. 6 AtG, 11 LuftVG, 75 Abs. 2 VwVfG oder 11 WHG.

[102] BGH NJW 1999, 356.

[103] BVerwG E 50, 282.

[104] BGH NJW 1983, 751.

3. Voraussetzungen des § 906 BGB im Einzelnen

100 **Immissionen** sind in dem gem. § 906 BGB vorgegebenen Rahmen zu **dulden**. Gem. § 1004 Abs. 2 BGB ist dann der Beseitigungs- bzw. **Unterlassungsanspruch** gem. § 1004 Abs. 1 BGB **ausgeschlossen;** teilweise erhält der Betroffene einen Geldausgleich. § 906 BGB unterscheidet insoweit verschiedene Alternativen. Dies gilt gegenüber Eigentümern des Nachbargrundstücks aber auch gegenüber und innerhalb einer Wohnungseigentümergemeinschaft.

101 **a) Einwirkungen.** Die Palette **denkbarer Einwirkungen** und damit die Anwendbarkeit des § 906 BGB ist breit. Instanz- und obergerichtliche Rechtsprechung im Bereich des Zivil- und Verwaltungsrechts haben eine geradezu unübersehbare Fülle von Entscheidungen zu § 906 BGB getroffen. § 906 Abs. 3 BGB erklärt ausdrücklich die Zuführung durch eine besondere Leitung für unzulässig.

Systematisch sind zunächst die von § 906 BGB nicht erfassten Einwirkungen auszuschließen. Nach Ansicht des BGH ist § 906 BGB einerseits **nicht** auf **Grobimmissionen**[105] wie beispielsweise größere festkörperliche Gegenstände oder große Tiere anwendbar. Das Eindringen **großer Tiere** wie *Rinder, Schweine, Schafe Hunde* und *Katzen*[106] usw. kann vom Eigentümer untersagt werden.[107] **Bienen-**[108] und *Taubenflug*[109] von im Eigentum des Nachbarn stehenden Tieren werden im Rahmen der Ortsüblichkeit zu dulden sein. Bei *Ratten, Mäusen* und **Insekten** kommt es darauf an, ob der Wechsel dieser Tiere auf das betroffene Nachbargrundstück des Herkunftsgrundstücks überhaupt zuzurechnen ist.

Andererseits ist § 906 BGB auch nicht für lediglich **ideelle** und damit **immaterielle** Einwirkungen wie ein optisch wenig ansprechender Grundstückszustand wie beispielsweise *Nacktbader,*[110] eine *Bordellnutzung*[111] oder optische Beeinträchtigung durch eine *Antenne.*[112] Dies gilt selbst dann, wenn damit eine Wertminderung des Grundstücks verbunden wäre.[113] Von § 906 BGB auch nicht erfasst ist **hoheitliche Tätigkeit**. Für die Abwehr solcher Tätigkeit stehen dem betroffenen Eigentümer die Abwehrinstrumente des **Verwaltungs-** und des **Staatshaftungsrechts** zu Gebote;[114] Entschädigungsansprüche richten sich dann nach öffentlichem Recht und nicht nach § 906 Abs. 2 Satz 2 BGB.

102 **b) Einwirkung und Immission.** Das BImSchG definiert den Begriff der **Emission** (§ 3 Abs. 3 BImSchG) und den Begriff der **Immission** (§ 3 Abs. 2 BImSchG). In der begrifflichen Beispielskette weiter gefasst als § 906 Abs. 1 BGB ist § 3 Abs. 2 iVm Abs. 4 BImSchG. Er schließt unter anderem Licht, Strahlen und ähnliche Umwelteinwirkungen mit ein; solche Einwirkungen wie beispielsweise elektromagnetische Felder,[115] Licht[116] oder auch Fluglärm[117] mit ein. Solche Immissionen werden begrifflich auch von § 906 BGB als **ähnliche Einwirkungen** erfasst.

Die genannten Beispiele zeigen die Verknüpfung von **zivilen** und **öffentlichen Recht**. Wehrt sich ein Nachbar gegen den Standort eines von einer Wohnungseigentümerge-

---

105 BGHZ 111, 158.
106 AG Passau NJW 1983, 2885.
107 OLG Köln NJW 1985, 2338.
108 BGH NJW 1992, 1389.
109 OLG Celle NJW-RR 89, 783.
110 RG Z 76, 130.
111 BGHZ 95, 307.
112 OLG Ffm NJW-RR 89, 164.
113 BGHZ 95, 307.
114 OVG Koblenz NJW 86, 953.
115 LG Mü II NJW-RR 97, 465.
116 OVG Koblenz NJW 86, 953 (Straßenbeleuchtung).
117 BGHZ 129, 124 (Militärflugplatz); BGHZ 79, 45 (Zivilflugplatz).

meinschaft aufgestellten Container ist der Vorgang dem Zivilrecht zuzuordnen; handelt es sich hingegen um einen gemeindeseits aufgestellten Altglascontainer[118] beantwortet sich die Standortfrage auf der Grundlage öffentlich-rechtlicher Vorschriften. Die Frage stellt sich beispielsweise auch bei außerhalb von Gebäuden vernehmbaren Kundgaben von Kirchen durch Kirchenglocken[119] oder auch durch den Muezzin.

c) Wesentlichkeit der Einwirkung. Gem. § 906 Abs. 1 BGB können solche Einwirkungen vom betroffenen Grundstückseigentümer nicht verboten werden, als die Nutzung seines Grundstücks nicht oder nur **unwesentlich beeinträchtigt** wird. Maßstab hierfür ist das Empfinden eines verständigen Durchschnittsbetrachters des betroffenen Grundstücks in seiner durch die Natur und Zweckbestimmung geprägten konkreten Beschaffenheit und nicht das subjektive Empfinden des Gestörten.[120] **103**

Für eine von § 906 BGB erfasste Einwendung trifft den gestörten Eigentümer die **Beweislast** für das Vorliegen der Beeinträchtigung. § 906 Abs. 1 2 BGB formuliert eine Beweislastregelung in Form einer **widerlegbaren gesetzlichen Vermutung**, wonach nur eine unwesentliche Beeinträchtigung vorliegt, wenn aufgrund der dort genannten Vorschriften der **Legislative** und der **Exekutive** vorgegebene Umweltstandards eingehalten werden. Überschreitet der Störer diese Standards, muss er die Unwesentlichkeit der Beeinträchtigung nachweisen; werden diese Standards unterschritten liegt es am gestörten Nachbarn nachzuweisen, dass dennoch eine wesentliche Beeinträchtigung vorliegt. Er könnte argumentieren, dass der Bewertung nicht mehr am Stand der Technik orientierte Umweltstandards beispielsweise, die TA-Luft, zu Grunde gelegt wurden. Andere insb. **private** Umwelt**standards** beispielsweise DIN- oder VDI-Normen[121] sind nach dem Willen des Gesetzgebers zwar keine Regelfälle, dürften aber zumindest Indizwirkung im Rahmen der richterlichen Würdigung[122] haben.

d) Umweltrechtliche Standards. Das BImSchG mit seinen verschiedenen Rechtsverordnungen hält eine Fülle von solchen von der **Exekutive** vorgegebenen Standards bereit. Sie betreffen Themen wie Luftreinhaltung[123], Lärm[124] oder Verkehrsbezogener Immissionsschutz[125] oder sonstige Bereiche[126]. Hinzu treten die Technischen Anleitungen zum Schutz gegen Lärm (TA Lärm)[127] und zur Reinhaltung der Luft (TA Luft).[128] Geklärt werden müssen beispielsweise noch Standards für Stäube oder die Problematik von Krankheitserregern im Abfallbereich. Dieser exemplarisch dargestellte Bereich betrifft allein das **Bundes**immissionsschutz**recht**. **104**

---

118 VG Köln NVwZ, 93, 401.

119 BVerwG NJW 92, 2779.

120 *Palandt/Bassenge* § 906 Rn. 16 iVm BGHZ 120, 239.

121 LG München II NJW-RR 97, 465.

122 Vgl. *Fritz* NJW 1996, 573 mwN.

123 Verordnung über kleinere und mittlere Feuerungsanlagen, Verordnung über Großfeuerungsturbinen und Verbrennungsmotoranlagen, Verordnung über Mitverbrennung von Abfällen, Verordnung über Anlagen zur Feuerbestattung, Verordnung zur Auswurfbegrenzung von Holzstaub, Verordnung über Anlagen zur biologischen Behandlung von Abfällen, vgl. *Jarass* BImschG, 10. Auflage XIII, Rd. 7, 17, und 29.

124 Sportanlagenlärmschutzverordnung, Geräte- und Maschinenlärmschutz-Verordnung; Verkehrslärmschutzverordnung, Verkehrswege-Schallschutzmaßnahmen-Verordnung, vgl. *Jarass* BImschG, 10. Auflage XIII, Rd. 27, 30.

125 Verordnung über Emmissionsgrenzwerte für Verbrennungsmotoren, Geräte- und Maschinenlärmschutz-Verordnung vgl. *Jarass* BImschG, 10. Auflage XIII, Rd. 24.

126 vgl. *Jarass* BImschG, 10. Auflage XIII Rd. 26, 28.

127 Vom 26.8.1998 GMBl. S. 503.

128 Vom 27.2.1986 GMBl. S. 95, geändert durch Artikel 2 des Gesetzes vom 27.7.2001 (BGBl. I S. 1950).

Weitere Standards finden sich in den **Landes**immisions**gesetzen**[129] sowie in weiteren Umweltgesetzen, Verordnungen und Verwaltungsvorschriften, soweit sich diese mit Immissionen auseinander setzen beispielsweise das Atomgesetz.[130]

105 **e) Ortsübliche Benutzung.** Gem. § 906 Abs. 2 Satz 1 BGB hat der Eigentümer die Einwirkung auch dann zu dulden, wenn sie **ortsüblich** und **nicht** mit wirtschaftlich zumutbaren Maßnahmen **verhinderbar** ist.

aa) Die Rechtsprechung geht von **Ortsüblichkeit** aus, wenn ausgehend von der Emissionsquelle in einem **Vergleichsbezirk** eine Mehrheit von Grundstücken annähernd gleich beeinträchtigt werden.[131] Zunächst ist der Vergleichsbezirk zu bestimmen. Dieser wird nach den jeweiligen verwaltungsgliederungstechnischen und topographischen Besonderheiten vom Gericht festgestellt. Im Zweifelsfalle wird eher ein größerer Vergleichsbezirk zu wählen sein. Dann kommen nur **gleichartige Beeinträchtigungen** in Betracht; so sind Straßenverkehrs-, Tier-, Sport oder Gewerbelärm nicht gleichartig.[132]

106 *bb)* In diesem Zusammenhang stellt sich nun die Frage ob **ortsüblich** ist, was öffentlich-rechtlich festgesetzt oder genehmigt wurde. Als **Genehmigungen** kommen neben den Baugenehmigungen beispielsweise auch Planfeststellungsbeschlüsse oder Plangenehmigungen für Straßen, Eisen- und Magnetschwebebahnen, Abfallbeseitigungsanlagen, Schweinemastbetriebe oder Kläranlagen nach Maßgabe der Fachplanungs- und Umweltgesetze in Betracht. Als planerische **Festsetzungen** kommen beispielsweise Bebauungspläne oder Luftreinhalte und Lärmminderungspläne in Betracht.

Wie unter Ziff. 2 dargestellt bewegen sich öffentliches und ziviles Immissionsrecht aufeinander zu; soweit kein Fall des § 14 BImSchG vorliegt wird man aufgrund der **gebietsprägend**en Wirkung bestandskräftiger und genutzter Genehmigungen davon auszugehen haben, dass die jeweiligen Vorhaben mit der Genehmigung auch den Nachweis der Ortsüblichkeit führen können. Natürlich kämpft die Rechtssprechung mit den Schwierigkeiten einer Systemangleichung von privatem und öffentlichem Recht, sodass auch in Zukunft noch weitere Impulse zu erwarten sind.[133]

107 Von einer Gebietsprägung wird man aber nach Ansicht des Autors nur dann kommen können, wenn das Vorhaben genehmigungsentsprechend **errichtet** wurde. Wird von den Genehmigungen nämlich kein Gebrauch gemacht, so treten diese zu bestimmten gesetzlich vorgegebenen Zeitpunkte außer Kraft, so bei Bundesfernstraßen beispielsweise gem. § 17 Abs. 6 FStrG nach fünf Jahren. In Anbetracht der öffentlichen Haushaltslage werden derzeit nicht alle geplanten Vorhaben auch ausgeführt wie beispielsweise die Transrapidstrecke Hamburg-Berlin. Dort stellt sich für andere Vorhaben jetzt die Frage welcher Lärm im Bereich der festgestellten aber nicht gebauten Trasse ortsüblich ist.

Problematisch dürfte es auch sein zivilrechtlich im Rahmen der Prüfung des § 906 Abs. 2 BGB ohne weiteres aus dem Umstand der Existenz eines in Kraft getretenen **Bebauungsplan**es auf die Ortsüblichkeit zu schließen; es müssten wohl zumindest wesentliche gebietsprägende Teile des Plangebietes auch verwirklicht sein, da der Gemeinde eine Planänderung im Grunde relativ einfach möglich ist (§ 1 Abs. 3 BauGB).

108 *cc)* Weitere Voraussetzung der Duldung gem. § 906 Abs. 2 Satz 1 BGB ist die Frage der Verhinderung der Immission durch wirtschaftlich **zumutbare Abhilfe**maßnahmen. Dazu müssen zunächst geeignete Mittel beispielsweise Schallschutzmaßnahmen, Filtereinbau

[129] Bay 8.10.74 zuletzt geändert 26.3.92 (GVBl. 42); Bbg 3.3.92 (GVBl. 78); Brem G v. 30.6.1970 zuletzt geändert 16.8.88 (GBl. 223); NRW 18.3.75 zuletzt geändert 20.5.92 (GV 214); RhPf 28.7.66 zuletzt geändert 5.10.90 (GVBl. 289).

[130] Vom 15.7.1985, zuletzt geändert 27.7.2001 BGBl. I 1950.

[131] BGHZ 120, 239 (259 ff).

[132] LG Ffm NJW 88, 2618.

[133] BGH NJW 1999, 356.

oder auch betriebsorganisatorische Maßnahmen möglich sein. Die Frage der Zumutbarkeit ist dann unter Berücksichtigung der nachbarlichen Verhältnisse, der Vor- und Nachteile, der technisch-organisatorischen Möglichkeiten und der Leistungsfähigkeit eines durchschnittlichen (nicht des konkreten) Benutzers des emittierenden Grundstücks festzustellen.[134]

4. Schadensersatz-, Unterlassungs- und Ausgleichsansprüche

Nach Maßgabe des vorstehend erläuterten kann der Eigentümer nicht zu duldende Immissionen **abwehren**; muss er die Immissionen dulden kommen teilweise **Ersatzansprüche** in Betracht. Nachdem die Immissionen zulasten eines Grundstücks zuallermeist im Schnittpunkt zwischen **privaten** und **öffentlichem Recht** einzuordnen sind, gilt für die diesbezüglichen Abwehr- und Ersatzansprüche des belasteten Eigentümers nichts anderes: **109**

a) Öffentliches Recht. Oft liegen Emissionsquellen auf genehmigten Flächen. Zu denken ist beispielsweise an **bau-** oder **immissionsrecht**lich genehmigte Schweinemastbetriebe, eine Sägegatteranlage, eine Gartenwirtschaft oder ein **fachplanungsrecht**lich genehmigtes Infrastrukturprojekt wie eine Bundesfernstraße. **110**

Zur Abwehr des Vorhabens oder zur Erreichung von immissionsreduzierenden Auflagen muss der Eigentümer des belasteten Grundstücks die dem Vorhaben zugrunde liegende Genehmigung, den Planfeststellungsbeschluss oder den Bebauungsplan auf dem **Verwaltungsrechtsweg** unter Beachtung möglicher Präklusionsvorschriften[135] und Fristen angreifen. Gegner ist hier die genehmigende Behörde; der Antragsteller wird beigeladen. Darüber hinaus kommen gegebenenfalls noch Ansprüche aus dem Bereich des **Staatshaftungsrecht**s in Betracht. Nach der Rechtsprechung des Bundesverfassungsgerichts sind aber Entschädigungsansprüche in der Regel für solche Nachteile ausgeschlossen, die mit Mittel des Primärrechtsschutzes in zumutbarer Weise hätten vermieden werden können.[136] Damit wurde der zuvor geltende Grundsatz *„dulde und liquidiere"* aufgegeben. Als Staatshaftungsinstitute kann der Einzelne beispielsweise **Schadensersatz** aus Amtshaftung (§ 839 BGB iVm Art. 34 GG) für schuldhaft begangenes Unrecht beziehungsweise **Folgenbeseitigung** oder **Entschädigung** aus enteignungsgleichem oder aufopferungsgleichem Eingriff bei schuldlos begangenem Unrecht verlangen. Dieser Hinweis auf das Staatshaftungsrecht soll an dieser Stelle genügen.

b) System der Abwehr- und Ersatzansprüche. Der Betroffene kann Grobimmissionen abwehren und vom Emittenten im Verschuldensfall Schadensersatz verlangen. Unwesentliche Immissionen hat der Betroffene ebenso zu dulden wie wesentliche aber technisch nicht verhinderbare Immissionen; wesentliche nicht ortsübliche oder wirtschaftlich zumutbar verhinderbare Immissionen können abgewehrt werden. Ausgleichs ergeben sich aus §§ 14 Satz 2 BImSchG, 823 BGB und 906 Abs. 2 BGB: **111**

c) § 14 Satz 2 BImSchG. § 14 Satz 1 BImSchG schließt privatrechtliche Abwehransprüche aus und gibt dem Betroffenen einen **Schadensersatzanspruch**. Anwendbar ist diese Vorschrift für nach BImSchG genehmigungsbedürftige Anlagen (§§ 4 ff BImSchG); für nicht genehmigungsbedürftige Anlagen (§§ 22 ff BImSchG) gelten §§ 862, 1004, 906 und 907 BGB. **112**

---

134 *Palandt/Bassenge* unter Verweis auf OLG Düsseldorf OLG Z 80, 16 und *Hager* NJW 86, 1961.

135 Vgl. §§ 20 Abs. 2 AEG, 17 Abs. 4 FStrG, 73 Abs. 4 3 VwVfG und § 3 Abs. 2 BauGB sowie Präklusionsvorschriften im Landesrecht beispielsweise § 55 Abs. 2 Satz 2 LBO BW.

136 BVerfGE 58, 330 (Nassauskiesung); BGHZ 91, 20 (24); BGHZ 92, 34; BGHZ 95, 28 oder BGHZ 98, 85.

113 **d) § 823 Abs. 1 BGB.** § 823 Abs. 1 BGB gibt dem Betroffenen einen **Schadensersatzanspruch** bei rechtswidriger und schuldhafter Verletzung der in § 823 Abs. 1 BGB benannten Rechtsgüter. Kommt es beispielsweise zu einem Staubeintrag auf einem Gartengrundstück kann der betroffene Eigentümer gem. §§ 249 ff BGB Naturalrestitution, also Beseitigung, oder auch Schadensersatz verlangen. Nach der prozessualen Günstigkeitslehre muss der Betroffene die schädigende Handlung, den Schaden, die Kausalität sowie Rechtswidrigkeit und Verschulden **beweis**en, um zum Schadensersatz zu kommen. Die Rechtsprechung hat diesen Grundsatz für den Bereich der Immissionen in zweierlei Hinsicht modifiziert. Einerseits schließt eine Duldungspflicht des Betroffenen einen Schadensersatzanspruch gem. § 823 Abs. 1 BGB aus, sofern er nicht besonders gesetzlich geregelt ist (§ 14 2 BImSchG oder § 906 Abs. 2 Satz 2 BGB).[137] Werden andererseits Grenz- und Richtwerte überschritten, muss der Emittent die Kausalität zwischen eingetretenem Schaden und seiner Immission widerlegen.[138]

114 **e) § 823 Abs. 2 BGB und Gefährdungshaftung.** Nachbarschützende Vorschriften sind regelmäßig Schutzgesetze. Bei deren Verletzung ist damit der Anwendungsbereich der § 823 Abs. 2 BGB eröffnet. Soweit nachbarschützende öffentlich-rechtliche Vorschriften in Rede stehen, ist der Betroffene wiederum darauf verwiesen zunächst den Verwaltungsrechtsweg gegen die Genehmigung zu beschreiten, da einer bestandskräftigen behördlichen Genehmigung Rechtfertigungswirkung zukommt. Daneben können sich noch Ansprüche aus gesetzlich speziell geregelten Gefährdungshaftungstatbeständen für den Betroffenen ergeben.[139]

115 **f) Ausgleichsanspruch gem. § 906 Abs. 2 Satz 2 BGB.** Dieser Anspruch ist verschuldensunabhängig und gegenüber Schadensersatzansprüchen subsidiär.[140] Ausgeglichen wird die Vermögenseinbuße.[141] Der Betroffene muss dabei die Beeinträchtigung der ortsüblichen Nutzung seines Grundstücks nachweisen.[142]

5. Abschnitt: Nachbarliche Abwehransprüche

116 Vorstehend wurden verschiedene nachbarliche Ansprüche aufgezeigt. Sie stellen jeweils **spezielle Regelungen** wie beispielsweise bezüglich gefahrdrohender Anlagen (§ 907 BGB), einem drohenden Gebäudeeinsturz (§ 908 BGB) oder einer Vertiefung (§ 909 BB) dar. Für den einen ist es ein Abwehr- für den anderen Nachbarn ein Duldungsanspruch, oft also zwei Seiten einer Medaille. Ergänzend haben ist noch gesondert auf den allgemeinen **Beseitigungs-** und **Unterlassungsanspruch** des § 1004 BGB als zentraler Anspruch des Nachbarrechts einzugehen. Außerdem müssen noch Fragen des Verhältnisses zivil- und öffentlich-rechtlicher Ansprüche zueinander sowie derer **Durchsetzung** erörtert werden.

1. Zivilrechtliche Ansprüche

117 Von besonderer Bedeutung für das Nachbarrecht sind Herausgabe- und Unterlassungsansprüche:

a) Herausgabeansprüche. Bezüglich der allgemeinen zivilrechtlichen **Herausgabeansprüche** ergeben sich für das Nachbarrecht zunächst keine Besonderheiten. Verleibt sich

---

137 BGH NJW 1992, 1389.
138 BGH NJW 1997, 2748.
139 Beispielsweise aus § 1 Umwelthaftungsgesetz v. 10.12.1990 BGBl. I 2634 oder § 22 WHG.
140 BGHZ 120, 239.
141 BGH NJW-RR 88, 1291.
142 BGHZ 117, 110.

beispielsweise der Nachbar unberechtigterweise einen Grundstücksteil durch Schaffung einer Einzäunung in sein Grundstück ein, kann der Eigentümer von seinem Nachbarn die Herausgabe nach § 985 BGB verlangen.

Neben diesen **Vindikation**sanspruch treten die anderen in den §§ 985 ff BGB geregelten weiteren Ansprüche auf **Schadensersatz** (§§ 989 ff BGB) und **Nutzung**sherausgabe (§§ 987 ff BGB). Bei beweglichen Sachen steht noch der Wertersatzanspruch (§§ 951, 812 BGB) und der Erlösanspruch (§§ 816, 687 Abs. 2 BGB) im Raum. Hinzutreten zugunsten des Eigentümers **Besitzschutz**ansprüche gem. §§ 859 ff BGB, **Kondiktion**sansprüche gem. §§ 812 ff BGB und die bereits dargestellten Schadensersatzansprüche aus unerlaubter Handlung (§§ 823 ff BGB).

b) Abwehr von Eigentumsbeeinträchtigungen nach § 1004 BGB. Die Vorschrift soll nur in das Nachbarrecht betreffenden Grundzügen dargestellt werden: 118

aa) § 1004 Abs. 1 Satz 1 BGB gibt dem Eigentümer und dem beschränkt dinglich Berechtigen[143] einen verschuldensunabhängigen **Störungsbeseitigung**sanspruch bei einer Beeinträchtigung des Eigentums oder der vergleichbaren dinglichen Rechtsposition. Hinzu tritt der **Unterlassung**sanspruch des § 1004 Abs. 2 Satz 2 BGB bei einer drohenden Beeinträchtigung. Anspruchsgegner ist der **Störer**, also der Handlungs- oder Zustandsstörer, beispielsweise der Nachbar als Grundstückseigentümer. Außerdem ist § 1004 BGB ein Schutzgesetz iSv § 823 Abs. 2 BGB;[144] der Gestörte kann vom schuldhaft handelnden Störer auch Schadensersatz verlangen.

bb) Nicht mit umfasst sind auf **Naturkräfte**n beruhende Beeinträchtigungen,[145] wenn nicht durch den Eigentümer des störenden Grundstücks diese natürlichen Veränderungen durch pflichtwidriges Handeln oder Unterlassen mit herbeigeführt wurden.[146] 119

cc) Der Anspruch ist gem. § 1004 Abs. 2 BGB ausgeschlossen, wenn der Eigentümer zur **Duldung** verpflichtet ist. Solche Duldungsrechte ergeben sich aus den verschiedenen vorstehend dargestellten zivilen Nachbarrechten und dem **öffentlichen Recht**. Eine bestandskräftige **Genehmigung** ist gleichzeitig Rechtfertigungsgrund. 120

Damit darf nicht verwechselt werden, dass beispielsweise Baugenehmigungen unbeschadet **privater Rechte** Dritter ergehen. Bezogen auf ein bestandskräftig genehmigtes Hotel an der Grundstücksgrenze kann sich der Nachbar nicht über § 1004 BGB gegen die Zulässigkeit des Hotels wehren; inwieweit sein Grundstück im Zuge der Baumaßnahmen in Anspruch genommen werden kann ist vor dem Hintergrund des dargestellten privaten Nachbarrechts zwischen den Nachbarn zu regeln.

Eine (zivilrechtliche) **Anspruchspräklusion** ist in § 14 BImSchG ausdrücklich für genehmigungsbedürftige Anlagen geregelt. Soweit grundstücks- und nicht personenbezogen wirken öffentlich-rechtliche Genehmigungen auch für und gegen die Rechtsnachfolger der Beteiligten. Problematisch ist hierbei oft auch die Auslegung und Tragweite einer erteilten Genehmigung: was ist beispielsweise in einem Dorfgemeinschaftshaus zulässig? In diesem Bereich besteht aber noch unter verschiedensten Ansätzen Klärungsbedarf durch die Rechtsprechung.

Problematischer ist die Frage der Rechtfertigung im Geltungsbereich eines **Bebauungsplan**es (§ 30 BauGB). Dabei stehen zwei miteinander verbundene Fragen im Vordergrund. Führt die **Festsetzung** von Art und Maß der baulichen Nutzung im Bebauungsplan gleichzeitig zu einer **Rechtfertigung** im Rahmen des § 1004 BGB? Oder ist dies nur

143 Vgl. §§ 1027, 1065, 1090 Abs. 2 BGB; 34 Abs. 2 WEG; 11 Abs. 1 ErbbRVO.

144 BGH NJW 1971, 426; Froschquaken im Nachbarteich 1993, 925.

145 Nestbau für Schwalben LG Hechingen NJW 1995, 971; Füttern von Katzen OLG Schlesw NJW-RR 1988, 1360.

146 Schädlingsbefall BGH NJW 1995, 2633, Erdrutsch OLG Stuttgart NuR 1990, 141.

dann der Fall, wenn die entsprechende Festsetzung nach dem Willen der planenden Gemeinde **nachbarschützend** ausgestaltet ist?

121 Die Synchronisierung des so parallel laufenden zivilen und öffentlichen Rechts fällt an dieser Stelle besonders schwer. Eine befriedigende Lösung ist in Rechtsprechung und Literatur noch nicht gefunden. Der BGH[147] nähert sich dem Problem über die Frage der **Ortsüblichkeit** des § 906 Abs. 2 BGB. Zu Recht stellt er fest, dass es nicht nur auf die Festsetzungen im Bebauungsplan, sondern für die Bestimmung der Ortsüblichkeit auch auf die tatsächlichen Verhältnisse ankommt. Dem ist zuzustimmen.

Der Bebauungsplan bewältigt Konflikte nur auf planerischer Ebene; die zulässige Grundstücksnutzung wird aber erst durch die **Einzelfallregelung** in der jeweiligen Genehmigung konkretisiert. Im Übrigen können sich Umgebung und Umweltstandards weiterentwickelt haben. Allein der Bebauungsplan dürfte also keine hinreichende Rechtfertigung im Rahmen des § 1004 BGB darstellen. Soweit der Bebauungsplan ausnahmsweise hinreichend konkretisierte nachbarschützende Rechte enthält, dürfte allein hierauf bezogen dem gestörten Nachbar ein Abwehranspruch zukommen.

122 *dd)* Zum Teil kennt das **Nachbarrecht** der Länder noch spezielle Abwehransprüche wie beispielsweise gegen das auf dem Nachbargrundstück niedergehende Niederschlagswasser, das sog. **Traufrecht**[148] oder im jeweiligen Bauordnungsrecht der Länder nicht vorgesehene Abstandsvorschriften für Fenster und Türöffnungen, das sog. **Lichtrecht**.[149]

2. Öffentlich-rechtliche Ansprüche

123 Das Nachbarverhältnis ist in öffentlich-rechtlicher Betrachtung zumeist **dreipolig**. Soweit genehmigungsbedürftige Vorhaben im Raum stehen stellt der **Eigentümer** bei der **Verwaltung** einen Antrag. Je nach Genehmigungstyp und Verfahrensrecht wird der **Nachbar** beteiligt (§§ 13, 28 VwVfG). Wird die Genehmigung erteilt, kann der Nachbar hiergegen regelmäßig Widerspruch[150] (§§ 68 ff VwGO) einlegen und im Falle der Zurückweisung Klage (§§ 40 ff VwGO) erheben. Die Rechtsbeziehung laufen also jeweils im Verhältnis zur Behörde. Die Behörde ist im Verwaltungsprozess Beklagte (§ 78 VwGO); der Antragsteller wird lediglich beigeladen (§ 65 VwGO). Bleibt die Behörde bei einem rechtswidrigen Zustand auf dem Nachbargrundstück untätig, kann der Nachbar einen Antrag auf ordnungsbehördliches Einschreiten stellen, soweit seine subjektiv-öffentlichen Nachbarrechte reichen. Bleibt die Behörde untätig, steht die Untätigkeitsklage (§ 75 VwGO) offen.

124 Daneben steht dem Betroffenen das Instrumentarium des **Staatshaftungsrecht**s zur Seite. Greift die behördliche Entscheidung enteignend oder enteignungsgleich in die Rechtsposition des Nachbarn ein, stellt sich die Frage der Entschädigung. Wurde eine (auch) den Nachbarn schützende Amtspflicht verletzt kommt der Schadensersatzanspruch des § 839 BGB, Art. 34 GG in Betracht. Werden Nachbarrechte durch hoheitliches Handeln rechtswidrig beeinträchtigt kommt der **Folgenbeseitigungsanspruch**,[151] verwandt mit § 1004 BGB, zum Zuge. Durch Wahrung der Verfahrensstellung im Verwaltungsverfahren verbunden mit einer eventuell notwendigen prozessualen Verfolgung der Angelegenheit gestalten die Nachbarn ihr Verhältnis ganz wesentlich mit. Dies betrifft

---

147 Vgl. BGH NJW 1983, 751.

148 Vgl. beispielsweise §§ 1 ff NRG BW; §§ 52 ff NRG Bbg; §§ 26 ff NRG Hess; §§ 45 ff NRG Nds; §§ 27 ff NRG NRW; §§ 37 ff NRG RhPf; §§ 41 ff NRG Saarl, § 25 NRG Sachs; § 26 NRG SchlH; §§ 37 ff NRG Thür.

149 Vgl. beispielsweise §§ 3 ff NRG BW; §§ 20 ff NRG Bbg; §§ 11 ff NRG Hess; §§ 23 ff NRG Nds; §§ 4 ff NRG NRW; §§ 34 ff NRG RhPf; §§ 35 ff NRG Saarl, §§ 22 ff NRG SchlH; §§ 34 ff NRG Thür.

150 Soweit das Widerspruchsverfahren nicht wie beispielsweise in Bayern abgeschafft wurde.

151 Vgl. beispielsweise BVerwG NJW 1985, 817.

insbesondere auch die zivilrechtliche Abwehransprüche wie beispielsweise §§ 1004 oder 906 BGB.

Der Architekt muss im Rahmen der Planung und Bauausführung solche möglichen nachbarlichen Abwehransprüche in seine Planung einbeziehen und den Bauherrn darüber aufklären.

§ 13 Haftung im Kostenbereich

Schrifttum: *Beck'scher Online-Kommentar BGB* (BeckOK BGB), 36. Ed. 1.8.2015; *Böhme*, Einige Überlegungen zum vereinbarten Kostenlimit. Wie wirkt es sich auf das geschuldete Honorar aus – und warum?, BauR 2004, 397; *Deckers*, Bonus und Malus im Honorarrecht der Architekten und Ingenieure, ZfBR 2012, 315; *Deckers*, Die Baukostenvereinbarung, ZfBR 2011, 419; *Erman*, BGB, 13. Aufl. 2011; Irmler, HOAI-Praktikerkommentar, 1. Aufl. 2011; *Jochem*, Baukostengarantie und HOAI, NZBau 2013, 352; *Kaufmann*, Die Baukostenvereinbarung nach § 6 Abs. 2 HOAI – Grundlage für die Honorarermittlung und zugleich Haftungsfalle für Architekten?, BauR 2011, 1387; *Kniffka*, Vergütung für nicht erbrachte Grundleistungen?, BauR 2015, 1031; *Kniffka/Koeble*, Kompendium des Baurechts, 4. Aufl. 2014; *Korbion/Mantscheff/Vygen*, Honorarordnung für Architekten und Ingenieure (HOAI), 8. Aufl. 2013; *Locher/Koeble/Frik*, Kommentar zur HOAI, 12. Aufl. 2014; *Messerschmidt/Voit*, Privates Baurecht, 2. Aufl. 2012; *Motzke/Preussner/Kehrberg*, Die Haftung des Architekten, 10. Aufl. 2015; *Münchener Kommentar zum Bürgerlichen Gesetzbuch* (MüKoBGB), 6. Aufl. 2012; *Pott/Dahlhoff/Kniffka/Rath*, Honorarordnung für Architekten und Ingenieure, 9. Aufl. 2011; *Palandt*, Bürgerliches Gesetzbuch: BGB, 74. Aufl. 2015; *Quack*, Baukosten als Beschaffenheitsvereinbarung und die Mindestsatzgarantie der HOAI, ZBR 2004, 315; *Schmalzl/Krause- Allenstein*, Berufshaftpflichtversicherung des Architekten und Bauunternehmers, 2. Aufl. 2006; *Schwenker*, Kurzkommentar zu BGH VII ZR 362/01, EWiR 2004, 487; *Voit*, Die Rechte des Bestellers bei Mängeln vor der Abnahme, BauR 2011, 1063; *Werner/Pastor*, Der Bauprozess, 14. Aufl. 2013.

Übersicht

I. Ausgangslage

1 Architekten- und Ingenieurleistungen enden regelmäßig in der Entstehung eines Bauwerks von erheblichem Wert. Die Kosten für dieses Werk trägt der Besteller. Größtmögliche Kostensicherheit und stetige Informationen über den Stand der Kostenentwicklung sind für den Auftraggeber oftmals von ebenso hohem Interesse wie die technisch einwandfreie und zeitgerechte Entstehung des Bauwerks. Dies gilt gleichermaßen für private Bauherren wie für öffentliche Auftraggeber. Das verfolgte Ziel lässt sich nur dann wirksam erreichen, wenn der Architekt bzw. Ingenieur[1] nach dem Inhalt des Vertrags dazu

[1] Im Folgenden teilweise nur „Architekt", „Planer" oder „Auftragnehmer" genannt. Soweit nicht anders dargestellt, gelten alle Erläuterungen gleichermaßen für Architekten und Ingenieure.

verpflichtet ist, seine Leistung auf dieses hohe Bestellerinteresse auszurichten. Dies erfordert eine entsprechende Vertragsgestaltung in Bezug auf die Einhaltung bestimmter Kosten und die Kostenentwicklung.

II. Einhalten von Kosten

In der architektenrechtlichen Rechtsprechung und Literatur haben sich für die einzuhaltenden Kosten unterschiedliche Begrifflichkeiten herausgebildet. Diese Begriffe, wie z. B. „Kostenrahmen", „Obergrenze", „Kostenlimit" oder „Baukostengarantie", verfolgen inhaltlich dasselbe Ziel. Es geht um die Verpflichtung des Planers, seine Leistung so zu erbringen, dass ein bestimmter Kostenbetrag nicht überschritten wird. In Abhängigkeit vom Rechtscharakter einer solchen Vereinbarung stehen dem Bauherrn im Fall der Kostenüberschreitung unterschiedliche Rechte zu. 2

1. Baukostengarantie

Von untergeordneter Bedeutung und in der Praxis kaum durchsetzbar sind Ansprüche des Bestellers aus einer sog. „**Baukostengarantie**". Sie kann nur ganz ausnahmsweise angenommen werden.[2] Grund hierfür sind die erheblichen **Rechtsfolgen**, die den Planer bei Überschreitung einer garantierten Kostenobergrenze treffen. Die Garantieerklärung verschafft dem Auftraggeber unabhängig von einem bei ihm durch die Baukostenüberschreitung eingetretenen Schaden einen Anspruch auf **Zahlung der Mehrkosten**.[3] Vereinbaren die Parteien eine solche Garantie, dann hat der Planer sämtliche den vereinbarten Betrag übersteigenden Kosten selbst zu übernehmen.[4] Diese Eintrittspflicht entsteht **verschuldensunabhängig**.[5] 3

Das mit einer Baukostengarantie verbundene **erhebliche Risiko** ist nicht gänzlich beherrschbar, weil unvorhersehbare Kostensteigerungen, z. B. durch überraschende Materialpreiserhöhungen oder unerwartete Witterungsverhältnisse, die zu erheblichen Bauzeitverzögerungen führen können, eintreten können. Allgemein wird Architekten und Ingenieuren deshalb davon abgeraten, Baukostengarantien abzugeben.[6] 4

Die **Vereinbarung** einer Baukostengarantie unterliegt hohen Anforderungen. Es bedarf hierzu einer eindeutigen Erklärung des Garanten.[7] Der Architekt muss versprechen, im Rahmen einer persönlichen Verpflichtung für die Einhaltung eines bestimmten Baukostenbetrages in jedem Fall persönlich einzustehen.[8] Die Verwendung der Formulierung „Garantie" allein reicht nicht aus. Nicht einmal die Zusage des Architekten, für den Fall der Überschreitung einer Kostengrenze die Mehrkosten selbst zu tragen, kann ohne weiteres als Garantie verstanden werden.[9] Umgekehrt kann eine Garantieabrede auch dann vorliegen, wenn die Parteien den Begriff „Garantie" nicht ausdrücklich verwenden. Es bedarf stets einer Auslegung der maßgeblichen Vereinbarung im Einzelfall.[10] Die Annahme einer Baukostengarantie erfordert, dass der genaue Umfang der zu erbringenden Leis- 4a

---

[2] OLG Celle Urt. v. 30.1.2002 – 7 U 89/97, IBR 2003, 260 (Revision nicht angenommen mit Beschl. d. BGH v. 13.2.2003 – VII ZR 89/02); *Werner* in Werner/Pastor, Der Bauprozess, 14. Aufl. 2013, Rn. 2282.

[3] BGH Urt. v. 22.11.2012 – VII ZR 200/10 Rn. 18, BauR 2013, 485.

[4] OLG Celle Urt. v. 27.6.1996 – 14 U 198/05, BauR 1998, 1030; OLG Stuttgart Urt. v. 30.3.2009 – 10 U 6/09, BauR 2010, 666.

[5] BGH Urt. v. 22.11.2012 – VII ZR 200/10 Rn. 18, BauR 2013, 485; OLG Düsseldorf Urt. v. 6.12.2002 – 5 U 28/02, BauR 2003, 1604.

[6] BGH Urt. v. 22.11.2012 – VII ZR 200/10 Rn. 18, BauR 2013, 485.

[7] OLG Düsseldorf Urt. v. 6.12.2002 – 5 U 28/02, BauR 2003, 1604.

[8] OLG Hamm Urt. v. 15.3.2013 – 12 U 152/12, BauR 2013, 1301.

[9] OLG Celle Urt. v. 30.1.2002 – 7 U 89/97, IBR 2003, 260 (Revision nicht angenommen mit Beschl. d. BGH v. 13.2.2003 – VII ZR 89/02).

[10] So auch *Werner* in Werner/Pastor, Der Bauprozess, 14. Aufl. 2013, Rn. 2282.

tungen feststeht, was wiederum eine konkrete Planung voraussetzt.[11] Die Baukostengarantie bedarf **keinerlei Form** und kann auch mündlich vereinbart.[12]

5 Vereinzelt wird zwischen der „echten“[13] bzw. „selbständigen“[14] und der „unechten“[15] bzw. „unselbständigen“[16] Baukostengarantie unterschieden. Maßgebliches Kriterium für die Abgrenzung zwischen den beiden Garantieformen soll der vom Architekten übernommene Garantieinhalt sein. Bei einer echten/selbständigen Garantie verpflichtet sich der Architekt zur Einhaltung der garantierten Bausumme auch für den Fall, dass es zu Änderungen gegenüber derjenigen Planung, die der Baukostengarantie zugrunde liegt, oder zu unvorhersehbaren Geschehensabläufen kommt. Sollen Änderungen der Ausgangsplanung und die daraus resultierenden Kosten nicht zu Lasten des Architekten gehen, liegt eine unechte/unselbständige Baukostengarantie vor. Der BGH bezeichnet Garantieerklärungen, die bestimmte Ausnahmefälle vorsehen, als **„eingeschränkte** Garantieerklärungen“.[17] Welchen Inhalt die Baukostengarantie im konkreten Einzelfall hat, ist ggf. durch Auslegung zu ermitteln. Im Zweifel dürfte eine unechte/unselbständige bzw. eingeschränkte Baukostengarantie vereinbart worden sein, weil nicht anzunehmen ist, dass der Architekt auch für Kostensteigerungen aus einer Änderung der Planung einstehen will.[18]

6 Zur Vermeidung von Unsicherheiten sollten der Umfang der Garantie und etwaige Ausnahmen im Vertrag **klar und präzise** beschrieben werden. Folgende eingeschränkte Garantieerklärung wurde vom BGH als wirksam erachtet: „Die Architekten verpflichten sich, die Gesamtkosten von 2.200.000,– DM incl. 15% MwSt. nicht zu überschreiten. Hierin nicht enthalten sind die Grundstückskosten, Kosten aus nachbarschaftlichen Vereinbarungen sowie Gründungserschwernisse, Bodenkontaminierung, Altlasten, Änderungen und Zusatzwünsche. Bei Kostenüberschreitung werden die Mehrkosten von den Architekten getragen.“[19]

7 Sind im Ausnahmefall die Voraussetzungen einer uneingeschränkten Baukostengarantie erfüllt, lassen **grundlegende Eingriffe des Bestellers** in die Planungsgrundlagen die Haftung des Planers entfallen.[20] Eine vom Architekten abgegebene Baukostengarantie verliert ihre rechtliche Wirksamkeit, wenn der Architekt für eine Hausmodernisierung auf der Grundlage einer Planung mit Kostenschätzung eine Kostengarantie im Rahmen bestehender „grundrißlicher“ Aufteilungen abgibt, die ursprüngliche Planung dann aber mit Wissen und Wollen des Bauherrn grundlegend geändert wird.[21] In dem entschiedenen Fall kam es zu erheblichen Grundrissänderungen und Änderungen der Raumaufteilung durch Verlegung von Küche und Bad, die Schaffung neuer Sanitärräume und die Errichtung eines bisher nicht vorgesehenen Wintergartens.

---

[11] OLG Celle Urt. v. 27.6.1996 – 14 U 198/05, BauR 1998, 1030; OLG Naumburg Urt. v. 17.7.2007 – 9 U 164/06, BauR 2010, 1641; *Koeble* in Locher/Koeble/Frik, Kommentar zur HOAI, Einl. Rn. 164.

[12] *Kehrberg* in Motzke/Preussner/Kehrberg, Die Haftung des Architekten, 10. Aufl. 2015, Abschnitt O, Rn. 88.

[13] *Koeble* in Kniffka/Koeble, Kompendium des Baurechts, 4. Aufl. 2014, 12. Teil, Rn. 775.

[14] *Werner* in Werner/Pastor, Der Bauprozess, 14. Aufl. 2013, Rn. 2282.

[15] *Koeble* in Kniffka/Koeble, Kompendium des Baurechts, 4. Aufl. 2015, 12. Teil, Rn. 775.

[16] *Werner* in Werner/Pastor, Der Bauprozess, 14. Aufl. 2013, Rn. 2282.

[17] BGH Urt. v. 22.11.2012 – VII ZR 200/10 Rn. 18, BauR 2013, 485; Garantieerklärungen, die keine Ausnahmen enthalten, dürften demnach „uneingeschränkte Garantieerklärungen“ sein.

[18] Ebenso *Koeble* in Kniffka/Koeble, Kompendium des Baurechts, 4. Aufl. 2014, 12. Teil, Rn. 775.

[19] BGH Urt. v. 22.11.2012 – VII ZR 200/10 Rn. 3, BauR 2013, 485; diese im entschiedenen Fall vereinbarte Klausel enthielt außerdem eine vertragsrechtliche Abrede über die Zahlung einer Erfolgsprämie für den Fall der Unterschreitung der vereinbarten Gesamtkosten.

[20] OLG Düsseldorf Urt. v. 15.11.1994 – 21 U 98/94, BauR 1995, 411.

[21] OLG Düsseldorf Urt. v. 15.11.1994 – 21 U 98/94, BauR 1994, 411.

Dem Auftraggeber stehen keine Ansprüche aus der Baukostengarantie zu, wenn die Parteien die getroffene Garantievereinbarung wirksam **abbedungen** oder **aufgehoben** haben. Beides kann durch schlüssiges Verhalten erfolgen. 8

Die **Darlegungs- und Beweislast** für die Abgabe einer Baukostengarantie liegt auf Seiten des Auftraggebers.[22] 9

Grundlage für die Berechnung des **Honorars** ist im Fall der Baukostengarantie maximal die garantierte Bausumme. Werden die garantierten Baukosten überschritten, dann kann der Architekt sein Honorar nur auf der Grundlage der garantierten Baukosten berechnen, nicht hingegen auf der Grundlage der tatsächlichen Baukosten.[23] Die garantierten Baukosten sind auch dann Abrechnungsgrundlage, wenn das Honorar eigentlich auf der Grundlage der anrechenbaren Kosten der Kostenberechnung zu ermitteln ist[24] und diese anrechenbaren Kosten die garantierte Bausumme überschreiten.[25] Liegen hingegen die nach der HOAI maßgeblichen anrechenbaren Kosten unterhalb der garantierten Bausumme, richtet sich die Honorarberechnung nach den anrechenbaren Kosten und nicht nach der garantierten Bausumme. Etwas anderes gilt, wenn die im vertragsrechtlichen Sinn garantierte Bausumme zugleich aus honorarrechtlicher Sicht eine Festschreibung der anrechenbaren Kosten im Sinne einer Honorarvereinbarung nach § 7 Abs. 1 HOAI bilden soll. Eine solche kombinierte Vereinbarung liegt aber im Zweifel nicht vor. Andernfalls müsste der Auftraggeber dem Planer ein Honorar zahlen, das oberhalb des nach der HOAI maßgeblichen Mindesthonorars läge. Für einen solchen Willen des Auftraggebers müssen Anhaltspunkte im oder außerhalb des Vertrags erkennbar sein. 10

Eine Vereinbarung zwischen den Parteien eines Architektenvertrags, wonach der Architekt eine Baukostengarantie abgibt, d. h. bei einer Kostenüberschreitung die Mehrkosten trägt, während er bei einer Kostenunterschreitung die **Minderkosten als Prämie** erhält, unterliegt nicht der Preiskontrolle am Maßstab der HOAI.[26] Werden die so garantierten Kosten unterschritten und führt die Auszahlung der vereinbarten Prämie zu einer Überschreitung des in den Tafelwerten geregelten Honorarhöchstsatzes, kann der Auftraggeber vom Architekten den Differenzbetrag zum Honorarhöchstsatz nicht nach den Grundsätzen der ungerechtfertigten Bereicherung zurückverlangen.[27] Eine solche Vereinbarung betrifft nicht den preisrechtlich geregelten Tätigkeitsbereich der Architekten, sodass der sachliche Anwendungsbereich der HOAI nicht eröffnet ist.[28] Mit der Übernahme einer solchen Baukostengarantie haben die Parteien nach Ansicht des BGH keine besonderen Anforderungen an den Auftrag, sondern lediglich Rechtsfolgen vereinbart.[29] Die Prämie ist allein und ausschließlich als Gegenleistung dafür vereinbart, dass der Architekt die Baukostengarantie übernimmt.[30] Gebietet die Übernahme der Baukostengarantie eine wesentlich intensivere Festlegung des Bauprogramms und eine umfangreichere Kostenermittlung, nimmt der Architekt diese Aufgabe im eigenen Interesse vor und ist dem Auftraggeber nicht geschuldet.[31] Soll hingegen die versprochene Prämie den Ar- 11

22 OLG Köln Urt. v. 30.4.2008 – 17 U 51/07, BauR 2008, 1655; OLG Celle Urt. v. 27.6.1996 – 14 U 198/05, BauR 1998, 1030.

23 OLG Düsseldorf Urt. v. 23.10.2012 – 21 U 155/11, BauR 2013, 632; diese Beschränkung setzt voraus, daß das Honorar nach den tatsächlichen Baukosten zu ermitteln ist, was bis einschließlich der HOAI 2002 der Fall war (§ 10 Abs. 2 Nr. 3 HOAI 2002).

24 § 6 Abs. 1 Nr. 1 HOAI 2009, § 6 Abs. 1 Nr. 1 HOAI 2013.

25 Ob die Leistung des Planers im Fall der Überschreitung der garantierten Kosten brauchbar und die Leistung überhaupt vergütungsfähig ist, bedarf einer einzelfallbezogenen Prüfung (für den Fall der Überschreitung einer als Beschaffenheit vereinbarten Baukostenobergrenze → Rn. 59).

26 BGH Urt. v. 22.11.2012 – VII ZR 200/10, BauR 2013, 485.

27 BGH Urt. v. 22.11.2012 – VII ZR 200/10 Rn. 14, BauR 2013, 485.

28 BGH Urt. v. 22.11.2012 – VII ZR 200/10 Rn. 15, BauR 2013, 485.

29 BGH Urt. v. 22.11.2012 – VII ZR 200/10 Rn. 27, BauR 2013, 485.

30 BGH Urt. v. 22.11.2012 – VII ZR 200/10 Rn. 19, BauR 2013, 485.

31 BGH Urt. v. 22.11.2012 – VII ZR 200/10 Rn. 27, BauR 2013, 485.

chitekten dazu anhalten, die Baukosten im Interesse des Auftraggebers zu senken, unterliegt die Prämienvereinbarung dem Preisrecht der HOAI, die insoweit Regelungen enthält (§ 5 Abs. 4a HOAI 1996/§ 7 Abs. 8 HOAI 2009).[32]

12 Für Ansprüche im Zusammenhang mit der Verletzung einer Baukostengarantie besteht **kein Versicherungsschutz**.[33]

2. Baukostenobergrenze als Beschaffenheitsvereinbarung

13 In der Praxis weit verbreitet sind Vereinbarungen von Bauherren mit den Planern, nach deren Inhalt die Einhaltung einer Kostenobergrenze zur **Beschaffenheit** des vom Planer geschuldeten Werks erhoben wird. Eine solche Vereinbarung sichert dem Bauherrn jedenfalls teilweise wirkungsvolle Rechte zu, wenn der Planer diese Vereinbarung nicht einhält.

14 Die Vereinbarung einer Kostenobergrenze als Beschaffenheit des Werks ist aus der Sicht des Auftraggebers zur Vermeidung drohender Unsicherheiten und Nachteile alternativlos. Eine Verpflichtung zum Abschluss einer solchen Vereinbarung besteht für den Planer allerdings nicht.

15 **a) Abschluss der Vereinbarung.** Die Parteien sollten die Beschaffenheit des vom Planer geschuldeten Werks im Vertrag möglichst präzise beschreiben. Eine genaue Fixierung des Begriffs der Beschaffenheit auf Grundlage des neuen Rechts hat noch nicht stattgefunden.[34] Nach herrschender Meinung versteht man unter dem Begriff der Beschaffenheit die dem Werk anhaftenden Eigenschaften einschließlich der äußeren Umstände, denen das Werk zwangsläufig unterliegt, sowie alle Faktoren, die sich auf die Verwendung des Werkes einschließlich seines Wertes auswirken können.[35] Die späteren Baukosten können ohne Zweifel zu einer Eigenschaft des Werks und zu seiner Beschaffenheit erhoben werden. Soll dies so sein, bedarf es einer entsprechenden Vereinbarung zwischen den Vertragsparteien.[36]

16 Die bloße Angabe einer Kostenobergrenze im Vertrag führt nicht automatisch dazu, dass diese als vereinbarte Beschaffenheit des Werks gilt. Eine Pflicht zur Einhaltung von Kostenvorgaben und -vorstellungen besteht auch außerhalb einer Beschaffenheitsvereinbarung.[37] Die Verletzung einer solchen Pflicht führt zu anderen Rechtsfolgen als die Nicht-Einhaltung einer Beschaffenheitsvereinbarung. Ob eine Kostenangabe im Vertrag als vereinbarte Beschaffenheit des Werks gelten soll, richtet sich nach dem Inhalt des konkreten Vertrags. Haben die Parteien die Kostenobergrenze nicht als Beschaffenheit des Werks vereinbart, bleibt im Einzelfall zu prüfen, ob die Erklärungen im Vertrag als einseitige Äußerung einer Kostenvorstellung des Auftraggebers auszulegen sind.

17 Für die Vereinbarung einer bestimmten Bausumme als Beschaffenheit eines vom Architekten zu erbringenden Werks bedarf es einer dahingehenden **Einigung** beider Parteien.[38] Eine solche Einigung liegt vor, wenn der Auftraggeber deutlich erkennbar entscheidenden Wert auf die Einhaltung bestimmter Kostenvorgaben legt und der Architekt seinerseits ebenso deutlich erklärt, die Vorgaben einhalten zu können und zu wol-

---

[32] *Preussner*, IBR 2013, 84.

[33] *Krause-Allenstein* in Schmalzl/Krause-Allenstein, Berufshaftpflichtversicherung des Architekten und Bauunternehmers, 2. Aufl. 2006, Rn. 562; *Jochem*, Baukostengarantie und HOAI, NZBau 2013, 352 (353); vgl. auch Ziffer 7.3 der Allgemeinen Versicherungsbedingungen für die Haftpflichtversicherung (AHB) (Musterbedingungen des GDV, Stand Februar 2014).

[34] *Voit* in BeckOK BGB, 36. Ed. Stand 1.2.2015, § 633 Rn. 4.

[35] *Voit* in BeckOK BGB, 36. Ed. Stand 1.2.2015, § 633 Rn. 4; *Schwenker* in Erman BGB § 633 Rn. 11; *Sprau* in Palandt BGB § 633 Rn. 5; ähnlich: *Drossart* in Messerschmidt/Voit, Privates Baurecht, 2. Aufl. 2012, § 633 BGB Rn. 19.

[36] *Schwenker* in Erman BGB § 633 Rn. 12.

[37] → Rn. 102 ff.

[38] BGH Urt. v. 23.1.1997 – VII ZR 171/95, BauR 1997, 494; OLG Saarbrücken Urt. v. 6.7.2011 – 1 U 408/09, BauR 2011, 1868; OLG Celle Urt. v. 7.1.2009 – 14 U 115/08, BauR 2009, 997.

len.[39] Eine Annahme einer wirksamen Vereinbarung scheidet aus, wenn der Auftraggeber einseitig Vorstellungen äußert, die der Planer zwar zur Kenntnis nimmt, ohne jedoch akzeptierend darauf zu reagieren.[40] Die Kostenobergrenze muss **beziffert** oder jedenfalls **bezifferbar** sein.[41]

Zur **einseitigen** Bestimmung einer Baukostenobergrenze als Beschaffenheit des Werks ist der Auftraggeber nur dann berechtigt, wenn der Vertrag dies vorsieht (§ 315 BGB). Zahlreiche Architekten- und Ingenieurverträge enthalten einseitige Anordnungsrechte.[42] Das Recht zur Vorgabe einer Baukostenobergrenze als Beschaffenheit der Leistung erfassen diese Anordnungsrechte in der Regel nicht. Gegen die Wirksamkeit eines solchen Anordnungsrechts bestünden bei formularmäßiger Vereinbarung erhebliche Bedenken (§ 308 Nr. 4 BGB). 18

Die Kostenobergrenzenvereinbarung bedarf **keiner Form**. Sie kann mündlich wirksam vereinbart werden.[43] Sie kann auch **konkludent** neben einem schriftlichen Architektenvertrag geschlossen werden. Eine konkludente Vereinbarung kann darin liegen, dass der Bauherr nur begrenzte Finanzierungsmöglichkeiten hat und der Architekt, dem dies bekannt ist, seine Tätigkeit an diesem Umstand ausrichtet.[44] 19

Die Kostenangabe im Zusammenhang mit einem **Bauantrag** kann die Vereinbarung einer Kostenobergrenze weder begründen[45] noch eine wirksam vereinbarte Kostenobergrenze ändern.[46] Dies gilt selbst dann, wenn der Bauantrag vom Besteller unterzeichnet und an die Baubehörde weitergereicht wird.[47] Der Bauantrag dient anderen Zwecken als der Bestimmung des vom Architekten einzuhaltenden Kostenrahmens und gibt deshalb keinen zuverlässigen Hinweis auf den Abschluss einer solchen Vereinbarung.[48] Der vom Architekten erstellte Bauantrag enthält keine für den Bauherrn bestimmte Willenserklärung und dient nicht der Bestimmung des einzuhaltenden Kostenrahmens.[49] 20

Eine Kostenobergrenze als Beschaffenheitsvereinbarung des Architektenwerks ergibt sich auch nicht ohne weiteres aus einer Kostenangabe durch den Auftraggeber im Rahmen einer **Angebotseinholung** bei mehreren Planern. Allein die Bezugnahme in einer an verschiedene Anbieter versandten Angebotsanfrage auf einen nicht offengelegten, inhaltlich nicht näher beschriebenen und dem Planer nicht bekannten Maßnahmenbeschluss einer Kommune führt nicht dazu, dass ein abgefragter Kostenrahmen Vertragsinhalt wird.[50] Unter diesen Umständen muss der Planer den Kostenvorstellungen des Auftraggebers auch nicht entgegentreten.[51] 21

---

[39] OLG Saarbrücken Urt. v. 6.7.2011 – 1 U 408/09, BauR 2011, 1868; KG Urt. v. 10.3.2009 – 7 U 182/08, IBR 2010, 1104; OLG Celle Urt. v. 7.1.2009 – 14 U 115/08, BauR 2009, 997.

[40] OLG Celle Urt. v. 7.1.2009 – 14 U 115/08, BauR 2009, 997.

[41] OLG Koblenz Beschl. v. 9.11.2012 – 5 U 1228/11, IBR 2015, 202 (Nichtzulassungsbeschwerde zurückgewiesen mit Beschl. d. BGH v. 7.1.2015 – VII ZR 336/12).

[42] Beispiel: § 5.7 des „Vertrags Objektplanung – Gebäude und Innenräume“ (Vertragsmuster VM2/1 (ehemals Anhang 10) der „Richtlinien für die Durchführung von Bauaufgaben des Bundes – RBBau“ (Onlinefassung – Stand: 12.1.2015)) und § 1.6 der „Allgemeinen Vertragsbestimmungen zu den Verträgen für freiberuflich Tätige – AVB“ (betreffend die übrigen Vertragsmuster; Anhang 19 RBBau (Stand: 12.1.2015)); eine Baukostenobergrenze im Sinne einer Beschaffenheit kann über diese Anordnungsrechte nicht einseitig vorgegeben werden.

[43] OLG München Urt. v. 6.9.2005 – 28 U 1860/04, BauR 2007, 1285 (Nichtzulassungsbeschwerde zurückgewiesen mit Beschl. d. BGH v. 26.4.2007 – VII ZR 250/05).

[44] OLG Schleswig Beschl. v. 22.11.2012 – 1 U 8/12, IBR 2015, 372 (Nichtzulassungsbeschwerde zurückgewiesen mit Beschl. d. BGH v. 11.3.2015 – VII ZR 333/12).

[45] BGH Urt. v. 23.1.1997 – VII ZR 171/95, BauR 1997, 494.

[46] BGH Urt. v. 13.2.2003 – VII ZR 395/01, BauR 2003, 1061.

[47] BGH Urt. v. 13.2.2003 – VII ZR 395/01, BauR 2003, 1061.

[48] BGH Urt. v. 23.1.1997 – VII ZR 171/95, BauR 1997, 494.

[49] BGH Urt. v. 13.2.2003 – VII ZR 395/01, BauR 2003, 1061.

[50] OLG Zweibrücken Beschl. v. 3.11.2008 – 8 U 25/08, IBR 2009, 219.

[51] OLG Zweibrücken Beschl. v. 3.11.2008 – 8 U 25/08, IBR 2009, 219.

22 In der Festlegung einer **Höchstgrenze** für die **Honorarbemessung** im Vertrag liegt in der Regel keine Beschaffenheitsvereinbarung im Sinne des § 633 BGB.[52]

23 Das bei Verträgen der Bundesrepublik Deutschland[53] nach den Vorgaben der **RBBau** zu verwendende **Vertragsmuster „Vertrag Objektplanung – Gebäude und Innenräume“**[54] enthält in § 5.3.1 die Möglichkeit, eine Vereinbarung in Bezug auf die einzuhaltenden Kosten zu treffen. Hiernach dürfen „die Baukosten für die Baumaßnahme den Betrag von ... EUR brutto / EUR netto nicht überschreiten. [...] Der Auftragnehmer hat seine Leistungen so zu erbringen, dass diese Kostenobergrenze eingehalten wird.“. Nach § 5.1 desselben Vertragsmusters ist der Auftragnehmer verpflichtet, seine Leistungen so zu erbringen, dass die bauliche Anlage / die Baumaßnahme gemäß den Vorgaben nach § 5.2 bis § 5.4 des Vertrags mangelfrei hergestellt werden kann. Diese Formulierungen sind als Beschaffenheitsvereinbarung auszulegen.

24 § 5.3.1 des Vertrags **„Fachplanung – Technische Ausrüstung“** in der Fassung vom 10.2.2014[55] enthält eine weitgehend identische Formulierung. Die Klausel wurde gegenüber derjenigen aus dem Vertrag „Objektplanung – Gebäude und Innenräume“ jedoch um einen Einschub ergänzt. Hiernach hat der Auftragnehmer seine Leistungen „bezogen auf die von ihm zu **bearbeitenden Kostengruppen**“ so zu erbringen, dass die Kostenobergrenze eingehalten wird. Diese Formulierung lässt nicht zweifelsfrei erkennen, in welchen Fällen der Fachplaner für eine Kostenüberschreitung einstehen soll. Denkbar ist eine Haftung ausschließlich für den Fall, dass die Kosten in den von ihm zu bearbeitenden Kostengruppen überschritten werden und zwar unabhängig davon, ob die in § 5.3.1 Satz 1 vereinbarten Gesamtkosten und die Kosten in den nicht von ihm zu bearbeitenden Kostengruppen eingehalten werden. Die Klausel kann aber auch dahingehend ausgelegt werden, dass der Fachplaner trotz Überschreitung der Kosten in den von ihm zu bearbeitenden Kostengruppen nicht haftet, wenn die in § 5.3.1 Satz 1 vereinbarten Gesamtbaukosten eingehalten werden. Der Fachplaner würde mit dieser Auslegung von Kosteneinsparungen in anderen Kostengruppen profitieren. Schließlich lässt die Formulierung die Auslegung zu, dass der Fachplaner unabhängig von der Einhaltung der Kosten in den von ihm zu bearbeitenden Kostengruppen haften soll, wenn die Gesamtbaukosten überschritten werden. Ursache für die **Mehrdeutigkeit der Klausel** ist die Verknüpfung zwischen den Kosten in den vom Fachplaner zu bearbeitenden Kostengruppen und der in § 5.3.1 Satz 1 vereinbarten Kostenobergrenze. Die Hinweise zu diesem Vertragsmuster helfen bei der Auslegung nicht weiter. Es besteht das Risiko, dass diese Beschaffenheitsvereinbarung intransparent und deshalb nach § 307 Abs. 3 S. 2 BGB unwirksam ist.[56] Die Mehrdeutigkeit der Klausel in § 5.3.1 wirft darüber hinaus Fragen der Honorierung auf. Unklar ist, ob der Fachplaner ein zusätzliches Honorar verlangen kann, wenn die Kosten in den von ihm zu bearbeitenden Kostengruppen eingehalten werden, die Gesamtbaukosten hingegen überschritten werden, und der Fachplaner zwecks Kosteneinsparung Änderungen an seiner Planung vornimmt. Ein zusätzliches Honorar stünde ihm nur dann zu, wenn er für die Überschreitung der Gesamtkostenobergrenze nicht einzustehen hat. Andere Auftragge-

---

52 OLG Frankfurt Urt. v. 2.5.2007 – 3 U 211/06, BauR 2008, 1939 (Nichtzulassungsbeschwerde zurückgewiesen mit Beschl. d. BGH v. 14.8.2008 – VII ZR 103/07).

53 Diese oder ähnliche Vertragsmuster werden teilweise auch in den Bundesländern und den Kommunen verwendet.

54 Vertragsmuster VM2/1 (ehemals Anhang 10) der „Richtlinien für die Durchführung von Bauaufgaben des Bundes – RBBau (Onlinefassung – Stand 12.1.2015)“; dieses Vertragsmuster wurde in grundlegend geänderter Fassung eingeführt mit Erlass des Bundesministeriums für Verkehr, Bau und Stadtentwicklung (BMVBS) vom 1.9.2009, Az. B 10 – 8111.1/0.

55 Vertragsmuster VM3/1 (ehemals Anhang 11) der „Richtlinien für die Durchführung von Bauaufgaben des Bundes – RBBau“ (Onlinefassung – Stand 13.6.2014); dieses Vertragsmuster wurde in grundlegend geänderter Fassung eingeführt mit Erlass des Bundesministeriums für Umwelt, Naturschutz, Bau und Reaktorsicherheit (BMUB) vom 10.2.2014, Az. B 10 – 8111 1/0.

56 Zur AGB-Kontrolle von Leistungsbeschreibungen vgl. → Rn. 30.

ber als der Bund sollten angesichts der beschriebenen Risiken und Unklarheiten von der Verwendung dieser Klausel in Fachplanerverträgen absehen.

Die **übrigen Vertragsmuster** der RBBau und die **früher** geltenden Vertragsmuster „Objektplanung Gebäude" und „Technische Ausrüstung" enthalten ebenfalls Regelungen über die Einhaltung einer Kostenobergrenze, konkret in § 2.2.1 und § 3.1 des jeweiligen Vertrags sowie in § 1.6 der „Allgemeinen Vertragsbestimmungen zu den Verträgen für freiberuflich Tätige – AVB".[57] Ob es sich bei diesen Klauseln um eine Beschaffenheitsvereinbarung handelt, wurde von der Rechtsprechung bisher nicht geklärt. 25

Präzise Vereinbarungen über die **Höhe** und die **Zusammensetzung** der einzuhaltenden Kosten erleichtern im Streitfall die Feststellung, ob der Planer vertragsgemäß geleistet hat. Die Angabe einer **„Circa-Bausumme"** führt zu Rechtsunsicherheiten.[58] Auf den „ca."-Zusatz sollte deshalb verzichtet werden. 26

Enthält der Vertrag keine Bestimmung über die **Zusammensetzung** der einzuhaltenden Kosten, bedarf es einer entsprechenden Auslegung der Obergrenzenvereinbarung. Liegt die Beschaffenheit des Werks in konkret angegebenen „Baukosten", sind **Baunebenkosten** im Sinne der Kostengruppe 700 der DIN 276-1:2008-12 ausgehend vom Wortlaut nicht Bestandteil der Kostenobergrenze. Gerade bei privaten Bauherren kann die Auslegung aber auch zu einem anderen Ergebnis führen. Dies gilt jedenfalls dann, wenn die Baunebenkosten Teil der Baufinanzierung sind, dem Planer dieser Umstand bekannt ist und der finanzierte Betrag als Beschaffenheit vereinbart wird. Maßgeblich sind die Umstände des Einzelfalls. 27

Konkrete Vorgaben über die **Zusammensetzung** der Baukostenobergrenze enthält § 5.3.1 des Vertrags **„Objektplanung – Gebäude und Innenräume"**.[59] Hiernach umschließen die vereinbarten Kosten die Kostengruppen 200 bis 600 nach DIN 276-1:2008-12. In den Hinweisen zu diesem Vertrag wird diese Festlegung nachvollziehbar begründet: „Die Einhaltung der Kostenobergrenze als werkvertragliche Erfolgsverpflichtung betrifft die Kostengruppen, auf die Auftragnehmer unmittelbar Einfluss haben. Bei Gebäudeplanern betrifft dies auch alle Kostengruppen, für die nach dem Vertrag Koordinationsverpflichtungen übertragen werden (z. B. KG 400 Technische Anlagen[60]). ... Es sind daher als Regelfall die Kosten der Kostengruppen 200 bis 600 zu Grunde gelegt.". 28

Wird die Baukostenobergrenze auf einzelne Kostengruppen **beschränkt** (z. B. KG 300 und 400[61]), dann besteht für den nicht fachkundigen Bauherrn die Gefahr, dass er am Ende für sein Bauwerk mehr bezahlen muss, als von ihm vorgesehen, ohne dass der Planer hierfür einzustehen hat. 29

Gegen die Wirksamkeit **formularmäßiger Vereinbarungen** einer Kostenobergrenze als Beschaffenheit der Leistung werden teilweise Bedenken geäußert.[62] Die Vereinbarung einer Kostenobergrenze in Allgemeinen Geschäftsbedingungen bzw. Formularverträgen ist für sich genommen jedoch nicht bedenklich.[63] Ein Verstoß gegen § 307 Abs. 1 BGB wegen unangemessener Benachteiligung des Architekten scheidet aus, wenn die Baukostenober- 30

57 Anhang 19 der „Richtlinien für die Durchführung von Bauaufgaben des Bundes – RBBau (Onlinefassung – Stand: 13.6.2014)".

58 *Werner* in Werner/Pastor, Der Bauprozess, 14. Aufl. 2013, Rn. 2287 meint, mit einer solchen Vereinbarung sei ein nicht unerheblicher Spielraum in Höhe von „sicherlich 10 bis 20%" eröffnet; in dieser Allgemeinheit ist dem nicht zu folgen. Lediglich im Einzelfall ist eine Auslegung des „ca."-Zusatzes als Toleranzrahmen denkbar.

59 → Fn. 51.

60 Für diese Koordinations- und Integrationsleistung erhält der Objektplaner Gebäude ein Honorar auf der Grundlage von § 10 Abs. 4 HOAI a.F. / § 32 Abs. 2 HOAI 2009 / § 33 Abs. 2 HOAI 2013.

61 Wie im Fall OLG Brandenburg Urt. v. 13.7.2011 – 13 U 69/10, BauR 2011, 1709.

62 *Kaufmann*, Die Baukostenvereinbarung nach § 6 Abs. 2 HOAI – Grundlage für die Honorarermittlung und zugleich Haftungsfalle für Architekten?, BauR 2011, 1387 (1396); *Koeble* in Kniffka/Koeble, Kompendium des Baurechts, 4. Aufl. 2014, 12. Teil, Rn. 797.

63 *Koeble* in Locher/Koeble/Frik, Kommentar zur HOAI, Einl. Rn. 180.

grenze zur Beschaffenheit des Werks erklärt wird. In diesem Fall werden mit der Baukostenobergrenze Anforderungen an die zu erbringende Leistung definiert. Die AGB-Kontrolle erstreckt sich nicht auf die Leistungsbeschreibung.[64] Hauptleistungspflichten sind der richterlichen Inhaltskontrolle nach § 307 Abs. 1 BGB entzogen.[65] Das in § 307 Abs. 3 S. 2 BGB geregelte **Transparenzgebot** und die Regelungen der §§ 305a ff. BGB gelten hingegen auch für Leistungsbeschreibungen.[66] Formularmäßige Vereinbarungen einer Baukostenobergrenze können unter diesem Gesichtspunkt unwirksam sein.[67] Erforderlich ist eine Prüfung im Einzelfall. Die Baukostenobergrenzenvereinbarung in § 5.3.1 des Vertrags „Objektplanung – Gebäude und Innenräume"[68] verstößt weder gegen das Transparenzgebot noch gegen das Verbot überraschender Klauseln in § 305c Abs. 1 BGB. § 5 jenes Vertrags beschreibt die „Allgemeinen Leistungspflichten" des Architekten. Die Verpflichtung zur Einhaltung der Baukostenobergrenze ist gerade in Verträgen mit öffentlichen Auftraggebern nicht überraschend noch an versteckter Stelle noch unklar formuliert. Zweifel bestehen dagegen an der Wirksamkeit von § 5.3.1 des Vertrags „Fachplanung – Technische Ausrüstung" in der Fassung vom 10.2.2014 aufgrund seiner unklaren Formulierung.[69]

31 Eine wirksam begründete Abrede über die Einhaltung einer Baukostenobergrenze kann durch eine entsprechende Vereinbarung **geändert**[70] oder **aufgehoben** werden. Diese Aufhebung kann auch durch **konkludentes** Verhalten erfolgen. Dehnt der Bauherr den Umfang des Bauvorhabens erheblich aus, beauftragt er den Architekten in Kenntnis der erheblichen Kostensteigerung mit weiteren Leistungen aus dem Vertrag und stellt er selbst den Bauantrag, kann sein Verhalten nur dahin verstanden werden, dass er an der ursprünglichen Baukostenobergrenze nicht festhalten will.[71]

32 **b) Abgrenzung zur Baukostenvereinbarung nach § 6 Abs. 3 HOAI.** Wenn zum Zeitpunkt der Beauftragung noch keine Planungen als Voraussetzung für eine Kostenschätzung oder Kostenberechnung vorliegen, können die Vertragsparteien abweichend vom Kostenberechnungsmodell (§ 6 Abs. 1 Nr. 1 HOAI) schriftlich vereinbaren, dass das Honorar auf der Grundlage der anrechenbaren Kosten einer Baukostenvereinbarung berechnet wird (§ 6 Abs. 3 S. 1 HOAI). Diese rein preisrechtliche Baukostenvereinbarung ist von der Vereinbarung einer Baukostenobergrenze als Beschaffenheit des Werks **streng zu trennen.**[72]

33 Treffen die Parteien eine Baukostenvereinbarung nach § 6 Abs. 3 HOAI, dann liegt darin nicht zwingend eine Baukostenobergrenzenvereinbarung im werkvertragsrechtlichen Sinn.[73] Gegen die Annahme solcher Automatismen sprechen zunächst die unterschiedli-

---

[64] BGH Urt. v. 6.7.2000 – VII ZR 73/00, BauR 2000, 1756; Urt. v. 26.9.1996 – VII ZR 318/95, BauR 1997, 123.

[65] *Wurmnest* in MüKoBGB § 307 Rn. 12; *Grüneberg* in Palandt BGB § 307 Rn. 44.

[66] *Wurmnest* in MüKoBGB § 307 Rn. 19 f.; *Grüneberg* in Palandt BGB § 307 Rn. 42.

[67] Zur Unwirksamkeit der „RiFT"-Vertragsmuster aus diesem Grund vgl. *Koeble* in Kniffka/Koeble, Kompendium des Baurechts, 4. Aufl. 2014, 12. Teil, Rn. 797; *Koeble* in Locher/Koeble/Frik, Kommentar zur HOAI, Einl. Rn. 180.

[68] → Fn. 51.

[69] → Rn. 24.

[70] BGH Urt. v. 13.2.2003 – VII ZR 395/01, BauR 2003, 1061.

[71] OLG Düsseldorf Urt. v. 5.2.1999 – 22 U 172/98, BauR 1999, 789 (Ls.).

[72] Die Formulierung in der BR-Drs. 397/09 (S. 151), wonach „bereits in einem sehr frühen Stadium, in dem noch keine Planungen als Voraussetzung für eine Kostenschätzung oder Kostenberechnung vorliegen, eine Honorarvereinbarung getroffen und im Sinne einer verbindlichen Kostenobergrenze festgelegt werden [kann]", steht dem nicht entgegen. Die Wendung „verbindliche Kostenobergrenze" dürfte rein preisrechtlich zu verstehen sein. An anderer Stelle wird die Baukostenvereinbarung als „alternative Möglichkeit der Honorarermittlung" beschrieben (BR-Drs. 397/09 (S. 151)). Vertragsrechtlichen Charakter hat die Baukostenvereinbarung gerade nicht.

[73] Ebenso: *Deckers*, Die Baukostenvereinbarung, ZfBR 2011, 419 (423); *Koeble* in Locher/Koeble/Frik, Kommentar zur HOAI, § 6 Rn. 72; *Werner* in Werner/Pastor, Der Bauprozess, 14. Aufl. 2013, Rn. 2288.

chen Voraussetzungen. Eine preisrechtliche Baukostenvereinbarung kann nur unter den in § 6 Abs. 3 HOAI genannten strengen Voraussetzungen geschlossen werden. Der Abschluss einer vertragsrechtlichen Baukostenobergrenzenvereinbarung unterliegt diesen strengen Voraussetzungen nicht. Auch die unterschiedlichen Formanforderungen an die jeweilige Vereinbarung sind zu beachten. Während die Obergrenzenvereinbarung im werkvertragsrechtlichen Sinn keiner Form unterliegt, setzt § 6 Abs. 3 S. 1 HOAI eine schriftliche Vereinbarung voraus. Letztlich verbieten auch die unterschiedlichen Interessenlagen eine regelhafte Gleichsetzung. Dem Architekten kann ein Wille zur Gleichsetzung der für die Honorarberechnung maßgeblichen anrechenbaren Kosten mit der Beschaffenheit des Werks nicht ohne weiteres unterstellt werden. § 6 Abs. 3 S. 1 HOAI setzt voraus, dass zum Zeitpunkt der Beauftragung noch keine Planungen als Voraussetzung für eine Kostenschätzung oder Kostenberechnung vorliegen und nachprüfbare Baukosten festgelegt werden. Das Erfordernis ihrer Nachprüfbarkeit ändert nichts an dem Umstand, dass diese Baukosten auf einer reinen, wenn auch prüfbaren Schätzung beruhen. Diese Schätzung ist noch gröber als die Kostenschätzung. Nicht einmal diese darf zum Zeitpunkt der Baukostenvereinbarung vorliegen. Die regelhafte Unterstellung, dass sich der Planer einer solch groben Schätzung im haftungsrechtlichen Sinn als verbindlich unterwerfen will, geht zu weit. Wie bei der Vereinbarung einer Baukostenobergrenze als Beschaffenheit des Werks im Allgemeinen müssen Anhaltspunkte für einen entsprechenden Willen erkennbar sein.[74]

Umgekehrt ergibt sich aus einer vertragsrechtlichen Beschaffenheitsvereinbarung nicht 34
ohne weiteres eine preisrechtliche Baukostenvereinbarung. Erheben die Parteien eine Baukostenobergrenze zur Beschaffenheit des Werks, dann treffen sie damit im Zweifel keine Festlegung über das Honorar bzw. den Honorarparameter „anrechenbare Kosten". Wollte man dies annehmen, dann wäre der Architekt stets berechtigt, seiner späteren Abrechnung den Kostenobergrenzenbetrag unabhängig vom Ergebnis der Planung als anrechenbare Kosten zugrunde zu legen. Daran hat der Besteller in der Regel kein Interesse. Er macht sich über diese honorarrechtliche Folge auch keine Gedanken. Aus seiner Sicht dürfen die Baukosten einen bestimmten Maximalbetrag nicht übersteigen. Mit einer solchen Vereinbarung möchte sich der Besteller, wenn er sie überhaupt kennt, nicht zwingend von der Systematik der HOAI verabschieden, wonach das Honorar auf der Grundlage der anrechenbaren Kosten zu ermitteln ist. Wird die Kostenobergrenze unterschritten, dann möchte der Besteller dies im Zweifel bei der späteren Abrechnung entsprechend beachtet wissen. Die Annahme einer gleichzeitigen Baukostenvereinbarung nach § 6 Abs. 3 HOAI scheidet ohnehin aus, wenn die vertragsrechtliche Baukostenobergrenzenvereinbarung zu einem Zeitpunkt getroffen wird, in dem bereits Planungen als Voraussetzung für eine Kostenschätzung oder Kostenberechnung vorliegen. Dies ist bei Verträgen der öffentlichen Hand häufig der Fall, weil dem Auftragnehmer oftmals erst die Leistungen ab der Leistungsphase 2 übertragen werden.

Mit Urteil vom 24.4.2014 hat der BGH entschieden, dass § 6 Abs. 2 HOAI 2009, die 35
Vorgängerfassung von § 6 Abs. 3 HOAI 2013, von der gesetzlichen Ermächtigungsgrundlage nicht gedeckt und deshalb **unwirksam** ist.[75] Die Abgrenzung der Baukostenvereinbarung von der Baukostenobergrenze wird deshalb allenfalls solche Verträge betreffen, die zwischen der Einführung der HOAI 2009 und der Entscheidung vom 24.4.2014 geschlossen wurden.

---

74 Ebenso *Koeble* in Locher/Koeble/Frik, Kommentar zur HOAI, § 6 Rn. 72; so wohl auch *Schwenker/Wessel* in Messerschmidt/Voit, Privates Baurecht, 2. Aufl. 2012, HOAI § 6 Rn. 19 („Die Wirksamkeit und Reichweite der Vereinbarung richten sich – wie üblich – nach dem materiellen (Zivil-)Recht.")

75 BGH Urt. v. 24.4.2014 – VII ZR 164/13 Rn. 13 ff., ZfBR 2014, 474.

36 **c) Rechtsfolgen bei Überschreitung.** *aa) Mängelrechte.* Haben die Parteien wirksam eine Kostenobergrenze als Beschaffenheit des Werks vereinbart und hält der Planer diese Obergrenze nicht ein, dann ist sein Werk **mangelhaft**.[76]

37 Für die Feststellung einer mangelhaften Leistung bedarf es einer Gegenüberstellung der vereinbarten Bausumme mit der am Ende **erreichten Bausumme**.[77] Haben die Parteien die Kostenobergrenze im Vertrag durch Festlegung konkreter Beträge in den **einzelnen Kostengruppen** bestimmt, führt im Zweifel nicht schon die Überschreitung einzelner Teilbeträge in den Kostengruppen, sondern erst die Überschreitung der vereinbarten Gesamtkosten zu einem Mangel des Werks. Der Bauherr hat regelmäßig kein Interesse an einer gesonderten Einhaltung von Teilkosten. Etwas anderes gilt nur dann, wenn die Parteien entsprechendes vereinbart haben, was ggf. durch Auslegung zu ermitteln ist.

38 Weicht die tatsächliche Bausumme von der vereinbarten Bausumme ab, dann kann sich der Planer auf eine **Toleranz** hinsichtlich der vereinbarten Bausumme nur dann berufen, wenn sich im Vertrag Anhaltspunkte dafür finden, dass die vereinbarte Bausumme keine strikte Grenze, sondern nur eine Größenordnung oder eine bloße Orientierung sein soll.[78] Entgegen dieser zutreffenden und eindeutigen Rechtsprechung wird teilweise die Ansicht vertreten, dass grundsätzlich eine Toleranz zu gewähren sei, weil es sich nicht um eine Garantie, sondern lediglich um eine Beschaffenheitsvereinbarung handelt.[79] Ein Mangel könne nicht bereits bei geringfügiger Überschreitung bejaht werden, deshalb sei eine Regeltoleranz von 10 % zu gewähren.[80] Diese Auffassung überzeugt nicht. Für das Vorliegen eines Mangels kommt es nicht darauf an, ob die Abweichung der Ist- von der Sollbeschaffenheit wesentlich ist.[81] Obergrenzen sind, wenn der Vertrag nichts anderes vorsieht, im Sinne einer Nulltoleranz nach oben zu verstehen.[82] Die Zubilligung eines Toleranzrahmens läuft außerdem den Interessen des Auftraggebers zuwider, wenn dem Auftraggeber ein beschränkter Finanzierungsrahmen zusteht und die Kostenobergrenze aus diesem Grund vereinbart wird. Bei einer Überschreitung der Kostenobergrenze kann in diesen Fällen der Bau nicht mehr finanziert werden.[83]

39 Ungeachtet eventueller Toleranzen muss die erreichte Bausumme um diejenigen Beträge **bereinigt** werden, die auf Sonderwünsche, spätere Änderungen durch den Bauherrn und dergleichen zurückzuführen sind.[84] Aus den genannten Beispielen und der Formulierung „dergleichen" ergibt sich, dass nur solche zusätzlichen Kosten unberücksichtigt bleiben sollen, die dem aktiven Wirkungsbereich des Auftraggebers entstammen. Alle Zusatzkosten, die nicht auf einem aktiven Wirken des Auftraggebers beruhen, gehen bei der Prüfung, ob ein Mangel des Werks vorliegt, zu Lasten des Planers. Sonderwünsche und Änderungen können auch konkludent geäußert werden, was nur einzelfallabhängig festgestellt werden kann.

40 Der Architekt ist verpflichtet, **rechtzeitig** auf eine **drohende Überschreitung** der Baukostenobergrenze **hinzuweisen**. Die Verletzung dieser Pflicht kann Schadensersatzansprüche des Auftraggebers auslösen.[85]

---

76 BGH Urt. v. 21.3.2013 – VII ZR 230/11 Rn. 9, BauR 2013, 1143; BGH Urt. v. 13.2.2003 – VII ZR 395/01, BauR 2003, 1061; BGH Urt. v. 23.1.1997 – VII ZR 171/95, BauR 1997, 494.

77 BGH Urt. v. 23.1.1997 – VII ZR 171/95, BauR 1997, 494.

78 BGH Urt. v. 23.1.1997 – VII ZR 171/95, BauR 1997, 494.

79 *Koeble* in Locher/Koeble/Frik, Kommentar zur HOAI, Einl. Rn. 181.

80 *Koeble* in Locher/Koeble/Frik, Kommentar zur HOAI, Einl. Rn. 181.

81 *Drossart* in Messerschmidt/Voit, Privates Baurecht, 2. Aufl. 2012, § 633 BGB Rn. 13; *Schwenker* in Erman BGB § 633 Rn. 14.

82 *Quack*, IBR 2003, 315.

83 OLG Schleswig Beschl. v. 22.11.2012 – 1 U 8/12, IBR 2015, 372 (Nichtzulassungsbeschwerde zurückgewiesen mit Beschl. d. BGH v. 11.3.2015 – VII ZR 333/12).

84 BGH Urt. v. 23.1.1997 – VII ZR 171/95, BauR 1997, 494.

85 BGH Urt. v. 21.5.2015 – VII ZR 190/14 Rn. 22, MDR 2015, 824.

Auf ein **Verschulden** des Mangels durch den Planer kommt es nicht an.[86] Der Planer haftet selbst dann, wenn er auf die Entstehung der Zusatzkosten keinen Einfluss hat und die Überschreitung der Baukosten nicht dem aktiven Wirkungsbereich des Auftraggebers entstammt. Denkbar ist dies beispielsweise bei dem Umbau von Gebäuden. Die für einen ordnungsgemäßen Umbau erforderlichen Leistungen und Massen können in frühen Planungsphasen oftmals selbst bei einwandfreier Bedarfsplanung und Bestandsaufnahme noch gar nicht abschließend ermittelt werden. Stellt sich, wie es in der Praxis häufig vorkommt, im Zuge der eigentlichen Sanierungsarbeiten heraus, dass die vom Planer (kostengerecht) ausgeschriebenen und vertraglich vereinbarten Massen überschritten werden und dadurch höhere als die vereinbarten Baukosten anfallen, dann ist die Leistung des Planers mangelhaft. Weil Mengenmehrungen im Sinne von § 2 Abs. 3 VOB/B weder einer ausdrücklichen noch einer konkludenten Anordnung des Bauherrn entspringen, kann sich der Architekt nicht mit dem Abzug von Kosten aus bauherrenveranlassten Änderungen entlasten. Architekten und Ingenieure sollten deshalb zur Vermeidung von Honorareinbußen und aller sonstigen Mängelfolgen gerade bei Umbau-, Modernisierungs-, Instandhaltungs- und Instandsetzungsplanungen auf die Vereinbarung einer Baukostenobergrenze verzichten. Hilfsweise sollten sie auf die Vereinbarung eines ausreichenden Toleranzrahmens im Vertrag hinwirken. Die Überschreitung eines nur als Orientierung vereinbarten Kostenrahmens um ca. 31 % soll bei Altbausanierungen noch tolerabel sein.[87] Die Vereinbarung eines solchen Toleranzrahmens lässt die sonstigen vertraglichen Leistungspflichten des Planers unberührt. 40a

Kostensteigerungen, mit denen statistisch gesehen **inflationsbedingt** zu rechnen ist, müssen vom Planer berücksichtigt werden, es sei denn, die Parteien haben eine andere Vereinbarung getroffen. Der Besteller möchte wissen, welche Summe er für das fertige Bauwerk voraussichtlich aufwenden muss um die erforderlichen Mittel zu beschaffen. In der Regel wird der Besteller seine Finanzierung an diesem Betrag ausrichten. Architektenleistungen werden oftmals über einen langen Zeitraum erbracht. Bis zur Fertigstellung des Bauwerks vergeht gerade bei großen Baumaßnahmen nicht selten ein Zeitraum von mehreren Monaten oder Jahren, in dem die Preise für Bauleistungen erfahrungsgemäß steigen. Diese Steigerungen muss der Architekt bei der Ausführung seiner Leistung berücksichtigen, wenn die Parteien eine Baukostenobergrenze vereinbaren. Andernfalls ist seine Leistung, wenn die Baukostenobergrenze als Beschaffenheit der Leistung vereinbart und überschritten wurde, mangelhaft. Diese Rechtsfolge gilt selbst dann, wenn der Architekt die Unterlage, die Grundlage für die Kostenobergrenze ist, nicht selbst erstellt hat. In diesem Fall muss er den Auftraggeber darauf hinweisen, dass die vereinbarte Obergrenze die inflationsbedingten Steigerungen nicht berücksichtigt und im Zuge seiner Leistung dafür Sorge tragen, dass die Obergrenze eingehalten wird. Etwas anderes gilt, wenn er mit dem Auftraggeber eine Anhebung der bisherigen Obergrenze vereinbart. Die Parteien sollten den Umgang mit der zu erwartenden Inflation im Vertrag regeln und unter Berücksichtigung zurückliegender statistischer Werte eine Inflationsrate beziffern. Über dieser Inflationsrate liegende Kostensteigerungen führen dann nicht zu einem Mangel des Werks. 41

Verzögert sich die Ausführung deshalb, weil der Auftraggeber über die Realisierung der Baumaßnahme in der üblichen Zeit keine Entscheidung trifft, gehen insoweit verursachte Kostensteigerungen nicht zu Lasten des Architekten. 42

Dem Besteller stehen im Mangelfall die in **§ 634 BGB aufgezählten Rechte** zu. Hierbei gilt der Vorrang der Nacherfüllung. Von den sekundären Mängelrechten der Selbstvornahme, des Rücktritts und der Minderung kann der Besteller grundsätzlich erst dann Gebrauch machen, wenn er dem Planer zuvor unter angemessener Fristsetzung Gelegenheit gegeben hat, den Mangel im Wege der Nacherfüllung zu beseitigen. Nur in Ausnah- 43

---

[86] *Voit* in BeckOK BGB, 36. Ed. Stand 1.2.2015, § 633 Rn. 18; *Sprau* in Palandt BGB § 633 Rn. 4.
[87] OLG Dresden Urt. v. 16.4.2003 – 11 U 1633/02, IBR 2003, 556 mit Anm. *Leupertz*.

mefällen bedarf es einer solchen Fristsetzung nicht. Ein solcher Ausnahmefall liegt vor, wenn sich der Mangel bereits im Architektenwerk **verkörpert** hat.[88] Ob sich der Mangel im Architektenwerk bereits verkörpert hat, richtet sich auch im Fall der Überschreitung einer vereinbarten Kostenobergrenze nach den Umständen des Einzelfalls. Weitere Ausnahmen vom Erfordernis der Fristsetzung ergeben sich aus dem Gesetz (§ 636 BGB; § 637 Abs. 2 iVm § 323 Abs. 2 BGB). Der Bestimmung einer Frist bedarf es hiernach bspw. nicht, wenn der Planer die Mängelbeseitigung ernsthaft und endgültig verweigert. Die Mängelrechte des Bestellers aus § 634 BGB **verjähren** innerhalb der in § 634a BGB bestimmten Fristen.[89]

44 **Umstritten** und noch nicht höchstrichterlich geklärt ist die Frage, ob der Besteller die in § 634 BGB beschriebenen Mängelrechte auch schon **vor der Abnahme** geltend machen kann.[90] Für den Besteller ist der Ausgang dieser Diskussion von erheblicher Bedeutung. Finden die Rechte aus § 634 BGB vor der Abnahme keine Anwendung, dann bleiben die Rechte des Bestellers vor der Abnahme auf das allgemeine Leistungsstörungsrecht beschränkt. In diesem Fall steht dem Besteller der für ihn besonders interessante verschuldensunabhängige Anspruch auf Selbstvornahme einschließlich Kostenvorschuss (§ 634 Nr. 2 BGB) nicht zu. Er kann unter den jeweiligen Voraussetzungen nur vom Vertrag zurücktreten (§ 323 BGB) oder Schadensersatz (§§ 280 ff. BGB) verlangen. Auch eine Kündigung des Vertrags aus wichtigem Grund kommt in Betracht.[91] Gerade die Beendigung des Vertrags infolge Rücktritt oder Kündigung entspricht aber regelmäßig nicht den Interessen des Auftraggebers.

45 Finden die Rechte aus § 634 BGB vor der Abnahme keine Anwendung und lässt der Auftraggeber den drohenden Mangel der Baukostenüberschreitung schon vor der Abnahme nach erfolgloser Vorgabe einer angemessenen Frist zur Nacherfüllung im Wege der Selbstvornahme beseitigen, hat er keinen Anspruch gegen den Auftragnehmer auf Erstattung der Selbstvornahmekosten über § 281 Abs. 1 BGB. Nach dieser Vorschrift kann der Gläubiger, soweit der Schuldner die fällige Leistung nicht oder nicht wie geschuldet erbringt, unter den Voraussetzungen des § 280 Abs. 1 Schadensersatz statt der Leistung verlangen, wenn er dem Schuldner erfolglos eine angemessene Frist zur Leistung oder Nacherfüllung bestimmt hat. Die Anwendung von § 281 Abs. 1 BGB und eine darauf gestützte Pflicht zur Erstattung von Selbstvornahmekosten vor der Abnahme kann bei einem Mangel im Bereich der Grundleistungen diskutiert werden. Die Anwendung dieser **verschuldensabhängigen** Anspruchsgrundlage setzt dann voraus, dass sich die Beschreibung der vom Planer zu erbringenden Leistung an den Leistungsphasen eines Leistungsbildes der HOAI orientiert. In diesem Fall sind die vereinbarten Arbeitsschritte als Teilerfolge geschuldet, die grundsätzlich in den Leistungsphasen erbracht werden müssen, denen sie in der HOAI zugeordnet sind.[92] Die Teilerfolge werden zu diesen Zeitpunkten fällig. Erbringt der Planer einen fälligen Teilerfolg nicht oder nicht wie geschuldet, dann könnte dies die Anwendung von § 281 Abs. 1 BGB begründen. Die Frage, ob die jeweiligen Teilerfolge eine „Leistung" im Sinne von § 281 Abs. 1 BGB darstellen oder ob es sich bei der „Leistung" um das geschuldete Werk handelt, ist bisher nicht geklärt.[93] Für den Fall der mangelhaften Leistung wegen Überschreitens der als

---

[88] BGH Urt. v. 11.10.2007 – VII ZR 65/06 Rn. 15, BauR 2007, 2083; *Voit* in BeckOK BGB, 36. Ed. Stand 1.2.2015, § 636 Rn. 18.

[89] *Koeble* in Locher/Koeble/Frik, Kommentar zur HOAI, Einl. Rn. 177.

[90] Zum Meinungsstand vgl. *Voit*, Die Rechte des Bestellers bei Mängeln vor der Abnahme, BauR 2011, 1063 (1064).

[91] → Rn. 55 ff.

[92] BGH Urt. v. 24.6.2004 – VII ZR 259/02, BauR 2004, 1640; Urt. v. 11.11.2004 – VII ZR 128/03, BauR 2005, 400.

[93] Gleiches gilt für die Frage, ob im Fall der Anwendung von § 281 Abs. 1 BGB mit dem Verlangen nach Schadensersatz nur der Anspruch auf den vom Mangel betroffenen Teilerfolg oder der Anspruch auf alle übrigen Leistungen nach § 281 Abs. 4 BGB ausgeschlossen ist.

Beschaffenheit vereinbarten Baukostenobergrenze kann diese Frage dahinstehen. Die Lösung über § 281 BGB versagt bei der Überschreitung vereinbarter Baukosten. Die Einhaltung einer Baukostenobergrenze ist nicht als Teilerfolg geschuldet, weil es sich nicht um eine Grundleistung nach § 15 Abs. 2 HOAI a.F. bzw. Anlage 10 zu § 34 HOAI handelt. Sie zählt zur Beschaffenheit des Gesamtwerks und wird nicht, wie die Teilerfolge[94], „zwischendrin" fällig. Der Planer hat die Einhaltung der vereinbarten Kostenobergrenze zwar vom Beginn seiner Leistung an zu verfolgen, schuldet diesen Erfolg aber erst mit der Ablieferung seines **Gesamtwerks**.[95] Anders als möglicherweise bei den geschuldeten Teilerfolgen kann der Auftraggeber beim Planer die Kosten einer vor Abnahme durchgeführten Ersatzvornahme also nicht unter Aufrechterhaltung des Vertrags im Übrigen nach § 281 BGB geltend machen, selbst wenn nach der bisherigen Planung eine Überschreitung der vereinbarten Kosten droht.

46 Sollten die Rechte aus § 634 BGB vor der Abnahme nicht anwendbar sein, kann der Auftraggeber schon vor dem Eintritt der Fälligkeit der Leistung vom Vertrag zurücktreten, wenn offensichtlich ist, dass die Voraussetzungen des Rücktritts eintreten werden (§ 323 Abs. 4 BGB). Das Rücktrittsrecht nach § 323 Abs. 4 BGB kann nicht mehr ausgeübt werden, wenn die Leistung fällig geworden ist. Die Wirksamkeit eines Rücktritts bestimmt sich ab diesem Zeitpunkt nach § 323 Abs. 1 und Abs. 2 BGB.[96] Mit fortschreitendem Planungs- bzw. Ausführungsstand dürfte das Interesse des Auftraggebers an einem Rücktritt vom Vertrag unter Verweis auf die damit verbundenen Rückgewährverpflichtungen (§ 346 Abs. 1 BGB) abnehmen.

47 *bb) Schadensersatz.* Ist die Leistung des Unternehmers mangelhaft und ist das Werk abgenommen, dann kann der Besteller nach den §§ 634, 636, 280, 281, 283 und 311a BGB Schadensersatz verlangen. Ohne Abnahme des Werks richten sich die Schadensersatzansprüche ausschließlich nach dem allgemeinen Leistungsstörungsrecht (§§ 280 ff. BGB).

48 Anders als die übrigen Mängelrechte setzt der Schadensersatzanspruch ein **schuldhaftes Verhalten** des Architekten im Sinne von §§ 276, 278 BGB voraus. Das Verschulden wird **vermutet**, der Architekt kann sich aber entlasten (§ 280 Abs. 1 S. 2 BGB).[97]

49 Schadensersatzansprüche nach §§ 634 Nr. 4, 280 ff. BGB gegen den Planer wegen Überschreitung der als Beschaffenheit vereinbarten Baukostenobergrenze scheitern häufig an dem Eintritt eines **Schadens**. Ein solcher Schaden entsteht nicht allein deshalb, weil der Bauherr mehr ausgeben muss als von ihm vorgesehen. Der Schaden ist nicht ohne weiteres identisch mit den Mehrkosten für das Bauvorhaben, weil es auf den **Vermögensnachteil** infolge der pflichtwidrigen Baukostenüberschreitung ankommt.[98] Zwar kann bei Überschreitung der vereinbarten Baukostenobergrenze ein Schaden in den überschießenden Baukosten bestehen.[99] Der Bauherr erleidet jedoch insoweit keinen Schaden, wenn der zu seinen Lasten gehende Mehraufwand zu einer Wertsteigerung des Objekts geführt hat.[100] Der zu Lasten des Bauherrn gehende Mehraufwand ist um erlangte **Wertvorteile** zu bereinigen.[101] Ein Schaden tritt ein, wenn die Wertsteigerung hinter dem Kostenaufwand zurückbleibt.[102] Ob ein Schaden vorliegt, ist durch **Vergleich der Vermögenslageneinschließlich des Grundstückswertes** mit und ohne die Pflichtverlet-

---

94 BGH Urt. v. 24.6.2004 – VII ZR 259/02, BauR 2004, 1640.
95 BGH Urt. v. 3.7.1997 – VII ZR 159/96, BauR 1997, 1067.
96 BGH Urt. v. 14.6.2012 – VII ZR 148/10, BauR 2012, 1386.
97 *Unberath* in BeckOK BGB, 36. Ed. Stand 1.3.2011, § 280 Rn. 31.
98 BGH Urt. v. 22.11.2012 – VII ZR 200/10 Rn. 18, BauR 2013, 485.
99 BGH Urt. v. 21.5.2015 – VII ZR 190/14 Rn. 19, MDR 2015, 824.
100 BGH Urt. v. 21.5.2015 – VII ZR 190/14 Rn. 19, MDR 2015, 824.
101 OLG Hamm Urt. v. 15.3.2013 – 12 U 152/12, BauR 2013, 1301.
102 OLG München Urt. v. 26.4.2006 – 27 U 312/05, BauR 2007, 2100 (Nichtzulassungsbeschwerde zurückgewiesen mit Beschl. d. BGH v. 28.6.2007 – VII ZR 107/06).

zung zu ermitteln.[103] Für die Feststellung der Vermögenslage einschließlich Grundstückswert ohne die Pflichtverletzung, also bei rechtzeitigem Hinweis auf die drohende Überschreitung der Kostenobergrenze, kommt es darauf an, welche Gewerke der Auftraggeber kostengünstiger gestaltet oder nicht durchgeführt hätte. Der Vorteilsausgleich zugunsten des Architekten erfolgt nicht erst dann, wenn der aktuelle Grundstückswert, d.h. der Wert mit Pflichtverletzung, den Herstellungskosten entspricht.[104]

50 Ob eine den Vermögensnachteil kompensierende **Wertsteigerung** vorliegt, ist im Einzelfall zu ermitteln. Hierbei wird regelmäßig zwischen eigengenutzten und Rendite-Objekten unterschieden. Steht die Eigennutzung des bebauten Grundstücks im Vordergrund, dann ist der für die Beurteilung maßgebliche Verkehrswert grundsätzlich aus dem Sachwert und nicht aus dem Ertragswert zu ermitteln.[105] Mit der anderen Betrachtung stünde derjenige Bauherr unberechtigterweise besser, der ein teures Haus baut, weil er dieses Haus für die aufgewendeten Kosten später nicht verkaufen kann, während ein Haus mittleren Preisniveaus oftmals zu den tatsächlichen Baukosten verkauft werden kann.[106]

50a Die Kosten der **Finanzierung** zusätzlicher Baukosten können einen Schaden bilden. Der vom Bauherrn aufzuwendende Zinsbetrag darf aber nicht kurzerhand mit dem zu ersetzenden Schaden gleichgesetzt werden. Zu prüfen bleibt, ob den Finanzierungskosten Vorteile gegenüberstehen, die es ganz oder teilweise ausschließen, einen Schaden anzunehmen. Solche Vorteile können darin liegen, dass eine bei kostengerechter Planung zunächst nicht fertiggestellte Einliegerwohnung früher bezugsfertig wird und der Bauherr dadurch früher Mieteinnahmen erlangt.[107]

51 Von der Schadenssumme muss sich der Besteller nicht nur den Wert des Objektes abziehen lassen, sondern auch **steuerliche Vorteile**. Diese können darin liegen, dass er die Herstellungskosten steuerlich abgesetzt hat.[108] Auch steuerliche Vorteile aus der Errichtung einer später vermieteten Einliegerwohnung sind in Abzug zu bringen.[109]

52 **Maßgeblicher Zeitpunkt** für die im Rahmen des Vorteilsausgleichs vorzunehmende Bestimmung der Werterhöhung durch zusätzliche Aufwendungen ist wie in allen Fällen der Schadensermittlung der Schluss der letzten mündlichen Tatsachenverhandlung.[110]

53 Wegen der erheblichen Schwierigkeiten bei der Durchsetzung von Schadensersatzansprüchen aufgrund Überschreitung einer als Beschaffenheit vereinbarten Baukostenobergrenze sollten Auftraggeber erwägen, mit dem Planer eine **Vertragsstrafe** für die nicht gehörige Erfüllung zu vereinbaren (§§ 339, 341 BGB). Der Anspruch auf Erfüllung wird durch die Geltendmachung der verwirkten Strafe nicht ausgeschlossen (§ 341 Abs. 1 BGB). Der Strafanspruch besteht unabhängig davon, ob ein Schaden entstanden ist.[111] Steht dem Auftraggeber neben der Vertragsstrafe ein Schadensersatzanspruch wegen der nicht gehörigen Erfüllung zu, dann kann er die verwirkte Strafe als Mindestschaden verlangen, muss sich diese bei der Geltendmachung des weiteren Schadens aber anrechnen lassen (§ 341 Abs. 2 iVm § 340 Abs. 2 BGB). Diese Anrechnungspflicht kann nicht durch AGB ausgeschlossen werden.[112] Zur Vermeidung AGB-rechtlicher Nachteile bei formularmäßiger Verwendung der Vertragsstrafenklausel sollte die Vertragsstrafe vorsorglich an ein schuldhaftes, d. h. vorsätzliches oder fahrlässiges (§ 276 BGB) Verhalten gebunden

[103] BGH Urt. v. 21.5.2015 – VII ZR 190/14 Rn. 23, MDR 2015, 824.

[104] BGH Urt. v. 21.5.2015 – VII ZR 190/14 Rn. 24, MDR 2015, 824.

[105] BGH Urt. v. 13.7.1970 – VII ZR 189/68, BauR 1970, 246; OLG Celle Urt. v. 27.6.1996 – 14 U 198/95, BauR 1998, 1030; OLG Stuttgart Urt. v. 19.10.1999 – 10 U 89/97, BauR 2000, 1893.

[106] OLG Celle Urt. v. 27.6.1996 – 14 U 198/95, BauR 1998, 1030.

[107] BGH Urt. v. 16.12.1993 – VII ZR 115/92, BauR 1994, 268.

[108] BGH Urt. v. 11.11.2004 – VII ZR 128/03, BauR 2005, 400.

[109] BGH Urt. v. 16.12.1993 – VII ZR 115/92, BauR 1994, 268.

[110] BGH Urt. v. 7.11.1996 – VII ZR 23/95, BauR 1997, 335.

[111] *Grüneberg* in Palandt BGB § 341 Rn. 1 iVm § 340 Rn. 7 mit Verweis auf BGH Urt. v. 27.11.1974 – VIII ZR 9/73, NJW 1975, 163.

[112] BGH Urt. v. 27.11.1974 – VIII ZR 9/73, NJW 1975, 163.

werden.[113] Der Auftraggeber muss sich die Vertragsstrafe bei der Abnahme des Architektenwerks vorbehalten, sonst kann er sie nicht verlangen (§ 341 Abs. 3 BGB). Angesichts der restriktiven Rechtsprechung des BGH[114] zur maximal zulässigen **Höhe** von Vertragsstrafen in formalisierten Bauverträgen sollte die Strafe auf ein angemessenes Maß beschränkt werden. Bei formalisierter Vereinbarung einer Vertragsstrafe dürften maximal 5% des Honorars angemessen sein. Die Vertragsstrafenvereinbarung sollte mit Blick auf § 307 BGB eindeutig, transparent und verständlich formuliert werden.

Die Vereinbarung einer Vertragsstrafe ist durch die erstmals mit der 6. HOAI-Novelle im 54
Jahr 2009 eingeführte **Malus-Regelung** (§ 7 Abs. 6 S. 3 HOAI) nicht entbehrlich geworden. Diese Malus-Regelung ist keine Anspruchsgrundlage, sondern setzt den Abschluss einer entsprechenden Malus-Vereinbarung voraus. Bei der Malus-Regelung handelt es sich außerdem um eine rein preisrechtliche Vorschrift. Das Vertragsstrafenversprechen und die Malus-Vereinbarung stehen deshalb grundsätzlich nebeneinander. Ob der Auftraggeber in einem Vertrag beide Ansprüche mit dem Planer vereinbaren und ggf. nebeneinander geltend machen darf, ist fraglich und bislang nicht geklärt. Der Planer würde wegen derselben Pflichtverletzung zweimal „bestraft". Die gleichzeitige Vereinbarung einer Vertragsstrafe und einer Malus-Regelung in Allgemeinen Geschäftsbedingungen kann wegen unangemessener Benachteiligung des Planers nach § 307 Abs. 1 S. 1 BGB unwirksam sein. Maßgeblich sind die Umstände des Einzelfalls und die Höhe der kumulierten Strafen.

cc) Kündigung aus wichtigem Grund. Nach herrschender Auffassung kann der Besteller 55
eines Werks auch nach Inkrafttreten der Schuldrechtsreform am 1.1.2002 zu einer **Kündigung** des Vertrags aus **wichtigem Grund** berechtigt sein. Die Kündigung aus wichtigem Grund ist kein Mangelrecht. Umstritten ist die Herleitung dieses Kündigungsrechts.[115]

Ungeachtet der Diskussion um die Herleitung des Kündigungsrechts setzt es nach ein- 56
helliger Auffassung voraus, dass die Fortführung des Vertrags für den Besteller **unzumutbar** ist.[116] Dies entspricht der Rechtsprechung zum alten Recht.[117] Bei dem Begriff „Zumutbarkeit" handelt es sich um einen unbestimmten Rechtsbegriff. Erforderlich ist eine Abwägung aller Umstände des Einzelfalls.[118] In der konkreten Anwendung führt dies oftmals zu **erheblichen Unsicherheiten** über die Berechtigung einer Kündigung aus wichtigem Grund. In folgenden Einzelfällen wurde die Unzumutbarkeit bejaht:
- Der Planer lehnt jede Nachbesserung ab und die planerischen Leistungen weichen so erheblich von den Kostenvorgaben des Bauherrn ab, dass ein Umbau nach den gefertigten Plänen für den Bauherrn unwirtschaftlich und damit unzumutbar ist.[119]
- Der Architekt überschreitet bei der Bauplanung und der Erstellung der Leistungsbeschreibung den vereinbarten Kostenrahmen erheblich (im entschiedenen Fall um mehr als 50%).[120]

---

[113] Zur ausnahmsweisen Wirksamkeit verschuldensunabhängiger Vertragsstrafenversprechen in AGB vgl. *Gottwald* in MüKoBGB § 339 Rn. 35 sowie *Janoschek* in BeckOK BGB, 36. Ed. Stand 1.8.2015, § 339 Rn. 6, jeweils mit weiteren Nachweisen; zu den Anforderungen an die Formulierung einer verschuldensunabhängigen Vertragsstrafenvereinbarung vgl. OLG Saarbrücken Urt. v. 18.4.2013 – 4 U 459/11, IBR 2014, 259 (Nichtzulassungsbeschwerde zurückgewiesen mit Beschl. d. BGH v. 19.12.2013 – VII ZR 103/13)

[114] BGH Urt. v. 23.1.2003 – VII ZR 210/01, BauR 2003, 870.

[115] Zum Meinungsstand *Voit* in BeckOK BGB, 36. Ed. Stand 1.2.2015, § 649 Rn. 21.

[116] *Voit* in BeckOK BGB, 36. Ed. Stand 1.2.2015, § 649 Rn. 22; *Busche* in MüKoBGB § 649 Rn. 31; *Schwenker* in Erman BGB § 649 Rn. 11; *Oberhauser* in Messerschmidt/Voit, Privates Baurecht, 2. Aufl. 2012, § 649 BGB Rn. 61; *Sprau* in Palandt BGB § 649 Rn. 14.

[117] BGH Urt. v. 25.3.1993 – X ZR 17/92, BauR 1993, 469.

[118] *Voit* in BeckOK BGB, 36. Ed. Stand 1.2.2015, § 649 Rn. 22; *Oberhauser* in Messerschmidt/Voit, Privates Baurecht, 2. Aufl. 2012, § 649 BGB Rn. 61.

[119] OLG München Urt. v. 6.9.2005 – 28 U 1860/04, BauR 2007, 1285.

[120] OLG Naumburg Urt. v. 26.10.1994 – 6 U 130/94, ZfBR 1996, 213 (Revision nicht angenommen mit Beschl. d. BGH v. 14.3.1996 – VII ZR 258/94).

57 Umstritten ist die Frage, ob die Kündigung aus wichtigem Grund ein **Verschulden** des Unternehmers am Kündigungsgrund voraussetzt.[121] Ein Verschulden liegt vor, wenn der Unternehmer den Kündigungsgrund vorsätzlich oder fahrlässig herbeigeführt hat (§ 276 BGB). Die Frage nach der Notwendigkeit eines Verschuldens ist in den Fällen der Überschreitung einer als Beschaffenheit vereinbarten Baukostenobergrenze nicht nur rechtstheoretischer Natur. Im Zusammenhang mit den Mängelrechten wurde bereits dargestellt, dass Kostensteigerungen selbst bei fachgerechter und im Übrigen mangelfreier Planung unvorhersehbar und unvermeidbar sein können.[122] Für die Anwendung der in § 634 Nr. 1–3 BGB geregelten Mängelrechte kommt es auf ein Verschulden nicht an, so dass der Planer in dem erwähnten Beispielsfall des Umbaus insoweit haften kann. Sollte die Kündigung aus wichtigem Grund ein Verschulden des Planers an dem Kündigungsgrund voraussetzen, wäre der Auftraggeber im Beispielsfall des Umbaus in Ermangelung eines Verschuldens nicht zu einer solchen Kündigung berechtigt. Bis zu einer höchstrichterlichen Klärung unterliegen Kündigungen aus wichtigem Grund, bei denen der Planer die Überschreitung der Baukostenobergrenze nicht zu vertreten hat, dem Risiko der Unwirksamkeit. Nach **alter Rechtslage** konnte ein Auftraggeber den Architektenvertrag nur dann aus wichtigem Grund kündigen, wenn der Architekt **schuldhaft** die Fortsetzung des Vertrags für den Auftraggeber unzumutbar gemacht hat.[123]

58 Die Kündigung aus wichtigem Grund wegen Überschreitens der als Beschaffenheit vereinbarten Bausumme setzt automatisch den Ablauf einer **zur Abhilfe bestimmten Frist** und die Androhung der Auftragsentziehung voraus.[124] Ob der Planer die als Beschaffenheit des Werks vereinbarten Baukosten einhalten wird, zeigt sich schon im Planungsstadium durch Abgleich der Kostenermittlungen oder der Kostenkontrollergebnisse mit der vereinbarten Kostenobergrenze. In frühen Planungsphasen dürfte eine Abhilfeaufforderung mit dem Ergebnis einer kostengerechten Planung oftmals noch erfolgversprechend sein. Der Planer muss hierzu entsprechende Umplanungen vornehmen, zu denen er, jedenfalls theoretisch, in diesem Stadium seiner Leistung regelmäßig in der Lage sein dürfte. Diese Umplanungen dürfen allerdings nicht zu Lasten der im Übrigen vereinbarten Beschaffenheitsmerkmale, insbesondere Qualitäten und Quantitäten, gehen. Auf eine Herabsetzung oder Änderung dieser sonstigen Beschaffenheitsmerkmale braucht sich der Besteller nicht einzulassen. Ein nachträgliches Weglassen von Bauteilen als dem Bauherrn zumutbare Maßnahme zur Einhaltung der Baukostenobergrenze kommt nur dann in Betracht, wenn die Planung ausgewogen bleibt, der Charakter des Bauvorhabens nicht wesentlich verändert wird und anzunehmen ist, dass der Auftraggeber von Anfang an damit einverstanden gewesen wäre, eine Verringerung der Baukosten durch das Entfallen von Bauteilen in dieser Form zu akzeptieren.[125] Gelingt es dem Architekten nicht, die vereinbarten Kosten im Wege einer Umplanung unter Einhaltung der im Übrigen vereinbarten Beschaffenheitsmerkmale zu erreichen, ist die Abhilfe fehlgeschlagen und der Auftraggeber zur Kündigung aus wichtigem Grund berechtigt. Mit zunehmender Leistungsdauer dürfte eine erfolgreiche Abhilfe schwieriger werden. Selbst in späten Phasen der Architektenleistung, wie z. B. der Objektüberwachung, ist die Mög-

[121] Ablehnend: *Voit* in BeckOK BGB, 36. Ed. Stand 1.2.2015, § 649 Rn. 22 (aber mit der Voraussetzung eines Zurechnungsmoments); *Oberhauser* in Messerschmidt/Voit, Privates Baurecht, 2. Aufl. 2012, § 649 BGB Rn. 61; *Sprau* in Palandt BGB § 649 Rn. 14 iVm § 314 Rn. 7; bejahend: *Schwenker* in Erman BGB § 649 Rn. 11; *Busche* in MüKoBGB § 649 Rn. 31; OLG Oldenburg Urt. v. 6.9.2012 – 8 U 96/12, BauR 2013, 119.

[122] → Rn. 40.

[123] BGH Urt. v. 13.2.2003 – VII ZR 395/01, BauR 2003, 1061; BGH Urt. v. 24.6.1999 – VII ZR 196/98, BauR 1999, 1319.

[124] Zur Notwendigkeit der Abhilfeaufforderung im Allgemeinen: *Busche* in MüKoBGB § 649 Rn. 32; *Oberhauser* in Messerschmidt/Voit, Privates Baurecht, 2. Aufl. 2012, § 649 BGB Rn. 64; *Sprau* in Palandt BGB § 649 Rn. 14; s.a. OLG Oldenburg Urt. v. 6.9.2012 – 8 U 96/12, BauR 2013, 119.

[125] OLG Naumburg Urt. v. 17.7.2007 – 9 U 164/06, BauR 2010, 1641.

lichkeit einer erfolgreichen Abhilfe aber keineswegs ausgeschlossen. Ausnahmen vom Erfordernis der Abhilfeaufforderung sind im Einzelfall denkbar. Unterlässt der Auftraggeber zu Unrecht die Abhilfeaufforderung, läuft er Gefahr, dass die Kündigung aus wichtigem Grund unwirksam ist.[126] Auftraggeber sollten deshalb im Zweifel eine Abhilfeaufforderung aussprechen, bevor sie den Vertrag aus wichtigem Grund kündigen.

Nach einer berechtigten Kündigung aus wichtigem Grund steht dem Architekten für noch nicht erbrachte Leistungen keine **Vergütung** zu. Für die bis zur Kündigung erbrachten Leistungen kann er grundsätzlich den Anteil seines Honorars verlangen, der seinen tatsächlich erbrachten Leistungen entspricht. Eine Vergütung ist allerdings nicht geschuldet, wenn das Architektenwerk so **schwerwiegende Mängel** aufweist, dass es nicht nachbesserungsfähig und deshalb für den Auftraggeber wertlos ist.[127] Diese Grundsätze lassen sich auf den Fall der Überschreitung der vereinbarten Baukostenobergrenze bei im Übrigen mangelfreier Leistung übertragen. Ob die bisher erbrachten Leistungen wegen der Überschreitung der Baukostenobergrenze unbrauchbar oder nachbesserungsfähig sind, bedarf einer Feststellung im Einzelfall. 59

Beruht die Kündigung auf einem vom Architekten zu vertretenden Mangel seines Werks, kann der Auftraggeber außerdem **Schadensersatz** verlangen. Ein derartiger Mangel ist dann gegeben, wenn der Architekt eine als Beschaffenheit seines Werks vereinbarte Baukostenobergrenze nicht einhält.[128] 59a

Alternativ zur risikobehafteten Kündigung aus wichtigem Grund kommt bei Verträgen, in denen die Verpflichtung zur Ausführung weiterer Leistungen von einem vorherigen Abruf durch den Auftraggeber abhängt[129], eine Vertragsbeendigung durch **Nicht-Abruf** weiterer Leistungen in Betracht. Auf die Übertragung weiterer Leistungen hat der Planer nach dem Inhalt dieser Verträge keinen Anspruch.[130] Dies ermöglicht eine risikofreie Vertragsbeendigung. Eines rechtfertigenden wichtigen Grundes bedarf es hierfür nicht. Zweckmäßig ist ein solches Vorgehen aber nur dann, wenn der Planer die bisher übertragenen Leistungen vollständig oder weitgehend erbracht hat bzw. hätte erbringen müssen. Will der Auftraggeber bis zum Erreichen dieses Vertragsstadiums nicht warten, muss er den Vertrag unter Inkaufnahme der beschriebenen Risiken aus wichtigem Grund kündigen. Endet der Vertrag nicht infolge einer vom Auftragnehmer zu vertretenden Kündigung aus wichtigem Grund, sondern infolge Nicht-Abrufs weiterer Leistungen, dürfte es für den Auftraggeber außerdem schwieriger werden, vom Auftragnehmer den Ersatz solcher Kosten zu verlangen, die infolge der Vertragsbeendigung entstehen, wie z. B. durch den Einsatz eines Folgeplaners. Umgekehrt entgeht der Auftraggeber mit dem Nicht-Abruf dem Risiko, eine Vergütung für nicht erbrachte Leistungen auf der Grundlage von § 649 S. 2 BGB zu zahlen, wenn ein wichtiger Grund zur Kündigung nicht vorlag. Eine unwirksame Kündigung des Architektenvertrags aus wichtigem Grund ist im Regelfall dahin zu verstehen, dass auch eine freie Kündigung gewollt ist.[131] 60

dd) Beschränkung der anrechenbaren Kosten. Vereinbaren die Vertragsparteien eines Architekten- oder Ingenieurvertrags eine Bausumme als Beschaffenheit des geschuldeten Werkes, dann bildet diese Summe nach der Grundsatzentscheidung des BGH vom 23.1.2003 61

---

126 OLG Oldenburg Urt. v. 6.9.2012 – 8 U 96/12, BauR 2013, 119.

127 BGH Urt. v. 5.6.1997 – VII ZR 124/96, BauR 1997, 1060.

128 BGH Urt. v. 13.2.2003 – VII ZR 395/01, BauR 2003, 1061.

129 Beispiel: „Vertrag Objektplanung – Gebäude und Innenräume" (Vertragsmuster VM2/1 (ehemals Anhang 10) der „Richtlinien für die Durchführung von Bauaufgaben des Bundes – RBBau" (Onlinefassung – Stand: 13.6.2014)).

130 Das OLG Dresden Urt. v. 15.4.1999 – 9 U 3211/98, IBR 2001, 26 (Revision nicht angenommen mit Beschl. d. BGH v. 26.10.2000 – VII ZR 173/99) spricht von einer „Rechtsanspruchsverneinungsklausel".

131 OLG Celle Urt. v. 24.9.2014 – 14 U 169/13 (Nichtzulassungsbeschwerde zurückgewiesen mit Beschl. d. BGH v. 5.2.2015 – VII ZB 237/14.

die **Obergrenze** der anrechenbaren Kosten für die Honorarberechnung.[132] Die Berücksichtigung der Differenz zwischen der vereinbarten und der tatsächlichen Bausumme als anrechenbare Kosten würde dazu führen, dass der Architekt oder Ingenieur auf Grund der Mangelhaftigkeit seines Werkes eine höhere Vergütung erhalten würde als sie ihm für eine vertragsgerechte Leistung zustehen würde.[133]

62 Diese sog. „Obergrenzenrechtsprechung" betrifft zunächst einmal solche Architekten- und Ingenieurleistungen, die auf der Grundlage der HOAI bis einschließlich der 5. Novelle abzurechnen sind.[134] Bis dahin richtete sich die Honorarbestimmung nach den unterschiedlichen Kostenermittlungen (Kostenschätzung, Kostenberechnung, Kostenanschlag und Kostenfeststellung) und damit teilweise nach den tatsächlichen Baukosten. Seit der 6. Novelle der HOAI im Jahr 2009 wird das Honorar nur noch anhand der Kostenberechnung ermittelt. Die Anwendung der Obergrenzenrechtsprechung kommt aber auch bei Verträgen in Betracht, die seit Inkrafttreten der 6. Novelle am 18.8.2009 geschlossen wurden.[135]

63 Eine **dogmatische Herleitung** für die Honorarkürzung enthält die Entscheidung vom 23.1.2003 nicht. Die rechtliche Grundlage für die Honorarkürzung ist streitig.

64 Eine **honorarrechtliche** Herleitung der Honorarbegrenzung scheidet aus. Die vom BGH vorgenommene Begrenzung der anrechenbaren Kosten auf die vereinbarte Bausumme ist ausweislich der Entscheidungsgründe Folge einer mangelhaften Leistung. Die HOAI regelt nur das Preisrecht.[136] Vorschriften, die eine Honorarkürzung für den Fall mangelhafter Leistung vorsehen, enthält die HOAI nicht. Sie wären in Ermangelung einer entsprechenden Ermächtigungsgrundlage auch unwirksam.

65 Der Hinweis auf die Mangelhaftigkeit des Werkes bei Überschreitung einer als Beschaffenheit vereinbarten Bausumme könnte bedeuten, dass die Honorarkürzung vertragsrechtlich und dort insbesondere im Bereich der **Mängelrechte** verankert sein soll.[137] Gegen diese Einordnung bestehen Bedenken.[138] Von diesen Mängelansprüchen käme als Rechtsgrundlage mit Blick auf die mittelbare Herabsetzung des Honorars, d. h. der Vergütung, vorrangig die **Minderung** nach § 638 BGB in Betracht.[139] Gegen die Annahme einer Minderung sprechen mehrere Gründe.

- Die Minderung ist ein sekundäres Mangelrecht und setzt grundsätzlich den Ablauf einer Frist zur Nacherfüllung voraus. Dies gilt sowohl nach der alten Rechtslage (§ 634 Abs. 1 S. 3 BGB a.F.), unter deren Geltung die Entscheidung vom 23.1.2003 ergangen ist, als auch nach der seit dem 1.1.2002 geltenden Rechtslage (§ 638 Abs. 1 S. 1, § 636 BGB). Nicht erkennbar ist, dass der Auftraggeber den Planer in dem vom BGH entschiedenen Fall zu einer Mängelbeseitigung aufgefordert hatte. Zu einer möglichen Ausnahme von dem Erfordernis der Fristsetzung verhält sich die Entscheidung nicht.[140]
- Die Wirkungen der Minderung treten nicht automatisch, sondern nur nach entsprechender Erklärung des Bestellers ein (§ 638 Abs. 1 S. 1 BGB). Auch nach der alten Rechts-

---

[132] BGH Urt. v. 23.1.2003 – VII ZR 362/01, BauR 2003, 566; kritische Anmerkung von *Quack*, Baukosten als Beschaffenheitsvereinbarung und die Mindestsatzgarantie der HOAI, ZfBR 2004, 315.

[133] BGH Urt. v. 23.1.2003 – VII ZR 362/01, BauR 2003, 566.

[134] Die 5. Novelle trat 1996 in Kraft. Die HOAI 2002 entstammt keiner eigenen Novelle, sondern ist das Ergebnis einer Überarbeitung der HOAI 1996 anlässlich der Währungsumstellung.

[135] Zur „Obergrenzenrechtsprechung" nach der HOAI 2009 bzw. HOAI 2013 → Rn. 78 ff.

[136] BGH Urt. v. 24.10.1996 – VII ZR 283/95, BauR 1997, 154.

[137] So *Preussner*, IBR 2003, 203.

[138] Gänzlich ablehnend *Schwenker*, Kurzkommentar zu BGH VII ZR 362/01, EWiR 2004, 487 (488) („Mit Mängelansprüchen wegen Bausummenüberschreitung hat das nichts zu tun.") und *Böhme*, Einige Überlegungen zum vereinbarten Kostenlimit. Wie wirkt es sich auf das geschuldete Honorar aus – und warum?, BauR 2004, 397 (400).

[139] *Preussner*, IBR 2003, 203.

[140] *Böhme* Fn. 131 BauR 2004, 397 (400).

lage war eine Minderungserklärung erforderlich (§ 634 Abs. 1 S. 3 BGB a.F.). Der BGH hat die Begrenzung der anrechenbaren Kosten nicht von einer Erklärung des Bestellers abhängig gemacht, sondern unmittelbar eintreten lassen. Eine Feststellung, dass die Minderungserklärung im entschiedenen Fall ausnahmsweise entbehrlich war, enthält die Entscheidung nicht.

– Mit der Ausübung des Minderungsrechts verliert der Besteller sein Wahlrecht zwischen den sekundären Mängelrechten.[141] Die gleiche Wirkung galt nach der alten Rechtslage (§ 634 Abs. 1 S. 3 BGB a.F.), sobald die Minderung vollzogen worden war.[142] Dieses Wahlrecht wird dem Besteller bei regelhafter Einordnung der Begrenzung der anrechenbaren Kosten als Minderung genommen. Dieser Beschränkung seiner Rechte ließe sich nur dadurch abhelfen, dass dem Besteller das Minderungsrecht in jedem Fall und gegebenenfalls zusätzlich zu den anderen sekundären Mängelrechten zugestanden wird. Eine solche Sichtweise widerspricht der Systematik der Mängelrechte.
– Bei der Minderung ist die Vergütung in dem Verhältnis herabzusetzen, in welchem zur Zeit des Vertragsschlusses der Wert des Werkes in mangelfreiem Zustand zu dem wirklichen Wert gestanden haben würde (§ 638 Abs. 3 S. 1 BGB). Auch insoweit hat sich durch die Schuldrechtsreform nichts geändert.[143] Ob die Anwendung dieser Formel auf die Fälle der Bausummenüberschreitung stets und überhaupt zu dem vom BGH vorgegebenen Ergebnis führt, ist angesichts der nur sehr schwierig zu bestimmenden berechnungsrelevanten Werte fraglich.
– Die Minderung betrifft die „Vergütung", also das Honorar. Der BGH hat nicht das Honorar, sondern einen von mehreren Honorarermittlungsfaktoren gekürzt.

Nach anderer Ansicht lässt sich die Entscheidung des BGH auf der Grundlage des **Schadensersatzrechts** begründen.[144] Auch diese Sichtweise begegnet in ihrer Allgemeinheit Bedenken. 66

Es ist schon nicht ersichtlich, auf welche konkrete Anspruchsgrundlage der Schadensersatzanspruch von den Vertretern dieser Ansicht gestützt wird. Solche Ansprüche können sich gedanklich sowohl aus dem allgemeinen Leistungsstörungsrecht als auch aus dem Gewährleistungsrecht ergeben.

Ungeachtet der Anspruchsgrundlage wäre der Schadensersatzanspruch nur dann begründet, wenn die Differenz zwischen dem Honorar, das dem Planer nach der HOAI zusteht, und dem Honorar, das sich unter Berücksichtigung der als Bausumme vereinbarten Kosten ergibt, einen Schaden bildet. Diese Annahme ist nicht zwingend. Für Leistungen, die vor dem Inkrafttreten der 6. HOAI-Novelle vereinbart wurden, ist der Besteller zwar zur Zahlung eines höheren Honorars verpflichtet, wenn das vereinbarte Kostenlimit überschritten wird und der Architekt seine Honorarabrechnung auf die tatsächlichen anrechenbaren Kosten stützen könnte. Dem höheren Honorar kann im Einzelfall aber eine entsprechend werthaltige Leistung des Architekten gegenüberstehen. Auch insoweit sind die Grundsätze der Vorteilsausgleichung zu beachten. Für eine gegenteilige Sichtweise ist nichts ersichtlich. Maßgeblich für die Ermittlung des Schadens sind die Ursachen der Baukostenüberschreitung im Einzelfall. Vereinbaren die Parteien bspw. die Planung eines Gebäudes mit durchschnittlicher Ausstattung zu bestimmten Baukosten und plant der Architekt hiervon abweichend die Verwendung hochwertiger und teurer Baumaterialien mit der Folge höherer Baukosten, dann steht der so eintretenden Kostenüberschreitung in Bezug auf die Leistung des Architekten bei gleichen Anforderungen an die Planungsleistung im Zweifel kein entsprechender Gegenwert gegenüber. Der Auftraggeber wäre ge-

[141] *Sprau* in Palandt BGB § 634 Rn. 5.

[142] *Sprau* in Palandt BGB, 61. Aufl. 2002, Vorb v § 633 Rn. 5 a mit Verweis auf BGH Urt. v. 11.7.1990 – VIII ZR 219/89, BauR 1990, 747.

[143] Zur alten Rechtslage: § 634 Abs. 4, § 472 Abs. 1 BGB a.F.

[144] *Koeble* in Kniffka/Koeble, Kompendium des Baurechts, 4. Aufl. 2014, 12. Teil, Rn. 802; *Koeble* in Locher/Koeble/Frik, Kommentar zur HOAI, Einl. Rn. 183.

schädigt, wenn er allein wegen der Verwendung hochwertiger und teurer Baumaterialien zur Zahlung eines höheren Honorars verpflichtet wäre als es bei der Verwendung durchschnittlicher Baumaterialien der Fall gewesen wäre. Etwas anderes gilt, wenn die Kostenüberschreitung aus einer komplexen, planungsaufwändigen Lösung der Bauaufgabe resultiert.[145]

Gegen die Anwendung schadensersatzrechtlicher Regelungen spricht schließlich der Umstand, dass dem Auftraggeber ein selbständiger Anspruch einschließlich aller damit verbundenen rechtlichen Wirkungen zustehen würde. Diesen müsste er, um auf das reduzierte Honorar zu kommen, gegen den Honoraranspruch aufrechnen. Dies ist mit den Erwägungen des BGH nicht vereinbar. Der BGH kürzt im Fall der mangelhaften Leistung infolge Überschreitung der Baukostenobergrenze die anrechenbaren Kosten und damit einen von mehreren das Honorar bestimmenden Abrechnungsfaktoren. Er gelangt dadurch von vornherein zu einem geringeren Honorar. Der Aufrechnung mit einem eigenständigen Schadensersatzanspruch bedarf es nicht. Eine Aufrechnung gegen die anrechenbaren Kosten ist nicht möglich.

67 Ein weiterer Ansatz für die Begrenzung der anrechenbaren Kosten ist **§ 631 Abs. 1 BGB**. Hiernach ist der Besteller zur Entrichtung der *vereinbarten* Vergütung verpflichtet. Auch diese Lösung erlaubt aber keine regelhafte Begrenzung der anrechenbaren Kosten auf die vereinbarte Bausumme im Fall mangelhafter Leistung:

– In der Vereinbarung der Baukostenobergrenze als Beschaffenheit des Werks müsste gleichzeitig eine Vereinbarung über die Höhe der Vergütung liegen. Teilweise wird die Ansicht vertreten, mit der Vereinbarung einer Bausumme als Beschaffenheit sage der Planer gleichzeitig zu, sein Honorar nach den der Bausumme entsprechenden anrechenbaren Kosten zu berechnen.[146] Eine solche Zusage kann das Ergebnis der in jedem Einzelfall notwendigen Auslegung sein. Die Auslegung des Vertrags im Einzelfall kann aber auch zu anderen Ergebnissen führen.
– Die vertragliche Festschreibung von anrechenbaren Kosten zur Bestimmung der vereinbarten Vergütung im Sinne von § 631 Abs. 1 BGB widerspricht dem System der alten HOAI. Hiernach waren die anrechenbaren Kosten für Leistungen bei Gebäuden unter Zugrundelegung der Kostenermittlungsarten nach DIN 276 in der Fassung vom April 1981 zu ermitteln (§ 10 Abs. 1 HOAI a.F.). Allein die systemwidrige Festschreibung des Abrechnungsfaktors „anrechenbare Kosten" führte jedoch nicht zur Unzulässigkeit oder Unwirksamkeit der Honorarvereinbarung. Die Vertragsparteien konnten nach der alten HOAI eine Vereinbarung treffen, die hinsichtlich der Ermittlung der anrechenbaren Kosten eine sowohl von § 10 HOAI a.F. als auch von § 4a HOAI a.F. abweichende Berechnungsmethode festlegt.[147] Die vertragsrechtliche Vereinbarung, das Honorar auf der Grundlage von anrechenbaren Kosten zu ermitteln, deren Höhe der als Beschaffenheit vereinbarten Bausumme entspricht, war deshalb im Grundsatz auch preisrechtlich zulässig. Hierfür streitet auch § 4 Abs. 1 HOAI a.F. / § 7 Abs. 1 HOAI, wonach sich das Honorar nach der von den Parteien bei Auftragserteilung getroffenen schriftlichen Vereinbarung richtet. Eine Vergütungsvereinbarung nach § 631 Abs. 1 BGB hat aber **preisrechtliche Grenzen**. Sie muss sich im Rahmen der von der HOAI festgesetzten Mindest- und Höchstsätze halten (§ 4 Abs. 1 HOAI a.F. bzw. § 7 Abs. 1 HOAI). Wird der preisrechtliche Rahmen verlassen, ohne dass eine zulässige Ausnahme vorliegt, verstößt die Honorarvereinbarung gegen das zwingende öffentliche Preisrecht und damit gegen ein gesetzliches Verbot (§ 134 BGB).[148] Es bedarf einer Prüfung im Einzelfall, ob die Begrenzung der für die Honorarberechnung maßgeblichen anre-

---

[145] In beiden Fällen bleibt es beim Mangel des Werks wegen der Abweichung vom vereinbarten Planungsziel.

[146] *Schwenker* Fn. 131 EWiR 2004, 487 (488); *Böhme* Fn. 131 BauR 2004, 397 (400).

[147] BGH Urt. v. 27.11.2008 – VII ZR 211/07, BauR 2009, 264.

[148] BGH Urt. v. 11.10.2007 – VII ZR 25/06, BauR 2007, 2081.

chenbaren Kosten auf den Betrag der Baukostenobergrenze zu einer Unterschreitung des Mindestsatzes führt. Für die Feststellung, ob der Mindestsatz unterschritten ist, kommt es auf eine vergleichende Betrachtung an. Ob eine Honorarvereinbarung nach § 4 Abs. 1 HOAI a.F. / § 7 Abs. 1 HOAI unwirksam ist, wird durch einen Vergleich des für einen Auftrag vereinbarten Honorars mit dem sich aus der Honorarordnung ergebenden Honorar ermittelt.[149] Maßgebend ist allein das Ergebnis dieses Vergleichs.[150] Vereinbaren die Parteien in Anlehnung an die HOAI mehrere Faktoren, nach denen die Vergütung des Architekten berechnet werden soll, kann nicht daraus, dass einer der vereinbarten Berechnungsfaktoren von der HOAI abweicht, geschlossen werden, dass die Honorarvereinbarung unwirksam ist.[151] Es ist zu ermitteln, welches Honorar sich unter Anwendung der gesamten von den Parteien vereinbarten Bemessungsregelungen ergibt und ob dieses Honorar in dem von der HOAI zugelassenen Rahmen liegt.[152] Liegt das für einen Auftrag bei Auftragserteilung schriftlich vereinbarte Honorar in dem Rahmen, der sich unter Zugrundelegung der Mindest- und Höchstsätze aus der Honorarordnung ergibt, so ist die Vereinbarung auch dann wirksam, wenn von den Honorarbemessungsgrundlagen der HOAI abgewichen wird oder diese ganz außer Kraft gesetzt werden.[153] Eine Mindestsatzunterschreitung liegt dagegen vor, wenn das nach der HOAI unter Berücksichtigung aller Berechnungsfaktoren zu errechnende Mindesthonorar oberhalb desjenigen Honorars liegt, dass sich aus der konkreten Vergütungsvereinbarung ergibt. In diesem Fall bietet § 631 Abs. 1 BGB keine rechtliche Grundlage mehr für die Begrenzung des Honorars im Fall der Baukostenüberschreitung.

Teilweise wird die Ansicht vertreten, die Honorarkürzung lasse sich über **§ 242 BGB** 68
begründen.[154] Die Entscheidung des BGH vom 23.1.2003 rechtfertigt diese Sichtweise nicht. Der BGH weist zwar darauf hin, dass die Berücksichtigung der Differenz zwischen den tatsächlichen und den vereinbarten Kosten als anrechenbare Kosten dazu führen würde, dass der Architekt oder Ingenieur aufgrund der Mangelhaftigkeit seines Werkes eine höhere Vergütung erhalten würde als sie ihm für eine vertragsgerechte Leistung zustehen würde. Zur Begründung der Honorarkürzung beruft sich der BGH jedoch ausschließlich auf den Mangel des Werks.[155] Eine Rechtsfortbildung nach § 242 BGB ist erst zulässig, wenn die vorhandenen Gesetze ausgeschöpft wurden.[156] Eine generalisierende Begründung der Honorarkürzung über § 242 BGB wird diesem Grundsatz nicht gerecht.

Auch die teilweise vertretene Herleitung der Honorarkürzung über eine **„kleine Bau-** 69
summengarantie"[157] überzeugt nicht. Sie führt zu einer Vermengung der selbständigen Rechtsinstitute „Bausummengarantie" und „Beschaffenheitsvereinbarung". Die Vertragsparteien müssten zum einen hinsichtlich der überschießenden anrechenbaren Kosten eine Beschaffenheitsvereinbarung treffen. Gleichzeitig müsste der Architekt in Bezug auf das überschießende Honorar eine Garantieerklärung abgeben. Solche Vereinbarungen werden in der Praxis erfahrungsgemäß nicht geschlossen. Wegen der strengen Anforderungen an die Vereinbarung einer Bausummengarantie[158] kann die notwendige Garantieer-

---

[149] BGH Urt. v. 9.2.2012 – VII ZR 31/11 Rn. 23, BauR 2012, 829.
[150] BGH Urt. v. 9.2.2012 – VII ZR 31/11 Rn. 23, BauR 2012, 829.
[151] BGH Urt. v. 16.12.2004 – VII ZR 16/03, BauR 2005, 735.
[152] BGH Urt. v. 16.12.2004 – VII ZR 16/03, BauR 2005, 735.
[153] BGH Urt. v. 9.2.2012 – VII ZR 31/11 Rn. 23, BauR 2012, 829.
[154] *Koeble* in Kniffka/Koeble, Kompendium des Baurechts, 4. Aufl. 2014, 12. Teil, Rn. 802.
[155] BGH Urt. v. 23.1.2003 – VII ZR 362/01, BauR 2003, 566: „Ist das Werk deshalb mangelhaft, weil die vereinbarten Kosten überschritten werden, kann der Architekt oder Ingenieur die Differenz, um die die tatsächlichen die vereinbarten Kosten übersteigen, nicht zusätzlich als anrechenbare Kosten seiner Honorarberechnung zugrunde legen.".
[156] *Roth/Schubert* in MüKoBGB § 242 Rn. 121.
[157] *Böhme* Fn. 131 BauR 2004, 397 (400).
[158] Siehe hierzu → Rn. 4.

klärung gerade nicht regelhaft mit einer Beschaffenheitsvereinbarung gleichgestallt werden. Soweit man im Wege der Auslegung überhaupt zu einer Zusage des Planers, sein Honorar höchstens aus dem vereinbarten Kostenlimit zu berechnen[159], und dem entsprechenden Einverständnis des Auftraggebers gelangt, dürfte es sich eher um eine Vergütungsvereinbarung im Sinne von § 631 Abs. 1 BGB als um eine Garantiezusage handeln.

70 Weil die Begrenzung der anrechenbaren Kosten weder **gewährleistungs- noch honorarrechtlich hergeleitet werden kann**, stehen dem Auftraggeber neben der Obergrenzenrechtsprechung unter Einhaltung ihrer jeweiligen Voraussetzungen die Mängelrechte aus §§ 634 ff. BGB zu. Für die **Minderung** kann der Auftraggeber dabei, anders als bei der Bewertung nicht oder nicht vertragsgemäß erbrachter Teilleistungen[160], als Orientierungshilfe nicht auf die einschlägigen Bewertungstabellen, wie z. B. die Siemon- oder die Steinfort-Tabelle, zurückgreifen. Die Einhaltung einer Baukostenobergrenze ist keine Grundleistung, die in diesen Tabellen bewertet wird. Ob der BGH neben der Honorarbegrenzung die Ausübung der Mängelrechte und insbesondere eine Minderung zulassen wollte, lässt sich der Entscheidung nicht entnehmen.

71 Die Begrenzung der anrechenbaren Kosten erfolgt selbst dann, wenn der Auftraggeber das Werk in positiver Kenntnis der Überschreitung der vereinbarten Baukostenobergrenze abnimmt. Die Regelung des **§ 640 Abs. 2 BGB** steht der Begrenzung der anrechenbaren Kosten **nicht entgegen**, weil die Begrenzung keinem Recht aus § 634 Nr. 1 bis Nr. 3 BGB entstammt.

72 Der Architekt oder Ingenieur soll aufgrund der Mangelhaftigkeit seines Werkes keine höhere Vergütung erhalten als sie ihm für eine vertragsgerechte Leistung zustehen würde.[161] Dieser Rechtsgedanke lässt sich gedanklich auf **andere Fallgestaltungen** übertragen. Die Parteien können bspw. die Planung eines Wohnhauses mit durchschnittlicher Ausstattung vereinbaren und diese Anforderung zur Beschaffenheit des Werks erheben. Ein solches Wohnhaus war bis zum Inkrafttreten der 7. Novelle am 17.7.2013 in der Regel der Honorarzone III zuzuordnen.[162] Plant der Architekt im Anwendungsbereich der alten HOAI entgegen der vertraglichen Vereinbarung ein Wohnhaus mit überdurchschnittlicher Ausstattung, fällt das geplante Gebäude nach der Regelzuordnung in die Honorarzone IV.[163] In Anwendung der Grundsätze aus der Obergrenzenrechtsprechung könnte der Architekt sein Honorar nur auf Basis der Honorarzone III abrechnen.[164] Andernfalls stünde er im Hinblick auf sein Honorar trotz mangelhafter Leistung besser da als derjenige Architekt, der eine als Beschaffenheit vereinbarte Baukostenobergrenze überschreitet.

73 Nicht nur eine Beschränkung der anrechenbaren Kosten, sondern ein **vollständiger Honorarverlust** tritt ein, wenn die Planung infolge Überschreitung der vereinbarten Kostenobergrenze weder verwertbar ist noch vom Auftraggeber verwertet wurde.[165]

74 Die Beschränkung der anrechenbaren Kosten auf die Höhe der vereinbarten Baukostenobergrenze gilt für die **Schlussrechnung**.[166] Sie gilt auch für die **Teilschlussrechnung**,

---

159 So *Böhme* Fn. 131 BauR 2004, 397 (400).

160 BGH Urt. v. 16.12.2004 – VII ZR 74/03, BauR 2005, 588.

161 BGH Urt. v. 23.1.2003 – VII ZR 362/01, BauR 2003, 566.

162 § 12 Nr. 3 HOAI 1996; Anlage 3 zu § 5 Abs. 4 S. 2 HOAI 2009 Nr. 3.1.3.

163 § 12 Nr. 4 HOAI 1996; Anlage 3 zu § 5 Abs. 4 S. 2 HOAI 2009 Nr. 3.1.4; die konkrete Honorarzonenbestimmung erfolgt nicht nach den Regelbeispielen, sondern anhand der Bewertungsmerkmale in den Honorarregelungen der jeweiligen Leistungsbilder.

164 Die Prüfung der Angemessenheit der Ausstattung fällt ungleich schwerer als der Vergleich zweier Kostenwerte.

165 OLG München Urt. v. 6.9.2005 – 28 U 1860/04, BauR 2007, 1285 (Nichtzulassungsbeschwerde zurückgewiesen mit Beschl. d. BGH v. 26.4.2007 – VII ZR 250/05).

166 Dem vom BGH Urt. v. 23.1.2003 – VII ZR 362/01, BauR 2003, 566 entschiedenen Fall lag eine Schlussrechnungsforderung zugrunde.

wenn die mit ihr abgerechneten Leistungen zu einer Überschreitung der als Beschaffenheit vereinbarten Baukostenobergrenze geführt haben und das Teilwerk deshalb mangelhaft ist.

Auch in **Abschlagsrechnungen** bildet die als Beschaffenheit vereinbarte Bausumme die **Obergrenze** der anrechenbaren Kosten für die Honorarberechnung, wenn die vereinbarte Bausumme nach den bisher erbrachten Leistungen voraussichtlich überschritten wird.[167] Dies setzt allerdings voraus, dass die Abschlagsforderung überhaupt entstanden ist. 75

Abschlagszahlungen können nur für nachgewiesene Grundleistungen gefordert werden (§ 15 Abs. 2 HOAI). Nach herrschender Meinung setzt die Fälligkeit der Honorarabschlagsforderung den Nachweis voraus, dass die abgerechnete Leistung vertragsgemäß erbracht wurde.[168] Teilweise wird die Ansicht vertreten, die bisher erbrachte Leistung sei vertragsgemäß, wenn sie abnahmereif ist.[169] Diese Voraussetzung wäre nicht erfüllt, wenn die Leistung mit einem wesentlichen Mangel behaftet ist.[170] Andere vertreten die Ansicht, dass die Abschlagsforderung solange nicht fällig wird, wie der Auftragnehmer einer berechtigten Aufforderung zur Beseitigung eines erheblichen Mangels nicht nachkommt.[171] Nach den Regelungen des BGB kann eine Abschlagszahlung für Werkleistungen wegen unwesentlicher Mängel nicht verweigert werden (§ 632a Abs. 1 Satz 2 BGB).[172] Die Frage, ob ein Mangel wesentlich ist, hängt von der Art des Mangels, seinem Umfang und vor allem seiner Auswirkung ab; dies lässt sich nur unter Berücksichtigung der Umstände des jeweiligen Einzelfalles beurteilen.[173] Allein der Umstand, dass die als Beschaffenheit vereinbarte Baukostenobergrenze nach der bisherigen Leistung des Planers, die Gegenstand der Abschlagsforderung ist, voraussichtlich überschritten wird, begründet nicht die Annahme, die bisher erbrachte Leistung sei mit einem wesentlichen Mangel behaftet. Zunächst muss nach den einschlägigen Grundsätzen geprüft werden, ob die bisher erbrachte Leistung überhaupt mangelhaft ist.[174] Für die anschließende Beurteilung, ob der Mangel wesentlich ist, kommt es darauf an, ob der Auftragnehmer die vereinbarte Bausumme unter Berücksichtigung des Maßes der Überschreitung sowie des vertraglich vereinbarten und des noch ausstehenden Leistungsumfangs sowie der im Übrigen vereinbarten Beschaffenheitsmerkmale durch Änderungen seiner Planung oder kostensparende Maßnahmen noch wird erreichen können. Liegt unter Berücksichtigung aller Umstände ein wesentlicher Mangel vor, dann betrifft dieser die gesamten bis zur Abschlagsrechnung erbrachten Teilleistungen.[175] Selbst wenn sich die Überschreitung der 76

---

[167] Bezugspunkt für die Beurteilung des Mangels ist die am Ende erreichte Bausumme (→ Rn. 37), deshalb bedarf es hier einer Prognose.

[168] OLG Naumburg Urt. v. 26.10.1994 – 6 U 130/94, NJW-RR 1996, 1302; OLG Köln Urt. v. 13.3.1998 – 19 U 250/97, BauR 1999, 192; *Koeble* in Kniffka/Koeble, Kompendium des Baurechts, 4. Aufl. 2014, 12. Teil, Rn. 580; *Wirth* in Korbion/Mantscheff/Vygen, Honorarordnung für Architekten und Ingenieure, § 15 Rn. 47; *Schwenker/Wessel* in Messerschmidt/Voit, Privates Baurecht, 2. Aufl. 2012, HOAI § 15 Rn. 19; *Koeble* in Locher/Koeble/Frik, Kommentar zur HOAI, § 15 Rn. 101; *Werner* in Werner/Pastor, Der Bauprozess, 14. Aufl. 2013, Rn. 1208; *Rath* in Pott/Dahlhoff/Kniffka/Rath, Kommentar zur HOAI, § 15 Rn. 32.

[169] *Koeble* in Locher/Koeble/Frik, Kommentar zur HOAI, § 15 Rn. 101.

[170] Für die Abnahme des Werks ergibt sich dies aus § 640 Abs. 1 Satz 2 BGB.

[171] *Schwenker/Wessel* in Messerschmidt/Voit, Privates Baurecht, 2. Aufl. 2012, HOAI § 15 Rn. 19.

[172] Auf § 632a BGB verweisend *Hoffmann* in Irmler, HOAI-Praktikerkommentar, § 15 Rn. 39; das Verhältnis von § 15 Abs. 2 HOAI zu § 632a BGB ist allerdings ungeklärt (vgl. *Schwenker/Wessel* in Messerschmidt/Voit, Privates Baurecht, 2. Aufl. 2012, HOAI § 15 Rn. 21; *Koeble* in Kniffka/Koeble, Kompendium des Baurechts, 4. Aufl. 2014, 12. Teil, Rn. 576).

[173] BGH Urt. v. 15.6.2000 – VII ZR 30/99, BauR 1482.

[174] → Rn. 37 ff.

[175] *Koeble* in Locher/Koeble/Frik, Kommentar zur HOAI, § 15 Rn. 101, vertritt im Allgemeinen die Ansicht, dass lediglich das auf die mangelhafte Teilleistung entfallende Honorar nicht fällig wird.

Baukostenobergrenze einzelnen Grundleistungen zuordnen lassen sollte[176], hat die Überschreitung Auswirkungen auf die anderen erbrachten Grundleistungen. Diese stehen mit den die Überschreitung verursachenden Grundleistungen in einem engen Zusammenhang.[177] Die Abschlagsforderung wird deshalb insgesamt nicht fällig. Einer Herabsetzung der anrechenbaren Kosten bedarf es dann nicht. Den Nachweis, dass die Baukostenobergrenze eingehalten wird, muss der Planer führen.

77 Sollten die mit der Abschlagsrechnung abgerechneten Leistungen trotz Überschreitung der als Beschaffenheit vereinbarten Baukostenobergrenze im Einzelfall nicht mit einem wesentlichen Mangel behaftet sein, dann ist die bisherige Leistung des Auftragnehmers nach herrschender Meinung vertragsgemäß. Die Abschlagsforderung wird unter den weiteren Voraussetzungen des § 15 Abs. 2 HOAI fällig. In diesem Fall spricht vieles dafür, dass der Planer seine Abschlagsforderung nur auf der Grundlage der herabgesetzten anrechenbaren Kosten ermitteln darf. Andernfalls müsste der Besteller zunächst eine höhere Vergütung zahlen und mit der Herabsetzung der anrechenbaren Kosten bis zur Schlussrechnung warten, obwohl bereits in frühen Leistungsstadien eine Überschreitung der Baukostenobergrenze mit dem fertigen Werk droht. Damit würde das Rückzahlungsrisiko zu Unrecht auf den Besteller verlagert. Außerdem erhielte der Planer aufgrund der Mangelhaftigkeit seines Werkes schon im Rahmen der Abschlagszahlung eine höhere Vergütung, als sie ihm für eine vertragsgerechte Leistung zustünde. Gerade dies wollte der BGH verhindern.[178]

78 *ee) Die Obergrenzenrechtsprechung nach der HOAI 2009 und der HOAI 2013.* Das Honorar der Architekten und Ingenieure richtet sich seit Inkrafttreten der 6. HOAI-Novelle am 18.8.2009 nicht mehr nach den anrechenbaren Kosten der einzelnen Kostenermittlungen. Maßgeblich für die Honorarermittlung sind im Regelfall nur noch die anrechenbaren Kosten der Kostenberechnung (§ 6 Abs. 1 Nr. 1 HOAI).

79 Die Rechtsprechung des BGH zur Beschränkung der anrechenbaren Kosten bei Überschreitung einer als Beschaffenheit vereinbarten Baukostenobergrenze hat seit der 6. Novelle der HOAI nur teilweise an Bedeutung verloren. Erforderlich ist eine differenzierte Betrachtung der unterschiedlichen Sachverhalte.

80 Vereinbaren die Parteien eine **Baukostenobergrenze**, die in ihrer Höhe den anrechenbaren Kosten aus der **Kostenberechnung entspricht**, dann bedarf es im Fall einer Überschreitung der als Beschaffenheit vereinbarten Baukosten eines Rückgriffs auf die Obergrenzenrechtsprechung nicht. Spätere Kostensteigerungen kann der Architekt schon honorarrechtlich nicht zu seinen Gunsten berücksichtigen.

81 Liegen die anrechenbaren Kosten aus der **Kostenberechnung unterhalb** der vereinbarten **Baukostenobergrenze**, trifft den Besteller ebenfalls kein Nachteil. Der Architekt hat sein Honorar auf der Grundlage der anrechenbaren Kosten aus der Kostenberechnung und nicht etwa unter Heranziehung der Baukostenobergrenze zu ermitteln. In der Vereinbarung einer Baukostenobergrenze liegt in der Regel keine Vereinbarung von Baukosten im preisrechtlichen Sinn.[179]

82 **Übersteigen** die anrechenbaren Kosten aus der **Kostenberechnung** den Betrag der vereinbarten **Baukostenobergrenze**, sind die anrechenbaren Kosten nach den vom BGH[180] aufgestellten Grundsätzen auf den vereinbarten Betrag herabzusetzen.

---

176 Wie z. B. einer fehlerhaften Entwurfsplanung im Sinne der Anlage 10 zu § 34 Abs. 4, § 35 Abs. 7 HOAI, Leistungsphase 3, lit. a).

177 So erfolgen bspw. die „Verhandlungen über die Genehmigungsfähigkeit" im Sinne der Anlage 10 zu § 34 Abs. 4, § 35 Abs. 7 HOAI, Leistungsphase 3, lit. d), über die mangelhafte Entwurfsplanung.

178 BGH Urt. v. 23.1.2003 – VII ZR 362/01, BauR 2003, 566.

179 → Rn. 34.

180 Urt. v. 23.1.2003 – VII ZR 362/01, BauR 2003, 566.

Die vorstehenden Erwägungen lassen sich auf Honorarvereinbarungen im Sinne von **§ 4a S. 1 HOAI 1996** übertragen. Nach dieser Vorschrift konnten die Vertragsparteien abweichend von den vorgeschriebenen Honorarermittlungen schriftlich bei Auftragserteilung vereinbaren, dass das Honorar auf der Grundlage einer nachprüfbaren Ermittlung der voraussichtlichen Herstellungskosten nach der Kostenberechnung oder nach dem Kostenanschlag berechnet wird. 83

ff) Verhältnis der Obergrenzenrechtsprechung zur Malus-Regelung. Die Obergrenzenrechtsprechung des BGH wird nicht durch die erstmals mit der 6. HOAI-Novelle eingefügte Malus-Regelung[181] obsolet. Nach dieser Vorschrift kann für den Fall der Überschreitung einvernehmlich festgelegter anrechenbarer Kosten ein **Malus-Honorar** in Höhe von bis zu 5 Prozent des Honorars vereinbart werden (§ 7 Abs. 6 S. 3 HOAI). 84

Umstritten ist, ob die Malus-Regelung den Abschluss einer Baukostenvereinbarung nach § 6 Abs. 3 HOAI voraussetzt.[182] Diese Frage ist bislang nicht geklärt. Bejahendenfalls entfaltet die Malus-Regelung in der Praxis keine Bedeutung. § 6 Abs. 3 HOAI ist unwirksam.[183] 85

Haben die Parteien eine wirksame Malusregelung getroffen, dann regelt § 7 Abs. 6 S. 3 HOAI die *honorarrechtliche* Folge einer Kostenüberschreitung. Beschreiben die einvernehmlich festgelegten anrechenbaren Kosten aufgrund entsprechender Vereinbarung zugleich die Beschaffenheit des geschuldeten Werks, stehen § 7 Abs. 6 S. 3 HOAI und die als Folge der mangelhaften Leistung begründete Begrenzung der anrechenbaren Kosten selbständig **nebeneinander**. Die zivilrechtliche Haftung wird durch die Malus-Vereinbarung weder ausgeschlossen noch begründet.[184] Der Auftragnehmer darf seiner Abrechnung in diesem Fall nur die reduzierten anrechenbaren Kosten zugrunde legen. Anschließend darf der Auftraggeber das so abgerechnete Honorar um den vereinbarten Malus kürzen. Das Überschreiten der als Beschaffenheit vereinbarten Baukostenobergrenze führt seinerseits nicht automatisch zur Anwendbarkeit der Malus-Regelung. In der Vereinbarung einer vertragsrechtlichen Kostenobergrenze liegt keinesfalls stets eine (schlüssige) preisrechtliche Malus-Vereinbarung.[185] 86

Aus der amtlichen Begründung zu § 7 Abs. 7 S. 2 HOAI 2009 geht nicht hervor, dass der Verordnungsgeber mit der Malus-Regelung die Obergrenzenrechtsprechung des BGH verdrängen wollte.[186] Wegen ihrer Bezeichnung als „Sanktionsregelung"[187] und der Anknüpfung der Malus-Grenze an die Vertragsstrafen-Rechtsprechung des BGH[188] entsteht der Eindruck, als handele es sich bei der Malus-Regelung um eine Pönale im Sinne von § 341 BGB.[189] Die vom BGH vorgenommene Herabsetzung der anrechenbaren Kosten erfolgte nicht auf der Grundlage einer angenommenen Vertragsstrafe. Eine solche hatten die Parteien in dem vom BGH entschiedenen Fall nicht vereinbart. § 7 Abs. 6 S. 3 HOAI hat mit dem Honorar[190] außerdem eine andere Bezugsgröße als die Rechtsprechung des BGH, die auf die anrechenbaren Kosten und deren Begrenzung abstellt. Auch aus diesem Grund stehen die Malus-Regelung und die Obergrenzenrechtsprechung selbständig nebeneinander. Die Malus-Regelung kann deshalb aus der Sicht des Bestellers 87

---

181 § 7 Abs. 7 S. 2 HOAI 2009.

182 Bejahend: *Schwenker/Wessel* in Messerschmidt/Voit, Privates Baurecht, 2. Aufl. 2012, HOAI § 7 Rn. 25; ablehnend: *Deckers*, Bonus und Malus im Honorarrecht der Architekten und Ingenieure, ZfBR 2012, 315 (318).

183 → Rn. 35.

184 *Deckers* Fn. 175 ZfBR 2012, 315 (318).

185 *Deckers* Fn. 175 ZfBR 2012, 315 (318).

186 BR-Drs. 395/09, S. 166 f.

187 BR-Drs. 395/09, S. 166 f.

188 BR-Drs. 395/09, S. 166 f.

189 Die Einordnung als Vertragsstrafenregelung ist umstritten. Zum Meinungsstand *Deckers* Fn. 175 ZfBR 2012, 315 (319).

190 *Schwenker/Wessel* in Messerschmidt/Voit, Privates Baurecht, 2. Aufl. 2012, HOAI § 7 Rn. 26.

selbst bei maximaler Berücksichtigung von 5% zu ungünstigeren Ergebnissen führen als die Anwendung der Obergrenzen-Rechtsprechung.

88 Handelt es sich bei der Malus-Regelung um eine Vertragsstrafe, scheidet eine Anrechnung nach § 341 Abs. 2 BGB auf die infolge Herabsetzung der anrechenbaren Kosten entstehende Honorarkürzung aus. Die Honorarkürzung basiert nicht auf einem Schadensersatzanspruch.

89 Unter der Voraussetzung, dass die Vertragsparteien eine Baukostenobergrenze als Beschaffenheit des Werks vereinbart und gleichzeitig eine wirksame Malus-Regelung nach § 7 Abs. 6 S. 3 HOAI getroffen haben, führt die Anwendbarkeit der Obergrenzenrechtsprechung und der Malus-Regelung für den Besteller zu günstigen Ergebnissen. Die Parteien sollten, wenn sie eine Baukostenobergrenze als Beschaffenheit der Leistung vereinbaren, die Frage der Anwendung der Malus-Regelung und ihr Verhältnis zur Obergrenzenrechtsprechung im Vertrag klar und präzise regeln.

90 *gg) objektiv unmögliche Kostenobergrenze.* In der Praxis kommt es vor, dass eine Baukostenobergrenze als Beschaffenheit des Werks vereinbart wird, deren Einhaltung unter objektiven Gesichtspunkten mit Blick auf die übrigen Vereinbarungen des Vertrags, insbesondere zur sonstigen Beschaffenheit des Werks, nicht möglich ist. Eine solche Vereinbarung steht der **Wirksamkeit** des Vertrags mit Verweis auf § 311a Abs. 2 BGB nicht entgegen. Der Planer wird in solchen Fällen aber gemäß § 275 Abs. 1 BGB von seiner Leistungspflicht frei und verliert im Regelfall seinen Anspruch auf die Gegenleistung (§ 326 Abs. 1 BGB).

91 **Unmöglichkeit** im Sinne von § 311a BGB liegt vor, wenn das Werk nicht nur „nicht mangelfrei", sondern nicht einmal in seinen Grundzügen errichtet werden kann.[191] Weil die Planung und die Objektüberwachung auch bei Vereinbarung einer völlig unrealistischen Baukostenobergrenze als solches möglich bleiben, dürfte eine objektive Unmöglichkeit im Sinne von § 311a BGB in solchen Fällen die **Ausnahme** bilden.[192] Die Planer sollten die vom Auftraggeber vorgeschlagene Baukostenobergrenze sorgfältig auf ihre Umsetzbarkeit hin überprüfen, bevor sie als Beschaffenheit des Werks vereinbart wird. Andernfalls droht, mit Ausnahme von § 634 Nr. 4 BGB, nicht nur eine verschuldensunabhängige Haftung, sondern auch eine Herabsetzung des Honorars sowie die Kündigung des Vertrags.

92 Ob die Leistung objektiv unmöglich ist, unterliegt einer Prüfung im Einzelfall. Eine etwaige Unmöglichkeit, die Baukostenobergrenze einzuhalten, kann nicht losgelöst, sondern nur unter **Berücksichtigung der geschuldeten Qualitäten und Quantitäten** des Werks im Übrigen ermittelt werden. Viele Architekten- und Ingenieurverträge enthalten keine detaillierte Beschreibung des geschuldeten Werks. Dies erschwert die Feststellung der Unmöglichkeit erheblich. In solchen Fällen kann die sonstige Beschaffenheit des geschuldeten Werks im Wege der Auslegung auch durch die vereinbarten Baukosten bestimmt sein. Schuldet der Planer bspw. „ein Stück Turnhalle" und die Einhaltung sehr geringer Baukosten, dann darf der Auftraggeber nur eine Turnhalle erwarten, die minimalste qualitative und quantitative Anforderungen erfüllt. Denkbar ist auch, dass die Parteien die vereinbarte objektiv unmögliche Baukostenobergrenze später konkludent aufheben.

93 Der Besteller kann von dem Architekten im Fall der anfänglichen objektiven Unmöglichkeit nach seiner Wahl Schadensersatz statt der Leistung oder Ersatz seiner Aufwendungen in dem in § 284 BGB bestimmten Umfang verlangen (§ 311a Abs. 2 S. 1 BGB). Die Ersatzpflicht ist nach § 311a Abs. 2 S. 2 BGB ausgeschlossen, wenn der Schuldner, d. h. der Planer, das Leistungshindernis bei Vertragsschluss nicht kannte und seine Unkenntnis auch nicht zu vertreten hat. Die Mängelrechte aus **§ 634 BGB** finden im Fall der

[191] *Voit* in BeckOK BGB, 36. Ed. Stand 1.2.2015, § 631 Rn. 38; *Schwenker* in Erman BGB § 631 Rn. 14.

[192] Vgl. OLG Köln Urt. v. 14.6.1996 – 19 U 8/96, BauR 1997, 307 für den Fall der Nichtgenehmigungsfähigkeit einer Planung.

objektiven Unmöglichkeit **keine Anwendung**.[193] Nicht höchstrichterlich geklärt ist, ob es zur Anwendung des § 254 Abs. 1 BGB führt, wenn der Gläubiger Kenntnis von der Leistungsunmöglichkeit gehabt hat oder hätte haben können.[194]

d) Darlegungs- und Beweislast. Die Darlegungs- und Beweislast für die **Vereinbarung** einer Baukostenobergrenze als vertraglich geschuldete Beschaffenheit des Architektenwerks trägt der **Besteller**.[195] Derjenige, der Ansprüche aus einer Kostenobergrenze geltend macht, wie z. B. die Begrenzung der anrechenbaren Kosten, hat deren Vereinbarung zu beweisen.[196] Bei der Vereinbarung einer Baukostenobergrenze handelt es sich nicht um eine Vergütungsvereinbarung[197], für die abweichende Darlegungs- und Beweislastregeln gelten.[198] 94

Ist in einem schriftlichen Architektenvertrag ein Baukostenlimit nicht vereinbart, spricht die **Vermutung der Vollständigkeit und Richtigkeit der Privaturkunde** gegen eine solche Vereinbarung.[199] Diese Vermutung ist allerdings unter strengen Voraussetzungen widerlegbar, die Beweislast hierfür liegt beim Besteller.[200] Die Verpflichtung zur Einhaltung einer Baukostenobergrenze kann sich in solchen Fällen aus den Umständen, die eindeutig sein müssen, ergeben.[201] Für den Nachweis der Vereinbarung reichen deren Behauptung und die Angabe von Zeugen nicht aus, der Bauherr muss zum Zeitpunkt und zu den Umständen der Vereinbarung vortragen.[202] 95

Die Darlegungs- und Beweislast für die Vereinbarung einer **neuen**, **erhöhten** Baukostenobergrenze liegt auf Seiten des Architekten.[203] 96

Macht der Besteller **nach der Abnahme** Mängelansprüche geltend, dann ist er hinsichtlich aller Anspruchsvoraussetzungen und insbesondere bezüglich des Mangels darlegungs- und beweispflichtig, weil es sich um anspruchsbegründende Tatsachen handelt.[204] Ist das Werk **nicht abgenommen** und wendet sich der Besteller gegen einen Vergütungs- 97

---

193 *Voit* Fn. 85 BauR 2011, 1063 (1073 f.); *Voit* in BeckOK BGB, 36. Ed. Stand 1.2.2015, § 634 Rn. 5; *Sprau* in Palandt BGB Vorb. v. § 633 Rn. 7.

194 Für die Anwendung von § 254 BGB: *Ernst* in MüKoBGB § 311a Rn. 68; *Gehrlein* in BeckOK BGB, 36. Ed. Stand 1.8.2015, § 311a Rn. 9.

195 BGH Urt. v. 23.1.1997 – VII ZR 171/95, BauR 1997, 494; OLG Karlsruhe Urt. v. 24.7.2007 – 8 U 93/06, IBR 2008, 524 (Nichtzulassungsbeschwerde zurückgewiesen mit Beschl. d. BGH v. 19.6.2008 – VII ZR 172/07); *Kehrberg* in Motzke/Preussner/Kehrberg, Die Haftung des Architekten, 10. Aufl. 2015, Abschnitt N, Rn. 120.

196 OLG Stuttgart Urt. v. 30.3.2009 – 10 U 6/09, BauR 2010, 1260 (Nichtzulassungsbeschwerde zurückgewiesen mit Beschl. d. BGH v. 8.4.2010 – VII ZR 79/09); OLG Celle Urt. v. 28.9.2006 – 14 U 201/05, BauR 2008, 122; OLG Saarbrücken Urt. v. 25.5.2004 – 4 U 589/03, BauR 2005, 1957; *Koeble* in Kniffka/Koeble, Kompendium des Baurechts, 4. Aufl. 2014, 12. Teil, Rn. 797; offengelassen von OLG Saarbrücken Urt. v. 6.7.2011 – 1 U 408/09, BauR 2011, 1868.

197 OLG Stuttgart Urt. v. 30.3.2009 – 10 U 6/09, BauR 2010, 1260 (Nichtzulassungsbeschwerde zurückgewiesen mit Beschl. d. BGH v. 8.4.2010 – VII ZR 79/09).

198 BGH Urt. v. 4.10.1979 – VII ZR 319/78, BauR 1980, 84. Die Entscheidung befasst sich mit der Verteilung der Darlegungs- und Beweislast im Anwendungsbereich des § 632 Abs. 2 BGB und damit unter rein vergütungsrechtlichen Gesichtspunkten. Von dieser Rechtsprechung weicht das OLG Stuttgart mit seiner Entscheidung zur Verteilung der Darlegungs- und Beweislast im Fall der Pflichtverletzung entgegen eigener Darstellung deshalb nicht ab.

199 KG Urt. v. 10.3.2009 – 7 U 182/08, IBR 2010, 1104; OLG Saarbrücken Urt. v. 25.5.2004 – 4 U 589/03, BauR 2005, 1957.

200 KG Urt. v. 7.4.2014 – 22 U 86/13, IBR 2014, 3981; KG Urt. v. 10.3.2009 – 7 U 182/08, IBR 2010, 1104; OLG Saarbrücken Urt. v. 25.5.2004 – 4 U 589/03, BauR 2005, 1957.

201 OLG Karlsruhe Urt. v. 24.7.2007 – 8 U 93/06, IBR 2008, 524 (Nichtzulassungsbeschwerde zurückgewiesen mit Beschl. d. BGH v. 19.6.2008 – VII ZR 172/07).

202 OLG Hamburg Urt. v. 19.12.2008 – 12 U 16/06, IBR 2011, 470 (Nichtzulassungsbeschwerde zurückgewiesen mit Beschl. d. BGH v. 23.3.2011 – VII ZR 9/09).

203 BGH Urt. v. 13.2.2003 – VII ZR 395/01, BauR 2003, 1061.

204 *Schwenker* in Erman BGB § 634 Rn. 18.

anspruch des Unternehmers, muss der Besteller lediglich dartun, dass ein Mangel besteht oder das Werk unvollständig ist.[205] Anschließend ist es Sache des Werkunternehmers darzulegen und zu beweisen, dass sein Werk nicht mit Mängeln behaftet ist und die erbrachte Leistung nicht hinter der vertraglich geschuldeten zurückbleibt.[206]

98 Auch bei Mängeln des Architektenwerks hat der Besteller den Mangel nur nach den Grundsätzen der **Symptomrechtsprechung** darzulegen und dabei zur vertraglich vereinbarten Beschaffenheit und zur Abweichung hiervon vorzutragen.[207] Liegt der Mangel in der Überschreitung der Baukostenobergrenze, muss der Besteller den Abschluss einer Beschaffenheitsvereinbarung beweisen, die als Obergrenze vereinbarten Baukosten angeben und die voraussichtlichen bzw. tatsächlichen Baukosten darlegen und beweisen. Für letzteres kann der Besteller auf vorhandene Kostenermittlungen oder Kostenkontrollergebnisse zurückgreifen.

99 Verlangt der Auftraggeber **Schadensersatz**, muss er die Pflichtverletzung, den Schaden und den kausalen Zusammenhang zwischen den beiden Tatbestandsmerkmalen darlegen und beweisen.[208] Letzteres erfordert den Nachweis, dass er das Bauvorhaben bei rechtzeitiger bzw. zutreffender Information über die Kostenentwicklung anders oder gar nicht weitergeführt hätte. Dass der Besteller hierbei zum Teil einen hypothetischen Ablauf, nämlich die nicht getroffenen Entscheidungen zur Gestaltung des Bauvorhabens bei früherer Information über die voraussichtlichen Kosten, nachzuweisen hat, ändert nichts daran, dass er spezifiziert vortragen und den Beweis hierfür erbringen muss.[209] Auf einen typischen Geschehensablauf kann sich der Auftraggeber nicht berufen. Seine Entscheidung hängt so weitgehend von seinen persönlichen Wünschen und Vorstellungen einerseits sowie seinen finanziellen Möglichkeiten und sonstigen Umständen andererseits ab, dass kein Erfahrungsurteil als Grundlage der Vermutung möglich ist.[210] Er muss darlegen und beweisen, welche Gewerke er kostengünstiger gestaltet oder nicht durchgeführt hätte, während der Architekt vortragen muss, inwieweit aus technischer Sicht kosteneinsparende Gestaltungen möglich oder nicht möglich gewesen wären.[211]

99a Das Verschulden des Planers wird vermutet (§ 280 Abs. 1 BGB). Der Planer muss darlegen und beweisen, dass er die Pflichtverletzung nicht zu vertreten hat.[212]

100 Der Auftraggeber ist für die Höhe des Schadens beweispflichtig. Die Höhe des Schadens kann ggf. nach § 287 ZPO geschätzt werden.[213] Die Darlegungs- und Beweislast hinsichtlich der dem Besteller aus der Baukostenüberschreitung **entstehenden Vorteile** liegt dagegen beim Planer.[214] Dies entspricht der allgemeinen Rechtslage. Die Beweislast für die Voraussetzungen der Vorteilsausgleichung trägt der Schädiger.[215] Vorteile, die der Auftraggeber dadurch erlangt hat, dass er die Herstellungskosten steuerlich abgesetzt hat, muss jedoch der Auftraggeber beweisen.[216]

---

205 BGH Urt. v. 24.11.1998 – X ZR 21/96, NJW-RR 1999, 347.

206 BGH Urt. v. 24.11.1998 – X ZR 21/96, NJW-RR 1999, 347; *Schwenker* in Erman BGB § 634 Rn. 18; *Kehrberg* in Motzke/Preussner/Kehrberg, Die Haftung des Architekten, 10. Aufl. 2014, Abschnitt N, Rn. 120.

207 BGH Urt. v. 18.9.1997 – VII ZR 300/96, BauR 1997, 1065.

208 *Unberath* in BeckOK BGB, 36. Ed. Stand 1.3.2011, § 280 Rn. 78.

209 BGH Urt. v. 23.1.1997 – VII ZR 171/95, BauR 1997, 494.

210 BGH Urt. v. 23.1.1997 – VII ZR 171/95, BauR 1997, 494.

211 BGH Urt. v. 21.5.2015 – VII ZR 190/14 Rn. 27, MDR 2015, 824.

212 *Unberath* in BeckOK BGB, 36. Ed. Stand 1.3.2011, § 280 Rn. 95; *Ernst* in MüKoBGB § 280 Rn. 31.

213 *Unberath* in BeckOK BGB, 36. Ed. Stand 1.3.2011, § 280 Rn. 78; *Ernst* in MüKoBGB § 280 Rn. 142.

214 *Kaufmann* Fn. 59 BauR 2011, 1387 (1397).

215 *Schubert* in BeckOK BGB, 36. Ed. Stand 1.3.2011, § 249 Rn. 116; *Oetker* in MüKoBGB § 249 Rn. 279.

216 BGH Urt. v. 11.11.2004 – VII ZR 128/03, BauR 2005, 400.

101 Die Beweislast für die tatsächlichen Voraussetzungen des **wichtigen Grunds zur Kündigung** liegt beim Auftraggeber.[217] Hat der Auftraggeber den Vertrag wirksam aus wichtigem Grund gekündigt und verlangt der Planer die Vergütung der bisher erbrachten Leistungen, obliegt es dem Planer darzulegen und zu beweisen, dass die erbrachten Leistungen, unabhängig von der durch die Kündigung veranlassten Unvollständigkeit, mangelfrei sind.[218] Ist die Werkleistung mangelfrei erbracht, kann der Auftraggeber einwenden, dass die Leistung unabhängig von ihrer Mangelfreiheit für ihn nicht brauchbar oder ihre Verwertung nicht zumutbar ist, was er im Streitfall zu beweisen hat.[219]

III. Aufklärungs-, Beratungs- und sonstige Pflichten

1. Einseitige Kostenvorstellungen

102 Ein Architekt ist im Sinne einer allgemeinen Beratungspflicht verpflichtet, auch in den Fällen, in denen die Parteien eine Kostenobergrenze nicht als Beschaffenheit des Architektenwerks vereinbart haben, die ihm bekannten **Kostenvorstellungen** des Auftraggebers bei seiner Planung zu berücksichtigen. Solche Kostenvorstellungen muss er grundsätzlich im Rahmen der Grundlagenermittlung erfragen. Der Architekt ist bereits in diesem Planungsstadium gehalten, den wirtschaftlichen Rahmen für ein Bauvorhaben abzustecken. Dies gilt insbesondere gegenüber einem privaten Auftraggeber. Der Architekt verletzt regelmäßig seine Vertragspflichten, wenn er ohne verlässliche Kenntnis von den wirtschaftlichen Möglichkeiten des privaten Auftraggebers die Planung eines Wohnhauses vornimmt. Er muss diese Möglichkeiten aufklären und darf nicht ohne Rücksicht auf die finanziellen Verhältnisse des privaten Auftraggebers planen.[220]

103 Die vom Auftraggeber im Rahmen der **Grundlagenermittlung** dem Architekten gegenüber zum Ausdruck gebrachten **Kostenvorstellungen** sind in dem Sinne verbindlich, dass sie vorbehaltlich einer Änderung den Planungsrahmen bestimmen und jedenfalls dann regelmäßig zum Vertragsinhalt werden, wenn der Architekt ihnen nicht widerspricht. Sie sind insbesondere dann beachtlich, wenn der Architekt erklärt, das schaffe er schon.[221]

104 Erklärt der Auftraggeber, die Baukosten sollen **maximal** einen bestimmten Betrag nicht überschreiten, bringt er damit die einzuhaltende Kostenvorstellung ausreichend zum Ausdruck. Die Kostenvorstellung muss **nicht zwingend vom Auftraggeber selbst** geäußert werden. Es kann ausreichen, dass diese Kostenvorstellungen von den am Aufklärungsgespräch mit dem Architekten beteiligten Familienmitgliedern geäußert werden und der Auftraggeber ihnen nicht widerspricht oder anderweitig zum Ausdruck bringt, dass dies auch seine Vorstellungen sind. Entscheidend sind die jeweiligen Umstände des Einzelfalls.[222] Die Mitteilung von Kostenvorstellungen sollte zu **Beweiszwecken** durch schriftliche Mitteilung[223] oder in Anwesenheit von Zeugen erfolgen.

105 Der Auftraggeber sollte zur Vermeidung von Unsicherheiten auf eine „**circa**"-Angabe verzichten und einen festen Betrag benennen. Enthält die Kostenvorstellung eine „circa"-Angabe, dann ist diese Bausumme zwar ebenfalls beachtlich, aber nur insoweit, als sie „ungefähr" einzuhalten ist. Zweifel über den Grenzbereich der vom Auftraggeber noch hingenommenen Herstellungskosten muss der Architekt ausräumen. Hält sich die Kostenschätzung im Rahmen der „circa"-Angabe, darf der Architekt nach einem entsprech-

---

[217] *Busche* in MüKoBGB § 649 Rn. 32; *Sprau* in Palandt BGB § 649 Rn. 14; zur alten Rechtslage BGH Urt. v. 10.5.1990 – VII ZR 45/89, BauR 1990, 632.

[218] BGH Urt. v. 5.6.1997 – VII ZR 124/96, BauR 1997, 1060.

[219] BGH Urt. v. 5.6.1997 – VII ZR 124/96, BauR 1997, 1060.

[220] BGH Urt. v. 21.3.2013 – VII ZR 230/11 Rn. 9, BauR 2013, 1143.

[221] BGH Urt. v. 21.3.2013 – VII ZR 230/11 Rn. 10, BauR 2013, 1143.

[222] BGH Urt. v. 21.3.2013 – VII ZR 230/11 Rn. 10, BauR 2013, 1143.

[223] *Kesselring*, Anmerkung zu BGH Urt. v. 21.3.2013 – VII ZR 230/11, NJW 2013, 1593 (1595).

enden Hinweis auf die Problematik des Kostenrahmens regelmäßig darauf vertrauen, dass der Auftraggeber den in den Kostenermittlungen dargestellten Herstellungskosten widerspricht und seine bislang noch unpräzise Angabe verdeutlicht. Ist das nicht der Fall, darf der Architekt die weitere Planung auf der Grundlage der Kostenschätzung entwickeln. Gleiches gilt für die Kostenberechnung, wenn bis dahin nicht bereits der Vertragsinhalt auch hinsichtlich der Herstellungskosten festgelegt ist.[224]

106 Bei **erweiterten Planungswünschen** muss der Architekt die Kostenvorstellungen des Auftraggebers im Blick haben und ihn darauf **hinweisen**, dass sie den vorgegebenen Rahmen verlassen.[225] Führen Änderungswünsche des Auftraggebers zur Überschreitung seiner Kostenvorstellungen, die dem Architekten bekannt sind, ist der Architekt verpflichtet, seinen Auftraggeber über die Kostenerhöhung aufzuklären.[226] In Ausnahmefällen kann die Aufklärungspflicht entfallen, wenn der Besteller positive Kenntnis von den aufzuklärenden Umständen hat und auch in der Lage ist, die Konsequenzen für die weitere Planung und Durchführung des Bauvorhabens selbständig zu erkennen, so dass er einer Beratung durch den Architekten nicht bedarf.[227]

107 Die einseitige Äußerung einer Kostenvorstellung und die beidseitige Vereinbarung einer Kostenobergrenze als Beschaffenheit des Werks sind wegen der unterschiedlichen Anspruchsgrundlagen, Anspruchsvoraussetzungen und Rechtsfolgen **streng** voneinander zu **trennen**.[228] Ob und wie die einseitigen Kostenvorstellungen als vertraglich geschuldete Beschaffenheit des Architektenwerks vereinbart worden sind, muss im Einzelfall geprüft werden.[229] Der Übergang von einer Kostenvorstellung zu einer Beschaffenheitsvereinbarung ist fließend. Ob noch eine einseitige Kostenvorstellung oder schon eine beidseitige Beschaffenheitsvereinbarung vorliegt, richtet sich nach den Umständen des Einzelfalls.

2. Wirtschaftlichkeit der Leistung und übermäßiger Aufwand

108 Nach § 3 Abs. 4 HOAI ist die **„Wirtschaftlichkeit der Leistung“** stets zu beachten. Bei der Norm handelt sich um eine rein preisrechtliche Vorschrift.[230] Der Auftraggeber kann sich auf eine Verletzung dieser Pflicht durch den Planer und ihm zustehende vertragsrechtliche Ansprüche nur dann berufen, wenn die Parteien die Pflicht zur Beachtung der Wirtschaftlichkeit der Leistung entweder durch eine ausdrückliche Klausel oder durch eine entsprechende Bezugnahme auf § 3 Abs. 4 HOAI zum Inhalt des Vertrags gemacht haben.

109 Eine Vereinbarung mit Bezug auf oder im Sinne von § 3 Abs. 4 HOAI ist aber weder sinnvoll noch erforderlich. § 3 Abs. 4 HOAI ist unklar formuliert. Die Verwendung des Begriffs „Leistung“ und die systematische Stellung von § 3 Abs. 4 HOAI lassen die Auslegung zu, dass der Auftragnehmer in Bezug auf seine *Tätigkeit* keinen unwirtschaftlichen Aufwand betreiben darf. Das vom Auftragnehmer abzuliefernde *Werk* wäre mit dieser Auslegung von der Norm nicht erfasst. Dem Besteller wird es jedoch in aller Regel gerade auf die Wirtschaftlichkeit des abzuliefernden Werks ankommen. Weil die HOAI dem Auftragnehmer grundsätzlich ein aufwandsunabhängiges Honorar gewährt[231], wird der

224 BGH Urt. v. 21.3.2013 – VII ZR 230/11 Rn. 10, BauR 2013, 1143.

225 BGH Urt. v. 21.3.2013 – VII ZR 230/11 Rn. 11, BauR 2013, 1143.

226 BGH Urt. v. 24.6.1999 – VII ZR 196/98, BauR 1999, 1319.

227 BGH Urt. v. 11.11.2004 – VII ZR 128/03, BauR 2005, 400.

228 BGH Urt. v. 23.1.1997 – VII ZR 171/95, BauR 1997, 494; so auch *Kesselring*, Fn. 216, NJW 2013, 1593 (1595), wonach Kostenvorstellungen Leistungspflichten und Haftungsrisiken „jenseits einer ausdrücklich übernommenen Baukostengarantie oder einer ausdrücklich vereinbarten Baukostenobergrenze als Beschaffenheit der Architektenleistung auslösen“ können; *Schwenker/Wessel* in Messerschmidt/Voit, Privates Baurecht, 2. Aufl. 2012, HOAI § 3 Rn. 14.

229 BGH Urt. v. 23.1.1997 – VII ZR 171/95, BauR 1997, 494.

230 *Koeble* in Locher/Koeble/Frik, Kommentar zur HOAI, § 3 Rn. 24.

231 BGH Urt. v. 27.2.2003 – VII ZR 11/02, BauR 2003, 745.

Auftragnehmer zudem schon im eigenen Interesse darauf achten, dass Aufwand und Ertrag in einem angemessenen Verhältnis stehen. Regelungsgegenstand von § 3 Abs. 4 HOAI dürfte deshalb trotz der unklaren Formulierung das abzuliefernde Werk sein. Die Aufnahme einer solchen Leistungspflicht in die HOAI wird von der Ermächtigungsgrundlage jedoch nicht gedeckt[232] und ist auch nicht erforderlich.

Ein **Mangel** mit den einschlägigen Rechtsfolgen kann nach Ansicht des BGH vorliegen, wenn die Planung zwar technisch funktionstauglich ist, der Auftragnehmer gemessen an der vertraglichen Leistungsverpflichtung jedoch einen **übermäßigen Aufwand** betreibt.[233] Diese Formulierung ist missverständlich. Gemeint ist die Unwirtschaftlichkeit des **fertigen Werks**, nicht der Tätigkeit des Auftragnehmers.[234] Nach Ansicht des BGH ist ein Vertrag über eine Planungsleistung regelmäßig dahingehend auszulegen, dass die Planung einen übermäßigen, nach den Umständen und insbesondere den Anforderungen der Technik unnötigen Aufwand vermeiden soll. Sowohl der Architekt als auch der Ingenieur haben im Rahmen der vertraglichen Vereinbarung wirtschaftlich-finanzielle Gesichtspunkte ihres Auftraggebers zu beachten. Es gibt zwar keine Verpflichtung für den Planer, in jeder Hinsicht die allgemeinen Vermögensinteressen des Auftraggebers wahrzunehmen und unter Berücksichtigung aller Möglichkeiten so kostengünstig wie möglich zu bauen. Der Planer hat aber im Rahmen der Wahrnehmung seiner vertraglichen Pflichten auf die wirtschaftlichen Vorgaben und Belange des Bauherrn Rücksicht zu nehmen. Bei Beachtung dieser Vorgaben kommt nur im Ausnahmefall lediglich eine bestimmte Planungslösung in Betracht. Regelmäßig ist eine Vielzahl von denkbaren Varianten innerhalb der Vorgaben, Gegebenheiten und Anforderungen vertretbar. Der Planer hat innerhalb der gezogenen Grenzen ein planerisches Ermessen. Dieses entbindet ihn aber nicht davon, bei der Planung die wirtschaftlichen Interessen des Auftraggebers im Auge zu behalten und darauf zu achten, dass **kein übermäßiger, nicht erforderlicher Aufwand** betrieben wird.[235] 110

Gemeinden unterliegen aus kommunalrechtlichen Gründen einem **besonderen Wirtschaftlichkeitsgebot**. Sind sie dazu für die Durchführung der zu planenden Maßnahmen auf Fördermittel angewiesen, dann muss der Planer bei seiner Planung nicht nur wie jeder Planer übermäßigen, unnötigen Aufwand vermeiden, sondern in besonderem Maße die Finanzierbarkeit der zu planenden Maßnahmen für die Gemeinde im Blick behalten. Eine Planungsleistung kann deshalb mangelhaft sein, wenn ein Landschaftsarchitekt in Bezug auf den Überschwemmungsschutz ein über die anerkannten Regeln der Technik hinausgehendes, höheres Sicherheitsniveau plant, dieser Schutz erheblich höhere Kosten verursacht als eine den anerkannten Regeln der Technik entsprechende Planung und dieser Umstand dem weiteren Leistungsziel, die Kostenbelastung der Gemeinde gering zu halten, zuwiderläuft. Der Planer muss vor Ausarbeitung der Entwurfsplanung klären, ob die Gemeinde dem Ziel des Überschwemmungsschutzes oder dem der Kostenbegrenzung durch Beschränkung der Maßnahmen auf den notwendigen Umfang größeres Gewicht beimisst.[236] 110a

Einen übermäßigen und nicht erforderlichen Aufwand betreibt der Statiker, wenn er abweichend von der vertraglich vereinbarten **Betongüteklasse** B 35 mit der Betongüteklasse B 45 plant und die Verwendung der Betongüteklasse B 45 weder aus technischen

---

232 *Rath* in Pott/Dahlhoff/Kniffka/Rath, Kommentar zur HOAI, § 3 Rn. 65.

233 Betreffend das Werk eines Ingenieurs: BGH Urt. v. 9.7.2009 – VII ZR 130/07 Rn. 7, BauR 2009, 1611; betreffend das Werk eines Architekten: BGH Urt. v. 22.1.1998 – VII ZR 259/96, BauR 1998, 254.

234 Dafür spricht folgende Formulierung in der Entscheidung vom 22.1.1998 – VII ZR 259/96, BauR 1998, 254: „Ferner mußte sich das Berufungsgericht mit dem Vortrag auseinandersetzen, der Kläger habe pflichtwidrig bei der Wärmedämmung und der Dachkonstruktion überflüssigen Aufwand getrieben."

235 BGH Urt. v. 9.7.2009 – VII ZR 130/07 Rn. 7 ff., BauR 2009, 1611.

236 OLG Brandenburg Urt. v. 14.1.2015 – 4 U 27/13, BauR 2015, 721.

noch aus statischen Gründen erforderlich ist.[237] Gleiches gilt für den Fall eines **überdimensionierten Fundaments** und dadurch entstandene Mehrkosten.[238]

111 Ein Mangel des Architektenwerks liegt außerdem vor, wenn eine **Optimierung der Nutzbarkeit**, wie z. B. in Bezug auf das Verhältnis von Nutzflächen zu Verkehrsflächen, geschuldet, aber nicht erreicht wird.[239]

3. Sonstige Beratungspflichten

112 Neben den Pflichten im Zusammenhang mit den Kostenvorstellungen des Auftraggebers und der Wirtschaftlichkeit der Leistung muss der Architekt den Auftraggeber über etwaige Kostenmehrungen **informieren**.[240] Darüber hinaus muss der Architekt den Auftraggeber zutreffend über die voraussichtlichen Baukosten **beraten**.[241]

4. Rechtsfolgen

113 Hat der Auftraggeber **einseitig** eine **Kostenvorstellung** geäußert, dann stehen dem Auftraggeber wegen einer Überschreitung der Kostenvorstellung nicht die Mängelrechte aus § 634 BGB zu. Der Auftraggeber kann aber unter den Voraussetzungen der §§ 241 Abs. 2, 280 ff. BGB **Schadensersatzansprüche** gegen den Auftragnehmer geltend machen.[242] Eine Herabsetzung der anrechenbaren Kosten auf die als Kostenvorstellung genannte Summe kommt nicht in Betracht, weil die Bausumme nicht als Beschaffenheit vereinbart wurde.

114 Missachtet der Architekt die ihm bekannten einseitigen Kostenvorstellungen bei seiner Planung, dann können die Voraussetzungen eines vom Architekten zu vertretenden wichtigen Grundes vorliegen, der den Auftraggeber berechtigt, den Vertrag zu **kündigen**.[243] Dasselbe gilt, wenn der Architekt den Auftraggeber nicht über Kostenmehrungen informiert.[244]

115 Unberührt bleiben Ansprüche des Auftraggebers wegen mangelhafter Leistung, wenn der Auftragnehmer einen vereinbarten Teilerfolg, wie z. B. das Klären der Aufgabenstellung auf Grundlage der Vorgaben oder der Bedarfsplanung des Auftraggebers[245], das Analysieren der Grundlagen[246] oder das Abstimmen der Zielvorstellungen[247], nicht wie geschuldet erbringt[248], weil er es unterlassen hat, den wirtschaftlichen Rahmen in der Grundlagenermittlung oder in der Vorplanung abzustecken.[249]

116 Betreibt der Planer gemessen an der vertraglichen Leistungsverpflichtung einen **übermäßigen, nicht erforderlichen Aufwand**, dann ist sein Werk **mangelhaft**.[250] In diesem Fall stehen dem Besteller die Mängelrechte aus §§ 634 ff. BGB zu.[251] Auch eine Kündigung des Vertrags aus wichtigem Grund kommt unter den maßgeblichen Voraussetzun-

[237] BGH Urt. v. 9.7.2009 – VII ZR 130/07 Rn. 10, BauR 2009, 1611.

[238] BGH Urt. v. 9.7.2009 – VII ZR 130/07 Rn. 9, BauR 2009, 1611 m. w. a. BGH Urt. v. 6.7.1964 – VII ZR 88/63, VersR 1964, 1045.

[239] BGH Urt. v. 22.1.1998 – VII ZR 259/96, BauR 1998, 254.

[240] BGH Urt. v. 21.5.2015 – VII ZR 190/14 Rn. 22, MDR 2015, 824; BGH Urt. v. 24.6.1999 – VII ZR 196/98, BauR 1999, 1319.

[241] BGH Beschl. v. 7.2.2013 – VII ZR 3/12 Rn. 10, BauR 2013, 982.

[242] Zu den Voraussetzungen des Schadensersatzanspruchs → Rn. 47 ff., zur Darlegungs- und Beweislast → Rn. 99 ff.

[243] BGH Urt. v. 24.6.1999 – VII ZR 196/98, BauR 1999, 1319; zu den Voraussetzungen der Kündigung aus wichtigem Grund → Rn. 55 ff., zur Darlegungs- und Beweislast → Rn. 101.

[244] BGH Urt. v. 24.6.1999 – VII ZR 196/98, BauR 1999, 1319.

[245] Anlage 10 zu § 34 Abs. 4, § 35 Abs. 7 HOAI, Leistungsphase 1, lit. a).

[246] Anlage 10 zu § 34 Abs. 4, § 35 Abs. 7 HOAI, Leistungsphase 2, lit. a).

[247] Anlage 10 zu § 34 Abs. 4, § 35 Abs. 7 HOAI, Leistungsphase 2, lit. b).

[248] BGH Urt. v. 24.6.2004 – VII ZR 259/02, BauR 2004, 1640.

[249] BGH Urt. v. 21.3.2013 – VII ZR 230/11, BauR 2013, 1143.

[250] BGH Urt. v. 9.7.2009 – VII ZR 130/07, BauR 2009, 1611.

[251] → Rn. 43 ff.

gen[252] in Betracht. Führt der übermäßige Aufwand zu Mehrkosten, beispielsweise infolge Stahlmehrverbrauchs, dann kann der Auftraggeber die durch die pflichtwidrige Planung entstehenden Mehrkosten als Schaden geltend machen.[253]

Dem Auftraggeber kann aus der **Falschberatung** über die voraussichtlichen Baukosten ein **Schaden** entstehen. Der Architekt ist zum Ersatz dieses Schadens verpflichtet. Grundlage für den Schadensersatzanspruch sind die §§ 241 Abs. 2, 280 ff. BGB.[254] Für die Schadensberechnung muss die Vermögenslage mit und ohne die Falschberatung verglichen werden.[255] Hat der Auftraggeber durch die Pflichtverletzung auch einen Vorteil erhalten, muss er sich diesen Vorteil anrechnen lassen.[256] 117

5. Darlegungs- und Beweislast

Behauptet der Auftraggeber, dem Architekten eine bestimmte Obergrenze für die Baukosten **einseitig vorgegeben** zu haben, ohne dass die Obergrenze eine Beschaffenheitsvereinbarung bildet, trifft den Architekten nach Ansicht des OLG München die **Beweislast** dafür, dass eine solche Vorgabe nicht besteht oder die Obergrenze höher lag.[257] 118

Aus *vergütungsrechtlicher* Sicht ist dieser Auffassung zu folgen. Sie entspricht insoweit der Rechtsprechung des BGH. Der einen taxmäßigen oder üblichen Werklohn fordernde Unternehmer muss die Behauptung des Bestellers widerlegen, es sei ein fester geringerer Werklohn vereinbart. Gelingt ihm das nicht, so steht ihm Werklohn nur in der vom Besteller als vereinbart behaupteten Höhe zu. Dasselbe gilt, wenn zwar kein bestimmter Werklohn ausgehandelt worden ist, vom Besteller jedoch die Vereinbarung eines Merkmals behauptet wird, nach dem sich der taxmäßige oder übliche Werklohn gem. § 632 Abs. 2 BGB errechnet. „Bestimmt" im Sinne dieser Vorschrift ist die Vergütung nicht nur, wenn ihr Betrag beziffert ist. Es genügt vielmehr, dass der Vertrag die Maßstäbe angibt, nach denen sich die Vergütung berechnen lässt. Das ist bei Architektenverträgen u.a. die Bausumme. Gelingt es dem Unternehmer nicht, eine derartige Behauptung des Bestellers zu widerlegen, so errechnet sich sein Werklohn unter Zugrundelegung des als vereinbart behaupteten Merkmals.[258]

Anders liegt die Darlegungs- und Beweislast, wenn der Auftraggeber vom Architekten **Schadensersatz** wegen der Verletzung einer vertraglichen Pflicht aufgrund Überschreitung einseitig geäußerter Kostenvorstellungen oder einseitiger Kostenvorgaben verlangt. Dann bleibt es bei den allgemeinen Beweisgrundsätzen.[259] Der Auftraggeber muss die Kostenvorgabe, die Pflichtverletzung, den Schaden und die Ursächlichkeit beweisen. Die zum Honorarrecht ergangene Rechtsprechung des BGH und des OLG München finden in diesem Fall keine Anwendung.

Die Aufklärungspflichtverletzung muss **ursächlich** für den entstandenen Schaden sein. Für die Ursächlichkeit ist der Auftraggeber darlegungs- und beweispflichtig.[260] An der Ursächlichkeit fehlt es, wenn sich der Auftraggeber nach der gebotenen Aufklärung nicht anders verhalten hätte. Letzteres folgt nicht allein daraus, dass der Auftraggeber in Kenntnis von Kostensteigerungen die Bauunternehmer beauftragt. Auch aus dem Umstand, 119

---

252 → Rn. 56 ff.

253 BGH Urt. v. 9.7.2009 – VII ZR 130/07 Rn. 10, BauR 2009, 1611.

254 Zu den Voraussetzungen des Schadensersatzanspruchs → Rn. 47 ff., zur Darlegungs- und Beweislast → Rn. 99 ff.

255 BGH Beschl. v. 7.2.2013 – VII ZR 3/12 Rn. 16, BauR 2013, 982.

256 → Rn. 49 ff.

257 Urt. v. 11.10.1995 – 27 U 12/95, BauR 1996, 417; *Korbion* in Korbion/Mantscheff/Vygen, Honorarordnung für Architekten und Ingenieure, § 33 Rn. 45.

258 BGH Urt. v. 4.10.1979 – VII ZR 319/78, BauR 1980, 84; zu der Frage, ob eine als Beschaffenheit vereinbarte Bausumme gleichzeitig als Honorarvereinbarung gilt → Rn. 34.

259 *Koeble* in Kniffka/Koeble, Kompendium des Baurechts, 4. Aufl. 2014, 12. Teil, Rn. 797.

260 BGH Urt. v. 23.1.1997 – VII ZR 171/95, BauR 1997, 494; OLG Oldenburg Urt. v. 15.1.2013 – 2 U 49/12, BauR 2013, 1712.

dass der Besteller ihm deutlich werdenden Kostensteigerungen nicht widerspricht und das Bauvorhaben fortführen lässt, kann nicht geschlossen werden, dass er das Bauvorhaben in Kenntnis der hohen Kosten auch begonnen hätte. Es bedarf einer Abwägung der gesamten Umstände. Bei fortschreitendem Bauvorhaben kann ein wirtschaftlicher Zwang bestehen, das Bauvorhaben trotz steigender Kosten fortzuführen.[261]

120 Zum **Nachweis** der **Kausalität** kann sich der Auftraggeber nicht auf die Rechtsprechung des BGH zu Beweiserleichterungen für denjenigen berufen, der einen anderen wegen dessen besonderer Sachkunde um Rat fragt. Wie sich ein Bauherr, der von seinem Architekten pflichtgemäß über die Höhe der zu erwartenden Baukosten aufgeklärt wird, verhält, entzieht sich jeder typisierenden Betrachtung. Die Entscheidung des Bauherrn hängt so weitgehend von seinen persönlichen Wünschen und Vorstellungen einerseits sowie seinen finanziellen Möglichkeiten und sonstigen Umständen andererseits ab, dass kein Erfahrungsurteil als Grundlage einer Vermutung möglich ist.[262]

IV. Kostenermittlungen

1. Grundleistungen gemäß HOAI vereinbaren

121 Vereinbaren die Parteien, dass der Planer die in der HOAI beschriebenen Grundleistungen zu erbringen hat, dann ist der Planer zur Vorlage verschiedener Kostenermittlungen bzw. zur Mitwirkung daran verpflichtet.

122 Bei einer an den Leistungsphasen des Leistungsbilds „Gebäude und raumbildende Ausbauten“ und des Leistungsbilds „Freianlagen“ orientierten vertraglichen Vereinbarung schuldete der Architekt bis einschließlich der 6. Novellierung der HOAI im Jahr 2009 das Erstellen einer **Kostenschätzung** (Leistungsphase 2), einer **Kostenberechnung** (Leistungsphase 3), eines **Kostenanschlags** (Leistungsphase 7) und einer **Kostenfeststellung** (Leistungsphase 8). Gleiches galt, mit Ausnahme des Kostenanschlags, bei einer an den Leistungsphasen der Leistungsbilder „Ingenieurbauwerke“ und „Verkehrsanlagen“ orientierten vertraglichen Vereinbarung. In den Leistungsbildern „Tragwerksplanung“ und „Technische Ausrüstung“ war lediglich ein Mitwirken der Fachplaner an den Kostenermittlungen genannt.

123 Mit der 7. Novellierung der HOAI im Jahr 2013 wurden die Leistungsbilder überarbeitet. Von dieser Überarbeitung sind auch die Kostenermittlungen betroffen. Das Erstellen eines Kostenanschlags wird in der HOAI 2013 nicht mehr erwähnt. Stattdessen hat der Architekt in der Leistungsphase 6 des Leistungsbilds „Gebäude und Innenräume“ die Kosten auf der Grundlage der von ihm **bepreisten Leistungsverzeichnisse** zu ermitteln.[263] Entsprechendes gilt in den Leistungsbildern „Freianlagen“[264], „Ingenieurbauwerke“[265], „Verkehrsanlagen“[266] und „Technische Ausrüstung“.[267] Die drei übrigen Kostenermittlungen sind weiterhin als Grundleistung geregelt.

124 Im Leistungsbild „Technische Ausrüstung“ war bis einschließlich der HOAI 2009 das „Mitwirken“ an den Kostenermittlungen erwähnt. Diese Beschränkung ist in der HOAI 2013 entfallen.[268] Das Leistungsbild „Tragwerksplanung“ listet als Grundleistungen in

---

[261] BGH Urt. v. 11.11.2004 – VII ZR 128/03, BauR 2005, 400.
[262] BGH Urt. v. 23.1.1997 – VII ZR 171/95, BauR 1997, 494.
[263] Anlage 10 zu § 34 Abs. 4, § 35 Abs. 7, Leistungsphase 6 lit. d).
[264] Anlage 11 zu § 39 Abs. 4, § 40 Abs. 5, Leistungsphase 6 lit. e).
[265] Anlage 12 zu § 43 Abs. 4, § 48 Abs. 5, Leistungsphase 6 lit. e).
[266] Anlage 13 zu § 47 Abs. 2, § 48 Abs. 5, Leistungsphase 6 lit. e).
[267] Anlage 15 zu § 55 Abs. 3, § 56 Abs. 3, Leistungsphase 6 lit. d).
[268] In der amtlichen Begründung, BR-Drs. 334/13, S. 200, heißt es hierzu: „Die bisherige Beschränkung der Grundleistung des Fachplaners der Technischen Ausrüstung auf ein ‚Mitwirken‘ wurde bei der Beschreibung des Leistungsbilds in den einzelnen Leistungsphasen aufgegeben. In der Vergangenheit war das Leistungsbild darauf ausgerichtet, dass der Planer der Technischen Ausrüs-

den Leistungsphasen 2 und 3 sowie als Besondere Leistung in der Leistungsphase 6 in der HOAI 2013 weiterhin das Mitwirken an den Kostenermittlungen auf.

Erstmals in die HOAI 2013 aufgenommen wurde die Grundleistung „Vergleich mit den finanziellen Rahmenbedingungen". Sie steht im Zusammenhang mit der Kostenschätzung und betrifft die Leistungsbilder „Gebäude und Innenräume"[269], „Freianlagen"[270], „Ingenieurbauwerke"[271] und „Verkehrsanlagen"[272]. In den Leistungsbildern „Tragwerksplanung" und „Technische Ausrüstung" wird diese Grundleistung nicht aufgelistet. Wie bei den Kostenermittlungen ist der Planer nur dann verpflichtet, diese Grundleistung zu erbringen, wenn die Parteien dies im Vertrag vereinbart haben. 125

2. Inhalt und Aufbau

Inhalt und **Aufbau** der Kostenermittlungen sind, soweit es um die Bestimmung des vom Planer geschuldeten Werks geht, anhand des **Vertrags** zu ermitteln. Die HOAI enthält keine normativen Leitbilder für den Inhalt von Architekten- und Ingenieurverträgen.[273] Was der Architekt oder Ingenieur zu leisten hat, richtet sich allein nach dem geschlossenen Werkvertrag nach Maßgabe der Regelungen des BGB und der dazu im Einzelnen getroffenen Vereinbarung.[274] In der vertragsrechtlichen Praxis wird zur Beschreibung der geschuldeten Leistung häufig schlicht auf die HOAI verwiesen. Wie die einzelnen Kostenermittlungen aufzubauen und welchen Inhalt sie haben müssen, wird in den Leistungsbildern der HOAI nicht näher beschrieben. Die HOAI verweist hier lediglich auf die **„DIN 276"**. Die DIN 276 wurde in der Vergangenheit mehrfach geändert. Zur Bestimmung der maßgeblichen Fassung muss deshalb geprüft werden, auf welche Fassung der HOAI im Vertrag verwiesen wird. Kostenermittlungen, die auf der Grundlage der HOAI 1996 zu erstellen sind, müssen der DIN 276 in der Fassung April 1981 entsprechen (§ 10 Abs. 2 HOAI 1996). Für Kostenermittlungen, die auf der Grundlage der HOAI 2009 oder der HOAI 2013 zu erstellen sind, gilt die DIN 276 in der Fassung vom Dezember 2008 (DIN 276-1:2008-12; § 4 Abs. 1 S. 3 HOAI 2009 und HOAI 2013). Die einzelnen Kostenermittlungsarten unterscheiden sich in der Tiefe ihrer Darstellung. § 2 Nr. 13 und Nr. 14 HOAI 2009 sowie § 2 Abs. 10 und Abs. 11 HOAI 2013 beschreiben die Kostenschätzung und der Kostenberechnung. 126

Eine nähere Bestimmung zu Inhalt und Aufbau der Kostenermittlungen enthalten die Vertragsmuster aus der **RBBau**.[275] Die Kostenermittlung ist in der Regel unter Verwendung des in der RBBau enthaltenen **„Musters 6"** zu erstellen.[276] 127

---

tung als Fachplaner in der Regel Beiträge für den Objektplaner liefert. Allerdings werden in der Praxis Aufträge an den Fachplaner der Technischen Ausrüstung vergeben, ohne dass ein Objektplaner eingeschaltet ist. Schon in der amtlichen Begründung zu § 73 HOAI 2002 wurde festgestellt, dass zum Beispiel bei Umbauten, bei denen kein Objektplaner beauftragt wird, der Fachplaner in verschiedenen Leistungsphasen die Aufgaben des Objektplaners zu leisten hat. Leistungen im Bestand, Gebäudesanierungen, gerade auch im haustechnischen Bereich, gewinnen zunehmend in der Baupraxis an Bedeutung. Gerade in diesen Fällen dürfen sich die Grundleistungen des Fachplaners zum Beispiel zur Genehmigungsfähigkeit, zur Kostenermittlung, Kosten und Terminkontrolle bei der Vergabe und der Abnahme nicht auf ein bloßes Mitwirken beschränken."

[269] Anlage 10 zu § 34 Abs. 4, § 35 Abs. 7, Leistungsphase 2 lit. g).

[270] Anlage 11 zu § 39 Abs. 4, § 40 Abs. 5, Leistungsphase 2 lit. f).

[271] Anlage 12 zu § 43 Abs. 4, § 48 Abs. 5, Leistungsphase 2 lit. j).

[272] Anlage 13 zu § 47 Abs. 2, § 48 Abs. 5, Leistungsphase 2 lit. k).

[273] BGH Urt. v. 22.10.1998 – VII ZR 91/97, BauR 1999, 187.

[274] BGH Urt. v. 22.10.1998 – VII ZR 91/97, BauR 1999, 187.

[275] „Richtlinien für die Durchführung von Bauaufgaben des Bundes – RBBau".

[276] Vgl. beispielsweise die Anlage zu § 6 spezifische Leistungspflichten zum Vertrag „Objektplanung – Gebäude und Innenräume" (RBBau Onlinefassung – Stand 12.1.2015), Leistungsstufe 1, LPH 2, lit. g): „Kostenschätzung nach DIN 276 mindestens gegliedert in die erste Ebene der Kostengliederung unter Verwendung des Musters 6 RBBau".

128 Ist der Planer mit den Leistungen der Leistungsphasen 2 und 3 beauftragt, dann schuldet er unabhängig von einer eventuellen Weiterbeauftragung zutreffende Kostenermittlungen als Entscheidungsgrundlage für den Bauherrn bezüglich des Ob und des Wie der Fortsetzung seines Bauvorhabens.[277]

3. Mangelhafte Kostenermittlung und Rechtsfolgen

129 Haben die Parteien vereinbart, dass der Architekt die Grundleistungen der Leistungsphasen 1 bis 9 aus dem Leistungsbild „Objektplanung Gebäude" zu erbringen hat, so sind die Kostenermittlungen als **Teilerfolge** geschuldet.[278] Sie sind grundsätzlich in den Leistungsphasen zu erbringen, denen sie in der HOAI zugeordnet sind.[279] Eine an den Leistungsphasen des § 15 HOAI orientierte vertragliche Vereinbarung begründet im Regelfall, dass der Architekt die vereinbarten Arbeitsschritte als Teilerfolg des geschuldeten Gesamterfolges schuldet. Erbringt der Architekt einen derartigen Teilerfolg **nicht**, ist sein geschuldetes Werk **mangelhaft**.[280] Dem Auftraggeber stehen in diesem Fall die Rechte aus **§ 634 BGB** zu.[281] Das gleiche gilt, wenn die Kostenermittlung in **Inhalt und Aufbau** nicht der vertraglichen Vereinbarung entspricht.

130 Eine Kostenermittlung kann mit den entsprechenden Rechtsfolgen auch dann mangelhaft sein, wenn sie zwar erbracht wurde, aber **von den späteren tatsächlichen Baukosten**, die insoweit als Bezugsgröße gelten[282], **abweicht**.[283] Allein die **Abweichung** begründet jedoch keinen Mangel. Für die das Bauvorhaben begleitenden Kostenermittlungen kann ein Architekt **Toleranzen** in Anspruch nehmen.[284] Eine erste Kostenschätzung darf weniger genau ausfallen als spätere Kostenermittlungen, ohne gleich eine Pflichtverletzung darzustellen.[285] Kontrovers diskutiert wird der zulässige Toleranzgrad. Teilweise wird die Ansicht vertreten, der Toleranzrahmen lasse sich je nach Kostenermittlungsart pauschal festlegen. Dieser Rahmen soll bei der Kostenschätzung 30%–40%, bei der Kostenberechnung 20%–25% und beim Kostenanschlag[286] 10%–15% betragen.[287] Der BGH hat der starren Bestimmung eines Toleranzrahmens zu Recht eine Absage erteilt. Für die das Bauvorhaben begleitenden Kostenermittlungen kann ein Architekt Toleranzen nur so weit in Anspruch nehmen, als die in den Ermittlungen enthaltenen Prognosen von **unvermeidbaren Unsicherheiten und Unwägbarkeiten** abhängen.[288] Welchen Umfang die Toleranzen haben können, ist unter Berücksichtigung der Umstände des Einzelfalls zu entscheiden.[289] Keine Toleranzen werden für grobe Fehler wie die vergessene Mehrwertsteuer und unrealistische Preise zugestanden.[290] Die Kostenermittlung ist des-

---

[277] OLG Hamm Urt. v. 21.7.2011 – 24 U 151/04, BauR 2012, 1981.

[278] BGH Urt. v. 11.11.2004 – VII ZR 128/03, BauR 2005, 400; der Entscheidung liegt die HOAI 1996 zugrunde. Trotz geänderter Bezeichnung dieses Leistungsbilds in der HOAI 2009 und HOAI 2013 lässt sich diese Entscheidung ohne weiteres auf die novellierten Honorarordnungen übertragen.

[279] BGH Urt. v. 11.11.2004 – VII ZR 128/03, BauR 2005, 400.

[280] BGH Urt. v. 24.6.2004 – VII ZR 259/02, BauR 2004, 1640.

[281] → Rn. 43 ff.

[282] *Kehrberg* in Motzke/Preussner/Kehrberg, Die Haftung des Architekten, 10. Aufl. 2015, Abschnitt N, Rn. 48; *Koeble* in Locher/Koeble/Frik, Kommentar zur HOAI, Einl. Rn. 167.

[283] OLG Düsseldorf Urt. v. 6.12.2002 – 5 U 28/02, BauR 2003, 1604.

[284] BGH Urt. v. 23.1.1997 – VII ZR 171/95, BauR 1997, 494.

[285] BGH Urt. v. 23.1.1997 – VII ZR 171/95, BauR 1997, 494.

[286] Der Kostenanschlag ist aus dem Leistungskatalog durch die HOAI 2013 herausgefallen (*Koeble* in Locher/Koeble/Frik, Kommentar zur HOAI, § 34 Rn. 201); unklar ist, ob *Koeble* den Toleranzrahmen für den Kostenanschlag in Höhe von 10%-15% auch für die an Stelle des Kostenanschlags eingefügten bepreisten Leistungsverzeichnisse gelten lassen will.

[287] *Koeble* in Locher/Koeble/Frik, Kommentar zur HOAI, Einleitung Rn. 170.

[288] BGH Urt. v. 23.1.1997 – VII ZR 171/95, BauR 1997, 494.

[289] BGH Urt. v. 23.1.1997 – VII ZR 171/95, BauR 1997, 494.

[290] BGH Urt. v. 7.11.1996 – VII ZR 23/95, BauR 1997, 335.

halb selbst dann mangelhaft, wenn sie von den tatsächlichen Baukosten nur geringfügig oder gar nicht abweicht, aber grobe Fehler im vorgenannten Sinn enthält.

Bei der **Gebäudesanierung** von Altbestand liegt im Fall unzutreffender Kostenschät- 130a
zung nach Ansicht des OLG Koblenz eine Pflichtverletzung erst dann vor, wenn dem Architekten ein „Fehlgriff in der Oktave" unterlaufen ist. Ob ein solcher Fehlgriff vorliegt, bedarf einer Prüfung im Einzelfall und entzieht sich einer schematisierenden Betrachtung.[291]

Möchte der Auftraggeber das Honorar infolge einer **nicht vorgelegten** Kostenermitt- 131
lung **mindern**, dann braucht er dem Planer zuvor ausnahmsweise **keine Frist zur Nacherfüllung** zu setzen, wenn das Bauvorhaben **fertig gestellt** ist. Nach Fertigstellung des Bauvorhabens hat der Besteller regelmäßig kein Interesse mehr an einer Kostenschätzung, einer Kostenberechnung und einem Kostenanschlag.[292] So ist bspw. die Kostenschätzung Grundlage der weiteren Finanzierungsüberlegungen und deshalb für den Auftraggeber bei der Entscheidung über die Durchführung oder Durchführbarkeit des Bauvorhabens von maßgeblicher Bedeutung.[293] Diesen Zweck kann eine Kostenschätzung, die erst nach Fertigstellung des Bauvorhabens vorgelegt wird, nicht erfüllen.

Ob im Übrigen, d. h. vor **Fertigstellung des Bauvorhabens**, eine Ausnahme vom Er- 131a
fordernis der Fristsetzung gilt, ist im Einzelfall sorgfältig zu prüfen. Diese Prüfpflicht gilt für sämtliche Grundleistungen, die der Planer nach dem Vertrag schuldet. Erbringt der Architekt eine vertraglich geschuldete Leistung teilweise nicht, dann entfällt der Honoraranspruch des Architekten ganz oder teilweise nur dann, wenn der Tatbestand einer Regelung des allgemeinen Leistungsstörungsrechts des BGB oder des werkvertraglichen Gewährleistungsrechts erfüllt ist, die den Verlust oder die Minderung der Honorarforderung als Rechtsfolge vorsieht.[294] Die maßgeblichen Tatbestände verlangen in der Regel den erfolglosen Ablauf einer angemessenen Frist zur Leistung bzw. Nacherfüllung (z. B. § 323 Abs. 1, § 637 Abs. 1 BGB). Eine Nachfristsetzung ist nur im Ausnahmefall entbehrlich (§ 323 Abs. 2, § 636, § 637 Abs. 2 BGB). Ob der Auftraggeber noch ein Interesse an einem Teilerfolg hat, muss einzelfallabhängig und unter Berücksichtigung des jeweiligen Leistungsstands geprüft werden. Die vorstehenden allgemeinen Grundsätze gelten auch für nicht erbrachte sowie für inhaltlich mangelhafte Kostenermittlungen, solange das Bauvorhaben nicht fertiggestellt ist.[295] Auftraggeber sollten dem Auftragnehmer im Zweifel auch hinsichtlich solcher fehlender oder vertragswidriger Kostenermittlungen eine angemessene Frist zur Leistung bzw. Nacherfüllung setzen, bevor sie von ihren Rechten Gebrauch machen. Nach Ansicht des OLG Hamm soll die Nachbesserung einer fehlerhaften Kostenermittlung allerdings nur dann in Betracht kommen, wenn Modifizierungen in der Planung zu einer dem Bauherrn noch zumutbaren und vom Vertragsgegenstand noch gedeckten Planungsabweichung führen.[296]

Als eine mögliche Folge des Mangels kann der Auftraggeber das Honorar des Planers 132
unter den einschlägigen Voraussetzungen mindern. Bei der **Minderung** ist die Vergütung in dem Verhältnis herabzusetzen, in welchem zur Zeit des Vertragsschlusses der Wert des Werkes in mangelfreiem Zustand zu dem wirklichen Wert gestanden haben würde (§ 638 Abs. 3 S. 1 BGB). Die für die Berechnung maßgeblichen Werte sind in der Praxis schwie-

---

291 OLG Koblenz Beschl. v. 9.11.2012 – 5 U 1228/11, IBR 2015, 202 (Nichtzulassungsbeschwerde zurückgewiesen mit Beschl. d. BGH v. 7.1.2015 – VII ZR 336/12); in dem entschiedenen Fall lag die vom Auftragnehmer erstellte Kostenschätzung ca. 9,5 % unter der sachverständig ermittelten Kostenschätzung und nach Ansicht des OLG Koblenz nicht im pflichtwidrigen Bereich.

292 BGH Urt. v. 11.11.2004 – VII ZR 128/03, BauR 2005, 400.

293 *Schwenker/Wessel* in Messerschmidt/Voit, Privates Baurecht, 2. Aufl. 2012, HOAI § 33 Rn. 7; ähnlich *Korbion* in Korbion/Mantscheff/Vygen, Honorarordnung für Architekten und Ingenieure, § 33 Rn. 90.

294 BGH Urt. v. 24.6.2004 – VII ZR 259/02, BauR 2004, 1640.

295 Zur Anwendbarkeit der Mängelrechte vor der Abnahme → Rn. 44.

296 OLG Hamm Urt. v. 21.7.2011 – 24 U 151/04, BauR 2012, 1981.

rig und selten eindeutig zu ermitteln. Die Höhe der Minderung wird deshalb häufig anhand einschlägiger **Bewertungstabellen** bestimmt. Für die Berechnung des Architektenhonorars in Fällen, in denen der Vertrag vorzeitig beendet wird und der Architekt einzelne Grundleistungen einer Leistungsphase gar nicht oder einzelne Grundleistungen nur teilweise erbracht hat, liegt der Rückgriff auf die Steinfort-Tabelle und ähnliche Berechnungswerke[297] nach Ansicht des BGH nahe.[298] Diese Berechnungsvorschläge beruhen nach Meinung des BGH in der Regel auf dem Durchschnitt der Erfahrungswerte von sachverständigen Praktikern, so dass sie sich als Orientierungshilfe auch für die Bewertung nicht erbrachter Teilleistungen eignen.[299] Eine fehlende Kostenermittlung stellt einen Mangel des Werks, dann lässt sich diese Rechtsprechung auf mangelhafte Leistungen entsprechend anwenden. Angesichts der zum Teil erheblichen Differenzen in der Bewertung der Grundleistungen[300] ist die Anwendung der Bewertungstabellen zwar in der Praxis hilfreich, aber keineswegs unproblematisch.

132a Die Minderung wegen fehlender Kostenermittlung ist auch dann zulässig, wenn das Bauwerk **im Kostenrahmen geblieben** ist.[301]

133 Dem Auftraggeber stehen die in § 634 Nr. 1 bis Nr. 3 BGB genannten Mängelrechte nicht zu, wenn er das mangelhafte Werk abnimmt, obwohl er den **Mangel kennt**, sich seine Rechte wegen des Mangels bei der Abnahme aber nicht vorbehält (§ 640 Abs. 2 BGB). Erforderlich ist die positive Kenntnis von dem Mangel, das bloße Kennenmüssen reicht für den Ausschluss der Mängelrechte nicht aus.[302] In der Praxis werden Architekten- und Ingenieurleistungen oftmals nicht ausdrücklich, sondern nur konkludent, d. h. durch schlüssiges Verhalten[303], abgenommen. Der Ausschluss nach § 640 Abs. 2 BGB greift auch im Fall der konkludenten Abnahme.[304] Ob dem Auftraggeber der Mangel, wie z. B. die fehlende oder fehlerhafte Kostenermittlung, bei der konkludenten Abnahme positiv bekannt war, muss im jeweiligen Einzelfall geprüft werden. Zur Vermeidung von Rechtsverlusten sollten Auftraggeber die Leistung der Planer ausdrücklich abnehmen und sich bei dieser Abnahme ihre Rechte wegen positiv bekannter Mängel vorbehalten. Der Schadensersatzanspruch nach § 634 Nr. 4 BGB ist von dem Anspruchsverlust nach dem Wortlaut von § 640 Abs. 2 BGB nicht erfasst.[305]

134 Die Wirkung des § 640 Abs. 2 BGB umfasst **sämtliche** zum Zeitpunkt der Abnahme positiv bekannten Mängel. Eine Ausnahme für solche Mängel, an deren Beseitigung der Besteller kein Interesse mehr hat, wie z. B. an nicht erbrachten Kostenermittlungen nach Fertigstellung des Bauvorhabens, besteht nicht. § 640 Abs. 2 BGB gilt außerdem für die zum Zeitpunkt der Abnahme noch nicht erbrachten Restleistungen.[306] Der Besteller ist

---

297 Wie z. B. die Siemon-Tabelle oder die von einigen HOAI-Kommentatoren verfassten Tabellen.

298 BGH Urt. v. 16.12.2004 – VII ZR 174/03, BauR 2005, 588.

299 BGH Urt. v. 16.12.2004 – VII ZR 174/03, BauR 2005, 588.

300 Vergleiche hierzu die Übersicht bei *Preussner* in Motzke/Preussner/Kehrberg/Kesselring, Die Haftung des Architekten, 9. Aufl. 2008, Abschnitt J, Rn. 265, dort beispielhaft die Bewertung der Grundleistung „Überwachen der Ausführung" in der Leistungsphase 8.

301 *Kniffka*, Vergütung für nicht erbrachte Grundleistungen?, BauR 2015, 1031 (1037).

302 OLG München Beschl. v. 8.2.2012 – 13 U 2928/11, IBR 2014, 136 (Nichtzulassungsbeschwerde zurückgewiesen mit Beschl. d. BGH v. 9.1.2014 – VII ZR 75/12); OLG Karlsruhe Urt. v. 29.5.2009 – 4 U 160/08, IBR 2012, 195 (Nichtzulassungsbeschwerde zurückgewiesen mit Beschl. d. BGH v. 22.12.2011 – VII ZR 120/09); *Messerschmidt* in Messerschmidt/Voit, Privates Baurecht, 2. Aufl. 2012, § 640 Rn. 293 m.w.Nachw.

303 BGH Urt. v. 25.2.2010 – VII ZR 64/09 Rn. 21, BauR 2010, 795.

304 BGH Urt. v. 25.2.2010 – VII ZR 64/09 Rn. 30, BauR 2010, 795.

305 Dazu kritisch *Messerschmidt* in Messerschmidt/Voit, Privates Baurecht, 2. Aufl. 2012, § 640 Rn. 290.

306 *Voit* in BeckOK BGB, 36. Ed. Stand 1.2.2015, § 640 Rn. 40; *Messerschmidt* in Messerschmidt/Voit, Privates Baurecht, 2. Aufl. 2012, § 640 Rn. 292.

deshalb zur Wahrung seiner Rechte gehalten, auch hinsichtlich solcher Mängel und Restleistungen den Vorbehalt zu erklären.

Ungeachtet etwaiger vertragsrechtlicher Ansprüche des Auftraggebers muss der Planer fehlende Kostenermittlungen zum Zwecke einer **prüffähigen Honorarabrechnung** nachholen, wenn das Honorar nach der HOAI 1996 zu ermitteln ist. Für diese nachgeholten Kostenermittlungen kann der Planer kein Honorar verlangen, wenn der Auftraggeber das Honorar insoweit nach den vorstehenden Grundsätzen zu Recht gemindert hat. Dies gilt seit Inkrafttreten der HOAI 2009 für eine fehlende Kostenberechnung, die im Regelfall die alleinige Grundlage für die Honorarermittlung bildet[307], fort. 135

Kommt es infolge einer **fehlerhaften Kostenermittlung** zu einer rechtswidrigen **Aufhebung** einer öffentlichen **Ausschreibung**, dann ist der Planer dem Auftraggeber zum Ersatz des daraus entstehenden Schadens verpflichtet.[308] Der Auftraggeber muss sich allerdings die Kostenersparnis einer günstigeren Zweitvergabe im Wege der Vorteilsausgleichung entgegen halten lassen.[309] 136

Bei einer **Umbau- und Ausbaumaßnahme** an Altbausubstanz ist der Planer verpflichtet, den Bauherrn darauf **hinzuweisen**, dass über das Ergebnis der Kostenschätzung hinaus besondere Toleranzen einzukalkulieren sind, die sich aus dem Bauzustand ergeben können. Der Planer muss den Bauherrn auf die besonderen Kostenrisiken hinweisen und eindeutig klarmachen, dass eine Kostenschätzung nicht verbindlich und ohne Bestandsanalyse mit größten Vorbehalten zu sehen ist. Eine Verletzung dieser gesteigerten **Aufklärungspflicht** begründet eine Schadensersatzpflicht des Planers dem Grunde nach, wenn feststeht, dass der Bauherr die Sanierungs- und Ausbauarbeiten bei pflichtgemäßem Hinweis des Planers nicht vorgenommen hätte.[310] Kostenverteuernde Maßnahmen des Bauherrn begründen hierbei nicht ohne weiteres den Einwand des Mitverschuldens nach § 254 Abs. 2 BGB. Es kommt darauf an, inwieweit der Bauherr gegen seine Pflicht zur Schadensminderung verstoßen hat.[311] 137

Ein **Schadensersatzanspruch** des Bauherrn wegen fehlerhafter Kostenermittlung setzt die Erfüllung der einschlägigen Tatbestandsvoraussetzungen[312] voraus. Der Auftraggeber muß die Pflichtwidrigkeit, den Schaden und die **Ursächlichkeit** der Pflichtverlegung für den Schaden **darlegen und beweisen.**[313] Dabei kann sich der Bauherr im Rahmen der Architektenhaftung wegen Baukostenüberschreitung nicht auf eine Vermutung für ein beratungsgerechtes Verhalten stützen. Vielmehr entzieht sich jeder typisierenden Betrachtung, wie sich ein Bauherr verhält, der von seinem Architekten pflichtgemäß über die Höhe der zu erwartenden Baukosten aufgeklärt wird. Denn die Entscheidung ist von vielen unterschiedlichen individuellen Faktoren abhängig. Es ist deshalb auch etwa bei ganz erheblicher Kostenüberschreitung nicht ohne weiteres davon auszugehen, dass bei pflichtgemäßer Aufklärung das Bauvorhaben unterblieben wäre.[314] 138

---

307 § 6 Abs. 1 Nr. 1 HOAI 2009 und HOAI 2013.

308 OLG Saarbrücken Urt. v. 23.11.2010 – 4 U 548/09, BauR 2011, 709.

309 OLG Köln Urt. v. 30.10.2014 – 24 U 76/14, Nichtverfassungsbeschwerde zurückgewiesen mit Beschl. d. BGH v. 26.3.2015 – VII ZR 273/14; zum Nachweis der Ursächlichkeit siehe auch OLG Saarbrücken Urt. v. 23.11.2010 – 4 U 548/09, BauR 2011, 709.

310 OLG München Urt. v. 26.4.2006 – 27 U 312/05, BauR 2007, 2100.

311 BGH Urt. v. 14.7.2011 – VII ZR 142/09 Rn. 25, BauR 2011, 1690.

312 Zu den Voraussetzungen des Schadensersatzanspruchs → Rn. 47 ff., zur Darlegungs- und Beweislast → Rn. 99 ff.

313 OLG Hamm Urt. v. 15.3.2013 – 12 U 152/12, BauR 2013, 1301; OLG Oldenburg Urt. v. 15.1.2013 – 2 U 49/12, BauR 2013, 1712.

314 OLG Hamm Urt. v. 15.3.2013 – 12 U 152/12, BauR 2013, 1301.

V. Kostenkontrollen

139 In den unterschiedlichen Fassungen der HOAI wurde und wird an verschiedenen Stellen in zahlreichen Leistungsbildern die **Kostenkontrolle** als **Grundleistung** genannt.[315] Diese Kostenkontrollen erfolgen beispielsweise in den Leistungsbildern „Gebäude und Innenräume" sowie „Technische Ausrüstung" nach der HOAI 2013 anhand eines Vergleichs der Kostenberechnung mit der Kostenschätzung (Leistungsphase 3), eines Vergleichs der vom Planer bepreisten Leistungsverzeichnisse mit der Kostenberechnung (Leistungsphase 6) oder durch Überprüfen der Leistungsabrechnung der bauausführenden Unternehmen im Vergleich zu den Vertragspreisen (Leistungsphase 8).

140 Vereinbaren die Parteien, dass der Planer die vorgenannten und als Grundleistungen geregelten Kostenkontrollen zu erbringen hat, dann sind auch diese als **Teilerfolge** geschuldet.[316] Wie die Kostenermittlungen sind die Kostenkontrollen grundsätzlich in den Leistungsphasen durchzuführen, denen sie in der HOAI zugeordnet sind.[317]

141 Umstritten ist die Frage, ob die Kostenkontrollen **schriftlich** zu erbringen sind oder ob sie auch **mündlich** erfolgen können.[318] Verweist der Vertrag zur Beschreibung der geschuldeten Leistungen auf die Grundleistungen der HOAI, dann reicht es aus, wenn die Kostenkontrollen mündlich erbracht werden. Die Einhaltung der Schriftform wird in der Beschreibung der Grundleistungen nicht gefordert. Der Planer sollte die Kostenkontrollen dessen ungeachtet im eigenen Interesse schriftlich vornehmen, um im Streitfall darlegen und beweisen zu können, dass und mit welchem Inhalt er die Kostenkontrollen erbracht hat.[319] Die Parteien sollten die geschuldete Form im Vertrag einvernehmlich festlegen.

142 Unabhängig von der Frage, ob die Kostenkontrolle als Teilerfolg geschuldet wird, gehört die **laufende Kostenkontrolle** zu den **Nebenpflichten** eines Architekten.[320] Welchen Inhalt derlei Kostenkontrollen haben müssen, ist nicht im Allgemeinen geklärt und bleibt deshalb im Einzelfall zu ermitteln.

143 **Zweck** der Kostenkontrollen ist es, Transparenz und Sicherheit über die voraussichtlichen Baukosten zu schaffen.[321] Die Kostenkontrolle soll den Verlauf von Ist- und Soll-Kosten unter Kontrolle halten, um dem Auftraggeber die Möglichkeit zu geben, bei drohender Überschreitung der Soll-Kosten entsprechende Entscheidungen zu treffen.[322] Der Auftraggeber soll durch die Kostenkontrolle eine bessere Entscheidungsgrundlage über die weitere Entwicklung des Bauvorhabens erhalten, vor allem für wirtschaftlich sachgerechtes Bauen.[323] Er wird in die Lage versetzt, rechtzeitig Teuerungen zu erkennen

---

[315] Z.B. in der HOAI 2013 im Leistungsbild „Gebäude und Innenräume", Anlage 10 zu § 34 Abs. 4, § 35 Abs. 7, Leistungsphase 6 lit. e) und Leistungsphase 8 lit. i) sowie im Leistungsbild „Technische Ausrüstung", Anlage 15 zu § 55 Abs. 3, 56 Abs. 3, Leistungsphase 3 lit. g), Leistungsphase 6 lit. e) und Leistungsphase 8 lit. h).

[316] Die vom BGH im Urt. v. 11.11.2004 – VII ZR 128/03, BauR 2005, 400, für die Kostenermittlungen aufgestellten Grundsätze lassen sich auf die Kostenkontrollen ohne weiteres übertragen.

[317] Die vom BGH im Urt. v. 11.11.2004 – VII ZR 128/03, BauR 2005, 400, für die Kostenermittlungen aufgestellten Grundsätze lassen sich auf die Kostenkontrollen ohne weiteres übertragen.

[318] *Walter* in Irmler, HOAI-Praktikerkommentar, § 33 Rn. 57 hält eine mündliche Kostenkontrolle für ausreichend; *Koeble* in Locher/Koeble/Frik, Kommentar zur HOAI, § 34 Rn. 98 meint, der Vergleich der Kostenermittlungen könne nur in schriftlicher Form geschehen.

[319] *Walter* in Irmler, HOAI-Praktikerkommentar, § 33 Rn. 57 empfiehlt für den Fall mündlicher Kostenkontrollen zu Beweiszwecken, diese zumindest in ihren wesentlichen Teilen zu dokumentieren.

[320] BGH Urt. v. 23.1.1997 – VII ZR 171/95, BauR 1997, 494.

[321] *Korbion* in Korbion/Mantscheff/Vygen, Honorarordnung für Architekten und Ingenieure, § 33 Rn. 122; *Rath* in Pott/Dahlhoff/Kniffka/Rath, Kommentar zur HOAI, § 33 Rn. 46.

[322] *Koeble* in Locher/Koeble/Frik, Kommentar zur HOAI, § 34 Rn. 228.

[323] *Korbion* in Korbion/Mantscheff/Vygen, Honorarordnung für Architekten und Ingenieure, § 33 Rn. 122.

und so nachvollziehen zu können, dass er kostensparende Maßnahmen ergreifen kann.[324]

Ausgehend von diesem Zweck schuldet der Planer, wenn die Parteien diese Kostenkontrolle als Teilerfolg vereinbart haben, im Rahmen der Leistungsphase 8 die Vornahme mehrfacher Kostenkontrollen, d. h. das mehrfache Überprüfen der Leistungsabrechnungen der bauausführenden Unternehmen im Vergleich zu den Vertragspreisen. Würde er eine Kostenkontrolle nur einmalig und erst nach Vorlage der letzten Leistungsabrechnung schulden, dann könnte diese Kostenkontrolle ihren Zweck nicht mehr erfüllen. Die Parteien sollten im Vertrag die Anzahl und/oder die Häufigkeit dieser Überprüfungen einvernehmlich festlegen. **144**

Der nur mit den **Leistungsphasen 6 bis 8 beauftragte** Architekt muss sich vor der Auftragserteilung durch den Bauherrn an Bauunternehmer über den vom Bauherrn gewollten Kostenrahmen von diesem informieren lassen, um eine geschuldete Kostenkontrolle erfüllen zu können.[325] **144a**

Haben die Parteien die Kostenkontrollen als Teilerfolge vereinbart und erfüllt der Planer diese Pflicht nicht, dann ist seine Leistung insoweit **mangelhaft**. Dies gilt sowohl für den Fall, dass der Planer die jeweilige Grundleistung **überhaupt nicht** erbringt als auch für den Fall, dass die jeweilige Kostenkontrolle **inhaltlich unzureichend** ist. Eine Kostenkontrolle ist beispielsweise dann inhaltlich unzureichend, wenn einer oder beide der für die Kostenkontrolle maßgeblichen Vergleichsparameter[326] mangelhaft sind oder wenn die Kostenkontrolle bei zutreffenden Vergleichsparametern falsche Zahlen nennt. Dem Auftraggeber stehen im Fall eines Mangels die Mängelrechte aus § 634 BGB einschließlich Schadensersatz zu.[327] Ob der Auftraggeber dem Planer eine Frist zur Nacherfüllung setzen muss, richtet sich nach den Umständen des Einzelfalls.[328] Jedenfalls nach Fertigstellung des Bauvorhabens dürfte der Auftraggeber wie bei den Kostenermittlungen kein Interesse mehr an der Vorlage von Kostenkontrollen haben, weil diese ihren Zweck dann nicht mehr erfüllen können. Zur Höhe der Minderung gelten dieselben Grundsätze und Bedenken wie bei einer mangelhaften Kostenermittlung.[329] Nimmt der Auftraggeber das Werk des Planers ab, obwohl er den Mangel in Bezug auf die Kostenkontrolle positiv kennt, stehen ihm die in § 634 Nr. 1 bis 3 BGB bezeichneten Rechte nur zu, wenn er sich seine Rechte wegen des Mangels bei der Abnahme vorbehält.[330] **145**

Verletzt der Architekt in Bezug auf die laufende Kostenkontrolle eine **Nebenpflicht**, dann kann diese Pflichtverletzung einen **Schadensersatzanspruch** nach sich ziehen.[331] Die Mängelrechte aus § 634 BGB stehen dem Auftraggeber hinsichtlich solcher Kostenkontrollen nicht zu. **146**

---

324 *Rath* in Pott/Dahlhoff/Kniffka/Rath, Kommentar zur HOAI, § 33 Rn. 46.

325 OLG München Urt. v. 16.12.2014 – 9 U 491/14, NZBau 2014, 305.

326 → Rn. 139.

327 Zu den Mängelrechten → Rn. 43 ff.; zu den Voraussetzungen des Schadensersatzanspruchs → Rn. 47 ff.; zur Darlegungs- und Beweislast → Rn. 99 ff.

328 → Rn. 131.

329 → Rn. 132.

330 → Rn. 133.

331 BGH Urt. v. 23.1.1997 – VII ZR 171/95, BauR 1997, 494.

§ 14 Haftung bei Vergabe und Ausschreibung, Rechtsberatung

Übersicht

I. Leistungspflichten des Architekten im Rahmen der Auftragsvergabe

1 Die Leistungspflichten des Architekten bei der Vorbereitung und der Mitwirkung bei der Vergabe richten sich nach den hierzu zwischen den Parteien des Architektenvertrages getroffenen Vereinbarungen. Aus diesen erschließt sich zugleich, ob und inwieweit die vertraglich übernommenen Leistungspflichten vom Architekten vertrags- und regelgerecht ausgeführt werden. Soweit der Architekt gegen vertraglich übernommene Leistungspflichten verstößt, begründet dies seine Haftung gegenüber dem Besteller.

1. Vertragliche Vereinbarungen zur Auftragsvergabe

2 Da die HOAI nach der gefestigten Rechtsprechung des Bundesgerichtshofes preisrechtliche Bedeutung hat, kommt den Leistungsbildern der HOAI für die Bestimmung der vertraglich vom Architekten einzuhaltenden Leistungen keine unmittelbare Bedeutung zu. Die Ermittlung der konkreten Leistungspflichten des Architekten im Zusammenhang mit der Vorbereitung und Durchführung der Auftragsvergabe hat vielmehr anhand der allgemeinen Auslegungsgrundsätze zu dem zwischen dem Architekten und dem Besteller abgeschlossenen Vertrage zu erfolgen. Dem Architekten obliegen danach regelmäßig die Vorbereitung der zu erteilenden Bauaufträge und die Mitwirkung an der Vergabe dieser Aufträge an die bauausführenden Unternehmen. Üblicherweise ist der Architekt nicht befugt, in Vertretung des Bauherrn mit den bauausführenden Unternehmen die zugrunde liegenden Bauverträge abzuschließen. Seine Tätigkeit ist vielmehr darauf ausgerichtet, die Auftragsvergabe selbst fachgerecht vorzubereiten und dem Besteller eine an dessen Interessen orientierte Vergabeentscheidung zu ermöglichen.

3 Der Architekt hat dabei regelmäßig seine Leistungen bei Vorbereitung der Vergabe wie auch bei der Mitwirkung bei der Vergabe an den Leistungen der Leistungsphasen 6 und 7 der Anlage 10 HOAI 2013 auszurichten. Auch wenn die HOAI preisrechtliche Regelungen enthält, wird üblicherweise auf die Leistungsphasen 6 und 7 sowie die dortigen Grundleistungen und Besonderen Leistungen abgehoben, um die vertraglich vom Architekten geschuldete Beschaffenheit des Architektenwerkes zu umschreiben. In diesem Falle ist es unerlässlich, auf die Leistungsbeschreibungen der Leistungsphasen 6 und 7 der Anlage 10 HOAI 2013 zur konkreten Bestimmung des Leistungsumfanges und einer daraus resultierenden etwaigen Haftung bei Ausschreibung und Vergabe zurückzugreifen[1].

[1] MNP/Haack/Heinlein, HOAI, § 34 Rn. 114.

Wird der Architekt im Rahmen eines Planungs- und Bauvorhabens ohne ausdrückliche Bezugnahme auf die Leistungsphasen 6 und 7 der Anlage 10 HOAI 2013 mit der Erstellung der Vollarchitektur beauftragt, hat er auch in diesem Falle die mit den Leistungsphasen 6 und 7 verbundenen Leistungsergebnisse im Interesse des Bestellers zu erbringen. Dem Architekten obliegt in dieser vertraglichen Konstellation die Vorbereitung der Erteilung von Bauaufträgen und die Mitwirkung an der Vergabe dieser Aufträge an die bauausführenden Unternehmen. Welche einzelnen Aufgaben in diesem Zusammenhang vom Architekten zu erbringen sind, erschließt sich anhand der in Anlage 10 HOAI 2013 vorgegebenen Grundleistungen, da diese nach dem Verständnis des HOAI-Verordnungsgebers alle jene Leistungen umfassen, die typischerweise im Interesse des Bestellers im Rahmen der Vorbereitung und der Mitwirkung bei der Vergabe vom Architekten auszuführen sind. 4

2. Einzelne Leistungspflichten des Architekten

Haben die Vertragsparteien die Vorbereitung und Mitwirkung an der Vergabe zum Gegenstand des Architektenvertrages gemacht, sind von dem Architekten die nachfolgend dargestellten Teilleistungen zu erbringen. 5

a) Vorbereitung der Vergabe. Zur Vorbereitung der Vergabe hat der Architekt aus der Ausführungsplanung der Leistungsphase 5 zunächst die Menge der bei der Bauwerkserrichtung zu bewegenden Erdmassen sowie der Baustoffe und Bauteile des Bauwerks zu ermitteln und zusammenzustellen, um hierdurch eine Grundlage für das Aufstellen von Leistungsbeschreibungen zu schaffen. Die bei der Mengenermittlung erzielten Ergebnisse sind von dem Architekten in die von ihm zu erstellenden Leistungsbeschreibungen mit Leistungsverzeichnis einzuarbeiten. Üblicherweise werden die verschiedenen Teilleistungen im Leistungsverzeichnis gruppenweise gegliedert (Los, Gewerk, Abschnitt, Titel) und unter Ordnungszahlen aufgemacht[2]. Das Leistungsverzeichnis wird inhaltlich gegliedert nach Positionsnummer, Mengenangabe, Mengeneinheit, Positionsbeschreibung textlich als Langtext/Kurztext, Einheitspreis und Gesamtpreis. Besondere Bedeutung kommt dabei sorgfältiger Auswahl der textlichen Beschreibung der auszuführenden Bauleistung sowie der zu verwendenden Materialien zu[3]. Die Leistungsbeschreibungen müssen – vor allem bei öffentlichen Auftragsvergaben – eindeutig und erschöpfend die leistungsbezogenen Anforderungen an die Bauausführenden umfassen, da sie mit dem späteren Zuschlag bzw. der Auftragserteilung regelmäßig unmittelbarer Vertragsbestandteil des Bauvertrages werden und so die den Bauausführenden gegenüber dem Bauherrn treffenden Leistungspflichten bestimmen. 6

Der Architekt hat sich ferner im Rahmen der Vorbereitung der Vergabe den Schnittstellen zu den Leistungsbeschreibungen der weiteren an der Planung fachlich Beteiligten anzunehmen. Dies hat besondere Relevanz etwa im Zusammenhang mit den von den jeweiligen Fachplanern erstellten Ausschreibungen für die haustechnischen Gewerke. Dem Architekten obliegt insoweit auf der Grundlage der Anlage 10 HOAI 2013 eine eigenverantwortliche Überprüfung bestehender Schnittstellen und sich hieraus ergebender Ausschreibungsdifferenzen. Vor allem hat der Architekt eigenverantwortlich zu überprüfen, ob nach Anfertigung aller Leistungsverzeichnisse Lücken verbleiben oder aber Leistungen doppelt ausgeschrieben sind[4]. Neben der inhaltlichen Abstimmung obliegt es dem Architekten, die Beiträge der übrigen, fachlich Beteiligten so zu koordinieren, dass dem Bauherrn die Ergebnisse der vorbereiteten Leistungsverzeichnisse komplett zur Verfügung gestellt werden können[5]. 7

---

2 Vgl. MNP/Haack/Heinlein, HOAI, § 34 Rn. 116 ff.
3 OLG Düsseldorf BauR 2000, 281.
4 MNP/Hack/Heinlein, HOAI, § 34 Rn. 121 f.
5 Vgl. Locher/Koeble/Frik, HOAI, 12. Aufl., § 34 Rn. 181.

8 Nach Vorlage der Leistungsverzeichnisse hat der Architekt die Kosten für die ausgeschriebenen Leistungen zu ermitteln. Zu diesem Zweck hat der Architekt im Rahmen der Leistungsphase 6 der Anlage 10 HOAI 2013 die erstellten Leistungsverzeichnisse selbst zu bepreisen. Die Bepreisung erfolgt nicht mehr im Rahmen der Marktabfrage der Leistungsphase 7 durch potentielle Bieter, sondern (nunmehr) bereits über Kostenansätze, die der Architekt selbst zu den von ihm erstellten Leistungsverzeichnissen vorzunehmen hat[6]. Das Ergebnis der bepreisten Leistungsverzeichnisse ersetzt (nunmehr) den bis zur HOAI 2009 zur Leistungsphase 7 vorgesehenen Kostenanschlag[7]. Auf der Grundlage der vom Architekten und den Fachplanern bepreisten Leistungsverzeichnisse hat der Architekt zusätzlich eine Kostenkontrolle vorzunehmen, in dem die im Rahmen der Leistungsphase 6 erzielten Kostenansätze mit der Kostenberechnung der Leistungsphase 3 verglichen werden. Diese Kostenkontrolle dient insbesondere dem Interesse des Bauherrn, der auf diese Weise über zu erwartende Kostenveränderungen und die hierfür maßgebenden Gründe unterrichtet werden soll[8].

9 Zum Abschluss der Leistungsphase 6 hat der Architekt für alle Leistungsbereiche – also sowohl seine eigenen Leistungen wie auch die Leistungen der sonstigen Fachplaner – die Vergabeunterlagen zusammenzustellen. Den Architekt trifft damit die Verpflichtung, die Leistungsverzeichnisse sämtlicher Planungsleistungen für das Bauvorhaben zu bündeln[9]. Neben den Leistungsverzeichnissen gehören zu den Vergabeunterlagen aber auch alle jene Schriftstücke, mit denen die wirtschaftlichen und vor allem auch rechtlichen Einzelheiten zu dem abzuschließenden Bauvertrag festgelegt werden. Nach § 8 VOB/A gehören hierzu neben dem Bauvertrag selbst die einzubeziehenden Vertragsbedingungen, insbesondere die allgemeinen Vertragsbedingungen (VOB/B) sowie die allgemeinen technischen Vertragsbedingungen für die Bauleistungen (VOB/C). Mit dem Abschluss der Leistungsphase 6 sind dem Bauherrn die vollständigen Blankette bestehend aus dem Vertragsteil einerseits und dem Leistungsbeschreibungen andererseits vorzulegen[10].

10 Die Beauftragung des Architekten zur Mitwirkung an Vergabeverfahren von öffentlichen Auftraggebern verpflichtet diese, die typischerweise anfallenden Problemkreise der Auftragsvergabe zu klären. Der Architekt schuldet insoweit eine Beratung des Bauherrn, die sich u.a. auf die Art der Vergabe, den Umfang der Ausschreibung und die Berechnung der vorzusehenden Vergütung (Einheitspreis-, Pauschalpreis- und/oder Stundenlohnverträge) bezieht[11]. Der Architekt muss die maßgebenden vergaberechtlichen Bestimmungen kennen und über die je nach Art und Umfang der Leistung mögliche und rechtlich zulässige Ausschreibungsart beraten[12]. Soweit es dem Architekten an speziellen Kenntnissen im Vergaberecht fehlt, hat er hierauf hinzuweisen und darauf hinzuwirken, dass von dem Bauherrn ein fachkundiger Spezialist – Projektsteuerer, Vergaberechtler etc. – hinzugezogen wird.

11 Schließlich gehört zur Leistungsphase 6 (nunmehr) auch das Aufstellen eines Vergabeterminplans durch den Architekten. Der Vergabeterminplan hat sich an den durch die Vergabe- und Vertragsordnungen vorgezeichneten Fristen zu orientieren[13] und danach die Abfolge der Vergaben anhand eines grobskizzierten Bauzeitenplanes darzustellen[14]. Aus dem Vergabeterminplan hat sich der Ablauf der nachfolgenden Einzelvergaben zu er-

---

6 MNP/Hack/Heinlein, HOAI, § 34 Rn. 123 ff.

7 Vgl. Locher/Koeble/Frik, HOAI, 12. Aufl., § 34 Rn. 182; Werner/Siegburg BauR 2013, 1499, 1536.

8 Vgl. Locher/Koeble/Frik, HOAI, 12. Aufl., § 34 Rn. 183.

9 MNP/Hack/Heinlein, HOAI, § 34 Rn. 131.

10 Vgl. Locher/Koeble/Frik, HOAI, 12. Aufl., § 34 Rn. 184.

11 Pott/Dahlhoff/Kniffka, HOAI, § 15 Rn. 22; Löffelmann/Fleischmann, Architektenrecht, Rn. 341.

12 Vgl. OLG Düsseldorf, VergabeR 2014, 839; Diercks BauR 2004, 149, 156.

13 Locher/Koeble/Frik, HOAI, 12. Aufl., § 34 Rdnr. 175.

14 MNP/Haack/Heinlein, HOAI, § 34 Rn. 115.

geben, um die Bauleistungen unter Berücksichtigung der Realisierungsvorstellungen des Bauherrn rechtzeitig zu vergeben.

12 Die vorgenannten Leistungen zählen zu den Grundleistungen der Leistungsphase 6 und sind regelmäßig vom Architekten im Rahmen der Vorbereitung der Vergabe von Bauleistungen zu berücksichtigen. Dies gilt nicht gleichermaßen für die in Leistungsphase 6 zur gesonderten Beauftragung vorgesehenen Besonderen Leistungen. Zu diesen Besonderen Leistungen zählen:

- 13 Aufstellen der Leistungsbeschreibungen mit Leistungsprogramm auf der Grundlage der detaillierten Objektbeschreibung,
- 14 Aufstellen von alternativen Leistungsbeschreibungen für geschlossene Leistungsbereiche sowie
- 15 Aufstellen von vergleichenden Kostenübersichten unter Auswertung der Beiträge anderer an der Planung fachlich Beteiligter.

16 Eine Besonderheit gilt insoweit nur für die erstgenannte Besondere Leistung. Diese Besondere Leistung wird laut amtlicher Anmerkung im Leistungsbild Gebäude der Anlage 10 HOAI 2013 bei für den Besteller zu erbringenden Leistungsbeschreibungen mit Leistungsprogramm ganz oder ggf. teilweise Grundleistung. In diesem Falle sollen die entsprechenden Grundleistungen dieser Leistungsphase entfallen. Die Besondere Leistung hat damit sogenannte ersetzende Wirkung und tritt an die Stelle von Grundleistungen, wenn – wie bei einer Generalunternehmerausschreibung – das Aufstellen der Leistungsbeschreibungen mit Leistungsprogramm auf der Grundlage einer detaillierten Objektbeschreibung erfolgt[15].

17 **b) Mitwirkung bei der Vergabe.** Dem Architekten obliegt es auf der Grundlage der zusammengestellten Verdingungsunterlagen, möglichst mehrere Angebote für die Gewerke einzuholen, die für die beabsichtigte Bauausführung von Bedeutung sind. Bei Bauaufträgen von öffentlichen Auftraggebern ergibt sich diese Verpflichtung bereits unmittelbar aus den von dem Architekten zwingend zu beachtenden Vergabevorschriften. Dabei hat der Architekt zugleich auch die Angebote zu den Fachplanungsleistungen mit einzuholen[16]. Aufgrund dessen obliegt ihm gleichermaßen vorbereitend die Koordinierung der Vergaben zu den verschiedenen Fachplanerbeiträgen.

18 Da der Bauherr in aller Regel nicht über die notwendigen Kenntnisse verfügt, um selbst beurteilen zu können, welches das für ihn günstigste Angebot darstellt, hat der Architekt die eingehenden Angebote nicht nur auf Richtigkeit und Vollständigkeit zu überprüfen, vielmehr muss er die Angebotspreise unter Berücksichtigung der Eignung der jeweiligen Bieter nach erforderlicher Fachkunde, Leistungsfähigkeit, Zuverlässigkeit sowie ausreichenden technischen und wirtschaftlichen Mitteln kontrollieren und werten. Das entsprechende Prüfen und Werten der Angebote (einschließlich Aufstellen eines Preisspiegels nach Einzelpositionen oder Teilleistungen) erstreckt sich dabei zur Leistungsphase 7 primär auf sämtliche Gewerke, die der Objektplanung Gebäude zuzurechnen sind[17]. Demgegenüber obliegt das Prüfen und Werten der Angebote zu sonstigen Fachplanungsleistungen – etwa den Leistungen der Haustechnik – den jeweiligen Fachplanern zur eigenständigen Wahrnehmung[18]. Die Gesamtkoordination sämtlicher Vergabe verbleibt aber weiterhin Aufgabe des Architekten im Rahmen der Leistungsphase 7.

19 Die zu den Angeboten notwendigen Bietergespräche hat der Architekt zu führen. Soweit es um Fachplanungsleistungen geht, haben dabei die jeweiligen Fachingenieure mitzuwirken[19]. Die Bietergespräche können sich bei privaten Vergaben auf sämtliche für den

---

15 Vgl. hierzu Locher/Koeble/Frik, HOAI, 12. Aufl., § 34 Rn. 185.
16 Locher/Koeble/Frik, HOAI, 12. Aufl., § 34 Rn. 193.
17 MNP/Haack/Heinlein, HOAI, § 34, Rn. 138.
18 Locher/Koeble/Frik, HOAI, 12. Aufl., § 34, Rn. 195.
19 Locher/Koeble/Frik, HOAI, 12. Aufl., § 34, Rn. 196.

Vertragsabschluss ausschlaggebenden Gesichtspunkte erstrecken, wohingegen der Architekt bei öffentlichen Vergaben die vergaberechtlichen Beschränkungen der VOB/A zu beachten hat und deshalb regelmäßig nur auf technische Klärungen zu angebotenen Leistungen hinzuwirken vermag (vgl. § 15 VOB/A).

20 Unter Zugrundelegung der Bieterangebote und der Bietergespräche hat der Architekt zu den einzelnen Gewerken Vergabevorschläge für den Bauherrn zu erarbeiten. Die Vergabevorschläge müssen sich dabei nicht primär und ausschließlich an den vom Architekten zu erarbeitenden Preisspiegeln orientieren. Nicht immer wird der Architekt dem Bauherrn das nach den Preisspiegeln günstigste Angebot zur Beauftragung empfehlen.

21 Parallel hierzu hat der Architekt das Vergabeverfahren zu dokumentieren (vgl. § 20 VOB/A). Eine solche Dokumentation ist sowohl bei privater wie auch bei öffentlicher Vergabe erforderlich. Bei einer öffentlichen Vergabe ist durch den Architekten regelmäßig ein Vergabevermerk anzufertigen. Diesem Vergabevermerk muss sich entnehmen lassen, welche Angebote mit welchen Angebotssummen eingegangen sind, und was die Prüfung der Angebote im Hinblick auf formale Vollständigkeit, formale und materielle Eignung der Bieter, auffällige Preise und die Positionierung der Angebote unter Zugrundelegung der Zuschlagskriterien ergeben hat. Ein solcher Vermerk muss zwar nicht in zusammenhängender Form vom Architekten erstellt werden, er muss jedoch nachvollziehbar und geordnet aufgemacht sein, ggf. durch Verweis auf Unterlagen, die die notwendigen Prüfungen sowie die darauf fußenden Entscheidungen der Vergabestelle erkennen lassen[20].

22 Das Vergabeverfahren wird nach dem Zusammenstellen der Vertragsunterlagen für alle Leistungsbereiche und dem Vergleichen der Ausschreibungsergebnisse mit den vom Planer bepreisten Leistungsverzeichnissen beendet durch Mitwirkung des Architekten bei der Auftragserteilung. Die Auftragserteilung selbst ist – soweit nicht ausnahmsweise Abweichendes vereinbart wird – ausschließlich Angelegenheit des Bauherrn. Der Architekt erfüllt seine Leistungspflicht aus der Leistungsphase 7, wenn er den Bauherrn auf der Grundlage der Prüfergebnisse zu den vorliegenden Angeboten umfassend zum Vertragsabschluss berät und ihm dadurch bei seiner Entscheidungsfindung für die einzelnen zu beauftragenden Unternehmen zur Seite steht. Soweit sich bei dem Abschluss der Bauverträge weitergehende rechtliche Probleme ergeben, hat der Architekt darauf hinzuwirken, dass der Bauherr eine qualifizierte rechtliche Beratung in Anspruch nimmt.

23 In Leistungsphase 7 wird – anders als früher – der Kostenanschlag nach DIN 276 sowie eine Kostenkontrolle durch Vergleich des Kostenanschlages mit der vorausgegangenen Kostenberechnung nicht mehr gefordert. Der Kostenanschlag ist deshalb nur noch dann vom Architekten anzufertigen, wenn dies vertragsrechtlich so mit dem Bauherrn ausdrücklich unter Zugrundelegung der Kostenermittlungen nach DIN 276 vereinbart ist[21]. Soweit es an einer entsprechenden Vereinbarung fehlt, braucht der Kostenanschlag nicht mehr vom Architekten erstellt zu werden. Dies entbindet den Architekten jedoch nicht davon, den Bauherrn über die Ausschreibungsergebnisse zu unterrichten. Die Ausschreibungsergebnisse hat der Architekt dabei mit den vom Planer bepreisten Leistungsverzeichnissen oder aber der vorliegenden Kostenberechnung zu vergleichen. Damit kann der Informationswert im Einzelfall über den aus einer Aufstellung eines (einfachen) Kostenanschlages für den Bauherrn deutlich hinausgehen. Vor allem trifft nämlich den Architekten die Verpflichtung, die Abweichungen zwischen den Ausschreibungsergebnissen einerseits und den bepreisten Leistungsverzeichnissen bzw. der Kostenberechnung andererseits nachvollziehbar gegenüber dem Bauherrn zu begründen.

---

[20] OLG Düsseldorf VergabeR 2014, 839.

[21] Vgl. Locher/Koeble/Frik, HOAI, 12. Aufl., § 34 Rn. 201.

II. Typische Mängel der Vertragsleistungen

Der Architektenvertrag wird vom Grundsatz her als erfolgsbezogener Werkvertrag im Sinne der § 631 ff. BGB qualifiziert[22]. Diese Einordnung vertraglicher Leistungen hat selbst dann Bestand, wenn der Architektenvertrag nur ganz bestimmte Leistungen und nicht die gesamte Planung, Ausschreibung und Bauüberwachung umfasst[23]. Mithin ist auf vertragliche Vereinbarungen, die lediglich die Vorbereitung und Mitwirkung bei der Vergabe zum Gegenstand haben, das Werkvertragsrecht der §§ 631 ff. BGB anzuwenden. Den Architekten trifft dabei ganz allgemein die Verpflichtung, dass von ihm geschuldete Werk so zu erbringen, dass es frei von Sach- und Rechtsmängeln ist. Entsprechend dem Umfang der übernommenen Leistungspflichten kommen dabei verschiedene Mangelursachen in Betracht, wobei es zu meist im Bereich der Auftragsvorbereitung und –vergabe um die Wahrung technischer und wirtschaftlicher Belange des Bauherrn geht. 24

1. Fehler bei der Leistungsbeschreibung

Pflichtverletzungen des Architekten im Zusammenhang mit der Vorbereitung der Vergabe können sich bereits aus einer unzutreffenden oder gänzlich fehlenden Mengenermittlung und –zusammenstellung sowie einer sich hieran anschließenden lückenhaften Aufstellung der Leistungsbeschreibung ergeben. Eine derartige Leistungsbeschreibung kann unnötige und vom Architekten zu verantwortende Nachträge auslösen[24]. Gleichermaßen unzulänglich ist eine Leistungsbeschreibung, wenn sie Arbeiten vorsieht, die zu einer mangelhaften Errichtung des Bauwerks führen können. Hiervon ist bei einer Ausschreibung entgegen den anerkannten Regeln der Technik[25] und einer fehlerhaften Materialauswahl bzw. –beschreibung auszugehen[26]. Das Gebot eindeutiger und erschöpfender Leistungsbeschreibung bei öffentlichen Auftragsvergaben wird zudem auch dann verletzt, wenn der Ausschreibungstext nicht geeignet ist, von allen Bietern in gleichem Sinne verstanden zu werden[27]. Denn die Vergleichbarkeit der Angebote ist letztlich die maßgebliche Voraussetzung für die Entscheidung darüber, welcher Bieter den Zuschlag auf sein Angebot erhalten soll. Andernfalls ist eine Beurteilung der Frage, welches der Angebote das annehmbarste darstellt, nicht sachgerecht möglich. 25

Darüber hinaus gibt es eine Vielzahl von Ausschreibungsfehlern, die zu Schadenersatzansprüchen gegenüber dem Architekten führen können. Zwischen den Vorbemerkungen im Leistungsverzeichnis und den einzelnen Positionstexten dürfen keine Widersprüche verbleiben[28]. Sobald die Ausschreibung auf vorausgegangener Ausführungsplanung beruht, dürfen keine Abweichungen zwischen den Leistungsergebnissen der Leistungsphasen 5 und 6 bestehen. Die von Fachplanern erstellten Teilleistungen müssen inhaltlich fehlerfrei in die Gesamtausschreibung durch den Architekten integriert werden[29]. Die Leistungsverzeichnisse zu den Einzelgewerken müssen so gegeneinander abgegrenzt werden, dass weder ausführungsbezogen Lücken verbleiben noch Leistungen bei unterschiedlichen Gewerken doppelt ausgeschrieben werden[30]. Die Nebenleistungen dürfen im Leistungsverzeichnis durch den Architekten nicht als gesondert vergütungsfähige Leistung behandelt werden[31]. Bei der Ausschreibung der Leistungen hat der Architekt da- 26

---

22 BGH, NJW 1960, 431.
23 BGH, BauR 1982, 79.
24 BGH, NRW 1981, 2182.
25 OLG Celle, BauR 1992, 801, 802.
26 OLG Düsseldorf, BauR 2001, 281.
27 OLG Brandenburg, BauR 1999, 1175, 1180.
28 Vgl. BGH, NJW 1981, 2182 zu fehlerhaften Leistungsverzeichnissen.
29 OLG Karlsruhe, NZBau 2007, 451.
30 OLG Koblenz, BauR 1998, 169.
31 OLG Celle, BauR 1999, 494.

rauf zu achten, dass kein unwirtschaftlich hoher Aufwand betrieben[32] und Stundenlohnarbeiten nur in erforderlichem Umfange vorgesehen werden[33].

2. Fehler bei der Zusammenstellung der Vergabeunterlagen

27 Fehlerhafte und schadenersatzauslösende Architektenleistungen können sich im Bereich der Vorbereitung der Vergabe wie auch bei der Mitwirkung der Vergabe vor allem daraus ergeben, dass dem Architekten die Vorbereitung der erforderlichen Bauverträge übertragen wird. In diesem Falle hat der Architekt bei der Aufstellung der Vertragsunterlagen die ihm gegenüber von Seiten des Bauherrn geäußerten Wünschen zu berücksichtigen. Die vertraglichen Bestimmungen müssen vollständig sein und erforderlichenfalls eine Inhaltskontrolle nach den §§ 307 ff. BGB standhalten[34]. Auf gängige Vertragsmuster kann der mit der Bearbeitung der Bauverträge befasste Architekt ebenso zurückgreifen wie auch auf die Bestimmungen der (bei Vertragsabschluss geltenden) VOB/B[35].

28 Wenn der Architekt mit der Zusammenstellung der Vertragsunterlagen befasst ist, hat er Widersprüche zwischen dem Vertragsteil und der Leistungsbeschreibung zu vermeiden. Bei der Einbeziehung von unterschiedlichen Bedingungen hat er darauf zu achten, dass diese keine Widersprüche untereinander enthalten. Ebenso dürfen keine Lücken im Vertragswerk – etwa in Form von fehlerhaften Verweisungen – verbleiben. Die fehlerhafte Vorbereitung von Bauverträgen und einzelnen Vertragsteilen kann eine schadenersatzauslösende Pflichtverletzung des Architekten darstellen[36].

29 Immer wieder hat sich die Rechtsprechung mit den Folgen einzelner fehlerhafter Vertragsregelungen befasst. Schadenersatzauslösende Pflichtverletzungen wurden etwa in folgenden Konstellationen behandelt: Fehlerhafte Zuordnung von vertraglichen Regelungen zwischen Werkvertrag und (Bau-) Kaufvertrag[37]; fehlerhafte Verwendung von in sich unklaren Vertragsregelungen[38]; fehlerhafte Heranziehung nicht mehr geltender VOB-Regelungen[39]; fehlerhafte Beurteilung von Vertragsstrafenregelungen[40]; fehlerhafte Bemessung gesetzlicher Verjährungsfristen[41] sowie die fehlerhafte Beurteilung komplexer Vertragsregelungen ohne ausreichende rechtliche Überprüfung des aktuellen Standes höchstrichterlicher Rechtsprechung[42].

3. Fehler beim Einholen, Prüfen und Werten der Angebote

30 Beim Prüfen und Werten der Angebote verletzt der Architekt seine Vertragspflichten, wenn er die Prüfung nicht mit der gebotenen Objektivität vornimmt. Unterlaufen dem Architekten bei der Prüfung vorgelegter Angebote Fehler, so kann er sich schadenersatzpflichtig machen[43]. Hierzu zählen vor allem Fehler beim Überprüfen und Nachrechnen von Angebotspreisen der einzelnen Bieter[44]. Gleichermaßen liegt ein Fehler vor, wenn der Architekt nicht auf das Vorliegen erkennbarer Mischkalkulation durch den Bieter aufmerksam macht[45].

---

32 OLG Celle, BauR 2004, 1501.
33 BGH BauR, 1982, 185.
34 BGH BauR, 1983, 168; Locher/Koeble/Frik, HOAI, 12. Aufl., § 34 Rn. 205.
35 Locher/Koeble/Frik, HOAI, 12. Aufl., § 34, Rn. 205 m. w. N.
36 BGH, BauR 1983, 168.
37 BGH, BauR 2009, 1581.
38 BGH, BauR 1983, 168.
39 OLG Brandenburg, BauR 2003, 1751.
40 OLG Hamm, BauR 2005, 525; OLG Brandenburg, BauR 2003, 1751.
41 BGH, BauR 1983, 168; OLG Nürnberg BauR 2010, 649.
42 Vgl. hierzu Vygen BauR 1984, 245, 252 ff.
43 BGH, BauR 1981, 482.
44 BGH, BauR 1981, 482.
45 OLG Nürnberg, BauR 2008, 387.

4. Fehler bei der Auftragserteilung

31 Die Auftragserteilung ist dem Bauherrn vorbehalten. Nichts anderes gilt im Übrigen auch für Nachträge zu bereits abgeschlossenen Bauverträgen. Eine Ausnahme wird nur dann in Betracht kommen, wenn der Bauherr im Einzelfall den Architekten beauftragt und bevollmächtigt, in seinem Namen den Bauvertrag und/oder etwaige Nachträge zum Bauvertrag rechtsgeschäftlich verbindlich für ihn einzugehen.

32 Unabhängig hiervon hat der Architekt bei der Auftragserteilung durch den Bauherrn darauf zu achten, dass diese auf der Grundlage der Ausschreibung und der hierzu abgegebenen Angebote erfolgt. Eine fehlerhafte Auftragserteilung entgegen den Vorgaben der Ausschreibung hat der Architekt zu verhindern bzw. den Bauherrn hierauf aufmerksam zu machen[46]. Gleichermaßen hat der Architekt darauf zu achten, dass im Rahmen der Auftragserteilung an die ausführenden Unternehmen etwaig bestehende Förderrichtlinien für das Bauprojekt beachtet werden[47]. Im genannten Zusammenhang hat der Architekt für eine ausreichende Vergabedokumentation Sorge zu tragen, um damit dem späteren Einwand fehlerhafter Beauftragung von Bauleistungen – etwa im Rahmen des Widerrufs bewilligter Fördermittel – entgegenzuwirken[48]. Bei Verstoß gegen die Förderrichtlinien für das Vorhaben wie auch bei Verstoß gegen eine ausreichende Dokumentation der durchgeführten Vergabe können sich hieraus unmittelbar auch gegenüber dem zur Leistungsphase 7 beauftragten Architekten Schadenersatzansprüche ergeben[49].

5. Fehler bei der öffentlichen Auftragsvergabe

33 Die Vorbereitung und Mitwirkung von Architekten bei der Vergabe öffentlicher Aufträge unterliegt besonderen Haftungsrisiken, da öffentliche Auftraggeber zur Beachtung des Vergaberechts verpflichtet sind[50]. Dem Architekten muss bekannt sein, wer als öffentlicher Auftraggeber im Sinne von § 89 GWB verpflichtet ist, die spezifischen Regelungen des Vergaberechts zu beachten. Wird für eine dieser Institutionen durch einen Architekten das Vergabeverfahren gestaltet und begleitet, ist er verpflichtet, hierbei die vergaberechtlichen Vorschriften zu beachten. Dies gilt insbesondere im Hinblick auf das sich aus § 7 Abs. 1 Nr. 1 VOB/A ergebende Gebot, die Leistung eindeutig und so erschöpfend zu beschreiben, dass alle Bewerber die Beschreibung im gleichen Sinne verstehen und ihre Preise sicher und ohne umfangreiche Vorarbeiten berechnen können.

34 Für ein etwaiges Fehlverhalten des Architekten im Bereich der öffentlichen Auftragsvergabe gibt es im Übrigen eine Vielzahl möglicher Haftungskonstellationen, von denen nachfolgend nur einige wesentliche aufgeführt werden können[51]:

35 – **Falsche Vergabeart:** Gegen keinen Grundsatz des Vergaberechts wird so häufig verstoßen wie gegen das Gebot des Vorrangs der öffentlichen Ausschreibung. Gibt der Architekt die Empfehlung, von der Durchführung der öffentlichen Vergabe abzusehen, liegt hierin eine schadenersatzauslösende Pflichtverletzung gegenüber der Vergabestelle[52]. Nichts anderes gilt auch dann, wenn der Architekt die Vergabestelle fehlerhafterweise dahingehend berät, eine bereits laufende öffentliche Vergabe wieder aufzuheben[53]. Soweit der Architekt mit dem Vergabeverfahren befasst ist, obliegt ihm auch die Beteiligung an Nachprüfungsverfahren zu den getroffenen Vergabeentscheidungen[54].

---

46 OLG Hamm, NJW-RR 1988, 1178.
47 OLG Koblenz, BauR 1998, 169; OLG München BauR 2001, 981.
48 OLG Düsseldorf, VergabeR 2014, 839.
49 Vgl. OLG Düsseldorf, VergabeR 2014, 839.
50 Vgl. Diercks, BauR 2004, 149, 156.
51 Vgl. die nach Fallgruppen geordnete Darstellung von Vergabeverstößen bei Hertwig, VergabeR, Rn. 171 ff.
52 OLG Düsseldorf VergabeR 2014, 839.
53 OLG Saarbrücken, BauR 2011, 709.
54 VK Köln, IBR 2005, 267.

36 – **Unzulässige Verhandlungen:** Werden nach Öffnung der Angebote einer Ausschreibung zur Klärung von Zweifelsfragen Gespräche mit den einzelnen Bietern geführt, wird der beauftragte Architekt zu diesen unter Umständen nicht nur hinzugezogen, sondern sogar mit deren Leitung betraut. Der Architekt hat dabei die dem öffentlichen Auftraggeber durch § 15 VOB/A gezogenen Grenzen derartiger Verhandlungen zu beachten. Vor allem darf der Auftraggeber Verhandlungen zur Aufklärung des Angebotsinhaltes nur führen, um sich über die Eignung des Bieters, insbesondere für seine technische und wirtschaftliche Leistungsfähigkeit, das Angebot selbst, etwaige Änderungsvorschläge und Nebenangebote, die geplante Art der Durchführung, über Ursprungsort oder Bezugsquellen von Stoffen oder Bauteilen sowie über die Angemessenheit der Preise zu unterrichten. Andere und vor allem weitergehende Verhandlungsinhalte, insbesondere solche über den angebotenen Preis oder gar dessen Abänderung zugunsten des Bauherrn sind grundsätzlich nicht statthaft.

37 – **Vergabedokumentation:** Zu beachten ist, dass der Vergabevermerk zwar erst nach Beendigung des Vergabeverfahrens fertiggestellt werden kann, vorab aber bereits wesentliche Zwischenentscheidungen nachvollziehbar und zeitnah dokumentiert werden müssen. Der Vergabevermerk muss deshalb nicht notwendig in zusammenhängender Form erstellt werden, er muss jedoch nachvollziehbar und geordnet – ggf. durch Verweis auf Unterlagen – erkennen lassen, wie die notwendigen Prüfungen sowie die darauf fußenden Entscheidungen durch die Vergabestelle vorgenommen wurden[55]. Nicht nur die Vergabestelle, sondern auch die jeweiligen Bieter haben gemäß § 97 Abs. 7 GWB einen Anspruch auf eine solche, in sich geschlossene und nachvollziehbare Dokumentation zu den wesentlichen Entscheidungen im Vergabeverfahren[56].

38 – **Unparteilichkeit:** Aus § 16 VgV ergibt sich, dass „voreingenommene" Personen bei Entscheidungen der Vergabestelle im Vergabeverfahren nicht mitwirken dürfen. Zu den Entscheidungen im vorgenannten Sinne zählen insbesondere auch die Auswahl der Bewerber oder aber auch die Auswahl des wirtschaftlichsten Angebotes. Nach § 16 Abs. 1 Nr. 1 und 2 VgV gelten natürliche Personen als zwingend voreingenommen, die Bieter oder Bewerber sind oder die einen Bieter oder Bewerber beraten, sonst unterstützen oder vertreten. Auch gelten nach § 16 Abs. 1 Nr. 3 VgV Personen als voreingenommen, die bei einem Bieter oder Bewerber gegen Entgelt beschäftigt sind oder bei ihm als Mitglied des Vorstands, Aufsichtsrates oder eines gleichartigen Organs tätig sind. Gleiches gilt für Personen, die für ein in das Vergabeverfahren eingeschaltetes Unternehmen tätig sind, wenn dieses Unternehmen zugleich geschäftliche Beziehungen zum Auftraggeber und zum Bieter oder Bewerber hat, es sei denn, dass dadurch für die Personen kein Interessenkonflikt besteht oder sich die Tätigkeit nicht auf Entscheidungen im Vergabeverfahren auswirkt. Zu beachten ist dabei vor allem auch, dass auch solche Personen als voreingenommen gelten, deren Angehörige die vorgenannten Voraussetzungen erfüllen. Angehörige sind der Verlobte, der Ehegatte, Lebenspartner, Verwandte und Verschwägerte gerader Linie, Geschwister, Kinder der Geschwister, Ehegatten und Lebenspartner der Geschwister und Geschwister der Ehegatten und Lebenspartner, Geschwister der Eltern sowie Pflegeeltern und Pflegekinder; der Kreis der als voreingenommen geltenden Personen ist damit letztlich weit gezogen. Architekten haben deshalb im Rahmen der Vorbereitung und Mitwirkung der Vergabe sorgfältig zu prüfen, inwieweit die nach den zwingenden Vorgaben des § 16 VgV als unparteilich gelten und im Stande sind, die Vergabestelle zu beraten. Dabei sind die Grenzen prinzipiell eng gesteckt, da nach der Rechtsprechung schon bereits aufgrund früherer beruflicher Verbindungen zu einem Bieter der Eindruck fehlender

---

[55] OLG Düsseldorf, VergabeR 2014, 839.
[56] OLG Brandenburg, BauR 1999, 1175, 1181 f.

Unparteilichkeit entstehen kann[57], so dass sich ein Architekt unter Umständen bereits dann pflichtwidrig verhält, wenn er den Bauherrn auf diesen Umstand nicht frühzeitig hinweist.

III. Rechtsfolgen mangelhafter Vertragsleistungen

Der Architekt haftet für nicht ordnungsgemäße Erfüllung seiner vertraglichen Verpflichtung nach den gesetzlichen Regelungen des Werkvertragsrechts und damit nach den §§ 633 ff. BGB. Die sich aus den Bestimmungen der §§ 633 ff. BGB ergebenden Rechte des Bestellers sind zahlreich, in der Praxis sind sie jedoch mit Blick auf die Leistungsphasen 6 und 7 bei Vorbereitung und Mitwirkung bei der Vergabe nur von selektiver Bedeutung. 39

1. Nacherfüllung

Der Bauherr hat grundsätzlich die Möglichkeit, die Beseitigung eines Mangels des Architektenwerkes vom Architekten zu verlangen. Vor Abnahme ergibt sich dies unmittelbar aus dem vertraglichen Erfüllungsanspruch und nach der Abnahme aus §§ 634 Nr. 1, 635 BGB. Mit der Nacherfüllungspflicht des Architekten korrespondiert gleichzeitig sein Recht, fehlerhaft erbrachte Leistungen noch zu beseitigen. Beachtet der Bauherr dieses Nacherfüllungsrecht des Architekten nicht, verliert er diesem gegenüber seine (Nach-) Erfüllungsansprüche. Voraussetzung jeglicher Nacherfüllungsansprüche ist aber, dass der Architekt seine (fehlerhafte) Leistung überhaupt noch korrigieren kann. 40

Danach ist eine Nacherfüllung bei Leistungen im Zusammenhang mit der Auftragsvergabe für einen privaten Bauherrn bis zur Vergabeentscheidung möglich, da beispielsweise fehlerhafte oder lückenhafte Leistungsbeschreibungen ebenso komplettiert werden können wie die sonstigen Vertragsunterlagen. Vom Bauherrn im Rahmen der Leistungsphasen 6 und 7 festgestellte Mängel der vom Architekten erarbeiteten Unterlagen können häufig noch vom Architekten nachgebessert werden. 41

Anders verhält es sich indes bei einer öffentlichen Auftragsvergabe jedenfalls dann, wenn der Architekt nur mit der Leistungserbringung bis zum Abschluss des Vergabeverfahrens beauftragt ist. Eine Änderung der Vertragsunterlagen ist lediglich in den engen Grenzen der VOB/A möglich. Wie sich aus § 17 Abs. 1 Nr. 2 VOB/A erschließt, sind kleinere Änderungen durchaus möglich, wobei jedoch wie folgt zu differenzieren ist: Im Rahmen des Vergabeverfahrens können Bieter entsprechend § 12 Abs. 7 VOB/A über festgestellte, erforderliche kleinere Änderungen an den Ausschreibungsunterlagen (noch rechtzeitig) unterrichtet werden[58]. Sobald das Vergabeverfahren abgeschlossen und der Zuschlag erteilt ist, verbleibt die Möglichkeit, über § 1 Abs. 3 und 4 bzw. § 2 Abs. 5 und 6 VOB/B auf Veränderungen seitens des Bauherrn hinzuwirken[59]. Bedürfen die Unterlagen dagegen aufgrund von Anfang an anhaftender Fehler einer grundlegenden Überarbeitung, ist dies im Rahmen des öffentlichen Ausschreibungs- und Vergabeverfahrens nicht ohne weiteres machbar. Das Vergabeverfahren muss vielmehr zunächst aufgehoben werden, ohne dass hierfür ein rechtfertigender Grund im Sinne des § 17 VOB/A zugunsten des Bauherrn vorliegt. Abgesehen von diesem in der Praxis eher seltenen Fall wird es nach der Auftragsvergabe im Rahmen der sich hieran unmittelbar anschließenden Bauphase indes eher um Korrekturen im Einzelfall gehen, etwa durch die Beauftragung von Änderungs- und Zusatzleistungen[60]. Die sich in dieser Fallgestaltung ggf. ergebenden Schadenersatzverpflichtungen des Architekten aus §§ 634 Nr. 4, 280 BGB stehen dann unabhängig neben dessen Pflicht zur Nacherfüllung. 42

---

57 KG Berlin, VergabeR 2001, 392, 399.

58 Kapellmann/Messerschmidt/Glahs, VOB/A, 4. Aufl., § 17 Rn. 9.

59 Vgl. hierzu Kapellmann/Messerschmidt/von Rintelen, VOB/B, 4. Aufl., § 1 Rn. 49 ff.

60 Vgl. Löffelmann/Fleischmann, Architektenrecht, Rn. 334.

43 Vollends hinfällig ist eine Nacherfüllung aber dann, wenn sich der Fehler aus der Leistungsphase 6 und/oder 7 bereits im Bauwerk niedergeschlagen hat[61]. Nach der sog. Verkörperungstheorie scheiden regelmäßig Nacherfüllungsansprüche gegen den Architekten aus, wenn sich seine fehlerhafte Planungs- und/oder Ausschreibungstätigkeit unmittelbar am erstellten Bauwerk realisiert hat. Dies beruht darauf, dass der Architekt lediglich verpflichtet ist, seine mangelhafte Leistung – also etwa seine fehlerhafte Ausschreibung – zu korrigieren, nicht jedoch Mängel am Bauwerk selbst zu beheben. Der Architekt haftet dann regelmäßig nur noch auf Schadenersatz gemäß § 634 Nr. 4 i.V.m. §§ 280, 281 BGB für die am Bauwerk entstandenen Mängel.

2. Selbstvornahme

44 Der Bauherr kann wegen eines Mangels des Werkes gemäß §§ 634 Nr. 2, 637 BGB nach erfolglosem Ablauf einer von ihm zur Nacherfüllung bestimmten angemessenen Frist den Mangel selbst beseitigen und Ersatz der erforderlichen Aufwendungen verlangen, soweit nicht der Unternehmer berechtigt ist, die Nacherfüllung zu verweigern. Aus § 637 Abs. 3 BGB erschließt sich ergänzend, dass der Besteller zur Durchführung der Selbstvornahme von dem Unternehmer für die zur Beseitigung des Mangels erforderlichen Aufwendungen Vorschuss verlangen kann. Ausgehend hiervon kann der Bauherr auch vom Architekten Kostenerstattung oder aber einen Kostenvorschuss verlangen. Dies gilt freilich nur so lange, wie sich die mangelhafte Leistung des Architekten nicht im Bauwerk verkörpert hat[62]. Bei Ausschreibungs- und Vergabefehlern kann den Rechten aus § 637 BGB Bedeutung zukommen, wenn der Architekt trotz entsprechender Fristsetzung durch den Bauherrn nicht bereit ist, seine mangelhafte Leistung nachzubessern[63]. Entsprechendes gilt auch dann, wenn der Architekt die Durchführung der von ihm geforderten Nachbesserungsarbeiten verweigert, obgleich er hierzu nicht berechtigt ist[64]. Der Kostenerstattungs- bzw. Kostenvorschussanspruch des Bauherrn erstreckt sich in diesem Falle ausschließlich auf die von der Nacherfüllung umschlossenen, nunmehr von einem Dritten auszuführenden Leistungen, mithin nicht auf solche Kosten, die zur Behebung der Bauwerksmängel erforderlich werden[65].

3. Minderung

45 Dem Bauherrn steht es frei, die Erfüllungsphase gegenüber dem Architekten zu beenden und die dem Architekten zustehende Vergütung nach Maßgabe der §§ 634 Nr. 3, 638 BGB zu mindern. Die Minderung beeinflusst allerdings ausschließlich den Honoraranspruch des Architekten, beseitigt indes jedoch nicht die Mängel der Architektenleistung und reicht deshalb zumeist nicht aus, den erlittenen Schaden des Bauherrn finanziell angemessen auszugleichen. Wenn sich der Ausschreibungs- und/oder Vergabefehler bereits im Bauwerk realisiert hat, wird der über die Minderung zu erlangende Betrag regelmäßig nicht ausreichen, um damit den eingetretenen Bauwerksmangel zu beheben. Von dem Recht zur Minderung wird bei Ausschreibungs- und Vergabefehlern deshalb nur eingeschränkt Gebrauch gemacht[66]. Macht der Bauherr gleichwohl von seinem Minderungsrecht Gebrauch, so wird mit Zugang der Minderungserklärung beim Architekten dessen Honoraranspruch herabgesetzt und zwar im Verhältnis des Wertes der vertragsgemäßen Leistung zu dem der mangelhaften Leistung[67]. Bei Architektenleistungen erfordert dies die schwierige Bewertung unvollständiger Teilleistungen vor dem Hintergrund der voll-

[61] BGH, BauR 1981, 395, 396.
[62] BGH BauR 2002, 571, 572; BGH NJW-RR 1989, 86, 88.
[63] Locher/Koeble/Frik, HOAI, 12. Aufl., Einleitung Rn. 145.
[64] Messerschmidt/Voit/Moufang/Koos, Privates Baurecht, 2. Aufl., § 637 Rn. 7 ff.
[65] BGH BauR 2001, 425; Locher/Koeble/Frik, HOAI, 12. Aufl., Einleitung Rn. 145.
[66] Vgl. OLG Celle NZBau 2007, 794.
[67] Vgl. im Einzelnen zur Berechnung Messerschmidt/Voit/Moufang/Koos, Privates Baurecht, 2. Aufl., § 638 Rn. 18 ff.

ständig erbrachten Architektenleistungen, ohne dass es hierfür – abgesehen von den Splittertabellen – gesicherte und verbindliche Regelungen gibt.

4. Rücktritt

46 Von geringer praktischer Relevanz ist der in § 634 Nr. 3 BGB vorgesehene Rücktritt[68] vom Architektenvertrag bei nicht rechtzeitiger Mangelbeseitigung. Die Rückgewähr der empfangenen Leistungen bei bereits durchgeführter Vorbereitung und Mitwirkung bei der Vergabe ist praktisch kaum möglich. Außerdem steht regelmäßig § 323 Abs. 5 BGB einem Rücktritt entgegen, weil der Bauherr bei bereits vom Architekten erbrachten Teilleistungen vom ganzen Vertrag nur zurücktreten kann, wenn er an der erbrachten Teilleistung kein Interesse mehr hat. Dies wird nur bei einer Abstandnahme des Bauherrn vom gesamten Bauvorhaben oder im Bereich der Vergabe einer eher seltenen völligen Unbrauchbarkeit der erbrachten Leistungen anzunehmen sein[69].

5. Schadenersatz

47 Von erheblicher Bedeutung ist demgegenüber im Bereich der Vorbereitung und Mitwirkung bei der Vergabe ein Schadenersatzanspruch des Bauherrn. Hat der Architekt die Mängel der von ihm erbrachten Leistung zu vertreten, besteht in dem hier angesprochenen Zusammenhang der gesetzlich als Schadenersatz statt der Leistung bezeichnete Anspruch des Bauherrn in aller Regel in Form eines Schadenersatzanspruches nach § 634 Nr. 4 i.V.m. §§ 280, 281 BGB. Da Schadenersatz in Form von Naturalrestitution dem Erfüllungs- und Nacherfüllungsanspruch gleich stünde, ist der Anspruch des Bauherrn hierbei grundsätzlich auf einen Ausgleich in Geld ausgerichtet[70].

48 Der Anspruch auf Schadenersatz nach § 634 Nr. 4 BGB erfasst über §§ 280, 281 BGB die Schäden, die mit Mängeln zusammenhängen, also die Mangel- sowie die engen und unmittelbaren Mangelfolgeschäden, nicht aber die entfernteren Mangelfolgeschäden. Der Ersatz der Nachteile, die dem Bauherrn außerhalb des Werkes an seinen sonstigen Rechtsgütern (Gesundheit, Eigentum, Leben) entstanden sind, richtet sich nach den §§ 280, 282, 241 Abs. 2 BGB[71]. Zu den zu ersetzenden Schäden zählen Schäden am Bauwerk[72], die Kosten eines Privatgutachters für die Feststellung von Mängeln und Schäden, das bezahlte Architektenhonorar sowie ein etwaig entgangener Gewinn[73]. Zu beachten ist freilich, dass der Schadenersatzanspruch des Bauherrn stets um jene Kosten zu kürzen ist, die bei einer ordnungsgemäßen Leistungserbringung des Architekten ohnehin angefallen wären (sog. Sowieso-Kosten[74]). Der Abzug von Sowieso-Kosten spielt vor allem im Bereich der Architektenhaftung eine nicht unerhebliche Rolle, da dem Bauherrn häufig zusätzliche Kosten zur Mängelbehebung entstehen, die auch bei von vornherein mangelfreier Leistung des Architekten so entstanden wären.

49 Fehler des Architekten im Rahmen der Auftragsvergabe können, müssen indes nicht zwangsläufig zu einem Schaden des Bauherrn führen. So folgt beispielsweise nicht aus jeder unzutreffenden Mengenermittlung oder lückenhaften Aufstellung der Leistungsbeschreibung ohne weiteres ein finanzieller Nachteil des Bauherrn. Denn die als fehlerhaft bzw. fehlend festgestellten Leistungen sind in aller Regel für die Fertigstellung des (mangelfreien) Bauwerks notwendig, so dass die mit der Beseitigung eines Mangel- bzw. Mangelfolgeschadens verbundenen Kosten von Seiten des Bauherrn ohnehin angefallen

68 Vgl. zur Kündigung des Architektenvertrages aus wichtigem Grunde im Einzelnen oben § 4 Rn. 237 ff.

69 Locher/Koeble/Frik, HOAI, 12. Aufl., Einleitung Rn. 148.

70 Vgl. Messerschmidt/Voit/Drossart, Privates Baurecht, 2. Aufl., § 634 Rn. 78 ff.

71 Vgl. Messerschmidt/Voit/Drossart, Privates Baurecht, 2. Aufl., § 634 Rn. 69 ff.

72 Palandt/Sprau, BGB, 74. Aufl., § 634 Rn. 8; Locher/Koeble/Frik, HOAI, 12. Aufl., Einleitung Rn. 150.

73 Messerschmidt/Voit/Drossart, Privates Baurecht, 2. Aufl., § 634 Rn. 86 ff.

74 BGH BauR 2004, 78, 81; BGH BauR 2002, 86.

wären. Zu ersetzen bleiben in derartigen Konstellationen nur Aufwendungen, die dem Bauherrn dadurch entstehen, dass die nachträglich angebotenen und auszuführenden Leistungen zu einem höheren Preis an einen ausführenden Unternehmer beauftragt werden mussten. Maßgebend für die Bemessung der Höhe der Sowieso-Kosten sind dabei diejenigen Preise, die zum Zeitpunkt der ursprünglichen Bauausführung angefallen wären[75].

50 Vollständig zu ersetzen sind dem Bauherrn hingegen Kosten, die diesem dadurch entstehen, dass er aufgrund eines fehlerhaften Leistungsverzeichnisses ein Bauunternehmen mit der Ausführung einer nicht benötigten Position beauftragt hat. Der entstandene Schaden liegt insoweit in der Verpflichtung zur Zahlung voller Vergütung abzüglich der durch die nicht erbrachte Leistung ersparten Aufwendungen des bauausführenden Unternehmens[76]. Zu ersetzen sind dem Bauherrn im Übrigen auch die mit der Nichtbeachtung seiner Vorgaben bei der Zusammenstellung der Vertragsunterlagen einhergehenden wirtschaftlichen Nachteile; auch die aus einer zu kurz bemessenen Gewährleistungsfrist, aus einer fehlenden Skontoabrede oder aber aus einer unberücksichtigt gebliebenen Sicherheitenvereinbarung. Voraussetzung ist insoweit allerdings jeweils, dass entsprechende Vereinbarungen im Verhältnis zu den bauausführenden Unternehmen überhaupt durchsetzbar gewesen wären.

51 Erhebliche Schäden können sich im Übrigen für den öffentlichen Auftraggeber bei vom Architekten zu verantwortenden Fehlern im Rahmen einer Auftragsvergabe ergeben. Wird im Vergabenachprüfungsverfahren eine Verletzung der Rechte eines Bieters aufgrund mangelhafter Leistungen des Architekten festgestellt, kann es hierdurch zu einer Vielzahl denkbarer Schäden des öffentlichen Auftraggebers kommen. So können dem Auftraggeber beispielsweise durch die Notwendigkeit der Durchführung einer neuen Ausschreibung oder durch die Möglichkeit einer kostengünstigeren Vergabe einzelner Gewerke im Rahmen des vorhergehenden Vergabeverfahrens Mehrkosten entstehen. Erwähnt seien auch denkbare Schadenersatzansprüche des Bieters gegen den öffentlichen Auftraggeber aus § 126 GWB auf Ersatz der Kosten der Vorbereitung des Angebots oder der Teilnahme an einem Vergabeverfahren. Bei Missachtung vergaberechtlicher Bestimmungen kann es zum Widerruf von Fördermitteln kommen, wodurch dem öffentlichen Auftraggeber ein erheblicher wirtschaftlicher Schaden entstehen kann, der im Falle fehlerhafter Tätigkeit des Architekten von diesem zu ersetzen sein wird[77]. Schließlich kommt eine schadenersatzrechtliche Haftung des Architekten in Betracht, wenn dieser eine fehlerhafte Wertung vorliegender Angebote vorgenommen hat und es deshalb mit Erfolg zur Geltendmachung von Schadenersatzansprüchen des übergangenen Bieters gegenüber der Vergabestelle kommt[78].

---

75 BGH NJW 1999, 416, 417.

76 Vgl. hierzu Löffelmann/Fleischmann, Architektenrecht, Rn. 335.

77 Vgl. OLG Düsseldorf, VergabeR 2014, 839 zu Schadenersatzansprüchen aufgrund von Vergabefehlern gegenüber Projektsteuerer und Architekt.

78 Vgl. OLG Celle BauR 1996, 860; OLG Nürnberg BauR 1997, 825.

§ 15 Verletzung von Sachwalterpflichten

Übersicht

I. Die Sachwalterhaftung – Grundlagen

Das vom Architekten zu erbringende Werk im Sinne des § 631 BGB ist – je nach Lage 1 des Einzelfalles – Ergebnis einer Vielzahl von Leistungs- und Schutzpflichten, die der Architekt/Ingenieur im Rahmen seiner Leistungserbringung zu erfüllen hat. Der vom Architekten / Ingenieur geschuldete Gesamterfolg beschränkt sich jedoch regelmäßig nicht darauf, allein die Aufgaben wahrzunehmen, die für die mangelfreie Errichtung des Bauwerks erforderlich sind.[1] Da der Architekt/Ingenieur nach h.M. nicht nur Werkunternehmer sondern wegen des ihm seitens des Auftraggebers regelmäßig entgegengebrachten erheblichen Vertrauens auch dessen Sachwalter ist, treffen den Architekten/Ingenieur je nach Lage des Einzelfalles insbesondere auch unterschiedliche Aufklärungs-, Informations- und Hinweis- sowie Betreuungs- und Beratungspflichten.[2]

---

[1] BGH Urt. v. 24.6.2004 – VII ZR 259/02, NZBau 2004, 509.

[2] Zu den verschiedenen Ausprägungen der Sachwalterpflicht siehe z. B. BGH Urt. v. 28.10.1975 – VI ZR 24/74, NJW 1976, 189 (mAnm *Scheyhing* JZ 1976, 706) (Berücksichtigung geschützter Sicherungsinteressen dinglicher Gläubiger); Urt. v. 16.3.1978 – VII ZR 145/76, BauR 1978, 235 (mAnm *Schubert* JR 1979, 21 und *Schmidt* LM § 633 BGB Nr. 31) (unverzügliche und umfassende Aufklärung der Ursachen sichtbar gewordener Baumängel); Urt. v. 20.4.1978 – VII ZR 67/77, BauR 1978, 314 (Architekt als Empfänger eines Vorbehalts des Auftragnehmers nach § 16 Nr. 2 Abs. 2 VOB/B); Urt. v. 5.11.1981 – VII ZR 365/80, BauR 1982, 185 (Wahrung wirtschaftlicher Belange bei der Auftragsvergabe); Urt. v. 4.10.1984 – VII ZR 342/83, BauR 1985, 97 (Pflicht zur unverzüglichen und umfassenden Aufklärung der Ursachen sichtbar gewordener Baumängel sowie zur sachkundigen Unterrichtung des Bauherrn vom Ergebnis der Untersuchung und von der sich daraus ergebenden Rechtslage); Urt. v. 26.9.1985 – VII ZR 50/84, NJW-RR 1986, 182 (Pflicht zum Hinweis auf eigene Fehler); Urt. v. 11.1.1996 – VII ZR 85/95, BauR 1996, 418 (mAnm *Groß* IBR 1996, 201 und 202 sowie *Lenzen* BauR 1998, 62) (Hinweispflicht auf eigene Fehler); Urt. v. 8.1.1998 – VII ZR 141/97, BauR 1998, 356

2 Ziel der den Architekten/Ingenieur in seiner Eigenschaft als Sachwalter treffenden Aufklärungs-, Informations- und Hinweis- sowie der Betreuungs- und Beratungspflichten (Sachwalterpflichten) ist es, durch Konkretisierung und Ergänzung der Planungs- und Objektüberwachungstätigkeit des Architekten/Ingenieurs sicherzustellen, dass das Planungs- und Bauvorhaben entsprechend den Vorstellungen des Auftraggebers realisiert werden kann und dem Auftraggeber vermeidbare wirtschaftliche Nachteile nicht entstehen. Entsprechend dieser Zielstellung können die Aufklärungs-, Informations-, Betreuungs- und Beratungspflichten außerordentlich vielfältig sein. Sie können vorvertraglich, vertraglich oder nachvertraglich sowie objekt- und/oder auftraggeberbezogen sein. Der Bogen reicht von der Pflicht zur Ermittlung der Gestaltungswünsche des Auftraggebers über die projektbegleitende Kostenkontrolle, die Berücksichtigung steuerlicher Fragen und Fragen des Nachbarrechts bis hin zur Verpflichtung, den Auftraggeber auf eigene, des Architekten/Ingenieurs, Fehler hinzuweisen.

3 Welche Pflichten dem Architekten/Ingenieur jeweils obliegen, hängt von den Umständen des konkreten Einzelfalles ab. Dabei sind z. B. Art und Inhalt des Auftrages, mögliche Besonderheiten der Vertragsdurchführung und vieles andere mehr von Bedeutung. Entscheidend kommt es dabei auch auf den Kenntnisstand, die Sachkunde und die Erfahrung des Auftraggebers an.[3] Auszugehen ist im Grundsatz jedoch davon, dass auch ein sachkundiger Bauherr den gleichen Anspruch auf Wahrnehmung der Sachwalterpflichten durch den Architekten besitzt wie ein weniger fachkundiger Auftraggeber. Denn in aller Regel findet sich im Inhalt des abgeschlossenen Architektenvertrages eine wie auch immer geartete Einschränkung der Leistungsverpflichtung des Architekten im Hinblick auf die Fach- und Sachkunde des Auftraggebers nicht. Und auch eine Reduzierung des Honorars wegen der besonderen Sach- und Fachkunde kommt in der Praxis nicht vor, so dass nicht ersichtlich ist, aus welchem Grund die Leistungspflichten des Architekten gegenüber einem fach- und sachkundigen Bauherrn eingeschränkt sein sollten. Eine Ausnahme kann daher, ähnlich wie z. B. die Wertung in Kapitalanlagefällen, nur dann gelten, wenn der Bauherr von bestimmten Umständen/Problemen positive Kenntnis besitzt. Dies ist im Streitfall vom Architekten zu beweisen, da es sich insoweit um einen Ausnahmetatbestand handelt.

4 Im Zweifel ist der konkrete Pflichtenkreis durch Auslegung zu ermitteln. Dabei spielt die Unterscheidung der HOAI in Grundleistungen und Besondere Leistungen, d. h. also die Frage, ob dem Architekten/Ingenieur für die betreffende Leistung/Tätigkeit im Einzelfall eine (gesonderte) Vergütung zusteht, keine Rolle.[4] Denn Umfang und Inhalt der vom Architekten geschuldeten Leistungen richten sich nach dem Vertragsrecht und nicht

(mAnm *Weyer* IBR 1998, 158) (Ermittlung von Bauherrenwünschen hinsichtlich der baulichen Gestaltung); Urt. v. 25.2.1999 – VII ZR 190/97, BauR 1999, 934 (mAnm *Lauer* IBR 1999, 326) (Berücksichtigung nachbarlicher Belange bei der Planung); Urt. v. 27.9.2001 – VII ZR 320/00, BauR 2002, 108 (mAnm *Löffelmann* IBR 2002, 28 f. sowie *Vogel* EWiR 2002, 97) (Umfassend beauftragter Architekt besitzt zentrale Stellung bei der Planung und Durchführung des Bauwerks); Urt. v. 4.4.2002 – VII ZR 143/99, NZBau 2002, 617 (mAnm *Steiger* IBR 2002, 554) (Pflicht zur objektiven Klärung der Mängelursachen, selbst wenn hierzu eigene Planungs- oder Aufsichtsfehler gehören).

[3] Zur Einschränkung der Beratungs-, Hinweis- und Aufklärungspflichten bis hin zur vollständigen Befreiung hiervon gegenüber einem sachkundigen Bauherrn bzw. einem Bauherrn, der erklärt, generell oder auch nur bezogen auf spezielle Fragen einen sachkundigen Dritten, wie z. B. einen Sachverständigen oder einen Fachingenieur, einschalten zu wollen vgl. BGH Urt. v. 24.5.1973 – VII ZR 92/71, NJW 1973, 1457; Urt. v. 22.1.1987 – VII ZR 88/85, BauR 1987, 343 (mAnm *Siegburg* EWiR 1987, 567 und *Kaiser* DWW 1987, 278); OLG Köln Urt. v. 19.10.1990 – 20 U 109/90, BauR 1991, 649 und Urt. v. 16.3.1994 – 27 U 3/94, NJW-RR 1994, 1110; OLG Düsseldorf Urt. v. 22.3.2002 – 5 U 31/01, NJW-RR 2002, 1098; *Koeble* in Locher/Koeble/Frik HOAI § 34 Rn. 121.

[4] BGH Urt. v. 24.10.1996 – VII ZR 283/95, BauR 1997, 154 (mAnm *Reineke* IBR 1997, 110; *Koeble* LM HOAI Nr. 32 (4/1997);) Urt. v. 22.10.1998 – VII ZR 91/97, BauR 1999, 187 (mAnm *Wirth* IBR 1999, 170).

nach den Leistungsbildern und Leistungsphasen der HOAI.[5] Einen abstrakten und allgemein gültigen Pflichtenkatalog gibt es dementsprechend nicht. Insgesamt ist jedoch in der Rechtsprechung v.a. des BGH eine Tendenz zu erkennen, die Sachwalterpflichten zugunsten der Annahme eines Werkmangels eher zurückzudrängen. So hat es der BGH z. B. als Werkmangel angesehen, wenn vom Architekten bei der Planung übermäßiger Aufwand getrieben oder die geschuldete Optimierung der Nutzbarkeit eines Gebäudes, beispielsweise hinsichtlich des Verhältnisses Nutzflächen/Verkehrsflächen nicht erreicht wird.[6] In einer kurz vor diesem Urteil ergangenen Entscheidung[7] hatte es der BGH dagegen noch als Verstoß gegen Sachwalterpflichten angesehen, dass der Architekt bei der Planung Bauwünsche seines Auftraggebers nicht ausreichend ermittelt und dementsprechend „an diesen vorbei" geplant hat. Aus heutiger Sicht käme der BGH auch in diesem Fall wohl eher zur Annahme eines Werkmangels denn zu einem Verstoß gegen Sachwalterpflichten.

Die Verletzung der Sachwalterpflichten durch den Architekten/Ingenieur löst regelmäßig Haftungsfolgen aus. Ob dabei die Verletzung der Sachwalterpflicht selbst Anknüpfungspunkt der Haftung ist, hängt von den konkreten Umständen des Einzelfalles ab. Dient die Sachwalterpflicht der Konkretisierung bzw. Ergänzung der vertraglichen Leistungspflichten, begründet eine Schlechtleistung in aller Regel einen Mangel des Architektenwerkes und damit Mängelansprüche des Auftraggebers nach §§ 634 ff. BGB. Dient die Sachwalterpflicht dagegen dem Schutz der derzeitigen Güterlage des Vertragspartners des Architekten/Ingenieurs und handelt es sich daher um eine Pflicht im Sinne des § 241 Abs. 2 BGB (im vorvertraglichen Bereich gegebenenfalls in Verbindung mit § 311 Abs. 2 BGB), führt ein Pflichtenverstoß in aller Regel unmittelbar zu Schadensersatzansprüchen nach §§ 280, 282 BGB.[8] 5

II. Die Sachwalterpflichten im Einzelnen

Welche Pflichten und damit auch Sachwalterpflichten den Architekten/Ingenieur im Einzelfall treffen, bestimmt sich nach dem mit dem Auftraggeber abgeschlossenen Vertrag. Dementsprechend gibt es einen scharf abgegrenzten, in sich abgeschlossenen Pflichtenkatalog nicht. Die nachstehende Darstellung kann dementsprechend nicht abschließend sein. 6

1. Beratungs- und Hinweispflichten

a) Aufklärung über die eigene Qualifikation/fehlende Architekteneigenschaft. Eine allgemeine Verpflichtung, den (potenziellen) Vertragspartner auch ohne dessen entsprechende Nachfrage oder ohne Hinzutreten besonderer Umstände vor Erteilung eines Planungsauftrages über die eigene Qualifikation und berufliche Erfahrung aufzuklären, besteht nicht. Wer jedoch als „Architekt" auftritt, ausdrücklich „Architektenleistungen" oder auch nur den Abschluss eines „Architektenvertrages" (möglicherweise problematisch daher bereits die Verwendung des Einheitsarchitektenvertrages durch einen Nichtarchi- 7

---

5 BGH Urt. v. 24.6.2004 – VII ZR 259/02, NZBau 2004, 509.

6 BGH Urt. v. 22.1.1998 – VII ZR 259/96, BauR 1998, 354 (mAnm *Knychalla* IBR 1998, 157, *Hertwig* MDR 1998, 646, *Wenner* EWiR 1998, 493 und *Mollnau* NJ 1998, 425).

7 Urt. v. 8.1.1998 – VII ZR 141/97, BauR 1998, 356 (mAnm *Weyer* IBR 1998, 158).

8 Nach der Rechtslage bis zum 31.12.2001 begründete der Verstoß gegen Leistungspflichten (Hauptpflichten und Nebenleistungspflichten) in aller Regel Gewährleistungsansprüche nach den §§ 633 ff. BGB a.F., wobei bei nicht nachbesserungsfähigen Mängeln unmittelbar ein Schadensersatzanspruch nach § 635 BGB a.F. gegeben war. Der Verstoß gegen Nebenpflichten (insbesondere Schutzpflichten) führte dagegen zur Schadensersatzhaftung nach den Grundsätzen der positiven Vertragsverletzung oder, soweit es um Pflichtenverstöße im vorvertraglichen Bereich ging, der culpa in contrahendo.

tekten[9]) anbietet, ohne zur Führung der Berufsbezeichnung „Architekt" berechtigt zu sein, hat den Vertragspartner vor Vertragsabschluss auf die fehlende Architekteneigenschaft hinzuweisen. Gleiches gilt, wenn der potenzielle Vertragspartner für den Planer erkennbar (z. B. weil er den Planer als „Architekten" beauftragen will) auf die entsprechende Qualifikation und die Berechtigung, die Berufsbezeichnung „Architekt" führen zu dürfen, Wert legt oder der Planer über die für die ordnungsgemäße Realisierung der ihm angetragenen Planungsaufgabe notwendigen Fachkenntnisse und Erfahrungen nicht verfügt. Eine Aufklärungspflicht kann ausnahmsweise dann zu verneinen sein, wenn zum Zeitpunkt des Wegfalls der Architekteneigenschaft keine „architektenrelevanten" Planungsleistungen mehr zu erbringen waren.[10] Wird der Vertrag mit einer GbR geschlossen, ist das schutzwürdige Interesse des Auftraggebers grundsätzlich nicht auf die Architekteneigenschaft bestimmter Einzelpersonen bezogen, sondern danach zu beurteilen, ob anderweitig – z. B. durch angestellte Mitarbeiter – sichergestellt ist, dass die beauftragten Architektenleistungen von Architekten verantwortet werden.[11]

8 Verletzt der Planer diese in aller Regel vorvertragliche Aufklärungspflicht (§§ 311 Abs. 2 Nr. 1, 241 Abs. 2 BGB) schuldhaft, ist er gemäß § 280 Abs. 1 S. 1 BGB (nach der Rechtslage bis zum 31.12.2001 nach den Grundsätzen der culpa in contrahendo) zum Schadensersatz oder – unter den Voraussetzungen des § 282 BGB – zum Schadensersatz statt der Leistung verpflichtet.[12]

9 Die Verpflichtung zum Schadensersatz nach § 280 Abs. 1 S. 1 BGB führt aus Sicht des Planers in aller Regel zum Verlust des Honoraranspruches, wenn der Auftraggeber den Vertrag mit ihm nicht abgeschlossen hätte, wäre er vom Planer ordnungsgemäß aufgeklärt worden.[13] Die Beweislast für die Nichtursächlichkeit liegt dabei auf Seiten des Planers.[14] Hat der Planer bereits Abschläge auf sein Honorar erhalten, sind diese gegebenenfalls zurückzuzahlen.

10 Ein Schadensersatzanspruch des Auftraggebers wird jedoch regelmäßig ausscheiden, wenn der Auftraggeber die Planung des Nichtarchitekten gleichwohl verwendet, sei es, dass er das Vorhaben auf Grundlage dieser Planung realisiert oder ein im Anschluss beauftragter Architekt hierauf aufbaut, der Auftraggeber also insoweit Kosten erspart.[15] Der Schadensersatzanspruch beschränkt sich dann auf die Kosten, die der Auftraggeber aufwenden muss, die erstellten Planungsunterlagen vom nunmehr beauftragten Architekten überprüfen und gegebenenfalls anpassen zu lassen.[16]

11 In Betracht kommen daneben – insbesondere in den Fällen, in denen sich der Planer selbst ausdrücklich als „Architekt" bezeichnet, obgleich er zur Führung dieser Berufsbe-

---

9 LG Köln Urt. v. 20. 11.1989 – 13 S 37/89, BauR 1990, 634.

10 OLG Düsseldorf Urt. v. 10.5.2005 – 21 U 131/04, IBR 2006, 1081.

11 OLG Düsseldorf Urt. v. 10.5.2005 – 21 U 131/04, IBR 2006, 1081.

12 *Koeble* in Locher/Koeble/Frik HOAI § 1 Rn. 25; zur Rechtslage bis zum 31.12.2001 und der sich danach in diesen Fällen ergebenden Haftung nach c.i.c. vgl. des weiteren OLG Köln Urt. v. 15.1.1980 – 9 U 128/79, BauR 1980, 372; Urt. v. 3.5.1985 – 20 U 134/84, BauR 1986, 467; OLG Hamm Urt. v. 16.10.1986 – 24 U 24/86, BauR 1987, 582; OLG Düsseldorf Urt. v. 5.2.1993 – 22 U 235/92, NJW-RR 1993, 1173; OLG Naumburg Urt. v. 8.11.1995 – 6 U 153/95, BauR 1996, 889; OLG Hamburg Urt. v. 16.8.1996 – 14 U 112/93, OLGR 1996, 306; OLG Stuttgart Urt. v. 17.12.1996 – 10 U 130/96, BauR 1997, 681;
Löffelmann/Fleischmann in Löffelmann/Fleischmann, Architektenrecht, 6. Aufl. 2012, Rn. 23.

13 OLG Düsseldorf Urt. v. 12.12.1972 – 20 U 157/71, BauR 1997, 329; OLG Köln Urt. v. 15.1.1980 – 9 U 128/79, BauR 1980, 372; OLG Düsseldorf Urt. v. 5.2.1993 – 22 U 235/92, NJW-RR 1993, 1173.

14 OLG Köln Urt. v. 15.1.1980 – 9 U 128/79, BauR 1980, 372; OLG Düsseldorf Urt. v. 5.2.1993 – 22 U 235/92, NJW-RR 1993, 1173; OLG Stuttgart Urt. v. 17.12.1996 – 10 U 130/96, BauR 1997, 681.

15 OLG Düsseldorf Urt. v. 5.2.1993 – 22 U 235/92, NJW-RR 1993, 1173.

16 *Hebel/Engelmann* in Wirth HdB Baurecht 1. Buch X. Teil Rn. 201; Wirth/Theis, Architekt und Bauherr, S. 88f.

zeichnung nicht berechtigt ist[17] – möglicherweise eine Anfechtung wegen arglistiger Täuschung nach § 123 BGB oder eine Kündigung des Vertrages aus wichtigem Grund.[18] Letzteres wird aus Sicht des Auftraggebers v.a. dann in Erwägung zu ziehen sein, wenn er die Leistungen des Nichtarchitekten verwertet hat und er sich diesbezüglich vertragliche Mängelansprüche erhalten will. Denn letztere entfielen im Falle der Anfechtung. Dem Planer stehen dagegen im Falle der Anfechtung durch den Auftraggeber hinsichtlich der verwerteten Leistungen in aller Regel (lediglich) bereicherungsrechtliche Ansprüche nach § 812 BGB zu.

Liegen die Voraussetzungen einer Anfechtung nach § 123 BGB nicht vor, kann schließ- 12
lich – je nach Lage des Einzelfalles – wegen des Fehlens der Architekteneigenschaft des Auftragnehmers eine Anfechtung nach § 119 Abs. 2 BGB in Betracht kommen. Die von der Rechtsprechung[19] entwickelten Grundsätze zur Anfechtung von Verträgen mit Handwerkern, die entgegen ihres Auftretens am Markt nicht über die erforderliche fachliche Qualifikation verfügen und nicht in die Handwerksrolle eingetragen sind, können auf die Fälle des Irrtums über die Architekteneigenschaft übertragen werden.

Problematisch ist in diesem Zusammenhang regelmäßig die Frage, ob eine Aufklä- 13
rungspflicht im vorgenannten Sinne auch besteht, wenn der Nichtarchitekt die materiellrechtlichen Voraussetzungen für die Aufnahme in die Architektenliste erfüllt und es dementsprechend lediglich am formellen Akt der Antragstellung oder auch nur noch der – möglicherweise sogar bereits beantragten – Eintragung fehlt. Dies wird in der Rechtsprechung[20] zum Teil verneint. Zur Begründung wird ausgeführt, dass dann, wenn in der Person des Nichtarchitekten alle Voraussetzungen für die Eintragung in die Architektenliste vorlägen, er also insbesondere über die insoweit erforderliche fachliche Qualifikation verfüge, schützenswerte Interessen des Auftraggebers, für den letztlich die fachliche Qualifikation des Planers entscheidend sei, nicht berührt seien.

Diese Auffassung erscheint jedoch problematisch, da sie unberücksichtigt lässt, dass der 14
in die Architektenliste eingetragene und erst damit zur Führung der Berufsbezeichnung „Architekt" berechtigte Planer zwingend Mitglied der jeweiligen Architektenkammer ist. Als Kammermitglied unterliegt der Planer – nicht zuletzt auch im Interesse der Auftraggeber – umfangreichen Standes- und Berufs-, insbesondere Fortbildungspflichten und hinsichtlich der Einhaltung derselben der Aufsicht der Architektenkammer. Auf die fachliche Qualifikation allein kann es daher in aller Regel nicht ankommen, so dass das Bestehen einer Aufklärungspflicht im o.g. Sinne nicht bereits dann entfällt, wenn der Planer zwar über die erforderliche Qualifikation verfügt, allein aus formellen Gründen aber nicht in die Architektenliste eingetragen ist.[21] Dementsprechend ist auch davon auszuge-

---

[17] OLG Stuttgart Urt. V. 15.6.1977 – 13 U 44/77, BauR 1979, 259.

[18] OLG Köln Urt. v. 3.5.1985 – 20 U 134/84, BauR 1986, 467; OLG Stuttgart Urt. v. 17.12.1996 – 10 U 130/96, BauR 1997, 681; *Locher* in Locher/Koeble/Frik HOAI § 1 Rn. 25. Zu den dogmatischen Bedenken, ob auch nach Inkrafttreten des Schuldrechtsmodernisierungsgesetzes zum 1.1.2002 eine Kündigung aus wichtigem Grund noch möglich ist vgl. *Sienz,* Die Neuregelungen im Werkvertragsrecht nach dem Schuldrechtsmodernisierungsgesetz, BauR 2002, 181 (194 f.) und *Kraus,* Da wird sich noch mancher die Augen reiben…, BauR 2002, 524 (527 f.).

[19] BGH Urt. v. 22.9.1983 – VII ZR 43/83, BauR 1984, 58 (mAnm *Köhler* JR 1984, 324 und *Bliesener* LM Nr. 108 zu § 134 BGB); OLG Nürnberg Urt. v. 16.4.1984 – 3 U 578/84, BauR 1985, 322; OLG Hamm Urt. v. 9.1.1990 – 26 U 21/89, NJW-RR 1990, 523.

[20] OLG Düsseldorf Urt. v. 7.10.1980 – 21 U 30/80, BauR 1982, 86; in diesem Sinne auch OLG Stuttgart Urt. v. 17.12.1996 – 10 U 130/96, BauR 1997, 681 und OLG Nürnberg Urt. v. 12.9.1997 – 6 U 2235/96, NJW-RR 1998, 1713.

[21] *Koeble* in Locher/Koeble/Frik HOAI § 1 Rn. 22 und wohl auch OLG Köln Urt. v. 15.1.1980 – 9 U 128/79, BauR 1980, 372 (373) sowie Urt. v. 19.4.1983 – 9 U 24/81, BauR 1985, 338. Siehe hierzu auch OLG Düsseldorf Urt. v. 5.2.1993 – 22 U 235/92, NJW-RR 1993, 1173 (1175), welches gegebenenfalls die Stellung eines Eintragungsantrages für ausreichend hält, wenn dieser aus vom Planer nicht zu vertretenden Gründen bisher nicht positiv verbeschieden worden ist. A.A *Weyer,* Die Bera-

hen, dass bauvorlageberechtigte Ingenieure potenzielle Auftraggeber über eine (fehlende) Mitgliedschaft in der jeweiligen Landesingenieurkammer aufzuklären haben.[22]

15 **b) Aufklärung über die Höhe des Honorars.** In Rechtsprechung[23] und Literatur[24] besteht weitgehend Einigkeit, dass eine Pflicht des Architekten/Ingenieurs, im Vorfeld des Vertragsabschlusses Angaben zur Höhe des Honorars zu machen, nicht besteht. Entsprechendes gilt für die Entgeltlichkeit seiner Leistung. Vielmehr soll eine diesbezügliche Hinweis- und Aufklärungspflicht nur in besonders gelagerten Ausnahmefällen bestehen.

16 Ein solcher Ausnahmefall liegt jedenfalls dann vor, wenn der Auftraggeber ausdrücklich nach den voraussichtlichen Kosten fragt, er erkennbar völlig falsche Vorstellungen über die Höhe der anfallenden Kosten hat (was häufig dann der Fall ist, wenn es sich bei dem Auftraggeber um einen Baulaien handelt) oder dem Architekten/Ingenieur bekannt ist, dass dem Auftraggeber ein besonders günstiges Angebot eines Mitbewerbers vorliegt. Auch wird eine Pflicht zur Aufklärung über die Höhe des Honorars im Sinne eines solchen Ausnahmefalles anzunehmen sein, wenn dem Architekten bekannt ist, dass der Bauherr auch die Kosten für die Architektenleistung finanzieren oder eine öffentliche Förderung hierfür in Anspruch nehmen will.

17 Überzogene Anforderungen an die Aufklärungspflicht stellt in diesem Zusammenhang eine Entscheidung des OLG Stuttgart aus dem Jahre 1989.[25] In diesem Fall hatte der Auftraggeber quasi als Wettbewerb neben dem auf Honorarzahlung klagenden Architekten zwei weitere Architekten mit Planungsleistungen beauftragt. Und obgleich der Architekt den Auftraggeber nach dessen entsprechender Mitteilung darauf hingewiesen hatte, dass die von ihm erbetenen Planungsleistungen durch die anderen Planer nicht unverbindlich und kostenlos erbracht werden dürften, nahm das Gericht (wenn auch bei gleichzeitig hälftigem Mitverschulden des Auftraggebers) zu Lasten des Architekten eine Aufklärungspflicht über die Entgeltlichkeit seiner Leistungen bzw. über die Höhe des zu erwartenden Honorars an. Zur Begründung wurde ausgeführt, es sei noch nicht klar gewesen, ob der Auftraggeber die Leistungen überhaupt verwenden werde. Außerdem habe, so das OLG Stuttgart weiter, der Architekt aus den Äußerungen des Auftraggebers entnehmen können, dass dieser im Grunde eine unentgeltliche Leistung erwarte.

18 Die Ausführungen des OLG Stuttgart in der vorgenannten Entscheidung – und auch die des OLG Saarbrücken in einem auf dieselben Erwägungen gestützten Urteil aus dem Jahre 1999[26] zu einem vergleichbaren Sachverhalt – überzeugen nicht.[27] Der Umstand, ob der Auftraggeber die Planungsleistungen verwerten will oder wird bzw. was er schlussendlich damit zu unternehmen beabsichtigt, kann für die Frage der Entgeltlichkeit

---

tungspflichten des Architekten, BauR 1987, 131 (137), der bezweifelt, dass sich ein durchschnittlicher Bauherr Gedanken über die Standesregeln und -pflichten der Architekten macht.

[22] *Hebel/Engelmann* in Wirth HdB Baurecht 1. Buch X. Teil Rn. 206.

[23] OLG Karlsruhe Urt. v. 15.12.1983 – 4 U 129/82 , BauR 1984, 538 (539); OLG Stuttgart Urt. v. 17.3.1989 – 2 U 147/88, NJW-RR 1989, 1183; OLG Köln Urt. v. 24.11.1993 – 11 U 106/93, NJW-RR 1994, 340; OLG Hamm Urt. v. 11.8.1999 – 12 U 100/98, BauR 1999, 1479 (1480).

[24] *Koeble* in Locher/Koeble/Frik *HOAI* Einl. Rn. 114; *Werner* in Werner/Pastor, Der Bauprozess, 14. Aufl. 2013, Rn. 645 und 2029a; *Hebel/Engelmann* in Wirth HdB Baurecht 1. Buch X. Teil Rn. 207; *Kehrberg* in MPKK, Die Haftung des Architekten, 9. Aufl., D Rn. 35; *Knacke,* Aufklärungspflicht des Architekten über die Vergütungspflicht und das Honorar seiner Leistungen, BauR 1990, 395 ff.; *Pauly,* Aufklärungspflichten des Architekten bezüglich der Vergütungspflicht seiner Leistungen?, BauR 2000, 808 (810).

[25] OLG Stuttgart Urt. v. 17.3.1989 – 2 U 147/88, NJW-RR 1989, 1183 mAnm *Knacke* BauR 1990, 395.

[26] OLG Saarbrücken Urt. v. 10.2.1999 – 1 U 379/98, NJW-RR 1999, 1035 (1036).

[27] A.A. *Löffelmann/Fleischmann* in Löffelmann/Fleischmann, Architektenrecht, 6. Aufl. 2012, Rn. 906.

und die Höhe des Honorars des Architekten/Ingenieurs nicht von Bedeutung sein. Denn das Verwertungsrisiko liegt grundsätzlich beim Auftraggeber. Die trotz anderslautender Hinweise des Architekten/Ingenieurs bestehende Erwartung des Auftraggebers auf eine unentgeltliche oder nur gering zu honorierende Leistung des Planers ist jedenfalls wegen des in den entschiedenen Fällen erfolgten Hinweises nicht schutzwürdig. Sie allein begründet auch keine Verpflichtung zur Aufklärung über die Honorarhöhe, da eine solche die Mindestsatzfiktion des § 7 Abs. 5 HOAI unterliefe.[28]

Insgesamt gesehen ist Architekten und Ingenieuren dringend zu raten, den (potentiellen) Auftraggeber über die Höhe und die Art der Berechnung des Honorars aufzuklären. Denn unabhängig von irgendwelchen Erwägungen zu Sachwalterpflichten des Architekten, besteht das Risiko der Inhaltskontrolle über das in den §§ 307 Abs. 1 Satz 2, Abs. 3 Satz 2 BGB in nationales Recht umgesetzte Transparenzgebot der Art. 4 und 5 der Verbrauchsgüterkaufrichtlinie[29] und die hierdurch eröffnete Prüfung auch der Vergütungsvereinbarung. Durch die sich aus dem Transparenzgebot ergebenden Anforderungen an die Vertragsgestaltung sollen die Vertragsparteien in die Lage versetzt werden, die Äquivalenz von Leistung und Gegenleistung zu überprüfen und Konkurrenzangebote zu vergleichen.[30] Im Hinblick auf die HOAI werden eine solche Überprüfung und ein solcher Vergleich zumindest dem nicht sachkundigen Bauherrn aber nur nach entsprechend umfassender Beratung durch den Architekten möglich sein. Denn dass die Honorarberechnungssystematik der HOAI aus sich heraus verständlich wäre, wird man kaum behaupten können. Die täglich zu beobachtenden Schwierigkeiten, die selbst Architekten, Ingenieure und auch Gerichte hin und wieder bei der Ermittlung des „richtigen„ Honorars haben, belegen dies. Nicht zuletzt vor diesem legislatorischen Hintergrund erscheint es gerechtfertigt, vergleichsweise früh eine Pflicht des Architekten/Ingenieurs zur Aufklärung des Auftraggebers über die Honorarhöhe anzunehmen.[31] 19

Verstößt der Architekt/Ingenieur gegen eine bestehende Hinweis- und Aufklärungspflicht (§ 241 Abs. 2 BGB, gegebenenfalls i.V.m. § 311 Abs. 2 Nr. 1 BGB), steht dem Auftraggeber ein Schadensersatz nach § 280 Abs. 1 S. 1 BGB (nach der Rechtslage bis zum 31.12.2001 nach den Grundsätzen der culpa in contrahendo bzw. positiver Vertragsverletzung) zu. Gegebenenfalls kann daneben, sofern dem Auftraggeber die Fortsetzung des Vertrages nicht mehr zuzumuten ist, auch eine Kündigung des Vertrages aus wichtigem Grund[32] in Betracht kommen (wohl in analoger Anwendung des § 314 BGB) oder der Auftraggeber stattdessen unter den Voraussetzungen des § 282 BGB Schadensersatz statt der Leistung verlangen. 20

Hinsichtlich des Schadens des Auftraggebers bei Verletzung der Aufklärungspflicht zur Honorarhöhe ist jedoch zu berücksichtigen, dass ein solcher nur dann vorliegt, wenn der Auftraggeber den Planungsauftrag bei Kenntnis der entstehenden Kosten nicht, jedenfalls 21

---

[28] *Koeble* in Locher/Koeble/Frik HOAI Einl. Rn. 114.

[29] Richtlinie 1999/44/EG des Europäischen Parlaments und des Rates vom 25.5.1999 zu bestimmten Aspekten des Verbrauchsgüterkaufs und der Garantien für Verbrauchsgüter, ABlEG L 171/12; vgl. hierzu *Thode,* EG-Richtlinie zu bestimmten Aspekten des Verbrauchsgüterkaufs und der Garantien für Verbrauchsgüter – ihre Auswirkungen auf das deutsche Werkvertragsrecht, ZfBR 2000, 363, mit dem Text der Richtlinie als Anhang.

[30] *Thode,* Die wichtigsten Änderungen im BGB-Werkvertragsrecht: Schuldrechtsmodernisierungsgesetz und erste Probleme, Teil 2, NZBau 2002, 360 (363); *Rosenow/Schaffelhuber,* Neues zur Transparenzkontrolle im AGB-Recht, ZIP 2001, 2211 (2215); *Stoffels,* Schranken der Inhaltskontrolle, JZ 2001, 843 (845).

[31] Wie hier sowie im Übrigen umfassend zum Transparenzgebot *Thode* → Fn. 31 NZBau 2002, 360 (363 ff.).

[32] OLG Hamm Urt. v. 11.8.1999 – 12 U 100/98, BauR 1999, 1479 (1480). Zu den dogmatischen Bedenken, ob auch nach Inkrafttreten des Schuldrechtsmodernisierungsgesetzes zum 1.1.2002 eine Kündigung aus wichtigem Grund noch möglich ist vgl. *Sienz* → Fn. 18 BauR 2002, 181 (194 f.) und *Kraus* → Fn. 18 BauR 2002, 524 (527 f.).

aber nicht an den betreffenden Architekten/Ingenieur erteilt hätte. Letzteres wird immer dann fraglich sein, wenn der Auftraggeber einwendet, er hätte ein unter den Mindestsätzen der HOAI liegendes Konkurrenzangebot annehmen können. In diesen Fällen muss der Auftrageber dann aber auch nachweisen, dass die Voraussetzungen des § 7 Abs. 3 HOAI vorgelegen haben und er dementsprechend in der Lage gewesen wäre, den konkreten Planungsauftrag in zulässiger Weise unterhalb der Mindestsätze zu vergeben.[33]

22 **c) Aufklärung über die Wirksamkeit von Honorarvereinbarungen.** Bei der Beantwortung der Frage nach der Aufklärungspflicht über die Wirksamkeit einer Honorarvereinbarung sind im Grundsatz letztlich dieselben Überlegungen anzustellen, wie bei der Aufklärungspflicht hinsichtlich der Höhe des Honorars. Auch hier ist grundsätzlich davon auszugehen, dass eine generelle Pflicht zur Aufklärung nicht besteht. Vielmehr kann eine solche Pflicht nur dann angenommen werden, wenn besondere Umstände hinzutreten. Dies ist z. B. der Fall, wenn der Auftraggeber entsprechende Nachfragen an den Architekten /Ingenieur richtet.[34] Wird diese Pflicht (§§ 311 Abs. 2 Nr. 1, 241 Abs. 2 BGB) durch den Architekten/Ingenieur schuldhaft verletzt, ist er gemäß § 280 Abs. 1 S. 1 BGB (nach der Rechtslage bis zum 31.12.2001 nach den Grundsätzen der culpa in contrahendo) zum Schadensersatz oder unter den Voraussetzungen des § 282 BGB zum Schadensersatz statt der Leistung verpflichtet.

23 Die Annahme einer nur bei Hinzutreten besonderer Umstände und damit nur in Ausnahmefällen bestehenden Pflicht zur Aufklärung über die Wirksamkeit einer Honorarvereinbarung ist nicht unumstritten.[35] Denn in aller Regel besitzen die Auftraggeber keinerlei Kenntnis von den Bestimmungen der HOAI und den sich daraus ergebenden Anforderungen an die Wirksamkeit von Honorarvereinbarungen. Schließt nun ein solcher Auftraggeber mit einem Architekten/Ingenieur eine, wegen unzulässiger Unterschreitung der Mindestsätze (§ 7 Abs. 3 HOAI) oder Nichteinhaltung der Schriftform (§ 7 Abs. 5 HOAI) unwirksame Honorarvereinbarung, gelten nach dem Grundsatz des § 7 Abs. 5 HOAI die Mindestsätze der HOAI als vereinbart. Der Architekt/Ingenieur, von dem man Kenntnis der honorarrechtlichen Vorschriften erwarten sollte, kann dementsprechend im Regelfall auch nach den Mindestsätzen abrechnen. Nur dann, wenn die Berufung auf den Formmangel zu einem gänzlich unerträglichen Ergebnis führt, soll dem Architekten/Ingenieur die Berufung auf den Formmangel nicht gestattet sein.[36] Ein, wie *Weyer*[37] es ausdrückt, für den Auftraggeber „unerfreuliches“ Ergebnis.

24 Hinzu kommt, dass dem Auftraggeber in diesen Fällen mit einem Schadensersatzanspruch in aller Regel auch nicht geholfen wäre. Denn anders als z. B. das OLG Olden-

---

[33] *Koeble* in Locher/Koeble/Frik HOAI Einl. Rn. 115; *Hebel/Engelmann* in Wirth HdB Baurecht 1. Buch X. Teil Rn. 208.

[34] *Koeble* in Locher/Koeble/Frik HOAI § 7 Rn. 109; *Hebel/Engelmann* in Wirth HdB Baurecht 1. Buch X. Teil Rn. 215.

[35] Das Bestehen einer generellen Aufklärungspflicht bejahen z. B., *Weyer* → Fn. 22 BauR 1987, 131 (139) und *Loritz,* Die Reichweite des Schriftformerfordernisses der Honorarordnung für Architekten und Ingenieure (HOAI) bei der Vereinbarung unentgeltlicher Tätigkeiten, BauR 1994, 38, 46. Der BGH hat die Frage nach dem Bestehen einer generellen Pflicht zur Aufklärung über die Wirksamkeit einer Honorarvereinbarung bislang offengelassen, vgl. Urt. v. 5.11.1992 – VII ZR 50/92, BauR 1993, 239 (mAnm *Scholtissek* BauR 1993, 394); Urt. v. 21.8.1997 – VII ZR 13/96, BauR 1997, 1062 (mAnm *Theis* EWiR 1997, 1095 und *Eich* IBR 1997, 465); Urt. v. 15.4.1999 – VII ZR 309/98, BauR 1999, 1044 (mAnm *Neuenfeld* IBR 1999, 325).

[36] OLG Stuttgart Urt. v. 5.2.1981 – 1 U 67/80, BauR 1981, 40; OLG Koblenz Urt. v. 10.11.2000 – 11 U 1978/99, BauR 2001, 828; zur im Wesentlichen gleichen Wertung in den Fällen, in denen sich der Auftraggeber auf die Formunwirksamkeit einer Honorarvereinbarung beruft vgl. KG Urt. v. 18.3.1994 – 26 U 5044/93, NJW-RR 1994, 1298 (1299 f.) und Urt. v. 28.10.1997 – 4 U 5085/96, BauR 1998, 818 (819); zu dieser Problematik allgemein BGH Urt. v. 13.10.1983 – III ZR 158/82, NJW 1984, 606 (607).

[37] BauR 1987, 131 (138).

burg[38] meint, steht dem Auftraggeber auch bei einer schuldhaften Verletzung einer Aufklärungspflicht durch den Architekten/Ingenieur der Unterschiedsbetrag zwischen dem gesetzlich fingierten Mindestsatz und der nach der unwirksamen Honorarvereinbarung geringeren Vergütung nur in Ausnahmefällen zu. Vielmehr bedarf es zur Begründung eines derartigen Schadensersatzanspruches seitens des Auftraggebers der substantiierten Darlegung, er hätte den Planungsauftrag an einen anderen Architekten/Ingenieur zu einem unter den Mindestsätzen liegenden Honorarsatz vergeben können. Außerdem muss der Auftraggeber darlegen, dass im Verhältnis zu dem anderen Architekten/Ingenieur ein Ausnahmefall des § 7 Abs. 3 HOAI vorgelegen hat, so dass die mit diesem abgeschlossene, unter dem Mindestsatz liegende Honorarvereinbarung wirksam gewesen wäre. Hieran wird der Schadensersatzanspruch in aller Regel scheitern.[39]

Zutreffend sind die in diesen Problemkreis fallenden Sachverhalte daher in aller Regel 25 auch nach Grundsätzen von Treu und Glauben (§ 242 BGB) zu lösen. Nach der Rechtsprechung des BGH verhält sich der Architekt/Ingenieur widersprüchlich, wenn er zunächst eine unwirksame, da unter den Mindestsätzen der HOAI liegende Honorarvereinbarung abschließt, später dann aber nach den Mindestsätzen der HOAI abrechnet. Hat der Auftraggeber in diesen Fällen auf die Wirksamkeit der Honorarvereinbarung vertraut, durfte er hierauf vertrauen und hat er sich auf die Honorarvereinbarung in einer Art und Weise eingerichtet, nach der ihm die Zahlung des Differenzbetrages nicht mehr zugemutet werden kann, muss sich der Architekt/Ingenieur an der unwirksamen Honorarvereinbarung festhalten lassen.[40]

Entsprechendes hat zu gelten, wenn der Architekt/Ingenieur von vornherein beabsich- 26 tigt, nicht nach der unwirksamen Honorarvereinbarung sondern nach den höheren Mindestsätzen der HOAI abzurechnen oder wenn er den Abschluss einer formwirksamen Honorarvereinbarung verhindert, um sich im Nachhinein auf deren Unwirksamkeit zu berufen und nach den Mindestsätzen abzurechnen.[41] Dies kann im Hinblick auf § 7 Abs. 5 HOAI z. B. durch das Verzögern der schriftlichen Vereinbarung über die Auftragserteilung hinaus oder den bewussten Verstoß gegen das Schriftformerfordernis (§ 126 Abs. 2 BGB) (durch eine nur mündliche Vereinbarung[42], durch einseitige schriftliche Bestätigung einer mündlichen Honorarvereinbarung[43], wechselseitige schriftliche Bestätigungen[44], eine Honorarvereinbarung per Telefax[45] etc.[46]) geschehen.[47]

d) Verpflichtung zur Offenbarung von Provisionsabreden o.ä. Nicht selten kommt 27 es vor, dass Anbieter von Bauleistungen im weitesten Sinne oder von Bauprodukten Architekten und Ingenieuren besondere Zuwendungen für den Fall in Aussicht stellen, dass

---

38 OLG Oldenburg Urt. v. 11.1.1984 – 3 U 176/83, BauR 1984, 541 (542).

39 BGH Urt. v. 21.8.1997 – VII ZR 13/96, BauR 1997, 1062 (mAnm *Theis* EWiR 1997, 1095 und *Eich* IBR 1997, 465); Urt. v. 15.4.1999 – VII ZR 309/98, BauR 1999, 1044 (mAnm *Neuenfeld* IBR 1999, 325).

40 BGH Urt. v. 22.5.1997 – VII ZR 290/95, BauR 1997, 677 (mAnm *Schulze-Hagen* IBR 1997, 286 ff.; *Hertwig* MDR 1997, 730; *Sturmberg* ZfIR 1997, 384; *Koeble* LM HOAI Nr. 35 (10/1997); *Theis* EWiR 1997, 1095 und *Frey* BauR 1998, 815); Urt. v. 21.8.1997 – VII ZR 13/96, BauR 1997, 1062 (mAnm *Theis* EWiR 1997, 1095 und *Eich* IBR 1997, 465).

41 OLG Stuttgart Urt. v. 5.2.1981 – 1 U 67/80, BauR 1981, 404.

42 BGH Urt. v. 12.10.1989 – VII ZR 303/88, BauR 1990, 101.

43 BGH Urt. v. 24.11.1988 – VII ZR 313/87, BauR 1989, 222; KG Urt. v. 18.3.1994 – 26 U 5044/93, NJW-RR 1994, 1298.

44 BGH Urt. v. 28.10.1993 – VII ZR 192/92, BauR 1994, 131 (132); OLG Hamm Urt. v. 28.2.1996 – 12 U 181/94, OLGR 1996, 256; KG Urt. v. 28.10.1997 – 4 U 5085/96, BauR 1998, 818 (819).

45 Vgl. hierzu KG Urt. v. 18.3.1994 – 26 U 5044/93, NJW-RR 1994, 1298.

46 Zum Problem der Schriftform im Zusammenhang mit § 7 Abs. 5 HOAI allgemein siehe: *Koeble* in Locher/Koeble/Frik HOAI § 7 Rn. 46 ff. und *Rath* in PDKR HOAI § 7 Rn. 5 ff.

47 OLG Hamm Urt. v. 8.12.1989 – 26 U 219/88, NJW-RR 1990, 522 (523).

sie mit ihren Leistungen oder Produkten bei den Bauvorhaben der Auftraggeber des Architekten/Ingenieurs zum Zuge kommen. Der Bogen reicht dabei von Preisnachlässen (bis hin zur Schenkung) für die angebotene Leistung bzw. das angebotene Produkt im Falle des „Eigenverbrauchs", über Sachzuwendungen (z. B. Reisen) bis hin zur Zahlung von Vermittlungsprovisionen, Boni etc.

28 Aus Sicht des Auftraggebers sind derartige Abreden „seines" Architekten/Ingenieurs schon deshalb problematisch, weil eine Interessenkollision vorprogrammiert und eine unabhängige, allein an den Interessen des Auftraggebers ausgerichtete Beratung durch den Architekten/Ingenieur zumindest gefährdet ist. Die Rechtsprechung des BGH kennt eine vergleichbare Konstellation aus dem Bereich der Vermittlung steuerbegünstigter Kapitalanlagen. Danach ist es anstößig, wenn Unternehmen, die steuerbegünstigte Kapitalanlagen anbieten, steuerlichen Beratern eine Provision für den Fall versprechen, dass sie ihre Mandanten zu einem Vertragsschluss mit diesen Unternehmen veranlassen. Denn durch eine Provisionsvereinbarung gerät der steuerliche Berater in Gefahr, seinen Mandanten nicht mehr unvoreingenommen zu beraten. Um in einer solchen Konstellation dem Vorwurf des Treuebruchs zu entgehen, hält der BGH den steuerlichen Berater für verpflichtet, die Provisionsabrede offen zu legen.[48]

29 Diese Rechtsprechung hat der BGH bereits auf den Fall einer Provisionsabrede zwischen einem Baubetreuer und einem Bauunternehmen übertragen.[49] Danach war das Bauunternehmen – und erst recht der Baubetreuer – verpflichtet, den Auftraggeber auf die bestehende Provisionsabrede hinzuweisen. Da ein solcher Hinweis im entschiedenen Fall unterblieben war, hielt der BGH Schadensersatzansprüche aus dem Gesichtspunkt des Verschuldens bei Vertragsverhandlungen (culpa in contrahendo) gegen das Bauunternehmen für gegeben.

30 In Anbetracht der Vergleichbarkeit der Interessenlagen liegt es nahe, diese Rechtsprechung auch auf Provisionsabreden eines Architekten/Ingenieurs als Sachwalter der Interessen des Auftraggebers zu übertragen. Das Vertragsverhältnis zwischen Auftraggeber und dem mehr oder weniger umfassend beauftragten Architekten/Ingenieur ist maßgeblich von dem weitreichenden Vertrauen des Auftraggebers in den Architekten/Ingenieur geprägt. Mit dieser Vertrauensstellung sind Provisionsabreden o.ä. unvereinbar. Denn zutreffend hat der BGH hierzu ausdrücklich ausgeführt, dass wer „*das Vertrauen eines anderen besitzt und aus diesem Grund von ihm als Berater zugezogen wird, [...] dieses Vertrauen [missbraucht], wenn er es dadurch zu Geld macht, dass er den Inhalt seiner Ratschläge von Zahlungen interessierter Dritter abhängig macht. Der Beratene setzt in einem solchen Fall als selbstverständlich voraus, dass sich sein Berater bei seinen Ratschlägen ausschließlich von sachlichen Gesichtspunkten leiten lässt*".[50]

31 Der Architekt/Ingenieur als Sachwalter des Bauherrn ist daher aufgrund des von ihm umfangreich in Anspruch genommenen Vertrauens verpflichtet, etwaig getroffene Provisionsabreden offen zu legen (§§ 241 Abs. 2, 311 Abs. 2 BGB). Tut er dies nicht, ist er zum Schadensersatz bzw. zum Schadensersatz statt der Leistung nach den §§ 280 ff. BGB verpflichtet. Außerdem kommt aus Sicht des Auftraggebers (wohl in analoger Anwendung des § 314 BGB[51]) eine Kündigung aus wichtigem Grund in Betracht.[52] Dabei kommt es nicht darauf an, ob mit der getroffenen Provisionsabrede ein Treuebruch des Sachwalters

---

[48] BGH Urt. v. 23.10.1980 – IVa ZR 28/80, NJW 1981, 399; Urt. v. 19.6.1985 – IVa ZR 196/83, NJW 1985, 2523; Urt. v. 25.2.1987 – IVa ZR 214/85, NJW-RR 1987, 1108; Urt. v. 20.5.1987 – IVa ZR 36/86, NJW-RR 1987, 1381. Vgl. hierzu auch BGH Urt. v. 19.10.1988 – IVa ZR 194/87 – BGHR BGB § 138 Abs. 1 Schmiergeld 3 sowie LG Potsdam Urt. v. 17.1.1997 – 1 S 330/96, Stbg 1997, 225.

[49] BGH Urt. v. 14.3.1991 – VII ZR 342/89, BauR 1991, 478 (mAnm *Siegburg* EWiR 1991, 871).

[50] BGH Urt. v. 25.6.1986 – IVa ZR 234/84, NJW-RR 1987, 42.

[51] Zu den dogmatischen Bedenken der Kündigung eines Werkvertrages aus wichtigem Grund und zur analogen Anwendung des § 314 BGB vgl. *Sienz* → Fn. 18 BauR 2002, 181 (194 f.) und *Kraus* → Fn. 18 BauR 2002, 524 (527 f.).

[52] OLG Dresden Urt. v. 4.8.2005 – 9 U 1889/04, IBR 2006, 1516.

honoriert werden soll. Es reicht vielmehr aus, wenn der Sachwalter hinter dem Rücken seines Auftraggebers sich von einem Dritten eine Provision versprechen lässt und dadurch in die Gefahr gerät, für seinen Auftraggeber nicht mehr unvoreingenommen tätig sein zu können.[53]

e) Beratung und Prüfung bei der Auswahl und Beauftragung von Sonderfachleuten sowie der Verwendung von deren Leistungen. Zu den Aufgaben des Architekten/Ingenieurs gehört es auch, den Auftraggeber darüber zu beraten und aufzuklären, ob die bei ihm in Auftrag gegebenen Leistungen ausreichen, um das Projekt zu realisieren, oder ob und aus welchen Gründen hierzu die Leistung weiterer Baubeteiligter, insbesondere die Einschaltung von Sonderfachleuten (z. B. Bodengutachtern, Tragwerksplanern, Bauphysikern, Ingenieuren für technische Gebäudeausrüstung, Betontechnologen) erforderlich ist.[54] Ist danach die Beauftragung weiterer Planer angezeigt, umfasst die Beratung auch Angaben zum konkreten Leistungsumfang des jeweiligen Planers, die vorauszusetzende Qualifikation und gegebenenfalls auch zur Honorierung von dessen Leistung.[55] Dies gilt insbesondere dann, wenn zu den Aufgaben des Architekten/Ingenieurs auch die Grundlagenermittlung und damit, um es in der Terminologie der HOAI auszudrücken, regelmäßig das „Klären der Aufgabenstellung", das „Beraten zum gesamten Leistungs- und Untersuchungsbedarf" und das „Formulieren von Entscheidungshilfen für die Auswahl anderer an der Planung fachlich Beteiligter" gehören.[56] Vertragsentwürfe braucht der Architekt/Ingenieur dem Bauherrn aber in der Regel nicht zur Verfügung zu stellen.[57] Tut er dies jedoch, haftet er, wenn in diesen Vertrag Regelungen, auf die der Bauherr Wert gelegt hat, nicht oder nicht wirksam aufgenommen worden sind.[58] 32

Verletzt der Architekt/Ingenieur eine ihm insoweit obliegende Beratungs- oder Aufklärungspflicht, führt dies regelmäßig zu Schadensersatzansprüchen des Auftraggebers nach den §§ 241 Abs. 2, 280 BGB bzw. zu Mängelrechten nach §§ 634 ff. BGB, sofern die Leistung des Architekten/Ingenieur bereits mangelhaft ist. 33

Hinsichtlich des Einsatzes von Sonderfachleuten wird es gerade aus Sicht des Auftraggebers häufig zunächst auf die Frage ankommen, ob die erforderliche Leistung des Sonderfachmannes möglicherweise bereits zum Leistungsumfang des Architekten gehört. Bejahendenfalls wäre die Beauftragung des Sonderfachmannes Teil seiner eigenen Leistungserbringung und fiele dementsprechend allein in seinen Verantwortungsbereich. Bei der Klärung dieses Punktes ist zu beachten, dass sich die Frage, welche Leistungen der Architekt/Ingenieur im Einzelfall zu erbringen hat, ausschließlich nach dem jeweils abgeschlossenen Vertrag beantwortet. Soweit erforderlich ist der Vertrag zur Bestimmung des Leistungsumfanges im Einzelfall nach allgemeinen zivilrechtlichen Grundsätzen auszulegen. Der HOAI kommt dabei keine bzw. nur gänzlich untergeordnete Bedeutung zu. Denn die HOAI enthält keine normativen Leitbilder für den Inhalt von Architekten- und 34

[53] BGH Urt. v. 19.6.1985 – IVa ZR 196/83, NJW 1985, 2523 (2524); Urt. v. 14.3.1991 – VII ZR 342/89, BauR 1991, 478 (mAnm *Siegburg* EWiR 1991, 871); OLG Hamm Urt. v. 9.2.1993 – 26 W 1/93, ZIP 1993, 468; OLG Dresden Urt. v. 4.8.2005 – 9 U 1889/04, IBR 2006, 1516.

[54] OLG Düsseldorf Urt. v. 20.8.2001 – 23 U 191/00, BauR 2002, 652 (654); vgl. auch OLG Jena Urt. v. 31.5.2001 – 1 U 1148/99, IBR 2002, 320; OLG Schleswig Urt. v. 10.10.2013 – 1 U 107/12, IBR 2014, 31.

[55] Zu Letzterem OLG Karlsruhe Urt. v. 20.12.2006 – 7 U 176/06, IBR 2007, 626.

[56] *Koeble* in Locher/Koeble/Frik HOAI § 34 Rn. 46 ff.; *Rath* in PDKR HOAI § 33 Rn. 13 f..

[57] OLG München Urt. v. 28.1.2010 – 9 U 3388/04, IBR 2012, 272; *Löffelmann/Fleischmann* in Löffelmann/Fleischmann, Architektenrecht, 6. Aufl. 2012, Rn. 116; *Korbion* in Korbion/Mantscheff/Vygen HOAI § 33 Rn. 64.

[58] Vgl. BGH Urt. v. 2.12.1982 – VII ZR 330/81, BauR 1983, 168 (mAnm *Schliffke* JA 1983, 321) für den Fall der im Ergebnis unwirksamen Vereinbarung der fünfjährigen Gewährleistungsfrist in einem jedenfalls in diesem Punkt vom Architekten formulierten Bauvertrag.

Ingenieurverträgen.[59] Vielmehr ist ohne Hinzutreten besonderer Umstände (z. B. der ausdrücklichen Übernahme bestimmter Leistungen im Vertrag) für die Beantwortung der hier interessierenden Frage maßgeblich, ob die konkret in Rede stehende Leistung Fachkenntnisse voraussetzt, die typischerweise von einem Architekten zu erwarten sind, oder ob es der speziellen Fachkenntnisse eines Sonderfachmannes bedarf.[60]

35 Bedient sich der Architekt bei der Erfüllung einer danach ihm obliegenden Leistung eines von ihm im eigenen Namen beauftragten Sonderfachmannes, haftet er dem Auftraggeber für die Leistungen dieses Sonderfachmannes nach den werkvertraglichen Mängelvorschriften in Verbindung mit § 278 BGB. Der Sonderfachmann wird dann als Subunternehmer/Subplaner des Architekten tätig, so dass sich insoweit keine Besonderheiten zur allgemeinen Haftung für Erfüllungsgehilfen ergeben.

36 Eine andere Frage ist allerdings, ob dieser Erfüllungsgehilfe, d. h. also der vom Architekten als Subplaner beauftragte Sonderfachmann im Falle seiner Inanspruchnahme durch den Architekten diesem gegenüber ein anspruchsminderndes Mitverschulden wegen der unzureichenden Prüfung seiner, des Sonderfachmannes, Leistungen geltend machen kann. Dies ist zu verneinen. Denn eine Prüfpflicht des Architekten gegenüber dem Sonderfachmann besteht nicht. Vielmehr kann sich der Architekt darauf verlassen, dass der Sonderfachmann seine Leistungen aufgrund seiner speziellen Fachkenntnisse, die maßgeblicher Grund für seine Beauftragung waren, ordnungsgemäß erbringt. Nur dann, wenn ausnahmsweise der Planungsfehler des Sonderfachmannes offenkundig ist und der Architekt dessen Leistungen gleichwohl verwendet, kann nach den Grundsätzen des Verschuldens gegen sich selbst gegebenenfalls ein Mitverschulden des Architekten zu bejahen sein. Voraussetzung ist jedoch, dass der Architekt die Sorgfalt außer Acht gelassen hat, die ein verständiger Mensch in seiner Lage angewandt hätte, um sich selbst vor Schaden zu bewahren.[61]

37 Probleme ergeben sich im Verhältnis Auftraggeber/Architekt, wenn die im Einzelfall vom Sonderfachmann erbrachte Leistung nicht zum Leistungsumfang des Architekten gehört, der Architekt den Sonderfachmann aber gleichwohl im eigenen Namen beauftragt hatte. Nach Auffassung des BGH[62] führt in derartigen Fällen allein die Beauftragung im eigenen Namen noch nicht zur Haftung des Architekten für Fehler des Sonderfachmannes. Vielmehr ist eine solche Haftung nur dann gegeben, wenn die fehlerhafte Leistung des Sonderfachmannes (1) auf unzureichenden Vorgaben und Informationen des Architekten beruht, er (2) einen unzuverlässigen Sonderfachmann ausgewählt hat oder er (3) Mängel der Leistung des Sonderfachmannes nicht beanstandet hat, die für ihn nach den von einem Architekten zu erwartenden Kenntnissen erkennbar waren.[63] Unter Berücksichtigung dieser Einschränkungen kann also gesagt werden, dass sich der Architekt im Grundsatz auf den Sonderfachmann verlassen und auf dessen besondere Sachkunde vertrauen darf. Dementsprechend hat der BGH in der vorgenannten Entscheidung eine

---

[59] BGH Urt. v. 24.6.2004 – VII ZR 259/02, NZBau 2004, 509; Urt. v. 24.10.1996 – VII ZR 283/95, BauR 1997, 154 (mAnm *Reineke* IBR 1997, 110; *Koeble* LM HOAI Nr. 32 (4/1997); *Noch* WiB 1997, 320; *Peters* JR 1997, 332; *Wierer* BauR 1998, 1129 und *Neuenfeld* BauR 1998, 458); Urt. v. 19.12.1996 – VII ZR 233/95, BauR 1997, 488 (mAnm *Groß* IBR 1997, 231 und 244 sowie *Niedenführ* LM BGB § 633 Nr. 97 (7/1997)); Urt. v. 22.10.1998 – VII ZR 91/97, BauR 1999, 187 (mAnm *Wirth* IBR 1999, 170).

[60] BGH Urt. v. 19.12.1996 – VII ZR 233/95, BauR 1997, 488 (mAnm *Groß* IBR 1997, 231 und 244 sowie *Niedenführ* LM BGB § 633 Nr. 97 (7/1997)). Zu der in der Praxis häufig besonders problematischen Abgrenzung der Aufgabenbereiche von Architekt und Tragwerksplaner hinsichtlich der Überprüfung von Bodenverhältnissen sowie der Anordnung von Dehnungsfugen vgl. *Locher* in Locher/Koeble/Frik HOAI Einl. Rn. 351 f.

[61] Vgl. hierzu OLG Düsseldorf Urt. v. 23.2.2001 – 22 U 130/00, BauR 2001, 1468 (1470).

[62] BGH Urt. v. 19.12.1996 – VII ZR 233/95, BauR 1997, 488 (mAnm *Groß* IBR 1997, 231 und 244 sowie *Niedenführ* LM BGB § 633 Nr. 97 (7/1997)).

[63] So auch OLG Frankfurt Urt. v. 2.8.2000 – 9 U 60/99, IBR 2003, 87.

Haftung des Architekten für Feuchtigkeitsschäden in einer Tiefgarage verneint, die entstanden waren, weil der Architekt bei seiner Planung von für ihn nicht erkennbar fehlerhaften Angaben zu den Grundwasserverhältnissen in einem Gutachten eines von ihm im eigenen Namen beauftragten Baugrundgutachters ausgegangen ist.

Die vorstehenden Grundsätze gelten erst recht, wenn die Beauftragung des Sonderfachmannes nicht im Namen des Architekten, sondern dem des Bauherrn erfolgt ist und der Architekt sich im Rahmen seiner Leistung auf die Leistungen des Sonderfachmannes gestützt respektive hierauf aufgebaut hat.[64] Zutreffend hat daher z. B. das OLG Köln[65] eine Haftung eines Architekten für Feuchtigkeitsschäden verneint, obgleich diese entstanden waren, weil die Architektenplanung keine hinreichende Feuchtigkeitsabdichtung (Bimsmauerwerk statt des erforderlichen wu-Betons) vorsah. Denn der Architekt hatte seiner Planung für ihn nicht erkennbar fehlerhafte Angaben zu Grundwasserverhältnissen aus einem vom Bauherrn in Auftrag gegebenen hydrologischen Gutachten zur Möglichkeit der Verrieselung von Abwässern auf dem zu bebauenden Grundstück zu Grunde gelegt. Da die Fehler des hydrologischen Gutachtens für den Architekten nicht erkennbar waren und auch nicht auf unzureichenden Angaben seinerseits beruhten, verneinte das OLG sowohl einen Planungsfehler als auch einen Verstoß gegen Beratungspflichten. Im gleichen Sinne verneinte ebenfalls das OLG Köln eine Haftung des Architekten für Mängel an einer Fußbodenheizung, da der Bauherr u.a. für die Planung der Heizung einen Sonderfachmann, der zudem noch Sachverständiger für diesen Bereich war, eingeschaltet hatte und die aufgetretenen Mängel, die auf Vorgaben des Sonderfachmannes beruhten, für den Architekten nicht vorhersehbar waren.[66] 38

Der vom Bauherrn beauftragte Sonderfachmann ist regelmäßig nicht Erfüllungsgehilfe des Bauherrn in dessen Vertragsverhältnis mit dem Architekten.[67] Hat der Bauherr mit dem Sonderfachmann und mit dem Architekten selbständige Verträge abgeschlossen, so haftet jeder von beiden nur für die Erfüllung der von ihm in seinem jeweiligen Vertrag übernommenen Verpflichtungen.[68] 39

Liegen die Leistungen der Sonderfachleute (z. B. Statik, Bodengutachten) bereits vor, ohne dass der Architekt/Ingenieur an deren Einholung beteiligt war, muss er diese Leistungen nur insoweit überprüfen, als dies für die in seine Zuständigkeit fallende Realisierung des Projektes erforderlich ist. Der Umfang der Überprüfung richtet sich nach den Fachkenntnissen, die von ihm zu erwarten sind.[69] Zu überprüfen ist aber in jedem Fall, ob der Sonderfachmann von den richtigen Voraussetzungen ausgegangen ist[70] und ob er möglicherweise gegen elementare Grundsätze verstoßen hat.[71] Erkannt werden müssen 40

[64] OLG Frankfurt Urt. v. 22.3.2011 – 14 U 29/07, IBR 2013, 690; OLG Stuttgart Urt. v. 13.12.2007 – 13 U 83/07, IBR 2008, 664.

[65] OLG Köln Urt. v. 7.5.1998 – 18 U 217/97, NJW-RR 1998, 1476.

[66] OLG Köln Urt. v. 16.3.1994 – 27 U 3/94, NJW-RR 1994, 1110.

[67] BGH Urt. v. 10.7.2003 – VII ZR 329/02, IBR 2003, 552 (Bodengutachter); in Abgrenzung hierzu: OLG Karlsruhe Urt. v. 9.2.2006 – 9 U 61/05, IBR 2007, 1199.

[68] So ausdrücklich für den Tragwerksplaner als Sonderfachmann: BGH Urt. v. 4.3.1971 – VII ZR 204/69, BauR 1971, 265; BGH Urt. v. 4.7.2002 – VII ZR 66/01, NZBau 2002, 616 (mAnm *Weyer* IBR 2002, 553); OLG Nürnberg Urt. v. 11.8.1989 – 4 U 2643/88, NJW-RR 1990, 1357; OLG Köln Urt. v. 31.5.2011 – 24 U 164/10, IBR 2011, 650; a.A. OLG Düsseldorf Urt. v. 17.9.1973 – 5 U 88/72, NJW 1974, 704; OLG Oldenburg Urt. v. 20.6.1979 – 2 U 31/79, BauR 1981, 399; OLG Frankfurt Urt. v. 16.3.1990 – 2 U 117/88, NJW-RR 1990, 1496.

[69] BGH Urt. v. 4.3.1971 – VII ZR 204/69, BauR 1971, 265 (267); OLG Nürnberg Urt. v. 11.8.1989 – 4 U 2643/88, NJW-RR 1990, 1357; OLG Hamm Urt. v. 29.12.2010 – 12 U 42/09, IBR 2013, 88.

[70] BGH Urt. v. 4.3.1971 – VII ZR 204/69, BauR 1971, 265 (267); OLG Köln Urt. v. 8.11.1985 – 20 U 197/84, NJW-RR 1986, 183 (184); OLG Frankfurt Urt. v. 16.3.1990 – 2 U 117/88, NJW-RR 1990, 1496 und Urt. v. 14.5.1997 – 21 U 114/96, OLGR 1997, 194; OLG Stuttgart Urt. v. 14.2.2008 – 2 U 73/07, IBR 2008, 1194 (jeweils zur Haftung des Architekten für Fehler der Statik).

[71] LG Stuttgart Urt. v. 24.4.1996 – 14 O 575/95, BauR 1997, 137 (138).

daher offenkundige Fehler.[72] Im Übrigen darf sich der Architekt auf die Leistungen der Sonderfachleute genauso verlassen wie z. B. auf die Angaben von Gemeinden zur Höhenlage eines Kanals[73] oder auf die Funktionsfähigkeit des gemeindlichen Entwässerungssystems.[74]

41 Kommt der Architekt/Ingenieur seiner nach diesen Grundsätzen bestehenden Prüfungspflicht nicht nach, haften er und der jeweilige Sonderfachmann für einen etwaigen Schaden als Gesamtschuldner (§§ 421, 426 BGB).[75]

42 Nimmt der Bauherr den Architekten wegen eines Baumangels in Anspruch, der darauf zurückzuführen ist, dass die vom Sonderfachmann gelieferten Pläne mangelhaft sind und hat der Architekt dies pflichtwidrig nicht bemerkt, stellt sich im Anschluss an das Glasfassadenurteil des BGH (Urt. v. 27.11.2008 – VII ZR 206/06, IBR 2009, 90) die Frage, ob sich der Bauherr gemäß §§ 254 Abs. 1, 278 das mitwirkende Verschulden des Sonderfachmanns zurechnen lassen muss. Denn für eine Zurechnung der Fehler des Sonderfachmanns im Rahmen des § 254 Abs. 1 BGB ist nach dem vorgenannten Urteil nicht erforderlich, dass die Lieferung der vom Sonderfachmann erarbeiteten Pläne als Verletzung einer Leistungspflicht des Bauherrn gegenüber dem Architekten einzuordnen ist. Es genügt, wenn den Bauherrn im Vertragsverhältnis zum Architekten die Obliegenheit trifft, mangelfreie Pläne des Sonderfachmanns zur Verfügung zu stellen.[76] Diese Fragestellung betrifft auch den umgekehrten Fall, d. h. wenn der Bauherr dem Sonderfachmann mangelhafte Pläne des Architekten überlässt.

43 Ob der Bauherr eine gegenüber dem Architekten/Ingenieur bestehende Obliegenheit verletzt hat, hängt – wie so oft – vom Einzelfall ab. Sofern nichts anderes vertraglich vereinbart ist, trifft beispielsweise den Bauherrn die Obliegenheit, dem Tragwerksplaner die für die mangelfreie Erstellung der Statik erforderlichen Angaben zu den Boden- und Grundwasserverhältnissen zu machen. Sind die im Auftrag des Bauherrn vom Architekten (Bodengutachter) hierzu erteilten Auskünfte unzutreffend, muss sich der Auftraggeber dessen Verschulden gemäß §§ 254, 278 BGB zurechnen lassen.[77] Keine Zurechnung erfolgt indes, wenn die Planungen des Architekten/Ingenieurs und des Sonderfachmannes nicht aufeinander aufbauen, sondern jeder eine von der Planung des anderen unabhängige eigenverantwortliche Planung schuldet. Die Bereitstellung einer mangelfreien Planung gehört in diesem Falle nicht zu den Obliegenheiten des Bauherrn gegenüber seinem Architekten/Ingenieur bzw. seinem Sonderfachmann.[78]

44 Muss sich der Bauherr das Planungsverschulden des von ihm beauftragten Sonderfachmannes nach den oben dargestellten Grundsätzen im Verhältnis des von ihm beauftragten Architekten/Ingenieur anrechnen lassen, hängt der Umfang der Anrechnung in erster Linie vom Maß der Verursachung und erst nachrangig hierzu vom Maß des Verschuldens ab.[79] Ist

---

[72] BGH Urt. v. 26.1.1996 – V ZR 264/94, BauR 1996, 404 (mAnm *Englert* IBR 1996, 200) (Rissschäden am Nachbargrundstück bei Vertiefungsarbeiten infolge mangelnder Berücksichtigung der Standsicherheit der Nachbargrundstücke in einem Bodengutachten); OLG Stuttgart Urt. v. 11.6.1975 – 4 U 3/75, BauR 1975, 431 (432) und OLG Köln Urt. v. 10.3.1987 – 22 U 221/86, BauR 1988, 241 (243) (jeweils: Rissschäden infolge einer fehlerhaften Statik); OLG Düsseldorf Urt. v. 22.3.1988 – 23 U 9/87, BauR 1989, 344 (345) (Feuchtigkeitsschäden infolge fehlerhafter Angaben zum Grundwasserhöchststand in einem Baugrundgutachten).

[73] OLG Düsseldorf Urt. v. 25.9.1998 – 22 U 39/98, NJW-RR 1999, 244.

[74] OLG Karlsruhe Urt. v. 7.10.1999 – 19 U 93/98, BauR 2001, 120 (124).

[75] BGH Urt. v. 4.3.1971 – VII ZR 204/69, BauR 1971, 265 (269); OLG Celle Urt. v. 3.8.1983 – 13 U 286/82, BauR 1985, 244; *Werner/Frechen* in Werner/Pastor, Der Bauprozess, 14. Aufl. 2013, Rn. 2500 ff.

[76] BGH Urt. v. 27.11.2008 – VII ZR 206/06 Rn. 30 f., IBR 2009, 90.

[77] BGH Urt. v. 15.5.2013 – VII ZR 257/11, BauR 2013, 1468.

[78] OLG Dresden Urt. v. 23.8.2010 – 10 U 1054/08, BauR 2012, 1837; OLG Hamm Urt. v. 9.7.2010 – 19 U 43/10, BauR 2011, 1687.

[79] BGH Urt. v. 27.11.2008 – VII ZR 206/06, IBR 2009, 90.

der Haftungsanteil des Architekten von vornherein wegen des in Abzug zu bringenden Mitverschuldenssanteils verkürzt, beschränkt sich die Gesamtschuld zwischen Architekt und Sonderfachmann auf die gemeinsame Haftungsquote. Dasselbe gilt auch für den umgekehrten Fall, bei dem der Haftungsanteil des Sonderfachmannes wegen eines mitwirkenden Verschuldens des im Auftrag des Bauherrn tätigen Architekten/Ingenieur gekürzt ist.

Welche Haftungsquoten im Rahmen des Gesamtschuldnerausgleiches auf die einzelnen Gesamtschuldner entfallen, ist naturgemäß Frage des Einzelfalles. Ist die Gesamtschuld zwischen Sonderfachmann einerseits und Architekt/Ingenieur wegen der Zurverfügungstellung mangelhafter Pläne von vorneherein gekürzt, wird in der Regel wegen dieser Mängel ein Gesamtschuldnerausgleich nicht mehr stattfinden. Denn es ist kaum denkbar, dass die Lieferung fehlerhafter Pläne im internen Gesamtschuldverhältnis quotal anders bewertet wird als bei der Bewertung der Höhe des anzurechnenden Mitverschuldens. 45

f) Beratung und Aufklärung hinsichtlich neuartiger Baustoffe, Herstellungsverfahren und Baukonstruktionen. In Ermangelung anderweitiger vertraglicher Vereinbarungen hat das Werk der Architekten und Ingenieure als Mindeststandard den anerkannten Regeln der Technik zu entsprechen. Dies gilt dementsprechend auch für die im Rahmen der Projektrealisierung nach der Planung zu verwendenden Baustoffe und umzusetzenden Herstellungs- und Konstruktionsweisen. Im Grundsatz darf er daher nur Baustoffe zur Verwendung vorsehen und Konstruktionen wählen, bei denen sichergestellt ist, dass sie den zu stellenden Anforderungen genügen.[80] Entsprechendes gilt hinsichtlich der Beratung des Bauherrn bei der Auswahl von Baustoffen o.ä., bei der Beauftragung der bauausführenden Unternehmen oder im Rahmen von Bemusterungen. 46

Gleichwohl ist die Verwendung neuartiger, nicht schon seit Jahren in der Praxis erprobter Materialien oder Konstruktionsweisen nicht generell ausgeschlossen oder mit einer „automatischen“ Haftung für eventuelle Schäden verbunden. Denn dies stünde einer auch im Interesse der Auftraggeber liegenden Fortentwicklung des Bauwesens entgegen; der Einsatz neuer Materialien und Konstruktionsweisen wäre de facto niemals möglich. Beabsichtigt der Architekt/Ingenieur daher die Verwendung neuartiger Baustoffe oder sieht seine Planung unübliche Konstruktionen vor, muss er diese besonders sorgfältig auf deren Eignung prüfen. Dabei erstreckt sich die Prüfungspflicht nicht nur auf das jeweilige Bauteil, sondern auch auf die Verarbeitung desselben auf der Baustelle.[81] Der Architekt/Ingenieur muss dementsprechend klären, ob er sich mit der Verwendung oder Empfehlung des jeweiligen Baustoffs oder der jeweiligen Konstruktions- und Ausführungsweise auf das Gebiet einer risikoreichen Planung begibt. Bei mehreren in Betracht kommenden Alternativen, über die der Auftraggeber aufzuklären ist, hat er im Grundsatz den sichersten Weg zu wählen.[82] 47

---

[80] BGH Urt. v. 30.10.1975 – VII ZR 309/74, BauR 1976, 66 (67); OLG Celle Urt. v. 19.7.1990 – 7 U 89/89, NJW-RR 1991, 1175 (1176); KG Urt. v. 5.6.2002 – 7 U 6697/00, IBR 2002, 203 (mAnm. *Reim* BauR 1990, 762 und *Schmalzl* BauR 1977, 365); *Koeble* in Locher/Koeble/Frik HOAI § 34 Rn. 49; *Rath* in PDKR HOAI § 33 Rn. 92. Vgl. auch BGH Urt. v. 2.5.1963 – VII ZR 221/61, BGHZ 39, 189 (nur teilweise abgedruckt) zur gleichgelagerten Verpflichtung eines Stahlbauunternehmens im Zusammenhang mit der Herstellung und Lieferung von Schaufensterelementen; siehe auch OLG Hamm Urt. v. 9.1.2003– 17 U 01/01, BauR 2003, 567.

[81] OLG Köln Urt. v. 24.5.1989 – 13 U 331/88, BauR 1990, 103 (Pflicht zur Überprüfung des für die Verlegung neuartiger Platten verwendeten Klebers); OLG Düsseldorf Urt. v. 11.7.1996 – 5 U 18/96, BauR 1997, 475 (476 f.) (Pflicht zur Prüfung der Eignung eines Altbaubodens zur Aufnahme eines Estrichs aus modernen Baustoffen durch den Bauunternehmer, der Planungsleistungen übernommen hatte).

[82] KG Urt. v. 5.6.2002 – 7 U 6697/00, IBR 2002, 203; LG Krefeld Urt. v. 11.2.2010 – 5 O 185/04, BeckRS 2012, 25551.

48 Die Prüfungspflicht des Architekten/Ingenieurs im vorstehenden Sinne besteht, soweit die Sachkenntnis reicht, welche man von ihm erwarten kann.[83] Darüber hinaus kann sich der Architekt/Ingenieur auf Stellungnahmen und Äußerungen von Personen, Instituten o.ä. verlassen, die er für hinreichend sachverständig halten darf.[84] Stimmen diese Äußerungen mit denen des Herstellers oder Verkäufers des jeweiligen Baustoffs (z. B. in dessen Prospekt oder Produktbeschreibung) überein oder sprechen sonstige gewichtige Gründe für die Richtigkeit dieser Angaben, kann sich der Architekt/Ingenieur hierauf regelmäßig verlassen. Eigene Prüfungen oder Eignungstests braucht der Architekt/Ingenieur in aller Regel nicht zu veranlassen.[85]

49 Bestehen nach den vorstehenden Grundsätzen hinsichtlich der Verwendung eines bestimmten Baustoffes oder der Anwendung einer bestimmten Konstruktionsmethode erkennbare, nicht auszuschließende Risiken, ist der Bauherr hierüber umfassend aufzuklären und zu belehren.[86] Der bloße Hinweis, es handele sich „um völlig neues Material", die gewählte Konstruktion „sei ungewöhnlich" oder es gäbe „keine Referenzobjekte", genügt dabei nicht.[87] Vielmehr muss der Bauherr erschöpfend aufgeklärt und auch auf mögliche Alternativen hingewiesen werden. Die Aufklärung, Belehrung und Beratung muss so umfassend sein, dass der Bauherr auf deren Grundlage eine sachgerechte Entscheidung treffen kann, ob er das bestehende Risiko eingehen will oder nicht.[88] Die Beweislast für eine solche umfassende Aufklärung und Belehrung trägt im Streitfall der Architekt/Ingenieur.[89]

50 Verletzt der Architekt/Ingenieur eine ihm obliegende Belehrungs- und Aufklärungspflicht, kann dies, soweit ein Planungsfehler vorliegt, werkvertragliche Gewährleistungsansprüche nach §§ 634 ff. BGB auslösen. Im Falle der Verletzung einer Pflicht im Sinne des § 241 Abs. 2 BGB besteht ein Schadensersatzanspruch nach § 280 BGB oder aber auch nach § 282 BGB, sofern die dort genannten Voraussetzungen hierfür vorliegen.

51 Eine Schadensersatzverpflichtung des Architekten/Ingenieurs besteht jedoch dann nicht, wenn er den Bauherrn im vorgenannten Sinne umfassend aufgeklärt und belehrt hat, der Bauherr aber gleichwohl auf der risikoreichen Ausführung oder dem nicht erprobten Baustoff besteht.[90] Dies ist – in der Praxis häufig – z. B. auch dann der Fall, wenn der Bauherr zum Zwecke der Kostenersparnis auf einer Billigbauweise besteht, obgleich ihm das damit verbundene Risiko des jetzt eingetretenen Schadens bekannt ist.[91]

---

[83] LG Tübingen Urt. v. 15.8.1989 – 5 O 142/87, BauR 1990, 497 (498).

[84] Zieht der Architekt/Ingenieur bestimmte Personen oder Institutionen in einem konkreten Fall zu Rate und erweist sich deren Auskunft im Nachhinein als unzutreffend, bestehen möglicherweise Schadensersatzansprüche wegen Schlechterfüllung des Beratungsvertrages, vgl. hierzu z. B. BGH Urt. v. 27.6.2001 – VIII ZR 227/00, BauR 2001, 1734 (mAnm *Groß* IBR 2001, 498; *Tiedtke* EWiR 2001, 1039 und *Emmerich* JuS 2001, 1119); LG Tübingen Urt. v. 15.8.1989 – 5 O 142/87, BauR 1990, 497 (499).

[85] BGH Urt. v. 30.10.1975 – VII ZR 309/74, BauR 1976, 66 (67); *Koeble* in Locher/Koeble/Frik HOAI § 34 Rn. 50.

[86] BGH Urt. v. 30.10.1975 – VII ZR 309/74, BauR 1976, 66 (67); OLG Saarbrücken Urt. v. 28.2.1996 – 5 U 553/95, NJW-RR 1998, 93; OLG München Urt. v. 14.4.2010 – 27 U 31/09, IBR 2012, 524; *Koeble* in Locher/Koeble/Frik HOAI § 34 Rn. 49; *Rath* in PDKR HOAI § 33 Rn. 92.

[87] OLG Köln Urt. v. 24.5.1989 – 13 U 331/88, BauR 1990, 103.

[88] Zum Umfang der Belehrungspflicht des Architekten und zur Wirksamkeit seiner Freizeichnung für fehlerhafte Planung vgl. BGH Urt. v. 10.7.1980 – VII ZR 110/79, BauR 1981, 76 (77); OLG München Urt. v. 14.4.2010 – 27 U 31/09, BeckRS 2012, 19603.

[89] OLG Düsseldorf Urt. v. 19.1.2001 – 22 U 121/00, BauR 2001, 1780 (1781).

[90] BGH Urt. v. 10.7.1980 – VII ZR 110/79, BauR 1981, 76 (77); OLG Düsseldorf Urt. v. 19.1.2001 – 22 U 121/99, BauR 2001, 1780 (1781).

[91] Vgl. zu dieser Überlegung – allerdings im Zusammenhang mit der deliktischen Haftung des Architekten – auch BGH Urt. v. 28.10.1986 – VI ZR 254/85, BauR 1987, 116 (mAnm *Jagenburg* EWiR 1987, 677 und *Quack* EWiR 1990, 567).

g) Hinweispflichten im Zusammenhang mit der Änderung der Planung oder Bauausführung. Architekten und Ingenieure sind, der BGH betont dies immer wieder, verpflichtet, bei ihren Leistungen auch wirtschaftlich-finanzielle Gesichtspunkte des jeweiligen Auftraggebers zu beachten.[92] Zwar geht es dabei nicht darum, unter Berücksichtigung aller Möglichkeiten "so kostengünstig wie möglich" zu bauen.[93] Den Rentabilitätserwartungen des Auftraggebers muss aber sowohl bei der Planung als auch bei der Bauausführung Rechnung getragen werden.[94] Dies gilt insbesondere dann, wenn es um die Planung und Realisierung eines vom Auftraggeber zur Vermietung oder zum Verkauf vorgesehenen sog. Renditeobjektes geht. 52

Diese Verpflichtung besteht auch im Zusammenhang mit Planungs- und Ausführungsänderungen. So hat z. B. ein Architekt, der für eine Bauträgergesellschaft mehrere Einfamilienhäuser plant, davon auszugehen, dass diese – und zwar möglichst frühzeitig – Verträge mit Erwerbern schließen will. Bei einer beabsichtigten Planungsänderung muss er daher deren Auswirkungen auf eventuell schon bestehende oder künftige Erwerberverträge bedenken und diese grundsätzlich von sich aus mit der Bauträgergesellschaft erörtern.[95] Entsprechendes gilt für den Fall, dass die zukünftige Nutzung einzelner Einheiten/Etagen eines Objektes[96] oder Ausführungsdetails geändert werden (z. B. Geländer aus Holz statt aus Edelstahl). Führt eine mit dem Auftraggeber nicht abgesprochene Planungsänderung oder eine Änderung in der Ausführung z. B. zu einem Gewährleistungsanspruch der Erwerber des Objektes, mithin also zu einem Schaden auf Seiten des Bauherrn, ist der Architekt diesem zum Ersatz verpflichtet. 53

Eine Schadensersatzpflicht scheidet nur dann aus, wenn sich der Bauherr mit der Planungsänderung einverstanden erklärt hat. Voraussetzung ist jedoch, dass der Bauherr Bedeutung und Tragweite der Planungsänderung erkannt hat. Hiervon ist wiederum nur auszugehen, wenn der Architekt/Ingenieur den Bauherrn zuvor umfassend aufgeklärt und belehrt hat.[97] Nicht ausreichend ist daher, wenn dem Bauherrn ohne weitere Erläuterungen lediglich geänderte Pläne zur Kenntnisnahme vorgelegt werden. Und auch der bloße Hinweis, dieses oder jenes sei geändert worden, ist jedenfalls dann nicht ausreichend, wenn der Bauherr die sich aus dieser Änderung ergebenden Folgen nicht ohne weiteres übersehen kann. Eine Hinweis- und Aufklärungspflicht trifft den Architekten/Ingenieur auch dann nicht, wenn dem Bauherrn bereits aus eigener Sachkunde die Konsequenzen der Planungsänderung bewusst sind[98]; wovon allerdings nur in Ausnahmefällen auszugehen sein wird. 54

---

[92] BGH Urt. v. 29.2.1996 – VII ZR 90/94, BauR 1996, 570 (mAnm *Weyer* IBR 1996, 247); Urt. v. 9.5.1996 – VII ZR 181/93, BauR 1996, 732 (mAnm. *Schulze-Hagen* IBR 1996, 373 und 374 sowie *Glöckner* BauR 1997, 529); Urt. v. 21.3.2013 – VII ZR 230/11, BauR 2013, 1143 (mAnm *Kesselring* NJW 2013, 1595).

[93] BGH Urt. v. 23.11.1972 – VII ZR 197/71, NJW 1973, 237; Urt. v. 12.6.1975 – VII ZR 168/73, NJW 1975, 1657; Urt. v. 7.7.1988 – VII ZR 72/87, BauR 1988, 734.

[94] BGH Urt. v. 12.6.1975 – VII ZR 168/73, NJW 1975, 1657; OLG Düsseldorf Urt. v. 20.7.2007 – 22 U 142/06, BeckRS 2008, 12362.

[95] BGH Urt. v. 9.5.1996 – VII ZR 181/93, BauR 1996, 732 (mAnm *Schulze-Hagen* IBR 1996, 373 und 374 sowie *Glöckner* BauR 1997, 529) (Schadensersatzpflicht des Architekten in Höhe der vom Bauträger mit den einzelnen Erwerbern vereinbarten Minderungsbeträge für von den Bauträger-Erwerber-Verträgen abweichenden Niveauunterschiede zwischen Gebäude und Gelände, die infolge einer nicht mit dem Bauträger abgestimmten Planungsänderung durch den Architekten entstanden sind).

[96] OLG Stuttgart Urt. v. 12.4.2000 – 4 U 118/98, IBR 2003, 145 (zur Nutzung einer Erdgeschosseinheit für Wohnzwecke statt als Gaststätte und der sich hieraus ergebenden Haftung des Architekten für die erhöhten Kosten des nunmehr nachträglich herzustellenden Schallschutzes).

[97] BGH Urt. v. 9.5.1996 – VII ZR 181/93, BauR 1996, 732 (mit Anm. *Schulze-Hagen* IBR 1996, 373 und 374 sowie *Glöckner* BauR 1997, 529); OLG Koblenz Beschl. v. 30.5.2011 – 5 U 297/11, NZBau 2011, 495.

[98] OLG Stuttgart Urt. v. 17.10.2011 – 5 U 43/11, NZBau 2012, 179 (Bauherr war ein Bauträger, dem die Auswirkungen der einschaligen Bauweise auf den Schallschutz bekannt waren).

55 Eine inhaltlich vergleichbare Hinweis- und Aufklärungspflicht trifft den Architekten/Ingenieur, wenn der Bauherr seine Planungsvorgaben ändert und gegenüber dem mit der Bauausführung beauftragten Bauunternehmer eine Änderung der geplanten Bauausführung anordnet. Ordnet der Bauherr z. B. in Abweichung der von ihm abgezeichneten Planung aus Kostengründen die Ausführung einer billigeren aber unzulänglichen Abdichtung an, muss der Architekt als Fachmann eindringlich auf die gegen die mangelhafte Ausführung bestehenden Bedenken hinweisen.[99] Gegebenenfalls ist aber im Rahmen der Prüfung des Schadensersatzanspruches gegen den Architekten/Ingenieur ein erhebliches Mitverschulden des Bauherrn zu berücksichtigen.

56 **h) Beratung des Bauherren im Zusammenhang mit der Abnahme.** Zu den Aufgaben des mit der Objektüberwachung betrauten Architekten/Ingenieurs zählt regelmäßig die sog. technische Abnahme[100], d. h. die Überprüfung der erbrachten Leistungen auf ihre Vertragsgemäßheit. Fallen die überwachungsbedürftigen Leistungen in das Fachgebiet eines Sonderfachmanns, trifft den mit der Objektüberwachung beauftragten Architekten/Ingenieur die Pflicht, die fachtechnische Abnahme zu koordinieren und ggf. durch Fachingenieure zu veranlassen.[101] Sind Sonderfachleute bislang nicht beauftragt, wird der Architekt/Ingenieur den Bauherrn hierauf hinzuweisen und deren Beauftragung zu empfehlen haben.[102]

57 Daneben obliegen dem Architekten/Ingenieur in aller Regel auch im Zusammenhang mit der rechtsgeschäftlichen Abnahme bestimmte Beratungs- und Hinweispflichten gegenüber dem Bauherrn. Die Durchführung der rechtsgeschäftlichen Abnahme (und nur von dieser soll nachfolgend die Rede sein) gehört dagegen üblicherweise nicht zu den Aufgaben des Architekten/Ingenieurs. Hierzu ist er in aller Regel auch gar nicht bevollmächtigt.

58 Neben den sich bereits aus der Objektüberwachung ergebenden Pflichten zur Überwachung der Bauausführung, der Überprüfung der von den Bauunternehmen erbrachten Leistungen und der sich darauf stützenden Feststellung der Abnahmereife hat der Architekt/Ingenieur zur Vorbereitung der Abnahme den Bauherrn zunächst darüber aufzuklären, wann und in welcher Form Abnahmen mit den einzelnen Baubeteiligten durchzuführen sind.

59 Den mit der Objektüberwachung beauftragten Architekten/Ingenieur trifft regelmäßig auch die Pflicht, Abnahmeempfehlungen auszusprechen.[103] Dies beinhaltet die Beratung, ob aus technischer Sicht Gründe gegen eine rechtsgeschäftliche Abnahme sprechen.[104] Eine rechtliche Bewertung, ob die festgestellten Mängel „unwesentlich" im Sinne des § 640 Abs. 1 S. 2 BGB sind, muss der Architekt/Ingenieur indes nicht abgeben.[105] Er muss jedoch über die Bedeutung des Mangels und die voraussichtlichen Mangelbeseitigungskosten informieren und damit den Bauherrn in die Lage versetzen, die Wesent-

---

99 OLG Hamm Urt. v. 23.9.1994 – 12 U 117/93, BauR 1995, 269.

100 Nur diese Art der Abnahme (und nicht die rechtsgeschäftliche) war im Übrigen gemeint, wenn im Grundleistungskatalog z. B. des § 15 Abs. 2 HOAI (1996) und des § 33 i.V.m. Anlage 11 HOAI (2009) im Zusammenhang mit der Leistungsphase 8 von der „Abnahme der Bauleistungen unter Mitwirkung anderer an der Planung und Objektüberwachung fachlich Beteiligter unter Feststellung von Mängeln" die Rede war. Mit der Novellierung der HOAI im Jahr 2013 wurde die insofern missverständliche Beschreibung durch die Formulierung „Organisation der Abnahme [...] Abnahmeempfehlung für den Auftraggeber" ersetzt.

101 OLG Düsseldorf Urt. v. 17.11.2011 – 5 U 48/11, BauR 2012, 1274.

102 *Koeble* in Locher/Koeble/Frik HOAI § 34 Rn. 218 und 233 (betreffend die ingenieurtechnische Kontrolle der Bewehrung).

103 Vgl. zum Beispiel § 34 Abs. 4 Anlage 10, LP 8 lit. k) HOAI (2013).

104 *Rath* in PDKR HOAI § 33 Rn. 110.

105 *Koeble* in Locher/Koeble/Frik HOAI § 34 Rn. 232; a.A. *Korbion* in Korbion/Mantscheff/Vygen HOAI § 33 Rn. 248.

lichkeit/Unwesentlichkeit des Mangels (ggf. unter Zuhilfenahme rechtlicher Beratung) beurteilen zu können.

60 In diesem Zusammenhang hat der Architekt/Ingeniuer den Bauherrn auch über die Wirkungen der Abnahme zu belehren.[106] Soweit bereits vor der Abnahme Mängel an einzelnen Gewerken festgestellt worden sind, muss der Bauherr auf die Notwendigkeit eines entsprechenden Vorbehaltes hingewiesen werden.[107] Außerdem ist der Bauherr in diesem Zusammenhang darauf hinzuweisen, dass ihm wegen vorhandener Mängel Gewährleistungsansprüche zustehen, welche dies sind und dass gegebenenfalls ein Zurückbehaltungsrecht besteht.[108] Hinsichtlich einer etwaig vom Auftragnehmer verwirkten Vertragsstrafe ist der Bauherr darauf hinzuweisen, dass die Geltendmachung derselben bei der Abnahme oder entsprechend den vertraglichen Regelungen vorbehalten werden muss.[109] Letzteres gilt auch dann, wenn der Architekt/Ingenieur an der Gestaltung der Verträge und damit bei der Vereinbarung der Vertragsstrafen nicht mitgewirkt hat. Ausreichend ist, dass dem Architekten die Vertragsstrafenvereinbarung bekannt ist oder bekannt sein muss. Durch seine entsprechenden Hinweise hat der Architekt/Ingenieur sicherzustellen, dass bei einer förmlichen Abnahme oder bis zum Ablauf der Fristen aus § 12 Nr. 5 Abs. 1 und 2 VOB/B oder sonstiger für die Abnahme vereinbarter Fristen der erforderliche Vertragsstrafenvorbehalt nicht etwa versehentlich unterbleibt.[110] Ein solcher Hinweis kann nur dann unterbleiben, wenn dem Bauherrn die Notwendigkeit zur Erklärung eines Vorbehaltes positiv bekannt ist.[111]

61 Soweit sich der Bauherr entsprechend der Beratung durch den Architekten/Ingenieur bei der Abnahme einzelne Mängel vorbehält, hat der Architekt im Nachgang zur Abnahme den jeweiligen Unternehmer zur Mangelbeseitigung anzuhalten. Leistet der zur Mangelbeseitigung verpflichtete Unternehmer der Aufforderung des Architekten/Ingenieurs keine Folge, hat der Architekt/Ingenieur den Auftraggeber hierüber zu unterrichten. Gleichzeitig hat er den Auftraggeber umfassend über die technischen Möglichkeiten aufzuklären. Eine Empfehlung zu den dem Auftraggeber nunmehr zustehenden weiteren rechtlichen Möglichkeiten schuldet der Architekt/Ingenieur jedoch nicht. Ebenso obliegt es ihm ohne besonderen Auftrag und entsprechende Bevollmächtigung nicht, weitergehende Erklärungen (z. B. Vertragskündigungen) auszusprechen.[112]

62 **i) Verpflichtung zum Hinweis auf eigene Fehler.** Nach der ständigen Rechtsprechung des BGH und der ihm folgenden Instanzgerichte ist der Architekt/Ingenieur im Rahmen seines jeweils übernommenen Aufgabengebiets verpflichtet, dem Bauherrn bei der Untersuchung und Behebung von Baumängeln zur Seite zu stehen.[113] Hierzu muss er die Mängelursachen sichtbar gewordener Baumängel untersuchen, den Auftraggeber über das Ergebnis seiner Untersuchung sowie über die technischen Möglichkeiten der Mangelbeseitigung und die Haftung informieren.[114] Zu den Pflichten des Architekten/Ingenieurs gehört es deshalb auch, den Auftraggeber auch ohne dessen entsprechende

---

[106] *Löffelmann/Fleischmann* in Löffelmann/Fleischmann, Architektenrecht, 6. Aufl. 2012, Rn. 561 f.; einschränkend *Koeble* in Locher/Koeble/Frik HOAI § 34 Rn. 232.

[107] *Rath* in PDKR HOAI § 33 Rn. 110.

[108] *Löffelmann/Fleischmann* in Löffelmann/Fleischmann, Architektenrecht, 6. Aufl. 2012, Rn. 561.

[109] BGH Urt. v. 26.4.1979 – VII ZR 190/78, BauR 1979, 345 (mAnm *Barnikel* BlGBW 1980, 1; *Ganten* NJW 1979, 2513; *Schmidt* LM BGB § 341 Nr. 7); OLG Düsseldorf Urt. v. 22.3.2002 – 5 U 31/01, NJW-RR 2002, 1098.

[110] BGH Urt. v. 26.4.1979 – VII ZR 190/78, NJW 1979, 1499 (1499 f.).

[111] Zur Einschränkung der Hinweis- und Beratungspflichten vgl. oben § 15 I. Die bloße (abstrakte) Sachkunde des Auftraggebers allein befreit den Architekten nicht von seiner Hinweis- und Beratungspflicht.

[112] *Koeble* in Locher/Koeble/Frik HOAI § 34 Rn. 237; *Rath* in PDKR HOAI § 33 Rn. 113.

[113] BGH Urt. v.26.10.2006 – VII ZR 133/04 Rn. 10, BauR 2007, 423.

[114] BGH Urt. v.26.10.2006 – VII ZR 133/04 Rn. 10, BauR 2007, 423.

Nachfrage auf erkannte eigene Fehler und Mängel der Architektenleistung hinzuweisen. Insbesondere der umfassend, d.h. auch mit der Objektbetreuung beauftragte Architekt/Ingenieur schuldet daher die unverzügliche und umfassende Aufklärung der Ursachen aufgetretener Baumängel ohne Rücksicht auf eine mögliche eigene Haftung, die entsprechende Unterrichtung des Auftraggebers hierüber und über die sich daraus ergebenden Ansprüche selbst dann, wenn diese Ansprüche gegen ihn selbst gerichtet sind. Das Interesse des Architekten/Ingenieurs nicht in Anspruch genommen zu werden, muss in diesen Fällen hinter dem des Bauherrn an der ordnungsgemäßen Ermittlung der Mangelursachen und Durchsetzung bestehender Gewährleistungsansprüche zurückstehen.[115]

63 Aber auch der nicht umfassend beauftragte Architekt/Ingenieur kann Sachwalter des Bauherrn und demgemäss verpflichtet sein, im Rahmen seines jeweils übernommenen Aufgabengebiets für den Bauherrn auch betreuend und beratend tätig zu werden. Der Umfang dieser Pflicht richtet sich dabei nach den im Einzelfall übernommenen Aufgaben.[116] Entscheidend für eine Sachwaltereigenschaft im hier interessierenden Sinne ist, dass der Architekt üblicherweise eine zentrale Stellung bei der Planung und Durchführung des Bauwerkes einnimmt. Bei Problemen auf der Baustelle ist er in aller Regel primärer Ansprechpartner. Ihm obliegen Koordinierung, Überwachung und Betreuung des Bauvorhabens, so dass der Bauherr zulässigerweise auch darauf vertrauen darf, er, der Bauherr, werde eine umfassende Aufklärung auch über Mängel des Architektenwerks erhalten.[117] Dementsprechend wird z. B. der Objektüberwacher den Bauherrn darauf hinzuweisen haben, dass gegen ihn ein Anspruch wegen unzureichender Objektüberwachung besteht, wenn sich ein Baumangel zeigt, dessen Ursachen bei ordnungsgemäßer Objektüberwachung bereits während der Bausausführung hätten erkannt werden können.[118] Dies gilt unabhängig davon, in welchem Umfang Mängel vorliegen und welche Maßnahmen gegenüber einem gegebenenfalls gewährleistungspflichtigen Bauunternehmer in Betracht kommen.[119]

64 Keine diesbezüglichen Sachwalterpflichten obliegen demgemäss den Architekten und Ingenieuren, deren Aufgaben nur auf einzelne Teilbereiche der Planung und Überwachung beschränkt sind. Dies ist bei einem nur mit der Erstellung der Statik und/oder der Bewehrungskontrolle beauftragten Tragwerksplaner sowie grundsätzlich auch bei anderen Sonderfachleuten der Fall.[120] Entscheidend ist die Stellung des Architekten/Ingenieurs bezogen auf das Bauvorhaben als Ganzes, nicht seine Stellung innerhalb des ihm

---

115 BGH Urt. v. 16.3.1978 – VII ZR 145/76, BauR 1978, 235 (mAnm *Schubert* JR 1979, 21 und *Schmidt* LM BGB § 633 Nr. 31; Urt. v. 4.10.1984 – VII ZR 342/83, BauR 1985, 97; Urt. v. 26.9.1985 – VII ZR 50/84, BauR 1986, 112 (mAnm *Bunte* WuB IV B § 9 AGBG 1.86); Urt. v. 11.1.1996 – VII ZR 85/95, BauR 1996, 418 (mAnm *Groß* IBR 1996, 201 und 202 sowie *Lenzen* BauR 1998, 62); Urt. v. 4.4.2002 – VII ZR 143/99, NZBau 2002, 617 (mAnm *Steiger* IBR 2002, 554); OLG Köln Urt. v. 19.10.1990 – 20 U 109/90, BauR 1991, 649; OLG Düsseldorf Urt. v. 15.9.2000 – 22 U 35/00, BauR 2001, 672 (673). A.A. *Koeble,* FS Locher, S. 117, 122 ff., der das Bestehen einer umfassenden Pflicht zur Aufklärung über eigene Fehler verneint; kritisch auch, allerdings ohne weitere Begründung, *Locher* in Locher/Koeble/Frik HOAI Einl. Rn. 201.

116 BGH Urt. v. 11.1.1996 – VII ZR 85/95, BauR 1996, 418 (mAnm *Groß* IBR 1996, 201 und 202 sowie *Lenzen* BauR 1998, 62); Urt. v. 27.9.2001 – VII ZR 320/00, BauR 2002, 108 (110 f.) (mAnm *Löffelmann* IBR 2002, 28 und 29 sowie *Vogel* EWiR 2002, 97); Urt. v. 23.7.2009 – VII ZR 134/08 Rn. 16, IBR 2009, 589.

117 BGH Urt. v. 27.9.2001 – VII ZR 320/00, BauR 2002, 108 (110 f.) (mAnm *Löffelmann* IBR 2002, 28 und 29 sowie *Vogel* EWiR 2002, 97).

118 BGH Urt. v. 6.7.2000 – VII ZR 82/98, NZBau 2000, 525 (mAnm *Schulze-Hagen* IBR 2000, 506 und 507).

119 Unzutreffend daher OLG Koblenz Urt. v. 31.10.2002 – 6 U 1166/01, IBR 2003, 33, welches eine Einschränkung der Aufklärungspflicht des Architekten annimmt, da die Mangelerscheinung nur geringfügig war und verjährungsunterbrechende Maßnahmen gegenüber dem verantwortlichen Handwerker nicht zu ergreifen waren.

120 BGH Urt. v. 27.9.2001 VII ZR 320/00, BauR 2002, 108; Urt. v. 28.7.2011 – VII ZR 4/10,

übertragenen Aufgabenbereichs. Einem Ingenieur, dem in einem Bauvorhaben lediglich die Planung der elektrotechnischen Stark- und Schwachstrominstallationsanlagen und damit nur Teilbereiche der Technischen Ausrüstung übertragen wurde, kommt deshalb keine zentrale Position innerhalb des gesamten Bauvorhabens zu.[121]

Auch der lediglich mit den Aufgaben der Grundlagenermittlung bis zur Vorbereitung der Vergabe betraute Architekt nimmt bei der Durchführung des gesamten Bauwerks keine derartige zentrale Stellung ein, die eine Pflicht zur Aufklärung über eigene Fehler nach sich zieht. Denn erst die Realisierung der Planung in der Errichtung des Bauwerks begründet die besondere, eine Aufklärungspflicht über eigene Fehler nach sich ziehende Vertrauensstellung des Architekten. Allein die Übernahme von Planungsleistungen genügt hierfür nicht.[122] Auf die in diesem Sinne nur beschränkt beauftragten Architekten und Ingenieure finden die Grundsätze über die Sekundärhaftung (s. u.) daher keine Anwendung.[123] Demgegenüber steht einer die Sekundärhaftung rechtfertigenden Übernahme von Betreuungspflichten nicht entgegen, dass der Architekt nicht mit der Genehmigungsplanung entsprechend Leistungsphase 4 gemäß § 15 HOAI (1996) beauftragt war. Diese Leistungsphase enthält – auch nach der Novellierung der HOAI in den Jahren 2009 und 2013 – vorwiegend verwaltungstechnische Leistungen, die die zentrale Stellung des ansonsten umfassend beauftragten Architekten nicht zu beseitigen vermögen.[124] Auch ist es unschädlich, wenn dem Architekten nicht die Leistungen der Objektbetreuung und Dokumentation entsprechend Leistungsphase 9 des § 15 HOAI 1996 übertragen worden sind.[125] 65

Verstößt der Architekt/Ingenieur gegen diese Untersuchungs-, Aufklärungs- und Hinweispflichten und kann der Bauherr aus diesem Grunde nicht rechtzeitig vor Eintritt der Verjährung bestehende Mängel- oder Schadensersatzansprüche erfolgreich geltend machen, führt dies zu einem Schadensersatzanspruch des Bauherrn (sog. Sekundärhaftung) aus positiver Vertragsverletzung bzw. nach der seit dem 1.1.2002 geltenden Rechtslage aus § 280 Abs. 1 i.V.m. § 241 Abs. 2 BGB. Dafür, dass der Auftraggeber innerhalb der Verjährungsfrist verjährungshemmende Maßnahmen ergriffen hätte, wenn der Architekt/Ingenieur seiner Untersuchungs- und Beratungspflicht nachgekommen wäre, spricht eine tatsächliche Vermutung.[126] Die spätere Beendigung des Vertrages lässt eine einmal begründete Sekundärhaftung des Architekten/Ingenieurs nicht entfallen.[127] 66

Aufgrund dieses Schadensersatzanspruches muss sich der Architekt/Ingenieur so behandeln lassen, als wäre die Verjährung des Mangel- oder Schadensersatzanspruches nicht eingetreten.[128] Dies gilt nur dann nicht, wenn der Bauherr selbst sachkundig ist oder sich 67

IBR 2011, 589; *Nossek/Klaft,* Zurück zu den Ursprüngen – die Sekundärhaftung des Architekten in der Rechtsprechung des Bundesgerichtshofs, BauR 2010, 152 (155).

121 BGH Urt. v. 28.7.2011 – VII ZR 4/10, IBR 2011, 589.

122 BGH Urt. v. 23.7.2009 – VII ZR 134/08 Rn. 15, IBR 2009, 589.

123 BGH Urt. v. 27.9.2001 – VII ZR 320/00, BauR 2002, 108 (110 f.) (mAnm *Löffelmann* IBR 2002, 28 und 29 sowie *Vogel* EWiR 2002, 97); OLG Köln Urt. v. 19.10.1990 – 20 U 109/90, BauR 1991, 649.

124 BGH Urt. v. 26.9.2013 – VII ZR 220/12 Rn. 25, IBR 2013, 749.

125 BGH Urt. v. 26.10.2006 – VII ZR 133/04, BauR 2007, 423.

126 BGH Urt. v. 26.9.2013 – VII ZR 220/12 Rn. 26, IBR 2013, 749.

127 BGH Urt. v. 4.4.2002 – VII ZR 143/99, NZBau 2002, 617 (mAnm *Steiger* IBR 2002, 554); Urt. v. 23.7.2009 – VII ZR 134/08 Rn. 13, IBR 2009, 589.

128 BGH Urt. v. 16.3.1978 – VII ZR 145/76, BauR 1978, 235 (mAnm *Schubert* JR 1979, 21 und *Schmidt* LM BGB § 633 Nr. 31); Urt. v. 26.9.1985 – VII ZR 50/84, BauR 1986, 112 (mAnm *Bunte* WuB IV B § 9 AGBG 1.86); Urt. v. 11.1.1996 – VII ZR 85/95, BauR 1996, 418 (mAnm *Groß* IBR 1996, 201 und 202 sowie *Lenzen* BauR 1998, 62); Urt. v. 27.9.2001 – VII ZR 320/00, BauR 2002, 108 (110 f.) (mAnm *Löffelmann* IBR 2002, 28 und 29 sowie *Vogel* EWiR 2002, 97): Gegen die Anwendung der Grundsätze der Sekundärhaftung auf Sachverhalte nach Inkrafttreten des Schuldrechtsmodernisierungsgesetzes *Reinelt/Pasker,* Gilt die Sekundärhaftung des Architekten auch nach der Schuldrechtsmodernisierung?, BauR 2010, 983.

in diesem Zusammenhang der Hilfe eines sachkundigen Dritten (z. B. eines Bauschadenssachverständigen) bedient.[129] Diese Haftung des Architekten/Ingenieurs wegen der Verletzung seiner Hinweis- und Aufklärungspflicht steht zu einem möglichen (dann jedoch in aller Regel verjährten) Mangelanspruch des Auftraggebers gegen den Bauunternehmer auch dann nicht in einem Gesamtschuldverhältnis, wenn es um einen Baumangel geht, der (auch) in den Verantwortungsbereich des Bauunternehmers fällt.[130] Denn anders als der Architekt/Ingenieur ist der Bauunternehmer nicht Sachwalter des Bauherrn. Eine den Architekten/Ingenieur treffende Aufklärungs- und Hinweispflicht im vorgenannten Sinne obliegt dem Bauunternehmer daher nicht.

68 Der sich aus der Verletzung der vorgenannten Aufklärungs- und Hinweispflicht ergebende Schadensersatzanspruch unterliegt ebenfalls der Verjährung. Dieser Schadensersatzanspruch verjährt innerhalb der dreijährigen regelmäßigen Verjährungsfrist des § 195 BGB.

2. Verhandlungs- und Mitwirkungspflichten

69 **a) Vorverhandlungen mit Behörden, Nachbarn und anderen Planungsbeteiligten zur Klärung genehmigungsrechtlicher Fragen.** Der mit den Leistungen der Genehmigungsplanung beauftragte Architekt/Ingenieur schuldet nach der Rechtsprechung des BGH und der Instanzgerichte eine dauerhaft genehmigungsfähige, d. h. den Vorschriften des Bauordnungs- und des Bauplanungsrechtes entsprechende und die Praxis der jeweils zuständigen Baugenehmigungsbehörde berücksichtigende Planung[131], wobei jedoch aus den Anforderungen des öffentlichen Baurechts, insbesondere des Bauordnungsrechtes, für die Erteilung einer Baugenehmigung nicht auf den Umfang der vom Architekten/Ingenieur geschuldeten Leistungen geschlossen werden kann.[132] Zwar ist es dem Auftraggeber und dem Architekten/Ingenieur im Rahmen der Privatautonomie möglich, sich darauf zu verständigen, dass die „Genehmigungsfähigkeit" nicht geschuldet sein soll. Von einer solchen Vereinbarung, deren Existenz der Architekt/Ingenieur zu beweisen hätte, kann aber nur in Ausnahmefällen ausgegangen werden.[133]

70 Soweit die Vorschriften des Bauordnungs- und des Bauplanungsrechtes unbestimmte Rechtsbegriffe enthalten (wie z. B. den des „Einfügens" in § 34 BauGB), ist die Planung genehmigungsfähig, sofern sie sich innerhalb des der Baugenehmigungsbehörde insoweit

---

[129] BGH Urt. v. 26.9.2013 – VII ZR 220/12 Rn. 27, IBR 2013, 749; OLG Köln Urt. v. 19.10.1990 – 20 U 109/90, BauR 1991, 649 (650); zur Einschränkung der Sekundärhaftung auch *Jochem,* Die Sachwalterhaftung von Architekten und Ingenieuren – Eine Darstellung der Grundsätze der Rechtsprechung in der praktischen Anwendung, BauR 2012, 16.

[130] OLG Oldenburg Urt. v. 15.11.2001 – 8 U 176/01, IBR 2002, 152.

[131] BGH Urt. v. 10.2.2010 – VII ZR 8/10, IBR 2011, 280; Urt. v. 25.2.1999 – VII ZR 190/97, BauR 1999, 934 (mAnm *Lauer* IBR 1999, 326); Urt. v. 25.3.1999 – VII ZR 397/97, BauR 1999, 1195 (mAnm. *Lauer* IBR 1999, 376 und *Teichmann* LM BGB § 631 Nr. 86 (11/1999)); Urt. v. 26.9.2002 – VII ZR 290/01, BauR 2002, 1872; OLG München Urt. v. 2.7.1990 – 28 U 6783/89, NJW-RR 1992, 788; OLG Düsseldorf Urt. v. 12.12.1995 – 21 U 53/95, NJW-RR 1996, 404 und Urt. v. 31. 5.1996 – 22 U 176/95, NJW-RR 1996, 1234; OLG Hamm Urt. v. 4.1.2001 – 21 U 159/99, NJW-RR 2002, 747; OLG Naumburg Urt. v. 14.6.2006 – 6 U 111/05, IBR 2008, 658 (zur Haftung eines mit der Erstellung eines Bebauungsplanes beauftragten Architekten). Vgl. zur Haftung des Architekten für die Genehmigungsfähigkeit der Planung auch *Maser,* Die Haftung des Architekten für die Genehmigungsfähigkeit der Planung, BauR 1994, 180.

[132] BGH Urt. v. 27.9.2001 – VII ZR 391/99, BauR 2002, 114, 116 (mAnm *Baden* IBR 2001, 678) (zum Umfang der zu erfüllenden bauphysikalischen Anforderungen bei Erteilung einer Baugenehmigung im vereinfachten Genehmigungsverfahren).

[133] BGH Urt. v. 25.3.1999 – VII ZR 397/97, BauR 1999, 1195 (mAnm *Teichmann* LM BGB § 631 Nr. 86 (11/1999) und *Lauer* IBR 1999, 376); Urt. v. 26.9.2002 – VII ZR 290/01, BauR 2002, 1872; OLG Rostock Urt. v. 15.3.1995 – 2 U 58/94, OLGR 1995, 88; KG Urt. v. 11.1.2000 – 27 U 5302/99, BauR 2002, 111; OLG Nürnberg Urt. v. 14.12.2001 – 6 U 2285/01, NJW-RR 2002, 670.

zustehenden Beurteilungsspielraumes hält.[134] Mit einer nur unter Auflagen erteilten Genehmigung genügt der Architekt den an ihn gestellten Anforderungen und seinen vertraglichen Verpflichtungen nur, wenn die Auflagen für den Bauherrn zumutbar sind, insbesondere also nicht zu einer geänderten Ausführung des Bauvorhabens zwingen.[135] Denn eine Verpflichtung des Bauherrn, die mit dem Architekten entwickelte und von diesem als genehmigungsfähig angesehene Planung zu ändern, um erteilten Auflagen der Baugenehmigungsbehörde zu genügen, besteht grundsätzlich nicht. Vielmehr kann eine solche Verpflichtung nur im besonders gelagerten Einzelfall bestehen, wenn die erforderliche Änderung dem Bauherrn unter Berücksichtigung der Grundsätze von Treu und Glauben ausnahmsweise zuzumuten ist. Erst Recht kann daher vom Besteller nicht verlangt werden, dass er sein Bauvorhaben, d. h. die vereinbarte Planung der allein genehmigungsfähigen Planung anpasst, sofern dies nicht entsprechend vertraglich vereinbart ist.[136]

Erweist sich die vom Architekten/Ingenieur erstellte Planung als in diesem Sinne nicht 71 genehmigungsfähig, ist sie mangelhaft (§ 633 BGB). Dies gilt auch dann, wenn die Baugenehmigungsbehörde eine zunächst erteilte Baugenehmigung später zurücknimmt oder diese in sonstiger Weise aufgehoben wird.[137]

Ist die Genehmigungsplanung nicht dauerhaft genehmigungsfähig, stehen dem Auf- 72 traggeber gemäß § 634 BGB Mängelansprüche zu. In Betracht kommt dabei vorrangig der Anspruch auf Nacherfüllung (§§ 634 Nr. 1, 635 BGB). Ist die Nacherfüllung nicht möglich (wie z. B. regelmäßig bei der Planung eines nicht privilegierten Vorhabens im Außenbereich), steht dem Auftraggeber ein Anspruch auf Schadensersatz gemäß § 634 Nr. 4 BGB zu, wobei Schadensersatz statt der Leistung gemäß §§ 280, 283 BGB auch ohne vorherige Fristsetzung zur Nacherfüllung verlangt werden kann, da die Nacherfüllung unmöglich ist. Die Schadensersatzansprüche können erheblich sein. Dies gilt v.a. dann, wenn mit der Durchführung des Bauvorhabens bereits begonnen wurde. Denn dann zählen hierzu u.a. auch bereits aufgewendete Bau- und Planungskosten, Rückbaukosten sowie die Kosten für die Finanzierung.[138]

Um diesem erheblichen Haftungsrisiko sowohl im eigenen Interesse als auch im Inte- 73 resse des Bauherrn zu entgehen, ist der Architekt/Ingenieur verpflichtet, frühzeitig mit der Baugenehmigungsbehörde und den im Baugenehmigungsverfahren zu beteiligenden Trägern öffentlicher Belange Kontakt aufzunehmen und die für die Genehmigungsfähigkeit des Vorhabens relevanten Fragen abzuklären, um dem Bauherrn möglicherweise nutzlosen Aufwand zu ersparen. Treten dabei Fragen z. B. aus dem Bereich des Baurechts

---

[134] BGH Urt. v. 25.3.1999 – VII ZR 397/97, BauR 1999, 1195 (mAnm *Teichmann* LM BGB § 631 Nr. 86 (11/1999) und *Lauer* IBR 1999, 376).

[135] BGH Urt. v. 19.2.1998 – VII ZR 236/96, BauR 1998, 579 (mAnm *Schulze-Hagen* IBR 1998, 210, 211, 212 und 303.; *Wenner* EWiR 1998, 539, *Koeble* LM MietrechtsverbesserungsG Nr. 23 (9/1998) und *Lauer* BB 1998, 1669); OLG München Urt. v. 2.7.1990 – 28 U 6783/89, NJW-RR 1992, 788 (789); *Werner* in Werner/Pastor, Der Bauprozess, 14. Aufl. 2013, Rn. 1992. Zur Frage der Zumutbarkeit von Planungsänderungen vgl. auch OLG Düsseldorf Urt. v. 11.6.1992 – 5 U 233/91, BauR 1992, 679.

[136] BGH Urt. v. 10.2.2011 VII ZR 8/10, IBR 2011, 280; Urt. v. 19.2.1998 – VII ZR 236/96, BauR 1998, 579; Urt. v. 21.12.2000 – VII ZR 17/99, NJW 2001, 1642 (1644); Urt. v. 26.9.2002 – VII ZR 290/01, BauR 2002, 1872; OLG Hamm Urt. v. 1.12.2005 – 24 U 89/2005, IBR 2007, 375.

[137] BGH Urt. v. 19.3.1992 – III ZR 117/90, BB 1992, 950 (951) (mAnm *Koeble* LM BGB § 839 (E) Nr. 51 (10/1992); Urt. v. 9.7.1992 – III ZR 119/91, NVwZ 1993, 602 (603); Urt. v. 25.2.1999 – VII ZR 190/97, BauR 1999, 934 (mAnm *Lauer* IBR 1999, 326); OLG München Urt. v. 2.7.1990 – 28 U 6783/89, NJW-RR 1992, 788; OLG Düsseldorf Urt. v. 31. 5.1996 – 22 U 176/95, NJW-RR 1996, 1234; OLG Celle Urt. v. 9.8.2007 – 13 U 48/07, IBR 2007, 574.

[138] OLG München Urt. v. 2.7.1990 – 28 U 6783/89, NJW-RR 1992, 788 (789); OLG Hamm Urt. v. 4.1.2001 – 21 U 159/99, NJW-RR 2002, 747; OLG Celle Urt. v. 13.9.2001 – 13 U 68/01, BauR 2002, 116 (117); OLG München Urt. v. 8.11.2011 – 9 U 1576/11, BauR 2012, 211; OLG Saarbrücken Urt. v. 20.6.2007 – 1 U 228/06, IBR 2009, 222; *Maser* → Fn. 135 BauR 1994, 180 (186); *Hebel/Engelmann* in Wirth HdB Baurecht 1. Buch X. Teil Rn. 263.

auf, die vom Architekten/Ingenieur nicht beantwortet werden können, hat er den Bauherrn hierauf hinzuweisen[139] und gegebenenfalls die Hinzuziehung eines Rechtsanwaltes anzuraten[140]. Allerdings wird von Architekten und Ingenieuren erwartet, dass sie die zur Erstellung einer genehmigungsfähigen Planung notwendigen Kenntnisse auf dem Gebiet des Bauplanungs- und des Bauordnungsrechts besitzen. Zwar wird dabei zum Teil die Auffassung vertreten, die Klärung schwieriger, möglicherweise sogar umstrittener Rechtsfragen gehöre nicht zu den Aufgaben der Architekten und Ingenieure.[141] Ob dies so auch von dem u.a. für das Architekten- und Ingenieurrecht zuständigen VII. Zivilsenat des BGH gesehen wird, erscheint aber zweifelhaft.[142] Denn obgleich sich in der Vergangenheit mehrfach die Gelegenheit bot, hat der VII. Zivilsenat weder die Rechtsprechung des III. Zivilsenates aufgegriffen noch im Sinne einer eigenen Abgrenzung den Architekten von der Beurteilung schwieriger Rechtsfragen freigestellt. Tatsächlich ist die Differenzierung zwischen einfachen und schwierigen Rechtsfragen auch außerordentlich problematisch. Sinnvoll handhabbare allgemeine Kriterien finden sich in der bislang vorliegenden Rechtsprechung jedenfalls nicht. Außerdem erscheint die teilweise Freistellung der Architekten und Ingenieure von der Beantwortung „schwieriger" Rechtsfragen (was immer hierunter im Einzelfall auch zu verstehen sein mag) bei der Beurteilung der Genehmigungsfähigkeit eines Vorhabens mit dem werkvertraglichen Charakter des Architektenvertrages und der Erfolgsbezogenheit der Tätigkeit der Architekten und Ingenieure nicht vereinbar.

74 Neben der Bauaufsichtsbehörde wird der Architekt auch Abstimmungen mit Sonderfachleuten durchzuführen haben, soweit Leistungen aus deren Bereich im Rahmen der Genehmigungsfähigkeit des Vorhabens eine Rolle spielen können. Dies gilt insbesondere für Erörterungen mit dem Tragwerksplaner zu statisch-konstruktiven Fragen.[143]

75 Entsprechendes gilt für die Abklärung der für die Genehmigungsfähigkeit bedeutsamen nachbarrechtlichen Fragen. Zu denken ist hier in erster Linie an die Probleme im Zusammenhang mit der Einhaltung der Abstandsflächen[144] oder Fragen der gesicherten Erschließung.[145]

76 Der Auftrag zu Erarbeitung der Genehmigungsplanung umfasst auch die Prüfung, ob und inwieweit die Nachbarzustimmung erforderlich ist und sich die beabsichtigte Bebau-

---

139 OLG Düsseldorf Urt. v. 31.5.1996 – 22 U 176/95, NJW-RR 1996 1234 (1235); *Koeble* in Locher/Koeble/Frik HOAI § 34 Rn. 109; *Rath* in PDKR HOAI § 33 Rn. 49.

140 *Werner* in Werner/Pastor, Der Bauprozess, 14. Aufl. 2013, Rn. 2029a.

141 BGH Urt. v. 25.10.1984 – III ZR 80/83, NJW 1985, 1692; Urt. v. 29.3.1990 – III ZR 145/88, VersR 1990, 789; Urt. v. 19.3.1992 – III ZR 117/90, BB 1992, 950 (951) (mAnm *Koeble* LM BGB § 839 (E) Nr. 51 (10/1992)); OLG Düsseldorf Urt. v. 31.5.1996 – 22 U 176/95, NJW-RR 1996, 1234; OLG Zweibrücken Urt. v. 6.2.1998 – 1 U 59/97, NJW-RR 1998, 1097 (1098); KG Urt. 20.3.2006 – 24 U 48/05, BauR 2006, 1928 (bzgl. schwieriger Rechtsfragen des Baunebenrechts); *Löffelmann/Fleischmann* in Löffelmann/Fleischmann, Architektenrecht, 6. Aufl. 2012, Rn. 226 f.; *Koeble* in Locher/Koeble/Frik HOAI § 34 Rn. 109; *Werner* in Werner/Pastor, Der Bauprozess, 14. Aufl. 2013, Rn. 2029a. Zur Möglichkeit einer gesamtschuldnerischen Haftung zwischen Architekt und Rechtsanwalt im Falle zu Unrecht angenommener Genehmigungsfähigkeit vgl. *Löffelmann/Fleischmann* in Löffelmann/Fleischmann, Architektenrecht, 6. Aufl. 2013 Rn. 308.

142 Die bislang vorliegende höchstrichterliche Rechtsprechung zu dieser Frage (vgl. vorstehende FN) stammt vom III. Zivilsenat und betrifft allein Amtshaftungsansprüche. Ähnlich auch *Troidl,* Die Haftung des Architekten für eine „haltbare" Planung, BauR 2007, 12 (15f.).

143 *Löffelmann/Fleischmann* in Löffelmann/Fleischmann, Architektenrecht, 6. Aufl. 2012, Rn. 229.

144 BGH Urt. v. 21.12.2000 – VII ZR 17/99, BauR 2001, 785 (mAnm *Schulze-Hagen* IBR 2001, 261; *Schwenker* EWiR 2001, 413; *Emmerich* LM BGB § 306 Nr. 15 (7/2001)) (Abstandsbaulast); OLG Hamm Urt. v. 26.11.1999 – 25 U 56/99, BauR 2000, 1361.

145 Vgl. hierzu z. B. OLG Düsseldorf Urt. v. 29.11.1999 – 9 U 64/99, DÖV 2000, 645 (zum Problem der nicht durch eine Baulast sondern nur durch eine privatschriftliche Vereinbarung gesicherten Wasserversorgung über ein Nachbargrundstück); OLG Naumburg Urt. v. 21.1.1997 – 9 U 54/96 (Nachweis ausreichender Stellplätze).

ung möglicherweise mit zumutbaren Modifikationen verwirklichen lässt.[146] Werden durch die Planung nachbarliche Belange berührt, ist der Architekt/Ingenieur zur Vermeidung erfolgreicher Nachbarwidersprüche gegen eine etwaig erwirkte Baugenehmigung verpflichtet, sich entweder mit der Planung innerhalb des durch die nachbarlichen Belange vorgegebenen Rahmens zu halten oder für die Zustimmung aller berechtigten Nachbarn zu sorgen,[147] d. h. den Bauherrn bei der Erwirkung der nachbarrechtlichen Zustimmungen durch die Erläuterung der Planungsunterlagen, Darstellung des geplanten Bauablaufs, Ausräumung bestehender Bedenken hinsichtlich befürchteter Einwirkungen auf das Nachbargrundstück etc. zu unterstützen. Ohne gesonderten Auftrag ist der Architekt/Ingenieur nicht verpflichtet, die nachbarrechtliche Zustimmung selbst einzuholen.[148]

Ergeben sich im Rahmen der Abstimmungen mit der Baugenehmigungsbehörde, den 77
im Baugenehmigungsverfahren zu beteiligenden Trägern öffentlicher Belange oder aber auch den Nachbarn erhebliche Genehmigungsrisiken, ist der Architekt/Ingenieur verpflichtet, den Bauherrn hierüber und den sich daraus ergebenden rechtlichen und wirtschaftlichen Folgen umfassend aufzuklären.[149] Außerdem hat er ihn auf die Möglichkeit einer Bauvoranfrage hinzuweisen.[150]

Mit seinen Planungsleistungen darf der Architekt/Ingenieur erst dann fortfahren, 78
wenn die bestehenden Genehmigungsrisiken im Wege der Bauvoranfrage oder in sonstiger Weise (z. B. vom Auftraggeber akzeptierte Planungsänderung) ausgeräumt sind. Gleiches gilt, wenn der Bauherr den Architekten/Ingenieur trotz umfassender Aufklärung über die Risiken der Genehmigungsfähigkeit und dem Hinweis auf die Möglichkeit einer Bauvoranfrage ausdrücklich zur Erstellung der Entwurfs- und Genehmigungsplanung sowie zur Einreichung eines Baugenehmigungsantrages anweist oder er den Architekten/Ingenieur in sonstiger Weise von dem insoweit bestehenden Haftungsrisiko freigestellt hat.[151] Dabei ist im Einzelfall zu unterscheiden, ob der Bauherr tatsächlich nur das Risiko der weiteren Durchführung des Vertrages oder ausnahmsweise das Risiko der Genehmigungsfähigkeit übernommen hat. Letzteres ist der Fall, wenn Bauherr und Architekt vereinbaren, dass und in welchen Punkten die vom Architekten zu erstellende Planung nicht genehmigungsfähig zu sein braucht. Die bloße Kenntnis des Auftraggebers vom Genehmigungsrisiko reicht jedoch nicht aus.[152] Erforderlich ist vielmehr eine allerdings auch stillschweigend mögliche Vereinbarung zur Übernahme des Genehmigungsri-

---

[146] BGH Urt. v. 10.2.2011 – VII ZR 8/10, IBR 2011, 280.

[147] BGH Urt. v. 25.2.1999 – VII ZR 190/97, BauR 1999, 934 (mAnm *Lauer* IBR 1999, 326) (Aufhebung einer Baugenehmigung für eine nur ausnahmsweise zulässige dreigeschossige Bebauung infolge eines Nachbarwiderspruches).

[148] BGH Urt. v. 10.2.2011 – VII ZR 8/10 Rn. 27, IBR 2011, 280.

[149] BGH Urt. v. 10.2.2011 -VII ZR 8/10 Rn. 27, IBR 2011, 280.

[150] OLG Köln Urt. v. 21.10.1992 – 11 U 84/92, BauR 1993, 358 (359); OLG Düsseldorf Urt. v. 12.12.1995 – 21 U 53/95, NJW-RR 1996, 404; OLG Hamm Urt. v. 21.12.1995 – 21 U 15/95, BauR 1996, 578 (579) und Urt. v. 4.1.2001 – 21 U 159/99, NJW-RR 2002, 747; OLG Oldenburg Urt. v. 15.12.1999 – 2 U 187/99, IBR 2002, 85; OLG Düsseldorf Urt. v. 20.6.2000 – 21 U 162/99, BauR 2000, 1515 (1516); OLG Karlsruhe Urt. v. 30.6.2000 – 14 U 170/97, IBR 2002, 30, *Troidl* → Fn. 146 BauR 2007, 12 (19).

[151] OLG Köln Urt. v. 21.10.1992 – 11 U 84/92, BauR 1993, 358 (359); OLG Hamm Urt. v. 21.12.1995 – 21 U 15/95, BauR 1996, 578 (580); *Hebel/Engelmann* in Wirth HdB Baurecht 1. Buch X. Teil Rn. 266. Zumindest zweifelhaft erscheint jedoch die Entscheidung des OLG Celle Urt. v. 13.9.2001 – 13 U 68/01, BauR 2002, 116, nach der die Auftraggeber, die von der Stellung einer Bauvoranfrage abgesehen und vor Erteilung einer Baugenehmigung einen Tragwerksplaner beauftragt hatten, das Risiko des Scheiterns des Bauantrages bewusst übernommen haben sollen, weil sie sich auf die Aussage des Architekten verließen, er (der Architekt) werde das „Ding“ (die Baugenehmigung) mit seinen Beziehungen zur Gemeinde „schon schaukeln“.

[152] BGH Urt. v. 25.3.1999 – VII ZR 397/97, BauR 1999, 1195 (mAnm *Teichmann* LM BGB § 631 Nr. 86 (11/1999) und *Lauer* IBR 1999, 376); Urt. v. 26.9.2002 – VII ZR 290/01, BauR 2002, 1872.

sikos durch den Auftraggeber. Von einer solchen, vom Architekten/Ingenieur im Bestreitensfalle zu beweisenden Vereinbarung zur Übernahme des Genehmigungsrisikos kann aber nur in Ausnahmefällen ausgegangen werden,[153] etwa wenn sich der Bauherr bewusst über die Vorschriften des öffentlichen Baurechts hinwegsetzen oder diese an die Grenze des Möglichen "ausreizen" will.[154] Nicht ausreichend ist es daher, wenn der Bauherr aus anderen Gründen (z. B. im Hinblick auf ein im Grundstückskaufvertrag vorgesehenes vertragliches Rücktrittsrecht) von der Stellung einer Bauvoranfrage absieht.[155] Voraussetzung ist vielmehr, dass dieser die Bedeutung und Tragweite des bestehenden rechtlichen und wirtschaftlichen Risikos erkannt hat; der Architekt/Ingenieur den Bauherrn hierüber also in der Regel zuvor umfassend aufgeklärt hat.[156]

79 Unterbleibt eine entsprechende Aufklärung, haftet der Architekt/Ingenieur dem Bauherrn für die mangelnde Genehmigungsfähigkeit seiner Planung im eingangs genannten Umfang. Dabei kann u. U. ein Mitverschulden des Bauherrn im Sinne des § 254 BGB in Betracht zu ziehen sein, wenn dieser z. B. im Falle der Aufhebung einer erteilten Baugenehmigung infolge eines Nachbarwiderspruches mit Nachbarwidersprüchen rechnet, gleichwohl aber (voreilig) mit der Baudurchführung beginnt[157] oder das Bauvorhaben fortsetzt, obgleich die erteilte Baugenehmigung von einem Dritten angefochten worden ist und Anfechtungsgründe vorgebracht werden, die nicht offensichtlich unbegründet sind.[158] Entsprechendes gilt auch dann, wenn der Bauherr mit Bauarbeiten beginnt, obwohl er damit rechnen muss, dass die von ihm geplante Erweiterung des Bauvorhabens von der bisher erteilten Nachbarzustimmung nicht gedeckt ist.[159]

80 Die Beweislast dafür, dass eine umfassende Aufklärung des Bauherrn im vorgenannten Sinne stattgefunden und dieser das Genehmigungsrisiko in vollem Umfange übernommen hat, trägt der Architekt/Ingenieur.[160] Ihm steht zudem kein Honorar für die Leistungen zu, die von ihm seit dem Planungsstadium erbracht worden sind, in dem sinnvollerweise eine Aufklärung des Bauherrn über die bestehenden Planungsrisiken hätte erfolgen müssen und eine Bauvoranfrage hätte veranlasst werden können.[161] In der Regel bedeutet dies, dass dem Planer dann lediglich das Honorar für die Leistungen der Leistungsphasen 1 (Grundlagenermittlung) und 2 (Vorplanung) im Sinne des § 34 HOAI zusteht.[162]

---

153 BGH Urt. v. 25.3.1999 – VII ZR 397/97, BauR 1999, 1195 (mAnm *Teichmann* LM BGB § 631 Nr. 86 (11/1999) und *Lauer* IBR 1999, 376); Urt. v. 26.9.2002 – VII ZR 290/01, BauR 2002, 1872; KG Urt. v. 11.1.2000 – 27 U 5302/99, BauR 2002, 111; OLG Nürnberg Urt. v. 14.12.2001 – 6 U 2285/01, NJW-RR 2002, 670.

154 BGH Urt. v. 25.3.1999 – VII ZR 397/97, BauR 1999, 1195 (mAnm *Teichmann* LM BGB § 631 Nr. 86 (11/1999) und *Lauer* IBR 1999, 376); vgl. auch OLG Hamm Urt. v. 4.1.2001 – 21 U 159/99, NJW-RR 2002, 747.

155 BGH Urt. v. 25.3.1999 – VII ZR 397/97, BauR 1999, 1195 (mAnm *Teichmann* LM BGB § 631 Nr. 86 (11/1999) und *Lauer* IBR 1999, 376).

156 BGH Urt. v. 10.2.2011 – VII ZR 8/10, IBR 2011, 280.

157 BGH Urt. v. 25.10.1984 – III ZR 80/83, NJW 1985, 1692 (1693); Urt. v. 25.2.1999 – VII ZR 190/97, BauR 1999, 934 (mAnm *Lauer* IBR 1999, 326). Zu den Grundsätzen der BGH-Rechtsprechung zum Mitverschulden im Falle einer Drittanfechtung ausführlich BGH Urt. v. 10.1.2002 – III ZR 13/01, BauR 2002, 605 (mAnm *Baden* IBR 2002, 167 und 219).

158 Vgl. BGH Urt. v. 11.10.2001 – III ZR 63/00, BauR 2002, 292 (mAnm *Maser* IBR 2002, 43; *Schmeel* BGHReport 2002, 15; *Ossenbühl* LM BGB § 839 (Fe) Nr. 157 (3/2002); *Teichmann* JZ 2002, 510; *Gallois* BauR 2002, 884).

159 BGH Urt. 10.2.2011 – VII ZR 8/10 Rn. 47, IBR 2011, 280.

160 *Koeble* in Locher/Koeble/Frik HOAI § 34 Rn. 109.

161 OLG Düsseldorf Urt. v. 20.6.2000 – 21 U 162/99, BauR 2000, 1515 (1517).

162 OLG Düsseldorf Urt. v. 12.12.1995 – 21 U 53/95, NJW-RR 1996, 404; OLG Hamm Urt. v. 21.12.1995 – 21 U 15/95, BauR 1996, 578 (579) und Urt. v. 4.1.2001 – 21 U 159/99, NJW-RR 2002, 747; OLG Düsseldorf Urt. v. 20.6.2000 – 21 U 162/99, BauR 2000, 1515 (1517); OLG Nürnberg Urt. v. 14.12.2001 – 6 U 2285/01, NJW-RR 2002, 670.

b) Mitwirkung/Beratung bei der Erlangung der Baufinanzierung. Vergleichbar mit den Überlegungen zur Verpflichtung des Architekten/Ingenieurs zur Beschaffung öffentlicher Fördermittel und der Berücksichtigung steuerlicher Belange im Zusammenhang mit dem Bauvorhaben (hierzu unmittelbar nachfolgend) ist auch hinsichtlich der Baufinanzierung festzuhalten, dass eine Mitwirkungsverpflichtung des Architekten/Ingenieurs insoweit grundsätzlich nicht besteht. Zwar ist der Architekt/Ingenieur ohne Zweifel verpflichtet, auf die wirtschaftlichen Interessen des Bauherrn Rücksicht zu nehmen und dessen Vorgaben u.a. in wirtschaftlicher Hinsicht zu beachten.[163] Eine mit der Übernahme des Planungsauftrages automatisch verknüpfte Pflicht, sich um die für die Durchführung der Baumaßnahme notwendigen Mittel zu kümmern, besteht jedoch nicht.[164] **81**

Etwas anderes gilt jedoch, wenn der Architekt/Ingenieur entsprechende Aufgaben zusätzlich zu seiner Planertätigkeit übernommen hat.[165] Dementsprechend hat der BGH einen Architekten, der neben Architekten- und Ingenieurleistungen auch „die Finanzierung des Bauvorhabens" und die „wirtschaftliche Baubetreuung" für den Bauherrn übernommen hatte, für zumindest dem Grunde nach schadensersatzpflichtig gehalten, nachdem das Bauvorhaben gescheitert war.[166] Dabei kann sich die Schadensersatzverpflichtung je nach Gestaltung im konkreten Einzelfall als Planungsfehler, als Verletzung einer Nebenpflicht des Architekten-/Ingenieurvertrages oder – wie in dem vom BGH entschiedenen Fall – als Verletzung eines neben dem Architekten- und Ingenieurvertrag bestehenden gesonderten Geschäftsbesorgungsvertrages darstellen. **82**

Haftungsrisiken können sich für Architekten und Ingenieure im Zusammenhang mit der Baufinanzierung aber auch in ganz anderer Hinsicht ergeben. Häufig geben Banken, Sparkassen und andere Kreditgeber Darlehensmittel aus einer Baufinanzierung nur gegen Vorlage sog. Bautenstandsanzeigen o.ä. frei. Bestätigt der Architekt/Ingenieur in einer solchen Bautenstandsanzeige einen unzutreffenden Bautenstand, kann eine Haftung nicht nur gegenüber dem Bauherrn wegen Verletzung der Pflichten aus dem Architektenvertrag, sondern ausnahmsweise auch gegenüber dem Kreditgeber des Bauherrn aus einem stillschweigend geschlossenen Auskunftsvertrag in Betracht kommen.[167] Dabei ist vom Vorliegen eines solchen Auskunftsvertrages regelmäßig dann auszugehen, wenn der Architekt/Ingenieur erkennen konnte, dass die Auskunft für den Empfänger von erheblicher Bedeutung war und dieser sie zur Grundlage wesentlicher Entscheidungen machte.[168] Entsprechendes gilt, wenn das Darlehen erst auf Grundlage der Auskunft etc. des Architekten/Ingenieurs gewährt wird.[169] **83**

Liegen die Voraussetzungen eines Auskunftsvertrages im vorgenannten Sinne nicht vor, kann gegebenenfalls ein Vertrag mit Schutzwirkung für Dritte (§§ 311 Abs. 3 i.V.m. 241 Abs. 2 BGB) in Betracht kommen.[170] Dies kann z. B. dann der Fall sein, wenn es der **84**

---

163 Vgl. z. B. BGH Urt. v. 21.3.2013 – VII ZR 230/11, BauR 2013, 1143; Urt. v. 22.1.1998 – VII ZR 259/96, BauR 1998, 354 (mAnm *Eich* IBR 1998, 156; *Knychalla* IBR 1998, 157; *Hertwig* MDR 1998, 646; *Wenner* EWiR 1998, 493; *Mollnau* NJ 1998, 425); OLG Hamm Urt. v. 11.6.1986 – 25 U 237/85, NJW-RR 1986, 1150; OLG Naumburg Urt. v. 8.11.1995 – 6 U 153/95, BauR 1996, 889.

164 BGH Urt. v. 23.11.1972 – VII ZR 197/71, NJW 1973, 237; *Hebel/Engelmann* in Wirth HdB Baurecht 1. Buch X. Teil Rn. 252; *Werner* in Werner/Pastor, Der Bauprozess, 14. Aufl. 2013, Rn. 2029b.

165 Vgl. zum Umfang einer „Betreuungsvereinbarung" OLG Dresden Urt. v. 2.2.2012 - 10 U 1359/11, IBR 2013, 351.

166 BGH Urt. v. 23.2.1984 – VII ZR 113/83, BauR 1984, 420.

167 OLG Köln Urt. v. 20.10.1987 – 15 U 55/87, NJW-RR 1988, 335; OLG Saarbrücken Urt. v. 15.5.2008 – 8 U 119/07, IBR 2008, 2451.

168 BGH Urt. v. 22.3.1979 – VII ZR 259/77, NJW 1979, 1449 (mAnm *Linstow* NJW 1980, 424; *Steinle* DStR 1981, 366; *Späth* DStR 1979, 632; *Wüst* DStZ Beilage 1980, Nr. 1, III, 2, III; *Kaligin* GmbHR 1982, 41; *Girisch* LM BGB § 676 Nr. 20); Urt. v. 17.9.1985 – VI ZR 73/84, NJW 1986, 180 (180 f.) m. w. N. (mAnm *Frisinger* WuB IV A § 676 BGB 2-86); OLG Köln Urt. v. 20.10.1987 – 15 U 55/87, NJW-RR 1988, 335; OLG Saarbrücken Urt. v. 15.5.2008 – 8 U 119/07, IBR 2008, 2451.

169 OLG Karlsruhe Urt. v. 13.3.1987 – 14 U 51/85, NJW-RR 1987, 912.

170 Vgl. in diesem Zusammenhang auch die Ausführungen unter § 16 zur Haftung des Architekten

Architekt/Ingenieur übernimmt, im Auftrage des Bauträgers dessen Abschlagsrechnungen gegenüber dem Bauherrn „fachtechnisch und rechnerisch richtig" zu zeichnen, um auf diese Weise gegenüber dem Bauherrn das Erreichen eines bestimmten, die Fälligkeit der in Rechnung gestellten Abschlagszahlung auslösenden Bautenstandes zu bestätigen.[171]

85 **c) Mitwirkung/Beratung bei der Erlangung öffentlicher Fördermittel.** Ohne besondere Vereinbarung ist der Architekt/Ingenieur nicht verpflichtet, sich um die Beantragung öffentlicher Fördermittel für das Bauvorhaben des Bauherrn zu kümmern.[172] Ohne weiteres kann er diese Pflichten aber übernehmen. Dementsprechend haben der BGH[173] (und ihm folgend das OLG Bamberg[174] sowie das OLG München[175]) auch ausdrücklich festgehalten, dass es – eine entsprechende Vereinbarung vorausgesetzt – zu den Pflichten des Architekten/Ingenieurs als Sachwalter gehören kann, für den Bauherrn öffentliche Fördermittel zu beantragen oder in diesem Zusammenhang auftretende Fragen insbesondere fachlich zu überprüfen. Denkbar (und in der Praxis häufiger) ist aber natürlich auch, dass vom Architekten/Ingenieur (nur) die Beschaffung der notwendigen Antragsformulare oder Aufbereitung und Zusammenstellung von Unterlagen (insbesondere Kostenermittlungen) im Zusammenhang mit der Beantragung öffentlicher Fördermittel übernommen wird.

86 Hat der Architekt/Ingenieur solche Pflichten übernommen, muss er sie ordnungsgemäß erfüllen. Verletzt er sie schuldhaft, z. B. durch eine verspätete Antragstellung[176] oder Einreichung unvollständiger oder fehlerhafter Unterlagen, und erhält der Bauherr aus diesem Grunde keine oder nur weniger Fördermittel als ihm bei ordnungsgemäßer Antragstellung zustünden, begründet dies in der Regel einen Schadensersatzanspruch[177] nach § 280 BGB.

87 Ein weiteres Problem im Zusammenhang mit öffentlichen Fördermitteln stellt sich häufig bei Kostensteigerungen. Stellt sich heraus, dass das Bauvorhaben höhere Kosten verursacht als vom Architekten/Ingenieur zunächst veranschlagt, können für die grundsätzlich förderfähigen Mehrkosten oftmals keine Fördermittelmittel mehr beantragt werden, da die Antragsfristen abgelaufen und/oder die Baumaßnahmen bereits durchgeführt worden sind, ohne dass ein vorzeitiger Maßnahmebeginn genehmigt worden wäre.[178]

---

als Sachverständiger gegenüber Dritten aufgrund eines Vertrages mit Schutzwirkung zugunsten Dritter.

[171] BGH Urt. v. 7.2.2002 – III ZR 1/01, BauR 2002, 814 (mAnm. *Thierau* IBR 2002, 199; *Portz* ZfIR 2002, 448; *Schimmel* LM BGB § 328 Nr. 103 (11/2002); *Vogel* EWiR 2002, 749).

[172] OLG Hamm Urt. v. 11.9.2002 – 25 U 208/01, BauR 2003, 923; *Hebel/Engelmann* in Wirth HdB Baurecht 1. Buch X. Teil Rn. 253; *Koeble* in Locher/Koeble/Frik HOAI Einl. Rn. 86 und 184; vgl. hierzu auch die vom BGH im Urt. v. 7.7.1988 – VII ZR 72/87, NJW-RR 1988, 1361 vorgenommene Auslegung eines Ingenieurvertrages betreffend die Planung, Oberleitung und örtliche Bauleitung für den mit öffentlichen Mitteln geförderten Ausbau einer Straße sowie OLG Dresden Urt. v. 2.2.2012 – 10 U 1359/11, IBR 2013, 351 zur Auslegung einer „Betreuungsvereinbarung".

[173] BGH Urt. v. 29.2.1996 – VII ZR 90/94, BauR 1996, 570 (mAnm *Weyer* IBR 1996, 247).

[174] OLG Bamberg Urt. v. 23.10.1997 – 1 U 57/97, OLGR 1998, 71 (72).

[175] OLG München Urt. v. 30.1.2001 – 13 U 4744/00, BauR 2001, 981 (982).

[176] Nach OLG Bamberg Urt. v. 23.10.1997 – 1 U 57/97, OLGR 1998, 71 (72) besteht auch hinsichtlich eines wegen verspäteter Antragstellung gegenüber dem Planer geltend gemachten Schadensersatzanspruches Versicherungsschutz in der Berufshaftpflichtversicherung der Architekten und Ingenieure. Der Haftungsausschluss nach A IV 1 BBR/Arch (Überschreiten der Bauzeit sowie von Fristen und Terminen) greift insoweit nicht.

[177] BGH Urt. v. 29.2.1996 – VII ZR 90/94, BauR 1996, 570 (mAnm *Weyer* IBR 1996, 247); KG Urt. v. 7.2.1995 – 21 U 5589/94, IBR 1996, 425; OLG Naumburg Urt. v. 28.11.1996 – 7 U 14/93, BauR 1998, 361.

[178] Vgl. zu dieser Problematik BGH Urt. v. 7.7.1988 – VII ZR 72/87, BauR 1988, 734 sowie *Stefan,*

Anders als in den oben angesprochenen Fällen, in denen es der Architekt/Ingenieur übernommen hatte, Fördermittel zu beschaffen oder an deren Beschaffung mitzuwirken, handelt es sich bei diesen Fallgestaltungen um Fragen der Bausummenüberschreitung oder der Verletzung der Pflicht zur baubegleitenden Kostenkontrolle. Auf die Ausführungen zu diesen Problembereichen in § 15 II. 3 b darf daher an dieser Stelle verwiesen werden. 88

d) Mitwirkung/Beratung bei der Erlangung von Steuervergünstigungen. Ebenso wenig wie es zu den üblichen Aufgaben eines Architekten/Ingenieurs gehört, öffentliche Fördermittel für das Vorhaben des Bauherrn zu beschaffen, zählt es nicht zu seinen Aufgaben, bei seiner Planung steuerliche Gesichtpunkte zu berücksichtigen, den Bauherrn über steuerliche Aspekte der Planung und Realisierung des Vorhabens zu beraten oder eine im Hinblick auf mögliche Steuervergünstigungen optimierte Planung zu erstellen.[179] Hierzu wird der Architekt/Ingenieur regelmäßig auch gar nicht in der Lage sein, da er über die steuerlichen Verhältnisse seines Auftraggebers keinen ausreichenden Überblick haben wird. Ähnlich wie Aufgaben im Zusammenhang mit der Beschaffung von Fördermitteln kann es der Architekt/Ingenieur aber übernehmen, im Rahmen seiner Leistung steuerliche Gesichtspunkte zu berücksichtigen oder für die Erlangung von Steuervergünstigungen Sorge zu tragen. Verstößt er gegen eine solche, von ihm vertraglich übernommene Verpflichtung, liegen regelmäßig ein Planungsfehler, der zu Gewährleistungsansprüchen des Auftraggebers nach §§ 634 ff. BGB führt, oder die Verletzung einer Pflicht nach § 241 Abs. 2 BGB vor, die Schadensersatzansprüche nach §§ 280, 282 BGB auslöst. 89

Unabhängig hiervon hat der Architekt/Ingenieur aber Planungsvorgaben des Bauherrn, die auf die Erlangung steuerlicher Vorgaben abzielen, im Rahmen seiner Leistung zu berücksichtigen. Gleiches gilt, wenn der Architekt/Ingenieur erkennt, dass es dem Bauherrn auf die Erlangung bestimmter steuerlicher Vergünstigungen ankommt.[180] Ist dem Architekten/Ingenieur dabei nicht vollständig klar, welche steuerlichen Vergünstigungen der Bauherr erstrebt, so muss der Architekt/Ingenieur von sich aus klären, was der Bauherr will und sich dann danach richten.[181] 90

Auf Grundlage dieser Überlegungen hat der BGH[182] bereits im Jahre 1972 ausgeführt, dass ein Architekt, der weiß, dass der Bauherr eine steuerliche Vergünstigung (im entschiedenen Fall: Grunderwerbsteuerfreiheit) in Anspruch nehmen will und diese nur bei Einhaltung einer bestimmten Wohnflächen-Höchstgrenze gewährt wird, dafür sorgen muss, dass diese Höchstgrenze nicht überschritten wird. Dem ist das OLG Köln in einem Urteil im Jahre 1993[183] in einem vergleichbaren Fall ausdrücklich gefolgt und hat dabei auch ausgeführt, dass den Bauherrn, von denen einer Fachanwalt für Steuerrecht war, kein Mitverschulden für den Verlust der begehrten Steuervergünstigung angelastet wer- 91

Schadensersatz gegen Planer wegen fehlerhafter Baukostenermittlung und Verlust öffentlicher Förderung, BauR 1997, 62 ff.

[179] BGH Urt. v. 23.11.1972 – VII ZR 197/71, NJW 1973, 237; OLG Düsseldorf Urt. v. 14.11.1989 – 21 U 303/88, NJW-RR 1991, 90; *Hebel/Engelmann* in Wirth HdB Baurecht 1. Buch X. Teil Rn. 252; *Koeble* in Locher/Koeble/Frik HOAI § 34 Rn. 84.

[180] BGH Urt. v. 23.11.1972 – VII ZR 197/71, NJW 1973, 237; Urt. v. 10.11.1977 – VII ZR 321/75, BauR 1978, 60 (mAnm *Barnikel* BlGBW 1979, 142 und *Schmidt* LM RechtsberatG § 1Nr. 31); OLG Düsseldorf Urt. v. 14.11.1989 – 21 U 303/88, NJW-RR 1991, 90; OLG Köln Urt. v. 16.6.1993 – 11 U 37/93, NJW-RR 1993, 1493; *Hebel/Engelmann* in Wirth HdB Baurecht 1. Buch X. Teil Rn. 252; *Löffelmann/Fleischmann* in Löffelmann/Fleischmann, Architektenrecht, 6. Aufl. 2012, Rn. 147; *Koeble* in Locher/Koeble/Frik HOAI § 34 Rn. 84.

[181] BGH Urt. v. 23.11.1972 – VII ZR 197/71, NJW 1973, 237; so auch OLG Jena Urt. v. 30.9.2009 – 2 U 606/07, BeckRS 2011, 25009.

[182] BGH Urt. v. 23.11.1972 – VII ZR 197/71, NJW 1973, 237.

[183] OLG Köln Urt. v. 16.6.1993 – 11 U 37/93, NJW-RR 1993, 1493.

den kann. Denn die Bauherrn durften ohne konkreten Anlass zu Zweifeln auf die Richtigkeit der für die steuerliche Fragen maßgeblichen Wohnflächenberechnung ihres Architekten vertrauen.

92 Schließlich kommt nach einem Urteil des OLG Bremen[184] eine Haftung für (entgangene) Steuervergünstigungen auch dann in Betracht, wenn diese vom Bauherrn als unmittelbare Folge eines sonstigen Planungsfehlers oder Objektüberwachungsfehlers des Architekten/Ingenieurs nicht mehr in Anspruch genommen werden können. In dem entschiedenen Fall hatte der Architekt Räume, die in der Planung nicht als Wohnräume vorgesehen waren, als solche ausbauen lassen. Hierdurch kam es zu einer Überschreitung der Wohnflächen-Höchstgrenze und in der Folge zum Wegfall der vom Bauherrn angestrebten und nach der Planung möglichen Steuervergünstigung. Führt der zunächst mit irgendwelchen steuerlichen Überlegungen nicht in Zusammenhang stehende Architektenfehler (Abweichung von der Planung im Rahmen der Objektüberwachung) zu einem Schadensersatzanspruch des Bauherrn, sind im Rahmen der Schadensberechnung auch die entgangenen Steuervorteile zu berücksichtigen. Es kommt dann – anders als in den o.g. Fällen – auf eine Kenntnis des Architekten von der Absicht des Bauherrn, bestimmte Steuervergünstigungen in Anspruch nehmen zu wollen, nicht an. Entsprechendes gilt, wenn dem Bauherrn – ähnlich wie im Zusammenhang mit der Inanspruchnahme öffentlicher Fördermittel – steuerliche Nachteile entstehen, weil z. B. verbindliche Kostenvorgaben des Bauherrn infolge einer schuldhaften Pflichtverletzung des Architekten/Ingenieurs nicht eingehalten werden können.

3. Planungs- und Prüfungspflichten

93 **a) Berücksichtigung der Auftraggeberinteressen in technischer, wirtschaftlicher und rechtlicher Hinsicht.** Aufgabe des Architekten/Ingenieurs ist es, die Planungsvorstellungen des Auftraggebers umzusetzen, wobei in aller Regel unterschiedliche Ziele des Auftraggebers hinsichtlich der architektonischen Gestaltung, der geplanten Nutzung und der zu erwartenden Baukosten etc. zu berücksichtigen sind. Der Architekt/Ingenieur hat daher regelmäßig und ohne dass es eines gesonderten Auftrages bedürfte schon in einem sehr frühen Stadium der Planung die Zielvorstellungen des Bauherrn zu ermitteln („Abfragen und Besprechen der Wünsche, Vorstellungen und Forderungen des Auftraggebers"[185]), ihn über die technischen Realisierungsmöglichkeiten aufzuklären[186] und den wirtschaftlichen Rahmen abzustecken.[187] Gerade im Hinblick auf den finanziellen Rahmen, in dem sich das Vorhaben für den Auftraggeber bewegen darf oder soll, legt der BGH dem Architekten/Ingenieur in seinem Urteil vom 21.3.2013 – VII ZR 230/11[188] sogar eine ausdrückliche Pflicht zur Aufklärung und damit zur Eigeninitiative auf. Die Vorgaben des Bauherrn sind für den Architekten/Ingenieur in dem Sinne verbindlich, dass sie vorbehaltlich einer Änderung den Planungsrahmen bestimmen und jedenfalls dann regelmäßig zum Vertragsinhalt werden, wenn der Architekt/Ingenieur ihnen nicht widerspricht.[189] Dies gilt auch dann, wenn diese Vorgaben vom Bauherrn erst während der Planungsphase gemacht werden.[190]

---

184 OLG Bremen Urt. v. 18.4.1973 – 3 U 7/73 (c), VersR 1973, 1050.

185 BGH Urt. v. 20.6.2013 – VII ZR 4/12, BauR 2013, 1472; Urt. v. 10.7.2014 – VII ZR 55/13, BauR 2014, 1801.

186 BGH Urt. v. 8.1.1998 – VII ZR 141/97, BauR 1998, 356 (mAnm *Weyer* IBR 1998, 158).

187 BGH Urt. v. 17.1.1991 – VII ZR 47/90, BauR 1991, 366; OLG Düsseldorf Urt. v. 27.2.1997 – 5 U 65/96, BauR 1998, 880; OLG Naumburg Urt. v. 8.11.1995 – 6 U 153/95, BauR 1996, 889.

188 BGH Urt. v. 21.3.2013 – VII ZR 230/11, BauR 2013, 1143 (mAnm *Kesselring* NJW 2013, 1595).

189 BGH Urt. v. 21.3.2013 – VII ZR 230/11, BauR 2013, 1143 (mAnm *Kesselring* NJW 2013, 1595).

190 BGH Urt. v. 22.1.1998 – VII ZR 259/96, BauR 1998, 354 (mAnm. *Eich* IBR 1998, 156; *Knychalla* IBR 1998, 157; *Hertwig* MDR 1998, 646; *Wenner* EWiR 1998, 493; *Mollnau* NJ 1998, 425).

Dabei kann es zu Zielkonflikten kommen. Diese sind allein vom Bauherrn, nicht vom Architekten/Ingenieur zu lösen. Nur dem Bauherrn kommt es zu, eine Gewichtung der einzelnen Zielvorgaben vorzunehmen und festzulegen, welches Ziel von mehreren im Einzelfall vorrangig zu verfolgen ist.[191] Der Architekt/Ingenieur hat den Bauherrn daher stets und rechtzeitig über gegebenenfalls bestehende Zielkonflikte aufzuklären und ihn z. B. durch Unterbreitung verschiedener Planungsvarianten bei der Lösung derselben zu unterstützen. 94

Lassen sich z. B. ein vom Bauherrn vorgegebenes Qualitätsniveau oder eine gewünschte Ausstattung innerhalb des vorgegebenen Kostenrahmens nicht realisieren oder genügen vorgegebene Materialien nicht der bei der beabsichtigten Nutzung des Gebäudes zu erwartenden Beanspruchung, hat der Architekt/Ingenieur den Bauherrn hierauf hinzuweisen und Lösungsvorschläge für diese Zielkonflikte zu unterbreiten. Gleiches gilt, wenn die vom Bauherrn gewünschte Nutzung des Gebäudes aufgrund sonstiger Vorgaben technisch oder in Anbetracht der Gesetzeslage rechtlich nicht oder nicht wie beabsichtigt möglich ist. Berücksichtigt der Architekt/Ingenieur dagegen Zielvorgaben des Auftraggebers nicht, weil er sie wegen der unterlassenen Beratung und Aufklärung des Bauherrn gar nicht kennt oder weil er seine Wertung, d. h. seine Lösung des Zielkonfliktes anstelle der des Bauherrn setzt, führt dies regelmäßig zu einem Planungsfehler und damit zu Mängelansprüchen des Bauherrn nach §§ 634 ff. BGB. Eine „eigenmächtige Umplanung" des Architekten/Ingenieurs stellt auch dann einen Planungsfehler dar, wenn es sich im Vergleich zu der mit dem Bauherrn vereinbarten um die technisch und wirtschaftlich bessere Lösung handelt.[192] Für die Geltendmachung eines Schadensersatzanspruches statt der Leistung bedarf es der Setzung einer angemessenen Frist zur Nacherfüllung dann nicht, wenn sich – wie regelmäßig in diesen Fällen – der Fehler der Architektenleistung bereits im Bauwerk realisiert hat. Denn eine Nachbesserung ist dann unmöglich (§§ 280, 283 i.V.m. 275 BGB). 95

Aus vorgenannten Gründen kann eine vom Architekten/Ingenieur erstellte Planung ohne weiteres auch dann mangelhaft sein, wenn sie technisch funktionstauglich ist und sich innerhalb des maßgeblichen Kostenrahmens hält.[193] So z. B. wenn gestalterische Interessen/Vorgaben des Bauherrn bei der Planung nicht oder nicht hinreichend berücksichtigt wurden. Dies ist beispielsweise der Fall, wenn ein Gebäude mit Repräsentationscharakter tiefer als nötig in das Baugrundstück einbindet.[194] 96

Gleichermaßen kann ein Planungsfehler vorliegen, wenn im Rahmen der Planung wirtschaftlichen Gesichtspunkten nicht oder nicht in ausreichendem Umfang Rechnung getragen wurde. Zwar besteht keine allgemeine Verpflichtung des Architekten/Ingenieurs, unter Berücksichtigung aller denkbaren Möglichkeiten so kostengünstig wie möglich zu bauen.[195] Fehlerhaft ist es jedoch, wenn gemessen an der vertraglichen Leistungsverpflichtung ein übermäßiger, übertriebener Aufwand getrieben wird oder eine vom Bauherrn in bestimmter Hinsicht verlangte oder – für den Architekten/Ingenieur erkennbar – auch nur erwartete, jedenfalls aber mögliche Optimierung nicht erreicht wird.[196] Als konfliktträchtig haben sich dabei v.a. die sog. Renditeobjekte erwiesen, d. h. 97

---

[191] BGH Urt. v. 22.1.1998 – VII ZR 259/96, BauR 1998, 354 (mAnm *Eich* IBR 1998, 156; *Knychalla* IBR 1998, 157; *Hertwig* MDR 1998, 646; *Wenner* EWiR 1998, 493; *Mollnau* NJ 1998, 425).

[192] BGH Urt. v. 7.3.2002 – VII ZR 1/00, BauR 2002, 1536.

[193] BGH Urt. v. 22.1.1998 – VII ZR 259/96, BauR 1998, 354 (mAnm *Eich* IBR 1998, 156; *Knychalla* IBR 1998, 157; *Hertwig* MDR 1998, 646; *Wenner* EWiR 1998, 493; *Mollnau* NJ 1998, 425); Urt. v. 7.3.2002 – VII ZR 1/00, BauR 2002, 1536.

[194] OLG Hamm Urt. v. 6.10.1988 – 26 U 74/88, NJW-RR 1989, 470.

[195] BGH Urt. v. 23.11.1972 – VII ZR 197/71, NJW 1973, 237; Urt. v. 12.6.1975 – VII ZR 168/73, BauR 1975, 434; Urt. v. 21.5.1981 – VII ZR 128/80, BauR 1981, 482; Urt. v. 7.7.1988 – VII ZR 72/87, BauR 1988, 734; Urt. v. 9.7.2009 – VII ZR 130/70, BauR 2009, 1611; OLG München Urt. v. 8.6.2004 – 13 U 5690/03, BauR 2004, 1806.

[196] BGH Urt. v. 22.1.1998 – VII ZR 259/96, BauR 1998, 354 (mAnm *Eich* IBR 1998, 156; *Kny-*

Objekte, die der Bauherr mit einer für den Architekten/Ingenieur zumindest erkennbaren Gewinnerzielungsabsicht vermieten, verkaufen oder in sonstiger Weise nutzen bzw. verwerten will. Sieht die Planung eines solchen Objektes z. B. eine umfangreichere und damit teurere Wärmedämmung oder eine kompliziertere und damit ebenfalls teurere Dachstuhlkonstruktion vor, als nach den anerkannten Regeln der Technik nötig, liegt ein Planungsfehler vor. Gleiches kann z. B. für den Fall gelten, dass zu Lasten verwertbarer Nutzflächen größere Verkehrsflächen als erforderlich geplant werden.

98 Nur im Ausnahmefall wird aber auch bei angemessener Berücksichtigung aller Zielvorgaben und beachtenswerten Interessen des Bauherrn lediglich eine bestimmte Planungslösung in Betracht kommen. Vielmehr wird es in aller Regel eine Mehrzahl von Planungsalternativen geben. Für die Beurteilung und Bewertung dieser Varianten sind letztlich individuelle Präferenzen und Vorstellungen maßgebend. Das Ergebnis des ausgleichenden und gewichtenden, insoweit auch von ästhetischen Überlegungen beeinflussten Planungsvorgangs entzieht sich deshalb einer mit naturwissenschaftlicher Genauigkeit erfolgenden Beurteilung als "richtig" oder "falsch" bzw. "besser" oder "schlechter". Vom Architekten kann infolgedessen auch nicht die (ohnehin nicht mit Genauigkeit festzustellende) optimale Planungslösung, sondern lediglich eine, die Vorgaben, Gegebenheiten und Anforderungen des konkreten Einzelfalles berücksichtigende durchschnittlich brauchbare, sachgerechte Planung verlangt werden.[197] Dem Architekten/Ingenieur steht also insoweit ein Planungsermessen zu.[198] So hat beispielsweise das OLG München entschieden,[199] dass sich der Planer auch dann noch innerhalb dieses Planungsermessens bewegt, wenn er sich für eine kostenintensivere Planungsvariante entscheidet, soweit diese innerhalb der Bandbreite einer objektiv ordnungsgemäßen Leistung liegt und weder eine bestimmte Bausumme noch eine möglichst kostengünstige Bauweise vertraglich vereinbart wurden und außerdem den etwas höheren Baukosten wertsteigernde oder die Vermarktungschancen verbessernde Vorteile gegenüberstehen. Die Grenze zwischen Planungsermessen einerseits und allein vom Bauherrn zu lösenden Zielkonflikten andererseits kann jedoch im Einzelfall fließend und schwierig zu ziehen sein. Architekten/Ingenieure sind daher in aller Regel gut beraten, wenn sie die Bauherrn möglichst frühzeitig (auch) in zu treffende Planungsentscheidungen einbinden, auch wenn diese möglicherweise noch dem Planungsermessen zugeordnet werden könnten.

99 **b) Verpflichtung zur projektbegleitenden Kostenkontrolle.** Aus der Aufgabe des Architekten, auch die wirtschaftlichen Interessen des Bauherrn zu wahren (siehe vorstehend a), resultiert auch die Notwendigkeit, die Baukosten projektbegleitend zu kontrollieren und den Bauherrn über die voraussichtlichen Kosten des Bauvorhabens laufend unterrichtet zu halten.[200] Es handelt sich dabei um eine Verpflichtung, die neben der dem Architekten regelmäßig zukommenden Aufgabe, zu den jeweils maßgeblichen Zeitpunk-

---

challa IBR 1998, 157; *Hertwig* MDR 1998, 646; *Wenner* EWiR 1998, 493; *Mollnau* NJ 1998, 425). Vgl. hierzu auch: BGH Urt. v. 12.6.1975 – VII ZR 168/73, BauR 1975, 434; OLG Naumburg Urt. v. 11.4.2001 – 2 U 100/99, BauR 2001, 1299; OLG Karlsruhe Urt. v. 31.7.2001 – 17 U 140/99, BauR 2001, 1933.

[197] So wörtlich OLG Karlsruhe Urt. v. 31.7.2001 – 17 U 140/99, BauR 2001, 1933, 1934.

[198] OLG Hamm Urt. v. 6.10.1988 – 26 U 74/88, BauR 1989, 501.

[199] OLG München Urt. v. 30.9.2008 – 9 U 5366/07, BauR 2010, 929 (mAnm *Löffelmann* IBR 2010, 509).

[200] BGH Urt. v. 23.1.1997 – VII ZR 171/95, BauR 1997, 494 (mAnm *Reineke* IBR 1997, 375; *Wirth* Grundeigentum 1997, 940; *Miegel* BauR 1997, 923); Urt. v. 3.7.1997 – VII ZR 159/96, BauR 1997, 1067 (mAnm *Schulze-Hagen* IBR 1998, 113); Urt. v. 24.6.1999 – VII ZR 196/98, BauR 1999, 1319 (mAnm *Lauer* IBR 1999, 478, 482 und 486; *Mayer-Maly* EWiR 2000, 375); Urt. v. 24.6.1999 – VII ZR 196-98, BauR 1999, 1319; OLG Köln Urt. v. 17.11.2004 – 11 U 53/04, NZBau 2005, 467; *Werner* in Werner/Pastor, Der Bauprozess, 14. Aufl. 2013, Rn. 2280 und 2289f.

Um zu gewährleisten, dass sowohl die Bauherrn und die von ihnen Beauftragten als auch die staatlichen und berufsgenossenschaftlichen Aufsichtsdienste die Verordnung länderübergreifend einheitlich interpretieren und anwenden, unterstützte das Bundesministerium für Arbeit und Soziales (BMAS) die Umsetzung der Verordnung in der Praxis durch ein Aktionsprogramm.[13] Dessen Konzipierung und Realisierung oblag zunächst einem Arbeitskreis, an dem neben der öffentlichen Hand auch eine Reihe von Berufsgenossenschaften sowie Arbeitgeber- und Berufsverbänden beteiligt waren. Mit der Leitung dieses Arbeitskreises wurde die Bundesanstalt für Arbeitsschutz und Arbeitsmedizin (BAuA) beauftragt. Durch Erlass des BMAS vom 18.11.1999 wurde dann allerdings ein Ausschuss für Sicherheit und Gesundheitsschutz auf Baustellen bei dem BMAS (ASGB) eingerichtet, der die Arbeit dieses Arbeitskreises fortführte. Der ASGB hat allerdings am 12.11.2003 beschlossen, dass seine Arbeit zum Jahresende 2003 endet, weil seine Aufgaben erfüllt sind.[14] 7

Durch den ASGB wurden sukzessive Regeln zum Arbeitsschutz auf Baustellen (RAB) erarbeitet. Diese RAB beinhalten Konkretisierungen staatlicher Arbeitsschutzvorschriften. Sie geben den Stand der Technik bezüglich Sicherheit und Gesundheitsschutz auf Baustellen wieder und wurden der laufenden Entwicklung durch den ASGB angepasst. Im Einzelnen handelt es sich um folgende sieben RAB: 8

- RAB 01 Gegenstand, Zustandekommen, Aufbau, Anwendung und Wirksamkeit der RAB, vom 2.11.2000[15]
- RAB 10 Begriffsbestimmungen (Konkretisierung von Begriffen der BaustellV), vom 12.11.2003[16]
- RAB 25 Arbeiten in Druckluft (Konkretisierungen zur Druckluftverordnung), vom 12.11.2003[17]
- RAB 30 Geeigneter Koordinator (Konkretisierung zu § 3 BaustellV), vom 27.3.2003[18]
- RAB 31 Sicherheits- und Gesundheitsschutzplan – SiGePlan, vom 12.11.2003[19]
- RAB 32 Unterlage für spätere Arbeiten (Konkretisierung zu § 3 Abs. 2 Nr. 3 BaustellV), vom 27.3.2003[20]
- RAB 33 Allgemeine Grundsätze nach § 4 des Arbeitsschutzgesetzes bei Anwendung der Baustellenverordnung, vom 12.11.2003[21]

---

[13] Vgl. http://www.baua.de/de/Themen-von-A-Z/Baustellen/Baustellenverordnung/Aktionsprogramm.html.

[14] Vgl.http://www.baua.de/de/Themen-von-A-Z/Baustellen/Baustellenverordnung/ASGB.html.

[15] BArbBl. 1/2001, 77 ff., abgedruckt in *Kollmer,* Baustellenverordnung, 2. Aufl. 2004, S. 423 ff. sowie abrufbar im Internet unter http://www.baua.de/de/Themen-von-A-Z/Baustellen/RAB/Rechtstexte.html

[16] BArbBl. 3/2004, 42 ff., abgedruckt in *Kollmer,* Baustellenverordnung, 2. Aufl. 2004, S. 425 ff. sowie abrufbar im Internet unter http://www.baua.de/de/Themen-von-A-Z/Baustellen/RAB/Rechtstexte.html

[17] BArbBl. 3/2004, 48 ff., abgedruckt in *Kollmer,* Baustellenverordnung, 2. Aufl. 2004, S. 440 ff. sowie abrufbar im Internet unter http://www.baua.de/de/Themen-von-A-Z/Baustellen/RAB/Rechtstexte.html

[18] BArbBl. 6/2003, 64 ff., abgedruckt in *Kollmer,* Baustellenverordnung, 2. Aufl. 2004, S. 470 ff. sowie abrufbar im Internet unter http://www.baua.de/de/Themen-von-A-Z/Baustellen/RAB/Rechtstexte.html

[19] BArbBl. 3/2004, 59 ff., abgedruckt in *Kollmer,* Baustellenverordnung, 2. Aufl. 2004, S. 485 ff. sowie abrufbar im Internet unter http://www.baua.de/de/Themen-von-A-Z/Baustellen/RAB/Rechtstexte.html

[20] BArbBl. 6/2003, 73 ff., abgedruckt in *Kollmer,* Baustellenverordnung, 2. Aufl. 2004, S. 497 ff. sowie abrufbar im Internet unter http://www.baua.de/de/Themen-von-A-Z/Baustellen/RAB/Rechtstexte.html

[21] BArbBl. 3/2004, 65 ff., abgedruckt in *Kollmer,* Baustellenverordnung, 2. Aufl. 2004, S. 531 ff. sowie abrufbar im Internet unter http://www.baua.de/de/Themen-von-A-Z/Baustellen/RAB/Rechtstexte.html

9 Obgleich unverbindlich geben die RAB Hilfen bei der Auslegung einzelner Bestimmungen der Baustellenverordnung sowie der Konkretisierung der den einzelnen Beteiligten zukommenden Pflichten und Aufgaben.

2. Die nach der Baustellenverordnung zu berücksichtigenden allgemeinen Grundsätze des Arbeitsschutzes nach § 4 ArbSchG

10 Vom Bauherrn[22] verlangt die Baustellenverordnung zunächst, bereits bei der Planung der Ausführung eines Bauvorhabens[23] die allgemeinen Grundsätze des § 4 ArbSchG zu berücksichtigen (§ 2 Abs. 1 BaustellV). Dies soll insbesondere für die Einteilung der Arbeiten, die gleichzeitig oder nacheinander durchgeführt werden, und bei der Bemessung der Ausführungszeiten für diese Arbeiten gelten. Dieser Bestimmung liegt die Erwägung zugrunde, dass vorbeugender Arbeitsschutz besser realisiert werden kann, wenn die allgemeinen arbeitsschutzrechtlichen Bestimmungen verstärkt bereits in die Planung eines Vorhabens einfließen.[24] Außerdem sollen die arbeitsschutzrechtlichen Aspekte dadurch Bestandteil der Baubeschreibung und der sonstigen Ausschreibungsunterlagen werden, so dass die Arbeitgeber auf diese Weise frühzeitig die für die ihrerseits erforderliche Beachtung der Arbeitsschutzvorschriften nötigen Informationen erhalten.[25] Letzteres gilt insbesondere im Hinblick auf gemeinsam genutzte Arbeitsbereiche und Verkehrswege, Arbeitsmittel und Einrichtungen wie z. B. Gerüste, Krane, Treppentürme, Seitenschutz, Schutzdächer, Auffangnetze, Baustellenunterkünfte, Toiletten- und Waschanlagen, Sanitätsräume bzw. Einrichtungen für die Untersuchung und Entsorgung kontaminierter Böden und Bauteile.[26]

11 Die nach § 2 Abs. 1 BaustellV zu beachtenden allgemeinen Grundsätze des § 4 ArbSchG lauten dabei wie folgt:

---

[22] OLG Hamm Beschl. v. 9.8.2006 – 1 Ss OWi 417/06, BeckRS 2008, 05501: Bauherr im Rahmen der BaustellV ist im Sinne des Bauordnungsrechts zu sehen und Bauherr im ordnungsrechtlichen Sinne ist diejenige natürliche oder juristische Person, für deren Rechnung, auf deren Veranlassung und in deren Verantwortung eine Baumaßnahme vorbereitet und durchgeführt wird.

[23] § 1 Abs. 3 S. 2 BaustellV definiert dabei als Bauvorhaben *„das Vorhaben, eine oder mehrere bauliche Anlagen zu errichten, zu ändern oder abzubrechen"*. Unter baulichen Anlagen wiederum ist eine mit dem Erdboden verbundene, aus Bauprodukten hergestellte Anlage zu verstehen. Eine Verbindung mit dem Erdboden besteht auch dann, wenn die Anlage durch eigene Schwerkraft auf dem Boden ruht, auf ortsfesten Bahnen begrenzt beweglich ist oder wenn die Anlage nach ihrem Verwendungszweck dazu bestimmt ist, überwiegend ortsfest benutzt zu werden. Zu den baulichen Anlagen zählen dementsprechend z. B. auch Aufschüttungen und Abgrabungen, Lagerplätze, Deponien und Bodensanierungen (vgl. hierzu Ziff. 3 der RAB 10 (Begriffsbestimmungen) vom 12.11.2003, abrufbar im Internet unter http://www.baua.de/de/Themen-von-A-Z/Baustellen/RAB/RAB-10.html). Ausführungen finden sich auch in den Erläuterungen des BMAS zur BaustellV v. 15.1 1999, BArbBl. 3/1999, 67, die in der Literatur weiterhin Erwähnung finden, abgedruckt in *Kollmer,* Baustellenverordnung, 2. Aufl. 2004, Anhang 8. (Die Erläuterung wurde allerdings durch Bekanntmachung des BMWi vom 28.7.2005, IIIB7-34515-3, BarbBl. 9-2004, 60 zurückgezogen und durch die vom ASGB erarbeiteten RAB ersetzt.) A.A. von Wietersheim/Noebel, Baustellenverordnung, 2001, Rn. 31 ff., wonach sog. fiktive bauliche Anlagen (z. B. Abgrabungen) nicht in den Anwendungsbereich der Baustellenverordnung fallen. Diese Auffassung erscheint jedoch sowohl in Anbetracht des Regelungszweckes als auch unter Berücksichtigung der in Anhang II zur Baustellenverordnung aufgeführten Arbeiten, die auch bei der Herstellung fiktiver baulicher Anlagen anfallen, unzutreffend.

[24] *Kollmer,* Baustellenverordnung, 2. Aufl. 2004, § 2 Rn. 3 f., 6 und 27 f.

[25] Vgl. Ziff. 5 der RAB 33 (Allgemeine Grundsätze nach § 4 ArbSchG), abrufbar im Internet unter http://www.baua.de/de/Themen-von-A-Z/Baustellen/RAB/RAB-33.html. Ergänzend hierzu besteht ein entsprechender Informations- und Auskunftsanspruch des Unternehmers neben den Bestimmungen der Baustellenverordnung in Form einer vertraglichen Nebenpflicht.

[26] Vgl. Ziff. 5.1 a.E. der RAB 33 (Allgemeine Grundsätze nach § 4 ArbSchG), abrufbar im Internet unter http://www.baua.de/de/Themen-von-A-Z/Baustellen/RAB/RAB-33.html.

- Die Arbeit ist so zu gestalten, dass eine Gefährdung für Leben und Gesundheit möglichst vermieden und die verbleibende Gefährdung für Leben und Gesundheit möglichst gering gehalten wird (§ 4 Nr. 1 ArbSchG).
- Gefahren sind an ihrer Quelle zu bekämpfen (§ 4 Nr. 2 ArbSchG).
- Bei den Maßnahmen sind der Stand von Technik, Arbeitsmedizin und Hygiene sowie sonstige gesicherte arbeitswissenschaftliche Erkenntnisse zu berücksichtigen (§ 4 Nr. 3 ArbSchG).
- Maßnahmen sind mit dem Ziel zu planen, Technik, Arbeitsorganisation, sonstige Arbeitsbedingungen, soziale Beziehungen und Einfluss der Umwelt auf den Arbeitsplatz sachgerecht zu verknüpfen (§ 4 Nr. 4 ArbSchG).
- Individuelle Schutzmaßnahmen sind nachrangig zu anderen Maßnahmen (§ 4 Nr. 5 ArbSchG).
- Spezielle Gefahren für besonders schutzbedürftige Beschäftigtengruppen sind zu berücksichtigen (§ 4 Nr. 6 ArbSchG).
- Den Beschäftigten sind geeignete Anweisungen zu erteilen (§ 4 Nr. 7 ArbSchG).
- Mittelbar oder unmittelbar geschlechtsspezifisch wirkende Regelungen sind nur zulässig, wenn dies aus biologischen Gründen zwingend geboten ist (§ 4 Nr. 8 ArbSchG).

3. Die Vorankündigung nach § 2 Abs. 2 BaustellV

Neben der in § 2 Abs. 1 BaustellV angeordneten Beachtung der allgemeinen Arbeitsschutzgrundsätze des § 4 ArbSchG kennt die Baustellenverordnung weitere Maßnahmen zur Verbesserung der Sicherheit und des Gesundheitsschutzes auf Baustellen. Es sind dies die Vorankündigung (§ 2 Abs. 2 BaustellV), die Erstellung eines Sicherheits- und Gesundheitsschutzplanes (SiGe-Plan – § 2 Abs. 3 BaustellV) sowie die Bestellung eines oder mehrerer Sicherheits- und Gesundheitsschutzkoordinatoren (SiGeKo – § 3 Abs. 1 S. 1 BaustellV). Während jedoch § 2 Abs. 1 BaustellV (Beachtung der allgemeinen Arbeitsschutzgrundsätze des § 4 ArbSchG) für jedes Bauvorhaben im Sinne der Baustellenverordnung gilt, sind die weiteren Maßnahmen nur dann erforderlich, wenn die Baustelle eine bestimmte Größenordnung übersteigt und/oder Beschäftigte mehrerer Arbeitgeber tätig werden. 12

Einer Vorankündigung bedarf es gemäß § 2 Abs. 2 BaustellV nur für Baustellen, bei denen 13

- die voraussichtliche Dauer der Arbeiten mehr als 30 Arbeitstage beträgt und mehr als 20 Beschäftigte gleichzeitig tätig werden,
  oder
- der Umfang der Arbeiten voraussichtlich 500 Personentage[27] überschreitet.

Liegen diese Voraussetzungen vor, ist der für den Arbeitsschutz zuständigen Behörde spätestens zwei Wochen vor Einrichtung der Baustelle eine sog. Vorankündigung[28] zu übermitteln. Die Vorankündigung bedarf keiner bestimmten Form. Sie muss mindestens die Informationen enthalten, die im Anhang I zur Baustellenverordnung aufgeführt sind. Die Vorankündigung ist sichtbar auf der Baustelle auszuhängen und bei erheblichen Änderungen anzupassen.[29] 14

---

[27] Ein „Personentag" im Sinne § 2 Abs. 2 BaustellV umfasst gemäß Ziff. 8 der RAB 10 (Begriffsbestimmungen) vom 12.11.2003, abrufbar im Internet unter http://www.baua.de/de/Themen-von-A-Z/Baustellen/RAB/RAB-10.html, „die Arbeitsleistung einer Person über eine Arbeitsschicht".

[28] Das Muster einer Vorankündigung findet sich als Anlage A zu RAB 10 (Begriffsbestimmungen) vom 12.11.2003, abrufbar im Internet unter http://www.baua.de/de/Themen-von-A-Z/Baustellen/RAB/RAB-10.html oder auch abgedruckt auch bei *Kann*, in Kollmer/Klindt, Arbeitsschutzgesetz, 2011, BaustellV, § 2 Rn. 2.

[29] Zur Auslegung des Begriffes „Anpassung der Vorankündigung bei erheblichen Änderungen" vgl. Ziff. 11 der RAB 10 (Begriffsbestimmungen), abrufbar im Internet unter http://www.baua.de/de/Themen-von-A-Z/Baustellen/RAB/RAB-10.html.

15 Der notwendige (Mindest-)Inhalt dieser Vorankündigung ergibt sich aus Anhang I zur Baustellenverordnung. Danach sind darin wenigstens der Ort der Baustelle, Name und Anschrift des Bauherrn sowie des gegebenenfalls beauftragten verantwortlichen Dritten, Art des Bauvorhabens, Name und Anschrift des Koordinators, voraussichtlicher Beginn und voraussichtliche Dauer der Arbeiten, voraussichtliche Höchstzahl der Beschäftigten auf der Baustelle, Zahl der Arbeitgeber und Unternehmer ohne Beschäftigte, die voraussichtlich auf der Baustelle tätig werden, sowie bereits ausgewählte Arbeitgeber und Unternehmer ohne Beschäftigte anzugeben.

4. Der Sicherheits- und Gesundheitsschutzplan nach § 2 Abs. 3 BaustellV

16 Sollen auf der Baustelle Beschäftigte mehrerer Arbeitgeber[30] tätig werden und ist für die Baustelle nach vorgenannten Kriterien eine Vorankündigung erforderlich, so ist vor der Einrichtung der Baustelle ein Sicherheits- und Gesundheitsschutzplan (SiGePlan) zu erstellen. Gleiches gilt, wenn zwar bei Einsatz von Beschäftigten mehrerer Arbeitgeber die Kriterien für eine Vorankündigung nicht erreicht werden, auf der Baustelle aber besonders gefährliche Arbeiten im Sinne des Anhanges II zur Baustellenverordnung ausgeführt werden sollen. Solche besonders gefährlichen Arbeiten im Sinne des Anhanges II sind:

- Arbeiten, bei denen die Beschäftigten der Gefahr des Versinkens, des Verschüttetwerdens in Baugruben oder in Gräben mit einer Tiefe von mehr als 5 m oder des Absturzes aus einer Höhe von mehr als 7 m ausgesetzt sind,
- Arbeiten, bei denen die Beschäftigten explosionsgefährlichen, hochentzündlichen, krebserzeugenden (Kategorie 1 und 2), erbgutverändernden, fortpflanzungsgefährdenden oder sehr giftigen Stoffen und Zubereitungen im Sinne der Gefahrstoffverordnung oder biologischen Arbeitsstoffen der Risikogruppen 3 und 4 im Sinne der Richtlinie 90/679/EWG des Rates vom 26. November 1990 über den Schutz der Arbeitnehmer gegen Gefährdung durch biologische Arbeitsstoffe bei der Arbeit (ABl. EG Nr. L 374 S. 1) ausgesetzt sind,
- Arbeiten mit ionisierenden Strahlungen, die die Festlegung von Kontroll- und Überwachungsbereichen im Sinne der Strahlenschutz- sowie der Röntgenverordnung erfordern,
- Arbeiten in einem geringeren Abstand als 5 m von Hochspannungsleitungen,
- Arbeiten, bei denen die unmittelbare Gefahr des Ertrinkens besteht,
- Brunnenbau, unterirdische Erdarbeiten und Tunnelbau,
- Arbeiten mit Tauchgeräten,
- Arbeiten in Druckluft,
- Arbeiten, bei denen Sprengstoff oder Sprengschnüre eingesetzt werden,
- Aufbau oder Abbau von Massivbauelementen mit mehr als 10 t Einzelgewicht.

17 Nicht erforderlich ist ein SiGe-Plan dagegen, wenn auf der Baustelle lediglich Beschäftigte eines Arbeitgebers tätig werden. Dies gilt auch dann, wenn die durch diese Beschäftigten ausgeführten Arbeiten teilweise in den Anwendungsbereich des Anhanges II fallen oder die Schwellenwerte des § 2 Abs. 2 BaustellV überschritten werden und dementsprechend eine Vorankündigung erforderlich ist.

18 Die Voraussetzungen des Tatbestandsmerkmales „Beschäftigte mehrerer Arbeitgeber" liegen entsprechend dem Regelungszweck der Baustellenverordnung allerdings auch bei dem in der Praxis häufigen Fall des Einsatzes von Nachunternehmern vor.[31] Gerade bei

---

[30] In Anbetracht des Koordinierungs- und Abstimmungszwecks des Sicherheits- und Gesundheitsschutzplans geht das OLG Celle Beschl. v. 18.9.2013 – 322 SsRs 203/13, BauR 2014, 317, zutreffend davon aus, dass ein solcher auch dann zu erstellen ist, wenn die Beschäftigten mehrerer Unternehmen nicht gleichzeitig, sondern nacheinander tätig werden.

[31] Vgl. hierzu in Ziff. 2 der RAB 31 (Sicherheits- und Gesundheitsschutzplan) den Hinweis unter der Tabelle: „Der Einsatz von Nachunternehmern bedeutet das Vorhandensein von mehreren Arbeit-

der Vergabe umfangreicher Bauleistungen (z. B. an einen Generalunternehmer) besteht daher auf Seiten des Auftraggebers ein erhebliches, über die sonstige Motivation für die Vereinbarung einer Eigenleistungsverpflichtung, wie z. B. in § 4 Nr. 8 VOB/B, hinausgehendes Interesse, zu wissen, ob der Unternehmer die bei ihm in Auftrag gegebenen Leistungen im eigenen Betrieb auszuführen oder Nachunternehmer einzusetzen gedenkt.

Entsprechendes gilt für den Fall der Beauftragung einer ARGE, und zwar jedenfalls dann, wenn nicht ausschließlich das Personal eines ARGE-Partners zum Einsatz kommt. Denn der aus Sicht der Baustellenverordnung bestehende Koordinations- und Abstimmungsaufwand ist unabhängig davon, ob „mehrere Arbeitgeber" im Sinne des § 2 Abs. 3 BaustellV dem Auftraggeber die Leistungserbringung jeweils getrennt oder als ARGE-Partner schulden.[32] **19**

In dem SiGe-Plan sind gemäß § 2 Abs. 3 Satz 2 BaustellV die für die betreffende Baustelle anzuwendenden Arbeitsschutzbestimmungen sowie die besonderen Maßnahmen für die besonders gefährlichen Arbeiten nach Anhang II zur Baustellenverordnung aufzuführen. Dabei sind erforderlichenfalls anderweitige betriebliche Tätigkeiten auf dem Gelände (z. B. Umbau eines Fabrikgebäudes bei laufendem Produktionsbetrieb) zu berücksichtigen. Es ist daher bereits bei der Planung der Ausführung des Bauvorhabens zu ermitteln, zu berücksichtigen und zu dokumentieren, welche Gefährdungen bei den einzelnen Arbeitsabläufen (gegliedert nach Gewerken) auftreten und durch welche Maßnahmen diese vermindert oder vollständig vermieden werden können.[33] Weitergehende, insbesondere inhaltliche Anforderungen an den SiGe-Plan formuliert die Baustellenverordnung nicht.[34] Hierzu enthalten jedoch die RAB 31[35] die seitens des Ausschusses für Sicherheit und Gesundheitsschutz auf Baustellen (ASGB) bei dem BMAS formulierten Anforderungen an Inhalt und Form eines SiGe-Planes. Dabei wird zwischen inhaltlichen Mindestanforderungen[36] und inhaltlichen Empfehlungen[37] unterschieden. Zudem erscheint es sinnvoll, den SiGe-Plan mit einer gegebenenfalls vorhandenen Gefährdungs- **20**

---

gebern". A.A. von *Wietersheim/Noebel,* Baustellenverordnung, 2001, Rn. 98 ff., die davon ausgehen, dass der Bauherr in der Regel keine Kenntnis davon hat, dass der von ihm beauftragte GU Subunternehmer einsetzt. Dieses in der Praxis sicherlich häufig bestehende (mitunter auch gewollte) Informationsdefizit auf Seiten des Bauherrn dürfte letztlich aber (nur) ein Problem der Vertragsgestaltung bzw. der Durchsetzung vertraglicher Regelungen (Verbot des Nachunternehmereinsatzes, Anzeigepflichten etc.) sein.

[32] So auch von *Wietersheim/Noebel,* Baustellenverordnung, 2001, Rn. 101 f. A.A. Bek. des BMA vom 15.1.1999 zu § 2 Abs. 3 BaustellV (BArbBl. 3/1999, 67 ff., abgedruckt auch z. B. bei *Kollmer/Blachnitzky/Kossens,* Die neuen Arbeitsschutzverordnungen, 1999, Anhang IV sowie *Kollmer,* Baustellenverordnung, 2. Aufl. 2004, Anhang 8). Danach liegen „mehrere Arbeitgeber" nicht vor, wenn eine ARGE unter einheitlicher Firmierung die anfallenden Arbeiten mit eigenem Personal ausführt. Dies überzeugt aus den o.g. genannten Gründen nicht. Nach Kann, in: Kollmer/Klindt, Arbeitsschutzgesetz, 2011, BaustellV § 2 Rn. 11 reicht es, dass eine ARGE unter einheitlicher Firmierung sämtliche auf der Baustelle anfallenden Arbeiten nur mit eigenem Personal ausführt.

[33] *Kinias/Timm,* Der Sicherheitskoordinator, 2. Aufl. 2000, 112.

[34] Muster-SiGe-Pläne sowie Leitfäden und Ablaufschemata zur Erstellung von SiGe-Plänen finden sich in den entsprechenden Handreichungen der Bau-Berufsgenossenschaften sowie z. B. bei Tepasse, Sicherheits- und Gesundheitsschutzkoordination auf Baustellen, 3. Aufl. 2001, 460 ff. und Kinias/Timm, Der Sicherheitskoordinator, 2. Aufl. 2000, 83 ff. und 115; vgl. auch Bek. des BMA vom 15.1.1999 (BArbBl. 3/1999, 67 ff., abgedruckt z. B. bei *Kollmer/Blachnitzky/Kossens,* Die neuen Arbeitsschutzverordnungen. 1999, Anhang IV sowie *Kollmer,* Baustellenverordnung, 2. Aufl. 2004, Anhang 8.

[35] RAB 31 (Sicherheits- und Gesundheitsschutzplan), abrufbar im Internet unter http://www.baua.de/de/Themen-von-A-Z/Baustellen/RAB/RAB-31.html

[36] Grundelemente eines SiGe-Planes sind nach Ziff. 3.2 der RAB 31: Arbeitsabläufe, räumliche und zeitliche Zuordnung der Arbeitsabläufe, Gefährdungen, Maßnahmen zur Vermeidung bzw. Minimierung der Gefährdungen und Arbeitsschutzbestimmungen.

[37] Empfohlene zusätzliche Elemente eines SiGe-Planes können nach Ziff. 3.3 der RAB 31 – je nach Erkenntnisstand – sein: Gefährdungen Dritter, Vorgesehene bzw. beauftragte Unternehmer,

beurteilung nach § 5 ArbSchG[38] und der dazugehörigen Dokumentation nach § 6 ArbSchG zu verbinden.[39]

5. Der Sicherheits- und Gesundheitsschutzkoordinator nach § 3 Abs. 1 BaustellV[40]

21 Werden auf der Baustelle Beschäftigte mehrerer Arbeitgeber[41] tätig, sind gemäß § 3 Abs. 1 BaustellV ein oder mehrere geeignete Koordinatoren zu bestellen. Auf die Schwellenwerte des § 2 Abs. 2 BaustellV, d. h. also auf die Frage, ob für die Baustelle eine Vorankündigung erforderlich ist oder nicht, kommt es dabei nicht an. Ohne Bedeutung ist auch, ob besonders gefährliche Arbeiten im Sinne des Anhanges II der Baustellenverordnung ausgeführt werden.

22 Während der Planung der Ausführung des Bauvorhabens[42] hat der SiGeKo gemäß § 3 Abs. 2 BaustellV

- die in § 2 Abs. 1 BaustellV vorgesehenen Maßnahmen zu koordinieren,
- den SiGe-Plan, soweit notwendig[43], auszuarbeiten oder ausarbeiten zu lassen und
- eine sog. Unterlage[44] mit den erforderlichen, bei möglichen späteren Arbeiten an der baulichen Anlage zu berücksichtigenden Angaben zu Sicherheit und Gesundheitsschutz zusammenzustellen.

23 Während der Ausführung des Vorhabens[45] hat der SiGeKo gemäß § 3 Abs. 3 BaustellV

- die Anwendung der allgemeinen Grundsätze nach § 4 ArbSchG zu koordinieren,
- darauf zu achten, dass die Arbeitgeber und die Unternehmer ohne Beschäftigte ihre Pflichten nach dieser Verordnung erfüllen,
- den SiGe-Plan bei erheblichen Änderungen in der Ausführung des Bauvorhabens anzupassen oder anpassen zu lassen,
- die Zusammenarbeit der Arbeitgeber zu koordinieren und

---

mitgeltende Unterlagen, Informations- und Arbeitsmaterialien zum Arbeits- und Gesundheitsschutz, Ausschreibungstexte und Termine.

38 Nach § 5 Abs. 1 ArbSchG hat der Arbeitgeber durch eine Beurteilung der für die Beschäftigten mit ihrer Arbeit verbundenen Gefährdung zu ermitteln, welche Maßnahmen des Arbeitsschutzes erforderlich sind. Das Ergebnis der Gefährdungsbeurteilung ist unter den Voraussetzungen des § 6 ArbSchG zu dokumentieren.

39 *Kollmer,* Baustellenverordnung, 2. Aufl. 2004, § 2 Rn. 87 ff.

40 Vgl. sehr ausführlich hierzu *Sohn,* Der Sicherheits- und Gesundheitsschutzkoordinator – Rechtsstellung, Aufgaben und Haftung des „SiGeKo", FS Koeble, 2010, 549 ff.

41 So auch zuletzt EuGH Urt. v. 7.10.2010 – C-224/09, BauR 2010, 2164. Das gilt unabhängig davon, ob die Beschäftigten mehrerer Arbeitgeber gleichzeitig oder nacheinander tätig werden: VGH Bayern Beschl. v. 6.2.2013 – 22 CS 13.53, BauR 2013, 1734 L; OLG Celle Beschl. v. 18.9.2013 – 322 SsRs 203/13, IBRRS 2013, 4572 .

42 Zur Auslegung des Begriffes „Planung der Ausführung" vgl. auch Ziff. 5 der RAB 10 (Begriffsbestimmungen), abrufbar im Internet unter http://www.baua.de/de/Themen-von-A-Z/Baustellen/RAB/RAB-10.html. Die Aufgaben des Koordinators während der Planung der Ausführung werden in Ziff. 3.1 der RAB 30 (Geeigneter Koordinator) aufgelistet, abrufbar im Internet unter http://www.baua.de/de/Themen-von-A-Z/Baustellen/RAB/RAB-30.html.

43 Notwendig ist ein SiGe-Plan, wenn die Voraussetzungen des § 2 Abs 3 S. 1 BaustellV vorliegen, → I.4.

44 Nach Art. 6 lit c) der Baustellenrichtlinie gehört es auch zu den Aufgaben des SiGeKo in der Ausführungsphase entsprechend dem Fortschritt der Bauarbeiten und den eingetretenen Änderungen eine Anpassung der Unterlage vorzunehmen. Diese Verpflichtung ist – offenbar versehentlich – in der Baustellenverordnung nicht umgesetzt worden. Die (zumindest klarstellende) Aufnahme einer diesbezüglichen Verpflichtung des SiGeKo in den vom Bauherrn oder dem Dritten im Sinne des § 4 BaustellV abzuschließenden Vertrag empfiehlt sich daher.

45 Die Aufgaben des Koordinators während der Ausführung des Bauvorhabens werden in Ziff. 3.2 der RAB 30 abrufbar im Internet unter http://www.baua.de/de/Themen-von-A-Z/Baustellen/RAB/RAB-30.html aufgelistet.

• die Überwachung der ordnungsgemäßen Anwendung der Arbeitsverfahren durch die Arbeitgeber zu koordinieren.

24 Die als SiGeKo beauftragten Personen haben, dies ergibt sich aus § 3 Abs. 1 BaustellV, „geeignet" zu sein. Was hierunter zu verstehen ist, wird in der Baustellenverordnung nicht näher erläutert.[46] Im Rahmen des „Aktionsprogramms zur Umsetzung und Anwendung der Baustellenverordnung" des Bundesministeriums für Arbeit und Sozialordnung war hierzu zunächst eine sog. Handlungshilfe für den Bauherrn mit dem Titel „Bestellung eines geeigneten Koordinators" veröffentlicht worden.[47] Diese enthielt erste Hinweise auf die in Abhängigkeit von Art und Größe des jeweiligen Vorhabens regelmäßig erforderlichen Kenntnisse und Fähigkeiten des SiGeKo. Ersetzt wurde diese Handlungshilfe durch die RAB 30.[48] Diese enthält Regelungen zu den Aufgaben des Koordinators, zu dessen erforderlicher Qualifikation und dem Nachweis der Kenntnisse und Erfahrungen.

25 Grundsätzlich wird man danach sagen müssen, dass das erforderliche Maß der Eignung von den konkreten Umständen des Einzelfalles, insbesondere von Art und Umfang der auf der Baustelle auszuführenden Arbeiten und dem damit zusammenhängenden Gefährdungspotenzial abhängt. Erforderlich sind danach neben den Kenntnissen betreffend die speziellen, einem Koordinator obliegenden Tätigkeiten, Aufgaben und Verpflichtungen in aller Regel baufachliche Kenntnisse und Kenntnisse auf dem Gebiet der Sicherheit und des Gesundheitsschutzes auf Baustellen sowie entsprechende Baustellenerfahrung.[49]

6. Der Bauherr als Sicherheits- und Gesundheitskoordinator

26 Gemäß § 3 Abs. 1 Satz 2 BaustellV können die Aufgaben des Koordinators auch vom Bauherrn selbst oder von dem von ihm nach § 4 BaustellV beauftragten Dritten wahrgenommen werden. Voraussetzung ist jedoch, dass der Bauherr oder der Dritte die erforderliche Qualifikation für die Erfüllung der Aufgaben des Koordinators besitzen.

27 Diese in der Baustellenverordnung vorgesehene „Selbstbeauftragung" erscheint europarechtlich nicht unproblematisch. Denn die Baustellenrichtlinie sieht eine Übernahme der Aufgaben des SiGeKo durch den Bauherren (bzw. durch den von ihm beauftragten Dritten) nicht vor sondern bestimmt in Art. 3 ohne Ausnahme, dass ein oder mehrere Koordinatoren „betraut" werden. Die Selbstbeauftragung widerspricht daher dem Wort-

---

[46] Anders hingegen z. B. die Regelung in Österreich. Dort wird in § 3 Abs. 3 des Bauarbeitenkoordinationsgesetzes (abgedruckt z. B. bei Berner, Sicherheit und Gesundheitsschutz auf Baustellen in Deutschland und Österreich, 2000, 132 ff.) angeordnet, dass als Koordinator nur eine Person bestellt werden darf, die über eine einschlägige, im Gesetz näher beschriebene Ausbildung und eine mindestens dreijährige einschlägige Berufserfahrung verfügt. In Frankreich wird vom SiGeKo (Coordinateur pour la sécurité et la santé sur les chantiers) neben einer, von der Größe des Bauvorhabens abhängigen, einschlägigen Berufserfahrung von mindestens 3 bzw. 5 Jahren zusätzlich die Absolvierung einer staatlich geregelten Weiterbildung gefordert. Vergleichbar hoch sind die Anforderungen z. B. auch in Belgien oder Luxemburg.

[47] Die als Broschüre des BMWA 1999 veröffentlichte „Hilfe für den Bauherrn zur Bestellung eines geeigneten Koordinators" wurde durch die Bekanntmachung des BMWA zurückgezogen, BArbBl. 9/2004, 60.

[48] RAB 30 (Geeigneter Koordinator), abrufbar im Internet unter der Adresse http://www.baua.de/de/Themen-von-A-Z/Baustellen/RAB/RAB-30.html.

[49] *Rozek/Röhl*, Zur Rechtsstellung des Sicherheitskoordinators nach der Baustellenverordnung, BauR 1999, 1394, 1396; *Knacke/Schütz* in Berner, Sicherheit und Gesundheitsschutz auf Baustellen in Deutschland und Österreich, 2000, 78; *Kollmer/Blachnitzky/Kossens*, Die neuen Arbeitsschutzverordnungen, 1999, Rn. 316; *Kollmer*, Baustellenverordnung, 2. Aufl. 2004, § 3 Rn. 19 ff.; Bek. des BMA vom 15.1.1999 BArbBl. 3/1999, 67 ff., abgedruckt auch z. B. bei *Kollmer/Blachnitzky/Kossens*, Die neuen Arbeitsschutzverordnungen, 1999, Anhang IV sowie *Kollmer*, Baustellenverordnung, 2. Aufl. 2004, Anhang 8. Vgl. hierzu auch die Ausführungen bei von Wietersheim/Noebel, Baustellenverordnung, 2001, Rn. 132 ff., die sich mit der Eignung des SiGeKo jedoch – systematisch unzutreffend – im Zusammenhang mit der Beauftragung eines Dritten im Sinne des § 4 BaustellV auseinandersetzen.

laut der Baustellenrichtlinie. *Rozek/Röhl*[50] weisen deshalb in diesem Zusammenhang auf den sich aus dieser Regelungsdivergenz möglicherweise ergebenden gemeinschaftsrechtlichen Staatshaftungsanspruch[51] hin.[52] Zutreffend merken sie jedoch gleichzeitig an, dass vor allem der Nachweis der Kausalität zwischen Schadensfall und fehlerhafter Umsetzung der Baustellenrichtlinie in der Praxis problematisch sein dürfte.

28 § 3 Abs. 1a der Baustellenverordnung soll klarstellen, dass die Beauftragung eines oder mehrerer Koordinatoren den Bauherrn oder den von ihm beauftragten Dritten nicht von seiner Verantwortung entbindet.[53]

7. Die Beauftragung eines Dritten nach § 4 BaustellV

29 § 4 BaustellV ordnet an, dass die Maßnahmen nach § 2 (Berücksichtigung der allgemeinen Grundsätze nach § 4 ArbSchG bei der Planung der Ausführung, Vorankündigung, SiGe-Plan) und § 3 Abs. 1 Satz 1 BaustellV (Bestellung eines oder mehrerer geeigneter Koordinatoren) vom Bauherrn zu treffen sind. Es handelt sich bei diesen Maßnahmen um Aufgaben, die dem Bauherrn durch die Verordnung direkt und unmittelbar zugewiesen werden. Dem Bauherren wird damit, entgegen der üblichen Systematik arbeitsschutzrechtlicher Vorschriften, die Verantwortung für den Vollzug von Arbeitsschutzvorschriften auferlegt, obgleich er an dem Rechtsverhältnis Arbeitgeber-Arbeitnehmer nicht beteiligt ist und auch nicht im Lager eines dieser Beteiligten steht.[54] Gleichzeitig lässt § 4 BaustellV aber die Beauftragung eines Dritten zu, der diese Maßnahmen dann „in eigener Verantwortung" zu treffen hat.[55]

30 In der Baustellenrichtlinie (Art. 2 lit. c) ist dieser Dritte als „Bauleiter" bezeichnet. Mit dem bislang schon mehrfach belegten Begriff des Bauleiters (Objektüberwacher im Sinne der HOAI, verantwortlicher Bauleiter im Sinne des Bauordnungsrechtes oder verantwortlicher Vertreter des Auftragnehmers auf der Baustelle) hat dies jedoch nichts zu tun.

31 Die Beauftragung eines Dritten führt im Umfang der Beauftragung zu einer vollständigen Verlagerung der dem Bauherrn nach § 4 BaustellV obliegenden Pflichten zivilrechtlicher, öffentlich-rechtlicher sowie straf- und ordnungswidrigkeitenrechtlicher Art auf den Dritten und einer entsprechenden Befreiung des Bauherrn.[56] Dies ergibt sich zum einen aus dem Wortlaut des § 4 BaustellV, wonach der Dritte die dort genannten Maß-

---

[50] *Rozek/Röhl* → Fn. 49 BauR 1999, 1394, 1397 ff.; *Kollmer,* Baustellenverordnung, 2. Aufl. 2004, § 3 Rn. 28d.

[51] Ein solcher gemeinschaftsrechtlicher Staatshaftungsanspruch kommt letztlich nur in Betracht, wenn eine richtlinienkonforme Auslegung des § 3 Abs. 1 Satz 2 BaustellV nicht möglich ist.

[52] A.A. von Wietersheim/Noebel, Baustellenverordnung, Rn. 453, die im Hinblick auf Art. 7 der Baustellenrichtlinie und der danach auch im Falle der Beauftragung eines SiGeKo verbleibenden Verantwortung des Bauherrn den Schluss ziehen, der Bauherr könne die Funktion des SiGeKo auch schon nach der Baustellenrichtlinie übernehmen. Abgesehen davon, dass dieser Auffassung bereits der Wortlaut der Baustellenrichtlinie entgegensteht, differenziert sie nicht hinreichend zwischen den Verantwortlichkeiten des Bauherrn und des SiGeKo und überzeugt daher nicht.

[53] Vgl. *Kann,* in Kollmer/Klindt, Arbeitsschutzgesetz, 2011, BaustellV § 3 Rn. 3; so auch *Sohn* → FN 40 FS Koeble, 2010, 549, 554. Mit der Einführung dieser Vorschrift sollte ein Vertragsverletzungsverfahren wegen mangelnder Umsetzung der EU-Baustellenrichtlinie verhindert werden.

[54] Zu den kritischen Stimmen in der Literatur sowie den verfassungsrechtlichen Bedenken gegen diesen „Systembruch" und die Verlagerung von Sicherungspflichten auf den Bauherrn, der in aller Regel am wenigsten hiervon verstehen dürfte vgl. *Kollmer,* Baustellenverordnung, 2. Aufl. 2004, § 4 Rn. 1 m. w. N.

[55] Zum Begriff des Dritten vgl. Ziff. 22 der RAB 10 (Begriffsbestimmungen) abrufbar im Internet unter http://www.baua.de/de/Themen-von-A-Z/Baustellen/RAB/RAB-10.html.

[56] *Kleinhenz,* Die Verordnung über Sicherheit und Gesundheitsschutz auf Baustellen (Baustellenverordnung), ZfBR 1999, 179, 181; *Moog,* Von Risiken und Nebenwirkungen der Baustellenverordnung, BauR 1999, 795, 799; von Berchem, Die Baustellenverordnung, 2000, 54; *Knacke/Schütz,* in Berner, Sicherheit und Gesundheitsschutz auf Baustellen in Deutschland und Österreich, 87; *Kollmer,* Baustellverordnung, 2. Aufl. 2004, § 4 Rn. 13 und 84 f.; vgl. Ziff. 22 der RAB 10 (Begriffsbestim-

nahmen in „eigener Verantwortung zu treffen“ hat. Zum anderen hält auch die amtliche Begründung zur Verordnung[57] fest, dass im Fall der Beauftragung eines Dritten „ausschließlich“ dieser für die zu treffenden Maßnahmen verantwortlich ist.

Zu einer Verlagerung sonstiger, dem Bauherrn aus anderen Gründen obliegender Pflichten (z. B. sonstige vertragliche Nebenpflichten gegenüber den am Bau Beteiligten, Verkehrssicherungspflichten), kommt es dabei nicht. Der Dritte kann mit befreiender Wirkung für den Bauherrn ausschließlich die in § 4 BaustellV genannten Bauherrenpflichten übernehmen. Zutreffend ist es daher, wenn in der amtlichen Begründung darauf hingewiesen wird, dass zivilrechtliche Haftungsregelungen durch die Verordnung nicht berührt werden.[58] Denn die Baustellenrichtlinie regelt zivilrechtliche Haftungsfragen nicht. Dementsprechend können solche Fragen auch nicht Gegenstand irgendwelcher Maßnahmen nach der Baustellenverordnung sein. 32

Im Ergebnis erscheint diese „Verlagerungsmöglichkeit“ zu Gunsten des Bauherren interessengerecht. Durch die Baustellenverordnung werden dem Bauherren in erheblichem Maße sanktionsbewehrte Pflichten aus den Bereichen Arbeitsschutz und Arbeitssicherheit auferlegt, die er zu bewältigen häufig entweder nicht willens oder nicht in der Lage sein dürfte. § 4 BaustellV schafft insoweit einen Ausgleich.[59] Nach der amtlichen Begründung zur Baustellenverordnung trägt die Delegationsbefugnis zudem der Tatsache Rechnung, dass in der Praxis viele Bauherrn fremde Dritte mit der Vorbereitung und Errichtung der baulichen Anlage beauftragen.[60] Mit der Möglichkeit der vollständigen Delegation der dem Bauherrn über § 4 BaustellV auferlegten Pflichten findet also auch Berücksichtigung, dass viele Bauherrn sich um die Realisierung eines Vorhabens (z. B. aus Zeitgründen) weder kümmern können noch wollen. Dies dürfte in aller Regel für Kapitalanleger, aber auch viele Bauherrn aus dem Bereich der gewerblichen Wirtschaft gelten. 33

Welche Anforderungen an die Qualifikation des „Dritten“ zu stellen sind, lässt die Baustellenverordnung offen.[61] Anders als im Zusammenhang mit der Bestellung der Sicherheits- und Gesundheitskoordinatoren nach § 3 BaustellV wird in § 4 für den „Dritten“ zumindest ausdrücklich keine entsprechende Eignung verlangt.[62] Dies dürfte, ohne dass dies bereits abschließend geklärt wäre, jedenfalls im Grundsatz auch richtig sein, da 34

mungen) abrufbar im Internet unter http://www.baua.de/de/Themen-von-A-Z/Baustellen/RAB/RAB-10.html.

[57] BR-Drs. 360/98 S. 12.

[58] BR-Drs. 360/98 S. 13.

[59] *Kollmer,* Baustellenverordnung, 2. Aufl. 2004, § 4 Rn. 12.

[60] BR-Drs. 360/98 S. 12. In der amtlichen Begründung ist in diesem Zusammenhang von *„sog. Baubetreuungsverträgen“* die Rede. Diese Formulierung ist unsauber, da nach dem Sinn und Zweck der Regelung dem Umstand Rechung getragen werden sollte, dass fremde Dritte die Errichtung einer baulichen Anlage für einen anderen (den Bauherrn) übernehmen. Dies kann, muss aber nicht auf Grundlage eines Baubetreuungsvertrages geschehen. Vielmehr sind neben der Baubetreuung in ihren verschiedenen Formen auch andere Fallgestaltungen denkbar, bei denen die Delegation der Bauherrenpflichten nach der Baustellenverordnung auf einen Dritten im Sinne des § 4 BaustellV ebenso sachgerecht und möglich ist.

[61] Die Baustellenrichtlinie sieht ebenfalls keine zwingenden Qualifikationsanforderungen des – dort als „Bauleiter“ bezeichneten – „Dritten“ vor. Zwar ist nach der Definition des „Bauleiters“ in Art. 2 lit. c RL 92/57/EWG mit dieser Funktionsbeschreibung jede natürliche oder juristische Person gemeint, die mit der Planung und/oder Ausführung und/oder Überwachung der Ausführung des Bauwerks im Auftrag des Bauherrn beauftragt ist. Dies dürfte in der Regel jemand sein, der aufgrund seiner Tätigkeit eine gewisse Erfahrung mit Baustellen im weitesten Sinne besitzt. Zwingend ist dies jedoch nicht, zumal eine solche Erfahrung nicht notwendigerweise mit nennenswerten Kenntnissen im Bereich des Arbeitsschutzrechtes verbunden sein muss. Zudem lässt es die Baustellenrichtlinie zu, dass kein Bauleiter bestimmt wird und legt daher die Pflichten nach der Baustellenrichtlinie alternativ Bauherrn oder Bauleiter auf (vgl. z. B. Art. 3 Abs. 1 und 2 sowie Art. 4).

[62] In diesem Sinne auch *Kollmer,* Baustellenverordnung, 2. Aufl. 2004, § 4 Rn. 9.

es für den Dritten nicht um die Übernahme fachlich anspruchsvoller Leistungen (z. B. Erstellung eines SiGe-Planes), sondern „nur" um deren Veranlassung geht. Der Dritte ist daher zunächst in keiner anderen Situation als der Bauherr, dem die Baustellenverordnung in § 4 die Pflicht zur Veranlassung der Maßnahmen nach §§ 2 und 3 Abs. 1 Satz 1 BaustellV ebenfalls ohne Rücksicht auf dessen Qualifikation auferlegt.[63]

35 Demnach nimmt es die Baustellenverordnung in Kauf, dass sich der Bauherr von den ihm nach dieser Verordnung obliegenden Verpflichtungen durch Beauftragung eines in Belangen des Arbeitsschutzes gleichermaßen unkundigen Dritten befreit. Dies erscheint jedoch nur auf den ersten Blick problematisch. Denn einem eventuell Geschädigten erwächst im Vergleich zur Rechtslage bis zum Inkrafttreten der Baustellenverordnung kein Nachteil. Und soweit ihm aufgrund eines Verstoßes gegen die Baustellenverordnung zusätzliche Ersatzansprüche gegen den Bauherrn zustehen, richten sich diese in Übereinstimmung mit der Baustellenrichtlinie und den Erwägungsgründen nunmehr gegen den Dritten. Zu einer Verkürzung der Ansprüche des Geschädigten kommt es daher nicht.

36 Eine (Missbrauchs)Grenze wird allerdings in den Fällen zu ziehen sein, in denen vom Bauherrn ein Dritter beauftragt wird, der zur ordnungsgemäßen Veranlassung der in § 4 BaustellV genannten Maßnahmen offensichtlich von vornherein nicht willens und/oder in der Lage ist. Zu denken ist hier z. B. an eine in der Sache physisch und/oder psychisch völlig überforderte Person oder jemand, der aufgrund räumlicher Entfernung auf das Baustellengeschehen bzw. die nach § 4 BaustellV zu veranlassenden Maßnahmen keinen Einfluss nehmen kann. Gleiches gilt, wenn vom Bauherrn ein Dritter beauftragt wird, weil dieser völlig mittellos ist, die Beauftragung des Dritten also erfolgt, um einerseits eine mögliche Haftung gegen den Bauherren abzuwenden und andererseits eine mögliche Haftung gegenüber dem Dritten wirtschaftlich leer laufen zu lassen. In diesen besonders gelagerten Fällen wird man dem Bauherrn eine Berufung auf die „Enthaftung" nach § 4 BaustellV aus Gründen von Treu und Glauben (§ 242 BGB) ausnahmsweise verwehren müssen.

37 Erweist sich der Dritte als ungeeignet, wird zum Teil vorgeschlagen, eine Haftung des Bauherrn trotz wirksamer Drittbeauftragung mit dem *„Wiederaufleben der weitestgehend verdrängten Organisationsverantwortung analog* §§ 249, 823 Abs. 1 BGB"[64] oder über die *„Anwendung der Exculpationsgrundsätze des* § 831 BGB zu Auswahl und Überwachung des Verrichtungsgehilfen"[65] zu lösen. Diesen Lösungsansätzen stehen jedoch sowohl die nach der Baustellenverordnung (s.o.) im Umfang der Beauftragung des Dritten vollständige Enthaftung des Bauherrn als auch der Umstand entgegen, dass an die Qualifikation des Dritten von der Baustellenverordnung gerade keine besonderen Anforderungen gestellt werden. Allerdings wird in Ausnahmefällen eine Korrektur nach den Grundsätzen von Treu und Glauben (§ 242 BGB) in Betracht kommen.

8. Ordnungswidrigkeiten und Strafvorschriften der Baustellenverordnung

38 Nach § 7 Abs. 1 BaustellV handelt ordnungswidrig i.S.v. § 25 Abs. 1 Nr. 1 ArbSchG, wer vorsätzlich oder fahrlässig

---

[63] Zu weitgehend daher *Schroeder,* Die Baustellenverordnung – Was ist Sache? Was ist unsere Sache?, bau intern 1999, 229, 230, der ohne weitere Begründung vom Dritten eine „notwendige Erfahrung im Baubereich" fordert, und *Beck* in Tepasse, Sicherheits- und Gesundheitsschutzkoordination auf Baustellen, 3. Aufl. 2011, 205, der – allerdings ohne die erforderliche Differenzierung zwischen Drittem und SiGeKo – eine wirksame Verlagerung der Verantwortung auf den Dritten nur dann zulassen will, wenn der Dritte „dieser Verantwortung auch gewachsen ist".

[64] *Kollmer,* Baustellenverordnung, 2. Aufl. 2004, § 4 Rn. 9.

[65] *Sohn* → FN 40 FS Koeble, 2010, 549, 555; *Rozek/Röhl* → FN 49 BauR 1999, 1394, 1400; wohl auch *Moog* → FN 56 BauR 1999, 795, 800.

- entgegen § 2 Abs. 2 S. 1 i.V.m. § 4 der zuständigen Behörde eine Vorankündigung nicht, nicht richtig, nicht vollständig oder nicht rechtzeitig übermittelt
  oder
- entgegen § 2 Abs. 3 S. 1 i.V.m. § 4 nicht dafür sorgt, dass vor Einrichtung der Baustelle ein SiGe-Plan erstellt wird.

Wer dagegen die vorbezeichneten Pflichtenverstöße vorsätzlich begeht und dadurch Leben oder Gesundheit eines Beschäftigten gefährdet, ist nach § 26 Nr. 2 ArbSchG strafbar. 39

Adressaten dieser Bußgeld- und Strafandrohungen sind demnach der Bauherr sowie der von ihm gegebenenfalls beauftragte Dritte i.S.v. § 4 BaustellV. Der SiGeKo unterfällt der Androhung dagegen nicht[66], da § 3 BaustellV in § 7 BaustellV gerade nicht genannt wird. Der SiGeKo ist auch nicht Adressat der in § 7 Abs. 1 BaustellV genannten sanktionsbewehrten Verpflichtungen. Zwar zählt es nach § 3 Abs. 2 Nr. 2 BaustellV auch zu den Aufgaben des SiGeKo, den gegebenenfalls erforderlichen SiGe-Plan zu erstellen oder erstellen zu lassen, so dass eine Bußgeld- oder Strafbewehrung über § 7 Abs. 1 Nr. 2 BaustellV in Betracht zu kommen scheint. Dem steht jedoch entgegen, dass nach § 7 Abs. 1 Nr. 2 BaustellV der Verstoß gegen „§ 2 Abs. 3 S. 1 BaustellV in Verbindung mit § 4 BaustellV" sanktioniert wird. Der Bezugnahme auf § 4 BaustellV hätte es nicht bedurft, wenn auch die entsprechende Verpflichtung des SiGeKo hätte sanktionsbewehrt sein sollen. Die Bezugnahme auf § 4 BaustellV in § 7 BaustellV beschränkt daher den Kreis tauglicher Täter auf den in § 4 BaustellV genannten Bauherrn sowie den Dritten. 40

Kollmer[67] dagegen spricht sich für eine Bußgeldpflichtigkeit des SiGeKo aus. Er begründet dies mit der eigenen Pflichtenstellung des SiGeKo, die im Regelfall zudem honoriert wird. Dieser Auffassung steht jedoch bereits der Wortlaut des § 7 BaustellV entgegen. Und die entgeltliche oder unentgeltliche Übernahme einer Verpflichtung reicht schon aus verfassungsrechtlichen Gründen („nulla poena sine lege") nicht aus, einen Ordnungswidrigkeiten- und Straftatbestand zu erweitern. 41

II. Die Rolle des Architekten/Ingenieurs nach der Baustellenverordnung

Für Architekten und Ingenieure kommt, abgesehen von den Fällen, in denen sie selbst Bauherr sind, innerhalb des Regelungsbereiches der Baustellenverordnung eine Tätigkeit als SiGeKo und/oder als Dritter in Betracht. Aus beiden Funktionen können sich im Vergleich zu den althergebrachten Tätigkeiten und Aufgaben von Architekten und Ingenieuren zusätzliche Haftungsrisiken ergeben. 42

Grundlage der Tätigkeit des Architekten oder Ingenieurs ist dabei jeweils ein entsprechender Vertrag mit dem Bauherrn oder, sofern der Bauherr einen Dritten im Sinne des § 4 BaustellV beauftragt hat, dem Dritten. Es stellt sich daher, abgesehen von den ohnehin klaren Fällen des angestellten oder beamteten SiGeKo, zunächst die Frage nach der Rechtsnatur dieser Verträge. 43

1. Die Beauftragung als Dritter i.S.v. § 4 BaustellV durch den Bauherrn

Die Rechtsnatur des Vertrages zwischen dem Bauherrn und dem Dritten hängt von den getroffenen Vereinbarungen, insbesondere vom konkreten Regelungsgegenstand und dem darin zum Ausdruck kommenden Willen der Parteien ab.[68] Sie bestimmen, ob 44

---

[66] Vgl. auch *Sohn*, → FN 40 FS Koeble, 2010, 549, 560; Wie hier wohl auch von Berchem, Die Baustellenverordnung, 2000, 61 f., die sich im Rahmen der Prüfung der strafrechtlichen Verantwortlichkeiten nach der BaustellV ausschließlich mit der des Bauherrn und des Dritten auseinandersetzt, ohne eine mögliche Verantwortlichkeit des SiGeKo zu prüfen.

[67] *Kollmer*, Baustellenverordnung, 2. Aufl. 2004, § 7 Rn. 8.

[68] Den Vertragsparteien steht es im Rahmen der Vertragsautonomie (§ 311 BGB) frei, Verträge abzuschließen, deren Regelungsgegenstand mehreren Vertragstypen des BGB entsprechen kann oder

der Vertrag eine Geschäftsbesorgung zum Gegenstand hat und ob eine Dienstleistung als solche oder deren Arbeitsergebnis als Erfolg geschuldet, der Vertrag mithin als Werk- oder als Dienstvertrag einzuordnen ist.[69] Dementsprechend ist stets eine Beurteilung des Vertragsverhältnisses im konkreten Einzelfall vorzunehmen.[70]

45 Allgemein ist zu berücksichtigen, dass es der Dritte übernimmt, die Maßnahmen nach § 2 (Berücksichtigung der allgemeinen Grundsätze nach § 4 ArbSchG bei der Planung der Ausführung, Vorankündigung, SiGe-Plan) und § 3 Abs. 1 Satz 1 BaustellV (Bestellung eines oder mehrerer geeigneter Koordinatoren) an Stelle des Bauherren selbständig zu treffen. Die Tätigkeit des Dritten ist daher üblicherweise deutlich tätigkeitsbezogen, mithin also dienstvertraglich geprägt. Ohne Hinzutreten weiterer Umstände wird daher im Regelfall davon auszugehen sein, dass es sich bei dem Vertrag zwischen dem Bauherrn und dem Dritten um einen Geschäftsbesorgungsvertrag mit dienstvertraglichem Charakter handelt, auf den § 675 BGB Anwendung findet.[71]

2. Die Beauftragung als Sicherheits- und Gesundheitskoordinator

46 Auch hier gilt zunächst der Grundsatz, dass die rechtliche Qualifikation des Vertrages von den konkreten Vereinbarungen der Parteien, mithin also den Umständen des Einzelfalles abhängt. Stellt sich also die Frage nach der Rechtsnatur eines solchen Vertrages, wobei regelmäßig nur Dienstvertrag oder Werkvertrag in Betracht kommen dürften, ist zunächst der konkrete Leistungsumfang des SiGeKo zu bestimmen und anhand diesem eine Einordnung vorzunehmen.

47 Betrachtet man die in § 3 Abs. 2 und 3 BaustellV aufgeführten Aufgaben des SiGeKo, scheinen Nummer 2 (Erstellung des SiGe-Planes) und Nummer 3 (Erstellung der Unterlage) des Absatzes 2 sowie Nummer 3 (Anpassung des SiGe-Planes bei erheblichen Änderungen) des Absatzes 3 eher werkvertraglich zu qualifizierende Leistungen zu enthalten. Die übrigen Aufgaben des SiGeKo bestehen dagegen aus Leistungen aus den Bereichen Koordination, Organisation und Beobachtung. Diese sind eher tätigkeitsorientiert, so dass eine dienstvertragliche Qualifikation nahe läge.[72]

48 Der Vertrag mit dem SiGeKo ist demnach in aller Regel durch dienstvertragliche wie auch durch werkvertragliche Elemente gekennzeichnet. Für die Einordnung des Vertrages als Dienst- oder Werkvertrag ist es jedoch nicht erforderlich, dass ausschließlich erfolgs- oder ausschließlich tätigkeitsorientierte Pflichten übernommen werden. Entsprechend der Rechtsprechung des BGH zum Projektsteuerungs-[73] und zum Baubetreuungsvertrag[74] ist daher zu entscheiden, ob möglicherweise die erfolgsorientierten oder die tätig-

---

bei denen es sich um einen Vertrag sui generis handelt. Das Schuldrecht des BGB kennt weder einen Typenzwang noch einen numerus clausus der Vertragstypen; vgl. hierzu z. B. *Emmerich* in MüKo BGB § 311 Rn. 24 ff.

[69] So zum Vertrag betreffend Projektsteuerungsleistungen BGH Urt. v. 10.6.1999 – VII ZR 215/98, BauR 1999, 1317 (mit Anm. *Eschenbruch* IBR 1999, 423).

[70] Allgemein zur Abgrenzung von Verträgen und zur Differenzierung nach Vertragsschwerpunkten: BGH Urt. v. 25.5.1972 – VII ZR 49/71, WM 197, 947; Urt. v. 9.6.1984 – X ZR 93/83, NJW 1984, 2406; Urt. v. 7.3.2002 – III ZR 12/01, NJW 2002, 1571 = NZBau 2002, 327 (mit Anm. *Schwenker* IBR 2002, 302 und *Gräfe* EWiR 2002, 667); Urt. v. 16.7.2002 – X ZR 27/01,– NJW 2002, 3323. Zur Abgrenzung zwischen Kauf- und Werkvertragsrecht vor und nach der Schuldrechtsmodernisierung vgl. *Thode,* Die wichtigsten Änderungen im BGB – Werkvertragsrecht – Schuldrechtsmodernisierungsgesetz und erste Probleme – Teil 2, NZBau 2002, 360 ff.; BGH Urt. v. 3.3.2004 – VIII ZR 76/03, BauR 2004, 995; Urt. v. 16.4.2013 – VIII ZR 375/11, IBR 2013, 593.

[71] Ebenso *von Berchem,* Die neue Baustellenverordnung, 2000, 12 ff.

[72] In diesem Sinne auch OLG Düsseldorf Urt. v. 1.10.1998 – 5 U 182/98, BauR 1999, 508 und Urt. v. 16.4.1999 – 22 U 174/98, NJW 1999, 3129 im Zusammenhang mit der Beurteilung der Rechtsnatur eines Projektsteuerungsvertrages.

[73] BGH Urt. v. 10.6.1999 – VII ZR 215/98, BauR 1999, 1317 (mit Anm. *Eschenbruch* IBR 1999, 423).

[74] BGH Urt. v. 11.6.1976 – I ZR 55/75, NJW 1976, 1635; Urt. v. 17.4.1991 – IV ZR 112/90, BauR

keitsorientierten Aufgaben derart überwiegen, dass sie den Vertrag im Sinne einer einheitlichen Einordnung prägen, oder ob in Ermangelung einer solchen Prägung ein gemischter Vertrag[75] vorliegt.

Knacke/Schütz[76] sind im Hinblick auf die Grundsatzentscheidungen des BGH zur Qualifizierung des Architektenvertrages als Werkvertrag[77] ohne weitere Begründung der Auffassung, dass *„die Leistungen des Planungs-, als auch des Ausführungskoordinators mit den vom BGH als werkvertraglich qualifizierten Leistungsbildern vergleichbar sind*" und es deshalb *„nahe liegt, auch die Koordinatorenverträge den* §§ 631 ff. BGB zu unterstellen und somit als Werkverträge anzusehen"[78]. Dies dürfte zu kurz greifen. Maßgebliche Überlegung des BGH bei der Qualifizierung des Architektenvertrages als Werkvertrag war die vom Architekten im Sinne eines werkvertraglichen Erfolges übernommene Verpflichtung, durch seine jeweiligen Leistungen die plangerechte, d. h. den genehmigten Bauvorlagen entsprechende und mängelfreie Realisierung des Bauvorhabens zu gewährleisten. Da auch reine Leitungs-, Koordinierungs- und Überwachungsleistungen des Architekten auf die Plangerechtigkeit und Mängelfreiheit des Bauwerks gerichtet sind, war es folgerichtig, auch diese Leistungen dem Werkvertragsrecht zuzuordnen.[79] 49

Die Tätigkeit des SiGeKo dient jedoch entsprechend dem in der Baustellenverordnung formulierten Ziel der *„wesentlichen Verbesserung von Sicherheit und Gesundheitsschutz der Beschäftigten auf Baustellen*" (§ 1 Abs. 1 BaustellV). Dies hat mit Plangerechtigkeit und Mängelfreiheit des Bauwerkes nichts zu tun. 50

Lediglich *Beck*[80] ist der Auffassung, dass mit den Begriffen „Sicherheit" und „Gesundheit" in der Baustellenverordnung auch die Sicherheit und Gesundheit derjenigen gemeint sei, die den Bau später benutzen. Diese Möglichkeit der gefahrlosen Benutzung sei, so *Beck*, Bestandteil der Mangelfreiheit des Gebäudes, so dass der Vertrag mit dem SiGeKo aus diesem Grunde als Werkvertrag einzustufen sei. Zur Begründung dieser Auffassung lässt sich aber weder der Baustellenrichtlinie noch der Baustellenverordnung etwas Greifbares entnehmen, da es nach deren Wortlaut und Begründung dort nur um Mindestvorschriften für die Sicherheit und den Gesundheitsschutz auf zeitlich begrenzten oder ortsveränderlichen Baustellen, nicht aber um die Benutzung von Bauwerken geht. Einzig § 3 Abs. 2 Nr. 2 BaustellV beschäftigt sich mit dem Zeitraum nach Abschluss der Bauarbeiten. In der vom SiGeKo zu erstellenden sog. Unterlage sind die erforderlichen, bei möglichen späteren Arbeiten an der baulichen Anlage (insbes. Reinigung, Wartung, Instandhaltung) zu berücksichtigenden Angaben zu Sicherheit und Gesundheitsschutz zusammenzustellen. Die Planung solcher „späteren Arbeiten" unter Berücksichtigung der arbeitschutzrechtlichen Aspekte soll also über diese Unterlage nur erleichtert, nicht aber ersetzt werden. Für den Gesamtcharakter der SiGeKo-Leistungen und deren hauptsächlichen Bezug zur Phase der Realisierung des Bauvorhabens ist diese Teilleistung des SiGeKo daher nicht prägend. 51

1991, 475 (mit Anm. *Heymann* WuB I G 7 Immobilienanlagen 11.91); Urt. v. 30.6.1994 – VII ZR 166/93, BGHZ 126, 326, 330; OLG Saarbrücken, Urt. v. 13.1.2004 – 4 U 276/03-47, IBR 2004, 375.

75 Zu Vertragsverbindungen und gemischten Verträgen sowie deren rechtlicher Behandlung vgl. z. B. *Grüneberg* in Palandt Überbl. v. § 311 BGB Rn. 19 ff.

76 *Knacke/Schütz* in Berner, Sicherheit und Gesundheitsschutz auf Baustellen in Deutschland und Österreich, 2000, 79.

77 BGH Urt. v. 26.11.1959 – VII ZR 120/58, NJW 1960, 431; Urt. v. .7.3.1974 – VII ZR 217/72, NJW 1974, 898; Urt. v. 22.10.1981 – VII ZR 310/79, BauR 1982, 79 (mit Anm. *Schmidt* LM Nr 42 zu § 631 BGB, *Vollmer* Archiv PF 1982, 349 und *Barnikel* BlGBW 1982, 109).

78 Für eine – allerdings nicht weiter begründete – Einordnung als Werkvertrag wohl auch Siegburg, Haftung von Architekt und Bauherr für Baustellenunfälle, 1997, Rn. 83 und *Beck in* Tepasse, Sicherheits- und Gesundheitsschutzkoordination auf Baustellen, 3. Aufl. 2001, 212.

79 Zur Rechtsnatur des Architekten- und Ingenieurvertrages → § 4 I.

80 *Tepasse,* Sicherheits- und Gesundheitsschutzkoordination auf Baustellen, 3. Aufl. 2011, 212.

52 Vielmehr zeigt die oben genannte Zielvorgabe der Baustellenverordnung, dass es bei den in ihr festgelegten Maßnahmen nicht darum geht, Baustellenunfälle zukünftig ganz auszuschließen. Denn auch dann, wenn der SiGeKo (ebenso wie der Bauherr oder der Dritte) alles tut, was von ihm erwartet wird bzw. erwartet werden kann, werden Unfälle auf Baustellen nicht vollständig vermieden werden können. Die Tätigkeit des SiGeKo soll vielmehr gemeinsam mit den Bemühungen der anderen Baubeteiligten, die arbeitsschutzrechliche Bestimmungen zu beachten haben, dazu beitragen, vermeidbare Baustellenunfälle zu vermeiden. Dies jedoch ist eine typische Dienstleistung.[81]

53 Stufte man die Vermeidung von Baustellenunfällen dagegen als maßgeblichen Erfolg der gesamten Tätigkeit des SiGeKo im Sinne des Werkvertragsrechtes ein, ließe sich, worauf *Schmidt*[82] zutreffend hinweist, wohl kaum jemand finden, der die Aufgabe eines SiGeKo übernähme. Niemandem könnte geraten werden, dieses Amt zu übernehmen und verschuldensunabhängig für den Erfolgseintritt zu haften.

54 Unter Berücksichtigung dieser Überlegungen spricht einiges dafür, den Vertrag zwischen dem Bauherrn bzw. dem Dritten einerseits und dem SiGeKo andererseits in der grundsätzlichen Tendenz als Dienstvertrag einzustufen. Insbesondere die Fragen nach Haftung, Kündigung und Verjährung bestimmten sich dann im Grundsatz nach den §§ 611ff. BGB. Dies gilt auch für die Einzelleistungen des SiGeKo, die, isoliert betrachtet, eher werkvertraglichen Charakter aufweisen.

55 Eine andere Einschätzung kann dagegen bei einer Beauftragung des SiGeKo mit nur einzelnen der in der Baustellenverordnung aufgeführten Leistungen in Betracht kommen. So z.B., wenn dem SiGeKo lediglich Leistungen im Zusammenhang mit der Planung der Ausführung des Vorhabens im Sinne von § 3 Abs. 2 BaustellV übertragen werden. Neben der Koordinierung der in § 2 Abs. 1 BaustellV genannten Maßnahmen sind hier in erster Linie der SiGe-Plan auszuarbeiten und die Unterlage im Sinne von § 3 Abs. 2 Nr. 3 BaustellV zu erstellen. Liegt der Schwerpunkt der Tätigkeit des SiGeKo in einem solchen Fall danach auf der Erstellungen dieser Planunterlagen, wird darin ein werkvertraglich geschuldeter Erfolg zu sehen, der zugrunde liegende Vertrag daher eher als Werkvertrag im Sinne der §§ 631ff. BGB zu qualifizieren sein. Bei der Übertragung der gesamten SiGeKo-Leistungen im Sinne der Absätze 2 und 3 des § 3 BaustellV überwiegen jedoch aus vorgenannten Gründen die dienstvertraglich einzuordnenden Leistungen. Dies hat zur Folge, dass die Gesamtleistung des SiGeKo dem Dienstvertragsrecht zuzuordnen ist.[83]

56 Dies gilt auch dann, wenn der Architekt/Ingenieur die Aufgaben des SiGeKo zusätzlich zu sonstigen Planerleistungen übernimmt, die dem Werkvertragsrecht zuzuordnen sind. Denn auch in diesem Fall dienen die Leistungen des SiGeKo nicht der Herstellung eines im Sinne der Gewährleistungsregelungen des Werkvertragsrechtes plangerechten und mängelfreien Bauwerkes. Eine Prägung des gesamten Vertrages mit der Folge der einheitlichen Einordnung unter das Werkvertragsrecht liegt nicht vor. Vielmehr ist von einem Kombinationsvertrag auszugehen. Der Architekt/Ingenieur schuldet mehrere Hauptleistungen, die verschiedenen Vertragstypen zuzuordnen sind

---

[81] So auch *Schmidt,* Die Baustellenverordnung – Leistungen, rechtliche Einstufung der Tätigkeit und Honorar des S + G-Koordinators, ZfBR 2000, 3, 4 und *von Berchem,* Die neue Baustellenverordnung, 2000, 11.

[82] *Schmidt* → FN 81 ZfBR 2000, 3, 4.

[83] Ebenso *von Berchem,* Die neue Baustellenverordnung, 2000, 10f. und – ohne weitere Begründung – *Hebel/Engelmann* in Wirth, Handbuch zur Vertragsgestaltung, Vertragsabwicklung und Prozessführung im privaten und öffentlichen Baurecht, 1. Buch X. Teil Rn. 136. A.A. von Wietersheim/Noebel, Baustellenverordnung, 2001, Rn. 134ff., die bei der Beauftragung des SiGeKo mit sämtlichen SiGeKo-Leistungen nach der Baustellenverordnung vom Vorliegen eines Werkvertrages ausgehen. Dabei ist jedoch zu berücksichtigen, dass von Wietersheim/Noebel auch in diesem Zusammenhang nicht zwischen den Vertragsverhältnissen Bauherr und Dritter einerseits sowie Bauherr/Dritter und SiGeKo andererseits unterscheiden.

57 Für die rechtliche Behandlung eines solchen Vertrages werden je nach den zu beurteilenden Rechten und Pflichten regelmäßig zunächst die Vorschriften des entsprechenden Vertragstyps heranzuziehen sein. Denn die Privatautonomie verbietet es, den Vertrag von vornherein insgesamt einem bestimmten Vertragstyp zuzuordnen. Ist jedoch die Anwendung der Regelungen des jeweiligen Vertragstyps im Rahmen der konkreten Vertragsgestaltung ausnahmsweise nicht möglich, weil z. B. einzelne Vorschriften kollidieren, mag der Vertrag nach den Bestimmungen desjenigen Vertragstyps beurteilt werden, der den rechtlichen oder wirtschaftlichen Schwerpunkt bildet.[84] Dies dürfte dann wohl regelmäßig das Werkvertragsrecht sein.

III. Haftung des SiGeKo

58 Die Baustellenverordnung und der damit verfolgte Zweck der wesentlichen Verbesserung von Sicherheit und Gesundheitsschutz der Beschäftigten auf Baustellen begründen für den Architekten/Ingenieur, der die Rolle des SiGeKo übernommen hat, nicht nur einen zusätzlichen Aufgaben- und Pflichtenkreis. Notwendigerweise ist hiermit auch eine zusätzliche Haftung für den Fall der nur unzureichenden Vertragserfüllung verbunden. Diese kann sowohl vertraglicher als auch deliktischer Natur sein. An dieser Stelle sollen aber lediglich die besonderen Haftungsansätze auf Grund der Baustellenverordnung von Interesse sein.

1. Vertragliche Haftung gegenüber dem Bauherrn oder dem Dritten

59 Die Haftung des SiGeKo für eine ordnungsgemäße Erfüllung des SiGeKo-Vertrages gegenüber dem Auftraggeber (Bauherr oder Dritter) richtet sich nach dem abgeschlossenen, je nach Lage des Einzelfalles als Dienst- oder Werkvertrag zu qualifizierenden Vertrag.[85] Insoweit gelten die allgemeinen Grundsätze.

2. Vertragliche Haftung gegenüber den auf der Baustelle Beschäftigten

60 Eine unmittelbare vertragliche Haftung des SiGeKo gegenüber den auf der Baustelle Beschäftigten scheint zunächst nicht in Betracht zu kommen, da eine vertragliche Bindung nach der Konzeption der Baustellenverordnung nur zwischen Bauherr/Dritter i.S.v. § 4 BaustellV und dem SiGeKo zustande kommt. In Rechtsprechung[86] und Literatur[87] war und ist jedoch seit langem anerkannt, dass Dritte v.a. in vertragliche Sorgfalts-, Fürsorge- und Obhutspflichten dergestalt einbezogen sein können, dass ihnen bei Verletzung dieser Pflichten eigene vertragliche Schadensersatzansprüche zustehen können

---

[84] BGH Urt. v. 8.10.2009 – III ZR 93/09, NJW 2010, 150; BAG Urt. v. 6.2.1969 – 2 AZR 236/68, NJW 1969, 1192; OLG Hamburg Urt. v. 12.8.1976 – 6 U 58/76, VersR 1977, 567; OLG Köln Urt. v. 20.6.1979 – 17 U 21/79, NJW 1980, 1395; *Grünberg* in Palandt Überbl v. § 311 BGB Rn. 24 ff.

[85] Siehe hierzu oben II.2.

[86] BGH Urt. v. 28.5.1957 – VI ZR 136/56, BGHZ 24, 325, 327; Urt. v. 27.11.1959 – VI ZR 112/59, VersR 1960, 153; Urt. v. 22.1.1968 – VIII ZR 195/65, BGHZ 49, 350, 353; Urt. v. 15.2.1978 – VIII ZR 47/77, NJW 1978, 883 (mit Anm. *Krause* JZ 1982, 16, *Berg* NJW 1978, 2018, *Haase* JR 1978, 285, *Gansweid* JA 1978, 329 und *Claßen* LM Nr 27 zu § 538 BGB); Urt. v. 24.2.1954 – VI ZR 315/52, NJW 1954, 874; Urt. v. 15.5.1959 – VI ZR 109/58, NJW 1959, 1676; Urt. v. 15.6.1971 – VI ZR 262/69, BGHZ 56, 269, 273; Urt. v. 2.11.1983 – IVa ZR 20/82, BauR 1984, 189 (mit Anm. *Littbarski* NJW 1984, 1667 und *Grunewald* AcP 187, 285-308 (1987)); Urt. v. 2.7.1996 – X ZR 104/94, NJW 1996, 2927 (mit Anm. *Bossel* WiB 1996, 1121, *Martinek* LM BGB § 157 (C) Nr 49 (12/1996), *Emmerich* JuS 1997, 79, *Lorenz* JZ 1997, 361, *Traugott* ZIP 1997, 872, *Baumbach* JA 1997, 267 und *Saar* JuS 2000, 220) (Werkvertrag); Urt. v. 11.1.1977 – VI ZR 261/75, NJW 1977, 2073, 2074 (mit Anm. *Hohloch* FamRZ 1977, 530 und *Gansweid* JA 1978, 123); Urt. v. 23.1.1985 – IVa ZR 66/83, ZfBR 1985, 121 (mit Anm. *Köndgen* EWiR 1985, 151 und *Grunewald* AcP 187, 285 (1987)); Urt. v. 14.6.2012 – IX ZR 145/11, NJW 2012, 3165; Urt. v. 24.4.2014 – III ZR 156/13, NJW 2014, 2345.

[87] Statt vieler *Grüneberg* in Palandt BGB § 328 Rn. 31 ff.; *Gottwald* in MüKo BGB § 328 Rn. 235 ff.

(„Vertrag mit Schutzwirkung zugunsten Dritter"). Durch das Schuldrechtsmodernisierungsgesetz hat dieses Rechtsinstitut über § 311 Abs. 3 BGB dann auch eine positiv-rechtliche Regelung erfahren. In diesem Zusammenhang wird ein solcher Drittschutz neben den Fällen der Inanspruchnahme besonderen Vertrauens (vgl. § 311 Abs. 3 Satz 2 BGB) gerade auch für Personen angenommen, denen der Gläubiger der Hauptleistung, hier also der Bauherr oder der Dritte i.S.d. § 4 BaustellV, Schutz und Fürsorge schuldet (z. B. aufgrund eines arbeitsvertraglichen oder eines mietvertraglichen Rechtsverhältnisses). Gleiches gilt, wenn der Gläubiger aus sonstigen Gründen an der Einbeziehung des Dritten in den Schutzbereich des Vertrages ein besonderes Interesse hat und der Vertrag dahin ausgelegt werden kann, dass der Vertragsschutz in Anerkennung dieses Interesses auf den Dritten, der mit der Hauptleistung des Schuldners bestimmungsgemäß in Berührung kommt, ausgedehnt werden soll.[88] Allerdings muss der zu schützende Personenkreis objektiv abgrenzbar und bestimmbar sowie die Haftungserweiterung für den Schuldner erkennbar sein.[89]

61 Diese Voraussetzungen liegen in Bezug auf die Beauftragung des SiGeKo nach der Baustellenverordnung vor.[90] Die in der Baustellenverordnung genannten Maßnahmen dienen nach dem Verordnungstext und der Begründung der wesentlichen Verbesserung von Sicherheit und Gesundheitsschutz der auf der Baustelle Beschäftigten. Der Bauherr bzw. der von ihm entsprechend beauftragte Dritte sind gemäß § 4 BaustellV für die Einleitung dieser Maßnahmen und damit in gewisser Weise auch für „das Wohl und Wehe" dieser Beschäftigten verantwortlich. Die Beauftragung des SiGeKo wiederum dient der Erfüllung dieser Verantwortlichkeit, was für den SiGeKo ohne weiteres auch erkennbar ist. Schließlich kommen die auf der Baustelle Beschäftigten, deren Kreis bestimmbar und abgrenzbar ist, auch bestimmungsgemäß[91] mit den Leistungen des SiGeKo in Berührung.

62 Diese Wertung liegt auch auf der Linie der Rechtsprechung zur entsprechenden Anwendung des § 618 BGB im Rahmen von Werkverträgen. Danach ist anerkannt, dass den Auftraggeber unter bestimmten Voraussetzungen (z. B. soweit Räume oder Arbeitsgeräte zur Verfügung gestellt werden) über einen Vertrag mit Schutzwirkung für Dritte auch gegenüber den Mitarbeitern des Unternehmers die gleichen Schutz- und Fürsorgepflich-

---

[88] BGH Urt. v. 28.1.1976 – VIII ZR 246/74, NJW 1976, 712 (mit Anm. *Hohloch* JuS 1977, 302, *Strätz* JR 1976, 458, *Hiddemann* LM Nr 52 zu § 328 BGB, und *Kreuzer* JZ 1976, 778); Urt. v. 7.7.1976 – VIII ZR 44/75, NJW 1976, 1843, 1844; Urt. v. 2.11.1983 – IVa ZR 20/82, BauR 1984, 189 (mit Anm. *Littbarski* NJW 1984, 1667 und *Grunewald* AcP 187, 285 (1987)); Urt. v. 7.11 1984 – VIII ZR 182/83, NJW 1985, 489 (mit Anm. *Hamann* JA 1985, 224); Urt. v. 23.1.1985 – IVa ZR 66/83, ZfBR 1985, 121 (mit Anm. *Köndgen* EWiR 1985, 151 und *Grunewald* AcP 187, 285 (1987)); Urt. v. 10.11.1994 – III ZR 50/94, NJW 1995, 392 (mit Anm. *Pfeiffer* LM BGB § 328 Nr 91 (3/1995), Urt. v. 14.6.2012 – IX ZR 145/11, NJW 2012, 3165; Urt. v. 24.4.2014 – III ZR 156/13, NJW 2014, 2345; *Medicus* JZ 1995, 308, *Canaris* JZ 1995, 441, *Emmerich* JuS 1995, 457, *Ott* WuB IV A § 328 BGB 1.95, *Weyer* IBR 1995, 66 und 116, *Schmittmann* JA 1995, 531, *Probst* JR 1995, 509, *Bydlinski* EWiR 1998, 683 und *Mohr* DW 2002, Nr 10, 54); Urt. v. 2.7.1996 – X ZR 104/94, NJW 1996, 2927 (mit Anm. *Bossel* WiB 1996, 1121, *Martinek* LM BGB § 157 (C) Nr 49 (12/1996), *Emmerich* JuS 1997, 79, *Lorenz* JZ 1997, 361, *Traugott* ZIP 1997, 872, *Baumbach* JA 1997, 267 und *Saar* JuS 2000, 220); *Grüneberg* in Palandt BGB § 328 Rn. 17a. Zu den Rechtsgrundlagen des Vertrages mit Schutzwirkung für Dritte eingehend *Gottwald* MüKo BGB § 328 Rn. 1ff. m.w.N

[89] BGH Urt. v. 22.1.1968 – VIII ZR 195/65, BGHZ 49, 350, 354; Urt. v. 7.7.1976 – VIII ZR 44/75, NJW 1976, 1843, 1844; Urt. v. 12.11.1979 – II ZR 174/77, BGHZ 75, 321, 323; Urt. v. 10.5.1984 – I ZR 52/82, NJW 1985, 2411; Urt. v. 7.11.1984 – VIII ZR 182/83, NJW 1985, 489 (mit Anm. *Hamann* JA 1985, 224); Urt. v. 2.7.1996 – X ZR 104/94, NJW 1996, 2927 (mit Anm. *Bossel* WiB 1996, 1121, *Martinek* LM BGB § 157 (C) Nr 49 (12/1996), *Emmerich* JuS 1997, 79, *Lorenz* JZ 1997, 361, *Traugott* ZIP 1997, 872, *Baumbach* JA 1997, 267 und *Saar* JuS 2000, 220); Urt. v. 14.6.2012 – IX ZR 145/11, NJW 2012, 3165; Urt. v. 24.4.2014 – Az. III ZR 156/13, NJW 2014, 2345.

[90] Vgl. auch *Sohn* → FN 40 FS Koeble, 2010, 549, 556.

[91] Vgl. OLG Celle Urt. v. 3.3.2004 – 9 U 208/03, BauR 2005, 1819.

ten treffen, die dem Dienstherrn nach § 618 BGB gegenüber dem Dienstverpflichteten obliegen.[92] Dies muss erst recht gelten, wenn dem Bauherrn der Schutz von Leib und Leben der auf der Baustelle Beschäftigten über die Baustellenverordnung nunmehr ausdrücklich auferlegt wird.

Allerdings ist die Einbeziehung eines Dritten in den Schutzbereich eines Vertrages dann abzulehnen, wenn ein Schutzbedürfnis des Dritten nicht besteht. Denn eine nach Treu und Glauben anerkennenswerte Notwendigkeit zur Ausdehnung des Schutzbereiches eines Vertrages setzt voraus, dass der Dritte ansonsten nicht ausreichend gegen Schädigungen durch einen der Vertragspartner geschützt wäre. Ein ausreichender anderweitiger Schutz ist jedoch dann gegeben, wenn dem Dritten aus dem Sachverhalt, aus dem er seinen Anspruch herleitet, ein eigener vertraglicher Anspruch gleichen oder zumindest gleichwertigen Inhalts, wenn auch gegen einen anderen Schuldner, zusteht wie derjenigen, der sich über den Weg der Einbeziehung in den Schutzbereich eines zwischen anderen geschlossenen Vertrages ergäbe.[93] 63

Ob ein solches Schutzbedürfnis gegeben ist, hängt maßgeblich von den Umständen des Einzelfalles ab. Bei den hier interessierenden Fallgestaltungen kann das Vorliegen eines solchen Schutzbedürfnisses durchaus zweifelhaft sein. Denn es ist zu berücksichtigen, dass die Baustellenverordnung die Pflicht der Arbeitgeber zur Einhaltung des Arbeitsschutzes in Betrieben und auf Baustellen nicht beschränkt. Der Arbeitgeber ist nach wie vor erstrangiger Adressat des Arbeitsschutzgesetzes, der darauf beruhenden Verordnungen und der sonstigen gesetzlichen und untergesetzlichen Arbeitsschutzvorschriften.[94] Er hat die bei der Ausführung der Arbeiten erforderlichen Maßnahmen des Arbeitsschutzes zu veranlassen (vgl. § 5 Abs. 1 BaustellV). § 5 Abs. 3 BaustellV hält daher auch ausdrücklich fest, dass die Verantwortlichkeit des Arbeitgebers für die Erfüllung seiner Arbeitsschutzpflichten durch die Maßnahmen nach den §§ 2 und 3 BaustellV nicht berührt wird. Der Arbeitgeber wird also durch die nach der Baustellenverordnung nunmehr (auch) vom Bauherrn zu veranlassenden Maßnahmen von seinen Pflichten in Bezug auf Sicherheit und Gesundheitsschutz der Beschäftigten nicht entlastet.[95] 64

Da im Falle eines Baustellenunfalls und einer damit in Zusammenhang stehenden Pflichtverletzung des SiGeKo häufig auch ein Verstoß gegen die Vorschriften des Arbeitsschutzes durch den Arbeitgeber zu bejahen sein wird, kann dem geschädigten Beschäftigten gegebenenfalls auch ein vertraglicher Schadensersatzanspruch gegen seinen Arbeitgeber zustehen. Für die Frage der Schutzbedürftigkeit des jeweiligen Beschäftigten und dessen Interesse an der Ausdehnung der Schutzwirkung des SiGeKo-Vertrages ist dieser mögliche Schadensersatzanspruch im Ergebnis jedoch ohne Bedeutung. 65

---

[92] BGH Beschl. v. 5.2.1952 – GSZ 4/51, NJW 1952, 458; Urt. v. 15.6.1971 – VI ZR 262/69, NJW 1971, 1931; OLG Stuttgart Urt. v. 21.12.1983 – 1 U 114/83, NJW 1984, 1904; OLG Düsseldorf, Urt. v. 21.10.1994 – 22 U 33/94, NJW-RR 1995, 403; OLG Frankfurt Urt. v. 24.11.1999 – 7 U 17/99, OLGR Frankfurt 2000, 228; Siegburg Rn. 36 ff.; OLG Saarbrücken Urt. v. 18.2.2010 – 8 U 3/09, BeckRS 2010, 12745; *Grüneberg* in Palandt BGB § 328 Rn. 31 f.; *Weidenkaff* in Palandt BGB § 618 Rn. 1.

[93] BGH Urt. v. 15.2.1978 – VIII ZR 47/77, NJW 1978, 883 (mit Anm. *Krause* JZ 1982, 16, *Berg* NJW 1978, 2018, *Haase* JR 1978, 285, *Ganswеid* JA 1978, 329 und *Claßen* LM Nr 27 zu § 538 BGB); Urt. v. 16.6.1987 – IX ZR 74/86, NJW 1987, 2510, 2511; Urt. v. 13.2.1990 – VI ZR 354/88, BauR 1990, 501 (mit Anm. *Quack* EWiR 1990, 567 und *Emmerich* JuS 1991, 244); Urt. v. 15.12.1992 – VI ZR 115/92, NJW 1993, 655, 656 (mit Anm. *Schlechtriem* EWiR 1993, 249); Urt. v. 28.4.1994 – VII ZR 73/93, BauR 1994, 621 (mit Anm. *Ungeheuer* LM BGB § 328 Nr 89 (10/1994)); Urt. v. 2.7.1996 – X ZR 104/94, NJW 1996, 2927 (mit Anm. *Bossel* WiB 1996, 1121, *Martinek* LM BGB § 157 (C) Nr 49 (12/1996), *Emmerich* JuS 1997, 79, *Lorenz* JZ 1997, 361, *Traugott* ZIP 1997, 872, *Baumbach* JA 1997, 267 und *Saar* JuS 2000, 220); OLG Stuttgart Urt. v. 14.10.1999 – 19 U 142/99, BauR 2000, 427, 428; *Grüneberg* in Palandt BGB § 328 Rn. 18; *Gottwald* in MüKo BGB § 328 BGB Rn. 185.

[94] *Kollmer,* Baustellenverordnung, 2. Aufl. 2004, § 5 Rn. 79.

[95] BR-Drs. 360/98 S. 13.

66 Denn auch dann, wenn dem Geschädigten ein anderweitiger Anspruch zusteht, entfällt sein Schutzbedürfnis nicht, wenn dieser andere Anspruch wesentlich anderen Voraussetzungen unterliegt.[96] Aus diesem Grunde soll z. B. für Arbeitnehmer die ein Werk ausführen, der Drittschutz des Werkvertrages und die sich daraus ergebenden Ansprüche neben die Ansprüche gegen den Arbeitgeber aus dem Arbeitsverhältnis treten.[97] Grund hierfür sind neben den unterschiedlichen Anspruchsgrundlagen insbesondere die sozial-versicherungsrechtlichen Überlagerungen des Schadensersatzanspruches der Arbeiter und Angestellten gegen den Arbeitgeber. Denn nach den §§ 104ff. SGB VII ist die Haftung des Arbeitgebers wegen eines durch einen Arbeitsunfall herbeigeführten Personenschadens erheblich eingeschränkt. Den in seinem Unternehmen tätigen Versicherten, deren Angehörigen und Hinterbliebenen haftet der Unternehmer für derartige Schäden im Grundsatz auch dann nicht, wenn ein Anspruch auf Rente nicht besteht. Eine Ausnahme gilt lediglich dann, wenn der Unternehmer den Arbeitsunfall vorsätzlich herbeigeführt hat oder wenn er auf einem nach § 8 Abs. 2 Nr. 1 bis 4 SGB VII versicherten Weg (sog. Wegeunfälle) herbeigeführt worden ist.[98]

67 Diese Konstellation ist auf den Fall des SiGeKo übertragbar. Auch dann also, wenn im konkreten Einzelfall eine Verletzung von Arbeitsschutzbestimmungen durch den Arbeitgeber des Geschädigten vorliegt, entfällt der Drittschutz des SiGeKo-Vertrages nicht. Durch den Geschädigten können daher im Falle einer schuldhaften Pflichtverletzung gegen den SiGeKo nach den Grundsätzen des Vertrages mit Schutzwirkung zugunsten Dritter vertragliche Schadensersatzansprüche nach § 280 BGB wegen einer Verletzung des SiGeKo-Vertrages geltend gemacht werden.[99]

68 Handelt es sich bei dem Geschädigten nicht um einen Arbeitnehmer oder sonstigen Beschäftigten im Sinne des § 2 Abs. 2 ArbSchG, sondern um einen Unternehmer ohne Beschäftigte oder einen Arbeitgeber[100], der selbst auf der Baustelle tätig ist, können auch diesem gegen den SiGeKo Schadensersatzansprüche im vorgenannten Sinne zustehen. Allerdings ist auch hier zu prüfen, ob dem Geschädigten hinsichtlich des Schadensfalles bereits eigene vertragliche Ansprüche zustehen und es daher mangels eines Schutzbedürfnisses der Ausdehnung des Schutzbereiches des SiGeKo-Vertrages zugunsten des Geschädigten nicht bedarf. Dies kann insbesondere dann der Fall sein, wenn der Geschädigte in unmittelbarer vertraglicher Beziehung zum Bauherrn stand und dessen Inanspruchnahme wegen eines Verstoßes gegen die ihm nach der Baustellenverordnung obliegenden Pflichten möglich ist.

69 Im Zusammenhang mit möglichen Schadensersatzansprüchen gegenüber dem SiGeKO ist allerdings stets zu berücksichtigen, dass § 6 BaustellV auch den auf der Baustelle tätigen Unternehmern ohne Beschäftigte (Satz 1) und den selbst auf der Baustelle tätigen Arbeitgebern (Satz 3) die Einhaltung der bei den Arbeiten anzuwendenden Arbeitsschutzvor-

[96] BGH Urt. v. 15.12.1992 – VI ZR 115/92, NJW 1993, 655, 656 (mit Anm. *Schlechtriem* EWiR 1993, 249); Urt. v. 2.7.1996 – X ZR 104/94, NJW 1996, 2927, 2929 (Ansprüche „rechtlich in jeder Hinsicht gleichwertig") (mit Anm. *Bossel* WiB 1996, 1121, *Martinek* LM BGB § 157 (C) Nr 49 (12/1996), *Emmerich* JuS 1997, 79, *Lorenz* JZ 1997, 361, *Traugott* ZIP 1997, 872, *Baumbach* JA 1997, 267 und *Saar* JuS 2000, 220); *Sonnenschein* JA 1979, 225, 230; a.A. *Keitel* 84ff., der sich für eine strenge Subsidiarität der Haftung aus einem Vertrag mit Schutzwirkung für Dritte ausspricht.

[97] *Gottwald* in MüKo BGB § 328 BGB Rn. 235f.; *Moog* → FN 56 BauR 1999, 795, 799.

[98] Zu den Einzelheiten des Haftungsausschlusses nach §§ 104ff. SGB VII vgl. z. B. *Schaub* § 109; Leinemann (*Künzl*) Rn. 717ff.

[99] Ebenso *Knacke/Schütz* in Berner, Sicherheit und Gesundheitsschutz auf Baustellen in Deutschland und Österreich, 2000, 85f.; *von Berchem*, Die neue Baustellenverordnung, 2000, 41f.; *Moog* → FN 56 BauR 1999, 795, 799.

[100] Nach *Sohn* → FN 40 FS Koeble, 2010, 549, 557 sollen in den Schutzbereich Arbeitgeber nicht einbezogen sein. Denn zum einen soll deren Schutz nicht Aufgabe des SiGeKo sein und zum anderen ginge es bei Ansprüchen von Arbeitgebern allein um den Schutz des Vermögens, nicht um den Schutz von Sicherheit und Gesundheit.

schriften sowie die Berücksichtigung der Hinweise des SiGeKo und des SiGe-Planes aufgibt. Bei der Prüfung von Schadensersatzansprüchen insbesondere dieser Personen wird daher gemäß § 254 BGB ein Mitverschulden zu berücksichtigen sein, welches nach den konkreten Umständen des Einzelfalles zum überwiegenden oder gar vollständigen Ausschluss der Ansprüche führen kann.[101]

Vergleichbares gilt für die übrigen auf der Baustelle Beschäftigten. Zwar richten sich die Arbeitsschutzbestimmungen in erster Linie an die Arbeitgeber. Aber auch den Arbeitnehmern werden insbesondere in den Unfallverhütungsvorschriften Verhaltenspflichten auferlegt, die aufgrund ihrer sog. Doppelwirkung[102] sowohl öffentlich-rechtlich (insbes. im Bereich des Sozialversicherungsrechts) als auch privatrechtlich bedeutsam sind. So sind die Arbeitnehmer z. B. verpflichtet, alle der Arbeitssicherheit dienenden Maßnahmen zu unterstützen und Weisungen des Unternehmers zum Zwecke der Unfallverhütung zu befolgen und die zur Verfügung gestellte persönliche Schutzausrüstung zu benutzen (§ 14 VBG 1[103]), Einrichtungen und Arbeitsstoffe nur bestimmungsgemäß (§ 15 VBG 1) und nur dann zu benutzen, wenn diese sicherheitstechnisch einwandfrei sind (§ 16 VBG 1). Verstoßen Arbeitnehmer gegen diese Pflichten oder aber auch gegen Hinweise des SiGeKo bzw. Festlegungen im SiGe-Plan, kann dies den Vorwurf des Mitverschuldens begründen und im Verhältnis zum SiGeKo ebenfalls über § 254 BGB anspruchsmindernd zu berücksichtigen sein. 70

Zudem muss sich der geschädigte Dritte, dem aufgrund seiner Einbeziehung in den Schutzbereich des SiGeKO-Vertrages eigene vertragliche Ansprüche zustehen, ein mögliches Mitverschulden des Hauptgläubigers (d. h. also des den SiGeKo beauftragenden Bauherrn oder Dritten im Sinne von § 4 BaustellV) anspruchsmindernd zurechnen lassen. Denn dem geschädigten Dritten können gegen den Schuldner (hier: SiGeKo) nicht mehr Rechte zustehen, als dessen Auftraggeber zustünden. Aus diesem Grundsatz wird abgeleitet, dass sich der durch den Schutzpflichtigen schuldhaft geschädigte Dritte ein Mitverschulden des Vertragspartners seines Schädigers auch dann nach § 254 BGB entgegenhalten lassen muss, wenn dieser nicht der gesetzliche Vertreter oder Erfüllungsgehilfe des Schädigers im Sinne des § 278 BGB ist. Diese Begrenzung der Rechte des Geschädigten ist Ausfluss des Rechtsgedankens des § 334 BGB sowie des Grundsatzes von Treu und Glauben (§ 242 BGB).[104] 71

---

[101] Zum vergleichbaren Fall des Mitverschuldens gegenüber der Verletzung von Verkehrssicherungspflichten vgl. z. B. BGH Urt. v. 11.5.1965 – VI ZR 8/64, VersR 1965, 801; Urt. v. 15.12.1964 – VI ZR 209/63, VersR 1965, 261, 262 f. und Urt. v. 8.12.1966 – VII ZR 325/64, VersR 1967, 187; OLG Koblenz Urt. v. 6.2.1962 – 6 U 415/61, VersR 1962, 624; OLG München Urt. v. 25.5.1994 – 1 U 5787/93, NJW-RR 1994, 1241 und OLG Hamm, Urt. v. 29.9.1995 – 9 U 48/95, NJW-RR 1996, 1362; OLG Düsseldorf, Urt. v. 6.11.1998 – 22 U 95/98, NJW-RR 1999, 672; OLG Köln, Urt. v. 21.1.2003 – 24 U 87/02, NJW-RR 2003, 806; OLG Jena Urt. v. 23.10.2007 – 5 U 146/06.

[102] Vgl. hierzu z. B. *Wlotzke* in Münchner Handbuch zum Arbeitsrecht *Wlotzke* § 202 Rn. 35 m. w. N.

[103] Unfallverhütungsvorschrift Nr. 1 der gewerblichen Berufsgenossenschaften („Allgemeine Vorschriften").

[104] BGH Urt. v. 10.11.1994 – III ZR 50/94, NJW 1995, 392, 393 (mit Anm. *Pfeiffer* LM BGB § 328 Nr 91 (3/1995), *Medicus* JZ 1995, 308, *Canaris* JZ 1995, 441, *Emmerich* JuS 1995, 457, *Ott* WuB IV A § 328 BGB 1.95, *Weyer* IBR 1995, 66 und 116, *Schmittmann* JA 1995, 531, *Probst* JR 1995, 509, *Bydlinski* EWiR 1998, 683 und *Mohr* DW 2002, Nr 10, 54); Urt. v. 13.11.1997 – X ZR 144/94, BauR 1998, 189 (mit Anm. *Weyer* IBR 1998, 114, *Paper* ZAP ERW 1998, 76, *Emmerich* JuS 1998, 557, *Martiny* LM BGB § 328 Nr 96 (8/1998), *Medicus* WuB IV A § 328 BGB 1.98, *Canaris* JZ 1998, 603, *Bydlinski* EWiR 1998, 683, *Traugott* NZM 1998, 462 und *Kiss* WM 1999, 117); Urt. v. 14.6.2012 – IX ZR 145/11, NJW 2012, 3165, 3169; *Grüneberg* in Palandt BGB § 254 Rn. 56, § 328 BGB Rn. 20; vgl. auch *Gottwald* in MüKo BGB § 328 Rn. 195 ff.

3. Deliktische Haftung aus § 823 Abs. 1 BGB

72 Neben der möglichen vertraglichen Haftung des SiGeKo werden sich in aller Regel auch Ansatzpunkte für eine deliktische Haftung nach § 823 Abs. 1 BGB unter dem Gesichtspunkt der Verletzung von Verkehrssicherungspflichten ergeben.[105]

73 Ausgangspunkt der in diesem Zusammenhang anzustellenden Überlegungen ist die Tatsache, dass zunächst der Bauherr dafür zu sorgen hat, dass von seinem Bauvorhaben keine Gefahren ausgehen, durch die Dritte Schäden erleiden können. In erster Linie obliegt es also dem Bauherrn als Veranlasser des Bauvorhabens, die notwendigen Vorkehrungen zum Schutze Dritter zu treffen. Er ist vorrangig verkehrssicherungspflichtig.[106] Beauftragt der Bauherr jedoch – wie regelmäßig – einen (oder mehrere) Unternehmer mit der Durchführung des Bauvorhabens, wird dieser in erster Linie verkehrssicherungspflichtig, da es dann der Bauunternehmer ist, der unmittelbar die Gefahrenquelle eröffnet.[107] Gleichzeitig „verkürzt" sich die Pflichtenstellung des Bauherrn zu Organisations-, Anweisungs- und Überwachungspflichten.[108] Dem Bauherrn obliegen dann „nur" noch häufig als sekundär bezeichnete Verkehrssicherungspflichten als mittelbarem Veranlasser der Baumaßnahme. Er ist danach nur dann zum eigenen Eingreifen verpflichtet, wenn er Gefahren sieht oder hätte sehen müssen, wenn er Anlass zu Zweifeln hat, ob der von ihm Beauftragte den Gefahren und Sicherungserfordernissen in der gebührenden Weise Rechnung trägt oder wenn dessen Tätigkeit mit besonderen Gefahren verbunden ist, die auch von ihm, dem Bauherrn als Auftraggeber, erkannt und durch eigene Anweisungen abgestellt werden können.[109] Insbesondere ist der Bauherr, so der BGH vor Inkrafttreten der Baustellenverordnung, nicht für die Einhaltung der Unfallverhütungsvorschriften verantwortlich, da sich diese ausschließlich an den Bauunternehmer richten.[110] Dementsprechend hat das OLG Düsseldorf im Rahmen eines allerdings noch vor dem Inkrafttreten der Baustellenverordnung verkündeten Urteiles[111] festgehalten, dass es auch nicht zu den Aufgaben des dort beklagten Bauherrn gehörte, die Arbeiten mehrerer Unternehmer im Hinblick auf die zur Unfallverhütung erforderlichen Vorkehrungen zu koordinieren. Nach Inkrafttreten der Baustellenverordnung hat dies aber das OLG Bamberg auch nicht anders beurteilt und ausgeführt, dass sich die Unfallverhütungsvorschriften an den Bauunternehmer wenden.[112]

---

105 Zu den Grundlagen der Haftung aus unerlaubter Handlung bei der Verletzung von Verkehrssicherungspflichten vgl. § 16.

106 BGH Urt. v. 11.5.1976 – VI ZR 210/73, BauR 1976, 441; Urt. v. 10.3.1977 – VII ZR 278/75, BauR 1977, 428 (mit Anm. *Schmidt* LM Nr 22 zu GebOA); OLG Hamm Urt. v. 29.9.1995 – 9 U 48/95, NJW-RR 1996, 1362; OLG Düsseldorf Urt. v. 17.4.1998 – 22 U 168/97, NJW-RR 1999, 318.

107 OLG Düsseldorf Urt. v. 21.10.1994 – 22 U 33/94, NJW-RR 1995, 403, 404; OLG Brandenburg Urt. v. 20.4.2000 – 5 U 183/98, BauR 2001, 656, 657; OLG Bamberg Beschl. v. 24.1.2006 – 1 U 166/05, NJOZ 2006, 1198; *Pastor* in Werner/Pastor Der Bauprozess, 14. Aufl. 2013, Rn. 2355 m. w. N.

108 OLG Hamm Urt. v. 29.9.1995 – 9 U 48/95, NJW-RR 1996, 1362; OLG Schleswig Urt. v. 13.4.2000 – 11 U 129/98, BauR 2001, 974, 976; OLG Hamm Beschl. v. 21.2.2014 – 11 W 15/14, IBR 2014, 349.

109 So wörtlich BGH Urt. v. 11.5.1976 – VI ZR 210/73, BauR 1976, 441; Urt. v. 22.10.1974 – VI ZR 142/73, VersR 1975, 87, 88 f.; vgl. auch Urt. v. 7.10.1975 – VI ZR 43/75, VersR 1976, 62, 64 f.; Urt. v. 5.11.1992 – III ZR 91/91, NJW 1993, 1647, 1648; OLG Hamm Urt. v. 30.10.2012 – I-24 U 38/12, NJW-RR 2013, 802.

110 BGH Urt. v. 10.3.1977 – VII ZR 278/75, BauR 1977, 428 (mit Anm. *Schmidt* LM Nr 22 zu GebOA); Urt. v. 6.12.1979 – VII ZR 236/78, BauR 1980, 189 (mit Anm. *Barnikel* BlGBW 1980, 123-124); in diesem Sinne auch OLG Düsseldorf Urt. v. 17.4.1998 – 22 U 168/97, BauR 1999, 185 und OLG Schleswig, Urt. v. 13.4.2000 – 11 U 129/98, BauR 2001, 974, 976; OLG Bamberg Urt. v. 24.1.2006 – 1 U 166/05, NJOZ 2006, 1198.

111 OLG Düsseldorf Urt. v. 17.4.1998 – 22 U 168/97, BauR 1999, 185.

112 OLG Bamberg Urt. v. 24.1.2006 – 1 U 166/05, NJOZ 2006, 1198.

Auf der Grundlage dieser Überlegungen wird auch der bauleitende Architekt als „nur" sekundär verkehrssicherungspflichtig angesehen, da er regelmäßig nur diejenigen Verkehrssicherungspflichten zu beachten hat, die dem Bauherrn als mittelbarem Veranlasser der aus der Bauausführung fließenden Gefahren obliegen.[113] Dem bauleitenden Architekten obliegt eine primäre Verkehrssicherungspflicht jedoch dann, wenn er selbst gefährliche Maßnahmen veranlasst. Außerdem haftet er, wenn er erkennt, dass der Unternehmer nicht hinreichend zuverlässig oder sachkundig ist und wenn er Gefahrenquellen erkannt hat oder diese bei gewissenhafter Beobachtung der ihm obliegenden Sorgfalt hätte erkennen können.[114] 74

Mit dem Erlass der Baustellenverordnung hat sich diese Rechtslage zumindest insoweit geändert, als Sicherheit und Arbeitsschutz nunmehr (auch) originäre Aufgabe des Bauherrn sind. Ihm obliegt es, die in § 4 BaustellV genannten Maßnahmen zu veranlassen. Diese Maßnahmen sollen die auf der Baustelle Beschäftigten vor den sich aus der Baumaßnahme ergebenden Gefahren schützen. Die Baustellenverordnung erhebt den Bauherrn durch die Übertragung der öffentlich-rechtlichen Verantwortlichkeit für die Erfüllung der ihm in der Verordnung übertragenen Pflichten insoweit mittelbar auch zum (primär) Verkehrssicherungspflichtigen. Dementsprechend obliegt im Rahmen der jeweiligen Beauftragung auch den vom Bauherrn zur Erfüllung eines Teils seiner Verpflichtungen beauftragten Koordinatoren eine diesbezüglich (primäre) Verkehrssicherungspflicht, da die Koordinatoren ihre Pflichten aus denen ableiten, die dem Bauherrn obliegen und sie vom Bauherrn zur Erfüllung gerade dieser Pflichten eingeschaltet werden.[115] 75

Nicht zutreffend ist, wenn in diesem Zusammenhang zum Teil angenommen wird, dem SiGeKo obliege in jedem Falle nur eine sekundäre Verkehrssicherungspflicht[116] bzw. eine primäre Verkehrssicherungspflicht nur für von ihm veranlasste Koordinationsmaßnahmen[117]. Zum einen spielt es keine Rolle, ob der SiGeKo Maßnahmen veranlasst hat oder nicht. Ordnet der SiGeKo gefährliche Maßnahmen an, trifft ihn als Veranlasser die Haftung hierfür ohne weiteres. In dem hier interessierenden Zusammenhang geht es jedoch um die Risiken und Gefahren, die aus der Eröffnung der Gefahrenquelle „Baustelle" resultieren und die Haftung für unterlassene, unvollständige oder fehlerhafte Maßnahmen zur Abwendung derselben auch und gerade durch den SiGeKo. Zum anderen besteht für eine Verkürzung der Verkehrssicherungspflicht des SiGeKo auch kein Raum, nachdem die Veranlassung und Durchführung bestimmter, in der Baustellenverordnung (§ 3 Abs. 2 und 3) näher bezeichneter Maßnahmen gerade Aufgabe des SiGeKo sein soll. Da die Baustellenverordnung die Verantwortlichkeit insbesondere der Arbeitgeber hinsichtlich der Arbeitsschutzbelange gegenüber ihren Beschäftigten ausdrücklich unberührt lässt (vgl. § 5 Abs. 3 BaustellV), kann es im Einzelfall zu schwierigen Abgrenzungsfragen der Haftung von Arbeitgeber, Bauherr und SiGeKo kommen. Dies liegt jedoch, worauf *Kollmer*[118] zutreffend hinweist, in der Natur der Sache und stellt eine Schwäche der Regelung dar. Dieses Problem kann jedoch nicht über eine Verkürzung der Pflichten des SiGeKo gelöst werden. 76

---

113 BGH Urt. v. 10.3.1977 – VII ZR 278/75, BauR 1977, 428 (mit Anm. *Schmidt* LM Nr 22 zu GebOA).

114 BGH Urt. v. 10.3.1977 – VII ZR 278/75, BauR 1977, 428 (mit Anm. *Schmidt* LM Nr 22 zu GebOA).

115 So auch *Knacke/Schütz* in Berner, Sicherheit und Gesundheitsschutz auf Baustellen in Deutschland und Österreich, 2000, 84 und *Kollmer/Blachnitzky/Kossens,* Die neuen Arbeitsschutzverordnungen, 1999, BaustellV Rn. 597; ohne Begründung und ohne Angabe einer Anspruchsgrundlage, aber im Ergebnis wohl ebenso *Beck* in Tepasse, Sicherheits- und Gesundheitsschutzkoordination auf Baustellen, 3. Aufl. 2001, 218.

116 *von Berchem,* Die neue Baustellenverordnung, 2000, 46 f.

117 So wohl *Kollmer,* Baustellenverordnung, 2. Aufl. 2004, § 4 Rn. 88.

118 *Kollmer,* Baustellenverordnung, 2. Aufl. 2004, § 4 Rn. 88.

77 Mit dieser Pflichtenstellung dürfte entgegen *Quack*[119] für den SiGeKo kein über die vergleichbare Haftung z. B. des Bauunternehmers für die Verletzung ihm obliegender entsprechender Verkehrssicherungspflichten hinausgehendes Haftungsrisiko verbunden sein. Nach Auffassung von *Quack* ist der *„erträglich überschaubare"* Umfang der Verkehrssicherungspflichten mit dem, so *Quack*, sehr viel weiteren Kreis der in der Baustellenverordnung formulierten Organisations- und Fürsorgepflichten des SiGeKo nicht zu vergleichen. Bei letzteren lasse sich, so *Quack* weiter, aus einem geschehenen Unfall im Nachhinein in der Regel hypothetisch der Unfallverlauf dadurch vermeiden, dass man organisatorische Maßnahmen beschreibt, die den Unfall verhindert hätten. Sei dies möglich, lasse sich daraus in aller Regel ein Vorwurf gegen die Maßnahmen des Koordinators formulieren.

78 Auch wenn das von *Quack* skizzierte Szenario („Vermeidung eines bestimmten Unfalls") die typische Prozesssituation darstellen dürfte, ist doch zu berücksichtigen, dass auch die Baustellenverordnung nicht davon ausgeht, Baustellenunfälle zukünftig vollständig vermeiden zu können. Nach § 1 BaustellV dient die Regelung „lediglich" einer wesentlichen Verbesserung von Sicherheit und Gesundheitsschutz der Beschäftigten auf Baustellen. Der Umstand, dass ein Unfall geschehen ist, der bei einer gänzlich anderen Gestaltung des Baustellenablaufes so nicht eingetreten wäre, kann allein auch aus Sicht des Verordnungsgebers nicht haftungsbegründend wirken. Außerdem dürfte sich ein solcher hypothetischer Ablauf nahezu immer darstellen lassen, so dass die Haftung des SiGeKo einer Gefährdungshaftung nahe käme. Auch dies ist von der Baustellenverordnung nicht gewollt.

79 Hinzu kommt, dass es wie im gesamten Bereich des Arbeitsschutzes auch bei den nach der Baustellenverordnung durchzuführenden Maßnahmen letztlich um die Beherrschung der sich aus der Eröffnung der Gefahrenquelle „Baustelle" ergebenden Risiken und Gefahren geht. Arbeitsschutzmaßnahmen dienen dementsprechend (auch) der Erfüllung von Verkehrssicherungspflichten. Die sich für den SiGeKo nach der Baustellenverordnung ergebenden Pflichten konkretisieren daher in einem bestimmten Rahmen bestehende Verkehrssicherungspflichten.[120] Kommt es zu einem Unfall, bleibt es also insoweit bei der Frage, ob vom SiGeKo im Rahmen seiner Beauftragung das getan worden ist, was im konkreten Fall unter Berücksichtigung der Vorgaben der Baustellenverordnung geeignet, angemessen und zumutbar war, um bestehende Gefahren tunlichst abzuwenden.[121] Ist diese Frage zu verneinen, haftet der SiGeKo bei schuldhafter Pflichtverletzung aus § 823 Abs. 1 BGB für eingetretene Schäden sowie aus § 847 BGB für eventuelle Schmerzensgeldansprüche.[122]

4. Deliktische Haftung aus § 823 Abs. 2 BGB iVm Baustellenverordnung

80 Voraussetzung einer Haftung des SiGeKo auf Grundlage des § 823 Abs. 2 BGB ist, dass es sich bei der Baustellenverordnung um ein Schutzgesetz im Sinne dieser Vorschrift handelt. Schutzgesetz ist jede Rechtsnorm, die zumindest auch dazu dienen soll, den einzelnen oder einzelne Personenkreise gegen den Verlust eines Rechtsgutes zu schützen. Dabei kommt es nicht auf die Wirkung, sondern auf Inhalt und Zweck der Regelung nach der Intention des Gesetzgebers an. Außerdem ist der zivilrechtliche Schutz auf dasjenige

---

119 AHO-Informationen 2/99, 31, 33.

120 So auch *Knacke/Schütz* in Berner, Sicherheit und Gesundheitsschutz auf Baustellen in Deutschland und Österreich, 2000, 84.

121 So wohl auch OLG Bamberg Urt. v. 11.9.2002 – 8 U 29/02, NJW-RR 2003, 238, welches prüft, ob die in Anspruch genommenen SiGeKos die Entfernung einer Absturzsicherung *„bei Wahrnehmung ihrer Überprüfungspflichten"* hätten bemerken müssen.

122 So auch *Knacke/Schütz* in Berner, Sicherheit und Gesundheitsschutz auf Baustellen in Deutschland und Österreich, 2000, 84.

Rechtsgut beschränkt, dessen Sicherung die Vorschrift dienen soll, und zwar gegenüber der nach der Vorschrift abzuwendenden Gefahr.[123]

Diese Kriterien sind hinsichtlich der Baustellenverordnung erfüllt.[124] Nach § 1 Abs. 1 BaustellV dient die Baustellenverordnung der wesentlichen Verbesserung von Sicherheit und Gesundheitsschutz der Beschäftigten auf Baustellen. Dies entspricht auch der Zielstellung der amtlichen Begründung der Baustellenverordnung.[125] Es sollen besonders gefährdete Personen in diesem Bereich im Sinne eines präventiven Arbeitsschutzes vor Beeinträchtigung von Leib und Leben geschützt werden. Dies unterscheidet die Baustellenverordnung auch von den Unfallverhütungsvorschriften, denen der Schutzgesetzcharakter von der h.M. abgesprochen wird[126], da es sich bei diesen um internes Sonderrecht der Berufsgenossenschaften handelt[127]. 81

Zu berücksichtigen ist allerdings, dass die Baustellenverordnung unmittelbar ausschließlich dem Bauherrn Pflichten auferlegt. Die Gebote der Baustellenverordnung richten sich nur an den Bauherrn, nicht jedoch an den SiGeKo. Zwar ist in den Absätzen 2 und 3 des § 3 BaustellV aufgeführt, was der SiGeKo während der Planung der Ausführung und während der Ausführung des Bauvorhabens „zu tun hat". Dies beschreibt jedoch keine originären Pflichten und Aufgaben des SiGeKo. Der tatsächliche Pflichtenkreis des SiGeKo bestimmt sich in jedem Einzelfall nach dem ihm erteilten Auftrag. Der Bauherr bzw. der Dritte haben dafür zu sorgen, dass der Auftrag die Leistungen erfasst, die nach der Baustellenverordnung erforderlich und vom SiGeKo bei dem konkreten Bauvorhaben zu erbringen sind. Eine Haftung des SiGeKo auf Grundlage des § 823 Abs. 2 i.V.m. den Bestimmungen der Baustellenverordnung dürfte daher nicht in Betracht kommen.[128] 82

---

[123] BGH Urt. v. 29.4.1966 – V ZR 147/63, NJW 1966, 2014 m. w. N.; Urt. v. 3.2.1987 – VI ZR 32/86, NJW 1987, 1818 m. w. N. (mit Anm. *Medicus* EWiR 1987, 583 und *Kohte* Jura 1988, 125); Urt. v. 26.2.1993 – V ZR 74/92 – NJW 1993, 1580 m. w. N. = VersR 1993, 698 (mit Anm. *Bauer* JR 1994, 103 und *Kraft* MittBayNot 1994, 210); Urt. v. 18.11.2003 – VI ZR 385/02, NJW 2004, 356; Urt. v. 25.7.2005 – II ZR 390/03, NJW 2005, 3137, 3140; Urt. v. 14.5.2012 – II. ZR 130/10; *Sprau* in Palandt BGB § 823 Rn. 56 f.; *Wagner* in MüKo BGB § 823 Rn. 405 ff.

[124] So auch *Moog* → FN 56 BauR 1999, 795, 799; *Kleinhenz* → FN 54 ZfBR 1999, 179, 181; *von Berchem,* Die neue Baustellenverordnung, 2000, 48; *Knacke/Schütz* in Berner, Sicherheit und Gesundheitsschutz auf Baustellen in Deutschland und Österreich, 2000, 84 f.; *Quack* AHO-Informationen 2/99, 31, 33, der ohne weiteres von einer möglichen Haftung des SiGeKo nach § 823 Abs.2 BGB ausgeht und daher den Schutzgesetzcharakter der Baustellenverordnung unterstellt; *Siegburg,* Haftung von Architekt und Bauherr für Baustellenunfälle, 1997, 59. Zu beachten ist jedoch, dass nicht der gesamten Verordnung, sondern nur einzelnen Vorschriften Schutzgesetzcharakter zukommen kann.

[125] BR-Drs. 360/98 S. 7.

[126] BGH Urt. v. 10.11.1954 – VI ZR 154/53, BB 1955, 98; Urt. v. 29.11.1960 – VI ZR 35/60 , VersR 1961, 160, 161; OLG Stuttgart Urt. v. 12.3.1999 – 2 U 74/98, NJW-RR 2000, 752; *Kollmer/Blachnitzky/Kossens,* Die neue Arbeitsschutzverordnungen, 1999, BaustellV Rn. 543; *Kollmer,* Baustellenverordnung, 2. Aufl. 2004, § 4 Rn. 36; *Sprau* in Palandt BGB § 823 Rn. 56a, 71; *Wagner* in MüKo BGB § 823 Rn. 432, 395; offengelassen in BGH Urt. v. 20.9.1983 – VI ZR 248/81, BauR 1984, 77.

[127] Nach der überwiegenden Argumentation in Rechtsprechung und Lehre dienen die Unfallverhütungsvorschriften nicht dem Schutz vor Unfallgefahren, sondern konkretisieren die Leistungspflicht der Sozialverwaltung im Schadensfall. A.A. mit Hinweis auf *Marburger,* Die Regeln der Technik im Recht, insoweit *Wagner* in MüKo BGB § 823 Rn. 395, 396, nach dem es sich bei den Unfallverhütungsvorschriften um eine spezifische Sonderordnung handelt, deren Gestaltung durch die Berufsgenossenschaften diesen keinen unmittelbaren und vom Richter nicht mehr kontrollierbaren Einfluss auf die Entwicklung des Deliktsrechts geben soll.

[128] *von Berchem,* Die neue Baustellenverordnung, 2000, 48; *Moog* → FN 56 BauR 1999, 795, 799; ohne Begründung a.A. *Quack* AHO-Informationen 2/99, 31, 33 und *Knacke/Schütz* in Berner, Sicherheit und Gesundheitsschutz auf Baustellen in Deutschland und Österreich, 2000, 85; wohl a.A. Sohn → FN 40 FS *Koeble,* 2010, 549, 557, der mit Hinweis auf Meyer allgemein formuliert, dass die Vorschriften der BaustellV Schutzgesetzcharakter haben, so dass eine Haftung des SiGeKo nach § 823 Abs. 2 BGB i.V.m. § 3 BaustellV in Betracht komme.

IV. Haftung des Dritten

83 Auch den Dritten i.S.v. § 4 BaustellV treffen nach Übernahme der Bauherrenverantwortung unterschiedliche Haftungsrisiken. Diese können vertraglicher und deliktischer Natur sein.

1. Vertragliche Haftung gegenüber dem Bauherrn

84 Die Haftung des Dritten i.S.v. § 4 BaustellV für eine ordnungsgemäße Erfüllung des von ihm mit dem Bauherrn abgeschlossenen Vertrages richtet sich nach dessen Qualifizierung im Einzelfall.[129] Insoweit gelten die allgemeinen Grundsätze.

2. Vertragliche Haftung gegenüber den Beschäftigten auf der Baustelle

85 Da es in aller Regel unmittelbare vertragliche Beziehungen zwischen den Beschäftigten auf der Baustelle und dem Dritten i.S.v. § 4 BaustellV nicht gibt[130], stellt sich auch hier die Frage, ob der Vertrag zwischen dem Bauherrn und dem Dritten Schutzwirkung für Dritte entfaltet. Dies ist zu bejahen. Denn der Bauherr hat in Anbetracht der ihm in der Baustellenverordnung auferlegten Pflichten ein offensichtliches, für den Dritten i.S.v. § 4 BaustellV ohne weiteres erkennbares Interesse der Einbeziehung der auf der Baustelle Beschäftigten in den Schutzbereich des von ihm mit dem Dritten geschlossenen Vertrages.

86 Allerdings ist auch bei Schadensersatzansprüchen gegenüber dem Dritten i.S.v. § 4 BaustellV in jedem Einzelfall zu prüfen, ob dem Geschädigten wegen des Schadensfalles möglicherweise eigene vertragliche Ansprüche z.B. gegen den Arbeitgeber oder den Bauherrn zustehen und es deshalb der Ausweitung des Schutzbereiches des Vertrages zwischen Bauherr und Drittem i.S.v. § 4 BaustellV nicht bedarf.[131] Ebenso sind, wie schon im Zusammenhang mit möglichen Ansprüchen gegen den SiGeKo unter dem Gesichtspunkt des Vertrages mit Schutzwirkung für Dritte, gegebenenfalls Aspekte des Mitverschuldens anspruchsmindernd zu berücksichtigen, wenn der Geschädigte entweder selbst Adressat der im Einzelfall maßgeblichen Arbeitsschutzvorschriften war oder er sich ein Mitverschulden des Hauptgläubigers (in diesem Fall des Bauherrn) zurechnen lassen muss.[132]

87 Ist für die Entstehung des Schadens im konkreten Einzelfall ein schuldhaft pflichtwidriges Tun oder Unterlassen des vom Dritten i.S.v. § 4 BaustellV beauftragten SiGeKo ursächlich oder zumindest mitursächlich, stellt sich die Frage, ob sich der Dritte dieses Verschulden des SiGeKo gegenüber dem Geschädigten über § 278 BGB wie eigenes anrechnen lassen muss. Dies wird zu bejahen sein, soweit es um die Berücksichtigung der allgemeinen Grundsätze des § 4 ArbSchG bei der Planung der Ausführung des Vorhabens, die Übermittlung der Vorankündigung oder die Erstellung des Sicherheits- und Gesundheitsschutzplanes vor Einrichtung der Baustelle geht. Denn diese Maßnahmen obliegen nach § 4 BaustellV dem Bauherrn bzw. nach entsprechender Pflichtendelegation dem Dritten. Es handelt sich insoweit also im Verhältnis zu den Beschäftigten auf der Baustelle um eigene Pflichten des Bauherrn bzw. des Dritten i.S.v. § 4 BaustellV, zu deren Erfüllung sich der Bauherr bzw. der Dritte i.S.v. § 4 BaustellV des SiGeKo bedient.

---

129 → II.1.

130 Ist der Dritte i.S.v. § 4 BaustellV im konkreten Fall dagegen Arbeitgeber, bedarf es der Konstruktion eines Vertrages mit Schutzwirkung für Dritte nicht. Denn dem Arbeitgeber obliegt die Einhaltung der Arbeitsschutzbestimmungen ohnehin.

131 → III.2.

132 → III.2.

3. Deliktische Haftung aus § 823 Abs. 1 BGB

Ähnlich der Haftung des SiGeKo kommt auch beim Dritten i.S.v. § 4 BaustellV eine deliktische Haftung nach § 823 Abs. 1 BGB unter dem Gesichtspunkt der Verletzung von Verkehrssicherungspflichten in Betracht. Dabei ist entscheidend, dass dem Bauherrn hinsichtlich der von ihm nach der Baustellenverordnung zu veranlassenden Maßnahmen die (primäre) Verkehrssicherungspflicht obliegt.[133] Beauftragt der Bauherr einen Dritten, die ihm nach § 2 und § 3 Abs. 1 Satz 1 BaustellV obliegenden Maßnahmen „*in eigener Verantwortung*" zu treffen, führt dies zu einer diesbezüglich vollständigen Pflichtendelegation, d. h. zu einer vollständigen Verlagerung der dem Bauherrn nach § 4 BaustellV obliegenden Pflichten und der damit im Zusammenhang stehenden Haftung zivilrechtlicher, öffentlich-rechtlicher sowie straf- und ordnungswidrigkeitenrechtlicher Art auf den Dritten und einer entsprechenden Befreiung des Bauherrn.[134] Die arbeitsschutzrechtlichen Pflichten nach der Baustellenverordnung treffen dann ausschließlich den so beauftragten Dritten. Diesem obliegt dann auch die primäre Verkehrssicherungspflicht im Sinne dieser Maßnahmen. 88

Allerdings kommt es durch die Pflichtendelegation im Sinne des § 4 BaustellV nicht auch zu einer Verlagerung sonstiger, dem Bauherrn im übrigen obliegender Pflichten, insbesondere „sonstiger" Verkehrssicherungspflichten. Denn nach der amtlichen Begründung zur Baustellenverordnung[135] werden „*zivilrechtliche Haftungsregelungen*" durch die Verordnung und insbesondere die Möglichkeit der Pflichtendelegation nicht berührt. Der Dritte im Sinne des § 4 BaustellV übernimmt also mit den dem Bauherrn nach dieser Vorschrift der Baustellenverordnung obliegenden Pflichten nicht ohne weiteres auch andere, dem Bauherrn aus sonstigen Gründen obliegende Pflichten.[136] 89

Soweit der Dritte i.S.v. § 4 BaustellV allerdings entsprechend der von ihm übernommenen Verpflichtung gemäß § 3 Abs. 1 Satz 1 BaustellV einen oder mehrere geeignete Koordinatoren bestellt, verkürzt sich seine Verkehrssicherungspflicht insoweit zu Organisations-, Anweisungs- und Überwachungspflicht. Er ist dann zum eigenen Eingreifen nur verpflichtet, wenn er selbst Gefahren sieht oder hätte sehen müssen, wenn er im Rahmen einer angemessenen Überwachung des SiGeKo Anlass zu Zweifeln hat, ob dieser den an ihn gestellten Anforderungen genügt oder wenn dessen Tätigkeit mit besonderen Gefahren verbunden ist, die auch von ihm, dem Dritten, erkannt und durch eigene Anweisungen abgestellt werden können.[137] Die Situation des Dritten ist in diesen Fällen mit denen des ursprünglich primär verkehrssicherungspflichtigen Bauherrn vergleichbar, dessen Pflichtenstellung sich im Falle der Beauftragung eines oder mehrerer Bauunternehmer bzw. eines Architekten entsprechend verkürzt (sog. sekundäre Verkehrssicherungspflichten).[138] Für die Auswahl des SiGeKo und die Beurteilung von dessen Geeignetheit bleibt der Dritte jedoch uneingeschränkt verantwortlich. 90

4. Deliktische Haftung aus § 823 Abs. 2 BGB i.V.m. Baustellenverordnung

Durch die Beauftragung des Dritten i.S.v. § 4 BaustellV rückt dieser Dritte in die nach der Baustellenverordnung dem Bauherrn zugedachte arbeitschutzrechtliche Position. 91

---

[133] → III.3.

[134] *Kleinhenz* → FN 56 ZfBR 1999, 179, 181; *Moog* → FN 56 BauR 1999, 795, 799; *von Berchem,* Die Baustellenverordnung, 2000, 54; *Knacke/Schütz* in Berner, Sicherheit und Gesundheitsschutz auf Baustellen in Deutschland und Österreich, 2000, 87; *Kollmer,* Baustellenverordnung, 2. Aufl. 2004, § 4 Rn. 13 und 84 f.; Bek. des BMA vom 15.1.1999 zu § 4 BaustellV BArbBl. 3/1999, 67 ff., abgedruckt auch z. B. bei *Kollmer/Blachnitzky/Kossens,* Die neuen Arbeitsschutzverordnungen, 1999, BaustellV Anhang IV sowie *Kollmer,* Baustellenverordnung, 2. Aufl. 2004, Anhang 8.

[135] BR-Drs. 360/98 S. 13.

[136] → I.7.

[137] In diesem Sinne wohl auch *Knacke/Schütz* in Berner, Sicherheit und Gesundheitsschutz auf Baustellen in Deutschland und Österreich, 2000, 87.

[138] → III.3.

Adressat der arbeitschutzrechtlichen Pflichten nach der Baustellenverordnung ist dann (nur noch) der Dritte. Da jedenfalls den §§ 2 und 3 Abs. 1 Satz 1 BaustellV Schutzgesetzcharakter im Sinne des § 823 Abs. 2 BGB zukommt, trifft gegebenenfalls den Dritten i.S.v. § 4 BaustellV bei Vorliegen der Voraussetzungen im übrigen eine Haftung nach § 823 Abs. 2 BGB i.V.m. einer der vorgenannten Normen der Baustellenverordnung.[139]

5. Deliktische Haftung aus § 831 BGB

92 Nach erfolgter Pflichtendelegation im Sinne des § 4 BaustellV obliegt es dem Dritten, soweit erforderlich, einen oder mehrere geeignete Koordinatoren im Sinne des § 3 Abs. 1 Satz 1 BaustellV zu bestellen. Erweist sich der bestellte SiGeKo als tatsächlich nicht geeignet und kommt ein Beschäftigter auf der Baustelle infolge eines Tun oder Unterlassens des SiGeKo zu Schaden, stellt sich die Frage nach der möglichen Haftung des Dritten i.S.v. § 4 BaustellV nach § 831 BGB. Voraussetzung einer solchen Haftung ist jedoch, dass es sich bei dem SiGeKo um einen Verrichtungsgehilfen des Dritten handelt. Dies dürfte in aller Regel zu verneinen sein. Der SiGeKo wird sich bei seinen Entscheidungen und Anordnungen von seiner eigenen Sachkunde und seinem eigenen Ermessen leiten lassen. Ihm wird daher ein solches Maß an Selbständigkeit zuzubilligen sein, dass nicht von der für einen Verrichtungsgehilfen typischen Weisungsabhängigkeit ausgegangen werden kann. Die Situation des SiGeKo ist insoweit vergleichbar derjenigen des vom Bauherrn beauftragten Bauunternehmers, Handwerkers oder Architekten, die nach ganz h.M. aus vorgenannten Gründen ebenfalls nicht als Verrichtungsgehilfen des Bauherrn gesehen werden.[140] Ein auf § 831 BGB gestützter Anspruch gegen den Dritten i.S.v. § 4 BaustellV wird daher in aller Regel nicht in Betracht kommen.[141]

V. Regelungen zu Haftungsbegrenzung und Haftungsausschluss

93 Vor dem Hintergrund des mit der Beauftragung als Dritter i.S.v. § 4 BaustellV oder als SiGeKo in Zusammenhang stehenden nicht unerheblichen Haftungsrisikos stellt sich die Frage nach möglichen Haftungsbeschränkungen. So sieht z. B. der von der Bau-Berufsgenossenschaft Bayern und Sachsen erarbeitete Mustervertrag-Sicherheits- und Gesundheitsschutzkoordinator[142] in § 6 außer in den Fällen von Vorsatz und grober Fahrlässigkeit eine Beschränkung der Haftung des SiGeKo, gleich aus welchem Rechtsgrund, auf solche Schäden vor, *„die dem Grunde und der Höhe nach durch die hiermit vereinbarten Haftpflichtversicherungen gedeckt sind“*. Ähnlich auch das Vertragsmuster von *Kinias/Timm*[143], in dem (§ 8)

139 *von Berchem,* Die neue Baustellenverordnung, 2000, 55; im Ergebnis wohl auch *Moog* → FN 56 BauR 1999, 795, 799, die allerdings nur eine Haftung des Bauherrn *„nach* § 823 Abs. 2 BGB i.V.m. der BaustellV als Schutzgesetz“ bejaht, gleichzeitig aber im Hinblick auf *„die Formulierung von* § 4 BaustellV“ davon ausgeht, dass ein *„vollständiger Pflichtenübergang“* auf den Dritten stattfindet.

140 BGH Urt. v. 24.6.1953 – VI ZR 322/52, BB 1953, 690; Urt. v. 23.10.1973 – VI ZR 162/72, VersR 1974, 243; Urt. v. 21.6.1994 – VI ZR 215/93, BauR 1994, 780; LG Frankfurt a.M. Urt. v. 15.5.1984 – 2/16 S 375/83, VersR 1985, 153; Urt. v. 23.10.1993 – 10 U 296/90, OLGR Frankfurt 1993, 325; OLG Hamm Urt. v. 26.4.1993 – 5 U 265/92, OLGR Hamm 1994, 195; Urt. v. 29.9.1995 – 9 U 48/95, NJW-RR 1996, 1362; OLG Celle Urt. v. 3.7.1998 – 4 U 234/97, OLGR Celle 1999, 101; OLG Koblenz Urt. v. 17.7.2003 – 5 U 18/3, NJW-RR 2003, 1458.

141 A.A. offenbar *von Berchem,* Die neue Baustellenverordnung, 2000, 48 ff., die zwar ebenfalls die Verrichtungsgehilfeneigenschaft des SiGeKo verneint, dann aber gleichwohl (!) zu einer möglichen Haftung nach § 831 BGB zu kommen scheint, wenn sie für den Bauherrn/Dritten auf die Exculpationsmöglichkeit des § 831 Abs. 1 Satz 2 BGB hinweist und feststellt, dass der Anspruch aus § 831 BGB gegen den Bauherrn (und damit auch den Dritten i.S.v. § 4 BaustellV) hieran *„in den meisten Fällen“* scheitern wird.

142 Abgedruckt z. B. bei *Tepasse,* Sicherheits- und Gesundheitsschutzkoordination auf Baustellen, 3. Aufl. 2001, 330 ff. und Berner, Sicherheit und Gesundheitsschutz auf Baustellen in Deutschland und Österreich, 2000, 140 ff.

143 *Kinias/Timm,* Der Sicherheitskoordinator, 2. Aufl. 2000, 156 ff.

sämtliche Schadensersatzansprüche gegen den Koordinator, gleich aus welchem Rechtsgrund, auf die Fälle von Vorsatz und grober Fahrlässigkeit begrenzt und auf die Höhe der Deckungssummen je Versicherungsfall beschränkt werden. Außerdem beinhaltet dieses Vertragsmuster an gleicher Stelle eine Verpflichtung des Auftraggebers zur Freistellung des SiGeKo von möglichen Ansprüchen Dritter.

Derartige Regelungen erscheinen schon deshalb problematisch, weil es bei den in die- 94
sem Zusammenhang interessierenden Fragestellungen in aller Regel um die Außenhaftung aus unerlaubter Handlung geht. Für diese sind vertragliche Abreden zwischen SiGeKo, Drittem und Bauherrn zum Zwecke der Haftungsbeschränkungen ohnehin ohne Bedeutung.[144]

Soweit es dagegen um Ansprüche wegen der Verletzung eines Vertrages mit Schutzwir- 95
kung für Dritte geht, kann sich eine vom SiGeKo oder dem Dritten i.S.v. § 4 BaustellV mit dem Auftraggeber vertraglich vereinbarte Haftungsbeschränkung oder Freizeichnung gegebenenfalls zu Lasten des geschützten Dritten auswirken.[145] Dies gilt jedoch nur, soweit sich derartige Vereinbarungen innerhalb der gesetzlich gezogenen Grenzen halten (insbes. § 138 BGB, §§ 305 ff. BGB, die Richtlinie des Rates über missbräuchliche Klauseln in Verbraucherverträgen vom 5.4.1993[146] sowie die Richtlinie des Europäischen Parlaments und des Rates zu bestimmten Aspekten des Verbrauchsgüterkaufs und der Garantien für Verbrauchsgüter vom 25.5.1999[147]). Soweit es sich bei solchen Abreden um Individualvereinbarungen handelt, dürften diese, sofern sie praktisch durchsetzbar sind[148], in Anbetracht der Prüfungsmaßstäbe (§ 138 BGB, § 276 Abs. 3 BGB) in aller Regel wirksam sein. Haftungsbeschränkungen und Freizeichnungen in allgemeinen Geschäftsbedingungen dagegen werden regelmäßig einer Inhaltskontrolle nicht standhalten und dementsprechend unwirksam sein.

So verstoßen ein Haftungsausschluss oder eine Haftungsbegrenzung wegen einer im 96
Zusammenhang mit Tätigkeiten nach der Baustellenverordnung regelmäßig interessierenden Verletzung von Leben, Körper oder Gesundheit, die auf einer fahrlässigen Pflichtverletzung des Verwenders oder einer vorsätzlichen oder grob fahrlässigen Pflichtverletzung eines gesetzlichen Vertreters oder Erfüllungsgehilfen des Verwenders beruhen, bereits gegen § 309 Nr. 7 lit. a BGB. Wegen sonstiger Schäden kommen dagegen ein Ausschluss oder eine Begrenzung der Haftung nach § 309 Nr. 7 lit. b BGB nur für die Fälle leichter

---

144 *Knacke/Schütz* in Berner, Sicherheit und Gesundheitsschutz auf Baustellen in Deutschland und Österreich, 2000, 87; *Quack* AHO-Informationen 2/99, 31, 33.

145 § 334 BGB ist auf den Vertrag mit Schutzwirkung für Dritte entsprechend anwendbar, vgl. *Grüneberg* in Palandt BGB § 328 Rn. 20; *Gottwald* in MüKo BGB § 328 BGB Rn. 191. Siehe hierzu auch BGH Urt. v. 15.6.1971 – VI ZR 262/69, BGHZ 56, 269, 273; Urt. v. 21.12.1987 – II ZR 177/87, NJW-RR 1988, 559 (mit Anm. *Rümker* EWiR 1988, 319 und *Hadding* WuB I D 3 Scheckverkehr 4.88); Urt. v. 10.11.1994 – III ZR 50/94, NJW 1995, 392, 393 (mit Anm. *Pfeiffer* LM BGB § 328 Nr 91 (3/1995), *Medicus* JZ 1995, 308, *Canaris* JZ 1995, 441, *Emmerich* JuS 1995, 457, *Ott* WuB IV A § 328 BGB 1.95, *Weyer* IBR 1995, 66 und 116, *Schmittmann* JA 1995, 531, *Probst* JR 1995, 509, *Bydlinski* EWiR 1998, 683 und *Mohr* DW 2002, Nr 10, 54); OLG Oldenburg Urt. v. 9.9.1997 – 9 U 36/97, NJW-RR 1998, 1746; *Zenner*, Der Vertrag mit Schutzwirkung zu Gunsten Dritter – Ein Institut im Lichte seiner Rechtsgrundlage, NJW 2009, 1030, 1032. Für den Bereich der Baustellenverordnung wie hier *Knacke/Schütz* in Berner, Sicherheit und Gesundheitsschutz auf Baustellen in Deutschland und Österreich, 2000, 87.

146 Abl. EG L 95/29. Vgl. hierzu auch die Kommentierungen bei *Basedow* in MüKo § 24a AGBG und *Pfeiffer* in: Grabitz/Hilf Bd. III A 5.

147 Abl. EG L 171/12; vgl. hierzu *Thode* → FN 70 NZBau 2003, 360363 mit dem Text der Richtlinie als Anhang.

148 Zutreffend weist *Quack* AHO-Informationen 2/99, 31, 33 darauf hin, dass sich der Bauherr, wie z. B. im Vertragsmuster von *Kinias/Timm*, Der Sicherheitskoordinator, 2. Aufl. 2000, 156 ff. (§ 8) vorgesehen, „*schwerlich bequemen*" wird, im Innenverhältnis Haftung zu übernehmen. Denn die Beauftragung des Dritten i.S.v. § 4 BaustellV bzw. des SiGeKo dient gerade dazu, das sich für den Bauherrn nach der Baustellenverordnung ergebende Haftungsrisiko zu reduzieren.

Fahrlässigkeit in Betracht. Hinsichtlich der Gewährleistungshaftung dagegen verstößt ein vollständiger Haftungsausschluss schließlich gegen § 309 Nr. 8 (vormals § 11 Nr. 10 – sofern ein Werkvertrag vorliegt) bzw. gegen § 307 BGB (vormals § 9 AGBG).[149]

97 Die Begrenzung der Haftung auf Höchstsummen wird, wie auch sonst im Bereich des Architekten- und Ingenieurrechts[150], in aller Regel ebenfalls problematisch sein. Denn nach der Rechtsprechung des BGH sind solche Klauseln ungeachtet sonstiger Voraussetzungen nur dann wirksam, wenn die vereinbarte Höchstsumme die vertragstypischen, vorhersehbaren Schäden abdeckt.[151] Dies ist im jeweiligen Einzelfall zu prüfen, praktisch aber kaum vorstellbar.

98 Aber auch soweit im Hinblick auf § 309 Nr. 7 lit. b BGB die Haftung für sonstige Schäden (d. h. Schäden außer der Verletzung von Leben, Körper oder Gesundheit), die auf einer leicht fahrlässigen Pflichtverletzung beruhen, prinzipiell formularmäßig begrenzt oder ausgeschlossen werden kann, begegnen derartige Klauseln in SiGeKo-Verträgen oder Verträgen mit Dritten i.S.v. § 4 BaustellV letztlich durchgreifenden Bedenken. Denn derartige Klauseln dürften regelmäßig gegen § 307 Abs. 1, Abs. 2 Nr. 2 BGB (vormals § 9 Abs. 1, Abs. 2 Nr. 2 AGBG) verstoßen. Danach sind Bestimmungen in allgemeinen Geschäftsbedingungen unwirksam, die wesentliche Rechte und Pflichten (sog. Kardinalpflichten), die sich aus der Natur des Vertrages ergeben, derart einschränken, dass die Erreichung des Vertragszweckes gefährdet ist.[152] Eine solche Gefährdung wird bei Verträgen mit dem Dritten i.S.v. § 4 BaustellV und/oder dem SiGeKo regelmäßig zu bejahen sein. Denn die Einschaltung des Dritten i.S.v. § 4 BaustellV und/oder des SiGeKo dient der wesentlichen Verbesserung der Sicherheit und des Gesundheitsschutzes der Beschäftigten auf der Baustelle, der Erfüllung der sich für den Bauherrn auf Grundlage der Baustellenverordnung ergebenden Verpflichtungen und der Reduzierung des für ihn hieraus resultierenden Haftungsrisikos. Die ordnungsgemäße und vollständige Erfüllung der vom Dritten i.S.v. § 4 BaustellV oder vom SiGeKo übernommenen Pflichten ermöglicht daher erst die ordnungsgemäße Durchführung des abgeschlossenen Vertrages. Der Bauherr darf daher auf die uneingeschränkte Vertragserfüllung durch den Dritten i.S.v. § 4 BaustellV und des SiGeKo vertrauen. Dürften letztere die für die ordnungsgemäße Vertragserfüllung erforderliche Sorgfalt zumindest hinsichtlich der sonstigen Schäden (d. h. Schäden außer der Verletzung von Leben, Körper oder Gesundheit) bis zur Grenze der groben Fahrlässigkeit sanktionslos vernachlässigen, wäre die Erreichung des Vertragszwecks in Frage gestellt. Allgemeine Geschäftsbedingungen, die eine Haftung des Dritten i.S.v. § 4 BaustellV oder des SiGeKo für sonstige Schäden (d. h. Schäden außer der Verletzung von Leben, Körper oder Gesundheit) für leichte Fahrlässigkeit ausschließen oder einschränken, verstoßen daher in aller Regel gegen § 307 Abs. 1, Abs. 2 Nr. 2 BGB (bis zum 1.1.2002: § 9 Abs. 1, Abs. 2 Nr. 2 AGBG) und sind dementsprechend unwirksam.[153]

---

[149] Zur Rechtslage bis zum 31.12.2001, d. h. zu § 9 AGBG vgl. *Heinrichs* in Palandt § 9 AGBG Rn. 36 ff. und § 11 AGBG Rn. 50 m. w. N.

[150] Vgl. hierzu z. B. *Hebel/Engelmann* in Wirth 1. Buch X. Teil Rn. 246 ff.

[151] BGH Urt. v. 19.1.1984 – VII ZR 220/82, NJW 1984, 1350 (mit Anm. *Bunte* JZ 1984, 475 und *Kötz* NJW 1984, 2447); Urt. v. 23.2.1984 – VII ZR 274/82, NJW 1985, 3016; Urt. v. 11.11.1992 – VIII ZR 238/91, NJW 1993, 335 (mit Anm. *Pfister* EWiR 1993, 107, *Weiler* DWiR 1993, 106, *Schmidt-Salzer* LM AGBG § 9 (Cf) Nr 40 (6/1993) und *Spatz* VW 1997, 1394); Urt. v. 4.7.2013 – VII ZR 249/12, NJW 2013, 2502.

[152] Vgl. (allerdings noch zur Rechtslage vor dem 1.1.2002 zur inhalts- und wortgleichen Regelung in § 9 AGBG) z. B. BGH Urt. v. 23.2.1984 – VII ZR 274/82, NJW 1985, 3016; Urt. v. 20.6.1984 – VIII ZR 137/83, NJW 1985, 914; Urt. v. 20.12.1984 – VII ZR 340/83, BauR 1985, 317 (mit Anm. *Westphalen* EWiR 1985, 77 und *Bunte* WuB IV B § 9 AGBG 3.85); Urt. v. 21.12.1987 – II ZR 177/87, NJW-RR 1988, 559 (mit Anm. *Rümker* EWiR 1988, 319 und *Hadding* WuB I D 3 Scheckverkehr 4.88); Urt. v. 11.11.1992 – VIII ZR 238/91, NJW 1993, 335 (mit Anm. *Pfister* EWiR 1993, 107, *Weiler* DWiR 1993, 106, *Schmidt-Salzer* LM AGBG § 9 (Cf) Nr 40 (6/1993) und *Spatz* VW 1997, 1394).

[153] Die Wirksamkeit entsprechender Freizeichnungsklauseln ebenfalls bezweifelnd *Quack* AHO-

VI. Zusammenfassung

Die Baustellenverordnung erweitert das mögliche Betätigungsfeld von Architekten 99
und Ingenieuren durch die gänzlich neu geschaffenen Funktionen des Dritten im Sinne des § 4 BaustellV und des Sicherheits- und Gesundheitskoordinators deutlich. Naturgemäß ist mit der Übernahme neuer Aufgaben regelmäßig auch die Übernahme zusätzlicher Haftungsrisiken verbunden. In dieser Hinsicht kommen neben der Einstandspflicht für die ordnungsgemäße und vollständige Erfüllung der übernommenen Pflichten gegenüber dem Vertragspartner (in aller Regel dem Bauherrn) im Zusammenhang mit Baustellenunfällen Schadensersatzansprüche der auf der Baustelle Beschäftigten in Betracht. Diese können sowohl vertraglicher (Vertrag mit Schutzwirkung für Dritte) als auch deliktischer Natur (insbesondere wegen eines Verstoßes gegen Verkehrssicherungspflichten) sein.[154] Der Ausschluss oder die Begrenzung dieser Haftungsrisiken ist über Individualvereinbarungen in begrenztem Umfang (§§ 138, 276 Abs. 3 BGB), über allgemeine Geschäftsbedingungen dagegen nicht möglich.

Informationen 2/99, 31, 33 und *Knacke/Schütz* in Berner, Sicherheit und Gesundheitsschutz auf Baustellen in Deutschland und Österreich, 2000, 87.

[154] Zu den in diesem Zusammenhang interessierenden versicherungsrechtlichen Fragestellungen → § 27.

4. Teil. Mehrere am Bau Beteiligte

§ 18 Mehrere am Bau Beteiligte

Übersicht

1. Verschiedene Gebiete der Sonderfachleute

1 Neben dem Architekten sind weitere Fachingenieure bei der Planung und Ausführung eines Bauvorhabens erforderlich. Der Statiker erstellt die notwendige Tragwerksplanung, die Fachingenieure für technische Ausrüstung sind verantwortlich u.a. für den Bereich der „Haustechnik“, andere Fachingenieure erstellen den Wärmeschutznachweis oder den Schallschutznachweis und der Baugrundgutachter hat die Aufgabe, die Standfestigkeit des Bodens und die Grundwasserverhältnisse zu klären. Darüber hinaus kann noch die Einschaltung eines Vermessungsingenieurs notwendig sein, der die Größe und Ausmaße des Grundstücks und des Gebäudes vermisst.

2 Die Verträge, die der Bauherr mit den Sonderfachleuten abschließt, sind grundsätzlich, wie der Architektenvertrag, Werkverträge gemäß §§ 631 ff. BGB. Für den Werkvertrag kennzeichnend ist nach der ständigen Rechtsprechung des Bundesgerichtshofes, dass ein erfolgsbezogener Beitrag zur Verwirklichung des Werkes zu leisten ist[1]. Der Fachingenieur schuldet wie der Architekt eine dauerhaft genehmigungsfähige Planung[2]. Der Vertrag mit den Sonderfachleuten ist in den §§ 631ff. BGB[3] geregelt, wobei die Vertragsparteien unter Berücksichtigung der Kontrolle von allgemeinen Geschäftsbedingungen durch die §§ 307ff. BGB den Ingenieurvertrag entsprechend ausgestalten können. Die Honorarordnung für Architekten und Ingenieure (HOAI) hingegen enthält nur Preisrecht. In der HOAI wird die Honorierung der entsprechenden Sonderfachleute geregelt, Vertragsrecht enthält die HOAI nicht[4].

3 **a) Tragwerksplanung.** Die Tragwerksplanung bezieht sich auf die Teile der Baukonstruktion von Gebäuden und zugehörigen baulichen Anlagen, die Eigenlasten, die Verkehrslasten, die Wind- und Schneelasten sowie alle sonstigen Belastungen des Objektes ableiten, und auf den Baugrund. Die HOAI definiert die Leistungen des Tragwerksplaners wie folgt:

„Das Tragwerk bezeichnet das statische Gesamtsystem der miteinander verbundenen, lastabtragenden Konstruktionen, die für die Standsicherheit von Gebäuden, Ingenieurbauwerken und Traggerüsten bei Ingenieurbauwerken maßgeblich sind“, § 49 Abs. 2 HOAI.

4 Diese konstruktiven und mathematischen Leistungen werden vom Tragwerksplaner erbracht. Welche einzelnen Leistungen der Tragwerksplanung der Statiker zu erbringen hat, ergibt sich aus dem mit dem Bauherrn abgeschlossenen Ingenieurvertrag. Die in § 51 HOAI und in der Anlage 14.1[5] aufgeführten Leistungsbilder sind nur für die Honorarberechnung von Bedeutung. In § 51 HOAI werden in den Leistungsbildern die Grundleistung der Tragwerksplanung, untergliedert in die Grundlagenermittlung, die Vorplanung, die Entwurfsplanung, die Genehmigungsplanung, die Ausführungsplanung und die Vorbereitung der Vergabe aufgeführt. Die weiteren Leistungsbilder in der Anlage 14.1 sind Besondere Leistungen, so die Mitwirkung bei der Vergabe, die Objektüberwachung und die Objektbetreuung.

5 Die HOAI regelt nur das Honorarrecht, nicht aber den Inhalt der vom Tragwerksplaner nach dem Vertrag zu erbringenden Leistungen. Entsprechend ist in dem Vertrag zwi-

[1] BGH Urt. v. 11.10.2001, VII ZR 475/00, BGHZ 149, 557; NJW 2002, 749.
[2] BGH Urt. v. 21.12.2000, VII ZR 1799, NJW 2001, 1642, NZBau 2001, 261.
[3] Zur Rechtsnatur des Architektenvertrages – *siehe Schwenker*, § 4 I in diesem Buch.
[4] BGH Urt. v. 24.10.1996, VII ZR 98/94, BauR 1997, 129 = ZfBR 1997, 250.
[5] Anlage 14 zu § 51 Abs. 6, § 52 Abs. 2 HOAI.

schen Bauherrn und Tragwerksplaner darauf zu achten, dass die zu erbringenden Leistungen möglichst präzise und erschöpfend beschrieben werden. Eine Bezugnahme auf die HOAI ist im Ingenieurvertrag zu vermeiden, weil ansonsten die Grundleistungen der Anlage 14.1 zu § 52 Abs. 1 HOAI Vertragsinhalt werden, unabhängig davon, ob die Leistungen benötigt werden oder nicht. Wenn die Parteien ausdrücklich vereinbaren, dass für den Inhalt der Leistungspflichten das Leistungsbild des § 15 Abs. 2 HOAI (1996, jetzt § 34 HOAI) entsprechend gilt, sind die darin enthaltenen Leistungen Vertragsinhalt.[6]

Den Tragwerksplaner treffen im Zusammenhang mit der Ausführung des Bauwerkes wesentliche Pflichten im Hinblick auf die Standsicherheit. Er muss die nach dem öffentlichen Baurecht erforderlichen Nachweise, insbesondere im Hinblick auf die Standfestigkeit eines Bauwerkes erbringen. Die vom Tragwerksplaner zu erbringende Tragwerksplanung ist als Werkvertrag zu klassifizieren[7]. Die Planung eines Tragwerksplaners ist mangelhaft, wenn sie nicht die vertraglich vereinbarte Beschaffenheit aufweist, § 633 Abs. 2 S.1 BGB. Welche Beschaffenheit die Vertragsparteien vereinbart haben, ergibt die Auslegung des Vertrages.[8] 6

Der Tragwerksplaner hat die Standsicherheit eines Bauwerkes einschließlich sämtlicher Einzelbauwerke rechnerisch nachzuweisen. Dabei müssen die Pläne mit den Berechnungsgrundlagen übereinstimmen. 7

Der Tragwerksplaner hat in eigener Verantwortung zu prüfen, welche besonderen Gründungsmaßnahmen aufgrund der örtlichen Gegebenheiten erforderlich sind. Dabei muss er alle ihm zur Verfügung stehenden Erkenntnisquellen berücksichtigen, insbesondere muss er sich über die Beschaffenheit der Boden- und Grundwasserverhältnisse im Klaren sein[9]. Wenn der Tragwerksplaner mit der Leistungsphase 1 „Grundlagenermittlung" beauftragt ist, muss er die standortbezogenen Einflüsse unter Berücksichtigung der Bodenverhältnisse klären. Bei unüblichen und außergewöhnlichen Aufgaben, bei denen die Objektplanung nicht unwesentlich von statischen Gegebenheiten abhängt, hat er auch die Aufgabenstellung zu klären. Jedenfalls muss er für eine sachgerechte Beratung des Auftraggebers durch andere Beteiligte, insbesondere den Architekten, sorgen. Die Pflichten des Statikers erschöpfen sich nicht in einer standsicheren Planung. Der Statiker muss auch den örtlichen Gegebenheiten Rechnung tragen, indem er sich Klarheit über die Bodenverhältnisse verschafft. Die Untersuchung darf sich nicht auf das Baugrundstück beschränken, sondern muss schadensträchtige Umwelteinflüsse einschließen, denn auch diese können die Standsicherheit des Bauwerks beeinträchtigen.[10] 8

Grundsätzlich kann sich der Tragwerksplaner auf die ihm vom Bauherrn übergebenden Baugrundangaben verlassen und braucht keine eigenen Überprüfungen vorzunehmen Es gehört nicht zum Leistungsbild des Tragwerksplaners, Untersuchungen des Baugrundes und der Boden- und Wasserverhältnisse vorzunehmen oder vornehmen zu lassen.[11] Stellt der Bauherr bzw. der Architekt keine ausreichenden Angaben zum Baugrund zur Verfügung, so darf der Tragwerksplaner sich nicht auf allgemeine Erfahrungswerte für die Belastungsfähigkeit des Baugrundes stützen, sondern allenfalls auf örtliche Erfahrungen. Verfügt er über diese Erfahrungen nicht, so muss der Tragwerksplaner zur Vermeidung eines Verstoßes gegen die anerkannten Regeln der Technik sich über die speziellen örtlichen Verhältnisse vergewissern[12]. Dazu kann es erforderlich sein, dass der Tragwerksplaner den Bauherrn veranlasst, eine Baugrunduntersuchung durchzuführen. Insbesondere wenn schwierige Bodenverhältnisse zu erwarten sind, darf der Tragwerks- 9

[6] BGH Urt. v. 28.7.2011 – VII ZR 65/10, IBR 2011,587,588.
[7] BGH Urt. v. 15.5.2013 – VII ZR 257/11, IBR 2013, 474.
[8] BGH Urt. v. 15.5.2013 – VII ZR 257/11, IBR 2013, 474.
[9] BGH Urt. v. 15.5.2013 – VII ZR 257/11, IBR 2013, 474.
[10] BGH Urt. v. 20.6.2013 – VII ZR 4/12, IBR 2013,545.
[11] OLG Schleswig Urt. v. 5.8.1993 – 11 U 197/89, IBR 1995,375.
[12] OLG München Urt. v. 15.10.1996 – 13 U 5857/95, IBR 1997, 111.

planer ohne ein vom Bauherrn einzuholendes Gutachten keine statische Berechnung erstellen[13].

10 Den Tragwerksplaner treffen weitreichende Berücksichtigungspflichten im Hinblick auf die Bebauung in der Nachbarschaft des Bauwerks, für welches er die Tragwerksplanung erstellt. Selbst wenn der Bauherr bzw. sein Architekt eine bestimmte Konstruktions- und Gründungsart vorgibt, hat der Tragwerksplaner unter Berücksichtigung des Vertiefungsverbotes selbstverantwortlich zu prüfen, ob nicht Schäden an Nachbarbauwerken auftreten können. Ist die Beschädigung von Nachbarbauwerken nicht auszuschließen, hat der Tragwerksplaner entsprechende Hinweise zu geben oder eine diese Gefahr ausschließende Gründung zu wählen[14].

11 **b) Gestaltung von Innenräumen.** Die HOAI definiert das Objekt Innenraum wie folgt: „Leistungen für Innenräume sind die Gestaltung oder Erstellung von Innenräumen ohne wesentliche Eingriffe in Bestand oder Konstruktion" (des Gebäudes), § 34 Abs. 2 HOAI. Hiervon abzugrenzen ist das Objekt Gebäude. Der Innenarchitekt darf grundsätzlich nur die Gestaltung von Innenräumen und die damit verbundenen baulichen Änderungen von Gebäuden planen[15], nicht aber die „Hochbauarchitektur". Entsprechend ist seine Bauvorlagenberechtigung eingeschränkt und umfasst nicht die Planung von Gebäuden. Der Innenarchitekten-Vertrag ist ein Werkvertrag[16].

12 **c) Technische Ausrüstung.** Die technische Ausrüstung umfasst in § 53 Abs. 2 HOAI folgende acht Anlagegruppen:
(1) Abwasser-, Wasser- und Gasanlagen,
(2) Wärmeversorgungsanlagen,
(3) Lufttechnische Anlagen
(4) Starkstromanlagen
(5) Fernmelde- und informationstechnische Anlagen
(6) Förderanlagen
(7) Nutzung spezifischer Anlagen und verfahrenstechnische Anlagen
(8) Gebäudeautomation und Automation von Ingenieurbauwerken.

13 Die Anlagen dienen nach der Amtlichen Begründung „der unmittelbaren Ver- und Entsorgung oder decken den Bedarf ihrer Nutzer an Wärme, Kälte, Luft, Elektrizität, Wasser oder sonstigen Medien. Diese Leistungen werden jeweils von den entsprechenden Fachingenieuren der technischen Ausrüstung ausgeführt. Verträge über die Ingenieurleistung im Rahmen der technischen Ausrüstung sind regelmäßig Werkverträge gemäß §§ 631ff. BGB. Nicht nur die Planung, sondern auch die Bauleitung, die Koordinationsleistung und die technische Beratung sind werkvertraglich zu qualifizieren[17].

14 **d) Umweltverträglichkeitsstudie.** Die Umweltverträglichkeitsstudie ist unter den Beratungsleistungen[18] aufgeführt. Die Verpflichtung zur Erstellung einer Umweltverträglichkeitsprüfung richtet sich nach dem Gesetz über Umweltverträglichkeitsprüfung (UVPG). Die Genehmigung für öffentliche und private Projekte, bei denen mit erhebli-

---

13 BGH Urt. v. 20.6.2013 – VII ZR 4/12, IBR 2013,545,546.

14 OLG Düsseldorf Urt. v. 13.5.1974, BauR 1975, 71; BGH Urt. v. 12.7.1996 – V ZR280/94, NJW 1996, 3205 = IBR 1996, 468 – Englert.

15 Praxishinweis „Bauvorlageberechtigung der Innenarchitektinnen und Innenarchitekten nach BauO NRW" (Stand: Dezember 2013, S.1.

16 BGH Urt. v. 12.1.2006 – VII ZR 2/06, IBR 2006, 208, 211; *Locher/Koeble/Frik*, 9. Aufl., § 25 HOAI Rz. 3.

17 BGH Urt. v. 22.11.1981, VII ZR 310/79, BauR 1982, 79, 81; OLG Düsseldorf Urt. v. 25.10.2012 – 5 U 162/11, IBR 2013, 420.

18 Anlage 1 zu § 3 Abs. 1 HOAI.

chen Auswirkungen auf die Umwelt zu rechnen ist, wird damit erst nach einer vorherigen Beurteilung der möglichen erheblichen Auswirkungen dieser Projekt erteilt. Umweltverträglichkeitsstudien werden etwa bei Verkehrsbauten, Gewässerbaumaßnahmen, Deponien oder Abgrabungen in Verbindung mit raumwirksamen Planungen und Vorhaben in Auftrag gegeben.[19] Die Erstellung der Umweltverträglichkeitsprüfung und die Bearbeitung der Umweltverträglichkeitsprüfung werden meist von Landschaftsarchitekten geleistet. Die Honorare für diese Tätigkeiten sind frei vereinbar. Die in der Anlage 1 aufgeführte Honorartabelle ist unverbindlich. Nur wenn die Parteien keine Honorarvereinbarung getroffen haben, ist diese Honorartabelle als übliche Vergütung im Sinne des § 632 Abs. 2 BGB heran zu ziehen.

e) Ingenieurleistungen für Bauphysik. Leistungen für Bauphysik werden erbracht, 15
um thermodynamische Einflüsse und deren Wirkungen auf Gebäude und Ingenieurbauwerke sowie auf Menschen, Tiere und Pflanzen und auf die Bauhygiene zu erfassen und zu begrenzen. Die Leistungen für Bauphysik umfassen Wärmeschutz und Energiebilanzierung, Bauakustik (Schallschutz) und Raumakustik. Sie sind in der Anlage 1[20] unter 1.2 aufgeführt. Die Teilleistung „Wärmeschutz und Energiebilanzierung" umfasst sowohl den Wärmeschutz von Gebäuden und Ingenieurbauwerken als auch die fachübergreifende Energiebilanzierung. Mit dem neu aufgeführten Begriff „Energiebilanzierung" wurde der Anwendungsbereich erweitert, was aufgrund der Energieeinsparverordnung (ENEV) beruht. Die Bauakustik (Schallschutz) umfasst Maßnahmen, die zum Schutz gegen Lärm getroffen werden. Zu unterscheiden ist beim Schallschutz zwischen baulichem Schallschutz und Schallimmissionen. Zum baulichen Schallschutz gehören ein angemessener Luft- und Trittschallschutz.[21] Durch den Schallimmissionsschutz wird die Umgebung Geräusche erzeugender Anlagen gegen schädliche Umwelteinwirkungen durch Lärmschutz geschützt. Bei der Raumakustik handelt es sich um Maßnahmen zur Beeinflussung der Schallschutzausbreitung in den Innenräumen. Die Honorare für die Leistungen der Bauphysik können frei vereinbart werden. Die Honorartabellen für Wärmeschutz- und Energiebilanzierung[22] und die Honorartabelle für Bauakustik[23] sind unverbindlich und stellen nur im Falle der Nichtvereinbarung eines Honorars die übliche Vergütung im Sinne von § 632 Abs. 2 BGB dar.

f) Geotechnik. Die Leistungen der Geotechnik sind, wie die anderen Architekten- 16
und Ingenieurleistungen, als Werkvertrag gemäß §§ 631ff. BGB einzuordnen. Dies gilt für Gutachten, die erfolgsbezogen sind, aber auch für die Baugrundbeurteilung, das Ausschreiben und das Überwachen der Anschlussarbeiten und das Aufstellen von Setzungs-, Grundbruch- und anderen erdstatischen Berechnungen.[24] Auch wenn der Bodengutachter zur Beratung bei der Sicherung von Nachbarbauwerken hinzugezogen wird, handelt es sich um einen Werkvertrag.[25] Auch hier steht die Erfolgsbezogenheit im Vordergrund.

Da der Baugrund im Hinblick auf die Tragfähigkeit des Gebäudes von entscheidender 17
Bedeutung ist, muss ein Baugrundgutachten grundsätzlich eingeholt werden. Ein Bauunternehmer verschweigt einen Gründungsmangel arglistig, wenn er die fehlende Baugrunduntersuchung nicht offenbart und auf die damit verbundenen Risiken nicht hinweist.[26] Aufgabe des Bodengutachters ist es, sämtliche Werte zu ermitteln und festzu-

---

[19] *Locher/Koeble/Frik*, HOAI, Anlage 1.1, Rz. 4.
[20] Anlage 1 zu § 3 Abs. 1 HOAI.
[21] *Locher/Koeble/Frik*, HOAI, Anlage 1.2, Rz. 12.
[22] Honorartafel zu 1.2.3 zu Anlage 1.
[23] Anlage 1 zu § 3 Abs. 1 HOAI, 1.2.4.
[24] OLG Brandenburg Urt. v. 14.2.2008 – 12 U 56/06, IBR 2008, 343.
[25] A. A. Locher/Koeble/Frik, HOAI Einl. Rz. 319.
[26] BGH Urt. v. 8.3.2012 – VII ZR 116/10, IBR 2012, 226.

halten, die für die strengen Anforderungen des § 7 Abs. 3 Nr. 3 VOB/A entsprechende Leistungsbeschreibung erforderlich sind. Im Bodengutachten müssen die wesentlichen Verhältnisse der Baustelle, z. B. die Boden- und Wasserverhältnisse, so beschrieben sein, dass der Bewerber ihre Auswirkungen auf die bauliche Anlage und die Bauausführung hinreichend beurteilen kann[27]. Wie umfassend die Untersuchungen des Baugrundgutachtens sein müssen, muss vertraglich klar geregelt werden. Da es einen vollständigen Aufschluss über den Baugrund nicht geben kann, muss eine Untersuchung durchgeführt werden, die mit hoher Wahrscheinlichkeit ein Ergebnis bringt, welches repräsentativ für den gesamten Baugrund des betreffenden Objektes ist. Dies bedingt, dass der Bodengutachter tatsächlich im ausreichenden Maße Bohrungen, Messungen und Schürfgruben veranlasst und sich nicht mit wenigen Aufschlusspunkten zufrieden gibt[28]. Dabei hat der Bodengutachter die Vorgaben der DIN 4020 zu beachten. Danach hat er einen Anspruch darauf, über die für das Bauwerk entscheidenden Fragestellungen nach dem jeweiligen Planungs- und Ausbildungsstand informiert zu werden. Umgekehrt obliegt dem Bodengutachter die Verpflichtung, seinerseits dem Bauherrn bzw. dessen Architekten mitzuteilen, welche Informationen für die optimale Durchführung und Aussagekraft der geologischen Untersuchung benötigt werden. Vorbehalte im Baugrundgutachten können allenfalls dann den Bodengutachter vor Schadenersatzansprüchen bewahren, wenn sie nicht allgemein gehalten sind. Insbesondere aber müssen solche Vorbehalte derart deutlich und eindringlich abgefasst sein, dass sowohl der Bauherr als auch dessen Architekt zu der Überzeugung gelangen können, dass das Bodengutachten allein – ohne weitere Zuziehung des Bodengutachters – nur als vorläufig zu betrachten und nicht als Grundlage für die Festlegung einer Tiefbaumaßnahme heranzuziehen ist.[29] Der Bodengutachter kann seine Haftung nicht mit folgender Klausel ausschließen: „Es ist nicht völlig auszuschließen, dass bei der Durchführung der Baumaßnahme gewisse Abweichung vom dargestellten Schichtenaufbau auftreten können."

18 **g) Ingenieurvermessung.** Die Ingenieurvermessung ist abzugrenzen von der hoheitlichen Messung (Kataster- und Landvermessung). Definiert ist die Ingenieurvermessung in Ziff. 1.4.1 Abs. 1 der Anlage 1[30]. Zu den hiervon erfassten Leistungen rechnen nicht die einfachen Maßermittlungen, die keine besondere instrumentelle Ausrüstung verlangen oder aber durch keine vermessungstechnische Verfahrensanforderung erbracht werden müssen.[31] Die Ingenieurvermessung umfasst die Vermessungsleistungen, die im Zusammenhang mit der Planung und Bauausführung eines Objektes im privatrechtlichen Bereich erbracht werden. Dabei gibt es drei Gruppen von Leistungen der Ingenieurvermessung, die planungsbegleitende Vermessung, die Bauvermessung und die sonstigen vermessungstechnischen Leistungen. Der Vertrag mit dem Vermessungsingenieur ist ein Werkvertrag, da dieser für das richtige Einmessen einzustehen hat.[32] Dem Vermessungsingenieur obliegen das Erfassen ortsbezogener Daten über Bauwerke und Anlagen, Grundstücke und Topografie und das Erstellen von Plänen, die Übertragung von Planungen und Örtlichkeiten sowie das vermessungstechnische Überwachen der Bauausführung. Gegenstand der Vermessungsleistung sind Gebäude, Freianlagen, Ingenieurbauwerke und Verkehrsanlagen. Der Vertrag mit dem Vermessungsingenieur ist ein Werkvertrag[33], soweit nicht die hoheitliche Vermessung betroffen ist. Unter die hoheitliche Vermessung fällt die Kataster- und Landesvermessung.

---

27 OLG Schleswig Urt. v. 5.8.1993 – 11 U 197/89, IBR 1995, 375 (*Englert*).
28 OLG Köln Urt. v. 13.3.1992 – 19 U 111/91, NJW-RR 1992, 1500 = IBR 1992, 411.
29 OLG Stuttgart Urt. v. 21.8.1997 – 13 U 3/96, IBR 1999, 23 (*Englert*).
30 Anlage 1 zu § 3 Abs. 1 HOAI.
31 AHO Nr. 31, HOAI-Ingenieurvermessung, S. 3.
32 *Locher/Koeble/Frik*, HOAI, Einl. Rz. 334.
33 BGH Urt. v. 19.3.1972, VII ZR 202/70, BauR 1972, 255.

2. Auftragsverhältnis zwischen Sonderfachleuten und Auftraggeber

a) Beauftragung des Sonderfachmanns durch den Bauherrn. In den meisten Fällen wird der Sonderfachmann vom Bauherrn beauftragt. Beauftragt der Bauherr den Sonderfachmann im eigenen Namen, entstehen zwischen ihm und dem Sonderfachmann selbstständige Vertragsbeziehungen. 19

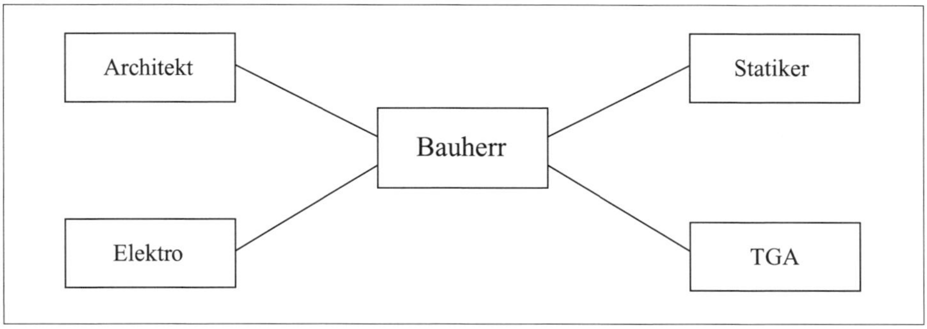

Schaubild 1: Beauftragung des Sonderfachmannes durch den Bauherrn

Beauftragt der Bauherr den Sonderfachmann, z. B. den Statiker oder den Fachingenieur für technische Gebäudeausrüstung direkt, entstehen die vertraglichen Ansprüche zwischen diesen beiden Vertragsparteien. Der Bauherr ist gegenüber dem Sonderfachmann verpflichtet, das vereinbarte Honorar zu zahlen, im Gegenzug verpflichtet sich der Sonderfachmann gegenüber dem Bauherrn, die vertraglich übernommenen Pflichten zu erfüllen. Bei dieser Auftragskonstellation haftet der Architekt nicht für Fehler des Sonderfachmannes. Der vom Bauherrn beauftragte Sonderfachmann ist regelmäßig nicht Erfüllungsgehilfe des Bauherrn in dessen Vertragsverhältnis mit dem Architekten[34]. 20

b) Beauftragung des Sonderfachmanns durch den Architekten. In vielen Fällen beauftragt der Architekt den Sonderfachmann direkt. Im Allgemeinen geschieht dies, sofern der Architekt nicht als Generalplaner tätig ist, im Namen des Bauherrn. Für eine den Bauherrn bindende Auftragserteilung ist es erforderlich, dass der Architekt eine rechtsgeschäftliche Vollmacht des Bauherrn hat. Aus dem Architektenvertrag selbst ergibt sich grundsätzlich keine Vollmacht, es sei denn, dass ausdrücklich eine Vertragsklausel dem Architekten rechtsgeschäftliche Vollmacht erteilt. Eine „originäre" Vollmacht des Architekten gibt es nicht. Gleiches gilt für den Sonderfachmann. Um den Bauherrn wirksam rechtsgeschäftlich zu verpflichten, und somit auch einen verbindlichen Vertrag mit dem Sonderfachmann abzuschließen, benötigt der Architekt eine ausdrückliche oder zumindest eine stillschweigende rechtsgeschäftliche Vollmacht gemäß § 164 ff. BGB[35]. 21

Fehlt es an dieser Vollmacht, steht dem Sonderfachmann gegenüber dem Bauherrn mangels Vertrag kein Honoraranspruch zu. In vielen Fällen achtet der Sonderfachmann nicht darauf, ob der Architekt eine Vollmacht hat. Dabei geht der Sonderfachmann vielfach davon aus, dass der Architekt, der ihm den Auftrag erteilt, im Namen und in Vollmacht des Bauherrn handelt. Fehlt es an einer rechtsgeschäftlichen Vollmacht des Architekten, erhält der Sonderfachmann sein Honorar nur unter den Voraussetzungen der ungerechtfertigten Bereicherung nach § 812 BGB vom Bauherrn. Gegenüber dem vollmachtlos handelnden Architekten steht dem Sonderfachmann ein Schadensersatzanspruch nach § 179 Abs. 1 BGB zu. Dieser Anspruch grundsätzlich nicht nach § 179 Abs. 3 22

[34] BGH Urt. v. 4.7.2002, VII ZR 66/01, NZBau 2002, 616; = IBR 2002, 553.

[35] BGH Urt. v. 14.7.1994, VII ZR 186/93, BauR 1994, 760, 762; Quack, Die „originäre" Vollmacht des Architekten, BauR 1995, 442.

BGB ausgeschlossen, weil ein Vertragspartner grundsätzlich auf die behauptete Vertretungsmacht vertrauen darf.[36]

23 Wenn der Architekt die entsprechende Vollmacht hat, die Sonderfachleute zu beauftragen, entsteht ein direktes Vertragsverhältnis zwischen Sonderfachmann und Bauherrn.

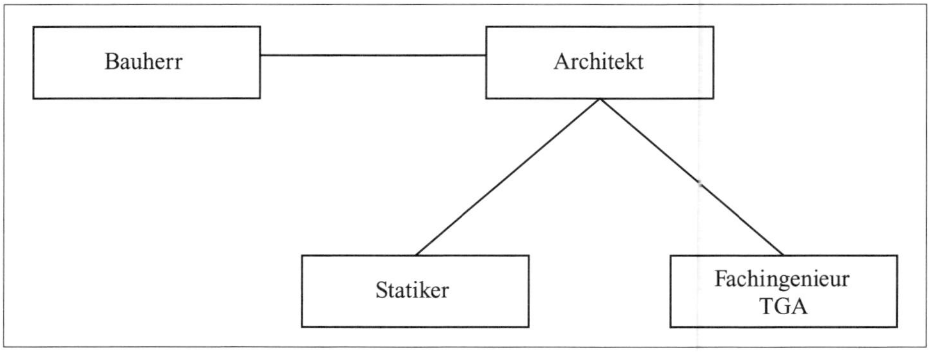

Schaubild 2: Beauftragung der Sonderfachleute durch den Architekten mit Vollmacht des Bauherrn.

24 Erbringt der Architekt auch alle Architekten- und Ingenieurleistungen des zu errichtenden Bauwerkes, liegt ein Generalplanervertrag vor[37].

25 **c) Unwirksamkeit des Ingenieurvertrages.** Ingenieurverträge können wie andere zivilrechtliche Verträge auch nichtig sein[38]. Abgesehen von der Geschäftsfähigkeit und anderen Fehlern der Willenserklärung selbst, die in diesem Bereich von eher untergeordneter Bedeutung sein dürften, ist der wichtigste Fall, der Verstoß gegen ein gesetzliches Verbot i.S.v. § 134 BGB:

26 *„Ein Rechtsgeschäft, das gegen ein gesetzliches Verbot verstößt ist nichtig, wenn sich nicht aus dem Gesetz etwas anderes ergibt."*

27 Wenn der Auftraggeber und der Ingenieur vereinbaren, dass schwarz, d.h. ohne Rechnung gezahlt wird, verstoßen beide gegen ein gesetzliches Verbot, und zwar gegen § 1 Abs. 2 Nr. 2 des Schwarzarbeitsbekämpfungsgesetzes (SchwarzArbG). Das Verbot führt jedenfalls dann zur Nichtigkeit des Vertrags gemäß § 134 BGB, wenn der Unternehmer vorsätzlich hiergegen verstößt und der Besteller den Verstoß des Unternehmers kennt und bewusst zum eigenen Vorteil ausnutzt.[39] Hier liegt eine Steuerhinterziehung vor mit der Folge, dass der gesetzliche Verstoß zur Nichtigkeit der getroffenen Ohne-Rechnung-Abrede führt.[40] Nach § 139 BGB hat das zur Folge, dass der gesamte Architektenvertrag nichtig ist. Damit muss der Bauherr kein Honorar zahlen und der Ingenieur muss keine Gewährleistung übernehmen.[41]

28 Sofern jedoch bereits Honorar von dem Bauherrn an den Ingenieur gezahlt ist, kann der Bauherr dies grundsätzlich nicht zurückfordern, § 814 BGB.

29 Das wichtigste Verbotsgesetz in diesem Sinne stellt im Bereich des Architekten- und Ingenieurvertragsrecht das Koppelungsverbot des Art. 10 § 3 MRVG[42]:

---

[36] BGH Urt. v. 9.11.2004 – X ZR 101/03, IBR 2005,127.

[37] In diesem Fall haftet der Architekt nicht nur für seine Leistung, sondern auch für die Leistung der Sonderfachleute.

[38] *Schwenker* § 4 V in diesem Buch.

[39] BGH Urt. v. 1.8.2013 – VII ZR 6/13, IBR 2013, 609; BGH Urt. v. 10.4 2014 – VII ZR 241/13.

[40] BGH Urt. v. 24.4.2008 – VII ZR 140/07, IBR 2008, 397.

[41] BGH Urt. v. 1.8.2013 – VII ZR 6/13, IBR 2013,609.

[42] Gesetz zur Verbesserung des Mietrechts und zur Begrenzung des Mietanstiegs, sowie zur Regelung von Ingenieur- und Architektenleistungen v. 4.11.1971, (MRVG) BGBl 1971, I 1795.

„Eine Vereinbarung, durch die der Erwerber eines Grundstücks sich im Zusammenhang mit dem Erwerb verpflichtet, bei der Planung oder Ausführung eines Bauwerks auf dem Grundstück die Leistung eines bestehenden Ingenieurs oder Architekt in Anspruch zu nehmen, ist unwirksam. Die Wirksamkeit des auf den Erwerb des Grundstücks gerichteten Vertrages bleibt unberührt." 30

Ingenieurverträge, die mit einem Grundstückskaufvertrag gekoppelt sind, sind somit unwirksam. Nichtig sind Ingenieurverträge, bei denen sich der Erwerber des Grundstückes verpflichtet, die Leistung eines bestimmten Architekten oder Ingenieurs in Anspruch zu nehmen. Das Koppelungsverbot erfasst in persönlicher Hinsicht nur freiberufliche Architekten und Ingenieure. Der Bundesgerichtshof sieht das Koppelungsverbot berufsstands- und nicht leistungsbezogen[43]. Von der Rechtsprechung ist eine Vereinbarung als Verstoß gegen das Koppelungsverbot beispielsweise angesehen worden, durch die sich der Erwerber eines Grundstückes verpflichtet, bei der Planung oder Ausführung die Leistung eines bestimmten Architekten oder Ingenieurs in Anspruch zu nehmen. Wenn die Ehefrau eines Statikers an einen Interessenten ein Grundstück verkauft und zugleich mit diesem einen Vertrag abschließt, mit welchem der Ehemann verpflichtet wird, die Statik für dieses Objekt zu erbringen, so ist der Ingenieurvertrag insoweit unwirksam. Der Grundstückskaufvertrag hingegen bleibt wirksam. Verkauft eine Gemeinde ein Grundstück zum Zwecke der Wohnbebauung mit der Auflage, dass ein bestimmter Architekt oder Ingenieur die Planungsleistung übertragen bekommt, führt dies zur Unwirksamkeit des Architekten- bzw. Ingenieurvertrages[44]. Für einen gewerbsmäßig mit der Erlaubnis nach § 34 c GewO als Generalunternehmer tätigen Architekten oder Ingenieur, der schlüsselfertig auf einem dem Erwerber vorweg übertragenen Grundstück ein Gebäude errichtet, gilt das Koppelungsverbot grundsätzlich nicht[45]. Hat ein gemeindlicher Wettbewerb stattgefunden, ist die Anwendung des Koppelungsverbots eingeschränkt. Ist ein Architekt als Sieger aus einem gemeindlichen Architektenwettbewerb hervorgegangen und wurden ihm zur Verwirklichung der Zielvorstellungen des Wettbewerbs Grundstücke von der Gemeinde an die Hand gegeben und die Bauwilligen an ihn verwiesen, ist eine verfassungskonforme Auslegung des Art. 10 § 3 MRVG dahin möglich, dass diese Fälle nicht vom Koppelungsverbot umfasst werden.[46] 31

Ein Verbot der Rechtsberatung besteht für den Ingenieur nicht, wenn die Rechtsberatung als Nebenleistung zu seinem Berufs- und Tätigkeitsbild gehört. Das Rechtsdienstleistungsgesetz erlaubt die Rechtsberatung auch für Nichtanwälte, wenn sie für den beratenden Ingenieur eine Nebenleistung ist, die neben seiner Ingenieurleistung steht. Ob eine Nebenleistung vorliegt, ist nach ihrem Inhalt, Umfang und sachlichem Zusammenhang mit der Haupttätigkeit unter Berücksichtigung der Rechtskenntnisse zu beurteilen, die für die Haupttätigkeit erforderlich sind. Da der Architekt oder Ingenieur eine dauerhaft genehmigungsfähige Planung schuldet, muss er auch prüfen, ob das geplante Bauwerk genehmigungsfähig ist. Dazu gehören Kenntnisse des öffentlichen Bauplanungs- und Bauordnungsrechts. Er muss Bebauungspläne lesen können, was rechtliche Kenntnisse des Baugesetzbuches und der Baunutzungsverordnung voraussetzt. Weiterhin muss er auch wissen, welche Bauvorhaben zulässig sind. 32

Eine verbotene Rechtsberatung durch einen Fachingenieur liegt aber dann vor, wenn die diesem übertragene Dienstleistung auf die Abänderung oder Umgestaltung eines fremden Rechtsverhältnisses gerichtet ist.[47] Der Schwerpunkt der Tätigkeit des Fachingenieurs war die Überprüfung des Vertrages. Damit stand die Rechtsberatung im Vordergrund, so dass diese Tätigkeit dem Schutzzweck des damaligen Rechtsberatungsgesetzes 33

---

[43] BGH Urt. v. 22.12.1983, – VII ZR 59/92, BauR 1984, 192.
[44] BGH Urt. v. 19.2.1998 – VII ZR 236/96, NJW-RR 1998, 952; IBR 1998, 212.
[45] BGH Urt. v. 18.5.1995 – VII ZR 49/88, BauR 1989, 95.
[46] BGH Urt. v. 22.7.2010 – VII ZR 144/09, IBR 2010, 573.
[47] BGH Urt. v. 18.5.1995 – III ZR 109/94, NJW 1995, 3122; *Fischer*, AnwZert BauR 1/2011 Anm. 1.

widersprach. Folglich war der zwischen dem Fachingenieur und der Gemeinde geschlossene Vertrag nichtig und der Fachingenieur erhielt kein Honorar

34 Eine verbotene Rechtsberatung könnte beim Ingenieur die Beratung über Fragen des Baurechts oder der Sachmängelhaftung durch den Ingenieur sein. Nach dem Motto: „Schuster bleib bei deinen Leisten", sollte der Ingenieur im Zusammenhang mit der Rechtsberatung, insbesondere mit der Vertragsgestaltung von Bauverträgen äußerste Vorsicht walten lassen. Es ist grundsätzlich nicht Aufgabe des Ingenieurs, dem Bauherrn einen Bauvertrag zu besorgen. Bei einer falschen Vertragsgestaltung haftet der Ingenieur, auch wenn er für diese Leistung kein zusätzliches Honorar bekommen hat.[48]

35 Dient die Tätigkeit des Ingenieurs in erster Linie dem rechtlichen Vertragsmanagement, so ist seine Tätigkeit unzulässig wegen eines Verstoßes gegen das Rechtsdienstleistungsgesetz. Folge dieses Verstoßes ist es, dass mangels eines wirksamen Vertrages ein Honoraranspruch nicht gegeben ist. Darüber hinaus kann der Verstoß gegen das Rechtsdienstleistungsgesetz mit einem Bußgeld geahndet werden.

Architekten- und Ingenieurverträge sind grundsätzlich formfrei. In verschiedenen gesetzlichen Bestimmungen gibt es „Formvorschriften", die für Architekten- und Ingenieurverträge eine Rolle spielen. Dazu gehören die gemeinderechtlichen Regelungen, Regelungen für Landkreise[49] und Zweckverbände. Weiterhin gehören hierzu die kirchenrechtlichen Regelungen[50].

36 Bei diesen gesetzlichen Regelungen handelt es sich nicht um Formvorschriften im Sinne von § 125 BGB[51]. Die Formvorschriften der Gemeindeordnung sowie aus den kirchenrechtlichen Regelungen, sind materielle Vorschriften über die Beschränkung der Vertretungsmacht[52]. Ingenieurverträge mit Kommunen sind nach der Gemeindeordnung des betreffenden Bundeslandes schriftlich abzufassen und die Unterschrift des Bürgermeisters unter Beifügung seiner Amtsbezeichnung und des Dienstsiegels müssen auf dem Vertrag vorhanden sein[53]. Ist diese Form nicht eingehalten, ist die seitens der Gemeinde abgegebene Erklärung wegen Überschreitung der Vertretungsmacht bis zur Genehmigung oder Ablehnung der Genehmigung schwebend unwirksam[54].

37 Nach § 15 Abs. 1 HOAI ist Voraussetzung für die Fälligkeit der Honorarschlussrechnung neben einer prüfbaren Abrechnung die Abnahme der Architektenleistung nach § 640 Abs. 1 S. 1 BGB. Entsprechend sind die einzelnen Formen der Abnahme wie ausdrückliche und konkludente Abnahme[55], Teilabnahme, Abnahmefiktion nach § 640 Abs. 1 S. 3 BGB, möglicherweise auch die Vollendung des Werkes im Sinne von § 646 BGB auch bei Architektenleistungen anwendbar. Bei der ausdrücklichen Abnahme erklärt der Auftraggeber gegenüber dem Architekten offen seinen Abnahmewillen. Die konkludente Abnahme, auch stillschweigende Abnahme genannt, setzt ein schlüssiges Verhalten des Auftraggebers voraus, aus dem sich der Abnahmewille erkennen lässt. Erforderlich ist ein tatsächliches Verhalten des Auftraggebers, das geeignet ist, seinen Abnahmewillen dem Auftragnehmer gegenüber eindeutig und schlüssig zum Ausdruck zu bringen.[56] Nach § 640 Abs. 1 S. 3 BGB steht es der Abnahme gleich, wenn der Auftraggeber das abnahmefähige Architektenwerk nicht innerhalb einer ihm vom Architekten bestimmten angemessenen Frist abnimmt. Mit dem erfolglosen Ablauf dieser Frist tre-

---

[48] OLG Brandenburg Urt. v. 26.9.2002 – 12 U 63/02, BauR 2003, 1299 = IBR 2004, 1080.
[49] OLG Stuttgart Urt. v. 15.2.2000, 10 U 118/99, BauR 2001, 288.
[50] *Locher/Koeble/Frik*, Einl. Rz. 95.
[51] BGH Urt. v. 20.1.1994, VII ZR 174/92, BauR 1994, 363.
[52] BGH Urt. v. 20.1.1994, VII ZR 174/92 BauR 1994, 363.
[53] BGH Urt. v. 20.1.1994, VII ZR 174/92, BauR 1994, 363.
[54] BGH Urt. v. 20.1.1994, VII ZR 174/92, BauR 1994, 363 = NJW 1994, 1528.
[55] BGH Urt. v. 20.2.2014 – VII ZR 26/12.
[56] BGH Urt. v. 26.9.2013 – VII ZR 220/12; BGH Urt. v. 11.6.1999 – VII ZR 170/98.

ten die Rechtswirkungen der Abnahme in der Weise ein, als hätte der Auftragnehmer eine Abnahme vollzogen.[57]

Wird ein Vertrag mit einer Kirche oder einer Gemeinde abgeschlossen, sind die gesetzlichen Formvorschriften zu beachten. Geschieht dies nicht, kommt kein wirksamer Ingenieurvertrag zustande. Die Formvorschriften ergeben sich für die Katholische Kirche aus dem Vermögensgesetz, für die Evangelische Kirche aus den entsprechenden Landeskirchengesetzen. Verträge mit Gemeinden müssen, da es sich bei dem Abschluss von Ingenieurverträgen nicht um Geschäfte der laufenden Verwaltung handelt, schriftlich abgeschlossen werden, vom Bürgermeister unterschrieben und mit dem Dienstsiegel versehen sein. Die entsprechenden Formvorschriften folgen aus den jeweiligen Gemeindeordnungen der einzelnen Bundesländer. Ein Beschluss des Gemeinderates ist nicht erforderlich. Wenn jedoch dem Sonderfachmann bekannt war oder es ihm hätte aufdrängen müssen, dass der Bürgermeister seine nach außen umfassende Vollmacht zum Nachteil der Gemeinde objektiv missbraucht, ist das Vertrauen des Sonderfachmanns in dem Umfang der Vertretungsmacht des Bürgermeisters nicht schutzwürdig[58]. Bei Abschluss eines Vertrages mit der evangelischen oder katholischen Kirche sind die entsprechenden kirchenrechtlichen Genehmigungen zu beachten. Bei Verträgen mit der katholischen Kirche bedarf es der Genehmigung der Bischöflichen Behörde[59], und bei der evangelischen Kirche ist die Genehmigung der jeweiligen Landessynode erforderlich[60].

3. Honorierung des Sonderfachmanns

a) Grundlagen. Ob einem Sonderfachmann ein Honoraranspruch dem Grunde nach zusteht, beurteilt sich zunächst nach dem Bürgerlichen Gesetzbuch. Der Ingenieurvertrag ist als Werkvertrag gemäß § 631 BGB zu klassifizieren. Grundsätzliche Voraussetzung für den Honoraranspruch ist, dass zwischen dem Sonderfachmann und dem Auftraggeber ein wirksamer Ingenieurvertrag zustande gekommen ist, es sich also nicht um eine akquisitorische Tätigkeit handelt. 38

§ 6 Abs.1 HOAI legt die Kriterien für eine prüfbare Abrechnung fest. Die Abrechnung erfolgt grundsätzlich auf Basis der anrechenbaren Kosten gemäß HOAI bzw. nach DIN 276, Fassung 2008. Dabei gelten auch hier die Grundsätze, dass das Honorar ausschließlich im Rahmen der Mindest- und Höchstsätze der HOAI vereinbart werden kann (§ 7 Abs. 1 HOAI). Sofern nicht bei Auftragserteilung etwas anderes schriftlich vereinbart worden ist, gelten die jeweiligen Mindestsätze als vereinbart (§ 7 Abs. 5 HOAI). Nach Abschluss des Vertrages ist es nicht mehr möglich, den Honorarsatz für die bereits beauftragten Leistungen zu erhöhen. 39

b) Honorarregelung für Sonderfachleute. *aa) Tragwerksplaner:* Grundlage für die Honorarberechnung sind die §§ 49ff. HOAI. Für die Bewertungsmaßstäbe seines Honorars hat der Tragwerksplaner folgende Grundsätze nach § 6 Abs. 1 HOAI anzuwenden: 40
- die erbrachten Grundleistungen, § 51 HOAI (Leistungsbild),
- die anrechenbaren Kosten des Objektes, § 50 HOAI,
- der vereinbarte Honorarsatz, § 7 Abs. 1 HOAI
- die Honorarzone, § 52 Abs.2 HOAI i.V.m. Anlage 14, Nr. 14.2
- die Honorartafel, § 52 HOAI
- den Umbau- und Modernisierungszuschlag, § 52 Abs. 4 HOAI.

---

[57] *Fischer* in Fuchs/Berger/Seifert, 1. Teil X, S. 384 ff.

[58] BGH Urt. v. 20.1.1994 – VII ZR 174/92, NJW 1994, 1528 = IBR 1994, 183.

[59] KG Urt. v. 14.11.2001, Az. 15 U 9368/99; BGH Beschl. v. 27.9.2001, VII ZR 2/01, IBR 2001,674.

[60] *Locher/Koeble/Frik*, Einl. Rn. 95.

41 *(1) anrechenbare Kosten.* § 50 HOAI regelt in Ergänzung zu § 6 HOAI die Berechnung der anrechenbaren Kosten bei der Tragwerksplanung. Nach § 50 Abs. 1 HOAI sind bei Gebäuden und zugehörigen baulichen Anlagen die anrechenbaren Kosten 55 % der Bauwerk-Baukonstruktionskosten und 10 % der Kosten der technischen Anlagen. Hier ist die DIN 276 Fassung 2008, dort Kostengruppen 300 und 400, zugrunde zu legen.

42 Nach § 50 Abs. 2 HOAI können die Vertragsparteien bei Gebäuden mit einem hohen Anteil an Kosten der Gründung und der Tragkonstruktionen schriftlich vereinbaren, dass die anrechenbaren Kosten abweichend von § 50 Abs. 1 HOAI nach § 50 Abs. 3 HOAI ermittelt werden. Bei Ingenieurbauwerken sind 90 Prozent der Baukosten der Baukonstruktionen und 15 Prozent der Kosten der Technischen Anlagen anrechenbar, § 50 Abs. 3 HOAI. Für Traggerüste bei Ingenieurbauwerken sind die Herstellkosten einschließlich der zugehörigen Kosten für Baustelleneinrichtungen anrechenbar. Bei mehrfach verwendeten Bauteilen ist der Neuwert anrechenbar, § 50 Abs. 4 HOAI. Die Vertragsparteien können vereinbaren, dass Kosten von Arbeiten, die nicht in den §§ 50 Abs. 1 bis 3 HOAI erfasst sind, ganz oder teilweise anrechenbar sind, wenn der Auftragnehmer wegen dieser Arbeiten Mehrleistungen für das Tragwerk nach § 51 HOAI erbringt, § 50 Abs. 4 HOAI.

43 Nach § 50 Abs. 5 HOAI können zusätzliche Kosten zu den anrechenbaren Kosten hinzukommen. Die Vertragsparteien können danach vereinbaren, dass die Kosten von Arbeiten, die nicht in § 50 Abs. 1 bis 3 HOAI erfasst sind, ganz oder teilweise anrechenbar sind, wenn der Auftragnehmer Mehrleistungen für das Tragwerk erbringt. Fertigteile, die zu den Stahlbetonarbeiten gehören, rechtfertigen keine Erhöhung nach dieser Vorschrift. Grund ist der Umstand, dass diese Arbeiten bereits in den Stahlbetonarbeiten nach § 50 Abs. 3 HOAI enthalten sind.[61]

44 Wenn mitzuverarbeitende Bausubstanz vom Tragwerksplaner verarbeitet wird, ist diese nach § 4 Abs. 3 HOAI angemessen bei den anrechenbaren Kosten zu berücksichtigen. Der Umfang der mitzuverarbeitenden Bausubstanz ist bei den anrechenbaren Kosten angemessen zu berücksichtigen. Umfang und Wert der mitzuverarbeitenden Bausubstanz sind zum Zeitpunkt der Kostenberechnung oder, sofern keine Kostenberechnung vorliegt, zum Zeitpunkt der Kostenschätzung objektbezogen zu ermitteln und schriftlich zu vereinbaren. Die schriftliche Vereinbarung ist keine zwingende Voraussetzung für die Durchsetzbarkeit des Honorars. Dazu bedarf es keiner schriftlichen Vereinbarung. Eine etwaige Vereinbarung muss nicht bei Vertragsschluss herbeigeführt werden; sie kann jederzeit nachgeholt werden.[62]

45 *(2) Honorarzone.* Die Honorarzonen, die für das Honorar von entscheidender Bedeutung sind, sind für den Tragwerksplaner in § 52 Abs. 2 HOAI geregelt. Die Honorarzone wird nach dem statisch-konstruktiven Schwierigkeitsgrad anhand der in Anlage 14 Nummer 14.2 dargestellten Bewertungsmerkmale ermittelt. Die in der Anlage 14.2 enthaltene Objektliste Tragwerksplanung hat verbindlichen Charakter.[63] Es gibt insgesamt fünf Honorarzonen. Die Tragwerksplanung wird den folgenden Honorarzonen zugeordnet:
– Honorarzone I: sehr geringe Planungsanforderungen,
– Honorarzone II: geringe Planungsanforderungen,
– Honorarzone III: durchschnittliche Planungsanforderungen,
– Honorarzone IV: hohe Planungsanforderungen,
– Honorarzone V: sehr hohe Planungsanforderungen.

46 Sind für ein Tragwerk Bewertungsmerkmale aus mehreren Honorarzonen anwendbar und bestehen deswegen Zweifel, welcher Honorarzone das Tragwerk zugeordnet werden kann, so ist für die Zuordnung die Mehrzahl der in den jeweiligen Honorarzonen nach Absatz 2 aufgeführten Bewertungsmerkmale und ihre Bedeutung im Einzelfall maßgebend, § 52 Abs. 3 HOAI.

---

[61] *Locher/Koeble/Frik*, HOAI, § 50 Rz. 32.
[62] BGH Urt. v. 27.2.2003 – VII ZR 11/02, IBR 2003, 256.
[63] *Locher/Koeble/Frik*, HOAI § 52, Rz. 3.

(3) zu erbringende Leistungen. Die vom Tragwerksplaner zu erbringenden Leistungen folgen nicht aus § 51 HOAI, sondern aus den im Vertrag festgelegten Leistungspflichten. Das in § 51 HOAI aufgeführte Leistungsbild Tragwerksplanung legt i.V.m. der Anlage 14 nur fest, welches Honorar der Tragwerksplaner für seine Leistungen erhält, wenn er die Leistungen vertragsgemäß erbracht hat. Das Leistungsbild und die zu erbringenden Leistungen der Tragwerksplanung ergeben sich aus § 51 Abs. 1 HOAI i.V.m. Anlage 14.1. Dabei unterscheidet die HOAI in der Anlage 14 unter Nr. 14.1 zwischen Grundleistungen und Besonderen Leistungen. In der Anlage 14.1 sind in der linken Spalte die Grundleistungen und in der rechten Spalte die Besonderen Leistungen aufgeführt. Die Grundleistungen der Tragwerksplanung sind für Gebäude und zugehörige bauliche Anlagen sowie für Ingenieurbauwerke nach § 41 Nr. 1 bis 5 HOAI in den Leistungsphasen 1 bis 6 sowie für Ingenieurbauwerke nach § 41 Nr. 6 und 7 HOAI in den Leistungsphasen 2 bis 6 zusammengefasst und werden wie folgt in Prozentsätzen der **47**

- für die Leistungsphase 1 (Grundlagenermittlung) mit 3 Prozent,
- für die Leistungsphase 2 (Vorplanung) mit 10 Prozent,
- für die Leistungsphase 3 (Entwurfsplanung) mit 15 Prozent,
- für die Leistungsphase 4 (Genehmigungsplanung) mit 30 Prozent,
- für die Leistungsphase 5 (Ausführungsplanung) mit 40 Prozent,
- für die Leistungsphase 6 (Vorbereitung der Vergabe) mit 2 Prozent.

Die Leistungsphase 5 ist abweichend von Absatz 1 mit 30 Prozent der Honorare des § 52 HOAI zu bewerten im Stahlbetonbau, sofern keine Schalpläne in Auftrag gegeben werden, und im Holzbau mit unterdurchschnittlichem Schwierigkeitsgrad. **48**

Die Leistungsphase 5 ist abweichend von Absatz 1 mit 20 Prozent der Honorare des § 52 HOAI zu bewerten, sofern nur Schalpläne in Auftrag gegeben werden. Bei sehr enger Bewehrung kann die Bewertung der Leistungsphase 5 um bis zu 4 Prozent erhöht werden. Anlage 14 Nr. 14.1 regelt die Grundleistungen jeder Leistungsphase und enthält Beispiele für Besondere Leistungen. Für Ingenieurbauwerke nach § 41 Nr. 6 und 7 HOAI sind die Grundleistungen der Tragwerksplanung zur Leistungsphase 1 im Leistungsbild der Ingenieurbauwerke gemäß § 43 HOAI enthalten. **49**

(4) Honorar. Die Höhe des zu zahlenden Honorars ergibt sich aus der Honorartafel des § 52 HOAI. Hier sind die Honorare des Tragwerksplaners für anrechenbare Kosten zwischen 10.000 € und 15.000.000 € netto aufgeführt. Bei anrechenbaren Kosten unter 10.000 € und anrechenbaren Kosten über 15 Mio. € sind die Honorare frei verhandelbar, § 7 Abs. 2 HOAI. Innerhalb der Tafelwerte des § 52 HOAI sind für die Grundleistungen die Mindest- und Höchstwerte zwingend. Die festgesetzten Mindestsätze können nur durch schriftliche Vereinbarung bei Auftragserteilung in Ausnahmefällen unterschritten werden. Das Vorliegen eines Ausnahmefalles wird vom BGH eng gefasst. Ein Ausnahmefall in Form einer engen wirtschaftlichen Beziehung kann nicht allein daraus hergeleitet werden, dass ein Ingenieur als Nachunternehmer für längere Zeit eine Vielzahl von Aufträgen zu einem unter den Mindestsatz liegenden Pauschalhonorar ausführt.[64] Ein Ausnahmefall nach § 7 Abs. 3 HOAI kann beispielsweise bei engen Beziehungen rechtlicher, wirtschaftlicher, sozialer oder persönlicher Art oder sonstigen besonderen Umständen gegeben sein.[65] **50**

Die Vereinbarung eines Pauschalhonorars ist zulässig, wenn das Pauschalhonorar die Mindestsätze nicht unterschreitet.[66] Unterschreitet das vereinbarte Pauschalhonorar die Mindestsätze, so ist der Tragwerksplaner berechtigt, das Mindestsatzhonorar abzurechnen[67].

---

64 BGH Urt. v. 27.11.2011 – VII ZR 163/10, IBR 2012, 88, 89.
65 BGH Urt. v. 15.4.1999 – VII Z'R 309/98, IBR 1999, 325 = BauR 1999, 37.
66 BGH Urt. v. 8.3.2012 – VII ZR 195/09, IBR 2012, 268.
67 BGH Urt. v. 16.4.1998 – VII ZR 176/96, BauR 1998, 813 = NJW 1998, 2672.

51 Eine Sonderregelung bezüglich Tragwerke bei Ingenieurbauwerken mit großer Längenausdehnung enthält § 52 Abs. 5 HOAI. Nicht definiert ist, was unter Ingenieurbauwerken mit großer Längenausdehnung zu verstehen ist. Steht der Aufwand in einem Missverhältnis zu dem auf der Grundlage der anrechenbaren Kosten ermittelten Honorar des Auftragnehmers, kann der Mittelsatz durch schriftliche Vereinbarung unterschritten werden. Es handelt sich hier um einen Ausnahmefall nach § 7 Abs. 3 HOAI.

52 Für Umbauten und Modernisierungen kann bei einem durchschnittlichen Schwierigkeitsgrad ein Zuschlag gemäß § 6 Absatz 2 Satz 3 bis 50 Prozent schriftlich vereinbart werden, § 52 Abs. 3 HOAI. Ist kein Umbau- oder Modernisierungszuschlag schriftlich vereinbart, wird unwiderleglich vermutet, dass ein Zuschlag von 20 % ab einem durchschnittlichen Schwierigkeitsgrad vereinbart ist, § 6 Abs. 2 Nr. 5 HOAI.

53 § 52 Abs. 4 HOAI legt den Höchstsatz des Umbau- und Modernisierungszuschlages auf bis zu 50 % fest, wobei dies nach dem Wortlaut sich nur auf den durchschnittlichen Schwierigkeitsgrad (Honorarzone III) bezieht. Bei der Honorarzone IV und V kann somit auch ein höherer Zuschlag vereinbart werden.

54 *bb) Innenarchitekt.* Das Grundhonorar für den Innenarchitekten und für den für das Gebäude tätigen Architekten ist von der Systematik gemäß §§ 33, 35 HOAI fast identisch geregelt. Für beide gilt die gleiche Honorartafel, obwohl dem Innenarchitekten niedrigere anrechenbare Kosten für die Abrechnung zur Verfügung stehen. Das Honorar des Innenarchitekten für das Objekt Innenräume wird entsprechend § 6 HOAI abgerechnet nach:

(1) Den anrechenbare Kosten, § 6 Abs. 1 Nr. 1, § 33 HOAI;
(2) dem Leistungsbild, § 34 HOAI i.V.m. Anlage 10;
(3) der Honorarzone, § 35 Abs. 3 bis Abs. 7 HOAI;
(4) der Honorartafel, § 35 HOAI;
(5) dem Umbau- und Modernisierungszuschlag, § 6 Abs. 2 Nr. 5, § 36 Abs. 2 HOAI.

55 *(1) Anrechenbare Kosten.* Für Grundleistungen bei Innenräumen sind die Kosten der Baukonstruktion[68] anrechenbar, § 33 Abs. 1 HOAI. Die Kosten für technische Anlagen für Grundleistungen bei Innenräumen sind, wenn der Innenarchitekt sie fachlich nicht plant oder deren Ausführung fachlich nicht überwacht, vollständig anrechenbar bis zu einem Betrag von 25 % der sonstigen anrechenbaren Kosten und zur Hälfte anrechenbar mit dem Betrag, der 25 % der sonstigen anrechenbaren Kosten übersteigt, § 33 Abs. 2 HOAI. Hierbei handelt es sich um die Kosten für Installationen, zentrale Betriebstechnik und betriebliche Einbauten der Kostengruppe 400 der DIN 276. Die diesbezüglichen Kosten sind anrechenbar, soweit die nach dieser Vorschrift vorausgesetzte Integration und Koordination erforderlich gewesen und vom Innenarchitekten vorgenommen worden ist.[69] Der Innenarchitekt bekommt diese anrechenbaren Kosten für seine Leistung im Zusammenhang mit der Koordination und Integration der Fachingenieurleistung der technischen Ausrüstung. Die Kosten für die Ausstattung und Kunstwerke der Kostengruppe 600 der DIN 276 erhält der Innenarchitekt zu den anrechenbaren Kosten, soweit er diese Leistungen plant oder bei der Beschaffung mitwirkt oder ihre Ausführung oder deren Einbau fachlich überwacht, § 33 Abs. 3 HOAI.

56 *(2) Leistungsbild.* Das Leistungsbild der Innenräume findet sich in § 34 HOAI i.V.m. Anlage 10. Leistungen für Innenräume sind die Gestaltung oder Erstellung von Innenräumen (in Gebäuden) ohne wesentliche Eingriffe in Bestand oder Konstruktion, § 34 Abs. 2 HOAI. Die Grundleistungen sind in neun Leistungsphasen unterteilt und werden wie folgt in Prozentsätzen der Honorare des § 35 HOAI bewertet:

– Leistungsphase 1 (Grundlagenermittlung) mit je 2 Prozent,
– Leistungsphase 2 (Vorplanung) mit je 7 Prozent,

[68] Kostengruppe 300 der DIN 276 Teil 1, 2008 = Baukonstruktionen.
[69] BGH Urt. v. 12.1.2006 – VII ZR 2/04, BGHZ 165, 382 bis 392 = NZBau 2006, 248.

– Leistungsphase 3 (Entwurfsplanung) mit 15 Prozent,
– Leistungsphase 4 (Genehmigungsplanung) mit 2 Prozent,
– Leistungsphase 5 (Ausführungsplanung) mit 30 Prozent,
– Leistungsphase 6 (Vorbereitung der Vergabe) mit 7 Prozent,
– Leistungsphase 7 (Mitwirkung bei der Vergabe) mit 3 Prozent
– Leistungsphase 8 (Objektüberwachung – Bauüberwachung und Dokumentation) mit 32 Prozent,
– Leistungsphase 9 (Objektbetreuung) mit je 2 Prozent.

(3) Honorarzone Die Objektplanung Innenräume umfasst fünf Honorarzonen, von Honorarzone I (sehr geringe Planungsanforderungen) bis Honorarzone V (sehr hohe Planungsanforderungen), § 5 Abs. 1 HOAI. 57

Die Honorarzone ist nicht verhandelbar, auch wenn es in der Praxis häufig versucht wird. Eine Vereinbarung einer zu niedrigen Honorarzone, die zu einer Unterschreitung der Mindestsätze der in Betracht kommenden zutreffenden Honorarzone führt, ist im Regelfall nicht wirksam. Für die Einordnung in die zutreffende Honorarzone kommt es auf eine objektive Beurteilung der für die Bewertung maßgeblichen Kriterien in § 35 Abs. 2 bis 7 HOAI an.[70] 58

Für die Innenräume lauten die Bewertungsmerkmale nach § 35 Abs. 3 HOAI wie folgt:

Bewertungsmerkmale	**Punkte**
Anzahl der Funktionsbereiche	bis zu 6
Anforderung an die Lichtgestaltung	bis zu 6
Anforderung an die Raumzuordnung und Raumproportion	bis zu 6
Technische Ausrüstung	bis zu 6
Farb- und Materialgestaltung	bis zu 9
Konstruktive Detailgestaltung	bis zu 9

In § 5 Abs. 7 HOAI wird festgelegt, dass neben den Bewertungsmerkmalen und Bewertungspunkten die Objektliste für die Zuordnung zu den Honorarzonen zu berücksichtigen ist. Die Objektliste für Innenräume ist unter 10.3 aufgeführt. Die in der Objektliste Innenräume aufgeführten Räume aus den Bereichen Wohnung, Büro, Gewerbe, Hotel und andere sind zum Teil auch in mehrere Honorarzonen eingeordnet, da eine allgemeine Bestimmung, ob nun ein Wohnraum Honorarzone III oder Honorarzone IV ist, nicht möglich ist. Soweit in der Objektliste eine Einordnung in die Honorarzone erfolgt, ist derjenige, der hiervon abweichen will, für eine niedrigere bzw. höhere Honorarzone beweisbelastet. 59

(3) Honorartafel Die Honorartafel für Innenräume in § 35 HOAI ist die gleiche wie für Gebäude. Diese beginnt bei 25.000,00 € netto anrechenbare Kosten und endet bei 25 Mio. € anrechenbare Kosten. Sofern die anrechenbaren Kosten unterhalb oder oberhalb der Tafelwerte liegen, kann das Honorar frei vereinbart werden, § 7 Abs. 2 HOAI. Innerhalb der Tafelwerte sind die Honorare in den einzelnen Honorarzonen in Honorarsätzen dargestellt, die vom Mindestsatz bis zum Höchstsatz reichen. Will der Innenarchitekt ein Honorar oberhalb des Mindestsatzes haben, muss eine schriftliche Honorarvereinbarung bei Auftragserteilung getroffen werden, § 7 Abs. 5 HOAI. 60

(4) Umbau- und Modernisierungszuschlag. Bei Leistungen im Bestand, insbesondere bei Umbauten und Modernisierungen von Innenräumen, erhält der Innenarchitekt gemäß § 36 Abs. 2 HOAI bei einem durchschnittlichen Schwierigkeitsgrad einen Zuschlag gemäß § 6 Abs. 2 S. 3 HOAI bis 50 % auf das ermittelte Honorar, sofern eine schriftliche Vereinbarung getroffen wurde. Die hier erforderliche schriftliche Vereinbarung muss 61

[70] BGH Urt. v. 13.11.2003 – VII ZR 362/02, IBR 2004, 78 = BauR 2004, 354.

nicht bei Auftragserteilung erfolgen und kann auch noch später nachgeholt werden. Da die HOAI wörtlich ausführt, dass „bei einem durchschnittlichen Schwierigkeitsgrad (Honorarzone III) ein Zuschlag bis 50 % schriftlich vereinbart werden kann", bedeutet dies, dass bei anderen Honorarzonen durchaus auch ein höherer Honorarzuschlag vereinbart werden kann. Für die Vereinbarung der Honorarzone ist maßgeblich der Schwierigkeitsgrad der konkreten Umbau- oder Modernisierungsmaßnahme im jeweiligen Einzelfall.[71] Der Umbau- und Modernisierungszuschlag hat keinen Mindestsatzcharakter. Der Umbau- und Modernisierungszuschlag kann nachträglich schriftlich geändert werden.[72] Fehlt es an einer schriftlichen Vereinbarung, wird ab einem durchschnittlichen Schwierigkeitsgrad ein Zuschlag von 20 % unwiderleglich vermutet, § 6 Abs. 2 HOAI.

62 Auch Innenräume können, wenn sie vorhanden sind, umgestaltet werden durch Eingriff in die Konstruktion und den Bestand (Umbau) und durch bauliche Maßnahmen kann ihr Gebrauchswert nachhaltig erhöht werden (Modernisierung). Dann ist die Berechtigung des Zuschlages nach § 36 Abs. 2 HOAI i.V.m. § 6 Abs. 2 HOAI gegeben. Ein Umbauzuschlag setzt nach § 2 Abs. 5 HOAI ein vorhandenes Objekt, kein vorhandenes Gebäude voraus.

63 „Vorhanden" bedeutet nach § 2 Abs. 5 HOAI auch, dass ein Raum planerisch oder real von einem Dritten vorgegeben ist. Die Planung von Innenräumen ist ohne die planerische Vorgabe eines Raumes, einer „Hülle", durch den Architekten nicht möglich. Für Innenarchitekten bedeutet dies, dass die Innenraumplanung immer eine Leistung im Bestand darstellt und dem Planer daher ein Zuschlag von 20 % bis 50 % zusteht, auch wenn keine „typischen" Umbauten oder Modernisierungen vorliegen. Allein der planerisch vorgegebene Raum vom Architekten ist gleichzusetzen mit einem Bestand[73] der aufgrund der dadurch bedingten Schwierigkeiten einen Umbauzuschlag rechtfertigen.[74] Damit wird auch der Nachteil der Honorartafel gegenüber dem Architekten ausgeglichen, wofür es früher den Zuschlag nach § 25 Abs. 2 HOAI (1996) gab.

64 Einen Zuschlag für die Innenraumplanung kann der Innenarchitekt nicht in Anspruch nehmen, wenn er gleichzeitig d. h. zusammen mit dem Gebäudeplaner das Bauwerk plant. In diesem Fall entfallen die Zwänge, die bei einer vorgegebenen Planung durch den Gebäudeplaner entstehen.

65 *(5) Objekt „Innenraum"* und *Objekt „Gebäude"* Hat der Innenarchitekt den Auftrag für die Gebäudeplanung und die Innenraumplanung, so darf er gemäß § 37 Abs. 2 HOAI für die Grundleistungen für Innenräume ein gesondertes Honorar nicht berechnen. Diese zusätzlichen Leistungen für die Innenräume sollen bei der Verhandlung über die Höhe des Honorarsatzes für die Grundleistungen am Gebäude berücksichtigt werden.

66 *cc) Technische Ausrüstung:* Das Honorar für technische Gebäudeausrüstung richtet sich gemäß §§ 53ff. HOAI nach
- den anrechenbaren Kosten, § 54 HOAI,
- der Honorarzone, § 56 Abs. 3, 4 HOAI,
- dem vereinbarten Honorarsatz, § 7 Abs. 1 HOAI,
- den erbrachten Leistungen, § 55 HOAI,
- der Honorartafel, § 56 HOAI.

67 *(1) anrechenbare Kosten.* Das Honorar für Leistungen bei der Technischen Ausrüstung richtet sich nach den anrechenbaren Kosten der Anlage einer der acht Anlagegruppen, § 54 Abs. 1 HOAI. Die acht Anlagegruppen sind der DIN 276 Teil 1 Fass. 2008 entnommen.[75] Anrechenbar bei Anlagen in Gebäuden sind auch sonstige Maßnahmen für tech-

---

[71] Amtliche Begründung zur HOAI, § 36 Abs. 2 HOAI.
[72] BGH Urt. v. 22.11.2008 – VII ZR 211/07, IBR 2009, 145.
[73] S. § 2 Abs. 5 HOAI.
[74] Fischer/Krüger, Honorar und Vertrag, II 12. Zuschläge.
[75] DIN 276 Teil 1 Kostengruppen 410 bis 480.

nische Anlagen. Umfasst ein Auftrag für unterschiedliche Objekte im Sinne des § 2 Abs. 1 S. 1 HOAI mehrere Anlagen, die unter funktionalen und technischen Kriterien eine Einheit bilden, werden die anrechenbaren Kosten der Anlagen jeder Anlagengruppe zusammengefasst. Dies gilt für nutzungsspezifische Anlagen nur, wenn diese Anlagen funktional gleichartig sind. § 11 Abs. 1 HOAI ist nicht anzuwenden, § 54 Abs. 2 HOAI. Umfasst ein Auftrag im Wesentlichen gleiche Anlagen, die unter weitgehend vergleichbaren Bedingungen für im Wesentlichen gleiche Objekte geplant werden, ist die Rechtsfolge des § 11 Abs. 3 HOAI anzuwenden. Umfasst ein Auftrag im Wesentlichen gleiche Anlagen, die bereits Gegenstand eines anderen Vertrags zwischen den Vertragsparteien waren, ist die Rechtsfolge des § 11 Abs. 4 HOAI anzuwenden, § 54 Abs. 3 HOAI. Nach § 54 Abs. 4 HOAI sind nicht anrechenbar die Kosten für die öffentliche Erschließung und die technischen Anlagen in Außenanlagen, soweit der Auftragnehmer diese nicht plant oder ihre Ausführung überwacht. Bei der Ermittlung der Kosten ist für die nicht öffentliche Erschließung im Rahmen einer Gebäudeplanung die DIN 276 Kostengruppe 230 und für die technischen Anlagen in Außenanlagen die DIN 276 Kostengruppe 540 zugrunde zu legen.[76] Werden Teile der Technischen Ausrüstung in Baukonstruktionen ausgeführt, so können die Vertragsparteien vereinbaren, dass die Kosten hierfür ganz oder teilweise zu den anrechenbaren Kosten gehören, § 54 Abs. 5 HOAI. Satz 1 ist entsprechend für Bauteile der Kostengruppe Baukonstruktionen anzuwenden, deren Abmessung oder Konstruktion durch die Leistung der Technischen Ausrüstung wesentlich beeinflusst werden.

Ansonsten sind Bauwerks- und Baukonstruktionskosten nicht Bestandteil der anrechenbaren Kosten bei der Technischen Ausrüstung.[77] Die Mindest- und Höchstsätze der Honorare bei der Technischen Ausrüstung sind in der Honorartafel zu § 56 Abs. 1 HOAI enthalten. Die Honorartafel beginnt mit anrechenbaren Kosten von 5.000,00 € netto und endet bei anrechenbaren Kosten von 4.000.000,00 € netto. Liegen die anrechenbaren Kosten unterhalb und oberhalb der Tabellenwerte, sind die Honorare frei vereinbar, § 7 Abs. 2 HOAI. 68

Werden Anlagen einer Anlagengruppe verschiedenen Honorarzonen zugeordnet, so ergibt sich das Honorar aus der Summe der Einzelhonorare, § 56 Abs. 4 HOAI. Ein Einzelhonorar wird dabei für alle Anlagen ermittelt, die einer Honorarzone zugeordnet werden. Für die Ermittlung des Einzelhonorars ist zunächst das Honorar für die Anlagen jeder Honorarzone zu berechnen, das sich ergeben würde, wenn die gesamten anrechenbaren Kosten der Anlagengruppe nur der Honorarzone zugeordnet würden, für die das Einzelhonorar berechnet wird. Das Einzelhonorar ist dann nach dem Verhältnis der Summe der anrechenbaren Kosten der Anlagen einer Honorarzone zu den gesamten anrechenbaren Kosten der Anlagengruppe zu ermitteln. 69

Die mitzuverarbeitende Bausubstanz im Sinne von § 2 Abs. 7 HOAI ist auch bei den anrechenbaren Kosten für die technische Ausrüstung zu berücksichtigen. Der Umfang der mitzuverarbeitenden Bausubstanz ist bei den anrechenbaren Kosten angemessen zu berücksichtigen, § 4 Abs. 3 HOAI. Voraussetzung ist, dass die bereits hergestellte Bausubstanz durch Planungs- und Überwachungsleistungen technisch oder gestalterisch mit verarbeitet wird. 70

(2) Honorarzone. Die Planung der technischen Ausrüstung wird nach § 5 Abs. 2 HOAI folgenden Honorarzonen zugeordnet: 71
- Honorarzone I: geringe Planungsanforderungen,
- Honorarzone II: durchschnittliche Planungsanforderungen,
- Honorarzone III: hohe Planungsanforderungen.

Die Zuordnung zu einer der drei Honorarzonen erfolgt gemäß § 56 Abs. 2 HOAI nach folgenden Bewertungsmerkmalen: 72

[76] Amtliche Begründung zu § 52 HOAI (2009) Absatz 3.
[77] Amtliche Begründung zu § 52 HOAI (2009) Absatz 7.

- Anzahl der Funktionsbereiche,
- Integrationsansprüche,
- technische Ausgestaltung,
- Anforderung an die Technik,
- Konstruktive Anforderungen.

73 Im Gegensatz zu der Ermittlung der Honorarzone, z. B. bei dem Objekt Gebäude, gibt es bei der Bestimmung der Honorarzone für technische Anlagen keine Punktebewertung. Maßgeblich sind somit im entscheidenden Fall die Bewertungsmerkmale. Aus diesem Grunde werden diese nochmals näher definiert:

- Anzahl der Funktionsbereiche: Die Anzahl der Funktionsbereiche betrifft die anlagentechnischen Funktionsbereiche, somit die Zahl und die Vielzahl der Nutzungsbereiche.
- Integrationsansprüche: Die Integrationsansprüche umfassen den umwelt-, bauwerk- und systembedingten Integrationsaufwand, der vom Niveau der Anforderungen bestimmt wird, welche Objektplaner, Auftraggeber und Nutzer des Bauwerkes festlegen.
- Technische Ausgestaltung: Die technische Ausgestaltung betrifft sowohl den Anteil der Technischen Ausrüstung am Bauwerk als auch den Differenzierungsgrad der technischen Anlagen.
- Anforderung an die Technik: Die Anforderungen an die Technik werden durch den Schwierigkeitsgrad der einzelnen Anlagen und Anlagensysteme bestimmt. Diese Anforderungen beziehen sich auf die rechnerische Bearbeitung der Aufgabe.
- Konstruktive Anforderungen: Die konstruktiven Anforderungen betreffen den bauwerk-, system- und anlagebedingten Konstruktionsaufwand. Diese Anforderungen beziehen sich daher auf die zeichnerische Bearbeitung der Aufgabe.[78]

74 Die Objektliste zu den Anlagen der Technischen Ausrüstung ist in der Anlage 15 zur HOAI unter 15.2 aufgeführt. Untergliedert ist die Objektliste in die acht unterschiedlichen Anlagengruppen.

75 *(3) erbrachte Leistungen* Das Leistungsbild „Technische Ausrüstung" umfasst Leistungen für Neuanlagen, Wiederaufbauten, Erweiterungsbauten, Umbauten, Modernisierungen, Instandhaltungen und Instandsetzungen. Die Leistungen der Technischen Ausrüstung sind in neun Leistungsphasen zusammengefasst und werden wie folgt bewertet:

1. für die Leistungsphase 1 (Grundlagenermittlung) mit 2 Prozent,
2. für die Leistungsphase 2 (Vorplanung) mit 9 Prozent,
3. für die Leistungsphase 3 (Entwurfsplanung) mit 17 Prozent,
4. für die Leistungsphase 4 (Genehmigungsplanung) mit 2 Prozent,
5. für die Leistungsphase 5 (Ausführungsplanung) mit 22 Prozent,
6. für die Leistungsphase 6 (Vorbereitung der Vergabe) mit 7 Prozent,
7. für die Leistungsphase 7 (Mitwirkung bei der Vergabe) mit 5 Prozent,
8. für die Leistungsphase 8 (Objektüberwachung – Bauüberwachung) mit 35 Prozent,
9. für die Leistungsphase 9 (Objektbetreuung) mit 1 Prozent.

Die einzelnen Leistungen jeder Leistungsphase sind in der Anlage 15 zur HOAI geregelt.

76 Nach § 55 Abs. 2 HOAI ist die Leistungsphase 5 abweichend von Absatz 1 Satz 2 mit einem Abschlag von jeweils 4 Prozent zu bewerten, sofern das Anfertigen von Schlitz- und Durchbruchplänen oder das Prüfen der Montage- und Werkstattpläne der ausführenden Firmen nicht in Auftrag gegeben wird.. Für Umbauten und Modernisierungen kann bei einem durchschnittlichen Schwierigkeitsgrad (Honorarzone II) ein Zuschlag gemäß § 6 Abs. 2 S. 3 HOAI bis 50 Prozent schriftlich vereinbart werden, § 56 Abs. 5 HOAI, nach dem Wortlaut des § 56 Abs. 5 HOAI für die Honorarzone III (hohe Planungsanforderungen) sogar über 50 Prozent.

---

[78] *Locher/Koeble/Frik*, § 56, Rz. 6 ff.

(4) Honorartafel. Die Honorare richten sich nach der in § 56 HOAI enthaltenen Honorartafel. Diese legt das Honorar für Grundleistungen verbindlich fest von anrechenbaren Kosten in Höhe von 5.000,00 € netto bis anrechenbare Kosten 4 Mio. € netto. Soweit die Tafelwerte unter- oder überschritten werden, können die Honorare frei vereinbart werden, § 7 Abs. 2 HOAI. 77

Für Umbauten und Modernisierungen kann bei einem durchschnittlichen Schwierigkeitsgrad ein Zuschlag gemäß § 6 Abs. 2 S. 3 HOAI, § 52 Abs. 4 HOAI bis 50 % schriftlich vereinbart werden. Fehlt eine schriftliche Vereinbarung, wird vermutet, dass ein Zuschlag von 20 % ab einem durchschnittlichen Schwierigkeitsgrad vereinbart ist, § 6 Abs. 2 Nr. 5 HOAI. 78

dd) Umweltverträglichkeitsstudie. Die Honorare für die Umweltverträglichkeitsstudie sind in der Anlage 1 nicht verbindlich geregelt, § 3 Abs. 1 S. 2 HOAI. In der Anlage 1 Nr. 1.1.2 ist eine unverbindliche Honorartabelle enthalten, die von 50 ha bis 10.000 ha reicht. Die Leistungen sind in drei Honorarzonen aufgeteilt, und zwar 79
- Honorarzone I – geringe Anforderungen
- Honorarzone II – durchschnittliche Anforderungen
- Honorarzone III – hohe Anforderungen.

Die Leistungen sind nach Nr. 1.1.1 Abs. 1 in vier Leistungsphasen aufgeteilt, die vom Klären der Aufgabenstellung bis zur abgestimmten Fassung reichen. Die Leistungsphase 1 wird mit 3 %, die Leistungsphase 2 mit 37 %, die Leistungsphase 3 mit 50 % und die Leistungsphase 4 mit 10 % bewertet. Da diese Honorare unverbindlich sind, können die Vertragsparteien die Honorare frei vereinbaren. Es können somit Stundenhonorare oder Pauschalhonorare vereinbart werden. Fehlt es an einer Vereinbarung, gilt die übliche Vergütung. Diese dürfte sich sodann nach der Anlage 1 Nr. 1.1 zur HOAI richten. 80

ee) Bauphysik. Die Honorare für Bauphysik sind in der Anlage 1 nicht verbindlich geregelt, § 3 Abs. 1 S. 2 HOAI. Für die Leistungen der Bauakustik findet sich unter Nr. 1.2.4 eine Honorartabelle, für die Leistung Raumakustik unter Nr. 1.2.5 der Anlage 1 zu § 3 Abs. 1 HOAI. Bei der Bauakustik beginnt die Honorartafel mit anrechenbaren Kosten von 250.000,00 € und endet bei 25 Mio. € netto anrechenbare Kosten. Die Schwierigkeitsgrade sind in drei Honorarzonen aufgeteilt, beginnend mit der Honorarzone I (geringe Anforderungen) bis zur Honorarzone III (hohe Anforderungen). Die Honorarzonen werden nach Nr. 1.2.4 Abs. 5 anhand folgender Bewertungsmerkmale zugeordnet: 81
- Art der Nutzung,
- Anforderung des Immissionsschutzes,
- Anforderung des Emissionsschutzes,
- Art der Hüllkonstruktion, Anzahl der Konstruktionstypen,
- Art und Intensität der Außenlärmbelästigung.
- Art und Umfang der Technischen Ausrüstung
- Objektliste für die Bauakustik..

Die Honorare für die Raumakustik richten sich nach der Honorartafel zu Nr. 1.2.5, die von anrechenbaren Kosten in Höhe von 50.000,00 € netto bis anrechenbare Kosten von 7.500.000,00 € netto reichen. Hier sind die Schwierigkeitsgrade in fünf Honorarzonen aufgeteilt, von der Honorarzone I (sehr geringe Anforderungen) bis zur Honorarzone V (sehr hohe Anforderungen). Für die Zuordnung zu Honorarzonen können folgende Bewerbungsmerkmale herangezogen werden: 82
- Anforderungen an die Einhaltung der Nachhaltzeit,
- Einhalten eines bestimmten Frequenzganges der Nachhallzeit,
- Anforderungen an die räumliche und zeitliche Schallverteilung,
- akustische Nutzungsart des Innenraums,
- Veränderbarkeit der akustischen Eigenschaften des Innenraums.

Im Nachfolgenden findet sich unter Abs. 7 der Nr. 1.2.5 eine Objektliste für die Raumakustik. 83

84 Wenn die Parteien keine ausdrückliche Honorarvereinbarung getroffen haben, sind die in den Honorartabellen aufgeführten Honorare die übliche Vergütung im Sinne von § 632 Abs. 2 BGB.

85 *ff) Geotechnik.* Die Honorare für die Geotechnik richten sich nach der Honorartafel zu 1.3.4 der Anlage 1. Die Honorartafel reicht von anrechenbaren Kosten in Höhe von 50.000,00 € netto bis anrechenbare Kosten in Höhe von 25 Mio. € netto. Die Schwierigkeitsgrade sind aufgeteilt in fünf Honorarzonen, von der Honorarzone I (Gründung mit sehr geringem Schwierigkeitsgrad) bis zur Honorarzone V (Gründungen mit sehr hohem Schwierigkeitsgrad). Die Grundleistungen sind in drei Teilleistungen aufgegliedert. Die Teilleistung A (Grundlagenermittlung und Erkundungskonzept) wird mit 15 %, die Teilleistung B (Beschreibung der Baugrund- und Grundwasserverhältnisse) mit 35 % und die Teilleistung C (Beurteilung der Baugrund- und Grundwasserverhältnisse, Empfehlungen, Hinweise, Angaben zur Bemessung der Gründung) mit 50 % bewertet. Die aufgeführten Honorare sind unverbindlich. Die Parteien können auch die Honorare für diese Leistungen, wie alle anderen Leistungen der Anlage 1, frei vereinbaren, § 3 Abs. 1 S. 2 HOAI. Wird keine Vereinbarung über das Honorar getroffen, gelten die unter Nr. 1.3.4 der Anlage 1 aufgeführten Honorare als die übliche Vergütung.

86 *gg) Ingenieurvermessung.* Die Honorare für die privatrechtliche Ingenieurvermessung sind in 1.4 der Anlage 1 geregelt. Es gibt eine Honorartafel für die planungsbegleitende Vermessung und eine Honorartafel für die Bauvermessung. Die Honorartafel für die planungsbegleitende Vermessung geht von sechs Verrechnungseinheiten bis 11.726 Verrechnungseinheiten. Die Verrechnungseinheiten können sich aus der Größe der aufzunehmenden Flächen und deren Punktdichte berechnen, Nr. 1. 4.2 Abs. 2 der Anlage 1. Bei der Bauvermessung beginnt die Honorartafel mit 50.000,00 € anrechenbare Kosten und endet bei 10.000.000,00 € netto anrechenbare Kosten. Beide Honorartafeln sind in fünf Honorarzonen aufgeteilt, von der Honorarzone I (sehr geringe Anforderungen) bis zur Honorarzone V (sehr hohe Anforderungen). Die Bewertung der Grundleistungen folgt aus Nr. 1.4.4 und beläuft sich für die Grundlagenermittlung auf 5 %, für den Geodätischen Raumbezug auf 20 %, für die vermessungstechnische Grundlage auf 65 % und das digitale Geländemodell mit 10 % bei der planungsbegleitenden Vermessung. Bei der Bauvermessung werden die Leistungsphasen nach Nummer 1.4.7 wie folgt berechnet:

87 Die baugeometrische Beratung mit 2 %, die Absteckungsunterlagen mit 5 %, die bauvorbereitende Vermessung mit 16 %, die Bauausführungsvermessung mit 62 % und die vermessungstechnische Überwachung der Bauausführung mit 15 %.

88 Auch hier können die Honorare nach § 3 Abs. 1 S. 2 HOAI frei vereinbart werden. Treffen die Parteien keine Vereinbarung über das Honorar, gelten die in der Honorartafel Nr.1.4.8 der Anlage 1 aufgeführten Honorare als die übliche Vergütung im Sinne des § 632 Abs. 2 BGB.

89 Bei öffentlich-bestellten Vermessungsingenieuren ist die Abrechnung nicht nach der HOAI vorzunehmen, wenn der ö.b.u.v Vermessungsingenieur öffentlich-rechtlich tätig wird. Öffentlich-rechtlich tätig wird der Vermessungsingenieur, wenn er Leistungen ausführt, die ihm hoheitlich übertragen worden sind, z. B. Anfertigung eines amtlichen Lageplanes für die Eintragung in das Kataster.

4. Haftung des Sonderfachmannes

90 **a) Haftung für die eigene Leistung.** Es gilt der Grundsatz, dass jeder Sonderfachmann für seine eigene Leistung haftet. Hat der Bauherr mit dem Statiker und mit dem Fachingenieur selbstständige Verträge abgeschlossen, so haftet jeder von beiden nur für die Erfüllung der von ihm in seinem Vertrag übernommenen Verpflichtungen[79]. Soweit die Planung eines anderen von dem Sonderfachmann übernommen wird, hat dieser die Ver-

[79] BGH Urt. v. 4.7.2002, VII ZR 66/01, NZBau 2002, 616, 617 = IBR 2002, 553.

pflichtung, die Planung des Dritten, zu überprüfen. Dabei gilt der Grundsatz, dass Spezialkenntnisse im Bereich des anderen Ingenieurs nicht vorausgesetzt werden. Ein Tragwerksplaner, der seiner Statik ein Bodengutachten eines Grundbauingenieurs zugrunde legt, muss keine Spezialkenntnisse im Bereich des Grundbaus bzw. der Bodenmechanik haben. Er muss jedoch überprüfen, ob das Gutachten aus seiner Sicht vollständig und schlüssig ist. So besteht dann eine Hinweispflicht, wenn eine konkrete Veranlassung besteht, an der Richtigkeit des Bodengutachtens zu zweifeln. Dies ist dann gegeben, wenn dieses Gutachten offensichtliche Fehler aufweist[80]. Für die Leistung eines anderen Ingenieurs haftet auch dann der Sonderfachmann, wenn er diesen als Erfüllungsgehilfen für die Erbringung seiner Leistung gegenüber dem Bauherrn eingesetzt hat. Übernimmt der Statiker aufgrund eines Vertrages mit dem Bauherrn die Verpflichtung, neben der Tragwerksplanung auch den Baugrund zu untersuchen, so haftet der Statiker für den vom ihm zur Erfüllung dieser vertraglichen Verpflichtung eingesetzten Bodengutachter. Grund ist das bestehende Vertragsverhältnis zwischen Statiker und Bodengutachter einerseits, und das Vertragsverhältnis zwischen Statiker und Bauherrn andererseits. Dies folgt daraus, dass hier ein direktes Vertragsverhältnis zwischen Statiker und Bodengutachter zustande gekommen ist und der Bauherr seinerseits nur ein Vertragsverhältnis mit dem Statiker hat.

Der Sonderfachmann ist bezüglich seines Pflichtenkreises und seiner Haftung im Wesentlichen dem Architekten gleichgestellt[81]. Die Rechtsprechung zur Architektenhaftung ist weitgehend auch auf den Sonderfachmann übertragbar. So hat der Sonderfachmann nicht nur für eine ordnungsgemäße Planung und Bauüberwachung einzustehen. Er hat auch wirtschaftliche und finanzielle Gesichtspunkte des Bauherrn zu beachten, soweit ihm diese Umstände bekannt sind. Der Sonderfachmann muss auf die bestehenden wirtschaftlichen Vorgaben Rücksicht nehmen, und er muss Mengen und Baukosten möglichst genau ermitteln[82]. Weiterhin bestehen Beratungs- und Aufklärungspflichten seinen Aufgabenbereich betreffend gegenüber dem Bauherrn. 91

b) Haftung des Tragwerksplaners. Die Tragwerksplanung kann hinsichtlich der konstruktiven Lösung oder der Berechnung aber auch aus wirtschaftlichen Gründen fehlerhaft sein, wenn sie umfangreiche Fundamente mit viel Stahl vorsieht, die nicht notwendig sind[83]. Kann ein enger Zusammenhang zwischen den Mängeln der Tragwerksplanung und den am Bauwerk auftretenden Mangelfolgen im konstruktiven Bereich nachgewiesen werden, so haftet der Tragwerksplaner bei Vorliegen von Verschulden gem. §§ 634 Nr. 4, 636 BGB[84]. 92

In erster Linie haftet der Tragwerksplaner für Planungs- und Berechnungsfehler. Die Tragwerksplanung einer Betonbodenplatte mit darin einzulassenden Entwässerungsrinnen ist fehlerhaft, wenn sie entgegen den Einbauhinweisen des Rinnenherstellers unmittelbar neben den Rinnen eine Dehnungsfuge vorsieht und es deshalb nach entsprechendem Einbau zu Bruchschäden an den Rinnenwänden kommt. Die Ursächlichkeit des Planungsfehlers für den Schaden entfällt nicht deshalb, weil ein anderes Rinnenmodell verwendet wird, welches jedoch in gleicher Weise einzubauen ist[85]. So haftet auch der Tragwerksplaner, der eine Säule in der Tiefgarage im Schalplan falsch positioniert, wodurch es zu einer Verringerung der Stellplatzgröße kommt[86]. Bei einem Planungsfehler bedarf es im Übrigen keiner Frist zur Mängelbeseitigung mit Ablehnungsandrohung, 93

---

[80] Thüringer OLG Urt. v. 15.7.1998, OLGR 1998, 453, 455.

[81] BGH Urt. v. 7.7.1988 – VII ZR 72/87, BauR 1988, 734, 735.

[82] *Locher/Koeble/Frik*, Einl. Rz. 235.

[83] *Locher/Koeble/Frik*, Einl. Rz. 247.

[84] OLG Stuttgart Urt. v. 19.1.1973, BauR 1973, 259, zu § 635 a. F.

[85] OLG Düsseldorf Urt. v. 23.2.2001, NJW-RR 2001, 739 = IBR 2001, 322.

[86] OLG Hamm Urt. v. 22.6.1999 – 21 U 115/98, BauR 2000, 293.

wenn der Fehler des Statikers sich bereits im Bauwerk verkörpert hat und durch Nachbesserung der Planung nicht mehr beseitigt werden kann[87].

94 Der Tragwerksplaner hat im Rahmen der Architektenpläne die Konstruktionsart und die Konstruktionsstärke aller tragenden Teile so festzulegen, dass das Bauobjekt unter der im Vertrag vorgesehenen oder aus den bekannten Umständen sich ergebenden Beanspruchung standsicher ist. Will der Tragwerksplaner dabei in der Konstruktion von allgemein anerkannten Regeln der Technik abweichen, so hat er dies eingehend und stichhaltig zu begründen. Die Aufgabe des Tragwerksplaners ist es in erster Linie, die Standfestigkeit darzulegen und zu überprüfen[88]. In erster Linie hat der Tragwerksplaner die Standsicherheit des Gebäudes zu gewährleisten. Dabei hat der Tragwerksplaner jedoch nicht die besonderen statischen Voraussetzungen dafür zu schaffen, dass die in dem Gebäude aufzustellenden Maschinen die erforderliche Produktionsgenauigkeit erreichen. Dafür, dass die in dem Gebäude aufgestellten Maschinen eines metallverarbeitenden Betriebes bei Funktion nicht in Schwingung geraten, die Produktsicherheit und Produktgenauigkeit gefährden, ist der Statiker nicht verantwortlich. Hier hat der Bauherr bzw. sein Architekt den Statiker auf diese spezielle Problematik hinzuweisen und der Bauherr muss einen Sonderfachmann für Baudynamik hinzuziehen[89].

95 Der Tragwerksplaner hat in eigener Verantwortung zu prüfen, welche besonderen Gründungsmaßnahmen aufgrund der örtlichen Gegebenheiten erforderlich sind. Der Tragwerksplaner muss im Rahmen der von ihm vertraglich übernommenen Grundlagenermittlung standortbezogene Einflüsse unter Berücksichtigung der Bodenverhältnisse in Zusammenarbeit mit dem Auftraggeber klären[90]. Es ist jedoch in erster Linie Aufgabe des Bauherrn, beraten durch den Architekten, die Boden- und Grundwasserverhältnisse zu klären und dem Statiker für dessen Berechnung die erforderlichen Angaben zum Baugrund zur Verfügung zu stellen. Der Statiker darf nur dann nicht von normalen Bodenverhältnissen ausgehen, wenn ihm bei der Erstellung der Statik Bedenken gekommen sind oder hätten kommen müssen[91]. Stellt der Auftraggeber bzw. sein Architekt keine ausreichenden Angaben zum Baugrund zur Verfügung, so darf der Tragwerksplaner sich nicht auf „allgemeine Erfahrungswerte" für die Belastungsfähigkeit des Baugrundes stützen, sondern er muss auf „örtliche Erfahrung" zurückgreifen[92]. Verfügt der Tragwerksplaner nicht über die örtlichen Erfahrungen, so muss er zur Vermeidung eines Verstoßes gegen die anerkannten Regeln der Technik sich über die speziellen örtlichen Verhältnisse vergewissern. Dazu kann es erforderlich sein, dass der Tragwerksplaner dem Bauherrn empfehlen muss, ein Bodengutachten einzuholen[93]. Holt der Bauherr auf Empfehlung des Tragwerksplaners ein Bodengutachten ein, haftet für Fehler des Bodengutachtens dem Bauherrn gegenüber der Tragwerksplaner grundsätzlich nicht mehr. Nur wenn konkrete Veranlassung an der Unrichtigkeit des Bodengutachtens bestehen bzw. offensichtliche Fehler dieses Gutachtens vorliegen, kann der Tragwerksplaner unter Umständen zur Haftung herangezogen werden. Dabei ist jedoch zu berücksichtigen, dass der Statiker nicht die speziellen Kenntnisse eines Bodengutachters haben muss[94].

96 Den Tragwerksplaner treffen auch Beratungs- und Berücksichtigungspflichten im Hinblick auf die Bebauung in der Nachbarschaft des von ihm „gerechneten" Bauwerkes. Wenn die Gefahr einer Schädigung von Nachbargebäuden trotz fachgerechter Anbrin-

---

87 OLG Hamm Urt. v. 22.6.1999 – 21 U 115/98 BauR 2000, 293.

88 OLG Schleswig Urt. v. 24.3.1994, Az: 13 U 4/93; *Fischer*, Architektenrecht für Praktiker, S. 208.

89 OLG Stuttgart Urt. v. 26.11.1998, Revision v. BGH nicht angenommen, Beschluss v. 26.10. 2000, IBR 2001, 30.

90 BGH Urt. v. 20.6.2013 – VII ZR 4/12, IBR 2013, 545.

91 OLG Düsseldorf Urt. v. 12.5.2000, IBR 2000, 450.

92 *Englert* in: *Wirth*, S. 638.

93 *Englert* in: *Wirth*, S. 638.

94 Thüringer OLG Urt. v. 15.7.1998, OLGR 1998, 453.

gung von Stützbohlen generell nicht auszuschließen ist, handelt der Tragwerksplaner pflichtwidrig, wenn er dennoch die Herstellung einer Baugrube in dieser Ausführung im Rahmen seiner statischen Berechnung befürwortet. Wenn es um die Standsicherheit von Nachbargebäuden geht, ist der Tragwerksplaner als „Fachmann“ auch hinsichtlich der Berücksichtigung statischer Veränderungen des Bodens durch Erdarbeiten anzusehen. Ein Baugrundgutachten enthebt ihn deshalb nicht von der Verantwortung für die Baustellenumgebung[95]. Die Haftung beruht auf dem Verbot des § 909 BGB, dem Nachbargrundstück die Stütze zu entziehen. Hierfür haftet jeder, der an der Vertiefung mitwirkt, somit nicht nur der Architekt, der Bauunternehmer oder bauleitende Ingenieur, sondern auch der Tragwerksplaner, dessen Berechnungen die Grundlage für den Bodenaushub und die dabei zu beachtenden Sicherheitsmaßnahmen[96] bildet. Der Tragwerksplaner ist somit verpflichtet, eine gefahren ausschließende Gründung zu wählen[97].

Schwerwiegende Fehler können dazu führen, dass der Tragwerksplaner seinen Versi- **97**
cherungsschutz verliert. Nicht nur vorsätzlich und widerrechtlich herbeigeführte Schäden sind gemäß § 103 VVG vom Versicherungsschutz ausgeschlossen, sondern auch diejenigen Schäden, die der Versicherungsnehmer durch ein bewusst gesetz-, vorschrift- oder sonst pflichtwidriges Verhalten (Tun oder Unterlassen) verursacht hat, A.4.6 BBR[98]. Im Falle besonders grober Pflichtverstöße schließt die Rechtsprechung aus der Schwere des festgestellten objektiven Pflichtverstoßes auf einen wissentlichen Pflichtverstoß[99]. Sucht der Tragwerksplaner ein ungeeignetes Verbindungselement für die Verwendung zwischen Kragplatten und Fassadenfertigteilen aus, handelt er grob fahrlässig, wenn jeder Fachmann am Bau die eingetretenen Durchbiegungen hätte voraussehen können[100]. Liegt eine Pflichtwidrigkeit im Sinne der Versicherungsbedingungen vor, besteht kein Versicherungsschutz. Dies hat zur Folge, dass der Tragwerksplaner den Schaden selbst tragen muss. Dem Tragwerksplaner obliegen auch Hinweis- und Prüfpflichten. Wenn der Tragwerksplaner seine Hinweis- und Fragepflicht in Bezug auf die stark wechselnden Bodenverhältnisse nicht ausgeübt hat, so haftet er neben dem Bodengutachter gegenüber dem Bauherrn[101].

Der Tragwerksplaner muss eine ihm vorgelegte Statik, auf die seine Leistung aufbaut, **98**
ohne entsprechende Vereinbarung überprüfen. Einem Statiker war der Auftrag erteilt worden, ein dreigeschossiges Gebäude aufzustocken. Dabei war ihm eine Statik aus dem Jahre 1950 vorgelegt worden, die keine ausreichende Windsteifigkeit aufwies. Dabei muss der Tragwerksplaner im Rahmen der vorgesehenen Aufstockung eines Gebäudes frühzeitig auf statische Bedenken aufmerksam machen. Eine unsorgfältige Vorplanung führt dazu, dass er sich gegenüber dem Bauherrn schadenersatzpflichtig macht[102].

Die zur Sekundärhaftung des Architekten entwickelten Grundsätze sind auf den zur **99**
Erstellung der Statik verpflichteten Tragwerksplaner nicht anwendbar, wenn dieser keine besonderen Betreuungs- und Beratungspflichten übernommen hat[103]. Die Ursache liegt darin, dass der Statiker nur einen eingeschränkten Aufgaben- und Pflichtenkreis übernommen hat. Die Pflicht zur Aufklärung bei eigenen Fehlern muss sich aus den übernommenen Betreuungsaufgaben ergeben. Derartige Betreuungspflichten folgen für den umfassend beauftragten Architekten daraus, dass er die Objektüberwachung und Objektbetreuung übernommen hat und verpflichtet ist, für die mangelfreie Erstellung des Bauwerkes zu sorgen. Weiterhin ist er verpflichtet, dem Bauherrn auch nach der Fer-

---

95 BGH Urt. v. 12.7.1996 – V ZR 280/94, NJW 1996, 3205 = IBR 1996, 468 – *Englert.*
96 BGH Urt. v. 12.7.1996, a. a. O.
97 OLG Düsseldorf Urt. v. 13.5.1974, 5 U 117/73 BauR 1975, 71.
98 BBR, Musterbedingungen des GDV, Stand April 2011.
99 OLG Köln Urt. v. 2.7.1996 – 9 U 14/96, BauR 1997, 343–347.
100 OLG Düsseldorf Urt. v. 26.2.1993 – 22 U 201/92, IBR 1994, 468 – *Beigel.*
101 OLG Hamm Urt. v. 21.6.1995, NJW-RR 1996, 133.
102 OLG Düsseldorf Urt. v. 28.2.1997 – 22 U 156/96, IBR 1997, 291 – *Reinecke.*
103 BGH Urt. v. 27.9.2001 – VII ZR 320/00, NZBau 2002, 42 = IBR 2002, 28 – *Löffelmann.*

tigstellung des Bauwerkes bei der Untersuchung und Behebung eines Baumangels zur Seite zu stehen. Damit ist dem Architekten eine zentrale Stellung bei der Planung und Durchführung des Bauwerkes vom Bauherrn eingeräumt worden[104]. Der Statiker seinerseits ist in den meisten Fällen nur mit der Planung, nicht aber mit der Bauüberwachung beauftragt.

Von der übernommenen Verpflichtung, eine funktionstaugliche Planung zu erstellen, kann sich der Tragwerksplaner nicht durch einen einseitigen formelhaften Hinweis freizeichnen, der Baugrund sei vor Baubeginn zu untersuchen und es sei Rücksprache zu halten, falls Grundwasser oder andere Besonderheiten zu erwarten seien.[105]

100 **c) Haftung des Fachingenieurs.** Als Ausfluss aus dem nach dem Werkvertrag geschuldeten Erfolg haftet der Fachingenieur für jeden Fehler, der den Eintritt des Erfolges seiner Leistung verhindert. Der Fachingenieur hat als Spezialist für die fachspezifischen Gefahren der von ihm geplanten Einrichtungen abzuschätzen und ihnen durch gezielte Maßnahmen entgegen zu wirken.[106] Eine Haftung ist insbesondere gegeben, wenn ein Planungs- oder Überwachungsfehler vorliegt. Der Elektroingenieur hat, will er Schadenersatzansprüche vermeiden, Beleuchtungskörper unmissverständlich und den anerkannten Regeln der Technik entsprechend auszuschreiben[107].

101 Der Heizungsingenieur muss die Dimensionierung der Heizungsanlage einschl. der Wärmebedarfsberechnung den Bedürfnissen des Bauherrn anpassen und die anerkannten Regeln der Technik berücksichtigen[108].

102 Es stellt ein Planungsmangel des Fachingenieurs für Gas-, Wasser- und Abwassertechnik dar, wenn er bei einem erheblichen Lochfraß ein Hartlöten von wasserführenden Kupferrohren plant. Nach DIN 50930 liegt ein Planungsfehler vor, weil das Hartlöten von Kupferrohrleitungen als Verstoß gegen die anerkannten Regeln der Technik anzusehen ist[109]. Zu den Anlagen und Einrichtungen, die der technischen Gebäudeausrüstung zugerechnet werden, gehören auch die Sanitärobjekte wie Badewannen und Brausetassen. Um Durchfeuchtungen zu verhindern, sind vom Fachingenieur auch die Abdichtungen der einzelnen Sanitärgegenstände zu angrenzenden Bauteilen zu planen. Dies ist zumindest nicht allein Aufgabe des Objektplaners des Gebäudes, sondern auch Aufgabe des Fachplaners für Technische Ausrüstung.[110]

103 **d) Haftung anderer Ingenieure.** Der Bodengutachter hat die Aufgabe, nachvollziehbare Angaben zur Zusammensetzung der Boden- und Wasserverhältnisse zu ermitteln. Die für die Erstellung eines Baugrundgutachtens erforderlichen Untersuchungen hängen von den Baugrundverhältnissen unter Berücksichtigung örtlicher Erfahrungen und vorhandener Aufschlüsse sowie davon ab, inwieweit sie durch geologische Baugrundkarten und örtliche Erfahrungen als bekannt angenommen werden können.[111] Da Probebohrungen, Schürfgruben, seismische Messungen, Echolot und biologische Karten, verbunden mit der großen Erfahrung bei der Beurteilung von Böden niemals einen vollständigen Aufschluss zulassen, ist das Baugrundgutachten mit Einschränkungen zu versehen. Eine vollständige Überprüfung des Baugrundes wäre nur möglich, wenn man diesen insgesamt ausheben und wieder einbringen würde, was jedoch in der Praxis nicht machbar ist. Entsprechend haftet der Baugrundgutachter nicht für jeden Umstand, den er bei Durchführung seiner Baugrunduntersuchung ermittelt. Die vom Bodengutachter ermit-

---

[104] BGH Urt. v. 27.9.2001 – VII ZR 320/00, NJW 2002, 228 = IBR 2002, 28 – *Löffelmann.*
[105] BGH Urt. v. 15.5.2013 – VII ZR 257/11, 2013, 475.
[106] OLG Düsseldorf Urt. v. 25.10.2012 – 5 U 162/11, IBR 2013, 420.
[107] OLG Hamm Urt. v. 9.6.1989 – 26 U 126/88, BauR 1990, 104.
[108] OLG München Urt. v. 5.4.1974, NJW 1974, 2238.
[109] OLG Köln Urt. v. 9.10.1998 – 20 U 13/98, BauR 1999, 426 = IBR 1999, 276.
[110] OLG Düsseldorf Urt. v. 25.10.2012 – 5 U 162/11, IBR 2013, 420.
[111] OLG Düsseldorf Urt. v. 22.2.2002 – 23 U 74/01, IBR 2003, 148.

telten Ergebnisse sind Ausfluss von vorgefundenen Ergebnissen aufgrund von gezogenen Proben, die nicht absolut allgemein gültig sind, sondern jeweils nur den betreffenden Bereich genau bestimmen. Das Gutachten muss jedoch eine hohe Wahrscheinlichkeit an Richtigkeit aufweisen. Dies hat zur Voraussetzung, dass der Baugrundgutachter tatsächlich in ausreichendem Maße zuverlässige Erkundigungen des Baugrundes veranlasst.[112]

Der Bodengutachter hat sich ausreichend über die Wasserstände zu informieren und 104 sich gegebenenfalls beim zuständigen Amt zu erkundigen, ob ein bereits 25 Jahre alter Grundwassergleichenplan noch den aktuellen Werten entspricht[113]. Der Bodengutachter muss sich die für sein Gutachten notwendigen Informationen in eigener Verantwortung beschaffen. Dazu muss er dem Auftraggeber Fragen stellen, die zur Klärung des Sachverhaltes erforderlich sind. Er darf sich nicht darauf verlassen, dass der Bauherr von sich aus auf alle wesentlichen Punkte hinweist[114]. Ein Bodengutachten ist insbesondere dann mangelhaft, wenn die entsprechenden DIN-Vorschriften nicht beachtet werden. So handelt ein Bodengutachter fehlerhaft, wenn er entgegen der DIN 4020 statt der notwendigen sieben Schürfgruben nur insgesamt vier Schürfgruben für ausreichend erachtet[115]. Der Bodengutachter haftet auch dann selbst, wenn er vom Architekten beauftragt ist gegenüber dem Bauherrn, wenn er vorhandenes Wasser als Schichtenwasser anstatt richtigerweise als Grundwasser ansieht[116].

Der Vermessungsingenieur, soweit er privatrechtlich gegenüber dem Bauherrn tätig ist, 105 schuldet ebenso einen Erfolg wie die anderen Sonderfachleute. Die Aufgabe des Vermessungsingenieurs besteht darin, die vermessungstechnischen Voraussetzungen dafür zu schaffen, dass das Bauwerk nach Lage und Höhe richtig im Baugrundstück angelegt wird. Dies erfordert zum einen die richtige Einmessung der Baugrube in das Baugrundstück. Zum anderen aber auch die Sicherung der so ermittelten Festpunkte, etwa durch ein Schnürgerüst[117]. Ist der Vermessungsingenieur auch für die richtige Höhenlage des Bauwerkes verantwortlich, muss er während der Ausschachtungs- oder Abgrabungsarbeiten dafür Sorge tragen, dass die geplanten Höhenknoten weder unter- noch überschritten werden. Treten hierbei Fehler auf, so kann dies zu erheblichen Schadenersatzansprüchen führen, weil die Höhenlage eines Gebäudes, z. B. wegen der Abführung des Abwassers[118], aber auch unter optischen Gesichtspunkten[119] und im Hinblick auf entstehende Mehrkosten von entscheidender Bedeutung sein kann[120]. Die Anforderung an die Vorgaben des Vermessungsingenieurs steigen dabei umso höher, wenn im Baugelände Unwegsamkeit und nur beschränkte Sichtmöglichkeiten vorherrschen, so dass der Tiefbauunternehmer auf besondere Hilfen zählen kann[121]. Greift ein Vermessungsingenieur zur Eintragung einer geplanten Gebäudeerweiterung auf einen bereits vorhandenen Lageplan zurück, haftet er für die Richtigkeit der darin enthaltenen Angaben, wenn er sie ungeprüft übernommen hat[122]. Die Lageplanerstellung und die Gebäudeeinmessung durch öffentlich bestellte Vermessungsingenieure werden im Land Berlin nicht als öffentliche Aufgabe durchgeführt. Die Haftung für Vermessungsfehler gegenüber dem Auftraggeber bestimmt sich insoweit nach werkvertraglichen Grundsätzen und nicht nach Maßgabe des § 839 BGB.[123]

---

[112] OLG Saarbrücken Urt. v. 22.2.2011 – 4 U 155/09, IBR 2011, 416.
[113] OLG Köln Urt. v. 13.3.1992 – 19 U 111/91, BauR 1992, 804.
[114] OLG Köln Urt. v. 6.3.1998 – 19 U 116/97= IBR 1998, 490 – *Weyer.*
[115] Thüringer OLG Urt. v. 15.7.1998, OLGR 1998, 453, 455.
[116] BGH Urt. v. 19.12.1996 – VII ZR 233/95, NJW 1997, 2773; IBR 1997, 244 – *Groß.*
[117] *Englert* in: *Wirth*, S. 639.
[118] BGH Urt. v. 14.6.1973-VII ZR 202/72, NJW 1973, 1458.
[119] OLG Hamm Urt. v. 6.10.1998, BauR 1989, 502.
[120] *Englert* in: *Wirth*, S. 640.
[121] OLG Hamm Urt. v. 5.2.1991, BauR 1992, 78; *Englert* in: *Wirth*, S. 640.
[122] KG Urt. v. 30.4.1996 – 21 U 8014/95, IBR 1996, 429.
[123] BGH Beschl. v. 29.11.2012 – III ZR 21/12 – juris.

106 **e) Abgrenzung der Haftung von Architekten und Sonderfachmann.** Die Haftungsabgrenzung zwischen Sonderfachmann und Architekt bereitet in der Praxis erhebliche Schwierigkeiten. Zumeist tritt hier ein Abgrenzungsproblem zwischen der Haftung des Tragwerksplaners und des Architekten auf. Grundsatz ist, dass der Architekt nicht für Fehler des Tragwerksplaners generell haftet, weil vom Architekten statische Spezialkenntnisse nicht zu verlangen sind. Schließt der Bauherr mit dem Statiker und mit dem Architekten selbstständige Verträge ab, so haftet jeder von beiden nur für die Erfüllung der von ihm in seinem Vertrag übernommenen Verpflichtungen. Dass der Statiker hier ausnahmsweise Erfüllungsgehilfe des Bauherrn war, wurde nicht festgestellt.[124] Ist jedoch der Schaden aufgrund einer nicht vorgesehenen Dehnungsfuge am Bauwerk aufgetreten, die vom Tragwerksplaner nicht vorgesehen und vom Architekten übersehen wurde, haftet neben dem Tragwerksplaner auch der Architekt. Der Architekt ist verpflichtet, die statischen Berechnungen einzusehen und sich zu vergewissern, ob der Statiker von den gegebenen tatsächlichen Verhältnissen ausgegangen ist. Er verletzt seine Architektenpflicht dann, wenn er die Statik überhaupt nicht überprüft hat.

107 Der Architekt kann sich grundsätzlich auf das Sonderwissen des Tragwerksplaners verlassen. Bei groben oder offensichtlich für ihn erkennbaren Mängeln der Statik haftet der Architekt als Gesamtschuldner neben dem Tragwerksplaner. Für einen Architekten sind Mängel der Statik im Regelfall nicht erkennbar, wenn sie nicht einmal vom besser ausgebildeten Prüfstatiker erkannt werden.[125] Der Statiker ist im Regelfall nicht Erfüllungsgehilfe des Bauherrn im Verhältnis zum Architekten.[126]

108 Ebenso wie der Sonderfachmann darf der Architekt darauf vertrauen, dass beispielsweise ein Bodengutachten richtig ist, wenn aufgrund der dem Architekten möglichen Prüfung kein Anlass besteht, an den Feststellungen des Sonderfachmannes zu zweifeln[127]. Im Gegenzug hat der Tragwerksplaner keinen Anspruch darauf, dass der Architekt die von ihm gefertigten Schalpläne überprüft. Dem Architekten kann ein Vorwurf des schuldhaften Verhaltens nicht gemacht werden, sofern aufgrund der ihm möglichen Prüfung kein Anlas bestand, den Feststellungen und Schlussfolgerungen des Sonderfachmannes zu misstrauen.

109 In bestimmten Ausnahmefällen kann eine gesamtschuldnerische Haftung von Architekten und Sonderfachmann gegenüber dem Bauherrn bestehen. Voraussetzung ist eine gemeinsame Verantwortung für den aufgetretenen Mangel von Seiten des Architekten und des Sonderfachmanns. Gesamtschuldnerisch haftet der Architekt neben dem Bodengutachter, wenn er einen unzuverlässigen Bodengutachter aussucht, ihm fehlerhafte Vorgaben unterbreitet oder wenn er erkennbare Mängel nicht beanstandet[128].

110 **f) Mitverschulden des Bauherrn.** Ein Mitverschulden des Bauherrn bei der Entstehung des Schadens, der in erster Linie durch den Sonderfachmann verursacht worden ist, führt dazu, dass dieser nur ein Teil des entstandenen Schadens zu ersetzen hat. Dies folgt aus dem Grundgedanken des § 254 BGB. Von Bedeutung sind hier die Fälle, in welchen der Bauherr eine Ausführung fordert, die gegen das öffentliche Baurecht oder die anerkannten Regeln der Technik verstößt. Auch in den Fällen, in denen ein vom Bauherrn beauftragter Architekt oder Sonderfachmann Fehler macht, die dann in der Planung des anderen Sonderfachmannes einfließen, kann ein Mitverschulden des Bauherrn gegeben sein. Muss sich dem Auftraggeber aufgrund eigener Kenntnis tatsächlicher Umstände aufdrängen, dass die Planung des Architekten sowie die Statik des Tragwerksplaners eine bestimmte Gefahrenlage in Kauf nehmen, verstößt der Auftraggeber regelmäßig gegen

124 BGH Urt. v. 4.7.2002 – VII ZR 66/01, IBR 2002, 553.

125 OLG Jena, Beschl. v. 12.3.2008 – 1 U 723/06, IBR 2008, 341.

126 BGH Urt. v. 4.7.2002-VII ZR 66/01, BauR 2002, 1719.

127 BGH Urt. v. 26.1.1996 – V ZR 264/94, BauR 1996, 404, 406.

128 BGH Urt. v. 19.12.1996 – VII ZR 233/95, BauR 1997, 488 = NJW 1997, 2173 = IBR 1997, 244 – *Groß*.

die in seinem eigenen Interesse bestehende Obliegenheit, sich selbst vor Schaden zu bewahren, wenn er die Augen vor der Gefahrenlage verschließt und das Bauvorhaben durchführt[129]. Das gleiche gilt, wenn der Bauherr sich ein Mitverschulden eines Erfüllungsgehilfen nach § 278 BGB zurechnen lassen muss. Das Verschulden des Sonderfachmannes wird dem Bauherrn nur zugerechnet, wenn dieser als Erfüllungsgehilfe für den Bauherrn gegenüber dem Architekten oder den anderen Fachingenieuren tätig war. Der vom Bauherrn beauftragte Statiker ist regelmäßig nicht Erfüllungsgehilfe des Bauherrn in dessen Vertragsverhältnis mit dem Architekten[130]. Der Bauherr muss sich somit ein Verschulden des Statikers gegenüber seinem Architekten nicht zurechnen lassen. Das Architekturbüro muss dem Statiker unabhängig von dessen eigenen Prüf- und Hinweispflichten diejenigen planerischen Vorgaben machen, die es dem Statiker ermöglichen, aufgrund der ihm unterbreiteten Unterlagen eine fachgerechte Gründung vorzunehmen[131]. Kommt der Architekt dieser Verpflichtung nicht nach, muss der Bauherr sich dessen Verschulden, im vorliegenden Fall in Höhe von 70 % des Gesamtschadens anrechnen lassen. Anders sieht es aus, wenn der Architekt die Planung des Tragwerksplaners nicht überprüft. Wenn der Statiker im Schalungsplan eine Säule falsch setzt, kann er sich nicht auf das Mitverschulden des Architekten bzw. seines Bauherrn berufen, da er kein Anspruch darauf hat, dass der Architekt des Bauherrn seine Leistung überprüft[132]. Ebenso wenig hat der Statiker einen Anspruch darauf, dass ihn der Architekt des Bauherrn überwacht[133].

II. Projektsteuerer

1. Begriff der Projektsteuerung

Der Begriff Projektsteuerung (Projektmanagement) kennt eine Vielzahl von Leitungsbildern, Vergütungssystemen und Vertragsmodelle für die Auftraggeber- und die Auftragnehmerseite.[134] Es gibt keine gesetzliche Definition der Projektsteuerung, und auch die HOAI enthält nichts zu dem Begriff der Projektsteuerung. Die Projektsteuerung umfasst klassischerweise Bauherrenaufgaben, die nicht im Bereich der Architekten und Ingenieure liegen. Leistungen der Projektsteuerung sind Unterstützungsleistungen des Projektsteuerers für den Bauherrn bei der Realisierung von Projekten in beratender Stabsfunktion.[135] **111**

Die Projektsteuerung im Baubereich ist in DIN 69901 vom AHO[136] wie folgt beschrieben: „Projektsteuerung ist eine die Organisation, Steuerung und Kontrolle von Projekten und Leistungsprozesse bei der Bauerrichtung umfassende Fachaufgabe, die technische, kaufmännische, baubetriebliche und im begrenzten Umfang auch juristische Leistungen beinhalten kann."[137] Den Projektsteuerungsvertrag prägen Leistungen aus dem Bereich der Kontroll- und Organisationsleistungen komplexer Art mit Führungs- und Leitungsfunktionen.[138] **112**

Alle (technisch-wirtschaftlichen) Führungsaufgaben, -organisationen, -techniken und Mittel für die Initiierung, Definition, Planung, Steuerung und den Abschluss von Projek- **113**

---

[129] BGH Urt. v. 20.6.2013 – VII ZR 4/12, IBR 2013, 544–546.

[130] BGH Urt. v. 4.7.2002 – VII ZR 66/01, NZBau 2002, 616, 617 = IBR 2002, 253.

[131] OLG Düsseldorf Urt. v. 28.10.1997, OLGR 1998, 362, 365; BGH BauR 1971, 267.

[132] OLG Hamm Urt. v. 22.6.1999 – 21 U 115/98, BauR 2000, 293.

[133] OLG Düsseldorf Urt. v. 24.3.2000 – 22 U 180/99, IBR 2001, 682.

[134] *Bayat/Eschenbruch,* Der Projektmanagement-Mustervertrag BBR, NZBau 2008, 281.

[135] AHO, Heft 9 Projektmanagement, S. 9.

[136] Ausschuss der Verbände und Kammern der Ingenieure und Architekten für die Honorarordnung e.V., www.aho.de.

[137] BGH Urt. v. 2.9.1999 – VII ZR 225/98, IBR 2000, 37.

[138] BGH Urt. v. 2.9.1999 –VII ZR 225/98, IBR 2000, 37.

ten. Projektmanagementleistungen im Sinne dieser Leistungs- und Honorarordnung (des AHO) setzen sich aus Leistungen der Projektleitung und der Projektsteuerung zusammen.[139]

114 Die Begriffe der Projektsteuerung (Projektmanagement) sind rechtlich nicht mit eindeutigen Inhalten belegt. Vielmehr können den Begriffen durch Vertragsgestaltung unterschiedliche Leistungsinhalte zugewiesen werden. Für juristische Fragestellung kommt es dabei jeweils einzelfallbezogen auf die konkrete, vertragliche Ausprägung der übernommenen Leistungen an.[140] Entsprechend gibt es auch keine klare Unterscheidung zwischen Projektsteuerer und Projektmanager, vielmehr werden diese beiden Bezeichnungen auch im Bauwesen zunehmend synonym verwendet. Kennzeichnend für den Projektsteuerer ist, dass dieser Bauherrenaufgaben übernimmt. Aus diesem Grunde ist der Architekt nicht geeignet, die Projektsteuerung durchzuführen, zumindest wenn er zugleich die Planung und Bauüberwachung für den Bauherrn übernimmt.

115 Schwerpunktmäßig übernimmt der Projektsteuerer beratend oder handelnd die Wahrnehmung der Qualitäts-, Termin- und Kostensicherung für den Bauherrn. Grundsätzlich bezweckt der Bauherr mit der Einschaltung des Projektsteuerers eine Entlastung seiner originären Mitwirkungspflichten gegenüber den Architekten, den Sonderfachleuten und den Bauunternehmern. Dabei soll der Projektsteuerer die Qualitäten, Quantitäten und Termine kontrollieren und bei Abweichungen von dem vorgegebenen Rahmen eingreifen. Aufgabe des Projektsteuerers im Rahmen der Bauausführung ist es auch, das Nachtragsmanagement auf der Bauherrenseite zu übernehmen, damit unberechtigte oder überhöhte Nachträge zurückgewiesen werden. Schwerpunkt der Tätigkeit des Projektsteuerers sind das Termin- und Kostenmanagement.

116 Im Regelfall wird der Projektsteuerer bereits bei der Projektierung des Bauvorhabens eingeschaltet. In diesem Stadium kann er für den Bauherrn die Projektorganisation für die Planung und Ausführung entwickeln. Zum Teil wird auch der Projektsteuerer herangezogen, um eine Klärung der Standortfrage herbeizuführen. Insgesamt sind die Aufgaben des Projektsteuerers vielfältig. Betraut wird der Projektsteuerer vorwiegend mit Projektaufgaben, die ansonsten vom Bauherrn zu erbringen wären. Es handelt sich somit um delegierte Bauherrenaufgaben.

Beispiel:

117 Die Ausschreibung des planenden Architekten ist lückenhaft, oder der Zeitplan mit Balkendiagramm ist falsch; der Architekt, der zugleich Projektsteuerer ist, berichtigt diesen Fehler nicht.

118 Die Abgrenzung der Tätigkeitsfelder der Projektsteuerung zur Objektplanung ist dann schwierig, wenn bezüglich der Projektsteuerung bezogen auf die originären Bauherrenaufgaben keine klare Trennung vollzogen wird. Die Objektplanung und die Objektüberwachung sind typische Architektenleistungen, die mit den Bauherrenaufgaben des Projektsteuerers nichts zu tun haben. Die Leistung des Projektsteuerers liegt vielmehr schwerpunktmäßig in den Bereichen der Kostenplanung und -überwachung und der Terminsicherheit. Für den Projektsteuerer verbleiben in der Regel dort Aufgaben, wo unter Berücksichtigung des konkret zur Beauftragung anstehenden Leistungsbildes von Architekten und Ingenieuren noch Steuerungs- und Controllingaufgaben zu bewältigen sind[141]. Die Projektsteuerung hat ihren Schwerpunkt im Bereich der Steuerung, der Koordination, dem Überprüfen, dem Analysieren und der Organisation von Bauabläufen sowie der Überprüfung der Kosten und der Finanzierung.[142]

---

139 AHO-Fachkommission Heft Nr. 9 Stand Mai 2014: „Projektsteuerung/Projektmanagement", S. 9.

140 *Eschenbruch*, Projektmanagement und Projektsteuerung, Rz. 133.

141 *Eschenbruch*, Recht der Projektsteuerung, Rz. 88, *Löffelmann/Fleischmann*, Architektenrecht, Rz. 1045.

142 AHO, Heft Nr. 9, § 2 Leistungsbild, S. 10.

2. Rechtsnatur des Projektsteuerungsvertrages

Für den Projektsteuerungsvertrag kommt als Vertragstyp der Dienstvertrag oder der Werkvertrag, jeweils verbunden mit einem Geschäftsbesorgungsvertrag, in Betracht. Überwiegen die tätigkeitsbezogenen Elemente im Projektsteuerungsvertrag, ist er dienstvertraglich zu qualifizieren, überwiegen die erfolgsorientierten Elemente, findet auf dem Projektsteuerungsvertrag das Werkvertragsrecht Anwendung. Aufgrund der Schwerpunkttheorie findet somit entweder das Dienstvertrags- oder das Werkvertragsrecht statt. Eine Aufspaltung des Projektsteuerungsvertrages findet nicht statt. In einer Grundsatzentscheidung vom 10.6.1999 hat der Bundesgerichtshof ausgeführt:[143] 119

„Die Rechtsnatur eines Projektsteuerungsvertrages hängt von den getroffenen Vereinbarungen ab. Sie bestimmen, ob der Vertrag eine Geschäftsbesorgung zum Gegenstand hat und ob er als Dienst- oder Werkvertrag einzuordnen ist. Das Recht des Werkvertrages ist anwendbar, wenn der Projektsteuerer durch seine vertraglichen Leistungen einen Erfolg im Sinne des § 631 Abs. 2 BGB schuldet.[144] Dabei ist es nicht notwendig, dass der Projektsteuerer ausschließlich erfolgsorientierte Pflichten wahrnimmt. Werkvertragsrecht kann auch dann anwendbar sein, wenn der Unternehmer ein Bündel an verschiedenen Aufgaben übernommen hat und die erfolgsorientierten Aufgaben dermaßen überwiegen, dass sie den Vertrag prägen. Das hat der BGH bereits für den Baubetreuungsvertrag entschieden. Für den Projektsteuerungsvertrag gilt nichts anderes.[145] 120

Der zu beurteilende Projektsteuerungsvertrag hatte ein Generalunternehmercontrolling zum Gegenstand. Planungsleitungen und Materialien waren auf Vertragskonformität zu prüfen. Der Projektsteuerer sollte an der Abnahme teilnehmen, Mängel kontrollieren und Mängelbeseitigungsmaßnahmen vorantreiben. Diese Leistungen hatten nach Auffassung des BGH den zentralen Zweck, die vertragsgemäße Ausführung des Bauvorhabens zu gewährleisten und entsprachen daher den Aufgaben eines mit der Bauüberwachung beauftragten Architekten, der dafür zu sorgen hat, dass das Bauvorhaben plangerecht und frei von Mängeln entsteht. In einer weiteren Entscheidung stellte der Bundesgerichtshof bei einem Projektsteuerungsvertrag im Zusammenhang mit der fristlosen Kündigung wegen Vertrauensverlustes auf werkvertragliche Grundsätze ab.[146] Hier hatte der Projektsteuerer sich verpflichtet, neben den Leistungen der Objektüberwachung die „Projektsteuerung nach dem Leistungsbild des § 31 HOAI (1996)" zu erbringen. Diesen Vertrag prägten Dienst- und Werkleistungen aus dem Bereich der Kontroll- und Organisationsleistungen komplexer Art mit Führungs- und Leitungsfunktionen. In einer weiteren Entscheidung ordnete der BGH einen Projektsteuerungsvertrag mit technischer und wirtschaftlicher Betreuung eines umfangreichen Bauvorhabens unter Zugrundelegung des Leistungsbildes der AHO dem Werkvertragsrecht zu. Da in diesem Projektsteuerungsvertrag die übernommenen Leistungen schwerpunktmäßig erfolgsbezogen waren, war das Werkvertragsrecht anzuwenden.[147] 121

Wenn es sich um eine umfangreiche, dem Leistungsbild des AHO unterworfenen Projektsteuerungsvertrag handelt, überwiegt die Erfolgsbezogenheit, so dass es sich um einen Werkvertrag gegebenenfalls mit Geschäftsbesorgungscharakter handelt. Dies gilt natürlich insbesondere dann, wenn der Projektmanagement-Mustervertrag des Bundesamtes für Bauwesen und Raumordnung zugrunde gelegt wird.[148] In einem vom OLG Düsseldorf[149] entschiedenen Fall beinhaltete der Projektsteuerungsvertrag typische Koordinierungs-, Steuerungs- und Kontrollleistungen eines Projektsteuerers, etwa Vor- 122

---

143 BGH Urt. v. 10.6.1999 – VII ZR 215/89, NJW 1999, 3118 = NZBau 2000, 29; *Eschenbruch*, NZBau 2000, 405 ff.

144 BGH Urt. v. 26.1.1995 – VII ZR 49/94, BauR 1995, 572–573.

145 BGH, a. a. O.

146 BGH Urt. v. 2.9.1999 – VII ZR 225/98, BauR 1999, 1469 = NJW 2000, 202.

147 BGH Urt. v. 25.1.2007 – VII ZR 112/06, NZBau 2007, 315.

148 *Bayat/Eschenbruch*, Der Projektmanagement-Mustervertrag BBR, NZBau 2008, 281 ff.

149 OLG Düsseldorf Urt. v. 23.6.2009 – I – 23 U 140/08, IBR 2009, 594 = BauR 2009, 1483.

bereiten der Beantragung der Baugenehmigung, Erstellung der Projekt-Statusdokumentation, Abstimmung mit dem Auftraggeber wegen des Projektprogramms zu Qualitäten, Quantitäten, Kosten, Terminen und Wirtschaftlichkeit, Vorbereitung der stufenweisen Beauftragung, Steuerung der Projektbeteiligung während der Fertigung der für die Beantragung der Baugenehmigung notwendigen Unterlagen, die typisch erfolgsorientierte Leistungspflichten beinhalten. Da diese Leistungen kein Selbstzweck waren, sondern vielmehr dem erfolgreichen Projektabschluss und damit einem typischen Werkerfolg dienen, lag der Schwerpunkt im Werkvertragsrecht. Die reinen dienstvertraglichen Elemente wie etwa Teilnahme an Besprechungen oder Beratungen waren von untergeordneter Bedeutung.[150] Anders sieht es aus, wenn der Projektvertrag sich auf die Projektentwicklung beschränkt. Projektsteuerungsleistungen während der Projektentwicklung mit Schwerpunkten in kaufmännisch-wirtschaftlichen Fragestellungen wie Machbarkeitsstudien, Finanzierungsplanung und Wirtschaftlichkeitsberechnung sind als Dienstleistungen mit Geschäftscharakter zu qualifizieren.[151] In diesen Fällen schuldet der Projektsteuerer eine qualifizierte Tätigkeit, die jedoch gerade mit einem Fehlschlagen des Projektes wegen einer negativen Machbarkeitsstudie führen kann. Stellt der Projektsteuerer fest, dass die Finanzierung des Objektes nicht machbar ist oder das Grundstück die entsprechende Bebauung wegen bauordnungsrechtlicher Gegebenheiten nicht zulässt, hat er seine Leistungen ordnungsgemäß abgeschlossen ohne einen Erfolg herbei geführt zu haben. So ist auch ein Projektentwicklungsvertrag, der grundlegende Projektsteuerungsleistungen beinhaltet, als Dienstvertrag mit Geschäftsbesorgungscharakter gemäß § 675 einzuordnen.[152]

3. Leistungen des Projektsteuerers

123 Die vom Projektsteuerer zu erbringenden Leistungen ergeben sich aus dem den Projektsteuerungsvertrag zugrunde liegendem Leistungsbild. Die Projektsteuerung umfasst bei Bauprojekten die Organisation, Dokumentation und Koordinierung der Projektbeteiligten. Weiterhin sind die Kosten- und Terminziele im unmittelbaren Fokus der Projektsteuerung. Ein Leistungsbild der Projektsteuerung, wie es in § 31 HOAI (1996) enthalten war, gibt es in der HOAI nicht mehr. Die AHO[153] sieht folgende grundlegende Leistungen als Projektsteuerungstätigkeiten an:

- Organisation, Information, Koordination und Dokumentation
- Qualitäten und Quantitäten
- Kosten und Finanzierung
- Termine, Kapazitäten, Logistik
- Verträge und Versicherungen.

124 Dabei wird die Projektsteuerung in vier Phasen untergliedert, und zwar in die Projektvorbereitung, die Planung, die Ausführungsvorbereitung, die Ausführung und den Projektabschluss.

125 Die konkret vom Projektsteuerer zu erbringende Leistung ergibt sich aus dem abgeschlossenen Vertrag mit dem Auftraggeber. Die Hauptaufgaben des Projektsteuerers sind die Organisation, die Qualitäten und Quantitäten, die Termine und die Kosten. Die HOAI enthält keine Regelungen über die Honorare für Projektsteuerung. Vertragsrecht darf die Honorarordnung für Architekten und Ingenieure (HOAI) nach der Ermächtigungsgrundlage nicht.[154]

---

150 OLG Düsseldorf, a.a.O.

151 OLG Düsseldorf Urt. v. 24.5.2006 – 15 U 43/05, IBR 2006, 1383.

152 OLG Hamm Urt. v. 24.10.2012 – I – 12 U 58/12, IBR 2013, 184; *Fischer*, jurisPR-PrivBauR 7/13 Anm. 6.

153 AHO-Fachkommission, Heft Nr. 9 Projektmanagementleistungen in der Bau- und Immobilienwirtschaft, Stand Mai 2014, § 2.

154 BGH Urt. v. 24.4.2014 – VII ZR 164/13, IBR 2014,353; Gesetz zur Verbesserung des Mietrechts

Typische Projektsteuerungsaufgaben[155] sind insbesondere folgende:

- Projektvorbereitung
  - a) Organisation, Information, Koordination und Dokumentation
  - b Quantitäten und Qualitäten
  - c) Kosten und Finanzierung
  - d) Termine, Kapazitäten und Logistik
  - e) Verträge und Versicherungen
- Planung
  - a) Organisation, Information, Koordination und Dokumentation
  - b) Quantitäten, Qualitäten
  - c) Kosten und Finanzierung
  - d) Termine, Kapazitäten und Logistik
  - e) Verträge und Versicherungen
- Ausführungsvorbereitung
  - a) Organisation, Information, Koordination und Dokumentation
  - b) Quantitäten, Qualitäten
  - c) Kosten und Finanzierung
  - d) Termine, Kapazitäten und Logistik
  - e) Verträge und Versicherungen
- Ausführung
  - a) Organisation, Information, Koordination und Dokumentation
  - b) Quantitäten, Qualitäten
  - c) Kosten und Finanzierung
  - d) Termine, Kapazitäten und Logistik
  - e) Verträge und Versicherungen
- Projektabschluss
  - a) Organisation, Information, Koordination und Dokumentation
  - b) Quantitäten, Qualitäten
  - c) Kosten und Finanzierung
  - d) Termine, Kapazitäten und Logistik
  - e) Verträge und Versicherungen

Die Projektsteuerung beginnt mit der Projektfindung in dessen Zusammenhang für 126 den Bauherrn die Bedarfsplanung vom Projektsteuerer erstellt werden kann.[156] Sofern hier noch kein Projektsteuerungsvertrag abgeschlossen wird,[157] empfiehlt sich der Abschluss eines Projektfindungsvertrages. Es sollte dann ein schriftlicher Projektsteuerungsvertrag abgeschlossen werden.[158] Der Projektsteuerer hat somit die Leistungen des Bauherrn auf der Bauherrenseite zu erbringen, die von anderen Beauftragten des Bauherrn wie dem Generalplaner bzw. Architekten nicht zu erbringen sind. Dabei ist die Leistung des Projektsteuerers von der des Generalplaners bzw. Architekten abzugrenzen, damit eine Doppelbeauftragung und somit möglicherweise doppelte Bezahlung nicht stattfindet.

4. Die Form und Wirksamkeit des Projektsteuerungsvertrages

Das Gesetz verlangt für den Abschluss des Projektsteuerungsvertrages keine bestimmte 127 Form. Zweckmäßig ist aus Beweisgründen der Abschluss eines schriftlichen Vertrages. In Ausnahmefällen, wenn beispielsweise Vertragspartner eine Kommune ist, muss der Vertrag den entsprechenden Vorschriften der jeweiligen Landesgemeindeordnung entspre-

und zur Begrenzung des Mietanstiegs sowie zur Regelung von Ingenieur- und Architektenleistungen vom 4.11.1971, BGBl I S. 1745.

155 AHO Projektmanagementleistungen, Heft 9, S. 13 ff.

156 DIN 18205: Bedarfsplanung im Bauwesen.

157 Fischer/Krüger, Honorar und Vertrag beim Bauen im Bestand, Anlage 1, S. 280.

158 Praxisbeispiel Projektmanagementvertrag, AHO, Heft Nr. 9, S. 138 ff.

chen, wonach grundsätzlich der Vertrag erst verbindlich ist, wenn er vom Bürgermeister handschriftlich unterzeichnet wurde.

128 Unwirksam kann ein Projektsteuerungsvertrag nach den allgemeinen Grundsätzen des BGB sein bei Verbot gegen ein gesetzliches Verbot, § 134 BGB. Bei der Überschreitung der Grenze zur unerlaubten Rechtsbesorgung im Sinne des Rechtsdienstleistungsgesetzes, ist der Projektsteuerungsvertrag unwirksam. Dabei ist es jedoch dem Projektsteuerer gestattet, rechtliche Tätigkeiten, die im engen Zusammenhang mit der Projektsteuerungsleistung stehen, zu übernehmen. So liegt ein Verstoß gegen das Rechtsdienstleistungsgesetz nicht vor, wenn folgende Leistungen übernommen werden:

- Vertragsmanagement bezogen auf Beraterverträge, insbesondere betreffend die baufachliche Überprüfung der Vollständigkeit der Leistung.
- Vertragsmanagement Auftragnehmer im Hinblick auf Nachtragsbeauftragungen und Terminsituationen und Anti-Claim-Management zum gestörten Bauablauf.
- Vorbereitung des Mahnwesens und „Belastungsmanagement".[159] Die Grenzen der erlaubnispflichtigen Rechtsberatung sind dann überschritten, wenn die ordnungsgemäße Erfüllung der Tätigkeit des Projektsteuerers eine umfassende Beratung auf mindestens einem Teilgebiet des Rechts und eine juristische Ausbildung erfordert. Somit ist die Grenze der erlaubnispflichtigen Rechtsberatung überschritten, wenn der Projektsteuerer die Verpflichtung zur vertraglichen Gestaltung von Bauverträgen übernimmt.[160]

129 Andererseits ist die rechtliche Beratung grundsätzlich keine Aufgabe des Projektsteuerers. Ein mit der Projektsteuerung beauftragtes Ingenieurbüro ist nicht zur umfassenden Rechtsberatung des Bauherrn verpflichtet. Vielmehr steht die im Zug der Vertragsgestaltung geschuldete Rechtsberatung nur in den Grenzen der für eine zulässige Rechtsberatung gesetzten Erlaubnispflicht. Dem Projektsteuerer kann nicht vorgeworfen werden, durch eine optimale Vertragsgestaltung solche Risiken nicht vermieden zu haben, die sich nur einem Rechtsberater erschließen, der über fundierten Kenntnisse auf dem Gebiet des Baurechts verfügt.[161]

5. Honorierung des Projektsteuerers

130 Die Vergütung des Projektsteuerers ist gesetzlich nicht geregelt. Da die HOAI keine Regelung über die Vergütung der Projektsteuerung enthält, ist die Vergütung der Projektsteuerung frei vereinbar, §§ 611, 631 BGB. Fehlt es an einer Vereinbarung über die Vergütung zwischen den Parteien, gilt die (orts-)übliche Vergütung, §§ 612 Abs. 2, 632 Abs. 2 BGB. Vom AHO und vom DVP sind unverbindliche Regelungen über das Honorar entwickelt worden. Nach § 4 der Honorarordnung von Projektmanagementleistungen[162] werden folgende Honoraralternativen vorgeschlagen:

- die Honorierung erfolgt nach den anrechenbaren Kosten als Abrechnungsauftrag oder Pauschalauftrag;
- die Honorierung erfolgt nach Zeitaufwand, entweder nach Einzelabrechnung oder Pauschalauftrag.

131 In den §§ 5 bis 12 werden Honorarvorschläge unter verschiedenen Gesichtspunkten unterbreitet. Zum einen wird der Schwierigkeitsgrad unter Hinzuziehung von Honorarzonen von I. bis V. erbrachten Leistungen unter Berücksichtigung einer Honorartafel entwickelt. Sodann gibt es auch Vorschläge, wie die Abrechnung nach Zeitaufwand, auch nach Monatsverrechnungssätzen vorgenommen wird. Der Projektsteuerer kann letztendlich sein Honorar mit seinem Auftraggeber frei vereinbaren. Er hat auch die Möglichkeit,

---

[159] OLG Naumburg Urt. v. 14.3.2008 – 10 U 64/07, IBR 2009, 45.

[160] OLG Saarbrücken Urt. v. 3.3.2009 – 4 U 143/08, IBR 2009, 529.

[161] Saarländisches Oberlandesgericht Saarbrücken Urt. v. 3.3.2009 – 4 U 143/08, IBR 2009, 559 (*Eschenbruch*).

[162] AHO, Heft Nr. 9, Projektmanagementleistungen, S. 23 ff.

ein Erfolgshonorar zu vereinbaren. Vereinbaren die Vertragsparteien nur ein Erfolgshonorar, kann sich dies für den Projektsteuerer im Falle des Nichteintrittes des Erfolges negativ in der Weise auswirken, dass er kein Honorar erhält. Möglich ist jedoch, dass die Vertragsparteien ein zusätzliches Erfolgshonorar vereinbaren, welches an einen Rentabilitätsfaktor anknüpft, der auf dem Verhältnis beeinflussbarer Baukosten zu Erträgen beruht.[163] Im Regelfall wird der Projektsteuerer eine Pauschalvergütung oder ein Zeithonorar auf Stundenbasis bzw. mit Tagessätzen vereinbaren. Die Honorarvereinbarung bedarf keiner bestimmten Form. Aus Beweisgründen sollte die Honorarvereinbarung schriftlich getroffen werden. In der Praxis haben sich verschiedene Vergütungsformen für den Projektsteuerer herausgebildet, wobei es sich hier nicht um gesetzliche Honorarordnungen handelt. Die Pauschalvergütungen werden oft ergänzt durch Bonus- und Malus-Regelungen, welche die Vergütung von der Erreichung vertraglicher Kosten- und Terminziele abhängig macht.[164] Die HOAI ist als Honorarordnung nur dann heranzuziehen, wenn die Leistung des Projektsteuerers ausnahmsweise schwerpunktmäßig in den Bereichen liegt, die von der HOAI geregelt sind. Hier handelt es sich in erster Linie um die Architektenleistungen. Wenn es ausnahmsweise hauptsächlich Aufgabe des Projektsteuerers ist, die Bauabwicklung zu koordinieren und die Bauüberwachung durchzuführen, und daneben Leistungen aus dem typischen Projektsteuerungsbereich zu erbringen, kann es sein, dass hier aufgrund des Schwerpunktes der Architektenleistung die zwingenden Honorarregelungen der HOAI heranzuziehen sind.

Im Übrigen hat der Projektsteuerer seine Leistung ordnungsgemäß und prüfbar abzu- 132
rechnen. Dies gilt sowohl für Abschlags- als auch für Schlussrechnungen. Grundsatz ist hier, dass nur eine Vergütung für erbrachte und nachgewiesene Leistungen zu erbringen ist.

6. Haftung des Projektsteuerers

Die Haftung des Projektsteuerers richtet sich nach den von ihm übernommenen Leis- 133
tungspflichten aus dem Vertrag. Für die Beurteilung der Haftung des Projektsteuerers kommt es somit darauf an, ob seine vertraglichen Leistungsverpflichtungen dienstvertraglicher oder werkvertraglicher Art sind. Ist die Leistung des Projektsteuerers als Dienstvertrag einzustufen, etwa weil der Projektsteuerer originäre Bauherrenaufgaben wahrnimmt, so haftet der Projektsteuerer nicht für den Eintritt des Erfolges. Die Schadensersatzpflicht ergibt sich aus den §§ 280 ff. BGB. Dabei ist darauf abzustellen, ob den Projektsteuerer ein Verschulden trifft. Auszugehen ist dabei davon, dass der Projektsteuerer die Sorgfalt anzuwenden hat, die von einem gewissenhaften, sorgfältigen Angehörigen seines Berufsstandes erwartet werden kann[165]. Die Verjährungsfrist für die Gewährleistungsansprüche gegenüber dem Projektsteuerer beträgt gemäß § 195 BGB drei Jahre. Festzuhalten bleibt, dass gemäß dem Dienstvertrag nur eine bestmögliche Tätigkeit, nicht jedoch deren Erfolg geschuldet wird.

Erbringt der Projektsteuerer jedoch eine werkvertragliche orientierte Leistung, die er- 134
folgsbezogen ist, ist seine Haftung weitergehend. Unabhängig von einem Verschulden ist der Projektsteuerer in diesem Fall verpflichtet, dem Auftragnehmer die entsprechende Leistung frei von Mängeln zu beschaffen. Dabei ist die Leistung dann frei von Mängeln, wenn sie die vertraglich vereinbarte Beschaffenheit hat, § 633 Abs. 2 BGB. Soweit die Beschaffenheit nicht vereinbart ist, ist die Leistung frei von Sachmängeln, wenn sie die nach dem Vertrag vorausgesetzte Beschaffenheit erreicht oder für die gewöhnliche Verwendung geeignet ist bzw. eine Beschaffenheit aufweist, die bei Leistungen gleicher Art üblich und die der Bauherr nach der Art des Werkes erwarten kann, § 633 Abs. 2 Nr. 1, 2 BGB.

---

[163] OLG Hamm Urt. v. 15.8.2006 – 24 U 125/05, NZBau 2009, 48.
[164] *Eschenbruch*, Projektmanagement und Projektsteuerung, 3. Aufl., S. 444 ff.
[165] BGH Urt. v. 11.10.2001 – VII ZR 475/00, BGHZ 149, 57.

135 Liegt ein Mangel vor, ist im Falle einer werkvertraglichen Verpflichtung der Projektsteuerer verpflichtet, diesen Mangel unabhängig von irgendeinem anderen oder ihm zuzurechnenden Verschulden zu beseitigen. Gelingt ihm das nicht hat er grundsätzlich auch keinen Honoraranspruch. Erbringt der Projektsteuerer eine mangelhafte Leistung, so hat er grundsätzlich einen Anspruch darauf, eine Nachbesserung durchzuführen. Die Nachbesserung ist nur dann ausgeschlossen, wenn sich der Mangel bereits im Bauwerk ausgewirkt hat[166].

136 Im Jahre 2000 hat der Bundesgerichtshof sich erstmalig mit der Haftung des Projektsteuerers beschäftigt. In dem zu entscheidenden Fall hatte der Projektsteuerer es vertraglich übernommen, alles zu tun, um die Fertigstellung eines Bauvorhabens zu einem bestimmten Termin zu erreichen. Da ihm dies nicht gelang, haftete er für die verschiedenen Folgen der Terminüberschreitung.

137 **a)** Zum einen haftet der Projektsteuerer für die mangelhafte Tätigkeit von Bauunternehmen, die nicht hinreichend leistungsfähig waren, um ihre Arbeiten fach- und fristgerecht fertig zu stellen. Wenn der Projektsteuerer eine Firma auswählt, die nicht in die Handwerksrolle eingetragen ist, muss er mindestens über sonstige ausreichende Referenzen die Qualifikation überprüfen. Dabei ist auch zu überprüfen, ob der Personalbestand der Firma ausreicht, um die Arbeiten fristgerecht auszuführen. Ist dies nicht der Fall, ist eine eigene Haftung des Projektsteuerers gegeben.

138 **b)** Im Übrigen muss der Projektsteuerer, soweit er dies vertraglich übernommen hat, seiner Koordinationsverpflichtung nachkommen. Soweit von dieser Koordinationsverpflichtung die termingerechte Fertigstellung abhängt, muss der Projektsteuerer auch die Arbeiten der Handwerker mit den Mietern koordinieren. Wenn ein Projektsteuerer im Rahmen der Kontroll- und Steuerungstätigkeit auch die Überprüfung von Architektenplänen übernommen hat, dann haftet dieser, wenn bei sachgerechter Ausübung der Kontrolle ein auf den Planungsfehler beruhender Schadenseintritt vermieden worden wäre.[167]

139 **c)** Sofern eine Vereinbarung von Vertragsfristen- und Vertragsstrafenregelungen nach den Marktverhältnissen möglich ist, muss der Projektsteuerer auch Vertragsstrafenregelungen treffen, um Rechtspositionen des Auftraggebers zu stärken. Ob hier jedoch der Projektsteuerer verpflichtet ist, die entsprechende Rechtsberatung zu erteilen, ist fraglich. Grundsätzlich ist der Projektsteuerer nicht berechtigt, wie im vorderen Teil ausgeführt, Rechtsberatung zu erbringen. Ein mit der Projektsteuerung eines Bauvorhabens beauftragtes Ingenieurbüro ist nicht zur umfassenden Rechtsberatung des Auftraggebers verpflichtet. Dem Projektsteuerer kann nicht vorgeworfen werden, durch eine optimale Vertragsgestaltung solche Risiken nicht vermieden zu haben, die sich nur einem Rechtsberater erschließen, der über fundierte Kenntnisse auf dem Gebiet des vertraglichen Baurechts verfügt.[168]

140 Wenn er dies jedoch tut, muss er darauf achten, dass die entsprechende Vertragsstrafenregelung den strengen Voraussetzungen der Rechtsprechung entspricht. Das heißt, die Vertragsstrafe muss sowohl bezüglich der entsprechenden Einheit (Werktag/Arbeitstag) als auch in der Gesamthöhe angemessen sein. Angemessen ist eine Vertragsstrafe, die pro Arbeitstag 0,1 %, maximal 5 % der Abrechnungssumme beträgt. Die Höchstgrenze von 10 % ist unangemessen[169].

141 **d)** Soweit sich während der Bauausführung Mängel zeigen, die dem Projektsteuerer bekannt geworden sind, muss dieser dem Bauherrn diese mitteilen und ihn entsprechend beraten. Dabei muss er dem Bauherrn die Empfehlung geben, dass der Auftragnehmer die

166 BGH Urt. v. 25.4.1996 – VII ZR 157/94, BauR 1996, 735.
167 OLG Düsseldorf Urt. v. 23.6.2009, IBR 2009, 530.
168 Saarländisches OLG Saarbrücken, 3.3.2005 – 4 U 143/08, BauR 2009, 1482.
169 BGH Urt. v. 23.1.2003 – VII ZR 210/01, IBR 2003, 291.

Mängel gemäß § 4 Abs. 7 VOB/B nach Fristsetzung zu beseitigen hat. Weiterhin muss er ihm empfehlen, die Kündigung nach § 4 Abs. 7 VOB/B anzudrohen und gegebenenfalls auszusprechen. Der Projektsteuerer selbst kann diese Kündigung nur wirksam aussprechen, wenn er eine entsprechende Vollmacht des Bauherrn hat. Hier sollte der Projektsteuerer jedoch Vorsicht walten lassen, da ein Eingriff in den rechtlichen Bereich nicht von seiner Versicherung gedeckt ist. Im rechtsberatenden Bereich sollte der Projektsteuerer Vorsicht walten lassen, weil ein Eingriff in den rechtlichen Bereich von seiner Versicherung nicht gedeckt sein könnte. Gleiches gilt, wenn der Projektsteuerer das Vertragsmanagement oder Nachtragsmanagement übernimmt.

Schadensersatzpflichtig macht sich der Projektsteuerer, wenn er durch den Bauherrn eine Kündigung ohne wichtigen Grund nach § 8 Abs. 1 VOB/B aussprechen lässt. Entscheidend ist festzuhalten, dass der Projektsteuerer insbesondere dann haftet, wenn eine Terminüberschreitung stattfindet, die er hätte vermeiden können. Die Terminsicherung ist neben der Sicherung der Kosten eine der Hauptaufgaben des Projektsteuerers und rechtfertigen gerade seinen Einsatz. **142**

Die Kostenplanung und Kostenkontrolle ist eine zentrale Aufgabe des Projektsteuerers. Kommt es hier zu Bausummenüberschreitungen, ist der Projektsteuerer grundsätzlich verpflichtet, den entstandenen Schaden zu übernehmen. Ein Toleranzrahmen, wie es ihn seinerzeit für den Architekten gab, gibt es grundsätzlich nicht mehr[170]. Dem Projektsteuerer steht allenfalls ein Prognosespielraum zu. **143**

Nach § 634a Abs. 1 Nr. 2 BGB beträgt die Gewährleistungsfrist fünf Jahre, von dem Zeitpunkt der Beendigung bzw. Abnahme der Projektsteuerungsleistung. Sofern der Projektsteuerungsvertrag dem Dienstvertragsrecht unterliegt, bedarf es keiner Abnahme. Unterliegt der Vertrag den Regelungen des Werkvertragsrechtes, hat der Projektsteuerer die Pflichten erfüllt, wenn er sämtliche Leistungen erbracht hat und diese abnahmefähig sind[171]. **144**

Aufgrund der erheblichen Haftungsgefahren des Projektsteuerers stellt sich die Frage, inwieweit eine Haftungsbegrenzung möglich ist. Grundsätzlich sind Haftungsbegrenzungen nach dem Gesetz zur Regelung allgemeiner Geschäftsbedingungen bzw. nun nach den §§ 307ff. BGB nur dann zulässig, wenn es sich um eine leicht fahrlässige Vertragsverletzung handelt und Kardinalpflichten nicht berührt werden[172]. Bei Verletzung sogenannter Kardinalpflichten, also Pflichten, welche die ordnungsgemäße Durchführung des Vertrages überhaupt erst ermöglichen und bei deren Verletzung die Erreichung des Vertragszweckes gefährdet wird, kann der Ausschluss der Gewährleistungs- und Schadenersatzansprüche unwirksam sein[173]. Für den Projektsteuerungsvertrag gibt es noch keine Rechtsprechungen in diesem Bereich. **145**

Eine Haftungsbegrenzung in einem Vertrag zwischen dem Projektsteuerer und dem Bauherrn dürfte dann wirksam sein, wenn der Haftungsausschluss Vorsatz und grobe Fahrlässigkeit nicht erfasst und er auf typische Risiken begrenzt ist und es sich nicht um Personenschäden oder um die Verletzung von Kardinalpflichten handelt. Voraussetzung ist auch, dass die Haftung auf einen angemessenen Betrag begrenzt wird. Nach der Rechtsprechung zur Architektenhaftung ist dies ca. 10 % bis 12 % der Bausumme. Dies dürfte jedoch nach heutiger Ansicht zu niedrig sein, so dass auf einen Rahmen von 25 % bis 50 % abgestellt werden sollte. Bei der Haftungsbegrenzung ist es wichtig, dass die Haftung auf einen bestimmten Betrag, etwa 1 Mio. EUR begrenzt wird. Die Haftungsbegrenzung auf die Höhe der Haftpflichtversicherung ist unbestimmt und somit unwirksam[174]. **146**

---

[170] BGH Urt. v. 23.1.1997 – VII ZR 171/95, BauR 1997, 494.
[171] *Schill*, Der Projektsteuerungsvertrag, S. 126.
[172] *Eschenbruch*, Recht der Projektsteuerung, Rz. 1264.
[173] *Locher/Koeble/Frik*, HOAI, Einl. Rz. 151.
[174] OLG Stuttgart Urt. v. 10.10.1991, *Löffelmann/Fleischmann*, Architektenrecht für Praktiker, S. 204.

147 Der Projektsteuerer muss somit ausdrücklich einen bestimmten Betrag bezüglich der Haftungsbegrenzung in den Vertrag aufnehmen, z. B. 1 Mio. €.

148 Das Aufgabengebiet des Projektsteuerers beinhaltet Pflichten zur Kontrolle und Einhaltung von Kosten und Terminen. Der Projektsteuerer übernimmt somit Risiken, die unter die Deckungsausschlüsse gemäß A IV Ziff. 1, 2 der bisherigen BBR fallen können[175]. Die Berufshaftpflichtversicherung eines Architekten ist somit für einen Projektsteuerer nicht geeignet. Wird somit die Tätigkeit als Projektsteuerer übernommen, muss eine spezielle Haftpflichtversicherung für einen Projektsteuerer abgeschlossen werden.

149 Im Hinblick auf die Besonderheiten des Tätigkeits- und Leistungsbildes der Projektsteuerung hat der Gesamtverband der Versicherungswirtschaft (GDV) Besondere Bedingungen und Risikobeschreibungen für die Berufshaftpflichtversicherung für Projektsteuerer erarbeitet und zur Verwendung empfohlen. Die führenden Architektenhaftpflichtversicherungen haben die vom GDV empfohlenen BBR gerade hinsichtlich der Massen- und Kostenklausel, aber auch die Fristenklausel erheblich entschärft. Diese Gesellschaften haben außerdem in ihre BBR ausdrücklich aufgenommen, dass die gesetzliche Haftpflicht des Projektsteuerers mitversichert ist[176].

150 Nach diesen Versicherungsbedingungen ist die gesetzliche Haftpflicht aus der Tätigkeit als Projektsteuerer für die Erstellung von Bauwerken, insbesondere Beratungs-, Koordinations-, Dokumentations-, Informations- und Kontrollleistung versichert. Bei der Versicherung der Risiken aus der Tätigkeit des Projektsteuerers sollte insbesondere auf die Höhe der Deckungssumme geachtet werden. Die Versicherungssumme sollte wesentlich höher sein als bei der normalen Berufshaftpflichtversicherung des Architekten, weil es sich bei den vom Projektsteuerer zu bearbeitenden Objekte um größere und somit teurere Bauvorhaben handelt.

151 Es wird überwiegend angenommen, dass Projektsteuerer auch ohne die ausdrückliche Regelung in den BBR bedingungsgemäß Versicherungsschutz genießen. Die ausdrückliche Regelung in den BBR einiger Versicherungen hat deshalb nur deklaratorischen Charakter[177]. Projektsteuerer, deren Versicherungsvertrag in den BBR nicht ausdrücklich die Mitversicherung darstellt, sollten dennoch dieses Risiko ihrem Versicherer anzeigen und sich den grundsätzlichen Versicherungsschutz schriftlich bestätigen lassen.

152 Erstellt ein Projektsteuerer eine Übersicht über die zu erwartenden Kosten und Erlöse des Bauvorhabens in Form einer Kosten-Nutzen-Übersicht, die zur Einreichung bei der Bank und zur Erlangung eines Kredits dienen soll, so haftet er dem Auftraggeber nicht auf Schadensersatz, wenn dieser auf der Grundlage der Übersicht einen Kreditvertrag und darauf folgend Mietverträge abschließt, die Realisierung des Bauvorhabens jedoch in der Folgezeit auf Grund wesentlich höherer Kosten aufgeben muss.[178]

7. Probleme bei der Vertragsgestaltung

153 Es gibt keinen eigenen verbindlichen Mustervertrag für die Projektsteuerung. Der AHO hat als Praxisbeispiel einen Projektsteuerungsvertrag entworfen.[179]Aufgrund der verschiedenen vertraglichen Verpflichtungen, die der Projektsteuerer im Einzelfall übernimmt, kann auch ein allgemeines Vertragsmuster weder dem Projektsteuerer noch dem Bauherrn dienlich sein. Die entsprechenden Vertragsmuster können nur als Orientierungshilfen gewährleisten, dass man die wichtigen Punkte zutreffend regelt.

154 Im Wesentlichen sollten folgende Positionen im Vertrag berücksichtigt und geklärt werden:

---

175 *Ziller*, § 28 IV 1 ee, in diesem Buch.
176 *Ziller*, a. a. O.
177 *Ziller*, a. a. O.
178 OLG München Urt. v. 13.7.2010 – 9 U 4414/09 – juris.
179 AHO, Heft Nr. 9, Projektmanagement, 6.2.

a) Vertragsparteien. Es ist immer wieder erstaunlich, wie oft es in der Praxis zu Schwierigkeiten kommt, weil man nicht weiß, wer Vertragspartner ist. Unterzeichnet hat beispielsweise Herr Karl Müller, der gleichzeitig Geschäftsführer der Karl Müller GmbH ist. Ist nun hier Herr Karl Müller persönlich oder die Karl Müller GmbH Vertragspartner geworden? Auch bei mehreren Auftragnehmern kann es zu Problemen kommen, wenn zwar im oberen Teil alle Vertragsparteien aufgeführt sind, jedoch nur einer der Auftraggeber unterschreibt. Aus diesem Grunde sollte gerade auch im Hinblick auf die mögliche Haftung darauf geachtet werden, dass die entsprechenden Vertragspartner vollständig aufgeführt sind und auch den Vertrag unterzeichnet haben. 155

b) Vertragsgegenstand und Leistungspflichten. Es ist immer von größter Bedeutung, dass die entsprechenden vertraglichen Verpflichtungen festgelegt werden. Dabei muss auch der Gegenstand des Vertrages, somit das konkrete Projekt, welches der Projektsteuerung unterliegt, herausgearbeitet und dargestellt werden. Insbesondere sollte in diesem Zusammenhang auch klar dargelegt werden, welche einzelnen Verpflichtungen der Projektsteuerer zu übernehmen hat. Hier ist eine detaillierte Beschreibung notwendig, die keineswegs abstrakt gehalten werden darf. Dabei sollten auch die Einzeltätigkeiten aus den verschiedenen Handlungsbereichen aufgeführt werden, etwa aus dem Bereich des Kostencontrollings, der Organisation und der Terminsteuerung. Je genauer die Aufgabe des Projektsteuerers beschrieben ist, umso klarer kann im Nachhinein beurteilt werden, ob seine Leistung vertragsgemäß und mangelfrei ist. Letztendlich geht es jedoch um eine gute Vertragsabwicklung, die immer eine genaue spezifische Vertragsgestaltung voraussetzt, insbesondere was den Vertragsgegenstand und die zu erbringenden Leistungen betrifft. 156

Inhaltlich ist genau zu untersuchen, welche Einzeltätigkeiten dem Projektsteuerer übertragen werden. Dabei ist zu klären, ob eine Vollbeauftragung bis zum Projektabschluss oder eine gestufte Beauftragung vorzunehmen ist. 157

Die Leistungsbeschreibung kann global-funktional oder detailliert-funktional aufgebaut werden. Globalfunktional ist eine Leistungsbeschreibung dann, wenn die Projektsteuerungsleistung lediglich die Funktionsziele beschreibt, oder das im Einzelnen festgelegt wird, welche konkreten Arbeiten der Projektsteuerer vorzunehmen hat. Dagegen ist von einer detaillierten funktionalen Leistungsbeschreibung auszugehen, wenn die Leistungsbeschreibung im Einzelnen festlegt, welche Handlungen der Projektsteuerer vorzunehmen hat. Die entsprechenden Leistungen können aus dem Leistungsbild des AHO entnommen werden.[180]

Vom Leistungsbild des Projektsteuerers ist es dessen Aufgabe, dass das Leistungsbild des Architekten mit Rücksicht auf die eigenen Leistungen und die des Projektsteuerers bei der Vertragsgestaltung so zu berücksichtigen sind, dass keine Doppelfunktionen anfallen. Diese sind aus finanziellen und verantwortungsorganisatorischen Gründen nach Möglichkeit zu vermeiden. 158

Es sollte geregelt werden, mit welcher Intensität der Projektsteuerer Steuerungs- und Kontrollleistungen vorzunehmen hat. Zu regeln ist die Abgrenzung zur Kostenkontrolle des Architekten, etwa die Installation eines planungs- und ausführungsorientierten Kostensteuerungssystems[181]. Ergänzend ist zu klären, wer die Leistungen der Projektsteuerung tatsächlich erbringt. Der Erfolg der Projektsteuerung hängt nicht selten von der persönlichen Kompetenz des einzelnen Projektsteuerers ab. Deshalb ist es geboten, die persönliche Leistungserbringung durch bestimmte qualifizierte Mitarbeiter des Projektsteuerers zu sichern. 159

[180] AHO, Heft Nr. 9, Projektmanagementleistungen, S. 13 ff.
[181] *Eschenbruch*, Recht der Projektsteuerung, Rz. 637.

160 **c) Vertragsgrundlagen.** Die Bezugnahme auf die VOB/B ist unzweckmäßig, weil die in ihr enthaltenen bauvertraglichen Klauseln auf Bauleistungen abgestimmt sind. Entsprechend definiert § 1 VOB/A seinen Anwendungsbereich wie folgt: „Bauleistungen sind Arbeiten jeder Art, durch die eine bauliche Anlage hergestellt, instand gehalten, geändert oder beseitigt wird". Der Projektsteuerer schuldet keine Bauleistung im Sinne des § 1 VOB/A, weil er nicht an der konstruktiven Errichtung des Gebäudes beteiligt ist. Er hat nur aufgrund seiner geistigen und überwachenden Tätigkeit einen Anteil daran, dass das Bauwerk entsteht. Entsprechend kann die VOB/B nicht als geeignetes Klauselwerk zugrunde gelegt werden. Eine Vielzahl von Klauseln werden auch im Zusammenhang mit dem Projektsteuerungsvertrag unwirksam. Grundlage sind kraft Gesetzes die Vorschriften des BGB, insbesondere die Vorschriften des Dienstvertrages (§§ 611 ff. BGB) bzw. des Werkvertrages (§§ 631 ff. BGB). Die HOAI ist als gesetzliche Verordnung anwendbar, sofern es sich um eine Leistung handelt, die von dieser Honorarordnung erfasst ist. Dies ist nur dann der Fall, wenn der Projektsteuerer schwerpunktmäßig der HOAI unterfallende Architekten- und Ingenieurleistungen erbringt. Übernimmt der Projektsteuerer originäre Bauherrenaufgaben, richtet sich die Vergütung nicht nach der HOAI, sondern nach den Vorschriften des Bürgerlichen Gesetzbuches. Soweit die HOAI im Leistungsbild Gebäude bzw. Innenräume[182] Leistungen der Projektsteuerung enthält, handelt es sich hier um Besondere Leistungen.

161 Gegenstand des Projektsteuerungsvertrages können natürlich allgemeine Geschäftsbedingungen oder Leistungs- und Vergütungsmodelle etwa nach dem Vorbild DVP/ AHO-Modell sein. Zur weiteren Präzisierung der Leistungspflichten sollte darauf hingewiesen werden, dass die anerkannten Regeln der Technik eingehalten werden. Schließlich kann auch an dieser Stelle die Wirtschaftlichkeit der Projektziele hervorgehoben oder näher präzisiert werden.

162 **d) Vergütung.** Da die HOAI für die reine Projektsteuerungsleistung keine Anwendung findet, muss hier die Vergütung gemäß § 631 BGB bzw. § 611 BGB vereinbart werden. Bezüglich der Höhe der Vergütung sind die Parteien in der Vereinbarung frei. Hier können Stundensätze, Tagespauschalen, Pauschal- oder Erfolgshonorare vereinbart werden. Wie bereits zuvor ausgeführt, empfiehlt es sich nicht, nur ein Erfolgshonorar zu vereinbaren. Dies sollte zumindest mit einem Grundhonorar kombiniert sein. Bei einer fehlenden Vereinbarung gilt unter der Voraussetzung des § 612 Abs. 2 BGB bzw. § 632 Abs. 2 BGB die übliche Vergütung, die im Streitfall durch einen Sachverständigen bestimmt wird.

Unverbindliche Honorarvorschläge enthalten die §§ 4 bis 12 der Leistungs- und Honorarordnung des AHO.[183]

163 Wichtig ist, dass neben der Honorarvereinbarung der Höhe nach, auch eine Vereinbarung über die Leistung von Abschlagszahlungen getroffen wird. Ohne Vereinbarung gilt unter den Voraussetzungen des § 632a BGB, dass der Projektsteuerer Abschlagszahlungen nur für in sich abgeschlossene Teile der Leistung erhält. In sich abgeschlossene Teilleistungen liegen nur dann vor, wenn sie für den Auftraggeber werthaltig sind, weil sie eigenständig genutzt werden können[184]. Bei der Gestaltung des Vertrages sollte aus diesem Grunde darauf geachtet werden, dass eine Vereinbarung über die Zahlung von Honorarabschlägen getroffen wird. Bei der Abschlagszahlungsklausel ist darauf zu achten, dass der Projektsteuerer vorleistungspflichtig ist und Abschläge nur für geleistete Tätigkeiten zu erbringen sind.

164 Sofern der Projektsteuerungsvertrag als Dienstvertrag einzuordnen ist, ist die Vergütung gemäß § 614 BGB nach der Leistung zu entrichten. Auch hier ist die Vereinbarung von Abschlagszahlungen notwendig[185].

---

182 Anlage 10 zu § 34 Abs. 4, § 35 Abs. 7 HOAI.
183 AHO, Heft Nr. 9, Projektmanagementleistungen, §§ 4 ff.
184 Palandt/Sprau, § 632a BGB Rz. 5.
185 Palandt/Putzo, § 614 BGB Rz. 3.

e) Termine für die Projektsteuerung bzw. die Koordinierung. Der Auftraggeber sollte auf die Vorgabe der Ausführungsfristen für die Projektsteuerungsleistung achten. Auf jeden Fall ist es für den Auftraggeber wichtig, dass die entsprechenden Leistungen des Projektsteuerers terminlich gebunden werden. Nur insoweit besteht für ihn eine Möglichkeit, die Leistung des Projektsteuerers zu kündigen oder eine entsprechende Vertragsstrafe geltend zu machen. Der entsprechende Terminplan sollte zwischen den Parteien eingehend und klar abgestimmt werden. Von Seiten des Projektsteuerers muss darauf geachtet werden, ob dieser Terminplan auch aus seiner Sicht realistisch ist. **165**

f) Vertragsstrafe. Die wirksame Vereinbarung einer Vertragsstrafe setzt voraus, dass die Vertragsstrafe sowohl für den betreffenden Zeitabschnitt als auch in der Gesamthöhe angemessen ist. Darüber hinaus hängt die Wirksamkeit der Vertragsstrafe davon ab, dass diese nur zu zahlen ist, wenn eine schuldhafte Fristüberschreitung von Seiten des Projektsteuerers vorliegt. **166**

Eine Vertragsstrafe ist bezogen auf die Einheit angemessen, wenn sie 0,1 % der Abrechnungssumme pro Arbeitstag bzw. Werktag ausmacht. Eine Vertragsstrafe, die sich in Höhe von 0,5 % pro Arbeitstag beläuft[186], ist unangemessen, auch wenn sie insgesamt auf 5 % begrenzt ist. Eine Vertragsstrafe von 0,3 % pro Arbeitstag könnte angemessen sein, obwohl es diesbezüglich noch keine Rechtsprechung gibt. **167**

Die Vertragsstrafe ist nur angemessen, wenn eine Begrenzung der Höhe insgesamt erfolgt ist. Die Obergrenze von 10 % ist zu hoch. Aus diesem Grunde wird bei der Vertragsgestaltung empfohlen, die Obergrenze bei 5 % der Angebotssumme festzulegen. Für die Wirksamkeit der Vertragsstrafe ist weiterhin Voraussetzung, dass sie nur dann anfällt, wenn der betreffende, hier der Projektsteuerer, in Verzug geraten ist[187]. **168**

g) Bevollmächtigung des Projektsteuerers. Bezüglich der Bevollmächtigung des Projektsteuerers gelten die gleichen Grundsätze wie für den Architekten. Grundsätzlich ist der Projektsteuerer nicht bevollmächtigt, für den Auftraggeber entsprechende rechtsgeschäftliche Handlungen vorzunehmen. Die Grundsätze der Anscheins- und Duldungsvollmacht sind auf den Projektsteuerer nur eingeschränkt zu übertragen. Eine „originäre Vollmacht" gibt es auch für den Projektsteuerer nicht[188]. Die Mängelrüge eines Projektsteuerers ist unwirksam, wenn sie nicht vom Geschäftsführer der Projektsteuerungsgesellschaft unterschrieben ist.[189] **169**

Um den Bauherrn wirksam rechtsgeschäftlich zu verpflichten und einen verbindlichen zwischen dem Bauherrn und dem Bauunternehmer bzw. dem Sonderfachmann abzuschließen, benötigt der Projektsteuerer eine ausdrückliche oder zumindest eine stillschweigend rechtsgeschäftliche Vollmacht gem. §§ 164 ff. BGB[190]. Die Vollmacht muss nicht schriftlich sein. Aus Beweisgründen sollte der Projektsteuerer jedoch darauf achten, dass er nicht nur eine mündliche Vollmacht hat. Erteilt der Projektsteuerer ohne Vollmacht Aufträge, an Handwerker, haftet er den Handwerker gegenüber auf Schadensersatz nach § 179 Abs. 1 BGB. Dieser Anspruch ist nur dann nicht gegeben, wenn der Handwerker den Mangel der Vollmacht kannte oder hätte kennen müssen[191]. **170**

h) Abnahme der Projektsteuerungsleistung. Die Abnahme ist im Werkvertragsrecht des BGB nur unvollständig geregelt[192]. Im Projektsteuerungsvertrag sollte eine förmliche **171**

---

186 BGH Urt. v. 20. Januar 2000 – VII ZR 45/98, BauR 2000, 1049.

187 OLG Hamm Urt. v. 18.4.1996 – 17 U 132/95, BauR 1997, 663; BGH Urt. v. 22.10.1998 – VII ZR 91/97, NJW 1999, 427.

188 *Quack*, Die originäre Vollmacht des Architekten, BauR 1995, 442.

189 LG Berlin Urt. v. 7.9.2009 – 6 0 231/08, BauR 2010, 258.

190 BGH Urt. v. 14. 7. 1994, VII ZR 186/93 BauR 1994, 760, 762.

191 OLG Celle Urt. v. 17.12.1998, BauR 2000, 289.

192 Siehe *Rodemann*, § 6 in diesem Buch.

Abnahme der Leistungen des Projektsteuerers durch den Bauherrn vereinbart werden. Die Abnahme eines geistigen Werkes ist problematisch, was sich auch bei der Abnahme des Architektenwerkes zeigt[193]. Voraussetzung für die Abnahme der Leistungen des Projektsteuerers ist die vertragsgemäße Beendigung der geschuldeten Leistung. Teilabnahmen der Leistungen des Projektsteuerers sind nach § 641 Abs. 1 Satz 2 BGB möglich. Der Bauherr ist frei, ausdrückliche Teilabnahmen zu erklären. Ein rechtsgeschäftlicher Anspruch des Projektsteuerers auf Teilabnahme setzt eine besondere Vereinbarung voraus, die auch in allgemeinen Geschäftsbedingungen erfolgen kann[194].

172 **i) Kündigung des Projektsteuerungsvertrages.** Sobald der Projektsteuerungsvertrag dienstvertraglich zu qualifizieren ist, ist die Kündigung in den §§ 621, 626, 627 BGB geregelt. Im Vertrag sollte eine Regelung darüber getroffen werden, wann eine Kündigung aus wichtigem Grund möglich ist. Für eine außerordentliche Kündigung eines Projektsteuerungsvertrages müssen gewichtige Vertragsverletzungen vorliegen, die die Fortsetzung des Vertrages für den Auftraggeber unzumutbar machen.[195] Was als wichtiger Grund anzusehen ist, sollte im Vertrag geregelt sein.

173 Ist der Projektsteuerungsvertrag werkvertraglich zu qualifizieren, kann der Projektsteuerungsvertrag gem. § 649 BGB jederzeit ohne Grund gekündigt werden. Die Folge ist jedoch, dass der Bauherr dem Projektsteuerer die vereinbarte Vergütung auch für die nicht erbrachten Leistungen zu zahlen hat. Der Projektsteuerer muss sich von seiner Vergütung nur das in Abzug bringen lassen, was er infolge der Kündigung einspart oder durch andere Aufträge, die er nur aufgrund der Kündigung annehmen konnte, erwirtschaftet hat. Ein Ausschluss der Kündigung nach § 649 BGB ist nicht zulässig[196]. Da im Werkvertragsrecht die Kündigung aus wichtigem Grund nicht geregelt ist, sollte vertraglich eine entsprechende Regelung dahingehend vereinbart werden. Dabei sollte auch präzisiert werden, was als wichtiger Grund anzusehen ist.

174 Ist der Projektsteuerungsvertrag als Dienstvertrag zu qualifizieren, ist eine jederzeitige Kündigung gemäß § 627 BGB möglich.[197]

175 **j) Gerichtsstandvereinbarung.** Sind die Parteien Kaufleute oder handeln sie in Form einer juristischen Person, kann ein Gerichtsstand ausdrücklich oder stillschweigend verlängert werden (§ 38 ZPO). Ist kein Gerichtsstand vereinbart, ist der Ort, an dem der Projektsteuerer seine vertragliche Leistung schwerpunktmäßig ausführt, Gerichtsstand des Erfüllungsortes.[198]

Im Projektsteuerungsvertrag kann weiterhin ein Schiedsgericht vereinbart werden, was den Vorteil hat, dass hier kompetente Schiedsrichter den Fall entscheiden. Der Nachteil sind die erheblichen Kosten, so dass ein Schiedsgerichtsverfahren sich nur ab einem Streitwert von 50.000,00 € eignet. Hier empfiehlt sich die Vereinbarung einer Schlichtung und eines Schiedsgerichtes nach der SO-Bau[199]. Dabei ist gewährleistet, dass kompetente Fachleute den Streitfall zwischen Projektsteuerer und Bauherr entscheiden. Die Verfahrensdauer eines schiedsgerichtlichen Verfahrens ist wesentlich kürzer als die Dauer eines Prozesses vor dem ordentlichen Gericht.

176 **k) Anwendbares Recht.** Liegt ein grenzüberschreitender Projektsteuerungsvertrag vor, muss unbedingt zur Vermeidung erheblicher Schwierigkeiten eine Rechtswahl ge-

193 *Messerschmidt*, § 10 in diesem Buch.

194 BGH Urt. v. 10.2.1994 – VII ZR 20/93 = BGHZ 125, 111 = NJW 1994, 1276; BGH Beschl. v. 5.4.2001 – VII ZR 16100 = BauR 2001, 1928.

195 OLG Düsseldorf Urt. v. 23.6.2009 – I – 23 U 140/08, juris AnwZert BauR 22/2009.

196 BGH Urt. v.10.10. 1996, BauR 1997, 156; BauR 1998 v. 4.12.1997, 357, 359.

197 BGH Urt. v. 9.6.2005 – III ZR 436, 04, BauR 2005, 1772.

198 LG Heidelberg, Beschl. vom 26.11.2012 – 3 0 237/12, IBR 2013, 126.

199 www.arge-baurecht.com.

troffen werden. Welches Recht bei grenzüberschreitenden Projektsteuerungsverträgen Anwendung findet, regelt das internationale Privatrecht, welches sich auf das Vertragsrecht bezogen in dem Rom I-VO3 Abkommen befindet. Hier gilt der Grundsatz der freien Rechtswahl. Gemäß Art. 3 Abs. 5 i.V.m. Art. 10 Abs. 1 Rom I-VO3 ist es den Parteien gestattet, das auf den Vertrag anzuwendende Recht frei im Vertrag zu vereinbaren. Den Parteien eines Projektsteuerungsvertrages steht es frei, welche anwendbare Rechtsordnung sie dem Vertrag zugrunde legen. Die Rechtswahl muss ausdrücklich erfolgen oder sich mit hinreichender Sicherheit aus dem Projektsteuerungsvertrag oder den mit ihm zusammen hängenden Umständen ergeben. Darüber hinaus kann die parteiliche Rechtswahl konkludent erfolgen, wenn sich diese gemäß Art. 3 Abs. 1 S. 2 Rom I-VO „eindeutig aus den Bestimmungen des Vertrags oder aus den Umständen des Falles" ergibt. Fehlt es an einer Rechtswahl zwischen den Parteien,

Haben die Parteien dagegen weder ausdrücklich noch konkludent eine Vereinbarung **177** hinsichtlich des anwendbaren Rechts getroffen, unterliegt der Projektsteuerungsvertrag regelmäßig dem Recht am Hauptverwaltungs- bzw. gewöhnlichen Aufenthaltsort des Projektsteuerers, Art. 4 Abs. 1b i.V.m. Art. 19 Abs. 1 Rom I-VO.12 Die in einem anderen Staat liegende Baustelle ist für sich genommen kein Umstand, der eine abweichende, engere Verbindung i.S.d. Art. 4 Abs. 3 Rom I-VO begründet.

In diesem Zusammenhang muss darauf geachtet werden, dass das vereinbarte Recht **178** mit dem vereinbarten Gerichtsstand in Gleichklang steht. Fehlt es an einer Vereinbarung des anwendbaren Rechts, kann es bei grenzüberschreitenden Fällen zu unangenehmen Folgen kommen.

III. Generalplaner

1. Der Begriff des Generalplaners

Der Generalplaner ist im Bereich der Architekten- und Ingenieurleistungen vergleich- **179** bar mit dem Generalunternehmer im Bereich der Bauleistungen. Der Generalplaner übernimmt alle für das entsprechende Bauwerk notwendigen Architekten- und Ingenieurleistungen. Umfasst sind u.a. die Planungen für das Gebäude, die Innenräume, die Freianlagen, die Tragwerksplanung, die entsprechenden Fachplanerleistungen der Technischen Ausrüstung, die Baugrunduntersuchung, der Wärme- und Schallschutznachweis und eventuell die Verkehrsanlagen. Einen Teil der Architekten- und Ingenieurleistungen, meistens die Leistungen für das Objekt Gebäude, übernimmt der Generalplaner selbst. Die weiteren Leistungen vergibt er an Subplaner. Der Bauherr hat mit dem Generalplaner nur einen Vertragspartner, der sämtliche Architekten- und Ingenieurleistungen schuldet und für alle auftretenden Mängel dieser Leistungen verantwortlich ist. Dabei kommt es nicht darauf an, ob der Mangel vom Generalplaner oder von dem von ihm beauftragten Subplaner verursacht worden ist. Neben der klassischen Beauftragung kann die Generalplanertätigkeit auch durch eine Planungsarbeitsgemeinschaft (ARGE) erbracht werden. In diesem Fall schließen sich für ein bestimmtes Objekt zur Erbringung sämtlicher Architekten- und Ingenieurleistungen selbstständige Gesellschaften bzw. freiberufliche Architekten und Ingenieure in Form einer Gesellschaft bürgerlichen Rechts nach §§ 705ff. BGB zusammen. Im Gegensatz zum klassischen Generalplanervertrag hat hier der Bauherr mehrere Vertragspartner, die gesamtschuldnerisch haften und auch einzeln vom Bauherrn bezüglich der Haftung in Anspruch genommen werden können. Entsprechend können die einzelnen Gesellschafter gegenüber dem Bauherrn auch das Honorar durchsetzen, was die Subplaner bei Bestehen eines Generalplanervertrages gegenüber dem Bauherrn nicht können.

Traditionell erfolgt die Realisierung eines Bauvorhabens durch die Beauftragung eines **180** Architekten, verschiedene Sonderfachleute sowie eines Bauunternehmers nebst Fachhandwerkern. In den letzten Jahren haben sich die Organisationsformen bei der Abwicklung von größeren und mittleren Bauvorhaben geändert.

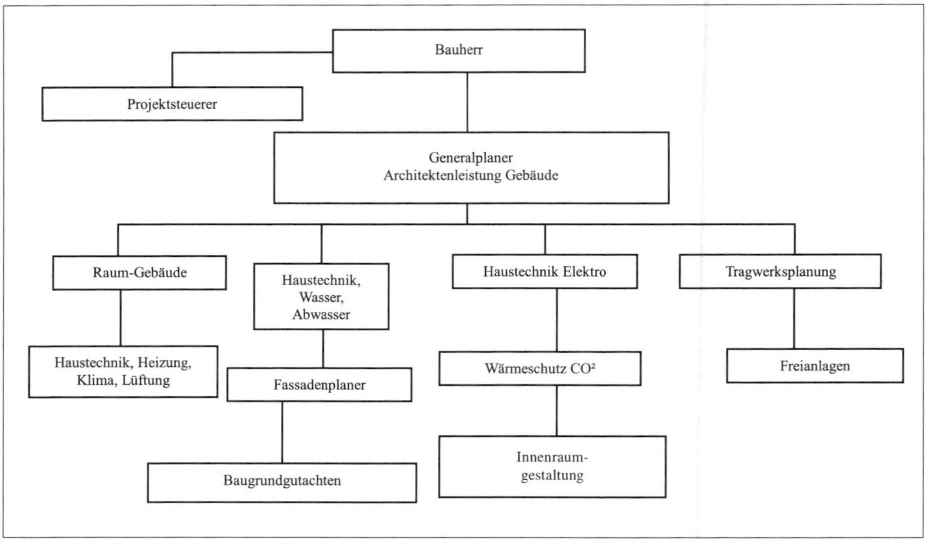

Schaubild 3: Generalplaner

181 Immer häufiger fordert der Bauherr, insbesondere wenn ein Projektsteuerer eingeschaltet ist, dass alle Architekten- und Ingenieurleistungen, die zur Erstellung eines Gebäudes notwendig sind, aus einer Hand erbracht werden. Um dies zu erreichen, wird ein Generalplanervertrag zwischen dem Bauherrn und dem Generalplaner abgeschlossen. Oftmals ist es der Architekt, der die Leistung des Generalplaners übernimmt[200].

182 Der klassische Architektenvertrag ist geprägt von einem Nebeneinander der Vertragsbeziehungen zwischen Bauherrn und Architekten sowie zwischen Bauherrn und Sonderfachleuten wie Statikern, Fachingenieuren, Innenarchitekten und Bodengutachtern. Der Generalplaner ist, was die Architekten- und Ingenieurleistungen betrifft, vergleichbar mit dem Generalunternehmer beim Bau. Während der Generalunternehmer sämtliche Bauleistungen zu erbringen hat, ist es Aufgabe des Generalplaners, alle notwendigen Architekten- und Ingenieurleistungen zu erbringen. Der Generalplaner führt selbst Teilleistungen aus, zumeist die Architektenleistungen für das Gebäude. Die weiteren notwendigen Leistungen für die Erstellung des Bauwerkes, z. B. die Tragwerksplanung, die technische Gebäudeausrüstung, die Planung der Innenräume, die Baugrundbeurteilung und die Erstellung des Wärme- und Schallschutznachweises wird dann vom Generalplaner an Ingenieurbüros übertragen, die als Subplaner tätig sind. Bei der Auftragserteilung an einen Generalplaner besteht zwischen diesem und dem Bauherrn Einigkeit darüber, dass der beauftragte Generalplaner einen Teil der Leistungen im eigenen Namen an Sonderfachleute weiter vergibt. Der Bauherr hat dadurch einen Vorteil, dass er es nur mit einem Vertragspartner zu tun hat. Sämtliche Leistungen sind ihm gegenüber vom Generalplaner zu erbringen, folglich haftet der Generalplaner für alle Fehlplanungen, gleichgültig ob sie von ihm selbst stammen oder von den durch ihn eingeschalteten Subplanern. Es besteht zwischen Bauherrn und Generalplaner ein Vertragsverhältnis, nicht aber zwischen Bauherrn und Sonderfachmann. Es gibt somit keinen Streit zwischen Bauherr und Generalplaner, ob nun der Architekt oder der Statiker für die aufgetretenen Mängel verantwortlich ist. Bei Vorliegen eines Mangels, der auf einen Planungs- und Überwachungsfehler zurückzuführen ist, haftet dem Bauherrn gegenüber immer der Generalplaner. Im Gegenzug hat der Generalplaner alleine Honoraransprüche gegenüber dem Bauherrn. Darin

[200] *Fischer/Krüger*, Bauen im Bestand, S. 90.

liegt natürlich auch ein nicht zu unterschätzendes Risiko. Wenn nämlich der Bauherr das dem Generalplaner zustehende Honorar trotz Fälligkeit nicht zahlt, kann andererseits der Subplaner von dem Generalplaner das ihm zustehende Honorar verlangen, da die Zahlung dessen Honorar nicht abhängig ist von der Zahlung des Honorars vom Bauherrn an den Generalplaner.

Nicht zu verwechseln ist der Generalplaner mit demjenigen, der die Architekten- und Ingenieurleistungen koordiniert. Nach dem „klassischen Architektenvertrag" ist es der Architekt, der gegenüber dem Bauherrn verpflichtet ist, die Leistung der verschiedenen Sonderfachleute zu koordinieren. Der Architekt muss sich darum kümmern, dass die Statik rechtzeitig vorliegt, ebenso wie die Planung der technischen Gebäudeausrüstung oder des raumbildenden Ausbaus. Er muss sodann die entsprechende Integration der verschiedenen Planungsleistungen vornehmen. Dies bedeutet jedoch nicht, dass er dadurch schon Generalplaner ist, wovon Architekten und Ingenieure fälschlicherweise oft ausgehen. Ein Generalplaner ist der Architekt nur dann, wenn er alleine einen direkten Auftrag vom Bauherrn hat, alle Architekten- und Ingenieurleistungen für das konkrete Bauvorhaben zu erbringen. Hat der Bauherr seinerseits eigene Verträge mit den Sonderfachleuten abgeschlossen, ist der Architekt gerade nicht Generalplaner. Wenn es auch keinen definierten Begriff des Generalplaners gibt, kann man grundsätzlich folgende Definition zugrunde legen: **183**

Generalplaner ist ein Planer, dem der Auftraggeber alle oder zu mindestens den wesentlichen Teil der für die Baumaßnahme erforderlichen Leistungen hinsichtlich Planung, Koordinierung, Organisation, Beratung und Überwachung überträgt mit der Maßgabe, dass dieser berechtigt ist, Leistungen auch durch Subunternehmer erbringen zu lassen.[201] **184**

Der Generalplaner kann die Leistung durch sein Architekturbüro bzw. seine Planungsgesellschaft mit Hilfe von Subunternehmern erbringen oder sich mit Sonderfachleuten in einer ARGE[202] zusammenschließen. Bei einer ARGE schließen sich verschiedene Architekten- und Ingenieurbüros in der Weise zusammen, dass selbstständige Architekten, Statiker, Fachingenieure und Bodengutachter gemeinsam gegenüber dem Bauherrn für ein bestimmtes Bauwerk, jeder doch für sich allein genommen, die entsprechende Leistung erbringt. Macht ein ARGE-Partner einen Fehler, ist z. B. die Berechnung des Statikers falsch, haften alle anderen ARGE-Partner gegenüber dem Bauherrn gesamtschuldnerisch. Der Bauherr kann sich in diesem Falle neben dem Statiker auch an den Architekten oder Fachingenieur wenden, um diesen auf Schadenersatz in Anspruch zu nehmen. **185**

Der Bauherr seinerseits hat das Honorar an die ARGE zu zahlen. Die ARGE ist rechtlich gesehen eine Gesellschaft bürgerlichen Rechts (GbR) gemäß §§ 705ff. BGB, die nach der Rechtsprechung auch rechtsfähig ist[203]. Aufgrund der umfassenden persönlichen Haftung eines jeden Gesellschafters der ARGE, sofern die einzelnen Gesellschafter nicht in der Rechtsform einer GmbH oder GmbH & Co. KG organisiert sind, trifft den Gesellschafter sogar eine unbegrenzte persönliche Haftung. Somit ist die ARGE letztendlich ein oftmals nicht empfehlenswertes gesellschaftliches Instrument zur Ausführung von Generalplanerleistungen. Anders sieht dies nur aus, wenn die einzelnen ARGE-Partner jeweils in Form von Kapitalgesellschaften, insbesondere von Gesellschaften mit beschränkter Haftung, errichtet sind. Alternativ zu einer ARGE im Sinne einer Gesellschaft bürgerlichen Rechts kann auch für ein bestimmtes Objekt eine GmbH gegründet werden, an der die verschiedenen Architekten und Ingenieure Gesellschafter sind. Diese Generalplaner-GmbH kann die Leistungen durch ihre Gesellschaft erbringen. Andererseits kann sie auch noch Subingenieure beauftragen. **186**

---

201 *Locher/Koeble/Frik*, HOAI, Einl. Rz. 361.

202 Arbeitsgemeinschaft = BGB-Gesellschaft.

203 BGH Urt. v. 15.7.1997 – XI ZR 154/96, BGHZ 136, 254 = NJW 1997, 2754.

2. Der Vertrag zwischen Bauherren und dem Generalplaner

187 **a) Rechtsnatur des Vertrages.** Der Vertrag zwischen dem Generalplaner und dem Bauherrn ist ein Werkvertrag nach § 631 BGB.[204] Der Generalplaner, der alle notwendigen Architekten- und Ingenieurleistungen für das Bauwerk zu erbringen hat, schuldet einen Erfolg.[205] Der Generalplaner schuldet nicht das Bauwerk selbst als körperliche Sache. Dies bedeutet, dass der Generalplaner als Erfolg eine dauerhaft genehmigungsfähige Planung bezüglich aller Architekten- und Ingenieurleistungen sowie das Erstellenlassen eines vertragsgemäßen Bauwerks schuldet. Welche Leistungen im Einzelnen der Generalplaner schuldet, ergibt sich aus dem zwischen Bauherrn und Generalplaner abgeschlossenen Vertrag. Die HOAI ihrerseits regelt das Honorar- und Preisrecht, so dass sich das zu zahlende Honorar aus der HOAI ergibt und die Höhe des Honorars richtet sich dann nach den anrechenbaren Kosten und den zwischen den Parteien zulässigerweise vereinbarten Honorarsätzen zwischen Mindest- und Höchstsatz. Vertragsrecht ist in der HOAI nicht geregelt[206].

188 Wichtig für den Generalplaner ist, dass er ein ausreichendes Honorar unter Berücksichtigung der Mindestsätze der HOAI erhält, damit er nicht unter Umständen mehr Honorar an die Subplaner ausbezahlen muss, als er für diesen Teil erhält. Dabei ist von Bedeutung, dass der Subingenieur gegenüber dem Generalplaner berechtigt ist, nach den Mindestsätzen der HOAI abzurechnen. Da die HOAI zwingendes Preisrecht ist, ist eine Honorarvereinbarung unterhalb der Mindestsätze unwirksam, § 7 Abs. 5 HOAI.

189 Weiterhin muss der Generalplaner, wie bei jedem Architekten- und Ingenieurvertrag darauf achten, dass die zu erbringenden Leistungspflichten genau beschrieben sind.

190 Der Generalplaner muss vertraglich Vorsorge treffen, dass eine ausreichende Haftpflichtversicherung besteht. Dabei muss der Generalplaner nicht nur seine eigene Leistung versichert haben, sondern auch die Leistungen der Subplaner müssen ausreichend versichert sein.

191 **b) Grundlagen des Generalplanervertrages.** Für den Generalplanervertrag gibt es ebenso wenig wie für den Architekten- und Ingenieurvertrag spezielle gesetzliche Regelungen. Die HOAI enthält kein Vertragsrecht und im Übrigen auch keine speziellen Honorarregelungen für den Generalplanervertrag[207]. Die Vereinbarung der VOB/B ist nicht empfehlenswert, weil die VOB/B gem. § 1 VOB/A vertraglich auf Bauleistungen ausgerichtet ist.

192 Für den Abschluss des Generalplanervertrages besteht grundsätzlich Vertragsfreiheit, so dass sowohl der Vertragsinhalt als auch die Form frei vereinbart werden können. Aus Beweisgründen sollte der Vertrag zwischen Generalplaner und dem Bauherrn schriftlich abgeschlossen wird. Formvorschriften sind jedoch zu beachten, wenn Verträge zwischen Generalplaner und Kommunen oder Generalplaner und Kirchen abgeschlossen werden. Die Formvorschriften ergeben sich für die katholische Kirche aus dem Vermögensgesetz vom 24.7.1924. Ein Architektenvertrag über einen kirchlichen Bau ist nichtig, wenn die erforderliche Genehmigung der bischöflichen Behörde fehlt. Wenn der Architekt diesen Umstand kannte, kann er sich nicht auf BGB § 242 berufen[208]. Bei Abschluss eines Vertrages mit der katholischen Kirche bedarf es der erzbischöflichen Genehmigung[209]. Für die evangelische Kirche folgen die Formvorschriften aus den entsprechenden Landeskir-

---

204 OLG Celle Urt. v. 29.7.2009 – 14 U 67/09, juris PR-PrivBauR 2/2010 Anm. 1 (*Fischer*).

205 OLG Celle Urt. v. 29.7.2009 – 14 U 67/09, mit Anm. *Fischer*, jurisPR-PrivBauR 2/2010 Anm. 1.

206 BGH Urt. v. 24.10.1996 – VII ZR 98/94, BauR 1997, 129.

207 BGH Urt. v. 24.10.1996 – VII ZR 98/94, BauR 1997, 128.

208 OLG Hamm Urt. v. 16.11.1987 – 17 U 72/87, BauR 1988, 742.

209 KG Urt. v. 14.11.2000, IBR 2001, 674, Rev. v. BGH d. Beschl. v. 27.9.2001 nicht angenommen.

chengesetzen, wobei die Genehmigung der jeweiligen Landessynode erforderlich ist[210]. Generalplanerverträge mit Kommunen sind nach den Gemeindeordnungen des betreffenden Bundeslandes schriftlich abzufassen und die Unterschrift des Bürgermeisters unter Beifügung seiner Amtsbezeichnung und des Dienstsiegels müssen auf dem Vertrag vorhanden sein[211]. Ist diese Form nicht eingehalten, ist die seitens der Gemeinde abgegebene Erklärung gegenüber dem Generalplaner wegen Überschreitung der Vertretungsmacht bis zur Genehmigung oder Ablehnung der Genehmigung schwebend unwirksam[212].

Unwirksam ist ein Generalplanervertrag, der gegen das Kopplungsverbot Art. 10 § 3 193
MRVG[213], verstößt. Dem freiberuflichen Architekten und Ingenieur ist es untersagt, im Zusammenhang mit dem Verkauf von Grundstücken den Erwerber zu verpflichten, die Leistung eines bestimmten Ingenieurs oder Architekten in Anspruch zu nehmen. Ein freischaffender Architekt, auch wenn er Generalplaner ist, darf keinen Generalplanervertrag abschließen, der im Zusammenhang mit dem Verkauf des Grundstückes, auf welchem das zu planende Bauwerk errichtet werden soll, steht. Verkauft der Generalplaner ein Grundstück und schließt er zugleich mit dem Erwerber einen Generalplanervertrag bezüglich der Planung dieses Grundstückes ab, ist der Generalplanervertrag unwirksam. Der Grundstückskaufvertrag hingegen behält seine Wirksamkeit.

Fraglich, ob und inwieweit eine Rechtsberatung vom Generalplaner geschuldet ist. 194
Nach Auffassung des OLG Brandenburg gehört die Vorbereitung der Bauverträge mit wirksamen Vertragsbedingungen zum Kernbereich der Leistungspflichten des Architekten. Nach Auffassung des OLG München obliegt die Beratung darüber, ob das Angebot rechtlich als das annehmbarste zu werten ist, nicht dem Architekten/Ingenieur. Zur Vorbereitung oder Ausarbeitung von Bauverträgen ist der Generalplaner nicht berechtigt. Eine dahin gehende Tätigkeit verstößt gegen das Rechtsberatungsgesetz (jetzt Rechtsdienstleitungsgesetz). Auch Beratungsleistungen im Zusammenhang mit der Auswahl des Notars, dessen Beauftragung, die Abstimmung der nötigen Unterlagen und Einholung baurechtlicher Genehmigungen kann einen Verstoß gegen das Rechtsberatungsgesetz (jetzt: Rechtsdienstleistungsgesetz = RDG) darstellen, mit der Folge, dass der Vertrag nichtig ist. Eine Besorgung fremder Rechtsangelegenheiten, die ohne entsprechende Erlaubnis erbracht wird, ist auch unter der Geltung des Rechtsdienstleistungsgesetzes nicht deswegen gerechtfertigt, weil sich der Handelnde dabei der Hilfe eines Rechtsanwaltes bedient. Die Bestimmung des § 3 RDG stellt klar, dass Rechtsdienstleistungen angesichts des fortbestehenden Verbotscharakters des neuen Gesetzes, das gemäß seinem § 1 Abs. 1 Satz 2 RDG dazu dient, die Rechtsuchenden, den Rechtsverkehr und die Rechtsordnung vor unqualifizierten Rechtsdienstleistungen zu schützen, nur aufgrund gesetzlicher Erlaubnis erbracht werden dürfen und im Übrigen verboten sind. Eine verbotene Rechtsberatung liegt dann vor, wenn die dem Generalplaner übertragene Dienstleistung auf die Abänderung oder Umgestaltung eines Rechtsverhältnisses gerichtet ist.[214] Eine andere Frage ist, inwieweit eine Rechtsberatung vom Generalplaner geschuldet ist. Grundsatz ist, dass eine Verpflichtung zur Rechtsberatung ohne besondere Vereinbarung nicht gegeben ist.[215]

aa) Vertragsparteien. Im Kopf des Vertrages sind die Vertragsparteien, der Generalplaner, 195
der Bauherr sowie ihre bevollmächtigten Vertreter genau zu bezeichnen. Besondere Sorgfalt ist bei den gesellschaftsrechtlichen Bezeichnungen hinsichtlich der Vertretungsver-

---

210 *Locher/Koeble/Frik*, Einl. Rz. 43.

211 BGH Urt. v. 20.1.1994 – VII ZR 174/92, BauR 1994, 363 = NJW 1994, 1528.

212 BGH Urt. v. 20.1.1994, a. a. O.

213 Gesetz zur Verbesserung des Mietrechts und zur Begrenzung des Mietanstiegs, sowie zur Regelung von Ingenieur- und Architektenleistungen v. 4.11.1971, BGBl. 1795.

214 BGH Urt. v. 18.5.1995 – III ZR 109/94; *Fischer*, Umfang der Rechtsberatungspflicht des Architekten, AnwZert BauR 1/2011, Anm. 1.

215 a. A. OLG Brandenburg Urt. v. 29.9.2002 – 12 U 62/02, BauR 2003, 1751.

hältnisse angebracht. Weiterhin ist auch von Bedeutung, ob eine natürliche Person, z. B. Herr Carl Müller, oder eine GmbH, beispielsweise die Carl Müller GmbH Auftraggeber ist. Eine ungenaue bzw. unvollständige Bezeichnung der Vertragsparteien kann unter Umständen dazu führen, dass es zu Honorarverlusten kommt bzw. Honorare erschwert durchgesetzt werden können.

196 *bb) Leistungsumfang.* Die vom Generalplaner zu erbringende Architekten- und Ingenieurleistungen sind im Einzelnen zum einen bezüglich des Leistungsgegenstandes und zum anderen bezüglich des Leistungsumfanges genau zu bezeichnen. Folgende Leistungen können Gegenstand der Generalplanung sein:
- Objektplanung für Gebäude
- Planung der Innenräume
- Tragwerksplanung
- technische Ausrüstung, z. B. Gas-, Wasser- und Abwassertechnik, Elektrotechnik und Fördertechnik
- Ingenieurbauwerke
- Verkehrsanlagen
- Geotechnik
- Bauphysik
- Ingenieurvermessung

197 Leistungen, die nicht dem Berufsbild des Architekten bzw. dem des Sonderfachmannes entsprechen, sollte der Generalplaner grundsätzlich nicht übernehmen. Hierunter fallen insbesondere Leistungen des Projektsteuerers im Bereich Kosten und Finanzierung[216]. Derartige Tätigkeiten, die mit dem Leistungsbild des Generalplaners nicht kompatibel sind, sind nur eingeschränkt versicherbar.

198 Was den Leistungsumfang im Einzelnen betreffend der unterschiedlichen Architekten- und Ingenieurleistungen angeht, so muss dieser genau beschrieben werden. Dabei ist eine Bezugnahme auf die entsprechenden Leistungsbilder der HOAI zu vermeiden. Die HOAI regelt nur Preisrecht und beinhaltet kein Vertragsrecht[217]. Bei einer Bezugnahme im Vertrag auf die einzelnen Leistungsbilder, z. B. auf das Leistungsbild der Anlage 10 zu § 34 HOAI, wird eine unglückliche Verquickung zwischen Preisrecht der HOAI und Vertragsrecht des BGB vorgenommen. Es ist nämlich nicht erforderlich, dass der Generalplaner für jedes Bauwerk auch sämtliche Grundleistungen der einzelnen Leistungsbilder der entsprechenden Architekten- und Ingenieurleistung erbringen muss, damit das Bauwerk fach- und funktionsgerecht erstellt wird. In dem Vertrag sollte im Einzelnen genau geregelt sein, welcher Umfang von Planungsleistungen und auch welcher Umfang bezüglich der Objektüberwachung geschuldet ist. Dabei sollte auch darauf geachtet werden, dass möglichst genau das zu planende und zu errichtende Bauwerk beschrieben wird. Abstrakte Beschreibungen wie „ein Hotel am Nordseestrand" oder „ein Wohn- und Geschäftshaus in der Innenstadt", sind problembehaftet. Soweit es bei Vertragsabschluss schon möglich ist, sollte neben der Nutzungsart auch die Größe des Objektes, die maximalen Baukosten, die Leistungsziele in technischer und wirtschaftlicher Hinsicht und die Ausstattungsanforderungen festgelegt werden. Im Vertrag ist zu regeln, in welchem Umfang Subplaner eingesetzt werden dürfen. Dass der Generalplaner, insbesondere wenn er Architekt ist, Subplaner einsetzt, ist für jeden Bauherrn von Anfang an klar. Wenn es sich jedoch um typische Leistungen handelt, die auch vom Generalplaner erbracht werden können, sollte dieser sich vorsorglich die Genehmigung erteilen lassen, diese Leistungen auch durch Subplaner ausführen zu lassen. Ideal ist es, die einzelnen Subplaner im Vertrag aufzuführen und die Befugnisse des Generalplaners zu regeln. Dies betrifft insbesondere auch das Urheberrecht an den jeweiligen Planungsleistungen. Dem Generalplaner ist es

[216] AHO Projektmanagementleistungen, Heft 9, S. 13 ff.
[217] BGH Urt. v. 24.10.1996 – VII ZR 98/94, BauR 1997, 129.

zu empfehlen, dass er sich möglichst keine Sonderfachleute vom Bauherrn benennen lässt, sondern mit solchen Sonderfachleuten zusammenarbeitet, die er bereits aus anderen Objekten kennt und deren fachliche Eignung dem Generalplaner bekannt ist. Aus Sicht des Bauherrn sollte überlegt werden, ob dieser sich im Vertrag nicht ein Recht einräumen lässt, die Verträge der Subplaner einzusehen bzw. diese sich vorlegen zu lassen. Auch die Abtretung der Ansprüche des Generalplaners gegenüber seinen Subplanern ist sicherheitshalber ein Punkt, der zu regeln ist. Weiterhin sollten Fristen festgeschrieben werden, zu denen die entsprechenden Planungen vorliegen müssen. Wenn die Subplaner bei Vertragsabschluss noch nicht feststehen, besteht auch die Möglichkeit, dass der Bauherr sich ein Mitspracherecht bei der gemeinsamen Beauftragung der Subplaner einräumen lässt.

cc) Honorarermittlung. Dass dem Generalplaner zustehende Honorar folgt aus der vertraglichen Vereinbarung unter Berücksichtigung der HOAI. Der Generalplaner kann mit dem Bauherrn ein Honorar zwischen den jeweiligen Mindest- und Höchstsätzen nach der HOAI vereinbaren, § 7 Abs. 1 HOAI. Einen Generalplanerzuschlag, wenn dieses in der Praxis überhaupt durchsetzbar ist, kann der Generalplaner mit dem Bauherrn nur im Rahmen der Mindest- und Höchstsätze vereinbaren.[218] **199**

Nach Auffassung vieler Bauherren und insbesondere deren Projektsteuerer ist ein Generalplanerzuschlag nicht gerechtfertigt, vielmehr fordern diese einen Abschlag wegen der Gesamtbeauftragung des Generalplaners. Dieser Generalplanerabschlag wird damit begründet, dass bei Einschaltung eines Generalplaners der Aufwand der Koordinierung geringer sei, weil die Koordinierung der Planung mit den Fachplanern nicht über den Umweg des Bauherrn erfolgen muss, sondern direkt zwischen Architekt und Fachplaner bzw. Sonderfachmann stattfinden kann. Dies habe seine Ursache darin, dass der Architekt als Generalplaner gegenüber den von ihm beauftragten Sonderfachleuten in seiner Funktion als Systemführer und Auftraggeber einzelne Leistungsziele verbindlich festlegen kann. Diese in der Praxis vertretene Auffassung ist nicht zutreffend und kann auch nur vor dem Hintergrund gesehen werden, dass es den Bauherrn bzw. deren Projektsteuerern alleine darum geht, den Generalplaner unterhalb der Sätze der HOAI zu bezahlen. **200**

Der Generalplaner hat nämlich in der Praxis nicht ein weniger zu leisten als der Architekt dies im Rahmen seiner Koordinationspflichten tut, sondern er hat auch Zusatzleistungen zu erbringen, die nachfolgend beispielhaft dargestellt sind:

- Abschluss von Verträgen mit den Sonderfachleuten
- Einsatz eines Planungs- und Projektmanagementteams zur internen Steuerung der Architekten- und Ingenieurleistungen
- höhere Verantwortung durch übergeordnete Koordination
- Aufstellen und durchführen von Organisations- und Ablaufschemata
- Erstellung einer Dokumentation, ggf. auch im Hinblick auf das Facility-Management
- Aufstellen und überwachen der Termine auch bezüglich der Planung der beauftragten Sonderfachleute
- Erweiterung der Haftung, da diese auch die Leistung der Subplaner umfasst.

Die Vereinbarung eines Pauschalhonorars im Generalplanervertrag ist zulässig. Voraussetzung ist jedoch, dass das Pauschalhonorar zwischen den Mindest- und Höchstsätzen der HOAI liegt. Wenn der Generalplaner nur den Mindestsatz erhält, ist er nach der HOAI und der bisherigen Rechtsprechung gezwungen, mit dem Subplaner auch den Mindestsatz der HOAI zu vereinbaren. Das bedeutet, dass er für die Leistung des Subplaners keine Regiekosten erhält, obwohl er es möglicherweise war, der den Auftrag akquiriert hat und zum anderen nun auch für die Leistung des Subplaners haftet. Dass die HOAI auch zwischen Generalplanern und Subplanern Anwendung findet, ist ständige **201**

[218] Für einen darüber hinausgehenden Generalplanerzuschlag: *Kehrberg*, BauR 2001, 1824 ff.; *Locher/Koeble/Frik*, Einl. 369.

Rechtsprechung[219]. Werden Leistungen für Innenräume in Gebäuden einem Generalplaner übertragen, dem auch Grundleistungen für das Gebäude übertragen werden, so kann für die Leistungen des raumbildenden Ausbaus ein besonderes Honorar nicht vereinbart werden.[220]

202 Neben der Honorarhöhe sollte auch die Fälligkeit der einzelnen Honorarabschläge im Vertrag geregelt werden. § 15 Abs. 2 HOAI bestimmt, dass der Generalplaner Abschlagszahlungen zu den vereinbarten Zeitpunkte oder in angemessenen zeitlichen Abständen für nachgewiesene Grundleistungen fordern kann. Abschlagszahlungen können ohne ausdrückliche Vereinbarungen verlangt werden. Sofern ein Pauschalhonorar vereinbart ist, muss ein Zahlungsplan vereinbart werden, weil eine Abrechnung mit nachgewiesenen Leistungen kaum möglich ist. Dieser Zahlungsplan ist anzulehnen an bestimmte erbrachte Leistungen und nicht an Termine, weil ansonsten aufgrund einer Terminverschiebung der Zahlungsplan gegen § 15 Abs. 2 HOAI verstoßen könnte, wenn Geld gefordert wird für eine Leistung, die noch nicht erbracht ist. Bei Vereinbarung entsprechender Zahlungsmodalitäten ist auch gewährleistet, dass bei lang andauernden Leistungsphasen, wie beispielsweise bei der Objektüberwachung, entsprechende Abschlagszahlungen auch während der Bauausführung vom Generalplaner gefordert werden können.

Eine in einem Architekten- oder Ingenieurvertrag in Allgemeinen Geschäftsbedingungen eines Generalplaners enthaltene Klausel, wonach im Verhältnis zum Subplaner die „Auszahlung einer verdienten Vergütung ... nur dann erfolgen [kann], wenn der Generalplaner selbst das Geld für die zu vergütende Leistung erhalten hat", und bis dahin „auch eine Verzinsung ausgeschlossen" sein soll, ist nach § 307 Abs. 2 Nr. 1 BGB unwirksam.[221]

203 *dd) Planungsfristen und Vertragsstrafe.* Termine und Fristen können im Generalplanervertrag grundsätzlich wie im normalen Architektenvertrag vereinbart werden. Damit sichergestellt ist, dass die Planungen durch den Generalplaner fristgemäß erfolgen, müssen im Vertrag verbindliche Zwischen- und Fertigstellungsfristen vereinbart werden. Von besonderer praktischer Bedeutung sind insbesondere Zwischenfristen für die Vorlage der entsprechenden Genehmigungsplanungen. Wenn diese verbindlichen Fristen überschritten werden, ist ein Vorgehen nach § 323 BGB möglich, d. h., dass dann der Bauherr gegenüber dem Generalplaner Schadenersatz wegen Verzuges erhalten kann. Weiterhin besteht auch die Möglichkeit, angemessene Vertragsstrafen zu vereinbaren, damit der Generalplaner angehalten wird, die vertraglich vereinbarten Fristen einzuhalten. Bei der Vereinbarung von Vertragsstrafeklauseln ist darauf zu achten, dass eine Haftung des Generalplaners nur dann eintritt, wenn die Fristüberschreitung entweder durch den Generalplaner oder seine Erfüllungsgehilfen, d. h. die Subplaner, verschuldet ist. Darüber hinaus muss die Vertragsstrafe sowohl für den Zeitraum (z. B. Werktag) als auch für den Gesamtrahmen angemessen sein. Angemessen ist in jedem Fall eine Vertragsstrafe, die sich auf 0,1 % pro Werktag, insgesamt 5 % der Nettoabrechnungssumme beläuft. Unwirksam ist eine Vertragsstrafeklausel, wenn pro Arbeitstag der schuldhaften Fristüberschreitung eine Vertragsstrafe von 0,5 % der Abrechnungssumme zu leisten ist[222], ebenso eine Vertragsstrafe in Höhe von 10 % der Abrechnungssumme[223].

204 *ee) Kündigung des Generalplanervertrages.* Der Generalplanervertrag als Werkvertrag kann gem. § 649 BGB jederzeit vom Bauherrn gekündigt werden, ohne dass dieser einen Kündigungsgrund benötigt. Die Folge ist jedoch, dass der Generalplaner für die nicht erb-

219 OLG Koblenz Urt. v. 7.9.2004 – 3 U 1235/02, BauR 2006, 551–554; OLG Hamm Urt. v. 20.6.1984, 26 U 175/83 BauR 1985, 592.

220 OLG Oldenburg, Beschl. v. 26.8.2010 – 2 U 68/10, IBR 2010, 636.

221 OLG Celle Urt. v. 29.7.2009 – 14 U 67/09, NZBau 2010, 118.

222 BGH Urt. v. 20.1.2000-VII ZR 46/98, NZBau 2000, 577.

223 BGH Urt. v. 23.1.2003 – VII ZR 210/01, NZBau 2003, 321–325.

rachten Leistungen das vereinbarte Honorar abzüglich der ersparten Aufwendungen und der Einnahmen aus Füllaufträgen des Generalplaners erhält.

Der Ausschluss des „freien Kündigungsrechts" nach § 649 BGB ist in allgemeinen Geschäftsbedingungen unwirksam. Die formularmäßige Beschränkung des Kündigungsrechtes des Bauherrn bei Architekten- und Ingenieurverträgen auf das Vorliegen eines wichtigen Grundes ist im Regelfall nach § 307 BGB unwirksam[224]. Ebenso ist der Ausschluss von Vergütungsansprüchen aus § 649 BGB unwirksam[225]. 205

Auch eine pauschale Vereinbarung, welcher Betrag als ersparte Aufwendungen abzuziehen ist, ist grundsätzlich unwirksam[226].

Der Generalplaner muss bei einer Kündigung des Bauherrn immer darauf achten, dass er seinerseits keine Honorarverluste erleidet bzw. die Vergütung für nicht erbrachte Leistungen auch bezahlt bekommt, dass es sich um eine sogenannte „freie Kündigung" handelt und nicht um eine Kündigung aus wichtigem Grund. Da grundsätzlich der Bauherr den Generalplanervertrag nur aus wichtigem Grund kündigen kann, ohne die negative Vergütungsfolge des § 649 BGB, sollte im Generalplanervertrag möglichst konkret geregelt werden, was als wichtiger Grund für eine Kündigung in Betracht kommt. Weiterhin sollte geregelt werden, dass vor Ausspruch einer Kündigung aus einem wichtigen Grund eine Besprechung zwischen Bauherrn und Generalplaner erfolgt, um im Wege der Kooperation die Kündigung zu vermeiden[227]. In diesem Fall kann der Generalplaner nämlich überprüfen, ob der wichtige Grund an den Subplanern durchgestellt werden kann, wenn der Subplaner die Ursache für die Kündigung des Generalplanervertrages gesetzt oder diese zu vertreten hat. Um Klarheit zu schaffen, sollte vereinbart werden, dass nur eine schriftliche Kündigung Wirksamkeit entfaltet. 206

ff) Abnahme der Leistung des Generalplaners. Nach § 15 Abs. 1 HOAI ist für die Fälligkeit des Honorars des Generalplaners eine Abnahme erforderlich. Dies gilt auch für den Beginn der Gewährleistungsfrist, für die eine Abnahme erforderlich ist. Insbesondere wird der Generalplaner versuchen zu erreichen, dass seine Gesamtleistung gemeinsam mit den Leistungen der Subplaner abgenommen wird. 207

Da jedoch jeder Subplaner aus den Grundsätzen des Werkvertragsrechtes heraus einen Anspruch darauf hat, nach Fertigstellung seiner Ingenieurleistung die Abnahme zu verlangen, kann es hier zu Verschiebungen der einzelnen Termine kommen. Erbringt beispielsweise der Statiker nur die Leistungen bis einschließlich Genehmigungsplanung, so hat er bereits vor Beginn des Bauwerkes einen Anspruch darauf, dass seine Leistung abgenommen wird. Der Generalplaner seinerseits kann jedoch frühestens nach Fertigstellung des Gebäudes, sofern er nur die Leistung bis zur Objektbetreuung übernommen hat, die Abnahme gegenüber dem Bauherrn verlangen. Somit verschiebt sich die Frist der Gewährleistung des Generalplaners gegenüber dem Bauherrn auch für die Leistung des Statikers um mehrere Monate. Je nach Dauer des Bauvorhabens kann hier somit eine Haftung von ca. sechs Jahren für die Leistung des Statikers durch den Generalplaner gegenüber dem Bauherrn bestehen. Dies bedeutet, dass der Generalplaner ein Haftungsrisiko deswegen hat, weil Ansprüche seinerseits gegenüber dem Statiker verjährt sein können, er aber andererseits Haftungsansprüchen des Bauherrn ausgesetzt ist. Um dieses Haftungsrisiko zu vermeiden, wird in Verträgen versucht, die Abnahme hinaus zu schieben. Die Verschiebung der Abnahmetermine um einen Zeitraum von mehr als zwei bis drei Wochen ist grundsätzlich unter Berücksichtigung der AGB-Rechtsprechung unwirksam[228]. Eine 208

---

224 OLG Düsseldorf Urt. v. 3.9.1999 – 22 U 23/00, NZBau 2000, 577.

225 OLG Karlsruhe Urt. v. 6.7.1993 – 3 U 57/92, NJW-RR 1993, 1435.

226 BGH Urt. v. 10.10. 1996 – VII ZR 187/96, BB 1996, 2588; BGH Urt. v. 4.12.1997, ZfBR 1998, 142 = IBR 1998, 155.

227 Zur Kooperationspflicht vgl. BGH Urt. v. 28.10.1999 – VII ZR 393/98, NZBau 2000, 130 = NJW 2000, 807.

228 BGH Urt. v. 19.12.1985-VII ZR 267/84, BauR 1986, 202.

Klausel, wonach die Abnahme der Subplanerleistung frühestens zum Zeitpunkt der Gesamtabnahme des Bauwerkes durch den Bauherrn erfolgt, ist unwirksam. Sie stellt für den Subplaner ein unüberschaubares Risiko dar. Sein Abnahmetermin wird auf einen völlig unbestimmten und nicht mehr vorhersehbaren Zeitpunkt hinausgeschoben. Auch ein sechsmonatiger Zeitraum der Verschiebung für die Abnahme der Leistung des Subplaners nach Fertigstellung des Bauwerkes ist nicht zulässig[229]. Zulässig ist jedoch eine Vereinbarung über die Verlängerung der Gewährleistungsfrist, gemäß § 202 BGB.

209 Um Klarheit bezüglich der Abnahme der Leistung des Generalplaners zu haben, sollte im Vertrag eine förmliche Abnahme analog § 12 Abs. 4 VOB/B vereinbart werden. Diese Abnahme kann, sofern der Generalplaner die Leistungsphasen 9 (Objektbetreuung) nicht übernommen hat, gemeinsam mit der Abnahme der Bauleistung durchgeführt werden. Voraussetzung ist jedoch, dass zu diesem Zeitpunkt alle Leistungen des Generalplaners und seiner Subplaners erbracht worden sind.

210 *gg) Haftung und Gewährleistung.* Aus dem Generalplanervertrag können Ansprüche des Bauherrn gegenüber dem Generalplaner auf Erfüllung, Gewährleistung und Haftung folgen. Der Generalplaner hat für die von ihm selbst und auch für die von den Subplanern erbrachten Leistungen einzustehen. Für die Subplaner haftet er gemäß § 278 BGB, da diese als seine Erfüllungsgehilfen tätig sind[230].

211 Ein Gewährleistungsausschluss ist nicht möglich, jedoch ist in gewissen Grenzen eine Beschränkung der Haftung. Möglich ist die Beschränkung der Gewährleistung auf einen angemessenen Betrag, wobei dies nur leicht fahrlässiges Verhalten des Generalplaners betrifft. Darüber hinaus kann die Haftung für Kardinalpflichten nicht ausgeschlossen[231].

212 Die Reduzierung der Gewährleistungsfrist unter fünf Jahre, wie in §§ 634a Abs. 1 Nr. 2 BGB für Planungs- und Überwachungsleistungen der Architekten und Ingenieure festgelegt ist, ist unwirksam. Nur ausnahmsweise, wenn es sich um einen Individualvertrag mit einem Unternehmer handelt, könnte die Gewährleistung eingeschränkt oder reduziert werden. Ein Schutz des Generalplaners vor einer Inanspruchnahme durch den Bauherrn kann nur durch eine ausreichende Haftpflichtversicherung erfolgen. Dabei muss darauf geachtet werden, dass das Generalplanerrisiko auch von einer Haftpflichtversicherung umfasst wird. Die normale Berufshaftpflicht für Architekten umfasst grundsätzlich nicht dieses Generalplanerrisiko. Der Generalplaner sollte die Versicherungsfrage mit seiner Berufshaftpflichtversicherung abstimmen. Bei größeren Objekten kommt auch eine Objektversicherung in Betracht, die absichert, dass auch die Planungsleistungen der Subplaner vollständig mitversichert sind. Eine Objektversicherung kann nur dann empfohlen werden, wenn der Versicherer eine ausreichende Nachhaftung übernimmt. Damit ist sowohl für den Generalplaner als für den Bauherrn abgesichert, dass ein ausreichender Versicherungsschutz gegeben ist. Dies betrifft zum einen die Höhe der Versicherungssumme. Zum anderen ist gewährleistet, dass der Versicherungsschutz nicht deswegen ausfällt, weil ein Subplaner betreffend seiner Haftpflicht die entsprechenden Versicherungsbeiträge nicht bezahlt hat und deswegen der Versicherungsschutz entfällt.

213 Im Vertrag zwischen Generalplaner und Bauherr sollte unbedingt vereinbart werden, dass der Generalplaner bezüglich des Bauwerkes eine ausreichende Versicherung nachweist. Am besten ist hier eine Bestätigung des Haftpflichtversicherers, dass die gesamte Leistung des Generalplaners einschließlich seiner Subplaner für das betreffende Objekt versichert ist. Das Haftungsrisiko kann im Übrigen dadurch minimiert werden, dass der Generalplaner auf ihm bekannte und vertraute Subplaner zurückgreifen kann. Wenn er mit Subplanern arbeitet, die ihm aufgrund vorheriger Tätigkeit bereits vertraut sind, gibt es viel weniger Reibungspunkte und somit Probleme, die zu Haftungsfällen führen können. Wenn jedoch der Bauherr darauf besteht, dass bestimmte, dem Bauherrn genehme

229 BGH Urt. v. 23.2.1989 – VII ZR 31/88, BauR 1989, 322 = NJW 1989, 1602.

230 *Locher/Koeble/Frik,* Einl. Rz. 373.

231 BGH Urt. v.10.10. 1991 – VII ZR 289/90, BauR 1992, 226.

Subplaner eingeschaltet werden, erhöht sich das Risiko des Generalplaners erheblich. Oftmals ist dann auch ein erhöhter Arbeits- und Koordinationsaufwand gegeben, der sich honorarmäßig nicht auswirkt.

hh) Haftpflichtversicherung. Wie auch für den Architekten ist erst recht für den Generalplaner der Abschluss einer ausreichenden Haftpflichtversicherung notwendig. Das Recht der Berufshaftpflichtversicherung für Architekten und Ingenieure ist in erster Linie im Versicherungsvertragsgesetz (VVG) geregelt. Als Allgemeine Versicherungsbedingungen liegen den Verträgen über die Berufshaftpflicht die besonderen Bedingungen für die Berufshaftpflichtversicherung von Architekten, Bauingenieuren und beratenden Ingenieuren (BBR)[232], die Allgemeinen Versicherungsbedingungen für die Haftpflichtversicherung (AHB)[233] und das VVG zugrunde. Die BBR gehen als speziellere Bedingungen den AHB vor. Da die normale Berufshaftpflichtversicherung der Architekten und Ingenieure nicht die gesamte Tätigkeit des Generalplaners umfasst, muss sich der Generalplaner vor Abschluss des Generalplanervertrages mit seiner Haftpflichtversicherung in Verbindung setzen. Dies ist insbesondere deswegen notwendig, weil der Generalplaner Leistungen an Subplaner vergibt, die von seiner Haftpflichtversicherung nicht umfasst sind[234]. Ein Architekt beispielsweise ist dagegen versichert, dass Schäden bei der Planung oder Überwachung von Gebäuden im Rahmen der Architektentätigkeit auftreten. Erstellt der Architekt eine Statik bzw. beauftragt er einen Tragwerksplaner, diese Leistung für ihn als Subplaner zu erbringen, ist die Tätigkeit des Tragwerksplaners nicht durch die Berufshaftpflichtversicherung des Architekten gedeckt. **214**

Für den Generalplaner empfiehlt sich der Abschluss einer Objektversicherung, soweit der Versicherer eine ausreichende Nachhaftung übernimmt. Die Objektversicherung umfasst die Versicherung eines bestimmten Bauobjektes. Sie bietet sich insbesondere an, wenn der Architekt als Generalplaner tätig ist. Damit ist zum einen gewährleistet, dass im Schadensfalle eine ausreichende Versicherungssumme zur Verfügung steht. Zum anderen hat der Generalplaner die Sicherheit, dass auch seine Subingenieure bei diesem Bauvorhaben den entsprechenden Versicherungsschutz haben. Die Kosten dieser Versicherung können dann anteilmäßig den entsprechenden Architekten- bzw. Ingenieurverträgen mit den jeweiligen Subplanern umgelegt werden. **215**

ii) Vereinbarung eines Gerichtsstandes bzw. eines Schiedsgerichtes. Eine Gerichtsstandvereinbarung eines örtlichen Gerichtsstandes kann unter den Voraussetzungen des § 38 ZPO erfolgen. Die formularmäßige Regelung des örtlichen Gerichtsstandes ist nur wirksam, wenn beide Parteien Kaufleute sind. Architekten und Sonderfachleute sind grundsätzlich keine Kaufleute[235]. Es sei denn, das Architekten- oder Ingenieurbüro wird in der Form einer GmbH oder GmbH & Co. KG tätig. **216**

Eine Gerichtsstandvereinbarung ist unter Nichtkaufleuten nur nach § 38 Abs. 3 ZPO möglich. Eine schriftliche Gerichtsstandvereinbarung ist zulässig, nach Entstehen der Streitigkeit oder für den Fall, dass entweder die im Klageweg in Anspruch zu nehmende Partei nach Vertragsschluss ihren Wohnsitz oder gewöhnlichen Aufenthalt aus dem Geltungsbereich der ZPO verlegt oder ihren Wohnsitz oder Aufenthaltsort zum Zeitpunkt der Klageerhebung nicht bekannt ist[236]. Eine Streitigkeit ist erst entstanden, wenn die Parteien über einen bestimmten Punkt des Vertrages sich nicht einigen können und damit ein gerichtliches Verfahren droht[237]. **217**

---

232 BBR des GDV, Stand April 2011.

233 AHB des GDV, Stand Febr. 2014.

234 *Kemper*, Architekten und Ingenieure als Generalplaner, S. 28 f.

235 *Werner/Pastor*, „Der Bauprozess“, Rz. 414.

236 *Werner/Pastor*, „Der Bauprozess“ Rz. 415.

237 *Zöller/Vollkomma*, § 38 ZPO Rz. 33; *Werner/Pastor*, „Der Bauprozess“ Rz. 415.

Alternativ zu einem staatlichen Gericht können die Parteien ein Schiedsgericht vereinbaren. Sofern die Vereinbarung eines Schiedsgerichtes zwischen Nichtkaufleuten erfolgt, muss dies zur Wirksamkeit in einer gesonderten Urkunde, somit nicht innerhalb des Generalplanervertrages abgeschlossen werden.

218 Ein Schiedsgericht kann von den Parteien selbst gewählt werden und ist keine staatliche Organisation. Bei der Vereinbarung eines Schiedsgerichtes sollte eine bestimmte Verfahrensordnung zugrunde gelegt werden, z. B. die Schlichtungs- und Schiedsordnung für Baustreitigkeiten in der Arbeitsgemeinschaft für privates Bau- und Architektenrecht im Deutschen Anwaltsverein (SOBau)[238]. Treffen die Parteien eine Schiedsvereinbarung unter Bezugnahme auf eine bestimmte Schiedsordnung, regelt sich das Verfahren nach den §§ 1029 ff. ZPO.

219 Das Schiedsgericht kann als Einzelschiedsgericht oder als Drei-Personen-Schiedsgericht handeln. Das Dreier-Schiedsgericht ist der Regelfall, wobei jedoch die Kosten hier recht hoch sind.

220 Das Schiedsgericht wird von den Parteien zusammengesetzt. Dabei ist es im Wesentlichen so, dass jede Partei einen Schiedsrichter, d. h. eine unabhängige Person, benennt, wobei diese beiden Schiedsrichter sich dann auf einen Obmann (Vorsitzenden) einigen. Weiterhin muss gewährleistet sein, dass bestimmte Institutionen, wie beispielsweise die Architekten- oder Ingenieurkammer einschreitet, wenn eine Partei innerhalb der gesetzten Frist keinen Schiedsrichter benennt oder die Schiedsrichter sich nicht auf einen Vorsitzenden einigen können.

221 Das Schiedsverfahren hat den Vorteil, dass die Schiedsrichter oftmals kompetenter sind als die Richter an staatlichen Gerichten. So ist es nicht notwendig, dass die Schiedsrichter Juristen sind, bei technischen Fragen können auch Architekten oder Ingenieure Mitglied des Schiedsgerichtes sein. Ein weiterer Vorteil ist, dass das Schiedsverfahren geheim ist, somit die Öffentlichkeit von dem Meinungsstreit zwischen Bauherrn und Generalplaner nichts erfährt. Die Möglichkeit, dass das Verfahren durch Vergleich beendet wird, ist relativ hoch. Ein weiterer Vorteil des Schiedsverfahrens gegenüber dem Verfahren vor den staatlichen Gerichten ist die Verfahrensdauer. Während ein Rechtsstreit allein in der ersten Instanz beim Landgericht in einer Bau- oder Architektenangelegenheit im Schnitt drei Jahre dauert, kann ein Schiedsverfahren in wesentlich kürzerer Zeit abgehandelt werden.

222 Das schiedsgerichtliche Verfahren hat aber auch erhebliche Nachteile. So ist dieses Verfahren, zumindest bezogen auf eine Instanz, wesentlich teurer als ein Verfahren vor dem Landgericht. Beim Streitwert von 100.000 € belaufen sich die Gerichtskosten vor einem staatlichen Gericht in der ersten Instanz auf ca. 12.300 €. Bei einem Einzelschiedsgericht belaufen sich die Kosten einschließlich Rechtsanwälte auf 16.000 Arial,128›, bei einem Dreier-Schiedsgericht auf 21.300 €. Führt man ein Verfahren vor einem staatlichen Gericht in der zweiten Instanz auch noch durch, belaufen sich die Gesamtkosten auf ca. 29.000 €, bei Durchführung der dritten Instanz auf insgesamt ca. 40.000 €. Weiterhin besteht gegen einen Schiedsspruch nicht mehr die Möglichkeit der Berufung oder Revision. Es ist somit nur eine Instanz zuständig, die endgültig und abschließend entscheidet. Darüber hinaus hat das Schiedsgericht auch keine Möglichkeit, zwangsweise Zeugen zu laden.

223 Bei der Vereinbarung der SOBau trifft man eine Regelung, die eine Schlichtungs- und Schiedsvereinbarung umfasst. Bevor hier ein Schiedsverfahren durchgeführt wird, wird ein Schlichtungsverfahren eingeleitet. Dies hat den Vorteil, dass im Wege einer noch nicht streitigen Verhandlung versucht werden kann, zwischen den Parteien eine Lösung zu finden, mit der beide leben können. Erst wenn die Schlichtung scheitert, wird das schiedsgerichtliche Verfahren eingeleitet, wobei dann die zuvor aufgezeigten Grundsätze auch hier gelten.

---

[238] Im Einzelnen hierzu SOBau = *www.arge-baurecht.com.*

c) Kostenfalle bei Übertragung von Teilwerken. Ein Honorarproblem kann dann auftauchen, wenn der Generalplaner Teile eines Objekt bzw. einer Anlagengruppe der technischen Ausrüstung an Subplaner vergibt. In einer Entscheidung aus dem Jahre 1994[239] entschied der BGH, dass dann, wenn ein Ingenieur Teile eines Gesamtauftrages an andere Ingenieure untervergibt, deren Leistungen nach den anrechenbaren Kosten der ihnen übertragenen Teilwerke berechnet werden und nicht anteilig nach den anrechenbaren Kosten des Gesamtobjektes. Dem Ingenieur wurde in diesem Falle für mehrere Gewerke einschließlich Heizung/Sanitär eines umfangreichen Bauvorhabens, zu dem neben einer Sporthalle, einer Schwimmhalle, Freizeitanlagen und weitere bauliche Anlagen auch ein Hotel gehörte, die Planung übertragen. Der Subingenieur des Ingenieurs wurde von diesem lediglich mit der Planung der Heizungsanlage für das Hotel beauftragt. Der BGH entschied, dass für die Honorarberechnung des Subingenieurs auf die anrechenbaren Kosten der Heizungsanlage für das Hotel abzustellen ist. Den Gesichtspunkt, dass auf diese Weise der Subingenieur ein relativ höheres Honorar aufgrund der Teilkosten des ihm übertragenen Teilauftrages beanspruchen könne, als dies der Generalplaner gegenüber seinem Auftraggeber durchzusetzen in der Lage ist, ließ der BGH nicht gelten. Er führte hierzu aus: 224

„Die Degression verhindert unangemessene Vorteile, die sich typischerweise bei einem Proportionaltarif ergeben würden. Der Planungsaufwand des Ingenieurs steigt nicht proportional mit den anrechenbaren Kosten, vielmehr sinkt er stetig im Verhältnis zu diesen. Der Planungsaufwand für einzelnen Leistungen ist weitgehend abhängig von den anrechenbaren Kosten des Gesamtwerkes. Entsprechend ist es nach dem Regelungszweck der Tarifgestaltung in der HOAI angemessen, bei Untervergaben die anrechenbaren Kosten und damit das Teilhonorar allein nach dem Teilwerk zu bemessen. Vergibt ein Ingenieur Teile eines Gesamtauftrages an andere Ingenieure als Subunternehmer, so stellt sich bei diesen der Rationalisierungseffekt, welcher Grundlage der Degression des Tarifes ist, nur in den Teilbereich der anrechenbaren Kosten ihres Teilwerkes an. An Rationalisierungseffekten der großen Zahl, die an anderer Stelle eintreten mögen, können sie nicht teilhaben. Die Regelung in der HOAI führt im Übrigen nicht zu unvertretbaren Ergebnissen. Dem Auftragnehmer steht es frei, mit seinem Hauptauftraggeber ein Honorar zu vereinbaren, dass es ihm ermöglicht, die HOAI auch gegenüber seinen Subunternehmern ohne Nachteil einzuhalten.[240] Der Generalplaner muss somit bei Abschluss eines Subplanervertrages darauf achten, dass er im Falle einer derartigen Teilbeaufttragung wirksam ein niedrigeres Honorar mit dem Subplaner vereinbart, damit er am Schluss nicht dazu bezahlt. 225

3. Vorteile der Einschaltung eines Generalplaners

Der Bauherr hat es bezüglich der Architekten- und Ingenieurleistungen nur mit einem Vertragspartner zu tun, und zwar dem Generalplaner. Die Situation ist vergleichbar mit dem Generalunternehmer, der seinerseits für alle Bauleistungen verantwortlich ist. Bei Einschaltung eines Generalunternehmers und eines Generalplaners hat somit der Bauherr nur zwei Ansprechpartner[241]. 226

Ein entscheidender Vorteil für den Bauherrn ist die ausschließliche Haftung des Generalplaners für alle Planungsleistungen. Es wird somit jeder Streit um die Haftungsverantwortlichkeit zwischen den verschiedenen Planern vermieden. Wenn beispielsweise das Gebäude Risse aufweist, muss der Bauherr nicht nachweisen, ob der Architekt oder der Statiker hierfür verantwortlich ist. Dass bei der Einzelbeauftragung der verschiedenen Planer bestehende Risiko, ob der Bauherr im Prozess gegen einen der Planer sich ein Mitverschulden anderer im angesetzten Planungsbereich evtl. anrechnen lassen muss, besteht

[239] BGH Urt. v. 14.7.1994 – VII ZR 30/94, BauR 1994, 787.

[240] BGH Urt. v. 14.7.1994 a. a. O.; Lederer/Heymann, HOAI-Honorarmanagement, S. 124.

[241] *Wenner*, BauR 1998, S. 1150.

nicht. Weiterhin übernimmt der Generalplaner die Koordination mit den anderen Fachplanern. Dem Bauherrn gegenüber schuldet der Generalplaner eine einheitliche Gesamtplanung. Die Bündelung der Planungsleistungen gewährleistet, dass die Sonderfachleute ihre fachlichen Überlegungen auch bereits bei der Entwicklung und Formulierung der Planungsaufgabe im Rahmen der „strategischen" Planungsphase einbringen können.

227 Auch die Kostensicherheit für den Bauherrn kann größer sein. Voraussetzung ist jedoch, dass der Bauherr im Vertrag eine Höchstgrenze für die Baukosten als Beschaffenheitsangabe vereinbart. Im Übrigen kann dann der Generalplaner sicherstellen, dass durch die Koordination der verschiedenen Fachingenieurleistungen Kostenrisiken minimiert werden.

228 Auch die Termin- und damit die Kostensicherheit sind besser gewährleistet als bei der herkömmlichen Planungsvergabe, weil die Planung aus einer Hand stammt. Auch kann sich der Generalplaner nicht durch Hinweis auf angebliche Fehler oder Zuspätlieferung von Planungsunterlagen anderer Fachingenieure entlasten.

4. Nachteile bei der Einschaltung eines Generalplaners

229 Dem Bauherrn steht nur der Generalplaner im Falle eines Mangels als haftende Person zur Verfügung. Der Bauherr muss somit den Generalplaner als alleinigen Vertragspartner in Anspruch nehmen, während bei der Einzelbeauftragung von Architekten und Fachingenieuren diese unter Umständen als Gesamtschuldner haften. Grundsatz ist jedoch auch hier, dass grundsätzlich Architekten und Ingenieure in erster Linie für ihre eigene Leistung dem Bauherrn gegenüber haften. Beauftragt ein Bauherr in selbständigen Verträgen einen Architekten und einen Statiker mit Planungsleistungen, so ist der Statiker regelmäßig nicht Erfüllungsgehilfe des Bauherrn in dessen Vertragsverhältnis mit dem Architekten[242]. Wenn jedoch die Pflichtverletzung des Sonderfachmannes und des Architekten mit ursächlich für einen Schaden waren, haften sie als Gesamtschuldner[243]. Eine gesamtschuldnerische Haftung besteht in dem Fall, in welchem der bauaufsichtführende Architekt grobe Planungsfehler des Statikers übersieht. Der die Bauüberwachung ausführende Architekt ist verpflichtet, die statischen Berechnungen einzusehen und sich zu vergewissern, ob der Statiker von den tatsächlichen Verhältnissen ausgegangen ist[244].

230 Hinzuweisen ist jedoch, dass oftmals zwischen Architekt und Fachplaner kein Gesamtschuldverhältnis besteht. Für das Verhältnis Architekt/Fachplaner gilt die Faustregel, dass sie nicht als Gesamtschuldner haften, wenn sie der Bauherr in jeweils gesonderten Verträgen beauftragt hat[245].

231 Ein Nachteil liegt jedoch darin, dass im Falle der Insolvenz des Generalplaners weitere Haftende dem Bauherrn gegenüber nicht zur Verfügung stehen. Dieses Insolvenzrisiko kann der Bauherr jedoch in der Weise absichern, dass er sich eine entsprechende Vertragserfüllungsbürgschaft oder nach Beendigung der Leistung eine Gewährleistungsbürgschaft vom Generalplaner aushändigen lässt. Dem Bauherrn ist auch zu empfehlen, sich Gewährleistungsansprüche gegenüber den Subplanern vom Generalplaner abtreten zu lassen. Dies hat den Vorteil, dass im Falle der Insolvenz des Generalplaners und eines Ausfalles der Versicherung der Subplaner, soweit er für den Mangel verantwortlich ist, direkt vom Bauherrn in Anspruch genommen werden kann.

---

[242] BGH Urt. v. 4.7.2002 – VII ZR 66/01, BauR 2002, 1719 = NZBau 2002, 617.

[243] BGH Urt. v. 4.3.1971 – VII ZR 404/69, BauR 1971, 265, 269; *Weyer*, IBR 2002, 553.

[244] OLG Naumburg Urt. v. 25.4.2001 – 5 U 10/01, IBR 2001, 320; OLG Köln Urt. v. 14.9.1999 – 22 U 30/99, IBR 2000, 69.

[245] OLG Düsseldorf Urt. v. 28.10.1997 – 23 U 220/96, IBR 1998, 492 – *Metzger* OLG Stuttgart Urt. v. 6.7.1994 – 4 U 63/93, BauR 1996, 778; OLG Düsseldorf Urt. v. 28.10.1994. – 22 U 28/93, IBR 1995, 59 – *Schulze-Hagen*.

5. Vertragsverhältnis zwischen Generalplaner und Subplaner

a) Grundsätzliches zur Vertragskonzeption. Kennzeichnend ist, dass der Bauherr den Generalplaner mit sämtlichen Planungsleistungen beauftragt. Der Generalplaner beauftragt seinerseits die einzelnen Subplaner im Wege der Untervergabe. Generalplanervertrag und Subplanervertrag sind rechtlich grundsätzlich völlig selbständig bezüglich ihres Zustandekommens, ihrer Wirksamkeit, ihrer inhaltlichen Vertragsgestaltung und der Vertragsabwicklung zu beurteilen[246]. Der Generalplaner muss darauf achten, dass der von ihm mit dem Subplaner abgeschlossene Vertrag möglichst synchron läuft mit dem Generalplanervertrag, den er mit dem Bauherrn abgeschlossen hat. Die Passagen aus dem Vertrag zwischen Bauherrn und Generalplaner sollte dieser grundsätzlich wörtlich im Subplanervertrag übernehmen, soweit Leistungen des Subplaners betroffen sind. Sofern es sich bei dem Vertrag mit dem Subplaner um allgemeine Geschäftsbedingungen handelt, gibt es rechtlich erhebliche Schwierigkeiten. So kann die Fälligkeit der Zahlung des Honorars durch den Generalplaner an den Subplaner nicht davon abhängig gemacht werden, dass der Generalplaner seinerseits auch das Geld vom Bauherrn erhalten hat. Andererseits hat der Subplaner in vielen Fällen bereits lange vor Beendigung der Tätigkeit des Generalplaners einen Anspruch darauf, dass seine Leistungen abgenommen werden. Dies führt dazu, dass unterschiedliche Gewährleistungsfristen zwischen Generalplaner und Subplaner einerseits und zwischen Generalplaner und Bauherrn andererseits bestehen können. 232

Bezüglich des Inkrafttretens des Subplanervertrages sollte auch eine Regelung getroffen werden. Beabsichtigt der Generalplaner wegen eines bevorstehenden Vertrages mit einem Bauherrn den Einsatz von Subplanern, so muss er grundsätzlich darauf achten, dass er zum einen die Subplaner bindet, zum anderen jedoch noch keine vertraglich feste Bindung in der Weise erreicht, dass er später auch ein Honorar zahlen muss, wenn es nicht zum Abschluss des Generalplanervertrages kommt. Dies kann dadurch erreicht werden, dass mit den Subplanern ein Vertrag unter der Bedingung geschlossen wird, dass der Vertrag mit dem Bauherrn auch rechtswirksam zustande kommt[247]. 233

b) Honorarproblematik. Im Rahmen der Ausführung zur Vergütung des Generalplaners wurde bereits auf die Problematik der Mindestsätze der HOAI hingewiesen. Der Generalplaner ist bezüglich der Honorierung des Sonderfachmannes an die HOAI gebunden, da diese auch Anwendung findet, wenn ein Architekt Planungsleistungen an einen Ingenieur weiter gibt[248]. Somit ist zwischen Generalplaner und Sonderfachmann grundsätzlich ein Honorar zu vereinbaren, welches zwischen den Mindest- und Höchstsätzen der HOAI liegt[249]. 234

Problematisch ist die Vereinbarung eines Regieabschlages zugunsten des Generalplaners. Soweit der Generalplaner von seinem Bauherrn ein Honorar über den Mindestsätzen der HOAI erhält, kann unproblematisch der Regieabschlag in der Weise vereinbart werden, dass dem Sonderfachmann nur ein Honorar nach den Mindestsätzen gezahlt wird. Erhält aber der Generalplaner seinerseits nur ein Honorar auf Basis der Mindestsätze der HOAI, würde ein Regieabschlag eine Unterschreitung der Mindestsätze zur Folge haben. Da die gesamte Problematik des Generalplaners in der HOAI nicht geregelt ist, somit auch kein Regiezu- oder -abschlag zugunsten des Generalplaners, kann eine dahingehende Regelung nur wirksam sein, wenn es sich um einen Ausnahmefall nach § 7 Abs. 3 HOAI handelt[250]. Bei Vorliegen eines Ausnahmefalles ist der Architekt und somit der Generalplaner berechtigt, die Mindestsätze in der HOAI zu unterschreiten. Einen Ausnahmefall gem. § 7 Abs. 3 HOAI bejaht der BGH, wenn zwischen den Vertragsbetei- 235

---

[246] *Kemper*, Architekten und Ingenieure als Generalplaner, S. 61.

[247] Vgl. *Kemper*, Architekten und Ingenieure als Generalplaner, S. 36.

[248] OLG Frankfurt Urt. v. 12.1.1994 – 19 U 20/93, IBR 1994, 465.

[249] *Kehrberg*, BauR 2001, 1824.

[250] Vgl. BGH Urt. v. 22.5.1997-VII ZR 290/95, ZfBR 1997, 250.

ligten eine enge Beziehung rechtlicher, wirtschaftlicher, persönlicher oder sozialer Art vorliegt[251]. Eine enge Beziehung rechtlicher Art könnte auf jeden Fall dann angenommen werden, wenn ein ARGE-Vertrag zwischen dem Architekten und den Sonderfachleuten besteht. Liegt aber ein normaler Generalplanervertrag vor, ergibt sich die rechtliche und wirtschaftliche Beziehung nur aus diesem einen Vertragsverhältnis. Andererseits ist es gerade der Generalplaner, der einen erhöhten Aufwand hat und auch ein größeres Haftungsrisiko trägt, weil er seinerseits die Fachingenieurleistung durch Subplaner erbringen lässt. Andererseits muss auch der Umstand honoriert werden, dass es im Regelfall der Generalplaner ist, der für die Subplaner die entsprechenden Leistungen akquiriert. In dieser Gesamtheit dürfte ein angemessener Regieabschlag von 1,5 bis 2 % zulässig sein, auch wenn dadurch der Subplaner nicht mehr die Mindestsätze nach der HOAI erhält. Es muss in jedem Fall darauf geachtet werden, dass die schriftliche Honorarvereinbarung bei Auftragserteilung erfolgt. Die Regelung in einem Subplanervertrag, wonach sich die Vergütung des Subplaners im Fall einer Kündigung des Generalplanervertrages danach richtet, in welchem Umfang der Generalplaner Zahlungen vom Hauptauftraggeber für denjenigen Leistungsteil erhält, der dem Subunternehmer übertragen wurde, steht im Widerspruch zu den Grundlagen der gesetzlichen Regelung und ist in Allgemeinen Geschäftsbedingungen unwirksam.[252]

236 **c) Vertragsfristen und Vertragsstrafe.** Die Vertragsfristen müssen eindeutig und klar festgelegt sein. Hier muss der Generalplaner darauf achten, dass er die Fristen, die er gegenüber seinem Bauherrn einzuhalten hat, auch gegenüber dem Subplaner festlegt. Darüber hinaus sollten Vertragsstrafenregelungen aus dem Generalplanervertrag entsprechend an den Subplaner weitergegeben werden. In diesem Zusammenhang ist auf die Rechtsprechung des BGH hinzuweisen, wonach eine Vertragsstrafe in Höhe von 10 % zu hoch ist[253]. Die Vertragsstrafe, die der Generalplaner daher theoretisch an den Bauherrn zahlen muss, ist demzufolge um ein vielfaches höher als die Vertragsstrafe, die einzelne Subplaner an den Generalplaner zu leisten haben. In diesem Zusammenhang ist jedoch auch die Rechtsprechung von Bedeutung, dass der Subplaner im Falle des Verzuges den tatsächlichen Verzugsschaden, d. h. die gesamte Vertragsstrafe zu erstatten hat. Grundsätzliche Voraussetzung ist hier, dass die entsprechenden Vertragsfristen eindeutig und verbindlich festgelegt sind.

237 **d) Fälligkeit der Zahlungen.** Zwischen Generalplaner und Subplaner sollen grundsätzlich keine ungünstigeren Zahlungsmodalitäten vereinbart werden, als sie zwischen Generalplaner und Bauherrn gelten[254]. Dies gilt sowohl für Preisgleitklauseln als auch für die Regelung von Vorschüssen und Abschlagszahlungen. Entsprechend sind die Regelungen der Zahlungen aus dem Generalplanervertrag in den Subplanervertrag zu übernehmen und abzustimmen. Die Zahlungsvereinbarung im Generalplaner- und Subplanervertrag sind so aufeinander abzustimmen, dass der Generalplaner gegenüber dem Subplaner nicht in Vorleistung treten muss[255]. Dabei sollte der mit dem Subplaner vereinbarte Zahlungsplan einen Zeitpuffer etwa von 2 bis 3 Wochen gegenüber dem mit dem Bauherrn vereinbarten Zahlungsplan vorsehen.

238 Die Vereinbarung eines abgestimmten Zahlungsplanes bietet dem Generalplaner dann jedoch keine Hilfe, wenn der Bauherr Zahlungen zurückhält. Entsprechend tritt immer dann ein Problem auf, wenn der Generalplaner von seinem Bauherrn trotz Fälligkeit das Honorar nicht erhält, andererseits das an den Subplaner zu leistende Honorar auch fällig

[251] BGH Urt. v. 22.5.1997 – VII ZR 290/95, ZfBR 1997, 250; BGH Urt. v. 21.8.1997 – VII ZR 13/96, ZfBR 1997, 305.

[252] KG, Urt. v. 13.4.2010 – 21 U 191/08, IBR 2012, 523.

[253] BGH Urt. v. 23.1.2003 – VII ZR 210/01, BGHZ 153, 311–327.

[254] *Kemper*, Architekten und Ingenieure als Generalplaner, S. 41.

[255] *von Berchem*, in: *Sangenstedt*, Rechtshandbuch für Ingenieure und Architekten, S. 696.

ist. Die Vereinbarung im Vertrag, dass eine Zahlung des Generalplaners an den Subplaner erst erfolgen kann, wenn auch der Generalplaner das Honorar vom Bauherrn erhalten hat, ist in den Allgemeinen Geschäftsbedingungen unwirksam. Insoweit müsste im Rahmen einer individuellen Verhandlung der entsprechende Zahlungsplan mit der Fälligkeitsabrede geschlossen werden. Das Problem ist jedoch, dass individuelles Aushandeln nur dann vorliegt, wenn der „Verwender" den gesetzesfremden Kerngehalt seiner allgemeinen Geschäftsbedingungen inhaltlich ernsthaft zur Disposition stellt und dem anderen Teil die Gestaltungsfreiheit zur Wahrung eigener Interessen einräumt. Der Vertragspartner muss die reale Möglichkeit erhalten, den Inhalt der Vertragsvereinbarungen zu beeinflussen[256]. Verlangt ein Architekt aus einem Subplanervertrag von einer Architektengesellschaft, die ihrerseits einen Generalplanervertrag mit einem Bauherrn geschlossen hatte, Zahlung seines Honorars und wendet die Architektengesellschaft ein, der Bauherr/ Auftraggeber habe sie noch nicht bezahlt und beruft sie sich damit auf eine sog. „pay-when-paid"-Klausel im Subplanervertrag, so muss sie (im Falle der Wirksamkeit der Klausel als Individualvereinbarung) substanziiert die Nichtzahlung des Bauherrn vortragen.[257]

Eine andere Möglichkeit ist es, die Zahlungsverpflichtung nicht als Fälligkeitsabrede, sondern als aufschiebende Bedingung zu vereinbaren. Dieses ist nach dem gesetzlichen Leitbild des § 158 BGB möglich, wobei die AGB-Problematik zu beachten ist. Entsprechend kann die Zahlung des Honorars von der Bedingung abhängig gemacht werden, dass der Generalplaner sein Honorar auch vom Bauherrn erhalten hat. Dies muss jedoch dahingehend eingeschränkt werden, dass dies nicht für den Fall gilt, dass der Generalplaner seinerseits die Gründe für die Zahlungsverweigerung allein zu vertreten hat, weil beispielsweise die aus seinem Bereich stammende Planung mangelhaft war. Ansonsten ist die Vereinbarung einer entsprechenden Fälligkeitsabrede als Bedingung im Sinne von § 158 BGB wirksam[258]. In der entsprechenden Vertragsklausel muss nur der Fall der treuwidrigen Verhinderung der Zahlung mit geregelt werden. Um die Frage der Treuwidrigkeit der Verhinderung des Eintritts der Bedingung auszuschließen, soll in der Anlehnung an die Rechtsprechung der Generalplaner dem Subunternehmer vertraglich die Honoraransprüche gegen den Bauherrn sicherheitshalber abtreten und dem Subplaner damit die Möglichkeit geben, direkt gegen den Bauherrn einen etwaigen Anspruch durchzusetzen. 239

Die Fälligkeit des Honorars des Subplaners tritt weiterhin nach § 641 Abs. 2 BGB ein, wenn der Generalplaner gegenüber dem Auftraggeber Leistungen des Subplaners abrechnet und er die hieraus entfallene Vergütung von seinem Auftraggeber erhält.[259] 240

e) Sicherheit nach § 648a BGB. Jeder der Subplaner hat gegenüber dem Generalplaner einen Sicherungsanspruch nach § 648a BGB.[260] Ein Ausschluss des § 648a BGB im Generalplanervertrag ist unwirksam, § 648a Abs. 5 BGB. 241

f) Abnahme. Ein weiteres Problem liegt im unterschiedlichen Verjährungsbeginn im Verhältnis Bauherr zum Generalplaner und Generalplaner zum Subplaner. Hier muss auch die Frage geklärt werden, wann die Verjährungsfristen beginnen. Ausgangspunkt für den Lauf der Verjährungsfrist ist die Abnahme der jeweiligen Leistung. Nach § 640 BGB ist der Bauherr verpflichtet, die vertragsgemäße Leistung des Generalplaners abzunehmen. Die Abnahme gilt dann als erfolgt, wenn der Bauherr nicht innerhalb einer ihm vom Generalplaner gesetzten Frist das Werk bzw. die Planungsleistung abgenommen hat, 242

---

256 BGH Urt. v. 25.6.1992 – VII ZR 128/91, NJW 1992, 2759; BGH Urt. v. 7.9.1996 – VII ZR 128/92, BB 1996, 611.

257 OLG München Urt. v. 25.1.2011 – 9 U 1953/10, NZBau 2011, 365–366.

258 OLG Düsseldorf Urt. v.11.10.1996, NJW-R R 1997, 211.

259 LG Magdeburg Urt. v. 21.10.2008 – 31 U 77/08, IBR 2009, 398.

260 *Scholtissek*, Der Architekt und das FoSiG, NZBau 2009, 94f.

obwohl die Leistung abnahmefähig ist, § 640 Abs. 1 S. 3 BGB. Nun ist jedoch hier das Problem, dass die Abnahme der Leistung des Generalplaners zwischen dem Bauherrn in der Praxis nicht zeitgleich mit der Abnahme der Leistung des Generalplaners vom Subplaner durchzuführen ist. Folge ist, dass die Gewährleistungsansprüche des Bauherrn gegen den Generalplaner später ablaufen, als diejenigen des Generalplaners gegenüber dem Subplaner. Die vertraglichen Vereinbarungen, die darauf abzielen, den Abnahmezeitpunkt hinauszuschieben, sind in fast allen Fällen unwirksam. Insoweit sollte darauf geachtet werden, dass die Leistung des Generalplaners zugleich mit der Leistung des Subplaners abgenommen wird. Zu überlegen ist, ob die gesamte Gewährleistungsfrist verlängert wird.

243 **g) Gewährleistung und Haftung.** Bezüglich der Gewährleistung spielt die Gewährleistungsfrist eine nicht unerhebliche Rolle. Wenn der Subplaner, beispielsweise der Statiker, seine Leistung bereits vor Baubeginn abgeschlossen hat, der Generalplaner andererseits seine Leistungen erst nach Fertigstellung des Bauvorhabens beendet hat. Wenn somit die Gewährleistung des Generalplaners einige Monate später zu laufen beginnt, kann eine Haftungslücke entstehen, wenn der Generalplaner durch den Bauherrn in Anspruch genommen wird, und die Ansprüche gegen den Subplaner verjährt sind. Dieses „Gewährleistungsloch" kann nicht dadurch geschlossen werden, dass im Vertrag vereinbart wird, dass die Abnahme der Leistung des Subplaners auf einen späteren Zeitpunkt, z. B. die Fertigstellung des Objektes verschoben wird. Eine Klausel, wonach die Abnahme der Subplanerleistung frühestens zum Zeitpunkt der Gesamtabnahme des Bauwerkes durch den Bauherrn erfolgt, ist in Allgemeinen Geschäftsbedingungen auf jeden Fall unwirksam. Selbst ein 6-monatiger Zeitraum der Verschiebung der Abnahme der Leistung des Subplaners nach Fertigstellung ist nicht wirksam[261]. Ein maßvolles hinausschieben des Abnahmezeitpunkts um bis zu vier Wochen hat die Rechtsprechung zugelassen[262]. Eine Verschiebung zwei Wochen hinaus kann nach § 307 BGB in Allgemeinen Geschäftsbedingungen unwirksam sein.

244 Eine Klausel, die Verkürzung der Gewährleistung vorsieht, ist grundsätzlich unwirksam[263]. Empfehlenswert ist jedoch, die Gewährleistungsfrist zu verlängern. Nach § 202 Abs. 2 BGB kann die Verjährungsfrist durch Vertrag verlängert werden. Bei Werkverträgen, gleiches gilt für Architekten- und Ingenieurverträge, ist eine Verlängerung der Gewährleistungsfrist in Allgemeinen Geschäftsbedingungen nur zulässig, wenn sie durch ein besonderes Interesse des Bestellers gerechtfertigt ist[264]. Die im Vertrag mit dem Subplaner vereinbarte Gewährleistungsfrist darf natürlich nicht überzogen sein. Die Verlängerung der Gewährleistungsfrist von fünf auf sechs Jahre dürfte jedoch im Rahmen liegen. Vergleicht man die Gewährleistungsfristen für Bau- und Architektenverträgen im europäischen Ausland, so ist unsere Gewährleistungsfrist mit fünf Jahren erheblich unter dem europäischen Durchschnitt. Sowohl in Belgien als auch in Frankreich haften Architekten und andere Planer ebenso wie der Bauunternehmer zehn Jahre lang nach Abnahme ihrer Leistung.

245 Um den Verjährungsbeginn klar definieren zu können, empfiehlt es sich, im Vertrag mit dem Subplaner eine förmliche Abnahme der von diesem zu erbringenden Leistung zu vereinbaren. Die Einzelheiten dieser förmlichen Abnahme sollten in der entsprechenden Vertragsklausel aufgeführt werden.

246 Ein Haftungsrückgriff gegenüber dem Subplaner ist jedoch immer nur dann erfolgversprechend, wenn dieser entweder ausreichend versichert ist oder über die notwendigen finanziellen Mittel verfügt. Wenn der Subplaner keinen ausreichenden Versicherungs-

---

261 Vgl. BGH Urt. v. 23.9.1989 – VII ZR 88/87, BauR 1989, 322.
262 BGH Urt. v. 19.12.1985 – VII ZR 267/84, NJW-RR 1986, 825.
263 BGH Urt. v. 3.12.1998 – VII ZR 109/97, NJW-RR 1999, 2434 = IBR 1999, 273.
264 BGH Urt. v. 9.5.1996 – VII ZR 259/94, NJW 1996, 2155 = IBR 1996, 315.

schutz hat oder insolvent wird, ist der Haftungsrückgriff für den Generalplaner gegenstandslos. Dieses Insolvenzrisiko kann der Generalplaner dadurch vermeiden, indem er mit dem Subplanern entsprechend vereinbart, dass für das zu planende Objekt eine Objektversicherung abgeschlossen wird, was sinnvoller Weise durch den Generalplaner geschieht. Entsprechend dem Honoraranteil hat sich sodann der Subplaner an dieser Objektversicherung zu beteiligen. Empfohlen werden kann eine Objektversicherung jedoch nur dann, wenn der Versicherer eine ausreichende Nachhaftung übernimmt.

Durch die Objektversicherung ist auch das Haftungsrisiko für den Fall abgedeckt, dass der Generalplaner persönlich haftet, während der Subplaner, wenn dieser als juristische Person organisiert ist, z. B. in der Rechtsform der GmbH, nur beschränkt haftet[265]. Aus einer Doppelstellung und Vermittlerrolle entsteht für den Generalplaner die Gefahr, bei Vertragsabwicklungsstörungen auf beiden Vertragsebene mit Haftungsrisiken belastet zu werden. Zu denken ist etwa an die problematische Rechtsstellung des Generalplaners, wenn er vom Subplaner auf Zahlung der Vergütung in Anspruch genommen wird, jedoch gleichzeitig Schadensersatzansprüchen des Bauherrn ausgesetzt ist, die ihren Ursprung in einer mangelhaften Detailplanung des Subplaners haben[266]. Aus der rechtlichen Selbstständigkeit der beiden Vertragsebenen folgt zunächst, dass für Schäden beim Bauherrn, die auf eine Haftung bzw. Leistung eines Subplaners zurückzuführen sind, eine Durchgriffshaftung vom Bauherrn auf den jeweiligen Subplaner grundsätzlich nicht besteht. Entsprechend muss der Generalplaner sich versicherungsrechtlich so absichern, dass er den berechtigten Ansprüchen des Bauherrn gegenüber abgesichert ist. 247

h) Kündigung des Subplanervertrages. Hier sollten die Gründe zur Kündigung des Vertrages aus wichtigem Grunde übernommen werden, die im Generalplanervertrag ihrerseits definiert sind. 248

Der Ausschluss des freien Kündigungsrechtes nach § 649 BGB ist in den Allgemeinen Geschäftsbedingungen nicht wirksam[267]. Ebenso wenig ist eine Vereinbarung zulässig, die im Falle einer freien Kündigung gemäß § 649 BGB den Anspruch des Subplaners auf den Ersatz nachgewiesener, notwendiger Aufwendungen beschränkt[268]. 249

Um das Kündigungsrisiko bzw. die damit verbundene Zahlung einer Vergütung für nicht erbrachte Leistungen zu minimieren, kann der Vertrag mit dem Subplaner auch gestaffelt abgeschlossen werden. Dies kann in der Weise erfolgen, dass erst einmal der Subplaner die Leistungen der Leistungsphasen 1 bis 4, d. h. von der Grundlagenermittlung bis zur Genehmigungsplanung zu erbringen hat. Bezüglich der weiteren Leistungen steht dann dem Generalplaner eine Option zu, diese Leistungen abzurufen. Damit werden die folgenden Leistungsphasen erst Vertragsbestandteil, wenn der Generalplaner gegenüber dem Subplaner die entsprechende Option geltend macht. 250

i) Gerichtsstandsklausel – Schiedsgerichtsvereinbarung. Hier sollte darauf geachtet werden, dass der gleiche Gerichtsstand vereinbart wird, der auch mit dem Bauherrn im Generalplanervertrag vereinbart wurde. Voraussetzung ist natürlich, dass eine Gerichtsstandsvereinbarung nach § 38 ZPO zulässig ist. Voraussetzung ist, dass Bauherr und Generalplaner Kaufleute sind. Dies ist der Fall, wenn beide als GmbH oder GmbH & Co. KG organisiert sind. 251

Ist im Generalplanervertrag mit dem Bauherrn ein Schiedsgericht vereinbart, ist es zwingend erforderlich, dass auch mit dem Subplanern das gleiche Schiedsgericht vereinbart wird. Es muss unbedingt vermieden werden, dass eine Streitigkeit zwischen Bau- 252

---

[265] Vgl. *Wenner,* BauR 1998, 151.

[266] *Kemper,* Architekten und Ingenieure als Generalplaner, S. 46.

[267] BGH Urt. v. 8.6.1999 – VII ZR 237/98, BauR 1999, 1294; OLG Düsseldorf Urt. v. 3.9.1999 – 12 U 118/99, NJW-RR 2000, 577 = IBR 2000, 87.

[268] OLG Frankfurt Urt. v. 2.4.1998 – 1 U 82/96, IBR 2000, 387.

herrn und Generalplaner vor einem Schiedsgericht behandelt wird, während der Subplaner seine Differenz mit dem Generalplaner vor dem staatlichen Gericht austrägt. Ohne die richtige Vereinbarung eines Schiedsgerichtes besteht nicht die Möglichkeit, dass bei Führen eines Schiedsverfahrens der Subplaner mit in dieses Verfahren einbezogen wird, etwa durch eine Streitverkündung.

253 Hier empfiehlt sich eine Vereinbarung einer Schlichtung und eines Schiedsgerichtes nach der SOBau[269].

[269] Im Einzelnen hierzu SOBau = www.arge-baurecht.com.

§ 19 Gesamtschuldnerische Haftung

Übersicht

I. Mehrheit von Schuldnern

1 Wird die gesamtschuldnerische Haftung am Bau Beteiligter erörtert, ist in der Regel Ausgangspunkt der Betrachtung, dass „Baumängel häufig auf das Verhalten verschiedener Baubeteiligter zurückzuführen" seien.[1] Jener Ansatzpunkt bietet zwar einen praxisbezogenen Einstieg in die gesamtschuldnerische Haftung mehrerer am Bau Beteiligter, hilft aber nicht zu differenzieren, unter welchen Voraussetzungen eine gesamtschuldnerische Haftung überhaupt in Betracht kommt. Abzugrenzen ist deshalb zunächst, wie Fälle von Schuldnermehrheiten jeweils rechtlich einzuordnen sind.

1. Arten von Schuldnermehrheiten

2 **a) Teilschuld.** Den Fall der Teilschuld behandelt § 420 BGB. Teilschuldner sind mit dem Gläubiger über unabhängig voneinander bestehende Schuldverhältnisse verbunden, die jedoch eines gemeinsamen Rechtsgrundes bedürfen. Dabei liegt ein gemeinsamer Rechtsgrund in diesem Sinne schon dann vor, wenn nach dem Willen der Parteien die einzelnen Rechtsgeschäfte eine Einheit bilden.[2]

Beispiel im Baurecht:
Mehrere als Dachdecker tätige Unternehmer erhalten vom Bauherrn in voneinander unabhängigen Verträgen den Auftrag, einen genau definierten Teil des Daches einzudecken, wobei sie auch jeweils dafür verantwortlich sind, dass die Anschlüsse zwischen den einzudeckenden Flächen sachgerecht hergestellt werden. Alle Unternehmer wissen, dass ihre Leistung der Eindeckung des gesamten Daches dient und zu einem vorgegebenen Zeitpunkt beendet sein muss.

Wird der Auftrag vom Bauherrn den Unternehmern demgegenüber durch Vertrag in der Weise erteilt, dass sie gemeinschaftlich verpflichtet werden, die Dacheindeckung insgesamt zu erbringen, sind die Unternehmer nicht als Teilschuldner, sondern als Gesamtschuldner verpflichtet (§ 427 BGB).[3]

3 Bei völlig unabhängig vereinbarter Kumulation von Leistungen fehlt es an einer Teilschuldnerschaft.

Beispiel im Baurecht:
Der Bauherr beauftragt zwei verschiedene Unternehmer mit dem Einbau einer Heizungsanlage; der eine hat die Heizungsrohre und Heizkörper einzubauen; der andere soll den Heizkessel liefern und anschließen.

4 **b) Gesamtschuld.** Hat der Gläubiger mehrere Schuldner, die dasselbe einheitliche Interesse des Gläubigers befriedigen sollen, von denen er die Leistung aber nur einmal zu verlangen berechtigt ist, sind die Schuldner als Gesamtschuldner dem Gläubiger verpflichtet (§§ 421, 422 BGB), miteinander aber auch als Gesamtschuldner verbunden (§§ 423 bis 426 BGB).[4] Das Gesetz fordert in § 421 Satz 1 BGB für das Vorliegen einer Gesamtschuld drei Tatbestandsmerkmale:
- Mehrere Schuldner haben eine Leistung zu erbringen;
- jeder Schuldner ist zur Leistung in voller Höhe verpflichtet;
- der Gläubiger ist berechtigt, die gesamte Leistung nur einmal zu fordern.

---

[1] So wörtlich *Rauch* Architektenrecht und privates Baurecht für Architekten, 2. Aufl., S. 190; ähnlich; *Locher* Das private Baurecht, 6. Aufl., Rn. 286.
[2] *Staudinger/Looschelders, 2012,* Rn. 6 zu § 420 BGB.
[3] Vgl. dazu *Staudinger/Looschelders, 2012,* Rn. 16 vor § 420 ff. BGB sowie Rn. 7 ff. zu § 427 BGB.
[4] BGH Urt. v. 11.5.1989 – VII ZR 12/88 – BauR 1989, 623 = NJW-RR 1989, 1102; vgl. auch *Thode/Quack* Abnahme und Gewährleistung im Bau- und Bauträgervertrag, Rn. 418.

Beispiel im Baurecht:

Zwei Tiefbauunternehmer erklären sich auf Anfrage des Auftraggebers, ohne eine ARGE zu bilden,[5] bereit, den Auftrag zu übernehmen, eine Baugrube auszuschachten. Beide Unternehmer sind jeweils bereit, die Leistung auch allein zu erbringen, wenn der andere Unternehmer aus Termin- oder anderen Gründen seinerseits nicht in der Lage ist, die Ausschachtungsarbeiten durchzuführen.

Die Rechtsprechung des Reichsgerichts[6] und des Bundesgerichtshofes[7] verlangte ur- 5
sprünglich als ungeschriebenes Tatbestandsmerkmal der Gesamtschuld, dass zwischen den Schuldnern eine Zweckgemeinschaft besteht. Hiervon ist die Rechtsprechung des Bundesgerichtshofes jedoch inzwischen abgerückt und fordert heute eine Gleichstufigkeit der Verpflichtungen der Schuldner.[8] Gleichstufigkeit bedeutet, dass die Schuldner im Innenverhältnis wechselseitig Regress nehmen können, wenn einer der Schuldner in voller Höhe durch den Gläubiger in Anspruch genommen wird.

Ein Gesamtschuldverhältnis liegt demgegenüber nicht vor, wenn ein Schuldner pri- 6
mär allein haftet, während der andere Schuldner nur zum vorläufigen Eintreten, also zur Vorlage verpflichtet ist.[9]

Beispiel im Baurecht:

Die A-Bank stellt eine selbstschuldnerische Gewährleistungsbürgschaft, in der sie sich verpflichtet, für die Erfüllung der Ansprüche des Auftraggebers für den Fall einzustehen, dass die Leistung des Auftragnehmers mangelhaft ist. Im Fall ihrer Inanspruchnahme ist die A-Bank zur Vorleistung vor dem Hauptschuldner verpflichtet.

c) Gemeinschaftliche Schuld. Bei der gemeinschaftlichen Schuld haben die Schuldner 7
nicht jeder ganz, wohl aber in gemeinschaftlichem Zusammenwirken das Interesse des Gläubigers zu erfüllen;[10] der einzelne Schuldner ist im Verhältnis zum Gläubiger nicht Teilschuldner, weil das Interesse des Gläubigers dahin geht, dass jeder Schuldner der gemeinschaftlichen Schuld seinen Teil der Schuld mit dem anderen Schuldner gemeinschaftlich erbringt.

Beispiel im Baurecht:

Einem Architekten und einem Akustik-Ingenieur wird der Auftrag erteilt, gemeinsam eine Konzerthalle zu planen; der Bauherr erteilt dazu die Vorgaben, die die Gestaltung und die Akustik betreffen; die erteilten Vorgaben lassen sich objektiv miteinander in Einklang bringen.

In diesen Fällen muss der Gläubiger die Primärschuld gegenüber allen Schuldnern einzeln, wie bei der Teilschuld durchsetzen. Für die Sekundärschuld haften die Schuldner der gemeinschaftlichen Schuld demgegenüber gesamtschuldnerisch.[11]

d) Gesamthandsschuld. Sind die Schuldner Träger eines Sondervermögens, sind sie 8
Gesamthandsschuldner.[12]

---

[5] Zu den Problemen, die sich ergeben, sofern einer ARGE Aufträge erteilt werden sind, s. unten Rn. 8.

[6] RG Urt. v. 25.11.1911 – I 529/10 – RGZ 77, 317, 323.

[7] Zuletzt BGH Urt. v. 12.6.1992 – V ZR 106/91 – NJW 1992, 2817, 2818, juris, Tz. 16.

[8] BGH Urt. 28.10.1997 – X ZR 157/96 – BGHZ 137, 76, 82, juris, Tz. 26; Urt. v. 22.10.1992 – IX ZR 244/91 – BGHZ 120, 50, 56, juris, Tz. 17; Urt. v. 29.6.1989 – IX ZR 175/88 – BGHZ 108, 179, 182, juris, Tz. 18; Urt. v. 16.1.1991 – IV ZR 263/89 – NJW-RR 1991, 682.

[9] Siehe *Kaiser* BauR 1984, 32, 35; vgl. auch BGH Urt. v. 27.4.1987 – II ZR 210/86 – NJW-RR 1987, 1294, juris, Tz. 5; vgl. auch unten Rdn. 27 ff.

[10] MünchKomm *(Bydlinski)* Rn. 7 vor § 420 BGB; *Staudinger/Looschelders, 2012,* Rn. 73 Vorbem. zu §§ 420 ff. BGB; *Soergel/Gebauer* Rn. 11 vor § 420 BGB; *Bamberg/Roth/Gehrlein* Rn. 7 vor § 420 BGB.

[11] *Staudinger/Looschelders, 2012,* Rn. 76 Vorbem. zu §§ 420 ff. BGB.

[12] Vgl. MünchKomm *(Bydlinski)* Rn. 8 vor § 420 BGB; *Soergel/Wolf* Rn. 6 vor § 420 BGB; *Staudinger/Looschelders, 2012,* Rn. 72 Vorbem. zu §§ 420 ff. BGB; *Bamberg/Roth/Gehrlein* Rn. 8 vor § 420 BGB.

Beispiel im Baurecht:
Der Auftraggeber erteilt den Auftrag zur Errichtung einer Straßenbrücke einer ARGE, in der sich Unternehmer der Gewerke zusammengefunden haben, die bei Errichtung der Brücke zusammenwirken müssen.

Der Gläubiger hat in diesen Fällen den Zugriff auf das Sondervermögen. Die BGB-Gesellschaft haftet dem Gläubiger demnach mit ihrem Sondervermögen. Daneben haften ihm die Gesellschafter aber auch wie Gesamtschuldner.[13] Nach Anerkennung der Rechtsfähigkeit der BGB-Gesellschaft durch den Bundesgerichtshof[14] bedeutet dies, dass der Gläubiger die einzelnen Gesellschafter – in entsprechender Anwendung der Regeln zur OHG[15] – unmittelbar auf Erfüllung der primären wie auch der sekundären Leistungspflichten in Anspruch nehmen kann.[16]

Beispiel im Baurecht:
Über ein Mitglied der ARGE wird das Insolvenzverfahren eröffnet. Der Insolvenzverwalter lehnt gegenüber den übrigen Mitgliedern der ARGE eine weitere Tätigkeit in der ARGE für die Schuldnerin ab. Der Auftragnehmer kann sich wegen seiner Ansprüche gegen die ARGE nicht nur an die ARGE selbst, sondern auch an deren Mitglieder halten, um sein Erfüllungsrecht und die Rechte im Falle von Mängeln durchzusetzen.[17]

9 **e) Schuldnermehrheit mit abgestufter Leistungspflicht.** Im Fall der Schuldnermehrheit mit abgestufter Leistungspflicht sind dem Gläubiger mehrere Schuldner verbunden, die aus verschiedenen Rechtsgründen für das einheitliche Interesse des Gläubigers voll haften, insgesamt jedoch nur einmal zu leisten haben. Die Besonderheit dieser Schuldform besteht darin, dass der eine Schuldner für den anderen nur in Vorlage tritt.[18] Der Zweitschuldner hat demnach nur das Risiko zu decken, dass der Hauptschuldner seine Leistung erbringt.

Beispiel im Baurecht:
Siehe das Beispiel Rn. 6.

Eine Schuldnermehrheit mit abgestufter Leistungspflicht fordert zwingend, dass der Zweitschuldner den Gläubiger nicht auf die Vorausklage gegen den Hauptschuldner verweisen kann.[19] Zudem ist Voraussetzung für diese Schuldform, dass dem Zweitschuldner voller Regress gegen den Hauptschuldner gewährt wird.[20]

10 **f) Schulden- oder Schuldnerhäufung.** Haben mehrere Schuldner aus verschiedenen Schuldverhältnissen den Gläubiger aus voneinander verschiedenen Interessen zu befriedigen, spricht man von Schuldnerkumulation oder -häufung.

Beispiel im Baurecht:
Die – vielfach übliche – Konstellation, bei der der Bauherr, der ein Einfamilienhaus errichten lassen will, einer Vielzahl von Unternehmern verschiedener Gewerke unabhängig voneinander Aufträge erteilt.

---

13 Vgl. allgemein dazu MünchKomm *(Bydlinski)* Rn. 8 vor § 420 BGB; *Soergel/Gebauer* Rn. 12 vor § 420 BGB; *Bamberg/Roth/Gehrlein* Rn. 8 vor § 420 BGB.

14 Vgl. BGH Urt. v. 29.1.2001 – II ZR 331/00, BGHZ 146, 341, juris, Tz. 13; Urt. v. 17.4.2012 – II ZR 95/10 – NZG 2012, 701, juris, Tz. 20 f.

15 Siehe Fn. 14.

16 Siehe BGH Urt. v. 11.12.1978 – 235/77 – BGHZ 73, 217, 221; vgl. auch BGH Urt. v. 1.4.1987 – VIII ZR 15/86 – NJW 1987, 2367, 2369.

17 Beachte die prozessualen Besonderheiten, wenn über das Vermögen eines Gesellschafters der ARGE im Aktivprozeß der ARGE das Insolvenzverfahren eröffnet wird, BGH Urt. v. 24.7.2003 – VII ZR 209/01, BauR 2003, 1758.

18 MünchKomm *(Bydlinski)* Rn. 6 vor § 420 BGB.

19 MünchKomm *(Bydlinski)* Rn. 6 vor § 420 BGB.

20 MünchKomm *(Bydlinski)* Rn. 6 vor § 420 BGB.

2. Auftragnehmer – Auftraggeber

Schuldnermehrheiten kennt das Recht des Bauvertrags nicht nur auf Seiten der Auftragnehmer, sondern auch auf Seiten der Auftraggeber. Im Verhältnis zum Auftraggeber steht im Vordergrund jeder Betrachtung die Haftung für die Vergütung; im Verhältnis zum Auftragnehmer die Durchsetzung des Erfüllungsanspruchs sowie die Haftung für Mängel. Für beide Seiten gilt vorab jedoch zu klären, wie Ansprüche im Falle der Mehrheit von Schuldnern geltend zu machen und durchzusetzen sind. 11

a) Auftragnehmer als Teilschuldner oder Gesamtschuldner. Wirken verschiedene Unternehmer, denen jeweils unterschiedliche Gewerke unabhängig voneinander übertragen worden sind, an der Erstellung des Bauwerks zusammen, hat der Auftragnehmer mehrere Schuldner, die in keiner Hinsicht einer gemeinsamen Betrachtung unterliegen (Fall der Schuldnerhäufung).[21] Bezieht man in die Betrachtung die Leistung des Architekten ein, ergibt sich für ihn bei der Einordnung seiner Leistungspflicht im Rahmen der Planungsphase keine Abweichung. In der Bauphase liegen die Dinge anders. Ist dem Architekten die Bauüberwachung übertragen worden, schulden Architekt und Bauunternehmer zwar verschiedene Leistungen; ihre Leistung stehen jedoch als Teilschulden nebeneinander.[22] 12

Kommt es zu Leistungsstörungen, ändert sich an der Teilbarkeit der Schuld zunächst grundsätzlich nichts. Das gilt insbesondere, wenn die Leistungsstörung den Teil der vom Schuldner zu erbringenden Leistung erfasst, die die Verpflichtungen des anderen Teilschuldners nicht berührt. 13

Beispiel in Baurecht:
Der Bauunternehmer gerät mit seiner Leistung in Verzug.

In diesen Fällen haftet der Teilschuldner dem Bauherrn aus der ihm zuzurechnenden Leistungsstörung allein.

Ist die Leistungsstörung allerdings darin begründet, dass Mängel am Bauwerk auftreten, die jedem der Teilschuldner – Architekt und Unternehmer – voll zuzurechnen sind, tritt das einheitliche Interesse des Gläubigers, auf mangelfreie Erstellung des Bauwerks in den Vordergrund.[23] In diesem Fall liegen ähnliche Voraussetzungen vor, wie sie die §§ 421, 422 BGB für die Gesamtschuld definieren. Zeigen sich Mängel am Bau, wird demnach zu untersuchen sein, wer dem Bauherrn als Gesamtschuldner haftet und unter welchen Voraussetzungen dies der Fall ist.[24] 14

b) Auftraggeber als Teilschuldner oder Gesamtschuldner. Verpflichtet sich ein Bauträger gegenüber mehreren Erwerbern, die Wohnungseigentum erwerben wollen, unabhängig voneinander zur Errichtung eines Gebäudes, schulden sie dem Bauträger lediglich die im jeweiligen Erwerbervertrag vereinbarte Vergütung.[25] Sie sind demnach Teilschuldner der Vergütung,[26] obwohl sie gegenüber dem Bauträger jeweils Anspruch auf 15

---

[21] Siehe das Beispiel oben Rdn. 10.

[22] MünchKomm *(Bydlinski)* Rn. 5 zu § 421 BGB; *Kaiser* Das Mängelhaftungsrecht in Baupraxis und Bauprozeß, Rn. 326.

[23] Großer Senat für Zivilsachen, Beschl. v. 1.2.1965 – GSZ 1/64, BGHZ 43, 227, 230 f., juris, Tz. 17 f; vgl. zum Problemkreis Mangelfreiheit des Bauwerks als geschuldeter Erfolg des Architektenvertrages *Thierau*, oben § 9, Rn. 3 f.

[24] Siehe dazu Rdn. 27 ff.

[25] BGH Urt. v. 18.6.1979 – VII ZR 187/78, BGHZ 75, 26, 30, juris, Tz. 5; OLG Stuttgart Urt. v. 16.11.2010 – NJW-RR 2011, 527, juris, Tz. 30. Zur rechtlichen Stellung der Erwerbergemeinschaft und der Erwerber *Thode/Quack* Abnahme und Gewährleistung im Bau- und Bauträgervertrag, Rn. 535 f.

[26] Teilschuldner deshalb, weil sie über die Teilungserklärung und die Bauplanung von dem Gesamtobjekt jeweils wissen. Siehe auch BGH Urt. v. 8.12.1988 – VII ZR 242/87, BauR 1989, 213;

mangelfreie Errichtung nicht nur ihres künftigen Sondereigentums, sondern auch des künftigen Gemeinschaftseigentums haben.[27]

16 Erteilt die Gemeinschaft der Erwerber, die von einem Bauträger Wohnungseigentum erworben haben einem Unternehmer den Auftrag, das Gemeinschaftseigentum zu sanieren, waren die Erwerber nach überkommener Ansicht des VII. Zivilsenates nicht Teilschuldner der Vergütung, sondern Gesamtschuldner.[28] An dieser Ansicht ist auch nach Ansicht des VII. Zivilsenates[29] nicht mehr festzuhalten, nachdem der V. Zivilsenat auch auf die sog. werdende (Eigentümer-)Gemeinschaft das WEG entsprechend anwendet.[30] Die werdende Gemeinschaft, auf die das WEG entsprechend anzuwenden ist, entsteht aus den Erwerbern, die einen wirksamen, auf Übereignung von Wohnungseigentum gerichteten Erwerbsvertrag geschlossen haben, deren Übereignungsanspruch zudem durch eine Auflassungsvormerkung gesichert ist und die Besitz an der erworbenen Wohnung erlangt haben.[31] Ob die Wohnungsgrundbücher bereits angelegt sind, ist unerheblich. Wird neben dem aufteilenden Eigentümer, der zumeist auch der Bauträger ist, ein weiterer Eigentümer im Grundbuch als Miteigentümer eingetragen, entsteht zwischen diesen beiden die Wohnungseigentümergemeinschaft im rechtlichen Sinn. Diese setzt sich für die Übergangszeit bis zur Eintragung aller Erwerber im Grundbuch aus den Volleigentümern und den übrigen Mitgliedern der früheren, mit Eintragung des ersten Erwerbers beendeten, werdenden Gemeinschaft zusammen.[32]

Auf die werdende Gemeinschaft ist somit § 16 Abs. 2 WEG anzuwenden mit der Folge, dass jeder Wohnungseigentümer neben den anderen Wohnungseigentümern die Kosten und Lasten des gemeinschaftlichen Eigentums, sowie die Kosten der Instandhaltung und Instandsetzung nach dem Verhältnis seines Anteils zu tragen hat. Daraus folgt, dass aus dem Auftrag der Gemeinschaft der Erwerber, die die oben genannten Voraussetzungen erfüllen, um rechtlich als sog. werdende Gemeinschaft behandelt zu werden, jeder Erwerber nur anteilig entsprechend seinem Miteigentumsanteil haftet.[33]

17 **c) Fälle der Gesamthandsschuld bei Auftragnehmer oder Auftraggeber als Gesamthandsschuldner.** Eine gesamthänderische Verbindung zwischen Schuldnern setzt voraus, dass aufgrund gesetzlicher Regelung ein Sondervermögen gebildet wird, über das der einzelne Gesamthänder weder ganz noch teilweise allein verfügen kann. Erfüllt sind diese Voraussetzungen im Falle der BGB-Gesellschaft,[34] der offenen Handelsgesellschaft (OHG),[35] der Kommanditgesellschaft,[36] der Erbengemeinschaft, soweit gemeinschaft-

---

Urt. v. 17.1.1980 – VII ZR 42/78, NJW 1980, 992, 994; Urt. v. 18.6.1979 – VII ZR 187/78, BGHZ 75, 26, 28.

[27] BGH Urt. v. 25.2.1999 – VII ZR 208/97 – BGHZ 141, 63, 66 = BauR 1999, 657, 658; Urt. v. 6.6.1991 – VII ZR 372/89 – BGHZ 114, 383, 389.

[28] BGH Urt. v. 18.6.1979 – VII ZR 187/78 – BGHZ 75, 26, 30 f, juris, Tz. 12 f.

[29] BGH Urt. v. 10.3.2011 – VII ZR 54/10 – BauR 2011, 1041, juris, Tz. 8.

[30] BGH Beschl. v. 5.6.2008 – V ZB 85/07 – BGHZ 177, 53 = BauR 2008, 1614, juris, Tz. 12 f.

[31] BGH Beschl. v. 5.6.2008 – V ZB 85/07 – BGHZ 177, 53 = BauR 2008, 1614, juris, Tz. 12 f.

[32] BGH Beschl. v. 5.6.2008 – V ZB 85/07 – BGHZ 177, 53 = BauR 2008, 1614, juris, Tz. 12 f.; offen gelassen im BGH Beschl. v. 5.6.2008 – V ZB 85/07, aaO – allerdings, ob auch die Erwerber Mitglied der Eigentümergemeinschaft sind, die nach Eintragung des ersten Erwerbers im Grundbuch von aufteilenden Erwerber Miteigentumsanteile erworben haben.

[33] Wie die Voraussetzungen für die Auftragserteilung nach dem WEG zu schaffen sind, muß hier offen bleiben; siehe dazu MüKo (*Commichau*) Rn. 83 f. zu § 10 WEb.

[34] BGH Beschl. v. 16.7. 001 – II ZB 23/00 – BGHZ 148, 291, 293, juris, Tz. 6; Urt. v. 29.1.2001 – II ZR 331/00, NJW 2001, 1056 f, juris, Tz. 4 f.; Urt. v. 17.10.2000 – X ZR 223/98 – NJW-RR 2001, 477, 478, juris, Tz. 15.

[35] BGH Urt. v. 29.1.2001 – II ZR 331/00, NJW 2001, 1056, 1057, juris, Tz. 13; BGH Urt. v. 24.1.1990 – IV ZR 270/88 – NJW 1990, 1181, juris, Tz. 10.

[36] BGH Urt. v. 17.9.1991 – XI ZR 256/90 NJW 1992, 112, juris, Tz. 20; BGH Urt. v. 24.1.1990 – IV ZR 270/88 – NJW 1990, 1181, juris, Tz. 10.

liche Schulden zu bedienen sind,[37] des nicht rechtsfähigen Vereins[38] und, was in ländlichen Gegenden nicht selten der Fall ist, bei in Gütergemeinschaft lebenden Ehegatten.[39]

Tritt die Gesamthand als Auftraggeber auf, muss sich der Unternehmer und auch der Architekt vergewissern, ob die Haftung der Gesamthand wirksam auf das Sondervermögen beschränkt ist. Das ist bei der BGB-Gesellschaft der Fall, wenn die auf eine anteilige Haftung beschränkte Vertretungsmacht des Baubetreuers für den Vertragspartner nach entsprechender Prüfung erkennbar ist.[40] Bei einer OHG und aufgrund der entsprechenden Anwendung des § 128 HGB auf die BGB-Gesellschaft, kann die Haftung nur durch Vereinbarung mit dem Gläubiger zugunsten der Gesellschaft beschränkt werden.[41] Das ist auch bei der Erbengemeinschaft der Fall, wenn der Werkvertrag nach dem Tode des Erblassers geschlossen ist.[42] Ist der Vertrag vor dem Tode des Erblassers geschlossen, kann die Erbengemeinschaft die Haftung auch ohne Vereinbarung mit dem Gläubiger auf den Bestand des Nachlasses beschränken.[43] Bei in Gütergemeinschaft lebenden Bauherren muss der Auftragnehmer darauf achten, dass eine Haftung des Gesamtguts und damit beider Ehegatten[44] grundsätzlich nur gewährleistet ist, wenn beide Ehegatten dem Rechtsgeschäft zustimmen.[45] 18

Auf der Seite des Bauausführenden[46] kommen gesamthänderische Bindungen in der Praxis wohl nur noch in den Fällen vor, in denen eine BGB-Gesellschaft eine OHG oder eine KG den Zuschlag als Auftragnehmer erhält. In Betracht kommen hier Aufträge an eine ARGE, in der sich die Baubeteiligten in der Rechtsform einer BGB-Gesellschaft zusammengeschlossen haben, oder an Handwerker, die ihr Geschäft nicht in der Form einer Kapitalgesellschaft betreiben. In diesen Fällen ist ebenso wie auf Seiten des Bauherrn[47] darauf zu achten, ob eine Haftungsbeschränkung auf das der gesamthänderischen Bindung unterliegende Sondervermögen wirksam vorgenommen worden ist. Ist das nicht der Fall, tritt ebenso wie beim Auftraggeber neben die Haftung des Sondervermögens die persönliche Haftung der Träger des Sondervermögens.[48] 19

---

[37] §§ 2032 Abs. 1, 2039, 2040 BGB; BGH Urt. v. 2.6.1997 – II ZR 181/96 – WM 1997, 1429, juris, Tz. 9; Urt. v. 26.1.1994 – IV ZR 19/93 NJW 1994, 1152, 1153, juris, Tz. 13.

[38] *Palandt (Ellenberger)* 74. Aufl. Rn. 2 Einf. vor § 21 BGB.

[39] §§ 1416, 1419 BGB; BGH Urt. v. 7.12.1993 – VI ZR 152/92 NJW 1994, 652, 654, juris, Tz. 26.

[40] BGH Urt. v. 25.6.1992 – I ZR 120/90 – NJW 1992, 3037, 3038 f, juris, Tz. 33 f.; Urt. v. 8.12.1988 – VII ZR 242/87 – BauR 1989, 213, 215, juris, Tz. 12; Urt. v. 25.10.1984 – VII ZR 2/84 – BauR 1985, 88, 89 f, juris, Tz. 12 f.

[41] *Schlegelberger/Schmidt* HGB 5. Aufl. Rn. 14 zu § 128; *Staub/Habersack* HGB 5. Aufl. Rn. 16 zu § 128.

[42] BGH Urt. v. 25.3.1968 – II ZR 99/65, BB 1968, 769, juris, Tz. 16; RG Urt. v. 21.1.1935 – IV 261/34, RGZ 146, 334, 336; OLG Frankfurt Urt. v. 19.12.1974 – 5 U 81/74, BB 1975, 1319.

[43] Siehe dazu BGH Urt. v. 10.12.1990 – II ZR 256/89 – BGHZ 113, 132, 134, juris, Tz. 12 f.; *Joachim* Die Haftung des Erben für Nachlassverbindlichkeiten Rn. 339 bis 345; *Firsching/Graf* Nachlassrecht 8. Aufl. Rn. 4706 bis 4710. Zur Beschränkung im Prozess s. *Vorwerk/Joachim* Das Prozessformularbuch 10. Aufl. Kap. 89 Rn. 15 ff.

[44] § 1459 Abs. 2 BGB.

[45] § 1460 Abs. 1 BGB; ist ein Verwalter bestimmt, s. zudem § 1438 Abs. 1 BGB; ferner §§ 1418 Abs. 4, 1412 Abs. 1 BGB.

[46] Zum Fall, dass der Architekt im Rahmen gesamthänderischer Bindung tätig wird, s. oben Rn. 28 ff.; die Honorarforderung, die Rechnungsposten im Abrechnungsverhältnis wird, unterliegt gesamthänderischer Bindung (s. dazu für den Fall der Honorarforderung eine Anwaltssozietät, BGH Urt. v. 20.6.1996 – IX ZR 248/95 – NJW 1996, 2859); dies ist auch im Rechtsstreit zu beachten, in dem Mängelansprüche gegen den Architekten geltend gemacht werden; s. dazu wiederum oben Rdn. 28 ff.

[47] BGH Urt. v. 8.12.1988 – VII ZR 242/87 – BauR 1989, 213, 215; Urt. v. 25.10.1984 – VII ZR 2/84 – BauR 1985, 88, 89.

[48] BGH Urt. v. 25.6.1992 – I ZR 120/90 – NJW 1992, 3037, 3038 f, juris, Tz. 37 f.

20 **d) Auftraggeber als gemeinschaftliche Schuldner.** Schließen Eheleute, wie in der Praxis häufig, gemeinsam den Bauvertrag und soll das Gebäude auf einen im gemeinschaftlichen Eigentum stehenden Grundstück errichtet werden, sind sie, soweit es die Bauleistung angeht, gegenüber dem Auftragnehmer gemeinschaftliche Gläubiger.[49] Die Vergütungspflicht trifft sie aufgrund der Auslegungsregel des § 427 BGB im Zweifel als Gesamtschuldner. Mitwirkungspflichten haben sie ebenso wie die Pflicht zur Abnahme der Bauleistung als gemeinschaftliche Schuldner zu erbringen.[50] Im Falle von Leistungsstörungen haften sie jedoch wieder als Gesamtschuldner.[51] Grund für das Wechselspiel in der Haftung ist nicht die die Eheleute verbindende Ehe; Grund ist vielmehr die rechtliche Verbindung durch den gemeinschaftlich geschlossenen Bauvertrag. Deshalb sind die für Eheleute aufgezeigten Regeln auch in den Fällen anwendbar, in denen mehrere Personen, die nicht in einer – und zwar auch nicht für die Errichtung des Bau selbst gegründeten – BGB-Gesellschaft zusammengeschlossen sind, den Bauvertrag gemeinschaftlich abschließen.

21 **e) Bürgen und Garantienehmer als Schuldner mit abgestufter Leistungspflicht.** *aa) Bürgschaft auf erstes Anfordern.* Die in Allgemeinen Geschäftsbedingungen des Bestellers enthaltene Verpflichtung des Bauunternehmers, zur Sicherung von Vertragserfüllungsansprüchen eine Bürgschaft auf erstes Anfordern zu stellen, ist unwirksam.[52] Eine Vereinbarung, Sicherheit für die Erfüllung der Vertragspflichten durch eine unbefristete, selbstschuldnerische Bürgschaft zu stellen, ist demgegenüber wirksam.[53] Der selbstschuldnerische Bürge ist Schuldner mit abgestufter Leistungspflicht, kann also vor dem Hauptschuldner in Anspruch genommen werden. Anders liegt der Fall, wenn die Bürgschaft nicht selbstschuldnerisch übernommen wird. Dann liegt kein Schuldverhältnis mit abgestufter Leistungspflicht vor. Der Hauptschuldner ist in diesem Fall vorab in Anspruch zu nehmen (§ 771 BGB):

22 *bb) Gewährleistungsbürgschaft.* Darf der Auftragnehmer über eine Gewährleistungsbürgschaft einen Sicherungseinbehalt nur durch eine selbstschuldnerische Bürgschaft ablösen, ist der Bürge ebenfalls Schuldner im Schuldverhältnis mit abgestufter Leistungspflicht. Zu achten ist im Rahmen der Vereinbarung allerdings, dass der Bundesgerichtshof auch im Falle der Gewährleistungsbürgschaft die Verpflichtung zur Ablösung des Sicherheitseinbehaltes durch Bürgschaft auf erstes Anfordern für unwirksam erachtet, wenn die Verpflichtung in Allgemeinen Geschäftsbedingungen eingegangen ist.[54]

23 *cc) Selbständiges Garantieversprechen.* Ein selbständiges Garantieversprechen kann ebenfalls ein Schuldverhältnis mit abgestufter Leistungspflicht begründen. Praxisrelevant ist in diesem Zusammenhang die im Fall des § 648 a Abs. 2 BGB zu stellende Garantie.[55]

24 *dd) Unwiderrufliche, selbstschuldnerische Zahlungsgarantie.* Als Schuldverhältnis mit abgestufter Leistungspflicht ist auch die unwiderrufliche, selbstschuldnerische Zahlungsgarantie einer Bank anzusehen, die der Auftraggeber zum Nachweis stellt, dass die Finanzierung

---

[49] Vgl. BGH Urt. v. 3.11.1983 – IX ZR 104/82 = NJW 1984, 795, juris, Tz. 9.

[50] Vgl. dazu OLG Koblenz NJW 1984, 244; MünchKomm *(Bydlinski)* Rn. 3 zu § 431 BGB.

[51] MünchKomm *(Bydlinski)* Rn. 6 zu § 421 BGB.

[52] BGH Urt. v. 28.2.2008 – VII ZR 51/07 – BauR 2008, 995; Urt. v. 18.4.2002 – VII ZR 192/01, NJW 2002, 2388, 2389, juris, Tz. 24; Urt. v. 4.7.2002 – VII ZR 502/99, NJW 2002, 3098, 3099, juris, Tz. 17. Zu den Folgen einer unwirksamen Bürgschaft auf erstes Anfordern vgl. BGH Urt. v. 10.4.2003 – VII ZR 314/01, IBR 2003, 413, juris, Tz. 33 f.

[53] BGH Urt. v. 27.5.2010 – VII ZR 165/09 – BauR 2010, 1219, juris Tz. 13 f; Urt. v. 4.7.2002 – VII ZR 502/99 – NJW 2002, 3098, 3099, juris, Tz. 32.

[54] BGH Urt. v. 20.4.2000 – VII ZR 458/97 – NJW-RR 2001, 1331, 1332, juris, Tz. 27 f.; Urt. v. 2.3.2000 – VII ZR 475/98, BauR 2000, 1052, juris, Tz. 16 f.; Urt. v. 5.5.1997 – VII ZR 324/95 – BGHZ 136, 27, 30 ff. juris, Tz. 12.

[55] BGH Urt. v. 9.11.2000 – VII ZR 82/99 – BGHZ 146, 24, 34, juris, Tz. 39.

des Bauvorhabens gesichert ist. Unwirksam ist die Übernahme einer entsprechenden Verpflichtung, wenn die Verpflichtung dem Auftraggeber durch Allgemeine Geschäftsbedingungen des Auftragnehmers auferlegt worden ist und dem Auftraggeber aufgrund der Bedingungen, unter denen der Garantiegeber zu leisten hat, Leistungsverweigerungsrechte wegen Mängeln oder nicht erbrachter Leistung abgeschnitten werden.[56] Gleiches gilt für eine formularmäßige Bankgarantie zur Sicherung von Abschlagszahlungen privater Bauherren nach Baufortschritt, wenn die Inanspruchnahme lediglich einen Bautenstandsbericht des Bauunternehmers voraussetzt.[57]

ee) Einstandspflicht des Bürgen und Garantiegebers. Bürgen und Garantiegeber haben im Schuldverhältnis mit abgestufter Leistungspflicht nur das Risiko zu decken, dass der Hauptschuldner, dessen Schuld sie verbürgt haben oder für dessen Leistung sie garantieren, seinen Verpflichtungen nachkommt. Sie treten für den Hauptschuldner im Bürgschafts- oder Garantiefall in Vorlage und können sich bei ihm alsdann voll erholen. Um dieses Recht auch wirksam durchsetzen zu können, wird ihnen zugestanden,[58] die Abtretung der Forderung zu verlangen, auf die sie zu leisten haben, wenn nicht das Gesetz selbst schon eine Legalzession vorsieht.[59] 25

II. Mangel und Mehrheit von Schuldnern

Eine Mehrheit von Schuldnern setzt begrifflich voraus, dass sich der Pflichtenkreis der Schuldner zumindest überschneidet, die Schuldner mithin gegenüber dem Gläubiger, hier also dem Auftraggeber der Bauleistung, in bestimmtem Umfang identische Pflichten haben. Eine auf die konkret zu erbringende Leistung des Schuldners ausgerichtete Betrachtung hilft im Bereich des Werkvertragsrecht nicht weiter. Im Werkvertragsrecht sind die Pflichten des Unternehmers erfolgsbezogen; die mangelfreie Verschaffung des Werkes steht im Vordergrund. Welche Teilleistung der jeweilige Schuldner – sei er nun Bauunternehmer oder Architekt – zu erbringen hat, um zu verhindern, daß das Werk Mängel aufweist, ist gleichgültig. Für die Prüfung, ob dem Gläubiger eine Schuldnermehrheit haftet, ist deshalb die Feststellung wesentlich, welche Schuldner bezogen auf den von ihnen geschuldeten Erfolg identische Pflichten zu erfüllen hatten.[60] 26

1. Bestimmung der verantwortlichen Schuldner

Ist verantwortlicher Schuldners, wer aufgrund seiner übernommenen Pflichten dafür einzustehen hat, dass die Leistung mangelfrei erbracht wird, ergeben sich für die Praxis am Bau typische Fallgestaltungen, die voneinander abzugrenzen sind. 27

---

[56] BGH Urt. v. 16.3.1993 – VII ZR 206/92 – NJW 1993, 3264 f, juris, Tz. 20.

[57] BGH Urt. v. 21.4.1986 – II ZR 126/85 – NJW-RR 1986, 959, juris, Tz. 18.

[58] Vgl. MünchKomm *(Oetker)* Rn. 2 f. zu § 255 BGB, *(Bydlinski)*, Rn. 6 vor § 420 BGB; s. auch zum Anspruch des zahlenden Bürgen auf Abtretung nicht akzessorischer Sicherheiten für die Forderung, wie etwa eine Sicherungsgrundschuld, BGH Urt. v. 5.4.2001 – IX ZR 276/98 – NJW 2001, 2327, 2330, juris, Tz. 43; Urt. v. 11.1.1990 – IX ZR 58/89 – BGHZ 110, 41, 43.

[59] Das ist in § 774 BGB sowie § 86 VVG der Fall; durch die Leistung des Garantiegebers erlischt die Forderung demnach nur, soweit der Hauptschuldner im Innenverhältnis zum Bürgen nicht einstandspflichtig ist; s. BGH Urt. v. 20.2.1992 – IX ZR 225/91 – WM 1992, 908; Urt. v. 26.4.1976 – VIII ZR 290/74 – WM 1976, 687, 689.

[60] Die dogmatische Einordnung der Gesamtschuldnerschaft von Architekt und Bauunternehmer durch BGH Beschl. v. 1.2.1965 – GSZ 1/64 – BGHZ 43, 227, 233 f., juris, Tz. 14, dürfte vor dem Hintergrund der Schuldrechtsmodernisierung, die den Mangel als Leistungsstörung begreift, nicht mehr aktuell sein, vgl. dazu BT-Drucks. 14/6040, 92; das gilt aber auch deshalb, weil erst nach der Entscheidung v. 1.2.1965 die Erfolgsbezogenheit der Leistung des Werkunternehmers in der Rechtsprechung des Bundesgerichtshofes Bedeutung gewonnen hat; vgl. dazu auch BGH Urt. v. 19.2.1968 – VII ZR 23/66 – BGHZ 51, 275, 279; *Eberz* BauR 1995, 442 ff.

28 **a) Architekt – Bauunternehmer.** Liegt die Ursache für einen Mangel am Bauwerk sowohl im Verantwortungsbereich des Bauunternehmers als auch in dem des Architekten begründet, besteht – trotz zahlreicher Autoren, die dieses Ergebnis infrage stellen[61] nach h. M. zwischen Architekt und Bauunternehmer grundsätzlich ein Gesamtschuldverhältnis.[62] Dieses Ergebnis war umstritten. Bis zum Beschluss des Großen Senats für Zivilsachen v. 1.2.1965 verneinte die Rechtsprechung des Bundesgerichtshofes[63] das Vorliegen eines Gesamtschuldverhältnisses zwischen Architekt und Bauunternehmer unter Hinweis darauf, dass die beiderseitigen Verpflichtungen aus unterschiedlichen Verträgen stammen und nicht auf dieselbe Leistung gerichtet seien. Mit dem Beschluss des Großen Senats für Zivilsachen v. 1.2.1965 hat der Bundesgerichtshof den für das Vorliegen eines Gesamtschuldverhältnisses heute allerdings nicht mehr geforderten inneren Zusammenhang zwischen den einzelnen Verpflichtungen der Schuldner im Sinne einer rechtlichen Zweckgemeinschaft[64] mit der Begründung bejaht, dass zwischen Bauunternehmer und Architekten eine enge, keinesfalls nur zufällige und absichtslose Zweckgemeinschaft besteht. Auf die für das – damals noch – nötige Gesamtschuldverhältnisses innere Verbundenheit der Leistungspflichten ist die Rechtsprechung später nicht mehr durchgängig zurückgekommen; ausreichen soll inzwischen die Identität des Gläubigerinteresses.[65] Dabei spricht die Rechtsprechung jetzt von der Gleichstufigkeit der Verbindlichkeit, die damit zum ungeschriebenen Tatbestandsmerkmal der Gesamtschuld geworden ist.[66]

29 *aa) Planender Architekt – Bauunternehmer. (1) Regelfall.* Zwischen Architekt und Bauunternehmer besteht in der Regel keine vertragliche Beziehung. Der Auftraggeber schließt mit dem Architekten und dem Bauunternehmer vielmehr jeweils voneinander unabhängige Verträge ab,[67] aufgrund derer sie Leistungen zu erbringen haben, die die plangerechte und mangelfreie Errichtung des Bauwerks zum Ziel haben. Der Architekt schuldet allerdings nicht das Bauwerk selbst als körperliche Sache, sondern nur die Planung sowie alle weiteren intellektuellen Leistungen, die der Errichtung des Bauwerks dienen.[68] Der Bauunternehmer hat sich demgegenüber zur, allerdings mangelfreien, Herstellung des Bauwerkes verpflichtet. Architekt und Bauunternehmer schulden in diesem Umfang daher verschiedene Leistungen und sind deshalb, soweit der Architekt plant und der Auftragnehmer das Bauwerk errichtet, nicht Gesamtschuldner. Eine gesamtschuldnerische

[61] Vgl. etwa *Preußner* BauR 2014, 751; vgl. auch Empfehlungen des Arbeitskreis IV beim 3. Deutschen Baugerichtstag 2010; zu dieser abweichenden Ansicht siehe die Stellungnahme bei *Kniffka/Koeble*, 4. Aufl., 6. Teil Rn. 88.

[62] BGH Urt. v. 26.7.2007 – VII ZR 5/06, BauR 2007, 1875, juris, Tz. 26; Urt. v. 7.3.2002 – VII ZR 1/00 – BauR 2002, 1536, juris, Tz. 48 f; BGH Urt. v. 21.12.2000 – VII ZR 192/98 – NJW-RR 2001, 380, juris, Tz. 24; Beschl. v. 1.2.1965 – GSZ 1/64 – BGHZ 43, 227 = NJW 1965, 1175; vgl. auch *Vorwerk/Ulbrich* Das Prozessformularbuch 10. Aufl. Kap. 81 Rn. 143; *Weise* BauR 1992, 685, 689; *Werner/Pastor* Der Bauprozeß 14. Aufl. Rn. 2481.

[63] BGH Urt. v. 7.5.1962 – VII ZR 7/61 – NJW 1962, 1499 f.; Urt. v. 2.2.1963 – VII ZR 171/61 – NJW 1963, 1401, 1402.

[64] Großer Senat für Zivilsachen Beschl. v. 31.5.1954 – GSZ 2/54, BGHZ 13, 360, 365; Urt. v. 23.11.1955 – VI ZR 193/54 – BGHZ 19, 114, 123; Urt. v. 3.11.1958 – III ZR 139/57 – BGHZ 28, 297; Großer Senat für Zivilsachen Beschl. v. 1.2.1965 – GSZ 1/64 – BGHZ 43, 227.

[65] BGH Urt. v. 17.1.1991 – VII ZR 143/89 = NJW-RR 1991, 662, juris, Tz. 26; Urt. v. 11.5.1989 – VII ZR 12/88 = NJW-RR 1989, 1102; vgl. auch *Kniffka/Koeble* Kompendium des Baurechts 6. Teil Rn. 223; BGH Urt. v. 27.3.1969 – VII ZR 165/66 – BGHZ 52, 39, 44.

[66] Vgl. BGH Urt. v. 28.10.1997 – X ZR 157/96 – BGHZ 137, 76, 82, juris, Tz. 26; s. auch Rn. 5.

[67] Vgl. zur Rechtsnatur des Architektenvertrages oben *Schwenker* § 4 I Rn. 1 f.; *Thierau* § 9 Rn. 34 ff.; Kniffka/Koeble, 12. Teil, Rn. 643 ff.

[68] Vgl. BGH Urt. v. 26.11.1959 – VII ZR 120/58 – BGHZ 31, 224, 227 = NJW 1960, 43; vgl. zum Inhalt des Architektenvertrages oben *Schwenker* § 4 I, Rn. 23 ff. Soweit *Kniffka/Koeble*, 4. Aufl., 12. Teil Rn. 644 davon sprechen, die Werkleistung des Architekten bestehe darin, „die Entstehung des Bauwerks zu bewirken“, erscheint dies sprachlich ungenau, da die Planung auch dann mangelfrei zu erbringen ist, wenn das Bauwerk letztendlich überhaupt nicht errichtet wird.

Haftung von Bauunternehmer und Architekt lässt sich ebenfalls nicht begründen, wenn der Auftragnehmer seine Pflicht zur mangelfreien Erstellung des Bauwerks verletzt und der Architekt den Auftraggeber nicht an die rechtzeitige Durchsetzung der Gewährleistungsansprüche gegen den Unternehmer mahnt. Dieses Ergebnis beruht darauf, dass es zwar Pflicht des Architekten ist, den Auftraggeber auf bestehende Gewährleistungsansprüche gegen den Bauunternehmer hinzuweisen;[69] dieser Pflicht steht jedoch keine entsprechende Pflicht des Bauunternehmers gegenüber, den Auftraggeber auf eigene selbst zu verantwortende Gewährleistungsansprüche hinzuweisen.[70]

(2) Andere Fälle. Ist der Mangel am Bauwerk auf einen Planungsfehler des Architekten zurückzuführen, sind folgende Fallgestaltungen denkbar: 30

- Dem Architekten unterläuft ein Planungsfehler. Der Bauunternehmer, der den Planungsfehler weder erkannt hat, noch hätte erkennen können oder müssen, erbringt auf der Grundlage dieses Plans eine mangelhafte Leistung. Bei dieser Konstellation wird eine gesamtschuldnerische Haftung abgelehnt, weil der Mangel ausschließlich auf dem Planungsfehler des Architekten beruht.[71]
- Verursacht der Architekt einen Planungsfehler und kommt der Auftragnehmer seiner Hinweis- und Prüfungspflicht gemäß § 4 Nr. 3 VOB/B (2009/2012) nach, wird aber dennoch der Plan nicht geändert und führt der Bauunternehmer daraufhin den Bau plangemäß aus, wird der Bauunternehmer von seiner Gewährleistungspflicht frei (§ 13 Nr. 3 VOB/B (2009/2012)), sofern ihm kein anderes Fehlverhalten vorzuwerfen ist.[72]
- Der Architekt erstellt einen fehlerhaften Plan, den der Bauunternehmer in Kenntnis oder in fahrlässiger Unkenntnis[73] des Fehlers ausführt, ohne zuvor seiner Prüfungs- und Hinweispflicht gemäß § 4 Nr. 3 VOB/B nachzukommen. In diesen Fällen wird ebenfalls ein Gesamtschuldverhältnis zwischen Architekten und Bauunternehmer bejaht.[74]
- Der Architekt und der Bauunternehmer übernehmen jeweils einen Teil der Planung.

Der Architekt schlägt vor, die Planung für den Einbau einer vom Auftraggeber gewünschten Sauna von dem „Lieferanten" der Sauna (= Werkunternehmer) erstellen zu lassen, weil die Planungsarbeiten dann „schneller vorankämen". Der Auftraggeber ist damit einverstanden und erteilt dem „Lieferanten" der Sauna den Planungsauftrag. Die Sauna wird von dem „Lieferanten" der Sauna entsprechend seiner Planung eingebaut. Jene Planung enthält Fehler, die der Architekt nicht bemerkt hat und die zu Feuchtigkeitsschäden am Bauwerk führen.

In diesem Fall hat der Bauunternehmer auch Planungsaufgaben übernommen, so dass zu klären ist, ob der zur Planung hinzugezogene Bauunternehmer als Sonderfachmann oder als gemeinschaftliche Schuldner mit dem Architekten die Planungsleistung zu erbringen hatte. Ist der Bauunternehmer im Rahmen seiner Planungsleistung wie ein Sonderfachmann zu behandeln, gelten die dazu von der Rechtsprechung herausgearbeiteten Regeln; nichts anderes gilt, wenn Architekt und Bauunternehmer als gemeinschaftliche Schuldner ihre Leistungspflichten verletzet haben.[75]

---

[69] BGH Urt. v. 16.3.1978 – VII ZR 145/76 – BGHZ 71, 144, 147, juris, Tz. 26; vgl. auch *Löffelmann/Fleischmann* Architektenrecht 6. Aufl. Rn. 668.

[70] OLG Zweibrücken NJW-RR 1993, 1237, 1238.

[71] BGH Urt. v. 26.3.1992 – VII ZR 195/91, BauR 1992, 627, juris, Tz. 5 f; OLG Frankfurt NJW 1974, 62; vgl. auch *Werner/Pastor* Der Bauprozeß 14. Aufl. Rn. 2495.

[72] BGH Urt. v. 18.1.1973 – VII ZR 88/70 – BauR 1973, 190, 191, juris, Tz. 31; *Ingenstau/Korbion/Wirth* Rn. 27 zu § 13 Abs. 3 VOB/B.

[73] Gemeint sind die Fälle, in denen der Bauunternehmer bei Anwendung der erforderlichen – ihm zumutbaren beruflichen – Sorgfalt den Planungsfehler hätte erkennen müssen.

[74] BGH Urt. v. 11.10.1990 – VII ZR 228/89 – BauR 1991, 79, 80 f., juris, Tz. 8; Urt. v. 4.3.1971 – VII ZR 204/69 – BauR 1971, 265, juris, Tz. 55; *Werner/Pastor* Der Bauprozeß 14. Aufl. Rn. 2491; *Kaiser* Das Mängelhaftungsrecht in Baupraxis und Bauprozeß 7. Aufl. Rn. 330.

[75] Siehe Rn. 28.

31 *bb) Bauüberwachender Architekt – bauausführender Bauunternehmer.* Ist dem Architekten die Bauüberwachung übertragen worden, überschneiden sich die von ihm zu erbringenden Pflichten mit denen des Bauunternehmers zur Herstellung eines mangelfreien Werkes. Dem Architekten obliegt jene Pflicht als erfolgsbezogenes Element seiner Bauüberwachung,[76] dem Bauunternehmer als Element seiner Herstellungspflicht.[77]

32 **Bauunternehmer und Architekt haften bei dieser Konstellation als Gesamtschuldner.**[78] Dem Architekten ist in der Regel der Einwand versagt, der Auftraggeber hätte sich durch rechtzeitigem Zugriff beim Unternehmer befriedigen können und müssen.[79] Dem Schadenersatzanspruch steht auch nicht der Einwand entgegen, der Auftraggeber habe entgegen dem Rat des Architekten den Werklohnanspruch des Unternehmers wegen der aufgetretenen Mängel nicht gekürzt.[80] Der Anspruch gegen den Architekten scheitert nicht daran, dass dem Architekten gegenüber keine Mängelrüge erhoben worden ist; hat sich der Mangel im Werk verkörpert, ist eine Nachbesserung in der Regel nicht mehr möglich.[81] Zudem hat der Architekt in der Regel keinen Anspruch darauf, dass ihm Gelegenheit zur Nachbesserung gegeben wird.[82]

33 Dass der Architekt wegen der Art seiner Leistungspflicht[83] unmittelbar auf Schadenersatz haftet, ihm also kein Nachbesserungsrecht zusteht, ist eine Tatsache, die nur im Verhältnis zu ihm wirkt (§ 425 BGB). Im Verhältnis zum Bauunternehmer bleibt es vielmehr bei dessen Nachbesserungsrecht. Er verliert sein Nachbesserungsrecht erst, wenn ihm gegenüber die Frist gemäß §§ 636, 281 Abs. 1, 637 Abs. 1 BGB gesetzt worden und abgelaufen ist.[84] Er kann deshalb von seinem Nachbesserungsrecht, das er auch ohne Fristsetzung ausüben kann, noch in der Phase Gebrauch machen, in der der Auftraggeber vom Architekten den Schadensersatzanspruch durchzusetzen versucht. Beseitigt der Bauunternehmer den Mangel in dieser Zeit, erlischt der Zahlungsanspruch gegenüber dem Architekten,[85] der lediglich im Verhältnis zum Architekten an die Stelle des Erfüllungsanspruchs getreten ist. Zahlt der Architekt auf die Schadensersatzforderung zu einem Zeitpunkt, zu dem der Auftragnehmer von seinem Nachbesserungsrecht noch hat Gebrauch machen können,[86] verliert der Auftragnehmer das Nachbesserungsrecht. Dies folgt jedenfalls aus den Rechtsgedanken der §§ 422 Abs. 1, 364 Abs. 1 BGB, sofern man jene Regelungen nicht sogar unmittelbar anzuwenden hat.[87]

---

[76] Grundlegend BGH Urt. v. 26. 11. 1959 – VII ZR 120/58 – BGHZ 31, 224 = NJW 1960, 43, juris, Tz. 18 f; s. auch Urt. v. 22. 10. 1981 – VII ZR 310/79 – BGHZ 82, 100 = NJW 1982, 438, juris, Tz. 22 f; zur Auseinandersetzung mit der vom Bundesgerichtshof vorgenommen Begründung s. *Schwenker* § 4 I Rn. 8; *Neuenfeld/Baden/Dohna/Groscurt* Handbuch des Architektenrechts Bd. 1 2. Aufl. Teil II Rn. 83.

[77] Vgl. MünchKomm *(Busche)* Rn. 198 f zu § 631 BGB; *Neuenfeld/Baden/Dohna/Groscurt* Handbuch des Architektenrechts Bd. 1 2. Aufl. Teil VI Rn. 27 ff; Beckscher VOB-Kommentar/*Zahn*, Rn. 100 zu Vor. § 13VOB/B.

[78] BGH Urt. v. 26.7.2007 – VII ZR 5/06 – BauR 2007, 1875, juris, Tz. 23; Urt. v. 11.10.2007 – VII ZR 65/06 – BauR 2007, 2083, juris, Tz. 14.

[79] BGH Urt. v. 26.7.2007 – VII ZR 5/06, aaO.

[80] BGH Urt. v. 26.7.2007 – VII ZR 5/06, aaO.

[81] BGH Urt. v. 11.10.2007 – VII ZR 5/06, aaO.

[82] BGH Urt. v. 11.10.2007 – VII ZR 5/06, aaO, m. w. N.

[83] Siehe oben Rn. 31.

[84] Vgl. dazu für den Fall der Selbstvornahme BGH Urt. v. 27.2.2003 – VII ZR 338/01 – BauR 2003, 33 f., juris, Tz. 23; im Ergebnis so auch *Löffelmann/Fleischmann* Architektenrecht 6. Aufl. Rn. 668.

[85] Vgl. zum alten Rechtszustand etwa BGH Urt. v. 19.12.1968 – VII ZR 23/66 – BGHZ 51, 275, 279, juris, Tz. 22 f, s. auch *Staudinger/Looschelders,* Rn. 7 zu § 426 BGB.

[86] Vgl. dazu *Vorwerk* BauR 2003, 1,9.

[87] Vgl., soweit es die dogmatischen Grundlagen für diese Folgerung angeht, *Staudinger/Looschelders,* Rn. 18 f. zu § 422 BGB.

b) Planender Architekt – bauleitender Architekt. Liegen die Aufgaben des planenden und bauleitenden Architekten in verschiedenen Händen, ist zwischen planendem und bauleitendem Architekten eine Gesamtschuldnerhaftung anzunehmen, wenn beide für denselben Baumangel, der auf einer fehlerhaften Planung und Objektüberwachung beruht, verantwortlich sind.[88] Der VII. Zivilsenat hat dies sinngemäß wie folgt begründet: Haften der Bauunternehmer und der Architekt für einen Mangel am Bauwerk gesamtschuldnerisch, muss dies „umso mehr“[89] für das Verhältnis zwischen planendem und bauleitendem Architekten gelten, die beide nur Ersatz in Geld zu leisten haben. Zweck der gesamtschuldnerischen Haftung des bauleitenden und des bauüberwachenden Architekten sei der, dass beide für die Beseitigung des Schadens einzustehen haben, den der Bauherr dadurch erlitten hat, dass jeder von ihnen die ihn betreffenden vertraglichen Pflichten nicht ordnungsgemäß erfüllt habe. 34

c) Architekt – Sonderfachmann – Bauunternehmer. Der Architekt haftet neben dem Sonderfachmann als Gesamtschuldner nur für Fehler, die er im Rahmen der Bauüberwachung zu verantworten hat und die er aufgrund seiner berufsspezifischen Kenntnisse hätte erkennen können.[90] Das bedeutet, dass für Mängel der Planung, deren Ursache ausschließlich in den fehlerhaften Vorgaben des Sonderfachmanns begründet liegen, nicht der Architekt, sondern nur der Sonderfachmann haftet. Gehört die Beantwortung der dem Sonderfachmann vorgelegten Frage nicht auch zu den Leistungspflichten des Architekten, haftet er bei Zuziehung eines Sonderfachmanns nur für dessen Auswahl und dessen Überprüfung nach dem Maß der vom Architekten selbst zu erwartenden Kenntnisse.[91] Aufgegeben hat der VII. Zivilsenat demgegenüber die frühere Rechtsprechung,[92] nach der der Statiker und der planende Architekt als Gesamtschuldner haften, wenn der Statiker seinen Plan, für den Architekten erkennbar, aufgrund von Fehlverstehungen über die örtlichen Verhältnisse falsche Berechnungen zugrunde gelegt hat.[93] In Anlehnung an die Rechtsprechung,[94] nach der der Auftraggeber in seinem Vertragsverhältnis zum bauaufsichtsführenden Architekten regelmäßig „die Obliegenheit trifft, diesem einwandfreie Pläne zur Verfügung zu stellen“, mit der Folge, dass er im Falle der Übergabe fehlerhafter Pläne an den bauaufsichtsführenden Architekten nach § 254 Abs. 2 Satz 2, § 278 BGB ein Mitverschulden des planenden Architekten zurechnen lassen muss, haftet der Tragwerksplaner nunmehr ebenfalls nur anteilig (§ 254 Abs. 2 Satz 2, § 278 BGB), wenn der planende Architekt dem Tragwerksplaner unzutreffende Angaben über die Bodenverhältnisse macht, so dass die Tragwerksplanung den Boden- und Grundwasserverhältnissen nicht gerecht wird. Dabei liegt dieser Rechtsprechung gleichzeitig die gefestigte Ansicht[95] zugrunde, dass dem Auftraggeber grundsätzlich die Obliegenheit trifft, dem 35

---

[88] BGH Urt. v. 29.9.1988 – VII ZR 182/87 – BauR 1989, 97, 102 = NJW-RR 1989, 86, 89, juris, Tz. 44; vgl. auch *Heiermann/Riedl/Rusam* Handkommentar zur VOB 13. Aufl., Rn. 32 f.; *Kleine-Möller/Merl/Oelmeier* Handbuch des privaten Baurechts 5. Aufl. Rn. 1003 zu § 15.

[89] BGH Urt. v. 29.9.1988 – VII ZR 182/87 – BauR 1989, 97, 102.

[90] Vgl. BGH Urt. v. 4.3.1971 – VII ZR 204/69 – BauR 1971, 265, 266 ff., juris, Tz. 33 f.; *Löffelmann/Fleischmann* Architektenrecht 6. Aufl. Rn. 681; *Heiermann/Riedl/Rusam* Handkommentar zur VOB 13. Aufl., Rn. 34.

[91] BGH Urt. v. 14.2.2001 – VII ZR 176/99 – BauR 2001, 823, 824 = NJW 2001, 1276, juris, Tz. 18; Urt. v. 19.12.1996 – VII ZR 233/95 – BauR 1997, 488, 490 = NJW 1997, 2173, juris, Tz. 18; vgl. auch oben *Thierau* § 9 Rn. 59 f. sowie zum Umfang der zu erwartenden Kenntnisse BGH Urt. v. 10.7.2003 – VII ZR 329/02 – IBR 2003, 552 m. Anm. *Schwenker*, juris, Tz. 31 f.

[92] BGH Urt. v. 4.3.1971 – VII ZR 204/69 – BauR 1971, 265, juris, Tz. 36.

[93] BGH Urt. v. 15.5.2013 – VII ZR 257/11 – BGHZ 197, 252 = BauR 2013, 519, juris, Tz. 22.

[94] BGH Urt. v. 27.11.2008 – VII ZR 206/06 – BGHZ 179, 55, juris, Tz. 36 f.

[95] BGH Urt. v. 6.12.2007 – VII ZR 157/06 – BauR 2008, 543, juris, Tz. 25; Urt. v. 4.3.1971 – VII ZR 204/69, aaO, juris, Tz. 25; siehe auch Urt. v. 15.5.2013 – VII ZR 257/112, aaO, juris, Tz. 22.

Tragwerksplaner die für die mangelfreie Erstellung der Statik erforderlichen Angaben zu den Boden- und den Grundwasserverhältnissen zu machen.

36 **d) Architekt – Vermessungsingenieur – Rechtsanwalt.** Der Architekt schuldet dem Auftraggeber eine dauerhaft genehmigungsfähige Planung.[96] Das gilt auch, wenn im nicht verplanten Innenbereich (§ 34 BauGB) die Erteilung der Baugenhemigung davon abhängig ist, dass das Bauvorhaben in seiner Ausgestaltung unbestimmten Rechtsbegriffen genügt.[97] Auch die Klärung von Abstandsflächen gehört in den Aufgabenbereich des Architekten;[98] wobei auch nach der Entscheidung des VII. Zivilsenats vom 27.11.2008[99] davon auszugehen zu sein wird, dass der Architekt und der Vermessungsingenieur dem Bauherrn für Fehler bei der Bestimmung der Abstandsflächen als Gesamtschuldner haften,[100] da im Verhältnis zum Vermessungsingenieur die tragenden Erwägungen der Entscheidung vom 27.11.2008 nicht greifen. Ist die Baugenehmigung rechtswidrig erteilt und rücknehmbar, schützt den Architekten der Umstand, dass die Baugenehmigung erteilt worden ist, die Genehmigungsbehörde seine fehlerhafte Beurteilung also teilt, den Architekten vor einer Haftung nicht, wenn die fehlende Genehmigungsfähigkeit des Bauobjekts auf einem in den Pflichtenkreis des Architekten gehörenden Mangel beruht.[101]

Da der Architekt nicht Rechtsberater des Auftraggebers ist, enden die Pflichten des Architekten, wenn schwierige Rechtsfragen zu beurteilen sind. Im Falle von Planungsfehlern im Zusammenhang mit schwierigen, auch unter Verwaltungsjuristen umstrittenen Fragen, wird vom OLG Düsseldorf [102] und dem OLG Zweibrücken[103] eine Verantwortung des Architekten verneint.[104] Auch der für Amtshaftungsansprüche zuständige III. Senat des Bundesgerichtshofes vertritt die Ansicht, schwierige immissionsrechtliche Belange müsse ein Architekt nicht bewältigen; Fehler, die ihm insoweit unterlaufen, würden deshalb keine anderweitige Ersatzmöglichkeit im Sinne des § 839 Abs. 1 Satz 2 BGB begründen.[105, 106] Diesen Erwägungen wird nicht ohne weiteres zuzustimmen sein.

Die Erfolgshaftung des Architekten lässt keinen Raum zwischen einfachen und schwierigen Fällen zu differenzieren, die im Rahmen der Genehmigungsfähigkeit der Planung zu beantworten sind. Das übersieht die Literatur, die Ausnahmen von der Pflicht des Architekten, eine dauerhaft genehmigungsfähige Planung zu erstellen, dann machen will, wenn schwierige rechtliche Fragen zu beantworten sind;[107] und: das Nachbesserungsrecht des Architekten davon abhängig machen will, ob dem Bauherrn „zumutbar" ist, die vereinbarte Planung in der Weise ändern zu lassen, dass „die geänderte Planung dauerhaft genehmigungsfähig ist".[108] Der Architekt schuldet stets eine genehmigungsfähige Planung. Davon zu unterscheiden ist jedoch die Beantwortung der Frage, welche Rechte dem Auftraggeber zustehen, wenn die Planung nicht genehmigungsfähig ist. Die

---

96 BGH Urt. v. 26.9.2002 – VII ZR 290/01 – NJW 2003, 287 = BauR 2002, 1872, juris, Tz. 27; Urt. v. 25.3.1999 – VII ZR 397/97 – NJW-RR 1999, 1105 = BauR 1999, 1195, juris, Tz. 13; Urt. v. 19.2.1998 – VII ZR 236/96 – BauR 1998, 579 = NJW-RR 1998, 952, juris, Tz. 27.

97 BGH Urt. v. 25.3.1999 – VII ZR 397/97, aaO.

98 OLG Hamm Urt. v. 26.11.1999 – 25 U 56/99 – BauR 2000, 918.

99 BGH Urt. v. 27.11.2008 – VII ZR 206/06 – BGHZ 179, 55, juris, Tz. 36 f.

100 OLG Hamm Urt. v. 26.11.1999 – 25 U 56/99, aaO.

101 BGH, Urt. v. 19.3.1992 – III ZR 117/90 – VersR 1992, 698 (hier: nicht eingehaltene Abstandsfläche).

102 OLG Düsseldorf BauR 2000, 1515 = NZBau 2000, 35; BauR 2010, 1255.

103 OLG Zweibrücken NJW-RR 1998, 1097.

104 So offenbar auch *Preußner* Vorauflage, § 9 III, Rn. 147; vgl. auch *Rodemann*, § 4 Rn. 28.

105 BGH Urt. v. 21.6.2001 – III ZR 313/99 – BauR 2001, 1566, 1569, juris, Tz. 20.

106 BGH Urt. v. 21.6.2001 – III ZR 313/99 – BauR 2001, 1566, 1569.

107 Vgl. etwa *Kniffka/Koeble*, 4. Aufl., 12. Teil, Rn. 708.

108 *Kniffka/Koeble*, 4. Aufl., 12.Teil, Rn. 709.

vom Verschulden des Architekten unabhängigen Rechte stehen dem Auftraggeber stets zu; der verschuldensabhängige Schadensersatzanspruch nur, wenn dem Architekten bei der Beurteilung, ob seine Planung genehmigungsfähig ist, auf der Grundlage der bei ihm vorauszusetzenden Sach- und Fachkunde ein auf der Grundlage der vorauszusetzenden Sach- und Fachkunde recht Verschulden zu Last fällt. Befindet sich das Objekt im Planungsstadium und stellt sich zu diesem Zeitpunkt die fehlende Genehmigungsfähigkeit heraus, muss der Architekt nacherfüllen.

a) Die Entscheidung des VII. Zivilsenats vom 26.9.2002[109] steht dem nicht entgegen. 37
Jene Entscheidung verweigert dem Architekten das Nachbesserungsrecht, weil die vereinbarte Planung (900 m² Grundfläche) die zulässige Grundfläche von 400 m² (weit) überschritten hatte. Schon vor der Vereinbarung über das zu planende Objekt hatte sich der Architekt mithin nicht mit der grundsätzlichen Genehmigungsfähigkeit des Objekts befaßt, das es vereinbarungsgemäß planen sollte. Auch die Regeln der Vertragsauslegung, zu der die ergänzende Vertragsauslegung gehört,[110] haben daher keine Möglichkeit eröffnet, ein Nachbesserungsrecht des Architekten zu begründen. Der Architekt hatte sich zu einer Leistung verpflichtet, die er nicht mangelfrei hatte erbringen können. Eröffnet die ergänzende Vertragsauslegung demgegenüber, daß der Architekt nachbessern kann, erübrigt sich das Recht zu Nachbesserung über die Frage der „Zumutbarkeit" zu begründen. Ist das Gebäude errichtet und stellt sich, weil ein Bauantrag nicht erforderlich war, erst jetzt heraus, dass die Planung nicht genehmigungsfähig war, das Gebäude also baurechtswidrig errichtet ist, schuldet der Architekt Schadensersatz, wenn er auf der Grundlage der bei ihm vorauszusetzenden Sach- und Fachkunde die fehlende Genehmigungsfähigkeit hat erkennen können. Allein im Rahmen der Beurteilung der vorauszusetzenden Sach- und Fachkunde des Verschuldens ist daher auf die Frage von Bedeutung, über welche Maßnahmen des Architekten der Eintritt des baurechtswidrigen Zustandes hätte abgewendet werden können. Ob den Architekten die Pflicht traf, über eine Bauvoranfrage eine Klärung einer strittigen Frage herbeizuführen[111] oder dem Auftraggeber zu raten, Rechtsrat einzuholen, bevor die Planung umgesetzt wird, ist demnach nur für die Verschuldensprüfung von Bedeutung. Macht der Auftraggeber gegenüber dem Architekten verschuldensunabhängige Ansprüche geltend, ist die Prüfung der Frage, wie die genehmigungswidrige Planung hätte verhindert werden können, nicht zu stellen. Macht der Auftraggeber den (verschuldensabhängigen) Schadensersatzanspruch geltend, stellen sich diese Fragen allerdings nicht nur zum Haftungsgrund, sondern auch, wenn es darum geht, den Umfang des Schadens, für den der Architekt einzustehen hat, abzugrenzen.

Ob der Architekt neben dem Rechtsanwalt haftet, ist also nur in den Fällen zu klären, 38
in denen vom Architekten Schadensersatz begehrt wird, weil er eine nicht genehmigungsfähige Planung vorgelegt hat. In diesen Fällen haftet der Architekt für Mängel nach den Grundsätzen, die im Verhältnis zwischen Architekt und Sonderfachmann gelten. Auch dort[112] hat er für die Mängel nicht einzustehen, die ihre Ursache außerhalb des fachspezifischen Kenntnisbereichs des Architekten haben. Eine gesamtschuldnerische Haftung zwischen Architekt und Rechtsanwalt wird also nur in den Fällen begründet, in denen der dem Rechtsanwalt unterlaufene Fehler in der rechtlichen Beurteilung der Genehmigungsfähigkeit der Planung auch vom Architekten hat erkannt werden können.

---

[109] BGH Urt. v. 26.9.2002 – VII ZR 290/01 – BauR 2002, 1872.

[110] BGH Urt. v. 13.7.1967 – VII ZR 128/65, BB 1967, 1355, juris, Tz. 24; Urt. v. 10.9.2009 – VII ZR 152/08, NZBau 2009, 771, juris, Tz. 24.

[111] BGH Urt. v. 21.6.2001 – III ZR 313/99 – BauR 2001, 1566, 1569, juris, Tz. 20; zu weiteren Einzelfällen vgl. *Kniffka/Koeble*, 4. Aufl., 12. Teil Rn. 706 ff.

[112] BGH Urt. v. 14.2.2001 – VII ZR 176/99 – BauR 2001, 823, 824, juris, Tz. 18; Urt. v. 19.12.1996 – VII ZR 233/95 – BauR 1997, 488, 490 = NJW 1997, 2173, juris, Tz. 17; s. auch Fn. 91.

39 e) **Vorunternehmer – Nachunternehmer.** Durch die Rechtsprechung des Bundesgerichtshofes[113] ist seit der Entscheidung des VII. Zivilsenats vom 26.6.2003 geklärt, welche Art von Schuldverhältnis zwischen Vor- und Nachunternehmer besteht, wenn beide wegen Mängeln gewährleistungspflichtig sind, die ihre Ursachen zumindest teilweise in beiden Gewerken haben und wirtschaftlich sinnvoll nur auf eine einzige Weise beseitigt werden können. Die Entscheidung betrifft allerdings nur das Verhältnis zwischen den gewährleistungspflichtigen Auftragnehmern, nicht das Verhältnis zwischen Auftraggeber und Auftragnehmer.

40 Ausgangpunkt der Entscheidung war, dass Risse im Putz eines Bauwerks aufgetreten waren, die ihre Ursache zum einen in der Verformung der vom Rohbauunternehmer über dem Erdgeschoss eingezogenen Betondecke hatten, zum anderen waren Ursache für die Risse unsachgemäße Verputzarbeiten. Durch einen Sachverständigen war geklärt worden, dass eine bauübliche Verformung der Geschossdecke bei richtiger bautechnischer Ausführung nicht zu Rissen geführt hätte. Ferner war festgestellt worden, dass die Verputzarbeiten bei zu niedrigen Temperaturen ausgeführt worden waren, so dass der Putz an Festigkeit verloren hatte und beim Schwinden rissanfällig geworden war. Eine Beseitigung der Mängel war, so die entsprechenden Feststellungen des Tatrichters, wirtschaftlich sinnvoll nur durch Aufbringen eines neuen Putzes über die gesamte Fassade. Theoretisch hätten die vom Rohbauunternehmer zu verantwortenden Risse im Putz auch isoliert beseitigt werden können; der Sache nach sei dies, so der Tatrichter, aber nicht sinnvoll gewesen.

41 Bei dieser Konstellation hat der VII. Zivilsenat ein Gesamtschuldverhältnis zwischen den Unternehmern beider Gewerke (Rohbau- und Putzarbeiten) angenommen und die quotale Haftung untereinander nach den Verursachungsanteilen bestimmt. Zur Begründung hat er ausgeführt, „die Annahme eines Gesamtschuldverhältnisses ermögliche es, im Rahmen des Ausgleichsanspruchs nach § 426 Abs. 1 BGB § 254 BGB anzuwenden und damit dem jeweiligen Verursachungsanteil des Vor- und Nachunternehmers gerecht zu werden". In der Literatur wird in Zweifel gezogen,[114] dass die Entscheidung vom 26.6.2003[115] nach der Entscheidung vom 27.11.2008[116] noch Bestand haben könne. Diese Zweifel sind jedoch unberechtigt. In der Entscheidung vom 26.6. 2003 hat der VII. Zivilsenat das Gesamtschuldverhältnis damit begründet, dass die gegen jeden der beiden Unternehmer gerichteten Gewährleistungsansprüche dem selben Zweck dienen und damit gleichstufig sind. Die Entscheidung vom 27.11.2008 geht demgegenüber davon aus, dass den Auftraggeber die Obliegenheit trifft, dem bauaufsichtsführenden Architekten ebenso wie dem Bauunternehmer mangelfreie Pläne zur Verfügung zu stellen. Vor- und Nachunternehmer stehen zueinander im Rahmen der Schuldnerhäufung.[117] Von der Mängelhaftung werden sie befreit, wenn sie Bedenken gegen die vorgesehene Art der Ausführung, gegen die Güte der vom Auftraggeber gelieferten Stoffe oder Bauteile oder gegen die Leistung anderer Unternehmer unverzüglich schriftlich geltend gemacht haben.[118] Hiervon ausgehend, lässt sich keine Obliegenheit des Auftraggebers begründen, dem Nachunternehmer eine mangelfreie Leistung des Vorunternehmers zur Verfügung zu stellen, um im Anschluss dessen Mitverursachen des Mangels am Nachgewerk über § 254 Abs. 1 Satz 2, § 278 BGB zu konstruieren.[119]

---

113 BGH Urt. v. 26.6.2003 – VII ZR 126/02 – NJW 2003, 2980, juris, Tz. 13.

114 *Preußner*, BauR 2014, 755; *Sohn*, BauR 2010, 1480; ferner *Stamm* NJW 2003, 2940.

115 Siehe Fn. 113.

116 BGH Urt. v. 27.11.2008 – VII ZR 206/06 – NZBau 2009, 185

117 Siehe Rn. 10.

118 So auch für die Zeit nach Inkrafttreten des SchuMoG, BGH Urt. v. 8.11.2007 – VII ZR 183/05 – BGHZ 174, 110 mit dogmatisch „gewagter" Begründung, weil die Regeln der VOB/B, auf die der VII. Zivilsenat insoweit zurückgreift, den Gesetzesvorrang (§ 241 Abs. 2 BGB) nicht überspielen kann. Zudem enthält die Begründung einen Zirkelschluß, weil das gefundene Ergebnis herangezogen wird, um die aus § 241 Abs. 2 BGB abgeleitete Gegenmeinung als unzutreffend darzustellen.

119 Ähnlich für den Statiker OLG Hamm Urt. v. 9.7.2010 – 19 U 43/10, NJW 2011, 316.

42 Geklärt ist durch die Entscheidung vom 26.6.2003[120] nicht, wie der Auftraggeber hätte vorgehen müssen, wenn er darauf bestanden hätte, dass die Putzrisse beseitigt werden. Für ihn hätte sich die Frage gestellt, ob die Unternehmer beider Gewerke ihm gegenüber ebenfalls als Gesamtschuldner oder im Rahmen der Nacherfüllung als gemeinsame Schuldner haften mit der Folge, dass er jeweils beide zur gemeinsamen Beseitigung der Putzrisse hätte auffordern müssen.[121] Stellt man, wie in der Entscheidung vom 26.6.2003, darauf ab, dass beide Auftragnehmer wirtschaftlich sinnvoll nur gemeinsam die Mängel beseitigen können, wird man durchaus zu der Überlegung kommen können, dass beide Auftragnehmer als gemeinschaftliche Schuldner des Anspruchs auf Nacherfüllung anzusehen sind;[122] und zu Gesamtschuldnern werden, wenn sie den Nacherfüllungsanspruch nicht erfüllen.[123] Betrachtet man demgegenüber die jedem Gewerk jeweils abstrakt obliegende Primärpflicht und die damit korrespondierende Nacherfüllungspflicht, kommt man dazu, dass der Rohbauunternehmer, würde er die Putzrisse beseitigen, die auf der Verformung der Geschossdecke beruhen, einen Schaden beseitigt, den der Mangel an der Geschossdecke hervorgerufen hat. Der das Gewerk der Verputzarbeiten ausführende Unternehmer beseitigt demgegenüber das eigene mangelhafte Werk, indem er den Putz abschlägt, und beseitigt den Mangel, indem es die Fassade neu verputzt.

43 Im Außenverhältnis zum Auftraggeber ähnelt die Konstellation folglich der, die die Rechtsprechung im Fall von Planungsfehlern eines Architekten zu lösen hatte, wenn der Planungsfehler vom Bauunternehmer vorwerfbar nicht entdeckt worden ist. Es erscheint daher korrekt, die dort aufgezeigten Rechtsfolgen[124] auch für die hier zu lösende Konstellation zum Tragen kommen zu lassen. Gegenüber dem Rohbauunternehmer hat der Auftraggeber daher, anders als es das Gericht des Vorprozesses im vom Bundesgerichtshof entschiedenen Fall gesehen hat, nur Schadensersatzansprüche; vom Unternehmer des Gewerkes Verputzarbeiten kann der Auftraggeber demgegenüber die Nacherfüllung verlangen. Der Unternehmer des Gewerkes Verputzarbeiten ist dabei aus den ergebnisorientierten Erwägungen, die der Bundesgerichtshof für das Innenverhältnis herangezogen hat, um die Gesamtschuld zu begründen, dem Auftraggeber gegenüber verpflichtet, auch die Putzrisse zu beseitigen, die auf die mangelhafte Arbeit des Rohbauunternehmers zurückzuführen sind. Vom Rohbauunternehmer kann der Unternehmer des Gewerkes Verputzarbeiten allerdings aufgrund des bestehenden Gesamtschuldverhältnisses verlangen, dass er den Betrag für die Neuherstellung des Putzes vorschießt, der seinem Anteil an der Verursachung der Risse entspricht.

2. Mitverschulden des Auftraggebers

44 **a) Architekt als Erfüllungsgehilfe des Auftraggebers.** Haften Auftragnehmer und Architekt dem Auftraggeber als Gesamtschuldner, kann der Auftragnehmer gegenüber dem Schadensersatzanspruch des Auftraggebers den Einwand erheben, der Mangel beruhe auch oder allein auf einer Pflichtverletzung des Architekten, wenn der Architekt Pflichten in dem Bereich verletzt hat, in dem er als Erfüllungsgehilfe des Auftraggebers (§ 278 BGB) anzusehen ist.[125]

45 Nach der Rechtsprechung des VII. Zivilsenats ist dabei danach zu differenzieren, ob die Pflichtverletzung des Architekten den Bereich der Planung oder Bauaufsicht betrifft. Erfüllungsgehilfe ist er im Verhältnis zum Auftraggeber nur im Bereich der Planung und

---

120 BGH Urt. v. 26.6.2003 – VII ZR 126/02, aaO.

121 Siehe Rn. 4, 7.

122 Siehe Rn. 7.

123 Siehe Rn. 4, 62.

124 Siehe Rn. 30.

125 BGH Urt. v. 7.3.2002 – VII ZR 1/00 – BauR 2002, 1536, juris, Tz. 49; Urt. v. 18.4.2002 – VII ZR 70/01 – NJW-RR 2002, 1175, juris, Tz. 14.

zwar auch gegenüber dem bauaufsichtsführenden Architekten[126], nicht hingegen im Bereich der Bauaufsicht.[127]

46 Muss sich der Auftraggeber das Verschulden seines Architekten zurechnen lassen, kommt § 254 BGB zu Lasten des Auftraggebers zur Anwendung,[128] mit der Folge, dass von vornherein eine Kürzung des Haftungsanteils des Auftragnehmers in Höhe des dem Auftraggeber zuzurechnenden Verschuldens des anderen Gesamtschuldners vorzunehmen ist.[129] Dieselben Erwägungen gelten für den Fall, dass der Auftraggeber Nacherfüllung verlangt oder ein anderes ihm im Fall von Mängeln gemäß § 437 BGB zustehendes Recht durchzusetzen beabsichtigt. § 254 BGB ist nach der Entscheidung des Bundesgerichtshofes v. 22.3.1984,[130] die weiterhin Geltung hat, Ausprägung eines allgemeinen Rechtsgedankens, der nach Treu und Glauben (§ 242 BGB) auch auf die – so die Formulierung in der Entscheidung zum alten Recht, die inzwischen statt des zutreffenden Begriffs Nacherfüllung wieder weite Verbreitung gefunden hat[131] – vertragliche Nachbesserung anzuwenden ist.[132]

47 *aa) Planender Architekt – Bauunternehmer – bauüberwachender Architekt.* Für die gesamtschuldnerische Haftung von planendem Architekten und lediglich bauausführenden Bauunternehmer bedeutet dies: Beruht der Baumangel auf einem Planungsfehler, kann der Bauunternehmer dem Auftraggeber gegenüber einwenden, ihn treffe als Auftraggeber des Architekten ein Mitverschulden; dasselbe gilt für den bauüberwachenden Architekten, dem der Auftraggeber fehlerhafte Pläne zur Verfügung gestellt hat.[133] Die Zurechnung des Planungsfehlers zum Verantwortungsbereich des Auftraggebers folgt daraus, dass der Auftraggeber dem Bauunternehmer ordnungsgemäße Pläne schuldet. Er bedient sich hierfür – zur Erfüllung seiner Pflicht – eines Architekten; der Architekt ist insoweit Erfüllungsgehilfe des Auftraggebers. Im Gegensatz hierzu gibt es keine Verpflichtung des Auftraggebers, einen mangelfrei arbeitenden Bauunternehmer zu beauftragen, mit der Folge, dass der Architekt dem Auftraggeber bei seiner Inanspruchnahme als Gesamtschuldner nicht entgegenhalten kann, der Unternehmer habe mangelhaft gearbeitet.

---

126 BGH Urt. v. 18.4.2002 – VII ZR 70/01, 1175, NZBau 2002, 514, juris, Tz. 13 f.

127 BGH Urt. v. 16.5.2002 – VII ZR 81/00, BauR 2002, 1423, juris, Tz. 19; Urt. v. 18.4.2002 – VII ZR 70/01 – NJW-RR 2002, 1175; Urt. v. 7.3.2002 – VII ZR 1/00, BauR 2003, 1536, juris, Tz. 49; Urt. v. 21.10.1999 – VII ZR 185/98, BGHZ 143, 32 = BauR 2000, 722, juris, Tz. 21; vgl. hierzu auch *Kniffka/Koeble* Kompendium des Baurechts, 9. Teil, Rn. 144; *Thode/Quack* Abnahme und Gewährleistung im Bau- und Bauträgervertrag Rn. 144, 150.

128 BGH, Urt. v. 27.11.2008 – VII ZR 206/06, BGHZ 179, 55, Tz. 30, 36; Urt. v. 15.5.2013 – VII ZR 257/11, BGHZ 197, 252, Tz. 20; Urt. v. 7.3.2002 – VII ZR 1/00, BauR 2002, 1536.

129 BGH Urt. v. 11.5.1978 – VII ZR 313/75, BauR 1978, 405 = NJW 1978, 2393; Urt. v. 12.7.1971 – VII ZR 239/69 – BauR 1972, 62, 64; Urt. v. 4.3.1971 – VII ZR 204/69, BauR 1971, 265, 270; Beck'scher VOB-Komm./*Ganten* Rn. 37 f. vor § 13 VOB/B; *Werner/Pastor* Der Bauprozeß 14. Aufl. Rn. 2488; *Kniffka/Koeble* Kompendium des Baurechts 4. Aufl., 12. Teil Rn. 745 f.; *Heiermann/Riedl/Rusam* Handkommentar zur VOB 13. Aufl. Rn. 33.

130 BGH Urt. v. 22.3.1984 – VII ZR 50/82, WM 1984, 774, 775 f., BGHZ 90, 344 nicht mit abgedruckt.

131 Vgl. *Messerschmidt/Voit/Moufang/Koos*, aaO, Rn 54 zu § 635 BGB; MüKo (*Westermann*) Rn. 8 f. zu §439 BGB; *Staudinger/Löwisch*, 2014, Rn. 36 zu §269 BGB.

132 Hat der Auftragnehmer über die Anwendung des § 254 BGB eine Verkürzung seines Haftungsanteils schon im Verhältnis zum Auftraggeber erreicht, wird er wegen der ihn treffenden Haftung keinen Gesamtschuldausgleich mehr gegenüber dem Architekten vornehmen können. Umgekehrt gilt dies auch für den Architekten, der für den restlichen Haftungsanteil vom Auftraggeber in Anspruch genommen wird. Kommt eine Zurechnung der Haftung des Architekten gegenüber dem Auftraggeber über § 254 BGB in Betracht, sollte der Auftraggeber im Rechtsstreit mit dem Auftragnehmer dem Architekten sogleich den Streit verkünden, um die Streitverkündungswirkung herbeizuführen.

133 Siehe BGH Urt. v. 7.3.2002 – VII ZR 1/00, BauR 2002, 1536, juris, Tz. 49; sowie Urt. v. 27.11.2008 – VII ZR 206/06, aaO.

Hat der Auftraggeber den Architekten mit der Koordinierung der Bauausführung beauftragt und beruht der Mangel auf einem Koordinierungsfehler, kommt die Verletzung der Koordinierungspflicht einem Planungsfehler nahe. In diesem Fall muss sich der Auftraggeber die Pflichtverletzung seines Architekten als eigene Pflichtverletzung (§ 278 BGB) zurechnen lassen.[134] 48

Muss der Auftraggeber seine Ansprüche im Prozess durchsetzen, empfiehlt sich, den Anspruch in voller Höhe gegenüber dem Architekten durchzusetzen: Da sich die Haftungsquote des Bauunternehmers danach richtet, in welchem Umfang der Bauunternehmer den Mangel selbst erkennen konnte und die Bestimmung dieser Haftungsquote dem Tatrichter obliegt, ist es schwierig abzuschätzen, in welcher Höhe die Klagforderung gegenüber dem Bauunternehmer zu beziffern ist;[135] oder: welcher Betrag im Fall der Forderung auf Nacherfüllung Zug um Zug als Sicherheit anzubieten ist.[136] Es ist daher prozesstaktisch richtig, den Architekten anstelle des Bauunternehmers in Anspruch zu nehmen, da der Architekt dem Auftraggeber in seiner Funktion als Gesamtschuldner bei mangelhafter Planung voll haftet.[137] 49

bb) Sonderfachmann – planender Architekt. Muss sich der Auftraggeber im Verhältnis zum Architekten das Verschulden des Sonderfachmanns ausnahmsweise[138] zurechnen lassen, besteht der Anspruch des Auftraggebers gegen den planenden Architekten von vornherein nur in der Quote, die den Verantwortungsteil des Architekten am Mangel zum Ausdruck bringt.[139] 50

cc) Bauüberwachender Architekt – planender Architekt. Der Architekt, der die Bauüberwachung übernommen hat, ist im Verhältnis zwischen Auftraggeber und – nur – planendem Architekten nicht Erfüllungsgehilfe des Auftraggebers.[140] Die Verpflichtung des Bauleiters, Planungsfehler anzuzeigen, besteht nur gegenüber dem Auftraggeber, nicht aber gegenüber dem von ihm mit der Planung beauftragten Architekten. 51

b) Sonderfälle. *aa) Kenntnis des Auftragnehmers vom Planungsfehler. (1) VOB-Vertrag.* Beim VOB-Vertrag hat der Bauunternehmer gegenüber dem Auftraggeber gemäß § 4 Nr. 3 VOB/B eine Prüfungs- und Hinweispflicht. Unterlässt der Bauunternehmer einen gebotenen Hinweis führt das allein noch nicht zum Verlust des Mitverschuldenseinwands gegenüber dem Auftraggeber, der sich einen Planungsfehler des Architekten zurechnen lassen muss.[141] Den Mitverschuldenseinwand verliert der Bauunternehmer erst, wenn er in Kenntnis der mangelhaften Planung die späteren Mängel am Bauwerk sicher voraussehen konnte.[142] Dem Bauunternehmer ist der Mitverschuldenseinwand auch zu versagen, wenn er zwar einen von mehreren Planungsfehlern erkennt, diesen jedoch nicht mitteilt 52

---

134 BGH Urt. v. 29.11.1971 – VII ZR 101/70 – NJW 1972, 447, 448, juris, Tz. 30.

135 Diese Erwägung gilt auch für die Vorschussforderung oder die Minderung.

136 Vgl. dazu BGH Urt. v. 22.3.1984 – VII ZR 50/82 = BGHZ 90, 344, juris, Tz. 44.

137 Vgl. Rn. 68; so schon *Rauch* Architektenrecht und privates Baurecht 2. Aufl. S. 193 f.

138 Vgl. zu dieser Konstellation OLG Frankfurt NJW-RR 1990, 1496, 1497; OLG Celle BauR 1985, 244. Regelmäßig ist der Sonderfachmann – wie etwa der Statiker – nicht Erfüllungsgehilfe des Auftraggebers in dessen Vertragsverhältnis mit dem Architekten, BGH Urt. v. 10.7.2003 – VII ZR 329/02 – IBR 2003, 552, juris, Tz. 31; Urt. v. 4.7.2002 – VII ZR 66/01 – NJW-RR 2002, 1531, juris, Tz. 12, m. w. N.

139 Siehe *Löffelmann/Fleischmann* Architektenrecht 6. Aufl. Rn. 684.

140 BGH Urt. v. 29.9.1988 – VII ZR 182/87 = NJW-RR 1989, 86, 89, juris, Tz. 42 f.; die Gründe sind insoweit kryptisch, da der Bundesgerichtshof zugleich die Anzeigepflicht gegenüber dem Planer selbst bejaht.

141 BGH Urt. v. 11.10.1990 – VII ZR 228/89 – BauR 1991, 79, 80, juris, Tz. 8 f.

142 BGH Urt. v. 18.1.1973 – VII ZR 88/70 – NJW 1973, 518, 519, juris, Tz. 32; Urt. v. 10.11.1977 – VII ZR 252/75 – BauR 1978, 139, 142; BGH Urt. v. 11.10.1990 – VII ZR 228/89 – NJW-RR 1991, 276 = BauR 1991, 79, 81.

und den Fehler auch nicht zum Anlass nimmt, den Plan auf weitere Fehler zu untersuchen. Der Bundesgerichtshof vertritt für diese Konstellation die Auffassung, dass für den Bauunternehmer mit Kenntnis des Mangels die Vertrauensgrundlage in die Planung entfallen ist; er mithin gerade nunmehr weitere Prüfungspflichten auch im Hinblick auf die weiteren Planungsvorgaben hat.[143] Hat er die weiteren Planungsfehler aufgrund der nunmehr einsetzenden verstärkten Prüfungspflicht erkennen können, haftet er auch für die daraus resultierenden Mängel.

53 Etwas anderes gilt jedoch dann, wenn der Auftraggeber selbst die ihm zumutbare Sorgfalt zum Schutz eigener Interessen außer Acht gelassen hat (§ 4 Nr. 3 Halbs. 2 VOB/B). Liegen dem Auftraggeber also Informationen vor, die den Planungsmangel auch ihn erkennen lassen, und setzt er sich über seine Erkenntnisse hinweg, ist von einem schwerwiegenden, dem Auftraggeber zurechenbaren Planungsverschulden auszugehen, das dazu führt, dass der Bauunternehmer trotz seiner unterbliebenen Hinweise mit dem Einwand des Mitverschuldens gehört werden muss.[144]

54 *(2) Werkvertrag BGB.* Im BGB-Vertrag lässt, so der VII. Zivilsenat auf für die Zeit nach Inkrafttreten des SchuMoG,[145] der Hinweis auf Bedenken gegen die vorgesehene Art der Ausführung, gegen die Güte der vom Auftraggeber gelieferten Stoffe oderBauteile oder gegen die Leistung anderer Unternehmer die Mängelhaftung entfalten. Das gilt auch für Anweisungen des Auftraggebers.[146] Der Mitverschuldenseinwand des Bauunternehmers unterliegt demnach im Rahmen des BGB-Bauvertrages denselben Regeln, wie sie oben für den VOB-Vertrag aufgezeigt sind.[147]

55 *bb) Ausschluss des Mitverschuldenseinwands durch AGB.* Allgemeine Geschäftsbedingungen, die vom Auftraggeber gestellt werden, enthalten ab und zu die Klausel, der Bauunternehmer verzichte ohne Ausnahme darauf, sich bei Gewährleistungsansprüchen auf ein mitwirkendes Verschulden des Auftraggebers oder seiner Erfüllungsgehilfen zu berufen. Diese Regelung verstößt jedenfalls gegen den Wortlaut des § 309 Nr. 8 b, aa BGB;[148] unabhängig davon aber auch gegen § 307 Abs. 2 Nr. 1 BGB, da der ausnahmslose Ausschluss des Ausgleichsanspruches auch die Fälle erfasst, in denen über den Mitverschuldenseinwand einer der Gesamtschuldner nach der Rechtsprechung des Bundesgerichtshofes[149] voll haftet, diese Regelung also nicht mit der gesetzlichen Regelung in § 426 BGB zu vereinbaren ist.[150] Die ebenfalls anzutreffende Klausel, die die Alleinhaftung des Bauunternehmers für die im Falle der Verletzung seiner Prüfungspflicht nach § 4 Nr. 3 VOB/B verursachen Mehrkosten vorsieht, verstößt gegen § 307 BGB und § 309 Nr. 7 b BGB.[151]

---

[143] BGH Urt. v. 11.10.1990 – VII ZR 228/89 – NJW-RR 1991, 276, juris, Tz. 9 f.; s. auch *Jagenburg* NJW 1991, 2874, 2879.

[144] Siehe BGH Urt. v. 22.3.1984 – VII ZR 50/82 – BauR 1984, 395, 397, juris, Tz. 18.

[145] BGH Urt. v. 8.11.2007 – VII ZR 183/05, aaO.

[146] MünchKomm (*Busche*) Rn. 74 zu § 633 BGB.

[147] Vgl. dazu etwa MünchKomm *(Busche)*, Rn. 74 zu § 631 BGB für den Fall einer fehlerhaften Bestelleranordnung.

[148] Der Gesetzgeber hat das Ziel, den Gesamtschuldnerausgleich bei Mängeln durch AGB zu verhindern, bei Schaffung des § 309 Nr. 8 b, aa BGB zwar nicht im Auge gehabt. Da der Auftraggeber über eine entsprechende Regelung seine eigene Haftung als Verwender für den von ihm über den Architekten als Erfüllungsgehilfen verursachten Mangel ausschließt, trifft die Norm auch diese Konstellation. Lässt man § 308 Nr. 8 b, aa BGB eingreifen, ist wohl nicht nur der ausnahmslose, sondern auch der auf bestimmte Fallkonstellationen ausgerichtete Ausschluss des Ausgleichsanspruches bei Mängeln durch AGB unwirksam.

[149] BGH Urt. v. 19.12.1968 – VII ZR 23/66 – NJW 1969, 653, 654 f, juris, Tz. 30.

[150] *Ingestau/Korbion* Rn. 249 zu Vor § 13 VOB/B m. w. N. spricht demgegenüber von der Unvereinbarkeit mit grundlegenden Gesichtspunkten bauvertraglicher Rechte und Pflichten; das reicht für § 307 Abs. 2 Nr. 1 BGB wohl jedoch nicht allein, weil die genannten Kriterien keine Grundgedanken gesetzlicher Regelungen darstellen.

[151] *Ingestau/Korbion* Rn. 5 zu § 4 Abs. 3 VOB/B.

3. Der interne Gesamtschuldnerausgleich

Hat der Gläubiger – im sog. Außenverhältnis – einen Anspruch gegen mehrere Schuldner, die ihm als Gesamtschuldner haften, ist es für den Schuldner, der den Gläubiger voll oder jeweils zum Teil befriedigt hat, von Bedeutung, in welcher Höhe er einen Anspruch gegen die übrigen Gesamtschuldner auf Ausgleich hat. Diese Ausgleichspflicht betrifft das Innenverhältnis zwischen den Gesamtschuldnern. 56

a) Rechtsgrundlage. In erster Linie sind für den Ausgleich der Gesamtschuldner untereinander ausdrückliche[152] oder konkludente[153] Ausgleichsvereinbarungen, die sie vorab oder nachträglich getroffen haben, maßgebend. Fehlen entsprechende Vereinbarungen, ist der Ausgleich nach etwa einschlägigen speziellen gesetzlichen Ausgleichsregeln vorzunehmen. Im Anschluss daran ist auf § 426 BGB zurückzugreifen. 57

aa) Ausgleichsvereinbarungen und Spezialnormen. Rechtsgeschäftliche Ausgleichsvereinbarungen, die den Ausgleich im Rahmen der Vertragsfreiheit unabhängig von gesetzlichen Normen regeln oder gesetzliche Spezialregeln ergänzen oder modifizieren, sind grundsätzlich zulässig.[154] Sind die Gesamtschuldner Gesellschafter einer BGB-Gesellschaft, folgt der Ausgleich zwischen ihnen in aller Regel nach dem Verhältnis ihrer Beteiligung an der Gesellschaft. 58

Gesetzliche Ausgleichsregeln finden sich u. a. in § 840 Abs. 2 BGB und in § 78 Abs. 2 VVG.[155]

bb) Regelvorschrift. Bestehen keine vertraglichen Vereinbarungen über den Ausgleich und fehlt es an spezialgesetzlichen Regeln, hat der in Anspruch genommene Gesamtschuldner einen Anspruch gegen den oder die anderen Gesamtschuldner auf Ausgleich nach Kopfteilen (§ 426 BGB). Jene Hilfsregel, nach der der Ausgleich nach Kopfteilen vorzunehmen ist, lässt sich über einen Anspruch aus GoA oder ungerechtfertigter Bereicherung des zahlenden Gesamtschuldners gegen den anderen Gesamtschuldner nicht unterlaufen.[156] Ein Anspruch aus GoA scheitert bereits am Fehlen eines „fremden Geschäfts“: Der nachbessernde Bauunternehmer will nicht für einen anderen Unternehmer tätig werden, sondern seine eigene Nachbesserungspflicht erfüllen. Es liegt ebenfalls kein auch in fremdem Interesse geführtes Geschäft vor, da die Erfüllung der eigenen Gewährleistungsverpflichtung nicht im objektiven Interesse des anderen Gesamtschuldners liegt.[157] Bereicherungsansprüche im Rahmen der Leistungskondiktion sind ausgeschlossen, weil derjenige, der gegenüber dem Auftraggeber seine aus dem Vertrag bestehende Pflicht erfüllt, immer seine eigene Schuld erfüllen will. Die Rückgriffskondiktion ist zwar möglich, wenn auf eine fremde Schuld gemäß § 267 BGB geleistet wurde; jedoch leistet der in Anspruch genommene Bauunternehmer oder Architekt nur auf eine eigene Schuld. Hinzu kommt, dass der Rückgriff in § 426 BGB geregelt ist, so dass auch aus diesem Grund ein Anspruch aus § 812 BGB scheitert. 59

cc) Befreiungsanspruch. Das Schuldverhältnis zwischen den Gesamtschuldnern, das sie zum Ausgleich verpflichtet, entsteht mit der Begründung der Gesamtschuld; schon in diesem Zeitpunkt erwirbt jeder der Gesamtschuldner gegen den oder die anderen einen Anspruch auf Ausgleich. Für die Entstehung des Ausgleichsanspruchs ist folglich nicht erst eine Leistung an den Gläubiger erforderlich.[158] Das ergibt sich aus der Gegenüber- 60

---

152 RG Urt. v. 25. 11. 1911 – I 529/10, RGZ 77, 317, 322.

153 BGH Urt. v. 11. 07. 1973 – VIII ZR 178/72 – WM 1975, 100, 102, juris, Tz. 16.

154 *Staudinger/Looschelders* Rn. 52 zu § 426 BGB.

155 Zu weiteren Regeln s. MünchKomm *(Bydlinski)* Rn. 49, 50 f. zu § 426 BGB.

156 So jedoch noch angenommen von OLG Hamm Urt. v. 9.11.1990 NJW-RR 1991, 730.

157 Die Befreiung von einer Verbindlichkeit erfüllt kein objektives Interesse.

158 So die ganz h. M. BGH Urt. v. 18.6.2009 – VI ZR 167/08, Urt. v. 20.12.1990 – IX ZR 268/89 – WM 1991, 399, 400; Urt. v. 29.6.1972 – VII ZR 190/71 – BGHZ 59, 97, 102; Urt. v. 21.11.1953 –

stellung von § 426 Abs. 1 und Abs. 2 BGB. § 426 Abs. 1 BGB regelt, dass die Gesamtschuldner im Verhältnis zueinander zu bestimmten, im Zweifel zu gleichen Anteilen verpflichtet sind, und zwar unabhängig von der in § 426 Abs. 2 BGB vorausgesetzten Befriedigung des Gläubigers. Hieraus wird die bereits im Vorfeld, also ab Begründung der Gesamtschuld bis zur Zahlung an den Gläubiger, zwischen den Gesamtschuldnern bestehende Verpflichtung abgeleitet, bei der Befriedigung des Gläubigers entsprechend ihrer jeweiligen Quote mitzuwirken.[159] Die Mitwirkungspflicht schließt auch die Verpflichtung jedes Gesamtschuldners ein, sich so zu verhalten, dass es nicht zu einem Rückgriff gemäß § 426 Abs. 2 BGB kommen muss.[160]

61 Wie die Mitwirkungspflicht rechtlich zu qualifizieren ist und welchen konkreten Inhalt sie hat, ist umstritten. Überwiegend wird angenommen, dass sich der Anspruch auf Mitwirkung[161] als Anspruch auf Befreiung jedes Gesamtschuldners gegenüber dem oder den anderen Gesamtschuldner(n) im Innenverhältnis in Höhe des von dem Mitschuldner zu tragenden Haftungsanteils darstellt.[162] Andere qualifizieren die im Gesamtschuldverhältnis bestehende Mitwirkungspflicht als Anspruch auf Mitwirkung zu einer einheitlichen Leistung, wobei diese Ansicht damit begründet wird, dass der Gläubiger nicht verpflichtet sei, Teilleistungen anzunehmen (§ 266 BGB),[163] der Gläubiger mithin die Teilzahlungen der einzelnen Gesamtschuldner ablehnen könnte. Von einem Befreiungsanspruch spricht die abweichende Auffassung daher nur dann, wenn einer der Gesamtschuldner im Innenverhältnis allein verpflichtet ist,[164] er die Leistung bei Durchsetzung der Mitwirkungspflicht durch den anderen Gesamtschuldner also in voller Höhe allein zu erbringen hätte.

62 Beide Auffassungen gehen allerdings übereinstimmend davon aus, dass der Mitwirkungsanspruch nicht auf Zahlung an einen der Gesamtschuldner geht.[165] Nach h. M. begründet die zwischen den Gesamtschuldnern bestehende Mitwirkungspflicht vielmehr einen Anspruch auf Zahlung des der jeweiligen Quote entsprechenden Betrages an den Gläubiger. Zahlung an sich selbst kann der Gesamtschuldner erst verlangen,[166] wenn er den Gläubiger allein oder über seine Quote hinaus befriedigt hat. Besteht die Gesamtschuldverpflichtung – wie im Baurecht durchaus vorstellbar[167] – darin, dass die Gesamt-

---

VI ZR 82/52 – BGHZ 11, 170, 174; *Staudinger/Looschelders* Rn. 92 zu § 426 BGB; *Erman/Böttcher* Rn. 17 zu § 426 BGB; BGB-RGRK/*Weber* Rn. 11 zu § 426 BGB.

[159] BGH Urt. v. 30.11.1994 – XII ZR 59/93 – NJW 1995, 652, 654; Urt. v. 23.10.1986 – IX ZR 203/85 – NJW 1987, 374, 376; Urt. v. 15.5.1986 – IX ZR 96/85 – NJW 1986, 3131, 3132; Urt. v. 7.11.1985 – III ZR 142/84 – NJW 1986, 978, 979; Urt. v. 21.2.1957 – VII ZR 216/56 – BGHZ 23, 361, 363; *Erman/Böttcher* Rn. 12 zu § 426 BGB; *Staudinger/Looschelders* Rn. 92 zu § 426 BGB.

[160] Siehe Fn. 159.

[161] Teilweise wird in diesem Zusammenhang in der Rechtsprechung des Bundesgerichtshofs auch vom „Ausgleichsanspruch" gesprochen. Diese Terminologie ist insoweit ungenau, da es im Stadium vor Zahlung an den Gläubiger gerade noch nicht um den internen Ausgleich unter den Gesamtschuldnern geht. So aber BGH Urt. v. 11.6.1992 – IX ZR 161/91 – NJW 1992, 2286, 2287; Urt. v. 15.5.1986 – IX ZR 96/85 – NJW 1986, 3131, 3132; Urt. v. 21.3.1991 – IX ZR 286/90 – BGHZ 114, 117, 122; Urt. v. 22.2.1967 – IV ZR 331/65 – BGHZ, 47, 157, 166; Urt. v. 27.6.1961 – VI ZR 205/60 – BGHZ 35, 317, 325.

[162] BGH Urt. v. 30.11.1994 – XII ZR 59/93 – NJW 1995, 652, 654; Urt. v. 2.7.1986 – IV b ZR 58/85, BGHR BGB § 426 Abs. 1 Satz 1 Ausgleichung 1; *Staudinger/Looschelders* Rn. 77 97 zu § 426 BGB; MünchKomm *(Bydlinski)* Rn. 70 zu § 426 BGB; BGB-RGRK/*Weber* Rn. 12 zu § 426; *Heiermann/Riedl/Rusam* 13. Aufl. Rn. 34 Einf. zu § 13 VOB/B; Beck'scher VOB-Komm. Rn. 113 vor § 13 VOB/B.

[163] *Soergel/Wolf* Rn. 15 zu § 426 BGB; *Prediger* NJW 1970, 125, 126.

[164] *Soergel/Wolf* Rn. 15 zu § 426 BGB.

[165] Siehe Fn. 162.

[166] So auch BGH Urt. v. 21.2.1957 – VII ZR 216/56 – BGHZ 23, 361, 363; vgl. aber Rn. 65 f.

[167] Vgl. zu der Konstellation, dass zwei Bauunternehmer (Vor- und Nachunternehmer) nur gemeinsam den Mangel beseitigen können: BGH Urt. v. 26.6.2003 – VII ZR 126/02 – NJW 2003,

schuldner einen Mangel gemeinsam zu beseitigen haben, hat jeder der Gesamtschuldner gegen den anderen einen Anspruch auf Mitwirkung an der Beseitigung des Mangels; sie sind im Innenverhältnis demnach wie gemeinsame Schuldner[168] und im Falle der Leistungsstörung im Außen- und Innenverhältnis gesamtschuldnerisch verbunden.[169]

Der Mitwirkungsanspruch kann, so die frühere Rechtsprechung, die überholt ist,[170] erst geltend gemacht werden, wenn die Forderung des Gläubigers fällig ist.[171] Verweigert der mitschuldende Gesamtschuldner die Mitwirkung, kann auch vor Fälligkeit der Forderung des Gläubigers gegen den Gesamtschuldner Klage auf Mitwirkung erhoben werden (§ 259 ZPO).[172] Vollstreckt wird der Mitwirkungsanspruch gemäß § 887 ZPO,[173] wobei auch § 887 Abs. 2 ZPO Anwendung findet.[174] 63

Verletzt einer der Gesamtschuldner seine Mitwirkungspflicht, ist er dem anderen Gesamtschuldner zum Schadensersatz verpflichtet. Ist der säumige Gesamtschuldner in Verzug, kann der berechtigte Gesamtschuldner den Verzugsschaden geltend machen (§§ 280, 286 BGB). 64

dd) Forderungsübergang auf den leistenden Gesamtschuldner. Das Verhältnis zwischen § 426 Abs. 1 und Abs. 2 BGB ist streitig. Ein Teil der Literatur stellt sich im Anschluss an die Rechtsprechung des Bundesgerichtshofes[175] auf dem Standpunkt, dass § 426 Abs. 2 BGB einen eigenständigen Ausgleichsanspruch gewährt, der neben den vertraglichen und gesetzlichen Ausgleichsregeln steht und mit der Befriedigung des Gläubigers durch den Ausgleich fordernden Gesamtschuldner entsteht; § 426 Abs. 1 BGB soll nach der insoweit vertretenen Ansicht einen von der Befriedigung des Gläubigers unabhängigen Ausgleich gewähren.[176] Ein anderer Teil der Literatur sieht in § 426 Abs. 2 BGB eine Art Abwicklungsregelung, deren Inhalt durch den Ausgleichsanspruch selbst vorgegeben wird.[177] Enthält die vertragliche oder gesetzliche Ausgleichsregelung, die den Ausgleich zwischen den Gesamtschuldnern bestimmt, eine von § 426 Abs. 1 BGB abweichende Regel, soll sich nach dieser Ansicht der Forderungsübergang nach der vorrangig geltenden Ausgleichsregel vollziehen.[178] 65

Praktische Bedeutung hatten die Meinungsunterschiede vor In-Kraft-Treten des Gesetzes zur Schuldrechtsmodernisierung[179] im Ergebnis dann nicht, wenn man, folgt man der vom Bundesgerichtshof abweichenden Ansicht,[180] die Auffassung vertritt, dass § 426 66

2980; BGH Urt. v. 5.3.1981 – III ZR 115/80 – NJW 1981, 1666, 1667; Urt. v. 23.10.1986 – IX ZR 203/85 – NJW 1987, 374, 376; Urt. v. 15.5.1986 – IX ZR 96/85, NJW 1986, 3131, 3132.

168 Siehe Rn. 7, 42.

169 Siehe Rn. 42, 7; die Entscheidung des Bundesgerichtshofs v. 26. 6. 2003 Fn. 167 betrifft nicht den Fall, dass die Auftragnehmer gemeinsame Schuldner im Außenverhältnis sind; die Mängelbeseitigung hat jeder von ihnen einzeln vornehmen können.

170 BGH Urt. v. 18.6.2009 – VII ZR 167/08 – BGHZ 181, 310.

171 BGH Urt. v. 7.11.1985 – III ZR 142/84 – NJW 1986, 978, 979, juris, Tz. 13 f.; MünchKomm *(Bydlinski)* Rn. 70 zu § 426 BGB; *Erman/Böttcher* Rn. 12 zu § 426 BGB; BGB-RGRK/*Weber* Rn. 12 zu § 426 BGB.

172 BGH Urt. v. 5.3.1981 – III ZR 115/80 – NJW 1981, 1666, 1667; Urt. v. 23.10.1986 – IX ZR 203/85 – NJW 1987, 374, 376; Urt. v. 15.5.1986 – IX ZR 96/85, 1986, 3131, 3132.

173 Zur Frage der Durchsetzbarkeit des Anspruchs vgl. im Übrigen *Staudinger/Looschelders* Rn. 97 zu § 426 BGB.

174 BGH Urt. v. 22.10.1957 – VI ZR 231/56 – LM BGB § 278 Nr. 24; *Staudinger/Looschelders* Rn. 97 zu § 426 BGB.

175 BGH Urt. v. 29.6.1972 – VII ZR 190/71 – BGHZ 59, 97, 102 f.; *Staudinger/Looschelders* Rn. 142 zu § 426 BGB mit Verweis auf kritische Stimmen in der Literatur.

176 BGH Urt. v. 29.6.1972 – VII ZR 190/71 – BGHZ 59, 97, 102.

177 MünchKomm *(Bydlinski)* Rn. 44 zu § 426 BGB.

178 MünchKomm *(Bydlinski)* Rn. 44 zu § 426 BGB.

179 MünchKomm *(Bydlinski)* Rn. 44 zu § 426 BGB.

180 MünchKomm *(Bydlinski)* Rn. 44 zu § 426 BGB.

Abs. 2 BGB den ausgleichsberechtigten Gesamtschuldner nur begünstigen soll,[181] sich die Verjährung des Ausgleichsanspruchs also nicht nach der Norm bestimmt, die für die auszugleichende Forderung gilt. Ohne auf die differenzierenden Auffassungen einzugehen, gehen *Kniffka/Koeble*[182] davon aus, dass gemäß § 426 Abs. 2 BGB „der werkvertragliche Mangelhaftungsanspruch" übergeht, der der werkvertraglichen Verjährung unterliegt. Außerdem könne der Unternehmer gegenüber diesem Anspruch geltend machen, dass er keine Gelegenheit hatte, den Mangel zu beseitigen, „wenn das der Fall war." Wäre diese Ansicht zutreffend, hätte die Vorschrift des § 426 Abs. 2 BGB für den Ausgleich der Gesamtschuldner ihre praktische Bedeutung verloren. Mit der Entscheidung vom 18.6.2009[183] hat der VII. Zivilsenat geurteilt, daß der Ausgleichsanspruch unter Gesamtschuldnern unabhängig von seiner Ausprägung als Mitwirkungs-, Befreiungs- oder Zahlungsanspruch einer einheitlichen Verjährung unterliegt; wobei der Ausgleichsanspruch, auch wenn er auf Zahlung gerichtet ist, mit der Begründung der Gesamtschuld im Sinne des § 199 BGB entstanden ist. Für den Beginn des Laufs der den Ausgleichsanspruch betreffenden Verjährungsfrist ist von Bedeutung, dass nach der Entscheidung vom 18.6. 2009[184] dafür Kenntnis aller Umstände erforderlich ist, die einen Ausgleichsanspruch des Gläubigers gegen den Ausgleichsverpflichteten begründen, ferner der Umstände, die einen Anspruch des Gläubigers gegen den Ausgleichsverpflichteten begründen, sowie von den Umständen, die das Gesamtschuldverhältnis begründen und schließlich denjenigen Umständen, die im Innenverhältnis eine Ausgleichspflicht begründen.

Für den Fall, dass dem bauaufsichtsführenden Architekten – trotz mangelfreier Pläne – ein Überwachungsfehler unterläuft und sich dadurch ein vom Unternehmer zu verantwortender Mangel manifestiert, beginnt die Frist für die Verjährung des gegenseitig bestehenden Ausgleichsanspruch mithin mit dem Zeitpunkt, mit dem beide den Mangel erkennen. Das kann schon vor der Abnahme des Werkes der Fall sein, so dass die Verjährungsfrist für den Ausgleichsanspruch zu laufen beginnen kann, bevor dem Auftraggeber Mängelrechte zustehen, da Mängelrechte in der Regel erst mit der Abnahme entstehen.[185] Bei langfristigen Bauvorhaben[186] kann der Ausgleichsanspruch gemäß § 426 Abs. 1 BGB verjährt sein, bevor dem Besteller Mangelrechte zustehen. Geht, wie *Kniffka/Koeble* meinen,[187] im Rahmen von § 426 Abs. 2 BGB der werkvertragliche Mangelhaftungsanspruch über und steht dem Unternehmer gegenüber dem Architekten der Einwand zur Seite, ihm sei keine Möglichkeit der Nacherfüllung eröffnet worden, wird der Unternehmer „frei", wenn der Auftraggeber den bauüberwachenden Architekten auf Schadenersatz in Anspruch nimmt, weil der Auftraggeber über diesen Weg verhindert, dass der Unternehmer sein werkvertragliches Nachbesserungsrecht wahrnehmen kann. Diese Lösung überzeugt nicht, insbesondere nicht unter Berücksichtigung der zitierten, vor Inkrafttreten des SchuMoG geltenden Rechtsprechung zur Fälligkeit des Mitwirkungsanspruchs aus § 426 Abs. 1 BGB.[188] Ähnlich der Konstruktion des VII. Zivilsenats in der Entscheidung vom 5.10.2010,[189] die sich mit der Verjährung des Befreiungsanspruchs des Treuhänders befasst, wird man entweder zu der Lösung kommen müssen, dass die Verjährung der aus § 426 Abs. 1 BGB fließenden Ansprüche nicht vor Fälligkeit der werkvertraglichen

[181] So MünchKomm *(Bydlinski)* Rn. 44 zu § 426 BGB.

[182] *Kniffka/Koeble*, 4. Aufl., 6. Teil, Rn. 95.

[183] BGH Urt. v. 18.6.2009 – VII ZR 167/08 – BGHZ 181, 310, juris, Tz. 13.

[184] BGH Urt. v. 18.6.2009 – VII ZR 167/08, aaO.

[185] *Messerschmidt/Voit/Drossat*, 2. Aufl. Rn. 2 f. zu § 634 BGB.

[186] Vgl. etwa den Fall OLG Hamm, Urt. v. 26.9.2013 – J – 21 U 64/13, NZBau 2014, 34; anhängig beim BGH, VII ZR 308/13.

[187] *Kniffka/Koeble*, 4. Aufl., 6. Teil, Rn. 95.

[188] BGH Urt. v. 07.11.1985 – III ZR 142/84 – NJW 1986, 978, 979, juris, Tz. 13 f; MünchKomm *(Bydlinski)* Rn. 70 zu § 426 BGB; *Erman/Böttcher* Rn. 12 zu § 426 BGB; BGH-RGRK/*Weber* Rn. 12 zu § 426 BGB.

[189] BGH Urt. v. 5.10.2010 – III ZR 209/09 – BGHZ 185, 310, juris, Tz. 21 f.

Mängelansprüche des Auftraggebers zu laufen beginnt; oder: in der Regelung des § 426 Abs. 2 BGB die in der Literatur teilweise befürwortete Abwicklungsregelung sehen, die mit dem ursprünglichen, die Forderung des Gläubigers (hier: Auftraggebers) begründenden Anspruch nichts zu tun hat.[190]

b) Haftungsquoten – Ausgleichsmaßstab. *aa) Grundsatz.* Bei der Ermittlung der Haftungsquote des einzelnen Gesamtschuldners kommt es auf die Verteilung und das Maß der Verantwortlichkeit der Gesamtschuldner untereinander für den Schaden an.[191] Überlegungen, die Haftungsverteilung auf der Grundlage systematischer Kriterien zu objektivieren, haben sich nicht durchsetzen können. Einigkeit besteht jedoch darüber, dass die Haftungsquote unter besonderer Beachtung des Zusammenhangs zwischen Schadens- und Mangelursache und dem jeweiligen Aufgaben- und Verantwortungsbereich des einzelnen Gesamtschuldners zu ermitteln ist.[192] Für die Abwägung sind die Grundsätze des § 254 BGB heranzuziehen.[193] Auf § 840 BGB lässt sich ebenfalls zurückgreifen.[194] Bei alldem ist jedoch zu beachten, dass die Beweislast für eine vom Grundsatz der kopfmäßigen Aufteilung (§ 426 Abs. 1 BGB) abweichende Verteilung der Haftungsanteile von demjenigen Gesamtschuldner zu tragen ist, der sich auf eine für ihn günstigere Haftungsquote beruft.[195] Jeder Gesamtschuldner trägt demnach auch die Beweislast für die Umstände, die eine für ihn günstigere Haftungsquote begründen. Dies ist im Übrigen stets zu beachten, wenn vom Gesamtschuldner, der den Ausgleich fordert, von mehreren Gesamtschuldnern nur einer in Anspruch genommen wird und eine Streitverkündung dieses Gesamtschuldners gegenüber den restlichen Gesamtschuldnern in Betracht kommt. Werden alle Gesamtschuldner vom Gläubiger im Prozess in Anspruch genommen, ist daran zu denken, dass auch eine Streitverkündung gegenüber den mitbeklagten Streitgenossen, also den weiteren Gesamtschuldnern, in Betracht kommt.[196] 67

bb) Abgrenzungskriterien. Ist der Beitrag der Schadensverursachung abzugrenzen, ist als Orientierungshilfe zu berücksichtigen, dass Planungsfehler grundsätzlich in den Verantwortungsbereich des Architekten und des Sonderfachmanns, Ausführungsfehler in den Verantwortungsbereich des Bauunternehmers und ggf. des bauüberwachenden Architekten fallen. Diese Abgrenzung kann dazu führen, dass einer der Schuldner voll haftet. Hat zum Beispiel der Architekt durch seinen Planungsfehler die eigentliche Schadensursache gesetzt, kann er voll ausgleichspflichtig sein.[197] 68

Haftet der Bauunternehmer im Außenverhältnis gegenüber dem Auftraggeber nur in Höhe einer bestimmten Quote, weil sich der Auftraggeber ein Verschulden des Architekten als Erfüllungsgehilfen zurechnen lassen muss, ist diese Quote für den Rückgriffsanspruch des Auftraggebers gegenüber seinem Architekten als Erfüllungsgehilfen nur maßgebend, wenn der Auftraggeber dem Architekten den Streit verkündet hatte (§§ 74, 68 ZPO). Hat er das nicht getan, kann der Architekt einwenden, der Vorprozess sei falsch entschieden worden und eine für ihn günstigere Haftungsverteilung reklamieren. Ausgeschlossen ist der Haftungsausgleich im Innenverhältnis in dem Umfang, in dem der den Gläubiger befriedigende Gesamtschuldner die ihm gegenüber dem Auftraggeber nach der

---

190 Siehe Rn. 65.

191 Im Prozess fällt die Würdigung in die Verantwortung des Tatrichters; sie unterliegt demnach nur eingeschränkter revisionsrechtlicher Kontrolle.

192 Vgl. BGH Urt. v. 17.5.1965 – VII ZR 7/63, VersR 1965, 875; *Kleine-Möller/Merl/Oelmeier* Handbuch des privaten Baurechts 5. Aufl. Rn. 1013.

193 Hierzu *Heiermann/Riedl/Rusam* Handkommentar zur VOB 13. Aufl. Rn. 34 Einf. zu § 13 VOB/B.

194 *Kamphausen* VersR 1996, 676.

195 *Baumgärtel* Handbuch der Beweislast Bd. I Rn. 1 zu § 426 BGB.

196 Vgl. dazu auch *Vorwerk/Freyberger* Das Prozessformularbuch 10. Aufl. Kap. 19 Rn. 38, 40.

197 BGH Urt. v. 19.12.968 – VII ZR 23/66 = BGHZ 51, 275, 279 f., juris, Tz. 30; vgl. auch *Heiermann/Riedl/Rusam* Handkommentar zur VOB Rn. 37 b Einf. zu § 13 VOB/B.

objektiven Rechtslage zustehenden Einwendungen nicht hinreichend durchgesetzt hat; in diesem Fall verstößt die Gewährung des Ausgleichsanspruches in dem Umfang gegen Treu und Glauben (§ 242 BGB), in dem Einwendungen den Anspruch gegen die Gesamtschuldner zu Fall gebracht hätte.[198] War etwa der Anspruch des Auftraggebers gegen den Architekten verjährt und hat der Architekt den Anspruch dennoch erfüllt, kann er gegenüber dem Bauunternehmer keinen Ausgleichsanspruch durchsetzen, weil die Verjährungseinrede den Anspruch des Auftraggebers zu Fall gebracht hätte.[199] War der Anspruch gegenüber dem Architekten dagegen nicht verjährt, wohl aber gegen den Unternehmer, ändert dies nichts daran, daß der Architekt gegenüber dem Unternehmer den Ausgleichsanspruch durchsetzen kann.[200]

69 *cc) Höhe des Ausgleichsanspruchs.* Der im Innenverhältnis bestehende Ausgleichsanspruch des den Gläubiger befriedigenden Gesamtschuldners gegenüber den anderen Gesamtschuldnern besteht als Zahlungsanspruch nur in der Höhe, in der er den Auftraggeber im Außenverhältnis über die ihm zurechenbare Haftungsquote hinaus befriedigt hat.[201] Macht der Gesamtschuldner den Ausgleichsanspruch im Wege des Anspruchs auf Befreiung von einer Verbindlichkeit geltend,[202] kann er ebenfalls Befreiung nur in dem seine Haftungsquote übersteigenden Umfang verlangen. Fällt einer der Gesamtschuldner aus, erhöht sich die Haftungsquote der anderen anteilig (§ 426 Abs. 1 Satz 2 BGB).[203]

70 *dd) Kosten der Rechtsverteidigung.* Ein Ausgleichsanspruch des im Klagewege in Anspruch genommenen Gesamtschuldners gegenüber den übrigen Gesamtschuldnern wegen der entstanden Prozesskosten besteht grundsätzlich nicht.[204] Etwas anderes kann gelten, wenn der in Anspruch genommene Gesamtschuldner den Prozess stellvertretend für die anderen Gesamtschuldner führt. Ein Schadensersatzanspruch des klageweise in Anspruch genommenen Gesamtschuldners gegen den anderen Gesamtschuldner auf Erstattung von Prozesskosten kommt zudem in Betracht, wenn der sich verweigernde Gesamtschuldner den in Anspruch genommenen „durch Verweigerung oder verzögerliche Erfüllung seiner Pflicht zur anteiligen Befriedigung des Gläubigers gezwungen hat, ein ungünstiges Prozessrisiko einzugehen oder sich einer offensichtlich berechtigten Klage auszusetzen".[205] Werden alle Gesamtschuldner gemeinsam verklagt und werden ihnen die Kosten des Rechtsstreits gesamtschuldnerisch auferlegt, ergibt sich die Ausgleichspflicht nur aus dem von § 100 Abs. 4 ZPO regierten prozessualen Gesamtschuldverhältnis.

4. Haftungsbeschränkungen und Gesamtschuldnerausgleich

71 In der Praxis kommt es nicht selten vor, dass der Auftraggeber mit dem Architekten oder dem Bauunternehmer Vereinbarungen trifft, die die Haftung einschränken oder ausschließen.[206] Neben den haftungseinschränkenden oder haftungsausschließenden Vereinbarungen sind in diesem Zusammenhang auch die Fälle von Bedeutung, die durch das

---

198 OLG Zweibrücken BauR 1993, 625 = NJW-RR 1993, 1237, 1238.

199 Für die Konstellation, dass der Anspruch gegen den Bauunternehmer zu diesem Zeitpunkt noch besteht, s. Rn. 71 ff.

200 BGH Urt. v. 9.7.2009 – VII ZR 109/08 – BauR 2009, 1609, juris, Tz. 11.

201 *Werner/Pastor* Der Bauprozeß, 14. Aufl., Rn. 2508; *Ingenstau/Korbion* Rn. 230 f. zu Vor § 13 VOB/B.

202 Vgl. insoweit *Vorwerk* Das Prozessformularbuch, 10. Aufl., Kap. 15 Rn. 139 ff.

203 Vgl. dazu auch *Staudinger/Looschelders* Rn. 128 zu § 426 BGB.

204 BGH Urt. v. 26.6.2003 – VII ZR 126/02 – NJW 2003, 2980, juris, Tz. 23; Urt. v. 16.2.1971 – VI ZR 150/69 – NJW 1971, 884, 885, juris, Tz. 15; *Werner/Pastor* Der Bauprozeß 14. Aufl. Rn. 2508, *Staudinger/Looschelders* Rn. 45 ff. zu § 426 BGB.

205 Siehe BGH Urt. v. 26.6.2003 – VII ZR 126/02 aaO.; Urt. v. 16.2.1971 – VI ZR 150/69 – NJW 1971, 884, 885.

206 Vgl. zu den möglichen Vereinbarungen die Übersicht bei *Werner/Pastor* Der Bauprozeß 14. Aufl. Rn. 2513.

Verhalten des Auftraggebers dazu führen, dass ein Gesamtschuldner von ihm nicht mehr in Anspruch genommen werden kann. Nimmt etwa der Auftraggeber nur den Architekten in Anspruch, wird der in Anspruch Genommene nach Erfüllung des Schadensersatzanspruchs versuchen, vom Bauunternehmer Ausgleich zu fordern. Wurde vom Bauunternehmer durch den Auftraggeber – auch über die Zeit des Streites mit dem Architekten hinweg – keine Nacherfüllung (§ 635 BGB) verlangt und sind inzwischen alle Rechte des Auftraggebers gegenüber dem Bauunternehmer verjährt, stellt sich die Frage, ob und ggf. wie sich dieser Haftungsvorteil eines der Gesamtschuldner gegenüber dem Gläubiger im Innenverhältnis der Gesamtschuldner auswirkt. In der Literatur werden entsprechende Haftungsvorteile unter dem Thema „gestörte Gesamtschuldnerschaft"[207] behandelt und zusammengefasst. Wie Fälle gestörter Gesamtschuldnerschaft zu behandeln sind, ist in der Literatur und der Rechtsprechung umstritten.[208]

a) Die Ansicht des Bundesgerichtshofes. Die Rechtsprechung des Bundesgerichtshofes 72
lässt einen Rückgriff ohne Rücksicht darauf zu, dass dem ausgleichspflichtigen Gesamtschuldner gegenüber dem Gläubiger die Einrede der Verjährung möglich ist.[209] Ebenfalls besteht der Ausgleichsanspruch, wenn der andere Gesamtschuldner wegen eines Haftungsausschlusses oder einer Haftungserleichterung nicht – oder nicht mehr – haftet.[210]

b) Gegenansicht der Literatur. In der Literatur[211] wird dies für nicht sachgerecht ge- 73
halten, weil – so das Hauptargument – die Haftungs- und Gewährleistungsprivilegien des betroffenen Gesamtschuldners umgangen werden.[212] Ein Teil der Literatur[213] verlangt deshalb eine Lösung zu Lasten des Auftraggebers, mit der Folge, dass der in Anspruch genommene Gesamtschuldner dem Auftraggeber die auf den privilegierten Gesamtschuldner im Innenverhältnis entfallende Haftungsquote durch Kürzung des Schadensersatzanspruchs des Auftraggebers entgegenhalten kann. Die Begründung, die dafür von *Weise*[214] gegeben wird, enthält jedoch einen Zirkelschluss: Die Notwendigkeit der Kürzung lässt sich nicht damit begründen, dass der Rückgriffsanspruch gegen den anderen Gesamtschuldner nicht gegeben ist, wenn geklärt werden soll, ob der Rückgriffsanspruch besteht. Die von *Werner/Pastor*[215] vertretene Ansicht lässt eine tragende Begründung vermissen, die der Rechtsprechung des Bundesgerichtshofes[216] entgegenstehen könnte.

Geht der Auftraggeber nur gegen einen Gesamtschuldner vor und fordert den anderen 74
Gesamtschuldner weder zur Mängelbeseitigung auf, noch nimmt er ihn anderweitig in Anspruch, soll nach anderer Ansicht eine Kürzung des Schadensersatzanspruchs über die Norm des § 254 BGB[217] vorgenommen werden.[218] Auch dem ist nicht zu folgen. Die

---

207 Vgl. etwa MünchKomm *(Bydlinski)* Rn. 54 ff. zu § 426 BGB.

208 Siehe dazu auch Rn. 66.

209 BGH Urt. v. 9.7.2009 – VII ZR 109/08, aaO; Urt. v. 9.3.1972 – VII ZR 178/70 – BGHZ 58, 216, 218, juris, Tz. 13.

210 Der Bundesgerichtshof hat diesen Grundsatz neben dem Fall der Verjährung auf folgende Fallkonstellationen angewandt: Vergleich mit einem Gesamtschuldner (*Schäfer/Finnern* Z 3.01, Bl. 325); Vereinbarungen über einen Haftungsverzicht oder eine Haftungsbeschränkung (BGH Urt. v. 9.3. 1972 – VII ZR 178/70 – BGHZ 58, 216, 219); nachträglicher Erlass gegenüber einem Gesamtschuldner (BGH Urt. v. 20.4.1967 – II ZR 220/65 – BGHZ 47, 376, 379).

211 Einen Überblick über die Literatur gibt *Glöckner* Gesamtschuldvorschriften und Schuldmehrheiten bei unterschiedlichen Leistungsinhalten 1997 S. 110 ff.

212 Vgl. *Weise* BauR 1992, 685, 691 f.; *Werner/Pastor* Der Bauprozeß 14. Aufl. Rn. 2519.

213 Siehe Fn. 212.

214 Siehe Fn. 212.

215 *Werner/Pastor* Der Bauprozeß 14. Aufl. Rn. 2517 f.

216 Siehe Rn. 72.

217 Es ist in der Literatur anerkannt, dass der Bauherr, der eine vom Unternehmer angebotene Mängelbeseitigung grundlos ablehnt, gegen seine Schadensminderungspflicht verstößt: *Wussow* NJW 1974, 9, 11; vgl. auch *Werner/Pastor* Der Bauprozeß 14. Aufl. Rn. 2521.

218 *Weise* BauR 1992, 685, 692.

Beschränkung der Haftungsquote über den Weg des § 254 BGB hat zur Konsequenz, dass der Anwendungsbereich des § 254 BGB über den gesetzlich vorgegebenen Rahmen erweitert wird. Zudem widerspricht die aufgezeigte Lösung der gesetzlichen Regelung über die Gesamtschuldnerschaft, wie sie in § 421 BGB geregelt ist.[219]

5. Verjährung

75 Der Ausgleichsanspruch ist ein selbständiger Anspruch,[220] der in drei Jahren verjährt (§ 195 BGB). Verjährungsbeginn ist der Schluss des Jahres, in dem der Anspruch entstanden ist und der Gläubiger von der Anspruchsentstehung Kenntnis erlangt oder ohne grobe Fahrlässigkeit erlangen müsste (§ 199 Abs. 1 BGB).[221] Die Verjährungsfrist beträgt ohne Rücksicht auf die Kenntnis oder grob fahrlässige Unkenntnis zehn Jahre ab Entstehung des Anspruchs (§ 199 Abs. 4 BGB).

76 Da der Ausgleichsanspruch bereits mit Begründung der Gesamtschuld entsteht,[222] wird der ausgleichspflichtige Gesamtschuldner mit Einwendungen aus seinem Verhältnis zum Gläubiger, die auf nach diesem Zeitpunkt liegenden Umständen beruhen, nicht gehört. Unerheblich für den Ausgleichsanspruch im Innenverhältnis ist deshalb, ob die Ansprüche des Auftraggebers gegen einen Gesamtschuldner rechtskräftig abgewiesen worden sind.[223]

6. Prozessuales

77 **a) Darlegungs- und Beweislast.** *aa) Einwand des Mitverschuldens.* Die Frage, wer die Darlegungs- und Beweislast für den Einwand trägt, der Auftraggeber müsse sich im Verhältnis zu einem der Gesamtschuldner ein mitwirkendes Verschulden anrechnen lassen,[224] wird unterschiedlich beantwortet. Von der überwiegenden Meinung wird die Auffassung vertreten, dass derjenige die Darlegungs- und Beweislast trägt, der sich auf das mitwirkende Verschulden des Auftraggebers beruft.[225] Die Gegenmeinung[226] begreift die Behauptung fehlenden Mitverschuldens und damit zugleich den Vortrag zu einem etwa bestehenden Mitverschulden als Teil der schlüssigen Begründung des Bestehens der Forderung mit der Folge, dass den Auftraggeber die Darlegungs- und Beweislast für die Behauptung trifft, er müsse sich kein oder nur ein von ihm definiertes Mitverschulden zurechnen lassen. Die Auffassung der Gegenmeinung hat zum Ergebnis, dass der Auftraggeber auch den Negativbeweis für seine Behauptung zum Mitverschulden führen müsste.

78 *bb) Allgemeine Geschäftsbedingungen.* Die Verträge zwischen Auftraggeber und den Baubeteiligten unterliegen häufig den für Allgemeine Geschäftsbedingungen geltenden Regelungen (§§ 305 ff. BGB). Allgemeine Geschäftsbedingung ist eine Vertragsklausel schon dann, wenn der Verwender bei der ersten Verwendung beabsichtigt, die Klausel in weitere Verträge einzubeziehen,[227] wobei eine dreimalig beabsichtigte Verwendung aus-

---

219 Siehe auch Rn. 66.

220 *Staudinger/Looschelders* zu § 426 BGB Rn. 15, 16 m. w. N.; *Erman/Böttcher* Rn. 6 zu § 426 BGB; *Soergel/Wolf* Rn. 39 zu § 426 BGB.

221 BGH Urt. v. 18.6.2009 – VII ZR 167/08; siehe zum Umfang der nötigen Kenntnis Rn. 66.

222 BGH Urt. v. 18.10.2012 – III ZR 312/11, NJW 2012, 3777, Tz. 13; BGH Urt. v. 18.6.2009 – VII ZR 167/08, aaO; BeckOK/*Gehrlein*, Edition 33, Rn. 3a zu § 426 BGB; MünchKomm/*Bydlinski*, 6. Aufl., Rn. 12 zu § 426 BGB.

223 RG Urt. v. 16.11.1908 – VI 607/07, RGZ 69, 422, 426.

224 Zum Mitverschuldenseinwand s. oben.

225 *Kaiser* Das Mängelhaftungsrecht Rn. 148; MünchKomm *(Busche)* Rn. 133 zu § 634 BGB; *Baumgärtel* Handbuch der Beweislast im Privatrecht Bd. I Rn. 1 ff. zu § 254 BGB Rn. 45 zu § 636 BGB; *Ingenstau/Korbion* Rn. 2 § 13 VOB/B.

226 Beck'scher VOB-Komm./*Zahn* Rn. 31 f. vor § 13 VOB/B.

227 BGH Urt. v. 26.9.1996 – VII ZR 318/95 – NJW 1997, 135; BeckOK/*Becker*, Edition 33, Rn. 24 zu § 305 BGB; MünchKomm *Basedow*, Rn. 18 f zu § 305 BGB.

reicht.[228] Wird die Klausel häufig im Geschäftsverkehr verwendet, spricht eine Vermutung für das Vorliegen Allgemeiner Geschäftsbedingungen.[229] Hat der Verwender die mehrfache Verwendungsabsicht beim ersten Mal der Verwendung allerdings noch nicht gefasst, ist die Klausel den §§ 305 ff. BGB nicht unterworfen, auch wenn er später die Klausel in anderen Verträgen verwendet.[230] Erst in jenen weiteren Verwendungsfällen wird die Klausel Allgemeine Geschäftsbedingung. Handelt es sich um Vereinbarungen in Bauträgerverträgen, spricht eine Vermutung für das Vorliegen Allgemeiner Geschäftsbedingungen, wenn der Vertragspartner gewerblich als Bauträger tätig ist und der Vertrag Klauseln enthält, die typischerweise in Bauträgerverträgen verwendet werden.[231]

Derjenige, der sich auf den Schutz der §§ 305 ff. BGB beruft, trägt die Darlegungs- **79** und Beweislast für das Vorliegen Allgemeiner Geschäftsbedingungen.[232] Es empfiehlt sich deshalb stets, Vortrag zu halten, der es ermöglicht, eine vertragliche Regelung als Allgemeine Geschäftsbedingung zu qualifizieren. Dies gilt auch deshalb, weil Allgemeine Geschäftsbedingungen vom Revisionsgericht frei auszulegen sind, wenn sie über einen Oberlandesgerichtsbezirk hinaus Verwendung finden.[233]

b) Streitverkündung durch den beklagten Gesamtschuldner.[234] Für den Fall, dass **80** durch den Auftraggeber nur ein Gesamtschuldner im Klageweg in Anspruch genommen wird, sollte der betroffene Gesamtschuldner jeweils dem nicht mitbeklagten Gesamtschuldner den Streit verkünden, um die Durchsetzung des Ausgleichsanspruchs zu erleichtern (§§ 74, 68 ZPO). Die Streitverkündung hat zudem die Wirkung, dass sie die Verjährung gegenüber dem Streitverkündungsgegner hemmt (§§ 204 Abs. 1 Nr. 6 BGB, 167 ZPO).

c) Streitverkündung durch den klagenden Auftraggeber. *aa) Gesamtschuldner.* Nimmt **81** der Auftraggeber einen der Gesamtschuldner in Anspruch und will er zugleich verhindern, dass die Ansprüche gegen die übrigen Gesamtschuldner verjähren, wird in der Praxis häufig angenommen, es sei zweckmäßig und richtig, dem weiteren Gesamtschuldner seitens des Auftraggebers und damit des Klägers den Streit zu verkünden. Jene Streitverkündung ist nicht zulässig (§ 72 ZPO) und hat deshalb auch nicht die Wirkung einer Streitverkündung i. S. d. § 204 Abs. 1 Nr. 6 BGB.[235] Eine zulässige Streitverkündung setzt grundsätzlich[236] eine „alternative" Schuldnerschaft im Rechtssinne[237] voraus. Haften also Architekt und Bauunternehmer dem Auftraggeber als Gesamtschuldner, und muss sich der Auftraggeber den Haftungsanteil des Architekten nicht als Mitverschuldensanteil anrechnen lassen[238], fehlt es an einer Alternativität

---

[228] BGH Urt. v. 27.9.2001 – VII ZR 388/00 – WM 2001, 2352, juris, Tz. 21; Urt. v. 11.12.2003 – VII ZR 31/03, NJW 2004, 1454, juris, Tz. 17 f.

[229] BGH Urt. v. 26.9.1996 – VII ZR 318/95 – NJW 1997, 135, juris, Tz. 8; MünchKomm *Basedow* Rn. 18 zu § 305 BGB; BeckOK/*Becker*, Edition 33, Rn. 24 zu § 305 BGB.

[230] Siehe Fn. 229.

[231] BGH Urt. v. 13.9.2001 – VII ZR 487/99 = NJW-RR 2002, 13, 14, juris, Tz. 23, 29; Urt. v. 14.5.1992 – VII ZR 204/90 = NJW 1992, 2160, juris, Tz. 31; vgl. auch *Locher* Das private Baurecht 6. Aufl. Rn. 410.

[232] BGH Urt. v. 13.9.2001 – VII ZR 487/99 = NJW-RR 2002, 13 juris, Tz. 23, 29; Urt. v. 14.5.1992 – VII ZR 204/90 – BGHZ 118, 229, juris, Tz. 31.

[233] BGH Urt. v. 5.7.2005 – X ZR 60/04, BGHZ 163, 321; Urt. v. 9.10.2001 – X ZR 153/99, DRsp Nr. 2001/16168; *Graf v. Westphalen/Thüsing*, Vertragsrecht, 35. EL 2014, Rn. 48.

[234] Siehe dazu auch Rn. 67.

[235] Vgl. BGH Urt. v. 26.3.1987 – VII ZR 122/86, juris, Tz. 8 f.; Urt. v. 22.12.1977 – VII ZR 94/76 – BGHZ 70, 187, 189, juris, Tz. 16 f.

[236] Siehe dazu Rn. 82.

[237] „Alternativschuldner", etwa wegen § 179 BGB entweder der Vertreter oder der Vertretene, vgl. dazu auch BGHZ 85, 252, zur Frage, wenn rechtlich unklar ist, wer von zwei in Frage kommenden Personen als Vertragspartner haftet; BGH NJW 2010, 3576, für den Fall der Vertragsübernahme.

[238] BGH Urt. v. 24.2.2005 – VII ZR 328/03, NJW-RR 2005, 891.

der Schuldnerschaft. Aus diesem Grund kann der Auftraggeber in dem Verfahren, in dem er den Architekten in Anspruch nimmt, nicht vorsorglich dem Bauunternehmer den Streit verkünden.[239]

Der Auftraggeber muss sich also bei Vorliegen einer Gesamtschuldnerschaft entscheiden, ob er beide Schuldner gemeinsam als Gesamtschuldner verklagen oder ob er zumindest zunächst nur einen von ihnen in Anspruch nehmen will und sich vorbehält, die Verjährungsfrist gegenüber dem anderen Gesamtschuldner auf andere Weise zu hemmen. Zu denken ist dabei an die Durchführung eines selbständigen Beweisverfahrens vor Ablauf der Verjährungsfrist, ein Mahnverfahren oder an den Versuch, mit dem anderen Gesamtschuldner eine Vereinbarung über den Verzicht auf die Einrede der Verjährung zu treffen.

82 *bb) Alternativschuldner.* Eine Streitverkündung empfiehlt sich allerdings stets für den Fall alternativer Verantwortung im Rechtssinn[240] [wenn also im Zeitpunkt der Streitverkündung unklar ist, wer für die Mängel am Werk verantwortlich ist[241]]; ferner in den Sonderfällen, in denen die Rechtsprechung des Bundesgerichtshofes[242], die Bindungswirkung auch bei tatsächlicher Alternativität („Alternativverhältnis aus tatsächlichen Gründen") anerkannt hat. Jenes Alternativverhältnis aus tatsächlichen Gründen will die Rechtsprechung dann für gegeben sehen, wenn „die Partei im Zeitpunkt der Streitverkündung aus in diesem Augenblick naheliegenden Gründen für den Fall ungünstigen Ausgangs des Rechtsstreits einen Anspruch gegen einen Dritten erheben zu können glaubt"[243]. Die notwendige Klarheit für den Streitverkündungsempfänger sei dadurch gegeben, dass er ebenso wie der Streitverkündende prüfen und erkennen kann, ob aufgrund der ihm für die Streitverkündung genannten Gründen (§ 73 ZPO) eine tatsächliche Alternativität mindestens ernsthaft in Betracht kommt; wenn also im Zeitpunkt der Streitverkündung unklar ist, wer für die Mängel am Werk verantwortlich ist.[244]

cc) Eigene Stellungnahme. Die durch die Entscheidung des VII. Senates vom 18.12. 2014[245] erneut belebte frühere Rechtsprechung dieses Senates[246], die durch die Entscheidung des IX. Senats[247] überholt schien, schafft Unsicherheit, wie im Fall tatsächlicher Alternativität zu reagieren ist. Nimmt der Streitverkündungsgegner an, eine dritte Ursache sei Grund für den Mangel, für den er alternativ in Anspruch genommen werden soll, empfiehlt sich, dem Rechtsstreit dennoch beizutreten und entsprechend vorzutragen. Wird dieser Vortrag wegen § 67 ZPO nicht beachtet, tritt zumindest keine Bindungswirkung im Hinblick auf die Streitverkündung ein (§ 68 Satz 1, HS 2 ZPO). Nicht beizutreten, um Kosten zu sparen, könnte für den Folgeprozess fatal sein; zumal ungeklärt ist, ob

239 BGH Urt. v. 6.5.1982 – VII ZR 172/81 – BauR 1982, 514, 515, juris, Tz. 10.

240 Siehe Fn. 237.

241 Vgl. dazu BGH Urt. v. 9.10.1975 – VII ZR 130/73 – BGHZ 65, 127, 131, juris, Tz. 19; und zwar auch zur Abgrenzung, wann in diesen Fällen die Streitverkündung unzulässig wird, weil kumulative Haftung vorliegt.

242 Es handelt sich nur um Rechtsprechung des VII. Senats in Bausachen vgl. etwa BGH Urt. v. 6.5.1982 – VII ZR 172/81, aaO – Haftung des Architekten wegen unterlassener Planung einer Abdichtung oder des Bauunternehmers wegen mangelhaft durchgeführter Abdichtung; Urt. v. 22.12.1977 – VII ZR 94/76, BGHZ 70, 187, 189 ff. – Fehler des Planers oder Bauunternehmers; Urt. v. 9.101975 – VII ZR 130/73, BGHZ 65, 127, 131 ff. – Verantwortlichkeit des Vorunternehmers oder des Unternehmers für Nässeschäden.

243 BGH, Urt. v. 18.12.2014 – VII ZR 102/14, BauR 2015, 705, juris, Tz. 17.

244 Vgl. dazu BGH Urt. v. 9.10.1975 – VII ZR 130/73 – BGHZ 65, 127, 131, juris, Tz. 19; und zwar auch zur Abgrenzung, wann in diesen Fällen die Streitverkündung unzulässig wird, weil kumulative Haftung vorliegt.

245 BGH, Urt. v. 18.12.2014 – VII ZR 102/14, aaO.

246 Siehe Fn. 241.

247 BGH, Urt. v. 16.9.2010 – IX ZR 203/08, NJW 2010, 3576, juris, Tz. 13, unter Verweis auf Urt. v. 21.7.2005 – IX ZR 193/01, WM 2005, 2108, juris, Tz. 11.

im Einzelfall „tatsächliche Alternativität zumindest ernsthaft in Betracht" gekommen ist. Die Bindungswirkung der Entscheidung im Vorprozess lässt sich mithin nicht sicher abschätzen.

Beispiel im Baurecht:

Das Holzparkett wölbt sich an mehreren Stellen. Unklar ist, ob der Unternehmer, der den Fußboden verlegt hat, oder der, der den Estrich aufgebracht hat, hierfür verantwortlich ist. Beide verweisen auf die Verantwortung des anderen. Für den Auftraggeber ist nicht erkennbar, wer die Verantwortung allein trägt.

Würde der Auftraggeber beide Auftragnehmer in einem Prozess gemeinsam verklagen, würde er hinsichtlich eines der Beteiligten mit der Klage mit entsprechender Kostenfolge abgewiesen werden, da beide in Anspruch genommenen Unternehmer nach der subjektiven Vorstellung des Auftraggebers über die Ursachen der Mangelerscheinung für den Mangel nicht als Gesamtschuldner haften. Das vorgeschlagene Verfahren – Klage gegen einen Auftragnehmer, Streitverkündung gegenüber dem anderen – ist allerdings nicht völlig unproblematisch. Der dieses Verfahren ermöglichenden Entscheidung des VII. Zivilsenats des Bundesgerichtshofes[248] steht die Auffassung entgegen, im Rahmen der Alternativität der Schuldner komme es auf die rechtliche, nicht aber tatsächliche Alternativität an.[249] Zudem muss man, reicht tatsächliche Alternativität für die Zulässigkeit der Streitverkündung, sich darüber im Klaren sein, dass ein Unterliegen im Verfahren gegen einen der beiden „Alternativschuldner" aus Beweisgründen keine Tatbestandswirkung im Sinne der §§ 74, 68 ZPO in der Weise schafft, dass nunmehr der andere „Alternativschuldner" zu haften habe. Diese Tatbestandwirkung kann nur bei rechtlicher Alternativität eintreten, weil die fehlende Haftung des einen Schuldners bei rechtlicher Alternativität die Haftung des anderen definitionsgemäß voraussetzt. Bei tatsächlicher Alternativität gibt es noch die Möglichkeit, dass nicht der andere „Alternativschuldner", sondern ein Dritter (oder auch ein zufälliges Ereignis) für den Mangel verantwortlich ist. Bei tatsächlicher Alternativität reicht nämlich die subjektive Vorstellung des Gläubigers dafür, dass entweder der eine oder der andere „Alternativschuldner" die Ursache für den Mangel gesetzt hat und deshalb haftet.[250] Im Verfahren gegen den anderen „Alternativschuldner" ist folglich ebenfalls Beweis dafür zu erbringen, dass er für den Mangel verantwortlich ist.[251] 83

d) Streitverkündung im selbständigen Beweisverfahren. Nach der Rechtsprechung des Bundesgerichtshofs ist eine Streitverkündung auch im selbständigen Beweisverfahren möglich.[252] Für die Streitverkündung gelten die Regeln, die auch für das Erkenntnisverfahren Geltung haben. Zu achten ist allerdings darauf, dass die Verjährungsfrist nur für die Dauer des selbständigen Beweisverfahrens und die in § 204 Abs. 2 BGB angeführte anschließende Schonfrist gehemmt wird. 84

e) Berufshaftpflichtversicherung und Gesamtschuldnerausgleich. *aa) Gesetzliche Haftpflicht.* Die gesetzliche Haftpflichtversicherung ist sowohl für den Architekten als auch für den Bauunternehmer von herausragender Bedeutung, da im Baubereich Schadensersatzansprüche aufgrund gesetzlicher Haftpflichtbestimmungen denkbar sind, die die Existenzgrundlage der Bauausführenden gefährden können. Die Haftpflichtversicherung des baugewerblichen Unternehmers deckt vor allem den Personen- und Sachschaden ab, der infolge der Ausführung von Bauleistungen einem Dritten oder dem Auftrag- 85

248 Siehe Fn. 243.

249 Vgl. etwa *Zöller/Vollkommer* Rn. 8 zu § 72 ZPO m. w. N.

250 Siehe Fn. 243.

251 BGH Urt. v. 2.10.1997 – VII ZR 30/97 – BauR 1998, 172, 173, juris, Tz. 9 f.

252 BGH Urt. v. 2.10.1997 – VII ZR 30/97 – BauR 1998, 172; Urt. v. 5.12.1996 = NJW 1997, 859, juris, Tz. 9 f.

geber selbst entstehen. Die Haftpflichtversicherung ist somit eine Schadensversicherung und keine Vertragserfüllungs- oder Gewährleistungsversicherung.[253]

86 *bb) Berufshaftpflichtversicherung.* Rechtsgrundlagen für die Berufshaftpflichtversicherung sind das Versicherungsvertragsgesetz (VVG), die Allgemeinen Versicherungsbedingungen für die Haftpflichtversicherung (AHB), die Besonderen Bedingungen für die Haftpflichtversicherung von Architekten und Bauingenieuren (BBR). Die BBR regeln den Versicherungsschutz nur für die Freiberufler im Architekten- und Ingenieurbereich. Das VVG gilt neben den AHB und BBR, soweit die Bedingungswerke keine Regelungen getroffen haben.[254] Für die Besonderen Bedingungen und Risikobeschreibungen sieht die Haftpflichtversicherung zwei Modelle vor: Ein Modell stellt auf die typischen Haftpflichtgefahren des Bauhauptgewerbes ab; das andere auf die eines bauhandwerklichen Betriebes.

87 *cc) Aufgabeverbot und* § 10 Nr. 2 Abs. 2 VOB/B (2009/2012). Wird im Verhältnis zwischen Auftraggeber und Auftragnehmer die Geltung des VOB/B vereinbart, wirft bei gesamtschuldnerischer Haftung von Auftragnehmer und Auftraggeber aufgrund gesetzlicher Haftpflicht die Regelung in § 10 Nr. 2 Abs. 2 VOB/B (2009/2012) Fragen auf, die die Prozessführung beeinflussen müssen.

Nach § 10 Nr. 2 Abs. 2 VOB/B (2009/2012) hat der Auftragnehmer den Schaden, der ihn aufgrund gesetzlicher Haftpflichtbestimmung trifft, allein zu tragen, „soweit er ihn durch Versicherung seiner gesetzlichen Haftpflicht gedeckt hat oder ... hätte decken können". § 10 Nr. 2 Abs. 2 VOB/B (2009/2012) stellt eine vom Gesetz abweichende Ausgleichsregelung dar. Wird der Personen- und/oder Sachschaden, den der Auftragnehmer verursacht hat, durch die Versicherung voll ausgeglichen, ist – legt man die Regel des § 10 Nr. 2 Abs. 2 VOB/B (2009/2012) zugrunde – der Auftraggeber von einer Ausgleichspflicht im Innenverhältnis befreit. Der Versicherer, der den Schaden eines Dritten ersetzt hat, würde somit den gemäß § 86 VVG übergegangenen Ausgleichsanspruch (§ 426 BGB) nicht mehr gegen den Auftraggeber durchsetzen können.

Nehmen die Versicherungsbedingungen für die gesetzliche Haftpflichtversicherung, die im Verhältnis Auftragnehmer/Haftpflichtversicherer gelten, keine Rücksicht auf § 10 Nr. 2 Abs. 2 VOB/B (2009/2012), stellt sich die Frage, ob die durch Einbeziehung der VOB/B in das Vertragsverhältnis zwischen Auftragnehmer und Auftraggeber getroffene Vereinbarung – also die Regelung des § 10 Nr. 2 Abs. 2 VOB/B (2009/2012) – gegen das sog. Aufgabeverbot des § 67 86 Abs. 2 VVG verstößt.

88 In der versicherungsrechtlichen Literatur[255] besteht Einigkeit, dass das Aufgabeverbot nicht verletzt wird, wenn der Verzicht auf den Schadenersatzanspruch – hier also den Ausgleichsanspruch – vor Abschluss des Versicherungsvertrages erklärt wird und die entsprechende Abrede nicht ungewöhnlich ist. Da es im Baugewerbe üblich ist, Verträge zu schließen, die der VOB/B unterliegen, und der Text der VOB/B allgemein zugänglich ist, bestehen im Hinblick auf das Aufgabeverbot in § 86 Abs. 2 VVB keine Probleme, wenn der Auftragnehmer die gesetzliche Haftpflichtversicherung nach Zustandekommen des Bauvertrages, der der VOB/B unterliegt, abschließt.

Kontrovers diskutiert[256] wird die Bedeutung des Aufgabeverbots allerdings für den Fall, dass der Haftungsverzicht – hier also der Verzicht auf den Gesamtschuldnerausgleich in § 10 Nr. 2 Abs. 2 VOB (2009) – nach Abschluss des Versicherungsvertrages, aber vor Eintritt des Versicherungsfalls vereinbart wird. Diese Konstellation wird im Baugewerbe

---

253 Vgl. BGH Urt. v. 28.11.1966 – VII ZR 79/65 = NJW 1967, 340, 342; siehe auch *Preußner* § 9 III Rn. 130.

254 *Schmalzl* BauR 1984, 456, 457; *Heiermann/Riedl/Rusam* Handkommentar zur VOB 13. Aufl. Rn. 190 zu § 13 VOB/B; *Kleine-Möller/Merl*, 5. Aufl., Rn. 956 f. zu § 15.

255 *Römer/Langheid* VVG Rn. 43 ff. zu § 67; *Prölss/Martin* VVG 26. Aufl. Rn. 31 ff. zu § 67.

256 *Römer/Langheid* VVG Rn. 43 ff. zu § 67; *Prölss/Martin* VVG 28. Aufl. Rn. 31 ff. zu § 67.

regelmäßig zum Tragen kommen, weil davon auszugehen ist, dass der Auftragnehmer eine Haftpflichtversicherung schon zu dem Zeitpunkt unterhält, zu dem er den Bauvertrag abschließt, der der VOB/B unterworfen ist. Kommt man für diesen Fall zu der in der neueren Literatur[257] vertretenen Ansicht, das Aufgabeverbot sei verletzt, steht dem Auftragnehmer im Umfang der auf ihn entfallenden Quote kein Anspruch gegen den Versicherer zu (§ 86 Abs. 2 VVG) mit der Folge, dass die Wirkung der Regelung des § 10 Nr. 2 Abs. 2 VOB/B (2009/2012) insoweit entfällt: Haften soll der Auftragnehmer nämlich nur in dem Umfang, in dem die Haftpflichtversicherung für ihn eintreten würde; hat der Auftragnehmer keinen Versicherungsschutz, weil er gegen das Aufgabeverbot verstoßen hat, sind die Voraussetzungen für seine alleinige Haftung aus § 10 Nr. 2 Abs. 2 VOB/B (2009/2012) nicht erfüllt.

Hat der Auftragnehmer keine Haftpflichtversicherung abgeschlossen, ist zu prüfen, ob **89** er eine Haftpflichtversicherung zu tarifmäßigen Bedingungen hätte abschließen können (§ 10 Nr. 2 Abs. 1 VOB/B (2009/2012). Das wird – soweit es das Aufgabeverbot angeht – stets zu bejahen sein, weil er das Versicherungsverhältnis nach Abschluss des Bauvertrages hätte eingehen können, ohne dass das Aufgabeverbot tangiert wäre.[258]

Für den Baurechtsstreit bedeutet dies, dass der Auftraggeber, der den Dritten, dem der **90** Anspruch aus der gesetzlichen Haftpflicht zustand, befriedigt hat, im Streit über den Ausgleich gegenüber dem Auftragnehmer als für ihn günstige, vermutete Tatsache[259] vorzutragen hat, dass der Auftragnehmer die Haftpflichtversicherung wegen der gesetzlichen Haftpflicht nach Abschluss des der VOB/B unterliegenden Bauvertrages abgeschlossen hat oder zumindest hätte abschließen können. Der Auftragnehmer, der im Zeitpunkt des Abschlusses des Bauvertrages über eine Haftpflichtversicherung verfügt hat, wird ausführen müssen, dass er vor Abschluss des Bauvertrages das Versicherungsverhältnis eingegangen sei und davon ausgehe, dass das Aufgabeverbot eingreift, so dass die auf den Auftraggeber entfallende Quote nicht zu erstatten sei. Alsdann wird der Auftragnehmer umgehend mit seiner Versicherung klären müssen, ob die Versicherung eintritt. Bestehen auf Seiten der Versicherung Bedenken, hat der Auftragnehmer die Eintrittspflicht unter Hinweis auf das Aufgabeverbot (§ 86 Abs. 2 VVG) zu bestreiten. Der Auftraggeber muss dann darlegen, dass die Versicherung eintrittspflichtig ist, das Aufgabeverbot demnach nicht verletzt ist. Um dem Auftraggeber zu ermöglichen, seiner entsprechenden Darlegungslast nachkommen zu können, muss der Auftragnehmer, der die Eintrittspflicht bestritten hat, die Versicherungsbedingungen und den Versicherungsschein seiner Haftpflichtversicherung vorlegen.[260] Außerdem sollte er seiner Haftpflichtversicherung den Streit verkünden. Die Grundsätze von Trennungsprinzip und Bindungswirkung[261] werden im Streit darüber, ob durch § 10 Nr. 2 Abs. 2 VOB/B (2009/2012) das Aufgabeverbot verletzt ist, vermutlich[262] nicht zum Tragen kommen. Jene Grundsätze gelten nach den von der Rechtsprechung entwickelten Grundsätzen lediglich im Haftpflichtprozess zwischen Schädiger und Geschädigtem.[263]

---

[257] Siehe *Römer/Langheid* Fn. 213; Rechtsprechung zu dieser Frage fehlt; die Ausführungen bei *Vens-Capell/Wolf* BauR 1993, 275, 278, beruhen auf dem damaligen Meinungsstand, die dort [S. 278 Fn. 30] zitierten Entscheidungen des Bundesgerichtshofes betreffen andere Fallgestaltungen.

[258] Siehe Rn. 87 f.

[259] Zur Zulässigkeit dieser Art des Vortrags vgl. BGH Urt. v. 25.4.1996 – VI ZR 178/94 – NJW 1995, 2111, 2112, juris, Tz. 13; Urt. v. 4.3.1991 – II ZR 90/90 – NJW-RR 1991, 888, 891, juris, Tz. 18.

[260] Die Versicherungsbedingungen gehören in die Sphäre des Auftragnehmers, zu der sich der Auftraggeber nicht erklären kann, wenn der Auftragnehmer dazu keinen substantiierten Vortrag hält; zum Wechselspiel zwischen den Darlegungslasten in solchen Fällen vgl. allgemein *Zöller/Greger* Rn. 8 a zu § 138 ZPO.

[261] Vgl. dazu BGH Urt. v. 30.9.1992 – IV ZR 314/91 – NJW 1993, 68, juris, Tz. 6 f. m. w. N.

[262] Rechtsprechung dazu liegt nicht vor.

[263] Fn. 261; vgl. dazu auch BGH Urt. v. 27.5.1998 – IV ZR 166/97 – NJW 1998, 2537, juris, Tz. 13 f.

91 Erfüllt demgegenüber der Auftragnehmer den Anspruch des Dritten aus der gesetzlichen Haftpflicht, ist der Streit über das Aufgabeverbot (§ 67 86 Abs. 1 2 Satz 3 VVG) im Verhältnis zwischen Versicherer und Auftragnehmer zu klären. Kommt es zum Prozess, wird dem Auftraggeber vom Auftragnehmer der Streit zu verkünden sein, um die Durchsetzung des Ausgleichsanspruchs für den Fall zu sichern, dass der Versicherer mit der Erwägung durchdringt, der Auftragnehmer habe gegen das Aufgabeverbot verstoßen. In diesem Fall steht dem Auftragnehmer der Ausgleichsanspruch wegen des Inhalts der Regel des § 10 Nr. 2 Abs. 2 VOB/B (2009/2012) zu.[264]

---

264 Siehe Rn. 87.

5. Teil. Die Vergütung des Architekten

§ 20 Die Vergütung der Architekten nach der Honorarordnung für Architekten und Ingenieure (HOAI)

Übersicht

I. Rechtscharakter und Anwendungsbereich der HOAI[1]

1. Preisrecht und Werkvertragsrecht

1 Die HOAI enthält in allen noch in der Praxis anzuwendenden Fassungen[2] zwingendes **öffentliches Preisrecht.**[3] Die nach der HOAI zu bildenden Honorare sind weitgehend der vertraglichen Disposition entzogen.[4] Sie betrifft damit in erster Linie die **Höhe** der einem Architekten oder Ingenieur zustehenden Vergütung.[5] *Ob* diese Vergütung an sich besteht, richtet sich – wie Inhalt und Umfang der geschuldeten Leistung – nach den jeweiligen Vereinbarungen im Werkvertrag (§§ 631 ff. BGB)[6] und nicht nach den Leistungsbildern der HOAI.[7]

2 Die HOAI ist allein Honorarrecht, **kein Vertragsrecht.**[8] Sie bestimmt die übliche Vergütung im Sinne von § 632 Abs. 2 BGB für eine Werkleistung des Architekten- oder Ingenieurs und lässt Über- oder Unterschreitungen des vorgegebenen **Honorarrahmens** zwischen Mindest- und Höchstsatz nur in Ausnahmefällen oder bei außergewöhnlichen Umständen zu (§ 7 Abs. 3 und 4 HOAI 2013). Abweichungen des vorgegebenen Honorarrahmens sind nur in den von der HOAI ausdrücklich geregelten Fällen zulässig. Vereinbart ein Architekt gleichwohl ein Honorar, das den nach der HOAI zulässigen Höchstsatz überschreitet, verstößt er gegen ein gesetzliches Verbot (§ 134 BGB); die Vergütung wird auf den „erlaubten" Höchstpreis herabgesetzt.[9]

3 Das BVerfG hat die Festlegung von Mindestsätzen gebilligt.[10] Die **Mindestsatzfiktion** des § 7 Abs. 5 ist dem Verordnungsgeber durch die Ermächtigungsgrundlage vorgegeben. Im Gesetz zur Regelung von Ingenieur- und Architektenleistungen[11] wird in § 1 – für Ingenieurleistungen – wie in § 2 – für Architektenleistungen – im jeweiligen Abs. 3 angeordnet: „In der Honorarordnung ist vorzusehen, dass die Mindestsätze als vereinbart gelten, sofern nicht bei Erteilung des Ingenieurauftrages/Architektenauftrages etwas anderes schriftlich vereinbart ist." Der Verordnungsgeber war daher gezwungen, die Mindestsatzfiktion beizubehalten, abgesehen davon, dass anscheinend jeder politische Wille fehlt, sich von ihr zu trennen. Die mit der HOAI 2009 eingeführte Möglichkeit, durch

---

[1] Vgl. hierzu und im Folgenden auch die Darstellung der *Verf.* in Messerschmidt/Voit, Privates Baurecht, 2. Aufl. Abschnitt Q.

[2] Die Fassung vom 21.9.1995 (BGBl. I, 1174) – HOAI 1996 mit den anschließenden Änderungen, insbesondere gem. Fassung vom 10.11.2001 (BGBl. I S. 2992) – HOAI 2002, die vom 11.8.2009 (BGBl. I, 2732) – HOAI 2009 und die vom 10.7.2013 (BGBl. I, 2276) – HOAI 2013. Soweit auf die Vorgängerfassungen der HOAI 2013 Bezug genommen wird, werden sie mit der Jahreszahl – HOAI 1996/2002 oder HOAI 2009 – bezeichnet.

[3] BGH Urt. v. 24.10.1996 – VII ZR 283/95, BauR 1997, 154; BGH Urt. v. 16.12.2004 – VII ZR 16/03, BauR 2005, 735; *Scholtissek*, HOAI, 2. Aufl., § 1 Rn. 1.

[4] BGH Urt. v. 26.1.2012 – VII ZR 128/11, NZBau 2012, 243, Rn. 14: „Es unterliegt nicht der Disposition der Parteien, ob das zwingende Preisrecht der Honorarordnung für Architekten und Ingenieure für die beauftragte Leistung Anwendung findet oder nicht".

[5] Vgl. *Scholtissek*, HOAI, 2. Aufl., § 1 Rn. 3.

[6] Nicht: Dienstvertragsrecht. Der Architektenvertrag ist auf einen Erfolg angelegt, nicht auf die bloße Verrichtung einer Tätigkeit. Schwierigkeiten können bei gemischten Verträgen – wie im Rahmen einer Projektsteuerung – auftreten; hier ist nach dem Schwerpunkt der Leistungen abzugrenzen, s.u. Ziff. 1d.

[7] Vgl. BGH Urt. v. 24.6.2004 – VII ZR 259/02, BauR 2004, 1640, insb. juris-Rn. 26 f.; Thode/Wirth/Kuffer/*Schwenker*, Prax. Hdb. Architektenrecht 1. Aufl., § 4 Rn. 58 f.

[8] Vgl. auch Korbion/Mantscheff/Vygen /*Wirth*, HOAI, 8. Aufl., Einführung Rn. 116.

[9] Vgl. BGH Urt. v. 9.11.1989 – VII ZR 252/88, NJW-RR 1990, 276.

[10] S. nur BVerfG Beschl. v. 26.9.2005 – 1 BvR 82/03, NJW 2006, 495 = BauR 2005, 1946 m. Anm. *Schwenker.*

[11] Verkündet als Art. 10 §§ 1 und 2 des Gesetzes zur Verbesserung des Mietrechts und zur Begrenzung des Mietanstiegs sowie zur Regelung von Ingenieur- und Architektenleistungen (MRVG) v. 4.11.1971 (BGBl. I S. 1745).

eine Baukostenvereinbarung (§ 6 Abs. 2 HOAI 2009 bzw. § 6 Abs. 3 HOAI 2013) aus dem Preiskorsett auszubrechen, ist vom BGH für unwirksam erklärt worden[12] und damit gegenstandslos. Die Baukosten bleiben aber nach der Rechtsprechung[13] wesentlicher Bezugspunkt der Planung.[14]

Damit **beschränkt** die HOAI (weiterhin) erheblich die Freiheit der Preisvereinbarung 4
und entsprechend die **Privatautonomie,** wenngleich diese Einschränkung mit der HOAI 2009 gemildert worden ist. Denn seitdem enthält die HOAI neben einem **verbindlichen Teil** – betreffend die Honorare für Flächen-, Objekt- und Fachplanung (§ 3 Abs. 1 Satz 1) – auch einen **unverbindlichen** Teil – die Honorare für Beratungsleistungen (§ 3 Abs. 1 Satz 2) sowie die Besonderen Leistungen (§ 3 Abs. 3 Satz 3) – um einen größeren Raum für die Preisgestaltung[15] zu erhalten. Seit der HOAI 2009 gelten die Regelungen zudem nur noch für Auftragnehmer, die in Deutschland tätig sind und hier oder von hier aus ihre Leistung erbringen („**Inländer-HOAI**"). Die weiterhin verbleibende Beschränkung bei der Honorarbestimmung für Planungsleistungen vom Inland aus (§ 1 HOAI) wird mit primär gesellschaftlichen Zielsetzungen gerechtfertigt,[16] womit die herkömmlichen Regelungsziele, die HOAI könne mit der Festlegung von Mindestsätzen die Qualität der Architekten- und Ingenieurleistung sichern[17] und durch ihre Höchstsätze einer Steigerung der Baupreise und dem folgend der Mieten entgegenwirken, ausgreifend überhöht wurden. Die HOAI wird damit – jedenfalls nach dem Willen des Verordnungsgebers – auch zu einem gesellschaftspolitischen Programm; die Preisregulierung soll Ziele rechtfertigen, die weit über Fragen der Honorarberechnung hinausgehen.

2. Sachlicher Anwendungsbereich

Die HOAI regelt verbindlich nur die **Berechnung** der Entgelte für bestimmte – in ihr 5
abschließend benannte – Grundleistungen. **Entgelt** ist dabei der Oberbegriff für Honorar (§§ 6 ff.), Nebenkosten (§ 14) und Umsatzsteuer (§ 16) und bezeichnet die Gegenleistung für eine vermögenswerte Zuwendung, d. h. die Vergütung oder Aufwandsentschädigung einschl. Nebenkosten des Architekten und Ingenieurs.

a) Von der HOAI umfasste Leistungen. Sie gilt für Bauvorhaben jeder Art (Hoch- 6
und Tiefbau, Ingenieurbauten, insbesondere Neu- und Wiederaufbauten, Erweiterungs- und Umbauten, Modernisierungen, Instandsetzungen und Instandhaltungen) **verbindlich, wenn Planungsleistungen** betroffen sind aus den Bereichen Flächenplanung (§§ 17 ff.), Landschaftsplanung (§§ 22 ff.), Objektplanung für Gebäude und raumbildende

---

[12] BGH Urt. v. 24.4.2014 – VII ZR 164/13, NJW 2014, 2354. Inwieweit diese Bewertung des BGH auch entsprechend heranzuziehen ist für die Beurteilung einer Preisvereinbarung gem. § 57 Abs. 2 Satz 2 HOAI 1996 – die Ausführungen des BGH vom 24.4.2014 ließen sich übertragen – bleibt abzuwarten. Das LG Hannover hat mit Urteil vom 22.6.2015 – 14 01 20/14 entschieden, dass § 57 Abs. 2 Satz 2 HOAI 1996 nicht von der gesetzlichen Ermächtigungsgrundlage zu Art. 10 §§ 1 und 2 MRVG gedeckt ist, vgl. IBR 2015 – *Rodemann.*

[13] Grundlegend BGH Urt. v. 21.3.2013 – VII ZR 230/11, NJW 2013, 1593; weiter OLG Celle Urt. v. 12.2.2014 – 14 U 103/13, NZBau 2014, 637; OLG München Urt. v. 16.12.2014 – 9 U 491/14, IBR 2015, 2464.

[14] Vgl. *Wessel*, jurisPR-PrivBauR 8/2014 Anm. 4 sub. C; zur Problematik näher unter Rn. 45 ff., 93 f., 146.

[15] Wörtlich BR-Drs. 395/09, S. 142: „bei der Vertragsgestaltung", obwohl die HOAI nicht Vertragsrecht, sondern Preisrecht regelt.

[16] Vgl. BR-Drs. 395/09, S. 143/144: „Zweck der Mindestsätze ist die Vermeidung eines ruinösen Preiswettbewerbs im Bereich der Architektur- und Ingenieurdienstleistungen, der die Qualität der Planungstätigkeit gefährden würde. Eine hohe Planungsqualität im Bauwesen dient dem Schutz der Interessen von Bauherren, Nutzern und Eigentümer von Gebäuden aller Art wie auch dem Schutz der Umwelt und der städtischen Umwelt einschließlich ihrer baukulturellen Qualität und ihren erheblichen Auswirkungen auf das gesellschaftliche Zusammenleben der Bürgerinnen und Bürger".

[17] Vgl. BT-Drs. 10/543, S. 4; BT-Drs. 10/1562, S. 5.

Ausbauten (§§ 32 ff.), Objektplanung für Freianlagen (§§ 38 ff.), Ingenieurbauwerke (§§ 40 ff.), Verkehrsanlagen (§§ 44 ff.), Tragwerksplanung (§§ 48 ff.) und Technische Ausrüstung (§§ 51 ff.). **Beratungsleistungen** werden dagegen von der HOAI zwar im Einzelnen und umfassend vorgestellt, sind jedoch nur **unverbindlich**[18] geregelt (§ 3 Abs. 1 Satz 2) und letztlich nur Empfehlungen. Das betrifft gem. Anlage 1 zu § 3 Abs. 1 die Leistungsbilder Umweltverträglichkeitsstudie, Bauphysik, Geotechnik, und Ingenieurvermessung.[19]

7 Der **Brandschutz** – allerdings noch gem. der HOAI 1996 – gab dem BGH Anlass zu grundsätzlichen Erwägungen.[20] Die **HOAI** regelt das Preisrecht in pauschalierter Form. Es **erfasst** jedenfalls **die Standardfälle derjenigen Leistungen der Objektplanung für Gebäude, die zur ordnungsgemäßen Erfüllung dieses Auftrags allgemein erforderlich** sind. Dazu gehören auch Leistungen der Brandschutzplanung. Zu den vom Preisrecht der Honorarordnung für Architekten und Ingenieure erfassten Grundleistungen der konstruktiven Gebäudeplanung gehören auch Leistungen der Brandschutzplanung. Darauf, dass diese in der Honorarordnung für Architekten und Ingenieure nicht erwähnt sind, kommt es nicht an. Die **Honorarordnung beschreibt** die im Einzelnen zu **erbringenden Planungsleistungen nicht.** Diese ergeben sich unter Berücksichtigung des **jeweiligen Planungsauftrages** und werden in den **Leistungsbildern nur allgemein** beschrieben. Deshalb muss jeder ein Gebäude planende Architekt in der konstruktiven Gebäudeplanung die Anforderungen an den Brandschutz berücksichtigen, damit hieraus eine genehmigungsfähige Vorlage für die Baugenehmigungsbehörde erarbeitet werden kann und seine Planung eine geeignete Grundlage für die mangelfreie Errichtung des Gebäudes ist.[21] Für die HOAI 2009 und 2013 gilt nichts anderes.[22]

8 **b) Begrenzung durch Tafelwerte.** Die **Anwendbarkeit** der HOAI wird durch ihre Tafelwerte begrenzt. Die Honorierung von Leistungen, die auf anrechenbaren Kosten, Werten oder Verrechnungseinheiten außerhalb der Tafelwerte beruhen, ist gemäß **§ 7 Abs. 2** frei vereinbar und unterliegt nicht den Preisregelungen der HOAI.[23] In diesen Fällen gelten weder die Mindest- und Höchstpreise noch die Formvorschriften der HOAI.[24] Bei Gebäuden und Innenräumen liegt gem. § 35 der Preisrahmen derzeit zwischen 25.000 und 25.000.000 Euro.

9 **c) Anwendbarkeit außerhalb der Leistungsbilder.** Unterfällt die Tätigkeit des Architekten oder Ingenieurs **nicht** einem der verbindlichen **Leistungsbilder** oder -bereiche der HOAI, ist das **Honorar frei** aushandelbar; die Preisbindungen der HOAI gelten dann nicht.

10 **d) Anwendbarkeit bei teilweiser Entsprechung des Leistungsbilds.** Ob die HOAI bei Verträgen, die Leistungen erfassen, welchen nur **teilweise** dem Preisrecht unterfallen, anwendbar ist, richtet sich nach einer **Gesamtwürdigung** der vereinbarten Leistungen.

---

18 Inwieweit die Deregulierung von der Ermächtigungsgrundlage gedeckt ist, ist umstritten; vgl. dazu *Averhaus* NZV 2009, 473, 474. *Thode*, jurisPR-PrivBauR 1/2011, Anm. 1, lit. C hält überhaupt „in hohem Maße zweifelhaft", ob § 1 HOAI von der Ermächtigungsgrundlage gedeckt ist.

19 Zum Leistungsbild Bauphysik gehören auch Wärmeschutz und Energiebilanzierung, Bauakustik (Schallschutz) und Raumakustik. Bodenmechanik, Erd- und Grundbau die noch in der HOAI 2009 enthalten waren, sind nicht mehr aufgeführt, was aber im Ergebnis ohne Bedeutung ist, weil auch die erwähnten Leistungen keinem Preisrahmen unterliegen.

20 BGH Urt. v. 26.1.2012 – VII ZR 128/11, NZBau 2012, 243 m. Anm. *Peter Fischer*, jurisPR-PrivBauR 6/2012, Anm. 1.

21 BGH Urt. v. 26.1.2012 – VII ZR 128/11, NZBau 2012, 243, Rn. 19 f.

22 So auch *Scholtissek*, HOAI, 2. Aufl., § 1 Rn. 15.

23 Vgl. auch BR-Drs. 395/09, S. 165.

24 Insoweit der Regelung des § 16 Abs. 3 HOAI 1996 entsprechend, vgl. dazu BGH Urt. v. 24.6.2004 – VII ZR 259/02, BauR 2004, 1640, insb. juris-Rn. 20 und 23.

Umstritten ist dies immer wieder bei Verträgen, die sich auch auf eine **Projektentwicklung oder Projektsteuerung** beziehen. Die HOAI 1996 sah in § 31 Abs. 2 eine Regelung für Leistungen zur Projektsteuerung vor, die jedoch nicht von der Ermächtigungsgrundlage gedeckt und somit nichtig war.[25] Die HOAI 2009 und ebenso die HOAI 2013 enthält hierzu **keine Regelung** mehr. Ein Leistungsbild gibt es nicht. Die **HOAI** findet auf Leistungen im Rahmen eines Projektsteuerungsvertrags **keine Anwendung.**[26]

Der **Projektsteuerungsvertrag** bezieht sich nicht auf Planungsleistungen. Der Projektsteuerer übernimmt verschiedene Aufgaben, die sich bereits auf die Vorbereitung, primär aber auf die Durchführung und auch Abwicklung des Bauvorhabens beziehen.[27] Sie können Leistungen aus den Bereichen Organisation, Qualität, Quantität, Koordination, Finanzierung, Terminsabläufe, Logistik, Verträge und Versicherungen enthalten. Maßgeblich für die Vertragseinordnung ist die jeweilige vertragliche Vereinbarung. Je nach **Schwerpunkt** – also dem Übergewicht derjenigen Leistungen, die den Gesamtcharakter des Vertrages prägen – handelt es sich **entweder** um einen **Dienst- oder Werkvertrag.**[28] 11

Wird der Vertrag nach dem **AHO/DVP-Standardleistungsmodell**[29] ausgestaltet, soll ein **Werkvertrag** vorliegen.[30] Die Honorierung wird in diesem Fall ähnlich wie in der HOAI errechnet oder nach Zeitaufwand.[31] Das AHO-Modell enthält eine detaillierte Regelung des gesamten Vertrags.[32] 12

Wird ein **Projektsteuerungsvertrag mit einer Pauschalvergütungsabrede vorzeitig gekündigt**, so kommt es für die Berechnung der auf die erbrachten Leistungen entfallenden anteiligen Pauschalvergütung auf das Verhältnis der erbrachten Leistungen zur vertraglich geschuldeten Gesamtleistung an. Die Höhe des Werklohns ist auf der Grundlage der Vergütungsvereinbarung gemäß § 287 Abs. 2 ZPO zu schätzen. Dabei sind die in der Vergütungsvereinbarung enthaltenen prozentualen Aufschlüsselungen des Pauschalhonorars nach Leistungsphasen und Handlungsbereichen zu berücksichtigen.[33] 13

3. Persönlicher Anwendungsbereich

Die HOAI gilt – anders als es § 1 nahe legt – **leistungsbezogen.**[34] Es kommt nicht darauf an, *wer* die Leistung erbringt, sondern *was* erbracht wird. Erfasst wird damit **jede Architekten- und Ingenieurleistung**, auch wenn sie nicht von einem Architekten oder Ingenieur stammt. Die HOAI gilt auch im Verhältnis zwischen **Generalplaner und Fachplaner.**[35] Für Angehörige anderer Berufsgruppen – z. B. Handwerker oder Bauunternehmer – gilt die HOAI aber nur dann, wenn sie ihre Architekten- oder Ingenieurtätigkeiten **selbständig und isoliert** erbringen. Anbieter, die neben oder zusammen mit Bauleistungen auch Architekten- oder Ingenieurleistungen erbringen, wie z. B. **Generalunternehmer** oder **Bauträger,**[36] bei denen Architekten- und Ingenieuraufgaben nur Teil einer übergeordneten Planungs- und Organisationsleistung sind („Paketanbieter“), 14

[25] BGH Urt. v. 9.1.1997 – VII ZR 48/96, BauR 1997, 497.

[26] Vgl. auch *Zepp*, jurisPR-PrivBauR 6/2007, Anm. 6.

[27] Vgl. *Messerschmidt/Niemöller/Preussner*, HOAI, Grundl. Rn. 63 f.

[28] BGH Urt. v. 4.12.1997 – VII ZR 177/96, NJW 1998, 1228 = BauR 1998, 193, 194 (Projektentwicklung).

[29] Dazu näher *Messerschmidt/Niemöller/Preussner*, HOAI, Grundl. Rn. 64.

[30] So jedenfalls nach BGH Urt. v. 25.1.2007 – VII ZR 112/06, NZBau 2007, 315.

[31] Vgl. im Einzelnen *Eschenbruch*, Projektmanagement und Projektsteuerung, 3. Aufl., S. 413 ff.

[32] Vgl. auch https://www.dvpev.de/aho-fachkomission sowie dort das AHO-Heft Nr. 9 Projektmanagementleistungen in der Bau- und Immobilienwirtschaft.

[33] OLG Frankfurt Urt. v. 20.6.2008 – 8 U 131/05, nachgehend BGH Beschl. v. 7.5.2009 – VII ZR 149/08, Nichtzulassungsbeschwerde zurückgewiesen, IBR 2009, 463 f. – *Eschenbruch.*

[34] Vgl. BGH Urt. v. 22.5.1997 – VII ZR 290/95, BauR 1997, 677; Korbion/Mantscheff/Vygen/*Wirth*, HOAI, 8. Aufl., § 1 Rn. 51 f. m. w. N.

[35] Ebenso Korbion/Mantscheff/Vygen /*Wirth*, HOAI, 8. Aufl., § 1 Rn. 57.

[36] BGH Urt. v. 22.5.1997 – VII ZR 290/95, BauR 1997, 677.

sollen **nicht** nach der HOAI abrechnen können.[37] Dies erscheint freilich in Anbetracht der Leistungsbezogenheit der HOAI inkonsequent.[38] **Freiberufler** können sich gegenüber ihren Angestellten oder freien Mitarbeitern nicht auf die HOAI berufen,[39] weil hier nicht der Architekten- oder Ingenieurvertrag im Vordergrund steht, sondern arbeitnehmerähnliche Verrichtungen (Dienstvertrag).[40]

4. Räumlicher Geltungsbereich

15 Die HOAI ist seit der Neufassung im Jahr 2009 dadurch gekennzeichnet, dass sich ihr Anwendungsbereich auf Büros beschränkt, die ihren Sitz **im Inland** haben und ihre Leistung **vom Inland aus** erbringen. Damit setzt die Neufassung die Vorgabe von Artikel 16 Absatz 2 d und Absatz 3 der sog. Dienstleistungsrichtlinie[41] um, nach der die Mitgliedstaaten die Dienstleistungsfreiheit von Dienstleistungserbringern aus anderen Mitgliedstaaten zu achten haben (Behinderungsverbot). Vom Anwendungsbereich **ausgenommen** sind nur **ausschließlich im Ausland** niedergelassene Architekten und Ingenieure. Immer schon dann, wenn ein Architekt oder Ingenieur seine Tätigkeit faktisch mittels einer festen Einrichtung auf unbestimmte Zeit in Deutschland ausübt, gilt er als in Deutschland niedergelassen und hat die Regelungen der HOAI zu beachten, soweit seine Leistungen durch die HOAI erfasst werden.[42] Wenn eine Niederlassung sowohl im Inland als auch in einem anderen EU-Mitgliedstaat besteht, ist jeweils nur auf den Sitz abzustellen, von dem aus die Dienstleistung tatsächlich erbracht wird. Ein **Sitz im Inland** im Sinne von § 1 liegt damit nur dann vor, wenn die vereinbarte Leistung aus dem Inland erfolgt.[43] Demnach *müssen* einerseits Architekten und Ingenieure mit Bürositz in Deutschland – gleichgültig, ob EU-Bürger oder nicht – bei Honorarvereinbarungen für Planungsleistungen die von der HOAI zwingend vorgegebenen Mindest- und Höchstsätze einhalten. Andererseits *können* Architekten und Ingenieure, die außerhalb der Bundesrepublik Deutschland residieren – unabhängig davon, ob sie deutsche Staatsbürger sind oder nicht – ihre Honorare für Leistungen innerhalb der Bundesrepublik „HOAI-frei" gestalten und somit die Mindestsätze sowohl unterbieten als auch Honorare aushandeln, die die Höchstsätze übersteigen.

16 Bestehen bei **internationalen Büros Niederlassungen im In- und Ausland**, ist der Sitz maßgeblich, von dem aus die Dienstleistung erbracht wird. Diese mit der Neuregelung verbundene **Inländerdiskriminierung** führt von Rechts wegen[44] jedenfalls in Grenzgebieten zu nicht unerheblichen Ungleichbehandlungen und Wettbewerbsverzerrungen für die Architekten und Ingenieure, die über keinen Bürositz im benachbarten Ausland verfügen.[45] Inländische Architekten sind hier gegenüber ausländischen Mitbewerbern benachteiligt.

17 Umso weniger verständlich ist, dass im Zuge der Debatte über die Neufassung der HOAI gerade die Architektenkammern[46] für die Beibehaltung der Preisregulierung durch die HOAI, d. h. letztlich die Inländerdiskriminierung gekämpft haben.[47] Durch die

---

[37] BGH Urt. v. 22.5.1997 – VII ZR 290/95, BauR 1997, 677.

[38] Vgl. ebenso Korbion/Mantscheff/Vygen / *Wirth*, HOAI, 8. Aufl., § 1 Rn. 53.

[39] Vgl. BGH Urt. v. 6.5.1985 – VII ZR 320/84, BauR 1985, 582.

[40] Vgl. näher Korbion/Mantscheff/Vygen / *Vygen*, HOAI, 7. Aufl., § 1, Rn. 31 ff.

[41] Richtlinie 2006/123/EG des Europäischen Parlaments und des Rates vom 12.12.2006 über Dienstleistungen im Binnenmarkt (ABl. L 376 v. 27.12.2006, S. 36 f.).

[42] Vgl. die Begründung zum Bundesrats-Beschluss v. 12.6.2009, BR-Drs. 395/09, S. 146.

[43] Vgl. Begründung zum Bundesrats-Beschluss v. 12.6.2009, BR-Drs. 395/09, S. 158.

[44] Praktisch wird sie vielfach umgangen durch (unzulässige) Pauschalhonorare unterhalb der Mindestsätze.

[45] Dazu näher *Preussner/Hecker*, Inländerdiskriminierung in der HOAI 2009, FS Quack, 2009, S. 183 ff.

[46] Vgl. dazu die Nachweise bei *Schramm/Schwenker/Wessel*, ZfBR 2008, 754.

[47] Auf S. 7 der Begründung zum Referentenentwurf der HOAI vom 16.3.2009 wurde darauf hingewiesen, dass die Architekten und Ingenieure „selbst die Beibehaltung der Mindest- und Höchst-

Neufassung wurden praktisch nur die benachteiligten Gruppen innerhalb desselben europäischen Markts vertauscht: waren es bislang die ausländischen Architekten und Ingenieure, sind es nun die inländischen. Da die Gesamtgruppe der Marktteilnehmer ebenso dieselbe ist wie der betroffene Dienstleistungsbereich, ist nicht einsichtig, warum nunmehr im Unterschied zur Regelung der HOAI 1996 eine wesentlich wettbewerbsgerechtere Regelung vorliegen soll.[48]

Ob die in § 1 HOAI festgeschriebene Benachteiligung inländischer Architekten einer **verfassungsrechtlichen Überprüfung** durch das BVerfG standhält, bleibt weiterhin abzuwarten.[49] Ältere Entscheidungen des BVerfG[50] können hier nicht[51] ohne weiteres herangezogen werden, weil sie die nunmehr aufgeworfene Frage – Benachteiligung inländischer Architekten gegenüber ausländischen Mitbewerbern im gemeinsamen europäischen Binnenmarkt – nicht beantworten, sondern nur die Geltung von Mindestsätzen als von Verfassungs wegen geeignetes Mittel zur Erreichung des legitimen Ziels, die *Qualität der Architektenleistung* (in Deutschland) zu sichern, nicht beanstandeten. Es geht aber in diesem Fall nicht um Qualitätssicherung, sondern um einen **Wettbewerbsnachteil**[52] insbesondere in Grenzgebieten, der verfassungsrechtlich nicht deshalb unbeachtlich ist, weil er nur eine Minderheit der Architekten betreffen dürfte.[53] In dieser Hinsicht steht eine verfassungsrechtliche Bewertung noch aus.[54] 18

Nicht anwendbar dürfte die HOAI allerdings sein, wenn ein Architekt, der bislang im Inland seinen Sitz hatte, sein **Büro ins Ausland verlegt**, um von dort seine Leistungen „HOAI-frei" anbieten zu können. Die Leistung wird dann nicht vom Inland aus und von einem hier ansässigen Architekten erbracht. 19

---

sätze im Inland fordern und keine Einwände gegen eine mögliche Ungleichbehandlung erheben" (die Fassung der Begründung in der Bundesrats-Drucksache 395/09 vom 12.6.2009 enthält den zitierten Satz nicht mehr, vgl. dort S. 148).

48 In der Begründung zur Neufassung der HOAI 2009 wird die Beschränkung der Unterschreitung der Mindestsätze für Architekten und Ingenieure mit Sitz im Inland zwar als Eingriff in die durch Artikel 12 Absatz 1 GG geschützte **Berufsausübungsfreiheit** und als **Ungleichbehandlung** gewertet, dies aber im Ergebnis für verfassungsrechtlich unbedenklich gehalten, weil eine Benachteiligung von Inländern gem. BVerwG Urt. v. 24.2.2005 – 3 C 5/04, NJW 2005, 1736, nicht per se unzulässig ist und wichtige Gründe des Allgemeinwohls – nämlich die Vermeidung eines ruinösen Preiswettbewerbs sowie die Sicherung und Verbesserung der Qualität der Architektentätigkeit – dies rechtfertigen sollen und die Regelung verhältnismäßig sei. Zur Verwirklichung dieser Ziele seien verbindliche Mindesthonorarsätze geeignet, da sie den Architekten und Ingenieuren „jenseits von Preiskonkurrenz den Freiraum schaffen, hochwertige Arbeit zu erbringen, die sich im Leistungswettbewerb bewähren muss" (BR-Drs. 395/09, S. 146 f.). Dass *die Architekten selbst* regelmäßig diesen „Freiraum" nicht nutzen und ihre Honorare tatsächlich frei und oft HOAI-widrig gestalten, scheint für die akademische Diskussion ohne Belang zu sein.

49 Krit. *Preussner/Hecker*, Inländerdiskriminierung in der HOAI 2009, FS Quack, 2009, S. 183ff.

50 BVerfG Beschl. v. 26.9.2005 – 1 BvR 82/03, BauR 2005, 1946 m. Anm. *Schwenker*, NZBau 2006, 181.

51 Entgegen Locher/Koeble/Frik /*Koeble*, HOAI, 10. Aufl., § 1 Rn. 27, 39.

52 Der Gesichtspunkt wird insbesondere von *Koeble* a.a.O. übergangen.

53 Demgegenüber nicht überzeugend *Kniffka/Koeble*, Kompendium des Baurechts, 4. Aufl., Kap. 12 Rn. 212 („Auf die Berufsausübungsfreiheit werden sich nämlich Inländer nicht berufen können, weil deren Beschränkung aus Gründen des Verbraucherschutzes gerechtfertigt ist."), die jede Begründung dazu schuldig bleiben, warum der *private Auftraggeber – er* ist in der Praxis der zu schützende Verbraucher – durch die HOAI geschützt sein soll, sichert sie doch allein dem Architekten einen staatlich garantierten Mindestpreis seiner Leistung, den er sogar trotz abweichender niedrigerer Honorarvereinbarung im Nachhinein noch durchsetzen können soll.

54 Deutlich *Thode*, jurisPR-PrivBauR 1/2011, Anm. 1, lit. C: „Mit der Regelung des § 1 HOAI 2009 hat die Bundesregierung versucht, den Geltungsanspruch der HOAI den Vorgaben der Dienstleistungsrichtlinie anzupassen, allerdings mit zweifelhaftem Erfolg. Die Regelung des § 1 HOAI 2009 ist insofern missglückt, als sie mehrere Fallkonstellationen mit einem Binnenmarktbezug nicht regelt"; *Messerschmidt*, NZBau 2009, 568, 569.

20 Schwieriger ist jedoch der Fall zu beantworten, dass ein ausländischer Architekt **während der Leistungserbringung seinen Sitz vom Ausland nach Deutschland** verlagert und dort seine Leistung erbringt. Ist dann die HOAI nachträglich zu beachten, auch wenn sie bei Vertragsabschluss und der Kostenkalkulation bzw. der Honorargestaltung nicht zu beachten war? Vom Wortlaut des § 1 her wäre die Geltung der HOAI ab dem Zeitpunkt der Niederlassung in Deutschland naheliegend. Dies würde jedoch dazu führen, dass das Honorar in einen HOAI-freien und einen HOAI-unterworfenen Teil aufzuteilen wäre, was weder die HOAI vorsieht noch praxisgerecht wäre und deshalb abzulehnen ist. In solchen Fällen wird sich die Anwendbarkeit der HOAI nach einer **Gesamtwürdigung** der vereinbarten Leistungen zu richten haben. Dabei ist der **Schwerpunkt** der Leistungen, die den Gesamtcharakter des Vertrages prägen,[55] entscheidend. Das gilt entsprechend für ähnliche Konstellationen (wenn z. B. ein ausländischer Architekt seine Leistungen durch inländische Subunternehmerarchitekten oder -ingenieure erbringt).

21 Noch nicht hinreichend geklärt ist die Frage, ob die HOAI auch auf **grenzüberschreitende Verträge** und insbesondere auf die Leistungen deutscher Architekten im Ausland[56] oder ausländischer Büros in Deutschland anzuwenden ist.[57] Die Art. 27 bis 37 EGBGB a.F. sind gem. Art. 28 der Rom-I-VO[58] für ab dem 17.12.2009 geschlossene Verträge nicht mehr anwendbar, gelten aber für vor dem 17.12.2009 abgeschlossene Verträge fort.[59] Nach der Rechtsprechung des BGH[60] zum früheren Rechtszustand unterliegt das zwingende Preisrecht der HOAI nicht dem Vertragsstatut nach Art. 32 Abs. 1 EGBGB a.F., gilt also gem. Art. 34 EGBGB a.F. unabhängig von dem gewählten Vertragsstatut, weil es kein Vertrags-, sondern öffentliches Preisrecht ist. Das könnte auch für die Mindestsatzfiktion des § 4 Abs. 4 HOAI a.F. – dementsprechend für die Regelung der Neufassung in § 7 Abs. 6 HOAI – gelten,[61] was aber gegen die Dienstleistungsfreiheit gem. Art. 46 des EG-Vertrags (= Art. 56 AEUV) verstoßen dürfte.[62] Hier wird man die weitere Rechtsprechung – insbesondere des EuGH – zu beobachten haben.[63] Im **Zweifelsfall** ist die Anwendung der HOAI innerhalb des EU-Binnenmarkts wegen der mit ihrer Anwendung verbundenen Wettbewerbseinschränkungen zu **verneinen**.[64]

22 Die Anwendung der HOAI dürfte nicht in jedem Fall davon unabhängig sein, wo der **Auftraggeber** seinen Sitz hat[65] oder von welchem Land her der Auftrag erteilt wird. Ent-

---

55 Vgl. BGH Urt. v. 4.12.1997 – VII ZR 177/96, BauR 1998, 193, 194.

56 S. dazu auch Korbion/Mantscheff/Vygen /*Wirth*, HOAI, Aktualisierungsband zur 7. Aufl., § 1.

57 Vgl. ausführlich *Thode*, jurisPR-PrivBauR 1/2011, Anm. 1 (zu § 4 HOAI a.F.).

58 Verordnung (EG) Nr. 593/2008 des Europäischen Parlaments und des Rates über das auf vertragliche Schuldverhältnisse anzuwendende Recht vom 17.6.2008, ABlEU v. 4.7.2008 L 177 S. 6.

59 Zur Rom-I-Verordnung und deren Auswirkung insbesondere im internationalen Bau- und Architektenrecht näher *Thode*, NZBau 2011, 449.

60 BGH Urt. v. 7.12.2000 – VII ZR 404/99, BauR 2001, 979; BGH Urt. v. 27.2.2003 – VII ZR 169/02, NJW 2003, 2020, juris-Rn. 28: „Auf einen grenzüberschreitenden Architekten- und Ingenieurvertrag ist die Mindestsatzregelung anwendbar, wenn die vereinbarte Architekten- oder Ingenieurleistung für ein im Inland gelegenes Bauwerk erbracht werden soll".

61 Vgl. BGH Urt. v. 27.2.2003 – VII ZR 169/02, BauR 2003, 748 m. Anm. *Schramm* IBR 2003, 254.

62 Vgl. BGH – VII ZR 169/92 a.a.O.; *Quack*, ZfBR 2003, 419; *Wenner*, ZfBR 2003, 421.

63 Vgl. auch *Thode*, jurisPR-PrivBauR 1/2011, Anm. 1, lit. C.

64 Eine Anwendung der HOAI auf grenzüberschreitende Verträge lehnen zurecht ab *Averhaus*, NZBau 2009, 473, 474; *Messerschmidt*, NZBau 2009, 568; *Preussner*, BauR 2010, 340, 343; krit. auch *Vorwerk*, BauR 2008, 1734, 1736; *Thode*, jurisPR-PrivBauR 1/2011, Anm. 1, lit. C.

65 Wann ein Sitz im Inland besteht, ist unklar; nach *Averhaus*, NZV 2009, 473, 474 ist das der Fall, wenn die Leistungen faktisch mittels fester Infrastruktur auf unbestimmte Zeit in Deutschland erbracht werden. Zur Zulässigkeit einer auf Zahlung von Architektenhonorar gerichteten Klage, wenn es sich um ein Bauprojekt eines ausländischen Staates handelt: OLG Köln Urt. v. 10.6.2015 – 16 U 147/13, IBR 2015, 530 – *Wessel.*

scheidend ist zunächst, ob die **Leistung** vom Inland aus und von einem dort ansässigen Architekten oder Ingenieur erbracht wird.

23 Anders ist aber die Frage zu beantworten, ob die sog. **„negative Dienstleistungsfreiheit“**[66] – also die des Dienstleistungsempfängers – verletzt ist, wenn z. B. ein Architekt in Deutschland von einem Auftraggeber aus dem EU-Ausland mit der Planung für ein Bauvorhaben in Deutschland beauftragt wird. Hier erscheint ein Verstoß gegen die Dienstleistungsrichtlinie nicht ausgeschlossen. Denn auch nach der neuen HOAI ist ein im Inland ansässiger Auftragnehmer, der Planungen für ein Bauvorhaben im Inland erbringt, gezwungen, nach Mindestsätzen abzurechnen, wenn sein Auftraggeber seinen Sitz im Ausland hat. Die Dienstleistungsfreiheit gem. Art. 49 EGV berechtigt aber nicht nur den Dienstleistungserbringer, sondern auch den Dienstleistungsempfänger ("negative Dienstleistungsfreiheit") und damit den Auftraggeber. Deshalb dürfte der Zwang im Inland ansässiger Auftragnehmer, für Bauvorhaben im Inland gegenüber in einem Mitgliedsstaat ansässigen Auftraggeber nach Mindestsätzen abzurechnen, einen Verstoß gegen die Dienstleistungsfreiheit darstellen.[67]

5. Zeitlicher Geltungsbereich

24 Die HOAI an sich trat am 1. Januar 1977 in Kraft (§ 103 HOAI 1996). Sie ist seitdem wiederholt novelliert worden. Die HOAI 2009 gilt ab dem 18.8.2009;[68] die HOAI 2013 ist am **17.7.2013** in Kraft getreten.[69] Welche der mittlerweile sieben unterschiedlichen HOAI-Fassungen jeweils maßgeblich ist, richtet sich gem. § 57 HOAI (wie § 55 HOAI 2009 iVm. § 103 Abs. 1 Satz 2, Abs. 3–6 HOAI 1996) nach dem **Zeitpunkt des Vertragsschlusses**, wobei die Parteien die Möglichkeit haben, noch nicht erbrachte Leistungen nach der jeweiligen Neufassung abzurechnen (vgl. § 103 Abs. 2 i.V.m. Abs. 3–6 HOAI 1996). Eine solche Vereinbarung bedarf keiner besonderen Form und kann auch konkludent getroffen werden.

25 Die Vertragsparteien können jedoch **vereinbaren**, dass die jeweiligen **Neuregelungen auch für Verträge gelten sollen, die vor deren Inkrafttreten abgeschlossen** worden sind, sofern die Leistungen zur Erfüllung der „Altverträge“ nach dem 16.7.2013 (für die HOAI 2013) bzw. nach dem 17.8.2009 (HOAI 2009) erbracht werden. Sie können ebenfalls für Verträge, die nach dem Inkrafttreten der jeweils neueren HOAI geschlossen werden, die Anwendung des früheren Rechts vereinbaren, soweit die jeweils aktuell gültigen Mindest- und Höchstsätze eingehalten werden (§ 7 Abs. 1 HOAI).[70] Desgleichen dürfte es zulässig sein, auf laufende ältere Verträge das neue Honorarrecht anzuwenden.[71] Eine entsprechende Vereinbarung bedarf keiner besonderen Form, kann also auch mündlich getroffen werden oder sich aus den Umständen ergeben.

26 Besondere Probleme bereiten sog. **Stufen oder Optionsverträge**,[72] wenn einzelne Leistungen zu einem Zeitpunkt abgerufen werden, in dem eine im Verhältnis zum Ursprungsvertrag geänderte HOAI gilt. Der BGH hat grundsätzlich im Urteil vom 18.12. 2014[73] zur stufenweisen Beauftragung[74] ausgeführt, dass nicht der Zeitpunkt des Leis-

---

66 Vgl. *Streinz/Leible* in: Schlachter/Ohler, Europäische Dienstleistungsrichtlinie, 2008, Einleitung Rn. 4.

67 **A.A.** ohne vertiefte Begründung Korbion/Mantscheff/Vygen /*Wirth*, HOAI, Aktualisierungsband zur 7. Aufl. § 1, S. 24.

68 Gem. § 56 HOAI 2009 und Veröffentlichung im BGBl. I, S. 2732.

69 S. § 58; die Verkündung im BGBl. erfolgte am16.7.2013, BGBl. I, S. 2276.

70 *Verf.* in *Messerschmidt/Voit*, Privates Baurecht, 2. Aufl., Abschnitt Q Rn. 79 (zur HOAI 2009); desgl. *Locher/Koeble/Frik*, HOAI, 10. Aufl., § 55 Rn. 7 zur HOAI 20009.

71 *Verf.* a.a.O.; *Locher/Koeble/Frik* a.a.O., § 57 Rn. 7.

72 Dazu näher *Scholtissek*, HOAI, 2. Aufl. § 57 Rn. 9 ff. m. w. N.

73 BGH Urt. v. 18.12.2014 – VII ZR 350/13, NJW 2015, 616, insb. Rn. 15 f. Vgl. dazu auch die Besprechung von *Thode/Kuhn*, ZfBR 2015, 419.

74 Hierzu grundlegend *Kuhn*, ZfBR 2014, 3.

tungs*abrufs* entscheidend ist, sondern **wann** die **Leistungen** tatsächlich beauftragt und damit **vertraglich vereinbart** wurden. Auch wenn die Parteien für den Fall der späteren Beauftragung schon konkrete Festlegungen zu den beabsichtigten Leistungen und zum hierfür geschuldeten Honorar getroffen haben, kommt es nicht auf den Zeitpunkt des Ausgangsvertrages an, sondern darauf, wann der Vertrag über die weiteren Leistungen letztlich geschlossen wird. Standen die später abgerufenen Leistungsphasen – wie es häufig der Fall ist – unter einer Bedingung (wie Genehmigung, Finanzierung, Realisierbarkeit), wurden also im Ausgangsvertrag nur *optional* aufgeführt, ist das **bei Abruf**[75] und damit Beauftragung der späteren Leistungsphase gültige Honorarrecht für diese Leistungen anzuwenden.

27 Daraus darf aber **nicht** abgeleitet werden, es müsste bei Abruf einer – unter Ansatz einer früheren HOAI-Fassung vereinbarten – Leistung nach Inkrafttreten einer „neuen" HOAI **stets** zu einer Honoraranhebung nach den neuen Sätzen kommen. Genau genommen bedarf es eines **Vergleichs der Honorierung** nach dem alten Vertrag mit den Mindestsätzen nach dem neuen Honorarrecht.[76] Erst wenn danach – zudem unter Berücksichtigung der geänderten Leistungsbilder der HOAI 2013 – eine Unterschreitung der Mindestsätze nach der neuen HOAI vorliegt, ist eine Honoraranpassung vorzunehmen.

28 Im Übrigen bedarf es stets der genauen Prüfung des Einzelfalls unter **Auslegung** des jeweiligen Vertrags, ob von den Parteien eine stufenweise bzw. optionale Beauftragung gewollt war. Honorare für laufende oder noch nicht (oder noch nicht vollständig) erbrachte Leistungen, die jedoch schon vor Inkrafttreten einer neuen HOAI beauftragt oder abgerufen wurden, sind nicht anzupassen.[77] Im Übergangsbereich der HOAI 1996/2002 zur HOAI 2009 ist außerdem zu beachten, dass ab Inkrafttreten der HOAI 2009 für die Honoraranpassung nur noch die anrechenbaren Kosten nach der Kostenberechnung maßgeblich sind; die zuvor erforderliche Konkretisierung – das hieß in der Regel: Erhöhung – der Kosten im Kostenanschlag und der Kostenfeststellung entfällt.[78] Auch das kann im Ergebnis zu einer Honorarminderung führen.[79]

29 Waren schließlich **bereits alle Leistungsschritte vor Inkrafttreten einer neuen HOAI beauftragt** worden – also ohne Option oder Vorbehalt – ist allein die zum **Zeitpunkt dieses Vertragsschlusses maßgebliche HOAI-Fassung** insbesondere mit den zugehörigen Tafelwerten anzuwenden.[80]

30 **Ungeklärt** bleibt, welches Honorarrecht anzuwenden ist, wenn die Parteien nach Abschluss eines Architektenvertrags, der einem früheren Gebührenrecht unterfällt, zu einem Zeitpunkt, in dem schon ein neues Gebührenrecht gilt, **einvernehmlich Änderungen der Planung** vornehmen.[81] Mit dem BGH[82] ließe sich hier wohl vertreten, dass das neue Preisrecht grundsätzlich auch für die neu vereinbarten Leistungen gilt.[83] Das dürfte aber zu einfach sein. Ansatzpunkt ist zunächst, ob die Planungsänderungen überhaupt zu veränderten Berechnungsgrundlagen führen. Nach dem System der HOAI 2013 sind nach Erstellung der Kostenberechnung Änderungen in den anrechenbaren Kosten zwar nicht mehr maßgeblich. § 10 Abs. 1 HOAI bestimmt aber, dass die **Honorarberechnungs-**

[75] Ob eine Abrufklausel im Vertrag – wie sie BGH VII ZR 350/13 zugrunde lag – überhaupt wirksam sein kann, erörtert *Ludgen*, NZBau 2015, 198.

[76] Ebenso *Fuchs*, IBR 2015, 144.

[77] S. Erlass des Bundesministeriums für Umwelt, Naturschutz, Bau und Reaktorsicherheit v. 24.2.2015, dort S. 5.

[78] Vgl. ebenfalls den Erlass des Bundesministeriums für Umwelt, Naturschutz, Bau und Reaktorsicherheit v. 24.2.2015, dort S. 6.

[79] Zur Ermittlung der Mindesthonorare für Stufenverträge beim Übergang zwischen der HOAI 2009 und der HOAI 2013 vgl. *Kaiping*, NZBau 2015, 268.

[80] Ebenso *Reinelt*, jurisPR-BGHZivilR 3/2015, Anm. 1.

[81] Vgl. dazu auch *Motzke*, NZBau 2015, 195.

[82] VII ZR 350/13 a.a.O.

[83] In diese Richtung *Motzke*, NZBau 2015, 195m 197 a.E.

grundlage für die Grundleistungen, die infolge des veränderten Leistungsumfangs zu erbringen sind, durch schriftliche Vereinbarung **anzupassen** *ist.* Einigen sich indes Auftraggeber und Auftragnehmer über die **Wiederholung von Grundleistungen**, ohne dass sich dadurch die anrechenbaren Kosten oder Flächen ändern, ist das **Honorar** für diese Grundleistungen entsprechend ihrem Anteil an der jeweiligen Leistungsphase gem. § 10 Abs. 2 HOAI schriftlich zu **vereinbaren**. Die Neuregelung spricht dafür, das Honorar für die Planungsänderungen unter Ansatz der aktuellen HOAI-Fassung zu würdigen; dies muss aber nicht zwingend zu einer Honorarerhöhung führen.

Werden Architektenleistungen stufenweise beauftragt, unterliegen die Honoraransprüche des Architekten aus den verschiedenen Stufenverträgen nach Ansicht des OLG Hamm **jeweils eigenständigen Verjährungsfristen**.[84] **31**

→ *Textverweis* → *s. dazu näher unten Rn. 47.*

6. HOAI-Novellen

Auch wenn der Konflikt mit der Dienstleistungsfreiheit durch die Neufassung der HOAI entschärft worden ist, bleiben schwer erträgliche Unstimmigkeiten. Denn die Benachteiligung der inländischen Dienstleister gegenüber Mitbewerbern aus den Mitgliedsstaaten findet auf demselben europäischen „Dienstleistungsmarkt" statt, nur dass sich die benachteiligte Gruppe geändert hat: Waren es früher die Dienstleister aus einem anderen EU-Land, sind es nun diejenigen aus Deutschland. In der Sache ändert das nichts. Der Generalanwalt beim EuGH[85] sah in der italienischen Gebührenordnung für Rechtsanwälte, soweit sie Mindestgebühren festlegt, eine unzulässige Beschränkung des Dienstleistungsverkehrs nach Art. 10, 49 EG-Vertrag, weil sie Rechtsanwälte aus einem anderen EU-Land daran hindere, in Italien juristische Dienstleistungen zu niedrigeren Honoraren zu erbringen bzw. italienischen Bürger verwehre, solche Dienste aus einem anderen EU-Staat zu geringeren Kosten als nach italienischem Recht in Anspruch zu nehmen. Dafür bestünde kein zwingender Grund allgemeinen Interesses.[86] Jetzt sind die inländischen Architekten/Ingenieure in wesentlichen Bereichen gehindert, ihre Leistung „mindestsatzfrei" und damit zu einem niedrigeren Honorar anzubieten. **32**

Mit Urteil vom 5.12.2006 hat der EuGH für Recht erkannt, dass eine Beschränkung des in Artikel 49 EG-Vertrag vorgesehenen freien Dienstleistungsverkehrs vorliege, wenn eine Regelung verbiete, geringere als in einer (dort: Rechtsanwalts-) Gebührenordnung festgelegte Mindesthonorare zu vereinbaren. Die Prüfung, ob eine solche Regelung angesichts ihrer konkreten Anwendungsmodalitäten tatsächlich den Zielen des Verbraucherschutzes und der geordneten Rechtspflege – die sie rechtfertigen könnten – Rechnung trage und ob die mit ihr auferlegten Beschränkungen nicht außer Verhältnis zu diesen Zielen stünden, sei allerdings Sache des vorlegenden Gerichts. Insbesondere sei zu prüfen, ob es eine Wechselbeziehung zwischen Honorarhöhe und Qualität der Dienstleistung gebe und ob die Festsetzung von Mindesthonoraren geeignet sei, die verfolgten Ziele zu erreichen.[87] **33**

Damit hatte der Verordnungsgeber zunächst zwar einen gewissen Spielraum, die Mindestsatzfiktion trotz der angemahnten Bedenken beizubehalten. Ob das auf Dauer gilt,[88] bleibt abzuwarten. Der EuGH hat lediglich *von vornherein* nicht ausschließen wollen, dass die Mindestsatzregelung helfen könne, einen zu Billigangeboten führenden Konkurrenzkampf, der das Risiko eines Verfalls der Dienstleistungsqualität zur Folge hätte, zu ver- **34**

---

84 OLG Hamm Urt. v. 25.2.2015 – 17 U 90/12, IBRRS 2015, 1017.

85 Vgl. dessen Schlussanträge vor dem EuGH v. 1.2.2006 – Rs. C-94/04, IBR 2006, 150.

86 Vgl. dazu EuGH Urt. v. 5.12. 2006 – Rs. C 94 und 202/04, IBR 2007, 30 mit Anm. *Schwenker.*

87 EuGH Urt. v. 5.12. 2006 – Rs. C-202/04, ibr-online.

88 Zweifelnd *Thode* IBR 2006, 150.

meiden. In dieser Hinsicht sind aber Zweifel angebracht.[89] Die Qualität der Architektenleistung dürfte – wie sich auch innerhalb der EU zeigt[90] – nicht unbedingt von der Mindesthonorierung abhängen, weil die Leistung ohnehin einer Vielzahl von – anderen – Kontrollen unterworfen ist, die für ihren Wert nicht weniger wichtig sind als die Honorierung. Zudem waren schon nach dem bislang geltenden Recht die Mindest- und Höchstsätze der HOAI nicht für alle Anbieter verbindlich, so z. B. nicht für solche, die neben oder zusammen mit Bauleistungen *auch* Architekten- oder Ingenieurleistungen erbringen.[91] Daneben gibt es weitere Ausnahmen,[92] ohne dass dies zu einem „ruinösen Preiswettbewerb“ geführt hätte. Trotz aller Widerstände der betroffenen Berufsstände dürfte deshalb künftig mit weiteren Änderungen der HOAI zu rechnen sein.[93]

II. Zum Aufbau der HOAI

35 Die 6. und die 7. Novellierung der HOAI, die am 18. August 2009[94] und am 17. Juli 2013[95] in Kraft getreten sind, haben erhebliche Änderungen mit sich gebracht. Da der Systemwandel im Honorarrecht durch die HOAI 2009 eingeleitet worden ist, müssen die in ihr enthaltenen Regelungen trotz erneuter Novellierung der Honorarordnung im Einzelnen betrachtet werden.

1. Überblick

36 Bereits nach der **bis zur HOAI 2009** geltenden Fassung der Honorarordnung konnten die Parteien eines Architektenvertrages ein Honorar vereinbaren (§ 4 Abs. 1 HOAI 1996). Erfolgte keine wirksame Honorarvereinbarung, war nach den Mindestsätzen im System der HOAI abzurechnen, d. h. unter Ermittlung der anrechenbaren Kosten nach den für die abzurechnenden Leistungsphasen einschlägigen Kostenermittlungsarten, wie sie die DIN 276 vorsah. Für die Vereinbarung eines Honorars, dessen Berechnung nicht der Systematik der HOAI entsprechen musste, war jedoch wegen des zwingenden preisrechtlichen Charakters der HOAI Voraussetzung, dass sich das abzurechnende Honorar zwischen den Mindest- und Höchstsätzen bewegte, die nach der Systematik der HOAI zu berechnen waren. Auch durch die Vereinbarung eines Honorars konnte der Mindest- und Höchstsatzzwang der HOAI nicht umgangen werden. § 4 Abs. 2 HOAI 1996 erlaubte eine Unterschreitung der Mindestsätze nur in Ausnahmefällen. § 4 Abs. 3 HOAI 1996 sah eine Überschreitung der Höchstsätze nur bei außergewöhnlichen oder ungewöhnlich lange dauernden Leistungen vor. Die Rechtsprechung kennt kaum Fälle, in denen eine Unterschreitung der Mindestsätze bzw. eine Überschreitung der Höchstsätze von den Gerichten gebilligt wurde.[96]

---

89 Vgl. dazu auch *Schramm/Schwenker/Wessel*, ZfBR 2008, 427, 428, 433 f.

90 Vgl. *Schramm/Schwenker/Wessel*, ZfBR 2008, 428 m. w. N. (dort Fn. 27).

91 S. BGH Urt. v. 22.5.1997 – VII ZR 290/95, NJW 1997, 2329 = BauR 1997, 677.

92 Vgl. BGH – VII ZR 290/95, NJW 1997, 2329 a.a.O. (III.2. der Entscheidungsgründe).

93 Die wohl noch andere Erwartung von *Vygen* in: *Korbion/Mantscheff/Vygen* HOAI, 7. Aufl., § 1 Rn. 54, ist bereits durch die HOAI 2013 „überholt“.

94 BGBl. I 2009, 2732.

95 BGBl. I 2013, 2276.

96 Eine zulässige Unterschreitung der Mindestsätze hat angenommen: OLG Hamm Urt. v. 16.10. 2008 – 17 U 1/08 mit Anm. *Wessel* IBR 2009, 588 m. w. N.; dagegen: BGH Urt. v. 27.10.2011 – VII ZR 163/10: „Ein Ausnahmefall in Form enger wirtschaftlicher Beziehung kann nicht allein daraus hergeleitet werden, dass ein Ingenieur als Nachunternehmer über längere Zeit eine Vielzahl von Aufträgen zu einem unter dem Mindestsatz liegenden Pauschalhonorar ausführt.“

2. Das Honorar nach der HOAI 2009, insb. Kostenvereinbarungsmodell

a) Honorarvereinbarungen. Die **grundsätzlich mögliche Vereinbarung eines von der Systematik der HOAI abweichenden Honorars**, solange sich dieses im Korridor der Honorarordnung bewegt, haben die HOAI 2009 und 2013 beibehalten. § 4 Abs. 1 HOAI 1996 ist wörtlich sowohl in § 7 Abs. 1 HOAI 2009 als auch in § 7 Abs. 1 HOAI 2013 übernommen worden. Auch nach dem aktuell geltenden Honorarrecht können somit die Parteien eines Architekten- oder Ingenieurvertrages das Honorar vereinbaren. Interessant ist, dass die HOAI diese Möglichkeit, das Honorar zu ermitteln, als erste nennt, was den Eindruck erwecken könnte, es handele sich nach den Vorstellungen des Verordnungsgebers dabei um den Regelfall. 37

Dass **Honorarvereinbarungen in der Praxis häufig unwirksam** sind, liegt daran, dass die Vertragsparteien die Voraussetzungen des § 7 Abs. 1 HOAI nicht berücksichtigen. Abgesehen davon, dass die Honorarvereinbarung nur wirksam ist, wenn sie sich **innerhalb der Mindest- und Höchstsätze** bewegt, muss sie schriftlich **bei Auftragserteilung** erfolgen. 38

Mit dem Erfordernis der Schriftlichkeit ist die strenge **Schriftform** des § 126 BGB gemeint. Danach muss die Unterzeichnung der Parteien **auf derselben Urkunde** erfolgen. Werden über den Vertrag mehrere gleichlautende Urkunden aufgenommen, so genügt es, wenn jede Partei die für die andere Partei bestimmte Urkunde unterzeichnet. Mit „Urkunde“ ist dabei eine schriftlich verkörperte Gedankenerklärung gemeint. Es genügt also nicht, wenn der Architekt ein schriftliches Honorarangebot oberhalb der Mindestsätze unterbreitet und der Auftraggeber dieses Angebot schriftlich annimmt. Solange sich die Unterschrift des Auftraggebers nicht auf demselben Schriftstück befindet wie die Unterschrift des Architekten, ist der Schriftform des § 126 BGB nicht genüge getan.[97] Die Schriftform ist jedoch **nur für die Honorarvereinbarung** konstitutiv. Da der Architektenvertrag als solcher nicht schriftlich geschlossen werden muss, ist in diesem Fall ein Architektenvertrag zwar zustande gekommen. Der Architekt kann jedoch nur die Mindestsätze verlangen, weil nicht schriftlich etwas anderes vereinbart worden ist. 39

Eine weitere Voraussetzung, die in der Praxis häufig den Abschluss von Honorarvereinbarungen unwirksam macht, ist der notwendige **Zeitpunkt** einer Vereinbarung nach § 7 Abs. 1 HOAI 2009 bzw. 2013. Die Honorarvereinbarung muss bei Auftragserteilung erfolgen. Nach der Rechtsprechung des Bundesgerichtshofs bedeutet dies: **bei Vertragsschluss.**[98] Hat – wie häufig bei Aufträgen öffentlicher Auftraggeber – der Architekt bereits aufgrund einer mündlichen Beauftragung seine Tätigkeit aufgenommen und Teilleistungen erbracht, so ist eine spätere schriftliche Fixierung des Vertrags nicht mehr bei Auftragserteilung erfolgt. Auch in diesem Fall kann der Architekt nur nach den Mindestsätzen der HOAI abrechnen. 40

Bei diesen Anforderungen, die bereits in § 4 Abs. 1 HOAI 1996 enthalten waren, ist es in beiden Novellen geblieben (§ 7 Abs. 1 n.F.).

Anrechenbare Kosten: Das Honorar ist, wie § 6 Abs. 1 HOAI n.F. seit der 6. Novelle bestimmt, zu berechnen nach:

1. für die Leistungsbilder des Teils 2 nach der Größe der Fläche und für die Leistungsbilder der Teile 3 und 4 nach den anrechenbaren Kosten des Objekts auf der Grundlage der Kostenberechnung oder, sofern keine Kostenberechnung vorliegt, auf der Grundlage der Kostenschätzung,
2. nach dem Leistungsbild,
3. nach der Honorarzone,
4. nach der dazugehörigen Honorartafel.

---

[97] BGH Urt. v. 11.2.2010 – VII ZR 218/08 (zur identischen Problematik bei § 57 Abs. 2 Satz 3 HOAI a.F.).

[98] Std. Rspr., vgl. nur BGH Urt. v. 17.4.2009 – VII ZR 164/07, NJW 2009, 2199.

41 Bis auf die Ermittlung der anrechenbaren Kosten hat sich damit nichts geändert. Nach § 10 Abs. 2 HOAI 1996 waren für die Abrechnung der sog. Vollarchitektur drei Kostenermittlungen Voraussetzung, nämlich die Kostenberechnung, der Kostenanschlag und die Kostenfeststellung. Insoweit ist mit der HOAI 2009 eine wesentliche Änderung eingetreten, denn nach § 6 Abs. 1 Nr. 1 HOAI 2009/2013 sind die anrechenbaren Kosten für **sämtliche** Leistungsphasen nach der **Kostenberechnung** zu ermitteln. Dabei ist zunächst zu beachten, dass die für die anrechenbaren Kosten eines Objekts notwendigen **Kosten durch den Vertragsgegenstand bestimmt** und begrenzt werden.[99] Was der Planer schuldet, wird durch den Werkvertrag und nicht durch die rein preisrechtlichen Bestimmungen der HOAI bestimmt. Daher kann auch nur der Vertrag der Vertragsparteien bestimmen, was Vertragsgegenstand ist. Falls Vertragsgegenstand nicht das gesamte Bauwerk, sondern nur ein Teil davon ist, kann folglich das Honorar auch nicht nach den anrechenbaren Kosten des Objektes bestimmt werden. Der Honorarabrechnung sind **nur die anrechenbaren Kosten der Maßnahme zugrunde zu legen, auf die sich der Auftrag bezogen** hat. Für die konkrete Abrechnung sind zwei Wege denkbar, die der BGH beide billigt. Entweder ermittelt der Architekt sein Honorar nach den vollen Prozentsätzen der von ihm erbrachten Leistungsbilder nach den anrechenbaren Kosten des Vertragsgegenstandes oder er geht bei der Honorarermittlung von den Gesamtkosten aus und bildet unter Berücksichtigung der anrechenbaren Kosten des Gesamtgegenstandes eine Quote.[100]

42 Die in der bis zum 17.8.2009 geltenden Fassung der HOAI gem. § 10 Abs. 3 HOAI 1996 für die die sog. Vollarchitektur vorgeschriebenen drei Kostenermittlungen

- Kostenberechnung für die Leistungsphasen 1–4
- Kostenanschlag für die Leistungsphasen 5–7
- Kostenfeststellung für die Leistungsphasen 8–9,

kennt die auf seit dem 18.8.2009 geschlossene Verträge anwendbare Fassung der HOAI **nicht** mehr. Nach § 6 Abs. 1 Nr. 1 HOAI n.F. richtet sich das Honorar für die Leistungsbilder der Teile 3 und 4 nach den **anrechenbaren Kosten des Objekts auf der Grundlage der Kostenberechnung** oder, soweit diese nicht vorliegt, auf der Grundlage der Kostenschätzung. Die **Fortschreibung der Kostenermittlungsarten,** die die bis dahin geltende Fassung der HOAI angeordnet hatte, ist **weggefallen**. Da die Erstellung einer Kostenberechnung zu den in der Entwurfsplanungsphase zu erbringenden Leistungen des Planers gehört (vgl. Anlage 11 – Leistungsphase 3 Buchstabe f), fließen **Änderungen der anrechenbaren Kosten**, die sich erst in einem **späteren Stadium des Planungs- und Bauausführungsprozesses** ergeben, **nicht mehr in die anrechenbaren Kosten** ein. Dieser Effekt ist vom Verordnungsgeber beabsichtigt, der durch die Novelle eine Dämpfung der Architekten- und Ingenieurkosten anstrebte.

43 Aufgrund des bis zur 6. Novelle herrschenden Prinzips der dynamischen Kostenermittlung – von der Kostenschätzung über die Kostenberechnung und den Kostenanschlag bis zur Kostenfeststellung – brauchte die HOAI keine Regelung über Anpassungen der Ergebnisse der einzelnen Kostenermittlungsarten zu enthalten. Da für die Ermittlung des auf die einzelnen Leistungsphasen entfallenden Honorars unterschiedliche Kostenermittlungsarten zugrunde zu legen waren, die zu unterschiedlichen anrechenbaren Kosten gelangen konnten, wirkte sich eine Änderung der anrechenbaren Kosten unmittelbar auf das Honorar aus. Dieses Prinzip ist mit der 6. Novelle (HOAI 2009) aufgegeben worden. **Maßgeblich** für alle Leistungsphasen ist nunmehr **nur noch die Kostenberechnung**, die der Honorarberechnung für sämtliche Leistungsphasen zugrunde zu legen ist.

44 Damit wurde es erstmalig nötig, für die Fallkonstellationen, in denen sich nach Erstellung der Kostenberechnung auf Veranlassung des Auftraggebers die anrechenbaren

---

[99] BGH Urt. v. 11.12.2008 – VII ZR 235/06.

[100] BGH Urt. v. 24.10.1994 – VII ZR 283/95.

Kosten ändern, eine **Anpassungsvorschrift** in die HOAI aufzunehmen. Die HOAI 2009 enthielt daher mit § 7 Abs. 5 HOAI eine Anpassungsmöglichkeit der ansonsten für alle Leistungsphasen verbindlichen Kostenberechnung. § 7 Abs. 5 HOAI existiert in dieser Form in der seit 2013 gültigen Fassung der HOAI nicht mehr, sondern ist in **§ 10 Abs. 1 HOAI** aufgegangen. Die mit der 6. Novelle eingeführte Verbindlichkeit der Kostenberechnung ist jedoch nicht geändert worden.

b) Kostenvereinbarungsmodell. Eine Kostenberechnung sollte nach den Vorstellungen des Verordnungsgebers nicht erforderlich sein, wenn die Parteien von der Möglichkeit des § 6 Abs. 2 HOAI 2009 (§ 6 Abs. 3 HOAI 2013) Gebrauch machten und eine **Baukostenvereinbarung** schlossen. Dann sollte die Baukostenvereinbarung die anrechenbaren Kosten festlegen, so dass aus honorarrechtlichen Gründen eine Kostenberechnung nicht erforderlich sein sollte. Mit dem Kostenvereinbarungsmodell sollten die anrechenbaren Kosten und damit das anfallende Honorar bei Vertragsschluss feststehen, so dass nach der Vorstellung des Verordnungsgebers Steigerungen bei den Planerhonoraren ausgeschlossen sein sollten. 45

Gegen das mit der HOAI 2009 eingeführte Kostenvereinbarungsmodell wurden mindestsatzgetragene Zweifel des Inhalts vorgebracht, dass die Regelung nicht von der Ermächtigungsgrundlage gedeckt sei, weil mit ihr systematisch die Mindestsätze unterlaufen werden könnten. Allerdings wurden mit einer Baukostenvereinbarung nicht die Mindestsätze an sich aushebelt; die Baukostenvereinbarung sollte nur den Rahmen vorgeben, in dem dann weiterhin die Mindestsätze gelten. Die Baukostenvereinbarung sollte somit an die Stelle der Kostenberechnung treten, nach der gemäß § 6 Abs. 1 HOAI die anrechenbaren Kosten zu ermitteln sind. Alle übrigen Parameter der Honorarermittlung blieben gleich, so dass es sich bei dem auf der Grundlage einer Baukostenvereinbarung ermittelten Mindestsatzhonorar um die „in dieser Verordnung festgesetzten Mindestsätze" handelte, von denen § 7 Abs. 3 HOAI 2009 spricht. Ähnlich ist nach der Rechtsprechung des BGH zulässig, dass die Parteien eines Architekten- oder Ingenieurvertrags eine Bausumme als Beschaffenheit des Werkes vereinbarten und diese Summe dann die Obergrenze der anrechenbaren Kosten für die Honorarberechnung bildet.[101] 46

Der Bundesgerichtshof hat mit seinem Urteil vom 24.4.2014[102] diesen Diskussionen ein Ende bereitet und § 6 Abs. 2 HOAI 2009 für **unwirksam** erklärt, weil die Vorschrift von der gesetzlichen Ermächtigungsgrundlage in Art. 10 §§ 1 und 2 MRVG nicht gedeckt ist. Mit dieser Regelung verstieß der Verordnungsgeber gegen die in der gesetzlichen Ermächtigungsgrundlage in Art. 10 §§ 1, 2 MRVG enthaltene Vorgabe, Mindest- und Höchstsätze für Architekten- und Ingenieurleistungen in der Honorarordnung verbindlich festzulegen. § 6 Abs. 2 HOAI 2009 stellt auch keinen zulässigen Ausnahmefall dar, der eine Unterschreitung der Mindestsätze rechtfertigen kann.[103] Ein Ausnahmefall liegt nicht vor, wenn jeglicher Bezug zu den Umständen, der Art und dem Umfang der Aufgabe sowie der Leistung der Architekten und Ingenieure fehlt und damit dem Zweck des Gesetzes zuwider der (Preis-)Wettbewerb eröffnet wird. Das ist aber der Fall, wenn das Honorar an eine einvernehmliche Festlegung der Baukosten geknüpft wird. Denn in diesem Fall spielen die Besonderheiten des Vertragsverhältnisses – wie beispielsweise enge Beziehungen rechtlicher, wirtschaftlicher, sozialer oder persönlicher Art, die einen Ausnahmefall rechtfertigen können[104] – keine Rolle. Allein der Wunsch nach Kostensicherheit kann einen Ausnahmefall nach Ansicht des BGH nicht rechtfertigen. 47

---

[101] BGH Urt. v. 23.1.2003 – VII ZR 362/01, NJW-RR 2003, 593.

[102] BGH Urt. v. 24.4.2014 – VII ZR 164/13., NJW 2014, 2354 m. Anm. *Wessel*, jurisPR-PrivBauR 8/2014, Anm. 4.

[103] So das Berufungsgericht: OLG Koblenz Urt. v. 5.6.2013 – 5 U 1481/12, BauR 2013, 1494

[104] Vgl. BGH Urt. v. 22.5.1997 – VII ZR 290/95.

48 Diese Erwägungen des BGH, der über § 6 Abs. 2 HOAI 2009 zu entscheiden hatte, lassen sich unschwer auf die gleichlautende Regelung in **§ 6 Abs. 3 HOAI 2013** übertragen, so dass eine Kostenvereinbarung auch in Verträgen, die nach dem 17. Juli 2013 geschlossen worden sind, nicht möglich ist.

49 **c) Abänderung der anrechenbaren Kosten, § 7 Abs. 5 HOAI.** Diese **neue** Vorschrift kennt kein Vorbild in vorhergehenden Fassungen der HOAI. Sie regelt die Abänderung der anrechenbaren Kosten und ist nötig geworden, weil sich die HOAI 2009 vom bisherigen dynamischen System der fortzuschreibenden Kostenermittlungen gelöst hat und mit der für alle Leistungsphasen der Abrechnung allein zugrunde zu legenden Kostenberechnung ein statisches System gefunden hat. § 7 Abs. 5 HOAI 2009 ist die einzige Vorschrift der HOAI, die es erlaubt, die **anrechenbaren Kosten nachträglich anzupassen**. Treffen die Parteien keine Honorarvereinbarung und einigen sich auch nicht auf das Kostenvereinbarungsmodell, ist Grundlage der Honorarermittlung die Kostenberechnung, die Bestandteil der Entwurfsplanung ist. Spätere Änderungen der anrechenbaren Kosten haben grundsätzlich keine Auswirkung auf das Honorar. Die HOAI-Novelle 2009 hat sich dadurch bewusst für ein statisches Modell entschieden, das den Zweck verfolgt, das Honorar von den tatsächlichen Baukosten abzukoppeln.

50 Einen Ausgleich soll § 7 Abs. 5 HOAI bieten. Die Vorschrift hat **schuldrechtlichen** Charakter, so dass bereits fraglich ist, ob sie von der Ermächtigungsgrundlage gedeckt und verfassungsgemäß ist. Sie legt den Parteien nämlich eine Verpflichtung auf, bei Bejahung der im ersten Halbsatz aufgezählten Tatbestandsmerkmale die „dem Honorar zugrunde liegende Vereinbarung durch schriftliche Vereinbarung anzupassen". Die Erwähnung einer Vereinbarung scheint auf die Vereinbarung des Kostenvereinbarungsmodells i.S.v. § 6 Abs. 2 HOAI 2009 abzuzielen.[105] Beim Normalfall der Ermittlung der anrechenbaren Kosten gem. § 6 Abs. 1 HOAI 2009 gibt es keine Vereinbarung, die anzupassen wäre, weil sich die Verpflichtung des Auftragnehmers, auf der Grundlage der Kostenberechnung abzurechnen, unmittelbar aus dem Gesetz ergibt. Dagegen ist § 7 Abs. 5 HOAI 2009 wiederum auf die Honorarvereinbarung des § 7 Abs. 1 HOAI 2009 unmittelbar anzuwenden. Warum aber der Auftragnehmer nur bei einer Honorarvereinbarung und einer Baukostenvereinbarung einen Anspruch auf Anpassung seines Honorars haben soll und im „Normalfall" nicht, erschließt sich aus der Systematik des Gesetzes nicht. Daher muss § 7 Abs. 5 HOAI 2009 dahingehend ausgelegt werden, dass dem **Auftragnehmer der Anspruch ungeachtet des im Vertrag gewählten Vergütungssystems zusteht**. Ergänzend kann zur Unterstützung dieses Argumentes angeführt werden, dass § 7 Abs. 6 HOAI für den mündlich abgeschlossenen und den ohne Abänderung der Mindestsätze geschlossenen Architektenvertrag eine Vereinbarung fingiert („gelten ... als **vereinbart**").

51 Gelingt es den Parteien nicht, sich auf eine geänderte Honorargrundlage zu einigen, muss der Architekt nicht auf Abschluss einer Vereinbarung klagen, sondern kann die beanspruchte **Mehrvergütung unmittelbar geltend machen**. Insoweit kann die Rechtsprechung zu § 10 Abs. 3a HOAI 1996 herangezogen werden, aus der sich ergibt, dass – dem Wortlaut zuwider – die Schriftlichkeit nicht konstitutiv verstanden werden kann: „Das **Schriftformerfordernis** in § 10 Abs. 3a HOAI ist **keine Anspruchsvoraussetzung**. Der Architekt oder Ingenieur kann unter den Voraussetzungen des § 10 Abs. 3a, 1. Halbsatz HOAI auch dann, wenn eine schriftliche Vereinbarung scheitert, sein Honorar nach anrechenbaren Kosten berechnen, bei denen die vorhandene Bausubstanz angemessen berücksichtigt ist. Im Streitfall muss das Gericht darüber entscheiden, in welchem Umfang die Berücksichtigung stattfindet."[106]

---

[105] Vom BGH für verfassungswidrig erklärt durch: BGH Urt. v. 24.4.2014 – VII ZR 164/13.
[106] BGH Urt. v. 27.2.2003 – VII ZR 11/02, NJW 2003, 1667.

Mit § 7 Abs. 5 HOAI 2009 ist der von der Rechtsprechung des BGH entwickelte **Grundsatz aufgegeben worden, dass eine Anpassung des Honorars erst nach Abschluss aller Leistungen des Architekten und Ingenieurs möglich** ist: 52

> „Die nachträgliche vertragliche Änderung eines nach § 4 Nr. 4 HOAI fingierten Mindestsatzes ist nur wirksam, wenn sie nach Beendigung der Architekten- oder Ingenieurleistung getroffen wird. Die Tätigkeit des Architekten oder Ingenieurs ist, wenn der Vertrag durchgeführt wird, erst beendet, wenn das Werk abgenommen und zwischen den Vertragsparteien zum Zeitpunkt der Vergütungsvereinbarung kein Streit darüber besteht, ob das Werk mangelfrei ist."[107]

Dadurch sollte verhindert werden, dass der Auftragnehmer Streit über Mängel dazu ausnutzt, seinen Auftraggeber dadurch unter Druck zu setzen, dass er die Mitwirkung bei der Mängelbeseitigung von einer Erhöhung seines Honorars abhängig macht.

Entgegen diesem Grundsatz ist eine (mittelbare) **Honoraranpassung** unter den Voraussetzungen des § 7 Abs. 5 HOAI 2009 **möglich**. Die wichtigste ist, dass der Auftraggeber die **Änderung des beauftragen Leistungsumfangs** veranlasst hat, was wiederum die Frage aufdrängt, ob der Auftraggeber nach Vertragsschluss berechtigt ist, einseitig den Vertragsumfang zu ändern. Ein derartiges einseitiges Leistungsbestimmungsrecht kennt bekanntlich die VOB/B in §§ 1 Abs. 3 und 1 Abs. 4 Satz 1. Das Bürgerliche Gesetzbuch, das allein die **Frage nach einem einseitigen Leistungsbestimmungsrecht** des Auftraggebers eines Architektenvertrags zu beantworten vermag, verlangt dagegen, wenn nicht ein einseitiges Leistungsbestimmungsrecht vertraglich vereinbart ist, für die Änderung eines Vertrages übereinstimmende Willenserklärungen (§ 311 Abs. 1 BGB). § 7 Abs. 5 HOAI 2009 scheint dagegen davon auszugehen, dass dem Auftraggeber ein derartiges Recht zusteht. Das stünde im Widerspruch zum geltenden Recht. Wird ein auf § 315 BGB gestütztes einseitiges Leistungsbestimmungsrecht nicht vereinbart, so steht dem Auftraggeber kein einseitiges Recht zu, den Inhalt des Vertrages zu ändern oder zusätzliche Leistungen zu fordern. 53

Verwirrung stiftete hier das Urteil des VII. Zivilsenats des BGH vom 26. Juli 2007,[108] das die Vergütung von Ingenieurleistungen zum Gegenstand hat. In diesem Urteil heißt es, die Annahme des Berufungsgerichts sei nicht zu beanstanden, für im Zusammenhang mit der Errichtung des Bauwerks zu erbringende Planungsleistungen gelte „auch das Leistungsbestimmungsrecht des Auftraggebers nach § 1 Nr. 3 und 4 VOB/B."[109] Für das richtige Verständnis dieser Aussage ist aber zu beachten, dass der Auftragnehmer im entschiedenen Fall nicht nur Planungs- und Überwachungsleistungen, sondern auch – und dazu in erheblichem Maß – Bauleistungen erbracht hatte. Auf einen solchen Vertrag ist nach der Rechtsprechung des BGH die HOAI nicht anwendbar, die zwar nicht personenbezogen, sondern leistungsbezogen zu verstehen, aber dann nicht anwendbar ist, wenn neben Planungs- und Überwachungsleistungen auch Bauleistungen erbracht werden.[110] Kann somit für eine komplette Bauleistung, die auch die dazu erforderlichen Ingenieur- und Architektenleistungen einschließt, die Vergütung jenseits der Preisordnung der HOAI frei vereinbart werden, so soll andererseits die VOB/B nur für die vom Unternehmer geschuldeten Bau-, nicht aber für die von ihm daneben übernommenen selbständigen Architekten- und Ingenieurleistungen gelten.[111] 54

Warum im Widerspruch zu dieser ständigen Rechtsprechung des BGH zumindest die Leistungsbestimmungsrechte des § 1 Nr. 3 und 4 VOB/B auch auf die Planungsleistungen eines gemischten Bauvertrages anwendbar sein sollen, lässt sich dem Urteil nicht entneh- 55

---

107 BGH Urt. v. 27.2.2003 – VII ZR 169/02 (Alexanderhaus).

108 BGH Urt. v. 26.7.2007 – VII ZR 42/05, NJW 2008, 285.

109 BGH Urt. v. 26.7.2007 – VII ZR 42/05 a.a.O., Rn. 25.

110 BGH Urt. v. 22.5.1997 – VII ZR 290/95, BauR 1997, 677.

111 BGH Urt. v. 17.9.1987 – VII ZR 166/86, BauR 1987, 702, bestätigt durch BGH Urt. v. 28.3.1996 – VII ZR 228/94, BauR 1996, 544.

men. Die Feststellung, der BGH habe für den Fall, dass der Planungsleistungen erbringende Auftragnehmer in nicht unerheblichem Umfang Bauerrichtungsleistungen mit zu erbringen habe, ein Leistungsbestimmungsrecht des Auftraggebers gem. § 1 Nr. 3 und 4 VOB/B angenommen, wird daher von dem Urteil des BGH nicht getragen.

56 Bei diesem Verständnis des Architektenvertrages kann es sich bei den von § 7 Abs. 5 HOAI angesprochenen **Änderungen** nur um solche handeln, die **einvernehmlich** erfolgt sind. Dieses Verständnis wird bestätigt durch das Schicksal des § 7 Abs. 5 HOAI in der nachfolgenden 7. Novelle der HOAI. § 7 Abs. 5 ist nämlich in § 10 Abs. 1 HOAI (in der Fassung der 7. Novelle) aufgegangen. Dort aber heißt es ausdrücklich: „**Einigen** sich Auftraggeber und Auftragnehmer während der Laufzeit der Vertrages darauf, dass der Umfang der beauftragten Leistung geändert wird …". Daraus wird ersichtlich, dass nunmehr auch der Verordnungsgeber zu Recht davon ausgeht, dass es **ein einseitiges Leistungsbestimmungsrecht des Auftraggebers beim Architekten- und Ingenieurvertrag nicht gibt.**

57 **d) § 3 Abs. 2 Satz 2 HOAI 2009.** Eine weitere Neuerung der 6. Novelle fand sich in § 3 Abs. 2 Satz 2 HOAI, der nicht ohne Satz 1 verständlich ist: „**Leistungen,**[112] die zur **ordnungsgemäßen Erfüllung eines Auftrags im Allgemeinen erforderlich** sind, sind in **Leistungsbildern** erfasst. **Andere Leistungen**, die durch eine Änderung des Leistungsziels, des Leistungsumfangs, einer Änderung des Leistungsablaufs oder anderer Anordnungen des Auftraggebers erforderlich werden, sind von den Leistungsbildern **nicht erfasst** und gesondert frei zu vereinbaren und zu vergüten."

58 Der Inhalt des § 3 Abs. 2 Satz 2 HOAI 2009 blieb unklar. Während der Geltungsdauer dieser Vorschrift ist es nicht gelungen, ihre Aussage zu klären. In der 7. Novelle ist § 3 Abs. 2 Satz 2 HOAI völlig **weggefallen;** eine entsprechende Aussage findet sich auch an anderer Stelle der Honorarordnung nicht mehr. Die Amtliche Begründung meint, die Regelung zu den „anderen Leistungen" könne im Hinblick auf die „Regelung zur Honorarvereinbarung in § 10 Abs. 1 HOAI" in der Fassung der 7. Novelle entfallen.

§ 3 Absatz 2 HOAI legt fest, dass Leistungen, die zur ordnungsgemäßen Erfüllung eines Auftrages im Allgemeinen – also nicht in jedem Fall – erforderlich sind, in Leistungsbildern erfasst werden. Das betrifft die Leistungen im Bereich Flächenplanung, Objektplanung und Fachplanung. Nicht alle Leistungen in den Leistungsbildern sind bei jedem Objekt zur Erreichung des Vertragsziels notwendig. In den jeweiligen §§ des Allgemeinen Teils der Verordnung wird auf die zugehörige Anlage verwiesen.

59 **e) Andere Leistungen i.S.d. § 3 Abs. 2 Satz 2 HOAI 2009.** Andere Leistungen, die durch eine Änderung des Leistungsziels, des Leistungsumfangs, einer Änderung des Leistungsablaufs oder anderer Anordnungen des Auftraggebers erforderlich werden, sind von den Leistungsbildern nicht erfasst und gesondert **frei** zu vereinbaren und zu vergüten. Fraglich ist, was unter solchen **„anderen"** Leistungen im Sinne der Vorschrift zu verstehen ist.[113] Orientiert man sich am *Wortlaut* der Norm, ist eine Auslegung des Ergebnisses nicht ausgeschlossen, dass alle „anderen Leistungen", die durch eine **Änderung** des Leistungsziels, des Leistungsumfangs, einer Änderung des Leistungsablaufs oder anderer Anordnungen der Auftraggeberin oder des Auftraggebers erforderlich werden, nicht dem Preisrecht der HOAI unterliegen.[114] Dies bedeutete, dass ein Auftraggeber mit dem Auftragnehmer zunächst einen der HOAI unterliegenden Architektenvertrag abschließen, aber anschließend durch Änderung des Leistungsziels etc. den Bindungen der HOAI entgehen könnte, selbst wenn der geänderte Vertrag, wäre er von vorneherein mit dem jetzigen Inhalt abgeschlossen worden, dem Preisrecht der HOAI unterläge. Eine dahingehende – mit dem Wortlaut der Vorschrift durchaus zu vereinbarende – Auslegung des § 3 Abs. 2 Satz 2

---

[112] In der 6. Novelle wurden die herkömmlichen „Grundleistungen" in „Leistungen" umbenannt. Die 7. Novelle spricht dagegen wieder von „Grundleistungen".

[113] Ausführlich dazu *Motzke*, NZBau 2011, 80 m. w. N. zum Meinungsstand.

[114] So jedoch *Motzke* a.a.O., 83, 85.

HOAI 2009 eröffnete dem Auftraggeber die Möglichkeit, auch für dem Preisrecht der HOAI unterliegende Leistungen eine freie Preisvereinbarung zu erreichen.

Ob diese Auslegung richtig ist, ist fraglich. Zunächst ist festzuhalten, dass der **Auftraggeber eines Architektenvertrags keineswegs die Möglichkeit hat, einseitig, d. h. ohne Zustimmung des Auftragnehmers, den Vertragsinhalt zu ändern**. Ein den Regelungen des § 1 Abs. 3 und 4 VOB/B entsprechendes einseitiges Leistungsbestimmungsrecht des Auftraggebers kennt das BGB-Werkvertragsrecht nicht. Nach § 311 Abs. 1 BGB erfordert nicht nur die Begründung eines Schuldverhältnisses einen Vertrag der Beteiligten, sondern auch die Änderung des Inhalts eines Schuldverhältnisses. Dies bedeutet, dass der Auftraggeber des Planers nicht einseitig das Leistungsziel, den Leistungsumfang oder den Leistungsablauf des zwischen ihm und dem Planer geschlossenen Vertrags abändern kann. Vielmehr muss der **Planer** der Änderung des Vertragsinhalts **zustimmen**. Dies kann auch durch schlüssiges Verhalten geschehen, wenn er nämlich seine weitere Planung an den geänderten Wünschen seines Auftraggebers ausrichtet. Weigert sich der Planer jedoch, einer Umgestaltung des Vertrages zuzustimmen, hat der Auftraggeber keine Möglichkeit, einseitig seine Vorstellungen durchzusetzen.[115] 60

Damit ist aber noch nicht die Frage beantwortet, ob bei einer **einvernehmlichen Änderung des Vertragsumfangs** das Honorar nach § 3 Abs. 2 Satz 2 HOAI 2009 frei vereinbar ist. Zwar wäre das, wie oben dargelegt, mit dem Wortlaut noch vereinbar. Die Systematik der HOAI spricht jedoch dagegen. So bestimmt § 7 Abs. 5 HOAI (in der Fassung der 6. Novelle 2009) für den Fall, dass sich der beauftragte Leistungsumfang auf Veranlassung des Auftraggebers während der Laufzeit des Vertrages mit der Folge von Änderungen der anrechenbaren Kosten, Werten oder Verrechnungseinheiten ändert, die dem Honorar zugrunde liegende Vereinbarung anzupassen ist. Daraus folgt bereits, dass **auch bei Änderung des beauftragten Leistungsumfangs sich am System der Abrechnung nichts ändert**, sondern lediglich die dem Honorar zugrundeliegende **Vereinbarung anzupassen** ist, die ansonsten statisch ist und nicht – wie unter der bis 2009 geltenden HOAI – durch Fortschreibung dynamisiert wird. 61

Ein weiteres Argument folgt aus § 10 HOAI 2009 (§ 11 HOAI 2013). Diese Vorschrift regelt, wie auf Veranlassung des Auftraggebers erstellte mehrere Vorentwurfs- und Entwurfsplanungen zu vergüten sind. Auch für diesen Fall, der dem Relativsatz in § 3 Abs. 2 Satz 2 HOAI 2009 entspricht, geht die HOAI davon aus, dass sich die Vergütung weiter im System der HOAI zu bewegen hat. Zwar schweigt die Amtliche Begründung zu dieser Frage. Da sie aber auf den Unterschied zwischen den in den Leistungsbildern enthaltenen und „im Allgemeinen" zur Erfüllung eines Auftrags erforderlichen und auf in den Leistungsbildern nicht enthaltene Leistungen hinweist, dürfte auch der Amtlichen Begründung die Vorstellung zugrunde liegen, dass **andere Leistungen iSd. § 3 Abs. 2 Satz 2 HOAI 2009 nur solche sind, die sich nicht in den Leistungsbildern der HOAI** wiederfinden. 62

3. Das Honorar nach der HOAI 2013

Einleitung: Auf die 6. Novelle, die am 18. August 2009 in Kraft getreten ist, folgte in kurzer Frist die 7. Novelle, die auf seit dem 17. Juli 2013 geschlossene Verträge anwendbar ist. Welche Fassung der HOAI gilt, bestimmt sich nach der Übergangsvorschrift des § 57 HOAI. Danach kommt es darauf an, wann die abzurechnenden Grundleistungen „vereinbart" worden sind. Ist die Vereinbarung nach dem Inkrafttreten der 7. Novelle erfolgt, unterfällt die Vereinbarung dem seitdem geltenden Recht. Unter **Vereinbarung** ist dabei der **Vertragsschluss** zu verstehen. Ist der Vertrag dadurch zustande gekommen, dass ein vor dem 17. Juli 2013 dem Vertragspartner zugegangenes Angebot auf Abschluss eines Architektenvertrages von diesem erst nach dem Stichtag 17. Juli 2013 angenommen worden ist, unterfällt der Vertrag dem neuen Recht. 63

[115] BGH Urt. v. 16.12.2004 – VII ZR 16/03, BauR 2005, 735 mit Anm. *Schwenker* IBR 2005, 15.

Zur stufenweisen Beauftragung siehe bereits oben Ziffer I 5 (Rn. 26).

64 **Weggefallen** ist der unverständliche § 3 Abs. 2 Satz 2 HOAI 2009, der zu der Frage geführt hatte, ob neben Leistungen und Besonderen Leistungen als dritte Kategorie die der „anderen Leistungen“ treten sollte. Dadurch, dass die 7. Novelle § 3 Abs. 2 Satz 2 HOAI 2009 gänzlich gestrichen hat, herrscht Klarheit darüber, dass die HOAI nur die in ihr abschließend und verpreist aufgeführten Grundleistungen – die Umbenennung der Grundleistungen in „Leistungen“ durch die 6. Novelle ist wieder aufgegeben worden – und die in den jeweiligen Anlagen beispielhaft und nicht abschließend aufgeführten Besonderen Leistungen kennt, deren Honorar frei vereinbart werden kann.

65 § 7 Abs. 5 hingegen ist im **neuen** § 10 HOAI aufgegangen, dessen Verständnis große Schwierigkeiten bereitet:

In der amtlichen Begründung heißt es zu § 10 HOAI: „In § 10 wurden Vorschriften der HOAI 2009 zusammengefasst, welche die Honorierung von Leistungen im Falle einer vertraglichen Änderung des Leistungsumfangs betreffen.

Diese Vorschriften waren § 3 Absatz 2 Satz 2, § 7 Absatz 5 und § 10 der HOAI 2009. Der Regelungsbedarf zu § 3 Absatz 2 Satz 2 und § 10 der HOAI 2009 ist infolge der neuen Struktur und Vereinfachung der Regelung über die vertraglichen Änderung des Leistungsumfangs entfallen. Anders als § 3 Absatz 2 Satz 2 der HOAI 2009 setzt § 10 Absatz 1 nunmehr eine **schriftliche vertragliche Vereinbarung aufgrund der veränderten Honorarberechnungsgrundlage** voraus. Während § 10 der HOAI 2009 die Vergütung von mehreren Vorentwurfs- oder Entwurfsplanungen erfasste, regelt § 10 Absatz 2 jetzt allgemein die Wiederholung von Grundleistungen und ihre anteilsmäßige Honorarberechnung. Hintergrund dafür ist, dass **nach den konkreten Umständen im jeweiligen Einzelfall zu prüfen ist, welcher Mehraufwand dem Auftragnehmer durch die Wiederholung von Grundleistungen tatsächlich entsteht.** Soweit erbrachte Grundleistungen im Falle der Wiederholung verwertet werden können, sind diese nicht zusätzlich zu vergüten.“[116]

66 § 10 Abs. 1 HOAI 2013 entspricht inhaltlich § 7 Abs. 5 HOAI 2009. Klargestellt wird jedoch, dass zu einer Änderung des Leistungsumfangs **während der Laufzeit des Vertrags eine Einigung von Auftraggeber und Auftragnehmer erforderlich** ist und eine einseitige Anordnung des Auftraggebers, wie § 7 Abs. 5 HOAI 2009 verstanden werden konnte, nicht ausreicht.[117] Die Honorierung der Leistungen aufgrund des veränderten Leistungsumfangs setzt weiterhin voraus, dass die Honorarberechnungsgrundlage durch **schriftliche** Vereinbarung angepasst wird.

67 Unter Honorarberechnungsgrundlage fällt auf jeden Fall die **Kostenberechnung**. Ob unter Honorarberechnungsgrundlage auch die **Honorarvereinbarung** nach § 7 Abs. 1 HOAI fällt, dürfte differenziert zu beantworten sein. Haben die Parteien etwa ein Pauschalhonorar vereinbart, ist dieses anzupassen, weil mit ihm nur das Honorar für die bei Vertragsschluss vorgesehenen Leistungen pauschaliert worden ist. Ändert sich aber der „Umfang der beauftragten Leistung“, muss auch das Pauschalhonorar angepasst werden. Haben die Parteien etwa, was von § 7 Abs. 1 HOAI gedeckt ist, die Abrechnung nach Stunden vereinbart, so wird die Änderung des Umfangs der beauftragten Leistungen sich unmittelbar in einer Erhöhung der vom Auftragnehmer benötigten Stundenzahl niederschlagen.

68 Voraussetzung bei allen durch § 7 Abs. 1 HOAI ermöglichten Honorarvereinbarungen ist, dass das Honorar **innerhalb des von den Mindest- und Höchstsätzen abgegrenzten Honorarkorridors** liegt. Um die Wirksamkeit der Honorarvereinbarung zu überprüfen,

---

[116] BR-Drs. 334/13, S. 149.

[117] Der BGH hat allerdings im Urt. v. 23.4.2015 – VII ZR 131/13, NZBau 2015, 429 die Möglichkeit bejaht, dass Vertragsparteien eine stillschweigende Vereinbarung treffen können, nach der dem Auftraggeber ein Leistungsbestimmungsrecht hinsichtlich des Inhalts der Leistungspflichten des Architekten zusteht.

muss daher eine **Vergleichsberechnung** nach § 6 Abs. 1 HOAI erstellt werden. Auch insofern muss bei einer nachträglichen Änderung der beauftragten Leistung die (hypothetische) Kostenberechnung angepasst werden.

Die Anpassung hat schriftlich zu erfolgen, womit im Zweifel die strenge **Schriftform** des § 126 BGB gemeint ist. Dem Sinn der Vorschrift – dem Auftragnehmer bei Änderungswünschen des Auftraggebers ein geändertes Honorar zu verschaffen – würde aber nicht genüge getan, wenn die Schriftform konstitutiv wäre und eine Anpassung des Honorars ohne schriftliche Änderung der Honorarermittlungsgrundlage entfiele. **Der Auftragnehmer hat einen Anspruch auf Anpassung der Honorarermittlungsgrundlage**. Ist der Auftraggeber nicht bereit, die Honorarermittlungsgrundlage anzupassen, ist die Situation vergleichbar der, in der der Auftraggeber trotz Vorliegens aller Voraussetzungen die Abnahme verweigert. Hier ist völlig unstreitig, dass der Auftragnehmer nicht zunächst auf Erklärung der Abnahme klagen und alsdann sein Honorar einklagen muss, dessen Voraussetzung die Abnahme ist, sondern unmittelbar das Honorar einklagen kann. Die **Voraussetzungen des Honoraranspruchs, zu denen auch die Abnahmefähigkeit seiner Werkleistung gehört, werden im Honorarprozess geprüft**. 69

§ 10 Abs. 2 HOAI befasst sich ebenfalls mit der **Wiederholung von Grundleistungen**, jedoch mit der Maßgabe, dass sich die **anrechenbaren Kosten durch die Wiederholung nicht ändern**. In der Praxis wird dies ein selten vorkommender Fall sein. Im Regelfall werden die anrechenbaren Kosten bei mehreren Planungsalternativen nicht identisch sein. In der amtlichen Begründung heißt es nur sehr knapp: „Neu eingeführt wird in § 10 Absatz 2 eine Regelung zur Honorierung von Grundleistungen, über deren Wiederholung sich die Vertragsparteien geeinigt haben, ohne dass sich dadurch die anrechenbaren Kosten oder Flächen ändern. Die zu wiederholenden Grundleistungen sind auf der Grundlage einer schriftlichen Vereinbarung entsprechend ihrem Anteil an der jeweiligen Leistungsphase zu honorieren. Abzugrenzen ist die Wiederholung von Grundleistungen von dem Fall, dass der Auftraggeber vom Auftragnehmer eine Mangelbeseitigung aus gesetzlicher Mängelhaftung verlangt. Die im Rahmen des Leistungsbilds Gebäude, Leistungsphase 2 c), enthaltene Darstellung und Bewertung von Varianten stellt keine wiederholt zu erbringende Grundleistung dar." 70

Der Halbsatz „ohne dass sich dadurch die anrechenbaren Kosten oder Flächen ändern" in § 10 Abs. 2 HOAI, führt zu der Frage, **wie Wiederholungsleistungen zu behandeln sind, wenn sich aufgrund der Änderung des Leistungsumfangs die anrechenbaren Kosten ebenfalls ändern**. Auf den ersten Blick scheint das Ergebnis zu sein, dass diese nicht honorarfähig sein sollen. Damit würde aber außer Acht gelassen, dass es sich bei § 10 Abs. 2 HOAI um eine preisrechtliche und nicht um vertragsrechtliche Regelung handelt. Eine vertragsrechtliche Regelung wäre von der Ermächtigungsgrundlage des Verordnungsgebers auch nicht gedeckt. Dass **wiederholte Grundleistungen dem Grunde nach vergütungspflichtig sind**, ergibt sich (bei entsprechender Gestaltung) aus dem Vertrag, den Auftraggeber und Auftragnehmer miteinander geschlossen haben. Denn nach dem Vertrag lässt sich bestimmen, wie viele Varianten der Auftragnehmer schuldet. Das Verlangen des Auftraggebers, über die vertraglich geschuldeten Varianten hinaus weitere Wiederholungen zu erstellen, kann vom Auftragnehmer nur als Angebot des Auftraggebers empfunden werden, über den Ursprungsvertrag hinaus aufgrund eines neu abzuschließenden **Wiederholungsvertrages** weitere Varianten zu erstellen. Einer ausdrücklichen Annahme dieses Angebotes von Seiten des Auftragnehmers bedarf es nicht. **Erbringt der Auftragnehmer die Wiederholungsleistungen, hat er damit durch schlüssiges Verhalten das Angebot des Auftraggebers angenommen**. Auftraggeber und Auftragnehmer haben sich somit über die Wiederholung von Grundleistungen geeinigt. Dass diese einen weiteren Honoraranspruch des Auftragnehmers auslösen, ist für den Auftraggeber den Umständen zu entnehmen (§ 632 Abs. 2 BGB). 71

§ 10 Abs. 2 HOAI hat daher für den regelmäßigen Fall, dass sich durch Varianten die Berechnungsgrundlage ändert, lediglich **deklaratorischen Charakter**, weil sich aus dem 72 schuldrechtlichen Vertrag ergibt, dass für die „überobligatorischen" Wiederholungen Honorar geschuldet wird.

73 Für den Sonderfall, dass sich die Berechnungsgrundlage nicht ändert, trifft § 10 Abs. 2 HOAI die Anordnung, dass **lediglich die Wiederholungsleistung auf der Grundlage der nicht veränderten Kostenermittlung vergütet** wird. Änderungsleistungen auf Veranlassung des Auftraggebers sind somit grundsätzlich über die Vergütung der Wiederholungsleistung und die Anpassung der veränderten anrechenbaren Kosten zu honorieren (§ 10 Abs. 1 HOAI).

Für den Fall einer **vertraglichen Änderung des Leistungsumfangs ohne Veränderung der anrechenbaren Kosten** gilt nach § 10 Abs. 2 HOAI die Beschränkung auf die bloße Zusatzvergütung doppelt zu erbringender Leistungen.[118]

73a § 10 HOAI 2013 stellt nach allgemeiner Auffassung eine missglückte Regelung dar. Die zu dieser Vorschrift vorliegende Literatur ist sich insoweit einig.[119] Einigkeit besteht auch darüber, dass den Problemen bei Anwendung dieser Norm möglichst durch eine entsprechende Vertragsgestaltung vorgebeugt werden solle.[120] Ansonsten finden sich unterschiedliche Lösungsansätze in der Literatur.[121]

III. Honorarvereinbarung

74 Nach § 6 Abs. 1 HOAI bemisst sich das Honorar für die Leistungsbilder der Objekt- und Fachplanung (Teile 3 und 4) nach den **anrechenbaren Kosten des Objekts** auf der Grundlage der Kostenberechnung oder – soweit diese nicht vorliegt – auf der Grundlage der Kostenschätzung, nach dem **Leistungsbild**, der **Honorarzone**, der dazugehörigen **Honorartafel** und – bei Leistungen im Bestand – zusätzlich nach den §§ 35 und 36 HOAI. Die Schlussrechnung eines Architekten- und Ingenieurvertrages muss daher, um für den Auftraggeber prüfbar zu sein, Angaben zu diesen Parametern aufweisen.[122]

1. Vertragliche Vereinbarung

75 Der öffentlich-rechtliche Charakter der HOAI verbietet den Parteien eines Architekten- oder Ingenieurvertrages nicht, vom System der HOAI abzuweichen. § 7 HOAI erlaubt ausdrücklich den Abschluss einer **Honorarvereinbarung**. Der Aufbau dieser Vorschrift suggeriert sogar, dass die Honorarvereinbarung den Regelfall darstellt, indem sie in ihrem Absatz 1 auf die Honorarvereinbarung abstellt. Erst in Absatz 5 wird die das Architektenhonorarrecht prägende **Mindestsatzfiktion** ausgesprochen. Dieser Aufbau der Norm ist geeignet, beim unbefangenen Betrachter den Blick auf die Rechtswirklichkeit zu verstellen. Entgegen dem Aufbau der Norm stellt nämlich das Eingreifen der Mindestsatzfiktion in der Rechtswirklichkeit jedenfalls im Bereich der Planungsleistungen den Regelfall dar. Fälle, in denen die Parteien eine *formwirksame* Honorarvereinbarung treffen können, dürften wegen der Anforderungen, die § 7 Abs. 1 HOAI stellt, weiterhin selten bleiben.

76 Zu beachten ist dabei jedoch, dass die Formerfordernisse, die § 7 Abs. 1 HOAI aufstellt, nur **für die Honorarvereinbarung** als solche, **nicht jedoch für das Zustandekommen**

[118] So auch *Budiner/Plankemann* DAB 2014, 48 f.

[119] *Motzke*: Zusatzhonorare und Honoraränderungen – Überlegungen zu einem Honorar-Nachtragsmanagement des Architekten, NZBau 2010, 137; *ders.*: Honorare bei Planungsänderungen, BauR 2014, 1839; *Messerschmidt*: Das Honorar für Änderungs- und Zusatzleistungen nach der HOAI 2013, NZBau 2014, 3; *Seifert*: Zusatzhonorar bei geänderten/zusätzlichen Architektenleistungen, BauR 2014, 330; *Rohrmüller*: Berechnung des Honorars bei vertraglicher Änderung des Leistungsziels – § 10 HOAI 2013, BauR 2015, 19; *Fischer/Krüger*: Abrechnung von Planungsänderungen bei Architekten- und Ingenieurleistungen, BauR Heft 10/2015.

[120] Vgl. dazu auch die Vorschläge von *Knipp* unter § 7.

[121] AaO.

[122] BGH Urt. v. 27. 11. 2003 – VII ZR 288/02.

des Architektenvertrages im Übrigen gelten. Die Formanforderungen auf den Vertrag zu erstrecken, scheitert schon daran, dass der Verordnungsgeber nicht ermächtigt ist, Formerfordernisse für den Architektenvertrag festzulegen. Die **Unwirksamkeit der Honorarvereinbarung** hindert daher das Zustandekommen des Vertrages im Übrigen nicht. Geschuldet ist in einem solchen Fall vom Auftraggeber die **Vergütung nach Mindestsätzen** gem. § 7 Abs. 5 HOAI.

Häufig vereinbaren die Parteien ein **Pauschalhonorar** in der (irrigen) Meinung, dass damit die Höhe des zu zahlenden Honorars feststeht. Die Parteien brauchen sich aber nicht unbedingt auf ein bestimmtes, der Höhe nach festgelegtes Honorar zu einigen. 77

Denkbar sind daneben **indirekte Formen der Honorarvereinbarung**. So war es unter Geltung der **HOAI 1996** möglich, zu vereinbaren, sämtliche Leistungsphasen des § 15 Abs. 2 HOAI 1996 nach der Kostenberechnung abzurechnen, während § 10 Abs. 2 HOAI 1996 diese Kostenermittlungsart nur den Leistungsphasen 1–4 zugrunde legte. Eine solche Vereinbarung, sämtliche Leistungsphasen nach der Kostenberechnung abzurechnen, war eine nach der HOAI zulässige Honorarvereinbarung. Sie war wirksam, soweit sie – neben dem Formerfordernis „schriftlich bei Auftragserteilung" – die weitere Voraussetzung einer wirksamen Honorarvereinbarung einhielt, sich innerhalb des Honorarrahmens der HOAI zu bewegen. § 4 Abs. 1 HOAI 1996 verlangte – ebenso wie § 7 Abs. 1 HOAI – ausdrücklich, dass die Honorarvereinbarung sich „im Rahmen der durch diese Verordnung festgesetzten Mindest- und Höchstsätze" bewegt. Für indirekte Honorarvereinbarungen, die durch Abweichen vom System der HOAI begründet werden, gilt: „Vereinbaren die Parteien in Anlehnung an die HOAI mehrere Faktoren, nach denen die Vergütung des Architekten berechnet werden soll, kann nicht daraus, dass einer der vereinbarten Berechnungsfaktoren von der HOAI abweicht, geschlossen werden, dass die Honorarvereinbarung unwirksam ist. Es ist zu ermitteln, welches Honorar sich unter Anwendung der gesamten von den Parteien vereinbarten Bemessungsregelungen ergibt und ob dieses Honorar in dem von der HOAI zugelassenen Rahmen liegt".[123] 78

Die **Prüfung** einer Honorarvereinbarung erfordert somit **zwei Schritte**: Zunächst muss ermittelt werden, **welches Honorar sich nach den von den Parteien vereinbarten Bemessungsgrundlagen** ergibt. Sodann ist dieses Honorar dem **Mindesthonorar nach der HOAI gegenüberzustellen**. Ist es niedriger als das Mindesthonorar, ist die Vereinbarung unwirksam. 79

2. Form

Voraussetzung für eine wirksame Honorarvereinbarung ist zunächst die Wahrung der vorgeschriebenen Form. Die HOAI ordnet in § 7 Abs. 1 **Schriftform** an. Damit ist die durch ein Gesetz angeordnete Schriftform des § 126 BGB Voraussetzung einer Honorarvereinbarung, weil die HOAI ein Gesetz im materiell-rechtlichen Sinne ist. Die Schriftform des § 126 BGB ist bei Verträgen nur gewahrt, wenn die Unterzeichnung der Parteien **auf derselben Urkunde** erfolgt (§ 126 Abs. 2 Satz 1 BGB) oder aber bei mehreren gleichlautenden Urkunden jede Partei eine jeweils von der Gegenpartei unterzeichnete Urkunde erhält (§ 126 Abs. 2 Satz 2 BGB). Daraus folgt, dass ein Vertragsschluss durch schriftliches Angebot und schriftliche Annahme nicht ausreicht, um eine Honorarvereinbarung zu treffen.[124] Das gilt auch für Telefaxschreiben, so dass **gesonderte Telefaxschreiben für Angebot und Annahme die Schriftform nicht erfüllen**.[125] Auch ein Bestätigungs- oder ein Auftragsschreiben allein reichen nicht aus.[126] Nur für **Ausnahmefälle** hat die Rechtsprechung die Berufung auf die mangelnde Form für rechtsmiss- 80

[123] BGH Urt. v. 16.12. 2004 – VII ZR 16/03, BauR 2005, 735.

[124] BGH Urt. v. 28.10.1993 – VII ZR 192/92, BauR 1994, 131 (zur identischen Schriftform des § 7 Abs. 3 HOAI a.F.).

[125] KG Urt. v. 18.5.1994 – 26 U 5044/93, BauR 1994, 791.

[126] OLG Köln Urt. v. 3.5.1985 – 20 U 134/84, BauR 1986, 467.

bräuchlich erklärt.[127] Zur Wahrung der Schriftform können auch außerhalb des Vertrages liegende, zur Erforschung des Vertragsinhalts geeignete Umstände herangezogen werden, wenn der rechtsgeschäftliche Wille der Parteien in der Urkunde einen, wenn auch nur unvollkommenen, Ausdruck gefunden hat. So ist die für § 57 Abs. 2 HOAI 1996 angeordnete Schriftform für die Vereinbarung eines Honorars für die örtliche Bauüberwachung bei Ingenieurbauwerken und Verkehrsanlagen gewahrt, wenn dem Vertrag ein Angebot über ein Honorar vorausgeht, das mit einem Prozentsatz von 2,65 der anrechenbaren Kosten errechnet wird, und der Vertrag sodann, ohne dass der Prozentsatz von 2,65 nochmals erwähnt wird, dieses Honorar als Berechnungshonorar vorsieht.[128]

Bei einer **Vertragsübernahme** ist für einen wirksamen Übergang einer die Schriftform erfüllenden Honorarvereinbarung die **Schriftform nicht** erforderlich.[129]

3. Zeitpunkt

81 Neben der Einhaltung der Schriftform erfordert eine wirksame Honorarvereinbarung, dass diese **bei Auftragserteilung** geschlossen wird. Der Begriff der Auftragserteilung ist nach der Rechtsprechung des Bundesgerichtshofs dahin zu verstehen, dass damit der **Vertragsschluss** gemeint ist.[130] Dieser muss nicht unbedingt schriftlich erfolgen, weil lediglich die Honorarvereinbarung die Schriftform des § 126 BGB aufweisen muss, der sonstige Vertrag kann auch mündlich geschlossen werden. Allerdings ist die Schriftform häufig aus anderen Gründen notwendig, so etwa bei Architektenverträgen mit öffentlichen Auftraggebern.[131] Die einschlägigen **Kommunalordnungen** sehen regelmäßig vor, dass die Körperschaft nur wirksam verpflichtet wird, wenn der Vertrag **handschriftlich** unterzeichnet ist, etwa vom Bürgermeister. Ausnahmen gelten jedoch für Geschäfte der laufenden Verwaltung.[132]

82 Obwohl zum wirksamen Abschluss eines Architektenvertrages mit öffentlichen Auftraggebern besondere Formvorschriften einzuhalten sind,[133] kommt es in der Praxis nicht selten vor, dass der Architektenvertrag erst zu einem Zeitpunkt (formgültig) abgeschlossen ist, zu dem das Bauvorhaben bereits errichtet ist. Sollte in einer solchen Konstellation der Vertrag höhere als die Mindestsätze vorsehen, ist die entsprechende Vereinbarung unwirksam, weil sie nicht „bei Vertragsschluss" getroffen worden ist. Es gelten dann die Mindestsätze.[134]

83 Der **Einigungsvertrag** vom 31. August 1989 sah vor, dass in den neuen Bundesländern für eine **Übergangszeit** bis zum 31. Dezember 1992 die Wörter „bei Auftragserteilung" in § 4 Abs. 1 und 4 HOAI a.F. nicht anzuwenden waren.[135] Leider hat der Gesetzgeber sich nicht dazu entschließen können, nach Ablauf der Übergangszeit das Erfordernis „bei Auftragserteilung" für den gesamten Geltungsbereich der Verordnung zu streichen. Auch in der HOAI 2013 ist diese zeitliche Schranke enthalten, weil das Gesetz zur Regelung von Ingenieur- und Architektenleistungen als Ermächtigungsgrundlage der HOAI in §§ 1 und 2 Abs. 3 Nr. 3 vorschreibt, dass andere schriftliche Vereinbarungen „bei Erteilung des Ingenieur- bzw. Architektenauftrages" geschlossen worden sein müssen.

---

[127] OLG Hamm Urt. v. 28.2.1996 – 12 U 191/94, OLGReport 1996, 256 (schriftliches Angebot und schriftliche Bestätigung).

[128] BGH Urt. v. 11.2.2010 – VII ZR 218/08, BauR 2010, 793.

[129] BGH Urt. v. 16.12.1999 – VII ZR 392/96, BauR 2000, 592.

[130] St. Rspr., vgl. BGH Urt. v. 6.5.1985 – VII ZR 320/84, BauR 1985, 582; zuletzt BGH Urt. v. 16.12. 2004 – VII ZR 16/03, BauR 2005, 735.

[131] Vgl. dazu die Konstellation in BGH Urt. v. 16.12. 2004 – VII ZR 16/03, BauR 2005, 735 (Weimarhalle).

[132] Dazu: OLG Brandenburg Urt. v. 23.6.2011, 12 U 22/11, OLG Report Ost 28/2011 Anm. 1.

[133] Instruktiv: OLG Celle Beschl. v. 27.6.2006 – 14 U 237/05 mit Anm. *Peter Fischer* IBR 2006, 338.

[134] BGH Urt. v. 14.3.1996 – VII ZR 75/95, BauR 1996, 414.

[135] Anlage I Kapitel V Sachgebiet A Abschnitt III Ziff. 2 und 3 a), BGBl. II 889, 987.

In der Praxis nicht selten ist die Konstellation, dass **zwischen der Unterzeichnung des Vertrages durch den Planer und den öffentlichen Auftraggeber ein längerer Zeitraum** liegt, in dem der Planer bereits tätig wird. So hatte der BGH einen Fall zu entscheiden, in dem Architekten **mit den Arbeiten begonnen haben, bevor der Vertrag für die Kommune unterschrieben** worden ist. Allein diese Tatsache erlaubt nach Auffassung des BGH nicht, einen früheren Vertragsschluss anzunehmen. Die Architekten haben damit lediglich dem besonderen Beschleunigungsinteresse ihrer Auftraggeberin Rechnung getragen. Eine Honorarvereinbarung könne aber auch dann noch „bei Auftragserteilung" getroffen worden sein, wenn das Angebot einer Honorarvereinbarung erst zu einem Zeitpunkt angenommen wird, zu dem die Architekten bereits ihre Tätigkeit aufgenommen haben.[136] Im entschiedenen Fall stand fest, dass die Parteien sich einig waren, dass ein über den Mindestsätzen liegendes Honorar gezahlt werden sollte. Im Regelfall wird dies aber streitig sein, so dass die Bedeutung der Entscheidung nicht allzu hoch anzusiedeln ist. 84

Die **zeitliche Schranke besteht** im Wesentlichen – abgesehen von Veränderungen des Leistungsziels[137]– **bis zum Abschluss der Architektentätigkeit**, so dass im Honorarprozess ein Vergleich möglich ist.[138] Spätere vertragliche Änderungen des gesetzlich fingierten Mindestsatzes sind nur wirksam, wenn sie nach Beendigung der Architekten- und Ingenieurtätigkeit getroffen werden. Die darin liegende Beschränkung der Vertragsfreiheit soll gewährleisten, dass ein etwaiger Streit über die Höhe des Honorars nicht dazu führt, dass die Ausführung der noch nicht erbrachten Teile der geschuldeten Leistung durch eine Vertragsverletzung des Architekten gefährdet wird.[139] Streit über etwaige Mängel des Architektenwerkes darf zum Zeitpunkt der Vergütungsvereinbarung nicht bestehen; nach der Vereinbarung auftretende Mängel machen die Vereinbarung nicht nachträglich unwirksam.[140] 85

Nach Beendigung seiner Tätigkeit kann der Architekt durch **Vergleich** eine verbindliche Vereinbarung über sein Honorar erzielen, **ohne an die Mindestsätze der HOAI** gebunden zu sein.[141] Der Vergleich schafft einen selbständigen Rechtsgrund für die Zahlungspflicht[142] und ist damit wirksam.[143] Dagegen fällt ein **vor Beendigung** der Architektentätigkeit über die Honorarforderung geschlossener Vergleich unter **§ 7 Abs. 6 HOAI** und ist bei dessen Missachtung unwirksam.[144] Fraglich war lange Zeit, ab wann für die Parteien eines Architektenvertrages die Möglichkeit besteht, sich vergleichsweise auf ein Honorar zu einigen, das unter oder über den Mindestsätzen der HOAI liegt. Einigkeit bestand darüber, dass Änderungen des nach § 4 Abs. 4 HOAI 1996/2002 fingierten Mindestsatzes nur wirksam sind, wenn sie nach Beendigung der Architekten- oder Ingenieurtätigkeit erfolgen. Entscheidend ist die Ratio der Norm. Die durch sie bewirkte Beschränkung der Vertragsfreiheit soll gewährleisten, dass durch den Streit über das Honorar nicht die ordnungsgemäße Leistungserbringung durch den Architekten gefährdet wird.[145] Dazu muss der Vertrag durch 86

---

[136] BGH Urt. v. 16.12.2004 – VII ZR 16/03, BauR 2005, 735 (Weimarhalle).

[137] BGH Urt. v. 21.1.1988 – VII ZR 239/86, BauR 1988, 384.

[138] BGH Urt. v. 25.9.1986 – VII ZR 324/85, BauR 1987, 112; Urt. v. 21.6.2001 – VII ZR 435/99. BauR 2001, 1612.

[139] St. Rspr.: BGH Urt. v. 6.5.1985 – VII ZR 320/84, BauR 1985, 582; Urt. v. 28.9.1986, VII ZR 324/85, BauR 1987, 112; Urt. v. 9.7.1987 – VII ZR 282/86, BauR 1987, 706; Urt. v. 21.1.1988 – VII ZR 239/86, NJW-RR 1988, 725; Urt. v. 27. 2. 2003 – VII ZR 169/02, NJW 2003, 2020.

[140] BGH Urt. v. 27.2.2003 – VII ZR 169/02, NJW 2003, 2020.

[141] BGH Urt. v. 21.6.2001 – VII ZR 435/99, BauR 2001, 1612; OLG Celle Urt. v. 10.6.2015 – 14 U 164/14; *Kniffka/Koeble*, Kompendium des Baurechts, 4. Aufl., Kap. 12 Rn. 447.

[142] *Jochem/Kaufhold*, HOAI, 5. Aufl. § 4 Rn. 28.

[143] BGH Urt. v. 21.1.1988 – VII ZR 239/86, BauR 1988, 364.

[144] BGH Urt. v. 9.7.1987 – VII ZR 282/86, BauR 1987, 706 (zu § 4 Abs. 4 HOAI 1996). Wirksamkeit eines solchen Vergleichs jedoch bejaht von *Kniffka/Koeble*, Kompendium des Baurechts, 4. Aufl., Kap. 12 Rn. 447.

[145] BGH Urt. v. 21.1.1988 – VII ZR 239/86, BauR 1988, 364.

den Architekten erfüllt und kein Streit über die Erfüllung mehr möglich sein, was die rügelose Abnahme des Architektenwerkes voraussetzt. Streit über etwaige Mängel des Architektenwerkes darf zum Zeitpunkt der Vergütungsvereinbarung nicht bestehen; nach der Vereinbarung auftretende Mängel machen die Vereinbarung nicht nachträglich unwirksam.[146] Auch dieser Aspekt zeigt, wie wichtig es für Architekten ist, **möglichst frühzeitig die Abnahme ihres Werkes** herbeizuführen[147] (vgl. § 634a Abs. 2 BGB sowie für die HOAI 2013 nun § 15 Abs. 1).

4. Gebührenrahmen

87 Die Parteien können im Rahmen des preisrechtlich Zulässigen **jedes Honorar** vereinbaren, sofern es sich **zwischen den Mindest- und Höchstsätzen** der HOAI bewegt. Werden die Mindestsätze unterschritten oder die Höchstsätze überschritten, verstößt die Vereinbarung gegen ein gesetzliches Verbot und ist gem. § 134 BGB unwirksam. Es gelten dann aufgrund der Mindestsatzfiktion des § 7 Abs. 5 HOAI die Mindestsätze. Die **Unwirksamkeit der Honorarvereinbarung erfasst nicht den übrigen Vertrag**; er bleibt wirksam. Eine Nichtigkeit des gesamten Vertrages folgt auch nicht aus § 139 BGB. Die Vermutung des § 139 BGB, die bei Nichtigkeit eines Teils eines Rechtsgeschäfts von der Nichtigkeit des gesamten Vertrages ausgeht, greift nicht. § 7 Abs. 5 HOAI belegt nämlich gerade, dass der Formmangel nicht auf den Vertrag insgesamt durchschlagen soll.

88 Eine schriftliche Honorarvereinbarung, die die Honorarsätze der HOAI **überschreitet**, ist nicht insgesamt nichtig. Sie **ist insoweit aufrechtzuerhalten, als die nach der HOAI zulässige Höchstvergütung nicht überschritten** wird.[148] Denn die Nichtigkeit kann nicht weiter reichen, als die tatbestandliche Erfüllung des Verbotsgesetzes. Was das Gesetz nicht verbietet, ist rechtmäßig und kann daher nicht der Nichtigkeitsfolge nach § 134 BGB anheimfallen. An die Stelle der preisrechtlich unzulässigen Vergütung tritt daher der (noch) zulässige Preis, der damit Vertragspreis ist.[149]

89 Diese strengen Grundsätze werden durch **§ 242 BGB** eingeschränkt. Ein Architekt, der mit seinem Auftraggeber ein unter den Mindestsätzen liegendes Honorar vereinbart hat, kann sich **widersprüchlich verhalten**, wenn er trotz dieser Vereinbarung unter Berufung auf § 7 Abs. 1 HOAI die Mindestsätze abrechnet: „Vereinbaren die Parteien eines Architektenvertrages ein Honorar, das die Mindestsätze in unzulässiger Weise unterschreitet, so verhält sich der Architekt, der später nach den Mindestsätzen abrechnen will, widersprüchlich. Dieses widersprüchliche Verhalten steht nach Treu und Glauben einem Geltendmachen der Mindestsätze entgegen, sofern der Auftraggeber auf die Wirksamkeit der Vereinbarung vertraut hat und vertrauen durfte und er sich darauf in einer Weise eingerichtet hat, dass ihm die Zahlung des Differenzbetrages zwischen dem vereinbarten Honorar und den Mindestsätzen nach Treu und Glauben nicht zugemutet werden kann".[150]

90 Es muss also im Einzelfall eine **Abwägung** stattfinden zwischen den Interessen des Architekten, nach den Mindestsätzen abzurechnen, und den Interessen seines Auftraggebers, nur das vereinbarte Honorar zu zahlen. Die Interessen des Auftraggebers wiegen nur dann schwerer, wenn die drei vom BGH angeführten Voraussetzungen vorliegen. Der Auftraggeber muss auf die unwirksame Honorarvereinbarung vertraut haben, er musste

---

146 BGH Urt. v. 27.2.2003 – VII ZR 169/02, NJW 2003, 2020 mit Anm. *Schwenker* BGHReport 2003, 593.

147 Die **Abnahme** kann **auch konkludent** erfolgen, vgl. BGH Urt. v. 26.9.2013 – VII ZR 220/12, NJW 2013, 3513; BGH Urt. v. 20.2.2014 – VII ZR 26/12, ZfBR 2014, 362 = BauR 2014, 1023; OLG Dresden Urt. v. 12.12.2013 – 10 U 1954/12, nachgehend BGH Beschl. v. 13.11.2014 – VII ZR 8/14 (Nichtzulassungsbeschwerde zurückgewiesen), IBR 2015, 203 (*Heiliger*): konkludente Abnahme durch vollständige Bezahlung der Schlussrechnung.

148 BGH Urt. v. 11.10.2007 – VII ZR 25/06, NZBau 2008, 65 mit Anm. *Wessel*, jurisPR-PrivBauR 1/2008, Anm. 2.

149 BGH Urt. v. 4.8.2000 – III ZR 158/99, NJW 2001, 892.

150 St. Rspr. seit BGH Urt. v. 22.5.1997, VII ZR 290/95, BauR 1997, 677.

darauf vertrauen dürfen und er muss letztlich sein Verhalten auf das vereinbarte Honorar eingerichtet haben. Die Unzumutbarkeit der Nachforderung setzt voraus, dass die dadurch entstehende zusätzliche Belastung unter Berücksichtigung aller Umstände des Einzelfalles für den Auftraggeber eine **besondere Härte** bedeutet.[151]

Der Architekt soll somit an eine Schlussrechnung, die auf Basis einer (unzulässigen) Honorarvereinbarung gestellt wurde, nur gebunden sein, wenn der Auftraggeber auf eine abschließende Berechnung des Honorars **vertrauen durfte** und er sich im berechtigten Vertrauen auf die Endgültigkeit der Schlussrechnung in **schutzwürdiger Weise** so **eingerichtet** hat, dass ihm eine Nachforderung nicht mehr **zugemutet** werden kann, was wiederum voraussetzt, dass die dadurch entstehende zusätzliche Belastung unter besonderer Berücksichtigung aller Umstände des Einzelfalles für den Auftraggeber eine **besondere Härte** bedeutet. 91

Diese kumulativ zu erfüllenden Voraussetzungen nehmen der Schlussrechnung praktisch jede Verbindlichkeit nehmen und begünstigen den Abschluss von unzulässigen Honorarvereinbarungen.[152]

IV. Aufklärungspflichten des Architekten oder Ingenieurs

Honorarhöhe: Nach verbreiteter Ansicht soll eine **Aufklärungspflicht des Architekten oder Ingenieurs über die Höhe des anfallenden Honorars** nicht oder nur in wenigen Ausnahmefällen bestehen.[153] Das ist bedenklich. Jeder Auftraggeber ist daran interessiert, möglichst umfassend über die von ihm aus einem Vertrag geschuldete Leistungspflicht informiert zu werden, insbesondere im Hinblick auf eine realistische Kalkulation der voraussichtlichen Kosten. Der „Preis" einer Architektenleistung kann maßgeblichen Einfluss auf die Entscheidung haben, überhaupt den in Aussicht genommenen Vertrag abzuschließen. Schließt ein Bauherr ohne hinreichende Aufklärung über die anfallenden Kosten einen Architektenvertrag, kann ihm später durchaus ein Schaden entstehen, weil er – z. B. – seine finanziellen Möglichkeiten überschreiten muss und deshalb gezwungen ist, (weitergehend als ursprünglich geplant) fremd zu finanzieren mit den üblichen Folgekosten wie Zinsen etc. Darüber hinaus kann der „durchschnittliche" Bauherr das komplizierte Abrechnungssystem der HOAI nicht ohne weiteres durchschauen, weshalb er auf vertiefende Erläuterungen des Architekten angewiesen ist. 92

Baukosten und Leistungsumfang: Der Architekt/Ingenieur schuldet eine zutreffende Aufklärung über die voraussichtlichen Baukosten, damit der Besteller die Entscheidung über die Durchführung des Bauvorhabens auf einer geeigneten Grundlage treffen kann,[154] darüber hinaus aber auch eine angemessene Beratung über das unter seiner Mitwirkung geplante Bauvorhaben. Dazu gehört ggf. eine **Aufklärung über von vornherein oder nicht mehr nötige Leistungen**,[155] auch über die **Genehmigungsfähigkeit** des Bauvorhabens[156] oder die Einhaltung bestimmter **Vorschriften** (z. B. Brandschutz).[157] Bei unterlassener Aufklärung drohen dem Architekten Schadensersatz- oder Minderungsansprüche.[158] 93

Der BGH[159] hat dem Rechnung getragen und den Architekten verpflichtet, die Kostenvorstellungen des Auftraggebers – die sich letztlich auch auf das Honorar des Architekten beziehen, weil es Teil der Gesamtkosten ist – genau zu beachten: Der **Architekt** 94

151 BGH Urt. v. 23.10.2008 – VII ZR 105/07, NJW 2009, 435.
152 Dazu im Einzelnen: *Schwenker/Wessel* ZfIR 2009, 64.
153 OLG Hamm BauR 1999, 1479; OLG Köln BauR 1994, 271; OLG Karlsruhe BauR 1984, 538.
154 BGH Urt. v. 11.11.2004 – VII ZR 128/03, NJW-RR 2005, 318 = BauR 2005, 400.
155 Vgl. Thode/Wirth/Kuffer/*Preussner* Praxishandbuch Architektenrecht 1. Aufl. § 9 Rn. 205.
156 OLG Oldenburg IBR 1999, 222.
157 Vgl. BGH Urt. v. 27.9.2001 – VII ZR 391/99, NJW 2002, 129.
158 Vgl. BGH Urt. v. 11.11.2004 a. a. O.
159 BGH Urt. v. 21.3.2013 – VII ZR 230/11, NJW 2013, 1593.

verletzt regelmäßig seine Vertragspflichten, wenn er ohne verlässliche Kenntnis von den wirtschaftlichen Möglichkeiten des privaten Auftraggebers die Planung eines Wohnhauses vornimmt. Die vom Auftraggeber im Rahmen der Grundlagenermittlung dem Architekten gegenüber zum Ausdruck gebrachten Kostenvorstellungen sind in dem Sinne verbindlich, dass sie vorbehaltlich einer Änderung den Planungsrahmen bestimmen und jedenfalls dann regelmäßig zum Vertragsinhalt werden, wenn der Architekt ihnen nicht widerspricht. Diese Kostenvorstellungen sind auch dann beachtlich, wenn sie nicht eine genaue Bausummenobergrenze enthalten, sondern nur Angaben zur ungefähren Bausumme, mit denen ein Kostenrahmen abgesteckt wird.

Die Nichtbeachtung der Kostenvorstellungen kann ein Recht des Bauherrn zur **fristlosen Kündigung** des Architektenvertrags begründen.[160]

95 Ein Architekt hat somit nicht nur einen offensichtlich unzureichend oder gar falsch informierten Bauherrn auf die Honorarpflichtigkeit an sich sowie die Honorarhöhe ungefragt hinzuweisen, sondern auch im Übrigen aufgrund seiner Sachwalterstellung möglichst **frühzeitig und umfassend** über das zu erwartende Honorar aufzuklären.[161] Das geschieht nicht zuletzt in seinem eigenen Interesse, weil er dadurch späteren Streitigkeiten – auch Nachweisproblemen – über das vereinbarte Honorar entgegenwirken kann und sich zudem nicht dem Risiko aussetzt, wegen einer Aufklärungspflichtverletzung dem Bauherrn aus Verschulden bei Vertragsschluss (§ 311 Abs. 2 Nr. 1 BGB) einstehen zu müssen, was seinen Vergütungsanspruch mindern[162] und im Einzelfall[163] ganz entfallen lassen kann, wenn der Bauherr nachweist, dass er bei pflichtgemäßer Aufklärung den Vertrag (so) nicht geschlossen hätte.

Daneben schuldet der Architekt selbstverständlich umfassende und korrekte Auskunft über das zu erwartende Honorar, wenn der Bauherr danach fragt.[164]

96 **Formzwänge:** Wenn der Bauherr eine **Unterschreitung der Mindestsätze** wünscht, hat der Architekt auf die für diesen Fall gem. § 7 Abs. 3 HOAI vorgeschriebene Schriftform hinzuweisen.[165] Sonst macht sich der Architekt ggf. schadensersatzpflichtig (Verschulden bei Vertragsschluss).

97 **Berufliche Qualifikation**: Wer **kein Architekt** oder Ingenieur ist, aber deren Leistungen anbietet oder durchzuführen beabsichtigt, hat auf seine mangelnde Qualifikation – wiederum ungefragt – hinzuweisen.[166] Da die HOAI auch für Leistungen von „Nichtarchitekten" gilt, ist dieser Punkt nicht unbeachtlich.

98 **Baumängel:** Der Architekt ist verpflichtet, etwaige Mängel objektiv aufzuklären und ggf. auch eigene Planungs- oder Aufsichtsfehler anzuzeigen.[167] Diese Pflicht ergibt sich aus dem übernommenen Aufgaben- und Betreuungskreis und seiner Stellung als Sachwalter des Bauherrn, dem er bei der Durchsetzung der Ansprüche gegen die anderen Bau- und Planungsbeteiligten behilflich sein muss.[168] Deshalb schuldet er im Rahmen seines jeweils übernommenen Aufgabenkreises auch die sachkundige **Unterrichtung des Bauherrn vom Ergebnis der Untersuchung sichtbar gewordener Baumängel** und der sich daraus ergebenden Rechtslage.[169] Sein eigenes Interesse, einer Haftung zu entgehen,

---

[160] Vgl. OLG Celle Urt. v. 12.2.2014 – 14 U 103/13, NZBau 2014, 637 = NJW-RR 2014, 1363. Zur Berechnung des Schadens bei Überschreitung einer mit dem Architekten vereinbarten Baukostenobergrenze vgl. BGH Urt. v. 21.5.2015 – VII ZR 190/14, NZBau 2015, 477.

[161] Vgl. OLG Celle Urt. v. 8.10.2014 – 14 U 10/14, BauR 2015, 1370 (NZB zurückgenommen).

[162] OLG Saarbrücken BauR 2000, 753.

[163] Vgl. LG Neubrandenburg MittBl. ARGE BauR 2/1995, 44.

[164] OLG Hamm BauR 1999, 1479, 1480; OLG Köln BauR 1994, 271.

[165] OLG Oldenburg BauR 1984, 541, 542.

[166] Vgl. nur OLG Nürnberg NJW-RR 1998, 1713; OLG Naumburg BauR 1996, 889.

[167] BGH Urt. v. 27.9.2001 – VII ZR 320/00, NJW 2002, 288.

[168] BGH a. a. O.

[169] BGH Urt. v. 26.10.2006 – VII ZR 133/04, NJW 2007, 365 = BauR 2007, 423.

ist dabei nachrangig.[170] Ein Schadensersatzanspruch gegen den Architekten kann sich hier aus § 282 BGB ergeben. Sachwalter des Bauherrn ist lediglich der umfassend – also regelmäßig mit der Objektüberwachung und Objektbetreuung – beauftragte Architekt. Dies folgt daraus, dass ein insoweit beauftragter Architekt dem Bauherrn bei der Durchsetzung der Ansprüche gegen die anderen Bau- und Planungsbeteiligten behilflich sein und gegebenenfalls über eigene Fehler aufklären muss. Verletzt er diese Pflicht, kann er sich nicht auf die Verjährung des gegen ihn gerichteten Schadensersatzanspruchs berufen (sog. Sekundärhaftung).[171] Der Architekt hat auch die Vorgaben des Auftraggebers daraufhin zu untersuchen, ob sie geeignet sind, ein mangelfreies Werk entstehen zu lassen. Die sich im rahmen der Prüfung ergebenden Bedenken hat er dem Auftraggeber mitzuteilen.[172]

Eine **unterlassene Aufklärung** kann eine **Anfechtung** des Architektenvertrags wegen 99 arglistiger Täuschung[173] oder auch einen **Schadensersatzanspruch** aus Verschulden bei Vertragsschluss rechtfertigen. Denn für den Bauherrn dürfte es regelmäßig nicht gleichgültig sein, ob ihm ein regulär in die Architektenliste eingetragener Architekt verantwortlich ist, u. a. deshalb, weil dieser nach den einschlägigen Architektengesetzen der Länder[174] verpflichtet ist, eine **Berufshaftpflichtversicherung** abzuschließen. Damit kann die Aufklärungspflicht auch dann bestehen, wenn der Architekt zwar schon über alle Eintragungsvoraussetzungen verfügt, aber tatsächlich noch **nicht „eingetragen"** ist.[175] Die unterlassene Aufklärung kann schließlich bei dem Auftraggeber einen **Vertrauensverlust** bewirken, der wiederum eine außerordentliche Kündigung aus wichtigem Grund rechtfertigen kann.[176]

V. Abgrenzung zur unentgeltlichen Leistung

Da die Leistungen der Architekten und Ingenieure weitgehend durch zwingendes 100 Preisrecht reglementiert sind, kommt es immer wieder zu Versuchen, Leistungen, die an sich dem Preiskorsett unterfielen, unabhängig von diesem zu erbringen. Das betrifft insbesondere den Bereich der Vertragsanbahnung bzw. werbende Tätigkeit, aber auch Leistungen im Gefälligkeitsbereich. Das staatliche Preisrecht kollidiert hier mit dem allgemeinen Vertragsrecht.

1. Akquisition

Reine Akquisitionsleistungen lösen keinen Anspruch auf Vergütung aus.[177] Die **Ab-** 101 **grenzung zwischen unentgeltlicher Akquisition und vertraglich zu vergütender Tätigkeit ist fließend** und im Einzelfall schwierig.[178] Im Rahmen der Vertragsverhandlungen wird regelmäßig keine klare Grenze gezogen, ab wann – genau – die Tätigkeit des Architekten entgeltlich sein soll und bis wann nicht. Das ist oftmals für den Architekten

---

170 BGH Urt. v. 4.10.1984 – VII ZR 342/83, NJW 1985, 328, 330 = BGHZ 92, 251.

171 BGH Urt. v. 23.7.2009 – VII ZR 134/08, NJW 2009, 3360.

172 OLG Celle Urt. v. 22.1.2014 – 14 U 131/13 (NZB zurückgewiesen durch BGH Beschl. v. 23.4.2015 – VII ZR 42/14).

173 S. OLG Nürnberg NJW-RR 1998, 1713. Nach OLG Naumburg IBR 2006, 457, aber nur dann, wenn durch die fehlende Eintragung schützenswerte Interessen des Bauherrn betroffen sind (Beschwerde gegen die Nichtzulassung der Revision vom BGH zurückgewiesen durch Beschl. v. 26.1.2006 – VII ZR 94/05, IBR 2006, 457).

174 Vgl. z. B. Nr. 9 BerufsO ByAK; § 2 Nr. 4 ArchG M-V; § 15 Abs. 2 Nr. 5 BauKaG NRW; § 12 BerufsO Rh.-Pf.

175 Vgl. aber OLG Düsseldorf BauR 1982, 86.

176 Vgl. BGH Urt. v. 25.3.1993 – X ZR 17/92, NJW 1993, 1972 = BauR 1993, 469.

177 Korbion/Mantscheff/Vygen / *Wirth*, HOAI, 8. Aufl., Einführung Rn. 124.

178 Vgl. dazu den besonderen Fall bei OLG Celle Urt. v. 17.2.2009 – 14 U 138/09, BauR 2010, 926 m. Anm. *Peter Fischer*, jurisPR-PrivBauR 5/2010, Anm. 4; sowie OLG Celle Beschl. v. 7.3.2011 – 14 U 7/11, BauR 2011, 1190, je m. w. N.

nachteilig, weil er im Prozess für das Zustandekommen des Architektenvertrags beweispflichtig ist[179] (wogegen allerdings für die behauptete Unentgeltlichkeit von beauftragten Architektenleistungen der Auftraggeber die Beweislast trägt).[180] Aus dem **bloßen Tätigwerden des Architekten kann aber ohne weiteres nicht der Abschluss eines Vertrags hergeleitet** werden.[181]

102 Ein **Rechtsbindungswille** der Parteien – und das heißt insbesondere des Auftraggebers – ist von der Rechtsprechung[182] z. B. dann angenommen worden, wenn der Auftraggeber Pläne des Architekten zur Einholung eines Bauvorbescheids unterschrieben, Abschlagszahlungen geleistet oder Vollmachten für die Verhandlungen mit den Behörden erteilt hat.[183] Ebenso soll bereits dann eine vergütungspflichtige Tätigkeit vorliegen, wenn der Auftraggeber von einem Architekten eine Grundlagenermittlung und Vorplanung zur Unterbreitung eines Angebots bei einem Investor verlangt und lediglich die Beauftragung für das gesamte Investitionsprojekt zu einem Pauschalhonorar *in Aussicht* stellt.[184]

103 Dagegen **reicht es noch nicht aus, wenn die Pläne des Architekten entgegengenommen** werden (etwa per Fax).[185] Auch ein Kostenanschlag ist gem. § 632 Abs. 3 BGB im Zweifel nicht zu vergüten, so dass eine **reine Kostenermittlung ohne konkrete Vereinbarung regelmäßig unentgeltlich** geschehen dürfte.[186]

104 Akquisition muss sich nicht nur auf die Grundlagenermittlung und Vorplanung beschränken; sie kann auch **bis in die Leistungsphasen 3 oder 4** noch vorkommen.[187] Die Rechtsprechung hat wiederholt zum Ausdruck gebracht, dass Akquisition noch nicht mit der Leistungsphase 4 – und erst recht zuvor – enden muss. Auch Leistungen im Bereich der Genehmigungsplanung können noch „vergütungsfrei" erbracht werden.[188] Auch der Umstand, dass ein Architekt Vorentwürfe fertigt, eine Bauvoranfrage stellt, Verhandlungen mit Behörden führt und einen Bauantrag gefertigt hat, reicht nicht ohne weiteres aus, um auf den Abschluss eines Architektenvertrags zu schließen.[189] Selbst die Unterzeichnung eines Auftrags mit Vollmacht genügt nicht in jedem Fall, einen verbindlichen Vertragsschluss anzunehmen.[190]

---

179 S. BGH Urt. v. 5.6.1997 – VII ZR 124/96, NJW 1997, 3017 = BGHZ 136, 33; OLG Celle OLGR 2006, 477; Korbion/Mantscheff/Vygen /*Wirth*, HOAI, 8. Aufl., Einführung Rn. 124.

180 Vgl. OLG Düsseldorf Urt. v. 28.10.2005 – 22 U 70/05, IBR 2006, 504 (Beschwerde gegen die Nichtzulassung der Revision vom BGH zurückgewiesen durch Beschl. v. 29.6.2006 – VII ZR 270/05, IBR 2006, 504); OLG Celle Urt. v. 11.12.2003 – 14 U 23/03, BauR 2004, 1969.

181 BGH Urt. v. 5.6.1997 – VII ZR 124/96 a. a. O.

182 Vgl. BGH Urt. v. 5.6.1997 a. a. O.; Urt. v. 24.6.1999 – VII ZR 196/98, NJW 1999, 3554 = BauR 1999, 1319.

183 Vgl. OLG Naumburg Urt. v. 22.2.2005 – 11 U 247/01, IBR 2006, 207 (Beschwerde gegen die Nichtzulassung der Revision vom BGH zurückgewiesen durch Beschl. v. 10.11.2005 – VII ZR 64/05, IBR 2006, 207); Thode/Wirth/Kuffer /*Schwenker* Praxishandbuch Architektenrecht 1. Aufl. § 4 Rn. 96.

184 OLG Frankfurt Urt. v. 20.9.2005 – 22 U 210/02, BauR 2006, 1922 (Beschwerde gegen die Nichtzulassung der Revision vom BGH zurückgewiesen mit Beschl. v. 27.4.2006 – VII ZR 234/05, BauR 2006, 1922).

185 BGH Urt. v. 24.6.1999 – VII ZR 196/98, NJW 1999, 3554 = BauR 1999, 1319.

186 Vgl. Korbion/Mantscheff/Vygen /*Vygen* HOAI 7. Aufl. § 1 Rn. 9.

187 So auch Korbion/Mantscheff/Vygen /*Wirth*, HOAI, 8. Aufl., Einführung Rn. 124.

188 Beispielhaft OLG Celle Urt. v. 26.10.2011 – 14 U 54/11, NJW-RR 2012, 21; OLG Hamm Urt. v. 9.9.2008 – 19 U 23/08, BauR 2009, 1189 – nachgehend BGH Beschl. v. 10.3.2009 – VII ZR 204/08, IBR 2009, 2878; OLG Düsseldorf Urt. v. 19.4.2007 – 5 U 113/06, BauR 2008, 142 – nachgehend BGH Beschl. v. 25.10.2007 – VII ZR 83/07 – Nichtzulassungsbeschwerde zurückgewiesen.

189 Vgl. OLG Celle Urt. v. 17.2.2010 – 14 U 138/09, BauR 2010, 926; OLG Hamm Urt. v. 16.10. 2008 – 17 U 1/08, BauR 2010, 239, 240 – die gegen dieses Urteil eingelegte Nichtzulassungsbeschwerde wurde zurückgenommen.

190 Vgl. OLG München Urt. v. 15.4.2008 – 9 U 4609/07, BauR 2009, 1461 mit Anm. *Bröker*,

Letztlich ist aber alles eine Frage des **Einzelfalls** und von den jeweiligen Umständen abhängig.[191] Für den Abschluss eines Architektenvertrags ist der klagende Architekt beweispflichtig.[192] Ein Vertragsschluss setzt darauf bezogene, übereinstimmende **Willenserklärungen** voraus. Er kann zwar auch **konkludent** erfolgen oder durch Entgegennahme bestimmter Leistungen in Betracht kommen; das setzt aber einen entsprechenden Rechtsbindungswillen voraus.[193] Maßgeblich ist dabei der – festzustellende – Parteiwille.[194] Macht ein Architekt Honoraransprüche geltend, ohne mit dem Auftraggeber eine ausdrückliche Vergütungsvereinbarung getroffen zu haben, muss er die Umstände **darlegen und beweisen**, nach denen die Erbringung der Architektenleistungen nur gegen eine Vergütung zu erwarten war.[195] Nach nicht unumstrittener Auffassung[196] soll, wenn ein Bauherr von Planungsleistungen eines Architekten, mit dem er zuvor ergebnislos Vertragsverhandlungen geführt hatte, dadurch Gebrauch macht, dass er diese für die Bauantragstellung verwendet, darin nicht die Annahme eines Antrags auf Abschluss eines Architektenvertrags liegen.[197] 105

Die **Verwertung** von Planungsleistungen gegenüber Dritten (Banken, Baufirmen, weiteren Planern und Subplanern) spricht in der Regel für einen Rechtsbindungswillen.[198]

Zurückzuweisen ist die gelegentlich vertretene Auffassung,[199] jeder, der Dienste eines Architekten in Anspruch nimmt, schließe **„zumindest stillschweigend"** einen Architektenvertrag ab. Wird ein Architekt auf Veranlassung des Bauherrn vor Abschluss eines in Aussicht genommenen Vertrags tätig, bedarf es stets der Prüfung, ob ihm ein Auftrag erteilt oder ob er ohne vertragliche Bindung akquisitorisch tätig geworden ist. Die Umstände, nach denen Architektenleistungen nur gegen Vergütung zu erwarten sind, muss der Architekt darlegen und beweisen.[200] Mit dem Tätigwerden des Architekten allein kann noch nicht der Abschluss eines Vertrages begründet werden. Es müssen vielmehr zumindest Umstände festgestellt werden, nach denen die Erbringung der Architektenleistungen nur gegen Vergütung zu erwarten war.[201] Eine gesetzliche oder tatsächliche Vermutung im Sinne eines **Anscheinsbeweises** dahin, dass **umfangreiche Architektenleistungen nur im Rahmen eines Vertrages** erbracht werden, **gibt es nicht**.[202] Die Vermutungsregel des §§ 632 Abs. 1 BGB, wonach eine Vergütung als vereinbart gilt, wenn die Herstellung des Werkes den Umständen nach nur gegen Vergütung zu erwarten ist, betrifft nur die Frage der Entgeltlichkeit des Auftrages, nicht aber die Frage, ob überhaupt ein Auftrag erteilt worden ist.[203] Da Architektenleistungen immer wieder zunächst werbend erbracht werden, um einen Vertragsschluss zu erreichen, kann **nicht ohne weiteres** 106

IBR 2009, 394 – nachgehend BGH Beschl. v. 16.4.2009 – VII ZR 197/08 – Nichtzulassungsbeschwerde zurückgenommen.

191 Vgl. OLG Dresden Urt. v. 2.12.1999 – 9 U 585/99, NZBau 2001, 505 = BauR 2001, 1769 (III 3 b der Entscheidungsgründe) – nachgehend BGH Beschl. v. 5.4.2001 – VII ZR 12/00, IBR 2001, 317 (Revision nicht angenommen).

192 BGH Urt. v. 5.6.1997 – VII ZR 124/96, NJW 1997, 3017; Korbion/Mantscheff/Vygen /*Wirth*, HOAI, 8. Aufl., Einführung Rn. 124.

193 BGH Urt. v. 11.10.2007 – VII ZR 25/06, NZBau 2008, 66.

194 Vgl. OLG Celle Urt. v. 23.5.2006 – 14 U 240/05, OLGR 2006, 477.

195 OLG Celle Urt. v. 4.5.2011 – 14 U 167/10, NJW 2011, 3462, juris-Rn. 15; OLG Köln Urt. v. 25.1.2006 – 11 U 57/03, IBR 2007, 141 (nachgehend BGH Beschl. v. 23.11.2006 – VII ZR 32/06, IBR 2007, 141 – Nichtzulassungsbeschwerde zurückgewiesen).

196 Vgl. *Peter Fischer* jurisPR-PrivBauR 6/2011 Anm. 1.

197 OLG Celle Urt. v. 2.3.2011 – 14 U 140/10, IBR 2011, 276.

198 Vgl. Korbion/Mantscheff/Vygen /*Wirth*, HOAI, 8. Aufl., Einführung Rn. 127 ff.

199 Insbesondere OLG Jena Urt. v. 8.1.2014 – 2 U 156/13, NJW 2014, 2510 m. Anm. *Wessel*.

200 BGH Urt. v. 9.4.1987 – VII ZR 266/86, NJW 1987, 2742.

201 OLG Celle Urt. v. 17.2.2010 – 14 U 138/09, BauR 2010, 926.

202 BGH Urt. v. 5.6.1997 – VII ZR 124/96, NJW 1997, 3017.

203 OLG Düsseldorf Urt. v. 29.2.2008 – 23 U 85/07, NZBau 2009, 457, 458.

nach der Lebenserfahrung davon ausgegangen werden, dass ein Architekt nur aufgrund eines Auftrags plant.[204]

Zur Vermeidung von Unklarheiten empfehlen sich deshalb **möglichst frühe – eindeutige – schriftliche Absprachen.**

107 Abzulehnen ist auch die Ansicht,[205] Leistungen im Rahmen der Akquisition seien vergütungspflichtig, wobei insoweit dann die HOAI nicht gelte. Die Akquisitionsphase ist gerade dadurch gekennzeichnet, dass sie noch keinen Vergütungsanspruch auslöst. Das verbindliche Preisrecht kann auf diese Weise nicht umgangen werden. Auch ein **Anspruch aus ungerechtfertigter Bereicherung besteht nicht.**[206] Denn es sollte gerade vergütungsfrei geleistet werden, sodass der fehlende Rechtsgrund nicht einen Ersatzanspruch begründen kann. Bestände aber eine Vergütungspflicht, wäre die HOAI anzuwenden, soweit die betroffenen Leistungen dort verbindlich geregelt sind.[207]

2. Wettbewerb

108 Ein Architektenwettbewerb dient in der Regel dem Ziel, unter einer Mehrzahl von Architekten denjenigen zu ermitteln, der den Auftrag erhalten und das gewünschte Projekt planen und begleiten soll. Die Teilnahme an einem solchen Wettbewerb (eine Auslobung im Sinne der §§ 657 ff. BGB) ist daher wesentlich dem **Akquisitionsbereich** zuzuordnen. § 7 Abs. 3 HOAI findet keine Anwendung. Denn die Teilnahmebedingungen werden einseitig – ohne Vertragspartner – festgesetzt.[208] Vertragspartner wird allenfalls der durch den Wettbewerb erkorene Architekt. Der Wettbewerb stellt seinen Bedingungen nach lediglich das Auswahlverfahren dar. Damit handelt es sich nicht um eine Honorarvereinbarung. Die HOAI findet keine Anwendung.[209]

109 Anders verhält sich das bei sog. **Gutachterverfahren**, in denen eine bestimmte, regelmäßig schwierige Planungsaufgabe mehrfach vergeben und mit jedem der beteiligten Architekten ein gesonderter Vertrag geschlossen wird. Eine derartige **Mehrfachvergabe** unterfällt – in jedem einzelnen Fall – den preisrechtlichen Bestimmungen der HOAI.[210]

3. Honoraranfragen

110 Honoraranfragen sind ausschreibungsähnliche Nachfragen bei Architekten und Ingenieuren nach Honorarangeboten. Der BGH hat solche Anfragen für **unzulässig** gehalten, wenn sie so abgefasst sind, dass sie zu einer **wettbewerbswidrigen** Unterbietung der Mindestsätze der HOAI führen können.[211] Davon abgesehen ist der Auftraggeber von Ingenieur- oder Architektenleistungen nicht verpflichtet, schon bei der Ausschreibung der Leistungen alle für die Ermittlung der nach der HOAI zulässigen Honorarsätze erforderlichen Angaben zu machen. Er darf darauf vertrauen, dass die angesprochenen Ausschreibungsempfänger die für die Ermittlung ihres nach der HOAI zulässigen Honorars erforderlichen Grundlagen in eigener Verantwortung prüfen, und ggf. um eine Ergänzung der Ausschreibungsunterlagen nachsuchen.[212] Deshalb kann eine wettbewerbsrechtliche Haftung des Auftraggebers entfallen, selbst wenn er den gebotenen Abrechnungsrahmen der HOAI nicht beachtet hat.[213]

---

[204] OLG Frankfurt Urt. v. 7.12.2012 – 10 U 183/11, NZBau 2013, 311.

[205] OLG Jena Urt. v. 8.1.2014 – 2 U 156/13, NJW 2014, 2510 m. Anm. *Wessel.*

[206] OLG Celle Beschl. v. 27.3.2006 – 14 U 237/05, IBR 2006, 338.

[207] Vgl. BGH Urt. v. 22.5.1997 – VII ZR 290/95, NJW 1997, 2329.

[208] Vgl. nur Palandt/*Sprau,* BGB, 74. Aufl., § 657 Rn. 2.

[209] *Kniffka/Koeble,* Kompendium des Baurechts, 4. Aufl., Kap. 12 Rn. 448.

[210] BGH Urt. v. 10.10. 1996 – VII ZR 129/94, BauR 1997, 440 = NJW 1997, 2180.

[211] BGH Urt. v. 2.5.1991 – I ZR 227/89, BauR 1991, 638; Urt. v. 15.5.2003 – I ZR 292/00, NJW-RR 2003, 1685.

[212] BGH Urt. v. 2.5.1991 – I ZR 227/89, BauR 1991, 638.

[213] BGH Urt. v. 15.5.2003 – I ZR 292/00, NJW-RR 2003, 1685.

4. Gefälligkeitsverhältnisse

Dem Architekten ist es zivilrechtlich nicht verwehrt, seine Leistungen unentgeltlich („kostenlos“) zu erbringen,[214] obwohl dadurch unvermeidlich die Mindestsätze der HOAI außer Kraft gesetzt werden. Doch ihm kann – wie jedem anderen – grundsätzlich nicht untersagt werden, seine Leistungen als **Schenkung** oder im Rahmen eines **reinen Gefälligkeitsverhältnisses** zur Verfügung zu stellen.[215] In diesem Fall – wenn die Leistung als bloße Gefälligkeit erbracht wird – besteht regelmäßig[216] **kein Rechtsbindungswille**, was jedoch im Einzelfall genauer Prüfung bedarf.[217] **111**

Je höher die **wirtschaftlichen Interessen einer beteiligten Seite** sind, umso wahrscheinlicher ist der Bindungswille zumindest dieser Partei, auch wenn das nicht eindeutig zum Ausdruck gebracht worden ist.[218] Auch das **erkennbare Interesse** des Begünstigten und die nicht ihm, aber dem Leistenden erkennbare Gefahr, in die er durch eine fehlerhafte Leistung geraten kann, können auf einen rechtlichen Bindungswillen schließen lassen.[219] Architekten übersehen oft, dass sie auch für unentgeltlich erbrachte Leistungen – etwa als sog. faktischer Bauleiter – wie für entgeltlich übernommene **haften**.[220] **112**

Übernimmt ein Architekt bei der Vertragsausführung Aufgaben, die nach dem Vertrag nicht geschuldet sind, hat er für dabei schuldhaft verursachte Schäden einzutreten.[221]

5. Verzicht und Vergleich

Der BGH hat in mehreren Entscheidungen[222] zumindest grundsätzlich Vereinbarungen gebilligt, die unentgeltliche Leistungen vorsehen. Das **Vertragsrecht** des BGB **bleibt** gegenüber dem Preisrecht **vorrangig**,[223] auch wenn hier unvermeidlich ein Konflikt mit dem zwingenden Preisrecht besteht, weil es auf diese Weise unterlaufen werden kann. So kann ein Generalübernehmer mit einem Architekten einen Rahmenvertrag schließen, wonach dieser Planungsleistungen für verschiedene Bauvorhaben „auf eigenes Risiko“ – also ohne Honorar des Auftraggebers – zu erbringen hat und sich der Übernehmer erst für den Fall der Durchführung eines Bauvorhabens zum Abschluss eines Architektenvertrags verpflichtet.[224] Ebenfalls kann eine **nachträgliche Verzichtsvereinbarung** über die Honorarforderung eines Architekten wirksam sein, wenn dem Verzicht die Bedingung zugrunde liegt, dass das Bauvorhaben nicht durchgeführt wird.[225] Die Parteien können aber auch im Rahmen der Privatautonomie vereinbaren, dass ein **Honoraranspruch erst** entstehen soll, **wenn** der Auftraggeber das **Bauvorhaben durchführt**.[226] **113**

Nach Beendigung seiner Tätigkeit kann der Architekt durch **Vergleich** eine verbindliche Vereinbarung über sein Honorar erzielen, ohne an die Mindestsätze der HOAI ge- **114**

---

[214] Davon zu unterscheiden ist die Frage, ob die unentgeltliche Erbringung von Architektenleistungen berufsrechtlichen Beanstandungen unterliegt. Die zivilrechtliche Wirksamkeit des auf unentgeltliche Leistungserbringung gerichteten Vertrages wird dadurch aber nicht berührt.

[215] Ebenso Thode/Wirth/Kuffer /*Schwenker* Praxishandbuch Architektenrecht 1. Aufl. § 4 Rn. 95; Korbion/Mantscheff/Vygen /*Vygen* HOAI 7. Aufl. § 1 Rn. 14.

[216] Vgl. dagegen OLG Köln IBR 2006, 38; *Schwenker* a. a. O. Rn. 97, der allenfalls deliktische Ansprüche für möglich hält.

[217] BGH Urt. v. 22.6.1956 – I ZR 198/54, BGHZ 21, 102.

[218] Vgl. Palandt/*Sprau*, BGB, 74. Aufl., Einf. v. § 662 Rn. 4 m. w. N.

[219] BGH Urt. v. 29.2.1996 – VII ZR 90/94, NJW 1996, 1889.

[220] OLG Celle Urt. v. 19.6.2001 – 16 U 260/00, BauR 2002, 1427 (nachgehend BGH Beschl. v. 18.4.2002 – VII ZR 281/01 – Revision nicht angenommen).

[221] BGH Urt. v. 11.1.1996 – VII ZR 85/95, NJW 1996, 1278.

[222] BGH Urt. v. 30.4.1992 – VII ZR 159/91, BauR 1992, 531; Urt. v. 14.3.1996 – VII ZR 75/95, BauR 1996, 414; Urt. v. 19.2.1998 – VII ZR 236/96, BauR 1998, 579.

[223] *Kniffka/Koeble*, Kompendium des Baurechts, 4. Aufl., Kap. 12 Rn. 446.

[224] BGH Urt. v. 30.4.1992 – VII ZR 159/91, BauR 1992, 531.

[225] BGH Urt. v. 14.3.1996 – VII ZR 75/95, BauR 1996, 414.

[226] BGH Urt. v. 19.2.1998 – VII ZR 236/96, BauR 1998, 579.

bunden zu sein.[227] Der Vergleich schafft einen selbständigen Rechtsgrund für die Zahlungspflicht[228] und ist damit wirksam.[229] Dagegen fällt ein **vor Beendigung** der Architektentätigkeit über die Honorarforderung geschlossener Vergleich unter § 7 Abs. 6 HOAI und ist bei dessen Missachtung unwirksam.[230] Fraglich war lange Zeit, ab wann für die Parteien eines Architektenvertrages die Möglichkeit besteht, sich vergleichsweise auf ein Honorar zu einigen, das unter oder über den Mindestsätzen der HOAI liegt. Einigkeit bestand darüber, dass Änderungen des nach § 4 Abs. 4 HOAI 1996/2002 fingierten Mindestsatzes nur wirksam sind, wenn sie **nach Beendigung** der Architekten- oder Ingenieurtätigkeit erfolgen. Entscheidend ist die *Ratio* der Norm. Die durch sie bewirkte Beschränkung der Vertragsfreiheit soll gewährleisten, dass durch den Streit über das Honorar nicht die ordnungsgemäße Leistungserbringung durch den Architekten gefährdet wird.[231] Dazu muss der Vertrag durch den Architekten **erfüllt und kein Streit über die Erfüllung** mehr möglich sein, was die **rügelose Abnahme** des Architektenwerkes voraussetzt. Streit über etwaige Mängel des Architektenwerkes darf zum Zeitpunkt der Vergütungsvereinbarung nicht bestehen; nach der Vereinbarung auftretende Mängel machen die Vereinbarung nicht nachträglich unwirksam.[232] Auch dieser Aspekt zeigt, wie wichtig es für Architekten ist, möglichst frühzeitig die Abnahme ihres Werkes herbeizuführen[233] (vgl. § 634a Abs. 2 BGB sowie für die HOAI 2013 nun § 15 Abs. 1).

6. Voreiliges Erbringen oder Aufdrängen von Leistungen

115 Auch hier ist **Maßstab nicht die tatsächliche Leistung, sondern die vertragliche Vereinbarung**. Aus dem Tätigwerden des Architekten allein kann noch kein Vertragsabschluss hergeleitet werden; dessen Zustandekommen ist vielmehr vom Architekten vorzutragen und im Zweifel zu beweisen.[234] Allein der **Umstand, dass eine Leistung erbracht wird, macht sie noch nicht zum Vertragsgegenstand**.[235] Leistungen zur Grundlagenermittlung (Leistungsphase 1) werden nicht allein deshalb Gegenstand eines Architekten- oder Ingenieurvertrags über die Vor- und Entwurfsplanung (Leistungsphasen 2 und 3), weil sie einen den weiteren Leistungsphasen notwendig vorangehenden Entwicklungsschritt darstellen oder weil sie tatsächlich erbracht werden.[236]

Auch ein Anspruch aus ungerechtfertigter Bereicherung wird hier regelmäßig ausscheiden.[237]

---

[227] BGH Urt. v. 21.6.2001 – VII ZR 435/99, BauR 2001, 1612; OLG Celle Urt. v. 10.6.2015 – 14 U 164/14; *Kniffka/Koeble*, Kompendium des Baurechts, 4. Aufl., Kap. 12 Rn. 447.

[228] *Jochem/Kaufhold* HOAI, 5. Aufl. § 4 Rn. 28.

[229] BGH Urt. v. 21.1.1988 – VII ZR 239/86, BauR 1988, 364.

[230] BGH Urt. v. 9.7.1987 – VII ZR 282/86, BauR 1987, 706 (zu § 4 Abs. 4 HOAI 1996). Wirksamkeit eines solchen Vergleichs jedoch bejaht von *Kniffka/Koeble*, Kompendium des Baurechts, 4. Aufl., Kap. 12 Rn. 447.

[231] BGH Urt. v. 21.1.1988 – VII ZR 239/86, BauR 1988, 364.

[232] BGH Urt. v. 27.2.2003 – VII ZR 169/02, NJW 2003, 2020 mit Anm. *Schwenker* BGHReport 2003, 593.

[233] Die **Abnahme** kann **auch konkludent** erfolgen, vgl. BGH Urt. v. 26.9.2013 – VII ZR 220/12, NJW 2013, 3513; BGH Urt. v. 20.2.2014 – VII ZR 26/12, ZfBR 2014, 362 = BauR 2014, 1023; OLG Dresden Urt. v. 12.12.2013 – 10 U 1954/12, nachgehend BGH Beschl. v. 13.11.2014 – VII ZR 8/14 (Nichtzulassungsbeschwerde zurückgewiesen), IBR 2015, 203 (*Heiliger*): konkludente Abnahme durch vollständige Bezahlung der Schlussrechnung.

[234] Vgl. OLG Celle Urt. v. 2.3.2011 – 14 U 140/10, BauR 2011, 1187.

[235] BGH Urt. v. 23.11.2006 – VII ZR 110/05, NJW-RR 2007, 378 = BauR 2007, 571; OLG Celle Urt. v. 7.2.2007 – 14 U 130/06, MDR 2007, 831.

[236] BGH Urt. v. 23.11.2006 – VII ZR 110/05, NJW-RR 2007, 378 = BauR 2007, 571, juris-Rn. 15 ff.

[237] Vgl. OLG Nürnberg Urt. v. 22.9.2011 – 13 U 613/11, BauR 2013, 1694 – nachgehend BGH Beschl. v. 22.11.2012 – VII ZR 214/11, IBR 2013, 156 (Nichtzulassungsbeschwerde zurückgewiesen).

Anders kann es aber sein, wenn die Planungen verwendet werden und der Verwender hierdurch Aufwendungen erspart.[238] Das ist jedoch im Einzelfall festzustellen.

VI. Besondere Honorierungsarten

1. Pauschalhonorar

Anstelle des komplizierten Abrechnungssystems der HOAI kann innerhalb der von der HOAI verbindlich geregelten Teile 2 bis 4 der Verordnung (§ 3 Abs. 1 HOAI) – **schriftlich bei Auftragserteilung** – ein Pauschalhonorar vereinbart werden, das sich allerdings im Rahmen der Höchst- und Mindestsätze der HOAI halten muss.[239] Soweit diese überschritten werden, sind die Höchstsätze geschuldet.[240] Werden die Mindestsätze unterschritten und liegt kein Ausnahmefall im Sinne von § 7 Abs. 3 HOAI vor, ist die Vereinbarung unwirksam. Gleichwohl soll der Architekt nach der Rechtsprechung des BGH nicht gehindert sein, nur das (unter den Mindestsätzen liegende) vereinbarte Pauschalhonorar einzufordern.[241] 116

Folge einer wirksamen Pauschalvereinbarung ist, dass auch unvorhergesehene **Leistungsänderungen** – von Ausnahmen abgesehen – **unberücksichtigt** bleiben.

Eine Honoraranpassung kann bei einem Wegfall der Geschäftsgrundlage in Betracht kommen, aber nur dann, wenn das Festhalten an der ursprünglichen Vereinbarung zu schlechthin **untragbaren und unzumutbaren Ergebnissen** führte.[242] Dies gilt jedoch **nicht, wenn** die Leistungsänderungen darauf zurückzuführen sind, dass der Leistungsumfang **einvernehmlich** geändert wird (vgl. § 10). Denn die Pauschalierung des Honorars kann sich nur auf den Leistungsumfang beziehen, der bei Auftragserteilung Vertragsgegenstand war. 117

2. Erfolgshonorar

Die HOAI sieht in §§ 7 Abs. 6 ein Honorar vor, das an den Eintritt eines bestimmten Erfolgs gebunden ist. Dieser besteht darin, dass Planungsleistungen erbracht werden, „die technisch-wirtschaftliche oder umweltverträgliche Lösungsmöglichkeiten nutzen und zu einer wesentlichen Kostensenkung ohne Verminderung des vertraglich festgelegten Standards führen." 118

Voraussetzung ist wiederum eine **schriftliche** Vereinbarung. Ob diese Vereinbarung bei Auftragserteilung erfolgen muss, wie es für die Vorgängervorschrift des § 5 Abs. 4a HOAI a.F. angenommen wurde,[243] ist unklar. Da die HOAI an anderen Stellen, in denen eine schriftliche Vereinbarung zur Abänderung der Vergütung zugelassen wird, ausdrücklich das Erfordernis aufstellt, dass dies bei Auftragserteilung erfolgen muss, § 7 Abs. 6 HOAI dies aber nicht verlangt, kommt eine systematische Auslegung der Norm zu dem Ergebnis, dass die Vereinbarung **nicht bereits bei Auftragserteilung** getroffen werden muss. 119

3. Zeithonorar

Ob die Abrechnung nach Zeitstunden HOAI-konform war, war für die bis zum 17. August 2009 geltende Fassung der HOAI 1996 sehr lange äußerst umstritten. Die alte Fassung der HOAI kannte mehrere Gebührentatbestände, bei denen die Abrechnung nach Stunden ausdrücklich vorgeschrieben war und daneben solche, bei denen die Ab- 120

---

238 Vgl. LG Arnsberg Urt. v. 4.5.2011 – 3 S 1/11, BauR 2012, 521 m. Anm. *Wessel*, jurisPR-PrivBauR 1/2012 Anm. 5.

239 BGH Urt. v. 21.1.1988 – VII ZR 239/86, BauR 1988, 364; Urt. v. 16.12. 2004 – VII ZR 16/03, BauR 2005, 735.

240 BGH Urt. v. 9.11.1989 – VII ZR 252/88, BauR 1990, 239.

241 BGH Urt. v. 13.1.2005 – VII ZR 353/03, BauR 2005, 739.

242 BGH Urt. v. 5.1.1995 – IX ZR 85/94, NJW 1995, 592 = BGHZ 128, 236.

243 Vgl. OLG München Urt. v. 6.7.1993 – 13 U 6075/92, juris (Revision nicht angenommen durch BGH Beschl. v. 6.4.1995 – VII ZR 183/93).

rechnung nach Stunden zugelassen war. Daneben enthielt die alte Fassung der HOAI mit § 6 HOAI 1996 eine Vorschrift, in der die Höhe der Stundensätze geregelt war. Nachdem der VII. Zivilsenat des Bundesgerichtshof mit seiner Weimarhallen-Entscheidung[244] zugelassen hatte, dass die Parteien eines Architektenvertrages diesem ein nicht der Systematik der HOAI entsprechendes Abrechnungssystem zugrunde legen können, solange nicht der Mindest- und Höchstpreischarakter der HOAI in Mitleidenschaft gezogen wurde, hat er folgerichtig auch an der bis dahin überwiegend vertretenen Auffassung, dass eine Abrechnung nach Stundensätzen nur in den von der HOAI vorgesehenen Fällen zulässig sei, nicht mehr festgehalten. Daher hat der BGH mit seinem Urteil vom 17. April 2009 die Vereinbarung eines Zeithonorars für Architekten- und Ingenieurleistungen gemäß § 4 Abs. 1 HOAI 1996 für wirksam erklärt, wenn sie schriftlich bei Auftragserteilung unter Berücksichtigung des Preisrahmens der Mindest- und Höchstsätze erfolgt. Die Wirksamkeit einer solchen Honorarvereinbarung hängt nicht davon ab, ob die Preisvorschriften der HOAI eine Abrechnung nach Zeithonorar anordnen oder zulassen.[245] § 4 Abs. 1 HOAI 1996 gestattet den Vertragsparteien – ebenso wie die Nachfolgevorschrift des § 7 Abs. 1 HOAI –, das Honorar für die von der HOAI erfassten Leistungen privatautonom zu vereinbaren. Die **Vertragsfreiheit wird nur durch die Bindung an die in der HOAI festgesetzten Mindest- und Höchstsätze beschränkt**. Maßstab für die Wirksamkeit einer gem. § 7 Abs. 1 HOAI grundsätzlich zulässigen Honorarvereinbarung sind die dort genannten Voraussetzungen.

121 Die Honorarvereinbarung muss schriftlich bei Auftragserteilung und innerhalb des durch die Mindest- und Höchstsätze festgelegten Honorarrahmens getroffen werden. Sind diese Voraussetzungen erfüllt, so ist das **Honorar auch dann nach dem Inhalt der Vereinbarung zu berechnen**, wenn hierdurch von den Honorarbemessungsgrundlagen der HOAI abgewichen oder diese ganz außer Kraft gesetzt wird. Es ist daher kein Grund ersichtlich, warum den Vertragsparteien die Möglichkeit genommen sein soll, anstelle etwa eines Pauschalhonorars die Abrechnung nach Zeitaufwand zu vereinbaren.

122 Im Übrigen hat der BGH für die bis zum 17. August 2009 geltende Fassung der HOAI ausdrücklich festgestellt,[246] dass die **Stundensätze**, die die Parteien vereinbaren können, nicht durch die Sätze des seinerzeitigen § 6 HOAI begrenzt werden. Eine § 6 HOAI 1996 entsprechende Regelung ist in der HOAI 2009 sowie in der HOAI 2013 nicht mehr enthalten. Architekten und Ingenieure sind daher in der **Vereinbarung von Stundensätzen** – in den Grenzen der §§ 134, 138 BGB – **frei**. Der Verordnungsgeber hat sich somit entschlossen, zumindest in einem Teilbereich der HOAI die Vertragsparteien autonom den Preis regeln zu lassen.

4. Beratungshonorar

123 Hierfür trifft die HOAI keine verbindlichen Regelungen (vgl. auch § 3 Abs. 1 Satz 2 HOAI und Anlage 1 der Verordnung). Das Honorar ist **frei** vereinbar und im Zweifel gem. § 632 Abs. 2 BGB zu bestimmen. Die Umstände, nach denen der Architekt für seine Beratungsleistung – insbesondere in Abgrenzung zur unentgeltlichen Akquisition – eine Vergütung beanspruchen darf, hat er jedoch darzulegen und zu beweisen.[247]

VII. Honorarberechnung

1. System der HOAI

124 Die HOAI knüpft die Fälligkeit des Honorars an die Abnahme der Leistung und an die Übergabe einer prüffähigen Honorarabrechnung (§ 15 Abs. 1 HOAI). Der Begriff der

---

244 BGH Urt. v. 16.12. 2004 – VII ZR 16/03, BauR 2005, 735.
245 BGH Urt. v. 17.4.2009 – VII ZR 164/07, NJW 2009, 2199.
246 BGH Urt. v. 17.4.2009 – VII ZR 164/07, NJW 2009, 2199.
247 Vgl. BGH Urt. v. 5.6.1997 – VII ZR 124/96, NJW 1997, 3017 = BGHZ 136, 33.

Prüffähigkeit,[248] der mit dem in der VOB/B verwendeten Terminus der Prüfbarkeit synonym gebraucht wird, ist in der Verordnung selbst **nicht definiert**. Er ist nicht identisch mit der sachlichen Richtigkeit,[249] so dass auch eine nicht prüffähige Rechnung durchaus sachlich richtig sein und eine prüffähige Rechnung sachlich falsch sein kann.[250] Bei der Prüffähigkeit handelt es sich um einen Rechtsbegriff, was zur Folge hat, dass er des Sachverständigenbeweises nicht zugänglich ist.[251] Die nicht unverbreitete Praxis der Instanzgerichte, die Einholung von Sachverständigengutachten zur Feststellung der Prüffähigkeit von Architektenrechnungen einzuholen, findet daher im materiellen Recht keine Stütze.[252] Prüffähigkeit ist eine Kategorie des materiellen Rechts, so dass sie nicht mit der erforderlichen Substantiierung von Prozessvortrag verwechselt werden darf. Die Substantiierung als Sonderfall der Darlegungslast ist eine Kategorie des Prozessrechts. Wenn das erkennende Gericht die Prüfbarkeit einer Schlussrechnung für nicht gegeben erachtet, muss es – auch im Anwaltsprozess – einen rechtlichen **Hinweis** erteilen, der sich nicht damit begnügen darf, Bedenken gegen die Prüfbarkeit mitzuteilen, sondern im Einzelnen angeben muss, welche Angaben nach Auffassung des Gerichts zur Prüfbarkeit noch fehlen.[253] Durch die Vorlage einer neuen Schlussrechnung ändert sich der Streitgegenstand nicht,[254] so dass in der Vorlage einer neuen Schlussrechnung keine Klageänderung liegt. Hinzu kommt, dass es sich bei der Vorlage einer neuen prüffähigen Schlussrechnung nicht um ein neues Angriffsmittel im Sinne der Präklusionsvorschriften der ZPO (§§ 296, 530) handelt, so dass die **Vorlage einer neuen Schlussrechnung nicht verspätet** sein kann.[255]

Die Prüffähigkeit ist für die **Verjährung** von Vergütungsforderungen aus Architekten- 125
verträgen von ausschlaggebender Bedeutung. Denn der Lauf der nunmehr einheitlichen dreijährigen Verjährungsfrist[256] beginnt mit dem Ende des Jahres, in dem „der Anspruch entstanden" ist (§ 199 Abs. 1 Nr. 1 BGB). Neben diesem objektiv zu bestimmenden Kriterium sieht das Gesetz ein weiteres subjektives vor, nämlich die **Kenntnis** des Bestellers von den anspruchsbegründenden Tatsachen und der Person des Schuldners. Da der Vergütungsanspruch des Planers vertraglicher Natur ist, dürfte diese Kenntnis beim Gläubiger mit Abschluss des den Anspruch begründenden Vertrages zu unterstellen sein, so dass das subjektive Moment für die Berechnung der Verjährung des Vergütungsanspruchs im Re-

---

[248] Die VOB/B, die ebenfalls die Übergabe einer prüfbaren Schlussrechnung zur Voraussetzung der Fälligkeit erklärt, spricht von „Prüfbarkeit" (§ 14 Abs. 1 Satz 1 VOB/B) und definiert diese dahin, dass der Auftragnehmer seine Rechnung übersichtlich aufzustellen, dabei die Reihenfolge der Posten einzuhalten und die in den Vertragsbestandteilen enthaltenen Bezeichnungen zu verwenden hat (§ 14 Abs.. 1 Satz 2 VOB/B). Ferner sind die zum Nachweis von Art und Umfang der Leistung erforderlichen Mengenberechnungen, Zeichnungen und andere Belege beizufügen (§ 14 Abs. 1 Satz 3 VOB/B).

[249] St. Rspr., vgl. BGH Urt. v. 18.4.2002 – VII ZR 164/01, BauR 2002, 1403.

[250] Vgl. auch OLG Celle Urt. v. 10.6.2015 – 14 U 164/14.

[251] OLG Stuttgart Beschl. v. 11.1.1999 – 19 U 253/97, BauR 1999, 514.

[252] Instruktiv dazu und zu Rechtsbehelfen gegen fehlerhafte Beweisbeschlüsse: *Thomas Vogel* FS Thode 2005 S. 325 ff.

[253] Grundlegend BGH Urt. v. 11.2.1999 – VII ZR 399/97, BGHZ 140, 365 = ZfIR 1999, 349. Zu den Anforderungen an die Darlegung eines Anspruchs auf Ersatz von **Mehraufwendungen** aufgrund von Bauzeitverzögerungen vgl. BGH Urt. v. 10.5.2007 – VII ZR 288/05, BauR 2007, 1592.

[254] BGH Urt. v. 28.9.2000 – VII ZR 57/00, BauR 2001, 124; Urt. v. 4.7.2002 – VII ZR 103/01, BauR 2002, 1588 sowie BGH Urt. v. 9. 10. 2003 – VII ZR 355/02, BauR 2004, 115 mit Anm. *Schwenker* IBR 2003, 705 sowie Urt. v. 18.12. 2003 – VII ZR 124/02, BauR 2004, 695 mit Anm. *Schwenker* IBR 2004, 170. Vgl. auch BGH Urt. v. 7.5.2015 – VII ZR 145/12, NZBau 2015, 416.

[255] BGH Urt. v. 9.10.2003 – VII ZR 355/02, BauR 2004, 115 mit Anm. *Schwenker* IBR 2003, 705; Urt. v. 18.12.2003 – VII ZR 124/02, BauR 2004, 695 mit Anm. *Schwenker* IBR 2004, 170.

[256] Die Forderung aus der Schlussrechnung des Architekten und Ingenieurs, für die bisher unbeachtlich der Gewerblichkeit des Auftraggebers die Frist zwei Jahre betrug (§ 196 Abs. 1 Nr. 7 BGB a. F.), verjährt in der Regelverjährungsfrist des § 195 BGB.

gelfall keine Rolle spielt. Maßgeblich ist daher allein die Entstehung des Anspruchs, so dass im Vergleich zu § 198 BGB a. F. keine Rechtsänderung eingetreten ist. Für § 198 BGB a. F. bestand Einigkeit darüber, dass unter „Entstehen des Anspruchs" der Eintritt der Fälligkeit des Anspruchs zu verstehen war.[257] Dies gilt auch für das neue Recht, weil derselbe rechtliche Begriff verwendet wird. Die Gesetzgebungsgeschichte legt nur scheinbar ein anderes Verständnis nahe. Zwar sah der ursprüngliche Gesetzesentwurf den Beginn der regelmäßigen Verjährungsfrist vor, „wenn der Anspruch fällig ist"; aufgrund der Stellungnahme des Rechtsausschusses kehrte man zur „Entstehung" zurück.[258] Aus dem Austausch der Gesetzesbegriffe darf aber nicht geschlossen werden, dass unter „Entstehung" etwas anderes zu verstehen ist als „Fälligkeit".[259] Da zudem § 199 Abs. 1 BGB – entgegen den Vorstellungen im Diskussionsentwurf – bei der sog. Ultimo-Verjährung des § 201 Satz 1 BGB a. F. geblieben ist, beginnt die dreijährige Verjährungsfrist mit dem Ende des Jahres zu laufen, in dem der Anspruch fällig geworden ist.

126 Dem Verständnis der Prüffähigkeit als Rechtsbegriff scheint auf dem ersten Blick entgegenzustehen, dass der Bundesgerichtshof in mehreren Entscheidungen davon ausgegangen ist, dass die Prüffähigkeit unstreitig gestellt werden kann.[260] Die Lösung dieses scheinbaren Widerspruches liegt darin, dass der BGH die Prüffähigkeit als einen einfachen Rechtsbegriff wie „Kauf" oder „Miete" betrachtet, der im Vortrag Tatsachen gleichgestellt wird.[261] Demgemäß hat der BGH in seiner bisherigen Rechtsprechung bereits verlangt, dass die **fehlende Prüffähigkeit konkret beanstandet werden muss.**[262] Auf der anderen Seite hat der Bundesgerichtshof in seiner neueren Rechtsprechung regelmäßig den Grundsatz betont, dass die Prüfbarkeit der Schlussrechnung kein Selbstzweck ist, sondern sich nach den **Kontroll- und Informationsinteressen des Auftraggebers** richtet.[263] So heißt es etwa im Urteil vom 22. November 2001:

127 „Die Prüfbarkeit der Schlussrechnung eines Auftragnehmers ist kein Selbstzweck. Die Anforderungen an die Prüfbarkeit ergeben sich vielmehr aus den Informations- und Kontrollinteressen des Auftraggebers. Diese bestimmen und begrenzen Umfang und Differenzierung der für die Prüfung erforderlichen Angaben der Schlussrechnung. **In welchem Umfang die Schlussrechnung aufgeschlüsselt** werden muss, damit der Auftraggeber in der Lage ist, sie in der gebotenen Weise zu überprüfen, ist eine **Frage des Einzelfalls**, die abgesehen von den Besonderheiten der Vertragsgestaltung und der Vertragsdurchführung **auch von den Kenntnissen und Fähigkeiten des Auftraggebers und seiner Hilfspersonen abhängt**".[264]

128 In der Fortentwicklung der immer mehr auf die subjektiven Prüfungsinteressen des Auftraggebers abstellenden Rechtsprechung sind die Voraussetzungen der Prüfbarkeit beständig aufgeweicht worden. War die Prüfbarkeit in älterer Rechtsprechung daran gescheitert, dass Abschlagszahlungen in der Rechnung selbst nicht in Abzug gebracht worden waren,[265]

---

257 Vgl. dazu im Einzelnen mit zahlreichen Nachweisen *Lenkeit* BauR 2002, 196, 199.

258 BT-Drucks. 14/7052 S. 180, vgl. auch die ausführliche Dokumentation bei *Schmidt-Räntsch/Maifeld/Meier-Göring/Röcken* Das neue Schuldrecht 2002 S. 67 ff.

259 So auch Bamberger/Roth/*Henrich* § 199 Rdn. 4.

260 Für den VOB-Vertrag: BGH Urt. v. 10.5.1990 – VII ZR 257/89, BauR 1990, 605; für den Architektenvertrag: Urt. v. 19.6.1986 – VII ZR 221/85, BauR 1986, 596.

261 *Quack*, Formelle und materielle Probleme der Prüfbarkeit von Bau- und Architektenrechnungen nach der Rechtsprechung des Bundesgerichtshofs, Schriftenreihe der Deutschen Gesellschaft für Baurecht, Bd. 27 S. 1 ff., 8.

262 BGH Urt. v. 8.10.1998 – VII ZR 296/97, BauR 1999, 63.

263 St. Rspr. vgl. BGH Urt. v. 11.2.1999 – VII ZR 399/97, BGHZ 140, 365; Urt. v. 30.9.1999 – VII ZR 231/97, BauR 2000, 124; Urt. v. 18.5.2000 – VII ZR 69/99, BauR 2000, 1511; Urt. v. 26.10.2000 – VII ZR 99/99, BauR 2001, 251; Urt. v. 22.11.2001 – VII ZR 168/00 BauR 2002, 468; Urt. v. 2.5.2002 – VII ZR 325/00, BauR 2002, 1406.

264 Urt. v. 22.11.2001 – VII ZR 168/00, BauR 2002, 468, 469.

265 BGH Urt. v. 20.10. 1998 – VII ZR 302/87, BGHZ 105, 290 = BauR 1989, 87.

sind nach einer späteren Entscheidung bei der Beurteilung der Prüffähigkeit einer Rechnung auch beigefügte **Anlagen** zu berücksichtigen, soweit sie die Prüfung der Rechnungsansätze auf Vertragsgerechtigkeit ermöglichen.[266] Dass die Prüffähigkeit subjektiv bestimmt ist, und zwar aus der **Sicht des Rechnungsempfängers**, hat der VII. Zivilsenat des BGH in einem Fall betont, in dem der Auftraggeber eines Architekten selbst Architekt war. In diesem sind die Voraussetzungen an die Prüffähigkeit besonders abgesenkt:

„Nach der Rechtsprechung des *BGH* ergeben sich die Anforderungen an die Prüfbarkeit einer Architektenschlussrechnung aus den Informations- und Kontrollinteressen des Auftraggebers. Diese bestimmen und begrenzen die Anforderungen an die Prüfbarkeit. Die **Prüfbarkeit ist somit kein Selbstzweck**. Unter welchen Voraussetzungen eine Schlussrechnung als prüfbar angesehen werden kann, kann nicht abstrakt bestimmt werden. Die Anforderungen hängen vielmehr von den Umständen des Einzelfalls ab. Dabei ist unter anderem der **beiderseitige Kenntnisstand über die tatsächlichen und rechtlichen Umstände von Bedeutung, auf dem die Berechnung des Honorars beruht**. **129**

Unter Beachtung dieser Rechtsgrundsätze war es zulässig, die erbrachten Leistungen der Phase 2 des § 55 HOAI mit 15% und der Phase 3 des § 55 HOAI mit 20% anzusetzen. Dies bedeutet nichts anderes als die Erklärung, die Vorplanung (Phase 2), die nach der HOAI mit 15% bewertet wird, sei vollständig erbracht worden und die Entwurfsplanung (Phase 3), die mit 30% bewertet wird, sei zu 2/3 erbracht worden. Dagegen konnte sich der Beklagte, der selbst Architekt ist und dem die Pläne nach Vertragsbeendigung übergeben wurden, nicht mit der pauschalen Erklärung verteidigen, die Rechnung sei nicht prüfbar. Ihm lagen die Pläne vor. Er konnte als Architekt selbst die Leistung prozentual beurteilen. Soweit er vorträgt, die Pläne seien unbrauchbar oder wertlos, handelt es sich nicht um eine Frage der Prüfbarkeit der Rechnung“.[267] **130**

Dem zuletzt zitierten Urteil ist zu Recht bescheinigt worden, das allmähliche Verschwinden des Kriteriums der abstrakten Prüffähigkeit zu belegen.[268] Das sukzessive Verschwinden objektiver Prüfungskriterien führte aber zu einer zu großen Rechtsunsicherheit, als dass sie länger hinnehmbar war. **131**

Deshalb hat der Bundesgerichtshof mit seiner Grundsatzentscheidung vom 27. November 2003[269] objektive **Mindestvoraussetzungen** festgelegt, die in einer Schlussrechnung erfüllt sein müssen, um prüffähig iSd. § 15 HOAI zu sein. Die Anknüpfung an objektive Kriterien ist für die materiell-rechtliche Einordnung der Prüffähigkeit als Fälligkeitsvoraussetzung notwendig, weil die Vertragsparteien sonst nicht verlässlich beurteilen können, welche Angaben erforderlich sind, damit die Forderung durchsetzbar ist. Für das Honorar für Grundleistungen bei Gebäuden und Innenräumen (früher: raumausbildenden Ausbauten) gem. §§ 33 ff. HOAI müssen demgemäß in einer Rechnung enthalten sein, um deren Prüffähigkeit sicherzustellen: **132**

– **Anrechenbare Kosten** des Objekts
– **Umfang der Leistung** und deren **Bewertung** (Prozentsätze der abgerechneten Leistungsbilder)
– **Honorarzone**[270]
– nach dem anwendbaren **Honorarsatz** berechneter **Tafelwert** nach § 35 Abs. 1 HOAI.

Nur wenn eine Architekten-Honorarschlussrechnung diese Mindestangaben enthält, ist sie prüffähig. Eine Klage, die auf eine Schlussrechnung gestützt ist, die nicht **133**

---

266 BGH Urt. v. 14.11.2002 – VII ZR 224/01, BauR 2003, 377 = ZfIR 2003, 121 (Ls.).

267 BGH Urt. v. 18.5.2000 – VII ZR 69/99, BauR 2000, 1511.

268 *Schulze-Hagen* IBR 2000, 436.

269 Urt. v. 27.11.2003 – VII ZR 288/02, BGHZ 157, 118 = BauR 2004, 316; dazu ausführlich: *Schwenker* ZfIR 2004, 233.

270 Die lange Zeit streitige Frage, ob die Honorarzone ihrerseits objektiv oder subjektiv nach der Vereinbarung der Vertragsparteien zu bestimmen ist, hat der der BGH im Sinne einer objektiven Bestimmung (mit Beurteilungsspielraum der Parteien) entschieden, BGH Urt. v. 13.11.2003 – VII ZR 362/02, BauR 2004, 354.

sämtliche objektiven Mindestvoraussetzungen der Prüffähigkeit enthält, kann im Säumnisverfahren nicht zugesprochen werden, sondern müsste (nach einem nicht berücksichtigten rechtlichen Hinweis) im Wege des unechten Versäumnisurteils abgewiesen werden.

134 Ist die Rechnung **nur in Teilen prüffähig**, führt dies nicht dazu, dass die Rechnung insgesamt als nicht fällig angesehen wird. Vielmehr ist die zum „unbestrittenen Guthaben" iSd. § 16 Abs. 3 Nr. 1 VOB/B entwickelte Rechtsprechung[271] entsprechend anzuwenden. Des Weiteren hat der BGH entschieden, dass bei einem gekündigten Vertrag bei nicht prüffähiger Abrechnung der nicht erbrachten Leistungen die prüffähig abgerechneten Leistungen zugesprochen werden dürfen[272] und eine Klage nicht deshalb insgesamt abgewiesen werden darf, weil unklar ist, ob in dem für nicht erbrachte Leistungen geltend gemachten Werklohnanteil zu Unrecht Umsatzsteuer enthalten ist.[273] Diesen Entscheidungen liegt die Erwägung zugrunde, dass der **Auftraggeber kein schutzwürdiges Interesse daran hat, den prüffähig abgerechneten Teil der Forderung nicht zahlen zu müssen.**

135 Bereits vor dem Grundsatzurteil vom 27. November 2003 entsprach es allgemeiner Auffassung, dass der **Auftraggeber nach Treu und Glauben gehindert ist, sich auf die fehlende Prüffähigkeit einer Schlussrechnung zu berufen**, wenn seinen Kontroll- und Informationsinteressen auch ohne die fehlenden Angaben genüge getan war. In diese Kategorie gehören die Fallkonstellationen, dass der Auftraggeber die **Rechnung tatsächlich geprüft** hat,[274] er ihre sachliche und rechnerische Richtigkeit nicht bestreitet,[275] Angaben zu den **anrechenbaren Kosten fehlen, der Auftraggeber diese Kosten jedoch nicht in Zweifel zieht**[276] oder ihm die **Überprüfung trotz fehlender einzelner Angaben möglich** ist.[277] In all diesen Fällen handelt der Auftraggeber rechtsmissbräuchlich, wenn er sich auf Fehlen objektiver Mindestvoraussetzungen beruft, obwohl er des durch das Erfordernis der Prüffähigkeit garantierten Schutzes nicht bedarf. Der durch § 242 BGB gebotene Ausschluss von Einwendungen gegen die Prüffähigkeit führt aber nicht dazu, dass die Rechnung prüffähig wird. Vielmehr führt der Ausschluss dazu, „dass der Auftraggeber sich nach Treu und Glauben nicht auf die an sich nicht gegebene Fälligkeit berufen kann und diese damit zu bejahen ist."

136 Beruhte die Präklusion von Einwendungen des Auftraggebers gegen die fehlende Prüffähigkeit der Schlussrechnung in den bisher entschiedenen Fällen auf einem Verhalten oder zumindest Kenntnissen des Auftraggebers, erweitert der BGH diese Fallgruppe mit dem Urteil vom 27. November 2003 um eine weitere Konstellation, die allein auf einem zeitlichen Moment beruht. Auch wenn der Auftraggeber den **Einwand fehlender Prüffähigkeit verspätet erhebt**, bleibt er mit diesem Einwand ausgeschlossen mit der Folge, dass die Honorarforderung fällig wird. Begründet wird die Einführung einer zeitlichen Grenze für den Einwand der fehlenden Prüffähigkeit *praeter legem* mit dem auch für den Architektenvertrag geltenden Kooperationsgebot. Da die als Fälligkeitsvoraussetzung geregelte Prüffähigkeit auch den Zweck habe, die Abrechnung zu beschleunigen,[278] dürfe der Auftraggeber die Rüge fehlender Prüffähigkeit nicht unbegrenzt zurückstellen. Er verliere vielmehr den durch die Ausgestaltung der Prüffähigkeit als Fälligkeitsvoraussetzung eingeräumten Schutz, wenn er seine Einwendungen nicht in angemessener Frist erhebe.

---

271 BGH Urt. v. 9.1.1997 – VII ZR 69/96, BauR 1997, 468.
272 BGH Urt. v. 17.9.1998 – VII ZR 160/96, BauR 1999, 265.
273 BGH Urt. v. 8.7.1998 – VII ZR 237/98, BauR 1999, 1294.
274 BGH Urt. v. 11.11.2001 – VII ZR 168/00, BauR 2002, 468.
275 BGH Urt. v. 18.9.1997 – VII ZR 300/96, BGHZ 136, 342 = BauR 1997, 1095.
276 BGH Urt. v. 25.11.1999 – VII ZR 388/97, BauR 2000, 591.
277 BGH Urt. v. 8.10. 1998 – VII ZR 296/97, BauR 1999, 63.
278 BGH Urt. v. 20.10. 1988 – VII ZR 302/87, BGHZ 105, 290 = BauR 1989, 87.

Aus Gründen der Rechtsklarheit bestimmt der BGH eine zeitlich genau gemessene **Rügefrist**, die er – entsprechend § 16 Abs. 3 Nr. 1 VOB/B – mit **zwei Monaten ab Zugang der Schlussrechnung** festlegt. Stellt der Auftraggeber innerhalb dieser Frist fest, dass die Schlussrechnung nicht prüffähig ist, muss er – sofern er nicht ausnahmsweise gehindert ist, sich auf die fehlende Prüffähigkeit zu berufen – dies innerhalb der Zweimonatsfrist rügen, wobei es auf den Zugang der Rüge beim Auftragnehmer ankommen dürfte. Entsprechend dem Kooperationsgebot reicht für die Rüge die **schlichte Behauptung fehlender Prüffähigkeit aber nicht** aus, vielmehr **soll die Rüge den Auftragnehmer in die Lage versetzen, die Rechnung prüffähig zu machen.**[279] So hat etwa das OLG Dresden die Rücksendung der Schlussrechnung eines Ingenieurs mit dem Zusatz „...verweisen wir auf die Nicht-Prüfbarkeit sowie nicht auftrags- und vertragsgemäße Erstellung Ihrer Rechnung." für eine ordnungsgemäße Rüge nicht ausreichen lassen, was zur Folge hatte, dass die tatsächlich nicht prüfbare Rechnung als fällig galt und den Beginn der Verjährungsfrist auslöste.[280] 137

Aus der Rechtsprechung des BGH lassen sich folgende **Fallgruppen** bilden: 138

- Die Rechnung ist **prüffähig, der Auftraggeber rügt sie trotzdem**: die Fälligkeit tritt mit Zugang der Rechnung beim Auftraggeber ein.
- Die Rechnung ist **nicht prüffähig, der Auftraggeber teilt trotzdem dem Auftragnehmer das Ergebnis der Prüfung mit**, ohne die fehlende Prüffähigkeit zu beanstanden: die Rechnung wird mit Zugang der Mitteilung fällig.
- Die Rechnung ist **nicht prüffähig, der Auftraggeber rügt dies** substantiiert: Fälligkeit tritt nicht ein, außer wenn der Auftraggeber sich auf fehlende Prüffähigkeit nach § 242 BGB nicht berufen darf.
- Die Rechnung ist **nicht prüffähig, der Auftraggeber rügt aber nicht**: Fälligkeit tritt 2 Monate nach Zugang der Rechnung beim Auftraggeber ein.
- Die Rechnung ist **nicht prüffähig, der Auftraggeber ist nach** § 242 BGB gehindert, sich auf die fehlende Prüffähigkeit zu berufen, rügt aber trotzdem: die Rechnung gilt als fällig, wenn die Umstände, die es dem Auftraggeber verbieten, sich auf fehlende Prüffähigkeit zu berufen, nach außen treten.

Da somit auch bei nicht prüffähigen Rechnungen der Einwand fehlender Prüffähigkeit nach Ablauf von zwei Monaten seit Eingang der Schlussrechnung beim Auftraggeber präkludiert ist, müssen Auftraggeber eingegangene Rechnungen zumindest auf die Prüffähigkeit fristgemäß überprüfen. 139

Da der Beginn der Verjährung vom Eintritt der Fälligkeit der Vergütungsforderung abhängt, ist es nur folgerichtig, dass der Bundesgerichtshof die zur Fälligkeit entwickelten Grundsätze auf den Verjährungsbeginn übertragen hat. Die Verjährung der Honorarforderung setzt somit nur grundsätzlich die Erteilung einer prüffähigen Schlussrechnung voraus.[281] Ist der Auftraggeber nach Treu und Glauben gehindert, sich auf fehlende Prüffähigkeit zu berufen, weil seinen Informations- und Kontrollinteressen hinreichend genüge getan ist, beginnt die Verjährung, sobald dieser Umstand für den Auftragnehmer erkennbar nach außen zutage tritt. **Spätestens beginnt die Verjährung einer auf eine nicht prüffähige Rechnung gestützten Honorarforderung nach Ablauf der zweimonatigen Prüfungsfrist, wenn der Auftraggeber keine substantiierten Einwendungen gegen die Prüffähigkeit erhoben hat.** Für die verschiedenen denkbaren Fallgruppen gilt *mutatis mutandis* das oben dargestellte Schema. 140

---

279 BGH Urt. v. 14.1.1999 – VII ZR 277/97, BGHZ 140, 263 = ZIP 1999, 536 = BauR 1999, 642, 643.

280 OLG Dresden Urt. v. 29.6.2004 – 9 U 2220/03, BauR 2005, 1500.

281 Soweit Leitsatz e) des Urt. v. 27.11.2003 den Beginn der Verjährung mit der Erteilung einer prüffähigen Schlussrechnung gleichsetzt, ist dies verkürzt ausgedrückt. An der gesetzlichen Bestimmung, dass die Verjährung der Vergütungsforderung am letzten Tag des Jahres beginnt, in dem die Forderung fällig geworden ist, wollte und konnte der BGH ersichtlich nichts ändern.

141 Fälligkeit und Verjährung bauen somit auch nach der Neugestaltung des Honorarrechts durch das Urteil vom 27. November 2003 aufeinander auf. Die Novellierung der HOAI durch die Neufassung, die seit dem 18. August 2009 gilt, hat insoweit keine Änderungen gebracht, so dass die bisherige Rechtsprechung weiterhin anzuwenden ist. Die auf Verträge, die nach dem 17. Juli 2013 geschlossen sind, anwendbare Fassung der HOAI – HOAI 2013 – verlangt erstmals für die Fälligkeit, dass die Leistung abgenommen ist, wie § 641 BGB vorschreibt. Die Rechtsprechung hatte bisher nur verlangt, dass die Leistung abnahmefähig ist, auf eine Abnahme aber verzichtet (s. dazu näher unter Rn. 219 ff.).

142 Die zur Fälligkeit vom BGH entwickelten Grundsätze sind parallel auf die Verjährungsregeln anzuwenden. Dies gilt jedoch mit einer bedeutsamen **Ausnahme**. Soweit eine **Schlussrechnung nur teilweise prüffähig** ist, führt das nicht dazu, dem prüffähigen Teil die Fälligkeit zu versagen; für die auf der Prüffähigkeit aufbauende Verjährung hat dies aber nicht die eigentlich logische Folge, dass auch die Verjährung für den prüffähigen und den nicht prüffähigen Teil zu unterschiedlichen Zeitpunkten zu laufen beginnt. Vor dieser Konsequenz ist der BGH zurückgeschreckt. Im Interesse der Rechtssicherheit und -klarheit hat er festgestellt, dass **auch bei teilweiser Prüffähigkeit einer Rechnung die Verjährung grundsätzlich erst mit Erteilung einer insgesamt prüffähigen Schlussrechnung beginnt**. Begründet wird dies mit der wohl zutreffenden Erwägung, dass sich häufig nicht zuverlässig beurteilen lässt, inwieweit die zutreffende Rüge mangelnder Prüffähigkeit sich auf die ganze Rechnung auswirkt und ob ein gesondert prüffähiger Teil verbleibt.

2. Anrechenbare Kosten

143 **Anrechenbare Kosten**. Die Mindestvoraussetzungen der Prüfbarkeit sind somit nur erfüllt, wenn die Honorarschlussrechnung
- Angaben zu den **anrechenbaren Kosten**
- Angaben zu den **Prozentsätzen der abgerechneten Leistungsbilder**
- die Angabe der **Honorarzone**
- die Angabe des **Satzes** (Mindest- bis Höchstsatz gem. Tafelwert)

enthält. Der für den Rechnungsersteller erfahrungsgemäß schwierigste Teil einer prüfbaren Schlussrechnung war unter der Geltung der HOAI 1996 die Erstellung der notwendigen **Kostenermittlungen**. Nach § 10 Abs. 2 HOAI 1996 waren für die Abrechnung der sog. Vollarchitektur drei Kostenermittlungen Voraussetzung, nämlich die Kostenberechnung, der Kostenanschlag und die Kostenfeststellung. Insoweit ist eine wesentliche Änderung eingetreten, denn nach **§ 6 Abs. 1 Nr. 1 HOAI 2013** sind die anrechenbaren **Kosten für sämtliche Leistungsphasen** nach der **Kostenberechnung** zu ermitteln. Dabei ist zunächst zu beachten, dass die für die anrechenbaren Kosten eines Objekts notwendigen Kosten durch den Vertragsgegenstand bestimmt und begrenzt werden.[282] Was der Planer schuldet, wird durch den Werkvertrag und nicht durch die rein preisrechtlichen Bestimmungen der HOAI bestimmt.[283] Daher kann auch nur der Werkvertrag der Vertragsparteien bestimmen, was Vertragsgegenstand ist. Falls Vertragsgegenstand nicht das gesamte Bauwerk, sondern nur ein Teil davon ist, kann folglich das Honorar auch nicht nach den anrechenbaren Kosten des Objektes bestimmt werden. Der Honorarabrechnung sind nur die anrechenbaren Kosten der Maßnahme zugrunde zu legen, auf die sich der Auftrag bezogen hat.[284]

144 Für die konkrete Abrechnung sind zwei Wege denkbar, die der BGH beide billigt. Entweder ermittelt der Architekt sein Honorar **nach den vollen Prozentsätzen der von ihm erbrachten Leistungsbilder nach den anrechenbaren Kosten des Vertragsgegenstandes** *oder* er geht bei der Honorarermittlung von den **Gesamtkosten aus und bil-**

---

282 BGH Urt. v. 12.1.2006 – VII ZR 2/04, BauR 2006, 693.

283 Grundlegend: BGH Urt. v. 24.10. 1994 – VII ZR 283/95, BGHZ 133, 399 = BauR 1997, 154.

284 So bereits BGH Urt. v. 6.5.1999 – VII ZR 379/97, BauR 1999, 1045.

det unter Berücksichtigung der anrechenbaren Kosten des Gesamtgegenstandes eine Quote.

Die in der bis zum 17. August 2009 geltenden Fassung der HOAI gem. § 10 Abs. 3 HOAI a.F. für die die sog. Vollarchitektur vorgeschriebenen drei Kostenermittlungen 145

– Kostenberechnung für die Leistungsphasen 1–4
– Kostenanschlag für die Leistungsphasen 5–7
– Kostenfeststellung für die Leistungsphasen 8–9

sind seit der HOAI 2009 nicht mehr erforderlich. Nach § 6 Abs. 1 Nr. 1 HOAI 2009 – ebenso HOAI 2013 – richtet sich das Honorar für die Leistungsbilder der Teile 3 und 4 nach den anrechenbaren Kosten des Objekts auf der Grundlage der Kostenberechnung oder, soweit diese nicht vorliegt, auf der Grundlage der Kostenschätzung. Die Fortschreibung der Kostenermittlungsarten, die die bis dahin geltende Fassung der HOAI angeordnet hatte, ist weggefallen. Da die Erstellung einer Kostenberechnung zu den in der Entwurfsplanungsphase zu erbringenden Leistungen des Planers gehört (vgl. nur Anlage 10 – Leistungsphase 3 lit. e), fließen Änderungen der anrechenbaren Kosten, die sich erst in einem späteren Stadium des Planungs- und Bauausführungsprozesses ergeben, nicht mehr in die anrechenbaren Kosten ein. Dieser Effekt ist vom Verordnungsgeber beabsichtigt, um eine Dämpfung der Architekten- und Ingenieurkosten zu bewirken. Die HOAI selbst sieht nur in § 10 HOAI eine Anpassung der ansonsten für alle Leistungsphasen verbindlichen Kostenberechnung vor.

Die den Parteien von § 6 Abs. 2 HOAI 2009 bzw. § 6 Abs. 3 HOAI 2013 eingeräumte Möglichkeit, eine **Baukostenvereinbarung** zu schließen, so dass eine Kostenberechnung nicht erforderlich war, ist durch das Urteil des BGH vom 24. April 2014[285] entfallen, mit dem § 6 Abs. 2 HOAI 2009 als von der gesetzlichen Ermächtigungsgrundlage in Art. 10 §§ 1 und 2 MRVG nicht gedeckt und damit **unwirksam** erklärt worden ist. Diese Unwirksamkeit muss auch für den wortgleichen § 6 Abs. 3 HOAI 2013 gelten. 146

Aus honorarrechtlichen Gründen ist eine Kostenberechnung auch dann nicht erforderlich ist, wenn die Parteien in der Form des § 7 Abs. 1 HOAI eine Honorarvereinbarung geschlossen haben. In diesem Fall wird das Honorar ohne Kostenberechnung fällig. Darüber hinaus sind auch die weiteren Mindestangaben nicht notwendig, wie sie der BGH für eine Honorarrechnung fordert. 147

Missverständlich ist die Formulierung in § 6 Abs. 1 Nr. 1 HOAI „soweit keine Kostenberechnung vorliegt, auf der Grundlage der Kostenschätzung." Damit ist keineswegs gemeint, dass ein Architekt prüffähig abrechnen kann, indem er **nur die Kostenschätzung vorlegt, weil er die Kostenberechnung noch nicht erstellt hat**. Da die Erstellung der Kostenberechnung zu den Grundleistungen der **Leistungsphase 3** gehört, kann diese Leistungsphase **prüfbar nur auf der Grundlage der Kostenberechnung** abgerechnet werden. Für die Abrechnung der Leistungsphasen 1–2 hingegen reicht die Kostenschätzung aus. 148

Das Honorar ist (auch) nach den anrechenbaren Kosten zu berechnen; diese sind nach **fachlich allgemein anerkannten Regeln der Technik oder nach Verwaltungsvorschriften** zu ermitteln (§ 4 Abs. 1 Satz 2 HOAI). Dabei bleibt unklar, welche Verwaltungsvorschriften bzw. Kostenvorschriften bei der Ermittlung der anrechenbaren Kosten heranzuziehen sind.[286] Die Begründung verweist hier auf die Kostenvorschriften der öffentlichen Auftraggeber im Bereich Tiefbau.[287] Da die HOAI in ihren Leistungsbildern nicht zwischen Hoch- und Tiefbau unterscheidet, dürfte nach der Intention des Verordnungsgebers – wenn ein entsprechendes Problembewusstsein überhaupt vorhanden war – eine generelle Analogie der Kostenvorschriften der öffentlichen Hand im Bereich *Tiefbau* gemeint 149

---

285 BGH Urt. v. 24.4.2014 – VII ZR 164/13, NJW 2014, 2354 m. Anm. *Wessel*, jurisPR-PrivBauR 8/2014 Anm. 4.

286 Ebenso *Averhaus*, NZBau 2009, 473.

287 BR-Drs. aaO S. 162.

gewesen sein. Ob dies für die Kostenermittlung in allen Fällen ausreichend oder überhaupt passend ist, darf bezweifelt werden. Alternativ wäre auch daran zu denken,[288] die Verwaltungsvorschriften im Bereich Tiefbau nur für Ingenieurbauwerke und Verkehrsanlagen heranzuziehen, nicht aber für Hochbauanlagen. Dort gelten dann nur die (schlecht definierten) fachlich allgemein anerkannten Regeln der Technik.

150 Bis zur Klärung der Unsicherheiten[289] sollte daher das Honorar nach der DIN 276 berechnet werden.[290] Dabei stellt sich wiederum die Frage, ob die DIN 276 überhaupt eine anerkannte Regel der Technik ist, was ggf. durch die Rechtsprechung zu klären ist, und darüber hinaus, welche Fassung der DIN maßgeblich ist. Die §§ 4 Absatz 1 Satz 3 und 2 Nr. 10 und 11 HOAI verweisen ausdrücklich – nur – auf die **DIN 276 in der Fassung vom Dezember 2008**, also die zum Zeitpunkt des Verordnungserlasses gültige Fassung. Die in der Praxis bewährte DIN 276/1981 dürfte deshalb nach dem eindeutigen Wortlaut des § 4 Absatz 1 Satz 3 HOAI bei der Ermittlung der anrechenbaren Kosten ebenso wenig mehr anzuwenden sein, wie eine künftige Neufassung der DIN 276.[291] Die Verwendung anderer Fassungen der DIN 276 als der aus Dezember 2008 kann somit den Einwand der fehlenden Prüfbarkeit der Rechnung begründen.[292]

151 Ein weiteres Problem stellt sich, wenn der **Auftrag erst nach Leistungsphase 3 erteilt** wird, zum Leistungsumfang also weder eine Kostenschätzung noch -berechnung gehört. Soweit bereits eine Kostenermittlung vorliegt, kann darauf aufgebaut werden; allerdings muss diese vom Auftragnehmer auf ihre Richtigkeit hin überprüft werden.[293] Dem Auftraggeber obliegt es,[294] dem Auftragnehmer die erforderlichen Unterlagen herauszugeben, damit der (neue) Auftragnehmer die Kosten angemessen ermitteln kann, auch wenn er von Vertrags wegen nicht zur Erstellung einer Kostenberechnung oder -schätzung verpflichtet ist. Liegt jedoch **noch keine Kostenermittlung vor, muss der Auftragnehmer sowohl im eigenen Interesse als auch im Hinblick auf die dem Auftraggeber geschuldete Kostenkontrolle die Kosten berechnen.**[295] Der bis zur HOAI 2009 in der Leistungsphase 7 zu erstellende Kostenanschlag (Anlage 11 zur HOAI 2009 Leistungsphase 7 Buchst. f und g) ist mit der HOAI 2013 weggefallen. An seine Stelle ist ein vom Planer zu bepreisendes Leistungsverzeichnis getreten (Anlage 10.1 zur HOAI 2013 LP 6 e).

3. Leistungsumfang

152 Der zweite für die Ermittlung des Honorars notwendige Parameter ist der **Prozentsatz der vom Planer erbrachten Leistungen**. Den einzelnen **Leistungsphasen** der **Leistungsbilder** der HOAI sind Prozentsätze zugeordnet, die in der Addition 100 ergeben. Dies bedeutet etwa, dass ein Architekt, dem die sog. **Vollarchitektur** übertragen worden ist, **100% der Grundleistungen** – die HOAI 2009 spricht von „Leistungen" – der neun Leistungsphasen des § 34 HOAI erbracht hat.

153 Sind einzelne Grundleistungen oder Teile davon nicht erbracht, ist zu unterscheiden. Sind ihm durch den Vertrag **nicht alle Leistungsphasen eines Leistungsbildes übertragen**, so dürfen **nur die für die übertragenen Leistungsbilder vorgesehenen Teilhonora-**

---

288 So *Averhaus* aaO.

289 *Kaufmann*, BauR 2011, 1387, 1391 mit Fn. 16, weist darauf hin, dass nach einem „Expertentipp" der ARGE Baurecht des Deutschen Anwaltvereins Architekten und bauplanende Ingenieure bei der Kostenschätzung oder Kostenberechnung „überhaupt immer vom 'worst case' ausgehen und … die Kosten lieber zunächst zu hoch" ansetzen sollen, zweifelt aber zu recht den Wert dieser „Empfehlung" an.

290 So auch *Averhaus* aaO.

291 So wohl auch *Messerschmidt*, NZBau 2009, 568, 571.

292 Vgl. nur BGH Urt. v. 27.11.2003 – VII ZR 288/02, BauR 2004, 316.

293 Vgl. entsprechend BGH Urt. v. 27.11.2008 – VII ZR 206/06, BauR 2009, 515, Rn. 36.

294 Analog der vom BGH aaO, Rn. 35 ff. entwickelten Grundsätze.

295 In diese Richtung auch *Matuschak*, DAB 7/09 (24.6.2009), abrufbar auch unter http://www.dabonline.de/hoai-2009/leistungsbilder-und-abrechnung

re berechnet werden (§ 8 Abs. 1 HOAI). Werden **nicht alle Leistungen einer Leistungsphase übertragen**, so darf für die übertragenen Leistungen nur das Honorar berechnet werden, das dem **Anteil der übertragenen Leistungen an der gesamten Leistungsphase** entspricht (§ 8 Abs. 2 Satz 1 HOAI). Das Gleiche gilt, wenn wesentliche Teile von Leistungen dem Auftragnehmer nicht übertragen werden, wobei ein zusätzlicher Koordinierungs- und Einarbeitungsaufwand zu berücksichtigen ist (§ 8 Abs. 2 Satz 2 und 3 HOAI).[296]

Von der in § 8 Abs. 1 und 2 HOAI geregelten Konstellation ist der Fall zu unterscheiden, dass der Auftragnehmer **einzelne Leistungen oder Teile davon nicht erbringt, obwohl er vertraglich dazu verpflichtet** ist. Hierbei handelt es sich um ein Problem des **Gewährleistungsrechts**, nicht aber um eines des Honorarrechts, das die HOAI als öffentliches Preisrecht regelt. Der Bundesgerichtshof hat daher die von einigen Oberlandesgerichten entwickelte und angewandte Rechtsprechung zu den sog. **zentralen Leistungen verworfen**. Diese bestimmte einzelne Grundleistungen als zentrale Leistungen und kam bei ihrem Fehlen ohne weiteren Zwischenschritt zu einer Kürzung des Honorars. Als zentrale Leistungen wurden etwa genannt:[297] 154

- Leistungsphase 2: Erarbeitung eines Planungskonzepts, Kostenschätzung
- Leistungsphase 3: Entwurf, Objektbeschreibung, Kostenberechnung
- Leistungsphase 4: Erarbeiten der Bauvorlagen
- Leistungsphase 5: Werkplanung
- Leistungsphase 6: Massenermittlung und Leistungsbeschreibung
- Leistungsphase 7: Einholung von Angeboten, Prüfung der Angebote, Preisspiegel und Kostenanschlag
- Leistungsphase 8: Überwachen der Ausführung, Kostenfeststellung
- Leistungsphase 9: Überwachen der Mängelbeseitigung.

Zur Begründung für den Honorarabzug bei Fehlen zentraler Leistungen wird angeführt, „dass das Fehlen solcher Leistungen eine Honorarkürzung unabhängig davon rechtfertige, ob der Architekt das ihm beauftragte Werk, das körperliche Bauwerk mangelfrei entstehen zu lassen, bewirkt hat".[298] Abgesehen davon, dass die Bestimmung dessen, was eine zentrale oder Kern-Leistung darstellt, im Ergebnis willkürlich erscheint, ist die angebotene Definition nichts anderes als eine *petitio principii*, die folglich nicht weiterhilft. 155

Welche selbstständigen Teilerfolge der Planer für den von ihm geschuldeten Werkerfolg erbringen muss, hängt vielmehr davon ab, was **Erfolg des Architektenvertrages** ist. Ist der Gesamterfolg des Architektenvertrages darauf beschränkt, die Aufgaben zu erfüllen, die für die mangelfreie Erstellung des Bauwerkes notwendig sind, ist der Erfolg eingetreten und somit die Vergütung in voller Höhe verdient, wenn dieser Erfolg eingetreten ist. Eine Minderung der Vergütung käme dann nicht in Betracht. Anders sähe es aus, wenn der Gesamterfolg des Architekten nicht auf die mangelfreie Errichtung des Bauwerks beschränkt ist, sondern darüber hinausgehende Tätigkeiten umfasst. Mit seinem Grundsatzurteil vom 24. Juni 2004[299] hat der BGH diese Frage geklärt. Der vom Architekten geschuldete Erfolg ist im Regelfall nicht darauf beschränkt, dass er die Aufgaben wahrnimmt, die für die **mangelfreie Errichtung des Bauwerks** erforderlich sind. Umfang und Inhalt der geschuldeten Leistung des Architekten sind, soweit einzelne Leistungen des Architekten, die für den geschuldeten Erfolg erforderlich sind, nicht als selbständige Teilerfolge vereinbart worden sind, durch **Auslegung des Architektenvertrages** 156

---

[296] Zur Vergütung für nicht erbrachte Grundleistungen ausführlich *Kniffka*, BauR 2015, 883 ff.

[297] *Motzke/Wolff* Praxis der HOAI 3. Aufl. S. 326 f.

[298] *Motzke/Wolff* a. a. O. S. 215 f. unter Berufung auf OLG Naumburg Urt. v. 1.3.2000 – 12 U 63/98, BauR 2001, 1615; OLG Düsseldorf Urt. v. 17.6.1999 – 5 U 225/98, BauR 2000, 290; OLG Hamm Urt. v. 10.1.1994 – 12 U 152/93, BauR 1994, 793; OLG Karlsruhe Urt. v. 16.7.1992 – 9 U 179/91, BauR 1993, 109.

[299] BGH Urt. v. 24.6.2004 – VII ZR 259/02, NJW 2004, 512 mit Besprechungsaufsatz *Schwenker/Schramm* ZfIR 2004, 753 ff.

zu ermitteln. Nach dem Grundsatz einer interessengerechten Auslegung sind die durch den konkreten Vertrag begründeten Interessen des Auftraggebers an den Arbeitsschritten zu berücksichtigen, die für den vom Architekten geschuldeten Werkerfolg erforderlich sind. **Der Auftraggeber wird im Regelfall ein Interesse an den Arbeitsschritten haben,**

- die als Vorgaben aufgrund der Planung des Architekten für die Bauunternehmer erforderlich sind, damit diese die Planung vertragsgerecht umsetzen können,
- die es ihm ermöglichen zu überprüfen, ob der Architekt den geschuldeten Erfolg vertragsgemäß bewirkt hat,
- die ihn in die Lage versetzen, etwaige Gewährleistungsansprüche gegen Bauunternehmer durchzusetzen,
- und die erforderlich sind, die Maßnahmen zur Unterhaltung des Bauwerkes und dessen Bewirtschaftung zu planen.

157 Die **Nichterbringung selbständiger Teilerfolge führt im Regelfall zu einer Minderung des Honorars** des Architekten. Voraussetzung dafür ist, dass dem Architekten ein Nacherfüllungsanspruch nicht mehr zusteht oder dieser für den Auftraggeber ohne Interesse ist. In diesem Zusammenhang ist auf die Regelung des früheren § 634 Abs. 2 BGB hinzuweisen, nach der es der Bestimmung einer Frist nicht bedarf, wenn die sofortige Geltendmachung des Anspruchs auf Minderung durch ein besonderes Interesse des Bestellers gerechtfertigt ist. Im seit der Schuldrechtsreform geltenden Werkvertragsrecht findet sich eine § 634 Abs. 2 BGB entsprechende Regelung in § 636 BGB, wonach es einer Fristsetzung u. a. nicht bedarf, wenn die Nacherfüllung dem Besteller unzumutbar ist.[300] Insbesondere in Architektenfällen besteht häufig kein Interesse mehr an der Nachholung der nicht erbrachten Leistung.[301] Ist der Architekt zur Nacherfüllung noch berechtigt, so verbleibt es bei seiner Pflicht zur Optimierung der Planung.[302]

158 Sind somit die beiden dargestellten Fallgruppen der nicht vollständigen Erbringung von Leistungsphasen bzw. Leistungen dogmatisch scharf zu trennen, so verfährt doch die gerichtliche Praxis bei der Ermittlung des vom Architekten verdienten Honorars gleich, indem sie an Hand von **Tabellenwerken** die Kürzung des Honorars ermittelt.[303] Diese Praxis **schematisiert** unnötig und begegnet (auch) deshalb erheblichen Bedenken.[304]

Die Regelung in § 8 Abs. 2 HOAI ist nicht unproblematisch, wenn zwar nicht alle Grundleistungen beauftragt werden, trotzdem aber das volle Honorar vereinbart wird. So hat das *LG Hannover* einem Planer in einer derartigen Konstellation das volle Honorar zugesprochen. Ein Gewährleistungstatbestand, der zur Minderung berechtige, liege nicht vor. Die vereinbarten und allein erforderlichen Leistungen habe der Architekt erbracht.[305] Das vertraglich vereinbarte Honorar ist verdient, es ist nicht zu mindern wegen nicht erbrachter Grundleistungen, die der Architekt nach der vertraglichen Vereinbarung erbringen sollte. Indessen könnte die vertragliche Regelung auch den Höchstsatz übersteigen. Denn für die Frage, welches höchst zulässige Honorar vereinbart werden kann, ist auch § 8 Abs. 2 HOAI zu berücksichtigen. Dies hat zur Konsequenz, dass der **Architekt, der keine Vereinbarung trifft, welche Grundleistungen zu erbringen sind, sich keinen Honorarabzug gefallen lassen muss, solange nicht die Voraussetzungen einer Minderung erfüllt** sind.

---

300 Zu den Einzelheiten vgl. *Voit* in: *Bamberger/Roth*, BGB, § 636 Rdn. 21 ff.

301 *Kniffka* FS *Vygen* 1999 S. 20 ff., 24; *ders.* BauR 1996, 773.

302 BGH Urt. v. 22.1.1998 – VII ZR 259/96, BauR 1998, 354.

303 Obiter dictum in BGH Urt. v. 16.12. 2004 – VII ZR 174/03, BauR 2005, 598, dem BGH folgend OLG Celle Urt. v. 16.6.2005 – 14 U 247/04, BauR 2005, 1790 und Urt. v. 11.10. 2005 – 14 U 68/04, BauR 2005, 1972.

304 Vgl. im Einzelnen *Schramm/Schwenker* Steinfort und andere DAB 8/2005, 43 ff.

305 LG Hannover Urt. v. 7.5.2014 – 14 O 108/13, nachgehend OLG Celle Beschlüsse gem. § 522 Abs. 2 ZPO v. 28.8.2014 und 8.10.2014 – 14 U 85/14, IBR 2015, 435 – NZB dagegen zurückgenommen, IBRRS 2015, 1021, 1022.

4. Honorarzone

Für die Ermittlung des Honorars kommt es weiterhin auf die Honorarzone an, in der das Objekt anzusiedeln ist. 159

Die Honorarzone ist **objektiv** festzulegen. Die Vereinbarung einer zu niedrigen Honorarzone, die zu einer Unterschreitung der Mindestsätze der richtigen Honorarzone führt, ist nicht möglich.[306] Denn andernfalls hätten es die Vertragsparteien in der Hand, die Mindestsätze ohne Vorliegen einer zulässigen Ausnahme zu unterschreiten. Allerdings besteht ein **Beurteilungsspielraum**. Haben die Parteien daher im Rahmen dieses Spielraums eine **vertretbare** Festlegung der Honorarzone vorgenommen, ist dies für den Richter **bindend**. Wenn zwischen Architekten und Bauherrn im Vertrag das Bauvorhaben in die Honorarzone III eingestuft worden ist, es aber objektiv der Honorarzone IV zuzuordnen ist, kann der Architekt nach Abschluss der Arbeiten seine Leistungen nach der Honorarzone IV abrechnen.[307] Im Übrigen ist zu berücksichtigen, dass nach der Systematik der Honorartafeln der Höchstsatz der vorhergehenden Honorarzone betragsmäßig identisch ist mit dem Mindestsatz der nachfolgenden Honorarzone.

Die überschaubare Regelung der Honorarzonen in §§ 11-12 HOAI 1996 findet sich zwar der Sache nach in der neuen Fassung der HOAI wieder, nur in unübersichtlicher Regelungstechnik an verschiedenen Stellen der Verordnung. Zunächst regelt § 5 HOAI die Zuordnung zu den Honorarzonen nach Planungsanforderungen. Für die Objekt-, Bauleit- und Tragwerksplanung sind wie bisher fünf Honorarzonen vorgesehen, die sehr geringen bis sehr hohen Planungsanforderungen zugeordnet sind. Die **Bewertungsmerkmale**, die eine Zuordnung zu den Honorarzonen ermöglichen, finden sich nunmehr in § 35 Abs. 2 bis 5 HOAI. So sind für Leistungen bei Gebäuden gem. § 35 Abs. 2 HOAI folgende Merkmale der Beurteilung der Honorarzone zugrunde zu legen: 160

- Anforderungen an die Einbindung in die Umgebung
- Anzahl der Funktionsbereiche
- gestalterische Anforderungen
- konstruktive Anforderungen
- technische Ausrüstung
- Ausbau.

Da diese Bewertungskriterien relativ abstrakt sind, wird § 35 HOAI durch eine **Objektliste** für Gebäude (Anlage 10.2 zu § 35 Abs. 7 HOAI) ergänzt. Dabei handelt es sich um **Regelbeispiele**, durch die die gängigen Gebäude und Baumaßnahmen erfasst werden. Bei der Ermittlung der zutreffenden Honorarzone ist zunächst zu überprüfen, ob eines der Regelbeispiele der Anlage einschlägig ist. Nur wenn das nicht der Fall ist, kann anhand der der in § 35 Abs. 5 HOAI aufgelisteten Matrix die einschlägige Honorarzone ermittelt werden. 161

5. Honorarsatz und Tafelwerte

Für die Ermittlung des verdienten Honorars ist vor allem der **Honorarsatz** maßgeblich. Ist kein Honorarsatz schriftlich bei Auftragserteilung vereinbart, gilt der **Mindestsatz** gem. § 7 Abs. 6 HOAI als vereinbart. Anhand der Parameter Prozentsatz der erbrachten Leistungen, anrechenbare Kosten, Honorarsatz und Honorarzone kann das verdiente **Nettohonorar** aus der einschlägigen Honorartafel abgelesen werden, wobei gegebenenfalls eine **Interpolation** gem. § 13 HOAI vorzunehmen ist. 162

Berechnungsbeispiel: Grundleistungen für Gebäude und Innenräume, anrechenbare Kosten von 30.000 € – Honorarzone III; Mindestsatz der nächstniederen Kostenstufe (25.000 €): 4.339,–€; Mindestsatz der nächsthöheren Kostenstufe (35.000 €): 5.865 €. Die Differenz zwischen diesen Beträgen von 1.526 € wird nun halbiert, weil in diesem Fall die anrechenbaren Kosten genau in der Mitte zwischen den beiden Tabellenwerten

[306] BGH Urt. v. 13.11.2003 – VII ZR 362/02, BauR 2004, 354.

[307] BGH Urt. v. 13.11.2003 – VII ZR 362/02, BauR 2004, 354.

liegen. Die sich danach ergebenden 763 € werden auf das Honorar der nächstniederen Stufe aufgeschlagen. Das interpolierte Honorar beträgt somit (4.339 + 763 =) 5.102.

163 Die **Honorartafeln** – etwa die zu § 35 Abs. 1 HOAI – erfassen jedoch nur die sog. **Tafelwerte**, d. h. die anrechenbaren Kosten zwischen dem niedrigsten Tafelwert von 25 000,00 und dem höchsten von 25 000 000,00 €.

Liegen die anrechenbaren Kosten **außerhalb der Tafelwerte, kann das Honorar frei vereinbart** werden (§ 7 Abs. 2 HOAI).

Für die Anwendbarkeit des § 7 Abs. 2 HOAI kommt es auf **objektive Kriterien** an. Der Bundesgerichtshof hat mit seinem Urteil vom 24. Juni 2004[308] zu der Vorgängervorschrift des § 16 Abs. 3 HOAI a.F., durch die allerdings nur für Gebäude mit anrechenbaren Kosten oberhalb der Tafelwerte die freie Vereinbarkeit des Honorars erlaubt wurde, festgestellt, dass es nicht auf die subjektiven Vorstellungen der Parteien darüber ankommt, ob die anrechenbaren Kosten die Tafelwerte übersteigen oder nicht. Selbst wenn also sowohl Planer als auch Auftraggeber übereinstimmend subjektiv davon ausgehen, dass die anrechenbaren Kosten unterhalb des Höchstwertes liegen, dies aber objektiv nicht der Fall ist, besteht keine Bindung an die HOAI. **Die anrechenbaren Kosten** stellen – ebenso wie die Honorarzonen[309] – **objektive Kriterien dar, die nicht zur Disposition der Vertragspartner** stehen.[310]

164 Die Parteien können sich jedoch auf **bestimmte anrechenbare Kosten als Beschaffenheitsmerkmal** des Architektenvertrages einigen.[311] In diesem Fall bestimmt sich das Honorar des Architekten nach den **vereinbarten** anrechenbaren Kosten. Der Architekt kann nicht auf der Grundlage der tatsächlich entstandenen anrechenbaren Kosten abrechnen; vielmehr bildet die **vereinbarte Bausumme die Obergrenze der anrechenbaren Kosten.**[312] Fehlt es an einer solchen Vereinbarung, kommt es auf die objektiven anrechenbaren Kosten an.

165 Ungeklärt ist dabei, ob der Architekt bei Vereinbarung von anrechenbaren Kosten innerhalb der Tafelwerte und tatsächlichen außerhalb der Tafelwerte auch dann nach den Mindestsätzen der HOAI abrechnen darf, wenn eine freie Vereinbarung des Honorars möglich gewesen wäre und dieses als übliches gem. § 632 Abs. 2 BGB unterhalb der Mindestsätze gelegen hätte. Die Begründung des Urteils vom 23. Januar 2003, der Architekt solle aus seiner objektiven Pflichtverletzung (Bausummenüberschreitung) keine Vorteile durch Erhöhung des Honorars ziehen, spricht dagegen.

166 Der BGH hat mit dem genannten Grundsatzurteil weiter klargestellt, dass **keine Fortschreibung des Honorars über den Tafelhöchstwert** in Frage kommt. Das findet seine Rechtfertigung darin, dass die **Honorartabellen** – etwa des § 35 HOAI – ein in sich **geschlossenes System** darstellen. Aufgrund der außerhalb der HOAI geltenden Vertragsfreiheit **steht es den Vertragspartnern jedoch frei, eine Fortschreibung der Honorartafel zu vereinbaren.** Fehlt es an einer ausdrücklichen Vereinbarung eines Honorars für den Fall, dass die Tafelwerte überschritten werden, ist der Architektenvertrag dahin zu überprüfen, ob er Anhaltspunkte dafür enthält, wie sich das Honorar bei Überschreiten der Tafelwerte bemessen soll. Lassen sich solche Anhaltspunkte nicht ermitteln, führt dies

---

[308] BGH Urt. v. 24.6.2004 – VII ZR 259/02, NJW 2004, 512 mit Besprechungsaufsatz *Schwenker/Schramm* ZfIR 2004, 753 ff.

[309] BGH Urt. v. 13.11.2003 – VII ZR 362/02, BauR 2004, 354.

[310] Vgl. aber zum Ermessenspielraum bei der Festlegung der Honorarzonen: BGH Urt. v. 13.11.2003 – VII ZR 362/02, BauR 2004, 354.

[311] Dazu grundlegend: BGH Urt. v. 23.1.1997 – VII 171/95, NJW-RR 1997, 850, ausführlich erläutert von *Miegel* BauR 1997, 923, dazu auch *Schwenker* in: *Thode/Wirth/Kuffer*, Praxishandbuch Architektenrecht 1. Aufl. § 13 S. 499 f. Vgl. auch *Preussner* in: *Messerschmidt/Niemöller/Preussner*, HOAI, § 7 Rn. 77.

[312] BGH Urt. v. 23.1.2003 – VII ZR 362/01, BauR 2003, 566. Zur Berechnung des Schadens bei Überschreitung einer mit dem Architekten vereinbarten Baukostenobergrenze vgl. BGH Urt. v. 21.5.2015 – VII ZR 190/14, NZBau 2015, 477.

nicht zu einer Unwirksamkeit des Vertrages wegen eines versteckten Einigungsmangels. Beim Architektenvertrag gehört die Vereinbarung der Vergütung, was oft übersehen wird, nicht in jedem Fall zu den *essentialia* des Vertrages, weil im Zweifel die taxmäßige oder die übliche Vergütung als vereinbart gilt.[313] Während die taxmäßige Vergütung die durch die Mindestsätze der HOAI fingierte darstellt, ist die Höhe der üblichen Vergütung – ähnlich wie beim Bauvertrag – mit sachverständiger Hilfe festzustellen. Gleichwohl schuldet der Architekt in der Regel Aufklärung über die Höhe des anfallenden Honorars (s.o. Rn. 92).

6. Abweichende Honorarermittlung

Haben die Parteien vereinbart, abweichend vom System der HOAI abzurechnen, und verletzt diese Vereinbarung nicht den Mindest- und Höchstpreischarakter der HOAI (vgl. § 7 Abs. 1 HOAI), ist auch eine andere Form der Honorarermittlung möglich. Nach der Rechtsprechung des BGH soll der Architekt auch dann nicht gehindert sein, den sich auf der Grundlage der Honorarvereinbarung ermittelten Anteil eines **Pauschalhonorars** zu fordern, wenn die **Honorarvereinbarung** wegen unzulässiger Unterschreitung des Mindestsatzes **unwirksam** ist. Die Prüffähigkeit einer Schlussrechnung dürfe dann nicht mit der Begründung verneint werden, der Architekt habe keine an der HOAI orientierte Abrechnung nach Mindestsätzen vorgenommen.[314] Die **Unwirksamkeit der Honorarvereinbarung hindert den Architekten nach Auffassung des BGH aber nicht, auf ihrer Grundlage sein Honorar klageweise geltend zu machen**. Solange sich der Auftraggeber nicht auf die Unwirksamkeit berufe, was unvernünftig wäre, aber vorkommt,[315] reiche zur schlüssigen Darlegung der Forderung die Vorlage einer der Vereinbarung entsprechenden Rechnung aus. Das Gericht dürfe zur Substantiierung der Klage nicht eine Abrechnung nach Mindestsätzen fordern.[316] 167

Diese Entscheidung ist nicht unbedenklich. Die Mindestsatzfiktion der HOAI stellt öffentliches Preisrecht dar, das nicht der Disposition der Parteien unterliegt. Selbst wenn die Parteien für den Architektenvertrag die Geltung fremden Rechts vereinbaren, können sie für ein inländisches Bauvorhaben nicht die Mindestsatzregelung der HOAI außer Kraft setzen.[317] Warum aber über das Prozessrecht die Mindestsatzfiktion umgangen werden können soll, begründet der BGH nicht näher. Ein Grund dafür ist auch nicht ersichtlich. Überzeugender wäre es daher, vom Architekten eine der HOAI entsprechende Abrechnung zu verlangen. Wenn er aus dieser im Wege der Teilklage nur einen der unwirksamen Pauschale entsprechenden erstrangigen Teilbetrag geltend macht, ist der HOAI genüge getan. 168

7. Abrechnung: Abschlags- und Schlussrechnung

Jede Honorarrechnung muss **prüfbar** sein. Für die Schlussrechnung folgt daraus, dass sie die **Mindestangaben** – anrechenbare Kosten, Prozentsatz der erbrachten Leistung, Honorarzone und Honorarsatz – aufweist. Enthält die Schlussrechnung diese Angaben nicht, ist sie nicht prüffähig. **Rügt** der Auftraggeber jedoch **nicht** innerhalb einer **Frist von zwei Monaten** nach Erhalt der Rechnung die fehlende Prüfbarkeit, gilt die Rechnung trotzdem als **prüfbar**.[318] Zur vergleichbaren Problematik beim VOB/B-Bauvertrag hat der BGH festgestellt, dass der rügelose Ablauf der Frist, Einwendungen gegen die 169

---

313 Zu den Voraussetzungen der Anwendbarkeit des § 632 Abs. 2 vgl. Erman/*Schwenker,* 14. Aufl., § 632 Rdn. 2 m. w. N.

314 BGH Urt. v. 13.1.2005 – VII ZR 353/03, BauR 2005, 739.

315 OLG Celle Urt. v. 6.5.2004 – 14 U 245/01 mit Anm. *Peter Fischer* IBR 2005, 263.

316 So bereits ebenfalls ohne nähere Begründung: BGH Urt. v. 13.9.2001 – VII ZR 380/00, BauR 2001, 1926.

317 BGH Urt. v. 27.2.2003 – VII ZR 169/02, BauR 2003, 748.

318 BGH Urt. v. 27.11.2003 – VII ZR 288/02, BGHZ 157, 118 = BauR 2004, 316.

Prüfbarkeit mit der notwendigen Substanz[319] vorzubringen, den Auftraggeber nicht hindert, die **Einwendungen**, die er **gegen die fehlende Prüfbarkeit** hätte vorbringen können, **nunmehr als Einwendungen gegen die sachliche Richtigkeit** vorzubringen.[320] Die Präklusion hat somit nur die Folge, dass die Forderung fällig wird, weil die Prüfbarkeit durch Zeitablauf fingiert wird. Dies muss selbst dann gelten, wenn die objektiv unverzichtbaren Mindestangaben fehlen, die der BGH mit seinem Urteil vom 27. November 2003 für den Architektenvertrag benannt hat. Selbst wenn der Auftraggeber aufgrund des Ablaufs der Präklusionsfrist mit Einwendungen gegen die Prüfbarkeit ausgeschlossen ist und die objektiv nicht prüfbare Rechnung als fällig gilt, wird der Auftragnehmer als Kläger aus prozessrechtlichen Gründen die fehlenden unverzichtbaren Mindestangaben vortragen müssen, um dem Gericht die Prüfung der Schlüssigkeit zu ermöglichen. Ansonsten läuft er Gefahr, dass seine Klage **abgewiesen** wird, und zwar als unbegründet und nicht nur als derzeit nicht begründet.

Diese Grundsätze gelten auch für den **Architektenvertrag**.[321]

170 **a) Abschlagsrechnung.** Welchen Grad an Prüfbarkeit eine **Abschlagsrechnung** beim Architektenvertrag aufzuweisen hat, war lange Zeit unklar. Der Beschluss des BGH vom 22. Dezember 2005,[322] der sich auch auf diesen Punkt bezieht, lässt mehr Fragen offen als er beantwortet.[323] Danach muss die **Abschlagsrechnung des Architekten denselben Grad an Prüfbarkeit aufweisen wie seine Schlussrechnung**. Der Beschluss formuliert etwas verklausuliert, es könne nicht davon „ausgegangen werden, dass die Anforderungen an die Prüffähigkeit von Abschlagszahlungen erheblich geringer sind als die an die Prüffähigkeit der Schlussrechnung." Dass eine Abschlagsforderung erst fällig wird, wenn dem Auftraggeber eine prüffähige Schlussrechnung zugegangen ist, findet sich bereits in einem der Leitsätze der Senatsentscheidung vom 5. November 1998.[324] In der Begründung dieser Entscheidung wird diese Frage jedoch nicht angesprochen. Wenn eine Abschlagsrechnung denselben Grad der Prüfbarkeit wie eine Schlussrechnung aufweisen muss, drängt sich die Frage auf, ob die Rechtsprechung des Senates zur der aus der Kooperationsverpflichtung erwachsenden Obliegenheit des Auftraggebers, Einwendungen gegen die Prüfbarkeit innerhalb einer bestimmten Frist geltend zu machen,[325] auch für Abschlagsrechnungen gilt. Der XII. Zivilsenat des BGH[326] hat dies unter Verweis auf eine entsprechende Literaturstelle[327] so angenommen. In der Tat spricht nichts dagegen, die vom VII. Senat für Rügen gegen die Prüfbarkeit aufgestellten Grundsätze auf Abschlagsrechnungen zu übertragen. So hat das OLG Celle die zweimonatige Rügefrist gegenüber nicht prüfbaren Rechnungen auch auf Abschlagsrechnungen angewendet.[328] Die vom VII. Senat für Schlussrechnungen angenommene Frist von zwei Monaten ab Zugang der Schlussrechnung widerspräche allerdings dem Charakter einer Abschlagsforderung – auch die VOB/B sieht für Abschlagsforderungen eine Fälligkeit in § 16 Nr. 1 Abs. 3 binnen 18 Werktagen nach Zugang vor –, so dass auch in diesem Punkt eine Klärung wünschenswert wäre.

---

[319] Dazu OLG Dresden Urt. v. 29.6.2004 – 9 U 2220/03, BauR 2005, 1500.

[320] BGH Urt. v. 23.9.2004 – VII ZR 173/03, BauR 2004, 1937; OLG Celle Urt. v. 7.5.2008 – 14 U 182/07, BauR 2008, 1657; LG Hannover Urt. v. 13.8.2014 – 14 O 8/12, BauR 2015, 141.

[321] Vgl. dazu OLG Celle, Beschl. v. 15.6.2009 – 14 U 60/09, NZBau 2010, 58; OLG Celle Urt. v. 7.5.2008 – 14 U 182/07, BauR 2008, 1657.

[322] BGH Beschl. v. 22.12. 2005 – VII ZB 84/05, BauR 2006, 674.

[323] Dazu Besprechungsaufsatz *Schwenker/Thode* ZfIR 2006, 366.

[324] BGH Urt. v. 5.11.1998 – VII ZR 191/97, BauR 1999, 267.

[325] Grundlegend: BGH Urt. v. 24.11.2003 – VII ZR 288/02, BauR 2004, 316.

[326] BGH Urt. v. 16.3.2005 – XII ZR 269/01, BauR 2005, 1951.

[327] *Sangenstedt* NJW 2004, 1990, 1991.

[328] OLG Celle Urt. v. 8.4.2009 – 14 U 111/08, BauR 2009, 1016.

Durch § 15 Abs. 2 HOAI sollen die Vertragsparteien angehalten werden, Höhe und Zeitpunkt von Abschlagszahlungen **für nachgewiesene Leistungen** in ihren Verträgen zu vereinbaren.[329] Für den Fall, dass eine solche Vereinbarung nicht getroffen wird, kann der Auftragnehmer weiterhin in angemessenen zeitlichen Abständen Abschlagszahlungen für nachgewiesene Leistungen einfordern. Der BGH sieht in § 15 Abs. 2 HOAI eine **Anspruchsgrundlage**.[330] 171

Abschlagszahlungen werden **fällig**, wenn der Auftragnehmer gegenüber dem Auftraggeber den Abschlag mit einer – prüffähigen – Abschlagsrechnung für vertragsgemäß erbrachte Leistungen nachweist und geltend macht.[331] Die **Höhe** der Abschläge richtet sich nach dem **Wert** der erbrachten Leistungen.[332] 172

Macht der Auftraggeber eines Architekten nach Beendigung des Vertrags unter Ausschöpfung der ihm zur Verfügung stehenden Quellen **Überzahlung** geleisteter Vorauszahlungen geltend, hat der Architekt darzulegen und zu beweisen, dass ihm eine Vergütung in Höhe der geleisteten Zahlungen endgültig zusteht. Der Auftraggeber hat einen **vertraglichen** Anspruch auf Auszahlung eines Überschusses.[333]

Im relativ komplizierten Gefüge bei der **Abrechnung von Abschlägen** sind insbesondere diese Gesichtspunkte zu beachten:[334] Abschlagsrechnungen gelten nur **„vorläufig"**;[335] der Auftragnehmer kann die dort abgerechneten Positionen noch nachträglich mit der Schlussrechnung zu seinen Gunsten ändern und dabei verjährte Abschlagsforderungen noch berücksichtigen.[336] Selbst an die Schlussrechnung ist er nicht unbedingt gebunden.[337] Der Vorläufigkeit des Abrechnungssystems stehen deshalb Rechte des Auftraggebers gegenüber: Er muss nur auf **prüfbare** Abschlagsrechnungen leisten[338] und kann aus seiner Sicht überhöhte Abschläge mit folgenden Abschlagsforderungen und nach Vertragsbeendigung auch mit der Schlussrechnung **verrechnen**.[339] Darüber hinaus steht dem Auftraggeber nach Vertragsbeendigung ein **vertraglicher Anspruch auf Auszahlung eines Überschusses** zu.[340] Verklagt er deshalb den Auftragnehmer auf Rückzahlung des vermeintlichen Überschusses, kommt ihm ein Vorteil bei der **Beweislast** zugute: Trägt er seine eigene Abrechnung ausreichend nachvollziehbar vor, muss der Auftragnehmer beweisen, dass er berechtigt ist, die erhaltenen Zahlungen zu behalten.[341] Bei Architekten- und Ingenieurleistungen hat der Auftragnehmer damit auch seine Leistung nachzuweisen (§ 15 Abs. 2 HOAI). Da sich die Höhe der Abschläge nach dem Wert der erbrachten Leistungen zu richten hat,[342] muss der Auftragnehmer den adäquaten Wert seiner Leistungen nach- 173

---

329 BR-Drs. 395/09, S. 173.

330 Für die insoweit gleiche Vorschrift des § 8 Abs. 2 HOAI a.F. BGH Beschl. v. 22.12. 2005 – VII ZB 84/05 mit krit. Besprechungsaufsatz *Schwenker/Thode* ZfIR 2006, 366 ff.

331 BGH Urt. v. 5.11.1998 – VII ZR 191/97, BauR 1999, 267 = NJW 1999, 713.

332 Vgl. BGH Beschl. v. 22.12. 2005 – VII ZB 84/05, BGHZ 165, 332 = BauR 2006, 674: Danach weicht eine Vereinbarung, nach der dem Auftragnehmer nur 95% des Wertes der erbrachten Leistungen zustehen, vom gesetzlichen Leitbild der HOAI ab; sie kann den Auftragnehmer unangemessen benachteiligen und deshalb unwirksam sein.

333 BGH Urt. v. 8.1.2015 – VII ZR 6/14, NJW-Spezial 2015, 110; BGH Urt. v. 22.11.2007 – VII ZR 130/06, NZBau 2008, 256, m. Anm. *Wessel*, jurisPR-PrivBauR 4/2008, Anm. 2.

334 OLG Celle Urt. v. 10.3.2010 – 14 U 128/09, BauR 2010, 1264.

335 BGH Urt. v. 11.2. 1999 – VII ZR 399/97, BGHZ 140, 365, juris-Rn. 24.

336 BGH Urt. v. 5.11.1998 – VII ZR 191/97, NJW 1999, 713.

337 BGH Urt. v. 5.11.1992 – VII ZR 52/91, BGHZ 120, 133; BGH Beschl. v. 23.11.2006 – VII ZR 249/05, BauR 2007, 586.

338 BGH Urt. v. 5.11.1998 – VII ZR 191/97, NJW 1999, 713.

339 Vgl. schon BGH Urt. v. 1.2.1990 – VII ZR 176/88.

340 Vgl. BGH Urt. v. 8.1.2015 – VII ZR 6/14, NJW-Spezial 2015, 110; BGH Urt. v. 30.9.2004 – VII ZR 187/03, NZBau 2005, 41.

341 BGH Urt. v. 30.9.2004 – VII ZR 187/03, NJW-RR 2005, 129, juris-Rn. 12.

342 BGH Beschl. v. 22.12.2005 – VII ZB 84/05, BGHZ 165, 332, juris-Rn. 19.

weisen. Er trägt auch im Prozess des Auftraggebers auf Auszahlung eines Überschusses die volle Beweislast für seinen Vergütungsanspruch.[343]

174 Abschlagszahlungen gelten demnach **weder als Abnahme von Teilen einer Bauleistung noch** stellen sie ein **Teilanerkenntnis** des Vergütungsanspruchs dar, solange nicht die Schlussrechnung erstellt ist, da im Zeitpunkt der Abschlagszahlung die Höhe der endgültigen Forderung noch nicht feststeht. All das gilt nach der aktuellen Rechtsprechung des BGH zur Bedeutung und Reichweite der Abschlagszahlungen weiter.[344]

175 Der Anspruch auf Abschlagszahlung kann **nicht mehr durchgesetzt** werden, wenn die Bauleistung abgenommen ist und der Auftragnehmer eine Schlussrechnung gestellt hat. In diesem Fall ist die Berechtigung des Auftragnehmers zur vorläufigen Abrechnung erloschen.[345]

176 Der durch das Gesetz zur Sicherung von Werkunternehmeransprüchen und zur verbesserten Durchsetzung von Forderungen **(Forderungssicherungsgesetz** - FoSiG)[346] neu gefasste § 632a BGB wirft in Bezug auf Abschlagsrechnungen gem. § 15 HOAI einige Fragen auf. Das ausdrückliche Bestreben des Verordnungsgebers bei der Neufassung der HOAI 2009 – und ihr folgend der HOAI 2013 – ging dahin, eine Deregulierung von dem zwingenden Preisrecht unterworfen Leistungen herbeizuführen. Nach dem ursprünglichen Entwurf sollten nur die sog. kreativen Leistungen zwingendem Preisrecht unterworfen sein.[347] In der letztlich Gesetz gewordenen Fassung sind die Beratungsleistungen, die in Anlage 1 ausgeführt sind, vom zwingenden Preisrecht ausgenommen, wie § 3 Abs. 1 Satz 2 HOAI bestimmt. Fraglich ist, ob auch für diese **deregulierten Leistungen** die Vorschriften des Allgemeinen Teils der HOAI, die §§ 1–16, Leistungen anzuwenden sind. Dies hätte etwa zur Folge, dass die Auftragnehmer der in Anlage 1 aufgeführten Leistungen Abschlagsforderungen unter den gegenüber § 632a BGB vereinfachten Voraussetzungen des § 15 Abs. 2 HOAI geltend machen könnten. Auch wenn das FoSiG § 8 HOAI 1996/2002 nicht unmittelbar geändert hat und sich § 632a BGB seinem Wortlaut nach primär an „Unternehmer" wendet, dürfte die Neuregelung im allgemeinen Werkvertragsrecht zumindest insoweit Auswirkungen auf die Abschlagsrechnungen gem. § 15 HOAI haben, als dort – in § 632a BGB n.F. – über die Regelungen des § 15 HOAI hinausgehende Regelungen getroffen werden. Soweit § 632 a BGB n. F. eine Abschlagszahlung (nur) für „vertragsgemäß erbrachte Leistungen" zulässt, korrespondiert das mit den „nachgewiesenen" Leistungen des § 8 Abs. 2 HOAI 1996/2002 bzw. § 15 Abs. 2 HOAI, umso mehr, als § 8 Abs. 1 HOAI 1996/2002 bzw. § 15 Abs. 2 HOAI die Fälligkeit des Honorars generell von der Vertragsgemäßheit der Leistung abhängig macht. Nach der Rechtsprechung des BGH richtet sich die **Höhe der Abschlagszahlungen nach dem Wert der erbrachten Leistungen.**[348] Nach § 632 a BGB n.F. ist Maßstab für die Höhe der Abschlagszahlung der eingetretene **„Wertzuwachs"**, dessen Bestimmung bei Architektenleistungen beinahe unüberwindbare Probleme aufweist. Fraglich ist weiter, ob der Auftraggeber zu einer **Zahlungsverweigerung** – nur – bei wesentlichen Mängeln berechtigt ist, wie das nun § 632 a BGB n.F. vorsieht. Da allerdings § 8 Abs. 1 HOAI a.F. bzw. § 15 Abs. 1 HOAI die Fälligkeit des Honorars ohnehin daran knüpfen, dass die Leistung vertragsgemäß erbracht wurde, wird auch die **Abschlagsforderung jedenfalls solange nicht fällig sein, wie der Auftragnehmer einer berechtigten Aufforderung zur Beseitigung**

[343] BGH Urt. v. 11.2.1999 – VII ZR 399/97, BGHZ 140, 365, juris-Rn. 31.

[344] BGH Urt. v. 20.8.2009 – VII ZR 205/07, NJW 2010, 227, hier insbesondere Rn. 44f.

[345] BGH aaO, Rn. 42. Zur Behandlung und den Folgen der **Umstellung einer Abschlagszahlungsklage** in der Berufungsinstanz auf eine **höhere Schlussrechnungsklage** BGH Urt. v. 7.5. 2015 – VII ZR 145/12, Zf BR 2015, 566.

[346] Vom 23.10.2008, BGBl. I 2008, 2022, inkraftgetreten am 1.1.2009.

[347] Im Einzelnen dargestellt bei: *Schramm/Schwenker/Wessel*, (K)Ein Mindestlohn für Architekten? Kritische Überlegungen zur Novellierung der HOAI einschließlich einer Prüfung der verfassungsrechtlichen Zulässigkeit der geplanten Reduktion der Leistungsphasen – ZfBR 2008, 427–435.

[348] Vgl. BGH Beschl. v. 22.12.2005 – VII ZB 84/05, BauR 2006, 674.

eines erheblichen Mangels nicht nachkommt. Gem. **§ 632a Abs. 3 BGB** ist dem Auftraggeber, wenn er Verbraucher ist und der Vertrag die Errichtung oder den Umbau eines Hauses oder vergleichbaren Bauwerks zum Gegenstand hat, bei der ersten Abschlagszahlung eine Sicherheit für die rechtzeitige Herstellung des Werks ohne wesentliche Mängel in Höhe von 5% des Vergütungsanspruchs zu stellen (die gem. § 632a Abs. 4 BGB auch in Form einer Bürgschaft eines Kreditinstituts oder Kreditversicheres gewährt werden kann). Bei Erhöhung des Vergütungsanspruchs infolge von Änderungen oder Ergänzungen des Vertrags um mehr als 10% ist zudem eine weitere Sicherheit in Höhe von 5% des zusätzlichen Vergütungsanspruchs bei der folgenden Abschlagszahlung zu stellen. Das dürfte auch für Architekten und Ingenieure eine erhebliche Neuerung sein. Es ist nicht einzusehen, warum zu dieser Sicherheitsleistung nur die Bauunternehmer verpflichtet sein sollen, jedenfalls wenn der Architekt auch mit der Überwachung der eigentlichen Errichtung – also nicht bloß der Planung – des Bauwerks beauftragt ist. Dem Auftraggeber haften Architekt und Bauunternehmer dabei als Gesamtschuldner. Das Schadens- und entsprechend Haftungsrisiko ist oft weitgehend deckungsgleich, wie auch die Interessenlage des Auftraggebers.

Die Geltendmachung eines auf **§ 632a BGB** gestützten Abschlagsanspruchs wirft somit derartige Schwierigkeiten auf, dass **§ 15 Abs. 2 HOAI** demgegenüber in der Anwendung erheblich einfacher ist. In welchem **Verhältnis** diese beiden Normen zueinander stehen, ist ungeklärt. Der BGH geht, ohne diese Frage weiter zu problematisieren, offenbar davon aus, dass § 8 Abs. 2 HOAI 1996 – und folglich auch § 15 Abs. 2 HOAI – eine **Anspruchsgrundlage** darstellt.[349] Dass dem Verordnungsgeber die Ermächtigung dazu fehlte, wird dabei nicht beachtet. Weiterhin soll wohl nach den Vorstellungen des BGH § 8 Abs. 2 HOAI 1996/2002 – und folglich auch § 15 Abs. 2 HOAI – eine *lex specialis* gegenüber § 632a BGB darstellen.[350] Diese Probleme sind in der Rechtsprechung bislang noch nicht zur Kenntnis genommen worden. 177

Aus den ungeklärten Fragen erschließt sich ohne weiteres, dass die von der Rechtsprechung geübte Praxis, auf Abschlagsforderungen von Architekten und Ingenieuren § 8 Abs. 2 HOAI 1996 bzw. § 15 Abs. 2 HOAI anzuwenden, für diese eine Erleichterung gegenüber dem BGB darstellt. Daher geht das Bestreben dahin, auch auf die in der Anlage 1 aufgeführten Leistungen die §§ 1 – 16 HOAI anzuwenden. Dem Willen des Verordnungsgebers entspricht das nicht. Dieser ging dahin, die Leistungen gemäß Anlage 1 aus der dem marktwirtschaftlichen System fremden Regulierung herauszunehmen. Das zwingende Recht des § 7 HOAI ist auf die Leistungen gemäß Anlage 1 unbestritten nicht anzuwenden. Bemühungen der Kammern, für die Leistungen gemäß Anlage 1 die Anwendbarkeit des § 15 Abs. 2 HOAI durchzusetzen, können daher keinen Erfolg haben. 178

Die Ansprüche auf Zahlung der Abschläge **verjähren selbständig**; die entsprechenden Forderungen können aber auch nach ihrer Verjährung als Rechnungsposten in die Schlussrechnung eingestellt und damit zusammen eingefordert werden. Der Anspruch aus der Honorarschlussrechnung verjährt einheitlich,[351] sodass zunächst verjährte Abschlagsforderungen als Teil der Honorarschlussrechnung wiederum unverjährt sein können. 179

b) Schlussrechnung. Dem Auftraggeber muss eine prüffähige **Schlussrechnung** überreicht werden, die – unabhängig von der Bezeichnung – für den Auftraggeber bzw. Empfänger unmissverständlich zum Ausdruck bringt, dass und wie **endgültig und ab-** 180

[349] BGH Beschl. v. 22.12.2005 – VII ZB 84/05.

[350] Kritisch zu dem Beschluss VII ZB 84/05: *Schwenker/Thode* ZfIR 2006, 369–371.

[351] Vgl. BGH VII ZB 84/05 a. a. O. Allerdings hat der BGH im Urt. v. 11.11.2004 – VII ZR 128/03, BauR 2005, 400 (sub. II B 1. [a. E.] der Entscheidungsgründe) die im Urt. v. 5.11.1998 (a. a. O.) vertretene Ansicht, Abschlags- und Schlussforderung seien selbständige Streitgegenstände, aufgegeben, ohne jedoch einen Zusammenhang zur Verjährung der (Abschlags-)Forderungen herzustellen. Von einer selbständigen Verjährung dürfte weiterhin auszugehen sein.

schließend abgerechnet wird. **Im Zweifel** liegt nur eine **Abschlagsrechnung** vor. Weder ein Textbaustein am Schluss einer Rechnung (wie: „Ich bedanke mich für das entgegengebrachte Vertrauen“) noch die Bezeichnung der Rechnung in einer späteren Klageschrift als Schlussrechnung reichen für die Würdigung einer Architektenhonorarrechnung als Schlussrechnung aus.[352] Auch **Teilschlussrechnungen** sind möglich, setzen aber eine entsprechende Vereinbarung der Parteien voraus.[353]

181 Die Anforderungen an die **Prüffähigkeit** der Schlussrechnung ergeben sich aus den **Informations- und Kontrollinteressen des Auftraggebers**, die Umfang und Differenzierung der für die Prüfbarkeit erforderlichen Angaben bestimmen und begrenzen. Damit hängen die Anforderungen an die Prüfbarkeit von den Umständen des **Einzelfalls** ab. Wesentlich ist aber, dass der Auftraggeber in die Lage versetzt wird, die Richtigkeit der einzelnen Ansätze zu *prüfen* (was nicht gleichzusetzen ist mit der sachlichen Richtigkeit der Rechnung).[354] Das setzt die **Kenntnis der tatsächlichen und rechtlichen Umstände** voraus, **auf denen die Honorarberechnung beruht**.[355] Die Rechnung muss also die Angaben enthalten, die nach dem geschlossenen Vertrag und der HOAI objektiv unverzichtbar sind, um die sachliche und rechnerische Überprüfung des Honorars zu ermöglichen.[356] Das richtet sich nach den Schritten, die bei der Honorarberechnung grundsätzlich einzuhalten sind: So sind die **anrechenbaren Kosten** (§ 4 HOAI) auf Grundlage der **Kostenberechnung** (§ 2 Nr. 10 HOAI) und – soweit diese noch nicht vorliegt – auf Grundlage der **Kostenschätzung** (§ 2 Nr. 11 HOAI) darzustellen, dann die **Honorarzone** (§ 5 HOAI) des Objekts, weiter der **Mindest- und Höchstsatz** aus den jeweiligen **Honorartafeln** (in Zwischenstufen mit Interpolation gem. § 13 HOAI), schließlich ist der Umfang der **Leistungen** festzustellen,[357] wobei die im Allgemeinen erforderlichen Leistungen in **Leistungsbildern** (§ 3 Abs. 2 Satz 1 HOAI) erfasst sind, die sich in **Leistungsphasen** (§ 3 Abs. 2 Satz 2 HOAI) untergliedern, die jeweils den **prozentualen Anteil** eines bestimmten Leistungsschritts am gesamten Leistungsbild ausweisen.

Allein der Umstand, dass eine Leistung erbracht worden ist, macht sie noch nicht zum Vertragsgegenstand.[358]

182 Bei einem Honorar für Leistungen bei Gebäuden und raumbildenden Ausbauten gem. §§ 33 ff. HOAI und Anlage 10 wären somit die Angaben zu den unter Ansatz der Kostenermittlungsarten nach DIN 276 (Dezember 2008 gem. § 4 Abs. 1 Satz 3 HOAI) ermittelten anrechenbaren Kosten des Objekts, zur Honorarzone, zu dem nach dem anwendbaren Honorarsatz berechneten Tafelwert gem. § 35 HOAI sowie zum Umfang der Leistung und deren Bewertung unerlässlich.[359]

183 Bei wirksamer Vereinbarung eines **Pauschalhonorars** bedarf es allerdings naturgemäß nicht gleichermaßen detaillierter Darlegungen; hier genügt es, wenn die Rechnung das vereinbarte Honorar samt der betroffenen Leistungen ausweist.

184 Bei **Zeithonoraren** gibt es jedoch keine dem früheren § 6 HOAI 1996/2002 entsprechende Regelung, um den Planern mehr Flexibilität bei der Vertragsgestaltung zu ermöglichen.[360] In jedem Fall sind aber etwaige **Abschlagszahlungen** und der danach verblei-

---

352 BGH Beschl. v. 23.11.2006 – VII ZR 249/05, BauR 2007, 586.

353 BGH Urt. v. 12.10. 1995 – VII ZR 195/94, BauR 1996, 138.

354 Vgl. BGH Urt. v. 24.6.1999 – VII ZR 229/98, BauR 1999, 1318 = NJW 2000, 207. Dazu auch OLG Celle Urt. v. 10.6.2015 – 14 U 164/14.

355 BGH Urt. v. 18.6.1998 – VII ZR 189/97, NJW 1998, 3123 = BauR 1998, 1108; Urt. v. 8.10. 1998 – VII ZR 296/97, BauR 1999, 63.

356 Es sei denn, die Rechnung genügt auch ohnedies den Kontroll- und Informationsinteressen des Auftraggebers, BGH Urt. v. 27.11.2003 – VII ZR 288/02, BauR 2004, 316; OLG Celle Urt. v. 10.6.2015 – 14 U 164/14, Rn. 54 f.

357 OLG Celle Urt. v. 7.2.2007 – 14 U 130/06, MDR 2007, 831.

358 OLG Celle Urt. v. 7.2.2007 – 14 U 130/06, MDR 2007, 831.

359 BGH Urt. v. 27.11.2003 – VII ZR 288/02, BauR 2004, 316.

360 Laut Amtlicher Begründung zur ersatzlosen Streichung des § 6 HOAI 1996.

bende Restbetrag anzuführen, damit der Auftraggeber die vom Auftragnehmer beanspruchte Gesamtforderung überprüfen kann.[361]

Gem. § 15 Abs. 1 HOAI können die Parteien – formlos – **abweichende Fälligkeitsvoraussetzungen vertraglich vereinbaren**. Insoweit liegt kein Widerspruch zu § 15 Abs. 4 HOAI vor, weil die Fälligkeit der Zahlung nicht mit der **Art und Weise der Zahlung** – also deren Form, Zeitpunkt, ob im Voraus oder nach Leistungsstand etc. – identisch ist. Allerdings kann es hier Überschneidungen geben. In dem Fall käme es auf eine schriftliche Vereinbarung an. 185

Soweit die Voraussetzungen einer ordnungsgemäßen Abrechnung nicht vorliegen, steht dem Honoraranspruch der **Einwand mangelnder Fälligkeit** entgegen; eine Klage müsste als **derzeit unbegründet** abgewiesen werden, wenn die Mängel der Prüfbarkeit noch nachträglich beseitigt werden können.[362] Dabei ist zu berücksichtigen, dass nach der Rechtsprechung des BGH der Auftraggeber mit **Einwendungen** gegen die Prüffähigkeit ausgeschlossen ist, wenn er diese nicht **innerhalb von zwei Monaten nach Zugang** der Schlussrechnung vorgebracht hat[363] oder wenn das Ergebnis der Prüfung mitgeteilt wird und keine Rügen zur Prüffähigkeit erhoben werden.[364] Um als ausreichende Beanstandung zur Prüffähigkeit angesehen werden zu können, müssen die vom Auftraggeber erhobenen Rügen dem Auftragnehmer verdeutlichen, dass er nicht bereit ist, in die sachliche Auseinandersetzung einzutreten, solange er keine prüffähige Rechnung erhalten hat.[365] 186

Bei Kündigung oder vorzeitiger Beendigung des Vertrags ändert sich nichts wesentlich an den Abrechnungsmodalitäten. Die Schlussrechnung ist aber in der Regel nur prüfbar, wenn der Architekt die **Honorarforderungen sowohl für die erbrachten als auch die nicht erbrachten Leistungen** prüffähig ausweist.[366] Dabei muss er **angeben**, was er bei den nicht erbrachten Leistungen konkret **erspart** oder anderweitig erworben hat.[367] Vgl. näher unten Rn. 198 ff. 187

Überreicht ist die Rechnung, wenn sie dem Empfänger nach den üblichen Grundsätzen des bürgerlichen Rechts **zugegangen** ist.

Mit Erteilung der Schlussrechnung ist der Auftragnehmer – grundsätzlich – an seine Abrechnung **gebunden. Ausnahmen** sollen jedoch bei **offensichtlichen Abrechnungsfehlern,** die der Rechnungsempfänger bei einiger Aufmerksamkeit hätte erkennen *können*, zulässig sein.[368]

Der BGH hat allerdings die **Bindungswirkung der Schlussrechnung** nahezu aufgehoben.[369] Aus ihr soll sich zunächst in der Regel ein Vertrauenstatbestand für den Auftraggeber ergeben; eine etwaige Nachforderung sei deshalb an den Grundsätzen von Treu und Glauben gem. § 242 BGB zu messen, wobei eine umfassende *Abwägung* der beiderseitigen Interessen stattzufinden habe. Der Auftraggeber soll sich jedoch auf Vertrauen nicht berufen können, wenn er selbst alsbald die mangelnde Prüffähigkeit der Schlussrechnung rügt, weil er in diesem Fall gerade kein Vertrauen in die Abrechnung setzt.[370] Denn die Bindung des Auftragnehmers an die Schlussrechnung setzt nicht nur voraus, dass der Bauherr auf diese vertrauen *durfte*, sondern grundsätzlich auch, dass er tatsächlich darauf *vertraut* und 188

---

361 BGH Urt. v. 9.6.1994 – VII ZR 87/93, BauR 1994, 655.

362 Vgl. BGH Urt. v. 27.10.1994 – VII ZR 217/93, NJW 1995, 399 = BauR 1995, 126.

363 BGH Urt. v. 27.11.2003 – VII ZR 288/02, BauR 2004, 316.

364 BGH Urt. v. 22.4.2010 – VII ZR 48/07, NZBau 2010, 443.

365 BGH Urt. v. 22.4.2010 – VII ZR 48/07, NZBau 2010, 443.

366 BGH Urt. v. 9.6.1994 – VII ZR 87/93, BauR 1994, 655.

367 BGH Urt. v. 27.11.2003 – VII ZR 288/02, BauR 2004, 316.

368 Vgl. BGH Urt. v. 19.6.1986 – VII ZR 260/84, BauR 1986, 593 (betr. falschen Mehrwertsteueransatz gegenüber einem größeren kaufmännischen Unternehmen).

369 Vor allem BGH Urt. v. 23.10.2008 – VII ZR 105/07, NJW 2009, 435, m. krit. Anm. *Schwenker/Wessel*, ZfIR 2009, 64.

370 Vgl. BGH Urt. v. 5.11.1992 – VII ZR 52/91, NJW 1993, 659 = BauR 1993, 236.

sich entsprechend *eingerichtet* hat,[371] und zwar derart, dass ihm eine Nachforderung nicht mehr zugemutet werden kann.[372] Die *Unzumutbarkeit* der Nachforderung setzt aber voraus, dass die dadurch entstehende zusätzliche Belastung unter Berücksichtigung aller Umstände des Einzelfalles für den Auftraggeber eine *besondere Härte* bedeutet.[373]

189 Im Ergebnis ist damit die Frage, ob eine Nachforderung trotz vorhergehender Schlussrechnung berechtigt ist, in jedem **Einzelfall** gesondert zu beantworten,[374] wird aber – von außergewöhnlichen Fällen abgesehen – zu bejahen sein, wenn man die singulären Anforderungen des BGH erfüllen will. Der **Schlussrechnung ist damit praktisch jede Verbindlichkeit genommen.** Der Begriff „*Schluss*rechnung" wird zur Leerformel.

190 Erst **mit Erteilung der prüffähigen Schlussrechnung beginnt die Verjährung** der Honorarforderung.[375] Das gilt ebenso, wenn das Vertragsverhältnis vorzeitig beendet worden ist.[376] Die Frist beträgt nach § 195 BGB drei Jahre und beginnt gem. § 199 Abs. 1 Nr. 1 BGB mit dem Schluss des Jahres, in dem der Anspruch entstanden, d. h. fällig geworden ist; das ist wiederum nach § 15 HOAI zu beurteilen.

191 **c) Wechsel der Abrechnungsart.** Dieser Punkt ist von besonderer praktischer Relevanz, weil es im Architektenhonorarprozess **regelmäßig** vorkommt, dass **von einer unzulässigen Pauschalpreisvereinbarung auf eine HOAI-konforme Abrechnung nach Mindestsätzen gewechselt** wird. Das soll nach der Rechtsprechung des BGH grundsätzlich nicht zu beanstanden[377] und nur in besonderen Ausnahmefällen[378] treuwidrig sein,[379] was umso weniger verständlich erscheint, als die Unwirksamkeit der Honorarvereinbarung den Architekten nicht hindern soll, auf ihrer Grundlage sein Honorar klageweise geltend zu machen. Solange sich der Auftraggeber nicht auf die Unwirksamkeit beruft, reicht zur schlüssigen Darlegung der Forderung die Vorlage einer der Vereinbarung entsprechenden Rechnung aus. Das Gericht darf zur Substantiierung der Klage dann nicht eine Abrechnung nach Mindestsätzen fordern.[380] Ebenso bleibt es dem Architekten unbenommen, den sich auf der Grundlage der unzulässigen Honorarvereinbarung ermittelten Anteil eines Pauschalhonorars zu fordern – und die Abrechnung entsprechend auf dieser Basis vorzunehmen –, wenn die Honorarvereinbarung wegen unzulässiger Unterschreitung des Mindestsatzes unwirksam ist.[381]

192 Demnach kann der Architekt vorgerichtlich und im Prozess **wählen**, ob er auf der Grundlage des unzulässigen Pauschalpreises klagt, auf eine Abrechnung nach Mindestsätzen wechselt oder – auch dies kommt vor – nur damit droht, um wenigstens das Pauschalhonorar durchzusetzen.

193 Dieses Ergebnis erscheint weder konsequent noch interessengerecht und wird auch nicht den Besonderheiten des Architektenvertrags gerecht, in dem – auch nach der Rechtsprechung des BGH – dem Architekten abverlangt wird, über die Kosten insge-

---

371 BGH Beschl. v. 23.11.2006 – VII ZR 249/05, BauR 2007, 586.

372 BGH Urt. v. 23.10.2008 – VII ZR 105/07, NJW 2009, 435.

373 BGH – VII ZR 105/07, NJW 2009, 435.

374 Vgl. ausdrücklich BGH Urt. v. 5.11.1992 – VII ZR 52/91, NJW 1993, 659 (sub. II 3 b) bb) der Entscheidungsgründe).

375 BGH Urt. v. 27.11.2003 – VII ZR 288/02, BauR 2004, 316.

376 BGH Urt. v. 11.11.1999 – VII ZR 73/99, BauR 2000, 589 = NJW-RR 2000, 386.

377 Exemplarisch BGH Urt. v. 23.10.2008 – VII ZR 105/07, NJW 2009, 435 mit krit. Anm. *Schwenker/Wessel* ZfIR 2009, 64: Pauschalhonorar von 850.000 € netto vereinbart, abgerechnet und bezahlt; nach Mindestsätzen berechnete Nachforderung von 747.419,52 €.

378 BGH Urt. v. 27.10.2011 – VII ZR 163/10, NJW 2012, 271 m. Anm. *Wessel*, jurisPR-PrivBauR 4/2012, Anm. 3.

379 Treuwidrigkeit der Nachforderung z. B. **bejaht** von OLG Naumburg Urt. v. 10.10.2013 – 1 U 9/13, IBR 2014, 2610; OLG Frankfurt Beschl. v. 30.8.2012 –21 U 34/11, IBR 2014, 3975 (nachgehend BGH Beschl. v. 20.2.2014 – VII ZR 265/12 – NZB zurückgewiesen).

380 BGH Urt. v. 13.9.2001 – VII ZR 380/00, BauR 2001, 1926.

381 St. Rspr., vgl. BGH Urt. v. 13.1.2005 – VII ZR 353/03, BauR 2005, 739.

samt (und somit auch die von Rechts wegen zu erwartende Vergütung seiner Leistungen) aufzuklären und die Kostenvorstellungen des Bauherrn zu beachten.[382] Das setzt aber unbedingt eine Verlässlichkeit der Honorarvereinbarung voraus. Regelmäßig dürfte der Architekt auch im Verhältnis zum Bauherrn über tiefere Kenntnisse des anzuwendenden Preisrechts verfügen.

8. Vergütung für Besondere Leistungen

Im Unterschied zu § 5 Abs. 4 der HOAI 1996[383] sind seit Inkrafttreten der HOAI 194 2009 für **Besondere Leistungen** die Honorare **frei** vereinbar. Sie sind nicht mehr[384] in einer Anlage beispielhaft zusammengefasst, sondern werden nun in der jeweiligen **Anlage zum Leistungsbild** – nicht abschließend (§ 3 Abs. 3 Satz 1 HOAI) – tabellarisch aufgelistet. Besondere Leistung ist **jede Leistung, die nicht in den verbindlichen Leistungsbildern geregelt ist**. Gem. § 3 Abs. 3 Satz 2 HOAI können Besondere Leistungen auch für Leistungsbilder und Leistungsphasen, denen sie nicht zugeordnet sind, vereinbart werden, soweit sie dort keine Grundleistungen darstellen. Die Zuordnung dieser Leistungsschritte in den Anlagen ist also **ohne jede Verbindlichkeit**. Es könnten demnach Besondere Leistungen z. B. aus dem Leistungsbild Verkehrsanlagen auch im Leistungsbild Ingenieurbauwerke oder Technische Ausrüstung vereinbart werden.[385] Ebenso können die Vertragsparteien **Leistungen über die Grundleistungen hinaus als Besondere Leistungen bestimmen**.

Es gibt zudem **keinen Preisrahmen** und **keine Honorarermittlungsregel** für die Be- 195 sonderen Leistungen – insbesondere wie in § 5 Abs. 4 HOAI 1996 durch Berechnung eines Zeithonorars. Denn die 2009-er Novelle hat das Zeithonorar (§ 6 HOAI 1996) gestrichen. Da früher gem. § 5 Abs. 4 Satz 3 HOAI 1996 Besondere Leistungen oft nach Zeitaufwand auf der Grundlage der Stundensätze des § 6 HOAI 1996 vergütet wurden, ist nun eine Honorierung auf der Basis der alten Stundensätze zuzüglich 10 % nicht mehr vorgesehen.[386] Maßgeblich sollte deshalb der **eigene Bürostundensatz** sein; um ihn durchsetzen zu können, müsste er zunächst nach den tatsächlichen Kosten ermittelt werden.[387] Auch eine pauschale Abgeltung der Leistungen ist möglich. Ob der Architekt oder Ingenieur ein zusätzliches Honorar berechnen darf, richtet sich hier allein nach den **vertraglichen Vereinbarungen**. Die HOAI enthält keine normativen Leitbilder für den Inhalt von Architekten- und Ingenieurverträgen. Inwieweit ein Honoraranspruch dem Grunde nach besteht, lässt sich also nicht mit den Gebührentatbeständen der HOAI begründen. Da die in der HOAI geregelten Leistungsbilder primär nur Gebührentatbestände für die Berechnung der Höhe des Honorars sind,[388] ist es konsequent, dass im Bereich der Besonderen Leistungen das Honorar frei gestellt wird.[389] Das Honorar ist der Höhe

---

382 S. BGH Urt. v. 21.3.2013 – VII ZR 230/11, NJW 2013, 1593; dazu auch OLG Celle Urt. v. 12.2.2014 – 14 U 103/13, NZBau 2014, 637; OLG München Urt. v. 16.12.2014 – 9 U 491/14, IBR 2015, 2464.

383 Vgl. dazu OLG Celle Urt. v. 7.2.2007 – 14 U 130/06, MDR 2007, 831.

384 Wie es in der HOAI 2009 mit der Anlage 2 der Fall war.

385 So auch *Scholtissek*, HOAI 2. Aufl., § 3 Rn. 18.

386 Systemwidrig deshalb Ziff. II.3 des Erlasses des Bundesministeriums für Verkehr, Bau und Städteplanung vom 18.8.2009 – B 10 – 8111.4/2, nach der wieder auf die alten Stundensätze zurückgegriffen werden *kann* („Die bisherigen Stundensätze gem. § 6 HOAI alt zuzüglich 10 % können zur Orientierung ... herangezogen werden").

387 Eine Anleitung dazu mit Zahlenbeispielen findet sich bei *Schramm/Schwenker*, Störungen der Architekten- und Ingenieurleistungen, Rn. 284 ff.

388 BGH Urt. v. 24.10.1996 – VII ZR 283/95, BauR 1997, 154.

389 Dazu heißt es in der Begründung des Entwurfs der HOAI 2009 (BR-Drs. 395/09, S. 161): Die Streichung des bisherigen § 5 Absatz 4 ist eine Folgeänderung zu § 3, nach dem Regelungen zu Besonderen Leistungen im verbindlichen Teil der HOAI entfallen sind. Die Bezugnahme auf Besondere Leistungen im Honorarrecht hat keine Auswirkung auf die vertraglichen Pflichten. Der BGH (BGH Urt. v. 24.10.1996 – VII ZR 283/95) hat klargestellt, dass für Besondere Leistungen, für die

nach unbeschränkt und findet seine Grenze lediglich in den allgemeinen Bestimmungen (wie § 138 BGB). Klare und eindeutige Honorarvereinbarungen sind deshalb besonders notwendig.[390]

196 Die Unterscheidung von Besonderen Leistungen, die zu Grundleistungen hinzutreten, und isoliert – also ohne Grundleistungen – erbrachten Besonderen Leistungen, die im Rahmen der HOAI 1996 von Bedeutung war,[391] ist unerheblich (geworden), weil in beiden Fällen das Honorar frei vereinbart werden kann und insoweit auch keine Schriftform einzuhalten ist.

VIII. Kündigung des Vertrags

197 Sowohl der Architekt bzw. Auftragnehmer als auch der Auftraggeber können den Vertrag kündigen. Der Auftraggeber kann die Kündigung jedoch „frei" – d. h. grundsätzlich jederzeit – gem. § 649 BGB erklären, ohne dass er hierzu eines wichtigen Grundes bedarf;[392] der Architekt benötigt hierfür jedoch einen wichtigen Grund.

1. Freie Kündigung

198 Bei **freier Kündigung** oder vorzeitiger Beendigung des Vertrags durch den Auftraggeber ist der Architekt als Auftragnehmer berechtigt, seine Leistungen **abzurechnen**, wobei je nach Kündigungszeitpunkt und Leistungsstand **zwischen den erbrachten und nicht erbrachten Leistungen abzugrenzen** ist. Für den Architekten ändert sich dabei im Ansatz nichts wesentlich an den oben dargestellten Abrechnungsmodalitäten. Es kommt also auch in diesem Zusammenhang zunächst darauf an, dass der Architekt **prüffähig** abrechnet, weil davon die Fälligkeit der Vergütung abhängt.

199 Die Schlussrechnung ist aber in der Regel nur prüfbar, wenn der Architekt die **Honorarforderungen sowohl für die erbrachten als auch die nicht erbrachten Leistungen** prüffähig ausweist.[393] Dabei muss er **angeben**, was er bei den nicht erbrachten Leistungen konkret **erspart** oder anderweitig erworben hat.[394] Hier ist an ersparte **Löhne und Personalkosten** (einschl. etwaiger Zahlungen an Subunternehmer) ebenso zu denken wie an die **projektbezogenen Sachkosten** und ersparte **Fahrtkosten**. Stets kommt es darauf an, dass die Kosten **infolge der Kündigung** tatsächlich erspart wurden.

200 Die **allgemeinen Geschäftskosten** sind indes hier **grundsätzlich nicht** zu berücksichtigen. Das könnte aber im Einzelfall anders sein, wenn das gekündigte Projekt praktisch das einzige Bauvorhaben war, an dem der Architekt arbeitete.[395] Dann sind nämlich die allgemeinen Geschäftskosten mit den Projektkosten wesentlich identisch.

Weiter muss sich der Architekt **anderweitige Erwerbsmöglichkeiten** bzw. sog. **Füllaufträge** anrechnen lassen. In der Praxis bereitet dieser Punkt erhebliche Schwierigkeiten, weil zwischen der Kündigung und dem anderen Auftrag ein ursächlicher Zusammenhang bestehen muss. Es muss sich um (mindestens) einen Auftrag handeln, den der Ar-

---

schriftlich kein Honorar vereinbart wurde, zwar eine Leistungspflicht besteht, aber wegen des bisherigen § 5 Absatz 4 ohne schriftliche Vereinbarung keine weitere Vergütung durchgesetzt werden konnte. Insofern hatte die gestrichene Regelung keinen materiell-rechtlichen Regelungscharakter.

390 Vgl. dazu auch den besonderen Fall bei OLG Celle Urt. v. 8.10.2014 – 14 U 85/14, IBR 2015, 435 – *Meier* (NZB zurückgenommen).

391 Vgl. dazu BGH Beschl. v. 20.3.2014 – VII ZR 277/12, IBR 2014, 449 – *Wessel.*

392 Dieses Recht kann auch nicht durch AGB ausgeschlossen werden, vgl. nur BGH Urt. v. 8.7.1999 – VII ZR 237/98, BauR 1999, 1294.

393 BGH Urt. v. 9.6.1994 – VII ZR 87/93, BauR 1994, 655.

394 BGH Urt. v. 27.11.2003 – VII ZR 288/02, BauR 2004, 316.

395 In derartigen Fällen kann möglicherweise auch eine **Scheinselbständigkeit** des Auftragnehmers vorliegen. Häufiger kommt dies allerdings im Verhältnis zwischen Auftragnehmer und Subunternehmer vor.

chitekt gerade deshalb erhielt oder annehmen konnte, weil seine Arbeitskraft durch die Kündigung frei geworden ist.

Die **Darlegungslast** für die ersparten eigenen Aufwendungen und den (fehlenden) anderweitigen Erwerb hat **zunächst** der **Auftragnehmer;** er allein verfügt über die erforderlichen Kenntnisse. Behauptet jedoch demgegenüber der Auftraggeber, dass der Architekt **höhere** Ersparnisse oder andere Aufträge erhalten hat, als er es im Rahmen der Abrechnung angegeben hat, muss dies der **Auftraggeber beweisen.**[396] 201

Die **abstrakte Darstellung** des in ihrem Geschäftsbetrieb durchschnittlich angefallenen Vertragsvolumens und die Behauptung, aufgrund der Zahl der mit der Bearbeitung dieser Verträge bei ihr beschäftigten Mitarbeiter seien durch die Kündigung des Vertrages keine Aufwendungen erspart worden und auch keine **Kapazitäten für anderweitigen Erwerb** frei geworden, weil ihre Mitarbeiter nicht durchgehend voll beschäftigt seien, reicht für eine schlüssige Darlegung des Vergütungsanspruchs nach § 649 Satz 2 BGB *nicht* aus.[397] Deshalb genügt es auch nicht, ohne weiteres einen bestimmten **Prozentsatz** anzugeben.[398]

Gem. § 649 Satz 3 BGB wird gesetzlich vermutet, dass ein Anspruch nach § 649 Satz 2 BGB auf **5 %** der auf den noch nicht erbrachten Teil der Werkleistung entfallenden vereinbarten Vergütung besteht.

Kündigt der Auftraggeber, steht dem Architekten prinzipiell die **volle Vergütung** gemäß den vertraglichen Vereinbarungen und unter Ansatz der Abrechnungsparameter der HOAI (soweit diese anwendbar ist) zu. Den **Architekten** trifft dabei die **Darlegungs- und Beweislast für die von ihm bis zur Vertragsbeendigung tatsächlich erbrachten Leistungen.**[399] 202

Welche Anforderungen an die **Abrechnung** des gekündigten Werk- und damit auch Architektenvertrags zu stellen sind, hängt allerdings grundsätzlich vom Vertrag sowie den seinem Abschluss und seiner Abwicklung zugrunde liegenden **Umständen** ab. Sie ergeben sich daraus, welche Angaben der Besteller zur Wahrung seines Interesses an sachgerechter Verteidigung benötigt. Der Auftragnehmer muss zwar im *Werkvertrag* über die **kalkulatorischen Grundlagen der Abrechnung** so viel vortragen, dass dem für höhere ersparte Aufwendungen darlegungs- und beweisbelasteten Besteller eine sachgerechte Rechtswahrung ermöglicht wird. Die Anforderungen lassen sich aber nicht schematisch festlegen; sie ergeben sich aus dem Vertragsgegenstand im **Einzelfall**. Durch diesen werden sie bestimmt und begrenzt. Dabei sind unter anderem auch die **Vertragsgestaltung** und der **Vertragsinhalt** von Bedeutung.[400] Im *Architektenvertrag* gibt es aber in der Regel keine Kalkulation für bestimmte Leistungsphasen.[401] Umso mehr kommt es auf den konkreten und für den Auftraggeber nachvollziehbaren Vortrag insbesondere zu infolge der Kündigung **ersparten Aufwendungen**[402] und anderweiten Erwerb an. Der pauschale Vortrag, Aufwendungen *nicht* erspart zu haben, reicht jedenfalls nicht aus, wenn der Be- 203

---

396 BGH Urt. v. 21.12.1995 – VII ZR 198/94, NJW 1996, 1282.

397 BGH Urt. v. 8.1.2015 – VII ZR 6/14, NZBau 2015, 226, Rn. 25.

398 Der BGH hat die hier und da noch anzutreffende Klausel: „In den übrigen Fällen (= also abgesehen von den Fällen, in denen ein wichtiger Grund vorliegt, den der Auftragnehmer zu vertreten hat) behält der Auftragnehmer den Anspruch auf das vertragliche Honorar, jedoch unter Abzug der ersparten Aufwendungen, die mit **40%** für die vom Auftragnehmer noch nicht erbrachten Leistungen vereinbart werden", für **unwirksam** erklärt, BGH Urt. v. 10.10.1996 – VII ZR 250/94, NJW 1997, 259. Soweit der Architekt allerdings selbst diese Klausel verwenden sollte, kann er sich nicht auf die Unwirksamkeit berufen, vgl. BGH Urt. v. 4.12.1997 – VII ZR 189/94, BauR 1998, 357.

399 BGH Urt. v. 9.6.1994 – VII ZR87/93, BauR 1994, 655; *Werner/Pastor*, Bauprozess, 15. Aufl., Rn. 1121.

400 BGH Urt. v. 8.1.2015 – VII ZR 6/14, NZBau 2015, 226 = BauR 2015, 660 m. w. N.

401 Vgl. schon BGH Urt. v. 30.9.1999 – VII ZR 206/98, BauR 2000, 126; *Werner/Pastor*, Bauprozess, 15. Aufl., Rn. 1121.

402 Vgl. dazu BGH Urt. v. 8.1.2015 – VII ZR 6/14, NZBau 2015, 226, Rn. 25 m. w. N.

steller mit dem Hinweis auf die Darlegungslast des Auftragnehmers für die Kalkulation der erbrachten und nicht erbrachten Leistungen hinreichend deutlich zum Ausdruck gebracht hat, den mit der Klage geltend gemachten Vergütungsanspruch anhand einer nachvollziehbaren, vertragsbezogenen Abrechnung überprüfen zu wollen.[403]

204 In jedem Fall bedarf es einer **Angabe der Teilleistungen samt der zugehörigen (ggf. geminderten) prozentualen Anteile in den betroffenen Leistungsphasen** auf der Basis der gesamten anrechenbaren Kosten, die sich durch die Kündigung nicht verringern.

205 Der **Abzug** der Aufwendungen/Erträge erfolgt durch **Anrechnung**, nicht durch Aufrechnung. Der abzuziehende Betrag mindert die Vergütung von selbst, was praktisch bedeutsam etwa bei der Abtretung ist. Der Anspruch aus § 649 Satz 2 BGB ist nach der neueren Rechtsprechung des BGH trotz des entgegenstehenden Wortlauts der Norm kein Vergütungs-, sondern Entschädigungsanspruch;[404] ging man bisher davon aus, dass auch der als Vergütungsanspruch verstandene Anspruch aus § 649 Satz 2 BGB nach § 648a BGB gesichert ist, stellt sich das für einen Entschädigungsanspruch anders dar. Bei Vertragserfüllungsbürgschaften dürfte es entscheidend auf die Sicherheitsvereinbarung der Parteien ankommen.[405]

206 Nach älterer Rechtsprechung brauchten bereits erbrachte Teilleistungen nicht abgenommen zu sein. Das ist aufgrund der Änderung der Rechtsprechung, nach der **auch beim gekündigten Vertrag die Abnahme für die Fälligkeit der Vergütung Voraussetzung** ist,[406] überholt.[407]

2. Kündigung aus wichtigem Grund

207 Bei der Kündigung aus wichtigem Grund ist zu unterscheiden, wer gekündigt hat und den Kündigungsgrund zu vertreten hat.

208 **a) Einzelfallbeurteilung. Ob** ein **wichtiger Grund zur Kündigung** gegeben ist,[408] ist nach Lage des Einzelfalles zu beurteilen. Dabei sind zur Beurteilung der konkreten vertraglichen Situation das Interesse des einen Vertragspartners an der Lösung vom Vertrag und das des anderen an dessen Weiterbestand umfassend gegeneinander abzuwägen.[409] Der wichtige Grund zur Kündigung kann in einer **schweren schuldhaften Verletzung oder einer sonstigen Zerstörung des vertraglichen Vertrauensverhältnisses** bestehen, die eine Fortsetzung des Vertrages für den Auftraggeber unzumutbar macht. Es reichen auch **mehrere, im Einzelfall nicht schwerwiegende Verstöße gegen Vertragspflichten** aus, die in ihrer Fülle bzw. Gesamtschau zu einer derart erheblichen Erschütterung des Vertrauensverhältnisses geführt haben, dass dem Auftraggeber ein Festhalten am Architektenvertrag nicht mehr zumutbar ist.[410] Dies ist aber nur bei besonders schwerwiegenden Vertragsverletzungen der Fall, weil sich lediglich in diesen Fällen dem Auftragnehmer die vertragsgefährdende Wirkung seines Verhaltens von selbst aufdrängen muss und ein bereits eingetretener irreparabler Vertrauensverlust durch irgendwelche Vorhalte nicht mehr beseitigt werden kann.[411]

209 In aller Regel **reicht ein vertragswidriges Verhalten des Auftragnehmers aber jedenfalls zunächst noch nicht für eine fristlose Kündigung** aus. Eine Lösung des Auftragge-

[403] BGH Urt. v. 8.1.2015 – VII ZR 6/14, NZBau 2015, 226, Rn. 25.

[404] BGH Urt. v. 22.11.2007 – VII ZR 83/05, NJW 2008, 1522.

[405] Erman/*Schwenker*, BGB, 14. Aufl., § 649 Rn. 6d m. w. N.

[406] BGH Urt. v. 11.5.2006 – VII ZR 146/04, NJW 2006, 2475. Zur Abnahme näher unter Rn. 219 ff.

[407] Erman/*Schwenker*, BGB, 14. Aufl., § 649 Rn. 6a.

[408] So im Einzelnen OLG Celle Urt. v. 24.9.2014 – 14 U 169/13, IBR 2015, 201, Rn. 30 m. w. N.; nachgehend BGH Beschl. v. 4.2.2015 – VII ZR 237/14, NZB zurückgewiesen.

[409] BGH Urt. v. 2.9.1999 – VII ZR 225/98.

[410] OLG Düsseldorf Urt. v. 26.3.2013 – 23 U 102/12.

[411] Vgl. OLG Düsseldorf Urt. v. 26.6.2001 – 23 U 199/98.

bers vom Vertrag ist vielmehr im Allgemeinen erst zulässig, wenn der Auftragnehmer ausdrücklich auf die Folgen einer weiteren Nichterfüllung des Vertrages **hingewiesen** worden ist.[412] Lediglich dann, wenn aufgrund der tatsächlichen Umstände berechtigt eine Zerstörung des Vertrauensverhältnisses wegen fehlender Kooperation des Architekten anzunehmen ist, ist für eine **Fristsetzung** kein Raum.[413] Die bloße Behauptung eines solchen Vertrauensverlusts genügt jedoch zur Annahme eines wichtigen Grundes nicht; entscheidend ist vielmehr, dass dieser Verlust in dem Verhalten des Architekten eine tatsächliche Grundlage haben muss.[414]

Die **Darlegungs- und Beweislast** für die tatsächlichen Voraussetzungen eines diesen Anforderungen entsprechenden Kündigungsgrundes trägt derjenige, der sich auf den Kündigungsgrund beruft.[415]

Es kann **nicht als wichtiger Kündigungsgrund** des Architektenvertrages angesehen **210**
werden, wenn der Architekt versucht, nicht zielführende zeitraubende und ineffektive Gespräche zu vermeiden, und anstrebt, Absprachen in strukturierter Form zu erreichen. Erforderliche Abstimmungen zwischen dem Architekten und dem Bauherrn können auch unter Zuhilfenahme moderner Kommunikationstechnologien erfolgen; der Architekt ist nicht verpflichtet, sich für den Bauherrn ständig persönlich "erreichbar" zu halten. Bloße Kommunikationsprobleme begründen keinen wichtigen Grund zur Vertragskündigung. Spricht der Bauherr eine freie Vertragskündigung aus und nimmt dem Architekten dadurch das Recht zur Nachbesserung, entfällt der Vergütungsanspruch des Architekten infolge von Leistungsmängeln nicht, wenn eine Nachbesserung möglich gewesen wäre. Wenn sich der Bauherr auf die Nichtigkeit der Honorarvereinbarung mit dem Architekten wegen Unterschreitung der Mindestsätze beruft, obliegt es ihm, mit Tatsachenvortrag aufzuzeigen, dass tatsächlich höhere als die seitens des Architekten bei der Berechnung der angenommenen Baukosten zugrunde zu legen seien, da die tatsächlichen Planungen höhere Baukosten bedingt hätten.[416]

b) Kündigung durch den Auftraggeber. Ist die Kündigung **vom Auftragnehmer** **211**
nicht zu vertreten, steht ihm gem. § 649 Satz 2 BGB das **volle Honorar zu, jedoch abzüglich ersparter eigener Aufwendungen**. Die Abrechnung richtet sich nach den bereits zuvor dargelegten Grundsätzen bei der freien Kündigung.[417] Dabei ist es nicht entscheidend, ob der Auftraggeber einen wichtigen Grund zur Kündigung hat. Dieser kann auch vorliegen, ohne dass ihn der Architekt zu vertreten hat, z. B. weil das Projekt aus Rechtsgründen sich nicht mehr verwirklichen lässt, oder weil der Baugrund derart kontaminiert ist, dass dort das geplante Bauvorhaben nicht verwirklich werden kann, ohne dass aber der Architekt hierfür einzustehen hat.

Bei berechtigter Kündigung des Architektenvertrages aus wichtigem Grund durch **212**
den Auftraggeber hat der Architekt Anspruch auf Vergütung für erbrachte Leistungen, wenn diese **mangelfrei** erbracht sind. Der Architekt hat dies im Prozess vorzutragen und im Streitfall zu beweisen.[418] Ist die Werkleistung mangelfrei erbracht, kann der Auftraggeber demgegenüber einwenden, dass die Leistung unabhängig von ihrer Mangelfreiheit für ihn **nicht brauchbar** oder ihre Verwertung **nicht zumutbar** ist; der Auftraggeber hat diesen Nachweis zu führen.[419]

---

[412] Vgl. OLG Düsseldorf Urt. v. 29.7.1994 – 23 U 251/93.
[413] Vgl. auch OLG Koblenz Urt. v. 8.3.2007 – 5 U 877/06.
[414] OLG Düsseldorf Urt. v. 26.6.2001 – 23 U 199/98.
[415] Vgl. schon BGH Urt. v. 10.5.1990 – VII ZR 45/89, NJW-RR 1990, 1109.
[416] OLG Celle Urt. v. 24.9.2014 – 14 U 169/13, IBR 2015, 201; nachgehend BGH Beschl. v. 4.2.2015 – VII ZR 237/14, NZB zurückgewiesen.
[417] S. zuvor Ziff. VIII. 1.
[418] BGH Urt. v. 5.6.1997 – VII ZR 124/96, NJW 1997, 3017.
[419] BGH Urt. v. 5.6.1997 – VII ZR 124/96, NJW 1997, 3017.

213 **c) Kündigung durch den Auftragnehmer.** Dem Auftragnehmer steht kein freies Kündigungsrecht zu, weshalb der Architekt – wie zuvor dargelegt – einen **wichtigen Grund** zur Kündigung benötigt. Das ist grundsätzlich der Fall, wenn dem Architekten die Fortsetzung des Vertrags nach den Umständen des Einzelfalles **nicht mehr zugemutet** werden kann. Das kann vorliegen, wenn der Auftraggeber durch sein Verhalten die Durchführung des Vertrags so erheblich gefährdet, dass das Vertragsverhältnis zwischen den Vertragspartnern nachhaltig gestört wird.[420]

214 **Weitere wichtige Gründe** können sein:[421]

- Der Bauherr zahlt keine fälligen Abschläge.[422]
- Der Bauherr unterlässt wesentliche Mitwirkungshandlungen (vgl. auch §§ 642, 643, 645 BGB).[423]
- Ehrenrührige Behauptungen und Beleidigungen des Bestellers sind auch bei Vorliegen von Planungsmängeln und Fehler bei der Bauaufsicht vom Architekten nicht hinzunehmen und berechtigen diesen zur Kündigung aus wichtigem Grund.[424]
- Stört der Auftraggeber den Bauverlauf durch fortlaufende unberechtigte Eingriffe in den Bauablauf derart, dass dem Auftragnehmer eine Fortsetzung des Vertragsverhältnisses nicht zuzumuten ist, kann der Auftragnehmer den Bauvertrag aus wichtigem Grund kündigen.[425]
- Fordert der Bauherr vom Architekten über den bestehenden Auftrag hinaus zusätzliche Umplanungsleistungen, kann der Architekt vom Bauherrn die schriftliche Bestätigung des hieraus resultierenden zusätzlichen Vergütungsanspruchs verlangen. Gibt der Bauherr innerhalb der ihm gesetzten Frist die geforderte Bestätigungserklärung nicht ab, kann der Architekt den Vertrag kündigen und seine erbrachten Leistungen abrechnen.[426]

215 Hat der **Auftraggeber die Kündigung des Architekten zu vertreten**, steht dem Architekten ein Honorar für die **erbrachten Leistungen** zu und zudem – als Schadensersatz aus § 280 Abs. 1 BGB – ein Anspruch auf die Vergütung für die **nicht erbrachten Leistungen** abzüglich der ersparten Aufwendungen.[427]

›Hat dagegen der **Auftraggeber die Kündigung nicht zu vertreten**, bleibt lediglich Anspruch auf das Honorar für die bereits **erbrachten Leistungen**.

Bei **unberechtigter Kündigung des Architekten** kommt eine Vergütung nur in Betracht, wenn der Auftraggeber die Leistungen des Architekten verwertet.[428]

216 Wenn ein **Pauschalpreisvertrag** gekündigt wird, bedarf es nicht nur einer Abgrenzung der erbrachten von den nicht erbrachten Leistungen. Auch wenn der Pauschalpreis unwirksam unterhalb der Mindestsätze vereinbart sein sollte und kein Ausnahmefall im Sinne von § 7 Abs. 3 HOAI vorliegt, ist der Architekt nach der Rechtsprechung des BGH nicht gehindert, nur das (unter den Mindestsätzen liegende) vereinbarte Pauschalhonorar einzufordern. Die Prüffähigkeit einer Schlussrechnung darf dann nicht mit der Begründung verneint werden, der Architekt habe keine an der HOAI orientierte Abrechnung nach Mindestsätzen vorgenommen.[429] Voraussetzung für die Fälligkeit der Honorarfor-

---

420 Vgl. BGH Urt. v. 29.6.1989 – VII ZR 330/87, NJW-RR 1989, 1248.

421 Vgl. auch *Werner/Pastor*, Bauprozess, 15. Aufl., Rn. 1150.

422 Vgl. BGH Urt. v. 29.6.1989 – VII ZR 330/87, NJW-RR 1989, 1248, juris-Rn. 13; BGH Urt. v. 16.12.1999 – VII ZR 392/96, NJW 2000, 592, juris-Rn. 19.

423 BGH Urt. v. 7.7.1988 – VII ZR 179/87, NJW-RR 1988, 1295.

424 OLG Frankfurt Urt. v. 12.12.2008 – 24 U 14/08, IBR 2011, 219, 223; nachgehend BGH Beschl. v. 28.10.2010 – VII ZR 11/09, Nichtzulassungsbeschwerde zurückgewiesen.

425 OLG Celle Urt. v. 22.9.2005 – 6 U 37/05, OLGR 2006, 622.

426 KG Urt. v. 12.12.2004 – 18 U 40/13, BauR 2006, 1359 m. Anm. *Götte*, IBR 2006, 505.

427 S. zuvor Rn. 199 ff.

428 *Budde* in: *Thode/Wirth/Kuffer,* Praxishandbuch 1. Aufl. § 26 Rn. 18; OLG Düsseldorf Urt. v. 19.12.2000 – 21 U 38/00, juris-Rn. 54.

429 BGH Urt. v. 13.1.2005 – VII ZR 353/03, BauR 2005, 739.

derung des Architekten bleibt aber die Übermittlung einer prüfbaren Schlussrechnung. Wie auch der Bauunternehmer **hat der Architekt die erbrachten Leistungen vorzutragen, diese von dem nicht ausgeführten Teil abzugrenzen und das Verhältnis der bewirkten Leistungen zur vereinbarten Gesamtleistung sowie des Preisansatzes für die Teilleistungen zum Pauschalpreis darzulegen.** Die Abrechnung muss auf der Grundlage des Vertrages erfolgen und den Besteller in die Lage versetzen, sich sachgerecht zu verteidigen. Haben die Parteien Teilleistungen eines Pauschalvertrages bei Vertragsschluss bewertet, kann diese Bewertung bei der Abrechnung nach einer Kündigung zugrunde gelegt werden.[430]

Bei **einvernehmlicher Beendigung** des Architektenvertrags z. B. durch einen Aufhe- 217
bungsvertrag behält der Architekt – weil er hier die Vertragsaufhebung nicht (allein) zu vertreten hat – grundsätzlich den vollen Honoraranspruch abzüglich der ersparten Aufwendungen, wie zuvor[431] dargelegt. Die Parteien sind jedoch frei, im Rahmen des Aufhebungsvertrags abweichende Vereinbarungen zu treffen.[432] Treffen die Parteien jedoch keine Regelung über den Vergütungsanspruch, richtet sich dieser danach, welche Rechte der Architekt zum Zeitpunkt der Vertragsaufhebung geltend machen konnte.[433] Das gilt auch bei Unmöglichkeit der Leistung.[434]

Der Architekt hat auch in diesem Fall **prüffähig** abzurechnen.

IX. Fälligkeit und Prüfbarkeit

Wann das Honorar **fällig** wird, regelt **§ 15 HOAI**. § 15 HOAI 2009 entspricht – mit 218
geringen Änderungen – der Regelung des § 8 HOAI 1996. Danach wurde das Honorar fällig, wenn die Leistung vertragsgemäß erbracht und eine prüfbare Schlussrechnung übergeben worden war. Damit wich die HOAI vom BGB ab, weil § 641 BGB ausdrücklich die Abnahme für den Eintritt der Fälligkeit der Vergütung verlangt. Weil aber in der Praxis Architekten- und Ingenieurleistungen selten (ausdrücklich) abgenommen wurden und dies auch aufgrund ihres Charakters als geistiges Leistung auf praktische Schwierigkeiten stieß, hat sich die HOAI damit begnügt, die Vertragsmäßigkeit der Leistung zur Voraussetzung der Fälligkeit zu machen. Die Rechtsprechung hat das gebilligt.[435]

1. Abnahme

Die **HOAI 2013** hat den Gleichlauf zu § 641 BGB hergestellt und verlangt nunmehr 219
ausdrücklich die **Abnahme** des der Leistung. Dies ist nicht nur aus dogmatischen Gründen zu begrüßen. Wichtiger ist, dass bei einer ausdrücklichen Abnahme die Berechnung des Beginns der Verjährungsfrist für Mängelansprüche gem. § 634a Abs.1 Nr. 2 BGB leichter fällt und die Rechtsprechung sich nicht mehr mit der Annahme einer stillschweigenden Abnahme behelfen muss.[436]

Da die HOAI weder eine ausdrückliche noch gar eine förmliche Abnahme vorschreibt, 220
kann die Abnahme auch **stillschweigend** erfolgen. Aufgrund der mit der Darlegung einer stillschweigenden Abnahme verbundenen Schwierigkeiten, werden sich Architekten und Ingenieure aber aus eigenem Interesse daran gewöhnen müssen, die **Abnahme**

---

430 BGH Urt. v. 13.1.2005 – VII ZR 353/03, BauR 2005, 739, juris-Rn. 10 m. w. N.

431 S. o. Rn. 199.

432 Vgl. *Werner/Pastor*, Bauprozess, 15. Aufl., Rn. 1160 m. w. N.

433 BGH Urt. v. 16.12.2004 – VII ZR 16/03, NZBau 2005, 285, juris-Rn. 24.

434 Vgl. OLG Jena Urt. v. 3.2.2010 – 4 U 431/02, nachfolgend: BGH Urt. v. 26.1.2012 – VII ZR 26/10 – NZB zurückgewiesen, IBR 2010, 461 – *Schwenker.*

435 BGH Urt. v. 9.7.1981 – VII ZR 139/80, BGHZ 81, 229 = NJW 1981, 2351 = BauR 1981, 582, näher dazu auch BGH Beschl. v. 22.12. 2005 – VII ZB 84/05, BGHZ 165, 332 = BauR 2006, 674.

436 Vgl. zuletzt: BGH Urt. v. 20.2.2014 – VII ZR 26/12.

durch ihren Auftraggeber schriftlich erklären lassen zu müssen. Ein Formular dafür findet sich bei:

http://www.aknds.de/fileadmin/pdf/servicedb/505-abnahme_von_architektenleistungen_abnahmeprotokoll.pdf

Voraussetzung für die Abnahme ist, dass die Leistung vertragsgemäß erbracht ist. Wann eine **Leistung vertragsgemäß** erbracht ist, beurteilt sich naturgemäß nach dem jeweiligen Vertrag bzw. bei Änderungen der Vertragslage nach der jeweils letztgültigen Vertragsgestaltung.[437] Die Leistung muss im Wesentlichen – d.h. quantitativ und qualitativ – den vertraglichen Vereinbarungen entsprechen. Bei erheblichen Mängeln ist das Honorar jedenfalls solange nicht fällig, wie der Auftragnehmer der berechtigten Aufforderung zur Mangelbeseitigung nicht nachkommt.

221 **Weigert sich der Auftraggeber**, die Abnahme zu erklären, obwohl die Leistung vertragsgemäß erbracht ist, kann ihm der Auftragnehmer gem. § 640 Abs. 1 Satz 3 BGB angemessene **Frist** zur Erklärung der Abnahme setzen. Nach Ablauf der Frist gilt die Leistung als abgenommen. Voraussetzung für die fiktive Form der Abnahme ist jedoch die **Abnahmefähigkeit** der Leistung. Dass der Auftraggeber die Abnahme wegen wesentlicher Mängel verweigern kann (640 Abs. 1 Satz 2 BGB), gilt auch für die Abnahme nach § 640 Abs. 1 Satz 3 BGB. Daher ist die diese Form der Abnahme von geringem praktischem Wert, weil sie als nicht eingetreten gilt, wenn etwa ein Sachverständiger ermittelt, dass die Leistung des Architekten oder Ingenieurs zum maßgeblichen Zeitpunkt wesentliche Mängel aufwies.

222 Das neu eingeführte Erfordernis der Abnahme sollte aber nicht überbewertet werden. Denn im Honorarprozess macht der Auftraggeber regelmäßig im Wege der Aufrechnung Schadensersatzansprüche wegen behaupteter mangelhafter Planung und/oder Bauüberwachung geltend. Verteidigt sich der Auftraggeber aber mit Schadensersatzansprüchen, liegt ein **Abrechnungsverhältnis** vor, so dass es auf die Abnahme nicht mehr ankommt.[438] Die **Abnahme** ist auch **entbehrlich,** wenn Umstände vorliegen, nach denen eine Erfüllung des Vertrages nicht mehr in Betracht kommt.[439]

2. Schlussrechnung

223 Weitere Voraussetzung – neben der Abnahme – ist die Überreichung einer prüffähigen **Schlussrechnung**.

⇒ Hier wird auf die Darlegungen oben verwiesen (Ziffer VII. 7b).

3. Abrechnung nach Kündigung

224 Für die Abrechnung nach **Kündigung**

⇒ siehe oben Ziffer VIII. 1 (Rn. 198 ff.).

225 **Überreicht** ist die Rechnung, wenn sie dem Empfänger nach den üblichen Grundsätzen des bürgerlichen Rechts **zugegangen** ist.

Mit Erteilung der Schlussrechnung ist der Auftragnehmer – grundsätzlich – an seine Abrechnung **gebunden. Ausnahmen** sollen lediglich bei **offensichtlichen Abrechnungsfehlern,** die der Rechnungsempfänger bei einiger Aufmerksamkeit hätte erkennen *können*, zulässig sein.[440] Der BGH hat allerdings die **Bindungswirkung der Schlussrechnung** nahezu aufgehoben.[441]

---

[437] BGH Urt. v. 19.6.1986 – VII ZR 221/85, BauR 1986, 596.

[438] Vgl. nur BGH Urt. v. 11.5.2006 – VII ZR 146/04, NJW 2006, 2475, Rn. 26 m. w. N.

[439] BGH Urt. v. 20.2.2014 – VII ZR 26/12, BauR 2014, 1023 = ZfBR 2014, 362, Rn. 13 m.w.N. Vgl. auch BGH Urt. v. 20.8.2009 – VII ZR 205/07, NJW 2010, 227, Rn. 53; BGH Urt. v. 23.6.2005 – VII ZR 197/03, NJW 2005, 2771, juris – Rn. 19 m.w.N.

[440] Vgl. BGH Urt. v. 19.6.1986 – VII ZR 260/84, BauR 1986, 593 (betr. falschen Mehrwertsteueransatz gegenüber einem größeren kaufmännischen Unternehmen).

[441] Vor allem BGH Urt. v. 23.10.2008 – VII ZR 105/07, NJW 2009, 435, m. krit. Anm. *Schwenker/Wessel*, ZfIR 2009, 64.

⇒ Auch insoweit wird auf die Ausführungen unter Ziffer VII. 7b (Rn. 188 f.) verwiesen.

Erst mit Erteilung der prüffähigen Schlussrechnung beginnt die **Verjährung** der Honorarforderung.[442] Das gilt ebenso, wenn das Vertragsverhältnis vorzeitig beendet worden ist.[443] Die Frist beträgt nach § 195 BGB drei Jahre und beginnt gem. § 199 Abs. 1 Nr. 1 BGB mit dem Schluss des Jahres, in dem der Anspruch entstanden, d. h. fällig geworden ist; das ist wiederum nach § 15 HOAI zu beurteilen. 226

§ 15 Abs. 4 HOAI lässt andere Zahlungsweisen zu, wenn eine entsprechende – weiterhin – schriftliche (auch in Form von AGB vorformulierte) Vereinbarung vorliegt, nach der sich dann auch die Fälligkeit und die jeweilige Verjährung richten. Die Vereinbarung kann jederzeit – auch nachträglich – getroffen werden. 227

X. Nebenkosten

Nebenkosten sind nach **§ 15 Abs. 3 HOAI** mit der Honorarrechnung fällig. Maßgeblich ist § 14 HOAI. Die Aufzählung in § 14 Abs. 2 Nr. 1 bis 7 HOAI ist nicht abschließend.[444] Nebenkosten können gem. § 14 Abs. 3 HOAI **pauschal oder nach Einzelnachweis** abgerechnet werden. **Ohne** entsprechende – schriftliche – **Vereinbarung** bei Auftragserteilung ist zwingend der **Einzelnachweis** erforderlich. An den Nachweis der Nebenkosten dürfen insoweit keine übertriebenen Anforderungen gestellt werden, als dem Architekten **keine Einzelbelege zur Verfügung** stehen oder ihre Vorlage einen unangemessenen Aufwand bedeuten würde. Es ist aber zumindest erforderlich, dass eine **Nebenkostenzusammenstellung mit vorgelegten Belegen oder sonstigen Umständen korrespondiert** und ein nachvollziehbarer Bezug zu dem konkreten Bauvorhaben dargetan und ggf. bewiesen wird.[445] Die spätere Geltendmachung angefallener Nebenkosten befreit den Architekten nicht von der Verpflichtung, den Nachweis zu erbringen, auch wenn durch Zeitablauf Erschwernisse bei der Nachweisführung eingetreten sind.[446] 228

XI. Planungsänderungen

Die einschneidendste Änderung, die die HOAI 2009 gegenüber der HOAI 1996 gebracht hat, bestand in der **Abkoppelung des Honorars von den sich in der Praxis meist fortentwickelnden anrechenbaren Kosten**. An die Stelle der dynamischen Entwicklung von der Kostenschätzung bis zur Kostenfeststellung als Grundlage für die Honorarberechnung ist ein statisches System getreten, das **allein** die in der Leistungsphase 3 zu erstellende **Kostenberechnung als Grundlage für die Honorarberechnung** vorsieht (§ 6 Abs.1 HOAI 2009). Auch nach der HOAI 2013 ist allein die Kostenberechnung für die Bestimmung der anrechenbaren Kosten maßgeblich (§ 6 Abs. 1 HOAI 2013). Die in die HOAI 2013 übernommene Möglichkeit einer Baukostenvereinbarung (§ 6 Abs. 3 HOAI 2013) ist durch das Urteil des BGH vom 24. April 2014,[447] mit dem die Baukostenvereinbarungsmodell gem. § 6 Abs. 2 HOAI 2009 mangels Ermächtigungsgrundlage für unwirksam erklärt worden, obsolet. Damit ist auch § 6 Abs. 3 HOAI 2013 unwirksam. 229

---

[442] BGH Urt. v. 27.11.2003 – VII ZR 288/02, BGHZ 157, 118 = BauR 2004, 316.

[443] BGH Urt. v. 11.11.1999 – VII ZR 73/99, BauR 2000, 589 = NJW-RR 2000, 386.

[444] *Hennig* in: *Messerschmidt/Niemöller/Preussner*, HOAI, § 14 Rn. 4.

[445] OLG Dresden Urt. v. 25.4.2013 – 10 U 1933/10, nachgehend BGH Beschl. v. 14.8.2014 – VII ZR 129/13 (Nichtzulassungsbeschwerde zurückgewiesen), IBR 2014, 674 – *Wellensiek*.

[446] OLG Dresden Urt. v. 25.4.2013 – 10 U 1933/10, IBR 2014, 674.

[447] BGH Urt. v. 24.4.2014 – VII ZR 164/13, NJW 2014, 2354 m. Anm. *Wessel*, jurisPR-PrivBauR 8/2014 Anm. 4.

Durch die **Umstellung der Kostenermittlung von einem dynamischen auf ein statisches System** wurde es notwendig, die honorarrechtlichen Folgen von Änderungen „des beauftragten Leistungsumfangs auf Veranlassung des Auftraggebers" in die HOAI aufzunehmen, was durch § 7 Abs. 5 HOAI 2009 geschehen ist. Diese Vorschrift ist in der HOAI 2013 als eigenständige Regelung weggefallen.

230 Weggefallen ist auch der unverständliche § 3 Abs. 2 Satz 2 HOAI 2009, der zu der Frage geführt hatte, ob neben Leistungen und Besonderen Leistungen als dritte Kategorie die der **„anderen Leistungen"** treten sollte. Dadurch, dass die 7. Novelle § 3 Abs. 2 Satz 2 HOAI 2009 gänzlich **gestrichen** hat, herrscht Klarheit darüber, dass die **HOAI nur die in ihr abschließend und verpreist aufgeführten Grundleistungen und** die in den jeweiligen Anlagen **beispielhaft** und nicht abschließend aufgeführten **Besonderen Leistungen** kennt, deren Honorar frei vereinbart werden kann.

231 § 7 Abs. 5 HOAI 2009 hingegen ist im neuen § 10 HOAI 2013 aufgegangen, dessen Verständnis große Schwierigkeiten bereitet. In der amtlichen Begründung heißt es zu § 10 HOAI 2013: „In § 10 wurden Vorschriften der HOAI 2009 zusammengefasst, welche die Honorierung von Leistungen im Falle einer vertraglichen Änderung des Leistungsumfangs betreffen. Diese Vorschriften waren § 3 Absatz 2 Satz 2, § 7 Absatz 5 und § 10 der HOAI 2009. Der Regelungsbedarf zu § 3 Absatz 2 Satz 2 und § 10 der HOAI 2009 ist infolge der neuen Struktur und Vereinfachung der Regelung über die vertraglichen Änderung des Leistungsumfangs entfallen. Anders als § 3 Absatz 2 Satz 2 der HOAI 2009 setzt § 10 Absatz 1 HOAI 2013 nunmehr eine **schriftliche vertragliche Vereinbarung aufgrund der veränderten Honorarberechnungsgrundlage** voraus. Während § 10 der HOAI 2009 die Vergütung von mehreren Vorentwurfs- oder Entwurfsplanungen erfasste, regelt § 10 Absatz 2 HOAI 2013 jetzt allgemein die **Wiederholung von Grundleistungen** und ihre anteilsmäßige Honorarberechnung. Hintergrund dafür ist, dass nach den konkreten Umständen **im jeweiligen Einzelfall** zu **prüfen** ist, **welcher Mehraufwand dem Auftragnehmer durch die Wiederholung von Grundleistungen tatsächlich entsteht**. Soweit erbrachte Grundleistungen im Falle der Wiederholung verwertet werden können, sind diese nicht zusätzlich zu vergüten."[448]

232 § 10 Abs. 1 HOAI 2013 entspricht inhaltlich § 7 Abs. 5 HOAI 2009. Klargestellt wird jedoch, dass zu einer Änderung des Leistungsumfangs während der Laufzeit des Vertrags eine Einigung von Auftraggeber und Auftragnehmer erforderlich ist und eine **einseitige Anordnung des Auftraggebers**, wie § 7 Abs. 5 HOAI 2009 verstanden werden konnte, **nicht ausreicht**. Die Honorierung der Leistungen aufgrund des veränderten Leistungsumfangs setzt weiterhin voraus, dass die Honorarberechnungsgrundlage durch **schriftliche Vereinbarung** angepasst wird. Unter Honorarberechnungsgrundlage fällt auf jeden Fall die **Kostenberechnung**. Ob unter Honorarberechnungsgrundlage auch die Honorarvereinbarung nach § 7 Abs. 1 HOAI 2013 fällt, dürfte differenziert zu beantworten sein. Haben die Parteien etwa gemäß § 7 Abs. 1 HOAI ein **Pauschalhonorar** vereinbart, ist dieses anzupassen, weil mit ihm nur das Honorar für die bei Vertragsschluss vorgesehenen Leistungen pauschaliert worden ist. **Ändert sich aber der „Umfang der beauftragten Leistung", muss auch das Pauschalhonorar angepasst werden**. Haben die Parteien etwa, was von § 7 Abs. 1 HOAI gedeckt ist, die Abrechnung nach Stunden vereinbart, so wird die Änderung des Umfangs der beauftragten Leistungen sich unmittelbar in einer Erhöhung der vom Auftragnehmer benötigten Stundenzahl niederschlagen.

233 Voraussetzung bei allen durch § 7 Abs. 1 HOAI 2013 ermöglichten Honorarvereinbarungen ist, dass das Honorar innerhalb des von den Mindest- und Höchstsätzen abgegrenzten **Honorarkorridors** liegt. Um die Wirksamkeit der Honorarvereinbarung zu überprüfen, muss daher eine **Vergleichsberechnung** nach § 6 Abs. 1 HOAI 2013 erstellt werden. Auch insofern muss bei einer nachträglichen Änderung der beauftragten Leistung die (nicht Honorarermittlungsgrundlage werdende) Kostenberechnung angepasst werden.

---

[448] BR-Drs. 334/13, S. 149.

Die Anpassung hat **schriftlich** zu erfolgen, womit im Zweifel die strenge Schriftform des § 126 BGB gemeint ist. Dem Sinn der Vorschrift – dem Auftragnehmer bei Änderungswünschen des Auftraggebers ein geändertes Honorar zu verschaffen – würde aber nicht genüge getan, wenn die Schriftform konstitutiv wäre und eine Anpassung des Honorars ohne schriftliche Änderung der Honorarermittlungsgrundlage entfiele. Der **Auftragnehmer hat einen Anspruch auf Anpassung der Honorarermittlungsgrundlage**. Ist der Auftraggeber nicht bereit, die Honorarermittlungsgrundlage anzupassen, ist die Situation vergleichbar der, in der der Auftraggeber trotz Vorliegen aller Voraussetzungen die Abnahme verweigert. Hier ist völlig unstreitig, dass der Auftragnehmer nicht zunächst auf Erklärung der Abnahme klagen und alsdann sein Honorar einklagen muss, dessen Voraussetzung die Abnahme ist, sondern sofort sein Honorar einklagen kann. Die Voraussetzungen des Honoraranspruchs, zu denen auch die Abnahmefähigkeit seiner Werkleistung gehört, werden im Honorarprozess geprüft. 234

Da die HOAI kein Vertragsrecht regelt, liegt der Regelungsgehalt des § 10 Abs. 1 HOAI 2013 allein im Honorarrecht. Der Hintergrund wird deutlich an der bis zur HOAI 2009 geltenden Regelung: Durch die Notwendigkeit, nach Planungsfortschritt aktualisierte Kostenermittlungen zu erstellen, sollte sichergestellt werden, dass das Honorar sich an geänderte Leistungen anpasst. Im Regelfall führte dies dazu, dass das Honorar sich erhöhte, weil sich die anrechenbaren Kosten nach dem Kostenanschlag höher darstellten als nach der Kostenberechnung und nach der Kostenfeststellung höher als nach dem Kostenanschlag. Die Erhöhung der Baukosten führte somit mittelbar zu einer Erhöhung des Honorars des Planers. Die Entkopplung der Planerhonorare von den Baukosten war erklärtes Ziel der 6. Novelle, so dass das bisherige System der dynamisierten Kostenermittlung durch die das Kostenberechnungsmodell des heutigen § 6 Abs. 1 HOAI ersetzt wurde. Sobald die in der Leistungsphase 3 zu erbringende Kostenberechnung erstellt ist, sollte damit nach den Vorstellungen des Verordnungsgebers die Bemessungsgrundlage des Planerhonorars für sämtliche Leistungsphasen feststellen. Durch diesen Systemwechsel wurde es aber gleichzeitig nötig, den Fall gebührenrechtlich zu erfassen, dass der Leistungsumfang sich während der Laufzeit des Vertrages ändert. Dieser Fall wurde in der 6. Novelle von § 7 Abs. 5 HOAI umfasst und ist in der 7. Novelle in § 10 Abs. 1 HOAI geregelt. Der Regelungsgehalt der Vorschrift hat sich in der seit dem 17. Juli 2013 geltenden Fassung nicht geändert. 235

§ 10 Abs. 2 HOAI befasst sich ebenfalls mit der Wiederholung von Grundleistungen, jedoch mit der Maßgabe, dass sich die anrechenbaren Kosten durch die Wiederholung nicht ändern. In der Praxis wird dies ein selten vorkommender Fall sein. Im Regelfall werden die anrechenbaren Kosten bei mehreren Planungsalternativen nicht identisch sein. In der amtlichen Begründung heißt es nur sehr knapp: „Neu eingeführt wird in § 10 Absatz 2 eine Regelung zur Honorierung von Grundleistungen, über deren Wiederholung sich die Vertragsparteien geeinigt haben, ohne dass sich dadurch die anrechenbaren Kosten oder Flächen ändern. Die zu **wiederholenden Grundleistungen sind auf der Grundlage einer schriftlichen Vereinbarung entsprechend ihrem Anteil an der jeweiligen Leistungsphase zu honorieren**. Abzugrenzen ist die Wiederholung von Grundleistungen von dem Fall, dass der Auftraggeber vom Auftragnehmer eine Mangelbeseitigung aus gesetzlicher Mängelhaftung verlangt. Die im Rahmen des Leistungsbilds Gebäude, Leistungsphase 2 c), enthaltene Darstellung und Bewertung von Varianten stellt keine wiederholt zu erbringende Grundleistung dar.“ [449] 236

Der Halbsatz „ohne dass sich dadurch die anrechenbaren Kosten oder Flächen ändern“ in § 10 Abs. 2 HOAI führt zu der **Frage, wie Wiederholungsleistungen zu behandeln sind, wenn sich aufgrund der Änderung des Leistungsumfangs die anrechenbaren Kosten ebenfalls ändern**. Auf den ersten Blick scheint das Ergebnis zu sein, dass diese nicht honorarfähig sein sollen. Damit würde aber außer Acht gelassen, dass es sich bei § 10 Abs. 2 HOAI 2013 um eine preisrechtliche und nicht um vertragsrechtliche Regelung 237

---

[449] BR-Drs. 334/13, S. 149.

handelt. Eine vertragsrechtliche Regelung wäre von der Ermächtigungsgrundlage des Verordnungsgebers auch nicht gedeckt. Dass wiederholte Grundleistungen vom Grunde her vergütungspflichtig sind, ergibt sich (bei entsprechender Gestaltung) aus dem Vertrag, den Auftraggeber und Auftragnehmer miteinander geschlossen haben. Denn nach dem Vertrag lässt sich bestimmen, wie viele Varianten der Auftragnehmer schuldet. Das Verlangen des Auftraggebers, über die vertraglich geschuldeten hinaus weitere Wiederholungen zu erstellen, kann vom Auftragnehmer nur als Angebot des Auftraggebers empfunden werden, über den Ursprungsvertrag hinaus aufgrund eines neu abzuschließenden Wiederholungsvertrages weitere Varianten zu erstellen. Einer ausdrücklichen Annahme dieses Angebotes von Seiten des Auftragnehmers bedarf es nicht. **Erbringt der Auftragnehmer die Wiederholungsleistungen, hat er damit durch schlüssiges Verhalten das Angebot des Auftraggebers angenommen**. Auftraggeber und Auftragnehmer haben sich somit über die Wiederholung von Grundleistungen geeinigt. Dass diese einen weiteren Honoraranspruch des Auftragnehmers auslösen, ist für den Auftraggeber den Umständen zu entnehmen (§ 632 Abs. 2 BGB).

238 § 10 Abs. 2 HOAI hat daher für den regelmäßigen Fall, dass sich durch Varianten die Berechnungsgrundlage ändert, lediglich deklaratorischen Charakter, weil sich aus dem schuldrechtlichen Vertrag ergibt, dass für die „überobligatorischen" Wiederholungen Honorar geschuldet wird. Für den Sonderfall, dass sich die Berechnungsgrundlage nicht ändert, trifft § 10 Abs. 2 HOAI 2013 die Anordnung, dass lediglich die Wiederholungsleistung auf der Grundlage der nicht veränderten Kostenermittlung vergütet wird. **Änderungsleistungen auf Veranlassung des Auftraggebers sind somit grundsätzlich über die Vergütung der Wiederholungsleistung und die Anpassung der veränderten anrechenbaren Kosten zu honorieren** (§ 10 Abs. 1 HOAI 2013). Für den Sonderfall einer vertraglichen Änderung des Leistungsumfangs ohne Veränderung der anrechenbaren Kosten gilt nach § 10 Abs. 2 HOAI die Beschränkung auf die bloße Zusatzvergütung doppelt zu erbringender Leistungen.[450]

239 Der in der Literatur vertretenen Auffassung, einer **aufwandsbezogenen Abrechnung** von Änderungs- und Zusatzleistungen, die infolge von Störungen notwendig geworden sind, sei durch den Verordnungsgeber der HOAI 2013 eine Absage erteilt worden,[451] kann nicht gefolgt werden. Die zugrundeliegende Behauptung, planungsbezogene Änderungs- und Zusatzleistungen seien immer als Wiederholungsleistungen einzuordnen und deshalb nach den jeweils betroffenen Grundleistungen abzurechnen,[452] verkennt die unterschiedliche Struktur von infolge Störungen notwendig werdenden Architekten- und Ingenieurleistungen.

Gerade für die Fallkonstellation, die die Rechtsprechung am häufigsten beschäftigt, die **Verlängerung der Bauzeit**, weil die Ausführungsphase weit länger dauert, als es sich die Vertragspartner vorgestellt haben, ist nicht ersichtlich, wie eine Abrechnung als Wiederholungsleistung erfolgen und zu einem sachgemäßen Ergebnis führen könnte. Vielmehr ist zumindest für diesen häufig auftretenden Störungsfall eine **aufwandsbezogene Abrechnung** geboten, wie sie von der Rechtsprechung des Bundesgerichtshofs vorgenommen wird.

240 Da eine derartige Abrechnung außerhalb der HOAI erfolgt, ist nicht ersichtlich, dass die Novellierungen der HOAI 2009 und 2013 den Grundsatz der aufwandsbezogenen Abrechnung erschüttert hätten. Daher kann an der Grundaussage des Urteils des Bundesgerichtshofs vom 30. September 2004[453] festgehalten werden. Danach kann eine Vereinbarung der Parteien eines Architektenvertrages, dass dem Auftragnehmer bei Überschrei-

---

450 So auch *Budiner/Plankemann* DAB 2014, 48 f.

451 *Messerschmidt*, Das Honorar für Änderungs- und Zusatzleistungen nach der HOAI 2013, NZBau 2014, 3ff. (7).

452 *Messerschmidt* aaO. (vorherige FN) S. 7 unter Berufung auf *Koeble/Zahn*, Neue HOAI 2013, 2013, Rn. 76.

453 BGH Urt. v. 30. 9. 2004 – VII ZR 456/01.

tung einer bestimmten Bauzeit ein Anspruch auf Verhandlung über eine angemessene Entgelterhöhung zustehen soll, als vertragliche Regelung der Folgen eines Wegfalls der Geschäftsgrundlage zu verstehen sein. Eine solche Regelung verstößt nicht gegen das Preisrecht der HOAI, sofern sich die zugrunde gelegte Bauzeit unter Berücksichtigung eines den Parteien zuzubilligenden Beurteilungsspielraums nicht als unrealistisch darstellt. Diese Grundsätze hat der VII. Zivilsenat des BGH mit seinem Urteil vom 10. Mai 2007[454] vertieft. Danach **kann der Architekt, wenn der Vertrag vorsieht, dass die Parteien eine zusätzliche Vergütung für die Mehraufwendungen des Architekten wegen einer von ihm nicht zu vertretenden Bauzeitverzögerung zu vereinbaren haben, einen nach den Mehraufwendungen berechneten Zahlungsanspruch gerichtlich geltend machen, wenn die Einigung nicht zustande kommt**. Enthält der Vertrag die Regelung, dass der Architekt für nachweisbare Mehraufwendungen eine zusätzliche Vergütung erhalten soll, setzt der Anspruch nicht voraus, dass die Aufwendungen das Gesamthonorar übersteigen, also auch den Gewinn des Architekten aufgezehrt haben.

Rechtsprechung dazu, ob die aufgezeigten Grundsätze der Rechtsprechung auch auf Architektenverträge anwendbar sind, die nach dem 18. August 2009 geschlossen worden sind, fehlt jedoch. Da der Bundesgerichtshof eine Lösung außerhalb der HOAI gefunden hat, kann jedoch eine Novellierung der HOAI keine Auswirkung auf die vom BGH gefundene Möglichkeit über § 313 BGB haben. 241

XII. Umbau und Modernisierung

Umbau und Modernisierung stellen in der Praxis einen stark wachsenden Anteil der Architektenleistungen dar. Wegen der damit verbundenen Besonderheiten und erhöhten Leistungsanforderungen enthält die HOAI eine Reihe von Sonderregelungen, die diesen Umständen Rechnung tragen sollen. 242

Die HOAI 2013 hat grundlegende Änderungen in diesem Bereich im Vergleich zu den früheren Fassungen eingeführt (vgl. § 2 Abs. 5 und 6, § 6 Abs. 2 HOAI). **Umbauten** sind Umgestaltungen eines vorhandenen Objekts mit *wesentlichen* Eingriffen in Konstruktion oder Bestand. **Modernisierungen** sind bauliche Maßnahmen zur *nachhaltigen* Erhöhung des Gebrauchswertes eines Objekts. Die Honorare für Leistungen bei Umbauten und Modernisierungen gemäß § 2 Abs. 5 und 6 sind zu ermitteln nach den anrechenbaren Kosten, der Honorarzone, welcher der Umbau oder die Modernisierung in sinngemäßer Anwendung der Bewertungsmerkmale zuzuordnen ist, den Leistungsphasen, der Honorartafel und dem Umbau- oder Modernisierungszuschlag auf das Honorar. 243

1. Mitzuverarbeitende Bausubstanz

§ 2 Nr. 7 HOAI 2013 definiert die **mitzuverarbeitende Bausubstanz** als Teil des zu planenden Objekts, der bereits durch Bauleistungen hergestellt ist und durch Planungs- oder Überwachungsleistungen technisch oder gestalterisch mitverarbeitet wird. Fraglich ist, was konkret unter „mitverarbeitet" zu verstehen ist: Die rein zeichnerische Darstellung und Bestandsaufnahme genügen dafür noch nicht. Die vorhandene Bausubstanz muss **Einfluss auf die planerischen oder überwachenden Tätigkeiten des Architekten haben und in die Planung und Ausführung einbezogen** werden. Ein **Eingriff in die vorhandene Bausubstanz ist nicht erforderlich**.[455] 244

Gem. 4 Abs. 3 HOAI 2013 *ist* der Umfang der mitzuverarbeitenden Bausubstanz bei den **anrechenbaren Kosten angemessen zu berücksichtigen**. Schon gem. § 10 Abs. 3a HOAI 1996 war die vorhandene Bausubstanz, die technisch oder gestalterisch mitverarbeitet wurde, bei den anrechenbaren Kosten angemessen zu berücksichtigen. Dafür war die Leistung des Auftragnehmers der Maßstab – der anrechenbare Kostenumfang sollte 245

454 BGH Urt. v. 10.5.2007 – VII ZR 288/05.

455 So auch *Krumb* in: *Messerschmidt/Niemöller/Preussner*, HOAI, § 2 Rn. 33 m. w. N.

sich nach dem Leistungsgrad der Mitverarbeitung richten (also nicht nach dem Umfang der zu verarbeitenden Bausubstanz).[456] Die **Anrechnung der Kosten der mitzuverarbeitenden Bausubstanz ist jetzt zwingend** und unabhängig von einer entsprechenden Vereinbarung.[457] Ein **Ausschluss der Anrechnung ist nicht möglich.** Die Anrechnung ist damit auch **„mindestsatzrelevant"**. Gem. § 4 Abs. 2 Nr. 4 HOAI 2013 können innerhalb der anrechenbaren Kosten ortsübliche Preise berücksichtigt werden, wenn der Auftraggeber vorhandene Baustoffe oder Bauteile einbauen lässt. Abstrakte Ansätze scheiden jedenfalls aus.

Die **Kosten der mitzuverarbeitenden Bausubstanz** nach § 4 Abs. 3 HOAI 2013 sind den **anrechenbaren Kosten des betreffenden Objektes zuzurechnen.**

246 Zur mitzuverarbeitenden vorhandenen Bausubstanz gehören im Regelfall Baukonstruktionen (KG 300). Daneben können aber insbesondere auch Installationen oder zentrale Betriebstechnik (KG 400) zur mitzuverarbeitenden Bausubstanz gehören. Bei der Berechnung der anrechenbaren Kosten müssen solche Kosten aus der vorhandenen Bausubstanz auch dementsprechend differenziert berücksichtigt werden. Die sonstigen anrechenbaren Kosten, die bei der Berechnung der Hinzuziehung der Kosten der technischen Ausrüstung nach § 33 Abs. 2 HOAI 2013 Grundlage sind, setzen sich u.a. aus der Kostengruppe 300 *zuzüglich* der Kosten aus der mitzuverarbeitenden Bausubstanz zusammen.[458]

2. Umbauzuschlag

247 § 4 Abs. 3 HOAI 2013 ist als Ausgleichsvorschrift bei den anrechenbaren Kosten zu verstehen. Anders als beispielsweise die Honorarerhöhung soll diese Vorschrift also kein Mehrhonorar für Mehraufwand oder besondere Schwierigkeiten beim „Bauen im Bestand" gewähren. Die Regelung zu anrechenbaren Kosten aus vorhandener Bausubstanz ist daher von den Regelungen zum **Umbauzuschlag** abzugrenzen.[459] Gem. § 36 HOAI 2013 kann für Umbauten und Modernisierungen von **Gebäuden** bei durchschnittlichem Schwierigkeitsgrad ein Zuschlag **bis 33 Prozent auf das ermittelte Honorar schriftlich** vereinbart werden. Bei **Innenräumen** kann dieser Zuschlag **bis 50 Prozent** ausmachen. Umbauten sind nach § 2 Abs. 5 HOAI 2013 Umgestaltungen eines vorhandenen Objekts mit *wesentlichen* Eingriffen in Konstruktion oder Bestand.[460] Modernisierungen sind

---

456 Vgl. BGH Urt. v. 27.2.2003 – VII ZR 11/02, BauR 2003, 745. Soweit bei einem Umbau stehenbleibende Gebäudeteile mitverarbeitet wurden, galten nach BGH Urt. v. 19.6.1986 – VII ZR 260/84, BauR 1986, 593, die ortsüblichen Preise als anrechenbare Kosten i.S.d. § 10 Abs. 3 Nr. 4 HOAI 1996 (s. jetzt § 4 Abs. 3 HOAI 2013). Eine Unterscheidung danach, ob mit dem Grundstück fest verbundene Bauteile bei einem Wiederaufbau oder bei einem Umbau verwendet werden, war nicht vorzunehmen. Von Belang sollte nur sein, ob der Architekt diese Bauteile planerisch und baukonstruktiv in seine Leistung einbezogen, die alte Bausubstanz also in den Wiederaufbau oder in den Umbau eingliedern musste. In jedem Falle ersparte er dem Bauherrn Kosten, die ohne die Verwertung der alten Bauteile unvermeidlich gewesen wären. Nur insoweit – nicht etwa auch hinsichtlich der Bauteile, welche die geschuldete Architektenleistung nicht beeinflussten – war der Wert der sonst nicht erfassten Bausubstanz anzurechnen und damit zugunsten des Architekten zu berücksichtigen.

457 In der HOAI 1996 bedurfte es insoweit noch einer schriftlichen Vereinbarung, wobei dies nach BGH Urt. v. 27.2.2003 – VII ZR 11/02, BauR 2003, 745, keine Anspruchsvoraussetzung gewesen sein soll, sondern lediglich klarstellende Funktion gehabt haben soll.

458 Vgl. LG Görlitz Urt. v. 13.9.2013 – GR 1 O 355/12, BauR 2014, 297, m. zust. Anm. *Peter Fischer*, jurisPR-PrivBauR 3/2014 Anm. 6.

459 Vgl. LG Görlitz Urt. v. 13.9.2013 – GR 1 O 355/12, BauR 2014, 297, m. zust. Anm. *Peter Fischer*, jurisPR-PrivBauR 3/2014 Anm. 6.

460 Nach § 34 Abs. 2 HOAI 2013 sollen aber Leistungen für Innenräume nur solche sein, die *ohne* wesentliche Eingriffe in Bestand oder Konstruktion auskommen. Soweit hier kein „Redaktionsversehen" vorliegt, hieße das, dass in diesem Leistungsbild ein Umbauzuschlag ausscheidet; so *Scholtissek*, HOAI, 2. Aufl. § 34 Rn. 3. § 36 Abs. 2 HOAI 2013 sieht den Zuschlag aber ausdrücklich vor, so auch *Scholtissek*, HOAI, 2. Aufl. § 36 Rn. 16.

bauliche Maßnahmen zur nachhaltigen Erhöhung des Gebrauchswertes eines Objekts, soweit diese Maßnahmen nicht unter § 2 Absatz 4, 5 oder 8 HOAI fallen.

Der Umbau- oder Modernisierungszuschlag ist unter **Berücksichtigung des Schwierigkeitsgrads der Leistungen schriftlich** zu vereinbaren. Die Höhe des Zuschlags auf das Honorar ist in den jeweiligen Honorarregelungen der Leistungsbilder der Teile 3 und 4 geregelt. 248

Sofern **keine schriftliche Vereinbarung** getroffen wurde, wird gem. § 6 Abs. 2 Satz 4 HOAI 2013 unwiderleglich vermutet, dass ein Zuschlag von **20 Prozent** ab einem durchschnittlichen Schwierigkeitsgrad vereinbart ist, wobei unter durchschnittlichem Schwierigkeitsgrad Bauvorhaben ab Honorarzone III zu verstehen sind.[461] Fraglich ist, ob damit bei **unterdurchschnittlichem Schwierigkeitsgrad** der Umbauzuschlag entfallen muss. Weder der Wortlaut des Verordnungstextes noch die Begründung zur Neuregelung[462] lassen aber erkennen, dass ein „Mindestumbauzuschlag" von 20 % geboten ist.[463] Es ist also bei unterdurchschnittlichem Schwierigkeitsgrad der Umbau- oder Modernisierungsmaßnahme ein Zuschlag von – beispielsweise – 10 oder 15 % vereinbar. Damit ist auch die Frage beantwortet, ob ein vereinbarter Zuschlag mehr als 20 % betragen muss. § 6 Abs. 2 Satz 4 HOAI 2013 sieht zwar bei fehlender Vereinbarung einen Zuschlag von 20 % vor. § 36 Abs. 1 spricht aber von der Vereinbarung eines Zuschlags „bis 33 Prozent". Anzunehmen, vereinbarte Zuschläge dürften 20 % nicht unterschreiten, ist vom eindeutigen Wortlaut der Norm nicht gedeckt. 249

Der Umbauzuschlag kann auch **nach Auftragserteilung vereinbart** werden. Ein bei Auftragserteilung vereinbarter Umbauzuschlag kann einvernehmlich schriftlich geändert werden.[464]

3. Erweiterungsbauten

Soweit **Umbauten und Modernisierungen zusammen mit Erweiterungsbauten** durchgeführt werden, ist bislang ungeklärt, wie abzurechnen ist: Nach *Schmidt*[465] ist der **Zuschlag nur für den Anteil des Umbaus bzw. der Modernisierung am Gesamtbauvorhaben** anzusetzen, wobei der Abrechnung aber die gesamten anrechenbaren Kosten zugrunde gelegt werden, ohne dass eine getrennte Abrechnung des Honorars für den Umbau stattfindet. Die **Höhe des anteiligen Zuschlags bemisst sich nach dem Verhältnis der anrechenbaren Kosten des Umbaus zu den gesamten anrechenbaren Kosten des Bauvorhabens.** 250

Werden **Leistungen für Gebäude und Innenräume zusammen** erbracht, ist **keine Kumulation der Zuschläge** vorzunehmen. Nach § 37 Abs. 2 HOAI 2013 sind die anrechenbaren Kosten einheitlich zu bemessen – unter Berücksichtigung der Leistungen in beiden Bereichen. Darauf kann ein Zuschlag **bis zu 33 Prozent** gem. § 36 Abs. 1 HOAI 2013 vereinbart werden. Ein höherer Zuschlag gem. § 36 Abs. 2 HOAI bis zu 50 Prozent lässt sich mit § 37 Abs. 2 HPAO 2013 nicht vereinbaren, da hiernach die Honorierung über die Regeln für Grundleistungen bei Gebäuden erfolgt.[466] 251

---

461 Die HOAI 2009 ließ dagegen „Leistungen ab der Honorarzone II" ausreichen (§ 35 Abs. 1 Satz 2 HOAI 2009).

462 Vgl. BR-Drucks. 334/13, S. 141 und 157.

463 Für eine Unterschreitung bzw. gegen einen Mindestzuschlag von 20: *A. Schmidt* in: *Messerschmidt/Niemöller/Preussner*, HOAI, § 36 Rn. 24; *Voppel*, BauR 2014, 1758 ff., 1762 f.; *Werner/Siegburg*, BauR 2013, 1506, 1507.

464 BGH Urt. v. 27.11.2008 – VII ZR 211/07, BauR 2009, 264. Die abweichende Ansicht der amtl. Begründung, BR-Drucks. 334/13, S. 141, überzeugt nicht. Er findet im Normtext keine Stütze. So zutreffend *A. Schmidt* in: *Messerschmidt/Niemöller/Preussner*, HOAI, § 36 Rn. 25.

465 *A. Schmidt* in: *Messerschmidt/Niemöller/Preussner*, HOAI, § 36 Rn. 26.

466 *A. Schmidt* in: *Messerschmidt/Niemöller/Preussner*, HOAI, § 36 Rn. 27. **A.A.** *Scholtissek*, HOAI, 2. Aufl. § 36 Rn. 20; *Locher/Koeble/Frik*, HOAI, 12. Aufl., § 36 Rn. 9 (Abrechnung nach Schwerpunkt der Maßnahme).

4. Instandsetzungen und Instandhaltungen

252 **Instandsetzungen und Instandhaltungen sind** gem. §§ 2 Abs. 8 und 9, 12 HOAI 2013 zu beurteilen. **Instandsetzungen** sind Maßnahmen zur Wiederherstellung des zum bestimmungsgemäßen Gebrauch geeigneten Zustandes (Soll-Zustandes) eines Objekts. **Instandhaltungen** sind Maßnahmen zur Erhaltung des Soll-Zustandes eines Objekts. Honorare für Grundleistungen bei Instandsetzungen und Instandhaltungen von Objekten sind nach den anrechenbaren Kosten, der Honorarzone, den Leistungsphasen und der Honorartafel, der die Instandhaltungs- und Instandsetzungsmaßnahme zuzuordnen sind, zu ermitteln. Für Grundleistungen bei Instandsetzungen und Instandhaltungen von Objekten kann schriftlich vereinbart werden, dass der Prozentsatz für die Objektüberwachung oder Bauoberleitung um bis zu 50 Prozent der Bewertung dieser Leistungsphase erhöht wird.

253 Das Honorar eines **Innenarchitekten** soll auch dann unter Berücksichtigung anrechenbarer Kosten für vorhandene Bausubstanz und eines Umbauzuschlags zu ermitteln sein, wenn das Objekt überhaupt erst neu errichtet wird.[467]

XIII. Vorliegen von Mängeln

254 Erbringt der Architekt die vertraglich geschuldete Leistung in mangelhafter Weise, bietet das öffentliche Preisrecht der HOAI keine Grundlage, den Honoraranspruch des Statikers ganz oder teilweise entfallen zu lassen.[468] Der Honoraranspruch des Architekten entfällt ganz oder teilweise nur dann, wenn der Tatbestand einer Regelung des allgemeinen Leistungsstörungsrechts des BGB oder des werkvertraglichen Gewährleistungsrechts erfüllt ist, die den Verlust oder die Minderung der Honorarforderung als Rechtsfolge vorsieht.[469] Ist das Architektenwerk mangelhaft, sind folglich zunächst die **Gewährleistungsansprüche** gem. § 634 BGB zu prüfen. Die **Mangelfreiheit** ist Fälligkeitsvoraussetzung für die Honorarforderung. Denn § 15 HOAI 2013 knüpft die **Fälligkeit** der Honorarforderung an die **Abnahme**.[470] Die Abnahme erfordert eine **im Wesentlichen vertragsgerechte Leistung**.[471] Die liegt vor, wenn der Auftragnehmer die vertraglichen Leistungen erbracht hat. Ihr steht gleich, wenn er weitere Vertragsleistungen, die in eine Schlussrechnung einzustellen wären, nicht mehr erbringen muss, etwa weil der Vertrag gekündigt worden ist, die Leistung unmöglich geworden ist, der Auftragnehmer keine weiteren Leistungen mehr erbringen will oder der Auftraggeber keine weiteren Leistungen mehr verlangt, so dass ein **Abrechnungsverhältnis** entsteht.[472] Ein Abrechnungsverhältnis wird begründet, wenn der Auftragnehmer einen Vergütungsanspruch hat und dem Auftraggeber allein auf Geldzahlung gerichtete Ansprüche wegen der unvollständigen oder mangelhaften Fertigstellung des Werkes zustehen. **In diesem Fall ist die Abnahme der Werkleistung keine Voraussetzung für die Fälligkeit der Vergütungsforderung.**[473]

Die Fälligkeit der Honorarforderung tritt **nicht** ein, wenn die Leistung des Architekten mit **wesentlichen Mängeln** behaftet ist.

---

467 OLG Düsseldorf Urt. v. 23.10.2014 – I-5 U 51/13, NJW-RR 2015, 400.

468 BGH Urt. v. 9.2.2012 – VII ZR 31/11, NJW 2012, 1792, Rn. 16 m. w. N.

469 BGH Urt. v. 24.6.2004 – VII ZR 259/02, NJW 2004, 2588.

470 Dabei dürfte die Neuregelung weniger verfassungsrechtlichen Bedenken begegnen, als die vom allgemeinen Werkvertragsrecht des BGB abweichende Regelung in den Fassungen zuvor. Eine Ermächtigungsgrundlage, in der HOAI gesonderte vertragsrechtliche Regelungen zur Fälligkeit zu treffen, besteht nicht. Näher zur Abnahme oben Ziffer IX. 1. (Rn. 219 ff.).

471 Vgl. die Nachweise bei *Messerschmidt* in: *Messerschmidt/Voit*, Privates Baurecht, 2. Aufl. § 640 Rn. 54.

472 BGH Urt. v. 20.8.2009 – VII ZR 205/07, NJW 2010, 227, juris-Rn. 53.

473 BGH Urt. v. 23.6.2005 – VII ZR 197/03, NJW 2005, 2771, juris-Rn. 19 m. w. N.

Unwesentliche Mängel stehen gem. § 640 Abs. 1 Satz 2 BGB der Fälligkeit nicht entgegen; eine solche Leistung ist noch vertragsgerecht und abnahmereif. Für die **Abgrenzung** wesentlicher Mängel von unwesentlichen Mängeln ist entscheidend, ob die vereinbarte oder die nach dem Vertrag vorausgesetzte Gebrauchstauglichkeit nicht nur unwesentlich beeinträchtigt wird.[474] Dieser für das Bauvertragsrecht entwickelte Grundsatz dürfte auf das Architektenrecht übertragbar sein. Rechtsprechung dazu fehlt jedoch noch. 255

Bei **wesentlichen Mängeln** bleibt der Architekt grundsätzlich zunächst verpflichtet, die geschuldete Leistung zu erbringen, damit die Vergütung fällig wird. Es ist allerdings zu differenzieren, ob der Mangel von dem Architekten selbst verursacht wurde oder nicht. 256

Hat der **Architekt den Mangel verursacht**, kann sich der Auftraggeber dann auf ein **Zurückbehaltungsrecht** gem. § 320 BGB berufen, wenn er noch eine Beseitigung des Mangels verlangen kann.

Hat sich der **Mangel bereits im Bauwerk verwirklicht**, scheidet eine Nachbesserung aus. Ein Architekt, der fehlerhaft geplant hat, kann seine Leistung, nachdem seinem Plan gemäß gebaut worden ist, im Regelfall nicht mehr nachbessern.[475]

In solchen Fällen bleibt dem Auftraggeber nur der **Schadensersatzanspruch**, für den er allerdings darlegungs- und beweispflichtig ist.[476] Der Auftraggeber legt einen Mangel des Architektenwerks, der sich im Bauwerk realisiert hat, jedoch hinreichend substantiiert dar, wenn er die **Mangelerscheinungen bezeichnet und einer Leistung des Architekten zuordnet**. Der Bauherr ist auch nicht verpflichtet, vorprozessual Mängelbeseitigungskosten zu ermitteln. Es genügt, wenn er die Kosten schätzt und für den Fall, dass der Schuldner die Kosten bestreitet, ein Sachverständigengutachten als Beweismittel anbietet.[477] Der **Mangel des Architektenwerks an sich** stellt schon einen **Schaden** dar.[478] Zur Fertigstellung des Architektenwerks gehört indes nicht, dass der Architekt wegen Mängeln des Architektenwerks geschuldeten Schadensersatz geleistet hat.[479] Die Fälligkeit der Honorarforderung ist also nicht davon abhängig. Der Architekt kann zudem in besonderen Fällen berechtigt sein, selbst dafür zu sorgen, dass der Baumangel behoben wird, und der Bauherr kann gegen seine Schadensminderungspflicht aus § 254 Abs. 2 Satz 1 BGB verstoßen, wenn er dem Architekten hierzu keine Gelegenheit gibt.[480] 257

Der Auftraggeber kann bei Mängeln der Architektenleistung berechtigt sein, den Vergütungsanspruch des Architekten zu **mindern**. Die Minderung kann allerdings nicht neben dem Schadensersatz verlangt werden. Der Auftraggeber hat hier ein **Wahlrecht**: Ein Anspruch auf Schadensersatz „statt der Leistung“ kommt nach Minderung nicht mehr in Betracht.[481] 258

Insoweit bedarf es in der Regel einer **Fristsetzung zur Nacherfüllung**.[482] Die Fristsetzung ist nur dann entbehrlich gem. § 636 BGB, wenn der Architekt die Nacherfüllung ernsthaft und endgültig verweigert, die Nacherfüllung praktisch nicht mehr möglich 259

---

474 *Thode/Quack*, Abnahme und Gewährleistung im Bau- und Bauträgervertrag [2003], Rdn. 200 ff. m. w. N.

475 BGH Urt. v. 25.4.1996 – VII ZR 157/94, ZfBR 1996, 258, juris-Rn. 19 m. w. N.

476 Bei der Geltendmachung eines Schadensersatzanspruchs des Bauherrn wegen fehlerhafter Kostenermittlung oder sonst falscher Beratung des Architekten zur Kostenentwicklung muss der Bauherr neben der Pflichwidrigkeit und neben dem Schaden auch die Ursächlichkeit der Vertragsverletzung für den Schaden dartun und nachweisen, so OLG Köln Urt. v. 30.10.2014 – 24 U 76/14, NZB BGH – VII ZR 273/14 zurückgenommen.

477 BGH Urt. v. 8.5.2003 – VII ZR 407/01, NZBau 2003, 501.

478 BGH Urt. v. 27.6.2002 – VII ZR 238/01, BauR 2003, 123.

479 BGH Urt. v. 13.12.1973 – VII ZR 40/72, NJW 1974, 367.

480 BGH Urt. v. 25.4.1996 – VII ZR 157/94, ZfBR 1996, 258, juris-Rn. 19 m. w. N.

481 *Preussner* in: *Messerschmidt/Niemöller/Preussner*, HOAI, Grundl. Rn. 143.

482 Vgl. *Preussner* in: *Messerschmidt/Niemöller/Preussner*, HOAI, Grundl. Rn. 144 f.

oder dem Auftraggeber nicht mehr zumutbar ist.[483] Nach fruchtlosem Ablauf der Frist kann der Auftraggeber den Anspruch auf Minderung geltend machen. Er kann den **Werklohn kürzen nach dem Verhältnis zwischen dem mangelfreien und mangelbehafteten Teil** des Werks.[484] Der Minderungsbetrag kann gem. § 638 Abs. 3 Satz 2 BGB auch (insbesondere richterlich) geschätzt werden. Bei fehlenden Grundleistungen kann der **betroffene Leistungsschritt von den Prozenten der zugehörigen Leistungsphase abgezogen** werden.[485]

260 Ist der Mangel des Werks **nicht vom Architekten verursacht, sondern vom Bauunternehmer** (einschl. Subunternehmer), wird das Honorar des Architekten dennoch fällig, wenn der verantwortliche Unternehmer auf die Aufforderung des Architekten zur Mangelbeseitigung nicht reagiert und der Architekt dies seinem Auftraggeber mitteilt.[486] Das gilt entsprechend, wenn der Unternehmer die Mangelbeseitigung endgültig verweigert oder die gesetzte Frist ungenutzt abgelaufen ist, mit der Folge, dass in diesem Fall der Architekt sein Honorar erhält, obwohl der Bauunternehmer nicht nachbesserungswillig (oder -fähig) ist.[487]

Der Architekt kann ferner gem. § 242 BGB **gehindert sein, in seine Honorarberechnung diejenigen anrechenbaren Kosten einzustellen, die dadurch verursacht worden sind, dass er diese Kosten durch eine fehlerhafte Planungsleistung unnötig hat entstehen lassen**. Denn er forderte dann etwas, was er im Wege des Schadensersatzes umgehend an den Auftraggeber erstatten müsste. Eine solche Forderung verstieße gegen Treu und Glauben.[488]

XIV. Sicherung von Ansprüchen

261 Hier sind die §§ 648 und 648a BGB von Bedeutung.

1. Sicherungshypothek

262 Auch ein Architekt kann einen Anspruch auf Einräumung einer Sicherungshypothek gem. § 648 BGB haben.[489] Denn die vom Architekten im Rahmen des Architekten(werk)vertrags erbrachte Leistung verwirklicht sich im Bauwerk, weshalb es nicht erheblich ist, dass der Architekt in der Regel keinen materiellen Beitrag zum Bauwerk leistet.[490] Es genügt demnach, dass der Architekt eine **Planungsleistung** erbracht hat, die zumindest ansatzweise **im Bauwerk verkörpert** ist, so dass sich dessen **Wert erhöht**.[491] Insoweit ist der Architekt auch Unternehmer eines Bauwerks.[492]

263 Schwieriger ist es, wenn das Bauvorhaben **nur im Planungsstadium** steht. Die Auffassung, es müsse mit dem Bau schon tatsächlich begonnen worden sein,[493] ist jedenfalls insoweit konsequent, als zuvor – im reinen Planungsstadium – kaum von einem Bauwerk

---

483 Vgl. *Preussner* in: *Messerschmidt/Niemöller/Preussner*, HOAI, Grundl. Rn. 146.

484 Dazu im Einzelnen *Preussner* a.a.O. Rn. 147 ff.

485 *Preussner* a.a.O., Rn. 151.

486 *Budde* in: *Thode/Wirth/Kuffer*, Praxishandbuch Architektenrecht, 1. Aufl. § 25 Rn. 16.

487 *Budde* a.a.O.

488 BGH Urt. v. 9.2.2012 – VII ZR 31/11, NJW 2012, 1792, Rn. 17 m. w. N.

489 Allg. Meinung – vgl. die Nachweis bei *Hildebrandt* in: *Messerschmidt/Voit*, Privates Baurecht, 2. Aufl. § 648 Rn. 25 mit dort Fn. 90.

490 Vgl. *Hildebrandt* in: *Messerschmidt/Voit*, Privates Baurecht, 2. Aufl. § 648 Rn. 26.

491 Vgl. die umfangreichen Nachweise bei *Hildebrandt* in: *Messerschmidt/Voit*, Privates Baurecht, 2. Aufl. § 648 Rn. 26.

492 *Hildebrandt* in *Messerschmidt/Voit* a.a.O., Rn. 16 m. w. N.

493 Vgl. insbesondere OLG Hamburg Beschl. v. 18.3.2009 – 14 W 24/09, NZBau 2010, 182; OLG Düsseldorf Urt. v. 3.9.1999 – 12 U 118/99, NZBau 2000, 577; weitere Nachweise bei *Budde* in: *Thode/Wirth/Kuffer*, Praxishandbuch Architektenrecht, 1. Aufl. § 25 Rn. 50; *Hildebrandt* in: *Messerschmidt/Voit*, Privates Baurecht, 2. Aufl. § 648 Rn. 26.

gesprochen werden kann.[494] Zu Recht weist das OLG Hamburg[495] darauf hin, dass auch der Bauhandwerker, der seine zu erbringende Leistung vorbereitet, keinen Anspruch auf Sicherung nach § 648 BGB hat.

Der Unternehmer eines Bauwerkes kann für seine Forderungen aus dem Vertrag die Einräumung einer Sicherungshypothek an dem Baugrundstück des Bestellers aber **nicht** verlangen, soweit und solange sein Werk **mangelhaft** ist.[496] **Gewährleistungsansprüche** des Bauherrn **mindern** den Anspruch auf Eintragung der Sicherungshypothek in Höhe des Werts der Gegenansprüche des Bauherrn. Das gilt entsprechend für Nachbesserung und Nacherfüllung; der Anspruch mindert sich dann um die **Nachbesserungskosten**.[497] 264

2. Architekt als Sicherungsnehmer

Zum Kreis der nach § 648a BGB Berechtigten zählt auch der Architekt. Anders als bei § 648 BGB erscheint **hier aber nicht geboten, das Sicherungsverlangen von wertsteigernden Maßnahmen abhängig zu machen**. Denn hier steht keine dingliche Belastung des Grundstücks in Rede, die nur zu rechtfertigen ist, wenn der Architekt auch etwas zum Wert des Grundstücks selbst beigetragen hat.[498] Bauvorbereitende Maßnahmen sollen hier gleichfalls erlauben, eine Sicherheit zu verlangen.[499] Das gilt entsprechend für die bauvorbereitenden Planungsleistungen. 265

Bereits geleistete Abschlagszahlungen oder Vorauszahlungen mindern den Vergütungsanspruch; insoweit besteht auch **kein Sicherungsbedürfnis.** Vorleistungen im Sinne des Gesetzes liegen (erst) dann nicht mehr vor, wenn die erbrachten Leistungen bezahlt sind. Nur das wird dem Gesetzeszweck gerecht, dem Unternehmer eine Möglichkeit zu verschaffen, sich vor den Risiken der Vorleistungspflicht zu schützen. Diese bestehen indes, solange er nicht bezahlt worden ist.[500] 266

XV. Zahlungsfristen und Verzinsung von Honoraransprüchen[501]

Am 29. Juli 2014 ist das **Gesetz zur Bekämpfung von Zahlungsverzug im Geschäftsverkehr**[502] in Kraft getreten. Es dient der Umsetzung der Richtlinie 2011/7/EU des Europäischen Parlaments und des Rates vom 16. Februar 2011.[503] Ziel der Richtlinie ist, die Zahlungsmoral privater Unternehmen und öffentlicher Auftraggeber zu verbessern, um Liquidität und Wettbewerbsfähigkeit insbesondere von kleinen und mittleren Unternehmen (KMU) zu stärken. Zu diesem Zweck wird die Vertragsfreiheit der Parteien, Zahlungsfristen zu vereinbaren, eingeschränkt, der Verzugszinssatz erhöht und ein pauschalierter Schadensersatzanspruch eingeführt. Die Zahlungsverzugsrichtlinie erforderte 267

494 Vgl. zutreffend OLG Düsseldorf Urt. v. 12.5.2000 – 22 U 149/99, NZBau 2000, 573, juris-Rn. 14: Die **Auslegung des Begriffes Bauwerk** hat sich am Sprachgebrauch des Lebens sowie am Gesetzeszweck zu orientieren, wobei auf die feste Verbindung mit dem Boden, aber auch auf die bautechnischen Anforderungen sowie auf die Zweckbestimmung und die für Bauwerke typische Risikolage abzustellen ist.

495 OLG Hamburg Beschl. v. 18.3.2009 – 14 W 24/09, NZBau 2010, 182.

496 BGH Urt. v. 10.3.1977 – VII ZR 77/76, NJW 1977, 947.

497 *Budde* in: *Thode/Wirth/Kuffer*, Praxishandbuch Architektenrecht, 1. Aufl. § 25 Rn. 50.

498 *Cramer* in *Messerschmidt/Voit*, Privates Baurecht, 2. Aufl. § 648a Rn. 14; Erman/*Schwenker*, BGB, 14. Aufl. § 648a Rn. 5b.

499 Vgl. die Nachweise bei *Cramer* in *Messerschmidt/Voit*, Privates Baurecht, 2. Aufl. § 648a Rn. 14.

500 BGH Urt. v. 9.11.2000 – VII ZR 82/99, NJW 2001, 822, juris-Rn. 32 m. w. N.

501 Vgl. dazu im Einzelnen: *Spitzer*, Das Gesetz zur Bekämpfung von Zahlungsverzug im Geschäftsverkehr (MDR 2014, 933 ff.); *Thiergart*, Gesetz zur Bekämpfung von Zahlungsverzug im Geschäftsverkehr – Neue gesetzliche Regelungen erfordern die Anpassung allgemeiner Geschäftsbedingungen und individualvertraglicher Vereinbarungen (GWR 2014, 342 ff.); *Verse*, Das Gesetz zur Bekämpfung von Zahlungsverzug im Geschäftsverkehr (ZIP 2014, 1809 ff.).

502 BGBl. I 2014, S. 1218 ff.

503 ABl. 2011 L 48 vom 23.2.2011, S. 1 ff.

Änderungen des BGB, die in §§ 271a, 286, 288, 308 und 310 BGB erfolgt sind. Diese Änderungen hätten bis zum 16.3.2013 umgesetzt werden müssen. Die Frist hat der deutsche Gesetzgeber jedoch nicht gewahrt. Während der Dauer des Umsetzungsdefizits, also bis zum 29.7.2014, ist für das BGB eine richtlinienkonforme Auslegung geboten.[504]

1. Zeitlicher Geltungsbereich

268 Die Überleitungsvorschrift zum Gesetz zur Bekämpfung von Zahlungsverzug im Geschäftsverkehr findet sich in Art. 229 § 34 Satz 1 EGBGB. Nach dieser Vorschrift gelten die neu gefassten §§ 271a, 286, 288, 308 und 310 BGB grundsätzlich nur für Schuldverhältnisse, die nach dem 28. Juli 2014 entstanden sind. An diesem Tag ist das Gesetz verkündet worden. Unter **Entstehen eines Schuldverhältnisses** wird man die Begründung des Schuldverhältnisses durch Vertragsschluss verstehen müssen.

269 Eine Ausnahme gilt für **Dauerschuldverhältnisse**, wie § 34 Satz 2 EGBGB bestimmt. Liegt ein Dauerschuldverhältnis vor, was bei Bau- und Architektenverträgen aber nicht der Fall ist, finden die neuen Vorschriften auch schon auf früher abgeschlossene Verträge Anwendung, soweit die Gegenleistung – gemeint ist die Leistung des Entgeltgläubigers[505] – erst nach dem 30. Juni 2016 erbracht wird. Den Parteien von Dauerschuldverhältnissen, die vor dem 28. Juli 2014 begründet wurden, wird somit eine Übergangsfrist bis Mitte 2016 eingeräumt, um die Verträge an die neue Rechtslage anzupassen. Diese Regelungsmethode ist aus Art. 229 § 5 Satz 2 EGBG[506] bekannt. Auch dort hatte der Gesetzgeber den Parteien von Dauerschuldverhältnissen eine Übergangsfrist von einem Jahr eingeräumt, um die vertraglichen Regelungen an den neuen Rechtsstand anzupassen.

2. Einführung gesetzlicher Höchstgrenzen für Zahlungs-, Abnahme- und Prüffristen (§§ 271a, 308 Nr. 1a und b, 310 Abs. 1 BGB)

270 Nach der Grundregel des § 271 BGB kann der Gläubiger die Leistung sofort verlangen. Allerdings gilt dieser Grundsatz nur, sofern eine Zeit für die Leistung weder bestimmt noch aus den Umständen zu entnehmen ist. Damit stand es den Parteien bisher frei, unmittelbar Zahlungsfristen zu vereinbaren oder denselben Effekt durch die Vereinbarung von dem Eintritt der Fälligkeit vorgelagerten Prüfungsfristen zu erreichen. Im Bauvertragsrecht ist letzteres durch die frühere zweimonatige Prüfungsfrist des § 16 Nr. 3 Abs. 1 VOB/B jahrzehntelang praktiziert worden.

271 Durch das Gesetz zur Bekämpfung von Zahlungsverzug im Geschäftsverkehr wird durch den neu geschaffenen § 271a BGB die **Vertragsfreiheit eingeschränkt**, was die Vereinbarung von Zahlungsfristen anbelangt (Abs.1). Um zu verhindern, dass ungewünscht lange Zahlungsfristen mittelbar durch die Vereinbarung von Abnahme- und Prüffristen erreicht werden, legt die Norm zeitliche Höchstgrenzen für Abnahme- und Prüffristen fest (Abs. 3). Entsprechend dem Ziel der umzusetzenden Richtlinie, Unternehmen möglichst schnell Liquidität zu verschaffen, gelten die Abs. 1 bis 3 nicht, wenn ein Verbraucher Schuldner der Entgeltforderung ist, wie § 271a Abs. 5 Nr. 2 BGB bestimmt. Ausgenommen vom Anwendungsbereich der Abs. 1 bis 3 sind zudem Vereinbarungen von Abschlagszahlungen und sonstigen Ratenzahlungen (§ 271a Abs. 5 Nr. 1 BGB).

3. „Ausdrückliche Vereinbarung" nach § 271a Abs. 1

272 § 271a Abs. 1 Satz 1 BGB bestimmt, dass eine Vereinbarung, nach der der Gläubiger die Erfüllung einer Entgeltforderung erst nach mehr als 60 Tagen nach Empfang der Gegenleistung verlangen kann, nur dann wirksam ist, wenn sie ausdrücklich getroffen und im Hinblick auf die Belange des Gläubigers nicht grob unbillig ist. Für den Fall, dass dem Schuldner nach Empfang der Gegenleistung eine Rechnung oder gleichwertige

---

504 Vgl. hierzu *Oelsner* NJW 2013, 2469.

505 Begr. RegE, BT-Drucks. 18/1309, S. 22f.

506 Art. 229 § 5 Satz 2 EGBG ist die allgemeine Überleitungsvorschrift zum Gesetz zur Modernisierung des Schuldrechts vom 26. November 2001.

Zahlungsaufstellung zugeht, tritt der Zeitpunkt des Zugangs dieser Rechnung oder Zahlungsaufstellung an die Stelle des in Satz 1 genannten Zeitpunkts des Empfangs der Gegenleistung, wie § 271a Abs. 1 Satz 2 BGB vorsieht.

Was unter einer **„ausdrücklichen Vereinbarung"** zu verstehen ist, lässt sich weder der Richtlinie noch den Gesetzesmaterialien entnehmen. Nach übereinstimmender Meinung ist damit nicht verlangt, dass die Vereinbarung der Schrift- oder Textform genügen muss. Dem Erfordernis der Ausdrücklichkeit soll bereits dann Genüge getan sein, wenn dem Vertragspartner völlige Klarheit über seine Rechtslage verschafft wird.[507] Damit scheiden konkludente Vereinbarungen über Zahlungsfristen, die Fristen von mehr als 60 Tagen nach Empfang der Gegenleistung zum Gegenstand haben, ebenso wie etwaige Handelsbräuche aus. 273

Auch eine ausdrückliche Vereinbarung ist nur dann wirksam, wenn sie im Hinblick auf die Belange des Gläubigers **nicht grob unbillig** ist. Der deutsche Gesetzgeber ist damit (in zulässiger Weise) von den Vorgaben der Richtlinie abgewichen, die von „grob nachteilig" (in der englischen Fassung *grossly unfair*) spricht. Die Gesetzesbegründung verweist auf die Richtlinie, so dass grobe Abweichungen vom Handelsbrauch, die gegen den Grundsatz von Treu und Glauben verstoßen, grob unbillig und damit unwirksam sind (Art. 7 Abs. 1 lit. a RL 2011/7/EU). Ebenso sind die Art der Ware oder der Dienstleistung (Art. 7 Abs. 1 Satz 2 lit. b RL 2011/7/EG) sowie die Frage, ob der Schuldner einen objektiven Grund für die Abweichung von gesetzlichen Bestimmungen zum Zahlungsverzug oder zur Zahlungsfrist hat (Art. 7 Abs. 1 Satz 2 lit. c RL 2011/7/EG), bei der Beurteilung einer groben Unbilligkeit in Betracht zu ziehen. 274

Ist eine Entgeltforderung erst **nach Überprüfung oder Abnahme der Gegenleistung** zu erfüllen, so ist eine Vereinbarung, nach der die Zeit für die Überprüfung oder Abnahme der Gegenleistung mehr als 30 Tage nach Empfang der Gegenleistung beträgt, nur wirksam, wenn sie ausdrücklich getroffen und im Hinblick auf die Belange des Gläubigers nicht grob unbillig ist (§ 271a Abs. 3 BGB). Dies gilt etwa für die werkvertragliche Abnahme oder die Prüfungsfrist des § 16 Abs. 3 Nr. 1 Satz 1 VOB/B, die der DVA aus gutem Grund auf 30 Tage verkürzt hat. 275

Besondere Regelungen sieht die neue Norm für **öffentliche Auftraggeber** iSd. § 98 Nr. 1 – 3 GWB vor. In diesem Falle ist abweichend von § 271a Abs. 1 eine Vereinbarung, nach der der Gläubiger die Erfüllung einer Entgeltforderung erst nach mehr als 30 Tagen nach Empfang der Gegenleistung verlangen kann, nur wirksam, wenn die Vereinbarung ausdrücklich getroffen und aufgrund der besonderen Natur oder der Merkmale des Schuldverhältnisses sachlich gerechtfertigt ist (§ 271 a Abs. 2 Nr. 1 BGB). Weiterhin ist eine Vereinbarung, nach der der Gläubiger eines öffentlichen Auftraggebers die Erfüllung einer Entgeltforderung erst nach mehr als 60 Tagen nach Empfang der Gegenleistung verlangen kann, unwirksam (§ 271a Abs. 2 Nr. 2 BGB). Die **maximal zulässige Zahlungsfrist,** die ein öffentlicher Auftraggeber individualvertraglich vereinbaren kann, beträgt somit **60 Tage** und ist nicht abdingbar.[508] 276

4. Allgemeine Geschäftsbedingungen

Die neuen Regelungen in § 271a BGB werden jedoch durch ergänzende Vorschriften im Recht der **Allgemeinen Geschäftsbedingungen** verschärft, sofern die Vereinbarung von Zahlungs- oder Abnahme- und Prüffristen in Allgemeinen Geschäftsbedingungen enthalten ist, was regelmäßig der Fall sein wird. § 308 Nr. 1 BGB (Annahme und Leistungsfrist) ist durch Regelungen zur Zahlungsfrist (§ 308 Nr. 1a BGB) sowie zur Überprüfungs- und Abnahmefrist (§ 308 Nr. 1b BGB) ergänzt worden. Nach § 308 Nr. 1a BGB ist in AGB unwirksam eine Bestimmung, durch die sich der Verwender eine unan- 277

[507] Vgl. nur *Czapek/Gutting* in: jurisPK-BGB, 7. Aufl. 2014, § 271a BGB Rn. 13 unter Berufung auf BGH Urt. v. 12.11.1981 – III ZR 2/80, NJW 1982, 431.

[508] BT-Drs. 18/1309, S. 16.

gemessen lange Zeit für die Erfüllung einer Entgeltforderung des Vertragspartners vorbehält. Ist der Verwender kein Verbraucher, ist im Zweifel anzunehmen, dass eine Zeit von mehr als 30 Tagen nach Empfang der Gegenleistung oder, wenn dem Schuldner nach Empfang der Gegenleistung eine Rechnung oder gleichwertige Zahlungsaufstellung zugeht, von mehr als 30 Tagen nach Zugang dieser Rechnung oder Zahlungsaufstellung unangemessen lang ist. Nach § 308 Nr. 1b BGB ist eine Bestimmung unwirksam, durch die sich der Verwender vorbehält, eine Entgeltforderung des Vertragspartners erst nach unangemessen langer Zeit für die Überprüfung oder Abnahme der Gegenleistung zu erfüllen; ist der Verwender kein Verbraucher, ist im Zweifel anzunehmen, dass eine Zeit von mehr als 15 Tagen nach Empfang der Gegenleistung unangemessen lang ist.

278 Gesetzliches Leitbild und damit Maßstab für eine unangemessene Benachteiligung nach § 307 Abs. 2 Nr. 1 BGB ist die **sofortige Fälligkeit** des § 271 Abs. 1 BGB, wie der Gesetzgeber ausdrücklich festgelegt hat.[509] Die durch §§ 308 Nr. 1a und 1b BGB neu eingeführten **Klauselverbote** erleichtern die Inhaltskontrolle. Die im Vergleich zu § 271a BGB kürzeren Fristen machen deutlich, dass § 271a BGB für in AGB vereinbarte Zahlungsfristvereinbarungen keine große Bedeutung zukommen wird.[510]

279 Nach § 310 Abs. 1 Satz 3 BGB finden im unternehmerischen Verkehr §§ 308 Nr. 1a und 1b auf Verträge, in die die Vergabe- und Vertragsordnung für Bauleistungen Teil B (VOB/B) in der jeweils zum Zeitpunkt des Vertragsschlusses geltenden Fassung ohne inhaltliche Abweichungen insgesamt einbezogen ist, in Bezug auf eine Inhaltskontrolle einzelner Bestimmungen keine Anwendung.

280 Neuregelungen im Verzugsrecht (§§ 286, 288 BGB). Da die Vorgaben des § 271a BGB durch eine Vereinbarung über den Verzugseintritt umgangen werden könnten, wurde eine diese flankierende Regelung im Verzugsrecht notwendig. Daher bestimmt § 286 Abs. 5 BGB, dass die Regelungen des § 271a Abs. 1–5 BGB für eine von § 286 Abs. 1–3 BGB abweichende Vereinbarung über den Verzugseintritt entsprechend gelten.

5. Verzugszinsen

281 Weiterhin hat der Gesetzgeber den Verzugszinssatz für Entgeltforderungen **von 8 auf 9 Prozentpunkte über dem Basiszinssatz erhöht**, soweit an dem Rechtsgeschäft kein Verbraucher beteiligt ist (§ 288 Abs. 2 BGB).[511]

Nach § 288 Abs. 5 BGB hat der Gläubiger einer Entgeltforderung bei Verzug des Schuldners, wenn dieser kein Verbraucher ist, außerdem einen Anspruch auf Zahlung einer **Pauschale** in Höhe von 40 Euro. Dies gilt auch, wenn es sich bei der Entgeltforderung um eine Abschlagszahlung oder sonstige Ratenzahlung handelt. Die Pauschale ist auf einen geschuldeten Schadensersatz anzurechnen, soweit der Schaden in Kosten der Rechtsverfolgung begründet ist.[512]

282 Schließlich ist nach § 288 Abs. 6 BGB eine **im Voraus getroffene Vereinbarung**, die den Anspruch des Gläubigers einer Entgeltforderung auf Verzugszinsen ausschließt, unwirksam (Satz 1). Dasselbe gilt für eine Vereinbarung, die diesen Anspruch beschränkt oder den Anspruch des Gläubigers einer Entgeltforderung auf die Pauschale oder auf Ersatz des Schadens, der in Kosten der Rechtsverfolgung begründet ist, ausschließt oder beschränkt, wenn sie im Hinblick auf die Belange des Gläubigers grob unbillig ist (Satz 2). Eine Vereinbarung über den Ausschluss der Pauschale oder des Ersatzes des Schadens, der in Kosten der Rechtsverfolgung begründet ist, ist im Zweifel als grob unbillig anzusehen (Satz 3). Die Sätze 1–3 sind nicht anzuwenden, wenn sich der Anspruch gegen einen Verbraucher richtet, wie § 288 Abs. 6 Satz 4 BGB anordnet.

---

509 BT-Drs. 18/1309, S. 18, 20.

510 *Czapek/Gutting* in: jurisPK-BGB, 7. Aufl. 2014, § 271a BGB Rn. 29.

511 Das betrifft Rechtsgeschäfte, die ab dem 29.7.2014 zustande gekommen sind.

512 Zur (Un-)Anwendbarkeit des § 288 Abs. 5 BGB auf Rückzahlungsansprüche eines Verbrauchers vgl. *Korch*, NJW 2015, 2212.

§ 21 Ansprüche bei Bauzeitverlängerung

Schrifttum: *Beck'scher Online-Kommentar BGB* (BeckOK BGB), 36. Ed. 1.8.2015; *Kniffka*, ibr-online-Kommentar Bauvertragsrecht, Stand 23.6.2014; *Korbion/Mantscheff/Vygen*, Honorarordnung für Architekten und Ingenieure (HOAI), 8. Aufl. 2013; *Kuhn*, Zu den Auswirkungen einer HOAI-Novelle auf sukzessiv geschuldete Leistungen, ZfBR 2014, 3; *Leupertz*, § 642 BGB – Tatbestand und dogmatische Grundlagen, BauR 2014, 381; *Locher/Koeble/Frik*, Kommentar zur HOAI, 12. Aufl. 2014; *Messerschmidt*, Architekten- und Ingenieurhonorar bei Planungs- und Bauzeitverlängerung, NZBau 2007, 746;*Messerschmidt/Niemöller/Preussner*, HOAI, 2015 *Messerschmidt/Voit*, Privates Baurecht, 2. Aufl. 2012; *Münchener Kommentar zum Bürgerlichen Gesetzbuch* (MüKoBGB), 6. Aufl. 2012; *Pott/Dahlhoff/Kniffka/Rath*, Honorarordnung für Architekten und Ingenieure, 9. Aufl. 2011; *Preussner*, Der Honoraranspruch des Architekten bei Bauzeitverlängerung, BauR 2006, 203; *Schwenker/Schramm*, Die Vergütung des Architekten und Ingenieurs bei Bauzeitverlängerung, ZfBR 2008, 3; *Werner/Pastor*, Der Bauprozess, 14. Aufl. 2013.

Übersicht

I. Einleitung

1 Viele Bauvorhaben laufen in der Praxis zeitlich „aus dem Ruder“.[1] Die Ursachen hierfür sind vielfältig. Außergewöhnliche Witterungsverhältnisse, unvorhersehbare Schwierigkeiten mit dem Baugrund oder die Insolvenz eines Baubeteiligten[2] können ebenso verzögernd wirken wie ein behördlich angeordneter Baustopp sowie Änderungen bzw. Erweiterungen der bisher vorgesehenen Leistungen. Ansprüche aus einer Verlängerung der Bauzeit spielen in der Abwicklung von Verträgen über Bauleistungen eine große Rolle. Dies zeigt die Fülle der Entscheidungen, die zu dieser Thematik veröffentlicht wurden. Architekten und Ingenieure[3] verfolgen Ansprüche aus einer Verlängerung der Planungs- und/oder Bauzeit deutlich seltener. Die Anzahl der veröffentlichten Entscheidungen zu solchen Ansprüchen ist überschaubar. Die Ursache hierfür dürfte darin liegen, dass für die Durchsetzung solcher Ansprüche wie auch im Bereich der Bauverträge hohe Anforderungen gelten. Die Grundlagen für diese Ansprüche sind oftmals schwer zu bestimmen und zu erfüllen. Darüber hinaus haben Planer im Unterschied zu bauausführenden Unternehmen nur in begrenztem Umfang die Möglichkeit, den Zeitraum für die Leistungserbringung bei ihrer Angebotskalkulation zu berücksichtigen und das Honorar frei zu kalkulieren. Grund hierfür ist das geltende Preisrecht. Das für die Bemessung des Honorars zwingende Preisrecht der HOAI ist bauzeitenneutral.[4] Die HOAI stellt das

---

1 *Werner* in Werner/Pastor, Der Bauprozess, 14. Aufl. 2013, Rn. 1030.
2 *Preussner*, Der Honoraranspruch des Architekten bei Bauzeitverlängerung, BauR 2006, 203.
3 Im Folgenden auch „Planer“ oder „Auftragnehmer“ genannt.
4 *Rath* in Pott/Dahlhoff/Kniffka/Rath, Kommentar zur HOAI, § 7 Rn. 51.

Honorar grundsätzlich nicht in Abhängigkeit zur aufgewandten Zeit.[5] Auf den für die Leistungserbringung erforderlichen Zeitaufwand kommt es für die Bemessung der Vergütung nicht an.[6] Die Abgeltung der zeitabhängigen Kosten des Planers erfolgt über die Honorarsätze aus den Honorartafeln, unabhängig von der Höhe der Kosten und dem für die Leistung benötigten Zeitraum. Auch dies erschwert die Durchsetzung verzögerungsbedingter Ansprüche. Hinzu kommt schließlich, dass eine Verzögerung der Planungs- und/oder die Bauzeit dem Planer noch kein Recht gewährt, ein zusätzliches Honorar oder die Erstattung verzögerungsbedingt entstandener Kosten zu verlangen. Allein die zeitliche Verschiebung der Überwachungsmaßnahmen begründet keinen Mehrvergütungsanspruch.[7]

2 Ein Anspruch auf zusätzliche Vergütung bzw. Kostenerstattung steht dem Planer nur dann zu, wenn die Tatbestandsvoraussetzungen einer **Anspruchsgrundlage** erfüllt sind. Solche Anspruchsgrundlagen können im **Vertrag** geregelt sein. Sie können sich aber auch aus dem **Gesetz** ergeben.

II. Allgemeine Grundsätze

3 Unabhängig davon, ob der Planer seine Ansprüche auf eine vertragliche oder auf eine gesetzliche Anspruchsgrundlage stützt, setzt die erfolgreiche Durchsetzung seiner Ansprüche zwingend eine **nach den Verzögerungsursachen differenzierende Betrachtung** und Anspruchsermittlung voraus. Für die verzögerungsbedingten Ansprüche der bauausführenden Unternehmen ist dieser Grundsatz trotz aller damit für die Unternehmen verbundenen Darlegungs- und Beweisschwierigkeiten anerkannt. Den bauausführenden Unternehmen ist es zuzumuten, eine aussagekräftige Dokumentation zu erstellen, aus der sich die Behinderung sowie deren Dauer und Umfang ergeben.[8] Ist der Unternehmer hierzu nicht in der Lage, geht das grundsätzlich nicht zu Lasten des Auftraggebers.[9] Bei der Prüfung verzögerungsbedingter Ansprüche aus einem Architekten- oder Ingenieurvertrag gilt nichts anderes. Die einzelnen Störungen müssen bestimmten Mehrleistungen zugeordnet werden.[10]

4 Der Planer muss **für jede einzelne Verzögerungsursache die zutreffende(n) Anspruchsgrundlage(n) wählen**. Diese Anspruchsgrundlagen unterscheiden sich in ihren Voraussetzungen und ihren Rechtsfolgen. Schon aus diesem Grund **reicht es nicht aus**, wenn der Planer im Fall einer Planungs- und/oder Bauzeitverzögerung das auf den Verzögerungszeitraum entfallende Honorar bzw. die in diesem Zeitraum anfallenden Mehrkosten im Wege einer schlichten **Dreisatzberechnung** ermittelt. Eine solche Dreisatzberechnung ist auch deshalb unzulässig, weil sich die Aufwendungen nicht linear zur Bauzeit verhalten.[11] In einer solchen Berechnung wird häufig das vertraglich vereinbarte Honorar für die Objektüberwachung durch den vertraglich vorgesehenen Zeitraum für die Objektüberwachung (in Monaten oder Wochen) geteilt. Hieraus ergibt sich ein auf einen Monat oder eine Woche rechnerisch entfallendes Honorar. Dieses Honorar wird auf den Zeitraum der Verlängerung hochgerechnet.

Beispiel: Nach den Vereinbarungen des Vertrags beträgt der realistisch bemessene Zeitraum für die Objektüberwachung 10 Monate. Dem Planer steht für die Objektüber-

---

5 *Preussner*, Fn. 2, BauR 2006, 203.

6 KG Urt. v. 13.4.2010 – 21 U 191/08, IBR 2012, 586 (Nichtzulassungsbeschwerde zurückgewiesen mit Beschl. d. BGH v. 24.5.2012 – VII ZR 180/10).

7 KG Urt. v. 15.3.2005 – 27 U 399/03, BauR 2007, 906 (Nichtzulassungsbeschwerde zurückgewiesen mit Beschl. d. BGH v. 28.9.2006 – VII ZR 106/05).

8 BGH Urt. v. 21.3.2002 – VII ZR 224/00, BauR 2002, 1249.

9 BGH Urt. v. 21.3.2002 – VII ZR 224/00, BauR 2002, 1249.

10 KG Urt. v. 15.3.2005 – 27 U 399/03, BauR 2007, 906 (Nichtzulassungsbeschwerde zurückgewiesen mit Beschl. d. BGH v. 28.9.2006 – VII ZR 106/05).

11 *Rath* in Pott/Dahlhoff/Kniffka/Rath, Kommentar zur HOAI, § 8 Rn. 44.

wachung nach der Honorarvereinbarung ein Honorar in Höhe von 100.000 EUR zu. Tatsächlich beendet der Planer die Objektüberwachung nach 15 Monaten. Im Wege der Dreisatzberechnung errechnet er für den Verlängerungszeitraum ein Honorar in Höhe von (100.000 EUR / 10 Monate) x 5 Monate = 50.000 EUR.

Diese pauschale Berechnung erfolgt losgelöst von den Verzögerungsursachen, trennt nicht nach den maßgeblichen Anspruchsgrundlagen und ist deshalb keine taugliche Basis für die Anspruchsermittlung.

Eine Verzögerung der Planungs- und/oder Bauzeit kann sich aus **Änderungen und Erweiterungen der Planung** ergeben. Für die damit im Zusammenhang stehenden Leistungen kann der Planer möglicherweise nach den Vereinbarungen des Vertrags oder nach dem Preisrecht der HOAI ein zusätzliches Honorar verlangen.[12] Ist das Honorar nach der HOAI in der bis einschließlich zum 17.8.2009 geltenden Fassung zu ermitteln, dann ergibt sich eine Erhöhung des Honorars möglicherweise auch schon aus infolge der Änderungen erhöhten anrechenbaren Kosten. Weil das Honorar nicht an die Leistungszeit gekoppelt ist[13], schließt das auf die zusätzlichen und geänderten Leistungen entfallende Honorar die hierdurch entstehenden zeitabhängigen Kosten des Planers ein. Ein solches zusätzliches Honorar muss deshalb bei der Prüfung der verzögerungsbedingten Forderungen berücksichtigt werden.[14] Andernfalls droht zu Lasten des Auftraggebers eine überzogene Honorarberechnung.[15] Auf Nachträge entfallende und mit der entsprechenden Vergütung abgegoltene Stunden, die während der Verzögerungszeitraums angefallen sind, dürfen nicht in die Berechnung der verzögerungsbedingten Kosten einfließen.[16] 5

Der Planer kann kein zusätzliches Honorar und keine Kostenerstattung aus solchen Verzögerungen verlangen, die kausal auf seine **eigene Leistung** zurückzuführen sind und die er zu **vertreten**, also mindestens fahrlässig (§ 286 BGB) herbeigeführt hat.[17] 6

Planer begehren in der Regel ein zusätzliches Honorar oder die Erstattung von Mehrkosten aufgrund einer Verlängerung der Objektüberwachungsphase. Während dieser Phase erbringt der Planer im Fall entsprechender Beauftragung vorrangig die Grundleistungen aus der Leistungsphase 8.[18] Bei diesen Grundleistungen ist zwischen den **zeitabhängigen** und den **zeitunabhängigen Grundleistungen** zu unterscheiden.[19] Zeitabhängig sind die eigentlichen Überwachungs- und Koordinierungsaufgaben.[20] Sie sind über die gesamte Bauzeit zu erbringen. Zeitabhängige Grundleistungen sind insbesondere das Überwachen der Ausführung des Objekts, das Koordinieren der an der Objektüberwachung fachlich Beteiligten und die Dokumentation des Bauablaufs.[21] Andere Grundleis- 7

---

12 Z.B. nach § 10 HOAI 2013 oder nach § 3 Abs. 2 S. 2 und § 7 Abs. 5 HOAI 2009.

13 → Rn. 1.

14 Vgl. *Pause/Vogel* in Kniffka, ibr-online-Kommentar Bauvertragsrecht, Stand 28.7.2015, § 642 Rn. 71, wonach eine präzise Abgrenzung zwischen bauzeitrelevanten Nachträgen einerseits und sonstigen Störungen andererseits erforderlich ist.

15 *Messerschmidt*, Architekten- und Ingenieurhonorar bei Planungs- und Bauzeitverlängerung, NZBau 2007, 746 (750).

16 KG Urt. v. 13.4.2010 – 21 U 191/08, IBR 2012, 586 (Nichtzulassungsbeschwerde zurückgewiesen mit Beschl. d. BGH v. 24.5.2012 – VII ZR 180/10).

17 KG Urt. v. 15.3.2005 – 27 U 399/03, BauR 2007, 906 (Nichtzulassungsbeschwerde zurückgewiesen mit Beschl. d. BGH v. 28.9.2006 – VII ZR 106/05); *Rath* in Pott/Dahlhoff/Kniffka/Rath, Kommentar zur HOAI, § 7 Rn. 34; *Messerschmidt*, Fn. 15, NZBau 2007, 746 (750).

18 Oftmals ergeben sich in der Praxis Überschneidungen der Leistungsphase 8 mit den Leistungsphasen 6 und 7, weil mit den ersten Bauleistungen, wie z. B. den Rohbauarbeiten, oftmals schon zu einem Zeitpunkt begonnen wird, in dem noch nicht alle Leistungen vergeben sind (z. B. der Ausbaugewerke).

19 *Messerschmidt*, Fn. 15, NZBau 2007, 746 (748); *Werner* in Werner/Pastor, Der Bauprozess, 14. Aufl. 2013, Rn. 1038.

20 *Werner* in Werner/Pastor, Der Bauprozess, 14. Aufl. 2013, Rn. 1038.

21 *Messerschmidt*, Fn. 15, NZBau 2007, 746 (748); *Werner* in Werner/Pastor, Der Bauprozess, 14. Aufl. 2013, Rn. 1038.

tungen sind dagegen nur einmal auszuführen.[22] Diese Grundleistungen sind insoweit zeitunabhängig, als sich die hierfür aufzuwendende Zeit durch eine zeitliche Verschiebung der Grundleistung nicht verlängert. Zu den zeitunabhängigen Leistungen zählen beispielsweise das gemeinsame Aufmaß mit den Unternehmen, die Rechnungsprüfung, die Kostenkontrolle durch Überprüfen der Leistungsabrechnung der bauausführenden Unternehmen im Vergleich zu den Vertragspreisen, die Kostenfeststellung, die Organisation der rechtsgeschäftlichen Abnahmen und die Übergabe des Objekts.[23] Ob der Planer diese Leistungen in der vereinbarten Zeit oder in der Verzögerungsphase erbringt, wirkt sich auf den zeitlichen Aufwand für diese Leistungen in der Regel nicht aus.

Bei der Prüfung, ob dem Planer ein Anspruch wegen einer Verlängerung der Bauzeit zusteht, ist eine nach zeitabhängigen und zeitunabhängigen Grundleistungen **differenzierende Betrachtung unumgänglich**. Dürfte der Planer seinen Anspruch für die Verzögerungsphase im Verhältnis der vereinbarten Ausführungszeit zur verlängerten Ausführungszeit oder durch Abrechnung aller in der Verzögerungsphase angefallenen Stunden ermitteln, dann läuft der Auftraggeber **Gefahr**, dass er Objektüberwachungsleistungen, die lediglich in die Verzögerungsphase verschoben worden sind, **zweifach vergüten** muss.[24]

Teilweise wird die Auffassung vertreten, dass bei überschlägiger Betrachtung etwa 50% der LP 8 jeweils auf zeitabhängige und zeitunabhängige Tätigkeiten entfallen.[25] Diese allgemeine Einteilung hilft bei der konkreten Anspruchsermittlung nicht weiter. Der Anspruch des Planers für die Verzögerungsphase kann mit Verweis auf diese allgemeine Einteilung nicht regelhaft um 50% gekürzt werden. Um die Anteile der zeitabhängigen und der zeitunabhängigen Leistungen an der Leistungsphase 8 zu ermitteln, bedarf es stets einer Betrachtung im Einzelfall. Maßgeblich ist zunächst, welche Grundleistungen der Planer nach den Vereinbarungen des Vertrags in der Leistungsphase 8 überhaupt schuldet. Sodann kommt es auf den Zeitpunkt an, in dem die Verzögerung eintritt. Schuldet der Architekt bspw. das Überwachen der Ausführung von Tragwerken mit sehr geringen und geringen Planungsanforderungen auf Übereinstimmung mit dem Standsicherheitsnachweis[26] und tritt die Verzögerung erst ein, wenn die statisch relevanten Teile ausgeführt wurden, dann erbringt der Planer diese zeitabhängigen Leistungen in der Verzögerungsphase nicht. Auf diese Grundleistung kann in diesem Fall kein Aufwand in der Verzögerungsphase entfallen.

Ein Anspruch auf Erstattung von Mehraufwendungen ist allerdings auch hinsichtlich der **zeitunabhängigen Leistungen** nicht gänzlich ausgeschlossen. Mehrkosten können dadurch entstehen, dass die zeitunabhängigen Leistungen **zu einem späteren Zeitpunkt** ausgeführt werden. Hatte der Planer eine Eigenerledigung der zeitunabhängigen Leistungen vorgesehen und muss er wegen der verschobenen Ausführung einen **Subplaner** mit den zeitunabhängigen Leistungen beauftragen, weil der Planer selbst andere Aufträge zu bearbeiten hat, können ihm Mehrkosten entstehen, wenn die Beauftragung des Subplaners zu höheren Kosten führt.

---

22 *Messerschmidt*, Fn. 15, NZBau 2007, 746 (748).

23 *Messerschmidt*, Fn. 15, NZBau 2007, 746 (748); *Werner* in Werner/Pastor, Der Bauprozess, 14. Aufl. 2013, Rn. 1038.

24 OLG Celle Urt. v. 27.2.2003 – 14 U 31/01, BauR 2003, 1248 (1249) (Nichtzulassungsbeschwerde zurückgewiesen mit Beschl. d. BGH v. 11.9.2003 – VII ZR 84/03); zur Gefahr doppelter Vergütung s.a. Urt. v. 23.4.2015 – 1 U 94/14, IBR 2015, 434.

25 *Messerschmidt*, Fn. 15, NZBau 2007, 746 (748).

26 HOAI 2013, Anlage 10 (zu § 34 Abs. 4, § 35 Abs. 7), 10.1 Leistungsbild Gebäude und Innenräume, Leistungsphase 8 Objektüberwachung und Dokumentation, lit. b).

III. Vertragliche Anspruchsgrundlagen

Zunächst ist zu prüfen, ob der zwischen den Parteien geschlossene Vertrag eine Vereinbarung enthält, nach deren Inhalt der Planer vom Auftraggeber infolge verlängerter Planungs- und/oder Bauzeit ein höheres Honorar oder eine Kostenerstattung fordern kann. 8

Den Vertragsparteien ist die Aufnahme von Klauseln über die Planungs- und Bauzeit sowie die Folgen einer Überschreitung zu empfehlen, weil das Gesetz die Ansprüche der Planer nur unzureichend regelt.[27] Solche Klauseln sollten verständlich und eindeutig formuliert werden. Viele Vertragsklauseln gewähren den Planern Ansprüche bei einer Verlängerung der „**Bauzeit**". Ihrem Wortlaut nach beschreibt die „Bauzeit" denjenigen Zeitraum, in dem Bauleistungen erbracht werden. Mit der Beendigung der Bauleistungen endet in aller Regel aber nicht die Leistungspflicht des Planers. Dies gilt insbesondere bei den in der Praxis weit verbreiteten Verträgen, die zur Beschreibung der geschuldeten Leistung auf die Leistungsbilder, Leistungsphasen und Grundleistungen der HOAI verweisen. Wird der Auftragnehmer im Leistungsbild „Gebäude und Innenräume" mit allen Leistungen der Leistungsphase 8 beauftragt, dann schuldet er beispielsweise die Prüfung der Rechnungen der bauausführenden Unternehmen und die systematische Zusammenstellung der Dokumentation, zeichnerischen Darstellungen und rechnerischen Ergebnisse des Objekts. Diese Leistungen liegen oftmals außerhalb der eigentlichen „Bauzeit". Die Parteien sollten deshalb im Vertrag präzise angeben, ob die Ansprüche des Planers eine Verlängerung des Zeitraums für die eigentlichen Bauleistungen oder eine Verlängerung des Zeitraums für alle Leistungen der Objektüberwachung (Leistungsphase 8) voraussetzen. Darüber hinaus sollten die Parteien im Vertrag den maßgeblichen Zeitraum durch die Aufnahme entsprechender Daten bestimmen. Die Festlegung eines solchen Zeitraums führt allerdings nicht dazu, dass die Leistungspflicht mit Ablauf dieses Zeitraums endet. Der Planer übernimmt in der Regel eine zeitlich unbeschränkte Leistungspflicht.[28] Die vorstehenden Empfehlungen gelten für die „**Planungszeit**" entsprechend. Die Parteien sollten präzise angeben, welche Leistungen von der Planungszeit umfasst sind, und diesen Zeitraum einvernehmlich terminieren. 9

Schwierigkeiten bereitet die Festlegung der Leistungszeit bei Verträgen, in denen die **Leistungspflicht sukzessive** eintritt.[29] Insbesondere die Vereinbarung der Leistungszeit für die Objektüberwachung kann hinfällig werden, wenn die Leistungen der Leistungsphase 8 nicht zu dem ursprünglich vorgesehenen, sondern zu einem späteren Zeitpunkt abgerufen werden. Die Vertragsparteien sollten die Leistungszeit in solchen Fällen im Zuge des Abrufs der Objektüberwachungsleistungen gemeinsam schriftlich festlegen.[30]

Vertragsrechtliche Vereinbarungen über ein **zusätzliches Honorar** wegen einer Verlängerung der Planungs- und/oder Bauzeit oder die Erstattung verzögerungsbedingter Kosten unterliegen keiner Form und können deshalb **auch mündlich** wirksam getroffen werden. Etwas anderes gilt für preisrechtliche Honorarvereinbarungen im Sinne der HOAI und wenn der Vertrag für seine Änderungen die Einhaltung der Schriftform verlangt. Für Honorarvereinbarungen nach der HOAI gilt zum Teil das Schriftformerfordernis. Vertragliche Vereinbarungen auf der Grundlage des BGB unterliegen diesem Erfordernis vorbehaltlich gegenteiliger Vereinbarungen im Vertrag nicht.[31] Zu **Beweiszwecken** sollten solche Vereinbarungen aber schriftlich getroffen werden. 10

---

[27] *Werner* in Werner/Pastor, Der Bauprozess, 14. Aufl. 2013, Rn. 1034; *Rath* in Pott/Dahlhoff/Kniffka/Rath, Kommentar zur HOAI, § 7 Rn. 51.

[28] BGH Urt. v. 30.9.2004 – VII ZR 456/01, BauR 2005, 118 (120).

[29] Wie z. B. bei den Verträgen, die auf der Grundlage der Vertragsmuster aus den „Richtlinien für die Durchführung von Bauaufgaben des Bundes (RBBau)" geschlossen werden.

[30] Zum Schriftformerfordernis bei Änderungen und Ergänzungen dieser Verträge → Rn. 27.

[31] Vgl. *Preussner*, Fn. 2, BauR 2006, 203 (210).

11 Die **Rechtsprechung** hat sich in der Vergangenheit gelegentlich mit vertraglichen Klauseln befasst und dabei **Grundsätze entwickelt**, die bei der Anwendung dieser Klauseln zu berücksichtigen sind. Gegenstand der Entscheidungen waren ausnahmslos Verlängerungen der Bauzeit. Auf die Verlängerung von Planungszeiten können diese Grundsätze nicht ohne weiteres übertragen werden.

1. „Verhandlungsklausel"[32]

12 Mit Urteil vom 30.9.2004[33] hat der BGH über folgende Klausel betreffend eine Verlängerung der **Bauzeit** entschieden:

„Dauert die Bauausführung länger als 15 Monate, so sind die Parteien verpflichtet, über eine angemessene Erhöhung des Honorars für die Bauüberwachung (§ 15 Abs. 2 HOAI, Leistungsphase 8) zu verhandeln. Der nachgewiesene Mehraufwand ist dem Architekten in jedem Fall zu erstatten, es sei denn, dass der Architekt die Bauzeitverlängerung zu vertreten hat."

13 Diese Klausel ist nach Ansicht des BGH **aus preisrechtlicher Sicht unwirksam**. Sie stellt keine zulässige Honorarvereinbarung im Sinne von § 4 Abs. 1 HOAI a.F., der dem § 7 Abs. 1 HOAI 2013 entspricht, dar. Die Erhöhung des geschuldeten Honorars für die Bauzeitüberschreitung ist anhand dieser Klausel nicht bestimmbar. Sie enthält nicht die Abrechnungsfaktoren, die die Höhe des Zuschlags zumindest berechenbar machen. Die preisrechtliche Zulässigkeit dieser Klausel ergibt sich auch nicht aus § 4a S. 3 HOAI a.F., in dem es hieß: „Verlängert sich die Planungs- und Bauzeit wesentlich durch Umstände, die der Auftragnehmer nicht zu vertreten hat, kann für die dadurch verursachten Mehraufwendungen ein zusätzliches Honorar vereinbart werden". § 4a S. 3 HOAI a.F. war nur in Fällen des § 4a S. 1 HOAI a.F. anwendbar, also dann, wenn die Parteien eine Honorarberechnung auf der Grundlage der Kostenberechnung oder des Kostenanschlags vereinbart hatten.[34] Mit der 6. HOAI-Novelle im Jahr 2009 wurde § 4a S. 3 HOAI a.F. ersatzlos gestrichen.

14 Mit der Verhandlungsklausel regeln die Parteien nach Ansicht des BGH die Rechtsfolgen für den Fall des **Wegfalls einer Geschäftsgrundlage**. Dieses aus den Grundsätzen von Treu und Glauben (§ 242 BGB) entwickelte Rechtsinstitut wurde mit der Schuldrechtsreform im Jahr 2002 in § 313 BGB kodifiziert. Weil die HOAI lediglich das Preisrecht regelt, nicht aber die Grundsätze über den Wegfall der Geschäftsgrundlage, ist die Verhandlungsklausel nach der zutreffenden Meinung des BGH **aus vertragsrechtlicher Sicht wirksam**. Einen Anspruch, der sich ohnehin aus dem Gesetz ergibt, können die Parteien im Vertrag ohne weiteres begründen. Der BGH hält es außerdem für interessengerecht, eine bestimmte Bauzeit als Geschäftsgrundlage festzulegen und bei deren Wegfall einen vertraglichen Preisanpassungsanspruch zu begründen. Vereinbaren die Parteien auf der Grundlage dieser Vertragsklausel eine zusätzliche Vergütung, kann der Planer diese vereinbarte Vergütung verlangen.

15 Der Anspruch besteht **unabhängig** von dem Ablauf einer etwaigen **Karenzfrist**, wie sie in anderen Vertragsklauseln[35] verwendet wird. Der Planer hat bereits dann einen Anpassungsanspruch, wenn die vereinbarte Bauzeit überschritten wird.[36]

16 Die Bauzeit muss **realistisch bemessen** sein und übliche Störungen berücksichtigen, weil andernfalls eine nicht zulässige Umgehung des Preisrechts der HOAI eintreten kann.[37] Der Planer kann ein über den Höchstsätzen liegendes Honorar nur in Ausnahmefällen verlangen. Diese Beschränkung ergibt sich aus § 7 Abs. 1 HOAI und den strengen

---

[32] Die Formulierung entstammt dem Urteil des BGH vom 30.9.2004 – VII ZR 456/01, BauR 2005, 118 (120).

[33] BGH Urt. v. 30.9.2004 – VII ZR 456/01, BauR 2005, 118.

[34] → Rn. 53.

[35] z. B. in der „RBBau-Klausel" → Rn. 25.

[36] *Schwenker/Schramm*, Die Vergütung des Architekten und Ingenieurs bei Bauzeitverlängerung, ZfBR 2008, 3 (5).

[37] BGH Urt. v. 30.9.2004 – VII ZR 456/01, BauR 2005, 118 (121).

Voraussetzungen für eine Überschreitung des Höchstsatzes (§ 7 Abs. 4 HOAI). Letztere ist zulässig bei außergewöhnlichen oder ungewöhnlich lange dauernden Grundleistungen. Würden die Parteien im Vertrag eine unrealistisch kurze Bauzeit vereinbaren, dann wären die Voraussetzungen für eine Überschreitung des Höchstsatzes im Sinne von § 7 Abs. 4 S. 1 HOAI ausgehend von der unrealistischen Vereinbarung im Vergleich zu einer realistischen Einschätzung der Bauzeit schneller erfüllt. Die Ausnahmeregelung in § 7 Abs. 4 S. 1 HOAI könnte auf diese Weise leicht umgangen werden. Hinsichtlich der Bestimmung der Bauzeit steht den Parteien allerdings ein gewisser **Beurteilungsspielraum** zu.[38] Welche Rechtsfolgen eintreten, wenn die Bauzeit trotz des Beurteilungsspielraums **unrealistisch** kurz bemessen wurde, hatte der BGH ausgehend vom konkreten Sachverhalt nicht zu entscheiden. In solchen Fällen besteht die Gefahr, dass die vertraglich vereinbarte Klausel wegen eines Verstoßes gegen das zwingende Preisrecht **nichtig** ist.[39] Der Planer kann seine Ansprüche dann nur auf gesetzliche Anspruchsgrundlagen stützen.

Schließen die Vertragsparteien trotz der vertraglichen Klausel keine Vereinbarung über die Erhöhung des Honorars, dann begründet der vertraglich geregelte Anspruch auf Verhandlung nach der beiderseitigen Interessenlage nicht nur eine **Pflicht** des Auftraggebers, Verhandlungen mit dem Planer aufzunehmen, sondern auch, **in** eine **angemessene Vergütung** der Leistungen **einzuwilligen**. Im Rechtsstreit tritt an die Stelle des Anspruchs auf Verhandlung und Einwilligung der Anspruch auf Zahlung der angemessenen Vergütung.[40] 17

Angemessen im Sinne von Satz 1 der Verhandlungsklausel ist diejenige Vergütung, die die Vertragsparteien im Rahmen der sich aus der HOAI ergebenden **Beschränkungen vereinbart hätten**, wenn sie bei Abschluss des ursprünglichen Vertrags die tatsächliche Verlängerung der Bauzeit vorausgesehen hätten.[41] Die vom BGH angesprochenen Beschränkungen ergeben sich aus § 7 Abs. 1 HOAI und § 7 Abs. 4 HOAI. Eine über die Höchstsätze der HOAI hinausgehende Gesamtvergütung darf auch unter Berücksichtigung der verlängerten Bauzeit nur dann verlangt werden, wenn die Ausführung der Grundleistungen bei der nach Ansicht des BGH gebotenen Rückschau im konkreten Fall ungewöhnlich lange dauerte.[42] Andernfalls kann der Planer eine Erhöhung allenfalls bis hin zum Höchstsatz verlangen. Das bedeutet aber nicht, dass dem Planer stets der Höchstsatz zu gewähren ist. Es kommt darauf an, welches Honorar die Parteien in Kenntnis der konkreten Bauzeit vereinbart hätten. Weil bei einer solchen ex-ante Betrachtung der tatsächlich entstehende Mehraufwand des Planers noch nicht bekannt ist und die Parteien das Honorar für die längere Bauzeit ohne Rücksicht auf diese tatsächlichen Mehraufwendungen festgelegt hätten, kann der Planer die Erstattung der ihm tatsächlich entstandenen Mehrkosten nicht über Satz 1 der Verhandlungsklausel verlangen. Den Anspruch auf Erstattung des tatsächlich entstandenen Mehraufwands kann er nur auf Satz 2 der vertraglichen Vereinbarung stützen. Letzterer gewährt dem Planer einen Anspruch auf Erstattung des nachgewiesenen Mehraufwands, soweit der Planer die Bauzeitüberschreitung nicht zu vertreten hat. Der BGH hält eine solche Vereinbarung im Rahmen der Regelung über den Wegfall der Geschäftsgrundlage für zulässig und betrachtet den Anspruch auf Ersatz von Mehraufwendungen als Mindestanspruch.[43] 18

Unklar ist das **Verhältnis von Satz 1 und Satz 2** der Verhandlungsklausel. Nach der nicht begründeten Ansicht des OLG Düsseldorf stellt Satz 2 eine Auffangbestimmung für den Fall dar, dass die Parteien sich nicht auf eine ergänzende Honorarvereinbarung eini- 19

[38] BGH Urt. v. 30.9.2004 – VII ZR 456/01, BauR 2005, 118 (121).

[39] Zur Nichtigkeit von Honorarvereinbarungen, mit denen der preisrechtliche Rahmen verlassen wird, ohne dass eine zulässige Ausnahme vorliegt, vgl. BGH Urt. v. 11.10.2007 – VII ZR 25/06 Rn. 13, BauR 2007, 2081.

[40] BGH Urt. v. 30.9.2004 – VII ZR 456/01, BauR 2005, 118 (122).

[41] BGH Urt. v. 30.9.2004 – VII ZR 456/01, BauR 2005, 118 (122).

[42] Hierzu → Rn. 52.

[43] BGH Urt. v. 30.9.2004 – VII ZR 456/01, BauR 2005, 118 (121).

gen können.[44] Mit dieser Ansicht ist der Planer verpflichtet, mit dem Auftraggeber zunächst über eine angemessene Vergütung zu verhandeln, und kann die Mehrkosten nach Satz 2 erst und nur dann geltend machen, wenn diese Verhandlungen scheitern. Diese Auffassung überzeugt nicht. Sie lässt die vom BGH aufgestellten Grundsätze der aus Satz 1 folgenden Verhandlungs- und Einwilligungspflicht[45] außer Betracht. Der Auftraggeber ist verpflichtet, in eine angemessene Vergütung einzuwilligen. Satz 1 enthält sogar einen diesbezüglichen Zahlungsanspruch des Planers. In Anwendung dieser Grundsätze kommen ein Scheitern der Verhandlungen und die Anwendung von Satz 2 als Auffangklausel nicht in Betracht. Der Wortlaut der Verhandlungsklausel spricht nicht für ein Vorrangverhältnis. Auch die systematische Stellung von Satz 1 und Satz 2 innerhalb der Verhandlungsklausel zwingen nicht zu der Annahme, dass Satz 1 Vorrang vor Satz 2 hat. Zu beachten ist vielmehr, dass beide Sätze zu unterschiedlichen Rechtsfolgen führen. Überdies scheint Satz 2 dem Planer nach dem Wortlaut („in jedem Fall") ein Weniger zu gewähren als Satz 1. Die Sätze 1 und 2 der Vertragsklausel stehen somit selbständig nebeneinander. Der Planer ist frei in der Entscheidung, ob er eine von den tatsächlichen Mehrkosten abweichende angemessene Erhöhung des Honorars nach Satz 1 oder die Erstattung des Mehraufwands nach Satz 2 verlangt. Glaubt der Planer, seinen Mehraufwand im Sinne von Satz 2 nicht nachweisen zu können, bleibt ihm der Anspruch auf eine angemessene Vergütung nach Satz 1, in die der Auftraggeber einwilligen muss und die, wie bereits dargelegt, gerade nicht nach den Mehrkosten zu ermitteln ist. Der Planer ist auch nicht daran gehindert, nach Satz 1 eine über dem nachgewiesenen Mehraufwand liegende Vergütung zu verlangen und einzuklagen, wenn diese nach seiner Ansicht und ausgehend von den vom BGH aufgestellten Grundsätzen höher ausfällt als die entstandenen Mehraufwendungen. Eine angemessene Vergütung und die gleichzeitige Erstattung der nachgewiesenen Mehraufwendungen kann der Planer dagegen nicht verlangen. Insoweit schließen sich die Sätze 1 und 2 gegenseitig aus.

20 Wie die Mehrkosten im Sinne von Satz 2 der Verhandlungsklausel zu **ermitteln** sind, hat der BGH nicht geklärt. Mit dieser Frage hat sich das OLG Düsseldorf in einer zeitlich nachgelagerten Entscheidung befasst.[46] Nach dessen Ansicht ist die Regelung in **Satz 2** so zu verstehen, dass lediglich die Mehraufwendungen für die Bauüberwachung, die im Vergleich zu einem störungsfreien Ablauf des Bauvorhabens innerhalb der vorgesehenen Bauzeit entstanden sind, vom Anspruch des Planers umfasst sind. Ohne Auswirkung bleiben deshalb trotz verlängerter Bauaufsicht solche Störungen und Behinderungen im Baufortschritt, die nicht dazu führen, dass die vereinbarte Bauzeit überschritten wird. Grundlage zur Ermittlung der Mehrkosten ist nach Meinung des OLG Düsseldorf die zur Schadensbestimmung anzuwendende **Differenzhypothese**, nach der der Schaden in dem Unterschied zwischen der Vermögenslage des Geschädigten, wie sie sich infolge des schadensstiftenden Ereignisses gestaltet hat, und seiner Vermögenslage, wie sie ohne dieses Ereignis bestehen würde, zu sehen ist. In Anwendung dieser Grundsätze ist nach Auffassung des OLG Düsseldorf der kalkulierte Aufwand, der entstanden wäre, wenn die **letztlich verwirklichte Planung** ohne Verzögerung durchgeführt worden wäre, dem Aufwand, der tatsächlich entstanden ist, gegenüber zu stellen.[47] Hat der Planer für die Überwachungstätigkeit sowohl eigene angestellte Mitarbeiter als auch Subunternehmer eingesetzt, sind die unterschiedlichen Kostenansätze bei der Mehrkostenberechnung zu berücksichtigen.[48] Hinsichtlich der Subunternehmerkosten kommt es darauf an, welchen Stundensatz der Planer an den Subunternehmer gezahlt hat.[49] Die Leistungen der einge-

[44] OLG Düsseldorf Urt. v. 26.10.2006 – 5 U 100/02, BauR 2007, 1270 (1273).
[45] → Rn. 17.
[46] OLG Düsseldorf Urt. v. 26.10.2006 – 5 U 100/02, BauR 2007, 1270 (1273).
[47] OLG Düsseldorf Urt. v. 26.10.2006 – 5 U 100/02, BauR 2007, 1270 (1274).
[48] OLG Düsseldorf Urt. v. 26.10.2006 – 5 U 100/02, BauR 2007, 1270.
[49] OLG Düsseldorf Urt. v. 26.10.2006 – 5 U 100/02, BauR 2007, 1270.

setzten eigenen Mitarbeiter des Planers sind zu den auf die Mitarbeiter entfallenden Stundensätzen unter Berücksichtigung der Sozialversicherungsbeiträge zu vergüten.[50] Den jeweiligen Stundensätzen ist nach Ansicht des OLG Düsseldorf ein Bürokostenzuschlag hinzuzurechnen, der nach § 287 ZPO geschätzt werden kann.[51] Weil die Regelung in Satz 2 gewährleisten soll, dass der Planer keinen Verlust oder Schaden erleidet, sind die Mehraufwendungen **ohne Gewinnanteil** auszugleichen.[52]

Auf Zahlungen nach Satz 2 der hier erörterten Klausel fällt nach Ansicht des OLG Düsseldorf **Mehrwertsteuer** an. Die Klausel schafft einen Ausgleich für die über das bei Vertragsschluss vorgesehene und vorgestellte Maß hinausgehende Objektüberwachung, also einen Ausgleich für erbrachte Leistungen. Dieser Ausgleich ist Teil der Vergütung und damit zu versteuern.[53] Das nach Satz 1 der Verhandlungsklausel angemessen erhöhte Honorar unterliegt ebenfalls der Mehrwertsteuer. 21

Ob die Verhandlungsklausel, wenn sie formularmäßig verwendet wird, nach **AGB-rechtlichen** Gesichtspunkten zu prüfen und ob die Klausel bejahendenfalls unwirksam ist, hat der BGH nicht geklärt. Maßgeblich ist, ob es sich bei der Klausel um eine Preisvereinbarung oder um eine Preisnebenabrede handelt. Liegt in der Klausel eine Preisvereinbarung, dann dürfte eine Inhaltskontrolle nach dem AGB-Recht ausscheiden. Etwas anderes gilt, wenn es sich um eine Preisnebenabrede handelt. In diesem Fall dürften die Vorschriften der HOAI nicht zu den „gesetzlichen Regelungen" im Sinne des § 307 Abs. 2 Nr. 1 BGB zählen. Als gesetzliche Regelung, von der möglicherweise abgewichen wird, kämen in diesem Fall lediglich die gesetzlichen Anspruchsgrundlagen aus dem BGB[54] in Betracht.[55] Auf die Klärung dieser Fragen kommt es nicht an, wenn der Auftraggeber Verwender der Klausel ist und deren Unwirksamkeit geltend macht. Der Verwender kann sich auf die Unwirksamkeit der von ihm gestellten Vertragsbedingungen nicht berufen.[56] 22

Die vom BGH entwickelten Grundsätze zum Preisanpassungsanspruch wegen Wegfalls der Geschäftsgrundlage betreffen die konkrete Vertragsklausel. Sie lassen sich **nicht auf den gesetzlichen Preisanpassungsanspruch aus § 313 BGB übertragen**. Dies gilt schon deshalb, weil der Wegfall der Geschäftsgrundlage nach dem auf den entschiedenen Fall anzuwendenden alten Schuldrecht noch nicht gesetzlich geregelt war. Inwieweit sich die vertragliche Preisanpassungsklausel in ihren Voraussetzungen und Rechtsfolgen mit § 313 BGB deckt, hat der BGH bislang nicht entschieden.[57] Sieht der Vertrag keine Preisanpassung vor und stützt der Planer seinen Anspruch deshalb auf die gesetzliche Anspruchsgrundlage des § 313 BGB, dann muss er die darin geregelten Tatbestandsvoraussetzungen und Rechtsfolgen beachten.[58] 23

2. „RBBau-Klausel"

Aufträge über Architekten- und Ingenieurleistungen, deren Auftraggeber die Bundesrepublik Deutschland ist, sind auf der Grundlage der Vertragsmuster aus den „Richtlinien für die Durchführung von Bauaufgaben des Bundes (RBBau)" zu erteilen.[59] Diese Ver- 24

---

50 OLG Düsseldorf Urt. v. 26.10.2006 – 5 U 100/02, BauR 2007, 1270.

51 OLG Düsseldorf Urt. v. 26.10.2006 – 5 U 100/02, BauR 2007, 1270 (1274); im konkreten Fall hat das OLG Düsseldorf den Bürokostenzuschlag auf 15% der reinen Subunternehmerkosten und 65% der reinen Lohnkosten geschätzt.

52 OLG Düsseldorf Urt. v. 26.10.2006 – 5 U 100/02, BauR 2007, 1270 (1273).

53 OLG Düsseldorf Urt. v. 26.10.2006 – 5 U 100/02, BauR 2007, 1270 (1275).

54 Hierzu → Rn. 56 ff.

55 Zu den Einzelheiten siehe *Kuhn*, Zu den Auswirkungen einer HOAI-Novelle auf sukzessiv geschuldete Leistungen, ZfBR 2014, 3 (16).

56 BGH Urt. v. 4.12.1997 – VII ZR 187/96, BauR 1998, 357.

57 Allerdings soll der vorher bestehende Rechtszustand mit der Kodifizierung in § 313 BGB nicht verändert worden sein, vgl. *Unberath* in BeckOK BGB, 36. Ed. Stand 1.3.2011, § 313 Rn. 2.

58 Hierzu → Rn. 67 ff.

59 Abschnitt K12, Ziffer 6 RBBau (Onlinefassung – Stand 12.1.2015), abrufbar unter www.bmub.de oder unter www.fachinfoboerse.de.

tragsmuster werden erfahrungsgemäß mit identischem oder ähnlichem Inhalt auch von anderen Auftraggebern verwendet.

25 **a) „Vertragsmuster – Gebäude" Stand 16. Austauschlieferung.** Die Klausel über Ansprüche im Fall einer Bauzeitverlängerung aus dem „Vertragsmuster – Gebäude" in der Fassung der bis zum Jahr 2003 geltenden 16. Austauschlieferung[60] und die entsprechenden Hinweise zu diesem Vertragsmuster sind Gegenstand einer Entscheidung des BGH aus dem Jahr 2007.[61] Der maßgebliche § 6.3 des Vertrags lautete:

„Verzögert sich die Bauzeit durch Umstände, die der Auftragnehmer nicht zu vertreten hat, wesentlich, so ist für die Mehraufwendungen eine zusätzliche Vergütung zu vereinbaren. Eine Überschreitung bis zu 20 v.H. der festgelegten Ausführungszeit, maximal jedoch 6 Monate, ist durch das Honorar abgegolten."

In Ziffer 2.8 der Hinweise zu diesem Vertragsmuster hieß es ergänzend:

„Für den daran anschließenden Zeitraum soll der Auftragnehmer für die nachweislich gegenüber den Grundleistungen entstandenen Mehraufwendungen eine zusätzliche Vergütung bis zum Höchstbetrag der Vergütung je Monat erhalten, die er als Anteil der Vergütung für die Objektüberwachung je Monat der vereinbarten Ausführungszeit erhalten hat."

In dem entschiedenen Fall hatten die Parteien vertraglich eine Bauzeit von 24 Monaten vorgesehen. Die Bauzeit hatte sich um 13 Monate verlängert. Der Planer verlangte vom Auftraggeber eine zusätzliche Vergütung auf der Grundlage einer mündlichen Abrede mit dem bevollmächtigten Amtsleiter und Abteilungsleiter. Hilfsweise machte der Planer für den über die vertraglich vereinbarte Karenzzeit hinausgehenden Zeitraum Kosten für den Einsatz eines ständigen freiberuflichen Bauleiters und eines angestellten Bauleiters geltend.

26 Der BGH hat in seiner Entscheidung vom 10.5.2007 **Grundsätze** aufgestellt, die der Auftragnehmer bei der Abrechnung bauzeitverlängerungsbedingter Mehrkosten auf der Grundlage dieser Klausel beachten muss. Mit Ausnahme der Erwägungen zur Schriftform handelt es sich um Grundsätze mit übergreifender Bedeutung und damit auch für Architektenverträge mit privaten Auftraggebern, in denen diese Klausel verwendet wird.[62]

27 Der BGH musste zunächst klären, ob die mündliche Vereinbarung über das Honorar wirksam war. Er hat diese Frage verneint. Einigen sich die Parteien eines RBBau-Vertrags **mündlich** auf eine zusätzliche Vergütung, dann ist diese Vereinbarung mangels Einhaltung der Schriftform **unwirksam.**[63] Nach § 14 der „Allgemeinen Vertragsbestimmungen zu den Verträgen für freiberuflich Tätige – AVB" bedürfen Änderungen und Ergänzungen des Vertrags der **Schriftform.** Die Schriftform ist Voraussetzung für die Wirksamkeit der Änderungsabrede.[64] Die Schriftformklausel dient der Kontrolle der Verwaltung und schließt sich an die Formvorschriften für öffentlich-rechtliche Verträge an.[65] Alle Vereinbarungen, die eine Verpflichtung zur Zahlung einer zusätzlichen Vergütung enthalten, gelten als Ergänzung des Vertrags im Sinne der Schriftformklausel.[66] Dazu zählt auch die Vereinbarung auf der Grundlage von § 6.3 des Vertragsmusters. Den Parteien ist es zwar möglich, die Schriftformklausel ausdrücklich oder durch schlüssiges Verhalten,

---

[60] Zu den übrigen Vertragsmustern → Rn. 41.

[61] BGH Urt. v. 10.5.2007 – VII ZR 288/05, BauR 2007, 1592; s.a. OLG Naumburg Urt. v. 23.4.2015 – 1 U 94/14, IBR 2015, 434, zu einer wortgleichen Klausel in einem Vertrag über Ingenieurleistungen der technischen Gebäudeausrüstung, jedoch ohne die ergänzenden Hinweise zum Vertrag.

[62] Ebenso *Hillman* in jurisPR-PrivBauR 9/2007 Anm. 1.

[63] BGH Urt. v. 10.5.2007 – VII ZR 288/05 Rn. 18, BauR 2007, 1592; s.a. OLG Naumburg Urt. v. 23.4.2015 – 1 U 94/14, IBR 2015, 434, zu einer wortgleichen Klausel in einem Vertrag über Ingenieurleistungen der technischen Gebäudeausrüstung, jedoch ohne die ergänzenden Hinweise zum Vertrag.

[64] BGH Urt. v. 10.5.2007 – VII ZR 288/05 Rn. 18, BauR 2007, 1592.

[65] BGH Urt. v. 10.5.2007 – VII ZR 288/05 Rn. 19 und Rn. 24, BauR 2007, 1592.

[66] BGH Urt. v. 10.5.2007 – VII ZR 288/05 Rn. 22, BauR 2007, 1592.

d. h. konkludent, abzubedingen. In der mündlichen Vereinbarung über die zusätzliche Vergütung liegt aber nicht allein deshalb ein konkludentes Abbedingen der Schriftformklausel, weil die Verhandlungspartner auf Seiten des Auftraggebers in den Verhandlungen nicht auf Einhaltung der Schriftform bestehen und die fehlende Schriftform erst später rügen.[67] Der Auftraggeber ist wegen der eindeutigen Formulierung im Vertrag auch nicht zu dem Hinweis verpflichtet, dass die Einigung solange unwirksam ist, wie sie nicht schriftlich fixiert ist, so dass der Planer mangels Pflichtverletzung keinen Schadensersatzanspruch hat.[68] Planer sollten deshalb darauf achten, dass die Einigung über die zusätzliche Vergütung schriftlich erfolgt. Ein schriftliches Anerkenntnis des Auftraggebers dem Grunde nach entbindet den Planer nicht von der Verpflichtung zur Darlegung des Anspruchs.[69]

Wie bei der „Verhandlungsklausel"[70] regeln die Vertragsparteien mit der hier in Rede stehenden Klausel nach Ansicht des BGH einen Vertragsanpassungsanspruch wegen **Wegfalls der Geschäftsgrundlage**. Diese Klausel ist wirksam, wenn die Bauzeit realistisch bemessen ist.[71] Ob die Klausel darüber hinaus eine Regelung für den **Entschädigungsanspruch** im Fall des Annahmeverzugs oder den **Schadensersatzanspruch** im Fall einer schuldhaften Pflichtverletzung des Auftraggebers treffen soll, hat der BGH **ausdrücklich offen gelassen**.[72] Eine Regelung für den Entschädigungsanspruch im Fall des Annahmeverzugs enthält die Klausel nicht. Der Entschädigungsanspruch wegen Annahmeverzugs ist in § 642 BGB geregelt. § 642 BGB gewährt diesen Entschädigungsanspruch nur für die Dauer des Annahmeverzugs.[73] Durch die Aufnahme der Karenzzeit werden mit der streitgegenständlichen Vertragsklausel erkennbar die Ansprüche des Planers für einen Teil der Verlängerungsphase geregelt. Über Ansprüche des Planers, die ihm während der vereinbarten Leistungszeit und damit während des Annahmeverzugs entstehen, verhält sich die Klausel nicht. Solche Ansprüche können sich deshalb nur aus dem Gesetz ergeben. Sollte die Auslegung der Klausel ergeben, dass sie auch Entschädigungsansprüche wegen Annahmeverzugs regelt, dann bestehen an der Wirksamkeit der Klausel erhebliche Zweifel.[74] 28

Der Planer hat Anspruch auf Erstattung **sämtlicher** Mehraufwendungen, die ihm infolge der Bauzeitverzögerung entstehen.[75] Der Anspruch besteht unabhängig davon, ob und in welchem Umfang die Gesamtaufwendungen des Planers durch das gesamte Honorar und damit insbesondere durch den Gewinn abgegolten sind.[76] 29

Eine Anspruchsbegrenzung nach oben ergibt sich nicht aus den Hinweisen zum Vertragsmuster und der darin enthaltenen **Höchstbetragsregelung** je Monat der Bauzeitverlängerung. Diese Klausel setzt Leistungen und Aufwendungen zueinander in Beziehung und ist deshalb **missverständlich** und **korrekturbedürftig**.[77] Andererseits ist es dem Planer nicht gestattet, die zusätzliche Vergütung für den Verzögerungszeitraum ausschließlich nach der Höchstbetragsregelung zu ermitteln. Diese nur in den Hinweisen zum Vertragsmuster und nicht im Vertrag enthaltene Regelung dient der Begrenzung der Mehraufwendungen („bis zum"), enthält aber keine eigenständige Anspruchsgrund- 30

---

67 BGH Urt. v. 10.5.2007 – VII ZR 288/05 Rn. 26, BauR 2007, 1592.
68 BGH Urt. v. 10.5.2007 – VII ZR 288/05 Rn. 29, BauR 2007, 1592.
69 OLG Celle Urt. v. 27.2.2003 – 14 U 31/01, BauR 2003, 1248 (Nichtzulassungsbeschwerde zurückgewiesen mit Beschl. d. BGH v. 11.9.2003 – VII ZR 84/03).
70 → Rn. 14.
71 BGH Urt. v. 10.5.2007 – VII ZR 288/05 Rn. 17, BauR 2007, 1592.
72 BGH Urt. v. 10.5.2007 – VII ZR 288/05 Rn. 17, BauR 2007, 1592.
73 → Rn. 65.
74 → Rn. 40.
75 BGH Urt. v. 10.5.2007 – VII ZR 288/05 Rn. 34, BauR 2007, 1592.
76 BGH Urt. v. 10.5.2007 – VII ZR 288/05 Rn. 35, BauR 2007, 1592.
77 BGH Urt. v. 10.5.2007 – VII ZR 288/05 Rn. 34, BauR 2007, 1592; der im Jahr 2009 eingeführte „Vertrag Objektplanung – Gebäude und Innenräume" enthält diese Hinweise nicht mehr → Rn. 44.

lage.[78] Erforderlich bleibt stets die Darlegung der Mehraufwendungen nach den folgenden Grundsätzen.

31 **Mehraufwendungen** im Sinne der „RBBau-Klausel" sind solche Aufwendungen, die der Auftragnehmer für die geschuldete Leistung tatsächlich hatte und die er **ohne** die Bauzeitverzögerung **nicht** gehabt hätte.[79] **Keine** Mehraufwendungen sind demgegenüber solche Aufwendungen, die **ohnehin** für die vertragliche Leistung im vorgesehenen Zeitraum **erforderlich** gewesen wären.[80] Ausgehend von dieser Definition werden Mehraufwendungen, die infolge einer wirksamen **Leistungsänderung** entstehen, von der „RBBau-Klausel" nicht erfasst. Zu den ohnehin erforderlichen und deshalb nicht gesondert zu erstattenden Aufwendungen zählen auch die Aufwendungen für die **zeitunabhängigen** Grundleistungen.[81]

32 Für eine ausreichende **Darlegung** des Anspruchs reicht es aus, wenn der Planer vorträgt, welche durch die Bauzeitverlängerung bedingten Mehraufwendungen er hatte.[82] Trägt der Planer wie in dem entschiedenen Fall vor, dass er während der Bauzeitverlängerungsphase zwei Bauleiter mit ihrer gesamten Arbeitskraft eingesetzt hat, genügt er den Anforderungen an die Substantiierung des Anspruchs.[83] Eine Darlegung der Tätigkeit für die gesamte Ausführungszeit nach Tagen und Stunden, Personen und Tätigkeitsinhalten ist dann erst einmal nicht erforderlich.[84] Ob der Planer schon bei der ersten Darlegung seines Anspruchs nach zeitabhängigen und zeitunabhängigen Aufwendungen differenzieren muss, hat der BGH nicht geklärt.

Allein die erfolgreiche Darlegung des Anspruchs führt nicht dazu, dass der Anspruch der Höhe nach begründet ist und der Auftraggeber die dargelegten Aufwendungen zu erstatten hat. Der BGH hat in seiner Entscheidung lediglich die Anforderungen an die **Schlüssigkeit** des Klagevortrags aufgestellt.[85] Der Auftraggeber kann beispielsweise einwenden, dass der Bauleiter, dessen Vergütung als Aufwendungen für einen durchgehenden Zeitraum verlangt wird, nur noch sporadisch auf der Baustelle war und für andere Bauprojekte eingesetzt wurde.[86] Trägt der Auftraggeber hierzu detailliert und unter Beweisantritt vor, dann erhöht sich die Darlegungslast des Planers. In diesem Fall muss der Planer seinen bisherigen pauschalen Vortrag ergänzen und die behaupteten Tätigkeiten nach Zeit (Tagen, Stunden), Personen und Tätigkeitsinhalten darlegen und unter Beweis stellen.[87] Gleiches gilt, wenn der Auftraggeber detailliert und unter Beweisantritt vorträgt, dass die Mitarbeiter des Planers in dem Verzögerungszeitraum zeitunabhängige Grundleistungen, wie z. B. die Teilnahme an den rechtsgeschäftlichen Abnahmen, die Rechnungsprüfungen oder die Kostenfeststellung, ausgeführt haben. Auftraggeber soll-

---

78 LG Lübeck Urt. v. 26.2.2015 – 12 O 82/14; a.A. *Messerschmidt* in Messerschmidt/Niemöller/Preussner, HOAI, § 10 Rn. 39, der meint, bei den Hinweisen handele es sich um eine konkrete bzw. pauschale Abgeltungsregelung; gegen diese Auffassung spricht, dass die Hinweise zum Vertragsmuster nicht Vertragsbestandteil werden. Sie enthalten lediglich innerdienstliche Vorgaben. Zudem spricht der eindeutige Wortlaut („bis zum") gegen eine pauschale Abgeltung.

79 BGH Urt. v. 10.5.2007 – VII ZR 288/05 Rn. 40, BauR 2007, 1592.

80 BGH Urt. v. 10.5.2007 – VII ZR 288/05 Rn. 34, BauR 2007, 1592.

81 → Rn. 7.

82 BGH Urt. v. 10.5.2007 – VII ZR 288/05 Rn. 40, BauR 2007, 1592; a.A. OLG Naumburg Urt. v. 23.4.2015 – 1 U 94/14, IBR 2015, 434, das meint, Mehraufwendungen seien Vermögensnachteile, die einem Schaden entsprechen und Gegenstand eines schadensersatzanspruchs sein können; ihre Darlegung erfordere den Vergleich zweier Ausgabenlagen auch dann, wenn sie auf vertraglicher Grundlage „ersetzt" verlangt werden. Die „Mehraufwendungen" seien Anspruchsvoraussetzung. die zu gewährende Vergütung müsse den Mehraufwendungen nicht entsprechen. Gegen die Einordnung der „Mehraufwendungen" als Anspruchsvoraussetzung bestehen erhebliche Bedenken.

83 BGH Urt. v. 10.5.2007 – VII ZR 288/05 Rn. 41, BauR 2007, 1592.

84 BGH Urt. v. 10.5.2007 – VII ZR 288/05 Rn. 38, BauR 2007, 1592.

85 *Schwenker/Schramm*, Fn. 36, ZfBR 2008, 3 (8).

86 BGH Urt. v. 10.5.2007 – VII ZR 288/05 Rn. 41, BauR 2007, 1592.

87 BGH Urt. v. 3.7.1997 – VII ZR 319/95, BauR 1998, 184.

ten, soweit im Einzelfall einschlägig, substantiiert und unter Beweisantritt bestreiten, dass die vom Planer dargelegten Aufwendungen infolge der Bauzeitverlängerung entstanden sind und prüfen, ob in dem Verzögerungszeitraum Grundleistungen erbracht wurden, die ohnehin erforderlich gewesen wären.

Der Planer kann gehalten sein, zu **ersparten Aufwendungen** vortragen. Eine solche 33
Pflicht besteht z. B. dann, wenn ein Baustillstand eingetreten ist und der Auftragnehmer die Bauleitung von der Baustelle abziehen und anderweitig einsetzen konnte.[88] Dass der Planer durch die Verzögerung möglicherweise ineffizient arbeitet, verringert seinen Aufwand dagegen nicht.[89]

Wie die „Verhandlungsklausel“[90] begründet die „RBBau-Klausel“ nach der beiderseiti- 34
gen Interessenlage nicht nur eine Pflicht des Auftraggebers, Verhandlungen mit dem Auftragnehmer aufzunehmen, sondern auch die **Pflicht**, in die **zutreffend** nach den Mehraufwendungen **berechnete Vergütung** der Leistungen **einzuwilligen**. Im Rechtsstreit tritt an die Stelle des Anspruchs auf Verhandlung und Einwilligung der Anspruch auf Zahlung der nach dem Vertrag geschuldeten Vergütung.[91] Der Planer verliert diesen Anspruch nicht, wenn er ihn erst **nach** der **Durchführung** des Bauvorhabens geltend macht.[92] Fraglich ist, ob der Planer die **Arbeiten** am Ende der regulären Bauzeit **einstellen** oder die Konsequenzen durch eine **Kündigung** des Vertrags ziehen darf, wenn der Auftraggeber zu dem Zeitpunkt, in dem sich die Verlängerung der Bauzeit herausstellt, eine Vereinbarung über die zusätzliche Vergütung ablehnt.[93] Bedenken gegen ein solches Leistungsverweigerungsrecht ergeben sich nicht aus der u.a. in den RBBau-Verträgen verwendeten Klausel, wonach Streitigkeiten den Auftragnehmer nicht dazu berechtigen, die Arbeiten einzustellen.[94] Für die inhaltsgleiche Regelung des § 18 Abs. 5 VOB/B ist anerkannt, dass gesetzliche und vertragliche Leistungsverweigerungsrechte durch diese Klausel nicht abgeschnitten werden.[95] Allerdings ist der Auftraggeber nur zur Einwilligung in die **zutreffend** nach den Mehraufwendungen berechnete Vergütung der Leistungen verpflichtet. Angesichts der Anforderungen an die Darlegung des Anspruchs läuft der Planer Gefahr, die Arbeiten einzustellen, ohne die Mehrvergütung zutreffend ermittelt zu haben. Darüber hinaus stehen die Mehraufwendungen zu dem Zeitpunkt, in dem sich die Verlängerung der Bauzeit herausstellt, noch gar nicht fest. Auf eine pauschale und von den Mehraufwendungen losgelöste Vergütung braucht sich der Auftraggeber gerade nicht einzulassen. Planer sollten deshalb von einer Leistungsverweigerung absehen. Andernfalls laufen sie Gefahr, dass der Auftraggeber seinerseits den Vertrag wirksam aus wichtigem Grund kündigt.

Der BGH hat sich in seiner Entscheidung lediglich mit den Anforderungen an die 35
Darlegungslast, nicht aber mit der **Methode zur Berechnung** der Honorarmehrforderung beschäftigt. Es hat die Sache seinerzeit zur neuen Verhandlung und Entscheidung an das Berufungsgericht zurückverwiesen. Über drei verschiedene Methoden zur Berechnung des Mehrvergütungsanspruchs auf der Grundlage einer identischen Klausel verhält sich eine frühere Entscheidung des OLG Celle.[96] Sämtlichen Berechnungsmethoden hat

---

[88] BGH Urt. v. 10.5.2007 – VII ZR 288/05 Rn. 42, BauR 2007, 1592.

[89] BGH Urt. v. 10.5.2007 – VII ZR 288/05 Rn. 42, BauR 2007, 1592.

[90] → Rn. 17.

[91] BGH Urt. v. 10.5.2007 – VII ZR 288/05 Rn. 32, BauR 2007, 1592.

[92] BGH Urt. v. 10.5.2007 – VII ZR 288/05 Rn. 32, BauR 2007, 1592.

[93] So das OLG Celle Urt. v. 27.2.2003 – 14 U 31/01, BauR 2003, 1248 (Nichtzulassungsbeschwerde zurückgewiesen mit Beschl. d. BGH v. 11.9.2003 – VII ZR 84/03).

[94] z. B. § 11.2 Satz 2 der „Allgemeinen Vertragsbestimmungen zu den Verträgen für freiberuflich Tätige – AVB“ (Stand 17. Austauschlieferung 2003) und § 17.2 Satz 2 der „Allgemeinen Vertragsbestimmungen“ (Stand 10.2.2014).

[95] BGH Urt. v. 25.1.1996 – VII ZR 233/94, BauR 1996, 378.

[96] OLG Celle Urt. v. 27.2.2003 – 14 U 31/01, BauR 2003, 1248 (Nichtzulassungsbeschwerde zurückgewiesen mit Beschl. d. BGH v. 11.9.2003 – VII ZR 84/03).

das OLG Celle zu Recht eine Absage erteilt. Dies gilt zunächst für eine Berechnung, nach der sämtlicher **stundenmäßig** dargelegter Zeitaufwand, den der Planer und seine Mitarbeiter in der Bauzeitverzögerungsphase erbracht haben, als Mehraufwand abgerechnet wird. Auch die pauschale nach der HOAI errechnete Honorarerhöhung für die Leistungsphase 8 im **Verhältnis** der regulären Bauzeit zu der überlangen Bauzeit ist nicht zulässig. Beide Berechnungsmethoden beinhalten das **Risiko**, dass der Auftraggeber solche Leistungen **doppelt vergütet**, die erstmals und ausschließlich in der Bauverzögerungsphase angefallen sind.[97] Eine Abrechnung der zusätzlichen Vergütung kann aus preisrechtlichen Gründen auch nicht in der Weise vorgenommen werden, dass die gesamte Tätigkeit des Planers einschließlich derjenigen aus der regulären Bauzeit nach **Zeitaufwand** abgerechnet wird. Gleichfalls aus preisrechtlichen Gründen unzulässig ist nach Ansicht des Kammergerichts Berlin eine Berechnung des zusätzlichen Honorars in der Weise, dass die **tatsächlichen Aufwendungen** für die gesamte Ausführungszeit dem **Vertragshonorar** für die Leistungsphase 8 gegen zu stellen sind und der Mehrbetrag durch **Differenzbildung** zu ermitteln sein soll.[98]

36 Führt die Berechnung anhand der „RBBau-Klausel" zu einer Dauer der erstattungsfähigen Bauzeitüberschreitung von beispielsweise 7,3 Monaten, dann darf dieser Zeitraum **nicht** auf 8 Monate **aufgerundet** werden.[99] Schon bezogen auf die Vorhaltung eines Bauleiters während der Verzögerungsphase würde dies zu einem überhöhten Anspruch des Auftragnehmers führen. Bezogen auf fünf Bauleiter führt das Aufrunden sogar zu mehr als drei Monaten berücksichtigungsfähiger Arbeitszeit. Dies überschreitet den Rahmen möglicher Schätzungen.[100]

37 In Ergänzung der vom BGH aufgestellten Grundsätze ist folgendes zu beachten:

38 Die vom BGH entwickelten **Grundsätze** zum Preisanpassungsanspruch wegen Wegfalls der Geschäftsgrundlage betreffen die konkrete Vertragsklausel und lassen sich nicht auf den gesetzlichen Preisanpassungsanspruch aus **§ 313 BGB übertragen**.[101]

39 Dem Planer steht nach dem Wortlaut der Klausel eine zusätzliche „Vergütung" zu. Fraglich und von der Rechtsprechung nicht geklärt ist, ob der Planer etwaig vereinbarte **Zuschläge** auf das Honorar (z. B. Umbauzuschlag oder Nebenkostenpauschale) auf diese Vergütung aufschlagen kann. Gegen einen solchen Aufschlag spricht, dass die Klausel inhaltlich auf die Abgeltung von Mehraufwendungen abzielt und dem Planer gerade kein aufwandsunabhängiges Honorar im Sinne der HOAI zusteht.

40 Der BGH brauchte nicht zu prüfen, ob die „RBBau-Klausel" einer **Inhaltskontrolle** nach AGB-Recht standhält, und hat diese Frage ausdrücklich offen gelassen.[102] Der Auftraggeber kann sich auf eine etwaige Unwirksamkeit der Klausel nicht berufen, wenn sie in einem von ihm gestellten Vertragsmuster enthalten ist. Eine Inhaltskontrolle zu Lasten des Planers erfolgt in diesen Fällen nicht.[103]

Die Wirksamkeit der zweifelsohne formularmäßig gestellten „RBBau-Klausel" scheitert nicht an der Verwendung des unbestimmten Rechtsbegriffs der „wesentlichen" Verzögerung. Eine unangemessene Benachteiligung des Vertragspartners im Sinne des AGB-Rechts kann sich zwar daraus ergeben, dass die Bestimmung nicht klar und verständlich ist (§ 307 Abs. 1 S. 2 BGB). Aus dem Gesamtzusammenhang der Klausel ergibt sich aber, welcher Zeitraum als wesentlich anzusehen ist. Nach dem Inhalt der Klausel gilt eine Überschreitung bis zu 20 v.H. der festgelegten Ausführungszeit, maximal jedoch von

---

97 Auf dieses Risiko hinweisend auch KG Urt. v. 15.3.2005 – 27 U 399/03, BauR 2007, 906 (Nichtzulassungsbeschwerde zurückgewiesen mit Beschl. d. BGH v. 28.9.2006 – VII ZR 106/05).

98 KG Urt. v. 15.3.2005 – 27 U 399/03, BauR 2007, 906 (Nichtzulassungsbeschwerde zurückgewiesen mit Beschl. d. BGH v. 28.9.2006 – VII ZR 106/05).

99 BGH Urt. v. 3.7.1997 – VII ZR 319/95, BauR 1998, 184.

100 BGH Urt. v. 3.7.1997 – VII ZR 319/95, BauR 1998, 184.

101 → Rn. 23.

102 BGH Urt. v. 10.5.2007 – VII ZR 288/05 Rn. 32, BauR 2007, 1592.

103 BGH Urt. v. 10.5.2007 – VII ZR 288/05 Rn. 32, BauR 2007, 1592.

6 Monaten, als durch das Honorar abgegolten. Erst nach Ablauf dieser Karenzzeit soll dem Planer ein Anspruch auf zusätzliche Vergütung zustehen. Verzögerungszeiträume, die diese Karenzzeit nicht überschreiten, gelten nicht als wesentlich im Sinne der Klausel.

Bedenken gegen die Wirksamkeit der Klausel nach AGB-Recht bestünden allerdings dann, wenn mit ihr auch Entschädigungsansprüche wegen Annahmeverzugs im Sinne von § 642 BGB geregelt werden.[104] Diese Bedenken ergäben sich aus der Regelung über die Wesentlichkeit des Verzögerungszeitraums und der Karenzzeit, nach der 20 v.H. der festgelegten Ausführungszeit, max. jedoch 6 Monate als vom vereinbarten Honorar abgegolten gelten. Der Auftragnehmer kann nach der „RBBau-Klausel" ohnehin nur für solche Verzögerungen Ansprüche geltend machen, die er nicht zu vertreten hat. Gleichwohl steht ihm für solche Verzögerungen für einen unwesentlichen Zeitraum, der je nach festgelegter Ausführungszeit ein halbes Jahr betragen kann, kein Anspruch auf zusätzliche Vergütung zu. Damit weicht die Klausel von § 642 BGB ab. Nach dieser Vorschrift kann der Unternehmer eine angemessene Entschädigung verlangen, wenn bei der Herstellung des Werkes eine Handlung des Bestellers erforderlich ist und wenn der Besteller durch das Unterlassen der Handlung in Verzug der Annahme kommt. Eine Karenzfrist für den Annahmeverzug enthält § 642 BGB nicht. Lediglich in Ausnahmefällen führt ein Annahmeverzug nicht zu einem Anspruch aus § 642 BGB.[105] Der regelhafte Ausschluss des Anspruchs auf zusätzliche Vergütung für einen nicht unerheblichen Zeitraum ist mit den Grundgedanken des § 642 BGB nicht zu vereinbaren und benachteiligt den Auftragnehmer deshalb unangemessen (§ 307 Abs. 2 Nr. 1 BGB). Mit der gebotenen kundenfeindlichsten Auslegung[106] ergibt sich infolge der Karenzzeit sogar ein vollständiger Ausschluss des Entschädigungsanspruchs aus § 642 BGB.[107] Ein Ausschluss des Entschädigungsanspruchs nach § 642 BGB in Allgemeinen Geschäftsbedingungen verstößt gegen § 307 Abs. 1 BGB.[108] Hinsichtlich solcher Kosten, die innerhalb des vertraglich vereinbarten Leistungszeitraums aufgrund eines Annahmeverzugs des Auftraggebers entstehen, könnte sich der Planer deshalb auf die Unwirksamkeit der Klausel berufen und diese Kosten auf der Grundlage von § 642 BGB geltend machen, wenn mit der Klausel auch Entschädigungsansprüche wegen Annahmeverzugs im Sinne von § 642 BGB geregelt würden.

b) Andere Vertragsmuster RBBau. Die Vertragsmuster aus der RBBau wurden und werden regelmäßig überarbeitet. Die vorstehenden Erwägungen gelten deshalb nicht pauschal für sämtliche Verträge, die auf der Grundlage der RBBau-Vertragsmuster geschlossen wurden. Die vom BGH aufgestellten Grundsätze können nur auf diejenigen Verträge bedenkenlos übertragen werden, in denen die vorerwähnte Klausel wortgleich enthalten ist und für die die zitierten Hinweise gelten. Hinsichtlich der sonstigen Vertragsmuster aus der RBBau bedarf es einer Prüfung, inwieweit die Grundsätze aus der BGH-Entscheidung übertragbar sind. 41

Das „**Vertragsmuster – Gebäude**" wurde mit der **17. Austauschlieferung** zur RBBau im Jahr 2003 und damit noch vor der Entscheidung des BGH vom 10.5.2007[109] betreffend die Klausel aus der 16. Austauschlieferung überarbeitet. Von der Änderung betroffen waren auch die Vereinbarung in § 6.3 des Vertrags und die dazugehörigen Hinweise zum Vertragsmuster. Die Wortlaute der Vorgängerregelung[110] und der geänderten Klausel wa- 42

[104] Dies dürfte nicht der Fall sein → Rn. 28.

[105] *Voit* in BeckOK BGB, 36. Ed. Stand 1.2.2015, § 642 Rn. 13.

[106] BGH Urt. v. 9.2.2011 – VIII ZR 295/09 Rn. 29, NJW 2011, 1342.

[107] → Rn. 28.

[108] *Stickler* in Messerschmidt/Voit, Privates Baurecht, 2. Aufl. 2012, § 642 Rn. 67 mit weiteren Nachweisen.

[109] BGH Urt. v. 10.5.2007 – VII ZR 288/05, BauR 2007, 1592.

[110] → Rn. 25.

ren jedoch nahezu identisch. Eine Änderung ergab sich lediglich insoweit, als der Auftragnehmer die zusätzliche Vergütung nur für „nachweislich erforderliche" Mehraufwendungen verlangen konnte. Trotz der Ergänzung um die beiden Worte „nachweislich" und „erforderlich" gelten die vom BGH zur Vorgängerklausel aufgestellten Grundsätze[111] in vollem Umfang für die geänderte Klausel. Dies betrifft die Hinweise zur Schriftform[112], die Einordnung der Klausel als Vertragsanpassungsklausel wegen Wegfalls der Geschäftsgrundlage, die Definition der Mehraufwendungen, den Umfang des Mehraufwendungsanspruchs, die Einwilligungspflicht des Auftraggebers und die Überlegungen zur Inhaltskontrolle. Auch die Hinweise betreffend die Anforderungen an die Erstdarlegungslast behalten Gültigkeit für die geänderte Klausel. Die Frage der Erstdarlegung des Anspruchs ist von der Frage nach der Begründetheit des Anspruchs streng zu trennen. Letztere bedingt, dass der Planer die Mehraufwendungen im Streitfall nachweist bzw. beweist. Zu diesem Beweis war er auch schon nach der alten Klausel verpflichtet, wenn der Auftraggeber nach einer ausreichenden Erstdarlegung durch den Planer detailliert und unter Beweisantritt bestritt, dass Mehrkosten entstanden sind. Nicht erkennbar ist, dass mit der Aufnahme des Begriffs „nachweislich" schon die Anforderungen an die Erstdarlegung erhöht werden sollten, zumal die Klausel zu einem Zeitpunkt geändert wurde, als die Entscheidung des BGH zur Vorgängerklausel noch nicht ergangen war.

43 Das „**Vertragsmuster – Technische Ausrüstung**" in der **bis** einschließlich zum **9.2. 2014** gültigen Fassung enthält dieselbe Vertragsklausel und dieselben Hinweise wie das „Vertragsmuster – Gebäude" mit dem Stand der 17. Austauschlieferung. Gleiches gilt für das „**Vertragsmuster – Freianlagen**" in der **bis** einschließlich zum **12.6.2014** gültigen Fassung und das „**Vertragsmuster – Ingenieurbauwerke und Verkehrsanlagen**" in der Fassung vom 28.9.2009. Die vom BGH in der Entscheidung vom 10.5.2007 aufgestellten Grundsätze gelten deshalb uneingeschränkt auch für diese Vertragsmuster.[113]

44 Im **Jahr 2009** wurde das „Vertragsmuster – Gebäude" in Aufbau und Inhalt einer grundlegenden Änderung[114] und im **September 2013** einer weiteren Überarbeitung[115] unterzogen. Diese Änderung betrifft auch die Klausel über die Ansprüche aus einer Verlängerung der Bauzeit. Die in der BGH-Entscheidung zitierten Hinweise zum Vertragsmuster wurden gestrichen.[116] Die Klausel selbst wurde aus dem Vertragsmuster herausgenommen und in § 9.4 der im Jahr 2009 ebenfalls grundlegend überarbeiteten „Allgemeinen Vertragsbestimmungen zum Vertrag Objektplanung Gebäude – AVB" verschoben. Diese AVB wurden im Jahr 2014 geringfügig überarbeitet[117] und gelten seitdem als „Allgemeine Vertragsbestimmungen" auch für das mit Erlass vom **10.2.2014** eingeführte Vertragsmuster „**Fachplanung – Technische Ausrüstung**" und das mit Erlass vom 13.6.2014 eingeführte Vertragsmuster „**Objektplanung – Freianlagen**".[118] Im Zuge der Überarbei-

---

[111] → Rn. 26 ff.

[112] Die „Allgemeinen Vertragsbestimmungen zu den Verträgen für freiberuflich Tätige – AVB" (Anhang 19) enthielten auch in der 17. Austauschlieferung der RBBau in § 14.1 eine Schriftformklausel.

[113] Zur Begründung siehe → Rn. 42; die AVB zu diesen drei Vertragsmustern enthalten ebenfalls eine Schriftformklausel.

[114] „Vertragsmuster Objektplanung – Gebäude" (Anhang 10), eingeführt mit Erlass des Bundesministeriums für Verkehr, Bau und Stadtentwicklung (BMVBS) vom 1.9.2009, Az. B108111.1/0.

[115] „Vertrag Objektplanung – Gebäude und Innenräume" (VM2/1), eingeführt mit Erlass des Bundesministeriums für Verkehr, Bau und Stadtentwicklung (BMVBS) vom 25.9.2013, Az. B10-8111.1/0.

[116] Der pauschale Verweis von *Messerschmidt* in Messerschmidt/Niemöller/Preussner, HOAI, § 10 Rn. 39 auf die „RBBau-Architektenverträge" ist für diese Vertragsmuster unzutreffend.

[117] Eingeführt mit Erlass des Bundesministeriums für Umwelt, Naturschutz, Bau und Reaktorsicherheit (BMUB) vom 10.2.2014, Az. B10-8111.1/0, Ziffer II.5, als Anlage 1/1.

[118] Siehe Erlass des Bundesministeriums für Umwelt, Naturschutz, Bau und Reaktorsicherheit (BMUB) vom 13.6.2014, Az. BI1-8111.1/0 zur Einführung des Vertragsmusters „Objektplanung – Freianlagen", Ziffer II.5.

tung im Jahr 2014 blieb die Regelung des § 9.4 inhaltlich unverändert, wurde aber nach § 10.2 verschoben. § 10.2 AVB (Stand 10.2.2014) hat folgenden Inhalt:

„Verlängert sich die Bauzeit aus Gründen, die der Auftragnehmer nicht zu vertreten hat, wesentlich und entstehen ihm dadurch erhebliche Mehraufwendungen für die Objektüberwachung/Bauüberwachung, kann dafür eine zusätzliche Vergütung vereinbart werden, wenn die Überschreitung mehr als 20 v.H. der festgelegten Bauzeit, oder mehr als 6 Monate beträgt. Der Auftragnehmer hat seinen Mehraufwand im Einzelnen nachzuweisen und darzulegen. Im Übrigen begründen Veränderungen der festgelegten Termine allein keinen Anspruch auf Erhöhung des Honorars."

Auch auf diese Klausel sind zahlreiche der vom BGH zur Vorgängerklausel aufgestell- 45 ten Grundsätze[119] übertragbar, namentlich die Hinweise zur Schriftform[120], die Einordnung der Klausel als Vertragsanpassungsklausel wegen Wegfalls der Geschäftsgrundlage, die Definition der Mehraufwendungen, die Hinweise zum Umfang des Mehraufwendungsanspruchs und zur Einwilligungspflicht des Auftraggebers.

Mit der geänderten Formulierung wurden jedoch die Anforderungen an die Erstdarle- 46 gung verschärft. Der Auftragnehmer hat seinen Mehraufwand nach dieser Klausel schon „im Einzelnen darzulegen". An der **Wirksamkeit** der geänderten Klausel bestehen insoweit **Zweifel**. Bei der Klausel handelt es sich um eine Allgemeine Geschäftsbedingung. Bestimmungen in Allgemeinen Geschäftsbedingungen sind unwirksam, wenn sie den Vertragspartner des Verwenders entgegen den Geboten von Treu und Glauben unangemessen benachteiligen (§ 307 Abs. 1 S. 1 BGB). Eine unangemessene Benachteiligung kann sich daraus ergeben, dass die Bestimmung nicht klar und verständlich ist (§ 307 Abs. 1 S. 2 BGB). Das Bestimmtheitsgebot verlangt, dass die tatbestandlichen Voraussetzungen und die Rechtsfolgen so genau beschrieben werden, dass für den Verwender keine ungerechtfertigten Beurteilungsspielräume entstehen.[121] Der Vertragspartner soll ohne fremde Hilfe möglichst klar und einfach seine Rechte feststellen können, um ihn nicht von deren Durchsetzung abzuhalten.[122] Was der Planer „im Einzelnen" vortragen muss, um die Anforderungen an die Darlegung zu erfüllen, geht aus der Klausel nicht hervor. Es hängt von der Beurteilung des Auftraggebers ab, ob die Anforderungen an die Darlegung im konkreten Fall erfüllt sind.

Zweifel an der Wirksamkeit der Klausel nach AGB-rechtlichen Gesichtspunkten auf- 47 grund Intransparenz (§ 307 Abs. 1 S. 2 BGB) bestehen auch deshalb, weil die geänderte Klausel gegenüber der Vorgängerklausel[123] einen zusätzlichen unbestimmten Rechtsbegriff enthält. Der Auftragnehmer kann eine zusätzliche Vergütung nicht schon dann verlangen, wenn sich die Bauzeit wesentlich verlängert. Ihm müssen „erhebliche" Mehraufwendungen entstehen. In welchen Fällen die Mehraufwendungen „erheblich" sind, regelt die Klausel nicht. Anders als der Begriff „wesentlich"[124] wird die Erheblichkeitsschwelle in der Klausel nicht präzisiert. Der Planer kann nicht erkennen, unter welchen Voraussetzungen ihm eine zusätzliche Vergütung im Fall verlängerter Bauzeit zustehen soll. Ob eine Klausel als hinreichend überschaubar zu gelten hat, kann jedoch durch einen Vergleich mit der betreffenden gesetzlichen Regelung geprüft werden.[125] Wie schon die Vorgängerklausel[126] wird mit der Vereinbarung in § 10.2 AVB ein Preisanpassungsanspruch wegen Wegfalls der Geschäftsgrundlage geregelt. Der Wegfall der Geschäftsgrundlage ist seit der Schuldrechtsreform in § 313 BGB kodifiziert. Hiernach kann eine Anpassung des Ver-

[119] → Rn. 26 ff.

[120] Die „Allgemeinen Vertragsbestimmungen" (Stand 10.2.2014) enthalten eine Schriftformklausel in § 19.2.

[121] BGH Urt. v. 5.11.2003 – VIII ZR 10/03, NJW 2004, 1598.

[122] BGH Urt. v. 5.11.2003 – VIII ZR 10/03, NJW 2004, 1598.

[123] → Rn. 25.

[124] → Rn. 40.

[125] BGH Urt. v. 5.11.2003 – VIII ZR 10/03, NJW 2004, 1598.

[126] → Rn. 28.

trags verlangt werden, wenn sich Umstände, die zur Grundlage des Vertrags geworden sind, nach Vertragsschluss schwerwiegend verändert haben und die Parteien den Vertrag nicht oder mit anderem Inhalt geschlossen hätten, wenn sie diese Veränderung vorausgesehen hätten, und soweit einem Teil unter Berücksichtigung aller Umstände des Einzelfalls, insbesondere der vertraglichen oder gesetzlichen Risikoverteilung, das Festhalten am unveränderten Vertrag nicht zugemutet werden kann. Für eine Anwendung von § 313 BGB genügt nicht jede unvorhergesehene Änderung der Verhältnisse, erforderlich ist eine schwerwiegende (wesentliche) Änderung.[127] Ob vor diesem Hintergrund die Regelung in § 10.2 AVB noch transparent ist, kann letztlich dahinstehen. Sie dürfte den Planer aus anderen Gründen unangemessen benachteiligen und deshalb unwirksam sein. § 10.1 AVB bestimmt, dass alle Vergütungsregelungen vor Beginn der Leistungen schriftlich zu vereinbaren sind. Die Schriftform dürfte mit Blick auf § 19.2 AVB Wirksamkeitsvoraussetzung sein und nicht lediglich Beweiszwecken dienen.[128] Zu den Vergütungsregelungen im Sinne von § 10.1 AVB zählt nach der Systematik der Klauseln und dessen Wortlaut auch § 10.2 AVB („zusätzliche Vergütung"). Nach § 10.2 Satz 2 AVB ist der Planer verpflichtet, seinen Mehraufwand im Einzelnen nachzuweisen und darzulegen. Dazu ist er zu dem nach § 10.1 AVB maßgeblichen Zeitpunkt („vor Beginn der Leistungen") gar nicht in der Lage. Dies gilt unabhängig von der weiteren offenen Frage, auf welchen Zeitpunkt im Zusammenspiel von § 10.1 AVB und § 10.2 AVB abzustellen ist. Als „Beginn der Leistungen" kommt in den Fällen der Bauzeitverlängerung der Ablauf der vertraglich vereinbarten Bauzeit mit und ohne die in § 10.2 AVB vereinbarte Karenzzeit in Betracht. Zu beiden Zeitpunkten können die Parteien auch nicht vorhersehen, ob die Bauzeitverlängerung wesentlich im Sinne von § 10.2 AVB sein wird. Die Voraussetzungen, unter denen der Planer einen Anspruch auf zusätzliche Vergütung hat, sind deshalb unklar und missverständlich. Auf eine Unwirksamkeit der Klausel kann sich lediglich der Planer, nicht aber der Auftraggeber als Verwender berufen.[129]

3. Lösungsvorschlag für die Praxis

48 Enthält der Vertrag eine Preisanpassungsklausel im Sinne der „Verhandlungsklausel" oder der „RBBau-Klausel" und möchten die Parteien den Anspruch des Auftragnehmers ohne Zuhilfenahme der Gerichte bestimmen, dann kann der Anspruch unter gegenseitigem Nachgeben wie folgt ermittelt werden: Ausgangspunkt für die Abrechnung des bauzeitverlängerungsbedingten Mehraufwands sind diejenigen Stunden, die der Auftragnehmer nachweislich im Zeitraum der Bauzeitverlängerung für Leistungen der Leistungsphase 8 aufgewendet hat. Moderne Planungsbüros verfügen in aller Regel über entsprechende Zeiterfassungsprogramme, aus denen diese Stundenanzahl getrennt nach Mitarbeitern ermittelt werden kann. Die Anzahl der Stunden ist deshalb vom Auftragnehmer in geeigneter Weise darzulegen. Der Zeitraum für die Bauzeitverlängerung ist unter Berücksichtigung der vertraglichen Vereinbarung über die Bauzeit, der tatsächlichen Bauzeit und der vereinbarten Karenzzeit zu ermitteln. Von der auf den um die Karenzzeit verkürzten Verlängerungszeitraum entfallenden Stundenzahl ist zur Vermeidung einer Doppelvergütung ein nach den konkreten vertraglichen Vereinbarungen zu bestimmender Abzug für die zeitunabhängigen Leistungen vorzunehmen. Hierzu sind die vereinbarten zeitunabhängigen Leistungen anhand einschlägiger Bewertungstabellen mit v.H.-Sätzen zu bewerten und von dem vertraglich vereinbarten v.H.-Satz für die Leistungsphase 8 abzuziehen. Ebenfalls in Abzug zu bringen sind diejenigen Stunden, die auf zusätzliche und geänderte Planungsanforderungen, damit einhergehenden zusätzlichen Aufwand und in der Folge zusätzlichen Zeitbedarf zurückgehen. Die Honorierung solcher Leistungen und die Frage, ob der Planer hierfür ein zusätzliches Honorar

[127] *Unberath* in BeckOK BGB, 36. Ed. Stand 1.3.2011, § 313 Rn. 25.
[128] → Rn. 27.
[129] BGH Urt. v. 4.12.1997 – VII ZR 187/96, BauR 1998, 357.

beanspruchen kann, muss gesondert geprüft werden. Verzögerungen, die dem Planer zuzurechnen sind, müssen ebenfalls herausgerechnet werden. Der verbliebene Stundenanteil ist dann als erstattungsfähiger Mehraufwand anzusehen. Soweit nicht der Planer einen höheren Stundensatz nachweist, kann der verbliebene Stundenanteil mit dem oftmals vertraglich vereinbarten Stundensatz multipliziert werden.

IV. Gesetzliche Anspruchsgrundlagen

Gesetzliche Ansprüche auf ein zusätzliches Honorar wegen einer Verlängerung der Planungs- und/oder Bauzeit oder die Erstattung verzögerungsbedingter Kosten können sich gedanklich aus dem Preisrecht der HOAI und aus den zivilrechtlichen Vorschriften des BGB ergeben. 49

1. HOAI

Der Planer kann vom Aufraggeber auf der Grundlage der HOAI keine Vergütung bzw. keine Kostenerstattung wegen einer langen bzw. verlängerten Planungs- und/oder Bauzeit verlangen. Das Preisrecht der HOAI enthält in der Fassung 2013 **keine Anspruchsgrundlage** für solche Forderungen. Mit Ausnahme der Regelung in § 21 HOAI a.F. trifft dies auch auf die Vorgängerfassungen der HOAI zu. Die HOAI erlaubte und erlaubt lediglich Vereinbarungen zwischen den Parteien über Ansprüche aus einer Verlängerung der Planungs- bzw. Bauzeit. 50

a) § 4 Abs. 1 HOAI a.F./§ 7 Abs. 1 HOAI. Vorhersehbar längere Bauzeiten konnten und können die Parteien im Rahmen von § 4 Abs. 1 HOAI a.F. bzw. § 7 Abs. 1 HOAI durch eine Anhebung des Honorars bis hin zum Höchstsatz abgelten.[130] Hierzu bedarf es einer den Anforderungen des § 4 Abs. 1 HOAI a.F. bzw. § 7 Abs. 1 HOAI entsprechenden Vereinbarung, die **schriftlich bei Auftragserteilung** getroffen werden muss.[131] Ein bestimmtes Honorar für die Bauzeitverlängerung müssen die Parteien nicht vereinbaren. Es müssen aber Abrechnungsfaktoren genannt sein, die die Höhe des Zuschlags für die Bauzeitverlängerung zumindest bestimmbar machen.[132] Eine reine Verhandlungsklausel erfüllt diese Voraussetzungen nicht.[133] In Betracht kommen z. B. die **Anhebung des Prozentsatzes** für die Leistungsphase 8 oder die **Anhebung des Honorarsatzes.**[134] Soweit sich dadurch nicht eine Überschreitung des Höchstsatzes ergibt, ist beispielsweise auch eine Klausel preisrechtlich zulässig, nach deren Inhalt sich das Honorar für die Leistungsphase 8 **im gleichen Verhältnis erhöht** wie die tatsächliche Bauzeit zur vereinbarten und ggf. um die Karenzzeit erhöhten Bauzeit.[135] Ob die Parteien eine solche preisrechtliche Honorarvereinbarung treffen möchten oder nur eine vertragsrechtliche Preisanpassungsklausel vereinbaren wollen, ist eine Frage des Einzelfalls. Mit der vorstehenden preisrechtlichen Honorarvereinbarung erfolgt die spätere Honorierung losgelöst von den tatsächlichen Mehraufwendungen des Planers. Der Auftraggeber läuft mit dieser Klausel Gefahr, mehr als die tatsächlichen Mehraufwendungen bezahlen zu müssen. Für den Planer besteht das Risiko, dass er nicht die ihm tatsächlich entstehenden Mehraufwendungen erhält. Andererseits entfällt für den Planer mit dieser Klausel die Pflicht zum Nachweis der Mehraufwendun- 51

---

130 BGH Urt. v. 30.9.2004 – VII ZR 456/01, BauR 2005, 118 (121).

131 BGH Urt. v. 30.9.2004 – VII ZR 456/01, BauR 2005, 118 (121).

132 BGH Urt. v. 30.9.2004 – VII ZR 456/01, BauR 2005, 118 (120).

133 BGH Urt. v. 30.9.2004 – VII ZR 456/01, BauR 2005, 118 (120); zur „Verhandlungsklausel" → Rn. 12 ff.

134 OLG Naumburg Urt. v. 23.4.2015 – 1 U 94/14, IBR 2015, 434.

135 Klausel aus *Werner* in Werner/Pastor, Der Bauprozess, 14. Aufl. 2013, Rn. 1034; OLG Naumburg Urt. v. 23.4.2015 – 1 U 94/14, IBR 2015, 434.

gen. Bei Verträgen, die zwingend unter Verwendung unveränderbarer Vertragsmuster geschlossen werden müssen[136], ist die Aufnahme solcher Klauseln nicht zulässig.

52 b) **§ 4 S. 1 HOAI a.F./§ 7 S. 1 HOAI.** Bei **ungewöhnlich lange** dauernden Grundleistungen dürfen die Parteien ausnahmsweise ein Honorar vereinbaren, das die Höchstsätze überschreitet (§ 4 Abs. 3 S. 1 HOAI a.F. bzw. § 7 Abs. 4 S. 1 HOAI). Diese Vereinbarung muss **schriftlich** und **bei Auftragserteilung** getroffen werden.[137] Die Wahrung der Schriftform ist Voraussetzung für die Wirksamkeit einer derartigen Vereinbarung.[138] Eine Vereinbarung nach § 4 Abs. 3 S. 1 HOAI a.F. bzw. § 7 Abs. 4 S. 1 HOAI ist deshalb nur möglich, wenn die ungewöhnlich lange Dauer der Grundleistung **vorhersehbar** ist. Bei einer erst während der Leistungserbringung an den Tag tretenden außergewöhnlich langen Dauer der Ausführung kann eine Erhöhung der Höchstsätze nicht über § 4 Abs. 3 S. 1 HOAI a.F. bzw. § 7 Abs. 4 HOAI vereinbart werden.[139] Schon dies schränkt den Anwendungsbereich von § 4 Abs. 3 S. 1 HOAI a.F. bzw. § 7 Abs. 4 S. 1 HOAI in der Praxis erheblich ein. Schwierigkeiten in der Anwendung dieser Vorschrift ergeben sich mit Blick auf die **unklaren Tatbestandsvoraussetzungen**. In welchen Fällen eine Grundleistung „ungewöhnlich lange" dauert, ist nicht geklärt. Unter Verweis auf eine Entscheidung des BGH[140] aus dem Jahr 1964 wird in der Literatur eine Überschreitung der Regelbauzeit um jedenfalls 60% und 85% als ungewöhnlich lange betrachtet.[141] Auch eine Zeitüberschreitung von weniger als 60% soll im Einzelfall aber als ungewöhnlich lange gelten können.[142] Zum Teil wird die Anwendung von § 4 Abs. 3 S. 1 HOAI a.F. bzw. § 7 Abs. 4 S. 1 HOAI erst ab einer Überschreitung der Regelbauzeit um wenigstens 30% als zulässig erachtet.[143] Erforderlich ist stets ein Vergleich der für die Leistung unter normalen Umständen benötigten Zeit mit der voraussichtlichen Leistungszeit.[144] Die Bestimmung der für die Leistung unter normalen Umständen benötigten Zeit bereitet in der Praxis erhebliche Schwierigkeiten. Den Parteien sollte insoweit ein Ermessensspielraum eingeräumt werden.[145] Eine Überschreitung des Höchstsatzes nach § 4 Abs. 3 S. 1 HOAI a.F. bzw. § 7 Abs. 4 S. 1 HOAI ist überdies nur dann zulässig, wenn die ungewöhnliche lange Dauer der Leistung **nicht dem Planer zuzurechnen ist.**[146] Darüber hinaus dürfen Umstände, die bereits für die Einordnung in die Honorarzonen oder für die Einordnung in den Rahmen der Mindest- und Höchstsätze mitbestimmend gewesen sind, bei der Einordnung als ungewöhnlich lange Grundleistung nicht berücksichtigt werden (§ 4 Abs. 3 S. 2 HOAI a.F. bzw. § 7 Abs. 4 S. 2 HOAI). Weil § 4 Abs. 3 S. 1 HOAI a.F. bzw. § 7 Abs. 4 S. 1 HOAI die Höchstsatzüberschreitung im Fall ungewöhnlich lange dauernder „Grundleistungen" erlaubt, ist der Anwendungsbereich dieser Vorschriften nicht auf lange dauernde Objektüberwachungsleistungen im Sinne der Leistungsphase 8 beschränkt, sondern erfasst alle **Leistungsphasen**.

---

[136] Wie z. B. bei den Verträgen des Bundes auf der Grundlage der RBBau; andere Auftraggeber, die die RBBau-Vertragsmuster freiwillig verwenden, unterliegen dem Veränderungsverbot nur, wenn eine entsprechende interne Regelung besteht.

[137] BGH Urt. v. 30.9.2004 – VII ZR 456/01, BauR 2005, 118 (121).

[138] *Rath* in Pott/Dahlhoff/Kniffka/Rath, Kommentar zur HOAI, § 7 Rn. 39.

[139] *Schwenker/Wessel* in Messerschmidt/Voit, Privates Baurecht, 2. Aufl. 2012, HOAI § 7 Rn. 14.

[140] Urt. v. 12.11.1964 – VII ZR 11/63, Schäfer/Finnern Z 3.01 Bl. 311.

[141] *Koeble* in Locher/Koeble/Frik, Kommentar zur HOAI, § 7 Rn. 149; *Galda* in Korbion/Mantscheff/Vygen, Honorarordnung für Architekten und Ingenieure, § 7 Rn. 83.

[142] *Koeble* in Locher/Koeble/Frik, Kommentar zur HOAI, § 7 Rn. 149 *Galda* in Korbion/Mantscheff/Vygen, Honorarordnung für Architekten und Ingenieure, § 7 Rn. 83.

[143] *Preussner*, Fn. 2, BauR 2006, 203 (204).

[144] *Schwenker/Schramm*, Fn. 36, ZfBR 2008, 3.

[145] *Preussner*, Fn. 2, BauR 2006, 203 (204).

[146] *Galda* in Korbion/Mantscheff/Vygen, Honorarordnung für Architekten und Ingenieure, § 7 Rn. 83; *Rath* in Pott/Dahlhoff/Kniffka/Rath, Kommentar zur HOAI, § 7 Rn. 34 verlangt ein Verschulden des Planers.

c) § 4 S. 3 HOAI a.F. Nach § 4a S. 3 HOAI in der bis zum 17.8.2009 geltenden Fassung konnte, wenn sich die Planungs- und Bauzeit wesentlich durch Umstände verlängerte, die der Auftragnehmer nicht zu vertreten hatte, für die dadurch verursachten Mehraufwendungen ein zusätzliches Honorar vereinbart werden. **Eine eigene Anspruchsgrundlage enthielt § 4a S. 3 HOAI a.F. nicht.**[147] Der Planer konnte vom Auftraggeber deshalb nur dann ein zusätzliches Honorar verlangen, wenn die Parteien eine entsprechende Vereinbarung getroffen hatten. Umstritten war, ob die Vereinbarung nach § 4a S. 3 HOAI a.F. wie die Vereinbarung nach § 4a S. 1 HOAI a.F. schriftlich bei Auftragserteilung getroffen werden musste.[148] Bejahendenfalls fand auch diese Vorschrift nur Anwendung in Fällen, in denen die Verzögerung schon bei Vertragsschluss vorhersehbar war.[149] Ebenfalls umstritten war, ob es entgegen des Wortlauts ausreichte, wenn sich entweder die Planungs- oder die Bauzeit verlängerte.[150] Hiervon unabhängig setzte eine Vereinbarung nach § 4a S. 3 HOAI a.F. zwingend voraus, dass die Parteien eine **Honorarvereinbarung nach § 4a S. 1 HOAI a.F.** geschlossen hatten, d.h. das Honorar auf der Grundlage einer nachprüfbaren Ermittlung der voraussichtlichen Herstellungskosten nach Kostenberechnung oder nach Kostenanschlag ermittelt werden sollte.[151] Das unbestimmte Tatbestandsmerkmal der „wesentlichen" Verlängerung war nach einer in der Literatur vertretenen Ansicht erst bei einer Überschreitung um mehr als 20% erfüllt.[152] Nach anderer Ansicht sollte als wesentlich eine Verlängerung anzusehen sein, die mehr als 5% der Regelplanungs- und -bauzeit ausmacht, soweit diese Zeit nach den Umständen des Einzelfalls als durchschnittlicher Zeitrahmen anzusehen war.[153] § 4a S. 3 HOAI a.F. wurde mit der 6. HOAI-Novelle im Jahr 2009 **ersatzlos gestrichen**.[154] 53

d) § 21 HOAI a.F. Wurde ein Auftrag, der ein oder mehrere Gebäude umfasste, nicht einheitlich in einem Zuge, sondern **abschnittsweise** in größeren Zeitabständen ausgeführt, so war für die das ganze Gebäude oder das ganze Bauvorhaben betreffenden, zusammenhängend durchgeführten Leistungen das anteilige Honorar zu berechnen, das sich nach den gesamten anrechenbaren Kosten ergab. Das Honorar für die restlichen Leistungen war jeweils nach den anrechenbaren Kosten der einzelnen Bauabschnitte zu berechnen. Dies ergab sich aus § 21 HOAI a.F. Die Regelung hatte **in der Praxis keine Bedeutung** erlangt.[155] Sie stand in der Kritik, weil sie häufig zu effektiven Honorarverlusten und zufälligen Honorarergebnissen führte.[156] Verlängerte Bauzeiten waren über § 21 HOAI a.F. nicht abgedeckt.[157] Die Anwendung von § 21 HOAI a.F. war nicht auf die Leistungsphasen 8 und 9 beschränkt, so dass auch Unterbrechungen in der Planungsphase einen Anspruch auf Honorarerhöhung auslösen konnten.[158] Einer Vereinbarung zwi- 54

---

[147] KG Urt. v. 31.3.2009 – 21 U 165/06, BauR 2009, 1189.

[148] Verneinend und zum Meinungsstand *Werner* in Werner/Pastor, Der Bauprozess, 14. Aufl. 2013, Rn. 1031; bejahend u.a. *Preussner*, Fn. 2, BauR 2006, 203 (205).

[149] *Preussner*, Fn. 2, BauR 2006, 203 (205).

[150] Bejahend *Koeble* in Locher/Koeble/Frik, Kommentar zur HOAI, 9. Aufl. 2006, § 4a Rn. 18; ablehnend *Rath* in Pott/Dahlhoff/Kniffka/Rath, Kommentar zur HOAI, 8. Aufl. 2006, § 4a Rn. 12.

[151] BGH Urt. v. 30.9.2004 – VII ZR 456/01, BauR 2005, 118.

[152] *Preussner*, Fn. 2, BauR 2006, 203 (205); *Vygen* in Korbion/Mantscheff/Vygen, Honorarordnung für Architekten und Ingenieure, 6. Aufl. 2004, § 4a Rn. 33.

[153] Nachweis in *Schwenker/Schramm*, Fn. 36, ZfBR 2008, 3 (4).

[154] *Werner* in Werner/Pastor, Der Bauprozess, 14. Aufl. 2013, Rn. 1031.

[155] *Rath* in Pott/Dahlhoff/Kniffka/Rath, Kommentar zur HOAI, 8. Aufl. 2006, § 21 Rn. 1.

[156] *Rath* in Pott/Dahlhoff/Kniffka/Rath, Kommentar zur HOAI, 8. Aufl. 2006, § 21 Rn. 7.

[157] *Seifert* in Korbion/Mantscheff/Vygen, Honorarordnung für Architekten und Ingenieure, 6. Aufl. 2004, § 21 Rn. 3a.

[158] *Koeble* in Locher/Koeble/Frik, Kommentar zur HOAI, 9. Aufl. 2006, § 21 Rn. 5; *Seifert* in Korbion/Mantscheff/Vygen, Honorarordnung für Architekten und Ingenieure, 6. Aufl. 2004, § 21 Rn. 3.

schen den Parteien über die Honorarerhöhung bedurfte es nicht. Es reichte, wenn die Voraussetzungen von § 21 HOAI a.F. erfüllt waren.[159] Für die Anwendung von § 21 HOAI a.F. genügte es, wenn sich die Durchführung in einzelnen Bauabschnitten nach Abschluss des Architektenvertrags aus den Umständen ergab.[160] Zu einer Abrechnung nach § 21 HOAI a.F. war der Architekt allerdings nicht berechtigt, wenn er eine Verzögerung und die dadurch bedingte abschnittsweise Ausführung zu vertreten hatte.[161] Weitere Voraussetzung für die Anwendung der Vorschrift war, dass ein einheitlicher Vertrag über die gesamte Architektenleistung geschlossen wurde.[162] Ergab sich die abschnittsweise Ausführung aus der Natur des Vertrags, wie z. B. bei Verträgen mit sukzessiven Leistungspflichten[163] oder bei „echten" Stufenverträgen[164], schied eine Honorarerhöhung nach § 21 HOAI a.F. aus.[165] In solchen Verträgen war die Anwendung von § 21 HOAI a.F. lediglich innerhalb einer Auftragsstufe möglich.[166] Für die Beurteilung, ob ein „größerer Zeitabstand" vorlag, war auf die Umstände des jeweiligen Einzelfalls abzustellen.[167] Als Zwischenzeit wurde von Teilen der Literatur für den Regelfall eine Frist von wenigstens 6 Monaten verlangt.[168] Winterbedingte Unterbrechungen, Bauferien oder kurze Verzögerungen des Bauablaufs infolge Verzugs eines am Bau Beteiligten lösten keinen Anspruch auf Honorarerhöhung aus.[169] Eine vollständige Untätigkeit des Planers war für den Anspruch aus § 21 HOAI a.F. nicht erforderlich. Die Honorarerhöhung konnte auch dann eintreten, wenn die übliche Leistungsabfolge erheblich gestört und unterbrochen wurde.[170] Umstritten war, ob § 21 HOAI a.F. neben § 642 BGB Anwendung finden konnte oder ob es sich bei § 21 HOAI a.F. um eine vorrangige Regelung handelte.[171] Ein formu-

---

159 *Seifert* in Korbion/Mantscheff/Vygen, Honorarordnung für Architekten und Ingenieure, 6. Aufl. 2004, § 21 Rn. 1a; *Koeble* in Locher/Koeble/Frik, Kommentar zur HOAI, 9. Aufl. 2006, § 21 Rn. 7.

160 *Koeble* in Locher/Koeble/Frik, Kommentar zur HOAI, 9. Aufl. 2006, § 21 Rn. 1; *Rath* in Pott/Dahlhoff/Kniffka/Rath, Kommentar zur HOAI, 8. Aufl. 2006, § 21 Rn. 3; *Seifert* in Korbion/Mantscheff/Vygen, Honorarordnung für Architekten und Ingenieure, 6. Aufl. 2004, § 21 Rn. 1a.

161 *Koeble* in Locher/Koeble/Frik, Kommentar zur HOAI, 9. Aufl. 2006, § 21 Rn. 1; *Rath* in Pott/Dahlhoff/Kniffka/Rath, Kommentar zur HOAI, 8. Aufl. 2006, § 21 Rn. 3; *Seifert* in Korbion/Mantscheff/Vygen, Honorarordnung für Architekten und Ingenieure, 6. Aufl. 2004, § 21 Rn. 1a.

162 *Koeble* in Locher/Koeble/Frik, Kommentar zur HOAI, 9. Aufl. 2006, § 21 Rn. 3.

163 Hierzu zählen die Vertragsmuster der RBBau, vgl. *Kuhn*, Fn. 55, ZfBR 2014, 3 (4).

164 Wie bei BGH Urt. v. 18.9.1997 – VII ZR 300/96, BauR 1997, 1065.

165 *Koeble* in Locher/Koeble/Frik, Kommentar zur HOAI, 9. Aufl. 2006, § 21 Rn. 3; *Rath* in Pott/Dahlhoff/Kniffka/Rath, Kommentar zur HOAI, 8. Aufl. 2006, § 21 Rn. 2.

166 *Rath* in Pott/Dahlhoff/Kniffka/Rath, Kommentar zur HOAI, 8. Aufl. 2006, § 21 Rn. 2; *Seifert* in Korbion/Mantscheff/Vygen, Honorarordnung für Architekten und Ingenieure, 6. Aufl. 2004, § 21 Rn. 2.

167 *Koeble* in Locher/Koeble/Frik, Kommentar zur HOAI, 9. Aufl. 2006, § 21 Rn. 5; *Rath* in Pott/Dahlhoff/Kniffka/Rath, Kommentar zur HOAI, 8. Aufl. 2006, § 21 Rn. 3; *Seifert* in Korbion/Mantscheff/Vygen, Honorarordnung für Architekten und Ingenieure, 6. Aufl. 2004, § 21 Rn. 4.

168 *Koeble* in Locher/Koeble/Frik, Kommentar zur HOAI, 9. Aufl. 2006, § 21 Rn. 5; ebenso *Seifert* in Korbion/Mantscheff/Vygen, Honorarordnung für Architekten und Ingenieure, 6. Aufl. 2004, § 21 Rn. 4, der im Einzelfall auch eine deutlich kürzere zeitliche Trennung als ausreichend erachtete.

169 *Koeble* in Locher/Koeble/Frik, Kommentar zur HOAI, 9. Aufl. 2006, § 21 Rn. 5; *Seifert* in Korbion/Mantscheff/Vygen, Honorarordnung für Architekten und Ingenieure, 6. Aufl. 2004, § 21 Rn. 5.

170 *Seifert* in Korbion/Mantscheff/Vygen, Honorarordnung für Architekten und Ingenieure, 6. Aufl. 2004, § 21 Rn. 3a.

171 Für letzteres *Koeble* in Locher/Koeble/Frik, Kommentar zur HOAI, 9. Aufl. 2006, § 21 Rn. 6; für ein Nebeneinander *Seifert* in Korbion/Mantscheff/Vygen, Honorarordnung für Architekten und Ingenieure, 6. Aufl. 2004, § 21 Rn. 8, jedoch mit der Maßgabe, dass sich der Architekt eine Honorarerhöhung nach § 21 HOAI a.F. auf seinen Anspruch aus § 642 BGB anrechnen lassen musste.

larmäßiger Ausschluss von § 21 HOAI a.F. war AGB-rechtlich unwirksam.[172] § 21 HOAI a.F. wurde im Zuge der 6. HOAI-Novelle im Jahr 2009 **ersatzlos gestrichen**.[173]

e) Unvorhersehbare Ereignisse. Für **unvorhersehbare** Ereignisse mit ungewisser Dauer sieht die HOAI **keinen** Regelungstatbestand vor. Solche Ereignisse können bei der Honorarvereinbarung für die Bauzeit nicht berücksichtigt werden.[174] 55

2. BGB

Ansprüche des Planers infolge einer Verlängerung der Leistungszeit können sich vorrangig aus § 642 BGB und § 313 BGB ergeben.[175] 56

a) Entschädigungsanspruch wegen Annahmeverzugs (§ 642 BGB). Ist bei der Herstellung des Werkes eine Handlung des Bestellers erforderlich, so kann der Unternehmer, wenn der Besteller durch das Unterlassen der Handlung in Verzug der Annahme kommt, eine angemessene Entschädigung verlangen (§ 642 Abs. 1 BGB). Die Höhe der Entschädigung bestimmt sich einerseits nach der Dauer des Verzugs und der Höhe der vereinbarten Vergütung, andererseits nach demjenigen, was der Unternehmer infolge des Verzugs an Aufwendungen erspart oder durch anderweitige Verwendung seiner Arbeitskraft erwerben kann (§ 642 Abs. 2 BGB). 57

Verträge über Architekten- und Ingenieurleistungen sind nach der ständigen Rechtsprechung des BGH in der Regel als Werkverträge im Sinne von § 631 BGB einzuordnen.[176] § 642 BGB findet deshalb auch im Architekten- und Ingenieurverträgen Anwendung.[177] Entscheidungen, die sich mit der Anwendung von § 642 BGB auf Architekten- und Ingenieurverträge befassen, gibt es gleichwohl kaum. 58

Mitwirkungsobliegenheiten des Bestellers können beispielsweise in Form von zu treffenden Zwischenentscheidungen, der Ausübung von Wahlmöglichkeiten, der Freigabe von Zwischenergebnissen oder der Unterzeichnung des Baugesuchs bestehen.[178] 59

Entsteht die **Verzögerung**, weil ein **Bauunternehmer** seine Bauleistung nicht innerhalb der vereinbarten Frist vollendet, steht dem Planer gegen den Auftraggeber kein Anspruch aus § 642 BGB zu. Der Bauherr ist nicht verpflichtet, dem bauleitenden und bauüberwachenden Planer im Sinne einer Obliegenheit nicht verzögerlich arbeitende Bauunternehmer bereit zu stellen.[179] Der Bauherr hat nicht dafür einzustehen, dass die von ihm beauftragten Bauunternehmer die vorgesehenen Termine einhalten.[180] Die sog. „Vorunternehmer"-Rechtsprechung des BGH[181] ist auf diese Fälle nicht übertragbar, weil es dort jeweils um das Verhältnis von unabhängig voneinander zu erbringenden Vor- und Nacharbeiten ging, hier aber die gleichzeitig und in Abhängigkeit voneinander zu erbringenden Arbeiten der Bauausführung und der Bauüberwachung in Rede stehen.[182] Von der Rechtsprechung wurde bisher nicht geklärt, ob der Auftraggeber nach § 642 BGB haftet, wenn ein von ihm beauftragter **anderer fachlich beteiligter** Planer verzögert arbeitet und der Auftragnehmer seine Leistung deshalb nicht erbringen kann. 60

---

[172] *Seifert* in Korbion/Mantscheff/Vygen, Honorarordnung für Architekten und Ingenieure, 6. Aufl. 2004, § 21 Rn. 1b.

[173] *Werner* in Werner/Pastor, Der Bauprozess, 14. Aufl. 2013, Rn. 1031.

[174] BGH Urt. v. 30.9.2004 – VII ZR 456/01, BauR 2005, 118.

[175] *Messerschmidt* in Messerschmidt/Niemöller/Preussner, HOAI, § 10 Rn. 42 ff.

[176] z. B. BGH Urt. v. 24.6.2004 – VII ZR 259/02, BauR 2004, 1640.

[177] *Pause/Vogel* in Kniffka, ibr-online-Kommentar Bauvertragsrecht, Stand 28.7.2015, § 642 Rn. 95; *Stickler* in Messerschmidt/Voit, Privates Baurecht, 2. Aufl. 2012, § 642 Rn. 58.

[178] *Stickler* in Messerschmidt/Voit, Privates Baurecht, 2. Aufl. 2012, § 642 Rn. 58.

[179] OLG Köln Beschl. v. 21.4.2010 – 20 U 98/03, BauR 2005, 582 (585).

[180] LG Köln Urt. v. 6.6.2003 – 18 O 343/01, BauR 2005, 582.

[181] BGH Urt. v. 21.10.1999 – VII ZR 185/98, BauR 2000, 722.

[182] LG Köln Urt. v. 6.6.2003 – 18 O 343/01, BauR 2005, 582 (584).

61 Der Planer kann keine Entschädigung verlangen, soweit die von ihm angebotene Leistung **mangelhaft** ist. Das Angebot einer mangelhaften Leistung begründet keinen Annahmeverzug.[183]

62 Die Entschädigung nach § 642 BGB soll den Unternehmer dafür entschädigen, dass er in seiner Dispositionsfreiheit hinsichtlich seiner Arbeitskraft und seines Kapitals beeinträchtigt wird.[184] Zur Darlegung des Anspruchs aus § 642 BGB ist im Regelfall eine bauablaufbezogene Darstellung erforderlich.[185] Beruht der Anspruch auf mehreren unterlassenen Mitwirkungen, dann muss der Planer diese und den jeweiligen Annahmeverzug im Einzelnen darlegen.[186]

63 Wie der Entschädigungsanspruch im Einzelnen zu berechnen ist, ergibt sich nicht aus § 642 BGB. Die Grundsätze für die Berechnung sind kaum geklärt und streitig. Dies gilt schon für die Ansprüche der Bauunternehmer und erst recht für die Ansprüche der Planer. Selbst der vom BGH aufgestellte und für die Praxis maßgebliche Grundsatz, dass der Anspruch aus § 642 BGB nicht entgangenen Gewinn und Wagnis umfasst, wird von Teilen der Literatur in Frage gestellt.[187]

64 Der Planer muss sich dasjenige **anrechnen** lassen, was er infolge des Verzugs an Aufwendungen **erspart** oder durch anderweitige Verwendung seiner Arbeitskraft **erwerben** kann. Für eine entsprechende Anrechnung genügt im Fall des § 642 BGB schon die **Möglichkeit**, durch anderweitigen Erwerb etwas zu erlangen.[188] Nicht erforderlich ist, dass der Planer tatsächlich etwas erlangt hat. Ihm muss sich die Möglichkeit aber konkret geboten haben.[189] Bezüglich der Möglichkeiten, anderweitig etwas zu erlangen, muss er die seinen Bereich betreffenden Umstände darlegen.[190] Den Planer trifft insoweit eine Erstdarlegungslast, so dass er substantiiert zu den Ersparnissen und der Möglichkeit anderweitigen Erwerbs vortragen muss.[191] Es reicht deshalb nicht aus, zur Berechnung des Entschädigungsanspruchs nach § 642 BGB das vertragliche Gesamthonorar ins Verhältnis zu setzen zu der unter normalen Bedingungen zu erwartenden Zeitdauer für die Erbringung der vertragsgegenständlichen Leistungen bis zur Leistungsphase 8 und anschließend den auf einen bestimmten Zeitraum entfallenden Honoraranspruch auf die Verzugszeit hochzurechnen.[192]

65 Die Entschädigung nach § 642 BGB ist **für die Dauer des Verzugs** zu gewähren.[193] Der Anspruch ist auf Nachteile beschränkt, die bis zum Ende des Verzugs entstehen.[194] Über § 642 BGB sind damit nur solche Kosten erstattungsfähig, die in demjenigen Zeitraum anfallen, in dem die Planungs- bzw. Objektüberwachungsleistungen vom Auftrag-

---

183 *Unberath* in BeckOK BGB, 36. Ed. Stand 1.3.2011, § 294 Rn. 6; *Ernst* in MüKoBGB § 294 Rn. 4.

184 *Voit* in BeckOK BGB, 36. Ed. Stand 1.2.2015, § 642 Rn. 14; *Stickler* in Messerschmidt/Voit, Privates Baurecht, 2. Aufl. 2012, § 642 Rn. 38; *Busche* in MüKoBGB § 642 Rn. 17.

185 *Pause/Vogel* in Kniffka, ibr-online-Kommentar Bauvertragsrecht, Stand 28.7.2015, § 642 Rn. 69 mit weiteren Nachweisen; KG Urt. v. 19.4.2011 – 21 U 55/07, BauR 2012, 951.

186 *Pause/Vogel* in Kniffka, ibr-online-Kommentar Bauvertragsrecht, Stand 28.7.2015, § 642 Rn. 71 mit Verweis auf KG Urt. v. 19.4.2011 – 21 U 55/07, BauR 2012, 951.

187 BGH Urt. v. 21.10.1999 – VII ZR 185/98, BauR 2000, 722; zum Streitstand *Stickler* in Messerschmidt/Voit, Privates Baurecht, 2. Aufl. 2012, § 642 Rn. 42.

188 *Voit* in BeckOK BGB, 36. Ed. Stand 1.2.2015, § 642 Rn. 15; *Stickler* in Messerschmidt/Voit, Privates Baurecht, 2. Aufl. 2012, § 642 Rn. 48.

189 *Voit* in BeckOK BGB, 36. Ed. Stand 1.2.2015, § 642 Rn. 15; *Stickler* in Messerschmidt/Voit, Privates Baurecht, 2. Aufl. 2012, § 642 Rn. 48.

190 *Voit* in BeckOK BGB, 36. Ed. Stand 1.2.2015, § 642 Rn. 16.

191 *Pause/Vogel* in Kniffka, ibr-online-Kommentar Bauvertragsrecht, Stand 28.7.2015, § 642 Rn. 73.

192 So aber *Stickler* in Messerschmidt/Voit, Privates Baurecht, 2. Aufl. 2012, § 642 Rn. 59.

193 BGH Urt. v. 19.12.2002 – VII ZR 440/01, BauR 2003, 531.

194 *Stickler* in Messerschmidt/Voit, Privates Baurecht, 2. Aufl. 2012, § 642 Rn. 43; *Leupertz*, § 642 BGB – Tatbestand und dogmatische Grundlagen, BauR 2014, 381 (389).

geber nicht angenommen wurden. Kosten, die erst nach Ende des Annahmeverzugs und bei Fortsetzung der Arbeiten entstehen, sind nicht nach § 642 BGB zu erstatten, weil sie nicht während des Verzugs, sondern in dessen Anschluss anfallen.[195] Der Planer kann deshalb diejenigen Kosten, die nach Beendigung des Verzugs bei der Fortsetzung der Arbeiten im eigentlichen Verzögerungszeitraum anfallen, z. B. für die fortgesetzte Tätigkeit der Bauleiter oder für den Einsatz zusätzlicher Mitarbeiter zwecks Kompensation der Verzögerung, nicht über § 642 BGB verlangen.

Ansprüche aus § 642 BGB unterliegen der **Umsatzsteuer**.[196] 66

b) Wegfall der Geschäftsgrundlage (§ 313 BGB). Haben sich Umstände, die zur 67 Grundlage des Vertrags geworden sind, nach Vertragsschluss schwerwiegend verändert und hätten die Parteien den Vertrag nicht oder mit anderem Inhalt geschlossen, wenn sie diese Veränderung vorausgesehen hätten, so kann Anpassung des Vertrags verlangt werden, soweit einem Teil unter Berücksichtigung aller Umstände des Einzelfalls, insbesondere der vertraglichen oder gesetzlichen Risikoverteilung, das Festhalten am unveränderten Vertrag nicht zugemutet werden kann (§ 313 Abs. 1 BGB).

Der Anspruch aus einem Wegfall der Geschäftsgrundlage wurde früher aus § 242 BGB 68 abgeleitet[197] und erst mit der Schuldrechtsreform im Jahr 2002 als eigenständige Regelung in das BGB aufgenommen. § 313 BGB schränkt den Grundsatz „pacta sunt servanda", d. h. die Bindungswirkung des Vertrags, ein. Eine Vertragsanpassung kommt deshalb nur in Ausnahmefällen in Betracht.[198] Nicht jede Überschreitung der Bauzeit erfüllt den Tatbestand einer Störung der Geschäftsgrundlage.[199]

Die Vertragsparteien können eine bestimmte **Bauzeit** als **Geschäftsgrundlage** festle- 69 gen.[200] Die Bauzeit muss für das konkrete Bauvorhaben realistisch bemessen sein und übliche Störungen berücksichtigen.[201] Den Parteien steht insoweit ein gewisser Beurteilungsspielraum zu.[202] Gleiches gilt für die Planungszeit. Die jeweilige Geschäftsgrundlage sollte durch die Aufnahme einer geeigneten Klausel ausdrücklich vereinbart werden. Sie kann sich im Einzelfall aber auch aus Absprachen außerhalb des Architektenvertrags, z. B. aus dem Schriftverkehr, abgestimmten Zeitplänen oder ähnlichem ergeben.[203] Rückschlüsse auf die ursprüngliche Bauzeit können je nach Einzelfall auch Vereinbarungen mit anderen Baubeteiligten oder Erwerbern geben.[204]

Umstände, die vor Vertragsschluss bekannt waren, berechtigen nicht zur Vertragsan- 70 passung nach den Grundsätzen über den Wegfall der Geschäftsgrundlage.[205] Aus diesem Grund kann der Planer ein zusätzliches Honorar für **vorhersehbare Verzögerungen** nicht über § 313 BGB verlangen. Vorhersehbare Verzögerungen und ihre Auswirkungen auf das Honorar sollten im Vertrag geregelt werden.[206] § 313 BGB findet nach der ständigen

---

[195] OLG Brandenburg Urt. v. 30.11.2011 – 4 U 144/07, BauR 2012, 545; OLG Jena Urt. v. 11.10.2005 – 8 U 849/04, NZBau 2006, 510; OLG Köln Urt. v. 14.8.2003 – 12 U 114/02, NJW-RR 2004, 818.

[196] BGH Urt. v. 24.1.2008 – VII ZR 280/05, BauR 2008, 821.

[197] BGH Urt. v. 30.9.2004 – VII ZR 456/01, BauR 2005, 118 (121).

[198] *Unberath* in BeckOK BGB, 36. Ed. Stand 1.3.2011, § 313 Rn. 3.

[199] *Preussner*, Fn. 2, BauR 2006, 203 (206).

[200] BGH Urt. v. 30.9.2004 – VII ZR 456/01, BauR 2005, 118 (121).

[201] BGH Urt. v. 30.9.2004 – VII ZR 456/01, BauR 2005, 118 (121).

[202] BGH Urt. v. 30.9.2004 – VII ZR 456/01, BauR 2005, 118 (121).

[203] *Werner* in Werner/Pastor, Der Bauprozess, 14. Aufl. 2013, Rn. 1032; OLG Naumburg Urt. v. 23.4.2015 – 1 U 94/14, IBR 2015, 434.

[204] *Preussner*, Fn. 2, BauR 2006, 203 (207).

[205] *Unberath* in BeckOK BGB, 36. Ed. Stand 1.3.2011, § 313 Rn. 26 und Rn. 30; *Finkenauer* in MüKoBGB § 313 Rn. 54.

[206] z. B. anhand zulässiger preisrechtlicher Vereinbarungen nach § 7 Abs. 1 und Abs. 4 HOAI → Rn. 51.

Rechtsprechung des BGH darüber hinaus keine Anwendung, wenn der fordernde Vertragsteil die entscheidende Änderung der Verhältnisse **selbst bewirkt** hat.[207] Eine Verlängerung der Bauzeit, die auf einer mangelhaften oder schleppenden Leistung des Planers beruht, löst deshalb keinen Anspruch auf Preisanpassung aus.

71 Eine Vertragsanpassung kommt nur bei einer **schwerwiegenden Veränderung** der Umstände in Betracht. Soweit vereinzelt eine Bauzeitverlängerung von pauschal 20% als ausreichend für eine schwerwiegende Veränderung angesehen wird[208], ist dem nicht zu folgen. Maßgeblich sind die Umstände des Einzelfalls.[209]

72 Der Preisanpassungsanspruch aus § 313 BGB setzt weiter voraus, dass ein Festhalten am Vertrag **nicht zumutbar** ist, weil dies zu einem untragbaren, mit Recht und Gerechtigkeit nicht mehr zu vereinbarenden Ergebnis führen würde. Die Prüfung dieser Voraussetzung erfordert eine **umfassende Interessenabwägung** unter Würdigung aller Umstände, insbesondere auch der Vorteile, die der betroffenen Partei neben den Nachteilen aus der eingetretenen Veränderung erwachsen sind.[210]

73 Der Anspruch der durch eine Störung der Geschäftsgrundlage benachteiligten Partei auf Vertragsanpassung **verpflichtet** die andere Partei, an der Anpassung **mitzuwirken**. Wird die Mitwirkung verweigert, kann die benachteiligte Partei auf Zustimmung zu der als angemessen erachteten Anpassung oder **unmittelbar auf die Leistung klagen**, die sich aus dieser Anpassung ergibt.[211] Der Planer sollte seine Arbeiten vorsorglich nicht einstellen, wenn der Auftraggeber die Anpassung verweigert.[212] Er sollte den Auftraggeber gleichwohl frühzeitig auf seine Mehrkostenforderung hinweisen.[213]

74 Die vom BGH zu den vertraglich vereinbarten Anpassungsklauseln[214] entwickelten Grundsätze sind auf die Anpassung nach § 313 BGB nicht anwendbar.[215] Fraglich ist, **wie die Anpassung des Vertrags** nach § 313 BGB zu erfolgen hat. Für die Anpassung kommen zwei Möglichkeiten in Betracht. Denkbar ist zum einen, dass der Planer über § 313 BGB die Erstattung der ihm in der Verzögerungsphase entstandenen Mehraufwendungen verlangen kann. Zum anderen könnte der Anpassungsanspruch auf diejenige Vergütung abzielen, die die Parteien **vereinbart hätten**, wenn sie die Störung bei Vertragsschluss gekannt hätten. Letzteres verdient den Vorzug. Über § 313 BGB soll ein angemessener Ausgleich zwischen dem Bestands- und Erfüllungsinteresse der begünstigten Partei und dem Änderungs- oder Beendigungsinteresse der benachteiligten Partei erzielt werden.[216] Ziel ist die Korrektur einer Äquivalenzstörung zwischen Leistung und Gegenleistung und die Wahrung des Äquivalenzinteresses.[217] Im Fall einer Bauzeitverlängerung stimmt das Verhältnis von Aufwand und Ertrag auf Seiten des Planers nicht mehr. Es kommt zu einer Äquivalenzstörung, die über eine Vertragsanpassung nach § 313 BGB ausgeglichen werden soll. Die Äquivalenz zwischen Leistung und Gegenleistung steht bei den preisrechtsgebundenen Architekten- und Ingenieurleistungen allerdings kaum zur Disposition der Parteien. Das Honorar wird aufwands- und leistungszeitneutral gewährt.[218] Vor-

---

207 BGH Urt. v. 3.5.1995 – X ZR 29/94, NJW 1995, 2028 (2031).

208 *Preussner*, Fn. 2, BauR 2006, 203 (207).

209 *Unberath* in BeckOK BGB, 36. Ed. Stand 1.3.2011, § 313 Rn. 25; *Finkenauer* in MüKoBGB § 313 Rn. 58.

210 BGH Urt. v. 30.4.2009 – I ZR 42/07 Rn. 72, NJW-RR 2010, 960.

211 BGH Urt. v. 30.9.2011 – V ZR 17/11, NJW 2012, 373.

212 → Rn. 34.

213 *Preussner*, Fn. 2, BauR 2006, 203 (207), dort Fn. 29.

214 → Rn. 12 und → Rn. 25.

215 → Rn. 23.

216 *Finkenauer* in MüKoBGB § 313 Rn. 1; *Unberath* in BeckOK BGB, 36. Ed. Stand 1.3.2011, § 313 Rn. 1.

217 *Unberath* in BeckOK BGB, 36. Ed. Stand 1.3.2011, § 313 Rn. 3; *Pfeiffer* in jurisPK-BGB, § 313 Rn. 73.

218 → Rn. 1.

hersehbar längere Leistungszeiten können nur im Rahmen von § 7 Abs. 1 und § 7 Abs. 4 HOAI berücksichtigt werden. Dies muss sich auf die Anpassung nach § 313 BGB auswirken. Wenn der Architekt schon im Ausgangsverhältnis keine oder nur bedingt eine kalkulatorische Äquivalenz zwischen seinem individuellen Aufwand und seinem Ertrag herstellen kann, dann darf er eine vollständige Äquivalenz nicht im Rahmen einer Anpassung nach § 313 BGB erreichen. Für die Anpassung kommt es vielmehr darauf an, welche Rechtsfolge die Parteien redlicherweise ersonnen hätten, hätten sie an die eingetretenen Veränderungen gedacht.[219] Obwohl diese hypothetische Prüfung zu den Tatbestandsvoraussetzungen zählt, ist sie auch für die Bestimmung der Rechtsfolgen heranzuziehen.[220] Hätten die Parteien die tatsächliche Leistungszeit bei Abschluss des Vertrages gekannt, dann hätten sie im Anwendungsbereich von § 7 Abs. 1 HOAI angesichts der Unkenntnis über die tatsächlich entstehenden Aufwendungen und in Abhängigkeit von der Dauer der Leistungszeit eine **pauschale Erhöhung des Honorarsatzes, z. B. vom Mindestsatz auf den Mittelsatz, oder die Zahlung eines Pauschalbetrags** vereinbart. Auch eine **Anhebung des Prozentsatzes für die Leistungsphase 8** kommt in Betracht.[221] Dasselbe gilt, wenn die Leistungszeit ungewöhnlich lange dauerte und die Parteien in Kenntnis dieses Umstands wirksam eine Vereinbarung nach § 7 Abs. 4 S. 1 HOAI getroffen hätten. Über § 313 BGB erstattungsfähig ist deshalb gerade nicht der infolge Bauzeitverlängerung tatsächlich entstehende Mehraufwand. Etwas anderes gilt nur dann, wenn die Parteien diese Art der Anpassung in Ausgestaltung von § 313 BGB, beispielsweise als Mindestanspruch[222], wirksam vertraglich vereinbart haben.

---

[219] *Finkenauer* in MüKoBGB § 313 Rn. 89.
[220] *Finkenauer* in MüKoBGB § 313 Rn. 89.
[221] *Messerschmidt* in Messerschmidt/Niemöller/Preussner, HOAI, § 10 Rn. 44.
[222] → Rn. 18.

6. Teil. Verjährung

§ 22 Verjährung der Ansprüche des Architekten

Übersicht

A. Verjährungsfrist

Die regelmäßige Verjährungsfrist beträgt seit der Neufassung des § 195 BGB i. d. F. des Schuldrechtsmodernisierungsgesetzes seit dem 1.1.2002 einheitlich 3 Jahre, § 195 BGB. Auf die zur Rechtslage bis zum 31.12.2001 notwendige Unterscheidung der 4 bzw. 2-jährigen Verjährungsfristzwischen Leistungen für den Gewerbebetrieb und sonstigen Leistungen und damit auf die Rechtsform des Architekturbüros kommt es nicht mehr an.[1] 1

[1] Im Folgenden wird die Rechtslage seit dem 1.1.2002 dargestellt. Wegen der Rechtslage bis 31.12.2001 wird auf die Vorauflage verwiesen.

B. Verjährungsbeginn

2 Die regelmäßige Verjährungsfrist beginnt gemäß § 199 Abs. 1 BGB mit dem Schluss des Jahres, in dem
1. der Anspruch entstanden ist und
2. der Gläubiger von den den Anspruch begründenden Umständen und der Person des Schuldners Kenntnis erlangt oder ohne grobe Fahrlässigkeit erlangen musste.

3 Bei Honoraransprüchen hat der Architekt regelmäßig Kenntnis über die anspruchsbegründenden Umstände und den Schuldner. Zu erörtern ist die erste Alternative, das Entstehen des Anspruchs. Dieser Begriff deckt sich mit der Formulierung des § 198 Satz 1 BGB a. F. und wurde insoweit mit objektiver Fälligkeit gleichgesetzt.[2] Fällig ist die Forderung, wenn sie einklagbar ist. Klagbarkeit im Sinne eines Feststellungsantrags reicht aus.[3] Der Regierungsentwurf für ein Schuldrechtsmodernisierungsgesetz hatte noch den Begriff der Fälligkeit enthalten, ohne dass damit eine inhaltliche Abweichung verbunden sein sollte.[4] Im Hinblick auf den im Schadensersatzrecht für Personenschäden geltenden Grundsatz der Schadenseinheit hielt es der Rechtsausschuss für geboten, den bewährten Begriff der Entstehung des Anspruchs zu übernehmen, um klarzustellen, dass eine inhaltliche Änderung nicht gewollt war.[5]

I. Nach der HOAI zu berechnende Honoraransprüche

1. Verjährung bei Ansprüchen aus einer Honorarschlussrechnung

4 Nach § 15 Abs. 1 HOAI 2009 wird das Honorar fällig, wenn die Leistung vertragsgemäß erbracht und eine prüffähige Honorarschlussrechnung überreicht worden ist. Nach der Rechtsprechung des BGH[6] und der vorherrschenden Meinung[7] bedeutet dies, dass auch dann, wenn der Architektenvertrag Werkvertrag ist, die Abnahme des Architektenwerkes nicht Fälligkeitsvoraussetzung ist.

Nach § 15 Abs. 1 HOAI 2013[8] wird das Honorar fällig, wenn die Leistung abgenommen und eine prüffähige Honorarschlussrechnung überreicht worden ist, es sei denn, es wurde etwas anderes schriftlich vereinbart. Da zum Zeitpunkt der Veröffentlichung dieser Auflage noch zahlreiche Honorarfälle nach der HOAI 2009 zu lösen sind, ist die Vertragsgemäßheit der Leistung im Folgenden darzustellen:

5 **a) Voraussetzung ist vertragsgemäße Erbringung der Leistung.** Der Begriff der *vertragsgemäßen Erbringung der Leistung* deckt sich inhaltlich mit dem Begriff der *vertragsgemäßen Herstellung* in § 640 Satz 1 BGB. Damit sind die Voraussetzungen angesprochen, die einen Rechtsanspruch[9] auf Abnahme begründen würden. Selbst bei erklärter Abnahme müssten diese Voraussetzungen vorliegen, um Fälligkeit zu begründen.[10] Das Maß der

---

[2] BGH Urt. v. 19.12.1990 – VIII ARZ 5/90, BGHZ 113, 188.

[3] BGH Urt. v. 18.12.1980 – VII ZR 41/80, BauR 1981, 199; *Grothe* in MüKoBGB § 199 Rn. 4.

[4] BT-Drucks. 14/6040, Seite 108.

[5] Ausschussempfehlung Seite 215.

[6] BGH Urt. v. 9.6.1994 – VII ZR 87/93, BauR 1994, 655.

[7] *Böggering* Rechtsfragen des Baucontrolling, BauR 1983, 402; *Jochem* in Jochem/Kaufhold HOAI § 8 Rn. 6; *Neuenfeld* in Neuenfeld/Baden/Dohna/Groscurth HOAI Bd. II § 8 Rn. 1; Pott/Dahlhoff/Kniffka/Rath HOAI § 15 Rn. 12; *Koeble* in Locher/Koeble/Frik HOAI § 15 Rn. 12; *Werner* in Werner/Pastor, Der Bauprozess, 14. Aufl. 2013, Rn. 1165 m. w. N.; a. A. *Thode* Werkleistung und Erfüllung im Bau- und Architektenvertrag, ZfBR 1999, 116.

[8] Vom 10. Juli 2013, in Kraft seit 17. Juli 2013.

[9] Zur Unterscheidung zwischen erklärter (in der Terminologie von *Peters*: realer) Abnahme und Rechtsanspruch auf Abnahme siehe *Peters* in Staudinger(2003), § 640 Rn. 18ff.

[10] *Thode* Fn. 7 ZfBR 1999, 116 ff.

Fertigstellung ergibt sich aus dem Vergleich der tatsächlich erbrachten Leistung mit dem nach dem Vertrag geschuldeten Leistungsinhalt. Abzustellen ist auf den Pflichtenkreis des Architekten gemäß Vertrag. Dazu sind zunächst Inhalt und Umfang des geschuldeten Werks zu ermitteln. Als Werkunternehmer hat der Architekt ein Werk im Sinne von § 631 Abs. 1 BGB herzustellen, und zwar in der Regel in der Form des § 631 Abs. 2 BGB 2. Alternative durch Arbeit oder Dienstleistung einen Erfolg herbeizuführen. Was der Architekt oder Ingenieur schuldet, ergibt sich aus dem abgeschlossenen Vertrag, in der Regel also aus dem Recht des Werkvertrages. Der Inhalt dieses Architekten-/Ingenieurvertrages ist nach den allgemeinen Grundsätzen des bürgerlichen Vertragsrechts zu ermitteln.[11] Die HOAI enthält keine normativen Leitbilder für den Inhalt von Architekten- und Ingenieurverträgen.[12] Allenfalls die Zusammenfassung von Grundleistungen in Leistungsphasen nach den Leistungsbildern der HOAI eignen sich dazu, einen (Teil-)Werkerfolg zu definieren, nicht jedoch die einzelnen Grundleistungen und Besonderen Leistungen. Die Auslegung des Werkvertrages und der Inhalt der vertraglichen Verpflichtungen des Architekten oder Ingenieurs können grundsätzlich nicht in einem Vergleich der Gebührentatbestände der HOAI und der vertraglich vereinbarten Leistungen bestimmt werden.[13] Die Parteien eines Planungsvertrags können durch Bezugnahme auf die Leistungsbilder oder Leistungsphasen der HOAI diese aber zum Gegenstand der vertraglichen Leistungspflicht machen. Diese stellen dann eine Auslegungshilfe zur Bestimmung der vertraglich geschuldeten Leistung dar.[14] Wenn der Vertragsinhalt feststeht, kann als nächster Schritt geprüft werden, inwieweit die Leistung erbracht ist.

b) Vertragsgemäße Leistungserbringung bei Vollarchitektur. Bei der **Vollarchitektur**, einem Vertrag unter Einschluss der Leistungsphase 9 des § 33 HOAI 2009, ist Fertigstellung erst nach Abschluss der Leistungsphase 9 denkbar. Der Architekt hat also zunächst die Begehung des Objektes vor Ablauf der Gewährleistungsfristen der ausführenden Unternehmer vorzunehmen, was bei BGB-Verjährungsfrist nahezu 5 Jahre nach Fertigstellung der letzten Unternehmerleistung sein kann. Erst danach wird sein Anspruch auf Schlusszahlung fällig.[15] 6

c) Vertrag bis zur Baufertigstellung. Umfasst die Leistungspflicht des Architekten gemäß Vertrag lediglich die Leistungsphasen bis einschließlich Leistungsphase 8 des § 33 HOAI 2009, so hat der Architekt zur vertragsgemäßen Erfüllung die Abnahme der Handwerkerleistung durchzuführen bzw. zu begleiten, die Rechnungen zu prüfen und die Beseitigung der bei der Abnahme festgestellten Mängel zu überwachen. Ungeklärt ist, wie weit die Pflichten des Architekten gehen, wenn gerügte Mängel durch ausführende Unternehmen nicht alsbald beseitigt werden. Der Architekt soll seine Pflicht dann erfüllt haben, wenn er zweimal zur Beseitigung aufgefordert hat und dann den Besteller auf den Sachverhalt hingewiesen hat.[16] Das mag als grobe Faustregel gelten, letztlich wird es immer von den Umständen des Einzelfalls, Art und Umfang der noch vorhandenen Mängel und den geltend gemachten oder erkennbaren Gründen für die Verzögerung der Beseitigung ankommen. 7

---

[11] BGH Urt. v. 24.10.1996 – VII ZR 283/95, BauR 1997, 154.

[12] BGH Urt. v. 22.10.1998 – VII ZR 91/97, BauR 1999, 187.

[13] BGH Urt. v. 22.10.1998 – VII ZR 91/97, BauR 1999, 187.

[14] BGH Urt. v. 26.7.2007 – VII ZR 42/05, BauR 2007, 1761.

[15] BGH Urt. v. 10.2.1994 – VII ZR 20/93, BauR 94, 392.; *Koeble* in Locher/Koeble/Frik HOAI § 15 Rn. 17; *Koeble* Anm. zu BGH LM HOAI Nr. 24; OLG Stuttgart Urt. v. 2.11.1994 – 4 U 152/94, BauR 1995, 414; OLG Köln Urt. v. 19.12.1991 – 18 U 92/1, BauR 1992, 803; OLG Düsseldorf Urt. v. 27.3.1992 – 22 U 198/91, NJW-RR 1992, 1174; OLG Hamm Urt. v. 6.12.1991 – 26 U 83/91, NJW-RR 1992, 1049.

[16] *Koeble* in Locher/Koeble/Frik HOAI § 15 Rn. 14.

8 **d) Reiner Planungsvertrag.** Hat der Architekt lediglich einen Planungs- (Ausführungsplanung, Entwurfsplanung oder Vorplanung) oder einen auf einen Teilbereich beschränkten Auftrag, dann bestimmt der Inhalt und Umfang des jeweiligen Auftrags das erforderliche Maß der Fertigstellung.

9 **e) Fertigstellung des Bauwerks** ist regelmäßig nicht gleichzusetzen mit Herstellung des Architektenwerkes. Aus der Fertigstellung (und gegebenenfalls Abnahme) der Bauwerksleistung allein folgt nicht, dass nunmehr die vertragsgemäße Erbringung der Leistung des Architekten anzunehmen ist. Der Umfang der Leistungspflicht des Architekten kann über die Herstellung des Bauwerks hinausgehen, z. B. wenn dem Architekten, wie bei der so genannten „Vollarchitektur" üblich, auch die Rechnungsprüfung und die Überwachung der Beseitigung der bei der Abnahme festgestellten Mängel übertragen ist oder wenn ihm gar die Objektbetreuung und Dokumentation gemäß Leistungsphase 9 des § 33 der HOAI 2009 übertragen ist.[17] Der Umfang der vom Architekten geschuldeten Leistung kann auch weniger umfassen, als die Fertigstellung des Bauwerks, z. B. wenn dem Architekten lediglich die Planung ohne Bauüberwachung übertragen ist oder wenn Bauwerksleistungen gegenständlich beschränkt sind, z. B. auf den Rohbau.

10 **f) Der Einfluss von Mängeln auf die Fertigstellung.** In der Rechtsprechung des BGH ist noch ungeklärt, inwieweit Mängel des Architektenwerkes der Herstellung im Sinne der Fälligkeit des Architektenhonorars entgegenstehen.[18] Gemäß der ab 1.5.2000 geltenden Fassung des § 640 Abs. 1 Satz 2 BGB kann beim Werkvertrag die Abnahme wegen unwesentlicher Mängel nicht verweigert werden. Nach der bis zum 30.4.2000 geltenden Fassung des § 640 BGB konnte der Besteller eines Bauwerks sich nicht auf eine fehlende Abnahme berufen, wenn ein Mangel nach seiner Art, seinem Umfang und vor allem nach seinen Auswirkungen derart unbedeutend war, dass das Interesse des Bestellers an einer Beseitigung vor Abnahme nicht schützenswert war und sich seine Verweigerung deshalb als Verstoß gegen Treu und Glauben darstellte.[19] Jetzt bedarf es ausschließlich der Abgrenzung nach dem Kriterium der Wesentlichkeit/Unwesentlichkeit des Mangels.[20]

11 **g) Unterscheidung zwischen nachbesserungsfähigen und nicht nachbesserungsfähigen Mängeln.** Bei der Beurteilung der Fertigstellung der Leistung ist zunächst – wie bei der entsprechenden Problematik im Rahmen der Abnahme – zu unterscheiden zwischen nachbesserungsfähigen und nicht nachbesserungsfähigen Mängeln des Architektenwerkes.[21] Sind etwaige Mängel des Werkes nämlich noch durch den Werkunternehmer nachzubessern, ist dieser verpflichtet, aber auch berechtigt, die Mängel nachzubessern.[22] Nur solche Mängel, bezüglich derer der Architekt noch Leistungen zu erbringen hat und diese Leistungen auch noch erbringen darf, haben für die Frage der Fertigstellung Bedeutung.

12 **h) Nachbesserungsfähige Mängel.** Nachbesserungsfähig sind Mängel des Architektenwerkes, soweit sie sich noch nicht im Bauwerk verwirklicht haben.[23] Denn der Archi-

---

17 BGH Urt. v. 10.2.1994, Fn. 15.

18 *Thode* Fn. 7 ZfBR 1999, 116, 117.

19 BGH Urt. v. 25.1.1996 – VII ZR 26/95, BauR 1996, 390.

20 Vgl. *Kniffka* in Kniffka/Koeble, Kompendium des Baurechts, 3. Aufl. 2008, 4. Teil Rn. 4; *Busche* in MüKoBGB § 640 Rn. 10 ff.

21 *Koeble* in Locher/Koeble/Frik HOAI § 15 Rn. 15; *Wirth* in Korbion/Mantscheff/Vygen § 15 Rn. 17 ff.; *Maurer* in FS *Locher*, S. 191; *Werner* in Werner/Pastor, Der Bauprozess, 14. Aufl. 2013, Rn. 1166.

22 BGH Urt. v. 7.11.1985 – VII ZR 270/83, BauR 1986, 211.

23 BGH Urt. v. 16.3.2000 – VII ZR 461/98, BauR 2000, 1190; *Pastor* in Werner/Pastor, Der Bauprozess, 14. Aufl. 2013, Rn. 2165.

tekt schuldet nicht die Erstellung des Bauwerks als solches, sondern die geistigen Leistung der Planung und Bauüberwachung dazu. Der Bauwerksmangel als solcher ist Mangelfolgeschaden.[24] Hat der Architekt beispielsweise eine vom Tragwerksplaner vorgegebene Stahlbetonstütze nicht in die Ausführungspläne übernommen oder nicht ausreichend entsprechend dessen Vorgaben dimensioniert und wird dies noch vor der Ausführung der Stahlbetonarbeiten entdeckt, so kann der Architekt diesen Fehler noch durch Korrektur seiner Ausführungspläne beseitigen. Gehört zur Nachbesserung eines im Bauwerk verwirklichten Mangels eine planerische Leistung, z. B. die Änderung oder die erstmalige Erstellung eines Detailplanes, dann liegt in Bezug darauf ein nachbesserungsfähiger Mangel des Architektenwerkes vor. Der Architekt schuldet die erforderliche Änderung der Planungsgrundlage zur Beseitigung des Mangels.

i) Bauwerksmängel als nachbesserungsfähige Mängel des Architektenwerks? Ob 13
ausnahmsweise sogar Bauwerksmängel noch als nachbesserungsfähig angesehen werden können, wenn dem Architekten vertraglich ein Recht zu deren Beseitigung eingeräumt worden ist, ist fraglich.[25] In vom Architekten gestellten Allgemeinen Geschäftsbedingungen ist eine dahin gehende Klausel unwirksam. Denn sie würde den Auftraggeber verpflichten, u. U. vor Setzen und/oder Ablauf einer Frist nach § 637 Abs. 1 Satz 1 BGB in das Selbstbeseitigungsrecht des für die Ausführung verantwortlichen Werkunternehmers einzugreifen. Das bedeutet eine vertragliche Verpflichtung zum Rechtsverlust. Eine solche verstößt gegen § 308 Abs. 1 Satz 1 BGB.[26] Eine dahin gehende Vereinbarung könnte nur individualvertraglich getroffen werden. Beruht ein Mangel des Bauwerks auf fehlerhafter Bauüberwachung, kann diese regelmäßig nicht nachgeholt werden.[27] Somit handelt es sich um einen nicht nachbesserungsfähigen Mangel des Architektenwerks.

Unwesentliche, nachbesserungsfähige Mängel des Architektenwerkes bleiben bei der 14
Beurteilung, ob die Architektenleistung vertragsgemäß erbracht ist, außer Betracht.[28] Das ergibt sich aus § 640 Abs. 1 Satz 2 BGB. Dürfte danach die Abnahme nicht verweigert werden, besteht ein Rechtsanspruch auf Abnahme.

j) Zeitpunkt der Beurteilung, ob ein Mangel wesentlich ist. Der BGH hat im Werk- 15
unternehmervertragsrecht als maßgeblichen Zeitpunkt für die Beurteilung der Frage, ob ein Mangel wesentlich ist, den Zeitpunkt des Abnahmetermins angenommen.[29] Auf den Architektenvertrag übertragen wäre im Hinblick auf die Fälligkeit des Honorars also der Zeitpunkt maßgeblich, in dem nach Abschluss aller für die Leistung erforderlichen Tätigkeiten die Beurteilung ansteht, ob das Werk vertragsgemäß erstellt ist. In Verbindung mit der ständigen Rechtsprechung, wonach es für die Fälligkeit des Architektenhonorars auf die vertragsgemäße Herstellung, nicht aber auf die Abnahme ankommt, kann dies nachteilige Konsequenzen für den Architekten haben. Nimmt etwa ein Auftraggeber die Leistung des Architekten ab, weil kein wesentlicher Mangel erkennbar ist, ergibt sich aber später, dass zu diesem Zeitpunkt ein wesentlicher Mangel vorhanden war, stände dies der Fälligkeit des Architektenhonoraranspruchs entgegen.

---

24 BGH Urt. v. 7.3.2002 – VII ZR 1/00, BauR 2002, 1536.

25 Dafür OLG Hamm Urt. v. 27.11.1991 – 25 U 51/91, BauR 1992, 800; OLG Frankfurt Urt. v. 20.2.1997 – 16 U 244/95, IBR 1998, 215; zustimmend *Pastor* in Werner/Pastor, Der Bauprozess, 14. Aufl. 2013, Rn. 2170; *Koeble* in Kniffka/Koeble, Kompendium des Baurechts, 3. Aufl. 2008, 12. Teil Rn. 374.

26 Dies verkennen *Pastor* in Werner/Pastor, Der Bauprozess, 14. Aufl. 2013, Rn. 2170; *Koeble* in Locher/Koeble/Frik HOAI Einl. Rn. 142; OLG Hamm Urt. v. 27.11.1991 – 25 U 51/91, NJW-RR 1992, 467.

27 BGH Urt. v. 7.3.2002 Fn. 24; *Merl* in Kleine-Möller/Merl, Handbuch des privaten Baurechts, 4. Aufl. 2009, § 15 Rn. 434; *Pastor* in Werner/Pastor, Der Bauprozess, 14. Aufl. 2013, Rn. 2167.

28 *Koeble* in Locher/Koeble/Frik HOAI § 15 Rn. 13.

29 BGH Urt. v. 30.4.1992 – VII ZR 185/90, BauR 1992, 627 zur Problematik im Rahmen des VOB/B-Vertrages.

16 Ist andererseits im maßgeblichen Zeitpunkt ein Mangel wesentlich, dann ändert sich daran nichts, wenn sich später die Unwesentlichkeit herausstellt. Dazu ein Beispiel: Der Architekt schuldet die Leistungen der Objektplanung bis einschließlich Leistungsphase 5 (Ausführungsplanung). Abweichend von Vorgaben des Tragwerksplaners dimensioniert er eine Stütze zu gering. Damit liegt im maßgeblichen Zeitpunkt ein wesentlicher Mangel vor. Stellt sich erst im Nachhinein z. B. durch Nachberechnung des Tragwerks heraus, dass die Stütze ausreichend tragfähig ist, so dass unter Berücksichtigung aller Umstände der Mangel unwesentlich ist, bliebe dies bei der Beurteilung außer Betracht.

17 Sofern im Architektenrecht die Fälligkeit des Honoraranspruchs nicht an die Abnahme, sondern an die vertragsgemäße Fertigstellung der Architektenleistung anknüpft, muss deshalb abweichend vom Bauunternehmervertragsrecht als Zeitpunkt für die Beurteilung der Frage, ob ein Mangel wesentlich ist, der jeweilige Beurteilungszeitpunkt, notfalls derjenige der letzten mündlichen Tatsachenverhandlung vor Gericht angenommen werden.

18 **k) Wesentlicher Mangel.** Was ein wesentlicher Mangel ist, entzieht sich einer abstrakten, für alle Fälle geltenden Definition. Es wird immer im Einzelfall auf Grundlage einer umfassenden Prüfung und Wertung zu entscheiden sein, ob ein Mangel oder eine Anzahl von Mängeln ihrer Natur nach so erheblich sind, dass sie einer etwaigen Abnahme und damit der Billigung des Architektenwerkes als im Wesentlichen vertragsgemäße Leistung entgegenstehen würden. Die Frage ist anhand der objektiven Verkehrsanschauung sowie der in den Vertrag einbezogenen subjektiven Vorstellungen der Parteien über Wert oder Unwert einzelner Eigenschaften der Leistung zu beurteilen.[30] Unwesentlich ist ein Mangel, wenn er an Bedeutung so weit zurücktritt, dass er unter Abwägung der beiderseitigen Interessen für den Auftraggeber zumutbar ist, eine zügige Abwicklung des gesamten Vertragsverhältnisses nicht länger aufzuhalten und deshalb nicht mehr auf den Vorteilen zu bestehen ist, die sich ihm vor vollzogener Abnahme bieten.[31] Es kommt auf Art, Umfang und Auswirkungen an.[32] Dies lässt sich nur unter Berücksichtigung der Umstände des jeweiligen Einzelfalls beurteilen. Selbst die Höhe der voraussichtlichen Mangelbeseitigungskosten ist zwar ein Ansatzpunkt, aber jedenfalls nur einer der zu berücksichtigenden Gesichtspunkte.[33]

19 Auch rein optische Beeinträchtigungen können wesentliche Mängel sein.[34] Als wesentliche Mängel, welche die Verweigerung der Abnahme rechtfertigen, wurden angesehen ein Riss in der Attikaplatte eines Einkaufszentrums, der darauf zurückzuführen ist, dass die Bewehrungsstäbe nicht tief genug im unteren Teil des Auflegers angebracht worden sind, sowie uneben verlegter und fleckig verschmutzter Plattenbelag im Verkaufsraum,[35] zahlreiche über das Gesamtwerk verteilte Mängel, die in ihrer Summe die Gebrauchsfähigkeit beeinträchtigen und Behebungskosten mit mehr als 5 % der Netto-Auftragssumme erfordern.[36]

Als unwesentliche Mängel wurden angesehen nicht überall hinterlegte 3 cm lange und 5 mm breite Stoßfugen einer Metallfassade, wenn dadurch die Funktion (Belüftung,

---

[30] *Merl* in Kleine-Möller/Merl, Handbuch des privaten Baurechts, 4. Aufl. 2009, § 14 Rn. 204; *Werner* in Werner/Pastor, Der Bauprozess, 14. Aufl. 2013, Rn. 1834.

[31] BGH Urt. v. 26.2.1981 – VII ZR 287/79, BauR 1981, 284 ; *Kniffka* in Kniffka/Koeble, Kompendium des Baurechts, 3. Aufl. 2008, 4. Teil Rn. 4.

[32] BGH Urt. v. 15.6.2000 – VII ZR 30/99, BauR 2000, 1482.

[33] BGH Urt. v. 26.2.1981 Fn. 31; OLG München Urt. v. 15.1.2008 – 13 U 4378/07, BauR 2008, 1163.

[34] OLG Köln Urt. v. 30.1.2002 – 27 U 4/01, OLGR 2002, 247; OLG München Urt. v. 15.1.2008 Fn. 33.

[35] BGH Urt. v. 30.4.1992 Fn. 29.

[36] OLG Stuttgart Urt. v. 22.12.1999 – 4 U 105/99, IBR 2001, 167.

Feuchtigkeitsschutz, Sturmsicherung) nicht beeinträchtigt ist;[37] einzelne ungenügend befestigte Dachziegel einer Dacheindeckung.[38]

l) Rechtsfolgen nicht nachbesserungsfähiger Mängel. Soweit nicht nachbesserungsfähige Mängel des Architektenwerkes vorliegen, treten die Rechtsfolgen der (Teil-)Unmöglichkeit gemäß §§ 275, 326 BGB ein. Das Vertragsverhältnis tritt dann insoweit in ein Abwicklungsstadium ein. Ein etwaiger nach §§ 275, 326 Abs. 1 2. Halbsatz, 441 Abs. 3 BGB geminderter Honoraranspruch stellt einen unselbständigen Rechnungsposten im Rahmen der Gesamtabwicklung und mit Ansprüchen des Auftraggebers auf Rückzahlung bezahlter Abschläge (§§ 275, 326 Abs. 4, 346 Abs. 1 BGB) und/oder Schadensersatz/Aufwendungsersatz (§§ 634, 636, 275, 280 ff. BGB) dar. Auf die Voraussetzungen der Abnahmefähigkeit kommt es dann in Bezug auf Fälligkeit des Honoraranspruchs nicht an. Unabhängig von der Frage der Wesentlichkeit berührt also das Vorhandensein nicht nachbesserungsfähiger Mängel die Fälligkeit des Honoraranspruchs nicht.[39] 20

Davon auszunehmen sind wiederum die Fälle einer völligen Unbrauchbarkeit des Architektenwerkes. Steht beispielsweise fest, dass die als Beschaffenheit des Architektenwerkes geschuldete Baugenehmigung endgültig nicht erteilt wird, so ist das Architektenwerk insgesamt nicht abnahmefähig; dieser Mangel ist zwar nicht nachbesserungsfähig, da dies aber das gesamte Werk in seinem Kern betrifft, wird ein Honoraranspruch nicht fällig.[40] 21

m) Die Bedeutung der Abnahme. Nach herrschenden Meinung[41] und Rechtsprechung des BGH ist vor Geltung der HOAI 2013 eine Abnahme für die Fälligkeit des Architektenhonorars nicht erforderlich.[42] *Thode*[43] weist zu Recht darauf hin, dass dies für den Architekten einen erheblichen Nachteil darstellen kann, denn er müsste selbst dann, wenn der Auftraggeber die Abnahme erklärt hat, die Abnahmefähigkeit nachweisen. Denn nach dem Werkvertragsrecht des BGB treten die Abnahmewirkungen mit der erklärten Abnahme ein, auch wenn die Leistung noch nicht vollständig fertig gestellt ist und/oder noch Mängel vorliegen, die nach § 640 Abs. 1 Satz 2 BGB eine Verweigerung der Abnahme rechtfertigen würden. 22

Die Frage ist letztlich davon abhängig, ob die Ermächtigungsnorm des § 2 des Gesetzes zur Regelung von Ingenieur- und Architektenleistungen v. 4. November 1971[44] Eingriffe in das materielle Werkvertragsrecht zulässt.[45] Entgegen der herrschenden Meinung und der Rechtsprechung des BGH wird man auch im Architektenhonorarrecht die Abnahme als Fälligkeitsvoraussetzung anzusehen haben. § 15 HOAI 2009 normiert dazu zusätzliche Voraussetzungen. Das bedeutet, dass das Honorar auch bei vom Auftraggeber erklärter 23

---

[37] BGH Urt. v. 26.2.1981 Fn. 32.

[38] OLG Hamm Beschl. v. 4.4.1990 – 12 W 18/89, NJW-RR 1990, 917.

[39] BGH Urt. v. 13.12.1973 – VII ZR 40/72, BauR 1974, 137; *Koeble* in Locher/Koeble/Frik HAOI § 15 Rn. 15; *Neuenfeld* in Neuenfeld/Baden/Dohna/Groscurth HOAI Bd. II § 8 R,n.7; *Werner* in Werner/Pastor, Der Bauprozess, 14. Aufl. 2013, Rn. 1166; OLG Oldenburg Urt. v. 23. 3. 1994 – 2 U 8/94, *Schäfer/Finnern/Hochstein* Nr. 10 zu § 8 HOAI.

[40] BGH Urt. v. 20.3.1975 – VII ZR 65/74, BauR 1976, 285.

[41] *Koeble* in Locher/Koeble/Frik HOAI § 15 Rn. 12; *Wirth* in Korbion/Mantscheff/Vygen § 15 Rn. 21;*Werner* in Werner/Pastor, Der Bauprozess, 14. Aufl. 2013, Rn. 1165.

[42] BGH Urt. v. 20.2.1994 – VII ZR 20/93, BauR 1994, 392.

[43] *Thode* Fn. 7 ZfBR 1999, 116.

[44] BGBl. I Seite 1749, geändert durch Gesetz v. 12.11.1984, BGBl. I S. 1337.

[45] Dafür BGH Urt. v. 9.7.1981 – VII ZR 139/80, BauR 1981, 582 kritisch *Hesse* BauR 1984, 449; *Mauer* FS in *Locher* S. 189; *Meiski* Die Verjährung des Architektenhonoraranspruchs, BauR 1993, 23; *Schmitz* NJW 1982, 1489; *Quambusch* Honorarfälligkeit und Rechtsstaatsprinzip – zur Einschätzung des § 8 Abs. 1 HOAI, BauR 1986, 141; *Koeble* in Locher/Koeble/Frik HOAI § 15 Rn. 8.

Abnahme fällig wird, selbst wenn die Leistung noch nicht vollständig fertig gestellt ist oder noch wesentliche nachbesserungsfähige Mängel aufweist.[46]

24 Für ab dem 17.7.2013 geschlossene Verträge kommt es nach § 15 Abs. 1 HOAI allein auf die Abnahme an. Die zu a–l dargestellten Umstände sind damit nur für die Frage der Abnahmefähigkeit erheblich.

25 Bis sich in der Praxis die tatsächliche Durchführung einer Abnahme als üblich etabliert, wird die neuere Rechtsprechung des BGH zur konkludenten Abnahme etwas zur leichteren rechtlichen Beurteilung des Verjährungsbeginns beitragen: Hiernach kann die konkludente Abnahme einer Architektenleistung darin liegen, dass der Besteller nach Fertigstellung der Leistung (hier Objektplanung Lph. 1-3 und 5-8), Bezug des fertiggestellten Bauwerks und Ablauf einer Prüfungsfrist von sechs Monaten keine Mängel der Architektenleistungen rügt.[47] Ähnlich hatte der BGH bereits für den Tragwerksplaner geurteilt, denn angemessenen Prüfungszeitraum zur Rüge von Mängeln aber dort mit 3 Monaten nach Beginn der Nutzung angesetzt.[48]

26 **n) Prüfbare[49]** Honorarschlussrechnung. Gemäß § 15 HOAI ist ferner erforderlich die Überreichung einer prüfbaren Honorarschlussrechnung.

„Überreichen" ist nicht wörtlich zu nehmen. Die körperlich als Dokument niedergelegte Schlussrechnung hat mit Wissen und Wollen des Architekten in den Besitz des Auftraggebers zu gelangen. Erforderlich ist Zugang im Sinne von § 130 BGB.[50] Zugegangen ist die Willenserklärung in diesem Sinne, wenn sie so in den Bereich des Empfängers gelangt ist, dass dieser unter normalen Umständen die Möglichkeit hat, von ihrem Inhalt Kenntnis zu nehmen.[51] Wird die Rechnung als Einschreibebrief bei der Post niedergelegt und dem Empfänger eine Benachrichtigung darüber erteilt, ist sie damit noch nicht zugegangen.[52] Bei Verweigerung der Annahme eines Einschreibebriefes muss sich der Empfänger so behandeln lassen, als sei ihm das Schreiben im Zeitpunkt der Verweigerung zugegangen.[53]

27 Es muss sich um eine als solche gekennzeichnete Schlussrechnung handeln. Der Begriff Schlussrechnung muss nicht wörtlich verwendet werden. Jede Abrechnung, die erkennbar die Vergütung für die Gesamtleistung anfordert, ist als Schlussrechnung anzusehen. Eine ausdrücklich als Abschlagsrechnung gekennzeichnete Abrechnung kann allerdings nicht in eine Schlussrechnung umgedeutet werden,[54] ebenso wenig ein bloßer Schlussrechnungsentwurf bzw. eine bedingte Schlussrechnung.[55]

28 **o) Regelmäßig keine Fälligkeit ohne prüfbare Schlussrechnung.** Wird keine Schlussrechnung übergeben oder ist die übergebene Schlussrechnung nicht prüfbar, tritt Fälligkeit nicht ein; die Verjährungsfrist beginnt nicht zu laufen. Auch unter Berücksichtigung der Grundsätze von Treu und Glauben begründet die späte Vorlage einer prüfbaren Rechnung für sich allein keine treuwidrige Verhaltensweise eines Architek-

---

46 *Thode* Fn. 7 ZfBR 1999, 116.

47 BGH Urt. v. 26.9.2013 – VII ZR 220/12, BauR 2013, 231.

48 BGH Urt. v. 25.2.2010 – VII ZR 64/09, BauR 2010, 795.

49 Die HOAI verwendet den sprachlich falschen Begriff der „prüffähigen" Schlussrechnung. Eine Rechnung kann jedoch zu nichts „fähig" sein. Dem Sprachgebrauch der VOB/B entspricht der Begriff der „prüfbaren" Rechnung; der BGH spricht in neueren Urteilen durchgehend sprachlich richtig von der „Prüfbarkeit" auch in Bezug auf die HOAI; dem ist zu folgen.

50 *Koeble* in Kniffka/Koeble, Kompendium des Baurechts, 3. Aufl. 2008, 12. Teil Rn. 301.

51 BGH Urt. v. 27.10.1982 – V ZR 24/82, NJW 1983, 929, 930.

52 BGH Urt. v. 3.11.1976 – VIII ZR 140/75, BGHZ 67, 271, 275.

53 BGH Urt. v. 27.10.1982 Fn. 51.

54 A. A. OLG Celle Urt. v. 14.11.1996 – 22 U 245/95, BauR 1997, 844: Abschlagsrechnung als Fertigstellungsmeldung.

55 A. A. OLG Koblenz Urt. v. 24.9.1998 – 5 U 112/98, OLGR Koblenz 1999, 353.

ten.[56] Vielmehr müssen zusätzliche Umstände gegeben sein, um aus Gründen von Treu und Glauben rechtliche Folgen einer Fälligkeit des Honoraranspruchs für einen Zeitraum annehmen zu können, in dem eine prüfbare Honorarschlussrechnung des Architekten noch nicht vorgelegen hat.[57]

p) Ausnahmsweise Fälligkeit ohne Schlussrechnung. Wird keine Schlussrechnung überreicht, fehlt es an einem maßgeblichen Fälligkeitsmoment. 29

Damit hätte es der Architekt in der Hand, den Zeitpunkt der Fälligkeit beliebig zu bestimmen. Eine dem § 14 Nr. 4 VOB/B entsprechende Möglichkeit zur Aufstellung einer eigenen Schlussrechnung steht dem Auftraggeber nicht zur Verfügung. Deshalb hat die Rechtsprechung den Grundsatz entwickelt, dass der Auftraggeber den Architekten unter Setzen einer angemessenen Frist zur Vorlage der Schlussrechnung auffordern kann mit der Folge, dass für die Frage der Verjährung nach Treu und Glauben bei weiterer Untätigkeit des Architekten von der Vorlage der Rechnung innerhalb angemessener Frist ausgegangen werden kann. Der Architekt ist dann so zu behandeln, als ob er bis zum Ablauf der Frist eine prüfbare Rechnung vorgelegt hätte. Von diesem Datum an läuft dann eine faktische Verjährungsfrist.[58]

q) Verjährungsbeginn bei nicht prüfbarer Schlussrechnung. In der Literatur wurde die Auffassung vertreten, der Architekt dürfe sich dann, wenn er zwar eine Schlussrechnung vorlegt, diese aber nicht prüfbar ist, nach Ablauf der von diesem Datum ermittelten „Verjährungsfrist“ nicht darauf berufen, dass die Verjährungsfrist mangels Vorlage einer prüfbaren Rechnung nicht zu laufen beginnen konnte.[59] Dem folgte der BGH nicht.[60] Die Vorlage einer nicht prüfbaren Rechnung bedeutete für sich allein noch kein treuwidriges Handeln des Architekten, welches rechtfertigt, den Beginn der Verjährungsfrist anzunehmen.[61] An dieser Rechtsprechung hat der BGH nicht festgehalten. Seit der Entscheidung vom 27.11.2003[62] gilt: 30

Die Prüfbarkeit einer Rechnung ist eine materielle Voraussetzung, Sie muss diejenigen Angaben enthalten, die nach dem geschlossenen Vertrag und der HOAI objektiv unverzichtbar sind, um die sachliche und rechnerische Überprüfung des Honorars zu ermöglichen.[63] Nach Treu und Glauben ist der Auftraggeber aber mit dem Einwand der fehlenden Prüfbarkeit ausgeschlossen, sofern er diese nicht innerhalb einer angemessenen Zeit rügt, die der BGH in Anlehnung an die VOB/B mit 2 Monaten bewertete.[64] Dies gilt aber auch zulasten des Architekten. Die Fälligkeit und damit der Beginn der Verjährung treten also bei nicht prüfbarer Rechnung ein, wenn die Frist von 2 Monaten abgelaufen ist, ohne dass der Auftraggeber Einwendungen gegen die Prüfbarkeit erhoben hat.[65] Es bleibt abzuwarten, ob die Rechtsprechung zukünftig die sich aus Treu und Glauben erge- 31

---

[56] BGH Urt. v. 21.6.2001 – VII ZR 423/99, BauR 2001, 1610; a. A.: *Koeble* in Locher/Koeble/Frik HOAI § 15 Rn. 65; *Lauer* Prüffähige Honorarschlussrechnung nach § 8 HOAI und Verjährung der Honorarforderung, BauR 1989, 665; *Jagenburg* Die HOAI im Spiegel der Rechtsprechung, BauR 1988, 155; *Dölle* in Werner/Pastor, Der Bauprozess, 14. Aufl. 2013, Rn. 2844.

[57] BGH Urt. v. 21.6.2001 Fn. 56.

[58] BGH Urt. v. 19.6.1986 – VII ZR 221/85, BauR 1986, 596.

[59] *Koeble* in Locher/Koeble/Frik HOAI § 15 Rn. 65 ; *Lauer* Fn. 565662 BauR 1989, 665; *Jagenburg* Fn. 565662 BauR 1988, 155; *Dölle* in Werner/Pastor, Der Bauprozess, 14. Aufl. 2013, Rn. 2844.

[60] BGH Urt. v. 21.6.2001 Fn. 56.

[61] BGH Urt. v. 21. 6.2001 Fn. 56.

[62] BGH Urt v. 27.11.2003 – VII ZR 288/02, BauR 2004, 316.

[63] *Koeble* Die Prüfbarkeit der Honorarrechnung des Architekten und der Ingenieure, BauR 2000, 785 f.

[64] BGH Urt v. 27.11.2003 Fn. 62.

[65] BGH Urt. v. 22.4.2010 – VII ZR 48/07, BauR 2010, 1249; OLG Bremen Urt. v. 26.1.2009 – 3 U 32/08, BauR 2009, 863; OLG Düsseldorf Urt. v. 11.10.2011 – 21 U 60/09, BauR 2013, 1737.

bene Rügefrist auf 30 Tage verkürzen wird, wenn sich infolge der Änderung der VOB/B 2012 die regelmäßige Prüffrist bei Bauwerksleistungen auf diesen Zeitraum in der Praxis etabliert. Eine unterschiedliche Handhabung lässt sich jedenfalls nur schwer sachlich begründen. Zur Wahrung des sicheren Wegs ist eine Rüge der fehlenden Prüfbarkeit binnen 30 Tagen auch gegenüber der Architektenhonorarrechnung zu empfehlen.

32 Keine Fälligkeit und keine Verjährung tritt ein, wenn die Klage des Architekten wegen fehlender Prüfbarkeit der Rechnung abgewiesen wird,[66] und zwar auch dann, wenn der Architekt hartnäckig an seiner Rechnung festhält und darauf beharrt, sie sei prüfbar. In diesem Fall ist der Architekt nicht nach Treu und Glauben gehalten, seine Forderung als verjährt behandeln zu lassen. Nach Abschluss eines derartigen Prozesses ist der Architekt berechtigt, erneut abzurechnen: Erfolgt dies nunmehr prüfbar, wird seine Forderung damit erstmalig fällig.

33 Erkennt der Architekt noch während des Laufs der zweimonatigen Prüffrist, dass seine Rechnung nicht prüfbar war, oder beanstandet der Auftraggeber substantiiert die Prüfbarkeit und korrigiert der Architekt diesen Fehler durch Aufstellung einer nunmehr prüfbaren Rechnung, dann tritt mit deren Überreichung erstmalig Fälligkeit ein und die Verjährungsfrist ist von diesem Datum zu ermitteln. Das kann auch während eines laufenden Honorarrechtsstreits geschehen, vorbehaltlich der zivilprozessualen Vorschriften über die Zulassung neuen Vortrags. Sofern eine Schlussrechnung nur teilweise prüfbar ist, hat der Architekt zwar einen Anspruch auf Auszahlung eines Guthabens, was sich unter Berücksichtigung der Abschlagsrechnungen aus dem prüfbaren Teil ergibt. Die Verjährung beginnt aber auch dann erst mit der vollständig prüfbaren Schlussrechnung.[67]

2. Verjährung bei Ansprüchen aus Abschlagszahlungen

34 Abschlagsforderungen sind selbständige Ansprüche, sie unterliegen einer eigenständigen Verjährung innerhalb der Regelverjährungsfrist.[68]

35 **a) Anspruchsgrundlage für Abschlagszahlung – Voraussetzung.** Die Geltendmachung von Abschlagszahlungen setzt eine Anspruchsgrundlage voraus. Nach dem geltenden Werkvertragsrecht des BGB wird die Vergütung bei der Abnahme fällig. Es gibt keinen gesetzlichen Anspruch auf Abschlagszahlungen außerhalb der Sonderregelung des § 632 a BGB.

36 **b) Keine Anspruchsgrundlage aus der HOAI[69] § 15 Abs. 2 HOAI** stellt keine Anspruchsgrundlage für Abschlagszahlungen dar. Zwar hat der BGH gegen beachtliche Stimmen in der Literatur[70] und Teile der Rechtsprechung[71] die Ermächtigungsgrundlage des Art. 10 § 2 MRVG als ausreichend zum Erlass einer in das BGB eingreifenden Regelung über die Fälligkeit des Honorars angesehen.[72] Auf diese – umstrittene – Rechtspre-

---

[66] Ein solcher Fall lag dem BGH Urt. v. 21.6.2001 Fn. 56 zugrunde.

[67] BGH Urt. v. 27.11.2003 Fn. 62.

[68] BGH Urt. v. 15.4.2004 – VII ZR 471/01, BauR 2004, 1146, OLG Celle Urt. v. 7.10.1998 – 13 U 35/98, BauR 1999, 268; *Koeble* in Locher/Koeble/Frick HOAI § 15 Rn. 106; Pott/Dahlhoff/Kniffka/Rath HOAI § 15 Rn. 49; *Hesse/Wirth* in Korbion/Mantscheff/Vygen § 15 Rn. 54; *Werner* in Werner/Pastor, Der Bauprozess, 14. Aufl. 2013, Rn. 1212.

[69] die nachfolgenden Entscheidungen sind überwiegend zu dem inhaltlich im wesentlichen identischen § 8 HOAI ergangen.

[70] *Koeble* in Locher/Koeble/FrikHOAI § 15 Rn. 8; *Hesse* Die Erste Verordnung zur Änderung der HOAI – Ein Überblick, BauR 1984, 449; *Wirth* in Korbion/Mantscheff/Vygen § 15 Rn. 6; *Mauer* FS in *Locher* 189; *Meiski* Fn. 45 BauR 1993, 23; *Schmitz* Fn. 454550 NJW 1982, 1489; *Quambusch* Fn. 45 BauR 1986, 141.

[71] LG Kiel Urt. v. 8.10.1982 – 13 O 161/82, BauR 1983, 580; wohl auch OLG Celle Urt. v. 10.2.2000 – 14 U 36/99, BauR 2000, 763.

[72] BGH Urt. v. 9.7.1981 – VII ZR 139/80, BauR 1981, 58; so auch OLG Düsseldorf Urt. v. 6.6.1980 – 22 U 71/80, BauR 1980, 490; OLG Düsseldorf Urt. v. 5.6.1981 – 22 U 81/81, BauR

chung ist er nicht mehr zurückgekommen. Die Auffassung, der BGH habe diese Rechtsprechung nachfolgend inzidenter bestätigt,[73] trifft nicht zu. Die Entscheidung vom 11.12.1999[74] befasst sich nicht mit der Fälligkeit von Abschlagsrechnungen. Die Entscheidung vom 19.6.1986[75] kommt zwar zu dem Schluss, dass bei vorzeitiger Beendigung das Erfordernis einer prüfbaren Abrechnung gegeben ist. Dies lässt sich zwanglos als zusätzliches preisrechtliches Erfordernis interpretieren und bedeutet nicht, dass der BGH damit eine Anspruchsgrundlage aus § 15 HOAI herleitet. Die Entscheidung vom 5.11.1998[76] lässt die Anspruchsgrundlage für Abschlagszahlungen nicht erkennen und besagt deshalb nicht, der BGH betrachte § 15 Abs. 2 HOAI als Anspruchsgrundlage. Demgegenüber hat der BGH nach 1981 mehrfach bekräftigt, dass die HOAI lediglich Preisrecht darstellt und keine vertragsrechtlichen Regelungen enthält.[77] Nur durch eine vertragliche Vereinbarung kann ein Anspruch begründet werden. Ob die Bezugnahme auf die HOAI im Vertrag ausreicht, um § 15 HOAI als Anspruchsgrundlage einzubeziehen,[78] erscheint fraglich.

Als Anspruchsgrundlagen kommen in Betracht eine vertragliche Regelung, ferner 37
§ 632 a BGB. Eine Verordnung auf Grundlage von § 27 a AGBG (Fassung bis 31.12.2001) bzw. Art. 244 EGBGB könnte für Architektenhonorare nicht herangezogen werden, da sich die Verordnungsermächtigung nur auf Verträge bezieht, die die Errichtung oder den Umbau (Art. 244 EGBGB seit dem 1.1.2009) eines Hauses oder eines vergleichbaren Bauwerks zum Gegenstand haben. Die Leistungen der Planung und Bauüberwachung dafür dürften ohnehin nicht darunter fallen. Bislang ist ohnehin eine allgemeine Verordnung außerhalb des Bauträgervertrages nicht erlassen. Im hier verstandenen Sinn ist § 15 Abs. 2 HOAI folglich keine Anspruchsgrundlage, sondern stellt lediglich zusätzliche Erfordernisse für die Geltendmachung von Abschlagsforderungen auf.

c) Nachgewiesene Leistungen. Sofern ein Anspruch auf Abschlagszahlungen gege- 38
ben ist und die Parteien keine besonderen Regelungen getroffen haben, ist im Hinblick auf Fälligkeit und damit Beginn der Verjährungsfrist § 15 HOAI zu berücksichtigen. Danach können Abschlagszahlungen zu den vereinbarten Zeiten oder in angemessenen zeitlichen Abständen für nachgewiesene Leistungen[79] gefordert werden.

Der hier zugrunde gelegte Leistungsbegriff ist nicht identisch mit dem Begriff der 39
Leistung im Sinne von § 241 BGB. Wenn die HOAI von Leistungen (in der Mehrzahl) spricht, ist ähnlich wie im Sprachgebrauch der VOB jegliches Ergebnis von Arbeit oder geistiger Tätigkeit bezeichnet. Es kann sich dabei durchaus um Teilergebnisse ohne Eigenständigkeit handeln. Allerdings wird nicht jegliches Arbeitsergebnis als „Leistungen“ angesehen werden können, sondern nur ein im Hinblick auf die geschuldete Gesamtleistung Sinnvolles, das sich als Teilstück im Hinblick auf das Gesamtergebnis einordnen lässt. Ein erheblicher Output an Papier in Form diverser Pläne wäre für sich genommen

1982, 294; OLG Hamm Urt. v. 25.4.1985 – 24 U 164/84, BauR 1986, 231; LG Münster Urt. v. 12.1.1983 – 16 O 306/82, BauR 1983, 582; *Böggering* Fn. 7 BauR 1983, 402; *Jochem* in Jochem/Kaufhold HOAI § 8 Rn. 1; *Meißner* FS in *Soergel* 205; *Neuenfeld* in Neuenfeld/Baden/Dohna/Groscurth HOAI Bd. II § 8 Rn. 3; *Werner* in Werner/Pastor, Der Bauprozess, 14. Aufl. 2013, Rn. 1163; *Weyer* BauR 1982, 309.

[73] *Koeble* in Locher/Koeble/Frik HOAI § 15 Rn. 8; OLG Celle Urt. v. 10.2.2000 Fn. 71.

[74] BGH Urt. v. 11.11.1999 – VII ZR 73/99, BauR 2000, 589.

[75] BGH Urt. v. 19.6.1986 – VII ZR 221/85, BauR 1986, 596.

[76] BGH Urt. v. 5.11.1998 – VII ZR 191/97, BauR 1999, 26; OLG Celle Urt. v. 7.10.1998 – 13 U 35/98, BauR 1999, 268; *Koeble* in Locher/Koeble/Frick HOAI § 15 Rn. 106; Pott/Dahlhoff/Kniffka/Rath HOAI § 15 Rn. 49; *Hesse/Wirth* in Korbion/Mantscheff/Vygen § 15 Rn. 54; *Werner* in Werner/Pastor, Der Bauprozess, 14. Aufl. 2013, Rn. 1212.

[77] BGH Urt. v. 5.6.1997 – VII ZR 124/96, BauR 1997, 1060.

[78] OLG Celle Urt. v. 10.2.2000 Fn. 71.

[79] Seit der HOAI 2013 für nachgewiesene Grundleistungen.

noch nicht Leistung in diesem Sinn, solange dessen Nützlichkeit als Teilschritt zum geschuldeten Endergebnis nicht gewährt ist. Nur was zielgerichtet im Hinblick auf das geschuldete Endergebnis als sinnvoller Teilschritt dahin erkannt wird, ist „Leistung" in diesem Sinn.

40 Der Begriff des Nachweises ist nicht mit dem prozessualen Beweis identisch. Es gibt zunächst keine Instanz, die Beweise erhebt. In der Alltagspraxis gibt es hier gelegentlich Probleme, weil Auftraggeber Schwierigkeiten mit dem Begriff des Nachweises haben. Nachweis bedeutet in diesem Sinne schlicht die überprüfbare Erbringung der Leistung. Was der Architekt an sinnvoller (Teil-)Leistung erbracht hat, ist „nachgewiesen". Das ist bei unkörperlichen Ergebnissen der Leistung nicht immer einfach und bedarf im Streitfall zumindest der Dokumentation. So könnten etwa die Ergebnisse der Grundlagenermittlung oder von Verhandlungen mit Behörden in Protokollen niedergelegt werden, um „nachgewiesen" zu sein.

41 **d) Wertzuwachs.** Nach § 632 a BGB in der bis zum 31.12.2008 geltenden Fassung bestand nur Anspruch auf Abschlagszahlung für „in sich abgeschlossene Teile". Nur eine in sich werthaltige, eigenständig nutzbare Teilleistung begründete danach den gesetzlichen Anspruch.[80] Selbständig nutzbare Teilleistungen sind die Bewirkung der Baugenehmigung oder die Übergabe einer vollständigen Ausführungsplanung. Auch der Abschluss eines Bauvorhabens nach Fertigstellung des Bauwerks, Abnahmen und Rechnungsprüfung stellt eine selbständig nutzbare Teilleistung dar. Schwieriger stellt es sich dar bei Abschluss der Vorplanung oder der Entwurfsplanung. Die Nutzbarkeit dieser Leistungen erweist sich erst mit der Ausführungsplanung. Nicht selbständig in diesem Sinn nutzbar sind Leistungen, die nach HOAI nur mit Bruchteilen einer Leistungsphase zu bewerten wären. Seit dem 1.1.2009 müssen die abgerechneten Leistungen zu einem Wertzuwachs beim Besteller geführt haben. Dies ist nicht schon dann der Fall, wenn der Unternehmer die Leistung erbracht hat. Hinzukommen muss, dass die Teilleistung dem Besteller zugewandt ist und für ihn einen Wert hat. Das ist bereits gegeben, wenn sie dem Besteller eine unentziehbare[81] Nutzungs- oder Verwertungsmöglichkeit, sei es auch nur für den weiteren Herstellungsprozess bietet, um das Objekt voranbringen zu können.[82] Dies wird man bei nicht vollständig erbrachten Vor-, Entwurfs- oder Ausführungsplanungen kaum annehmen können.[83]

42 Demgegenüber stellt § 15 Abs. 2 HOAI geringere Anforderungen. Danach wäre beispielsweise die Grundrisszeichnung eines Geschosses bereits eine nachgewiesene Teilleistung, denn sie bildet einen Teilschritt zum Gesamterfolg, auch wenn erst im Kontext mit Grundrissen anderer Geschosse und ggf. Schnitten und Ansichten eine Verwertungsmöglichkeit und ein „Wert" entsteht.

43 **e) Verlangen = nachvollziehbare Abschlagsrechnung.** Das Verlangen erfordert die Vorlage einer Abrechnung, die inhaltlich die gleichen Anforderungen zu erfüllen hat wie die prüfbare Honorarschlussrechnung.[84] Denn nur eine prüfbare Abrechnung liefert den Nachweis der erbrachten Teilleistung. Die fehlende Prüfbarkeit muss der Besteller wie bei

---

80 *Motzke*, Abschlagszahlung, Abnahme und Gutachterverfahren nach dem Beschleunigungsgesetz, NZBau 2000, 489, 490; *Karczewski/Vogel*, Abschlagszahlungen im Generalübernehmer- und Bauvertrag, BauR 2001, 859, 862.

81 BT-Drucks. 16/511 S. 14.

82 *Koeble* in Locher/Koeble/Frik HOAI § 15 Rn. 97.

83 *Scholtissek*, Der Architekt und die Neuerungen des Forderungssicherungsgesetzes, NZBau 2009, 91.

84 *Koeble* in Locher/Koeble/Frik HOAI § 15 Rn. 99; BGH Urt. v. 5.11.1998 – VII ZR 191/97, BauR 1999, 267.

der Schlussrechnung innerhalb von 2 Monaten geltend machen.[85] Die nachvollziehbare Abrechnung der Abschlagsforderung muss zugegangen sein.[86]

f) Verjährungsbeginn bei nicht prüfbarer Abschlagsrechnung In Bezug auf die Schlussrechnung gilt, dass die Verjährungsfrist regelmäßig nur bei Vorlage einer prüfbaren Rechnung zu laufen beginnt. Das Erfordernis der Prüfbarkeit ist in § 15 Abs. 2 HOAI nicht enthalten. Ob daraus zu folgern ist, dass die Verjährung auch bei fehlender Prüfbarkeit zu laufen beginnt, ist bislang nicht entschieden. Man wird hier gleichartig wie in Bezug auf die Schlussrechnung zu entscheiden haben. Wird fehlende Überprüfbarkeit des Leistungsnachweises geltend gemacht oder gegebenenfalls im Prozess festgestellt, dann tritt keine Fälligkeit und damit kein Beginn der Verjährungsfrist ein. Anders, wenn beide Seiten innerhalb der von der Rechtsprechung angenommenen 2-Monatsfrist nicht agieren. Dann kann sich der Architekt nach Ablauf der Prüffrist nicht darauf berufen, dass seine Forderung mangels Überprüfbarkeit nicht fällig geworden sein kann. 44

g) Rechtsfolge der Verjährung einer Abschlagsforderung Die Verjährung einer Abschlagsforderung bewirkt, dass diese, sofern sich der Auftraggeber auf die Verjährung beruft, als solche nicht mehr verfolgt werden kann. Allerdings verjährt die Abschlagsforderung nur „als solche“. Die Forderung selbst kann von dem Architekten als Rechnungsposten in die Schlussrechnung eingestellt und geltend gemacht werden.[87] Die Selbständigkeit der Verjährung von Abschlagsforderung und Forderung aus Schlussrechnung beruht auf der Eigenständigkeit der beiden Forderungen. Der BGH hat seine Auffassung, im Rechtsstreit lägen unterschiedliche Streitgegenstände vor[88], geändert. Der Anspruch auf Abschlagszahlung ist lediglich eine modifizierte Form des einheitlichen Anspruchs auf Werklohn so dass der Übergang von der Abschlagsrechnung auf die Schlussrechnung keine Klageänderung ist.[89] Zweifelhaft ist aber dennoch, ob ein mit einer Abschlagsrechnung begründeter Mahnbescheid die Verjährung der Schlussrechnungsforderung hemmt.[90] 45

3. Verjährung von Honoraransprüchen bei vorzeitiger Beendigung des Architektenvertrages

a) Abnahme. Bei vorzeitiger Beendigung eines Werkvertrages durch Kündigung oder Rücktritt war nach der früher herrschenden Meinung die Abnahme nicht Fälligkeitsvoraussetzung für den Werklohn.[91] Der BGH hat seine Auffassung für den Bauwerkvertrag geändert.[92] Die Rechtsprechung der Oberlandesgerichte[93] ist dem gefolgt. Ob dies auch in Bezug auf das Architektenhonorar gilt, ist fraglich, da nach herrschender Meinung[94] insoweit ohnehin keine Abnahme erforderlich ist. Dem ist auch vor Geltung der HOAI 2013 (§ 15 Abs. 1 HOAI) nicht zuzustimmen. Auch in diesem Fall liegt in Bezug auf die 46

---

85 BGH Urt. v. 16.3.2005 – XII ZR 269/01, BauR 2005, 1951; OLG Celle Urt. v. 8.4.2009 – 14 U 111/08, BauR 2009, 1016.

86 BGH Urt. v. 5.11.1998 – VII ZR 191/97, BauR 1999, 267; Pott/Dahlhoff/Kniffka/Rath HOAI § 15 Rn. 34; *Koeble* in Locher/Koeble/Frik HOAI § 15 Rn. 40.

87 BGH Urt. v. 5.11.1998 Fn. 86; OLG Celle Urt. v. 7.10.1998 – 13 U 35/98, BauR 1999, 268.

88 BGH Urt. v. 5.11.1998 Fn. 86.

89 BGH Urt. v. 11.11.2004 – VII ZR 128/03, BauR 2005, 400.

90 so OLG Dresden Urt. v. 25.7.2008 – 12 U 137/08, BauR 2008, 1938 (→ Kap. § 32 Rn. 23 f.).

91 BGH Urt. v. 16.12.1999 – VII ZR 392/96, BauR 2000, 592; kritisch dazu *Thode* Fn. 7 ZfBR 1999, 116.

92 BGH Urt. v. 11.5.2006 – VII ZR 146/04, BauR 2006, 1294.

93 OLG Hamm Urt. v 19. 7. 2006 – 12 U 155/03, BauR 2007, 764; zu denkbaren Ausnahmen OLG München Urt. v. 10.10.2006 – 13 U 4639/03, BauR 2007, 1938.

94 *Koeble* in Locher/Koeble/Frik HOAI § 15 Rn. 12; *Wirth* in Korbion/Mantscheff/Vygen § 15 Rn. 21; *Werner* in Werner/Pastor, Der Bauprozess, 14. Aufl. 2013, Rn. 1165.

bis dahin erbrachte Teilleistung ein abnahmefähiges Werk vor.[95] Deshalb ist auch in diesem Fall die Abnahme Fälligkeitsvoraussetzung.[96]

47 **b) Prüfbare Rechnung erforderlich** Auch bei vorzeitiger Beendigung wird das Architektenhonorar erst mit Vorlage einer prüfbaren Honorarschlussrechnung fällig.[97] Die entgegenstehende Auffassung[98] überzeugt nicht. § 15 HOAI ist als preisrechtliche Vorschrift, die ein über das gesetzliche Werkvertragsrecht hinausgehendes Erfordernis aufstellt, von der Ermächtigungsgrundlage gedeckt. Der Einwand, dass es im Fall der vorzeitigen Beendigung keine „vertragsgemäße Leistung" gäbe,[99] überzeugt nicht. Bei vorzeitiger Beendigung geht es um die erfüllungstaugliche Leistung[100] im Hinblick auf den ursprünglich geschuldeten Werkerfolg. Für die Verjährung ergeben sich somit dieselben Folgen wie beim beendeten Architektenvertrag.

C. Verjährung von Honoraransprüchen und honorarähnlichen Ansprüchen, die nicht in der HOAI geregelt sind

I. Ansprüche aus Urheberrecht

49 Das Urheberrecht[101] erlischt 70 Jahre nach dem Tod des Urhebers. Unbeschadet dessen unterliegen die Ansprüche aus dem Urheberrecht der Verjährung. Nach § 102 UrhG findet auf die Verjährung der Ansprüche wegen Verletzung des Urheberrechts oder eines anderen nach diesem Gesetz geschützten Rechts die Vorschriften des Abschnitts 5 des Buches 1 des Bürgerlichen Gesetzbuchs entsprechende Anwendung. Hat der Verpflichtete durch die Verletzung auf Kosten des Berechtigten etwas erlangt, findet § 852 des Bürgerlichen Gesetzbuchs entsprechende Anwendung.

50 Grundsätzlich gilt damit die Regelverjährung von drei Jahren (§ 195 BGB) zum Jahresschluss. Diese beginnt, wenn der Anspruch entstanden ist und der Gläubiger von den den Anspruch begründenden Umständen und der Person des Schuldners Kenntnis erlangt oder ohne grobe Fahrlässigkeit erlangen musste, § 199 Abs. 1 BGB. Ferner gelten die Maximalfristen von 10 Jahren für Schadensersatzansprüche gemäß § 199 Abs. 3 Nr. 1 BGB, gerechnet von der Entstehung des Anspruchs, und von 30 Jahren gemäß § 199 Abs. 3 Nr. 2 BGB, gerechnet von der Begehung der urheberrechtsverletzenden Handlung; und für sonstige Ansprüche von 10 Jahren ab der Entstehung des Anspruchs (§ 199 Abs. 4 BGB).

51 Auch nach Eintritt der Verjährung kann der Urheber Herausgabeansprüche geltend machen, sofern der Schuldner durch eine unerlaubte Handlung etwas erlangt hat, § 105 UrhG i. V. mit § 852 BGB. Wird also beispielsweise das Urheberrecht durch ein Plagiat verletzt und erzielt der Verletzer damit ein Honorar, dann kann dieses Honorar nach Eintritt der Verjährung herausverlangt werden. Der Anspruch verjährt in 10 Jahren von seiner

[95] *Merl* in Kleine-Möller/Merl, Handbuch des privaten Baurechts, 4. Aufl. § 14 Rn. 157; *Kniffka* Abnahme und Abnahmewirkungen nach der Kündigung des Bauvertrages, ZfBR 1998, 113; *Thode* Fn. 7 ZfBR 1999, 116; abweichend *Busche* in MüKoBGB § 649 Rn. 20; jetzt auch BGH Urt. v. 19.12.2002 – VII ZR 103/00, BauR 2003, 689.

[96] So insbesondere *Thode* Fn. 7 ZfBR 1999, 116, 122.

[97] BGH Urt. v. 16.12.1999 – VII ZR 392/96, BauR 2000, 592.

[98] OLG Düsseldorf Urt. v. 24.6.1980 – 21 U 20/80, BauR 1980, 488; OLG Hamm Urt. v. 25.4.1985 – 24 U 164/84, BauR 1986, 231; OLG Düsseldorf Urt. v. 30.12.1985 – 23 U 107/85, BauR 1987, 227; LG Münster Urt. v. 12.1.1983 – 16 O 306/82, BauR 1983, 582; *Koeble* in Locher/Koeble/Frik HOAI § 15 Rn. 69; *Quambusch* Fn. 45 BauR 1987, 265.

[99] *Koeble* in Locher/Koeble/Frik HOAI § 15 Rn. 69.

[100] *Thode* Fn. 7 ZfBR 1999, 116 (122).

[101] Siehe dazu → *Knipp* § 26.

Entstehung an, ohne Rücksicht auf die Entstehung in 30 Jahren von der Verletzungshandlung an.

II. Sonstige Ansprüche

Sofern ausnahmsweise der Architekt Ansprüche verfolgt, die nicht in Leistungsbildern oder in anderen Bestimmungen der HOAI erfasst sind, gelten im Hinblick auf die Verjährung die allgemeinen Regeln. **52**

Sofern es sich um Vergütungsansprüche aus einem Werkvertragsverhältnis handelt, ist außerhalb des Anwendungsbereiches der HOAI die Abnahme Fälligkeitsvoraussetzung für den Werklohn, § 641 BGB. **53**

Bei Ansprüchen, die nicht den Regelungen der HOAI unterfallen, ist die Vorlage einer prüfbaren Honorarschlussrechnung keine Fälligkeitsvoraussetzung. Der Anspruch wird fällig mit Abnahme der Leistung. Unbeachtlich ist, ob die Forderung berechenbar ist. Es genügt, dass sie klagbar ist, und sei es im Wege einer Feststellungsklage. **54**

Für den Beginn der Anspruchsverjährung gilt § 199 Abs. 1 BGB: Entstehung des Anspruchs und Kenntnis oder grobfahrlässige Unkenntnis der anspruchsbegründenden Umstände und der Person des Schuldners. **55**

Es gelten ferner die Maximalfristen des § 199 Abs. 2 BGB für Schadensersatzansprüche auf Grund der Verletzung von Leben, Körper, Gesundheit und Freiheit (30 Jahre), des § 199 Abs. 3 BGB für sonstige Schadensersatzansprüche (10 Jahre ab Entstehung des Anspruchs, 30 Jahre von Begehung der schadensersatzbegründenden Handlung) und des § 199 Abs. 4 BGB für sonstige Ansprüche (10 Jahre seit Entstehung des Anspruchs). **56**

D. Ansprüche des Architekten aus Pflichtverletzung des Vertragspartners

I. Regelverjährung

Ansprüche des Architekten aus Pflichtverletzungen seines Vertragspartners unterliegen der Verjährung nach allgemeinen Regelungen. Das gilt insbesondere für den Anspruch auf Schadensersatz wegen Pflichtverletzung nach § 280 BGB. Dieser verjährt in drei Jahren, beginnend mit dem Schluss des Jahres, in dem der Anspruch entstanden ist und der Gläubiger von den den Anspruch begründenden Umständen und der Person des Schuldners Kenntnis erlangt oder ohne grobe Fahrlässigkeit erlangen könnte, §§ 195, 199 Abs. 1 BGB. **57**

II. Höchstfristen

Dabei sind die Höchstfristen zu beachten. Schadensersatzansprüche, die auf der Verletzung des Lebens, des Körpers, der Gesundheit, oder der Freiheit beruhen, verjähren ohne Rücksicht auf ihre Entstehung und die Kenntnis oder fahrlässige Unkenntnis in 30 Jahren von der Begehung der Handlung, der Pflichtverletzung oder der sonstigen, den Schaden auslösenden Ereignisse an, § 199 Abs. 2. Sonstige Schadensersatzansprüche verjähren ohne die Kenntnis oder grob fahrlässige Unkenntnis in zehn Jahren von ihrer Entstehung an und ohne Rücksicht auf ihre Entstehung und die Kenntnis oder grob fahrlässige Unkenntnis in dreißig Jahren von der von der Begehung der Handlung, der Pflichtverletzung oder der sonstigen, den Schaden auslösenden Ereignisse an. Maßgeblich ist die früher endende Frist, § 199 Abs. 3 BGB. Andere Ansprüche als Schadensersatzansprüche verjähren ohne Rücksicht auf die Kenntnis oder grob fahrlässige Unkenntnis in zehn Jahren von ihrer Entstehung an, § 199 Abs. 4 BGB. **58**

E. Ausgleichsansprüche des Architekten als Gesamtschuldner, § 426 Abs. 1 und 2 BGB

59 Dem Architekten steht, soweit er als Gesamtschuldner in Anspruch genommen worden ist oder zu werden droht, der Ausgleichsanspruch nach § 426 Abs. 1 BGB zu. Die Verjährung richtet sich nach denselben Grundsätzen wie umgekehrt die Ausgleichsansprüche des „anderen" Gesamtschuldners gegen den Architekten und wird dort abgehandelt.[102]

F. Tabelle der geltenden Verjährungsfristen

60

Anspruch	Verjährungsfrist	Fristbeginn	Besonderheiten
Honorarschlussrechnung	3 Jahre, § 195 BGB *Maximalfrist von 10 Jahren*[103] *genau ab Entstehung*	Entstehung, d. h. vertragsgemäße Leistungserbringung und Vorlage prüffähiger Honorarschlussrechnung *Kenntnis oder grob fahrlässige Unkenntnis der den Anspruch begründenden Umstände und des Schuldners*	Jahresschlussverjährung *für HOAI bis 2009 Abweichend von § 641 BGB ist keine Abnahme erforderlich*[104]
Abschlagsforderung	3 Jahre, § 195 BGB *Maximalfrist von 10 Jahren*	Entstehung, d. h. Nachgewiesene Leistungen Vorlage einer prüfbaren Aufstellung Kenntnis oder grob fahrlässige Unkenntnis der den Anspruch begründenden Umstände und des Schuldners	Jahresschlussverjährung Verjährte Abschlagsforderungen können erneut in die Schlussrechnung aufgenommen werden
Honoraranspruch nach vorzeitiger Beendigung	3 Jahre, § 195 BGB *Maximalfrist von 10 Jahren*	Vorzeitige Beendigung durch Kündigung oder Rücktritt und Vorlage prüffähiger Honorarschlussrechnung	Jahresschlussverjährung Maximalfrist: Genau ab Entstehung
Nicht in der HOAI geregelte Vergütungsansprüche	3 Jahre, § 195 BGB Maximalfrist von 10 Jahren	Entstehung Kenntnis oder grob fahrlässige Unkenntnis der den Anspruch begründenden Umstände und des Schuldners	Jahresschlussverjährung Maximalfrist: Genau ab Entstehung
Urheberrecht	3 Jahre, § 195 BGB Maximalfrist von 10 Jahren	Entstehung Kenntnis oder grob fahrlässige Unkenntnis der den Anspruch begründenden Umstände und des Schuldners	Jahresschlussverjährung Maximalfrist: Genau ab Entstehung
Bereicherungsrechtliche Herausgabeansprüche wegen Verletzung des Urheberrechts	10 Jahre, § 852 Maximalfrist 30 Jahre ab Begehung der Verletzungshandlung	Entstehung des Anspruchs	Datumsgenaue Verjährung
Ausgleichsanspruch unter Gesamtschuldnern	3 Jahre, § 195 BGB Maximalfrist 10 Jahre	Entstehung Kenntnis oder grob fahrlässige Unkenntnis der den Anspruch begründenden Umstände und des Schuldners	Jahresschlussverjährung Maximalfrist: Genau ab Entstehung

[102] Siehe § → § 23 Abschnitt H.

[103] Wegen der regelmäßig gegebenen Kenntnis des Gläubigers von Anspruch und Schuldner hier praktisch unbedeutend.

[104] Herrschende Meinung, a. A. mit zutreffenden Argumenten *Thode* Fn. 7 ZfBR 1999, 116 ff.

§ 23 Verjährung der Ansprüche gegen den Architekten

Übersicht

A. Verjährung der Ansprüche aus §§ 634 ff. BGB wegen Werkmängeln

1 Das Schuldrechtsmodernisierungsgesetz sollte im Hinblick auf die Verjährung der Ansprüche gegen den Architekten als Werkunternehmer wegen Mängeln der Werkleistung eine grundlegende Vereinfachung bringen. Die dem alten Recht angehörige Unterscheidung zwischen Schadensersatzansprüchen aus § 635 BGB a. f. bezüglich mit dem Mangel eng zusammenhängender Mangelfolgeschäden einerseits und Ansprüchen aus positiver Vertragsverletzung wegen entfernter Mangelfolgeschäden soll danach, so jedenfalls die amtliche Begründung, hinfällig sein.[1]

I. Verjährung der Gewährleistungsansprüche nach altem Recht

2 Der Anspruch auf Beseitigung eines beseitigungsfähigen Mangels des Architektenwerkes sowie die sekundären Gewährleistungsansprüche auf Wandlung und Minderung unterliegen der Verjährungsfrist des § 638 BGB a. F. Schadensersatzansprüche wegen Werkmängeln und wegen solcher Folgeschäden eines Werkmangels, die mit diesem eng und unmittelbar zusammenhingen, unterliegen der Haftung nach § 635 BGB a. F. und damit

---

[1] BT-Drucks. 14/6040 S. 88; kritisch dazu *Wagner* Mangel- und Mangelfolgeschäden im neuen Schuldrecht JZ 2002, 475.

der kurzen Verjährungsfrist des § 638 BGB a. F.[2] Der Bauwerksmangel infolge eines Planungs- oder Bauüberwachungsfehlers des Architekten ist ein derartig eng mit dem Werkmangel zusammenhängender Folgeschaden.[3] Demgegenüber unterliegen entferntere Mangelfolgeschäden der Verjährung nach § 195 BGB a. F.[4]

II. Weiterhin unterschiedliche Verjährungsfristen für Ansprüche gegen Architekten

3 Der Verjährungsfrist des § 634 a BGB unterliegen alle Mängelrechte des Bestellers aus § 634 Nr. 1, 2 und 4 BGB, also der Anspruch auf Nacherfüllung, Vorschuss und Aufwendungsersatz, sowie Schadenersatz einschließlich aller Mangelfolgeschäden[5] Das Rücktritts- und Minderungsrecht unterliegt als Gestaltungsrecht nicht der Verjährung. Über den Verweis auf § 218 BGB in §§ 634 a Abs. 4 und 5 BGB sind Rücktritt oder Minderung aber unwirksam, wenn sich der Unternehmer auf Verjährung des zugrundeliegenden Mangelanspruchs berufen kann. Nicht erfasst sind Schadenersatzansprüche aus reinen Nebenpflichtverletzungen, also der Verletzung von Pflichten, die keinen Mangel des geschuldeten Werks begründen (z. B. Obhutspflichten)[6] oder den Ansprüchen aus Rücktritt und Minderung, also den Folgen der Ausübung der dem § 634 a BGB unterliegenden Gestaltungsrechten.[7] Auf konkurrierende deliktsrechtliche Ansprüche, die greifen, wenn die Rechtsgutsverletzung auf einem Mangel beruht, sind ebenfalls die allgemeinen Regeln und nicht § 634 a BGB anzuwenden.[8]

III. Fristen

4 Es gibt, soweit Werkvertrag anwendbar ist, drei mögliche Verjährungsfristen für Ansprüche gegen Architekten wegen Werkmängeln:

– zwei Jahre bei einem Werk, dessen Erfolg in der Herstellung, Wartung oder Veränderung einer Sache oder in der Erbringung von Planungs- und Überwachungsleistungen dafür besteht (§ 634 a Abs. 1 Nr. 1 BGB),
– fünf Jahre bei einem Bauwerk oder einem Werk, dessen Erfolg in der Erbringung von Planungs- und Überwachungsleistungen dafür besteht (§ 634 a Abs. 1 Nr. 2 BGB),
– die regelmäßige Verjährungsfrist von drei Jahren bei sonstigen Werken (§ 634 a Abs. 1 Nr. 3 BGB).

5 Mit der Formulierung, dass die kurze Verjährungsfrist nicht nur für die jeweilige Herstellung einer Sache, sondern auch für Erbringung von Planungs- und Überwachungsleistungen dafür gilt, übernimmt das Gesetz klarstellend die Grundsätze der Rechtsprechung zum alten Recht. Danach richtete sich die Verjährung für Planungsleistungen für ein Bauwerk danach, wo die Leistung verkörpert wird; bei der Verkörperung der Leistung in einem Bauwerk galt somit die Verjährung von fünf Jahren.[9]

---

[2] BGH Urt. v. 14.6.1973 – VII ZR 200/72, BauR 1973, 332 *Soergel* in MüKoBGB,3. Aufl. 1998, § 638 Rn. 62.

[3] BGH Urt. v. 7.3.2002 – VII ZR 1/00, BauR 2002, 1536.

[4] BGH Urt. v. 30.6.1983 – VII ZR 371/82, NJW 1983, 2440.

[5] *Sprau* in Palandt BGB § 634 a Rn. 5; *Busche* in MüKoBGB § 634 a Rn. 9,a.A. *Wagner* Fn. 1 JZ 2002, 475, die allgemeine Verjährungsfrist (§§ 195, 199 BGB) gelte für Schadensersatzansprüche aus Verletzung des Integritätsinteresses (§ 280 BGB).

[6] OLG Zweibrücken Urt. v. 4.12.2008 – 4 U 137/07 NZBau 2009, 389, 390.

[7] *Sprau* in Palandt BGB 73. Aufl. § 634 a Rn. 5.

[8] *Busche* in MüKoBGB § 634 a Rn. 13 m. w. N.

[9] BGH Urt. v. 3.12.1998 – VII ZR 109/97, BauR 1999, 670; Urt. v. 10.3.1987 – VII ZR 80/86, BauR 1987, 361 m. w. N.

1. Abgrenzung der zweijährigen Verjährungsfrist des § 634 a Abs. 1 Nr. 1 BGB von der fünfjährigen Frist des § 634 a Abs. 1 Nr. 2 BGB

6 Diese ist entsprechend der nach früherem Recht erforderlichen Abgrenzung zwischen der Verjährungsfrist für Arbeiten an einem Grundstück und derjenigen für Bauwerke nach § 638 Abs. 1 BGB a. F. vorzunehmen.[10] Bauwerk ist eine unbewegliche durch Verwendung von Material und Arbeit in Verbindung mit dem Grundstück geschaffene Sache.[11] Unbeachtlich ist dabei, ob es sich um einen wesentlichen Grundstücksbestandteil im Sinne von § 94 BGB handelt.[12] Der in § 634 a BGB verwendete Bauwerksbegriff ist weiter als der sachenrechtliche Gebäudebegriff.[13] Deshalb kann es sich auch bei Scheinbestandteilen im Sinne von § 95 BGB um Bauwerks- oder Grundstücksleistungen handeln.[14] Die nachfolgenden Zitate älterer Rechtsprechung dürften im Ergebnis richtig sein, können allerdings hinsichtlich ihrer Begründung überholt sein, soweit auf den Gebäudebegriff des Sachenrechts abgestellt wird.

7 Der Bauwerksbegriff umfasst Hoch- und Tiefbau.[15] Die Arbeit muss nicht gebäude-, aber grundstücksbezogen sein.[16] Der Begriff des Bauwerks im Sinne von § 634 a Abs. 1 Nr. 2 BGB ist weiter als der in §§ 93 ff. BGB verwendete des Gebäudes.[17] Er umfasst Tiefbauwerke wie Straßen und wie Straßen nutzbare Hofpflasterungen,[18], die Erneuerung eines Trainingsplatzes u.a. mit Bewässerungsanlage und Rasenheizung,[19] Brücken, Gleisanlagen,[20] Tunnels[21] sowie größere ortsfeste technische Anlagen,[22] Er kann umfassen einen abbaubaren Stahlturm, eine abbaubare Förderanlage des Bergbaus, eine abbaubare Rohrbrunnenanlage,[23] Flutlichtmasten,[24] eine Elektrohängebahn,[25] ein aus genormten Fertigteilen zusammengesetztes, ins Erdreich eingelassenes Schwimmbecken,[26] eine Förderanlage für eine Automobilproduktion.[27]

8 Bauwerksleistungen liegen auch bei Reparatur-, Erneuerungs- und Umbauarbeiten an einem bestehenden Bauwerk vor, vorausgesetzt, es handelt sich um eine grundlegende Erneuerung.[28] Das ist dann gegeben, wenn die Arbeiten auch bei Neuerrichtung des Gebäudes zu den Bauwerksarbeiten zählen würden, nach Art und Umfang für Konstruktion, Bestand, Erhaltung oder Benutzbarkeit des Gebäudes von wesentlicher Bedeutung sind und die eingebauten Teile mit dem Gebäude fest verbunden sind.[29] Darunter fallen

---

[10] *Lenkeit* Das modernisierte Verjährungsrecht BauR 2002, 196, 208.
[11] BGH Urt. v. 16.9.1971 – VII ZR 5/70, BGHZ 57, 60 (zum Begriff der „Verbindung" siehe nachfolgend).
[12] Grundlegend BGH Urt. v. 3.12.1998 Fn. 9; BGH Urt. v. 23.1.2002 – X ZR 184/99, NJW-RR 2002, 664.
[13] BGH Urt. v. 3.12.1998 Fn. 9.
[14] BGH Urt. v. 20.6.1991 – VII ZR 305/90, BauR 1991, 741.
[15] BGH Urt. v. 23.1.2002 – X ZR 184/99, NJW-RR 2002, 664.
[16] BGH Urt. v. 3.12.1998 Fn. 9.
[17] BGH Urt. v. 23.1.2002 Fn. 15.
[18] BGH Urt. v. 12.3.1992 – VII ZR 334/90, BauR 1992, 502; BGH Urt. v. 12.11.1992 – VII ZR 29/92, BauR 1993, 217.
[19] BGH Urt. v. 20.12.2012 VII ZR 182/10, BauR 2013, 596.
[20] BGH Urt. v. 13.1.1972 – VII ZR 46/70, BauR 1972, 172.
[21] BGH Urt. v. 3.12.1998 Fn. 9.
[22] BGH Urt. v. 3.12.1998 Fn. 9.
[23] BGH Urt. v. 16.9.1971 – VII ZR 5/70, BGHZ 57, 60.
[24] BGH Urt. v. 16.9.1971 – VII ZR 78/70, LM Allgemeine Lieferbedingungen der Elektroindustrie Nr. 1.
[25] BGH Urt. v. 20.2.1997 – VII ZR 288/94, BauR 1997, 640.
[26] BGH Urt. v. 4.11.1982 – VII ZR 65/82, BauR 1983, 64.
[27] BGH Urt. v. 3.12.1998 Fn. 9.
[28] BGH Urt. v. 22.9.1984 – VII ZR 360/82, BauR 1984, 64.
[29] BGH Urt. v. 30.1.1978 – VII ZR 48/77, BauR 1978, 303.

Dachreparaturen,[30] Isolierung der Kelleraußenwände mit Verlegung von Drainagerohren,[31] die Verlegung eines Spezialfußbodenbelages,[32] das nachträgliche Verlegen eines Teppichbodens mittels Verklebung,[33] Einbau einer Decke,[34] Einbau einer Alarmanlage in ein Kaufhaus,[35] Festeinbau einer Beschallungsanlage mit Dolmetscherkabine in ein Hotel,[36] Umbau eines Hühnerstalls und Einbau serienmäßig hergestellter Legebatterien,[37] Umbau einer Scheune in einen Schweinestall, auch unter Einsatz von Fertigteilen,[38] Erneuerung der Elektroinstallation einer Werkstatt[39] und umfangreiche Malerarbeiten zur grundlegenden Renovierung im Zusammenhang mit einem umfangreichen Umbauvorhaben.[40] Nicht von Bedeutung ist, ob das grundlegend erneuerte Bauwerk auch ohne die Arbeiten funktionstüchtig geblieben wäre.[41] Diese Voraussetzung ist etwa beim Einbau einer Einbauküche nicht erfüllt, dennoch gilt diese regelmäßig als Bauwerksleistung.[42] Demgegenüber stellen Arbeiten ohne wesentliche Bedeutung für den Bestand an einem bestehenden Gebäude keine Bauwerksleistungen dar, auch wenn das Werk mit dem Gebäude verbunden wird und auf Dauer verbunden bleiben soll.[43] Sie unterliegen einschließlich dafür erbrachter Planungsleistungen der Verjährungsfrist von zwei Jahren gemäß § 634 a Abs. 1 Nr. 1 BGB.[44] Dazu gehören etwa übliche Reparatur- und Instandhaltungsarbeiten an oder Ausbesserungen einzelner Schäden,[45] die Erneuerung eines Hausanstrichs,[46] die nachträgliche Herstellung eines Dachgartens auf der Dachterrasse eines bestehenden Wohnhauses,[47] der Einbau einer zweiten Förderanlage in einen funktionstüchtigen Betrieb,[48] der Umbau einer Beleuchtungsanlage in einem bestehenden Hühnerstall unter weitgehender Verwendung bestehender Teile,[49] Unterhaltungsmaßnahmen für ein im Boden verlegtes Gasleitungsnetz,[50] die Wiederherstellung des Straßenkörpers nach Einbau einer Versorgungsleitung,[51] die Anbringung von Leuchtreklamen an einem Geschäftshaus,[52] die Herstellung oder Reparatur einer mit einem Gebäude

30 BGH Urt. v. 21.12.1955 – VI ZR 246/54,BGHZ 19, 319.

31 BGH Urt. v. 22.9.1983 – VII ZR 360/82, BauR 1984, 64.

32 BGH Urt. v. 6.11.1969 – VII ZR 159/67, BGHZ 53, 43.

33 BGH Urt. v. 16.5.1991 – VII ZR 296/90, BauR 1991, 603; siehe auch OLG Hamm Urt. v. 13.6.1995 – 25 U 127/94, BauR 1996, 399, wonach bei loser Verlegung von Teppichfliesen keine Bauwerksleistung vorliegt.

34 OLG Köln Urt. v. 2.121988 – 3 U 77/88, NJW-RR 1989,209.

35 OLG Hamm Urt. v. 11.11.1975 – 21 U 42/75, NJW 1976, 1269; anders bei Alarmanlage für Büro OLG Düsseldorf Urt. v. 19.3.1999 – 22 U 199/98, NJW-RR 1999, 1212, und für Wohnhaus, OLG Frankfurt Urt. v. 11.5.1988 – 17 U 130/87, NJW 1988, 2546.

36 OLG Schleswig Urt. v. 10.2.1988 – 4 U 174/86, NJW-RR 1988, 1106.

37 BGH Urt. v. 16.6 1977 – VII ZR 334/74, BauR 1977, 417.

38 OLG Hamm Urt. v. 13.6.1989 – 24 U 32/89, NJW-RR 1989, 1048.

39 BGH Urt. v. 30.1.1978 – VII ZR 48/77, BauR 1978, 303.

40 BGH Urt. v. 16.9.1993 – VII ZR 180/92, BauR 1994, 101.

41 BGH Urt. v. 3.12.1998 Fn. 9.

42 BGH Urt. v. 3.12.1998 Fn. 9.

43 BGH Urt. v. 9.3.1970 – VII ZR 200/68, BauR 1970, 106.

44 *Sprau* in Palandt § 634 a Rn. 17.

45 OLG Hamm Urt. v. 28.10.1998 – 12 U 99/97, NJW-RR 1999, 462.

46 OLG Köln Urt. v. 7.6.1989 – 16 U 157/88, NJW-RR 1989, 1181.

47 OLG München Urt. v. 13.2.1990 – 12 W 18/89, NJW-RR 1990, 917.

48 OLG Düsseldorf Urt. v. 4.5.2001 – 22 U 190/00, NJW-RR 2001, 1530.

49 BGH Urt. v. 16.6.1977 – VII ZR 334/74, BauR 1977, 417.

50 BGH Urt. v. 17.12.1992 – VII ZR 45/92, BGHZ 121, 94.

51 BGH Urt. v. 3.3.1994 – III ZR 183/92, BGH LM § 638 BGB Nr. 82 = WM 1994, 1577.

52 OLG Hamm Urt. v. 24.1.1990 – 25 U 62/89, NJW-RR 1990, 789; OLG München Urt. v. 11.3.1992 – 15 U 4188/91, BauR 1992, 631; abweichend OLG Hamm Urt. v. 27.6.1994 – 17 U 53/93, NJW-RR 1995, 213.

nicht fest verbundenen Markise,[53] ein beweglich aufstellbarer Wintergarten,[54] der Einbau einer Wärmepumpe oder deren Reparatur bei bestehender Heizungsanlage.[55]

a) Technische Anlagen. Ortsfeste, mit dem Erdboden dauerhaft verbundene technische Anlagen weisen nach ihrer Art spezifische Bauwerksrisiken auf. Es handelt es sich um Bauwerke.[56] Das gilt etwa für eine Müllpresse,[57] einen Rohrbrunnen,[58] Gleisanlagen und Steuerungsanlagen einer Bahn,[59] ein Gasrohrnetz,[60] ein fest eingemauerter Heizöltank.[61] Werden technische Anlagen in ein Bauwerk eingebracht, handelt es sich um Arbeiten bei Bauwerken, wenn sie sich derart auf ein bestehendes Bauwerk beziehen, dass sie bei wertender Betrachtung als Teil von dessen Errichtung oder grundlegenden Erneuerung erscheinen.[62] Die bloße Unterbringung im Gebäude genügt nicht.[63] In diesem Sinne sind Bauwerksbestandteile eine Papierentsorgungsanlage in einem Verwaltungsgebäude[64] und die Klimaanlage in einer Druckerei.[65] 9

b) Scheinbestandteile im Sinne des Sachenrechts. Werden neu herzustellende bewegliche Sachen nur zu einem vorübergehenden Zweck oder in Ausübung eines Rechtes von dem Berechtigten mit dem Grundstück verbunden, dann gehören sie zivilrechtlich nicht zu den wesentlichen Bestandteilen des Grundstücks und bleiben rechtlich selbständig (Scheinbestandteile nach § 95 BGB).[66] Auf einen Vertrag, der die Lieferung neu herzustellender beweglicher Sachen zum Gegenstand hat, finden aber die kaufrechtlichen Vorschriften Anwendung (§ 651 BGB). Das würde bedeuten, dass die Verjährung unterschiedlichen Regelungen unterliegt je nach Eigentumsverhältnissen; plant der Architekt eine Einbauküche[67] für den Eigentümer, gilt die werkvertragliche Verjährungsfrist von 5 Jahren ab Abnahme (§ 634 a Abs. 1 Nr. 2 BGB), bei derselben Leistung für den Mieter würde die zweijährige Verjährungsfrist ab Ablieferung gelten (§§ 651, 438 BGB). Der Begriff der beweglichen Sachen in § 651 wird deshalb europarechtlich in Anlehnung an den Begriff „beweglicher körperlicher Gegenstand" in dem Sinn auszulegen sein, dass der jeweilige Gegenstand tatsächlich physisch beweglich ist,[68] und auch bei Einbau von Scheinbestandteilen werkvertragliche Haftung mit fünfjähriger Verjährungsfrist annehmen.[69] Ob weiterhin die zum bisherigen Recht ergangene Rechtsprechung[70] auch nach neuem Recht uneingeschränkt Anwendung finden kann, ist fraglich. Der BGH hat in der 10

---

53 OLG Hamm Urt. v. 7.5.1992 – 24 U 227/91, NJW-RR 1992, 1272.
54 OLG Köln Urt. v. 13.9.1989 – 13 U 69/89, VersR 1990, 436.
55 OLG Köln Urt. v. 26.8.1994 – 19 U 292/93, NJW-RR 1995, 337.
56 BGH Urt. v. 23.1.2002 – X ZR 184/99, NJW 2002, 664.
57 BGH Urt. v. 23.1.2002 Fn.56.
58 BGH Urt. v. 16.9.1971 – VII ZR 5/70, BGHZ 57, 60.
59 BGH Urt. v. 10.4.1997 – VII ZR 211/95, BauR 1997, 604.
60 BGH Urt. v. 17.12.1992 – VII ZR 45/92, BGHZ 121, 94.
61 OLG Hamm Urt. v. 22.3.1995 – 12 U97/94, NJW-RR 1996, 919; anders wenn er nur eingebettet und an die vorhandene Heizölleitung angeschlossen ist, BGH Urt. v. 12.3.1986 – VIII ZR 332/84, NJW 1987, 1927.
62 BGH Urt. v. 19.3.2002 – X ZR 49/00, BauR 2002, 1260.
63 BGH Urt. v. 15.5.1997 – VII ZR 287/95, BauR 1997, 1018.
64 BGH Urt. v. 4.12.1986 – VII ZR 354/85, BauR 1987, 205.
65 BGH Urt. v. 22.11.1983 – VII ZR 217/81, BauR 1974, 57.
66 Siehe dazu *Thode* EG-Richtlinie zu bestimmten Aspekten des Verbrauchsgüterkaufs und die Garantien für Verbrauchsgüter, ZfBR 2002, 363, 367.
67 Zur Frage der Einordnung als Werkvertrag vgl BGH Urt. v. 7.3.2013 – VII ZR 162/12, BauR 2013, 946.
68 So insbesondere *Preussner* Das Neue Werkvertragsrecht im BGB 2002, BauR 2002, 231, 241.
69 *Preussner* Fn. 68.
70 BGH Urt. v. 3.12.1998 – VII ZR 109/97, BauR 1999, 670; Urt. v. 23.1.2002 – X ZR 184/99, NJW-RR 2002, 664.

Silo-Entscheidung deutlich den Bestrebungen eine Absage erteilt, das Werkvertragsrecht immer schon dann anzuwenden, wenn die gelieferte Sache in einem Bauwerk eingebaut werden soll.[71]

2. Nicht ausgeführte Bauvorhaben

11 Werden Planungsleistungen für ein Werk im Sinne von § 634 a Abs. 1 Nr. 1 oder 2 BGB erbracht, dieses aber dann nicht hergestellt, richtet sich die Verjährung ebenfalls nach diesen Vorschriften[72] und nicht nach § 634 a Abs. 1 Nr. 3 BGB.

3. Sonstige Werke

12 Die Vorschrift des § 634 a Abs. 1 Nr. 3 BGB, wonach die Ansprüche bei sonstigen Werken in der regelmäßigen Verjährungsfrist verjähren, ist als Auffangfrist für alle Sachverhalte ausgestaltet, die unter keinen der vorstehenden Tatbestand fallen, also weder Leistungen zur Herstellung, Wartung oder Veränderung einer Sache, noch eines Bauwerks, noch Planungs- und Überwachungsleistungen dafür darstellen.[73] Hierunter sind daher die unkörperlichen Arbeitsergebnisse zu verstehen wie Auskünfte,[74] Individualsoftware,[75] Gutachten.[76] Bei Letzteren wird allerdings zu unterscheiden sein: Sind sie, wie z. B. ein Bodengutachten, dazu bestimmt, ihre Verkörperung im Bauwerk selbst zu finden, dann unterfallen sie der Nr. 2.[77] Nur allgemeine Gutachten wie Mängelgutachten, Wertgutachten, die nicht dem Zweck der Vorbereitung und Durchführung eines Bauvorhabens dienen, sind hier erfasst.

13 Die Ansprüche wegen Mängeln sonstiger Werke unterliegen der regelmäßigen Verjährungsfrist. Damit gelten für sie die nachfolgenden Ausführungen nicht, vielmehr beginnt die Verjährung mit Schluss des Jahres der Entstehung des Anspruchs und der Kenntnis oder grob fahrlässigen Unkenntnis der anspruchsbegründenden Tatsachen und der Person des Schuldners, § 199 Abs. 1 Nr. 1 BGB.

IV. Beginn der Verjährung der Ansprüche wegen Mängeln: Abnahme

14 Der Beginn des Laufs der Verjährungsfrist für die werkvertragliche Sonderverjährung gemäß § 634 a Abs. 1 Nr. 1 und 2 ist an die Abnahme[78] geknüpft. Im Gesetzentwurf war zunächst vorgesehen, die Verjährung der Ansprüche wegen planender und/oder bauüberwachender Tätigkeit völlig von der Abnahme des Werkes zu lösen und der Regelverjährung zu unterwerfen.[79] Dies wurde mit der größeren Nähe der planenden und/oder bauüberwachenden Tätigkeit zum Dienstleistungsrecht begründet.[80] Das hätte gegenüber dem bisherigen Rechtszustand einen gravierenden Systembruch bedeutet[81] und ist vom Bundesrat kritisiert[82] vom Rechtsausschuss verworfen worden.[83]

---

[71] BGH Urt. v. 23.7.2009 – VII ZR 151/08, BauR 2009, 1581.

[72] *Busche* in MüKoBGB § 634 a Rn. 27 m. w. N.; *Sprau* in Palandt § 634 a Rn. 10; a. A. *Lenkeit* Fn. 10 BauR 2002, 196, 208.

[73] BT-Drucks. 14/7052 Seite 205.

[74] *Sprau* in Palandt § 634 a Rn. 12.

[75] BGH Urt. v. 15.5.1990, X ZR 128/88, NJW 1990, 3008.

[76] BGH Urt. v. 24.11.1994, III ZR 50/94, BGHZ 127, 378.

[77] So zu § 638 BGB a. F. BGH Urt. v. 26.10.1978 – VII ZR 249/77, BauR 1979, 76 m. w. N.

[78] Zur Abnahme siehe → *Messerschmidt* § 10.

[79] BT-Drucks. 14/6040.

[80] BT-Drucks. 14/6040 Seite 264.

[81] Siehe dazu *Fuchs* Gewährleistungsfristen für Planungsleistungen nach dem geplanten Schuldrechtsmodernisierungsgesetz, NZBau, 2001, 465.

[82] BT-Drucks. 14/06 857 Seite 36.

[83] BT-Drucks. 14/07 052 Seite 204/205.

Die jetzt Gesetz gewordene Regelung entspricht der bisherigen Rechtslage und der gefestigten Rechtsprechung.

V. Verjährung bei nicht abgenommenem Architektenwerk

In Bezug auf das bis zum 31.12.2001 geltende Recht ist unbestritten, dass der Anspruch auf Nachbesserung wegen eines Werkmangels (§ 633 Abs. 2 BGB a.F.), der Anspruch auf Aufwendungsersatz einschließlich Kostenvorschuss (§ 633 Abs. 3 BGB a.F.) und die Gewährleistungsansprüche (§§ 634, 635 BGB a.F.) auch schon vor der Abnahme geltend gemacht werden können.[84] Gleiches gilt für den Anspruch auf Schadensersatz wegen eines im Bauwerk verkörperten und damit nicht mehr nachbesserungsfähigen Mangels des Architektenwerkes.[85] Für die Verjährungsfrist galt nach in der Literatur unbestrittener Rechtsprechung des Bundesgerichtshofs hierfür die 30-jährige Regelverjährung des § 195 BGB a.F.[86] In Fällen, in denen das Architektenwerk nicht abgenommen war, die Abnahme nicht verweigert war, der Besteller aber trotz eines Mangels keine weitere (Nach-)Erfüllung beanspruchte (sog. „hängengebliebener Architektenvertrag") hatte der Besteller also faktisch nicht zu befürchten, dass seine Ansprüche verjähren. 15

Diese Rechtsprechung hat der BGH aufgegeben: Auch für nach altem Recht vor der Abnahme entstandener Gewährleistungsansprüche gilt die kurze Verjährungsfrist des § 638 Abs. 1 Satz 1 BGB a.F.[87] Schadenersatzansprüche gegen den Architekten gemäß § 635 BGB a. F. verjähren dabei nach § 634 a BGB n.F.in 5 Jahren , sofern diese Vorschrift gemäß Art. 229 § 6 Abs. 1 EGBGB anwendbar ist.[88]Die Verjährung beginnt, wenn die Abnahme erfolgt oder endgültig verweigert ist.[89]Bei der Abnahmeverweigerung ist nicht entscheidend, ob sie zu Recht oder zu Unrecht erfolgt. Wichtig ist lediglich die Endgültigkeit der Verweigerung. Wenn der Besteller berechtigt verweigert und weiterhin Erfüllung, also die mangelfreie Herstellung verlangt, führt die Verweigerung nicht zum Beginn der Verjährung.[90] Wenn der Besteller weder die Abnahme verweigert, noch der Unternehmer die Abnahme erzwingen kann, verjähren die Gewährleistungsansprüche nicht. Möglich ist dann allenfalls eine Verwirkung.[91] 16

Ohne Abnahme beginnt die Verjährungsfrist für Mängel, wenn keine Erfüllung des Vertrages mehr verlangt wird oder das vertragliche Erfüllungsverhältnis aus anderen Gründen in ein Abwicklungs- und Abrechnungsverhältnis umgewandelt wird. Dies ist der Fall, wenn der Besteller, ohne weitere Erfüllung zu verlangen, eine Frist mit Ablehnungsandrohung nach § 634 Abs. 1 Satz 1 BGB a.F. erfolglos gesetzt hat oder ausnahmsweise eine solche erfolglose Fristsetzung mit Ablehnungsandrohung nicht erforderlich ist, und der Besteller die Ansprüche auf Wandlung, Minderung oder Schadenersatz geltend macht.[92] Gleiches gilt wenn der Besteller, ohne dass weitere Erfüllungsleistungen ausstehen, die Mängel im Wege der Ersatzvornahme nach § 633 Abs. 3 BGB a.F. beseitigt und nur noch den Kostenerstattungsanspruch durchsetzt.[93] Die Verjährung beginnt aber auch dann, wenn Umstände vorliegen, nach denen eine Erfüllung des Vertrages nicht 17

[84] BGH Urt. v. 17.2.1999 – X ZR 8/96, BauR 1999, 760; *Soergel* in MüKo, 3. Aufl. 1997, § 633 Rn. 3.

[85] BGH Urt. v. 30.9.1999 – VII ZR 162/97, BauR 2000, 128; Urt. v. 26.9.1996 – X ZR 33/94, ZfBR 1997, 35; Urt. v. 17.2.1999 – Fn. 84.

[86] BGH Urt. v. 30.9.1999 Fn. 85.

[87] BGH Urt. v. 8.7.2010 – VII ZR 171/08, BauR 2010, 1778, 1780.

[88] BGH Urt. v. 24.2.2011 VII ZR 61/10, BauR 2011, 1032, 1033.

[89] BGH Urt. v. 8.7.2010 Fn. 87.

[90] *Schulze-Hagen* in KniffkaOK Bauvertragsrecht, Stand 23.6.2014, § 634 a Rn. 38.

[91] BGH Urt. v. 8.7.2010 Fn 87, 1782.

[92] BGH Urt. v. 8.7.2010 Fn 87, 1781.

[93] BGH Urt. v. 8.7.2010 Fn 87, 1781.

mehr in Betracht kommt.[94] Von der Umgestaltung des Vertrages in ein Abwicklungsverhältnis kann ausgegangen werden, wenn Leistungen der Leistungsphase 9 vollständig erfüllt sind oder auch sonstige Erfüllungsleistungen aus dem Architektenvertrag nicht mehr ausstehen.[95]

18 Der BGH hat ausdrücklich offen gelassen, ob diese Rechtsprechung auch auf Verträge nach der Schuldrechtsreform anwendbar ist und, ob auch nach neuem Schuldrecht Mängelansprüche des Bestellers nach § 634 BGB n.F. schon vor der Abnahme bestehen.[96]

19 In der Instanzrechtsprechung und Literatur ist dies umstritten. Zum Teil wird vertreten, dass die Mängelrechte aus §§ 634ff. BGB dem Besteller sowohl vor als auch nach Abnahme zustehen .[97] Zum Teil wird die Anwendung der werkvertraglichen Mangelansprüche vor Fertigstellung und Gefahrübergang verneint, dem Besteller aber immerhin ein Schadenersatzanspruch aus § 280 BGB zugesprochen, wenn der Schaden durch eine Nachbesserung nicht mehr abgewendet werden kann oder der Unternehmer sein Nachbesserungsrecht aus sonstigen Gründen verloren hat.[98] Überwiegend wird das Bestehen der Mängelrechte aus § 634 BGB vor Abnahme grundsätzlich verneint, aber Ausnahmen zugelassen, wobei Streit über Berechtigung und Umfang der Ausnahmen besteht.[99] Von der herrschenden Meinung anerkannt ist die Anwendung der Mängelrechte vor Abnahme im Falle der Abnahmeverweigerung des Bestellers.[100] Ebenfalls überwiegend zugelassen werden die Mängelrechte vor Abnahme im Falle der vorzeitigen Vertragsbeendigung durch Kündigung des Vertrages.[101] Umstritten sind die Ausnahmen wenn der Besteller in Annahmeverzug mit der Abnahme gerät,[102] wenn der Unternehmer die Erfüllung verweigert oder die Nachbesserung unmöglich ist,[103] wenn der Besteller auf den Erfüllungsanspruch verzichtet[104] und wenn schwerste Mängel vorliegen, die eine abnahmereife Herstellung des Werkes ausschließen.[105]

Teilweise wird über die Ausnahmen hinaus eine echte Anspruchskonkurrenz, also ein Nebeneinander des allgemeinen Leistungsstörungsrechts und der Mängelrechte ab Fälligkeit der Werkleistung, also dem geschuldeten Fertigstellungstermin angenommen[106] oder für den Fall, dass das Werk fertig gestellt, also Abnahmereife hergestellt ist, ohne dass es zur Abnahme kommt.[107]

---

94 BGH Urt. v. 24.2.2011 Fn. 88, 1034.

95 BGH Urt. v. 24.2.2011 Fn. 88; OLG München Urt. v. 17.7.2012 – 13 U 4106/11, NZBau 2012, 711, 712; OLG Brandenburg Urt. v. 10.1.2012 – 11 U 50/10, BauR 2012, 983, 984.

96 BGH Urt. v. 8.7.2010 Fn 87, 1782; BGH Urt. v. 24.2.2011 Fn. 88, 1033.

97 OLG Brandenburg Urt. v. 24.2.2011 – 12 U 129/12, NJW-RR 2011, 903 Rn. 8; *Vorwerk*, Mängelhaftung des Werkunternehmers und Rechte des Bestellers nach neuem Recht, BauR 2003, 1, 10.

98 OLG Koblenz Urt. v. 18.10.2007 – 5 U 521/07, OLGR Koblenz 2008, 175 Rn. 14f.

99 *Voit*, Die Rechte des Bestellers bei Mängeln vor der Abnahme, BauR 2011, 1063, 1064 m. w. N.; *Krause-Allenstein* in KniffkaOK Bauvertragsrecht, Stand 23.6.2014, § 634 BGB Rn. 10 m. w. N.

100 OLG Köln Beschl. v. 12.11.2012 – 11 U 146/12, NZBau 2013, 306, 307; *Voit* Fn. 99 S. 1072; *Busche* in MüKoBGB § 634 Rn. 4 m. w. N.

101 *Joussen,* Mängelansprüche vor der Abnahme, BauR 2009, 319, 330; *Voit* Fn. 99 m. w. N.

102 Mängelansprüche bejahend *Busche* Fn. 99; *Sprau* in Palandt BGB Vorb v § 633 Rn. 7; *Folnovic,* Sind werkvertragliche Mängelansprüche in der Herstellungsphase des Werks ausgeschlossen?, BauR 2008, 1360, 1364; ablehnend *Schulze-Hagen* in KniffkaOK Bauvertragsrecht, Stand 23.6.2014, § 634 a BGB Rn. 39.

103 Bejahend OLG Köln Beschl. v. 12.11.2012 Fn. 100;*Folnocic* Fn. 102 1363; *Krause-Allenstein* Fn. 99 Rn. 11; ablehnend *Voit* Fn. 99 S. 1073.

104 Bejahend *Folnovic* Fn. S. 1364; ablehnend OLG Köln Beschl. v. 12.11.2012 Fn. 100; *Voit* Fn. 99 S. 1073.

105 Bejahend *Busche* Fn. 102; *Sprau* Fn. 102; ablehnend *Voit* Fn. 99 S. 1373; *Joussen* Fn. 101 S. 331.

106 *Sienz*, Die Neuregelungen im Werkvertragsrecht nach dem Schuldrechtsmodernisierungsgesetz, BauR 2002, 181, 184; *Krause-Allenstein* Fn. 99 Rn. 11; wohl auch *Voit* Fn. 99 S. 1075; ablehnend *Joussen* Fn. 101 S. 331.

107 *Busche* Fn. 102; *Sprau* Fn. 102; ablehnend *Joussen* Fn. 101 S. 331.

Im Rahmen der hier zu klärenden Fragen der Verjährung wäre es zu weitgehend, die einzelnen Argumente für das Für und Wider der Ausnahmen bzw. der Anspruchskonkurrenz darzustellen, zumal sich aus den Argumenten keine Anknüpfungstatsachen für die Verjährung ergeben.

Sofern es keine Mängelrechte vor Abnahme gibt, können die etwaigen Ansprüche des Bestellers wegen Mängeln nur unter den Voraussetzungen des allgemeinen Leistungsstörungsrechts bestehen, sodass sich die Verjährung dann nach der Regelverjährung der §§ 195, 199 BGB richten muss.[108] Mangels einer spezialgesetzlichen Regelung sei die regelmäßige Verjährungsfrist der §§ 195, 199 BGB auf alle Ansprüche des Bestellers nach Kündigung und vor Abnahme anzuwenden.[109] Die mangelbezogenen Erfüllungsansprüche könnten deshalb innerhalb der drei Jahre verjähren, der Besteller könne aber nach Eintritt der Verjährung noch die Abnahme erklären und damit unverjährte Mangelansprüche erhalten).[110] Nach anderer Auffassung ist die Regelverjährung wie bei einer Verhandlung über den Mangel gehemmt, wenn der Unternehmer den Mangel nicht sofort beseitigt, sondern das Werk weiter erstellt bis es nach seiner Auffassung abnahmereif ist.[111] Das OLG Stuttgart wendet ebenfalls die Regelverjährung an, hält diese aber nach der gesetzlichen Wertung des § 634 a BGB im Falle einer vorzeitigen Beendigung des Vertrages für die Dauer von fünf Jahren ab der Kündigung gehemmt.[112] Wenn es zur Abnahme kommt, beginne ab dann die Verjährungsfrist des § 634 a BGB auch für solche Mängel, die bereits vor Abnahme geltend gemacht worden sind.[113] 20

Wenn man Mängelrechte aus § 634 BGB vor Abnahme bejaht, ist es nicht überzeugend, hierauf mangels spezialgesetzlicher Regelung die §§ 195, 199 BGB anzuwenden. Die spezialgesetzliche Verjährungsregelung ist § 634 a BGB, der lediglich regelt, dass die Frist mit der Abnahme beginnt aber nicht ausschließt, dass die in § 634 geregelten Ansprüche vor der Abnahme bereits entstehen können. Sofern Mängelrechte aus § 634 BGB vor der Abnahme erhoben werden können, ist es zwingend, hierauf die für diese Ansprüche bestehende gesetzliche Verjährungsregel § 634 a BGB anzuwenden. Die Regelverjährung bliebe dann nur für die konkurrierenden Ansprüche aus dem allgemeinen Leistungsstörungsrechts, also hierauf gestützte Schadenersatzansprüche oder das Recht zum Rücktritt. Die hier vertretene Anwendung des § 634 a BGB auf Mängelrechte vor Abnahme aus § 634 BGB vermeidet die im Falle des Schweigens des Unternehmers auf die Aufforderung zur Mangelbeseitigung und dem bloßen Fortsetzen der übrigen Bauleistungen wenig überzeugenden Hemmungslösung. Es wäre deshalb richtig, wenn der BGH, sofern er Mängelrechte vor Abnahme bejaht, für diese – wie zum alten Recht entschieden – ab Abnahme, Abnahmeverweigerung oder wenn Umstände gegeben sind, wonach eine Erfüllung nicht mehr in Betracht kommt, die Verjährung aus § 634 a BGB anwendet.

Mit § 280 BGB ist der Weg versperrt, die zum Schadenersatzanspruch in Verträgen nach alten Recht ergangene Rechtsprechung auf Verträge seit dem 1.1.2002 zu übertragen, wonach sich die Verjährung des Schadenersatzanspruchs nur nach § 634 a BGB richte, auch soweit er vor Abnahme entstanden ist. Für den tatbestandlich – jedenfalls auch – aus § 280 BGB folgenden Anspruch muss die Regelverjährung gelten. Für die analoge 21

[108] *Wagner*, Verjährung im Baurecht nach der Schuldrechtsmodernisierung, ZfIR 2002, 257, 263; *Vogel*, Die gesetzlichen Kündigungstatbestände, BauR 2011, 313, 320; *Schulze-Hagen* in KniffkaOK Bauvertragsrecht, Stand 23.6.2014, § 634 a BGB Rn. 208.

[109] *Vogel* Fn. 108; wohl auch *Wagner* Fn. 108.

[110] *Vogel* Fn 108; ablehnend OLG Karlsruhe Urt. v. 19 U 100/09 IBR 2010, 282 aufgehoben durch BGH Urt. v. 24.2.2011 Fn. 88.

[111] *Schulze-Hagen* Fn. 108.

[112] OLG Stuttgart Urt. v. 30.3.2010 – 10 U 87/09, BauR 2010, 1240, 1246 allerdings vor Änderung der Rechtsprechung des BGH durch Urt. v. 8.7.2010 Fn. 87.

[113] *Krause-Allenstein* Fn. 103 Rn. 12; *Schulze-Hagen* Fn. 108 Rn. 209; *Fuchs* in BeckOK VOB/B § 4 Rn. 16.

Anwendung des § 634 a BGB fehlt es an der Lücke. Dies schließt es aber nicht aus, für den bei Anerkennung der Mängelrechte vor Abnahme – ebenfalls – bestehenden Anspruch aus §§ 634, 636, 280 BGB nur die Verjährungsfrist des § 634 a BGB anzuwenden. Für den Schadensersatzanspruch infolge eines sich im Bauwerk verwirklichenden Planungsfehlers gilt hinsichtlich der Verjährung nach der hier vertretenen Auffassung dann Folgendes: Solange noch keine Abnahme erklärt ist und der Architekt weitere Erfüllungsleistungen auftragsgemäß erbringt, besteht einerseits ein Schadensersatzanspruch aus § 280 BGB, der der Regelverjährung unterliegt, also ohne Hinzutreten irgendwelcher Hemmungstatbestände oder dem Neubeginn, zum Beispiel durch Anerkenntnis, nach drei Jahren ab Kenntnis bzw. grob fahrlässiger Unkenntnis verjährt. Geht der Zeitraum der Erfüllung dann über die drei Jahre hinaus und nimmt der Besteller die Leistungen des Architekten trotz des noch nicht befriedigten Schadenersatzanspruchs ab, kann er seinen Schaden in der Frist des § 634 a BGB geltend machen. Gleiches gilt, wenn er die Abnahme verweigert oder er sonst keine Erfüllung der Architektenleistungen mehr verlangt, da erst diese Umstände den Beginn der Verjährung des auf §§ 634, 636, 280 BGB gestützten Anspruchs auslösen. In der Konsequenz gibt es dann für Ansprüche aus demselben Lebenssachverhalt unterschiedliche Verjährungsfristen. Dies ist aber auch in anderen Fällen der Anspruchskonkurrenz der Fall und hinzunehmen.

B. Verjährung bei arglistig verschwiegenem Mangel

22 Nach § 634 a Abs. 3 BGB verjähren die Ansprüche wegen Mängeln des Werkes in der regelmäßigen Verjährungsfrist von drei Jahren, wenn der Unternehmer den Mangel arglistig verschwiegen hat. Bei einem Bauwerksmangel tritt gemäß § 634 a Abs. 1 Nr. 3 BGB die Verjährung nicht vor Ablauf der fünfjährigen Verjährungsfrist, beginnend mit der Abnahme, ein.

I. Arglist

23 Arglistig handelt, wer sich bewusst ist, dass ein bestimmter Umstand für die Entschließung des Vertragspartners erheblich, er nach Treu und Glauben diesen Umstand mitzuteilen verpflichtet ist und ihn trotzdem nicht offenbart.[114] Voraussetzung ist also die Kenntnis von Umständen, die eine Offenbarungspflicht begründen.[115] Eine Offenbarungspflicht besteht dann, wenn damit zu rechnen ist, dass die Kenntnis des Bestellers von dem Mangel diesen entweder von der Abnahme überhaupt oder jedenfalls von einer rügelosen Abnahme abhalten würde.[116] Dieses Bewusstsein fehlt, wenn der Verursacher den Mangel nicht als solchen wahrnimmt.[117] Das Tatbestandsmerkmal der Arglist erfasst nicht etwa nur ein Handeln, das von betrügerischer Absicht getragen ist, sondern auch solche Verhaltensweisen, die auf bedingten Vorsatz im Sinne eines „Fürmöglichhaltens" reduziert sind und mit denen kein moralisches Unwerturteil verbunden sein muss.[118] Ein bedingter Vorsatz ist gegeben, wenn der Unternehmer die Schadensanfälligkeit des Werkes kennt, aber hofft, ein solcher Schaden werde nicht eintreten.[119] Ansprüche gegen den Werkunternehmer, der ein mangelhaftes Werk erstellt und in Kenntnis des Mangels diesen spätes-

---

[114] St. Rspr BGH Urt. v. 2.5.1963, VII ZR 233/61, VersR 1963, 881; BGH Urt. v. 12.6.2006 – VII ZR 272/05, BauR 2007, 114.

[115] *Peters/Jacoby* in Staudinger§ 634 a Rn. 45.

[116] *Peters/Jacoby* in Staudinger§ 634 a Rn. 45.

[117] BGH Urt. v. 11.10.2007 – VII ZR 99/06, BauR 2008, 87, 88.

[118] BGH Urt. v. 11.5.2001 – V ZR 14/00, MDR 2001, 982.

[119] *Peters/Jacoby* in Staudinger § 634 a Rn. 46.

tens bei der Abnahme nicht offenbart, verjähren in der Regelverjährung anstelle der kurzen Verjährung.

II. Zurechnung des Wissens

Nur eigenes Wissen, bei juristischen Personen das Wissen der handelnden Organe, ist dem Werkunternehmer zuzurechnen; ferner dasjenige solcher Personen, denen sich der Werkunternehmer bei der Erfüllung seiner vertraglichen Pflicht zur Ablieferung eines mangelfreien Werkes bei der Abnahme bedient.[120] Das sind typischerweise die mit der Überwachung der Bauaufgabe betrauten Ingenieure, Bauleiter, Poliere. Auch das Wissen beauftragter Subunternehmer wird dem Unternehmer zugerechnet.[121] Keine Erfüllungsgehilfen sind einfache Arbeiter und Hilfskräfte. 24

III. Organisationsverschulden

Aus dem vorstehenden Grundsatz ergab sich das Problem des Nachweises von Arglist, wenn sich der Werkunternehmer darauf berief, nicht persönlich gehandelt zu haben und nachträglich nicht mehr zu wissen, welche Personen als Erfüllungsgehilfen bei der Erstellung und Übergabe eingesetzt waren, oder wenn der Unternehmer seinen Betrieb so organisiert hatte, dass keine als Erfüllungsgehilfe anzusehende Person an der Erstellung des Werkes mitgewirkt hatte. Der BGH hat mit einer Grundsatzentscheidung klargestellt, dass in diesem Fall die Regeln des Organisationsverschuldens gelten.[122] Der Besteller darf nicht dadurch haftungsrechtlich benachteiligt sein, dass er statt eines Einzelunternehmers ein Unternehmen beauftragt, das arbeitsteilig organisiert ist.[123] Deshalb hat der Werkunternehmer dafür einzustehen, wenn er sein Unternehmen nicht oder nicht ausreichend organisiert hat und der Mangel bei richtiger Organisation entdeckt worden wäre.[124] 25

Die Literatur folgt dem BGH überwiegend,[125] allerdings wird sowohl von ihr als auch der Instanzrechtsprechung nicht immer genügend herausgearbeitet, dass das Organisationsverschulden in erster Linie eine Zurechnungsnorm, nicht eine Haftungsnorm, darstellt. Zu leichtfertig wird der Schluss von der Art des Mangels auf die Arglist bzw. das Organisationsverschulden gezogen. Die richtige Organisation ist keine vertragliche Pflicht gegenüber dem Besteller sondern eine Obliegenheit, deren Verletzung zur nachteiligen Verjährung führt. Den Unternehmer trifft der Vorwurf der Obliegenheitsverletzung nicht allein deshalb, weil sein Nachunternehmer die Herstellung des Werks nicht ordnungsgemäß organisiert. Der Nachunternehmer ist nicht Erfüllungsgehilfe des Unternehmers bei dessen eigener Organisation.[126] 26

---

[120] BGH Urt. v. 20.12.1973 – VII ZR 184/72, BauR 1974, 130; Urt. v. 15.1.1976 – VII ZR 96/74, BauR 1976, 131.

[121] *Peters/Jacoby* in Staudinger § 634 a Rn. 48.

[122] BGH Urt. v. 12.3.1992 – VII ZR 5/91, BauR 1992, 500.

[123] BGH Urt. v. 12.3.1992 Fn. 122.

[124] BGH Urt. v. 12.3.1992 Fn. 122.

[125] *Locher* in Locher/Koeble/Frik HOAI Einl. Rn. 207ff.; *Kniffka* ZfBR 1993, 255; *Koeble* Anmerkung zu BGH LM § 638 BGB Nr. 77; *Portz* Festschrift für *Heiermann* S. 261; *Siegburg* Die dreißigjährige Haftung des Bauunternehmers aufgrund Organisationsverschuldens, Baurechtliche Schriften, Band 32, 1995; *Wirth* Dreißigjährige Gewährleistungshaftung des Unternehmers – Wird der Bundesgerichtshof unzutreffend interpretiert? BauR 1994, 33; *Leenen* Die Neuregelung der Verjährung, JZ 2001, 552; kritisch *Rutkowsky* Organisationsverschulden des Bauunternehmers als Arglist iS von § 638 BGB NJW 1993, 1748; *Vogel* Arglistiges Verschweigen des Bauunternehmers aufgrund Organisationsverschuldens, 1997.

[126] BGH Urt. v. 11.10.2007 – VII ZR 99/06, BauR 2008, 87, 89.

IV. Kausalität des Organisationsverschuldens

27 Das Organisationsverschulden muss ursächlich für den Mangel und das Nichtoffenbaren des Mangels geworden sein. Ist der Mangel von der Art, dass der Werkunternehmer selbst oder ein von ihm eingesetzter Erfüllungsgehilfe ihn bei sachgerechter Organisation des Bauablaufes nicht zwingend hätte erkennen müssen, ist der Arglistnachweis auch dann nicht geführt, wenn die Organisation unzureichend war. Die Regeln über Organisationsverschulden sind nur anwendbar, wenn ein besonders eklatanter Mangel vorliegt, nämlich entweder ein gravierender Mangel an einem besonders gewichtigen Bauteil oder ein besonders auffälliger Mangel an einem weniger wichtigen Bauteil.[127] Ein Unternehmer, der 1976 eine Ringdrainage um ein Bauwerk unter Verstoß gegen die wenige Jahre zuvor herausgegebenen DIN 18 154 erstellt, handelt nicht arglistig, wenn er darlegen kann, dass seinerzeit die Mehrheit der Unternehmer und Bauingenieure die Anforderungen der DIN nicht kannten und nicht berücksichtigten. Auch bei sachgerechter Organisation seines Unternehmens hätte er selbst oder ein von ihm beauftragter Ingenieur den Fehler der Drainage nicht erkannt.[128] Die Vergabe der übernommenen Leistung an einen Nachunternehmer verletzt die Obliegenheit zur Organisation nicht. Wenn Leistungen an Nachunternehmer vergeben werden, die der Unternehmer mit seiner eigenen Fachkunde nicht vornehmen kann oder gar nicht vornehmen darf, genügt er seinen Obliegenheiten bereits durch sorgfältige Auswahl des Nachunternehmers.[129]

V. Arglist und Organisationsverschulden beim Architektenwerk

28 Die Regeln über die Verjährung bei arglistig verschwiegenem Mangel gelten uneingeschränkt auch für das Architektenwerk.[130] Liegt ein Bauwerksmangel als Folge einer Architektenpflichtverletzung vor und kennt der Architekt diesen Mangel, so ist er in gleicher Weise offenbarungspflichtig wie der Werkunternehmer. Dem Architekten, der eine mangelhafte Bauleistung nicht überprüft hat, weil er sie zu Unrecht als handwerkliche Selbstverständlichkeit angesehen hat, fehlt das für die Arglist notwendige Bewusstsein.[131] Wenn der Architekt Teile der Ausführung des Bauwerks bewusst vertragswidrig nicht überwacht, muss er bei Abnahme seines Werks offenbaren, dass er die als notwendig erkannte Überwachung nicht vorgenommen hat. Er handelt arglistig, wenn er diese Offenbarung unterlässt. Sein Vertrauen darauf, dass der Unternehmer mangelfrei gearbeitet habe, ist unerheblich.[132]

29 Die Rechtsprechung zur Organisationsobliegenheit ist auch auf den Architekten anzuwenden, der die Bauüberwachung arbeitsteilig organisiert.[133] Für den Architekten gelten die gleichen Regeln über die Zurechnung des Handelns von Erfüllungsgehilfen und die Zurechnung eines Mangels in Folge eines Organisationsverschuldens.[134] In Bezug auf die Haftung des Architekten gilt allerdings in gleicher Weise die Regel, dass das Organisationsverschulden der Zurechnung, nicht der Begründung von Haftung dient. So haftet der Architekt für die Fehler des von ihm eingesetzten Bauleiters, wenn diese darin liegen, dass der Bauleiter die Anbringung einer abgehängten Decke in einer Turnhalle nicht

---

[127] *Merl* in Kleine-Möller/Merl, Handbuch des privaten Baurechts, 4. Aufl. 2009, § 15 Rn. 1165.

[128] OLG Braunschweig Urt. v. 7.10.1999 – 8 U 91/99, BauR 2000, 109.

[129] BGH Urt. v. 11.10.2007 – VII ZR 99/06, BauR 2008, 87, 89.

[130] BGH Urt. v. 4.5.1970 – VII ZR 134/68, VersR 1970, 744; *Locher* in Locher/Koeble/Frick HOAI, 12. Aufl. 2014, Einl. Rn. 207f.; *Staudinger (Peters)* (2000) § 638 Rn. 30.

[131] BGH Urt. v. 22.7.2010 – VII ZR 77/08, BauR 2010, 1959, 1961.

[132] BGH Beschl. v. 5.8.2010 – VII ZR 46/09 , BauR 2010, 1966, 1967.

[133] BGH Urt. v. 27.11.2008 –VII ZR 206/06, BauR 2009, 515, 517.

[134] BGH Urt. v. 27.11.2008 VII ZR 206/06, BauR 2009, 515; OLG Celle Urt. v. 31.8.1994 – 6 U 194/92, NJW-RR 1995, 1486.

überprüft und deshalb nicht bemerkt, dass die Kreuzungspunkte zwischen Oberplattung und Binderuntergurt nur mit einem glatten jeweils in Zugrichtung eingeschlagenen Nagel befestigt werden, dass es später zu einem Herabfallen der Decke kommt.[135] Der allein durch einen Baumangel verursachte Anschein einer Bauüberwachungspflichtverletzung kann nur ausnahmsweise den weitergehenden Anschein erwecken, der mit der Bauüberwachung beauftragte Architekt habe seine mit der Bauleitung befassten Mitarbeiter unsorgfältig ausgesucht oder eingesetzt. Ein solcher Anschein entsteht selbst bei schwerwiegenden Baumängeln jedenfalls dann nicht, wenn der sich hieraus ergebende Bauüberwachungsfehler seiner Art nach auch einem sorgfältig ausgewählten und eingesetzten Bauleiter unterlaufen kann. Die verjährungsrechtliche Gleichsetzung der Verletzung einer Organisationsobliegenheit durch einen arbeitsteilig tätigen Architekten mit arglistigem Verhalten ist nur dann gerechtfertigt, wenn den Architekten der Vorwurf trifft, er habe mit seiner Organisation die Arglisthaftung vermeiden wollen. Dieser Vorwurf kann sich daraus ergeben, dass er, ohne selbst tätig zu werden, ganz darauf verzichtet, Gehilfen zur Erfüllung seiner Offenbarungspflicht einzuschalten. Er ist auch gerechtfertigt, wenn der Architekt hierfür Personal einsetzt, von dem er weiß, dass es jener Pflicht nicht nachkommen wird oder nicht nachkommen kann, sei es, weil er nicht ausreichend kompetente Gehilfen ausgesucht oder weil er ihnen keine ausreichende Möglichkeit gegeben hat, Mängel wahrzunehmen und pflichtgemäß zu offenbaren. Gleiches gilt, wenn er zwar ein entsprechendes Wissen nicht hat, er aber die Augen vor dieser Erkenntnis verschließt.[136] Ein Irrtum des eingesetzten Mitarbeiters über die Notwendigkeit einer Kontrolle, ist zwar eine Verletzung des Überwachungspflicht, lässt aber nicht den Vorwurf zu, der mit der Bauüberwachung beauftragte Architekt habe seine Obliegenheit zur richtigen Organisation der Bauüberwachung verletzt.[137]

Die Klarstellungen des BGH sind begrüßenswert: Den Versuchungen mit nahezu je- 30
dem als schwerwiegend behaupteten Mangel, der bei richtiger Organisation nicht hätte unentdeckt bleiben dürfen, die bei Laien herrschende Theorie vom „nicht verjährenden versteckten Mangel" einzuführen, ist damit ein Riegel vorgesetzt. Mit der möglichen Entlastung unter Berufung auf das nicht auszuschließende „Einmalversagen" auch von sorgfältigen Mitarbeitern bleibt die Haftung wegen der Obliegenheitsverletzung die Ausnahme und die gesetzliche Verjährungsfrist des § 634 a Abs. 1 Nr. 2 BGB der Regelfall.

VI. Beginn der Verjährungsfrist bei arglistig verschwiegenem Mangel

Die Frist beginnt, wenn der Anspruch entstanden ist und wenn der Gläubiger von den 31
den Anspruch begründenden Umständen und der Person des Schuldners Kenntnis erlangt oder ohne grobe Fahrlässigkeit erlangen müsste, § 199 Abs. 1 BGB. Objektiv entstanden ist der Anspruch mit dem Vorliegen des Mangels. Entscheidend ist die Kenntniserlangung. Diese ist nach der Rechtsprechung zu § 852 BGB a. F. gegeben, wenn dem Gläubiger zuzumuten ist, aufgrund der ihm bekannten Tatsachen gegen eine ihm bekannte Person eine Klage, zumindest als Feststellungsklage, zu erheben, die bei verständiger Würdigung der von ihm vorgetragenen Tatsachen Erfolgsaussicht hat. Dabei kommt es wie immer nicht auf die rechtliche Subsumption an.[138] Der Gläubiger, also der Besteller, muss die äußeren Tatsachen kennen, die den Schluss auf eine Verantwortlichkeit des Werkunternehmers zulassen. Nicht erforderlich ist Kenntnis aller Einzelheiten und dass der anzustrengende Prozess relativ mühelos erscheint.[139]

---

[135] OLG Celle Urt. v. 31.8.1994 – 6 U 194/92, NJW-RR 1995, 1486.
[136] BGH Urt. v. 27.11.2008 – VII ZR 206/06, BauR 2009, 515, 518.
[137] BGH Urt. v. 22.7.2010 – VII ZR 77/08, BauR 2010, 1959, 1962.
[138] BGH Urt. v. 17.10.1995 – VI ZR 246/94, NJW 1996, 117.
[139] BGH Urt. v. 20.9.1994 – VI ZR 336/93, NJW 1994, 3092.

32 Die für den Verjährungsbeginn notwendige Kenntnis von der Person des Ersatzpflichtigen hat der Geschädigte nur, wenn ihm außer dessen Name auch die ladungsfähige Anschrift bekannt ist.[140]

VII. Grob fahrlässige Unkenntnis der Tatsachen

33 Grob fahrlässige Unkenntnis der Tatsachen steht der Kenntnis gleich. Damit wird vom Wortlaut und der bisherigen Interpretation des § 852 BGB a. F. leicht abgewichen.[141] Die Rechtsprechung hatte bislang, dem Wortlaut der Vorschrift entsprechend, nur ein besonders hohes Maß an grob fahrlässiger Unkenntnis der Kenntnis gleichgesetzt. Grob fahrlässig verschuldete Unkenntnis des Geschädigten stand der von § 852 Abs. 1 BGB geforderten positiven Kenntnis jedenfalls so lange nicht gleich, als es der Geschädigte nicht versäumt, eine gewissermaßen auf der Hand liegende Erkenntnismöglichkeit wahrzunehmen.[142] Grobe Fahrlässigkeit liegt vor, wenn die im Verkehr erforderliche Sorgfalt in ungewöhnlich großem Maße verletzt worden ist, ganz nahe liegende Überlegungen nicht angestellt oder beiseite geschoben wurden und dasjenige unbeachtet geblieben ist, was im gegebenen Fall jedem hätte einleuchten müssen.[143]Grob fahrlässige Unkenntnis der Anschrift ist anzunehmen, wenn zur Erlangung der Kenntnis nur eine einfache Anfrage oder ein Telefongespräch erforderlich sind.[144]

34 Fraglich ist, ob der Gläubiger auch die Umstände kennen muss, welche die Arglist begründen. Das dürfte nicht erforderlich sein. Die Arglist ist kein anspruchsbegründender Umstand. Arglist ist lediglich ein Umstand, der einen besonderen Verjährungstatbestand begründet. Muss sich demgemäß die Kenntnis des Bestellers nicht auf die Arglist beziehen, so erweist sich die Arglisthaftung in all denjenigen Fällen, in denen der Besteller frühzeitig den Mangel erkennt, als stumpfes Schwert. Insbesondere, wenn sich der Besteller beispielsweise zunächst mit dem Werkunternehmer wegen des Mangels auseinander setzt und erst nach langer Zeit, gegebenenfalls erst nach mehrjährigem Prozess, den rechtlich gebotenen Schluss zieht, dass ihm auch oder gar allein Ansprüche gegen den Planer zustehen, kann er mit der Arglisthaftung bereits zu spät kommen, weil er die erforderliche Tatsachenkenntnis bereits frühzeitig hatte.

35 Hauptanwendungsbereich der Vorschrift sind denn auch die Fälle spät entdeckter, insbesondere erst nach Ablauf der kurzen Verjährungsfristen des § 634 a Abs. 1 Nrn. 1 bis 3 in Erscheinung getretener Mängel.

VIII. Verjährungshöchstfristen

36 Nach § 199 Abs. 3 BGB verjähren Schadensersatzansprüche wegen Sachmängeln und andere Ansprüche ohne Rücksicht auf die Kenntnis oder grob fahrlässige Unkenntnis in 10 Jahren von ihrer Entstehung an, ohne Rücksicht auf ihre Entstehung und die Kenntnis oder grob fahrlässige Unkenntnis in 30 Jahren von der Begehung der Handlung, der Pflichtverletzung oder dem sonstigen, den Schaden auslösenden Ereignis an. Dies gilt über die Verweisung des § 634 a Abs. 3 BGB auch für arglistig verschwiegene Mängel.

---

140 BGH Urt. v. 23.9.2008 – XI ZR 395/07, NJW 2009, 587 Rn. 12 m. w. N; Urt. v. 28.2.2012 – XI ZR 192/11, NJW 2012, 1645 Rn. 14.

141 BT-Drucks. 14/6040 Seite 108.

142 BGH Urt. v. 23.9 2008 Fn. 140.

143 BGH Urt. v. 29.9.1992 – XI ZR 265/91, NJW 1992, 3235, 3236.

144 BGH Urt. v. 1.4.2003 -XI ZR 385/02, NJW-RR 2003, 923 Rn. 19 m. w. N.

IX. Prüfung der Verjährung in Arglistfällen

Der Besteller hat folgende Fristen zu ermitteln und zu vergleichen: 37

1. Die werkvertragliche Mängelverjährungsfrist von (bei Bauwerken) fünf Jahren ab Abnahme
2. Die Arglistverjährung von drei Jahren ab Entstehung des Mangels und Kenntnis oder grob fahrlässiger Unkenntnis vom Mangel und der Person des Verantwortlichen
3. Die Verjährungshöchstfrist von 10 Jahren ab Entstehung des Anspruchs, also ab Entstehung des Mangels
4. Die Verjährungsfrist von 30 Jahren ab der Pflichtverletzung

Dabei gilt für das Verhältnis der Fristen 1 und 2 jeweils die für den Besteller günstigere, später ablaufende Frist (§ 634 a Abs. 3 Satz 2 BGB). Für das Verhältnis der Frist 3 und 4 zu den übrigen Fristen gilt das Gegenteil. Insofern gilt die für den Unternehmer günstigere früher endende Frist. Es handelt sich um Verjährungshöchstfristen. Die dreißigjährige Frist entspricht der allgemeinen Verjährungsfrist des bisherigen Rechts und dürfte im Bereich vertraglicher Haftung kaum Anwendung finden. Dagegen stellt die Zehnjahresfrist des § 199 Abs. 3 Nr. 1 BGB eine dramatische Verkürzung der Bestellerrechte bei arglistig verschwiegenem Mangel dar.

Die anzuwendende Prüfungsreihenfolge ist in dem nachstehenden Schaubild dargestellt.

C. Schaubild Prüfungsreihenfolge Verjährung in Arglistfällen

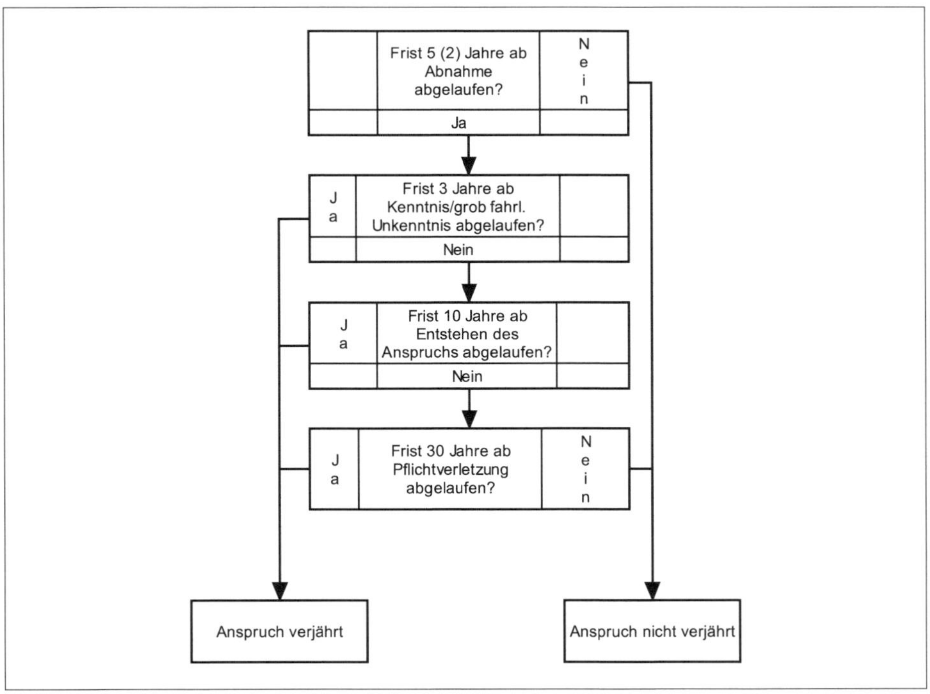

D. Verjährung bei Pflichtverletzungen, die keine Werkmängel darstellen

38 Ansprüche aus Pflichtverletzungen des Architekten, die sich nicht als Werkmängel darstellen,[145] leiten sich unmittelbar aus § 280 BGB her und verjähren in der Regelfrist des § 195 BGB. Hierunter fallen Nebenpflichtverletzungen gemäß § 241 Abs. 1 BGB. Damit spielt die Unterscheidung zwischen der Haftung für Werkmängel und der Haftung aus positiver Vertragsverletzung auch im neuen Recht weiterhin eine Rolle. Nach der Rechtsprechung zum alten Recht unterlagen beispielsweise Ansprüche wegen Bausummenüberschreitung bei vereinbartem Baukostenrahmen als Beschaffenheit,[146], fehlerhafte Beratungen über die Baukosten[147] und wegen fehlerhafter Prüfung der Schlussrechnungen der Unternehmen[148] der werkvertraglichen Gewährleistungshaftung und somit der Sonderverjährung des § 638 BGB a. F. Das wird auch nach neuem Recht so beibehalten, soweit es sich um den Kernbereich der Architektenpflichten aus dem Vertrag und damit um das Äquivalenzinteresse[149] des Bestellers handelt.[150] Der BGH hat dies für die fehlerhafte Beratung über Kosten bestätigt.[151]

E. Verjährung des Anspruchs auf Rückzahlung überzahlten Honorars

39 Der Anspruch auf Rückzahlung überzahlten Honorars verjährt in der Regelfrist des § 195 BGB und beginnt somit gemäß § 199 BGB mit dem Schluss des Jahres, in dem der Anspruch entstanden war und der Gläubiger von den den Anspruch begründenden Umständen Kenntnis erlangt oder ohne grobe Fahrlässigkeit erlangen müsste. Ergibt sich die Überzahlung aus der Schlussrechnung des Architekten, dann wird Kenntnis mit Zugang der Schlussrechnung anzunehmen sein. Ergibt sich die Überzahlung aus einer Aufstellung des Auftraggebers, dann wird Kenntnis in dem Zeitpunkt gegeben sein, in welchem dem Auftraggeber die maßgeblichen Daten der Überzahlung bekannt sind. Für die öffentliche Hand gibt es keine Besonderheiten. Vielfach wurde angenommen, dass eine Kenntnis erst durch Prüfungen der Rechnungsprüfungsämter entstand und so der für den Verjährungsbeginn maßgebliche Zeitpunkt derjenige der Vorlage des Berichts des Rechnungsprüfungsamtes sei.[152] Der BGH stellte klar, dass auch hier nur die Kenntnis des Leistungsverzeichnis, der Aufmaße und der Schlussrechnung nötig ist, aus der die fehlerhafte Abrechnung und Massenermittlung ohne weiteres ersichtlich war, wobei die dem öffentlichen Auftraggeber zuzurechnende Kenntnis des zuständigen Mitarbeiter des Ingenieurbüros genügt.[153]

---

[145] Vergleiche zum Pflichtenkreis des Architekten → *Schwenker/Rodemann* § 5 und → *Messerschmidt* § 10.

[146] OLG Stuttgart Urt. v. 19.10.1999 – 10 U 89/97, BauR 2000, 1893.

[147] BGH Urt. v. 11.11.2004 VII ZR 128/03, BauR 2005, 100.

[148] BGH Urt. v. 14.5.1998 – VII ZR 320/96, BauR 1998, 869; OLG Karlsruhe Urt. v. 22.7.2003 – 8 U 206/02, IBR 2003, 557; OLG Hamm Urt. v. 7.8.2008 21 U 78/07, BauR 2008, 1940.

[149] *Wagner* Mangel- und Mangelfolgeschäden im neuen Schuldrecht JZ 2002, 475, 479 (481).

[150] *Dölle* in Werner/Pastor, Der Bauprozess, 14. Aufl. 2013, Rn. 2866; *Locher* in Locher/Koeble/Frik HOAI Einl. Rn. 177, 183 und 198; *Koeble* in Kniffka/Koeble, Kompendium des Baurechts, 3. Aufl. 2008, 12. Teil Rn. 491.

[151] BGH Beschl. v. 7.2.2013 – VII ZR 3/12, BauR 2013, 982.

[152] So noch Leitzke in der Vorauflage § 29 Rn. 35; *Zimmermann* Verjährungsbeginn von Rückzahlungsansprüchen der öffentlichen Auftraggeber BauR 2007, 1798, 1803 ff.; OLG Dresden Urt. v. 14.6.2006 – 6 U 2321/ 05, BauR 2007, 400.

[153] BGH Urt. v. 28.11.2006 – VI ZR 196/05, BauR 2007, 597; KG Urt. v. 19.11.2010 – 7 U 97/10, BauR 2012, 1690.

F. Verjährung des allgemeinen Erfüllungsanspruchs

Erfüllungsansprüche verjährten nach altem Recht in 30 Jahren. Das Problem der Verjährung eines Erfüllungsanspruchs aus einem Architektenvertrag konnte getrost in das Reich der reinen Theorie verwiesen werden. Nach dem ab 1. Januar 2002 geltenden Recht tritt u. U. wesentlich schneller die Verjährung eines Erfüllungsanspruchs ein, denn es gelten die §§ 195, 199 BGB. 40

Beispiel: 41

Ein Architekt wird mit Vollarchitektur für ein Renditebauvorhaben beauftragt. Er schließt im Jahre 2009 die Leistungen bis zur Entwurfsplanung ab. Die Verhandlungen des Investors mit Erwerbern/Mietinteressenten geraten ins Stocken. Weitere Leistungen des Architekten werden weder erbracht noch abgerufen. Erst im Jahre 2013 sind die Verhandlungen so weit gediehen, dass der Investor das Projekt vorantreiben will. Der Architekt könnte auf den Gedanken kommen, sich auf Verjährung zu berufen[154] und die Leistung verweigern. Das ist weder sachgerecht noch zwingend. Denn ohne besondere Vereinbarungen wird der Erfüllungsanspruch erst zum vorgesehenen Fertigstellungszeitpunkt fällig.[155] Eine Fälligkeit für Teilleistungen müsste vertraglich vereinbart werden. Der Vollarchitekturauftrag ist dadurch gekennzeichnet, dass er für seine Erfüllung die Tätigkeit Dritter, z. B. der ausführenden Baufirmen, zwingend erfordert. Deshalb wäre in obigem Beispiel eine Klage auf Erfüllung mangels Fälligkeit noch nicht möglich. Ohnehin ist fraglich, ob Ansprüche auf etwaige vereinbarte Teilleistungen einer selbständigen Verjährung unterliegen. Somit wird es im Regelfall schon am Tatbestandsmerkmal der Fälligkeit fehlen.[156] Ist der Erfüllungsanspruch durch Erreichen der vereinbarten Fertigstellungsfrist fällig, wird zu diesem Zeitpunkt aber noch gearbeitet, dann liegt darin ein Anerkenntnis (§ 212 BGB). Zumindest könnte man ein Schweben von Verhandlungen (§ 203 BGB) und damit Hemmung des Anspruchs annehmen.[157]

G. Verjährung bei deliktischer Haftung des Architekten[158]

Verletzt der Architekt einen Dritten schuldhaft durch Verletzung einer dem Schutz absoluter Rechte dienenden Pflicht, so haftet er deliktisch, unabhängig vom Bestehen vertraglicher Beziehungen. Der typische Fall sind durch Baumängel verursachte Schäden an Leben, Körper, Gesundheit, Freiheit, Eigentum oder einem sonstigen Recht im Sinne des § 823 Abs. 1 BGB. 42

Deliktische Haftung des Architekten kann in Konkurrenz zur vertraglichen Haftung stehen, wenn sich eine Pflichtverletzung gleichzeitig als Verletzung eines absoluten Rechts darstellt. In diesem Fall unterliegt jeder Anspruch seiner eigenen Verjährung.[159]

Nach altem Recht verjährte der Anspruch gegen den Architekten aus deliktischer Haftung nach § 852 Abs. 1 BGB a. F. in drei Jahren von dem Zeitpunkt an, in welchem der Verletzte von dem Schaden und der Person des Ersatzpflichtigen Kenntnis erlangt, ohne Rücksicht auf diese Kenntnis in dreißig Jahren von der Begehung der Handlung an. 43

Die Neuregelung durch das Schuldrechtsmodernisierungsgesetz übernimmt diese Regelung weitgehend unter Verkürzung der Höchstfrist. Ansprüche aus Delikt unterliegen

---

154 Dazu *Kraus* Da wird sich noch manch einer die Augen reiben..., BauR 2002, 524, 525.

155 BGH Urt. v. 28.3.1996 – VII ZR 228/94, BauR 1996, 544; *Staudinger (Peters)* (2000) § 636 Rn. 24.

156 *Grams* Zur neuen Regelverjährung des Erfüllungsanspruches auf die Bauleistung, BauR 2002, 1461.

157 So das OLG Stuttgart Urt. v. 30.3.2010 – 10 U 87/09, BauR 2010, 1240, 1246 für Mängel vor Abnahme; *Schulze-Hagen* in KniffkaOK Bauvertragsrecht, Stand 23.6.2014, § 634 a Rn. 208.

158 Siehe dazu → *Hebel* § 17.

159 BGH Urt. v. 12.12.1991 – I ZR 212/89, BGHZ 116, 297 (300).

nunmehr der allgemeinen Verjährungsfrist des § 195 BGB in Verbindung mit Beginn und den Höchstfristen gemäß § 199 BGB. Bei einer von Strafvorschriften der Bauordnungen der Länder abweichenden Planung und Bauweise kommt deshalb ein deliktischer Anspruch nach § 823 II BGB i.V.m den Strafvorschriften in Betracht, die eine 30-jährige Verjährung auslösen können.[160]

H. Verjährung der Ansprüche aus Gesamtschuldnerausgleich gegen den Architekten oder des Architekten gegen Dritte

I. Grundsatz des Gesamtschuldnerausgleichs

44 Ist ein Bauwerksmangel sowohl auf fehlerhafte Leistung des Architekten bei Planung und/oder Bauüberwachung und auf Fehler des ausführenden Handwerkers zurückzuführen, dann haften Architekt und Bauunternehmer dem Bauherrn als Gesamtschuldner.[161] Das gilt auch dann, wenn der ausführende Unternehmer auf Nacherfüllung (Mangelbeseitigung nach altem Recht) oder Aufwendungserstattung bzw. Aufwendungsvorschuss (Kostenerstattung bzw. Kostenvorschuss nach altem Recht) in Anspruch genommen wird, der Architekt jedoch auf Schadensersatz.[162] Soweit der Architekt wegen eines Planungsfehlers in Anspruch genommen wird, haftet der Unternehmer allerdings von vornherein nur in Höhe einer anteiligen Mithaftungsquote gegenüber dem Bauherrn, denn das Planungsverschulden des Architekten wird dem Besteller als Mitverschulden eines Erfüllungsgehilfen angerechnet.[163] Das gilt nicht in Bezug auf das Bauüberwachungsverschulden des Architekten. Insoweit sind Architekt und Bauunternehmer uneingeschränkt Gesamtschuldner. Gesamtschuldverhältnisse kommen ferner in Betracht, soweit Architekt und Fachingenieur(e)[164] oder Fachingenieure untereinander arbeitsteilig Planung und/oder Bauüberwachung eines Bauwerks erbringen und dabei Mängel auftreten, die auf Fehler mehrerer zurückzuführen sind.

1. Quotenbildung unter Gesamtschuldnern

45 Die Gesamtschuldner sind im Verhältnis zueinander zu gleichen Teilen verpflichtet, soweit nicht ein anderes bestimmt ist, § 426 Abs. 1 BGB. Die „andere Bestimmung“ kann sich aus den Umständen, insbesondere dem Maß der Verantwortlichkeit des jeweils Beteiligten ergeben.

2. Grundsatz des Ausgleichsanspruch

46 Nimmt nun der Besteller einen Gesamtschuldner nach § 421 BGB auf die gesamte Leistung oder auf eine dessen Anteil im Innenverhältnis übersteigende Teilleistung in Anspruch, kann dieser beim anderen Gesamtschuldner Rückgriff nehmen.

3. Forderungsübergang

47 Nach § 426 Abs. 2 Satz 1 BGB geht die Forderung des Gläubigers auf den leistenden Gesamtschuldner im Umfang der von diesem geleisteten Befriedigung über. Für die Fälligkeit und den Lauf der Verjährungsfrist ändert sich nichts. Diese bestimmen sich nach der Forderung selbst, so wie sie ursprünglich in der Person des Gläubigers entstanden ist. Beispiel: am 31.5.2008 wird die Bauwerksleistung des Unternehmers abgenommen, am

---

[160] OLG Köln Beschl. v. 20.9.2012 – 19 U 79/12, IBR 2013, 51.

[161] BGH GSZ Entsch. V. 1.2.1965 – GSZ 1/64, BGHZ 43, 227; Urt. v. 7.3.2002 – VII ZR 1/00, BauR 2002, 1536.

[162] BGH GSZ v. 1.2.1965 Fn. 161.

[163] BGH Urt. v. 27.6.1985 – VII ZR 23/84, BauR 1985, 561.

[164] BGH Urt. v. 10.7.2003 – VII ZR 329/02, BauR 2003, 1918, 1921.

31.12.2008 das dazu gehörige Architektenwerk. Wegen eines Baumangels, der auf Ausführungsfehlern und unzureichender Bauaufsicht beruht, wird der Architekt vom Besteller erfolgreich auf die volle Summe der Mangelbeseitigungskosten in Anspruch genommen. Durch Leistung des Schadensersatzes geht die Bestellerforderung gegen den Unternehmer auf den Architekten über. Die Forderung verjährt mit Ablauf des 31.5.2013 (§ 634 a Abs. 1 Nr. 2 BGB), sofern nicht der Besteller als Berechtigter Maßnahmen zur Hemmung der Verjährung gegen den Unternehmer eingeleitet hatte. Erfolgt der Forderungsübergang nach dem 31.5.2013, dann ist die Forderung schon verjährt und für den Architekten wertlos.

4. Selbständige Ausgleichsforderung

Daneben begründet § 426 Abs. 1 eine selbständige Ausgleichsforderung der Gesamtschuldner untereinander, unabhängig vom Bestand der Forderung des Gläubigers. Diese verjährt in der regelmäßigen Verjährungsfrist des § 195 BGB nach Maßgabe des § 199 BGB. Nach dem bis zum 31. 12. 2001 geltenden Recht galt insoweit eine dreißigjährige Frist (§ 195 BGB a. F.). Die Verjährung des Ausgleichsanspruchs war somit bislang kein praktisches Problem. Mit der Neufassung durch das Schuldrechtsmodernisierungsgesetz ist hier ein erhebliches praktisches Problem geschaffen worden. 48

a) Entstehen des Anspruchs. Der Ausgleichsanspruch muss als solcher entstanden sein. Das ist er bereits mit der Begründung der Gesamtschuld.[165] Dies gilt unabhängig von seiner Ausprägung als Mitwirkungs-, Befreiungs- oder Zahlungsanspruch Der Ausgleichsanspruch unterliegt damit einer einheitlichen Verjährung. Auch soweit er auf Zahlung gerichtet ist, ist er (schon) mit der Begründung der Gesamtschuld im Sinne des § 199 BGB entstanden und nicht erst mit der Leistung des ausgleichsberechtigten Gesamtschuldners an den Gläubiger.[166] Nicht erforderlich ist es, dass der Ausgleichsverpflichtete selbst zur Nachbesserung aufgefordert wurde.[167] Unerheblich ist, dass der gegen ihn gerichtete direkte Nacherfüllungsanspruch bereits verjährt ist.[168] 49

b) Kenntnis oder grob fahrlässige Unkenntnis. In subjektiver Hinsicht ist erforderlich, dass der in Anspruch genommene Gesamtschuldner Kenntnis von den Umständen erlangt oder ohne grobe Fahrlässigkeit erlangen müsste, die seinen Rückgriffsanspruch nach § 426 Abs. 1 BGB begründen. Dazu ist erforderlich, dass der Ausgleichsberechtigte Kenntnis von den Umständen hat, die einen Anspruch des Gläubigers gegen den Ausgleichsverpflichteten begründen, von denjenigen, die einen Anspruch des Gläubigers gegen ihn selbst begründen, sowie von denjenigen, die das Gesamtschuldverhältnis begründen, und schließlich von den Umständen, die im Innenverhältnis eine Ausgleichspflicht begründen.[169] 50

c) Kenntnis der objektiven Tatsachen. Nach der Rechtsprechung zu § 852 Abs. 1 BGB a. F., der als Muster für die Ausgestaltung des § 199 Abs. 1 Nr. 2 BGB gedient hat, kommt es insoweit ausschließlich auf die Kenntnis der objektiven Tatsachen, nicht auf Rechtskenntnis und zutreffende rechtliche Wertung an.[170] Ob dem Gesamtschuldner der Ausgleichsanspruch nach § 426 Abs. 1 BGB bekannt ist, wäre unbeachtlich. Überträgt man diese Grundsätze auf das geltende Recht, dann wird regelmäßig in der ersten Inanspruchnahme des „ersten" Gesamtschuldners der Beginn des Laufs der Verjährungsfrist zu sehen 51

165 BGH Urt. v. 21.3.1991 – IX ZR 286/90, BGHZ 114, 117.
166 BGH Urt. v. 18.6.2009 – VII ZR 167/08, BauR 2009, 1458, 1459.
167 OLG Frankfurt Beschl. v. 24.1.2011 – 25 U 108/09, BauR 2011, 895.
168 BGH Urt. v. 9.7.2009 – VII ZR 109/08, BauR 2009, 1609, 1611.
169 BGH Urt. v. 18.6.2009 – VII ZR 167/08, BauR 2009, 1458, 1460.
170 BGH Beschl. v. 19.3.2008 – III ZR 220/07, NJW-RR 2008, 1237.

sein. Beispiel: Der Architekt wird wegen eines Ausführungsfehlers in Anspruch genommen. Regelmäßig weiß er oder sollte wissen, welcher Handwerker die Leistung ausgeführt hat. Damit hat er bereits die erforderliche Tatsachenkenntnis für den Rückgriffsanspruch. Umgekehrt weiß der Handwerker regelmäßig, welcher Architekt/Fachingenieur bauleitend tätig war, und hat somit bereits bei seiner ersten Inanspruchnahme die erforderliche Sachkenntnis zur Inanspruchnahme des/der weiteren Gesamtschuldners. Anders kann es sein, wenn es tatsächliche oder rechtliche Zweifel an der eigenen oder der Haftung des anderen Gesamtschuldners gibt.[171]

II. Maßnahmen zum Schutz vor Eintritt der Verjährung

52 Seit der Neuregelung zum 1.1.2002 müssen Gesamtschuldner untereinander der Verjährung ihrer Ausgleichsansprüche wesentlich mehr Aufmerksamkeit widmen. Wird der Anspruch des Gläubigers gegen einen Gesamtschuldnern rechtshängig, solange der Ausgleichsanspruch noch nicht verjährt ist, ist dem anderen Gesamtschuldner der Streit zu verkünden. Denn Gesamtschuldner untereinander können sich, soweit sie passiv in Anspruch genommen werden, den Streit verkünden. Dagegen kann der Gläubiger bei echter Gesamtschuld die Verjährung nicht durch Streitverkündung an einen Gesamtschuldner hemmen.[172] Der Ausgleichsanspruch des zuerst in Anspruch genommenen ist nämlich von der Feststellung der Tatsachen, welche die gemeinsame Haftung begründen, abhängig. Kommt es nicht oder nicht mehr rechtzeitig zum Rechtsstreit zwischen Gläubiger und einem Gesamtschuldner, wird man sich, wenn das Problem erkannt wird, durch eine nach § 202 BGB zulässige Vereinbarung über die Verlängerung der Verjährungsfrist, notfalls durch Feststellungsklage behelfen. Die Situation bleibt unbefriedigend, da die Beteiligten in manchen Fällen nicht rechtzeitig den erforderlichen rechtlichen Rat erhalten werden.

53

Checkliste Maßnahme zur Verjährungshemmung des Rückgriffsanspruchs unter Streithelfern	
Bei gerichtlicher Inanspruchnahme	Streitverkündung, § 204 Abs. 1 Nr. 6 BGB
Bei außergerichtlicher Inanspruchnahme	Vereinbarung über Verlängerung der Verjährungsfrist treffen
Wenn das verweigert wird	Verhandlungen, § 203 BGB
Wenn anderer Gesamtschuldner keine Verhandlungen aufnimmt oder sie für beendet erklärt	Einleitung eines selbständigen Beweisverfahrens (§ 204 Abs. 1 Nr. 7 BGB) oder Erhebung einer Feststellungsklage oder Ergreifung einer anderen verjährungshemmenden Maßnahme nach § 204 Abs. 1 BGB

In aller Regel wird man den anderen möglichen Gesamtschuldner zu der Aussage bewegen können, erst einmal das Ergebnis der Auseinandersetzung zwischen Gläubiger und dem zunächst in Anspruch genommenen Gesamtschuldner abwarten zu wollen. Wenn diese Aussage beweisbar dokumentiert ist, ist eine Hemmung nach § 203 BGB gegeben.

[171] *Schulze-Hagen* in KniffkaOK Bauvertragsrecht, Stand 23.6.2014, § 634a Rn. 248.
[172] BGH Urt. v. 6.5.1982 – VII ZR 172/81, BauR 1982, 514, 515.

§ 24 Neubeginn/Hemmung

Übersicht

Vorbemerkung

1 Das Verjährungsrecht ab dem 1.1.2002 ist in erster Linie gekennzeichnet durch den weitgehenden Wechsel von der Unterbrechung (die nach neuerer Terminologie Neubeginn heißt) zur Hemmung. Die Hemmung ist jetzt der Regelfall, die Unterbrechung die Ausnahme.

Nach § 209 BGB wird der Zeitraum, während dessen die Verjährung gehemmt ist, in die Verjährungsfrist nicht eingerechnet. Dies entspricht der Regelung nach altem Recht (§ 205 BGB a. F.).

2 Zusätzlich wurden weitere Tatbestände der Ablaufhemmung eingeführt. So tritt die Verjährung bei § 203 BGB frühestens drei Monate nach dem Ende der Hemmung ein, und die Hemmung endet bei den Tatbeständen des § 204 BGB sechs Monate nach rechtskräftiger Entscheidung oder anderweitiger Beendigung des eingeleiteten Verfahrens

A. Hemmung durch Verhandlungen

3 Ein neuer Tatbestand ist die Regelung des § 203 BGB. Danach ist die Verjährung gehemmt, solange zwischen Schuldner und Gläubiger Verhandlungen über den Anspruch oder die den Anspruch begründenden Umstände schweben. Damit werden verschiedene nach altem Recht in Sonderbereichen geregelte Tatbestände zusammengefasst. Die Vorschrift ist dem § 852 Abs. 2 BGB a. F. nachgebildet, nimmt dabei auch § 639 Abs. 2 BGB

a. F. vollständig[1] in sich auf und ersetzt und erweitert § 202 BGB a. F. Es kann zur Auslegung der Vorschrift weitgehend auf die Rechtsprechung zu § 852 Abs. 2 BGB a. F. zurückgegriffen werden, der ohnehin bereits als ein allgemeiner Grundsatz verstanden wurde.[2]

I. Verhandlungen

4 Das für den Beginn der Verjährungshemmung maßgebliche Schweben von Verhandlungen ist weit zu verstehen. Nach ständiger Rechtsprechung des BGH genügt dafür jeder Meinungsaustausch über den Schadensfall zwischen dem Berechtigten und dem Verpflichteten, sofern nicht sofort und eindeutig jeder Ersatz abgelehnt wird. Verhandlungen schweben daher schon dann, wenn der in Anspruch Genommene Erklärungen abgibt, die dem Geschädigten die Annahme gestatten, der Verpflichtete lasse sich auf Erörterungen über die Berechtigung von Schadensersatzansprüchen ein. Nicht erforderlich ist, dass dabei eine Vergleichsbereitschaft oder eine Bereitschaft zum Entgegenkommen in Aussicht gestellt wird.[3] Eine Mängelprüfung durch den Unternehmer im Einvernehmen mit dem Besteller (vgl. § 639 Abs. 2 BGB a. F.) erfüllt damit immer das Tatbestandserfordernis der Verhandlungen.[4]

II. Anspruch

5 Auch der Begriff des Anspruchs ist nicht eng im Sinne eines prozessualen Anspruchs zu erfassen, sondern weiter als im Sinne eines aus einem Sachverhalt hergeleiteten Begehrens auf Befriedigung eines Interesses zu verstehen.[5]

Die von der Verhandlung erfassten Ansprüche sind durch Auslegung zu ermitteln.[6] Deshalb kann die Verjährung des vom Architekten geltend gemachten Honoraranspruchs gehemmt sein, wenn der Besteller gegen den von beiden Parteien zugrunde gelegten Honoraranspruch Gegenansprüche aus behaupteten Pflichtverletzungen geltend macht und die Parteien im wesentlichen nur hierüber verhandeln. Erforderlich ist nur, dass der Schuldner aus Sicht des Gläubigers nicht jegliche Zahlung auf dessen Anspruch endgültig ablehnt.[7]

III. Beteiligte der Verhandlungen

6 Die Verhandlungen müssen zwischen den Beteiligten schweben. Es muss also auf Gläubigerseite der berechtigte Inhaber der Forderung beteiligt sein, was beispielsweise bei Abtretungen problematisch sein kann. Hat der Gläubiger die Forderung zur Sicherheit abgetreten, bleibt er regelmäßig zur Einziehung berechtigt und handelt dann als Berechtigter. Gleiches gilt bei Handeln aufgrund einer Inkassozession. Auf Passivseite muss

---

1 *Weyer* § 639 II BGB a. F. durch § 203 n. F. ersetzt, nicht ersatzlos weggefallen, NZBau 2002, 366; *Wagner* Die Verjährung gewährleistungsrechtlicher Rechtsbehelfe nach dem neuen Schuldrecht, ZIP 2002, 789, 794; a. A. *Lenkeit* Das modernisierte Verjährungsrecht, BauR 2002, 196, 219; *Sienz* Die Neuregelungen im Werkvertragsrecht nach dem Schuldrechtsmodernisierungsgesetz, BauR 2002, 181, 192 erkennt nicht, dass die maßgebliche Vorschrift § 203 BGB n. F. ist.

2 BGH Urt. v. 26.10.2006 – VII ZR 194/05, BauR 2007, 380, 381.

3 BGH Urt. v. 8.5.2001 – VI ZR 208/00, MDR 2001, 936.

4 a. A. *Lenkeit* Fn. 1 BauR 2002, 196, 219.

5 BT-Drucks. 14/6040 Seite 112.

6 *Grothe* in MüKoBGB § 203 Rn. 7; *Ellenberger* in Palandt BGB § 203 Rn 3.

7 *Grothe* Fn. 6.

der Schuldner der Forderung beteiligt sein. Handelt für den Architekten die Haftpflichtversicherung, so handelt diese aufgrund ihrer Geschäftsführungsbefugnis für den wahren Verpflichteten.

IV. Beginn und Ende

Beginn und Ende der Verhandlungen sind im Gesetz nicht näher definiert. Von einer Übernahme der streng formalen, an Schriftform geknüpften Regelung des § 439 HGB hat der Gesetzgeber bewusst abgesehen.[8] 7

1. Beginn

Der Beginn ist mit dem Zeitpunkt gegeben, in dem der tatbestandliche Begriff der Verhandlungen erfüllt ist, also regelmäßig die schriftliche oder gegebenenfalls auch mündliche Reaktion des in Anspruch Genommenen, aus welcher für den Vertragspartner erkennbar ist, dass er sich auf den Meinungsaustausch über die Forderung einlassen wird. Eine bloß formalisierte Eingangsbestätigung einer nicht spezifizierten Regressanzeige reicht dafür nicht.[9] Es genügen Erklärungen, die den Anspruchsteller zu der Annahme berechtigen, der Verpflichtete lasse sich jedenfalls auf Erörterungen über die Berechtigung seiner Ansprüche ein.[10] Auch die Ankündigung, man werde dem Anspruchsteller in einer Besprechung erläutern, warum sein Anspruch verjährt und nicht durchsetzbar sei,[11] genügt deshalb. Ebenso eine Äußerung, wonach der in Anspruch genommene mitteilt, dass er „zumindest bisher" auf seinem ablehnenden Standpunkt festhält, denn damit geht er davon aus, dass der Anspruchsteller weiterhin mit ihm verhandeln wird.[12] 8

Sollte in dem Zeitpunkt des Beginns von Verhandlungen die Verjährung bereits eingetreten sein, ist durch Auslegung zu ermitteln, ob die Aufnahme der Verhandlungen durch den in Anspruch Genommenen als Angebot zum Abschluss einer Vereinbarung über die Verlängerung der Verjährung (§ 202 Abs. 2 BGB) angesehen werden kann. Tritt zwischen der ersten Aufforderung des Gläubigers und der Reaktion des Schuldners die Verjährung ein, fragt sich, ob die Hemmung auf den Zeitpunkt der ersten Geltendmachung zurückwirkt. Nach dem Wortlaut der Vorschrift setzt die Hemmung ein „Schweben" der Verhandlung voraus, was eigentlich eine nicht ablehnende Reaktion des anderen Teils vor Eintritt der Verjährung als notwendig erscheinen lässt. Dennoch bejaht die h.M. – wenn auch ohne Begründung – die Rückwirkung, wenn sich der andere Vertragspartner auf eine rechtzeitige Anmeldung des Anspruchs nach dem Zeitpunkt einlässt, zu dem ohne Hemmung Verjährung eingetreten wäre.[13] Wenn den Kritikern an dieser Auffassung[14] auch beizupflichten ist, dass es für diese Rückwirkung in § 203 BGB keine Stütze gibt und der Gläubiger in Kenntnis der bevorstehenden Verjährung früher den Status „Verhandlung" herbeiführen könnte, also die Rückwirkung nicht nach dem Sinn der Norm notwendig ist, ist die Rückwirkung anzunehmen. Der Schuldner verhielte sich widersprüchlich, wenn er ohne Berufung auf die Verjährung erst verhandelt und sich erst später – wegen des ggfs. ungünstigen Verhandlungsergebnisses – die Einrede erhebt. 9

---

[8] BT-Drucks. 14/6040 Seite 112.

[9] OLG Stuttgart Urt. v. 6.11.1970 – 2 U 43/70, VersR 1971, 1178.

[10] BGH Urt. v. 26.1.1988 – VI ZR 120/87, MDR 1988, 570.

[11] BGH Urt. v. 13.5.1997 – VI ZR 181/96, NJW 1997, 3447.

[12] BGH Urt. v. 8.5.2001 – VI ZR 208/00, MDR 2001, 936.

[13] BGH Beschl. v. 19.12.2013 – IX ZR 120/11, BauR 2014, 699, 700; OLG Hamm Urt. v. 19.3.1997 – 13 U 190/96, NJW-RR 1998, 101.

[14] LG München I Urt. v. 19.1.2011 – 9 O 13128/10, MedR 2011, 516-516 (zitiert nach Juris);.

2. Beendigung

10 Die Beendigung der Hemmung durch Verhandlungen ist vom Gesetzgeber nicht formalisiert worden; auch insoweit kann auf die von der Rechtsprechung zu § 852 Abs. 2 BGB a. F. entwickelten Grundsätze zurückgegriffen werden.[15] Die Beendigung muss durch ein klares und eindeutiges Verhalten einer der Parteien zum Ausdruck kommen.[16] Erforderlich ist ein „doppeltes Nein", d. h. nicht nur die Zurückweisung des Anspruchs sondern auch weiterer Verhandlungen hierüber.[17] Im Fall des „Einschlafens" von Verhandlungen durch Nichtweiterbetreiben des Gläubigers ist nach Treu und Glauben zu prüfen, wann der nächste Schritt zu erwarten gewesen wäre, und von diesem Zeitpunkt an das Ende der Hemmung zu berechnen.[18] Die Obergerichte nehmen im Regelfall ein Ende der Hemmung bereits nach einmonatiger Untätigkeit an.[19] Für die Verhandlungsbeteiligten verbleibt angesichts der vom Gesetzgeber verwendeten offenen Begriffen des Beginns und Endes der Verhandlungen ein erheblicher Unsicherheitsfaktor.

V. Mangelprüfung

11 Unter § 203 BGB sind all diejenigen Fälle zu behandeln, die früher über die Sonderregelung des § 639 Abs. 2 BGB a. F. bei Besichtigung eines (behaupteten) Baumangels zu subsumieren waren.[20] Unterzog sich der Unternehmer im Einvernehmen mit dem Besteller der Prüfung des Vorhandenseins eines Mangels oder der Beseitigung des Mangels, so war die Verjährung so lange gehemmt, bis der Unternehmer das Ergebnis der Prüfung dem Besteller mitteilte oder ihm gegenüber den Mangel für beseitigt erklärte oder die Fortsetzung der Beseitigung verweigerte, § 639 Abs. 2 BGB a. F.

12 Es kommt dabei nicht darauf an, ob sich die Beteiligten des wirklichen Umfangs des Mangels bewusst waren bzw. wie weit der wirkliche Wille des Bestellers zu Mangelbeseitigung ging. Auch für die Hemmung kommt es nach der Symptomrechtsprechung[21] ausschließlich auf die äußere Kennzeichnung des Mangels an. Dies gilt selbst dann, wenn beide Parteien irrtümlich nicht von einem Mangel sondern einer Fehlbedienung ausgehen.[22] Der Umfang der Verjährungshemmung bezieht sich dann auf den wirklichen Mangel in seinem ganzen Umfang, soweit er nur durch das äußerlich sichtbare und beschriebene Symptom gekennzeichnet war.

13 Die bloße Besichtigung eines handwerklichen Mangels durch den Planer reicht allerdings nicht aus, die Rechtsfolge der Hemmung zu begründen.[23] Ausnahmsweise kann die Besichtigung eines Mangels ausreichen, wenn der Planer beim Besteller den Eindruck vermittelt, er werde sich um die Beseitigung des Mangels bemühen, so dass weitere Tätigkeit nicht erforderlich ist, oder er bemühe sich auch um die Beseitigung eigener Mängel.[24]

---

[15] BT-Drucks. 14/6040 Seite 112; BGH Urt. v. 6.11.2008 – IX ZR 158/07 BauR 2009, 551.

[16] BGH Urt. v. 17.2.2004 – VI ZR 429/02 NJW 2004, 1654.

[17] OLG Oldenburg Urt. v. 23.8.2006 – 5 U 31/06, MDR 2008, 311, 312.

[18] BT-Drucks. 14/6040 Seite 112; BGH Urt. v. 7.1.1983 – VI ZR 203/84, NJW 1986, 1337, 1338.

[19] KG Urt. v. 23.11.2007 – 7 U 114/07, BeckRS 2007, 65288; OLG Zweibrücken Urt. v. 24.5.2007 – 4 U 104/06, BeckRS 2007, 17384; OLG Dresden Urt. v. 23.2.2010 – 9 U 2043/08, BauR 2011, 151.

[20] A.A. *Lenkeit* Fn. 1 BauR 2002, 196, 219, der aber offensichtlich von einem zu engen Verhandlungsbegriff ausgeht und die Rechtsprechung des BGH zu § 852 Abs. 2 BGB a. F. nicht rekapituliert; *Sienz* Fn. 1 BauR 2002, 181, 196, lässt den Tatbestand des § 203 BGB vollständig außer Betracht.

[21] BGH Urt. v. 6.12.2001 – VII ZR 241/00,BauR 2002, 613.

[22] BGH Urt. v. 30.10.2007 – X ZR 101/06, BauR 2008, 514.

[23] BGH Urt. v. 27.9.2001 – VII ZR 320/00 BauR 2002, 108.

[24] BGH Urt. v. 11.5.1978 – VII ZR 313/75, BauR 1978, 405, 407.

B. Hemmungen aufgrund der Tatbestände der §§ 204 Abs. 1, 205, 206 BGB

Mit §§ 204 Abs. 1, 205, 206 BGB wurden zahlreiche, bislang als Unterbrechung ausgestaltete Tatbestände nunmehr als Hemmungstatbestände ausgestaltet. Auf die bisherige Rechtsprechung zu den entsprechenden Unterbrechungstatbeständen nach altem Recht kann Bezug genommen werden. Es gibt aber auch inhaltliche Veränderungen. 14

I. Nr. 1 Klageerhebung

Danach wird die Verjährung durch die Erhebung der Klage auf Leistung oder auf Feststellung des Anspruchs, auf Erteilung der Vollstreckungsklausel oder auf Erlass des Vollstreckungsurteils gehemmt. Damit ist trotz geringfügiger sprachlicher Veränderung ohne inhaltliche Änderung[25] der bisherige § 209 Abs. 1 BGB a. F. übernommen und als Hemmungstatbestand ausgestaltet. Die Zustellung wirkt auf den Zeitpunkt des Eingangs des Antrags bei Gericht zurück, sofern sie demnächst erfolgt (§ 167 ZPO in der ab 1.7.2002 geltenden Fassung).[26] Für die Geltendmachung von Ansprüchen aus Baumängeln gilt die Symptomrechtsprechung: Der Besteller genügt den Darlegungsanforderungen, wenn er die Mangelerscheinung (Symptom) vorträgt, aus der er die Mangelhaftigkeit des Werkes herleitet. Er ist nicht verpflichtet, den Mangel selbst oder die Ursachen des Mangels vorzutragen.[27] Die Frage, ob die Ursache der Mangelerscheinung auf einem Ausführungs- oder Planungsfehler beruht, ist Gegenstand des Beweises und kein Erfordernis des Sachvortrags.[28] 15

Die Klage muss wirksam, nicht zwingend zulässig erhoben sein. Notwendig ist lediglich, dass die wesentlichen Anforderungen des §§ 253 Abs. 1, 2 ZPO gewahrt sind.[29] Die Einreichung der Klage per Telefax genügt, auch wenn entgegen § 133 Abs. 1 Satz 1 ZPO keine Abschriften oder entgegen § 131 Abs. 1 ZPO keine Anlagen beigefügt sind.[30] Da letzteres zwischen dem VII. und VIII. Senat des BGH umstritten ist,[31] besteht insoweit derzeit keine Rechtssicherheit. 16

Die Klage muss der materiell Berechtigte erheben. Das wird insbesondere im Fall einer unwirksamen Abtretung relevant. Genehmigt der Berechtigte die Klage des Nichtberechtigten, wird die Verjährung mit Wirkung „ex nunc" gehemmt, es tritt keine Rückwirkung ein.[32] Das gleiche gilt, wenn der Kläger nachträglich die Klageforderung abgetreten erhält. Auf der anderen Seite genügt es aber, wenn der Kläger im Zeitpunkt der Klagezustellung Berechtigter war, spätere Änderungen sind verjährungsrechtlich unschädlich. Neben dem ursprünglichen Rechtsinhaber ist auch dessen Rechtsnachfolger oder der gesetzliche oder gewillkürte Prozessstandschafter materiell berechtigt.[33] 17

Fehlende Begründungselemente eines klageweise geltend gemachten Anspruchs können auch noch während des Rechtsstreits vorgetragen werden.[34] So wird die Verjährung aller Teilansprüche mit einer Teilklage aus mehreren Ansprüchen gehemmt, deren Summe den geltend gemachten Teil übersteigt. Die notwendige Bestimmung, bis zu welcher 18

---

25 BT-Drucks. 14/6040 Seite 113.

26 Einzelheiten siehe *Häublein* in MüKoZPO § 167 Rn. 2 ff.

27 St. Rspr., vgl. BGH Urt. v. 28.10.1999 – VII ZR 115/97, BauR 2000, 261; BGH Urt. v. 6.12.2001 Fn. 21.

28 BGH Urt. v. 6.12.2001 Fn. 21.

29 BGH Urt. v. 17.11.1988 – III ZR 252/87, NJW-RR 1989, 508.

30 OLG Düsseldorf Urt. v. 19.3.2013 – 21 U 140/12, BauR 2014, 302, 304.

31 Für unwirksame Klage BGH Beschl. v. 21.12.2006 – VII ZR 164/05, BauR 2007, 579; wirksame Klage BGH Urt. v. 12.12.2012 – VIII ZR 307/11, NJW 2013, 387 Rn. 30.

32 BGH Urt. v. 9.11.1966 – V ZR 176/63, BGHZ 46, 221.

33 BGH Urt. v. 29.10.2009 – I ZR 191/07, NJW 2010, 2270 Rn. 38.

34 BGH Urt. v. 27.2.2003 – VII ZR 48/01, BauR 2003, 1035.

Höhe bzw. in welcher Reihenfolge die einzelnen Teilansprüche verfolgt werden, kann im Prozess nachgeholt werden.[35] Beim Mahnbescheidsantrag ist die Rechtsprechung des BGH abweichend (vgl. Rn. → 22), was aber auf den Besonderheiten des Mahnverfahrens beruht. Ohne ausreichende Individualisierung der Einzelforderungen und genaue Aufteilung des geforderten Teilbetrags soll auf der Grundlage des Mahnbescheids kein der materiellen Rechtskraft fähiger Vollstreckungstitel ergehen können, Der Vollstreckungsbescheid, für den der Mahnbescheid die Grundlage ist, enthält keine weitere Individualisierung. Bei der Klage muss spätestens das Urteil als Vollstreckungstitel eine Individualisierung durch die Urteilsgründe enthalten. Das gilt auch für die Zuordnung von Teilansprüchen.

19 Erforderlich für die Hemmungswirkung ist, dass der Anspruchsberechtigte gegen den richtigen Schuldner vorgeht. Der Gläubiger, der die Durchsetzung seines Anspruchs aktiv betreibt, macht dem Schuldner seinen Rechtsverfolgungswillen so deutlich, dass dieser sich darauf einrichten muss, auch noch nach Ablauf der ursprünglichen Verjährungsfrist in Anspruch genommen zu werden. Dementsprechend unterbrechen auch eine unzulässige Klage und eine unzulässige Aufrechnung die Verjährung, nicht dagegen eine Klage gegen den falschen Schuldner, weil von dieser eine den richtigen Schuldner warnende Wirkung nicht ausgehen kann. Von der Aktiv- und Passivlegitimation abgesehen ist es daher auch ohne Bedeutung, ob die Klage sachlich begründet ist [36]

II. Nr. 3 Zustellung des Mahnbescheides

20 Die neue Fassung entspricht dem bisherigen § 209 Abs. 2 Nr. 1 BGB a. F. mit der Änderung, dass eine Hemmung, keine Unterbrechung stattfindet. Auch insoweit gilt § 167 ZPO (Fassung ab 1.7.2002) mit der Folge, dass die demnächst erfolgte Zustellung auf den Zeitpunkt der Einreichung des Antrags zurückwirkt. Die Zustellung eines Mahnbescheids ist dann nicht mehr demnächst im Sinne von §§ 167, 693 Abs. 2 ZPO a. F. erfolgt, wenn der Antragsteller es unterlassen hat, beim Mahngericht nach Ablauf einer nach den Umständen des Einzelfalls zu bemessenden Frist nachzufragen, ob die Zustellung bereits veranlasst worden ist, und dieses Unterlassen nachweislich zu einer Verzögerung der Zustellung um mehr als einen Monat geführt hat.[37]

21 Wie bei der Klage muss sich der Mahnbescheid an den richtigen Schuldner richten. Die Zustellung an eine nicht vertretungsberechtigte Behörde führte auch nach altem Recht nicht zur Unterbrechung der Verjährung.[38] Nichts anderes gilt für das Recht nach der Schuldrechtsmodernisierung: Erteilt eine öffentlich-rechtliche Körperschaft (z. B. ein Bundesland) im Namen und in Vertretung einer anderen Körperschaft (BRD) den Auftrag und verklagt der Unternehmer die vertretende Körperschaft und erst später die richtige Körperschaft, so ist deren Erhebung der Verjährungseinrede keine unzulässige Rechtsausübung.[39]

22 Entscheidend ist der Zeitpunkt der Zustellung des Mahnbescheides. Eine Verjährungshemmung kann grundsätzlich auch bei unwirksamer Zustellung eintreten. Dies setzt jedoch voraus, dass Sinn und Zweck des § 204 Abs. 1 Nr. 3 BGB gewahrt bleiben. Hierfür ist es erforderlich, dass der Gläubiger alles für eine wirksame Zustellung getan hat und der Schuldner innerhalb der unverjährten Zeit Kenntnis vom verfahrenseinleitenden Antrag und dem hiermit verfolgten Anspruchsinhalt erlangt und – ebenfalls vor Verjährungsablauf – die Wirksamkeit der Zustellung im Rahmen eines Rechtsstreits überprüft wird.[40]

---

[35] BGH Urt. v. 6.5.2014 – II ZR 217/13, WM 2014, 1544.
[36] BGH Urt. v. 5.5.1988, VII ZR 119/87, BauR 1988, 469, 471 Rn.16.
[37] BGH Urt. v. 27.4.2006 , NJW-RR 2006, 1436.
[38] BGH Urt. v. 11.3.2004 – VII ZR 351/02, BauR 2004, 1002, 1004.
[39] KG Urt. v. 26.1.2006 – 27 U 55/04; BauR 2007, 161.
[40] BGH Urt. v. 26.2.2010 – V ZR 98/09, NJW-RR 2010, 1438.

Die Hemmung der Verjährung setzt eine Individualisierung der geltend gemachten Forderung im Mahnbescheid voraus. Eine spätere Individualisierung der Forderung führt zwar zur Zulässigkeit der Klage. Sie führt aber nicht rückwirkend zur Hemmung der Verjährung. [41]Die Forderung muss so genau bezeichnet werden, dass der Schuldner beurteilen kann, ob er sich dagegen zur Wehr setzen möchte. Werden mehrere Forderungen im Mahnverfahren geltend gemacht, müssen die Einzelforderungen hinreichend individualisiert sein. Wird dagegen ein einheitlicher Anspruch geltend gemacht, der sich lediglich aus mehreren Rechnungsposten zusammensetzt, kann die notwendige Substantiierung im Prozess nachgeholt werden, sodass die einzelnen Posten nicht im Mahnbescheid bezeichnet werden müssen.[42] Ein solcher einheitlicher Anspruch ist auch bei Änderungen und Zusätzen im Werkvertrag geben, wenn diese mit dem zwischen dem Vertragsparteien bestimmten Leistungsziel im Zusammenhang stehen In dem hier entschiedenen Fall waren Gegenstand des Vertrages zunächst ausschließlich Erdarbeiten. Als Nachträge einer einheitlichen Abrechnung wurden auch Hausanschlussarbeiten und Pflasterarbeiten in der Schlussrechnung abgerechnet. In dem Mahnbescheid bezeichnete der Antragssteller die Forderung mit „Werkvertrag/Werklieferungsvertrag gemäß Rechnung vom..." Dies ist laut BGH ausreichend.[43] 23

Noch nicht höchstrichterlich geklärt ist die Frage, ob eine Hemmung der Schlussrechnungsforderung auch durch Geltendmachung der dieser zugrunde liegenden Abschlagsrechnungen im Mahnverfahren eintritt.[44] Das OLG Dresden hat dies mit dem Argument bejaht, verjährte Forderungen aus Abschlagsrechnungen könnten als – unselbstständige – Rechnungsposten in die Schlussrechnung aufgenommen und in deren Rahmen wieder geltend gemacht werden. Gegen diese Begründung spricht, dass Forderungen aus Abschlagsrechnungen nicht mehr selbstständig durchgesetzt werden können, wenn die Schlussrechnung gestellt worden ist.[45] Deshalb wäre ein mit Abschlagsrechnungen begründeter Mahnbescheid nach Schlussrechnungsstellung unbegründet. Für die Hemmung spricht, dass im Klage-, bzw. Berufungsverfahren eine Umstellung von einer Forderung aus der Abschlagsrechnung auf die Schlussrechnung, keine Änderung des Klagegrundes darstellt. Der Anspruch auf Abschlagszahlung ist lediglich eine modifizierte Form des einheitlichen Anspruchs auf Werklohn. Es liegt – so der BGH – ein Fall des § 264 Nr. 1 ZPO vor, da die Schlussrechnung bereits vor Klageerhebung erteilt worden ist.[46] Trotz der beim Mahnbescheid noch definierten etwas höheren Anforderungen an die Individualisierung wird man deshalb die Hemmung für den im Mahnbescheid geltend gemachten Abschlagsbetrag bejahen müssen, soweit dieser Teil in der im späteren Prozess verfolgten Schlussrechnungsforderung ist. 24

Eine Hemmung der Verjährung durch ein Weiterbetreiben des Mahnverfahrens im Sinne von § 204 Abs. 2 Satz 3 BGB tritt nur dann ein, wenn zeitnah mit dem Antrag auf Abgabe des Verfahrens der weitere Gebührenvorschusses gezahlt wird. Auch wenn § 12 Abs. 3 GKG nur als Sollvorschrift ausgestaltet ist, reicht ein rechtzeitiger Antrag auf Verfahrensfortgang als weiterbetreibende Handlung nur aus, wenn die fällige weitere Prozessgebühr noch so zeitig bezahlt wird, dass "demnächst" die Verfahrenshandlung vorgenommen werden kann. Dies ist nicht mehr gegeben, wenn der Unternehmer erst mehr als sechs Monate nach Stellung des Abgabeantrags den angeforderten Kostenvorschuss einzahlt.[47] 25

---

[41] BGH Urt. v. 21.10.2008 – XI ZR 466/07, MDR 2009, 215.

[42] BGH Urt. v. 6.12.2001 – VII ZR 183/00, MDR 2002, 286.

[43] BGH Urt. v. 10.10.2013 – VII ZR 155/11, MDR 2013, 1421.

[44] Bejahend: OLG Dresden Urt. v. 25.7.2008 – 12 U 137/08, BauR 2008, 1938.

[45] BGH Urt. v. 20.8.2009, VII ZR 205/07, BauR 2009, 1742.

[46] BGH Urt. v. 8.12.2005, VII ZR 191/04, BauR 2006, 614; zuvor gleicher Ansicht: BGH Urt. v. 21.2.1985 – VII ZR 160/83, BauR 1985, 456 und BGH Urt. v. 26.2.1987 – VII ZR 217/85, BauR 1987, 453; abweichend , BGH Urt. v. 5.11.1998 – VII ZR 191/97, BauR 1999, 267.

[47] OLG Nürnberg Beschl. v. 31.7.2009 – 6 U 1921/08, IBR 2009, 1287.

III. Nr. 4 Güteverfahren

26 Die Regelung enthält gegenüber dem Vorbild des § 209 Abs. 2 Nr. 1 a BGB a. F. inhaltliche Änderungen, die über die Umstellung der Unterbrechung auf eine Hemmung hinausgehen. Erst die Veranlassung der Bekanntgabe, nicht schon die Einreichung des Antrags bewirkt Hemmung. § 167 ZPO (Fassung ab 1.7.2002) gilt somit nicht, auch nicht sinngemäß. Die Übermittlung eines Antrags per E-Mail an eine Gütestelle im Sinne des § 204 Abs. 1 Nr. 4 BGB reicht für den Eintritt der Verjährungshemmung nicht aus.[48]

Ferner wird in Übereinstimmung mit der Formulierung des § 794 Abs. 1 Nr. 1 a ZPO von einer „durch die Landesjustizverwaltung eingerichteten oder anerkannten Gütestelle" gesprochen und damit ohne inhaltliche Änderung die Verweisung auf diese Vorschrift überflüssig gemacht.[49] Sofern die Parteien den Einigungsversuch einvernehmlich betreiben, hemmt auch der bei einer sonstigen Gütestelle eingereichte Antrag den Lauf der Verjährungsfrist. Letzteres ist bedeutsam für die Verfahren vor den Schlichtungsausschüssen der Architektenkammern.[50]

IV. Nr. 5 Aufrechnung

27 Die Regelung entspricht § 209 Abs. 2 Nr. 3 BGB a. F. mit der Maßgabe, dass statt der Unterbrechung die Hemmung erfolgt. Die praktische Bedeutung liegt vor allem in der Hilfsaufrechnung, da über die Hauptaufrechnung ja ohnehin im laufenden Rechtsstreit entschieden wird. Auch in Bezug auf die Aufrechnungserklärung gilt die Symptomrechtsprechung.[51] Der Besteller braucht im Honorarprozess lediglich das äußere Erscheinungsbild eines Mangels darzustellen, verbunden mit der Behauptung, dieser beruhe auf einer Pflichtverletzung des Architekten, ferner die Höhe der Mängelbeseitigungskosten und gegebenenfalls weiteren Folgekosten des Mangels beziffern und damit aufzurechnen. Die Verjährungshemmung tritt unabhängig davon ein, ob über die Aufrechnung eine gerichtliche Entscheidung in Betracht kommt.[52] Die Verjährung wird daher auch durch eine Aufrechnung gehemmt, die unzulässig ist oder über die aus anderen Gründen von vorneherein nicht materiell-rechtlich entschieden werden kann. Unverzichtbar bleibt allerdings, dass sich die Aufrechnung gegen eine Forderung richtet, die Gegenstand des Rechtsstreits ist.[53]

Die Verjährungshemmung wirkt nur in Höhe des zur Aufrechnung gestellten Betrages. Daran fehlt es hinsichtlich des die Hauptforderung übersteigenden Teils der Gegenforderung.[54]

V. Nr. 6 Streitverkündung

28 Auch hier wird wiederum die Verjährung von Unterbrechung auf Hemmung umgestellt, die Regelung entspricht weitgehend § 209 Abs. 2 Nr. 4 BGB a. F. Klargestellt wird, dass es auf die Zustellung der Streitverkündung ankommt. Allerdings gilt § 167 ZPO (Fassung ab 1.7.2002), so dass bereits mit Einreichung der Streitverkündungsschrift die Hemmungswirkung eintritt, wenn die Zustellung demnächst erfolgt.[55] Entfallen ist die Formulierung „in dem Prozesse, von dessen Ausgang der Anspruch abhängt". Durch Ent-

---

48 BGH Urt. v. 9.11.2007 – V ZR 25/07, NJW 2008, 506.
49 BT-Drucks. 14/6040 Seite 114.
50 Schlichtungsausschüsse bestehen bei allen Architektenkammern.
51 BGH Urt. v. 6.12.2001 – VII ZR 241/00, BauR 2002, 613.
52 BGH Urt. v. 10.4.2008, VII ZR 58/07, BauR 2008, 1305, 1308.
53 BGH Urt. v. 20.3.2009 – V ZR 208/07, NJW-RR 2009, 1169.
54 BGH Urt. v. 20.3.2009 – V ZR 208/07, NJW-RR 2009, 1169,1172.
55 BGH Urt. v. 17.12.2009 – IX ZR 4/08, NJW 2010, 856.

fall des Begriffs „Prozess" wird so klargestellt, dass die Streitverkündung auch im selbständigen Beweisverfahren möglich ist.[56] Andererseits wird der Tatsache Rechnung getragen, dass schon nach altem Recht die Unterbrechung der Verjährung auch dann eintrat, wenn die tatsächlichen Feststellungen des ersten Verfahrens nicht ursächlich für das Nachfolgeverfahren sind.[57] Weiterhin gilt, dass nur die wirksame Streitverkündung, mithin eine den Erfordernissen der §§ 72, 73 ZPO genügende Streitverkündung, die Hemmung der Verjährung bewirkt.[58] Insbesondere ist in der Streitverkündungsschrift der Grund der Streitverkündung, also das Rechtsverhältnis anzugeben, aus dem sich der Rückgriffsanspruch gegen den Empfänger der Streitverkündung ergeben soll. Mit der Zustellung der Streitverkündung soll der Streitverkündungsempfänger Kenntnis davon erlangen, welchen Anspruchs sich der Streitverkündete gegen ihn berühmt. Das Rechtsverhältnis muss deshalb unter Angabe der tatsächlichen Grundlagen so genau bezeichnet werden, dass der Streitverkündungsempfänger, gegebenenfalls nach Einsicht in die Prozessakte, prüfen kann, ob es für ihn angebracht ist, dem Rechtsstreit beizutreten. Auf Ansprüche, die von den Angaben in der Streitverkündungsschrift nicht umfasst sind, erstreckt sich die Hemmungswirkung nicht.[59]

Einer Streitverkündung können Regressansprüche im Sinne einer anschließenden Haftung oder einer alternativen Haftung zu Grunde gelegt werden, nicht jedoch Ansprüche bei kumulativer Haftung, denn dann besteht keine Abhängigkeit der Rechtsstreite, vielmehr ist dies ein Fall der subjektiven Klagehäufung. Wirksamkeitsvoraussetzung ist weiter die wirtschaftliche Identität der geltend gemachten Interessen. Hierfür ist es nicht erforderlich, dass die Ansprüche inhaltlich identisch sind, oder auf derselben Rechtsgrundlage beruhen. Die Klägerin muss gegen die Beklagte im Falle des ihr ungünstigen Ausgangs des Vorprozesses einen zum – dort – eingeklagten Anspruch in einem bestimmten Abhängigkeitsverhältnis stehenden Anspruch erheben können. Nicht ausreichend ist, wenn es im Vorprozess um die Frage der Berechtigung einer Provisionszahlung im Verhältnis Käufer/Makler geht und im Folgeprozess um eine vertragliche Haftung des Maklers.[60] 29

Unzulässig ist die Streitverkündung wegen solcher Ansprüche, für die aus der Sicht des Streitverkünders schon im Zeitpunkt der Streitverkündung eine gesamtschuldnerische Haftung des Beklagten und des Dritten in Betracht kommt.[61] Anders als bei der Klage hat eine Unzulässigkeit der Streitverkündung also negative Folgen und führt nicht zur gewünschten Hemmung der Verjährung. Eine Streitverkündung an einen für den Schadensfall (vorrangig) haftenden Dritten, im Prozess gegen einen Notar, welcher nur subsidiär haftet, ist unzulässig.[62] Zwischen dem mangelhaft arbeitenden Bauunternehmer und dem die Bauüberwachungspflichten verletzenden Architekten besteht ein Gesamtschuldverhältnis, sobald der Unternehmer einen Mangel verursacht.[63] Eine Streitverkündung an einen der Verursacher ist deshalb unzulässig und hat ebenfalls keine verjährungshemmende Wirkung. Ist sich der Bauherr im Zeitpunkt der Streitverkündungen im Unklaren, ob ein Planungs- oder Bauüberwachungsfehler vorliegt, soll die Streitverkündung zulässig sein. Die Voraussetzung „einen Anspruch erheben zu können glaubt" i.S.d. § 72 ZPO erfordere jedenfalls „berechtigte", „naheliegende" oder „zumindest nicht ganz fernliegende Gründe".[64] 30

---

[56] BGH Urt. v. 5.12.1996 – VII ZR 108/95, BauR 1997, 347; BT-Drucksache 14/6040 Seite 114.

[57] BGH Urt. v. 18.12.1961 – III ZR 181/60, VersR 1962, 372; BT-Drucksache 14/6040 Seite 114.

[58] BGH Urt. v. 6.12.2007, IX ZR 143/06, BauR 2008, 711.

[59] BGH Urt. v. 12.11.2009 – IX ZR 152/08, BauR 2010, 460.

[60] OLG Dresden Urt. v. 2.6.2010 – 13 U 1660/09 – juris (BGH Beschl. v. 23.3.2011 – VII ZR 114/10, NZB zurückgewiesen).

[61] BGH Urt. v. 9.10.1975 – VII ZR 130/73, BGHZ 65, 129, 131.

[62] BGH Urt. v. 6.12.2007 – IX ZR 143/06, BauR 2008, 711.

[63] BGH Urt. v. 15.10.2007, II ZR 136/06, MDR 2008, 92.

[64] OLG Brandenburg Urt. v. 21.12.2005 – 4 U 38/05, BauR 2007, 425.

31 Die Zustellung im Parteibetrieb ersetzt die Zustellung im Amtsbetrieb nicht, da der Schriftsatz bei Gericht zur Zustellung eingereicht werden muss (§ 73 ZPO).[65] Die Wirksamkeit der Streitverkündung wird erst im Nachfolgeprozess geprüft. Deshalb kommt der sorgfältigen Ausarbeitung der Streitverkündungsschrift große Bedeutung bei.

32 Eine Streitverkündung hemmt die Verjährung in Bezug auf die gesamten tatsächlichen und rechtlichen Grundlagen eines Urteils. Sie beschränkt sich insbesondere nicht auf die mit der Urteilsformel ausgesprochene Entscheidung über den erhobenen Anspruch.[66]

VI. Nr. 7 Selbständiges Beweisverfahren

33 Nr. 7 übernimmt die bisherige kauf- und werkvertragliche Sonderregelung für Gewährleistungsansprüche (§§ 477 Abs. 2, 639 Abs. 1 BGB a. F.) als allgemeine Regelung, wiederum mit der Maßgabe, dass anstelle der Unterbrechung die Hemmung tritt und mit der Klarstellung, dass es auf die Zustellung des Antrags ankommt (i.V.m. § 167 ZPO, Fassung ab 1.7.2002). Auch die bloß formlose Übersendung des Antrags kann zur Verjährungshemmung führen.[67] Mit einer sehr großzügigen Auslegung der Vorschrift des § 189 ZPO kann ein Zustellungsmangel jedenfalls geheilt werden, wenn das Dokument dem Adressaten tatsächlich zugeht. Die Funktion der Hemmungshandlung besteht – so der BGH – nämlich darin, den Schuldner hinreichend zu informieren und entsprechend zu warnen, dass der Gläubiger seine Ansprüche nicht verjähren lassen will.[68] Die Zustellung des Antrags erfolgt nicht zwingend von Amts wegen, so dass dem Antragsteller zu raten ist, die Zustellung ausdrücklich zu beantragen, wenn Verjährung zu besorgen ist. In Bezug auf den Inhalt des Antrags gilt die Symptomtheorie.[69]

34 Die hemmende Wirkung beschränkt sich auf den Gegenstand des Beweisverfahrens. Ein vom Besteller eingeleitetes selbständiges Beweisverfahren zur Feststellung von Mängeln hat keine Auswirkungen auf die Verjährung der Vergütungsansprüche des Werkunternehmers.[70] Der Antrag auf Durchführung eines selbständigen Beweisverfahrens – und ebenso der darauf bezogene Antrag auf Gerichtsstandsbestimmung – des Bürgschaftsgläubigers, welcher sich u.a. gegen den Bürgen richtet, hemmt die Verjährung nur für Ansprüche aus den Mängeln, auf die sich die Beweissicherung bezieht. Er bezieht sich aber nicht auf eine etwaige Nichtigkeit des zu Grunde liegenden Bauträgervertrags und daraus resultierender, durch die Bürgschaft abgesicherter Bereicherungsansprüche.[71] Die Verjährung des Vergütungsanspruchs des Auftragnehmers wird gehemmt, wenn der Auftragnehmer zur Aufklärung von Werkmängeln ein selbständiges Beweisverfahren einleitet, um die Abnahmereife seiner Werkleistungen und die tatsächlichen Voraussetzungen für die Fälligkeit seines Vergütungsanspruchs nachweisen zu können.[72]

35 Eine förmliche Beendigung des selbständigen Beweisverfahrens sieht das Gesetz nicht vor. Es ist beendet, wenn die Beweissicherung sachlich erledigt ist. Dies ist jedenfalls dann der Fall, wenn der mit der Beweisaufnahme befasste Richter zum Ausdruck bringt, dass eine weitere Beweisaufnahme nicht stattfindet und dagegen innerhalb angemessener Frist keine Einwände erhoben werden.[73] Das Verfahren ist zudem mit der Übermittlung des schriftlichen Gutachtens an die Verfahrensbeteiligten beendet, sofern eine mündliche

[65] LG Rostock Urt. v. 9.2.2007 – 4 O 185/06 IBR 2007, 660.

[66] BGH Urt. v. 8.12.2011 – IX ZR 204/09, MDR 2012, 211.

[67] OLG Karlsruhe Urt. v. 27.9.2007 – 9 U 55/07, BauR 2007, 1943; a. A. LG Gießen Urt. v. 29.1.2008 – 2 O 388/07 BauR 2008, 881.

[68] BGH Urt. v. 27.1.2011 – VII ZR 186/09, MDR 2011, 417.

[69] BGH Urt. v. 14.1.1999 – VII ZR 185/97, BauR 1999, 899.

[70] OLG Karlsruhe Urt. v. 5.3.2002 – 17 U 110/01 BeckRS 2002, 31059142.

[71] BGH Urt. v. 29.1.2008 – XI ZR 160/07, BauR 2008, 986.

[72] BGH Beschl. v. 9.2.2012 – VII ZR 135/11, BauR 2012, 803.

[73] BGH Urt. v. 28.10.2010 – VII ZR 172/09, BauR 2011, 287.

Erläuterung des Gutachtens durch den Sachverständigen nicht stattfindet.[74] Das selbständige Beweisverfahren ist auch unmittelbar nach Anhörung des Sachverständigen im Verhandlungstermin beendet, wenn der Gutachter sich zu den gestellten Beweisfragen geäußert hat und innerhalb eines angemessenen Zeitraums nach der mündlichen Anhörung keine Anträge einer Partei zur Ergänzung des Gutachtens gestellt werden.[75] An die Beendigung schließt sich dann die 6-monatige Ablaufhemmung gemäß § 204 Abs. 2 BGB an.

Die Hemmungswirkung des § 204 Nr. 7 BGB greift für alle selbständigen Beweisverfahren, die am 1.1.2002 noch nicht beendet waren. Das ist von Sinn und Zweck der Übergangsregelung in Art. 229 § 6 Abs. 1 und 2 EGBGB gedeckt.[76] 36

VII. Nr. 8 (vereinbartes Begutachtungsverfahren)

Die Regelung ist neu, bringt aber keinen wirklich neuen Regelungsgehalt. Hier werden Überlegungen aufgegriffen, welche die Rechtsprechung zu § 639 Abs. 2 BGB a. F. entwickelt hat.[77] Eine selbständige Bedeutung kommt dieser Vorschrift nicht zu, da regelmäßig bei vereinbarter Begutachtung der Tatbestand des § 203 BGB erfüllt sein dürfte. Als Spezialregelung geht Nr. 8 dem § 203 vor, was zur Folge hat, dass die Ablaufhemmung 6 Monate beträgt (§ 204 Abs. 2 BGB). 37

VIII. Nr. 9 (Arrest und einstweilige Verfügung)

Neu ist hier gegenüber dem bis zum 31.12.2001 geltenden Recht, dass Maßnahmen im Eilverfahren, insbesondere der Arrest oder die einstweilige Verfügung, verjährungshemmende Wirkung haben.[78] Schon die Zustellung des Antrags oder, wenn der Antrag nicht zugestellt wird, dessen Einreichung, wenn es zur Zustellung einer erlassenen Entscheidung binnen eines Monats ab Verkündung kommt, bewirkt die Hemmung. Die Relevanz für das Architektenrecht dürfte jedoch gering sein. Honorarforderungen wie Mangelansprüche sind regelmäßig nicht mit den Mitteln des Eilverfahrens sicherbar. Der Antrag auf Erlass einer einstweiligen Verfügung für eine Bauwerkssicherungshypothek würde lediglich die Verjährung hinsichtlich des Sicherungsanspruchs, nicht jedoch des Honoraranspruchs hemmen. 38

IX. Nr. 10 (Anmeldung im Insolvenzverfahren)

Die Vorschrift entspricht mit der Maßgabe der Umstellung der Unterbrechung auf einen Hemmungstatbestand dem bisherigen § 209 Abs. 2 Nr. 2 BGB a. F. Die durch die Anmeldung eines Anspruchs in einem Insolvenzverfahren eingetretene Hemmung der Verjährung endet nicht bereits sechs Monate, nachdem der Insolvenzverwalter die angemeldete Forderung bestritten hat, sondern erst sechs Monate nach Beendigung des Insolvenzverfahrens insgesamt.[79] Hieran ändert auch ein vorheriges Bestreiten der Forderung durch den Insolvenzverwalter nichts.[80] 39

---

74 BGH Urt v. 20.2.2002 – VIII ZR 228/00, BauR 2002, 1115.
75 BGH Beschl. v. 24.3.2009 – VII ZR 200/08, NJW-RR 2009, 1243.
76 BGH Urt. v. 4.5.2012 – V ZR 71/11, BauR 2012, 1393.
77 BGH Urt. v. 15.4.1999 – VII ZR 415/97, BauR 1999, 1019.
78 BT-Drucks. 14/6040 Seite 115.
79 BGH Urt. v. 8.12.2009 – XI ZR 181/08, BauR 2010, 507.
80 KG Urt. v. 26.1.2007 – 6 U 128/06, BauR 2007, 1896.

X. Nr. 11 (schiedsrichterliches Verfahren)

40 Auch hier wird der Gedanke des bisherigen § 220 Abs. 1 BGB a. F. aufgegriffen und klargestellt, dass es auf den Zeitpunkt ankommt, zu dem das schiedsrichterliche Verfahren begonnen hat. Das ist, sofern nichts anderes vereinbart ist, der Tag, an dem der Beklagte den Antrag, die Streitigkeit dem Schiedsgericht vorzulegen, empfangen hat, § 1044 ZPO. Haben die Parteien etwas anderes vereinbart, dann ist mit der Formulierung von Nr. 11 klargestellt, dass dann diese Vereinbarung gilt.[81]

XI. Nr. 13 (Bestimmung des zuständigen Gerichts durch ein höheres Gericht)

41 In der Nr. 13 wird unter Umstellung auf Hemmung die bisherige 2. Alternative des § 210 BGB a. F. übernommen Hier wird das zusätzliche Erfordernis aufgestellt, dass innerhalb von drei Monaten nach Erledigung des Gesuches die Klage erhoben wird.

XII. Nr. 14 (Veranlassung der Bekanntgabe des ersten Antrags auf Prozesskostenhilfe)

42 Die Nr. 14 ist im Gesetzestext neu, regelt aber einen Sachverhalt, der bereits bisher als Hemmungstatbestand von der Rechtsprechung anerkannt und aus § 203 Abs. 2 BGB a. F. hergeleitet wurde. Gegenüber dem bisherigen Rechtszustand wird die Hemmung erleichtert. Der Tatbestand ist nicht mehr davon abhängig, dass der Antrag ordnungsgemäß begründet, vollständig von den erforderlichen Unterlagen begleitet und von der subjektiven Ansicht der Bedürftigkeit getragen ist.[82]

XIII. § 205 BGB (Vereinbarung der Parteien)

43 Nach § 205 BGB ist die Verjährung gehemmt, solange der Schuldner aufgrund einer Vereinbarung mit dem Gläubiger vorübergehend zur Verweigerung der Leistung berechtigt ist. Die Vorschrift soll nur geringen Anwendungsbereich haben, wenn überhaupt.[83] Hauptanwendungsfall dieser Vorschrift sind sog. „Stillhalteabkommen“ (pactum de non petendo) zwischen Gläubiger und Schuldner, dass der Anspruch einstweilen nicht geltend gemacht werden soll. Durch Verhandlungen (§ 203 BGB) kann bereits zu einem früheren Zeitpunkt eine Hemmung eintreten. Der Wille der Parteien muss darauf begründet sein, für den Schuldner ein Leistungsverweigerungsrecht zu begründen,[84] oder die Klagbarkeit der Forderung bis auf weiteres auszuschließen.[85]

XIV. § 206 BGB (Höhere Gewalt)

44 Nach § 206 BGB ist die Verjährung gehemmt, solange der Gläubiger innerhalb der letzten 6 Monate der Verjährungsfrist durch höhere Gewalt an der Rechtsverfolgung gehindert ist. Die Vorschrift soll § 203 BGB a. F. ohne wesentliche sachliche Änderung ersetzen.[86]

---

[81] BT-Drucks. 14/6040 Seite 115.
[82] BT-Drucks. 14/6040 Seite 116.
[83] BT-Drucks. 14/6040 Seite 118.
[84] BGH Urt. v. 23.4.1998, III ZR 7/97, NJW 98, 2274.
[85] BGH Urt. v. 28.2.2002, VII ZR 455/00, NJW 2002, 1488.
[86] BT-Drucksache 14/6040 Seite 119.

C. Neubeginn der Verjährung

Der Begriff des Neubeginns der Verjährung tritt an die Stelle der bisherigen Unterbrechung. § 212 BGB regelt in Übereinstimmung mit §§ 208, 209 Abs. 2 Nr. 5 BGB a. F. zwei besondere Fälle des Neubeginns, nämlich das Anerkenntnis und die Vornahme oder Beantragung einer Vollstreckungshandlung. **45**

Ein Anerkenntnis im Sinne des § 212 Abs. 1 Nr. 1 BGB liegt nicht vor, wenn ein Unternehmer im BGB-Werkvertrag auf Aufforderung des Bestellers eine Mängelbeseitigung vornimmt, dabei jedoch deutlich zum Ausdruck bringt, dass er nach seiner Auffassung nicht zur Mängelbeseitigung verpflichtet ist.[87] Im VOB-Vertrag führt eine Nachbesserung gemäß § 13 Abs. 5 Nr. 1 Satz 3 VOB/B zu einer neuen Verjährungsfrist von mindestens zwei Jahren ab Abnahme der Mängelbeseitigungsleistungen. Die Verjährungshemmung aufgrund von Mängelbeseitigungsleistungen endet, wenn der Unternehmer das Ergebnis der Prüfung dem Besteller mitteilt. Sie endet auch dann, wenn der Unternehmer dem Besteller mitteilt, dass er den Mangel beseitigt hat oder die (weitere) Mangelbeseitigung verweigert. Die Voraussetzungen für das Ende der Hemmung hat der Unternehmer darzulegen.[88] **46**

Neben der Hemmung und Quasi-Unterbrechung der Verjährung nach den Regeln der VOB/B kommt auch der Neubeginn der vereinbarten Verjährungsfrist in Betracht, wenn die Mängelbeseitigungsmaßnahme selbst als Anerkenntnis des Auftragnehmers zu werten ist.[89] Ein vor dem Verjährungsbeginn abgegebenes Anerkenntnis lässt nicht gemäß § 212 BGB am nachfolgenden Tag die maßgebliche Verjährungsfrist neu laufen, wenn die Verjährung bei Abgabe des Anerkenntnisses noch gar nicht in Gang gesetzt war. Es bleibt dann beim ursprünglichen Beginn der Verjährung.[90] **47**

D. Aufklärungspflicht des Architekten über Ansprüche gegen sich selbst (Sachwalterhaftung)

Dem umfassend beauftragten Architekten obliegt im Rahmen seiner Betreuungsaufgaben nicht nur die Wahrung der Auftraggeberrechte gegenüber den Bauunternehmern, sondern auch und zunächst die objektive Klärung der Mängelursachen, selbst wenn zu diesen eigene Planungs- oder Aufsichtsfehler gehören. Eine Vertragsverletzung durch pflichtwidrige Unterlassung jeglicher Untersuchung und Beratung, mit der der Architekt möglicherweise die Verjährung der gegen ihn selbst bestehenden Ansprüche herbeigeführt hat, begründet – nicht anders als eine falsche Beratung – einen weiteren Schadensersatzanspruch dahin, dass die Verjährung der gegen ihn gerichteten Ansprüche aus Werkmängeln als nicht eingetreten gilt.[91] **48**

Diese Pflicht obliegt dem umfassend beauftragten Architekten im Rahmen der von ihm übernommenen Aufgaben. Entscheidendes Kriterium für die Sachwalterstellung ist eine zentrale Stellung bei der Durchführung des gesamten Bauwerks. Die zur Sekundärhaftung des Architekten entwickelten Grundsätze sind daher nicht auf einen Architekten anwendbar, der lediglich mit den Aufgaben der Grundlagenermittlung bis zur Vorbereitung der Vergabe beauftragt worden ist (Leistungsphasen 1–6).[92] Eine Nichtbeauftragung von Leistungsphase 4[93] und/oder Leistungsphase 9[94] lässt die Sachwalterpflicht des Ar- **49**

---

87 BGH Beschl. v. 23.8.2012 – VII ZR 155/10, MDR 2012, 1282.
88 BGH Urt. v. 30.9.1993 – VII ZR 136/92, BauR 1994, 103.
89 BGH Urt. v. 25.9.2008 – VII ZR 32/07, BauR 2008, 2039.
90 BGH Beschl. v. 8.1.2013 – VIII ZR 344/12, NJW 2013, 1430.
91 BGH Urt. v. 20.12.1984 – VII ZR 13/83, BauR 1985, 232.
92 BGH Urt. v. 23.7.2009 – VII ZR 134/08, BauR 2009, 1607.
93 BGH Urt. v. 26.9.2013 – VII ZR 220/12, BauR 2013, 2031.
94 BGH Urt. v. 26.10.2006 – VII ZR 133/04, BauR 2007, 423.

chitekten nicht entfallen. Die spätere Beendigung des Architektenvertrages lässt die einmal begründete Sekundärhaftung nicht entfallen.[95] Die Beratungspflicht über eigene Fehler gilt allerdings nur für den umfassend beauftragten Architekten, nicht etwa für den Tragwerksplaner oder Fachingenieur. Diesen Berufsgruppen fehlt regelmäßig die besondere Sachwalterstellung des Architekten.[96]Dieselben Grundsätze der Sekundärhaftung gelten jedoch für den umfassend beauftragten Ingenieur bei Ingenieurbauwerken (§ 43 HOAI)[97]

50 Die Ansprüche des Bestellers wegen der Verletzung der Untersuchungs- und Beratungspflicht unterliegen als Nebenpflichtverletzung der Regelverjährung.[98] Eine analoge Anwendung der Verjährungsfrist für die Mängelansprüche scheidet aus.[99] Sobald der Besteller also Kenntnis davon hat, dass ihn der Architekt trotz Verpflichtung nicht aufgeklärt hat, muss er innerhalb der drei Jahre handeln. Die Leitsätze, wonach die Verjährung als nicht eingetreten gelte, betreffen nur den Mangelanspruch.

E. Wirkung der Verjährung und Rechte nach Verjährungseintritt

I. Allgemeine Verjährungswirkung

51 Der Eintritt der Verjährung hat die Wirkung, dass der Schuldner berechtigt ist, die Leistung zu verweigern, § 214 Abs. 1 BGB. Die Verjährung gibt dem Schuldner ein dauerndes Leistungsverweigerungsrecht.[100] Es handelt sich um eine Einrede, die im Prozess geltend gemacht werden muss und nicht von Amts wegen berücksichtigt wird.

II. Hemmung, Ablaufhemmung und erneuter Beginn

52 Hemmung, Ablaufhemmung und erneuter Beginn der Verjährung beziehen sich auf alle aus demselben Grund beruhenden Ansprüche: § 213 BGB bestimmt in allgemeiner Form, was bislang in §§ 639 Abs. 1, 477 Abs. 3 BGB a. F. für die Gewährleistungsansprüche geregelt war. Darunter sind insbesondere alle Ansprüche, die auf demselben Mangel beruhen, erfasst.[101]

53 Nach § 204 Abs. 2 BGB beginnt die Ablaufhemmung nach Rechtsverfolgung mit der Beendigung des Verfahrens oder der letzten Verfahrenshandlung. „Verfahrenshandlung" ist jede Handlung, die zur Begründung, Führung und Erledigung des Rechtsstreits dient und vom Prozessrecht in ihren Voraussetzungen und Wirkungen geregelt ist. Auch eine zweite Aufforderung zur Anspruchsbegründung ist eine solche Handlung. Dem Gesetz lässt sich nicht entnehmen, dass dann, wenn das Gericht Anlass sieht, eine Verfahrenshandlung nochmals vorzunehmen, dieser weiteren Handlung keine Bedeutung für den Lauf der Verjährung zukommen soll.[102]

54 Trotz Nichtbetreiben eines Rechtsstreits kann die Hemmungs-, bzw. Unterbrechungswirkung fortdauern. Als „Triftige Gründe" für ein Fortdauern der Unterbrechungswirkung waren vor der Schuldrechtsreform anerkannt: Prozesswirtschaftlichkeit des Zuwartens[103], Vorgreiflichkeit des anderen Verfahrens[104], Pflicht des Gerichts, das Verfahren von

---

95 BGH Urt. v. 4.4.2002 – VII ZR 143/99, BauR 2002, BauR 2002, 1718.
96 BGH Urt. v. 27.9.2001 – VII ZR 320/00, BauR 2002, 108.
97 BGH Urt. v. 28.7.2011 – VII ZR 4/10, BauR 2011, 1840, 1841.
98 BGH Urt. v. 20.12.1984 – VII ZR 13/85, BauR 1985, 232, 233.
99 BGH Urt. v. 26.10.2006 – VII ZR 133/04, BauR 2007, 423, 425.
100 *Ellenberger* in Palandt BGB § 214 Rn. 1.
101 BGH Urt. v. 2.5. 1963 – VII ZR 221/61 , NJW 1963, 1451.
102 BGH Urt. v. 28.1.2010 – VII ZR 174/08, BauR 2010, 776.
103 BGH Urt. v. 12.10.1999 – VI ZR 19/99, NJW 2000, 132.
104 BGH Urt. v. 20.7.1999 – X ZR 139/96, NJW 2000, 217.

Amts wegen zu fördern.[105] Diese Gründe gelten auch für die Hemmung des neuen Schuldrechts (§ 204 II Satz 2 BGB).[106]

Wird der Lauf einer nach § 13 Nr. 4 Abs. 1 VOB/B vereinbarten, gemäß § 13 Nr. 5 Abs. 1 Satz 2 VOB/B verlängerten Verjährungsfrist nach gesetzlichen Bestimmungen unterbrochen, so wird nach dem Ende der Unterbrechung die vereinbarte Frist erneut in Gang gesetzt.[107] 55

III. Keine Zurückforderung des trotz Verjährung Geleisteten

Das zur Befriedigung eines verjährten Anspruchs Geleistete kann nicht zurückgefordert werden, auch wenn in Unkenntnis der Verjährung geleistet wurde, § 202 Abs. 2 BGB. Darin drückt sich ein weiterer Grundsatz der Verjährung aus. Die Forderung bleibt erfüllbar. Sie bildet den Rechtsgrund für den Empfang einer Erfüllungsleistung. 56

IV. Verjährung erfasst auch Nebenansprüche

Die Verjährung des Hauptanspruchs erfasst auch die Nebenansprüche wie Zinsen etc., selbst wenn deretwegen noch keine Verjährung eingetreten ist. 57

V. Wirkung der Verjährung bei gesicherten Rechten

Trotz Eintritts der Verjährung des Anspruchs bezüglich der Hauptsache können bestimmte Sicherungsrechte wie die Hypothek und das Pfandrecht noch verwertet werden, § 216 BGB. Ein Recht, das zur Sicherung verschafft worden ist, kann nicht zurückgefordert werden; bei einem Eigentumsvorbehalt kann der Rücktritt vom Vertrag auch nach der Verjährung erklärt werden, § 216 Abs. 2 BGB. 58

VI. Unwirksamkeit des Rücktritts nach Verjährungseintritt

Grundsätzlich können nur Ansprüche verjähren, nicht jedoch Gestaltungsrechte wie z. B. das Rücktrittsrecht. Nach altem Recht waren alle gewährleistungsrechtlichen Rechtsbehelfe als Ansprüche ausgestaltet und unterlagen somit der Verjährung. Nach neuem Recht sind das Rücktrittsrecht (§§ 634 Nr. 3, 636, 323, 326 Abs. 5 BGB) und das Minderungsrecht (§§ 634 Nr. 3, 638 BGB) als Gestaltungsrechte ausgebildet. Diese unterliegen grundsätzlich (Umkehrschluss aus § 194 Abs. 1 BGB) nicht der Verjährung. Dies Ergebnis kann rechtspolitisch nicht gewollt sein.[108] § 218 BGB bestimmt deshalb, dass ein Rücktrittsrecht wegen nicht vertragsgemäßer Leistung nicht mehr ausgeübt werden kann, wenn der Anspruch auf die Leistung oder Nacherfüllung verjährt ist und der Schuldner sich hierauf beruft. Das gilt auch, wenn der Schuldner nach §§ 275 Abs. 1 bis 3, 439 Abs. 3 oder 635 Abs. 3 BGB nicht zu leisten braucht und der Anspruch auf die Leistung oder den Nacherfüllungsanspruch verjährt wäre. 59

Erst mit der Erklärung des Rücktritts oder der Minderungserklärung entstehen die Ansprüche auf Rückgewähr (§ 346 BGB bzw. §§ 638 Abs. 4, 346 BGB) und unterliegen von da an der Regelverjährung (§§ 195, 199 BGB), denn die Ansprüche aus dem Rücktritt unterliegen nicht dem § 218 BGB. Damit ergibt sich in diesen Fällen eine faktische 60

---

105 BGH Urt. v. 12.10.1999 – VI ZR 19/99, NJW 2000, 132.

106 OLG Frankfurt Urt. v. 23.1.2004 – 24 U 225/02, BauR 2004, 1501 (Ls).

107 BGH Urt. v. 13.1.2005 – VII ZR 15/04, BauR 2005, 710.

108 BT-Drucks. 14/6040 S. 124.

Verlängerung der Verjährungsfristen. Dies ist eine zwingende Konsequenz der gesetzlichen Systematik.[109]

VII. Aufrechnung und Zurückbehaltungsrecht

61 Nach § 215 BGB schließt die Verjährung die Aufrechnung und die Geltendmachung eines Zurückbehaltungsrechtes nicht aus, wenn der Anspruch in dem Zeitpunkt noch nicht verjährt war, in dem erstmals aufgerechnet oder die Leistung verweigert werden konnte. Diese Regelung enthält eine deutliche Besserstellung des Schuldners gegenüber dem bisherigen Recht. Zunächst wird wörtlich § 390 Satz 2 BGB a. F. übernommen und systematisch ins Verjährungsrecht gestellt. Diese Vorschrift stellt eine Ausnahme von dem Grundsatz dar, dass mit einer einredebehafteten Forderung nicht aufgerechnet werden darf, § 390 BGB (§ 390 Satz 1 BGB a. F.). Standen sich die zur Aufrechnung gestellte Forderung und die Gegenforderung, gegen welche aufgerechnet wird, irgendwann einmal für mindestens eine logische Sekunde in unverjährter Zeit gegenüber, so ist auch später jederzeit die Aufrechnungserklärung möglich.[110] Der Architekt kann den für die Möglichkeit der Aufrechnung entscheidenden Fälligkeitszeitpunkt selber durch den Zeitpunkt der Rechnungsstellung bestimmen.[111] Ein vertraglich vereinbartes Aufrechnungsverbot schließt die Anwendbarkeit von § 215 BGB – jedenfalls im kaufmännischen Geschäftsverkehr – grundsätzlich aus.[112]

1. Kein Anzeigeerfordernis

62 Aus §§ 639 Abs. 1, 479 BGB a. F. ergab sich, dass für die Mängelansprüche des Bestellers ebenso wie für diejenigen des Käufers § 390 Satz 2 BGB a. F. nur eingeschränkt in der Weise galt, dass der Mangel in unverjährter Zeit angezeigt worden sein musste. Diese Einschränkung ist ersatzlos entfallen. Das ist eine deutliche Besserstellung des Bestellers im seit dem 1.1.2002 geltenden Recht.

63 Im alten Schuldrecht galt für Werkvertrag und Kaufvertrag, dass auch nach Eintritt der Verjährung ein Zurückbehaltungsrecht wegen eines Mangels und des darauf beruhenden verjährten Anspruchs geltend gemacht werden durfte. Voraussetzung war aber ebenfalls, dass in unverjährter Zeit der Mangel angezeigt war, §§ 639 Abs. 1, 478 BGB a. F. Diese Möglichkeit ist nun ebenfalls verallgemeinert worden und von dem Erfordernis der Anzeige in nicht verjährter Zeit befreit worden. Das ist ebenfalls eine deutliche Besserstellung des Bestellers gegenüber dem früheren Recht.

2. Praktische Bedeutung der Regelung im Architektenrecht

64 Da der Architektenhonoraranspruch u.a. erst fällig wird, wenn eine prüfbare Rechnung vorgelegt wird, sind Situationen denkbar, dass alsbald nach Fälligkeit des Honoraranspruchs die Verjährung der Mängelansprüche eintritt. Beruft sich der Besteller nun nach Eintritt der Verjährung auf Mängel, macht er wegen nachbesserungsfähiger Mängel ein Zurückbehaltungsrecht und/oder wegen nicht nachbesserungsfähiger Mängel die Aufrechnung geltend, ist dies möglich, soweit sich die Forderung nach Honorar und der jeweilige Mangelanspruch in unverjährter Zeit gegenübergestanden haben. Eine Aufrechnung mit Schadensersatzansprüchen wegen nachbesserungsfähiger Mängel des Ar-

---

109 BGH Urt. v. 15.11.2006 – VIII ZR 3/06, BGHZ 170, 31; *Grothe* in MüKoBGB § 218 Rn. 4; *Ellenberger* in Palandt BGB § 218 Rn. 7; kritisch *Wagner* Die Verjährung gewährleistungsrechtlicher Rechtsbehelfe nach dem neuen Schuldrecht, ZIP 2002, 789, 791.

110 OLG Bamberg Urt. v. 22.11.2004 – 4 U 50/02, IBR 2006, 200 (BGH, Beschl. v. 22.12.2005 – VII ZR 50/05, juris NZB zurückgewiesen).

111 OLG Hamm Urt. v. 12.5.2006 – 12 U 44/05, BauR 2007, 1773 (BGH, Beschl. v. 10.5.2007 – VII ZR 145/06, juris NZB zurückgewiesen).

112 BGH Urt. v. 15.2.2007 – I ZR 118/04, NJW-RR 2008, 121.

chitektenwerkes setzt allerdings voraus, dass dem Architekten ergebnislos eine Frist zur Beseitigung gesetzt worden war (§§ 634, 281 BGB). Deshalb hat der Verzicht auf das Erfordernis der Mängelanzeige in unverjährter Zeit für die Aufrechnung mit Schadensersatzansprüchen statt der Leistung bei behebbaren Mängeln grundsätzlich keine Bedeutung, weil insofern das strengere Erfordernis der Fristsetzung zur Nacherfüllung in unverjährter Zeit besteht.[113]

Stellt der Architekt die Schlussrechnung erst nach Eintritt der Verjährung der Mängelansprüche, greift § 215 BGB nicht. Der Besteller kann also nicht mehr aufrechnen. Nach der früheren Rechtsprechung des BGH handelte es sich bei der Gegenüberstellung von Honoraransprüchen und Mängelansprüchen gar nicht um Aufrechnung, sondern um eine Verrechnung, so dass insbesondere vereinbarte Aufrechnungsverbote nicht griffen.[114] § 215 BGB stünde bei einer Verrechnung trotz zwischenzeitlicher Verjährung nicht entgegen. Der BGH hat unter Aufgabe seiner früheren Rechtsprechung klargestellt, dass die Verrechnung gesetzlich für den Werk- und Bauvertrag nicht vorgesehen ist und mithin keine Anerkennung verdient. Werklohnanspruch und Schadensersatzanspruch wegen Nichterfüllung oder andere Ansprüche wegen Schlechterfüllung des Vertrages müssen gegeneinander aufgerechnet werden,[115] was an § 215 BGB scheitern kann. 65

F. Überleitungsregelung der Gewährleistungsverjährung in § 196 BGB i. d. F. des Schuldrechtsmodernisierungsgesetzes

I. Verjährungsfristen

Nach der Überleitungsvorschrift des Art. 229 § 6 Abs. 1 Satz 1 und 2 EGBGB gelten die Vorschriften über die Verjährung in der Fassung des BGB ab 1.1.2002 auch für die an diesem Tag bestehenden und nicht verjährten Ansprüche. Das heißt, auch für Altfälle gelten grundsätzlich die neuen Verjährungsfristen, freilich nicht rückwirkend. 66

Bezüglich der Verjährungsfrist gilt eine Art Meistbegünstigung für den Schuldner. Ist die Verjährungsfrist nach altem Recht kürzer, so gilt die alte Frist, Art. 229 § 6 Abs. 3 EGBGB. Ist die Verjährungsfrist nach neuem Recht kürzer, dann gilt die neue Verjährungsfrist, wird jedoch ab dem 1.1.2002 berechnet, Art. 229 § 6 Abs. 4 Satz 1 EGBGB. Läuft jedoch dann die nach altem Recht berechnete Frist früher ab, ist die Verjährung mit Ablauf der Frist nach altem Recht vollendet.[116] 67

II. Beginn, Hemmung, Ablaufhemmung und Neubeginn

Der Beginn, die Hemmung, die Ablaufhemmung und der Neubeginn der Verjährung bestimmen sich jedoch für den Zeitraum vor dem 1.1.2002 nach den bis zu diesem Tag geltenden Bestimmungen des BGB. Das heißt: Ist ein Anspruch am 1.1.2002 bereits verjährt, bleibt es bei der Verjährung. Ob der Lauf der Verjährungsfrist bis zu diesem Tag unterbrochen und/oder gehemmt worden ist, bestimmt sich allein nach altem Recht. 68

Art. 229 § 6 Abs. 1 Satz 3 EGBGB befasst sich mit den Rückwirkungsfiktionen, z. B. § 212 Abs. 1 und 2 BGB a. F., die auch noch nach dem 1.1.2002 zu berücksichtigen sind.[117] 69

---

[113] *V. Olshausen* Einrede- und Aufrechnungsbefugnisse bei verjährten Schadensersatzansprüchen, JZ 2002, 385, 388.

[114] BGH Beschl. v. 5.4.2001 – VII ZR 161/00, BauR 2001, 1928; Urt. v. 19.1.1978 – VII ZR 175/75, BGHZ 70, 240.

[115] BGH Urt. v. 23.6.2005 – VII ZR 197/03, BauR 2005, 1477.

[116] *Gsell* Schuldrechtsreform: Die Übergangsregelungen für die Verjährungsfristen, NJW 2002, 1297 ff.

[117] BT-Drucks. 14/7052 Seite 207;BGH Urt. v.6.3.2008 – III ZR 206/07, MDR 2008, 580.

Streitig war, ob die neue Verjährungsfrist ohne Rücksicht auf die subjektiven Anforderungen des § 199 BGB zum 1.1.2002 beginnt oder ob trotz der nach altem Recht bereits laufenden Verjährungsfrist der neue Fristbeginn die Kenntnis des Gläubigers bzw. die grob fahrlässige Unkenntnis von der Person des Schuldners und den anspruchsbegründenden Umständen voraussetzt. Argument gegen die subjektiven Voraussetzungen war der Wortlaut der Vorschrift, welche nicht auf ein subjektives Element abgestellt hat.[118] Der Streit ist inzwischen entschieden: In den Überleitungsfällen ist der Beginn der kurzen Verjährungsfrist nicht starr ab dem 1.1.2002 zu berechnen, sondern unter Einbeziehung der subjektiven Voraussetzungen des § 199 Abs. 1 Nr. 2 BGB. Entscheidend ist der Gesichtspunkt, dass der Gläubigerschutz eine Einbeziehung der subjektiven Voraussetzungen gebietet.[119] Dem ist zuzustimmen.

70 Mit der Schuldrechtsreform kam es zu Fällen, in denen der Antrag noch zur Geltung des alten Rechts gestellt wurde, die Zustellung des Mahnbescheids aber zur Geltung der neuen Rechtslage erfolgte. Zu klären war, ob dann Unterbrechung (altes Recht) oder nur Hemmung (neues Recht) der Verjährung eingetreten war. In einem Fall, bei dem der Verjährungseintritt ohne den Mahnbescheid erst zur Geltung des neuen Rechts eingetreten wäre, also eine Rückwirkung gemäß § 167 ZPO in der Fassung vom 26.11.2001 nicht notwendig war, bejahte das OLG München nur eine Hemmung ab Zustellung, ließ die nach altem Recht unterbrechende Wirkung also unberücksichtigt.[120] Anders der BGH: Die Rückwirkung der Zustellung des Mahnbescheids auf den Eingang des Antrags in Übergangsfällen setzt nicht voraus, dass die Verjährung zum Zeitpunkt der Zustellung ohne die Rückwirkung eingetreten wäre. Gemäß Art. 229 § 6 Abs. 1 Satz 3 EGBGB kann auch ein nach dem 31.12.2001 eingetretener Umstand die Unterbrechung der Verjährung nach den bis dahin geltenden Vorschriften auslösen. Dies habe der Gesetzgeber beabsichtigt.[121] Die Unterbrechung der Verjährung endet mit Ablauf des 31.12.2001 und setzt sich ab dem 1.1.2002 als Hemmung fort. [122] Auswirkungen hat dies in Fällen eines Nichtbetreibens.

71 Ansprüche wegen arglistig verschwiegener Mängel sind in der Regel seit Ablauf des 31.12.2004 verjährt, wenn die subjektiven Voraussetzungen des § 199 Abs. 1 Nr. 2 BGB n. F. bereits vor dem 1.1.2002 erfüllt waren. War das erst am 1.1.2002 oder später der Fall, beginnt die dreijährige Frist wegen der Ultimo-Regel des § 199 Abs. 1 1. Halbsatz BGB n. F. mit dem Ende des jeweiligen Jahres. Darlegungs- und beweispflichtig für den Zeitpunkt der Kenntnis ist der Auftragnehmer.[123] Wegen der kenntnisunabhängigen Höchstfrist von 10 Jahren (§ 199 Abs. 3 S. 1 Nr. 2 BGB) mussten Altfälle der Arglist in der Regel spätestens zum 31.12.2011 verjährungshemmend verfolgt werden.

III. Wegfall der Unterbrechung

72 Nach dem alten Recht gab es Umstände, wegen derer die Unterbrechung der Verjährung als nicht erfolgt galt, diese also rückwirkend wieder beseitigten (Klagerücknahme oder Abweisung durch Prozessurteil, § 212 Abs.1BGB a. F.; Rücknahme des Mahnbescheids oder nicht rechtzeitiger Antrag auf Vollstreckungsbescheid, §§ 213 S. 1, 212 a S. 3 BGB a. F. oder §§ 213 S. 2 BGB, 701 ZPO a. F.; Versäumen der 6-Monatsfrist für die Klage bei Streitverkündung oder Hilfsaufrechnung, § 215 Abs. 2 BGB a. F.). Traten derartige Umstände in Übergangsfällen nach dem 1.1.2002 auf, stellte sich die Frage, ob trotz Wegfalls der Unterbrechung in den Fällen des Art. 229 § 6 Abs. 4 Satz 1 EGBGB, die ab dem

---

[118] OLG Celle Urt. v. 17.5.2006, 3 U 254/05, ZIP 2006, 2163.
[119] BGH Urt. v. 23.1.2007, XI ZR 44/06, BGHZ 171, 1.
[120] OLG München Urt. v. 2.11.2004, 13 U 3554/04, NJW-RR 2005, 1108.
[121] BT-Drs. 14/7052, S 207.
[122] BGH Urt. v. 6.3.2008 – III ZR 206/07, NJW 2008, 1674.
[123] BGH Urt. v. 25.10.2007 – VII ZR 205/06, BauR 2008, 351.

1.1.2002 eingetretene Hemmung erhalten blieb.[124] Dies ist zu verneinen: Art. 229 § 6 Abs. 1 Satz 3 EGBGB führt nicht nur zum Entfallen der Unterbrechung. Auch die zum 1.1.2002 anstelle der Unterbrechung getretene Hemmung gilt als nicht erfolgt. Anderenfalls liefe Art. 229 § 6 Abs. 1 Satz 3 EGBGB ins Leere.[125]

---

124 bejahend *Staudinger/Peters*, BGB (2003), Art. 229 § 6 EGBGB Rdnr. 22; *Mansel/Budzikiewics*, Das neue Verjährungsrecht, 2002, § 10 Rdnr. 13.

125 BGH Urt. v. 7.3.2007 – VIII ZR 218/06 BauR 2007, 1044 Rn. 25.

§ 25 Verjährungsbeschränkende Vereinbarungen

Übersicht

Vorbemerkung

1 Individualvertraglich sind innerhalb der Grenzen des § 202 BGB jegliche Vereinbarungen sowohl zur Erleichterung als auch zur Erschwerung der Verjährung möglich. Die Höchstfrist beträgt gemäß § 202 II BGB 30 Jahre. Die Haftung aus Vorsatz kann nicht verkürzt werden. Die insoweit zu treffenden Vereinbarungen können sowohl die Frist als auch Beginn und Ende der Verjährung und gegebenenfalls besondere Hemmungs- und Unterbrechungstatbestände regeln.[1] Ein unter Geltung des alten Schuldrechts erklärter Verzicht auf die Verjährungseinrede hat nur die Wirkung, dass der Schuldner sich nach Treu und Glauben nicht auf Verjährung berufen kann, solange er den Gläubiger durch den Verzicht von der rechtzeitigen Erhebung einer Klage abgehalten hat. Erklärt der Schuldner, sich nicht mehr an den erklärten Verzicht halten zu wollen, muss der Gläubiger innerhalb angemessener Frist seinen Anspruch gerichtlich geltend machen, wobei in der Regel von etwa einem Monat auszugehen ist.[2]

I. Vom Architekten gestellte AGB

1. Verkürzung der Verjährungsfrist

2 In vom Architekten als Verwender gestellten AGB kann die Verjährung der Ansprüche wegen Pflichtverletzungen nicht erleichtert werden, § 309 Nr. 8 b) ff) BGB. Dies gilt auch im Verkehr mit Kaufleuten über §§ 310 Abs. 1, 307 Abs. 1 und 2 BGB.[3]

2. Vereinbarung der Verjährungsfrist der VOB/B

3 Die Einschränkung des § 309 Nr. 8 b) ff) BGB galt bis zum 12.8.2008 nach dessen letzten Satz nicht für Verträge, in die Teil B der Vergabe- und Vertragsordnung für Bauleistungen insgesamt einbezogen war. Seit dem 13.8.2008 wurde dieser Nachsatz ersatzlos gestrichen. Bereits zuvor konnte in den Architektenvertrag als solchen die VOB/B nicht insgesamt „als Ganzes" einbezogen werden, weil sie auf diesen Vertragstypus nicht „passt".[4] Schon zur bis zum 12.8.2008 geltenden Regelung hatte der BGH die Privilegierung der VOB/B im Verhältnis zu Verbrauchern verneint, auch wenn sie „als Ganzes" vereinbart worden war. [5] In jedem Fall sind Klauseln, welche isoliert auf die Verjährungsfrist des § 13 VOB/B verweisen, unwirksam.[6]

---

[1] *Mansel* Die Neuregelung des Verjährungsrechts NJW 2002, 89, 96.
[2] BGH Urt. v. 9.11.2006 – VII ZR 151/05, BauR 2007, 429.
[3] BGH Urt. v. 3.12.1998 – VII ZR 109/97, BauR 1999, 670.
[4] BGH Urt. v. 25.6.1992 – VII ZR 128/91, NJW 1992, 2759.
[5] BGH Urt. v. 24.7.2008 – VII ZR 55/07, BauR 2008, 1603, 1605.
[6] BGH Urt. v 10.10.1985 – VII ZR 325/84, BGHZ 96, 129.

3. Abnahmeklauseln

4 Das Verbot des § 309 Nr. 8 b) ff) BGB betrifft nicht nur unmittelbare Vereinbarungen zur Verjährungsfrist, sondern auch mittelbare Erleichterungen der Verjährung wie die Vorverlegung des Beginns vor den Abnahmetermin[7] oder die Nichtberücksichtigung von Hemmungs- und gegebenenfalls Unterbrechungstatsachen.[8] Unzulässig ist es, den Beginn der Verjährung der Haftung des Architekten für Mängel an die Abnahme der Unternehmerleistungen, die Ingebrauchnahme des Bauwerks[9] oder die Bezugsfertigkeit des Bauwerks zu knüpfen.[10]

5 Sofern derartige Klauseln als Fiktion ausgebildet,wonach die Teilabnahme nach Eintritt eines bestimmten Ereignisses als erfolgt gilt, ist in § 308 Nr. 5 BGB zu berücksichtigen. Dem Besteller müsste eine angemessene Frist eingeräumt werden, um eine ausdrückliche Erklärung zur Abnahme abzugeben, und der Architekt müsste sich in der Klausel verpflichten, den Besteller bei Fristbeginn auf die vorgesehene Bedeutung seines Verhaltens besonders hinzuweisen.

4. Teilabnahmeklauseln

6 Ob Klauseln zulässig sind, nach denen der Architekt bei bestimmten in sich abgeschlossenen Teilen der Leistung einen Anspruch auf Teilabnahme erwirbt, ist fraglich. Der BGH bejaht zwar die Möglichkeit der formularmäßigen Vereinbarung von Teilabnahmen.[11] Daraus ist jedoch nicht zu schließen, dass ein Rechtsanspruch auf Abnahme in vom Architekten gestellten AGB vereinbart werden kann. Zulässig sind Vereinbarungen selbständiger Teilleistungen, für welche ein Teilhonorar bestimmt ist und nach deren Abschluss eine Teilabnahme stattzufinden hat (§ 641 Abs. 1 Satz 2 BGB). Abgeschlossene Leistungsphasen nach HOAI könnten Anknüpfungspunkte für derartige Vereinbarungen bieten, z. B. die Leistungsphase 8.[12] Allerdings ist eine Anpassung an das reine Preisrecht der HOAI problematisch, da sich insbesondere die Lp 8 und 9 häufig überschneiden können. Solche Vereinbarungen sind wegen Intransparenz unwirksam.[13] Voraussetzung für die Wirksamkeit der Klausel ist in jedem Fall zum einen, dass der Anspruch auf Teilabnahme für eine teilabnahmefähige Leistung vereinbart wird, also beispielsweise nach Abschluss der Leistungsphase 8 oder für Gebäude und Außenanlagen gesondert. Weiter ist es Wirksamkeitsvoraussetzung, dass der Wille des Bauherrn zur vorgezogenen Abnahme wegen der schwerwiegenden Folgen hieraus klar zum Ausdruck kommt.[14] Derartige Klauseln können ferner den Architekten nicht von seiner Verpflichtung zur (teil-)abnahmefähigen Herstellung freistellen.

II. Vom Auftraggeber gestellte AGB

1. Abnahmeklauseln

7 Klauseln, welche den Eintritt der Wirkungen einer nicht ausdrücklich erklärten Abnahme erschweren, indem z. B. der Eintritt der Abnahmewirkung bei bestimmten Ereignissen ausgeschlossen wird, sind zulässig. So kann in vom Besteller gestellten AGB klar-

---

7 BGH Urt. v. 9.10.1986 – VII ZR 245/85, NJW-RR 1987, 145.

8 BGH Urt. v. 19.2.1992 – VIII ZR 65/91, NJW 1992, 1236.

9 OLG Düsseldorf Urt. v. 27.3.1992 – 22 U 198/91, NJW-RR 1992, 1174; OLG Rostock Urt. v. 27.9.2005 – 4 U 82/03 BeckRS 2006, 08821.

10 BGH Urt. v. 15.4.2004 – VII ZR 397/02, BauR 2004, 1171.

11 BGH Urt. v 11.5.2006 – VII ZR 300/04, BauR 2006, 1332; a.A. OLG Schleswig Urt. v. 6.7.1999 – 6 U 69/97, BauR 2001, 1286.

12 BGH Urt. v. 10.2.1994 – VII ZR 20/93, BauR 1994, 392, 394.

13 Leupertz, „Die Teilabnahme von Architektenleistungen", BauR 2009, 393; *Wirth* in Korbion/Mantscheff/Vygen, Einf. Rn. 271.

14 BGH Urt. v. 10.10.2013 – VII ZR 19/12, BauR 2014, 127, 131.

stellend vereinbart werden, dass die Inbenutzungnahme von Teilen des Gebäudes oder des gesamten Gebäudes keine Abnahme darstellt. Nicht geklärt ist, wie weitreichend solche „Erschwernisse“ formuliert sein dürfen.[15] Zulässig ist es ferner, Teilabnahmen auszuschließen und die Abnahmeerklärung des Bestellers an eine bestimmte Form zu binden. Unzulässig dürfte es dagegen sein, den Rechtsanspruch des Architekten auf Abnahme bei fertig gestellter und bis auf unwesentliche Mängel mangelfreier Leistung auszuschließen oder zu erschweren. So ist im Werkunternehmerbaurecht eine Klausel unwirksam, nach welcher die Abnahme der Werkleistung des Subunternehmers erst bei Gesamtabnahme der Bauleistung durch den Bauherrn erfolgt.[16]

2. Verlängerung der Gewährleistungsfrist

8 Aus dem Umkehrschluss der §§ 202 Abs. 2, 309 Nr. 8 b) ff) folgt, dass eine Verlängerung der Verjährungsfrist in AGB bis zur Höchstgrenze von 30 Jahren nicht von vornherein unzulässig ist. Sie wäre allenfalls nach Maßgabe des § 307 Abs. 1 BGB zu überprüfen. Die Beweisregel des § 307 Abs. 2 BGB greift nicht ein.

9 Nach der Rechtsprechung des BGH liegt eine unangemessene Benachteiligung im Sinne von § 307 Abs. 1 BGB dann vor, wenn der Verwender missbräuchlich eigene Interessen auf Kosten des Vertragspartners durchzusetzen versucht, ohne dessen Interessen hinreichend zu berücksichtigen und ihm einen angemessenen Ausgleich zuzugestehen.[17]

10 Mit der Frage einer Verlängerung der Verjährungsfrist für die Mangelhaftung des Architekten hatte sich die höchstrichterliche Rechtsprechung noch nicht grundlegend zu befassen. Die überwiegende Auffassung in der Literatur steht der Möglichkeit der Verlängerung der Gewährleistungsfrist in AGB skeptisch gegenüber und geht davon aus, dass dies nur in einem begrenzten Umfang bei typisierten Fällen zulässig sei.[18] Die Instanzrechtsprechung hat verhältnismäßig geringfügige Verlängerungen der gesetzlichen Frist gebilligt.[19] Der BGH billigt eine formularmäßige Klausel über eine Verjährungsfrist von 10 Jahren und einem Monat für Flachdacharbeiten.[20] Sie sei durch besondere Interessen des Auftraggebers gerechtfertigt. Die gesetzliche Frist von fünf Jahren sei für bestimmte moderne Bautechniken und Baustoffe verhältnismäßig kurz[21] und könne unangemessen sein. Bei Flachdacharbeiten sei nach Erfahrungswerten das Risiko eines Auftretens von Fehlern nach Ablauf der gesetzlichen Gewährleistungsfrist hoch, so dass die Verlängerung gerechtfertigt sei. Nicht zugunsten des Auftraggebers ins Gewicht zu fallen vermag, dass durch § 202 BGB nunmehr Verlängerungen von Verjährungsfristen generell erlaubt sind. Da bereits § 638 Abs. 2 BGB a. F. Verlängerungen der Verjährungsfristen von Gewährleistungsansprüchen ermöglichte, hat sich die Rechtslage in diesem Bereich durch die Schuldrechtsreform nicht geändert. Immer wenn nach der Art eines Gewerks Spätschäden naheliegen, die erst nach Ablauf der gesetzlichen Verjährungsfrist von fünf Jahren auftreten, ist eine angemessene Verlängerung der Gewährleistungsfrist auch in allgemeinen Geschäftsbedingungen zulässig. Als Gewerke, die eine solche Verlängerung nahelegen, kommen etwa Flachdacharbeiten, Abdichtungsarbeiten, Gründungsarbeiten, Verwendung neuer Baustoffe und Konstruktionen, mit denen keine ausreichende Erfahrung

---

15 „Übergabe an nutzende Verwaltung“ wirksam lt. OLG Dresden Urt. v. 27.4.2006 – 9 U 1816/05 BauR 2007, 1599 (BGH Beschl. v. 12.4.2007 – VII ZR 117/06 BeckRS 2007, 06593 NZB zurückgewiesen); a.A. *Wirth* in Korbion/ Mantscheff/ Vygen, Einf. Rn. 567.

16 BGH Urt. v. 23.2.1989 – VII ZR 89/87, BGHZ 107, 75.

17 BGH Urt. v. 5.6.1997 – VII ZR 324/95, BauR 1997, 829.

18 *Wirth* in Ingenstau/Korbion VOB B § 13 Abs. 4 Rn. 53; *Busche* in MüKoBGB § 634a Rn. 63; *Sprau* in Palandt BGB § 634a Rn. 26; *Schulze-Hagen* in KniffkaOK Bauvertragsrecht, Stand 23.6.2014 § 634a Rn. 203 ff.

19 OLG Düsseldorf Urt. v. 7.6.1994 – 21 U 90/2, NJW-RR 1994, 1298; OLG Köln Urt. v. 29.4.1988 – 19 U 298/87, *Schäfer/Finnern/Hochstein* § 13 Nr. 4 VOB/B Nr. 17.

20 BGH Urt. v. 9.5.1996 – VII ZR 259/94, BGHZ 132, 383.

21 BGH Urt. v. 8.3.1984 – VII ZR 349/82, BGHZ 90, 273.

besteht, in Betracht.[22] Ob im Einzelfall ein konkret erhöhtes Schadensrisiko bestehe, ist unbeachtlich, denn es kommt im Rahmen der Prüfung nach AGB-Gesichtspunkten auf eine typisierende Betrachtungsweise an.[23]

Daraus ist der Schluss zu ziehen, dass generalisierende Verlängerungen der gesetzlichen Verjährungsfristen unwirksam sind. Individualisierende, auf Bauteile oder bestimmte Leistungsteile bezogene Regeln sind zulässig, wenn ein Bedürfnis des Bestellers für die Regelung erkennbar ist. 11

[22] BGH Urt. v. 9.5.1996 Fn. 20; Urt. v. 8.3.1984 Fn. 21.
[23] BGH Urt. v.. 9.5.1996 Fn. 20.

7. Teil. Urheberrechte und sonstige Schutzrechte

§ 26 Urheberrecht für Architekten und Ingenieure

Übersicht

I. Einleitung

1. Historische Entwicklung

1 Das Urheberrechtsgesetz (UrhG) schützt die Rechte des Urhebers vor unbefugter Verwendung seiner in einem Werk verkörperten geistigen Leistung. Die Bedeutung des Urheberrechts geht einher mit der technischen Entwicklung, die durch die Erfindung der Buchdruckkunst durch Gutenberg im Jahre 1455 eingeleitet wurde.

Im letzten Drittel des 18. Jahrhunderts entwickelte John Locke die sog. Lehre vom geistigen Eigentum. Sie hat das heutige Verständnis vom Urheberschutz, wonach zwischen der Substanz des hergestellten Werkes und dessen schöpferischem Inhalt zu unterscheiden ist, nachhaltig geprägt. Ein Beweis dafür war insbesondere das preußische Gesetz zum Schutze des Eigentums an Werken der Wissenschaft und Kunst gegen Nachdruck und Nachbildung vom 11.6.1837, das Urheber nicht nur auf Lebenszeit, sondern auch noch 30 Jahre nach ihrem Tod urheberrechtlich schützte. Das Gesetz regelte allerdings noch nicht den Urheberschutz für Werke der Baukunst oder für künstlerische Industrieprodukte. Bauwerke erhielten erst durch das Urhebergesetz an Werken der bildenden Kunst und Photographie vom 9.1.1907 den notwendigen Urheberschutz.

2 Abgelöst wurde dieses Gesetz erst durch das Gesetz über Urheberrechte und verwandte Schutzrechte von 1965 (Urheberrechtsgesetz). Danach wurden die Schutzfristen für Ur-

heberrechte auf 70 Jahre verlängert und verwandte Schutzrechte gesetzlich anerkannt. Besondere Bedeutung erlangte dieses Gesetz für den Bauwerksschutz durch die Einführung eines einheitlichen Urheberrechts mit allen daraus resultierenden Verwertungsrechten. Gegenüber anderen urheberrechtlich geschützten Werken wie Büchern und Filmen ist das Architektenwerk kein Serienwerk und wird mithin eher selten vervielfältigt.

Das am 1.7.2002 in Kraft getretene Gesetz zur Stärkung der vertraglichen Stellung von Urhebern und ausübenden Künstlern gewährt dem Urheber einen verbesserten Schutz vor Vervielfältigungen und Mehrfachverwertungen und zusätzliche monetäre Ansprüche, wenn er finanziell nicht hinreichend an der Mehrfachverwertung seines Werkes beteiligt wird.

Zuletzt wurde eine Ergänzung durch das Gesetz zur Nutzung verwaister und vergriffener Werke vorgenommen, um den Vorgaben der Richtlinie 2012/28/EU des Europäischen Parlaments und des Rates vom 25.10.2012 über bestimmte zulässige Formen der Nutzung verwaister Werke nachzukommen. Mit der Gesetzesänderung wird insbesondere durch die Einfügung des Begriffs „öffentliche Zugänglichmachung" u.a. in § 38 UrhG dem technischen Fortschritt und den damit einhergehenden neuartigen Verbreitungsmöglichkeiten Rechnung getragen. Die Gesetzesänderung ist mit Wirkung zum 1.1.2014 in Kraft getreten.[1]

2. Abgrenzung zu anderen Gesetzen

3 **a) Bürgerliches Gesetzbuch.** Das vom Architekten erstellte Werk ist nur dann mangelfrei, wenn es neben Sachmängeln auch keine Rechtsmängel aufweist (§ 633 BGB). Das Architektenwerk ist frei von Rechtsmängeln, wenn Dritte in Bezug auf das Werk keine oder nur die ihnen übertragenen Rechte gegen den Besteller (Bauherrn/Auftraggeber) geltend machen können. Dies gilt bei Werken, deren Gebrauch insbesondere (gewerbliche) Schutz- oder Urheberrechte, respektive Nutzungsrechte verletzen kann. Fertigt ein Architekt eine Planung und verletzt er dabei das Urheberrecht eines Dritten (z. B. eines anderen Architekten oder eines anderen Auftraggebers), für den er bereits zuvor eine Planung erstellt hatte, und sieht sich der Auftraggeber hierdurch vor allem Unterlassungsansprüchen des Dritten ausgesetzt, ist seine Planung mangelhaft.

Das Urheberrecht ist ein absolutes subjektives Recht und wird grundsätzlich auch als „sonstiges Recht" i. S. d. § 823 Abs. 1 BGB nicht nur gegenüber den Vertragspartnern des Urhebers, sondern auch gegenüber Dritten geschützt. Dieser Schutz tritt aber hinter dem Schutz nach dem Urheberrechtsgesetz zurück. Von praktischer Bedeutung sind eher bereicherungsrechtliche Ansprüche (§§ 812 ff. BGB), die die Sanktionsinstrumente bzw. urheberrechtlichen Ansprüche auf Unterlassung und Schadensersatz nach § 97 UrhG ergänzen. Danach gilt: Wer das Urheberrecht oder ein anderes nach diesem Gesetz geschütztes Recht widerrechtlich verletzt, kann von dem Verletzten auf Beseitigung der Beeinträchtigung, bei Wiederholungsgefahr auf Unterlassung in Anspruch genommen werden. Der Anspruch auf Unterlassung besteht auch dann, wenn eine Zuwiderhandlung erstmalig droht. Wer die Handlung vorsätzlich oder fahrlässig vornimmt, ist dem Verletzten zum Ersatz des daraus entstehenden Schadens verpflichtet.

4 **b) Gewerblicher Rechtsschutz.** Auch bei gewerblichen Schutzrechten (Gebrauchsmusterrecht, Markenrecht und Patentrecht) geht es um den Schutz geistiger Schöpfungen. Sie sind im Gegensatz zum Urheberrecht technische Schutzrechte. Ihr Schwerpunkt liegt in der gewerblichen Anwendung von Techniken.

Das Geschmacksmusterrecht regelt den Schutz von ästhetischen Gestaltungsformen, wie z. B. von Stoffmustern oder Schmuckstücken.

Das im Markengesetz verankerte Markenrecht behandelt den Schutz von Unterscheidungszeichen für Waren und Dienstleistungen.

---

[1] Urheberrechtsgesetz vom 1.10.2013; BGBl. I S. 3728.

Das Patentrecht regelt den Schutz von Erfindungen, die neu sind, auf erfinderischer Tätigkeit beruhen und gewerblich anwendbar sind. Der Schutz wird in Form eines staatlichen Ausschließlichkeitsrechts gewährt.[2]

c) Gesetz gegen den unlauteren Wettbewerb. Während das Urheberrecht vor der Verletzung subjektiver Ausschließlichkeitsrechte schützt, soll das Gesetz gegen den unlauteren Wettbewerb (UWG) einen Rechtsbruch mit dem Ziel eines Wettbewerbsvorsprungs verhindern oder sanktionieren.[3] 5

Unabhängig davon dient das UWG auch dem Schutz aller technischen, nicht nach dem Urheberrechtsgesetz schutzfähigen Werke der Kunst, respektive von entsprechenden Planungsunterlagen der Architekten.

Ein solcher Leistungsschutz setzt jedoch einen unlauteren Wettbewerb voraus. Gem. § 1 UWG werden Mitbewerber, der Verbraucherinnern und Verbraucher sowie der sonstigen Marktteilnehmer vor unlauteren geschäftlichen Handlungen und das Interesse der Allgemeinheit an einem unverfälschten Wettbewerb geschützt. Der unlautere Wettbewerber kann vom geschädigten Architekten auf Beseitigung und Unterlassung der der unzulässigen geschäftlichen Handlung (§ 8 UWG) und auf Schadensersatz (§ 9 UWG) in Anspruch genommen werden. Überdies gibt § 10 UWG die Möglichkeit der Gewinnabschöpfung. Der Leistungsschutz des UWG hängt nicht von der Schutzwürdigkeit des vom Architekten hergestellten Werkes, sondern allein vom Verhalten des „Störers" gegenüber dem Architekten ab. Es kommt mithin für einen Anspruch aus dem UWG nicht darauf an, von welcher Qualität oder gestalterischen Höhe[4] das (Architekten-) Werk ist, sondern darauf, ob bestimmte Handlungen des Wettbewerbers unlauter sind.

UWG und UrhG stehen nicht gleichwertig nebeneinander. Das Urheberrechtsgesetz ist im Verhältnis zum Gesetz gegen den unlauteren Wettbewerb ein Sonderschutzrecht. Der Schutz von urheberrechtlich relevanten Schöpfungen ist dem Urheberrecht vorbehalten. Das UWG ist demzufolge subsidiär gegenüber dem UrhG. Sofern ein rechtswidriger Wettbewerbsvorsprung vorliegt, der nicht über das Urheberrechtsgesetz geregelt und verhindert werden kann, ist das Gesetz gegen den unlauteren Wettbewerb einschlägig. Es soll den Sonderschutz des Urheberrechts im Bedarfsfalle ergänzen. Unabhängig davon schließt das UrhG Schutzmöglichkeiten nach anderen Vorschriften nicht aus. Allerdings ist zu beachten, dass Rechte aus dem UWG nicht im Widerspruch zu solchen nach dem UrhG stehen und nicht zum Schutze einer Leistung dienen dürfen, die nach dem UrhG nicht geschützt werden soll.[5] 6

Demzufolge kann das UWG dort auch keinen Schutz bieten, wo das UrhG den Schutz verwehrt. Das UrhG als Sondergesetz darf grundsätzlich nicht über einen darüber hinausgehenden Wettbewerbsschutz unterlaufen werden. Nur dort, wo das UrhG als Sondergesetz keine gewollte abschließende Regelung enthält, kann eine wettbewerbsrechtliche Lücke vorliegen, die das UWG unter bestimmten Voraussetzungen schließen kann.

Ist also die erforderliche Gestaltungshöhe eines Werkes für einen Urheberrechtsschutz nicht gegeben, greift nicht automatisch das UWG als Auffangschutzrecht ein. Dies ist nur der Fall, wenn unabhängig von der Schutzwürdigkeit nach dem Urheberrechtsgesetz Umstände vorliegen, die das Verhalten des Wettbewerbers als unlauter erscheinen lassen. Da jedoch der Schutz nach dem UWG hinter den spezielleren Vorschriften des Urheberrechtsgesetzes zurücktritt, kommt es auf eine Bewertung des (unlauteren) Verhaltens des Wettbewerbers nach dem UWG dann nicht an, wenn bereits Urheberschutz nach dem Urheberrechtsgesetz gegeben ist. 7

---

[2] *Osterrieth* Patentrecht, 4. Aufl 2010, Rn. 1.

[3] *Schricker* Urheberrecht 2. Aufl. Einleitung Rn. 36.

[4] Vgl. unten Ziff. II. Schutzfähigkeit eines Architektenentwurfs und des Bauwerks.

[5] *Baumbach/Hefermehl* Wettbewerbsrecht 21. Aufl. § 1 UWG Rn. 575 f.

Das Wettbewerbsrecht beantwortet die Frage, ob die Art und Weise der Nachahmung des Werkes erlaubt ist. Dabei ist der Schutz nach dem UWG erheblich eingeschränkt. Die Rechtsprechung geht von dem Grundsatz der Nachahmungsfreiheit aus.[6] Er leitet sich aus dem im UWG normierten Gedanken der Wettbewerbsfreiheit ab, die nur durch Sondergesetze wie das Urheberrechtsgesetz eingeschränkt werden kann.[7]

Der Wettbewerbsschutz setzt deshalb das Vorliegen besonderer – außerhalb des Urheberrechts liegender – Umstände voraus, die aus Sicht des Wettbewerbs das Verhalten des Nachahmers sittenwidrig sind. Dies kommt insbesondere bei unlauterer (planmäßiger oder besonders intensiver) Nachahmung vor. Zur Sittenwidrigkeit und damit zur Wettbewerbswidrigkeit hat die Rechtsprechung einzelne Fallgruppen entwickelt, die auch für Architekten relevant sind.

8 *aa) Behinderung durch systematisches Nachahmen/Unmittelbare Leistungsübernahme.* Das Nachahmen oder Nachbilden ist bei fehlendem Schutz nach dem UrhG allein noch nicht wettbewerbswidrig. Vielmehr kann erst ein systematisches, zielbewusstes Nachahmen der Leistung eines Architekten als unlauter qualifiziert werden. Zusätzlich muss der Wettbewerber mit dieser Nachahmung seine Mitbewerber gezielt behindern, indem er den Preis bzw. das Honorar unterbietet.

9 Bei Architektenleistungen sind solche wettbewerbswidrige Umstände eher die Ausnahme; schon deshalb, weil die Architektenleistung grundstücksbezogen und mit dem jeweiligen Bauherrn individuell abgestimmt, somit auch nur selten für zukünftige Projekte verwertbar ist. Die Nachahmung eines für ein konkretes, grundstücksbezogenes Vorhaben entwickeltes individuelles Entwurfskonzept ist deshalb mangels Nachfrage potentieller Bauherren von geringerer Bedeutung. Die wirtschaftliche (Zweit-)Verwertung entwickelter Entwürfe durch den Architekten selbst ist hingegen in letzter Zeit vermehrt Gegenstand von Rechtsstreitigkeiten gewesen.[8] Denkbar ist allein die Sanktionierung von Nachahmungen in Bereichen, in denen Architektenleistungen für eine Vielzahl von Bauwerken entwickelt werden (Planung von Fertighäusern).

Bei offensichtlicher und unveränderter Nachahmung von Architektenleistungen liegt die notwendige Behinderung der Mitbewerber auf der Hand. Fehlt eine eigene Leistung des Nachahmers völlig, stellt die unmittelbare Nachahmung für sich genommen schon eine Behinderung des Wettbewerbs dar, die wettbewerbsrechtlich unzulässig ist. Im Ergebnis unterliegt selbst die sklavische Nachahmung grundsätzlich keinem Sonderrechtsschutz.[9] Es müssen vielmehr weitere und besondere Umstände vorliegen, die zu einer unlauteren Wettbewerbshandlung führen.

10 *bb) Erschleichung/Vertrauensmissbrauch.* Von großer Bedeutung ist für Architekten der Tatbestand der Erschleichung oder die sonstige widerrechtliche Verschaffung der zum Nachbau erforderlichen Unterlagen und sonstigen Erkenntnisse. Schutzgut sind die Betriebsgeheimnisse des Architekten, die für die Nachahmung seiner Leistungen notwendig sind.

Das Erschleichen von Leistungen tritt insbesondere in den Fällen auf, in denen sich Angestellte eines Architekten bestimmte Kenntnisse auf unlauterem Wege, durch nicht hinnehmbare Methoden oder durch sonstiges sittenwidriges Verhalten verschaffen, um einen Wettbewerbsvorteil zu erzielen. Wenn der Angestellte jedoch im normalen Geschäftsbetrieb Kenntnis von einem Betriebsgeheimnis erlangt hat, die er nach seinem Ausscheiden zum eigenen Fortkommen ausnutzt, liegt ein sittenwidriges Verhalten nicht vor. Nutzt der angestellte Architekt die Kenntnisse und Fertigkeiten, die er im Zusammenhang mit den ihm anvertrauten Aufträgen erworben hat, darf er diese auch weiterhin

---

[6] OLG Oldenburg NZBau 2008, 715.

[7] *Werner* in Werner/Pastor, Der Bauprozess, 15. Aufl. 2015, Rn. 2436.

[8] Siehe dazu unter IV. 1. Rn. 59.

[9] *Werner* in Werner/Pastor, a. a. O., Rn. 2436.

nutzen. Gegen eine solche Verwertung kann sich der Geheimnisinhaber nur durch ein vertraglich vereinbartes Wettbewerbsverbot bei Abschluss des Arbeitsvertrages absichern.

Sittenwidrig ist in erster Linie das bewusste Beschaffen von betriebsinternen Daten, ohne dass der angestellte Architekt mit ihnen im Rahmen seines Aufgabengebiets befasst war. In solchen Fällen kann der Architekt von seinen früheren Angestellten die Unterlassung der Nutzung der unredlich erworbenen Informationen fordern. So wird ein wettbewerbsrechtlicher Verstoß bei der Weitergabe und Verwendung von Architektenplänen bejaht, die mit einem Vertraulichkeitsvermerk versehen sind.[10] Ansonsten ist ein wirksamer Schutz bei urheberrechtlich nicht geschützten Plänen kaum durchsetzbar, auch wenn sich einige Stimmen in der Literatur noch so sehr bemühen[11].

cc) Rufausbeutung. Ähnlich wie die Nachahmung von Architektenleistungen ist auch das 11 Anhängen an einen fremden Ruf unzulässig, wenn ein solches Verhalten nach den Regelungen des UWG untersagt ist. Ein Konkurrent des Architekten handelt also wettbewerbswidrig, wenn das Anhängen an den Ruf des Mitbewerbers auf anstößige und missbräuchliche Art und Weise geschieht. Denkbar sind insofern folgende zwei Fallgruppen:

Der Wettbewerber kann den Ruf des Architekten durch Täuschung des Rechtsverkehrs ausbeuten. Verknüpft beispielsweise der Rechtsverkehr mit den vom Architekten angebotenen Leistungen eine besondere Gütevorstellung oder Herkunftsstätte und versucht der Wettbewerber gerade deshalb, Verwechselungen mit der eigenen Leistung herbeizuführen, kann sein Verhalten wettbewerbswidrig im Sinne des § 5 UWG sein.

Gleiches gilt auch dann, wenn der Wettbewerber die fremde Leistung oder die Person des Architekten als Mittel zur Werbung für eigene Leistungen einsetzt, sich also unlauter an den Ruf des Architekten anhängt. Denkbar ist in diesem Zusammenhang eine aggressive Werbung von Kunden mit irreführenden Angaben zur Identität des ausführenden Architektenbüros oder verwechslungstaugliche Verweise auf nicht vom Werbenden erstellte Bauwerke o. ä., mit denen eine Auftragserteilung erschlichen werden soll.

Zusammenfassend lässt sich festhalten, dass der umfassende Schutz des Urheberrechts- 12 gesetzes durch die Leistungsschutzrechte des UWG vervollständigt wird. Die Entscheidung des Gesetzgebers, nur bestimmte Werke unter den Urheberrechtsschutz zu stellen, bedeutet, dass das UWG den Schutz des Architekten nur insoweit komplettiert wie das Urheberrechtsgesetz keine Regelung enthält. Das UWG ist aber kein Auffangschutzgesetz für nicht urheberrechtlich geschützte Architektenwerke. Für die Durchsetzung von Unterlassungs- und Schadensersatzansprüchen nach dem UWG bedarf es vielmehr zusätzlicher wettbewerbswidriger Elemente. Es müssen besondere zusätzliche Umstände vorliegen, die aus wettbewerbsrechtlicher Sicht die Sittenwidrigkeit des gerügten Verhaltens begründen.[12] In diesem Fall kann aber ein Wettbewerbsschutz neben dem Urheberrechtsschutz bestehen.

II. Schutzfähigkeit des Architektenentwurfs und des Bauwerks

Nach § 2 Abs. 1 Nr. 4 und Nr. 7 UrhG sind Werke der Baukunst bzw. Entwürfe solcher 13 Werke und Darstellungen technischer Art (z. B. Zeichnungen, Pläne, Karten, Skizzen) in den Urheberrechtsschutz einbezogen, wenn sie urheberrechtsschutzfähig sind. Die Schutzfähigkeit bestimmt sich nach dem Werkbegriff des § 2 UrhG. Danach sind Werke i. S. des Urheberrechtsgesetzes nur persönliche geistige Schöpfungen (§ 2 Abs. 2 UrhG). Ein Werk in einer der in § 2 Abs. 1 Nr. 4 und 7 genannten Gestaltungsformen genießt deshalb nicht automatisch Urheberrechtsschutz.

---

[10] OLG Karlsruhe WRP 1986, 632.

[11] Prinz, Interessenabwägung im Urheberrecht, Festschrift für Franke 2009, S. 34.

[12] *Baumbach/Hefermehl* Wettbewerbsrecht 21. Aufl. § 1 UWG Rn. 575.

Das Urheberrechtsgesetz beurteilt die Frage, ob ein Werk schutzfähig ist oder nicht, allein nach den realen Gegebenheiten. Das Urheberrecht entsteht somit kraft Gesetzes mit der fortlaufenden Gestaltung gewissermaßen schrittweise bis zur Vollendung des Werkes. Einer Eintragung oder Registrierung bedarf es im Gegensatz zum Patentrecht nicht.

14 Der urheberrechtliche Schutz setzt beim Architektenwerk ebenso wie beim Bauwerk eine eigenpersönliche schöpferische Leistung i. S. d. § 2 Abs. 2 UrhG voraus, die über die Lösung einer fachgebundenen technischen Aufgabe durch Anwendung der einschlägigen technischen Mittel hinausgeht. Nach der Rechtsprechung des BGH muss das Werk mit Darlegungsmitteln der Kunst durch formgebende Tätigkeit hervorgebracht worden sein.[13] Deren ästhetischer Gehalt muss einen solchen Grad erreichen, dass nach den im Leben herrschenden Anschauungen von Kunst gesprochen werden kann. Unerheblich ist in diesem Zusammenhang, ob das Werk einen höheren oder geringeren Kunstwert hat und ob es neben dem ästhetischen Zweck noch einem praktischen Zweck dient.

15 Der BGH hat mit Urteil vom 13.11.2013[14] entschieden, dass an den Urheberrechtschutz von Werken der angewandten Kunst grundsätzlich keine höheren Anforderungen zu stellen sind als an den von Werken der zweckfreien Kunst. In seiner früheren Rechtsprechung hatte der Bundesgerichtshof die höheren Anforderungen an die Gestaltungshöhe von Werken der angewandten Kunst, die einem Geschmacksmusterschutz zugänglich sind, damit begründet, dass für solche Werke der angewandten Kunst mit dem Geschmacksmusterrecht ein dem Urheberrecht wesensgleiches Schutzrecht zur Verfügung stehe. Da sich bereits die geschmacksmusterschutzfähige Gestaltung von der nicht geschützten Durchschnittsgestaltung abheben müsse, sei für die Urheberrechtsschutzfähigkeit ein noch weiterer Abstand, das heißt ein deutliches Überragen der Durchschnittsgestaltung zu fordern[15]

16 Mit Blick auf die Reform des Geschmacksmusterrechts im Jahr 2004 hält der BGH an dieser Rechtsprechung nicht mehr fest. Mit dem Geschmacksmusterrecht ist ein eigenständiges gewerbliches Schutzrecht geschaffen und damit auch der enge Bezug zum Urheberrecht beseitigt worden. Insbesondere setzt der Schutz als Geschmacksmuster nicht mehr eine bestimmte Gestaltungshöhe, sondern nur noch die Unterschiedlichkeit des Musters voraus. Der Umstand, dass eine Gestaltung dem Geschmacksmusterschutz zugänglich ist, rechtfertige es nicht, ihr den Urheberrechtsschutz zu versagen oder von besonderen Voraussetzungen abhängig zu machen. Es genügt daher, dass Werke der angewandten Kunst eine Gestaltungshöhe erreichen, die es nach Auffassung der für Kunst empfänglichen und mit Kunstanschauungen einigermaßen vertrauten Kreise rechtfertigt, von einer "künstlerischen" Leistung zu sprechen.

Die geringeren Anforderungen, die nunmehr an die Gestaltunghöhe von Werken der angewandten Kunst zu stellen sind, haben auch Auswirkungen auf das Urheberrecht der Architekten. Auch bei Werken der Baukunst und der Entwürfe solcher Werke kann die Messlatte zur Urheberrechtschutzfähigkeit nicht mehr so hoch wie bisher angelegt werden. Zwar sind die Werke der Baukunst und die Werke der angewandten Kunst und deren Entwürfe in § 2 Abs. 1 Nr. 4 getrennt erwähnt, sie sind jedoch durch den Oberbegriff der Kunst, respektive der Werke der bildenden Künste miteinander verzahnt. Mithin ist davon auszugehen, dass die Gestaltungshöhe für die Bejahung der Urheberrechtschutzfähigkeit eines Werkes der Baukunst niedriger ist als bisher angenommen. Das dafür erforderliche Maß an Individualität wird durch einen hinreichenden schöpferischen Eigentümlichkeitsgrad und eine bestimmte Gestaltungshöhe bestimmt[16]. Dabei regelt

[13] BGH Urt. v. 29.3.1957 – I ZR 236/55 – BGHZ 24, 55, 63; OLG Celle Urt. v. 16.3.2000 – 13 U 132/99 – BauR 2000, 1069.

[14] BGH Urt. v. 13.11.2013 – ZR 143/12 – Geburtstagszug.

[15] BGH Urt. v. 13.11.2013 – ZR 143/12 – Geburtstagszug.

[16] BGH GRUR 1988, 533,535 –Vorentwurf II.

das Urheberrecht nicht ausdrücklich, ob hohe oder geringe Anforderungen an die hinreichende Individualität eines Werkes zu stellen sind.[17]

Unabhängig von der vorgenannten Rechtsprechung des BGH zum Geschmacksmusterrecht wird auch durch die Harmonisierung der EU in Bezug auf Computerprogramme; Datenbanken und Fotografien – umgesetzt in § 69 Abs. 3 UrhG („eigene geistige Schöpfung") – die Schwelle zur Urheberrechtschutzfähigkeit der Werke der Kunst niedriger. Qualitative und ästhetische Kriterien sind mehr oder weniger unbeachtlich.[18] 17

Die Kriterien für die Urheberrechtschutzfähigkeit („persönliche geistige Schöpfungen") eines Werkes der Baukunst sind vom BGH entwickelt worden:[19] 18

– Das Werk muss sich von allen bis jetzt da gewesenen Werken unterscheiden.

Dabei wird die Formgestaltung mit bereits bestehenden Gestaltungsarten verglichen. Der Vergleich muss schöpferische Eigenheiten erkennen lassen, die zu einer individuellen Lösung einer anspruchsvollen Bauaufgabe geführt haben.

– Das Werk muss eine gewisse Gestaltungshöhe besitzen.

Dabei kommt es auf dessen Individualität und den (Grad des) ästhetischen Gehalt(s) an. Allerdings ist die Einfügung des Begriffs „ästhetischer Gehalt" in die Definition des Kunstwerks unscharf und vor dem Hintergrund der EU-Harmonisierungsbestrebungen auch fragwürdig.[20] Ob auffällige und individuelle Merkmale auch ästhetisch sind, kommt auf die Sicht des jeweiligen Betrachters an. Mit Blick auf die unterschiedlichen ästhetischen Vorstellungen und deren vielfältigen Interpretationen („schreckliche Architektur"), ist Urheberrechtsschutz auch dann zu bejahen, wenn der ästhetische Wert des Werkes „gleich null" ist; er ändert aber nichts daran, dass eine eigenschöpferische, individuelle Arbeit vorliegt. Es kommt auch nicht darauf an, ob das Werk von seinem künstlerischen Anspruch her als qualitativ hochwertig angesehen wird.[21] Damit wird deutlich, „dass nicht nur Weltarchitektur des Urheberrechtsschutzes teilhaftig sein kann".[22]

Die Urheberrechtsschutzfähigkeit von Planungsunterlagen („Entwürfen der Werke der Baukunst") ist erst dann erreicht, wenn ein bedeutendes Überragen der durchschnittlichen gestalterischen Tätigkeit durch eine eigentümliche Prägung gegeben ist. Die Kreativität der Leistung darf sich nicht bloß im Praktisch-Rationalen niederschlagen.[23] Das rein Handwerksmäßige oder die mechanisch-technische Aneinanderreihung und Zusammenfügung liegen außerhalb jeder Schutzfähigkeit.[24] 19

Architekten fertigen im Regelfall Gebrauchsgegenstände, die urheberrechtlich nicht geschützt sind. So sind übliche Wohnhäuser und vergleichbare Zweckbauten (z. B. Mehrzweckhallen, Verwaltungsgebäude o. ä.) urheberrechtlich regelmäßig nicht schutzfähig. Gebäude des täglichen Bauschaffens sind regelmäßig keine Werke der Baukunst. Der planende Architekt kann seine eigenschöpferische Gestaltungskraft und seine künstlerische Individualität regelmäßig nicht in besonderem Maße entfalten, weil der bestimmungsgemäße Zweck des Bauwerks oftmals zwingende Vorgaben in gestalterischer sowie technischer Hinsicht enthält, die einer freien schöpferischen Entfaltung des Architekten im

---

17 *Dreier/Schulze* UrhG, 3. Aufl. 2008, § 2 Rz. 20.

18 *Dreier/Schulze* UrhG, 3. Aufl. 2008, § 2 Rz. 22.

19 BGH Urt. v. 10.10.1991 – I ZR 147/89 – NJW 1992, 689.

20 *Locher* Überlegungen zum Urheberrecht des Architekten, FS in Jack Mantscheff, 2000.

21 Grundlegend BGH Urt. v. 29.3.1957 – I ZR 236/55 – BGHZ 24, 55, 63; Urt. v. 12.5.2011 – I ZR 53/10 – BauR 2012 – 275; OLG Karlsruhe Urt. v. 3.6.2013 – 6 U 72/12 – BauR 2013 – 1914; OLG Jena Urt. v. 23.12.1998 – 2 U 799/96 – BauR 1999, 672.

22 OLG Hamm Urt. v. 20.4.1999 – 4 U 72/97 – BauR 1999,1198; LG Oldenburg Urt. v. 5.6.2013 – 5 O 3989/11 – GRURPrax 2013, 545.

23 BGH Urt. v. 1.10.1998 – I ZR 104/96 – BauR 1999, 272; OLG Karlsruhe Urt. v. 3.6.2013 – 6 U 72/12 – BauR 2013–1914.

24 *v. Gamm* Der Architekt und sein Werk, Möglichkeiten und Grenzen des Urheberrechts, BauR 1982, 97, 102.

Wege stehen.[25] Vielmehr müssen in diesen Fällen besondere gestalterische Elemente hinzutreten, die den Plänen und dem Bauwerk ihr eigenschöpferisches Gepräge geben und die sich von den üblichen, funktional geprägten vergleichbaren Unterlagen und Bauwerken, d. h. von der Masse des alltäglichen Bauschaffens unterscheiden.[26]

20 Der Entwurf muss Ausdruck einer eigenen und persönlichen geistigen Schöpfung des Architekten sein, die einen ästhetischen Gehalt aufweist, der über die rein technische Lösung der Bauaufgabe hinausgeht.[27] Für die Urheberrechtsfähigkeit ist der Gebrauchszweck einer Planung oder eines Bauwerks nicht von Bedeutung.

Die Urheberschutzfähigkeit kann auch für jeden Vorentwurf gegeben sein, wenn darin alle Eigenschaften, die für den künstlerischen Wert des Bauwerkes von Bedeutung sind, zum Ausdruck kommen[28] und das Praktisch-Rationale in den Hintergrund tritt. Der Urheberschutz muss sich nicht unbedingt am gesamten Gebäude manifestieren, sondern immer nur an denjenigen Teilen, die den Kriterien eines Kunstwerkes entsprechen. Allerdings ist die Urheberrechtschutzfähigkeit auch nicht auf einzelne Werkelemente, wie die Grundstruktur des Baukörpers und die Fassadengestaltung[29] beschränkt. Auch ein Erdgeschossgrundriss, ein Kircheninnenraum, ein Saal, eine Ladeneinrichtung, eine Deckenkonstruktion[30], ein Teil eines Bebauungsplans, aber auch Garten- und Parkanlagen, wie überhaupt alle Details eines Architektenwerkes, z. B. ein kunstvolles Gitter[31] oder die Gestaltung eines Treppenhauses[32] können urheberrechtschutzfähig sein.

Die Originalität eines Werkes der Baukunst kann sich auch in Skizzen, Plänen und Modellen oder in der Materialauswahl ausdrücken.

Beispiele:
- Baukörperform eines Einfamilienhauses mit vier gegeneinander versetzten Hausflügeln[33]
- Gestaltung des Daches eines achteckigen Verwaltungsgebäudes[34]
- Kubische Gestaltung eines Verwaltungsgebäudes mit besonderer Ausgestaltung der Balkone und Anordnung der Fensterflächen[35]
- Treppenhausgestaltung[36]

III. Inhalt des Urheberrechts

21 Das Urheberrecht schützt den Urheber in seinen geistigen und persönlichen Beziehungen zu seinem Werk und in der Nutzung des Werkes (§ 11 Satz 1 UrhG). Es dient zugleich der Sicherung einer angemessenen Vergütung für die Nutzung des Werkes (§ 11 Satz 2 UrhG).

Konkretisiert werden die sich aus der geistig persönlichen Beziehung des Urhebers ergebenden Rechte des Urhebers durch die

---

[25] *v. Gamm* Der Architekt und sein Werk Möglichkeiten und Grenzen des Urheberrechts, BauR 1982, 97, 103.

[26] OLG Karlsruhe Urt. v. 3.6.2013 – 6 U 72/12 – BauR 2013 – 1914; Urt. v. 27.2.1985 – 6 U 242/83 – GRUR 1985, 534, 535; OLG Celle Urt. v. 16.3.2000 – 13 U 132/99 – BauR 2000, 1069.

[27] OLG Celle Urt. v. 2.3.2011 – 14 U 140/10 – NZBau 2011, 1059; OLG Hamm Urt. v. 20.4.1999 – 4 U 72/97 – BauR 1999, 1198; LG Hamburg Urt. v. 27.4.1990 – 74 0 357/88 – BauR 1991, 645.

[28] BGH Urt. v. 29.3.1957 – I ZR 236/55 – BGHZ 24, 55, 63.

[29] OLG Jena Urt. v. 23.12.1998 – 2 U 799/96 – BauR 1999, 672.

[30] LG Berlin IBR 2007, 253 – Lehrter Bahnhof, Flachdecke statt Gewölbedecke.

[31] *Neuenfeld* in Festschrift für *Horst Locher* 1990, S. 406 m. w. Nachw.; BGH Urt. v. 29.3.1957 – I ZR 236/55 – GRUR 1957, 391-Ledigenheim; BGH Urt. v. 18.5.1973, GRUR 1973, 663-Wählamt.

[32] BGH Urt. v. 1.10.1998 – I ZR 104/96 – BauR 1999, 272; OLG Karlsruhe Urt. v. 3.6.2013 – 6 U 72/12 – BauR 2013 – 1914.

[33] BGH Urt. v. 10.12.1987 – I ZR 198/85 – BauR 1988, 361 „Vorentwurf II".

[34] OLG Hamm Urt. v. 21.7.1983 – 4 U 228/83 – BB 1984, 562.

[35] OLG Frankfurt Urt. v. 24.10.1985 – 6 U 69/85 – NJW-RR 1986, 546.

[36] BGH Urt. v. 1.10.1998 – I ZR 104/96 – BauR 1999, 272.

- Urheberpersönlichkeitsrechte (§§ 12–14 UrhG),
- Verwertungsrechte (§§ 15–24 UrhG) und
- sonstige Rechte (§§ 25–27 UrhG).

Neben diesen Rechten steht dem Urheber grundsätzlich auch das uneingeschränkte alleinige Recht auf die Nutzung des Werkes zu. Der Urheber kann einem anderen aber nach § 31 UrhG das Recht einräumen, das Werk auf einzelne oder alle Nutzungsarten zu nutzen (Nutzungsrecht). Das Nutzungsrecht kann als einfaches oder ausschließliches Recht sowie räumlich, zeitlich oder inhaltlich beschränkt eingeräumt werden (§ 31 Abs. 1 1 Satz 2 UrhG). Damit kann es im Gegensatz zum Urheberpersönlichkeitsrecht in der Regel an den Vertragspartner, respektive den Bauherrn/Auftraggeber abgetreten bzw. übertragen werden.[37]

1. Urheberpersönlichkeitsrechte

Das Urheberpersönlichkeitsrecht (im weiteren Sinne) beinhaltet den das gesamte Urheberrecht prägenden Gedanken des Schutzes der geistigen und persönlichen, aber auch der vermögensrechtlichen Interessen des Urhebers (ideelle und materielle Interessen), wie er sich unmittelbar aus § 11 UrhG ergibt. 22

Zu den Urheberrechtspersönlichkeitsrechten im engeren Sinne gehören:
- das Veröffentlichungsrecht (§ 12 UrhG)
- das Recht auf Anerkennung der Urheberschaft (§ 13 UrhG)
- das Recht, Entstellungen oder andere Beeinträchtigungen des Werkes zu verbieten, die geeignet sind, die berechtigten geistigen oder persönlichen Interessen des Urhebers am Werk zu gefährden (§ 14 UrhG).

a) Veröffentlichungsrecht (§ 12 UrhG). Das Veröffentlichungsrecht ist das Recht, das eigene urheberrechtlich geschützte Werk selbst ohne die erforderliche Mitwirkung oder Zustimmung anderer Personen zu veröffentlichen. Darunter fällt das Recht, den Zeitpunkt für eine Veröffentlichung festzulegen oder auch die Veröffentlichung zu unterlassen (negatives Veröffentlichungsrecht). 23

Erhält ein Architekt einen Auftrag, ein Kaufhaus zu planen und errichten zu lassen, kann er als Urheber die Veröffentlichung für die Allgemeinheit nach Fertigstellung jedoch nicht untersagen. Insoweit ist das Recht auf Unterlassung der Veröffentlichung ausgeschlossen. Die Einräumung von Nutzungsrechten[38] zugunsten des Bauherrn umfasst auch die Veröffentlichungsbefugnis.

Der Architekt darf aber darüber entscheiden, ob, wann und wie eine Veröffentlichung über das von ihm geplante und errichtete Bauwerk in einer Fachzeitschrift oder auf Bildern erscheint. 24

Plant und baut der Architekt ein der Öffentlichkeit zugängliches Gebäude, folgt aus der Übertragung der Nutzungsrechte auf den Bauherrn und dem Recht zur Veröffentlichung des Bauwerks noch nicht das Recht auf Veröffentlichung aller zur Errichtung notwendigen Pläne und Zeichnungen. Deshalb darf der Bauherr die Bau- und Planungsunterlagen der Öffentlichkeit nicht ohne Zustimmung des Architekten zugänglich machen.

Die Übergabe von Plänen an den Bauherrn oder die Einreichung der vom Architekten erstellten Bauantragsunterlagen stellen keine Veröffentlichung dar und beinhalten auch keine (stillschweigende) Gestattung der Ausübung des Veröffentlichungsrechts durch den Bauherrn.[39]

Mit der Erstellung eines Entwurfs im Rahmen eines Architektenwettbewerbs nach den Grundsätzen und Richtlinien für Wettbewerbe auf den Gebieten der Raumplanung,

[37] Vgl. dazu Punkt IV. 2 Übertragung von urheberrechtlichen Nutzungsrechten.
[38] Vgl. dazu Punkt: IV. Einräumung und Übertragung von Nutzungsrechten.
[39] *Sangenstedt/Prinz* Rechtshandbuch für Ingenieure und Architekten A X IV Rn. 18.

des Städtebaus und des Bauwesens (GRW 1995), die als Dienstanweisung des Bundesbauministerium an seine nachgeordneten Behörden gelten, erkennt der Architekt das Recht des Auslobers an, diese Entwurfsunterlagen unter Angabe seines Namens der Öffentlichkeit zugänglich zu machen.

25 Das Veröffentlichungsrecht des Urhebers bleibt auch von etwaigen vertraglichen Regelungen, nach denen der Architekt verpflichtet ist, alle im Zusammenhang mit dem Bauvorhaben stehenden Pläne, Zeichnungen, Datenträger o. ä. nach Beendigung des Vertragsverhältnisses an den Bauherrn herauszugeben und Nutzungsrechte daran einzuräumen, unberührt.

26 **b) Anerkennung der Urheberschaft (§ 13 UrhG).** § 13 Satz 1 UrhG enthält das allgemeine Recht auf Anerkennung der Urheberschaft an dem erstellten Werk. Es gehört ebenfalls zum Kern des Urheberpersönlichkeitsrechts und ist als solches unverzichtbar und unübertragbar. Dieses Recht umfasst insbesondere die Befugnis zu bestimmen, ob das Werk mit einer Urheberbezeichnung zu versehen und welche Bezeichnung zu verwenden ist (Urheberbenennungsrecht). Der Urheber darf entscheiden, ob er sich zu seiner Urheberschaft in der Öffentlichkeit überhaupt bekennt oder ob er sich von seinem Werk distanzieren will. Er kann auf die Kenntlichmachung seiner Urheberschaft auch verzichten.

Damit kann sich der Urheber vor Angriffen Dritter, die sich sein Urheberrecht anmaßen wollen, schützen. Er kann gegen jeden vorgehen, der ihm seine Urheberschaft streitig machen will.[40] Das Recht auf Anerkennung der Urheberschaft betrifft auch Fälle, in denen mehrere Architekten an einem Werk mitgewirkt haben und sich im Nachhinein über die Urheberschaft streiten.

27 Der Urheber darf sein Werk (Pläne und Zeichnungen) mit einer Urheberbezeichnung versehen. Er hat einen Anspruch darauf, seinen Urhebernamen am ausgeführten Werk und auf Bauschildern anzubringen. Der Urheber ist bei jeder Nutzung seines Werkes zu nennen (Namensnennungsrecht des Architekten).[41] Die Urheberbenennung wird bei Abbildungen eines Gebäudes im Werbeprospekt oder im Internetauftritt bejaht[42].

28 Das Urheberbenennungsrecht wird jedoch im Einzelfall von der Rechtsprechung in Art, Form und Ausgestaltung unter Berücksichtigung der Interessen des Bauherrn eingeschränkt. Der Bauherr kann eine reklamehafte Ausgestaltung der Urheberbezeichnung verhindern.[43] Der Architekt ist auch zu einer möglichst zurückhaltenden Namensnennung verpflichtet.

Beispiel:

Norman Foster als Architekt des Reichstages darf im Plenarsaal seinen Namen nicht herausstechend auf der Rückseite des von ihm erneuerten Bundesadlers verewigen.

29 **c) Entstellungsverbot (§ 14 UrhG).** Der Architekt ist gegen jedwede Beeinträchtigungen seines Werks geschützt. Gem. § 14 UrhG sind solche Eingriffe unzulässig, die eine Entstellung oder eine andere Beeinträchtigung des Werkes darstellen. § 14 UrhG schützt den Urheber hinsichtlich seiner geistigen und persönlichen Beziehungen zum Werk, wie sie in der Werkschöpfung Ausdruck gefunden haben.

30 Das Recht gegen Entstellungen des Werkes schützt den Bestand dieser konkreten Form und des darin zum Ausdruck gekommenen geistig-ästhetischen Gesamteindrucks des Werkes.[44] Die Unversehrtheit des Werkes als solche ist von diesem Schutz nicht umfasst.

---

[40] *Dreier/Schulze* UrhG, 3. Aufl. 2008, § 13 Rn. 1.

[41] *Dreier/Schulze* UrhG, 3. Aufl. 2008, § 13 Rn. 3; *Wandtke/Bullinger* Praxiskommentar zum Urheberrecht, 3. Aufl. 2009, § 13 Rn. 7.

[42] LG München I, ZUM 2007, 69, 72.

[43] BGH Urt. v. 16.6.1994 – I ZR 3/92 – BauR 1994, 784.

[44] *Von Gamm* Urheberrechtsgesetz, Kommentar, München 1968, § 15 Rn. 10.

Schutzziel des § 14 UrhG ist nicht der Erhalt des Werkes, sondern nur der Schutz vor der Entstellung (Verunglimpfung, Änderung oder sonstigen Beeinträchtigungen) des Werkes. Sie setzt deshalb eine Veränderung des Bauwerks voraus.

Deshalb stellt die – weitergehende – Vernichtung (Abriss) des Bauwerks durch den Eigentümer weder eine Entstellung noch eine Beeinträchtigung dar. Wenn das Bauwerk selbst gar nicht mehr existent ist, können auch Ruf und Ehre des Urhebers nicht mehr beeinträchtigt werden. Aufgrund der Vernichtung eines Werkes ist eine Zuordnung zum Urheber nicht mehr möglich.[45] Das Eigentumsinteresse geht in diesen Fällen dem Urheberrecht des Architekten vor, zumal das Werk nicht mehr der Imagebildung des Architekten und der Darstellung seiner Fähigkeiten dienen kann. Eine Erhaltungsverpflichtung durch den Eigentümer gibt es nicht.[46]

Dies gilt selbst dann, wenn der Abriss des urheberrechtlich geschützten Bauwerks ohne zwingende wirtschaftliche Gründe des Eigentümers erfolgt.

Eine Beeinträchtigung ist jede Verschlechterung oder Abwertung des (Bau-)Werkes aus 31
der Sicht eines unvoreingenommenen Durchschnittsbetrachters.[47] Im Ausnahmefall kann sogar eine beabsichtigte Verbesserung („Aufhübschung“) des Bauwerks eine Beeinträchtigung bewirken (z. B. die Aufstockung eines Hotels, wenn dadurch der ästhetische bzw. künstlerische (Gesamt-)Eindruck erheblich gestört wird). § 14 UrhG schützt gerade das Interesse des Urhebers am unveränderten Erhalt seines Werkes.

Eine Entstellung verlangt zusätzlich eine Verzerrung oder Verfälschung der Wesenszüge des Werkes.[48]

Keine Entstellung oder Beeinträchtigung sind: 32

– Erweiterung eines Schulgebäudes durch Bautrakte im Innenhof[49]

Passt sich der Erweiterungsbau an die vorhandene Bebauung an und wird durch die Erweiterung der Bestand der Anlage nicht verändert, so liegt keine Entstellung durch die Erweiterung vor[50].

– bautechnische Änderungen an Reihenhäusern
– nachträgliche Veränderung von Dachgauben im Zuge eines Dachausbaus[51]

2. Änderungsverbot und Änderungsbefugnis (§ 39 UrhG)

Der Urheber hat grundsätzlich das Recht, dass das von ihm geschaffene Werk, in dem 33
seine individuelle künstlerische Schöpferkraft seinen Ausdruck gefunden hat, der Mit- und Nachwelt in seiner unveränderten individuellen Gestaltung zugänglich gemacht wird[52]. Nach dem grundsätzlichen Änderungsverbot darf der Inhaber eines Nutzungsrechtes das Werk nicht ändern (39 UrhG). Diese Bestimmung stellt klar, dass der Schutz der Werkintegrität (§ 14 UrhG) auch bei der Einräumung oder Übertragung von Nutzungsrechten weitergilt.

Eine Werkänderung i. S. d. § 39 UrhG setzt abweichend von § 14 UrhG einen Eingriff in die (Bau-) Substanz voraus.

Beispiele: Umbau, Erweiterung, Farbänderungen oder Änderungen der Oberflächenstruktur der Fassade[53]

---

45 RG Urt. v. 8.6.1912, RGZ 79, 397; a. A. *Prinz* Urheberrecht für Ingenieure und Architekten 1. Aufl. 2001 S. 32f und *Sangenstedt/Prinz* Rechtshandbuch für Ingenieure und Architekten A X IV 3 e.

46 *Locher* Überlegungen zum Urheberrecht in: FS *Mantscheff* S. 21f, 2000.

47 *Prinz* aaO. S. 29.

48 LG München Urt. v. 8.12.1981 – 70 1762/79 – NJW 1982, 655.

49 BGH GRUR 1974, 675,677.

50 OLG München Urt. v. 6.9.2007 – 6 U 5041/06; IBR 2008, 97.

51 OLG München, ZUM 1996, 165, 167.

52 BGH BauR 1999, 272.

53 *Wandtke/Bullinger* Praxiskommentar zum Urheberrecht, 4. Aufl. 2014, § 14 Rn. 29ff.

34 Das Änderungsverbot nach § 39 UrhG richtet sich gegen eine Verletzung des Bestandes und der Unversehrtheit des Werkes selbst in seiner konkret geschaffenen Gestaltung. Von einer Änderung des Werkes kann nur dann gesprochen werden, wenn in das Werk in der ihm vom Urheber verliehenen Gestalt eingegriffen wird.[54] Dieses Änderungsverbot wendet sich an den Nutzungsberechtigten („Inhaber des Nutzungsrechts") während das Entstellungsverbot nach § 14 UrhG auch vom Eigentümer des Werkes zu beachten ist.

35 § 14 UrhG erklärt jegliche Beeinträchtigung des Werkes, respektive der geistigen und persönlichen Urheberinteressen für unzulässig. § 39 UrhG enthält demgegenüber eine speziell für den Nutzungsberechtigten geltende Verbotsregelung für Werkänderungen. Der Urheber bleibt gegen alle sich auf den Gesamteindruck des Werkes beziehende Beeinträchtigungen durch das Entstellungsverbot des § 14 UrhG hinreichend geschützt.[55] Auch der Eigentümer des Werkoriginals darf grundsätzlich keine in das fremde Urheberrecht eingreifenden Änderungen am Werk vornehmen.[56]

Die Beurteilung von Eingriffen nach § 14 UrhG und/oder nach § 39 UrhG erfolgt nach folgenden Kriterien:

1. Liegt eine Änderung des Bauwerks durch den Nutzungsberechtigten i. S. v. § 39 Abs. 1 UrhG vor? Beruft er sich auf sein urheberrechtliches Nutzungsrecht?
   Wenn ja: Ist die Änderung ausnahmsweise nach § 39 Abs. 2 UrhG zulässig (Interessenabwägung, Zumutbarkeit für den Urheber)?
2. Wenn keine Änderung i. S. v. § 39 Abs. 1 UrhG gegeben ist oder wenn sich der Nutzungsberechtigte nicht auf sein urheberrechtliches Nutzungsrecht, sondern auf sein Eigentumsrecht beruft:
   Liegt eine Entstellung oder eine sonstige Beeinträchtigung des urheberrechtlich geschützten Bauwerks vor?
   Wenn ja: Ist die Entstellung oder sonstige Beeinträchtigung ausnahmsweise gerechtfertigt (Interessenabwägung)?

36 In beiden Fällen ist also eine Interessenabwägung erforderlich. Nach § 39 Abs. 2 UrhG sind Änderungen des Werkes zulässig, zu denen der Urheber seine Einwilligung nach Treu und Glauben nicht versagen kann. Im Zusammenhang mit § 14 UrhG ist diese Bestimmung auch auf das Verhältnis des Urhebers zum Werkeigentümer anwendbar. Dabei überwiegt das Eigentümerinteresse gegenüber dem Nutzungsinteresse, auch wenn es nach der Rechtsprechung keine Vorrangigkeit der Interessen des Eigentümers gegenüber denen des Urhebers gibt.[57] Demzufolge ist auch im Rahmen von § 14 UrhG immer im Einzelfall zu prüfen, ob das Bestands- und Integritätsinteresse des Urhebers dem Gebrauchsinteresse sowie dem finanziell-ökonomischen Interesse des Eigentümers oder Nutzungsberechtigten vorgeht.

37 Erhaltungs- und Änderungsinteressen sind jeweils gegeneinander abzuwägen. Bei der Interessenabwägung kommt es auf das Verhältnis der berechtigten Belange des Urhebers an der Erhaltung des von ihm geschaffenen Werkes und die Rechte des Bauherrn als Nutzungsberechtigter oder Eigentümer, das Werk frei nutzen zu können, an. Welchen Interessen der Vorrang eingeräumt wird, hängt von den Umständen des Einzelfalls ab.

Eine Interessenabwägung findet allerdings nicht statt, wenn das Erhaltungs- oder das Änderungsinteresse von vornherein vorgeht. Bei Gleichwertigkeit der Interessen kommt es darauf an, ob die berechtigten Belange des Urhebers durch beabsichtigte oder durchgeführte Veränderungen berührt werden.[58]

---

54 OLG Dresden Urt. v. 13.11.2012 – 11 U 853/12 – NZBau 2013, 246.

55 BGH Urt. v. 2.10.1981 – I ZR 137/79 – BauR 1982, 178.

56 BGH Urt. v. 31.5.1974 – ZR 10/73 – BauR 1974, 428; OLG Dresden Urt. v. 13.11.2012 – 11 U 853/12 – NZBau 2013, 246.

57 BGH ZUM 1999, 146- Treppenhausgestaltung.

58 OLG Frankfurt/M. Urt. v. 24.10.1985 – 6 U 69/85 – NJW-RR 1986, 546; LG Stuttgart, Urt. v. 20.5.2010 – 17 O 42/10 – ZUM-RD 2010, 491.

Dabei spielt bei Bauwerken auch im Falle betont künstlerischer Gestaltung der Gebrauchszweck des Eigentümers eine gewichtige Rolle, der umso deutlicher hervortritt, je mehr das betreffende Bauwerk nicht nur dem künstlerisch-ästhetischen Genuss, sondern auch oder gar hauptsächlich praktischen Zwecken dient.

Übertriebene Empfindlichkeiten oder eine übersteigerte Eitelkeit des Urhebers bleiben bei der Interessenabwägung außer Betracht. Umgekehrt darf das finanziell-wirtschaftliche Interesse des betroffenen Eigentümers oder Nutzers keineswegs gegenüber dem Urheberinteresse bevorzugt werden, da ansonsten das zu ermittelnde Ergebnis der Abwägung in den meisten Fällen bereits von vornherein feststünde. Neben der Art und Intensität des Eingriffs ist auch der Grad der schöpferischen Eigenart des Werkes zu berücksichtigen.

Der häufigste Grund für eine Änderung des Bauwerks liegt in einer notwendigen Anpassung an veränderte Nutzungsbedürfnisse. Bauwerke werden vorwiegend zu materiellen Zwecken, oftmals sogar aus reinen Renditegesichtspunkten erstellt. Demzufolge steht bei der Interessenabwägung der Gebrauchszweck eines Gebäudes überwiegend im Vordergrund, sodass auch vom Urheber im Regelfall hinzunehmen ist, dass sein Werk den veränderten Bedürfnissen des Eigentümers oder Nutzers angepasst wird. 38

Bei einer technisch oder wirtschaftlich erforderlichen Bauwerksänderung zur Aufrechterhaltung des Gebäudezweckes verlagert sich die Interessenabwägung somit zugunsten des Nutzers bzw. Eigentümers. Das Interesse an der Nutzbarkeit des Bauwerks ist in einem solchen Fall höher zu bewerten als die künstlerischen Wünsche des Urhebers an dem unveränderten Erhalt seines Werkes. Der Eigentümer darf überwiegend nur solche Umgestaltungen ausführen, die sich aus ökonomischen Gründen zur Erhaltung des bestimmungsgemäßen Gebrauchs der Sache aufdrängen und ohne die er gänzlich oder zum Teil am Gebrauch des Werkes behindert würde.

So wird ein Flughafenbetreiber dem Urheber-Architekten immer wirtschaftliche Gegeninteressen entgegenhalten können, mit denen er eine Vergrößerung oder Modernisierung des Flughafengebäudes erreichen und rechtfertigen kann. 39

Der Urheber darf deshalb seine Zustimmung zu einer Änderung des Werkes nicht verweigern, wenn der Bauherr eines Verwaltungsbaus, um ein Aufheizen der Büroräume zu vermeiden, an der urheberrechtlich geschützten Fassade einen Sonnenschutz anbringen will, der der Fassade eine gänzlich neue Gestalt gibt.[59] Gleiches gilt, wenn der Architekt eines Gebäudes ein Flachdach geplant hat, das aber nicht ausreichend gegen Nässe schützt. Dann darf der Bauherr das Dach so umbauen, dass es dicht ist.[60]

Bei Bauwerksänderungen zur Aufrechterhaltung des Gebäudezwecks oder bei technisch bedingten oder gesetzlich vorgesehenen Änderungen (z. B. bei der Erfüllung feuer- und baupolizeilicher Auflagen, Modernisierungen, Anpassungen an den technischen Fortschritt) geht das Interesse des Bauherrn an der Änderung dem Urheberinteresse an dem Erhalt des Werkes in der bisherigen Form vor.

Ist nach einer Interessenabwägung oder aufgrund der Zustimmung des Urhebers das Recht des Auftraggebers zu einer Änderung des urheberrechtlich geschützten Werkes zu bejahen, endet es aber bei einer Entstellung des Werkes. Diese Grenze ist eine „Demarkationslinie". 40

Exkurs (Vertragsgestaltung):

Die von der Rechtsprechung entwickelten Grundsätze zur Interessenabwägung der Eigentümer- bzw. Nutzerinteressen mit den Urheberinteressen im Rahmen der §§ 14 und 39 UrhG sind vielfach nicht geeignet, urheberrechtliche Fallgestaltungen in diesem Zusammenhang rechtssicher zu lösen. Die Prüfung des jeweiligen Einzelfalls unterliegt einem Beurteilungsspielraum, den die Rechtsprechung sehr weit gezogen hat. 37

59 OLG Hamm Urt. v. 21.7.1983 – 4 U 228/83 – BB 1984, 562 f.

60 OLG Frankfurt/M. Urt. v. 24.10.1985 – 6 U 69/85 – GRUR 1986, 244.

Deshalb muss der Auftraggeber und Eigentümer in der Regel schon bei Vertragsabschluss ein Interesse daran haben, sich mögliche spätere Änderungen des Bau- oder Architektenwerks vorzubehalten. Da dies jedoch nur mit Zustimmung des Urhebers möglich ist, andererseits eine konkrete Änderung nicht bestimmt oder bestimmbar ist, bleibt ihm nur die Möglichkeit, sich über allgemein gehaltene Vereinbarungen schon im Vorfeld ein umfassendes Änderungsrecht einzuräumen und damit den späteren Zustimmungsvorbehalt des Urheberarchitekten zu umgehen.

38 Solch pauschale Änderungsvereinbarungen können individualvertraglich jederzeit abgeschlossen werden. Sollte allerdings der vereinbarte Änderungsvorbehalt vom Auftraggeber als Allgemeine Geschäftsbedingung oder als Formularklausel verwendet wird, ist eine Inhaltskontrolle nach 305ff. BGB unumgänglich.

Allerdings hat der BGH in einer neueren Grundsatzentscheidung (zum Verlagsrecht) entschieden, dass die in § 31 Abs. 5 UrhG verankerte Übertragungszwecklehre, wonach in Verträgen des Urhebers über sein Urheberrecht im Zweifel keine weitergehenden Rechte eingeräumt werden, als dies der Zweck des Nutzungsvertrags erfordert, kein Maßstab bei der Inhaltskontrolle von entsprechenden Vertragsklauseln des Vertragspartners des Urhebers sei.[61]

Die Anwendung des Schutzgedankens des § 31 Abs. 5 UrhG, wonach der Urheber möglichst weitgehend an den wirtschaftlichen Früchten der Verwertung seines Werkes zu beteiligen ist, komme als Maßstab einer Inhaltskontrolle von Allgemeinen Geschäftsbedingungen nach § 307 Abs. 2 Nr. 1 BGB nicht in Betracht. Im konkreten Fall hatte sich der Verlag gegenüber freien Journalisten bei der Lieferung von Beiträgen weitgehende Nutzungs –und Änderungsrechte in AGB – Klauseln ausbedungen. Die Übertragungszwecklehre ist nur eine Auslegungsregel in Zweifelsfällen und erfordert einen konkret-individuellen Prüfungsmaßstab, der nicht Gegenstand einer Inhaltskontrolle ist.[62] Damit ist die formularmäßige Übertragung von Nutzungsrechten der Inhaltskontrolle weitgehend entzogen. Dies setzt jedoch voraus, dass die Nutzungsarten in der Klausel im Einzelnen bezeichnet sind. Die Auslegungsregeln in §§ 31 Abs. 5, 37 UrhG kommen nur in Zweifelsfällen zum Zuge; Zweifel können vermieden werden, wenn das betreffende Recht ausdrücklich eingeräumt wird. Dann bedarf es keiner Auslegung.

Andernfalls wird deren Einräumung nach der vorgenannten Lehre auf das nach dem Vertragszweck erforderliche Maß zurückgeführt.

39 Mit Blick darauf, dass der Urheber aber auch bei solchen Änderungsvereinbarungen ohne konkrete Bestimmung von Inhalt, Reichweite und Ausmaß der Änderung nicht auf seine ohnehin unübertragbaren Urheberpersönlichkeitsrechte verzichten kann und wird, bleibt es bei einem dadurch herbeigeführten Eingriff in den Kernbereich der Urheberrechte bei einer Interessenabwägung. Der Urheber wird bei dieser Prämisse durch eine pauschale Änderungsvereinbarung nicht unangemessen benachteiligt, so dass entsprechende und häufig auch verwendete Klauseln der Inhaltskontrolle standhalten. Zur Vermeidung von Unklarheiten sollte in der Klausel aber darauf hingewiesen werden, dass durch die Änderungsvereinbarung und die Zustimmung des Urhebers zu etwaigen Änderungen die unübertragbaren Urheberpersönlichkeitsrechte des Architekten nicht berührt und das Entstellungsverbot nicht ausgeschlossen werden.

40 Dem Auftraggeber ist allerdings zu raten, eine pauschale Änderungsvereinbarung in Allgemeinen Geschäftsbedingungen abzuschwächen und die vom Architekten erteilte Änderungsbefugnis und damit verbundene Einwilligung soweit wie möglich einzugrenzen.

- In einem zweiten Schritt empfiehlt sich eine – wenn mögliche – inhaltliche Abgrenzung der erlaubten Änderungen vorzunehmen, in dem bestimmte Änderungen ausgenommen werden und unter Zustimmungs- oder Abstimmungsvorbehalt des Architek-

---

[61] BGH Urt. v. 31.5.2012 – I ZR 73/10 – IBR 2012, 738.

[62] BGH Urt. v. 31.5.2012 – I ZR 73/10 – IBR 2012,738.

ten stehen. Allerdings kann der Architekt seine Einwilligung in die Entstellung seines urheberrechtlich geschützten Werkes geben; ob dies jedoch im Rahmen einer Globaleinwilligung in jede Änderung oder nur für den konkreten Einzelfall möglich ist, ist umstritten.[63]

Eine praktisch sinnvolle Möglichkeit, solche weitgehenden Änderungsklauseln vor drohender Unwirksamkeit abzusichern, ist die Aufnahme eines Abstimmungserfordernisses zugunsten des Architekten, mit dem ihm zumindest eine (förmliche) Mitwirkung bei der Umsetzung von Änderungen eingeräumt wird.

Beispiel:

Der Bauherr wird ermächtigt, nutzungsbedingte oder technisch erforderliche bzw. wirtschaftlich sinnvolle Änderungen des Bauwerks ohne Mitwirkung des Architekten vorzunehmen. Bei anderen wesentlichen Änderungen bedarf es dazu allerdings zuvor einer Abstimmung mit dem Architekten, die auch in eine Mitwirkung münden kann, sofern er Architekt dies wünscht, ohne dass der damit die Änderungsbefugnisse des Bauherrn aushebeln kann.

Mit dieser Klausel erteilt der Architekt zwar die pauschale Zustimmung zu möglichen Änderungen am Bauwerk, behält sich aber andererseits vor, über Inhalt, Reichweite und Ausmaß der Änderungen eine vorherige Abstimmung mit dem Auftraggeber verlangen zu können. Der Auftraggeber bleibt trotz dieses Vorbehalts weiterhin ermächtigt, auch wesentliche Änderungen am urheberrechtlich geschützten Bauwerk durchzuführen, wenn diese Abstimmung ohne Ergebnis bleibt. Auch wenn dem Architekten somit kein Vetorecht eingeräumt wird, stärkt das Abstimmungserfordernis die Rechtsposition des Urhebers.

Der Bauherr muss aber auch hier darauf achten, dass er bei einer erfolglosen Abstim- **41**
mung mit dem Architekten keine Änderung vornimmt, mit denen er in den Kernbereich des Urheberpersönlichkeitsrechts des Architekten eingreift. Bei einem vertraglich vereinbarten Ausschluss jedweder Schutzrechte wäre die Änderungsvereinbarung wegen einer unangemessenen Benachteiligung des Urhebers unwirksam.

Aus Sicht des Architekten sollte er im Vertrag keine Vorab-Zustimmung zu allen denkbaren Änderungen erteilen, sondern eine solche Änderungsbefugnis allenfalls auf unwesentliche oder technisch zwingend notwendige Änderungen beschränken.

3. Urheberrechte bei Auftragsbeschränkungen und Kündigungen

Probleme bereiten die Fälle, in denen der Architektenauftrag nur auf die Leistungspha- **42**
se 1 und die Leistungsphase 2 (Grundlagenermittlung und Vorplanung) beschränkt ist. Hier übernimmt häufig ein anderer Architekt auftragsgemäß die fremde, ihm vom Bauherrn zur Planungsfortschreibung übergebene Planung. Wenn der neue Architekt dann Planungsänderungen vornimmt, ist die urheberrechtlich geschützte Planung des Erstarchitekten betroffen und unter Umständen beeinträchtigt.

Werden bei Änderungen Fehler des Erstarchitekten (z. B. Kostendeckungsmaßnahmen aufgrund wirtschaftlicher Planungsmängel oder Nachbesserungs- bzw. Optimierungsarbeiten aufgrund technischer Planungsfehler) entdeckt, steht dem Erstarchitekten ein Nachbesserungsrecht zu. Der Bauherr ist dann gut beraten, den Architekten in die Mängelbeseitigung einzubinden und in mitwirken zu lassen, um etwaigen urheberrechtlichen (Unterlassungs-) Ansprüchen zu begegnen.

Keine Nutzungsrechtsansprüche kann der Planer herleiten, wenn er einen Planungs- **43**
auftrag bis zu den Leistungsphasen 3 und 4 erfüllt und der Auftraggeber danach von einem (freien) Kündigungsrecht Gebrauch macht. Das gleiche gilt bei der Nichtbeauftragung weiterer über die Leistungsphasen 3 und 4 hinausgehender Leistungsphasen im Rahmen eines Stufenvertrages.

---

[63] *Werner* in Werner/Pastor, a.a.O, Rn. 2465 m. w. N.

44 Der Architekt kann über das ihm nach dem Vertrag zustehende Honorar auch kein zusätzliches Honorar für die Nutzung der Pläne verlangen. Die HOAI enthält ein geschlossenes Honorarsystem, das nicht durch eine weitere Vergütung nach dem Urheberrechtsgesetz ausgehöhlt werden darf, sofern dadurch der gesetzliche Preisrahmen, respektive der Höchstsatz überschritten wird. Mit der Bezahlung des vereinbarten Architektenhonorars wird auch die Übertragung der Nutzungsrechte vergütet.[64] Mit dem in der HOAI enthaltenen Preisrahmen der Mindest- bis Höchstsätze und dem entsprechend vereinbarten Honorar wird die Übertragung der Nutzungsrechte vergütungs- und urheberrechtlich abgegolten.

45 Der Planer überträgt mit Abschluss des Architektenvertrages zwar nicht sein Urheberrecht an den Bauplänen oder am Bauwerk; dies schon deshalb nicht, weil das Urheberrecht (Urheberpersönlichkeitsrecht) nicht übertragbar ist. Allerdings gilt dies nicht für die Übertragung des Nutzungsrechts an den Plänen und am Bauwerk. Hierfür werden ausdrücklich, zumindest aber stillschweigend die urheberrechtlichen Befugnisse an den Plänen auf den Bauherrn, soweit dieser sie zur Errichtung des Bauwerks benötigt, übertragen. Daraus folgt, dass der Bauherr die Pläne einem weiteren, von ihm beauftragten Architekten oder auch einem Generalunternehmer zur weiteren Bearbeitung übergeben darf, ohne dass dies der Erstarchitekt verhindern oder dafür ein zusätzliches Entgelt fordern könnte.

46 Die Leistungsphasen 4, 6–9 beinhalten keine schöpferischen Leistungen, sondern vielmehr technische und organisatorische Aufgaben. Selbst die Leistungsphase 5 als wesentliche Planungsleistung für die spätere Bauausführung enthält nur im Hinblick auf erst dort zu erstellende Leitdetails etwaige dem Urheberrechtschutz unterliegende Leistungen. Für einen weiter gehenden Schutz des Architekten aus dem Urheberrecht besteht insoweit auch kein Raum.

Nur dann, wenn der Architekt ausschließlich Leistungen in der Leistungsphase 2 erbringt, die bei der Schaffung eines Architektenwerks erste wesentliche Weichen im Hinblick auf die Gestaltung des Baukörpers stellen, werden nach den allgemeinen Grundsätzen der Zweckübertragungstheorie noch keine Nutzungsrechte stillschweigend auf den Bauherrn übertragen.[65] Dies gilt unabhängig davon, ob die beauftragten Leistungsphasen 1 bis 2 vom Auftraggeber bezahlt worden sind. Die Honorierung eines Vorentwurfs gibt dem Bauherrn noch nicht das Recht, diesen Vorentwurf auch bei der späteren Bauausführung ohne den Urheber zu verwenden. Eine dahingehende Nutzungserlaubnis zugunsten des Bauherrn müsste unzweideutig im Vertrag geregelt sein. Für die Übertragung eines Nutzungsrechts trägt der Bauherr die Beweislast.[66] Ist der Architekt mindestens mit den Leistungsphasen 1-4 beauftragt worden, überträgt er die Nutzungsrechte unentgeltlich an den Bauherrn, soweit er sie zur Errichtung des Bauwerks benötigt.[67] Dies ist spätestens mit der Bezahlung des Honorars der Fall. Dies gilt erst recht, wenn der Architekt mit der Vollarchitektur beauftragt worden ist, wobei es dann unerheblich ist, ob der Vertrag auch bis zum Schluss erfüllt oder vorzeitig gekündigt wird.[68]

47 Bei vorzeitiger Beendigung des Architektenvertrags kann der Architekt auch keinen Urheberrechtsschutz, insbesondere auch keine Ansprüche nach § 97 UrhG geltend machen, selbst wenn sein geschützter Entwurf vom Bauherrn mit fremder Architektenhilfe realisiert wird.[69] Wenn der Bauherr die Architektenleistungen bezahlt, darf er die Pläne nutzen und für den vorgesehenen Zweck auch verwerten. Dies gilt selbst dann, wenn der

[64] BGH Urt. v. 20.3.1975 – VII ZR 91/74 – BauR 1975, 363.

[65] BGH Urt. v. 1.3.1984 – I ZR 217/81 – BauR 1984, 416; OLG Jena Urt. v. 23.12.1998 – 2 U 799/96 -BauR 1999, 672.

[66] OLG Hamm Urt. v. 20.4.1999 – 4 U 72/97 – BauR 1999, 1198.

[67] OLG Jena BauR 1999, 672; *Werner* in Werner/Pastor a.a.O. Rn. 2446.

[68] BGH NJW 1975, 1165.

[69] OLG Frankfurt a.M. Urt. v. 5.12.2006 – 11 U 9/06 – NZBau 2007, 322; OLG München Urt. v. 3.11.1994 – 6 U 2182/94 – NJW-RR 1995, 474.

Vertrag vorzeitig (z. B. bereits in der Entwurfsphase) gekündigt wird.[70] Wenn der Bauherr auf die Verwertung des (Vor-)Entwurfs verzichten müsste, würde das Urheberrecht die Vertragsfreiheit einschränken und die vertraglichen bzw. gesetzlichen (Kündigungs- und Rücktritts-) Regelungen aushebeln.

Unabhängig davon lässt sich beim urheberrechtlich geschützten Architektenwerk kein genauer Zeitpunkt für einen Nutzungsrechtsübergang benennen. Allgemein wird spätestens mit Bezahlung der Leistungsphasen 1 bis 4 ein vollständiger Nutzungsrechtsübergang angenommen.[71] Dies gilt selbst dann, wenn Entgegenstehendes formularmäßig vereinbart wurde.[72] Die Leistungsphasen 1 bis 3 umfassen die Leistungen, die die wesentlichen kreativen Elemente des Architektenschaffens enthalten. Mit Blick darauf, dass die kreativen, eigenschöpferischen Leistungen des Architekten zu diesem Zeitpunkt weitestgehend abgeschlossen werden und Änderungen nur noch im Detail möglich sind, geht mit deren Vollendung die (stillschweigende) Übertragung der Nutzungsrechte einher. 48

4. Verwertungsrechte

Die Verwertungsrechte (§§ 15–24 UrhG) sind die zweite Säule des Urheberrechts. Sie sind zu unterscheiden von den Nutzungsrechten (§§ 31 bis 44 UrhG). Das UrhG unterscheidet terminologisch zwischen den Verwertungsrechten in der Hand des Urheberrechtsinhabers und den davon abgespalteten Nutzungsrechten des Vertragspartners des Urhebers (Bauherr/Auftraggeber/Besteller oder sonstige Nutzungsberechtigte). Die Verwertungsrechte beschreiben die Rechtsposition des Urhebers, wohingegen die oftmals auch als Verwertungsrechte des Bauherrn bezeichneten Nutzungsrechte dem Nutzungsberechtigten rechtliche Instrumentarien verschaffen, um das Werk nach der Erstellung durch den Urheber wirtschaftlich verwenden und verwerten zu können. 49

Der Urheber-Architekt hat das ausschließliche Recht, sein Werk in körperlicher Form zu verwerten (§ 15 UrhG). Nicht alle der in den §§ 15 bis 24 UrhG aufgezählten Verwertungsrechte sind aber auf das Urheberrecht des Architekten zugeschnitten. So erschöpft sich eine Verwertung der Urheberrechte in der Regel in der Errichtung des Bauwerks und in der dafür erforderlichen Verwendung der Pläne. Der Urheber ist berechtigt, die weitere Verwendung unrechtmäßig erworbener oder kopierter Pläne zu versagen. Durch die einmalige Präsentation eines Architektenplanes gegenüber potentiellen Kaufinteressenten durch den Bauträger werden aber keine urheberrechtlichen Verwertungsrechte des Architekten verletzt.[73] 50

Das Recht zur Vervielfältigung (§ 16 UrhG) beinhaltet das Recht des Architekten, das von ihm erstellte Werk nachzubauen. Dieses Recht kann der Urheber aber dann nicht geltend machen, wenn besondere vertragliche Gründe, insbesondere die Belange des Bauherrn und die Grundsätze von Treu und Glauben dem Nachbau entgegenstehen. So darf der Architekt ein individuell gestaltetes Einfamilienhaus nicht in unmittelbarer Nachbarschaft ein zweites Mal errichten.[74] 51

Umgekehrt ist es dem Bauherrn ohne Einwilligung des Architekten untersagt, das einmal geplante und gebaute Objekt nachzubauen. Etwas anderes gilt nur dann, wenn dem Bauherrn vertraglich über das Nutzungsrecht hinaus auch die Urheberrechte auf den Bauherrn übertragen worden sind. Wenn im Vertrag allerdings deutlich geregelt ist, dass die vom Planer erbrachte Planungsleistung nur für das eine Objekt verwendet werden darf, ist ein Nachbau durch den Bauherrn nicht zulässig.

Schließlich ist eine Verwertung durch den Bauherrn auch erlaubt, wenn er im Rahmen eines Architektenwettbewerbs die GRW 1995 zugrunde gelegt und den betroffenen Wett- 52

---

[70] .OLG Frankfurt NZBau 2007, 322; OLG München NJW-RR 1995,474.
[71] BGH Urt. v. 1.3.1984 – I ZR 217/81 – BauR 1984, 416. – „Vorentwurf".
[72] OLG München Urt. v.3.11.1994, – 6 U 2182/94 – NJW-RR 1995, 474.
[73] OLG Frankfurt am Main Urt. v. 28.1.2014 – 11 U 111/12 – GRUR-PRax 2014, 185.
[74] *Werner* in Werner/Pastor, a. a. O., Rn. 2452 m. w. N.

bewerbsteilnehmer nicht mit der weiteren Bearbeitung beauftragt hat. Allerdings muss der Auslober dem Architekten die Verwendung dieser Leistung (Preisgeld und Bearbeitungsgebühr) bezahlen, bevor er die Wettbewerbsarbeit nutzen darf.

5. Sonstige Rechte

53 Dritte Säule des urheberrechtlichen Schutzes sind die weiteren, in §§ 25 bis 27 UrhG geregelten sonstigen Urheberrechte. Gemäß § 25 UrhG steht dem Urheber das Recht auf Zugang zu seinem Werk zu. Die Architektur ist dabei einer der Anwendungsschwerpunkte des § 25 UrhG, existiert das Bauwerk doch in der Regel nur als Unikat. Ein Zugang zu solchen „Einzelstücken" bildet für den Architekten die einzige Möglichkeit, den Herstellungsprozess fotografisch fest zu halten oder auf sonstige Weise zu protokollieren und damit den Weg einer weiteren Verwertung des Werkes zu ermöglichen.[75] Insofern erfährt das Zugangsrecht des Architekten jedoch auch eine Einschränkung. Gemäß § 25 UrhG muss der begehrte Zugang zur Herstellung von Vervielfältigungsstücken oder zur Bearbeitung des Werkes erforderlich sein. So kann ein Architekt, dem der Vertrag gekündigt worden ist, nicht unter Berufung auf § 25 UrhG den Zutritt zu dem von ihm entworfenen Bauwerk zur bloßen Besichtigung und zur Prüfung der plangerechten Ausführung verlangen, um einen möglichen Rechtsstreit gegen den Bauherrn vorzubereiten.[76]

54 Um Zweifel über den Inhalt des Zugangsrechts zu vermeiden, sollte im Architektenvertrag geregelt werden, wie das Zugangsrecht des Architekten nach Beendigung des Vertrages ausgestaltet ist. Der Architekt hat häufig ein Interesse daran, weitere Aufzeichnungen über das errichtete Bauwerk anzufertigen.

55 § 26 UrhG (Folgerecht bei Veräußerung eines Werkes) findet auf Werke der Baukunst keine Anwendung (§ 26 Abs. 8 UrhG). Ob das Folgerecht gem. § 26 UrhG ausnahmsweise gilt, wenn es um die Verwertung von Entwürfen oder Plänen in künstlerischer Form geht, ist umstritten.[77]

6. Schutz nicht urheberrechtlich geschützter Werke

56 Sofern die Pläne nicht die für den Urheberrechtsschutz notwendige Gestaltungshöhe erreichen, ist der Architekt bei einer unzulässigen Verwendung solcher Pläne oder Unterlagen und auch bei Änderungen seines Werkes nicht nach dem UrhG geschützt. In diesem Fall sind aber andere Leistungsschutzrechte (UWG oder BGB) denkbar. Allerdings ist ein Werkänderungsverbot nur in Ausnahmefällen über das UWG durchsetzbar. Andernfalls wäre das nur für urheberrechtlich geschützte Bauwerke geltende Urheberrecht bedeutungslos. Praktisch jedes Bauwerk wäre dann gegen eine Änderung geschützt. Auch aus dem allgemeinen Persönlichkeitsrecht lässt sich ein besonderer Schutz vor Änderungen nicht ableiten. Der Planer kann deshalb bei einer Verletzung des allgemeinen Persönlichkeitsrechts nur verlangen, dass die Nennung seines Namens im Zusammenhang mit einem veränderten Gebäude unterlassen oder sein Name von dem Gebäude entfernt wird.

Beispiel:

57 Ein Architekt fertigt Vorentwurfspläne im Rahmen der Akquisition eines Architektenauftrags. Sein potentieller Auftraggeber nimmt die Pläne in Empfang, kopiert sie und lehnt dann die Übertragung der weiteren Planungsleistungen ab. Beauftragt er dann einen anderen Planer, der diese Pläne als Grundlage für seine weitere Planung nutzt, liegt ein Verstoß des Bauherrn gegen § 1 UWG vor.[78] Dem Erstarchitekten steht ein Schadensersatzanspruch für die von ihm gefertigten Pläne gegen den Bauherrn zu.

58 Allerdings ist zu beachten, dass allein die Übernahme fremder Leistungen für sich genommen noch keinen Wettbewerbsverstoß darstellt. Eine Wettbewerbswidrigkeit liegt

---

[75] *Schricker* § 25 Rn. 5, 10.

[76] OLG Düsseldorf Urt. v. 30.1.1979 – 20 U 149/78 – GRUR 1979, 318.

[77] Dafür *Schricker* § 26 Rn. 22 ff.; a. A. *Nordemann* in Fromm/Nordemann § 2 Rn. 2.

[78] OLG Karlsruhe Urt. v. 23.4.1986 – 6 U 104/86 – WRP 1986, 62.

erst dann vor, wenn besondere Umstände hinzutreten, die ein unlauteres Verhalten begründen. Solche Umstände liegen vor, wenn der Erstarchitekt einen Vertraulichkeitsvermerk auf seinen Plänen angebracht hat, sodass der Verwender der Pläne unschwer erkennen kann, dass der Architekt einer Weitergabe oder Weiterverwendung der Pläne nicht zustimmt.

Der Vermerk bringt zum Ausdruck, dass für die betreffenden Pläne und Zeichnungen der urheberrechtlich oder wettbewerbsrechtlich vorgesehene Schutz in vollem Umfang in Anspruch genommen und eine missbräuchliche Verwendung nicht geduldet wird.[79]

IV. Einräumung und Übertragung von Nutzungsrechten

Das Urheberrecht ist nicht übertragbar. Zu Lebzeiten des Urhebers bleibt der unübertragbare Kern des Urheberrechts bei ihm. Er kann sein Werk jedoch durch andere verwerten lassen, indem er ihnen Nutzungsrechte einräumt. Mit Blick darauf, dass das Urheberrecht den Tod des Urhebers überdauert, darf der Urheber von Todes wegen mit dem Urheberrecht genauso verfahren wie mit seinem anderen Vermögen[80]. 59

Die Übertragung der Urheberrechte (Urheberpersönlichkeitsrecht oder Verwertungsrechte) ist nur in Form der Erbschaft (§ 28 Abs. 1 UrhG) bzw. in Erfüllung einer Verfügung von Todes wegen bzw. an Miterben im Wege der Erbauseinandersetzung gestattet (§ 29 Abs. 1 UrhG). 60

1. Einräumung von Nutzungsrechten

Auch wenn das Urheberecht und die einzelnen Verwertungsrechte in ihrem Kern beim Urheber verbleiben, können einzelne Nutzungsrechte ausgegliedert und für einen vereinbarten Nutzungszweck übertragen werden, damit das Werk für einzelne oder alle Nutzungsarten vom Bauherrn (Nutzungsberechtigten) genutzt werden darf. Mit dieser Rechtseinräumung werden bestimmte vereinbarte Verwertungsbefugnisse vom Urheberrecht abgelöst und als Gegenstand eines entsprechenden Nutzungsrechts in die Rechtszuständigkeit des Nutzers überführt.[81] Nach § 29 Abs. 2 UrhG sind folgende Rechtseinräumungen zulässig: 61

- Einräumung von Nutzungsrechten (§ 31 UrhG)
- schuldrechtliche Einwilligungen und Vereinbarungen zu Verwertungsrechten
- Rechtsgeschäfte über Urheberpersönlichkeitsrechte nach § 39 UrhG.

Das Urheberrechtsgesetz erwähnt die Einräumung von Nutzungsrechten, ohne das ihr zugrunde liegende Rechtsgeschäft und den Umfang der Nutzungseinräumung im Einzelnen zu regeln. Die Parteien sollen also den Inhalt und Umfang der Nutzungseinräumung vertraglich regeln. Oft fehlt es aber an einer ausdrücklichen Regelung der Nutzungsart und des Umfangs des Nutzungsrechts im Architektenvertrag. Art, Inhalt und Umfang der eingeräumten Nutzungsrechte ist dann nach der aus § 31 Abs. 5 UrhG abgeleiteten Zweckübertragungstheorie zu ermitteln. Danach bestimmt sich der Umfang des vom Urheber eingeräumten Nutzungsrechts nach dem mit seiner Einräumung verfolgten (Vertrags-) Zweck. Der Urheber räumt deshalb im Zweifel keine weitergehenden Rechte ein, als nach dem Vertragszweck erforderlich ist.[82] 62

Fehlt eine ausdrückliche vertragliche Reglung über die Einräumung urheberrechtlicher Nutzungsrechte und über die Ausübung urheberpersönlichkeitsrechtlicher Befugnisse, insbesondere im Hinblick auf Änderungen, Erweiterungen, Renovierungen des Bauwerks, so ist auf den von den Parteien – nach dem gesamten Vertragsinhalt – erkenn- 63

[79] *Prinz* Urheberrecht für Ingenieure und Architekten 1. Aufl. 2001 S. 60, der auch einen Formulierungsvorschlag für einen solchen Vermerk unterbreitet.

[80] *Dreier/Schulze,* UrhG, 3. Aufl. 2008, § 29 Rn. 1.

[81] *Schricker* vor §§ 28 ff Rn. 43.

[82] BGH Urt. v. 1.3.1984 – I ZR 217/81 – BauR 1984, 416 f.

bar übereinstimmend verfolgten (Vertrags-)Zweck zurückzugehen und zu fragen, ob und gegebenenfalls in welchem Umfang zur Erreichung dieses Vertragszwecks die Einräumung solcher Nutzungsrechte erforderlich ist.[83] Diese Rechte, die die Erreichung des Vertragszwecks überhaupt erst ermöglichen, gehören zum Gegenstand der Architektenleistung; zu ihrer Einräumung ist der Architekt nach dem Vertragszweck verpflichtet.

64 Urheberrechtliche Nutzungsbefugnisse werden nur in dem Umfang an einen anderen übertragen, als es der Vertragszweck erfordert. Dies gilt auch dann, wenn eine vertragliche Rechtseinräumung nur pauschal formuliert wird.[84] In diesem Fall bestimmt der Vertragszweck nicht nur, welche Nutzungsrechte im Einzelnen eingeräumt sind, sondern auch, ob diese räumlich, inhaltlich oder zeitlich beschränkt eingeräumt werden. Das Erfordernis der Nutzungsübertragung nach dem Vertragszweck hat derjenige darzulegen und zu beweisen, der sich hierauf beruft[85].

65 Bei einer Beauftragung aller Leistungsphasen bedarf es keiner Übertragung von Nutzungsrechten an den Bauherrn. Der Vertragszweck erfordert eine solche Übertragung nicht. Der Architekt macht dann von seinem eigenen Nachbaurecht Gebrauch[86]; der Bauherr erhält das fertige Werk. Dabei ist es unerheblich, ob der Architektenvertrag auch abgewickelt oder vorzeitig gekündigt wird. In diesem Fall ist von einer stillschweigenden Nutzungsrechtsübertragung auszugehen, da auch bei einer Kündigung des Vertrages das Bauvorhaben nach den Plänen des Architekten realisiert werden soll. Der Architekt überträgt dem Bauherrn auch schon vor Vollendung des Bauwerks alle urheberrechtlichen Nutzungsbefugnisse, da der Bauherr ohnedies den Vertragszweck, nämlich die Errichtung des Bauwerks, nicht erreichen könnte.[87]

66 Dagegen scheidet eine Nutzungsrechtsübertragung in den Fällen aus, in denen sich die vom Architekten zu erbringenden Architektenleistungen bereits vertraglich von vornherein nur auf Vorplanungsleistungen beschränken, die Errichtung des Bauwerks somit nicht der vertragsmäßig geschuldete Erfolg ist. Hier werden nach der Zweckübertragungstheorie Nutzungsrechte nicht eingeräumt, da die Erstellung einer Vorplanung „im Allgemeinen zunächst zur Vorklärung des Bauvorhabens, der näheren Konkretisierung und Klärung der Bauabsichten, der Rentabilitätsberechnung und der Vorprüfung mit einem ersten darauf beruhenden Entwurf" dient.[88] Eine Vorplanung erfolgt somit noch nicht zum Zwecke der Realisierung und Errichtung des geplanten Bauwerks. Nutzungsrechte an den urheberrechtlich geschützten Erzeugnissen des (Entwurfs-)Architekten, die die Realisierung des Bauvorhabens erst noch ermöglichen (sollen), werden dem Bauherrn nicht übertragen.

67 Ist der Architekt also nur mit der Vorplanung beauftragt worden, kann er eine zusätzliche Vergütung für die Nutzungsbefugnis seiner Planung fordern. Um die urheberrechtlich geschützten Produkte der planerischen Tätigkeit des Architekten dennoch nutzen zu können, hat der Bauherr nur die Möglichkeit, den Urheber der Skizzen und des Vorentwurfs mit der weiteren Planung, insbesondere der Entwurfs- und Ausführungsplanung zu beauftragen oder ihm eine Zusatzvergütung als „Ablösesumme" oder „Lizenzgebühr" für die Einräumung der Nutzungsrechte an den Vorplanungsergebnissen bei gleichzeitiger Beendigung der Vertragsbeziehung zu zahlen. Nutzt der Bauherr unberechtigt die

---

83 BGH Urt. v. 29.3.1957 – I ZR 236/55 – BGHZ 24, 55, 70 f.

84 BGH Urt. v. 27.9.1995 – I ZR 215/93 – IBR 1996, 210.

85 BGH Urt. v. 27.9.1995 – I ZR 215/93 – IBR 1996, 210.

86 OLG Frankfurt IBR 2007, 82; *Dreier/Schulze* vor § 31 Rn. 263.

87 BGH Urt. v. 20.3.1975 – VII ZR 91/74 – BauR 1975, 363; OLG Köln OLGR 1998, 138, 139; OLG München Urt. v. 3.11.1994 – 6 U 2182/94 – NJW-RR 1995, 474; OLG Frankfurt Urt. v. 21.1.1982 – 6 W 148/81 – BauR 1982, 295; a. A. BGH Urt. v. 16.3.1973 – VII ZR 42/72 – NJW 1973, 1545; *v. Gamm* BauR 1982, 97, 112.

88 BGH Urt. v. 25.1.1983 – K ZR 12/81 – NJW 1984, 2818; 1975 1165; *Werner* in Werner/Pastor, a. a. O., Rn. 2446.

Skizzen und den Vorentwurf und macht damit von einem ihm nicht eingeräumten Nutzungsrecht Gebrauch, ist er schadensersatzpflichtig (§ 97 UrhG).

Wenn der Auftraggeber nicht bereit ist, zusätzliche Honorare zu zahlen, oder der Architekt für die Einräumung der Nutzungsrechte ein zu hohes Honorar fordert, so dass die Vertragsparteien sich über die Zusatzhonorierung nicht einig werden, bleibt dem Auftraggeber nichts anderes übrig, als den Architekt auch mit der weiteren Planung notgedrungen zu beauftragen oder von dieser Planung Abstand zu nehmen und einen anderen Architekten mit einer neuen Planung ohne Zugrundelegung und Verwertung der bisherigen Planungsergebnisse zu beauftragen.

Demgegenüber gilt es bei der Beauftragung des Urheber-Architekten mit der Genehmigungsplanung bereits als vereinbart, dass der Bauherr die Planung für die Herbeiführung einer Baugenehmigung verwenden will. Ohne ausdrücklich vereinbarten Vorbehalt ist deshalb davon auszugehen, dass der Architekt in diesem Fall mit der Verwirklichung seiner Planung einverstanden ist und dem Bauherrn stillschweigend die Nutzungsrechte für das geplante Objekt einräumt. Sofern sich aus dem Architektenvertrag oder den sonstigen Umständen nicht anderes ergibt, ist ein Architektenvertrag mit dem Inhalt der Beauftragung der Leistungsphasen 1 bis4 dahingehend auszulegen, dass es dem Besteller gestattet ist, die erstellten Pläne für die einmalige Errichtung des betreffenden Bauwerks auf dem konkreten Grundstück verwenden zu dürfen. Der Architekt hat eine Zweitverwertung der Pläne, bezogen auf die Errichtung des geplanten Bauwerks auf dem konkreten Grundstück, zu unterlassen[89]. 68

2. Übertragung von Nutzungsrechten

Ein Nutzungsrecht kann nur mit Zustimmung des Urhebers übertragen werden (§ 34 Abs. 1 S. 1 UrhG). Die im Wege der Rechtseinräumung erlangte Rechtsposition kann nicht vom Vertragspartner des Urhebers, sondern auch auf weiteren Stufen beliebig oft weiterübertragen werden. Aber auch dann muss stets die Zustimmung des Urhebers oder seines Rechtsnachfolgers vorliegen. Auf die Zustimmung des vorangegangenen Rechtsinhabers kommt es bei § 34 UrhG nicht an[90]. 69

Mit der Einräumung der Nutzungsrechte vom Urheber auf den Bauherrn ist regelmäßig nicht die Befugnis des Nutzungsberechtigten verbunden, die ihm eingeräumten Rechte auch an Dritte weiter zu übertragen. In der Regel bezieht sich die Einräumung des Nutzungsrechtes durch den Urheber allein auf die Person des Nutzungsberechtigten. Vor diesem Hintergrund bestimmt § 34 UrhG, dass ein Nutzungsrecht zugunsten des Nutzungsberechtigten nur mit Zustimmung des Urhebers an Dritte (weiter) übertragen werden kann.

Der Urheber darf die Zustimmung jedoch nicht wider Treu und Glauben verweigern (§ 34 Abs. 1 S. 2 UrhG). Ob ein Verstoß gegen Treu und Glauben vorliegt, ist aufgrund einer umfassenden Abwägung und Wertung der Interessen des Urhebers und des Werknutzers zu bestimmen. Treuwidrig ist nicht nur die willkürliche Verweigerung, die ohne jeden sachlichen Grund erfolgt, sondern auch eine Verweigerung, der schwerwiegende Interessen des Nutzers entgegenstehen.[91] 70

Verweigert der Urheber entgegen den allgemeinen Grundsätzen über Treu und Glauben die Zustimmung zur Übertragung der Nutzungsrechte auf einen Dritten, so kann der Inhaber des Nutzungsrechts auf Erteilung der Zustimmung klagen.

Es ist auch möglich, dass der Urheber und der Nutzungsberechtigte schon im Vorfeld die Zustimmung des Urhebers für eine Übertragung antizipieren, ohne dass Einzelheiten des Übertragungsgeschäfts bekannt sein müssen; der Urheber muss deshalb die Person des Erwerbers nicht zwingend bei Erteilung der antizipierten Zustimmung kennen. Das

---

[89] BGH Urt. v. 10.1.2013 – VII ZR 259/11 – BauR 2013, 628.

[90] *Dreier/Schulze*, § 34 Rn. 6.

[91] *Schricker* § 34 Rn. 16 m. w. N.

Zustimmungserfordernis des Urhebers kann auch durch vertragliche Vereinbarung modifiziert oder ausgeschlossen werden. So können die Parteien regeln, dass beispielsweise nur unter bestimmten Umständen oder bei der Übertragung ganz bestimmter Nutzungsrechte die Zustimmung des Urhebers erforderlich ist. Es ist sogar möglich, das Zustimmungserfordernis des Urhebers völlig auszuschließen. Dann kann der Nutzungsberechtigte ohne Zustimmung des Urhebers Nutzungsrechte an einen Dritten übertragen.

71 Die Übertragung der Nutzungsrechte kann aber auch ausgeschlossen werden. In diesem Fall wird das Nutzungsrecht, das der Nutzungsberechtigte vom Urheber erhalten hat, im Interesse der Rechtsklarheit und des Urheberschutzes unveräußerlich; es besteht eine absolute, gegenüber jedermann wirkende Verfügungsbeschränkung.[92]

72 Die Übertragung von Nutzungsrechten vom Rechtsinhaber auf den Vertragspartner und Nutzungsberechtigten ist grundsätzlich zu unterscheiden von der Einräumung weiterer Nutzungsrechte vom Nutzungsberechtigten auf einen Dritten. Nach § 35 Abs. 1 S. 1 UrhG kann der Inhaber eines ausschließlichen Nutzungsrechts weitere Nutzungsrechte nur mit Zustimmung des Urhebers einräumen. Der Zustimmung bedarf es nicht, wenn das ausschließliche Nutzungsrecht nur zur Wahrnehmung der Belange des Urhebers eingeräumt ist (§ 35 Abs.1 S. 2 UrhG).

3. Einfache und ausschließliche Nutzungsrechte

73 Das Urheberrechtsgesetz unterscheidet in § 31 Abs. 1 Satz 2, Abs. 2, Abs. 3 UrhG einfache und ausschließliche Nutzungsrechte. Zu beachten ist in diesem Zusammenhang, dass allein die Parteien bestimmen, ob ein Nutzungsrecht als ein einfaches oder ausschließliches Recht eingeräumt werden soll.

Das einfache Nutzungsrecht berechtigt den Inhaber, das Werk auf die erlaubte Art zu nutzen, ohne dass eine Nutzung durch andere ausgeschlossen ist (§ 31 Abs. 2 S. 1 UrhG). Demgegenüber berechtigt das ausschließliche Nutzungsrecht den Inhaber, das Werk unter Ausschluss aller anderen Personen einschließlich des Urhebers selbst auf die ihm erlaubte Art zu nutzen und Dritten einfache Nutzungsrechte einzuräumen (§ 31 Abs. 3 UrhG). Bei dem ausschließlichen Nutzungsrecht handelt es sich um ein sog. quasi dingliches Recht, welches ein negatives Verbotsrecht gegenüber Dritten, also auch dem Urheber, begründen kann. Dies bedeutet, dass dem ausschließlich Nutzungsberechtigten die Rechtsansprüche der § 97 ff. UrhG zustehen.

74 Die Möglichkeit, gegen Dritte, die das eigene ausschließliche Nutzungsrecht verletzen, vorzugehen, stellt den erheblichen Unterschied zur Einräumung eines einfachen Nutzungsrechtes dar. Letzteres berechtigt den Inhaber lediglich, das Werk neben dem Urheber und anderen Berechtigten auf die ihm erlaubte Art zu nutzen. Ein weiterer wesentlicher Unterschied besteht darin, dass der Inhaber eines einfachen Nutzungsrechts nicht einem Dritten weitere einfache Nutzungsrechte einräumen kann. Aber auch der nach § 31 Abs. 3 UrhG ausschließlich Nutzungsberechtigte ist dabei an die Zustimmung des Urhebers gem. § 35 UrhG gebunden (§ 31 Abs. 3 S. 3 UrhG).

V. Urheberschaft (Schutzsubjekt)

1. Urheber

75 Urheber ist der Schöpfer eines Werkes (§ 7 UrhG). Schöpfer ist derjenige, der eine persönliche geistige Schöpfung im Rahmen einer gestalterischen Tätigkeit erbringt.

Urheber im Sinne des Urheberrechts können nur natürliche Personen sein; nicht jedoch juristische Personen oder Personengesellschaften, die selbst nicht gestalterisch tätig werden und nur durch ihre Gesellschaftsorgane handeln können.[93]

---

[92] BGH Urt. v. 10.7.1986 – I ZR 102/84 – GRUR 1987, 37, 39.

[93] *Schricker* § 7 Rn. 2.

Zu beachten ist, dass der Erwerb eines Urheberrechts allein durch den Schöpfungsakt und nicht durch ein Rechtsgeschäft begründet wird. Urheber ist immer allein derjenige, der den Realakt der gestalterischen Tätigkeit persönlich in seiner eigenen Person vornimmt.[94]

2. Gehilfe

Problematisch sind Fälle, in denen mehrere Personen an der Schöpfung eines Werkes beteiligt sind. Personen, die nur helfend dem eigentlichen Schöpfer zur Seite stehen, sind keine Urheber. Sie entfalten keine eigene Individualität, sondern unterstützen nur fremde Individualität. Abgrenzungskriterium ist immer der Grad des Freiraums der eigenen schöpferischen Gestaltungsmöglichkeiten des Gehilfen. Eine reine Gehilfentätigkeit wird immer dann anzunehmen sein, wenn der eigentliche Urheber den Gehilfen umfassend unterweist und der Gehilfe die ihm vorgegebene künstlerische Gestaltung mechanisch in die Ausführungspläne umsetzt. 76

3. Angestellter Architekt

Im Urheberrecht gilt in vollem Umfang das Urheberschaftsprinzip (§§ 7, 8 UrhG). Der tatsächliche Wertschöpfer ist der Urheber des Werkes. Urheber kann deshalb auch jeder angestellte Architekt sein, wenn er das urheberrechtsschutzfähige Werk tatsächlich selbst herstellt.[95] Geistiger Schöpfer ist der in einem Architekturbüro angestellte Architekt, der die geistigen Ideen für die Planung entwickelt, die ersten Zeichnungen erstellt und eine durch Pläne fassbare Ausdrucksform konzipiert. 77

Ausdrücklich regelt das UrhG die Stellung des angestellten Architekten gem. § 43 UrhG bezüglich der Inhaberschaft von Nutzungsrechten in einem Dienst- oder Arbeitsverhältnis. Nach § 43 UrhG sind die §§ 31–44 UrhG (Nutzungsrechte) auch dann anzuwenden, wenn der Urheber das Werk in Erfüllung seiner Verpflichtungen aus einem Dienst- oder Arbeitsverhältnis geschaffen hat, jedoch nur soweit sich aus dem Inhalt oder dem Wesen des Dienst- oder Arbeitsverhältnis nichts anderes ergibt. Dies ist allerdings der Fall, wenn sich der Arbeitgeber regelmäßig die Nutzungsrechte an der Arbeitsleistung seines Angestellten durch den Arbeitsvertrag einräumen bzw. übertragen lässt. Selbst wenn er dies nicht ausdrücklich tut, ist in der Regel von einer stillschweigenden Einräumung der Nutzungsrechte auszugehen.[96] Davon unberührt bleibt die Stellung des angestellten Architekten als Urheber eines Werkes.

Daraus folgt, dass mit einer vertraglichen Übertragung der Nutzungsrechte nicht auch gleichzeitig eine Übertragung der Urheberpersönlichkeitsrechte (im engeren Sinn, §§ 12–14 UrhG) verbunden ist.

Allerdings steht dem Arbeitgeber mit vertraglich vereinbarter oder stillschweigender Abtretung der Nutzungsrechte das Recht des angestellten Urheber-Architekten zur Veröffentlichung gem. § 12 UrhG zu.[97]

Der angestellte Architekt kann jedoch weder auf sein Recht auf Anerkennung der Urheberschaft (§ 13 Satz 1 UrhG) verzichten, noch kann er es übertragen.[98] Das Urheberpersönlichkeitsrecht bleibt unangetastet. Der Arbeitgeber und Inhaber des Architekturbüros ist insofern nicht berechtigt, sich selbst oder einen anderen Arbeitnehmer als Urheber zu benennen. Eine Unterdrückung der Urheberschaft des Arbeitnehmers ist unzulässig. Ebenso wenig muss es der angestellte Urheber dulden, dass ihm für ein Werk, das er nicht hergestellt hat, die Urheberschaft zugeschrieben wird. Neben Ehre und Ansehen spielen auch wirtschaftliche Aspekte für den angestellten Urheber eine nicht unerhebliche Rolle. 78

---

[94] *Schricker* § 7 Rn. 5.

[95] *Schricker* § 43 Rn. 5.

[96] *Schricker* § 43 Rn. 36 m. w. Nachw.

[97] *Ulmer* Urheber- und Verlagsrecht 3. Aufl. § 95 IV; *Schricker* § 43 Rn. 73.

[98] *Schricker* § 43 Rn. 76.

Kann er doch durch den Nachweis seiner Urheberschaft für bestimmte Werke seine Fähigkeiten auch gegenüber Dritten – möglicherweise potentiellen Arbeitgebern – dokumentieren.

Etwas anderes gilt jedoch im Bereich der Namensbezeichnung gem. § 13 Satz 2 UrhG. Hier wird in der Regel eine (stillschweigende) Vereinbarung aus dem Arbeitsvertrag abzuleiten sein, mit der dem Arbeitgeber als Inhaber des Architekturbüros das Recht auf Namensnennung übertragen wird.

79 Zum Urheberpersönlichkeitsrecht gehört auch das Recht, dass der Urheber das von ihm geschaffene Werk der Mit- und Nachwelt in seiner unveränderten individuellen Gestaltung zugänglich gemacht wird (§§ 11, 14 UrhG). Trotzdem kann der angestellte (Urheber-)Architekt nach den Grundsätzen von Treu und Glauben verpflichtet sein, seinem Arbeitgeber einen Eingriff in sein Werk zu ermöglichen, sofern dadurch keine Entstellung eintritt. Eine solche Verpflichtung wird insbesondere anzunehmen sein, wenn der Eingriff Änderungen betrifft, die durch Gesetz, technische Entwicklungen oder zwingende wirtschaftliche Erfordernisse bedingt sind.

Das im Rahmen von § 25 UrhG geschützte Zugangsrecht steht auch dem angestellten Architekten zu.[99] Er hat ein Interesse daran, Zugang zu den Dokumenten seines urheberrechtlich geschützten Werkes zu haben. Während des Arbeitsverhältnisses wird der Zugang zu den Unterlagen sicherlich freiwillig gewährt, schon damit der angestellte Architekt seinen Arbeitspflichten nachkommen kann. Ob dieses Zugangsrecht nach Beendigung des Arbeitsverhältnisses noch besteht, ist fraglich. Der Urheber muss ein berechtigtes Interesse haben. Dieses Interesse kann jedoch nicht mit einer Verwertungsabsicht der Unterlagen begründet werden, da das Nutzungsrecht bereits während des Arbeitsverhältnisses auf den Arbeitgeber übertragen worden ist. Insoweit steht dem Arbeitgeber ein Zugangsverweigerungsrecht zu. Das Zugangsrecht ist aber für den angestellten Architekten nur eingeschränkt gegeben. Während des Arbeitsverhältnisses ist es praktisch nicht relevant, nach dessen Beendigung nur schwer durchsetzbar.

4. Miturheber

80 Miturheberschaft liegt vor, wenn ein einheitliches Werk durch mehrere Urheber gemeinschaftlich geschaffen wird (§ 8 UrhG). Eine einheitliche Werkschöpfung setzt voraus, dass die einzelnen Beiträge der beteiligten Urheber sich nicht trennen und gesondert verwerten lassen. Dies ist immer dann der Fall, wenn die einzelnen Beiträge nicht unterscheidbar sind.[100] Ein einheitliches Werk ist gegeben, wenn die einzelnen Planungsbeiträge nebeneinander erstellt werden (horizontale Arbeitsteilung), aber auch dann, wenn sie als verschiedene Stufen des endgültigen Werkes aufeinander aufbauen (vertikale Arbeitsteilung).[101] Weitere Voraussetzung ist der Wille zur Zusammenarbeit der Beteiligten, d. h. es bedarf einer Verständigung und gegenseitigen Unterordnung unter die Gesamtidee.[102]

Abzugrenzen ist die einheitliche Werkschöpfung von der Werkverbindung, der Bearbeitung und dem Sammelwerk.

81 Die Werkverbindung (§ 9 UrhG) unterscheidet sich von der Miturheberschaft dadurch, dass kein einheitliches Werk entsteht, sondern dass die Verbindung der einzelnen Beiträge nichts an deren Selbständigkeit ändert. Jeder Beteiligte bleibt Urheber seines Beitrages zum entstandenen Werk.[103]

Beispiel: Ferienanlage mit verschiedenen Ferienhäusern

---

[99] *Schricker* § 43 Rn. 92 m. w. Nachw.
[100] *Schricker* § 8 Rn. 4 ff.
[101] *Schricker* § 8 Rn. 6.
[102] *Schricker* § 8 Rn. 8 f.; *Nordemann* in Fromm/Nordemann 8. Aufl. § 8 Rn. 2.
[103] *Schricker* § 8 Rn. 6.

§ 8 UrhG regelt darüber hinaus die aus dem Gemeinschaftsverhältnis resultierenden Beziehungen der Urheber untereinander und zu außenstehenden Dritten. So wird dort geregelt, dass zwischen den Miturhebern ein Gesamthandverhältnis lediglich zur Veröffentlichung und Verwertung besteht (§ 8 Abs. 2 Satz 1 UrhG). 82

Die urheberrechtlichen Befugnisse können wirksam nur von den Miturhebern gemeinsam übertragen werden. Im Übrigen bleiben die urheberpersönlichkeitsrechtlichen Befugnisse beim einzelnen Miturheber, der selbständig zur Wahrnehmung seiner rein ideellen urheberpersönlichkeitsrechtlichen Belange berechtigt ist.

Eine Miturheberschaft kommt auch zwischen Bauherr und Architekt in Betracht. 83 Problematisch erscheinen insoweit die Fälle, in denen der Auftraggeber den Architekten umfassend beauftragt, aber mit genauen und unveränderbaren Vorstellungen über das Bauvorhaben, insbesondere selbst erstellten Skizzen konfrontiert und diese umgesetzt wissen will. Hier ist entscheidend, wer das Werk letztlich herstellt, respektive wie konkret die Vorstellungen des Auftraggebers sind und inwieweit sie sich in eigenen selbst gefertigten Entwürfen wiederfinden.

In der Regel äußert der Auftraggeber gegenüber dem Architekten zwar seine eigenen Vorstellungen oder Ideen. Er beschränkt sich aber darauf, besondere funktionelle Anforderungen an das zu errichtende Bauwerk vorzuschlagen, ohne dass sich diese in eigenen Architektenleistungen wie Planungsskizzen niederschlagen. Der Architekt muss dann diese Vorstellungen realisieren, eigene Vorschläge unterbreiten und notwendige Änderungen einarbeiten. Ihm allein obliegt damit der eigentliche geistig-schöpferische Herstellungsakt, ist doch gerade der Umsetzungsakt die vom Urheberrecht geforderte gestalterische individuelle Tätigkeit.[104]

Nur in seltenen Fällen wird daher in den Beiträgen des Auftraggebers ein selbständiger schöpferischer Akt liegen, der ein eigenes Urheberrecht begründen könnte und den Bauherrn somit zum Miturheber des Bauwerkes macht.

Ein solcher Fall liegt beispielsweise vor, wenn ein künstlerisch begabter Bauherr 84 (z. B. ein bekannter Maler) genaue Vorstellungen seines Bauwerkes zu Papier bringt, die der Architekt dann in die für die Planung und Realisierung notwendigen technischen Zeichnungen nur noch umsetzen muss. Es fehlt dann unter Umständen an einem eigenen schöpferischen Beitrag des Architekten. Seine Arbeit beschränkt sich allein auf die handwerklich-technische Anwendung seiner erlernten Fähigkeiten oder auf das Anbieten und Umsetzen von Alternativlösungen. Möglich ist auch, dass der Bauherr nicht alle Details angedacht hat und beispielsweise lediglich Grundriss, Innenraumgestaltung u.ä. geplant hat und die Planung des Daches den Architekten überlässt. Auch diese Zusammenarbeit fällt unter die Miturheberschaft.

VI. Abwehransprüche des Architekten

Zur Geltendmachung urheberrechtlicher Ansprüche müssen folgende anspruchsbe- 85 gründende Voraussetzungen vorliegen:

- Urheberrecht/Urheberrechtsschutz (oder urheberrechtsähnliches Leistungsschutzrecht)
- Verletzung des geschützten Rechtes
- Widerrechtlichkeit der Verletzung
- Schaden (für Schadensersatzansprüche)

Bei Vorliegen dieser Voraussetzungen stehen dem Urheber-Architekten gemäß § 97 UrhG folgende Ansprüche gegen den Eigentümer, Nutzungsberechtigten, Dritten oder gegen einen anderen Architekten, der urheberrechtliche Vorschriften verletzt, zu:[105]

- Beseitigung der Beeinträchtigung

---

[104] *Schricker* § 7 Rn. 7.

[105] *Werner* in Werner/Pastor, a. a. O., Rn. 2471 ff.

- Unterlassung weiterer Beeinträchtigungen bei Wiederholungsgefahr
- Schadensersatz bei Vorsatz oder Fahrlässigkeit[106]
  Entschädigung in Geld bei einem Nicht-Vermögensschaden
- Herausgabe des durch Verletzung des Urheberrechts erlangten Gewinns

Der Schaden wird entweder konkret nach § 249 BGB unter Einschluss des entgangenen Gewinns oder in Anlehnung an eine angemessene Lizenzgebühr berechnet. Letztere wird fiktiv in Analogie zur Höhe der angemessenen Vergütung bestimmt, die im Falle des Vertragsabschlusses durch den Schädiger hätte bezahlt werden müssen. Dabei ist diese Gebühr aber begrenzt auf den Betrag, der zu zahlen gewesen wäre, wenn der Schädiger die Erlaubnis zur Nutzung eingeholt hätte. Das ist das Honorar für die Leistungen, die die betreffende Maßnahme umfasst hätte. Der Schaden ist auf der Grundlage der HOAI zu berechnen.[107]

Der in § 97 Abs. 2 Satz 4 UrhG geregelte immaterielle Schadensersatzanspruch, wonach der Urheber auch wegen des Schadens, der nicht Vermögensschaden ist, eine Entschädigung in Geld verlangen kann, wenn und soweit dies der Billigkeit entspricht, geht nicht auf den Erben über. Der Anspruch ist auf die Person des Urhebers beschränkt.[108]

86 Zur Geltendmachung dieser Ansprüche sind befugt:

- Der Inhaber des Urheberrechtes
- Der Inhaber eines ausschließlichen Nutzungsrechtes (§ 31 Abs. 3 UrhG)
- Der einfach Nutzungsberechtigte im Wege der Prozessstandschaft (bei Unterlassung), im Übrigen infolge von Abtretung, (§ 31 Abs. 2 UrhG)

Gemäß § 102a UrhG bleiben andere gesetzliche Vorschriften unberührt. Deshalb kann der Verletzte auch wettbewerbsrechtliche Ansprüche nach dem UWG oder Herausgabe der Bereicherung des Verletzers nach §§ 812 ff BGB verlangen. Allerdings decken sich Schadensersatz und Herausgabe der Bereicherung vom Umfang her teilweise.[109]

1. Anwaltliche Vorgehensweise

87 Urheberrechtsstreitigkeiten sind in aller Regel in tatsächlicher und rechtlicher Hinsicht schwierig und bedürfen eines speziellen „know-how" im Urheberrecht und bei baubezogenen und immobilienrechtlichen Mandaten eines Fachwissens im Bau- und Architektenrecht. Architekten, die einen Verstoß gegen urheberrechtliche Vorschriften behaupten und daraus Ansprüche geltend machen wollen, sind deshalb auf die Mithilfe eines mit dieser Spezialmaterie, aber auch mit dem Vertragsrecht (Architektenrecht) vertrauten Anwalts angewiesen, um die komplexen Rechtsfragen klären und die vielzählige und unübersichtliche Rechtsprechung auf den konkreten Fall anwenden zu können. Hinzukommt vielfach die Notwendigkeit der Einschaltung eines Sachverständigen, der die Frage des Urheberrechtschutzes der betroffenen Planungsleistungen bewerten und darlegen muss. Zudem ist der Anwalt eines Urheber-Architekten auf genaue Informationen und Unterlagen zur Durchsetzung von Ansprüchen angewiesen, damit ein urheberrechtsschutzfähiges Werk nachgewiesen werden und das Urheberrechtsgesetz zur Anwendung kommen kann.

88 **a) Vertragliche Ansprüche.** Vor der Prüfung urheberrechtlicher Ansprüche aus dem Urheberrechtsgesetz oder aus anderen Gesetzen müssen zunächst vertragliche Ansprüche, die aus dem abgeschlossenen Architektenvertrag resultieren (können) unter Einschluss der Rechtsprechung des BGH zur Zweckübertragungstheorie untersucht werden.

---

[106] Dabei entschuldigt ein Rechtsirrtum trotz der auch für Rechtskundige schwierig zu durchschauenden Rechtslage nicht, vgl. BGH Urt. v. 10.12.1987 – I ZR 198/85 – GRUR 1988, 533, 535.

[107] *Werner* in Werner/Pastor, a. a. O., Rn. 2473 m.w.N.

[108] OLG Düsseldorf Urt. v. 19.2.2013 – 20 U 48/12.

[109] BGH GRUR 1971, 522, 524 – Gaspatrone II.

Beispiel:

Im Architektenvertrag ist geregelt, dass die Pläne des Architekten nicht von anderen Architekten detailliert und verwirklicht werden dürfen. Auf die Frage des Urheberrechtsschutzes bzw. der Schutzfähigkeit der Pläne kommt es dann nicht mehr an.

Die Pläne des Architekten dürfen ohne dessen Zustimmung vom Bauherrn und von **89**
anderen Architekten nicht verwendet werden.

In einem zweiten Schritt ist allerdings aus Sicht des Anspruchstellers zu prüfen, ob eine ihn begünstigende vertragliche Regelung vorformuliert worden ist und der daraus resultierenden Inhaltskontrolle nach §§ 305 ff BGB standhält. Wenn der Architekt Verwender der einschlägigen Vertragsklausel ist und der Vertragspartner des Verwenders davon betroffen ist und durch diese Klausel unangemessen benachteiligt wird, ist die entsprechende Klausel unwirksam und unbeachtlich. Darauf kann der Architekt dann keine Ansprüche stützen.

Im Beispielsfall ist der Bauherr und Auftraggeber von dem vertraglichen Verbot der **90**
Weiterentwicklung der Pläne durch einen anderen Architekten betroffen. Zu prüfen ist deshalb, ob dieses Verbot eine unangemessene Benachteiligung des Auftraggebers darstellt mit der Folge der Unwirksamkeit dieser Klausel. Davon ist grundsätzlich auszugehen, wenn der Bauherr den Architekten mit den Leistungsphasen 1–4 beauftragt hat und er gezwungen ist, zur Realisierung eines Bauvorhabens den Architekten auch mit weiteren Leistungsphasen zu beauftragen, um die Pläne nutzen zu können. Wenn der Auftraggeber allerdings selbst Verwender dieser Klausel ist, kann er sich auf die Unwirksamkeit einer solchen Regelung nicht berufen.

b) Urheberrechtliche Ansprüche. Wenn eine vom Architekten verwendete Vertrags- **91**
klausel, aus der der Architekt vertragliche Ansprüche ableiten will, nicht der Inhaltskontrolle nach §§ 305 ff. BGB standhält, ist auf etwaige ihm zustehende urheberrechtliche Ansprüche zurückzugreifen. Dabei ist die Hürde zu überwinden, dass es sich überhaupt um urhebergeschützte Pläne oder um ein entsprechend geschütztes Bauwerk handelt. Dies lässt sich u. U. mit Hilfe eines neutralen Sachverständigengutachtens, dem die Kriterien der Rechtsprechung bekannt sind, vorbereiten und klären. Ohne dies muss der Architekt auf die Sachkunde des Gerichts zur Durchsetzung seiner Ansprüche setzen. Dies ist allein nach objektbezogenen Maßstäben zu beurteilen und setzt voraus, dass sich die Planung oder das Bauwerk von der Masse des alltäglichen Bauschaffens und dem gewöhnlichen Standard und Durchschnitt architektonischer Leistung abhebt.[110]

Beispiel:

Der Kläger hat als Architekt für die Beklagte ein eingeschossiges Verwaltungsgebäude umgebaut und auf insgesamt fünf Geschosse erweitert und modernisiert. Nach Inbetriebnahme des Bauwerks durch die Beklagte stellt sich heraus, dass sich dessen nach Süden, zur Sonne hin ausgerichteten Teile und Räume bei Sonneneinstrahlung nicht nur im Sommer, sondern auch im Winter stark aufheizen. Die Beklagte nimmt deshalb bauliche Maßnahmen in Angriff, durch die in Form von außen vor die Südfassaden abgehängten Metalljalousetten die direkte Sonneneinstrahlung in die Büroräume unterbunden werden sollte. Dabei sollen die Jalousetten selbst und die für ihre Bedienung erforderlichen Antriebselemente in 23 cm tiefen und 54 cm hohen Verblendungen untergebracht und außen auf den grün gehaltenen Bändern des Bauwerks montiert werden. Damit ist der Kläger (Urheber-Architekt) nicht einverstanden. Er stellt schon die Notwendigkeit einer äußeren Abschattung des Gebäudes überhaupt in Frage und klagt auf Verletzung seiner Urheberrechte mit dem Antrag, den Beklagten zu verbieten bzw. es zu unterlassen, das Verwaltungsgebäude durch nicht von ihm geplante und von ihm auch nicht gebilligte Sonnenschutzeinrichtungen zu verändern.

Die Beklagte bezieht sich auf den Standpunkt, dass das vom Kläger geschaffene Bauwerk nicht urheberrechtsschutzfähig sei, da weder die Gestaltung der Fassade noch des Daches eine Leistung von weit überdurchschnittlicher Individualität habe. Jedenfalls aber

---

110 OLG Oldenburg NZBau, 2008,716.

müsse sich der Kläger, selbst wenn dessen Werk urheberrechtsschutzfähig sei, die geplante Sonnenschutzeinrichtung gefallen lassen, weil dadurch sein Werk weder beeinträchtigt noch im Sinne des § 14 UrhG entstellt werde.

92 Das Oberlandesgericht Hamm[111] gibt dem Bauherrn Recht. Zwar war die Urheberrechtsschutzfähigkeit des Bauwerks gegeben, da ein individuelles geistiges Werk eigener Schöpfung vorlag, was sie insbesondere aus der nicht alltäglichen Form des Gebäudes als unregelmäßiges Achteck und der Gestaltung des Daches ergeben habe. Demzufolge sei der Architekt auch berechtigt gewesen, auf der unveränderten Erhaltung des von ihm geschaffenen Bauwerks zu bestehen. Ob jedoch der Architekt ein Recht darauf hat, dem Bauherrn die geplante und bereits in Angriff genommene Änderung des Bauwerks durch Anbringen äußerer Sonnenschutzeinrichtungen zu verbieten, hing davon ab, ob der Bauherr nach einer entsprechenden Interessenabwägung gem. § 39 Abs. 2 UrhG dazu befugt war. Dies hing davon ab, ob sein Nutzungsinteresse dem Eigentümer- oder Urheberinteresse vorging. Hier verdiente das Interesse des Beklagten an der bestimmungsgemäßen Verwendung des Gebäudes Vorrang gegenüber dem Interesse des Architekten an der unveränderten Erhaltung seines Werks, da insbesondere die Anbringung eines Sonnenschutzes im Ergebnis unerlässlich sei. Das Gericht hat dabei auch berücksichtigt, dass das Interesse des Architekten ungeachtet der Höhe der künstlerischen Gestaltung der Schöpfung auch deshalb nicht besonders hoch zu veranschlagen war, weil das in dem Bauwerk zum Ausdruck gekommene Gepräge der individuellen schöpferischen Leistung durch die Sonnenschutzeinrichtung der Beklagten nicht verloren gehen würde. Der Charakter des Gebäudes und die Gestalt des Daches selbst wären nicht verändert worden.

93 **c) Sonstige Ansprüche.** Neben urheberrechtlichen Ansprüchen kommen vor allem aber auch Ansprüche aus ungerechtfertigter Bereicherung (§ 812 BGB) und solche aus dem UWG in Betracht.

Beispiel:

Wenn Pläne des Architekten nicht noch einmal zu einer Wiederholung verwendet werden dürfen und der Architekt eine entsprechende Zustimmung nicht erteilt hat, kann er eine Weiter- bzw. Wiederverwendung der Pläne zum Nachbau verbieten und dabei Ansprüche aus ungerechtfertigter Bereicherung geltend machen. Er ist nicht auf die Geltendmachung der Ansprüche aus dem Urheberrechtsgesetz angewiesen.

Wenn Urheberrechtsschutz nicht besteht, können die Grundsätze über den ergänzenden wettbewerbsrechtlichen Leistungsschutz herangezogen werden.[112] Im Regelfall ist aber ein Wettbewerbsverstoß nach §§ 3, 4, 8 Abs. 3 UWG schwer durchsetzbar. Dazu bedarf es zunächst einer wettbewerblichen Eigenart, die geeignet ist, die angesprochenen Verkehrskreise auf die betriebliche Herkunft oder die Besonderheiten des jeweiligen Produkts hinzuweisen. Allerdings begründet allein die Nachahmung für sich allein nicht die Unlauterkeit des Vorgehens des betreffenden Wettbewerbers. Außerhalb des Sonderrechtsschutzes gilt der Grundsatz der Nachahmungsfreiheit. Für ein unlauteres, wettbewerbswidriges Verhalten müssen zur Nachahmung besondere Umstände hinzutreten, wie sie das Gesetz nicht abschließend in § 9 Nr. 9 lit. a–c UWG aufführt.[113]

Neben Ansprüchen des Urheber-Architekten gegen den Bauherrn kommen in der Praxis auch Ansprüche des Urheber-Architekten gegen den Nachfolgearchitekten in Betracht, insbesondere wenn der Erst-Architekt behauptet, die Leistungen des Nachfolge-Architekten stellten einen Plagiat seiner Leistungen dar. Dies gilt insbesondere dann, wenn er behauptet, der Nachfolger-Architekt habe Ideen geklaut und den Entwurf bzw. die Planung des Ursprungs-Architekten „abgekupfert". In diesem Fall kommt ein Unterlassungsbegehren aus §§ 1, 14 UWG (analog), 1004 BGB in Betracht. Sollte ein Architekt

---

[111] OLG Hamm Urt. v. 21.7.1983 – 4 U 228/83 – BauR 1984, 298.

[112] BGH NJW-RR 2996, 1132; *Hefermehl/Köhler/Bornkamm* UWG, 26. Aufl. 2008, § 4 Rn. 97.

[113] *Hefermehl/Köhler/Bornkamm* UWG, 26. Aufl. 2008, § 4 Rn. 97, § 4 Rn. 9, 40.

93 **§ 26**

daneben unwahre Behauptungen in der Öffentlichkeit, insbesondere in der Presse aufstellen, kommt auch eine unerlaubte Handlung durch die Verletzung eines Schutzgesetzes gem. § 823 Abs. 2 BGB i. V. m. § 186 StGB in Betracht.

Musterantrag auf Erlass einer einstweiligen Verfügung

Landgericht
Frankfurt am Main

In Sachen
des Architekten Bodo Ballermann
Prozessbevollmächtigter: Herr Rechtsanwalt Otto Osram

g e g e n

den Architekten Fritz Teufel
Prozessbevollmächtigter: Herr Rechtsanwalt Ulf Gernegroß
wegen Unterlassung

vorläufiger Streitwert: 300.000,00 EUR

beantrage ich den Erlass folgender einstweiliger Verfügung der besonderen Eilbedürftigkeit halber ohne mündliche Verhandlung durch den Vorsitzenden allein:

1. Dem Antragsgegner wird geboten zu unterlassen, wörtlich oder sinngemäß im geschäftlichen Verkehr mit Dritten, insbesondere aber gegenüber Vertretern der Medien zu behaupten:
   a) der Entwurf des Antragstellers für den Neubau des Versicherungsgebäudes Am Opernplatz stelle ganz oder teilweise keine eigenschöpferische Leistung dar, und/oder
   b) der Entwurf erinnere „fatal" an das Ursprungskonzept des Antragsgegners und/oder
   c) die Idee der Gebäudeform erinnere an eigene Ideen des Antragsgegners und/oder
   d) der Antragsteller hätte einen „Ideenklau ersten Grades" begangen sowie
   e) jede tatsächliche Äußerung, mit der gegenüber dem Antragsteller der Vorwurf erhoben wird, in unrechtmäßiger Art und Weise Ideen und/oder Entwürfe des Antragsgegners verwertet zu haben.

2. Dem Antragsgegner wird angedroht, dass für jeden Fall der Zuwiderhandlung unter Ausschluss des Fortsetzungszusammenhangs gegen die in Ziff. 1 ausgesprochene Verpflichtung ein Ordnungsgeld bis zu 250.000,00 EUR, ersatzweise Ordnungshaft bis zu 6 Monaten oder im Wiederholungsfall Ordnungshaft bis zu 2 Jahren festgesetzt wird bzw. werden kann.

3. Der Antragsgegner hat die Kosten des Verfahrens zu tragen.

Begründung:

In der am Montag, den 16. November 1995 erschienenen Ausgabe der Frankfurter Allgemeinen Zeitung ist auf S. 7 ein Bericht des Journalisten Bernd Neugier abgedruckt, der mit der Überschrift versehen war „Ein Ideenklau ersten Grades – Streit unter Architekten".

Ich lege für den Antragsteller das Original der Ausgabe der FAZ bei. Mit den vorstehend zitierten tatsächlichen Behauptungen wird gegenüber dem Antragsteller der Vorwurf des Plagiats erhoben.

Der Antragsteller hat den Antragsgegner mit Schreiben v. 15.12.1995 abgemahnt und ihn aufgefordert, bis zum 31. Dezember 1995, 12.00 Uhr, eine der Abmahnung beigefügte Unterlassungserklärung an den Antragsteller zu senden. Diese Abmahnung nebst vorformulierter Erlassungserklärung wird als Anlage beigefügt. Innerhalb der vom Antragsteller gesetzten Frist ist weder eine Stellungnahme noch die geforderte Unterlassungserklärung eingegangen. Nach Ablauf der Frist hat sich der Prozessbevollmächtigte des Antragsgegners telefonisch legitimiert und mündlich erklärt, dass der Antragsgegner die Unterlassungserklärung nicht unterschreiben werde. Deshalb ist der Antrag auf einstweilige Verfügung zur Wahrung der vitalen Interessen des Antragstellers geboten.

Die Verhaltensweise des Antragsgegners ist rechtswidrig und verletzt die Rechte des Antragstellers aus UWG und BGB.

Der gegen den Antragsteller erhobene Vorwurf, die von ihm im Auftrag des Bauherrn erbrachten Leistungen stellten einen Plagiat der Leistungen des Antragsgegners dar, ist ein schwerwiegender Vorwurf, der eine Tatsache darstellt, die geeignet ist, den Antragsteller in den Augen Dritter herabzuwürdigen (§ 186 StGB). Hinzu kommt, dass diese Äußerung auch den Betrieb der freiberuflich ausgeübten Tätigkeit des Antragstellers zu schädigen geeignet ist (§ 3 UWG). Angesichts der besonderen Gefährlichkeit der öffentlichen Behauptung solcher Tatsachen verbietet das Gesetz die Verbreitung solcher Tatsachen, soweit sie nicht erweislich wahr sind.

Die vom Antragsgegner behaupteten Tatsachen sind unwahr. Der Antragsteller hat sich bei Erbringung seiner eigenen Leistungen nicht an den Leistungen des Antragsgegners orientiert und diese ganz oder teilweise übernommen. Der Entwurf des Antragstellers ist dem Antragsgegner überdies bereits seit Frühjahr dieses Jahres bekannt. Es ist etwas eigenartig, dass der Antragsgegner nicht versucht hat, seine angeblich beeinträchtigten Rechte gegenüber dem Antragsteller geltend zu machen, sondern über den Weg einer Veröffentlichung versucht, Rechte für sich einzufordern.

Der Antragsgegner befindet sich in der Auseinandersetzung mit dem gemeinsamen Bauherrn. Offenbar will er diese Auseinandersetzung durch öffentlichen Druck in seinem Sinne regeln und mit diesem taktischen Ziel unlautere Mittel verwenden, um auf Kosten des Antragstellers Ansprüche geltend machen zu können. Eine Wahrnehmung berechtigter Interessen angesichts scheidet angesichts des gewählten Mittels der Veröffentlichung in einer überregionalen Tageszeitung von vornherein aus.

Zum sachlichen Gehalt der Vorwürfe ist anzuführen, dass es dem Antragsgegner im vorliegenden Fall konzeptionelle bzw. statische Notwendigkeiten leider ermöglicht haben, gegenüber einem architektonisch unerfahrenen Dritten den Vorwurf des Plagiats aufzubauen. Obwohl der Entwurf des Antragstellers in jedem einzelnen Punkt eine eigenständige Leistung darstellt, die erhebliche Unterschiede zum Entwurf des Antragsgegners aufweist, bedingen planerische Grundgegebenheiten eine notwendige Verwandtschaft der Entwürfe vom Antragsteller und Antragsgegner. Immerhin hat der Antragsteller den Auftrag erhalten, das Gebäude für die BETA-Versicherung zu bauen.

Otto Osram
Rechtsanwalt

2. Prozessuale Fragen

94 **a) Zuständigkeit des Gerichts.** Urheberrechtsstreitigkeiten sind vor den Landgerichten auszutragen. Dort besteht Anwaltszwang. Sie gehören vor die Zivilkammern. Nach § 105 UrhG haben alle Bundesländer zentrale Zuständigkeiten begründet. Dementsprechend bestehen bei ausgewählten Gerichten Spezial-Kammern.

Die örtliche Zuständigkeit richtet sich nach § 32 ZPO. Danach ist örtlich das Gericht zuständig, in dessen Bezirk die unerlaubte Handlung begangen wurde. Das kann der Ort sein, an welchem Pläne verändert werden, eine Baugenehmigung unter Verletzung urheberrechtlicher Bestimmungen eingereicht wird oder wo sich das Bauwerk bzw. das Werk der Baukunst befindet. Eine solche Zuständigkeit ergibt sich jedoch nicht, wenn vertragliche Ansprüche oder solche aus ungerechtfertigter Bereicherung geltend gemacht werden. Dann ist das Gericht örtlich zuständig, an dem der Beklagte/Anspruchsgegner seinen Sitz hat.

95 Wenn neben urheberrechtlichen Ansprüchen alternativ auch vertragsrechtliche Ansprüche geltend gemacht werden sollen, muss sich der Anwalt des Klägers entscheiden, ob er die Klage der Urheberrechtskammer oder vor der „normalen" Zivilkammer einreicht. Wenn er beide Ansprüche alternativ zur Entscheidung des Gerichts stellen will, kann er nur zur „normalen" Kammer gehen. Urheberrechtskammern sind ausschließlich für urheberrechtliche Ansprüche zuständig, nicht auch für vertragliche Ansprüche.

Der Übergang im Prozess von einem urheberrechtlichen Anspruch auf einen vertragsrechtlichen Anspruch wird als Klageänderung betrachtet, die unter Umständen als nicht sachdienlich angesehen wird, weil das Urhebergericht nicht über vertragsrechtliche Ansprüche entscheiden kann.

b) Eilverfahren. Besondere Bedeutung kommt dem Eilverfahren zu; gilt es doch den Schaden so gering wie möglich zu halten und dem Verletzer nicht die Möglichkeit zu bieten, vollendete Tatsachen zu schaffen. So wird allgemein die Eilbedürftigkeit gegeben sein, wenn ein Bau unter Verletzung urheberrechtlicher Bestimmungen begonnen oder verändert wird. Der Antrag richtet sich dann auf Einstellung der angegriffenen Bau- bzw. Änderungsmaßnahme, die dezidiert dargelegt werden muss. Dies ist häufig schwierig, da der Architekt an die Genehmigungsunterlagen nicht so einfach herankommt. Ein urheberrechtlicher Verstoß durch eine Entstellung der Ursprungskonzeption kann deshalb häufig auch nicht vor der Fertigstellung der Maßnahme substantiiert dargelegt und bewiesen werden. 96

Besondere Schwierigkeiten ergeben sich im Zusammenhang mit dem Sachvortrag. Der Antragsteller muss in einem Eilverfahren, das die Beeinträchtigung seines urheberrechtlich geschützten Bauwerkes zum Gegenstand hat, vortragen, aus welchen Gründen die Planung urheberrechtsgeschützt ist und warum der behauptete Eingriff auch eine Urheberrechtsverletzung darstellt. Dabei ist es erforderlich darzulegen, worin eigentlich genau die Beeinträchtigung des Urhebers liegt. Dies ist unter Sachverständigenbeweis zu stellen, ergänzend aber durch Fotos und Pläne zu illustrieren. Gerichte setzen häufig einen Hochschulprofessor einer Architekturfakultät als Gutachter ein, dem die Leitlinien der höchstrichterlichen Rechtsprechung allerdings möglichst schriftsätzlich darzulegen sind. Andernfalls besteht die Gefahr, dass er seine Bewertung ohne diese ihm unbekannten Grundsätze vornimmt. In diesem Falle wäre das Gutachten u. U. – wegen falscher Anforderungen an den Urheberrechtsschutz – angreifbar.

Dass die Urheberrechtskammern im Allgemeinen über eine besondere Sachkunde verfügen, was auch der Sinn dieser Spezialzuweisung ist, hat die Konsequenz, dass eine oberflächliche Sachdarstellung besonders schnell scheitern und zur Klageabweisung führen kann.

Urheberrechte und urheberrechtsverwandte Leistungsschutzrechte sind ungeprüfte Schutzrechte. Es empfiehlt sich daher, vor Einleitung gerichtlicher Schritte den Anspruchsgegner abzumahnen und ggf. die Vorlage einer strafbewehrten Unterlassungserklärung zu verlangen, um die Wiederholungsgefahr begründen zu können. Vor gerichtlichen Maßnahmen sollte der Architekt den Bauherrn auffordern, eine Unterlassungs- und Verpflichtungserklärung abzugeben. Andernfalls besteht die Gefahr, dass der Bauherr den Urheberrechtsanspruch sofort anerkennt oder durch Abgabe einer sofortigen strafbewehrten Unterwerfungserklärung ein Anerkenntnis herbeiführt, so dass der Antragsteller bzw. der Urheber-Architekt die Kosten des Verfahrens übernehmen muss. 97

Unabhängig davon macht die Abmahnung den Bauherrn auch bösgläubig. Dies ist für den ein Verschulden des Bauherrn erfordernden Schadensersatzanspruch von Bedeutung. Das Verschulden des Bauherrn ist gegeben, wenn er durch die Abmahnung auf die Rechtswidrigkeit der unberechtigten Nutzung des Werks des Architekten hingewiesen wird.

Bei der Einleitung eines gerichtlichen Verfahrens im Wege der einstweiligen Verfügung muss der Architekt aber darauf achten, dass sein Antrag ausreichend konkret formuliert ist und dass er seinen Anspruch ausreichend glaubhaft machen kann. 98

Der Schwerpunkt der Ausführungen sollte deshalb auf die Sachverhaltsdarstellung gelegt werden. Es bietet sich an, anstelle von komplizierten Beschreibungen Illustrationen, Fotos oder Pläne einzureichen. Großes Gewicht sollte die Sachverhaltsdarstellung der Urheberrechtsfähigkeit des Werkes einnehmen. Dies ist nicht nur eine bloße Vorfrage, sondern der entscheidende Punkt eines Urheberrechtsprozesses.

Auch sollte größte Sorgfalt bei der Beschreibung des Streitgegenstandes an den Tag gelegt werden. Oft sind nur Teile eines Bauwerks urheberrechtsgeschützt. Insoweit sind Anträge zu beschränken.

99 Im einstweiligen Verfügungsverfahren ist hinsichtlich der Dringlichkeit anerkannt, dass ein Verfügungsgrund fehlt, wenn der Anspruchsteller nach Erlangung der Kenntnis von den maßgeblichen Umständen der drohenden Rechtsverletzung zu lange gewartet hat, bevor er die einstweilige Verfügung beantragt hat. Bei einem Zuwarten von mehr als drei Monaten kann keine Dringlichkeit mehr angenommen werden.[114]

3. Verjährung

100 Urheberrechtliche Ansprüche verjähren gem. § 102 UrhG i. V. m. §§ 195, 199 BGB in 3 Jahren von dem Zeitpunkt an, an dem der Berechtigte (Gläubiger) von den anspruchsbegründenden Umständen und der Person des Schuldners (Verpflichteten) Kenntnis erlangt oder ohne grobe Fahrlässigkeit erlangen müsste. Die Verjährung beginnt nicht schon mit der bloßen Befürchtung, dass eine Urheberrechtsverletzung vorliegt.

[114] OLG Stuttgart, Beschl. v. 11.8.2010 – 4 U 106/10.

§ 27 Die Berufshaftpflichtversicherung von Architekten und Ingenieuren

Schrifttum: *Beckmann/Matusche-Beckmann*, Versicherungsrechts-Handbuch, 2. Aufl., 2009; *Bindhardt/Jagenburg*, Die Haftung des Architekten, 8. Aufl. 1981; *Garbes*, Die Haftpflichtversicherung der Architekten/Ingenieure, Schriftenreihe Versicherungsforum, 4. Aufl. 2011; *Korbion/Mantscheff/Vygen*, HOAI, 8. Aufl., 2013; *Langheid/Wandt*, Münchener Kommentar zum VVG, Band 1, 2010; Band 2, 2011, zit. Münchener Kommentar; Lauer/Wurm, Haftung des Architekten und Bauunternehmers, 6. Aufl. 2012; *Littbarski*, AHB, Kommentar Allgemeine Versicherungsbedingungen für die Haftpflichtversicherung (AHB), 2001; *Looschelders/Pohlmann*, VVG-Kommentar, 2. Aufl., 2011; *Löffemann/Fleischmann*, Architektenrecht, 6. Aufl. 2012; *Motzke/Bauer/Seewald*, Prozesse in Bausachen, Versicherungsrecht, 2. Aufl. 2014; Motzke/Preussner/Kehrberg (Hrsg.), Die Haftung des Architekten, 10. Aufl., 2015; *Terbille/Höra*, Münchener Anwaltshandbuch Verssicherungsrecht, 3. Aufl. 2013; *Neuenfeld/Baden*, Handbuch des Architektenrechts, Band 1, 3. Aufl., Januar 1999, Teil IX, Versicherungsrecht; *Pölss/Martin*, Versicherungsvertragsgesetz, 28. Aufl. 2010, teilweise noch 26. Aufl. zitiert unter Zusatzangabe der 26. Aufl.; *Römer/Langheid*, VVG, 2014; Rüffer/Halbach/Schimikowski, Versicherungsvertragsgesetz, 2. Aufl. 2011; *Schimikowski*, Versicherungsvertragsrecht, 5. Aufl. 2014; *Schmalzl/Krause-Allenstein*, Berufshaftpflichtversicherung des Architekten und Bauunternehmers, 2. Aufl. 2006; *Schwintowski/Brömelmeyer*, Praxiskommentar zum Versicherungsrecht, 2. Aufl. 2010; *Späte*, Haftpflichtversicherung, Kommentar zu den Allgemeinen Versicherungsbedingungen für die Haftpflichtversicherung (AHB), 1993; *Terbille/Höra*, Münchener Anwaltshandbuch Versicherungsrecht, 3. Aufl. 2013; *Werner/Pastor*, Der Bauprozess, 14. Aufl. 2013.

Übersicht

Vorbemerkung

1 Architekten und Ingenieure werden weitaus häufiger als andere Berufsgruppen wegen Fehlern bei der Erbringung ihrer Leistung haftbar gemacht. Dies ist zum einen Folge der Rechtsprechung, welche die Anforderungen an die Architekten immer höher schraubt, insbesondere seit der Entscheidung des BGH, wonach der Architekt grundsätzlich mit den übrigen am Bau beteiligten Unternehmern gesamtschuldnerisch haften kann.[1] Zwar steht dem Bauherrn bei gesamtschuldnerischer Haftung ein Anspruch auch gegen die übrigen Gesamtschuldner zu. Dieser ist jedoch wertlos, sofern diese vermögenslos oder

[1] BGH Urt. v. 19.12.1968 – VII ZR 23/66 BGHZ 51, 275, 278.

insolvent sind, was dazu führt, dass der Bauherr sogleich den Architekten verklagt, da hinter diesen nach Einführung der Pflicht zum Abschluss einer Berufshaftpflichtversicherung zumindest dessen solventer Versicherer steht. Die heute zu beobachtende Konsequenz aus der gesamtschuldnerischen Haftung des Architekten verbunden mit dessen Verpflichtung zum Abschluss einer Berufshaftpflichtversicherung hat der Verfassungsgerichtshof Belgien bereits 2007 voraus gesehen wie folgt: *„Die gesetzliche Verpflichtung von Architekten als einziger Berufsgruppe im Baugewerbe, eine Berufshaftpflichtversicherung abzuschließen, begründet die Gefahr, bei gesamtschuldnerischer Haftung mehr als andere Berufsgruppen haftbar gemacht zu werden. Für diesen Behandlungsunterschied besteht keine objektive und vernünftige Rechtfertigung."*[2] Der Nachweis einer Haftpflichtversicherung als Voraussetzung für die Ausübung des Berufs des Architekten nach den Architektengesetzen der Länder[3] hat in erheblichem Maße zu einer wahren Prozessflut gegen Architekten geführt.

Zum anderen sind Architekten und Ingenieure neben berechtigten Ansprüchen auch häufig dem allgemein gewachsenen Anspruchsdenken ausgesetzt. Nicht selten geht es um Forderungen in existenzbedrohender Höhe. Bauherren, Architekten und ihre Berater müssen wenigstens die Grundzüge der Haftpflichtversicherung von Architekten und Ingenieuren kennen, um Fehler bei der Vertragsgestaltung und bei der Bearbeitung von Schadenersatzansprüchen zu vermeiden. 2

I. Grundlagen der Haftpflichtversicherung

1. Gesetzliche Grundlage: VVG

Wie für jeden Versicherungsvertrag ist das Versicherungsvertragsgesetz (VVG) gesetzliche Grundlage der Architektenhaftpflichtversicherung. Das VVG wurde am 1.1.2008 grundlegend reformiert.[4] Dies war notwendig geworden wegen der erforderlichen Anpassung an die Änderungen des Schuldrechtsmodernisierungsgesetzes vom 1.1.2002 und der Versicherungsrichtlinie der Europäischen Union unter Fortsetzung der Deregulierung der Versicherungszweige.[5] Die §§ 1 bis 73 VVG enthalten Vorschriften für alle Versicherungszweige. Da es sich bei der Architektenhaftpflichtversicherung um eine Schadensversicherung handelt, gelten ferner die §§ 77 bis 80 und 82 VVG. Im Teil 2 Einzelne Versicherungszweige zweiter Abschnitt des VVG regeln die §§ 100 bis 112 die allgemeine Haftpflichtversicherung und die §§ 113 bis 124 die Pflichtversicherung. 3

2. Allgemeine vertragliche Grundlagen

a) Allgemeine Versicherungsbedingungen für die Haftpflichtversicherung (AHB). Die allgemeine vertragliche Grundlage für die Haftpflichtversicherung sind die Allgemeinen Versicherungsbedingungen für die Haftpflichtversicherung (AHB). Die AHB sind Allgemeine Geschäftsbedingungen. Sie erlangen ihre Geltung nur durch eine wirksame Einbeziehung in den Versicherungsvertrag.[6] Die AHB verdrängen das VVG, soweit sie Vorgänge in gesetzlich erlaubter Weise abweichend regeln. Die zuletzt im Februar 2014 geänderten und bekannt gegebenen AHB des Gesamtverbands der Deutschen Versicherungswirtschaft (GDV) sind unverbindlich. Es ist daher stets zu prüfen, welche AHB dem Versicherungsvertrag des Architekten zugrunde liegen. Grundsätzlich ist diejenige Fassung der AHB auf den Versicherungsvertrag anzuwenden, die bei Abschluss des Vertrags zugrunde lag, da Änderungen der Allgemeinen Versicherungsbedingungen und damit auch der AHB im laufenden Vertrag nur dann wirksam einbezogen sind, wenn dies 4

[2] Verfassungsgerichtshof Belgien Urt. v. 12.7.2007 – 100/2007 –.
[3] Länderübersicht der gesetzlichen Versicherungspflichten in *Garbes, Anhang,* S. 202 ff.
[4] BGBl, I 2007, 2631.
[5] *Kummer* in Terbille/Höra § 12 Rn. 4 a.
[6] *Schmalzl/Krause-Allenstein* Rn. 12.

rechtsgeschäftlich zwischen dem Versicherer und dem Versicherungsnehmer vereinbart wird.[7]

5 **b) Besondere Bedingungen und Risikobeschreibungen (BBR).** Die besondere vertragliche Ausgestaltung der Architektenhaftpflichtversicherung erfolgt durch die „Besonderen Bedingungen und Risikobeschreibungen für die Berufshaftpflichtversicherung von Architekten, Bauingenieuren und beratenden Ingenieuren" (BBR oder BBR/Arch). Die BBR gehen den AHB vor. Vor der Deregulierung des Versicherungswesens verwendeten alle Versicherer identische BBR, die zum Teil durch das Bundesaufsichtsamt für das Versicherungswesen genehmigt werden mussten.[8] Seit der Deregulierung des Versicherungswesens sind die Versicherer dazu übergegangen, die vom GDV empfohlenen BBR abzuändern und zu ergänzen. Im Streitfalle können nicht mehr wie früher einfach die "Musterbedingungen" zugrunde gelegt werden. Vielmehr muss von den jeweils in dem konkreten Vertrag vereinbarten Bedingungen ausgegangen werden. Änderungen Allgemeiner Geschäftsbedingungen können nur durch ausdrückliche Vereinbarung der Parteien rechtgeschäftlich wirksam vereinbart werden. Das gilt nicht nur für die ursprüngliche Einbeziehung Allgemeiner Geschäftsbedingungen wie der BBR, sondern auch für Änderungsvereinbarungen[9] und für Altverträge sogar für die Umstellung auf das neue VVG.[10]

6 Bis zu der Deregulierung des Versicherungswesens fand ein Wettbewerb zwischen den Versicherern nur über die Höhe der Versicherungsprämien statt. Seit dem Wegfall des Rechtszwangs einheitlicher Vertragsgestaltung durch das VAG im Jahre 1994 findet ein Bedingungswettbewerb statt. Wenn ein Architekt eine Berufshaftpflichtversicherung erstmals abschließt oder einen Versichererwechsel plant, sollte er neben den Prämien insbesondere auch die unterschiedlichen Bedingungen vergleichen.

Die wichtigsten Muster-BBR des GDV Stand April 2011 werden im Folgenden dargestellt.

3. Individuelle Vereinbarungen: Versicherungsantrag/Versicherungsschein

7 Die individuellen Vereinbarungen im Versicherungsschein gehen den BBR beziehungsweise den AHB vor und ergänzen diese.[11] Als Vorlage für den Versicherungsschein dient der vom Architekten ausgefüllte Antrag samt Anlagen mit den notwendigen Angaben über Art und Umfang der zu versichernden Tätigkeit, Beginn und Ende des Versicherungsschutzes, Höhe der Versicherungssummen, der Vereinbarung der Selbstbeteiligung usw. Im Versicherungsschein finden sich nicht selten nur für diesen Vertrag ausgehandelte Regelungen. Von der Möglichkeit individueller Vereinbarungen machen insbesondere spezialisierte Makler Gebrauch, um für ihre Kunden für deren Bedarf maßgeschneiderte Verträge abzuschließen. Für die Bearbeitung von Schadensfällen ist es deshalb erforderlich zu prüfen, ob im Versicherungsschein individuelle Deckungserweiterungen oder Deckungseinschränkungen dokumentiert sind. Bei diesen sog. *Maklerwordings* handelt es sich grds. um ausgehandelte Bedingungswerke, die nicht dem AGB-Recht unterliegen.[12]

8 Wenn ein Versicherungsschein abhanden gekommen ist, kann der Versicherungsnehmer gem. § 3 Abs. 3 VVG vom Versicherer gegen Kostenerstattung die Ausstellung einer Ersatzurkunde verlangen. Alle Unterlagen, auf die im Versicherungsschein Bezug genommen wird, sind Bestandteil des Versicherungsscheins.[13] Somit können neben dem Versicherungsschein selbst auch die zum Zeitpunkt des Abschlusses des Vertrages einbe-

[7] BGH Urt. v. 23.2.1977 – IV ZR 75/76 VersR 1977, 446; *Schimikowski* Rn. 17 ff.
[8] *Schimikowski,* Rn. 19.
[9] *Schimikoski* Rn. 27 f.
[10] BGH Urt. v. 12.10.2011 – IV ZR 199/10 VersR 2011, 1550.
[11] *Schmalz/Krause-Allenstein* Rn. 127.
[12] BGH Beschl. v. 22.7.2009 – IV ZR 74/08 r+s 2010, 100; *Schimikoski* r–s 2012, 577.
[13] *Römer,* Schriftenreihe der AG Verkehrsrecht im DAV Homburger Tage 2000, 23.

zogenen AHB und BBR über § 3 Abs. 3 VVG vom Versicherungsnehmer oder seinem Bevollmächtigten beschafft werden. § 3 Abs. 4 VVG gibt dem Versicherungsnehmer ferner das Recht, jederzeit Abschriften der Erklärungen zu fordern, die er im Bezug auf den Vertrag abgegeben hat.

Im Zuge von Fusionen oder der Aufgabe bestimmter Versicherungsparten durch Versicherungsgesellschaften, wozu wegen negativer Schadensverläufe insbesondere die Haftpflichtversicherung für Architekten gehört, können sich jedoch Probleme bei der Beschaffung älterer Vertragsunterlagen ergeben. Daher ist jedem Versicherungsnehmer dringend anzuraten, sämtliche Unterlagen des Schriftwechsels mit dem Versicherer chronologisch sortiert im Original aufzubewahren. 9

II. Wichtige Vorschriften des VVG

Das VVG wurde nach kontroversen Beratungen zum 1.1.2008 umfassend reformiert. Diese Reform war notwendig geworden, um den Verbraucherschutz zu verbessern, das VVG den Änderungen durch das Schuldrechtsmodernisierungsgesetz anzupassen und um die dritte Generation der Versicherungsrichtlinien der Europäischen Union umzusetzen. 10

Die nachfolgende Darstellung befasst sich vor allem mit den wesentlichen Neuerungen des VVG n. F.

1. Verjährung, Hemmung der Verjährung der Verjährungsfrist von Ansprüchen aus dem Versicherungsvertrag und die Anzeigeobliegenheit im Versicherungsfall

§ 15 VVG Hemmung der Verjährung

Ist ein Anspruch aus dem Versicherungsvertrag beim Versicherer angemeldet worden, ist die Verjährung bis zu dem Zeitpunkt gehemmt, zu dem die Entscheidung des Versicherers dem Anspruchsteller in Textform zugeht.

a) Verjährung der Ansprüche aus dem Versicherungsvertrag/Wegfall der besonderen Klagefrist. Die Verlängerung der bislang geltenden 2-Jahres-Frist der Verjährung von Deckungsansprüchen gemäß § 12 Abs. 1 VVG a. F. sowie der Wegfall der Klagefrist gemäß § 12 Abs. 3 VVG a. F. ist ein echter Gewinn für den Versicherungsnehmer. Denn nach § 12 Abs. 3 a. F. war der Versicherer leistungsfrei, wenn der versicherte Architekt nicht binnen nur sechs Monaten nach Deckungsablehnung des Versicherers Klage gegen den Versicherer erhoben hat.[14] 11

Die Verjährungsfrist für Ansprüche gegenüber der Haftpflichtversicherung beträgt nunmehr gemäß § 195 BGB drei Jahre beginnend mit dem Schluss desjenigen Jahres, in dem der Anspruch entstanden ist (§ 199 Abs. 1 Nr. 1 BGB) und der Gläubiger von den Anspruch begründenden Umständen und der Person des Schuldners Kenntnis erlangt oder ohne grobe Fahrlässigkeit erlangen müsste (§ 199 Abs.1 Nr. 2). Oder kurz gesagt: Die Verjährung beginnt mit der Fälligkeit des Anspruchs.[15] In der nachfolgenden Behandlung der Anzeigeobliegenheit des versicherten Architekten wird der für den Verjährungsbeginn entscheidende Zeitpunkt der Entstehung des Anspruchs aus dem Versicherungsvertrag ausführlich behandelt. Subjektive Voraussetzung für den Verjährungsbeginn ist jedenfalls, dass der Versicherungsnehmer den Sachverhalt in seinen Grundzügen kennt und weiß, dass erhebliche Anhaltspunkte für seine Inanspruchnahme bestehen.[16] 12

In jedem Fall ist die subjektive Voraussetzung der Kenntnis um einen möglichen Versicherungsfall gegeben bei Inanspruchnahme des Versicherten durch einen Dritten.[17]

---

[14] Zur alten Rechtslage gemäß § 12 VVG a. F. vor der VVG-Reform *Ziller* in der Erstauflage Rn. 7 ff.

[15] BGH Urt. v. 14.4.1999 – IV ZR 197/98 – VersR 1999, 706.

[16] *Rixecker* in Römer/Langheid § 15, Rn. 4.

[17] OLG Hamm Urt. v. 22.12.1982, – 20 U 131/79 – VersR 1983, 1121.

b) Hemmung der Verjährung der Ansprüche aus dem Versicherungsvertrag

§ 15 VVG Hemmung der Verjährung

Ist ein Anspruch aus dem Versicherungsvertrag beim Versicherer angemeldet worden, ist die Verjährung bis zu dem Zeitpunkt gehemmt, zu dem die Entscheidung des Versicherers dem Anspruchsteller in Textform zugeht.

13 In § 15 VVG ist die Hemmung der Verjährung der Ansprüche des Versicherungsnehmers gegen den Versicherers aus dem Versicherungsvertrag geregelt. Die Verjährung ist bis zu dem Zeitpunkt gehemmt, zu dem nach Meldung des Versicherungsfalls beim Versicherer dessen Entscheidung über den gemeldeten Vorfall beim versicherten Architekten in Textform zugeht.

14 **c) Anzeigeobliegenheit des versicherten Architekten/Schadensanzeige.** Die §§ 30 und 104 VVG verlangen vom versicherten Architekten, dass dieser seinem Versicherer eine Inanspruchnahme frühzeitig anzeigt.

§ 30 VVG Anzeige des Versicherungsfalles

(1) Der Versicherungsnehmer hat den Eintritt des Versicherungsfalles, nachdem er von ihm Kenntnis erlangt hat, dem Versicherer unverzüglich anzuzeigen. Steht das Recht auf die vertragliche Leistung des Versicherers einem Dritten zu, ist auch dieser zur Anzeige verpflichtet.

(2) Auf eine Vereinbarung, nach welcher der Versicherer im Fall der Verletzung der Anzeigepflicht nach Absatz 1 Satz 1 nicht zur Leistung verpflichtet ist, kann sich der Versicherer nicht berufen, wenn er auf andere Weise vom Eintritt des Versicherungsfalles rechtzeitig Kenntnis erlangt hat.

§ 104 VVG Anzeigepflicht des Versicherungsnehmers

(1) Der Versicherungsnehmer hat dem Versicherer innerhalb einer Woche die Tatsachen anzuzeigen, die seine Verantwortlichkeit gegenüber einem Dritten zur Folge haben könnten. Macht der Dritte seinen Anspruch gegenüber dem Versicherungsnehmer geltend, ist der Versicherungsnehmer zur Anzeige innerhalb einer Woche nach der Geltendmachung verpflichtet.

(2) Wird gegen den Versicherungsnehmer ein Anspruch gerichtlich geltend gemacht, Prozesskostenhilfe beantragt oder wird ihm gerichtlich der Streit verkündet, hat er dies dem Versicherer unverzüglich anzuzeigen. Dies gilt auch, wenn gegen den Versicherungsnehmer wegen des den Anspruch begründenden Schadensereignisses ein Ermittlungsverfahren eingeleitet wird.

(3) Zur Wahrung der Fristen nach den Absätzen 1 und 2 genügt die rechtzeitige Absendung der Anzeige. § 30 Absatz 2 ist entsprechend anzuwenden.

15 Eine Inanspruchnahme des Architekten liegt jedenfalls dann vor, wenn der Gläubiger gerichtliche Schritte unternommen hat. Dazu zählt jede Form der Klageerhebung, die Zustellung eines Mahnbescheides, eines Arrestes, einer einstweiligen Verfügung, eines Antrags auf Prozesskostenhilfe, einer Streitverkündung[18], einer Aufrechnung oder Hilfsaufrechnung.[19] Die Einleitung eines selbstständigen Beweisverfahrens ist jedoch nicht zwingend als fälligkeitsbegründendes Geltendmachen eines Haftpflichtanspruchs zu qualifizieren. Ob bereits durch Einleitung eines selbstständigen Beweisverfahrens das ernsthafte Geltendmachen eines Haftpflichtanspruchs gegen den Versicherungsnehmer zu sehen ist, welches die Fälligkeit des Deckungsanspruchs in der Haftpflichtversicherung begründet, hängt von den Umständen des Einzelfalls ab und kann nicht anhand des für Anzeigepflichten des VN geltenden Maßstabs des VVG beantwortet werden.[20]

16 Es genügt jedoch für eine Inanspruchnahme die außergerichtliche Aufforderung zur Zahlung von Schadensersatz oder zur Abgabe eines Anerkenntnisses der Schadensersatzpflicht.[21] Es kann auch genügen, dass dem Architekten ein Sachverständigengutachten übersandt wird, aus welchem sich bestimmte Planungsfehler ergeben.[22]

---

[18] BGH Urt. v. 21.5.2003 – IV ZR 209/02 – NJW 2003, 2376.

[19] *Rixecker* in Römer/Langheid § 15, Rn. 3, 6.

[20] BGH Urt. v. 9.6.2004 – IV ZR115/03 – VersR 2004, 1043.

[21] *Lücke* in Prölss/Martin § 100, Rn. 14.

[22] OLG Hamm Urt. v. 22.12.1982, VersR 1983, 1121.

In jeden Fall sollte der versicherte Architekt sicherheitshalber jeden noch so vagen Hinweis eines Dritten auf seine mögliche Inanspruchnahme seinem Versicherer mitteilen, um dem Ablauf einer möglichen kurzen regelmäßigen 3jährigen Verjährungsfrist seiner Ansprüche gegen seinen Versicherer vorzubeugen. Dies gilt auch im Falle der Einleitung eines selbstständigen Beweisverfahrens gegen den Architekten. Denn aufgrund der zu beobachtenden Verfahrenszunahme kann nicht ausgeschlossen werden, dass der BGH seine Meinung in einer erneuten Entscheidung ändert und die Einleitung eines Beweisverfahrens als ernsthaftes Geltendmachen eines Haftpflichtanspruchs gegen den Versicherungsnehmer qualifiziert. Zudem hängt die Entscheidung für oder gegen eine Informationspflicht und damit dem Verjährungsbeginn von den Umständen des Einzelfalls ab, was umso mehr die Gefahr des Fristbeginns in sich birgt. Meldet der versicherte Architekt den Schaden nicht direkt seinem Versicherer, sondern seinem Makler, hat er seiner Schadenanzeigepflicht genügt.[23] 17

2. Die quotale Haftung des Versicherers bei Obliegenheitsverletzungen des versicherten Architekten: Das Ende des Alles-oder-nichts-Prinzips

§ 28 VVG Verletzung einer vertraglichen Obliegenheit 18

(1) Bei Verletzung einer vertraglichen Obliegenheit, die vom Versicherungsnehmer vor Eintritt des Versicherungsfalles gegenüber dem Versicherer zu erfüllen ist, kann der Versicherer den Vertrag innerhalb eines Monats, nachdem er von der Verletzung Kenntnis erlangt hat, ohne Einhaltung einer Frist kündigen, es sei denn, die Verletzung beruht nicht auf Vorsatz oder auf grober Fahrlässigkeit.

(2) Bestimmt der Vertrag, dass der Versicherer bei Verletzung einer vom Versicherungsnehmer zu erfüllenden vertraglichen Obliegenheit nicht zur Leistung verpflichtet ist, ist er leistungsfrei, wenn der Versicherungsnehmer die Obliegenheit vorsätzlich verletzt hat. Im Fall einer grob fahrlässigen Verletzung der Obliegenheit ist der Versicherer berechtigt, seine Leistung in einem der Schwere des Verschuldens des Versicherungsnehmers entsprechenden Verhältnis zu kürzen; die Beweislast für das Nichtvorliegen einer groben Fahrlässigkeit trägt der Versicherungsnehmer.

(3) Abweichend von Absatz 2 ist der Versicherer zur Leistung verpflichtet, soweit die Verletzung der Obliegenheit weder für den Eintritt oder die Feststellung des Versicherungsfalles noch für die Feststellung oder den Umfang der Leistungspflicht des Versicherers ursächlich ist. Satz 1 gilt nicht, wenn der Versicherungsnehmer die Obliegenheit arglistig verletzt hat.

(4) Die vollständige oder teilweise Leistungsfreiheit des Versicherers nach Absatz 2 hat bei Verletzung einer nach Eintritt des Versicherungsfalles bestehenden Auskunfts- oder Aufklärungsobliegenheit zur Voraussetzung, dass der Versicherer den Versicherungsnehmer durch gesonderte Mitteilung in Textform auf diese Rechtsfolge hingewiesen hat.

(5) Eine Vereinbarung, nach welcher der Versicherer bei Verletzung einer vertraglichen Obliegenheit zum Rücktritt berechtigt ist, ist unwirksam.

Vor der Reform des VVG führte eine Obliegenheitsverletzung des versicherten Architekten gem. § 6 VVG a. F. zur Leistungsfreiheit des Versicherers. Für das voraus gesetzte Verschulden des Versicherten, genügte einfache Fahrlässigkeit des Versicherungsnehmers hinsichtlich seiner Obliegenheitsverletzung. War diese Voraussetzung erfüllt, konnte der Versicherer den Versicherungsvertrag innerhalb eines Monats kündigen und war damit leistungsfrei.[24]

Im Gegensatz dazu bleibt gemäß § 28 VVG eine einfach fahrlässig begangene Obliegenheitsverletzungen vor Eintritt des Versicherungsfalls folgenlos. Bei vorsätzlichem Verhalten des Versicherungsnehmers bleibt es bei der Leistungsfreiheit des Versicherers. 19

Bei grober Fahrlässigkeit kann nach § 28 Absatz 2 VVG nur ein der Schwere des Verstoßes des versicherten Architekten angemessener Teil der Leistung vom Versicherer abgezogen werden.

[23] *Vogelsang* in Motzke/Bauer/Seewald § 11 Rn. 38).
[24] BGH Urt. v. 17.10.1966 – II ZR 123/64 – VersR 1966, 1150.

20 Dass mit dieser notwendigen Quotenbildung die Gerichte vor erhebliche Probleme gestellt werden, nimmt der Gesetzgeber bewusst in Kauf.[25] Die Beweislast für das Nichtvorliegen grober Fahrlässigkeit liegt gem. § 28 Absatz 2 Halbsatz. 2 VVG beim Versicherungsnehmer.

21 Die Beweislast für Vorsatz liegt ebenfalls beim Versicherer, genauso wie diejenige für die Höhe der Abzugsquote. Abweichend von der bisherigen Rechtslage ist die Kündigung durch den Versicherer nicht Voraussetzung für seine volle oder teilweise Leistungsfreiheit bei Verletzung einer vorvertraglichen Obliegenheit.[26]

22 Abweichend zu den vorgenannten Regelungen ist der Versicherer nach § 28 Absatz 3 VVG auch dann zur Leistung verpflichtet, wenn die Verletzung weder für den Eintritt, noch für die Feststellung des Versicherungsfalls, noch für die Feststellung oder den Umfang der Leistungspflicht des Versicherers ursächlich ist.

Für die fehlende Ursächlichkeit ist der Versicherungsnehmer beweispflichtig.

23 Der Kausalitätsbeweis wird jedoch nur dann gelingen, wenn der versicherte Architekt darlegen kann, dass die auf der Obliegenheitsverletzung beruhende Gefahrerhöhung ohne Bedeutung für das Schadensereignis war oder für den Fall, dass der Eintritt des Schadensereignisses ein unabwendbares Ereignis darstellt. Daher wird dieser Nachweis wohl die Ausnahme bleiben.[27] Diese Ausnahme gilt allerdings dann nicht, wenn der Versicherte arglistig gehandelt hat, § 28 Absatz 3 Satz 2 VVG.

24 Nach dem alten VVG wurde hinsichtlich der Rechtsfolgen der Verletzung von Obliegenheiten danach unterschieden, ob es sich um solche handelte, die vor oder nach Eintritt des Versicherungsfalls zu erfüllen waren. Diese Unterscheidung fällt zukünftig auf Grund der damit verbundenen „unnötigen Komplizierung" weg.[28]

Ergänzend sei darauf hingewiesen, dass sich die Regelung der Folgen einer Obliegenheitsverletzung in § 28 VVG auch für die Folgen bei Gefahrerhöhung durch den Versicherungsnehmer findet in § 26 VVG.

25 Eine Entscheidung des BGH von erheblicher Tragweite für Versicherungsnehmer erging zum Thema des § 28 VVG wegen der Unwirksamkeit von Regelungen über die Verletzung vertraglicher Obliegenheiten in nicht angepassten Verträgen, was auch im Zusammenhang mit der bereits zuvor behandelten Einbeziehung sämtlicher vertraglicher Grundlagen beachtenswert ist.

26 Nachdem zum 1.1.2008 das neue VVG in Kraft getreten war, mit zugunsten der Versicherten weitreichenden Änderungen gegenüber dem alten Recht, oblag es dem Versicherer, vor dem 1.1.2008 abgeschlossene Alt-Verträge auf die neuen Regelungen im Versicherungsvertragsgesetz bis zum 1.1.2009 umzustellen nach Artikel 1 Absatz 3 EGVVG.

27 In dem durch den BGH entschiedenen Fall hatte ein Wohngebäudeversicherer die Regelungen in dem zugrunde liegenden Versicherungsvertrag noch nicht an das neue Recht angepasst. Wegen eines im Jahre 2009 entstandenen Leitungswasserschadens verneinte der Versicherer gegenüber dem Versicherungsnehmer die Eintrittspflicht mit der Begründung, der Leitungswasserschaden sei durch Verletzung der Obliegenheit zur Entleerung von Leitungen bei längerer Abwesenheit in Gebäuden entstanden.

28 Während nach altem Recht bei grober Fahrlässigkeit der Versicherer von der Leistung vollständig frei war, sieht § 28 VVG n. F. vor, dass sich der Grad der Leistungspflicht nach der Schwere des Verschuldens des Versicherungsnehmers bemisst, also nicht von vornherein eine vollständige Leistungsfreiheit gegeben ist. Der BGH führt aus, dass die fehlende Anpassung der Regelungen im Versicherungsvertrag an diese Neuregelung des § 28 VVG dazu führe, dass die Regelung unwirksam und der Versicherer zur vollen Leistung verpflichtet sei. Das Argument des Versicherers, wegen der Leistungsbeschränkung könne er

---

[25] BT-Dr 16/3945, S. 69.

[26] BT-Dr 16/3945, a.a.O.

[27] BGH Urt. v. 1.3.1972 – IV ZR 107/70 VersR 1972, 530; *Maier* r+s 2007, 89, 91.

[28] BT-Dr 16/3945.

sich auf die gesetzliche Regelung in § 28 Absatz2 VVG n. F. berufen, es bedürfe also keiner vertraglichen Regelung, ließ der BGH nicht gelten. Denn die Regelung in § 28 Absatz 2 Satz 2 VVG n. F. setze voraus, dass sowohl eine vertragliche **Vereinbarung** einer Obliegenheit als auch eine wirksame **Vereinbarung** einer Rechtsfolge im Falle deren Verletzung im Versicherungsvertrag erfolgt sei, was wegen des Vorgesagten nicht angenommen werden konnte.[29]

Allerdings kann sich eine teilweise Leistungsfreiheit aus § 81 Absatz 2 VVG n. F. ergeben, wenn der Versicherungsnehmer den Versicherungsfall grob fahrlässig herbeigeführt hat. Diese Rechtsprechung des BGH ist bereits von den Obergerichten übernommen worden.[30] **29**

a) Der Leistungsausschluss wegen vorsätzlicher Herbeiführung des Versicherungsfalls **30**

§ 81 VVG Herbeiführung des Versicherungsfalles

(1) Der Versicherer ist nicht zur Leistung verpflichtet, wenn der Versicherungsnehmer vorsätzlich den Versicherungsfall herbeiführt.

(2) Führt der Versicherungsnehmer den Versicherungsfall grob fahrlässig herbei, ist der Versicherer berechtigt, seine Leistung in einem der Schwere des Verschuldens des Versicherungsnehmers entsprechenden Verhältnis zu kürzen.

§ 103 VVG Herbeiführung des Versicherungsfalles

Der Versicherer ist nicht zur Leistung verpflichtet, wenn der Versicherungsnehmer vorsätzlich und widerrechtlich den bei dem Dritten eingetretenen Schaden herbeigeführt hat.

§ 81 VVG normiert den Leistungsausschluss für die vorsätzliche Herbeiführung des Versicherungsfalles durch den Versicherungsnehmer. Der Versicherer ist leistungsfrei, wenn der versicherte Architekt den Versicherungsfall vorsätzlich herbeiführt.

Führt er den Versicherungsfall grob fahrlässig herbei, ist der Versicherer nach § 81 Absatz 2 VVG ggf. in Verbindung mit den BBR/Arch, den bereits angesprochenen und nachfolgen näher behandelten Besonderen Bedingungen und Risikobeschreibungen für die Berufshaftpflichtversicherung von Architekten, berechtigt, seine Leistung in einem der Schwere des Verschuldens des Versicherungsnehmers entsprechenden Verhältnis zu kürzen.

Hiervon abzugrenzen ist die sog. „Pflichtwidrigkeitsklausel" iSv A Ziffer 4.6 BRR/Arch, wonach Ansprüche wegen Schäden ausgeschlossen sind, die der Versicherungsnehmer durch ein bewusst gesetz-, vorschrifts- oder sonst pflichtwidriges Verhalten, das in einem Tun oder Unterlassen gesehen werden kann,[31] verursacht hat. **31**

Bezüglich einer Definition des Begriffs der „Obliegenheit" und „Risikoausschluss" ist der Gesetzgeber noch nicht tätig geworden, weshalb es insoweit bei der bisherigen Rechtsprechung verbleibt.[32] Die Abgrenzung der Obliegenheitsverletzung von Risikoausschlüssen hat nicht nach dem Wortlaut oder der Stellung der Klausel im Versicherungsvertrag zu erfolgen, sondern vielmehr nach der Frage, was der Versicherer mit der Regelung im Versicherungsvertrag materiell zu erfassen versuchte. **32**

Indiz für einen Risikoausschluss sind Regelungen, die das versicherte Risiko „objektiv" begrenzen, während Obliegenheiten auf ein bestimmtes und erfassbares vorbeugendes Verhalten des Versicherten abstellen und die Einhaltung des Verhaltens einfordern. Bei Übertretungen im Hinblick auf dieses einzuhaltende „Norm-Verhalten" können daher die Regelungen der Leistungseinschränkung iSv § 28 VVG n. F. eingreifen. **33**

---

[29] BGH Urt. v. 12.10.2011 – IV ZR 199/10 NJW 2012, 217.

[30] OLG Brandenburg Urt. v. 9.10.2012 – 11 U 172/11 NJW-RR 2013, 870; OLG Hamm Urt. v. 27.4.2012 – I-20 U 144/11 VersR 2013, 101.

[31] Zur Abgrenzung *Therstappen* AnwBl 2014, 182 f.

[32] BGH Urt. v. 16.6.2004 – IV ZR 204/03 NJW-RR 2002; 1259.

34 Die in den §§ 81 Absatz 2, 103 VVG enthaltene Regelung der quotalen Haftung normiert die sog. **Relevanzrechtsprechung,** wonach dem Versicherer bei einer folgenlosen Verletzung von Aufklärungs- oder Schadensminderungspflichten des Versicherungsnehmers die Berufung auf eine Haftungsfreistellung verwehrt ist.[33]

35 **b) Beweislast.** Die Beweislast für die Schwere des Verschuldens bei grober Fahrlässigkeit obliegt dem Versicherer, da er seine „zu erbringenden Leistungen" bewertet. Bei offensichtlichem Fehlen eines Verschuldens des Versicherungsnehmers ist dies vom Gericht zu berücksichtigen. Problematisch ist hierbei die Frage des Anscheinsbeweises. Denn grundsätzlich kann die beweisbelastete Partei im Prozess vortragen, es liege der Anschein eines typischen Verlaufs als Basis des vorläufigen Beweises vor, so dass geringere Anforderungen an die Beweisführung zu stellen sind. Der Prozessgegner sollte in diesen Fällen prüfen, ob ein atypischer Geschehensablauf vorliegt, so dass die ursprüngliche Beweislastsituation wieder hergestellt ist.[34] Der Versicherer wird nicht leistungsfrei, wenn die Obliegenheitsverletzung weder für den Eintritt des Versicherungsfalls noch für dessen Feststellung ursächlich ist, siehe § 28 Absatz 3 VVG.

3. Die Prämienzahlung: Erstprämie und Folgeprämie

36 **a) Erstprämie**

§ 37 VVG Zahlungsverzug bei Erstprämie

(1) Wird die einmalige oder die erste Prämie nicht rechtzeitig gezahlt, ist der Versicherer, solange die Zahlung nicht bewirkt ist, zum Rücktritt vom Vertrag berechtigt, es sei denn, der Versicherungsnehmer hat die Nichtzahlung nicht zu vertreten.

(2) Ist die einmalige oder die erste Prämie bei Eintritt des Versicherungsfalles nicht gezahlt, ist der Versicherer nicht zur Leistung verpflichtet, es sei denn, der Versicherungsnehmer hat die Nichtzahlung nicht zu vertreten. Der Versicherer ist nur leistungsfrei, wenn er den Versicherungsnehmer durch gesonderte Mitteilung in Textform oder durch einen auffälligen Hinweis im Versicherungsschein auf diese Rechtsfolge der Nichtzahlung der Prämie aufmerksam gemacht hat.

Die erste Prämie ist nach § 33 Absatz 1 VVG, sofern nicht anders vereinbart, binnen 14 Tagen nach Erhalt des Versicherungsscheins zu bezahlen. Wird die Erstprämie nicht rechtzeitig bezahlt, kann der Versicherer ohne vorherige Mahnung vom Vertrag zurücktreten, solange die Zahlung nicht bewirkt ist, § 37 Abs. 1 Satz 1 VVG. Bewirkt ist eine Zahlung, wenn der Versicherungsnehmer das Erforderliche nach §§ 270 BGB, 36 VVG, getan hat.[35]

37 Bei nicht rechtzeitiger Zahlung der Erstprämie muss der Versicherer sein Rücktrittsrecht aber auch ausüben, d. h. er muss den Rücktritt erklären, sofern er sich hierzu entscheidet. Ansonsten besteht der Versicherungsvertrag fort.[36] Eine Frist zur Ausübung des Kündigungsrechts sieht das VVG nicht vor. Bewirkt der Versicherungsnehmer die Zahlung vor Zugang der Rücktrittserklärung, besteht der Vertrag fort, das Rücktrittsrecht des Versicherers erlischt.

38 Die Leistungsfreiheit des Versicherers setzt nach § 37 Absatz 2 Satz 2 eine Belehrung voraus. Diese muss formgerecht in Textform gemäß § 126 b BGB erfolgen. Gesondert ist die Mitteilung bereits dann, wenn sie von den sonstigen Informationen eines Schreibens abgesetzt ist, sie muss nicht in einem getrennten Dokument erfolgen, um Ihre Warnfunktion zu erfüllen.[37]

---

33 BGH Urt. v. 5.12.2001 – IV ZR 225/00 NJW 2002, 518).

34 *Vogelsang* in Motzke/Bauer/Seewald § 11 Rn. 39.

35 *Knappmann* in Prölls/Martin § 35, Rn. 10.

36 *Rixecker* in Römer/Langheid § 37 Rn. 11).

37 Zu den weiteren inhaltlichen Voraussetzungen der Mitteilungspflichten vgl. *Knappmann* in Prölls/Martin § 37 Rn. 29 ff.).

b) Folgeprämie 39

§ 38 VVG Zahlungsverzug bei Folgeprämie

(1) Wird eine Folgeprämie nicht rechtzeitig gezahlt, kann der Versicherer dem Versicherungsnehmer auf dessen Kosten in Textform eine Zahlungsfrist bestimmen, die mindestens zwei Wochen betragen muss. Die Bestimmung ist nur wirksam, wenn sie die rückständigen Beträge der Prämie, Zinsen und Kosten im Einzelnen beziffert und die Rechtsfolgen angibt, die nach den Absätzen 2 und 3 mit dem Fristablauf verbunden sind; bei zusammengefassten Verträgen sind die Beträge jeweils getrennt anzugeben.

(2) Tritt der Versicherungsfall nach Fristablauf ein und ist der Versicherungsnehmer bei Eintritt mit der Zahlung der Prämie oder der Zinsen oder Kosten in Verzug, ist der Versicherer nicht zur Leistung verpflichtet.

(3) Der Versicherer kann nach Fristablauf den Vertrag ohne Einhaltung einer Frist kündigen, sofern der Versicherungsnehmer mit der Zahlung der geschuldeten Beträge in Verzug ist. Die Kündigung kann mit der Bestimmung der Zahlungsfrist so verbunden werden, dass sie mit Fristablauf wirksam wird, wenn der Versicherungsnehmer zu diesem Zeitpunkt mit der Zahlung in Verzug ist; hierauf ist der Versicherungsnehmer bei der Kündigung ausdrücklich hinzuweisen. Die Kündigung wird unwirksam, wenn der Versicherungsnehmer innerhalb eines Monats nach der Kündigung oder, wenn sie mit der Fristbestimmung verbunden worden ist, innerhalb eines Monats nach Fristablauf die Zahlung leistet; Absatz 2 bleibt unberührt.

Wird eine Folgeprämie nicht rechtzeitig bezahlt, so kann der Versicherer gemäß § 38 VVG den Versicherungsnehmer qualifiziert mahnen. Er kann dem Versicherungsnehmer eine Zahlungsfrist von mindestens 2 Wochen unter Hinweis auch auf die Rechtsfolgen setzen, die nach § 38 Abs. 2, 3 mit dem Ablauf der Frist verbunden sind. Die dem Versicherungsnehmer nach § 38 Abs. 1 S. 2 VVG zu erteilende Belehrung muss vollständig und rechtlich zutreffend sein. Sie soll dem Versicherungsnehmer ermöglichen, ohne Zeitverlust, der bei Zweifeln über die Rechtslage entstehen kann, tätig zu werden, um sich den Versicherungsschutz zu erhalten. Wenn es an einer ordnungsgemäßen Belehrung fehlt, ist die Mahnung unwirksam und der Versicherer kann sich schon deshalb nicht auf Leistungsfreiheit berufen.[38] Unwirksam ist auch eine nicht korrekte, nicht vollständig dem Inhaltserfordernis des § 38 VVG entsprechende oder eine ungenaue Mahnung, etwa wenn der Prämienrückstand zu hoch angegeben wird. Das gilt auch bei Geringfügigkeit des Mehrbetrags, wie der Einbeziehung einer nicht gesondert ausgewiesenen Mahngebühr.[39]

Tritt der Versicherungsfall nach Ablauf der Frist ein und ist der Versicherungsnehmer 40 zu diesem Zeitpunkt mit der Zahlung der Prämie oder der geschuldeten Zinsen oder Kosten im Verzug, so ist der Versicherer von der Verpflichtung zur Leistung frei. Nach dem Verstoßprinzip ist maßgeblich für den Zeitpunkt des Eintritts des Versicherungsfalls der Zeitpunkt des Verstoßes des versicherten Architekten.[40]

Architekten müssen zeitliche Lücken in ihrem Versicherungsschutz, auch in wirtschaft- 41 lich schwierigen Zeiten, unbedingt vermeiden. Eine Unterbrechung des Versicherungsschutzes nach einer qualifizierten Mahnung des Versicherers kann sich noch Jahre später für den Architekten fatal auswirken, wenn der für einen Schaden maßgebliche Verstoß in diese zeitliche Lücke fällt.[41] Zur Vermeidung einer qualifizierten Mahnung sollte sich ein Architekt, wenn er bei Fälligkeit eine Folgeprämie nicht entrichten kann, mit dem Versicherer in Verbindung setzen und mit diesem entweder Ratenzahlung oder Stundung vereinbaren.

Für Aufraggeber des Architekten genügt es nicht, sich beim Abschluss des Architekten- 42 vertrags das Bestehen einer ausreichenden Versicherung belegen zu lassen. Auftraggeber sollten den Architekten vertraglich verpflichten, die pünktliche Zahlung auch der Folgeprämien unaufgefordert zu belegen, solange der Architekt für den Auftraggeber tätig ist. Bei Beauftragung auch der Leistungsphase 9 (Objektbetreuung) bedeutet dies, dass die Zahlung weiterer Folgeprämien über Jahre hinweg nachzuweisen ist, was insbesondere

38 BGH Urt. v. 6.10.1999, AZ fs 2000, 109.
39 BGH Urt. v.6.3.1985 – IV a ZR 52/83 VersR 1985, 533.
40 Im Einzelnen mit Bsp. *Garbes* Rn. 3.
41 OLG Hamm Urt. v. 3.5.2000, NVersZ 2001, 43.

auch noch nach Erfüllung der Leistungen aus der Leistungsphase 8 weiterhin unbedingt zu überprüfen ist. Besonderes Augenmerk ist bei der Prüfung insbesondere auch darauf zu richten, ob der Architekt den die bei Vertragsschluss vereinbarte Versicherungssumme nicht reduziert hat.

4. Rechtsstellung des Geschädigten

43 Vor der Darstellung der Rechtsstellung des Geschädigten gegenüber dem Versicherer und dem versicherten Architekten ist zunächst zu klären, welche Leistung des Versicherers dem Architekten im Fall eines Haftpflichtschadens zusteht. Dies ist in § 100 VVG n. F. geregelt.

44 **a) Die Leistung des Versicherers: Der Freistellungsanspruch des Versicherungsnehmers.** *aa) Neufassung des § 100 VVG*

§ 100 VVG Leistung des Versicherers

Bei der Haftpflichtversicherung ist der Versicherer verpflichtet, den Versicherungsnehmer von Ansprüchen freizustellen, die von einem Dritten auf Grund der Verantwortlichkeit des Versicherungsnehmers für eine während der Versicherungszeit eintretende Tatsache geltend gemacht werden, und unbegründete Ansprüche abzuwehren.

Während der Wortlaut des § 149 VVG a. F. noch einen Schadensersatzanspruch des Versicherten beinhaltete, wurde nun auch sprachlich korrekt ein Freistellungsanspruch des versicherten Architekten normiert. Damit wurde klar gestellt, was bereits früher galt, nämlich dass dem Versicherten neben dem Freistellungsanspruch auch ein Anspruch auf Prüfung des Vorliegens eines Haftpflichtanspruchs und die Abwehr unberechtigter Ansprüche zusteht.

45 *bb) Verfügungen des versicherten Architekten über den Freistellungsanspruch; Erweiterung des Verfügungsverbotes (§ 108 Absatz1 VVG).* Neu gefasst wurde auch in § 108 VVG die Unwirksamkeit von Verfügungen des versicherten Architekten über seinen Freistellungsanspruch.

§ 108 VVG Verfügungen über den Freistellungsanspruch

(1) Verfügungen des Versicherungsnehmers über den Freistellungsanspruch gegen den Versicherer sind dem Dritten gegenüber unwirksam. Der rechtsgeschäftlichen Verfügung steht eine Verfügung im Wege der Zwangsvollstreckung oder Arrestvollziehung gleich.

(2) Die Abtretung des Freistellungsanspruchs an den Dritten kann nicht durch Allgemeine Versicherungsbedingungen ausgeschlossen werden.

46 Das zuvor in § 156 VVG a. F. enthaltene gesetzliche Verfügungsverbot zum Schutze des Geschädigten, das bislang nur die Entschädigungsforderung umfasste, wurde nunmehr auf den Freistellungsanspruch insgesamt ausgeweitet. Jede Handlung, die unmittelbar auf eine Änderung, Übertragung, Belastung oder Vernichtung der Entschädigungsforderung oder den Freistellungsanspruch gemäß § 100 VVG n. F. gerichtet ist, ist dem Geschädigten gegenüber unwirksam.[42]

47 Verfügungen iSd § 108 VVG n. F. wie auch der Vorgängervorschrift § 156 VVG a. F. sind die Einziehung der dem Dritten zustehenden Forderung, die Übertragung des Zahlungsanspruchs auf einen Dritten, eine Abtretung oder ein Verzicht. Auch Maßnahmen der Zwangsvollstreckung sind Verfügungen, die dem geschädigten Dritten gegenüber unwirksam sind. § 108 Absatz 1 VVG schützt deshalb auch den Geschädigten vor Versuchen anderer Gläubiger eines Versicherungsnehmers, dessen Deckungsanspruch zu pfänden.[43] Die Freigabe des Deckungsanspruchs durch den Insolvenzverwalter ist kein Fall des § 108 Absatz 1 VVG, da gemäß § 80 Absatz 2 Satz 2 InsO das Verfügungsverbot hier nicht greift. An dessen Stelle tritt das Absonderungsrecht gemäß § 110 VVG n. F.[44]

---

42 *Langheid* in Römer/Langheid § 108, Rn. 6ff.
43 *Lücke* in Prölls/Martin § 108, Rn. 21f.
44 BGH Urt. v. 2.4.2009 – IX ZR 23/08 VersR 2009, 821).

b) Der Wegfall des Abtretungsverbots (§ 108 Absatz 2 VVG). Nach § 108 Abs. 2 VVG entfällt nunmehr das Abtretungsverbot, das vor Inkrafttreten den neuen VVG grundsätzlich nach den BBR/Arch vereinbart worden war. Für den geschädigten Dritten barg das Abtretungsverbot ein erhöhtes Ausfallrisiko im Schadensfall, zum Beispiel dann, wenn der schädigende Architekt viel zu spät einen möglichen Berufshaftpflichtschaden meldete und er wegen Verletzung seiner Anzeigeobliegenheit für diesen Schaden keinen Deckungsschutz erhielt.[45] Überstieg der Schaden dann die Leistungsfähigkeit des Architekten ohne Versicherungsschutz, trug der geschädigten Dritte dessen Insolvenzrisiko. In der Insolvenz konnte sich der Geschädigte dann allenfalls eines Absonderungsrechts gemäß § 157 VVG a. F. berühmen, was ihn jedoch im Zweifel auch nicht vor Schaden schützte. 48

Nunmehr kann sich der Bauherr den Deckungsanspruch seines Architekten abtreten lassen und im Schadensfall seine Ansprüche selbst gegenüber dem Versicherer geltend machen. Damit ist der Bauherr im Versicherungsfall nicht mehr auf die direkte Mitwirkung des Architekten angewiesen. Allerdings wird dieser für den Bauherrn auf den ersten Blick positive Umstand in der Praxis dadurch etwas geschmälert, dass er regelmäßig Sachverhaltsinformationen vom Architekten benötigen wird, um seinen Anspruch zu begründen. 49

Dem durch die Abtretung ermöglichten Vorteil des Bauherrn steht jedoch auch ein Nachteil des abtretenden Architekten gegenüber. Kommt der Bauherr im Schadenfall auf den Versicherer aus abgetretenem Recht des Architekten zu, wird der Freistellungsanspruch des Architekten zu einem originären Zahlungsanspruch des Bauherrn.[46] Der Versicherer des Architekten verliert daher möglicherweise sein Wahlrecht, den Anspruch zu befriedigen oder dem versicherten Architekten Abwehrdeckung zu geben, wenn der Versicherer den Anspruch für unbegründet hält.[47] Der Architekt sollte daher vor einer Abtretung seines Freistellungsanspruchs gegenüber dem Versicherer bedenken, dass diese Abtretung die erhöhte Gefahr einer Inanspruchnahme seines Versicherungsvertrags mit sich bringt. 50

Denn nur solange er noch seine Ansprüche gegen den Versicherer hat, kann er einwenden, dass ein Schaden nicht auf seinem Fehlverhalten beruht und so mit dem Versicherer eine Abwehrstrategie entwickeln. Und bei Kleinschäden hat der versicherte Architekt es immer noch selbst in der Hand, den Schaden des Bauherrn selbst zu regulieren und so seinen Vertrag schadensfrei zu halten. Oft lohnt sich die Eigenregulierung, wenn dadurch eine Erhöhung der Versicherungsprämie vermieden wird. 51

Neben der Geltendmachung des Anspruchs des Architekten durch den geschädigten Dritten aus abgetretenem Recht steht dem Geschädigten seit der Änderung des VVG ein – allerdings eingeschränkter – gesetzlicher Direktanspruch gegen den Berufshaftpflichtversicherer des Architekten zu. Die Folgen des sich hieraus ergebenden Direktanspruchs des geschädigten Dritten gegen den Versicherer des Architekten gemäß §§ 113, 115 VVG n.F wird nachfolgend ausführlich erläutert. 52

Die Einführung des Direktanspruchs des geschädigten Dritten gegen den Versicherer des Architekten war u. a. auch eine Folge der Diskussion des früher grundsätzlich zwischen dem Architekten und seinem Versicherer vereinbarten Abtretungsverbots. 53

---

[45] Was heute nach § 117 VVG n. F. der Versicherer dem Geschädigten nicht mehr entgegenhalten kann.

[46] *Lücke* in Prölls/Martin § 108 VVG Rn. 26.

[47] *Langheid* in Römer/Langheid § 108 Rn. 21; *Retter* in Schwintowski/Brömelmeyer § 108; Rn. 26; a. A. *Lange* in VersR 2008, 713).

5. Die Architektenhaftpflichtversicherung als Pflichtversicherung iSv § 113 VVG

54 *§ 113 Pflichtversicherung*

(1) Eine Haftpflichtversicherung, zu deren Abschluss eine Verpflichtung durch Rechtsvorschrift besteht (Pflichtversicherung), ist mit einem im Inland zum Geschäftsbetrieb befugten Versicherungsunternehmen abzuschließen.

(2) Der Versicherer hat dem Versicherungsnehmer unter Angabe der Versicherungssumme zu bescheinigen, dass eine der zu bezeichnenden Rechtsvorschrift entsprechende Pflichtversicherung besteht.

(3) Die Vorschriften dieses Abschnittes sind auch insoweit anzuwenden, als der Versicherungsvertrag eine über die vorgeschriebenen Mindestanforderungen hinausgehende Deckung gewährt.

Der Nachweis einer Haftpflichtversicherung ist nunmehr in allen Bundesländern Voraussetzung für die Ausübung des Berufs des Architekten nach den Architektengesetzen der Länder teilweise iVm der jeweiligen Berufsordnung oder den Landesbauordnungen.[48] Die Landesarchitektengesetze sind jedenfalls Vorschriften iSd § 113 Absatz 1 VVG, denen zufolge eine „Verpflichtung" zum Abschluss einer Haftpflichtversicherung iSv § 113 VVG n. F. besteht.[49] Der Regelungsgehalt des § 113 VVG erschließt sich im Übrigen aus seinem Wortlaut.

55 Das Erfordernis einer Haftpflichtversicherung als Voraussetzung für die Ausübung des Berufs des Architekten nach den Architektengesetzen der Länder hat in erheblichem Maße zu einer Zunahme von Prozessen gegen Architekten geführt. Denn Anspruchsteller und deren Anwälte entnehmen diesem Umstand oft irrig, dass alle möglichen Ansprüche gegen den Architekten, insbesondere auch Erfüllungsansprüche, von dessen Haftpflichtversicherung gedeckt seien.[50]

a) Der Umfang der Pflichtversicherung (§ 114 VVG)

56 *§ 114 VVG Umfang des Versicherungsschutzes*

(1) Die Mindestversicherungssumme beträgt bei einer Pflichtversicherung, soweit durch Rechtsvorschrift nichts anderes bestimmt ist, 250 000 Euro je Versicherungsfall und eine Million Euro für alle Versicherungsfälle eines Versicherungsjahres.

(2) Der Versicherungsvertrag kann Inhalt und Umfang der Pflichtversicherung näher bestimmen, soweit dadurch die Erreichung des jeweiligen Zwecks der Pflichtversicherung nicht gefährdet wird und durch Rechtsvorschrift nicht ausdrücklich etwas anderes bestimmt ist. Ein Selbstbehalt des Versicherungsnehmers kann dem Dritten nicht entgegengehalten und gegenüber einer mitversicherten Person nicht geltend gemacht werden.

§ 114 VVG ist nur eine subsidiäre Reglung für den Fall, dass nicht bereits die Landesarchitektengesetze, die eine „Verpflichtung" zum Abschluss einer Haftpflichtversicherung bestimmen, eine Regelung zur Höhe der Deckungssumme getroffen haben.[51] Das Architektengesetz Baden-Württemberg sieht zum Beispiel lediglich vor, dass sich Architekten ausreichend gegen Haftpflichtansprüche zu versichern haben.[52] Das Nähere regelt die Berufsordnung. Dort ist eine Mindestversicherungssumme für jeden Versicherungsfall von 1.500.000 € für Personenschäden sowie 250.000 € für Sach- und Vermögensschäden vorgeschrieben. Die Leistung des Versicherers für alle innerhalb eines Versicherungsjahres verursachten Schäden dürfen auf den zweifachen Betrag der Mindestversicherungssumme begrenzt werden.[53]

---

[48] Übersicht der gesetzlichen Pflichthaftpflichtversicherungspflichten der Bundesländer in *Brand* Münchener Kommentar zum VVG, Band 1, Vorbem. zu §§ 113–124, Rn. 20; *Garbes,* Anhang S. 202 ff. sowie aktualisiert, insbesondere zum Umfang der Versicherungspflicht, s. *Barth* § 2 Unternehmensformen.

[49] *Knappmann* in Prölls/Martin § 113 Rn. 1; *Huber* in Schwintowski/Brömmelmeyer, § 113 Rn. 2.

[50] Zum Deckungsumfang der Berufshaftplichtversicherung ausführlich später.

[51] *Langheid* in Römer/Langheid § 114 VVG Rn. 1.

[52] § 17 Satz 1 Architektengesetz Baden-Württemberg.

[53] Abschnitt 1 Abs. 9 der Berufsordnung der Architektenkammer Baden-Württemberg vom 1.6. 2013; eine Übersicht über die in den einzelnen Bundesländern geforderten Versicherungssummen *Barth* in § 1 dieses Werks und *Garbes,* Anhang S. 202 ff.).

Jedoch wird weder im Architektengesetz noch in der Berufsordnung der Architekten Baden-Württemberg die Architektenkammer als „zuständige Stelle“ iSv § 117 Absatz 2 VVG n. F. bestimmt. Die Architektenkammer Baden-Württemberg bezeichnet sich jedoch selbst explizit als „zuständige Stelle iSv § 117 Absatz 2 VVG“ auf Ihrer Homepage unter www.akbw.de/recht/haftung-und-urheberrecht/haftpflichtversicherung.[54] 57

Zumindest nach dem Inhalt ihrer Seite hat die Architektenkammer Baden-Württemberg als zuständige Stelle das Bestehen einer Berufshaftpflichtversicherung zu überwachen. Aus diesem Grunde wird das Vorliegen einer Architektenhaftpflichtversicherung schon bei der Eintragung in die Architektenliste abgefragt. Kann der Nachweis einer ausreichenden Berufshaftpflichtversicherung nicht erbracht werden, stellt dies ein berufswidriges Verhalten dar, was „im Einzelfall“ zum Ausschluss aus der Architektenliste führen kann. Mögliche Probleme im Zusammenhang mit der Schaffung einer zuständigen Stelle werden nachfolgend unter § 117 VVG behandelt werden. 58

Ob die Festlegung einer Mindestversicherungssumme in einer Satzung oder Berufsordnung anstatt in einem Landearchitektengesetz oder einer Landesbauordnung der in § 114 VVG geforderten „Rechtsvorschrift“ entspricht, wird teilweise bezweifelt.[55] Sollte die Regelung etwa in Baden-Württemberg nicht die Vorgaben des § 114 VVG erfüllen, wird der Umfang des geforderten Mindestversicherungsschutzes direkt durch § 114 VVG bestimmt. Denn das Architektengesetz Baden-Württemberg legt die Versicherungspflicht des Architekten dem Grunde nach fest, weshalb sie jedenfalls eine Pflichtversicherung iSV von § 113 Absatz 1 VVG ist mit der dort genannten Mindestversicherungssumme. 59

Bei der Überwachung des Nachweises durch die zuständige Stelle einer ausreichenden Berufshaftpflichtversicherung stellt sich die Frage der Überwachung bei bereits seit längerem eingetragener Architekten. 60

Zwar fragt zum Beispiel die Architektenkammer Baden-Württemberg aktuell das Vorliegen einer Architektenhaftpflichtversicherung vor Eintragung in die Architektenliste ab und macht die Eintragung vom Nachweis der Pflichtversicherung in der von Berufsordnung geforderten Höhe abhängig. Wie erfolgt jedoch die Sicherstellung ausreichenden Versicherungsschutzes bei bereits vor Einführung der Versicherungspflicht eingetragenen Architekten? Sicher reicht es zur Sicherstellung der Überwachung der Einhaltung der geforderten Pflichtversicherungssumme nicht aus, lediglich klarzustellen, dass das Fehlen einer Berufshaftpflichtversicherung ein berufswidriges Verhalten darstellt, das „im Einzelfall“ zum Ausschluss aus der Architektenliste führen kann. Eine mögliche Lücke der Überwachungsfunktion, die sämtliche Länderkammern betrifft. Alle Kammern tun vor allem im Interesse ihrer Mitglieder gut daran, auch bei langjährig eingetragenen Mitgliedern die Deckung durch eine ausreichende Berufshaftpflichtversicherung zu überprüfen. 61

b) Anzahl der Deckungssummen bei mehreren Planungsfehlern des Architekten beim selben Bauvorhaben. Die Anzahl der Deckungssummen, die einem berufshaftpflichtversicherten Architekten pro Versicherungsjahr zu Verfügung stehen, ist im Versicherungsvertrag begrenzt und daher meist auf das zwei- oder vierfache der vereinbarten Deckungssumme pro Jahr maximiert. 62

Was geschieht jedoch in den Fällen, wenn im Versicherungsvertrag nur eine Versicherungssumme pro Versicherungsjahr vereinbart wurde, und dem versicherten Architekten an demselben Bauvorhaben mehrere Planungsfehler unterlaufen? Ein denkbarer Fall insbesondere dann, falls die Kammer den Umfang bestehender Deckungshöhen und deren Maximierung bei bereits vor der Einführung der Pflichtversicherung eingetragenen Architekten entsprechend den neu eingeführten Plichtvorgaben nicht prüft. Kann der Versi-

---

[54] Stand 16.10.2015; die zitierte Länderübersicht in *Garbes,* Anhang, nennt auf Seite 202 als zuständige Stelle iSd § 117 Absatz 2 VVG für Baden-Württemberg: „keine“.

[55] *Vogelsang* in Motzke/Bauer/Seewald § 11 Rn. 4.

cherer dann wegen eines angezeigten Verstoßes des Architekten den ersten Schaden regulieren und wegen weiterer Verstöße leistungsfrei bleiben mit dem Argument, pro Bauvorhaben stünde dem versicherten Architekten nur einmal die vereinbarte Deckungssumme zur Verfügung?

Die Rechtsprechung verneint das Führen bei einem Bauvorhaben mehrere Verstoße des Architekten zu mehreren Deckungsansprüchen, wird der Versicherer nicht mit dem Argument frei, nach dem Versicherungsvertrag nur einmal pro Versicherungsjahr in Höhe der vereinbarten Deckungssumme regulieren zu müssen. Vielmehr muss er Versicherer eine weitere Deckungssumme zur Verfügung stellen, wenn weitere Planungsfehler des Architekten am selben Bauvorhaben zu Schäden führen und der zusätzlich eingetretene Schaden die vereinbarte einfache Deckungssumme überschreitet.[56] Die Begründung klärt einmal mehr die Frage der wirksamen Einbeziehung von AVB. Denn das OLG Celle führt aus, dass zur einer einfachen Maximierung der Versicherungssumme nach § 23 Abs. 3 AGBG a. F. die danach erforderliche Genehmigung nachgewiesen werden muss. Allein der Hinweis auf die Üblichkeit oder die Genehmigungsfähigkeit der AVB genüge nicht, da in der Berufshaftpflichtversicherung für Architekten nicht regelmäßig nur von einem möglichen Versicherungsfall pro Bauvorhaben ausgegangen werden könne. Dies gelte auch dann, wenn es sich um ein einheitliches Bauvorhaben handle. Wenn der Architekt mehrere Fehler mache und seinem Auftraggeber dadurch mehrfach Schäden entstünden, müsse die Versicherung zumindest in Betracht ziehen, dass mehrfache Ansprüche bestehen. Nach der Einführung der Versicherungspflicht in den Architektengesetzen der Länder greift die Argumentation umso mehr, wonach in den meisten Fällen eine zweifache Maximierung der Versicherungssumme vorgeschrieben ist, für Partnerschafts- und Kapitalgesellschaften oftmals auch eine mindestens vierfache Maximierung.[57]

63 Die Frage, ob bei Überschreitung einer mehrfachen Maximierung der Deckungssumme pro Jahr der Versicherer ebenfalls zur Bereitstellung einer über die vereinbarte mehrfachen Anzahl der Jahresdeckungssummen hinaus gehenden weiteren Deckungssumme verpflichtet sein kann, wurde noch nicht entschieden. Die Begründung des OLG Celle zur Berücksichtigung der Möglichkeit mehrfacher Inanspruchnahme bei einem Bauvorhaben würde hier eventuell nicht greifen. Zudem wird nach dem Wegfall der Bindungskontrolle durch das frühere Bundesaufsichtsamt dessen eventuell fehlende Genehmigung künftig eine immer seltener zu berücksichtigen sein.

64 Der vom OLG Celle entschiedene Fall ist auch ein Indiz für die Zunahme gerichtlicher Inhaltskontrolle Allgemeiner Versicherungsbedingungen, gerade nach dem Wegfall der Bedingungskontrolle durch das frühere Bundesaufsichtsamt. Diese Tendenz hat sich nach der VVG-Reform fortgesetzt. Dabei spielen die zwingenden und halbzwingenden Vorschriften des VVG eine nur untergeordnete Rolle. Im Vordergrund stehen als Kontrollmaßstab die Vorschriften des alten AGBG, zwischenzeitlich ohne wesentliche Änderungen im Wortlaut in das BGB integriert. Denn AVB unterliegen als Allgemeine Geschäftsbedingungen in vollem Umfang der gerichtlichen Kontrolle.[58]

65 **c) Kein Einwand des Selbstbehalts des versicherten Architekten gegenüber dem geschädigten Dritten (§ 114 Absatz 2 Satz 2 VVG).** Nach § 114 Absatz 2 Satz 2 kann dem Geschädigten der zwischen Versicherer und versichertem Architekten üblicherweise vereinbarte Selbstbehalt nicht entgegen gehalten werden. D.h. es ist dem Versicherer verwehrt, diesen Selbstbehalt bei seiner Entschädigungsleistung an den Geschädigten in Abzug zu bringen.

---

[56] OLG Celle Urt. v. 23.9.2010 – 8 U 180/09 NZBau 2011, 172.

[57] Hierzu ausführlich *Barth* in § 1; Übersicht bei *Garbes* S. 202 ff., Stand Dezember 2010).

[58] *Prölls* in Prölls/Martin I. Rechtsgrundlagen des Versicherungsvertrags Rn. 48 ff.

d) Aufteilung der Versicherungssumme bei Überschreitung der Versicherungssumme infolge mehrerer Anspruchsteller aus verschiedenen Bauvorhaben (§ 109 VVG) 66

§ 109 VVG Mehrere Geschädigte

Ist der Versicherungsnehmer gegenüber mehreren Dritten verantwortlich und übersteigen deren Ansprüche die Versicherungssumme, hat der Versicherer diese Ansprüche nach dem Verhältnis ihrer Beträge zu erfüllen. Ist hierbei die Versicherungssumme erschöpft, kann sich ein bei der Verteilung nicht berücksichtigter Dritter nachträglich auf § 108 Abs. 1 nicht berufen, wenn der Versicherer mit der Geltendmachung dieser Ansprüche nicht gerechnet hat und auch nicht rechnen musste.

Übersteigen die Ansprüche mehrerer Dritter die Versicherungssumme, so werden deren Ansprüche nach dem Verhältnis ihrer Ansprüche gequotelt erfüllt.

Das Risiko der Erschöpfung der Versicherungssumme soll von allen Geschädigten gleichmäßig getragen werden. Das Prioritätsprinzip wie in der Einzelvollstreckung gilt nicht.[59]

Der maßgebliche Zeitpunkt für die Feststellung, ob die Deckungssumme überschritten ist, ist der Zeitpunkt, zu welchem der Versicherer die Forderungen der Dritten zu bezahlen hat.[60] Wenn ein zunächst bei der Verteilung der Versicherungssumme nicht berücksichtigter Dritter sich erst nach Auszahlung an die bekannten Geschädigten meldet, so fällt dieser im Verhältnis zum Versicherer aus. Dies gilt jedoch nur dann, wenn der Versicherer mit diesen Ansprüchen des Nachzüglers nicht rechnen musste.[61] Insbesondere wenn ein Geschädigter weiß, dass auch andere Anspruchsteller – eventuell auch aus anderen Bauvorhaben! – Ansprüche an einen Architekten richten, sollte er so schnell wie möglich seine Forderung gegenüber dem Haftpflichtversicherer schriftlich geltend machen. Nur so kann er sicherstellen, dass im Falle der Erschöpfung der Versicherungssumme ihm wenigstens eine Quote zukommt. Die Anmeldung von Ansprüchen wird dem Auftraggeber erleichtert, wenn er im Architektenvertrag den Versicherungsnehmer verpflichtet, eine schriftliche Versicherungsbestätigung vorzulegen. Sonst ist der Auftraggeber im Schadenfall darauf angewiesen, dass ihm der Architekt seine Haftpflichtversicherung benennt. 67

6. Der Direktanspruch des Geschädigten gegen den Pflichtversicherer (§ 115 VVG)

§ 115 VVG Direktanspruch 68

(1) Der Dritte kann seinen Anspruch auf Schadensersatz auch gegen den Versicherer geltend machen,

1. *wenn es sich um eine Haftpflichtversicherung zur Erfüllung einer nach dem Pflichtversicherungsgesetz bestehenden Versicherungspflicht handelt oder*
2. *wenn über das Vermögen des Versicherungsnehmers das Insolvenzverfahren eröffnet oder der Eröffnungsantrag mangels Masse abgewiesen worden ist oder ein vorläufiger Insolvenzverwalter bestellt worden ist oder*
3. *wenn der Aufenthalt des Versicherungsnehmers unbekannt ist.*

Der Anspruch besteht im Rahmen der Leistungspflicht des Versicherers aus dem Versicherungsverhältnis und, soweit eine Leistungspflicht nicht besteht, im Rahmen des § 117 Abs. 1 bis 4. Der Versicherer hat den Schadensersatz in Geld zu leisten. Der Versicherer und der ersatzpflichtige Versicherungsnehmer haften als Gesamtschuldner.

(2) Der Anspruch nach Absatz 1 unterliegt der gleichen Verjährung wie der Schadensersatzanspruch gegen den ersatzpflichtigen Versicherungsnehmer. Die Verjährung beginnt mit dem Zeitpunkt, zu dem die Verjährung des Schadensersatzanspruchs gegen den ersatzpflichtigen Versicherungsnehmer beginnt; sie endet jedoch spätestens nach zehn Jahren von dem Eintritt des Schadens an. Ist der Anspruch des Dritten bei dem Versicherer angemeldet worden, ist die Verjährung bis zu dem Zeitpunkt gehemmt, zu dem die Entscheidung des Versicherers dem Anspruchsteller in Textform zugeht. Die Hemmung, die Ablaufhemmung und der Neubeginn der Verjährung des Anspruchs gegen den Versicherer wirken auch gegenüber dem ersatzpflichtigen Versicherungsnehmer und umgekehrt.

---

[59] *Lücke* in Prölls/Martin § 109 Rn. 2.

[60] *Lücke* in Prölls/Martin § 109 Rn. 8.

[61] *Langheid* in Römer/Langheid § 109 Rn. 10 f.

Nach der Darstellung des Umfangs des Versicherungsschutzes dem Grunde und der Höhe nach im Rahmen der Pflichtversicherung ist der mit der VVG-Novelle neu eingeführte Direktanspruch des Geschädigten gegen den Pflichtversicherer des Architekten zu behandeln. Wie schon dargestellt, mussten Geschädigte im Schadensfall insbesondere bei einem Fehlverhalten hinsichtlich der dem Architekten obliegenden Schadensanzeigepflicht oder in der Insolvenz des Architekten oft um die Realisierung Ihre berechtigten Ansprüche bangen.

69 Der deshalb vom Gesetzgeber ursprünglich geplante unbeschränkte Direktanspruch konnte sich jedoch gegen den Widerstand der Landesarchitektenkammern, dem Gesamtverband der Deutschen Versicherungswirtschaft u. a. Interessenverbände nicht durchsetzen.[62] Nach den §§ 113, 115 VVG n. F. hat der Geschädigte zwar nunmehr als Anspruchsgegner neben seinem Architekten auch dessen Versicherer, jedoch nur im Fall der Insolvenz und bei unbekanntem Aufenthalt des Architekten.

70 Nicht nur wegen dieses Direktanspruchs sollte der den Architekten beratende Rechtsanwalt tunlichst überprüfen, ob der Schaden, wegen dem der Architekt Rat bei ihm Rat sucht, bereits beim Versicherer gemeldet wurde. Dasselbe gilt für den Rechtsanwalt des Geschädigten. Beide Anwälte sollten, um einer späteren Inanspruchnahme durch ihre Mandanten vorzubeugen, dem Versicherer des Architekten nochmals eine vollständige Schadenmeldung zukommen lassen.

71 **a) Kein Direktanspruch des Geschädigten wegen Vorliegens einer Berufshaftpflichtversicherung des Architekten nach dem Pflichtversicherungsgesetz.** Zunächst ist klarzustellen, dass § 115 Absatz 1 Nr. dem geschädigten Bauherrn keinen Direktanspruch gegenüber dem Versicherer gibt.

Zwar ist der Nachweis einer Haftpflichtversicherung nach den Architektengesetzen der Länder Voraussetzung für die Ausübung des Berufs des Architekten nach allgemeiner Meinung verpflichtend gemeint. Der Direktanspruch nach § 115 Absatz 1 Nr. 1 VVG n. F. verlangt jedoch, dass sich die Versicherungspflicht aus dem Pflichtversicherungsgesetz ergeben muss, wie etwa bei der Kfz-Haftpflichtversicherung. Daher ist die Berufshaftpflichtversicherung der eingetragenen Architekten zwar eine obligatorische Haftpflichtversicherung, nicht jedoch eine klassische Pflichtversicherung nach § 113 VVG n. F. Daher gibt es für den geschädigten Bauherrn aus der Nr. 1 der Vorschrift keinen Direktanspruch des Geschädigten gegenüber dem Versicherer des Architekten.[63]

72 Zu prüfen ist im Schadensfall ferner, ob der Planer auch wirklich in die Architektenrolle eingetragen ist, insbesondere dann, wenn etwa ein ausgebildeter Bauingenieur lediglich Planungen bis zur Leistungsphase 3 Entwurfsplanung iSv § 34 Absatz 3 HOAI erbracht hat. Überhaupt ist sicherheitshalber immer bei der zuständigen Architektenkammer die Eintragung des Auftragnehmers als Architekt und das Vorliegen einer nach den jeweiligen Landesgesetzen erforderlichen Versicherungssummen bei der zuständigen Länderkammer abzufragen. Ebenso der maßgebliche Deckungsumfang der Versicherung, z. B. mit oder ohne Bauausführung.[64] Eine entsprechende Auskunft über den Versicherungsumfang kann bei den Kammern oder beim Versicherer eingeholt werden. Denn ansonsten wäre es gut möglich, dass der Geschädigte selbst dann seinen Schaden nicht vom Versicherer ersetzt bekommt, wenn die nachfolgenden beiden Fälle seines Direktanspruchs vorliegen, da der Schädiger wegen des Vorgesagten über gar keine Pflichtversicherung verfügt.

73 **b) Der Direktanspruch des Geschädigten gegen den Berufshaftpflichtversicherer in der Insolvenz des Architekten.** Erster Anwendungsfall des Direktanspruchs des Geschä-

[62] *Krause-Allenstein* NZBau 2008, 83.
[63] *Garbes* Rn. 7; *Langheid* in Römer/Langheid § 115 Rn. 13.
[64] *Schmalzl/Krause-Allenstein* Rn. 451.

digten gegen den Versicherer des Architekten ist nach § 115 Absatz 1 Nr. 2 VVG die Eröffnung des Insolvenzverfahrens über das Vermögen des Architekten oder die Ablehnung des Antrags mangels Masse oder die Bestellung eine vorläufigen Insolvenzverwalters.

Diese Neuerung stellt eine wesentliche Verbesserung der Rechtsstellung des geschädigten Dritten im Falle der Insolvenz des Architekten dar. Denn nach dem alten VVG bestand gemäß § 157 VVG a. F. lediglich ein Vorzugsrecht des Geschädigten im Insolvenzverfahren des Versicherungsnehmers. War über das Vermögen des Architekten das Insolvenzverfahren eröffnet worden, so fiel die Entschädigungsforderung gegen den Versicherer nicht in die Insolvenzmasse. Dem Geschädigten stand ein Anspruch auf abgesonderte Befriedigung zu. Jedoch gab § 157 VVG dem Geschädigten keinen sofort einklagbaren Direktanspruch gegen den Versicherer. Vielmehr musste er zunächst das Recht auf abgesonderte Befriedigung aus der Entschädigungsforderung gegen den Versicherer außergerichtlich beziehungsweise durch unmittelbare Klage auf Zahlung gegen den Insolvenzverwalter, beschränkt auf Leistung aus der Versicherungsforderung, geltend machen.[65] Nach rechtskräftiger Feststellung der Entschädigungsforderung war keine Pfändung und Überweisung der Entschädigungsforderung notwendig. Vielmehr konnte der Geschädigte gem. § 157 VVG a. F. direkt den Haftpflichtversicherer auf Zahlung in Anspruch nehmen.[66] 74

c) Direktanspruch des Geschädigten gegen den Berufshaftpflichtversicherer des Architekten unbekannten Aufenthalts. Zweiter Anwendungsfall für einen Direktanspruch des Geschädigten gegen den Versicherer des Architekten ist gemäß § 115 Absatz 1 Nr. 3 VVG n. F. der unbekannte Aufenthalt des versicherten Architekten. Dessen Aufenthalt ist dann unbekannt, wenn er nicht nur dem geschädigten Dritten, sondern allgemein unbekannt ist.[67] 75

d) Gesamtschuldnerische Haftung des Architekten und seines Berufshaftpflichtversicherers. In den beiden vorgennannten Fällen haften der Architekt und sein Versicherer als Gesamtschuldner gemäß § 115 Abs.1 Satz 4 VVG. Das hat den Vorteil, dass der Geschädigte in diesem Fall sofort einen leistungsfähigen Schuldner hat. Im Übrigen verbleibt es bei der bisherigen Praxis, wonach der Geschädigte zunächst den Architekten alleine im Wege eines Haftpflichtprozesses unmittelbar in Anspruch nehmen muss. Im Falle seiner Verurteilung verklagt der Architekt den Versicherer in einem Deckungsschutzprozess, falls sein Versicherer seine Eintrittspflicht verweigert, wobei allerdings das Ergebnis des Haftpflichtprozesses für die Parteien bindend ist.[68] 76

7. Der Umfang der Leistungspflicht gegenüber Dritten bei Vorliegen eines Direktanspruchs

§ 117 Leistungspflicht gegenüber Dritten 77

(1) Ist der Versicherer von der Verpflichtung zur Leistung dem Versicherungsnehmer gegenüber ganz oder teilweise frei, so bleibt gleichwohl seine Verpflichtung in Ansehung des Dritten bestehen.

(2) Ein Umstand, der das Nichtbestehen oder die Beendigung des Versicherungsverhältnisses zur Folge hat, wirkt in Ansehung des Dritten erst mit dem Ablauf eines Monats, nachdem der Versicherer diesen Umstand der hierfür zuständigen Stelle angezeigt hat. Dies gilt auch, wenn das Versicherungsverhältnis durch Zeitablauf endet. Der Lauf der Frist beginnt nicht vor Beendigung des Versicherungsverhältnisses. Ein in den Sätzen 1 und 2 bezeichneter Umstand kann dem Dritten auch dann entgegengehalten werden, wenn vor dem Zeitpunkt des Schadensereignisses der hierfür zuständigen Stelle die Bestätigung einer entsprechend den Rechtsvorschriften abgeschlossenen neuen Versicherung zugegangen ist. Die vorstehenden Vorschriften dieses Absatzes gelten nicht, wenn eine zur Entgegennahme der Anzeige nach Satz 1 zuständige Stelle nicht bestimmt ist.

---

65 BGH Urt. v. 25.4.1989, – IV ZR 146/88 VersR 1989, 730.

66 BGH Urt. v. 8.4.1987, – IVa ZR 212/86 VersR 1987, 655.

67 *Pohlmann/Schwartze* in Looschelders/Pohlmann, § 155, Rn. 11.

68 *Vogelsang* in Motzke/Bauer/Seewald § 11 Rn. 50.

(3) In den Fällen der Absätze 1 und 2 ist der Versicherer nur im Rahmen der vorgeschriebenen Mindestversicherungssumme und der von ihm übernommenen Gefahr zur Leistung verpflichtet. Er ist leistungsfrei, soweit der Dritte Ersatz seines Schadens von einem anderen Schadensversicherer oder von einem Sozialversicherungsträger erlangen kann.

(4) Trifft die Leistungspflicht des Versicherers nach Absatz 1 oder Absatz 2 mit einer Ersatzpflicht auf Grund fahrlässiger Amtspflichtverletzung zusammen, wird die Ersatzpflicht nach § 839 Abs. 1 des Bürgerlichen Gesetzbuchs im Verhältnis zum Versicherer nicht dadurch ausgeschlossen, dass die Voraussetzungen für die Leistungspflicht des Versicherers vorliegen. Satz 1 gilt nicht, wenn der Beamte nach § 839 des Bürgerlichen Gesetzbuchs persönlich haftet.

(5) Soweit der Versicherer den Dritten nach den Absätzen 1 bis 4 befriedigt und ein Fall des § 116 nicht vorliegt, geht die Forderung des Dritten gegen den Versicherungsnehmer auf ihn über. Der Übergang kann nicht zum Nachteil des Dritten geltend gemacht werden.

(6) Wird über das Vermögen des Versicherers das Insolvenzverfahren eröffnet, endet das Versicherungsverhältnis abweichend von § 16 erst mit dem Ablauf eines Monats, nachdem der Insolvenzverwalter diesen Umstand der hierfür zuständigen Stelle angezeigt hat; bis zu diesem Zeitpunkt bleibt es der Insolvenzmasse gegenüber wirksam. Ist eine zur Entgegennahme der Anzeige nach Satz 1 zuständige Stelle nicht bestimmt, endet das Versicherungsverhältnis einen Monat nach der Benachrichtigung des Versicherungsnehmers von der Eröffnung des Insolvenzverfahrens; die Benachrichtigung bedarf der Textform.

78 Liegen die Voraussetzungen des Direktanspruchs gemäß § 115 VVG n. F. vor, erlangt der geschädigte Bauherr eine sehr komfortable Rechtsposition gegenüber dem Versicherer des Architekten: Gemäß § 117 Absatz 1 VVG n. F. kann der Versicherer dem Anspruch des Dritten nicht entgegenhalten, dem ersatzpflichtigen Architekten gegenüber nicht oder nur teilweise zur Leistung verpflichtet zu sein. Der Versicherer kann sich damit gegenüber dem geschädigten Dritten nicht darauf berufen, dass er im Verhältnis zum Versicherungsnehmer nach dem VVG, den AHB oder nach dem Inhalt des Versicherungsvertrags wegen Verletzung einer Anzeigepflicht oder einer anderen Obliegenheit nicht oder nur teilweise zur Leistung verpflichtet ist.[69]

79 Dies gilt jedoch nicht für Einwendungen betreffend den Umfang des Versicherungsschutzes. Denn nach § 117 Absatz 3 VVG ist der Versicherer nur zur Leistung der von ihm übernommen Gefahr verpflichtet. Daher ist der Versicherer nur im Rahmen der vorgeschriebenen Mindestversicherungssumme und der von ihm übernommenen Gefahr zur Leistung verpflichtet. Damit kann der Versicherer bei seiner Leistungsfreiheit wegen eines bestehenden Risikoausschlusses in den Versicherungsbedingungen diesen Deckungsausschluss auch dem geschädigten Bauherrn entgegenhalten. Begründet wird dies damit, dass die Leistungspflicht des Versicherers gegenüber dem geschädigten Dritten nicht weiter gehen kann in Versicherungsverhältnis mit dem Architekten.[70]

80 § 117 Absatz 2 VVG erlaubt es dem Versicherer, dem geschädigten Bauherrn einen Umstand, der das Nichtbestehen oder die Beendigung des Versicherungsverhältnisses zur Folge hat, nur dann entgegenhalten, wenn das Schadensereignis später als einen Monat nach dem Zeitpunkt eingetreten ist, zu dem der Versicherer diesen Umstand der hierfür zuständigen Stelle angezeigt hat. Dies gilt auch für den Fall, dass das Versicherungsverhältnis durch Zeitablauf endet. Daher kann der Versicherer dem geschädigten Bauherrn gegenüber nicht einwenden, dass er den Versicherungsvertrag wegen fehlender Prämienzahlung des Architekten oder Bauingenieurs gekündigt hat, sofern er nicht seiner Anzeigepflicht gegenüber der "zuständigen Stelle" iSv § 117 Absatz 2 VVG nachgekommen ist und das Schadensereignis später als einen Monat nach dem Zeitpunkt der Anzeige stattgefunden hat.

81 Probleme ergeben sich in der Praxis wie schon das zuvor behandelte Beispiel der Architektenkammer Baden-Württemberg erahnen lässt, bei der Frage, ob es überhaupt eine entsprechende „zuständige Stelle" gibt. Soweit ersichtlich, enthalten die Landesbauordnungen hierzu keinerlei Regelungen. Wie ausgeführt, ist in den Landesarchitektengesetz-

---

[69] *Krause – Allenstein* NZBau 2008, 85.

[70] BT-Dr 16/3945, S. 89.

ten zumindest teilweise geregelt, dass die Kammern die Funktionen dieser zuständigen Stelle übernehmen. Was sind die Rechtsfolgen, wenn zwar entsprechende Versicherungspflichten in den Landesgesetzen oder Kammervorschriften geregelt sind, jedoch keine zuständige Stelle gem. § 117 VVG n. F. eingerichtet ist oder aber diese Stelle nicht rechtzeitig entsprechende Störungen des Versicherungsvertrags gegenüber dem Mitglied sanktioniert hat?

Denn nach § 117 Absatz 2 Satz 5 VVG n. F. kann der Versicherer dem geschädigten Bauherrn die Beendigung des Versicherungsverhältnisses dann doch erfolgreich entgegenhalten, wenn eine Stelle zur Entgegennahme der Anzeige nach § § 117 Absatz 2 VVG n. F. nicht bestimmt ist. In diesem Fall wäre der Versicherer dann tatsächlich leistungsfrei. 82

III. Wesentliche Regelungen der Allgemeinen Versicherungsbedingungen für die Haftpflichtversicherung (AHB)

Die bis 2004 gültige „§§-AHB" war unübersichtlich. Einzelne Bestimmungen konnten schon deshalb unwirksam sein, weil sie unsystematisch an unerwarteter Stelle standen. Eine Regelung muss aber nicht nur aus sich heraus klar und verständlich sein. Sie hält auch dann einer Inhaltskontrolle nicht stand, wenn sie an verschiedenen Stellen in den Bedingungen niedergelegt ist, die nur schwer miteinander in Zusammenhang zu bringen sind. Dabei kommt es auf die Verständnismöglichkeiten des durchschnittlichen Versicherungsnehmers an. Allerdings kann von diesem die aufmerksame Durchsicht der Bedingungen, deren verständige Würdigung und die Berücksichtigung ihres erkennbaren Sinnzusammenhangs erwartet werden.[71] 83

Auch die neuen AHB gelten nicht automatisch, sondern nur bei Vereinbarung. Allerdings konnten nach Art. 1 Abs. 3 EGVVG Bestimmungen, die dem VVG 2008 widersprechen, mit Wirkung zum 1.1.2009 unter Wahrung einer einmonatigen Zugangsfrist vor diesem Datum vom Versicherer einseitig durch Übersendung in Textform unter Kenntlichmachung der Unterschiede zum Vertragsbestandteil gemacht werden. Dies galt aber nicht für die AHB insgesamt, sondern nur für die dem VVG 2008 widersprechenden Teile, etwa die Rechtsfolgen der Obliegenheitsverletzung und das bisherige Abtretungs- und Anerkenntnisverbot. 84

Schließlich wurden die Musterbedingungen des GDV zur AHB im Februar 2014 erneut geändert. Nachfolgend werden die wesentlichen Änderungen dieser Musterbedingungen in 2008 und in 2014 erläutert. Nunmehr werden die besser systematisierten AHB durchnummeriert. 85

1. Gegenstand der Versicherung (Ziffer 1 AHB 2014)

Umfang des Versicherungsschutzes 86

1 Gegenstand der Versicherung, Versicherungsfall

1.1 Versicherungsschutz besteht im Rahmen des versicherten Risikos für den Fall, dass der Versicherungsnehmer wegen eines während der Wirksamkeit der Versicherung eingetretenen Schadenereignisses (Versicherungsfall), das einen Personen-, Sach- oder sich daraus ergebenden Vermögensschaden zur Folge hatte, aufgrund gesetzlicher Haftpflichtbestimmungen privatrechtlichen Inhalts von einem Dritten auf Schadensersatz in Anspruch genommen wird.
Schadenereignis ist das Ereignis, als dessen Folge die Schädigung des Dritten unmittelbar entstanden ist. Auf den Zeitpunkt der Schadenverursachung, die zum Schadenereignis geführt hat, kommt es nicht an.

1.2 Kein Versicherungsschutz besteht für Ansprüche, auch wenn es sich um gesetzliche Ansprüche handelt,
(1) auf Erfüllung von Verträgen, Nacherfüllung, aus Selbstvornahme, Rücktritt, Minderung, auf Schadensersatz statt der Leistung;
(2) wegen Schäden, die verursacht werden, um die Nacherfüllung durchführen zu können;

---

[71] BGH Urt. v. 23.2.2005 – IV ZR 273/03 VersR 2005, 639; BGH Urt. v. 26.9.2007 BGH – IV ZR 252/06 VersR 2007, 1690).

(3) *wegen des Ausfalls der Nutzung des Vertragsgegenstandes oder wegen des Ausbleibens des mit der Vertragsleistung geschuldeten Erfolges;*
(4) *auf Ersatz vergeblicher Aufwendungen im Vertrauen auf ordnungsgemäße Vertragserfüllung;*
(5) *auf Ersatz von Vermögensschäden wegen Verzögerung der Leistung;*
(6) *wegen anderer an die Stelle der Erfüllung tretender Ersatzleistungen.*

1.3 *Es besteht – unbeschadet der übrigen Vertragsbestimmungen – Versicherungsschutz nur, soweit und solange dem keine auf die Vertragsparteien direkt anwendbaren Wirtschafts-, Handels- oder Finanzsanktionen bzw. Embargos der Europäischen Union oder der Bundesrepublik Deutschland entgegenstehen.*
Dies gilt auch für Wirtschafts-, Handels- oder Finanzsanktionen bzw. Embargos, die durch die Vereinigten Staaten von Amerika in Hinblick auf den Iran erlassen werden, soweit dem nicht europäische oder deutsche Rechtsvorschriften entgegenstehen.

§ 5 Ziffer. 1 AHB a. F. definierte den Versicherungsfall noch als das Schadenereignis, das Haftpflichtansprüche gegen den VN zur Folge haben könnte. Seit den AHB 2004 muss zum Bestehen des Versicherungsschutzes ein Personen-, Sach- oder sich daraus ergebender Vermögensschaden bereits eingetreten sein. Der BGH hatte entschieden, dass es bei Konkurrenz zwischen versicherten privat-rechtlichen und nicht dem Versicherungsschutz unterliegenden öffentlich-rechtlichen Ansprüchen gleichgültig ist, woraus der Geschädigte seine Ansprüche tatsächlich herleitet. Bedingungsgemäß kommt es nur darauf an, dass privat-rechtliche in Betracht kommen.[72] Dies wurde in Ziffer 1.1. AHB 2014 berücksichtigt, da nicht mehr erforderlich ist, dass der Versicherte auch in Anspruch genommen worden ist.

87 **a) Begriff des Personen-, Sach- und Vermögensschadens.** Die AHB verwendeten für den Tatbestand der Schädigung einer Person andere Begriffe als das BGB. § 1 Ziffer 1 AHB 2002 definierte den Begriff des Personenschadens als Schadensereignis, das den Tod, die Verletzung oder Gesundheitsschädigung von Menschen zur Folge hat. Diese Klarstellung ist in den Fassungen seit 2004 nunmehr gestrichen, doch unter **Personenschaden** versteht man immer noch die in § 823 Absatz 1 BGB genannte Verletzung des Lebens, des Körpers oder der Gesundheit. Zum Personenschaden gehören auch die dadurch entstandenen Vermögensfolgeschäden, weil sich die gesetzliche Haftpflicht nicht nur auf den Personenschaden selbst erstreckt, sondern auch auf diejenigen Folgeschäden, die sich aus dem Personenschaden des Geschädigten für dessen Vermögen ergeben.[73]

88 § 1 Ziffer 1 AHB definierte den **Sachschaden** als Beschädigung oder Vernichtung von Sachen. Dazu ist keine Verletzung der Sachsubstanz erforderlich. Vielmehr genügt die Aufhebung oder Minderung der Gebrauchsfähigkeit. Die Definition des Sachschadens im Sinne des § 1 AHB 2002 wurde aus den §§ 303 – 305 StGB und der hierzu ergangenen Rechtsprechung entwickelt. In der Neufassung der AHB ist eine Definition des Sachschadens nicht enthalten, so dass dieser Begriff auszulegen ist. Nach allgemeiner Meinung besteht ein Sachschaden in der Vernichtung oder Wertminderung einer Sache als Folge einer Einwirkung auf diese, die ihre Brauchbarkeit zur Erfüllung des ihr eigentümlichen Zwecks wirtschaftlich beeinträchtigt.[74]

89 **Reine Vermögensschäden** waren nach der in § 1 Ziffer 3 AHB gegebenen Definition solche Schäden, die weder durch Personenschäden noch durch Sachschäden entstanden sind.[75] Reine Vermögensschäden waren gem. § 1 Ziffer 3 AHB nur dann versichert, wenn sie durch eine besondere Vereinbarung in den Versicherungsschutz einbezogen wurden. Streitig war, ob sich der Versicherungsschutz auch auf Vermögensschäden bezieht, welche aus Personen- und Sachschäden resultieren. Zwar kommt dem Streit über die Abgrenzung von Sach- und Vermögensschaden im Rahmen der Architektenhaftpflichtversiche-

---

[72] BGH Urt. v. 20.12.2006 – IV ZR 320/05 –.

[73] *Littbarski* AHB, § 1, Rn. 19.

[74] *Späte* § 1 Rdn. 61; BGH Urt. v. 24.10.1960 – II ZR 142/58 NJW 1961, 269; BGH Urt. v. 27.6.1979 – IV ZR 174/77 VersR 1979; 853.

[75] *Späte* AHB, § 1, Rn. 81, Garbes Rn. 6.

rung keine mehr Bedeutung zu. Dennoch wurde zuletzt in Ziffer 1.1. AHB 2014 klargestellt, dass sich die gesetzliche Haftpflicht auch auf Vermögensschäden bezieht, welche sich aus Personen- und Sachschäden ergeben.

b) Gesetzliche Haftpflichtbestimmungen. Gemäß Ziffer 1.1 AHB 2014 besteht Versicherungsschutz, wenn der Versicherungsnehmer aufgrund gesetzlicher Haftpflichtbestimmungen privatrechtlichen Inhalts von einem Dritten auf Schadenersatz in Anspruch genommen wird. Gesetzliche Haftpflichtbestimmungen privatrechtlichen Inhalts sind Rechtsnormen, die unabhängig vom Willen der Beteiligten an die Verwirklichung eines unter Ziffer 1.1 AHB 2014 fallenden Ereignisses Rechtsfolgen knüpfen. Dies sind neben deliktischen auch vertragliche oder vertragsähnliche Ansprüche, sofern sie auf Schadensersatz gerichtet sind, jedoch nicht über den Umfang der gesetzlichen Haftpflicht des Versicherungsnehmers hinausgehen.[76] 90

Die Erfüllung von Verträgen, Erfüllungssurrogate oder Gewährleistungsansprüche, die nicht auf Schadenersatz gerichtet sind, waren noch nie Gegenstand der Haftpflichtversicherung[77], was nunmehr in Ziffer 1.2 AHB 2014 im Einzelnen klargestellt ist. 91

Der Versicherungsschutz umfasst alle bürgerlich-rechtlichen Ansprüche, die eine Schadenersatzforderung eines Dritten zum Gegenstand haben. Für Architekten sind dies in erster Linie §§ 280 ff. BGB, sofern mit dem Schadenersatzanspruch nach dem Vorgesagten nicht eine Leistung gefordert wird, die an die Stelle der Erfüllungsleistung tritt. 92

Ansprüche aus positiver Vertragsverletzung (pVV) nach altem Recht waren grundsätzlich gedeckt, sofern es sich nicht um die Erfüllung von Verträgen oder die an die Stelle der Erfüllungsleistung tretende Ersatzleistung handelte. Vor der Schuldrechtsreform wurde im Rahmen des Werkvertragsrechts über das Konkurrenzverhältnis zwischen Werkvertragsrecht und positiver Vertragsverletzung gestritten. Insbesondere wegen der Unterscheidung zwischen Mangel- und Mangelfolgeschaden, entferntem und engem Mangelfolgeschaden, und der sich daraus ergebenden stark unterschiedlichen Verjährungsfristen. Durch das Schuldrechtsmodernisierungsgesetz wurde die pVV in das Gesetz mit aufgenommen und deren regelmäßige Verjährungsvorschrift festgelegt, so dass die lange 30-jährige Verjährungsfrist des alten Rechtsinstituts der pVV der weggefallen ist. 93

Auch **Schadensersatzansprüche wegen** sonstiger **nicht mangelbezogener Nebenpflichtverletzungen** werden nicht von der werkvertraglichen Sonderverjährungsnorm des Werkvertrages erfasst, sondern unterliegen der dreijährigen Regelverjährungsfrist. 94

Ob sich eine Nebenpflichtverletzung nach §§ 280 ff. BGB oder aber nach Gewährleistungsrecht richtet, dürfte wegen § 634 a Absatz 1 Nr. 2 BGB auch künftig nicht unproblematisch sein. Und zwar in den Fällen, die vom § 634 a Absatz 1 Nr. 2 BGB nicht gedeckt sind, so dass eine Wahlmöglichkeit des Bauherrn gemäß § 634 BGB gar nicht besteht, wie bei Ansprüchen gegenüber dem Architekten wegen pflichtwidriger Unterlassung geschuldeter Hinweise auf Mängel am Architektenwerk. Denn der Architekt ist gegenüber seinem Auftraggeber verpflichtet, diesen auf mögliche Fehler seiner Architektenleistung hinzuweisen, die sich im Bauwerk realisiert haben. Bei der Verletzung dieser Hinweis- und Informationspflicht gegenüber dem Bauherrn handelt es sich weder um einen Planungs- noch um einen Bauüberwachungsfehler, weshalb § 634 a Absatz 1 Nr. 2 BGB nicht anwendbar ist. In Betracht kommt jedoch eine Haftung wegen positiver Vertragsverletzung, als Pflichtverletzung nunmehr in §§ 280, 281, 283 BGB gesetzlich geregelt, mit einer regelmäßigen Verjährungsfrist von 3 Jahren. Diese sog. **Sekundärhaftung** des Architekten gegenüber dem Bauherrn auf Schadenersatz wurde von der Rechtsprechung entwickelt. Der Architekt als Sachwalter des Bauherrn schuldet diesem die unverzügliche und umfassende Aufklärung der Ursachen sichtbar gewordener Baumängel und muss dabei auch Mängel seines eigenen Architektenwerks so rechtzeitig offenbaren, dass der Bau- 95

[76] *Littbarski* AHB, § 1, Rn. 34.

[77] *Garbes* Rn. 77.

herr noch vor Eintritt der Verjährung seine Rechte gegenüber ihm geltend machen kann.[78] Soweit erkennbar, hält der BGH hält an den Grundsätzen der Sekundärhaftung des Architekten fest.[79]

96 Ansprüche aus **Verschulden beim Vertragsschluss c.i.c.**, jetzt in § 212 Absatz 2 BGB normiert, sind ebenfalls gedeckt. Ebenso Ansprüche gegen einen Architekten als **vollmachtslosen Vertreter** gem. § 179 BGB, denn sie betreffen nicht den Erfüllungsbereich, sondern sind als Schadenersatzansprüche grundsätzlich gedeckt.[80]

97 Grundsätzlich gedeckt sind der **Gesamtschuldnerausgleichsanspruch nach § 426 BGB**, soweit keine Erfüllungsleistungen oder Erfüllungssurrogate geltend gemacht werden, der Anspruch aus § 904 BGB sowie die Ansprüche aus **unerlaubter Handlung** (§§ 823 ff. BGB).[81] Ein Beseitigungsanspruch gem. § 1004 BGB, der dieselbe wiederherstellende Wirkung wie ein auf Naturalrestitution gerichteter Schadenersatzanspruch hat, fällt unter Ziffer 1.1 AHB.[82]

98 **c) Das versicherte Risiko Ziffer 3 AHB 2014**

3 Versichertes Risiko

3.1 Der Versicherungsschutz umfasst die gesetzliche Haftpflicht

(1) aus den im Versicherungsschein und seinen Nachträgen angegebenen Risiken des Versicherungsnehmers,

(2) aus Erhöhungen oder Erweiterungen der im Versicherungsschein und seinen Nachträgen angegebenen Risiken. Dies gilt nicht für Risiken aus dem Halten oder Gebrauch von versicherungspflichtigen Kraft-, Luft- oder Wasserfahrzeugen sowie für sonstige Risiken, die der Versicherungs- oder Deckungsvorsorgepflicht unterliegen,

(3) aus Risiken, die für den Versicherungsnehmer nach Abschluss der Versicherung neu entstehen (Vorsorgeversicherung) und die in Ziff. 4 näher geregelt sind.

3.2 Der Versicherungsschutz erstreckt sich auch auf Erhöhungen des versicherten Risikos durch Änderung bestehender oder Erlass neuer Rechtsvorschriften. Der Versicherer kann den Vertrag jedoch unter den Voraussetzungen von Ziff. 21 kündigen.

Die Haftpflichtversicherung gewährt keinen allumfassenden Versicherungsschutz gegen alle möglichen beruflichen, gewerblichen oder privaten Haftpflichtansprüche. Die Architektenhaftpflichtversicherung ist entweder so ausgestaltet, dass sie den Architekten hinsichtlich aller dem **Berufsbild** entsprechenden Leistungspflichten absichert oder der Versicherungsschutz sich auf Grund der vertraglichen Vereinbarung nur auf bestimmte **Tätigkeiten** bezieht.[83] Zu den Berufsaufgaben eines Architekten gehören – je nach vertraglicher Vereinbarung – die Beratung, Betreuung, Vertretung des Bauherrn in den mit der Planung und Ausführung eines Vorhabens zusammenhängenden Angelegenheiten sowie die Überwachung der Ausführung. Die spezielle Ausgestaltung des versicherten Risikos der Architektenhaftpflichtversicherung erfolgt in den BBR/Arch.

2. Umfang des Versicherungsschutzes (Ziffer 5 AHB 2014)

99 **a) Leistungspflicht des Versicherers**

Ziffer 5.1 AHB 2014 Leistungen der Versicherung

5.1 Der Versicherungsschutz umfasst die Prüfung der Haftpflichtfrage, die Abwehr unberechtigter Schadensersatzansprüche und die Freistellung des Versicherungsnehmers von berechtigten Schadensersatzverpflichtungen.

Berechtigt sind Schadensersatzverpflichtungen dann, wenn der Versicherungsnehmer aufgrund Gesetzes, rechtskräftigen Urteils, Anerkenntnisses oder Vergleiches zur Entschädigung verpflichtet ist und der Versicherer hierdurch gebunden ist. Anerkenntnisse und Vergleiche, die vom Versicherungsnehmer ohne Zustimmung des

---

[78] BGH Urt. v. 16.3.1978 – VII ZR 145/76 BGHZ 71, 144.

[79] BGH Urt. v. 26.10.2006 – VII ZR 133/04 IBR 2007, 85.

[80] *Ruhkopf* in Bindhardt/Jagenburg, Berufshaftpflichtversicherung, Rn. 27 unter Hinweis auf BGH Urt. v. 20.11.1970 – IV ZR 1188/68 VersR 1971, 144; Garbes Rn. 74 mit Einschränkungen.

[81] *Schmalzl/Krause-Allenstein* Rdn. 762.

[82] BGH Urt. v. 8.12.1999 – IV ZR 70/99, VersR 2000, 311.

[83] *Schmalzl/Krause-Allenstein* Rn. 449).

Versicherers abgegeben oder geschlossen worden sind, binden den Versicherer nur, soweit der Anspruch auch ohne Anerkenntnis oder Vergleich bestanden hätte.

Ist die Schadensersatzverpflichtung des Versicherungsnehmers mit bindender Wirkung für den Versicherer festgestellt, hat der Versicherer den Versicherungsnehmer binnen zwei Wochen vom Anspruch des Dritten freizustellen.

Ziffer 5 AHB 2014 hat den früheren § 3 AHB abgelöst. Der Versicherungsschutz umfasst die Prüfung der Haftpflichtfrage, die Abwehr unberechtigter Ansprüche oder die Freistellung von Schadenersatzverpflichtungen. Die textlichen Änderungen haben eigentlich nur klargestellt, was bislang schon immer galt. Die schon immer gültigen zwei Funktionen – Abwehr und Rechtsschutzanspruch – sind Ausfluss des **einheitlichen Versicherungsanspruchs** des Versicherungsnehmers gegenüber dem Versicherer. Zur jetzt ausdrücklich genannten Freistellungsfunktion gehört auch die Verpflichtung des Versicherers für den Versicherungsnehmer die im Urteil angeordnete Sicherheitsleistung zur Vollstreckungsabwehr zu bezahlen, was auch in § 101 Absatz 3 VVG normiert ist.[84]

Der einheitliche Versicherungsanspruch wird **fällig**, sobald ein Dritter den Versiche- 100
rungsnehmer – begründet oder unbegründet – haftpflichtrechtlich auf Schadensersatz in Anspruch nimmt.[85] Mit diesem Zeitpunkt setzt die regelmäßige dreijährige Verjährungsfrist gemäß § 195 BGB ein.[86]

b) Prozessführungsbefugnis 101

Ziffer 5.2 AHB 2014

5.2 Der Versicherer ist bevollmächtigt, alle ihm zur Abwicklung des Schadens oder Abwehr der Schadensersatzansprüche zweckmäßig erscheinenden Erklärungen im Namen des Versicherungsnehmers abzugeben.

Kommt es in einem Versicherungsfall zu einem Rechtsstreit über Schadensersatzansprüche gegen den Versicherungsnehmer, ist der Versicherer zur Prozessführung bevollmächtigt. Er führt den Rechtsstreit im Namen des Versicherungsnehmers auf seine Kosten.

Ziffer 5.2 AHB normiert die **Prozessführungsbefugnis des Versicherers** im Innenverhältnis zwischen Versicherer und Versicherungsnehmer. Die Prozessführungsbefugnis ist Bestandteil der durch den Versicherungsvertrag begründeten Geschäftsführungsbefugnis.[87] Diese berechtigt den Versicherer im Versicherungsfall nach seinem Gutdünken alle mit der Schadenregulierung und –feststellung zusammenhängenden gerichtlichen und außergerichtlichen Maßnahmen und Rechtsgeschäfte für den Versicherungsnehmer durchzuführen.[88]

c) Die Kostentragung des Versicherers 102

Diese ist neben Ziffer 5.2. AHB 2014 auch in Ziffer 6.5. und 6.6 AHB 2014 geregelt.

Ziffer 6 AHB 2014

6.5 Die Aufwendungen des Versicherers für Kosten werden nicht auf die Versicherungssummen angerechnet.

6.6 Übersteigen die begründeten Haftpflichtansprüche aus einem Versicherungsfall die Versicherungssumme, trägt der Versicherer die Prozesskosten im Verhältnis der Versicherungssumme zur Gesamthöhe dieser Ansprüche.

6.8 Falls die von dem Versicherer verlangte Erledigung eines Haftpflichtanspruchs durch Anerkenntnis, Befriedigung oder Vergleich am Verhalten des Versicherungsnehmers scheitert, hat der Versicherer für den von der Weigerung an entstehenden Mehraufwand an Entschädigungsleistung, Zinsen und Kosten nicht aufzukommen.

Ziffer 6.5 AHB 2014 bestimmt den Grundsatz, wonach die Aufwendungen des Versicherers für Kosten grundsätzlich nicht auf die Versicherungssumme angerechnet werden.

---

[84] *Schmalzl/Krause-Allenstein* Rn. 69 a.
[85] *Schmalzl/Krause-Allenstein* Rn. 72.
[86] *Rixecker* in Römer/Langheid § 15 VVG Rn. 2).
[87] *Späte* AHB, noch zu § 3, Rn. 65.
[88] *Späte* AHB, noch zu § 3, Rn. 66.

Eine Ausnahme der Regel von Ziffer 6.5 AHB 2014, wonach der Versicherer die Prozesskosten nur im Verhältnis der Versicherungssumme zur Gesamthöhe der Ansprüche trägt, ist Ziffer 6.6. Da Ziffer 6.6 AHB 2014 systematisch zu Ziffer 5.2 AHB 2014 gehört, setzt die Vorschrift voraus, dass die Versicherungssumme schon nicht ausreicht, um die dem Dritten geschuldete Entschädigung zu bezahlen.[89] Liegt aber bereits die zu zahlende Entschädigung oberhalb der Versicherungssumme, sind auch die aufgewandten Rechtsverfolgungskosten vom Versicherer nur quotal zu bezahlen im Verhältnis der Versicherungssumme und des tatsächlich zu bezahlenden Entschädigungsbetrags.[90]

103 § 101 Abs. 1 VVG stellt klar, dass zu den Kosten sowohl die gerichtlichen als auch die außergerichtlichen Kosten zählen, jedoch nur soweit sie den Umständen nach geboten sind.

104 **Nicht zu erstatten** sind die **Kosten eines** zusätzlichen oder **unter Verletzung von Ziffer 5.2 AHB 2014 bestellten Anwalts**, wenn der Versicherer einen anderen Anwalt rechtzeitig bestellt oder bezeichnet hat. Das ist nur dann anders, wenn der Versicherer eine Bestellung abgelehnt oder ohne Ablehnung insoweit nichts getan und damit gegen seine Rechtsschutzverpflichtung verstoßen hat.[91] Daher sollte der versicherte Architekt insbesondere im vorgerichtlichen Bereich zunächst mit dem Versicherer abklären, ob er einen Anwalt auf Kosten des Versicherers mandatieren kann. Denn meist erfolgt die Prüfung der Sach- und Rechtslage ohnehin zunächst durch Sachbearbeiter des Versicherers selbst, der nur falls notwendig einen externen Anwalt beauftragt. Ein Wunschanwalt des Versicherten sollte bereits in der Schadenmeldung gegenüber dem Versicherer benannt werden. Denn der Versicherer hat das Recht im Rahmen der Ziffer 5.2 den notwendig gewordenen Anwalt auszuwählen. Und der Versicherer ist schwer von seiner einmal getroffenen Wahl abzubringen, da er gerne mit Anwälten kooperiert, die dessen interne Abläufe bereits kennen. Mandatiert der versicherte Architekt daneben selbst einen anderen Anwalt ohne vorherige Absprache mit dem Versicherer, sind diese unnötigen zusätzlich entstanden Kosten des von ihm mandatierten Anwalts vom Versicherten selbst zu tragen.[92]

105 Der Versicherer hat grundsätzlich auch die außergerichtlichen gegnerischen Anwaltskosten sowie die Kosten eines von ihm in Auftrag gegebenen außergerichtlichen Gutachtens zu tragen ohne Anrechnung auf die Deckungssumme.[93] Zinsen zählen nicht zu den Kosten. Dies ergibt sich aus Ziffer 6.8 AHB 2014. Dort werden die Zinsen ausdrücklich getrennt als Mehraufwand bezeichnet gegenüber den in Ziffer 6.6 genannten Prozeßkosten.

106 Gedeckte (Prozeß-)Kosten können daher nur solche Zinsen sein, die sich beim Geschädigten deshalb erhöhen, weil der Versicherer sich weigert, einen Anwalt oder Gutachter einzuschalten.[94] Eine solche Verzögerung ist auch durch den Versicherer dadurch "veranlasst" iSv § 101 Absatz 2 Satz 2 VVG n. F. dass er nicht rechtzeitig die Forderung des Dritten erfüllt hat. Auf ein Verschulden des Versicherers kommt es daher nicht an. Die Deckungssummen begrenzen nicht die Zinsforderung.[95]

---

89 *Langheid* in *Römer/Langheid* § 101 VVG, Rn. 8.

90 *Lücke* in Prölls/Martin § 101; Rdn. 21; *Littbarski* § 3 Rn. 213.

91 *Lücke* in Prölls/Martin; § 101 Rn. 14; BGH Urt. v. 7.2.2007 – IV ZR 149/03 VersR 2007, 1116, 1119.

92 Zur Prozeßführungsbefugnis s. auch nachfolgend zu Ziffer 25.5 AHB 2014.

93 *Prölls/Martin (Voit),* noch zu AHB, § 3, Rn. 5.

94 *Schmalzl/Krause-Allenstein,* Rn. 82.

95 *Lücke* in Prölls/Martin § 101, Rn. 30; BGH Urt. v. 11.3.1992 – IV ZR 284/90 VersR 1992, 1257.

d) Kosten des Strafverteidigers 107

Ziffer 5.3 AHB 2014
5.3 Wird in einem Strafverfahren wegen eines Schadensereignisses, das einen unter den Versicherungsschutz fallenden Haftpflichtanspruch zur Folge haben kann, die Bestellung eines Verteidigers für den Versicherungsnehmer von dem Versicherer gewünscht oder genehmigt, so trägt der Versicherer die gebührenordnungsmäßigen oder die mit ihm besonders vereinbarten höheren Kosten des Verteidigers.

Ziffer 5.3 AHB 2014 wurde unverändert von den früheren §§-AHB übernommen. Der Versicherer trägt die Kosten der Strafverteidigung, wenn **er** die Bestellung eines Strafverteidigers wünscht oder genehmigt in Höhe der RVG-Gebühren, wenn nicht mit dem Versicherer die Übernahme höherer vereinbarter Gebühren vereinbart wurde. Einige Versicherer haben in ihren neuen BBR generell den Rechtsschutz in Straf- und Ordnungswidrigkeitenverfahren, die einen unter den Versicherungsschutz fallenden Haftpflichtanspruch zur Folge haben könnten, meist mit einer Selbstbeteiligung je Rechtsschutzfall übernommen. Doch selbst im Rahmen eines erweiterten Strafrechtsschutzes sind **verkehrsrechtliche Verfahren** ausgeschlossen.[96]

3. Ausschlüsse

a) Ausschluss von Haftpflichtansprüchen, soweit sie aufgrund Vertrags oder besonderer Zusage über den Umfang der gesetzlichen Haftpflicht hinausgehen 108

Ziffer 7.3 AHB 2014 Ausschlüsse
Haftpflichtansprüche, soweit sie auf Grund Vertrags oder Zusagen über den Umfang der gesetzlichen Haftpflicht des Versicherungsnehmers hinausgehen.

Ziffer 7.3 AHB 2014 umfasst den bisherigen Inhalt der alten §§ AHB. Lediglich der Wortlaut wurde vereinfacht. Für zusätzliche durch einen Vertrag oder eine besondere Zusage geschaffene Haftpflichtansprüche besteht schon nach Ziffer 1.1 AHB 2014 keine Deckung. Die Ziffer 7.3 AHB 2014 enthält lediglich klarstellenden Ausschluss.[97]

Die Vereinbarung einer selbständigen **Termin- oder Kostenzusage** führt dazu, dass 109
Ansprüche aus einem solchen Garantievertrag **nicht versichert** sind. Auch in Teil A Ziffer 4.1 und Ziffer 4.2 BBR 2011 wird nochmals ausdrücklich klargestellt, dass für derartige Zusagen kein Deckungsanspruch besteht.

Dasselbe gilt für die Vereinbarung einer **Vertragsstrafe**. Auch eine **Verlängerung der** 110
Verjährungsfrist über den gesetzlich vorgesehenen Zeitraum hinaus erweitert die zeitliche Durchsetzbarkeit des Anspruchs und führt somit dazu, dass über die gesetzliche Verjährungsfrist hinaus kein Versicherungsschutz besteht.[98] In Verträgen, die gem. § 638 Abs. 1 BGB a. F. nur Arbeiten an einem Grundstück zum Gegenstand hatten, so beispielsweise Vermessungsarbeiten ohne jeden Bezug zu einem Bauwerk, galt nach bisherigem Recht eine Verjährungsdauer von 1 Jahr. Gem. § 634 a Abs. 1 Ziff. 1 BGB gilt hierfür nun eine Verjährungsfrist von 2 Jahren. Nicht selten wird in diesen Fällen unter Verwendung eines Vertragsmusters in Unkenntnis der geänderten Rechtslage eine Verjährungsfrist von 5 Jahren ab Abnahme vereinbart, was zu einer weit längeren als der gesetzlichen Haftung führt. Für diesen über die gesetzliche Verjährungsfrist hinausgehenden Zeitraum besteht grundsätzlich kein Versicherungsschutz gemäß Ziffer 7.3 AHB 2014. Einige Versicherer haben davon abweichend in ihren BBR den Versicherungsschutz eingeschlossen, wenn bei „Arbeiten an Grundstücken" die Verjährung auf bis zu 5 Jahre verlängert wird. Eine derartige für den Versicherungsnehmer günstige Klausel ist selbstverständlich auch auf die Neufassung gemäß § 634 a Abs. 1 Ziff. 1 BGB entsprechend anzuwenden. Wenn ein Generalplaner jedoch mit seinen Subplanern vereinbaren möchte, dass sich deren Gewährleis-

---

[96] *Garbes* Rn. 67.
[97] *Lücke* in Prölls/Martin AHB 2008 Rdn. 18.
[98] *Schmalzl/Krause-Allenstein* Rn. 143.

tungsfrist mit der des Generalplaners deckt, kann dies ohne Verlust deren Versicherungsschutzes für den über die gesetzliche Gewährleistungsfrist hinausreichenden Zeitraum nur mit individueller schriftlicher Zustimmung der Haftpflichtversicherer der Subplaner geschehen.

111 **b) Erfüllungsausschlussklausel Ziffer 1.2 AHB 2014**

1.2 Kein Versicherungsschutz besteht für Ansprüche, auch wenn es sich um gesetzliche Ansprüche handelt,
(1) auf Erfüllung von Verträgen, Nacherfüllung, aus Selbstvornahme, Rücktritt, Minderung, auf Schadensersatz statt der Leistung;
(2) wegen Schäden, die verursacht werden, um die Nacherfüllung durchführen zu können;
(3) wegen des Ausfalls der Nutzung des Vertragsgegenstandes oder wegen des Ausbleibens des mit der Vertragsleistung geschuldeten Erfolges;
(4) auf Ersatz vergeblicher Aufwendungen im Vertrauen auf ordnungsgemäße Vertragserfüllung;
(5) auf Ersatz von Vermögensschäden wegen Verzögerung der Leistung;
(6) wegen anderer an die Stelle der Erfüllung tretender Ersatzleistungen.

Aus dem Versicherungsschutz der Haftpflichtversicherung ausgeschlossen sind die Erfüllungsansprüche oder die an dessen Stelle tretenden Ersatzleistungen. Ansprüche auf Erfüllung von Verträgen fallen bereits deshalb nicht unter den Haftpflichtversicherungsschutz, weil sie keine Schadensersatzansprüche sind. Erfüllungsansprüche und sog. Erfüllungssurrogate, also Erfüllungsersatzansprüche, wären auch ohne Ziffer 1.2 AHB 2014 nicht versichert, weshalb der Ausschluss nur deklaratorische Wirkung hat.[99]

112 Eine an die Stelle der Erfüllungsleistung tretende Ersatzleistung liegt dann vor, wenn der Schadensersatz das **unmittelbare Interesse** des Gläubigers am **eigentlichen Leistungsgegenstand** befriedigen soll.[100] Soweit der Gläubiger in den Genuss der ordnungsgemäßen Leistung gebracht werden soll oder das Ausbleiben der in der ordnungsgemäßen Leistung liegenden Vermögensmehrung kompensiert werden soll, besteht kein Versicherungsschutz.[101] Nicht versichert sind daher gemäß Ziffer 1.2 AHB auch Minderungsansprüche wegen fehlerhafter Planungsleistungen des Architekten gemäß §§ 634 Nr. 3, 638 BGB. Ebenso Kosten für die Neuplanung derjenigen Leistungen, zu deren Erbringung der versicherte Architekt verpflichtet war gemäß § 634 Nr.1 und Nr. 2, 635, 637 BGB oder bei Verzugsansprüchen und nach § 286 BGB wegen nicht rechtzeitiger Erbringung der Architektenleistungen. Wenn ein Architekt mangelhaft plant und vor Realisierung der Planung der Fehler bemerkt wird, so betrifft die Forderung des Auftraggebers auf Umplanung beziehungsweise Neuplanung den Anspruch auf Erfüllung des Vertrags. Wenn der Bauherr – berechtigt – die Kosten der Ersatzvornahme durch einen anderen Architekten geltend macht, geht es um eine an die Stelle der Erfüllungsleistung tretende Ersatzleistung. Beide Ansprüche sind nicht gedeckt.

113 **Schäden, die über das Erfüllungsinteresse hinausgehen,** also Mangelfolgeschäden, **sind grundsätzlich versichert**.[102] Die Abgrenzung zwischen dem unmittelbaren (alten) Leistungsgegenstand und einem eventuellen (neuen) Leistungsgegenstand ist schwierig. Bei der Beantwortung der Frage, ob es sich bei den Leistungen des Architekten versicherungsrechtlich um nicht gedeckte Erfüllungsansprüche oder –surrogate handelt oder um gedeckte Schadensersatzansprüche, kommt es nicht auf die Anspruchsbegründung des Anspruchstellers gegenüber dem versicherten Architekten an. Vielmehr ist entscheidend, was verlangt wird.[103]

114 Hinzu kommt die Problematik der Unterscheidung nach dem sog. **Trennungsprinzip** im Haftpflichtversicherungsrecht **zwischen** dem **Haftpflicht- und dem Deckungsver-**

---

[99] *Schmalzl/Krause-Allenstein* Rn. 48.
[100] *Lücke* in Prölls/Martin AHB 2008 Ziffer 1 Rn. 48.
[101] *Garbes* Rn. 73; *Schmalzl/Krause-Allenstein* Rn. 513; *Lücke* in Prölls/Martin a.a.O.
[102] *Schmalzl/Krause-Allenstein* Rn. 732; *Garbes* Rn. 73.
[103] *Schmalzl/Krause-Allenstein* Rn. 522.

hältnis. D.h. Feststellungen aus dem Haftpflichtverhältnis zwischen Geschädigtem und Versicherten haben nur begrenzte **Bindungswirkung** für einen Deckungsprozess des Versicherten gegenüber seinem Versicherer.[104]

Beide Problembereiche des Deckungsausschlusses für Erfüllungsschäden und des Trennungsprinzips lassen sich sehr gut darstellen an zwei Entscheidungen des BGH, die aufeinander Bezug nehmen. Dabei führt der BGH zur abstrakten Abgrenzung des Umfangs der Erfüllungsausschlussklausel unter Angabe zahlreicher Rechtsprechungs- und Literarturzitate aus wie folgt: 115

„Was im Sinne dieser Ausschlussklausel unter der vertraglichen Erfüllungsleistung und an deren Stelle tretender Ersatzleistung zu verstehen ist, ist danach zu beurteilen, ob der Vertragspartner des Versicherungsnehmers sein unmittelbares Interesse am eigentlichen Leistungsgegenstand geltend macht. Dieses Interesse wird durch den Inhalt der vertraglich geschuldeten Leistung bestimmt. Beim Werkvertrag schuldet der Auftragnehmer im Rahmen der getroffenen Vereinbarung ein funktionstaugliches und zweckentsprechendes Werk, das insbesondere eine ausdrücklich vereinbarte Beschaffenheit oder zugesicherte Eigenschaft aufweisen muss. Erreicht die Leistung die vereinbarte Beschaffenheit oder Eigenschaft nicht, ist sie mangelhaft und löst Gewährleistungsansprüche aus, die dem nach § 4 I Nr. 6 Abs. 3 AHB (Vorgängervorschrift der Erfüllungsausschlussklausel Ziffer 1.2 AHB 2014) nicht versicherten vertraglichen Erfüllungsbereich zuzuordnen."[105] 116

Auf diese Rspr. nimmt der BGH 2008 nochmals ausdrücklich in einem Fall Bezug, dessen konkreter Sachverhalt zur Erläuterung der beiden vorgenannten Problemkreise sehr gut geeignet ist. In dem dort entschiedenen Fall kam es bei einem Bauvorhaben durch die Planung des berufshaftpflichtversicherten Planers zu zahlreichen Mängeln am errichteten Bauwerk, weshalb er zu einer Schadensersatzzahlung verurteilt wurde. Der vom Planer für diese Schäden in Anspruch genommene Haftpflichtversicherer verweigert die Deckung. Der Planer erhebt daraufhin Deckungsklage, mit der er Schadensersatz wegen Kosten für Umplanungen und Ausschreibungen geltend macht, die durch seine fehlerhafte Planung angefallen sind. Der beklagte Haftpflichtversicherer versagt die Deckung mit dem Argument, dass es dabei um einen gemäß § 4 I Nr. 6 Abs. 3 AHB (Vorgänger des Erfüllungsausschlussklausel Ziffer 1.2 AHB 2014) nicht vom Versicherungsschutz umfassten Erfüllungsschaden handle. Das vorinstanzliche Kammergericht gab dem Planer Recht mit der Begründung, dass ein Erfüllungsschaden im versicherungsrechtlichen Sinne nicht vorliegen könne, da der Planer kein Nachbesserungsrecht an seinen Planungsleistungen mehr hat, nachdem sich der Fehler bereits im Bauwerk realisiert hatte, und es sich daher beim Schadensersatz wegen Kosten für Umplanungen und Ausschreibungen nicht um Ersatzvornahmekosten handle. Das Kammergericht beruft sich dabei auf die Rechtsprechung des BGH. 117

Der BGH hebt diese Entscheidung jedoch auf. Er stellt fest, für die versicherungsrechtliche Beurteilung des Vorliegens eines Erfüllungsschadens kommt es nicht auf die werkvertragliche Einordnung des dem Schaden zu Grunde liegenden Haftpflichtanspruchs an. Bei der Neu- und Umplanung geht es allein darum, das Ziel der ursprünglichen Planungsleistung zu erreichen, nämlich ein funktionsfähiges Gebäude. Der Geschädigte macht daher sein **unmittelbares Interesse am eigentlichen Leistungsgegenstand** geltend, so dass ein **nicht versicherter Erfüllungsschaden** des versicherten Planers vorliegt. Die Kosten für Planungs-, Ausschreibungs- und Bauüberwachungsleistungen, die auf einen Planungsfehler des Architekten zurückzuführen sind, stellen unabhängig davon, ob ein Nachbesserungsrecht des Planers besteht, einen Erfüllungsschaden dar. Für solche Kosten kann allerdings ein **Deckungsschutz** dann bestehen, wenn die **Kosten** nur dazu dienen, die **Nachbesserung des Baumangels selbst** zu planen bzw. zu koordinieren. Zur 118

[104] Dazu sogleich nachfolgend.

[105] BGH Beschl. v. 29.11.2004 – IV ZR 162/02 VersR 2005, 110 lit. cc. mit zahlreichen Nachweisen.

Klärung dieser Frage hat der BGH den Rechtsstreit an das Berufungsgericht zurückverwiesen.[106]

119 Dieser Fall ist auch ein Musterbeispiel für das **Trennungsprinzip** im Haftpflichtversicherungsrecht zwischen dem Haftpflicht- und dem Deckungsverhältnis. Die Feststellungen aus dem Haftpflichtverhältnis haben nur begrenzte **Bindungswirkung** für einen Deckungsprozess. Die Frage der werkvertraglichen Einordnung des vom geschädigten Auftraggeber geltend gemachten Schadensersatzanspruchs unterfällt dieser Bindungswirkung nicht, da insoweit keine Voraussetzungsidentität vorliegt.[107] Die Bindungswirkung der im Haftpflichtprozess getroffenen Feststellungen zur Haftung des Versicherungsnehmers bindet jedoch auch den Versicherer hinsichtlich der Deckungsfrage.[108] Das Haftpflichturteil bindet den Versicherer selbst dann, wenn er nicht am Haftpflichtprozess teilgenommen hat.[109] Die Ausbringung einer Streitverkündung im Haftpflichtprozess gegenüber dem Versicherer des Schädigers ist daher unnötig. Eine Streitverkündung des Architekten gegenüber seiner Versicherung ist jedoch dann vonnöten, wenn sein Aufraggeber in seiner Honorarklage mit Schadensersatzansprüchen aufrechnet.[110]

4. Obliegenheiten des Versicherungsnehmers im Versicherungsfall

120 a) Anzeigeobliegenheiten (Ziffer 25.1 AHB 2014)

25 Obliegenheiten nach Eintritt des Versicherungsfalles

25.1 Jeder Versicherungsfall ist, auch wenn noch keine Schadensersatzansprüche erhoben worden sind, dem Versicherer innerhalb einer Woche anzuzeigen. Das Gleiche gilt, wenn gegen den Versicherungsnehmer Haftpflichtansprüche geltend gemacht werden.

25.2 Der Versicherungsnehmer muss nach Möglichkeit für die Abwendung und Minderung des Schadens sorgen. Weisungen des Versicherers sind dabei zu befolgen, soweit es für den Versicherungsnehmer zumutbar ist. Er hat dem Versicherer ausführliche und wahrheitsgemäße Schadenberichte zu erstatten und ihn bei der Schadenermittlung und -regulierung zu unterstützen. Alle Umstände, die nach Ansicht des Versicherers für die Bearbeitung des Schadens wichtig sind, müssen mitgeteilt sowie alle dafür angeforderten Schriftstücke übersandt werden.

25.3 Wird gegen den Versicherungsnehmer ein staatsanwaltschaftliches, behördliches oder gerichtliches Verfahren eingeleitet, ein Mahnbescheid erlassen oder ihm gerichtlich der Streit verkündet, hat er dies unverzüglich anzuzeigen.

25.4 Gegen einen Mahnbescheid oder eine Verfügung von Verwaltungsbehörden auf Schadensersatz muss der Versicherungsnehmer fristgemäß Widerspruch oder die sonst erforderlichen Rechtsbehelfe einlegen. Einer Weisung des Versicherers bedarf es nicht.

25.5 Wird gegen den Versicherungsnehmer ein Haftpflichtanspruch gerichtlich geltend gemacht, hat er die Führung des Verfahrens dem Versicherer zu überlassen. Der Versicherer beauftragt im Namen des Versicherungsnehmers einen Rechtsanwalt. Der Versicherungsnehmer muss dem Rechtsanwalt Vollmacht sowie alle erforderlichen Auskünfte erteilen und die angeforderten Unterlagen zur Verfügung stellen.

Die Anzeigenobliegenheit des Versicherungsnehmers wurde bereits bei den §§ 30, 104 VVG n. F. behandelt. Sie wird jedoch in Ziffer 25 AHB 2014, gegenüber dem alten § 5 Ziffer 2 AHB neugefasst und abgewandelt bzw. erweitert. Zunächst ist das Schriftformerfordernis entfallen, weshalb ein Anruf beim Versicherer genügt. Jedoch ist schon aus Beweisgründen eine schriftliche Schadenanzeige anzuraten, um einem eventuellen Vorwurf

---

106 *Krause-Allenstein* IBR 2009, 56 zu BGH Urt. v. 19.11.2008 – IV ZR 177/05 – und IBR 2009, 116; vgl. auch zur Vorinstanz Kammergericht Urt. v. 21.10.2005 – 6 U 330/03 – *Krause-Allenstein* IBR 2006, 56.

107 *Krause-Allenstein* r+s 2006, 372 f.

108 BGU Urt. v. 30.9.1992 VersR 1992, 1504.

109 OLG Frankfurt a. M. Urt. v. 30.9.1992 IV ZR 314/91 VersR 2011, 522 einschränkend für den Fall eines Versäumnisurteils.

110 *Vogelsang* in Motzke/Bauer Seewald § 11 Rn. 3; *Hösker* VersR 2013, 952, 960 f. zur Bindungswirkung nach der VVG-Reform 2008; zur Problematik der Gültigkeit der „althergebrachten" Bindungswirkung nach der VVG-Reform auch *Langheid* in Römer/Langheid § 100 Rn. 35.

verspäteter Meldung entgegen treten zu können. Die Meldung beim Makler reicht wie gesagt aus.[111] Zur Sicherheit ist jedoch auch zumindest eine direkte kurze parallele Information des Versicherers empfehlenswert.

Ein Versicherungsnehmer muss unter Umständen wegen desselben Versicherungsfalls mehrfach seinem Versicherer Anzeige erstatten. Gemäß Ziffer 25.1 hat ein Versicherungsnehmer zunächst seiner Anzeigepflicht nachzukommen, wenn er davon Kenntnis erlangt hat, dass ein Ereignis eingetreten ist, das einen Schaden herbeizuführen droht, und dass der drohende Schaden ihm gegenüber Haftpflichtansprüche zur Folge haben könnte.[112] Selbst wenn der Geschädigte noch keine Ansprüche gegenüber dem Versicherungsnehmer geltend gemacht hat, ist dieser zur **Anzeige innerhalb einer Woche** nach Erhebung des Anspruchs verpflichtet (Ziff. 25.1 AHB 2014). 121

Wenn der Versicherungsfall bereits angezeigt wurde, etwa weil die Voraussetzungen der Ziffer 25.1 AHB 2014 vorgelegen haben, muss der Versicherungsnehmer dem Versicherer unverzüglich nochmals Anzeige erstatten, wenn gegen ihn ein staatsanwaltschaftliches, behördliches oder gerichtliches Verfahren eingeleitet, ein Mahnbescheid erlassen oder ihm gerichtlich der Streit verkündet wird (Ziffer 25.2 AHB 2014). Diese Vorschrift erweitert die Anzeigepflicht ausdrücklich auch auf den Fall der Streitverkündung.[113] 122

Gegen die Verpflichtung, jeden Versicherungsfall dem Versicherer unverzüglich, jedoch spätestens innerhalb einer Woche anzuzeigen, wird häufig verstoßen. Selbst die Verpflichtung, den Versicherer gem. Ziffer 25.2 AHB 2014 unverzüglich von allen weiteren Geschehnissen, insbesondere von der Einleitung gerichtlicher Verfahren gegen den Versicherungsnehmer gemäß Ziffer 25.3 AHB 2014 zu informieren, wird häufig missachtet. Dies kann durchaus dazu führen, dass Gerichte zum Ergebnis kommen, dass die Obliegenheitsverletzung vorsätzlich erfolgt ist. Das OLG Saarbrücken[114] hat die Deckungsablehnung des Haftpflichtversicherers bestätigt, nachdem ein Architekt ein im August 1985 eingeleitetes Beweissicherungsverfahren erst am 7.10.1985 dem Versicherer meldete und dem Versicherer von einer im Januar 1987 gegen ihn erhobenen Klage erst nach Erlass eines Teilurteils vom August 1987 und Einlegung der Berufung gegen dieses Teilurteil Meldung machte. Das OLG Stuttgart[115] hat eine Deckungsklage abgewiesen, nachdem der Schadensfall dem Versicherer trotz Zustellung eines Beweissicherungsantrages am 23.1.1992 erst am 8.11.1993 angezeigt wurde. Das OLG Saarbrücken[116] hat ebenfalls die Deckungsklage wegen verspäteter Schadenmeldung abgewiesen und festgestellt, dass mit der Verzögerung einer Schadenanzeige um rund 13 Monate ein Versicherungsnehmer die Interessen des Versicherers regelmäßig auch dann erheblich und schwer vorwerfbar gefährdet, wenn der Schaden sofort und bevor eine Prüfung durch den Versicherer möglich gewesen wäre, behoben werden musste. 123

b) Aufklärungsobliegenheit (Ziffer 25.2 und 25.5 AHB 2014) 124

25.2 Der Versicherungsnehmer muss nach Möglichkeit für die Abwendung und Minderung des Schadens sorgen. Weisungen des Versicherers sind dabei zu befolgen, soweit es für den Versicherungsnehmer zumutbar ist. Er hat dem Versicherer ausführliche und wahrheitsgemäße Schadenberichte zu erstatten und ihn bei der Schadenermittlung und -regulierung zu unterstützen. Alle Umstände, die nach Ansicht des Versicherers für die Bearbeitung des Schadens wichtig sind, müssen mitgeteilt sowie alle dafür angeforderten Schriftstücke übersandt werden.

---

[111] *Vogelsang* in Motzke/Bauer/Seewald § 11 Rn. 38; LG Köln Urt. v. 18.9.2007 – 24 O 28/07 r+s 2008, 288; a.A. *Lücke* in Prölls/Martin AHB 2008 Ziffer 25 Rn. 6.

[112] OLG Stuttgart Urt. v. 27.11.2008 – 7 U 89/08 VersR 2009, 669; OLG Köln Urt. v. 15.2.2005 – 9 U 124/04 – VersR 2005, 1231; BGH Urt. v. 27.11.2002– IV ZR 159/01 – in VersR 2003, 187.

[113] BGH Urt. v. 21.5.2003 – IV ZR 209/02 NJW 2003, 2376.

[114] OLG Saarbrücken Urt. v. 22.8.1990 – 5 U 21/90 – in BauR 1991, 494.

[115] OLG Stuttgart Urt. v. 11.12.1997 – 7 U 5/97 NJW 1999, 799.

[116] OLG Saarbrücken Urt. v. 25.10.2000 – 5 U 296/00-26 zfs 2001, 25.

25.5 Wird gegen den Versicherungsnehmer ein Haftpflichtanspruch gerichtlich geltend gemacht, hat er die Führung des Verfahrens dem Versicherer zu überlassen. Der Versicherer beauftragt im Namen des Versicherungsnehmers einen Rechtsanwalt. Der Versicherungsnehmer muss dem Rechtsanwalt Vollmacht sowie alle erforderlichen Auskünfte erteilen und die angeforderten Unterlagen zur Verfügung stellen.

Neben der Verpflichtung des Versicherungsnehmers, unter Beachtung der Weisungen des Versicherers nach Möglichkeit für die Abwendung und Minderung des Schadens zu sorgen, betont Ziffer 25.2, die Obliegenheit "ausführliche und wahrheitsgemäße Schadenberichte zu erstatten und ihn bei der Schadenermittlung und -regulierung zu unterstützen. Alle Umstände, die nach Ansicht des Versicherers für die Bearbeitung des Schadens wichtig sind, müssen mitgeteilt sowie alle dafür angeforderten Schriftstücke übersandt werden".

125 Die Auskunftspflicht des Versicherungsnehmers ist eine besondere Obliegenheitspflicht des bereits dargestellten § 28 VVG, die in 31 VVG für den Eintritt des Versicherungsfalls nochmals ausdrücklich normiert ist. Gerade bei der Beurteilung von Bauschäden sind Versicherer für eine sachgerechte Entscheidung zum Grund und zur Höhe darauf angewiesen, von ihrem Versicherungsnehmer umfassend und zutreffend informiert zu werden. Sofern dem Versicherungsnehmer die nötige Kenntnis für die wahrheitsgemäße Erfüllung der Aufklärungsobliegenheit fehlt, muss er sich diese notfalls durch Rückfrage bei Mitarbeitern oder Vertragspartnern verschaffen.[117] Wenn der Versicherungsnehmer Dritte mit der Erfüllung der Aufklärungs-obliegenheit beauftragt, so muss er sich analog § 166 BGB bewusst falsche und grob fahrlässig falsche Angaben dieser „Wissenserklärungsvertreter" zurechnen lassen, auch wenn sie nicht seine Repräsentanten sind.[118]

126 **c) Prozessführung (Ziffer 25.5 AHB 2014)**

25.5 Wird gegen den Versicherungsnehmer ein Haftpflichtanspruch gerichtlich geltend gemacht, hat er die Führung des Verfahrens dem Versicherer zu überlassen. Der Versicherer beauftragt im Namen des Versicherungsnehmers einen Rechtsanwalt. Der Versicherungsnehmer muss dem Rechtsanwalt Vollmacht sowie alle erforderlichen Auskünfte erteilen und die angeforderten Unterlagen zur Verfügung stellen.

Wenn es zum Prozess über den Haftpflichtanspruch kommt, so gebietet Ziffer 25.5 AHB 2014 dem Versicherungsnehmer, die Prozessführung dem Versicherer zu überlassen und die ihm obliegende Aufklärungspflicht auch gegenüber den für ihn vom Versicherer bestellten oder bezeichneten Anwalt zu erfüllen. Die **Prozessführungsbefugnis des Versicherers** im (Innen-)Verhältnis zum Versicherungsnehmer gewährleistet, dass die Interessen des Versicherers – die sich regelmäßig mit denen des Versicherungsnehmers decken – gewahrt bleiben.[119] Über die Prozessführungsbefugnis sichert sich der Versicherer auch das Recht, einen Prozessbevollmächtigten zu benennen. Die damit korrespondierende Obliegenheit des Versicherungsnehmers, dem Versicherer die Prozessführung zu überlassen ergab sich zuvor aus § 5 Ziffer 4 AHB a. F. und steht im Gegensatz zur alten §-Vorschrift heute unter 25.5 AHB 2014 an richtiger Stelle. Das Recht des Versicherers für den Versicherungsnehmer einen Anwalt zu bestellen, fällt unter die ihm nach Ziffer 5.2 AHB 2014 vertraglich eingeräumte Schadensbearbeitungsvollmacht.[120] Diese Obliegenheit besteht auch dann, wenn die Versicherungssumme nicht ausreicht, jedoch nicht, wenn und soweit der Versicherer seine Deckungspflicht bestreitet.[121] Der Versicherer muss im Haftpflichtprozess die Interessen des Versicherten so wahren, wie ein von diesem beauftragter Anwalt. Dies gilt auch bei einer Kollision der Interessen des Versicherers mit denen des Versicherten. In diesem Fall muss der Versicherer seine Interessen zurückstellen.[122]

---

117 *Lücke* in Prölls/Martin (Voit), AHB Ziffer 25, Rn. 19.

118 *Lücke* in Prölls/Martin (Voit), AHB Ziffer 25, Rn. 20.

119 *Büsken* in MüKo, Band 2, Allgemeine Haftpflichtversicherung Rn. 113.

120 *Schmalzl/Krause-Allenstein* noch zu Ziffer 25.6 AHB a. F. Rn. 384.

121 *Schmalzl/Krause-Allenstein* a.a.O.

122 BHG Urt. v. 30.9.1992, VersR 1992, 1504.

d) Wegfall des Anerkenntnis- und Befriedigungsverbots 127

§ 105 VVG Anerkenntnis des Versicherungsnehmers
Eine Vereinbarung, nach welcher der Versicherer nicht zur Leistung verpflichtet ist, wenn ohne seine Einwilligung der Versicherungsnehmer den Dritten befriedigt oder dessen Anspruch anerkennt, ist unwirksam.

§ 105 VVG ist eines der Kernstücke der VVG-Reform, soweit sie die Haftpflichtversicherung betrifft. Im Gegensatz zu § 154 Absatz 2 VVG a. F. ist das in den Bedingungen zuletzt unter Ziffer 25.3 AHB regelmäßig genannte Anerkenntnis- und Befriedigungsverbot generell unwirksam. Ein solches Verbot kann weder durch AGB noch einzelvertraglich vereinbart werden. Die Versicherungswirtschaft hat bis zuletzt erfolglos an der bisherigen Regelung festhalten wollen.

Allerdings bedeutet § 105 eine Einschränkung der Vertragsfreiheit und ist deshalb nach 128 § 210 VVG nicht auf Großrisiken anwendbar, also auf Unternehmen, die mindestens zwei der folgenden Kriterien erfüllen: Mehr als EUR 6,2 Mio. Bilanzsumme, mehr als EUR 12,8 Mio. Nettoumsatz, durchschnittlich 250 Mitarbeiter im Jahr.

Davon abgesehen sind Bedingungen, die entsprechende Verbote enthalten oder die die 129 Wirksamkeit von der Zustimmung des Versicherers abhängig machten, nunmehr unwirksam. Der VN kann, ohne sich Sorgen um seinen Versicherungsschutz machen zu müssen, die gegen ihn erhobene Schadensersatzforderung gegenüber dem Dritten ganz oder teilweise anerkennen oder befriedigen. Allerdings ist vor einer solchen Erledigung ohne Rücksprache mit dem Versicherer eher Zurückhaltung angebracht, insbesondere bei unklarem Sachverhalt. Allerdings kann bei Klein- und Kleinstschäden knapp oberhalb des Selbstbehalts eine rasche Regulierung eine sich ansonsten eventuell unnötig ausufernde rechtliche Auseinandersetzung vermeiden helfen.

Es findet sich in den neuen AHB 2014 weiterhin folgende Vorschrift, die beim Vorlie- 130 gen eines Großrisikos iSv § 210 VVG zur Anwendung kommen könnte:

Ziffer 5.1 Absatz 2 Satz 2 AHB 2014
Anerkenntnisse und Vergleiche, die vom Versicherungsnehmer ohne Zustimmung des Versicherers abgegeben oder geschlossen worden sind, binden den Versicherer nur, soweit der Anspruch auch ohne Anerkenntnis oder Vergleich bestanden hätte.

Doch auch bei Vorliegen der Voraussetzungen nach § 210 VVG unterliegen AVB wie 131 diese der Kontrolle der §§ 305 ff BGB und können damit nach § 307 Absatz 2 BGB unwirksam sein.[123] Sollte das Anerkenntnis- und Befriedigungsverbots jedoch wirksam vereinbart worden sein, muss das Verbot weiterhin auch vom Anwalt des Architekten bei einem außergerichtlichen oder gerichtlichen Vergleich beachten werden. Denn nach einer Entscheidung des OLG Bamberg[124] ist bei einem Rechtsanwalt im Falle einer Zuwiderhandlung gegen die Obliegenheit, ein Haftungsanerkenntnis zu unterlassen, von Kenntnis der einschlägigen Vorschriften und damit von Vorsatz auszugehen. Der Versicherungsnehmer muss sich die vorsätzliche Obliegenheitsverletzung durch seinen Rechtsanwalt zurechnen lassen. Schließlich kommt das OLG Bamberg auch noch zum Ergebnis, dass die Voraussetzungen der Relevanzrechtsprechung gegeben sind, wenn ohne Einverständnis des Versicherers ein unwiderruflicher Vergleich abgeschlossen wird.[125]

Vor einem vorschnellen Entsprechen einer Forderung nach einem Anerkenntnis der 132 Haftung oder der Schadenersatzforderung an sich ist jedoch ohnehin grundsätzlich abzuraten.

---

[123] *Klimke* in Prölls/Martin § 210 VVG Rn. 7 ff.).
[124] OLG Bamberg Urt. v. 12.11.1992 – 1 U 176/81 in zfs 1993, 271.
[125] So *Voit* in Prölls/Martin, 26. Auflage VVG, § 154 Rn. 8.

133 **e) Umfassende Regulierungsvollmacht des Versicherers (Ziffer 5.2 AHB 2014):**

Ziffer 5.2. Der Versicherer ist bevollmächtigt, alle ihm zur Abwicklung des Schadens oder Abwehr der Schadensersatzansprüche zweckmäßig erscheinenden Erklärungen im Namen des Versicherungsnehmers abzugeben.

Die zuvor in § 5 Ziffer.7 AHB a. F. enthaltene Regulierungsvollmacht des Versicherers war dort als „systematischer Fremdkörper" gesehen worden, da er unter er Überschrift „Obliegenheiten des Versicherungsnehmers, Verfahren", stand. Die Vollmacht wird aber bereits mit Abschluss des Versicherungsvertrages erteilt und ist daher keine Obliegenheit im Versicherungsfall.

134 Nunmehr steht die Vollmacht in Ziffer 5.2 AHB 2014 08 unter „Leistungen der Versicherung" wohl auch systematisch an richtiger Stelle.[126] Denn die Notwendigkeit einer Regulierungsvollmacht des Versicherers ergibt sich aus der ihm obliegenden primären Leistungspflicht, berechtigte Schadensersatzansprüche gegen den Versicherungsnehmer zu befriedigen. Sie dient der Absicherung dieser Leistungspflicht.[127] Die Regulierungsvollmacht ist eine echte Außenvollmacht im Sinne der §§ 164 ff. BGB.[128] Entsprechend dem neuen Wortlaut ist der Versicherer bevollmächtigt, während § 5 Ziffer 7 AHB a. F. die Vollmacht fingierte , da nach dessen Wortlaut der Versicherer als bevollmächtigt „gilt". Ziffer.5.2 Satz 2 AHB 2013 begründet damit eine umfassende Geschäftsführungsbefugnis des Versicherers und berechtigt ihn, alle mit der Schadenfeststellung und -regulierung zusammenhängenden gerichtlichen und außergerichtlichen Rechtsgeschäfte und Maßnahmen weisungsunabhängig vorzunehmen.[129]

135 Der Versicherer ist bevollmächtigt, für den Versicherungsnehmer alle ihm zweckmäßig erscheinenden Erklärungen abzugeben. Er kann Forderungen ganz oder vergleichsweise anerkennen, Forderungen als unbegründet zurückweisen und den Anspruchsteller auf den Klageweg verweisen. Der Versicherer kann auch auf die Einrede der Verjährung im Rahmen von außergerichtlichen Vergleichsverhandlungen verzichten.[130] In der Architektenhaftpflichtversicherung besteht die Regulierungsvollmacht wegen des Verstoßprinzips über das Vertragsende des Versicherungsvertrages hinaus fort, wenn der Versicherer für Versicherungsfälle, deren Verstoß in die Laufzeit des Vertrages fällt, noch eintrittspflichtig ist.[131] Die Regulierungsvollmacht berechtigt den Versicherer, den Versicherungsnehmer selbst dann uneingeschränkt zu vertreten, wenn der geltend gemachte Schadenersatzanspruch die Deckungssumme übersteigt.[132] In einem derartigen Fall muss sich jedoch der Versicherer darum bemühen, bei der Schadenbearbeitung besonders eng mit dem Versicherungsnehmer zusammen zu arbeiten und sich mit ihm rechtzeitig darüber zu einigen, wie weiter vorzugehen ist. Wenn der Versicherer den Versicherungsnehmer durch mit ihm nicht abgestimmte Erklärungen über die Versicherungssumme hinaus präjudiziert, kann er sich dem Versicherungsnehmer gegenüber schadenersatzpflichtig machen.[133] Soweit der Versicherer geschädigten Dritten gegenüber verpflichtende Erklärungen abgibt, handelt er regelmäßig als Vertreter seines Versicherungsnehmers und verpflichtet sich nicht selbst.[134]

126 *Büsken* in MüKo, Band 2, Allgemeine Haftpflichtversicherung Rn. 112.

127 BGH Urt. v. 3.6.1987 – VI a ZR 292/85 NJW 1987, 2526 f.

128 *Lücke* in Prölss/Martin Ziffer Nr. 5 AHB 2008 Rdn. 13; *Späte* noch zu § 5 AHB Rdn. 62).

129 *Büsken* in MüKo, Band 2, Allgemeine Haftpflichtversicherung Rn. 113.

130 *Büsken* a.a.O. Rn. 118.

131 *Späte* § 5 AHB Rn. 71 mwN.

132 *Schmalzl/Krause-Allenstein* Rn. 94; *Büsken* a,a.O. Rn. 118; *Späte*, AHB, § 5, Rn. 67.

133 *Schmalzl/Krause-Allenstein* Rn. 93.

134 Wohl h.M., aber bestritten s. *Büsken* a.a.O. Rdn. 120; BGH Urt. v. 19.11.2008 – IV ZR 293/05 VersR 2009, 106.

5. Rechtsfolgen bei Verletzung von Obliegenheiten (Ziffer 26 AHB 2014)

26 Rechtsfolgen bei Verletzung von Obliegenheiten 136

26.1 Verletzt der Versicherungsnehmer eine Obliegenheit aus diesem Vertrag, die er vor Eintritt des Versicherungsfalles zu erfüllen hat, kann der Versicherer den Vertrag innerhalb eines Monats ab Kenntnis von der Obliegenheitsverletzung fristlos kündigen. Der Versicherer hat kein Kündigungsrecht, wenn der Versicherungsnehmer nachweist, dass die Obliegenheitsverletzung weder auf Vorsatz noch auf grober Fahrlässigkeit beruhte.

26.2 Wird eine Obliegenheit aus diesem Vertrag vorsätzlich verletzt, verliert der Versicherungsnehmer seinen Versicherungsschutz. Bei grob fahrlässiger Verletzung einer Obliegenheit ist der Versicherer berechtigt, seine Leistung in einem der Schwere des Verschuldens des Versicherungsnehmers entsprechenden Verhältnis zu kürzen.

Der vollständige oder teilweise Wegfall des Versicherungsschutzes hat bei Verletzung einer nach Eintritt des Versicherungsfalls bestehenden Auskunfts- oder Aufklärungsobliegenheit zur Voraussetzung, dass der Versicherer den Versicherungsnehmer durch gesonderte Mitteilung in Textform auf diese Rechtsfolge hingewiesen hat.

Weist der Versicherungsnehmer nach, dass er die Obliegenheit nicht grob fahrlässig verletzt hat, bleibt der Versicherungsschutz bestehen.

Der Versicherungsschutz bleibt auch bestehen, wenn der Versicherungsnehmer nachweist, dass die Verletzung der Obliegenheit weder für den Eintritt oder die Feststellung des Versicherungsfalls noch für die Feststellung oder den Umfang der dem Versicherer obliegenden Leistung ursächlich war. Das gilt nicht, wenn der Versicherungsnehmer die Obliegenheit arglistig verletzt hat.

Die vorstehenden Bestimmungen gelten unabhängig davon, ob der Versicherer ein ihm nach Ziff. 26.1 zu- stehendes Kündigungsrecht ausübt.

Die Rechtsfolgen bei Verletzungen von Obliegenheiten nach Ziffern 26 AHB 2014 sind dieselben wie bereits in der abgeänderten Ziffer 8 AHB 2008. Ziffer 26.1 AHB 2014 entspricht dem bereits behandelten § 28 Absatz 1 VVG und Ziffer 26.2 AHB behandelt wie dort Obliegenheitsverletzungen **vor** dem Versicherungsfall. Die Kündigungspflicht des Versicherers wegen vorvertraglicher Obliegenheitsverletzung entfällt. Im Übrigen gelten für vorvertragliche Obliegenheitsverletzung dieselben Grundsätze wie für Obliegenheitsverletzung **nach** Eintritt des Versicherungsfalles, der in Ziffer 26.2 AHB 2014 geregelt ist und ebenfalls in § 28 Absatz 2 VVG.

Wegen des Wegfalls des „Alles-oder-nichts-Prinzips" des § 6 VVG a. F. sieht Ziffer 26.2 137
AHB 2014 bei grob fahrlässiger Verletzung der Anzeigepflicht, bei Gefahrerhöhungen und bei grob fahrlässiger Obliegenheitsverletzung eine Quotelung der Leistung des Versicherers vor. Maßstab ist dabei die Schwere des Verschuldens.

Die Einzelheiten der Ziffer 26 AHB 2014: 138

Verletzt der Versicherungsnehmer eine Obliegenheit aus dem Versicherungsvertrag, die er vor Eintritt des Versicherungsfalles zu erfüllen hat, **kann** der Versicherer gemäß Ziffer 26.1 AHB 2014 den Vertrag innerhalb eines Monats ab Kenntnis von der Obliegenheitsverletzung fristlos kündigen. Der Versicherer hat kein Kündigungsrecht, wenn der Versicherungsnehmer nachweist, dass die Obliegenheitsverletzung weder auf Vorsatz noch auf grober Fahrlässigkeit beruhte.

Wird nach Ziffer 26.2 AHB 2014 eine Obliegenheit aus dem Versicherungsvertrag vor- 139
sätzlich verletzt, verliert der Versicherungsnehmer seinen Versicherungsschutz. Bei grob fahrlässiger Verletzung einer Obliegenheit ist der Versicherer berechtigt, seine Leistung in einem der Schwere des Verschuldens des Versicherungsnehmers entsprechenden Verhältnis zu kürzen. Weist der Versicherungsnehmer nach, dass er die Obliegenheit nicht grob fahrlässig verletzt hat, bleibt der Versicherungsschutz bestehen.

Der Versicherungsschutz bleibt zudem bestehen, wenn der Versicherungsnehmer nach- 140
weist, dass die Verletzung der Obliegenheit weder für den Eintritt oder die Feststellung des Versicherungsfalls noch für die Feststellung oder den Umfang der dem Versicherer obliegenden Leistung ursächlich war. Das gilt nicht, wenn der Versicherungsnehmer die Obliegenheit arglistig verletzt hat.Das Vorstehende gilt unabhängig davon, ob der Versicherer das ihm nach Ziffer 26.1 AHB 2014 zustehendes Kündigungsrecht ausübt, Ziffer 26.2 letzter Absatz.

141 Wegen der Geltung des § 30 Absatz 2 VVG kann sich der der Versicherer auf seine Leistungsfreiheit nicht berufen, wenn er trotz Verletzung einer Anzeigeobliegenheit auf andere Weise von dem Eintritt des Versicherungsfalles erfahren hat entsprechend seinem Wortlaut: *„(2) Auf eine Vereinbarung, nach welcher der Versicherer im Fall der Verletzung der Anzeigepflicht nach Absatz 1 Satz 1 nicht zur Leistung verpflichtet ist, kann sich der Versicherer nicht berufen, wenn er auf andere Weise vom Eintritt des Versicherungsfalles rechtzeitig Kenntnis erlangt hat."*

142 Die Frage der **Beweislast** bzgl. der Obliegenheitsverletzung und des hierauf gerichteten Vorsatzes bedarf nach der vorstehenden Darstellung der Grundzüge nochmals einer näheren Betrachtung anhand der zu diesem Thema ergangenen Rechtsprechung.

143 Beruft sich der Versicherer auf seine Leistungsfreiheit, liegt die Beweislast für den objektiven Tatbestand nunmehr beim Versicherer, wozu auch die Kenntnis des Versicherungsnehmers von den nicht oder nicht vollständig mitgeteilten Umständen gehört.[135] Bei einer Verletzung der Anzeigeobliegenheit ist jedoch grundsätzlich davon auszugehen, dass ein Versicherungsnehmer seinen Versicherungsschutz regelmäßig nicht dadurch aufs Spiel setzten will, dass er also die Information des Versicherers über das Schadensereignis oder die Erhebung eines Anspruchs willentlich unterlässt oder ihr Ausbleiben wenigstens in Kauf nimmt.[136] Die häufigste Obliegenheitsverletzung liegt in der verspäteten Anzeige des Versicherungsfalls. Nach einer Entscheidung des OLG Stuttgart ist einem Versicherungsnehmer in aller Regel bekannt, dass er im Schadenfall, insbesondere bei Einleitung von gerichtlichen Verfahren, eine Pflicht zur Information seines Versicherers hat, weshalb für die Obliegenheitsverpflichtung der Anzeige des Schadensfalls Vorsatz angenommen wurde.[137] Wenn ein Versicherungsnehmer seinem Versicherer eine gegen ihn erhobene Klage nur deshalb nicht anzeigt, weil er glaubt, diesen Prozess zu gewinnen, verletzt er seine Anzeigenobliegenheit jedenfalls bedingt vorsätzlich.[138]

144 Folge der vorsätzlichen Verletzung der Obliegenheitsverpflichtung ist die volle Leistungsfreiheit des Versicherer, jedoch nur wenn und soweit der Kausalitäts**gegen**beweis nicht geführt werden kann. Ausnahme hiervon ist der Fall der Arglist, da hier die Darlegungslast beim Versicherer liegt.[139] An den Gegenbeweis sind allerdings keine hohen Anforderungen zu stellen. Vorsatz erfordert das Wollen der Obliegenheitsverletzung im Bewußtsein des Vorhandenseins der Verhaltensnorm und umfasst bedingten Vorsatz.[140]

145 Für die Frage der Beweislast bzgl. der groben Fahrlässigkeit der Obliegenheitsverletzung gilt: Sie wird vermutet, der VN kann jedoch den Entlastungsbeweis führen.[141]

Folge grober Fahrlässigkeit ist ein quotales Kürzungsrecht nach der Schwere des Verschuldens. Die Beweislast dafür ist streitig.[142] Der Kausalitätsgegenbeweis erfolgt hier wie beim Vorsatz, weshalb auf das Vorgesagte verwiesen wird.

Für die Frage der Beweislast der Kausalität vorvertraglicher Obliegenheitsverletzung gelten dieselben Grundsätze wie für Obliegenheitsverletzung nach Eintritt des Versicherungsfalls.

146 Bei der Beurteilung der Frage, ob eine unwahre Angabe gemacht worden ist, ist ein verständiger Maßstab anzulegen, der auch die Irrtumsmöglichkeiten der jeweiligen Auskunftsperson umfasst. Soll der Versicherte falsche Angaben gemacht haben, muss auch er belehrt werden.[143] Der Kausalitäts**gegen**beweis ist bereits geführt, wenn der Vorfall im Prozess unstreitig und in den staatsanwaltschaftlichen Ermittlungsakten ausreichend

---

[135] BGH Urt. v. 12.12.2007 – IV ZR 40/06 VersR 2008, 484.

[136] OLG Saarbrücken Urt. v. 25.10.2000 – 5 U 296-00/26 zfs 2001, 25; OLG Stuttgart Urt. v. 11.12.1997 – 7 U 5/97 NVersZ 1999, 289.

[137] OLG Stuttgart Urt. v. 11.12.1997, – 7 U 5/97 NVersZ 1999, 289.

[138] OLG Düsseldorf Urt. v. 27.9.1988 – 4 U 245/87 VersR 1990, 411.

[139] *Lücke* in Prölls/Martin AHB Ziffer 26 2008 Rn. 4.

[140] OLG Stuttgart Urt. v. OLG Stuttgart Urt. v. 11.12.1997 – 7 U 5/97 NVersZ 1999, 290).

[141] *Lücke* in Prölls/Martin AHB Ziffer 26 2008 Rn. 5.

[142] *Felsch* r+s 2007, 485, Günther/Spielmann r+s 2008, 133, 177; Pohlmann in VersR 2008, 437.

[143] OLG Stuttgart Urt. v. 2.8.2005 – 10 U 88/05 VersR 2006, 1489.

dokumentiert ist.[144] Dies trifft auch zu wenn aus gesetzlichen Gründen eine Entlastungsmöglichkeit des Schädigers von vornherein ausscheidet.[145]

Gemäß Ziffer 26.2 Absatz 4 genügt – entgegen der früheren Relevanzrechtsprechung – zur Bejahung der Folgenlosigkeit der Obliegenheitsverletzung der Nachweis mangelnder Ursächlichkeit der Obliegenheitsverletzung für den Eintritt des Versicherungsfalls oder für die Feststellung oder den Umfang der Leistung des Versicherers. Zusätzliche Kosten oder eine Gefährdung der Interessen des Versicherers begründen weder Kausalität noch – mangels Pflichtverletzung – einen Schadensersatzanspruch aus § 280 BGB.[146] Fordert der Versicherer seine Leistung wegen Obliegenheitsverletzung zurück, trägt der die volle Darlegungs- und Beweislast für die Voraussetzungen der Leistungsfreiheit, auch soweit sie der Versicherungsnehmer im Aktivprozess § 28 VVG selbst zu tragen hätte.[147] 147

Der vollständige oder teilweise Wegfall des Versicherungsschutzes bei Verletzung einer nach Eintritt des Versicherungsfalls bestehenden Auskunfts- oder Aufklärungsobliegenheit setzt voraus, dass der Versicherer den Versicherungsnehmer auf diese Rechtsfolge durch gesonderte Mitteilung in Textform iSv § 126 BGB hingewiesen hat.[148] 148

Dies entspricht auch dem Inhalt des § 28 Absatz 4 VVG, wonach der Versicherer den Versicherungsnehmer auf die vollständige oder teilweise Leistungsfreiheit als Rechtsfolge der Obliegenheitsverletzung hinzuweisen hat. Auf Grund seiner Warnfunktion muss der **Rechtsfolgenhinweis** richtig, vollständig, klar und unmissverständlich sein.[149] 149

Die Anforderungen an den belehrenden Hinweis waren bereits vor der Novelle des VVG streng. Die vom Gesamtverband der Deutschen Versicherungswirtschaft e.V. (GDV) seinen Mitgliedern empfohlenen Mustertexte werden oftmals als unvollständig, unrichtig oder jedenfalls unklar eingestuft.[150], sodass der Versicherte und dessen Rechtsanwalt gut beraten sind, die im Schadensfall erfolgten Hinweise des Versicherers darauf hin zu prüfen, ob sie die strengen Anforderungen § 28 VVG erfüllen.

IV. Die Besonderen Bedingungen und Risikobeschreibungen für die Berufshaftpflichtversicherung von Architekten, Bauingenieuren und Beratenden den Ingenieuren (BBR 2011)

Nachfolgend dargestellt werden die aktuellen BBR in der Fassung vom April 2011. 150

1. Gegenstand der Versicherung (A Ziffer 1 BBR 2011)

A ZifferI 1 BBR 2011

Gegenstand der Versicherung / Versichertes Risiko 151

1.1 Versichert ist die gesetzliche Haftpflicht des Versicherungsnehmers für die Folgen von Verstößen bei der Ausübung der im Versicherungsschein beschriebenen Tätigkeiten / Berufsbilder.

a) Die versicherte Tätigkeit. *aa) Das versicherte Berufsbild.* Alle Tätigkeiten, die mit zum Berufsbild des Architekten gehören, sind vom Versicherungsschutz umfasst.[151] Zum Berufsbild des Architekten zählen sicher die Tätigkeiten, für welche die HOAI sogenannte 152

[144] OLG Frankfurt Urt. v. 24.5.2007 – 3 U 144/06 r+s 2008, 66.

[145] KG Urt. v. 22.2.2008, – 6 U 133/07 VersR 2008, 914.

[146] *Lücke* in Prölls/Martin AHB Ziffer 26 2008 Rn. 4; z.T.a.A. *Schimikowski* VersR 2009, 1304, 1307.

[147] BGH Urt. v. 10.7.2007, – IV ZR 95/07 VersR 2008, 241.

[148] *Leverenz* VersR 2008, 709.

[149] Urt. v. 28.2.2007 VersR 2007, 683; zu den Einzelheiten der Inhaltsanforderungen *Wandt* in Münchener Kommentar § 28 VVG Rn. 330 ff.

[150] *Wandt* a.a.O.

[151] *Schmalzl/Krause-Allenstein* Rn. 626 ff. mit Rspr.-Nachweisen zu nicht mehr vom Berufsbild des Architekten umfassten Tätigkeiten.

Leistungsbilder enthält. Zwar hat regelt die HOAI ausschließlich das Honorar von Architektenleistungen, doch gehören die in der HOAI genannten honorarfähigen Leistungen jedenfalls zum Tätigkeitsbereich eines Architekten oder Ingenieurs.[152] Demnach gehören Wertermittlungen oder die Auswahlberatung des Bauherrn hinsichtlich des Grundstücks zum Berufsbild, nicht jedoch die Vermittlung von Grundstücken.[153]

153 Daraus darf jedoch nicht der Umkehrschluss gezogen werden, dass in der HOAI nicht aufgeführte Tätigkeiten außerhalb des Berufsbildes liegen. Die Bedeutung der Klärung, welche Tätigkeiten noch innerhalb des Berufsbildes liegen, äußert sich in der Vielzahl der Architektenanfragen bei den Versicherern wegen ihrer ständigen Aufgabenerweiterungen, insbesondere durch neue Gesetze.

154 Beispielhaft genannt sei die EnEV 2014, die die Ausstellung von Energieausweisen u. a. Leistungen regelt. Der Architekt muss ebenso wie Planer, Bauherrn und Investoren bestimmter Bauvorhaben bereits den künftigen EnEV-Standard im Blick haben, der zum Zeitpunkt der Bauabnahme gelten wird. Die Mitgliedsländer der Europäischen Union müssen zudem ihre Regeln an die neue EU-Richtlinie für energieeffiziente Gebäude 2010 anpassen. Diese erlaubt ab 2020 nur noch Passiv- und Nullenergie-Neubauten und fordert energieeffiziente größere Sanierungen im Bestand. So muss auch Deutschland die EnEV 2009 zur EnEV 2014 novellieren und insbesondere Architekten müssen die Anforderungen der EnEV 2014 kennen und erfüllen.

155 Entscheidend für den Versicherungsschutz ist natürlich insbesondere auch die im Versicherungsschein dokumentierte freiberufliche Tätigkeit. Wer sich beispielsweise ausschließlich als planender Architekt gem. den Leistungsphasen 1 bis 5 HOAI versichert, hat keinen Versicherungsschutz für Vergabe- oder Bauüberwachungsfehler, wenn er ausnahmsweise einmal diese Tätigkeit übernimmt. Bei Unklarheiten empfiehlt es sich für den versicherten Architekten direkt von seinem Versicherer die spezielle Tätigkeit als vom Versicherungsvertrag umfasst schriftlich dokumentieren zu lassen. Nachfolgend werden einige typische Tätigkeiten des Architekten dargestellt, die grundsätzlich von der Berufshaftpflichtversicherung gedeckt sind.

156 *bb) Versicherungsschutz des Sachverständigen.* Es ist anerkannt, dass zum Berufsbild eines Architekten die Tätigkeit als Sachverständiger zählt. Wer sich jedoch ausschließlich als Sachverständiger versichert, weil dessen Prämien wegen des relativ geringen Risikos niedrig sind,[154] hat keinen Versicherungsschutz für Ansprüche aus Planung oder Bauleitung.

157 *cc) Versicherungsschutz des Sachverständigen gemäß § 839 a BGB.* Während sich durch den Wegfall des § 641 a BGB die Haftung des Architekten für die Ausstellung Fertigstellungsbescheinigungen nicht mehr stellt, ist durch die Schaffung des § 839 a BGB eine neue Haftungsproblematik des als Sachverständigen tätigen Architekten entstanden. Vor Einführung dieser Vorschrift kam für eine Haftung des gerichtlich bestellten Sachverständigen eine Haftung lediglich auf Grundlage der §§ 826, 823 Absatz 2 BGB in Betracht, was kaum zu Haftungsfällen führte.

158 Mit Einführung des § 839 a BGB durch das Zweite Schadensersatzrechtsänderungsgesetz mit Wirkung zum 1.8.2002 wurde ein Sondertatbestand in das Deliktsrecht eingefügt, der die Haftung von gerichtlichen Sachverständigen für unrichtige Gutachten erstmals eigenständig und abschließend regelt.

159 Von praktischer Relevanz ist vor allem die Frage der Haftung des Wertgutachters, der ein Grundstück vor einer Zwangsversteigerung taxiert, gegenüber dem Ersteigerer der Immobilie. Die praktische Bedeutung dieser Fallgruppe liegt auf der Hand. Ein potenzieller Erwerbsinteressent richtet die Höhe seines Gebots an dem vom Gutachter ermit-

---

152 *Garbes* Rn. 11; abgeschwächt *Schmalzl/Krause-Allenstein* Rn. 449.

153 *Bock-Wehr* in Veith/Gräfe § 17 Rn. 86 unter Bezugnahme auf die Erläuterungen zu den BBR 1996.

154 *Garbes* Rn. 20.

telten und vom Gericht festgesetzten Grundstückswert aus. Und die Wertermittlung ist in hohem Maß fehleranfällig, weil schon kleinste Abweichungen der einzelnen Wertansätze das Gesamtergebnis der Begutachtung wesentlich verändern können.[155]

Der alte Ausschlusstatbestand, wonach für Ansprüche des Erwerbers wegen der Falscheinschätzung des Gebäudewerts keine Deckung bestand, hat die Versicherungswirtschaft vor einer gerichtlichen Überprüfung lieber ersatzlos gestrichen. Nunmehr ist das Gutachterrisikos bedingungsgemäß oder individual-vertraglich bei den Versicherern eingeschlossen.[156] Es empfiehlt sich jedoch die genaue Lektüre des Vertrags und ggf. die Einholung einer Bestätigung beim Versicherer, wonach die Deckung auch das Gutachterrisiko umfasst. Zudem könnte eine reine Vermögensschadenhaftpftlichtversicherung empfehlenswert sein, wobei besonderes Augenmerk auf die Regelung der Selbstbeteiligung zu richten ist.[157] 160

d) Versicherungsschutz des Generalplaners. Auftraggeber wünschen zunehmend alle Planungs- und Überwachungsleistungen an einen Generalplaner zu vergeben, in der Regel an einen Architekten. Dieser beauftragt dann in eigenem Namen die Fachplaner, wie Tragwerksplaner, Fachplaner für Technische (Gebäude-)Ausrüstung, Bodengutachter, Vermesser usw. Da der Generalplaner dem Auftraggeber auch für deren Leistungen haftet, erhöht sich das Risiko für den Generalplaner und damit für dessen Versicherer. Dieses Risiko wird gegen eine entsprechende Prämie mitversichert. Einige Versicherer haben ausdrücklich in ihre BBR aufgenommen, dass die Tätigkeit als Generalplaner mitversichert ist. Generalplaner, deren BBR diesen klarstellenden Einschluss nicht enthalten, sollten sich unbedingt schon **vor** Abschluss eines Generalplanervertrags diesen Versicherungsschutz schriftlich bestätigen lassen.[158] Andernfalls läuft der Generalplaner Gefahr, wegen Verstößen außerhalb seines Berufsbildes (beispielsweise für Verstöße eines unterbeauftragten Bodengutachters) keinen Versicherungsschutz zu genießen.[159] Ebenso wichtig ist, dass der Generalplaner seine Subplaner verpflichtet, eine eigene ausreichende Haftpflichtversicherung zu unterhalten – und zwar während der gesamten Bauzeit. Es empfiehlt sich daher, bereits vor Vertragsschluss einen Nachweis der Versicherer aller Subplaner über deren Versicherungshöhe einzuholen und in den Verträgen mit den Subplanern eine jährliche Nachweispflicht der Versicherungshöhe und auch der hierauf erfolgten Prämienzahlung vorzusehen.[160] 161

ee) Versicherungsschutz des Projektsteuerers. Das Aufgabengebiet des Projektsteuerers beinhaltet, insbesondere soweit er Pflichten zur Kontrolle und Einhaltung von Kosten und Terminen übernimmt, Risiken, die unter die Deckungsausschlüsse gem. A Ziff. 4.1 und 4.2 der neuen BBR 2011 wie der Vorgänger-BBR fallen können, insbesondere die Überschreitung eigener Fristen, Termine, Kostenschätzungen, -berechnungen und -anschlägen, die Sowieso-Kosten und Zusagen von Bausummenobergrenzen. Es war deshalb fraglich, ob Projektsteuerer über die bisherigen BBR ausreichenden Versicherungsschutz erlangen können. Die führenden Architektenhaftpflichtversicherer haben die vom GDV empfohlenen BBR jedoch hinsichtlich der Massen- und Kostenklausel, aber auch die Fristenklausel erheblich entschärft. Diese Gesellschaften haben außerdem in ihre BBR ausdrücklich aufgenommen, dass die gesetzliche Haftpflicht als Projektsteuerer mit versichert ist. 162

---

155 OLG Saarbrücken Urt. v. 13.7.1971 – 2 U 127/70 NJW 1972, 55, 57; zur Rspr. nach Einführung des § 839 a BGB, insbesondere zu BGH Urt. v. 20.5.2003 – VI ZR 312/02 VersR 2003, 1049, *Wagner/Thode* NJW 2004, 275 ff.

156 *Garbes* Rn. 21.

157 *Garbes* Rn. 22.

158 *Neuenfeld* Handbuch des Architektenrechts, Teil IX, Rn. 28, *Schmalzl/Krause-Allenstein* Rn. 453.

159 *Garbes* Rn. 19.

160 *Bock-Wehr* in Veith/Gräfe § 17 Rn. 94).

163 Es wird zwar überwiegend angenommen, dass Projektsteuerer auch ohne die ausdrückliche Erwähnung in den BBR bedingungsgemäß Versicherungsschutz genießen. Die ausdrückliche Regelung in den neuen BBR einiger Versicherer hat deshalb nur deklaratorischen Charakter.[161] Projektsteuerer, deren Versicherungsvertrag in den BBR nicht ausdrücklich die Mitversicherung klarstellt, sollten dennoch dieses Risiko ihrem Versicherer anzeigen und sich grundsätzlich den Versicherungsschutz auch für die Tätigkeit als Projektsteuerer schriftlich bestätigen lassen.

164 Die Aufgaben eines Projektsteuerers können sehr schnell dazu führen, dass dieser in Konflikt mit unerlaubter Rechtsberatung gerät.[162] Die Grenze ohne behördliche Erlaubnis zulässiger Rechtsbesorgung durch Projektsteuerer lässt sich nicht generell festlegen. Nach übereinstimmender Auffassung wurde aber bereits der nach dem alten Rechtsberatungsgesetz zulässige Rahmen überschritten, wenn ein Projektsteuerer das Vertragsmanagement und/oder das Nachforderungsmanagement übernimmt.[163] Ein Projektsteuerungsvertrag, der eine unzulässige Rechtsberatung zum Inhalt hat, ist nicht nur gem. § 134 BGB nichtig bzw. gem. § 139 BGB teilnichtig.[164] Der Projektsteuerer läuft auch Gefahr, dass sein Haftpflichtversicherer die Deckung wegen einer Schadenersatzforderung, die auf die unzulässige Rechtsberatung zurückzuführen ist, wegen eines bewusst gesetzwidrigen Verhaltens nach A Ziffer 4.6 BBR 2011 ablehnt.

165 Das mit Wirkung vom 1.7.2008 eingeführte Rechtsdienstleistungsgesetz (RDG) hat die Erteilung von Rechtsrat im außergerichtlichen Bereich auch durch Nichtjuristen erweitert. § 2 Absatz 1 RDG definiert als Rechtsdienstleistung *„jede Tätigkeit in konkreten fremden Angelegenheiten, sobald sie eine rechtliche Prüfung des Einzelfalls erfordert"*.

166 Erlaubt sind nach § 5 Absatz1 RDG **Rechtsdienstleistungen** im Zusammenhang mit einer anderen Tätigkeit, *„wenn sie als Nebenleistung zum Berufs- oder Tätigkeitsbild gehören. Ob eine Nebenleistung vorliegt, ist nach ihrem Inhalt, Umfang und sachlichen Zusammenhang mit der Haupttätigkeit unter Berücksichtigung der Rechtskenntnisse zu beurteilen, die für die Haupttätigkeit erforderlich sind"*.

167 Eine Tendenz hinsichtlich des Umfangs des Versicherungsschutzes nach Einführung des RDG gegenüber dem davor gültigen Rechtsberatungsgesetz ist noch nicht erkennbar. Zu beachten ist unbedingt, dass lediglich die Erteilung von Rechtsrat als Nebenleistung erlaubt ist. Die Grenzen zum Vorliegen einer Hauptleistung sind fließend.

168 Gemäß § 5 Absatz 2 RDL gelten als erlaubte Nebenleistungen Rechtsdienstleistungen, die im Zusammenhang u. a. mit einer Fördermittelberatung erbracht werden. Hierfür besteht ebenso Versicherungsschutz wie für Rechtsrat im Bereich von Baugenehmigungsfragen[165] und im Zusammenhang mit Werkverträgen.[166]

169 Keinesfalls sollte der Architekt die Gestaltung von Verträgen übernehmen, was in der Praxis regelmäßig zu beobachten ist. Dabei werden erkennbar Werkvertrags-Bausteine mit Regelungen vor und nach der Schuldrechtsreform kombiniert völlig losgelöst von der Frage, ob die Regelung einen möglicherweise vorliegenden VOB-Vertrag der vollständigen AGB-Kontrolle unterwirft. Eine solche berufsuntypische Tätigkeit des Architekten ist zweifelsfrei nicht versichert.[167]

161 *Garbes* Rn. 18.

162 *Heiermann in* BauR 1996, 48 ff.

163 *Locher/Koeble/Frik*, HOAI, § 31, Rn. 24 noch zum Rechtsberatungsgesetz; *Wirth* in Korbion/Vygen/Mantscheff, Einführung Rn. 507 ff; *Löffelmann/Fleischmann* Rn. 147, 287; *Bruhns* NJW 2007, 842 zu BGH Urt. v. 4.12.2006 – VII ZR 290/04 und zum Ganzen derselbe NZBau 2007, 737; *Bönker* NZBau 2003, 80.

164 *Werner/Pastor* Rn. 681.

165 OLG Celle Urt. v. 9.8.2007 – 13 U 48/07 IBR 2007, 574; OLG Hamm Urt. v. 5.8.2004 – 21 U 1/04 IBR 2005, 335).

166 OLG Nürnberg Urt. v. 13.11.2009, – 2 U 1566/06 –.

167 *Schmalzl/Krause-Allenstein* Rn. 460; *Garbes* Rn. 25.

ff) Versicherungsschutz des SiGe-Koordinators. Die vertragliche Übernahme der Pflichten des Sicherheits- und Gesundheitskoordinators nach der Baustellen-VO bringt für einen Architekten eine erhebliche Erweiterung seiner Haftung.[168] Führende Architektenversicherer betrachteten dieses Risiko schon seit Erlass der Verordnung als mitversichert. Sie haben auch in ihren neuen BBR den Einschluss ausdrücklich aufgenommen. Manche Versicherer machen den Versicherungsschutz davon abhängig, dass der Einschluss des Risikos einzelvertraglich dokumentiert wird. Sie verweisen unter anderem darauf, dass sich der Versicherungsschutz auf die im Versicherungsschein beschriebene Tätigkeit beschränkt und deshalb die ausdrückliche Aufnahme der Tätigkeit als SiGe-Koordinator in den Versicherungsschutz erforderlich ist. Einige Versicherer verweisen darauf, dass nur die Tätigkeit gem. HOAI versichert ist. Da die Aufgaben als SiGe-Koordinator in der HOAI nicht als Leistung genannt sind, ergäbe sich daraus, dass Versicherungsschutz nur über eine einzelvertragliche Deklarierung – in aller Regel jedoch prämienfrei – erlangt werden könne. 170

Die Baustellenverordnung regelt zu einem erheblichen Teil Verkehrssicherungspflichten, deren Einhaltung der bauleitende Architekt ohnehin auch zu beachten hätte. Nach richtiger Auffassung zählen die Übernahme der Verpflichtungen eines SiGe-Koordinators zum Berufsbild eines Architekten.[169] Es besteht somit für dieses Risiko auch ohne ausdrückliche Mitversicherung Versicherungsschutz. Dennoch muss jedem Architekten empfohlen werden, sich von seiner Versicherung den Deckungsschutz für die Haftung als SiGe-Koordinator schriftlich bestätigen zu lassen, wenn dies in den BBR seines Vertrages nicht schon ausdrücklich erfolgt ist. 171

2. Nicht versicherte Risiken nach der Berufsbildklausel

A Ziffer 1.2 BBR 2011: 172

1.2 Übernimmt der Versicherungsnehmer Verpflichtungen, die über die im Versicherungsschein und seinen Nachträgen beschriebenen Tätigkeiten/Berufsbilder hinausgehen, sind daraus resultierende Ansprüche insgesamt nicht Gegenstand der Versicherung. Insoweit ist die gesamte Berufshaftpflicht nicht versichert.

1.2.1 Dies ist insbesondere dann der Fall, wenn der Versicherungsnehmer

a) Bauten ganz oder teilweise erstellt oder erstellen lässt (z. B. als Bauherr, Bauträger, Generalübernehmer);

b) selbst Bauleistungen erbringt oder erbringen lässt (z. B. als Generalunternehmer, Unternehmer);

a) Baustoffe liefert oder liefern lässt (z. B. als Hersteller, Händler).

1.2.2 Die Berufshaftpflicht ist auch dann nicht versichert, wenn die unter Ziff. 1.2.1 genannten Voraussetzungen gegeben sind

a) in der Person eines Angehörigen des Versicherungsnehmers gemäß Ziff. 7.5 (1) Abs. 2 AHB oder

b) in der Person eines Geschäftsführers, Gesellschafters oder Partners i. S. d. PartGG des Versicherungsnehmers oder deren Angehörigen oder

c) bei Unternehmen, die vom Versicherungsnehmer oder den in a) oder b) genannten Personen geleitet werden, die ihnen gehören oder an denen sie beteiligt sind. Das Gleiche gilt, wenn eine Beteiligung an diesen Unternehmen über Dritte besteht oder bestand (indirekte Beteiligung) oder

d) bei juristischen oder natürlichen Personen, die am Versicherungsnehmer beteiligt sind.

Eine Beteiligung im Sinne der Ziff. 1.2.2 c) und d) liegt insbesondere bei wirtschaftlicher, personeller, rechtlicher und/oder finanzieller Verflechtung vor.

In der Berufsbildklausel wird als negative Risikobeschreibung in Ziffer 1.2 BBR nochmals ausdrücklich klargestellt, dass kein Versicherungsschutz besteht, wenn ein Architekt Leistungen erbringt, die über sein Berufsbild hinausgehen. Dies ist insbesondere der Fall, wenn der Architekt als **Bauherr, Bauunternehmer, Bauträger, Generalunternehmer** oder **Baustofflieferant** handelt. Diese Ausschlusstätigkeiten wurden nunmehr klarstellend sprachlich eindeutig formuliert. Die genannten unternehmerischen Leistungen sind, soweit sie Erfüllungsansprüche nach sich ziehen, grundsätzlich nicht ver-

[168] *Moog* BauR 1999, 795; *Kleinhenz* ZfBR 1999, 179.

[169] *Garbes,* Rn. 17 *Schmalzl/Krause-Allenstein* Rn. 457.

sicherbar.[170] Eine Versicherbarkeit soll nicht über dem Umweg erreicht werden können, dass ein gewerblicher Unternehmer sich auch als Architekt betätigt.[171]

173 Nach den alten BBR bestand bei Vorliegen einer der vorgenannten unternehmerischen Tätigkeiten des Architekten insgesamt kein Versicherungsschutz. Dies begegnete erheblichen Bedenken und dürfte wohl auch den Architekten iSd § 307 BGB benachteiligen. Daher wird nunmehr klargestellt, dass nur „daraus resultierende Ansprüche", also nur über das Berufsbild hinaus gehende Tätigkeiten, nicht versichert sind. Im Übrigen besteht jedoch Versicherungsschutz, sofern die versicherten und nicht versicherten Tätigkeiten trennbar sind.[172] Hat der Architekt selbst Bauleistungen zu erbringen, ist er als Bauträger oder Generalunternehmer tätig, lässt sich der Schaden jedoch grundsätzlich nicht nur diesen nicht versicherten Tätigkeiten und dem versicherten Tätigkeitsbereich eines Architekten zuordnen. Daher besteht insgesamt kein Versicherungsschutz.[173]

174 Zumindest ein Versicherer bietet Policen an für Bauträger an, über die Planungsfehler der erbrachten Architektenleistungen versichert sind. Regelmäßig scheitert der Versicherungsschutz jedoch daran, dass nicht dargelegt werden kann, dass der Schaden alleine aus Planungsfehlern der Architektenleistungen resultiert.

175 In Ziffer 1.2.2. BBR 2011 wurde die **Angehörigen- und Unternehmens- und Beteiligungsklausel** neu gefasst als Ausschlußtatbestand für die Fälle, in welchen die Voraussetzungen gem. Ziffer 1.2.1 bei Angehörigen[174], einem Geschäftsführer oder Gesellschafter des Versicherungsnehmers vorliegen oder bei Unternehmen, die vom Versicherungsnehmer, Angehörigen, Geschäftsführer oder Gesellschafter des Versicherungsnehmers geleitet werden, die ihnen gehören oder an denen sie beteiligt sind. Die Versicherer möchten sich nicht mit Ansprüchen beschäftigen, die aus manipulationsgefährdeten Zusammenhängen stammen.[175]

Wann eine Beteiligung iSv Ziffer 1.2.2 vorliegt oder wann eine zum Ausschluss führende Verflechtung dürfte unklar formuliert sein, weshalb die Ansicht vertreten wird, die Klausel sei unwirksam.[176] Manche Makler versuchen mit eigenen BBR über eine prozentuale Beteiligungsquote diese Unklarheit zu beseitigen.

176 Zur Berufsbildklausel weisen die Verbandserläuterungen darauf hin, dass eine Lieferung von Baustoffen in unmaßgeblichem Umfang den Versicherungsschutz nicht gefährdet und eine unmaßgebliche Beteiligung (z. B. der Besitz einiger Aktien in einem Großunternehmen) für den Versicherungsschutz unschädlich ist.

177 Weil Architekten nicht selten für Bauträgergesellschaften tätig sind, die deren Ehegatten gehören oder von Ehegatten geleitet werden, bieten Versicherer Zusatzvereinbarungen an, durch welche dennoch unter einschränkenden Bedingungen trotz wirtschaftlicher Verflechtungen Versicherungsschutz gewährt wird. In der Regel wird gegen eine erhöhte Selbstbeteiligung dann nur für Planungsfehler und ausdrückliche Anweisungen im Rahmen der Bauausführung, nicht jedoch für ungenügende Objektüberwachung, Versicherungsschutz gewährt.

3. Das Verstoßprinzip

178 *aa) Bedeutung des Verstoßes.* Entgegen Ziff. 1.1 AHB ist in der Architektenhaftpflichtversicherung der Versicherungsfall nicht das **Schadenereignis (= Folgeereignis)**, sondern der in den Versicherungszeitraum fallende **Verstoß (= Kausalereignis)** für dessen Folgen der

---

[170] *Neuenfeld,* Handbuch des Architektenrechts, Teil IX, Rn. 138; *Garbes* Rn. 27.

[171] *Bindhardt/Jagenburg (Ruhkopf),* Berufshaftpflichtversicherung, Rn. 101 und *Neuenfeld,* Handbuch des Architektenrechts, Teil IX, Rn. 138.

[172] *Lücke* in Prölls/Martin BBR Arch Rn. 11.

[173] *Schmalzl/Krause-Allenstein Rn. 631, 633*; im Ergebnis auch *Garbes* Rn. 27).

[174] ISd Ziffer 7.5 Absatz 1 AHB 2014.

[175] *Garbes* Rn. 30; *Lücke* in Prölls/Martin BBR Arch Rn. 13.

[176] *Lücke* in Prölls/Martin BBR Arch Rn. 14.

Versicherungsnehmer von einem Dritten in Anspruch genommen wird.[177] Jedem Schadenereignis geht zwar immer auch mindestens ein Verstoß, also ein Fehlverhalten durch Tun oder Unterlassen voraus. Die versicherungsrechtliche Trennung zwischen Verstoß und Schadenereignis hat jedoch rein pragmatische Gründe. Denn das berufstypische Risiko eines Architekten liegt häufig in Spätschäden. Diese lassen sich durch eine auf den Verstoß abgestellte Versicherung sachgerechter erfassen. Häufig hängt es von Zufällen ab, ob und wann ein Planungs- oder Bauüberwachungsfehler zu einem Schaden führt. So zeigt sich beispielsweise die Undichtigkeit eines Kellers oft erst dann, wenn sich ein höherer Grundwasserstand einstellt. Insbesondere bei Vermögensschäden lässt sich häufig auch die Frage nach dem Verstoßzeitpunkt griffiger beantworten, als die Frage, wann die durch den Verstoß verursachte schädigende Folge eingetreten ist.[178]

Der Verstoßzeitpunkt hat in mehrfacher Hinsicht erhebliche Bedeutung: 179
- Bei einem Wechsel des Versicherers bestimmt der Verstoßzeitpunkt welcher Versicherer eintrittspflichtig ist.
- Wenn die Versicherungssummen während der Vertragsdauer erhöht oder ermäßigt werden, stehen die zum Verstoßzeitpunkt geltenden Versicherungssummen zur Verfügung.
- Bei einer Änderung des Versicherungsvertrages, etwa durch Vereinbarung neuer BBR, gelten die neuen Bedingungen, sofern nichts anderes ausdrücklich vereinbart ist, erst für Verstöße ab dem Änderungszeitpunkt.
- Für Verstöße, die in eine Lücke im Versicherungsschutz fallen.[179]

bb) Der maßgebliche Verstoß. Nicht selten zieht sich ein Planungsfehler durch alle Phasen der Planung und wird auch während der Bauausführung nicht erkannt. Es stellt sich dann die Frage, ob nun versicherungsrechtlich mehrere Verstöße vorliegen, beziehungsweise welcher der **maßgebliche Verstoß** ist. 180

Bei **positivem Handeln** ist **das erste fehlerhafte Verhalten**, das in gerader Linie die haftpflichtrechtlichen Folgen verursacht, der für die Gewährung des Versicherungsschutzes maßgebliche Verstoß.[180] Dabei bleibt es auch dann, wenn der Versicherungsnehmer die Möglichkeit und die Rechtspflicht hatte, den Verstoß im weiteren Verlauf zu berichtigen und damit seine schädlichen Auswirkungen abzuwenden.[181] Das Fortschleppen des Fehlers und das bloße Unterlassen der möglichen und gebotenen Korrektur eines begangenen Fehlers stellt keinen neuen Versicherungsfall dar.[182] Dieser Grundsatz gilt nicht ohne Ausnahme. Wenn der grundsätzlich maßgebliche erste Fehler später bei einer erneuten Prüfung, in welcher die zu entscheidende Frage „in ihrem ganzen Umfang neu aufgerollt und der freien Entscheidung unterworfen wird", kann der dann erneut gefasste (falsche) Entschluss den entscheidenden Verstoß darstellen.[183] 181

Der Zeitpunkt des maßgeblichen Verstoßes ist bei positivem Tun in der Regel einfach zu bestimmen. Pläne oder Leistungsverzeichnisse sind mit Datum versehen. Ebenso lassen sich falsche Anweisungen zeitlich meistens zweifelsfrei ermitteln. 182

Bei einem **Verstoß durch Unterlassen** stellt sich die Frage, ob ebenfalls der **Zeitpunkt** maßgeblich ist, in welchem der Architekt erstmals die gebotene Handlung nicht durchgeführt hat. Das OLG Hamm hat mit überzeugender Begründung entschieden, dass bei einem Unterlassen maßgeblich ist, wann der Schaden spätestens durch Handeln hätte ver- 183

---

177 *Schmalzl/Krause-Allenstein Rn. 468; Garbes* Rn. 3.

178 *Schmalzl/Krause-Allenstein* Rn. 471.

179 OLG Hamm Urt. v. 3.5.2000; NVersZ 2000, 43 nach altem Recht. Die Entscheidung ist auf die heutige Rechtslage übertragbar, wenn der Versicherer von seinem Kündigungsrecht nach §§ 37, 38 VVG n. F. Gebrauch macht nach erfolgter qualifizierter Mahnung.

180 *Schmalzl/Krause-Allenstein* Rn. 472.

181 OLG Nürnberg Urt. v. 26.5.1994 – 8 U 658/94 VersR 1994, 1462.

182 BGH Urt. v. 1.7.1970, VersR 1970, 825.

183 BGH Urt. v. 16.1.1970, VersR 1970, 247.

mieden werden können.[184] Dies deshalb, weil das Unterlassen einer pflichtgemäßen Handlung meist nicht unmittelbar einen Schaden bewirkt, sondern das Versäumnis vielmehr oft erst nach längerem Untätigbleiben zu irreparablen Folgen führt. Der Verstoß durch Unterlassen ist somit erst mit der Unwiderruflichkeit der Folgen vollendet, so dass zur Bestimmung des Zeitpunktes des maßgeblichen Verstoßes hypothetisch darauf abzustellen ist, wann der Versicherungsnehmer spätestens den Schaden hätten abwenden können, wenn er endlich gehandelt hätte.[185]

184 **c) Einschluss von Umweltschäden.** Nach A Ziffern1.3 und 1.4 BBR 2011 sind folgende Umweltschäden von der Berufshaftpflichtversicherung auch dann eingeschlossen, sofern sie nach der Regelung in Ziff. 7.10 AHB 2014 ausgeschlossen wären:

1.3 Eingeschlossen ist – abweichend von Ziff. 7.10 (b) AHB – die gesetzliche Haftpflicht wegen Schäden durch Umwelteinwirkung durch vom Versicherungsnehmer erbrachte Arbeiten oder sonstige Leistungen.

1.4 Eingeschlossen ist – abweichend von Ziff. 1.1 sowie Ziff. 7.10 (a) AHB – die gesetzliche Pflicht öffentlich-rechtlichen Inhalts des Versicherungsnehmers gemäß Umweltschadensgesetz zur Sanierung von Umweltschäden durch vom Versicherungsnehmer erbrachte Arbeiten oder sonstige Leistungen. Dies gilt auch für Pflichten oder Ansprüche gemäß nationalen Umsetzungsgesetzen anderer EU-Mitgliedstaaten, sofern diese Pflichten oder Ansprüche den Umfang der EU-Umwelthaftungsrichtlinie (2004/35/EG) nicht überschreiten.

Umweltschaden ist eine

- *Schädigung von geschützten Arten und natürlichen Lebensräumen,*
- *Schädigung der Gewässer,*
- *Schädigung des Bodens.*

Versicherungsschutz besteht auch dann, wenn der Versicherungsnehmer von einer Behörde oder einem sonstigen Dritten auf Erstattung der Kosten für Sanierungsmaßnahmen/Pflichten der oben genannten Art in Anspruch genommen wird. Dabei kommt es nicht darauf an, ob der Versicherungsnehmer auf öffentlich-rechtlicher oder privatrechtlicher Grundlage in Anspruch genommen wird.

Die Bestimmungen dieses Vertrages betreffend die Haftpflicht privatrechtlichen Inhalts gelten sinngemäß auch für die Versicherung der gesetzlichen Pflicht öffentlich-rechtlichen Inhaltes.

1.4.1 Für erbrachte Arbeiten oder sonstige Leistungen für oder an nachfolgend genannte(n) Anlagen besteht Versicherungsschutz ausschließlich für Umweltschäden, die unmittelbare Folge einer plötzlichen und unfallartigen Störung des bestimmungsgemäßen Betriebes der genannten Anlagen und Risiken sind (Betriebsstörung):

- *Anlagen, die bestimmt sind, gewässerschädliche Stoffe herzustellen, zu verarbeiten, zu lagern, abzulagern, zu befördern oder wegzuleiten (WHG-Anlagen);*
- *Anlagen gemäß Anhang 1 zum UHG (UHG-Anlagen);*
- *Anlagen, die nach dem Umweltschutz dienenden Bestimmungen einer Genehmigungs- oder Anzeigepflicht unterliegen, soweit es sich nicht um WHG- oder UHG-Anlagen handelt (sonstige deklarierungspflichtige Anlagen);*
- *Abwasseranlagen oder dem Einbringen oder Einleiten von Stoffen in ein Gewässer oder Einwirken auf ein Gewässer, wenn dadurch die physikalische, chemische oder biologische Beschaffenheit des Wassers verändert wird (Abwasseranlagen- und Einwirkungsrisiko) oder*
- *Anlagen gemäß Anhang 2 zum UHG (UHG-Anlagen).*

1.4.2 Versichert sind

nachfolgende Kosten einschließlich notwendiger Gutachter-, Sachverständigen-, Anwalts-, Zeugen-, Verwaltungsverfahrens- und Gerichtskosten

- *für die Sanierung von Schäden an geschützten Arten, natürlichen Lebensräumen oder Gewässern einschließlich Grundwasser;*
- *die Kosten für die „primäre Sanierung", d. h. für Sanierungsmaßnahmen, die die geschädigten natürlichen Ressourcen und/oder beeinträchtigten Funktionen ganz oder annähernd in den Ausgangszustand zurückversetzen;*
- *die Kosten für die „ergänzende Sanierung", d. h. für Sanierungsmaßnahmen in Bezug auf die natürlichen Ressourcen und/oder Funktionen, mit denen der Umstand ausgeglichen werden soll, dass die primäre Sanierung nicht zu einer vollständigen Wiederherstellung der geschädigten natürlichen Ressourcen und/oder Funktionen führt;*
- *die Kosten für die „Ausgleichssanierung", d. h. für die Tätigkeiten zum Ausgleich zwischenzeitlicher Verluste natürlicher Ressourcen und/oder Funktionen, die vom Zeitpunkt des Eintretens des Schadens bis zu dem Zeitpunkt*

---

[184] OLG Hamm Urt. v. 3.5.2000; NJW-RR 2001, 391.

[185] *Schmalzl/Krause-Allenstein* Rn. 476.

entstehen, in dem die primäre Sanierung ihre Wirkung voll- ständig entfaltet hat. „Zwischenzeitliche Verluste" sind Verluste, die darauf zurückzuführen sind, dass die geschädigten natürlichen Ressourcen und/oder Funktionen ihre ökologischen Aufgaben oder ihre Funktionen für andere natürliche Ressourcen nicht erfüllen können, solange die Maßnahmen der primären bzw. der ergänzenden Sanierung ihre Wirkung nicht entfaltet haben.

Die Kosten für die Ausgleichssanierung werden im Rahmen der vereinbarten Versicherungssumme und der Jahreshöchstersatzleistung bis zu einem Gesamtbetrag von . . . % der vereinbarten Versicherungssumme ersetzt;

– für die Sanierung von Schädigungen des Bodens: die Kosten für die erforderlichen Maßnahmen, die zumindest sicherstellen, dass die betreffenden Schadstoffe beseitigt, kontrolliert, eingedämmt oder vermindert werden, so dass der geschädigte Boden unter Berücksichtigung seiner zum Zeitpunkt der Schädigung gegebenen gegenwärtigen oder zugelassenen zukünftigen Nutzung kein erhebliches Risiko einer Beeinträchtigung der menschlichen Gesundheit mehr dar- stellt.

Diese Kosten werden – abweichend von Ziff. 6.5 AHB – auf die Versicherungssumme angerechnet.

In Abweichung von Ziffer 7.10 AHB 2014 regelt Teil C BBR Umwelthaftpflichtschä- 185
den nach dem Umwelthaftpflichtgesetz (UHG) und Teil D BBR Umweltschäden nach dem Umweltschadengesetz (USG). Es handelt sich um eine Umwelthaftplicht-**Basisdeckung** für das Haus- und Grundstücksrisiko. Dass das Anlagenrisiko nicht versichert ist, folgt schon daraus, dass das Betreiben einer solchen Anlage nicht zum Berufsbild des Architekten gehört, weshalb sein möglicher Ausschluss auch dahin gestellt bleiben kann.[186] Sofern daher ein Ingenieurbüro während des Probebetriebs temporärer Betreiber einer UHG-Anlage wird, ist dies separat zu versichern.[187]

Das eigentliche Umwelthaftpflicht-**Regressrisiko** ist bereits über A Ziffer 1.1. BBR 186
umfasst.[188] Versichert sind demnach Schäden durch Umwelteinwirkung durch die vom versicherten Architekten erbrachten Leistungen. Hierzu zählt etwa das Versäumnis des bauleitenden Architekten der Verhinderung von Staubentwicklungen, wodurch benachbarte Gebäude verschmutzt werden. Das Versäumnis des vollständigen Entleerens von Tanks, weshalb es beim Abriss zu Kontaminierungen kommt.

Das **Asbestrisiko** wird von den Versicherern zunehmend aus den Versicherungsverträ- 187
gen ausgeschlossen. Der Architekt tut gut daran zu prüfen, ob das Asbestrisiko versichert ist. Falls es im Rahmen von Umstellungsaktionen zum Risiko-Wegfall gekommen ist, ist zu prüfen, ob diese Umstellung tatsächlich erfolgt ist, was durch einseitige Erklärung durch den Versicherer grundsätzlich nicht möglich ist, und ab wann der Ausschluss greift.

d) Versicherungsschutz für Vermögensschäden 188

A Ziffer 1.5. BBR

1.5 Der Versicherungsschutz umfasst Personenschäden und sonstige Schäden (Sach- und Vermögensschäden gemäß Ziff. 1 und 2.1 AHB) einschließlich Umweltschäden gemäß Ziff. 1.4 zu den im Versicherungsschein und seinen Nachträgen festgelegten Versicherungssummen. Diese bilden die Höchstgrenze bei jedem Verstoß.

Sogenannte „unechte" Vermögensschäden sind als mittelbare oder unmittelbare Folge eines Personen- und Sachschadens bereits gem. Ziffer 1.1 AHB gedeckt. Die „echten" Vermögensschäden, also solche, die weder durch Personen- noch durch Sachschäden entstanden sind, bedürfen gem. Ziffer 2.1.AHB der ausdrücklichen Einbeziehung in den Versicherungsschutz. Architekten sind in besonderem Maße der Gefahr ausgesetzt, für echte Vermögensschäden in Anspruch genommen zu werden. Der wichtige Einschluss sämtlicher Vermögensschäden ohne die Unterscheidung in echte und unechte Vermögensschäden in den Versicherungsschutz erfolgt durch A Ziffer 1.5 BBR. Denn in A Ziffer 1.5 BBR sind die Sach- und Vermögensschäden zusammengefasst als „sonstige Schäden". Somit sind in der Architektenhaftpflichtversicherung Personen-, Sach- und Vermögens-

186 *Bock-Wehr* in Voith/Gräfe § 13 Rn. 50; *Schmalzl/Krause-Allenstein* Rn. 480.

187 *Garbes* Rn. 13.

188 *Garbes* Rn. 164.

schäden grundsätzlich gedeckt. Damit ist die Abgrenzungsproblematik zwischen „echten" und „unechten" Vermögensschäden gegenstandslos geworden.[189]

189 **e) Die Versicherungs-/Deckungssummen.** A Ziffer 1.5 BBR 2011 behandelt auch die Festlegung der Versicherungssummen.

A Ziffer 1.5 BBR

1.5 Der Versicherungsschutz umfasst Personenschäden und sonstige Schäden (Sach- und Vermögensschäden gemäß Ziff. 1 und 2.1 AHB) einschließlich Umweltschäden gemäß Ziff. 1.4 zu den im Versicherungsschein und seinen Nachträgen festgelegten Versicherungssummen. Diese bilden die Höchstgrenze bei jedem Verstoß.

190 *aa) Notwendige Höhe.* In der Architektenhaftpflichtversicherung werden für Personenschäden einerseits und für sonstige Schäden andererseits getrennte Versicherungssummen/Deckungssummen vereinbart. Architekten sind nicht selten unterversichert. Eine Versicherungssumme von EUR 500.000,00 für Personenschäden und lediglich EUR 250.000,00 für sonstige Schäden, wie in einigen landesrechtlichen Vorschriften zur Pflichtversicherung vorgesehen, ist heute vielfach völlig unzureichend. Allgemein gültige Empfehlungen lassen sich nicht geben. Schon kleinere Büros sollten sich in ausreichender Höhe für Personenschäden und für sonstige Schäden versichern, wobei als Minimum jedenfalls die Untergrenzen der nach den landesrechtlichen Vorschriften erforderlichen Pflichtversicherungssummen einzuhalten sind. Bei der Höhe der Deckungssumme muss auch das Verstoßprinzip berücksichtigt werden. Wenn ein Architekt beispielsweise 15 Jahre nach dem Verstoß für einen Schaden in Anspruch genommen wird, hat der Versicherer nur maximal diejenige Deckungssumme zu leisten, die zum Zeitpunkt des Verstoßes versichert war. Die Deckungssumme muss also so ausreichend bemessen sein, dass sie etwa auch noch für die künftig entstehenden Baukostensteigerungen ausreichend ist.

191 *bb) Maximierung der Deckungssumme und die Alternative einer Objektversicherung.* Die Deckungssummen stehen nach der allgemein üblichen vertraglichen Gestaltung, sofern nichts anderes vereinbart ist, insgesamt **maximal pro Versicherungsjahr zweifach** zur Verfügung (ausdrücklich offen gelassen in Ziffer 6.2 AHB). Pro Verstoß hat jedoch der Versicherer höchstens in Höhe der einfachen Deckungssumme zu leisten. Wer also für sonstige Schäden eine Deckungssumme von EUR 1.000.000,00 bei zweifacher Maximierung vereinbart hat, dem stehen in einem Versicherungsjahr für alle Verstöße zusammen maximal insgesamt EUR 2.000.000,00 Versicherungssumme zur Verfügung, pro Einzelverstoß jedoch nicht mehr als EUR 1.000,000,00. Wenn in diesem Beispielsfalle einem Architekten fünf Verstöße mit Sachschäden von jeweils EUR 500.000,00 unterlaufen, dann besteht in Höhe von EUR 500.000,00 kein Versicherungsschutz.

192 Allerdings regelt § 114 VVG n. F. die **Leistungsverpflichtung** des Versicherers **gegenüber dem Geschädigten**, wonach den Versicherer eine Leistungsverpflichtung von mindestens EUR 250.000,00 trifft, maximiert auf EUR 1 Million pro Jahr. In dieser Höhe ist der Versicherer dem Geschädigten zur Leistung verpflichtet, es sei denn, dass die landesrechtlichen Vorschriften zur Pflichtversicherung eine höhere Mindestleistungsverpflichtung vorsehen, was insbesondere bei Personenschäden der Fall ist. Ein Totalausfall eines Geschädigten wie vor der Reform des VVG ist daher nicht mehr möglich.

193 Will ein Bauherr sicherstellen, dass ihm Deckungssummen seines Architekten gerade für sein Bauvorhaben zur Verfügung stehen, so kann er im Architektenvertrag vorsehen, dass ihm vom Versicherer jeweils eine Deckungssumme für Personenschäden und eine oder mehrere Deckungssummen für sonstige Schäden reserviert werden. Da ein Vertrag zu Lasten anderer eventuell Geschädigter nicht möglich ist, muss der Architekt in diesem Falle mit seinem Versicherer eine dreifache oder gegebenenfalls vierfache Maximierung der Deckungssummen vereinbaren. Die Prämienzuschläge für derartige zusätzliche Deckungssummen sind relativ gering.

---

[189] *Schmalzl/Krause-Allenstein* Rn. 483.

Alternativ dazu kommt auch die Möglichkeit einer **Objektversicherung** in Betracht. 194
Für Architekten ist der Abschluss von Objektversicherungen meistens teurer als ein durchlaufender Jahresvertrag. Viel entscheidender für Architekt und Bauherr ist jedoch, dass in der Regel Objektversicherungen angeboten werden, die oftmals noch ein eine lediglich 5-jährige Nachhaftung des Versicherers ab Beendigung des Bauvorhabens vorsehen. Dies ergibt nur einen völlig unzureichenden Versicherungsschutz. Dabei ist darauf zu achten, dass der Vertrag zumindest eine der Ziffer 2.1 BBR[190] entsprechende Vereinbarung enthält, wenn nicht ohnehin die Gültigkeit der BBR als vereinbart ist. Sicherheitshalber sollten bei Abschluss einer Objektversicherung Architekt und Auftraggeber unbedingt darauf drängen, dass der Versicherer eine 30-jährige Nachhaftung gewährt.

cc) Serienschaden 195

A Ziffer 1.6 BBR 2011

1.6 Die Versicherungssummen stehen nur einmal zur Verfügung,

a) wenn mehrere gleiche oder gleichartige Verstöße, die unmittelbar auf demselben Fehler beruhen,

- *zu Schäden an einem Bauwerk oder mehreren Bauwerken führen, auch wenn diese Bau- werke nicht zum selben Bauvorhaben gehören*

und/oder

- *zu Schäden durch eine oder mehrere Umwelteinwirkungen führen und/oder*
- *zu einem oder mehreren Umweltschäden führen;*

b) wenn mehrere Verstöße zu einem einheitlichen Schaden und/oder Umweltschaden führen;

c) gegenüber mehreren entschädigungs- oder ersatzpflichtigen Personen, auf die sich der Versicherungsschutz bezieht.

Ziff. 6.3 AHB wird gestrichen.

Der Bundesgerichtshof hat die früher verwendete Serienschadenklausel A I 3 a BBR 1977 wegen Verstoßes gegen § 9 AGBG für unwirksam erklärt.[191] Mit der neuen Formulierung wurde bereits vor Jahren der Entscheidung des BGH Rechnung getragen und die Klausel wesentlich enger formuliert.

Die Serienschadenklausel betrifft nach dem eindeutigen und restriktiv auszulegenden 196
Wortlaut nur Bauwerkschäden sowie Schäden durch eine oder mehrere Umwelteinwirkungen sowie die damit zusammenhängenden unechten Vermögensschäden.

Reine Vermögensschäden werden von der Serienschadenklausel nicht erfasst. Beauf- 197
tragt ein Architekt für die Ausführung einer Bungalow-Anlage fahrlässig stets denselben unmittelbar nach Baubeginn insolventen Bauunternehmer, beruht die daraus resultierende Verteuerung jedes Bungalows wegen des Weiterbaus durch einen andren Unternehmer auf demselben Fehler. Die resultierenden Mehrkosten für den Bauherrn sind jedoch ein Vermögensschaden, weshalb der Versicherer mehrfach im Rahmen der vereinbarten Maximierung leisten muss.[192] Ebenso bezieht sich die Serienschadenklausel nicht auf Personenschäden.[193] Nach der Serienschadenklausel wird die Leistung des Versicherers bei den nachfolgenden drei Fallvarianten auf nur eine Deckungssumme beschränkt, obwohl mehrere Verstöße zu einem Schaden geführt haben.

Ziffer 1.6 a) BBR

Wenn **Bauwerkschäden Folge mehrerer gleicher oder gleichartiger Verstöße** sind, 198
die unmittelbar auf demselben Fehler beruhen. Dabei ist es unerheblich, ob diese Schäden an einem[194] oder mehreren Bauwerken oder Bauvorhaben auftreten. Dies wäre beispielsweise der Fall, wenn ein Architekt von verschiedenen Bauherren mit der Planung von 10 Häusern in einem Baugebiet beauftragt wird. Der Architekt lässt kein Bodengut-

---

190 Siehe nachfolgend zu Ziffer 2.1 BBR.

191 BGH Urt. v. 28.11.1990 – IV ZR 184/89 VersR 1991, 175.

192 *Schmalzl/Krause-Allenstein* Rn. 494.

193 *Schmalzl/Krause-Allenstein* Rn. 497.

194 Hierzu gleich nachfolgend ausführlicher.

achten einholen und beurteilt den höchsten Grundwasserstand selbst falsch. Bei allen Häusern dringt nach Grundwasseranstieg Wasser in das Kellergeschoss. Der Architekt – und dessen Auftraggeber – haben grds. nur einmal die Deckungssumme für sonstige Schäden zur Verfügung. Allerdings ist auch beim Eigreifen der Serienschadenklausel bei den geschädigten Auftraggebern die Mindestleistungspflicht des Versicherer gegenüber den einzelnen Geschädigten zu beachten nach § 114 VVG oder nach evtl. weiter gehenden landesrechtliche Mindestleistungspflichten nach den Vorschriften zur Pflichtversicherung der Architekten in den Ländern.

199 **Ziffer 1.6 b) BBR**

Die zweite Alternative liegt vor, wenn **mehrere unterschiedliche Verstöße zu einem einheitlichen Schaden** führen. Dies ist nach einem Beispiel aus den Erläuterungen des Verbandes der Schadenversicherer der Fall, wenn ein Architekt keine Bodenuntersuchung vornehmen lässt und deshalb bei seiner Planung der Grundwasserstand nicht berücksichtigt (erster Verstoß). Im Rahmen des Baugrubenaushubs hätte er dann den Wasserstand in der Baugrube erkennen müssen (zweiter Verstoß). Dennoch hat er weder das Gebäude höhergelegt noch eine Wanne geplant. Als Folge tritt Wasser in die Kellerräume ein. Durch diese verschiedenen Fehlleistungen ist ein einheitlicher Schaden entstanden.

200 **Ziffer 1.6 c) BBR 2011**

Die dritte Alternative regelt den Fall, dass **mehrere über eine Haftpflichtversicherungsvertrag versicherte Personen entschädigungspflichtig** sind. Beispielsweise, wenn ein durch ein Bauschild verletzter Passant den vom Bauherrn beauftragten Architekten und die beim Architekten angestellten Mitarbeiter aus demselben Haftpflichtvertrag in Anspruch nimmt. Ein weiteres Beispiel ist, wenn vertragliche Ansprüche gegen mehrere zu einer BGB-Gesellschaft zusammengeschlossene und gemeinsam versicherte Architekten erhoben werden. Ebenso wenn ein Nachbar des Auftraggebers den Architekten und dessen angestellten Statiker auf Schadenersatz belangt, weil bei der Unterfangung des Nachbargebäudes Risse aufgetreten sind. Der Versicherer muss nicht für den Architekten und dessen – als Angestellten mitversicherten – Statiker jeweils die Versicherungssumme zur Verfügung stellen, sondern für beide zusammen nur eine Versicherungssumme.[195] Denn der Versicherer in diesen Fällen auch nur einmal die Deckungssumme zur Verfügung zu stellen und nicht jeweils einmal für jeden Mitversicherten.[196]

201 Die früher strittige Frage, ob auch bei mehreren Verstößen die Deckungssumme nur einmal zur Verfügung zu stellen ist, weil es sich um **mehrere Verstöße bei demselben Bauvorhaben** handelt, ist heute zugunsten des versicherten Architekten geklärt. Es herrscht heute Einigkeit auch mit den Versicherern, dass Deckungssummen auch im Falle unterschiedlicher Verstöße und daraus resultierender verschiedenen Schäden auch beim demselben Bauvorhaben in Höhe der vereinbarten Maximierung zur Verfügung stehen.[197] Die den Deckungsschutz noch erheblich beschränkende Entscheidung des OLG Hamm,[198] wonach für ein einzelnes Bauobjekt die zu beanspruchende Versicherungssumme immer nur einmal zur Verfügung steht, auch wenn mehrere, eventuell auch unterschiedliche, Fehler gerügt werden, ist endgültig überholt. Ebenso das Urteil des OLG Köln vom 22.11.1979.[199] Das OLG Köln entschied, dass der Versicherer für Verstöße des Architekten innerhalb der drei Haupttätigkeitsbereiche des damals geltenden § 19 GOA (Planung/Oberleitung/örtliche Bauaufsicht) jeweils bis zur Höhe der Versicherungssumme eintreten müsse. Der BGH hat die hiergegen erhobene Revision nicht angenommen. Dies wurde und wird gelegentlich noch heute dahingehend missverstanden, dass der BGH die Begründung des OLG Köln bestätigt

---

[195] *Schmalzl/Krause-Allenstein* Rn. 499.
[196] *Bock-Wehr* in Veith/Gräfe § 17 Rn. 192.
[197] *Schmalzl/Krause-Allenstein* Rn. 495; *Garbes* Rdn. 42.
[198] OLG Hamm Urt. v. 17.12.1975 – 20 U 8/75 – VersR 1978, 52.
[199] OLG Köln Urt. v. 22.11.1979 – 5 U 70/78 – VersR 1980, 521.

habe. Der BGH hat jedoch eine Sprungrevision gegen ein Urteil des LG Essen[200] zum Anlass genommen, klarzustellen, dass in dem vom OLG Köln entschiedenen Fall in verschiedenen Bauabschnitten **verschiedenartige Fehler** gemacht wurden.[201] Somit ist klargestellt, dass der BGH die Revision gegen das Urteil des OLG Köln trotz der unzutreffenden Begründung wegen des richtigen Ergebnisses nicht angenommen hat.

dd) Selbstbehalt. Die Haftpflichtversicherer machen von der Möglichkeit nach Ziffer 6.4. AHB durchweg Gebrauch und vereinbaren, dass sich der Versicherungsnehmer an jeden Schadenereignis mit einem vertraglich festgelegten Betrag an der Schadenersatzleistung beteiligt. Eine Selbstbeteiligung wird jedoch nur bei Sach- und Vermögensschäden vereinbart, nicht bei Personenschäden.[202] In den neuen BBR einiger Versicherer wird dies ausdrücklich geregelt und klargestellt, dass die Selbstbeteiligung generell bei Personenschäden keine Anwendung findet. Die Selbstbeteiligung soll dazu beitragen, dass sich der Versicherungsnehmer seiner Eigenverantwortung stärker bewusst wird.[203] Der übliche Selbstbehalt beträgt EUR 2.500,00, der sich aus der Anlage zur Prämienberechnung des Versicherungsvertrags ergibt. Es werden jedoch auch prozentuale Selbstbeteiligungen von meist 10% der Schadenssumme mit einem Mindest- und ein Höchstbetrag vereinbart.[204] Durch Erhöhung des Selbstbehalts kann der Architekt die Jahresprämie senken. Die Selbstbeteiligung bezieht sich nur auf die Entschädigungszahlung und nicht auch auf die entstandenen Kosten, Ziffer 6.5 AHB.[205] **202**

Wenn die Schadenersatzleistung die Deckungssumme übersteigt, erfolgt kein Abzug einer Selbstbeteiligung. Der Abzug der Selbstbeteiligung wird gem. Ziffer 6.4 AHB 2014 nämlich nicht von der Deckungssumme, sondern von der Haftpflichtforderung zum Abzug gebracht.[206] **203**

2. Beginn und Umfang des Versicherungsschutzes (Ziffer 2.1 BBR)

A Ziffer 2.1 BBR 2011 **204**

Der Versicherungsschutz umfasst Verstöße, die zwischen Beginn und Ablauf des Versicherungsvertrages begangen werden, sofern sie dem Versicherer nicht später als fünf Jahre nach Ablauf des Vertrages gemeldet werden. Diese fünfjährige Befristung des Versicherungsschutzes gilt nicht, wenn der Versicherungsnehmer den Nachweis erbringt, dass diese Frist von ihm unverschuldet versäumt wurde.

a) Beginn und Ende des Versicherungsschutzes. Die Vorschrift stellt darauf ab, dass das Kausalereignis, also der maßgebliche **Verstoß** in den versicherten Zeitraum fallen muss. Der versicherte Zeitraum beginnt in der Regel mit dem vereinbarten Versicherungsbeginn und endet durch Kündigung oder einvernehmliche Aufhebung des Vertrags. Ob der Schaden, also das Folgeereignis, in den versicherten Zeitraum fällt, ist unerheblich. **205**

Besondere Vorsicht ist geboten bei einem Versichererwechsel während eines laufenden Bauvorhabens. Denn wenn der Versicherungsnehmer im Falle seiner Inanspruchnahme nicht nachweisen kann, ob der Versicherungsfall in den Zeitraum des aktuellen oder des Vorversicherungsvertrags fällt, kann dies schlimmstenfalls dazu führen, dass keiner der beiden Versicherer einstandspflichtig ist.[207] **206**

---

200 BGH Urt. v. 9.2.1982 – IV ZR 53/80 – BauR 1983, 583.
201 Anm. *Schmalzl* BauR 1983, 584.
202 *Schmalzl/Krause-Allenstein* Rn. 655.
203 *Schmalzl/Krause-Allenstein* Rdn. 106.
204 *Bock-Wehr* in Veith/Gräfe § 17 Rn. 169.
205 *Späte* § 3, Rn. 61 mit weiteren Nachweisen.
206 *Schmalzl/Krause-Allenstein* Rn. 110 f.
207 OLG Celle Urt. v. 10.5.2012 – 8 U 2013/11 – VersR 2013, 57.

207 **b) Die Nachhaftungsregelung und ihre Risiken.** Der Versicherer muss wegen des Verstoßprinzips auch nach dem Ende des Versicherungsvertrags für diejenigen Schäden eintreten, die Folge eines Verstoßes sind, der in den versicherten Zeitraum fällt. Die Leistungspflicht des Versicherers wird jedoch grds. auf diejenigen Verstöße beschränkt, die spätestens innerhalb von 5 Jahren nach Ablauf der Versicherung gemeldet werden.

208 Die Rechtsprechung hat die Haftung des Architekten jedoch in zeitlicher Hinsicht immer weiter ausgedehnt. So führt die Vereinbarung der Objektbetreuung im Ergebnis regelmäßig zu einer Gewährleistungsdauer für den Architekten von rund 10 Jahren ab Fertigstellung des Bauvorhabens – und zwar für sämtliche vertraglich geschuldeten Leistungsphasen. Es sei denn, der Architekt kann eine Teilabnahme seiner Leistungen der Phasen 1 bis 8 beweisen, was oft schon daran scheitert, dass der Architekt Abnahmeregelungen in seinen eigenen Vertrag meist nicht aufnimmt.[208] Ist auch Leistungsphase 9 vertraglich geschuldet, ist das Architektenwerk erst mit einer Objektbegehung vor Ablauf der Verjährungsfristen gegen die ausführenden Unternehmer vollendet.[209] Schließlich kann ein Architekt wegen Verletzung des Lebens, des Körpers oder der Gesundheit gem. § 199 Absatz 2 BGB 30 Jahre lang haften. Daher muss jeder Architekt davon ausgehen, dass er über einen weitaus längeren Zeitraum haftbar gemacht werden kann, als über die 5-jährige sogenannte Nachhaftungszeit seines Berufshaftpflichtversicherers nach Beendigung des Versicherungsvertrages. Dieses Problem muss zum einen berücksichtigt werden, wenn ein Architekt seinen Versicherer wechselt. Zum anderen muss an die unzureichende Nachhaftungsdauer gedacht werden, wenn ein Architekt seine berufliche Tätigkeit und damit auch den Versicherungsvertrag beendet.

209 Um einen lückenlosen Versicherungsschutz zu gewährleisten und dadurch erst einen Wechsel von einer Versicherung zu einer anderen zu ermöglichen, wurden Klauseln entwickelt, die inzwischen viele, jedoch nicht alle Versicherer in ihre BBR aufgenommen haben. Eine mögliche Klausel könnte lauten: *„Der Versicherungsschutz erstreckt sich ferner auf solche Verstöße, die innerhalb der Versicherungsdauer einer unmittelbaren Vorversicherung begangen wurden und die beziehungsweise deren Folgen dem Versicherungsnehmer erst nach Ablauf der 5-jährigen Nachhaftung bekannt geworden und über die Vorversicherung nicht mehr gedeckt sind. Es gelten die Deckungssummen der Vorversicherung, höchstens jedoch die Deckungssummen dieses Vertrags."*

210 Die Versicherer bieten inzwischen teils in deren BBR, teils durch individuelle Vereinbarung eine Erstreckung der Nachhaftung auf 30 Jahre nach Beendigung der Berufstätigkeit an. Einige Versicherer bieten gegen Bezahlung einer Einmalprämie eine Verlängerung auf 30 Jahre an. Es gibt auch Versicherer, die ohne zusätzliche Prämie im Falle der Beendigung der Berufstätigkeit die Nachhaftung auf 30 Jahre erstrecken, sofern der Vertrag bei diesem Versicherer wenigstens 5 Jahre bestanden hat.

211 Die Regelung in Ziffer 2.1. Satz 2 BBR, wonach die fünfjährige Befristung des Versicherungsschutzes dann nicht gilt, wenn der Versicherungsnehmer den Nachweis erbringt, dass diese Meldefrist seines Verstoßes von ihm unverschuldet versäumt wurde, entspricht der Rechtsprechung des OLG Stuttgart.[210] Der BGH hat die Frage der zeitlichen Begrenzung für Architektenhaftpflichtverträge bislang noch nicht entschieden, jedoch ist die Zulässigkeit der Regelung seit der vorgenannten Einschränkung in Ziffer 2.1. Satz 2 BBR allgemein anerkannt.[211]

---

[208] BGH Urt. v. 24.2.2011 – VII ZR 61/10 IBR 2011, 202 und Urt. v. 30.9.1999, – VII ZR 162/97 – BauR 2000, 128.

[209] *Wirth* in Korbion/Mantscheff/Vygen, HOAI, Einführung Rn. 567; OLG Jena Urt. v. 19.7.2007 – 1 U 669/05 – IBR 2008, 166 in Anschluss an BGH Urt. v. 10.2.1994 – VII ZR 20/93 – VersR 1994; 727.

[210] OLG Stuttgart Urt. v. 27.11.2008 – 7 U 89/09 – VersR 2009, 669; so bereits LG Düsseldorf Urt. v. 29.10.2007 – 9 O 145/07 – IBR 2008, 116.

[211] *Garbes* Rn. 53; *Schmalzl/Krause-Allenstein* Rn. 502.

c) Rückwärtsversicherung 212

Ziffer 2.2. BBR 2011

Beim erstmaligen Abschluss einer Berufshaftpflichtversicherung erstreckt sich der Versicherungsschutz auch auf solche Verstöße, die innerhalb eines Jahres vor Beginn des Versicherungsvertrages begangen wurden, wenn sie dem Versicherungsnehmer bis zum Vertragsabschluss nicht bekannt waren (Rückwärtsversicherung).

Als bekannt gilt ein Verstoß auch dann, wenn er auf einem Vorkommnis beruht, das der Versicherungsnehmer als Fehler erkannt hat oder das ihm gegenüber als Fehler bezeichnet wurde, auch wenn noch keine Schadenersatzansprüche erhoben oder angedroht wurden.

Durch diese Regelung der BBR sollen Berufsanfänger begünstigt werden. Diesen wird für Verstöße innerhalb eines Jahres vor dem eigentlichen Vertragsbeginn noch Versicherungsschutz gewährt. Die Rückwärtsversicherung ist jedoch an zwei Bedingungen geknüpft: 213

– Es muss sich um den **erstmaligen Abschluss einer Berufshaftpflichtversicherung** handeln. Der erstmalige Abschluss einer Objekversicherung, also einer auf ein bestimmtes Bauvorhaben beschränkten Berufshaftpflichtversicherung, beinhaltet jedoch – sofern nicht ausdrücklich etwas anderes vereinbart ist – keine Rückwärtsversicherung. Wenn ein Architekt schon eine oder mehr Objektversicherungen abgeschlossen hat, wie dies Berufsanfänger nicht selten tun, so steht dies einer Rückwärtsversicherung nicht entgegen, wenn dieser Architekt später eine normale nicht auf ein bestimmtes Objekt bezogene Berufshaftpflichtversicherung erstmalig abschließt.[212]

– Weitere Voraussetzung für die Rückwärtsversicherung ist, dass dem Architekten zum Zeitpunkt des Abschlusses der Haftpflichtversicherung der **Verstoß noch nicht bekannt** war, für den er haftbar gemacht wird. Als bekannt gilt der Verstoß schon dann, wenn der Architekt ihn selbst als Fehler erkannt hat oder wenn er ihm gegenüber konkret schon von Dritten als Fehler bezeichnet worden ist. 214

Einzelvertraglich kann ein Architekt durchaus mit seinem Versicherer bei einer Lücke im Versicherungsschutz, auch beim nicht erstmaligen Abschluss der Berufshaftpflichtversicherung, eine Rückwärtsdeckung „frei von bekannten Verstößen oder Schäden" vereinbaren. Ebenso kann ein Architekt einzelvertraglich beim erstmaligen Abschluss der Haftpflichtversicherung eine Rückwärtsdeckung über den Jahreszeitraum gem. BBR hinaus vereinbaren.[213] 215

d) „Einschluss" der Schäden am Bauwerk 216

Ziffer 2.3 BBR

Eingeschlossen in den Versicherungsschutz ist der Schaden am Bauwerk.

Diese Formulierung darf nicht missverstanden werden. Ihr Ursprung liegt im alten Schuldrecht. Danach wurde zwischen Schadensersatz wegen Nichterfüllung iSv § 635 a. F. BGB unterschieden und dem von der Rechtsprechung entwickelten Schadensersatz wegen positiver Vertragsverletzung. Mit der Schuldrechtmodernisierung wurden alle Schadenersatzansprüche vereinheitlicht und unterliegen den Regelungen der §§ 634 Nr. 4, 636, 208, 281, 283, 311 a BGB. Damit verjähren nunmehr auch alle Schäden, die durch den Mangel verursacht werden, nach § 634 a Absatz 1 Nr. 2 BGB in 5 Jahren seit der Abnahme. Die 30 jährige Verjährungsfrist für Schadensersatz wegen positiver Vertragsverletzung für entfernt mit dem Mangel zusammen hängende Mangelfolgeschäden nach altem Recht gilt nicht mehr.

Da Schadensersatzansprüche bereits nach Ziffer 1.1 AHB versichert sind, soll die Regelung in Ziffer Ziffer 2.3 BBR lediglich deklaratorisch sein.[214]

---

212 *Schmalz/Krause-Allenstein* Rn. 507, *Garbes* Rn. 47.

213 *Garbes* Rn. 47.

214 *Bock-Wehr* in Veith/Gräfe § 17 Rn. 215).

217 **e) Einschluss von Schäden wegen Abwasser, Senkungen, Überschwemmungen und von Schäden an fremden Sachen**

Ziffer 2.4 BBR
Die Ausschlüsse gemäß Ziff. 7.14 und 7.7 AHB finden keine Anwendung.

Ziffer 7.14AHB 2014
Haftpflichtansprüche aus Sachschäden, welche entstehen durch
(1) Abwässer, soweit es sich nicht um häusliche Abwässer handelt,
(2) Senkungen von Grundstücken oder Erdrutschungen,
(3) Überschwemmungen stehender oder fließender Gewässer.

Ziffer 7.7 AHB 2014
Haftpflichtansprüche wegen Schäden an fremden Sachen und allen sich daraus ergebenden Vermögensschäden, wenn. . .

Architekten werden häufig für mangelhaft geplante oder ausgeführte Wärmedämmungen, für Feuchtigkeits- oder Setzungsschäden usw. haftbar gemacht. Die Haftpflichtversicherung für Architekten wäre weitgehend wertlos ohne den Versicherungsschutz für diese Risiken. Deshalb sind für den Bereich der Architektenhaftpflichtversicherung die Ausschlüsse der Ziffer 7.14 AHB 2014 abbedungen. Ebenso sind entgegen Ziffer 7.7 AHB 2014 in der Architektenhaftpflichtversicherung Ansprüche wegen Schäden an fremden Sachen mitversichert. Dies ist insbesondere von Bedeutung von Schäden im Zusammenhang mit Unterfangungen oder Unterfahrungen.

218 **f) Einschluss von Auslandsschäden**

Ziffer 2.6 BBR 2011
2.6.1 Versichert ist – abweichend von Ziff. 7.9 AHB – die gesetzliche Haftpflicht des Versicherungsnehmers
a) aus im Ausland vorkommenden Versicherungsfällen aus Anlass von Geschäftsreisen oder aus der Teilnahme an Ausstellungen, Kongressen, Messen und Märkten;
b) wegen in Ländern der EU, in der Schweiz, in Liechtenstein, in Norwegen oder in Island eingetretenen Schäden als Folge eines in diesen Ländern begangenen Verstoßes, sofern der Versicherer gemäß den jeweiligen landesrechtlichen Bestimmungen berechtigt ist, Versicherungsschutz in diesen Ländern zu bieten (s. a. Ziff. 2.6.2 c)).
Besonderer Vereinbarung bedarf die Versicherung der Haftpflicht von im Ausland belegenen Büros und Niederlassungen und dgl.

2.6.2 Ausgeschlossen sind Ansprüche
a) wegen außerhalb der Mitgliedsstaaten der EU, der Schweiz, Liechtenstein, Norwegen oder Islands eingetretener Schäden als Folge eines im In- oder Ausland begangenen Verstoßes des Versicherungsnehmers;
b) aus Arbeitsunfällen und Berufskrankheiten von Personen, die vom Versicherungsnehmer im Ausland eingestellt oder dort mit der Durchführung von Arbeiten betraut worden sind.
Eingeschlossen bleiben jedoch Haftpflichtansprüche gegen den Versicherungsnehmer und die unter Ziff. 5.1. dieser Bestimmungen genannten Personen aus Arbeitsunfällen und Berufskrankheiten, die den Bestimmungen des Sozialgesetzbuches (SGB) VII unterliegen (siehe Ziff. 7.9 AHB);
c) im Zusammenhang mit einer Pflichtversicherung im Ausland. Dies gilt insbesondere für Ansprüche wegen im Ausland eingetretener Schäden als Folge eines im In- oder Ausland begangenen Verstoßes des Versicherungsnehmers bei der Ausübung der im Versicherungsschein und seinen Nachträgen beschriebenen Tätigkeiten/Berufsbildern, für die eine Verpflichtung zum Abschluss einer Berufshaftpflichtversicherung aufgrund landesrechtlicher Bestimmungen im Ausland besteht;
d) auf Entschädigung mit Strafcharakter, insbesondere punitive oder exemplary damages;
e) nach den Artikeln 1792ff. und 2270 und damit im Zusammenhang stehende Regressansprüche nach Art. 1147 des französischen Code Civil oder gleichartiger Bestimmungen anderer Länder.

2.6.3 Bei Versicherungsfällen im Ausland werden – abweichend von Ziff. 6.5 AHB – die Aufwendungen des Versicherers für Kosten als Leistungen auf die Versicherungssumme angerechnet. Diese Kosten gelten als Schadensersatzleistung.
Kosten sind:
Anwalts-, Sachverständigen-, Zeugen- und Gerichtskosten; Aufwendungen zur Abwendung oder Minderung des Schadens bei oder nach Eintritt des Versicherungsfalls sowie Schadenermittlungs- kosten, auch Rei-

sekosten, die dem Versicherer nicht selbst entstehen. Das gilt auch dann, wenn die Kosten auf Weisung des Versicherers entstanden sind.

2.6.4 *Die Bestimmungen der Ziff. 2.6.2 d) und Ziff. 2.6.3 finden auch bei vor ausländischen Gerichten oder nach ausländischem Recht geltend gemachten Ansprüchen Anwendung.*

2.6.5 *Bei Versicherungsfällen in den USA/ US-Territorien/ Kanada oder in diesen Ländern oder nach dem Recht dieser Länder geltend gemachten Ansprüchen gilt:*
Selbstbeteiligung des Versicherungsnehmers an jedem Verstoß EUR ......,

2.6.6 *Die Leistungen des Versicherers erfolgen in Euro. Soweit der Zahlungsort außerhalb der Staaten, die der Europäischen Währungsunion angehören, liegt, gelten die Verpflichtungen des Versicherers mit dem Zeitpunkt als erfüllt, mit dem der Euro-Betrag bei einem in der Europäischen Währungsunion gelegenen Geldinstitut angewiesen ist.*

Bisher waren **Auslandschäden** in den BBR ausgeschlossen. 219

Dieser Ausschluss entsprach der alten Ziffer 7.9. AHB, der zufolge für „Haftpflichtansprüche aus im Ausland vorkommender Schadensereignisse" kein Versicherungsschutz bestand. Während die alte AHB-Regelung auf das im Ausland eingetretene Schadensereignis Bezug nahm, ist in der neuen BBR-Ausschluss-Regelung auch auf das Verstoßprinzip Bezug genommen worden. Daher ist in A Ziffer 2.6 BBR geregelt, dass Auslandsrisiken dann mitversichert sind, wenn Schadensereignis und Verstoß in den versicherten Ländern eingetreten sind.

Erfolgt etwa die fehlerhafte Planung in Deutschland für ein österreichisches Bauvorhaben oder tritt ein Bauwerkschaden wegen eines von einem deutschen Versicherten begangenen Bauüberwachungsfehlers ein, sind diese Fälle nunmehr versichert.

Da aber nach Ziffer 7.9 AHB Haftpflichtansprüche wegen im Ausland vorkommender 220
Schadenereignisse weiterhin grundsätzlich ausgeschlossen sind, wird dieser Ausschluss in der Berufshaftpflichtversicherung über die Ziffer 2.6 BBR eingeschränkt, was der exportorientierten Wirtschaft und den zunehmend global orientierten Unternehmen geschuldet ist.[215]

Trotz des damit erfolgten grundsätzlichen Auslandeinschlusses, sind jedoch weiterhin 221
Deckungsausschlüsse möglich. Bestehen in den in den Versicherungsschutz eingeschlossenen Ländern **Pflichtdeckungen,** ist die Deckung des Versicherers nach A Ziffer 2.6.2 lit. c) BBR nur in dem Umfang gegeben, in dem der Versicherer berechtigt ist, in dem betreffenden Land Versicherungsschutz zu gewähren. In Frankreich sind etwa nur dort zugelassene Versicherer berechtigt, Pflichtdeckung anzubieten, nicht jedoch ausländische Versicherer. Hier ist eine lokale Deckung nötig.[216]

Im Zusammenhang mit Auslandsschäden ist besonders auf die Fälle hinzuweisen, die 222
nicht versichert sind, obwohl sie auf den ersten Blick wie Auslandsschäden erscheinen. Beauftragt etwa die amerikanische Regierung einen deutschen Architekten mit der Planung eines in Deutschland belegenen Botschaftsgebäudes und tritt in Deutschland ein Gebäudeschaden ein, wäre dies dennoch ein Auslandsschaden. Denn **ausländische Staatenvertretungen** unterliegen staatsrechtlich nicht dem jeweiligen – hier deutschen – Landesrecht. Die USA sind jedoch in Ziffer 2.6.1 lit. b) BBR nicht genannt, weshalb dieser Schaden grundsätzlich nicht versichert ist. Entsprechendes gilt, wenn ein amerikanischer Investor ein deutsches Planungsbüro beauftragt, jedoch die Geltung amerikanischen Rechts und eines amerikanischen Gerichtsstands vereinbart. Wegen des Ausschlusses in Ziffer 7.3 AHB müsste das Planungsbüro den Versicherungsschutz jedenfalls vor Vertragsunterzeichnung mit seinem Versicherer vereinbaren, da die Haftpflichtansprüche auf Grund des Vertrags über den Umfang der gesetzlichen Haftpflicht des Versicherungsnehmers hinausgehen.[217]

---

215 *Schanz* in Veith/Gräfe § 13 Rn. 194.

216 *Garbes* Rn. 62.

217 *Garbes* Rn. 59.

223 Für Bauvorhaben im Ausland müssen Architekten und deren Auftraggeber unbedingt darauf achten, dass Auslandsversicherungsschutz besteht. Dies gilt auch für Generalplaner hinsichtlich deren Subplaner. Die Mitglieder einer Planungs-ARGE müssen darauf achten, dass alle Planungspartner für das konkrete Bauvorhaben Auslandsversicherungsschutz haben. Dieser kann jedenfalls durch individuelle Vereinbarung mit dem Versicherer vereinbart werden. Auch eigene **Auslandbüros** des Versicherten sind nicht über Ziffer 2.6.1 Absatz 2 BBR mitversichert, was jedoch gesondert vereinbart werden kann.[218]

224 **Arbeitsunfälle und Berufskrankheiten** sind nach Ziffer 2.6.2 lit. b) vom Versicherungsschutz grundsätzlich ausgeschlossen, jedoch mit Ausnahme der Ansprüche nach dem SGB VII. Dies entspricht der Regelung in Ziffer 7.9. 2. Halbsatz AHB, wonach Ansprüche aus § 110 SGB VII nicht vom Ausschluss umfasst sind. Es handelt sich dabei um originäre Regressansprüche der Sozialversicherungsträger aufgrund vorsätzlich oder grob fahrlässig herbeigeführter Arbeitsunfälle, also um „Ansprüche auf Ersatz mittelbarer Schäden", die Ziffer 1.1 AHB unterfallen. Bei derartigen Ansprüche sollen ausländische mit inländischen Arbeitsunfällen im Hinblick auf den Regress der Sozialversicherungsträger im Geltungsbereich des SGB VII gleichgestellt werden.[219]

225 Im Ausland eingetretene **Personenschäden** sind mitversichert. Vergisst ein Bauleiter die Anordnung einer notwendigen Baustellenabsicherung, wodurch ein Bauhandwerker verletzt wird, besteht Versicherungsschutz.[220] Hingewiesen werden soll auch auf den Ausschluss von **Entschädigungen mit Strafcharakter**, wie punitive damages in Ziffer 2.6.2 lit. d BBR 2011.

226 Nach Ziffer 2.6.3 BBR 2011 sind die dort genannten **Kosten bei Auslandsschäden** auf die Deckungssumme anzurechnen und unterfallen auch der vereinbarten Selbstbeteiligung. Diese Regelung ist für deutsche Versicherungsfälle wegen § 101 VVG nicht möglich, bei Auslandsschäden, die nicht dem deutschen Recht unterliegen, soll dies jedoch möglich sein.[221]

3. Arbeitsgemeinschaften und Planungsringe

227 *Ziffer 3 BBR*

3. Arbeitsgemeinschaften und Planungsringe

3.1 Für Haftpflichtansprüche aus der Teilnahme an Arbeitsgemeinschaften, bei denen die Aufgaben im Innenverhältnis nach Fachgebieten, Teilleistungen oder Bauabschnitten aufgeteilt sind, besteht Versicherungsschutz für Verstöße, die bei einer vom Versicherungsnehmer übernommenen Aufgabe begangen wurden, und zwar voll bis zu den vereinbarten Versicherungssummen.

3.2 Sind die Aufgaben nicht im Sinne von Absatz 1 aufgeteilt, so ermäßigen sich die Ersatzpflicht des Versicherers und die vereinbarten Versicherungssummen auf die Quote, welche der prozentualen Beteiligung des Versicherungsnehmers an der Arbeitsgemeinschaft entspricht. Ist eine quotenmäßige Aufteilung nicht vereinbart, so gilt der verhältnismäßige Anteil entsprechend der Anzahl der Partner der Arbeitsgemeinschaft.

3.3 Vom Versicherungsschutz ausgeschlossen bleiben Ansprüche der Partner der Arbeitsgemeinschaft untereinander sowie Ansprüche der Arbeitsgemeinschaft gegen die Partner oder umgekehrt wegen solcher Schäden, die ein Partner oder die Arbeitsgemeinschaft unmittelbar erlitten hat.

3.4 Die Bestimmungen der Ziff. 1 bis 3 sind bei Teilnahme an Planungsringen entsprechend anzuwenden.

Eine Arbeitsgemeinschaft iSd BBR ist der Zusammenschluss zweier oder mehrerer rechtlich und wirtschaftlich selbständig bleibender Büros, die gemeinsam dem Auftraggeber gegenüber den Auftrag annehmen. Von einer Arbeitsgemeinschaft spricht man also im Falle eines Zusammenschlusses für ein Objekt. Als Planungsring wird die Zusammenarbeit für eine unbestimmte Zahl von Objekten bezeichnet.[222] Der Zusammenschluss

---

[218] *Garbes* Rn. 61.
[219] *Schanz* in Veith/Gräfe § 13 Rn. 199.
[220] *Bock-Wehr* in Veith/Gräfe § 17 Rn. 297.
[221] *Garbes* Rn. 65.
[222] *Schmalzl/Krause-Allenstein* Rn. 588.

von Büros für bestimmte Bauvorhaben in Form einer juristischen Person ist keine Arbeitsgemeinschaft gemäß den BBR.[223]

Nach den Erläuterungen des VDS vom April 1996 zu Ziffer 1 der ARGE-Klausel wurden die Bedingungen daran ausgerichtet, dass Arbeitsgemeinschaften heute in der Regel die Aufgaben nach Fachgebieten (Genehmigungsplanung/Werkplanung/Bauüberwachung), nach Teilleistungen oder nach Bauabschnitten aufteilen. Der einzelne ARGE-Partner erhält den vollen Versicherungsschutz für die von ihm übernommenen Aufgaben im Rahmen seines Vertrages. Andererseits beschränkt Ziffer 3 BBR die Deckung aber auf die vom Architekten selbst übernommene Leistung. 228

Wenn die Aufgaben im Innenverhältnis der ARGE nicht aufgeteilt sind, so reduziert sich die Ersatzpflicht des Versicherers und die vereinbarte Versicherungssumme auf die Beteiligungsquote des Versicherungsnehmers. Auch wenn eine solche prozentuale Beteiligung nicht vereinbart ist, erfolgt die Reduzierung entsprechend den verhältnismäßigen Anteil der Anzahl der Partner der ARGE. 229

Nach. Ziffer 3.3. der ARGE-Klausel werden teilweise interne Schadenersatzansprüche vom Versicherungsschutz ausgenommen. Dieser Ausschluss bezieht sich jedoch nur auf **unmittelbar** untereinander erlittene Schäden. Gemeint sind beispielsweise Sachschäden, die ein ARGE-Partner unmittelbar dem Eigentum eines anderen ARGE-Partners zufügt. Nicht ausgeschlossen sind jedoch Ansprüche, mit denen ein ARGE-Partner Ausgleich von ihm beglichener Ansprüche eines **Drittgeschädigten** von einem anderen ARGE-Partner fordert.[224] 230

Entgegen den Verbandsempfehlungen haben einige Versicherer in ihren BBR die ARGE-Klausel lediglich wie folgt formuliert: „Mitversichert sind Haftpflichtansprüche aus der Teilnahme an Arbeitsgemeinschaften." Dadurch wird der Versicherungsschutz erheblich verbessert. Der Haftpflichtversicherer muss nach dieser Klausel nämlich unabhängig davon, ob die ARGE-Partner ihre Leistungen im Innenverhältnis aufgeteilt haben oder nicht, grundsätzlich seinem Versicherungsnehmer Versicherungsschutz gewähren. Da ein ARGE-Partner im Außenverhältnis voll haftet, bedeutet dies, dass ein Versicherer bei Verwendung dieser ARGE-Klausel auch bis zur vollen Höhe der Deckungssummen das Regressrisiko übernimmt. Soweit ein Versicherer für seinen Versicherungsnehmer leistet, gehen etwaige Ausgleichsansprüche gem. § 86 VVG auf den Versicherer über. Wenn nun ein anderer ARGE-Partner im Innenverhältnis den Schaden alleine zu tragen hat, so kann es sein, dass ein Haftpflichtversicherer, mit der übergegangenen Regressforderung gem. § 426 BGB ganz oder teilweise ausfällt, wenn der im Innenverhältnis haftende ARGE-Partner keinen oder keinen ausreichenden Versicherungsschutz hat und selbst über keine hinreichenden Mittel verfügt.[225] 231

4. Ausschlüsse (Ziffer 4 BBR)

Ziffer 4. BBR 2011 Ausschlüsse 232

Ausgeschlossen sind Ansprüche wegen Schäden

4.1 *aus Überschreitung der Bauzeit sowie eigener Fristen und eigener Termine,*

4.2 *aus der Überschreitung von Kostenschätzungen, Kostenberechnungen oder Kostenanschlägen im Sinne der DIN 276 oder gleichartiger Bestimmungen anderer Länder, soweit es sich hierbei um Aufwendungen handelt, die bei ordnungsgemäßer Planung und Erstellung des Objektes ohnehin angefallen wären. Dies gilt auch für Ansprüche aus der Überschreitung von Baukostenobergrenzen sowie für Ansprüche aus Bausummengarantien oder Festpreisabreden des Versicherungsnehmers oder Dritter,*

4.3 *aus der Verletzung von gewerblichen Schutzrechten und Urheberrechten,*

4.4 *aus der Vergabe von Lizenzen,*

4.5 *aus dem Abhandenkommen von Sachen einschließlich Geld, Wertpapieren und Wertsachen,*

---

223 *Neuenfeld* Handbuch des Architektenrechts, Teil IX, Rn. 105.

224 *Schmalzl* Die Berufshaftpflichtversicherung, Rn. 541.

225 *Garbes* Rn. 70.

4.6 die der Versicherungsnehmer oder ein Mitversicherter durch ein bewusst gesetz-, vorschrift- oder sonst pflichtwidriges Verhalten (Tun oder Unterlassen) verursacht hat,
4.7 aus der Vermittlung von Geld-, Kredit-, Grundstücks- oder ähnlichen Geschäften sowie aus der Vertretung bei solchen Geschäften,
4.8 aus Zahlungsvorgängen aller Art, aus der Kassenführung sowie wegen Untreue und Unterschlagung,
4.9 die nachweislich auf Kriegsereignissen, anderen feindseligen Handlungen, Aufruhr, inneren Unruhen, Generalstreik, illegalem Streik oder unmittelbar auf Verfügungen oder Maßnahmen von hoher Hand beruhen; das Gleiche gilt für Schäden durch höhere Gewalt, soweit sich elementare Naturkräfte ausgewirkt haben.

233 **a) Zeitüberschreitungsklausel (Ziffer 4.1 BBR).** Dieser Ausschluss bezieht sich nur auf die **eigene** Leistung des Architekten. Wenn der Architekt entgegen vereinbarter Termine seine Leistung nicht fristgerecht erbringt, besteht kein Versicherungsschutz. Wenn der Architekt mit seiner eigenen Vertragsleistung in Verzug kommt, besteht für darauf gestützte Schadenersatzansprüche nach Ziffer 1.1 AHB oder als Erfüllungssurrogat nach Ziffer 1.2 Absatz 6 AHB bereits kein Versicherungsschutz. Die Zeitüberschreitungsklausel hat deshalb nur deklaratorische Bedeutung.[226] Wenn hingegen ein Auftraggeber oder ein Dritter glaubt, den Architekten dafür haftbar machen zu können, wenn fremde Leistungen zum Beispiel durch Fachplaner oder Bauunternehmer nicht fristgerecht erfolgen, also andere am Bau Beteiligte in Verzug geraten, ist Versicherungsschutz zu gewähren.[227]

234 Das Versäumen einer Frist zur Beantragung öffentlicher Fördermittel fällt nicht unter die Zeitüberschreitungsklausel, weil die Ausschlussklausel nicht die in Verwaltungsvorschriften geregelten Fristen zur Beantragung von Zuschüssen umfasst.[228]

235 Soweit für die Gestaltung von Architektenverträgen vorgeschlagen wird, mit Architekten fest verbindliche Fristen für bestimmte Planungsabschnitte beziehungsweise Abschnitte der vertraglich übernommenen Leistungen zu vereinbaren, müssen sich Architekt **und Auftraggeber** darüber bewusst sein, dass für die Folgen aus der Nichteinhaltung dieser Fristen kein Versicherungsschutz besteht. Für die Übernahme einer selbständigen Garantie der Einhaltung eines Termins oder der Bauzeit besteht unabhängig von der Zeitüberschreitungsklausel schon deshalb kein Versicherungsschutz, weil der Architekt damit eine Verpflichtung übernimmt, die über den Umfang der gesetzlichen Haftpflicht nach den AHB hinausgeht.[229]

236 Die Zeitüberschreitungsklausel greift selbstverständlich dann nicht ein, wenn die Überschreitung der Bauzeit, der Frist oder der Termine Folge eines gedeckten Anspruchs ist. Beispielsweise wenn sich die Bauzeit infolge der Beseitigung eines gedeckten Mangels oder Schadens verlängert.[230]

237 **b) Massen- und Kostenklausel (Ziffer 4.2 BBR).** Bauherren versuchen nicht selten gegenüber Architekten Ansprüche aus „Baukostenüberschreitung“ durchzusetzen. Die Klausel des sich hierauf beziehenden Deckungsausschluss in den alten BBR 1977 lautete: *„Ausgeschlossen sind Ansprüche wegen Schäden aus der Überschreitung ermittelter Massen- oder Kosten (A IV 2), aus fehlerhaften Massen- oder Kostenermittlungen (A Ziffer IV. 3 BBR 1977).“*

238 In den Erläuterungen des HUK-Verbandes zu diesen Klauseln heißt es unter anderem dazu: „Mit diesen Klauseln will der Versicherer den Manipulationsgefahren begegnen, die im kalkulatorischen Bereich liegen und nicht zu einem Bauwerksmangel oder -schaden führen.“[231]

---

226 *Garbes,* Rn. 83.
227 *Schmalzl/Krause-Allenstein* Rn. 551.
228 OLG Bamberg Urt. v. 23.10.1997 – 1 U 57/97 IBR 1998, 217.
229 *Lücke* in *Prölls/Martin* BBR Arch Rn. 5.
230 *Garbes* Rn. 86.
231 *Ruhkopf* in Bindhardt/Jagenburg Rn. 73 und *Neuenfeld* Handbuch des Architektenrechts, Teil IX, Rn. 112.

Der Begriff „Massen" bedeutet nichts anderes, als die Mengen von Baustoffen oder Bauleistungen. Er ist in der neuen Klausel nicht mehr zu finden, die jedoch immer noch als Massen- und Kostenklausel bezeichnet wird. Daher wird der Text dieser alten Klausel zum besseren Verständnis voran gestellt. 239

Wenn der Architekt Baukosten ermittelt hat (Kostenschätzung, -berechnung oder -anschlag) und diese Kosten überschritten werden, besteht kein Versicherungsschutz. Allerdings sind Massenermittlungsfehler in der neuen Klausel nicht mehr erwähnt und deshalb auch nicht erfasst.[232] Grund für die Streichung der Massen war die unterschiedliche Auslegung des Begriffs Massen, weshalb heute wieder die alte Regelung der BBR 1996 gilt.[233] In der in der Klausel genannten DIN 276 ist die Massen- und Kostenermittlung geregelt in Teil 3 „Kosten der Rohbauten". Zudem unterfallen Verstöße bei der Kostenfeststellung nicht dem Ausschlußtatbestand der Ziffer 4.2 BBR, da sie dort nicht aufgeführt ist.[234] 240

Der **Ausschluss** gemäß Ziffer 4.2 BBR erfasst den **reinen Vermögensschaden** aus fehlerhaften Kostenermittlungen[235] Dabei müssen die ermittelten Kosten nicht überschritten werden. Wenn ein Statiker unnötige Mengen von Armierungsstahl vorgibt, entsteht dem Auftraggeber ein Vermögensschaden, wenn diese unnötige Stahlmenge tatsächlich verbaut wird. Ihm entsteht aber auch dann ein Vermögensschaden, wenn er auf der Grundlage dieser fehlerhaften Stahlmengenermittlung einen zu teuren Pauschalvertrag abschließt. Wenn ein Unternehmer auf der Grundlage einer fehlerhaften Kostenermittlung eines freiberuflichen Architekten ein zu teures Angebot abgibt, im Falle einer richtigen Massen- oder Kostenermittlung jedoch der günstigste Bieter gewesen wäre, so entsteht ein Vermögensschaden für den entgangenen Auftrag. In allen diesen Beispielsfällen scheitert die Deckung des versicherten Architekten an der Massen- und Kostenklausel. 241

Die Massen- und Kostenklausel findet nur dann Anwendung, wenn der Architekt Kosten innerhalb seines **eigenen** Aufgabenbereichs ermittelt hat. Wenn also sein Auftraggeber den Architekten dafür haftbar macht, dass ein dritter vom Bauherrn beauftragter Planer Massen oder Kosten fehlerhaft ermittelt beziehungsweise die von diesem ermittelten Massen oder Kosten überschritten werden, so hat der Architekt Versicherungsschutz.[236] 242

Wie erläutert, bezieht sich die Massen- und Kostenklausel ausschließlich auf reine Vermögensschäden. Wenn also eine fehlerhafte Massenermittlung zu einem Bauwerksmangel oder einem Personenschaden führt, sind diese Schäden gedeckt.[237] Unter den Tatbestand „Kostenermittlung" der Massen- und Kostenklausel fallen nur die dort genannten planerischen Kostenermittlungen, also die Kostenschätzung, die Kostenberechnung und der Kostenanschlag. Etwaige Fehler der Kostenfeststellung sind gedeckt. Bei der Kostenfeststellung geht es nicht mehr um ein eventuell manipulierbares Kalkulationsrisiko, sondern um einen reinen Abrechnungsvorgang.[238] 243

Ansprüche gegen einen Architekten wegen fehlerhafter Wohnflächenberechnung fallen nicht unter die Massen- und Kostenklausel, sind also gedeckt. Die Wohnflächenberechnung hat einen anderen Inhalt als die Kostenermittlungen nach DIN 276 oder die Mengenermittlung im Rahmen der Leistungsphase 6.[239] 244

---

[232] *Lücke* in Prölls/Martin BBR Arch Rn. 7.

[233] *Garbes* Rn. 93.

[234] *Garbes* Rn. 98 unter Bezugnahme auch OLG Celle.

[235] *Schmalzl/Krause-Allenstein* Rn. 569.

[236] *Schmalzl/Krause-Allenstein Rn. 566.*

[237] *Schmalzl/Krause-Allenstein Rn. 569*; *Neuenfeld* Handbuch des Architektenrechts,Teil IX, Rn. 117.

[238] *Schmalzl/Krause-Allenstein* Rn. 572 sowie Erläuterungen des HUK-Verbandes zu den Massen- und Kostenklauseln gem. BBR 1977 wiedergegeben bei *Neuenfeld* Handbuch des Architektenrechts, Teil IX, Rn. 112; Zweifel bei *Lücke* in Prölls/Martin BBR Arch Rn. 5.

[239] *Löffelmann/Fleischmann* Architektenrecht, Rn. 311.

245 Im Jahre 1996 hat der Verband der Schadenversicherer (VdS) den Versicherern unter anderem eine Änderung der Massen- und Kostenklauseln empfohlen, die seinerzeit von den Versicherern übernommen wurden. In den **BBR 1996** wurde A IV Ziff. 3 der BBR 1977 ersatzlos gestrichen. Die Ziff. 2 enthielt folgenden Text:

„Ausgeschlossen sind Ansprüche wegen Schäden aus der Überschreitung von Vor- und Kostenanschlägen."

246 Mit dieser Formulierung ist der VdS zur Kostenklausel II 2 BBR 1964 zurückgekehrt, mit der sich der BGH sehr eingehend befasst hat.[240] Dabei hat der BGH festgestellt, dass „unter den Begriff Voranschlag die Kostenschätzung gem. § 15 Abs. 2 Nr. 2 HOAI (HOAI damaliger Fassung) und die Kostenberechnung gem. § 15 Abs. 2 Nr. 3 HOAI (HOAI damaliger Fassung) fällt. Der Kostenanschlag gem. § 15 Abs. 2 Nr. 7 HOAI ist in der Klausel direkt genannt." Seit dieser Klarstellung durch den BGH verwenden die Versicherer wieder die frühere Massen- und Kostenklausel.

247 Der Wettbewerb der Versicherer untereinander führte dazu, dass einige Haftpflichtversicherer in ihren neueren BBR die Massen- und Kostenklausel zugunsten der Architekten deutlich abgeschwächt haben. So lautet beispielsweise eine dieser Klauseln: *„Ausgeschlossen sind Ansprüche wegen Schäden aus der Überschreitung von Kostenschätzungen, Kostenberechnungen und Kostenanschlägen im Sinne von DIN 276, soweit es sich hierbei um Aufwendungen handelt, die bei ordnungsgemäßer Planung und Erstellung des Objektes sowieso angefallen wären."*

248 Ansprüche aus „Baukostenüberschreitung" sind nicht selten Sowieso-Kosten, die in der Regel keine Schadensersatzforderung begründen. Wenn jedoch z. B. ein Bauträger aufgrund einer fehlerhaften Massen- oder Kostenermittlung einen zu geringen Kaufpreis mit dem Erwerber vereinbart, so kann dem Bauträger auch in Höhe der Sowieso-Kosten ein Schaden entstehen. In der Regel wird jedoch ein Bauherr/Auftraggeber in Höhe der Sowieso-Kosten mit Schadensersatzforderungen gegen einen Architekten scheitern. Weil dieses Prozessrisiko einigen Versicherern noch akzeptabel erscheint, haben manche die Massen und Kostenklausel nochmals zugunsten der Architekten verbessert und bieten auch hinsichtlich der Sowieso-Kosten noch Rechtsschutz. Eine der am Markt angebotenen Klauseln lautet:

„Eingeschlossen in den Versicherungsschutz ist auch die Abwehr von unberechtigten Ansprüchen, die sich auf Sowieso-Kosten beziehen." oder

„Abweichend hiervon besteht jedoch Versicherungsschutz, sofern es sich nicht um Ansprüche wegen Aufwendungen und Kosten handelt, die bei ordnungsgemäßer Planung und/oder Erstellung des Objekts ohnehin nagefallen wären (Sowieso- oder Ohnehinkosten)."

Für alle diese unterschiedlichen Bedingungen gilt zusammen gefasst:

Die Massen- und Kostenklauseln beziehen sich nur auf echte Vermögensschäden.

Sie erstrecken sich nicht auf etwaige Ansprüche aus fehlerhafter Kostenfeststellung. Sie betreffen auch nicht Ansprüche aus fehlerhafter Rechnungsprüfung.

249 Wenn also ein Architekt Rechnungen eines Unternehmers unzureichend prüft, der Bauherr den Unternehmer überzahlt und ein Rückforderungsanspruch des Bauherrn gegenüber dem Unternehmer an dessen Insolvenz scheitert, so hat der Architekt Versicherungsschutz.

250 **c) gewerbliche Schutzrechts- und Lizenzklausel (Ziffer 4.3 und 4.4 BBR).** Diese Ausschlussklausel ist in der Praxis nur selten relevant. Durch sie werden nicht nur Ansprüche gegen einen Architekten wegen Verletzung urheberrechtlich geschützter Werke vom Versicherungsschutz ausgenommen. Sie schließen auch Ansprüche gegen den Architekten aus vergebenen Lizenzen wegen Mängeln aus.[241]

251 Da inzwischen Architekten und Ingenieure auch selbst Bausoftware erstellen und diese vertreiben, hat zumindest ein Versicherer hierfür eine Ausnahme von der Lizenzklausel in

---

240 BGH Urt. v. 28.5.1986, IV a ZR 31/84 VersR 1986, 857.

241 *Schmalzl/Krause-Allenstein Rn. 582.*

seine BBR aufgenommen. In diesen wird die gesetzliche Haftpflicht aus dem Vertrieb selbst erstellter Bausoftware mitversichert.

d) Abhandenkommensklausel (Ziffer 4.5 BBR). Ansprüche wegen Abhandenkommens von Sachen bedürfen wegen Ziffer 2.2 AHB zur Ausdehnung des Haftpflichtversicherungsschutzes hierauf einer besonderen Vereinbarung. 252

Beim Abhandenkommen eigener Sachen fehlt es bereits an einem Fremdschaden nach Ziffer 1.1 AHB und damit an einem Versicherungsfall. Es handelt sich deshalb insoweit um einen nur deklaratorischen Ausschluss.[242]

Die Abhandenkommensklausel greift unabhängig davon, wo die Gegenstände abhanden kommen und auf welche Weise. Wenn also auf der Baustelle Gegenstände entwendet werden oder der Architekt fremde Gegenstände, etwa Schlüssel des Bauherrn, verliert, besteht kein Versicherungsschutz.[243] 253

Einige Versicherer haben in ihren neuen BBR eingeschränkt Versicherungsschutz gewährt für die gesetzliche Haftpflicht des Versicherungsnehmers wegen Abhandenkommen von Sachen der Betriebsangehörigen und Besucher, nicht jedoch wegen Abhandenkommens von Geld, Wertpapieren, Sparbüchern, Urkunden und Schmucksachen, wegen Abhandenkommens von Kraftfahrzeugen der Betriebsangehörigen und Besucher, sofern diese ordnungsgemäß innerhalb des Betriebsgrundstücks abgestellt waren sowie für Ansprüche wegen Abhandenkommens fremder Schlüssel. 254

e) Pflichtwidrigkeitsklausel (Ziffer 4.6 BBR). Die Pflichtwidrigkeitsklausel ist die in der Praxis bedeutendste Ausschlussklausel. Bei der Pflichtwidrigkeitsklausel handelt es sich um einen Risikoausschluss und nicht um eine Obliegenheit.[244] 255

Der Ausschluss greift, wenn der Architekt **wissentlich** gegen eine Pflicht, Vorschrift oder ein Gesetz verstoßen hat, was voraussetzt, dass er die Pflicht, die Vorschrift oder das Gesetz positiv gekannt und darüber hinaus gewusst hat, worum es dabei geht, das heißt, wie er sich pflichtgemäß hätte verhalten müssen.[245] Ein „bedingtes Bewusstsein" in der Form einer billigenden Inkaufnahme dass ein Verhalten pflicht-, vorschrifts- oder gesetzwidrig sein könnte, genügt für die Versagung des Versicherungsschutzes nicht.[246] Für Schäden aus Vorsatz besteht bereits gemäß § 103 VVG bzw. Ziffer 7.1 AHB kein Versicherungsschutz. Im Gegensatz zum Vorsatz braucht sich das Bewusstsein des Architekten, sich pflichtwidrig, vorschrifts- oder gesetzwidrig zu verhalten, nicht auf den Schadeneintritt zu erstrecken.[247] Dass der Architekt den Schadeneintritt nur für möglich hält, reicht nicht aus.[248] Auch wenn der Architekt glaubt, „es gehe selten gut", so greift dennoch die Ausschlussklausel, wenn dem Architekten bewusst war, pflichtwidrig zu handeln. 256

Der Versicherer trägt die Beweislast dafür, dass sich der Architekt wissentlich gegen ein Gesetz, eine Vorschrift oder in sonstiger Weise pflichtwidrig verhalten hat. Der Nachweis eines subjektiven Tatbestandsmerkmals ist naturgemäß schwierig. Hinzu kommt, dass ein Anscheinsbeweis nicht möglich ist, weil ein in der geistigen Individualsphäre gesteuerter Vorgang nicht aufgrund von Erfahrungssätzen nach dem ersten Anschein bewertet wer- 257

---

[242] *Lücke* in Prölls/Martin BBR Rn. 7.

[243] *Garbes* Rn. 116.

[244] BGH Urt. v. 20.6.2001 – IV ZR 101/00 – VersR 2001, 1103; OLG Köln Urt. v. 2.7.1996 – 9 U 14/96 – BauR1997; 343; *Schmalzl/Krause-Allenstein Rn. 591; von Rintelen* in Beckmann/Matusche-Beckmann § 26 Rn. 245.

[245] *Schmalzl/Krause-Allenstein* Rn. 591.

[246] OLG Frankfurt a.M. Urt. v. 6.10.1999, NZBau 2000, 389.

[247] OLG Celle Urt. v. 28.11.2002 – 8 U 76/02 BauR 2003, 1071; *Neuenfeld,* Handbuch des Architektenrechts, Teil IX, Rn. 121.

[248] BGH Urt. v. 26.9.1990 – IV ZR 147/89 –; OLG Frankfurt am Main Urt. v. 6.10.1999 – 7 U 158/98 IBR 2000, 464; *von Rintelen* in Beckmann/Matusche/Beckmann § 26 Rn. 242.

den kann.[249] Da es sich beim Merkmal „bewusst“ um eine innere Tatsache handelt, können zu ihrem Nachweis indizielle Umstände herangezogen werden. Im Rahmen der freien Beweiswürdigung nach § 286 ZPO besteht dann die Möglichkeit, vom äußeren Geschehensablauf oder vom Ausmaß des objektiven Pflichtverstoßes auf innere Vorgänge zu schließen.[250]

258 In einer Reihe von Entscheidungen kam die Rechtsprechung dann zum „bewussten Verstoß“, wenn ein Architekt gegen sog. **elementares oder Primitivwissen** verstoßen hat und es auf der Hand lag, dass er sich bewusst pflichtwidrig verhalten hat. Das OLG Saarbrücken[251] hat entschieden, dass nach der Lebenserfahrung der Schluss zulässig sei, dass ein Verstoß auch bewusst geschehen ist, wenn ein Architekt gegen Regeln verstoßen hat, die zum „Primitivwissen“ eines jeden Architekten gehören. Diesem Primitivwissen hat das OLG Saarbrücken die Kenntnis jedes Architekten zugerechnet, dass von genehmigten Bauvorlagen nicht abgewichen und ohne Baugenehmigung ein genehmigungspflichtiges Bauvorhaben nicht durchgeführt werden darf.

259 Dabei sollen Elementarwissen und Berufserfahrung einander bedingen können, d. h. je länger die Berufserfahrung des Versicherungsnehmers, umso mehr spricht für das Indiz eines wissentlichen Pflichtenverstoßes. Der dem Versicherer obliegende Beweis pflichtwidrigen Verhaltens kann erbracht sein, wenn der versicherte Architekt das Primär- oder Elementarwissen seines Berufes außer Acht gelassen hat. Dies gilt zumal für einen Versicherten mit langjähriger Berufserfahrung. Es gehört in diesem Sinn zum Elementarwissen eines Architekten, dass ein bloß gedecktes Dach nur bei einer bestimmten Dachneigung geplant werden darf und dass ohne eine solche Neigung eine Abdichtung vorzusehen ist.[252]

260 **Im Fall besonders grober Pflichtverstöße** schließt die Rechtsprechung alleine aus der Schwere des festgestellten objektiven Pflichtenverstoßes auf die subjektive Seite. Wenn ein Architekt völlig nichtssagende nicht prüffähige Abschlagsrechnungen als sachlich, fachlich und rechnerisch geprüft freigibt, so liegt nach Auffassung des OLG Köln[253] eine bewusste Pflichtwidrigkeit vor. Das OLG verweist darauf, dass allein aus der Schwere des festgestellten objektiven Pflichtenverstoßes ein Schluss auf die subjektive Seite gezogen werden kann.

261 Der Architekt, der eine Kostenberechnung eines Mitarbeiters ungeprüft an den Bauherrn weiterleitet, obwohl er bemerkt, dass die Kostenberechnung erheblich unter den durch den Architekten selbst in den Leistungsverzeichnissen ermittelten Kosten liegt, handelt ebenfalls bewusst pflichtwidrig und verliert seinen Deckungsschutz aus der Berufshaftpflichtversicherung.[254] Bewußt pflichtwidrig handelt auch der Architekt, der in seinen Bautenstandsberichten dem ihn beauftragenden Bauträger wahrheitswidrig nicht erbrachte Leistungen bestätigt. Gibt der Bauträger diese an den Erwerber weiter, der sie seiner Bank vorlegt, um auf deren Grundlage die Kaufpreisraten zu begleichen, hat der Architekt bei Insolvenz des Bauträgers für den vom Erwerber verlangten Schadensersatz keinen Deckungsschutz.[255] Übersieht der planende Architekt, dass 12 zu errichtende Reihenhäuser bis zu 1,20 m im Grundwasser stehen können, kann sich die Darlegungs- und Beweislast zwar umdrehen.[256]

---

[249] *Schmalzl/Krause-Allenstein* Rn. 597; OLG Saarbrücken Urt. v. 8.5.1991 – 5 U 69/90 – in VersR 1992, 994 unter Hinweis auf OLG Köln Urt. v. 27.4.1989 -5 U 216/88 – in VersR 1990, 193.

[250] OLG Köln 2.7.1996 – 9 U 14/96 – in BauR 1997, 343; OLG Oldenburg Urt. v. 4.9.1996, – 24 130/96 IBR 1996, 518; OLG Saarbrücken, Urt v. 8.5.1991 – 5 U 69/90 VersR 1992, 994.

[251] OLG Saarbrücken, Beschl. v. 15.4.1992 – 5 U 105/88 – in VersR 1993, 85.

[252] OLG Hamm Urt. v. 7.3.2007 – 20 U 132/06 BauR 2007, 1290.

[253] OLG Köln Urt. v. 2.7.1996 – U 14/96 VersR 1997, 1345.

[254] OLG Düsseldorf Urt. v. 18.12.2007 – 4 U 173/06 BauR 2009, 1323.

[255] OLG Dresden Beschl. v. 14.8.2012 – 4 W 734/12 – NZBau 2013, 616.

[256] OLG Karlsruhe Urt. v. 15.12.2005 – 12 U 150/05 NZBau 2006, 256.

Aber auch ein klarer und offenkundiger Verstoß gegen baurechtliche Vorschriften oder allgemein anerkannte Regeln der Technik allein belegt noch nicht, dass der Architekt bewusst pflichtwidrig gehandelt hat.[257] Bewusste Pflichtwidrigkeit vor liegt allerdings vor, wenn der Architekt die Errichtung eines Gebäudes ohne gültige Baugenehmigung beginnen lässt.[258] 262

Das OLG Saarbrücken[259] hat entschieden, dass ein Architekt, der bei der Planung eines Bauwerks (hier: Grottensauna) feststellt, dass für die Besonderheiten dieses Bauwerks weder DIN-Normen, noch technische Regeln oder Literatur existieren, den Bauherren darüber aufklären muss, dass er außerhalb bautechnisch gesicherter Erkenntnisse plant. Das Gericht kam aufgrund des Sachvortrags zu der Überzeugung, dass der Architekt – in der Hoffnung, dass kein Schaden eintreten werde – nicht etwa fahrlässig seine Verpflichtung verkannt, sondern sehenden Auges gegen seine Pflicht verstoßen hat, den Bauherrn über seine und die allgemein bestehende Unkenntnis aufzuklären. Die Deckungsklage des Architekten wurde wegen bewussten Verstoßes abgewiesen. 263

Gerade dieser zuletzt genannte Fall zeigt, dass sich häufig Versicherungsnehmer im Haftungsprozess mit Argumenten gegen Vorwürfe wehren, die ihren Versicherungsschutz gefährden. So führen auch regelmäßig im Haftpflichtprozess vom Architekten behauptete Freizeichnungsvereinbarungen nicht zum gewünschten Erfolg, können sich jedoch für die Deckung als sehr nachteilig erweisen. Wer nämlich eine Freizeichnung behauptet, hatte in der Regel auch positive Kenntnis von dem eigentlich geschuldeten gesetz-, vorschrifts- oder sonst pflicht**gemäßen** Verhalten. 264

So hat beispielsweise eine Gemeinde unter Mitwirkung des Architekten gegen Vergabevorschriften verstoßen. Auf Anweisung des Bürgermeisters hat der Architekt mit Bietern nachverhandelt, um möglichst ortsansässigen Unternehmern die Aufträge zukommen lassen zu können. Der Gemeinde wurden wegen dieses Verstoßes Zuschüsse gekürzt. Gegen die Haftpflichtansprüche der Gemeinde setzte sich der Architekt zur Wehr und verwies darauf, dass er schriftlich seine Bedenken gegenüber dem Bürgermeister vorgebracht hat. Dieses Argument mag im Haftungsverhältnis ganz oder teilweise hilfreich sein. Es ändert nichts am „bewussten Verstoß" und damit am Verlust des Versicherungsschutzes.[260] 265

Bei historischen Gebäuden haben einige Versicherer Einschränkungen der Pflichtwidrigkeitsklausel vorgenommen, wonach unter bestimmten Voraussetzungen Abweichungen vom Stand der Technik auch dann mitversichert sind, wenn diese Abweichungen den Vorwurf bewusster Pflichtwidrigkeit begründen würden. Solche Erweiterungen des Versicherungsschutzes werden individuell oder über BBR vereinbart. Insbesondere ein Architekt, der häufig im Bestand baut, sollte eine Erweiterung bei seinem Versicherer einfordern. 266

Die Pflichtwidrigkeitsklausel birgt insbesondere für einen Architekten, der Mitarbeiter beschäftigt, ein erhebliches Risiko. Es sind nämlich Ansprüche nicht nur wegen Schäden ausgeschlossen, die der Versicherungsnehmer durch bewusst gesetz-, vorschrifts- oder sonst pflichtwidriges Verhalten verursacht, sondern auch solche, die **ein Mitversicherter** verursacht, also zum Beispiel ein Angestellter oder andere Betriebsangehörige (Ziffer 5 BBR).[261] Wenn also ein Mitarbeiter eine bewusst pflichtwidrige Rechnungsprüfung vornimmt, so hat auch der Architekt selbst keinen Versicherungsschutz. Dies gilt auch im Falle eines bewussten Verstoßes gegen die Verkehrssicherungspflicht durch Mit- 267

257 OLG Celle Urt. v. 28.11.2002 – 8 U 76/05 – BauR 2003, 1071.

258 OLG Köln Urt. v. 23.8.2005 – 9 U 240/04 – NZBau 2006, 443; BGH Nichtzulassungsbeschluss vom 25.1.2006 – IV ZR 303/04 –.

259 OLG Saarbrücken Urt. v. 28.2.1996, AZ NJW-RR 1998, 93 (Nichtannahmebeschluss des BGH vom 26.2.1997 IV ZR 110/96).

260 *Voit* in Prölls/Martin (Voit), 26. Auflage, Arch.-Haftp., Rn. 33.

261 Dazu gleich nachfolgend zu Ziffer 5 BBR noch ausführlich.

versicherte, wenn die Entlastung gem. § 831 BGB scheitert. Der sich pflichtwidrig verhaltende Mitversicherte braucht nicht **Repräsentant** des Versicherungsnehmers zu sein, um den Ausschluss des Versicherungsschutzes auch gegen den Versicherungsnehmer wirksam werden zu lassen.[262]

268 Einige Versicherer bieten insoweit eine wesentlich günstigere Pflichtwidrigkeitsklausel an. Eine wesentliche Entschärfung liegt bereits dann vor, wenn die Pflichtwidrigkeitsklausel um den Satz ergänzt wird *„der Versicherungsnehmer oder ein Mitversicherter behält, wenn dieser Ausschlussgrund nicht in seiner Person vorliegt, den Anspruch auf Versicherungsschutz".*

269 Der Versicherer kann sich auf die Pflichtwidrigkeitsklausel nur dann berufen, wenn der „bewusste Verstoß" des Architekten für den eingetretenen Schaden auch ursächlich war.[263] So ändert sich nichts am Versicherungsschutz, wenn ein Bauvorhaben ohne Baugenehmigung begonnen wurde und sich ein Schaden infolge ungenügender Gründung ergibt.

270 **f) Geld- und Kassenführungsklauseln (Ziffern 4.7 und 4.8 BBR).** Die sog. Geldklausel gemäß Ziffer 4. 7 betrifft die Vermittlung von Geschäften beziehungsweise die Vertretung bei Geschäften, die ohnehin nicht zum Berufsbild eines Architekten zählen. Deshalb wären Ansprüche aus solchen Tätigkeiten auch ohne die diese ausdrücklich klarstellende Klausel nicht gedeckt.[264] Soweit der Architekt den Bauherrn bei Geld- oder Kreditgeschäften beziehungsweise bei der Beschaffung eines Grundstücks nur berät, besteht Versicherungsschutz. Der BGH hat durch Nichtannahmebeschluss ein Urteil des Kammergerichts Berlin bestätigt.[265] Das Kammergericht hat festgestellt, dass Versicherungsschutz in der Berufshaftpflichtversicherung besteht, wenn ein Architekt bei der Kreditverschaffung „mitwirkt". Im entschiedenen Fall hat der Architekt die Beantragung von Förderungsmitteln übernommen.

271 Allerdings ist durchaus vorstellbar, dass eine erneute rechtliche Überprüfung zu einem andren Ergebnis kommt. Auf Nachfrage vertreten die Versicherer die Ansicht, dass zumindest in den Fällen, in denen der versicherte Architekt einen Antrag selbst stellt oder diesen so vorformuliert, dass ihn der Bauherrn unverändert übernehmen kann, der Ausschluss der Geldklausel greife. Der Architekt ist daher gut beraten, den Bauherrn lediglich bei Antragsstellungen zu unterstützen – und keinesfalls etwas schriftlich zu formulieren.

272 Soweit in der Klausel Ziffer 4.8 Ansprüche wegen Untreue und Unterschlagung vom Versicherungsschutz ausgenommen werden, handelt es sich um eine Selbstverständlichkeit. Diese Straftatbestände könnten ohnehin nur vorsätzlich verwirklicht werden und fielen jedenfalls zumindest unter die Ausschlussklausel Ziffer 7.1 AHB (vorsätzliche Herbeiführung des Schadens). Unter Zahlungsvorgängen bzw. Kassenführung im Sinne dieser Klausel sind nur solche Geldbewegungen zu verstehen, die der Architekt selbst oder ein Mitversicherter **unmittelbar** veranlasst. Zahlungen, die etwa der Bauherr infolge einer fehlerhaften Rechnungsprüfung vornimmt, werden von der Klausel nicht erfasst.[266]

273 Die vorstehend erläuterten Ausschlüsse vom Versicherungsschutz in den Musterbedingungen des VdS und die teilweise modifizierten Ausschlüsse einzelner Versicherer zählen Tatbestände auf, die vom Versicherungsschutz ausgeschlossen sind, weil das Risiko für die Versicherer andernfalls unüberschaubar wäre.[267] Insoweit gehen die BBR den AHB vor, weil sie einen versicherungsrechtlich relevanten Vorgang anders regeln.[268] Hinsichtlich des Vorliegens der Voraussetzungen der Anwendung der einzelnen Ausschlussklauseln

---

262 *Schmalzl/Krause-Allenstein* Rn. 595.

263 *Schmalzl/Krause-Allenstein* Rn. 596.

264 *Bock-Wehr* in Veith/Gräfe § 17 Rn. 345.

265 KG Berlin Urt. v. 7.2.1995 – 21 U 5589/94 IBR 1996, 425.

266 *Schmalzl/Krause-Allenstein* Rn. 601; *Neuenfeld,* Handbuch des Architektenrechts, Teil IX, Rn. 125.

267 *Neuenfeld,* Handbuch des Architektenrechts, Teil IX, Rn. 113.

268 *Schmalzl/Krause-Allenstein* Rn. 543.

trifft den Versicherer die **Beweislast**, da es sich bei den Ausschlüssen um eine Ausnahme von der Regel (bestehender Versicherungsschutz) handelt.[269]

5. Mitversicherte Personen (Ziffer 5 BBR) 274

5 Mitversicherte Personen

Mitversichert ist die gesetzliche Haftpflicht

5.1 der gesetzlichen Vertreter des Versicherungsnehmers und solcher Personen, die er zur Leitung oder Beaufsichtigung angestellt hat, in dieser Eigenschaft;

5.2 sämtlicher übrigen Betriebsangehörigen für Schäden, die sie in Ausführung ihrer dienstlichen Verrichtungen verursachen. Als Betriebsangehörige gelten auch die nicht in einem Anstellungsverhältnis stehenden Mitarbeiter (freie Mitarbeiter).

Ausgeschlossen sind Haftpflichtansprüche aus Personenschäden, bei denen es sich um Arbeitsunfälle und Berufskrankheiten im Betrieb des Versicherungsnehmers gemäß Sozialgesetzbuch VII handelt. Das gleiche gilt für solche Dienstunfälle gemäß den beamtenrechtlichen Vorschriften, die in Ausübung oder infolge des Dienstes Angehörigen derselben Dienststelle zugefügt werden.

Durch die Mitversichertenklausel werden grundsätzliche alle Betriebsangehörigen des Architekten in dessen Versicherungsschutz einbezogen. Diese erhalten über die Mitversichertenklausel einen **eigenen Versicherungsanspruch**, den sie selbständig geltend machen können, wenn der Architekt (= Versicherungsnehmer) die ihm zustehenden Rechte aus dem Versicherungsvertrag nicht selbst ausübt.[270] Soweit in Ziffer 5.1 die gesetzlichen Vertreter und die Personen, die der Architekt zur Leitung oder Beaufsichtigung angestellt hat „in dieser Eigenschaft" ausdrücklich mitversichert werden, bedeutet dies nicht, dass diese Betriebsangehörigen nur dann Versicherungsschutz genießen, wenn sie leitend oder beaufsichtigend tätig sind. Die ausdrückliche Erwähnung der gesetzlichen Vertreter des Versicherungsnehmers, wenn dieser also eine juristische Person ist, oder der Personen, die zur Leitung und Beaufsichtigung angestellt sind, dient lediglich der klarstellenden Ausdehnung des Versicherungsschutzes, wenn diese von einem Dritten wegen eines schadenursächlichen Verstoßes im Zusammenhang mit der Leitung oder Beaufsichtigung des Betriebs in Anspruch genommen werden. Für andere betriebsbezogene Verstöße genießen gesetzliche Vertreter oder leitende Angestellte selbstverständlich genauso Versicherungsschutz, wie alle anderen Betriebsangehörigen.[271]

Voraussetzung für den Versicherungsschutz der Betriebsangehörigen ist, dass die Schä- 275
den auf Verstöße, die in Ausführung ihrer dienstlichen Verrichtungen verursacht wurden, zurückgehen. Entscheidend ist, ob der Schaden **in Ausführung der dienstlichen Verrichtungen** oder außerhalb, also nur gelegentlich der Verrichtungen verursacht wurde. Zur Abgrenzung kann auf die Rechtsprechung zum Verrichtungsgehilfen gem. § 831 BGB verwiesen werden.[272] Dafür reicht es aus, dass das schadenstiftende Handeln bestimmt war, den Interessen des Betriebs zu dienen.[273] In Ausführung einer dienstlichen Verrichtung handelt auch der nicht mehr aktive Bürogründer, der auch noch im Ruhestand die Tagespost öffnet und vorlegt.[274] Ein nur **gelegentlich** in Ausführung der Verrichtung entstandener Brandschaden wegen einer achtlos vom mitversicherten Büroboten bei einer Planübergabe beim Bauherren in dessen Papierkorb geworfenen Zigarette ist von der Berufshaftpflichtversicherung nicht gedeckt. Denn Rauchen und die damit verbundenen Gefahren gehören zu den Gefahren täglichen Lebens, die über die Privathaftpflichtversicherung abgedeckt werden.[275]

---

[269] *Bock-Wehr* in Veith/Gräfe § 17 Rn. 259.

[270] *Schmalzl/Krause-Allenstein* Rn. 601, Rn. 607; *Bock-Wehr* in Veith/Gräfe § 17 Rn. 5.

[271] *Schmalzl/Krause-Allenstein Rn. 601, Rn. 609.*

[272] *Schmalzl/Krause-Allenstein Rn. 601, Rn. 615.*

[273] BGH Urt. v. 2.7.1976 – IV ZR 163/75; OLG Köln Urt. v. 2.7.1996, – 9 U 14/96 VersR 1997, 1345.

[274] *Bock-Wehr* in *Veith/Gräfe* § 17 Rn. 6.

[275] *Schmalzl/Krause-Allenstein* Rn. 616.

276 Seit den BBR 1996 ist klargestellt, dass auch **freie Mitarbeiter** als Betriebsangehörige gelten. Es ist davon auszugehen, dass mit diesem Zusatz eine missliche Diskussion darüber vermeiden soll, ob es sich um einen echten freien Mitarbeiter oder um einen Scheinselbständigen handelt.

277 Denn mit der Personenzahl steigt auch das versicherte Risiko, was sich grundsätzlich auf die Höhe der Versicherungsprämie auswirkt. In der Praxis werden daher jährlich beim Architekten die bezahlten Honorarsummen von angestellten Mitarbeitern sowie freien Mitarbeitern ohne eigene Haftpflichtversicherung und von freien Mitarbeitern mit eigener Haftpflichtversicherung abgefragt. Erstere haben einen eigenen Mitversicherungsschutz. Selbstverständlich ist auch der Architekt selbst für deren Verstöße versichert. Bei der zweiten Gruppe der freien Mitarbeiter mit eigener Haftpflichtversicherung fließt in die Prämienberechnung nur das Risiko des Architekten selbst, das sogenannte Vergaberisiko, mit ein, nicht aber das eigene Risiko der Subplaner des Architekten. Deren Honorarsummen wirken sich nur unwesentlich auf die vom Architekten zu bezahlende Prämie aus, weil im Schadensfall, sofern nicht deren Haftpflichtversicherer von vornherein reguliert, der Haftpflichtversicherer des Architekten gem. § 102 VVG Regress nehmen kann. Beim freien Mitarbeiter, der kein echter Subunternehmer ist, ist ein Regress nicht möglich.[276]

278 Durch die **Arbeitsunfallklausel** in Ziffer 5.2. Absatz 2 BBR werden Ansprüche von Mitversicherten untereinander ausgeschlossen. Gem. § 105 SGB VII ist die Haftung der Mitversicherten untereinander ohnehin auf Vorsatz sowie auf Wegeunfälle beschränkt. Soweit jedoch ein Sozialversicherungsträger gem. § 110 SGB VII Regress nehmen könnte, besteht grundsätzlich auch eine Haftung für grobe Fahrlässigkeit. Ansprüche aus grober Fahrlässigkeit wären, sofern kein bewusster Verstoß vorliegt, gedeckt. Andererseits bestimmt § 110 Abs. 2 SGB VII, dass die Sozialversicherungsträger nach billigem Ermessen, insbesondere unter Berücksichtigung der wirtschaftlichen Verhältnisse des Schädigers, auf den Ersatzanspruch ganz oder teilweise verzichten können. Hierbei dürfen die Sozialversicherungsträger nicht nach Gutdünken, sondern nur nach pflichtgemäßem Ermessen handeln. Wenn nun der grob fahrlässig handelnde Betriebsangehörige haftpflichtversichert wäre, gäbe es keinen Grund für den Sozialversicherungsträger, auf den Regress zu verzichten. Deshalb soll die Arbeitsunfallklausel hinsichtlich der Betriebsangehörigen untereinander verhindern, dass die Sozialversicherungsträger ihre Leistungspflicht im Wege des Regresses auf den Architektenhaftpflichtversicherer abwälzen.[277]

279 Unanwendbar ist die Arbeitsunfallklausel, wenn ein Betriebsangehöriger durch ein Verhalten des Architekten selbst oder seines gesetzlichen Vertreters beziehungsweise von Personen, die zur Leitung oder Beaufsichtigung angestellt sind, verletzt wird. Denn der Umkehrschluss aus Ziffer 5.2 BBR ergibt, dass sich der Ausschluss nach Absatz 2 und 3 nicht auf die gesetzliche Haftpflicht der in Ziffer 5.1 BBR genannten Personen bezieht. Daher sind Haftpflichtansprüche aus einem betrieblich bedingten Arbeitsunfall eines Betriebsangehörigen gegen leitende oder beaufsichtigende Personen versichert.[278]

280 Da sich A Ziffer 5 BBR nur auf die mitversicherten Personen und nicht auf den Versicherungsnehmer (= Architekt) bezieht, greift der Ausschluss hinsichtlich des Architekten ohnehin nicht.[279]

---

276 *Garbes* Rn. 156.

277 *Schmalzl/Krause-Allenstein* Rn. 617.

278 *Garbes* Rn. 159.

279 *Schmalzl/Krause-Allenstein* Rn. 618.

6. Weitere mitversicherte Risiken nach Teil B und C der BBR 2011

In Teil B und C der BBR sind weitere Risiken mitversichert.[280] Über Teil B Ziffer 1 BBR 2011 ist die gesetzliche Haftpflicht als Eigentümer, Mieter, Pächter, Leasingnehmer oder Nutznießer von beruflich genutzten Grundstücken, Gebäuden oder anderen Räumlichkeiten mitversichert. Nach B Ziffer 2 ist auch das Bauherrn- und Unternehmerrisiko im Rahmen von Bauarbeiten auf den vorgenannten Grundstücken bis zu einer Bausumme von EURO 50.000,00 für Drittschäden mitversichert. 281

Teil C der BBR versichert das Umwelthaftpflicht-Basisrisiko, das frühere Restrisiko, also z. B. Umweltschäden aus dem eigenen Bürobetrieb des Architekten. Das für Architekten und andere Planer bedeutende Umwelthaftpflichtrisiko infolge erbrachter Arbeiten oder sonstiger Leistungen ist ausdrücklich wie oben erläuterte Ziffer 1. 1 BBR 2011 versichert.[281] 282

[280] *Garbes* Rn. 164.

[281] S. o. Rn. 186 *Garbes* Rn. 12 ff.

Stichwortverzeichnis

Die fettgesetzten Zahlen bezeichnen die § des Buches, die mageren die Randnummern

Stichwortverzeichnis

Stichwortverzeichnis

Stichwortverzeichnis

Stichwortverzeichnis

Stichwortverzeichnis